本书作者

Alexis Averbuck Carolyn Bain Mark Baker Kerry Christiani Marc Di Duca
Peter Dragicevich Mark Elliott Steve Fallon Emilie Filou Duncan Garwood
Anthony Ham Catherine Le Nevez Jessica Lee Tom Masters Anja Mutić
Sally O' Brien Becky Ohlsen Simon Richmond Andrea Schulte-Peevers
Tamara Sheward Helena Smith Andy Symington Luke Waterson Neil Wilson

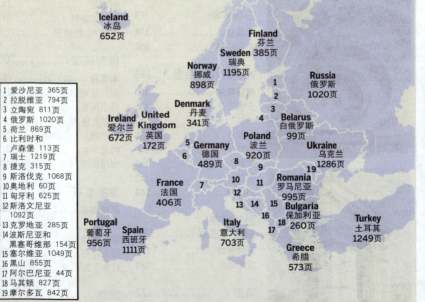

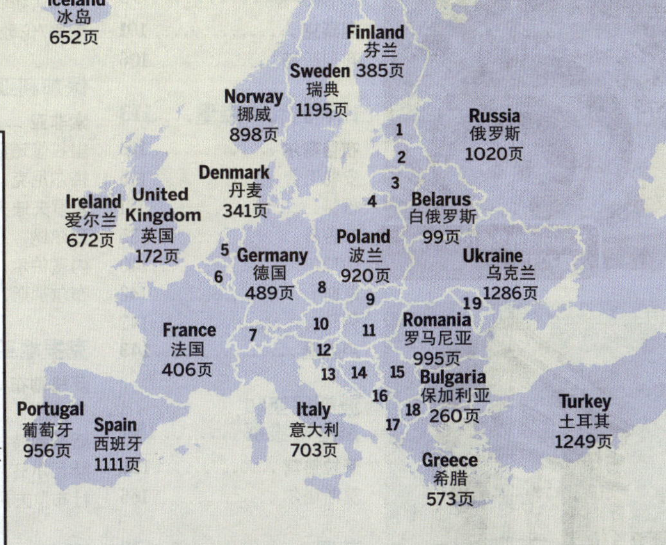

中国地图出版社

计划你的行程

WIBOWO RUSLI / GETTY IMAGES ©

梵蒂冈城的梵蒂冈博物馆
（见709页）

WIBOWO RUSLI / GETTY IMAGES ©

法国巴黎的凯旋门
（见414页）

在路上

目录

在路上

目录

生存指南

欢迎来欧洲

在欧洲旅行，没有人不为其美丽的风景、传奇的历史、多元的艺术和丰富的美食所震撼。

文化遗产

欧洲最大的吸引力在于其无穷无尽的文化遗产：从雅典的民主政治发源地、佛罗伦萨的文艺复兴艺术、威尼斯的优雅运河，到巴黎拿破仑时代的辉煌，以及伦敦的多元历史和文化。名气没那么大，但同样令人难忘的景点包括安达卢西亚的摩尔人宫殿、土耳其"世界七大奇迹"之一的以弗所遗迹、俄罗斯旧都圣彼得堡经过精心修复的帝国宫殿，以及巴塞罗那仍在修建的高迪的杰作——神圣家族教堂。

壮丽的风景

欧洲有摄人心魄的自然美景：崎岖的苏格兰高地中峡谷和湖泊交错，挪威峡湾那参差不齐的地形仿佛是由巨人雕凿，卢瓦尔河谷里葡萄成行，还有卡帕多基亚童话般的风景。如果你在寻找海滩，地中海北岸仿佛有一串珍珠，或者可以前往知名度不高但同样美丽的波罗的海和黑海沿岸。登山爱好者应该直奔阿尔卑斯山，它横跨欧洲中部，穿过法国、瑞士、奥地利、意大利北部和小小的列支敦士登。

美酒笙歌

欧洲拥有全世界最棒的夜生活。伦敦、柏林和巴黎不但拥有全球闻名的DJ，还有顶级的娱乐活动，尤其是戏剧和现场音乐。其他拥有劲爆夜生活的主要城市包括莫斯科、贝尔格莱德、布达佩斯和马德里，而渴望舒适惬意体验的人可以将都柏林的小酒馆和维也纳的咖啡馆加入行程。在欧洲众多的节日和庆典里，你可以去街上继续享乐，从成千上万人参加的城市游行到在古代剧院中举行的私密音乐会。

美味佳肴

除了伟大的博物馆、壮丽的风景和激情四射的夜生活，欧洲还有什么？尽情体验无与伦比的美食吧！谁不想品尝那不勒斯的比萨、圣托里尼的烤肉串甚至苏格兰的肉馅羊肚呢？但你是否知道英国有几家全世界最棒的印度餐厅、土耳其的旋转烤肉是当代德国饮食文化的重要组成部分，而在荷兰，你甚至能狼吞虎咽一顿印尼式抓饭！欧洲的多样性和全球化再次成为它的王牌。

我为什么喜欢欧洲

本书作者 西蒙·里奇蒙德（Simon Richmond）

你可能会感到有些不知所措，但一旦你深入欧洲，这些担忧就会被惊奇和沉醉代替，或许还会有一些意想不到的东西——一种关联感。这个世界上很少有地方（如果真的存在的话）从未受到欧洲历史和文化的影响。在这块大陆上行走，你会发现欧洲广泛的多样性和优良的交通设施——无论是民航还是公路，或者是从前贵族子弟在大旅行时所依赖的火车——都无与伦比，一定会让你拥有全新的体验和意想不到的发现。

关于本书作者的更多信息，见1342页。

上图：意大利锡耶纳大教堂（见764页）的穹顶和立面

欧洲亮点

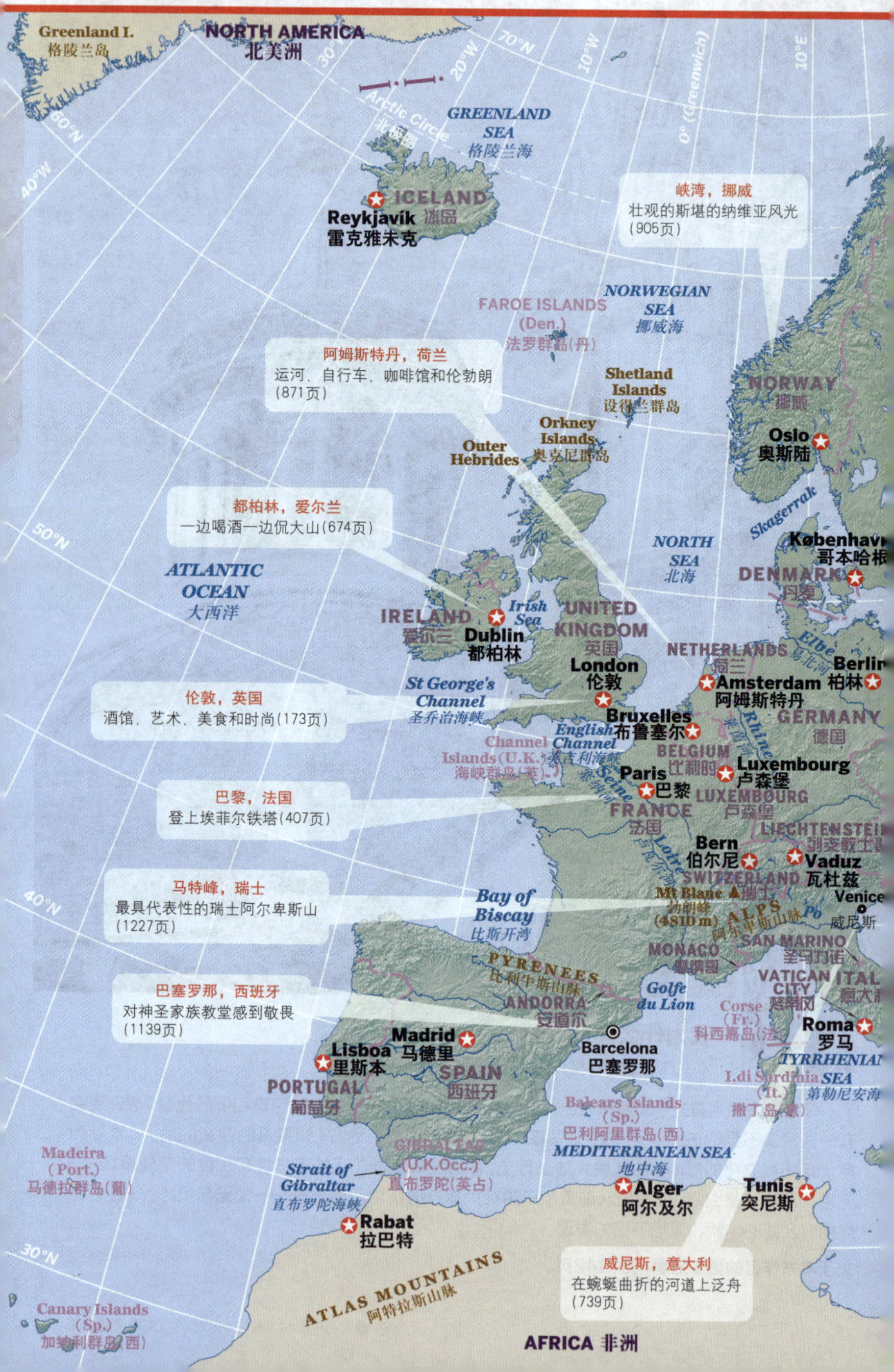

峡湾，挪威
壮观的斯堪的纳维亚风光
（905页）

阿姆斯特丹，荷兰
运河、自行车、咖啡馆和伦勃朗
（871页）

都柏林，爱尔兰
一边喝酒一边侃大山（674页）

伦敦，英国
酒馆、艺术、美食和时尚（173页）

巴黎，法国
登上埃菲尔铁塔（407页）

马特峰，瑞士
最具代表性的瑞士阿尔卑斯山
（1227页）

巴塞罗那，西班牙
对神圣家族教堂感到敬畏
（1139页）

威尼斯，意大利
在蜿蜒曲折的河道上泛舟
（739页）

0 800 km
0 500 miles
柏林，德国
彻夜的聚会，邂逅历史(492页)
圣彼得堡，俄罗斯
满载艺术品的皇家宫殿(1034页)
布拉格，捷克
在查尔斯桥上感受黎明(317页)
布达佩斯，匈牙利
温泉浴场和废墟酒吧(626页)
杜布罗夫尼克，克罗地亚
黄昏时分漫步在老城墙(305页)
伊斯坦布尔，土耳其
游览令人惊叹的清真寺(1252页)
圣托里尼(锡拉)，希腊
在夕阳下凝望火山口(598页)
WHITE SEA
白海
FINLAND
芬兰
Helsinki
赫尔辛基
Sankt Peterburg
圣彼得堡
Tallinn
塔林
ESTONIA
爱沙尼亚
RUSSIA
俄罗斯
Moskva
莫斯科
Stockholm
斯德哥尔摩
LATVIA
拉脱维亚
Rīga
里加
Volga
伏尔加河
ASIA
亚洲
BALTIC SEA
波罗的海
LITHUANIA 立陶宛
Vilnius
维尔纽斯
Minsk
明斯克
Kaliningrad
加里宁格勒
BELARUS
白俄罗斯
POLAND
波兰
Warszawa
华沙
Kyiv
基辅
Dnepr 第聂伯河
Don
CASPIAN SEA
里海
Kraków
克拉科夫
UKRAINE
乌克兰
CZECH REPUBLIC
捷克
Praha
布拉格
SLOVAKIA
Wien 维也纳
CARPATHIAN MOUNTAINS
喀尔巴阡山脉
MOLDOVA 摩尔多瓦
Chişinău
基希讷乌
Crimea
Bratislava 布拉迪斯拉发
HUNGARY 匈牙利
Budapest 布达佩斯
ROMANIA
罗马尼亚
T'bilisi
第比利斯
Baku
巴库
Ljubljana 卢布尔雅那
Transylvania 特兰西瓦尼亚
Zagreb 萨格勒布
București 布加勒斯特
BLACK SEA
黑海
Beograd
贝尔格莱德
Yerevan
埃里温
Sarajevo
BULGARIA
保加利亚
SERBIA
塞尔维亚
Sofija 索非亚
İstanbul
伊斯坦布尔
Ankara
安卡拉
Dubrovnik
Podgorica
MACEDONIA
马其顿
Skopje
斯科普里
MONTENEGRO
ADRIATIC SEA
亚得里亚海
Tirana 地拉那
ALBANIA
阿尔巴尼亚
波德戈里察
AEGEAN SEA
爱琴海
GREECE
希腊
IONIAN SEA
伊奥尼亚海
Athínai 雅典
Kikládhes Nísoi
基克拉泽斯群岛
Iónioi Nísoi
伊奥尼亚群岛
Nicosia
尼科西亚
Beirut
贝鲁特
Baghdad
巴格达
Damascus
大马士革
Kriti
克里特岛
Valletta 瓦莱塔
MALTA
马耳他
MEDITERRANEAN SEA
地中海
Ammān 安曼
Jerusalem
耶路撒冷
Tripoli
的黎波里
AFRICA 非洲
Cairo
开罗

欧洲 Top 24

1

英国，伦敦的夜生活

1 音乐爱好者，你能听到吗？那是伦敦（见173页）的呼唤——每天晚上，即使没有成千上万，也有成百上千的表演者在各大剧院、音乐厅、夜店、酒吧甚至地铁站演出。去寻找属于你自己的独特的伦敦体验吧！可以去皇家艾伯特音乐厅欣赏一场逍遥音乐会，去伦敦东区的酒吧聆听围绕着一架笨重钢琴的舞会，去伦敦西区看一出戏，去Fabric享受明星DJ的表演，抑或是在霍斯顿酒馆欣赏带着慵懒气质的吉他乐队演出。图为伦敦皇家艾伯特音乐厅的逍遥音乐节（BBC Proms）。

法国，埃菲尔铁塔

2 每年有700万人参观巴黎的埃菲尔铁塔（见407页），很多人认为每次都有不同的参观体验。人们可以于夜间登塔，沐浴在闪烁的灯光里，也可以在吃午餐的时间俯瞰令人叹为观止的巴黎全景。欣赏铁塔有101种方式：在塔下骑车，不乘电梯而攀爬步行梯，在小摊上买个可丽饼或在街边买个钥匙圈，站在塔前拍照留念，夜晚游览，或者在某个特殊节日里欣赏那高达324米的通体发光的塔身——这才是我们最喜欢的。

CHRISTER FREDRIKSSON / GETTY IMAGES ©

2

HANS-PETER MERTEN / GETTY IMAGES ©

意大利，威尼斯

3 在晴朗的冬日，威尼斯（见739页）总散发着一种魔力。游客稀少、天气晴朗的时候，是感受这座独特而迷人的城市的最佳时机。抛开手中的地图，一边在多尔索杜罗影影绰绰的街区里随意徘徊，一边不着边际地想象在每一个转角处都暗藏着幽会和私语的人。然后，参观威尼斯两大顶尖美术馆——学院美术馆和佩姬·古根海姆美术馆，这里珍藏着许多20世纪艺术大师的著名作品。图为大运河。

德国，铭记柏林墙

4 甚至在25年后，还是有人不相信柏林墙（见497页）有那么大而且曾经真的把这座城市一分为二。探究其对柏林影响的最好方法，便是徒步或者骑自行车沿柏林墙小道绕一圈，穿过勃兰登堡门，仔细端详东区画廊上的涂鸦或者在柏林墙文献中心了解它的历史。这条路充分展示了柏林墙的来龙去脉。它令人心碎，充满希望又威严肃穆，但这些是诠释德国首都不可或缺的部分。图为César Olhagaray的作品*Uhrmenschen der computer*。

希腊，圣托里尼

5 令人惊叹的圣托里尼（见598页）会让你一见钟情，不想放过。水下的火山口被陡峭的熔岩层悬崖包围，悬崖顶上的城镇看上去就像是涂了一层糖霜——这是大自然伟大的奇迹。最佳体验方式是沿着悬崖顶从主城费拉走到北部村庄伊亚。这里尽管不稳定，变幻无常，但着实激荡人心。你可以在伊亚喝一杯圣托里尼岛冰凉的Yellow Donkey啤酒，一边恢复体力，一边等待这里完美无瑕的日落。

俄罗斯，圣彼得堡

6 在冬宫博物馆惊叹浩如烟海的艺术藏品；沿着涅瓦大街逛商店，观察街头人群；沿运河顺流而下，经过宏伟豪华的宫殿和金色穹顶的教堂；在漂亮的马林斯基剧院欣赏芭蕾；在摇摇欲坠的废旧地下酒吧参加一场沙皇级的奢华盛宴，纵情起舞，直到黎明……俄罗斯帝国曾经的首都圣彼得堡（见1034页）就是一场视觉盛宴，是享乐主义者的乐园。最佳造访时机是盛夏，白夜的到来让全城不分昼夜地狂欢。图为冬宫博物馆。

BRIAN LAWRENCE / GETTY IMAGES ©

挪威，峡湾

7 挪威峡湾（见905页）再怎么形容也不夸张。它们横亘于挪威内部，给斯堪的纳维亚的西北部添加了质感和深度。岩壁从青翠的高山草地直直下坠至充满海水的峡谷，可爱的村庄若隐若现。松恩峡湾长200多公里，哈当厄尔峡湾是挪威面积最大的峡湾网，然而，宁静而险峻的纳柔依峡湾（松恩峡湾的一部分）、吕瑟峡湾及峡湾之王盖朗厄尔峡湾才是斯堪的纳维亚最美的角落。图为松恩峡湾。

波兰，克拉科夫

8 波兰曾经的皇城（见928页）决不会令你失望。说不出它为何如此特别，不过老城中世纪建筑的倾斜石柱散发出历史的气息，让城内的街道感觉很有味道。另外，宏伟的城堡与卡齐米日后街陈旧小楼内低调时髦的酒吧天差地别，这是一座让你想要认真了解的城市。图为老城。

克罗地亚，杜布罗夫尼克城墙

9 走在杜布罗夫尼克壮观的城墙（见305页）上，近距离亲身感受这座城市，历史的画卷就是从这里的城垛展开的。沿着城墙漫步才算不虚此行，这段世界上最出色的城墙成就了杜布罗夫尼克的名声。城墙修建于13~16世纪，至今依然完好无损，视线所及之处，赤土色的屋顶和亚得里亚海的景色美轮美奂，尤其是在黄昏时分，夕阳渲染出激动人心的色调，眼前的景色令人难忘。

9

捷克，布拉格

10 布拉格的重要景点布拉格城堡和老城广场是捷克首都的两大亮点（见317页）。但是你必须到市中心周围的街区转转，才能深刻了解"天鹅绒革命"结束20多年后人们的生活。工人阶级聚居的Žižkov和活力四射的Smíchov都有许多酒吧，而在优雅的Vinohrady，街道两旁绿树成荫，点缀着颇具特色、样式各异的国际性餐馆。布拉格汇集了从20世纪的标志性杰作到相对近期但同样令人深思的艺术作品。图为布拉格城堡。

SIGFRID LÓPEZ / GETTY IMAGES ©

10

瑞士，马特峰

11 它装点了Toblerone三角巧克力的包装，使人联想到《小海蒂》书中描绘的风景，但这都不足以让你感受到马特峰（见1227页）的吸引力。一旦到达遍布牧人小屋的采尔马特村，你就会看到一座若隐若现的大山，它那刀劈斧凿般的雪峰会让你目瞪口呆。坐在宁静的路边咖啡馆里凝视它，在它的影子下沿着高山小径徒步，清脆的牛铃声在远处依稀可辨，或者在滑雪坡道上停下来欣赏它那巨大的山体。

匈牙利，布达佩斯

12 跨越浪漫的多瑙河两岸，西接布达山，东临大平原的起点，布达佩斯（见626页）或许是东欧最美丽的城市。公园里到处是景点，建筑首屈一指，博物馆里满是珍宝。除此以外，游船往来于景色优美的多瑙河湾，温泉浴场喷出蒸汽，在多数夜晚，夜生活一直延续到黎明，不难发现匈牙利的首都为何是欧洲大陆上最有趣宜人的观光城市之一。图为塞切尼温泉浴场。

11

12

RICHARD I'ANSON / GETTY IMAGES ©

ALAN COPSON / GETTY IMAGES ©

西班牙，巴塞罗那的神圣家族教堂

13 神圣家族教堂（见1139页）是西班牙的著名景点之一，它是安东尼·高迪独创的现代主义杰作。高迪去世80多年以来，工程仍在进行。巴塞罗那这座离奇古怪的高耸教堂充满了梦幻色彩，意义深远，其创作灵感来源于自然，同时不拘泥于哥特式风格。它异乎寻常的角度和对建筑学原则的违背一定会让你觉得难以置信，而那些在象征耶稣受难和诞生的外立面上的华丽装饰尤其值得深入探究。

爱尔兰，都柏林

14 爱尔兰的首都（见674页）既有国际大都市的迷人和喧嚣，又不失小城镇和蔼可亲的氛围。无论是在圣史蒂芬绿地绿树成荫的乔治亚平台徘徊，还是在凯勒梅堡监狱回顾过往，你的身边都不乏友好的酒吧，啤酒质量极佳，气氛也很欢快。当然，你也可以在健力士啤酒的发源地健力士啤酒厂饮一品脱黑啤。

黑山，科托尔湾

15 科托尔湾（见857页）颇富神秘感。灰色的山体从灰蓝色的海水中拔地而起，当你在山间褶皱中前往内湾时，山势越来越高。古代的石头民居紧邻海岸线，高大的石壁后面隐藏着科托尔的古老小巷，真是如同戏剧场景一般！巴尔干半岛国家的生活生机勃勃，富有地中海风情，在历经沧桑的街道上热情演绎，你不会再奢望更多。

奥地利，维也纳

16 想象一下，如果640年以来，你拥有数不清的财富和顶尖的奥地利建筑师，你会做什么呢？答案就是哈布斯堡家族的维也纳。优雅的霍夫堡会将你带入帝国的历史，你会为精美的皇冠、西班牙骑术学校的马术、伊丽莎白皇后灯火辉煌的住所所折服。美泉宫和巴洛克式的美景宫均坐落在精致的园林内，也只有它们能与霍夫堡的宏伟气势相媲美。图为霍夫堡。

西班牙，格拉纳达的阿兰布拉宫

17 阿兰布拉宫（见1179页）的建筑构近乎完美。它或许是世界上最杰出的伊斯兰建筑，更是摩尔人在安达卢西亚800统治的永久象征。从远处望去，阿兰布拉宫红色城堡塔楼映着内华达山脉白雪覆盖的峰，构成格拉纳达天际一道靓丽的风景。在处观看，它比例完美的赫内拉利费宫与精雕琢的纳扎里宫交相辉映。简而言之，它是西牙最漂亮的名胜古迹。

荷兰，阿姆斯特丹运河

18 说阿姆斯特丹人爱水，简直太轻描淡写了。阿姆斯特丹（见871页）确实由海上贸易发家，但那已经成了遥远的历史。如今，你可以漫步于运河边，参观几千艘船屋，最好乘坐一下。从船上，你能看到全套建筑细节，比如桥上的装饰。当你经过运河边的咖啡馆露台时，你可以抬起头来，潇洒地挥挥手。

爱沙尼亚，塔林

19 爱沙尼亚的首都（见367页）以其双层巧克力盒似的老城而闻名，老城区内有纵横交织的小巷和风景如画的庭院，从中世纪的塔楼望去是一片红屋顶。不过，一定要走出老城的城墙去体验塔林的其他珍宝：提供各式北欧菜的时髦餐馆，喧闹的斯堪的纳维亚风格社区，不断增加的博物馆——如荣获大奖的现代艺术宝库库穆美术馆，以及引领潮流的当代建筑。

DANIN TULIC / GETTY IMAGES ©

波斯尼亚和黑塞哥维那，莫斯塔尔

20 如果说1993年对莫斯塔尔（见165页）那座16世纪的标志性石桥进行的轰炸凸显出南斯拉夫残酷内战的毫无意义，那么它的重建就成为战后和平时期的象征。虽然部分地区依然有被炸毁的建筑，但这个城镇在继续清理废墟。重建后迷人的奥斯曼街区遍布石头清真寺、纪念品摊和诱人的咖啡馆。在夏季占领这个地方的是游客，而不是民兵。

意大利，古罗马

21 罗马（见705页）7座著名的山丘（实际上有9座）地理位置极其优越。其中包括标志性的帕拉提诺，草木葱翠，松树如盖，还能望到整个古罗马广场；还有或许是罗马遗迹中最令人毛骨悚然的古罗马斗兽场和罗马保护得最好的遗址万神庙。当你走在古城的道路上，你仿佛能够感觉到空中飘荡的英魂。图为古罗马斗兽场。

希腊，雅典

22 壮观的遗迹散布于希腊内陆和岛屿，但其中最伟大、最有代表性的遗迹矗立在其首都雅典（见574页）。雅典卫城从山丘上俯瞰这座城市，优雅的帕特农神庙、漂亮的厄瑞克忒翁神庙和可容纳17,000名观众的狄俄尼索斯剧场象征着古希腊的荣光。这座坚韧、充满活力的城市还散布着其他令人难忘的遗迹，包括庞大的奥林匹亚宙斯神庙、两个市场（一个古希腊时代的，一个古罗马时代的），以及众多一流的博物馆。图为帕特农神庙。

土耳其，伊斯坦布尔

23 伊斯坦布尔（见1252页）横跨欧洲和亚洲，历史上曾是拜占庭和奥斯曼帝国的首都。苏丹艾哈迈德历史名胜云集，包括圣索菲亚大教堂、蓝色清真寺、托普卡帕宫和大巴扎。在被它们那古老的圆顶、金碧辉煌的内设折服后，还该体验一下这座大都市同样生机勃勃的现代生活。跨过加拉塔大桥，经过轮渡和烤鱼摊，便来到了贝伊奥卢，这里的夜生活从时髦的屋顶酒吧延续到喧闹的酒馆。图为圣索菲亚大教堂。

葡萄牙，里斯本的阿尔法玛

24 阿尔法玛区（见958页）小巷纵横，庭院深深，街道蜿蜒，树荫成片，是忘我神游、探索城市灵魂的好去处。在路上，你会看到面包箱大小的杂货铺、贴着耀眼瓷砖的建筑，以及挤满随和的闲聊者的舒适酒馆，鼻端嗅到微风中飘来的烤沙丁鱼的香味，耳畔回荡着法多悲伤的节奏。然后转个弯，便会看到陡斜的屋顶，屋顶下是波光粼粼的特茹河，这时你会发现你已对这个小城着迷了。

23

24

行前参考

更多信息见"生存指南"（见1301页）

货币

欧元（€）、英镑（£）、瑞士法郎（Sfr）、卢布（₽）等

语言

英语、法语、德语、意大利语、西班牙语、俄语、匈牙利语、希腊语、土耳其语等

签证

持有申根签证的中国旅行者可进入多数欧洲国家，前往俄罗斯、克罗地亚等部分东欧国家需要另外办理签证。

现金

人民币不方便直接兑换，主要城市接受银联卡。自动柜员机很常见，广泛接受信用卡和借记卡。

手机

欧洲使用GSM 900网络。如果你来自欧洲之外的地方，最好买一张预付费的当地SIM卡。中国三大移动运营商的手机号在多数欧洲国家可漫游通话，取决于当地的电信运营商。

时间

英国、爱尔兰和葡萄牙是格林尼治标准时间，比北京时间慢8小时，中欧慢7小时，希腊和东欧慢6小时，俄罗斯和土耳其则慢5小时。大部分国家使用夏令时。

何时去

旺季

（6月至8月）

➡ 大家都在这个时候来欧洲，而且所有欧洲人也都在路上了。

➡ 旅馆价格和气温都是最高的。

➡ 做好准备，所有的主要景点都会拥挤不堪。

平季

（4月至5月，9月至10月）

➡ 人群散去，价格下降，意大利除外，那里的人依然很多。

➡ 气温舒适，不过南欧可能还是很热。

➡ 总体来说，这是最适合在欧洲旅行的月份。

淡季

（11月至次年3月）

➡ 酒店降价或关闭，滑雪度假村除外。

➡ 天气冷，白天短，特别是在北欧。

➡ 有些地区好似鬼城，如度假城镇。

网络资源

Lonely Planet（www.lonelyplanet.com/thorntree）向其他旅行者提问。

磨房论坛（www.doyouhike.net/forum/globe/europe/）国内最早的背包旅行论坛之一。

Trip Advisor（www.tripadvisor.cn）提供针对酒店、度假村、机票、旅行套餐等产品的点评和建议。

蚂蜂窝（www.mafengwo.cn）大量中国旅行者的欧洲游记和攻略。

Deutsche Bahn（www.bahn.de）最好的网上欧洲火车时刻表。

Hidden Europe（www.hiddeneurope.co.uk）来自欧洲大陆各个角落的迷人杂志和在线快报。

Couchsurfing（www.couchsurfing.org）找到一张免费的床，在任何一个欧洲国家交朋友。

VisitEurope（www.visiteurope.com）提供33个会员国的相关信息。

Spotted by Locals（www.spottedbylocals.com）欧洲各城市的内幕消息。

带什么

人字拖 在过夜火车、青年旅舍的浴室和沙滩都能派上用场。

登山鞋 在欧洲一流的徒步路线上可以用到。

耳塞 在哪里都有用，特别是青年旅舍里。

驱蚊片 夏天很有用，特别是在波罗的海国家和斯堪的纳维亚。

欧洲插座转换器 如果你从欧洲以外的地方来，这是必需品。

解锁的手机 可以买一张本地SIM卡，这样打电话会比较便宜。

得体的服装 在你偶尔挥霍一下的时候有合适的衣服穿。

汇率

人民币	CNY1	EUR0.13
港币	HKD1	EUR0.11
澳门元	MOP1	EUR0.11
新台币	TWD1	EUR0.03
新加坡元	SGD1	EUR0.65
美元	USD1	EUR0.87
英镑	GBP1	EUR1.14

当前汇率见www.xe.com。

每日花费

经济：低于€60

- 宿舍床位：€10~20
- 博物馆门票：€5~15
- 比萨或意大利面：€8~12

中档：€60~200

- 小酒店的双人间：€50~100
- 短途出租车出行：€10~20
- 好餐厅的套餐：大约每人€20

高档：高于€200

- 在知名地标性酒店住宿：€150起
- 租车：每天约€30起
- 剧院演出票：€15~150

住宿

7月或者圣诞节和新年来欧洲的话，需要提前两个月预订。

酒店 从当地客栈到重修的城堡。

民宿 家庭经营的小型住宿场所，性价比很高。

青年旅舍 条件差异很大，从背包客的宫殿到垃圾场一样的地方。

家庭寄宿和农场寄宿 发现当地人真正生活方式的好地方。

抵达欧洲后

史基浦机场（Schiphol Airport），阿姆斯特丹（见896页）有火车前往市中心（20分钟）。

希思罗机场（Heathrow Airport），伦敦（见256页）可乘火车（15分钟）和地铁（1小时）前往市中心。

戴高乐国际机场（Charles de Gaulle Airport），巴黎（见487页）有许多公共汽车（1小时）和火车（30分钟）前往市中心。

法兰克福机场（Frankfurt Airport），法兰克福（见545页）有火车（15分钟）前往市中心。

列奥纳多·达·芬奇机场（Leonardo da Vinci Airport），罗马（见724页）有公共汽车（1小时）和火车（30分钟）前往市中心。

巴拉哈斯机场（Barajas Airport），马德里（见1128页）有公共汽车（40分钟）和地铁（15分钟）前往市中心。

当地交通

火车 欧洲铁路网快捷方便，但是除非你预订或者明智地使用火车通票，否则不会很便宜。

长途汽车 通常适合在比较偏僻的地区短途旅行时乘坐，不过城际长途汽车会很便宜。

小汽车 你可以租一辆车或者开自己的车游遍欧洲。道路很好，但是汽油很贵。

渡船 很多渡轮路线连通英国和爱尔兰至欧洲大陆、北欧至波罗的海和德国，以及意大利至巴尔干半岛和希腊。

飞机 从欧洲大陆的一头到另一头，让一切快起来。

自行车 骑在自行车上，让一切都慢下来，可以在几乎所有地方游荡。

关于**当地交通**的更多信息见1313页。

如果你喜欢

城堡和宫殿

凡尔赛宫（Versailles），法国 这个巨大的宫殿是其他所有宫殿的标杆，包括镜厅和华丽的花园。（见429页）

新天鹅堡（Neuschwanstein），德国 就算它的历史不足150年，又有什么关系呢？在巴伐利亚阿尔卑斯山中心的新天鹅堡是每个人（包括迪士尼）的梦幻城堡。（见527页）

冬宫（Winter Palace），俄罗斯 永远和俄国十月革命联系在一起，这座金绿相间的巴洛克宫殿散发着无与伦比的沙皇式的光辉。（见1035页）

布兰城堡（Bran Castle），罗马尼亚 别名德古拉城堡更为人熟知，这座特兰西瓦尼亚的美丽城堡仿佛是直接从恐怖电影中跳出来的。（见1005页）

阿兰布拉宫（Alhambra），西班牙 位于格拉纳达的这片精致的伊斯兰宫殿群是列入世界遗产名录的奇迹。（见1179页）

伯爵城堡（Gravensteen），比利时 弗兰德伯爵塔楼状的石头城堡俯瞰着美丽的比利时城市根特。（见133页）

温莎城堡（Windsor Castle），英国 世界上最大、最古老的有人居住的城堡，英国皇室的主要住宅之一。（见206页）

托普卡帕宫（Topkapı Palace），土耳其 位于伊斯坦布尔的奥斯曼帝国曾经的宫廷，有大量亭台楼阁及满是珠宝的宝库。（见1252页）

建筑

巴黎圣母院（Notre Dame），法国 巴黎这座装饰着滴水嘴兽的大教堂是哥特式建筑的奇迹。（见411页）

迈泰奥拉（Meteora），希腊 建于14世纪末的修道院盘踞在高大的岩柱上。（见588页）

神圣家族教堂（La Sagrada Família），西班牙 高迪正在进行中的非凡作品，巴塞罗那宏伟的大教堂突破了想象力的制约。（见1139页）

万神庙（Pantheon），罗马 奥古斯都统治期间修建，这个古代建筑奇迹的柱廊采用的是科林斯柱式。（见710页）

大广场（Grand Place），比利时 布鲁塞尔令人惊叹的中央广场环绕着金色房屋。（见116页）

Overblaak住宅区，荷兰 这片20世纪末的鹿特丹建筑群是由45度角倾斜的方块状公寓构成的"森林"。（见888页）

新艺术主义建筑，布达佩斯 布达佩斯的看点是新艺术主义杰作，如应用艺术博物馆（Museum of Applied Arts）。（见626页）

蓝色清真寺（Blue Mosque），伊斯坦布尔 伊斯兰风格在蓝色清真寺上得到了完美的体现，它是伊斯坦布尔最具辨识度的建筑之一。（见1253页）

古迹

巨石阵（Stonehenge），英国 英国最具代表性也最神秘的考古遗址，可追溯至大约5000年前。（见209页）

庞贝（Pompeii），意大利 漫游在这座伟大古城的街巷里，它在公元79年被一座喷发的火山埋葬。（见772页）

雅典，希腊 古代奇迹包括卫城、古市场、奥林匹亚宙斯神庙等。（见574页）

阿姆斯特丹的运河圈（Canal Ring），荷兰 在荷兰首都黄金年代的运河旁漫步，两侧是三角墙建筑。（见871页）

莫斯科的克里姆林宫（Kremlin），俄罗斯 作为中世纪沙皇和现代统治者坐镇的权力中枢，莫斯科巨大的克里姆林宫壮观得令人难以置信。（见1022页）

达豪集中营（Dachau），德国 纳粹建立的第一座集中营，向人诉

上图： 斯凯岛（见242页），苏格兰
下图： 新天鹅堡（见527页），德国

说着“二战”的恐怖。（见525页）

萨拉热窝（Sarajevo），波斯尼亚和黑塞哥维那 在巴尔干半岛最迷人的城镇——亦是骄傲的幸存者——领略熙熙攘攘的土耳其人老城区的魅力。（见156页）

沙滩和岛屿

基克拉泽斯（Cyclades），希腊 米科诺斯（Mykonos）、圣托里尼（Santorini）、纳克索斯（Naxos），光是这些名字就让人联想到完美的金色沙滩，现实也绝对不会让人失望。（见592页）

德瑞玛德斯海滩（Drymades beach），阿尔巴尼亚 这片白沙滩是背包客口中的神话，位于阿尔巴尼亚快速发展的海岸线上，绝对值得一去。（见53页）

梅诺卡（Menorca），西班牙 这里的海滩美得如梦似幻，隐藏在巴利阿里群岛（Balearic Islands）最漂亮的多沙小海湾里。（见1166页）

黑海沿岸，保加利亚 保加利亚自称有黑海最好的沙滩，但是我们觉得最好避开大的度假村，去更小一点的索佐波尔（Sozopol）。（见277页）

赫瓦尔岛（Hvar Island），克罗地亚 以翠绿和淡紫色的田野闻名，这座阳光明媚的岛屿是前往树木繁茂的帕克莱尼群岛（Pakleni Islands）的中转站。（见303页）

斯凯岛（Isle of Skye），苏格兰 这座50英里长的岛上有天鹅绒般的荒野、崎岖的山丘、波光粼粼的湖泊和高耸的海边悬崖。（见242页）

壮美的景色

阿尔卑斯山，瑞士 欧洲最让人

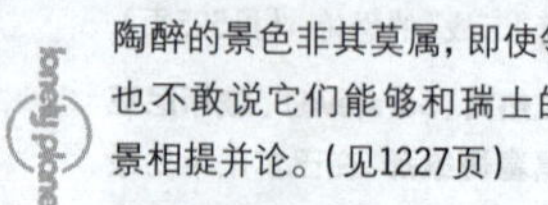

陶醉的景色非其莫属，即使邻国也不敢说它们能够和瑞士的美景相提并论。（见1227页）

峡湾，挪威 从险峻的海岸线到深入内陆、陡峭得令人难以置信的深峡幽谷，挪威的峡湾绝对不可错过。（见905页）

卡帕多基亚（Cappadocia），土耳其 在土耳其中部，安纳托利亚以山为缘的平原让路给了超凡脱俗的岩层和地下城市，后者绝对是这个地区最奇特的景观之一。（见1277页）

上塔特拉山（High Tatras），斯洛伐克 这里有原始的雪原、深蓝色的高山湖泊、轰鸣的瀑布、起伏的松林和闪闪发亮的高山草甸。（见1078页）

瓦特纳冰川国家公园（Vatnajökull National Park），冰岛 在这片遍布激动人心的雪峰和冰川的土地上，斯卡夫塔（Skaftafell）就是王冠上的明珠。（见665页）

夜生活

柏林，德国 在欧洲这座最正宗的派对城市，去超级夜总会Berghain从日出跳到日落，这种感觉无与伦比。（见492页）

伦敦，英国 不管是在当地酒吧静静地待着，还是在伦敦东区的地板上尽情狂欢，你在伦敦的享乐主义酒吧和夜店里绝对会玩得很开心。（见173页）

莫斯科，俄罗斯 莫斯科曾经以其“人脸控制”（严格的门槛规定）而出名，如今变成了夜店爱好者世界地图上的重要目的地，有很多新的以民主化方式经营的酒吧和夜店。（见1022页）

马德里，西班牙 人均酒吧数量比地球上任何地方都多，在这里，所有人都会玩一晚上再上床睡觉。（见1114页）

米科诺斯，希腊 希腊的岛屿上到处都是举办派对的地方。喜欢在夏日纵饮狂欢的人集聚在米科诺斯的酒吧和夜店。（见592页）

雷克雅未克，冰岛 在冰岛首都生气勃勃的咖啡馆和酒吧加入周末喧嚣的派对。（见653页）

贝尔格莱德，塞尔维亚 塞尔维亚的首都是最有活力的通宵派对之地——夏天，多瑙河和萨瓦河上到处都是水上夜店。（见1051页）

美食

哥本哈根，丹麦 是的，丹麦的首都正是尝试全欧洲最受欢迎的菜肴的好去处（在Noma），而且这座城市到处都是供应时髦的新派北欧菜的热门餐厅。（见343页）

那不勒斯（Naples），意大利 比萨——这道吞噬了全世界或者被全世界吞噬了的乡村菜肴——还是在它的诞生地最好吃：拒绝模仿。（见769页）

圣塞瓦斯蒂安（San Sebastián），西班牙 巴斯克文化重镇以很多米其林星级餐厅为荣。（见1154页）

里昂（Lyon），法国 忘掉巴黎吧，法国的美食之都无疑是里昂，这个城市的菜肴以猪肉为主，会让老饕们发狂的。（见449页）

希腊海滨 一边吃烤章鱼一边痛饮乌佐酒——这倒是带走一些卡路里的好方式。（见592页）

伊斯坦布尔，土耳其 烤肉、肉串和丰富多样的开胃菜在这个美食爱好者的天堂等待被品尝。（见1252页）

户外乐趣

博维茨（Bovec）和布莱德（Bled），斯洛文尼亚 东欧的极限运动之都非小小的斯洛文尼亚莫属，在博维茨和布莱德你可以找到从独木舟到急速漂流的所有活动。（见1101页）

骑车环绕卢瓦尔河流域，法国 山谷里每一个河湾都有一座精美绝伦的城堡。（见443页）

全年滑雪，奥地利 在因斯布鲁克（Innsbruck）体验奥林匹克规格的滑雪，这座高山小城被著名的滑雪道环绕。如果你在8月路过此地的话，可去冰川玩速降滑雪。（见88页）

大桥蹦极，波斯尼亚和黑塞哥维那 鼓足勇气，向专业蹦极者学习如何从莫斯塔尔古桥（Stari Most）上安全地一跃而下。（见165页）

雪地摩托和狗拉雪橇，瑞典 以最令人兴奋的方式探索瑞典北部的荒原。（见1212页）

洞穴探险，斯洛伐克 斯洛伐克天堂国家公园（Slovenský Raj National Park）拥有世界上仅有的三个霰石洞穴之一，除此之外还有多布欣斯卡冰穴（Dobsinská Ice Cave）。（见1084页）

铁幕骑行路线 骑行9000余公里，沿着东西欧的旧分界线穿越从俄罗斯至土耳其的20多个国家。

艺术藏品

卢浮宫（Louvre），法国 它不只是巴黎的博物馆，还是世界的博物馆。欧洲乃至世界各地的数量惊人的珍宝会让你眼花缭乱。更好的是，每月的第一个周日免费，对某些年龄段的观众也免

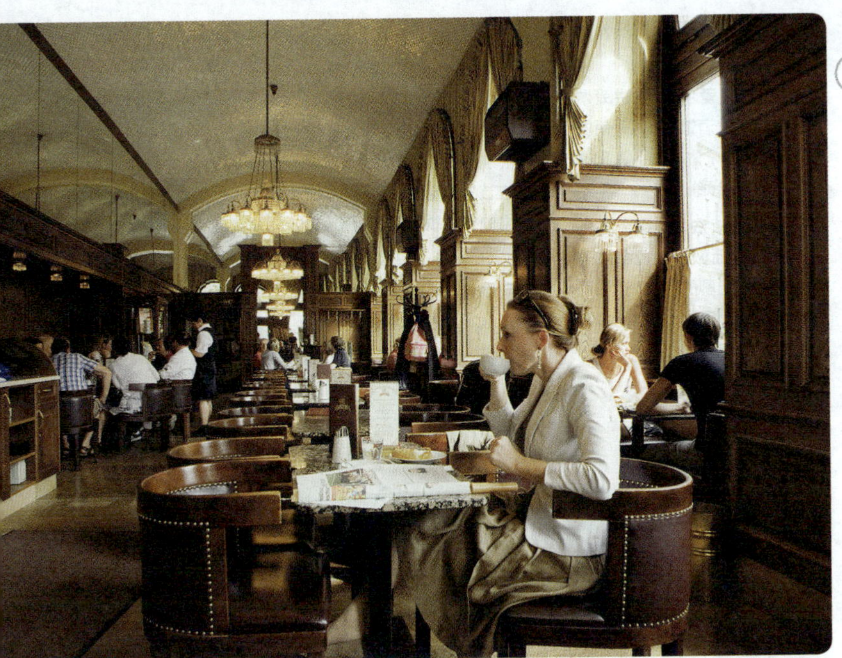

维也纳一家著名的咖啡馆

费。(见411页)

佛罗伦萨(Florence),意大利 从佛罗伦萨大教堂(Duomo)开始,前往乌菲兹美术馆(Uffizi Gallery),然后走过老桥(Ponte Vecchio)——整个文艺复兴的历史都浓缩在一座城市中。(见753页)

冬宫博物馆(Hermitage),俄罗斯 博物馆位于冬宫内,绝对是世界上最好的艺术宝库之一,里面摆满了从埃及木乃伊到毕加索顶级作品的收藏。学生免费,且每月第一个周四免费开放。(见1035页)

凡·高博物馆(Van Gogh Museum),荷兰 尽管凡·高在其动荡的一生中饱受贫穷和精神错乱的折磨,他那无与伦比的作品却在这座阿姆斯特丹的博物馆里大放异彩。(见873页)

马德里,西班牙 普拉多博物馆(Prado)、提森博物馆(Thyssen)和索菲亚王后艺术中心(Reina Sofía)齐聚在艺术的黄金一公里之内,马德里对艺术爱好者来说无疑是欧洲的最佳目的地之一。(见1114页)

音乐

维也纳的国家歌剧院(Staatsoper),奥地利 这座以歌剧、古典音乐为代名词的城市里最重要的音乐场所。(见73页)

柏林,德国 在德国的音乐之都,你可以找到从世界知名的电子音乐到西蒙·拉特尔爵士(Sir Simon Rattle)指挥的柏林爱乐乐团的所有音乐。(见507页)

爱尔兰音乐,爱尔兰 爱尔兰人热爱他们的音乐,有时候一品脱啤酒就能让他们引吭高歌。西海岸的音乐酒吧非常热闹,特别是在戈尔韦(Galway)。(见694页)

法多(Fado),葡萄牙 葡萄牙人喜欢法多悲伤、怀旧的歌曲。去里斯本的阿尔法玛区(Alfama)听葡萄牙传统民谣吧。(见967页)

小号,塞尔维亚 虽然这种狂野的黄铜乐器在每年8月的古查节(Guča)才会四处奏响,但衣衫不整的小号乐队会全年游荡在塞尔维亚的许多城镇。要是你听见小号声,就跟上去。(见1049页)

塞维利亚(Seville),西班牙 没有什么音乐能像热情奔放的弗拉明戈那样体现一个国家的精神,位于安达卢西亚的这座城市就是西班牙音乐之都。(见1170页)

咖啡馆和酒吧

维也纳咖啡馆,奥地利 几十年未曾改变,充满了精致的气息,

可以停下来喝一杯恰到好处的咖啡。（见72页）

爱尔兰酒馆，爱尔兰 走进爱尔兰的任何一家酒馆，加入开朗友好的当地人中，体验一下真正的文化。（见672页）

巴黎咖啡馆，法国 哪个更俗气——熟练而傲慢的巴黎服务生还是故作无聊的客人？也许两者皆是，而我们说什么也不会错过。（见407页）

阿姆斯特丹的小屋，荷兰 荷兰人将它们称作“棕色咖啡屋”，因为一批又一批的吸烟者在墙上留下了烟草熏染的颜色，但是它们应该被描述为“舒服”，因为这里的气氛很温馨友好。（见871页）

证交所咖啡馆，比利时 布鲁塞尔大多数标志性的咖啡馆距离这座城市的证券交易所都只有几步之遥，而且都是品尝该国种类丰富的啤酒的好地方。（见122页）

布达佩斯的废墟小酒馆，匈牙利 所谓的“废墟小酒馆”实际上是在废弃建筑中兴起的酒吧，在夏天是很受欢迎的季节性户外场所，只有布达佩斯才有。（见626页）

每月热门

最佳节庆

狂欢节，意大利 2月

格拉斯顿伯里音乐节，英国 6月

罗斯基勒音乐节，丹麦 6月

爱丁堡国际艺术节，苏格兰 8月

慕尼黑啤酒节，德国 9月

1月

天气寒冷，大多数城镇几乎没有游客，酒店的价格是最低的时候。前往东欧的滑雪胜地价格实惠，波斯尼亚和保加利亚是你最好的选择。

基律纳冰雪节，瑞典

1月的最后一个周末是拉普兰(Lapland)的冰雪节(Kiruna Snöfestivalen; www.snofestivalen.com)，这里的雪雕比赛吸引了来自欧洲各地的艺术家。还有狗拉雪橇比赛和手工艺品展览会。

库斯滕多夫电影和音乐节，塞尔维亚

塞尔维亚导演埃米尔·库斯图里卡（Emir Kusturica）在塞尔维亚兹拉蒂博尔（Zlatibor）附近的木头村（Drvengrad）创立并策划了这个国际性的独立电影节（Küstendorf Film & Music Festival; http://kustendorf-filmandmusicfestival.org），它摒弃了明星走红地毯的传统，代之以像追逐"金蛋"奖这样的怪异举动。

2月

2月的天主教地区到处弥漫着狂欢节的疯狂。参加化装舞会、街头的节日和酒神节，会使你忘记冰冷的天气。你可以期待在这里收获陌生人之吻。

狂欢节，荷兰

马斯特里赫特（Maastricht）七旬斋的狂欢比欧洲北部任何地方都热闹。当荷兰其他地方的人都希望运河结冰，可以滑冰的时候，这里已经在庆祝狂欢节了，这足以让它从前的罗马居民感到自豪。

狂欢节，意大利

圣灰星期三之前，威尼斯便成了疯狂面具之都（www.venice-carnival-italy.com）。传承了几个世纪古老传统的化装舞会让这座充满历史传奇的老城焕发生机。即使没有受到邀请，你也一样会被卷进去。

狂欢节，克罗地亚

来里耶卡（Rijeka）吧，这里有绚丽多彩的服装和日夜不停的狂欢。狂欢节是一年中最欢乐的日子（www.Rijecki-karneval.hr）。扎达尔（Zadar）和萨莫博尔（Samobor）也庆祝狂欢节，届时有街头舞蹈、音乐会和假面舞会。

狂欢节，德国

德国的七旬斋狂欢不逊于邻国。狂欢节主要在传统天主教区庆祝，包括巴伐利亚（Bavaria）、莱茵河畔，尤其是科隆（Cologne; www.koelnerkarneval.de/en/cologne-carnival）。

3月

3月，欧洲南部迎来了春天。欧洲大陆北部虽然大多数时候天气晴朗，却依旧寒气逼人。

跳台滑雪世界杯，斯洛文尼亚

这场激动人心的国际

赛事(Ski-Jumping World Cup; www.planica.si)于3月的第3个周末在全世界最大的滑雪跳台山丘——Kranjska Gora附近的Rateče的普拉尼卡山谷(Planica Valley)举办,绝对让人肾上腺素飙升。

圣帕特里克节,爱尔兰

3月17日,爱尔兰的大城小镇都会举行游行,庆祝圣帕特里克节(St Patrick's Day),纪念他们的守护神。当在其他地方这一天已然成为生啤的商业促销活动时,在圣帕特里克的家乡,这是与家人、朋友一起游行和庆祝的美好时光。

布达佩斯春季艺术节,匈牙利

布达佩斯春季艺术节(Budapest Spring Festival)在每年3月下旬举行,持续两周,是欧洲顶级古典音乐盛事之一(www.springfestival.hu)。届时,在宏伟的教堂、歌剧院及国家剧院等场馆都会举行音乐会。

4月

4月,春天来临,从荷兰风光旖旎的郁金香花田到西班牙花繁叶茂的果园,真是一片万紫千红的景象。此时正是在欧洲最南端的海滩沐浴阳光的最佳时机。

圣周,西班牙

圣周(Semana Santa; www.semana-santa.org)期间,西班牙会有忏悔者和圣像游行,尤其是塞维利亚。成千上万的教徒穿着传统的装束游行,还会吸引成千上万的观众。你可以找找尖尖的capirotes帽(一种风帽)。

圣周,意大利

意大利通过游行和耶稣受难复活剧来庆祝圣周(Settimana Santa)。在圣周四那天,罗马云集了虔诚的教徒,甚至那些不信教的人都被成千上万蜂拥至梵蒂冈和圣彼得大教堂(St Peter's Basilica)的信徒所感动。

希腊复活节,希腊

希腊正教历法中最重要的节日,它更强调耶稣的复活,因此值得庆祝。最重要的时刻便是复活节的午夜,那时人们点亮蜡烛,燃放焰火,街上全是游行队伍。

4月节,西班牙

把风帽摘掉!4月节(Feria de Abril; http://feriadesevilla.andalunet.com)在4月底的塞维利亚举行,持续一周,其节日气氛一点也不逊于复活节。塞维利亚风光旖旎,在温暖的长夜,古老的广场上热闹非凡,这是西班牙闻名于世的盛典。

国王节,荷兰

4月27日,荷兰举国欢庆这一节日[Koningsdag (King's Day)],阿姆斯特丹尤为热闹,人们穿着橘黄色的衣服,戴着非洲式发型的假辫子,喝着啤酒,脸上画着油彩,小伙子们穿着皮衣,有临时过山车可以玩,总之,全民狂热。

5月

5月通常阳光烂漫,温暖和煦,总有做不完的事情,是旅行的最佳时节。此时天气不热,游客也不多,但是一些著名的旅游目的地仍会比较拥挤。

文化狂欢节,德国

这个充满欢乐的街头狂欢节(Karneval der Kulturen; www.karneval-berlin.de)用派对、全球小吃及盛装舞者、DJ、艺术家和音乐人的游行等打造出柏林的多元文化氛围。

啤酒节,捷克

布拉格的啤酒节(Beer Festival; www.ceskypivnifestival.cz)深得游客们的青睐。从5月中旬到5月底的节日期间,会提供大量食物和音乐,最重要的是,还有从全国各地运来的大约70种啤酒。

布鲁塞尔爵士马拉松,比利时

5月的倒数第二个周末,布鲁塞尔的爵士乐表演昼夜不停(Brussels Jazz Marathon; www.brusselsjazzmarathon.be)。在这个国际化城市最快乐的节日里,萨克斯是最佳乐器。

焚缎带节,葡萄牙

科英布拉(Coimbra)的年度最大亮点便是节日里为期一周的法多音乐狂欢,开始于5月的第一个周四,那是学生们庆祝学年结束的日子。

6月

虽然夏季旅游旺季还没有

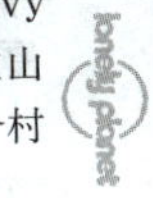

到来，但是此时，太阳已经冲破云层，欧洲大陆的天气通常都很棒。

圣约翰节，葡萄牙

圣约翰节（Festa de São João）期间，葡萄牙第二大城市波尔图（Porto）有精心策划的游行，众多广场有现场音乐表演，到处都是狂欢者。吱吱作响的塑料锤随处可以买到——这里有个不同寻常的习俗，人们会用塑料锤击打其他人，这可是公平竞赛。

欧洲北部的白夜

6月中旬的夜晚，波罗的海的太阳刚好落到地平线下，将天空染成了灰白色，当地人将日常杂务抛诸脑后，尽情玩乐。要观赏落日，俄罗斯的圣彼得堡（St Petersburg）是最佳之选，那里彻夜举行舞会、古典音乐会和其他夏日活动，气氛十分热烈。

格拉斯顿伯里音乐节，英国

这个镇上朝气蓬勃的夏日盛会（Glastonbury Festival; www.glastonburyfestivals.co.uk）持续一个长周末，涵盖音乐、戏剧和新时代恶作剧。它是英格兰最受人喜爱的户外盛事，超过10万人聚集在Pilton's（Worthy）Farm的草地上（或泥潭里）。

罗斯基勒音乐节，丹麦

这是欧洲北部最盛大的音乐节（Roskilde Festival; www.roskilde-festival.dk），每年夏天举办。它虽然在6月底举行，但在前一年的12月就开始售票了，到最后总是一票难求。

圣安东尼节，葡萄牙

6月12日至13日，里斯本的阿尔法玛（Alfama）举行宴会、酒会和舞会来纪念圣安东尼（St Anthony），将为期3周的里斯本庆典（Festas de Lisboa; http://festasdelisboa.com）推向高潮，届时会组织游行和几十场街头派对。

希腊艺术节，希腊

一年一度的希腊艺术节（Hellenic Festival）是雅典重要的文化盛事，届时，埃皮达鲁斯（Epidavros）的古老剧院和阿提库斯剧院（Odeon of Herodes Atticus）最热闹（www.greekfestival.gr）。节日从6月中旬开始，一直持续到8月，届时有音乐、舞蹈、戏剧和其他演出。

7月

欧洲最热闹的旅行月份之一，户外咖啡馆、啤酒花园、海滩俱乐部遍地开花。无论到哪里，你都能感受到舒适甚至有些潮湿的天气。

欧洲超级电子音乐节，克罗地亚

这个为期3天的电子音乐节（Ultra Europe）在斯普利特（Split）的Poljud Stadium举办（www.ultraeurope.com），包括一场盛大的海滩派对。

Východná，斯洛伐克

斯洛伐克首屈一指的民间节日（www.festivalvychodna.sk）在上塔特拉山（High Tatras）下的一个村庄举行。

锡耶纳赛马节，意大利

锡耶纳（Siena）一年一度的盛典是锡耶纳赛马节（Il Palio; 7月2日和8月16日; www.thepalio.com）。在这个节日中，骑手们骑着无鞍马绕着Il Campo露天广场比赛。锡耶纳分为17个区，其中的10个区会激烈地争夺锦旗（palio），引爆全城的情绪。

Paléo Festival，瑞士

在小镇尼翁（Nyon）举办的这场盛大的音乐节（http://yeah.paleo.ch）共有超过250场演出和音乐会。

奔牛节，西班牙

奔牛节持续一周，在潘普洛纳（Pamplona）举行，每天的中心事件便是奔牛[Sanfermines（Running of the Bulls; www.bullrunpamplona.com）]。届时，什么事都可能发生，但是牛往往没有好下场。奔牛节开始的两天前，以反对斗牛比赛为宗旨的裸奔（www.runningofthenudes.com）便开始了。

巴士底日，法国

7月14日巴士底日（Bastille Day）是法国国庆节，届时，法国的每个城镇都会庆祝，有烟火、舞会、游行，当然也会有美食和美酒。来参加这场爱国盛典吧。

☆ 出口音乐节，塞尔维亚

东欧被谈论最多的音乐节（EXIT Festival; www.exitfest.org），在塞尔维亚的第二大城市诺维萨德（Novi Sad）的Petrodvaradin Fortress内举行。要提早预订，因为这一国际盛事会吸引欧洲各地的音乐爱好者前来。

☆ 根特节，比利时

根特节（Gentse Feesten）为期10天，届时会有音乐和戏剧表演，它的亮点在于被称为"10日假"的电子音乐盛会（www.gentsefeesten.be）。

中世纪艺术节，罗马尼亚

届时，罗马尼亚的美丽城市锡吉什瓦拉（Sighişoara）会举行露天音乐会、游行和纪念仪式，尽显中世纪特兰西瓦尼亚的辉煌，这个小镇仿佛被带入了12世纪的奇幻世界。

☆ 巴让特露天音乐节，斯洛伐克

斯洛伐克最大的音乐节（Bažant Pohoda; www.pohodafestival.sk），包括从民谣音乐、摇滚乐到管弦乐等各种不同类型的音乐，在8个舞台表演。它被公认为欧洲最大和最好的夏季音乐节。

阿姆斯特丹同性恋自豪日，荷兰

7月底举行，是欧洲最棒的同性恋节之一（Amsterdam Gay Pride; www.amsterdamgaypride.nl）。阿姆斯特丹是2016年欧洲自豪日（www.europride.com）的举办地。

8月

欧洲传统的度假月份，大家都跟自己的另一半出门了，此时一半的欧洲停摆。如果去海滩，从德国的波罗的海到西班牙的巴利阿里群岛，天气都闷得很，而且只能用一个字形容：热！

☆ 萨尔茨堡艺术节，奥地利

这是奥地利最著名的古典音乐节（Salzburg Festival; www.salzburgfestival.at），从7月下旬一直持续到8月末，会有许多国际大腕到来。在你身旁品着红酒的彬彬有礼的人，很可能就是某个著名的大提琴演奏家。

☆ 苏黎世街头游行，瑞士

苏黎世放下身段迎接盛大的高科技音乐聚会和游行（Zürich Street Parade; www.street-parade.ch）。就连银行家们都把满脑子的账目丢开，跑去狂欢聚会。在这座平日拘谨刻板的城市里，此时耳畔尽是"嘭、嘭、嘭"的节奏声。

诺丁山狂欢节，英国

这是欧洲最大、伦敦最火爆的户外狂欢节（Notting Hill Carnival; www.thenottinghillcarnival.com），伦敦的加勒比社区将向人们展示如何狂欢。美食和乐趣仅仅是为期两天的多元文化盛大庆祝活动的一部分。

☆ 爱丁堡国际艺术节，英国

艺术节（Edinburgh International Festival; www.eif.co.uk）届时会有新颖的戏剧、喜剧、舞蹈、音乐和各种表演，历时3周。其中有两周正好是爱丁堡艺穗节（Fringe Festival; www.edfringe.com），吸引了世界各地的创新表演，你会看到超乎想象的新潮演出。

☆ 古查狂欢节，塞尔维亚

古查（Guča）的德拉加策沃小号节（Dragačevo Trumpet Assembly; www.guca.rs）是东欧最激动人心和古怪的盛事之一。成千上万的狂欢者来到这个塞尔维亚小镇，度过震耳欲聋、狂热的4个狂欢日。

☆ Sziget音乐节，匈牙利

这个超值的世界级音乐节（www.sziget.hu）在布达佩斯举行，历时一周。来自世界各地的乐队在60多个场馆演出，是此节日的一大特色。

9月

此时，无论是欧洲北部的国家，还是始于伊维萨岛（Ibiza）舞池中的浪漫故事，一切都趋于平静。这或许是游览欧洲的最佳时机：天气还不错，游客也慢慢少了。

☆ 威尼斯国际电影节，意大利

威尼斯国际电影节（Mostra del Cinema di Venezia; www.labiennale.org）是意大利最盛大的电影节，也是世界顶级独立电影节之一。从这里的评判标准

可以看出来年奥斯卡奖的端倪。

慕尼黑啤酒节，德国

尽管被称为“10月节”，在慕尼黑举办的这个传奇般的德国啤酒派对（Oktoberfest; www.oktoberfest.de）始于9月中旬，结束于10月的第一周。届时，上百万人一起开怀畅饮，这种体验真是无与伦比。如果你没有提前计划好，你就得睡在奥地利了。

德沃夏克之秋，捷克

这个古典音乐节（Dvořák Autumn; www.kso.cz/en）纪念的是捷克最受欢迎的音乐家安东·德沃夏克（Anton Dvořák），在温泉镇卡罗维发利（Karlovy Vary）举行，持续3周多。

圣梅尔塞节，西班牙

圣梅尔塞节（Festes de la Mercè）是巴塞罗那一年一度的盛会，在9月24日前后举行。这座城市最大的庆典为期4天，届时有音乐会、舞会、叠罗汉和烟火表演，还有龙和怪物的喷火表演。

10月

10月是另一个游览欧洲的好时机——几乎所有的景点都没有关闭，但价格低了，游客少了。欧洲北部的天气无法预测，甚至会异常寒冷。

皇后大学艺术节，英国

这是英国第二大艺术节（www.belfastfestival.com），于10月下旬或11月上旬在贝尔法斯特（Belfast）皇后大学及周边举行，历时3周，是这座城市展示其坚韧不拔的精神、庆祝其知识性和创造性的时机。

葡萄酒节，摩尔多瓦

摩尔多瓦的酒文化民俗表演吸引了众多品酒行家，还有那些希望不虚度摩尔多瓦在节日期间10日免签好时光的人。

11月

此时，欧洲大部分地区树叶已落，白雪将至。甚至在地中海周边的温带地区，天气也会变得寒冷，阴雨绵绵。大多数季节性景点已经关闭，以待来年。

盖伊·福克斯之夜，英国

在11月5日盖伊·福克斯之夜（Guy Fawkes Night），整个英国大地燃起了篝火和焰火，以庆祝17世纪曾挫败的炸毁国会大厦的阴谋。登上伦敦的高处，去欣赏漫天的美丽焰火吧。

冰岛电波音乐节，冰岛

来雷克雅未克参加这场伟大的音乐节吧，这是冰岛本国和全球音乐人共同的盛事（Iceland Airwaves; www.icelandairwaves.is）。

12月

12月的欧洲很神奇。圣诞节的装饰点亮了幽暗的街道。大部分地区都很寒冷，如果你避开圣诞节和新年前夕，旅游价格会低得惊人。

圣诞节，意大利

在圣诞节（Natale）前夕，意大利各大教堂会搭建精致的马槽或者是presepe（耶稣出生的场景）。其中一些很著名，绝大多数是艺术品，而且很多都可以追溯到几百年前，作为人们之间的精神纽带而受到尊崇。

圣诞节，东欧

圣诞节在东欧有不同的庆祝方式，大部分国家用丰盛的晚餐和子夜弥撒来庆祝平安夜（12月24日）。在俄罗斯、乌克兰和白俄罗斯，人们按照格里高利历，在1月庆祝圣诞节。

圣诞集市

12月，全欧洲都会举办圣诞集市，德国、奥地利、斯洛伐克和捷克举办的尤其不错。最负盛名的圣诞集市位于纽伦堡（Christkindlmarkt）和维也纳。戴上手套，捧一杯热红酒来温暖双手，再去探知集市的与众不同吧。斯洛伐克的圣诞集市被认为是欧洲最好的，而且还能品尝蜂蜜酒（medovina）和土豆饼（lokše）。

关于欧洲大陆圣诞集市的更多信息，见www.christmasmarkets.com。

旅行线路

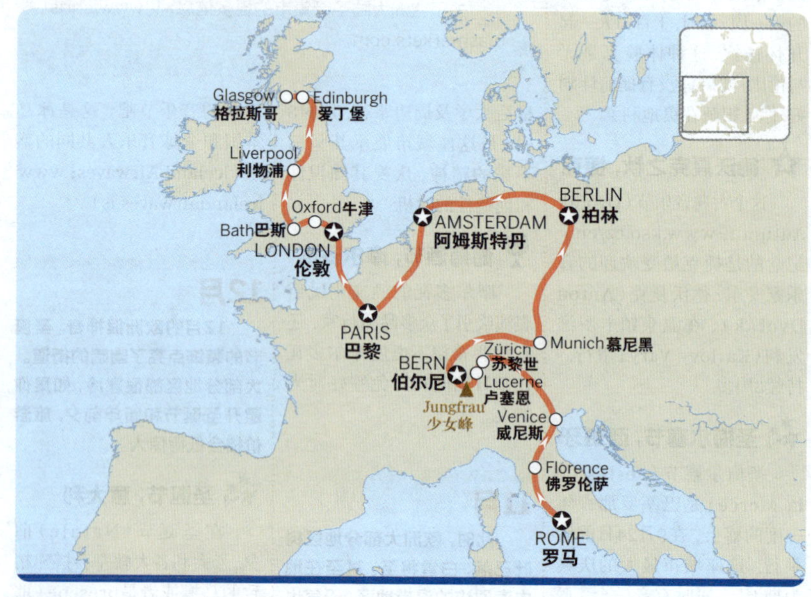

6周 初次来欧洲

这条线路包含6个欧洲标志性的国家，对于任何一个初次来欧洲的游客都是精华——每个国家都有世界闻名的景点，给人难以忘怀的体验。

首先去古老的**罗马**，梵蒂冈和古罗马斗兽场的所在地。接着，向北去**佛罗伦萨**，它就像一颗来自文艺复兴的时间胶囊，然后沿着**威尼斯**的运河徜徉。继续前行，来到瑞士的湖滨城市**苏黎世**，接着是迷人的**卢塞恩**或**伯尔尼**，然后再乘坐火车前往**少女峰**地区去看阿尔卑斯山。

下一站是德国，无论是不是啤酒节期间，**慕尼黑**都是值得停留的一站。接下来是享乐主义者的**柏林**，在那里能看到柏林墙的遗迹。

接下来去**阿姆斯特丹**待两三天，欣赏凡·高和伦勃朗的杰作，并沿着运河漫步。然后继续旅程，来到**巴黎**参观令人眼花缭乱的卢浮宫、埃菲尔铁塔和凡尔赛宫。

然后，乘欧洲之星列车去**伦敦**，领略丰富多彩的名胜古迹，享受美食、美酒和夜店。之后向西参观巨石阵及拥有悠久历史的**牛津**和**巴斯**，再转向北面的**利物浦**。最后去苏格兰结束你的旅程，游览**爱丁堡**的老城和新城，以及多变的**格拉斯哥**。

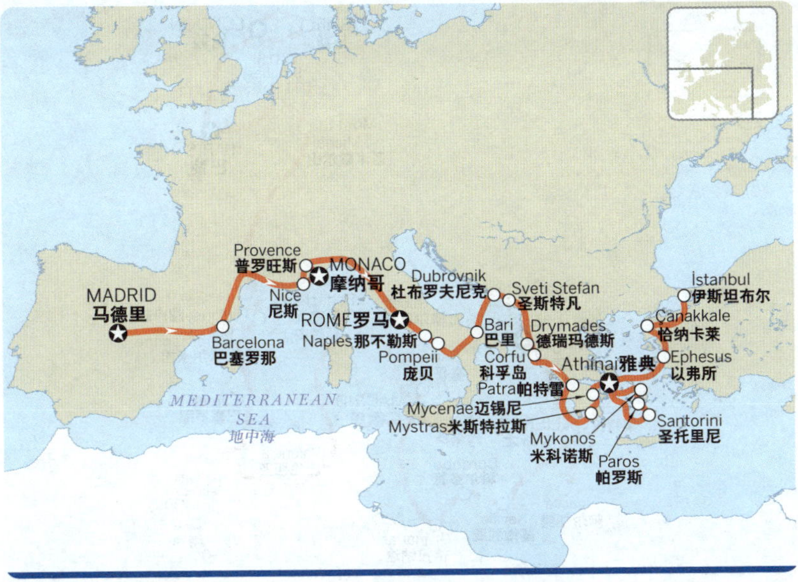

MADRID 马德里
Barcelona 巴塞罗那
Provence 普罗旺斯
Nice 尼斯
MONACO 摩纳哥
ROME 罗马
Naples 那不勒斯
Pompeii 庞贝
Bari 巴里
Dubrovnik 杜布罗夫尼克
Sveti Stefan 圣斯特凡
Drymades 德瑞玛德斯
Corfu 科孚岛
Patra 帕特雷
Mycenae 迈锡尼
Mystras 米斯特拉斯
Athínai 雅典
Mykonos 米科诺斯
Paros 帕罗斯
Santorini 圣托里尼
Ephesus 以弗所
Çanakkale 恰纳卡莱
İstanbul 伊斯坦布尔
MEDITERRANEAN SEA 地中海

欧洲地中海沿岸游

认为欧洲没有海滩景点？再好好想想，这里不仅有许多海滩，漫步在南部海岸线，你还会发现许多特色文化。

飞往西班牙首都**马德里**，花一两天时间欣赏它的美术馆，品味这里的酒吧和美食。然后回应地中海的召唤，乘坐火车前往**巴塞罗那**，亲身体会高迪之城的海滩神韵，还有兰布拉大道和毕加索博物馆。之后穿越边境进入法国，沿着蓝色海岸的沙滩前行，在**尼斯**停下，那里有棕榈成行的海滨，然后沿着蜿蜒的滨海道路抵达令人陶醉的**摩纳哥**。别忘了在内陆的**普罗旺斯**的美丽村庄中待一两天。

返回尼斯，乘火车去具有历史气息的**罗马**。继续向南，到充满活力的**那不勒斯**，看一看命运多舛的**庞贝**，探索漂亮的阿马尔菲海岸。之后横贯意大利来到**巴里**，从此地可以乘轮渡经过亚得里亚海到达克罗地亚的明珠**杜布罗夫尼克**，在这里你会找到大理石街道、巴洛克式建筑和壮观的城墙。

乘坐长途汽车向南穿过黑山和阿尔巴尼亚。这两个地方虽然鲜为人知，却是欧洲的瑰宝。黑山风景如画的岛屿**圣斯特凡**和阿尔巴尼亚**德瑞玛德斯**的白色新月沙滩都值得停留。

接下来是希腊的爱奥尼亚诸岛，其中最棒的是**科孚岛**。从那里乘轮渡来到**帕特雷**，然后绕个大圈子到伯罗奔尼撒：搭乘长途汽车去拜占庭的如画城市**米斯特拉斯**和历史重镇**迈锡尼**，以及古老的**雅典**。继续旅程，前往希腊的主要港口比雷埃夫斯，从那里出发去梦幻的基克拉泽斯群岛上探险，其中包括精致的**米科诺斯**、悠闲的**帕罗斯**和藏有火山的**圣托里尼**。在希腊岛屿尽兴后，从多山、草木繁茂的萨摩斯岛乘船前往土耳其港口库沙达瑟。

前去参观古老的**以弗所**，它是现存最伟大的古希腊-罗马时代城市之一。然后搭乘长途汽车，沿着爱琴海海岸去参观特洛伊古迹和**恰纳卡莱**，这个港口城镇是造访加里波利半岛的基地。在美丽迷人而又混乱无序的**伊斯坦布尔**结束旅程：结束参观后，你总能找到一家土耳其浴室放松身心。

4周 从伦敦奔向阳光

这条旅游线路真是两全其美，从繁华大都市伦敦和巴黎开始，沐浴在西班牙和葡萄牙的阳光里结束。

在**伦敦**享受几天，参观那里的博物馆、画廊，逛逛商场和夜店。然后乘火车去**巴斯**，欣赏古罗马和乔治亚时代的建筑及温泉浴室。返回伦敦，搭乘欧洲之星前往浪漫的**巴黎**。领略了这座城市的文化景点和美食后，可以去巴约北边的**登陆日海滩**及**圣米歇尔山**的地标性修道院，这座壮观的修道院在一座孤零零的岩石岛屿上直入云霄。

乘坐火车向南，在生机勃勃的**图卢兹**下车。绕道前往童话式的要塞城市**卡尔卡松**。之后进入西班牙，在超酷的**巴塞罗那**稍作停留，在那里你可以大快朵颐传统的加泰罗尼亚美食，也可以尝试更新潮的西班牙菜。有定期轮渡从巴塞罗那开往**巴利阿里群岛**，你可以在海滩上放松，在马略卡岛的山上徒步，或者在伊维萨岛上享受派对。然后返回大陆上的港口**巴伦西亚**，那里有很棒的夜生活，以及建筑令人惊叹的艺术科学城。

向北去往巴斯克海滨度假胜地**圣塞瓦斯蒂安**，那里有丰富的美食，然后去**毕尔巴鄂**的古根海姆博物馆。再向南拐，直奔充满活力的**马德里**，那里有全欧洲最棒的画廊和酒吧。从马德里出发，可以去摩尔人的**托莱多**和迷人的**塞哥维亚**一日游。

向南来到**格拉纳达**，探索精美的伊斯兰城堡阿兰布拉宫。继续你的安达卢西亚之旅，看看**科尔多瓦**的清真寺，然后去**塞维利亚**跳起弗拉明戈舞。搭乘长途汽车前往葡萄牙位于山腰的迷人首都**里斯本**，在阿尔法玛路灯照射下的小巷里听法多。还可去**辛特拉**树木茂盛的小山，那里有童话般的城堡和花园。继续向北到达被列入世界遗产名录的城市**波尔图**，你可以步行游览，还可以去**佩内达-热尔国家公园**徒步，那里的景色自从12世纪葡萄牙建立以来几乎就没有变过。再回到南边的旅游城市**阿尔加维**，沿岸的火车之旅很美，你可以在沿途的漂亮小镇塔维拉和拉古什稍作停留。

上图: 伯尔尼（见1229页），瑞士
下图: 哥本哈根（见343页），丹麦

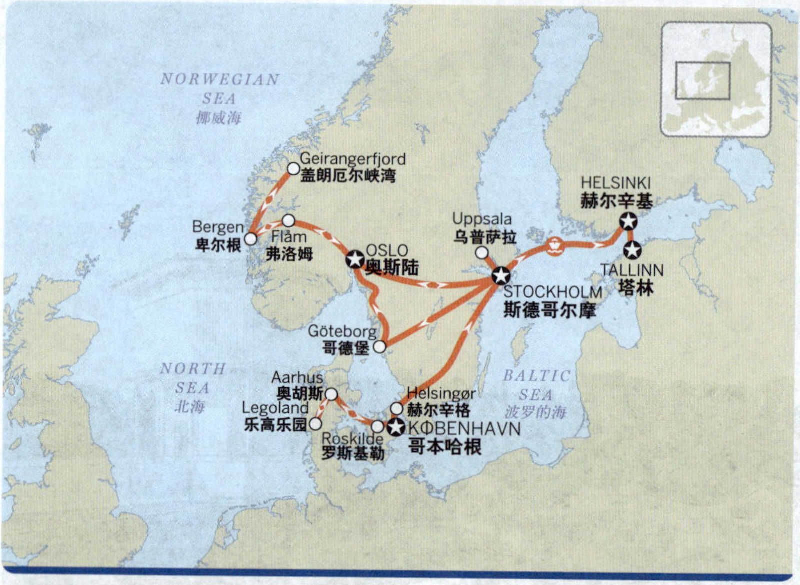

斯堪的纳维亚亮点

这趟斯堪的纳维亚经典之旅3周就够了，不过你很难不在这些迷人的国家里多待几天。如果有多余时间的话，你可以细细地品味它们，也可以去些更安静的地方。

首先去丹麦的首都**哥本哈根**，欣赏那里美丽的海滩，参观著名的博物馆，享受世界顶级美食。从哥本哈根出发一日游，去**罗斯基勒**参观教堂和维京海盗船博物馆，去**赫尔辛格**参观“哈姆雷特城堡”克龙堡宫。丹麦的第二大城市是**奥胡斯**，但它的时髦程度绝不逊色，奥胡斯现代艺术博物馆拥有9层顶级艺术展品，这里还有丹麦最大的旅游景点：**乐高乐园**。

乘坐火车前往迷人的**斯德哥尔摩**。瑞典的首都建在14座岛屿上，其中，老城区是斯德哥尔摩最古老也最美丽的部分。别忘了去附近的大学城、瑞典的精神之都**乌普萨拉**住一晚。瑞典的第二大城市、创造力十足的**哥德堡**，拥有有趣的画廊和博物馆。孩子们会对斯堪的纳维亚半岛上最大的游乐园Liseberg兴奋不已，从**奥斯陆**坐长途汽车过来需要3.5小时。在奥斯陆，你可以在极好的环境下欣赏蒙克的作品。挪威首都拥有许多博物馆和画廊，以及地标性的奥斯陆歌剧院，这座歌剧院也是奥斯陆庞大的水滨再开发项目的中心。

从奥斯陆出发，你可以沿时间漫长但风景优美的“挪威缩影”航线，花一天的时间到达**弗洛姆**，乘坐驶在世界上最陡峭的铁路上的火车——没有缆绳或齿轮。接下来沿着壮观的松恩峡湾——挪威最深的峡湾，岩壁高耸于水面之上1000米——乘船和长途汽车前往**卑尔根**。从缆车上欣赏这座可爱的城镇，探索码头周围布吕根区的历史建筑。从卑尔根出发，去附近连绵20公里的翠绿的**盖朗厄尔峡湾**，它是斯堪的纳维亚最壮观的景点之一，还被联合国教科文组织列入了世界遗产名录。

返回斯德哥尔摩，进行环波罗的海之旅。第一站是古怪且充满设计感的**赫尔辛基**，这里是探秘芬兰自然之美的理想基地。不要错过世界遗产芬兰堡，它坐落在一片密集的小岛上，彼此之间有桥梁连接。在迷人的爱沙尼亚首都**塔林**结束你的旅程，它的旧城遍布角楼和尖塔，蜿蜒的街道纵横交错。

上图：塔林（见367页），爱沙尼亚
下图：斯德哥尔摩（见1197页），瑞典

4~8周 从阿尔卑斯山到伊比利亚半岛

如果你热爱群峰环绕的蓝色湖边风光旖旎的小镇，那么此次旅途必定无比愉悦，还有许多徒步或滑雪的机会。

先在优雅之城**维也纳**的多瑙河上游览几天，在这里你可以游览哈布斯堡王朝的宫殿霍夫堡、世界级的博物馆及这座城市传奇的咖啡馆。接着去斯洛文尼亚，可停留在翠绿的**布莱德湖**和附近开发程度低得多、背倚斯洛文尼亚阿尔卑斯山的**波希涅湖**。两个地方都很适合户外活动，有划皮划艇、骑山地自行车和徒步的机会。

返回奥地利，花两三天时间探索萨尔茨卡默古特美丽的湖泊和崎岖的山峰。不要错过可以印在明信片上的湖滨城镇**哈尔施塔特**。

巴伐利亚童话式的**新天鹅堡**是下一站。然后可以到附近的**慕尼黑**畅饮啤酒，那里有传统和当代德国的精华。

之后奔向瑞士，花几天时间领略壮观的**瑞士阿尔卑斯山**。拜访常常被忽视的瑞士首都**伯尔尼**或者复杂精致的**苏黎世**。乘火车登上少女峰（这是欧洲最高的火车站），然后下山去可爱的**卢塞恩**，糖果色的房屋倒映在深蓝色的湖水中。

进入意大利，游览**多洛米蒂山脉**参差交错的群峰，那里有很多滑雪度假村。接着前往法国的**霞慕尼**——探秘勃朗峰的最佳基地。然后就到了应该在蓝色海岸享受咖啡、葡萄酒和阳光的时候了。途经**摩纳哥**时，你可以幻想自己化身詹姆斯·邦德，在蒙特卡洛赌场大显身手；也不要错过华美的**尼斯**，它是里维埃拉的明珠。

西班牙最令人激动的两大城市**巴塞罗那**和**马德里**在召唤，等待你的是无穷的景点、餐厅、酒吧和夜店。再从这里向南去参观**格拉纳达**漂亮的摩尔人建筑阿兰布拉宫，游览**科尔多瓦**惊人的清真寺。

最后，前往葡萄牙迷人的首都**里斯本**，那里有狭窄的鹅卵石街巷、哐啷作响的亮黄色电车和被灯光照亮的老城区。一定要在水边的贝伦区品尝一份奶油蛋挞。

上图: 新天鹅堡（见527页），德国
下图: 哈尔施塔特（见87页），奥地利

RUSSELL MOUNTFORD/GETTY IMAGES ©

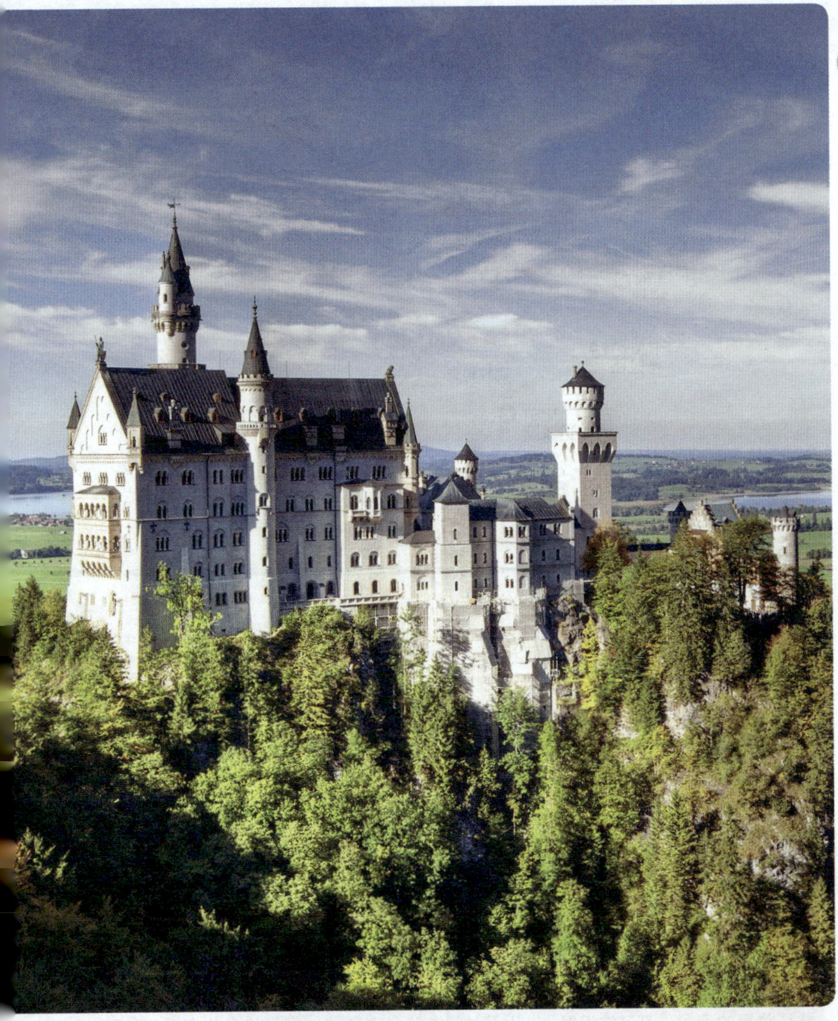

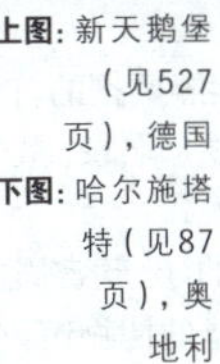

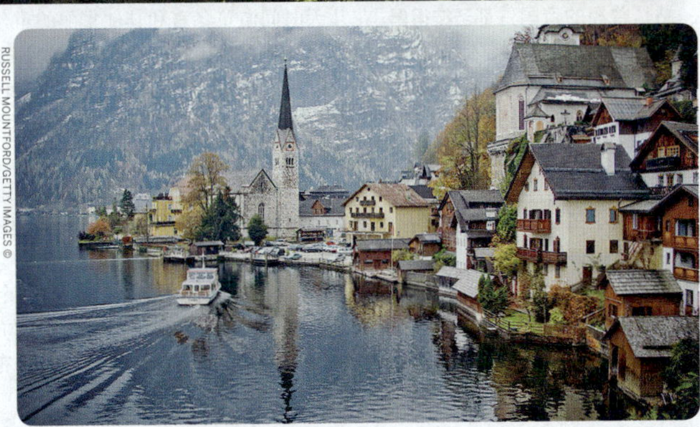

4周 今日东欧

忘了20世纪90年代初“东欧阵营”那严肃古板的模样吧，东欧如今是全世界最具活力、变化最快的地方。

起点自然是曾经一分为二的**柏林**，如今它是名副其实的音乐、艺术和夜生活圣地。从国会大厦到大屠杀纪念馆和查理检查站，每个地方都在讲述厚重的历史。

然后前往波兰首都**华沙**，一座历经苦难、如今却生机勃勃的城市；还有美丽动人的**克拉科夫**，这座保存得惊人完好的皇家都城奇迹般地未被“二战”炮火摧毁。最引人注目的是壮观的瓦韦尔城堡和大教堂，以及主广场，后者是欧洲最大的中世纪城镇广场。

接下来是立陶宛首都**维尔纽斯**，一座令人意想不到的波罗的海巴洛克之城，有遍布鹅卵石街巷和教堂尖塔的旧城区。然后再去拉脱维亚拥有新艺术风格建筑群的**里加**。在爱沙尼亚的技术爱好者之都**塔林**逗留一两日，这座城市有令人难忘的中世纪老城区。之后挺进俄罗斯，第一站是曾经的帝国首都**圣彼得堡**，花几天时间游览冬宫和其他华丽的重建宫殿。乘坐火车前往现代大都市**莫斯科**，宏伟的克里姆林宫及毗邻的红场一定能让你心生敬畏。

乘火车前往白俄罗斯的**明斯克**，探究历史。然后继续前往乌克兰，在它熙熙攘攘的首都**基辅**待几天，它曾经是苏联令人较愉快的大城市之一，然后将它与被列入世界遗产名录、散发着中欧魅力的**利沃夫**比较一下。

进入罗马尼亚，直奔**特兰西瓦尼亚**。在**布兰**的“吸血鬼”城堡里磨尖你的牙，欣赏周边迷人的古老小镇。罗马尼亚充满活力的首都**布加勒斯特**是下一站，那里有很不错的博物馆、公园和时尚咖啡馆。

乘坐火车，翻山越岭来到保加利亚最可爱的城市**大特尔诺沃**。前往令人放松的首都**索非亚**，然后乘坐火车去活力四射的塞尔维亚首都**贝尔格莱德**。踏上返回柏林的路程，中途路过**布达佩斯**，在那里泡一泡温泉浴池，众多小酒馆和酒吧都有派对等你来玩；**布拉格**也不可错过，它有东欧城市最令人惊叹的建筑。

lonely planet

在路上

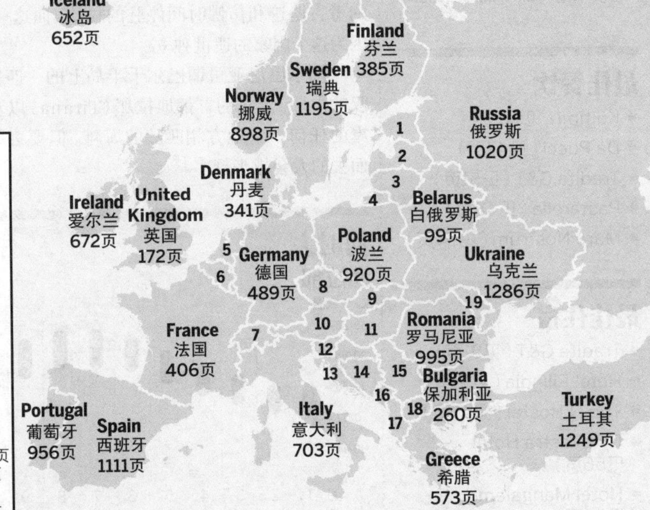

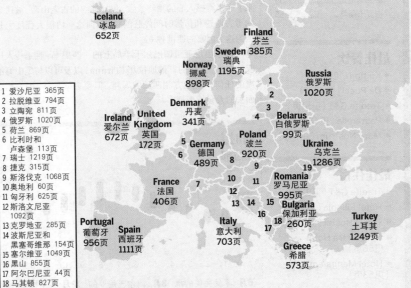

阿尔巴尼亚

包括 ➡

为何去

阿尔巴尼亚拥有如此丰富的自然美景，以至于你可能会好奇为什么这个国家用了整整20年才逐渐发展为旅游胜地。阿尔巴尼亚的发展是从1991年开始的，刚刚敞开国门之时，这个国家是如此落后，自由的强烈光芒让它一时难以适应，当时的阿尔巴尼亚需要20年时间才能赶上其他的东欧国家。如今，从某种程度上可以说它已经做到了，阿尔巴尼亚为世人带来了诸多震撼人心的独特景致，包括连绵的古老山峦、被遗忘的考古遗迹和仿佛时间停驻的村落，而这一切很大程度上是因为这个国家的遗世独立。

阿尔巴尼亚可谓巴尔干半岛上的一匹黑马，拥有令人惊叹的山景、繁华的首都地拉那（Tirana）以及可以与地中海沿岸的任何一个地方相匹敌的海滩。但要去就赶早，因为慕名而去的人会越来越多。

最佳餐饮

- Kujtimi（见56页）
- Da Pucci（见47页）
- Tradita G&T（见51页）
- Pastarella（见48页）
- Mare Nostrum（见54页）

最佳住宿

- Tradita G&T（见51页）
- Hotel Rilindja（见51页）
- Trip N Hostel（见47页）
- Gjirokastra Hotel（见56页）
- Hotel Mangalemi（见53页）

何时去

地拉那

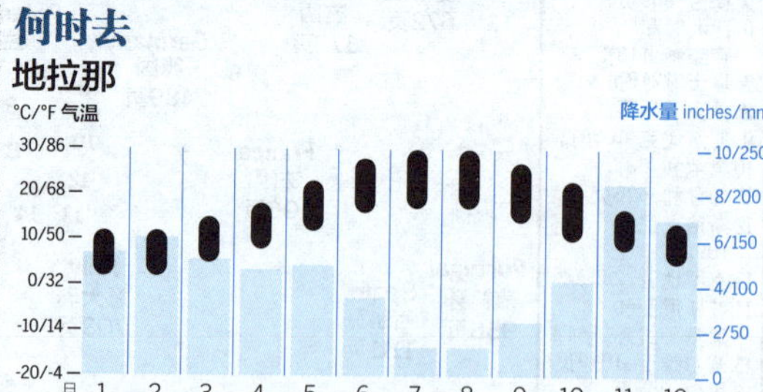

6月 享受完美的地中海气候和静谧的海滩。

8月 阿尔巴尼亚的海滩可能挤满了人，但此时是领略群山美景的好时候。

12月 在地拉那电影节上欣赏各种专题片和短片，勇敢无畏的人则可穿雪鞋徒步去锡斯。

阿尔巴尼亚亮点

❶ 乘坐**科曼湖渡船**（见51页）在绝美的山景中穿行，最终抵达**瓦尔博纳**（见51页），并徒步穿越“被诅咒的山脉”抵达**锡斯**（见52页）。

❷ 游览被联合国教科文组织列为世界遗产的古镇**培拉特**（见52页），这座小镇还被誉为“千窗之城”。

❸ 在**德瑞玛德斯**（见53页）晒晒太阳，那里是引人注目的南部伊奥尼亚海滨的众多沙滩之一。

❹ 去隐藏在密林深处、宁静湖边的**布特林特**（见55页）遗迹体验时间倒流的感觉。

❺ 在五彩缤纷的**地拉那**（见46页）大饱眼福，并体验那里的Blloku咖啡馆文化。

❻ 到传统的阿尔巴尼亚南部山村**吉罗卡斯特**（见55页）一游，感受那里壮观的奥斯曼时代豪宅和令人印象深刻的山顶堡垒。

地拉那（TIRANA）

☎04 / 人口802,000

生动而多彩的地拉那是阿尔巴尼亚跳动的心脏。在那里，繁忙的交通、浮夸的消费方式和无尽的乐趣交缠融会在一起，表现着这个小国家的希望和梦想。自20世纪90年代初以来，地拉那的中心发生了翻天覆地的改变，如今这座城市已经改头换面，所有的建筑都被涂上了鲜亮的颜色，还有供人们漫步的公共广场和步行街。

时尚的Blloku街区到处都是穿着考究的男男女女，他们或者在酒吧里消磨时光，或者流连于精品店；这座城市宏伟的林荫大道两侧尽是旧时的遗迹，令人想起它在奥斯曼、意大利和社会主义时代的往昔——从精致的宣礼塔到高调的社会主义宣传壁画。地拉那的交通的确混乱，每天都在跟自己以及行人较劲。嘈杂、疯狂、多彩并且尘土飞扬的地拉那从来都不会令人觉得无聊。

景点和活动

斯坎德培广场

广场

（Sheshi Skënderbej, Skanderbeg Sq）想要了解地拉那当地的生活，斯坎德培广场是最佳的起点。这里曾矗立着一座10米高的恩维尔·霍查（Enver Hoxha）铜像，守望着几乎没有一辆车的广场，直到1991年被一群愤怒的人推倒。现在这里只有一座**斯坎德培骑像**（equestrain statue of Skanderberg）。

★ 国家历史博物馆

博物馆

（National History Museum, Muzeu Historik Kombëtar; Sheshi Skënderbej; 成人/学生200/60列克；⏲周二至周六 10:00~17:00，周日 9:00~14:00）阿尔巴尼亚最大的博物馆，收藏了这个国家的许多考古珍宝，以及一把斯坎德培所佩巨剑的复制品（他是如何握着这把剑骑在马上并且战斗的，这实在是个谜）。馆内的杰出展品几乎全部采用英语标记，并按照年代排序，从古伊利里亚一直排到最新的时期。博物馆的一大亮点是奥努夫里（Onufri）的肖像展，他是一位著名的16世纪阿尔巴尼亚画家。

★ 国家美术馆

美术馆

（National Art Gallery, Galeria Kombëtare e Arteve; www.gka.al; Blvd Dëshmorët e Kombit; 成人/学生 200/100列克；⏲周三至周日 10:00~18:00）美术馆中的画作简要地回顾了从19世纪初期至今的阿尔巴尼亚油画发展史，并且这个美丽的地方还举办临时画展，值得一看。楼下有一个规模虽小但很有趣的19世纪油画展，这些画作描绘的场景来自阿尔巴尼亚人的日常生活；而楼上的艺术作品更有政治意味，有一些杰出的阿尔巴尼亚社会主义现实主义作品。

埃塞姆贝清真寺

清真寺

（Et' hem Bey Mosque, Sheshi Skënderbej; ⏲8:00~11:00）埃塞姆贝清真寺位于斯坎德培广场的一侧，修建于1789~1823年，因为拥有文化遗产的地位，在20世纪60年代末的无神论运动中免遭破坏。清真寺小而优雅，是城中留下的最古老的建筑之一。脱掉鞋子再走进

旅行线路

一周

用一天时间游览繁忙的**地拉那**，参观各种博物馆，去Blloku酒吧以及夜店坐坐。第二天，花3个小时抵达奥斯曼时代的小镇**培拉特**（Berat）。在培拉特住上一晚，之后前往**德瑞玛德斯**（Drymades）的沙滩，在海边过上两日。随后返程，在迷人的**吉罗卡斯特**住上最后一晚，再回到地拉那。

两周

第一周的线路和一周旅行线路一样，之后向北前往阿尔巴尼亚令人惊叹的“被诅咒的山脉”。从**斯库台**开始，就有交通设施通往**科曼湖**，在那里可以乘坐清早的渡轮抵达**Fierzë**。当天可前往迷人的小山村**瓦尔博纳**并在那里住上几晚，之后徒步去**锡斯**，在美丽的**锡斯国家公园**（Theth National Park）度过剩下的几天。

去，看看画得十分美丽的穹顶。

文化宫 知名建筑

（Palace of Culture, Pallate Kulturës; Sheshi Skënderbej）斯坎德培广场的东边是白色石头垒建的文化宫，里面有一个剧院，还有若干商店和画廊。作为苏联人民的礼物，文化宫的修建始于1960年，1966年竣工，此时距离1961年苏联与阿尔巴尼亚分道扬镳已经过了数年光景。

住宿

★Trip N Hostel 青年旅舍 €

（☎068 2055 540, 068 3048 905; www.tripnhostel.com; Rr Musa Maci 1; 铺/双 €10/30）地拉那最酷的青年旅舍就是这个最近开业的地方，它位于居民区内的一座颇具设计感的大房子里，屋后有一个花园，还有一个很酷的酒吧休闲区。宿舍内有手工打造的家具，床铺之间有保护隐私的窗帘，房间还有专用的带锁柜子，屋顶的天台上还有很多吊床。气氛很好，住客们也很酷。

★Tirana Backpacker Hostel 青年旅舍 €

（☎068 4682 353, 068 3133 451; www.tiranahostel.com; Rr e Bogdaneve 3; 铺 €10~11, 标单/双 €28/35, 小屋 每人 €14; ❄@📶）阿尔巴尼亚的第一家青年旅舍，仍然是阿尔巴尼亚最物有所值而且经营得最充满热情的住处。旅舍位于一座拥有迷人装饰的房子里，花园里还有几座可爱的小屋，是为那些不满足于住在宿舍的人准备的，尽管宿舍的私人房间已经很棒了。

Hostel Albania 青年旅舍 €

（☎067 6748 779; www.hostel-albania.com; Rr Beqir Luga 56; 铺 €10~12, 双 €32; @📶）这个友好的地方在2014年被票选为阿尔巴尼亚最好的青年旅舍，拥有小小的4人间和6人间宿舍，不过地下室的14人间（€11.50）是夏天最凉快的地方。因为有隔断的缘故，所以看不出来地下室有那么多铺位。有一处户外的东方风格的休息室被用作禅修室。房价还包括一顿丰盛的早餐和一杯过滤式咖啡。

★Brilant Antik Hotel 酒店 €€

（☎04 2251 166; www.hotelbrilant.com; Rr Jeronim de Rada 79; 标单/双 €60/90; ❄📶）这家迷人的别墅式酒店有很多独到之处，并且地处市中心，热情友好的员工都会说英语，可以帮你轻松融入地拉那的生活。客房都很宽敞，配有一些奇怪的古董作为陈设，倒也得体。酒店楼下每天早上都供应相当丰盛的早餐。

Green House 精品酒店 €€

（☎04 4521 015, 068 2072 262; www.greenhouse.al; Rr Jul Variboba 6; 标单/双 €90/100; ❄📶）在地拉那一个很酷的地方坐落着这家拥有10间客房的现代化酒店，这些从下方照明的极具风格的房间或许是这座城市最酷的。楼下宽阔的露台餐厅是外国人聚集的地方，有多样的菜单和一张长长的酒水单。它仰望着地拉那最古怪的建筑之一。

就餐

Era 阿尔巴尼亚菜、意大利菜 €€

（☎04 224 3845; www.era.al; Rr Ismail Qemali; 主菜 400~800列克; ⊙11:00至午夜; ✍）这间位于Blloku街区中心地带的本土餐厅供应传统阿尔巴尼亚菜肴和意大利美食。别出心裁的菜单上包含焗烤小牛肉和鸡蛋、茄子酿、比萨和松仁鸡肉饭。提醒一句：这个超级火爆的餐厅有时会很难找到座位，你可能需要等位。提供送餐和外卖服务。

Oda 阿尔巴尼亚菜 €€

（Rr Luigj Gurakuqi; 主菜 350~650列克; ⊙正午至23:00; ✍）这家旅行者最爱的餐厅满是传统阿尔巴尼亚画作和工艺品，由于很受旅行者的欢迎，因此你不会觉得自己发现了一个该国很地道的餐厅。不过，这里拥有美味的菜品和愉悦的就餐氛围，非常值得一去。你可以选择在明亮的餐厅内或氛围十足的露台上用餐。

★Da Pucci 意大利菜 €€€

（☎069 3434 999; Rr Mustafa Qosja; 主菜 500~800列克; ⊙正午至午夜; 📶✍）位于一片偏僻的居民区里（就在繁忙的Blloku街背后一点），你会惊喜地发现这个装修舒适的地下空间，它看起来就像是某个人的起居室。菜单每天都有变化，写在黑板上，服务员只会说一些基本的英语。经典的意式家庭烹饪无与伦

Tirana 地拉那

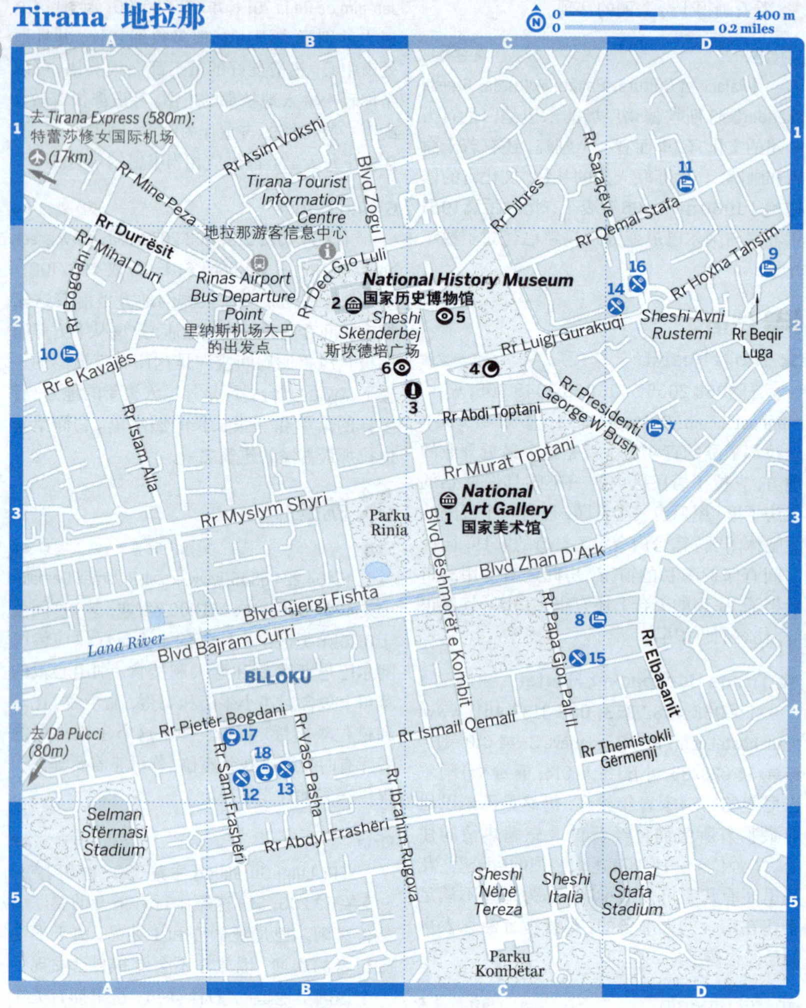

比。晚上去的话，提前预订是个好主意。

Stephen Centre 咖啡馆 €€

（Rr Hoxha Tahsim 1；主菜 400~700列克；周一至周六 8:00~20:00；）2014年重新装修后看起来更棒了，这家地拉那经典咖啡馆供应优质汉堡、美妙的德克萨斯-墨西哥风味食物，以及丰盛的超值早餐。咖啡馆由来到阿尔巴尼亚的基督传教士经营，并为当地孤儿、罗姆人和残疾人提供工作，这家餐厅不提供酒精饮料，但是个非常友好和放松的去处。

★ Pastarella 意大利菜 €€€

（www.pastarellarestaurant.com；Rr Mustafa Matohiti 18；主菜 500~1200列克；8:00至午夜；）这里的海鲜很新鲜，是菜单上的主力，但也有品种丰富的意大利面（不难预料）、意大利烩饭（risott）和烤肉，所有食物都很棒。可以在迷人的露台上用餐，也可在更正式的餐厅内用餐。服务员很礼貌而且会说英语。

Hola! 西班牙菜 €€€

（Rr Ismail Qemali；主菜 600~1300列克；

Tirana 地拉那

重要景点
1 国家美术馆 C3
2 国家历史博物馆 B2

景点
3 斯坎德培骑像 C2
4 埃塞姆贝清真寺 C2
5 文化宫 C2
6 斯坎德培广场 B2

住宿
7 Brilant Antik Hotel D3
8 Green House C4
9 Hostel Albania D2
10 Tirana Backpacker Hostel A2
11 Trip N Hostel D1

就餐
12 Era B4
13 Hola! B4
14 Oda D2
15 Pastarella C4
16 Stephen Centre D2

饮品和夜生活
17 Nouvelle Vague B4
18 Radio B4

11:00~23:00;) 西班牙店主曾入围《阿尔巴尼亚大厨》(*Masterchef Albania*)决赛，并作为个人爱好在地拉那开了一家受欢迎的餐厅，就像店名那样，他会在大多数晚上站在门口向你打招呼。这里的菜单上都是创意十足的西班牙菜式，从美味的西班牙小吃到丰盛的西班牙大锅饭。

饮品

Radio
酒吧

(Rr Ismail Qemali 29/1; 9:00至次日1:00;) Radio一直是这座城市最酷的酒吧，吸引了很多年轻另类的客人。距离街道有一定的距离，有点难找，不过一旦进入这个低调而友好的地方，一定要看看店主收藏的各种阿尔巴尼亚产古董收音机。

Nouvelle Vague
酒吧

(Rr Pjetër Bogdani; 9:00至午夜;) Blloku街区的热门酒吧，总是有一群很酷的客人。这里氛围很好，有种类丰富的鸡尾酒和有趣的音乐，无论哪天晚上过来都是不错的选择。

娱乐

★ Tirana Express
美术馆、演出场所

(www.tiranaekspres.wordpress.com; Rr Dritan Hoxha) 这个出色的非营利性质艺术项目是一个独特的艺术空间，举行各种循环的临时展览、音乐会、装置艺术展和其他活动，吸引着地拉那的非主流艺术人群。去看看你造访期间有什么活动。开放时间取决于活动内容。

实用信息

地拉那旅游信息中心 (Tirana Tourist Information Centre; 04 2223 313; www.tirana.gov.al; Rr Ded Gjo Luli; 周一至周五 9:00~18:00，周六 9:00~14:00) 这家由政府运营的信息中心就在斯坎德培广场(Skanderbeg Sq)边上，工作人员十分友好且会说英语，可以很方便地获取各种旅游信息。

到达和当地交通

飞机

现代化的**特蕾莎修女国际机场**(Nënë Tereza International Airport; 04 2381 800; www.tirana-airport.com) 位于地拉那西北方向17公里处的里纳斯(Rinas)。在距离国家历史博物馆几个街区的Rr Mine Peza，Rinas Express有每小时发车(8:00~19:00)的机场大巴，单程票价250列克。乘坐出租车去机场需要2000~2500列克。

长途汽车

大多数国际长途汽车从Blvd Zogu I的不同地段发车，有多个车次从Tirana International Hotel附近开往马其顿的斯科普里(Skopje; €20, 8小时)，还有长途汽车从旅游信息中心门前发车，开往黑山的乌尔齐尼(Ulcinj; €20, 4小时)。

前往斯库台(Shkodra, 300列克，2小时，17:00前每小时1班)的班车从位于Rr Durrësit和Rr Muhamet Gjollesha交叉路口的Zogu i Zi环岛出发。开往巴依拉姆·楚里镇(Bajram Curri; 去科曼湖远端的瓦尔博纳的出发点；1000列克，5.5小时，5:00~14:00每小时1班）的合乘小型公共汽车（furgon）也从这里发车——你可以在Logos University的建筑外找到它们。

前往南方的长途汽车从Rr Myhedin Llegami上发车（靠近与Blvd Gjergj Fishta的交叉路口）。它们包括前往培拉特（Berat；400列克，3小时，18:00前每30分钟1班）、萨兰达（Saranda；1300列克，6.5小时，5:00至正午约每小时1班）和吉罗卡斯特（Gjirokastra；1000列克，6小时，正午前车次很多，14:30和18:30各有1班）的班车。前往萨兰达的班车可沿途停靠任何一个海滨渔村。

出租车

市内到处都有出租车停靠点，地拉那市内单程收费300~400列克，晚上以及去市中心之外的目的地收费500~600列克。

阿尔巴尼亚北部（NORTHERN ALBANIA）

阿尔巴尼亚北部是一片风景优美的仙境，"被诅咒的山脉"不可思议的地貌是最大特色，遗世独立的山区文化为旅程别添一番滋味。

斯库台（Shkodra）

☎022/人口111,000

斯库台是盖格（Gheg）文化区的传统中心，也是欧洲最古老的城市之一。古老的罗扎发要塞（Rozafa Fortress）风景壮丽，在上面能够俯瞰附近一座湖泊的美景。此外古镇里的建筑物都经过整体修复，使得漫游斯库台变成一场视觉盛宴。

景点

罗扎发要塞 城堡

（Rozafa Fortress；门票200列克；⏰10:00~20:00）在罗扎发要塞，可以俯瞰城市和斯库台湖的壮观美景，是城里最有趣的景点。由伊利里亚人在古代建造，很久之后由威尼斯人重建，随后土耳其人又对其进行了修复，要塞的名字来源于一个名为罗扎发（Rozafa）的女人，据说她被砌在了要塞的壁垒中来祭神，用于保佑要塞不倒。

马鲁比永久摄影展 美术馆

（Marubi Permanent Photo Exhibition；Rr Muhamet Gjollesha；门票100列克；⏰周一至周五8:00~16:00）这家画廊展出马鲁比"王朝"的梦幻摄影作品，他们是阿尔巴尼亚最早也最优秀的摄影师。这里没有显眼的路牌指示：寻找Galeria e Arteve Shkodër的标志，进入院子后穿过一个小门，寻找包括"Marubi"这个单词在内的阿尔巴尼亚语标志。

食宿

Mi Casa Es Tu Casa 青年旅舍 €

（☎069 3812 054；www.micasaestucasa.it；Blvd Skenderbeu；铺/双/公寓 €12/30/40；@📶）斯库台条件最好的青年旅舍由乐于助人且会说英语的Alba经营，位置很好，位于市中心，正对Millenium Cinema。这里有恰如其分的

地堡之爱

在山坡、海滩以及阿尔巴尼亚的几乎所有地面上，你都会注意到小型混凝土圆顶（经常是三个一群），上面开着长方形的缝。来看看这些地堡吧：它们是恩维尔·霍查（Enver Hoxha）的混凝土遗产，修建于1950~1985年。这些小蘑菇几乎不可摧毁，它们由重达5吨的混凝土和钢铁建成。它们的建造是为了抵御入侵，而且可以抵挡坦克的全力进攻——它们的总工程师证明了这一点，他站在一个自己建造的地堡中并任凭坦克在外轰击，以此来为这些地堡的坚固程度背书。工程师毫发无伤地从地堡中走了出来，于是数以万计的地堡得以修建。如今，有些地堡被粉刷上充满创意的图案，有一座地堡住着一位文身艺术家，有些甚至被改造成临时青年旅舍。

2014年年底，霍查的一个专属地堡首次开放，就位于地拉那城外。该地堡位于地下100米，设计标准是承受核弹袭击，如今已经以博物馆的形式对公众开放。

不要错过

科曼湖渡船

阿尔巴尼亚无可争议的亮点之一就是这个超棒的科曼湖（Lake Koman）渡船项目，历时3小时，连接科曼和Fierzë两座城镇。

体验这段旅程的最佳方式是以斯库台为起点和终点的三天两夜环游，途经科曼、Fierzë、瓦尔博纳和锡斯。首先安排6:30从斯库台开往科曼（500列克，2小时）的合乘小型公共汽车去酒店接你，这辆车会在8:30之前将你送到渡船的出发点。夏季每天有两艘渡轮——都是9:00从科曼出发，13:00左右抵达Fierzë。

在Fierzë下船后，你就可以坐上合乘小型公共汽车去往巴依拉姆·楚里镇（Bajram Curri；200列克）或者瓦尔博纳（400列克）。不过巴依拉姆·楚里镇并没有什么好待的，徒步者会想直奔瓦尔博纳，你可以在那住上一两晚，然后踏上绝妙的一日徒步之旅抵达锡斯。徒步之后你可以在锡斯再住一两晚，然后坐合乘小型公共汽车返回斯库台。

青年旅舍氛围，空间宽敞，配色鲜艳，还能在花园里搭帐篷。提供自行车租赁，收费€5，宿舍明亮洁净。

★ **Tradita G&T** 精品酒店 €€

（☎068-2086 056，022-240 537；www.traditagt.com；Rr Edith Durham 4；标单/双/三€35/50/55；Ⓟ📶）这家新颖的酒店被经营得很妥善，是目前为止当地最好的住宿选择，十分讨喜。酒店位于一座大幅度修缮后的17世纪城堡里，该城堡曾属于一位知名的施科德兰（Shkodran）作家。酒店装饰有许多阿尔巴尼亚画作和手工艺作品，并有传统而舒适的客房，配有赤褐色房顶的浴室和当地编制的被单及枕套。

ℹ 实用信息

旅游信息中心（☎022 240 242；Sheshi Nënë Tereza；⏰周一至周五 9:00~16:00，周六和周日 10:00至正午）位于Bul Skënderbeg和Rr Kolë Idromeno的交叉路口，是公私合作机构，有乐于助人且说英语的工作人员为你答疑解惑。

ℹ 到达和离开

长途汽车

每小时都有合乘小型公共汽车（furgon；400列克）和长途汽车（300列克）开往地拉那（2小时，6:00~17:00），从Hotel Rozafa附近的Radio Shkodra外面发车。每天有3班长途汽车开往黑山的乌尔齐尼，从旅游信息中心外面发车，发车时间分别是9:00、14:15和16:00（€5，2小时）。乘坐早晨6:30的汽车去科曼湖（500列克，2小时）就可以及时赶上美妙的渡轮游；大多数酒店可以提前叫合乘小型公共汽车接你出城。开往锡斯（Theth）的合乘小型公共汽车每天早上6:00~7:00从Cafe Rusi外面出发（700列克，4小时）。

出租车

取决于你讨价还价的水平，从斯库台至黑山的乌尔齐尼需要花费€40~50。

被诅咒的山脉（The Accursed Mountains）

被诅咒的山脉（Bjeshkët e Namuna）拥有一些阿尔巴尼亚最令人难忘的美景，在最近几年骤然成为背包客们的热门目的地。大多数人来这里的原因是要完成瓦尔博纳（Valbona）和锡斯（Theth）之间的热门徒步路线，走完这条线路需要5~6小时。

瓦尔博纳（Valbona）

大多数旅行者只是在此过夜，然后徒步走到锡斯。不过该地区还有很多其他很棒的徒步路线——在Hotel Rilindja找一个导游或咨询相关信息，或者登录www.journeytovalbona.com查询，这个网站很好，提供自助探索该地区需要的一切信息。

🛏 食宿

★ **Hotel Rilindja** 客栈 €€

（☎067 3014 637；www.journeytovalbona.com；Quku i Valbonës；每顶帐篷€6，铺每人€12，房 标单/双/三 €30/40/50）自2005年起，这家

客栈就是瓦尔博纳旅游业的引领者，由阿尔巴尼亚裔美国人经营，很受旅行者欢迎，他们喜欢这里舒适的住宿和美味的食物。5间简朴的客房位于氛围浓郁的农舍中，共用一间浴室，其中一间房有独立卫浴。公路前边的Rezidenca设施有所升级，有成套的单人间、双人间和三人间。

到达和离开

从斯库台途经科曼湖渡口可达瓦尔博纳，从Fierzë（400列克，1小时）也有合乘小型公共汽车开过来；或者也可以从巴侬拉姆·楚里镇（200列克，45分钟）乘坐合乘小型公共汽车抵达。

锡斯（Theth）

这个独特的山村拥有传统房屋，一座高耸的教堂，还有位于河畔的一座罕见的锁闭塔楼，过去人们用它来躲避世族流血冲突。

食宿

★ Guesthouse Rupa 客栈 €€

（☎068 2003 393，022-244 077；rorupaog@yahoo.com；房 全膳 每人 €23）这个美妙的地方由令人敬畏的Roza经营，他的英语说得很好而且能提供该地区的很多信息。只有5间房，不过都有独立卫浴，这在锡斯可算难得一见。饭菜很不错，客人们围在一张大桌子一起吃饭，社交氛围很浓。

到达和当地交通

每天有合乘小型公共汽车（1000列克）7:00从斯库台出发，让酒店店主提前打电话，它就会来酒店接你。13:00~14:00返回，下午晚些时分抵达斯库台。

阿尔巴尼亚中部（CENTRAL ALBANIA）

培拉特（Berat）

☎032/人口71,000

培拉特有它自己独特的魔力，总是能够成为旅行者们阿尔巴尼亚之旅的一个亮点。其中最具特色的是一路延伸到山顶城堡的白色奥斯曼建筑，这使其获得了"千窗之城"的称号，并且吉罗卡斯特（Gjirokastra）也因此于2008年被列入联合国世界遗产名录。当云朵围着宣礼塔的尖顶打转，或者散开来露出Mt Tomorri白雪皑皑的山巅时，那起伏的山脉就显得尤为动人。如今的培拉特是阿尔巴尼亚的旅游中心，但仍旧努力保持着其和善的魅力和友好的氛围，别错过它。

景点

★ 卡拉亚 城堡

（Kalaja；门票 100列克；⏲24小时）城墙内的街区至今还鲜活地存在着；如果你在这个繁忙的古代街区逛的时间足够长，一定会撞进别人家的院子里，误认为它是一座教堂或古迹（不过好像没人会在意）。在春天和夏天，甘菊的香味飘散在空中（以及脚下），野花从每一条石缝中钻出来绽放。

★ 奥努夫里博物馆 美术馆

（Onufri Museum；门票 200列克；⏲5月至9月 周二至周六 9:00~13:00和16:00~19:00，周日 至14:00，10月至次年4月 周二至周日 至16:00）Kala在过去是一个基督教社区，但如今原来的20座教堂中只有不到12座保留下来。社区最大的教堂圣母升天教堂（Church of the Dormition of St Mary, Kisha Fjetja e Shën Mërisë）经过改建成为现在的奥努夫里博物馆。教堂本身建于1797年，而且建在一座10世纪教堂的地基上。底楼展示引人入胜的奥努夫里的16世纪画作，里面还有一面美丽的镀金圣障。

人种学博物馆 博物馆

（Ethnographic Museum；门票 200列克；⏲周二至周六 9:00~13:00和16:00~19:00，周日至14:00，10月至次年4月 周二至周日 至16:00）从城堡往下走，这座博物馆位于一座18世纪的奥斯曼房屋中，建筑本身就和展品一样有趣。一层展览的是传统服饰以及银匠和纺织者使用的工具，而楼上则是以传统风格装饰的厨房、卧室和客房。

曼加勒米区（Mangalem Quarter） 街区

在从前穆斯林聚居的曼加勒米区，有两座宏伟的清真寺。16世纪的苏丹清真寺

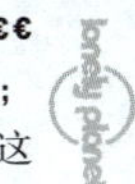

(Sultan's Mosque; Xhamia e Mbretit)是阿尔巴尼亚最古老的清真寺之一。这座清真寺后面的**Helveti清真寺**(Helveti teqe)有雕刻得非常美丽的天花板，而且在设计中特别使用了声学孔，改善集会时的音响效果。与比科特西(Bektashi)一样，Helveti是一个与伊斯兰神秘主义有关的苦行僧团。

食宿

Berat Backpackers 青年旅舍 €

(☎069 7854 219; www.beratbackpackers.com; Gorica; 帐篷/铺/房间 €6/12/30; ⊙3月中旬至11月; @ 📶)由位于Gorica城区(曼加勒米区的河对岸)的一座老房子改造而成，是阿尔巴尼亚最友好也是经营得最好的青年旅舍之一。这家覆盖着葡萄藤的青旅有地下酒吧、露天饮品区以及千金难买的轻松活跃的气氛。两间通风良好的宿舍均保留了原来的天花板；还有一间超值的大床房，浴室设施和宿舍共用。

还有带顶棚的露台露营区和便宜的洗衣设施。

★ **Hotel Mangalemi** 酒店 €€

(☎068 2323 238; www.mangalemihotel.com; Rr Mihail Komneno; 标单/双 €30/40起; P ❄ @ 📶)培拉特的真正亮点是这家占据了两座奥斯曼时代房屋的华丽酒店，所有房间都以传统的培拉特风格装饰得极漂亮，阳台上的风景非常好。它的露台餐厅(主菜400~600列克；晚上需要提前预订)是镇上最好的食肆，不但能品尝美味的阿尔巴尼亚食物，还有Mt Tomorri的山景可供欣赏。酒店位于通向城堡的鹅卵石路左侧。

Hotel Muzaka 酒店 €€

(☎231 999; www.hotel-muzaka.com; Gorica; 标单/双 €50/65起; P ❄ 📶)这家华丽的酒店是由一座河边的古老石头建筑精心修复而成的，就位于城区中心人行桥的上方。10间宽敞的客房里有木地板、华丽的浴室和精心挑选的漂亮家具，非常适合那些想要在住宿上兼顾时尚和传统的旅行者。这里还有一家宜人的餐厅，提供午餐和晚餐(主菜400~800列克)。

White House 意大利菜 €€

(Rr Antipatrea; 主菜 300~600列克; ⊙8:00~23:00)位于通向河北边的主路上，这家餐厅有一个很棒的屋顶花园，可以一览培拉特全景，并且还供应美味的比萨。楼下还有一个更气派的餐厅，带空调，非常适合饱餐一顿。

到达和离开

地拉那和培拉特之间运营的长途汽车和合乘小型公共汽车(400列克，3小时)在15:00每半小时1班。班车的发车和抵达地点是镇中心大清真寺(Lead Mosque)旁边的Sheshi Teodor Muzaka。还有长途汽车开往发罗拉(Vlora; 300列克，2小时，14:00点前每小时1班)、都拉斯(Durrës; 300列克，2小时，每天6班)和萨兰达(Saranda; 1200列克，6小时，8:00和14:00各1班)，其中一班途经吉罗卡斯特(Gjirokastra; 800列克，4小时，8:00)。

南部海岸(SOUTHERN COAST)

发罗拉和萨兰达之间的海滨公路是东欧最壮观的道路之一，路边高低起伏的山脉延伸到蔚蓝的大海，任何前往阿尔巴尼亚的旅行者都不应错过。8月海滩上人满为患，淡季时这里则是一片宁静，人们都露出友好的笑脸。

德瑞玛德斯(Drymades)

当你沿着Llogaraja山口国家公园(Llogaraja Pass National Park)曲折的山路往下走，会有白色新月形沙滩和蔚蓝的海水始终在下方诱惑着你。冲积扇前的第一片海滩是Palasa，它是周围最好也是开发程度最低的海滩之一，如果你有帐篷的话，在这里度过一两个晚上再好不过了。下一片海滩是德瑞玛德斯海滩。要去往这里，先来到通向Dhërmi的主路，然后在第一个路口右拐(有海龟俱乐部的路标)，沿着一条在橄榄林中蜿蜒的柏油马路走，20分钟就能走到这片布满岩石的白色海滩了。

住宿

★ **Sea Turtle** 露营地 €

(☎069-4016 057; Drymades; 半膳 每人

阿尔巴尼亚里维埃拉（ALBANIAN RIVIERA）

阿尔巴尼亚里维埃拉是大约10年前揭开面纱的，当时的旅行者逐渐发现了欧洲地中海海岸的最后这片处女地。从此以后，这里的天然面貌大大改变，过度开发让许多一度迷人的海滨村庄魅力大减。但是不要担心：虽然Dhërmi和Himara已经人满为患，但是仍然有地方可以让你享受该地区人迹罕至的宁静海滩。

Vuno就是这样一个地方，它是坐落在山腰上的一座小村庄，俯瞰着风景如画的Jal海滩。每年夏天，Vuno的小学都摆满气垫床，它变成了一家青年旅舍Shkolla Hostel（☎068 4063 835；www.tiranahostel.com；Vuno；帐篷/铺 €4/7；⊙7月底至9月）。虽然在基础设施和隐私性方面有所欠缺，但牧羊铃声和晚上的篝火弥补了所有缺憾。从Vuno出发，过了桥之后经过一片墓地，然后走右手边的岩石小路，这段40分钟的路程有路标指引，穿过橄榄林后就来到了风景如画的Jal海滩，否则要沿着沙滩主路走5公里。

Jal有两片海滩：一片海滩有免费宿营，另一片海滩的宿营地远离海水（含帐篷 2000列克）。Jal有很多新鲜的海鲜，而且夏天海滩旁有很多餐厅。

1000列克起；⊙6月至9月；📶）这个美好的小露营地由两兄弟经营，每年夏天他们都会把自家的柑橘园变成一个充满活力的帐篷城。房价包括帐篷（带床垫、床单和枕头）、早餐和一顿家常晚餐（真正的露营风格）。热水淋浴位于古老的无花果树的树荫下，或者距离沙滩一小段步行距离的地方。

萨兰达（Saranda）

☎0852 / 人口37,700

萨兰达在过去10年里发展迅速。马蹄形的城市里挤满了高层建筑，郊区也有数以百计的楼房正在建造中。萨兰达在夏天总是熙熙攘攘——公共汽车上挤满了携带游泳装备的人，天气如此之好，不去游泳岂不是浪费？每天都有度假的人从科孚岛（Corfu）乘坐45分钟的轮渡来到阿尔巴尼亚，返程之前在护照上添加阿尔巴尼亚的护照戳，再去布特林特（Butrint）或蓝眼泉（Blue Eye Spring）游玩。

住宿

SR Backpackers 青年旅舍 €

（☎069-4345 426；www.backpackerssr.hostel.com；Rr Mitat Hoxha 10；铺 €12起；@📶）这家青年旅舍位于萨兰达最中心的位置，同时也是最便宜的住宿选择。它位于一栋公寓里，由爱社交并会说英语的Tomi经营。3个多人间共有14个床位，每间都有自己的阳台。有一间公用浴室、一间公用厨房，氛围友好。

Hotel Porto Eda 酒店 €€

（www.portoeda.com；Rr Jonianët；房 €55；P❄📶）酒店名字来自法西斯分子占领期间萨兰达的临时用名，位置非常居中，俯瞰海湾，是一个迷人的地方。24间客房都很舒适，布置得很有风格，所有房间都有阳台和海景，员工热情友好。9月至次年6月的房价只有€45。

就餐

Gërthëla 海鲜 €€

（Rr Jonianët；主菜 300~1000列克；⊙11:00至午夜；📶）萨兰达最早经营的几家餐厅之一，菜单上只有鱼和海鲜，当地人会明确无误地告诉你无论是鱼还是海鲜，这家店做的都是镇上最好的。迷人的用餐室有玻璃前壁，装饰着很多传统小玩意儿，葡萄酒的选择很丰富。

★ **Mare Nostrum** 各国风味 €€€

（Rr Jonianët；主菜 700~1200列克；⊙3月至12月 7:00至午夜）一进入这家时髦的新餐厅，立刻会感觉出它和海滨沿线其他餐厅的不同：这里优雅的装潢放在欧洲重要首都也不会显得落伍，餐厅内坐满了时尚体面的客人，充满想象力的菜单上除了到处都有的海鲜，还有印度尼西亚咖喱鸡和汉堡等食物。

实用信息

萨兰达的**ZIT信息中心**（ZIT information

centre；☎069 324 3304；Rr Skënderbeu；⏲7月至8月 9:00~21:00，9月至次年6月 周一至周五 9:00~16:00）提供关于交通和当地景点的各种信息，工作人员友好且乐于助人，会说英语。

ℹ 到达和离开

犹太教堂遗址对面的ZIT信息中心有最新的长途汽车时刻表。

长途汽车

大多数长途汽车从Rr Vangjel Pando遗址上坡处发车，就在镇中心。向内陆进发开往地拉那（1300列克，8小时）途经吉罗卡斯特（30列克）的长途汽车分别于7:00、8:30、10:30、14:00和22:00发车。5:30开往地拉那的班车走海滨公路（1300列克，8小时）。除了去地拉那的长途汽车，这里还有去吉罗卡斯特新城区（300列克，1.5小时）的车在11:30和13:00发车，它们都通过岔路前往蓝眼泉（Blue Eye Spring）。去Himara（400列克，2小时）的车大约每日4班。

渡船

Finikas（☎085-226 057，067 2022 004；www.finikas-lines.com；Rr Mithat Hoxha）位于港口，出售开往科孚岛的水翼艇船票（7月至8月/9月至次年6月 €24/19，45分钟），夏季月份每天9:00、10:30和16:00发船。发船时间全年不定，可登录网站查询。夏天每天有3班船从科孚岛开过来：9:00、13:00和18:30。注意希腊时间比阿尔巴尼亚时间早一个小时。

出租车

出租车在汽车站以及中央公园对面的Rr Skënderbeu候客。前往位于Kakavija的希腊边境需要4000列克。

萨兰达周边

布特林特（Butrint）

古老的布特林特遗迹（www.butrint.al；门票700列克；⏲8:00至黄昏）位于萨兰达以南18公里处，因其庞大的规模、美丽的景致和宁静的氛围而出名。它处于梦幻般的自然环境中，是一座面积达29平方公里的国家公园的一部分。游览这个奇妙的地方最少需要两个小时。

虽然这里很久没有人居住了，但早在公元前6世纪，就有来自科孚岛的古希腊人定居在布特林特（Butrint，Buthrotum）的山丘上。在短短一个世纪内，布特林特就成为一个拥有卫城防御的贸易城市。下城区在公元前3世纪开始发展，到公元前167年被罗马人占领时已经建成许多大型石头建筑。布特林特的繁荣持续了整个罗马时期，后来的拜占庭人还将它作为教会中心。随后这座城市就经历了漫长的衰落，一直被人遗忘，直到1927年意大利考古学家来到这里。如今由罗斯柴尔德勋爵（Lord Rothschild）位于英国的布特林特基金会帮助维护这里的遗址。

当你进入遗址后，道路通向右边，抵达公元前3世纪的希腊剧场，隐藏在卫城下的林子里。这座剧场沿用到古罗马时代，可容纳大约2500名观众。剧场旁边是小型公共浴室，几何形状的马赛克镶嵌画埋在一层网和沙子下，保护它们免受自然环境的侵蚀。

ℹ 到达和离开

从萨兰达开往布特林特的市政公共汽车费用为50列克，从8:30到17:30每小时1班，从布特林特返程的车整点发车。

阿尔巴尼亚东部（EASTERN ALBANIA）

吉罗卡斯特（Gjirokastra）

☎084 / 人口43,000

吉罗卡斯特的特色是城堡、厚实的石灰岩小道、壮观的石板屋顶的房子以及远处德里纳河山谷（Drina Valley）的美景，是一个迷人的建在山坡上的小镇。在阿尔巴尼亚最著名的名声在外的文学著作《石头中的编年史》（*Chronicle in Stone*）中，吉罗卡斯特得到了美丽的描述，作者正是出生在当地的伊斯梅尔·卡达莱（Ismail Kadare；出生于1936年）。这里拥有一个有2500年历史的定居点，不过如今镇上吸引游客的是600座“不朽的”奥斯曼时代房屋。

👁 景点

★ **吉罗卡斯特城堡** 城堡

（Gjirokastra Castle；门票 200列克；⏲9:00~

19:00）吉罗卡斯特怪异的山顶城堡是巴尔干半岛最大的城堡之一，拥有镇上最好的视角，绝对值得从老城陡峭的上坡路登上去。城堡内藏有一系列怪异的盔甲，还有两座不错的博物馆，一架被击落的美国空军飞机，你的门票费用包括一个极难使用的语音导览设备。

★ Zekate House
历史建筑

（门票 200列克；⊙9:00~18:00）这座不可思议的房子的历史可追溯到1811年，有三层楼，有一对双子塔和双拱形立面。自奥斯曼时期以来，房屋几乎没有任何改变，在内部游览非常有意思，特别是楼上的画廊，给人的印象最深刻。房主住在隔壁并收取门票费用；要去往这里，沿着路标走，走过Hotel Kalemi，再沿着"之"字形路线爬上山丘。

住宿

Kotoni B&B
民宿 €

（☎084-263 526，069 2366 846；www.kotonihouse.com；Rr Bashkim Kokona 8；标单/双€25/30起；P❄📶）店主Haxhi和Vita保证让你在这里体验到真正的阿尔巴尼亚风情：他们热爱吉罗卡斯特，乐于提供各种信息，并且还会为出行的客人准备野餐包。房间比较小，但房子有220年的历史，还可以看到美丽的风景，有友善的小猫可以陪伴，好处多多。

★ Gjirokastra Hotel
酒店 €€

（☎068 4099 669，084-265 982；Rr. Sheazi Çomo；标单/双 €25/35，套 €40；❄📶）作为现代设施和传统风情的完美结合，这家可爱的家庭经营酒店位于一栋拥有300年历史的房屋中，房间有硕大的阳台和美丽的雕花木地板。套间极为华丽，有一张奥斯曼风格的长沙发，有古董木地板和天花板，还有华丽的石墙。

Hotel Kalemi
酒店 €€

（☎084-263 724，068 2234 373；www.hotelkalemi.tripod.com；Lagjia Palorto；房 €40；P❄@📶）这是一座令人愉悦的奥斯曼风格大房子，房间宽敞，装饰有雕花天花板、古董家具，还有很大的公共区域，包括一个可以欣赏德里纳河谷的宽阔外廊。部分房间甚至还有火炉，不过浴室有些狭窄。早餐（果汁、茶、一枚水煮蛋，以及面包配美味的无花果酱）是百分之百的当地风格。

就餐

★ Kujtimi
阿尔巴尼亚菜 €€

（主菜 200~800列克；⊙11:00~23:00）这家很不错的休闲露天餐厅由Dumi家族经营，是一个非常不错的选择。尝试一下美味的煎鳟鱼（trofte；400列克）、煎贻贝（midhje；350列克）以及qifqi（香草加蛋煎米饭球，当地特色美食）。这里的露台是感受古镇魅力并喝上一杯当地葡萄酒的最佳地点。

Taverna Kuka
传统菜 €€

（Rr Astrit Karagjozi；主菜 300~800列克；⊙11:00至午夜；📶）这个大部分位于室外的露台餐馆位置极好，就在吉罗卡斯特的老清真寺另一边，菜单上有各种美味的传统阿尔巴尼亚菜肴，包括肉丸子（qofte）、萨兰达贻贝、意式培根（pancetta）和烤羊羔肉。

到达和离开

长途汽车停靠在新城区主路上Eida加油站后面的ad hoc汽车站。目的地包括地拉那（1200列克，7小时，17:00前每1~2小时1班）、萨兰达（300列克，1小时，每小时1班）和培拉特（1000列克，4小时，9:15和15:45）。老城和汽车站之间坐出租车需要200列克。

生存指南

出行指南

营业时间

银行 周一至周五 9:00~15:30

咖啡馆和酒吧 8:00至午夜

办事处 周一至周五 8:00~17:00

餐馆 8:00至午夜

商店 8:00~19:00，午休可以是正午到16:00的任何时间

上网

除了设施最为一般的酒店，其他所有酒店都提供免费Wi-Fi。在比较大的城镇，许多餐厅也提供免费网络。

网络资源

阿尔巴尼亚（Albania；www.albania.al）

就餐价格区间

下列价格类别指的是本章中主菜的价格。

€ 低于200列克

€€ 200~500列克

€€€ 高于500列克

巴尔干半岛指南（Balkanology; www.balkanology.com/albania）

瓦尔博纳之旅（Journey to Valbona; www.journeytovalbona.com）

货币

列克（lekë）是官方货币，不过也广泛接受欧元；如果你使用列克的话，一般会比较实惠。阿尔巴尼亚列克出境后不能兑换，所以在离开之前把它们兑换掉或者花掉。

只有较大的酒店、商店和旅行社才接受信用卡，这样的地方在地拉那之外很少。银联卡暂时不能在当地使用。

邮局

邮政系统不完善——例如这里没有邮政编码，当然效率也不会高。

节假日

新年 1月1日

夏日节（Summer Day）3月16日

诺鲁孜节（Nevruz）3月23日

天主教复活节（Catholic Easter）3月或4月

东正教复活节（Orthodox Easter）3月或4月

劳动节 5月1日

特蕾莎修女日（Mother Teresa Day）10月19日

独立日（Independence Day）11月28日

解放日（Liberation Day）11月29日

圣诞节 12月25日

电话

阿尔巴尼亚的电话国家代码是☎355。手机号码以☎06开头。从国外拨打阿尔巴尼亚的手机号，应该先拨+355，再拨☎67、☎68或☎69（即省去6前的0）。

签证

2018年4月1日至10月31日，阿尔巴尼亚政府宣布对持有普通护照的中国公民实行旅游旺季免签，停留期不超过90天。此期限后可能仍需办理签证。可查询阿尔巴尼亚领事服务中心官网（http://www.punetejashtme.gov.al/en/services/consular-services-online）以申请C类签证，申请要求详见网站。据阿尔巴尼亚外交部网站显示，持中国护照申请阿尔巴尼亚旅游签证免签证费。

阿尔巴尼亚驻中国大使馆目前仅在北京开设其签证处。**阿尔巴尼亚共和国驻中国大使馆**（☎8610 6532 1120; embassy.beijing@mfa.gov.al; 北京市光华路28号）。

另外，持多次入境有效申根签证、美国多次入境签证、英国多次入境签证并已在相关国家使用过一次签证的中国旅行者，也可免签进入阿尔巴尼亚，停留时间90天内。

使领馆

中国驻阿尔巴尼亚共和国大使馆（☎355 4 223 2385; chinaemb_al@mfa.gov.cn; Skenderbej Str.57, Tirana）

汇率

人民币	CNY1	ALL19.04
港币	HKD1	ALL15.96
新台币	TWD1	ALL3.77
澳门元	MOP1	ALL15.49
新加坡元	SGD1	ALL89.88
美元	USD1	ALL123.87
欧元	EUR1	ALL137.60

ℹ 到达和离开

阿尔巴尼亚的交通网络四通八达，每天都有巴士发往黑山、马其顿和希腊。南部港口城市萨兰达有短途渡轮开往希腊的科孚岛，在夏季，渡轮会在希马拉、发罗拉与科孚岛之间往返。都拉斯（Durrës）有开往意大利的定期轮渡。

飞机

特蕾莎修女国际机场（见49页）位于地拉那西北方向17公里处，是一个现代化并经营良好的机场。阿尔巴尼亚没有国内航线，下列航空公司有来往阿尔巴尼亚的航班：

阿德里亚航空公司（Adria Airways; www.adria.si）

国家速览

面积 28,748平方公里

首都 地拉那

国际代码 ☎355

货币 列克

紧急情况 救护车☎127，火警☎128，警察☎129

语言 阿尔巴尼亚语

现金 大多数城镇都有自动柜员机

人口 277万

签证 中国公民在2018年4月1日至10月31日免签，停留期不超过90天。此期限外仍要办理签证。

Air One（www.flyairone.it）

意大利航空公司（Alitalia；www.alitalia.com）

奥地利航空公司（Austrian Airlines；www.austrian.com）

英国航空公司（British Airways；www.britishairways.com）

汉莎航空公司（Lufthansa；www.lufthansa.com）

奥林匹克航空公司（Olympic Air；www.olympicair.com）

天马航空公司（Pegasus Airlines；www.flypgs.com）

土耳其航空公司（Turkish Airlines；www.turkishairlines.com）

陆路

边境口岸

没有火车进入阿尔巴尼亚，因此你的选择只有长途汽车、合乘小公共汽车、出租车，或者徒步走过边境，在另一侧搭乘交通工具。

黑山：主要的边境口岸连接斯库台和乌尔齐尼，然后可达波德戈里察。

马其顿：取道布莱托（Blato）到达德巴尔（Debar）、Qafë e Thanës或Sveti Naum，它们都位于波格拉德茨（Pogradec）的同一侧，抵达奥赫里德（Ohrid）。

希腊：进出希腊的主要边境口岸是Kakavija，这条路连接雅典和地拉那。它距离吉罗卡斯特大约半小时，位于地拉那以西250公里处，夏季开车可能需要3小时。如果在夏天从Kapshtica（Korça附近）过境也需要排很长的队。科尼斯波利（Konispoli）位于阿尔巴尼亚南部，距离布特林特很近。

长途汽车

地拉那有固定的长途汽车开往马其顿的斯科普里（Skopje），黑山的乌尔齐尼（Ulcinj），还有希腊的雅典和塞萨洛尼基（Thessaloniki）。斯库台有合乘小型公共汽车（furgon）和长途汽车开往黑山。开往希腊的长途汽车从南部海岸的阿尔巴尼亚城镇以及地拉那出发。

小汽车和摩托车

要自己开车进入阿尔巴尼亚，你需要一张绿卡（第三方保险的证明，由你的保险公司开具）；确认你的保险范围包括阿尔巴尼亚。

海路

每天都有2班或3班船从萨兰达开往希腊科孚岛，许多渡轮公司都有从发罗拉和都拉斯出发开往意大利的渡轮。此外在夏天还有从发罗拉开往科孚岛的渡轮。

ℹ 当地交通

自行车

在阿尔巴尼亚骑自行车比较艰难，但是可行。路面状况会很差，包括没有盖子的下水道、从辅路上冲出来的车辆，还有名不副实的道路。有组织的团体会到北方骑山地自行车，即使在漫长、有难度的Korça—吉罗卡斯特公路上都能看到骑行的自行车爱好者。在斯库台、都拉斯和地拉那，当地人经常骑自行车，地拉那甚至还有自行车道和自己的公共自行车租用系统。

长途汽车

长途汽车和合乘小型公共汽车是阿尔巴尼亚的主要交通方式。票价很低，在上车或下车时付钱给司机，可在沿途任何地方上下车。

住宿价格区间

下列价格类别指的是本章中旅游旺季双人间的价格。

€ 低于€30

€€ €30~80

€€€ 高于€80

地拉那、都拉斯、斯库台和发罗拉有市政公交车，票价为30列克。

小汽车和摩托车

租车

地拉那之外有很多租车公司，包括所有大型国际租车公司。租一辆小型轿车的费用低至每天€35。

道路法规

禁止酒驾，允许的血液酒精含量最高值是零。摩托车的驾驶员和乘客都必须戴头盔。建设区的限速低至每小时30公里，边缘为35公里每小时，道路上有很多交警巡查。随身携带汽车的相关文件，因为警察经常盘查。

搭便车

尽管已经不再绝对安全，搭便车仍然是旅行者中常见的交通方式——不过很少看到当地人这样做。

火车

阿尔巴尼亚人更喜欢长途汽车和合乘小型公共汽车，如果你看到为数不多的火车的速度和状态，你就会明白为什么了。

特色饮食

在海滨地区，鱿鱼、贻贝和海鱼会让你大快朵颐，而Llogaraja等高海拔地区的烤羔羊肉绝对值得你爬上高山享用。

- **酥皮馅饼（Byrek）**奶酪或肉馅酥皮饼。
- **佛格斯（Fergesë）**烤辣椒芝士焗蛋，有时会加肉。
- **炒淡菜（Midhje）**野生或养殖的贻贝，通常炒制。
- **羊头汤（Paçë koke）**羊头汤，通常作为早饭供应。
- **肉包馅饼（Qofta）**炸肉饼或者炸肉圆。
- **烤肉卷饼（Sufllaqë）**土耳其烤肉卷饼。
- **塔夫（Tavë）**芝士加蛋焗肉。

奥地利

包括 ➡

最佳餐饮

- Mini（见70页）
- Tian（见71页）
- Der Steirer（见79页）
- Esszimmer（见85页）
- Chez Nico（见90页）

最佳住宿

- Pension Sacher（见70页）
- Schlossberg Hotel（见78页）
- Haus Ballwein（见84页）
- Hotel Weisses Kreuz（见90页）
- Hotel Edelweiss（见92页）

为何去

奥地利国土虽小，却影响深远。在这片土地上诞生了莫扎特，施特劳斯将华尔兹献给了世界，朱莉·安德鲁斯（Julie Andrews）的《音乐之声》赢得了世界瞩目。哈布斯堡王朝建立了长达600年的统治，过往的辉煌仍旧闪耀在古老的巴洛克式宫殿和维也纳、因斯布鲁克、萨尔茨堡悬有奢华吊灯的咖啡屋里。这是一个近乎完美的国度，群山、古典音乐、新媒体、城堡、蛋糕，只要你能想到的，都异乎寻常的完美。

除了宏伟的建筑，奥地利的户外运动也同样魅力无穷。你既可以沿着著名的基茨比厄尔山坡高速滑下，也可以攀登蒂罗尔的阿尔卑斯山脉，或者沿着生机盎然的多瑙河河岸骑单车。你会发现这片神奇土地之美。

何时去

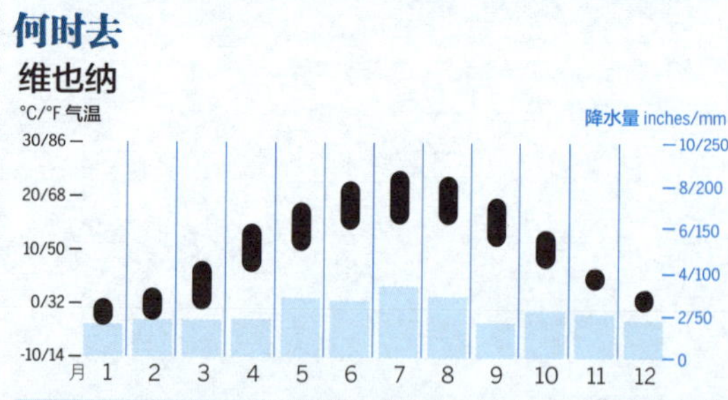

7月和8月 在蒂罗尔高山徒步，或在萨尔茨卡默古特湖里游泳，还有众多夏日节庆活动。

9月和10月 维也纳周边的葡萄园里，新酒已装满木桶。在金秋的树林中漫步，游客不多。

12月和次年1月 圣诞市场，在阿尔卑斯山滑雪，或在维也纳跳着华尔兹迎接新年。

旅行线路

两天

把这两天时间都花在**维也纳**，一定要前去参观游览哈布斯堡王朝的宫殿和斯特凡大教堂，然后再去咖啡馆（Kaffeehaus）舒舒服服地享用一杯美味咖啡。晚上，去热闹的酒吧尽情享乐。

一周

用两天的时间游览维也纳，再用一天时间前往瓦豪（多瑙河谷）**葡萄酒产区**游览，在**萨尔茨堡**与**因斯布鲁克**各游玩一天，再用一天时间探索**萨尔茨卡默古特湖区**，最后一天可在圣安东阿尔贝格镇（St Anton am Arlberg）或基茨比厄尔（Kitzbühel）徒步或滑雪（根据季节而定）。

维也纳（WIEN，VIEN）

☎01/人口 1,790,000

世界上很少有城市像维也纳一样，自由地游走在现代与传统之间。曾经辉煌的历史面容很容易辨认：这里有宏伟的帝国宫殿、奢华的巴洛克式内饰、巍峨的歌剧院和壮丽的广场。

同时，维也纳也是欧洲最富有现代气息的城市之一。与霍夫堡宫咫尺之遥的博物馆区（Museums Quartier），有一些世界上最具诱惑性的现代艺术作品，隐藏在一片美丽的玄武岩墙之后。在内城（Innere Stadt），最时尚的设计店面与传统糖果店毗邻而立，融合奥地利与亚洲风味的餐厅就在传统小餐馆（Beisl）旁边。在维也纳，既可以谈谈诙谐的诗歌朗诵，也可以聊聊严肃的斯特凡大教堂（Stephansdom），毫无禁忌。

维也纳城市内部，放眼望去是一片广阔的绿色，而蓝色的多瑙河（Donau）蜿蜒流过历史中心保护区以东，这座城市就代表着典型的奥地利风格。

景点

前往内城，你将进入一个全然不同的时代。已被联合国教科文组织列为世界文化遗产的内城中心，保存着众多人类建筑史上的奇迹，印证了悠久与多彩的维也纳历史。

★霍夫堡宫 宫殿

（Hofburg，Imperial Palace；www.hofburg-wien.at；01，Michaelerkuppel；🚌1A，2A Michaelerplatz，Ⓜ Herrengasse，🚋D，1，2，71，46，49 Burgring）**免费** 没有什么比霍夫堡宫更能代表奥地利的文化与历史，从1273年至1918年的漫长岁月里，霍夫堡宫一直是哈布斯堡王朝的宫殿。最古老的部分是13世纪的**瑞士庭院**（Schweizerhof），它以曾经守卫在这里的瑞士卫兵得名。文艺复兴时期的**瑞士门**（Swiss gate）建于1553年。这个庭院旁边有一座更大的庭院**In der Burg**，院子中央有一座皇帝弗朗茨二世（Franz Ⅱ）的纪念碑。如今，宫殿是奥地利总统的办公室所在地，还有一批博物馆。

★皇家居室 宫殿

（Kaiserappartements，Imperial Apartments；www.hofburg-wien.at；01，Michaelerplatz；语音导览成人/儿童 €11.50/7.00，导览游 €13.5/8；⏲9:00~17:30；Ⓜ herrengasse）皇家居室曾经是弗朗茨·约瑟夫一世和伊丽莎白皇后的官方居住区，华丽的水晶吊灯让这里灯火通明，十分耀眼。其中广为人知的是专门献给奥地利最深受爱戴的皇后的**茜茜公主博物馆**（Sisi Museum）。重点展出奥地利皇室的服饰和珠宝。语音导览——有11种语言解说——含在门票价格内。导览游的价格同时包括皇家居室和茜茜公主博物馆。

★皇家宝库 博物馆

（Kaiserliche Schatzkammer，Imperial Treasury；www.kaiserliche-schatzkammer.at；01，Schweizerhof；成人/19岁以下€12/免费；⏲周三至周一9:00~17:30；Ⓜ Herrengasse）皇家宝库（Schatzkamme）拥有众多世俗社会和教会的光华灿烂的无价之宝——光是它收藏的王

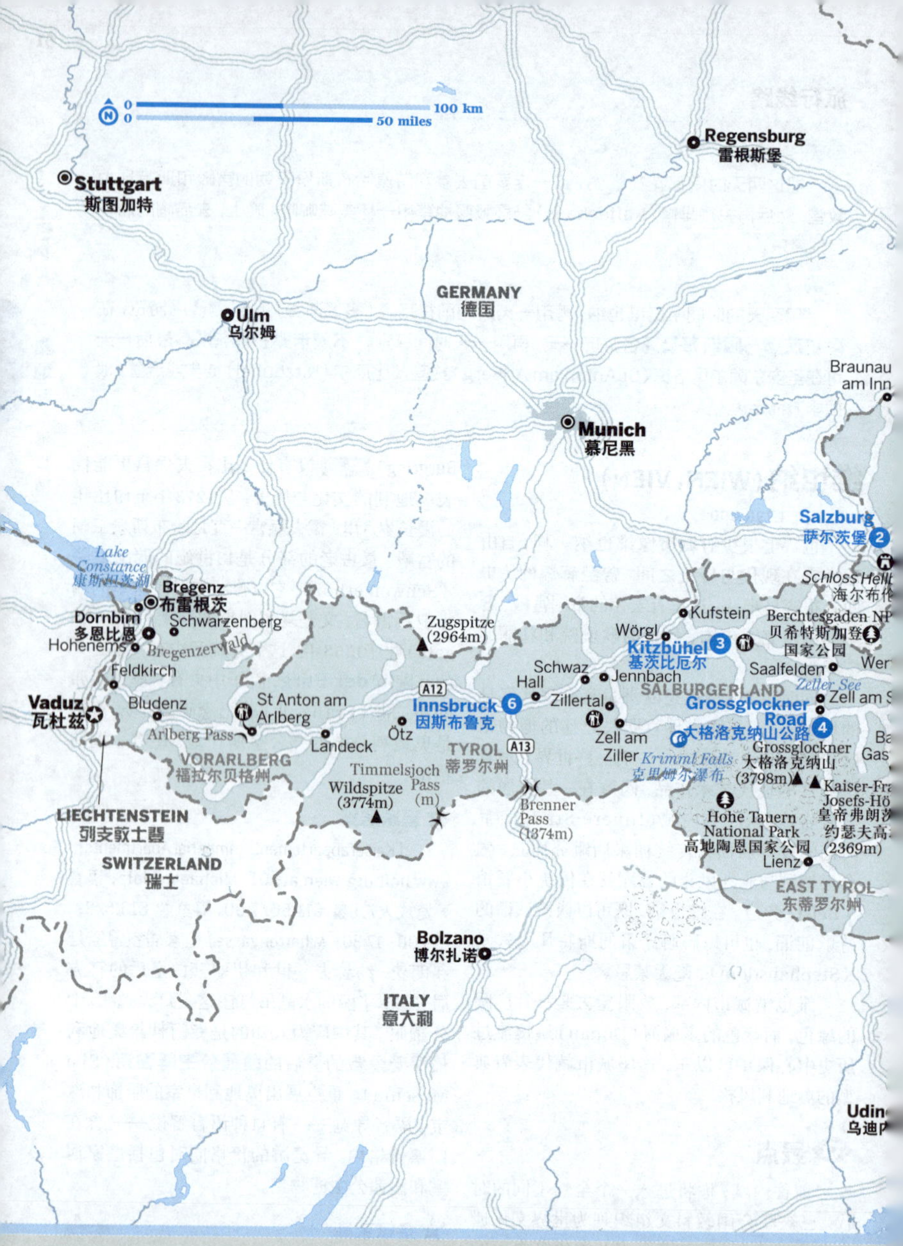

奥地利亮点

lonely planet

❶ 在**维也纳**（见61页）探索哈布斯堡王朝富丽堂皇的宫殿、咖啡馆和先锋画廊。

❷ 攀上具有900年历史的萨尔茨堡要塞（Festung Hohensalzburg）顶端，欣赏**萨尔茨堡**（见80页）巴洛克风格的城市风景。

❸ 通过滑雪或徒步让心灵放飞在**基茨比厄尔**（见92页）的层峦叠嶂之间。

❹ 沿奥地利最为出色的观景车行道——**大格洛克纳山公路**（见

94页）感受一路惊心动魄，欣赏壮观的阿尔卑斯山和冰川美景。

5 在奥地利夏季度假胜地**萨尔茨卡默古特**（见87页），纵身跳入清澈透明的湖水中。

6 从风景如画的**因斯布鲁克**（见88页）搭乘扎哈·哈迪德（Zaha Hadid）设计的太空时代缆车，风驰电掣般攀升到蒂罗尔州阿尔卑斯山上（Tyrolean Alps）。

7 在**多瑙河谷**（见75页）感受瓦豪（Wachau）的浪漫气息，探索林茨（Linz）的先进科技。

冠珠宝就令人惊愕不已。当你穿过展室，你会看到许多华丽的宝贝，如一朵黄金玫瑰、镶满钻石的土耳其军刀、一颗2680克拉的哥伦比亚祖母绿宝石，以及珍宝中的珍宝：皇冠。

阿尔贝蒂娜博物馆 画廊

（Albertina；www.albertina.at；01，Albertinaplatz 3；成人/儿童€11.9/免费；⌚周四至周二10:00~18:00，周三10:00~21:00；🚻；ⓂKarlsplatz，Stephansplatz，🚊D，1，2，71 Kärntner Ring/Oper）曾用作哈布斯堡王朝皇室的客房，阿尔贝蒂娜如今收藏了许多世界上最伟大的绘画美术作品。在此永久展览的Batliner收藏——涵盖从莫奈至毕加索时期的绘画作品——以及高水平的临时展览让阿尔贝蒂娜博物馆绝对值得一去。

音乐之家 博物馆

（Haus der Musik；www.hdm.at；01，Seilerstätte 30；成人/儿童 €12/5.50，Mozarthaus Vienna联票 €17/7；⌚10:00~22:00；🚻；ⓂKarlsplatz，🚊D，1，2 Kärntner Ring/Oper）音乐之家是一个有趣且不同寻常的博物馆，它用别致且高度互动的形式（英语和德语），为儿童和成人解释声音的世界。展品横跨四层楼，从声音如何产生到维也纳爱乐乐团以及街道上的噪音，展览主题非常多样。

皇家墓穴 教堂

（Kaisergruft，Imperial Burial Vault；www.kaisergruft.at；01，Neuer Markt；成人/儿童 €5/2.5；⌚10:00~18:00；ⓂStephansplatz，Karlsplatz，🚊D，1，2，71 Kärntner Ring/Oper）**Kapuzinerkirche**（Capuchin Friars教堂）之下的皇家墓穴是哈布斯堡王朝大部分王公贵族的长眠之所，包括伊丽莎白皇后。

斯特凡大教堂 教堂

（Stephansdom，St Stephan's Cathedral；www.stephanskirche.at；01，Stephansplatz；⌚周一至周六6:00~22:00，周日7:00~22:00，主教堂和Domschatz语音导览游，周一至周六9:00~11:30和13:00~17:30，周日13:00~17:30；ⓂStephansplatz）维也纳的哥特式建筑杰作斯特凡大教堂[或昵称小斯特凡（Little Steffl）]是这座城市的骄傲和欢乐。这座教堂从12世纪起就一直矗立在此，罗马式的**巨门**（Riesentor）和**Heidentürme**时刻提醒着人们这段历史。在教堂外，惊艳你的第一眼的是光华灿烂的瓦面**屋顶**，屋顶装饰着一排排令人眼花缭乱的波浪装饰和奥地利鹰。在教堂里面，威严的哥特式石**讲坛**俯瞰着主殿，它是1515年一位不知名的工匠的作品。

瘟疫纪念柱 纪念物

（Pestsäule，Plague Column；01，Graben；ⓂStephansplatz）这个显眼的纪念物立在Graben街上，以纪念死于黑死病的75,000名市民，它由菲舍尔·冯·埃尔拉赫（Fischer von Erlach）于1693年设计。

★艺术史博物馆 博物馆

（Kunsthistorisches Museum，Museum of Art History，简称KHM；www.khm.at；01，Maria-Theresien-Platz；成人/19岁以下含Neue Burg博物馆€14/免费；⌚周二至周日 10:00~18:00，周四至21:00；🚻；ⓂMuseumsquartier，Volkstheater）艺术史博物馆之行将是你在维也纳最难忘的体验之一，欧洲最好的画家、雕塑家和工匠的作品充满整个博物馆。博物馆所在的新古典主义建筑，与其收藏的艺术品一样奢华。这座博物馆将引领你进行一次宝贵的时光旅行，从古典时期的罗马一直走到古埃及和文艺复兴。如果时间紧张的话，直奔**画廊**（Picture Gallery），在那里你至少能花一两个小时向古典大师致敬。

★博物馆区 博物馆

（MuseumsQuartier，Museum Quarter；www.mqw.at；07，Museumsplatz；⌚游客与票务中心10:00~19:00；ⓂMuseumsquartier，Volkstheater）

省钱之道

维也纳卡（Vienna Card；48/72小时€18.90/21.90）可以让你无限次乘坐公共交通工具，另外也可以享受部分博物馆、旅游景点、咖啡馆与商店的折扣。可以在酒店与售票中心处购买。

维也纳市政府运营着大约20座**市政博物馆**（www.museum.vienna.at），市政厅免费发放的小册子里有列表。每个月的第一个周日，所有永久展览全部免费。

出色的博物馆区集合了众多博物馆、咖啡馆、餐厅和酒吧，位于从前的皇家马厩内，设计师是菲舍尔·冯·埃尔拉赫。作为维也纳文化生活的大本营，在温暖的夜晚，这里是与朋友相聚，或者观看人来人往的绝佳场所。展览空间超过6万平方米，该建筑群是全世界最耀眼的文化空间之一。

➡ 利奥波德博物馆

（Leopold Museum；www.leopoldmuseum.org；07, Museumsplatz 1；成人/儿童€12/7，语音导览 €3.50；⏲周三至周一 10:00~18:00，周四至21:00；Ⓜ Museumsquartier, Volkstheater）博物馆区之行最大的亮点无疑是利奥波德博物馆，一座醒目的白色石灰岩画廊。这里收藏的埃贡·席勒（Egon Schiele）的画作数量为全世界最多，同时还展出克里姆特（Klimts）和科柯施卡（Kokoschkas）的作品。

➡ 现代艺术博物馆

［MUMOK（Museum Moderner Kunst）；www.mumok.at；07, Museumsplatz 1；成人/儿童 €10/免费；⏲周一 14:00~19:00，周二至周日 10:00~19:00，周四至21:00；Ⓜ Museumsquartier, Volkstheater, 🚊49 Volkstheater］现代艺术博物馆的黑色玄武岩大厦与锋利的边角和博物馆区的历史感形成强烈对比。建筑里面珍藏着维也纳20世纪最重要的艺术品，大多是激浪艺术（fluxus）、新现实主义风格、波普艺术和摄影式写实主义风格。

皇家享受

世界闻名的**维也纳童声合唱团**（Vienna Boys' Choir；www.wienersaengerknaben.at）每周日9:15（9月末至次年6月）都在霍夫堡宫的皇家教堂（Burgkapelle）内演出。**门票**（☎533 99 27；www.hofburgkapelle.at；01, Schweizerhof；周日皇家教堂表演€9~35；Ⓜ Herrengasse）需要提前6周预订。合唱团也定期在金色大厅里演出。

回顾哈布斯堡王朝黄金时期的另一个重要的娱乐场所是**西班牙骑术学校**（Spanische Hofreitschule；☎533 90 31；www.srs.at；01, Michaelerplatz 1；表演€31~190；🚌1A, 2A Michaelerplatz, Ⓜ Herrengasse），在那里，利比扎马（一种名马）跟随着古典音乐，踱着优雅的芭蕾舞步。**晨时训练表演**（Morning Training；成人/儿童/家庭€14/7/28；⏲2月至6月和8月中至12月周二至周五10:00至正午）在附近的**游客中心**（Michaelerplatz 1；⏲9:00~16:00；Ⓜ Herrengasse）售卖当日门票。

分离派美术馆 　地标、画廊

（Secession；www.secession.at；01, Friedrichstrasse 12；成人/儿童€9/5.50，语音导览€3；⏲周二至周日10:00~18:00；Ⓜ Karlsplatz）1897年，19位进步艺术家从主流的艺术家之家（Künstlerhaus）中分离出来，成立了维也纳分离派（Vienna Secession）。他们当中包括克里姆特（Klimt）、约瑟夫·霍夫曼（Josef Hoffman）、科洛·莫泽尔（Kolo Moser）和约瑟夫·奥尔布里奇（Joseph Olbrich）。奥尔布里奇设计了分离派艺术家的新展览中心，采用的是稀疏功能性和形式主题相结合的风格。馆内的亮点是克里姆特（Klimt）金光灿烂的作品《贝多芬壁画》（*Beethoven Frieze*）。

维也纳博物馆 　博物馆

（Wien Museum；www.wienmuseum.at；04, Karlsplatz 8；成人/19岁以下€8/免费，每月第一个周日免费；⏲周二至周日 10:00~18:00；Ⓜ Karlsplatz）从新石器时代到20世纪中期，维也纳博物馆呈现了一幅迷人的维也纳历史画卷，娓娓动人地讲述这座城市和它的特质。展品分布在三层楼，包括两个临时展厅。

★美景宫 　宫殿、画廊

（Schloss Belvedere；www.belvedere.at；上美景宫成人/儿童€12.50/免费，下美景宫€11/免费，联票 €19/免费；⏲10:00~18:00；Ⓜ Taubstummengasse, Südtiroler Platz, 🚊D, 71 Schwarzenbergplatz）美景宫集艺术之大成，是当今世上最出色的巴洛克皇宫之一，由约翰·卢卡斯·冯·希尔德布兰特（Johann Lukas von Hildebrandt, 1668~1745年）为萨伏依的欧根亲王（Prince Eugene of Savoy）设计。这座宫殿有两座建筑，第一座是**上美景宫**（Oberes

Central Vien 维也纳市中心

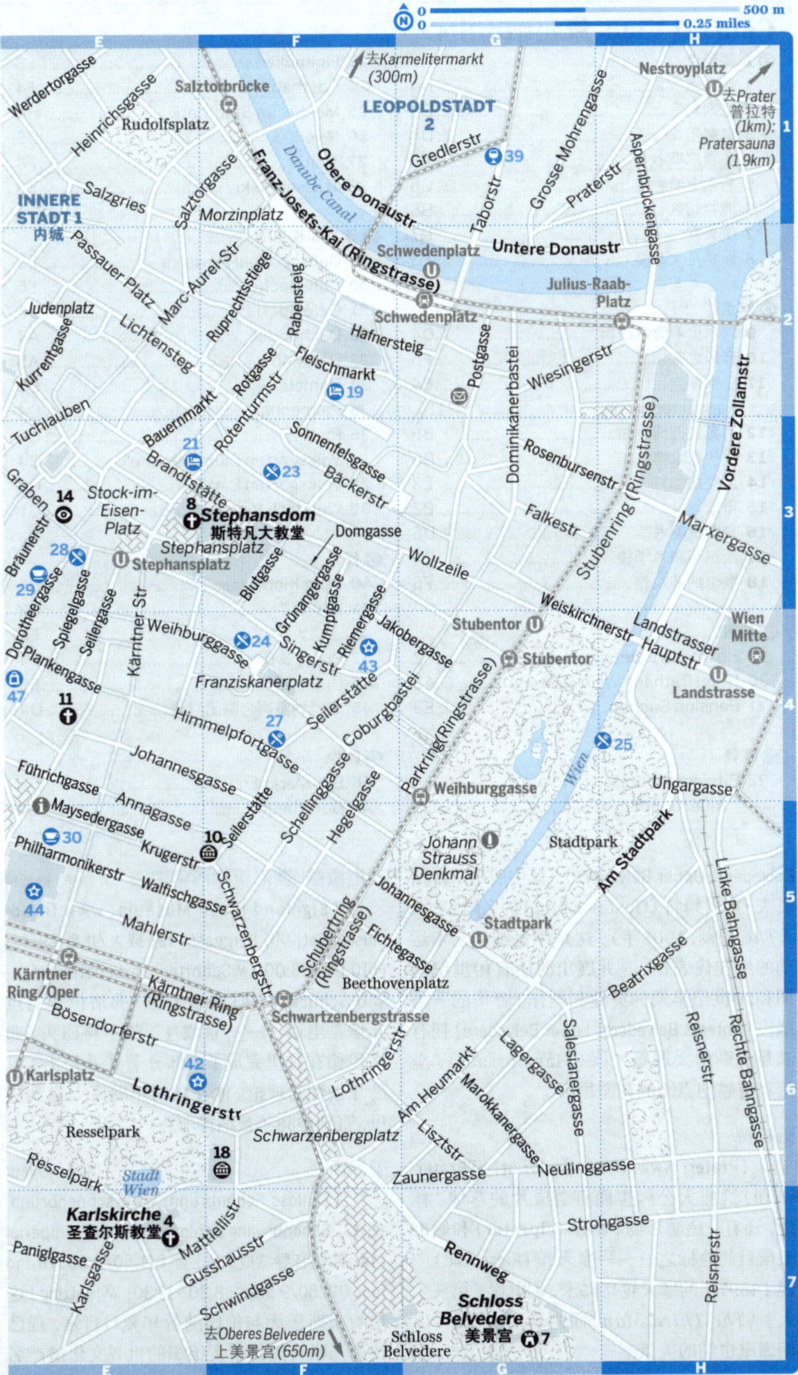

500 m
0.25 miles
LEOPOLDSTADT 2
INNERE STADT 1
内城
去Karmelitermarkt (300m)
去Prater 普拉特 (1km); Pratersauna (1.9km)
Danube Canal
Franz-Josefs-Kai (Ringstrasse)
Obere Donaustr
Untere Donaustr
Schwedenplatz
Julius-Raab-Platz
Stephansdom
斯特凡大教堂
Stephansplatz
Stubentor
Landstrasse
Wien Mitte
Weihburggasse
Johann Strauss Denkmal
Stadtpark
Am Stadtpark
Kärntner Ring/Oper
Kärntner Ring (Ringstrasse)
Schwartzenbergstrasse
Karlsplatz
Lothringerstr
Resselpark
Stadt Wien
Karlskirche
圣查尔斯教堂
Schwarzenbergplatz
Rennweg
Schloss Belvedere
美景宫
去Oberes Belvedere 上美景宫(650m)

Central Vien 维也纳市中心

重要景点
1 霍夫堡宫 D4
2 皇家居室 D3
3 皇家宝库 D4
4 圣查尔斯教堂 E7
5 艺术史博物馆 C5
6 博物馆区 B5
7 美景宫 G7
8 斯特凡大教堂 E3

景点
9 阿尔贝蒂娜博物馆 D4
10 音乐之家 F5
11 皇家墓穴 E4
Kapuzinerkirche （见11）
12 利奥波德博物馆 B5
13 现代艺术博物馆 B5
14 瘟疫纪念柱 E3
15 市政厅 B2
16 分离派美术馆 D6
17 西班牙骑术学校 D4
18 维也纳博物馆 F6

住宿
19 Hollmann Beletage F2
20 Hotel Rathaus Wein & Design A3
21 Pension Sacher E3

就餐
22 Bitzinger Würstelstand am Albertinaplatz D5
23 Figlmüller F3
24 Gasthaus Pöschl F4
25 Meierei im Stadtpark H4
26 纳绪市场 D6
27 Tian F4
28 Trzesniewski E3

饮品和夜生活
29 Café Leopold Hawelka E3
30 Café Sacher E5
31 Café Sperl C6
32 Dachboden A4
33 Das Möbel A5
34 Demel D3
35 Palmenhaus D4
36 Phil C6
37 Volksgarten ClubDiskothek C4
38 Volksgarten Pavillon C4
39 Weinfach Vinothek & Bar G1

娱乐
40 Burg Kino D5
41 国家剧院 C2
42 金色大厅 E6
43 Porgy & Bess F4
44 国家歌剧院 E5
45 维也纳童声合唱团门票 D4

购物
46 Bio-Markt Freyung D2
47 Dorotheum E4

Belvedere, Upper Belvedere)，其中展出了古斯塔夫·克里姆特(Gustav Klimt)的名画《吻》(*The Kiss*, 1908年)，这是维也纳新艺术运动的绝佳代表作，一并展出的还有19世纪晚期和20世纪早期的奥地利画作。奢华的**下美景宫**(Unteres Belvedere, Lower Belvedere)拥有满是壁画的**大理石大厅**(Marmorsaal)，坐落在有雕塑点缀的花园尽头。

普拉特
公园

(Prater; www.wiener-prater.at; Ⓜ Praterstern)这座大公园里面有着成片的草地、林地，还有一座游乐场(Würstelprater)和城市最醒目的地标之一——**摩天轮**(Riesenrad)。建于1897年的摩天轮高65米，因电影《第三个人》(*The Third Man*)而闻名，在上面可以俯瞰维也纳的美景。

西格蒙德·弗洛伊德博物馆
故居、博物馆

(Sigmund Freud Museum; www.freud-museum.at; 09, Berggasse 19; 成人/儿童 €9/4; ⌚10:00~18:00; Ⓜ Schottentor, Schottenring, 🚊D Schlickgasse)西格蒙德·弗洛伊德有点儿像是电话——一旦发生，就不再回头。弗洛伊德在这里完成了大部分著述并提出了自己开创性的理论。他在1891年随家人搬到这里，直到1938年被纳粹驱逐。

美泉宫
宫殿、博物馆

(Schloss Schönbrunn; www.schoenbrunn.at; 13, Schönbrunne Schlossstrasse 47; Imperial Tour 带语音导览成人/儿童 €11.50/8.50, Grand Tour €14.50/9.50; ⌚8:30~17:30; Ⓜ Hietzing)这是哈布斯堡无与伦比的奢华夏日行宫，现已被列入联合国教科文组织的世界文化遗产名

录。夏宫共有1441间房屋，40间面向公众开放。Imperial Tour游览项目可带你参观其中的26间。

喷泉在法式风格的花园里舞动。这些花园里还有世界上最古老的动物园：建于1752年的Tiergarten；还有一条长630米的树篱迷宫；攀上Gloriette的屋顶，可俯瞰整座皇宫以及远处的壮丽景色。

由于这座宫殿很受游客欢迎，门票会盖上一个戳标明出发时间，或许需要等上一小段时间，所以买好门票后可以先开始游览花园。

活动

多瑙河岛（Donauinsel）以游泳区和徒步、自行车专用道而闻名。老多瑙河（Alte Donau）是多瑙河伸向内陆的一片狭长地带，吸引了一大批航海和帆船爱好者。还有许多热爱游泳、徒步与钓鱼的人也钟情于此。冬季时（当足够冷时），你还可以在此滑冰。

节日和活动

可从旅游局办事处领取介绍每月节庆活动的小册子。

歌剧舞会 文化节

（Opernball；www.wiener-staatsoper.at；⏲1月/2月）每年1月和2月，城市都将举办300多场舞会，而歌剧舞会是最精彩的一场。这场盛会在国家歌剧院（Staatsoper）举办，极为奢华隆重，所有绅士都着燕尾服，而女士则穿上华丽的白色长裙。

维也纳艺术节 艺术节

（Wiener Festwochen；www.festwochen.at；⏲5月中至6月末）汇集了世界各地的多种艺术形式。

多瑙岛节 音乐节

（Donauinselfest；https://donauinselfest.at；⏲6月末）免费 每年6月底的周末在多瑙岛举办，为期3天。多瑙岛节上会有摇滚乐、流行乐、民谣及乡村音乐歌手和乐队，吸引将近300万名观众前来。最棒的是，它是免费的！

音乐电影艺术节 电影节

（Musikfilm Festival；http://filmfestivalrathausplatz.at；01，Rathausplatz；⏲7月和8月）每年7月和8月，夕阳西下之际，便是市政广场（Rathausplatz）上演免费歌剧、轻歌剧和音乐会的时候。

维也纳国际电影节 电影节

（Viennale Film Festival；☎526 59 47；www.viennale.at；⏲10月末至11月初）奥地利最大的电影节，重点展映世界各地的先锋、独立电影。每年都会举办，全城许多地方都会举办放映活动。

圣诞市场 圣诞市场

（Christkindlmärkt；www.christkindlmarkt.at；⏲11月中至12月25日）维也纳人最钟爱的圣诞市场。

住宿

my MOjO vie 青年旅舍 €

（☎0676-551 11 55；http://mymojovie.at；07，Kaiserstrasse 77；铺/双/标三/四€26/56/81/104；@📶；ⓂBurggasse Stadthalle）这是一座复古的笼式电梯建筑，是非常棒的背包客住所。这里会尽如你意：很有设计感的多人

> **绕着环路转一圈**
>
> 在维也纳，自助导览游最好的方式之一是乘1路或2路电车，沿着环绕内城（在2015年正好150岁）、具历史意义的Ringstrasse大街转上一圈。只花一张单程车票的价钱，你就可以看到新哥特风格的市政厅（Rathaus；www.wien.gv.at；01，Rathausplatz 1；⏲导览团队游周一、周三和周五13:00；ⓂRathaus，🚊D，1，2 Rathaus）免费、希腊复兴式的议会大楼、建于19世纪的国家剧院（Burgtheater；☎514 44 4440；www.burgtheater.at；01，Universitätsring 2；座票€5~51，站票€2.50，学生€8；⏲售票处周一至周五 9:00~17:00；ⓂRathaus，🚊D，1，2 Rathaus）、巴洛克风格的圣查尔斯教堂（Karlskirche；www.karlskirche.at；Karlsplatz；成人/儿童€8/4；⏲周一至周六9:00~17:30，周日11:30~17:30；ⓂKarlsplatz），以及其他景点。

间、带各种免费设施的厨房、上网笔记本、供客人游览的旅游指南，如果你想即兴来一段爵士摇滚乐，连乐器都为你备好了。

Believe It Or Not 青年旅舍 €

（☎0676-550 00 55；www.believe-it-or-not-vienna.at；07, Myrthengasse 10；铺€26~30；@📶；Ⓜ Volkstheater）这里看上去似乎平淡无奇，却如家一般温馨，会出乎你的意料。旅舍内有包厢风格的床铺、休闲舒适的休息室、基础配备齐全的厨房，还有供住客使用的笔记本电脑。

Pension Kraml 家庭旅馆 €

（☎587 85 88；www.pensionkraml.at；06, Brauergasse 5；标单€35，双€48~78，标三€69~87，四€110~120；@📶；Ⓜ Zieglergasse）藏身于Mariahilfer Strasse以南5分钟脚程的一条安静的背街小巷里，这家由家庭经营的小旅馆拥有150年历史，对自己充满古典风格的好客之道和舒适环境引以为傲。

★ **Pension Sacher** 家庭旅馆 €€

（☎533 32 38；www.pension-sacher.at；01, Rothenturmstrasse 1；公寓 €100~152；❄📶；Ⓜ Stephansplatz）酒店公寓装饰着印花布艺饰品、雕花木刻与实木家具，其地理位置靠近中心，店内格局宽敞，井井有条，由经营巧克力蛋糕而闻名的萨哈（Sacher）家族拥有。这里不但能让你宾至如归，而且还能看到斯特凡大教堂（Stephansdom）的壮观景色。

Hotel Rathaus Wein & Design 精品酒店 €€

（☎400 11 22；www.hotel-rathaus-wien.at；08, Lange Gasse 13；标单/双/标三€150/210/240；❄@📶；Ⓜ Rathaus, Volkstheater）精品酒店里的每一个简约别致的大开间，都是为了纪念奥地利的一位葡萄酒酿造师，迷你吧里储备的葡萄酒（需额外付费）都来自旗下的葡萄酒庄。

Boutiquehotel Stadthalle 酒店 €€

（☎982 42 72；www.hotelstadthalle.at；15, Hackengasse 20；标单€80~120，双€118~188；📶；Ⓜ Schweglerstrasse）🍃欢迎光临维也纳最具生态意识的酒店，酒店的屋顶上种着芳香醉人的薰衣草。紫色、粉色和桃红色的配色让房间生气勃勃，房间内现代设计与古董装饰风格结合得天衣无缝。有机早餐在常春藤恣意生长的庭院花园里供应。

Hollmann Beletage 家庭旅馆 €€

（☎961 19 60；www.hollmann-beletage.at；01, Köllnerhofgasse 6；双€159~229，标三€179~259，四€199~300，套€390起；@📶；Ⓜ Schwedenplatz，🚊1, 2 Schwedenplatz）这家信奉极简主义的旅馆从内到外都是简约风格的线条。下午2点在露台和休息室供应免费小吃，客人还能去小型酒店电影院看电影，免费使用iPad，这些都是加分项。

就餐

自己做饭的游客可以在市中心的Hofer、Billa和Spar超市购买食材。部分超市有售卖三明治的熟食店。售卖香肠的摊位（Würstel Stand）价钱便宜，非常适合赶路的游客。

Trzesniewski 三明治 €

（www.trzesniewski.at；01, Dorotheergasse 1；面包和抹酱 €1.20；⏲周一至周五8:00~19:00，周六9:00~17:00；Ⓜ Stephansplatz）这里可能是奥地利最地道的三明治餐厅了。Trzesniewski为形形色色的食客供应面包和抹酱的历史已经超过100年了。

Bitzinger Würstelstand am Albertinaplatz 香肠摊 €

（01, Albertinaplatz；香肠€1.70~4.30；⏲8:00至次日4:00；Ⓜ Karlsplatz, Stephansplatz, 🚊Kärntner Ring/Oper）维也纳有很多香肠摊，不过位于国家歌剧院后面的这一家是全城数一数二的。

★ **Mini** 创新菜 €€

（☎0595-44 83；www.minirestaurant.at；06, Marchettigasse 11；主菜€16~24；⏲11:30至午夜；Ⓜ Pilgramgasse）在Mini整洁的拱顶内部空间中，融合了稍许全球各地风味的匈牙利本土菜肴大放异彩。野猪汤这样的前菜是很好的热身，让你准备好迎接色香味俱佳的主菜，如剑鱼配白葡萄酒蘑菇汁。含两道菜的午餐套餐很实惠，仅需€7.90。

不要错过

精选食品市场

不规则伸展的**纳绪市场**（Naschmarkt；06, Linke & Rechte Wienzeile；⊙周一至周五6:00～19:30，周六至18:00；Ⓜ Karlsplatz, Kettenbrückengasse）是维也纳的小吃（nasch）市场。各种各样的摊位摆满了肉类、水果、蔬菜、奶酪、橄榄、香料和葡萄酒。还有很多的咖啡店供应物超所值的午餐，当然也有熟食店和出售打包食物的摊位。

Bio-Markt Freyung（01, Freyungasse；⊙周五和周六9:00～18:00；Ⓜ Herrengasse, Schottentor）出售农场新鲜食品，热闹的**Karmelitermarkt**（02, Karmelitermarkt；⊙周一至周五 6:00～19:30，周六6:00～17:00；Ⓜ Taborstrasse，Ⓣ2 Karmeliterplatz）市场也是一样。去后者的周六农夫市场，在任意一家上好的熟食咖啡馆里享受一顿早午餐。

Meierei im Stadtpark 奥地利菜 €€

（☎713 31 68；http://steirereck.at；03, Am Heumarkt 2a；早餐套餐€20～24，主菜€11～20，6种精选奶酪€11；⊙周一至周五8:00～23:00，周六和周日9:00～19:00；✎；Ⓜ Stadtpark）藏身于翠绿的城市公园（Stadtpark）里，这家餐厅丰盛的早餐一直供应到中午。不过它最有名的菜还是红烩牛肉配韭葱卷（goulash served with leek roulade，€18）以及120种精选奶酪。

Gasthaus Pöschl 奥地利菜 €€

（☎513 52 88；01, Weihburggasse 17；主菜€9～18；⊙正午至午夜；Ⓜ Stubentor）靠近美丽的Franziskanerplatz，是一家镶木设计风格的维也纳小餐馆（Beisl），有着维也纳浓厚的温馨友好氛围。主打奥地利的传统美食，水煮牛肉（Tafelspitz）和炸肉排（schnitzel）都烹制得恰到好处。

Figlmüller 法式小馆 €€

（☎512-61 77；www.figlmueller.at；01, Wollzeile 5；主菜€13～23；⊙11:00～22:30；📶；Ⓜ Stephansplatz）要是没了Figlmüller，维也纳人会感到茫然无措。这家著名的法式小馆拥有维也纳最大、最美味的炸肉排（schnitzel）。

★ Tian 素食 €€

（☎890 46 65；www.tian-vienna.com；01, himmelpfortgasse 23；2/3道菜午餐 €26/32，4/8道菜晚餐 €81～120；⊙周一至周六正午至午夜；✎；Ⓜ Stephansplatz，Ⓣ2 Weihburggasse）在这个有着酒吧间风格的米其林星级餐厅内，隐秘魅力与现代都市感结合得非常巧妙。素食被升级至极其美味的高度。午餐算得上是物超所值，你还可以在令人愉悦的葡萄酒酒吧中享受美酒佳酿。

🍷 饮品和夜生活

动感十足的酒吧集中于纳绪市场（Naschmarkt）的南北两个方向、Spittelberg周边以及Gürtel沿线（主要是在Josefstädter Strasse和Nussdorfer Strasse的U6号公共汽车站点附近）。

在维也纳种植葡萄的众多郊区——北部、西南、西部和西北——遍布着各式葡萄酒馆（heurigen）或售卖葡萄酒的小旅馆。营业时间通常是16:00～23:00，葡萄酒价格大约为每Viertel（250毫升）€3。

★ Dachboden 酒吧

（http://25hours-hotels.com；07, Lerchenfelder Strasse 1-3；⊙周二至周五14:00至次日1:00，周六正午至次日1:00，周日正午至22:00；📶；Ⓜ Volkstheater）位于以马戏团为主题的25hours Hotel内，可以从铺着木板的露台上俯瞰维也纳华丽的天际线。周三和周五晚上还有DJ打碟，播放爵士乐、灵魂音乐和放克音乐。

Weinfach Vinothek & Bar 葡萄酒吧

（www.weinfach.at；02, Taborstrasse 11a；⊙周二至周六17:00～22:00；Ⓣ2 Gredlerstrasse）这家明亮现代的葡萄酒商店兼酒吧会热忱欢迎你的到来。精心挑选的酒单包括横贯奥地利各个产区的90款葡萄酒，当地奶酪和卡林西亚腊肠（Carinthian salami）更是佐酒佳品。精通葡萄酒的工作人员会组织定期品酒和其他活动。

Palmenhaus 酒吧

（www.palmenhaus.at；01，Burggarten；⌚周一至周四11:30至午夜，周五和周六10:00至次日1:00，周日10:00～23:00；Ⓜ Karlsplatz，Museumsquartier，🚊D，1，2，71 Burgring）Palmenhaus位于一座经过精心修复的新艺术主义风格的棕榈树房子里，夏天来的时候，可以在漂亮的花园露台里喝酒。

Phil 酒吧

（www.phil.info；06，Gumpendorfer Strasse 10-12；⌚周一17:00至次日1:00，周二至周日9:00至次日1:00；Ⓜ Museumsquartier，Kettenbrückengasse）一座复古风格的酒吧、书店兼唱片行，气氛舒适惬意，吸引着大批小资人群陶醉于祖母时代的旧式家具而乐此不疲。

Volksgarten Pavillon 酒吧

（www.volksgarten-pavillon.at；01，Burgring 1；⌚4月至9月中11:00至次日2:00；📶；Ⓜ Volkstheater，🚊D，1，2，71 Dr-Karl-Renner-Ring）这是一座可爱的20世纪50年代风格的阁楼，可以眺望英雄广场（heldenplatz）。

Das Möbel 酒吧

（http://dasmoebel.at；07，Burggasse 10；⌚周一至周五14:00至午夜，周六和周日10:00至午夜；📶；Ⓜ Volkstheater）Das Möbel的装置陈设是一大亮点，它们出自当地设计师之手，全部都是独一无二的时尚单品——而且所有物品均可出售。

Pratersauna 夜店

（www.pratersauna.tv；02，Waldsteingar

不要错过

咖啡馆文化

维也纳传奇的Kaffeehäuser（咖啡馆）是奇妙的地方，你可以在这里看看过往行人，做做白日梦，聊聊天，也可以浏览一下新闻。大多数的咖啡馆都会供应一些简餐，还有令人垂涎欲滴的蛋糕和果子奶油蛋糕（tortes）。花大概€8就可以买到一份咖啡加蛋糕的套餐。我们在这里列出了5家非常受欢迎的咖啡馆：

Café Sperl（www.cafesperl.at；06，Gumpendorfer Strasse 11；⌚周一至周六7:00～23:00，周日11:00～20:00；📶；Ⓜ Museumsquartier，Kettenbrückengasse）带有非常漂亮的新艺术设计装饰风格，店内宽敞，卡座舒适，气氛悠闲，是维也纳最好的咖啡馆之一。一定要尝尝梦幻般的杏仁巧克力奶油蛋糕（Sperl Torte）。

Café Leopold Hawelka（www.hawelka.at；01，Dorotheergasse 6；⌚周一至周六8:00至次日1:00，周日10:00至次日1:00；Ⓜ Stephansplatz）墙壁上贴着很多画，这个幽暗且氛围静谧的20世纪30年代末咖啡馆曾经是艺术家和作家经常流连的场所——包括洪德特瓦瑟（Friedensreich Hundertwasser）、埃利亚斯·卡内蒂（Elias Canetti）、阿瑟·米勒（Arthur Miller）和安迪·沃霍尔（Andy Warhol）。

Demel（www.demel.at；01，Kohlmarkt 14；⌚9:00～19:00；🚌1A，2A Michaelerplatz，Ⓜ Herrengasse，Stephansplatz）一间优雅奢华的咖啡馆，可以看得见霍夫堡宫。最特别的一款甜点是Ana Demel Torte：一款巧克力与奶油杏仁糖混合而成的热量极高的蛋糕。

Café Sacher（www.sacher.com；01，Philharmonikerstrasse 4；⌚8:00至午夜；Ⓜ Karlsplatz，🚊D，1，2，71 Kärntner Ring/Oper）这家奢华的咖啡馆以枝形吊灯照明，最有名的是它的Sacher Torte，一种滋味浓郁的杏子酱巧克力蛋糕，曾是皇帝弗朗茨·约瑟夫（Emperor Franz josef）的最爱。

Espresso（http://espresso-wien.at；07，Burggasse 57；⌚周一至周五7:30至次日1:00，周六和周日10:00至次日1:00；Ⓜ Volkstheater，🚊49 Siebensterngasse/Kirchengasse）这家20世纪50年代的复古咖啡馆令人耳目一新，经常有时尚人士来这里喝一杯浓缩咖啡并享用早午餐。

tenstrasse 135；⏲夜店周三至周日21:00至次日6:00，游泳池6月至9月周五和周六13:00~21:00；Ⓜ Messe-Prater）游泳池、咖啡馆、小酒馆和夜店就聚集在这个以前是桑拿浴室的地方——如今，你每晚都可以在舞池中尽情挥汗起舞。

Volksgarten ClubDiskothek 夜店

（www.volksgarten.at；01，Burgring 1；入场费€6起；⏲周二和周四至周六22:00至次日4:00或更晚；Ⓜ Museumsquartier，Volkstheater，🚋D，1，2，71 Dr-Karl-Renner-Ring）这家火爆的夜店位置绝佳，位于霍夫堡宫附近，有愿欣赏他人又愿展示自己的人们在此来来往往。

☆ 娱乐

维也纳现在是，或许也将永远是欧洲歌剧与古典音乐的中心。这里有数不尽的音乐盛事，就连街头艺人也大多受过古典音乐的熏陶与训练。

周一至周六，售票窗口基本向公众开放，演出1小时前售卖的站票极为便宜（€3~6）。

想了解最新的演出安排，请登录网站www.falter.at（德语）查看。

国家歌剧院 歌剧院

（Staatsoper；☎514 44 7880；www.wiener-staatsoper.at；01，Opernring 2；Ⓜ Karlsplatz，🚋D，1，2 Kärntner Ring/Oper）国家歌剧院是维也纳首屈一指的歌剧院和古典音乐演奏大厅。这里的演出奢华而隆重，需要穿正装出席。

金色大厅 音乐大厅

（Musikverein；☎505 81 90；www.musikverein.at；01，Bösendorferstrasse 12；座票€25~89，站票€4~6；⏲售票处周一至周五9:00~20:00，周六9:00~13:00；Ⓜ Karlsplatz）恢宏的金色大厅坐拥奥地利最棒的音响效果，并得到了维也纳爱乐乐团（Vienna Philharmonic Orchestra）的充分利用。

Porgy & Bess 爵士乐

（☎51288 11；www.porgy.at；01，Riemergasse 11；票价€18左右；⏲音乐表演19:00或20:30开始；Ⓜ Stubentor，🚋2 Stubentor）品质是Porgy & Bess经久不衰的基石。它的舞台上有来自全球各地的现代爵士乐演奏家。

Burg Kino 电影院

（☎587 84 06；www.burgkino.at；01，Opernring 19；Ⓜ Museumsquartier，🚋D，1，2 Burgring）只放映英语电影。定期展映电影《第三个人》（*The Third Man*）。这是一部Orson Welles的永恒经典之作，将时间定格在“二战”后的维也纳。

购物

在小路蜿蜒交织的维也纳内城，设计时髦的服装集中在科尔市场（Kohlmarkt），古董商品主要在Herrengasse，各大商业流行品牌在Kärntnerstrasse可以找到。在Neubau的各式另类精品店和概念店，你可以融入维也纳的创新时尚脉搏中，特别是在Kirchengasse和Lindengasse附近。

Dorotheum 古玩

（www.dorotheum.com；01，Dorotheergasse 17；⏲周一至周五10:00~18:00，周六9:00~17:00；Ⓜ Stephansplatz）Dorotheum是欧洲最大的拍卖行之一。对普通游客来说，它更像是一座博物馆而不是拍卖行，里面物件的种类非常丰富，从古董玩具和餐具到名人亲笔签名、古董枪等应有尽有，尤其是许多优质画作。

ⓘ 实用信息

很多咖啡馆和酒吧都为顾客提供免费的Wi-Fi。免费公共热点包括Rathausplatz、纳绪市场和普拉特（Prater）。更多信息见www.lonelyplanet.com.au/austria/vienna。

机场信息中心（⏲7:00~22:00）全方位服务，提供地图和维也纳卡，并为没有订房的散客提供酒店预订。位于维也纳国际机场的到达大厅内。

Allgemeines Krankenhaus（☎404 000；www.akhwien.at；09，Währinger Gürtel 18-20）这座医院有急诊室。

Jugendinfo（Vienna Youth Information；☎4000 84 100；www.jugendinfowien.at；01，Babenbergerstrasse 1；⏲周一至周三14:00~19:00，周二至周六13:00~18:00；Ⓜ Museumsquartier，🚋Burgring）为14岁至26岁的青年提供各种活动的折扣门票。

邮政总局（01，Fleischmarkt 19；⏲周一至周

进入市中心

进入城市中心最快捷的交通方式是乘坐城市空港列车(City Airport Train，简称CAT；www.cityairporttrain.com；往返成人/儿童€19/免费；⊙机场出发6:06~23:36，市区出发5:36~23:06)，每30分钟运营1班，往返于机场与Wien Mitte之间，单程需16分钟。在线预订可节省€2。轻轨S7路路线相同(单程€4.40)，但需时25分钟。

五7:00~22:00，周六和周日9:00~22:00；ⓂSchwedenplatz，🚊1，2 Schwedenplatz)

警察局(☎31 310；01，Schottenring 7-9；ⓂSchottentor)

维也纳游客信息中心(Tourist Info Wien；☎245 55；www.wien.info；01，Albertinaplatz；⊙9:00~19:00；📶；ⓂStephansplatz，🚊D，1，2，71 Kärntner Ring/Oper)维也纳主要的旅游局办事处，负责票务、酒店预订、免费地图及相关小册子的发放工作。

到达和离开

飞机

飞往维也纳的航班的详细信息详见96页到达和离开部分。

船

水上快艇4月至10月每天出发，向东驶往布拉迪斯拉发(Bratislava；单程€20~35，1.25小时)。5月至9月每周2班驶往布达佩斯(Budapest；单程/往返€109/125，5.5小时)。可提前通过**DDSG Blue Danube**(☎01-58 880；www.ddsg-blue-danube.at；Handelskai 265，Vienna；ⓂVorgartenstrasse)进行预订。

长途汽车

截至目前，维也纳尚无中央汽车站。全国的长途汽车根据到达目的地的不同，在不同的车站出发和抵达。维也纳的长途汽车线路也包括**欧洲巴士**(Eurolines；☎0900 128 712；www.eurolines.com；Erdbergstrasse 200；⊙周一至周五6:30~21:00；ⓂErdberg)。

小汽车和摩托车

Gürtel是一条外环路，连接Danube北岸的A22号高速公路和城市东南部的A23号高速公路。所有的主干道均与此条线路相连，包括从林茨(Linz)到萨尔茨堡的A1号高速公路和从格拉茨(Graz)出发的A2号高速公路。

火车

维也纳是欧洲的主要交通枢纽之一。**奥地利联邦铁路局**(Österreichische Bundesbahn，简称ÖBB；www.oebb.at)是主要的运营商，提供直达列车服务以连接多个欧洲城市。众多的目的地中包括布达佩斯(€29~37，2.5~3.25小时)、慕尼黑(€93，4.5~5小时)、巴黎(€51~142，11.5~13小时)、布拉格(€49，4.25小时)和威尼斯(€49~108，7~11小时)。

维也纳现在主要的火车站是Hauptbahnhof，之前是Südbahnhof，在进行了庞大的修建工程后，2012年12月部分已经投入使用。同时，一些远距离的火车班次也被安排在维也纳的其他火车站中，比如Westbahnhof和Wien Meidling。另外，一些距离较远的火车站还包括Franz-josefs-Bahnhof(经停往返于多瑙河谷之间的列车)、Wien Mitte和Wien Nord。

当地交通

自行车

维也纳的城区自行车项目被称作**维也纳城区自行车计划**(Citybike Wien，Vienna City Bike；www.citybikewien.at；第1个小时免费，第2/第3个小时€1/2，此后每小时€4)。全城有120多个自行车出租点。需使用信用卡租车，只要在机器上刷一下卡，然后按照相应提示继续操作即可(提供多语种服务)。

公共交通

维也纳完善的公共交通网络包括火车、有轨电车、公共汽车、地铁(U-Bahn)和郊区火车(S-Bahn)。可前往**Wiener Linien**(☎0790-100；www.wienerlinien.at)索取免费地图和载有相关信息的小册子。

所有车票均需验票，乘坐地铁需在车站入口处验票，乘坐公共汽车和有轨电车则在车上验票(周票和月票不用验票)。

单程票需€2.20，24小时内无限次车票需€7.60，48小时内无限次车票需€13.30，72小时内无限次车票需€16.50，周票(周一至周日有效)需€16.20。

多瑙河谷（THE DANUBE VALLEY）

克雷姆斯（Krems）和梅尔克（Melk）之间的多瑙河流域，在当地被称作“瓦豪”（Wachau），堪称整条大河沿岸最具魅力的地方。两岸散落着城堡遗址和中世纪的古镇，点缀着一片片梯田葡萄园。上游工业城市林茨，是奥地利先锋艺术和新兴技术的引领者。

多瑙河畔克雷姆斯（Krems an der Donau）

☎02732/人口24,085

坐落在多瑙河的北岸，背靠一片梯田葡萄园区，克雷姆斯是瓦豪的起点。铺满鹅卵石的城区极富魅力，还有许多不错的餐厅和遍布美术馆的艺术区（Kunstmeile, Art Mile; www.kunstmeile-krems.at）。

景点和活动

Kunsthalle 画廊

（www.kunsthalle.at; Franz-Zeller-Platz 3; 门票€10; ⏲周二至周日10:00~17:00）克雷姆斯艺术区（Kunstmeile）的旗舰店是个集中了多个画廊和博物馆的综合体。Kunsthalle的轮流展览项目，规模不大却很棒。

住宿

Arte hotel Krems 酒店 €€

（☎71 123; www.arte-hotel.at; Dr-Karl-Dorrek-Strasse 23; 标单/双€109/159; P 📶）这家时髦的艺术酒店拥有91个宽敞的房间，设计感十足，大幅复古图案与20世纪60年代风格的家具相映成趣。

Hotel Unter den Linden 酒店 €€

（☎82 115; www.udl.at; Schillerstrasse 5; 标单€67~87, 双€90~118; 📶）这家由家庭经营的大酒店有39个温馨明亮的房间，位于克雷姆斯的便利地段。老板学识渊博、热情助人。

实用信息

克雷姆斯游客信息中心（Krems Tourismus; ☎82 676; www.krems.info; Utzstrasse 1; ⏲周一至周五 9:00~18:00, 周六 11:00~18:00, 周日 11:00~16:00, 冬季开放时间缩短）十分有帮助，提供许多信息和地图。

到达和离开

每天都有火车连接克雷姆斯与维也纳的弗朗茨·约瑟夫火车站（Franz-josefs-Bahnhof; €15.90, 1小时）和梅尔克（€12.70, 1.5小时）。

> **骑车之旅**
>
> 多瑙河谷内的许多城镇都加入了自行车租赁网络，Nextbike（☎02742-229 901; www.nextbike.at; 每小时€1, 24小时€8）。注册之后需使用信用卡（通过热线电话或网站均可支付），先扣掉€1后，就可租赁自行车了。

梅尔克（Melk）

☎02752/人口5187

梅尔克是游览多瑙河谷的一大亮点，以其光彩壮丽的修道院和碉堡而闻名。很多游客白天骑车游览城区，累了就推着自行车穿过鹅卵石路面。

景点

梅尔克修道院 修道院

（Stift Melk, Benedictine Abbey of Melk; www.stiftmelk.at; Abt Berthold Dietmayr Strasse 1; 成人/儿童 €10/5.5, 导览游€12/7.5; ⏲5月至9月9:00~17:30, 10月至次年4月导览游11:00和14:00）它是奥地利众多修道院中最著名的一座。作为下奥地利州最精美的教堂，修道院的教堂拥有两座尖塔和高高的八角形穹顶，是修道院建筑群最醒目的部分。建筑内部是癫狂的巴洛克风格，到处都是微笑的天使像、镀金的旋涡和抛光人造大理石。祭坛上戏剧性的装饰画描绘的是圣彼得和圣保罗（教堂的两位守护圣徒），它出自Peter Widerin之手。Johann Michael Rottmayr创作了天花板（包括穹顶在内）上的大部分画作。

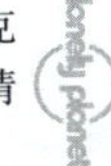

食宿

设有户外座位的餐厅和咖啡馆沿着市政厅广场（Rathausplatz）排开。

hotel Restaurant zur Post 酒店 €€

（☎523 45；www.post-melk.at；Linzer Strasse 1；标单€65~85，双€108~125；P@📶）这是一家位于城市中心地带的明亮宜人的酒店，拥有25个宽敞舒适的房间，房间配色温馨宜人，还有一些令人心动的细节，如黄铜床头灯。

实用信息

旅游局办事处（☎51 160；www.stadt-melk.at；Kremser Strasse 5；⏰4月至10月周一至周六9:30~18:00，周日9:30~16:00，11月至次年3月周一至周四9:00~17:00，周五9:00~14:30）位于城市中心地带，提供地图和各种实用信息。

到达和离开

轮船从Pionierstrasse街的运河码头出发，修道院向北400米即是。也有每小时出发的火车开往维也纳（€16.30，1.25小时）。

林茨（Linz）

☎0732/人口193,814

奥地利有一句谚语："In Linz beginnt's"（一切从林茨开始），它相当精准地概括了林茨。林茨不但是科技先锋，也由于其领先的信息技术和世界级的现代美术馆，获得了"2009年欧洲文化之都"的殊荣。

景点和活动

★电子艺术中心 博物馆

（Ars Electronica Center；www.aec.at；Ars Electronica Strasse 1；成人/儿童€8/6；⏰周二至周五9:00~17:00，周四至21:00，周六和周日10:00~18:00）电子艺术中心是林茨最热门的景点，关注未来技术、科学和数字媒体。在实验室里，可以与机器人、动画数码产品互动，将你的名字转变为DNA，还可以（虚拟）穿越外太空。

> **林茨卡**
>
> 林茨卡可以让你进入主要景点，并可无限次乘坐公共交通，1/3天有效期的售价为€15/25。

伦托美术馆 画廊

（Lentos；www.lentos.at；Ernst-Koref-Promenade 1；成人/儿童€8/4.50，导览游€3；⏰周二至周日10:00~18:00，周四至21:00）俯瞰着多瑙河，玻璃和钢构成的伦托美术馆呈矩形，夜晚灯光璀璨。这座画廊拥有奥地利最好的现代艺术收藏，包括沃霍尔（Warhol）、席勒（Schiele）、克里姆特、科柯施卡（Kokoschka）和洛维斯·科林特（Lovis Corinth）的作品，有时会在大型展览中展出。

圣母玛利亚大教堂 天主教堂

（Mariendom，Herrenstrasse 26；⏰周一至周六7:30~19:00，周日8:00~19:15）又称新主座教堂（Neuer Dom），这座庞大的新哥特式天主教堂会让你不由自主地将视线投向它的尖塔、飞扶壁和精雕细画的窗户。

Pöstlingberg 观景台

在Pöstlingberg山（海拔537米）顶上俯瞰林茨在你脚下徐徐展开。从Hauptplatz出发，乘坐窄轨火车**Pöstlingbergbahn**（Hauptplatz；成人/儿童往返€5.80/3；⏰周一至周六6:00~22:30，周日7:30~22:30），沿着陡峭的山路攀登大约30分钟可达山顶。这里的观景缆车已经作为世界上最陡峭的高山铁路而被列入吉尼斯纪录——对这样一座处在低洼地带的城市来说，真是了不起的荣誉。

食宿

hotel am Domplatz 设计酒店 €€

（☎77 30 00；www.hotelamdomplatz.at；Stifterstrasse 4；双€125~145，套€300；❄@📶）靠近新哥特风格的林茨新主座教堂，这座玻璃与混凝土结构的方形建筑内饰是流线型设计，朴素的白色装饰和亚麻色木材透出浓浓的北欧美学风格。一边在楼顶看风景，一边做水疗，将会是非常放松的享受。

k.u.k. Hofbäckerei 咖啡馆 €

（Pfarrgasse 17；咖啡和蛋糕€3~6；⏰周一至周五6:30~18:30，周六7:00至次日0:30）在这

座古老的咖啡馆，你仍能感觉到昔日帝国的荣光。Fritz Rath烤制出全城最美味的Linzer Torte——口感丰富的格状糕点喷香酥脆。

Cook 各国风味 €€

（☎78 13 05；www.cook.co.at；Klammstrasse 1；主菜€9.50~16；⏲周一11:30~14:30，周二至周五11:30~14:30和18:00~22:00）把斯堪的纳维亚风味和亚洲风味一锅烩，听起来似乎有些荒唐，但Cook就是有办法让它行得通。餐厅内风格简约，线条简洁，供应各式菜肴，如加了很多辣椒的鱼汤。

ℹ 实用信息

Hotspot Linz（www.hotspotlinz.at）城中的120个热点均可免费用Wi-Fi上网，包括电子艺术中心和伦托美术馆。

林茨游客信息中心（Tourist Information Linz；☎7070 2009；www.linz.at；Hauptplatz 1；⏲周一至周六9:00~19:00，周日10:00~19:00）提供小册子、酒店名录、免费的酒店预订服务，还有一个独立的上奥地利州信息咨询台。冬季开放时间相应缩短。

ℹ 到达和当地交通

飞机

瑞安航空公司（Ryanair）飞往林茨西南13公里处的**蓝色多瑙河机场**（Blue Danube Airport，见96页）。每小时运营的接驳班车（€2.90，20分钟）连接机场与各大火车站。

公共交通

有公共汽车和有轨电车，单程车票售价均为€2，一日通票售价为€4。

火车

无论是主要公路线路还是火车线路，林茨都位于萨尔茨堡与维也纳的中间位置。开往萨尔茨堡（€25.30，1.25小时）与维也纳的火车（€33.60，1.5小时）每小时至少2班。

南部（THE SOUTH）

奥地利南部两个主要的州是施蒂里亚州（Styria，Steiermark）和卡林西亚州（Carinthia，Kärnten）。无论是天气还是生活态度，这里给人的感觉都与奥地利的其他地方非常不同。施蒂里亚州自然和谐地容纳了雅致的建筑，有着起伏的绿色山丘、覆满葡萄藤的斜坡和高耸的群山。首府格拉茨（Graz）是奥地利最具魅力的城市之一。在夏季，时尚前卫的人们会前往洒满阳光的卡林西亚州。那里靠近意大利，整个地区都散发着近似意大利的地中海风情。

格拉茨（Graz）

☎0316/人口269,997

奥地利的第二大城市，大概也是奥地利最悠闲放松的城市，也是除维也纳之外，业余时间生活最丰富多样的城市。格拉茨是个迷人的地方，拥有大片草地、红色的屋顶，还有一条小而急的河流穿城而过。建筑方面，有着文艺复兴时期的院落及地方色彩浓厚的巴洛克宫殿，这些建筑又融合了现代的建筑设计风格。格拉茨周围的乡村是由葡萄园、群山、葱郁丘陵和温泉构成的自然景色，距离市区非常近。

👁 景点

你可以在漫无目的的闲逛中慢慢感受格拉茨。24小时通票（成人/儿童€11/4）适用于所有Joanneum博物馆。

★格拉茨新美术馆 画廊

（Neue Galerie Graz；www.museum-joanneum.at；joanneumsviertel；成人/儿童€8/3；⏲周二至周日10:00~17:00；📶；🚊1，3，4，5，6，7 Hauptplatz）格拉茨新美术馆是Joanneumsviertel博物馆建筑群三座博物馆中拥有最高荣誉的一座。令人讶异的收藏是亮点。藏品数量虽不惊人，却包括了丰富多样的大师杰作，比如厄恩斯特·莫泽（Ernst Christian Moser）、瓦尔德米勒（Ferdinand Georg Waldmüller）和约翰·尼波默克·帕西尼（Johann Nepomuk Passini）的作品。埃贡·席勒（Egon Schiele）也有作品在此展出。

格拉茨美术馆 画廊

（Kunsthaus Graz；www.kunsthausgraz.at；Lendkai 1；成人/儿童€8/3；⏲周二至周日10:00~17:00；🚊1，3，6，7 Südtiroler Platz）由英国建筑

师彼特·库克（Peter Cook）和考林·福尼尔（Colin Fournier）设计。这座世界一流的当代美术馆的设计风格十分大胆，看起来非常像一只太空时代的海参。展览每3～4个月轮换一次。

埃根博格城堡 宫殿

（Schloss Eggenberg；Eggenberger Allee 90；成人/儿童 €11.50/5.50；⊙团队游 复活节前的周日至10月 周二至周日10:00～16:00；🚊1 Schloss Eggenberg）格拉茨这座优雅的宫殿是1625年乔凡尼·皮特罗·德波尔米斯（Giovanni Pietro de Pomis，1565～1633年）应约翰·乌尔里奇（Johann Ulrich，1568～1634年）的请求为埃根博格王朝（Eggenberg dynasty）设计的。买门票之后就能参加性价比很高的导览团队游，并在游览中欣赏每个房间的特色、了解壁画描绘的故事和埃根博格家族。

穆尔人工岛 桥梁

（Murinsel；🚊4，5 Schlossplatz/Murinsel，🚊1，3，6，7 Südtiroler Platz）穆尔人工岛位于穆尔河（Mur）中央，由金属和塑料建成，是一座由人造小岛构成的浮桥。这个漂浮的现代地标包括一个咖啡馆、一个儿童游乐场和一间小舞台。

城堡山 观景台

（Schlossberg；电梯或索道缆车的1小时票€2.10；🚊4，5 Schlossbergplatz）免费 海拔473米的城堡山是格拉茨建城时最初的城堡所在地，山顶有这座城市最醒目的地标——钟楼（Uhrenturm）。可以沿着许多野趣烂漫且陡峭艰险的小路爬上它的山腰，不过也能乘坐电梯或Schlossbergbahn索道缆车。乘坐4路或5路有轨电车抵达Schlossplatz/Murinsel并乘坐电梯。

兵器博物馆 博物馆

（Landeszeughaus，Styrian Armoury；www.museum-joanneum.at；herrengasse 16；成人/儿童€8/3；⊙周一和周三至周日10:00～17:00；🚊1，3，4，5，6，7 Hauptplatz）即使你不是热爱盔甲和武器的军事迷，也一样能欣赏兵器博物馆的展品。这里收藏了30,000多件闪闪发光的武器装备。

Burg 城堡、公园

（Hofgasse；🚌30 Schauspielhaus，🚊1，3，4，5，6，7 Hauptplatz）免费 格拉茨15世纪的古堡如今是政府的办公地。在庭院的远端，拱门下的左手边，是一处设计独特的**双层楼梯**（double staircase，1499年）——楼梯在盘旋上升的过程中不断分叉并汇聚。毗邻的城市公园**Stadtpark**是城市中最大的一片绿地。

住宿

Hotel Daniel 酒店 €

（☎711 080；www.hoteldaniel.com；Europaplatz 1；房€64～81，早餐€11；P❄@📶；🚊1，3，6，7 Hauptbahnhof）Daniel是一家设计新潮的酒店，拥有极简主义风格的整洁房间。你可以在这里租用一辆小型摩托车（Vespa）或电动自行车，费用为每天€15，还可以租到Piaggio APE牌三轮车，费用是每小时€9。

★ Schlossberg Hotel 酒店 €€

（☎80 70-0；www.schlossberg-hotel.at；Kaiser-Franz-Josef-Kai 30；标单€115～135，双€150～185，套€210～250；P@📶🏊；🚊4，5 Schlossbergbahn）在市中心但是环境安静幽闭，四星级的Schlossberg酒店方位极佳，就位于同名的城堡山脚下。房间宽敞，并按照乡村旅馆风格布置。屋顶平台可赏风景，是晚上喝一杯葡萄酒的好去处。

Hotel zum Dom 酒店 €€

（☎82 48 00；www.domhotel.co.at；Bürgergasse 14；标单€74，双€89～169，套€189～294；P❄📶；🚌30 Palais Trauttmansdorff/Urania，🚊1，3，4，5，6，7 Hauptplatz）一位当地艺术家的陶瓷工艺，为优雅的Hotel zum Dom平添一份魅力，酒店的每间房都有蒸汽/强力淋浴或旋涡浴缸。甚至还有一个套房配有露台按摩浴缸。

就餐

除了下面列出的餐厅外，在格拉茨大学（Universität Graz）附近也有非常多的便宜餐馆，特别是在Halbärthgasse、Zinzendorfgasse和Harrachgasse等几条街上。

想要进行野餐采购，可前往位于Kaiser-josef-Platz和Lendplatz的**农贸市场**（⊙周一至

洪德特瓦瑟的水疗中心

东施蒂里亚(East Styria)以温泉而闻名。对洪德特瓦瑟(Friedensreich Hundertwasser)顽皮的建筑风格着迷的粉丝们,一定不会错过超现实主义的**Rogner-Bad Blumau**(☎03383-51 00; www.blumau.com; 成人/儿童周一至周五€42/23, 周六和周日€51/28; ⏲9:00~23:00),它在格拉茨以东50公里处。这处水疗中心完全体现出了他的艺术风格,包括倾斜的地面、长满青草的屋顶、五颜六色的陶瓷,以及金碧辉煌的塔尖。住宿费用已经包括了水疗门票。需提前预约护理疗程,从声音冥想到清爽的施蒂里亚的接骨木面敷,选择多样。

周六6:00~13:00)。寻找快餐摊档,则可前往Hauptplatz和Jakominiplatz。

★ Der Steirer 奥地利菜、西班牙小吃 €€

(☎703 654; www.dersteirer.at; Belgiergasse 1; 西班牙小吃€2, 午餐€7.90, 主菜€10~22.50; ⏲11:00至午夜; ✎; 🚊1, 3, 6, 7 Südtiroler Platz)施蒂里亚的全新小餐馆(Beisl)和葡萄酒酒吧。可选择的菜品种类虽然不多,但非常好吃,有非常正宗的当地美食,包括美味的红烩牛肉(goulash)。如果你只是想吃点小吃,这里还有奥地利式西班牙小吃(Austrotapas)。

Landhauskeller 奥地利菜 €€

(☎83 02 76; Schmiedgasse 9; 主菜€11.50~28.50; ⏲周一至周六11:30至午夜; 🚊1, 3, 4, 5, 6, 7 Hauptplatz)16世纪时,这里是一处破败的酒吧,如今已经演变成一家有格调的中世纪风格的餐厅,提供的特色美食包括4款不同的顶级烤牛排(Tafelspitz)。

饮品和夜生活

格拉茨的酒吧主要分布在3个不同区域:大学区、Kunsthaus附近及Mehlplatz和Prokopigasse区(被戏称为"百慕大三角")。

La Enoteca 葡萄酒吧

(www.laenoteca.at; Sackstrasse 14; ⏲周一17:00~23:00, 周二至周五11:30~23:00, 周六10:00~23:00; 🚊1, 3, 4, 5, 6, 7 Hauptplatz)这个小小的葡萄酒吧有一种随意放松的氛围,座位布置在庭院里,是个搭配什锦餐前小吃(antipasti)、品味一杯希尔歇粉红起泡酒(Schilcher Sekt)的好地方。

Kulturhauskeller 酒吧、夜店

(Elisabethstrasse 30; ⏲周二至周六21:00至次日5:00; 🚊7 Lichtenfelsgasse)风格凌乱的Kulturhauskeller很受当地学生的欢迎,有一种很棒的地下小酒馆气氛,周三晚上是卡拉OK之夜。

ℹ 实用信息

格拉茨游客信息中心(☎80 75; www.graztourismus.at; herrengasse 16; ⏲10:00~18:00; 📶; 🚊1, 3, 4, 5, 6, 7 Hauptplatz)格拉茨主要的游客信息中心,提供有关这座城市多种多样的免费信息,员工乐于助人且见多识广。

ℹ 到达和离开

飞机

格拉茨机场(见96页)位于市区以南10公里处,有各航空公司的航班运营,包括连接格拉茨和柏林**柏林航空公司**(Air Berlin; www.airberlin.com)。

自行车

可从**自行车出租点**(☎82 13 57; www.bicycle.at; Körösistrasse 5; 每24小时€10, 周五至周日€16; ⏲周一至周五7:00~13:00和14:00~18:00)租赁自行车。

公共交通

公共汽车、有轨电车和Schlossbergbahn缆车的单程票均为€2.1, 1小时内有效,最好购买24小时通票(€4.80)。

火车

前往维也纳(€37, 2.5小时)的列车每小时1趟,前往萨尔茨堡(€48.20, 4小时)的火车每天6趟。从格拉茨出发的国际列车的目的地包括卢布尔雅那(Ljubljana; €30~40, 3.5小时)和布达佩斯(€51~73, 5.5小时)。

克拉根福(Klagenfurt)

☎0463/人口96,640

位于韦尔特湖区(Wörthersee)的绝佳

位置，克拉根福有一种独特的中世纪的迷人气质，文艺复兴时期留下的美丽建筑更胜巴洛克建筑一筹。卡林西亚州（Carinthia）首府是探访韦尔特湖区村落和北方优雅中世纪老城的大本营。

景点和活动

5月至9月通常都可划船和游泳。

★韦尔特湖（Wörthersee） 湖泊

由于其地下温泉，韦尔特湖是该地区水温最为温暖的湖泊之一（夏季的平均水温是21℃），非常适合游泳、湖边戏水和水上运动。50公里长的绕湖自行车道是奥地利的“十佳自行车道”之一。夏季，当地旅游局办事处与自行车租赁公司合作，提供自行车出租服务（每天/周€11/45），可在湖边的各个租车点取车还车。

欧洲公园（Europapark） 公园

这片宽广的绿地以及韦尔特湖湖畔沙滩（Strandbad）都充满乐趣，尤其适合儿童游乐玩耍。公园里最有趣的地方是**Minimundus**（www.minimundus.at; Villacher Strasse 241; 成人/儿童 €13/8; ⏲3月至9月9:00~19:00）。这是一个“微缩世界”，以1:25的比例复制了世界上140个地标性建筑。从Heiligengeistplatz搭乘10路、11路、12路或22路公共汽车前往。

食宿

在克拉根福住宿时申请一张游客优惠卡（Gästekarte），可享受折扣。

Hotel Geyer 酒店 €€

（☎578 86; www.hotelgeyer.com; Priesterhausgasse 5; 标单€70~88，双€102~135，四€155~170; Ⓟ📶）这家三星级酒店房间现代化且十分舒适。亮点是桑拿和蒸汽浴室，以及拐角处免费使用的健身中心。

> **免费团队游**
>
> 每个周五和周六的10:00有免费导览游，从克拉根福的旅游局办事处出发。

Restaurant Maria Loretto 奥地利菜 €€

（☎24 465; Lorettoweg 54; 主菜€16~26; ⏲周三至周一10:00至午夜）这个富有个性的餐厅位于俯瞰韦尔特湖的一处岬岸上，从Strandbad出发可以轻松地步行到达。店内的鳟鱼十分美味，还有一些滋味十足的肉类菜肴。如需户外餐位，要提前预约。

实用信息

旅游局办事处（☎53 722 23; www.klagenfurt-tourismus.at; Neuer Platz 1, Rathaus; ⏲周一至周五8:00~18:00，周六10:00~17:00，周日10:00~15:00）出售Kärnten卡，提供住宿预订服务。

到达和当地交通

飞机

克思滕州机场（见97页）位于市区以北3公里处。廉价航空公司德国之翼（Germanwings; www.germanwings.com）的航班飞往维也纳以及德国的柏林、汉堡和科隆。

公共汽车

可以通过公共汽车司机购买单程票（€2.1）和24小时通票（€4.70）。40/42路公共汽车往返于hauptbahnhof和机场之间。

火车

两列每小时1班的火车从克拉根福直达维也纳（€52，4小时）和萨尔茨堡（€39，3.25小时）。每2小时或3小时有1班火车前往格拉茨（€40，3小时）。前往奥地利西部、意大利、斯洛文尼亚和德国的火车途经菲拉赫（Villach; €6.70，24~37分钟，每小时2~4班）。

萨尔茨堡（SALZBURG）

☎0662/人口147,825

用一句笑话——“如果是巴洛克时代的东西，就别修它”来形容萨尔茨堡，再合适不过了。安静的老城依偎在陡峭群山的怀抱中，仿佛与250年前莫扎特所处的时代完全没有区别。

令人震撼的巴洛克风格的老城已被列为联合国教科文组织世界文化遗产，无论是从地面平视还是从萨尔茨堡要塞俯瞰，都同样迷人。在奔腾的萨尔察赫河（Salzach River）

对岸矗立着米拉贝尔宫，宫殿四周环绕着精心修剪过的花园。

如果这些都不合你的胃口，你大可完全忽略这个宏伟之地而直接前往电影《音乐之声》的拍摄地，欣赏迷人的乡村景色。

景点

★大教堂 天主教堂

（Dom，Cathedral；Domplatz；门票乐捐；周一至周六8:00~19:00，周日13:00~19:00）大教堂是巴洛克建筑艺术的典范，一个球状的铜质穹顶和一对双塔如同优雅的王冠一样置于顶端。青铜大门象征信仰、希望和慈善，通向大教堂内部。在主殿内，精巧的灰泥饰和阿塞尼奥·马斯卡尼（Arsenio Mascagni）的天花板壁画描绘了耶稣受难记的场景，能将你的目光吸引到多彩的穹顶上。

★大教堂博物馆 博物馆

（Dommuseum；www.domquartier.at；Kapitelplatz 6；大教堂区门票成人/儿童€12/4；周三至周一10:00~17:00）大教堂博物馆收藏了许多珍贵的宗教艺术品。你会在这里看到一系列文艺复兴时期的珍奇古玩，包括水晶、珊瑚和奇异的物品如犰狳和河豚，有些展厅里展示着镶嵌宝石的圣体匣、彩色玻璃和祭坛画。你还可以走进**长廊**（Long Gallery），那里挂着17世纪和18世纪的绘画，包括保尔·特罗格（Paul Troger）的明暗对照画《基督与尼哥底母》（*Christ and Nicodemus*，1739年）。

★主教宫 宫殿

（Residenz；www.domquartier.at；Residenzplatz 1；主教宫区门票成人/儿童€12/4；周三至周一10:00~17:00）作为萨尔茨堡全新的大教堂区（DomQuartier）最具荣光的建筑，直到19世纪萨尔茨堡成为哈布斯堡帝国的一部分之前，主教宫一直是从前大主教的宫廷所在地。语音导览路线包括富丽堂皇的大厅，厅内装饰着奢华的挂毯、灰泥饰和出自罗特迈尔（Johann Michael Rottmayr）之手的壁画。

第三层是主教宫画馆，主要展出佛兰德和荷兰绘画大师的作品。不可错过的画作包括鲁本斯（Rubens）的《查理五世的寓言》（*Allegory on Emperor Charles V*）和伦勃朗（Rembrandt）的明暗对照画《祈祷的老妇人》（*Old Woman Praying*）。

主教宫广场（Residenzplatz） 广场

有马车、宫殿和街头表演者，这座庄严的巴洛克式广场是萨尔茨堡明信片上的常见景观。它最醒目的景观是正中央的**Residenzbrunnen**，一座庞大的大理石喷泉，四周环绕着喷水的马，最顶端是人身鱼尾、扛着海螺壳的特里同海神（Triton）。

萨尔茨堡博物馆 博物馆

（Salzburg Museum；www.salzburgmuseum.at；Mozartplatz 1；成人/儿童 €7/3；周二至周日 9:00~17:00，周四至20:00）位于巴洛克式建筑新宫殿（Neue Residenz）之内，这座一流的博物馆出色地展现了萨尔茨堡的过去与现在。从古罗马时代的出土文物到大主教的画像藏品，内饰华丽的房间内展品十分丰富。每周四18:00有免费导览团队游。

圣彼得修道院教堂 教堂

（Erzabtei St Peter，St Peter's Abbey；St Peter Bezirk 1-2；地下墓穴成人/儿童€2/1.50；教堂8:00至正午和14:30~18:30，公墓6:30~19:00，地下墓穴10:00~18:00）一位名叫鲁珀特（Rupert）的法兰西传教士在公元700年前后创建了这座修道院教堂，它是德语世界最古老的教堂。公墓里面有**地下墓穴**（catacombs），后者是在蒙茨斯堡（Mönchsberg）岩壁中开凿出的小礼拜堂和墓室。

★萨尔茨堡要塞 要塞

（Festung Hohensalzburg；www.salzburg-burgen.at；Mönchsberg 34；成人/儿童/家庭€8/4.50/18.20，含Festungsbahn索道€11.30/6.50/26.20；9:00~19:00）这座雄伟的要塞拥有900年历史，盘踞于悬崖之顶，是萨尔茨堡最醒目的地标，也是欧洲最大、保存最好的城堡之一。你可以在这里度过半天时间，沿着城墙漫步，远眺这座城市的风光，将尖塔、萨尔察赫河和远处的群山尽收眼底。从中心徒步攀登陡峭山路约15分钟，就可登上城堡，或者搭乘快速的**Festungsbahn索道**（Festungsgasse 4）。

诺恩伯格女修道院 教堂

（Stift Nonnberg，Nonnberg Convent；Nonnberggasse 2；7:00至黄昏）从Kaigasse出

Salzburg 萨尔茨堡

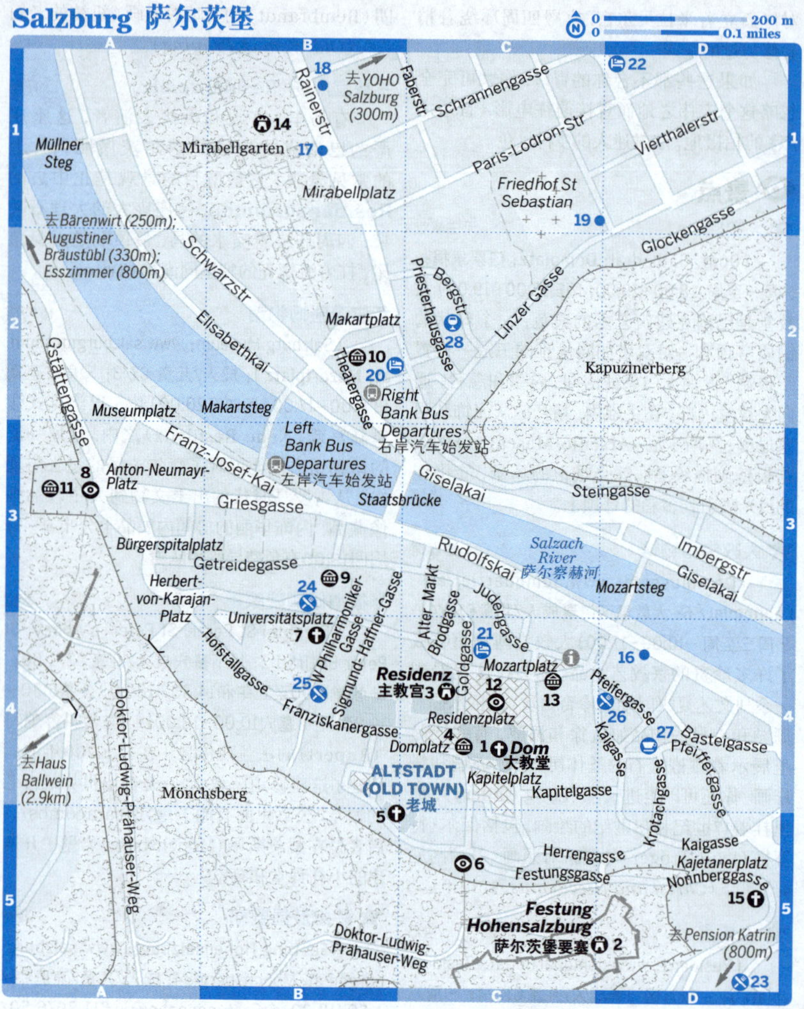

发爬上Nonnbergstiege阶梯，或者沿着Festungsgasse走一小段路，你就可以到达这座1300年前修建的本笃会女修道院，《音乐之声》中的修女使它名扬天下。你可以参观拥有肋状穹顶结构的美丽教堂，但修道院的其他部分都不对外开放。

大学教堂　　教堂

（Kollegienkirche；Universitätsplatz；⌚8:00~18:00）这座17世纪末的大学教堂是约翰·伯恩哈德·菲舍尔·冯·埃尔拉赫（Johann Bernhard Fischer von Erlach）最恢宏的巴洛克设计，拥有引人注目的弓状立面。祭坛的柱子象征着七根智慧之柱。

莫扎特出生地　　博物馆

（Mozarts Geburtshaus，Mozart's Birthplace；www.mozarteum.at；Getreidegasse 9；成人/儿童€10/3.50，含莫扎特故居€17/5；⌚9:00~17:30）1756年，萨尔茨堡最著名的人物沃尔夫冈·阿玛多伊斯·莫扎特（Wolfgang Amadeus Mozart）就出生在这座明黄色的联排别墅里，并且在这里度过了生命里最初的17年时光。

Salzburg 萨尔茨堡

莫扎特故居 博物馆

（Mozart-Wohnhaus, Mozart's Residence; www.mozarteum.at; Makartplatz 8; 成人/儿童 €10/3.50，含莫扎特出生地 €17/5；⏲9:00~17:30）莫扎特曾经在此居住，博物馆展出家庭画像、文字档案和乐器等。语音导览会为你播放歌剧选段。除了家族画像和文件外，你还会找到莫扎特弹过的古钢琴。

现代博物馆 画廊

（Museum der Moderne; www.museumdermoderne.at; Mönchsberg 32; 成人/儿童€8/6; ⏲周二至周日10:00~18:00，周三至20:00）赫然矗立在蒙茨斯堡（Mönchsberg）的岩壁之上，这座玻璃和大理石建造的椭圆形城堡令人震撼。画廊一流的临时展览展出20世纪和21世纪的艺术品。每周三18:30有免费的画廊导览游。**蒙茨斯堡电梯**（Mönchsberg Lift; Gstättengasse 13; 单程/往返 €2.10/3.40，含美术馆 €6.80/9.70; ⏲周四至周二8:00~19:00，周三至21:00）全年可达画廊。

米拉贝尔宫 宫殿

（Schloss Mirabell; Mirabellplatz 4; ⏲大理石厅周一、周三和周四 8:00~16:00，周二和周五13:00~16:00，花园黎明至黄昏）**免费** 这座壮丽奢华的宫殿是1606年大主教沃尔夫·迪特里希（Wolf Dietrich）专为情妇萨洛米·阿尔特（Salome Alt）建造的。以维也纳的美景宫而闻名的约翰·卢卡斯·冯·希尔德布兰特（Johann Lukas von Hildebrandt）在1721年对它进行了巴洛克式的修缮。华丽的**大理石厅**（Marmorsaal）充满了灰泥饰、大理石和壁画，而且为夜晚室内音乐会提供了绝妙的背景。参观免费。漫步在满是喷泉的花园内，眺望远处萨尔茨堡要塞的绝美风景。《音乐之声》的影迷们一定会发现，这里的翼马雕塑和阶梯就是冯·特拉普家的孩子们练习“哆来咪”的地方。

> **萨尔茨堡卡**
>
> 优惠省钱的**萨尔茨堡卡**（1/2/3天，€27/36/42）能让你进入所有的重要景点，参加一次免费的轮渡游，无限次使用公共交通工具（包括缆车），还可享受团队游和活动的众多折扣。淡季时，每种通票相应便宜€3，15周岁及以下儿童半价。

团队游

如果希望单独游览，可以前往旅游局办事处租用4小时的iTour语音导览（€9），其涵盖热门景点，如主教宫、米拉贝尔花园（Mirabellgarten）和莫扎特广场（Mozartplatz）。

Fräulein Maria's Bicycle Tours 自行车游

（www.mariasbicycletours.com; Mirabellplatz 4; 成人/儿童€30/18; 5月至9月 9:30，以及6月至8月16:30）一边骑车一边高唱《音乐之声》中最脍炙人口的选段，这场3.5小时的自行车之旅途经很多电影取景地，包括米拉贝尔花园、诺恩伯格女修道院、莱奥波尔兹克罗恩宫（Schloss Leopoldskron）和海尔布伦宫（Hellbrunn）。不需要提前预订，只需在米拉贝尔广场的集合点出现即可。

Salzburg Panorama Tours 巴士游

（87 40 29; www.panoramatours.com; Mirabellplatz; 办事处8:00~18:00）该旅行社号称拥有"正宗《音乐之声》团队游"项目（€40），其他旅行线路也很丰富，包括旧城区（Altstadt）徒步游（€15）、莫扎特团队游（€25）以及巴伐利亚阿尔卑斯山及萨尔茨卡默古特（Salzkammergut）远行游（€40）。

Segway Tours 团队游

（www.segway-salzburg.at; Wolf-Dietrich-Strasse 3; 城市游/《音乐之声》游€33/60; 团队游4月至10月10:30、13:00和15:00）站在由电池驱动的segway双轮车上并快速前进，欣赏热门景点。城市导览游时间为1小时，《音乐之声》取景地的游览持续2小时。

Bob's Special Tours 巴士游

（84 95 11; www.bobstours.com; Rudolfskai 38; 办事处周一至周五 8:30~17:00，周六和周日13:00~14:00）小型巴士前往《音乐之声》拍摄地（€45）、巴伐利亚阿尔卑斯山（€45）和大格洛克纳山（Grossglockner，€90）。早晨的团队游9:00出发，费用包含酒店接客服务。需提前预约。

节日和活动

莫扎特音乐周 音乐节

（Mozartwoche, Mozart Week; www.mozarteum.at; 1月底）世界著名的管弦乐队、指挥家和独奏家会用莫扎特的音乐盛宴庆祝这位音乐家的生日。

萨尔茨堡音乐节 艺术节

（Salzburg Festival, Salzburger Festspiele; www.salzburgerfestspiele.at; 7月底至8月）这个历史悠久的夏日节庆自1920年就开始了，想参加的话你得提前几个月订票才行。

住宿

★ Haus Ballwein 客栈 €

（82 40 29; www.haus-ballwein.at; Moosstrasse 69a; 标单€42~49，双€63~69，公寓€98~120; P）房间明亮，用松木装饰，可观山景，可免费使用自行车，还有一个花园，这个地方独具魅力。最大、最安静的房间是背街的，有阳台和小厨房。从老城区乘坐21路公共汽车至Gsengerweg站可达，需10分钟。

YOHO Salzburg 青年旅舍 €

（87 96 49; www.yoho.at; Paracelsusstrasse 9; 铺€20~24，标单€41，双€67~77; @）免费Wi-Fi、牢固的储物柜、舒适的上下铺，还有很多便宜的啤酒和实惠的炸肉排——背包客别无所求了！或许，要是有清脆悦耳的歌声伴着每天都会放映的《音乐之声》（是的，每一天！）就更好了。工作人员耐心友好，可以帮助安排团队游、冒险运动（如漂流和溪降）和自行车租赁。

Pension Katrin 家庭旅馆 €€

（83 08 60; www.pensionkatrin.at; Nonntaler Hauptstrasse 49b; 标单 €64~70，双€112~122，标三€153~168，四€172~188; P）拥有鲜花盛开的花园、明亮活泼的房间和美味的家庭早餐，是萨尔茨堡最温馨的家庭旅馆。和蔼可亲的Terler一家把一切都打理得井井有条。从Hauptbahnhof乘坐5路公共汽车至Wäschergasse。

Hotel Am Dom 精品酒店 €€

（84 27 65; www.hotelamdom.at; Goldgasse 17; 标单€90~160，双€130~280）这是一家古色古香的精品酒店，位于老城区。古老的拱形圆顶，拥有800年历史的建筑房梁，都和犀利的设计风格形成了鲜明对比。

Arte Vida 客栈 €€

（☎87 31 85；www.artevida.at；Dreifaltigkeitsgasse 9；标单€59~129，双€86~140，公寓€150~214；📶）这里有一种马拉喀什酒店的独特时尚感，有用灯笼照明的沙龙、公共厨房和宁静的花园。每个客房都是独立设计的，亚洲和非洲元素是客栈内丰富的色彩和织物的灵感来源，所有房间都有DVD播放器和iPod基座。

Hotel Mozart 历史酒店 €€

（☎87 22 74；www.hotel-mozart.at；Franz-Josef-Strasse 27；标单€95~105，双€140~155，标三€160~175；🅿📶）这家酒店有一个摆满古董陈设的大厅，房间一尘不染，有舒适的床铺和宽敞的浴室。

就餐

自炊的游客可前往**绿色农贸市场**（Grünmarkt，Green Markt；Universitätsplatz；⏲周一至周五7:00~19:00，周六6:00~15:00）挑选野餐的食材。

Bärenwirt 奥地利菜 €

（☎42 24 04；www.baerenwirt-salzburg.at；Müllner hauptstrasse 8；主菜€9.50~20；⏲11:00~23:00）自1663年起开始营业的老餐厅Bärenwirt临河而建，以木制结构为主，餐厅内布置得犹如狩猎小屋。不可错过的美食有大份的烤牛肉（Bierbraten）配水饺、当地捕捞的鳟鱼和有机野猪香肠。餐厅位于博物馆广场（Museumplatz）以北500米处。

Triangel 奥地利菜 €€

（☎84 22 29；Wiener-Philharmoniker-Gasse 7；主菜€10~19；⏲周二至周六正午至午夜）在这个弥漫着艺术气息的小酒馆里，菜肴使用的都是刚从市场买来的新鲜食材，墙壁上挂着许多图片，都是在向萨尔茨堡音乐节上的大腕名人致敬。供应美食家级别的沙拉，使用有机牛肉烹制的红烩牛肉以及美味的自制冰激凌很诱人。

Green Garden 素食 €€

（☎0662-841201；Nonntaler Hauptstrasse 16；主菜€9.50~14.50；⏲周二至周六正午至15:00和17:30~22:00；✎）🌿Green Garden给素食者和绝对素食主义者带来与平常不一样的新鲜感。这个明亮现代、村舍小屋风格的餐厅奉行本土膳食主义，巧妙地搭配出各式菜肴，如野香草沙拉、藏红花调味饭配炖茴香，还有蔬菜奶酪火锅配有机葡萄酒，悠闲放松的环境也是必不可少的标配。

Zwettler's 奥地利菜 €€

（☎84 41 99；www.zwettlers.com；Kaigasse 3；主菜€9~18；⏲周一16:00至次日2:00，周二至周六11:30至次日2:00，周日11:30至午夜）这家美食酒馆有一个气氛盎然的铺面露台。当地人爱吃炸肉排配欧芹马铃薯，还有红烩牛肉等，搭配一杯冰凉且泡沫丰富的Kaiser Karl小麦啤酒再好不过了。

★**Esszimmer** 法国菜 €€€

（☎87 08 99；www.esszimmer.com；Müllner Hauptstrasse 33；3道菜午餐€38，品味套餐€75~118；⏲周二至周六正午至14:00和18:30~21:30）在米其林星级餐厅Esszimmer，Andreas Kaiblinger对坊间流行的法式菜肴做出富有创意的改动。引人注目的艺术品、有趣的背景灯和玻璃地板都让用餐的客人心驰神迷，应季的珍馐美馔更是令人赞不绝口。开往Landeskrankenhaus站的7路、21路和28路公共汽车都在附近停靠。

饮品和夜生活

萨尔察赫河两岸是这里最大的酒吧聚集区，最时尚的酒吧位于Gstättengasse和安东尼—纽梅尔广场（Anton-Neumayr-Platz）附近。

★**奥古斯丁啤酒厂** 自酿酒吧

（Augustiner Bräustübl；www.augustinerbier.at；Augustinergasse 4-6；⏲周一至周五15:00~23:00，周六和周日14:30起）谁说修道士不懂得享受人生？自1621年起，这家由修道院经营、气氛欢快的啤酒酿制坊就开始在拱形的屋顶下和啤酒花园的栗子树下（有1000个座位）用斯坦杯（Stein tankards）提供优质的自酿啤酒。

Enoteca Settemila 葡萄酒吧

（Bergstrasse 9；⏲周二至周四17:00~23:00，周五和周六15:00起）这家小巧美观

的葡萄酒商店兼酒吧洋溢着Rafael Peil和Nina Corti的热情和激情。他们精心挑选了一系列葡萄酒供客人品尝，包括奥地利葡萄酒、有机葡萄酒和生物动力葡萄酒，你还可以搭配小型意大利供货商供应的奶酪和冷切（salumi）拼盘（taglieri）。

220 Grad

咖啡馆

（Chiemseegasse 5；⏲周二至周五9:00~19:00，周六至18:00）以新鲜的烘焙咖啡闻名，这家复古又时尚的咖啡馆供应的意式浓缩咖啡大概是全城最好的，早餐也很棒。

ℹ 实用信息

许多酒店和酒吧都提供免费Wi-Fi，火车站附近还有一些便宜的网吧。自动柜员机（Bankomaten）随处可见。

旅游局办事处（☎889-87 330；www.salzburg.info；Mozartplatz 5；⏲9:00~19:00）很有用处，提供订票服务。

ℹ 到达和离开

飞机

有**瑞安航空**（www.ryanair.com）和**易捷航空**（www.easyjet.com）运营的从**萨尔茨堡机场**（见97页）起飞的航班，机场位于市中心以西5.5公里处。

长途汽车

长途汽车位于中央火车站前的广场Südtiroler Platz上。长途汽车的时刻表和价格，可以登录www.svv-info.at和www.postbus.at查询。

火车

前往维也纳（€51，2.5小时）并途经林茨（€25，1.25小时）的快速列车车次频繁。还有一趟每2个小时1班的特快列车前往克拉根福（€39，3小时）。还有列车开往因斯布鲁克（€45，2小时），每小时1班。

> **ℹ 大教堂区**
>
> 2014年5月大教堂区开放以来，萨尔茨堡充满历史感的中心更胜以往。单人票（成人/儿童€12/4）可以让你进入该建筑群的所有5个景点，包括主教宫、大教堂博物馆和圣彼得修道院教堂。更多信息见www.domquartier.at。

ℹ 当地交通

抵离机场

2路公共汽车从中央火车站（€2.5，19分钟）开往机场。

自行车

Top Bike（www.topbike.at；Staatsbrücke；每天€15；⏲10:00~17:00）自行车租车点，儿童半价。持萨尔茨堡优惠卡可享受8折优惠。

公共汽车

公共汽车司机售卖单程票（€2.50）和24小时车票（€5.50）。提前从售票机购买更便宜（分别为€1.70和€3.40）。

萨尔茨堡周边（AROUND SALZBURG）

海尔布伦宫

宫殿

（Schloss Hellbrunn；www.hellbrunn.at；Fürstenweg 37；成人/儿童/家庭€10.50/5/25；⏲9:00~17:30，7月和8月至21:00；👪）作为一名拥有幽默感的大主教，马库斯·西提库斯（Markus Sittikus）在17世纪建造了意大利风格的海尔布伦宫。恶作剧喷泉和喷水塑像都是别具一格的设计。当导游将机关打开时，小心被淋成落汤鸡！门票包含巴洛克风格的宫殿在内。雕像密布的花园的其他部分都可免费参观。电影《音乐之声》中唱起“16岁之后是17岁”的著名场面就是在花园里的亭子拍摄的。

25路公共汽车可到达萨尔茨堡以南4.5公里处的海尔布伦（Hellbrunn），车辆每20分钟从老城的Rudolfskai发车。

韦尔芬（Werfen）

☎06468/人口2963

在Tennengebirge山脉，高踞于韦尔芬之上1000多米的是**大冰洞**（Eisriesenwelt；www.eisriesenwelt.at；成人/儿童€11/6，含缆车€22/12；⏲5月至10月9:00~15:45，7月和8月至16:45；👪）。它号称是世界上最大的可到

达的冰洞，只要来过这里，就再也不会忘记这个闪闪发光的冰雪王国。零下的温度十分寒冷，所以需穿上保暖的衣服。冰洞下方的**Burg Hohenwerfen**（成人/儿童/家庭€11/6/26.50，含电梯€14.50/8/34.50；4月至10月9:00~17:00；）是一座在悬崖顶上令人敬畏的要塞，建于1077年。

如果你出发得足够早的话，可以在一天内参观完冰洞和要塞（先参观冰洞，然后于15:15到达城堡观看猎鹰表演）。你可以打听住宿信息，请咨询**旅游局办事处**（5388；www.werfen.at；Markt 24；周一至周五9:00~17:00）。

韦尔芬位于萨尔茨堡以南45公里处，可走高速公路A10/E55抵达。前往萨尔茨堡的火车车次频繁（€8.6，40分钟）。夏天，小型公共汽车（往返成人/儿童 €6.50/4.90）每25分钟发出1班，往返于韦尔芬的大冰洞和停车场之间。从大冰洞的缆车处步行20分钟可达停车场。

萨尔茨卡默古特（SALZKAMMERGUT）

到处都是湛蓝的湖泊和陡峭的高山，风景秀丽的奥地利的湖区一向是度假的理想目的地。平静的湖水吸引了众多游客前来划船、钓鱼、游泳，或者就慵懒地待在岸上欣赏美景。

巴特伊施尔（Bad Ischl）是本地的交通枢纽，而哈尔施塔特则是名副其实的瑰宝。更多信息，可通过**Salzkammergut Touristik**（0613 224 000；www.salzkammergut.co.at；Götzstrasse 12；9:00~19:00）了解。在参观景点及乘坐轮渡、缆车和部分公共汽车时，持萨尔茨卡默古特卡（€4.90，5月至10月有售）可享受最多7折的优惠价格。

哈尔施塔特（Hallstatt）

06134/人口788

晶莹剔透的一湖碧水，湖岸点缀着五颜六色的房子、徜徉的天鹅和巍峨的群山，哈尔施塔特看起来就像是宁静的世外桃源，已被评为联合国教科文组织世界文化遗产。4500年前便有人类在此定居，周围发现的墓葬超过2000座，大多数建造于公元前1000年至公元前500年。

> **值得一游**
>
> **上特劳恩**
>
> 上特劳恩靠近哈尔施塔特，有一个引人入胜的**大冰洞**（Dachstein Riese-neishöhle；www.dachstein-salzkammergut.com；团队游成人/儿童€14.30/8.30；核心团队游 5月至10月末9:20~16:00）。洞穴有着上百万年的历史，延伸进入山体，深达80公里。
>
> 也可以从上特劳恩乘坐缆车前往**克里彭施泰因山**（Krippenstein；往返成人/儿童€28/15.5；5月至10月）。这里有惊险刺激的**五指山观景台**（5 Fingers viewing platform），它从一面陡峭的岩壁向外伸出（恐高症者慎入）。

景点和活动

萨尔茨山盐矿场 矿井

（Salzwelten；www.salzwelten.at；团队游加索道往返成人/儿童/家庭€24/12/54，仅团队游€19/9.50/40；4月末至10月末9:30~16:30）令人着迷的萨尔茨山盐矿场位于萨尔茨山（Salzberg，盐山）上，高高地盘踞在哈尔施塔特的上空，是这座湖泊的主要文化景点。德英双语的团队游详细介绍了盐的形成和开矿历史，而且能让游客乘坐矿工的滑橇下到矿井深处（最大的矿井深60米）。游览过程中可以拍照。

骨屋 教堂

（Beinhaus，Bone house；Kirchenweg 40；门票€1.50；5月至10月10:00~18:00）这个小小的藏骸所整齐地摆放着成排的颅骨，上面描绘着装饰性的图案并写有它们从前主人的名字（胆小者慎入）。这些骨头是1600年以来从过于拥挤的墓园里挖出来的，1995年增添了最后一枚颅骨。

哈尔施塔特湖 湖泊

（Hallstätter See；租船每小时€11起）你可以租船或皮划艇并在湖面上泛舟，或者联系**Tauchclub Dachstein**（0664-88 600 481；www.dive-adventures.at；入门课程€35起）进行水肺潜水。

食宿

★ **Pension Sarstein** 客栈 €

（☎82 17；Gosaumühlstrasse 83；双€64~80，公寓€70~120；📶）可爱的费舍尔（Fischer）家族一直以这间小型客栈为荣，沿着河岸从哈尔施塔特中心区域步行前往仅需数分钟。老式的房间毫不花哨，但整洁舒适并带有阳台，可观赏梦幻般的湖光山色。有适合全家入住的公寓并带有小厨房。

Restaurant zum Salzbaron 欧洲菜 €€

（☎82 63；Marktplatz 104；主菜€16~23；⏲11:30~22:00；📶✍）这家餐厅是镇上最好的美食选择之一，位于湖畔的Seehotel Grüner Baum内，烹制当季的泛欧洲菜肴：当地的鳟鱼是夏季的特色菜。

实用信息

旅游局办事处（☎82 08；www.dachstein-salzkammergut.at；Seestrasse 99；⏲周一至周五9:00~17:00，周六至13:00）从渡口左转即是旅游局办事处，此处提供免费的湖边小镇休闲地图，还有徒步和自行车道地图。

到达和离开

轮船

最后一班离开哈尔施塔特火车站的渡轮于18:50（€2.50，10分钟）发出。7月至9月初，渡轮绕着哈尔施塔特拉恩（Hallstatt Lahn）环游，经过哈尔施塔特市场（Hallstatt Markt）、欧伯湖（Obersee）、温特湖（Untersee）和施泰格（Steeg）后返回（€12，90分钟），每日3班。

火车

哈尔施塔特火车站在湖对面。火车到站以后，有渡船与村镇相连，渡船班次与火车时刻表对应。每日有数班火车连接哈尔施塔特与巴特伊施尔（Bad Ischl；€4.30，27分钟）。

蒂罗尔（TYROL）

一片片高高的牧场和宁静的草甸背靠连绵不断的山峰，蒂罗尔（Tyrol，也拼写成Tirol）拥有一幅美丽经典的阿尔卑斯山的全景图。因斯布鲁克好似一颗宝石镶嵌在这个地区的中心，其东北与西南则是高级的滑雪胜地。由于第一次世界大战后南蒂罗尔的一部分被割让给意大利，蒂罗尔州的东南部与州的主体被分开，这里坐落着高地陶恩国家公园自然保护区（Hohe Tauern National Park），是一片海拔高达3000米的高山自然区，其中最高的大格洛克纳山（Grossglockner，3798米）是奥地利最高的山峰。

> **值得一游**
>
> **布雷根茨沃尔德**
>
> 位于布雷根茨东南方向几公里远，有森林覆盖的山坡、绿茸茸的草场及由石灰岩构成的山峰，布雷根茨沃尔德的美丽徐徐展开。夏天，留出几天时间在山里徒步，去品尝高山牧场的自制奶酪。冬天，白雪皑皑，这里的下坡滑雪及越野滑雪十分有名。布雷根茨沃尔德（Bregenzerwald）**旅游局办事处**（☎05512-23 65；www.bregenzerwald.at；Impulszentrum 1135，Egg；⏲周一至周五9:00~17:00，周六 8:00~13:00）提供该地区的相关实用信息。

因斯布鲁克（Innsbruck）

☎0512/人口124,579

蒂罗尔州的首府绝对值得一看。这座城市群山环绕，从市中心前往超过2000米高的高山区仅需25分钟。冬季和夏季的户外运动丰富，所以很多游客仅在因斯布鲁克稍作停留，便一头扎进高山区。但是错过因斯布鲁克会非常可惜，这里拥有很多非常值得一看的景点，包括真正的中世纪旧城区（Altstadt）、别出心裁的建筑和由学生带动起来的热闹的夜生活。

景点

宫廷教堂 教堂

（Hofkirche；www.tiroler-landesmuseum.at；Universitätstrasse 2；成人/儿童€5/免费；⏲周一至周六9:00~17:00，周日12:30~17:00）哥特式的宫廷教堂是因斯布鲁克的骄傲，也是

欧洲最出色的皇家教堂之一。它是1553年由费迪南一世（Ferdinand Ⅰ）下令建造的，这位皇帝为此征召了当时第一流的艺术家，如丢勒（Albrecht Dürer）、科林（Alexander Colin）和老彼得·菲舍尔（Peter Vischer the Elder）。最值得一看的是安放马克西米利安一世皇帝（Emperor Maximilian I，1459~1519年）的空石棺，它是德国文艺复兴时期雕塑作品中的杰出代表作，由黑色大理石雕刻而成，十分精巧。

黄金屋顶和博物馆

博物馆

（Goldenes Dachl & Museum，Golden Roof；herzog-Friedrich-Strasse 15；成人/儿童 €4/2；⏲10:00~17:00，10月至次年4月周一休息）哥特式的金色凸窗是因斯布鲁克的美丽一景，它是为马克西米利安一世皇帝建造的，其顶部的2657块镀金铜片闪闪发光。语音导览会带你在历史中穿梭。找找形象怪异的比赛头盔，它们被设计成这样是为了模仿敌对的奥斯曼帝国的土耳其人的装束。

霍夫堡宫

宫殿

（Hofburg，Imperial Palace；www.hofburg-innsbruck.at；Rennweg 1；成人/儿童€8/免费；⏲9:00~17:00）高耸的立面和圆顶塔引人注目，霍夫堡宫是15世纪为西格蒙德大公（Archduke Sigmund the Rich）建造的一座城堡，由马克西米利安一世皇帝在公元16世纪扩建，18世纪又由女皇玛丽亚·特蕾西亚（Empress Maria Theresia）以巴洛克风格修缮一新。在众多洛可可风格的豪华房间中，最引人注目的焦点是长达31米的**Riesensaal**（巨型大厅）。

博基塞尔塔

观景台

（Bergisel；www.bergisel.info；成人/儿童€9.50/4.50；⏲9:00~18:00）像通天阶梯一样从因斯布鲁克拔地而起，这座由玻璃和钢筋打造的天空塔由备受赞誉的伊拉克设计师扎哈·哈迪德（Zaha hadid）设计。爬上455级台阶，或乘坐仅需2分钟的索道至50米高的**观景台**，将诺德凯特山脉（Nordkette range）、茵谷（Inntal）和因斯布鲁克的美景尽收眼底。1路有轨电车从因斯布鲁克市中心开到这里。

阿姆布拉斯宫

城堡

（Schloss Ambras；www.schlossambras-innsbruck.at；Schlossstrasse 20；成人/儿童/家庭€10/免费/18；⏲10:00~17:00；👪）如画般矗立在山丘上，置身于美丽的花园间，这座文艺复兴时期的城堡在1564年由当时蒂罗尔的统治者费迪南大公二世（Archduke Ferdinand Ⅱ）收入囊中。大公将它从城堡改造成了宫殿。不要错过最大的亮点**西班牙大厅**（Spanische Saal）、令人眼花缭乱的**盔甲收藏**，还有画家委拉斯开兹（Velázquez）和安东尼·范·戴克（van Dyck）的真迹。

城市塔楼

塔

（Stadtturm；Herzog-Friedrich-Strasse 21；成人/儿童€3/1.50；⏲10:00~20:00）爬上这座塔楼的148级台阶，就能360度无死角欣赏这座城市的屋顶、尖塔和周围的群山。

活动

热爱户外运动的游客，一定会激动得直奔因斯布鲁克的高山区而去。

Nordkettenbahnen

索道

（www.nordkette.com；单程/往返Hungerburg€4.60/7.60，Seegrube€16.50/27.50，Hafelekar €18.30/30.50；⏲Hungerburg 周一至周五7:00~19:15，周六和周日8:00~19:15，Seegrube每日8:30~17:30，Hafelekar 每日9:00~17:00）由扎哈·哈迪德设计的、充满外太空感的索道缆车，每15分钟出发一次，以极快的速度从议会中心（Congress Centre）上升到山上。从Hungerburg和Seegrube出发，有多条步行道可以上山。想挑战自己的话，这里还有一条山地自行车爱好者的下山道和两条绳索登山爱好者的固定绳索路线（Klet-

> **城市游省钱秘籍**
>
> 持**因斯布鲁克一卡通**（Innsbruck Card）可以参观因斯布鲁克主要景点一次，乘坐一次电梯和缆车，并无限次使用公共交通，包括观光巴士，还可租用3小时自行车。此卡可在旅游局办事处购买，售价€33/41/47，有效期分别为24/48/72小时。

不要错过

免费导览徒步游

5月底至10月，因斯布鲁克游客信息中心（见91页）每天都会安排由向导带领的徒步游，既有清晨的日出徒步，也有半日的登山徒步。持因斯布鲁克俱乐部会员卡（Club Innsbruck Card），可免费参加这些徒步游。只要在因斯布鲁克住宿过夜，即可自动获得该卡。你可以去旅游局办事处登记并了解详情。

tersteige）。

这里游荡着好奇的高山绵羊，**Hafelekar峰**高达2334米，可以尽览因斯布鲁克的绝色美景和白雪覆盖的奥地利阿尔卑斯山众峰，包括高达3798米的大格洛克纳山（Grossglockner）。

Inntour 冒险运动

（www.inntour.com；Leopoldstrasse 4；⏲周一至周五9:00~18:30，周六和周日至17:00）总部位于Die Börse，Inntour安排各种刺激的冒险运动，包括溪降（€80）、双人滑翔伞（€105）、激浪漂流（€45），以及从192米高的尤罗布鲁克山（Europabrücke）上出发的蹦极。

住宿

旅游局办事处提供一系列客房选择，费用在每人€20~40。

Nepomuk's 青年旅舍 €

（☎584 118；www.nepomuks.at；Kiebachgasse 16；铺€24，双€58；📶）Nepomuk's会是背包客的天堂吗？它地处老城中心，有食材储备充足的厨房、吊顶很高的卧室，以及CD播放机等洋溢着温馨情怀的细节，这些都让它十分接近背包客梦想中的天堂。Café Munding咖啡馆出品的早餐鲜美可口，有自制的面点、果酱和新鲜烘烤出炉的咖啡豆，完美的一天从这里开始了。

Pension Paula 客栈 €

（☎292 262；www.pensionpaula.at；Weiherburggasse 15；标单€35~46，双€60~70，标三€92，四€104；🅿）这个家庭旅馆位于一个高山小屋里，超级干净，房间很有家的感觉（大多数客房带有阳台）。它位于动物园附近的山上，可以俯瞰全城的美丽景观。

★ **Hotel Weisses Kreuz** 历史酒店 €€

（☎594 79；www.weisseskreuz.at；herzog-Friedrich-Strasse 31；标单€39~80，双€73~149；🅿@📶）位于拱形游廊下，这家氛围十足的老城区酒店在500年的历史中接待过众多知名人士，如13岁的莫扎特。镶木的会客厅、古董陈设、旋转楼梯中每根木梁的响动都在古老的酒店中回荡着历史的气息。客房非常舒适，工作人员也十分友好，还有非常奢华美味的早餐。

Weisses Rössl 客栈 €€

（☎583 057；www.roessl.at；Kiebachgasse 8；标单€70~110，双€100~160；@📶）这座老房子建于16世纪，古老的摇摆木马在门口迎接来客。带圆顶拱的入口通向宽敞的房间。房间最近才装修过，亚麻色的木头、新鲜活泼的色调和清冽的白色床铺令人耳目一新。主人是一位热衷打猎的猎人，所以餐厅菜单以肉食为主（主菜€10~18）。

就餐

Markthalle 市场 €

（www.markthalle-innsbruck.at；Innrain；⏲周一至周五7:00~18:30，周六至13:00）新鲜出炉的面包、蒂罗尔奶酪、有机水果、烟熏火腿和腊肠——这些都能在这个河边的带蓬市场里找到。

Cafe Munding 咖啡馆 €

（www.munding.at；Kiebachgasse 16；蛋糕€2~4；⏲8:00~20:00）这家咖啡馆已有200年的历史，走进来吃块美味的蛋糕吧——尝试绵软的巧克力覆盆子Haustorte或巧克力杏仁糖Mozarttorte，再来杯新鲜烘焙的咖啡。

★ **Chez Nico** 素食 €€

（☎0650-451 06 24；www.chez-nico.at；Maria-Theresien-Strasse 49；两道菜午餐€14.50，7道菜套餐 €60；⏲周一和周六 18:30~22:00，周二至周五正午至14:00和18:30~22:00；🖉）在一家不起眼的小酒馆里，有一位创意十足的巴黎大厨，他对各种香草充满了热情，这里就是素食餐厅Chez Nico。尼古拉斯·克提尔(Nicolas Curtil)烹饪的当季全素时蔬美味可口，除此之外还有烟熏茄子馅的馄饨和杏烩鸡油菌。我们保证，你绝对会吃得乐不思肉。

Die Wilderin

奥地利菜 €€

(☎562 728; www.diewilderin.at; Seilergasse 5; 主菜€11~18; ⏰周二至周六17:00至次日2:00，周日16:00至午夜) 来这家现代的餐厅享受一次狂野风格的美食之旅吧，他们用打猎和采集的方式获取食材。这里的大厨对于产自当地的顶尖新鲜食材非常自豪。无论是芦笋、野味、草莓还是冬季蔬菜，菜单上的食物都是应季时鲜。氛围文雅而放松。

Himal

亚洲菜 €€

(☎588 588; Universitätsstrasse 13; 主菜€9.50~14.50; ⏰周一至周六11:30~14:30和18:00~22:30，周日18:00~22:00;) 气氛友好而亲密的Himal提供滋味浓郁的尼泊尔风味菜肴。把恰到好处的咖喱（部分是素食）抹在印度烤饼（naan）上享用，再搭配一杯杧果酸奶饮料（lassis）。含两道菜的午餐套餐（€8.10）非常超值。

饮品和夜生活

Moustache

酒吧

(www.cafe-moustache.at; Herzog-Otto-Strasse 8; ⏰周二至周日 11:00至次日2:00;) 在这个走怀旧路线的避风港里，一项受欢迎的消遣娱乐活动是"发现胡子先生"（爱因斯坦、查理·卓别林等美髯公）。酒吧有一个露台俯瞰着可爱的教堂广场，地下室还有一家夜店（Club Aftershave）。

Hofgarten Café

酒吧

(www.tagnacht.at; Rennweg 6a; ⏰周二和周五至周六19:00至次日4:00) 这个时尚的咖啡馆兼酒吧身处Hofgarten的翠绿之中，打碟DJ和树荫掩映的啤酒花园吸引了一大批爱热闹的人。

360°

酒吧

(Rathaus Galerien; ⏰周一至周六10:00至次日1:00) 这个玻璃墙围起来的球形酒吧上面是一圈环形的阳台，拿上坐垫和你的酒上去，你就能以全景视角观赏城市与群山的景色。是喝杯咖啡或傍晚饮品的好地方。

实用信息

因斯布鲁克游客信息中心 (Innsbruck Information; ☎598 50; www.innsbruck.info; Burggraben 3; ⏰9:00~18:00) 因斯布鲁克主要的旅游局办事处，提供城市与周边的大量实用信息，包括滑雪和徒步的相关信息。

到达和离开

飞机

易捷航空公司有航班飞往市中心以西4公里处的因斯布鲁克机场（见96页）。

奥地利 因斯布鲁克

其他值得一游的城镇

还不过瘾？下面是奥地利的一些城镇、度假村和河谷，你可以去那里一日游或逗留更长时间。

齐勒河谷（Zillertal） 故事书中的蒂罗尔，有一列蒸汽机车、白雪皑皑的阿尔卑斯山和许多户外活动的机会。

巴特伊施尔（Bad Ischl） 漂亮的温泉小镇，也是探索该地区五座湖泊的理想基地。

滨湖采尔（Zell am See） 位于同名湖畔的一座美丽的高山小镇。通向史诗般壮美的大格洛克纳山公路（Grossglockner Road）的门户。

艾森施塔特（Eisenstadt） 是布尔根兰州（Burgenland）的首府，面积很小，最著名的是精美的宫殿和曾在这儿居住过的作曲家海顿。

施拉德明（Schladming） 位于冰川地带的达赫施泰因山中，是一块施蒂里亚（Styrian）的珍宝。很适合滑雪、徒步、骑车以及在恩斯河（Enns River）上激浪漂流。

小汽车和摩托车

驾车向南，从布伦纳山口（Brenner Pass）前往意大利，会经过A13收费公路（需支付€8）。或者走不收费的Hwy 182高速公路，不过风景也会逊色一些。

火车

前往布雷根茨（€37, 2.5 小时）、萨尔茨堡（€45, 2小时）、基茨比厄尔（€20.40, 1.5小时）和慕尼黑（€41, 1.75小时）的快速列车至少每2小时一班。每天还有几班前往利恩茨的火车（€15.40, 3.75小时）。

当地交通

公共汽车与有轨电车的单程票从售票机购买是€1.80，上车从司机处购买则需€2。24小时通票售价为€4.50。F路公共汽车往返于机场和Maria-Theresien-Strasse之间。

基茨比厄尔（Kitzbühel）

☎05356/人口8211

基茨比厄尔是由16世纪的一座银铜矿小镇发展而来的。如今小镇中心依然保持着中世纪古老的迷人风韵，同时这里还是一处时尚热闹的冬季度假胜地。尤以哈能卡姆山（Hahnenkamm）坡道的惊险与滑道的优质而闻名，每年1月都会在这里举办滑雪比赛。

活动

冬季，小镇北边的**基茨比厄尔角**（Kitzbüheler Horn）和南边的**哈能卡姆山**（Hahnenkamm）拥有一流的中级滑雪坡道与自由式滑雪坡道。滑雪旺季的一日滑雪通票售价€49。

在基茨比厄尔的阿尔卑斯山中，散布着众多的夏季**徒步道**。旅游局办事处提供徒步地图，并为留在小镇过夜的游客提供免费的徒步导览游。缆车通票（Flex-Ticket）售价€46，可在7天有效期中的3天乘坐缆车。

食宿

冬季，费用将上涨50%。

Snowbunny's hostel 青年旅舍 €

（☎067-6794 0233; www.snowbunnys.co.uk; Bichlstrasse 30; 铺€25~45, 双€80~120; @📶）环境友好轻松，距附近的山坡只有几步之遥。宿舍很好，只是有点幽暗。早餐在厨房自助准备，有电视休息室、滑雪用具储藏室，还有几只可以抚弄玩耍的猫。

Hotel Edelweiss 酒店 €€

（☎752 52; www.edelweiss-kitzbuehel.at; Marchfeldgasse 2; 双含早晚餐€210~230; P📶）靠近Hahnenkammbahn，这家酒店散发着蒂罗尔的魅力：绿色环抱、高山风景、桑拿以及舒适的室内布置。友善的店主Klaus和Veronika会让你打包早餐自助剩下的食物作为午餐，有十分美味的五道菜晚餐。

Huberbräu Stüberl 奥地利菜 €€

（☎656 77; Vorderstadt 18; 主菜€8.50~18; ⏰周一至周六8:00至午夜，周日9:00起）这是一家老派的蒂罗尔小酒馆，有穹顶和松木长凳，售卖分量十足的奥地利经典菜肴，比如炸肉排、红烩牛肉（goulash）和饺子，美味绝伦。

> **值得一游**
>
> ### 克里姆尔瀑布
>
> 响声如雷、分为3层的**克里姆尔瀑布**（Krimmler Wasserfälle; www.wasserfaelle-krimml.at; 成人/儿童€3/1; ⏰售票处4月中至10月8:00~18:00）是欧洲最高的瀑布（达380米），也是奥地利最令人难忘的景色之一。**瀑布小道**（Wasserfallweg）始于售票处，沿着山坡蜿蜒而上，穿过树种混杂的森林，途中有多个观景点可以近距离欣赏漂亮的瀑布。兜一圈需要两小时。
>
> 克里姆尔是个可爱的高山村镇，提供住宿和饮食——可联系**旅游局办事处**（☎72 39; www.krimml.at; Oberkrimml 37; ⏰周一至周五8:00至正午和14:00~18:00，周六8:30~10:30和16:30~18:30）。
>
> 从克里姆尔到滨湖采尔的公共汽车全年运行（€10.20, 1.25小时, 2小时1班），滨湖采尔有多趟接驳前往萨尔茨堡的火车（€19.60, 1.5 小时）。克里姆尔位于瀑布以北500米处，从B165公路的岔口拐进来即达。瀑布附近有停车的地方。

实用信息

旅游局办事处（Tourist Office；☎666 60；www.kitzbuehel.com；hinterstadt 18；⊙周一至周五8:30~18:00，周六9:00~18:00，周日10:00至中午和16:00~18:00）总部能提供很多的英文信息及24小时住宿信息。

到达和离开

从基茨比厄尔出发的火车班次很多，可到达因斯布鲁克（€20.40，1.75小时）和萨尔茨堡（€29.80，2.5小时）。前往Kufstein（€11，1小时）需在Wörgl转乘。

去利恩茨的话，坐长途汽车（€15.30，2小时，2小时1班）比火车更便宜快速。

利恩茨（Lienz）

☎04852/人口11,903

连绵起伏的多洛米蒂山脉（Dolomites）矗立在其南边的天际线上，利恩茨这座东蒂罗尔（East Tyol）的首府风景如画，从这里可穿越高地陶恩国家公园（Hohe Tauern National Park）。

景点和活动

持有售价€36的全天通票，可以在附近的扎特菲尔德峰（Zettersfeld）和霍克斯坦峰（Hochstein）滑雪，但该地区最有名的是长达100公里的越野滑雪道。每年1月中，多洛米蒂越野滑雪赛（Dolomitenlauf）会让这座小镇人满为患。

布鲁克城堡 城堡

（Schloss Bruck；Schlossberg 1；成人/儿童 €7.50/2.50，含阿宫图联票€10.50/8.50；⊙10:00~18:00，9月至次年5月周一不开放）利恩茨著名的中世纪城堡有一座记录了该地区历史的博物馆，其中展出古罗马时代的文物、哥特风格的翼状祭坛和当地服装。城堡塔楼（castle tower）会举办主题不定的各类临时展览。对艺术爱好者来说，这里的一大亮点是艾格-利恩茨画廊（Egger-Lienz-Galerie），里面展出的是阿尔宾·艾格-利恩茨（Albin Egger-Lienz）饱含热情的画作。

阿宫图 考古遗址

（Aguntum；www.aguntum.info；Stribach 97；成人/儿童 €7/4，含布鲁克城堡联票 €10.50/8.50；⊙5月至10月 9:30~16:00）阿宫图考古遗址位于附近的Dölsach，这里的发掘工作仍在进行，考古学家们正在逐渐解开这座拥有2000年历史的自治市（municipium）的许多谜团，它在皇帝克劳狄一世（Emperor Claudius）统治时期是一个繁盛的商贸中心。在挖掘现场逛一会儿，然后参观玻璃幕墙的博物馆，探索利恩茨的罗马渊源。

食宿

旅游局办事处提供性价比高的客栈和露宿营地的相关信息。

Goldener Fisch 酒店 €€

（☎621 32；www.goldener-fisch.at；Kärntnerstrasse 9；标单/双€65/110；P 📶）在这个适合家庭入住的酒店里，拥有栗树树荫的啤酒花园是一大亮点。别致的房间明亮而现代，你还可以在桑拿房以及香草蒸汽浴室里好好放松一下。

Kirchenwirt 奥地利菜 €€

（☎625 00；www.kirchenwirt-lienz.at；Pfarrgasse 7；主菜€9.50~29；⊙周日至周四9:00~23:30，周五和周六至次日1:30）位于Stadtpfarrkirche St Andrä对面的小山丘上，是利恩茨最有氛围的餐厅。可在穹顶下或水畔的露台上享受一系列当地菜肴。特价午餐低于€10。

实用信息

旅游局办事处（☎050 212 400；www.lienzerdolomiten.net；Europaplatz 1；⊙周一至周五8:30~18:00，周六9:00至中午和14:00~17:00，周日8:30~11:00）工作人员会免费帮助你找到住处（甚至是私人房间）。

到达和离开

每天有几班火车前往因斯布鲁克（€14.50~20.40，3.25~4.5小时）。每2小时有一辆火车前往萨尔茨堡（€38.90，3.5小时）。如果驾车向南，则需先沿着Hwy 100号高速公路绕道至西部或东部。

高地陶恩国家公园（Hohe Tauern National Park）

横跨蒂罗尔、萨尔茨堡和卡林西亚州，这个国家公园是阿尔卑斯山脉最大的国家公园。1786平方公里的荒原上，傲然耸立着众多高达3000米的山峰，还有高山草甸和瀑布。位于公园中心的**大格洛克纳山**（海拔3798米）是奥地利最高的山峰，在绵延8公里长的巴斯特泽冰川（Pasterze Glacier）上傲然挺立。从**皇帝弗朗茨·约瑟夫高地**（Kaiser-Franz-josefs-höhe，海拔2369米）的观景台眺望，更是壮观美丽。

长达48公里的**大格洛克纳山公路**（Grossglockner Road；www.grossglockner.at；Hwy 107；小汽车/摩托车€34.50/24.50；⏲5月至11月初）从萨尔茨堡高地上的布鲁克一直延伸到卡林西亚州的海利根布卢特（Heiligenblut），是欧洲最宏伟壮观的高山公路之一。此公路是20世纪30年代的工程杰作，道路蜿蜒曲折。绕过36个急弯带的同时，还可以欣赏如同宝石般瑰丽的湖泊、森林陡坡及壮丽的冰川。

大格洛克纳山公路上的主要村镇是**海利根布卢特**，它以建于15世纪的朝圣教堂而闻名于世。**旅游局办事处**（☎04824-27 00；www.heiligenblut.at；Hof 4；⏲周一至周五9:00至正午和14:00~18:00，周六和周日15:00~18:00）提供大量信息，包括护林员导览游、高山徒步与滑雪信息等。村子里还有整洁干净的**青年旅舍**（☎22 59；www.oejhv.or.at；Hof 36；铺/标单/双€22/30/52；P@）。

周一至周五，5002路汽车频繁往返于利恩茨和海利根布卢特（€16.40，1小时），周末的车次相对减少。

福拉尔贝格州（VORARLBERG）

福拉尔贝格州总有一点儿与众不同。终年积雪的阿尔贝格山（Arlberg Massif）横亘在中间，将它与奥地利的其他地区隔开。相比较遥远的维也纳，福拉尔贝格州这片西部地区反而更亲近相邻的瑞士，而且前往德国和列支敦士登也非常方便。

首府**布雷根茨**（Bregenz）就在康斯坦茨湖（Lake Constance）岸边，并且在每年的7~8月举办**布雷根茨艺术文化节**（Bregenzer Festspiele；☎05574-4076；www.bregenzerfestspiele.com；⏲7月末至8月末）。届时，动人的歌剧将于漂浮在湖上的舞台中演出。

真正有趣的活动在阿尔贝格地区，此处由福拉尔贝格州和邻近的蒂罗尔州分治。奥地利国内最好的下坡滑雪与非常规雪道滑雪都在**圣安东阿尔贝格镇**（St Anton am Arlberg），更不用说滑雪后的欢快派对了。1901年，这里成立了阿尔卑斯山脉第一个滑雪俱乐部。位于小镇中心的**旅游局办事处**（☎05446-226 90；www.stantonamarlberg.com；Dorfstrasse 8；⏲周一至周五8:00~18:00，周六9:00~18:00，周日9:00至中午和14:00~17:00）提供地图及相关住宿和活动信息。

包含阿尔贝格地区所有雪场及乘坐85座滑雪缆车在内的滑雪通票，在旅游旺季里售价€49.50/276，有效期为1天/7天。

住宿以小型民宿为主。很多经济型住宿（每人最低€30起）需要提前数月预订。

圣安东镇（St Anton）位于布雷根茨（€20.40，1.5小时）和因斯布鲁克（€21.20，1.25小时）之间主要的铁路交通要道上。靠近阿尔贝格隧道（Arlberg Tunnel）的东部入口中，收费公路（€8.50）将福拉尔贝格州与蒂罗尔州相连。

生存指南

出行指南

签证

申根签证（见1302页）适用。于www.austriavisa-china.com/chinese/index.html可以了解申请奥地利申根签证的详细信息。奥地利外交部网站有详细的使馆列表，见www.bmeia.gv.at。

货币

奥地利的通用货币是欧元。银联卡可以在当地所有的户外自动柜员机上直接提取欧元。餐厅一般会加收10%的小费，不要留在餐桌上，直接付给服务员即可。

优惠卡

火车打折卡 详见98页。

就餐价格区间

这里介绍的价格范围指2道菜正餐的价格，但不含酒。

€ 低于€15

€€ €15~30

€€€ 高于€30

学生卡和青年卡 国际学生身份证明（ISIC）和欧洲青年卡（持卡人为小于26岁的欧盟青年，详情请查看网站www.euro26.org）可以让你在大多数的博物馆、美术馆和剧院享受优惠折扣。票价通常比儿童票稍贵一些。

使领馆

下列使馆位于维也纳。如需完整的使馆与领事馆列表，请在奥地利电话黄页的使馆（Botschaften）与领事馆（Konsulate）栏目下查找。

中国大使馆（☎0681-2019 2638；at.chineseembassy.org/chn/；Neulinggasse 29，Stiege 1，3.Stock，1030，Vienna）

旅游信息

旅游局办事处遍布整个奥地利。由于工作时间常常调整，所以当你抵达奥地利的时候，其办公时间也许会稍有变化。

奥地利国家旅游局（Austrian National Tourist Office，简称ANTO；www.austria.info）奥地利国家旅游局在海外设有许多办事处。可在其网站上查到详细列表。

活动

奥地利是户外运动的天堂，其西部大部分地区为阿尔卑斯山脉雄壮的山峰。在蒂罗尔、萨尔茨堡和高地陶恩国家公园，你可以尽情享受徒步与登山的乐趣，高山度假小屋（详见网址www.alpenverein.at）也在这些地区广泛分布。圣安东、基茨比厄尔和迈尔霍芬（Mayrhofen）体现着铁杆滑雪者的无限热情，不过在一些不知名的滑雪度假区，可以找到更便宜的住宿与高山缆车。更多详情，请登录网址www.austria.info。

营业时间

银行 周一至周五8:00~15:00，周四至17:30

咖啡馆 7:30~20:00，营业时间各有不同

夜店 22:00至深夜

邮局 周一至周五8:00至中午和14:00~18:00，周六8:00至中午

酒吧 18:00至次日1:00

餐厅 正午至15:00和19:00~23:00

商店 周一至周五9:00~18:30，周六9:00~17:00

超市 周一至周六9:00~20:00

节假日

新年（Neujahr）1月1日

主显节（Heilige Drei Könige）1月6日

周一复活节（Ostermontag）3月/4月

劳动节（Tag der Arbeit）5月1日

圣灵降临节（Pfingstmontag）复活节后的第六个周一

耶稣升天日（Christi himmelfahrt）复活节后的第六个周四

圣体节（Fronleichnam）圣灵降临后的第二个周四

圣母升天日（Maria himmelfahrt）8月15日

国庆节（Nationalfeiertag）10月26日

万圣节（Allerheiligen）11月1日

圣母无原罪始胎节（Mariä Empfängnis）12月8日

圣诞节（Christfest）12月25日

圣史蒂芬节（Stephanitag）12月26日

住宿

从山中的简易小屋到豪华的五星酒店，奥地利的住宿选择众多。各地的旅游局办事处长期提供各种选择与信息，还能提供一些免费预订服务，或仅收一些象征性的预订费用。一些实用信息如下：

- 旺季时需提前预订：7月至8月和12月至次年4月（滑雪度假村）。
- 一些青年旅舍和极便宜的旅馆仅有一个共用浴室（Etagendusche）。
- 在高山度假区，旅游旺季的房费将会是淡季时（5月至6月和10月至11月）的两倍。
- 一些度假村为过夜游客提供宾客卡（Gästekarte），乘坐缆车和进入景区时，持卡人可享受一定折扣。

住宿价格区间

除非另作说明，否则下列价格含独立卫浴和早餐。

€ 低于€80

€€ €80~200

€€€ 高于€200

国家速览

面积 83,871平方公里
首都 维也纳
国家代码 ☎43
货币 欧元（€）
紧急情况 ☎112
语言 德语
现金 自动柜员机很常见。银行周一至周五营业
签证 适用申根签证

一些实用网站包括：

Austrian hotelreservation（www.austrianhotelreservation.at）
Austrian National Tourist Office（www.austria.info）
Bergfex（www.bergfex.com）
Camping in Österreich（www.campsite.at）

住宿类型

阿尔卑斯山中小屋 奥地利的阿尔卑斯山有236座山中小屋，由奥地利阿尔卑斯高山俱乐部（Österreichischer Alpenverein，ÖAV，Austrian Alpine Club；www.alpenverein.at）维护保养。对于非俱乐部会员，一张宿舍床位的价钱为€20起；俱乐部会员只需支付半价即可。一般都会供应餐饮或烹饪设施。

露营地 奥地利有大约500家露营地，很多都风景秀美、设施齐备。每人或小型帐篷的价钱可低至€5，最高€12。冬季很多营地歇业关门，出发前需要电话确认。可登录网站www.camping-club.at（德语），按地域搜索营地。

青年旅舍 奥地利有大约100家青年旅舍（Jugendherberge）加入了国际青旅（HI）。设施通常比较完备。放置4~6张床的多人间，基本都带有厕所和淋浴，一些青旅还提供双人房和家庭房。更多信息请登录网站 www.oejhv.or.at或www.oejhw.at查询。

私人房间 私人房间（Privatzimmer）比较便宜（通常每间双人间€50）。最重要的是，游客可以在乡村地区找到农舍（Bauernhof），有些位于有机农场（Öko-Bauernhöfe）里。

短租公寓 在奥地利的高山度假区，带有厨房的短租公寓（Ferienwohnungen）非常多。想了解更多选择和价钱方面的信息，可联系当地的旅游局办事处。

电话

- 拨打奥地利电话，电话号码前需加拨当地区号。
- 奥地利的国家代码是☎43，国际接入码是☎00。
- 奥地利的移动电信网络兼容GSM1800和GSM900。电话公司售卖SIM预付卡，大约€10。
- 邮局和香烟零售店（Tabak）售卖各种面值的电话卡。城市里有多处客服中心，很多网吧支持Skype通话。

网络资源

ÖAV（www.alpenverein.at）奥地利阿尔卑斯高山俱乐部
ÖBB（www.oebb.at）奥地利联邦铁路局
Österreich Werbung（www.austria.info）国家旅游局官方网站

ℹ 到达和离开

飞机

中国国际航空公司和奥地利航空都有从北京直飞维也纳的航班。廉价航空公司中，柏林航空（Air Berlin）有飞往格拉茨、因斯布鲁克、林茨、萨尔茨堡和维也纳的航班，易捷航空公司（easyJet）有飞往因斯布鲁克、萨尔茨堡和维也纳的航班，而瑞安航空（Ryanair）有飞往林茨、萨尔茨堡和布拉迪斯拉发（可前往维也纳）的航班。

下列机场是奥地利（和邻国斯洛伐克）的重要国际机场：

布拉迪斯拉发机场（Airport Bratislava，Letisko；☎+421 2 3303 33 53；www.bts.aero）布拉迪斯拉发机场有接驳维也纳国际机场和维也纳Erdberg地铁站（U3线）的班车，几乎每小时一班（单程/往返 €7.70/14.40，1.75小时）。登录网站www.slovaklines.sk在线购票。

林茨蓝色多瑙河机场（Blue Danube Airport Linz；☎7221 6000；www.linz-airport.at；Flughafenstrasse 1，Hörsching）蓝色多瑙河机场位于林茨市中心西南方向13公里处，奥地利航空、汉莎航空、瑞安航空和柏林航空是该机场的主要航空公司。

格拉茨机场（Graz Airport；☎0316-29 020；www.flughafen-graz.at）格拉茨机场位于市中心以南10公里处，有柏林航空的航班往来柏林。

因斯布鲁克机场（Innsbruck Airport；☎0512-22 525；www.innsbruck-airport.com；Fürstenweg

180）位于市中心以西4公里处，有易捷航空公司的航班。

克恩滕州机场（Kärnten Airport；☎41 500；www.klagenfurt-airport.com；Flughafenstrasse 60-66）克拉根福的机场位于市区以北3公里处，有廉价的德国之翼航空公司的航班。

萨尔茨堡机场（Salzburg Airport；☎858 00；www.salzburg-airport.com；Innsbrucker Bundesstrasse 95）从市中心乘坐公共汽车，20分钟就能到萨尔茨堡机场，机场有飞往奥地利及全欧洲目的地的定期航班。

维也纳国际机场（Vienna International Airport；☎01-7007 22 233；www.viennaairport.com）维也纳国际机场有飞往全球各大目的地的航班。该机场位于维也纳东南方向18公里处的Schwechat。

陆路

长途汽车

从奥地利发出的长途汽车，可以远至英格兰、波罗的海诸国、荷兰、德国和瑞士。但最棒的是有抵达东欧大小城市的车次——从索非亚和华沙到班加卢卡（Banja Luka）、莫斯塔尔（Mostar）和萨拉热窝（Sarajevo）等。

长途汽车由**欧洲巴士**（Eurolines；www.eurolines.at）运营，从维也纳和几个地区城市发车。

小汽车和摩托车

从德国、捷克、斯洛伐克、匈牙利、斯洛文尼亚、意大利和瑞士前往奥地利，可从多处陆路边境点入境。所有边境点均24小时开放。

适用于正常的欧洲保险和相关文件规定。

火车

奥地利铁路线发达。从西部进出奥地利的火车，主要会通过布雷根茨、因斯布鲁克或经萨尔茨堡前往维也纳。前往意大利的特快列车途经因斯布鲁克或菲拉赫（Villach）。前往斯洛文尼亚的火车会经过格拉茨。

维也纳有列车开往许多东欧目的地，包括布拉迪斯拉发、布达佩斯、布拉格和华沙。还有途经克拉根福南下意大利的列车，以及北上柏林的列车。萨尔茨堡距德国巴伐利亚地区的边境很近，多趟列车从这座巴洛克风格的城市开往慕尼黑和更远的目的地。因斯布鲁克位于维也纳至瑞士的铁路干线上，还有两条铁路线通往慕尼黑。开往德国和瑞士的RailJet列车快捷舒适。

登录奥地利联邦铁路局**ÖBB**（Österreichische Bundesbahnen；☎24小时热线05 17 17；www.oebb.at）的网站查询列车时刻表和票价。如果提前在线预订，通常能买到打折火车票（SparSchiene），最低只需标准票价的三分之一。

河流和湖泊

前往布拉迪斯拉发和布达佩斯的水上快艇从维也纳出发。维也纳和帕绍（Passau）之间有慢速船舶在多瑙河上运营。**多瑙河旅游委员会**（Danube Tourist Commission；www.danube-river.org）有各国水上运营公司和代理机构的名单，可通过代理预订团队游。

当地交通

飞机

奥地利航空（Austrian Airlines；www.austrian.com）这家奥地利国家航空公司每天有多班往返于维也纳和格拉茨、因斯布鲁克、克拉根福、林茨及萨尔茨堡的航班。

自行车

➡ 奥地利的所有城市都至少有一家自行车车行。每天租金€10~15。

➡ 大多数旅游机构都提供各式小册子，介绍自行车租赁方式和该区域内的自行车行车路线图。

➡ 你可以携带自行车乘坐火车，火车的运营时刻表顶端有标注，显示是否允许携带自行车。乘坐地区和长途火车时，需要为自行车额外支付票价的10%。国际列车则收费€12。

船

乘船沿着多瑙河缓缓而行，沿途风景秀丽，但这是非实用性的交通方式。

公共汽车

邮政大巴（☎24小时电话 05 17 17；www.postbus.at）邮政大巴通常从火车站外的汽车站出发。在较偏远地区，周六运行的邮政大巴很少，周日则常常没有。

小汽车和摩托车

所有高速公路都得使用过路收费条（Vignette）。小汽车/摩托车10天的收费标准是：€8.70/5，两个月的收费标准是€25.30/12.70。过路收费条可在边检站、加油站及香烟零售店购买。

特色饮食

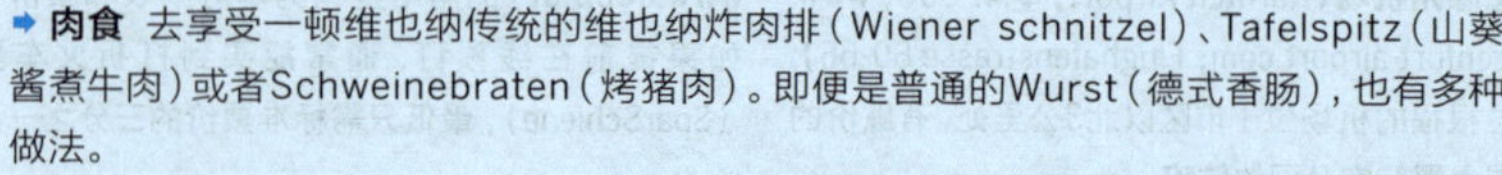

➡ **肉食** 去享受一顿维也纳传统的维也纳炸肉排（Wiener schnitzel）、Tafelspitz（山葵酱煮牛肉）或者Schweinebraten（烤猪肉）。即便是普通的Wurst（德式香肠），也有多种做法。

➡ **配菜** 大量的土豆，有炸薯条（Pommes）、烤土豆（Bratkartoffeln）、拌在沙拉里的土豆（Erdapfelsalat）或者是带皮煮的土豆（Quellmänner）。还有饺子和扁鸡蛋面（Nudeln）。

➡ **咖啡和蛋糕** 咖啡和蛋糕是奥地利最甜蜜的古老传统。不可错过的有：酥酥的苹果馅饼（Apple Strudel）、包含浓郁巧克力风情的萨哈蛋糕（Sacher Torte）和葡萄干甜薄饼（Kaiserschmarrn）。

➡ **产地葡萄酒** 懂得享受的当地人，常常聚集在东部红酒产区的古朴酒窖里，酒窖的门上悬挂着常青树枝，很好辨认。喝一口顺爽的Grüner Veltliner白葡萄酒，品一杯辛辣的Blaufränkisch红葡萄酒。

➡ **奶酪** 尝尝卡林西亚州浓稠的Käsnudeln（奶酪面条）、蒂罗尔州的Kaspressknodel（奶酪煎饺），还有维也纳特色Käsekrainer（奶酪香肠）。山势起伏的布雷根茨沃尔德是乳制品的天堂。

如果是高山隧道，则会加收一些过路费（通常为€2.50~10）。

通常城市限速为50公里/小时，高速公路为130公里/小时，其他道路则为100公里/小时。

国际租车公司有Avis、Budget、Europcar和赫兹（Hertz），它们在各大主要城市均设有办事处。租用小型汽车需在19岁及以上，租用大型车或豪华车型需25岁及以上。租车人必须持有驾照至少一年。很多租车公司在合同中明确禁止将车开出奥地利，尤其是开往东欧地区。如果租用摩托车，必须戴安全帽。

火车

奥地利的铁路系统干净快捷，如果使用打折卡，则会非常便宜。

➡ 残疾乘客如需特殊协助，可拨打24小时客服电话☎05 17 17，至少需提前24小时致电接洽（国际列车则需要提前48小时）。火车站工作人员将乐于协助残疾乘客上下列车。

➡ 本书引用的价格为2等车厢票价。

➡ 奥地利联邦铁路局ÖBB（见97页）是奥地利主要的铁路运营公司，同时奥地利还有一些私人铁路运营公司。票价和列车时刻表均可在线查询。

➡ 连接维也纳、格拉茨、菲拉赫、萨尔茨堡、因斯布鲁克、林茨和克拉根福的Railjet非常值得一试，其车辆的最高时速可达200公里/小时。

➡ 如需预订奥地利境内特快列车的二等车厢，则需支付€3.50的预订费。建议周末出行者提前预订。

火车通票

火车通票非常合算，可根据需在奥地利乘坐火车的次数选择不同种类的火车通票。

欧洲铁路奥地利通票（Eurail Austria Pass）很实用，非欧盟居民可购买使用。售价€129起，可于一个月内任选3天不限次乘坐二等车厢。详细信息请查看网站www.eurail.com。

国际铁路通票（Interrail）提供给欧洲居民使用并包括奥地利单国通票在内（3/4/6/8天，€131/154/187/219）。未超过26岁的青年可享受大幅优惠，详情请查看网站www.interrail.eu。

优惠乘车通票（Vorteilscard）至少可便宜45%，有效期为1年，但是不可用于长途汽车。办理时需携带一张照片和护照或者其他身份证明。对成人/26岁以下/老人的售价为€99/19/29。

白俄罗斯

包括 ➡

最佳餐饮

- Grand Cafe（见104页）
- Bistro de Luxe（见104页）
- Food Republic（见104页）
- Strawnya Talaka（见104页）
- Jules Verne（见107页）

最佳住宿

- Hotel Manastyrski（见103页）
- Hermitage Hotel（见107页）
- Revolucion Hostel（见102页）
- Semashko（见106页）

为何去

东欧孤国白俄罗斯（Belarus，Беларусь）位于东欧版图的边缘，似乎是在竭力避免融入这块大陆。白俄罗斯沿袭了苏联而非欧盟的风格。对游客来说，前往这个游客稀少的国家旅游，是一个很另类的选择。不过，正是它的与世隔绝，造就了它别样的迷人魅力。

当其他所有东欧国家都一股脑儿地朝着资本主义大步迈进的时候，白俄罗斯还没有被过多的广告、垃圾或涂鸦所覆盖。在充满斯大林时代风格的首都明斯克以外的白俄罗斯，你能看到虽然简单却令人心情愉悦的矢车菊田、繁茂的森林和风景如画的村庄。白俄罗斯有两个非常漂亮的国家公园，还是欧洲最大的哺乳动物欧洲野牛（zoobr）的家园。虽然游客的出现会让当地人感到好奇，但是最后你一定会感受到他们的热情好客和对你真诚的欢迎。

何时去

明斯克

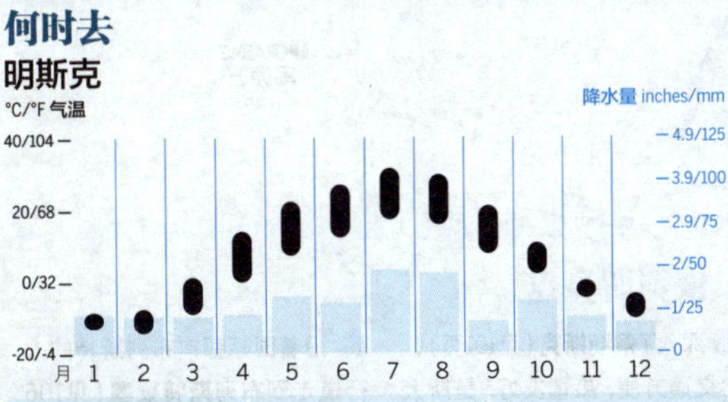

7月至8月 来白俄罗斯躲避东欧其他地方的汹涌人潮吧。

7月初 7月6日，观看当地人庆祝沐浴节（Kupalye），这是一个源自异教传统的占卜节日。

7月中旬 加入维捷布斯克的斯拉夫亚斯基巴扎节，庆祝一切和斯拉夫民族有关的东西。

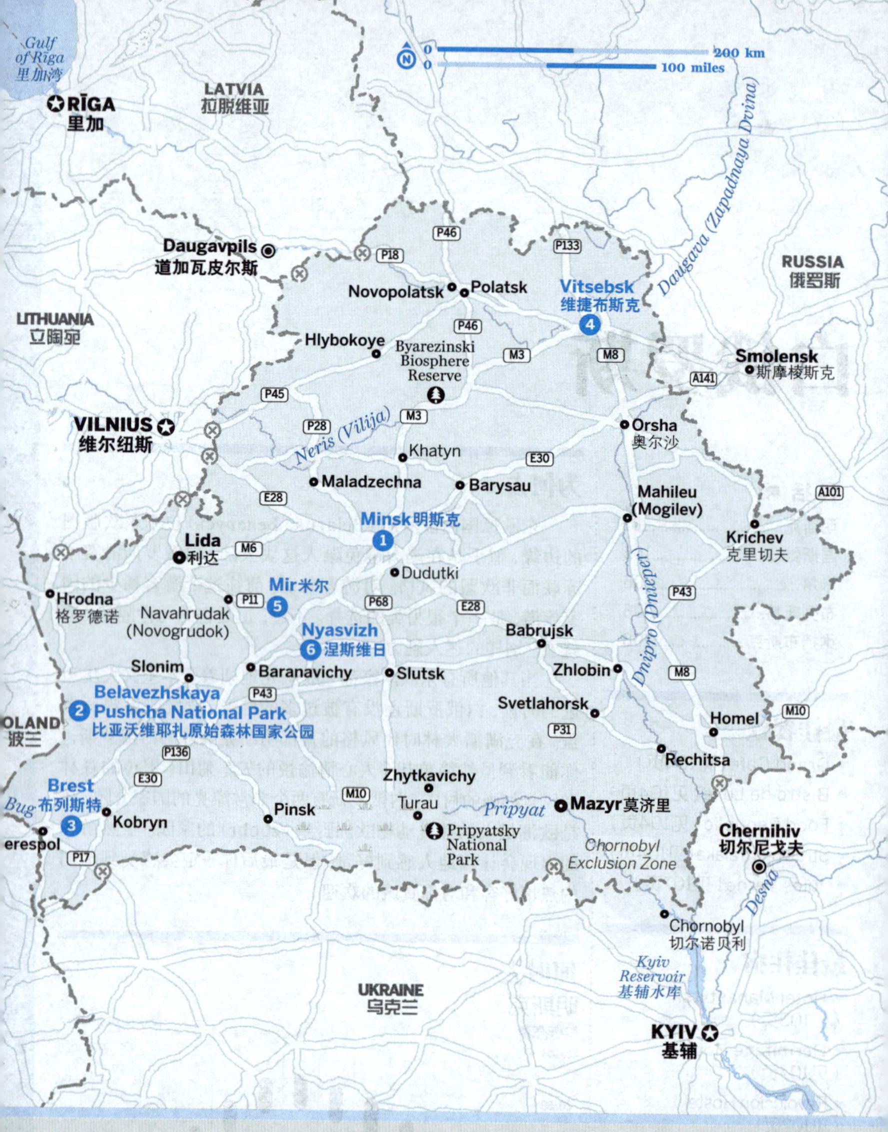

白俄罗斯亮点

❶ 深入了解**明斯克**（见101页），它交通方便，热情友好，是斯大林主义风格建筑的典范。

❷ 在**比亚沃维耶扎原始森林国家公园**（见108页）寻觅欧洲野牛、棕熊或狼的影踪。

❸ 沿着国际都市布列斯特的人行道走到**布列斯特要塞**（见106页），了解“二战”历史。

❹ 在**维捷布斯克**探索画家马克·夏加尔（见108页）的童年。

❺ 在宁静的小镇**米尔**游览16世纪的童话般的城堡（见106页）。

❻ 去**涅斯维日**（见105页）参观在“二战”中幸存下来的历史古迹之一——经过精心修缮的**拉齐维尔宫要塞**（见106页）。

明斯克(MINSK) МИНСК

☎017 / 人口190万

明斯克一定会让你感到惊讶。尽管白俄罗斯的首都在人们的印象中是一座沉闷的城市，但实际上它生机勃勃，而且现代化。时尚的咖啡馆、令人印象深刻的餐厅和拥挤的夜店都在争夺你的注意力，而曾经完全按照斯大林的喜好改造的城市中心现在也有了寿司酒馆和画廊。尽管这里有强大的警力和顺从的公民，但明斯克仍然是个令人愉悦的地方，不难爱上它。

明斯克曾被“二战”炮火夷为平地，战前的建筑寥寥无几，因此，市中心并没有什么历史建筑可看，除了两座不错的博物馆。不过如果你对苏联历史感兴趣的话，很多地方都会让你很满意的。晚上零星散布的夜生活场所也可以让你好好放松一下。

景点

十月广场 广场

(Oktyabrskaya Pl, pl Kastrychnitskaya)它是这座城市里最主要的广场，人们通常以俄语名字“Oktyabrskaya pl”(意为十月广场；白俄罗斯语中是“pl Kastrychnitskaya”)称呼它。偶尔会有反对团体聚集在这里抗议总统亚历山大·卢卡申科(Alexander Lukashenko)，这也是2010年那场最后以暴力行动告终的总统选举抗议的发生地。2006年3月，以失败告终的“牛仔革命”(Denim Revolution)也发生在这里。

★卫国战争博物馆 博物馆

(Museum of the Great Patriotic War; ☎017-203 0792; www.warmuseum.by; pr Peremozhtsau 8; 成人/学生 40,000/20,000白俄罗斯卢布，导览游 12,000白俄罗斯卢布；⏲周二和周四至周六 10:00~18:00，周三和周日 11:00~19:00)明斯克最好的博物馆从十月广场上严重过时陈旧的原址搬到了如今这座崭新的建筑中，展览详细讲述了白俄罗斯在纳粹占领下的苦难和英勇抗争。这里拥有实景模型和一系列真的“二战”坦克、飞机和火炮，并配有英文讲解，比从前的展览进步了许多。关于集中营的展区特别令人揪心：在“二战”期间，白俄罗斯死于战争的人数高达230万，其中包括150万平民。

白俄罗斯国家艺术博物馆 博物馆

(Belarusian State Art Museum; vul Lenina 20; 成人/学生 50,000/25,000白俄罗斯卢布；⏲周三至周一 11:00~19:00)这是一个相当不错的国立艺术博物馆，最近刚刚整修过，新增加了一些20世纪40年代至70年代的当地艺术作品。不要错过瓦伦丁·沃尔科夫(Valentin Volkov)的社会主义现实主义画作《明斯克在1944年3月》(*Minsk on July 3, 1944*; 1944~1945年)，描绘了苏联红军抵达这座已成为废墟的城市的场景。夏加尔(Chagall)的老师约德尔·彭(Yudel Pen)有很多作品在此展出，包括他在1914年为夏加尔画的肖像。

Traetskae Pradmestse 老城

作为老城的替代品，Traetskae Pradmestse(意为“三一郊区”)是模仿明斯克战前建筑重建的，地方不大，但是很有趣，在市中心河流拐弯处靠北一点的地方。这里小小的咖啡馆、餐厅和商店值得一去，距离现代明斯克的高楼大厦也并不是很远。

住宿

如果你要在这座城市住一两个晚上，可以尝试租一间公寓。一些代理机构提供

旅行线路

三天

花两天来了解明斯克，这个满目所见皆为斯大林风格建筑的城市其实热情而充满活力。然后花一天时间去米尔(Mir)感受迷人的白俄罗斯乡村风情。

一周

先在布列斯特度过两晚，其中一天去探索比亚沃维耶扎原始森林国家公园，然后坐火车去明斯克，留出一天时间去米尔，最后前往古老迷人的维捷布斯克。

Minsk 明斯克

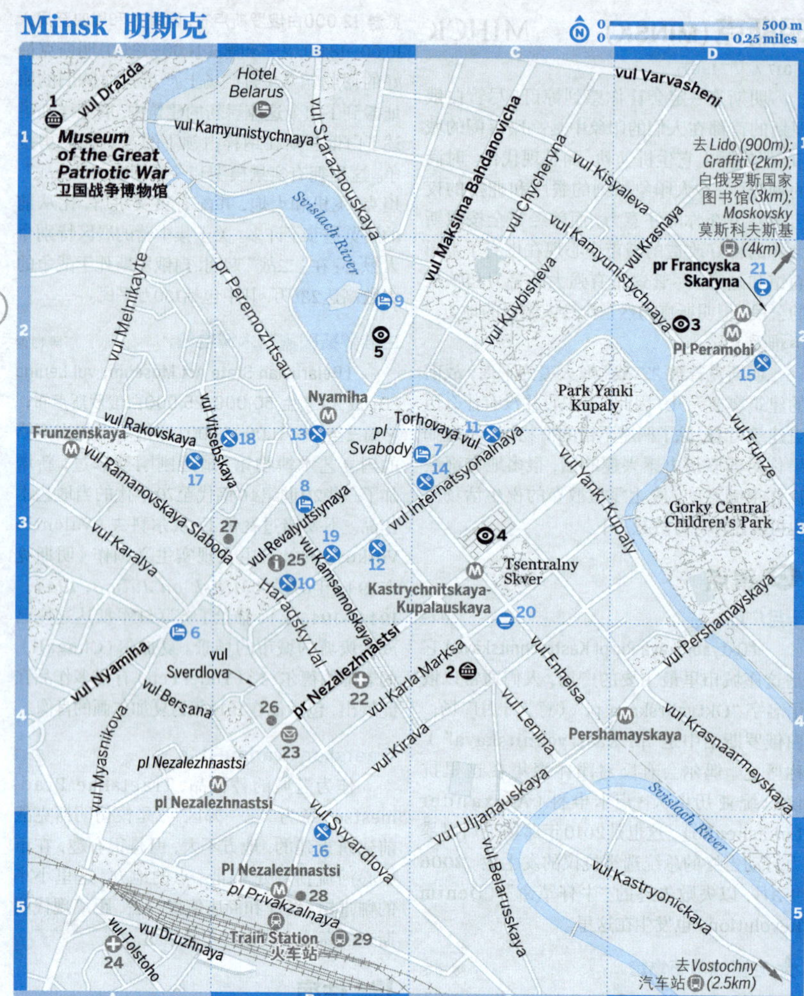

这种服务，包括**Belarus Rent**（www.belarusrent.com）、**Belarus Apartment**（www.belarusapartment.com）和**Minsk4rent**（☎29 111 4817；www.minsk4rent.com）。价格每晚€40~120。

★ Revolucion Hostel 青年旅舍 €

（☎029 614 6465；www.revolucion.by；vul Revalyutsiynaya 16；铺 €9~12，双 €27~35；📶）这家青年旅舍位于市中心，虽然怪怪的，但还算友好，惹人喜爱，旅舍里到处都贴着革命者的照片，甚至还有一只名叫“马赛曲”的宠物龟。宿舍有4人间至12人间，还有两间双人间。额外福利包括屋顶露台、租赁自行车（每天100,000白俄罗斯卢布）以及免费使用浓缩咖啡机。

Trinity Hostel 青年旅舍 €

（☎029 311 2783；www.hostel-traveler.by；Starovilenskaya vul 12；铺/双 €17/40；📶）位于明斯克腹地，这家新开张的青年旅舍是个很棒的选择。它位于迪士尼风格的“老城区”里，有4人间至6人间的小宿舍。不能饮酒，而且22:00以后有严格的噪声限制，所以不是个举

Minsk 明斯克

重要景点

1 卫国战争博物馆......A1

景点

2 白俄罗斯国家艺术博物馆......C4
3 李·哈维·奥斯瓦尔德故居......D2
4 十月广场......C3
5 Traetskae Pradmestse......B2

住宿

6 Buta Boutique Hotel......A4
7 Hotel Manastyrski......C3
8 Revolucion Hostel......B3
9 Trinity Hostel......B2

就餐

10 Bistro de Luxe......B3
11 Food Republic......C3
12 Grand Cafe......B3
13 Gurman......B3
14 Stolle......C3
15 Stolle......D2
16 Stolle......B5
17 Stolle......A3
18 Strawnya Talaka......B3
19 Tapas Bar......B3

饮品和夜生活

20 My English Granny......C3
21 Ÿ Bar......D2

实用信息

22 24-hour Pharmacy......B4
23 Central Post Office......B4
24 EcoMedservices......A5
25 明斯克游客信息中心......B3

交通

26 Avis......B4
27 贝拉维亚航空
Europcar......（见26）
28 国际火车票售票处......B5
29 Tsentralny汽车站......B5

行派对的好地方。

★ Hotel Manastyrski 历史酒店 €€€

（☎017-329 0300；www.vtroitskaya.by；vul Kirilla i Mefodya 9；标单/双 €95/122起；📶）这家新开业的高端酒店位于明斯克市中心，价格相对可以承受，魅力十足，管理和服务水准一流。栖身于一座经过改造的本笃会修道院旧址中，48间客房都很漂亮，装饰着赏心悦目的红木家具，而令人难忘的走廊装饰着壁画（翻修过程中发现的）和铸铁枝形吊灯。

Buta Boutique Hotel 精品酒店 €€

（☎029 152 2555；www.hotel-buta.by；vul Myasnikova 7；标单/双 €75/80起；P❄📶）明斯克的第一家精品酒店看起来像是法国国王路易十四愿意下榻的地方：平板电视镶嵌在墙壁上的金框里，还有许多其他闪闪发亮的装饰。即便如此，考虑到这里的花洒淋浴、美妙的风景、宽敞的空间和高品质的家具，价格还算是实惠的。位置也很好，工作人员细心且专业。早餐额外收费€20。

就餐

明斯克有很多好吃的食物，但是千万不要相信那些对白俄罗斯食物的大肆宣传。不过，在首都明斯克，至少是可以吃得不错的，周末建议预订。

Stolle 馅饼店 €

（www.stolle.by；vul Rakovskaya 23；馅饼25,000白俄罗斯卢布起；⏲10:00~23:00；📶✎）Stolle是个很棒的选择，在这里可以吃到新鲜出炉的甜的或咸的馅饼，可堂食或外卖。明斯克市内有多家分店，这家在地理位置上最靠近市中心，而且和别的分店不同的是，这里还供应其他传统俄罗斯式或白俄罗斯式菜肴。其他位于市中心的分店包括**vul Internatsyonalnaya 23**（⏲10:00~22:00；📶✎）、**vul Sverdlova 22**（⏲10:00~22:00；📶✎）和**pr Nezalezhnastsi 38**（⏲10:00~21:00；📶✎）。

Gurman 俄罗斯菜 €

（pr Peremozhtsau 1；主菜 20,000~100,000白俄罗斯卢布；⏲8:00~23:00；📶）这家餐厅的特色是各种现做的美味pelmeni（俄罗斯式方形肉馅饺），还有多种意大利面、咖喱和其他常见的外国菜。除此之外，新店面轻松的氛围和热情的服务员也是招揽客人的因素。

★ Food Republic 美食广场 €€

（www.foodrepublic.by; vul Yanki Kupaly 25; ⏲10:00至午夜; 🍴📶）这个崭新的餐厅综合体拥有10家不同的餐馆和许多食品商店，全都集中在一座巨大的工业风格建筑中，从寿司、汉堡、意大利菜和土耳其菜，再到牛排馆、熟食、鱼餐馆和法式糕点店，美食种类多种多样，令人目不暇接。最棒的是俯瞰河景的美妙露台。这里是明斯克选择最多和种类最多的饭馆，品质和服务也不错。

Tapas Bar 西班牙菜 €€

（vul Internatsyanalnaya 9/17; 主菜70,000~150,000白俄罗斯卢布; ⏲11:00至午夜; 📶📝）这家时尚小店有橄榄色的墙壁、友好的服务和明亮的用餐区，供应种类丰富的优质西班牙小吃。提供所有经典西班牙菜式，以及大量有肉的热菜（platos calientes）和绝妙的西班牙大锅饭（paella）。精选葡萄酒和可爱的氛围也让这里成为晚上小酌一杯的好去处。

★ Bistro de Luxe 法式小馆 €€€

（Haradsky Val 10; 主菜100,000~300,000白俄罗斯卢布; ⏲周一至周五 8:00至午夜，周六和周日 11:00至午夜; 📶）这家餐厅的室内空间非常华丽，有枝形吊灯、法式啤酒店风格的家具装饰、棋盘地板和豪华洗手间。很难在明斯克别处找到像Bistro de Luxe这样魅力十足的餐厅。偏意式的食物很棒，服务无懈可击。早餐一直供应到中午。

Grand Cafe 意大利菜 €€€

（vul Lenina 2; 主菜150,000~400,000白俄罗斯卢布; ⏲正午至午夜; 📶）这家古典风格的餐厅有身穿无尾礼服的侍者，服务很好，白色的亚麻桌布浆洗得有棱有角。菜单专注于应季意大利经典菜式，选择很多，还有一些非意大利菜式。你还可以只是坐在漂亮的酒吧里，喝几杯很有感觉的鸡尾酒。

Strawnya Talaka 传统美食 €€€

（vul Rakovskaya 18; 主菜160,000~400,000白俄罗斯卢布; ⏲10:00~18:00）这是明斯克一家位于地下室的餐厅，轻松舒适，虽然是面向游客的餐厅，但也是在明斯克品尝正宗当地菜的最好去处之一。试试越橘酱野兔肉（hare in bilberry sauce）以及盛在面包里的蘑菇汤，或者点一些佐酒小食和很棒的draniki（土豆饼）。

🍷 饮品

★  Ÿ Bar 葡萄酒吧

（www.ybar.by; pr Nezalezhnastsi 37A; ⏲正午至午夜，周五和周六 至次日2:00）这家整洁的葡萄酒吧藏身于紧邻pl Peramohi的一栋建筑的庭院中，附属于同名画廊，是明斯克的创意阶层如今最爱的饮酒场所。葡萄酒单令人眼花缭乱，很多酒都可以按杯点，还供应美味的蛋糕和酒吧食品。

My English Granny 咖啡馆

（vul Karla Marksa 36; ⏲9:00至午夜; 📶）这家咖啡馆位于一个看起来稍显怪异但很舒适的地下室里，通常看起来很俗气的维多利亚式风格也变得时髦了。你会得到一大壶好茶和一些漂亮的蛋糕，也有浓郁英式风格的正餐和品种多样的早餐可选。

ℹ 实用信息

上网

几乎所有酒店和一些（但不是全部）咖啡馆和餐厅都有免费Wi-Fi。

医疗服务

24小时药房（24-hour Pharmacy; pr Nezalezhnastsi 16）

EcoMedservices（☎017-207 7474; www.ems.by; vul Tolstoho 4; ⏲8:00~21:00）一家可靠的西式诊所，还提供牙医服务，就在火车站的南边。

现金

全城遍布自动柜员机，除了白俄罗斯卢布外，还常常可以取美元和欧元。市中心有多家外币兑换处，大多数银行和酒店都可以兑换欧元和美元。

邮局

邮政总局（Central Post Office; pr Nezalezhnastsi 10; ⏲7:00~23:00）位于市中心。

旅游信息

明斯克游客信息中心（Minsk Tourist Information Centre; ☎017-203 3995; www.minsktourism.by; vul Revalyutsiynaya 16-24; ⏲周一至周五

8:45~13:00和14:00~18:00）明斯克的游客信息中心位于市中心但很隐蔽，入口位于vul Revalyutsiynaya上13号建筑后面的庭院里。

到达和离开

飞机

进出白俄罗斯的航班在明斯克东面约40公里处的**明斯克2号国际机场**（Minsk-2 international airport；☎017-279 1300；www.airport.by）起降。令人吃惊的是，明斯克与欧洲其他地方的交通连接紧密，每天都有航班飞往许多欧洲重要城市，但没有国内航班。

长途汽车

明斯克有三个主要汽车站，大多数长途汽车和国际客车都从市中心的Tsentralny汽车站发车。

Tsentralny汽车站（☎017-227 0473；vul Bobruyskaya 6）这是主要的客车站，就在明斯克市中心的火车站旁边。开往米尔（新格鲁多克）、维捷布斯克、布列斯特、格罗德诺（Hrodna）和涅斯维日的长途汽车都从这里出发，国际客车也是。

小汽车

除了机场的租车点之外，在Hotel Minsk（或pr Nezalezhnastsi 11）也能找到**Avis**（☎017-334 7990；www.avis.by）和**Europcar**（☎017-209 9009；www.europcar.by）。

火车

繁忙而现代的**明斯克火车站**（☎105，017-225 7000；Privakzalnaya pl；⏲24小时）非常好找。你可以在这里购买去国内目的地和独立国家联合体国家（Commonwealth of Independent States，简称CIS）的车票。楼下是一个标识明显的**行李寄存处**（寄存柜 1000白俄罗斯卢布，行李房 2000白俄罗斯卢布；⏲24小时）。

国际火车票售票处（vul Kirova 2；⏲8:00~20:00）出售前往非独联体国家的票，就在火车站的大路对面。

当地交通

抵离机场

从明斯克2号机场坐出租车去市区大概需要40分钟，价格大概是300,000白俄罗斯卢布，具体多少就要看你砍价的水平了。300Э路公共汽车（6000白俄罗斯卢布）从机场到达大厅外开往市中心，途经pr Nezalezhnastsi，终点是Tsentralny汽车站。白天每30分钟至1小时1班，夜间逐渐减少到2小时1班。

> **不要错过**
>
> **李同志**
>
> 穿过Svislach河上的桥，河西岸就是**李·哈维·奥斯瓦尔德故居**（vul Kamyunistychnaya 4）——左下角的公寓就是了。刺杀美国前总统约翰·肯尼迪的嫌疑人20岁出头的时候在这里生活过两三年。在离开美国海军陆战队叛投苏联后，他在1960年1月来到这里。到这里之后，他融入得非常好：在收音机工厂找到了一份工作，娶了一个明斯克女人，还有了个孩子，甚至把自己的名字改成了俄语名字阿列克。但他很快就回到了美国……你知道后来发生了什么。

公共交通

明斯克的地铁非常单一，只有两条线，换乘站是pr Nezalezhnastsi上的Kastrychnitskaya-Kupalauskaya。第三条地铁正在修建当中，现在对游客来说还没有什么用处。地铁的运营时间是从早上到午夜，一张票（zheton）价格是4000白俄罗斯卢布。

公共汽车、电车和无轨电车也是4000白俄罗斯卢布一次，大多数情况都是上车买票。

出租车

可拨打电话☎035或☎007叫车，不过接线员通常不会说英语，你也可以在街上随手叫车。

明斯克周边（AROUND MINSK）

涅斯维日（Nyasvizh） Нясвіж

☎01770 / 人口 15,000

涅斯维日是感受白俄罗斯历史的好地方，这里拥有充满魔力的古老建筑。除了涅斯维日，白俄罗斯的过去几乎都在"二战"的炮火中化为废墟和硝烟了。这座宁静、迷人的绿色小城位于明斯克西南120公里处，是白俄罗斯最古老的小城，它的历史可以一直追溯到13世纪。

值得一游

格罗德诺（HRODNA） ГРОДНА

如果你从波兰北部进入白俄罗斯，或者你有富余的时间，可以考虑造访格罗德诺（俄语中为Grodno）。它是少数没有经历"二战"炮火的白俄罗斯城市之一，所以有很多古老的木房子，而且虽然它是一个大城市，却很有乡村的感觉。这座城市最好的酒店目前是私营的、非常友好的**Semashko**（☎0152-75 02 99；www.hotel-semashko.ru/en；vul Antonova 10；标单/双 含早餐 200,000/280,000白俄罗斯卢布起；@），很抢手，建议预订。住店客人可免费使用绿洲桑拿和小游泳池。明斯克和格罗德诺之间的火车每天5班（24,000白俄罗斯卢布，6小时），不过从明斯克Vostochny汽车站发车的小巴速度更快，车次也更多（36,000白俄罗斯卢布，3小时）。

景点

★拉齐维尔宫要塞 宫殿

（Radziwill Palace Fortress；成人/学生80,000/40,000白俄罗斯卢布；⏲9:30~17:30）美丽的拉齐维尔宫要塞（建于1583年）是涅斯维日最主要的景点，它位于从小城延伸出的河堤尽头，两侧是可爱的湖水。苏联时期，这里被改造成了疗养院，不过如今已得到全面修复，现在的状态非常好。

如今有30多间修葺一新的大厅对外开放，还有一个令人难忘的内庭和标识清晰的展品。到处逛逛，两三个小时很快就过去了。

到达和离开

明斯克的Tsentralny长途汽车站每天有4班车往返涅斯维日（63,000白俄罗斯卢布，2.5小时）。

米尔（Mir） Мір

☎01596 / 人口 2500

魅力小城米尔位于明斯克西南85公里处，那里有一座非常浪漫的16世纪城堡，俯瞰着小城一端的一座小湖。它曾经被强大的拉齐维尔王子们所占据，自1994年起受到联合国教科文组织的保护。

景点

★米尔城堡 城堡

（Mir Castle；☎01596 23 035；www.mirzamak.by/ru；成人/学生 70,000/35,000白俄罗斯卢布；⏲10:00~18:00）建于16世纪的米尔城堡雄伟地耸立在小镇上方，仿佛是迪士尼乐园的翻版。修缮工程历经十年，目前已经完工。它看起来很可爱，除了华丽的庭院和修葺一新的内饰，还有关于拉齐维尔生活和所经历过的时代的大规模展览。

到达和离开

明斯克的Tsentralny汽车站有去新格鲁多克（Navahrudak，俄语是Novogrudok）的长途汽车，中途在米尔停靠（55,000白俄罗斯卢布，2.5小时，每小时1班）。

白俄罗斯南部（SOUTHERN BELARUS）

布列斯特（Brest） Брэст

☎0162 / 人口330,000

相对于明斯克，时尚繁华且具有大都会风情的边境城镇布列斯特更像邻居欧盟的城市。它是一个充满魅力的城市，最近几年进行了大规模改造，以迎接2019年的建城千年纪念。

景点

布列斯特要塞 要塞

（Brest Fortress，Brestskaya krepost；pr Masherava）免费 真正的布列斯特要塞剩下来的部分已经很少了，不要指望看到什么中世纪风格的炮塔——这个苏联"二战"遗址是为了纪念1941年巴巴罗萨计划（Operation Barbarossa）开始时德军进攻苏联双方进行的一场惨烈的大战。这片建筑群坐落在美丽的布格（Bug）河与穆哈韦茨（Mukhavets）河交汇的地方，从市中心走路过去只需要20分钟，或者在Intourist酒店门口坐17路公共汽车。

这座要塞建于1838年至1842年，不过到“二战”时主要用作兵营。1941年德军发动突然袭击时，这里只驻扎了两个团，但他们在此苦苦坚守了令人震惊的一个月。在斯大林宣传机器的作用下，他们成了受到全苏联尊崇的传奇英雄。

布列斯特要塞的主入口是它最具标志性的建筑——用混凝土建造的一颗巨大的社会主义红星。当你穿行于地道之中以及走出地道的时候，都会有肃穆的音乐奏响在耳畔；向左拐并走过一座小山丘后，你会看见一些坦克。直走是岩石雕刻的**“口渴雕像”**（Thirst statue），描绘的是一名缺水的战士爬向水源的情景。穿过一座小桥后，右手边是**白宫**（White Palace）的残垣断壁，1918年的《布列斯特—立托夫斯克和约》（Treaty of Brest-Litovsk）就是在此签订的，标志着俄国退出“一战”。再右边是**布列斯特要塞防御博物馆**（Defence of Brest Fortress Museum；成人/学生 25,000/12,500白俄罗斯卢布；语音导游 20,000白俄罗斯卢布；周二至周日 9:00~18:00）。其中有大量丰富且激动人心的展品，展示了守卫者艰苦卓绝的抗争。还有一个18世纪至20世纪武器的小型展览，需要单独购票（10,000白俄罗斯卢布）。

★ 铁路技术博物馆 博物馆

（Museum of Railway Technology；pr Masherava 2；成人/学生 15,000/10,000白俄罗斯卢布；周二至周日 8:30~17:30）布列斯特最受欢迎的景点之一是露天的铁路技术博物馆，那里收集了从1903年（莫斯科—布列斯特特快列车，有淋浴浴室和一间非常舒服的主卧室）至1988年（工人阶级乘坐的苏联乘客车厢）的许多机车和火车车厢。许多火车都允许入内参观，深受火车爱好者和孩子们的喜爱。

住宿

Dream Hostel 青年旅舍 €

（033 361 0315，0162-531 499；www.dreamhostel.by；vul Mayakaskaha 17, bldg 1, apt 5；铺 €13~15；）布列斯特的第一家青年旅舍位于城中心的一栋公寓建筑里。要去这里的话，应该先穿过Tez Tour和Colombia Sportswear Company之间的入口，然后沿着步行道走到右边。入口代码是5K，除此之外没有标记。它有三间带现代、干净床铺的宿舍，一间大电视厅和一间厨房。

Hotel Molodyozhnaya 酒店 €

（0162-216 376；www.molodezhnaya.by；vul Kamsamolskaya 6；标单/双 €32/42；）这家酒店很小，但是很靠近市中心，从车站走过去很近，而且在过去几年逐步提升了设施水平。房间舒适、干净，每间房都有单独的卫生间，服务员很热情。早餐额外收费，每人70,000白俄罗斯卢布。

★ Hermitage Hotel 酒店 €€

（0162-276 000；www.hermitagehotel.by；vul Chkalova 7；标单/双 含早餐 €90/115起；P）这家绝妙的酒店是当地最好的，而且绝对能把其他对手甩出几条街，这么说并非夸张。酒店位于一座充满设计感的现代建筑中，里面却处处都是老派风情，除了宽敞、华丽、设施齐备的房间之外，还有令人印象深刻的公共区域。会说多种语言的工作人员很有魅力，而且还供应不错的食物，包括很棒的早餐。

餐饮

★ Jules Verne 高级餐厅 €€

（vul Hoholya 29；主菜100,000~170,000白俄罗斯卢布；中午至午夜；）这样一家超赞的餐厅存在于布列斯特简直是个奇迹。餐厅装修得像一个私人俱乐部，主打旅行主题，灯光幽暗，很有气氛，又不会让人觉得太沉闷。这里的菜式都非常不错，有超级好吃的咖喱和法国菜，甜品精致奢华，咖啡则是整个布列斯特最好喝的。千万别错过！

Time’s Cafe 欧洲菜 €€

（vul Savetskaya 30；主菜 60,000~140,000白俄罗斯卢布；周一至周五 8:30~23:00，周六和周日 11:00~23:00；）终于在布列斯特找到一家特意扮酷的地方，这个友好漂亮的餐厅有爵士布鲁斯背景音乐、迷人的工作人员和一个可以俯瞰步行街vul Savetskay的夏日露台。从牛排配浓缩香醋到焦糖鳕鱼配土豆泥——这里的菜品和附近的大多数餐厅截然不同。还供应早餐。

实用信息

24小时药房（vul Hoholya 32；⏲24小时）

布列斯特游客信息中心（Brest In Tourist；☎0162 225 571，310-8304522；www.brestintourist.com；Hotel In Tourist，pr Masherava 15；⏲周一至周五9:00~18:00）位于Hotel In Tourist内；说英语的工作人员可安排城市团队游，如"犹太人的布列斯特"，还可安排前往比亚沃维耶扎原始森林国家公园的行程。

邮局（pl Lenina；⏲周一至周六8:00~18:00）

到达和离开

长途汽车

汽车站（☎114，004；vul Mitskevicha）就在市中心，有行李寄存处和一个网吧。每天有5班车去明斯克（40,000~70,000白俄罗斯卢布，5小时），10班车去格罗德诺（50,000~80,000白俄罗斯卢布，5小时），周五和周日还有开往立陶宛维尔纽斯（120,000白俄罗斯卢布，8小时）的客车。

出租车

可拨打☎061叫车，或者让你的酒店帮你叫。

火车

每天有好几班车去明斯克[三等座（platzkart）/二等座（kupe）60,000/82,000白俄罗斯卢布；4小时]。火车站离市区很近，你只需从站台走上一段很陡的楼梯，再走过天桥就到了。坐出租车进入市区费用不超过30,000白俄罗斯卢布。

布列斯特周边（Around Brest）

比亚沃维耶扎原始森林国家公园 公园

（Belavezhskaya Pushcha National Park；☎01631-56 370）比亚沃维耶扎原始森林国家公园被联合国教科文组织列入世界遗产名录，位于布列斯特以北60公里处，是欧洲最古老的野生动物保护区，也是白俄罗斯的骄傲。公园有一半位于波兰领土，它的波兰名字是Białowieża国家公园。公园保存着1300平方公里的原始森林。800年前曾覆盖整个欧洲北部的森林一直留存至今的也就是这些了。

该区域最有名的是大约300头欧洲野牛，它们是欧洲最大的陆地野生动物。这些自由放养的欧洲野牛——比美洲野牛稍小——曾濒临灭绝（最后一头野外活体在1919年被猎杀），后来使用动物园里的52头欧洲野牛进行繁育。

就算没有向导也完全可以游览这座国家公园（而且还能省下不少钱），不过要是你不懂俄语，就会错过森林途中以及博物馆内一些有趣的注释。布列斯特每天有6班小巴（marshrutky）或公共汽车开往Kamyanyuki村（30,000白俄罗斯卢布，1小时20分钟），然后从这个村子步行走到保护区的建筑。走到那里之后你就可以自己在公园里步行游览了，或者从博物馆租一辆自行车（每小时20,000白俄罗斯卢布）就更棒了。更省心的选择是在Brest In Tourist预订一日游。

白俄罗斯北部（NORTHERN BELARUS）

维捷布斯克（Vitsebsk） Віцебск

☎0212 / 人口 363,000

历史古城维捷布斯克（在白俄罗斯之外的世界，它的俄语名字Vitebsk使用得更普遍）距离俄罗斯边境很近，距离明斯克将近300公里。维捷布斯克曾是犹太文化的重要中心，当时它是"苍白雪地"（Pale of Settlement）——犹太人在沙俄帝国的允许居住地——的主要城市之一。

景点

★夏加尔博物馆 博物馆

（Chagall Museum；www.chagall.vitebsk.by；vul Punta 2；成人/学生 15,000/10,000白俄罗斯卢布，团队游 30,000白俄罗斯卢布；⏲6月至9月 周二至周日 11:00~19:00，10月至次年5月 周三至周日 11:00~19:00）夏加尔博物馆建于1992年，展出夏加尔的版画作品（他为《圣经》绘制的插图；1956~1960年），为果戈理《死魂灵》所做的图书设计（1923~1925年）以及为以色列12部落设计的象征图形（1960年）。

★马克·夏加尔故居博物馆 博物馆

（Marc Chagall House Museum；☎0212-363 468；vul Pokrovskaya 11；成人/学生 15,000/10,000白俄罗斯卢布；⏲6月至9月 周二至周日 11:00~19:00，10月至次年5月 周三至周日

11:00~19:00）从夏加尔博物馆步行20分钟，就能走到小城的河流对面的马克·夏加尔故居博物馆。从1897年至1910年，这位画家在这里度过了13年的青少年时光——他的自传《我的一生》（*My Life*）对这一阶段美丽的时光进行了回忆。这座简朴的小房子里有夏加尔和他家人的照片，还有他们的各种物件和一些老式家具。房子通向一座花园，能令人感受到犹太俄国人简朴的童年生活。提前打电话可预约英语导览游。

节日和活动

斯拉夫亚斯基巴扎节　节日

（Slavyansky Bazaar, Slavic Bazaar; www.festival.vitebsk.by）这个深受喜爱的节日在7月中旬举行，届时为期一周的音乐会将吸引来自斯拉夫国家的数十位歌手和音乐演奏家。这个节日每年都会吸引数万名观众，共同参加这场盛大的派对。

住宿

X.O. Hostel　青年旅舍 €

（☎029 718 4554, 0212-236 626; www.xostel.by; vul Suvorova 10/2; 铺 €8~13, 双 €30; 📶）维捷布斯克的首家青年旅舍位于老城的中心，为这座城市的住宿行业注入了新的活力，它有设施齐备的厨房、舒适的双人间和一系列宿舍。唯一令人失望的是浴室的霉味儿。位于vul Suvorova 10/2的庭院内。洗衣价格每桶40,000白俄罗斯卢布。

★ Hotel Eridan　酒店 €€

（☎0212-604 499; www.eridan-vitebsk.com; vul Savetskaya 21/17; 房/套 €60/79起; ❄📶）这是维捷布斯克性价比最高的酒店，去夏加尔博物馆很方便，而且位于老城区中央。这里摆放着令人愉悦的木家具、艺术品、古董陈设，以及墙壁上的维捷布斯克老照片，散发着一种后苏联时代大转变的魅力。房间设施齐全（不过相当艳俗），而且宽敞明亮。

餐饮

Zolotoy Lev　白俄罗斯菜 €€

（vul Suvorova 20/13; 主菜 50,000~150,000白俄罗斯卢布; ⏲正午至午夜; 📶）场地宽阔的"金狮"是城里最时髦的餐厅。富有魅力（当电视关闭的时候）的内部空间划分成至少6个用餐区域，种类多样的菜单上是传统白俄罗斯菜肴，还有一个宽敞的户外区供应烤肉串（shashlyk）和啤酒。你会在与vul Lenina平行的步行主街道上找到它。

Vitebsky Traktir　小酒馆 €€

（vul Suvorova 4; 主菜 40,000~100,000白俄罗斯卢布; ⏲正午至午夜; 📶）尽管有点暗，但仍然很有魅力。除了传统白俄罗斯菜之外，还有欧洲菜和寿司。

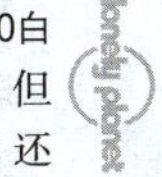

到达和离开

长途汽车

大约每小时有1班长途汽车或小巴（marshrutky）开往明斯克（120,000~150,000白俄罗斯卢布，4~5小时）。汽车站在vul Zamkovaya上，火车站的隔壁。

火车

每天有2或3班火车开往明斯克（55,000~75,000白俄罗斯卢布，4.5~6小时），1班火车开往圣彼得堡（630,000白俄罗斯卢布，13小时）。每天还各有1班列车分别开往莫斯科（595,000白俄罗斯卢布，11小时）和布列斯特（135,000白俄罗斯卢布，11小时）。

生存指南

出行指南

住宿

如果没有另作说明，房间都有独立卫浴，但许多酒店的房价不含早餐。

营业时间

银行 周一至周五 9:00~17:00

办公时间 周一至周五 9:00~18:00

商店 周一至周六 9:00/10:00~21:00，周日即便开门的话到18:00也会关门

保险

大多数前往白俄罗斯的游客在白俄罗斯停留期间必须拥有医疗保险。如今在申请签证时就要求出示购买在白俄罗斯期间医疗保险（最低赔付金额为€10,000）的证明，所以不可能躲过去。如

国家速览

面积 207,600平方公里

首都 明斯克

国家代码 ☎375

货币 白俄罗斯卢布（BR）

紧急情况 救护车☎03，火警☎01，警察☎02

语言 白俄罗斯语和俄语

现金 自动柜员机很容易找到，广泛支持各种国际卡

人口 946万

签证 中国旅行者需提前申请白俄罗斯旅游签证

果你已经有旅行保险，可向保险公司要一份证明函，说明你在白俄罗斯受保以及受保金额。如果你没有保险的话，你只需购买白俄罗斯政府的官方授权保险，可登录申请国的白俄罗斯大使馆网站查看详情。

上网

白俄罗斯的网络情况通常很不错。在主要城镇能很容易找到无线网络，在所有酒店和青年旅舍也是标配。在手机店购买带数据流量的当地SIM卡也很方便，你只需提供护照和酒店地址。

网络资源

白俄罗斯旅游局（eng.belarustourism.by）

货币

白俄罗斯的通用货币是白俄罗斯卢布（BR），刚到白俄罗斯的人可能会觉得不同面额的纸币很难区分。记得在离开白俄罗斯之前把没有用完的白俄罗斯卢布都兑换掉，因为别的国家不可能给你兑白俄罗斯卢布。在白俄罗斯的大城市里，自动柜员机和货币兑换点都很容易找到。明斯克的很多比较好的酒店、餐厅和超市都接受主流信用卡，但旅行支票的接受度很低。可用银联卡在贴有银联标识的商户刷卡消费。白俄罗斯天然气工业银行部分自动柜员机接受银联卡取现业务，银联IC卡在当地暂不支持自动柜员机提现。

邮局

邮局在白俄罗斯语中是pashtamt，在俄语中是pochta。在大多数主要邮局都可以通过EMS邮寄重要的、时效性强的东西。

节假日

新年 1月1日

东正教圣诞节（Orthodox Christmas）1月7日

国际妇女节 3月8日

立宪纪念日（Constitution Day）3月15日

天主教和东正教复活节（Catholic & Orthodox Easter）3月/4月

白俄罗斯和俄罗斯人民团结日（Unity of Peoples of Russia and Belarus Day）4月2日

国际劳动节 5月1日

"二战"胜利日（Victory Day）5月9日

独立日（Independence Day）7月3日

荣军纪念日（Day of the Dead）11月2日

天主教圣诞节（Catholic Christmas）12月25日

签证

从2017年开始，拥有欧盟国家或申根国有效的多次往返签证并且拥有对应国家的入境章的中国公民，如果持有证明将于入境白俄罗斯后5日内从明斯克起飞离境的机票，即可享受5天免签待遇。

另外，你也可以申请白俄罗斯的旅游签证，停留时间为90天内，需要具备以出境旅游为目的的邀请函、有效期覆盖出行日期的护照及护照复印件、填写好的中文签证申请表、1张照片以及医疗保险单。单次入境签证费用为30美元，两次入境签证费45美元，多次入境签证费为60美元。详细信息可在白俄罗斯驻华大使馆官网查询。

2018年6月，中国与白俄罗斯签署了互免持普通护照人员签证的协议，于2018年8月10日生效，停留时间30天内，每年互免签证入境天数90天内。

白俄罗斯驻华大使馆（☎8610 6532 1691；china.mfa.gov.by/zh/；北京市日坛路东一街1号）

住宿价格区间

下列价格范围指的是双人间价格：

€ 低于€50

€€€ €50~120

€€€ 高于€120

白俄罗斯驻上海总领事馆(☎8621 6236 0086, 6236 0032; shanghai.mfa.gov.by/zh/; 上海市延安西路2299号世贸商城办公楼1702)

登记

如果你要在白俄罗斯停留超过5个工作日，必须将你的护照正式登记。酒店会自动登记，该项服务费包含在房价中。他们会在你的白色落地卡背面盖章，你在离境时需向移民局出示。注意如果停留时间不足5个工作日，则不必登记。

使领馆

中国驻白俄罗斯共和国大使馆(☎387 29 284 9728; by.chineseembassy.org; 22, Berestyanskaya Str, Minsk)

汇率

人民币	CNY1	BYK3182.51
港币	HKD1	BYK2666.96
新台币	TWD1	BYK631.56
澳门元	MOP1	BYK2589.18
新加坡元	SGD1	BYK15,017.96
美元	USD1	BYK20,700.00
欧元	EUR1	BYK2,2993.61

ℹ 到达和离开

目前，白俄罗斯已对中国旅行者实行免签政策，进入白俄罗斯的手续相对来说还是比较简单的。在把护照拿给移民局官员检查之前，记得先填好一式两份的白色入境卡的其中一张。把移民局官员给你的一半卡片收好，出境时要用。

飞机

白俄罗斯的国家航空公司是**贝拉维亚航空**(Belavia; ☎017-220 2555; www.belavia.by; vul Nyamiha 14, Minsk)，安全记录良好，飞机也很现代。贝拉维亚航空公司有往返伦敦、巴黎、法兰克福、柏林、维也纳、罗马、米兰、巴塞罗那、基辅、伊斯坦布尔、特拉维夫、华沙、布拉格、里加以及包括莫斯科和圣彼得堡在内的许多俄罗斯城市的航班。从北京出发，有直飞明斯克的航班。

其他飞往明斯克的主要航空公司包括：

俄罗斯航空公司(Aeroflot; www.aeroflot.com)

波罗的海航空公司(Air Baltic; www.airbaltic.com)

奥地利航空公司(Austrian Airlines; www.aua.com)

捷克航空公司(Czech Airlines; www.csa.cz)

以色列航空公司(El Al; www.elal.co.il)

爱沙尼亚航空公司(Estonian Air; www.estonian-air.ee)

阿提哈德航空公司(Etihad Airways; www.etihad.com)

波兰航空公司(LOT Polish Airlines; www.lot.com)

汉莎航空公司(Lufthansa; www.lufthansa.com)

土耳其航空公司(Turkish Airlines; www.turkishairlines.com)

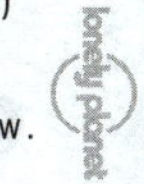

陆路

白俄罗斯与周边国家的陆路交通非常发达。明斯克每天都有火车开往俄罗斯的莫斯科和圣彼得堡、立陶宛的维尔纽斯、波兰的华沙和乌克兰的基辅。长途汽车在舒适度上就要稍稍差一点。明斯克有开往莫斯科、圣彼得堡、基辅、华沙和维尔纽斯的长途汽车，维捷布斯克也有开往莫斯科和圣彼得堡的长途汽车，布列斯特有开往波兰特雷斯波尔(Terespol)的长途汽车。

特色饮食

白俄罗斯菜虽然与俄罗斯菜十分相似，但还是有其独特之处。

- **Belavezhskaya** 一种含草药的酒精饮料，带苦味。
- **Draniki** 土豆薄饼，一般是配酸奶油(smetana)一起吃。
- **Kletsky** 蘑菇、奶酪或土豆做成的饺子。
- **Khaladnik** 当地一种凉的罗宋汤，主要材料是甜菜根，配有酸奶油，上面撒有煮得很老的鸡蛋和土豆。
- **Kindziuk** 猪肚做的香肠，里面塞着猪肉末、草药和香料。
- **Kolduni** 肉馅的土豆饺子。
- **Kvas** 一种用黑麦或裸麦面包做成的软酒精饮料，通常在白俄罗斯的街边能买到。
- **Manchanka** 浇着肉汁的薄饼。

就餐价格区间

下列价格范围以主菜的平均价格为基础。

€ 低于50,000白俄罗斯卢布

€€ 50,000白俄罗斯卢布至100,000白俄罗斯卢布

€€€ 高于100,000白俄罗斯卢布

当地交通

长途汽车

长途汽车覆盖白俄罗斯大部分地区，总体来说还是很可靠的，不过可能会有点拥挤。

小汽车和摩托车

在明斯克租车很容易，近些年行业开始出现竞争，从而提升了行业水准。话虽这么说，市面上仍有一些车况相当差的小汽车：在开走之前仔细查看并检查备胎。

火车

在白俄罗斯的主要城镇之间往来，坐火车是一种流行且能欣赏优美风景的方式。虽然长途汽车交通网络更发达，但火车耗时较少，而且票价差不多。

比利时和卢森堡

包括 ➡

最佳餐饮

- De Stove（见138页）
- De Ruyffelaer（见141页）
- L' Ogenblik（见122页）
- In' t Nieuwe Museum（见138页）

最佳住宿

- Hôtel Le Dixseptième（见121页）
- Hôtel Simoncini（见146页）
- Auberge Aal Veinen（见148页）
- B&B Dieltiens（见138页）

为何去

连环漫画册、薯条和美妙的巧克力，这些代表性事物只是兼收并蓄的小小比利时给人的第一印象：乐于自我调侃的比利时人默默地用数百年的时间创造出了许多欧洲最好的艺术品和建筑。拥有两种官方语言的布鲁塞尔是鲜活而优雅的欧盟首都，有世界上最美的城市广场。平坦的佛兰德拥有许多迷人的中世纪城市，每座城市之间都有火车连接，十分便利。在多山、说法语的瓦隆，迷人之处在于对比鲜明的田园风格的城堡村庄、户外活动和大量纵横贯通的洞穴。

独立的卢森堡是欧盟中最富裕的国家，它面积不大而且多山，有自己珍贵的城堡村。大公的首都城以银行业著称，不过它也是一座童话故事般的历史古城，被联合国教科文组织列入世界遗产名录。无论是比利时上好的啤酒还是卢森堡摩泽尔河谷的气泡酒，都可以让你拥有全欧洲最棒的就餐体验。欢迎来这里享受美好生活。

何时去

布鲁塞尔

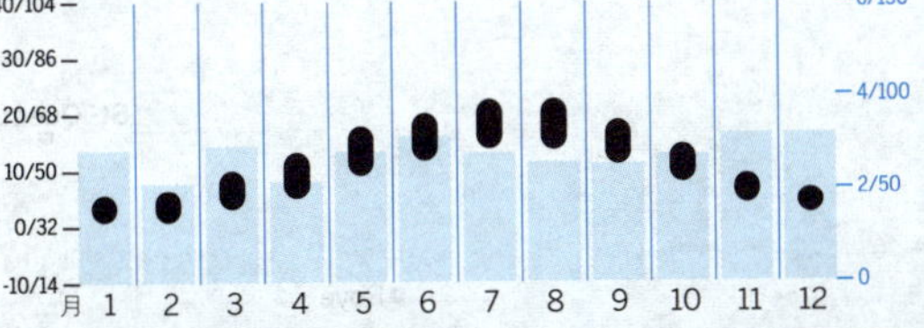

复活节前的周末 比利时举办许多最奇特的狂欢节，不只有Mardi Gras狂欢节。

2月和3月 在狂欢节后的第一个周末，两个国家都会象征性地焚烧冬之魂。

7月和8月 海滨的酒店住满了人，但是布鲁塞尔和卢森堡市反倒会便宜一些。

比利时和卢森堡亮点

❶ 在淡季工作日的时候，避开成群的游客，来中世纪古城**布鲁日**（见135页）欣赏风景如画的运河风光。

❷ 去被世人低估的**根特**（见131页）体会惊喜，它是欧洲之旅最棒的发现之一。

❸ 体味**布鲁塞尔**（见116页）“世界上最美丽的广场”，探寻卓越的咖啡馆、巧克力店和现存的新艺术风格建筑。

❹ 在时髦而古老的**安特卫普**（见126页）感受时尚气息。

❺ 在被联合国教科文组织列入世界遗产名录的**卢森堡市**（见143页）度周末，之后去大公国令人怀旧的城堡村游玩。

❻ 去精心重建的**伊珀尔**（见140页）附近的佛兰德战场，参观震撼人心的“一战”遗址。

❼ 探索**瓦隆**（见142页）乡间的岩洞和城堡。

0 30 km
0 20 miles
NETHERLANDS
荷兰
Tilburg
蒂尔堡
Roosendaal
Eindhoven
埃因霍芬
Venlo
Turnhout
蒂伦豪特
Antwerp
安特卫普
4
Antwerp Airport
安特卫普机场
Herentals
Mol
莫尔
Neerpelt
Roermond
Lier
GERMANY
德国
National Park Hoge Kempen
Mechelen
梅赫伦
Diest
Genk
亨克
Hasselt
哈瑟尔特
Bokrijk Openluchtmuseum
Bruxelles Airport
布鲁塞尔机场
Leuven
Maastricht
3
Bruxelles
布鲁塞尔
Aachen
Waterloo
Louvain- la-Neuve
Braine l'Alleud
Ottignies
Liège Airport
列日机场
Liège
列日
Verviers
韦尔维耶
Hautes Fagnes-Eifel Nature Park
Hautes Fagnes
Nivelles
Jehay
极海城堡
Huy
Remouchamps
BELGIUM
比利时
Herzogenhugel
Hautes Fagnes Nature Reserve
Charleroi Airport
布鲁塞尔-南沙勒罗瓦机场
Namur
那慕尔
Modave
莫达弗城堡
Coo
Stavelot
Charleroi
沙勒罗瓦
Durbuy
Barvaux
Godinne
Wallonia
瓦隆
7
Hotton
Dinant
Marloie
Houyet
Rochefort
Jemelle
La Roche-en-Ardenne
Lavaux-Ste-Anne
拉沃圣安娜城堡
Han-sur-Lesse
Champlon
Clervaux
克莱沃
GERMANY
德国
Couvin
Chimay
Bastogne
巴斯通
Wiltz
维尔茨
Libramont
ARDENNES
Parc Naturel de la Haute Sûre
Vianden
Diekirch
迪基希
Ettelbrück
埃特尔布吕克
Rochehaut
LUXEMBOURG
卢森堡
Echternach
埃希特纳赫
Gutland
Bouillon
Mersch
Bourglinster
Charleville-Mezières
Grevenmacher
格雷文马赫
Arlon
阿尔隆
Findel Airport
Orval
5
Luxembourg
卢森堡
Virton
Rodange
Dudelange
A1
N1
A21
E313
A2
E19
A3
E411
E42
N5
E25
E421
E46
E411

旅行线路

四天

刚好能初步感受一下比利时四座最好的“艺术之城”：布鲁日、根特、布鲁塞尔和安特卫普，它们都位于巴黎和阿姆斯特丹之间的火车线路上，你可以很方便地前往这几座城市，走马观花地参观一下。布鲁日是童话般的“北方威尼斯”，根特拥有同样美丽的运河风情和较少的游客群，而布鲁塞尔无与伦比的大广场值得你跳下任何一班火车去参观，即便你只有几个小时的空闲时间。更前卫的大都市安特卫普则加入了时尚和钻石的元素。如果你需要过夜，一定要在周末抵达布鲁塞尔，并在工作日去布鲁日，这样会有最便宜的住宿。

十天

上面四天行程中的几个城市可以各多停留一天，还可以考虑在梅赫伦和利尔（Lier）停留。在去法国的“回程”路上或是从卢森堡到德国科布伦茨的途中，去蒙斯和图尔奈练习一下你的法语。

布鲁塞尔（BRUXELLES）

人口1,140,000

像它所代表的国家一样，布鲁塞尔（Brussel）是一个梦幻、多层次的地方，集各种迥然不同的特性于一体。这里有极具诱惑力的伟大艺术品、巧克力商店和传统咖啡馆。除了聚集了伟大的新艺术建筑和17世纪的大师作品，也有简陋的市郊和玻璃幕墙装饰的毫无特色的欧盟区，形成了一种大杂烩式的建筑风格。值得注意的是，布鲁塞尔的官方语言有两种，所以从街道到火车站，所有的名字都有荷兰语和法语两个版本，但是为了简便，我们在这一章中只用法语版的名字。

景点

布鲁塞尔市中心

★大广场

广场

（Grand Place；Ⓜ Gare Centrale）布鲁塞尔无与伦比的中心广场是所有旅游线路的首选景点。辉煌的哥特式尖顶市政厅（Hôtel de Ville；Pl Guillaume Ⅱ）是从1695年法军的炮击中幸存的唯一建筑，颇具讽刺意味的是，这正是当时法国人轰击的主要目标。如今，这座广场已经被改造成步行区域，这里的恢宏气势在很大程度上要归功于完好无损的行会会馆（guildhalls），它于1695年之后由商人行会重建，装饰着美丽的镀金雕像。

撒尿小童

纪念碑

（Manneken Pis；Rue de l' Étuve和Rue du Chêne交叉路口；Ⓜ Gare Centrale）以布鲁塞尔最具底气的旅游购物街Rue Charles Buls为起点，巧克力和装饰品商店将脖子上挂着照相机的游客引导至三个街区之外的撒尿小童。这个撒尿小男孩的喷泉雕像小得让人感到滑稽，是比利时完美的民族象征。在大多数时间里，这尊小雕像的裸体都会穿上与周年庆、国庆节或当地活动相关的服饰：他日益扩充的衣橱中的一部分衣物在国王之家（Maison du Roi，Musée de la Ville de Bruxelles；Grand Pl；Ⓜ Gare Centrale）展览。

★皇家艺术博物馆

画廊

（Musées Royaux des Beaux-Arts；☎02-508 32 11；www.fine-arts-museum.be；Rue de la Régence 3；成人/布鲁塞尔一卡通/6~25岁€8/免费/€2，含马格里特博物馆€13；⏲周二至周日10:00~17:00；Ⓜ Gare Centrale，Parc）这座享有盛誉的博物馆包括古代艺术博物馆（Musée d' Art Ancien）和现代艺术博物馆（Musée d' Art Moderne），后者有超现实主义画家保罗·德尔沃（Paul Delvaux）和野兽派画家里克·沃特斯（Rik Wouters）的作品。还有专门建造的马格里特博物馆（Musée Magritte）。古代艺术博物馆美妙地呈现了15世纪佛兰德原始画派（Flemish Primitives）的作品，这里有罗吉尔·凡·德尔·维登（Rogier Van der Weyden）笔下《圣母玛利亚膝上抱着基督尸体的图画》(*Pietà*)中令人产生幻觉的黎明天幕、汉斯·梅姆林(Hans Memling)的精美肖像画,以及"圣露西传奇大师"(Master of the Legend of St Lucy)质感丰富的《圣母子与圣徒》(*Madonna with Saints*)。

★乐器博物馆 博物馆

(MIM, Musée des Instruments de Musique; ☎02-545 01 30; www.mim.be; Rue Montagne de la Cour 2; 成人/优惠€12/8; ⊙周二至周五9:30~17:00, 周六和周日 10:00~17:00; ⓂGare Centrale, Parc)这里收藏着世界各国的乐器和阿道夫·萨克斯(Adolphe Sax)的发明。戴上耳机,站在这些珍贵乐器前的自动演奏区,你就会听到它们演奏的声音。和乐器博物馆一样引人注目的亮点是新艺术风格的老英格兰建筑。这座从前的百货商店是1899年由保罗·圣特努瓦(Paul Saintenoy)设计建造的,有一个全景屋顶咖啡馆(兼小酒馆/酒吧)和户外露台。

司法宫 历史建筑

(Palais de Justice; Place Poelaert; ⓂLouise, 🚌92, 94)在1883年建成之际,这座宏伟的圆顶法庭曾是欧洲最大的建筑。从建筑外面望去,城里屋顶鳞次栉比的全景图可以一直延伸到远处的原子球塔(Atomium)和圣心圣殿(Koekelberg Basilica)。该建筑内的玻璃电梯向下通往古怪的马若兰区(Marolles quarter),该区虽然是以售卖低价商品为主的市场,但正在变得高雅起来。

周边区域

★奥尔塔博物馆 博物馆

(Musée Horta; ☎02-543 04 90; www.hortameum.be; Rue américaine 25; 成人/儿童€8/4; ⊙周二至周日 14:00~17:30; ⓂHorta, 🚌91, 92)从典型的简朴外观上看不出什么,但维克多·奥尔塔(Victor Horta)的故居(1898~1901年设计建造)是新艺术运动的瑰宝。楼梯井是这栋房子的结构精髓——沿着楼梯扶栏俏皮的节点和花饰向上走,扶栏也会变得越来越花俏,并终结于一团涡旋和天窗的玻璃灯。天窗以柑橘色平板玻璃镶嵌而成。

康蒂永啤酒厂 酿酒厂

(Cantillon Brewery; Musée Bruxellois de la Gueuze; ☎02-521 49 28; www.cantillon.be; Rue Gheude 56; 门票€7; ⊙周一至周日 9:00~17:00, 周六 10:00~17:00; ⓂClemenceau)啤酒爱好者不应错过这个独特又鲜活的酿酒博物馆。这个家庭经营的博物馆气氛很棒,是布鲁塞尔最后一座仍在经营的用野生酵母菌发酵的啤酒厂,而且此处还在使用许多19世纪的酿酒设备。短暂的讲解后,游客可以自行游览,包括啤酒在橡木酒桶里放置三年待其成熟的酒桶房。门票费用包括两小杯康蒂永出品的酸啤酒。

★五十周年纪念博物馆 博物馆

(Musée du Cinquantenaire; ☎02-741 72 11; www.kmkg-mrah.be; Parc du Cinquantenaire 10; 成人/儿童/布鲁塞尔一卡通€5/免费/免费; ⊙周二至周五 9:30~17:00, 周六和周日 10:00~17:00; ⓂMérode)从古埃及的石棺到中美洲的面具,从圣像到木头自行车,这座博物馆收藏了来自全球各地、极其多样的展品。在来之前确定你想要看些什么,否则数目庞大的展品会让你应接不暇。视觉上引人入胜的展览空间包括一座新哥特式回廊周围的中世纪石刻,以及高耸的科林斯式柱子(是很有说服力的玻璃纤维支撑结构),与公元420年古罗马统治下的叙利亚马赛克拼贴画相得益彰。展品注释只有法语和荷兰语,所以英语的语音导览(€3)值得租用。

原子球塔 纪念碑、博物馆

(Atomium; www.atomium.be; Sq de l' Atomium; 成人/学生/布鲁塞尔一卡通€11/6/9; ⊙10:00~18:00; ⓂHeysel; 🚌51)太空时代感

> **布鲁塞尔一卡通**
>
> 持布鲁塞尔一卡通(BrusselsCard; www.brusselscard.be; 24/48/72小时€24/36/43)可以免费参观30多个位于布鲁塞尔地区的博物馆,并享受免费的交通,但你得是一位超级博物馆迷才能节省很多钱。许多博物馆在每月第一个周三的下午免费开放。

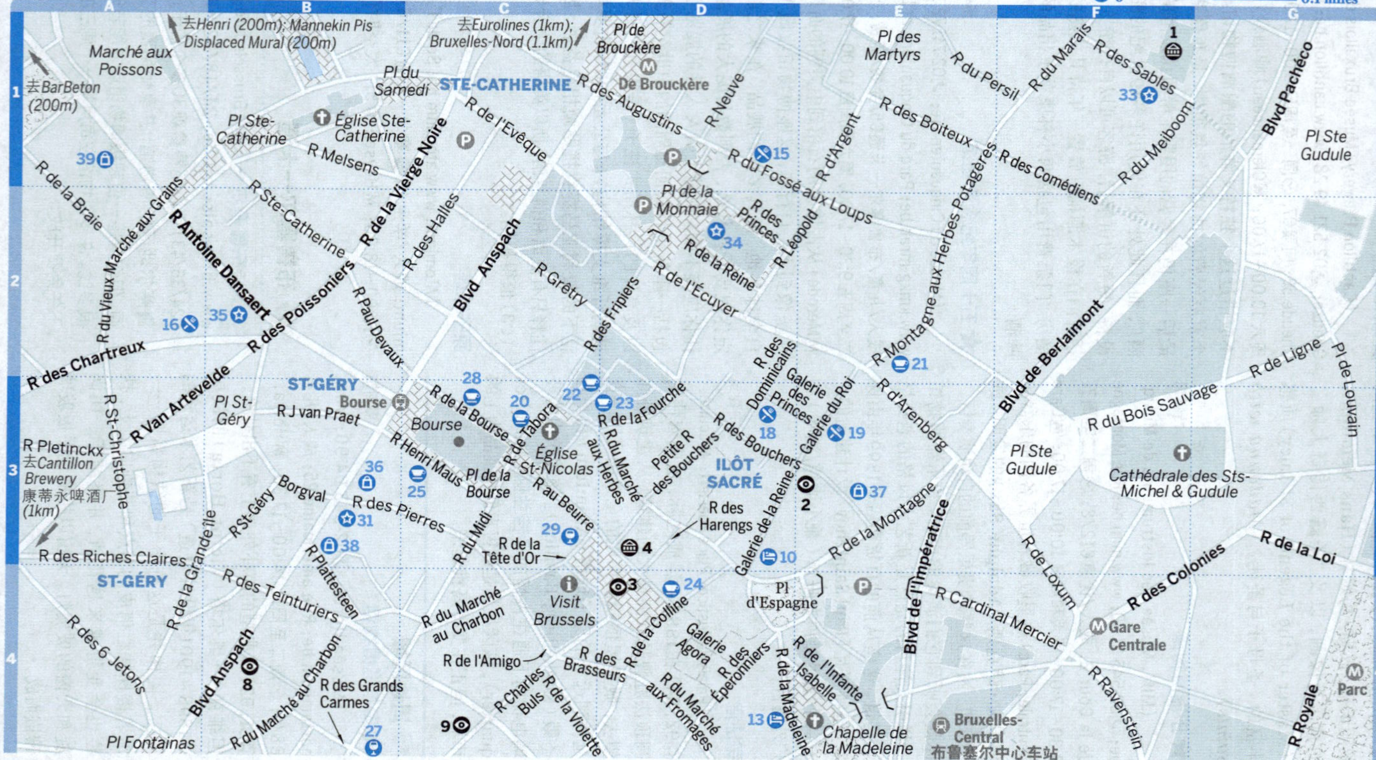

Central Bruxelles 布鲁塞尔市中心
200 m
0.1 miles
去Henri (200m); Mannekin Pis Displaced Mural (200m)
去Eurolines (1km); Bruxelles-Nord (1.1km)
去BarBeton (200m)
R Pletinckx 去Cantillon Brewery 康蒂永啤酒厂 (1km)
Marché aux Poissons
Pl du Samedi
STE-CATHERINE
Pl de Brouckère
De Brouckère
Pl Ste-Catherine
Église Ste-Catherine
R Melsens
R de l'Evêque
R des Augustins
R Neuve
Pl des Martyrs
R du Persil
R du Marais
R des Sables
R du Meiboom
Blvd Pachéco
Pl Ste Gudule
R des Boiteux
R des Comédiens
R d'Argent
R du Fossé aux Loups
Pl de la Monnaie
R des Princes
R de la Reine
R Léopold
R de la Braie
R du Vieux Marché aux Grains
R Antoine Dansaert
R Ste-Catherine
R de la Vierge Noire
R des Halles
Blvd Anspach
R Grétry
R de l'Écuyer
R des Fripiers
R Montagne aux Herbes Potagères
Blvd de Berlaimont
R des Poissoniers
R Paul Devaux
R des Chartreux
R Van Artevelde
ST-GÉRY
Bourse
Pl St-Géry
R J van Praet
R de la Bourse
R de Tabora
Église St-Nicolas
R de la Fourche
R des Dominicains
Galerie des Princes
Galerie du Roi
R d'Arenberg
R de Ligne
Pl de Louvain
R du Bois Sauvage
Pl Ste Gudule
Cathédrale des Sts-Michel & Gudule
R St-Christophe
Borgval
R Henri Maus
Pl de la Bourse
R du Marché aux Herbes
Petite R des Bouchers
R des Bouchers
ILÔT SACRÉ
R St-Géry
R des Pierres
R au Beurre
R du Midi
R de la Tête d'Or
R des Harengs
Galerie de la Reine
R de la Montagne
Blvd de l'Impératrice
R de Loxum
R des Colonies
R de la Loi
R des Riches Claires
R de la Grande Île
R Plattesteen
R des Teinturiers
Visit Brussels
R du Marché au Charbon
R de la Colline
Pl d'Espagne
R Cardinal Mercier
Gare Centrale
R des 6 Jetons
Blvd Anspach
R du Marché au Charbon
R des Grands Carmes
R de l'Amigo
R Charles Buls
R de la Violette
R des Brasseurs
Galerie Agora
R des Éperonniers
R du Marché aux Fromages
R de la Madeleine
R de l'Infante Isabelle
Chapelle de la Madeleine
Bruxelles-Central 布鲁塞尔中心车站
R Ravenstein
R Royale
Parc
Pl Fontainas

Parc de Bruxelles
Pl des Palais
Galerie Ravenstein
R Baron Horta
ROYAL QUARTER
32 Visit Brussels
Pl Royale
6
7
Use-It
Mont des Arts
R Villa Hermosa
R de la Régence
R Bréderode
UPPER TOWN
R de Namur
Porte de Namur
去Beermania (750m); Café Belga (1.5km)
Pl de l'Albertine
Pl de la Justice
R Lebeau
SABLON
17
Pl du Grand Sablon
Pl du Petit Sablon
Jardin d'Egmont
去Palais de Justice 司法宫 (250m); Musée Horta 奥尔塔博物馆 (1.7km)
R Duquesnoy
R St-Jean
Pl St-Jean
R de l'Hôpital
Blvd de l'Empereur
R de Rollebeek
R des Minimes
R Watteeu
R Van Moer
R C Hanssens
R de l'Escalier
Pl de la Vieille Halle aux Blés
R Haute
12
R de Dinant
Pl de Dinant
R du Temple
R du Chêne
5
26
Pl de la Chapelle
R Notre Seigneur
R Haute
去Peeping Policeman (150m)
MAROLLES
R Blaes
R de l'Etuve
R des Alexiens
R d'Accolay
R des Moineaux
R du Poinçon
R des Ursulines
R des Brigittinnes
R du Miroir
R de l'Gouttière
R des Bogards
R du Midi
R Terre-Neuve
14
11
30
R Van Helmont
R de Soignies
Pl Rouppe
去Flea market 跳蚤市场 (200m); TEC公司的W路公车(滑铁卢)(1km); Bar du Matin (2km)
Blvd Maurice Lemonnier
R d Moucherons
Anneessens
Pl Anneessens
Ave de Stalingrad
去Josephine Baker Mural (50m)

Central Bruxelles 布鲁塞尔市中心

景点

1 比利时连环画中心 F1
2 圣于贝尔长廊 E3
3 大广场 D4
4 国王之家 D3
5 撒尿小童 C5
6 乐器博物馆 F6
7 皇家艺术博物馆 F6
8 Tibet & Duchâteau B4
9 丁丁 C4

住宿

10 Chambres d' Hôtes du Vaudeville D3
11 Downtown-BXL B5
12 HI Hostel John Bruegel C6
13 Hôtel Le Dixseptième D4
14 La Casa-BXL B5

就餐

15 Belga Queen Brussels D1
16 Fin de Siècle A2
17 Le Village de la Bande Dessinée E7
18 L' Ogenblik D3
19 Mokafé E3

饮品和夜生活

20 À la Bécasse C3
21 À la Mort Subite E2
22 A l' Image de Nostre-Dame C3
23 Au Bon Vieux Temps D3
24 Chaloupe d' Or D4
25 Falstaff C3
26 La Fleur en Papier Doré C6
27 Le Cercle des Voyageurs B4
28 Le Cirio C3
29 Le Roy d' Espagne C3
30 Moeder Lambic Fontainas A5

娱乐

31 AB B3
32 Arsène50 F6
33 Art Base F1
34 La Monnaie/De Munt D2
35 L' Archiduc B2

购物

36 Brüsel B3
37 Délices et Caprices E3
38 Multi-BD B3
39 Stijl A1

强烈的原子球塔高102米，耸立在布鲁塞尔北郊，好像是20世纪60年代好莱坞科幻片里的钢铁外星人。它由9个房屋那么大的金属球组成，金属球之间用钢铁管柱连接起来，中间有电梯。这些球排列的样子看起来就像学校里的化学模型，代表的是铁晶格里的铁原子，只是放大了1650亿倍。它象征着战后的科学进展，是为1958年的世界博览会修建的，并成为建筑地标，2006年进行了一次翻修。

滑铁卢战场 古迹

（Waterloo Battlefield；www.waterloo1815.be）可从布鲁塞尔出发一日游。1815年6月，拿破仑最终在滑铁卢战场（布鲁塞尔以南20公里处）战败，欧洲历史进程就是在这里发生了改变。今天，曾经的战场是一座长满青草的锥形小山丘，顶上有一座显眼的大狮子铜像。游客可以从游客中心爬到上面（成人/儿童€6/4）。此外，游客中心内还有各种和战争相关的活动。在Bruxelles-Midi车站乘坐TEC公司的W路公交车，可以抵达距离这里800米的地方。不要选择滑铁卢火车站（Waterloo train station），那里距离此处有5公里远。

团队游

Brussels Bike Tours 自行车

（☎0484 89 89 36；www.brusselsbiketours.com；团队游含自行车租用成人/学生 €25/22；⊙11月至次年2月 10:00，4月至9月 10:00和15:00）团队游从大广场开始，历时3.5小时，包括中途停下喝啤酒和吃炸薯条的时间。

住宿

许多商务酒店在周末和夏季都会大幅度降低房价。在9月周中价格为€240的双人间，在8月可能只需要€69——所以何必住青年旅舍呢？布鲁塞尔有许多很不错的民宿，大都可以通过Bed & Brussels（www.bnb-brussels.be）和Airbnb（www.airbnb.com）两个网站预订。

HI Hostel John Bruegel 青年旅舍 €

（☎02-511 04 36；www.jeugdherbergen.be/brussel.htm；Rue du Saint Esprit 2；铺/标

双 €27.20/63.30，青年 €24.45/57.90；⏲锁门时间 10:00~14:00，宵禁 1:00~7:00；🚭@📶；Ⓜ Louise）位置非常居中，但制度有些死板，公共空间有限。阁楼上的单人间比其他青年旅舍的略胜一筹。有线网络每小时€2，Wi-Fi免费，带锁储物柜€1.50。国际青年旅舍（HI）会员有10%的折扣。

★ Chambres d' Hôtes du Vaudeville 民宿 €€

（☎0471 47 38 37；www.theatreduvaudeville.be；Galerie de la Reine 11；双 €120起；📶；🚇Bruxelles Central）这家经典民宿位置好得不可思议，就在华丽而有回响的圣于贝尔长廊（Galeries St-Hubert）内。装饰风格包括非洲、现代主义和"露露夫人"风格（Madame Loulou；有20世纪20年代的裸体素描）。较大的临街房间有狮脚浴缸，可欣赏长廊风景，但持续整夜的谈笑声有点吵。在深受艺术装饰风格影响的Café du Vaudeville咖啡馆拿钥匙，早餐也是在这里吃的。迷你吧免费供应Vaudeville独一无二的自酿啤酒。

Downtown-BXL 民宿 €€

（☎0475 29 07 21；www.downtownbxl.com；Rue du marché au Charbon 118-120；房间€99~119；📶；🚇Anneessens）靠近首都的同性恋街区，这家民宿的位置极好。在公用的早餐餐桌和自助咖啡吧，古典式的楼梯井向上通往超值的客房，房间配有斑马纹垫子以及霍沃尔的玛丽莲·梦露印花。有一个房间配备的是圆床。毗邻的**Casa-BXL**（☎0475 29 07 21；www.lacasabxl.com；Rue du Marché au Charbon 16；房 €109~119）有3个亚洲风格的房间。

★ Hôtel Le Dixseptième 精品酒店 €€€

（☎02-517 17 17；www.ledixseptieme.be；Rue de la Madeleine 25；标单/双/套 €120/140/250起，周末 €120/120/200起；❄📶；🚇Bruxelles Central）这家诱人的精品酒店占据了17世纪西班牙大使宅邸的一部分，呈现出一种安静的华丽感。咖啡-奶油配色的早餐室里有最初的小天使浮雕。宽敞的行政套房里有四帷柱大床。穿过比较便宜的后半区，一个小小的四周围合的庭院花园就是克鲁兹套房（Creuz Suite）的所在，它的浴室别出心裁地藏进了14世纪的穹顶地下室里。电梯停在楼层之间，所以你得爬楼梯。

漫画文化

在比利时，连环画（bande dessinée）被尊为"第九艺术"。超级漫画迷喜欢布鲁塞尔综合性的**比利时连环画中心**（Centre Belge de la Bande Dessinée；☎02-219 19 80；www.comicscenter.net；Rue des Sables 20；成人/优惠€8/6；⏲周二至周日 10:00~18:00；Ⓜ Rogier），它位于一座霍塔设计的独特的新艺术风格建筑中。

漫画商店包括**Brüsel**（www.brusel.com；Blvd Anspach 100；⏲周一至周六 10:30~18:30，周日正午至18:30；🚇Bourse）和**Multi-BD**（www.multibd.com；Blvd Anspach 122-124；⏲周一至周六 10:30~19:00，周日 12:30~18:30；🚇Bourse）。布鲁塞尔甚至还有一间卡通主题的咖啡餐厅：**Le Village de la Bande Dessinée**（☎02-523 13 23；www.comicscafe.be；Place du Grand Sablon 8；小吃€6起；⏲周二至周日 11:00~23:00；🚇Louise），餐厅里有丁丁雕像和丁丁之父埃尔热（Hergé）的原版画稿。

40多面漫画墙为布鲁塞尔的建筑带来了生气，我们最喜欢的包括：

Tibet & Duchâteau（Rue du Bon Secours 9；🚇Bourse）

Josephine Baker Mural（Rue des Capucins 9；Ⓜ Porte de Hal）

丁丁（Tintin；Rue de l' Étuve；🚇Bourse）

Peeping Policeman（Rue Haute；Ⓜ Louise）

Mannekin Pis Displaced Mural（Rue de Flandre；Ⓜ Ste-Catherine）

就餐

Fin de Siècle 比利时菜 €

（Rue des Chartreux 9；主菜€11.25~20；⏲酒吧 16:30至次日1:00，厨房 18:00至次日0:30；🚊Bourse）从啤酒火锅（carbonade）和樱桃啤酒（kriek）鸡到开胃小菜（mezzes）和泥炉烤鸡（tandoori），在这个灯光昏暗的热门小店中，食物风格和装修风格一样兼收并蓄。餐桌是粗糙的，音乐是不变的，天花板是紫色的。用吧台招待的话说，"我们没有电话，不接受预订，门上连个标牌都没有……我们做了所有让客人知难而退的事情，但他们就是要来"。

Mokafé 甜点 €

（☎02-511 78 70；Galerie du Roi；华夫饼€3起；⏲7:30~23:30；ⓂDe Brouckère）当地人都会来这家位于圣于贝尔长廊（Galeries-St Hubert）玻璃拱顶下的老式咖啡馆。室内有些陈旧，但坐在美丽拱廊下的柳条椅上，可以悠然地打量来来往往的购物者。

★ Henri 创意菜 €€

（☎02-218 00 08；www.restohenri.be；Rue de Flandre 113；主菜€15~20；⏲周二至周五正午至14:00和周二至周六18:00~22:00；ⓂSte-Catherine）位于这条街上一个轻快的白色空间内，Henri擅长制作各种滋味浓郁的创新菜，如金枪鱼配姜、大豆和酸橙，洋蓟配酸橙和橄榄酱，或阿根廷牛排配欧芹。有一张很不错的葡萄酒单，服务员很内行。

Le Cercle des Voyageurs 啤酒屋 €€

（☎02-514 39 49；www.lecercledesvoyageurs.com；Rue des Grands Carmes 18；主菜 €15~21；⏲11:00至深夜；📶；ⓂAnnessens，🚊Bourse）邀请斐利亚·福克（Phileas Fogg，《八十天环游地球》中的人物）来这里喝咖啡吧。这个欢快的小酒馆里有地球仪、以古代地图为图案的天花板以及丰富的旅行类书籍。各国风味的啤酒屋食物很不错，免费的现场音乐更是美妙：周二是钢琴爵士，周四是试验音乐。其他现场演出需要支付一小笔门票钱。

Belga Queen Brussels 比利时菜 €€

（☎02-217 21 87；www.belgaqueen.be；Rue du Fossé aux Loups 32；主菜€16~25，工作日午餐€16；⏲正午至14:30和19:00至深夜；ⓂDe Broukère）这家做比利时菜肴的餐馆别致而时尚，位于一座富丽堂皇甚至能听到历史回声的19世纪银行大楼中。古典的彩色玻璃天花板和大理石柱子藏身于一个相当新潮的牡蛎柜台和供应多种啤酒、鸡尾酒的吧台（从正午营业至深夜）后面。在以前的银行穹顶下方有一个雪茄休息室，周三至周六的22:00后这里就变身成一个夜店。

★ L' Ogenblik 法国菜 €€€

（☎02-511 61 51；www.ogenblik.be；Galerie des Princes 1；主菜 €23~29，午餐 €12；⏲正午至

不要错过

证交所咖啡馆

许多布鲁塞尔最具标志性的咖啡馆都在证交所（Bourse）附近。不要错过拥有缤纷彩色玻璃天花板的百年老店**Falstaff**（www.lefalstaff.be；Rue Henri Maus 17；⏲10:00至次日1:00；🚊Bourse），或是**Le Cirio**（Rue de la Bourse 18；⏲10:00至深夜；🚊Bourse）：一间豪华但价格可接受的神奇咖啡馆，它自1866年营业至今，店内满是亮闪闪的铜制品，还供应超值的小酒馆餐食。三家更古典的咖啡馆隐藏在狭窄的巷子里：有中世纪风格但不事张扬的**A l' Image de Nostre-Dame**（紧邻Rue du marché aux Herbes 5；⏲周一至周五正午至深夜，周六15:00至次日1:00，周日16:00~22:30；🚊Bourse）；1695年就开始营业、鲁本斯风格的**Au Bon Vieux Temps**（Impasse Saint Michel；⏲11:00至深夜；🚊Bourse），这家店有时会有极为罕见的Westvleteren啤酒（只要€10！）；还有以兰比克啤酒（lambic）为特色的**À la Bécasse**（www.alabecasse.com；Rue de Tabora 11；⏲11:00至深夜，周五和周六11:00至次日1:00；ⓂGare Centrale），店内有一排排略显古朴的木头桌子。

14:30和19:00至深夜；🚊Bourse）虽然距离Rue des Bouchers仅有几步之遥，但在这个时光仿佛静止的小酒馆里，蕾丝窗帘、常驻猫咪、大理石桌面的桌子和华丽的铸铁台灯仿佛是来自另一个世界。30多年来，他们在这里供应法国经典美食。在市中心，这样特别的一餐是物有所值的。

饮品和夜生活

咖啡馆文化是布鲁塞尔最大的特色之一。在大广场上，就有许多拥有300年历史的老字号咖啡馆，例如Le Roy d' Espagne和Chaloupe d' Or，它们看起来相当华丽，价格自然也很昂贵。从市区中央向外走一点，探索这座城市的新商家：慵懒悠闲的时尚酒吧，它们大多数有极简的升级改造风格，有DJ之夜和现场音乐表演：尝试Café Belga、BarBeton或Bar du Matin。

★La Fleur en Papier Doré 小酒馆

（www.goudblommekeinpapier.be；Rue des Alexiens 53；⊙周二至周六11:00至深夜，周日至19:00；🚊Bruxelles Central）这个小小的咖啡馆深受艺术家和当地人的喜爱，被烟草熏变色的墙壁上装饰着马格里特（Magritte）和他超现实主义同伴们的写作、绘画和涂鸦，据说有些是他们为了换取一杯免费饮料而留在这里的。门上牌子写着"Ceci n' est pas un musée"（这儿不是博物馆），提醒来访者买一杯饮品，而不要只是四处看看。

Moeder Lambic Fontainas 啤酒馆

（www.moederlambic.com；Place Fontainas 8；⊙周日至周四11:00至次日1:00，周五和周六11:00至次日2:00；🚊Annessens, Bourse）我们上次来的时候，这里还供应46种手工啤酒。这里的环境堪称现代：墙壁是裸露的砖块并且挂着照片，小隔间背后以混凝土打底。他们供应很棒的乳蛋饼和奶酪，还有肉食拼盘。气氛昂扬向上，音乐声很大。

À la Mort Subite 咖啡馆

（☎02-513 13 18；www.alamrtsubite.com；Rue Montagne aux Herbes Potagères 7；⊙周一至周六11:00至次日1:00，周日正午至深夜；Ⓜ Gare Centrale）这是一家相当传统的咖啡馆，自1928年营业至今从未改变过，有摆放整齐的木头桌子和拱形镜面镶板，服务虽然直率倒也有趣。

☆ 娱乐

★L' Archiduc 爵士乐

（☎02-512 06 52；www.archiduc.net；Rue Antoine Dansaert 6；啤酒/葡萄酒/鸡尾酒€2.50/3.60/8.50；⊙16:00至次日5:00；🚊Bourse）这个气氛亲密的双层酒吧有艺术风格装饰，自1937年就开始上演爵士乐。它是一个不同寻常的双层环形空间，有时候会变得非常拥挤，但仍能保持欢乐的气氛。你可能需要按门铃才能进去。周六音乐会免费（17:00）。周日会有国际乐队演出，入场费不定。

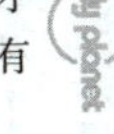

La Monnaie/De Munt 歌剧院、剧场

（www.lamonnaie.be；Placede la Monnaie；Ⓜ De Brouckère）宏伟华丽的剧院，有歌剧、戏剧和舞蹈演出。

Art Base 现场音乐

（☎02-217 29 20；www.art-base.be；Rue des Sables 29；⊙周五和周六；Ⓜ Rogier）对爱好广泛的音乐迷而言，这里是布鲁塞尔最好的小型演出场所之一。位于连环漫画博物馆（Comic Museum）对面，室内布置得就像某个人的起居室。演出都是一流的，值得尝试希腊的略贝提克（Rebetiko）、印度的古典音乐、阿根廷的吉他或任何其他在此演奏的音乐类型。

AB 现场音乐

（Ancienne Belgique；☎02-548 24 00；www.abconcerts.be；Blvd Anspach 110；🚊Bourse）AB的两个观众厅是中级国际摇滚乐队最爱的演出场所，如Jools Holland和Madeleine Peyroux，很多国内才俊也爱来这里演出。售票处位于Rue des Pierres上。现场有一个不错的酒吧兼餐厅，18:00开始营业（必须预订）。

购物

大广场和撒尿小童雕像之间沿路开设了许多专门的旅游商品店铺，出售巧克力、

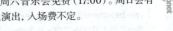

啤酒、蕾丝和原子球塔装饰物。要找更大更好且比较安静的**巧克力商店**，可以去华丽的**圣于贝尔长廊**（Galeries St-Hubert；www.galeries-saint-hubert.com；紧邻Rue du Marché aux Herbes；Ⓜ Gare Centrale）逛逛，或去高端的萨布隆（Sablon）区，以及每天都有的**跳蚤市场**（Place du Jeu-de-Balle；⏲6:00~14:00）。相比布鲁塞尔来说，安特卫普更能称得上比利时的时尚之都。但是布鲁塞尔的Rue Antoine Dansaert街也有一些前卫的时装精品店，包括**Stijl**（www.stijl.be；Rue Antoine Dansaert 74；Ⓜ Ste-Catherine）。

超市出售各种相对便宜的**比利时啤酒**，但如果想要更多的选择并且想购买搭配各种酒的玻璃杯的话，可以试试**Beermania**（www.beermania.be；Chaussée de Wavre 174；⏲周一至周六 11:00~21:00；Ⓜ Porte de Namur），或是非常个人化的小店**Délices et Caprices**（www.the-belgian-beer-tasting-shop.be；Rue des Bouchers 68；⏲周四至周一14:00~20:00；Ⓜ Gare Centrale）。

实用信息

自动柜员机随处可见。证交所周围外汇兑换处的汇率最实惠。除了以下所列的信息源以外，布鲁塞尔机场和Bruxelles-Midi车站也有很多旅游信息柜台。旅游规划建议、作者推荐、旅行者点评和内幕消息可参考网站www.lonelyplanet.com/belgium/brussels。

Use-It（☎02-218 39 06；www.use-it.travel/cities/detail/brussels；Galerie Ravenstein 17；⏲周一至周六10:00~18:30；📶；Ⓜ Ste-Catherine）年轻旅行者的聚会场所，提供免费的咖啡和茶，门旁写着现场音乐表演活动的清单。周一14:00有免费的另类城市团队游，其侧重于社会历史和夜生活。印刷材料质量一流。提供一张有趣的城市地图、一本轮椅使用者指南和一个啤酒小册子。

Visit Brussels（☎02-513 89 40；www.visitbrussels.be；Hôtel de Ville；⏲9:00~18:00；Ⓜ Bourse；🚊Bourse）Visit Brussels有许多城市信息，还有方便的折页指南（独立调研的成果）——介绍城里最好的商店、餐厅和小酒馆。位于Rue Royale（Rue Royale 2；⏲周一至周五 9:00~18:00，周六和周日 10:00~18:00；Ⓜ Parc）的办事处远没有大广场上的办事处拥挤。在这里，你还能找到**Arsène50**（☎02-512 57 45；www.arsene50.be；⏲周二至周六 12:30~17:30）的柜台，这里提供各种文化活动的给力折扣。

到达和离开

长途汽车

欧洲巴士（Eurolines；☎02-274 13 50；www.eurolines.be；Rue du Progrès 80；⏲5:45~20:45；🚊Gare du Nord）国际长途汽车公司欧洲巴士有从Bruxelles-Nord 车站发出的长途汽车。

火车

布鲁塞尔有两个主要的火车站。所有从布鲁塞尔发出的主要国内列车及一些开往阿姆斯特丹的列车都会在这两个车站停靠，而欧洲之星、TGV和Thalys高铁只在Bruxelles-Midi（也称Brussel-Zuid）火车站停靠。虽然那里的位置并不是很好，但若在到站之后立即乘坐任何一辆当地列车，只需要4分钟就可以抵达位于市中心且交通便利的布鲁塞尔中心车站（Bruxelles-Central）。

时刻表信息请登录www.belgianrail.be查询。

当地交通

抵离布鲁塞尔机场

出租车

起步价约为€40。在高峰时段打车很不明智。

火车

1小时4班（⏲5:30~23:50），票价为€8.50。20分钟就可以从机场抵达布鲁塞尔中心车站（Bruxelles-Central），24分钟可抵达Bruxelles-Midi火车站。

抵离沙勒罗瓦机场

沙勒罗瓦机场（Charleroi Airport）又称布鲁塞尔南机场。

公共汽车

L' Elan（www.voyages-lelan.be）L' Elan经营的直达公共汽车每30分钟开往Bruxelles-Midi火车站（单程/往返€14/23）。最后一班车抵/离机场的时间是20:30/21:25。车程应为1小时，但高峰期可能会花费更多的时间。

火车

TEC公司的A路公共汽车（€5，18分钟）每小时至少1班，该车辆从沙勒罗瓦机场开往Charleroi-

值得一游

布鲁塞尔到安特卫普

布鲁塞尔—安特卫普的直达列车仅需半个小时多一点就能在两者之间跑一趟。但如果你不赶时间的话，可以考虑在途中的其他两个古城停留：鲁汶（30分钟），然后是梅赫伦（Mechelen，22分钟）。从这两个古城的火车站到市中心只需步行约15分钟。如果你想过夜的话，都能找到非常理想的住宿，包括青年旅舍。

Sud火车站。从那里可以坐50分钟的火车抵达布鲁塞尔。

自行车

FietsPunt/PointVelo（www.recyclo.org；Carrefour de l' Europe 2；每1/3天€7.50/15；⌚周一至周五7:00~19:00；🚉Bruxelles-Central）提供较长时间的租车服务。当你从布鲁塞尔中心车站出站时，它就在Madeleine出口的左手边。

Villo!（☎078-05 11 10；www.en.villo.be；每天/每周€1.60/7.65）有180个短期租车站点，可以自动租/还车。要求用信用卡，务必仔细阅读网上的说明。

公共交通

STIB/MIVB（www.stib.be）的车票在地铁站、书报亭以及公交车和有轨电车上均有销售。1次/5次/10次票的价格分别为€2.10/8/12.50，验票后一个小时内有效（包括转车）。不限次数的1日/2日/3日通票的价格分别为€7/13/17。不可用于机场巴士。

佛兰德（FLANDERS）

鲁汶（Leuven）

人口 97,600

充满活力并且自信的鲁汶（法语为Louvain；www.leuven.be）是佛兰德最古老的大学城，也是庞大的**时代啤酒厂**（Stella Artois brewery；www.breweryvisits.com；Vuurkruisenlaan；门票 €8.50；⌚周二至周六 9:00~19:30）的所在地。最著名的景点是一座派头十足的15世纪**市政厅**（Stadhuis；Grote markt 9；团队游€4；⌚团队游15:00），它的外面布满了华丽的雕像。其他的建筑景点都已经不完整了，这是因为20世纪战争的毁坏，不过人们两次重建了标志性的大学图书馆。Muntstraat是一条可爱的中世纪小巷，其中满是餐馆。而Oude市场则是一个十分有活力的广场，布满了鳞次栉比的酒吧，一直到凌晨时分才会安静下来。

最有趣的住宿选择是位于一座大宅子里的**Oude Brouwerei Keyser Carel**（☎016 22 14 81；www.keysercarel.be；Lei 15；标单/双€105/120），而温馨的**Leuven City Hostel**（☎016 84 30 33；www.leuvencityhostel.com；Ravenstraat 37；铺/双€23/54；⌚前台16:00~20:00；@📶）和时髦的民宿**Casa Bollicine**（☎0497 83 97 17；www.casabollicine.be；Parijsstraat 7；标单/双€120/150；📶）都很不错，是相对靠近市中心的住宿选择。在火车站后面，大约向东1公里的地方，青年旅舍**Jeugdherberg De Blauwput**（☎016 63 90 62；www.leuven-hostel.com；martelarenlaan 11a；铺/双€24.60/58，青年铺/双€22.30/54.20；⊜@📶）非常适合想住在布鲁塞尔机场附近的人，从这里坐火车去机场只要16分钟。

梅赫伦（Mechelen）

人口 82,300

作为比利时的宗教之都，梅赫伦（法语为Malines）拥有**圣鲁波大教堂**（St-Romboutskathedraal；http://sintromboutstoren.mechelen.be；Grote Markt；⌚8:30~18:00）免费，这座天主教堂有一座高达97米的15世纪高塔，耸立在一个特别有纪念意义的中心集市广场的上空。此外，还有很多宏伟的教堂，它们位于Keizerstraat。当低地国家（Low Countries）脱离梅赫伦之时，那里的法院和剧院都曾是皇家宫殿。其他顶级景点还包括一座绝妙的**玩具博物馆**（Speelgoedmuseum；☎015 55 70 75；www.speelgoedmuseum.be；Nekkerstraat 21；成人/儿童€8/5.50；⌚周二至周日10:00~17:00）和**Schepenhuis画廊塔**（Schepenhuis gallery tower），后者位于精致的巴洛克风格街道Ijzerenleen上，这条街道一直通往主要车站，邻近紧凑的酒吧咖啡馆区Vismarkt。这里有现代的国际青年旅舍Hostel De Zandpoort（☎015 27 85 39；www.mechelen-hostel.com；Zandpoortvest 70；铺/标双€24.60/58；青年铺/标双€22.30/54.10；⏲入住17:00~22:00；🅿📶）和Martins Paters-hof（☎015 46 46 46；wwwmartinshotels.com；Karmelietenstraat 4；€149起；❄📶），后者位于一座1867年的方济会修道院。

安特卫普（Antwerp）

人口511,700

前卫时尚、自信而且具有鲜明特色的安特卫普（荷兰语为Antwerpen，法语为Anvers）在17世纪时是北欧最重要的城市之一，也是外交官、哲学家以及北欧最伟大的巴洛克艺术家彼得·保罗·鲁本斯（Pieter Paul Rubens）的故乡。今天，它再次走向兴盛，吸引着众多艺术爱好者、时尚巨头、夜店动物和钻石商。

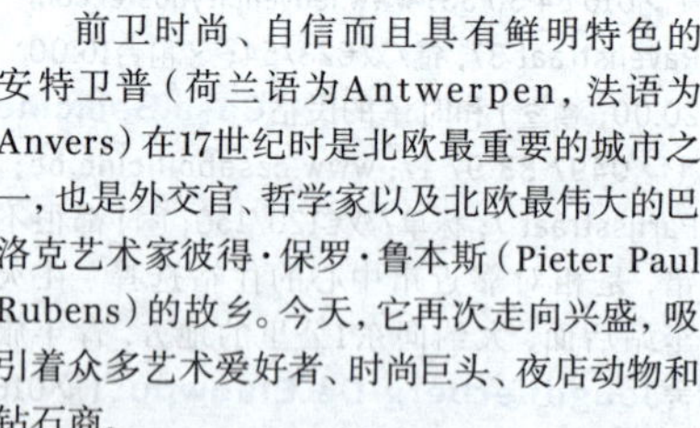

景点

市中心

布拉博喷泉 雕像

（Brabo Fountain；Grote markt）就像每一座伟大的佛兰德城市一样，安特卫普的中世纪中心是一座古老的集市广场（Grote Markt）。这个三角形的步行空间就是撩人的巴洛克风格雕像布拉博喷泉的所在地，雕像描述了安特卫普的传说：年轻勇士把巨人的手砍下来扔到了河里。两侧林立着十分上镜的公会大楼（guildhalls），广场最引人注目的建筑则是一座令人难忘的意大利—佛兰德文艺复兴风格的市政厅（stadhuis），建成于1565年。

斯腾城堡 城堡

（Het Steen；Steenplein）斯腾城堡位于一个河边的小山丘上，是一座不大却很上镜的城堡。建于1200年，城堡所在位置曾是安特卫普最早的高卢罗马人的定居点。城堡外面有一座滑稽的Lange Wapper雕像，表现了民间传说中身材高大的“偷窥的汤姆”正在向两位矮小的旁观者炫耀他的护阴甲。在它北边是名不副实的航海公园（Maritime Park），其实它只是一侧开口的锻铁棚子，展示着一些古代的驳船，里面没什么好看的。

> **安特卫普一卡通**
>
> 如果你要参观这里4座杰出的博物馆，那么用安特卫普一卡通（Antwerp Card；www.visitantwerpen.be；24/48/72小时 €25/32/37）能为你省下一笔钱。

圣母大教堂 天主教堂

（Onze-Lieve-Vrouwekathedraal；www.dekathedraal.be；Handschoenmarkt；成人/优惠€6/4；⏲周一至周五10:00~17:00，周六10:00~15:00，周日10:00~16:00）比利时最精美的哥特式教堂花了169年（1352~1521年）才完工。无论你在安特卫普的什么地方游览，这座哥特式大教堂123米高的壮观尖塔总会不经意地跃入你的眼帘。这样的景色任何人见了都会发出饱含敬畏之情的赞叹。午后的阳光下，从Pelgrimstraat仰望过去，风景尤其美丽。

★普朗坦—莫雷图斯博物馆 历史建筑

（Museum Plantin-Moretus；www.museumplantinmoretus.be；Vrijdag markt 22；成人/儿童€8/1；⏲周二至周日10:00~17:00）将一座博物馆列入联合国教科文组织的世界文化遗产保护名录，此类做法好像有点古怪，但只要你见到这个神奇的地方，就不会这么想了。这里曾是世界上首批工业印刷制品的所在地，自1876年以来就成为博物馆。光是中世纪的建筑和1622年的庭院花园就值得来此一游。亮点还包括1640年的图书馆、充满历史感的书店（4号厅），以及拥有镀金皮革“墙纸”的11号厅和21号厅。还有一系列无价的手稿、挂毯和世界上最早的印刷机。

时尚街区（Fashion District） 地区

在寥寥几条街的空间里，你会找到数十家国内外知名的时尚精品店，以及各种街头服饰、尾货折扣店、二手商店以及主流的连锁店。只需沿着Nationalestraat、Lombardenvest、Huidevettersstraat和Schuttershofstraat漫步即可，也不要错过城市涂鸦风格的Kammenstraat。

鲁本斯故居 博物馆

(Rubenshuis; www.rubenshuis.be; Wapper 9-11; 成人/儿童€8/1，语音导览€2; ⏲周二至周日10:00~17:00)这座始于1611年的建筑是作为著名画家彼得·保罗·鲁本斯的家宅和画室而建造的。目前的建筑是1937年在废墟原址上按照原来的样子修复重建的，建筑风格大胆放纵，有巴洛克式的门廊、后立面和规则式花园。里面的家具来自鲁本斯的时代，但已经不是最初摆放在里面的那些了。这里展览了鲁本斯的10幅油画，在其中一幅画中，夏娃似乎以充满肉欲的目光瞥着亚当的无花果叶。

★安特卫普中央火车站(Antwerpen-Centraal) 地标

拥有新哥特式立面、宽阔的大厅和华丽的对称圆顶，建于1905年的安特卫普中央火车站是这座城市最著名的地标建筑之一。它曾被美国《新闻周刊》(*Newsweek*)评为全球五大最美车站之一。车站的实用性很高，多层站台在21世纪进行了一次改造翻修。

梅尔大街(Meir)

如果从中央火车站往格伦广场(Groenplaats)走，就可以看到梅尔和Leystraat步行街上被雕像点缀覆盖的宏伟建筑。金碧辉煌的**Stadsfeestzaal**(www.stadsfeestzaal.com; Meir 76; ⏲周一至周六9:30~19:00)是世界上最华丽的购物中心之一。你可以去**Chocolate Line**(www.thechocolateline.be; ⏲10:30~18:30)观看顶级巧克力是如何制作的，这家满是壁画的巧克力店位于1745年建造的**梅尔宫**(Paleis op de Meir; www.paleisopdemeir.be; Meir 50; 团队游€8; ⏲团队游周二至周六14:00)。

't Zuid

位于时尚街区以南约1公里的地方，'t Zuid显然是一个非常繁华的区域，遍布百年老建筑、时尚酒吧、高级餐厅和博物馆。其经典核心建筑是**安特卫普皇家美术馆**(KMSKA; www.kmska.be; Leopold De Waelplaats)，其目前正在闭馆整修，2017年重新开放。还有展示当代概念艺术的**安特卫普当代艺术馆**(MHKA; ☎03-238 59 60; www.muhka.be; Leuvenstraat 32; 成人/儿童€8/1; ⏲周二至周日11:00~18:00，周四11:00~21:00)和展示杰出摄影作品的**摄影博物馆**(FoMu, FotoMuseum; ☎03-242 93 00; www.fotomuseum.be; Waalsekaai 47; 成人/儿童€8/3; ⏲周二至周日10:00~17:00)。

住宿

www.bedandbreakfast-antwerp.com上收录了40多家民宿，可以通过价格或地图位置排序搜索，但是位于市中心的很少。

Pulcinella 青年旅舍 €

(☎03-234 03 14; www.jeugdherbergen.be; Bogaardeplein 1; 铺/标双€26.80/32.40; @📶)这家大型的专业国际青年旅舍无可挑剔，它位于地理位置绝佳的时尚街区，是很酷的现代主义装修风格。国际青年旅舍会员优惠€3。

ABhostel 青年旅舍 €

(☎0473 57 01 66; www.abhostel.com; Kattenberg 110; 男女混合宿舍的铺/标双€19/50; ⏲前台正午至15:00和18:00~20:00; 📶)这家家庭经营的迷人青年旅舍有许多小细节，令房客感到舒适。地处近郊，从安特卫普中央火车站向东步行20分钟即可到达，途中会经过平价商铺、风味餐厅和非洲假发店。街对面是美妙而低调的当地小酒馆**Plaza Real**(⏲周三至周日20:00起)，老板是dEUS乐队的成员。

★Bed,Bad & Brood 民宿 €€

(☎03-248 15 39; www.bbantwerp.com; Justitie-straat 43; 标单/双/四€75/85/135; 🚭@)这家民宿位于宏伟的Gerechtshof(从前的法院)附近，在一座1910年建成的美好年代风格的别墅中。有嘎吱作响的木地板、高高的天花板、一些复古家具。以这个价位的民宿为标准的话，可以发现此处的空间很宽敞，主人很热心。乘坐12路或24路电车并在Gerechtshof下车，那里有以正义为主题的铜雕塑。至少住两晚。

Antwerp 安特卫普

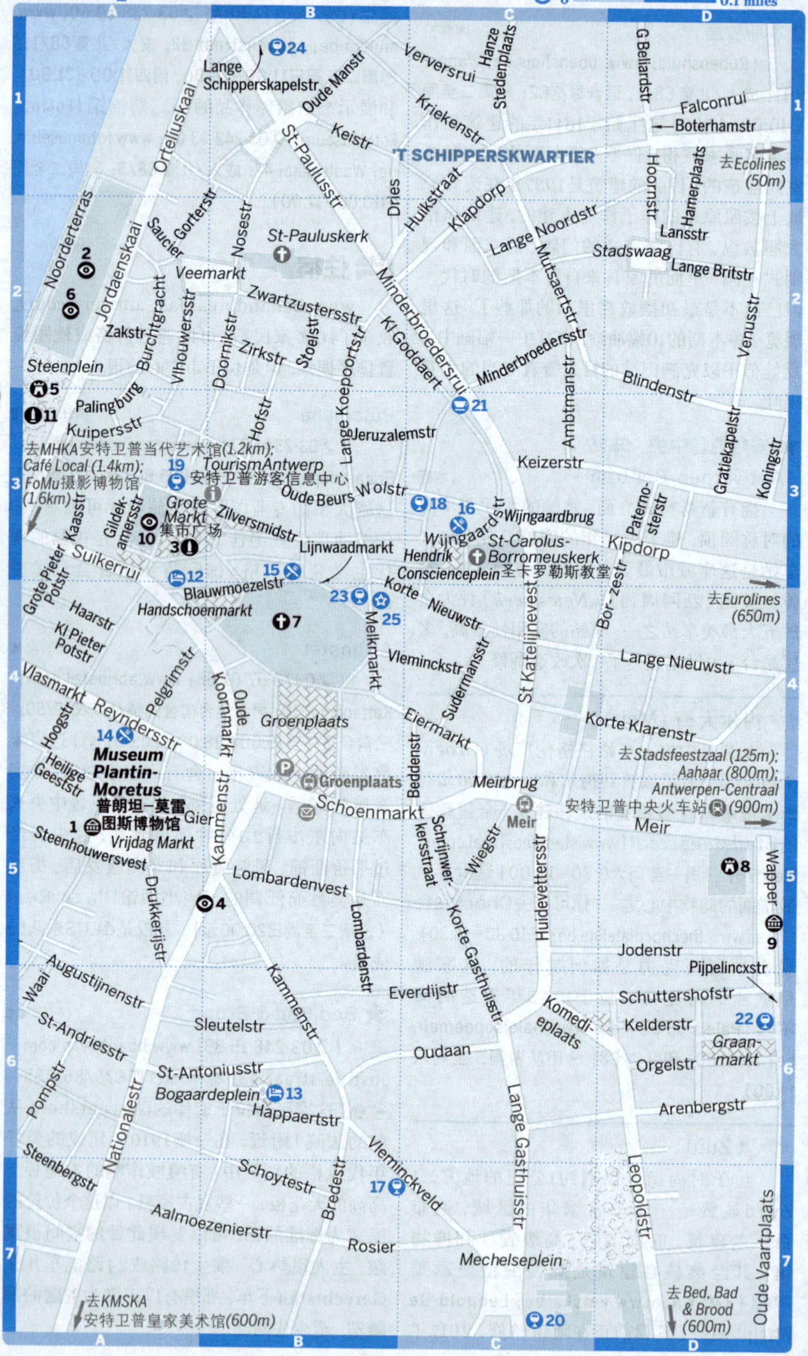

'T SCHIPPERSKWARTIER

Lange Schipperskapelstr
24
Oude Manstr
Verversrui
Hanze Stedenplaats
G Beliardstr
Falconrui
Boterhamstr
Kriekenstr
Keistr
St-Paulusstr
Orteliuskaai
去Ecolines (50m)
Hoornstr
Hamerplaats
Lansstr
Dries
Huikstraat
Klapdorp
Lange Noordstr
Stadswaag
Lange Britstr
Noorderterras
2
6
Jordaenskaai
Saucier
Gorterstr
Nosestr
St-Pauluskerk
Veemarkt
Zwartzustersstr
Minderbroedersrui
Mutsaertstr
Venusstr
Zakstr
Burchtgracht
Vlhouwersstr
Doornikstr
Zirkstr
Stoelstr
Kl Koepoortstr
Kl Goddaert
Minderbroedersstr
Steenplein
5
Palingburg
11
Kuipersstr
Hofstr
Lange Koepoortstr
21
Blindenstr
Ambtmanstr
Jeruzalemstr
Gratiekapelstr
Koningstr
去MHKA安特卫普当代艺术馆(1.2km);
Café Local (1.4km);
FoMu摄影博物馆 (1.6km)
19
TourismAntwerp 安特卫普游客信息中心
Keizerstr
Grote Markt
Oude Beurs
Wolstr
18
16
Wijngaardstr
Wijngaardbrug
Paternosterstr
Kaasstr
Gildekamersstr
10
集市广场
3
Zilversmidstr
Lijnwaadmarkt
Hendrik Conscienceplein
St-Carolus-Borromeuskerk 圣卡罗勒斯教堂
Kipdorp
Suikerrui
12
15
Blauwmoezelstr
23
25
Korte Nieuwstr
Bor-zestr
去Eurolines (650m)
Grote Pieter Potstr
Haarstr
Handschoenmarkt
7
Melkmarkt
St Katelijnevest
Kl Pieter Potstr
Vleminckstr
Lange Nieuwstr
Vlasmarkt
Pelgrimstr
Koornmarkt
Oude
Sudermanstr
Reyndersstr
Groenplaats
Eiermarkt
Korte Klarenstr
Hoogstr
14
Museum Plantin-Moretus 普朗坦－莫雷图斯博物馆
Heilige Geeststr
Beddenstr
Meirbrug
去Stadsfeestzaal (125m); Aahaar (800m); Antwerpen-Centraal 安特卫普中央火车站 (900m)
Groenplaats
Schoenmarkt
Meir
Meir
1
Gier
Vrijdag Markt
Schrijnwerkersstraat
Wiegstr
Steenhouwersvest
Kammenstr
Huidevettersstr
8
Wapper
Lombardenvest
4
Drukkerijstr
Lombardenstr
9
Jodenstr
Pijpelincxstr
Augustijnenstr
Waai
Everdijstr
Korte Gasthuisstr
Schuttershofstr
Komedieplaats
Kammenstr
22
Kelderstr
St-Andriesstr
Sleutelstr
Oudaan
Graanmarkt
Orgelstr
St-Antoniusstr
Pompstr
Bogaardeplein
13
Arenbergstr
Nationalestr
Happaertstr
Lange Gasthuisstr
Steenbergstr
Schoytestr
Bredestr
Vleminckveld
17
Leopoldstr
Oude Vaartplaats
Aalmoezenierstr
Rosier
Mechelseplein
去KMSKA 安特卫普皇家美术馆(600m)
20
去Bed, Bad & Brood (600m)

Antwerp 安特卫普

Hotel O 酒店 €€

（☎03-500 89 50；www.hotelokathedral.com；Handschoenmarkt 3；房间€89~129）这里最大的卖点是无可匹敌的地理位置：大教堂前门广场的对面。有趣的小门厅装饰着20世纪50年代的收音机，中型的客房内采用全黑的内饰，不过一直延伸到天花板的巨幅鲁本斯版画让氛围轻松了很多。Het Zuid的Nero Brasserie（黑啤酒屋）楼上还有一家Hotel O。

就餐

如果想在市中心吃到便宜的小吃，可以去大教堂附近的Hoogstraat街逛逛。如果想找环境优雅、稍贵一点的地方，可以在平行的Pelgrimstraat街（以及“秘密”的中世纪小巷Vlaaikeusgang）上找找看，或是去通往鲁本斯的圣卡罗勒斯教堂（St-Carolus-Borromeuskerk）的那条风景如画的小巷。在't Zuid有更多很不错的选择，就在安特卫普皇家美术馆的北边和西边。

't Brantyser 欧洲菜 €

（☎03-233 18 33；www.brantyser.be；Hendrik Conscienceplein 7；小吃€6~12.50，主菜€17~26；⏲11:15~22:00）这家分为两层楼的餐厅非常舒适，呈现出一种恰到好处的古典而杂乱的效果，令人艳羡的露台正对着安特卫普老城区最迷人的步行广场。附近的其他餐厅可能更精致，但这里的食物非常美味，而且分量十足。可以试试visschotel，这是一种用各种海鲜和鱼烹制的浓郁的香草汤羹。

Aahaar 印度菜、严格素食 €

（www.aahaar.com；Lange Herentalsestraat 23；自助餐€10；⏲周一至周五正午至15:00和17:30~21:30，周六和周日13:00~21:30；🌿）这是一个低调但十分受欢迎的小餐馆，供应符合严格素食/素食要求的耆那教印度食物，包括含5道主菜、2道甜点以及米饭的自选自助餐。

★ De Groote Witte Arend 比利时菜 €€

（☎03-233 50 33；www.degrootewittearend.be；Reyndersstraat 18；主菜€13~24；⏲10:30至深夜，厨房11:30~15:00和17:00~22:00；📶）这里保留了一座修建于15世纪和17世纪的托斯卡纳石头拱廊。这家休闲的餐厅内有一个很不错的啤酒吧，还有令人心满意足且价格合理的佛兰德家常美食，尤其是蔬菜土豆泥（stoemp）、啤酒炖烤肉（stoofvlees/carbonnades）和大份兔子肉配浓郁的西麦尔（Westmalle）酱汁。

Kathedraalcafe 比利时菜 €€

（Torfbrug 10；主菜€14~24.50，三明治€8.50；⏲正午至23:00）这座被常春藤覆盖的杰出建筑拥有令人吃惊的内部装潢，装饰着天使、圣人和讲坛。三明治不错，就是有点贵，还有贻贝、酥皮馅饼（vol-au-vents）和其他当地人最爱的经典菜式。在用餐时段外或23:00以后，可以来喝杯啤酒：他们有桶装的圣伯纳三料（St Bernardus Tripel）精酿啤酒。

饮品和夜生活

如果想和本地人一样，那么就走进一家酒馆点一杯bolleke。不要担心，这个词的意思是一"小碗"（即杯子）特可宁（De Koninck）：这座城市最受欢迎的啤酒。值得一试的便宜去处包括传统咖啡馆**Oud Arsenaal**（Pijpelincxstraat 4；⏲周三至周五10:00~22:00，周六和周日7:30~19:30）、**De Kat**（Wolstraat 22）以及更具活力的**Pelikaan**（www.facebook.com/cafepelikaan；Melkmarkt 14；⏲8:30至次日3:00）。Mechelseplein的酒吧包括**Korsåkov**（Mechelseplein 21；小吃€3.50~5.50，Primus酒/Chouffe酒€2/2.50；⏲10:00至次日4:00），它会营业至深夜。在t' Zuid区的安特卫普皇家美术馆周围还有些很不错的选择。

Den Bengel
小酒馆

（www.cafedenengel.be；Grote markt 5；⏲9:00至次日2:00）16世纪的商会小酒馆，在露台上可以看到大教堂的壮美景色。

Bierhuis Kulminator
小酒馆

（Vleminckveld 32；⏲周二至周六 16:00至深夜，周一 20:00至深夜）传统啤酒馆，拥有700种啤酒，其中大多是比利时当地啤酒，尤其是一些罕见的"年份老酒"，这类啤酒要像高级葡萄酒那样放置数年。

Normo
咖啡馆

（www.normocoffee.com；Minderbroedersrui 30；咖啡€2~3.50，玛芬€2；⏲周一至周五10:00~19:00，周六10:00~18:00）从科研操作台一样整洁的料理台到裸露的砖墙、美丽的旧地砖和留着胡子的咖啡师，都能让你感到咖啡在这里是一门艺术。

Red & Blue
夜店

（www.redandblue.be；Lange Schipperskapelstraat 11；⏲周四至周六23:00至次日7:00；🚇7）很不错的跳舞场所，虽然舞池很宽敞，但仍然具有足够的亲密感。这里最出名的是周六男同性恋之夜。还有一个周四晚上的学生之夜（TGIT；www.thankgoditsthursday.be）。周五则能看到各色人等前来欣赏浩室音乐。周日有时会举办20世纪70年代风格的经典迪斯科派对。

Café Local
夜店

（www.cafelocal.be；Waalsekaai 25；入场费€7~15；⏲周三至周日 22:00至深夜；🚇4）这是一家位于't Zuid的很受欢迎、十分友善的夜店，有一个墨西哥贸易站主题的酒吧岛。周三是正式风格（需要穿带领衬衫）。周四的学生之夜免费（18~25岁）。周五以40岁以上的客人为主。周六天堂夜则会出现帆布躺椅和棕榈叶打造出的热带风情。每月的第一个周日是萨尔萨舞曲和梅伦格舞曲交替播放的时间。

娱乐

娱乐场所列表请查询www.weekup.be/antwerpen/week；夏季娱乐查询www.zva.be；免费活动可查询www.gratisinantwerpen.be。

deSingel
表演艺术

（☎03-248 28 28；www.desingel.be；Desguinlei 25）此处有两个音乐厅，上演有新意的古典音乐、国际戏剧和现代舞。

De Muze
爵士乐

（☎03-226 01 26；http://jazzmuze.be；Melkmarkt 15；⏲正午至次日4:00）这是一家非常吸引人的三层高、有山形墙的咖啡馆，内部采用埃舍尔的装饰风格。周一到周六，22:00有不错的现场爵士乐表演（但夏季的周三和周四没有演出）。

实用信息

安特卫普游客信息中心（Tourism Antwerp；☎03-232 01 03；www.visitantwerpen.be；Grote markt 13；⏲周一至周六9:00~17:45，周日和节假日9:00~16:45）这是总办事处，还有一个分办事处：位于安特卫普中央火车站的底层。

到达和离开

长途汽车

许多地区性长途汽车（例如去里尔的）从

比利时和卢森堡 安特卫普

Ecolines发车点附近发车。

Ecolines（www.ecolines.net; Paardenmarkt 65）前往东欧的Ecolines客车从Antwerpen-Berchem火车站附近发车，火车站在Antwerpen-Centraal火车站东南2公里处。票务代理是Euro-Maror。

欧洲巴士（Eurolines；☎03-233 86 62；www.eurolines.com；Van Stralenstraat 8；⊙周一至周五9:00~17:45，周六9:00~15:15）长途汽车在靠近Franklin Rooseveltplaats的发车点发车。

火车

有开往布鲁日（€14.80，75分钟）、布鲁塞尔（€7.30，35~49分钟）和根特（€9.40，46分钟）的固定车次。还有开往阿姆斯特丹的高速列车。

当地交通

Franklin Rooseveltplaats和Koningin Astridplein是**De Lijn**（www.delijn.be）公共汽车和有轨电车（部分路段在地下，类似于地铁）综合交通网络的枢纽。

根特（Ghent）

人口 251,100

荷兰语为Gent，法语是Gand，根特像是一个更具棱角的布鲁日，只是没有那么多的游客而已。根特值得一看的有风景如画的运河、中世纪高塔、很不错的咖啡馆和一些比利时最具启发意义的博物馆。根特一直都是一座活力四射的学生之城，7月中长达10天的**根特节**（Gentse Feesten; www.gentsefeesten.be; ⊙7月）会使这座城市变得很疯狂，届时会有街头戏剧、爵士乐和科技电音（techno music）表演。

景点

大部分主要景点从Korenmarkt广场步行就可抵达，那是相互连接并构成根特历史遗迹核心区域的三座广场中最西边的一座。

★圣巴夫大教堂 教堂

（St-Baafskathedraal; www.sintbaafskathedraal.be; St-Baafsplein; ⊙4月至10月8:30~18:00，11月至次年3月8:30~17:00）圣巴夫大教堂高耸的内部有一些非常精美的彩色玻璃窗，砖砌拱顶和石刻窗饰罕见地融为一体。售价€0.20的指南可以引导你参观大教堂的众多艺术珍品，包括多幅鲁本斯的真迹画作，它们就在通向部分绘有壁画的地下墓室的楼梯对面。不过，大多数游客来这里只是为了看一件壮观的作品——范·艾克（Van Eyck）1432年的"佛兰德原始画派"杰作：《神秘羔羊之爱》（*The Adoration of the Mystic Lamb*；成人/儿童/语音导览€4/1.50/1）。

> **在根特看得更多**
>
> 非常实惠的**根特城市一卡通**（CityCard Gent; www.visitgent.be; 2日/3日通票€30/35）提供三天的免费城市交通，持卡人还可以免费参观很多的景点（游船除外），以及很有活力的纺织品工业博物馆**MIAT**（Museum voor Industriële Archeologie en Textiel; www.miat.gent.be; Minnemeers 9; 成人/青少年€6/2; ⊙周二至周日 10:00~18:00）、兼收并蓄的**设计博物馆**（Design Museum; www.designmuseumgent.be; J Breydelstraat 5; 成人/优惠€8/6; ⊙周二至周日10:00~18:00）和互动式城市博物馆**STAM**（www.stamgent.be; Bijloke Complex; 成人/优惠€8/6; ⊙周二至周日 10:00~18:00; 🚊4）。位于Gent-St-Pieters车站附近的Citadelpark公园，美术馆**MSK**（Museum voor Schone Kunsten; ☎09-240 07 00; www.mskgent.be; Citadelpark; 成人/青少年€8/2; ⊙周二至周日 10:00~18:00）和设施先进的当代艺术博物馆**SMAK**（www.smak.be; Citadelpark; 成人/青少年€12/2，周日10:00~13:00免费；⊙周二至周日10:00~18:00；🚊5）的展览空间也包括在通票中。

贝尔福钟楼 钟楼

（Belfort; Botermarkt; 成人/优惠€6/2; ⊙10:00~17:30）根特高耸的14世纪钟楼被列入联合国教科文组织的世界文化遗产名录。钟楼的顶端装饰着一条巨大的龙，这条巨龙已经成为这座城市的吉祥物。在攀登到顶部

Ghent Centre 根特市中心

（大多数人坐电梯）的途中，你会看到以前留下的两条龙的化身，但除了一些造钟的展览之外，真正的魅力在于风景。从Lakenhalle进入钟楼，是一间根特的纺织会馆。1445年，会馆建设到一半时停工，直到1903年才最终建成。

Werregarensteeg 街道

（www.ghentizm.be）在这条中心小巷里，街头涂鸦被视为一种艺术而受到大力推行。

草桥（Grasbrug） 观景点

要欣赏根特的塔楼和山墙最美的时刻，

Ghent Centre 根特市中心

◎ 重要景点

1 圣巴夫大教堂……C5

◎ 景点

2 贝尔福钟楼……B5
3 设计博物馆……A4
4 草桥……A4
5 伯爵城堡……A3
6 MIAT……D2
7 神父洞……A3
8 Werregarensteeg……B4

住宿

9 Hostel 47……D1
10 Simon Says……B2
11 Uppelink……A5

就餐

12 Amadeus……B3
13 Soup Lounge……B3

饮品和夜生活

14 Charlatan……C3
15 Het Waterhuis aan de Bierkant……B3
16 Hot Club de Gand……B3
17 Pink Flamingo' s……C4
18 Rococo……B3

可以在黄昏时分从草桥的西面眺望。景色绝对壮丽非凡，不过Graslei的水滨建筑立面并不像它们看起来那样古老——这些“中世纪”仓库和联排别墅大部分是为了迎接1913年的根特世博会而重建的。运河游的开船地点是草桥以及附近Vleeshuisbrug桥的两端。

伯爵城堡　城堡

（Gravensteen；www.gravensteengent.be；St-Veerleplein；成人/儿童€10/6；⊙4月至10月10:00~18:00，11月至次年3月9:00~17:00）佛兰德珍贵的12世纪石建城堡拥有整套壕沟、炮塔和射箭孔。考虑到这儿在19世纪曾被改造成一个棉花纺织厂，现在宏伟的样子就更令人惊叹了。经过精心修复后，如今城堡里展览着古怪的盔甲、一架断头台和许多刑讯用具。家具相对较少，不过一部45分钟的影片弥补了这一缺憾，影片以半开玩笑的口吻在城堡房间、牢房和城垛演绎了一幕幕历史古装戏。

神父洞　街区

（Patershol；www.patershol.be）点缀着半隐蔽的餐厅，迷人的神父洞里的鹅卵石街巷曲折交错，古老的房子里曾经住着皮革商和加尔默罗修会的神父（Paters），故而得名。在这里漫无目的地游荡是这个城市最令人愉悦的活动之一。

住宿

根特有各种价位的住宿选择，都很新颖别致。网站www.gent-accommodations.be和www.bedandbreakfast-gent.be可以让你查询当地许多吸引人的民宿是否有房。

★ Engelen aan de Waterkant　民宿 €€

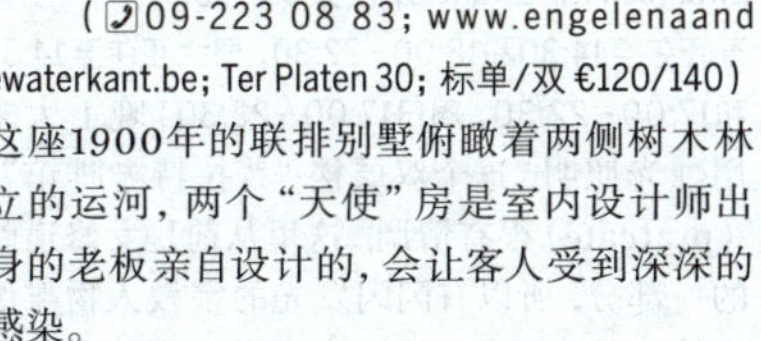

（☎09-223 08 83；www.engelenaandewaterkant.be；Ter Platen 30；标单/双 €120/140）这座1900年的联排别墅俯瞰着两侧树木林立的运河，两个“天使”房是室内设计师出身的老板亲自设计的，会让客人受到深深的感染。

Simon Says　客栈 €€

（☎09-233 03 43；www.simon-says.be；Sluizeken 8；双 €110；📶）这座色彩鲜艳、位于街角的宅邸有一个新艺术风格的立面，楼下是一家很棒的咖啡店，楼上有两间风格时尚的客房。

Uppelink　青年旅舍 €€

（☎09-279 44 77；www.hosteluppelink.com；Sint-Michielsplein 21；铺€27.50~37.50，标单€52，标双€62）位于运河畔一座古典式山形墙宅邸内，这家新开业的青年旅舍位置居中，最大的卖点是无与伦比的风景：可以在早餐室以及最大、最便宜的宿舍欣赏根特主塔楼的美妙景色。较小的房间几乎没有景色可看。

Hostel 47　青年旅舍 €€

（☎0478 71 28 27；www.hostel47.com；Blekerij-straat 47-51；铺€26.50~29.50，双€66，标三€90；📶）安静又居中，这座诱人的青年旅舍改造了一栋天花板很高的历史建筑，有雪白的墙壁、宽敞的多人间和很有设计感的家具配件。带锁的柜子免费，早餐虽然简单但是有浓缩咖啡。没有酒吧。

就餐

迷人的神父洞（见133页）内满是错综的鹅卵石小径，还有许多古香古色的房屋，如今散布着诸多小餐馆。夏天去人山人海的Graslei大道，在迷人的运河边上寻觅一个位置。在Korenmarkt周围有快餐，Sleepstraat沿街有许多很不错的土耳其餐馆。旅游办事处的免费《根特素食计划》（*Veggieplan Gent*）地图上有无数的素食和有机餐馆可供选择。周四是素食日。

't Oud Clooster 希腊小馆 €

（☎09-233 78 02；www.toudclooster.be；Zwartezusterstraat 5；主菜€9~18；⏰周一至周五正午至14:30和18:00~22:30，周六正午至14:30和17:00~22:30，周日17:00~22:30）晚上大多用烛光照明，这个双层楼"普拉特咖啡馆"（pratcafe）很有情调。这里从前是女修道院的一部分，所以有闪闪发光的宗教人物雕像和持灯的小天使。价格合理的咖啡馆食物以出乎意料的风格呈现在你面前。尝试一下这里原创的咖喱奶油意大利面（Spaghetti Oud Clooster）。

Soup Lounge 汤 €

（www.souplounge.be；Zuivelbrug 4；小份/大份汤 €4/5，三明治 €2.80；⏰10:00~18:00）在这个20世纪70年代风格的羹汤厨房里，每一碗汤都搭配自己随心添加的奶酪和面包丁，还有两个面包卷和一块水果。还可欣赏运河风光。

Amadeus 排骨 €

（☎09-225 13 85；www.amadeusspareribrestaurant.be；Plotersgracht 8/10；主菜€13.75~18.75；⏰18:30~23:00）你可尽情享用美味肋排。在根特有四家很有风格的分店，全都位于古代建筑内，氛围十足，熙熙攘攘，充满欢乐的谈话声。

饮品和娱乐

体验一下舒适的Hot Club de Gand（www.hotclubdegand.be；Schuddevisstraatje-Groentenmarkt 15b；⏰11:30至深夜），那儿有不错的爵士乐、吉卜赛音乐和蓝调音乐表演。Hotsy Totsy（www.hotsytotsy.be；Hoogstraat 1；⏰周一至周五 18:00至次日1:00，周六和周日20:00至次日2:00）有免费的周四爵士乐表演，在装潢漂亮的Rococo（Corduwaniersstraat 5；⏰22:00开始）可以秉烛夜谈。Het Waterhuis aan de Bierkant（www.waterhuisaandebierkant.be；Groentenmarkt 12；⏰11:00至次日1:00）有最好的啤酒，包括该店自酿啤酒，Pink Flamingo's（www.pinkflamingos.be；Onderstraat 55；⏰周一至周三正午至深夜，周四至周六正午至次日3:00，周日 14:00至深夜）是一个复古风格的酒吧，而Charlatan（www.charlatan.be；Vlasmarkt 9；⏰学期期间周二至周日 19:00至深夜）是参加喧闹派对和欣赏各种现场音乐演出的地方。

实用信息

根特旅游办事处（Ghent Tourist Office；☎09-266 56 60；www.visitgent.be；Oude Vismijn，St-Veerleplein 5；⏰3月中至10月中 9:30~18:30，10月中至次年3月中 9:30~16:30）非常有帮助，有免费地图和住宿预订服务。

到达和离开

长途汽车

部分远途的长途汽车从**Gent-Zuid汽车站**（Woodrow Wilsonplein）发车，其他一些从Gent-St-Pieters火车站周围各发车点发车。

火车

老城以西1公里处的**Gent-Dampoort**是最便利的火车站，但是只有部分火车会在这里停留，其中包括每小时3班开往安特卫普的列车（€9.40，快速/慢速 42/64分钟），还有每小时1班开往布鲁日的列车（€6.50，36分钟）。

Gent-St-Pieters位于市中心以南2.5公里处，是去往布鲁塞尔的主要车站（€8.90，35分钟，每小时2班）。这里有每小时5班发往布鲁日的列车（快速/慢速 24/42分钟）。

当地交通

自行车

Max Mobiel（www.max-mobiel.be；Vokselslaan 27；每天/每周/每月€9/25/30）距Gent-St-Pieters火车

站只有2分钟的步行路程。在Gent-Dampoort火车站也有服务柜台。

公共汽车和有轨电车

如果提前从自动购票机或De Lijn办事处购买的话，1小时/全天车票的费用为€1.30/5。后者位于**Gent-St-Pieters**（⏲周一至周五7:00~13:30和14:00~19:00）旁边，也可以去De Lijn的**市中心办事处**（www.delijn.be; Cataloniestraat 4; ⏲周一至周六 10:15~17:00）。便利的1路有轨电车从Gent-St-Pieters火车站穿过市中心，途经站点距离大多数的主要景点都在步行范围之内。

布鲁日（Bruges）

人口117,400

鹅卵石小道，如梦如幻的运河，高耸的尖塔还有刷成白色的济贫院，这一切造就了布鲁日（荷兰语称为Brugge）这座风景如画的欧洲历史名城。唯一的问题就是所有人都知道它的魅力，让这里开始变得拥挤起来。

景点

布鲁日真正的乐趣在于沿着运河漫步，感受那独特的气氛。为了避开人群，可以去美丽的Jan van Eyckplein广场东边探索一下。

市集广场（Markt） 广场

这座老市集广场是古老布鲁日的中心，四周的阶梯式山墙下满是路边咖啡馆。这些建筑看起来像是中世纪的，但其实并没有那么古老，不过它们共同营造出了美妙的风景，就连新哥特式的邮局也是一座壮观的建筑。最醒目的景致是贝尔福钟楼（Belfort），它是比利时最著名的钟楼，八角形的塔楼从远处看，比沿着366级令人感到幽闭的台阶爬到顶端更好。

历史博物馆 博物馆

（Historium; www.historium.be; Markt 1; 成人/儿童€11/5.50; ⏲10:00~18:00）通过一场1小时的"浸入式"音频和视频团队游，华丽的历史博物馆致力于将你带回中世纪的布鲁日：你可以纵览老港口的样貌，或者观看范·艾克（Van Eyck）的绘画。这里会披露许多事实。所以，对很多人来说，这将会是这座城市真正景点以外的风景，在下雨天带孩子来或许不错。

> **布鲁日城市一卡通**
>
> **布鲁日城市一卡通**（Bruges City Card; www.bruggecitycard.be; 48/72小时€46/49）可以让你免费参观众多博物馆，并包含一次免费的**运河乘船游**（canal boat tour; 成人/儿童€7.60/3.40; ⏲3月至11月中10:00~18:00）。租自行车还有折扣。

城堡广场（Burg） 广场

布鲁日建于1420年的**市政厅**（Stadhuis; Burg 12）周围布满了小雕像，其内部还有一个美得令人窒息的**哥特大厅**（Gotische Zaal; Burg; 成人/优惠€4/3; ⏲9:30~17:00），里面有令人眼花缭乱的多彩天花板、悬挂穹顶和充满历史感的壁画。持门票可以进入隔壁早期巴洛克风格的**布鲁日自由宫**（Brugse Vrije; Burg 11a; ⏲9:30至正午和13:30~16:30）。这里装饰着闪闪发光的金色小雕像，曾经是1121~1794年布鲁日统治下一大块自治区的行政中心。

★格罗宁格博物馆 画廊

（Groeningemuseum; www.brugge.be; Dijver 12; 成人/优惠€8/6; ⏲周二至周日9:30~17:00）布鲁日最有名气的美术馆拥有令人吃惊的丰富藏品，这里的重头戏是一流的佛兰德原始画派和文艺复兴时期的作品，它们用闪闪发光的写实手法描绘了这座城市引人注目的惊人财富。2号厅展出中世纪画作，包括范·艾克1436年创作的经典画作《卡农的圣母》（*Madonna with Canon George Van der Paele*）和绣叶大师（Master of the Embroidered Foliage）的《圣母》（*Madonna*），在后者中，圣母长袍的精美衣料以精致的细节与她脚边的"真"叶相遇。

★圣约翰医院博物馆 博物馆

（Museum St-Janshospitaal; Memling-museum; mariastraat 38; 成人/儿童€8/免费; ⏲周二至周日 9:30~17:00）位于一座翻修后的

Bruges 布鲁日

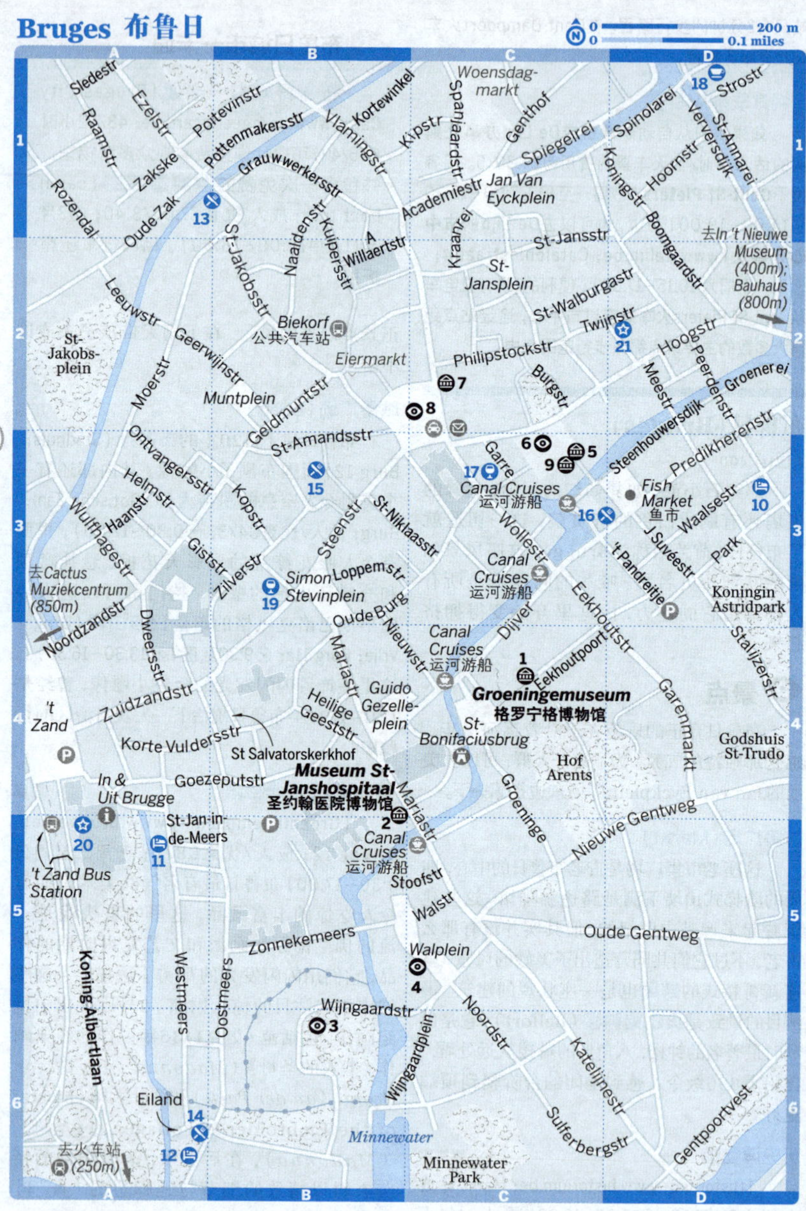

12世纪医院小教堂里，建筑有很棒的木梁结构。这座博物馆展览了许多看起来很折磨人的医疗设施、医用轿子和一幅创作于1679年令人毛骨悚然的油画，它描绘的是上解剖课的情景。但最著名的是15世纪画家汉斯·梅姆林（Hans Memling）的6幅杰出作品，包括让人着迷的圣厄休拉（St Ursula）的圣骨匣。这个镀金橡木圣骨匣看起来就像一座迷你的哥特式教堂，上面画着圣厄休拉的生平故事，包括极为写实的科隆市景。

Bruges 布鲁日

半月酿酒厂 酿酒厂

（Brouwerij De Halve Maan；☎050 33 26 97；www.halvemaan.be；Walplein 26；⊙10:30~18:00，1月中歇业）成立于1856年，是布鲁日市中心最后一间家族经营的酿酒厂（brouwerij）。多语种**导览参观**（团队游€7.50；⊙11:00~16:00，周六至17:00）持续45分钟，每个整点出发，包括品酒，不过有时会相当拥挤。你也可以去迷人的酿酒厂咖啡馆品尝上好的"Brugse Zot（布鲁日愚人，7%）啤酒或Straffe Hendrik（强壮的亨利，9%）啤酒。

贝居安会院 贝居安会院

（Begijnhof；⊙6:30~18:30）免费 布鲁日令人愉悦的贝居安会院始建于13世纪，不过最后一位俗家修女（begijn）早就已经去世了。今天这座可爱的白墙花园建筑群中的居民包括本笃会女修道院的修女。虽然夏天会涌入大批游客，不过贝居安会院仍然是一个静谧之地。在春天，遍地黄水仙让这里的景色显得更加古雅。在1776年的门桥外坐落着一系列露台餐厅、蕾丝商店和卖华夫饼的小摊贩，不过价格是典型的旅游景点水平。

团队游

Quasimodo 巴士游

（☎050 37 04 70；www.quasimodo.be；从2月至12月中，每周一、周三和周五9:00，Quasimodo都有乘坐小巴的三重惊喜团队游，低于/超过26岁€45/55）参观一系列精选城堡，以及奥斯坦德（Ostend）附近令人着迷的"二战"海滨防御阵地。佛兰德战场团队游（Flanders Fields；低于/超过26岁 €45/55）在4月至10月的周二至周日早9:00发团，游览伊珀尔凸地（Ypres Salient）。

Quasimundo 自行车游

（☎050 33 07 75；www.quasimundo.eu；成人/学生 €28/26；⊙3月至10月）布鲁日自行车导览团队游（2.5小时，上午）或途经达默（Damme）至荷兰边境（4小时，下午）的团队游。费用含自行车租赁服务。提前预订。

住宿

尽管这里有250多家酒店和民宿，但是从复活节到9月，圣诞节期间以及周末，各处的客房都会被早早预订一空，而且在此期间，通常都要住两晚及以上。在最冷清的季节（11月初、1月底），中档价格的酒店和民宿有时会提供很不错的最终折扣。游客办事处总部外面有一个通宵工作的触屏电脑，显示各酒店的客房信息以及联系方式。网站www.brugge.be有预订搜索引擎。

't Keizershof 酒店 €

（☎050 33 87 28；www.hotelkeizershof.be；Oostermeers 126；标单€35~47，双€47；P 📶）在这个价位的酒店中，这里算是相当高雅并且经营得不错的一家店。在从前的啤酒咖啡屋（装饰着老式收音机，现在用作早餐室）的楼

什么是贝居安会院？

贝居安会院（法语称为béguinage）通常位于一座中心花园的周围，集聚着许多美丽的历史建筑，这些建筑最初是供俗家修女居住的。俗家修女最早出现在12世纪，她们因丈夫在十字军东征中丧命而成为遗孀。今天，佛兰德的14座古贝居安会院已经被列入联合国教科文组织世界遗产保护名录，例如位于迪斯特（Diest）、利尔（Lier）、蒂伦豪特（Turnhout）、科特赖克（Kortrijk）和布鲁日的贝居安会院。布鲁日还有数十个较小的济贫院（godshuizen）。

上有7间配公用浴室的简朴客房。停车免费。

Bauhaus 青年旅舍 €

（050 34 10 93；www.bauhaus.be；Langestraat 145；青年旅舍铺/标双€16/50，酒店标单/双€16/50，2~4人公寓每周末€240起；）作为比利时最受青年旅行者青睐的休憩处之一，这个如字面上所形容的背包客"村落"集合了热闹的青年旅舍、公寓楼、夜店、网吧，还有一个小小的娱乐室藏身于前台后，洗衣房位于Langestraat 145。简单而稍显局促的多人间使用门卡。酒店部分的双人间有独立卫浴。还可以租自行车。从火车站坐6路或16路公交车可以抵达这里。

★ **Baert B&B** 民宿 €€

（050 33 05 30；www.bedandbreakfastbrugge.be；Westmeers 28；标单/双 €80/90）修建于1613年，从前是个马厩，在这里你能享受到一个专属的运河边露台（装饰着鲜花，虽然面对的不是运河最可爱的一段），这在布鲁日已不多见。楼梯平台对面是房间的浴室，提供浴袍。丰盛的早餐在玻璃走廊中供应，额外福利包括一杯欢迎饮品和一块巧克力。

★ **B&B Dieltiens** 民宿 €€

（050 33 42 94；www.bedandbreakfastbruges.be；Waalsestraat 40；标单€60~80，双€70~90，标三€90~100）这座精心修复后的传统宅邸中满是新旧艺术作品，但又不失家的感觉，很是吸引人。这里的主人是几位可爱的音乐家。民宿位于市中心很好的地段，但十分安静。他们还在附近一座17世纪的宅邸中经营着一家度假公寓。

就餐

Est Wijnbar 西班牙小吃 €

（050 33 38 39；www.wijnbarest.be；Braambergstraat 7；主菜€9.50~12.50，西班牙小吃€3.50~9.50；周三至周日16:00至深夜；）位于一座建于1637年的建筑内，这个迷人的小葡萄酒吧在周日的夜晚会变得活力十足，你会赶上现场爵士乐、蓝调表演，偶尔还有其他音乐风格的表演，演出从20:30开始。这还是个非正式的晚餐场所，供应拉可雷特干酪（raclette）、意大利面、小吃和沙拉，还有美味的甜点。

★ **De Stove** 法式小馆 €€

（050 33 78 35；www.restaurantdestove.be；Kleine St-amandsstraat 4；主菜€19~33，套餐不含/含葡萄酒€48/65；周六和周日正午至13:30，周五至周二 19:00~21:00）这间宝贵的小餐馆只有20个座位，散发着一种亲密的气息。当天捕获的鱼是主打菜，不过每月更换的菜单还包括野猪肉排配平菇之类的菜肴。从面包到冰激凌，每一种食物都是自制的。虽然多年以来广受好评，但这家从容的、仅有一室的家庭餐厅仍然保持着友好、可靠和富于创新的精神，没有一丝糊弄游客的迹象。

★ **In 't Nieuwe Museum** 小酒馆 €€

（050 33 12 22；www.nieuw-museum.com；Hooistraat 42；主菜€16~22；周四至周二正午至14:00和18:00~22:00，周六午餐休息）之所以叫这个名字，是因为墙壁上装饰着许多店里收藏的酿酒厂标、存钱罐和其他令人想起咖啡馆的纪念品，就像个博物馆一样。这间家庭经营的小酒馆是当地人的最爱，午餐（€7~12.50）供应5种当日精选菜（dagschotel），晚上则会在17世纪的开放式火炉上烹饪鲜美多汁的肉类。

De Bottelier 地中海菜 €€

（050 33 18 60；www.debottelier.com；St-

Jakobsstraat 63；主菜€16起；⏲周二至周五午餐和晚餐，周六晚餐）采用帽子和老式钟表做装饰的这家小餐馆位于一间葡萄酒商店的楼上，俯瞰着运河边的一个小花园。意大利面/素食菜肴售价€9/13.50起。食客主要是当地人。提前预订是明智的选择。

De Stoepa 法式小馆 €€

（☎050 33 04 54；www.stoepa.be；Oostmeers 124；⏲周二至周六正午至14:00和18:00至深夜，周日正午至15:00和18:00~23:00）位于宁静的住宅区中，这家难得的餐厅有一些嬉皮士和禅意混搭的感觉。东方雕塑、赤土色的墙壁、一个金属火炉以及木地板和家具共同呈现出一种温馨而时尚的感觉。不过最棒的还是绿树成荫的露台花园。法式小馆风格的食物品质一流。

🍷 饮品和夜生活

以啤酒为特色的小咖啡馆包括**'t Brugs Beertje**（www.brugsbeertje.be；Kemelstraat 5；⏲周一、周四和周日16:00至深夜，周五和周六16:00至次日1:00）和隐藏在小巷里的**De Garre**（☎050 34 10 29；www.degarre.be；Garre 1；⏲周一至周四正午至深夜，周五和周六至次日1:00），后者供应自家的11% Garre特制啤酒，相当不错。古老而传统的**Herberg Vlissinghe**（☎050 34 37 37；www.cafevlissinghe.be；Blekerstraat 2；⏲周三和周四11:00~22:00，周五和周六11:00至深夜，周日11:00~19:00）可追溯至1515年。在市集广场北边的Eiermarkt上，有许多朴素但生机勃勃的酒吧，都有DJ打碟，还有貌似永不结束的欢乐时光。如果你觉得自己挺有勇气的话，可以去古怪得要命的**Retsin's Lucifernum**（☎0476 35 06 51；www.lucifernum.be；Twijnstraat 6-8；门票含饮品€6；⏲周日20:00~23:00），跟一个自称是吸血鬼的家伙喝一杯。

☆ 娱乐

音乐厅 演出场所

（Concertgebouw；☎050 47 69 99；www.concertgebouw.be；'t Zand 34；门票 €10起）布鲁日令人瞠目结舌的21世纪音乐厅是建筑师保罗·罗伯里奇（Paul Robbrecht）和希尔德·丹姆（Hilde Daem）的作品，设计灵感来自这座城市的三座著名塔楼和红砖。经常上演戏剧、古典音乐和舞蹈。旅游局办事处位于与街道平齐的一层。

Cactus Muziekcentrum 现场音乐

（☎050 33 20 14；www.cactusmusic.be；Magdalenastraat 27）虽然不大，但这是这座城市当代音乐和世界音乐的顶级表演场所，有的是现场音乐表演，还有国际大牌DJ助阵。还会举办音乐节，如7月份的**仙人掌音乐节**（Cactus Music Festival；www.cactusfestival.be；⏲7月），场地位于老城区南部边缘的Minnewater公园内。

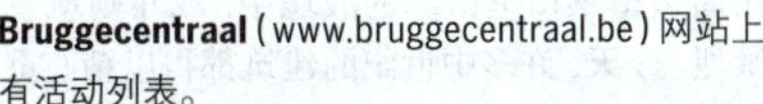

ℹ 实用信息

Bruggecentraal（www.bruggecentraal.be）网站上有活动列表。

In & Uit Brugge（☎050 44 46 46；www.brugge.be；'t Zand 34；⏲周一至周日10:00~18:00）这个旅游局办事处位于庞大的音乐厅（Concertgebouw）与街道平齐的一层内，此外在火车站还有一个分部。这里出售的标准城市地图的价格为€0.50，综合指南小手册的价格为€2。可以免费索取一张超棒的"Use-It"地图（www.use-it.be）。

ℹ 到达和离开

布鲁日的火车站位于市集广场以南1.5公里处，沿途的风景很漂亮，会经过贝居安会院。

安特卫普（€14.80，75分钟）每小时2班。

布鲁塞尔（€14.10，1小时）每小时2班。

根特（€6.50，快车/慢车24/42分钟）每小时5班，其中2班继续开往离市中心更近的Gent-Dampoort火车站。

伊珀尔（Ypres，荷兰语称为Ieper）乘坐火车去鲁瑟拉勒（Roeselare，€5，快车/慢车22/33分钟），之后搭乘94或95路公交车，这两路车都会途经主要的"一战"遗址。

ℹ 当地交通

自行车

B-Bike（☎0499 70 50 99；Zand Parking 26；每小时/每天€4/12；⏲4月至10月10:00~19:00）

Rijwielhandel Erik Popelier（☎050 34 32 62；www.fietsenpopelier.be；Mariastraat 26；每小时/

半天/全天€4/8/12，双人自行车€10/17/25；⌚10:00~18:00）提供很好的成人和儿童自行车。有头盔出租，提供免费地图，没有押金。

公共汽车

从火车站前往市集广场，可以搭乘任何标有"Centrum"的公共汽车。回程的公共汽车会停在Biekorf，就位于市集广场西北边的Kuiperstraat大街上。

伊珀尔（Ypres）

人口34,900

在第一次世界大战期间（1914~1918年），古老的伊珀尔（发音为"eepr"，荷兰语为Ieper）被连续的轰炸夷为平地，与此同时，在周边罂粟田里错综的战壕中，战斗则愈发激烈。今天，许多中世纪的建筑都得以精心重建，而位于伊珀尔连绵起伏的农业腹地（伊珀尔凸地，Ypres Salient）中曾经的战场，也成了那场恐怖战争的动人纪念，其中矗立着似乎无穷无尽的墓地和纪念碑。

景点

伊珀尔市中心（Central Ypres）

伊珀尔大广场（Grote markt） 广场

在这座非常美丽的中央广场上，最引人注目的是那座经过精心重建的**布匹大厦**（Lakenhallen），那是一座宏伟的哥特风格建筑，最初是13世纪的布匹市场。这儿有一座70米高的钟楼，令人想起伦敦的大本钟，里面有震撼人心的**"在佛兰德战场"博物馆**（In Flanders Fields；www.inflandersfields.be；Lakenhallen, Grote markt 34；成人/青少年€9/4~5；⌚4月至11月中10:00~18:00，11月中至次年3月周二至周日10:00~17:00），这座多媒体"一战"博物馆突出表现了普通人对于恐怖战争的体验。强烈推荐。持这里的门票可以免费游览另外三座较小的城市博物馆。

> **最后岗位**
>
> 每天20:00，梅宁门禁止车辆通行，号兵则奏响军乐《最后岗位》（www.lastpost.be；⌚20:00），纪念在"一战"中丧生的人们。这一感人的传统仪式始于1928年。每天晚上的场景都有所不同，有时会有风笛手、军校学员或者一支军乐队。

梅宁门 纪念地

（Menin Gate，Menenpoort）大广场以东一个街区就是著名的梅宁门所在的地方，这座巨大的石头门横跨在从护城河外通往城内的主干道上。石门上镌刻着54,896名"一战"期间"失踪"的英国及英联邦军队官兵的姓名，他们的遗体从未被找到。

伊珀尔凸地（Ypres Salient）

许多"一战"遗址都在郊区，所以没有车或者团队游大巴的话，游览会非常不方便。但是下列景点都在伊珀尔—鲁瑟拉勒（Ypres-Roeselare）的94路和95路公交路线（工作日每小时1或2班，周末每天5班）的600米范围之内，所以可以在伊珀尔和布鲁日之间往返的途中去参观。

1917年帕斯尚尔战役纪念馆 博物馆

（Memorial Museum Passchendaele 1917；www.passchendaele.be；Ieperstraat 5；门票€7.50；⌚2月至11月10:00~18:00；🚌94）在**佐内贝克村**（Kasteel Zonnebeke；www.zonnebeke.be）的中心，有一座临湖的诺曼底木屋风格的宅邸，建于1922年，原址曾是一座被"一战"炮火摧毁的城堡。如今里面有游客信息中心、咖啡馆和特别漂亮的"一战"博物馆，博物馆记录了当地的战争进程，并有多语种的注释。这里的一大亮点是占据了多个房间的"战壕体验"，你会下到灯光昏暗、覆盖着木板的地下掩体房间，背景音效不遗余力地渲染着战时气氛。完全是室内环境，但这里的解说比别处所谓"真的"战壕更有帮助。

泰恩小屋墓园 墓地

（Tyne Cot；⌚24小时，游客中心2月至11月9:00~18:00；🚌94）免费 这里大概是伊珀尔凸地访客最多的地方了，这是世界上最大的英联邦战争公墓，有11,956座坟墓。一座巨大的半圆形墙壁上镌刻着伊珀尔梅宁门上刻不下的另外34,857名在战斗中失联的士兵的名字。泰恩小屋这个名字是诺森伯兰郡（Northumberland）的士兵们起的，因为他们觉得这里山坡上的德国掩体很像泰恩河畔的小屋。两座这样的矮胖混凝土掩体就坐落在坟墓之中，从墓地中央白色的牺牲十字架（Cross of Sacrifice）下方的金属花圈望过去，还能看到第三座掩体的一部分。

德国军人墓地 墓地

（Deutscher Soldatenfriedhof）免费 该区域内主要的德国"一战"公墓比泰恩小屋墓园小一些，但更具有纪念意义，掩映于橡树之中，布满了三个一组、长满苔藓的低矮十字架。大约有44,000位死难者合葬于此，每一块花岗岩坟墓石板最多代表着10位死者，还有四座怪诞的剪影雕塑审视着这片墓地。在入口处，沿一条黑色的混凝土"地道"进来，里面回荡着遥远的战争之声，而四部拼贴视频短片纪念着战争的悲剧。位于Langemard（95路公交车）的北部边界外。

团队游

Over the Top 巴士游

（☎0472 34 87 47；www.overthetoptours.be；Meensestraat 41；团队游 €40；⏲9:00~12:30，13:30~17:30和19:30~20:30）这家以"一战"为主题的书店位于梅宁门的对面，组织半天的小巴导览团队游，每天两次，游览伊珀尔凸地。

British Grenadier 巴士游

（☎057 21 46 57；www.salienttours.be；Meense-straat 5；短途/长途团队游 €30/38；⏲9:30~13:00，14:00~18:00和19:30~20:30）两种伊珀尔凸地团队游——2.5小时的行程包括Hill 60、卡特彼勒弹坑（Caterpillar Crater）和德国布痕瓦尔德（Bayernwald）战壕阵，而标准的4小时团队游包括伊珀尔凸地的所有遗址。

食宿

Ariane Hotel 酒店 €€

（☎057 21 82 18；www.ariane.be；Slacht-huisstraat 58；标单/双 €89/109起；P 📶）这家安静且管理专业的大型酒店拥有设计风格的客房和很受欢迎的餐厅，各种战时纪念物点缀着宽敞的公共区域。

B&B Ter Thuyne 民宿 €€

（☎057 36 00 42；www.terthuyne.be；Gustave de Stuersstraat 19；双€95；@）有3间明亮且极其干净的舒适客房，但不会过于追求时尚潮流。

★ **Main Street Hotel** 客栈 €€€

（☎057 46 96 33；www.mainstreet-hotel.be；Rijselse-straat 136；双€180~260；📶）将放克式的古怪与历史感和奢华享受掺杂在一起，这家洋溢着个性的客栈难得一见。最小的房间设计得就像疯子教授的实验室，早餐室有蒂芙尼的玻璃天花板……去试试吧！

★ **De Ruyffelaer** 佛兰德菜 €€

（☎057 36 60 06；www.deruyffelaer.be；Gustave de Stuersstraat 9；主菜€15~21，套餐€24~33；⏲周日11:30~15:30，周四至周日17:30~21:30）供应传统当地菜肴，迷人的餐厅采用木制装潢搭配棋盘格地板，还有各种"古旧"的装饰品，包括干花、老收音机和古董饼干盒。

实用信息

Toerisme Ieper（☎057 23 92 20；www.ieper.be；Grote markt 34；⏲9:00~18:00）设备齐全的旅游局办事处位于布匹大厦（Lakenhallen）内。

到达和当地交通

自行车

Hotel ambrosia（☎057 36 63 66；www.ambrosiahotel.be；D' Hondtstraat 54；标准/电动自行车每天€12/30；⏲7:30~19:00）提供自行车租赁服务。

公共汽车

在大广场的东北角载客（仔细判断方向！）。前往布鲁日可以搭乘开往鲁瑟拉勒（Roeselare）方向的94或95路公交车，然后换乘火车。

火车

每小时都有列车开往根特（€11.50，1小时）和布鲁塞尔（€17.50，1.75小时），途经科特赖克（Kortrijk，€5.30，30分钟），在那里你可以换车前往布鲁日或安特卫普。

瓦隆（WALLONIA）

Parlez-vous français（会说法语吗）？在多山的瓦隆地区你可能需要用到法语，这里是比利时讲法语的南半部地区。瓦隆的城市都有着自己的独特魅力，尽管没有哪一座可以与佛兰德的诸多“艺术之城”相匹敌。瓦隆的主要景点大都在乡间——奇妙的洞穴和古代田园城堡。在这里，拥有自己的交通工具很重要。

蒙斯（Mons）

人口93,100

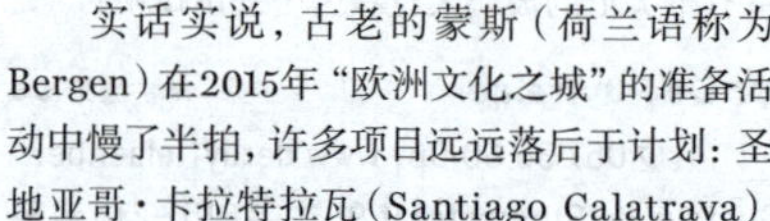

实话实说，古老的蒙斯（荷兰语称为Bergen）在2015年“欧洲文化之城”的准备活动中慢了半拍，许多项目远远落后于计划：圣地亚哥·卡拉特拉瓦（Santiago Calatrava）设计的火车站要到2018年才能投入使用。外形像方块的现代化的**BAM美术馆**（Musée des Beaux-Arts；☎065 40 53 24；www.bam.mons.be；Rue Neuve 8；成人/优惠 €8/5；⏲时间不定）倒是值得一游；其他吸引人的景点包括80米高的巴洛克**钟楼**（Beffroi）、超大的15世纪**圣沃德吕教堂**（Church of Ste-Waudru；www.waudru.be；Place du Chapitre；⏲9:00~18:00）以及迷人的大广场。在圣三主日（Trinity Sunday）当天，蒙斯会庆祝自己独特的**“屠龙节”**（the festivities of the Ducasse；www.ducassedemons），这座宏伟的广场在那时会变得异常热闹，每当圣乔治斗恶龙的仪式开始，四周便会人声鼎沸，震耳欲聋。

Dream Hotel（☎065 32 97 20；www.dream-mons.be；Rue de la Grand Triperie 17；标单/双€75/90；Ⓟ@）是座装修风格奇崛的19世纪小教堂，提供住宿。至于就餐，酒馆风格的当地人最爱**Henri**（☎065 35 23 06；Rue d'Havré 41；⏲周二至周六正午至14:30和18:30~21:00，周日和周一正午至14:30）自1956年就开始供应蒙斯菜肴，而如果你想在一家17世纪风格的餐厅里享用一顿难忘的晚餐，千万不要错过**Salon des Lumières**（☎0474 29 25 84；www.salondeslumieres.com；Rue du Mirroir 23；主菜€16.50~20；⏲周三至周日19:00~22:00，冬季18:00~22:00）。

值得一游

瓦隆的城堡

搭乘公共交通的话，你会把大部分时间花在奔向前往瓦隆大多数城堡的路上而不能真正地欣赏它们。如果有车的话，再加上少数有的放矢的目的地，你就能度过非常充实且享受的一天。瓦隆的首府那慕尔有一座雄伟、庄严而坚固的城堡（citadel），但是在这片区域还有更多更加浪漫的城堡，包括华丽绚烂的**极海城堡**（Château de Jehay；www.chateaujehay.be；成人/学生€5/4；⏲4月至9月周二至周五14:00~18:00，周六和周日11:00~18:00）、庄严宏伟的**莫达弗城堡**（Château de Modave；www.modave-castle.be；成人/青少年€7.50/4；⏲4月至11月中周二至周日10:00~17:00；👪）、城壕纵横的**拉沃圣安娜城堡**（Château de Lavaux-Sainte-Anne；www.chateau-lavaux.com；成人/儿童€7/5；⏲周三至周日9:00~17:30，16:15停止进入）和十字军城堡**布庸城堡**（Château de Bouillon；☎061 46 42 02；www.bouillon-initiative.be；Rue du Château；成人/儿童€7/5；⏲7月和8月10:00~19:00，3月至6月和9月至11月10:00~17:00；Ⓟ👪）。

列日（Liège）

人口196,200

在被后工业化残忍扭曲的外表之下，广阔的列日（荷兰语称为Luik）是一座鲜活的城市，就像洋葱一样：一层一层剥开都是厚重的历史。列日作为一个由众多主教统治的独立公国首都长达800年之久，精致的教堂比比皆是。这里的市民以自由奔放的性格为傲，极其友好，而且没有哪一座比利时城市能像列日如此充满生活乐趣。

在列日有点肮脏的历史区有几座极好的博物馆。**柯蒂乌斯博物馆**（Grand Curtius；www.grandcurtiusliege.be；Féronstrée 136；成人/儿童€9/免费；⏲周三至周一 10:00~18:00）展示着装饰艺术千年以来的发展历程，而**美术馆**（Musée des Beaux-Arts；www.beauxartsliege.be；Féronstrée 86；成人/青少年€5/3；⏲周二至周日 10:00~

18:00)藏品丰富，建筑风格有些粗犷。

爱也好，恨也罢，列日是一座非常古怪却又令人着迷的城市，特别是在当地热闹的8月15日节庆期间，庆祝仪式就在河对面自称为“共和国”的Outremeuse举行，那里还有一家便捷的青年旅舍Auberge de Jeunesse (☎04-344 56 89; www.lesaubergesdejeunesse.be; Rue Georges Simenon 2; 铺/标单/双€23/36.50/54.75; @)。市中心最吸引人的住宿选择是小巧舒适的Hôtel Hors Château (☎04-250 60 68; www.hors-chateau.be; Rue Hors Château 62; 标单/双/套€78/95/125; 🛜)和气派恢宏的Crowne Plaza (☎04-222 94 94; www.crowneplazaliege.be; Mont St-Martin 9; 房€109~690)。如果想品尝地道的列日美食，可以去Le Bistrot d' en Face (☎04-223 15 84; www.lebistrotdenface.be; Rue de la Goffe 10; 主菜€15~18; ⏲周三至周日正午至14:30和19:00~22:30，周六午餐时间不营业)或Amon Nanesse (www.maisondupeket.be; Rue de l' Epée 4; 餐€10.50~19.50; ⏲10:00至次日2:00，厨房正午至14:30和18:00~22:30)。

列日的伟大建筑杰作要数那座21世纪的吉耶曼火车站(Guillermins train station)，其外形看起来就像一只巨大的混凝土蝠鲼。位于布鲁塞尔—法兰克福的主干线上，但是列日—宫殿车站(Liège-Palais station)距离市中心近得多。

卢森堡(LUXEMBOURG)

由自己的君主政体所统治的卢森堡大公国以发达的银行业而闻名。卢森堡有连绵起伏的美丽山林，其中点缀着城堡村庄。卢森堡迷人的首都有通往所有这些地方的公路，而且路况极好，此外还有非常完备的单一制票价公共交通系统。卢森堡有自己的语言卢森堡语(Lëtzeburgesch)，最标准的打招呼用语是“moien”。不过大多数卢森堡人也说法语和德语。

卢森堡市(Luxembourg)

人口100,000

名列世界文化遗产名录的卢森堡市位于一个高高的山头上，俯瞰着幽深的佩特鲁斯河(Pétrusse River)和阿尔泽特河(Alzette River)峡谷。自公元963年阿登(Ardennes)的西格弗里伯爵(Count Sigefroi，或称Siegried)在这里修建了城堡之后，这些峡谷就成为这座城市的重要防线。卢森堡最终发展成了欧洲最强大的要塞城市之一，而且获得了“北方直布罗陀”的称号。1867年，为了缓和法国和德国之间的紧张气氛，这里的大部分防御工事都按条约规定拆除了，但规模庞大的堡垒遗迹和隧道留存了下来，为游客提供了壮丽的观景台，俯瞰着克劳森(Clausen)、Pfaffenthal和格伦德(Grund)这些有趣的老城区。

> **卢森堡一卡通**
>
> 相当超值的卢森堡一卡通(Luxembourg Card; www.ont.lu/en/luxembourg-card; 1天/2天/3天成人€11/19/27，家庭€28/48/68)在文中简写为LC，可以令持卡人免费参观大公国的大多数主要景点，并可以让持卡人不限次数地使用全国范围内的公共交通。你可以在各个旅游信息中心、博物馆和某些酒店买到此卡。

景点

老城(Old Town)

紧凑精致的老城区以步行街为主，所有景点之间只需步行即可到达。前往童话故事般的格伦德地区，最便捷的方式就是去圣灵高地(Plateau du St-Esprit)乘坐公共升降梯。

★康尼徐走廊(Chemin de la Corniche) 步行长廊

这条步行观景长廊被誉为“欧洲最美露台”。沿着从前的17世纪城墙蜿蜒而行，河谷对面的风景一览无余，还能看到文塞斯劳斯墙(Wenzelsmauer)的坚固防御工事。在Rue Sigefroi对面，城墙顶端的步行道沿着Blvd Victor Thorn一直通向Dräi Tier(三重门)塔。

★卢森堡市历史博物馆 博物馆

(Musée d'Histoire de la Ville de Luxembourg, Luxembourg City History Museum; www.mhvl.lu;

Luxembourg 卢森堡

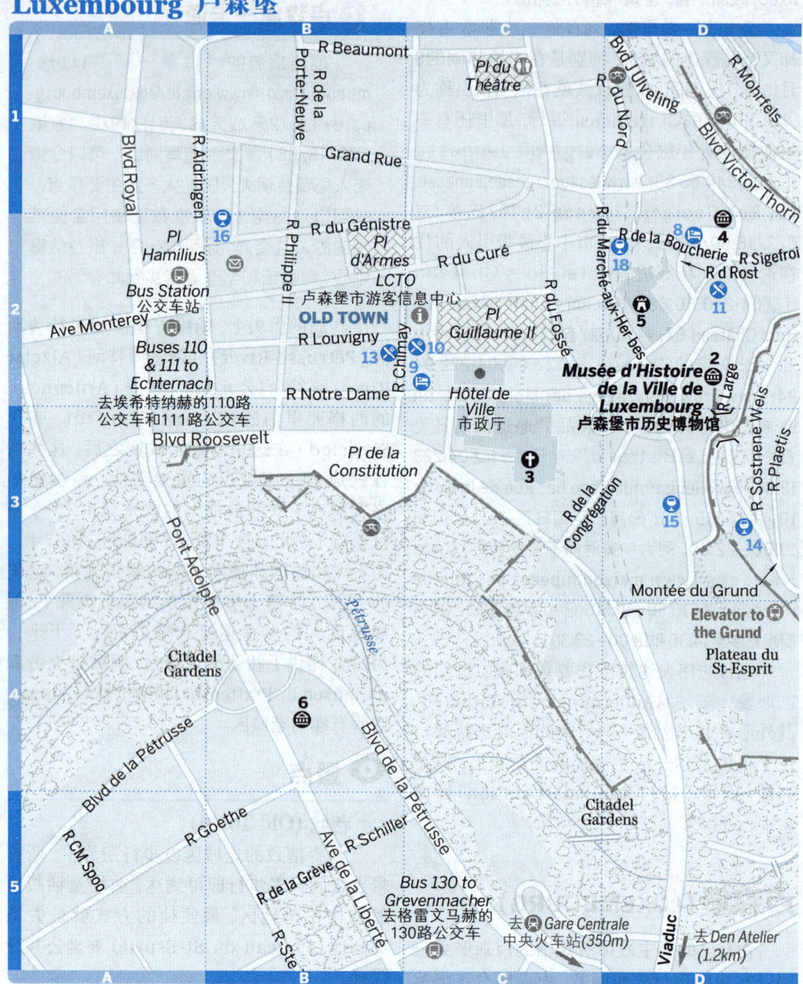

14 Rue du St-Esprit；成人/卢森堡一卡通€5/免费；⊙周二至周日 10:00~18:00，周四 10:00~20:00）这座引人入胜、趣味盎然的互动式博物馆隐藏在一片17世纪的房屋之中，从前奥瓦尔主教的一座“度假住宅”就坐落在其中。在可爱的花园里和开放式露台上可以欣赏很棒的风景。

皇宫 宫殿

（Royal Palace；17 Rue du marché-aux-Herbes；团队游€7；⊙导览团队游7月中和8月周一至周六16:00）拥有许多非常上镜的小尖塔楼，非常适合发朋友圈，这座建于1573年的皇宫经过了多年的大规模扩建，如今是大公的办公室，而建于1859年的配楼则是议会所在地。在夏季的一小段时间里，宫殿会以45分钟导览团队游的方式向公众开放，解说饶有趣味，主要关注的是大公的家族历史。从中世纪哥特风格的餐厅开始，这座皇宫的内部装饰开始变成楼上奢华的镀金浪漫主义风格。

艺术与历史国家博物馆 博物馆

（MNHA，Musée National d'Histoire et d 'Art；www.mnha.lu；marché-aux-Poissons；成人/卢森堡一卡通€7/免费；⊙周二至周日10:00~18:00，

周四10:00~20:00）相较于所处的老城区环境，这座博物馆出人意料的现代化，展览别具一格，有趣又有侧重地介绍了艺术和历史。展览始于地下室的岩石发掘现场，那里有新石器时代的燧石，然后你会经过加利克（Gallic）墓室、古罗马马赛克拼贴画和拿破仑一世时代的奖章，最后来到一个相对较小但很棒的画廊，这里有塞尚和毕加索的少数作品，而卢森堡的表现主义画家约瑟夫·库特（Joseph Kutter，1894~1941年）占据了整整一层楼的空间。

Luxembourg 卢森堡

圣母大教堂 教堂

（Cathédrale Notre Dame；Blvd Roosevelt；⏲10:00至正午和14:00~17:30）独特的细长黑色尖塔最令人难忘，这座17世纪的大教堂还有一尊虽然很小但备受崇敬的圣母子像（位于祭坛上方），以及皇室的墓穴（位于地下墓室内）。

国家储蓄银行 博物馆、建筑

（Spuerkeess；Banque et Caisse d' Épargne de l' État；www.bcee.lu；1 Place de Metz）免费 位于一座引人注目的城堡风格的百年老建筑中，国家储蓄银行还办了一个很有趣的**银行博物馆**（Bank Museum；⏲周一至周五9:00~17:30），从存钱罐到自动柜员机和银行劫匪，博物馆追溯了150年来银行业的传统和创新。

◎基希贝格（Kirchberg）

卢森堡闪亮的玻璃幕墙建筑商业区和

欧盟官员集中居住的区域，就在城市的标志性红色大桥——女大公夏洛特桥（Pont Grande-Duchesse Charlotte）对面。

★当代艺术馆 画廊

（Mudam；www.mudam.lu；3 Parc Dräi Eechelen；成人/卢森堡一卡通€7/免费；⏲周三至周五11:00～20:00，周六至周一11:00～18:00）这座贝聿铭设计的空灵建筑地标会举行许多开创性的现代艺术、装置艺术和体验式艺术展览。博物馆的展品包括从摄影到时尚、设计和多媒体等的所有艺术形式。玻璃屋顶的咖啡馆是个吃午餐或小吃的好地方。

要去往当代艺术馆，可乘坐1路、13路或16路公共汽车至"Philharmonie"站下，绕过引人注目的Philharmonie并向下经过Hotel Melia。每月有一个周五开放至22:00。

住宿

卢森堡市的酒店住宿大都是商务型的，不过在周末和夏季，网上的房价会大幅度打折。

Auberge de Jeunesse 青年旅舍 €

（☎22 68 89；luxembourg@youthhostels.lu；2 Rue du Fort Olizy；铺/标单/双€20.90/34.90/57.80，国际青年旅舍会员€23.90/37.90/59；P ⊖ ❄ @ 📶；🚌9）这家顶尖的国际青年旅舍有非常舒适、男女分开的宿舍，使用磁性门卡。有很大的锁柜（请自带挂锁）、洗衣设施和充足的休闲空间，包括一个很棒的露台，从上面可以看到老城景色。距离Casemates区不远，走一小段陡峭的路即可到达，沿着Clausen Plateau Altmunster公交站附近的台阶路走下去就到了。

★Hôtel Simoncini 酒店 €€

（☎22 28 44；www.hotelsimoncini.lu；6 Rue Notre Dame；标单/双周一至周四€155/175起，周五至周日€125/145；@📶）这是一家位于市中心的令人愉悦的当代酒店，前厅是一个现代艺术画廊，整洁、明亮的客房带一点既复古又酷的感觉。大堂有免费Wi-Fi，客房有免费有线网络。

★Hôtel Parc Beaux-Arts 精品酒店 €€€

（☎26 86 76 1；www.parcbeauxarts.lu；1 Rue Sigefroi；套周一至周四预订价/门市价€190/400，周五至周日€135起；@📶）散发出低调的奢华气质，这间迷人的小酒店由三座18世纪的房子构成，共有10个豪华套间。每个套间都有当代艺术家的原创作品、橡木地板、慕拉诺水晶玻璃台灯和每天更换的新鲜玫瑰。找找最初的木屋檐下隐藏的"秘密"休息室。

就餐

夏天，绿树成荫的军事广场（Place d'Armes）会摆满露天餐桌，从快餐便当到豪华大菜，各种各样的美食应有尽有。更便宜的露天美食可以在比较没那么有异国情调的巴黎广场（Place de Paris）附近找到，而如果要寻觅宁静宜人并且更有创意的就餐场所，可以去皇宫背后的巷子和小道里探寻一下，那片区域被昵称为"美食家之岛"（Ilôt Gourmand）。

Anabanana 严格素食 €

（www.anabanana.lu；117 Rue de la Tour Jacob；三明治/午餐/晚餐€5/12/19；⏲周二至周五正午至14:00，周二至周六19:00～22:00；✎）一家古雅且色彩鲜艳的严格素食小餐厅，有每天更换的固定晚餐菜式。果汁€4.50，不提供酒精饮料。

Bosso 法国菜、德国菜 €

（www.bosso.lu；7 Bisserwée；主菜€8.50～16；⏲周一至周四17:00至深夜，周五至周日11:00至深夜）在夏天，这家性价比很高的餐厅最大的吸引力在于隐蔽的庭院花园：餐桌都摆放在迷人的树荫下。尝试一下阿尔萨斯烤饼（flammeküeche）——这种饼皮超薄的阿尔萨斯"比萨"在制作的时候使用酸奶油来替代番茄酱——和各种土豆煎饼（rösti）。只是喝一杯也是极好的。

Cathy Goedert 咖啡店、面包房 €

（www.cathygoedert.lu；8 Rue Chimay；⏲周二至周六8:00～18:00，周日9:00～18:00）这家闪闪发光的法式蛋糕店兼面包房兼咖啡馆是个周日好去处，因为周日卢森堡的许多商铺都关了门。店内供应华丽的蛋糕和酥皮糕点，以及多种茶和咖啡。

Á la Soupe 汤 €

（www.alasoupe.net；9 Rue Chimay；早

餐€3.50~7，汤€4.90~7.30；⏲周一至周六9:00~19:30）这是位置居中且具有极简时尚的靓汤站，供应摩洛哥汤和排毒汤（detox），也有经典的鸡汤。

Am Tiirmschen 卢森堡菜 €€

（☎26 27 07 33；www.amtiirmschen.lu；32 Rue de l' Eau, Ilôt Gourmand；主菜€13~26；⏲周二至周五正午至14:00，周一至周六19:00~22:30）这是一个品尝传统卢森堡莱肴的好去处。还供应美味的鱼和法国菜，以防你的同伴不喜欢kniddelen（培根黄油馅水饺）或熏猪肉。店内的古老和仿古装饰混搭，搭配沉重的弓形梁，组合在一起还算成功。

饮品和娱乐

在**Rives de Clausen**（www.rivesdeclausen.com）有将近十几家主题酒吧兼餐厅型夜店，它们构成了这座城市最有青春活力的一道风景。想要更有气氛的夜店，可以尝试Grund的两三个地方：可以是波希米亚风格的**Café des Artistes**（22 Montée du Grund；⏲周二至周日）或者隐蔽的**Liquid Café**（www.liquid.lu；17 Rue Münster；⏲周一至周五17:00至次日1:00，周六和周日20:00至次日1:00）。有趣的市中心区域的咖啡酒吧包括**Urban Bar**（www.urban.lu/urbancity.html；2 Rue de la Boucherie；⏲正午至深夜，厨房13:00~18:00）、**L'Interview**（Rue Aldringen；⏲7:30至次日1:00）、**De Gudde Wëllen**（www.deguddewellen.lu；17 Rue du St-Esprit；⏲周二至周四17:00至次日1:00，周五和周六18:00至次日3:00），后者的现场音乐之夜风格多样，从鼓乐、低音乐器到巴尔干民歌，应有尽有。中央火车站以西大约700米处，工厂风格的**Den Atelier**（☎49 54 66；www.atelier.lu；56 Rue de Hollerich）举办各种很不错的另类音乐演奏会。

实用信息

市图书馆（Bibliothèque Municipale；3 Rue Génistre；⏲周二至周五10:00~19:00，周六10:00~18:00）注册（需要身份证明）后可以获得1小时的免费上网时间。没有打印服务。

卢森堡市旅游局办事处（Luxembourg City Tourist Office，简称LCTO；☎22 28 09；www.lcto.lu；Place Guillaume II；⏲周一至周六9:00~18:00，周日10:00~18:00）提供免费的城市地图、步行游览手册和活动指南。

到达和离开

长途汽车

在火车站旁边有开往**比特堡**（Bitburg，401路，1.25小时）和**特里尔**（Trier，118路，1小时）等地、方便实用的国际长途汽车。

火车

中央火车站（Gare Centrale）位于老城以南1公里处。在第3站台的最北端有**行李寄存柜**（Gare Centrale；每天€3；⏲6:00~21:30），晚上不可用。

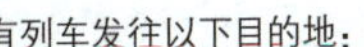

有列车发往以下目的地：

布鲁塞尔（€39，2小时）

迪基希（Diekirch，€2，30分钟）每小时发车，途经埃特尔布吕克（Ettelbrück）。

列日（€36.20起，2.5小时）每2小时发车，途经克莱沃（Clervaux，1小时）和Coo（1.75小时）。

巴黎（€56起，145分钟）高速列车（TGV）。

特里尔（€9~20，50分钟）每小时发车，其中的几班会继续开往科布伦茨（Koblenz，€46.20，130分钟）。

当地交通

抵离卢森堡机场

卢森堡机场（Luxembourg Airport；www.lux-airport.lu）位于军事广场（Place d' Armes）以东6公里处，乘坐16路公交车20分钟即可到达。

自行车

Vélo en Ville（☎47 96 23 83；8 Bisserwée；每半天/全天/周末/一周€12.50/20/37.50/100；⏲4

卢森堡简明的交通系统

在全国（除了边境站）范围内任意两个地点之间搭乘汽车、火车或任何形式的交通组合，2小时的票价仅为€2，1天的票价为€4。在汽车上、火车站或邮局都可以买票。

交通时刻表可参阅www.autobus.lu和www.cfl.lu。

月至9月 10:00至正午和13:00~20:00，3月和10月7:00~15:00）有山地车可供出租，还提供免费的骑行路线小册子。双人自行车价格翻倍。26岁以下租车者可以得到20%的折扣。

Velóh（☎800 611 00；www.en.veloh.lu；费用每周/年€1/15；⏲24小时）卢森堡市的短途自行车租赁系统和布鲁塞尔的Villo!（见125页）相似。只要在30分钟之内将自行车还回72个自行车站中的任意一个，每段路程都是免费的。最初缴纳的费用可以在25个特殊站点中的任意一处用银行卡支付。

公共汽车

在老城的主要公交车站Place Hamilius，有公交车频繁往返于中央火车站和基希贝格（可抵达当代艺术馆）。周日的车要少一些。

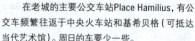

卢森堡北部（Northern Luxembourg）

可以理解，神奇的小城菲安登（Vianden；www.vianden-info.lu）是非常受欢迎的周末短途旅游目的地，城里耸立着一座宏伟的石板屋顶城堡（☎83 41 08 1；www.castle-vianden.lu；成人/儿童/卢森堡一卡通€6/2/免费；⏲11月至次年2月10:00~16:00，3月和10月10:00~17:00，4月至9月10:00~18:00），坚不可摧的石头墙在夜晚强光灯的照耀下金光闪闪。长达700米、铺设鹅卵石的大街（Grand Rue）从城堡向下一直延伸到河边的旅游办事处，途中会经过国际青年旅舍Auberge de Jeunesse（☎83 41 77；www.youthhostels.lu；3 Montée du Château；国际青年旅舍会员铺/标单/双€19.20/34.20/55.40，非会员€22.20/34.20/48.50；🚭📶），还有几家引人注目的家庭酒店，尤其是独一无二的Auberge Aal Veinen（☎83 43 68；www.hotel-aal-veinen.lu；114 Grand Rue；双€80；⏲12月中至次年6月中歇业；📶）和Hôtel Heintz（☎83 41 55；www.hotel-heintz.lu；55 Grand Rue；标单€55~85，双€65~110；⏲10月至复活节歇业；📶）。

570路公共汽车（18分钟）每小时最少1班，其开往迪基希（Diekirch），在那里有国家军事历史博物馆（Musée National d'Histoire Militaire；www.mnhm.lu；110 Rue Bamertal；成人/卢森堡一卡通€5/免费，"二战"老兵免费；⏲10:00~18:00），它是纪念1944年隆冬毁灭性的阿登战役（Battle of the Ardennes）的所有博物馆中最全面、最生动的一座。迪基希有每小时两班的火车开往卢森堡市（40分钟），其途经埃特尔布吕克（Ettelbrück，10分钟）。从那里你可以坐长途汽车去巴斯通（Bastogne，比利时），游览其他重要"二战"遗址。

乘坐从埃特尔布吕克出发的545路公交车可以抵达距离与世隔绝的波尔斯德城堡（Château de Bourscheid；www.bourscheid.lu；成人/老年人/卢森堡一卡通€5/4/免费；⏲4月至10月中9:30~18:00，10月中至次年3月11:00~16:00）不到2公里的地方，这座已经被毁坏的城堡是卢森堡最能让人产生共鸣的中世纪城堡。向北开往列日的火车会经过美丽的克莱沃（Clervaux），那里有一座完美重建后的城堡，里面举办世界闻名的"人类一家"摄影展览（Family of Man photography exhibition；www.steichencollections.lu；成人/老年人€6/4，21岁以下免费；⏲3月至次年1月周三至周日正午至18:00）。作为对和平的宣示，该展览初创于1955年。663路公交车（32分钟）开往菲安登，8:30、10:00、14:00以及17:00发车。

埃希特纳赫（Echternach）

人口5600

埃希特纳赫有零散的罗马考古发掘地，以及卢森堡最重要的宗教建筑——经历残酷"二战"轰炸后重建的一座灰暗的新罗马风格天主教堂。

旅行者可以此为基地，前往路标明确的穆勒塔尔小径（Müllerthal Trails；www.mullerthal-trail.lu）徒步，穿过那只有肩膀宽的小峡谷。E1小道（11.7公里）从埃希特纳赫公交车站开始，经过迷人的中央广场抵达咖啡馆林立的步行街Rue de la Gare。山地自行车（半天/全天€8/15）可以在埃希特纳赫现代的国际青年旅舍（Auberge de Jeunesse；☎72 01 58；www.youthhostels.lu；国际青年旅舍会员铺/标单/双€21.20/36.20/53.40，非会员€24.20/39.20/60；⏲前台8:00~10:00和17:00~22:00；🅿🚭📶）租到，该旅舍位于小镇以南2公里处的一座湖边国家公园内。要去那儿的话，应该向西南方向走800米抵达消防站（从卢森堡市开往埃希特纳赫的110路公车

Centre de Secours站），再向前往Rodenhof（Roudenhaff）的方向（东南）走1.2公里就是。111路公交车（55分钟，每小时1班）走另外一条路线去卢森堡市，途经Berdorf。

摩泽尔河谷（Moselle Valley）

在摩泽尔河（Moselle River）陡峭上升的河岸上，覆盖着大片修剪整齐的葡萄园，那里出产卢森堡温润的雷司令葡萄（riesling）、果香浓郁的雷瓦娜葡萄（rivaner）以及上好的科瑞芒气泡酒（crémant）。在规模庞大的伯纳德·马萨尔酒窖（Caves Bernard-Massard；☎75 05 45 1；www.bernard-massard.lu；8 Rue du Pont；团队游成人/儿童/卢森堡一卡通€7/4/免费；⏲4月至10月9:30~18:00）可以品尝各种美酒，位于中心的格雷文马赫（Grevenmacher）有频繁出发的酒庄游，全程历时20分钟，有多国语言讲解并且十分幽默有趣。门外的Enner der Bréck公交站点有从卢森堡市Rue Heine开来的130路公车（55分钟，每小时1或2班）。

从格雷文马赫的蝴蝶花园（Butterfly Garden）可租到Rentabike Miselerland（www.entente-moselle.lu/rentabike-miselerland；每天€10，卢森堡一卡通免费）的自行车，你可以沿着河边骑自行车经过其他几个酒庄。归还自行车的站点在雷米希（Remich）长途汽车站，那里有175路公车返回卢森堡市。

生存指南

ℹ 出行指南

签证

申根签证（见1302页）适用。可在www.vfs-be-cn.com/china/index.aspx了解申请比利时申根签证的详细信息。

货币

➡ 银行的汇率通常要比外汇兑换处（exchange bureaux，荷兰语称为wisselkantoren，法语称为bureaux de change）好一些，但常常只提供给本行客户，特别是在卢森堡。

➡ 自动柜员机到处都有，但通常都隐藏在银行大楼里。

➡ 餐厅服务生和出租车司机不需要给小费：账单里通常包括了服务费和税。

➡ 在比利时，比利时富通银行（BNP Paribas Fortis）的自动柜员机可以用银联卡直接取现（带IC芯片的银联卡暂不支持）。卢森堡暂时不能用银联卡取现。两国均可以用银联卡在有银联标志的特约商户刷卡消费。

使领馆

所有的大使馆都被列在www.diplomatie.belgium.be/en和www.mae.lu两个网站上。

中国大使馆（☎02-771 2038；be.chineseembassy.org/chn/；443-445 Ave. de Tervuren, 1150 Woluwe Saint-Pierre）

旅游信息

每个主要城市的青年旅舍都会免费提供信息量丰富的地图，也可以从网站www.use-it.travel上下载。

活动

在地形较平坦的**佛兰德**（www.fietsroute.org），**自行车**是很普遍的日常交通工具，而且很多路上都有专用的自行车道。在位于丘陵地带的**瓦隆**（www.wallonie.be），山地自行车更加适合（VTT）。

阿登的**独木舟**和**皮划艇**是最好的选择，但不要期待任何程度的急流。

当地旅游局办事处有许多有关骑行路线的信息，并出售地方**徒步**地图。

营业时间

下列营业时间都是旺季的。许多针对游客的店铺会在淡季缩短营业时间。

银行 周一至周五9:00~15:30，卢森堡的银行周六早上照常营业

法式啤酒馆 11:00至深夜

夜店 周五至周日23:00至次日6:00

小酒馆和咖啡馆 营业至次日1:00或更晚

餐馆 11:30~14:30和18:30~22:30

商店 周一至周六10:00~18:00，部分商店午餐时段关门；比利时的多数商店周日休息

超市 周一至周六9:00~20:00，部分周日也营业

节假日

学校假期为7月至8月（卢森堡要稍微晚一

点)；11月初的一周；圣诞节两周；狂欢节左右一周(2月/3月)；复活节两周；还有5月(Ascension，耶稣升天节)的一周。

公共节假日如下：

新年 1月1日

复活节星期一(Easter Monday)3月/4月

劳动节 5月1日

耶稣升天节(Ascension Day)复活节后第40天

圣灵降临节(Whit Monday)复活节后第七个周一

国庆节(卢森堡)6月23日

佛兰德社区节(Flemish Community Festival)7月11日(仅在佛兰德)

国庆节(比利时)7月21日

圣母升天节(Assumption)8月15日

法语社区节(Francophone Community Festival)9月27日(仅在瓦隆)

万圣节(All Saints' Day)11月1日

休战纪念日(Armistice Day)11月11日(仅在比利时)

德语社区节(German-Speaking Community Festival)11月15日(仅在东部)

圣诞节 12月25日

住宿

旅游信息中心通常会免费协助游客预订住宿。

住宿类型

民宿 当地人自家的客房(gastenkamers/chambres d'hôtes)非常便宜并舒适，不过有些民宿的价格和精品酒店一样(双人间高达€160)。如果你至少多住一天的话，每个房间的价格通常都可以减少€10左右。

住宿价格区间

除了青年旅舍和特别说明的情况，价格指带有独立卫浴的双人间。这里指的是旺季价格，在布鲁日、伊珀尔和阿登是5月至9月，而在商业城市则是9月至次年6月。布鲁塞尔和卢森堡的高端商务酒店通常会在周末和夏天大幅度打折。

€ 低于€60

€€ €60~140

€€€ 高于€140

国家速览

面积 30,278平方公里(比利时)，2586平方公里(卢森堡)

首都 布鲁塞尔(比利时)，卢森堡市(卢森堡)

国家代码 ☎32(比利时)，☎352(卢森堡)

货币 欧元(€)

紧急情况 ☎112

语言 荷兰语、法语、德语、卢森堡语

现金 自动柜员机广泛分布，银行周一至周五营业

签证 适用申根签证

露营 有许多地方可以露营，尤其是在阿登。具体的列表请参阅www.campingbelgique.be(瓦隆)、www.camping.be(佛兰德)和www.camping.lu(卢森堡)。

假日别墅 假日别墅(gîtes)在瓦隆(www.gitesdewallonie.be)和卢森堡(www.gites.lu)很容易租到，但都有最少入住天数的要求，并且在所列价格的基础上还会有一大笔"清洁费"。

青年旅舍 宿舍铺位的价格一般为€20~26，布鲁日的会便宜一些。国际青年旅舍(HI hostels，荷兰语称为jeugdherbergen，法语称为auberges de jeunesse)都隶属于**国际青年旅舍联盟**(Hostelling International；www.youthhostels.be)，会员入住可以便宜€3，而且有些旅舍会给26岁以下的客人便宜€2。价格通常包括床单和一顿简单的早餐。记得阅读入住条例。

短租公寓 可以上网预订，网站包括www.airbnb.com和www.wimdu.com。

电话

- 直接拨打整串号码，没有区域代码。
- 比利时的国际电话代码是☎1234，卢森堡的是☎12410。

网络资源

比利时(www.belgiumtheplaceto.be)

佛兰德(www.visitflanders.com)

卢森堡(www.ont.lu)

瓦隆(www.wallonia.be)

到达和离开

飞机

布鲁塞尔机场（Brussels airport，简称BRU；www.brusselsairport.be）是比利时最主要的长途运输门户。廉价航空公司**瑞安航空**（Ryanair；www.ryanair.com）和**威兹航空**（Wizz Air；www.wizzair.com）停靠在名字具有误导性的**布鲁塞尔—南沙勒罗瓦机场**（Brussels-South Charleroi Airport），该机场实际上位于布鲁塞尔以南55公里、残败的后工业城市沙勒罗瓦（Charleroi）以北6公里（布鲁塞尔以南1小时车程）处。这些廉价航空提供前往多个欧洲目的地的便宜航班。

卢森堡机场（www.lux-airport.lu）与欧洲多个目的地相连。**易捷航空**（www.easyjet.com）就有前往伦敦盖特威克机场的廉价航班。

陆路

长途汽车

欧洲巴士（见131页）运营从布鲁塞尔和安特卫普开往东欧各城市的长途汽车。

欧洲巴士（www.eurolines.eu）是一个遍及全欧洲的长途汽车网络。必须提前预订。虽然在比利时的9个城市都有站点，但只在布鲁塞尔、安特卫普、根特和列日设有售票处。

经过当地的实用国际线路包括德帕内—敦刻尔克（De Panne-Dunkerque）和卢森堡市—特里尔（Luxembourg City-Trier）。

小汽车和摩托车

- 过境通常不受限制。
- 柴油比无铅汽油便宜一些。两者在卢森堡都要更便宜些，那里的价格几乎是整个西欧最便宜的。
- 和在法国一样，靠右行驶。
- 高速公路免费通行，比利时的限速为120公里/小时，卢森堡限速130公里/小时。
- **EuroStop**（www.eurostop.be；每100公里€4）EuroStop把付费的搭便车乘客与国际长途司机搭配在一起。

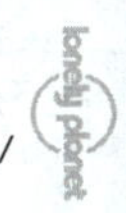

特色饮食

比利时著名的窖藏啤酒（例如Stella Artois）和白啤酒（Hoegaarden）如今已是世界名牌。但真正令啤酒鉴赏家垂涎欲滴的是那浓烈、馥郁的“修道院”啤酒（abbey beer，最初是在修道院内酿造的）和“特拉比斯特啤酒”（Trappist beer，至今仍由修道士酿造）。Chimay、Rochefort、Westmalle和Orval等几家酿酒厂是最出名的。但是对啤酒狂热分子来说，最好的还是极为罕见的Westvleteren XII啤酒。

在比利时和卢森堡就餐是一件很美好的事情，这里的饭菜据说有法国菜的质量和德国菜的分量。经典的家常菜肴包括：

- **Chicons au gratin** 火腿卷菊苣，用奶酪/贝夏梅尔调味酱烹制而成。
- **Filet américain** 美式菲力；一团生牛肉馅，通常会配生蛋黄。
- **Judd mat gaardebounen** 熏猪颈，卢森堡国菜；熏猪颈配奶油底酱汁，加大块马铃薯和蚕豆。
- **Kniddelen** 饺子。
- **Mosselen/moules** 贻贝配薯条；热气腾腾的大锅带壳贻贝，通常用白葡萄酒烹制，以大量的薯条做配菜。
- **Paling in' t groen** 绿鳗鱼，菠菜酱汁配鳗鱼。
- **Stoemp** 蔬菜土豆泥菜肴。
- **Vlaamse stoverij/carbonade flamande** 啤酒炖牛肉，啤酒打底的肉砂锅，口味半甜。
- **Waterzooi** 蔬菜炖鱼；奶油汤底炖鸡或炖鱼。

就餐价格区间

餐厅主菜的平均价格：

€ 低于€15

€€ €15~25

€€€ 高于€25

火车

与相邻国家之间有很不错的火车线路。

从布鲁塞尔坐高速列车，2.5小时内可达阿姆斯特丹、巴黎、科隆和伦敦。列日、卢森堡市和安特卫普也在国际高速铁路线上。这些线路必须预订座位，如果你想避开这类列车，可以选择途经图尔奈（Tournai）抵达法国。

完整的列车时刻表和国际预订内容，参见www.belgianrail.be或www.cfl.lu。

火车优惠卡适用于标准列车乘坐高速线路的话会有额外费用，其中包括开往伦敦和里尔（Lille）的**欧洲之星**（Eurostar; www.eurostar.com）、开往阿姆斯特丹和巴黎的**大力士**（Thalys; www.thalys.com），还有开往阿姆斯特丹的**Fyra**（www.b-europe.com）。

ICE（www.db.de）有高速列车往返于布鲁塞尔—列日—亚琛—科隆—法兰克福（3.25小时），同时**TGV**（www.sncf.com）有线路发往众多法国目的地，但是会绕过巴黎。

如果要避免高速列车的额外费用，有实用的"普通"过境列车，包括列日—亚琛、图尔奈—里尔、安特卫普—罗森达尔（Rosendaal，前往阿姆斯特丹）以及卢森堡—特里尔线路。

海路

P&O（www.poferries.com）运营泽布吕赫（Zeebrugge）至赫尔（Hull）的路线。在英国乘船的旅客，单程票价为£120。全程14个小时，需过夜。

当地交通

自行车

在平坦的佛兰德骑自行车游览是一个很不错的选择，在喧嚣的布鲁塞尔或是崎岖不平的瓦隆地区就没那么理想了。比利时乡间布满了自行车路线，并且大多数旅游办事处都出售实用的地方自行车地图。

➡ 在大多数主要火车站附近都可以租到自行车。布鲁塞尔、安特卫普、那慕尔（Namur）和卢森堡市有自行车短途租用服务项目。

➡ 在卢森堡，把自行车带上火车是免费的。在比利时，需要在火车票以外再支付€5（单程）或€8（全天）。一些繁忙的市中心火车站不允许带自行车上火车。

公共汽车和有轨电车

比利时的地方公共汽车和铁路网络结合得很好，但是在乡村搭乘较短距离的车需要等待较长的时间。在布鲁塞尔和安特卫普，在地下行驶的有轨电车被称为"premetro"。

小汽车和摩托车

➡ 高速公路免费通行。

➡ 大部分城镇的限速是50公里/小时（学校附近为30公里/小时），城镇之间的公路限速为70~90公里/小时，比利时和卢森堡高速公路上的限速分别为120公里/小时和130公里/小时。

➡ 最高的合法血液酒精含量为0.05%。

➡ 在机场和主要的火车站都有租车服务，通常市中心租车办事处的价格会便宜一些。

从比利时发车的欧洲巴士长途客车

线路	标准票价（€）	UPER-PROMO票价（€）	时长（小时）	班次
布鲁塞尔—阿姆斯特丹	20	9	3.5~4.5	每天多达9班
布鲁塞尔—法兰克福	46	24	6	每天2班
布鲁塞尔—伦敦	51	9	6（白天），8.5（夜晚）	每天2班
布鲁日—伦敦	48	9	4.25	每周4班，假日每天1班
布鲁塞尔—巴黎	34	19	4	每天10班

出租车

出租车通常必须提前预约，但是在中央火车站附近有排队载客的出租车。打表的价格含小费和税。

火车

NMBS/SNCB（比利时铁路；☎02-528 28 28；www.b-rail.be）NMBS/SNCB的火车全程禁烟。有一种很超值的车票，叫作"B-Excursion"，是一日旅游票，价格包括往返火车票及一些景点的门票。周末往返票从周五19:00开始到周日晚间有效，只比一张单程票贵20%，但是在工作日，一张往返票的价格是单程票的两倍。

波斯尼亚和黑塞哥维那

包括 ➡

最佳餐饮

- Mala Kuhinja（见162页）
- Hindin Han（见168页）
- Park Prinčeva（见162页）

最佳住宿

- Muslibegović House（见167页）
- Colors Inn（见161页）
- Shangri-La（见167页）
- Hotel Lula（见160页）

为何去

这片美丽峻峭的地方，仍保留着令人心痛的20世纪90年代内战的伤疤和遗迹。但是今天，关于波斯尼亚和黑塞哥维那（波黑），游人们记得最多的是波黑人深沉朴实的温情和那东西方文化交融的氛围，而这种氛围来自奥斯曼帝国历史和奥匈帝国历史的浑然融合。

波黑最主要的卖点是重生的古老中心萨拉热窝和莫斯塔尔，这里既有整修过的历史建筑，也有时尚的酒吧和提供Wi-Fi的咖啡馆。迷人的萨拉热窝拥有建筑瑰宝，砖瓦顶的房子从河流两岸拔地而起，无数宣礼塔掩映其间。莫斯塔尔以其超凡脱俗的16世纪拱形石桥闻名世界，石桥两边是可爱的磨坊餐厅，构成一幅优美的画卷。这个城镇坐落在黑塞哥维那艳阳高照的葡萄酒产区腹地，附近有瀑布流水、一座河畔的苏非派清真寺和一座奥斯曼时代的堡垒。

何时去

萨拉热窝

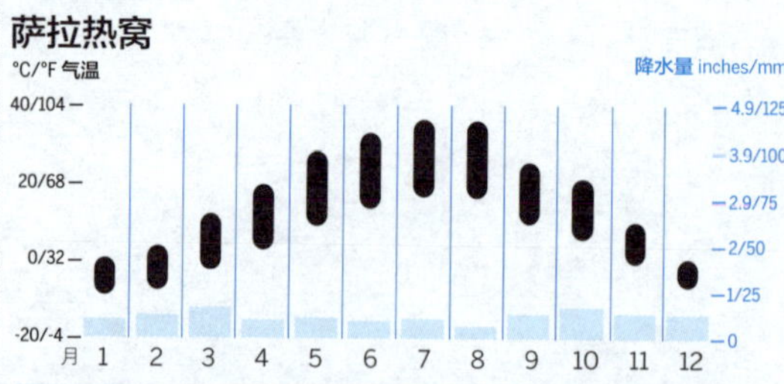

4月至6月和10月 避开酷暑，特别是当你在莫斯塔尔探索黑塞哥维那时。

7月和8月 住宿都已爆满，城市在夏日骄阳下烤得嗞嗞作响。

1月中旬至3月中旬 新年假期过后，滑雪会便宜很多。

波斯尼亚和黑塞哥维那亮点

❶ 在古老的**萨拉热窝**（见156页），徜徉于时间仿佛静止的土耳其和奥地利时代的人行道。

❷ 在感人至深的**隧道博物馆**（见159页）寻找20世纪90年代内战的希望和恐怖。

❸ 在莫斯塔尔的老城区四处探寻最好的角度，拍摄年轻男子从华丽重建的**莫斯塔尔古桥**（见165页）上一跃而下的身影。

❹ 从莫斯塔尔前往**Kravice瀑布**（见168页）和黑塞哥维那的其他宝地，来一场丰富多彩的一日游。

萨拉热窝
(SARAJEVO, SARAJERO)

☎033 / 人口 419,000

首都的中心老城区有一抹突厥风情，狭窄的巴扎小巷和众多16世纪30年代奥斯曼建筑令游客赏心悦目。奥匈帝国对波斯尼亚的兼并历史在周围成群的新摩尔人（neo-Moorish）的中欧建筑上体现得很明显，尤其是最近重建的市政厅。1914年斐迪南大公（Archduke Franz Ferdinand）就是从这里返回时被刺杀的。萨拉热窝的枪声最终导致了第一次世界大战爆发。

这座城市的北边和南边都是陡峭的山谷侧壁，有很多红屋顶的波斯尼亚住宅，数不清的宣礼塔刺向青翠的山脊。西边是绵延10公里的平淡而忙碌的萨拉热窝新城（Novo Sarajevo）以及沉闷无味的Dobrijna区。在这里，一排排阴郁的公寓楼上仍然留着20世纪90年代南斯拉夫内战留下的弹孔，在长达4年的残酷围攻中，首都数百年宗教和谐的历史烟消云散。许多团队游仍然以内战恐怖为主题，不过这座城市已经恢复了以往的安宁和美丽。

景点和活动

老萨拉热窝 (Old Sarajevo)

巴斯卡加（Baščaršija） 地区

萨拉热窝熙熙攘攘的老城区巴斯卡加（Baščaršija，发音为“bash-CHAR-shi-ya”）是个令人愉悦的地方，铺着大理石板的步行庭院和小巷到处都是由奥斯曼时代的清真寺、铜匠铺、珠宝商店、商队旅馆（caravanserai）改造的咖啡馆，还有诱人的小餐厅。从1891年的眺望台风格的装饰喷泉Sebilj开始探索，它位于中央的“鸽子广场”（“Pigeon Sq”）上。

弗朗茨·斐迪南遇刺处 古迹

（Franz Ferdinand’s Assassination Spot; Obala Kulina Bana和Zelenih Beretki交叉路口）1914年6月28日，奥匈帝国哈布斯堡王朝的王位继承人弗朗茨·斐迪南大公被18岁的加夫里洛·普林西普（Gavrilo Princip）枪杀。作为第一次世界大战爆发的导火索，这次刺杀是一系列奇怪的巧合综合作用的结果，事件就发生在如今萨拉热窝1878~1918年博物馆（Sarajevo 1878-1918 museum）门外的一个街角。

Bezistan 建筑

（vakuf-gazi.ba/english/index.php/objects/ottoman-era/bezistan-tasli-han; ⏲周一至周五8:00~20:00，周六 9:00~14:00）这座巴扎有一个建于16世纪的石头穹顶，长度只有100米多一点，但置身其间，你会觉得仿佛来到了伊斯坦布尔。这里有50多家商店，大部分出售平价纪念品、围巾、便宜的手包和山寨太阳镜。

萨拉热窝市政厅 建筑

（Sarajevo City Hall; Vijećnica; www.nub.ba; 成人/儿童 2马克/免费; ⏲周一至周五 8:00~17:00）童话般的新摩尔人式的外立面让1898年建成的市政厅（Vijećnica）成为萨拉热窝最美丽的奥匈时代建筑。在20世纪90年代

旅行线路

三天

在莫斯塔尔的老城区游荡，找一家可俯瞰著名古桥的餐厅吃晚餐。第二天坐早班火车到萨拉热窝。参加免费的步行团队游，感受老城区的氛围，并在可俯瞰全城景色的Park Prinčeva吃晚餐。第三天前往萨拉热窝南郊的历史博物馆和隧道博物馆。

五天

在三天旅行线路的基础上增加一天的莫斯塔尔远郊一日游，前往充满历史感的Počitelj、古雅的布拉加伊（Blagaj）和令人难忘的Kravice瀑布。在萨拉热窝巴斯卡加（Baščaršija）的商队旅馆喝咖啡，并将你的足迹延伸到弗拉特尼克（Vratnik）的斯沃兹诺宅邸（Svrzo House）和令人着迷、游客稀少的城堡区。

的围攻中严重受损，如今已得到精心重建并在2014年重新开放。现在唯一的展品是关于这座建筑历史的少数照片，但五彩缤纷的多拱内部结构和彩色玻璃天花板完全能值回票价。

加齐-胡色雷贝清真寺 清真寺

(Gazi-Husrevbey Mosque; www.vakuf-gazi.ba; Saraći 18; 门票 2马克; ⏲5月至9月 9:00至正午、14:30~15:30和17:00~18:15，斋月期间不开放) 波斯尼亚的第二任奥斯曼总督加齐-胡色雷贝 (Gazi-Husrevbey) 拨款修建了许多华丽的16世纪建筑，这座1531年的清真寺是其中最伟大的杰作。从外面看上去似乎有些平淡，但它拥有一个美丽的庭院喷泉、一座高45米的宣礼塔和比例精当的内部结构。

萨哈特库拉钟楼 塔

(Sahat Kula; 紧邻Mudželeti Veliki) 这座建于1529年的优雅石头塔楼有一个带阿拉伯数字的半速19世纪祈祷钟。每天都要对时，当指针指向12点时，正好处于黄昏。

德斯皮卡博物馆 博物馆

[Despića Kuća; ☎033-215531; muzejsarajeva.ba; Despićeva 2; 成人/儿童 3/1马克，导游 5马克; ⏲周一至周五 10:00~18:00 (冬季 至16:00)，周六 10:00~15:00] 德斯皮卡博物馆是萨拉热窝市区幸存下来的最古老的住宅建筑之一，不过你很难从沉闷乏味的立面上看出这一点。然而走进里面就会发现，它是房子中的房子，建于1780年的部分甚至保存着石头窗台上的监狱风格铁栅。

★萨拉热窝美术学院 建筑

(Academy of Fine Arts Sarajevo; Likovna Akademija; www.alu.unsa.ba; Obala Maka Dizdara 3) 哥特复兴风格的萨拉热窝美术学院最初建于1899年时是一座福音派教堂，拥有一个精美的外立面，看起来像是布达佩斯宏伟的议会大楼的缩小版。里面有一个小型画廊Alu Gallery，有时会举办展览。

弗拉特尼克及周边 (Vratnik & Around)

如果你想探索这座城市便于进入同时游客又较少的部分，可以尝试沿着（有时是陡峭的）小巷走到老城中心的北部和东部。

★斯沃兹诺宅邸 博物馆

[Svrzo House; Svrzina Kuća; ☎033-535264; muzejsarajeva.ba; Glođina 8; 门票 3马克; ⏲周一至周五 10:00~18:00 (10月中旬至次年4月中旬 至16:00)，周六 10:00~15:00] 这座18世纪的宅邸兼博物馆拥有刷得洁白的墙壁、铺着鹅卵石的庭院和垂着葡萄藤的深色木藤架。斯沃兹诺宅邸在重建后再放光彩，那些适度得体的装饰，向游客们展现了萨拉热窝过去的生活场景。

弗拉特尼克 (Vratnik) 地区

弗拉特尼克城堡建于18世纪20年代并在1816年得以加固，曾经围合着整个上城区。如今留存下来的只有残垣断壁、军事遗迹和警卫室。市区游客很少，有很多小清真寺和有砖瓦屋顶的房子，而且这里还有几个非常棒的观景点。先花3马克坐出租车到充满涂鸦的Bijela Tabija堡垒观景点上（或者乘坐52路或55路公共汽车至Višegradski Kapija警卫室），然后步行返回。

黄色堡垒 古迹

(Yellow Bastion; Žuta Tabija; Jekovac bb) 免费 在上弗拉特尼克 (upper Vratnik) 至工匠墓地 (Kovaći Cemetery) 的途中，一个简易的夏日咖啡馆将桌椅摆放在这座城堡堡垒上的大树之间。从这里能够俯瞰布满红色屋顶的城市风景。

伊泽特贝戈维奇博物馆 博物馆

(Izetbegović Museum; www.muzejalijaizetbegovica.ba; Ploča bb; 门票 2马克; ⏲周一至周五 10:00~18:00，周六 至15:00) 位于两座18世纪30年代的石头塔楼中，由一段从前的城墙连接，这个只有两个展厅的博物馆描述了20世纪90年代冲突的时代背景，以及波黑的第一任总统阿利雅·伊泽特贝戈维奇 (Alija Izetbegović) 在"拯救"这个国家的过程中发挥的作用。

萨拉热窝新城 (Novo Sarajevo)

要去历史博物馆的话，应该乘坐3路电车，当你看到非常棒（遗憾的是，仍然关闭）的国家博物馆 (National Museum) 时下车。

Central Sarajevo 萨拉热窝市中心

200 m
0.1 miles
BJELAVE
BAŠČARŠIJA
Svrzo House 斯沃兹诺宅邸
去 Izetbegović Museum 伊泽特贝戈维奇博物馆(130m)
去 Yellow Bastion 黄色城堡(200m)
Baščaršija Tram Stop
Sebilj
Catholic Cathedral 天主教堂
Orthodox Cathedral 东正教堂
National Bank Building 国家银行大楼
Trg Oslobođenja
Gajev Trg
Latin Bridge
Atmejdan Park
Austrijski Trg
Miljacka River 米里雅茨河
去 Colors Inn (350m); Caffe 35 (1.5km); 火车站(1.7km); 汽车总站(1.8km)
去 History Museum 历史博物馆(1.4km);
去 Park Prinčeva (800m)
Maršala Tita
Mula Mustafe Bašeskije
Ferhadija
Obala Kulina Bana
Obala Isa-bega Ishakovića
Hamidije Kreševljakovića
Zelenih Beretki
Branilaca Sarajeva
Mehmed Paše Sokolovića
Josipa Štadlera
Safet Bega Bašagiča
Sagrdžije
Čekaluša
Tina Ujevića
Kovaćeva
Ludvigekube
Dola
Kevrin Potok
Sepetarevac
Mejtaš
Buka
Hadži Sulemanov
Ivana Cankara
Sarač Ismailova
Nikole Kašikovića
Pehlivanuša
Muse Ćazime Ćatića
Protoklinica
Pruscakova
Mehmeda Spahe
Alije Isakovića
Dalmatinska
Kulovića
Čemaluša
Šenoina
Radićeva
Čobanija
Skenderija
Gimnazijska
Štrosmajerova
Ćumurija
Saliha Muvekita
Sime Milutinovića
Petrakijina
Koturova
Mulabdića
Jelića
Logavina
Na Varoši
Hrgića
Glođina
Kečima
Čemerlina
Piruša
Abdesthana
Kasima Efendije Dobrače
Patke
Očaktanum
Džina
Mlini
Ploča
Širokac
Jekovac
Kovači
Kraćule
Telali
Sarači
Kazazi
Bazerdžani
Čurčiluk Veliki
Kundurdžiluk
Aščiluk
Bravadžiluk
B Fincija
Konak
Isevića
Dugi Sokak
Talirovića
Šahinaginca
Megara
Franjevačka
Bistrik
A B C D E F G
1 2 3 4
1 2 3 4 5 6 7 8 9 10 11 12 13 14 15 16 17 18 19 20 21 22 23 24 25 26 27 28 29 30 31 32 33 34 35 36 37 38 39 40 41 42 43 44 45

Central Sarajevo 萨拉热窝市中心

重要景点
1 斯沃兹诺宅邸 E1

景点
2 萨拉热窝美术学院 A4
3 巴斯卡加 F2
4 Bezistan E3
5 德斯皮卡博物馆 D3
6 弗朗茨·斐迪南遇刺处 E3
7 加齐-胡色雷贝清真寺 E3
8 Pyramid of the Sun Foundation F3
9 萨哈特库拉钟楼 E2
10 萨拉热窝市政厅 G3

活动、课程和团队游
11 Insider E3
12 Sarajevo Funky Tours E2

住宿
13 Franz Ferdinand Hostel D2
14 Hostel For Me E2
15 Hotel Central D3
16 Hotel Latinski Most E4
17 Hotel Lula F2
18 Hotel Michele B1
19 Hotel Safir F1
20 Residence Rooms D3
21 Villa Wien E3

就餐
22 Barhana E2
23 Buregdžinica Bosna F3
24 Dveri E2
25 Hodžić 2 F3
26 Inat Kuća G3
27 Mala Kuhinja A1
28 Morića Han E2
29 Mrkva F3
30 Pivnica HS F4
31 Željo E3

饮品和夜生活
32 Cafe Barometar B3
33 Čajdžinica Džirlo F2
34 Cheers D3
35 Dekanter A3
36 Kuća Sevdaha F3
37 Pink Houdini B3
38 Sloga A2
39 Zlatna Ribica B2

娱乐
40 Underground B3

实用信息
41 萨拉热窝旅游协会 F2

交通
42 Gir C3
43 去弗拉特尼克的52和55路小型公共汽车 F2
44 103路电车总站 E4
45 Viječnica长途汽车站（31E公共汽车） G2

电车行驶的路线是Zmaja od Bosne——这座城市宽阔的东西方向大动脉，它在20世纪90年代的围攻中得到一个"狙击手小巷"的名字，因为当平民试图穿过这条街时，隐蔽在周围小山上的塞尔维亚枪手会对他们开枪。

历史博物馆 博物馆

（History Museum；☎033-226098；www.muzej.ba；Zmaja od Bosne 5；门票 5马克；⏲周一至周五 9:00~19:00，周六和周日 10:00~14:00，冬季开放时间缩短）历史博物馆规模虽小，但引人入胜，有一半展览空间都在"不带意识形态地"描述20世纪90年代的战争冲突。令人动容的个人化展品包括粮食援助样品、大堆垄断风格的20世纪90年代第纳尔和围困时期的临时的"家"。博物馆建于20世纪70年代的建筑至今仍留有被战争破坏的伤痕，更强化了展览的悲情效果。

布特米尔和伊利扎 (Butmir & Ilidža)

驶离巴斯卡加大约35分钟后，3路电车抵达伊利扎（Ilidža），它的西端终点站。隧道博物馆就位于终点站东南方向大约3公里处，乘坐打表出租车需要大约8马克。或者从电车终点站换乘前往Kotorac的32路公共汽车（10分钟）。在最后一站下车，走过Tilava桥，然后立即向左拐，沿着Tuneli街步行500米。这班公共汽车在工作日每小时2班，但在周日只有每90分钟1班，所以从伊利扎步行过来还要快一点。许多城市团队游包括隧道博物馆在内，可以帮你免去奔波的麻烦。

★隧道博物馆 博物馆

（Tunnel Museum；Tunel Spasa；tunelspasa.

ba; Tuneli bb 1; 成人/学生 10/5马克; ⊙9:00~17:00, 最迟进馆时间16:30, 11月至次年3月 至15:30) 作为萨拉热窝众多20世纪90年代战争体验"景点"中最震撼心灵的一个, 这个不可错过的博物馆的亮点及其存在的理由是一小段位于机场跑道下方的1米宽、1.6米深的人工挖掘隧道。在1992~1995年萨拉热窝被塞尔维亚族武装围城期间, 它是这座城市通向外部世界的生命线。

团队游

许多公司经营出入萨拉热窝的一系列团队游, 很多路线都包括公共交通难以到达的隧道博物馆。可靠的运营商包括 **Sarajevo Funky Tours** (☎062 910546; www.sarajevofunkytours.com; Besarina Čikma 5) 和 **Insider** (☎061 190591; www.sarajevoinsider.com; Zelenih Beretki 30; ⊙周一至周五 9:00~18:00, 周六和周日 9:30~14:00), 后者还提供只需支付小费的步行团队游, 每天16:30从它的办事处兼博物馆门外发团。

节日和活动

萨拉热窝电影节 电影节

(Sarajevo Film Festival; www.sff.ba; ⊙8月中旬) 在这一全球闻名的电影盛事期间, 整座城市都变身为一场盛大派对, 会有无数音乐会, 许多酒吧把柜台搬到街上营业。

住宿

青年旅舍以惊人的速度增加, "派对街"及其附近有一些很棒的选择。

Hostel For Me 青年旅舍 €

(☎062 328658, 033-840135; www.hostelforme.com; 4th fl, Prote Bakovica 2; 铺/早餐 €10/3; ❄📶) 萨拉热窝新开的青年旅舍中条件最好的一家, 就位于老城区内, 不过有点隐蔽, 要爬四层楼。但爬楼是值得的, 这里有宽敞的上下铺、带锁的大柜子、一个体面的休息区和带两张桌子的厨房, 可以俯瞰老城屋顶至加齐-胡色雷贝清真寺的美丽风景。

Franz Ferdinand Hostel 青年旅舍 €

(☎033-834625; franzferdinandhostel.com/; Jelića 4; 铺19~27马克, 双 62~82马克; ⊙24小时; ❄@📶) 巨大的黑白照片和地板上的时间轴记录了萨拉热窝"一战"历史相关的人物和场景。上下铺都有专用的电源插座和充足的头顶空间, 舒适且极具风格的厨房兼休息室的设计能够促进旅行者之间的交流和对话。

政治实体和地区

波斯尼亚和黑塞哥维那 (波黑) 的区别有些令人费解。从地理上说, 波斯尼亚位于北部, 而黑塞哥维那 (发音是her-tse-GO-vina) 位于南部, 不过波斯尼亚人 (Bosnian) 则指任何拥有波黑国籍的人 (而"Bosniak"专指穆斯林波斯尼亚人, 而简单地归纳起来, 波斯尼亚克罗地亚人是天主教徒, 而波斯尼亚塞尔维亚人是东正教徒)。

因此存在两个相当不同的政治"实体"。波黑南部和中部大部分地区属于**波斯尼亚和黑塞哥维那联邦** (Federation of Bosnia & Hercegovina), 联邦内有10个州 (5个由穆斯林波斯尼亚人管理, 3个由波斯尼亚克罗地亚人管理, 2个是"混合州")。与此同时, 大部分北方地区及其弧形周边地区[远至特雷比涅 (Trebinje)]组成半自治的**斯普斯卡共和国** (Republik Srpska, 简称RS; 又称波黑塞族共和国)。这里生活的主要是塞尔维亚人, 但当然不在塞尔维亚境内。然后还有不合常规的**Brčko区**, 它不属于上述的任一政治实体。糊涂了吗?

Residence Rooms 青年旅舍 €

(☎033-200157, 061 159886; www.residencerooms.ba; 1st fl, Muvekita 1; 铺 25~30马克, 标单/双/三 50/80/90马克; ❄@📶) 这里有高高的天花板和间距宽敞的宿舍床铺, 还有20世纪30年代风格的休息室, 里面摆着一架钢琴, 座位充足。门外就有一家充满活力的酒吧, 这是好是坏要取决于你是否是个派对狂。

★ **Hotel Lula** 酒店 €€

(☎033-232250; www.hotel-lula.com; Luledžina 14; 标单/双/三 €35/60/80; ❄📶) 这

家可爱的酒店有7间客房，立面的设计与其老城的地理区位十分和谐，地下餐厅区甚至还有一个迷你"村舍"。客房舒适而现代，不过大多数房间都相当小：有一个房间还有檐口，减少了头顶空间。性价比不错。

Villa Wien 客栈 €€

（☎033-972800，062 416507；www.villa-wien.ba；Ćurčiluk Veliki 3；标单/双 103/146马克；⏲7:00~22:00；❄📶）6间设施齐全的客房搭配木雕家具、镶木地板上的基里姆地毯、铸铁床头板和漂亮的枝形吊灯。墙壁有部分裸露的砖木截面，令人心动的小细节包括熨斗和提前装有免费软饮料的冰箱。没有前台：在楼下的Wiener Café关门（22:30）之前办理入住。

Hotel Latinski Most 酒店 €€

（☎033-572660；www.hotel-latinskimost.com；Obala Isabega Isakovića 1；标单/双/三 117/158/178马克，淡季 99/138/158马克）这家舒适的酒店是"一战"狂热爱好者的理想住处，他们可以从河对岸直接看到弗朗茨·斐迪南的遇刺地点。3间较小的客房有小阳台可以满足他们这一心愿，而且房间的双层玻璃有效地阻隔了街道的噪声。

Hotel Safir 酒店 €€

（☎033-475040；www.hotelsafir.ba；Jagodića 3；标单/双 €50/72，淡季房价 €35/60；❄📶）对这个价位来说，这家酒店竞争力十足。楼梯装饰着五彩缤纷的花卉照片，8间客房有小镜子"窗户"，还有大花洒淋浴、咖啡、热水壶和（大部分房间配备了的）小厨房，免费瓶装矿泉水，甚至还有一小束花。24小时入住，前台人员非常友好。

Hotel Michele 精品酒店 €€€

（☎033-560310；www.hotelmichele.ba；Ivana Cankara 27；标单/双 €55/65，公寓 €120~150；❄📶）这个标新立异的客栈兼酒店位于一座庞大的联排别墅后面，将你迎进一间漂亮的大厅兼休息室，里面满是带框的肖像和优雅的摆设。12间崭新的标准化客房里有很多古董效果的元素，但是将社会名流如摩根·弗里曼（Morgan Freeman）和凯文·史派西（Kevin Spacey）等人吸引到这里来的是宽敞豪华、配置古董家具（只是有时会张冠李戴）的公寓。

★ Colors Inn 商务酒店 €€€

（☎033-276600；www.hotelcolorsinnsarajevo.com；Koševo 8；标单/双 162/212马克起；P❄📶）现代主义的白、灰、绿黄色装潢配以20世纪萨拉热窝的巨幅黑白照片，创意十足。37间舒适且极具时尚感的客房配备热水壶、咖啡和一枚（或三枚）费列罗巧克力。丰盛的自助早餐在24小时营业的地下餐厅享用，餐厅设计得好像一片风格化的桦树林。多付20马克就能住大得多的"豪华"间。

Hotel Central 酒店 €€€

（☎033-561800；www.hotelcentral.ba；

值得一游

全世界最大的金字塔？

Visoko位于萨拉热窝西北方向30公里处，是一个生产皮革的小镇，本来没有什么吸引人的地方，但这里有一座形状奇异的山丘被一位波斯尼亚裔美国人盯上了，这位印第安纳·琼斯式的研究者Semir Osmanagić宣称它是**"全世界最大的金字塔"**（Piramida Sunca；www.piramidasunca.ba）。Osmanagić还宣称**Tunnel Ravne**（导览团队游 每人10马克；⏲4月中旬至11月 9:00~17:45）是一座拥有1.2万年历史的地下迷宫。

这些观点已经被欧洲考古学家协会（European Association of Archaeologists）驳斥为"跟真正的科学毫不相干"的"弥天大谎"，但这并没有阻碍游客和志愿者的脚步。

如果你想一探究竟的话，**Pyramid of the Sun Foundation**（☎061 994821，033-259935；www.bosnianpyramidofthesun.com；Bravadžiluk 17；门票免费，团队游 1/2/5人 110/120/125马克；⏲夏天 10:00~22:00，冬天 11:00~19:00）会组织萨拉热窝外的团队游，你也可以乘坐萨拉热窝至Kakanj的公共汽车（至少每小时1班）自己前往Visoko，花费很低。

Ćumurija 8；标单/双/套 200/240/300马克；❄📶🏋）在巨大的奥匈风格立面后，这家经过华丽装修的"酒店"的大部分空间实际上是一个三层健身房，有专业的标准力量训练室、桑拿房和一个巨大的游泳池，并配备了专业的健身教练。15间巨大的、装修时尚的客房都位于一条粉刷成深紫色的走廊里。

✕ 就餐

在Bradžiluk或附近的Kundurdžiluk，你可以找到便宜的快餐：**Buregdžinica Bosna**（Bravadžulik；250克一份 2~3.50马克；⏲7:00~23:00）按重量出售的新鲜burek（酥皮肉饼）很不错，价格也便宜。当地人常常争论到底哪家的ćevapi（圆柱状肉丸）最好吃：是**Hodžić**（Sebilj Sq；ćevapi 3~6马克，kajmak 1.5马克；⏲8:00~23:00）、**Mrkva**（www.mrkva.ba；Bravadžulik 15；ćevapi 3.5马克起；⏲8:00~22:00），还是**Željo**（Kundurdžiluk 17 & 20；ćevapi 3.5~10马克，kajmak 1.5马克；⏲8:00~22:00）呢？

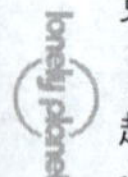

Barhana 比萨、波斯尼亚菜 €

[Đugalina 8；主菜 5~10马克，牛排 18~20马克，比萨 5~12马克，啤酒/rakija（水果白兰地）2/3马克；⏲10:00至午夜，厨房 至23:30]这家餐厅价格相当合理，再加上迷人的半木村舍小屋装修风格，魅力难挡。店内最醒目的是巨大的比萨烤炉和开放式厨房，半遮在酒瓶和蜡烛的收藏品后面。

★ Mala Kuhinja 创意菜 €€

（☎061 144741；www.malakuhinja.ba；Tina Ujevića 13；素食/鸡肉/牛肉/惊喜 餐 12/17/22/25马克，葡萄酒 每杯/瓶 6/30马克；⏲周一至周六10:00-23:00；厨房在21:30左右停止运营；📶🍷）由从前的电视明星大厨经营，这里的新颖概念是服务员忘掉餐单，而只是问你喜欢什么和不喜欢什么。辣的？素菜？无谷蛋白？没问题。收到这些信息之后，厨师团队就开始在开放式厨房里施展烹饪魔法了。超棒！

Dveri 欧洲菜 €€

（☎030-537020；www.dveri.co.ba；Prote Bakovića 12；餐 10~20马克；⏲8:00~23:00；📶📋）这是个深受旅客欢迎的乡村村舍小吃馆，墙上挂满了大蒜环、玉米穗，窗户均挂着条形窗帘。除了经典的欧洲肉类菜肴，还有意大利墨鱼汁调味饭、素食酿茄子和大蒜葡萄酒烹乌贼。

Pivnica HS 各国风味 €€

（☎033-239740；www.sarajevska-pivara.com；Franjevačka 15；意大利面6~10马克，主菜10~20马克，啤酒 2马克起；⏲10:00至次日1:00，厨房 10:30至午夜）狂野西部酒吧，慕尼黑小酒馆，拉斯维加斯幻想还是韦利·旺卡的巧克力工厂？无论你怎么形容它的装修，Pivnica HS都是一个充满生气的地方，可以舒心地享用完美呈现的（主要是肉类）菜肴。这里也是品尝Sarajevskaya全系列鲜扎啤（隔壁酿造）的好地方。推荐尝试少见的原浆啤酒。

Morića Han 波斯尼亚菜 €€

（☎033-236119；Saraći 77；主菜 8~17马克，茶/咖啡 1.5/2马克；⏲8:00~23:00）在这个华丽古老的商队旅馆庭院里，你可以安坐在配有垫子的藤椅中，一棵树会为你挡住阳光；或者在夜晚前来，灯和灯笼在悬挂的织物和木梁之间闪烁着魔幻的光芒。菜单上的特色是经典的波斯尼亚家常菜，包括klepe——一种能杀死吸血鬼的大蒜馅水饺。有咖啡区，但不提供酒精饮料。

Inat Kuća 波斯尼亚菜 €€

（Spite House；☎033-447867；www.inatkuca.ba；Velika Alifakovac 1；主菜8~15马克，牛排 25马克；⏲10:00~22:00；📶）这是萨拉热窝典型的奥斯曼帝国风格的建筑，是个名副其实的博物馆，有一个位于中央的石头水槽、一盒古董枪和一些精美的金属掐丝灯笼。用青灰色陶罐呈上一系列波斯尼亚特色菜，玻璃面的展示桌中还装有当地传统珠宝。

Park Prinčeva 巴尔干菜、欧洲菜 €€€

（☎033-222708；www.parkprinceva.ba；Iza Hidra 7；餐 16~32马克；⏲9:00~23:00；🚌56）这家位于半山腰的餐厅值得从Latinski Most酒店坐3.5公里出租车前来，在这里能俯瞰绝美的城市风景，博诺（Bono）和比尔·克林顿（Bill Clinton）也这么干过。从一侧开放的露台看过去，市政厅被漂亮地框在山顶、清真寺和闪烁的灯光之间。装饰着枝形吊灯的主用餐室内有一架白色钢琴，民歌三重唱从19:30开始表演。

饮品和娱乐

萨拉热窝充满了迷人的酒吧和小酒馆，还有很棒的咖啡馆，可以享用咖啡、蛋糕、冰激凌和水烟（narghile）。

★ Zlatna Ribica 酒吧

（Kaptol 5；啤酒/葡萄酒 4/5马克起；⌚9:00至次日1:00或更晚）这个安静的小酒吧拥有宏伟的外观，有一种令人兴奋的古怪感。一系列古董收藏和低劣的仿品混在一起，映衬在一面很大的新艺术风格镜子中，增添了一种低调的幽默感。

Cheers 小酒馆、比萨

（Muvekita 4；啤酒/比萨 2.50/5.50马克起；⌚24小时）寻找伦敦双层巴士，然后返回街角寻找萨拉热窝市中心最历久弥坚的酒馆，当大多数其他酒馆都已经关门的时候，这里还播放着音乐，旅行者们喝得歪歪扭扭。

Cafe Barometar 酒吧

（www.facebook.com/CafeBarometar; Branilaca Sarajeva 23；⌚8:00至午夜）这个咖啡馆兼酒吧就像来自赫伯特·乔治·威尔斯（HG Wells）的《时间机器》（*Time Machine*）一样，到处都是转盘、管道和机轴、压缩机和潜水艇部件拼成的古怪家具。

Pink Houdini 酒吧

（www.facebook.com/JazzBluesClubPinkHoudini; Branilaca Sarajeva 31；淡爽啤酒/黑啤酒 3/3.50马克；⌚24小时）萨拉热窝相对少见的24小时酒吧之一，这家奇特的地下室爵士乐酒吧在周五和周日22:00有现场表演。

Dekanter 葡萄酒吧

（☎033-263815; Radićeva 4；⌚周一至周六 8:00至午夜，周日 正午至午夜）这个葡萄酒吧拥有大约60种来自当地和世界各地的葡萄酒，天花板上交缠的葡萄藤上垂下滤酒器形状的装饰物。

Caffe 35 酒吧

（Avaz Twist Tower, 35th fl；咖啡/蛋糕/啤酒 2/3/4马克，三明治 3~5马克；⌚8:00~23:00）如果你在等火车的话，有什么地方会比位于“巴尔干半岛第一高楼”35层的咖啡馆更好呢，从这里可以俯瞰全城美景，而且距离火车站只有3分钟的步行路程。

Čajdžinica Džirlo 茶室

（www.facebook.com/CajdzinicaDzirlo; Kovači 16；茶 4.50~6马克，咖啡和冰冻果子露 3马克；⌚8:00~22:00）很小但充满个性，供应45种茶，许多是用独特的波斯尼亚香草制作的，装在可爱的小茶壶里。

Kuća Sevdaha 咖啡馆

（www.artkucasevdaha.ba/en/; Halači 5；茶/咖啡/冰冻果子露 2/2/3马克起；⌚10:00~23:00）在这里，你可以呷一口波斯尼亚咖啡、杜松冰冻果子露、玫瑰水或香草茶，吃着当地的甜点，听着思维达（sevdah；传统波斯尼亚音乐）抑扬顿挫的韵律。环绕咖啡馆喷泉庭院的古建筑如今是一座博物馆，纪念20世纪伟大的思维达演奏家（门票 3马克，周二至周日 10:00~18:00开放）。

Sloga 夜店

（www.cinemas.ba; Mehmeda Spahe 20；⌚21:00至次日5:00）这个洞穴似的夜店迪斯科舞厅面向许多容易兴奋的客人，主要是学生群体。周一晚上有拉丁舞；周二是派对夜；周五是迪斯科；周六是现场音乐。至少原则上是这样。最低消费标准适中，啤酒便宜。

Underground 现场音乐

（www.facebook.com/undergroundclubsarajevo; Maršala Tita 56；啤酒 3马克；⌚19:00至深夜）在周五和周六晚上，知名乐队会在这间中等大小的地下室演出场所举行经典摇滚歌曲的翻唱音乐会。有时周四也有演出。

实用信息

Destination Sarajevo（www.sarajevo.travel）这个网站有很详细的列表和信息。

Kapitals（Bascarsija 34；佣金 2%，最小额度 2马克；⌚9:00~23:00）市中心很有用的外币兑换处，经营至深夜。

萨拉热窝旅游协会（Sarajevo Tourism Association; www.sarajevo-tourism.com; Sarači 58；⌚周一至周五 9:00~20:00，周六和周日 10:00~18:00，随

波斯尼亚和黑塞哥维那与20世纪90年代的冲突

直到今天，波斯尼亚和黑塞哥维那（波黑）仍然留有20世纪90年代内战的深深伤痕，这场冲突始于后铁托时代的南斯拉夫解体。看似非常简单，核心冲突是波斯尼亚人、塞尔维亚人和克罗地亚人的地域争端。由此引发的这场战争后来常被描述成“民族战争”，但实际上所有参战方都是斯拉夫人，差异只在于（一般都已世俗化的）宗教背景。实际上，许多穆斯林波斯尼亚人（Bosniaks）、塞尔维亚人（东正教徒）和克罗地亚人（天主教徒）已经通婚或者是亲朋好友。然而，一场残酷且极为复杂的内战还是爆发并持续了将近4年，参战方都犯下了残忍的暴行。

最广为人知的是发生在波黑北部和东部的“民族”清洗运动，目的是建立一个塞尔维亚共和国。与此同时在莫斯塔尔，波斯尼亚克罗地亚人和穆斯林波斯尼亚人在所谓的“前线”交火，克罗地亚人的炮击最终摧毁了这座城市举世闻名的古桥。萨拉热窝遭受长期围困，而在1995年7月，监控斯雷布雷尼察（Srebrenica）“安全”区的荷兰维和人员也没能阻止一股波斯尼亚塞尔维亚武装屠杀大约8000名穆斯林男人，这是欧洲“二战”后最恶劣的大规模屠杀。到这一阶段，克罗地亚人重新恢复了他们的攻势，驱逐了波黑西部和克罗地亚克拉伊纳地区（Krajina）的塞尔维亚人。

1995年9月，北约持续两周的空袭加上最后通牒迫使塞尔维亚人解除了对萨拉热窝的围困，参战方在美国俄亥俄州的代顿（Dayton）坐下来开始和谈。和谈结果维持了波黑战前的国境线，但将国家划分为半自治的“政治实体”和若干州以平衡“种族”敏感。该方案成功维持了脆弱的和平，但战争导致的复杂政治结构致使官僚层级冗杂，经济发展停滞。

季节变化）有用的游客信息中心。

到达和离开

长途汽车

萨拉热窝的**长途汽车总站**（☎033-213100；www.centrotrans.com；Put Života 8；⏰6:00~22:00）位于火车站旁，有多趟班车开往莫斯塔尔（18马克，2.5小时），每天还有几辆班车开往克罗地亚的萨格勒布（Zagreb）和斯普利特（Split），还有清晨开往杜布罗夫尼克（Dubrovnik；克罗地亚）和贝尔格莱德（Belgrade；塞维利亚）的班车。还有另外5趟前往贝尔格莱德的长途汽车从不便利的远离市区的**萨拉热窝东站**[East Sarajevo（Lukovica）Bus Station, Autobuska Stanica Istočno Sarajevo；☎057-317377；www.balkanexpress-is.com；Nikole Tesle bb；⏰6:00~23:15]发车，该车站离无轨电车103路或31E路公共汽车的西端终点站400米远。该汽车站还有长途汽车发往黑山的波德戈里察（Podgorica）和新海尔采格（Herceg Novi）。

火车

莫斯塔尔 11马克，2.75小时，6:51和18:57发车。

萨格勒布（克罗地亚） 61马克，9小时，途经巴尼亚卢卡（Banja Luka），10:46发车。

去布达佩斯（匈牙利）的话，应该在萨拉热窝东站乘坐12:30的汽车抵达贝尔格莱德（到达时间20:00），然后在那里换乘21:45的过夜火车（卧铺票1960第纳尔，即€17，8.25小时）。

当地交通

抵离机场

从机场至巴斯卡加12公里，乘坐出租车的花费是20马克左右。

最近的前往市中心的公交车站距离航站楼约700米：走出机场，向右拐，沿着黑底的“Hotel”标识向前走；在第一个路口向左拐，然后先右再左再右绕过Hotel Octagon，在Braće Mulića 17再向右拐；最后在Mercator大卖场（Mimar Sinana 1）的前面穿过马路，就可以坐上无轨电车103路朝你刚过来的方向开过去。

自行车出租

Gir（☎033-213687；www.gir.ba；Zelenih Berekti 14a；每小时/天/5天 城市自行车 3/15/25马克，山地车 4/20/35马克起；⏰周一至周六 10:00~18:00，周日 11:00~17:00）自行车出租、出售和维修。

公共交通

公共汽车、有轨电车或无轨电车的单程车票从售票亭购买的话票价是1.60马克，上车从司机手中购票票价是1.80马克。上车后必须盖章验票。

出租车

Paja Taxis（☎1522，033-412555）可靠的出租车公司，价格按路程计算，起步价是2马克，每公里收费约1马克。

莫斯塔尔（MOSTAR）

☎036 / 人口113,200

莫斯塔尔拥有一个经历大规模重建的迷人的老城区，闻名世界的16世纪石桥是这里的主要亮点，黄昏的时候，众多磨坊餐厅的灯光在小河流水间闪烁着。在离中心区远一些的地方，分散着一些支离破碎的建筑空壳，是20世纪90年代波黑分裂战争的见证。四周阳光明媚的黑塞哥维那乡村出产优质葡萄酒，还有一系列好玩的一日游景点。

景点和活动

莫斯塔尔古桥（Stari Most） 桥梁

举世闻名的古桥是莫斯塔尔无可争议的视觉焦点。它的浅色石拱恢宏地映衬在金色的落日余晖或夜晚韵味十足的泛光灯照明中。这座石拱桥最初是在苏莱曼大帝的命令下于1557~1566年修建的。原桥于1993年被炸毁，目前的桥体是2004年重建的，古意盎然，极为逼真。很多位置极佳的咖啡馆和餐厅都在引诱你坐下来好好品味这幅美丽的画面。

大桥跳水（Bridge Diving） 表演

每到夏天，就有年轻男子从高20米的莫斯塔尔古桥护栏上跳进下面的河水中。这不是自杀尝试，而是专业的运动——观众可以捐赠表演费。胆子大的游客可以亲身体验，但要支付50马克并进行简短的训练。在Bridge-Divers' Clubhouse咨询并仔细听取他们的建议：跳水姿势不当会造成致命伤害。

弯桥 桥梁

（Crooked Bridge; Kriva Ćuprija）外形很像莫斯塔尔古桥但更加微型，袖珍型的弯桥横跨在小小的Rabobolja溪上，周围有很多风景优美的磨坊餐厅。

卡伊塔兹宅邸 博物馆

（Kajtaz House; Gaše Ilića 21; 门票 4马克; ⏲4月至10月 9:00~19:00）莫斯塔尔最具历史意义的古宅卡伊塔兹宅邸藏身于高墙之后，曾是为一位16世纪土耳其法官修建的一座宅邸的闺房部分。内部收藏了很多珍品文物，这栋宅子仍属法官后人所有。

土耳其住宅 住宅

（Turkish House, Bišćevića Ćošak; Bišćevića 13; 成人/学生 4/3马克; ⏲4月中旬至10月 8:30~18:30，冬季仅开放团队游）Bišćevića Ćošak建于1635年，是极少数维持本来面貌的传统土耳其宅邸之一。紧邻小小的入口庭院，三间房装饰得五彩缤纷，有毯子、金属器具和木雕家具。

西班牙市场（Spanski Trg） 地区

20多年前，克罗地亚人和波斯尼亚人的武装隔着"前线"互相炮击对方，这条前线就是Bulevar和Alese Šantića St一线。直到今天，西班牙市场周边还有几座满是弹痕的废弃建筑空壳矗立在原地，最著名的是曾经叫**Ljubljanska Banka**（Kralja Zvonimira bb）的那座三角形九层大楼。

团队游

有几个家庭寄宿型的青年旅舍提供声誉不错的莫斯塔尔古城步行团队游和/或前往布拉加伊（Blagaj）、默主歌耶（Međugorje）、Počitelj和Kravice瀑布的全天团队游（约€30）。

i-House Travel 旅行社

（☎063 481842, 036-580048; www.ihouse-mostar.com; Oneščukova 25; ⏲3月至12月 10:30~19:30，旅游旺季 10:00~22:00）拥有多种充满想象力的小型团队游项目（最少2人成团），包括夜晚酒庄品酒之旅（4小时）和"南斯拉夫之死"团队游（2小时，包括一个"秘密"基地），还可以玩滑翔伞（€35）和漂流（€35）。

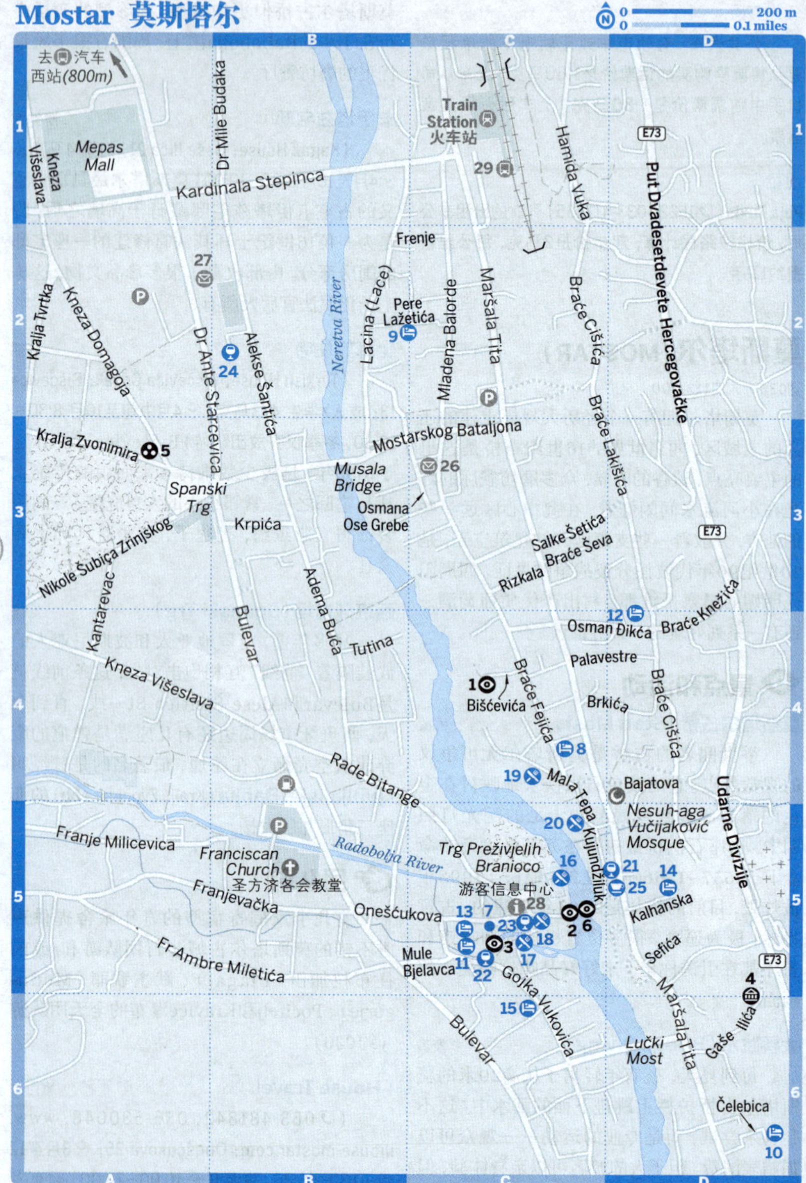

住宿

这里有很多小型青年旅舍，不过有些地方在11月至次年4月不营业。

Backpackers 青年旅舍 €

（☎036-552408，063 199019；www.backpackersmostar.com；Braće Felića 67；铺/双/三€10/30/45；）有很多时髦的涂鸦，休息区的音乐播放至深夜，这是莫斯塔尔的派对

Mostar 莫斯塔尔

景点

1 土耳其住宅 C4
2 大桥跳水 C5
3 弯桥 C5
4 卡伊塔兹宅邸 D5
5 Ljubljanska Banka塔楼遗迹 A3
6 莫斯塔尔古桥 C5

活动、课程和团队游

7 i-House Travel C5

住宿

8 Backpackers C4
9 Hostel Majdas B2
10 Hostel Nina D6
11 Kriva Ćuprija 1 C5
12 Muslibegović House D4
13 Pansion Oskar C5
14 Shangri-La D5
15 Villa Anri C6

就餐

16 Babilon C5
17 Hindin Han C5
18 Šadrvan C5
19 Tepa Vegetable Market C4
20 Urban Grill C5

饮品和夜生活

21 Ali Baba D5
22 Black Dog Pub C5
23 Caffe Marshall C5
24 OKC Abrašević B2
25 Terasa D5

实用信息

26 波斯尼亚邮局 C3
27 克罗地亚邮局 A2
28 游客信息中心 C5

交通

29 长途汽车总站 C1

青年旅舍。位于主街道一个商店的楼上，现在还很小，不过老板Ermin有一个很大的扩张计划。

Hostel Nina 青年旅舍 €

（☎061 382743；www.hostelnina.ba；Čelebica 18；铺/双 无卫生间 €10/30；❄@）这是一家很受欢迎的家庭旅馆，老板娘讲一口流利的英语，作为战争幸存者的老板曾经是一位勇敢的跳桥者，他们家经常组织地区性的团队游。

Hostel Majdas 青年旅舍 €

（☎061 382940；www.facebook.com/HostelMajdasMostar；Pere Lažetića 9；铺 20~23马克；❄@📶）莫斯塔尔狂热旅行者的最佳住处，这里如今有一个供应早餐的花园，还有一只可爱的猫咪。这里还组织莫斯塔尔周边多地点的经典一日游，由经理兼导游Bata带队。

Pansion Oskar 客栈 €

（☎061 823649，036-580237；Oneščukova 33；标双/三 €45/60，淡季 €35/50，标单/双/三/四 无浴室 €20/30/50/60起；❄📶）正位于历史中心区，实际上是两套家庭住宅，楼下有一家让人赏心悦目的露天花园酒吧兼餐厅。9间客房的大小和设施标准差异很大。

★**Muslibegović House** 历史酒店 €€

（☎036-551379；www.muslibegovichouse.com；Osman Đikća 41；标单/双/套 €60/90/105；⏲博物馆 4月中旬至10月中旬 10:00~18:00；❄📶）在夏天，游客们需要支付4马克来参观这个美丽的17世纪末奥斯曼花园住宅（1871年扩建），它也是一个非常迷人的精品酒店。房间大小和风格差异很大，既有很棒的现代浴室，也有传统波斯尼亚、土耳其甚至摩洛哥的设计元素。

★**Shangri-La** 客栈 €

（☎061 169362；www.shangrila.com.ba；Kalhanska 10；标双 4月至10月中旬 €41~55，标单/双 10月中旬至次年3月 €35/39；P❄📶）在仿19世纪风格的立面后有8间舒适怡人的现代客房，设施条件比莫斯塔尔的大多数酒店都好。步行3分钟，走过一些被战争破坏的老建筑就能抵达莫斯塔尔古桥，环境很安静。

Kriva Ćuprija 1 精品酒店 €€

（☎036-550953；www.hotel-mostar.ba；房间 70~130马克，公寓 100~180马克；❄📶）位于老城区的绝佳位置，舒缓的流水潺潺之声和装备精良的客房，所有一切都精妙地融合在这片磨坊建筑里。

Villa Anri 酒店 €€

（☎036-578477；www.motel-mostar.com；Braće Đukića 4；标单/双/三/四 €35/40/60/80，旺季 标双/三/四 €70/95/115；P❄📶）这是一家新开业的四层酒店，最大的亮点是从屋顶平台上可以俯瞰莫斯塔尔古桥的优美景色。两间小而舒适的客房也有同样的景色可赏，不过大多数其他房间更宽敞一些，有现代的浴室，且颇具艺术品位——有些饶有趣味，有些则相当怪异。

就餐

河岸边有很多能欣赏莫斯塔尔古桥美景的咖啡馆和餐厅。在Mala Tepa以及中央主商业街Braće Fejića沿线，你会找到一些超市，一个**蔬菜市场**（⏲6:30~14:00），还有几个价格便宜的波斯尼亚小吃店，提供ćevapi和其他波斯尼亚小吃。

★ **Hindin Han** 巴尔干半岛菜 €€

（☎036-581054；Jusovina bb；主菜 7~20马克，葡萄酒 每升15马克；⏲11:00~23:00；📶）Hindin Han是一座得以重建的历史性建筑，旁边有一条小溪，溪上优雅地架着几层露台。当地人认为这里的食物比大多数其他旅游餐厅的都好。我们尝试的带馅鱿鱼（13马克）烹制得恰到好处，而且加了很多配菜。

值得一游

莫斯塔尔周边

莫斯塔尔的很多旅行社和青年旅舍都会在一日游中囊括下列地方：

布拉加伊（Blagaj）一个村庄，标志性景点是一座半木结构的苏非派清真寺（tekija），旁边就是从悬崖洞穴中奔涌而出的Buna河，蓝绿色的河水美得不真实。

Počitelj 一座地形陡峭的奥斯曼时代堡垒村庄，是波黑最美丽的建筑群之一。

默主歌耶（Međugorje）朝圣者的虔诚和天主教的媚俗神奇地融合在一起，据说1981年圣母玛利亚曾在这里现身过好几次。

Kravice瀑布 波黑的迷你型尼亚加拉瀑布，高25米。有些团队游活动会在这里留给你几个小时，让你在天然水池里游个痛快。

Šadrvan 巴尔干半岛菜 €€

（Jusovina 11；主菜 7~25马克；⏲8:00~23:00，1月关门歇业）位于拥有葡萄藤和绿树荫凉的一个街角，从莫斯塔尔古桥延伸过来的步行道在这里分叉。这个游客最爱的餐厅令人愉悦，餐桌环绕着一个用旧式土耳其风格金属工艺制造的流水喷泉。服务员身穿制服，可以解释菜单上用各种食材制作的菜肴，还能照顾某些素食者的需求。不含肉的đuveč（8马克）吃起来像是炖菜盖饭。

Babilon 巴尔干半岛菜 €€

（Tabhana；主菜 8~20马克；⏲夏天 9:00~22:00，冬天 11:00~16:00）有巨大的露台，可以看到河对岸的老城以及莫斯塔尔古桥的风景。

Urban Grill 波斯尼亚菜 €€

（Mala Tepa 26；主菜 8~27马克；⏲周一至周六 8:00~23:00，周日 9:00~23:00）从街上看，这里像是一个稍微高档点的波斯尼亚快餐厅。不过菜式很多样，而且最大的亮点是有7张餐桌的低层露台，可以饱览出乎意料的绝佳古桥美景。

饮品和夜生活

Black Dog Pub 小酒馆

（Crooked Bridge；啤酒/葡萄酒 2/4马克起；⏲10:00至深夜）这里是莫斯塔尔老城最好的酒馆，有4种自酿生啤，周一晚上有酒水优惠时段和现场音乐表演。

Caffe Marshall 酒吧

（Oneščukova bb；⏲8:00至次日1:00）这个像小盒子一样的酒吧在天花板上挂着乐器，常常是古桥区域活动到最晚的地方。

Terasa 咖啡馆

（Maršala Tita bb；咖啡 2马克起；⏲由天气决定）6张桌子以各种全新的角度放置在空旷露台上，下面是奥斯塔尔古桥和老城区的塔楼。从MUM旁边进来，穿过Atelje Novalić艺术工作室小小的屋顶花园即达。

OKC Abrašević 酒吧

（☎036-561107；www.okcabrasevic.org；Alekse Šantića 25；咖啡/啤酒 1/2马克；⏰9:00至午夜）这家低调且烟雾缭绕的酒吧是莫斯塔尔最有活力的另类场所，而且还有小众的现场演出。它藏身于从前“前线”上的一个没有标志的庭院里。

Ali Baba 酒吧

（Kujundžiluk；鸡尾酒 10马克；⏰6月至9月24小时，10月 7:00~19:00，冬天停业）在粗糙的岩石上挖一个洞，加上音乐节奏和鲜艳的低照明灯光，就是这个难得一见的派对酒吧。一条滴水的隧道通向Maršala Tita上的第二个入口。

ℹ 实用信息

波斯尼亚邮局（Bosniak Post Office；Braće Fejića bb；⏰周一至周五 8:00~20:00，周六 8:00~15:00）

克罗地亚邮局（Croat Post Office；Dr Ante Starčevića bb；⏰周一至周六 7:00~19:00，周日9:00至正午）

游客信息中心（Tourist Information Centre；☎036-397350；Preživjelih Branioco Trg；⏰5月至9月 9:00~19:00，10月至次年4月 关闭）信息有限，提供城市团队游服务（25马克）。

ℹ 到达和当地交通

长途汽车

长途汽车总站（main bus station；☎036-552025；Ivana Krndelja Trg）位于火车站旁边，每天有6班车开往萨拉热窝、斯普利特和萨格勒布，此外还有早上发往贝尔格莱德、新海尔采格、科托尔（Kotor）和维也纳的班车。去往杜布罗夫尼克有直达客车（38马克，4.5小时），每天7:00和10:00发车，或者你也可以坐每天3班前往迷人的特雷比涅（Trebinje；21马克，4小时）的班车，那里每天10:00有一班车开往杜布罗夫尼克（周日除外）。还有三趟前往斯普利特的班车从Mepas Mall以外800米的**汽车西站**（Western Bus Station；☎036-348680；Autobusni Kolodvor；Vukovarska bb）发车。

国家速览

面积 51,129平方公里

首都 萨拉热窝

国家代码 ☎387

货币 可兑换马克（KM，BAM）

紧急情况 救护车☎124，火警☎123，警察☎122

语言 波斯尼亚语（48%）、塞尔维亚语（37%）和克罗地亚语（14%）的口语都是同一种语言的变形

现金 接受维萨卡（Visa）和万事达卡（MasterCard）的自动柜员机分布广泛

人口 379万（237万位于联邦，133万位于波黑塞族共和国，93,000位于Brčko）

签证 中国大陆旅行者持普通护照可免签入境，每180天停留不超过90天

火车

萨拉热窝 11马克，2.25小时，7:05和19:10发车

萨格勒布 74.60马克，13.25小时，7:05发车

生存指南

ℹ 出行指南

营业时间

银行 周一至周五 8:00~18:00，周六 8:30~13:30

办公时间 周一至周五 8:00~16:00

餐馆 11:30~22:30，随顾客需求变动

商店 每日8:00~18:00

住宿价格区间

除非是青年旅舍或另作说明，否则下列价格范围是指旺季（6月至9月）带独立卫浴和早餐房间的价格。

€ 低于80马克

€€ 80~190马克

€€€ 高于190马克

就餐价格区间

下列价格范围指的是餐厅主菜的平均价格：

€ 低于10马克

€€ 10~25马克

€€€ 高于25马克

上网

大多数酒店和某些咖啡馆提供免费Wi-Fi。

网络资源

波黑旅游（BiH Tourism；www.bhtourism.ba）

波斯尼亚研究所（Bosnian Institute；www.bosnia.org.uk）

高级代表办事处（Office of the High Representative；www.ohr.int）

货币

波斯尼亚可兑换货币马克（KM或BAM，发音为kai-em或maraka）与欧元挂钩，汇率约为1欧元=1.96马克。对于小额购买，许多商业场所可接受欧元，并对顾客略微优惠，采用1：2的汇率。

邮局

波黑有三套平行的邮政系统，各自发行各自的邮票：**BH Pošta**（波黑联邦；www.posta.ba）**Pošte Srpske**（波黑塞族共和国；www.postesrpske.com）和**HP Post**（克罗地亚族地区和莫斯塔尔西部；www.post.ba）。

节假日

全国性节假日：

新年 1月1日

独立日 3月1日

五一国际劳动节 5月1日

国家日（National Statehood Day）11月25日

波黑联邦的节假日：

伊斯兰宰牲节（Kurban Bajram，Islamic Feast of Sacrifice）2016年9月11日，2017年9月1日

开斋节（Ramazanski Bajram；斋月结束）2016年7月7日，2017年6月26日，2018年6月15日

格里高利复活节 2016年3月28日，2017年4月17日，2018年4月2日

格里高利圣诞节 12月25日

波黑塞族共和国的节假日：

东正教复活节（Orthodox Easter）4月/5月

东正教圣诞节（Orthodox Christmas）1月6日

旅行安全

波黑2.4%的地区仍然有地雷和大量未引爆的弹药（见www.bhmac.org）。在相关地区，只走柏油路、水泥路或者有人走过的路。不要进入被战争破坏的建筑探索。

签证

大多数欧洲国家、澳大利亚、加拿大、以色列、日本、马来西亚、新西兰、新加坡、韩国、土耳其和美国公民在波黑境内停留90天内免签。2018年5月29日，中国与波黑互免持普通护照人员签证协议正式生效。中国持普通护照人员因旅游、商务、探亲、过境等短期事由前往波黑，每180天可免签停留不超过90天。

使领馆

中国驻波斯尼亚和黑塞哥维那大使馆（☎00387 33 262 110；ba.chineseembassy.org；Braće Begić 17, Sarajevo）

波斯尼亚和黑塞哥维那驻华大使馆（☎0086 10 6532 6587；www.bhembassychina.com；北京亮马河南路14号，塔园外交人员办公楼1-5-1）

汇率

人民币	CNY1	BAM0.27
港币	HKD1	BAM0.23
新台币	TWD1	BAM0.05
澳门元	MOP1	BAM0.22
新加坡元	SGD1	BAM1.28
美元	USD1	BAM1.76
欧元	EUR1	BAM1.96

ℹ 到达和离开

大约10个航空公司有航班往返于萨拉热窝小而紧凑的**国际机场**（Aerodrom；www.sia.ba；Kurta Šchorka 36；⏰23:00至次日5:00关闭）。

塞尔维亚航空公司（Air Serbia；☎033-289 265；www.airserbia.com）的航班来自或途经贝尔格莱德，连接Banja Luka。

Mistral Air（www.mistralair.it）运营在莫斯塔尔和罗马之间往来的季节性航班。

特色饮食

- **Bosanski Lonac** 一种火锅，把蔬菜和肉放在里面慢慢煮熟。
- **Burek** 波斯尼亚的Burek是一种圆柱形或螺旋形的酥皮肉饼。Sirnica是内塞奶酪，krompiruša内塞土豆，zeljanica 内塞菠菜，这些馅饼统称为pita。
- **Ćevapi（Ćevapčići）** 圆柱状的肉丸子，一般同融化的kajmak（半发酵奶油）一起放在新鲜面包里食用。
- **Hurmastica** 糖浆浸泡的海绵手指蛋糕。
- **Pljeskavica** 肉饼形状的Ćevapi。
- **Kajmak** 浓稠的半酸奶油。
- **Klepe** 三角形小水饺，吃的时候淋一些黄油、胡椒和蒜末调制的调料。
- **Kljukuša** 土豆、面团和牛奶烹制的菜肴，做成馅饼的样子，吃的时候切成块。
- **Ligne** 鱿鱼。
- **Pastrmka** 鳟鱼。
- **Rakija** 格拉巴酒（Grappa）或水果白兰地。
- **Ražnijići** 烧烤肉串。
- **Sogan Dolma** 慢火烤肉末煨洋葱。
- **Sač** 使用装满焦炭的金属罩子的传统烹饪技术。
- **Sarma** 米饭和肉包裹在卷心菜或其他绿叶菜里蒸制而成的菜叶包。
- **Tufahija** 整只炖苹果加上核桃馅料。
- **Uštipci** 烤面包味的油炸果子。

波黑城市有很多国际长途汽车（尤其是前往贝尔格莱德、杜布罗夫尼克、慕尼黑、斯普利特、维也纳和萨格勒布的），但唯一的国际列车是每天一班的萨格勒布—萨拉热窝—莫斯塔尔线路。

英 国

包括 ➡

最佳传统英式小酒馆

- Star Inn（见213页）
- Bear Inn（见216页）
- Old Thatch Tavern（见218页）
- Blue Bell（见223页）
- Café Royal Circle Bar（见234页）

最佳博物馆

- 维多利亚和阿尔伯特博物馆（见184页）
- 阿什莫林博物馆（见214页）
- 国家铁路博物馆（见222页）
- 凯尔文格罗夫美术馆和博物馆（见236页）
- 科学博物馆（见185页）

为何去

很少有地方能像英国一样把这么丰富的历史、文化遗产和风景塞进如此小的一块地方。12小时，是你从英国的一端到另一端所需要的时间，但你也可以花一生去探索——从巨石阵（Stonehenge）到埃夫伯里（Avebury）这样的古代遗迹，从雄伟的中世纪威斯敏斯特教堂和坎特伯雷座堂到布莱尼姆城堡（Blenheim Palace）和霍华德城堡（Castle Howard）这样宏伟的乡村别墅。

从某种意义上说，英国不是一个国家，而是三个。虽然它们并不总是融洽相处，但英格兰、威尔士和苏格兰之间的反差使这里变得值得一游。此外，还有连绵起伏的乡村、庄严的城市、世界级的博物馆和国家公园等待你来探索，由此我们可以说，英国真的是欧洲最不可错过的目的地之一。英国并不是所有时间都在下雨——但即便如此还是要带上伞和雨衣，因为它们肯定会派上用场。

何时去

伦敦

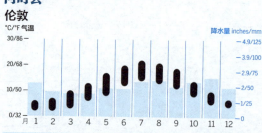

°C/°F 气温

降水量 inches/mm

30/86
20/68
10/50
0/32

4.9/125
3.9/100
2.9/75
2/50
1/25
0

月 1 2 3 4 5 6 7 8 9 10 11 12

复活节至5月 游客较少，特别是巴斯、约克和爱丁堡这样的热门地区。

6月至8月 天气最好，但是海岸和国家公园人满为患。

9月中至10月 价格下降，而且此时的天气很棒。

旅行线路

一周

短短七天，你可到达的区域大概仅限于英格兰。前三天在伦敦观光，然后前往**牛津**玩一天，接着在**巨石阵**和历史悠久的**巴斯**各待一天，最后一天返回伦敦。

两周

接着第一周的旅行线路，但是第七天不返回伦敦，而是向北来到**埃文河畔斯特拉特福**缅怀莎士比亚。继续向北，到**湖区**游览一天，然后在苏格兰的首府**爱丁堡**玩两天。前往**尼斯湖**一日游后，返回英格兰，在**约克**和**霍华德城堡**度过两天。接下来，返回伦敦，途中在**剑桥**逗留一天。

英格兰(ENGLAND)

英格兰是构成大不列颠的三部分中面积最大的，提供很多诱人的精彩旅行体验，从伦敦活色生香的戏剧舞台和牛津古老的学院，到坎特伯雷和约克的宏伟大教堂以及湖区的美景，不一而足。

伦敦(London)

人口7,510,000

每个来到伦敦的人都怀着一种预想：被各种书籍、电影、电视节目和流行歌曲塑造的先入之见。无论你的预想是什么样的，都会被这座有趣的城市戳个粉碎。它的街道充满了令人着迷的历史、壮观的艺术、高耸的建筑和流行文化。再加上毫无保留的酷劲儿，不得不说伦敦的确是世界上最伟大的城市之一，或许是独一无二的城市。

唯一的缺点是不断增加的旅行成本：无论你如何精打细算，伦敦都算得上是游客消费水平最高的欧洲城市。但只要计划得当，再加上一点点常识，你仍能找到物美价廉的场所和免费的热门景点。而且许多伦敦最著名的景点——那些让人流连忘返的公园、大桥、广场以及林荫大道，更不用提那些地标级的博物馆——全部都是免费的。

历史

伦敦最初只是一个靠近泰晤士河上某个渡河浅滩的凯尔特人(Celtic)小村庄，公元43年罗马入侵不列颠以后才开始发展。罗马人用城墙围起了伦迪尼乌姆(Londinium)，至今仍能在伦敦金融城(the City of London，这座城市的中央金融区)看出其轮廓。随后到来的是撒克逊人(Saxon)，这座被他们称为伦敦威克(Lundenwic)的城镇开始繁荣起来。

伦敦的国际影响力在整个中世纪时期日益增长，虽然经历了1665年的大瘟疫和1666年的伦敦大火，但伦敦幸存了下来。许多重要的地标建筑物就是在这时期修建的，如由富有远见的建筑师克里斯托弗·雷恩(Christopher Wren)建造的圣保罗大教堂(St Paul's Cathedral)。

到18世纪初，乔治王朝治下的伦敦已经跻身欧洲最大和最富有的城市之列。到了维多利亚时期，伦敦终于在庞大的商业财富和幅员辽阔的日不落帝国的帮助下达到了巅峰。

第一次世界大战后，20世纪20年代和30年代经济危机又接踵而至，但是真正重创伦敦的是第二次世界大战：在德国称为“闪电战”(Blitz)的一系列空袭行动中，城市的大片区域被夷为平地。

20世纪60年代，随着煽动性的艺术、音乐、文学作品、戏剧和时尚的蓬勃发展，“摇摆的伦敦”(Swinging London)成为世界的文化之都。20世纪70年代，因普遍的社会动荡和经济低迷，伦敦的发展遇到阻滞。到了20世纪80年代，这座城市增添了伦敦金融城的摩天大楼群，经济获得了恢复并迅速发展。

2000年，伦敦有了它有史以来第一位民选市长——左翼的肯·利文斯通(Ken Livingstone)。他连任两届并主持了2012年

英国亮点

❶ 探索世界上最伟大的首都之一——**伦敦**（见173页）的大街小巷。

❷ 在**巴斯**（见210页）参观罗马浴场，欣赏宏伟的乔治王时期建筑。

❸ 在莎士比亚的出生地**埃文河畔斯特拉特福**（见217页）欣赏一部他的剧作。

❹ 赞叹**斯诺登尼亚国家公园**（见229页）的山间美景。

❺ 游览历史长河，见识古罗马、维京时期和中世纪的**约克**（见221页）。

❻ 迷失在**牛津**（见213页）的梦幻尖塔中。

❼ 在伟大的**巨石阵**（见209页）的巨大石块中，感受时光倒流。

❽ 参加苏格兰节日之城**爱丁堡**（见230页）的派对。

⑨ 向北穿过苏格兰高地，体验**斯凯岛**（见242页）史诗般的宏伟美景。

⑩ 在**湖区国家公园**（见225页）追随浪漫主义诗人威廉·华兹华斯的脚步。

⑪ 徒步去堤道海岸，攀越**巨人堤**（见250页）。

⑫ 去**泰坦尼克号主题博物馆**（见244页）探索这座建造了世界最著名远洋邮轮的城市的工业历史。

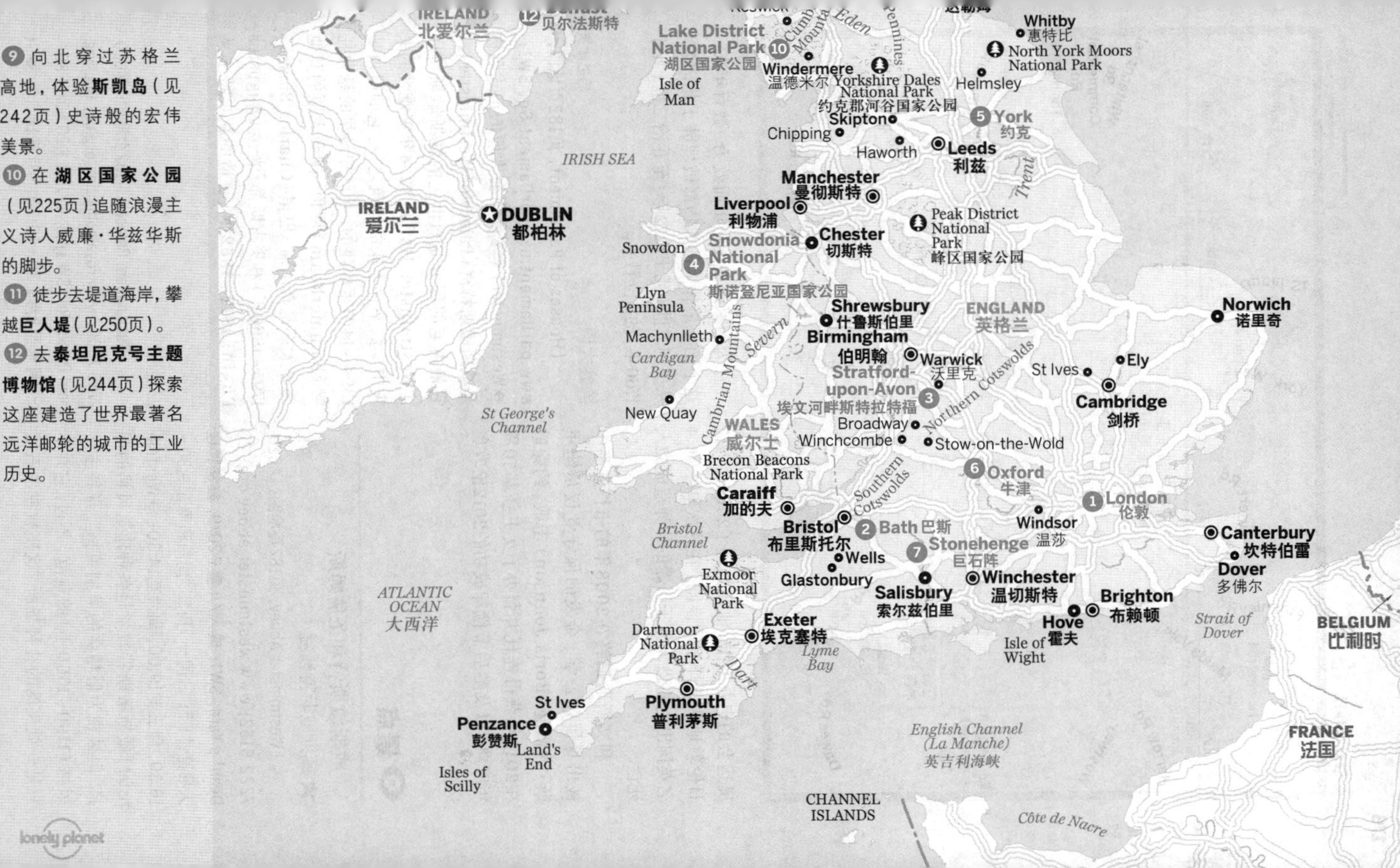

London 伦敦

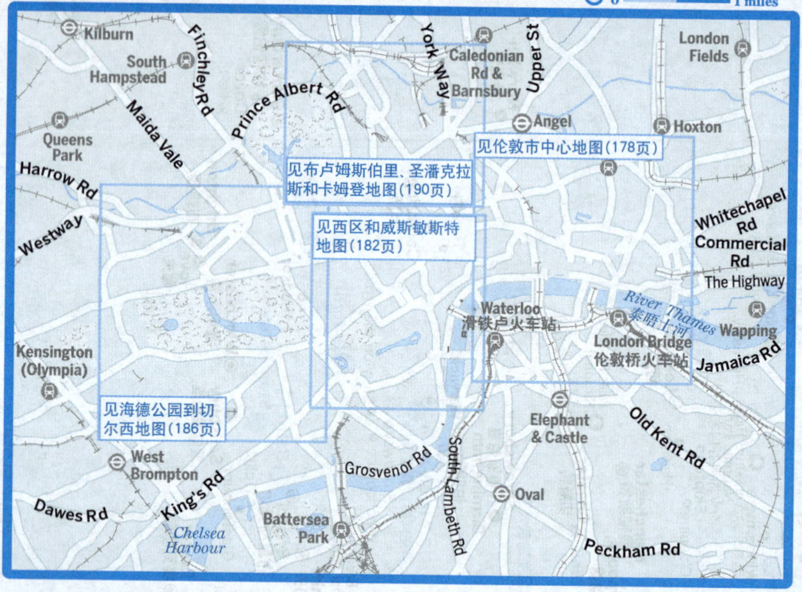

见卢姆斯伯里、圣潘克拉斯和卡姆登地图(190页)
见伦敦市中心地图(178页)
见西区和威斯敏斯特地图(182页)
见海德公园到切尔西地图(186页)

奥运会的申办工作。他还处理了2005年7月7日伦敦地铁爆炸案的惨剧。在这次事件中,4名英国出生的恐怖分子引爆的炸弹造成52人死亡。

利文斯通最终在2008年的市长选举中被出身伊顿公学、金发的保守党议员鲍里斯·约翰逊(Boris Johnson)击败。约翰逊在2012年获得连任并督办了女王登基50周年庆典,以及随后节俭却成功的2012伦敦奥运会。

景点

威斯敏斯特和圣詹姆斯

★威斯敏斯特教堂 教堂

(Westminster Abbey,见182页地图;020-7222 5152;www.westminster-abbey.org;20 Dean's Yard,SW1;成人/儿童£20/9,教堂管理人导览游£5;周一、周二、周四和周五 9:30~16:30,周三至19:00,周六至14:30;Westminster)威斯敏斯特教堂是各种建筑风格的混搭,但被视为最精美的早期英格兰哥特主义风格(1190~1300年)的典范。不过,它并不只是一处美丽的礼拜场所。这座教堂的石板一直为国家逝去的历史而效力。数百年来,这个国家最伟大的人物都被埋葬于此,包括从亨利三世(死于1272年)至乔治二世(死于1760年)的17位君主。

国会大厦 历史建筑

(Houses of Parliament,见182页地图;www.parliament.uk;Parliament Sq,SW1;Westminster)免费 国会大厦的正式名称是威斯敏斯特宫(Palace of Westminster),它最古老的部分是11世纪的威斯敏斯特厅(Westminster Hall):1834年灾难性的火灾中少数幸存下来的建筑之一。它的屋顶是1394~1401年加建的,是已知最早的悬臂托梁(hammerbeam)屋顶。国会大厦的其他部分大都是查尔斯·巴里(Charles Barry;1795~1860年)和奥古斯都·普金(Augustus Pugin;1812~1852年)建造的新哥特主义建筑。

白金汉宫 宫殿

(Buckingham Palace,见182页地图;020-7766 7300;www.royalcollection.org.uk;Buckingham Palace Rd,SW 1;成人/儿童£20.50/11.80;7月末至8月9:30~19:30,9月至18:30;St

James's Park、Victoria或Green Park)白金汉宫最初为白金汉公爵(Duke of Buckingham)于1703年建立，后来在1837年取代圣詹姆斯宫(St James's Palace)成为君主在伦敦的官方住所。当女王伊丽莎白二世(Elizabeth Ⅱ)没有出访遥远的英联邦成员国时，她就生活在这里、温莎城堡或夏天的巴尔莫勒尔(Balmoral)。想要知道她是否在家，只需查看黄红蓝相间的旗帜是否挂起即可。

★泰特英国美术馆 画廊

(Tate Britain; www.tate.org.uk; Millbank, SW1; ⌚10:00~18:00，每月第一个周五 至22:00; ⊖Pimlico) 免费 你或许以为泰特英国美术馆被它位于河对岸的同胞弟兄泰特现代美术馆(Tate Modern)抢去了所有风头以及一半收藏品。但事实却完全相反，1897年由亨利·泰特(Henry Tate)建造的可敬的泰特英国美术馆精彩地呈现了16~20世纪末顶级的英国艺术收藏品。你可以参加免费的45分钟主题团队游(thematic tours; 11:00、正午、14:00和15:00)和15分钟的Art in Focus谈话(周二、周四和周六 13:15)。还提供语音导览服务(£3.50)。

西区

★特拉法加广场 广场

(Trafalgar Square，见182页地图; ⊖Charing Cross)从很多方面来说，特拉法加广场是伦敦的中心。这里是集会和游行场所，每逢新年有数万人在此狂欢庆祝。伦敦人为了各种事情在此聚集：从社区露天电影和圣诞庆祝，到各种政治抗议。它最醒目的景观是高52米的纳尔逊纪念碑(Nelson's Column)，其周围有很多华丽的建筑，包括国家美术馆和圣马丁教堂(St Martin-in-the-Fields)。

★国家美术馆 画廊

(National Gallery，见182页地图; www.nationalgallery.org.uk; Trafalgar Sq, WC2; ⌚周六至周四 10:00~18:00，周五 至21:00; ⊖Charing Cross) 免费 这里展出约2300幅欧洲画作，是全世界收藏最丰富的美术馆之一。从13世纪中期至20世纪初，艺术史的每一个重要阶段都有影响深远的杰作收藏于此，包括达·芬奇(Leonardo da Vinci)、米开朗基罗(Michelangelo)、提香(Titian)、凡·高(Van Gogh)和雷诺阿(Renoir)的作品。

国家肖像美术馆 画廊

(National Portrait Gallery，见182页地图; www.npg.org.uk; St Martin's Pl, WC2; ⌚周六至周三 10:00~18:00，周四和周五 至21:00; ⊖Charing Cross, Leicester Sq) 免费 国家肖像美术馆如此有趣的原因在于熟悉度：在很多情况下，你至少听说过肖像中的主人公(皇室成员、科学家、政治家、名人)或是创作这些肖像的艺术家，比如安迪·沃霍尔(Andy Warho)、安妮·莱博维茨(Annie Leibovitz)和萨姆·泰勒-伍德(Sam Taylor-Wood)。馆藏亮点包括威廉·莎士比亚(William Shakespeare)著名的"钱多斯画像"(Chandos portrait)，它是这座美术馆获得的第一件肖像藏品(1856年)，也被认为是这位剧作家在世期间绘制的唯一肖像。此外还有小说家简·奥斯丁(Jane Austen)的一幅动人肖像，作画者是她的妹妹。

皮卡迪利广场 广场

(Piccadilly Circus，见182页地图; ⊖Piccadilly Circus)约翰·纳什(John Nash)在19世纪20年代的最初设想是将Regent St和Piccadilly设计成伦敦最优雅的两条街道，但由于城市规划者的阻碍，他没能完全实现自己的梦想。如果他还在世的话，一定会对皮卡迪利广场的现状感到失望：这里挤满了游客，周围都是销售俗气旅游纪念品的商铺和五光十色的视频广告屏。

杜莎夫人蜡像馆 博物馆

(Madame Tussauds，见186页地图; ☎0870 400 3000; www.madame-tussauds.com/london; Marylebone Rd, NW1; 成人/儿童 £30/26; ⌚9:30~17:30; ⊖Baker St)杜莎夫人蜡像馆为你提供和梦想中的名人合影的机会。这里汇聚了各界名流大腕的蜡像，比如丹尼尔·克雷格(Daniel Craig)、Lady Gaga、乔治·克鲁尼(George Clooney)、贝克汉姆夫妇和宝莱坞明星Hrithik Roshan、Salman Khan，还有皇室成员(女王、哈里王子、威廉王子和凯特王妃)。如果你对政治感兴趣的话，可以和巴

Central London 伦敦市中心

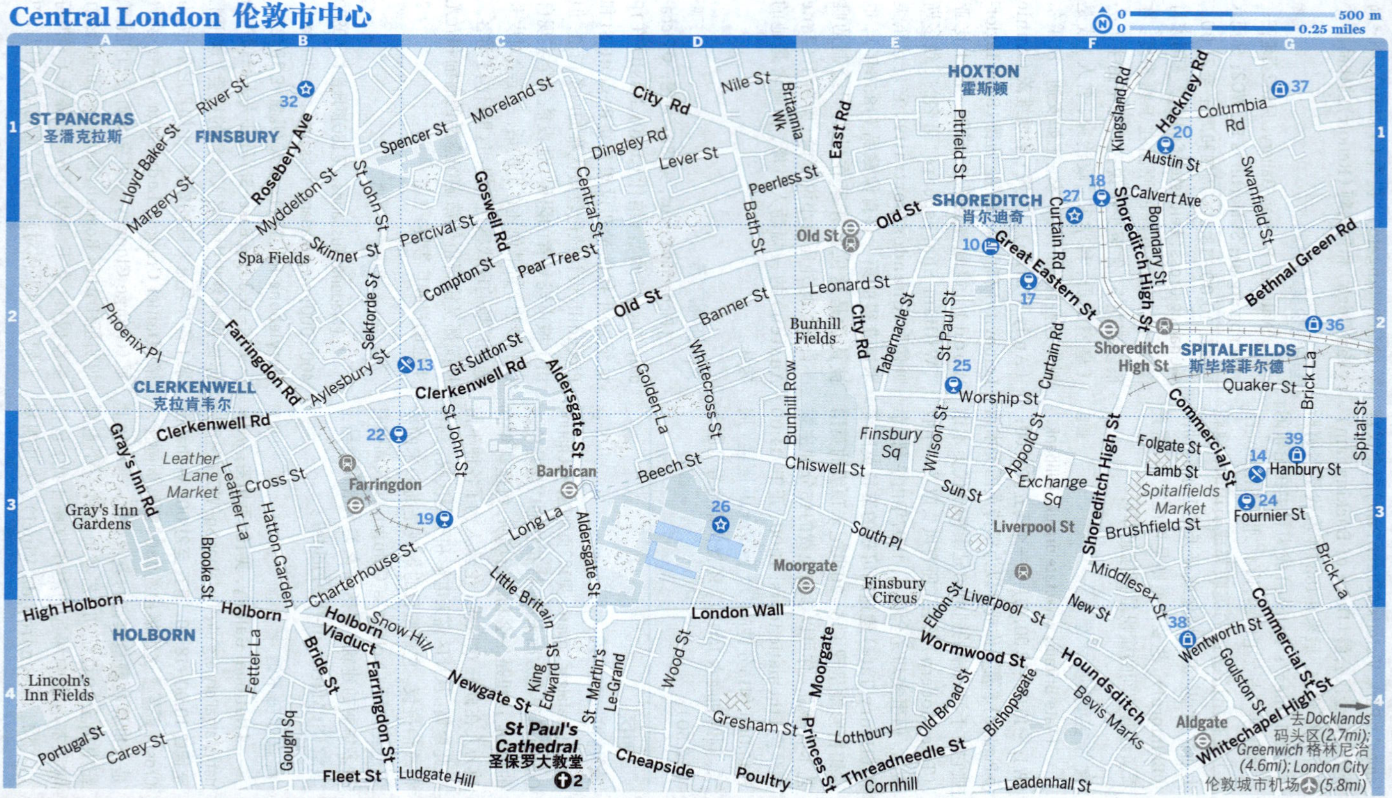
0 500 m
0 0.25 miles
A B C D E F G
1 2 3 4
ST PANCRAS
圣潘克拉斯
FINSBURY
CLERKENWELL
克拉肯韦尔
HOLBORN
HOXTON
霍斯顿
SHOREDITCH
肖尔迪奇
SPITALFIELDS
斯毕塔菲尔德
River St
Lloyd Baker St
Margery St
Rosebery Ave
Myddelton St
St John St
Spencer St
Moreland St
City Rd
Nile St
Britannia Wk
East Rd
Pitfield St
Kingsland Rd
Hackney Rd
Columbia Rd
Austin St
Calvert Ave
Boundary St
Swanfield St
Shoreditch High St
Bethnal Green Rd
Dingley Rd
Lever St
Peerless St
Bath St
Old St
Central St
Goswell Rd
Percival St
Skinner St
Spa Fields
Compton St
Pear Tree St
Sekforde St
Phoenix Pl
Farringdon Rd
Aylesbury St
Gt Sutton St
Clerkenwell Rd
Aldersgate St
Golden La
Whitecross St
Banner St
Bunhill Fields
Bunhill Row
Leonard St
Tabernacle St
St Paul St
Curtain Rd
Great Eastern St
Shoreditch High St
Quaker St
Brick La
Spital St
Worship St
Finsbury Sq
Wilson St
Chiswell St
Beech St
Barbican
Farringdon
Gray's Inn Rd
Leather Lane Market
Leather La
Cross St
Hatton Garden
Gray's Inn Gardens
Brooke St
Charterhouse St
Long La
Little Britain
Moorgate
Finsbury Circus
South Pl
Sun St
Appold St
Exchange Sq
Liverpool St
Folgate St
Lamb St
Spitalfields Market
Brushfield St
Hanbury St
Fournier St
Commercial St
Middlesex St
New St
Eldon St
Wentworth St
Goulston St
High Holborn
Holborn
Holborn Viaduct
Snow Hill
Bride St
Farringdon St
Fetter La
Lincoln's Inn Fields
Portugal St
Carey St
Gough Sq
Fleet St
Ludgate Hill
Newgate St
King Edward St
St Martin's Le-Grand
St Paul's Cathedral
圣保罗大教堂
London Wall
Wood St
Gresham St
Cheapside
Poultry
Princes St
Lothbury
Wormwood St
Old Broad St
Threadneedle St
Cornhill
Bishopsgate
Houndsditch
Bevis Marks
Leadenhall St
Aldgate
Whitechapel High St
去Docklands码头区(2.7mi); Greenwich格林尼治(4.6mi); London City伦敦城市机场(5.8mi)
2 10 13 14 17 18 19 20 22 24 25 26 27 32 36 37 38 39

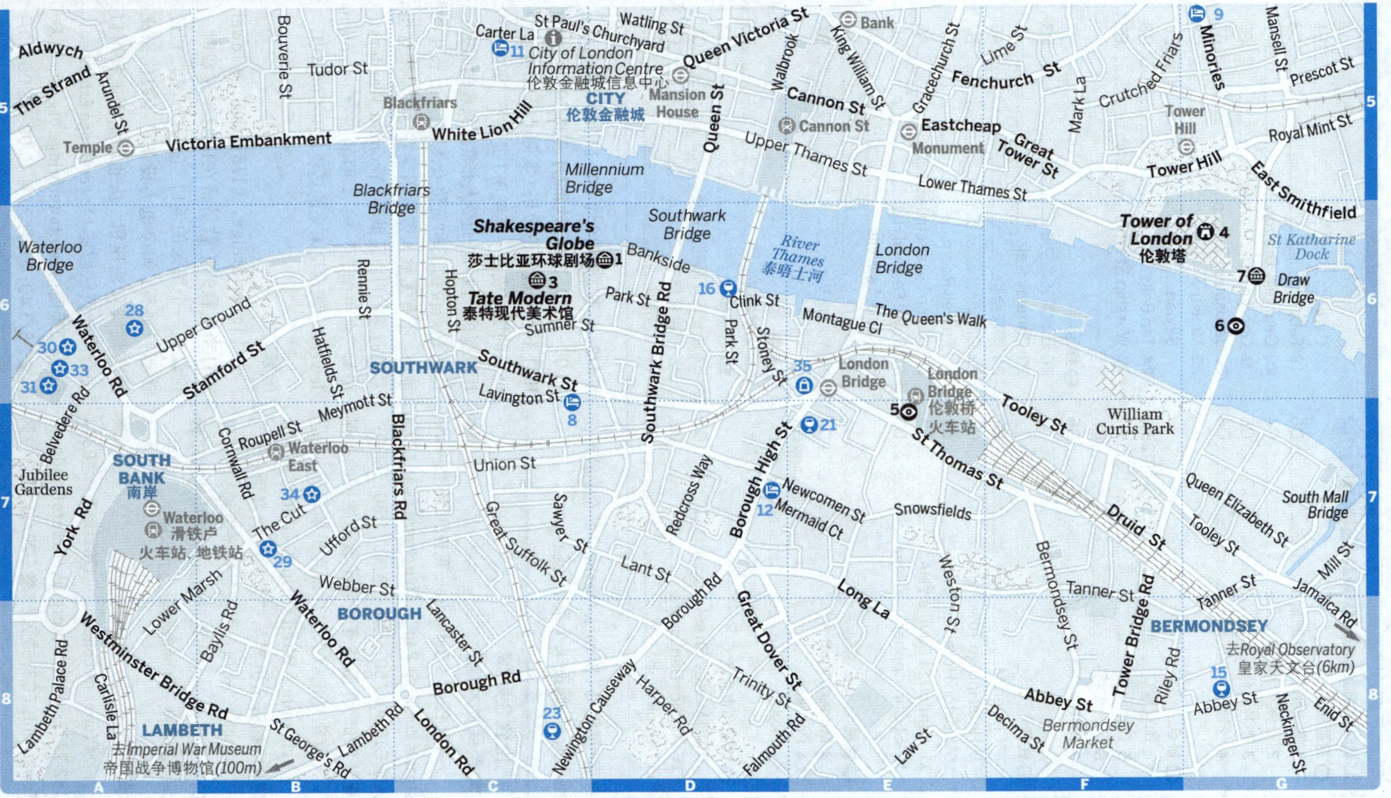
Aldwych
The Strand
Arundel St
Temple
Bouverie St
Tudor St
Carter La
11
St Paul's Churchyard
City of London Information Centre
伦敦金融城信息中心
Watling St
Queen Victoria St
Bank
Walbrook
King William St
Gracechurch St
Lime St
Fenchurch St
Mark La
Crutched Friars
Minories
9
Mansell St
Prescot St
Blackfriars
White Lion Hill
CITY
伦敦金融城
Mansion House
Queen St
Cannon St
Cannon St
Eastcheap
Monument
Great Tower St
Tower Hill
Tower Hill
Royal Mint St
Victoria Embankment
Upper Thames St
Lower Thames St
East Smithfield
Millennium Bridge
Blackfriars Bridge
Southwark Bridge
Shakespeare's Globe
莎士比亚环球剧场
1
Bankside
River Thames
泰晤士河
London Bridge
Tower of London
伦敦塔
4
St Katharine Dock
Waterloo Bridge
7
Draw Bridge
3
Tate Modern
泰特现代美术馆
Rennie St
Hopton St
Park St
16
Clink St
Montague Cl
The Queen's Walk
6
Sumner St
28
Upper Ground
30
33
31
Waterloo Rd
Stamford St
Hatfields St
SOUTHWARK
Southwark St
Southwark Bridge Rd
Park St
Stoney St
35
London Bridge
London Bridge
伦敦桥
火车站
5
Tooley St
William Curtis Park
Lavington St
8
Meymott St
Belvedere Rd
Roupell St
Waterloo East
Blackfriars Rd
Union St
21
St Thomas St
Jubilee Gardens
SOUTH BANK
南岸
Cornwall Rd
34
Redcross Way
Borough High St
Newcomen St
12
Mermaid Ct
Snowsfields
Druid St
Queen Elizabeth St
South Mall Bridge
Tooley St
Mill St
York Rd
Waterloo
滑铁卢
火车站、地铁站
The Cut
Ufford St
29
Great Suffolk St
Sawyer St
Lant St
Webber St
Long La
Weston St
Bermondsey St
Tanner St
Tower Bridge Rd
Tanner St
Jamaica Rd
Lower Marsh
Baylis Rd
Waterloo Rd
BOROUGH
Lancaster St
Borough Rd
Great Dover St
BERMONDSEY
去Royal Observatory
皇家天文台(6km)
Westminster Bridge Rd
Borough Rd
Lambeth Palace Rd
Carlisle La
LAMBETH
去Imperial War Museum
帝国战争博物馆(100m)
St George's Rd
Lambeth Rd
London Rd
23
Newington Causeway
Harper Rd
Trinity St
Falmouth Rd
Law St
Abbey St
Decima St
Bermondsey Market
Riley Rd
15
Abbey St
Neckinger St
Enid St

Central London 伦敦市中心

拉克·奥巴马（Barack Obama）甚至伦敦市长鲍里斯·约翰逊来个亲密接触。

伦敦金融城

★圣保罗大教堂 教堂

（St Paul' s Cathedral，见178页地图；www.stpauls.co.uk；St Paul' s Churchyard EC4；成人/儿童£16.50/7.50；⏲周一至周六 8:30~16:30；⊖St Paul' s）傲然守护着伦敦金融城的圣保罗大教堂是伦敦大火后由克里斯托弗·雷恩（Christopher Wren）于1675~1710年主持修建的，拥有全世界第二大的教堂穹顶（重约65,000吨）。这里自古就是神圣之地，在雷恩的英式巴洛克杰作之前曾矗立着其他四座教堂，最早的一座可追溯至公元604年。

★伦敦塔 城堡

（Tower of London，见178页地图；☎0844 482 7777；www.hrp.org.uk/toweroflondon；Tower Hill，EC3；成人/儿童£22/11，语音导览£4/3；⏲周二至周六 9:00~17:30，周日和周一10:00~17:30，11月至次年2月 至16:30；⊖Tower Hill）不可错过的伦敦塔（实际上是20座造型怪异的塔构成的一座城堡）提供了一扇窗口，用以窥视一段可怕且令人非常感兴趣的历史。这里是两位国王和三位女王（王后）丧生的地方，还有无数人曾被囚禁在这里。来这里看看有趣的自由民狱卒（Yeoman Warders，绰号"食牛肉者"）、美丽的**王冠**（Crown Jewels）、能预见未来的乌鸦和国王的盔甲。

伦敦塔桥 桥梁

（Tower Bridge，见178页地图；⊖Tower Hill）当优雅的伦敦塔桥在1894年建成时，伦敦是一个繁荣的港口。它可以升起，以便让船只通行，如今电力设备已经取代原来的蒸汽机和液压机。从北塔搭乘电梯可以去看**伦敦塔桥展览**（Tower Bridge Exhibition，见124页地图；www.towerbridge.org.uk；成人/儿童£8/3.40；⏲4月至9月 10:00~18:00，10月至次年3月 9:30~17:30；⊖Tower Hill），在那里的上层步道你可以看到与塔桥建造有关的故事。

南岸

★泰特现代美术馆 博物馆

（Tate Modern，见178页地图；www.tate.org.uk；Queen's Walk，SE1；⏲周日至周四10:00~18:00，周五和周六至22:00；📶👪；⊖Blackfriars，Southwark或London Bridge）免费 作为伦敦最受欢迎的旅游景点之一，这个杰出的现代和当代美术馆坐落在经过创造性改建的**泰晤士河畔发电厂**（Bankside Power Station）内，就在**千禧桥**（Millennium Bridge）的南边。引人入胜地融合了现代艺术和宽敞的工业砖墙设计，一直以来，泰特现代美术馆都极其成功地将富于挑战性的作品呈现给大众。免费的亮点导览游于每天11:00、正午、14:00和15:00发团。

语音导览（有5种语言）收费£4——它们涵盖了美术馆内大约50件藏品的相关信息，并分别有适合成人和儿童的团队游。请留意，博物馆周五和周六的开放时间会延长。

★莎士比亚环球剧场 历史建筑

（Shakespeare's Globe，见178页地图；www.shakespearesglobe.com；21 New Globe Walk SE1；成人/儿童£13.50/8；⏲9:00~17:30；👪；⊖Blackfriars，Southwark或London Bridge）如今的伦敦人或许会跑到阿姆斯特丹放浪形骸，但在吟游诗人的时代，他们会穿过伦敦桥（London Bridge）来到南岸（Southwark）。远离城区的限制，他们可以在剧场向演员起哄。最著名的剧场就是环球剧场（Globe），一位天才的剧作家在这里写出了《麦克白》（*Macbeth*）和《哈姆雷特》（*Hamlet*）等热门剧作。

作为对原建筑的忠实重建，如今的环球剧场是用橡木梁、手工砖、石灰砂浆和茅顶建造的。这是美国演员和导演萨姆·沃纳梅克（Sam Wanamaker）的愿景。遗憾的是，他没能等到1997年的开幕之夜就去世了。

★伦敦眼 观景点

（London Eye，见182页地图；☎0871 781 3000；www.londoneye.com；成人/儿童£21/15；⏲10:00~20:00；⊖Waterloo）高135米的伦敦眼矗立在伦敦这座相当平坦的城市里，天气好的话，从上面能看到方圆25英里的景色。它优雅地慢慢旋转，转一周需要30分钟。伦敦眼每年吸引350万游客，在高峰时期（7月、8月和学校假日）总是排着长队。网上预订是一个缩短排队时间并省钱的好方法，你也可以多掏£10走快速通道。在11:00前、15:00后前来，可以避开高峰时段。

帝国战争博物馆 博物馆

（Imperial War Museum；www.iwm.org.uk；Lambeth Rd，SE1；⏲10:00~18:00；⊖Lambeth North）免费 门前陈列着一对吓人的15英寸

不要错过

大英博物馆

规模庞大的**大英博物馆**（British Museum，见182页地图；☎020-7323 8000；www.britishmuseum.org；Great Russell St，WC1；⏲周六至周四 10:00~17:30，周五 至20:30；⊖Russell Sq，Tottenham Court Rd）免费 不仅是英国最大的博物馆，也是世界上最古老的殿堂级博物馆。其中必看的古物是**罗塞塔石碑**（Rosetta Stone），它是破译埃及象形文字的关键，于1799年被发现；充满争议的**帕台农神庙雕塑**（Parthenon Sculptures）由埃尔金勋爵（Lord Elgin，英国驻奥斯曼帝国大使）从雅典的帕台农神庙的墙壁上剥离；还有盎格鲁—撒克逊**萨顿胡文物**（Sutton Hoo relics）。**大庭院**（Great Court）由诺曼·福斯特（Norman Foster）于2000年修复并扩建，现在有一个壮观的玻璃钢屋顶。

哪怕仅仅是欣赏这里的亮点，你都需要多次访问这里。好好利用每天11:00~15:45的15场免费半小时团队游**Eye Opener tours**，这一活动侧重于讲解不同部分的藏品。还有各种多媒体iPad团队游（成人/儿童£5/3.50）。

West End & Westminster 西区和威斯敏斯特

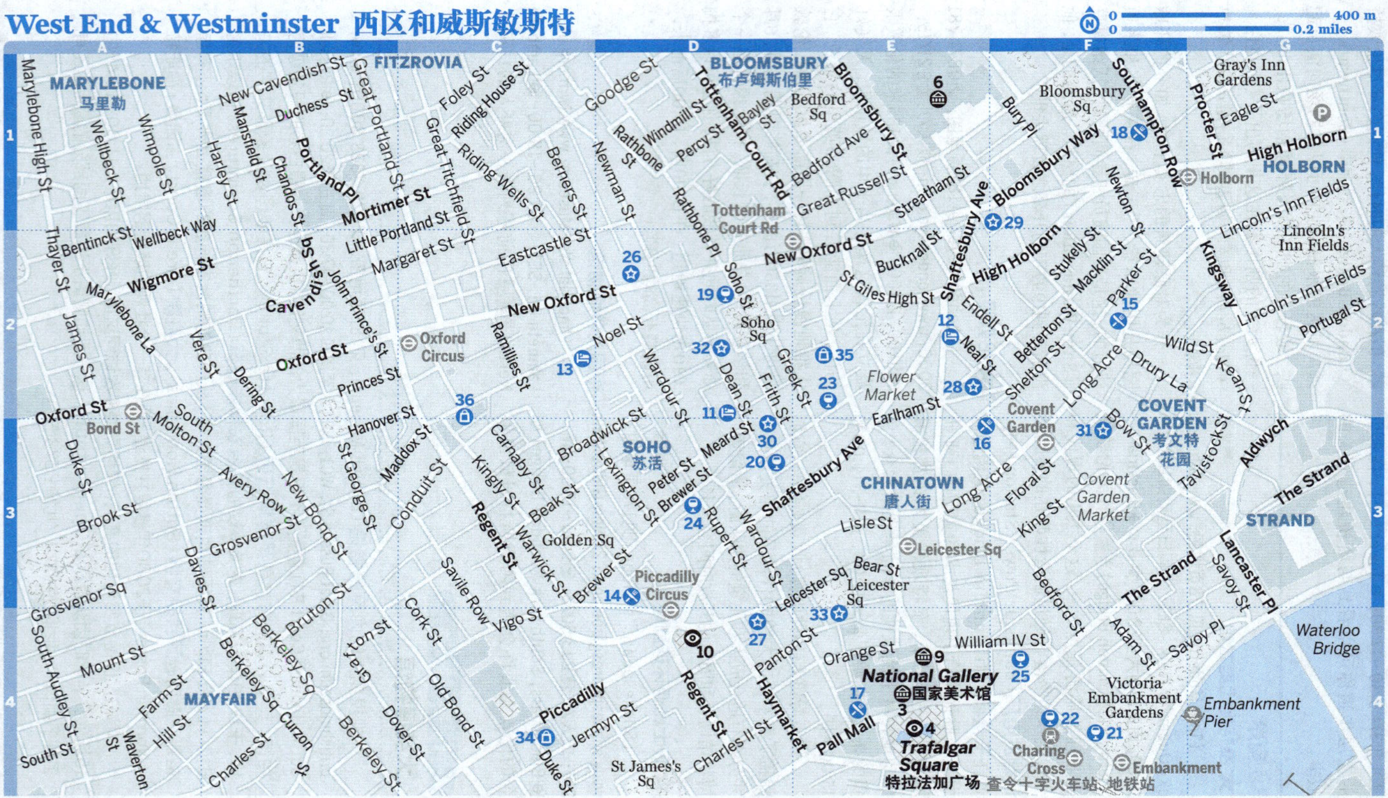
0 400 m
0 0.2 miles
A
B
C
D
E
F
G
1
2
3
4
MARYLEBONE
马里勒
FITZROVIA
BLOOMSBURY
布卢姆斯伯里
HOLBORN
SOHO
苏活
CHINATOWN
唐人街
COVENT GARDEN
考文特花园
STRAND
MAYFAIR
Marylebone High St
Wellbeck St
Wimpole St
Harley St
Mansfield St
New Cavendish St
Duchess St
Chandos St
Portland Pl
Great Portland St
Mortimer St
Little Portland St
Great Titchfield St
Foley St
Riding House St
Riding Wells St
Margaret St
Eastcastle St
Berners St
Newman St
Goodge St
Rathbone St
Rathbone Pl
Windmill St
Percy St
Tottenham Court Rd
Bayley St
Bedford Sq
Bedford Ave
Bloomsbury St
Great Russell St
Streatham St
Bury Pl
Bloomsbury Sq
Bloomsbury Way
Southampton Row
Procter St
Eagle St
Gray's Inn Gardens
High Holborn
Holborn
Newton St
Lincoln's Inn Fields
Kingsway
Portugal St
Thayer St
Bentinck St
Wellbeck Way
Wigmore St
Cavendish Sq
John Prince's St
Marylebone La
James St
Vere St
Dering St
Oxford St
Oxford Circus
Princes St
Ramillies St
New Oxford St
Noel St
Tottenham Court Rd
Soho St
Soho Sq
Bucknall St
Shaftesbury Ave
St Giles High St
Stukely St
Macklin St
Parker St
Endell St
Neal St
Betterton St
Shelton St
Wild St
Drury La
Kean St
Long Acre
Bond St
Duke St
South Molton St
Hanover St
Maddox St
St George St
Avery Row
New Bond St
Brook St
Grosvenor St
Conduit St
Regent St
Carnaby St
Kingly St
Beak St
Broadwick St
Lexington St
Peter St
Brewer St
Meard St
Wardour St
Dean St
Frith St
Greek St
Flower Market
Earlham St
Covent Garden
Bow St
Tavistock St
Aldwych
The Strand
Floral St
King St
Covent Garden Market
Lisle St
Leicester Sq
Bear St
Leicester Sq
Rupert St
Golden Sq
Warwick St
Piccadilly Circus
Davies St
Grosvenor Sq
South Audley St
Mount St
Farm St
Hill St
Waverton St
South St
Charles St
Berkeley Sq
Bruton St
Grafton St
Cork St
Savile Row
Vigo St
Old Bond St
Dover St
Berkeley St
Curzon St
Piccadilly
Jermyn St
Duke St
St James's Sq
Charles II St
Haymarket
Pall Mall
Panton St
Orange St
National Gallery
国家美术馆
Trafalgar Square
特拉法加广场
William IV St
Bedford St
Adam St
Savoy St
Savoy Pl
Lancaster Pl
Victoria Embankment Gardens
Embankment Pier
Embankment
Charing Cross
查令十字火车站、地铁站
Waterloo Bridge
P
1
2
3
4
5
6
7
8
9
10
11
12
13
14
15
16
17
18
19
20
21
22
23
24
25
26
27
28
29
30
31
32
33
34
35
36

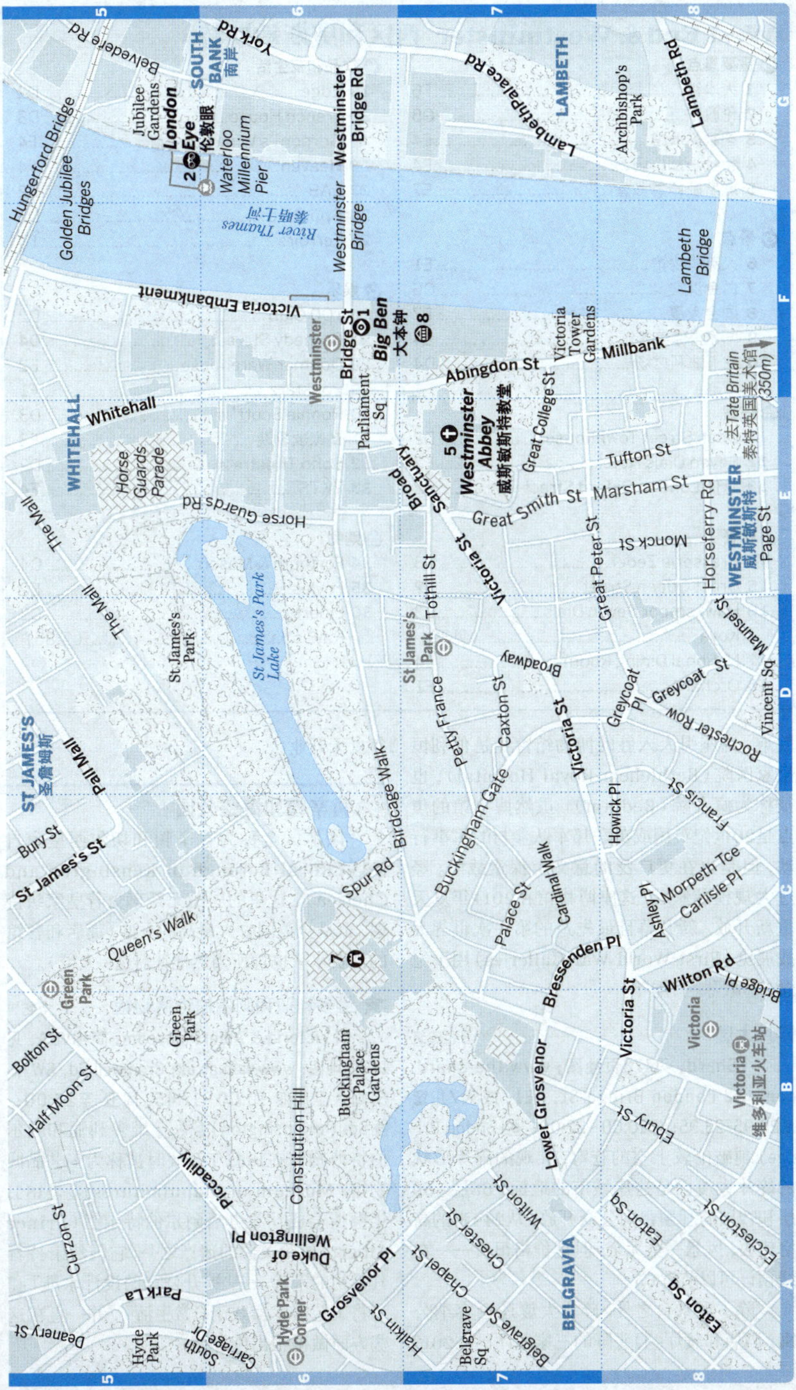

SOUTH BANK 南岸
LAMBETH
WHITEHALL
WESTMINSTER 威斯敏斯特
ST JAMES'S 圣詹姆斯
BELGRAVIA

2 London Eye 伦敦眼
1 Big Ben 大本钟
8
5 Westminster Abbey 威斯敏斯特教堂
7

River Thames 泰晤士河
Hungerford Bridge
Golden Jubilee Bridges
Jubilee Gardens
Waterloo Millennium Pier
Westminster Bridge
Lambeth Bridge
Archbishop's Park
Victoria Tower Gardens
Horse Guards Parade
St James's Park
St James's Park Lake
Green Park
Buckingham Palace Gardens
Hyde Park

Westminster
St James's Park
Green Park
Victoria
Victoria 维多利亚火车站
Hyde Park Corner

去Tate Britain 泰特英国美术馆 (350m)

Belvedere Rd
York Rd
Westminster Bridge Rd
Lambeth Palace Rd
Lambeth Rd
Victoria Embankment
Bridge St
Parliament Sq
Abingdon St
Millbank
Whitehall
Horse Guards Rd
The Mall
Broad Sanctuary
Great College St
Tufton St
Great Smith St
Marsham St
Horseferry Rd
Page St
Monck St
Great Peter St
Victoria St
Tothill St
Broadway
Maunsel St
Vincent Sq
Greycoat Pl
Greycoat St
Rochester Row
Francis St
Howick Pl
Petty France
Caxton St
Buckingham Gate
Birdcage Walk
Spur Rd
Palace St
Cardinal Walk
Morpeth Tce
Carlisle Pl
Ashley Pl
Bressenden Pl
Wilton Rd
Bridge Pl
Lower Grosvenor
Ebury St
Eccleston St
Eaton Sq
Wilton St
Chester St
Chapel St
Belgrave Sq
Halkin St
Grosvenor Pl
Duke of Wellington Pl
Constitution Hill
Piccadilly
Queen's Walk
Pall Mall
St James's St
Bury St
Bolton St
Half Moon St
Curzon St
Park La
Deanery St
South Carriage Dr

West End & Westminster 西区和威斯敏斯特

重要景点

1 大本钟……F6
2 伦敦眼……G5
3 国家美术馆……E4
4 特拉法加广场……E4
5 威斯敏斯特教堂……E7

景点

6 大英博物馆……E1
7 白金汉宫……C6
8 国会大厦……F7
9 国家肖像美术馆……E4
10 皮卡迪利广场……D4

住宿

11 Dean Street Townhouse……D2
12 Seven Dials Hotel……E2
13 YHA London Oxford Street……C2

就餐

14 Brasserie Zédel……D3
15 Great Queen Street……F2
16 Hawksmoor Seven Dials……E3
Koya……（见30）
17 National Dining Rooms……E4
18 Orchard……F1

饮品和夜生活

19 Edge……D2
20 French House……D3
21 Gordon' s Wine Bar……F4
22 Heaven……F4
23 LAB……E2
24 Spuntino……D3
25 Terroirs……F4

娱乐

26 100 Club……D2
27 Comedy Store……D4
28 Donmar Warehouse……E2
29 Popstarz……F1
30 Ronnie Scott' s……D3
31 皇家歌剧院……F3
32 Soho Theatre……D2
33 TKTS……E4

购物

34 Fortnum & Mason……C4
35 Foyles……E2
36 Liberty……C2
Ray' s Jazz……（见35）

舰炮，这座引人入胜的博物馆曾经是伯利恒皇家医院（Bethlehem Royal Hospital），也被称为疯人院（Bedlam）。虽然博物馆的焦点是20世纪英国或英联邦军队参与的军事行动，但是也在更广泛的意义上探索战争。经过大规模翻修后，这座博物馆在2014年夏天重新开放。新开幕且最先进的第一次世界大战展览（First World War Galleries）用于纪念"一战"一百周年。

碎片大厦　著名建筑

（Shard，见178页地图；www.the-shard.com；32 London Bridge St，SE1；成人/儿童￡29.95/23.95；⏲10:00~22:00；⊖London Bridge）刺破伦敦上空的苍穹，壮观的碎片形状的碎片大厦已是这座城市的地标。68层、69层和72层的**观景台**向公众开放，从244米的高空望去，风景一览无余，但是价格很贵——在线预订可以节省￡5。

除了观景台之外，碎片大厦还会容纳公寓、酒店和餐厅：打头阵的三家餐厅已在2013年夏天开业。

肯辛顿和海德公园

该地区全称为肯辛顿和切尔西皇家自治区（Royal Borough of Kensington and Chelsea），这里的居民无疑享受着皇家级待遇，也是全英国收入最高的人群（商店和餐馆的消费水平也理所当然地针对这一人群）。

★维多利亚和阿尔伯特博物馆　博物馆

（Victoria & Albert Museum，简称V&A，见186页地图；www.vam.ac.uk；Cromwell Rd，SW7；⏲周六至周四 10:00~17:45，周五 至22:00；⊖South Kensington）**免费** 维多利亚和阿尔伯特博物馆在1852年开放时被称为工艺品博物馆（Museum of Manufactures），是1851年世博会成功举办后阿尔伯特亲王（Prince Albert）留给英国的遗产之一。它仍然秉持着其最初的宗旨——"提升公众的设计水准"和"将工艺美术实践于日常生活"，并一直在这些方面做得很出色。

★自然历史博物馆 博物馆

(Natural History Museum, 见186页地图; www.nhm.ac.uk; Cromwell Rd, SW7; ⏲10:00~17:50; ⊖South Kensington) 免费 这座庞大的建筑洋溢着维多利亚时代难以抑制的对自然世界进行采集、编目和理解的气氛。除了里面举世闻名的收藏之外,博物馆的主建筑同样值得造访。

★科学博物馆 博物馆

(Science Museum, 见186页地图; www.sciencemuseum.org.uk; Exhibition Rd, SW7; ⏲10:00~18:00; ⊖South Kensington) 免费 这一极具科学吸引力的博物馆共7层,设有很多寓教于乐的互动式展览,涉及从早期技术到太空旅行等的方方面面,无论是大人还是孩子都会为之着迷的。

海德公园 公园

(Hyde Park, 见186页地图; ⏲5:30至午夜; ⊖Marble Arch, Hyde Park Corner, Queensway) 海德公园的占地面积达145公顷,是伦敦市中心面积最大的露天场所。亨利八世在1536年将它从教会手中征收,它先是成为狩猎场,后来又成了决斗、行刑和赛马的场所。1851年的世界博览会在此举办,"二战"期间这座公园成了一片巨大的马铃薯田。如今,这里偶尔会举办音乐演出,布鲁斯·斯普林斯汀(Bruce Springsteen)、滚石乐队、麦当娜都曾在这里表演。这片绿色空间还是一个全天候的娱乐游戏场所,游人可以在**九曲湖**(Serpentine)上泛舟。

汉普斯特德和北伦敦

马里勒(Marylebone)有着伦敦最美丽的商业街以及令人心旷神怡的绿地,它变得越来越时尚,是散步的好地方。

★伦敦动物园 动物园

(ZSL London Zoo; www.londonzoo.co.uk; Outer Circle, Regent's Park, NW1; 成人/儿童£26/18.50; ⏲3月至10月 10:00~17:30, 11月至次年2月至16:00; ⊖Camden Town) 自1828年建成以来,著名的动物园已经走过了漫长的发展之路,巨额的投入令动物保育和科普教育蓬勃发展。亮点包括**企鹅海滩馆**(Penguin Beach)、**大猩猩王国**(Gorilla Kingdom)、**动物历险馆**(Animal Adventure,新建的儿童动物园)以及**蝴蝶天堂**(Butterfly Paradise)。每天都有喂食表演或谈话活动。蜘蛛恐惧症患者可以咨询动物园的友好蜘蛛项目(Friendly Spider Programme),该项目意在治愈有些人对八条腿生物的恐惧。

摄政公园 公园

(Regent's Park; www.royalparks.org.uk; ⏲5:00至黄昏; ⊖Regent's Park, Baker St) 作为伦敦众多公园中最复杂、秩序最好的一座,摄政公园是1820年约翰·纳什的作品,他的计划是将它作为贵族的宅邸。虽然这个计划从未实现,但你仍然可以从外环(Outer Circle)沿线的建筑中看出纳什的宏图大志。

格林尼治

一系列无与伦比的壮观建筑使得"海事格林尼治"(Maritime Greenwich)得以入选联合国教科文组织世界遗产名录。同时,这里还以横跨东西半球而举世闻名。零度经线,即格林尼治子午线(Greenwich Meridian)就位于此,是格林尼治标准时间(Greenwich Mean Time)的发源地。

乘坐DLR轻轨便能到达格林尼治(至Cutty Sark站),很便捷。也可以选择乘船前往:泰晤士河游船公司(Thames River Services)有游船从威斯敏斯特码头(Westminster Pier; 1小时,每40分钟1班)出发。泰晤士河快艇(Thames Clippers)从伦敦眼出发(35分钟,每20分钟1班)。

★皇家天文台 历史建筑

(Royal Observatory; www.rmg.co.uk; Greenwich Park, SE10; 成人/儿童£7.70/3.60; ⏲10:00~17:00; 🚉DLR Cutty Sark, DLR Greenwich, Greenwich) 在皇后宅邸(Queen's House)的南边,田园诗般的**格林尼治公园**(Greenwich Park)高踞于小山上,让游人可以在皇家天文台俯瞰伦敦令人惊叹的美景。这座天文台是查理二世于1675年下令修建的,目的是解决经度计算问题。

这一举措在1884年被证明获得了成功,这一年格林尼治被指定为地球的本初子午线,格林尼治标准时间(GMT)也成为全世界

Hyde Park to Chelsea 海德公园到切尔西

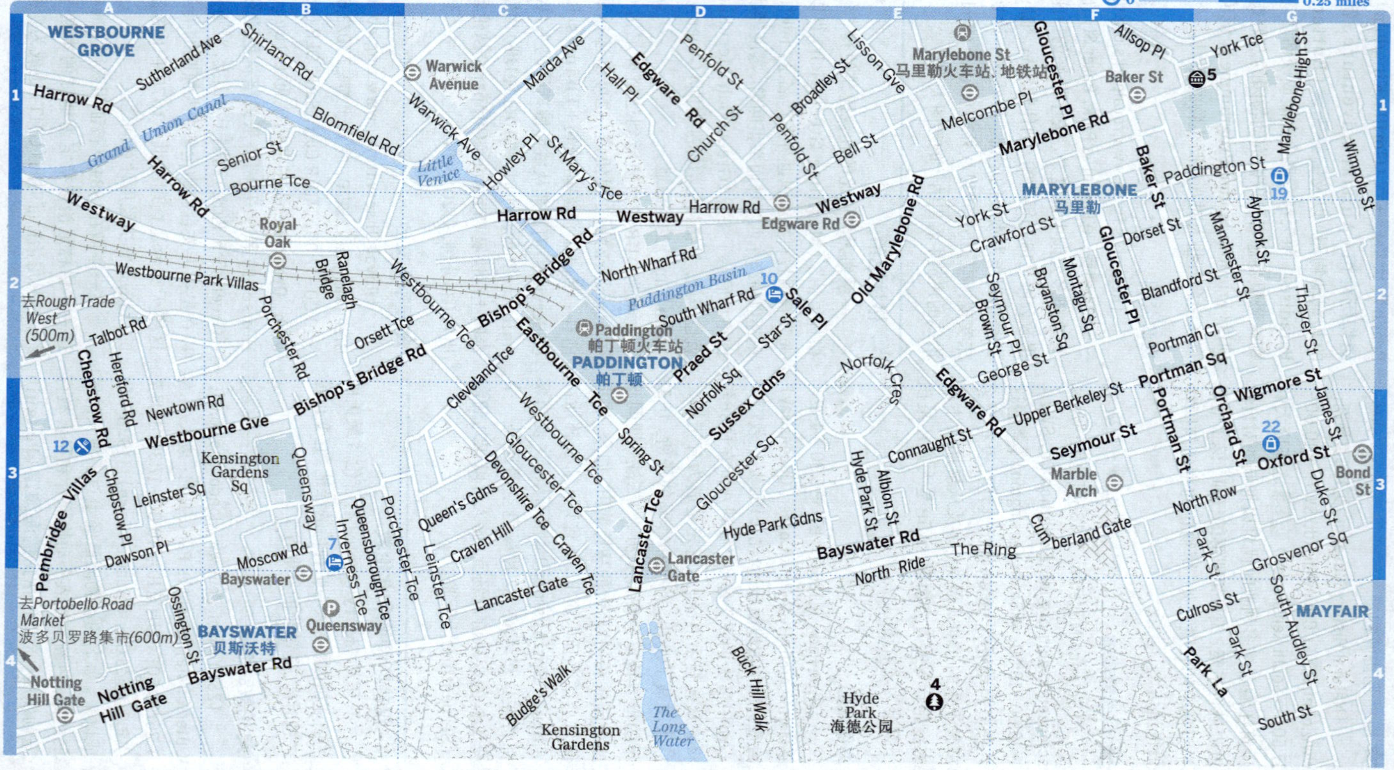

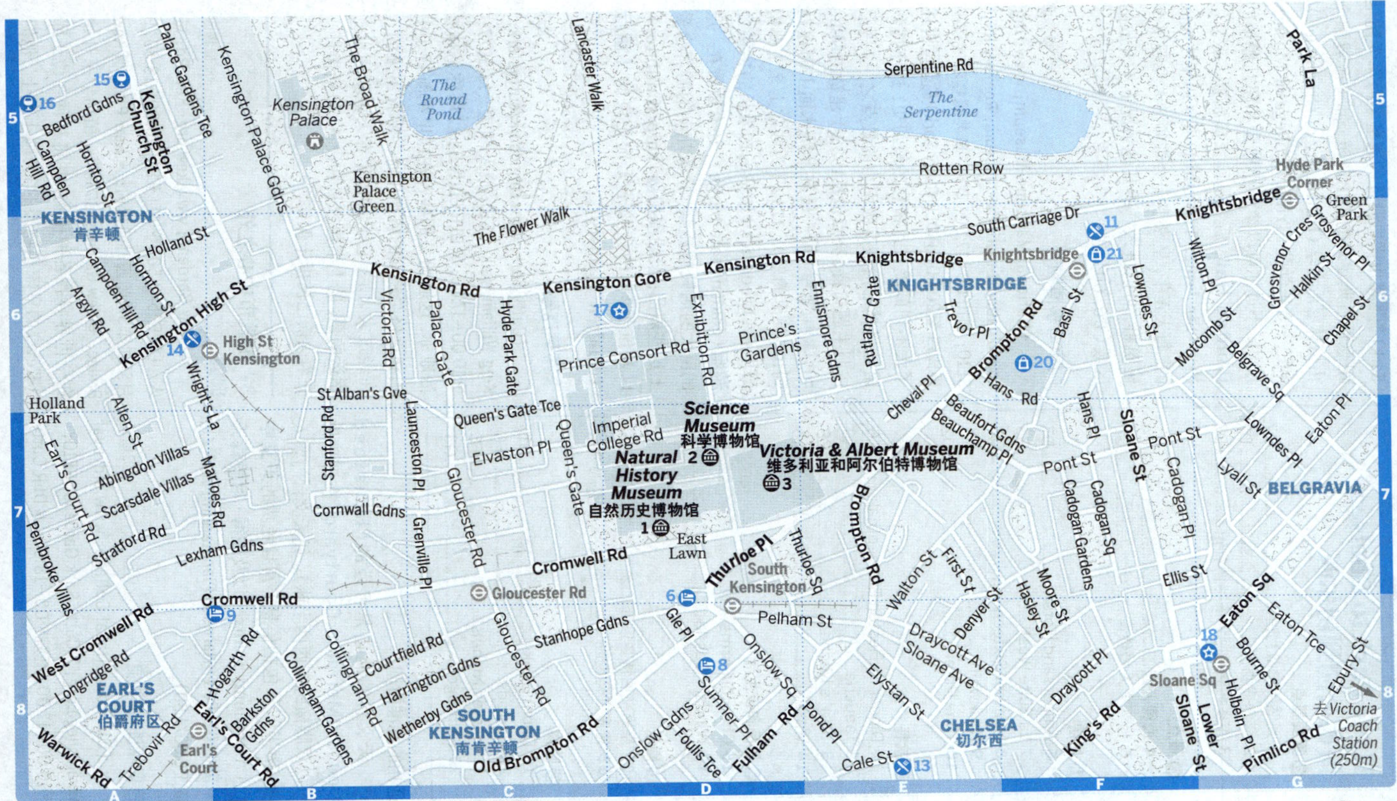

15
16
Bedford Gdns
Kensington Church St
Campden Hill Rd
Hornton St
Palace Gardens Tce
Kensington Palace Gdns
Kensington Palace
The Broad Walk
The Round Pond
Kensington Palace Green
Lancaster Walk
Serpentine Rd
The Serpentine
Rotten Row
Park La
Hyde Park Corner
Green Park
KENSINGTON
肯辛顿
Holland St
Campden Hill Rd
Hornton St
Argyll Rd
Kensington High St
14
High St Kensington
The Flower Walk
South Carriage Dr
11
Knightsbridge
Grosvenor Cres
Grosvenor Pl
Halkin St
Chapel St
Wilton Pl
Kensington Rd
Kensington Gore
Kensington Rd
Knightsbridge
Knightsbridge
21
KNIGHTSBRIDGE
Basil St
Lowndes St
Motcomb St
Belgrave Sq
17
Victoria Rd
Palace Gate
Hyde Park Gate
Prince Consort Rd
Exhibition Rd
Prince's Gardens
Ennismore Gdns
Rutland Gate
Trevor Pl
Brompton Rd
20
Hans Rd
Holland Park
Allen St
Wright's La
St Alban's Gve
Queen's Gate Tce
Imperial College Rd
Science Museum
科学博物馆
2
Cheval Pl
Beaufort Gdns
Beauchamp Pl
Hans Pl
Sloane St
Pont St
Lowndes Pl
Eaton Pl
Abingdon Villas
Scarsdale Villas
Earl's Court Rd
Marloes Rd
Stanford Rd
Launceston Pl
Elvaston Pl
Queen's Gate
Natural History Museum
自然历史博物馆
1
Victoria & Albert Museum
维多利亚和阿尔伯特博物馆
3
Pont St
Cadogan Pl
Lyall St
BELGRAVIA
Pembroke Villas
Stratford Rd
Lexham Gdns
Cornwall Gdns
Gloucester Rd
Grenville Pl
East Lawn
Cromwell Rd
Thurloe Pl
Thurloe Sq
South Kensington
Brompton Rd
Cadogan Gardens
Cadogan Sq
Walton St
First St
Denyer St
Hasley St
Moore St
Ellis St
Eaton Sq
Cromwell Rd
9
Gloucester Rd
6
Gle Pl
Pelham St
Eaton Tce
West Cromwell Rd
Longridge Rd
Hogarth Rd
Stanhope Gdns
Draycott Ave
Sloane Ave
18
Bourne St
Ebury St
EARL'S COURT
伯爵府区
Earl's Court Rd
Barkston Gdns
Collingham Gardens
Collingham Rd
Courtfield Rd
Harrington Gdns
Wetherby Gdns
Gloucester Rd
8
Onslow Sq
Sumner Pl
Elystan St
Draycott Pl
Sloane Sq
Holbein Pl
去Victoria Coach Station (250m)
Warwick Rd
Trebovir Rd
Earl's Court
SOUTH KENSINGTON
南肯辛顿
Old Brompton Rd
Onslow Gdns
Foulis Tce
Fulham Rd
Pond Pl
Cale St
13
CHELSEA
切尔西
King's Rd
Lower Sloane St
Pimlico Rd

Hyde Park to Chelsea 海德公园到切尔西

重要景点

1 自然历史博物馆……D7
2 科学博物馆……D7
3 维多利亚和阿尔伯特博物馆……D7

景点

4 海德公园……E4
5 杜莎夫人蜡像馆……G1

住宿

6 Ampersand Hotel……D7
7 La Suite West……B3
8 Number Sixteen……D8
9 Rockwell……B8
10 Tune Hotel……D2

就餐

11 Dinner by Heston Blumenthal……F6
12 Taquería……A3
13 Tom' s Kitchen……E8
14 Wasabi……A6

饮品和夜生活

15 Churchill Arms……A5
16 Windsor Castle……A5

娱乐

17 皇家艾伯特音乐厅……D6
18 皇家宫廷剧院……G8

购物

19 Daunt Books……G1
20 Harrods……F6
21 Harvey Nichols……F6
22 Selfridges……G3

通用的标准时间。

天文台的北边是可爱的**Flamsteed House**和**Meridian Courtyard**（在那里你可以双脚横跨东西两半球）。凭天文台门票入内。南半部分包括信息丰富且免费的**天文中心**（Astronomy Centre）以及**彼得·哈里森天象放映馆**（Peter Harrison Planetarium；成人/儿童 £6.50/4.50）。

老皇家海军学院 历史建筑

（Old Royal Naval College；www.oldroyalnavalcollege.org；2 Cutty Sark Gardens，SE10；⏲10:00~17:00，庭院8:00~18:00；DLR Cutty Sark）免费 由雷恩设计的老皇家海军学院是纪念性古典建筑的杰出典范。部分区域如今由格林尼治大学（University of Greenwich）和三一音乐学院（Trinity College of Music）使用，不过你可以参观**小教堂**和超凡脱俗的**Painted Hall**，后者是画家詹姆斯·桑希尔爵士（Sir James Thornhill）花了19年才完成的。每天正午，皇家卫士会带领游人参观整个建筑群，可以进入一些其他情况下不开放的区域（£6，60分钟）。

国家海事博物馆 博物馆

（National Maritime Museum；www.rmg.co.uk/national-maritime-museum；Romney Rd，SE10；⏲10:00~17:00；萨米·奥弗翼楼和底层画廊周四 至20:00；DLR Cutty Sark）免费 讲述了大不列颠漫长且精彩的航海史，这座博物馆是格林尼治最有吸引力的景点之一。展品按照主题布置，亮点包括1933年建造的**Miss Britain Ⅲ号**（第一艘在开阔水面上时速达到100英里的船）、1732年为威尔士亲王弗雷德里克（Frederick）建造的19米长的**金黄色游艇**（golden state barge），还有放置在一层的巨大的**船只螺旋桨**。全家出动的游客会爱上这些展品：**航船模拟器**（ship simulator）以及位于2楼的让孩子无拘无束的**儿童厅**（children' s gallery）。

卡蒂萨克号 地标

（Cutty Sark；www.rmg.co.uk/cuttystark；King William Walk，SE10；成人/儿童£13.50/7；⏲10:00~17:00；DLR Cutty Sark）堪称格林尼治地标，这艘船是那些曾在19世纪航行于中国和英格兰之间的帆船中唯一幸存下来的。在经过大火后，它于2012年春天重新面世。幸运的是，船上半数家具和设备，包括桅杆，在着火前已被拆走保修。

伦敦市中心之外

邱园 植物园

（Kew Gardens；www.kew.org；Kew Rd；成人/儿童£15/3.50；⏲4月至8月 10:00~18:30，9月至次年3月闭园时间提前；Kew Pier，Kew Bridge，Kew Gardens）1759年，植物学家开始在全世界寻找各种植物，并将其种在位于邱（Kew）的皇家植物园的3公顷土地上。他们从没停止过收集，而邱园的面积也已经扩大到了120公顷，拥有地球上种类最繁多的植物收藏（包括全球最大的兰花收藏）。如今，邱园已经入选了联合国教科文组织的世界遗产名录，可以花上一整天时间在此探索。对那些赶时间的游客来说，可以选择随上随下的邱园探索（Kew Explorer；成人/儿童 £4/1）道路列车，它会在主要景点停车。

汉普顿宫

宫殿

（Hampton Court Palace；www.hrp.org.uk/HamptonCourtPalace；成人/儿童/家庭 £17.50/8.75/43.80；4月至10月 10:00~18:00，11月至次年3月 至16:30；Hampton Court Palace，Hampton Court）汉普顿宫是红衣主教托马斯·沃尔西（Thomas Wolsey）于1514年建造的，后来被亨利八世巧言骗取，随后沃尔西（时任大法官）也很快失势。汉普顿宫是英格兰规模最大、最宏伟的都铎建筑。当克里斯托弗·雷恩在17世纪设计出扩建部分前，它就已经是欧洲最精致的宫殿之一了。扩建的成果是都铎风格与“节制巴洛克”（restrained baroque）风格完美融合的美丽建筑。你可以花一整天时间探索这座宫殿和占地24公顷的河畔花园。

团队游

当你第一次来伦敦，熟悉这座城市的最好办法之一就是持一张24小时有效的通票，乘坐可以在任意站点上下车的双层观光公共汽车。这些公共汽车全天运营，环行于与各条干道交会的路上，途中还会提供相应的解说。价格包括泰晤士河乘船游以及三次徒步团队游。网上订票可以便宜几英镑。

Original Tour

巴士游

（www.theoriginaltour.com；成人/儿童/家庭 £29/14/86；8:30~17:30，每20分钟1趟）随上随下的巴士游览，还包括一次泰晤士河乘船游以及三个主题徒步游：卫兵换岗（Changing of the Guard）、摇滚之旅（Rock 'n' Roll）和开膛手杰克（Jack the Ripper）。

Big Bus Tours

巴士游

（www.bigbustours.com；成人/儿童/家庭 £32/12/76；4月至9月 8:00~18:00，3月和10月至17:00，11月至次年2月 至16:30，每20分钟1趟）提供8种语言的解说，内容详尽。车票包括1次免费的City Cruise泰晤士河乘船游以及3次主题徒步游（皇家伦敦、《哈利·波特》电影的外景地以及幽灵漫步）。在线预订可享折扣。

大本钟

国会大厦最著名的景致是被称作**大本钟**（Big Ben，见182页地图）的钟楼。然而，严格来说，大本钟是钟楼重达13吨的钟，它的名字来自本杰明·霍尔（Benjamin Hall）——1858年钟楼竣工时的监督官。

节日和活动

大学划船比赛

体育节

（University Boat Race；www.theboatrace.org）自1829年以来，每年都会举办的一流学府宿敌之间的君子之争，对阵双方分别是牛津大学和剑桥大学的学生（比赛时间为3月底）。

伦敦马拉松

体育节

（Virgin Money London Marathon；www.virginmoneylondonmarathon.com）4月底，身手矫健的选手以及身着奇装异服的业余长跑爱好者将占据伦敦街头，吸引多达50万的观众前来助阵。

皇家军队阅兵仪式（Trooping the Colour）

游行

为了庆祝女王官方生日（在6月），皇家军队将沿着林荫街（the Mall）游行并接受女王检阅，场面十分盛大。

熔化艺术节

音乐节

（Meltdown Festival；www.southbankcentre.co.uk）6月底，南岸中心将由传奇当代音乐人掌舵，[如大卫·鲍威（David Bowie）、莫里西（Morrissey）和帕蒂·史密斯（Patti Smith）]，举办集音乐会、演讲和电影于一体的盛宴。

温布尔登草地网球锦标赛

体育节

（Wimbledon Lawn Tennis Championships；www.wimbledon.org）每年6月底举行，是世界上最负盛名的网球赛事。

Bloomsbury, St Pancras & Camden
布卢姆斯伯里、圣潘克拉斯和卡姆登

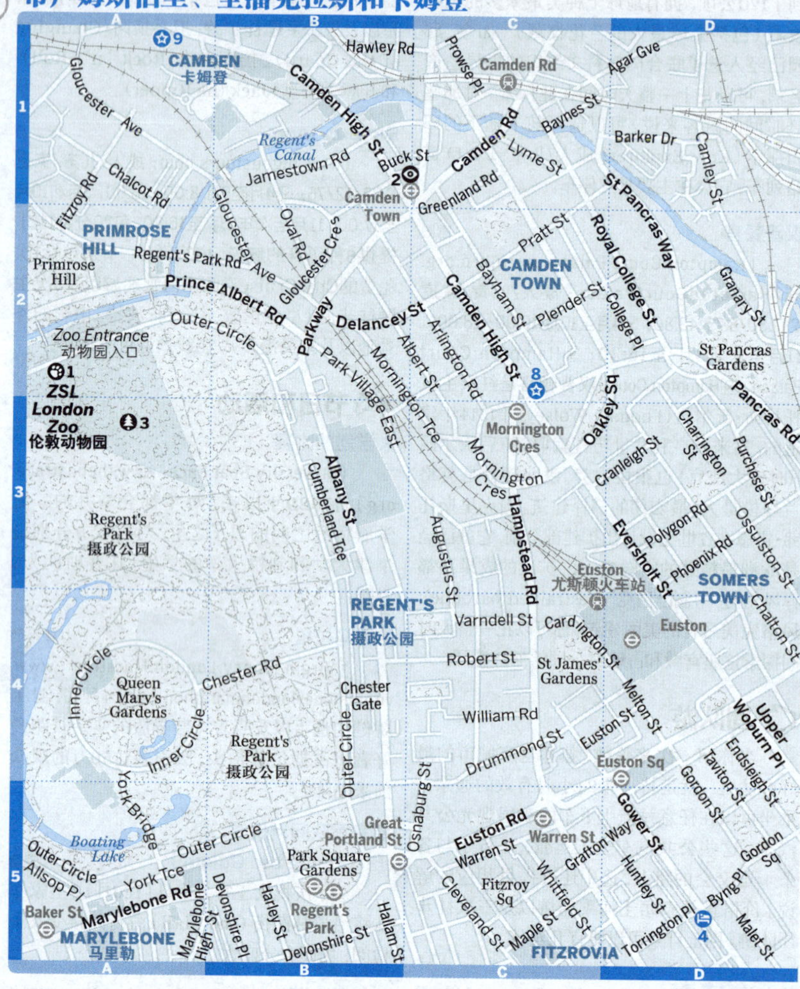

同性恋骄傲日

同性恋节日

(Pride; www.prideinlondon.org)对男女同性恋而言,这是他们日程表上极为重要的活动。每年6月底或7月初,会有五彩斑斓的队伍在西区街头游行,在特拉法加广场举办的音乐会将整个活动推向高潮。

诺丁山狂欢节

狂欢节

(Notting Hill Carnival; www.thenottinghillcarnival.com)每年8月最后一个周末的三天时间,诺丁山(Notting Hill)总是回荡着卡吕普索(calypso)、斯卡音乐(ska)、雷鬼音乐(reggae)和索卡音乐(soca)。诺丁山狂欢节1964年由当地加勒比裔居民发起,目的是庆祝自己的文化和传统,如今已经发展成为欧洲最大的街头节日(吸引多达100万人参加),也是伦敦日历上的一大亮点。毋庸置疑,食物也是一大亮点。

住宿

伦敦是世界上住宿消费最昂贵的地方之一。低于£100一晚的双人间就算是"经济型"

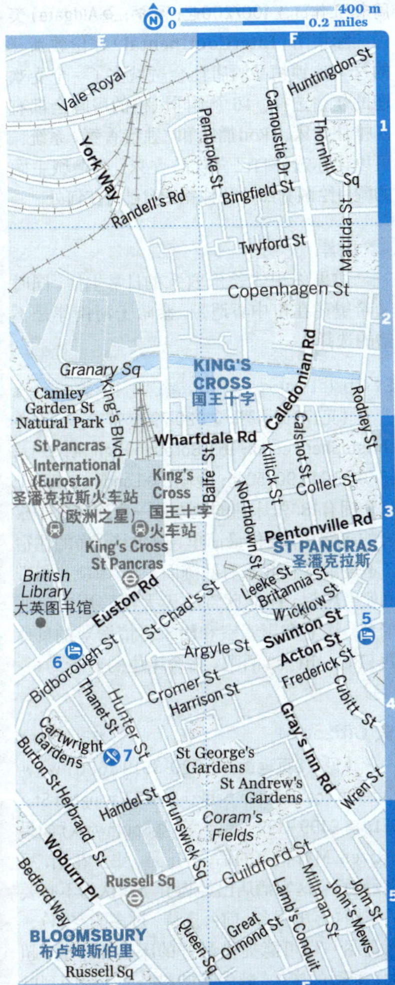

Bloomsbury, St Pancras & Camden 布卢姆斯伯里、圣潘克拉斯和卡姆登

重要景点

1 伦敦动物园 A2

景点

2 卡姆登集市 B1
3 摄政公园 A3

住宿

4 Arosfa Hotel D5
5 Clink78 .... F4
6 London St Pancras YHA E4

就餐

7 North Sea Fish Restaurant E4

娱乐

8 KOKO C2
9 Roundhouse A1

住宿了，£100~200一晚的双人间被认为是中档，再贵的就属于高档住宿了。伦敦的公共交通非常便捷，所以你没有必要为了靠近市中心而住在白金汉宫附近。

西区

YHA LondonOxford Street 青年旅舍 £

（见182页地图；☎020-7734 1618；www.yha.org.uk；14 Noel St，W1；铺/标双£18/46起；@📶；⊖Oxford Circus）伦敦有8家YHA青年旅舍，这是最靠近市中心、氛围最亲密的一家，只有104张床铺，以及品质优良的公共设施。我们很喜欢紫红色的厨房和明亮时髦的休息室。宿舍有三人间和四人间，还有双人大床房和双人标准间。使用旅舍的电脑上网每20分钟£1，Wi-Fi的价格是每天£5或每周£9。

Clink78 青年旅舍 £

（☎020-7183 9400；www.clinkhostels.com；78 King's Cross Rd，WC1；铺/双£10/25起；@📶；⊖King's Cross St Pancras）这个美妙的青年旅舍拥有500张床铺，位于一座19世纪的地方法院里，狄更斯曾在此担任抄写员，Clash乐队的成员曾于1978年来到这里。从4人间至16人间（有一条走廊都是女生宿舍）应有尽有。床铺是胶囊式的（含储藏空间）。有一个用餐空间巨大的厨房，还有一个喧闹的地下室酒吧。

London St Pancras YHA 青年旅舍 £

（☎020-7388 9998；www.yha.org.uk；79 Euston Rd，NW1；铺/房£20/61起；@📶；⊖King's Cross St Pancras）这个拥有185张床铺的青年旅舍拥有现代整洁的4~6人宿舍（几乎所有宿舍都有独立卫浴）和一些私人房间。这里有一家不错的酒吧兼咖啡馆，但是不能自己做饭。

Seven Dials Hotel

酒店 ££

（见182页地图；☎020-7240 0823；www.sevendialshotellondon.com；7 Monmouth St, WC2；标单/双/标三/四£95/105/130/150；📶；⊖Covent Garden, Tottenham Court Rd）这家酒店干净舒适，位置也非常居中，只比经济型住宿稍贵一点点。18间客房中的一半面朝迷人的Monmouth St，背街的房间没有那么多景色可以欣赏，但是更安静。

Arosfa Hotel

民宿 ££

（☎020-7636 2115；www.arosfalondon.com；83 Gower St, WC1；标单/标双/双/标三/四含早餐£83/128/135~155/155/185；📶；⊖Goodge St）这是一家历史悠久的民宿，休息室里有菲利普·斯达克（Philippe Starck）设计的家具，看起来新且现代。17间客房没有这么华丽，许多房间的浴室很小。大约一半房间翻修过，它们很小但很实惠。这里有两三个家庭间，4号房对着一个小花园。

Dean Street Townhouse

精品酒店 £££

（见182页地图；☎020-7434 1775；www.deanstreettownhouse.com；69-71 Dean St, W1；房 £260~450；❄📶；⊖Tottenham Court Rd）这家拥有39个房间的精品酒店位于苏活区中心，乔治王朝风格的家具、复古的黑白地砖浴室地板、美丽的照明和贴心的细节（每个房间都有优质浴室用品、吹风机和直发器）使这里散发出美妙的贵妇闺房气质。"中型房"（Medium）和"大房"有四帷柱大床，古董风格的浴缸就摆在房间里面。

伦敦金融城

London St Paul's YHA

青年旅舍 £

（见178页地图；☎020-7236 4965；www.yha.org.uk；36 Carter Lane, EC4；铺£17~25，双£40~50；@📶；⊖St Paul's）这家青年旅舍位于一栋受保护的古建筑当中，离圣保罗大教堂非常近，共设有213个床位。宿舍从3人间到11人间不一而足，还有标双和大床双人间。旅舍内有一家得到经营许可的自助餐厅（早餐£5，晚餐 £6~8），不过没有厨房。需要爬楼梯，没有电梯。最长只能住7晚。

Hotel Indigo Tower Hill

精品酒店 ££

（见178页地图；☎0843 208 7007；www.hotelindigo.com/lontowerhill；142 Minories, EC3；周末/工作日 £100/200起；❄📶；⊖Aldgate）美国洲际集团（InterContinental）在伦敦新开的这家连锁精品酒店让金融城多了一个受欢迎的住宿选择。46个不同风格的房间全都有四帷柱大床、iPod插座和"独特香氛"系统，可以让你选择自己喜欢的香味。金融城主题的醒目绘画和照片让你铭记自己身在何处。

南岸

如果你想体验伦敦人的日常生活，同时又希望住在市中心地带，泰晤士河南岸是不错的选择。

St Christopher's Village

青年旅舍 £

（见178页地图；☎020-7939 9710；www.st-christophers.co.uk；163 Borough High St, SE1；铺/房间£15.90/50起；@📶；⊖London Bridge）这个拥有185张床铺的地方是一家连锁青年旅舍的旗舰店，提供最简单、廉价且干净的住宿（不过浴室看起来有些陈旧了）。屋顶花园带酒吧、烤架，还能欣赏摩天大楼碎片大厦的景色。楼下有影音室和用来尽情派对的贝鲁西（Belushi's）酒吧。宿舍床位的数量为4~14张。

★ Citizen M

精品酒店 ££

（见178页地图；☎020-3519 1680；www.citizenm.com/london-bankside；20 Lavington St, SE1；房£109~199；❄@📶；⊖Southwark）如果Citizen M有格言的话，一定是"更少花哨，更多舒适"。这家酒店已经摒弃了它认为不必要的东西（客房服务、前台接待、过多的空间），而是尽一切可能提供最好的床垫和床铺（超大、舒适的床）、最尖端的科技（从照明到电视，房间里的一切都是通过一台平板电脑控制的）以及一流的装修。

肯辛顿和海德公园

居住在这片漂亮精致的区域，前往博物馆以及大牌时尚店都非常便利，但住宿价格也很能反映这里优越的环境。

Number Sixteen

酒店 £££

（见186页地图；☎020-7589 5232；www.firmdalehotels.com/hotels/london/number-sixteen；16 Sumner Pl, SW7；标单£174起，双

£228~360; ❄@📶; ⊖South Kensington）拥有令人精神一振的配色、精品艺术以及精致且有趣的设计感，Number Sixteen是非常可爱（而且相当错综复杂）的住处。这里有41个独立设计的房间、舒适的客厅和藏书丰富的图书室。除此之外，还有一个田园诗般的长条形后花园，它环绕着中间的鱼池。你还可以在阳光明媚的玻璃温室内享用早餐。

Ampersand Hotel 精品酒店 £££

（见186页地图；☎020-7589 5895；www.ampersandhotel.com；10 Harrington Rd；标单和双£372；❄@📶；⊖South Kensington）位于从前的Norfolk Hotel大楼里，一种轻盈、新鲜和梦幻的感觉洋溢在新开业的Ampersand之中。它的走廊（狭窄）和房间（较小）使用专门的墙纸装饰，与几步之遥的南肯辛顿（South Kensington）的各博物馆相呼应。刚刚开张的它充满活力，服务周到，竭力让客人获得愉悦的入住体验。

克拉肯韦尔、肖尔迪奇和斯毕塔菲尔德

★Hoxton Hotel 酒店 £

（见178页地图；☎020-7550 1000；www.hoxtonhotels.com；81 Great Eastern St，EC2；房£59起；❄@📶；⊖Old St）这是伦敦最实惠的酒店。位于肖尔迪奇腹地，这家整洁的酒店拥有208间客房，它的目标是保持满房以盈利。你可以打一个小时的免费电话，免费使用大厅的终端电脑，免费打印并享用来自Prêt à Manger的免费早餐。房间小但很有风格。

诺丁山和西伦敦

西伦敦的伯爵府区（Earl's Court）繁华热闹，散发着大都市的气息。由于深受大洋洲游客的喜爱，这里获得了"袋鼠谷"（Kangaroo Valley）的绰号。

Tune Hotel 酒店 £

（见186页地图；☎020-7258 3140；www.tunehotels.com；41 Praed St，W2；房£35~80；❄@📶；⊖Paddington）这家由马来西亚人经营的经济型酒店有137间客房，刚开业不久，如果提前很长时间预订的话有大幅优惠。这里的规则是一切从简——大床或双人间，最便宜的没有窗户，然后为你需要的一切额外设施（毛巾、Wi-Fi、电视）付费。如果你只需要一片屋顶栖身，倒是能省下一些钱。

Barclay House 民宿 ££

（☎020-7384 3390；www.barclayhouselondon.com；21 Barclay Rd，SW6；房£110~125；@📶；⊖Fulham Broadway）这栋迷人的船形维多利亚别墅有两个整洁、现代而舒适的卧室，从菲利普·斯达克设计的淋浴浴室、胡桃木家具、新安装的双层玻璃推拉窗和地暖到体贴的小细节（便利衣架、抽屉里的针线包和地图），这里给人梦幻的感觉。热忱诚恳、喜爱音乐的房主（能提供很多建议和有用的伦敦知识）创造出了非常包容的家庭氛围。通常要求最少住4晚。

Rockwell 精品酒店 ££

（见186页地图；☎020-7244 2000；www.therockwell.com；181-183 Cromwell Rd，SW5；标单/套 £90/160起，双£100~150；❄@📶；⊖Earl's Court）这家"经济型精品酒店"拥有40间客房，极简主义的风格低调酷炫，所有东西都很整洁。所有房间都有淋浴，夹楼套间绝对讨人喜欢，伸向花园的三个房间（LG1、LG2和LG3）特别漂亮。

La Suite West 精品酒店 £££

（见186页地图；☎020-7313 8484；www.lasuitewest.com；41-51 Inverness Tce，W2；房£179~489；❄@📶；⊖Bayswater）La Suite West是阿诺西卡·亨佩尔（Anouska Hempel）设计的作品，黑白配色大厅使用了裸墙，极简主义的壁炉窄得只有一小条，一台供客人使用的iPad放在空荡荡的白色大理石桌面上。隐藏在幽暗走廊深处的房间也有同样的整洁度。在这里，笔直的线条、一尘不染的表面和锐利的边角配以毫无瑕疵的浴室、舒适的床铺和温暖的服务。

就餐

在伦敦，外出就餐已变得如此时尚，以至于很难避免在打开菜单的时候碰见一些名人大厨的名字。过去几十年里，这里的就餐选择更广了，且餐厅的品质也有了大幅提升。

西区

★Koya 面条 £

（见182页地图；www.koya.co.uk；49 Frith St，W1；主菜£7~15；⏲正午至15:00和17:30~22:30；⊖Tottenham Court Rd，Leicester Sq）早些来，或者等到晚些时候再来，否则你就只能在这家很不错的日本面馆排队了。伦敦人会来这里吃货真价实的乌冬面（汤面或拌冷酱汁的捞面）。服务高效，价格非常合理。

Orchard 素食 £

（见182页地图；www.orchard-kitchen.co.uk；11 Sicilian Ave，WC1；主菜£6.50~7；⏲周一至周五8:00~16:00；✍；⊖Holborn）这个宜人的复古风格咖啡馆位于一条宁静的步行街上，是伦敦中央区素食者的福利。主菜包括西兰花和约克郡蓝奶酪馅饼等特色菜，一个伦敦三明治（sarnie）加一碗汤的价格只要£4.95。甜点很不寻常——尝试烤燕麦红醋栗蛋糕，上面洒了一层好立克（Horlicks）糖霜。

★Brasserie Zédel 法国菜 ££

（见182页地图；☎020-7734 4888；www.brasseriezedel.com；20 Sherwood St，W1；主菜£8.75~30；⏲周一至周六 11:30至午夜，周日至23:00；📶；⊖Piccadilly Circus）这个啤酒屋从前是皮卡迪利（Piccadilly）一座酒店的舞厅，现在被装修成了艺术装饰风格，是加莱以西最具法国风情的餐厅。菜单上大都是最受欢迎的法式经典菜肴，包括酸菜炖熏肠（choucroute alsacienne）和油封鸭腿配扁豆（duck leg confit with Puy lentils）。套餐（2/3道菜£8.25/11.75）和每日特价（plats du jour，£12.95）的性价比很高。

North Sea Fish Restaurant 鱼和薯条 ££

（www.northseafishrestaurant.co.uk；7-8 Leigh St，WC1；主菜£10~20；⏲周一至周六正午至14:30和17:30~22:30，周日13:00~18:00；⊖Russell Sq）这家餐厅致力于烹饪新鲜的鱼和土豆，并将这一简单的任务完成得很出色。你会吃到巨大的比目鱼或大比目鱼排，可以炸也可以烤，还有分量十足的薯条。隔壁还有外卖窗口。

Great Queen Street 英国菜 ££

（见182页地图；☎020-7242 0622；32 Great Queen St，WC2；主菜£14~20；⏲周一至周六正午至14:30和18:00~22:30，周日13:00~16:00；⊖Holborn）作为考文特花园（Covent Garden）的最佳餐厅之一，这里的菜单是季节性的（而且每天都有变化），重点在于优质、丰盛的菜肴和好的食材——总是有美味的炖菜、烧烤和简单的鱼类菜肴。气氛活泼，楼下有一个小酒吧。侍者对他们呈上的食物和葡萄酒很了解。必须提前预订。

National Dining Rooms 英国菜 ££

（见182页地图；☎020-7747 2525；www.peytonandbyrne.co.uk；1st fl，Sainsbury Wing，National Gallery，Trafalgar Sq，WC2；主菜£12.50~17.50；⏲周六至周四10:00~17:30，周五至20:30；⊖Charing Cross）大厨奥利弗·佩顿（Oliver Peyton）开在国家美术馆的这家餐厅自诩是"自豪且纯粹的英式风格"，多棒的主意啊。菜单上有种类繁多的英国奶酪，可用于简便的午餐。想吃点更实在的，可以参考每月更换的郡县菜单，上面有来自不列颠群岛各地区的特色菜。

Hawksmoor Seven Dials 牛排馆 £££

（见182页地图；☎020-7420 9390；www.thehawksmoor.com；11 Langley St，WC2；牛排£18~34，2/3道菜快餐套餐£24/27；⏲周一至周六 正午至15:00和17:00~22:30，周日 正午至21:30；📶；⊖Covent Garden）令人垂涎、滋味浓郁的英国牛排让Hawksmoor在伦敦的肉食者中成为传奇。除此之外，它豪华的周日烧烤、汉堡和精心调制的鸡尾酒也令人向往，请提前预订。

南岸

想要品尝当地美味，就去博罗集市（Borough Market）或Bermondsey St。

M Manze 英国菜 ££

（www.manze.co.uk；87 Tower Bridge Rd，SE1；主菜£2.40~6.25；⏲周一至周四11:00~14:00，周五和周六10:00~14:30；⊖Borough）M Manze的历史可追溯至1902年，最初是意大利人开的冰激凌店，后来开始贩卖传奇的主食：馅饼，现在是家经典英式餐厅，有可爱的地砖和传统的蓝领菜单：馅饼配土豆泥（mash）、馅饼配酒精饮料，还有鳗鱼冻或鳗鱼炖菜。

★ Skylon

新派欧洲菜 ££

（见178页地图；☎020-7654 7800；www.skylon-restaurant.co.uk；3rd fl, Royal Festival Hall, Southbank Centre, Belvedere Rd, SE1；烤肉主菜£12.50~30，餐厅2/3道菜£42/48；⏰烤肉周一至周六正午至23:00，周日正午至22:30，餐厅周一至周六正午至14:30和17:30~22:30，周日正午至16:00；📶；ⓤWaterloo）以20世纪50年代的塔命名，这家优质餐厅位于重新装修过的皇家节日音乐厅（Royal Festival Hall）顶层，分成烤肉区和高级餐厅两部分，有一个**大酒吧**（⏰周一至周六 正午至次日1:00，周日 至22:30；ⓤWaterloo）。装修采用20世纪50年代的风格：沉静的颜色和富于时代特征的椅子（当时很时髦，现在更加时髦）。从地板到天花板的落地窗可以让你尽享泰晤士河和金融城的美景。

肯辛顿和海德公园

★ Pimlico Fresh

咖啡馆 £

（86 Wilton Rd, SW1；主菜£4.50起；⏰周一至周五7:30~19:30，周六和周日9:00~18:00；ⓤVictoria）作为健康早餐或午餐的最佳之选，这家拥有两个房间的咖啡厅烹饪各种精美的家常菜肴，从馅饼、汤、烤豆配吐司和千层面（lasagne）到热乎乎的麦片粥（里面添加了蜂蜜、枫糖糖浆、香蕉、酸奶或小葡萄干），还有一些创意菜品。供应各种清爽的新鲜果汁，寒冷的月份还有冒着热气的辣味苹果汁，可以帮助你抵御寒气。

Wasabi

日本菜 £

（见186页地图；www.wasabi.uk.com；Kensington Arcade, Kensington High St, W8；主菜£5~8；⏰周一至周六10:00~22:00，周日11:00~21:00；ⓤHigh St Kensington）Wasabi是一家日本寿司和便当连锁店。这个分店大而明亮，供应可口的米饭套餐、面条、寿司卷和沙拉，所有食物都很实惠，适合作为简便的午餐，可以内用或带走。分店遍布伦敦市中心。

Tom's Kitchen

新派欧洲菜 ££

（见186页地图；☎020-7349 0202；www.tomskitchen.co.uk；27 Cale St, SW3；早餐£2.50~15，主菜£12.75~27；⏰周一至周五8:00~11:30，正午至14:30和18:00~22:30，周六和周日10:00~15:30和18:00~22:30；ⓤSouth Kensington）名人大厨汤姆·艾肯斯（Tom Aikens）的餐厅供应很棒的食物，包括备受赞誉的早餐和薄饼。

★ Dinner by Heston Blumenthal

新派英国菜 £££

（见186页地图；☎020-7201 3833；www.dinnerbyheston.com；Mandarin Oriental Hyde Park, 66 Knightsbridge, SW1；3道菜午餐套餐£38，主菜£28~42；⏰正午至14:30和18:30~22:30；📶；ⓤKnightsbridge）华丽呈现的Dinner就像是一场美食之旅，带领用餐者领略英国烹饪史（加上富有创意的现代改良）。餐厅的内部设计也极为成功，如玻璃围起来的厨房、餐厅顶上的钟表机械，还有向外望着公园的大窗户。

克拉肯韦尔、肖尔迪奇和斯毕塔菲尔德

从在砖巷（Brick Lane）偶遇的孟加拉餐馆到Kingsland Rd的越南餐馆聚集地，东区的美食选择就如同居住在这里的人一样多元化。隐藏在克拉肯韦尔的美食值得你去一探究竟。埃克斯茅斯市场（Exmouth Market）是不错的起点。

Poppies

炸鱼和薯条 ££

（见178页地图；www.poppiesfishandchips.co.uk；6-8 Hanbury St, E1；主菜£7~16；⏰周一至周四11:00~23:00，周五和周六至23:30，周日至22:30；📶Shore-ditch High St, Liverpool St）这里完美再现了20世纪50年代伦敦东区的炸鱼薯条店，服务员扎着围裙和发网，店里还摆着一

> **想了解更多？**
>
> 想随时了解更多相关信息、评价和推荐，可以去Apple App Store购买Lonely Planet的应用程序*London City Guide*。
>
> 也可以登录**Lonely Planet**（www.lonelyplanet.com/england/london），网页提供了行程安排建议、作者推荐、游客评价以及不为人知的小贴士。

些复古的纪念物。除了常见的炸鱼，还供应鳗鱼冻、自制塔塔酱和豌豆糊，搭配一杯葡萄酒或啤酒最好不过了。也提供火爆的外卖服务。

Modern Pantry 创意菜 £££

（见178页地图；☎020-7553 9210；www.themodernpantry.co.uk；47-48 St John's Sq, EC1；主菜 £14~21.50；⏲周二至周五正午至15:00，周六和周日11:00~16:00，周二至周六18:00~22:30；📶；⊖Farringdon）这栋乔治王时代的三层楼别墅位于克拉肯韦尔的核心地段，有一份超赞的全天候菜单，光是看着就令人垂涎不已。食材被组合成非同寻常的菜肴，如罗望子腌onglet牛排或帕尔马奶酪面包糠裹炸小牛肉片。早餐也很棒，遗憾的是分量有些小。晚餐建议提前预订。

诺丁山和西伦敦

Taquería 墨西哥菜 £

（见186页地图；www.taqueria.co.uk；139-143 Westbourne Grove；墨西哥卷饼 £5~7.50；⏲周一至周五正午至23:00，周六10:00至23:30，周日正午至22:30；📶；⊖Notting Hill Gate）这家的墨西哥卷饼新鲜松软，放眼整个伦敦，没有比这更可口的墨西哥卷饼了，因为这里的卷饼都是现点现做的。Taquería是间气氛轻松活跃的小餐馆，还是一家很有环境意识的餐厅：鸡蛋、鸡肉和猪肉都来自放养的鸡和猪，肉是英国产的，鱼是经过认证的，牛奶和奶油都是有机食品。

Ledbury 法国菜 £££

（☎020-7792 9090；www.theledbury.com；127 Ledbury Rd, W11；4道菜套餐午餐£50，4道菜晚餐£95；⏲周三至周日正午至14:00和18:30~21:45；📶；⊖Westbourne Park, Notting Hill Gate）拥有两颗米其林星和极其优雅的气质，布雷特·格雷姆（Brett Graham）美丽的法国餐厅吸引了身穿牛仔裤和时尚夹克的食客。菜做得非常棒，如烤海鲈鱼配花椰菜梗、蟹肉和黑藜麦，或狍子肉（roe deer）配甜菜根、皮诺葡萄酒糟和脆炸土豆。伦敦美食家都非常喜欢这家餐厅。必须预订。

饮品和夜生活

自这座城市形成以来，伦敦人就一直对酒情有独钟——正如历史所展现的那样，往往是毫无节制的过度狂欢。西区不再是夜店街区的代名词，在这座城市的任何角落，只要地方足够大，租金足够便宜，又或者够标新立异，就会变身为超级夜店。周五和周六晚上是最热闹的。不同的夜店入场费会有很大差别：通常情况下，早点去或提前订票会比较便宜。

西区

Gordon's Wine Bar 酒吧

（见182页地图；www.gordonswinebar.com；47 Villiers St, WC2；⏲周一至周六11:00~23:00，周日正午至22:00；⊖Embankment）Gordon名声在外：这里的人多得不像话，除非你在下班之前赶来（通常是18:00左右），否则就别指望找到空桌子了。它很宽敞，像个洞穴似的，灯光幽暗，产自法国的葡萄酒醇香醉人且价格合理。你可以用面包、奶酪和橄榄佐酒。夏天有露天花园座位。

French House 酒吧

（见182页地图；www.frenchhousesoho.com；49 Dean St, W1；⏲周一至周六正午至23:00，周日正午至22:30；⊖Leicester Sq）French House是位于苏活区的一家传奇的小资情调酒馆，有着悠久的历史：这里是“二战”期间自由法国军事力量（Free French Forces）的接头场所，据说戴高乐（De Gaulle）经常在这里喝醉，而狄兰·托马斯（Dylan Thomas）、彼得·奥图尔（Peter O'Toole）和弗朗西斯·培根（Francis Bacon）都至少有一次醉倒在这里的木地板上。

Spuntino 酒吧

（见182页地图；www.spuntino.co.uk；61 Rupert St, W1；主菜£6~10；⏲周一至周三正午至午夜，周四至周六至次日1:00，周日至23:00；⊖Piccadilly Circus）在Rupert St上的Spuntino，地下酒吧风格的装修遇上富有创意的美国意大利食物。可以在吧台区找个座位，或者去后面找个台子，但要记得预留排队时间（不能预订，没有电话）。

Terroirs 葡萄酒吧

（见182页地图；www.terroirswinebar.com；

5 William IV St, WC2; ⏰周一至周六 正午至23:00; ⊖Charing Cross Rd）这是精彩的两层楼葡萄酒吧，是去剧场之前喝一杯的好地方，也可以尝尝这里的熟食。有见多识广的侍者、经济实惠的£10特价午餐、活泼欢乐的气氛和令人吃惊的丰富的有机葡萄酒单。

LAB 鸡尾酒吧

（见182页地图；☎020-7437 7820；www.labbaruk.com；12 Old Compton St, W1；⏰周一至周六 16:00至午夜，周日 至22:30；⊖Leicester Sq, Tottenham Court Rd）全名London Academy of Bartenders（伦敦调酒师学院，简称LAB），这家酒吧在苏活区经营了将近20年，是一家长盛不衰的老店，拥有一些伦敦最好的鸡尾酒。鸡尾酒单的厚度跟一本小书差不多，但不要怕，如果你不知道要点什么的话，只需告诉调酒师你现在的感受，他们就会为你调出一杯神奇饮品。

南岸

★40 Maltby Street 葡萄酒吧

（见178页地图；www.40maltbystreet.com；40 Maltby St, SE1；⏰周三和周四 17:30~22:00，周五 12:30~14:00和17:30~22:00，周六 11:00~17:00）这个隧道风格的葡萄酒吧兼厨房位于一座铁路拱桥下。首先，这是一个葡萄酒进口商，专注于经营有机葡萄酒生意，近来店面高朋满座。推荐的葡萄酒多是顶级的（大多数按杯售卖），店内还供应很棒的食物——简单美味的小酒馆菜肴。

George Inn 小酒馆

（见178页地图；☎020-7407 2056；www.nationaltrust.org.uk/george-inn；77 Borough High St, SE1；⏰11:00~23:00；⊖London Bridge）这个棒极了的老酒馆是伦敦仅存带长廊的驿站（coaching inn），其历史可以追溯到1676年，曾出现在狄更斯的长篇小说《小杜丽》（*Little Dorrit*）中。它和Tabard Inn在同一地址。在乔叟（Chaucer）的《坎特伯雷故事集》（*Canterbury Tales*）中，朝圣者们在启程前往肯特郡坎特伯雷之前，就是在这里集合的（我们猜测，他们也在这儿喝了几杯酒）。

AnchorBankside 小酒馆

（见178页地图；34 Park St, SE1；⏰周日至周三11:00~23:00，周四至周六至午夜；⊖London Bridge）本店出现在许多旅行指南中（包括本书），这是有缘由的——这个河畔小酒馆的历史可追溯至17世纪初（后来，在伦敦大火后和19世纪两次获得重建）。在露台上，可以看到泰晤士河对岸的优美景色，不过饮酒的客人总是爆满。

克拉肯韦尔、肖尔迪奇和斯毕塔菲尔德

Jerusalem Tavern 小酒馆

（见178页地图；www.stpetersbrewery.co.uk；55 Britton St, EC1；⏰周一至周五 11:00~23:00；📶；⊖Farringdon）这里当初是伦敦首批咖啡屋之一（创立于1703年），现在在内部还能看到零星的18世纪马赛克瓷砖装饰，绝对是个出色的小酒馆。但遗憾的是，它非常受欢迎，店面却很小，所以要早点来才有位子。

Book Club 酒吧

（见178页地图；☎020-7684 8618；www.wearetbc.com；100 Leonard St, EC2A；⏰周一至周三 8:00至午夜，周四和周五 8:00至次日2:00，周六和周日10:00至次日2:00；📶；⊖Old St）这个维多利亚时代的旧仓库已经被改造成了创意十足的好地方。这里空间宽敞，墙壁刷得雪白，楼上有大窗户，楼下是一个地下室酒吧，举办各种标新立异的活动，如脱口秀、舞蹈课程和人体素描，还有各种DJ之夜。

Fabric 夜店

（见178页地图；www.fabriclondon.com；77a Charterhouse St, EC1；门票£8~18；⏰周五 22:00至次日6:00，周六23:00至次日8:00，周日 23:00至次日6:00；⊖Farringdon）对去过许多国际夜店的大咖来说，这座令人难忘的超级夜店是他们来到伦敦的首选。这里的人群时尚体面而不过分张扬，音乐——电子乐、科技电音、豪斯音乐、鼓乐和贝斯以及回响贝斯（dubstep）不负众望地达到了伦敦一流夜店的水准。

Ten Bells 小酒馆

（见178页地图；Commercial St和Fournier St交叉路口，E1；⏰周一至周六 11:00~23:00，周日正午至22:30；⊖Liverpool St）这个地标性的维多利亚时代小酒馆有巨大的窗户和美丽

男女同性恋的伦敦

一般说来，伦敦对于男女同性恋是个安全的地方。在市中心共用一室或者牵手很少会遇到问题，不过晚上最好小心一点，并留意周边的环境。

西区，尤其是苏活区，是伦敦同性恋引人注目的中心区，老康普顿大街（Old Compton St）周边地区有很多同性恋聚集场所。不过，其他很多区域也都有小型的同性恋聚集地。

想要了解最新活动的话，最简便的方法就是在相关场所获取免费的报纸杂志（*Boyz*、*QX*），*Time Out*（www.timeout.com/london/lgbt）的同性恋版块也很有用。下面是一些入门级场所：

George & Dragon（见178页地图；2 Hackney Rd, E2；⌚18:00~23:00；⊖Old St）从前是一个肮脏的本地小酒馆，新主人接手后在里面装饰了自己祖母的古董（鹿角、浣熊尾巴，旧钟表等）、雪儿（Cher）的纸板模型和小彩灯，将这个只有一间房的小酒馆打造成了霍斯顿区（Hoxton）历经十余年仍经久不衰的热门场所。

Edge（见182页地图；www.edgesoho.co.uk；11 Soho Sq, W1；⌚周一至周四16:00至次日1:00，周五和周六正午至次日3:00，周日16:00~23:30；📶；⊖Tottenham Court Rd）四层华丽的空间全部俯瞰着苏活广场（Soho Sq），这里是伦敦最大的同性恋酒吧，一周七天的每个晚上都热热闹闹的。有身着清凉布料的舞者和侍者、很棒的音乐以及整体而言十分友好的氛围。它非常靠近Oxford St，因此很是醒目。

Heaven（见182页地图；www.heavennightclub-london.com；Villiers St, WC2；⌚周一、周四和周五23:00至次日5:00，周六22:00至次日5:00；⊖Embankment, Charing Cross）这家经久不衰的同性恋酒吧位于查令十字火车站下方的圆拱之下，总是举办很棒的夜店活动。周一的玉米花之夜（混合舞蹈派对，欢迎所有人入场）无疑是伦敦最好的工作日夜店主题夜。著名的G-A-Y之夜分别在周四（G-A-Y成人电影夜）、周五（G-A-Y扎营攻击夜）和周六（纯G-A-Y夜）举办。

Popstarz（见182页地图；www.popstarz.org；The Den, 18 West Central St, WC1；⌚周五22:00至次日4:00；⊖Tottenham Court Rd）这家一流的独立音乐同性恋酒吧最近迁到了西区心脏地带，依旧充满了活力。Popstarz很受学生族的欢迎，氛围友好，人员构成多样。有3间播放超级棒的独立流行乐的房间。

的瓷砖，非常适合在逛完斯毕塔菲尔德市场（Spitalfields Market）后过来喝上一品脱的啤酒。这里曾是开膛手杰克作案的地方之一，不过如今它吸引的是无害且时髦的顾客群。

Worship St Whistling Shop 鸡尾酒吧

（见178页地图；☎020-7247 0015；www.whistlingshop.com；63 Worship St, EC2；⌚周二17:00至午夜，周三和周四至次日1:00，周五和周六至次日2:00；⊖Old St）作为将鸡尾酒提升至分子水平的"维多利亚"酒吧，Whistling Shop（维多利亚时代的人们如此称呼违法贩酒的地方），用高超的手艺和非同寻常的独家配方在这个实验室一般的地方调制出了美妙的鸡尾酒。尝试Panacea、Black Cat Martini或the Bosom Caresser（使用配方牛奶）。这里有一系列令人惊叹的有趣的酒精饮料，以及用于私人派对的Dram Shop，还为真正具有冒险精神的人准备了Experience Room。

Cargo 夜店

（见178页地图；www.cargo-london.com；83 Rivington St, EC2；门票免费至£16；⌚周一至周四正午至次日1:00，周五和周六至次日3:00，周日至午夜；⊖Old St）Cargo是伦敦风格最多元化的夜店之一。在那由砖块砌成的铁道拱顶之下，你能发现舞厅、酒吧以及户外露台。音乐风格有创意且多元化，有很多新锐乐队的演出。全天提供食物。

诺丁山、贝斯沃特和帕丁顿

Churchill Arms
小酒馆

（见186页地图；www.churchillarmskensington.co.uk；119 Kensington Church St，W8；⏲周一至周三11:00~23:00，周四至周六至午夜，周日正午至22:30；📶；⊖Notting Hill Gate）门前种满了天竺葵，米字旗在微风中飘扬，Churchill Arms真算得上是Kensington Church St上的一道靓丽风景。酒馆以墙上的丘吉尔纪念品和数十件小摆设闻名，深受当地人和游客喜爱。附属的阳光温室20年来一直供应着优质泰国菜（主菜 £6~10）。

Windsor Castle
小酒馆

（见186页地图；www.thewindsorcastlekensington.co.uk；114 Campden Hill Rd，W11；⏲周一至周六正午至23:00，周日正午至22:30；📶；⊖Notting Hill Gate）这是一家位于Campden Hill Rd较高路段的传统小酒馆，有历史，够私密，啤酒也很棒。这里富有历史感的隔间式室内装修值得探索，还有熊熊燃烧的壁炉（冬天）、宜人的啤酒花园（夏天）和友善可亲的常客（大多数人都是常客）。据说《人权论》（*Rights of Man*）一书的作者托马斯·潘恩（Thomas Paine）的骨骸就葬在地窖里。

Earl of Lonsdale
小酒馆

（277-281 Portobello Rd，W11；⏲周一至周五正午至23:00，周六10:00~23:00，周日正午至22:30；⊖Notting Hill Gate，Ladbroke Grove）以热爱锦衣玉食的AA（汽车协会，Automobile Association）创立者的名字命名，Earl在白天非常安宁，老妇人和年轻的时尚人士占据着经过重新装修的优雅室内。这里有Samuel Smith麦芽酒、摆着沙发的优雅包间、长条形软座、壁炉，还有一座美丽的啤酒花园。

格林尼治和南伦敦

Trafalgar Tavern
小酒馆

（☎020-8858 2909；www.trafalgartavern.co.uk；6 Park Row，SE10；⏲周一至周四正午至23:00，周五和周六至午夜，周日至22:30；🚉DLR Cutty Sark）被泰晤士的棕色河水围绕着，这个优雅的小酒馆拥有俯瞰着河水的大玻璃窗，还有一段悠久的历史。狄更斯很显然不止一次地光顾过这里，还把它用在了《我们共同的朋友》（*Our Mutual Friend*）的婚礼早餐场景中，而首相大人格莱斯顿（Gladstone）和迪斯雷利（Disraeli）则经常过来吃小酒馆著名的小鲱鱼（whitebait）。

Ministry of Sound
夜店

（见178页地图；www.ministryofsound.com；103 Gaunt St，SE1；门票£16~25；⏲周五和周六23:00至次日6:30；⊖Elephant&Castle）这个传奇的国际知名夜店（4个酒吧，4个舞池）前几年不够“潮”，但是在请来顶级DJ后，Ministry坚定地捍卫了顶级夜店的名誉。周五是Gallery trance之夜，周六则有精英DJ播放豪斯音乐、电子乐和科技电音。

☆ 娱乐

剧院

伦敦是举世闻名的戏剧之都，西区对于人们有着极强的吸引力，它所拥有的不仅是声势浩大的音乐剧。逢演出日，你可以从官方售票机构TKTS（见182页地图；www.tkts.co.uk；Leicester Sq，WC2；⏲周一至周六10:00~19:00，周日正午至16:00；⊖Leicester Sq）处购买西区演出的半价票（只收现金）。带钟塔的就是售票屋，提防附近兜售假票的黄牛。想了解更多信息，登录www.officiallondontheatre.co.uk或www.theatremonkey.com查询。

国家剧院
剧院

（National Theatre，见178页地图；☎020-7452 3000；www.nationaltheatre.org.uk；South Bank，SE1；⊖Waterloo）英格兰最大的剧院，由优秀的演员在三个剧场（Olivier、Lyttelton和Dorfman）上演各种古典和当代戏剧。杰出的艺术指导尼古拉斯·希特纳（Nicholas Hytner，在2015年3月退休）见证了国家剧院的黄金年代，标志性的作品有《战马》（*War Horse*）等。

皇家宫廷剧院
剧院

（Royal Court Theatre，见186页地图；☎020-7565 5000；www.royalcourttheatre.com；Sloane Sq，SW1；⊖Sloane Sq）富于创意的新剧目和经典剧目同样著名，皇家宫廷剧院是伦敦最富有进取心的剧院，并持续培养有天赋的英国剧作家。

演出票价为£6~10。周一票价都是£10（Jerwood Theatre Downstairs剧场出售40便士的站票），26岁以下观众的票价为£8。登录剧院的脸书页面查看关于廉价票的最新信息。

Old Vic 剧院

（见178页地图；☎0844 871 7628；www.oldvictheatre.com；The Cut，SE1；⊖Waterloo）伦敦的剧院从未拥有过一位更有名的艺术指导，美国演员凯文·史派西（Kevin Spacey）在2003年接任这一职务，指导监督这座华丽剧院上演的剧目。新剧目和古典剧目都在此上演，演员和导演都是业界数一数二的大腕。

Young Vic 剧院

（见178页地图；☎020-7922 2922；www.youngvic.org；66 The Cut，SE1；⊖Waterloo，Southwark）这座富于开创精神的剧院是新人发光发热的舞台，也是民众体验戏剧之美的殿堂。Young Vic会为观众呈现来自全世界的演员、导演和剧目，其中许多戏剧涉及当代政治或文化议题，如死刑、种族主义和腐败。表演中常常载歌载舞。

Donmar Warehouse 剧院

（见182页地图；☎0844 871 7624；www.donmarwarehouse.com；41 Earlham St，WC2；⊖Covent Garden）舒适的Donmar Warehouse是伦敦的"创新思维家的剧院"。新的艺术指导Josie Rourke已经生产了一些有趣且不同寻常的作品，如王位复辟时期的喜剧乔治·法夸尔（George Farquhar）的《招兵买马》（*The Recruiting Officer*），还重新演绎了康诺·麦克菲森（Conor McPherson）的《堰坝》（*The Weir*）。

现场音乐

KOKO 现场音乐

（www.koko.uk.com；1a Camden High St，NW1；⏲周日至周四 19:00~23:00，周五和周六至次日4:00；⊖Mornington Cres）曾经是传奇的卡姆登宫剧院（Camden Palace），查理·卓别林（Charlie Chaplin）、Goons乐队和性手枪乐队（Sex Pistols）都在这里演出过，如今KOKO还保持着伦敦一流演出场所的盛誉。剧院有一个舞池和一些颓败的阳台，吸引了一些独立流行乐团。几乎每天都有乐队现场演出。

100 Club 现场音乐

（见182页地图；☎020-7636 0933；www.the100club.co.uk；100 Oxford St，W1；门票£8~20；⏲登录网站查看演出时间；⊖Oxford Circus，Tottenham Court Rd）这个传奇的伦敦演出场所一直聚焦于爵士乐，但是也在向摇摆乐和摇滚乐扩展。这里曾经见证过克里斯·巴伯（Chris Barber）、BB King和滚石乐队（the Stones）的演出，也曾是朋克革命和90年代独立音乐的中心。这里还有摇摆舞和当地爵士乐手表演，偶尔有大牌前来助阵。

Roundhouse 现场音乐

（www.roundhouse.org.uk；Chalk Farm Rd，NW1；⊖Chalk Farm）Roundhouse曾经是20世纪60年代先锋剧场的所在地，然后变成摇滚乐演出场所，随后被遗忘了一阵子，终于在几年前重新开业。这里有很棒的演出，包括巡回演出、单口相声、诗歌朗诵和即兴创作。建筑的圆形外观十分独特，内部舞台也妥善运用了这个特点。

Ronnie Scott's 爵士乐

（见182页地图；☎020-7439 0747；www.ronniescotts.co.uk；47 Frith St，W1；⏲周一至周六19:00至次日3:00，周日至午夜；⊖Leicester Sq，Tottenham Court Rd）1959年，Ronnie Scott将自己的爵士乐俱乐部开在Gerrard St上一个华人小赌场的楼下。6年后，俱乐部搬到了现在的位置，并成为英国最好最知名的爵士乐俱乐部。现场表演从20:30开始（周日是20:00），周五和周六23:15还有第二场表演，然后是持续至次日2:00的深夜秀。人均消费是£20~50。

喜剧

Comedy Store 喜剧

（见182页地图；☎0844 871 7699；www.thecomedystore.co.uk；1aOxendon St，SW1；门票£8~23.50；⊖Piccadilly Circus）这是伦敦最早

的（而且仍然是最好的）喜剧俱乐部之一。周三和周日的晚上，上台表演的是这座城市最知名的即兴喜剧演员团体Comedy Store Players，包括出色的乔西·劳伦斯（Josie Lawrence）。周四、周五和周六，Best in Stand Up呈现伦敦最棒的喜剧巡回演出。

Comedy Cafe 喜剧

（见178页地图；☎020-7739 5706；www.comedycafe.co.uk；68 Rivington St，EC2；门票免费至£12；⏲周三至周六；⊖Old St）作为一个主要的演出场所，Comedy Cafe就是为喜剧而生的，有一些很不错的喜剧演员。它可能会让人觉得有些古怪，但是每周三晚上的新节目试演还是值得一看的。

Soho Theatre 喜剧

（见182页地图；☎020-7478 0100；www.sohotheatre.com；21 Dean St，W1；门票£10~25；⊖Tottenham Court Rd）Soho Theatre以才华横溢的新锐喜剧编剧和演员著称。它还有一些顶尖的单口相声演员和使用图画的喜剧演员，包括Alexei Sayle和Doctor Brown。票价为£10~20。

古典音乐、歌剧和舞蹈

皇家艾伯特音乐厅 演出场所

（Royal Albert Hall，见186页地图；☎020-7589 8212，0845 401 5045；www.royalalberthall.com；Kensington Gore，SW7；⊖South Kensington）维多利亚时代的音乐厅上演古典音乐、摇滚乐和其他演出，不过最让它出名的还是BBC赞助的伦敦夏季逍遥音乐会（Proms）。门票可以预订，不过从7月中至9月中，逍遥音乐会的追随者还会排队购买£5的站票（或称“漫步票”），这些票在演出开幕前1小时开始发售。

巴比肯艺术中心 表演艺术

（Barbican，见178页地图；☎020-7638 8891，0845 121 6823；www.barbican.org.uk；Silk St，EC2；⊖Barbican）作为出色的伦敦交响乐团（London Symphony Orchestra）及知名度略低的BBC交响乐团（BBC Symphony Orchestra）的本部，艺术中心每年还会迎来数十位其他顶尖音乐人的演出，特别是爵士乐、民谣、世界音乐和灵魂乐的表演。舞蹈是这里的另一个强项。

南岸中心 演出场所

（Southbank Centre，见178页地图；☎020-7960 4200；www.southbankcentre.co.uk；Belvedere Rd，SE1；⊖Waterloo）南岸中心修葺一新的**Royal Festival Hall**（见178页地图；☎020-7960 4242；www.southbankcentre.co.uk；门票 £6~60；⊖Waterloo）如今拥有一个音效出色、可容纳3000名观众的圆形剧场，是聆听全球古典音乐家演奏的最佳场所之一。声音有如天籁，节目安排无可挑剔，巨大的门厅还常常有免费演出活动。在较小的**Queen Elizabeth Hall**（QEH，见178页地图；☎020-7960 4200；www.southbankcentre.co.uk；⏲每日 17:00~23:30；⊖Waterloo）和**Purcell Room**（见178页地图），演出风格更加多样化，包括演讲和辩论、舞蹈表演、诗歌朗诵等。

皇家歌剧院 歌剧

（Royal Opera House，见182页地图；☎020-7304 4000；www.roh.org.uk；Bow St，WC2；票价£7~250；⊖Covent Garden）为迎接千禧年而投入2.1亿英镑的再开发项目为伦敦的古典歌剧院赋予了绝妙的环境，来这里度过夜晚是一件奢华的事——就是有点贵。虽然这里经历了现代化的改造，不过主要的吸引力仍然在于歌剧和古典芭蕾——所有演出都是很棒的作品，由世界级的表演者担纲。

Sadler's Wells 舞蹈

（见178页地图；☎0844 412 4300；www.sadlerswells.com；Rosebery Ave，EC1；票价£10~49；⊖Angel）这座剧院的历史可追溯至1683年，不过在1998年彻底重建了。如今，它是伦敦最兼容并蓄、最现代的舞蹈演出场所，拥有各种门类、来自全球各地的试验舞蹈。Lilian Baylis Studio上演规模较小的作品。

购物

百货商店

即便你没有购物兴趣，伦敦著名的百货商店也值得一游。

推出手推车

伦敦的集市数量超过350个，它们出售从古董珍品到花鸟鱼虫等的各式商品。卡姆登（Camden）和波多贝罗路（Portobello Road）可谓游客云集，而其他的集市则以当地人为主。

哥伦比亚路花卉市场（Columbia Road Flower Market，见178页地图；Columbia Rd，E2；⏲周日8:00~15:00；⊖Old St）这个市场每周一次，堪称色彩和勃勃生机的真正大爆发。这里出售一系列美丽的鲜花、盆栽植物、鳞茎、种子，以及花园里所需要的一切。即使你什么都不买，也能体验到很多乐趣。市场非常拥挤，所以尽早或晚一点儿去，如果够晚的话，摊贩将廉价处理他们的切花。市场从Gossett St一路延伸至Royal Oak小酒馆。

博罗集市（Borough Market，见178页地图；www.boroughmarket.org.uk；8 Southwark St，SE1；⏲周四11:00~17:00，周五正午至18:00，周六8:00~17:00；⊖London Bridge）集市自13世纪就以某种形式在这里出现了，"伦敦的食物柜"在过去十年经历了令人吃惊的复兴。这里总是挤满了美食爱好者、美食家、兴奋的新来者、手里捧着旅行指南的游客以及其他各种各样的人群。这个令人着迷的市场本身就是一大风景。

除了专门出售新鲜水果、异域蔬菜和有机肉类的部分，还有一个健康食物零售市场，那里有家庭生产的蜂蜜和自制面包，有很多免费样品可供品尝。在整个市场里都有外卖摊位，它们供应冒着热气的美味香肠、西班牙辣香肠（chorizo）三明治和优质汉堡包，令空气中弥漫着肉香。购物者排队抢购Neal's Yard Dairy的奶酪。Monmouth Coffee Company和Spanish deli Brindisa（www.brindisa.com）门外也有队伍在等待。另外，人们在Roast排队购买外卖，在肉铺Ginger Pig大肆采买，或是在Rake小酌几杯麦芽酒。市场在周六极为热闹（早点到，然后抢购最棒的东西）。

卡姆登集市（Camden Market；Camden High St，NW1；⏲10:00~18:00；⊖Camden Town，Chalk Farm）虽然已不再是出售数千件廉价时髦皮外套的地方，但每年卡姆登集市却吸引着数目惊人的1000万访客，是伦敦最受欢迎的景点之一。最初，它只是摄政运河（Regent's Canal）上卡姆登水闸（Camden Lock）旁边小摊贩的聚点，他们售卖漂亮的手工艺品。如今，集市已经占据了从Camden Town地铁站到Chalk Farm地铁站的大部分街道。

波多贝罗路集市（Portobello Road Market；www.portobellomarket.org；Portobello Rd，W10；⏲周一

Selfridges 百货店

（见186页地图；www.selfridges.com；400 Oxford St，W1；⏲周一至周六9:30~21:00，周日11:30~18:15；⊖Bond St）Selfridges喜欢创新——它的著名之处在于国际艺术家设计的创意十足的展示橱窗，以及最重要的——门类丰富的商品。它是伦敦的一站式商店中最新潮时尚的，有Boudicca、Luella Bartley、Emma Cook、Chloé和Missoni等时尚大牌，还有一个无与伦比的食品大厅和欧洲规模最大的化妆品部。

Fortnum & Mason 百货店

（见182页地图；www.fortnumandmason.com；181 Piccadilly，W1；⏲周一至周六10:00~21:00，周日正午至18:00；⊖Piccadilly Circus）进入创办的第4个世纪，伦敦最古老的百货店仍拒绝向现代风格服软。它的工作人员仍然穿着老派的燕尾服，迷人的食品大厅供应食盒、柑橘酱、特制茶等饮食。楼下是一个优雅的葡萄酒吧。还有高端厨房用具、奢侈礼品和香水。

Liberty 百货店

（见182页地图；www.liberty.co.uk；Great Marlborough St，W1；⏲周一至周六10:00~20:00，周日正午至18:00；⊖Oxford Circus）当代风格与老派的仿都铎气息巧妙融合，令人难以抗拒。Liberty有一个巨大的化妆品部和一个专营

至周三、周五和周六8:00~18:30，周四至13:00；⊖Notting Hill Gate, Ladbroke Grove）波多贝罗路集市是一个标志性的伦敦景点，出售琳琅满目的街头食物、水果和蔬菜、古董文玩、收藏品、生气勃勃的时尚用品和小玩意儿。虽然波多贝罗路上的商铺每天都开门，而水果和蔬菜小摊（从Elgin Cres至Talbot Rd）只在周日关门，但最繁忙的日子却是周六，古董商在这天开门迎客（从Chepstow Villas至Elgin Cres）。

百老汇集市（Broadway Market; www.broadwaymarket.co.uk; London Fields, E8; ⏲周六 9:00~17:00; ⊖Bethnal Green）自19世纪末，这条可爱的街道上就有一个市场，如今这里的重点是工艺品、漂亮的小装饰品、书籍、唱片和老式服装。这是个周六消遣购物的好地方，逛完之后可以去**London Fields**（www.hackney.gov.uk; ; 55, 277, London Fields）公园野餐。

布里克斯顿集市（Brixton Market; www.brixtonmarket.net; Electric Ave和Granville Arcade; ⏲周一、周二和周四至周六8:00~18:00，周三 8:00~15:00；⊖Brixton）Electric Ave上这个令人兴奋的集市拥有来自世界各地的东西：丝绸、假发、山寨时尚品、清真肉类。罗非鱼、猪蹄、山药、杧果、秋葵、大蕉（plantain）和牙买加姜汁蛋糕（bullah cake）只是这里出售的部分充满异域风情的食物。

周日市场（Sunday UpMarket，见178页地图；www.sundayupmarket.co.uk; Old Truman Brewery, Brick Lane, E1; ⏲周日10:00~17:00；⊖Liverpool St）年轻设计师在这个市场出售奇妙的衣服、音乐和手工艺品，很棒的食物摊供应来自世界各地的美食，从埃塞俄比亚素食菜肴到日本料理，应有尽有。如果你有精力的话，可以在斯毕塔菲尔德周边多逛一会儿，一览它的全貌。

砖巷集市（Brick Lane Market，见178页地图；www.visitbricklane.org; Brick Lane, E1; ⏲周日8:00~14:00；⊖Liverpool St）家居用品、小摆设、二手服饰和廉价时尚品占据了一大片地盘。你甚至可以停下来玩玩弹子戏（carrom）。

衬裙巷集市（Petticoat Lane Market，见178页地图；Wentworth St & Middlesex St, E1; ⏲周日至周五9:00~14:00；⊖Aldgate）这条著名的小巷本身已经更名为Middlesex St，然而市场却依然固守本名，出售便宜的消费品和服饰。

配饰的楼层（还有一个令人赞叹的女士内衣部），所有商品的价格都很贵。Liberty的纺织品是伦敦之旅的经典纪念品，尤其是丝巾。

Harrods 百货店

（见186页地图；www.harrods.com; 87 Brompton Rd, SW1; ⏲周一至周六10:00~20:00，周日11:30~18:00；⊖Knightsbridge）光鲜亮丽又极具风格，常年人潮拥挤的Harrods是伦敦游客必去的一站。其商品的丰富程度令人震惊，而且你会深深着迷于壮观的食品大厅。

Harvey Nichols 百货店

（见186页地图；www.harveynichols.com; 109-125 Knightsbridge, SW1; ⏲周一至周六10:00~20:00，周日 11:30~18:00；⊖Knightsbridge）在伦敦的时尚圣地，你会找到Chloé和Balenciaga的包、这座城市最好的牛仔衣、巨大的化妆品大厅（有专卖商品、美丽的珠宝和绝妙的餐厅Fifth Floor）。

音乐

作为名副其实的全球音乐之都，伦敦拥有各式各样的音乐商店。

Ray's Jazz 音乐

（见182页地图；www.foyles.co.uk; 2nd fl, 107 Charing Cross Rd, WC2; ⏲周一至周六9:30~21:00，周日11:30~18:00；⊖Tottenham Court Rd）这家位于Foyles书店三楼的爵士乐商店拥有平静而安

详的氛围，工作人员友好且乐于助人。这里拥有全伦敦最好的精选爵士乐。

Rough TradeWest 音乐

（☎020-7229 8541；www.roughtrade.com；130 Talbot Rd，W11；⏰周一至周六10:00~18:30，周日11:00~17:00；⊖Ladbroke Grove）拥有地下音乐、另类音乐和有年头的罕见音乐，这个与朋克乐队同名的商店是黑胶唱片发烧友的天堂。

书店

Foyles 书籍

（见182页地图；www.foyles.co.uk；107Charing Cross Rd，WC2；⏰周一至周六9:30~21:00，周日11:30~18:00；⊖Tottenham Court Rd）这是伦敦最传奇的书店，你一定能在这儿找到最晦涩难懂的书名。可爱的**咖啡馆**在二楼，这一层还有英国最大的外语图书经销商**Grant & Cutler**。Ray' s Jazz在三楼。

Daunt Books 书籍

（见186页地图；www.dauntbooks.co.uk；83 Marylebone High St，W1；⏰周一至周六9:00~19:30，周日11:00~18:00；⊖Baker St）Daunt是一家始于爱德华七世时代的书店，有橡木饰板和华丽的天窗。它是伦敦最可爱的旅行书店之一。有两层楼，虚构类和非虚构类作品都有。

ℹ 实用信息

伦敦金融城信息中心（City of London Information Centre，见178页地图；www.visitthecity.co.uk；St Paul' s Churchyard，EC4；⏰周一至周六9:30~17:30，周日10:00~16:00；⊖St Paul' s）提供旅游信息、进入伦敦金融城景点的快速通票以及徒步导览游（成人/儿童£6/4）。

ℹ 到达和离开

公共汽车和长途汽车

伦敦的长途汽车（英国称为“coach”）都是从伦敦的**维多利亚长途汽车站**（Victoria Coach Station；164 Buckingham Palace Rd，SW1；⊖Victoria）发车的。

火车

伦敦地铁环线（Circle line）将这座城市主要的铁路终点站都连接了起来。

查令十字火车站 坎特伯雷（Canterbury）

尤斯顿火车站 曼彻斯特、利物浦、卡莱尔（Carlisle）、格拉斯哥（Glasgow）

国王十字火车站 剑桥、赫尔港（Hull）、约克、纽卡斯尔、爱丁堡、阿伯丁（Aberdeen）

利物浦街火车站 斯坦斯特德机场（Stansted airport，快线）、剑桥

伦敦桥火车站 盖特威克机场（Gatwick airport）、布赖顿

马里勒火车站 伯明翰

帕丁顿火车站 希思罗机场（快线）、牛津、巴斯、布里斯托尔（Bristol）、埃克塞特（Exeter）、普利茅斯（Plymouth）、加的夫（Cardiff）

圣潘克拉斯火车站 盖特威克机场和卢顿机场（Luton airport）、布赖顿、诺丁汉（Nottingham）、谢菲尔德（Sheffield）、莱斯特（Leicester）、利兹（Leeds）、巴黎欧洲之星（Paris Eurostar）

维多利亚火车站 盖特威克机场（快线）、布赖顿、坎特伯雷

滑铁卢火车站 温莎（Windsor）、温切斯特（Winchester）、埃克塞特、普利茅斯

ℹ 当地交通

抵离机场

盖特威克机场

在盖特威克南航站楼（South Terminal）和维多利亚火车站（£15起，37分钟）之间，每隔15分钟就会有主要的火车班次往返于两处，晚上则是每小时1班。还有其他火车经由伦敦桥火车站、City Thameslink火车站、Blackfriars车站以及Farringdon车站往返于盖特威克与圣潘克拉斯火车站（£10起，56分钟）之间。

盖特威克机场快线（Gatwick Express；www.gatwickexpress.com；单程/往返£19.90/34.90）往返于机场和维多利亚火车站之间，5:00~23:45每15分钟1班（首班/末班火车3:30/次日0:32）。

EasyBus（www.easybus.co.uk；单程£10，往返£12起）是往返于盖特威克机场和伯爵府区（Earl' s Court，4:25至次日1:00，约1.25小时，每30分钟1班）的小型公共汽车，票价可低至£2，具体取决于你订票的时间。允许携带一件行李和一个随身的包，如果超重，需要支付额外的费用。

希思罗机场

从希思罗出发，最便宜的交通选择是乘

坐地铁。在每个航站楼都能乘坐皮卡迪利线（Piccadilly line，£5.70，抵达伦敦市中心需1小时，从希思罗出发，每5分钟1班，运营时间为5:00~23:30）。

也可以选择更快捷但票价要贵得多的**希思罗机场快线**（Heathrow Express；www.heathrowexpress.com；单程/往返£21/34），该车前往帕丁顿火车站（15分钟，5:12~23:48，每15分钟1班）。你可以在上车后购票（要多付£5），也可以在两个站点的自动售票机上购票（现金和信用卡皆可），或在线购买。

伦敦城市机场

DLR轻轨（Docklands Light Railway）连接伦敦城市机场和地铁网络，22分钟就能到达Bank站（£4.70）。乘坐黑色出租车抵离机场和伦敦市中心的费用大约为£30。

卢顿机场

圣潘克拉斯火车站和Luton Airport Parkway站之间有国家铁路公司的定点火车（£13.90，29~39分钟）。Luton Airport Parkway站有机场班车（£1.60），能在10分钟内将你送到机场。EasyBus的小型公共汽车会从维多利亚、伯爵府区和Baker St三地出发前往卢顿机场（£2起，如果提前订票的话），每30分钟1班，需要留出1.5小时的时间。乘坐出租车的费用为£100~110。

斯坦斯特德机场

斯坦斯特德机场快线（Stansted Express；☎0845 850 0150；www.stanstedexpress.com）连接利物浦街站（Liverpool Street station）和机场（单程/往返£23.40/33.20，46分钟，6:00至次日00:30，每15分钟1班）。

EasyBus（见204页）也有往返斯坦斯特德机场和Baker St的公共汽车（1.25小时，每20分钟1班）。Airbus A6线通往维多利亚长途汽车站（Victoria Coach Station；£11，1.75小时，每30分钟至少1班）。

英国国家快运公司（National Express；www.nationalexpress.com）有公共汽车连接斯坦斯特德机场和利物浦街站（单程£9，80分钟，每30分钟1班）。

自行车

伦敦市中心大部分区域地势平缓，相对紧凑，交通缓慢——而这些都出乎意料地正中自行车爱好者的下怀。不过，伦敦十分拥挤，所以你需要时刻保持警惕，并锁好自己的自行车（包括前后两个轮子）。

伦敦有**Barclays Cycle HireScheme**（☎0845 026 3630；www.tfl.gov.uk）项目，你可以在众多自助租车点租借自行车。手续费为每24小时£2或每周£10。在此基础上是租赁费：最初的30分钟免费（所以这些自行车是理想的短途交通工具），每1小时、90分钟、2小时和3小时的收费标准是£1、£4、£6和£15。

小汽车

千万不要！伦敦最近才被评为西欧交通第二堵的城市（恭喜布鲁塞尔）。此外，只要你是在工作日7:00~18:00开车进入伦敦市中心，就需要支付每天£10的费用。如果你想在伦敦租车并继续游览英国，可以搭乘地铁或火车去主要的机场，然后在那里租车。

公共交通

伦敦的公共交通非常完善，有地铁、火车、公

牡蛎卡

牡蛎卡是一种预付费的储值智能卡，和旅行卡（Travelcards）一样，有效期为一天至一年。牡蛎卡可以在伦敦的所有公共交通网络上使用。在进入车站时，将卡在刷卡器（上面有黄色圆圈，圈内是牡蛎卡的图案）上刷一下，出站再刷一次。系统会从你的卡中扣除相应费用。乘坐公共汽车时，只需上车刷卡一次。

使用牡蛎卡的好处是费用比标准票价低。如果你一天内多次乘车，只要达到每天的"封顶价格"，你就不会比使用相应的旅行卡（高峰期或非高峰期）多付钱。

所有地铁站、游客信息中心或贴有牡蛎卡标志的商店都出售牡蛎卡（收取£5的可退还押金），并提供充值服务。

如果想取回卡中的押金和余额，只需在任一售票亭退卡即可。

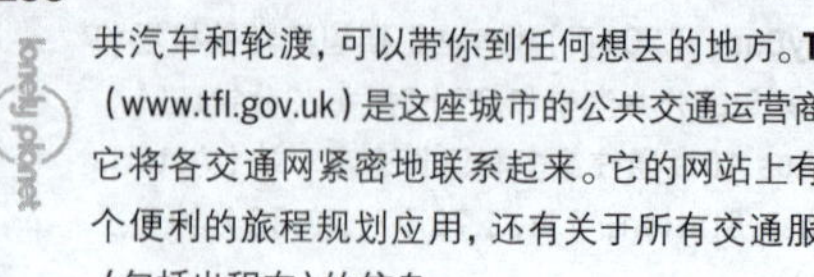

共汽车和轮渡，可以带你到任何想去的地方。**TFL**（www.tfl.gov.uk）是这座城市的公共交通运营商，它将各交通网紧密地联系起来。它的网站上有一个便利的旅程规划应用，还有关于所有交通服务（包括出租车）的信息。

船

泰晤士河快艇（Thames Clippers；www.thamesclippers.com）有定点往返Embankment、滑铁卢、Blackfriars、Bankside、伦敦桥、Tower、Canary Wharf、格林尼治、格林尼治北（North Greenwich）以及Woolwich等地各码头的船只（成人/儿童£6/3），时间是7:00至午夜（周末从9:30开始）。

公共汽车

白天，公共汽车按照固定的运行时间表发车，到了夜晚，地铁停运后，夜班车（车前方会亮出“N”字样）开始运营，但没有那么频繁了。单程公共汽车票（2小时内有效）的价格为£2.40（刷牡蛎卡£1.40，一天的上限是£4.40），一周通票为£20.20。公共汽车是根据乘客的要求停靠的，所以车进站前要伸手向司机示意。

地铁和DLR轻轨

地铁在伦敦地下纵横交错，并且延伸到周边的郡县，从5:30至次日0:30（周日则是7:00~23:30），每隔几分钟就有1班地铁。DLR轻轨（Docklands Light Railway）连接伦敦城和码头区（Docklands）、格林尼治以及伦敦城市机场。

地铁线路都用不同的颜色标记[红色是中线（Central Line），黄色是环线（Circle Line），黑色是北线（Northern Line）等]，可以帮助你预先了解要去的方向（如往北或者往南，往东或者往西）以及线路的终点站。如果你仍然感到困惑，别担心，著名的地铁地图张贴得到处都是，你可以借此了解14条不同路线是如何换乘的。但是要注意，地图上显示的车站距离并非是完全按照规定比例制作的。

如果持有牡蛎卡的话，单程票价为£2.30，没有卡的话是£4.80。

> **地图**
>
> 曾经有段时间，几乎每个伦敦人都会随身携带一本《伦敦A-Z》（*London A-Z*），这是一本口袋地图书。如果没有智能手机的话，你也可以带一本，它非常实用。你可以在各处的街边报刊亭和商店里面买到它。若身处伦敦的地铁系统中，可在每个地铁站领取免费的伦敦地铁图。

出租车

当挡风玻璃上方的黄灯亮起时，就意味着伦敦著名的黑色出租车处于可载客状态。费用由计价器计算，起步价为£2.40，增加的费用取决于乘坐时间、距离和出租车的行驶速度。1英里的行程费用为£5.60~8.80。

相比黑色出租车，迷你出租车的收费更便宜，且可以提前询价。寻找正规机构的司机，如果没有预订，有执照的迷你出租车是不允许在街边主动载客的。

伦敦周边（Around London）

18世纪的英国文坛大师伦敦人塞缪尔·约翰逊（Samuel Johnson）说过：“当你厌倦了伦敦，就是厌倦了人生。”但他所生活的时代不像现在这样：成天耗在地铁上会让人觉得身心俱疲。不过，伦敦周围有一些一日游景点：温莎与伊顿是两块瑰宝，从伦敦出发，乘坐火车就能到达，很便捷。

温莎和伊顿（Windsor & Eton）

人口31,000

气势雄伟、挺拔壮观的温莎城堡（Windsor Castle）矗立在此，温莎与伊顿这两座姐妹镇散发着迷人的梦幻气息——早上不仅能观赏到隆重的温莎卫兵换岗仪式，还能见到在伊顿街头穿行的身着正式燕尾服的莘莘学子。

景点

★温莎城堡 城堡，宫殿

（Windsor Castle；www.royalcollection.org.uk；Castle Hill；成人/儿童£19/11；⌚9:45~17:15）温莎城堡是世界上最大、历史最悠久的有人居住的城堡，它有恢宏的城垛和塔楼，是举行庄严国事的地方，也是女王的主要住所之一：如果她在家的话，皇家旗帜会在圆塔（Round Tower）上随风飘扬。你可以参加免费团队游（每半小时发团）或者携带多语种的语音导览器，探索庄严的厅堂和美丽的小教堂。注意，某些区域在特定日期不会对外开放。

伊顿公学 知名建筑

（Eton College; www.etoncollege.com）伊顿公学是英格兰最大、最著名的公立（意思是非常私人化）学校，恐怕也是英格兰阶级制度最悠久、最光辉的象征。在本书调研期间，学校由于正在进行建筑工程而不能参观，不过你可以在它的网站点击visitors选项，看看团队游是否已经恢复。

实用信息

皇家温莎信息中心（Royal Windsor Information Centre; www.windsor.gov.uk; Old Booking Hall, Windsor Royal Shopping Arcade; ⌚9:30~17:00）你可以买一本遗产徒步小册子（50便士）。

到达和离开

位于Thames St上的温莎中央火车站（Windsor Central station）有火车发往伦敦帕丁顿（£9.80, 27~43分钟）。温莎河畔火车站（Windsor Riverside station）有火车发往伦敦滑铁卢（£9.80, 56分钟）。皆为每半小时1班。

坎特伯雷（Canterbury）

人口43,432

坎特伯雷是英国教堂之城的佼佼者。很多人认为坎特伯雷中心区赫然矗立的教堂是欧洲最美的教堂之一，它已被列入联合国教科文组织的世界文化遗产名录。这座小镇狭窄的中世纪街道、河畔花园和古代城墙同样值得探游一番。

景点

★坎特伯雷座堂 天主教堂

（Canterbury Cathedral; www.canterbury-cathedral.org; 成人/优惠£10.50/9.50, 团队游成人/优惠£5/4, 语音导览成人/优惠£4/3; ⌚周一至周六9:00~17:00, 周日12:30~14:30）见证了1400多年的基督教发展历程，英国圣公会（Church of England）的总部是一个真正超凡脱俗的地方，拥有十分令人着迷的历史。这座哥特风格的大教堂（坎特伯雷世界文化遗产中的亮点）是英格兰东南部数一数二的旅游景点和礼拜场所。它还是英格兰历史上最著名谋杀案的案发现场：大主教托马斯·贝克特（Thomas Beckett）于1170年在此遇害。你最好为这座教堂预留出至少两个小时的游览时间。

> **值得一游**
>
> **打造哈利·波特**
>
> 无论你是半个哈利·波特迷，还是头号铁粉，这个摄影棚**团队游**（☎0845 084 0900; www.wbstudiotour.co.uk; Studio Tour Dr, Leavesden; 成人/儿童 £31/24; ⌚9:00~21:30）都能值回公认的高昂票价。你需要提前预约游览时间段，为这片建筑群留出至少两三个小时。先观赏一段短片，然后通过一扇扇巨大的门，进入霍格沃茨的拍摄大厅——这也是游客们首次发出赞叹之声的地方。摄影棚位于伦敦西北部的Watford附近，有接驳大巴往返Watford Junction站。

住宿

Arthouse B&B 民宿 ££

（☎07976 725457; www.arthousebandb.com; 24 London Rd; 房间£75; Ⓟ📶）由一个19世纪的消防站改造而成，Arthouse是坎特伯雷最悠闲惬意的住处，在这儿过夜有点儿像睡在一个很酷的艺术生房间里。主题时髦而多元化，家具是当地设计师打造的，用于装饰的艺术品来自令人一见如故的艺术家老板，后面就是他的居所兼工作室。

Kipp's Independent Hostel 青年旅舍 £

（☎01227-786121; www.kipps-hostel.com; 40 Nunnery Fields; 铺/标单/双£19.50/28.50/57; @📶）坐落在宁静住宅区的一座红砖联排别墅里，Kipp's离市中心不到1英里。这些适合背包客的寓所有温馨的氛围，以及虽然有些局促但是很干净的多人间，风景绝美。

餐饮

Tiny Tim's Tearoom 咖啡馆 £

（34 St Margaret's St; 主菜£7~9; ⌚周二

至周六9:30~17:00，周日10:30~16:00）这家漂亮的英国茶室建于20世纪30年代，在这里可以享受用来自肯特郡（Kentish）原料烹制的丰盛早餐，还有多层蛋糕、烤饼（crumpet）、黄瓜三明治和涂满凝脂奶油的司康饼（scones）。

Goods Shed 市场、餐厅 ££

（www.thegoodsshed.co.uk; Station Rd West; 主菜£12~20; ⊙集市周二至周六9:00~19:00，周日10:00~16:00，餐厅周二至周六8:00~21:30，周日9:00~15:00）农夫集市、食品市场和美味的餐馆合为一体，这个由仓库改造而成的空间位于坎特伯雷西站（Canterbury West train station）旁边，从自炊者到坐下来安享佳肴的美食家，所有人都会在这里找到令自己满意的东西。

餐厅厚实的木桌稍微高于市场，不过能完全看到市场里吊人胃口的货摊，每日特色菜使用的是英格兰最新鲜的农场食材。

实用信息

旅游局办事处（Tourist Office; ☎01227-378100; www.canterbury.co.uk; 18 High St; ⊙周一至周三、周五和周六9:00~17:00，周四至19:00，周日10:00~17:00）位于宾利艺术博物馆及图书馆（Beaney House of Art & Knowledge）内。工作人员可以帮游客预订房间、各种周边游和戏票。

不要错过

埃夫伯里

虽然游览车通常直奔巨石阵，但史前纯化论者更倾向于**埃夫伯里石圈**（Avebury Stone Circle）。虽然它没有位于平原另一头其姐妹巨石阵那样壮观的巨石（"门廊"），但埃夫伯里是世界上最大的石圈，并且更值得一游，在那里你可以更近距离地接触巨石。

实际上，埃夫伯里村的大部分都在这个石圈中，这就意味着你可以在这个神秘的石圈中住宿，或至少在这里享用午餐和一品脱啤酒。

要到达这里，可以乘坐从索尔兹伯里始发的5路、6路和96路公共汽车（1.75小时，周一至周六每小时1班，周日5班）。

到达和离开

坎特伯雷有两个火车站：来自伦敦维多利亚和多佛尔的车停靠坎特伯雷东站（Canterbury East）；来自伦敦查令十字火车站和圣潘克拉斯火车站的车停靠坎特伯雷西站。从这两个火车站可以去的地方包括多佛尔（Dover Priory，£8，25分钟，每30分钟1班）、伦敦圣潘克拉斯站（£34，1小时，每小时1班），以及伦敦维多利亚站/查令十字站（£28.40，1.75小时，每小时2~3班）。

索尔兹伯里（Salisbury）

人口43,335

城市中心坐落着一座宏伟的大教堂，其尖塔是全英格兰最高的。1000多年来，雅致的索尔兹伯里一直是个重要的省会城市。

景点

★索尔兹伯里大教堂 天主教堂

（Salisbury Cathedral; ☎01722-555120; www.salisburycathedral.org.uk; Cathedral Close; 需要捐款成人/儿童£6.50/3; ⊙周一至周六9:00~17:00，周日正午至16:00）英格兰拥有无数壮丽的教堂，但很少有其他教堂比得上13世纪的索尔兹伯里大教堂。这座早期英式哥特风格的建筑拥有复杂精致的外表，装饰着尖拱和飞扶壁，内部设计肃穆简朴，为其中举办的集会营造了恰如其分的虔诚感。它的雕塑和墓穴都建造得十分出色。不要错过每天的登塔团队游（tower tour），以及大教堂珍藏的13世纪《大宪章》（*Magna Carta*）副本。参加**登塔团队游**（成人/儿童 £10/8; ⊙13:00~17:00）会有最好的体验。

★索尔兹伯里博物馆 博物馆

（Salisbury Museum; ☎01722-332151; www.salisburymuseum.org.uk; 65 Cathedral Close; 成人/儿童 £5/2; ⊙周一至周六10:00~17:00，6月至9月周日正午至17:00）这里收藏的重要考古发现包括巨石阵弓箭手（Stonehenge Archer）：这是在巨石阵周围的一条沟里发现的男性骨骸——一同被发现的还有一些箭头，很可能就是其中的某一个使其丧命。还有可追溯至

公元前100年的金币和青铜器时代的金项链，这里是了解威尔特郡（Wiltshire）史前史的好地方。

食宿

Salisbury YHA 青年旅舍 £

（☎0845371 9537；www.yha.org.uk；Milford Hill；铺/双£18/28；P@㊙）真正的瑰宝：整齐宽敞的房间、维多利亚式宅邸，还有咖啡馆兼酒吧、洗衣房和阳光斑驳的花园。

★ **St Ann' sHouse** 精品民宿 ££

（☎01722-335657；www.stannshouse.co.uk；32 St Ann St；标单£59~64，双£89~110；㊙）早餐散发的香味会把你从房间里拽出来：很棒的咖啡，烤桃子配覆盆子、蜂蜜和大杏仁，水煮蛋和帕尔玛火腿。楼上很优雅，精心挑选的古董陈设、温暖的色调和土耳其寝具令你的居住体验无比舒适。

Cloisters 小酒馆 ££

（www.cloisterspubsalisbury.co.uk；83 Catherine St；主菜£9~13；⌚周一至周五11:00~15:00和18:00~21:00，周六和周日11:00~21:00）建筑可追溯至1350年，自17世纪初就一直是小酒馆，翘曲的房梁更增添了怀古的氛围。这是个欢乐的地方，可尽情品尝美味的牛肉麦芽酒馅饼、香肠和土豆泥，或者更精致的食物，如令人难忘的红酒慢炖小羔羊腿。

实用信息

旅游局办事处（Tourist Office；☎01722-342860；www.visitwiltshire.co.uk；Fish Row；⌚周一至周五9:00~17:00，周六10:00~16:00，周日10:00~14:00）

到达和离开

长途汽车

英国国家快运公司的车辆经希思罗机场开往巴斯（Bath，£11，1.25小时，每天1班）、布里斯托尔（Bristol，£11，2.25小时，每天1班）和伦敦（£17，3小时，每天3班）。旅游大巴从索尔兹伯里定点开往巨石阵。

火车

每半小时有列车从伦敦滑铁卢（£38，1.75小时）发车。每小时发车的目的地包括巴斯（£10，1小时）、布里斯托尔（£11，1.25小时）和埃克塞特（Exeter，£25，2小时）。

> **巨石阵特别游**
>
> 巨石阵的游客通常只能待在环形石阵外面。但是只要你参加**巨石阵特别游**（Stone Circle Access Visits；☎0870 333 0605；www.english-heritage.org.uk；成人/儿童£21/12.60），就可以沿着石阵中心漫步，并近距离欣赏标志性的青石和巨石。这一步行游览项目只在傍晚或清晨进行，安静的氛围及斜洒的阳光增添了观赏效果。每次只允许26名游客进入，为保证有位置，至少需要提前两个月预订。

巨石阵（Stonehenge）

过去5000年里，这片引人注目的环形巨石源源不断地吸引着朝圣者、诗人和哲学家，它无疑成了英国最具标志性的考古遗址。

巨石阵（☎0870-333 1181；www.english-heritage.org.uk；成人/儿童含游客中心£14/8.30；⌚6月至8月9:00~20:00，4月、5月和9月9:30~19:00，10月至次年3月9:30~17:00）周围的风景正在经历一场早就该进行的翻新，完成后将会带来意想不到的观光体验。翻新前，尽管有大量的游客在四周游览，巨石阵仍然保持着神秘、空灵的感觉——仿佛是英国被遗忘历史的萦绕回声，提醒着曾有多少人横跨索尔兹伯里平原，走过无数仪式性的大道。

更有趣的是，它至今仍是英国最伟大的考古谜团之一：尽管有无数关于这片石阵用途的推测（从祭祀中心至天体计时器），但没有人确切地知道是什么驱使史前英国人花费这么多时间和精力建造巨石阵。

巨石阵如今采用计时票系统，这意味着，如果你想保证有票的话，必须提前订票。

到达和离开

长途汽车

没有公共交通到达此处。**巨石阵游览车**（Stonehenge Tour；☎0845 072 7093；www.thestonehengetour.info；成人/儿童£26/16）从索

尔兹伯里火车站和公共汽车站发车，6月至8月每半小时1班，9月至次年5月每小时1班。

出租车

从索尔兹伯里到巨石阵，出租车费为£40，等待1小时后返回。

巴斯（Bath）

人口90,144

英国到处都有美丽的城市，但只有极少数的几个能与位于天然温泉脉上的巴斯相媲美。巴斯的鼎盛时期是18世纪，当地企业家拉尔夫·阿伦（Ralph Allen）和建筑师老约翰·伍德、小约翰·伍德父子（John Wood the Elder and Younger）在乔治王时代将这片冷清的闭塞之地变成家喻户晓的名胜，建造了出色的地标圆形广场（Circus）和皇家新月楼（Royal Crescent）。

★罗马浴场

博物馆

（Roman Baths；☎01225-477785；www.romanbaths.co.uk；Abbey Churchyard；成人/儿童/家庭£13.50/8.80/38；⏲9:00~18:00，7月和8月

Bath 巴斯

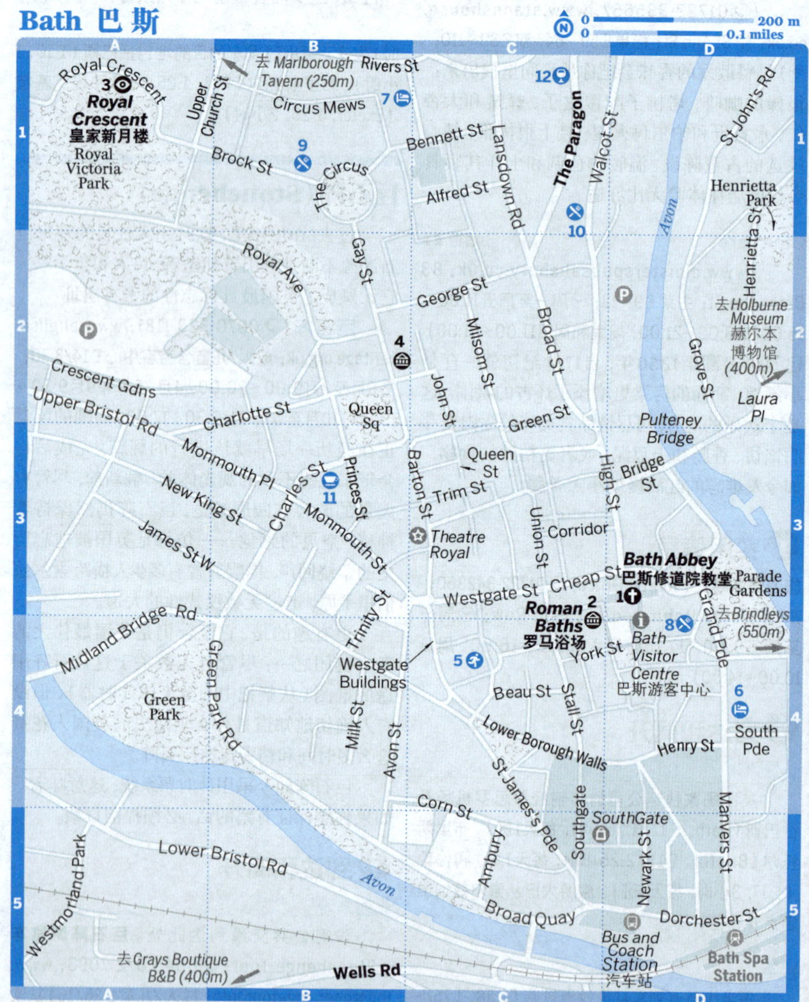

至21:00)以典型的铺张风格,古罗马人在巴斯的三处天然温泉(冒出地表的温度是恒定的46℃)上建设了一片浴场建筑群。位于一座敬献给治愈女神(Sulis Minerva)的神庙旁,这些浴场如今是全世界保存最完好的古罗马温泉洗浴中心之一,周围环绕着18世纪和19世纪的建筑。作为巴斯首屈一指的景点,罗马浴场的人很多。你可以上网买票,亦不妨在工作日的早晨早点到,或错开7月和8月的旺季。

★ **皇家新月楼(Royal Crescent)** 古迹

巴斯以其乔治王时代的恢宏建筑而闻名,不过这里最宏伟的还是皇家新月楼:庄严的联排别墅围成一个半圆的新月弧形,俯瞰着皇家维多利亚公园(Royal Victoria Park)碧绿的草坪。由小约翰·伍德(1728~1782年)设计并在1767~1775年建设,这片宅邸从外面看是完全对称的,不过主人可以按照自己的需要设定内部的构造:新月楼里没有任何两个房间是相同的。

★ **巴斯修道院教堂** 教堂

(Bath Abbey; ☎01225-422462; www.bathabbey.org; 需要捐款£2.50; ⌚周一至周六9:00~18:00,周日13:00~14:30和16:30~17:30)巴斯巨大的修道院教堂建于1499~1616年,在市中心赫然矗立,是英格兰建造的最后一座伟大的中世纪教堂。最引人注目的景致是西立面,天使雕像沿着石头梯子爬上爬下,这是大教堂的建立者主教奥利弗·金(Oliver King)梦中的场景。**塔之旅团队游**(Tower tours; towertours@bathabbey.org; 成人/儿童 £6/3; ⌚4月至8月 10:00~17:00,9月至10月至16:00,1月至3月 11:00~16:00,11月和12月至15:00)于周一至周五的整点出发,周六每半小时出发,但周日没有。

Bath 巴斯

重要景点

1 巴斯修道院教堂 D3
2 罗马浴场 C3
3 皇家新月楼 A1

景点

4 简·奥斯丁中心 B2

活动、课程和团队游

5 巴斯温泉浴场 C4

住宿

6 Halcyon D4
7 Queensberry Hotel B1

就餐

8 Café Retro D4
9 Circus B1
10 Sam's Kitchen Deli C1

饮品和夜生活

11 Colonna & Smalls B3
12 Star Inn C1

赫尔本博物馆 画廊

(Holburne Museum; ☎01225-388569; www.holburne.org; Great Pulteney St; ⌚10:00~17:00) 免费 威廉·赫尔本爵士(Sir William Holburne)是18世纪的贵族和艺术爱好者,他名下的巨大收藏如今构成了赫尔本博物馆的核心藏品。博物馆位于Great Pulteney St尽头的一座华丽宅邸中。经过为期三年的整修翻新,这座博物馆拥有一系列令人印象深刻的杰出画作,创作它们的艺术家包括特纳(Turner)、斯塔布斯(Stubbs)、威廉·霍尔(William Hoare)和托马斯·庚斯博罗(Thomas Gainsborough)。此外,还有18世纪的马略尔卡陶器和瓷器。临时展览需要购票入场。

简·奥斯丁中心 博物馆

(Jane Austen Centre; ☎01225-443000; www.janeausten.co.uk; 40 Gay St; 成人/儿童 £8/4.50; ⌚9:45~17:30)很多人都知道,巴斯经常出现在简·奥斯丁的小说中,如《劝导》(*Persuasion*)和《诺桑觉寺》(*NorthangerAbbey*)。虽然奥斯丁只在巴斯居住了5年(1801~1806年),但她经常造访这座城市,并热心研究它的社会文化。该博物馆收集了这位作家在巴斯期间的纪念品,馆内还有一个摄政王时代的茶室,在褶边装饰的优雅环境中供应烤饼和奶油茶点。

住宿

Bath YHA 青年旅舍 £

(☎0845 371 9303; www.yha.org.uk; Bathwick Hill; 铺£13~20,双£29起; ⌚前台

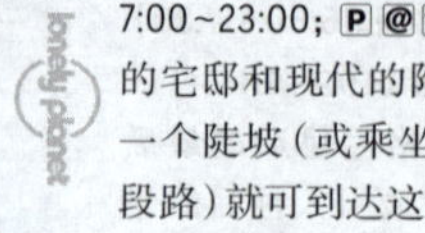

7:00~23:00；P @)坐落在一幢意大利风格的宅邸和现代的附楼中，从市中心出发爬过一个陡坡（或乘坐18路公共汽车走很短的一段路）就可到达这家令人难忘的青年旅舍。这是幢受保护的古建，房间很大，而且有些客房还有古色古香的装饰，如檐口和飘窗等。

★ **Halcyon** 酒店 £££

（01225-444100；www.thehalcyon.com；2/3 South Pde；双£125~145；）这正是巴斯所需要的：一家位于市中心又不会让人破产的时髦酒店。位于紧邻Manvers St的联排别墅中，Halcyon提供实惠且极具风格的住宿：整洁的房间、当代风格的寝具和菲利普·斯达克设计的浴室装置。

房间大小不一，分布在三层楼中——因为没有电梯，所以有点不方便。位于15a George St的另一座独立建筑中还有可以自己做饭的公寓（每晚£150~300）。

Grays Boutique B&B 民宿 £££

（01225-403020；www.graysbath.co.uk；Upper Oldfield Park；双£120~195；）这家优雅的民宿好像是直接从室内设计杂志中跳出来的一样。所有房间都是独立的：有些房间带有女性化的印花或波卡圆点图案，有些是海洋风格的条纹装饰，不过所有房间都简洁而时尚（我们特别喜欢拥有法式床和飘窗的2号房）。早餐在玻璃温室供应，食物有来自当地农场的鸡蛋、牛奶和培根。

老板在城区东边还有一处较小但同样时尚的民宿：**Brindleys**（01225-310444；www.brindleysbath.co.uk；14 Pulteney Gardens；双£110~185）。

★ **Queensberry Hotel** 酒店 £££

（01225-447928；www.thequeensberry.co.uk；4 Russell St；双£115~225；P ）奇特的Queensberry是巴斯最棒的精品住所。四座乔治王时代的联排别墅组成一座天衣无缝的时尚酒店。部分房间装饰着条纹粗布，尽显乡村魅力，其他房间有鲜艳的家具装饰、最初的壁炉和独立式浴缸。餐厅Olive Tree Restaurant也很棒。房费不含早餐。

餐饮

Sam's Kitchen Deli 咖啡馆 £

（01225-481159；www.samskitchendeli.co.uk；61 Walcot St；午餐£8~10；周一至周六8:00~17:00，隔周周五至22:00）位于巴斯最新潮的街上，是一个完美的午餐地点，用柜台上的盘子呈上套餐菜肴（包括一道每日烧烤）。破旧的钢琴和回收利用的旧家具让这个很受欢迎的咖啡馆散发出古旧又时髦的气息。隔周周五有现场表演。

Café Retro 咖啡馆 £

（01225-339347；18 York St；主菜£5~11；周一至周六9:00~17:00，周日10:00~17:00）这里堪称大型连锁咖啡店的"眼中钉"。这里有斑驳的油漆、古旧的陶瓷和不匹配的家具，但这些也是它的魅力所在。这是一家老派的咖啡店，要吃汉堡、三明治或蛋糕的话，没有地方比这里更好了。隔壁的Retro-to-Go提供外卖（使用生物降解容器）。

★ **Circus** 新派英国菜 ££

（01225-466020；www.thecircuscafeandrestaurant.co.uk；34 Brock St；主菜午餐£8.30~13.50，晚餐£16.50~18.50；周一至周六10:00~22:00）大厨Ali Golden将这个小酒馆打造成了巴斯的旅行目的地之一。她擅长对英式菜肴加以欧陆风格的改造，就像伊丽莎白·大卫（Elizabeth David）一样：兔肉、珍珠鸡、烤鸡肉、嫩羊羔肉，搭配强烈的香草滋味和浓郁

> **不要错过**
>
> ### 巴斯温泉浴场
>
> 或许，已经不太可能在罗马浴场（Roman Baths）里泡温泉，但你仍然可以在极好的现代化的**温泉浴场**（spa complex；0844-888 0844；www.thermaebathspa.com；Bath St；9:00~22:00，19:30停止入场）体验这座城市富有疗效的温泉，浴场设在使用当地石材和平板玻璃搭建的屋顶下。浴票包括蒸汽房、瀑布淋浴和两个游泳池（任选一）。最吸引人的是露天屋顶泳池，在那里，你可以一边沐浴一边欣赏巴斯的城市景观——不可错过的体验，黄昏时最佳。

科茨沃尔德

使用蜂蜜色岩石建造的华美村庄、茅草苫顶的村舍和氛围十足的教堂吸引了大批游客来到科茨沃尔德。如果你对裸露的横梁感兴趣或者对午后奶油茶点没有抵抗力的话，再也没有别的地方比科茨沃尔德更能满足你的幻想了。这里是旅游胜地，因而几个最出名的村子最容易受到暑期旅游大军的包围。

乘坐公共交通需要精心规划和巨大的耐心。如果自己开车的话就非常方便，而且还能躲开拥挤的人群。你也可以使用科茨沃尔德探索卡（Cotswolds Discoverer card；1天/3天长途汽车通票 £10/25，火车通票 £8.30/20），凭此卡能够无限次乘坐项目涵盖的长途汽车或火车。

酱汁。建议提前预订。

Marlborough Tavern 美食小酒馆 ££

（☎01225-423731；www.marlborough-tavern.com；35 Marlborough Bldgs；午餐£9~13，晚餐主菜£13.50~21.50；⊙正午至23:00）作为巴斯美食小酒馆的佼佼者，这里的食物与高级餐厅的相似——想象一下鹿肉和猪肉里脊的双重奏，岂不是比标准化的一种肉两种蔬菜的搭配精彩得多？厚实的木餐桌和吧台后面架子上的葡萄酒散发出一种独特的精致感觉。

★ **Colonna & Smalls** 咖啡馆

（www.colonnaandsmalls.co.uk；6 Chapel Row；⊙周一至周六8:00~17:30，周日10:00~16:00）美食行家的咖啡馆。意式浓缩咖啡和卡布奇诺绝对首屈一指——所以如果你希望喝到上好咖啡的话，就不要错过它。具有足够热情的咖啡爱好者甚至可以参加咖啡师培训课程。

★ **Star Inn** 小酒馆

（www.star-inn-bath.co.uk；23 The Vineyards，紧邻The Paragon；⊙正午至23:00）被列入文物保护名册的小酒馆可没几家，但这家就是——它有很多19世纪时的酒吧装置。在这里，你可以喝到巴斯的修道院麦芽酒（Abbey Ales），有些麦芽酒装在传统的罐子（jug）里。你甚至能在"小酒吧"里吸一袋鼻烟。

ℹ 实用信息

巴斯游客中心（Bath Visitor Centre；☎0906 711 2000，住宿预订 0844 847 5256；www.visitbath.co.uk；Abbey Churchyard；⊙周一至周六9:30~17:00，周日10:00~16:00）出售巴斯游客通（Bath Visitor Card；http://visitbath.co.uk/special-offers/bath-visitor-card；£3）。咨询电话每分钟收费50便士。

ℹ 到达和离开

长途汽车

巴斯的**汽车站**（Dorchester St；⊙周一至周六9:00~17:00）在火车站附近。英国国家快运公司（National Express）有长途汽车直达伦敦（£17，3.5小时，每天8~10班），途经希思罗。

火车

Bath Spa火车站位于Manvers St街尾。途经布里斯托尔的车次频密（£7.10，15分钟，每小时2或3班），尤其是到英格兰北部的车次。直达目的地包括伦敦帕丁顿/滑铁卢（£42，1.5小时，半小时1班）和索尔兹伯里（£16.90，1小时，每小时1班）。

牛津（Oxford）

人口134,300

牛津备受世人眷顾，它是世界上最著名的大学城之一。这座小城还是漫步者的天堂：39所不同学院之中最老的一所能追溯到近750年前，自那时起，神圣墙壁内的世界丝毫未曾受时间改变（除了1878年才开始的准许女生入校之外）。

景点

牛津并非所有学院都对外开放。更多细节见www.ox.ac.uk/colleges。

★阿什莫林博物馆 博物馆

（Ashmolean Museum；www.ashmolean.org；Beaumont St；⊙周二至周日10:00~17:00；🚻）免费 这是英国最古老的公共博物馆，名气仅次于大英博物馆，创立于1683年。这一年埃利亚斯·阿什莫尔（Elias Ashmole）将查理一世的园丁、四处游历的约翰·特雷德斯坎特（John Tradescant）搜集的大量珍奇物件赠给了牛津大学。经过2009年的翻修，这座博物馆增添了新的交互式设施、一个巨大的中庭、在不同楼层展示藏品的玻璃墙壁，以及一个美丽的屋顶餐厅。

★基督教堂学院 学院

（Christ Church；www.chch.ox.ac.uk；St Aldate's；成人/儿童£8/6.50；⊙周一至周六10:00~16:30，周日14:00~16:30）作为牛津大学最大、拥有最宏伟方院（quad）的学院，基督教堂学院也最受游客欢迎。它宏伟的建筑、光辉灿烂的历史以及最近的《哈利·波特》系列电影外景地的光环吸引了一批又一批的游客。学院由红衣主教托马斯·沃尔西（Thomas Wolsey）创立于1524年，他停止了原址上修道院的发展，以获取实现他华丽的建筑蓝图所需的资金。

莫德林学院 学院

（Magdalen College；www.magd.ox.ac.uk；High St；成人/儿童£5/4；⊙13:00~18:00）始建于1458年的莫德林学院被40公顷的草坪、树林、河边小径与鹿园环绕，它是牛津大学最富裕、最美丽的学院之一。它的艺术气质名声在外，部分著名校友包括作家朱利安·巴恩斯（Julian Barnes）、阿兰·霍灵赫斯特（Alan Hollinghurst）、C.S.刘易斯（CS Lewis）、约翰·贝哲曼（John Betjeman）、谢默斯·希尼（Seamus Heaney）和奥斯卡·王尔德（Oscar Wilde），更不用说爱德华八世、"阿拉伯的"劳伦斯和达德利·摩尔（Dudley Moore）了。

默顿学院 学院

（Merton College；www.merton.ox.ac.uk；Merton St；门票£3；⊙周一至周五14:00~17:00，周六和周日10:00~17:00）始建于1264年，默顿学院是牛津大学最初的三所学院中最古老的一所，同时也是第一所采用学院规划，让学者和老师组成正式的社区并且为他们提供规划好的住所的学院。辨识度十足的建筑特征包括大型怪兽滴水嘴（它们的表情好像马上就要吐了一样）和迷人的14世纪**群众方院**（Mob Quad）——牛津众学院方院中的第一座。

博德利图书馆 图书馆

（Bodleian Library；☎01865-287400；www.bodley.ox.ac.uk；Catte St；团队游£5~13；⊙周一至周六9:00~17:00，周日11:00~17:00）牛津的博德利图书馆是世界上最古老的公共图书馆之一，也很有可能会是你所见过的最令人难忘的图书馆。游客可以在中央方院周边自由闲逛，也可以参观门厅的展示空间。花£1就能进入神学院（Divinity School），但整个建筑群的其他部分只能通过导览团队游参观（在线或在咨询台查询时间，建议提前预约）。

拉德克里夫图书馆 图书馆

（Radcliffe Camera；Radcliffe Sq）拉德克里夫图书馆是牛津大学最经典的地标，也是这座小城最上镜的建筑。壮观的圆形图书馆/阅览室自然光充足，属于恢宏的帕拉第奥式（Palladian）风格，建于1737~1749年，拥有英国第三大穹顶。参观内部的唯一方式是参

在河面上闲逛

作为不可错过的牛津体验，参加**撑船游**（punting）只需要你安安稳稳地坐在后面，一边狂饮Pimms（典型的英格兰夏日饮品），一边欣赏这座城市华美的岸边建筑。当然，这需要别人来卖一把子力气——撑篙的难度比看起来大得多。如果你决定自己撑船，通常需要交付押金。算上船夫，大多数船能够容纳5个人。从**Magdalen Bridge Boathouse**（☎01865-202643；www.oxfordpunting.co.uk；High St；有船夫每30分钟£25，自己撑篙每小时£20；⊙2月至11月9:30至黄昏）或**Cherwell Boat House**（☎01865-515978；www.cherwellboathouse.co.uk；50 Bardwell Rd；每小时£15~18；⊙3月中至10月中10:00至黄昏）租船。

值得一游

格拉斯顿伯里

对很多人来说，格拉斯顿伯里就是**格拉斯顿伯里当代表演艺术节**（Glastonbury Festival of Contemporary Performing Arts; www.glastonburyfestivals.co.uk）的代名词，这是一场盛事（且常常浸满泥浆），有音乐、戏剧、舞蹈、卡巴莱歌舞（cabaret）、狂欢、灵性以及各种古怪的活动。举办地是皮尔顿（Pilton）的农地及周边，就在格拉斯顿伯里城外。这一节日已经持续举办了40多年（不包括中间停办以便农场土地恢复地力的年份）。

这个城镇以灵性闻名，主要是因为附近的**格拉斯顿伯里突岩**（Glastonbury Tor; NT; www.nationaltrust.org.uk/glastonbury-tor）。它是一个长满草的圆形隆起物，大约离城镇1英里，圣迈克尔教堂（St Michael's Church）的遗址位于其最顶端。根据当地的传说，这个突岩是神秘的阿瓦隆岛（Isle of Avalon）——亚瑟王的最后安息之地。据说，这也是世界上最伟大的精神节点之一，标志着众多被称为雷线（ley line）的神秘能量线的交会点。

格拉斯顿伯里没有火车站，公共汽车376路、377路去往韦尔斯（Wells; 17分钟，每15分钟1班）和布里斯托尔（1.5小时，每半小时1班）。

加博德利图书馆的延伸团队游（£13，90分钟）。

住宿

Central Backpackers 青年旅舍 £

（☎01865-242288; www.centralbackpackers.co.uk; 13 Park End St; 铺£22~28; @🛜）这个友好的廉价之选位于城市中心一个酒吧的楼上，房间简单、明亮，有最基本的设施，能容纳4~12人，还有屋顶露台和一个安装了卫星电视的小休息室。

★ **Oxford Coach & Horses** 民宿 ££

（☎01865-200017; www.oxfordcoachandhorses.co.uk; 62 St Clements St; 标单/双£115/130起; P🛜）这座18世纪的建筑曾经是马车驿站，现在已经被粉刷成浅灰蓝色并且装修一新，十分清爽且现代。房间宽敞明亮，底层被改造成了一个又大又漂亮的早餐室。

Burlington House 民宿 ££

（☎01865-513513; www.burlington-house.co.uk; 374 Banbury Rd, Summertown; 标单/双£70/97起; P🛜）这家维多利亚时代的商旅客栈有12间宽敞明亮的优雅房间，装饰着带图案的墙纸，配色鲜艳活泼。设施豪华，浴室完美无瑕。服务体贴细心。早餐包含有机鸡蛋和格兰诺拉麦片（granola）。与大学城有良好的公共交通连接。

Remont Guesthouse 民宿 ££

（☎01865-311020; www.remont-oxford.co.uk; 367 Banbury Rd, Summertown; 房£112~142; P@🛜）所有一切都是现代风格并拥有微妙的灯光和豪华的装饰，这个客栈拥有25个房间，装修成很酷的中性风格，有丝绸寝具、抽象艺术和巨大的等离子平板电视。还有一个阳光花园。

就餐

★ **Edamame** 日本菜 £

（www.edamame.co.uk; 15 Holywell St; 主菜£6~8; ⏲周三至周日11:30~14:30，周四至周六17:00~20:30）门外的长队很能说明这里的食物品质。这个小店到处都是浅色木头，忙碌却不嘈杂，是在牛津城品尝原汁原味日本菜的好地方。早点儿过来，准备等位子。

★ **Rickety Press** 新派英国菜 ££

（☎01865-424581; www.thericketypress.com; 67 Cranham St; 主菜£13~17; ⏲正午至14:30和18:00~21:30）藏身于Jericho的背街小巷中，这个古老的街角小酒馆气氛轻松随意，供应色香味俱全的食物。在午餐时间或19:00之前的晚餐时间，可享受超值的特快套餐（2/3道菜 £13/15）。

Door 74 新派英国菜 ££

（☎01865-203374; www.door74.co.uk; 74 Cowley Rd; 主菜£10~14; ⏲周二至周五正午至

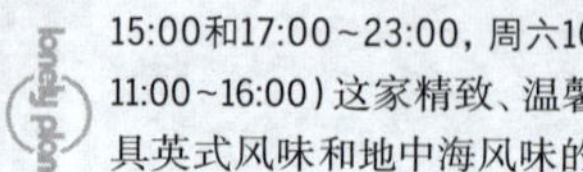

15:00和17:00~23:00，周六10:00~23:00，周日11:00~16:00）这家精致、温馨的小餐馆以其兼具英式风味和地中海风味的菜品及友好的服务态度吸引了大批粉丝。菜品有限，餐桌的摆放也很紧凑，但食物品质始终如一，周末的早午餐（全英式早餐）非常丰盛。提前预订。

Café Coco

地中海菜 ££

（☎01865-200232；www.cafecoco.co.uk；23 Cowley Rd；早餐£4~10，午餐£7~12；⊙周四至周六10:00至午夜，周日10:00~17:00）这家位于Cowley Rd的小店是潮人和饿肚子的人吃早午餐的热门地点，墙上装饰着经典海报，还有一尊冰浴中的秃头小丑石膏像。除了烹饪早餐和华夫饼之外，还供应比萨、沙拉、地中海风味的主菜和山核桃派。

饮品和夜生活

★Bear Inn

小酒馆

（www.bearoxford.co.uk；6 Alfred St；⊙11:00~23:00；📶）这里是牛津最古老的小酒馆（自1242年以来，这里就有一家酒馆）。这个氛围十足、嘎吱作响的地方门框低矮，个儿高的人小心碰头。墙壁和天花板上装饰着有趣的领结收藏（不过现在已不能用自己的领结换一杯啤酒喝了），通常总是有两三款值得一试的外来麦芽酒。

Eagle & Child

小酒馆

（www.nicholsonspubs.co.uk/theeagleandchildoxford；49 St Giles；⊙11:00~23:00；📶）被人们昵称为"Bird & Baby"，这家气氛十足的酒馆建于1650年，曾是J.R.R.托尔金（JRR Tolkien，《霍比特人》《指环王》等书的作者）和C.S.刘易斯（CS Lewis，《纳尼亚传奇》作者）最爱去的地方。它的镶木饰板房间和精选纯正麦芽酒仍然吸引着许多熟客。

Turf Tavern

小酒馆

（www.theturftavern.co.uk；4 Bath Pl；⊙11:00~23:00）藏于一条狭窄的小巷中，这家小巧的中世纪酒馆（至少可追溯至1381年）是镇里人的最爱之一。这里是美国总统比尔·克林顿曾经抽过大麻的地方（对此，他说了那句著名的"我没有吸进去"），拥有11种真正的麦芽酒。这里总是坐满了学生、专业人士，以及能够找到这里的幸运游客。有很多户外座位。

ℹ 实用信息

旅游局办事处（☎01865-252200；www.visitoxfordandoxfordshire.com；15-16 Broad St；⊙周一至周六 9:30~17:00，周日 10:00~15:30）

ℹ 到达和离开

长途汽车

牛津的长途汽车总站位于Gloucester Green，

不要错过

布莱尼姆城堡

作为英国最壮观的豪华庄园之一，**布莱尼姆城堡**（www.blenheimpalace.com；成人/儿童£22/12，仅公园和花园£13/6.50；⊙每日10:30~17:30，11月至次年2月中周一和周二关门）是由Sir John Vanbrugh和Nicholas Hawksmoor于1705~1722年设计完成的不朽的巴洛克风格杰作。它已被列入联合国教科文组织的世界遗产名录，也是十一世马尔堡公爵（Duke of Marlborough）的故乡。其中的亮点包括**大会堂**（Great Hall），这个巨大的空间有高达20米的天花板，上面装饰着有关第一代公爵战斗场景的图画；奢华的**大会客厅**（Saloon）是最重要的公共大厅；三间**国事厅**（state rooms）均装饰豪华并有无价的瓷器橱；还有一个长达55米的气派的**长廊图书馆**（Long Library）。你也可以参观**丘吉尔展览馆**（Churchill Exhibition），这里致力于介绍温斯顿·丘吉尔爵士的生活、工作和写作，他于1874年在布莱尼姆出生。

布莱尼姆城堡靠近伍德斯托克镇（Woodstock），位于牛津西北数英里外。Stagecoach S3路公共汽车（£3.50，35分钟，每半小时1班，周日每小时1班）从位于牛津的乔治街（George St）开往布莱尼姆城堡。

有多班客车开往伦敦（£14，1.75小时，每15分钟1班）。还有往返希思罗机场和盖特威克机场的班车。

火车

牛津的火车站每半小时有1班发往伦敦帕丁顿（£25，1.25小时）的列车，大约每小时有一班开往伯明翰（£27，1.25小时）的列车。同样，火车站每小时有列车发往巴斯（£18，1.5小时）和布里斯托尔（£28，1~2小时），但是要在Didcot Parkway转车。

埃文河畔斯特拉特福（Stratford-upon-Avon）

人口22,187

威廉·莎士比亚于1564年出生在斯特拉特福，1616年被埋葬于此。与莎士比亚生前密切相关的几座建筑构成了旅游的核心景点。从俗气的吟游诗人主题茶室到谦卑的莎士比亚在圣三一教堂不起眼的墓地，再到崇高的世界知名皇家莎士比亚剧团的戏剧，旅行体验十分丰富。

景点和活动

★莎士比亚出生地 历史建筑

（Shakespeare's Birthplace；☎01789-204016；www.shakespeare.org.uk；Henley St；含纳什故居和新居、荷尔故居 £15.90/9.50；⏰7月至9月9:00~17:30，10月至次年6月至17:00）在这位全世界最著名的剧作家度过童年时光的地方开始你的莎士比亚之旅。事实上，这里是否真的是莎士比亚的出生地尚存争论，不过这位吟游诗人的信徒和爱好者至晚于19世纪就前来拜访，并在窗户上刻下自己的签名。在现代化的立面后面，这栋房子复原了都铎时代的房间，还有扮成莎士比亚作品中著名人物的工作人员现身介绍。还有关于这位斯特拉特福最受爱戴人物的引人入胜的展览。

安妮·海瑟薇的小屋 历史建筑

（Anne Hathaway's Cottage；☎01789-204016；www.shakespeare.org.uk；Cottage Lane，Shottery；成人/儿童£9.50/5.50；⏰3月中至10月9:00~17:00）在和莎士比亚结婚之前，安妮·海瑟薇生活在斯特拉特福市中心以西1英里处的Shottery，这座宜人的苫顶农舍就是她的家。除了古董家具外，这里还有华丽的花园和一个果园兼植物园，里面种植了莎翁剧作中提到的所有树种。一条步道（不允许骑自行车）从Evesham Pl通往Shottery。

圣三一教堂 教堂

（Holy Trinity Church；☎01789-266316；www.stratford-upon-avon.org；老镇；莎士比亚之墓成人/儿童£2/1；⏰4月至9月周一至周六8:30~18:00，周日12:30~17:00，10月至次年3月开放时间缩短）诗人最后的安息之所，据说也是英格兰所有教区教堂中参观人数最多的。里面有漂亮的16世纪和17世纪墓（特别是Clopton Chape里面的），唱诗班座位上有一些精美的雕刻，当然还有威廉·莎士比亚的墓地，这里刻着不吉利的铭文：迁我尸骨者定遭亡灵诅咒（cvrst be he yt moves my bones）。

住宿

Stratford-upon-Avon YHA 青年旅舍 £

（☎0845 371 9661；www.yha.org.uk；Hemmingford House，Alveston；铺/双£19/40起；P @ 🛜）这家青旅在一栋拥有200年历史的大型宅邸中，位于小镇中心以东1.5英里处的Tiddington Rd，吸引了不同年龄层的游客入住。在32个房间和宿舍中，16个是套间。青旅设有餐厅、酒吧和厨房。18路和18A路公共汽车从Bridge St开往这里。公共区域有Wi-Fi。

Legacy Falcon 酒店 ££

（☎0844 411 9005；www.legacy-hotels.co.uk；Chapel St；双/家 £83/113起；P 🛜）这家酒店位置极好，一定要住在建于15世纪的最古老的建筑中，不要住在毫无灵魂的现代配楼或昏暗的17世纪花园房里。这样你才能完全领略都铎王朝——嘎吱作响的地板、摇摇晃晃的贴木墙壁和你能看见的所有东西。开放式壁炉在有Wi-Fi的公共区域熊熊燃烧。房间里有宽带，不过最棒的加分项是斯特拉特福少见的免费停车场。

White Sails 客栈 ££

（☎01789-550469；www.white-sails.co.uk；85 Evesham Rd；双£100起；❄）长毛绒纺织品、

加框的照片、黄铜床头板、古旧时髦风格的餐桌和灯具为这家位于乡村边缘华丽、亲切的客栈设定了基调。四个独立装修的房间有平板电视、空调控制系统和奢华的浴室。

餐饮

Sheep St是一条餐饮街，主要面向去剧院看戏的观众（留意性价比不错的剧前菜单）。

Fourteas 茶室 £

（☎01789-293908; www.thefourteas.co.uk; 24 Sheep St; 菜£3~7, 下午茶含/不含普罗塞克葡萄酒£17/12.50; ⏲周一至周五9:30~17:00, 周六9:00~17:30, 周日11:00~16:00）这家茶室没有采用斯特拉特福流行的莎士比亚主题，而是以20世纪40年代的风格作为自己的特色，这体现在美丽的老式茶壶、带框海报和穿着旧式服装的工作人员身上。除了优质的散叶茶和自制蛋糕之外，这里还有丰盛的早餐、美味的三明治（新鲜的水煮鲑鱼、布里干酪和葡萄）、一道当天热菜和奢华的下午茶。

Edward Moon's 新派英国菜 ££

（☎01789-267069; www.edwardmoon.com; 9 Chapel St; 主菜£10~18; ⏲周一至周五12:30~15:00和17:00~22:00, 周六和周日正午至22:00）餐馆的名字以一个著名的旅行厨师的名字命名，这名厨师为远离故土的英国殖民者提供家乡风味的菜肴。这家舒适小餐馆的菜非常美味，丰盛的英国菜肴很多都佐以来自东方的药草和香料。

★ Old Thatch Tavern 小酒馆

（http://oldthatchtavernstratford.co.uk; Greenhill St; ⏲周一至周六11:30~23:00, 周日正午至18:00; 📶）想要真正地体验斯特拉特福的旧时代氛围，就应该和当地人一样，来到镇上最古老的小酒馆点一品脱麦芽酒。建于1470年，这个茅草覆顶、天花板低矮的珍品级小酒馆拥有很棒的正宗麦芽酒，还有一个华丽的夏日庭院。

Dirty Duck 小酒馆

（Black Swan; Waterside; ⏲周一至周六11:00~23:00, 周日至22:30）又称"黑天鹅"（Black Swan），这栋迷人的河边酒馆是英格兰唯一以两个店名获批执照的小酒馆。这是一间深受演员喜爱的酒馆，很多名人演员（奥利维尔、艾登堡等）都曾是这里的常客。

娱乐

★ 皇家莎士比亚剧团 剧院

（Royal Shakespeare Company, 简称RSC; ☎0844 800 1110; www.rsc.org.uk; Waterside; 票价£10~62.50）来到斯特拉特福却没有看一部莎士比亚的作品就好像去了北京却没有登长城一样。闻名世界的皇家莎士比亚剧团（Royal Shakespeare Company）下属的三个剧场见证了无数传奇戏剧演员的精彩演出，如劳伦斯·奥利维尔（Lawrence Olivier）、理查德·伯顿（Richard Burton）、朱迪·丹奇（Judi Dench）、海伦·米伦（Helen Mirren）、伊恩·麦克莱恩（Ian McKellan）和帕特里克·斯图尔特（Patrick Stewart）。

斯特拉特福有两座滨水的大剧场：**皇家莎士比亚剧场**（Royal Shakespeare Theatre）和**天鹅剧场**（Swan Theatre），还有一座较小的**庭院剧场**（Courtyard Theatre; ☎0844 800 1110; www.rsc.org.uk; Southern Lane）。向皇家莎士比亚剧团咨询关于最近演出时间的信息。25周岁以下青少年、学生和

ℹ 莎士比亚的故居

包括博物馆在内，共有5座与莎士比亚有关的重要建筑，它们构成了斯特拉特福旅游体验的核心。这些建筑都由莎士比亚出生地信托（Shakespeare Birthplace Trust; www.shakespeare.org.uk）管理运营。

镇上的三间房屋：**莎士比亚出生地**（Shakespeare's Birthplace）、**纳什故居和新居**（Nash's House & New Place）和**荷尔故居**（Halls Croft）的收费标准是成人£15.90, 儿童£9.50。如果你还要参观**安妮·海瑟薇的小屋**（Anne Hathaway's Cottage）和**玛丽·雅顿农场**（Mary Arden's Farm），可以购买涵盖5个景点的联票（成人/儿童£23.90/14）。

值得一游

沃里克

经常为莎士比亚提起，沃里克镇是中世纪建筑的宝库。它最醒目的景致是沃里克城堡（Warwick Castle；☎0871 265 2000；www.warwick-castle.com；城堡成人/儿童£22.80/16.80，城堡和地牢£28.80/24；王国票含城堡、地牢和展览£30.60/27；⊙4月至9月10:00~18:00，10月至次年3月至17:00；Ⓟ）的高大炮塔。这座城堡始建于1068年，创建者为征服者威廉（William the Conqueror），随后成为沃里克历代公爵的宅邸。现在，这里被杜莎夫人蜡像馆的所有者改造成一个主要的旅游景点，有面向儿童的活动和用蜡像装饰的私人公寓。

Stagecoach 16路和X18路公共汽车开往埃文河畔斯特拉特福（£5.40，40分钟，半小时1班）。火车开往伯明翰（£7.50，40分钟，半小时1班）、埃文河畔斯特拉特福（£5.40，30分钟，每小时1班）和伦敦（£28.80，1.5小时，20分钟1班）。

老年人常常有特别优惠，而且部分票会留到演出当天再出售，但很快就会卖光。提前订好票。

实用信息

旅游局办事处（☎01789-264293；www.shakespeare-country.co.uk；Bridge Foot；⊙周一至周六9:00~17:30，周日10:00~16:00）就在Clopton Bridge西边和Bridgeway的交叉路口处。

到达和离开

长途汽车

英国国家快运公司和其他长途汽车公司的大巴从斯特拉特福河畔汽车站（Stratford's Riverside bus station）发车，车站就在Bridgeway的斯特拉特福休闲中心（Stratford Leisure Centre）后面。目的地包括伯明翰（£8.40，1小时，每天2班）、伦敦维多利亚（£17，3小时，每天3班）和牛津（£10.70，1小时，每天2班）。16路长途汽车开往沃里克（£5.40，40分钟，半小时1班）。

火车

在斯特拉特福火车站，列车开往伯明翰（£7.30，50分钟，半小时1班）和伦敦马里勒火车站（£9，2小时，每小时最多2班）。

剑桥（Cambridge）

人口123,900

随处可见的精致建筑，深厚的历史和传统底蕴，还有世界闻名的奇特仪式，使得剑桥成为一个超凡脱俗的大学城。紧密相邻的古老校园，风景如画的河滨学院后花园（"Backs"）和环绕着这座城市的茂盛绿地为它添加了远比历史悠久的对手牛津更宁静的魅力。

景点

剑桥大学拥有31个学院，不过不是全部都对外开放。联系学院或旅游局办事处以获取更多信息。

国王学院礼拜堂 教堂

（King's College Chapel；☎01223-331212；www.kings.cam.ac.uk/chapel；King's Pde；成人/儿童£7.50/免费；⊙非学期9:45~16:30，学期周一至周六9:45~15:15，周日 13:15~14:30）在这座到处是明星建筑的城市里，它是当之无愧的佼佼者。建于16世纪的宏伟的国王学院礼拜堂是英格兰哥特式建筑中最非凡的典范之一。精致复杂、长达80米的扇形拱顶天花板是世界上最大的，屋顶高耸并竖起众多石塔，就像石头烟花一样绚烂多姿。这个地方是该礼拜堂举世闻名的唱诗班的表演场所，你可以在壮观且免费的晚祷（学期周一至周六17:30，周日10:30和15:30）中听到他们曼妙的歌声。

三一学院 知名建筑

（Trinity College；www.trin.cam.ac.uk；Trinity St；成人/儿童£2/1；⊙10:30~16:30，4月初至6月中关闭）作为剑桥最大的学院，三一学院拥有一座超凡脱俗的都铎王朝时代的大门、极致优雅的氛围，以及宽阔的迎宾大厅（Great Court）——在同类建筑中是全世界最大的。它还有著名的雷恩图书馆（Wren Library；⊙周一至周五正午至14:00），其历史悠久，里面收藏有55,000多本1820年之前的书籍以及

2500多部手稿，作者包括莎士比亚、圣杰罗姆（St Jerome）、牛顿和斯威夫特。这里还有A.A.米尔恩（AA Milne）绘制的《小熊维尼》（*Winnie the Pooh*）原稿；米尔恩和他儿子克里斯托弗·罗宾（Christopher Robin）都是三一学院的毕业生。

后花园（The Backs）

公园

在剑桥众学院恢宏立面和庄严庭院的背后是一系列河边的花园和公园，统称后花园。这片宁静的绿色空间和泛着波光的水面映衬着众学院无与伦比的风景，常常是游客脑海中最经典的剑桥印象。在河边步道和步行桥可以拍摄学院生活和优雅石桥的快照。你也可以雇一个撑篙人，悠闲地坐在方头平底船上游览。

菲茨威廉博物馆

博物馆

（Fitzwilliam Museum；www.fitzmuseum.cam.ac.uk；Trumpington St；捐赠入内；周二至周六10:00~17:00，周日正午至17:00）免费 被当地人亲切地称为"菲茨"（the Fitz），这座庞大的新古典主义建筑是英国最早的公共艺术博物馆之一，建造之初是为了容纳七世菲茨威廉子爵（Viscount Fitzwilliam）遗赠给母校的珍宝。在这里，你会看到古罗马和古埃及的殉葬品、许多艺术大师的作品，以及一些更古怪的收藏：钞票、文学手稿、手表以及盔甲。

住宿

Cambridge YHA

青年旅舍 £

（0845 371 9728；www.yha.org.uk；97 Tenison Rd；铺/双£21/30起；）最近装修一新，这是一家高人气的青年旅舍，内部一派繁忙景象。房间简单但设备齐全，靠近火车站。

Cambridge Rooms

民宿 ££

（www.universityrooms.com/en/city/cambridge/home；标单/双£45/75起）想要体验原汁原味的大学生活，可以在一系列学院中挑选某个学院的学生宿舍登记入住。住宿类型多样，既有俯瞰学院庭院的功能单人间（公共卫浴），也有位于附近配楼的更现代的套间。在学生餐厅享用早餐。

Worth House

民宿 ££

（01223-316074；www.worth-house.co.uk；152 Chesterton Rd；标单£65~75，双£65~100；）迎宾态度温暖热情，房间性价比很高，这里绝对令人心旷神怡。轻柔的灰色和奶油色搭配白红相间的条纹图案，摆满小点心的茶点托盘，漂亮的浴室还有狮脚浴缸，这一切都让这里物超所值。旁边隔着两户还有可以自己做饭的三人间公寓（每周£550）。

餐饮

Fitzbillies

面包房、咖啡馆 £

（www.fitzbillies.com；52 Trumpington St；咖啡馆主菜£6~16；周一至周三8:00~17:00，周四至周六9:00~21:30，周日10:00~17:00）剑桥最古老的面包房占据了学生心中一块柔软的位置，因为这里供应黏稠的切尔西小圆蛋糕（Chelsea bun）和其他甜品。买上一大包带走，或者舒舒服服地坐在隔壁古色古香的咖啡馆大快朵颐。

Oak

法式小馆 ££

（01223-323361；www.theoakbistro.co.uk；6 Lensfield Rd；主菜£12~20，午餐2/3道菜套餐£13/16；周一至周六正午至14:30和18:00~21:30）在这家友好且漂亮的社区小店，你会找到松露（黑松露和白松露）、橄榄酱（olive pesto）和迷迭香汁（rosemary jus）等增加滋味的特色调料和酱汁，产自当地的鸭肉、鱼肉和牛肉也滋味十足。午餐套餐很实惠。

Chop House

英国菜 ££

（www.cambscuisine.com/cambridge-chop-house；1 Kings Pde；主菜£14~20；周一至周六正午至22:30，周日至21:30）这里的靠窗座位享有全城最棒的景色——国王学院中空的墙壁。食物也是纯正的英式风味：分量十足的牛排、排骨、薯条，以及一些鱼类菜肴和脂油布丁（suet puds）。姐妹餐馆**St John's Chop House**（21-24 Northampton St）位于圣约翰学院后门附近。

★ Midsummer House

新派英国菜 £££

（01223-369299；www.midsummerhouse.co.uk；Midsummer Common；5/7/10道菜£45/75/95；周三至周六正午至13:30，周二至

不要错过

在后花园撑船

沿着后花园撑船是一项无与伦比的体验——只要你掌握住了诀窍。最开始可能会是令人抓狂的挑战。如果你不敢自己尝试的话，可以选择一艘带船夫的撑篙船。

撑篙船的租金为每小时£19左右，带船夫的1小时后花园撑船游览费用约为每人£15，返回Grantchester（2.5小时）的话每人约£27。租船机构包括**Scudamore's**（www.scudamores.com；Granta Pl）和**Cambridge Chauffeur Punts**（www.punting-in-cambridge.co.uk；Silver St Bridge）。

周六19:00~21:00）作为该地区餐饮界的明珠，大厨Daniel Clifford的米其林二星餐厅以有深度的滋味和娴熟的烹饪技巧而出类拔萃。品尝一下炖牛尾、炭烤块根芹和扇贝配松露，最后以黑巧克力、血橙和橘子酱冰激凌收尾。多款葡萄酒品酒套餐（Wine flights）售价£55起。

Eagle 小酒馆

（www.gkpubs.co.uk；Benet St；⏲周一至周六9:00~23:00，周日至22:30）这是剑桥最有名的酒馆，在这里你可以谈天说地。这里曾激发许多著名学者的灵感，其中包括获得诺贝尔奖的科学家克里克和沃森，他们曾在这里讨论自己的DNA研究（注意门旁边的蓝色铭牌）。酒馆建于15世纪，镶着木板，透着一股散漫的气息，它有多个舒适的房间，其中一个房间的天花板上有"二战"飞行员留下的签名。食物全天供应，也很不错。

实用信息

旅游局办事处（☎0871226 8006；www.visitcambridge.org；Peas Hill；⏲周一至周六10:00~17:00，4月至10月周日11:00~15:00）

到达和离开

长途汽车

从Parkside有按时运行的**英国国家快运公司**（www.nationalexpress.com）的长途汽车，它们前往伦敦盖特威克机场（£20，4.5小时，每小时1班）、希思罗机场（£17，4小时，每小时1班）和牛津（£15，3.5小时，每30分钟1班）。

火车

火车站紧邻Station Rd，在Hills Rd附近。目的地包括伦敦国王十字火车站（£18，1小时，每小时2~4班）和斯坦斯特德机场（£15，30分钟至1.25小时，每小时2班）。

约克（York）

人口181,100

在英格兰北部，没有任何地方比约克更富有"中世纪"风情，这座拥有非凡历史财富的城市始终没有失去其工业化前的光芒。13世纪的宏伟城墙内，如蛛网般的狭窄街道将这座城市丰富的遗产编织入每块砖瓦和每根横梁内。

景点

★约克大教堂 教堂

（York Minster；www.yorkminster.org；Deangate；成人/儿童£10/免费，组合票含塔£15/5；⏲周一至周六9:00~17:30，周日12:45~17:30，17:00起停止入内）卓越非凡的约克大教堂是欧洲北部最大的中世纪大教堂，也是世界上最美丽的哥特式建筑之一。这里有约克大主教（archbishop）、英格兰首席主教（primate）之位，其地位仅次于全英格兰首席主教所在的坎特伯雷座堂——它们各自头衔的创造是为了解决关于英格兰教堂真正中心的争论。如果它是你在英格兰参观的唯一一座主座教堂，你一定会心满意足地离开这里。

★约维克维京中心 博物馆

（Jorvik Viking Centre；www.jorvik-viking-centre.co.uk；Coppergate；成人/儿童£9.95/6.95；⏲4月至10月10:00~17:00，11月至次年3月至16:00）致力于将历史带到现实的交互式多媒体展览常常适得其反，但是约维克维京中心能实现这一目标。它是一个重现维京定居点的遗址，于20世纪70年代晚期被发掘出来，能带你坐上时光车穿梭回9世纪的约维克（Jorvik）。可以通过网上订票节省排队买票的时间并且选择想去参观的时间（额外花费£1）。

★城墙

考古遗址

(City Walls; ⏲8:00至黄昏) 免费 如若天气不错，不要错过沿着城墙漫步的机会，这是沿着最初的古罗马城墙修建起来的城墙，在上面可以用全新的视角俯瞰全城。城墙全长4.5英里，走完需要1.5~2小时。如果你赶时间，Bottham bar到Monk Bar这一段较短的城墙值得走走，能看到大教堂。

★国家铁路博物馆

博物馆

(National Railway Museum; www.nrm.org.uk; Leeman Rd; ⏲10:00~18:00; P 🚻) 免费 在很多铁路博物馆都只能看到一个个孤单的男子，他们站在那儿翻看比较着卷边的笔记本，闻到机油、煤烟和怀旧的气味就兴奋不已。这个地方可不是这样。约克的国家铁路博物馆是世界上最大的铁路博物馆，展示着100多个火车头，它们都被维护得很好。馆内还有丰富的展品，这里是个引人入胜的博物馆。

约克郡博物馆

博物馆

(Yorkshire Museum; www.yorkshiremuseum.org.uk; Museum St; 成人/儿童£7.5/免费; ⏲10:00~17:00)约克郡的大部分古罗马考古遗址都深藏于中世纪城市的地下，所以如果你想知道埃勃雷肯(Eboracum，约克的古罗马名字)是什么样子的话，最近约克郡博物馆的展览将有十分宝贵的意义。这里有古罗马时代的约克地图和模型、墓葬文物、马赛克地板和壁画，还有一座公元4世纪的君士坦丁大帝半身像。

谢姆伯街(Shambles)

街道

谢姆伯街的名字来自撒克逊单词“shamel”，意思是“屠宰场”——1862年这条街上就有26间肉铺。如今屠夫们早已消失不见，不过这条狭窄的鹅卵石小巷两侧排列着15世纪的都铎式建筑，上层的建筑物向外突出，几乎能碰到对面的建筑。它是英国风景最好的街巷，也是欧洲游览人数最多的街巷之一，经常有游客挤在这里购买俗气的纪念品。

团队游

Ghost Hunt of York

步行

(www.ghosthunt.co.uk; 成人/儿童£5/3; ⏲团队游19:30)孩子们一定会爱上这场75分钟的步行之旅，这一行程组织有序，乐趣多多，还穿插着真实可信的幽灵鬼怪故事。起点在谢姆伯街，无论天气如何都会出发(从不取消)，而且不需要预订。只要出现在出发地点，等待集合铃声响起就行了。

Yorkwalk

步行

(www.yorkwalk.co.uk; 成人/儿童£6/5; ⏲团队游2月至11月10:30和14:15)提供一系列各种主题的步行游览(2小时)，既有古罗马约克、狭窄小巷(snickelways)和城墙等经典主题游，也有聚焦于巧克力和甜点、约克妇女，以及不可错过的墓园、棺材和瘟疫的团队游。徒步游从Museum St上的博物馆花园门(Museum Gardens Gate)出发，不需要预订。

住宿

就算旺季价格高涨，也很难在仲夏找到床位。

★Fort

青年旅舍 £

(☎01904-620222; www.thefortyork.co.uk; 1 Little Stonegate; 铺£22起，双£68起; 📶)这家新开业的精品青年旅舍展示了英国年轻设计师的成果，创造出背包客负担得起且充满个性和格调的住宿空间。有6人间和8人间，以及6个双人间，但这里不是很安静——它正位于约克夜生活的中心，楼下还有一个活力十足的夜店。

York YHA

青年旅舍 £

(☎0845 371 9051; www.yha.org.uk; 42 Water End, Clifton; 铺/四£21/99起; P @ 📶)这座迷人的维多利亚风格建筑，原来是桂格糖果(Rowntree)大厦，现在成为宽敞且适合儿童住宿的青年旅舍。它的大部分房间都是四人间。客人很多，所以早点儿预订。位于市中心西北方向大约1英里处，从Lendal Bridge有河滨步行道可达(照明不好，所以晚上不要走)。或者从火车站或Museum St搭2路公共汽车到达。

Abbeyfields

民宿 ££

(☎01904-636471; www.abbeyfields.co.uk; 19 Bootham Tce; 标单/双£55/84起; 📶) 🍃这里有温暖的问候、精心布置的睡房，房间里配有

约克通行卡

如果你计划参观很多景点，可以通过使用**约克通行卡**（www.yorkpass.com；1/2/3天 成人 £36/48/58，儿童 £20/24/28）来省点钱。这张通行卡能让你免费进入约克郡的70多个收费景点，包括所有的主要景点。通行卡可以在约克旅游局办事处购买，亦可在线购买。

椅子和床头灯，方便阅读。早餐是城里数一数二的，有来自当地肉铺的腊肠、培根和附近农场的新鲜鸡蛋。

Elliotts B&B 民宿 ££

（☎01904-623333；www.elliottshotel.co.uk；2 Sycamore Pl；标单/双£55/75起；P @ 📶）由"绅士住宅"精心改造而成，Elliotts是客栈中偏向精品酒店的一类，房间极具风格和优雅气质，还有一些微妙的设计细节，如当代艺术品和鲜艳的织物。位置极好，既安静又居中。

★**Middlethorpe Hall** 酒店 £££

（☎01904-641241；www.middlethorpe.com；Bishopthorpe Rd；标单/双£139/199起；P 📶）这座美得令人窒息的17世纪乡村庄园坐落在8公顷的绿地中，曾经是日记体作家玛丽·沃特利·蒙塔古夫人（Lady Mary Wortley Montagu）的宅邸。房间分布在主建筑、重建的庭院建筑和三个村舍小屋套间中。所有房间都装饰得很美，有精心挑选以反映那个时代的古董陈设和油画。

餐饮

★**Mannion's** 咖啡馆、法式小馆 £

（☎01904-631030；www.mannionandco.co.uk；1 Blake St；主菜£5~9；⏲周一至周六9:00~17:30，周日10:00~17:00）做好在这家繁忙的法式小馆排队的准备（不能预订）。用木板镶嵌的众多舒适房间如同迷宫。每天都有精选招牌菜。常见菜包括早餐的火腿蛋松饼（eggs Benedict）、使用自家烘焙面包制作的厚实的约克郡干酪吐司（Yorkshire rarebit），还有午餐时来自附属熟食店的奶酪和熟食拼盘。对了，甜点包括奶油蛋白甜饼（pavlova）。

Cafe No 8 咖啡馆、法式小馆 ££

（☎01904-653074；www.cafeno8.co.uk；8 Gillygate；2/3道菜套餐£18/22，周五和周六£22/27；⏲10:00~22:00；📶 👪）🌿这是一家时尚小店，前面有仿爱德华七世时代风格的彩色玻璃现代艺术品。No 8供应使用当地新鲜农产品制作的全天候经典法式小馆菜肴，包括鸭胸配血橙和杜松子，以及约克郡猪腹肉配八角茴香（star anise）、小茴香（fennel）和大蒜。还供应每日早餐（主菜 £5）和周日午餐（3道菜 £25）。建议预订。

Parlour at Grays Court 咖啡馆 ££

（www.grayscourtyork.com；Chapter House St；主菜£8~14；⏲10:00~17:00；📶）作为约克核心区一个令人意想不到的发现，这座16世纪的宅邸（如今是一家酒店）拥有浓厚的乡村气息。在洒满阳光的花园里享受精致的咖啡和蛋糕，或者在历史悠久的黑橡木色画廊里品尝清淡的午餐。从约克郡干酪吐司到油封鸭，菜式种类齐全，还包括传统的下午茶（£18.50）。

Bettys 茶室 ££

（www.bettys.co.uk；St Helen's Sq；主菜£6~14，下午茶£18.50；⏲9:00~21:00；👪）这是老式下午茶馆，有身着白色围裙的侍者、亚麻台布和沿着墙壁摆放的茶具藏品。当家特色是约克郡Fat Rascal：一种浸着融化黄油的大号水果司康饼，不过我们最爱的午餐菜肴是熏鳕鱼（smoked haddock）配水煮蛋和季节性的荷兰酱（hollandaise sauce）。不能预订，人多的时候要排队。

★**Blue Bell** 小酒馆

（53 Fossgate；⏲周一至周六11:00~23:00，周日正午至22:30）这是英国小酒馆的典范——一个拥有200年历史的镶嵌木板小房间，里面有冒烟的壁炉、自1903年就未曾改变过的装饰、角落里古老的棋类游戏、友好且高效的员工，以及桶装Timothy Taylor和Black Sheep麦芽酒。常常客满。

实用信息

约克旅游局办事处（☎01904-550099；www.

visityork.org; 1 Museum St; ⏲4月至9月周一至周六9:00~18:00，周日10:00~17:00，10月至次年3月时间缩短）提供约克郡境内所有旅游和交通信息，还有住宿预订、票务和上网服务。

ℹ 到达和离开

长途汽车

如需获取时刻表，请致电**约克郡公共运输热线**（Traveline Yorkshire; ☎0871 200 2233; www.yorkshiretravel.net）。所有的本地和区域公共汽车都在火车站东北200米处的Rougier St停靠。

还有**英国国家快运公司**（☎0871781 8181; www.nationalexpress.com）开往伦敦（£31，5.5小时，每天3班）、伯明翰（£29，3.5小时，每天1班）、纽卡斯尔（£15.20，2.75小时，每天2班）的长途汽车。

火车

约克是一个主要的铁路枢纽，有多条开往伯明翰（£45，2.25小时）、纽卡斯尔（£16，1小时）、利兹（£13.50，25分钟）、伦敦国王十字火车站（£80，2小时）、曼彻斯特（£17，1.5小时）及斯卡伯勒（Scarborough; £8，50分钟）的直达车，班次频繁。还有发往剑桥（£65，3小时）的列车，不过需在彼得伯勒（Peterborough）转车。

霍华德城堡（Castle Howard）

在英国，豪宅是司空见惯的，然而如果想要找到一栋如同霍华德城堡（www.castlehoward.co.uk; 成人/儿童房屋和庭院£14/7.50，只限庭院£9.50/6; ⏲房屋 4月至10月11:00~16:30，庭院 3月至10月和12月10:00~17:00，11月、1月和2月10:00~16:00; 🅿）般豪华的城堡，就非常困难，它是宏伟和胆识的艺术结合体，也是世界上最美丽的建筑物之一。它是20世纪80年代电视剧《故园风雨后》（*Brideshead Revisited*）以及2008年同名电影的主要外景地，观众会立刻认出来。

它位于约克东北方向15英里处，Stephenson's of Easingwold（www.stephensonsofeasingwold.co.uk）有班车（往返£7.50，40分钟，周一至周六每天3班）从约克开往这里。

切斯特（Chester）

奇妙的切斯特是英格兰最伟大的遗产之一，这里有建造于罗马时代的红砂岩墙，城墙内便是保存完好的都铎时期和维多利亚时期的建筑物。切斯特当时名叫Castra Devana，是罗马帝国在英国最大的军事要塞。

👁 景点

★城墙（City Walls） 地标

了解切斯特独特个性最好的方式就是沿着两英里长的城墙走上一圈，历史中心区就在城墙的环抱之中。城墙最初由罗马人于公元70年左右建造，随后的数百年里经过重修，不过自1200年左右就一直处于如今的位置。旅游局办事处的小活页《切斯特城墙徒步游》（*Walk Around Chester Walls*）是很不错的指南。

★洛斯区（Rows） 建筑

在城墙旁边，切斯特的另一大看点是洛斯区，它是一系列双层拱形游廊建筑，位于从中央十字（Central Cross）向四个方向发散出去的四条街道两侧。建筑充分结合维多利亚风格和都铎风格（既有最初的老建筑，也有仿造的新建筑），里面有很多迷人的私营店铺。

切斯特大教堂 天主教堂

（Chester Cathedral; ☎01244-324756; www.chestercathedral.com; 12 Abbey Sq; 门票£3; ⏲周一至周六9:00~17:00，周日13:00~16:00）最初，这里是一座本笃会修道院，修建在原先献给St Werburgh（这座城市的守护圣徒）的一座撒克逊教堂的遗址上。由于亨利八世（Henry Ⅷ）在盛怒之下取缔天主教，切斯特大教堂于1540年关闭，不过随后在隔年作为主座教堂再次启用。虽然大教堂本身按照维多利亚风格进行了大幅度翻新，但12世纪的走廊和周围的建筑物基本未做任何改动，并保留了早年修道院时期的大部分结构。

🛏 住宿

Chester Backpackers 青年旅舍 £

（☎01244-400185; www.chesterbackpackers.co.uk; 67 Boughton; 铺/标单/双£16/22/34起; 📶）这是一座典型的都铎风格的黑白建

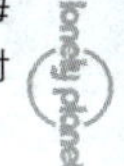

筑，房间布置得很舒服，室内放有讲究的松木床。从城墙走一小段路即可到达。还有一个宜人的花园。

★ Stone Villa 民宿 ££

（☎01244-345014; www.stonevillachester.co.uk; 3 Stone Pl, Hoole Rd; 标单/双£45/75起; P 📶; 🚌9）在过去十年中两次获得"切斯特年度民宿"的殊荣，这座美丽的别墅拥有值得回忆的住宿体验所需的一切元素。优雅的客房、华丽的早餐以及热情友好的主人都为这家城里最好的住处增添了魅力。民宿距离市中心约1英里远。

就餐

Joseph Benjamin 新派英国菜 ££

（☎01244-344295; www.josephbenjamin.co.uk; 134-140 Northgate St; 主菜£13~17; ⏰周二和周三9:00~17:00，周四至周六9:00至午夜，周日10:00~17:00）作为切斯特餐饮界一颗璀璨的明珠，这个餐厅、酒吧和熟食店三合一的地方精心烹饪当地出产的食材，可外带或堂食。出色的三明治和丰盛的沙拉是外卖菜单上的主力，更正式的正餐菜单上则是新派英国菜的杰出代表。

Bar Lounge 新派英国菜 ££

（www.barlounge.co.uk; 75 Watergate St; 主菜£11~18）城里最受欢迎的地方之一就是这家法式小馆风格的酒吧，这里供应优质汉堡、馅饼和特别美味的啤酒面糊炸鳕鱼和薯条。户外露台有加热座位，人气很高。

到达和离开

长途汽车

英国国家快运公司（☎08717 81 81 81; www.nationalexpress.com）长途汽车停靠在Vicar's Lane，就在旅游局办事处对面。目的地包括利物浦（£8.20，1小时，每天4班）、伦敦（£23，5.5小时，每天3班）和曼彻斯特（£7.70，1.25小时，每天3班）。

火车

火车站距离市中心不到2公里。手持火车票的乘客可以免费乘坐City-Rail Link公共汽车。列车目的地包括利物浦（£6.65，45分钟，每小时1班）、伦敦尤斯顿火车站（£65，2.5小时，每小时1班）和曼彻斯特（£12.60，1小时，每小时1班）。

湖区国家公园（Lake District National Park）

山脊、湖泊和群峰构成了一幅壮美的风景画卷，其中包括英格兰的最高峰斯科费尔峰（Scafell Pike，978米），使湖区成为英国风景最优美的一角。这里令人叹为观止的自然地理也塑造了英国一些最知名诗人的内心世界，其中就包括威廉·华兹华斯（William Wordsworth）。

这里通常被简称为湖区（the Lakes），这座国家公园和周边地区每年都要吸引近1500万游客。如果你避开夏季的周末，就很容易避开人群，尤其是你准备徒步远行的时候。

湖区一带有很多民宿和乡村别墅酒店，外加20多个国际青年旅舍，它们之间的距离很近，走着就能到达。

实用信息

布罗克霍尔国家公园游客中心（Brockhole National Park Visitor Centre; ☎015394-46601; www.lake-district.gov.uk; ⏰复活节至10月10:00~17:00，11月至次年复活节至16:00）在A591公路上的温德米尔（Windermere）北部3英里处，位于一栋19世纪的宅邸中，是湖区旅游局办事处的旗舰店，里面还有一间茶室、一个探险乐园和若干花园。

到达和当地交通

长途汽车

每天都有一班英国国家快运公司（National Express）的长途汽车从伦敦维多利亚（£37，8小时）始发，途经兰开斯特（Lancaster）和肯德尔（Kendal）。

当地主要客运经营商是**Stagecoach**（www.stagecoachbus.com），你可以从其网站下载时刻表。

555路 兰开斯特至凯西克（Keswick），在途中主要城镇停车，包括温德米尔和安布尔赛德（Ambleside）。

505路（Coniston Rambler）肯德尔、温德米尔、安布尔赛德和科尼斯顿（Coniston）。

火车

想坐火车去湖区，你需要在奥森赫美（Oxenholme，位于伦敦尤斯顿火车站和格拉斯哥之间的铁路线上）转乘前往肯德尔和温德米尔方向的列车。温德米尔与伦敦尤斯顿火车站（£99，3.5小时）、曼彻斯特皮卡迪利火车站（Manchester Piccadilly；£23，1.5小时）和格拉斯哥（£52，2.75小时）之间有列车连接。

温德米尔（Windermere）

人口8432

自从第一辆蒸汽式火车于1847年抵达此地后，温德米尔——湖泊和城镇共同使用一个名称——便成为湖区旅游中心。火车站仍然位于原址，使这里成为很棒的门户。

温德米尔湖游船（☎015395-31188；www.windermere-lakecruises.co.uk；票价£2.70起）在湖边的Bowness-on-Windermere载客中心提供定期跨湖乘船游。

住宿

Archway 民宿 £

（☎015394-45613；www.the-archway.com；13 College Rd, Windermere Town；双£50~86）性价比是这里的关键词：这是一家不摆花架子的老派民宿，会给你宾至如归的感觉。部分房间拥有上佳的景色，早餐非常丰盛，但没有停车场。

Lake District Backpackers Lodge 青年旅舍 £

（☎015394-46374；www.lakedistrictbackpackers.co.uk；High St, Windermere Town；铺/房£16/36；@）这里并不是湖区最漂亮时髦的青年旅舍，但它是温德米尔镇上唯一的背包客住宿。有两个小小的4人间宿舍，还有两个私人房间，一个是标双，一个是单床。

Boundary 民宿 ££

（☎015394-48978；www.theboundaryonline.co.uk；Lake Rd, Windermere Town；双£100~191；P 🛜）这里并非温德米尔最便宜的住处，但肯定是最漂亮的之一。主人Steve和Helen对这栋维多利亚时代的房子进行了精品酒店式的翻修：时髦装潢、单色配色、复古家具以及所有细节。Steve是狂热的板球爱好者，所以全部房间都以著名击球手的名字命名。

格拉斯梅尔（Grasmere）

格拉斯梅尔是一个风光绚丽的湖畔小村，之所以名扬天下是因为这里与英国重要的浪漫派诗人威廉·华兹华斯渊源颇深。

若要来此地进行文学朝圣之旅，就先来到**Dove Cottage**（☎015394-35544；www.wordsworth.org.uk；成人/儿童£7.50/4.50；⏲9:30~17:30），这里曾是诗人的故居，精彩之处包括几幅精美的诗人画像、装有诗人眼镜的柜子，还有一套秤盘，诗人的伙伴德昆西（de Quincey）曾用这套秤盘称量鸦片。在**St Oswald's Church**（Church Stile）你会看到诗人的纪念碑，在教堂的后院还有他的墓地。

如果想治愈低落的心情，不妨去**Sarah Nelson's Gingerbread Shop**（www.grasmeregingerbread.co.uk；Church Cottage；⏲周一至周六9:15~17:30，周日12:30~17:00）囤积一些格拉斯梅尔著名的甜食。

凯西克（Keswick）

人口5257

凯西克是湖区北部的主要城镇，坐落于宜人的德文特河（Derwent Water）岸边，这条银色曲折的河中点缀着树木茂密的小岛，缓缓行驶的游船、小艇在河面上纵横穿梭。这些游艇的运营商是**Keswick Launch**（☎017687-72263；www.keswick-launch.co.uk；环湖游成人/儿童£9.25/4.50）。

住宿

Keswick YHA 青年旅舍 £

（☎0845-371 9746；keswick@yha.org.uk；Station Rd；铺£13~21；@）KeswickYHA赏心悦目，位于汩汩流淌的River Rothay河畔一座改建的木制磨坊里。多亏一位慷慨的医生解囊相助，这里获得了翻修。宿舍很舒服，咖啡厅极棒，有些房屋甚至有可以俯瞰Fitz Park的阳台。

★ **Howe Keld** 民宿 ££

（☎017687-72417；www.howekeld.co.uk；5-7 The Heads；标单£58，双£110~130；P 🛜）这家黄金标准的民宿有鹅绒被、铺有石板的浴室、

不要错过

山顶

山顶（☎015394-36269；www.nationaltrust.org.uk/hill-top；成人/儿童 £9/4.50；⏲2月中至10月 周六至周四 10:30~16:30，7月和8月 开放时间延长）这栋可爱至极的农舍是比阿特丽克斯·波特（Beatrix Potter）的粉丝不可错过的去处：这是她在湖区的第一栋房子，也是她撰写几部著名的小说并为之画插图的地方。

这栋农舍位于尼尔索里（Near Sawrey），距离Hawkshead和Ferry House两英里。**Cross Lakes Experience**（www.lakedistrict.gov.uk/visiting/planyourvisit/travelandtransport/crosslakes；⏲4月至11月）在从Ferry House至Hawkshead的途中在此停靠。

时髦的配色以及本地木匠打造的家具。最好的房间可以观赏对面Crow Park和高尔夫球场的景色。多种风味的早餐十分美味。

Linnett Hill 民宿 ££

（☎017687-44518；www.linnetthillkeswick.co.uk；4 Penrith Rd；标单/双£45/80；📶）备受旅行者推崇，这家可爱的民宿有很多值得一住的理由：清爽的白色房间，靠近Fitz Park的绝佳位置以及常年不变的亲民价格。早餐也很好，黑板上写有特色菜，餐厅的桌子上铺着条纹棉布，炉子里的木柴噼啪作响。

威尔士（WALES）

位于英格兰西侧，威尔士是一个以凯尔特文化为根脉的王国，有自己的语言和丰富的历史遗产。尽管其南部有些地区的确惨遭采煤和重工业的荼毒，但威尔士仍有荒野的山峦、起伏的丘陵、富饶的农田和熙熙攘攘的首都加的夫。

加的夫（Cardiff）

人口324,800

加的夫1955年才成为威尔士的首都，如今它正全力以赴拥抱自己的新角色：成为英国21世纪领先的、充满活力的城市之一。

景点

加的夫市中心

★加的夫城堡 城堡

（Cardiff Castle；www.cardiffcastle.com；Castle St；成人/儿童£12/9，含导览游£15/11；⏲9:00~17:00）加的夫城堡是这座城市当之无愧的明星景点，不过抓住众多游客想象力的是后来扩建的部分：在维多利亚时代，许多张扬的仿哥特式风格的景致被嫁接到这座古老的城堡上，包括一座钟楼和一个奢华的宴会厅。

★威尔士千禧中心 艺术中心

（Wales Millennium Centre；☎029-2063 6464；www.wmc.org.uk；Bute Pl；团队游£6；⏲团队游 11:00和14:30）**免费** 作为加的夫湾（Cardiff Bay）复兴的标志性工程和象征，一流的威尔士千禧中心是用层层叠叠的紫色、绿色和灰色的威尔士板岩垒砌的建筑杰作，顶端是拱形的镀铜不锈钢顶。由威尔士建筑师乔纳森·亚当斯（Jonathan Adams）设计，它在2004年开放，是威尔士最好的艺术综合建筑体，入驻了许多重要的文化机构，如威尔士国家歌剧院（Welsh National Opera）、国家舞蹈公司（National Dance Company）、国家管弦乐团（National Orchestra）、威尔士文学院（Literature Wales）、HiJinx剧院（HiJinx Theatre）和Ty Cerdd（威尔士音乐中心）。

神秘博士体验游 展览

（Doctor Who Experience；☎0844 801 2279；www.doctorwhoexperience.com；Porth Teigr；成人/儿童£15/11；⏲周三至周一10:00~17:00，学校假日每天，最晚入场时间15:30）由BBC威尔士（BBC Wales）重新制作的经典电视剧集《神秘博士》（*Doctor Who*）获得了巨大成功，这使得加的夫成为全世界科幻迷的关注之地，这座城市的许多地点出现在电视剧的多集剧情中。热门剧集《火炬木小组》（*Torchwood*）的前两季也是在加的夫湾拍摄的。以神秘博士为主题的这场互动式展览就位于BBC拍摄这部电视剧的摄影棚旁边——留意在外面盘旋的Tardis（电视剧中的时间

其他值得一游的英国目的地

以下是我们推荐进行一日游或更长时间游览的部分英国地点：

康沃尔（Cornwall）英国的西南端环绕着崎岖的花岗岩海边悬崖、闪闪发光的海湾、风景如画的渔村和白色的沙滩。

利物浦（Liverpool）这座城市的水滨是世界遗产保护地，到处都是一流的博物馆，包括国际奴役博物馆（International Slavery Museum）和甲壳虫乐队传奇故事纪念馆（Beatles Story）。

哈德良城墙（Hadrian's Wall）英国最壮观的古罗马遗迹之一，众多堡垒和塔楼的遗址在英格兰北部荒凉的风景中孤独地绵延了2000年。

格伦希奥高地（Glen Coe）苏格兰最著名的格伦希奥高地结合了高地风景的两个要素：摄人心魄的风景和厚重的历史。

彭布罗克郡（Pembrokeshire）威尔士的最西端以其沙滩和海滨徒步而闻名，这里还有英国最精美的诺曼城堡之一。

机器和宇宙飞船）。

住宿

★River House Backpackers 青年旅舍 £

（☎029-2039 9810；www.riverhousebackpackers.com；59 Fitzhamon Embankment；铺/房间含早餐£18/42起；@📶）店主是一对兄妹，他们对这里进行专业化的管理。这家青年旅舍有设备齐全的厨房、小花园和舒适的电视休息室，还有两只毛茸茸的猫咪。私人房间基本上就是小一号的宿舍房间。提供免费早餐（麦片和吐司）。

St David's Hotel & Spa 酒店 ££

（☎029-2045 4045；www.thestdavidshotel.com；Havannah St；房£119起；@📶🏊）这是一座闪闪发光的玻璃塔楼，顶端呈漂亮的帆状。这家酒店是加的夫湾从荒地变成精品社区的改造典范，几乎每间客房都有一个可以欣赏湾景的专属小阳台。虽然建筑外部已经有岁月的痕迹，但客房最近才翻修过。

Park Plaza 酒店 ££

（☎029-2011 1111；www.parkplazacardiff.com；Greyfriars Rd；房£86起；📶🏊）豪华而又不过于呆板，这里拥有高档商务酒店应该拥有的一切五星级设施。温暖舒适的前台为酒店定下了基调，煤气取暖炉沿着一面墙吐出火苗，还有舒服的靠背椅。背街的房间俯瞰着Civic Centre青翠葱茏的风景。

就餐

★Coffee Barker 咖啡馆 £

（Castle Arcade；主菜 £4~7；⏰周一至周六8:30~17:30，周日10:30~16:30；📶👶）这是加的夫最酷的咖啡馆，你可以舒服地坐在扶手椅中，啜饮一杯丝滑咖啡，享用三文鱼炒蛋或三明治。有很多杂志和玩具，可以让所有人都乐在其中。

Goat Major 小酒馆 £

（www.sabrain.com/goatmajor；33 High St；馅饼£7.50；⏰厨房周一至周六正午至18:00，周日至16:00）这家固守老派风格的酒吧镶嵌着木板，有扶手椅、壁炉，还有桶装布莱恩黑啤酒（Brains Dark real ale）。这里的美食包括各种风味十足的自制肉馅饼（pot pies）配薯条。尝试Wye Valley派，里面的馅料包括黄油鸡肉、韭葱、芦笋和Tintern Abbey奶酪。

Conway 美食小酒馆 ££

（☎029-2022 4373；www.knifeandforkfood.co.uk；58 Conway Rd；主菜£10~15；⏰正午至23:00；👶）有个阳光明媚的前露台和宜人的慵懒气氛，这个美妙的街角小酒馆每天都供应美味的"应季、新鲜和当地"菜肴。还有专门的儿童菜单，而成人可以细细挑选种类多样的葡萄酒——按杯出售。

实用信息

加的夫旅游局办事处（☎029-2087 3573；www.visitcardiff.com；Old Library, The Hayes；⊙周一至周六 9:30~17:30，周日 10:00~16:00）加的夫旅游局办事处有很多英国陆地测量部（Ordnance Survey）地图和威尔士书籍，并提供住宿预订和上网服务。

到达和离开

长途汽车

英国国家快运公司的汽车可前往伦敦（£19，3.5小时）、伯明翰（£27，2.75小时）和布里斯托尔（£6，1.25小时）。

火车

Arriva Trains Wales（www.arrivatrainswales.co.uk）公司运营威尔士所有的火车运输业务。加的夫有直通列车前往伦敦帕丁顿（£39，2.25小时）和布里斯托尔（£13，35分钟）。

斯诺登尼亚国家公园（Snowdonia National Park）

斯诺登尼亚国家公园（Parc Cenedlaethol Eryri；www.eryri-npa.gov.uk）于1951年建立（也因此成为威尔士第一个国家公园）。每年约有350,000人来到该公园，他们攀登、徒步或乘火车抵达该公园内威尔士的最高峰——斯诺登山。

斯诺登山（Snowdon）

在斯诺登尼亚，攀登斯诺登山（海拔1085米）的体验是无与伦比的。在晴好的天气里，你可以一直看到爱尔兰和马恩岛（Isle of Man）。即便天气不好，你也身处云层之上。山顶是壮观的**Hafod Eryri**（⊙10:00至最后一班火车发车前20分钟；🛜）游客中心，2009年由查尔斯王子剪彩开业。

共有六条长度及难度各不相同的登山路线可到峰顶，每条线路往返都需要6小时左右。你也可以偷懒乘坐**斯诺登山铁路**（Snowdon Mountain Railway；☎0844 493 8120；www.snowdonrailway.co.uk；往返柴油机车成人/儿童£27/18，蒸汽车£35/25；⊙3月中至10月9:00~17:00），该线路于1896年开始运营。

无论你采用何种方式到达山顶，出发前都要看天气预报，带上暖和且防水的衣服，穿结实耐用的鞋子。

> **值得一游**
>
> **康威城堡**
>
> 在威尔士北部海岸上，被列入联合国教科文组织世界文化遗产名录的**康威城堡**（Cadw；☎01492-592358；www.cadw.wales.gov.uk；Castle Sq；成人/儿童 £5.75/4.35；⊙9:30~17:00；P）俯瞰着历史小镇康威。这是爱德华一世（Edward I）建造的威尔士城堡中最壮观的一座，于1277~1307年修建于凸起地表的巨岩之上。在城堡中，可以看到河口以及斯诺登尼亚国家公园的景色。

食宿

Snowdon Ranger YHA 青年旅舍 £

（☎0800 019 1700；www.yha.org.uk；铺/标三/家£19/57/73；P @）这家旅馆曾是个小旅店，位于A4085公路上，距离Beddgelert北部5英里，是Snowdon Ranger Path的起始点，拥有自己专属的湖畔沙滩。住宿条件能满足基本需求。

Bryn Gwynant YHA 青年旅舍 £

（☎0800 019 5465；www.yha.org.uk；Nantgwynant；铺/标双/四£19/50/73；⊙3月至10月；P）在公园的所有青年旅舍中，Bryn Gwynant拥有最令人难忘的建筑和最诗情画意的环境，占据着一座宏伟的维多利亚时代宅邸，俯瞰着斯诺登山脚下的一座湖泊，不过里面的设施称不上豪华。它距离Beddgelert东部4英里，在Watkin Path的起点附近。

到达和离开

威尔士高原铁路（Welsh Highland Railway；☎01766-516000；www.festrail.co.uk；成人/儿童往返 £35/31.50）和**Snowdon Sherpa**（☎0870 608 2608）的长途汽车连接斯诺登尼亚各地与Bangor镇，可从伦敦尤斯顿火车站（£86，3.25小时，每小时1班）乘火车抵达该镇。

苏格兰(SCOTLAND)

虽然面积不大，但苏格兰紧凑的国土内仍有许多珍宝——辽阔的天幕、孤寂的风景、壮观的野生动物、一流的海鲜以及好客朴实的人民。从爱丁堡的文化景点到布满石楠的苏格兰高地丘陵，所有人都能在这里找到感兴趣的东西。

爱丁堡(Edinburgh)

人口440,000

爱丁堡是一座期待你来探索的城市。从高耸的城堡到荷里路德宫(Palace of Holyroodhouse)，再到皇家游艇"大不列颠号"(Royal Yacht Britannia)，每一个角落都有意料不到的风景突然出现——阳光照耀下的绿色山丘、锈红色的崎岖峭壁，还有远处波光粼粼的蔚蓝大海。除了观光之外，爱丁堡还有更多——顶级商店、世界级美食餐厅和狂放的酒吧。

景点

★爱丁堡城堡 城堡

(Edinburgh Castle; www.edinburghcastle.gov.uk; 成人/儿童含语音导览£16/9.60; 4月至9月9:30~18:00, 10月至次年3月至17:00, 关门前45分钟停止入内; 23、27、41、42)爱丁堡城堡在苏格兰历史上发挥着举足轻重的作用，它既是皇家宅邸——马尔科姆三世(King Malcolm Canmore, 1058~1093年在位)和玛格丽特皇后(Queen Margaret)在11世纪首先入住于此，也是一座军事要塞。这座城堡最后一次遭遇军事行动是在1745年，从那以后，直到20世纪20年代，它都是英国军队的驻苏格兰总部。如今，它是苏格兰最有氛围且最受欢迎的旅游景点之一。

★玛丽·金密道 历史建筑

(Real Mary King's Close; 0845 070 6244; www.realmarykingsclose.com; 2 Warriston's Close, High St; 成人/儿童£12.95/7.45; 4月至10月每日10:00~21:00, 8月至23:00, 11月至次年3月周日至周四10:00~17:00, 周五和周六10:00~21:00; 23、27、41、42)爱丁堡的18世纪市政厅建造在封闭式的玛丽·金密道遗址上方，这条中世纪老城小巷较低的部分在地基中保存得十分完好，在250年的岁月中几乎没有改变面貌。如今，在向公众开放后，这座鬼魅般的地下迷宫提供了一扇窗口，让人一窥17世纪爱丁堡的日常生活。装扮成历史人物的人会带领游客穿越时空，步入16世纪的室内宅邸和17世纪掘墓人遭瘟疫侵扰的家。建议提前预订。

★苏格兰国家博物馆 博物馆

(National Museum of Scotland; www.nms.ac.uk; Chambers St; 特殊展览收费; 10:00~17:00; 2、23、27、35、41、42、45) 免费 在宽阔优雅的ChambersSt上，最醒目的景致就是苏格兰国家博物馆长长的立面。丰富的馆藏放置在两栋建筑中，一栋是现代建筑，一栋建造于维多利亚时代——新建筑开放于1998年，金色石头和惹人注目的现代造型使它成为这座城市最独特的地标之一。博物馆共有5层，追溯了从早期地质时代至20世纪90年代的苏格兰历史，有很多充满想象力并令人兴奋的展品。语音导览有多种语言版本。

★皇家游艇"大不列颠号" 游艇

(Royal Yacht Britannia; www.royalyachtbritannia.co.uk; Ocean Terminal; 成人/儿童£12.75/7.75; 7月至9月9:30~18:00, 4月至6月和10月至17:30, 11月至次年3月10:00~17:00, 关门前90分钟停止入内; ; 11、22、34、35、36)从1953年首次下水至1997年退役，建造于克劳德赛德(Clydeside)的皇家游艇"大不列颠号"一直是英国皇室出国度假期间的水上行宫，现在永久停泊于海运大厦(Ocean Terminal)前。你可以拿着语音导览(包含在门票中，有20种语言)按照自己的节奏游览，窥探皇室成员的日常生活，饶有兴致地一瞥女王的个人格调。

苏格兰议会大厦 知名建筑

(Scottish Parliament Building; 0131-348 5200; www.scottish.parliament.uk; Horse Wynd; 周二至周四9:00~18:30, 周一、周五和周六10:00~17:30开会期间，周一至周六10:00~18:00休会期间; ; 35、36) 免费 苏格兰议会大厦建于一家前啤酒厂的旧址上，于2005年10月由女王陛下宣布正式开放。由加泰罗尼亚

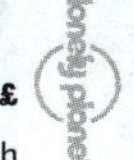

建筑师恩瑞克·米拉莱斯（Enric Miralles，1955~2000年）设计，议会大厦建筑群的平面图象征着“根植于苏格兰土壤中的民主之花”（从Salisbury Crags俯瞰最清楚）。免费的一小时导览团队游（建议提前预约）包括参观辩论厅（Debating Chamber）、一间会议室、花园大堂（Garden Lobby）和一间苏格兰议会议员（Member of the Scottish Parliament，简称MSP）的办公室。

荷里路德宫 宫殿

（Palace of Holyroodhouse；www.royalcollection.org.uk；Horse Wynd；成人/儿童£11.30/6.80；⌚4月至10月9:30~18:00，11月至次年3月至16:30；📶；🚌35、36）荷里路德宫是英国王室在苏格兰的行宫，使其更加出名的是这里曾是那位命运多舛的苏格兰女王玛丽16世纪的居所。游览的亮点是**玛丽卧室**（Mary's Bed Chamber），这位不幸的女王从1561年至1567年居住于此。这里正是她妒火中烧的第一任丈夫达恩利勋爵（Lord Darnley）将怀孕的女王软禁的地方，与此同时勋爵还派出自己的亲信谋杀了女王的秘书——也是她最宠爱的大臣——里齐奥（Rizzio）。隔壁房间的一块铭牌标记着他流血致死之地。

住宿

★Malone's Old Town Hostel 青年旅舍 £

（☎0131-226 7648；www.maloneshostel.com；14 Forrest Rd；铺£16~25；@📶）这里没有花哨时髦的装修，但是基本要求都能得到满足：它干净、舒适且友好，位于一个爱尔兰小酒馆的楼上，客人可以享受食物和酒水折扣。居中的绝佳位置更是锦上添花，到皇家英里大道（Royal Mile）、城堡、Grassmarket和Princes St都只需走一小段路。

Smart City Hostel 青年旅舍 £

（☎0131-524 1989；www.smartcityhostels.com；50 Blackfriars St；铺£24~28，标三£99；@📶）这是一家很大的现代青年旅舍，附带一个气氛欢乐的咖啡馆，可以买早饭，还有其他一些现代化生活设施，如门卡系统，手机、MP3播放器及笔记本电脑充电基座。每间房都配有储物柜。巨大的酒吧和紧邻皇家英里大道的中心位置，使这里成为年轻派对动物的钟爱之所，但别指望能有个安静的夜晚。

★Southside Guest House 民宿 ££

（☎0131-668 4422；www.southsideguesthouse.co.uk；8 Newington Rd；标单/双£75/95；📶）虽然坐落在典型的维多利亚风格露台上，但这家民宿超越了传统的客栈，更像是一家现代的精品酒店。共有8个设计极具特色的房间，鲜明色彩以及现代家具的明智运用使它从其他纽因顿（Newington）民宿中脱颖而出。早餐非常丰盛，供应的Bucks fizz（香槟掺橘子汁）是缓解宿醉的良方！

B+B Edinburgh 酒店 ££

（☎0131-225 5084；www.bb-edinburgh.com；3 Rothesay Tce；双/套£110/170起；📶）房屋建于1883年，当时是为报刊《苏格兰人》（*Scotsman*）经营者建造的大宅。这座维多利亚时代的豪华建筑有雕花橡木、镶木地板、彩色玻璃窗和精致的火炉，2011年经过精心设计整修后成为一座引人注目的当代酒店。3楼的房间最宽敞，顶层的房间较小，但风景最好。

No 45 民宿 ££

（☎0131-667 3536；www.edinburghbedbreakfast.com；45 Gilmour Rd；标单/双£70/140；📶）宁静的环境、开阔的花园和友好的主人为这座俯瞰着当地草地保龄球场的维多利亚时代连栋房屋赋予了无穷魅力。装修混合了19世纪和20世纪的风格，休息室使用了大胆的维多利亚红色配色、松木地板和老式壁炉，门厅里有一匹摇摆木马和新艺术风格的灯具，三个宽敞的房间充满20世纪30年代的氛围。

节日之城

爱丁堡一年四季节日不断，其中包括闻名世界的**爱丁堡艺穗节**（Edinburgh Festival Fringe；☎0131-226 0026；www.edfringe.com），节日在8月举行，持续3周半。节日的最后两周与**爱丁堡国际艺术节**（Edinburgh International Festival；☎0131-473 2099；www.eif.co.uk）的前两周重叠。访问www.edinburghfestivals.co.uk获得更多信息。

Central Edinburgh 爱丁堡市中心

就餐

★ Mums 咖啡馆 £

(www.monstermashcafe.co.uk; 4a Forrest Rd; 主菜£6~9; ⊙周一至周六9:00~22:00, 周日10:00~22:00; 23、27、41、42)这间家具有怀旧风情的咖啡馆提供饱腹感十足的经典英国食物(即使出现在20世纪50年代的菜单上也毫不突兀)——培根和鸡蛋、香肠和土豆泥、牧羊人派(shepherd's pie), 还有鱼和薯条(fish and chips)。这里的食物都是使用当地农产品[比如克龙比(Crombie)的美味香肠]新鲜烹制的一流小吃。甚至还有一份葡萄酒单, 不过我们更喜欢正宗的麦芽酒和苏格兰苹果酒。

David Bann 素食 £

(0131-556 5888; www.davidbann.com; 56-58 St Mary's St; 主菜£9~13; ⊙周一至周五正午至22:00, 周六和周日11:00~22:00; ; 35)如果你想让某位喜欢肉食的朋友相信素食也可以像肉品菜肴一样美味并富有创意的话, 那么就邀请他来David Bann吧。欧洲防风草和蓝奶酪布丁(parsnip and blue cheese

Central Edinburgh 爱丁堡市中心

pudding）以及辣味红豆和腰果馅饼（spiced aduki bean and cashew pie）这样的菜肴一定能让他爱上素食。

★ Timberyard 苏格兰菜 ££

（☎0131-221 1222；www.timberyard.co；10 Lady Lawson St；主菜£16~21；⊙周二至周六正午至21:30；📶；🚌2、35）🌿在这家慢食餐厅，老式旧地板、铸铁柱子、裸露的横梁以及使用大块板状老红木搭起来的餐桌创造出一种古朴的氛围，这里的重点是来自当地、由技艺纯熟的农民种植和采集的食材。经典菜式包括干烧扇贝配苹果、菊芋和酸模（jerusalem artichoke and sorrel），还有桧木熏鸽肉配野蒜花和甜菜根（juniper-smoked pigeon with wild garlic flowers and beetroot）。

Dogs 英国菜 ££

（☎0131-220 1208；www.thedogsonline.co.uk；110 Hanover St；主菜£10~15；⊙正午至16:00和17:00~22:00；🚌23、27）🌿作为城里最酷的餐厅之一，这家法式风格的小餐馆使用部位比较便宜的肉和不太出名的鱼类来制作丰盛朴实的菜肴，如吐司配羔羊杂（lamb sweetbreads on toast）、烤绿青鳕（baked coley）配skirlie（煎燕麦片和洋葱），以及蘸芥末肝配培根和洋葱（devilled liver with bacon and onions）。

★ Kitchin 苏格兰菜 £££

（☎0131-555 1755；www.thekitchin.com；78 Commercial Quay；主菜£33~38，3道菜午餐£28.50；⊙周二至周四12:15~14:30和18:30~22:00，周五和周六至22:30；🖉；🚌16、22、35、

36）新鲜、应季、来自当地的苏格兰食材是这家优雅但毫不装腔作势的餐厅的烹饪哲学，也为它赢得了一颗米其林之星。菜单当然会随着季节变动，所以夏天会有新鲜的沙拉，冬天有捕获的野味，从9月到第二年4月有用带壳海鲜烹制的菜肴，如干烧扇贝配菊苣法式苹果挞（seared scallops with endive tarte tatin）。

饮品和夜生活

Bow Bar
小酒馆

（80 West Bow；🚌23、27、41、42）城中最棒的古典风格酒馆之一（它并没有看上去那么古老），这里提供一系列纯正的优质麦芽酒和多种精选大麦芽威士忌。周五和周六晚上才有站席。

★Café Royal Circle Bar
小酒馆

（www.caferoyaledinburgh.co.uk；17 West Register St；🚌Princes St上的所有公共汽车）这里或许是最经典的爱丁堡小酒馆，最让CaféRoyal出名的是它华丽的椭圆形吧台和维多利亚时代著名发明家们的道尔顿瓷砖肖像。你可以在吧台找个位子，或者坐在彩色玻璃窗下面舒适的皮卡座上。有7种纯正的桶状麦芽酒可供选择。

BrewDog
酒吧

（www.brewdog.com；143 Cowgate；📶；🚌36）作为苏格兰自封的“朋克啤酒厂”（punk brewery）位于爱丁堡的前哨，BrewDog以充满工业设计感的时尚外观从Cowgate附近一系列肮脏不堪的酒吧中脱颖而出。除了备受赞誉的自酿啤酒之外，它还有4种外来的纯正麦芽酒。

Oxford Bar
小酒馆

（www.oxfordbar.co.uk；8 Young St；🚌19、36、37、41、47）这个地方是一家为真正饮酒人服务的真正小酒馆，没有“主题”，没有音乐，没有花架子，毫不矫揉造作。“The Ox”因为作家伊恩·兰金（Ian Rankin）所著的警督Rebus探案小说而成为传奇，这位虚构的侦探就是这里的常客。

Bramble
鸡尾酒吧

（www.bramblebar.co.uk；16a Queen St；🚌23、27）Bramble是那种堪称“最棒秘境”的地方之一，它是一家没有标志的地下酒吧，在错综复杂的石头和砖块的隐藏下，你会发现，这里可能是这座城市最棒的一家鸡尾酒吧。没有啤酒桶，没有花哨的矫饰，只有专业调配的各款鸡尾酒。

Cabaret Voltaire
夜店

（www.thecabaretvoltaire.com；36-38 Blair St；🚌South Bridge的所有公共汽车）镶嵌着石头的地下室里就是这家拥有自我意识的“另类”夜店，这里没有巨大的舞池，也没有DJ崇拜，只有各种风格的DJ演出、现场表演、喜剧、戏剧、视觉艺术和脱口秀。值得一看。

娱乐

详尽的资源尽在The List（www.list.co.uk）。

★Sandy Bell's
现场音乐

（www.sandybellsedinburgh.co.uk；25 Forrest Rd）这家酒馆平易近人，是传统音乐坚定的拥护者（酒馆创始人的妻子曾和The Corries一起演出）。每天21:00以及周六和周日15:00起，这里都有民谣音乐，此外还有很多即兴表演。

Henry's Cellar Bar
现场音乐

（www.henryscellarbar.com；16 Morrison St；入场费免费至£5）作为爱丁堡最兼收并蓄的现场音乐演出场所之一，Henry's几乎在每个晚上都有活动，从摇滚和独立制作音乐会到“受巴尔干风情启发的民谣”，从放克音乐到嘻哈音乐，再到硬核音乐，当地乐队和来自全球各地的音乐人都登上过这里的舞台。周末营业至次日3:00。

实用信息

爱丁堡信息中心（Edinburgh Information Centre；☎0131-473 3868；www.edinburgh.org；Princes Mall，3 Princes St；⏰7月和8月周一至周六9:00~21:00，周日10:00~20:00，5月、6月和9月周一至周六9:00~19:00，周日10:00~19:00，10月至次年4月周一至周三9:00~17:00，周四至周日至18:00）这里有住宿预订、货币兑换服务，礼品店和书店、网络服务、爱丁堡城市团队游销售柜台和苏

格兰城际（Scottish Citylink）长途汽车票务等。

到达和离开

飞机

爱丁堡机场（Edinburgh Airport，见256页）在城市以西8英里处，这里有很多航班飞往苏格兰的其他地区以及英格兰、爱尔兰和欧洲大陆。

长途汽车

苏格兰城际（0871 266 3333；www.citylink.co.uk）长途汽车连接爱丁堡和苏格兰各主要城镇，包括格拉斯哥（£7.30，1.25小时，每15分钟1班）、斯特灵（Stirling；£8，1小时，每小时1班）和因弗尼斯（Inverness；£30，3.5~4.5小时，每小时1班）。英国国家快运公司运营往返伦敦（£26，10小时，每天1班）的直达车。

查看一下**Megabus**（0900 160 0900；www.megabus.com）也是非常值得的，它从爱丁堡到伦敦、格拉斯哥和因弗尼斯的城际长途汽车票都比较便宜。

火车

爱丁堡的主要枢纽是位于市中心的韦弗利（Waverley）火车站。从西部进入或发往西部的火车停靠Haymarket火车站，这样对于居住在西区的人们更加方便。

苏格兰第一铁路公司（First ScotRail；0845755 0033；www.scotrail.co.uk）经营穿梭于爱丁堡和格拉斯哥之间的定点列车服务（£13.20，50分钟，每15分钟1班），也有班次频繁的列车开往苏格兰各城市，包括斯特灵（£8.30，1小时，周一至周六每小时2班，周日每小时1班）和因弗尼斯（£72，3.5小时）。有定期途经约克、抵达伦敦国王十字火车站（£85，4.5小时，每小时1班）的列车。

格拉斯哥（Glasgow）

人口634,680

格拉斯哥的人口规模是爱丁堡的1.5倍，其工业和商贸发达，与根植于政治和法律的城市有迥然不同的历史。这座城市独一无二地将友善、活力、冷幽默和城市的喧嚣融为一体，还拥有很棒的美术馆、博物馆——包括著名的巴勒珍藏馆（Burrell Collection）——和众多超值餐厅、无数小酒馆、酒吧和夜店。

格拉斯哥位于爱丁堡以西50英里处，乘坐火车或长途汽车开展一日游非常方便。

景点

格拉斯哥市中心主要的广场是宏伟的**乔治广场**（George Square），广场建于维多利亚时代，用于展现城市的财富和庄严。苏格兰著名人物的雕像更增添庄严高贵，包括罗伯特·彭斯（Robert Burns）、詹姆斯·瓦特（James Watt）、约翰·摩尔（John Moore）

查尔斯·麦金托什的天赋

查尔斯·麦金托什（Charles Rennie Mackintosh，1868~1928年）对于格拉斯哥的意义就如同高迪（Gaudí）对于巴塞罗那一样。作为一名设计师、建筑师和新艺术风格大师，他古怪的线条和几何图形设计在格拉斯哥随处可见。很多建筑都对公众开放，不过他的杰作**格拉斯哥艺术学校**（Glasgow School of Art）在2014年的火灾中因严重受损而关闭。如果你是他的粉丝，可以在旅游局办事处和任何一座麦金托什建筑里购买**Mackintosh Trail ticket**（£10），这种通票可以让你在一天之内自由参观他的所有杰作，另外还可以无限次乘坐公共汽车和地铁。亮点包括下列地方：

柳树茶室（Willow Tearooms；www.willowtearooms.co.uk；217 Sauchiehall St；周一至周六9:00~17:00，周日11:00~17:00；）免费

麦金托什故居（Mackintosh House；www.hunterian.gla.ac.uk；82 Hillhead St；周二至周六10:00~17:00，周日11:00~16:00）免费

艺术爱好者之家（House for an Art Lover；0141-353 4770；www.houseforanartlover.co.uk；Bellahouston Park，Dumbreck Rd；成人/儿童£4.50/3；周一至周三10:00~16:00，周四至周日至12:30）

Glasgow 格拉斯哥

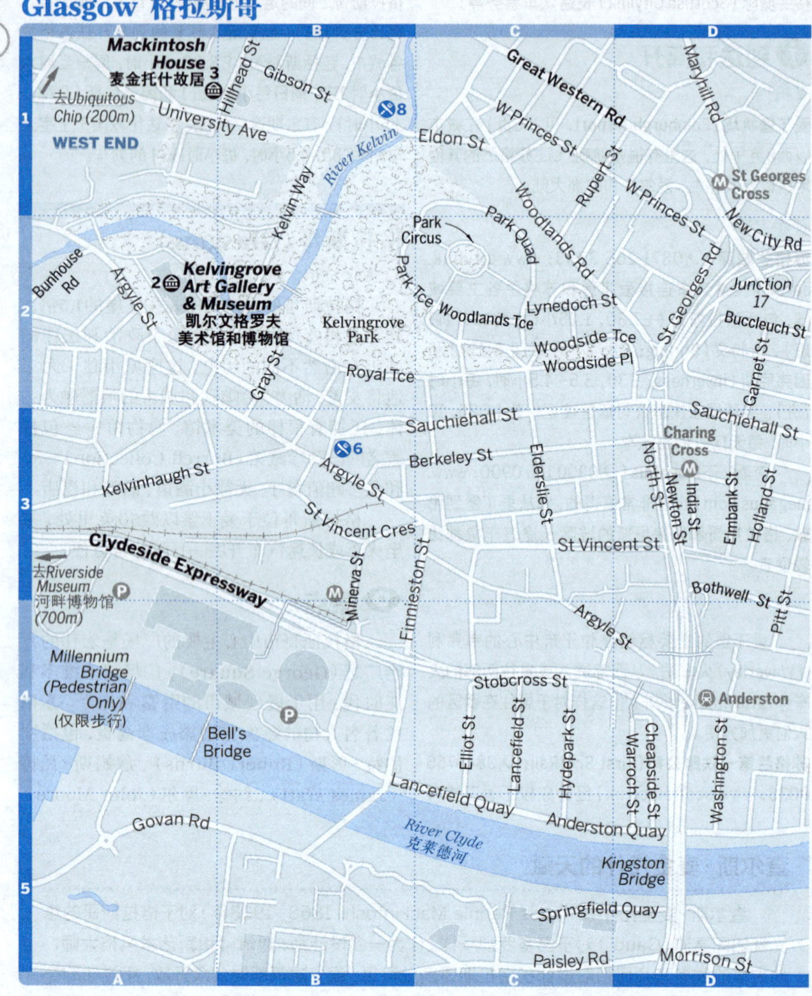

和沃尔特·斯科特爵士（Sir Walter Scott）。

★凯尔文格罗夫美术馆和博物馆

画廊、博物馆

（Kelvingrove Art Gallery & Museum；www.glasgowmuseums.com；Argyle St；周一至周四和周六10:00~17:00，周五和周日11:00~17:00；）免费 这是一座宏伟的石头建筑，这座维多利亚时期的文化大教堂是一座迷人的、不同寻常的博物馆，里面有让人眼花缭乱的各种展览。动物标本旁有艺术品，喷火飞机旁边陈列着密克罗尼西亚（Micronesian）鲨鱼牙剑，但这并不是一锅大杂烩：展厅都有经过深思熟虑的主题规划，展品规模也是易于控制的。有一个很棒的苏格兰艺术展厅、一个法国印象派优秀作品展厅，以及来自意大利和佛兰德文艺复兴时期的绘画佳作。

★巴勒珍藏馆

画廊

（Burrell Collection；www.glasgowmuseums.com；Pollok Country Park；周一至周四和周六10:00~17:00，周五和周日11:00~17:00）免费 作为格拉斯哥的顶级景点之一，巴勒珍藏馆拥有富有的工业巨头威廉·巴勒爵士（Sir William

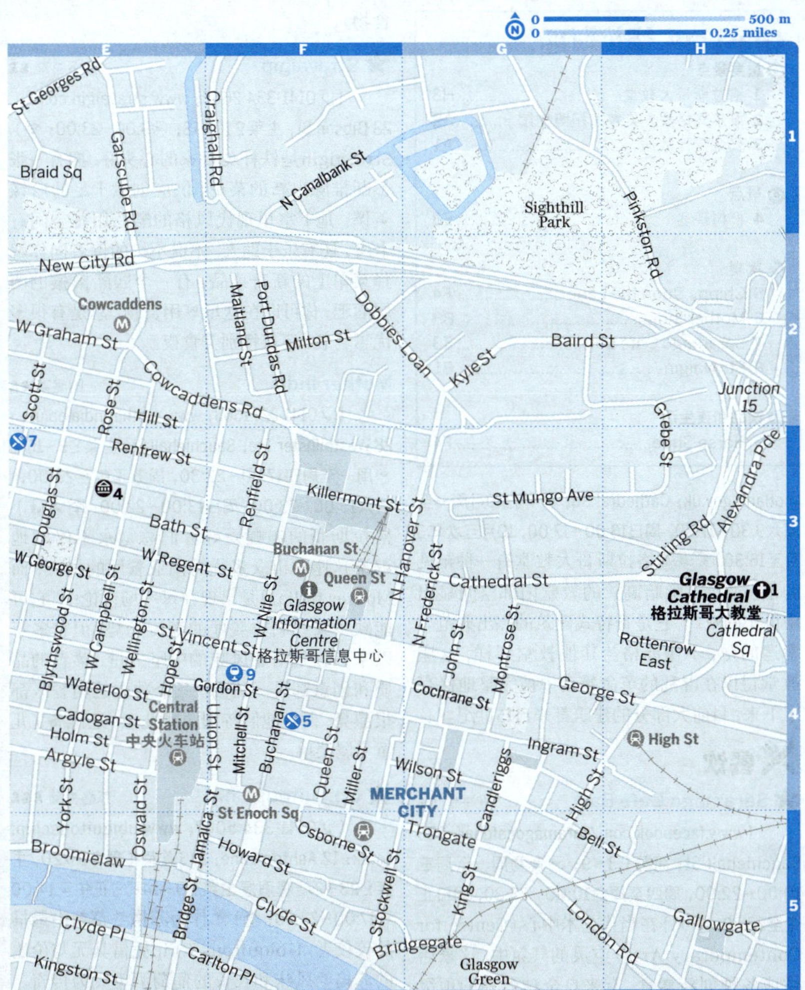

Burrell）的收藏。从青少年时期到97岁去世，巴勒一直在收藏各种艺术品，这些特殊的珍贵收藏包罗万象，从中国瓷器和中世纪家具到德加（Degas）和塞尚（Cézanne）的绘画，应有尽有。它的规模并不至于令人应接不暇，收藏者的印章也构成了一部分有趣的展品。

★河畔博物馆 博物馆

（Riverside Museum; www.glasgowmuseums.com; 100 Pointhouse Pl; ⌚周一至周四和周六10:00~17:00，周五和周日11:00~17:00; 📶👪）免费 这座外形引人注目的现代博物馆位于格拉斯哥港[Glasgow Harbour，在市中心西边——从George Sq的北侧乘坐100路公共汽车，或者乘坐克莱德河游船（Clyde Cruises）]，其醒目的曲线造型来自英籍伊拉克建筑师扎哈·哈迪德（Zaha Hadid）。交通运输博物馆构成了展览的主要部分，有一系列令人着迷的苏格兰制造小汽车、各种铁路机车、有轨电车、自行车（包括全世界第一辆脚踏板自行车，1847年制造）和在克莱德建造的船舶的模型。

格拉斯哥大教堂 教堂

（Glasgow Cathedral, HS; www.historic-

Glasgow 格拉斯哥

scotland.gov.uk; Cathedral Sq; ⏲4月至9月周一至周六9:30~17:30，周日13:00~17:00，10月至次年3月至16:30）免费 格拉斯哥大教堂有一种罕见的永恒之感。幽暗高耸的教堂内部空间显出中世纪的威严。它是哥特式建筑的杰出典范。幸运的是，不像苏格兰其他教堂那样，这座教堂得以在混乱的革命暴动中被完整地保存了下来，目前大部分的建筑都来自15世纪。

餐饮

★ Saramago Café Bar 咖啡馆 ££

（www.facebook.com/saramagocafebar; 350 Sauchiehall St; 简餐£3~9; ⏲食物周一至周三10:00~22:00，周四至周六10:00~23:30，周日正午至23:30; 📶✍）在当代艺术中心（Centre for Contemporary Arts）空灵的气氛中，这家店供应各种创新素食，有来自全球各地的顶级美味组合。楼上的酒吧有一个很棒的露台俯瞰着陡峭的Scott St，里面坐满了友好的时尚人士，他们享受着DJ演出和优质桶装啤酒。

Chippy Doon the Lane 炸鱼和薯条 £

（www.thechippyglasgow.com; McCormick Lane, 84 Buchanan St; 餐£6~10; ⏲正午至21:30; 📶）本店位于毗邻购物区的破旧小巷里，但不要因此而对它失去兴趣：这里的薯条比大部分薯条店的都要棒。用餐空间很漂亮，有老式砖墙和金属拱门，播放着爵士乐，供应着海鲜。你可以将食物打包，在小巷里的木桌旁或外面的Buchanan St上享用你的食物。

★ Stravaigin 苏格兰菜 ££

（☎0141-334 2665; www.stravaigin.co.uk; 28 Gibson St; 主菜£10~18; ⏲9:00~23:00; 📶）Stravaigin是铁杆美食家的心头好，拥有一张不断推陈出新的菜单，供应创意十足的珍馐美馔。地下室里现代风格的酷炫用餐空间有卡座，还有乐于助人、不慌不忙的侍者向你解释菜单上的新奇菜品。有一个熙熙攘攘的两层酒吧，你可以在这里享用食物。总是有很多优惠套餐，还有特别美食夜。

Mother India 印度菜 ££

（☎0141-221 1663; www.motherindia.co.uk; 28 Westminster Tce, Sauchiehall St; 主菜£9~15; ⏲周一至周四17:30~22:30，周五正午至23:00，周六13:00~23:00，周日13:00~22:00; 📶✍👶）格拉斯哥的咖喱爱好者们总是永不停歇地辩论这座城市众多优秀南亚餐厅的优点，而Mother India总是出现在每一场讨论中。它可能缺少某些新秀餐厅的潮流趋势，但它多年以来一直是南亚风味的中坚力量，菜肴的品质和创意都是一流的。三个独立的用餐区都很漂亮，而且他们特别照顾儿童，还准备了儿童专属菜单。

★ Ubiquitous Chip 苏格兰菜 £££

（☎0141-334 5007; www.ubiquitouschip.co.uk; 12 Ashton Lane; 2/3道菜午餐£16/20，主菜£23~27，啤酒屋主菜£9~14; ⏲正午至14:00和17:00~23:00; 📶）作为苏格兰菜馆中最早的佼佼者，Ubiquitous Chip凭借其无与伦比的苏格兰风味和长长的葡萄酒单成为传奇。店名是对苏格兰烹饪的自嘲（意为“无所不在的薯条”），这里的菜肴受到法式烹饪的影响，但完全使用精心挑选、符合永续原则的苏格兰食材，优雅的庭院空间供应格拉斯哥最高品质的餐饮，而楼上啤酒屋的菜肴非常实惠。

Horse Shoe 小酒馆

（www.horseshoebar.co.uk; 17 Drury St; ⏲周一至周六10:00至午夜，周日11:00至午夜）这家传奇的城市小酒馆是个颇受欢迎的聚会场所，可以追溯到19世纪晚期。自那时起，这里基本上没有发生任何变化。这儿是个很漂亮的地方，拥有英国最长的连续吧台，但它最吸引人的是吧台上供应的东西——纯正麦芽酒和优质啤酒。楼上的酒吧间供应城里最实惠的小酒馆食物（3道菜午餐 £4.50）。

实用信息

格拉斯哥信息中心（☎0845 225 5121；www.visitscotland.com；170 Buchanan St；⏰周一至周六9:00~18:00，周日正午至16:00或10:00~17:00；📶）位于购物区的核心位置。

到达和离开

从爱丁堡乘坐长途汽车（£7.30，1.25小时，每15分钟1班）或火车（£12.50，50分钟，每15分钟1班）可以很方便地抵达格拉斯哥。

洛蒙德湖和特罗萨克斯（Loch Lomond & the Trossachs）

长期以来，拥有"美丽的湖畔"和"漂亮的山峦"美称的洛蒙德湖一直是格拉斯哥的乡村休闲胜地。主要的景点是西侧湖岸、A82公路沿线。东侧湖岸更为安静，沿着西高地徒步路线（West Highland Way）长距离步行小径就可以到达这里。当该地区成为洛蒙德湖和特罗萨克斯山国家公园（Loch Lomond & the Trossachs National Park；www.lochlomond-trossachs.org）的中心时，它的重要性才被广泛认可——这座国家公园是苏格兰第一座国家公园，建于2002年。

附近的特罗萨克斯（Trossachs）地区以浓密的山丘森林和风景如画的湖泊闻名。它在19世纪初开始受到欢迎，好奇的游客从英国各地蜂拥而至，吸引他们来到这里的是沃尔特·斯科特（Walter Scott）的诗作《湖上夫人》（*Lady of the Lake*）和他的小说《罗布·罗伊》（*Rob Roy*）中浪漫美丽的语言。前者是受卡特琳湖（Loch Katrine）的启发写成的，后者讲述了该地区最著名人物的英勇事迹。

洛蒙德湖的主要游船中心位于Balloch。**Sweeney's Cruises**（☎01389-752376；www.sweeneyscruises.com；Balloch Rd，Balloch）提供一系列游船服务，包括1小时因什默里岛（Inchmurrin）往返游（成人/儿童£8.50/5，每小时发船）。

卡特琳湖游船公司（Loch Katrine Cruises；☎01877-376315；www.lochkatrine.com；Trossachs Pier；1小时游船成人/儿童£13/8；⏰复活节至10月）经营从卡特琳湖东端的Trossachs Pier发船的乘船游。10:30有一艘游船从这里前往卡特琳湖另一端的Stronachlachar，然后再返回。

食宿

Oak Tree Inn
旅馆 ££

（☎01360-870357；www.oak-tree-inn.co.uk；Balmaha；铺/标单/双£30/50/85；🅿📶）这家漂亮的传统旅馆是用板岩和木材建造的，为预算宽裕的徒步者准备了明亮的现代客房，此外还有非常宽敞的小套房、可以自己做饭的村舍小屋，以及为没那么讲究的客人准备的两个上下铺四人间。环境古朴的餐厅吸引了当地人、游客和徒步者共同就餐，这里供应丰盛的菜肴（主菜£9~12，正午至21:00）。它有很多户外座位，还有自酿啤酒。

★Roman Camp Hotel
酒店 £££

（☎01877-330003；www.romancamphotel.co.uk；Main St；标单/双/高级房£110/160/210；🅿📶）卡伦德（Callander）最好的酒店很居中，位于河畔的美丽院落中，不过却很有乡村的感觉。惹人喜爱的特色包括一个带壁炉的休息室和一个带隐秘小礼拜堂的图书室。有点老派，空间紧凑，有4种等级的房间：标准间已经很豪华了，但是高级房更加迷人，有老式家具、很棒的浴室、扶手椅和壁炉。

高档餐厅对公众开放。

★Drover's Inn
小酒馆食物 ££

（☎01301-704234；www.thedroversinn.co.uk；Ardlui；酒吧餐£8~12；⏰周一至周六11:30~22:00，周日11:30~21:30；📶）这是一家不容错过的酒吧，就在Ardlui北边。这里有低矮的屋顶、烟熏的石头、身着苏格兰短裙的酒保，还有墙上挂着的虫蛀的鹿头和鸟类标本。据说罗布·罗伊曾来这间酒吧喝过啤酒。这里供应丰盛的饭菜，为山间徒步提供能量，周末还有现场民谣表演。我们更推荐这里氛围很好的餐饮，而不是这里的住宿。

★ **Callander Meadows** 苏格兰菜 ££

（☎01877-330181；www.callandermeadows.co.uk；24 Main St；午餐£10，主菜£12~16；⏲周四至周日9:00~21:00；📶）陈设随意而时髦，这家备受喜爱的餐厅位于卡伦德的中心位置，占据着主街道上一栋房屋的两个临街的房间。菜肴的摆盘非常现代，味道的组合也非同凡响，不过仍然具有强烈的英式风味。后面有一个很棒的啤酒/咖啡花园，也可以在那里用餐。6月至9月每天都营业。

ℹ 到达和离开

从格拉斯哥乘坐长途汽车（£4.50，1.5小时，每小时至少2班）或火车（£5.10，45分钟，每30分钟1班），能够很方便地抵达洛蒙德湖南端的Balloch。

要探索特罗萨克斯的话，推荐使用自己的交通工具。

因弗尼斯（Inverness）

因弗尼斯是苏格兰高地主要的城市和购物中心，其地理位置优越，横跨大峡谷（Great Glen）北端的尼斯河（River Ness）。它是探索苏格兰北部的跳板，铁路线从爱丁堡延伸过来，向东分岔至埃尔金（Elgin）和阿伯丁（Aberdeen），向北至瑟索（Thurso）和威克（Wick），向西至洛哈尔什教区凯尔[Kyle of Lochalsh，有距离斯凯岛（Isle of Skye）最近的火车站]。后者是英国风景最美的铁路路线之一。

住宿

Bazpackers Backpackers Hotel 青年旅舍 £

（☎01463-717663；www.bazpackershostel.co.uk；4 Culduthel Rd；铺/标双£17/44；@📶）这里恐怕是因弗尼斯最小的青年旅舍（34张床位），但是它极受欢迎。这是个友好、安静的地方——主建筑中有一个气氛欢乐的休息室，中间是一个烧木柴的火炉，还有小花园和很棒的风景（部分房间在另一座没有花园的独立建筑中）。宿舍和厨房有些局促，不过淋浴很好。

★ **Trafford Bank** 民宿 ££

（☎01463-241414；www.traffordbankguesthouse.co.uk；96 Fairfield Rd；双£120~132；🅿📶）很多人都对这栋优雅的维多利亚时期别墅赞不绝口，它曾经是一位主教的宅邸，距离Caledonian Canal只有几步路，从市中心往西步行10分钟即可到达。豪华的客房里准备了鲜花和新鲜的水果，还有浴袍和松软的毛巾。订Tartan房，里面有铸铁大床和维多利亚

不要错过

斯特灵城堡

手握斯特灵，就控制住了苏格兰。这句格言表明，自从史前时代以来这里就存在着某种形式的堡垒。你的脑海中不由自主地浮现出爱丁堡城堡的样貌，然而很多人发现斯特灵城堡（Stirling Castle；HS；www.stirlingcastle.gov.uk；成人/儿童£14/7.50；⏲4月至9月9:30~18:00，10月至次年3月至17:00）更有氛围——位置、建筑、历史意义和居高临下的风景让它成为一个宏大难忘的景点。

目前矗立着的这座城堡建于14世纪末至16世纪，当时它是斯图尔特王室的住宅。游览的亮点无疑是最近修复一新的华丽皇宫（Royal Palace）。修缮工程的目的是让它像当初在法国工匠的手中刚建成时那样崭新。詹姆斯五世（James V）在16世纪中叶下令修建这座城堡，意图打动自己的新一任妻子，并让其他欧洲皇室记住这座宫殿。6个房间（3个是国王的，3个是王后的）组成的套房的色彩极其绚烂。特别值得注意的是精美的壁炉、Stirling Heads——国王接见室的天花板上彩绘橡木圆盘的现代复制品，还有一系列光彩夺目、历经多年艰辛才编织出的挂毯。

斯特灵位于爱丁堡西北方35英里处，坐火车去很方便（£8.30，1小时，周一至周六每小时2班，周日每小时1班）。

时代的弧形浴缸。

Ardconnel House

民宿 ££

(☎01463-240455; www.ardconnel-inverness.co.uk; 21 Ardconnel St; 房间每人£35~40; 📶)拥有6个房间的Ardconnel是我们最喜爱的住处之一，这是栋维多利亚风格的联排别墅，内有舒适的套房。餐厅铺着清爽的白色桌布，早餐包括维吉麦咸味酱(Vegemite)，让你找到家的感觉。不接待10岁以下儿童。

就餐

★Café 1

法式小馆 ££

(☎01463-226200; www.cafe1.net; 75 Castle St; 主菜£10~24; ⏲周一至周五正午至14:30和17:00~21:30，周六正午至14:30和18:00~21:30)Café 1是家友好迷人的法式小馆，烛光摇曳的餐桌摆放在优雅的亚麻色木材和锻铁装潢中。有一张基于优质苏格兰食材的各国风味菜单，从阿伯丁郡安古斯牛排(Aberdeen Angus steaks)到平底锅脆煎海鲈鱼，再到入口即化的软嫩猪五花肉，不一而足。周一至周六正午至14:30供应午餐套餐(2道菜 £8)。

Contrast Brasserie

法式啤酒馆 ££

(☎01463-223777; www.glenmoristontownhouse.com; 20 Ness Bank; 2道菜午餐套餐£10.95，2道菜晚餐套餐“早到客”价格£12.95，点餐£4.95~25)我们认为它是因弗尼斯最超值的餐厅之一，最好提前预订。这里有极具设计感的用餐室，面带微笑、非常专业的服务员，以及使用新鲜苏格兰食材烹饪的真正美味的食物。2道菜午餐套餐和3道菜晚餐套餐的“早到客”价格(£16，17:00~18:30)很实惠。

实用信息

因弗尼斯旅游局办事处(☎01463-252401; www.visithighlands.com; Castle Wynd; 网络每20分钟£1; ⏲7月和8月周一至周六9:00~18:00，周日9:30~17:00，6月、9月和10月周一至周六9:00~17:00，周日10:00~16:00，4月和5月周一至周六9:00~17:00)提供外币兑换和住宿预订服务，还出售团队游和游船票。11月至次年3月的开门时间有限。

到达和离开

长途汽车

长途汽车从**因弗尼斯长途汽车站**(Inverness bus station; Margaret St)出发。来自伦敦(£45，13小时，每天1班直达车次)的大巴由**英国国家快运公司**(☎08717 81 81 78; www.gobycoach.com)运营，在格拉斯哥转车的话车次更多。其他路线到达爱丁堡(£30，3.5~4.5小时，每小时1班)和斯凯岛上的波特里(£25，3.25小时，每天3班)。

火车

从因弗尼斯开往洛哈尔什教区凯尔(£22，2.5小时，周一至周六每天4班，周日2班)的列车行驶的路线是英国风景最优美的铁路线之一。

每天有1班从伦敦开过来的直达列车(£100，8~9小时)，来往其他目的地需要在爱丁堡转车。

尼斯湖(Loch Ness)

幽深狭窄的尼斯湖延绵23英里，位于因弗尼斯和奥古斯都堡(Fort Augustus)之间。为了寻找神出鬼没的尼斯湖水怪，人们在冰冷刺骨的湖水中进行了大范围探索，但是大多数游客只能在怪物展的剪影卡片上一睹其风采。德拉姆纳德罗希特(Drumnadrochit)村是怪兽发烧友的乐土，这里的两家怪兽展览馆互相竞争，招揽游客。

景点和活动

尼斯湖中心和展览馆

导览中心

(Loch Ness Centre & Exhibition; ☎01456-450573; www.lochness.com; 成人/儿童£7.45/4.95; ⏲7月和8月9:30~18:00，复活节、6月、9月和10月至17:00，11月至次年复活节10:00~15:30; 🅿)这个以尼斯湖水怪为主题的景点采用科学的方法，让你自己权衡水怪的真实性。展品包括追捕怪兽的各次行动中使用的原始设备——声呐探测船、微型潜水器、摄像机和沉积岩取芯工具，还有怪兽目击事件的原始照片和影像资料。你还会发现恶作剧和光学错觉等现象，并充分了解尼斯湖的生态水平——湖里的食物能够支撑一头“怪兽”吗？

厄克特城堡 城堡

（Urquhart Castle, HS; ☎01456-450551; 成人/儿童£7.90/4.80; ⏲4月至9月9:30~18:00, 10月至17:00, 11月至次年3月至16:30; Ⓟ）位于德拉姆纳德罗希特以东1.5英里处的绝佳位置上，坐拥出类拔萃的风景（天气晴朗时），厄克特城堡是观察尼斯湖水怪的热门地点。这里有一个巨大的游客中心（大部分位于地下），包括一个视频剧场（影片最后有一段激动人心的城堡"揭秘"），以及在城堡中发现的中世纪物品的展览。

Nessie Hunter 乘船游

（☎01456-450395; www.lochness-cruises.com; 成人/儿童£15/10; ⏲复活节至10月）1小时的怪兽捕猎乘船游，有声呐检测和水下摄像机。游船从德拉姆纳德罗希特出发，每天9:00~18:00运营，每小时1班（13:00除外）。

到达和离开

从因弗尼斯到威廉堡（Fort William）的**苏格兰城际**（Scottish Citylink; ☎0871 266 3333; www.citylink.co.uk）和**Stagecoach**（www.stagecoachbus.com）长途汽车沿尼斯湖湖岸行驶（每天6~8班，周日5班）。想去斯凯岛的游客可以在因弗摩里斯顿（Invermoriston）转车。在德拉姆纳德罗希特（£3.20, 30分钟）和厄克特城堡停车场（£3.50, 35分钟）有长途汽车停靠站。

斯凯岛（Isle of Skye）

人口9900

斯凯岛是苏格兰最大的岛屿（如今通过一座桥梁与洛哈尔什教区凯尔相连），该岛长约50英里，地貌多样。这里分布着天鹅绒般的荒原、嶙峋的山峰、波光粼粼的湖泊和高耸的海崖。斯凯岛的名字源于老挪威语sky-a，意思是"被云朵包围的岛屿"，因为英国最壮观的山脉Cuillin Hills整日笼罩在岛上的云雾之中。斯凯岛主要的吸引力是其美丽的自然风景，包括Old Man of Storr、Kilt Rock和Quiraing的绝壁及石柱。这里有很多舒适的小酒馆，当雨云漫天的时候，可以在这里驻足休息。

波特里（Portree）是最大的城镇，Broadford紧随其后：两个地方都有银行、自动柜员机、超市和加油站。

景点和活动

邓韦甘堡 城堡

（Dunvegan Castle; ☎01470-521206; www.dunvegancastle.com; 成人/儿童£10/7; ⏲4月至10月中10:00~17:30; Ⓟ）作为斯凯岛上最著名的历史建筑和最受欢迎的旅游景点之一，邓韦甘堡是麦克劳德氏族（Clan MacLeod）首领驻扎的城堡。这里曾经接待过塞缪尔·约翰逊（Samuel Johnson）、沃尔特·斯科特爵士（Sir Walter Scott），还有最著名的弗劳拉·麦克唐纳德（Flora MacDonald）。最古老的部分是14世纪的城堡主楼和地牢，不过大部分结构都建于17世纪至19世纪。

Skye Tours 巴士游

（☎01471-822716; www.skye-tours.co.uk; 成人/儿童£35/30; ⏲周一至周六）乘坐小巴进行5小时的斯凯岛观光游览。从旅游局办事处的洛哈尔什教区凯尔停车场（靠近洛哈尔什教区凯尔火车站）出发。

住宿

作为小岛的首府，波特里在住宿、餐饮和其他服务等方面的选择最广泛。

Bayfield Backpackers 青年旅舍 £

（☎01478-612231; www.skyehostel.co.uk; Bayfield; 铺£18; Ⓟ@📶）整洁、现代，位于岛中心的这家青年旅舍对背包客来说是镇里最好的住处。主人热情大方，会毫无保留地提供一些好的建议，比如在斯凯岛上应该做什么、哪里最好玩等。

Ben Tianavaig B&B 民宿 ££

（☎01478-612152; www.ben-tianavaig.co.uk; 5 Bosville Tce; 房间£75~88; Ⓟ📶）🍃这家迷人的民宿正好位于镇中心，热情好客的主人（爱尔兰—威尔士夫妇）热情欢迎你的到来。所有4个房间都能看到港口对面的山丘（店名也由此而来）。早餐包括鸡蛋和蔬菜。4月至10月最少入住两天。不接受信用卡。

★**Tigh an Dochais** 民宿 ££

（☎01471-820022; www.skyebedbreakfast.

co.uk; 13 Harrapool; 双£90; P)容身于一座设计得十分巧妙的现代建筑内，Tigh an Dochais是斯凯岛最好的民宿之一——一座小小的步行桥通向位于二楼的前门。在这里你会找到用餐室（丰盛的早餐），还有尽享美丽海景和山景的休息室。卧室（楼下）朝着一个户外露台，也有同样的风景。

Peinmore House 民宿 £££

（☎01478-612574; www.peinmorehouse.co.uk; 房£135~145; P 📶）在波特里以南大约两英里的主路上有路标指示，这座前宅邸如今已经被巧妙地改造成了比大多数酒店更时尚、奢华的客栈。卧室和浴室都很大（有一间浴室里有一把扶手椅！），早餐选择也很多样（菜单上有腌鱼和熏鳕鱼），而且能看到Old Man of Storr的全景。

就餐

Café Arriba 咖啡馆 £

（☎01478-611830; www.cafearriba.co.uk; Quay Brae; 主菜£5~10; ⏲5月至9月7:00~18:00，10月至次年4月周四至周六8:00~17:00; 🖉）Arriba是一家时髦的小咖啡馆，供应美味的卷饼奶酪三明治（培根、韭菜和奶酪是我们的最爱），以及岛上最好的素食选择：沙拉三明治配鹰嘴豆泥和辣酱汁。还供应很棒的咖啡。

★Harbour View Seafood Restaurant 海鲜 ££

（☎01478-612069; www.harbourviewskye.co.uk; 7 Bosville Tce; 主菜£14~19; ⏲周二至周日正午至15:00和17:30~23:00）HarbourView是波特里最合人心意的餐厅。它有一个温馨的用餐室（冬天，壁炉里还会烧木柴），壁炉架上摆着书籍。餐桌上则有一流的苏格兰海鲜，如新鲜的斯凯岛牡蛎、海鲜杂烩浓汤（seafood chowder）、超大扇贝（king scallops）、海鳌虾（langoustines）和龙虾。

到达和离开

船

虽然有桥，但仍然有几条轮渡路线连接斯凯岛和大陆。斯凯岛上的Uig至Outer Hebrides之间也有轮渡连接。

马莱格至阿玛代尔（www.calmac.co.uk; 每人/车£4.65/23.90）从马莱格（Mallaig）到阿玛代尔（Armadale）的渡船（30分钟，周一至周六每天8班，周日5~7班）在周末以及7月和8月非常受欢迎。所以，如果你是自驾游，请提前预订。

Glenelg至Kylerhea（www.skyeferry.co.uk; 每辆车最多带4名乘客£15; ⏲复活节至10月中）运营Kylerhea至Glenelg渡口（5分钟，每20分钟1班）的短途小型渡船（只能容纳6辆车）。渡船每天的运营时间为10:00~18:00，6月至8月到19:00。

长途汽车

从洛哈尔什教区凯尔（£6.50，1小时，每天6班）和因弗尼斯（£24，3.25小时，每天3班）有长途汽车开往波特里。

北爱尔兰（NORTHERN IRELAND）

☎028/人口1,800,000

如果你是从爱尔兰共和国进入北爱尔兰的，你会发现如下变化：人们的口音变了，道路指示牌以英里为单位了，货币符号变成£了。不同于爱尔兰，这里没有边检，没有警卫，甚至连一个标识都没有。

在被“北爱尔兰问题”（the Troubles）所带来的暴力和动荡折磨了数十年后，今天的北爱尔兰已经重新焕发了生机。1998年的《贝尔法斯特协议》为和平奠定了基础，也燃起了人们对未来的希望。自此之后，北爱尔兰获得了巨大的投资和重新开发，贝尔法斯特已经成为充满活力的地方，这里有出了名的狂野夜生活；而德里（Derry）已发展成了有自己腔调的艺术城市；令人惊叹的堤道海岸（Causeway Coast）每年迎接的游客也越来越多。

“北爱尔兰问题”在这里还是留有不少印记，最著名的便是将贝尔法斯特一分为二的“和平线”。几十年来曾将北爱尔兰撕裂的强烈情绪仍埋藏在人们心里的某个角落。但总的来说，这里的气氛仍然是乐观向上的。

贝尔法斯特（Belfast）

人口280,900

过去和贝鲁特（Beirut）、巴格达（Bagh-

dad）和波斯尼亚（Bosnia）并列为"旅游者应该避开的4B城市"的贝尔法斯特，如今已经发生了重大的转变。从前的枪林弹雨之城已经变成今日新潮酒店云集的快乐主义派对城市。尽管经济发展并不算好，但随着城市复兴进程的推进，贝尔法斯特的轮廓也在不断发生变化。比如，泰坦尼克区以前的造船厂现在为奢华的滨水公寓让了路。这里有一系列吸引游客的景点，包括维多利亚风格的建筑、光鲜亮丽的滨水区域的现代艺术展览、酒吧里热闹的现场音乐以及英国第二大艺术节。维多利亚广场（Victoria Square）这个欧洲最大规模的城市重建项目已经让这里崛起了一座规模庞大的市中心购物城，这无疑是锦上添花。

市中心建筑物密集，位于登格尔广场（Donegall Sq）的雄伟市政厅是这里的中央地标。主购物区位于广场以北。继续往北，在登格尔广场和圣安妮教堂（St Anne's Cathedral）周围，便是波希米亚风格的天主教区（Cathedral Quarter）。

广场以南是长达1公里的黄金地段（Golden Mile），沿途经过维多利亚女王大街（Great Victoria St）、沙夫茨伯里广场（Shaftesbury Square）、植物大道（Botanic Ave），前往女王大学（Queen's University）以及贝尔法斯特南部树木茂盛的郊区。这片区域有数十家餐馆和酒吧，大多数的平价和中等价位住宿也在这里。

景点

★泰坦尼克号主题博物馆　展览

（Titanic Belfast; www.titanicbelfast.com; Queen's Rd; 成人/儿童£15.50/7.25; ⌚4月和6月至8月9:00~19:00，5月和9月9:00~18:00，10月至次年3月10:00~17:00）如今，建造泰坦尼克号的船坞已经变成贝尔法斯特泰坦尼克号主题博物馆一栋闪闪发光、有棱有角的大楼。在这里，可以体验一场综合性的先进多媒体展示盛宴，它详细记述了贝尔法斯特的历史和那艘全世界最著名游轮的诞生。展览设计匠心独运，内容丰富多彩。史料图片、动画演示和原声回放详细记述了贝尔法斯特如何成为20世纪初的超级工业力量。最后还有一个高科技项目：来一次全感官的船厂"重建"。

你可以探寻建造泰坦尼克号的每一处细节。从龙骨到驾驶舱，再到客舱的复原品，电脑"漫游"可以带你体验。让人印象最深刻的是那几张放映时忽明忽暗的图片，这些图片来自于展馆中唯一一份记录了泰坦尼克号的影像资料。

> **贝尔法斯特游客通票**
>
> 持**贝尔法斯特游客通票**（Belfast Visitor Pass; 1/2/3日£6.30/10.50/14）可以无限次乘坐贝尔法斯特及周边的汽车、火车，还可享受泰坦尼克号主题博物馆和其他景点的门票优惠。在机场、主火车站、汽车站、登格尔广场上的地铁亭和访问贝尔法斯特欢迎中心（见248页）都可购买。

★SS Nomadic　历史遗址

（www.nomadicbelfast.com; Queen's Rd; 成人/儿童£8.50/5; ⌚4月至9月10:00~18:00，10月至次年3月周二至周日至17:00）SS Nomadic是白星航线公司（White Star Line，也是拥有泰坦尼克号的航运公司）保存至今的唯一船只。这艘小汽船曾经是奥林匹克级别的远洋班轮的附属船，现已经过精心修复，其中陈列有轮船历史的展览，也讲述了其在泰坦尼克号故事中所扮演的角色。1小时长的导览游会介绍原有的配件，之后你可以随意漫游——不要错过一等舱中的厕所！

SS Nomadic建造于1911年的贝尔法斯特，用于运送大型远洋班轮一等舱和二等舱的乘客往返法国瑟堡港（Cherbourg Harbour）和班轮之间，这些大型班轮无法进港停靠。1912年4月10日，它曾将142名一等舱乘客送到了不幸的泰坦尼克号上。两次世界大战期间，这艘船都曾被征用，后来在20世纪八九十年代成为巴黎的一间漂浮餐厅。2006年，它被从拆船厂解救出来并运到贝尔法斯特，在Odyssey Complex东北的Hamilton干船坞中有了一个停泊位。

★阿尔斯特博物馆　博物馆

（Ulster Museum; www.nmni.com/um; Stranmillis Rd; ⌚周二至周日10:00~17:00; 👪）

免费 经过大规模翻修后，阿尔斯特博物馆现在成为北爱尔兰必去的景点之一。你可以花上几个小时浏览馆内精美的藏品，但如果时间有限，千万别错过下面这些：无敌舰队室（Armada Room），藏品包括从西班牙大帆船Girona号残骸中打捞上来的文物；Takabuti，一尊有2500年历史的埃及木乃伊；诅咒盘（Bann Disc），铁器时代凯尔特设计的杰出代表作。

★皇冠酒吧 历史建筑

（Crown Liquor Saloon；www.nationaltrust.org.uk；46 Great Victoria St；周一至周三11:30~23:00，周四至周六11:30至午夜，周日12:30~22:00）免费 可以边喝啤酒边欣赏的历史建筑可不多，但国民托管组织（National Trust）的这座酒吧就是这样的地方。这座贝尔法斯特最著名的酒吧在19世纪末期曾经过帕特里克·弗拉纳根（Patrick Flanagan）的翻修，将维多利亚建筑的夸张风格表现到了极致（他想要把时髦的顾客从新潮的火车站和街对面的大歌剧院中吸引过来）。

西贝尔法斯特（West Belfast） 历史遗址

西贝尔法斯特曾经是战场，虽然历经30年国内动乱的创伤，但现在已成为北爱尔兰最引人注目的旅游景点之一。Falls Rd和Shankill Rd两条街上装饰有描绘当地政治和宗教情感的著名**壁画**，并被臭名昭著的**和平线**（Peace Line）分隔开来——这条4公里长的屏障将天主教和新教分开。可乘坐出租车游览该街区，或者从旅游局办事处拿张地图步行探索。

节日和活动

社区节 文化

（Féile An Phobail；www.feilebelfast.com；8月初）据说，这是爱尔兰岛规模最大的社区节日，在西贝鲁特举办，持续时间超过10天。活动包括开幕狂欢游行、街头派对、剧院表演、音乐会、城市和Milltown墓地历史团队游。

女王大学艺术节 艺术

（Festival at Queen's；www.belfastfestival.com）在10月底或11月初，贝尔法斯特举办英国第二大的艺术节。节日为期三周，地点在女王大学（Queen's University）及其周边。

住宿

很多民宿都集中在令人愉快的南贝尔法斯特大学区一带，这里也有不少不错的餐馆和酒馆。

★Vagabonds 青年旅舍 £

（028-9023 3017；www.vagabondsbelfast.com；9 University Rd；铺£13~16，标双和双£40；@）舒适的铺位、可以上锁的行李筐、私人淋浴隔间、悠闲的氛围，这些就是你在这间贝尔法斯特一流的青年旅舍中能得到的。旅舍由两位经验丰富的旅行者开办。位置靠近女王大学和市中心，非常便利。

★Tara Lodge 民宿 ££

（028-9059 0900；www.taralodge.com；36 Cromwell Rd；标单/双£79/89起；P@）这家民宿更像是精品酒店，采用利落的极简主义装潢风格，员工友好，服务高效，提供美味早餐（含Bushmills威士忌的燕麦粥）和24间明亮宜人的客房。位置非常优越，在一条安静的背街上，距离喧闹的植物大道只有几步路。

★Old Rectory 民宿 ££

（028-9066 7882；www.anoldrectory.co.uk；148 Malone Rd；标单/双£55/86；P@）这座可爱的维多利亚式别墅从前是教区长的住宅，其中保留了许多原有的彩绘玻璃，提供5间宽敞的客房、一间有皮革沙发的舒适客厅，还有精选早餐（野猪肉香肠、炒鸡蛋配熏三文鱼、蔬菜煎火腿蛋和鲜榨橙汁）。

Evelyn's B&B 民宿 ££

（028-9066 5209；www.evelynsbandb.co.uk；17 Wellington Park Tce；双£50起；）这家可爱的民宿由一位友好的女主人和她那更加友好的狗狗一同看管，其中的复古元素包括铸铁的床架、维多利亚风格的弧形浴缸（两个双人房共享一间浴室）以及厨房里的雅加炉。很难找，但值得寻找——在通向Wellington Park Tce的狭窄小巷Wellington Lane中（可寻找紫色的门）。

Belfast 贝尔法斯特

0 400 m
0 0.2 miles

A B C D

North St
Townsend St
Gresham St
West St
Castle Court Shopping Centre
Royal Ave
Francis St
Donegall St
Talbot St
Dunbar St
Dunbar Link
Tomb St
Albert Sq
Custom House Sq
Lagan Weir
Commercial Ct
Hill St
North St
Waring St
Queen's Sq
Queen Elizabeth Bridge
去SS Nomadic (1.1km); Titanic Belfast 泰坦尼克号主题博物馆(1.3km)
Rosemary St
Bridge St
High St
Upper Church La
Ann St
Queen's Bridge
Divis St
Chapel La
Castle St
Castle Pl
M1 Westlink
Queen St
Fountain St
Castle La
Cornmarket
Victoria Square Shopping Centre
College Sq N
College St
Arthur St
Chichester St
Oxford St
College Sq E
Wellington Pl
City Hall 市政厅
Donegall Sq W
Donegall Sq E
Donegall Sq
Montgomery St
Victoria St
Howard St
May St
去West Belfast 西贝尔法斯特 (900m)
Crown Liquor Saloon 皇冠酒吧
Brunswick St
James St S
E Bridge St
Franklin St
Great Victoria St Station 维多利亚女王大街火车站
Great Northern Mall
Bedford St
Linenhall St
Adelaide St
Alfred St
Cromac St
Hope St
Bruce St
Ormeau Ave
Sandy Row
Great Victoria St
Ventry St
Maryville St
Dublin Rd
Salisbury St
Apsley St
Shaftesbury Sq
Donegall Pass
Ormeau Rd
River Lagan
Donegall Rd
Bradbury Pl
Walnut St
Botanic Station
Hospital Station
National Cycle Network Route 9
Lower Cr
Botanic Ave
Cromwell Rd
Cooke St
Lisburn Rd
Claremont St
Upper Cr
Lawrence St
North of Ireland Sports Ground
Camden St
Mount Charles
University St
University Rd
University Sq Mews
Fitzwilliam St
University Sq
College Green
Fitzroy Ave
Elmwood Ave
College Park
University Ave
Queen's University
Rugby Ave
Balfour Ave
College Gardens
Carmel St
Agincourt Ave
Botanic Gardens
Stranmillis Embankment
去Evelyn's B&B (260m)
Malone Rd
Stranmillis Rd
Ulster Museum 阿尔斯特博物馆
Ormeau Bridge
去Barking Dog (130m)

Belfast 贝尔法斯特

就餐

在南贝尔法斯特的植物大道（Botanic Ave）上有不少价格不贵的餐馆，很多酒馆也供应实惠的餐食。

Maggie May's 咖啡馆 £

（www.maggiemaysbelfastcafe.co.uk; 50 Botanic Ave; 主菜£3~8; 周一至周六8:00~23:00，周日9:00~23:00; ）这是一家带有舒适木制卡座的经典小咖啡馆，墙上有老贝尔法斯特的壁画。午餐时间，有不少宿醉的学生在这里狼吞虎咽地吃阿尔斯特薯条。全天供应的早餐包括蔬菜煎蛋、法式吐司和枫糖汁；午餐则是三明治加份汤，或者牛排千层面；这里也有许多素食菜肴。请自带酒水。

Stranmillis（028-9066 8515; www.maggiemaysbelfastcafe.co.uk; 2 Malone Rd; 主菜 £3~8; 周一至周六8:00~23:00，周日9:00~23:00）有一家新开的分店。

John Hewitt Bar & Restaurant 小酒馆、食物 £

（www.thejohnhewitt.com; 51 Donegall St; 主菜£7~9; 食物供应周一至周四正午至15:00，周五和周六至17:30; ）这间以一位贝尔法斯特诗人兼社会活动家命名的现代酒馆有着传统氛围，这里供应的出色食物也非常有名。菜单每周都会变，不过总有当日例汤、创意牛排和鸡肉菜肴，还有两种素食。这里也是饮酒的好地方。

★Barking Dog 法式小馆 ££

（028-9066 1885; www.barkingdogbelfast.com; 33-35 Malone Rd; 主菜£11~16; 周一至周六正午至15:00和17:30~22:00，周日正午至21:00）拙实的硬木、裸砖、烛光和古怪的设计，让这家重新装修过的农舍拥有自己的风格，而其菜单则增添了舒适惬意的感觉。菜品简单却让人食指大动，如本店招牌：嫩得出水的牛小腿肉汉堡（裹上焦糖色的洋葱和山葵酱）。服务也非常棒。

★OX 爱尔兰菜 ££

（028-9031 4121; www.oxbelfast.com; 1 Oxford St; 主菜£16~22; 周二至周五正午至14:45和17:45~22:00，周六13:00~14:45和17:45~22:00）这家天花板挑高的餐厅四周围砌着奶油色的砖墙，后面的开放式厨房用暖金色的木头创造出一种剧场般的氛围。在那里，米其林大厨制作出贝尔法斯特最好最超值的一些菜肴。餐厅与当地供货商合作，主打上等爱尔兰牛肉、海鲜、季节时蔬和水果。3道菜午餐和戏前餐的花费分别为£18和£20。

饮品和夜生活

贝尔法斯特的酒馆充满活力也十分友善。越来越多风格独特的设计酒吧正在完善贝尔法斯特传统风格的酒吧圈。

★皇冠酒吧 小酒馆

（Crown Liquor Saloon; www.nicholsonspubs.co.uk; 46 Great Victoria St; 周一至周三11:30~23:00，周四至周六11:30至午夜，周日12:30~22:00）这里是贝尔法斯特最著名的酒吧，采用维多利亚式的风格精心装潢。这里不光是个旅游景点（见245页），当地人在中午和傍晚时分会前来消遣。

★Muriel's Cafe-Bar 酒吧

（028-9033 2445; 12-14 Church Lane; 周一至周五11:00至次日1:00，周六10:00至次日

贝尔法斯特城市观光团队游

包括**Harpers**(☎07711 757178; www.harperstaxitours.co.nr; £30起)和**Paddy Campbell's**(☎07990 955227; www.belfastblackcabtours.co.uk; £30起)在内的运营商提供西贝尔法斯特出租车导览游。这一行程中有对"北爱尔兰问题"不偏不倚的介绍。团队游每天都有,按照参加人数收费,3~6人成行则每人£10,1~2人成行则总价£30,可安排接送。

这里也有许多徒步团队游,例如3小时的**贝尔法斯特小酒馆游**(Belfast Pub Crawl; ☎07712 603764; www.belfastcrawl.com; 每人£8; ⊙周五和周六19:30)——造访4家历史悠久的酒馆。还有3小时的**泰坦尼克团队游**(Titanic Tour; ☎07852 716655; www.titanictours-belfast.co.uk; 成人/儿童£30/15; ⊙根据要求),这一行程涉及与泰坦尼克号有关的几处地点。

1:00,周日10:00至午夜)在这间热情的小酒吧里,聚集着各种各样的女孩(先去打听打听Muriel是谁吧)。这里风格复古,有沙发和扶手椅,配上暗橄榄色和深红色的织物、镀金框镜子,还有一个铸铁壁炉。金酒是Muriel's最棒的选择,有各种国外品牌的金酒来配你的汤力水。这里的食物也不错。

Bittle's Bar 小酒馆

(103 Victoria St; ⊙周一至周四11:30~23:00,周五和周六11:30至午夜,周日12:30~23:00)虽然有些破旧但坚持传统风格,Bittle's位于一栋19世纪的三角形红砖屋内,装饰有镀金的三叶草。楔形的内部空间挂满了由当地艺术家Joe O'Kane创作的爱尔兰文学巨匠们的肖像画。酒吧的后壁挂着一块巨大的画布,上面画着叶芝、乔伊斯、贝汉、贝克特和王尔德的形象。这里有许多优质的精酿啤酒。

QUB Student Union 俱乐部

(www.mandelahall.com; Queen's Students Union, University Rd; 📶)Students Union有许多酒吧和音乐演奏场所,举办各种俱乐部之夜、现场乐队演奏和单口喜剧表演。每月一次的**Shine**(www.shine.net; 门票 £20; ⊙每月第一个周六)是城里最好的俱乐部之夜,有驻场和客座DJ播放舞曲音乐,节奏比贝尔法斯特其他多数俱乐部都更强劲狂放。

☆ 娱乐

访问贝尔法斯特欢迎中心(Visit Belfast Welcome Centre)发行一本叫*Whatabout?*的免费贝尔法斯特活动指南月刊。**The Big List**(www.thebiglist.co.uk)也是不错的指南。

Queen's Film Theatre 电影院

(www.queensfilmtheatre.com; 20 University Sq)QFT是一家有两块银幕的艺术影院,靠近女王大学,是贝尔法斯特电影节的主场馆。

Lyric Theatre 剧院

(www.lyrictheatre.co.uk; 55 Ridgeway St)这座很棒的现代剧院于2011年开业,获得了戏剧和建筑方面的极大赞誉。它建在老剧院的旧址之上,好莱坞影星连姆·尼森(Liam Neeson)最早就是在这里表演的(现在他是赞助人之一)。

ℹ 实用信息

访问贝尔法斯特欢迎中心(Visit Belfast Welcome Centre; ☎028-9024 6609; www.visit-belfast.com; 9 Donegall Sq N; ⊙全年周一至周六9:00~17:30,周日11:00~16:00,6月至9月周一至周六9:00~19:00; 📶)提供整个北爱尔兰地区的旅游信息。其他服务包括爱尔兰和英国所有地区的住宿预订、行李寄存(不过夜)、货币兑换和免费的Wi-Fi。

ℹ 到达和离开

飞机

贝尔法斯特国际机场(Belfast International Airport,见257页)位于城市西北30公里处,有来自英国其他地区、欧洲和纽约的航班。乔治贝斯特

贝尔法斯特城市机场位于市中心东北6公里处，只有来自英国的航班。

船

Stena Line从凯恩莱恩（Cairnryan）和利物浦开往贝尔法斯特的渡轮停泊在市中心以北5公里处的**维多利亚航运站**（Victoria Terminal; West Bank Rd）。开车在junction 1下M2高速公路。从马恩岛开出的渡轮停靠在市中心以北2公里处的**艾伯特码头**（Albert Quay; Corry Rd）。

其他来往于苏格兰的汽车渡轮在贝尔法斯特以北30公里处的Larne停靠。

长途汽车

欧罗巴汽车中心（Europa Bus Centre）是贝尔法斯特的主要汽车站，位于Europa Hotel背后，毗邻维多利亚女王大街火车站，穿过Europa Hotel旁边的Great Northern Mall就可到达。这是开往德里、都柏林以及北爱尔兰西部和南部各目的地的主要汽车站。

巴利塞（Ballycastle）£12，2小时，工作日每日3班，周六两班

德里 £12，1.75小时，半小时1班

都柏林 £15，3小时，每小时1班

Aircoach（www.aircoach.ie）从欧罗巴汽车中心附近的Glengall St出发，开往都柏林机场和都柏林市中心。

火车

贝尔法斯特有两个主要的火车站：欧罗巴汽车中心旁的维多利亚女王大街火车站（Great Victoria St Train Station）和市中心以东的贝尔法斯特中央火车站（Belfast Central Train Station）。如果你搭乘火车抵达中央火车站，凭火车票就可以免费搭乘公共汽车进入市内。同时，当地也有火车连接中央火车站和维多利亚女王大街火车站。

德里 £11.50，2.25小时，每天7~8班

都柏林 £30，2小时，周一至周六每天8班，周日5班

拉恩港（Larne Harbour）£6.90，1小时，每小时1班

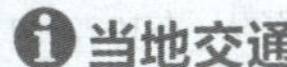

自行车

Belfast Bike Tours（☎07812 114235; www.belfastbiketours.com; 每人£15; ⊙4月至9月周一、周三、周五和周六10:30和14:00，10月至次年3月仅限周六）提供自行车租赁服务，价格为每天£15。用信用卡支付押金并出示带照片的证件。

公共汽车

短途城市公交车的票价为£1.40~2.20，单日票的价格是£3.70。大多数公交车都从市政厅附近的登戈尔广场开出。广场设有售票处，也可以从司机处买票。

堤道海岸（The Causeway Coast）

北爱尔兰并不缺风景秀丽的海岸线：位于波特斯图瓦特（Portstewart）和巴利卡斯尔（Ballycastle）之间的**堤道海岸**、巴利卡斯尔与贝尔法斯特之间的**安特里姆海岸**（Antrim Coast）如它们的名字一样雄伟壮丽。

4月至9月，**Ulsterbus**（☎028-9066 6630; www.translink.co.uk）的"安特里姆海岸"巴士（252路）来往于拉恩（Larne）和科尔雷恩（Coleraine; £12，4小时，每天2班），途中停靠安特里姆峡谷（the Glens of Antrim）、巴利卡斯尔、巨人堤、布什米尔（Bushmills）、波特拉什（Portrush）和波特斯图瓦特。

复活节至9月，"堤道漫步者"巴士（Causeway Rambler，402路）来往于科尔雷恩和卡里克索桥（Carrick-a-Rede; £6，40分钟，每天7班），途中停靠布什米尔酿酒厂（Bushmills Distillery）、巨人堤、白色公园港湾（White Park Bay）和巴林托伊（Ballintoy）。持车票单日内可双方向无限次乘坐。

海岸线上有几家青年旅舍，比如**Sheep Island View Hostel**（☎028-2076 9391; www.sheepislandview.com; 42a Main St; 露营地/铺/双£6/15/40; P@），**Ballycastle Backpackers**（☎028-2076 3612; www.ballycastlebackpackers.net; 4 North St; 铺/标双£15/40起; P），**Bushmills Youth Hostel**（☎028-2073 1222; www.hini.org.uk; 49 Main St; 铺/标双 £18.50/41起; ⊙7月和8月11:00~14:00，3月至6月和9月、10月11:00~17:00不营业; @）。

景点

★巨人堤

地标

（Giant's Causeway；www.nationaltrust.org.uk；⊙黎明至黄昏）免费 这处壮观的岩层是北爱尔兰唯一一处被列为联合国教科文组织世界遗产的地方，也是整个爱尔兰岛最让人印象深刻、最有气势的自然景观之一。面积如此之大且排列紧密、规律的六边形石柱场就像是巨人的杰作。想获得对这一现象的详细解释，可以参观巨人堤游客体验中心（Giant's Causeway Visitor Experience；☎028-2073 1855；www.giantscausewaycentre.com；成人/儿童£8.50/4.25；⊙7月和8月 9:00~21:00，4月至6月和9月 9:00~19:00，2月、3月和10月至18:00，11月至次年1月 9:00~17:00；📶）。这栋新建的大楼壮观且环保，半掩在海滨的山腰处。

游览巨人堤本身是不收费的，不过得付费使用停车场和游客中心（如果乘坐公共汽车、自行车或步行前来，门票会优惠£1.50）。

从体验中心出发，走10~15分钟的下山路，便能来到巨人堤，但更有趣的走法则是沿着通往悬崖顶的小路往东北方向走两公里，到达烟囱顶（Chimney Tops）海岬，再沿着牧羊人台阶（Shepherd's Steps）往下走，到达巨人堤。如果出行不便，可搭乘来往于游客信息中心和巨人堤的小巴（往返£2）。

★卡里克索桥

桥

（Carrick-a-Rede Rope Bridge；www.nationaltrust.org.uk；Ballintoy；成人/儿童£5.60/2.90；⊙6月至8月10:00~19:00，3月至5月、9月和10月至18:00）卡里克索桥位于巴利塞和巨人堤之间的海岸上，这座著名（也可说是臭名昭著）的钢索桥全长20米，宽1米，横跨在海崖和卡里克索小岛之间的裂隙上，在岩石遍布的水域上空30米处轻轻摇摆。过桥非常安全，但是如果不能适应这高度的话会非常吓人，尤其是有微风吹拂的时候（刮大风时桥梁会封闭）。

上岛后能看到东面拉斯林岛（Rathlin Island）和费尔海岬（Fair Head）的壮丽景色。岛上的三文鱼养殖业已经持续了几个世纪：渔民们从岛屿顶端撒下渔网，以拦阻三文鱼沿海岸游回故乡河道的洄游路线。每年春天，渔民们会竖起桥梁，就如同过去的200年里一样——当然，已不再是从前的那座桥。

停车场内有小规模的国家托管组织信息中心和咖啡馆。

德里/伦敦德里（Derry/Londonderry）

人口107,900

德里是北爱尔兰第二大城市，这里会让许多游客感受到意外之喜。这里从来都不是最漂亮的城市，在投资和再开发方面也落后于贝尔法斯特，但是为了迎接2013英国文化之城（UK City of Culture 2013）的殊荣，市中心已经有了一次大变装。新建的和平桥（Peace Bridge）、埃布林顿广场（Ebrington Sq）、再开发的河畔和市政厅地区充分利用了河畔的地段优势。而德里坚定乐观的氛围也使得这里成为北方文化复兴的重地。

这里有漫长的历史，包括德里围城战（Siege of Derry）和伯格赛德战役（Battle of the Bogside），绕着17世纪建造的城墙漫步是必不可少的游览体验，还可以参观伯格赛德壁画。城市里热闹的小酒馆中有生气勃勃的现场音乐演奏。但最大的魅力或许在当地人身上：他们热情、机智又好客。

德里还是伦敦德里？你对北爱尔兰第二大城市的称呼是可以和政治倾向挂上钩的。不过，今天的大多数人都称这里为德里，和政治无关。"伦敦"的前缀是1613年加上去的，目的是为了承认伦敦市法团（Corporation of London）在帮助新教徒开发阿尔斯特地区进程中所发挥的作用。

1968年，因新教徒长期把持市议会而衍生的不满情绪彻底爆发，发生了一系列（以天主教徒为主的）民权示威游行。1969年8月，警方同当地天主教贫民区——伯格赛德（Bogside）区的青年发生的一系列警民冲突，迫使英方向德里派遣了军队。在1972年1月的"血色星期日"（Bloody Sunday），13名手无寸铁的天主教民权示威游行者在德里死于英国军队的枪口下，这成为"北爱尔兰问题"真正的导火索。

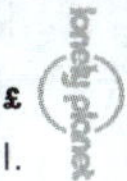

景点

★城墙 地标

(Derry's City Walls; www.derryswalls.com)竣工于1619年的德里城墙高8米，厚9米，周长约1.5公里，是爱尔兰岛至今唯一保存完整的城墙。德里的昵称是处女之城(Maiden City)，这一名称就源自这里的城墙从来没有被侵略者攻破的事实。

★塔楼博物馆 博物馆

(Tower Museum; ☎028-7137 2411; www.derrycity.gov.uk/museums; Union Hall Pl; 成人/儿童£4/2; ⊙10:00~18:00)这座优秀的博物馆位于一座复制的16世纪塔楼之中。直接登上5楼，从塔楼顶部眺望风景，然后参观精彩的展览：**无敌舰队船难展**(Armada Shipwreck exhibition)和**德里的故事展**(Story of Derry)，后者那些经过周详设计的展品和试听展览将带领你穿越城市的历史——从6世纪圣科伦巴(St Colmcille, Columba)建立修道院至20世纪60年代末的伯格赛德战役。

无敌舰队船难展讲述的是"特立尼达瓦伦西亚号"(La Trinidad Valenciera)的故事。这艘西班牙无敌舰队的帆船，于1588年在多尼戈尔的金那格湾(Kinnagoe Bay)失事。帆船于1971年被德里Sub-Aqua Club发现，之后由海洋考古学家进行发掘。展品包括青铜枪支、锡镴餐具和个人物品——一把木梳、一个橄榄罐、一只鞋底——都是从考古现场打捞出来的，还有一枚2.5吨重的攻城炮。至少预留出2小时以便好好参观博物馆。

★人民美术馆壁画 壁画

(People's Gallery Murals; Rossville St)在自由德里角(Free Derry Corner)附近的罗斯威尔街(Rossville St)的山墙端装饰有12幅壁画，所以这里一般被称作人民美术馆。这些壁画是由被称作"伯格赛德艺术家"的汤姆·凯利(Tom Kelly)、威尔·凯利(Will Kelly)和凯文·哈森(Kevin Hasson)创作的。这三位人士一生中大部分时间都是在伯格赛德度过的，他们还经历了"北爱尔兰问题"最艰难的时期。从城墙北端也能清晰地看到壁画。

住宿

Derry City Independent Hostel 青年旅舍 £

(☎028-7128 0542; www.derry-hostel.co.uk; 12 Princes St; 铺/双£16/42; @📶)这家青年旅舍由经验丰富的背包客经营，他们还拿出不少自己在全世界各地购买的纪念品用作店面装饰。店不大但很友好，位于一栋乔治王时期的联排别墅内，在公交车站西北方向不远处。如果你以前曾住过这间青旅，注意它现在已搬到街角的新地址了。

★Merchant's House 民宿 ££

(☎028-7126 9691; www.thesaddlershouse.com; 16 Queen St; 标单/双£70/75; @📶)这座乔治王风格的古老联排别墅里面是一家精品民宿。内有一间优雅的休息室，餐厅有大理石壁炉、古董家具、电视、咖啡机，早餐有自制的柑橘酱，卧室甚至提供浴袍(只有一间带私人浴室)。要先去**Saddler's House**(☎028-7126 9691; www.thesaddlershouse.com; 36 Great James St; 标单/双 £75/80; @📶)取钥匙。

Abbey B&B 民宿 ££

(☎028-7127 9000; www.abbeyaccommodation.com; 4 Abbey St; 标单/双/家£54/64/79起; @📶)这间家庭经营的民宿距离城墙只有很短的一段距离，就在伯格赛德的边上。店内迎接你的是热情的服务。6间客房装潢时尚，家庭房可入住4人。

就餐

★Primrose Cafe 咖啡馆 £

(15 Carlisle Rd; 主菜£7~8; ⊙周一至周六8:00~17:00，周日11:00~15:00; 👪)这里是德里最新开的一家咖啡馆，因为坚持古典风格而生意火爆。从枫糖汁煎饼到爱尔兰炖菜，各种菜品齐备。周日早午餐包括火腿蛋松饼和全套阿尔斯特油炸食物。就连屋后露台上都很难找到位子。

Café del Mondo 咖啡馆、爱尔兰菜 ££

(☎028-7136 6877; www.cafedelmondo.org; Craft Village, Shipquay St; 主菜午餐£6~7，晚餐£13~22; ⊙周一8:30~18:00，周二至周六8:30至次日1:00，周日正午至17:00，11月至次年3月周日和周一歇业)这是一家波希米亚风

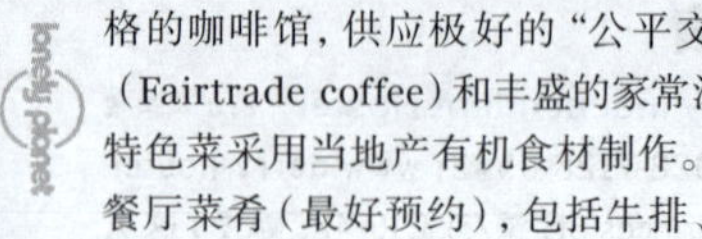

格的咖啡馆，供应极好的"公平交易"咖啡（Fairtrade coffee）和丰盛的家常汤品。午间特色菜采用当地产有机食材制作。晚间提供餐厅菜肴（最好预约），包括牛排、鹿肉、海鲜和几种素菜。

Brown's in Town 爱尔兰菜 ££

（☎028-7136 2889; www.brownsrestaurant.com; 21-23 Strand Rd; 主菜£16~22; ⏰周一至周六正午至15:00，周二至周六17:30~22:30，周日17:00~20:30）这家位于市中心的餐厅的装潢呈现出装饰艺术风格，为德里市区餐厅带来了一丝让人盼望的精致氛围。3道菜晚餐的"早到客"价格（£20，周二至周四至19:30，周五和周六至19:00）非常实惠。

饮品和娱乐

★Peadar O'Donnell's 小酒馆

（www.peadars.com; 63 Waterloo St; ⏰周一至周六11:30至次日1:30，周日12:30至次日0:30）这家酒馆是背包客的最爱，每晚都有传统音乐时间，周末下午经常也有。这里是典型的由杂货店改造成的爱尔兰酒馆，货架上摆满了各种家居用品，能看见店老板，柜台上有秤，还有一些值得收进博物馆的古董摆设。

Sandino's Cafe-Bar 现场音乐

（www.sandinos.com; 1 Water St; 门票£3~6; ⏰周一至周六11:30至次日1:00，周日13:00至午夜）墙上有切·格瓦拉的海报和一面自由巴勒斯坦旗，这让这间气氛轻松的咖啡馆酒吧散发出一种自由派左翼的味道。周五晚上，这里有现场乐队演出，周六有DJ演出，另外还定期举办主题之夜。

Playhouse 剧院

（www.derryplayhouse.co.uk; 5-7 Artillery St; ⏰售票处周一至周五10:00~17:00，周六至16:00，外加演出开始前的45分钟）这间社区艺术中心位于一间非常漂亮且重新装修过的校舍内。后面现代风格的增建部分还赢得了建筑大奖。这里承办音乐、舞蹈和舞台剧演出，既有当地制作也有国际性演出。

实用信息

德里游客信息中心（Derry Tourist Information Centre; ☎028-7126 7284; www.visitderry.com; 44 Foyle St; ⏰全年周一至周五9:30~17:00，周六和周日10:00~16:00，4月至10月时间延长）提供北爱尔兰地区和爱尔兰共和国的旅游信息，当然也包括德里。出售书籍和地图，还可以预订爱尔兰各地的住宿。其他服务包括外币兑换、自行车租赁和免费Wi-Fi。

到达和离开

长途汽车

汽车站（☎028-7126 2261; Foyle St）就位于城墙东北方向不远处。

贝尔法斯特 £12，1.75小时，周一至周六每30分钟1班，周日11班

都柏林 £20，4小时，每2小时1班

Airporter（☎028-7126 9996; www.airporter.co.uk; 1 Bay Rd, Culmore Rd）运营的巴士从德里直达贝尔法斯特国际机场（£20，1.5小时）和乔治贝斯特贝尔法斯特城市机场（George Best Belfast City airport; £20，2小时），周一至周五每小时1班（周六和周日每天6或7班）。巴士从Airporter办事处出发，办事处位于市中心以北1.5公里处，在Da Vinci's Hotel的旁边。

火车

德里的火车站（北爱尔兰列车时刻表上标为Londonderry站）在福伊尔河（River Foyle）的东岸。有免费的Rail Link巴士往返汽车站。

贝尔法斯特 £11.50，2.25小时，周一至周六每天7或8班，周日4班

生存指南

出行指南

签证

自2016年1月起，中国大陆护照持有者可申请有效期为2年的多次往返英国签证，每次停留时间30日。建议至少提前3个月进行办理。来自香港、澳门和台湾地区的旅行者前往英国，若进行6个月以内的旅行，则不需要办理签证。目前，在北京、济南、沈阳、武汉、上海、杭州、南京、广州、福州、深圳、重庆和成都均设有签证申请中心。

办理英国签证，首先应在www.visa4uk.fco.gov.uk在线填写申请表，并且打印填写完毕的申请表。填写完毕后，可预约当日起30天内的日期，并

在约好的时间递交材料至指定的签证中心。

除了护照、打印出来的申请表、一张彩色护照照片外，以下补充材料会让你的签证申请更为顺利：

- 行程单，包含酒店地址和确认信等。
- 户口本及翻译件。
- 工作情况证明（英文），包含申请人的职位、薪资、任职时间以及公司联系方式和公司注册号等。
- 个体经营者可提供商业登记文件复印件。
- 学生需提供有学校抬头的证明信原件，以证明就读情况和请假的相关详细信息。
- 自由职业者可提供旅行资助人出具的文件或解释旅行资金来源的说明信。
- 财力证明，可显示过去4个月收入和存款信息的文件，如存折、存款证明、银行流水等。

准备齐全后，便可按照申请流程前往签证中心递交材料，签证费用可直接通过网上支付。关于申请英国签证的详细信息，请见www.vfsglobal.co.uk/china/。

中国大陆旅行者在申请英国签证时，可一并申请比利时的申根签证。2014年10月起，英国爱尔兰签证体系正式在中国实施，持有带BIVS字样（英国爱尔兰签证体系）签证的旅行者，可以凭英国签证前往爱尔兰，或者持爱尔兰签证前往英国。

货币

- 英国的货币是英镑（£）。纸币有£5、£10、£20和£50等几种面值，不过有些商店不接受£50的纸币。
- 自动柜员机常被称作“取款机”（cash machine），在城镇很常见。
- 大多数银行和一部分邮局提供货币兑换服务。
- 维萨、万事达的信用卡和借记卡在英国的接受度很高。差不多所有地方都采用刷卡加输密码的方式（而不是签名交易）。
- 所有带英国Link网络标识的自动取款机都可以用银联卡提取英镑现金，但不支持余额查询。少数机器提供中文界面。每张借记卡单日累计取款不得超过1万元人民币的等值英镑，自动取款机的单笔取款有一定的限额，但可以分次取款。
- 凡贴有“银联”标识的商户均可以接受银联卡，没有标识的也不妨询问，多数大型商场、专卖店、酒店和主要机场免税店都受理银联卡。

苏格兰镑

苏格兰的银行发行自己的纸币。它们可以和英格兰银行颁发的纸币通用，但有时候，在苏格兰之外的地方使用这种货币会遇到一些问题——英格兰南部的商店可能会拒绝接受苏格兰镑。在英国境外，它们也难以兑换，不过英国的银行随时都能兑换苏格兰镑。

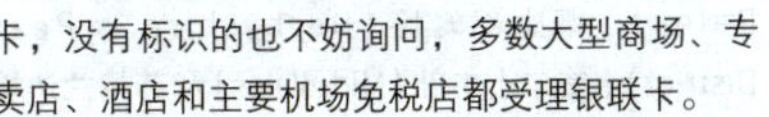

- 当地银联服务热线是☎00-800-800-95516。Link网络自动取款机位置的在线查询参见locator.link.co.uk。
- 北爱尔兰有几家银行发行北爱尔兰自己的英镑，这种货币与普通英镑等值，但在英格兰本土并不常被接受。许多北爱尔兰的酒店、餐馆和商店接受欧元。
- 小型商户可能会收取信用卡刷卡手续费，还有些只接受现金或支票。
- 小费在英国不是强制性的。去餐厅或咖啡馆，乘出租车或者在酒吧吃东西，10%~15%的小费都是合适的。如果你在吧台点饮品和食物，没有必要给小费。
- 旅行支票普及性较差。

使领馆

中国驻英国大使馆领事部[☎020-7299 4049（值班电话），020-7631 1430（工作时间咨询电话）；07551436721（手机，仅限非工作时间紧急领事协助）；www.chinese-embassy.org.uk/chn/；lsfw_uk@mfa.gov.cn；31 Portland Place, London, W1B 1QD]

中国驻曼彻斯特总领事馆[☎领事保护专用电话0044-161-2247443，中国公民非办公时间紧急领保求助电话0044-782 852 9201；chinaconsul_man_uk@mfa.gov.cn；Denison House, 71 Denison Road, Rusholme, Manchester M14 5RX；⏲周一至周五9:00~12:00（当地时间，中英节假日除外）]

中国驻爱丁堡总领事馆[☎0131-337 3220，周一至周五10:30~11:30为人工接听电话时间；edinburgh.chineseconsulate.org；55 Corstorphine Road, Edinburgh EH12 5QG；⏲周二和周四

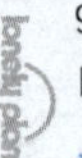

9:00~12:00和14:00~16:00（当地时间，中英节假日除外）]

活动

英国是户外运动爱好者的理想目的地。步行和骑车是最受欢迎、最方便的活动，也是领略偏远角落的美丽风光的绝佳方式。

骑车

小巧的英国非常适合骑车游玩。热门的骑行地点包括英格兰西南部、约克郡河谷（Yorkshire Dales）、德比郡峰区（Derbyshire's Peak District）、威尔士中部（Mid-Wales）和苏格兰边境地区（Scottish Borders）。租车点分布广泛，价格从每天£10到每周£60不等。

全长10,000英里的**国家自行车路网**（National Cycle Network; www.nationalcyclenetwork.org.uk）由许多僻静的马路和机动车禁行的小路组成，覆盖了繁华都市和偏远的乡村地带。

Sustrans（www.sustrans.org.uk）是一个很有帮助的机构，推出了种类繁多的地图、指南和行程计划工具。

步行和徒步

徒步是一项在英国广受欢迎的娱乐活动，斯诺登尼亚（Snowdonia）、湖区（Lake District）、约克郡河谷和苏格兰高地等风景优美的地区都是大热的徒步地点。有许多条穿越乡村的长距离徒步线路，包括**Coast to Coast**（www.thecoasttocoastwalk.info）、**Cotswold Way**（www.nationaltrail.co.uk/cotswold）、**West Highland Way**（☎01389-722600; www.west-highland-way.co.uk）和**South West Coast Path**（www.southwestcoastpath.com）。

Ramblers Association（www.ramblers.org.uk）是全国数一数二的徒步爱好者组织。

营业时间

标准营业时间如下：

银行 周一至周五9:30~16:00或17:00，大支行周六9:30~13:00也营业

邮局 周一至周五9:00~17:00（城市邮局至17:30或18:00），周六9:00~12:30（大分局至17:00）

小酒馆 周日至周四11:00~23:00，周五和周六11:00至午夜或次日1:00

餐厅 午餐正午至15:00，晚餐18:00~22:00。不同餐厅的营业时间差别很大

学校假期

学校放假期间，出行人数增多，酒店价格上涨。

复活节假期 复活节前一周和复活节后一周

暑假 7月的第三周到9月的第一周

圣诞节假期 12月中到次年1月的第一周

另外还有三个为期一周的“期中假”，一般在2月底（或3月初）、5月底和10月底。苏格兰、英格兰和威尔士各不相同。

商店 周一至周六9:00~17:00，周日10:00~16:00

节假日

在英国的许多地区，银行假日只适用于银行——许多商业部门和旅游景点仍然营业。

新年 1月1日

复活节 3月/4月（从耶稣受难日到复活节周一）

五月节 5月第一个周一

银行春假 5月最后一个周一

银行暑假 8月最后一个周一

圣诞节 12月25日

节礼日 12月26日

住宿

节假日（尤其是复活节和新年前后）和重要活动[例如爱丁堡艺术节（Edinbrugh Festival）]期间，可能很难找到住宿。一到夏天，热门地点（约克、坎特伯雷、巴斯等）的游客就非常多，必须提前预订。当地旅游局办事处一般会提供住宿预订服务，并收取小额费用。

青年旅舍 英国有两种类型的青年旅舍：一种是**青年旅舍协会**（Youth Hostels Association; www.yha.org.uk）和**苏格兰青年旅舍协会**（Scottish Youth Hostels Association; www.syha.org.uk）经营的；另一种是独立青年旅舍，大部分可以在**独立青年旅舍指南**（Independent Hostel Guide; www.independenthostelguide.co.uk）中查询到。设施简单的青年旅舍收费约每人每晚£15，设施较齐全的稍大些的青年旅舍收费为每人£18~25，伦敦的YHA青旅每人£30起。

民宿 在比较小的地方，民宿基本上是别人家里的一个房间；在大的地方，民宿可能会被称作“客栈”（介于民宿和设备完善的酒店之间），价位不

住宿价格区间

除非是青年旅舍或有特别说明，否则本书所列价格指的是带独立卫浴双人间的旺季价格。

£ 低于£60（伦敦为£100）

££ £60~130（伦敦为£100~200）

£££ 高于£130（伦敦为£200）

定：简单卧室和公用卫浴每人约£25起；有独立卫浴房间的价格是每人£30~35——卫浴可能在走廊尽头或房间内。

酒店 英国的酒店种类丰富多样，从小小的联排别墅到宏伟的乡间宅邸，从平淡无奇的地点到幽静的隐秘之地，应有尽有。廉价酒店的标单和双人间价格分别为£40起和£50起。比较高级的酒店需要£100和£150，或者更多。

露营地有带水龙头和厕所的农民地头（每人每晚£3起），也有带热水沐浴和许多其他设施的更现代化的地方（高达£13）。

电话

英国使用GSM900/1800网络，该网络同样适用于欧洲其他地区、澳大利亚和新西兰，但与北美的GSM1900网络不兼容。大多数现代手机在这两种网络下都能使用，但最好在出发前确认一下。

英国的电话区号没有标准格式或长度（如爱丁堡是☎0131，伦敦是☎020，安布尔赛德是☎015394）。本书将电话区号和电话号码列在一起，用连字符隔开。

其他号码包括：☎0500或☎0800是免费电话，☎0845按本地电话计费，☎087按国内长途计费，而☎089或☎09的费率很高。手机号码以☎07开头，打手机比打座机贵。拨☎100可接通接线生，☎155是国际长途接线生，这两个号码也可用于拨打对方付费的电话。

- 向英国之外打电话，应该先拨☎00，然后是国家代码（美国是☎1，澳大利亚是☎61，等等）、区号（通常省去第一个0）和电话号码本身。
- 很多代理机构都竞相提供查询号码的服务，收费为10便士至40便士。咨询号码包括☎118 192、☎118 118、☎118 500和☎118 811。

网络资源

Traveline（www.traveline.org.uk）全英国公共交通的时刻表和旅行建议。

Visit Britain（www.visitbritain.com）内容广泛的全国旅游网站。

时间

英国使用GMT/UTC标准时间。3月底，英国开始使用夏令时，时钟向前拨快1小时，10月底再拨回去。交通系统时刻表采用24小时制。

旅行安全

英国是一个相当安全的国家，不过犯罪行为在伦敦和其他城市并没有绝迹。

- 在拥挤的旅游热门地区，小心扒手和骗子，例如伦敦的威斯敏斯特桥（Westminster Bridge）周边。
- 如果在夜间乘坐地铁、电车或城际列车，请选择有其他乘客的车厢。
- 在周五和周六的夜晚，当小酒馆和夜店开始清场时，许多城镇的中心区都会变得吵闹杂乱。
- 大城市里没有执照的迷你出租车——开车的都是出来兼职赚外快的小子——最好别坐，除非你知道自己在干什么。

同性恋旅行者

整体而言，英国对男女同性恋者都是比较包容的。伦敦、曼彻斯特和布莱顿（Brighton）都有发达的同性恋文化，在其他比较大的城市（甚至是一些小城镇里），你都能找到半公开的同性恋社群。话虽如此，但在某些地区还是存在对同性恋的敌视情绪。相关网络资源如下：

Diva（www.divamag.co.uk）

Gay Times（www.gaytimes.co.uk）

国家速览

面积 88,500平方英里

首都 伦敦

国家代码 ☎44

货币 英镑（£）

紧急情况 ☎999或☎112

语言 英语、威尔士语、苏格兰盖尔语

现金 自动柜员机很常见，广泛接受信用卡

人口 61,400,000

签证 中国公民须单独申请旅游签证

实用信息

DVD PAL制式（和NTSC及Secam制式不兼容）。

报纸 小报包括《太阳报》（*Sun*）和《镜报》（*The Mirror*），以及苏格兰的《每日记录报》（*Daily Record*）；优秀的严肃报纸（政治倾向从右到左排列）有《电讯报》（*The Telegraph*）、《泰晤士报》（*The Times*）、《独立报》（*The Independent*）和《卫报》（*The Guardian*）。

广播 BBC的主要广播台是广播1台（98–99.6MHz FM）、广播2台（88–92MHz FM）、广播3台（90–92.2MHz FM）、广播4台（92–94.4MHz FM）和直播5台（909AM或693AM）。国家商业广播台包括维珍广播台（Virgin Radio；1215Hz MW）和古典音乐专门广播台Classic FM（100–102MHz FM）。所有广播节目都有数字版。

电视 英国所有的电视节目都是数字的。主要的放送机构包括BBC、ITV和Channel 4。卫星电视和有线电视供应商包括Sky和Virgin Media。

度量衡 英国混合使用公制和英制两种度量衡（例如汽油按升出售，啤酒则按品脱出售；山的高度以米计量，道路距离则用英里计量）。

London Lesbian & Gay Switchboard（www.llgs.org.uk）

到达和离开

飞机

伦敦机场

伦敦有5座机场，其中希思罗机场和盖特威克机场最繁忙。从国内各大城市（如北京、上海、广州、成都、香港等）均有航班直达伦敦，如国航、南航、国泰航空、英国航空、维珍航空等的航班，也可以经由欧洲大陆和中东地区转机抵达伦敦及其他城市。

盖特威克机场（Gatwick，代码LGW；www.gatwickairport.com）英国第二大机场，主要起降国际航班，位于伦敦市中心以南30英里处。

伦敦城市机场（London City，代码LCY；www.londoncityairport.com）

伦敦希思罗机场（London Heathrow Airport；www.heathrowairport.com）英国最大的航空枢纽欢迎来自世界各地的航班。

卢顿机场（Luton，代码LTN；www.london-luton.co.uk）位于伦敦市中心以北约35英里处，因度假航线多而闻名。

斯坦斯特德机场（Stansted，代码STN；www.stanstedairport.com）位于伦敦市中心东北方向约35英里处，主要起降包机和欧洲的廉价航班。

各地机场

布里斯托尔机场（Bristol Airport；www.bristolairport.co.uk）有来自欧洲各地、北非和北美的航班。

加的夫机场（Cardiff Airport；☎01446-711111；www.cardiff-airport.com）

爱丁堡机场（Edinburgh Airport；☎0844 448 8833；www.edinburghairport.com）爱丁堡机场位于市区以西8英里处，有很多飞往苏格兰其他地区、英国其他地区、爱尔兰和欧洲大陆的航班。FlyBe/Loganair航空公司（☎0871 700 2000；www.loganair.co.uk）每天都有航班飞往因弗尼斯、威克（Wick）、奥克尼（Orkney）、设得兰（Shetland）和斯托诺韦（Stornoway）。

格拉斯哥国际机场（Glasgow International Airport，代码GLA；☎0844 481 5555；www.glasgowairport.com）格拉斯哥国际机场位于市区以西10英里处，起降国内和国际航班。

利物浦约翰列侬机场（Liverpool John Lennon Airport；☎0870 750 8484；www.liverpoolairport.com；Speke Hall Ave）

曼彻斯特机场（Manchester Airport；☎0161-489 3000；www.manchesterairport.co.uk）位于曼彻斯特市南部，是除伦敦地区的机场之外英国最大的机场，连接英国境内13个目的地和50多个境外目的地。

纽卡斯尔国际机场（Newcastle International Airport；☎0871 882 1121；www.newcastleairport.com）位于市区以北7英里处，紧邻A696公路，这座机场有前往许多英国城市和欧洲城市的直达航班，还有前往迪拜的长途航班。当地旅行社有前往美国、中东和非洲的包机。

贝尔法斯特国际机场（Belfast International Airport，代码BFS；☎028-9448 4848；www.belfastairport.com）位于城市西北30公里处，有来自爱尔兰、英国其他地区、欧洲大陆和纽约的航班。

陆路

长途汽车

欧洲巴士（Eurolines；www.eurolines.com）的国际交通网通过英吉利海峡隧道（Channel Tunnel）或渡船连接众多欧洲目的地。

英国国家快运公司（National Express；www.nationalexpress.com）运营抵离英国的线路。

火车

从英国抵达欧洲最快的方式是通过英吉利海峡隧道。每天，至少有10班**欧洲之星**（Eurostar；www.eurostar.com）高速客运列车经英吉利海峡隧道穿梭在伦敦和巴黎（2.5小时）或布鲁塞尔（2小时）之间。伦敦和巴黎/布鲁塞尔之间的正常单程票价是£140~180。如果提前购票或者在旅游淡季出行，车费可以降低至单程£39。

开车旅行的人可以乘坐**Eurotunnel**（www.eurotunnel.com），在英格兰的福克斯通（Folkestone）或法国的加来（Calais）开上车。6:00~22:00，每小时有4班火车，之后每小时1班。车程35分钟。车辆加乘客的单程票价为£75~165，价格根据当天的乘车时间而变化。促销价格常可低至£55。

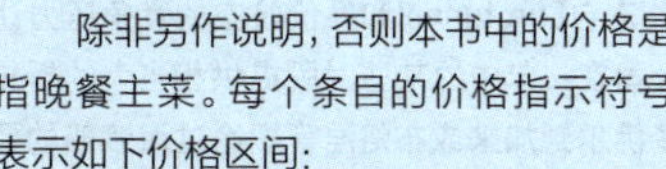

就餐价格区间

除非另作说明，否则本书中的价格是指晚餐主菜。每个条目的价格指示符号表示如下价格区间：

£ 低于£9

££ £9~18

£££ 高于£18

爱尔兰和英国之间主要的火车—渡船—火车线路是从都柏林经邓莱里（Dun Laoghaire）和霍利黑德（Holyhead）到伦敦。在罗斯莱尔（Rosslare）和菲什加德（Fishguard）或罗斯莱尔和彭布罗克（威尔士）之间也有渡船，而且两边都能接驳火车。

海路

从英格兰南部航行至法国港口只需要两三个小时，此外还有连接英格兰东部和荷兰、德国、西班牙北部的航线，爱尔兰与苏格兰西南部及威尔士之间也有轮渡。

连通英国和欧洲大陆的主要渡船航线包括多佛尔到加来或布洛涅（法国）、哈里奇到荷兰角港（荷兰）、赫尔到泽布吕赫（比利时）或鹿特丹（荷兰），以及朴次茅斯到桑坦德（西班牙）或毕尔巴

特色饮食

英国曾以糟糕的食物闻名，但这个国家在过去十年里经历了烹饪革命，如今你经常能找到使用当地新鲜食材烹饪的精美菜肴。

炸鱼和薯条 经久不衰的食品，海滨城镇的最棒。

哈吉斯 苏格兰标志性菜肴，主要是内脏和燕麦，传统上搭配马铃薯和芜青（tatties and neeps）。

三明治 如今已是风靡全球的小吃，发明于18世纪的英格兰。

莱佛面包 莱佛是一种海藻，将其混合燕麦后进行干燥，就制成了这种传统的威尔士特色面包。

农夫午餐 面包配奶酪——小酒吧常见搭配，再来一品脱啤酒。

烤牛肉和约克郡布丁 英格兰人的周日传统午餐。

康沃尔郡烘饼 咸味油酥点心，是西南部特色，如今在全国都能吃到。

纯正麦芽酒 通过传统技法酿造的啤酒，用麦芽和啤酒花调味。

苏格兰威士忌 从大麦芽发酵液中蒸馏酒精，然后在橡木桶中陈酿三年。

鄂（西班牙）。连接英国与爱尔兰的渡船航线包括霍利黑德到邓莱里。

来自Eurotunnel和廉价航空的竞争压力让渡船公司在一年中的某些时段提供相当大的折扣。从多佛尔到加来或布洛涅等短途过海渡船的票价可能低至£20，而且是一辆车和多至5位乘客的价格，不过常见的价格是£50左右。如果你没开车或骑自行车，过海的单程最低票价可能只有£10。

包含全部线路和选择的中介网站包括www.ferrybooker.com和www.directferries.co.uk。

Brittany Ferries（www.brittany-ferries.com）
DFDS Seaways（www.dfds.co.uk）
Irish Ferries（www.irishferries.com）
P&O Ferries（www.poferries.com）
Stena Line（www.stenaline.com）

当地交通

周游英国时，自驾还是搭乘公共交通是你面临的第一个抉择。自驾可以充分利用时间，又能到达偏远的地方，不过租车、汽油和停车的开销会很大，因此公共交通通常是更好的选择。

长途汽车（在英国被称作coach）最省钱，也最慢。火车更快捷但要贵得多。

飞机

英国国内的航空公司包括**英国航空**（British Airways，简称BA；www.britishairways.com）、**Flybe/Loganair**（☎0871 700 2000；www.loganair.co.uk）、**易捷航空**（EasyJet，简称EZY；www.easyjet.com）和**瑞安航空**（Ryanair，简称FR；www.ryanair.com）。对大多数短途线路来说（例如伦敦到纽卡斯尔，或者曼彻斯特到布里斯托尔），如果把在机场等待的时间计算在内，坐火车比坐飞机更快捷。

长途汽车

基本上，长途汽车是周游英国最经济的交通方式。许多城镇的本地汽车站和城际汽车站是分开的，千万不要找错地方。

> **TRAVELINE**
>
> **Traveline**（☎0871 200 2233；www.traveline.info）是一个非常实用的信息平台，集合了全国范围内的公共汽车、长途汽车、出租车和火车的信息。

英国国家快运公司（National Express；www.nationalexpress.com）是英格兰主要的长途汽车公司。对苏格兰来说，**苏格兰城际**（Scottish Citylink；www.citylink.co.uk）是领先的长途汽车公司。如果你提前订票并错开高峰时间，车票会比较便宜。大体上看，如果提前几天订票，200英里左右的车程（例如伦敦到约克）需要£15~30。

Megabus（www.megabus.com）覆盖全英约30个地点，也推出了廉价车票（如果幸运的话可低至£1）。

长途汽车通票

英国国家快运公司面向全日制学生和26岁以下人士推出优惠通票，这种票被称为Young Persons Coachcards。其价格为£10，持票可享受标准成人票价的7折优惠。另外，还有适用于60岁以上乘客、家庭乘客和残障乘客的优惠车票。

如果周游全国的话，英国国家快运公司推出了Brit Xplorer通票，持票者可以在7天（£79）、14天（£139）和28天（£219）内无限次乘车。

小汽车和摩托车

在英国，大多数海外驾照都是有效的，有效期从入境当日起算，最多12个月。

租车

在英国租车价格高昂，最小的车型每周需要约£120，中等大小的车型每周£250（包括保险，不限里程）。包括Avis、Hertz和Budget在内的所有主流租车公司都能在英国找到。

使用**UK Car Hire**（www.ukcarhire.net）或**Kayak**（www.kayak.com）等租车中介网站可能享受到折扣。

在英国，在没有第三方保险的情况下驾驶小汽车或摩托车是违法的。所有出租的车辆都带这种保险。

交通规则

《交通法规》（*Highway Code*）在书店有售（也可登录www.gov.uk/highway-code查询），它包含英国交通规则的全部内容。常用规则包括：

- 靠左行驶。
- 在交叉路口和环岛让右侧车辆先行。
- 在高速公路和双向隔离公路上保持在左侧车道行驶，除非需要超车。
- 开车要系安全带，骑摩托车要戴安全头盔。

- 开车时不能打手机。
- 禁止酒后驾车。在英格兰和威尔士，血液中的酒精浓度不能超过每100毫升80毫克（0.08%），在苏格兰不能超过每100毫升50毫克（0.05%）。
- 路边的黄线（单黄线或双黄线）表示有停车限制，红线则表示严禁停车。
- 人口密集区限速30英里/小时，主干道上限速60英里/小时，高速公路和双向隔离公路限速70英里/小时。

火车

约20家不同的火车公司在英国经营铁路客运，而Network Rail公司管理铁轨和车站。对某些乘客来说，这套系统可能会让人觉得有点迷惑，不过大部分班次信息和购票服务都是集中管理的。如果你必须转车，或者使用两家或更多铁路运营商的服务，你仍然只需要购买一张票——可用于整段旅程。主要的火车优惠卡和通票适用于所有铁路运营商。

National Rail Enquiries（☎08457 48 49 50；www.nationalrail.co.uk）提供英国所有火车线路的预订服务和列车时刻表信息。

车厢等级

火车车厢分两等：头等车厢和标准车厢。头等车厢比标准车厢贵50%左右。周末，有些火车公司会提供优惠，多付£5~25就可以由标准车厢"升级"到头等车厢，现场支付即可。

票价和预订

预订得越早车票越便宜，避开人多的日期及时间段也能省钱。如果你在网上购票，车票可以邮寄给你（仅限英国地址），也可以于乘车当天在车站的售票机处取票。

共有3种车票：

不限时 随时买票，随时乘车，一般是最贵的选择。

错峰票 随时买票，非高峰时间乘车（何时为错峰期取决于旅程）。

提前买 提前买票，仅乘坐特定火车（一般是最便宜的选择）。

火车通票

如果你要在英国待上一段时间，有几种火车优惠卡（www.railcard.co.uk）可以选择：

16~25岁火车卡 适用于16~25岁的年轻人，或全日制英国学生。

老年人火车卡 适用于60岁以上人士。

家庭和友人火车卡 可让4个成年人和4个儿童同时乘车。

火车卡的价格是£30左右（1年有效期，各大火车站和网上有售），持卡购买大多数车票都可享受33%的折扣，已享受大幅折扣的车票除外。持家庭卡买成人票降价33%，买儿童票降价60%，所以，用不了几次购买火车卡的钱就回来了。

地方火车通票

特定的地区和线路也会推出各种各样的本地火车通票，可以在当地火车站咨询一下。

全国火车通票

对于周游全国的旅行，**BritRail**（www.britrail.net）的火车通票适用于海外游客。这种火车票必须要游客在本国（而不是英国）从专门的旅行社购买。一共有7种（例如仅英格兰、仅苏格兰、英国全境、英国和爱尔兰），有效期从4天到30天，选择多样。

保加利亚

包括 ➡

最佳餐饮

- Manastirska Magernitsa（见266页）
- Mehana Chavkova House（见270页）
- Han Hadji Nikoli（见277页）
- Grazhdanski Klub（见272页）
- Panorama（见282页）

最佳住宿

- Red B&B（见264页）
- Sofia Residence（见266页）
- Hostel Old Plovdiv（见272页）
- Hotel-Mehana Gurko（见275页）
- Graffit Gallery Hotel（见278页）

为何去

保加利亚有很多值得热爱的东西：只需问问希腊人、罗马人、拜占庭人和土耳其人，他们全都会争着说那全是属于他们的。作为欧洲大陆上最古老的国家——它的历史比古希腊还早1500年，保加利亚坐拥丰富的古代珍宝：经常有故事说准备在花园播种的当地人一铁锹下去就挖出了无价古董，只得眼看着自家花园被考古学家挖得支离破碎。保加利亚的历史遗迹保存得非常好：从色雷斯人的坟墓和希腊人的贮藏到古罗马遗迹和中世纪堡垒，都可以轻松到达。

千百年后，巴尔干半岛上的这个美丽国度依然令人向往，这里有迷人的海岸线、绵延的山脉和青翠肥沃的峡谷，长满了葡萄藤和月季。普罗夫迪夫是2019年的欧洲文化之都（European Capital of Culture），索非亚足以与任何一个国际大都市媲美，而生机勃勃的黑海海滨度假村到处都是追寻现代快乐生活的"朝圣者"。

何时去

索非亚

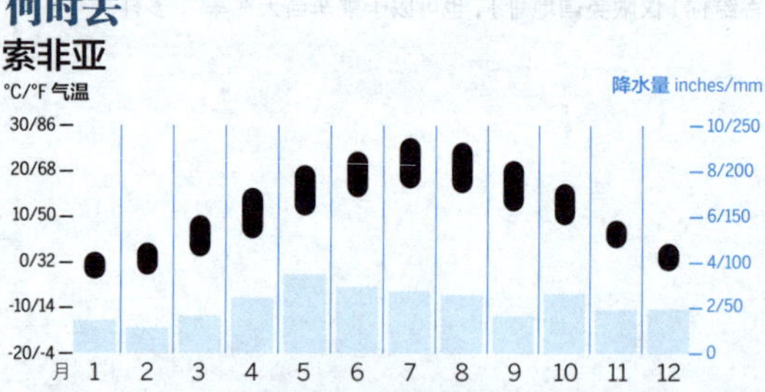

2月 在梅尔尼克（Melnik）的金葡萄节（Golden Grape Festival）上畅饮。

6月 在卡赞勒克（Kazanlâk）的玫瑰节（Rose Festival）上庆祝最甜美的丰收。

7月至9月 白天在黑海海滩发呆，夜晚在保加利亚最好的夜店嗨起来。

保加利亚亮点

❶ 在**普罗夫迪夫**令人赞叹的老城区品味历史（见271页）。

❷ 在产葡萄酒的小镇**梅尔尼克**（见269页）喝两杯。

❸ 在保加利亚最受尊崇的**里拉修道院**（见269页）欣赏艺术和宗教瑰宝。

❹ 在**索佐波尔**（见281页）的黑海沿岸放松身心。

❺ 在大都会**瓦尔纳**（见278页）泡夜店，参加水上运动，在滨海公园（Primorski Park）漫步。

❻ 在**科普里夫什蒂察**（见274页）的民族复兴建筑中回顾历史。

❼ 在**大特尔诺沃**（见274页）拜访俄国沙皇中世纪的要塞。

索非亚（SOFIJA，SOFIA） СОФИЯ

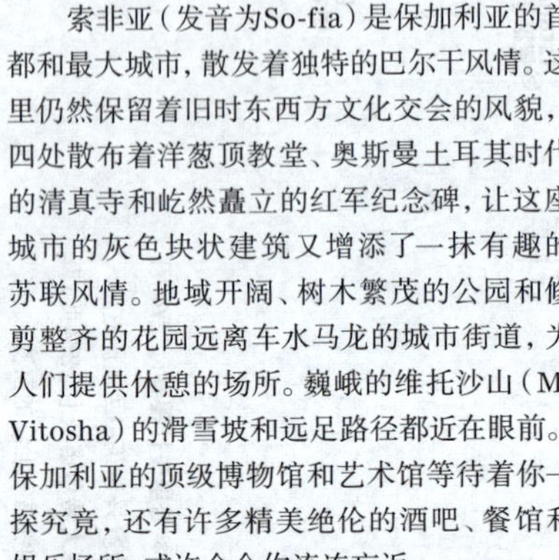

☎02 / 人口 120万

索非亚（发音为So-fia）是保加利亚的首都和最大城市，散发着独特的巴尔干风情。这里仍然保留着旧时东西方文化交会的风貌，四处散布着洋葱顶教堂、奥斯曼土耳其时代的清真寺和屹然矗立的红军纪念碑，让这座城市的灰色块状建筑又增添了一抹有趣的苏联风情。地域开阔、树木繁茂的公园和修剪整齐的花园远离车水马龙的城市街道，为人们提供休憩的场所。巍峨的维托沙山（Mt Vitosha）的滑雪坡和远足路径都近在眼前。保加利亚的顶级博物馆和艺术馆等待着你一探究竟，还有许多精美绝伦的酒吧、餐馆和娱乐场所，或许会令你流连忘返。

景点

亚历山大·涅夫斯基广场（Ploshtad Aleksander Nevski）

★亚历山大·涅夫斯基大教堂 教堂

（Aleksander Nevski Church，pl Aleksander Nevski；⊙7:00~19:00）免费 这个宏伟的、令人敬畏的教堂不只是索非亚的象征，而且也是保加利亚的象征之一，建于1882~1912年，目的是纪念俄国和土耳其战争（1877~1878年）中为争取保加利亚独立而阵亡的20万名俄罗斯士兵。

亚历山大·涅夫斯基地宫 画廊

（Aleksander Nevski Crypt；Museum of Icons；pl Aleksander Nevski；成人/学生 6/3列弗；⊙周二至周日10:00~17:30；🚌1）最初是作为保加利亚众国王的安息之所建造的，这个地宫如今收藏的画像，无论数量和质量都堪称保加利亚之首，多幅人物肖像画的历史可追溯至5世纪。入口在同名教堂大门的左边。

圣索菲亚大教堂 教堂

（Sveta Sofia Church；ul Parizh；博物馆 成人/学生 6/2列弗；⊙4月至10月 7:00~19:00，11月至次年3月 7:00~18:00，博物馆周二至周日 9:00~17:00；🚌9）圣索菲亚大教堂是首都最古老的教堂，这座城市也因此而得名。一座新开放的地下**博物馆**内有一座古代坟场，里面有56座坟墓以及其他4座教堂的遗迹。教堂外面是无名烈士墓和一束不灭的火焰，还有保加利亚最受尊崇的作家伊万·瓦梭夫（Ivan Vazov）的坟墓。

索非亚城市花园及周边（Sofia City Garden & Around）

皇宫 宫殿

（Royal Palace；ul Tsar Osvoboditel；🚊20）这里原本是奥斯曼土耳其的警署总部，保加利亚民族英雄瓦希尔·列夫斯基（Vasil Levski）1873年被公开处决前就是在这里受审和受刑的。解放后，这座建筑改造一新，成为保加利亚皇室的官方宅邸。里面坐落着国家美术馆和人种学博物馆。

人种学博物馆 博物馆

（Ethnographical Museum；Royal Palace；成人/学生 3/1列弗；⊙周二至周日 10:00~15:30；🚊20）这座博物馆占据了皇宫的两层，展示民族服饰、工艺品和民俗文化。许多房间配有大

旅行线路

一周

先花一整天游览**索非亚**的主要景点，然后乘坐公共汽车前往**大特尔诺沃**，用几天时间观光游览和徒步旅行。至于一周剩下的时间，可以去**瓦尔纳**体验大海和沙滩，或者掉头往南去古代海滩城镇**内塞伯尔**和**索佐波尔**。

两周

先在索非亚游玩几天，并参加里拉修道院的一日游。然后，乘坐长途汽车前往**普罗夫迪夫**，感受老城区的鹅卵石道路。接着从这里去庄严宏伟的大特尔诺沃呼吸山中的空气。最后前往海滨，在瓦尔纳和充满活力的索佐波尔住几夜。

理石壁炉和镜子，粉刷得雍容华贵，本身就是一道靓丽的风景。

考古博物馆 博物馆

（Archaeological Museum；www.naim.bg；pl Nezavisimost；成人/学生 10/2列弗；英语团队游20列弗；⏲5月至10月 10:00~18:00，11月至次年4月 周二至周日 10:00~17:00；🚌10）这个博物馆从前是一座清真寺，建造于1496年，里面陈列着大量色雷斯、罗马和中世纪时期的手工制品。亮点包括一块来自圣索非亚大教堂的马赛克镶嵌地板、一副公元前4世纪的色雷斯黄金丧葬面具，还有一尊据说代表着某位色雷斯国王的华丽的青铜头像。

圣乔治圆顶教堂 教堂

（Church of St George，Sveti Georgi Rotunda；www.svgeorgi-rotonda.com；bul Dondukov 2；⏲每日祷告 8:00、9:00和17:00；🚌10）这座红砖小教堂建于4世纪，是索非亚保存下来的最古老的建筑，里面的壁画绘于10~14世纪。它是一座正在使用的繁忙的教堂，不过也欢迎游客参观。

总统大楼 知名建筑

（President's Building；pl Nezavisimost；🚌10）保加利亚总统办公室不对公众开放，但壮观的**卫兵换岗仪式**（整点）不可错过。完整的仪式有音乐、精良武器和各种浮华场面，每月第一个周三的正午举行。

圣礼拜日大教堂 教堂

（Sveta Nedelya Cathedral；pl Sveta Nedelya；Ⓜ Serdika）这座气势恢宏的圆顶教堂建成于1863年，是索非亚的城市地标之一，因拥有众多拜占庭风格壁画而享有盛名。1925年4月16日，在一次暗杀保加利亚沙皇鲍里斯三世（Tsar Boris Ⅲ）的行动中被人炸毁。

圣佩特卡地下教堂 教堂

（Sveta Petka Samardzhiiska Church；bul Maria Luisa；Ⓜ Serdika）这座小巧的教堂建于奥斯曼土耳其统治早期（14世纪末叶），这就不难理解为什么它具有凹陷的轮廓和朴实无华的外貌。内部墙壁雕刻着16世纪的壁画。据传保加利亚民族英雄瓦希尔·列夫斯基就安葬于此。

团队游

Free Sofia Tour 步行游

（☎088 699 3977；www.freesofiatour.com；⏲11:00和18:00）免费 在友好热情的当地年轻人（说英语）的陪同下步行探索索非亚的景点。不需要预约，只需在11:00或18:00出现在bul Vitosha上的正义宫（Palace of Justice）门外。步行游持续约2小时。

New Sofia Pub Crawl 团队游

（☎087 761 3992；www.thenewsofiapubcrawl.com；团队游 20列弗；⏲21:00至次日1:00）在这场夜游中探索索非亚的秘密。你将深入了解这座城市社会性的一面（还有古怪的免费饮品）。在水晶公园（Crystal Park）里的Stefan Stambolov雕像处集合。

City Sighteeing Bus Tour 大巴游

（www.citysightseeing.bg；20列弗；⏲周三至周日 10:00~13:00 每小时1班）这个随上随下的大巴游总共涵盖索非亚的30多个景点，1小时的游览从亚历山大·涅夫斯基大教堂开始。10月至次年3月需要预约；其他时间只需出现在上车地点即可。

住宿

索非亚住宿的价格高居保加利亚之首，堪比西欧城市的水平。品质上乘的经济型酒店数量稀少，价格低廉的那些要么脏乱不堪，要么位置偏远；相比之下，青年旅舍是更为合适的选择。

Art Hostel 青年旅舍 €

（☎02-987 0545；www.art-hostel.com；ul Angel Kânchev 21a；铺/标单/双 20/47/66列弗起；📶；🚌12）这个波希米亚风格的青年旅舍以其夏日艺术展览、现场音乐和舞蹈表演以及其他活动从众多同类青旅中脱颖而出。宿舍很有艺术感，也很明亮；私人房间气氛轻快温馨。有一个很棒的地下室酒吧和一个宁静的小花园。

Canapé Connection 青年旅舍 €

（☎02-441 6373；www.canapeconnection.com；ul William Gladstone 12a；铺/标单/双 16/40/52列弗起；@📶；🚌1）这家旅舍温馨如

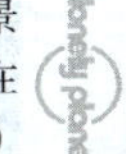

Sofija 索非亚

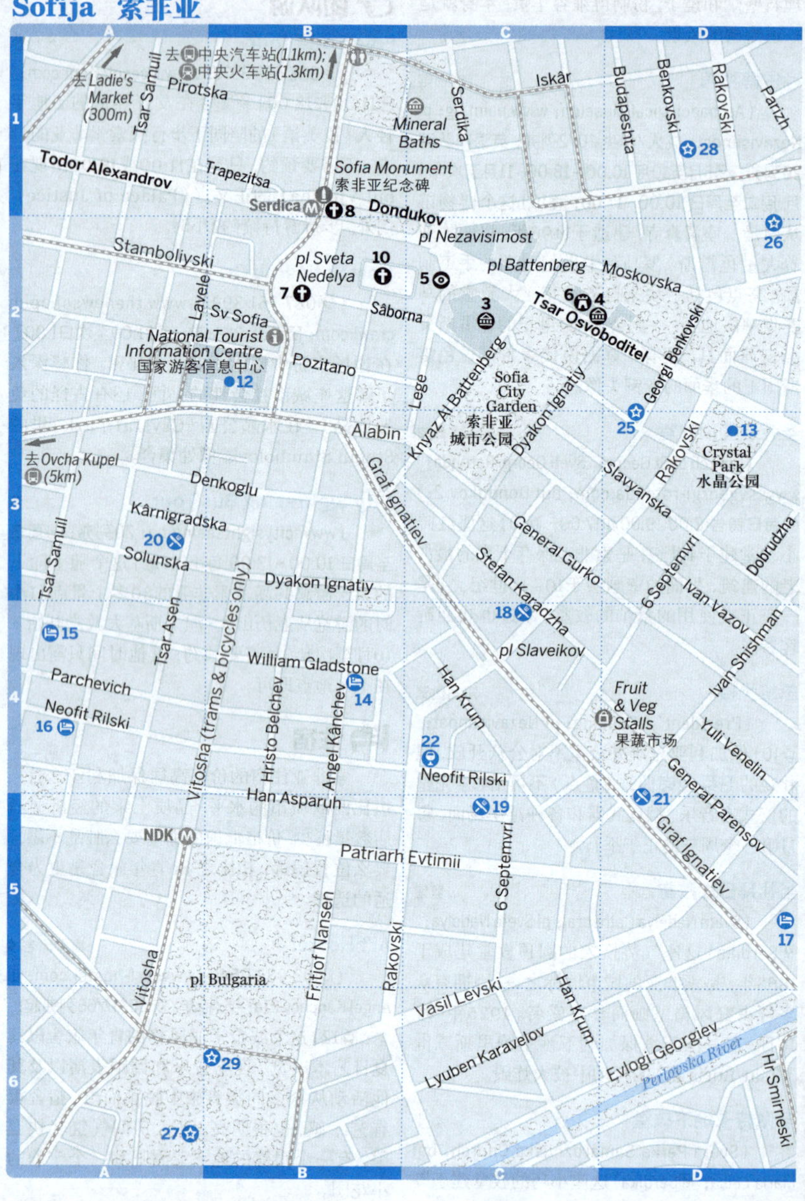

家，由三个热爱旅行的年轻人经营，有八床位和四床位的宿舍，里面有宽床铺和木地板，也有私人房间。早餐菜单上有自制奶酪酥皮糕点（banitsa）和羊角面包。

★ Red B&B 民宿 €€

（☎088 922 6822; www.redbandb.com; ul Lyuben Karavelov 15; 标单/双 40/70列弗起; @; Ⓜ Vasil Levski, 🚌10）这家酒店位于一座20世纪20年代的美妙建筑（保加利亚最著名雕塑家

的故居）中并附属于红房子（Red House）文化中心，拥有6间客房，别具一格。所有房间都是单独装修的，整体氛围是一种波希米亚式的温和感。共用浴室。

Sofija 索非亚

重要景点

1 亚历山大·涅夫斯基大教堂 E2

景点

2 亚历山大·涅夫斯基地宫 E2
3 考古博物馆 C2
4 人种学博物馆 C2
5 总统大楼 C2
6 皇宫 C2
7 圣礼拜日大教堂 B2
8 圣佩特卡地下教堂 B1
9 圣索菲亚大教堂 E2
10 圣乔治圆顶教堂 B2

活动、课程和团队游

11 City Sighteeing Bus Tour E2
12 Free Sofia Tour B2
13 The New Sofia Pub Crawl D3

住宿

14 Art Hostel B4
15 Canapé Connection A4
16 Hotel Niky A4
17 Red B&B D5

就餐

18 K.E.V.A C4
19 Manastirska Magernitsa C5
20 Pastorant A3
21 The Little Things D5

饮品和夜生活

22 Bar Up C4
23 One More Bar E3
24 Yalta E3

娱乐

25 Bulgaria Hall D3
26 National Opera House D2
27 National Palace of Culture A6
28 Rock It D1
29 Sofia Live Club B6

★ Hotel Niky 酒店 €€

（☎02-952 3058；www.hotel-niky.com；ul Neofit Rilski 16；房间/套 80/120列弗起；P⊖❄🛜👪；🚌1）这家酒店物超所值，位于城市中心，客房舒适惬意，浴室光洁如新，精致的套房带有小厨房。非常受欢迎，经常客满，一定要提前预订。

★ Sofia Residence 精品酒店 €€€

(☎02-814 4888; www.residence-oborishte.com; ul Oborishte 63; 标单/双/套 176/195/215列弗起; ⊝❄📶; 🚌9、72)这是一处绯红色、20世纪30年代风格的豪华屋宇，自带酒馆。里面有9间客房和奢华套房，采用樱桃木地板，室内陈设古色古香，空间宽敞。在顶层套房（254列弗）内可以鸟瞰亚历山大·涅夫斯基大教堂。周末有八折优惠。

就餐

和保加利亚其他地区相比，索非亚就是美食天堂，有着无与伦比的各国美食，新开的优质餐厅如雨后春笋般涌现。这里小吃摊很多，如果打算节约开支的话，可以购买奶酪薄片馅饼（banitsa）和煎饼（palachinki）等快餐。

K.E.V.A 保加利亚菜 €

(☎087 731 3233; School for Performing Arts, ul Rakovski 112; 主菜 5~15列弗; ⊙11:00至午夜; ⓂSofia Universitet) K.E.V.A绝对是个不可貌相的地方：这家餐厅外表简朴，菜品便宜，但却以自助餐厅的价格供应五星级美食。作为索非亚艺术精英和表演艺术学校（School for Performing Arts）的学生经常光顾的地方，它还经常在就餐时间上演戏剧表演。

★ Manastirska Magernitsa 保加利亚菜 €

(☎02-980 3883; www.magernitsa.com; ul Han Asparuh 67; 主菜 6~10列弗; ⊙11:00至次日2:00; ⊝; ⓂNDK)这家传统餐馆是在索非亚品尝地道保加利亚珍馐的最佳场所。菜品不胜枚举，其特色是菜谱收集自全国各地的修道院。菜品包括红酒炖“醉兔”、沙拉、鱼、猪肉和野生猎物。菜量大，服务殷勤。

The Little Things 各国风味 €€

(☎088 249 0030; ul Tsar Ivan Shishman 37; 主菜 7~18列弗; ⊙正午至午夜; 🚌1)这家迷人的餐馆的名字来自一些小玩意儿——小摆设、玩具、书籍和鲜花，让当地人接二连三回到这里的是分量十足的美味家常食物。主菜包括自制肉丸子、意大利面和鱼类菜肴；无论你选什么，一定要尝试无花果奶酪蛋糕。

Pastorant 意大利菜 €€€

(☎02-981 4482; www.pastorant.eu; ul Tsar Asen 16; 主菜 11~28列弗; ⊙正午至22:30; ⊝✎; ⓂNDK)这个迷人的豌豆绿色餐厅在亲密的就餐环境中供应优质意大利菜肴，包括一些创意十足的意大利面和意大利调味饭，此外还有一些传统经典菜式，如意式煎小牛肉火腿卷（saltimbocca）和香蒜沙司鸡肉（pesto chicken）。

饮品和夜生活

One More Bar 酒吧

(☎088 253 9592; ul Shishman 12; ⊙8:00至次日2:00; ⓂSofia Universitet)这个老旧但别致的热门酒吧位于一座华丽的老房子里，即使在墨尔本或曼哈顿也不会显得不合时宜：种类多样的鸡尾酒单、可爱的夏日花园和背景爵士乐增添了它大都会式的魅力。

Raketa Rakia Bar 酒吧

(☎02-444 6111; ul Yanko Sakazov 17; ⊙11:00至午夜; 🚌11)不出所料，这家气氛轻快的复古酒吧拥有种类繁多的rakia（烈性水果白兰地），在痛饮美酒之前，先在肚子里垫一点他们家富含肉类和奶油的小吃和菜肴。

Bar Up 酒吧

(☎087 654 1641; ul Neofit Rilski 55; ⊙周一至周四 9:00至午夜，周五至周六 9:00至次日2:00，周日 11:00至次日1:00; ⓂNPK)这个用罐子装鸡尾酒、用拖板做家具的酒吧果然是个慵懒悠闲、充满艺术气质的地方，经常有主题不断变化的展览。

Yalta 夜店

(www.yaltaclub.com; bul Tsar Osvoboditel 20; ⊙24小时; ⓂSofia Universitet)在这个令人亢奋的时尚夜店，和索非亚的潮流人士、本土及国际DJ明星一起摇摆。它是保加利亚的第一家夜店，自1959年以来就一直非常受欢迎。

☆ 娱乐

如果你看得懂保加利亚语，*Programata*上列出了很多娱乐项目，否则就查看它的英文网站www.programata.bg。

现场音乐

Rock It
现场音乐

（www.rockit.bg; ul Georgi Benkovski 14; ⏲周一至周六 19:00至次日4:00; Ⓜ Serdika）如果你喜欢摇滚乐和金属乐，就算来对地方了。在重金属乐队、DJ和舞动着的长发的重压之下，这个巨大的两层建筑震动不已。

Sofia Live Club
现场音乐

（www.sofialiveclub.com; pl Bulgaria 1; ⏲周三至周六 21:00至次日5:00; Ⓜ NDK）这个时髦的场所是这座城市最大的现场音乐夜店。所有一切都是卡巴莱歌舞风格，有本土及国际爵士乐、另类音乐、世界音乐和摇滚乐演出。

保加利亚音乐厅
古典音乐

（Bulgaria Hall; ☎02-987 7656; www.sofiaphilharmonie.bg; ul Georgi Benkovski 1; ⏲售票处 周一至周五 9:00~20:00，周六 至15:00; 🚌9）这里是优秀的索非亚爱乐乐团（Sofia Philharmonic Orchestra）的大本营。

表演艺术

国家歌剧院
歌剧

（National Opera House; ☎02-987 1366; www.operasofia.bg; bul Dondukov 30，入口在ul Vrabcha; ⏲售票处 周一至周五 9:00~14:00和14:30~19:00，周六 11:00~19:00，周日 11:00~16:00; 🚌9, 🚌20）国家歌剧院于1953年开放，历史悠久，是演出大型歌剧、芭蕾及音乐会的场所。

国家文化宫
演出场所

（National Palace of Culture; NDK; ☎02-916 6300; www.ndk.bg; pl Bulgaria; ⏲售票处 10:00~20:00; 📶; Ⓜ NDK）国家文化宫（通常叫作NDK）包含15个表演厅，是保加利亚最大的文化综合建筑。全年定期举办各种文化活动，小到电影放映和内部预映，大到世界知名的国际音乐活动。

购物

Bulevard Vitosha是索非亚主要的购物街，沿街的国际知名品牌店引人注目，穿插着一些餐馆；迷人的ul Pirotska是一条中央步行购物街，那里的商店出售衣服、鞋子和家居用品，比较便宜。

Ladies' Market
市场

（Zhenski Pazar; ul Stefan Stambolov; ⏲黎明至黄昏; 🚌20）这个市场位于ul Ekzarh Yosif和bul Slivnitsa之间，横跨几条街区，是索非亚最大的新鲜蔬菜（以及其他一切商品）市场。小心扒手。

Ot Manastira
食物

（从修道院; ☎088 775 8093; www.otmanastira.com; ul Ivan Asen Ⅱ 54; ⏲周一至周五 10:00~14:00和15:00~19:30，周六至周日 10:00~17:30; Ⓜ Sofia Universitet）这个小商店出售超级新鲜的水果、蔬菜、蜂蜜、开胃小菜，还有鱼（周五），所有商品都是城市西南方向100公里的Kyustendil Monastery生产的。

实用信息

国家旅游信息中心（National Tourist Information Centre; ☎02-987 9778; www.bulgariatravel.org; ul Sveta Sofia; ⏲周一至周五 9:00~17:00; 🚌5）说英语的员工乐于助人，提供关于保加利亚各旅行目的地的小册子。

皮罗戈夫医院（Pirogov Hospital; ☎02-915 4411; www.pirogov.bg; bul General Totleben 21; 🚌4、5）索非亚最大的急诊公共医院。

索非亚旅游信息中心（Sofia Tourist Information Centre; ☎02-491 8345; www.info-sofia.bg; Sofia University underpass; ⏲周一至周五 8:00~20:00，周六至周日 10:00~18:00; Ⓜ Kliment Ohridski）提供很多免费活页和地图，说英语的工作人员乐于助人。

到达和离开

飞机

索非亚机场（Sofia Airport; ☎02-937 2211; www.sofia-airport.bg; 紧邻bul Brussels; 30路小型公共汽车）位于市中心以东12公里处。保加利亚境内只有索非亚和黑海之间有航班往来。**保加利亚航空公司**（Bulgaria Air; ☎02-402 0400; www.air.bg; ul Ivan Vazov 2; ⏲周一至周五 8:30~17:00; 🚌20）每天有航班飞往瓦尔纳，7月至9月每天有2趟或3趟航班；该航空公司也有航班来往于首都和布尔加斯（Burgas）。

长途汽车

索非亚**中央汽车站**（Tsentralna Avtogara;

www.centralnaavtogara.bg; bul Maria Luisa 100; 24小时; 🚌7)位于火车站以南100米处，有几十个独立的私人公司柜台、一个咨询台和一个**OK-Supertrans出租车服务台**(www.oktaxi.net; ⏰6:00~22:00)。11月至次年4月的车次较少。有很多长途客车从索非亚开往普罗夫迪夫(14列弗，2.5小时)、大特尔诺沃(22列弗，4小时)、瓦尔纳(33列弗，7小时)及其他目的地；易于操作的网站www.bgrazpisanie.com有全面的国内和国际客车时间表及票价信息。

火车

中央火车站(bul Maria Luisa; 🚌1、7)终于开始了亟须的整修，预计近年来会变成一座崭新的、使用方便的火车站。它目前仍在运行中，不过旅客们会发现在线购买火车票(www.bdz.transportinfo.bg; 需要注册)更加便捷，比在嘈杂的售票大厅挤破头要容易得多。无论你的选择是什么，都不要在最后一分钟才想起买票。

所有国内和国际目的地信息均列于西里尔语的时间表上，而离开(后两个小时内)和到达(前两个小时内)的信息则用英文呈现在一楼一面巨型屏幕上。

快速列车线路包括索非亚至普罗夫迪夫(12列弗，2.5小时)和瓦尔纳(31列弗，7小时)；登录www.bgrazpisanie.com(点击"timetable")或www.bdz.bg，查看所有国内和国际列车路线。

当地交通

抵离机场

在本书调研期间，索非亚机场通过30路小型公共汽车(往返pl Nezavisimost，1.50列弗)，以及较慢且绕路的84路和384路公共汽车(分别从1号和2号航站楼发车)与市区连接。目前新的地铁线已经直通机场，旅行者又多了一种交通选择。

小汽车和摩托车

索非亚公共交通发达，出租车费用低廉，交通状况糟糕。因此，基本没有理由在索非亚自驾。但是，如果打算远游，租车是个好主意。大多数大型租车公司(以及比较便宜的当地公司)都在机场设有办事处；登录www.sofia-airport.bg查看全部公司的列表信息。

公共交通

公共交通工具的运营时间为每天5:30~23:00，包括有轨电车、公共汽车、小型公共汽车和无轨电车，还有地铁。

很多公共汽车、有轨电车和无轨电车上都装有自动售票机，索非亚市内的所有票价都是1列弗。在上车前从沿线站点的售票亭购买车票更便捷，尤其是高峰时段。

如需经常搭乘公共交通工具，可以购买有效期为一天、10次或一个月的交通储值卡，价格分别为4列弗、8列弗和50列弗，储值卡可用于所有公共交通工具(仅用于地铁的月卡售价35列弗)。所有车票必须上车后插入车载的小机器里进行验证；票面打孔后即不允许转让。如果无票乘车，稽查人员会当场开具罚单(10列弗)。

关于公共交通的更多信息见www.sofiatraffic.bg。

出租车

保加利亚法律规定，出租车必须打表计费，但是在机场和高档酒店附近以及pl Sveta Nedelya百米以内等候的出租车司机经常要求不打表而是议价，当然，一般会远高于打表价格。所有正式出租车的玻璃窗上都贴有每公里价格，而且车顶有明显的出租车标识(英语或保加利亚语)。**OK-Supertrans**(☎02-973 2121; www.oktaxi.net)或**Yellow Taxi**(☎02-91 119; www.yellow333.com)是可靠的出租车运营商。

保加利亚南部(SOUTHERN BULGARIA)

保加利亚的一些珍贵的宝藏散布于南部的城镇、村庄和森林中。不可不去的中世纪里拉修道院(Rila Monastery)栖身于幽深的森林中，但很容易坐长途汽车抵达；小小的梅尔尼克淹没在古代葡萄美酒中；普罗夫迪夫(保加利亚的第二大城市)的鹅卵石街道两侧到处都是文明的遗迹，透出一种永恒之感。

该地区风景优美，山路崎岖：里拉山脉(Rila Mountains; www.rilanationalpark.bg)位于索非亚以南，皮林山脉(Pirin Mountains; www.pirin-np.com)靠近希腊边境，洛多皮山脉(Rodopi Mountains)在普罗夫迪夫以东和以南。这里有很好的徒步路线，还是保加利亚的滑雪胜地。登录www.bulgariaski.com网站，查询有关博罗韦茨(Borovets)、班斯科(Bansko)和潘波洛沃(Pamporovo)这三个主要度假区的滑雪信息。

里拉修道院(Rila Monastery) Рилски Манастир

许多保加利亚人认为,游览保加利亚,必须造访里拉修道院(www.rilamonastery.pmg-blg.com; ⏲7:00~21:00) 免费 ,才称得上不虚此行。它已被联合国教科文组织列入世界文化遗产名录。修道院位于索非亚以南120公里,公元927年修建,1469年被大规模修复。土耳其统治期间,它是保加利亚文化和语言的大本营。修道院坐落在草木丛生、十分适合徒步旅行的山谷间,其间的圣诞教堂(Nativity Church)挂满壁画、闻名遐迩,历史可追溯至19世纪30年代。附属的里拉博物馆(Rila Monastery; 8列弗; ⏲8:00~17:00)中收藏了里拉十字架(Rila Cross),上面有苦心雕刻的《圣经》场景微雕。访客应穿着得体。

如果时间充裕,可以徒步爬到圣伊万坟冢(Tomb of St Ivan),那里埋葬着修道院的创始人。全程耗时15分钟,起点在修道院背后向东3.7公里的路上。

你可以下榻在里拉修道院(☎089 687 2010; www.rilamonastery.pmg-blg.com; 房间30~60列弗)简朴的客房;或者5公里外很容易到达的Gorski Kut(☎07054-2170; 双 50列弗起; P ❄),稍微高档一点。

索非亚的Ovcha Kupel(☎02-955 5362; bul Ovcha Kupel 1, 又称"Zapad"或"West"汽车站)汽车站每天早晨发出一班开往修道院的班车(12列弗, 2.5小时),下午返程。里拉村每天有5班公共汽车(4列弗)往返修道院。此外,里拉修道院大巴(Rila Monastery Bus; ☎02-489 0883; www.rilamonasterybus.com; €25; ⏲4月至11月)9:00从索非亚发车,目的地是修道院和博亚纳(Boyana),17:00返程。

梅尔尼克(Melnik) Мелник

☎07437 / 人口 385

作为保加利亚最小的城镇,梅尔尼克是这个国家最著名的葡萄酒中心。家庭经营的mehanas因自家的桶装血红梅尔尼克葡萄酒而自豪,这种特有的本地葡萄酒装在塑料罐子里,摆在土路街道边出售。

景点

不出所料,这里的主要景点是酒庄。梅尔尼克的葡萄酒已享有600多年的盛名,包括标志性的深红色葡萄酒——Shiroka Melnishka Loza,它是温斯顿·丘吉尔(Winston Churchill)的最爱。商店和货摊点缀在梅尔尼克的鹅卵石街巷中,出售红葡萄酒和白葡萄酒,价格为3~4列弗起。

葡萄酒博物馆 博物馆

(Museum of Wine; www.muzei-na-vinoto.com; ul Melnik 91; 门票 5列弗; ⏲10:00~19:00)这座有趣的博物馆附属于Hotel Bulgari,你可以在此了解梅尔尼克葡萄酒产业的历史,兴致勃勃地注视着这里展览的400多瓶葡萄酒(土窖地下室特别酷),并细细查看品酒单。一旦你找到一款(或四款)自己喜欢的葡萄酒,就可以在瓶子里装满,他们会为你贴上个性化标签。

Mitko Manolev葡萄酒厂 葡萄酒厂

(Mitko Manolev Winery; Shestaka; ☎07437-2215; www.shestaka.com; 门票含品酒 2列弗; ⏲9:00至黄昏)想要体验最有氛围的品酒(degustatsia),就沿着鹅卵石街道来到这家葡萄酒厂,它还有个名字叫Shestaka("六指儿"),因为酒厂的创始人多出来一根手指头(他现在的后代Mitko也是)。这个地方基本上是一个向下挖掘到岩石的地窖,外面有一个棚屋,屋顶下有桌椅。它位于Bolyaskata Kâshta遗址和科尔多普勒夫宅邸(Kordopulov House)之间的山坡小路边,还提供住宿(双 35列弗)。

科尔多普勒夫宅邸 博物馆

(Kordopulov House; ☎07437-2265; www.kordopulova-house.com; 门票 3列弗; ⏲8:00~20:00)这座令人印象深刻的四层宅邸建于1754年,是一位德高望重的葡萄酒商的故居。起居室经过了精心修复,拥有19世纪的壁画、彩色玻璃窗和精美的木雕天花板。巨大的葡萄酒地窖(可品酒)中有180米长的迷宫般的层叠通道;留意镶满了闪闪发光硬币的那面墙壁。这栋房子位于街道末端的岩壁上,在溪流的南边,你是绝不会错过的。

值得一游

维托沙山和博雅纳（MT VITOSHA & BOYANA）

维托沙山位于城市南端，是著名的远足和滑雪地点，价格比滑雪胜地低廉（缆车票价约为30列弗）。维托沙山是**维托沙自然公园**（Vitosha NaturePark; www.park-vitosha.org）的一部分，该公园是保加利亚同类公园中最古老的一座（建于1934年），面积为227平方公里。Mt Cherni Vrâh（意即黑峰；海拔2290米）是维托沙山的最高峰，也是保加利亚的第四高山。

椅式缆车从**德拉加列夫茨**（Dragalevtsi）村附近约3公里处起步，通往Goli Vrâh（海拔1837米），全年无休。也可以在Simeonovo乘坐可搭载6人的凤尾船（gondola），仅周五至周日运营。

如果旅行至此，不妨同时造访**博亚纳**（Boyana），那里有被联合国教科文组织列入世界文化遗产名录的**博亚纳教堂**（Boyana Church; www.boyanachurch.org; ul Boyansko Ezero 3; 成人/学生 10/1列弗，含国家历史博物馆联票 12列弗，导游费 10列弗；⏲4月至10月 9:30~17:30; 11月至次年3月 9:00~17:00; 🚌64、21路小型公共汽车），建于11~19世纪。内部装饰有绘制于1259年的多姿多彩的壁画，被认为是中世纪保加利亚艺术的代表作之一。

博亚纳还有相当不错的**国家历史博物馆**（National Historical Museum; www.historymuseum.org; bul Vitoshko Lale 16; 成人/学生 10/1列弗，与博亚纳教堂一并参观的联票价格 12列弗，导游费 20列弗；⏲4月至10月 周二至周日 9:30~18:00，11月至次年3月 9:00~17:30）。这个博物馆展示的色雷斯手工制品以及19世纪的武器和服饰值得一看，但很多是复制品。

21路小型公共汽车从市中心开往博亚纳（在bul Vasil Levski乘坐），它可以把你带到博物馆门前，也开往博亚纳教堂。另外，也可从ul Srebârna上的Hladilnika终点站乘坐64路公共汽车；或者坐出租车（单程花费8~10列弗），想去博物馆，说去Residentsia Boyana就可以了。

节日和活动

金葡萄节（Golden Grape Festival） 葡萄酒

举办品酒、音乐会以及各种以葡萄酒为中心的宴饮活动，2月的第二个周二举办。

住宿

大多数酒庄都提供住宿，在街上还可以留意窗户上的“стаизаспане”（住宿）标识。

Hotel Bulgari 酒店 €

（☎7437-2215; www.hotelbulgari.net; ul Melnik 91; 标单/双/公寓 30/50/80列弗起; 📶）这座高耸的建筑在小而破旧的梅尔尼克看起来有点不太协调，但它崭新、漂亮且宽敞的房间绝对超值。虽然洞穴似的餐厅更适合举办宴会而非亲密的私人用餐，但附属的葡萄酒博物馆是个小酌一杯的好地方。

★Hotel Bolyarka 酒店 €€

（☎07437-2383; www.melnikhotels.com; ul Melnik 34; 标单/双/公寓 含早餐 40/60/100列弗; P ❄ @ 📶）整洁利落的Bolyarka拥有优雅且精心装饰的房间，公寓还带壁炉。有桑拿和按摩服务，但货真价实的奥斯曼时代土耳其浴室（hammam）只能参观，不能使用。附带的餐厅很棒。

就餐

只喝酒不吃东西，人就会整日醉醺醺地神志不清，幸亏梅尔尼克也有很棒的餐馆。尝试一下当地特色菜banitsa，还有山里河流中的鳟鱼。

★Mehana Chavkova House 保加利亚菜 €€

（☎089 350 5090; ul Melnik 112; 5~10列弗）这个地方位置极好，你可以坐在五百多岁的大树下，看着梅尔尼克人来来往往。像镇上的许多地方一样，烤肉和保加利亚菜是特色（尝试“sach”，一种嗞嗞作响的平底锅烤肉和蔬菜）。舒服的氛围和非常友好的服务可谓锦上添花。

Mehana Mencheva Kâshta 保加利亚菜 €€

（☎07437-2339；主菜 6~11列弗；⊙10:00~23:30）这个小酒馆有一个可爱的楼上门廊，向下俯瞰着主街道的村庄边缘。它很受当地人欢迎，供应各种保加利亚特色美食。

到达和离开

每天有一班直达长途汽车连接梅尔尼克和索非亚（17列弗，4小时），但发车时间不定。每天还有一班直达班车前往马其顿边境附近的布拉戈耶夫格勒（Blagoevgrad；9列弗，2小时）。

普罗夫迪夫（Plovdiv） Пловдив

☎032 / 人口341,040

到处都是美术馆、波希米亚咖啡馆、博物馆和时尚博物馆，难怪普罗夫迪夫会被提名为2019年的欧洲文化之都。相比索非亚，普罗夫迪夫显得更加小巧和让人放松，是一个非常适合徒步游览的城市；作为充满活力的大学城，它还是寻欢作乐的前沿阵地，有很多悠闲的咖啡馆。

历史仍鲜活地存在于普罗夫迪夫的老城区，这里已尽可能地还原为19世纪中期的风貌，蜿蜒的鹅卵石街道尤为引人注目。街道两侧尽是古老住宅、古董商店和创意沙龙，普罗夫迪夫和其他"老城"的区别在于杰出的艺术家在这宁静的艺术天地里生活和工作。这片街区拥有色雷斯、古罗马、拜占庭和保加利亚时代的古迹，最令人难忘的是罗马圆形剧场——它是巴尔干半岛保存最好的同类建筑，直到今天还有演出。

景点

普罗夫迪夫的大多数主要景点位于迷人的老城区及周边。老城区蜿蜒的鹅卵石街道两侧尽是小博物馆、美术馆以及古董商店，同时也是餐饮和观看行人的好地方。

★罗马圆形剧场 古迹

（Roman Amphi theatre；ul Hemus；成人/学生 5/2列弗；⊙9:00~18:00）普罗夫迪夫这座宏伟的2世纪圆形竞技场是图拉真皇帝（Emperor Trajan）在位期间建造的，因1972年一次意外的山体滑坡而露出地面。这里可以容纳6000名观众。经过全力修复，它成了保加利亚最神奇的演出场所，如今又可以举办大型活动和音乐会。游客可以在ul Hemus沿线的几个观景台免费瞻仰圆形竞技场，也可以买票进去溜达一圈。

罗马体育场 古运动场

（Roman Stadium；www.ancient-stadium-plovdiv.eu；⊙9:00~18:00）这座曾经硕大无比的2世纪罗马体育场（Roman Stadium）如今大部分藏身于商业步行街下，几个方向都有台阶通往地下，以便游客探索。一部最新制作的现场3D电影（成人/儿童 6/3列弗；每天放映10场）带你重温这里举办角斗士比赛时的辉煌场面。

罗马剧场（Roman Odeon） 遗迹

罗马剧场建于2~5世纪，曾经是市议会的所在地。如今它重建的小圆形剧场内偶尔举办演出；参观时留意最初的柱子。位置毗邻旅游信息中心。

人种学博物馆 博物馆

（Ethnographical Museum；☎032-626 328；www.ethnograph.info；ul Dr Chomakov 2；成人/学生 5/2列弗；⊙5月至10月 周二至周日 9:00~18:00，11月至次年4月 周二至周日 9:00~17:00）这座博物馆藏有40,000件展品，包括民族服饰、乐器、珠宝以及传统手工艺的相关知识，如酿酒和养蜂。建于1847年，它是普罗夫迪夫最著名的民族复兴时期的宅邸；华丽的花园和精致的外表就足以让你动身前往了。

圣康斯坦丁和埃伦娜教堂 教堂

（Church of Sveti Konstantin & Elena；ul Sâborna 24；⊙8:00~19:00）这是普罗夫迪夫最古老的教堂，也是最受喜爱的教堂之一；里面丰富多彩的壁画和镀金圣障，与阴郁的建筑外表形成鲜明反差。最初的教堂是为纪念君士坦丁大帝（Constantine the Great）及其母亲海伦娜（Helena）而修建，建于公元337年；人们如今看到的教堂是1832年所建。

苏马雅清真寺 清真寺

（Dzhumaya Mosque；pl Dzhumaya；⊙6:00~23:00）它是欧洲第二古老的清真寺，始建于1364年，后来遭到破坏并在15世纪中期重建。拥有一座23米高的尖塔，规模为普罗夫迪夫50多座奥斯曼时代清真寺之最。

团队游

Free Plovdiv Tours 步行游览

（www.freeplovdivtour.com；⏲5月至9月18:00，10月至次年4月 14:00）免费 持续两小时的免费徒步游览，囊括普罗夫迪夫的主要景点。在pl Tsentralen上中央邮局的大钟下集合。

住宿

Hikers Hostel 青年旅舍 €

（☎089 676 4854；www.hikers-hostel.org；ul Sâborna 53；铺/标双 14/50列弗起；@📶）这家青旅位于老城区的中央位置，拥有标准化的宿舍和设施，外加花园休息室、吊床和非常友好的员工。他们还有位置不在此地的私人房，可以在预订时询问。

9th Kilometre Complex 营地 €

（☎088 814 8174；www.9km.bg；Pazardzhiko shose；宿营 每人 4列弗起，大篷车 6列弗，仅夏天使用的小屋 22列弗，房间 装修/未装修 35/30列弗；⏲全年；P📶🏊）这个漂亮的家庭友好型营地有餐厅、24小时酒吧、游戏场和大型户外泳池。乘坐出租车来到这里需要大约12列弗。最好打电话而非通过网站在线预订。

★**Hostel Old Plovdiv** 青年旅舍 €€

（☎032-260 925；www.hosteloldplovdiv.com；ul Chetvarti Yanuari 3；铺/标单/标双/标三/标四 €12/25/35/39/45；P📶）这栋不可思议的老建筑（建于1868年）更像是一家充满历史感的精品酒店，而非普通的青年旅舍。这个让人倍感亲切的地方（位于镇中心）由魅力非凡的业主Hristo Giulev及其妻子精心修复后，散发着温馨感和老派的魅力。每间房都有当地古董（从装饰品到床铺本身），庭院极为浪漫，自有一段历史（在你享用特制冰茶的时候，Hristo会给你讲述这段故事）。

Hotel Dafi 酒店 €€

（☎032-620 041；www.hoteldafi.com；ul Giorgi Benkovski 23；标单/双/套 49/69/120列弗；P❄📶）玻璃镜面的塔楼和乏味的立面让它从外面看起来像是一栋小办公楼，但Kapana区的位置、舒适的房间以及超级友好的员工确保它绝不是一家平庸的酒店。还有一个附属的小咖啡馆。

Hotel Globus 酒店 €€

（☎032-686 464；www.hotelglobus-bg.com；bul 6 Septemvri 38；双/标三/公寓 69/90/120列弗；P❄📶）从老城区走一小段路即可到达，而且周边有很多商店和咖啡馆，有会说英语的员工和一家很受欢迎的餐厅。房间闪闪发亮：没有窗户的巨大公寓内配有顶级家具、巨幅心形镜子和一块熊毛毯，只有亲眼见到才能相信。

Hotel Odeon 精品酒店 €€€

（☎032-622 065；www.hotelodeon.net；ul Otets Paisii 40；标单/双/公寓 94/117/205列弗；P❄📶）这是一个重建的宅邸兼酒店，名字起得很恰当（就在罗马剧场对面），在部分房间内罗马风格的柱子延续了这一主题，整个酒店都散发出一种旧世界的优雅气息。附属餐厅有一张充满创意且十分丰富的素食菜单，也为肉食者们精心准备了多种选择。

就餐

King's Stables 保加利亚菜 €

（☎088 981 4255；ul Sâborna 40；主菜 4~7列弗；⏲9:00至次日2:00）King's Stables仅夏天营业，占据着一座起伏的小山丘，位于古罗马时代的城墙之内。供应从早餐可丽饼至丰盛肉类菜肴的多种美食。这里游荡着很多（干净的）小猫，无论你吃什么，它们都要在你脚边蹭来蹭去。这里是个很有活力的地方，大多数夜晚都有当地乐队表演。

Rahat Tepe 烧烤餐馆 €

（☎087 845 0259；ul Dr Chomakov 20；主菜 4~8列弗；⏲10:00至午夜）露天餐厅Rahat Tepe占领老城区最高点，供应沙拉、烤牛肉串和煎鱼等简单菜肴。怡人的古朴之风加上美妙的城镇景色，在Nebet Tepe（Nebet山）游荡一番后来这儿吃点小吃再妙不过了。

★**Grazhdanski Klub** 保加利亚菜 €€

（Citizens Club；ul Stoyan Chalukov 1；主菜 5~12列弗；⏲周一至周五 8:00至次日1:00，周六和周日 10:00至次日1:00；📶）这个友好而美妙

的地方是当地人的最爱，就位于从罗马圆形剧场下山后几步路的地方。它凉爽青翠的庭院简直是夏日天堂。食物——大部分是保加利亚主食和丰盛的沙拉——让人吃了还想吃：幸亏分量超大！它附属于可爱且可免费入内的Vazrazdane Gallery（周一至周六10:00~18:30，周日 11:00~17:00）。

Dayana 烧烤餐馆€

（☎032-623 027; ul Dondukov Korsakov2; 主菜 5~9列弗; ⏲24小时; 📶）这个宽敞且极受欢迎的地方拥有一张丰富多彩、以烤肉为主的菜单，菜量极为丰盛。

Hemingway 各国风味 €€€

（☎032-267 350; www.hemingway.bg; ul Gurko 10; 主菜 5~22列弗; ⏲正午至次日1:00）这个氛围十足的地方位于罗马剧场附近，充满了20世纪20年代的巴黎气息，甚至它闻起来都有一股新鲜法棍的气味。海鲜是特色菜，不过漂亮的保加利亚经典肉类菜肴也很受欢迎。应景的现场音乐为你的就餐体验增添一分优雅气息。

饮品和夜生活

有好几家不错的玩乐场所位于名为Kapana的行政区里，“Kapana”的意思是“陷阱”，意指这里狭窄的街道（pl Dzhumaya以北，位于ul Rayko Daskalov以西和bul Tsar Boris Obedinitel以东之间）。

★**Art Club Nylon** 酒吧

（☎088 949 6750; ul Giorgi Benkovski 8, Kapana; ⏲周一至周六 正午至次日4:00; 📶）这个潮湿、简陋却又十分奇妙的地方，常有摇滚乐和独立音乐乐队演出，吸引了普罗夫迪夫的很多酷孩子。

Apartment 101 酒吧

（ul William Gladston 8; ⏲周日至周四 10:00至次日1:00，周五和周六 10:00至次日2:00）这个时尚（却不刻意追求时尚）的酒吧位于一栋奇妙的破旧建筑内，播放着休闲音乐，偶尔有现场演出。内部装饰非常时尚，庭院里常常人满为患。

Petnoto 夜店

（ul Ioakim Gruev 36, Kapana; ⏲8:00至次日6:00; 📶）这个快活而嘈杂的夜店有很多当地人，经常举办音乐、文学、艺术和电影活动。即使什么都没有，也是小酌一杯的好去处。

Club Infi 夜店

（☎088 828 1431; Bratya Pulievi 4, Kapana; ⏲21:00至次日6:00; 📶）这个地方总是挤满了学生，派对持续到黎明……

实用信息

旅游信息中心（www.visitplovdiv.com; pl Tsentralen 1; ⏲周一至周五 8:45至正午和12:45~18:00，周六和周日 10:00~14:00）这个信息中心很有帮助，位于邮局旁边，提供地图和信息。老城区还有另一家办事处（ul Sâborna 22; ⏲周一至周五 9:00~12:30和13:00~17:30，周六和周日 10:00~14:00）。

到达和离开

长途汽车

普罗夫迪夫的总汽车站是**Yug长途汽车站**（☎032-626 937; bul Hristo Botev 47），位于火车站斜对面，从市中心走过去要15分钟。坐出租车需要5~7列弗；当地7路、20路和26路公共汽车停在街对面。班次多的路线包括普罗夫迪夫至索非亚（12列弗，2.5小时）、布尔加斯（20列弗，5小时）和瓦尔纳（26列弗，7小时）。登录www.bgrazpisanie.com查看所有目的地和票价信息。**Sever长途汽车站**（ul Dimitar Stambolov 2）位于北郊，这里的汽车开往普罗夫迪夫以北的目的地，包括大特尔诺沃（18列弗，4小时）。

火车

火车站（bul Hristo Botev）每天发车的直达目的地包括索非亚（9列弗，3小时）和布尔加斯（14.60列弗，5小时，每天6班）；登录www.bgrazpisanie.com或www.bdz.bg查看所有票价和时间表。

保加利亚中部（CENTRAL BULGARIA）

保加利亚多山的中部有着波澜壮阔的历史。这个国家的过往在斯塔拉山脉（Stara Planina）两侧风景优美的聚居点闪耀着光辉：在山脉西边，博物馆村庄科普里夫什蒂察（Koprivshtitsa）以其18世纪和19世纪的民族复兴风格房屋而闻名，而低地城镇卡

赞勒克(Kazanlâk)是造访国王谷(Valley of Kings)中的色雷斯坟墓以及芳香宜人的"玫瑰谷"(Valley of the Roses)的跳板。保加利亚中部的枢纽是壮观的大特尔诺沃(Veliko Târnovo),从前保加利亚沙皇的都城;它建造在险峻的山间并由一条河一分为二,这里的中世纪查雷维茨要塞(Tsarevets Fortress)是欧洲最壮观的城堡之一。

科普里夫什蒂察(Koprivshtitsa) Копривщица

☎07184 / 人口 2540

这个浪漫的博物馆村庄位于Karlovo和索非亚之间树木葱茏的山丘中,是一个保存完好的小村庄,到处都是保加利亚民族复兴时期的建筑、鹅卵石街道以及横跨在一条溪流上的拱桥。政府法令保护着将近400处拥有建筑和历史意义的房屋。

景点

科普里夫什蒂察有六座宅邸博物馆。部分博物馆在周一或周二关门;所有博物馆都保持同样的开放时间(4月至10月 9:30~17:30,11月至次年3月 9:00~17:00)。要购买所有博物馆的联票(成人/儿童 5/3列弗),可以去游客信息中心(见本页)附近的纪念品商店**Kupchinitsa**购买。

Oslekov House 历史建筑

(ul Gereniloto 4; ⏲4月至10月 9:30~17:30, 11月至次年3月 9:00~17:00,周一关闭)Oslekov House(建于1853~1856年)是一位富商修建的,他在1876年4月的起义中不幸殒命。它可以说是科普里夫什蒂察最好的保加利亚民族复兴时期的建筑。

Kableshkov House 历史建筑

(ul Todor Kableshkov 8; ⏲4月至10月 9:30~17:30, 11月至次年3月 9:00~17:00,周一关闭)Todor Kableshkov被尊崇为1876年反抗土耳其的起义中打响第一枪的人,因此他光辉的故居(建于1845年)里面是关于四月起义的展览。

食宿

Hotel Kozlekov 酒店 €

(☎07184-3077; www.hotelkozlekov.com; ul Georgi Benkovski 8; 双/小开间 50/60列弗起; P @)这个山顶酒店既充满古朴乡村之感,又有极为现代的设施。它附属于一家很棒的餐厅,餐厅供应丰盛的保加利亚经典菜肴。员工说英语,部分房间带阳台。

Hotel Astra 酒店 €

(☎07184-2033; www.hotelastra.org; bul Hadzhi Nencho Palaveev 11; 双/公寓 50/70列弗; P)好客的Astra坐落在一个美丽的花园里,是一个颇受旅行者欢迎的地方,有维护得很好的宽敞房间。

Dyado Liben 保加利亚菜 €€

(☎07184-2109; bul Hadzhi Nencho Palaveev 47; 主菜 4~9列弗; ⏲11:00至午夜; 📶)这个传统餐厅位于一座巨大的1852年宅邸中,非常有氛围而且价格不贵,是一个享用丰盛晚餐的好地方。从它对面庭院里的主广场穿过一座桥就是。

实用信息

村中心有自动柜员机,还有一个邮局兼电话中心。

游客信息中心(Tourist Information Centre; www.koprivshtitza.com; pl 20 April; ⏲10:00~13:00和14:00~19:00)这个友好的信息中心很有帮助,位于主广场上的一栋小型栗色建筑内,提供当地信息。

到达和离开

抵达科普里夫什蒂察有些麻烦,火车站位于村庄以北9公里,需要班车(2列弗,15分钟)往返村庄,而班车的发车时间并不总是与到站火车接驳。有来自索非亚(6列弗,2.5小时,每天8班)和布尔加斯(19列弗,5小时,每天2班)的火车。科普里夫什蒂察汽车站的位置比较居中;每天有4班汽车开往索非亚(13列弗,2小时),1班开往普罗夫迪夫(12列弗,2小时)。

大特尔诺沃(Veliko Târnovo) Велико Търново

☎062 / 人口68,780

作为中世纪保加利亚沙皇的都城,庄严的大特尔诺沃令人想起往昔岁月。它位于从林遍布的群山环绕之中,中间有杨特拉河

（Yantra River）蜿蜒而过。宏伟的查雷维茨要塞（Tsarevets Fortress）雄踞最高点，是保加利亚第二帝国（Second Bulgarian Empire）的堡垒。此外还有几十座教堂和其他遗址，但许多仍在发掘当中。作为保加利亚最有声望大学的所在地，大特尔诺沃的夜生活比许多更大的城市都活跃。在一流的城市餐厅可以俯瞰河流和城堡的美景；前往Varosha区和古雅精巧的Samovodska Charshiya，在旧世界的氛围中吃一顿（可还价）。

景点

★查雷维茨要塞 要塞

（Tsarevets Fortress；成人/学生 6/2列弗，观光电梯 2列弗；⏲4月至10月 8:00~19:00，11月至次年3月 9:00~17:00）作为大特尔诺沃的象征，这座重建的堡垒横亘在天际线上，是保加利亚深受喜爱的纪念建筑之一。它曾经是中世纪沙皇的宫殿，如今拥有400余座房屋、18座教堂，还有皇宫、处决石等遗迹。不过要留意脚下，因为那里有许多坑洞、残破的台阶和没有围栏的高处。每逢公共假日的夜晚，这座要塞都会在声光秀下变得奇幻壮观。

大特尔诺沃蜡像馆 蜡像馆

（Tsarevgrad Tarnov Wax Museum；ul Nikola Pikolo 6；成人/儿童 10/5列弗；⏲9:00~19:00）在前往要塞的途中就会经过这个新开放的蜡像馆，它展示了大特尔诺沃中世纪的光辉岁月。在这里探索精雕细琢的人像（从国王到手工艺人，形形色色的人物都有），看一段解说影片，或者换上古代服饰大玩变装（5列弗）。

萨拉夫基纳卡施塔博物馆 博物馆

（Sarafkina Kâshta；ul General Gurko 88；成人/学生 6/2列弗；⏲周二至周六 9:00~18:00）这座5层楼高的民族复兴风格建筑是1861年由一位富有的土耳其高利贷者所建，博物馆内展有古董瓷器、金属制品、木雕、传统服饰和珠宝。

大特尔诺沃考古博物馆 博物馆

（Veliko Târnovo Archaeological Museum；ul Ivanka Boteva 2；成人/学生 6/2列弗；⏲周二至周日 9:00~18:00）这座考古博物馆位于一座宏伟的古老建筑中，有一个满是罗马雕塑的庭院，馆内藏有古罗马工艺品和中世纪的保加利亚展品，包括一幅沙皇的巨幅壁画，此外还有一些来自附近新石器时代遗址的古黄金。

集市区（Samovodska Charshiya） 历史街区

这个氛围十足、铺着鹅卵石的历史街区是大特尔诺沃19世纪80年代最大的市集广场，如今依然有很多人来到这里购物、闲逛、瞻仰城中的许多民族复兴时期宅邸。

Ulitsa Gurko 古迹

作为大特尔诺沃最古老的街道，ul Gurko是必逛之处。它位于杨特拉河上方，迷人而斑驳的老房子（看起来好像是危险地摞在一起的）为旅行者提供了许多摄影良机，游客们总是以"想象一下生活在这儿"开始在这里的对话。结实的鞋子是必备品。

住宿

Hotel Comfort 酒店 €

（☎088 777 7265；www.hotelcomfortbg.com；ul P Tipografov 5；双/公寓 40/100列弗起；🅿❄📶）这个家庭经营的酒店是个赢家，在这儿能欣赏到令人惊讶的堡垒和周围的山丘美景，位置也非常好——就在集市区市集广场的街角附近。待人亲切的工作人员会说英语。

Hikers Hostel 青年旅舍 €

（☎0889 691 661；www.hikers-hostel.org；ul Rezevoarska 91；铺/双 14/20列弗起；@📶）Hikers在Varosha老城区的高处拥有一个低调的位置（从市中心走过来10分钟），是特尔诺沃氛围最慵懒的青年旅舍。店主Toshe Hristov可以免费去长途汽车站兼火车站接人，也组织旅行。宿舍朴素而干净。

★Hotel-Mehana Gurko 历史酒店 €€

（☎062-627 838；www.hotel-gurko.com；ul General Gurko 33；标单/双/公寓 50/90/100列弗起；❄@📶）你绝对不会错过这个华丽的地方，Gurko重修的19世纪立面上装饰着茂盛的花朵和叶奥尔德古玩。它坐落在大特尔诺沃最古老的街道上，是城里的最佳住宿场所（及就餐）之一：房间宽敞舒适，每个房间都是独立装修的，而且有很棒的风景。

Old Town Apartment 公寓 €€

（☎087 867 5356，087 888 1281；ul Rakovski 4，Samovodska Charshiya；整套公寓 90列弗，住宿第一晚后打九折；）这个私家公寓是大特尔诺沃最好的公寓之一，拥有很棒的地理位置——城镇中心。有两个阳台——一个位于铺着鹅卵石的集市区正上方，另一个可俯瞰整座城市的风景——此外还有一间设施齐全的厨房，一间美妙的卧室。富有魅力的主人Tsvetelina会安排停车、婴儿用品，以及美妙的入住体验所需的其他一切东西。

Hotel Bolyarski 酒店 €€€

（☎062-613 200；www.bolyarski.com；ul Stefan Stambolov 53a；标单/双 含早餐 70/130列弗起；P）这家酒店的位置可谓得天独厚——ul Stambolov的断崖上，坐拥魔幻版的城镇和河流美景。维护良好的现代化房间针对商务旅行者量身打造。附带的餐厅很不错。

餐饮

Shtastlivetsa 保加利亚菜 €€

（☎062-600 656；ul Stefan Stambolov 79；主菜 7~17列弗；⏲11:00至次日1:00；）这家本地馆子"幸运者"（其让人难以发音的保加利亚语名字的含义）有理想的地理位置，可以俯瞰河湾处，有多种多样的独创肉菜、特色烤菜、一流的比萨和午餐汤羹——每个来到大特尔诺沃的游客至少会来一次。

Hunter 各国风味 €€

（☎088 821 0960；ul Aleksandar Stamboliyski 2；主菜 5~18列弗；⏲8:00至午夜；）顾名思义，这是一家以肉类菜肴见长的餐厅。它坐落在一座宜人的花园里（在寒冷的月份，樵夫小屋里面很舒适），总是有家猫在你身边盘算着咬一口入口即化的肥嫩肋排，或者偷喝一口长盛不衰的牛肚汤（shkembe chorba）。这里还是个来杯啤酒的好地方。

值得一游

卡赞勒克：坟墓和鲜花

卡赞勒克也许看起来没什么出彩的地方，但这个粗粝的小镇是个绝佳的基地，正好用来探索保加利亚的两个最重要也是最具标志性的地区（还有充满想象力的名字）：玫瑰谷（Valley of the Roses）和色雷斯国王谷（Valley of the Thracian Kings）。

顾名思义，**玫瑰谷**中精心栽培着绵延数公里的玫瑰[严格地说是大马士革蔷薇（Rosa damascena）]，种植这些肥嫩芳香的花朵是为了提取它们柔和的玫瑰精油，可用于从昂贵的化妆品至烹饪的一系列用途。全世界大约70%的玫瑰油都产自这里。一年一度的**玫瑰节**（Rose Festival）——有游行、采摘表演和玫瑰女王盛装表演——6月举行，庆祝玫瑰丰收。在卡赞勒克镇上，**玫瑰博物馆**（Museum of the Roses；☎0431-64 057；www.muzei-kazanlak.org；ul Osvobozhdenie 49；成人/儿童 3/1列弗；⏲9:00~17:00）能让你更深入地了解这种花的神奇历史和多种用途。

在第一棵玫瑰幼苗萌发数千年之前，色雷斯人（一支勇猛的印欧部落）统治着这片土地。考古学家们认为附近地区至少有1500个色雷斯墓葬丘和墓穴，最著名的是保存完好且装饰美丽的**卡赞勒克陵墓**（Tomb of Kazanlâk；Tyulbe Park；门票 20列弗；⏲5月至11月 10:00~17:00，11月至次年4月需预约），可追溯至公元前4世纪。卡赞勒克也有一座**博物馆**（☎0431-64 750；www.muzei-kazanlak.org；Tyulbe Park；成人/儿童 3/1列弗；⏲5月至10月 9:00~17:00，10月底至次年4月底需预约），其中有一座色雷斯坟墓的等比例复制品。乘坐旅游大巴或者自驾可以到达更多神庙和陵墓，包括色雷斯祭司王塞奥底斯三世（Seuthes Ⅲ）的坟墓。**卡赞勒克游客信息中心**（ul Iskra 4；⏲周一至周五8:00~13:00和14:00~18:00）可以安排同时去这两个地方的一日游。

卡赞勒克有往返索非亚（20列弗，3.5小时）、普罗夫迪夫（13列弗，2小时）和大特尔诺沃（17列弗，2.5小时）的长途汽车。火车时刻表可登录www.bdz.bg查看。

★ **Han Hadji Nikoli** 各国风味 €€€

（☎062-651 291；www.hanhadjinikoli.com；ul Rakovski 19；主菜 17~30列弗；📶）作为大特尔诺沃最高级的餐厅，Han Hadji Nikoli占据着一座修复得非常美丽的1858年建筑，楼上有一间画廊。高端菜品包括勃艮第蜗牛（escargots bourguignon）、白葡萄酒嫩煎贻贝（mussels sautéed in white wine）和精心烹制的猪颈肉。后面有一间"珍馐屋"，为真正的老饕准备了秘密菜单。

Tequila Bar 酒吧

（ul Stefan Stambolov 30；⏰正午至次日3:00）在Tequila Bar可俯瞰主街道，靠近Samovodska Charshiya的街角，是一家粉刷得十分有节日气氛、乐趣无限的学生酒吧，有不错的鸡尾酒和便宜的啤酒。

☆ 娱乐

Konstantin Kisimov Dramatic Theatre 剧院

（☎062-623 526；www.teatarvtarnovo.com；ul Vasil Levski）这家剧院定期举办国际演出和上演本国戏剧。

Melon Live Music Club 现场音乐

（☎062-603 439；bul Nezavisimost 21；⏰18:00至次日2:00）很受欢迎的现场音乐演出场所（从摇滚乐到节奏布鲁斯乃至拉丁爵士），位于主街道的半路上。

购物

集市区 古玩

（Samovodska Charshiya；ul Rakovski）大特尔诺沃迷人的历史街区集市区是手工艺者的真正中心，这里有纯正的铁匠、陶工和刀匠等手艺人，仍然在这里操弄着老本行。沿着蜿蜒的鹅卵石街道前行，寻找书店和出售古玩、珠宝和艺术品的地方，它们都位于漂亮的保加利亚民族复兴式房屋内。

ℹ 实用信息

Hospital Stefan Cherkezov（☎062-626 841；ul Nish 1）现代化的医院，有急诊室和会说英语的医生。

旅游信息中心（☎062-622 148；www.velikoturnovo.info；ul Hristo Botev 5；⏰周一至周五 9:00~18:00，4月至10月 周一至周六 9:00~18:00）工作人员会说英语，提供当地信息和建议。

ℹ 到达和离开

长途汽车

大特尔诺沃有三个长途汽车站。**Zapad长途汽车站**（☎062-640 908；ul Nikola Gabrovski 74）位于市中心西南方向大约4公里处，是主要的城际长途汽车站。从这里出发的汽车分别开往普罗夫迪夫（24列弗，4小时，至少每天2班）、布尔加斯（23列弗，4小时，每天3班）和卡赞勒克（10列弗，2小时，每天3班）等。

Yug长途汽车站（☎062-620 014；ul Hristo Botev 74）更靠近市中心，每天有很多车开往索非亚（22列弗，3小时）、瓦尔纳（17列弗，4小时）和布尔加斯（23列弗，4小时）。**Etap Adress**（☎062-630 564；Hotel Etâr，ul Ivailo 2）就在旅游信息中心旁边，每小时有车开往索非亚和瓦尔纳。

火车

距离市区8.5公里的**Gorna Oryakhovitsa火车站**（☎062-826 118）以及位于市中心以西1.5公里的较小的**大特尔诺沃火车站**（☎062-620 065）都有多趟列车开往普罗夫迪夫（23列弗，5小时）、布尔加斯（19列弗，5小时）、瓦尔纳（14列弗，5小时）和索非亚（21列弗，5小时）。后者可能离市区比较近，不过很多列车要在**Gorna Oryakhovitsa火车站**转车。坐10路公共汽车抵达那里。

黑海沿岸（BLACK SEA COAST）

黑海海岸是保加利亚的夏日游乐场，吸引了很多来自本国和世界各地的人来此追寻阳光和欢乐。在社会主义时期，这里被谑称为"红色里维埃拉"，几乎400公里长的沙滩如今点缀着大大小小的度假村，足以与西班牙和希腊媲美，不过自由行旅行者仍然能找到许多远离遮阳伞和水上摩托的地方尽情探索。海滨之都瓦尔纳有丰富的博物馆和零星散布的海滨酒吧，厚重的历史和放纵的享乐主义在此奇妙地融为一体；在南边，美丽的内塞伯尔（Nesebâr）和索佐波尔（Sozopol）得益于它们古希腊时代的丰富遗产。

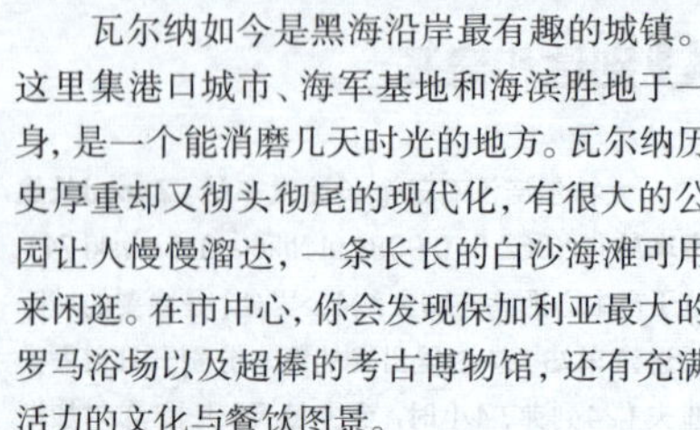

瓦尔纳(Varna) Варна

☎052 / 人口 335,000

瓦尔纳如今是黑海沿岸最有趣的城镇。这里集港口城市、海军基地和海滨胜地于一身，是一个能消磨几天时光的地方。瓦尔纳历史厚重却又彻头彻尾的现代化，有很大的公园让人慢慢溜达，一条长长的白沙海滩可用来闲逛。在市中心，你会发现保加利亚最大的罗马浴场以及超棒的考古博物馆，还有充满活力的文化与餐饮图景。

景点和活动

瓦尔纳的主要吸引力在于可以**游泳**和**漫步**，长达8公里的**城市海滩**提供了很多进行这两种活动的机会。受欢迎的南段沙滩有游泳馆、水滑梯和咖啡馆。中部的沙滩则较窄，并且满是夜店。遍布岩石的北段沙滩则餐厅林立。如果你继续向北走，除了连绵不绝的美丽沙滩之外，还会发现一个户外**温泉泳池**，池中全年有热水。海滩上就是巨大的、郁郁葱葱的**滨海公园**(Primorski Park)，点缀着咖啡馆、雕像和爆米花摊。

★考古博物馆 博物馆

(Archaeological Museum; www.archaeo.museumvarna.com; ul Maria Luisa 41; 成人/学生 10/2列弗; ⊙4月至9月 周二至周日，10月至次年3月 周二至周六 10:00~17:00; 🚌3、9、109)这座大型博物馆在保加利亚的同类中是最好的，其中的展品包括有6500年历史的手镯、项链和耳环，据说是全世界发现的最古老的黄金加工品。你还能找到古罗马的外科手术器具、古希腊墓碑和一些令人动容的物品，包括一块大理石板，上面用希腊语写有公元221年这座城市的毕业生的名字。

★古罗马浴场 遗迹

(Roman Thermae; ul Han Krum和ul San Stefano交叉路口; 成人/学生 4/2列弗; ⊙5月至10月 周二至周日，11月至次年4月 周二至周六 10:00~17:00)瓦尔纳这片2世纪的古罗马浴场遗迹是保加利亚最大的，保存得很好，不过如今留下来的只是当初建筑的一小部分。

住宿

Flag Hostel 青年旅舍 €

(☎089 740 8115; www.varnahostel.com; ul Bratya Shkorpil 13a; 铺 含早餐 22列弗; P⊖📶; 🚌3、9)已经经营许久的Flag是一个气氛融洽的地方，有派对氛围。这里有3间配有舒适单人床(而非上下铺)的宿舍。提供免费去长途汽车站和火车站接送客人的服务。

Yo Ho Hostel 青年旅舍 €

(☎088 472 9144; www.yohohostel.com; ul Ruse 23; 铺/标单/双/标双 含早餐 14/30/40/40列弗起; @📶; 🚌109)在这个以海盗为主题的地方颤抖着尖叫吧，这里有4人间和11人间的宿舍，还有私人房选项。工作人员提供车站接客服务，还组织露营和漂流之旅。

Hotel Astra 酒店 €€

(☎052-630 524; www.hotelastravarna.com; ul Opalchenska 9; 标单/双 50/60列弗; ❄📶; 🚌9)以瓦尔纳的标准来看实在便宜，这座市中心的酒店由一家人经营，有10间宽敞的客房，全部带有阳台，还有设施简单但相当大的卫生间。

Graffit Gallery Hotel 精品酒店 €€€

(☎052-989 900; www.graffithotel.com; bul Knyaz Boris I 65; 标单/双 168/185列弗起; P⊖❄📶≋; 🚌9)这家现代的设计师酒店拥有自己的画廊和主题客房，是瓦尔纳最绚烂多彩的酒店之一。非常高效的员工、时尚水疗中心、健身房和超棒的自营餐厅，足以成为你的挥霍首选。

Grand Hotel London 豪华酒店 €€€

(☎052-664 100; www.londonhotel.bg; ul Musala 3; 标单/双 周一至周四 150/176列弗起，周五至周日 170/210列弗起; P⊖❄📶)瓦尔纳最宏伟也是最古老的酒店，开业于1912年。房间宽敞，装修优雅，或许有点朴素；餐厅尤其不错。

就餐

★Stariya Chinar 保加利亚菜 €€

(☎052-949 400; ul Preslav 11; 主菜 7~19列弗; ⊙8:00至午夜)这里有最棒的高档巴尔干灵魂食物。推荐尝试按照古老的保加利亚菜

谱烤制的羊羔肉，或极美味的烧烤猪肋排；他们还创造了一些相当华丽的沙拉。户外空间在夏天非常宜人；天气冷的时候可以在按照传统风格装修的室内用餐。

Balkanska Skara Nashentsi 保加利亚菜 €€

（☎052-630 186；ul Tsar Simeon I 27；主菜5~10列弗；⊙周一至周六 11:00至次日1:00，周日18:00至次日1:00）这家宽敞且无拘无束的餐厅很受当地人欢迎，因为这里有分量巨大的烤肉和现场音乐，气氛非常欢乐。提供套餐。

Bistro Dragoman 海鲜 €€

（☎052-621 688；ul Dragoman 43；主菜4~16列弗；⊙10:00~23:30）这个温馨的小餐馆擅长制作海鲜和当地捕获的鱼类。作为巴尔干半岛上的餐厅，烤肉也在菜单中。

饮品和夜生活

瓦尔纳最好的酒吧只出现在夏天，前往沙滩边的Kraybrezhna aleya选一家中意的地方吧。

Pench's 鸡尾酒吧

（ul Dragoman 25；⊙14:00至次日2:00）这里有的是鸡尾酒，曾两度保有一项世界纪录：拥有鸡尾酒数量最多的单个酒吧。从中挑选一款，或许是你做过的最艰难的选择。他们还有夏日沙滩座位，就在Kraybrezhna aleya。

Sundogs 酒吧

（☎088 951 3434；ul Koloni 1；⊙9:00至午夜；📶）这个友好的酒吧十分宽敞，外国人和本地人都很多，是个很不错的地方。你可以在此结交新朋友，用一系列优质啤酒配很棒的小酒馆美食，或者在每隔一个周日的小酒馆猜谜活动（仅夏天）中卖弄智慧。

4aspik 夜店

（☎088 911 0202；Kraybrezhna aleya；⊙22:00至次日4:00）这个狂野的夏日夜店专门播放民谣曲调的保加利亚流行音乐。

娱乐

瓦尔纳歌剧院 歌剧

（Varna Opera House；☎052-650 555；www.operavarna.bg；pl Nezavisimost 1；⊙售票处 周一至周五 11:00~13:00和14:00~19:00，周六11:00~18:00）除7月和8月以外，瓦尔纳的大歌剧院全年举办瓦尔纳歌剧团（Varna Opera）和爱乐乐团（Philharmonic Orchestra）的演出。7月和8月，在滨海公园的露天剧场也会有一些演出。

实用信息

旅游信息中心（☎052-820 689；www.varnainfo.bg；pl Kiril & Metodii；⊙9:00~19:00；🚌3）提供很多免费小册子和地图，工作人员掌握多语。

到达和离开

飞机

瓦尔纳的国际**机场**（☎052-573 323；www.varna-airport.bg；🚌409）位于城西北方8公里处，有连接欧洲各目的地及往返索非亚的定期航班。

长途汽车

瓦尔纳的**中央汽车站**（bul Vladislav Varenchik 158；🚌148、409）位于市中心西北方大约2公里处。长途客车定期发往索非亚（33列弗，7小时）、布尔加斯（14列弗，2小时）和保加利亚的所有主要目的地，票价和行程信息见www.bgrazpisanie.com。

火车

火车从瓦尔纳**火车站**（☎052-662 3343；pl Slaveikov）出发前往索非亚（23.60列弗，7小时，每天7班）、普罗夫迪夫（22.20列弗，7小时，每天3班）和大特尔诺沃（13.80列弗，4小时，每天1班）。

内塞伯尔（Nesebâr） Несебър

☎0554 / 人口11,620

像明信片一样漂亮的内塞伯尔位于布尔加斯东北方大约40公里处，公元前512年希腊殖民者定居于此，今天它是因其中世纪教堂（大部分已荒废）而闻名。虽然非常美丽，但内塞伯尔已经过度商业化，每到旅游高峰期就会变成一个巨大的露天纪念品市场。Sunny Beach大型度假村位于北边5公里处。

景点和活动

内塞伯尔的主要景点都在老城。老城以

西大约1.5公里处是南沙滩(South Beach),那里有各种常见的水上运动可以参加,包括水上摩托和滑水。

考古博物馆 博物馆

(Archaeological Museum; www.ancient-nessebar.com; ul Mesembria 2; 成年/儿童 5/3列弗; ⊙7月至8月 周一至周五 9:00~20:00, 周六和周日 9:30~13:30和14:00~19:00)在这座精美的博物馆,可以探索内塞伯尔(从前叫作Messembria)的丰富历史。这里展览着古希腊和古罗马陶器、雕像和墓碑,以及色雷斯时期的金首饰和古代船锚,还收藏了一系列从内塞伯尔众多教堂中发现的圣像。

圣斯特凡教堂 教堂

(Sveti Stefan Church; ul Ribarska; 成人/学生 5/3列弗; ⊙周一至周五 9:00~19:00, 周六和周日 9:00~13:00和13:30~18:00)圣斯特凡教堂始建于11世纪,并在500年后得以重建,它是镇上保存最好的教堂。16世纪和18世纪的壁画几乎覆盖了内部的所有墙壁。早点来,这里很受旅行团的欢迎。

食宿

★Hotel Tony 客栈 €

(☎0554-42 403, 088 926 8004; ul Kray-brezhna 20; 房间 40列弗起; ⊙6月至9月; ❄)由于其低廉的价格和可俯瞰大海的优越位置,Hotel Tony的房间很快就会订出去,一定要提前预订。房间简朴但干净,善谈的主人乐于帮助旅行者。

Old Nesebâr 海鲜 €€

(☎0554-42 070; ul Ivan Alexander 11; 主菜 7~15列弗; ⊙正午至23:00)两层座位都朝着美妙的海景,菜单上都是美味的海鲜,这里的就餐体验绝对令人难忘。

到达和离开

内塞伯尔与沿海各地之间的公共交通发达,汽车站就在城墙外的小广场上,内陆的新城区还有一个站。从长途汽车站出发的汽车开往附近的Sunny Beach(1列弗, 10分钟, 每15分钟1班)、布尔加斯(6列弗, 40分钟, 每30分钟1班)、瓦尔纳(15列弗, 2小时, 每天7班)和索非亚(37列弗, 7小时,每天数班)。

Fast Ferry(www.fastferry.bg)经营快速轮渡服务,前往索佐波尔(单程/往返 27/50列弗, 30分钟, 夏天每天3班, 冬天每周二、周三、周四和周六各1班)。

布尔加斯(Burgas) Бургас

☎056 / 人口 200,270

对大部分的游客来说,港口城市布尔加斯(有时写成"Bourgas")只是通往更为吸引人的南北方海岸旅游胜地与历史古城的中转站。如果你决定在这里停留,你会发现这是一座充满活力而有序的城市,有着整齐的市中心步行街、毫不拥挤的长长海滩及几座规模虽小但很有意思的博物馆。

布尔加斯还是前往圣阿纳斯塔西娅岛(St Anastasia Island; www.anastasia-island.com; 往返乘船游 成人/儿童 9/6列弗; ⊙夏天 10:00~17:30)的起点,它是保加利亚黑海沿岸唯一一座有人居住的岛屿。在它漫长的历史上,这座岛屿曾经充当过宗教修行处、监狱和诱捕海盗的诱饵(根据传说,它的沙子里埋藏着黄金宝藏),如今这里最醒目的景致是一座灯塔和一座修道院,游客们可以在其中尝试各种富有疗效的草药。你还可以在修道院的房间过夜(房间 50~120列弗起)。

食宿

★Old House Hostel 青年旅舍 €

(☎087 984 1559; www.burgashostel.com; ul Sofroniy 2; 铺/双 17/33列弗; ❄📶)这个迷人的青年旅舍位于一栋可爱的1895年宅邸中,布置得很有家的感觉。宿舍通风明亮(而且不是上下铺),从双人间可以进入一个可爱的小庭院。就在市中心,距离沙滩仅400米,不可多得。

Hotel California 精品酒店 €€

(☎056-531 000; www.burgashotel.com; ul Lyuben Karavelov 36; 标单/双 含早餐 55/65列弗; P⊖❄📶; 🚌4)这家迷人的精品酒店拥有宽敞、色彩丰富的房间和极其柔软的床垫。餐厅很不错,住店客人可享受八折优惠。它在背街安静的一面,到市中心需要走5分钟。

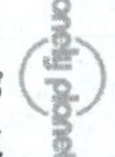

★ **Ethno** 海鲜 €€

(☎088 787 7966; ul Aleksandrovska 49; 7~20列弗; ⏲11:00~23:30)这家位于闹市区的餐厅将海鲜烹制得非常美妙：光是黑海贻贝就足以让你动身来到布尔加斯了。餐厅是蓝白相间的色调，让人想起这座城市的古希腊遗产，再加上一流的服务（说英语）和夏日气氛，Ethno是一个高雅而绝不古板的地方。

ℹ 到达和离开

飞机

4月至10月，保加利亚航空每天有3趟航班将城市东北方向10公里处的**布尔加斯机场**(Burgas Airport; ☎056-870 248; www.bourgas-airport.com; 🚌15)和索非亚连接起来。

长途汽车

Yug长途汽车站(pl Tsaritsa Yoanna)位于ul Aleksandrovska的南端火车站外，这里是大部分游客到达或离开的地方。有车定时开往沿海各目的地，包括内塞伯尔（6列弗，40分钟）、瓦尔纳（14列弗，2.5小时）和索佐波尔（4.50列弗，40分钟）。还有汽车往返索非亚（30列弗，5~6小时）和普罗夫迪夫（17列弗，4小时）。夏季以外，发车频次会减少。

火车

火车站(ul Ivan Vazov)右侧的售票窗口(8:00~18:00)出售国内和国际线路的预售票，而当天的车票则可以在左边的窗口(24小时)买到。列车开往瓦尔纳（19列弗，5~6小时，每天5~7班）和索非亚（23.60列弗，7~8小时，每天6班）。

索佐波尔(Sozopol) Созопол

☎0550 / 人口5000

索佐波尔这座蜿蜒的半岛上有鹅卵石街道、沙滩和古希腊遗产，是黑海海岸的亮点之一。它还没有内塞伯尔那样拥挤，不过每年夏天都有越来越多的游客被它的文化氛围、美妙的老城和充满生气的街头生活吸引到这里来。考古学家们也被吸引至此[它从前的名字叫阿波罗尼亚(Apollonia)]——似乎园丁随便一铁锹下去就能挖出新的珍宝。

👁 景点和活动

索佐波尔有两个很棒的沙滩：Harmani Beach有很多水上游乐项目（水滑梯、脚踏明轮游艇、海滨酒吧），而北边较小的Town Beach集合了热爱日光浴的人。Harmani的南端出土了石棺——古代阿波罗尼亚墓葬群的一部分。

考古博物馆 博物馆

(Archaeological Museum; ul HanKrum 2; 成人/儿童 8/3列弗; ⏲9:00~18:00, 10月至次年4月 周六和周日关门)这座博物馆位于港口附近一个浅褐色的混凝土建筑物内，虽然规模不大，但引人入胜，收藏了来自阿波罗尼亚时代和其他时期的本地发现。除了古希腊时代的珍宝外，这座博物馆还偶尔展出当地“吸血鬼”的骨架，它被发现的时候胸前插了一根木桩。

南部要塞壁塔博物馆 遗迹、博物馆

(Southern Fortress Wall & Tower Museum; ul Milet 40; 博物馆门票 3列弗; ⏲7月至8月 9:30~20:00, 5月和6月、9月和10月 至17:00)墙和走廊都沿着遍布岩石的海岸线重建，还有一座公元前4世纪的古井（曾经是一座阿佛洛狄忒神庙的一部分），都可以免费探索，风景极美。附属的博物馆有些虎头蛇尾。

✨ 节日和活动

阿波罗尼亚艺术节 音乐节、艺术节

(Apollonia Arts Festival; www.apollonia.bg; ⏲8月底至9月中旬)它是索佐波尔的文化盛事，届时全城都有音乐会、戏剧表演、艺术

国家速览

面积 110,910平方公里

首都 索非亚

国家代码 ☎359

货币 列弗(Lev, 简称lv)

紧急情况 ☎112

语言 保加利亚语

现金 自动柜员机随处可见

人口 735万

签证 需申请保加利亚签证

展、电影放映等活动。

食宿

旅游淡季的酒店价格下降幅度很大，此时的游客可以独享索佐波尔。老城区里港口前的ul Kraybrezhna有很多便宜的餐饮选择，高档的餐厅则分布在ul Morski Skali上。

★ **Hotel Radik** 酒店 €€

（☎055-023 706; ul Republikanska 4; 双/小开间/公寓 68/75/95列弗起; P ❄ 📶 ≋）由一对可爱的英格兰人和保加利亚人情侣经营，这家酒店价格便宜、气氛欢乐，而且位置绝佳，距离老城区仅100米，走几步就能到沙滩。房间有海景和阳台，小开间和公寓有不错的小厨房。

Art Hotel 酒店 €€

（☎0550-24 081; www.arthotel-sbh.com; ul Kiril & Metodii 72; 双/小开间 7月至9月 70/90列弗，10月至次年6月 50/60列弗起; ❄ 📶）这座宁静的老房子属于保加利亚艺术家联合会（Union of Bulgarian Artists），位于靠近半岛尖端的一个带围墙的庭院内，远离人群。它有几间带阳台的明亮舒适的客房，大部分可以看海；早餐在可以俯瞰大海的露台上享用。

★ **Panorama** 海鲜 €€

（ul Morski Skali 21; 主菜 8~20列弗; ⊙10:00至次日1:00）它是这条街上众多海鲜餐厅中最好的餐厅之一，充满生气，有一个开放式露台，可以远眺Sveti Ivan岛的美妙景色。当地出产的新鲜鱼类是菜单上的主力。

到达和离开

小小的公共**汽车站**（ul Han Krum）就在老城区城墙的南边。夏天6:00~21:00，大约每30分钟有一班车开往布尔加斯（4.50列弗，40分钟），淡季时约每小时1班。开往索非亚的汽车每天有3班（32列弗，7小时）。

Fast Ferry（☎088 580 8001; www.fastferry.bg; Fishing Harbour）在6月至9月每天有3班轮渡往返内塞伯尔（单程/往返 27/50列弗起，40分钟）。

> **住宿价格区间**
>
> 价格区间指的是带浴室的双人间。
>
> € 低于60列弗
>
> €€ 60~120列弗（索非亚 至200列弗）
>
> €€€ 高于120列弗（索非亚 高于200列弗）

生存指南

出行指南

住宿

索非亚、普罗夫迪夫、大特尔诺沃、瓦尔纳和布尔加斯都有青年旅舍；在别的地方找便宜的住处，可以寻找写有"стаиподнаем"（房间出租）的牌子。

如果住宿时间较长或者在周末入住，许多酒店会提供折扣；住宿价格在夏天会上涨。

饮食

在保加利亚的餐厅吃饭非常便宜，即使你预算有限，也能吃得很好。

同性恋旅行者

同性恋性行为在保加利亚是合法的，不过民意调查显示大部分保加利亚人对此持反对意见，但是年轻人的态度正在缓慢地改变。索非亚和其他主要的城市里有几家同性恋夜店和酒吧。实用的网站包括**Bulgayria**（www.gay.bg）和**Gay Bulgaria Ultimate Gay Guide**（www.gay-bulgaria.info）。

网络资源

Beach Bulgaria（www.beachbulgaria.com）

BG Maps（www.bgmaps.com）

Bulgaria Travel（www.bulgariatravel.org）

货币

本地货币是保加利亚列弗（lev，复数形式为leva），1列弗折合100斯托丁基（stotinki），几乎总是缩写为lv。保加利亚近期没有采用欧元的计划。凡贴有银联标识的商户均可以受理银联卡，自动柜员机取款暂未开通。

节假日

新年 1月1日

就餐价格区间

下列价格区间指的是典型主菜的价格。

€ 低于5列弗

€€ 5~15列弗

€€€ 高于15列弗

解放日（国庆节）3月3日

东正教复活节星期日和星期一 3/4月；天主教/新教复活节一周后

国际劳动节 5月1日

圣乔治节（St George' s Day）5月6日

西里尔字母日（Cyrillic Alphabet Day）5月24日

统一日（国庆节）9月6日

保加利亚独立日 9月22日

民族复兴日 11月1日

圣诞节 12月25日和26日

电话

从国外往保加利亚打电话，先拨国际接入号码，然后加☎359（保加利亚的国家代码）、区码（去掉开头的0），然后是电话号码。移动电话号码可通过☎087、☎088或☎089的前缀识别出来。

签证

中国公民需提前办理保加利亚签证，停留期90天内，签证费500元人民币。详情可查询保加利亚外交部（http://www.mfa.bg/en/pages/109/index.html）。持申根签证、罗马尼亚、克罗地亚和塞浦路斯签证可免签停留不超过90天。

使领馆

中国驻保加利亚大使馆（☎00359-2-973 3947；www.chinaembassy.bg；chnemb_bg@live.cn；STR. ALEXANDER VON HUMBOLDT 7, SOFIA 1113）

汇率

人民币	CNY1	BGN0.27
港币	HKD1	BGN0.23
新台币	TWD1	BGN0.05
澳门元	MOP1	BGN0.22
新加坡元	SGD1	BGN1.28
美元	USD1	BGN1.76
欧元	EUR1	BGN1.96

到达和离开

飞机

大部分国际游客通过**索非亚机场**（Sofia Airport；☎02-937 2211；www.sofia-airport.bg）到达和离开保加利亚，从欧洲其他城市有频繁的航班往返索非亚。保加利亚的国家航空公司是**保加利亚航空**（Bulgaria Air；www.air.bg），机场网站上详细列出了在此起降航班的其他航空公司的信息。

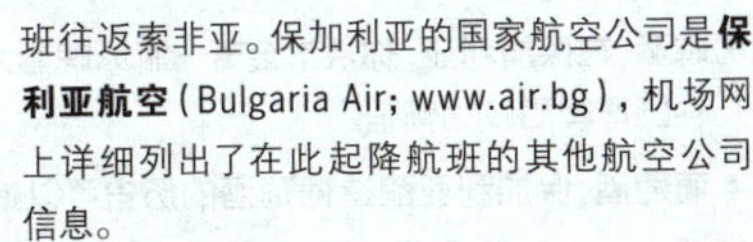

陆路

虽然索非亚有国际长途汽车和火车客运业务，但如果你想去国外城市例如布达佩斯、雅典或伊斯坦布尔的话，并没有必要返回首都；普罗夫迪夫就有发往上述三个目的地的长途汽车。乘坐火车前往贝尔格莱德会经过索非亚；去往斯科普里的话，你也得从那儿坐长途汽车。

长途汽车

大部分的国际长途汽车的终点都在索非亚。你必须在边境下车，然后步行通过海关并出示护照。当乘坐长途汽车出境时，目的地国家入境签证的费用不包含在票价里。

小汽车和摩托车

要在保加利亚的道路上开自己的车，你需要购买一个小图标，该图标在保加利亚的所有入境处、加油站和邮局均有销售。对租用小汽车来说，费用为每周10列弗，每月25列弗。

火车

从保加利亚出发的国际列车很多，它们的目的地包括塞尔维亚、希腊和土耳其。索非亚是国际线路的主要枢纽站，不过火车也会在其他城镇停靠。

当地交通

飞机

保加利亚境内时间固定的国内航班只有索非亚和瓦尔纳之间及索非亚和布尔加斯之间的线路。两条线路都由**保加利亚航空**（www.air.bg）经营。

特色饮食

新鲜水果、蔬菜、乳制品和烤肉构成了保加利亚餐饮的基础，深受希腊和土耳其烹饪的影响。猪肉和鸡肉是最受欢迎的肉类，内脏也是传统菜肴中的重头戏。你还会发现含有鸭肉、兔肉和鹿肉的菜肴，鱼类在黑海沿岸很常见。

- **Banitsa** 奶酪薄片馅饼，经常现做热食。
- **Kebabche** 烤制猪肉腊肠薄片，保加利亚的每个小酒馆（mehana）必备的食物。
- **Tarator** 美味的冷冻黄瓜酸奶汤，消暑解热上乘之品，佐以大蒜、莳萝和核桃碎食用。
- **啤酒** 在保加利亚，你从不会离一瓶冰啤酒太远。Zagorka、Kamenitza和Shumensko这几种国产啤酒较为畅销。
- **葡萄酒** 保加利亚酿造葡萄酒的历史可以追溯至色雷斯人时期，有一些很棒的种类值得尝试。
- **Kavarma** 这种“锅仔”也称炖肉，通常以鸡肉或猪肉为食材，是这个国家最常见的菜品之一。
- **Shkembe chorba** 在保加利亚，传统羊肚汤是外表唬人而又别具一格的特色食品之一，值得品尝。
- **Mish Mash** 夏日最爱，用西红柿、辣椒、鸡蛋、羊乳酪和香料烹制而成。
- **Shishcheta** 标准的烤肉串，一块块鸡肉或猪肉穿在木扦上，配以蘑菇和青椒。
- **Musaka** 毋庸置疑，保加利亚的“茄盒”（moussaka）与希腊同类菜品如出一辙，它是经济自助餐的主打美味。

自行车

许多道路的路况很差，一些主要道路经常交通堵塞，而自行车不允许上高速公路。

许多火车允许带上自己的自行车，收费2列弗。

城市和大乡镇可以换零部件，不过最好自带。

长途汽车

长途汽车连接所有的城市与主要城镇，并将村庄与最近的交通枢纽连接起来。登录网站www.bgrazpisanie.com/en/transport查看各长途客运公司的全面信息。

小汽车和摩托车

保加利亚的道路在欧洲被位于最危险之列，每一年的死亡率都很高。最严重的是假期季节（7月至9月），届时酒驾、超速和糟糕的路况都会增加交通事故发生的概率。

Union of Bulgarian Motorists（☎02-935 7935，道路援助02-91146；www.uab.org；pl Positano 3, Sofia）提供24小时的道路援助服务。

交通规则

- 右侧通行。
- 司机和前排乘客必须系好安全带；骑摩托车必须戴头盔。
- 血液酒精含量不得超过0.05%。
- 12岁以下儿童不得坐在前排。
- 11月至次年3月，前车灯必须时刻打开。
- 限速为城镇50公里/小时，主干道90公里/小时，高速公路140公里/小时。

火车

保加利亚国家铁路（Bâlgarski Dârzhavni Zheleznitsi，缩写为BDZh；www.bdz.bg）在全国范围内拥有长达4278公里的铁轨，连接了大部分城镇。大多数火车都比较陈旧，而且不是十分舒服，跑得也比长途汽车慢。好处是，你在车厢里会有更大的空间，而且风景也更赏心悦目。火车分为ekspresen（特快）、bârz（普快）或pâtnicheski（慢车）。你如果不是超级痴迷于火车旅行或者不是想去某个偏远乡镇的话，还是坐普快或者特快吧。

克罗地亚

最佳餐饮

- Mundoaka Street Food（见293页）
- Kantinon（见298页）
- Konoba Menego（见304页）
- Konoba Matejuška（见301页）

最佳住宿

- Studio Kairos（见292页）
- Goli + Bosi（见300页）
- Hotel Lone（见297页）
- Karmen Apartments（见309页）

为何去

如果你的地中海幻想是身处城墙环绕的古镇，在蓝宝石一样的海水边懒洋洋地晒太阳，那么克罗地亚就是把这一切变成现实的地方。

亚得里亚海岸线散布着1244座岛屿，到处都是古老的城镇，它是克罗地亚最吸引人的地区。其中的佼佼者是杜布罗夫尼克，其引人注目的老城被用于防卫的宏伟城墙环绕着。海滨的斯普利特拥有戴克里先宫，古老的城墙里还有数十家酒吧、餐厅和商店焕发着勃勃生机。在心形的伊斯特拉半岛，罗维尼是一个充满魅力的渔港，有狭窄的鹅卵石街巷。从赫瓦尔岛上令人目眩的赫瓦尔城，到帕克莱尼群岛上与世隔绝的天体运动者的小海湾，亚得里亚海上的岛屿有各色不同的魅力。

远离海岸，首都萨格勒布拥有生气勃勃的咖啡馆文化和浓厚的艺术氛围，而普利特维采湖群国家公园则提供像迷宫一样错综复杂的蓝绿色湖泊和层叠的瀑布。

何时去

萨格勒布

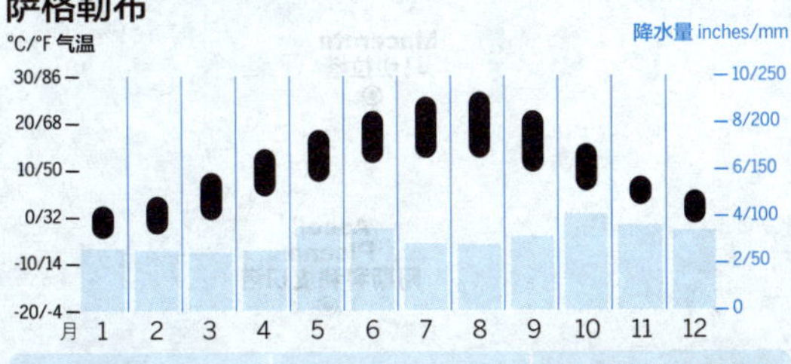

5月和9月 天气好，人少，却有很多活动，非常适合徒步旅行。

6月 最佳旅游时节：美妙的天气，人少价廉，节日庆典刚刚拉开序幕。

7月和8月 阳光充足，海水温暖，有夏季音乐节，但游客数量多且价格最高。

克罗地亚亮点

❶ **杜布罗夫尼克**（见305页）的老城墙内闪闪发光的大理石街和装饰精美的建筑群，会让你看得目瞪口呆。

❷ 欣赏**赫瓦尔城**（见303页）的威尼斯风格建筑，体验充满活力的夜生活。

❸ 在**斯普利特**（见298页）的戴克里先宫感受热闹非凡且历史悠久的欢乐气氛。

❹ 在**萨格勒布**的**失恋博物馆**（见288页）里体会残留的失恋滋味。

❺ 在伊斯特拉的海滨明珠**罗维尼**（见296页）陡峭的鹅卵石街道和小广场中漫步。

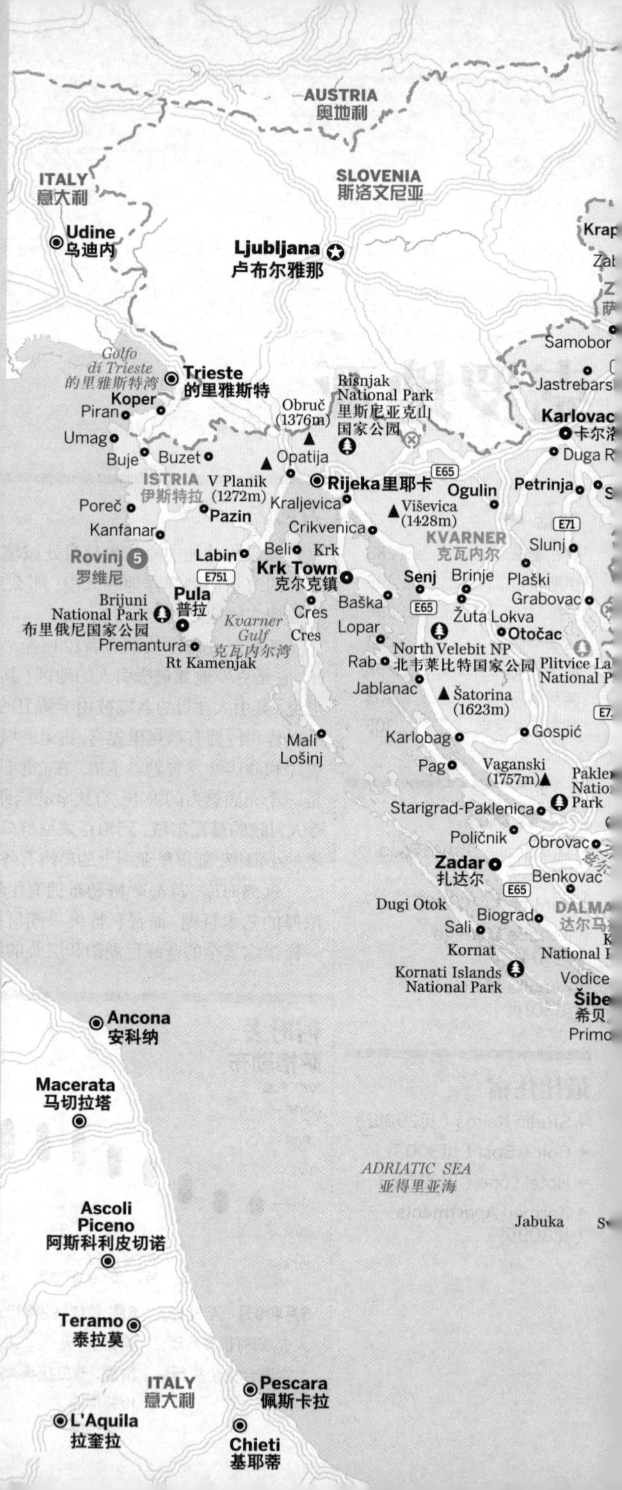

AUSTRIA
奥地利
ITALY
意大利
SLOVENIA
斯洛文尼亚
Udine
乌迪内
Ljubljana
卢布尔雅那
Samobor
Golfo di Trieste
的里雅斯特湾
Trieste
的里雅斯特
Koper
Piran
Umag
Buje
Buzet
Risnjak National Park
里斯尼亚克山国家公园
Obruč (1376m)
Opatija
Karlovac
Duga R
ISTRIA
伊斯特拉
V Planik (1272m)
Rijeka 里耶卡
E65
Ogulin
Petrinja
Poreč
Pazin
Kraljevica
Viševica (1428m)
E71
Kanfanar
Crikvenica
KVARNER
克瓦内尔
Slunj
Rovinj ❺
罗维尼
Labin
Beli
Krk
Krk Town
克尔克镇
Senj
Brinje
Plaški
E751
Pula
普拉
Baška
Grabovac
Brijuni National Park
布里俄尼国家公园
Cres
Kvarner Gulf
克瓦内尔湾
Cres
E65
Žuta Lokva
Lopar
Otočac
Premantura
Rt Kamenjak
Rab
North Velebit NP
北韦莱比特国家公园
Jablanac
Šatorina (1623m)
Mali Lošinj
Karlobag
Gospić
Pag
Vaganski (1757m)
Starigrad-Paklenica
Poličnik
Obrovac
Zadar
扎达尔
Benkovac
E65
Dugi Otok
Biograd
Sali
Kornat
Kornati Islands National Park
Vodice
Ancona
安科纳
Macerata
马切拉塔
ADRIATIC SEA
亚得里亚海
Ascoli Piceno
阿斯科利皮切诺
Jabuka
Teramo
泰拉莫
ITALY
意大利
Pescara
佩斯卡拉
L'Aquila
拉奎拉
Chieti
基耶蒂

0 100 km
0 50 miles
HUNGARY
匈牙利
Čakovec
Goričan
Drava 德拉瓦河
Gola
Koprivnica
科普里夫尼察
Đurđevac
Križevci
Pitomača
Terezino Polje
Bjelovar
别洛瓦尔
Virovitica
Čazma
E661
A4
E70
Pécs
佩奇
Backi Breg
Bezdan
Beli Manastir
Kopački Rit National Park
Donji Miholjac
Slatina
Daruvar
Kapovac (790m)
Osijek
奥西耶克
Bogojevo
Dalj
Našice
Sisak
锡萨克
Kutina
库蒂纳
Pakrac
Slavonska Požega
Đakoračka Breznica
E73
Borovo
Vukovar 武科瓦尔
Novi Sad
诺维萨德
Petrinja
Novska
Nova Gradiška
Đakovo
Vinkovci
温科夫齐
Danube 多瑙河
Bačka Palanka
Hrvatska
Slavonski Brod
斯拉沃尼亚布罗德
Davor
E70
Županja
Otok
Bosanska Dubica
Sava 萨瓦河
Kozara National Park
柯扎拉国家公园
Batrovci
Una
Sava 萨瓦河
Brčko
布尔奇科
Banja Luka
巴尼亚卢卡
SERBIA
塞尔维亚
BOSNIA AND HERZEGOVINA
波斯尼亚和黑塞哥维那
SARAJEVO
萨拉热窝
E71
Sinj
Split
斯普利特
3
Omiš
Imotski
Gorica-Vinjani Donji
Piva
Supetar
Brela
Makarska
Brač
Bol
E65
2
Stari Grad
Hvar Town
赫瓦尔城
Hvar
Ploče
Metković
Metković-Doljani
Vis
Komiža
Vela Luka
Korčula Town
Orebić
Korčula
E65
Polače
Pomena
Sobra
Mljet National Park
Lastovo
Dubrovnik
杜布罗夫尼克
1
Ivanica
Cavtat
E65
MONTENEGRO
黑山
PODGORICA
波德戈里察
ALBANIA
阿尔巴尼亚

萨格勒布(ZAGREB)

☎01 / 人口 792,900

萨格勒布拥有文化、艺术、音乐、建筑、美食，以及成就一个高品质首都的所有其他一切——难怪过去两三年里游客数量大幅增加。除了克罗地亚的海滨景点，人们终于发现萨格勒布这座城市本身也是一个极受欢迎的旅行目的地。

视觉上，萨格勒布的建筑混合着奥匈帝国的硬朗骨架风格和边缘粗糙的社会主义建筑风格，通常这两种风格是很难被糅合在一起的。这座迷你大都市仿佛是专门用来逛街、逛剧院、喝咖啡、参观博物馆和画廊、听音乐会和看电影的。在这里，一年四季都适合户外活动：春季和夏季的夜晚，人们涌入城西南的雅伦湖(Jarun Lake)畅游、荡舟，或整夜在湖畔的迪斯科舞厅纵情舞蹈；到了秋季和冬季，萨格勒布人会去附近的山上滑雪或远足。

景点

作为萨格勒布最古老的地方，上城(Gornji Grad)拥有萨格勒布历史上早期修建的各式教堂和地标建筑群。下城(Donji Grad)则有艺术博物馆以及19世纪和20世纪建筑的精美典范。

上城

失恋博物馆

博物馆

(Museum of Broken Relationships; www.brokenships.com; Ćirilometodska 2; 成人/优惠25/20库纳; ⊙9:00~22:30)在萨格勒布这座最奇特的博物馆里，可以看到恋情结束后的纪念品。这场富有新意的展览曾全球巡展，直到它们在这里找到了永恒的归宿。这里展示着来自世界各地的赠品，陈设在一系列全白的房间内，这些房间都有拱顶天花板和环氧树脂地板。

多拉兹市场

市场

(Dolac Market; ⊙周一至周五6:30~15:00，周六 至14:00，周日 至13:00)萨格勒布色彩缤纷的水果和蔬菜市场就位于中央广场的正北方。来自克罗地亚全国各地的商贩们，来到这处人声鼎沸的市场中出售他们的产品。多拉兹市场自20世纪30年代开始活跃于此，当时的城市管理者在上城和下城之间的"边界"设立了这处市集空间。

圣母升天大教堂

天主教堂

(Cathedral of the Assumption of the Blessed Virgin Mary, Katedrala Marijina Uznešenja; Kaptol 31; ⊙周一至周六 10:00~17:00，周日13:00~17:00)卡普托广场(Kaptol Sq)以这座大教堂(从前叫圣斯蒂芬大教堂)为主体。它的两座尖塔——似乎永远都在维修当中——高耸于城市的天幕。虽然大教堂最初的哥特式结构历经多次改造，但圣器收藏室里仍有13世纪的**壁画**。1880年的一场地震对大教堂破坏严重，新哥特风格的重建工程开始于20世纪之初。

洛特什察克塔

历史建筑

(Lotrščak Tower; KulaLotrščak; Strossmayerovo Šetalište 9; 成人/优惠 20/10库纳; ⊙9:00~21:00)这座塔楼修建于13世纪中

旅行线路

三天

先花一天时间投身到激情四射的**萨格勒布**，品味充满活力的咖啡馆文化和夜生活，以及令人着迷的博物馆。然后前往伊斯特拉的**罗维尼**，在海边休闲度过两日，漫步在鹅卵石街道上，品尝著名的伊斯特拉美食。

一周

以萨格勒布的周末开始，然后前往该地区最棒的景点之一：位于**斯普利特**的戴克里先宫罗马遗址是这座海滨城市生气勃勃的一部分。在这里住两天，好好观光，享受沙滩欢乐和夜生活时光。接下来，沿着蜿蜒的海滨道路前往**杜布罗夫尼克**，一座有城墙的壮丽城市，老城的美肯定会惊艳到你。

期，目的是保卫南城门。登上它可以360度俯瞰城市景观。附近的索道缆车（www.zet.hr/english/funicular.aspx；票价 4库纳；⏲6:30~22:00）建成于1888年，连接着上城和下城。

圣马可教堂
教堂

（St Mark's Church；Crkva Svetog Marka；Trg Svetog Marka 5；⏲弥撒 周一至周五 7:30和18:00，周六 7:30，周日 10:00、11:00和18:00）这座13世纪的教堂是萨格勒布最具代表性的建筑之一。它绚烂多彩的砖瓦屋顶完工于1880年，左侧有克罗地亚、达尔马提亚（Dalmatia）和斯洛文尼亚的盾徽，右侧拥有萨格勒布的徽章。哥特式的大门雕刻于14世纪，浅壁龛上装饰着15个雕像。教堂内有伊万·梅什特罗维奇（Ivan Meštrović）的雕塑作品。游客只能在开放时间进入前厅，教堂本身只在弥撒时间开放。

克罗地亚稚拙艺术博物馆
博物馆

（Croatian Museum of Naïve Art；Hrvatski Muzej Naivne Umjetnosti；☎01-48 51 911；www.hmnu.org；Ćirilometodska 3；成人/优惠 20/10库纳；⏲周二至周五 10:00~18:00，周六和周日 至13:00）如果你喜欢克罗地亚的稚拙艺术——这种艺术形式20世纪60年代和20世纪70年代在克罗地亚和其他一些地区很时尚，后来不知为何衰落了，这个小型博物馆会是一场盛宴。里面藏有将近1900件这个领域里最重要艺术家（如Generalić、Mraz、Rabuzin和Smajić）的油画、素描和雕塑作品。

梅什特罗维奇工作室
艺术中心

（Meštrović Atelier；☎01-48 51 123；Mletačka 8；成人/优惠 30/15库纳；⏲周二至周五 10:00~18:00，周六和周日 至14:00）克罗地亚最知名的艺术家是伊万·梅什特罗维奇（Ivan Meštrović），这栋17世纪建筑是他的故居，1922~1942年他曾在此工作和生活，里面收集了这位艺术家前40年艺术生涯中的百余件雕塑、绘画、版画和家具等作品。梅什特罗维奇还是一位建筑师，这栋房子的很多部分都是他自己设计的。

市博物馆
博物馆

（City Museum；Muzej Grada Zagreba；☎01-48 51 926；www.mgz.hr；Opatička 20；成人/优惠/家庭 30/20/50库纳；⏲周二至周五 10:00~18:00，周六 11:00~19:00，周日 10:00~14:00；👪）自1907年以来，建于17世纪的圣克莱尔女修道院（Convent of St Claire）一直容纳着这座古老的博物馆，里面通过文件档案、艺术品和手工艺品呈现了萨格勒布的历史，此外还有让孩子们着迷的互动性展览。找找老格里德卡（Gradec）的微缩模型。展品有简要英文介绍。

萨格勒布24小时

在萨格勒布的绿洲Strossmayerov trg漫步，开始你一天的旅程，然后步行走到中央广场，这座城市的中心。前往卡普托广场看一看圣母升天大教堂（见288页），萨格勒布宗教生活的中心。在上城，去多拉兹市场（见288页）吃几样小吃。接下来步入奇怪的失恋博物馆（见288页），然后从几步之遥的洛特什察克塔（见288页）顶端俯瞰城市美景，最后晚上在Tkalčićeva沿线泡酒吧。

下城

中央广场（Trg Bana Jelačića）
广场

萨格勒布主要的地标和地理中心是中央广场——这里是大多数人安排见面的地方。如果你喜欢看人的话，可以挑一家咖啡馆坐下，看着人们从电车里走出来，互相打招呼，逐渐消失在卖报纸和鲜花的小贩之间。

米马拉博物馆
博物馆

（Museum Mimara，Muzej Mimara；☎01-48 28 100；www.mimara.hr；Rooseveltov trg 5；成人/优惠 40/30库纳；⏲周二至周五 10:00~19:00，周六 至17:00，周日 至14:00）博物馆里面的展品是米马拉（Ante Topić Mimara）多样化的私人艺术品收藏——是萨格勒布最好的，米马拉将自己3750件无价收藏捐赠给了自己出生的城市（虽然他一生中的大部分时间生活在奥地利的萨尔茨堡）。博物馆位于一栋新文艺复兴风格的前学校建筑（建于1883年）内，展品跨越了广阔的时代和地区。

Zagreb 萨格勒布

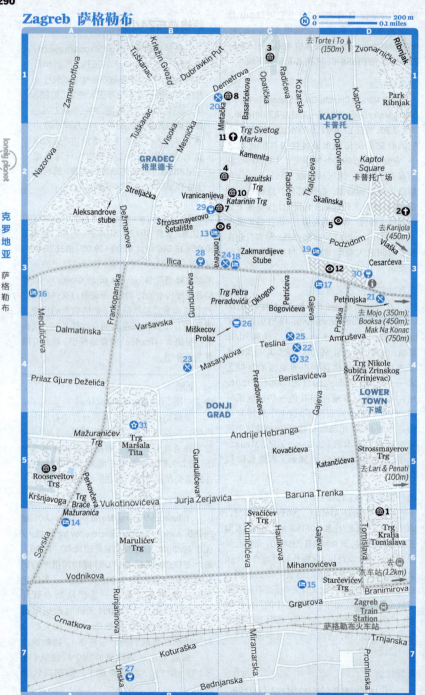

0 200 m
0 0.1 miles

A B C D

1
Zamenhoffova
Tuškanac
Krležin Gvozd
Dubravkin Put
Demetrova
3
Basaričekova
Opatička
Radićeva
Kožarska
去Torte i To (150m)
Zvonarnička
Ribnjak
Kaptol
Park Ribnjak
8
20
Mletačka
KAPTOL
卡普托

2
Nazorova
Tuškanac
Visoka
Mesnička
Trg Svetog Marka
11
Kamenita
GRADEC
格里德卡
Opatovina
Tkalčićeva
Kaptol Square
卡普托广场
4
Jezuitski Trg
Radićeva
Streljačka
Vranicanijeva
10
Katarinin Trg
Skalinska
Aleksandrove stube
Dežmanova
29
7
2
Strossmayerovo Šetalište
6
5
13
Tomićeva
去Karijola (450m)
Podzidom
Vlaška
19

3
28
24
18
Zakmardijeve Stube
Ilica
12
Cesarčeva
30
16
Frankopanska
Gundulićeva
Trg Petra Preradovića
Oktogon
Petrićeva
17
Gajeva
Petrinjska
21
Bogovićeva
Medulićeva
去Mojo (350m);
Booksa (450m);
Mak Na Konac (750m)
Praška
Dalmatinska
Varšavska
26
Miškecov Prolaz
Amruševa
25
Teslina
22
32

4
23
Masarykova
Trg Nikole Šubića Zrinskog (Zrinjevac)
Prilaz Gjure Deželića
Berislavićeva
Preradovićeva
Gajeva
LOWER TOWN
下城
DONJI GRAD
31
Mažuranićev Trg
Trg Maršala Tita
Andrije Hebranga

5
Gundulićeva
Kovačićeva
Strossmayerov Trg
9
Katančićeva
去Lari & Penati (100m)
Rooseveltov Trg
Perkovčeva
Kršnjavoga
Trg Braće Mažuranića
Vukotinovićeva
Jurja Žerjavića
Baruna Trenka
1
14
Svačićev Trg
Trg Kralja Tomislava

6
Savska
Marulićev Trg
Kumičićeva
Haulikova
Gajeva
Tomislava
去
汽车站(1.2km)
Mihanovićeva
Vodnikova
15
Starčevićev Trg
Branimirova
Grgurova
Zagreb Train Station
萨格勒布火车站
Runjaninova
Crnatkova

7
Miramarska
Trnjanska
Koturaška
Promlinska
27
Unska
Bednjanska

A B C D

Zagreb 萨格勒布

艺术展览馆 画廊

（Art Pavilion；Umjetnički Paviljon；☎01-48 41 070；www.umjetnicki-paviljon.hr；Trg Kralja Tomislava 22；成人/优惠 30/15库纳；⏲周二至周六 11:00~19:00，周日 10:00~13:00）黄颜色的艺术展览馆为观众呈现内容不断变化的当代艺术作品。1897年，展览馆以新艺术风格建成，是萨格勒布唯一专门设计用来举办大型展览的空间。在有些年份，展览馆会从7月中旬至整个8月关门，登录网站查看详情。

市中心外

当代艺术博物馆 博物馆

（Museum of Contemporary Art；Muzej Suvremene Umjetnosti；☎01-60 52 700；www.msu.hr；Avenija Dubrovnik 17；成人/优惠 30/15库纳；⏲周二至周五和周日 11:00~18:00，周六至20:00）这座拥有17,000平方米建筑空间的时髦博物馆，坐落在由本地明星建筑师伊戈尔·法兰琳卡（Igor Franić）设计的引人注目的城市地标性建筑内，会上演克罗地亚和国际艺术家们的个展和专题展。永久性展览名为《运动中的收藏》（*Collection in Motion*），包括240位艺术家（大约一半是克罗地亚人）的620件先锋作品。电影、戏剧、音乐会和行为艺术排满了全年的时间表。

团队游

Funky Zagreb 导览游

（www.funky-zagreb.com）个性化旅游主题包括从品酒（340库纳，2.5~3小时）到在萨格勒布周围远足（一日游 每人720库纳起）。

Blue Bike Tours 自行车游

（☎098 18 83 344；www.zagrebbybike.com）想在自行车上感受萨格勒布的话，可以预订一场团队游——有三条路线（下城、上城或Novi Zagreb）可供选择。每天10:00和14:00从Trg Bana Jelačića 15出发。时间持续大约2小时，费用为175库纳。

住宿

随着一些欧洲廉价航空公司的到来，萨格勒布的住宿条件已经发生明显的变化。青年旅舍在最近几年像雨后春笋一样到处涌现；在本书写作期间，萨格勒布拥有超过30家青旅，从廉价的背包客之选到时尚的隐秘小店。这座城市的商务和高端酒店也在蓬勃发展。

房价通常在所有季节都一样，不过如果你在节日或大型活动时到来，就准备好多付20%的钱，特别是秋季的博览会。

随着Airbnb.com网站的兴起，短租公寓正在变得越来越流行，而且也是像当地人一样体验这座城市的一种很好的方式。推荐选项包括**ZIGZAG Integrated Hotel**（☎01-88 95 433；www.zigzag.hr；Petrinjska 9；房/公寓 450/720库纳起；P❄📶）和**Main Square Apartment**（☎098 494 212；www.apartment-mainsquare.com；Trg Bana Jelačića 3；2人 608库纳，3~4人 684库纳；❄📶）。

Chillout Hostel Zagreb Downtown 青年旅舍 $

（☎01-48 49 605；www.chillout-hostel-zagreb.com；Tomićeva 5a；铺 105~125库纳，标单/双 300/350库纳；P❄@📶）这个欢乐的地方位于配备索道缆车的小小步行街上，拥有不少于170张床铺，距离中央广场仅有几步路。有很多附属设施，气氛友好，提供早餐。

Hobo Bear Hostel 青年旅舍 $

（☎01-48 46 636；www.hobobearhostel.com；Medulićeva 4；铺 153库纳起，双 436库纳起；❄@📶）这家拥有五间宿舍闪闪发光的青年旅舍位于一座复式公寓楼里，那里有裸露的砖墙、硬木地板、免费储物柜、提供免费茶水和咖啡的厨房、公共活动室，还能进行图书交换。三个双人间位于街对面。从中央广场搭乘1路、6路或11路有轨电车可到这里。

★ **Studio Kairos** 民宿 $$

（☎01-46 40 680；www.studio-kairos.com；Vlaška 92；标单 340~420库纳，双 520~620库纳；❄📶）这家可爱的民宿位于一个临街公寓里，有四间设备齐全的客房。房间按不同主题（作家、手工艺、音乐盒和老祖母）装饰，还有一个舒适的公用空间可以享用美味的早餐。内部设计非常华丽，好客的主人是个百事通。还有自行车可以出租。

Hotel Jägerhorn 酒店 $$

（☎01-48 33 877；www.hotel-jagerhorn.hr；Ilica 14；标单/双/公寓 835/911/1217库纳；P❄@📶）这家迷人的小酒店“猎人的号角”（酒店名字的字面意思），最近刚翻修过，就坐落在洛特什察克塔（见288页）下方。酒店拥有友好的服务，以及18间宽敞、古典的客房，风景很好（你可以在顶层的阁楼间凝望郁郁葱葱的格里德卡）。楼下的露台咖啡馆很迷人。

★ **Esplanade Zagreb Hotel** 酒店 $$$

（☎01-45 66 666；www.esplanade.hr；Mihanovićeva 1；标单/双 1385/1500库纳；P❄@📶）这座六层的酒店散发着厚重的历史感，于1925年建在火车站旁，用来接待乘坐东方快车号（Orient Express）来到萨格勒布的客人，气势恢宏。从那以后这里下榻过国王、艺术家、记者和政客。这是一件艺术装饰风格的杰作，有用旋涡纹大理石建造的墙壁、巨大的楼梯和镶嵌木板的电梯。

Hotel Dubrovnik 酒店 $$$

（☎01-48 63 555；www.hotel-dubrovnik.hr；Gajeva 1；标单/双 740/885库纳起；P❄📶）这座玻璃建筑就坐落在中央广场上，好像来自纽约一样，是这座城市的地标之一，而它的245间设施齐备的客房有一种老派的经典风格。这里住着很多喜欢市中心的商务旅行者——要一间能看到中央广场风景的房间，看着萨格勒布人在你窗下匆匆而过。建议咨询住宿套餐和特别优惠活动。

✕ 就餐

你可以在多拉兹（Dolac；见288页）市场挑选极好的新鲜农产品、奶酪和冷盘熟食。市中心的主要街道，包括Ilica、Teslina、Gajeva和Preradovićeva，都有快餐厅和廉价小吃店。请注意：许多餐馆到了8月会关门休暑假，假期基本持续两周到一个月的时间。

Karijola 比萨餐厅 $

（Vlaška 63；比萨 42库纳起；⊙周一至周六 11:00至午夜，周日 至23:00）这个新开业的地方是萨格勒布最好的比萨餐厅，当地人对从黏土炉里出炉的香脆薄比萨饼推崇备至。这里的比萨使用优质食材，如烟熏火腿、橄榄油、浓郁的马苏里拉奶酪、圣女果、芝麻菜和香菇。

Tip Top 海鲜 $

（Gundulićeva 18；主菜 40库纳起；⊙周一至周六 7:00~23:00）我们是多么喜欢Tip Top以及这里身着旧式社会主义制服、由板着脸转为眉开眼笑的侍应，还有非常棒的达尔马提亚食物。每天供应不同的套餐。

Pingvin 三明治 $

（Teslina 7；三明治 15库纳起；⊙周一至周六 10:00至次日4:00，周日 18:00至次日2:00）这家快餐厅自1987年开业以来就提供自创的当地风味的三明治和沙拉，当地人往往坐在吧椅上享用。

Vincek 面包房 $

（Ilica 18；酥皮糕点 6库纳起；⊙周一至周六 8:30~23:00）这家酥皮糕点商店（slastičarna）出售萨格勒布奶油含量最高的蛋糕，不过它也有一些实力不俗的竞争者，包括Kaptol Centar二楼的**Torte i To**（Nova Ves 11, 2nd fl, Kaptol Centar；酥皮糕点 3库纳起；⊙周一至周六 8:00~23:00，周日 9:00~23:00），以及最近开业的**Mak Na Konac**（Dukljaninova 1；酥皮糕点 8库纳起；⊙周一至周六 9:00~21:00）。

★ **Mundoaka Street Food** 各国风味 $$

（☎01-78 88 777；Petrinjska 2；主菜 45库纳起；⊙周一至周四 8:00至午夜，周五 至次日1:00，周六 9:00至次日1:00）这个可爱的新餐厅以浅色木材装饰，有室外餐桌，供应美式经典——鸡翅和猪肋排等——以及全球各地的菜肴，从西班牙玉米薄饼（tortillas）到北非蛋（shakshuka eggs）应有尽有。早餐、松饼和蛋糕都很棒，全都是由萨格勒布最著名的大厨精心烹饪的。需提前预约。

★ **Vinodol** 克罗地亚菜 $$

（www.vinodol-zg.hr；Teslina 10；主菜 56库纳起；⊙正午至23:00）这里精心准备的中欧食物广受本地和海外食客们的喜爱。天气温暖的时候，可以在带遮盖的露台（通过紧邻Teslina的一条常春藤蔓生的走廊进入）上享用美食；天气冷的话可以在有岩石穹顶天花板的餐厅内用餐。亮点包括在圆顶烤炉盖子（peka）下方烤制的鲜美多汁的羔羊肉或小牛肉以及土豆，当地蘑菇（bukovače）也很不错。

Lari & Penati 新派克罗地亚菜 $$

（Petrinjska 42a；主菜 60库纳起；⊙周一至周五 正午至23:00，周六 至17:00）极具风格的小酒馆，供应充满创意的午餐和晚餐特色菜——根据市场上的新鲜食材每天都有变化。食物绝妙，音乐很酷，室外过道的餐桌在天气温暖时很棒。8月关门歇业两周。

Didov San 达尔马提亚菜 $$

（☎01-48 51 154；www.konoba-didovsan.com；Mletačka 11；主菜 60库纳起；⊙10:00至午夜）这家位于上城的酒馆有古朴的木装潢，天花板横梁清晰可见，街边平台上设有室外餐桌。食物以达尔马提亚内地的内雷特瓦河（Neretva River）三角洲地区的传统菜肴为主，例如意大利熏火腿裹烤青蛙（grilled frogs wrapped in prosciutto）。需提前预订。

Zinfandel's 各国风味 $$$

（☎01-45 66 644；www.esplanade.hr/cuisine/；Mihanovićeva 1；主菜 170库纳起；⊙周一至周六 6:00~23:00，周日 6:30~23:00）Esplanade Zagreb Hotel（见292页）的餐厅为你呈现全城最美味最有创意的菜肴。想要更简单但依然美味的就餐体验，可以前往法式风味的**Le Bistro**（www.esplanade.hr/french-chic/；Mihanovićeva 1；主菜 95库纳起；⊙9:00~23:00），同样也在这家酒店——不要错过它著名的štrukli糕点。

饮品和夜生活

在上城，时髦的Tkalčićeva有令人心跳的酒吧和咖啡馆。在下城，酒吧在Bogovićeva和Trg Petra Preradovića（当地人称为Cvjetnitrg）一字排开，街头表演和偶尔的乐队演出令这里成为下城最时髦的地方。

了解萨格勒布最好的方法之一就是参加špica——周六早晨的餐前咖啡品尝活动，举办地点就在Bogovićeva、Preradovićeva和Tkalčićeva沿线的露台上。

夜店主要分布在下城周边，入场费为20~100库纳，直到午夜时分夜店才开始活力四射。

Stross 露天酒吧

（Strossmayerovo Šetalište；⊙6月至9月每天21:30起）夏天的大多数夜晚，上城的Strossmayer人行道上会临时搭建一个酒吧，饮品便宜，还有现场音乐。形形色色的人群、美丽的城市景观和枝叶茂盛的环境，Stross是一个消磨夜晚时光的好去处。

Booksa 咖啡馆

（www.booksa.hr；Martićeva 14d；⊙周二至

周日 11:00~20:00; 📶)书虫、诗人，作家和表演者，怪人和艺术家……基本上任何一个与众不同的萨格勒布人都会来到这个以图书为主题的可爱咖啡馆聊天、喝咖啡、浏览图书、利用免费Wi-Fi上网、收听有声读物。这里还有英文读物，登录网站查看详情。从7月底开始关门歇业3周。

Kino Europa
咖啡馆、酒吧

(www.kinoeuropa.hr; Varšavska 3; ⏲周一至周四 8:30至午夜，周五和周六 至次日4:00，周日 11:00~23:00; 📶)萨格勒布最古老的电影院建于20世纪20年代，里面有一家华丽的咖啡馆，同时也是葡萄酒吧和格拉巴酒馆(grapperia)。在这个拥有室外露台的玻璃围合的空间内，你可以享用很棒的咖啡和30多种格拉巴酒，并提供免费Wi-Fi。电影院会放映电影，偶尔有舞蹈派对。

Mojo
酒吧

(Martićeva 5; ⏲周一至周五 7:00至次日2:00，周六 8:00至次日2:00，周日 8:00至午夜)这间烟雾缭绕的地下室每天晚上都有现场音乐和DJ打碟。在天气暖和的夜晚，你可以坐在外面过道旁的餐桌上，从70款格拉巴酒(rakijas)和甜酒中挑选自己中意的慢慢品尝。

Basement Wine Bar
葡萄酒吧

(Tomićeva 5; ⏲周一至周六 9:00至次日2:00，周日 16:00至午夜)这个位于市中心的地下室酒吧(有一些过道餐桌)是一个按杯品尝克罗地亚葡萄酒的好去处，就在索道缆车旁边。可用肉类和奶酪拼盘佐酒。

VIP Club
夜店

(www.vip-club.hr; Trg Bana Jelačića 9; ⏲周二至周六 20:00至次日5:00，夏天关门歇业)这家新开张的夜店很快就成了当地人的最爱，它位于中央广场上一个华丽的地下室，有各种风格的现场音乐表演，从爵士乐到巴尔干音乐，不一而足。

Masters
夜店

(Ravnice bb)萨格勒布最小的夜店同时也拥有强劲的音效系统和私家派对的氛围，本土和国际顶级大牌DJ播放浩室音乐、科技浩室、鼓点乐和雷鬼乐。

Pepermint
夜店

(www.pepermint-zagreb.com; Ilica 24; ⏲周二至周六 22:00至次日5:00，8月 关门歇业)这家小而时尚的夜店位于市中心，镶嵌着白色木板，有两层空间，拥有年龄较大、比较富裕的客户群体。节目每周都有变动，从复古的山区乡村摇滚(rockabilly)和摇摆乐(swing)到灵魂音乐和浩室音乐。

Aquarius
夜店

(www.aquarius.hr; Aleja Matije Ljubeka bb, Jarun Lake)虽然这家湖边夜店已度过了它的全盛时代，但仍旧非常有趣，这里有一排房间面向一个巨大的露台。浩室和电子舞曲是标配，不过也有嘻哈音乐和节奏布鲁斯。夏天的时候，Aquarius会在Zrće on Pag开一家分店。

KSET
夜店

(www.kset.org; Unska 3; ⏲周一至周四 9:00~16:00和20:00至午夜，周五 9:00~16:00和20:00至次日1:00，周六 22:00至次日3:00)这里是萨格勒布顶尖的音乐演出场所，从民族音乐到嘻哈音乐，任何人都可以在这里表演一番。周六夜晚献给DJ音乐，年轻人的劲舞派对持续到深夜。这里的现场表演和活动能够满足大多数人的口味。

☆ 娱乐

Zagrebačko Kazalište Mladih
剧院

(☎01-48 72 554; www.zekaem.hr; Teslina 7; ⏲售票处 周一至周五 10:00~20:00，周六和周日 至14:00，以及演出开始前的1小时)萨格勒布青年剧院(Zagreb Youth Theatre; 简称ZKM的知名度更高)被认为是克罗地亚当代戏剧的摇篮。它会举办几个戏剧节，许多来自世界各地的剧团在此上演剧目。

Croatian National Theatre
剧院

(☎01-48 88 418; www.hnk.hr; Trg Maršala Tita 15; ⏲售票处周一至周五10:00~19:00，周六至13:00，以及演出开始前的1小时)这座新巴洛克风格的剧院竣工于1895年，上演歌剧和芭蕾舞。伊万·梅什特罗维奇的雕塑《生活的源泉》(*The Well of Life*; 1905年)矗立在剧院前方。

实用信息

在长途汽车站、火车站、机场和城里许多地方都有自动柜员机。火车站和长途汽车站的一些银行还接受旅行支票。城里的一些咖啡馆提供免费Wi-Fi。

阿特拉斯旅行社（Atlas Travel Agency；☎01-48 07 300；www.atlas-croatia.com；Zrinjevac 17）提供克罗地亚全境游。

KBC Rebro（☎01-23 88 888；Kišpatićeva 12；⏲24小时）位于城东，提供紧急救援。

旅游局办事处（Main Tourist Office；☎咨询热线0800 5353，办事处 01-48 14 051；www.zagreb-touristinfo.hr；Trg Bana Jelačića 11；⏲6月至9月 周一至周五 8:30~21:00，周六和周日 9:00~18:00，10月至次年5月 周一至周五 8:30~20:00，周六9:00~18:00，周日 10:00~16:00）发放免费的城市地图和小册子，销售有效期为24小时（60库纳）或72小时（90库纳）的**萨格勒布卡**（Zagreb Card；www.zagrebcard.fivestars.hr）。

到达和离开

飞机

萨格勒布机场（☎01-45 62 222；www.zagreb-airport.hr）位于萨格勒布东南17公里处，是萨格勒布最主要的机场，提供国内和国际航班服务。

长途汽车

萨格勒布**长途汽车站**（☎060 313 333；www.akz.hr；Avenija M Držića4）位于火车站以东1公里处。如果你想存包，有一个**garderoba**（行李寄存处；长途汽车站；每小时 5库纳；⏲24小时）。2路和6路有轨电车从长途汽车站开往火车站，6路还到中央广场。开往国内目的地的班车发车频繁，包括杜布罗夫尼克（205~250库纳，9.5~11小时，每天9~12班）、罗维尼（150~195库纳，4~6小时，每天9~11班）和斯普利特（115~205库纳，5~8.5小时，每天32~34班）。

国际班车的目的地包括贝尔格莱德（220库纳，6小时，每天5班）、萨拉热窝（160~210库纳，7~8小时，每天4~5班）和维也纳（225~247库纳，5~6小时，每天3班）。

火车

火车站（☎060 333 444；www.hznet.hr；Trg Kralja Tomislava 12）在城市的南部；那里有一个**garderoba**（火车站；储物柜 每24小时 15库纳；⏲24小时）。座位有限，提前购买火车票是明智之举。

有开往斯普利特的火车（197~208库纳，5~7小时，每天4班）。有多趟国际列车，发往贝尔格莱德（188库纳，6.5小时，每天1班）、卢布尔雅那（127库纳，2.5小时，每天4班）、萨拉热窝（238库纳，8~9.5小时，每天1班）和维也纳（520库纳，6~7小时，每天2班）。

当地交通

在萨格勒布开车非常容易，交通通畅，有轨

值得一游

其他值得一去的地方

伊斯特拉 不要错过伊斯特拉半岛上最大的城市**普拉**（Pula），那里有丰富多彩的古罗马建筑。它们当中的“明星”是可追溯至1世纪、保存完好的圆形剧场。沿着犬牙交错的海岸线向南约10公里，**普雷曼图拉半岛**（Premantura Peninsula）隐藏着一座壮观的自然公园，受保护的卡梅尼亚克海角（cape of Kamenjak）有连绵起伏的山丘、野花、低矮的地中海灌木、果树和药草，以及绵延约30公里的原始海滩和小海湾。

南达尔马提亚 **科尔丘拉岛**（Korčula Island）到处都是葡萄园和橄榄树，是拥有48座岛屿的群岛中最大的一座岛，自驾风景宜人，有很多宁静的小海湾和隐秘的海滩。这里还有科尔丘拉城（Korčula Town），一座带城墙和圆形碉楼的城市，此外还有狭窄的石头街道和拥有红屋顶的房子，让它看起来像是微缩版的杜布罗夫尼克。

杜布罗夫尼克周边 从杜布罗夫尼克短途出游，与世隔绝的**Mljet**岛是一个很棒的目的地，它东北方向的半边是Mljet国家公园，茂盛的植被、松林和壮观的咸水湖风景特别优美。这是一片未被打扰的宁静绿洲，根据传说，奥德修斯曾在此被困7年。

电车高效运行。

抵离机场

公共汽车

克罗地亚机场大巴(Croatia Airlines bus)4:30~20:00每30分钟从机场发车，到机场的公共汽车按相同时刻表对开，花费30库纳。

出租车

乘坐出租车的费用是110~200库纳。

公共交通

公共交通(www.zet.hr)以高效的电车网络为基础，不过市中心小巧紧凑，几乎用不着坐车。大多数车站都印有电车线路图，很容易辨别方位。

可以在报亭或者上车后花10库纳买车票，车票90分钟内有效，但仅限同一方向。

在大多数报亭花30库纳可买一种dnevna-karta(日票)，用这种票可以在当日至次日4:00搭乘任何公共交通工具。

上了电车后切记将票插入黄色盒子里检票。

出租车

对城市短距离出行，**Cammeo出租车**(Taxi Cammeo; ☎060 7100 1212)最便宜，包括头2公里在内的起步价为15库纳(以后每公里6库纳)。

伊斯特拉(ISTRIA)

☎052

克罗地亚陆地与亚德里亚海在伊斯特拉交会，这处3600平方公里的心形半岛紧靠意大利的里雅斯特(Trieste)的南部。陆地内部连绵起伏的丘陵和肥沃平原的田园风光吸引着有艺术气息的游客来山顶的村庄、乡村酒店和农家餐馆，但这片青翠的锯齿状海岸线上最受欢迎的还是阳光与海水。众多依海岸和岩石滩而建的酒店并不是克罗地亚最好的，但内部设施十分齐全，海水干净，还有许多幽静之处。

海岸虽然在夏季被游客所淹没，但即使是8月中旬，你仍能在"绿色伊斯特拉"(内陆)体验不被打扰的感受。再加上著名美食(新鲜海鲜主打，配以优质的白松露、野生芦笋、一流的橄榄油和上品葡萄酒)和无与伦比的历史魅力，你便拥有了一小片天堂。

罗维尼(Rovinj)

人口 14,365

罗维尼(意大利语中是Rovigno)是伊斯特拉海滨的一颗明珠。虽然在夏天会被蜂拥而至的游客挤得人满为患，但它仍是最后一批真正的地中海渔港之一。郁郁葱葱的山丘和低矮的酒店环绕着老城区，陡峭的鹅卵石街道和露天广场在老城纵横交错。罗维尼群岛的14个绿色小岛是消磨午后闲暇的好去处；最受欢迎的是Sveta Katarina岛和Crveni Otok岛(红岛)，后者又称Sveti Andrija。

老城位于一个卵形半岛内。向南大约1.5公里是科伦特角森林公园(Punta Corrente Forest Park)和郁郁葱葱的黄金角(Zlatni Rt)，那里有古老的橡树和松树，还有几家大型酒店。这里有两个港口：北边的港口水面开阔，南边较小的港口位于隐蔽的海湾里。

景点

★圣尤菲米娅教堂 教堂

(Church of St Euphemia; Sveta Eufemija; Petra Stankovića; ⌚6月至9月 10:00~18:00，5月至16:00，4月 至14:00)这座高耸的教堂是罗维尼的精华，修建在半岛中央的山丘顶上，威严地俯瞰着老城区。它建于1736年，是伊斯特拉最大的巴洛克建筑，也体现了18世纪的罗维尼是伊斯特拉人口最多的城镇。在教堂内部，右手边的祭坛后面就是大理石材质的圣尤菲米娅之墓。

巴塔那博物馆 博物馆

(Batana House; Pina Budicina 2; 成人/优惠 10/5库纳，带导游讲解 15库纳；⌚10:00~14:00和19:00~23:00)位于港口的巴塔那博物馆是一座专门介绍巴塔那(batana)的博物馆，巴塔那是一种平底渔船，象征着罗维尼的航海和捕鱼传统。17世纪市政厅内的多媒体展览有互动式展示，很不错的字幕标注和渔歌(bitinada)音频。可以看看位于一层的葡萄酒窖(spacio)，这里不但储藏葡萄酒，也是品酒和销售葡萄酒的地方，而且有很多社交活动(周二和周四开放)。

格里西亚(Grisia) 街道

这条鹅卵石街道上有很多画廊，当地艺

术家在里面出售他们的作品。这条街从Balbi Arch后面开始向山上爬升，直到抵达圣尤菲米娅教堂。格里西亚周边蜿蜒的背街窄巷本身就是一大景点。漂亮的窗户、阳台、门廊和广场呈现出各种风格的融合——哥特式、文艺复兴风格、巴洛克和新古典主义等。留意独特的fumaioli（外烟囱），它们是在人口爆发时期修建的，当时一家人全都挤在一个带壁炉的房间内。

科伦特角森林公园 公园

（Punta Corrente Forest Park; Zlatni Rt）沿着海边步行或者骑自行车，经过Hotel Park之后就来到了这片翠绿的区域，当地人称之为Zlatni Rt，位于罗维尼以南大约1.5公里。这座公园覆盖着橡树林和松树林并拥有10个柏木品种，它成立于1890年，创建者是奥地利的一位舰队司令Baron Hütterott，他的别墅就在Crveni Otok。你可以在岩石边的海水中畅游，或者只是静静地坐着，欣赏离岸岛屿。

住宿

Porton Biondi 营地 $

（☎052-813 557; www.portonbiondi.hr; Aleja Porton Biondi 1; 营地每人/帐篷 53/40库纳; ⊙3月中旬至10月; ♿）这个沙滩旁的营地可以容纳1200人，位于老城区北边大约700米。

Villa Baron Gautsch 客栈 $$

（☎052-840 538; www.baron-gautsch.com; IM Ronjgova 7; 标单/双 含早餐 293/586库纳; ❄📶）这家德国人开的客栈（pansion）位于一条从Hotel Park向上延伸的青翠街道上，有17间一尘不染的整洁客房，部分房间带露台，可眺望大海和老城的可爱美景。早餐在后面的小露台上享用。只接受现金（库纳）。

★**Hotel Lone** 设计酒店 $$$

（☎052-632 000; www.lonehotel.com; Luje Adamovića 31; 标单/双 1800/2300库纳; P❄@📶）作为克罗地亚的首家设计酒店，这栋拥有248间客房的建筑是克罗地亚明星建筑事务所3LHD的设计作品。它就像一艘驶入森林的大船一样高耸在Lone bay上空。光线明亮的房间带私人露台和五星级的设施。附属设施包括两间餐厅、一间巨大的水疗中心和崭新的沙滩俱乐部。

就餐

Male Madlene 西班牙小吃 $

（☎052-815 905; Svetog Križa 28; 小吃30库纳起; ⊙5月至9月 11:00~14:00和19:00~23:00）这个可爱的地方就在店主小小的起居室里，几乎就悬挂在大海上方，店主会呈上使用市场新鲜食材制作的创意小点心，全都是根据意大利传统菜谱烹制的。想象一下里面塞满吞拿鱼肉的小西葫芦、羊奶酪酿辣椒和一口一个的风味馅饼和蛋糕。包含12道小吃的双人拼盘售价100库纳。按杯出售的伊斯特拉葡萄酒也很棒。提前预订，尤其是在晚上。

值得一游

普利特维采湖群国家公园（PLITVICE LAKES NATIONAL PARK）

作为克罗地亚亚得里亚海内陆地区绝对的亮点，这片密林山丘和蓝绿湖泊拥有极美的景致——它是如此之美，以至于联合国教科文组织在1979年将该公园（☎053-751 015; www.np-plitvicka-jezera.hr; 成人/儿童 7月和8月 180/80库纳，4月至6月、9月和10月 110/55库纳，11月至次年3月 55/35库纳; ⊙7:00~20:00）列入世界遗产名录。

16座水晶般的湖泊通过一系列瀑布和小瀑布相连，湖面上成群结队的蝴蝶翩翩起舞。步行探索蜿蜒于水边的18公里长的木栈道和步行道，需要走大约6小时，但你可以乘坐公园里的免费游船和游览车（4月至10月 每30分钟1班）省掉2小时。

这座公园全年都很美丽，不过春天和秋天才是最佳游览季节。在春天和初夏，瀑布水量充沛，而在秋天则是层林尽染的景象。冬季也很壮观，不过大雪会限制游客进入，免费的公园交通也不运营。如果可能的话，避免在7月和8月的高峰时期来，此时的瀑布变成溪流，停车也很成问题，而且光是巨大的人流量就能把步行道挤得水泄不通。

Da Sergio 比萨餐厅 $

(Grisia 11；比萨 28~71库纳；⏲11:00~15:00和18:00~23:00）这家老派的比萨餐厅有两层，值得在此排队等候一张餐桌。当地人发誓这里供应罗维尼最好的薄底比萨。最好的款式是Gogo，有新鲜的西红柿、芝麻菜(arugula)和意大利熏火腿(prosciutto)。

★ Kantinon 海鲜 $$

(Alda Rismonda bb；主菜 70库纳起；⏲正午至23:00）这家高档餐厅最近才重新开张，入驻了一流的餐饮团队——有一位克罗地亚最好的大厨之一，还有一位同样令人赞叹的酒侍。食物百分之百来自克罗地亚，本地食材新鲜无比，还有很多基于传统渔民菜谱烹制的海鲜佳肴。不要错过他们的沙丁鱼。

Monte 地中海菜 $$$

(☎052-830 203；Montalbano 75；主菜 190库纳起；⏲正午至14:30和18:30~23:00）罗维尼最高档的餐厅就在圣尤菲米娅教堂下面，值得你奢侈一把，在优雅的玻璃露台上享用摆盘优雅精致的菜肴吧。不想挥霍？那就来一份简单的意大利面或意大利调味饭(124库纳起)。尝试一下茴香冰激凌。旺季需要提前预订。

饮品和夜生活

Limbo 咖啡馆、酒吧

(Casale 22b；⏲10:00至次日1:00）这个舒适的咖啡馆兼酒吧有烛光照亮的小餐桌和垫子，摆放在通向老城区山顶的台阶上。供应美味的小吃和很不错的甜点葡萄酒(prosecco)。

Valentino 鸡尾酒吧

(Svetog Križa 28；⏲18:00至午夜）这个高档场所供应顶级鸡尾酒，价格包含了绝美的日落风景，可以坐在海边的沙发垫上静静品味。

到达和离开

汽车站就在老城区的西南边上，提供**行李寄存**(每天10库纳；⏲6:30~20:00)。每天都有车开往萨格勒布(145~180库纳，4~5小时)、斯普利特(444库纳，11小时)和杜布罗夫尼克(628库纳，15~16小时)。

达尔马提亚(DALMATIA)

罗马废墟、蔚为壮观的海滩、旧渔港、中世纪的建筑和未遭破坏的沿海岛屿，令旅行者对达尔马提亚(Dalmacija)之旅难以忘怀。达尔马提亚占据了亚得里亚海海岸中央的375公里，既是无与伦比的享乐之地，也是探寻历史的好地方。锯齿状的海岸点缀着郁郁葱葱的沿海岛屿，历史名城星罗棋布。

斯普利特(Split)

☎021 / 人口178,200

在克罗地亚第二大城市斯普利特(意大利语Spalato)，你仍可以看到达尔马提亚人的真实生活，这座熙熙攘攘、生机勃勃的城市将传统和现代完美结合。步入戴克里先宫(Diocletian's Palace；联合国教科文组织世界遗产和世界上最令人印象深刻的罗马古迹之一)，你会看见几十家酒吧、餐厅、商店在古老大气的宫墙之内生机勃勃。最重要的是，斯普利特有其独一无二的景致：坐拥碧绿的亚得里亚海水，背靠引人入胜的海岸山峦。

老城是一个巨大的露天博物馆，在重要景点处都有标识讲解斯普利特的历史。海滨散步长廊Obala Hrvatskog Narodnog Preporoda，俗称为里瓦(Riva)，是市中心的最佳地标。

景点

戴克里先宫(Diocletian's Palace)

戴克里先宫面朝海港，可别以为它是个宫殿或博物馆，它可是整座城市的生活心脏，迷宫般的街道上挤满了人、酒吧、商店和餐厅。

戴克里先宫最初作为军事要塞、帝王行宫和防御要塞而建，如今依然可见其方形角楼加固的城墙。宫内共有220幢建筑，居住着大约3000人。

城镇博物馆 博物馆

(Town Museum，Muzej Grada Splita；www.mgst.net；Papalićeva 1；成人/优惠 20/10库纳；⏲周二至周五 9:00~21:00，周六至周一 至16:00）帕帕里科宫(Papalić Palace)是Juraj

Dalmatinac为中世纪生活在戴克里先宫的一名贵族而修建的，它被认为是哥特式晚期风格的精美典范，精雕细琢的大门宣示着它原来主人的显赫地位。宫殿的内部经过彻底的重建，以容纳这座博物馆。

圣杜金教堂 天主教堂

（Cathedral of St Domnius, Katedrala Svetog Duje; Duje 5; 天主教堂/宝库/钟楼 15/15/10库纳; ⏲周一至周六 8:00~19:00，周日 12:30~18:30）免费 斯普利特这座八角形的大教堂最初是作为戴克里先的陵寝而建的，环绕着24根柱子，几乎完好无损地保存到了今天。它的内部圆穹顶拥有两排科林斯柱和一条描绘着戴克里先皇帝及其妻子的横饰带。需要注意的是，大教堂的门票还可以让你免费参观朱庇特神殿（Temple of Jupiter）及其地下室。买一张35库纳的票，你就可以参观所有这些亮点。

朱庇特神殿 寺庙

（Temple of Jupiter; 门票 神殿/神殿和地下室 10/35库纳; ⏲周一至周六 8:00~19:00，周日 12:30~18:30）守卫在入口处的黑色花岗岩无头狮身人面像是在5世纪神殿建造期间从埃及运来的。神殿曾经拥有一个用柱子支撑的门廊，如今只剩下一根孤零零的柱子。看看桶形穹顶及墙壁与穹顶之间的装饰板带。当然你也可以进入地下室窥探一番，它曾经被用作教堂。

宫墙外部

格雷戈留斯雕像 纪念碑

（Gregorius of Nin; Grgur Ninski）10世纪的克罗地亚主教格雷戈留斯（Gregorius of Nin）为在礼拜仪式中使用古克罗地亚语而据理力争。这件充满力量的作品出自伊万·梅什特罗维奇之手，是斯普林特的标志性景观之一。留意他的左脚大拇指——现在已被摸得锃亮，据说摩擦这根脚趾会带来好运气，而且一定能让你回到斯普林特。

美术馆 画廊

（Gallery of Fine Arts; Galerija Umjetnina Split; www.galum.hr; Kralja Tomislava 15; 成人/优惠 20/10库纳; ⏲周一 11:00~16:00、周二至周五 11:00~19:00、周六 11:00~15:00）这间画廊以前是该城的第一座医院，画廊里展示了跨越近700年的约400件作品。楼上是永久性展品，主要是油画和一些雕塑。展品按照编年顺序排列，始于古典大师，然后是像Vlaho Bukovac和Ignjat Job这样的克罗地亚现代艺术家。楼下的临时展览每隔几个月就更换内容。讨人喜欢的咖啡厅有一个可俯瞰戴克里先宫的露台。

活动

Bačvice 游泳

生气勃勃的沙滩生活赋予了斯普利特无忧无虑的夏日气氛。多卵石的Bačvice是最受欢迎的海滩，而且还有“蓝旗”（Blue Flag）生态标签的殊荣。这里有很棒的游泳条件、活泼的气氛，很多人在这里玩沙滩球类游戏（picigin）。海滩两端都有淋浴和更衣室。Bačvice还是一个热门的夏日酒吧和夜店区，很受斯普利特年轻人和游客的喜爱。

Marjan 步行小道

如果你想用一个下午远离嘈杂的城市，那么Marjan（海拔178米）就是绝佳目的地，它被视为这座城市的“绿肺”。穿越芬芳的松林进入这个丘陵自然保护区，在这里的观景台瞭望和探访古代小教堂。

住宿

最近几年，青年旅舍如雨后春笋般在斯普利特周围涌现出来。私人住宅仍旧是个不错的选择；花上300~500库纳便可享受双人房；如果你愿意和房东共用浴室的话，价格还会再便宜一些。斯普利特的老城还出现了好几家精品酒店。

CroParadise Split Hostels 青年旅舍 $

（☎091 444 4194; www.croparadise.com; Čulića Dvori 29; 铺 200库纳，标单/双 250/500库纳，公寓 500库纳起; ❄@📶）由蓝、绿、粉三种不同色彩分别装扮的三家青年旅舍，同在Manuš附近的一座改建的公寓里。三家共享的酒吧Underground（6月至9月开放）是泡酒吧的起点（周一至周六晚）。其他设施包括洗衣房、自行车和小轮摩托车出租。另外，还有五间公寓。

Central Split 斯普利特市中心

Silver Central Hostel 青年旅舍 $

（☎021-490 805; www.silvercentralhostel.com; Kralja Tomislava 1; 铺 190库纳; ❄@🛜）这家浅黄色的精品青年旅舍在一家公寓楼上，有四间宿舍和一个舒适的休息室。附近还有一个两人公寓（250～520库纳），以及另一家青年旅舍**Silver Gate**（☎021-322 857; www.silvergatehostel.com; Hrvojeva 6; 铺 每人 180库纳，双 带厨房 525库纳），在食品市场附近。

★ **Goli + Bosi** 青年旅舍 $$

（☎021-510 999; www.gollybossy.com; Morpurgova Poljana 2; 铺/标单/双 240/700/800库纳）线条明快的未来风格装饰，时尚的氛围，咖啡馆、酒吧兼餐厅复合式大厅，这家时尚青年旅舍是装备奢华的背包客们的首选。支付1130库纳就能入住高级双人间（叫作Mala Floramy），含早餐，风景美妙。

Villa Varoš 客栈 $$

（☎021-483 469; www.villavaros.hr; Miljenka Smoje 1; 双/套 586/887库纳; P❄🛜）如今斯普利特已拥有更好的中档住宿选择，比如像Villa Varoš这样的地方。这家客栈位

Central Split
斯普利特市中心

◎ 重要景点
1 戴克里先宫……D3

◎ 景点
2 圣杜金教堂……C3
3 美术馆……C2
4 格雷戈留斯雕像……D2
5 朱庇特神殿……C3
6 城镇博物馆……D3

住宿
7 Goli + Bosi……A3
8 Silver Central Hostel……A1
9 Silver Gate……D3

就餐
10 Figa……C3
11 UJE Oil Bar……C2
12 Villa Spiza……C2

饮品和夜生活
13 Fluid……B3
14 Ghetto Club……B3

于市中心，老板是一位身在克罗地亚的纽约人。房间简单、明亮、通风，公寓内都有一个按摩浴池和一个小露台。

★ Divota Apartment Hotel 酒店 $$$

(☎091 404 1199; www.divota.hr; Plinarska 75; 标单/双 761/823库纳; ❄📶) Divota拥有八间散布于Varoš周边并经过重建的渔人小屋，在附近的喧闹声之中提供休憩之所。六间现代房、九间公寓（1508库纳）和一座三卧室花园别墅（5030库纳）都拥有高端设施、新颖设计和独一无二的特色，比如在穹井内的卧室。

✕ 就餐

★ Villa Spiza 达尔马提亚菜 $

(Kružićeva 3; 主菜 50库纳起; ⏲周一至周六 9:00至午夜) 这家餐馆风格低调，在戴克里先宫的城墙内最受当地人欢迎。供应达尔马提亚的主要菜肴，但菜品每天都有变化——试想一下炸鱿鱼、意大利调味饭、酿辣椒，价格都很便宜。都是新鲜的家常烹饪菜肴，可以在馆内的吧台或外面的长椅上就餐。服务有些慢，但菜品都是精心准备的。

Figa 各国风味 $

(☎021-274 491; Buvinina 1; 主菜 50库纳起; ⏲8:30至次日1:00) Figa是一家很酷的小餐厅兼酒吧，内部装修很时髦，桌子摆在室外的台阶上，提供很不错的早餐、海鲜还有各式沙拉，有时晚上还有现场音乐，厨房工作到很晚。服务会有点慢，但服务员总是笑容满面，还会讲笑话。

Konoba Matejuška 达尔马提亚菜 $

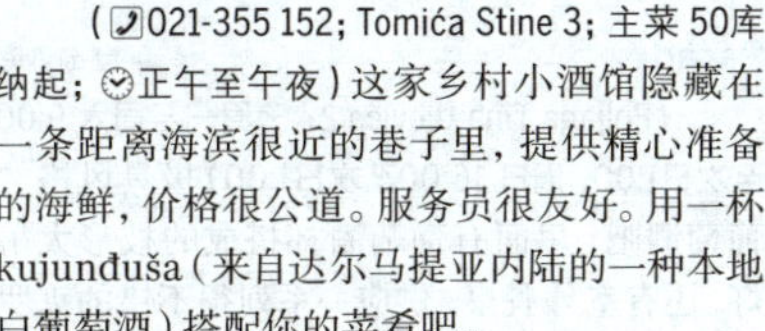

(☎021-355 152; Tomića Stine 3; 主菜 50库纳起; ⏲正午至午夜) 这家乡村小酒馆隐藏在一条距离海滨很近的巷子里，提供精心准备的海鲜，价格很公道。服务员很友好。用一杯kujunđuša（来自达尔马提亚内陆的一种本地白葡萄酒）搭配你的菜肴吧。

Paradigma 地中海菜 $$

(☎021-645 103; Bana Josipa Jelačića 3; 主菜 95库纳起; ⏲8:00至午夜) 这家新餐厅为斯普利特带来一场烹饪革新，它位于一座形似船首的老建筑内，内部装修很现代，有手绘壁画和能看到里瓦风景的屋顶露台。它距离旅游热点地区稍远，亮点是其顶级的葡萄酒单和受地中海风味影响的菜肴，如橄榄油雪葩（sorbetto）、低温烹饪牛排（sous vide steaks）和意大利熏火腿粉（pršut powder）。

UJE Oil Bar 达尔马提亚菜 $$

(Dominisova 3; 主菜 70库纳起; ⏲9:00至午夜) 既是餐厅也是橄榄油和熟食商店，有种类不多的主菜、几种西班牙小吃风格的菜肴和橄榄油品尝选项。古朴的淡色木材内饰很漂亮，小巷里的户外座位也很迷人，不过服务水平差强人意。他们最近在隔壁开了一家葡萄酒吧，坐落在戴克里先宫最初的石墙之内。

🍷 饮品和夜生活

Žbirac 咖啡馆

(Šetalište Petra Preradovića 1b; ⏲周日至周四 7:00至次日1:00，周五至周六 至次日2:00) 这家海滨咖啡馆就像当地人的露天客厅，它有绝佳的海景，白天晚上都能游泳，玩沙滩球类游戏（picigin），偶尔还会举行音乐会。

Ghetto Club 酒吧

(Dosud 10; ⏲周一至周四 18:00至午夜，周

五至周六 至次日2:00）这家斯普利特最具波希米亚风情且对同志友好的酒吧，位于一个围满花圃的温馨庭院之中，喷泉流水，音乐美妙，气氛友好。

Fluid 酒吧

（Dosud 1；⏲周一至周五 8:00至午夜，周五至周六 至次日1:00）这家别致的小酒吧是一个爵士风格的聚会场所，风格相当低调且酷。在这里可观察各色人等。

Paradox 葡萄酒吧

（Poljana Tina Ujevića 2；⏲周一至周六 9:00至次日1:00，周日 16:00至次日1:00）极具风格的葡萄酒吧，里面有葡萄酒杯搭成的枝形大吊灯，还有室外餐桌，供应一系列很不错的克罗地亚葡萄酒和佐酒的本地奶酪。

实用信息

你可以在旅行社或邮局换钱，城里也到处都有自动柜员机。

背包客咖啡馆（Backpackers Cafe；☎021-338 548；Kneza Domagojabb；上网 每小时 30库纳；⏲7:00~20:00）出售二手书，并为背包客提供旅游信息，可上网和行李寄存。

KBC Firule（☎021-556 111；Spinčićeva 1）斯普利特的医院。

旅游局办事处（Tourist Office；☎021-360 066；www.visitsplit.com；Hrvatskog Narodnog Preporoda 9；⏲6月至9月 周一至周六 8:00~21:00，周日 至13:00）提供斯普利特旅游信息并销售斯普勒特卡（35库纳），用卡参观景点可免费或打折，还能用卡享受租车、餐饮、购物和酒店的打折服务。如果你在斯普利特住宿超过三晚，就能免费得到这张卡。

旅游局办事处附楼（Tourist Office Annex；☎021-345 606；www.visitsplit.com；Peristil bb；⏲6月至9月 周一至周六 8:00~21:00，周日 8:00~13:00）旅游信息中心位于Peristil的附楼，开放时间较短

Turist Biro（☎021-347 100；www.turistbiro-split.hr；Hrvatskog Narodnog Preporoda 12）擅长提供私宅住宿和短途旅游服务。

到达和离开

飞机

斯普利特机场（Split Airport；www.split-airport.hr）位于市中心以西20公里，从市区出发到达距特罗吉尔（Trogir）6公里处便可到达。**克罗地亚航空公司**（Croatia Airlines；☎021-895 298；www.croatiaairlines.hr；Split Airport；⏲5:15~20:00）每天有数班往返萨格勒布一小时行程的航班，每周有一趟航班（仅夏季）飞往杜布罗夫尼克。

有几家廉价航空公司飞往斯普利特，包括**易捷航空**（Easyjet；www.easyjet.com）、**德国之翼**（Germanwings；www.germanwings.com）和**Norwegian**（www.norwegian.com）。

船

Jadrolinija（☎021-338 333；www.jadrolinija.hr；Gat Sv Duje bb）经营着斯普利特与岛屿间的大部分沿海渡船和双体船。

也有高速客船**Krilo**（www.krilo.hr）开往赫瓦尔（70库纳，1小时），每天2班。从5月中旬至10月中旬，还新开了前往杜布罗夫尼克的客船，每周2班（170库纳，4.5小时）。

汽车轮渡和客运专线从不同的码头出发；客运专线从Obala Lazareta发船，汽车渡轮从Gat Sv Duje出发。你可以从汽车站对面的轮渡码头内的Jadrolinija办公室买票，也可以在码头附近的两个摊位买。不能提前订票，只能在发船当天购票。夏天通常必须在汽车轮渡发船之前买好票，并将你的汽车停在上船的线内。淡季购票通常不成问题，也不用很长时间。

长途汽车

建议提前预订有座位的长途汽车票。大部分长途车都从海湾附近的**总长途汽车站**（☎060 327 777；www.ak-split.hr）发车，班车发往杜布罗夫尼克（115~137库纳，4.5小时，每天15班）、普拉（Pula；308~423库纳，10~11小时，每天3班）和萨格勒布（144~175库纳，7小时，每天40班），车站还提供**行李寄存**服务（⏲6:00~22:00 第1小时5库纳，之后每小时1.5库纳）。

需要注意的是，斯普利特到杜布罗夫尼克的长途客车会短暂路过波黑境内，所以带好你的护照以便过境。

火车

每天有5列火车在斯普利特**火车站**（☎021-338 525；www.hznet.hr；Kneza Domagoja 9）和萨格勒布（89库纳，6~8小时）之间往返，其中2

值得一游

帕克莱尼群岛（PAKLENI ISLANDS）

大多数来赫瓦尔城的游客都要去帕克莱尼群岛（Pakleni Otoci），克罗地亚语叫“地狱群岛”，这个岛屿的名字源自松香（Paklina）——一度用于浸镀船只表层。

这条岛链由21座树木繁茂的岛屿组成，它有如水晶般洁净的海域、隐藏的海滩和废弃的池塘。出租船在旅游高峰季节定时从兵工厂（Arsenal）前面发船前往**Jerolim**和**Stipanska**岛（40库纳，10~15分钟），这里是流行的天体主义者岛屿（但不强制裸体）。接着继续驶往**Ždrilca**和**Mlini**（40库纳），然后开往**Palmižana**（60库纳），这里有卵石海滩和**Meneghello Place**（www.palmizana.hr）。在Meneghello Place，精致漂亮的别墅洋房散落在郁郁葱葱的热带花园中。富有有艺术气息的Meneghello家族经营着音乐演奏会，并设有两家一流的餐厅和一家艺术画廊。Palmižana还有两家顶级餐厅兼玩乐之处——Toto和Laganini。

列是过夜列车，火车站就在长途汽车站后面。火车站提供**行李寄存**服务（每天15库纳；⊙6:00~22:00）。

赫瓦尔岛（Hvar Island）

☎021 / 人口10,900

赫瓦尔是克罗地亚冠以“最”字头衔最多的地方：它有最豪华的岛屿，是全国阳光最充足的地方，与杜布罗夫尼克并列最热门的旅游目的地。赫瓦尔同时还以它翠绿色的岛屿和淡紫色的薰衣草田而闻名。

岛屿的中心是赫瓦尔城，也是岛内最繁忙的地方。游客沿着主广场漫步，沿着蜿蜒的石板街道游览景点，在众多的海滩游泳，或者迫不及待地甩掉身上衣服的束缚扑向帕克莱尼群岛（Pakleni Islands），但他们多数都在晚上参加派对。这里有一些不错的餐厅和顶级酒店，也有一些青年旅舍。

岛屿内部隐藏有不少被废弃的古村落，以及高耸的山峰和绿色的未知风景，这些都值得来个一日游去探寻。

景点和活动

圣斯蒂芬广场 广场

（St Stephen's Square; Trg Svetog Stjepana）城中心即是这座矩形广场，它是填海建造的，从前这里有一个从海湾延伸出去的小水湾。广场占地面积4500平方米，是达尔马提亚最大的老广场之一。13世纪，这座城镇最初在广场北边发展，后来在15世纪扩展到南边。留意广场北端的**井**，它建造于1520年，它的锻铁铁网可追溯至1780年。

方济会修道院和博物馆 修道院

（Franciscan Monastery & Museum；门票25库纳；⊙周一至周六 9:00~13:00和17:00~19:00）这座15世纪的修道院俯瞰着一个小海湾。优雅的**钟楼**建于16世纪，由来自科尔丘拉（Korčula）的一位著名石匠家族建造。**文艺复兴时期回廊**通向一间餐厅，其中收藏有蕾丝刺绣、硬币、航海图和珍贵的文件，如1524年印刷的一版《托勒密地图集》（*Ptolemy's Atlas*）。

要塞 要塞

（Fortica；入场费 25库纳；⊙9:00~21:00）穿过圣斯蒂芬广场西北边纵横交错的狭窄街道，向山上攀爬穿过一座公园，来到这座城堡。它矗立在一座中世纪城堡（用于抵御土耳其人）的原址上。威尼斯人在1557年对它进行了加固，然后奥地利人在19世纪进行了翻修，增建了兵营。里面展览一些从海床打捞上来的双耳细颈陶罐。从这里遥望海港，景色十分壮观，顶层还有一家可爱的咖啡馆。

团队游

Secret Hvar 导览游

（☎021-717 615；www.secrethvar.com）不要错过Secret Hvar（600库纳，包括在传统小酒馆的午餐）的伟大越野之旅，将探索这座岛屿内陆的隐秘之美，包括废弃的村庄、风景优美的峡谷、古代石头小屋、漫无边际的薰衣草田野，以及这座岛屿的最高峰Sveti Nikola（海拔626米）。这里还组织葡萄酒团队游（550库纳，有小吃和品酒）和岛屿团队游（450库纳）。

住宿

赫瓦尔7月和8月的住宿十分紧张；如果你到了赫瓦尔却没有订好房间，可以尝试找旅行社提供帮助。每人支付150~300库纳有望订一个带浴室的单间。

Helvetia Hostel 青年旅舍 $

（091 34 55 556；hajduk.hvar@gmail.com；Grge Novaka 6；铺/双 230/500库纳；）这家青年旅舍有三间宿舍和两间双人间，是一位友好的岛民经营的，就在里瓦（Riva）后面他家的老石头房子里。亮点是巨大的屋顶平台，住店客人可以在这里消磨时光，不受打扰地享受赫瓦尔湾和帕克莱尼群岛的美景。

Hotel Croatia 酒店 $$$

（021-742 400；www.hotelcroatia.net；Majerovica bb；标单/双 962/1283库纳；）这栋中等大小的20世纪30年代建筑距离海边只有几步路，坐落在华美宁静的花园里。客房——黄色、橙色和淡紫色配色——简单且老派。很多房间（比较贵的那些）有俯瞰花园和大海的阳台。还有一个桑拿室。

Hotel Adriana 酒店 $$$

（021-750 200；www.suncanihvar.com；Fabrika 28；标单/双 3032/3131库纳；）这家豪华水疗酒店的所有房间都明亮而时髦，而且全都可以俯瞰大海和中世纪的老城。设施包括感官水疗（Sensori Spa）、屋顶酒吧旁边华丽的泳池、一间豪华餐厅、24小时客房服务等。

就餐

Konoba Menego 达尔马提亚菜 $

（021-742 036；www.menego.hr；Kroz Grodu 26；主菜 60库纳起；11:30~14:00和17:30至午夜）这座古朴的老房子位于通向要塞的阶梯旁边，最大可能地保持着简朴和原汁原味。就像他们说的那样：没有烧烤，没有比萨，没有可口可乐。这个地方到处都布置着赫瓦尔古董，工作人员也都身着传统服饰，服务周到，而且腌肉、奶酪和蔬菜都是按照达尔马提亚传统技法烹饪的。

Konoba Luviji 达尔马提亚菜 $

（091 519 8444；Jurja Novaka 6；主菜 50库纳起；19:00至次日1:00）这家小酒馆里的食物是在木质烤箱中制作的，简单，不矫揉造作，美味，但分量有点小。楼下的konoba（小酒馆）供应达尔马提亚风味小吃，而餐厅位于楼上的小露台上，可欣赏老镇和港口的风景。

Nonica 点心、蛋糕 $

（021-718 041；Burak 23；周一至周六 8:00~14:00和17:00~23:00，周日 8:00~14:00）在这家兵工厂后面的小小的咖啡馆里，可细细品尝镇里最美味的蛋糕。试试老式的当地饼干，如rafioli和forski Koloc，还有里面加了巧克力慕斯（choco mousse）和橘子皮的Nonica果馅饼。

Divino 地中海菜 $$$

（021-717 541；www.divino.com.hr；Put Križa 1；主菜 130库纳起；10:00至次日1:00）绝佳的位置以及岛上最好的葡萄酒单，光是这两样就值得你在这家时尚餐厅奢侈一把。再加上富有创意的食物（想象一下羊羔肉配焦香的开心果）以及帕克莱尼群岛炫目的风景，你将在这里度过一个无与伦比的美妙之夜。你还可以在日暮时分前来，在华丽的露台上享用一些小吃和葡萄酒。需提前预订。

饮品和夜生活

★Falko 海滩酒吧

（5月中旬至9月中旬 8:00~21:00）从镇中心出发步行3公里，便来到这个藏身于海滩上松树林的酒吧。这里不同于距离城镇较近的光鲜酒吧，毫不矫揉造作，在简陋的小屋里供应美味的三明治和沙拉，还有自酿的柠檬酒（limoncello）和格拉巴酒（rakija）。想象一下低调的艺术氛围、吊床和当地人群。

Carpe Diem 休闲酒吧

（www.carpe-diem-hvar.com；Riva；9:00至次日2:00）别往前看了——你已经来到了克罗地亚沿海俱乐部的发源地。从带着宿醉享用的早餐，到价格不菲的深夜鸡尾酒，这个时髦的地方在一天之中的任何时候都不会沉闷。

驻场DJ们播放的浩室音乐十分顺耳，有很多饮品，而且客人也都是乘坐飞机四处旅行的阔佬们。

Hula-Hula 海滩酒吧

（www.hulahulahvar.com；⌚9:00~23:00）Hula-Hula以其après海滩的派对而闻名（16:00~21:00）。在日暮时分，所有时髦的赫瓦尔年轻人好像都来到了这里品尝傍晚鸡尾酒，电子音乐和浩室舞曲响起。

Kiva Bar 酒吧

（www.kivabarhvar.com；Fabrikabb；⌚21:00至次日2:00）这个令人倍感意外的地方位于紧邻里瓦（Riva）的一条小巷内，多数夜晚都挤满了人，DJ播放昔日舞曲、流行音乐和经典摇滚，引得人群久聚不散。

实用信息

DelPrimi（☎091 583 7864；www.delprimi-hvar.com；Burak 23）专门安排私人住宿的旅行社，还出租摩托艇。

冒险赫瓦尔（Hvar Adventure；☎021-717 813；www.hvar-adventure.com；Obalabb）

Luka Rent（Riva 24；每小时 10库纳；⌚9:00~21:00）网吧和电话中心，就在里瓦。

旅游办事处（☎021-741 059；www.tzhvar.hr；Trg Svetog Stjepana 42；⌚7月和8月 8:00~14:00和15:00~21:00，6月和9月 周一至周六 8:00~14:00和15:00~19:00，周日 8:00至正午）地点设在Trg Svetog Stjepana。

到达和离开

当地的**Jadrolinija**（☎021-741 132；www.jadrolinija.hr）汽车渡轮从斯普利特开出，停靠在岛上的的主轮渡港口，开往海滨小镇史塔瑞格雷德（Stari Grad；47库纳，2小时）的渡轮夏季每天6班。Jadrolinija也有双体船发往赫瓦尔城（55~70库纳，1小时），每天3~5班。速度最快的客船**Krilo**（www.krilo.hr）夏季每天2班从斯普利特发往赫瓦尔城（70库纳，1小时）。船票在**Pelegrini Tours**（☎021-742 743；www.pelegrini-hvar.hr；Riva bb）购买。

当地交通

公共汽车接驳大多数停靠在史塔瑞格雷德（Stari Grad）码头的轮渡，并开往赫瓦尔城（27库纳，20分钟）。史塔瑞格雷德与赫瓦尔城之间，夏季每天有10班公共汽车，但在周日和淡季班车会有所减少。

出租车前往赫瓦尔城的费用为275库纳左右。如果有较多乘客，可拼一辆面包车，可选择**Radio Taxi Tihi**（☎098 338 824），会比较便宜。

杜布罗夫尼克（Dubrovnik）

☎020 / 人口28,500

无论你是初次光临，还是再次到访，注视史特拉顿大街（Stradun；老城的主要街道）之时，敬畏感和美感都会油然而生。很难想象有人会对这大理石街道和巴洛克建筑感到厌倦，或者不会产生沿着古城墙转上一圈儿的冲动。这些城墙曾经保护一个文明和成熟的共和国5个世纪之久，而今，从这些城墙上可以眺望宁静的亚得里亚海。

景点

所有景点都在老城区，那儿完全不通汽车。Srđ山在城市上空若隐若现，有缆车将它和杜布罗夫尼克相连。Pile门是通往老城的主要入口，主街道是普拉卡（Placa；史特拉顿名气更大些）。

老城（Old Town）

★城墙和堡垒 要塞

（City Walls & Forts；Gradske Zidine；成人/儿童 100/30库纳；⌚4月至10月 9:00~18:30，11月至次年3月 10:00~15:00）不沿着闻名遐迩的壮观城墙步行绕上一圈的话，你的杜布罗夫尼克之行是不完整的。从城墙顶端俯瞰，老城以及波光粼粼的亚得里亚海景色让人心生敬畏。凝视老城的屋顶，你可以看得出20世纪90年代的枪炮造成的破坏——那些拥有崭新陶瓦的屋顶遭受了破坏，不得不换上新的。

★战争照片展 画廊

（War Photo Limited；☎020-322 166；www.warphotoltd.com；Antuninska 6；成人/儿童 40/30库纳；⌚6月至9月 每天 10:00~22:00，5月和10月 周二至周日 10:00~16:00）绝对充满震撼力的体验，这家画廊引人注目的展览是由20世纪90年代在巴尔干半岛工作的新西兰摄影记者

Dubrovnik 杜布罗夫尼克

Wade Goddard策划布展的。其宣称的目标是"揭露战争的迷思……通过聚焦战争施加在无辜平民和战斗人员身上的不公命运，让人们看看战争的真实面目，原始，腐化，令人恐惧"。上面的楼层是关于南斯拉夫战争的永久性展览，而变化的临时展览涉及更多武装冲突。

方济各会修道院和博物馆 修道院

(Franciscan Monastery & Museum, Muzej Franjevačkog Samostana; Placa 2; 成人/儿童30/15库纳; ⊙9:00~18:00)这座修道院坚固的石墙内有一条华丽的14世纪中期**回廊**、一间古老的**药房**和一间收藏着出土文物和礼拜物品的小**博物馆**，展品包括圣餐杯、绘画、金首饰和药剂用品，如实验室装备和医书。在20世纪90年代的战争中穿透修道院围墙的炮弹也保留了下来。

多明我会修道院和博物馆 修道院

(Dominican Monastery & Museum, Muzej Dominikanskog Samostana; 紧邻Sv Svetog Dominika 4; 门票 30库纳; ⊙9:00~17:00)这座气势宏伟的建筑是标志性建筑，呈现出介于

Dubrovnik 杜布罗夫尼克

重要景点

1 缆车 E1
2 城墙和堡垒 B2
3 战争照片展 C2

景点

4 圣母升天大教堂 D4
5 圣母领报堂 C3
6 多明我会修道院和博物馆 E3
7 方济各会修道院和博物馆 C2
8 奥兰多石柱 D3
9 教区长官邸 E4
10 斯蓬扎宫 D3
11 犹太教堂 D3

住宿

12 Hotel Stari Grad C2
13 Karmen Apartments E4
14 Old Town Hostel C2
15 Rooms Vicelić C2

就餐

16 Dubravka 1836 .... A2
17 Konoba Ribar E4
18 Oliva Pizzeria D4
19 Restaurant 360° E3

饮品和夜生活

20 Buža D5
21 Jazz Caffe Troubadour D4

哥特式和文艺复兴式之间的过渡风格，收藏了一系列令人难忘的艺术品。修道院在14世纪与城墙、堡垒大约同一时间修建，光秃秃的外表看起来更像是一座要塞而不是宗教建筑。修道院内有一条优雅的15世纪**回廊**，由佛罗伦萨建筑师Maso di Bartolomeo设计，本地工匠修建。

教区长官邸 宫殿

（Rector' s Palace; Pred Dvorom 3; 通过博物馆通票进入，成人/儿童 80/25库纳; ⌚5月至10月 9:00~18:00，11月至次年4月 至16:00）这座介于哥特和文艺复兴风格之间的官邸是在15世纪末为教区长修建的，教区长是由教会选举出统治杜布罗夫尼克的。里面有教区长的办公室、他的私人卧房、公共大厅、行政管理办公室和一座地牢。在一个月的任期之内，教区长在没有议会（senate）准许的情况下不得离开这栋建筑。如今这座宅邸已经改造成**文化历史博物馆**（Cultural History Museum），有精心修复的房间、肖像、盔甲和硬币，反映了杜布罗夫尼克的光辉历史。

圣母升天大教堂 大教堂

（Cathedral of the Assumption, Stolna Crkva Velike Gospe; Poljana M Držića; ⌚7:30~18:00）杜布罗夫尼克最初的大教堂是一座7世纪的长方形会堂，在12世纪进行了扩建。这次扩建据推测是英格兰的狮心王理查一世（King Richard Ⅰ）倾囊赞助的，他曾在附近的

Lokrum岛上被人从一次沉船事故中救起。不久之后，这第一座大教堂在1667年的地震中被毁，人们在它的原址上重建了一座巴洛克风格的教堂，完工于1713年。

斯蓬扎宫

宫殿

（Sponza Palace；Placa bb）这座一流的16世纪宫殿混合了哥特和文艺复兴风格，位于入口的门廊是精致的文艺复兴风格，由六根柱子支撑。二层有哥特晚期风格的窗户，而三层窗户又是文艺复兴风格，壁龛里还有一尊圣布莱斯（St Blaise）的雕像。斯蓬扎宫最初是一栋海关大楼，后来又先后成为铸币厂、国库和银行。

圣母领报堂

教堂

（Church of the Annunciation，Crkva Sv Blagovještenja；Od Puča 8；⌚8:00~19:30）老城唯一的塞尔维亚东正教教堂圣母领报堂和遍布四处的众多天主教堂形成了有趣的对比。1877年建成，它在最近的战争中遭受重创，直到2009年才全面修复。

犹太教堂

犹太教堂

（Synagogue，Sinagoga；Žudioska 5；门票 35库纳；⌚ 5月至10月 10:00~20:00，11月至次年4月 至15:00）这座教堂可追溯至15世纪，它是巴尔干半岛第二古老的犹太教堂（最古老的西班牙系犹太教堂）。里面有一座博物馆，展示着宗教纪念物和关于当地犹太人群的文件档案，包括"二战"期间他们受迫害的记录。

奥兰多石柱

纪念碑

（Orlando Column；Luža Sq）Luža Sq曾经是一个市场，而这根石柱（雕刻于1417年，上面有一位中世纪骑士的形象）曾经是地方法令、节日庆典和公共判决宣布的地方。骑士的前臂曾经是共和国的法定长度单位——杜布罗夫尼克ell（51.1厘米）。民歌乐团偶尔在广场上表演。

老城东部（East of the Old Town）

★缆车

缆车

（www.dubrovnikcablecar.com；Petra Krešimira IV bb；成人/优惠 往返 100/50库纳；⌚11月至次年3月 9:00~17:00，4月、5月和10月 至20:00，6月至8月 至午夜，9月 至22:00）杜布罗夫尼克的缆车速度极快，仅需4分钟便可将你从北面城墙载至Srđ山。如果有大风或雷暴天气，缆车会停止运营。在这条线路的末端，从405米的高空俯瞰城市，视角极佳，老城的赤陶砖屋顶和Lokrum岛的风景都尽收眼底，亚得里亚海和Elafiti群岛浮现在遥远的天际线。

杜布罗夫尼克本土战争博物馆

博物馆

（Dubrovnik During the Homeland War，Dubrovnik u Domovinskom Ratu；成人/儿童 30/15库纳；⌚8:00~22:00）这个永久性的展览坐落在缆车终点站附近一栋拿破仑修建的城堡内，聚焦于"本土战争"（对20世纪90年代克罗地亚战争的谑称）期间的杜布罗夫尼克之围。当地守卫者驻扎在这个堡垒内，使这座城市未被攻陷。如果你认为展览内容偏向性太强的话，他们还提供深度事件报道，包括很多视频录像。

海岸

Banje海滩位于Ploče门以东大约300米，是最热门的城市海滩。继续向东1公里是圣斯特雅科夫（Sveti Jakov），那里是另一座小海滩，不喧闹，有淋浴设施，还有一家酒吧和一家餐厅。乘坐5路和8路公共汽车可到。拉帕德湾（Lapad Bay）到处是酒店，住宿没有任何问题；推荐去一下Hotel Kompas外面的海湾。

节日和活动

从7月10日到8月25日，克罗地亚最重要的夏日节庆杜布罗夫尼克夏季艺术节（Dubrovnik Summer Festival；☎020-326 100；www.dubrovnik-festival.hr；票价 30~350库纳；⌚7月至8月）在老城区的露天舞台上，呈现一系列戏剧、音乐和舞蹈表演。可以在线购票，从Placa的艺术节办事处购票，或者在每场表演开始前1小时现场购票。

住宿

杜布罗夫尼克不是一座大城市，但住宿选择遍布全城各地；老城区的住宿选择比较有限。所有住宿都最好提前预订，尤其是在夏天。它是克罗地亚住宿价格最高的城市，所以在这儿得多花点钱。私宅住宿也是个不错的选择，可以咨询当地旅行社或旅游局办事处。在旺季，双人间要300库纳，公寓则要500库纳。

老城

★ Karmen Apartments 公寓 $$

（☎098 619 282；www.karmendu.com；Bandureva 1；公寓 €95~175；❄📶）这4间公寓房距普洛切港（Ploče Harbour）仅一箭之遥，所有的公寓都很有艺术气息，拥有活泼的配色、有品位的家具和供客人浏览的图书。2号公寓还有一个小阳台，而1号公寓坐拥壮美的港口景色。最好提前预订。

Rooms Vicelić 客栈 $$

（☎095 52 78 933；www.rooms-vicelic.com；Antuninska 10；房 €90~110；❄📶）这个家庭经营、气氛友好的客栈位于老城区狭窄的台阶街道上，拥有4间氛围十足的石壁房间，都带独立卫浴。客人可以使用带微波炉和热水壶的公共小厨房。

Old Town Hostel 青年旅舍 $$

（☎020-322 007；www.dubrovnikoldtownhostel.com；Od Sigurate 7；铺/标单/双 325/350/650库纳；⊙3月至11月；📶）这家位于老城中心的青年旅舍由一栋古宅改建而成，部分房间甚至还有天花板绘画，可谓魅力非凡。宿舍有4人间至6人间（包括一间女生宿舍），还有一间小厨房。没有空调，只有电扇。

Hotel Stari Grad 酒店 $$$

（☎020-322 244；www.hotelstarigrad.com；Od Sigurate 4；标单/双 1650/2100库纳；❄📶）这家位置优越的精品酒店有8间客房，房间虽然有点小，但都是精心布置的，舒适性绝不打折扣。工作人员很贴心，从屋顶露台可以俯瞰壮美的城市景观。注意：需要爬很多台阶（而且没有电梯）。

老城周边

★ Apartments Silva 客栈 $

（☎098 244 639；silva.dubrovnik@yahoo.com；Kardinala Stepinca 62；标单/双 220/440库纳，公寓 440库纳起；❄）从拉帕德（Lapad）的海滩向上走一小段路，就来到了这片可爱的山腰建筑，它的露台四周环绕着茂盛的地中海植被。房间舒适，价格合理，但最棒的是宽敞的顶楼公寓（可住5个人）。富有魅力的主人很乐意安排汽车站免费接站服务。

就餐

Oliva Pizzeria 比萨餐厅 $

（☎020-324 594；www.pizza-oliva.com；Lučarica 5；主菜 40~89库纳；⊙正午至22:00）菜单上有一些代表性的意大利面，不过这个迷人的小餐厅真正的主角是比萨。这里的比萨相当不错，找一个街边的座位坐下来大快朵颐吧。

Konoba Ribar 达尔马提亚菜 $$

（☎020-323 194；Kneza Damjana Jude bb；主菜 60~120库纳；⊙10:00至午夜）这个家庭经营的小餐馆以当地人喜爱的方式供应本土食物，价格也更贴近当地水平，是一个尚未旅游化的好地方。他们不搞任何花架子，只有丰盛的传统特色菜，如意大利调味饭和酿鱿鱼。餐馆坐落在城墙旁边的一条小巷子里。

Dubravka 1836 欧洲菜 $

（☎020-426 319；www.dubravka1836.hr；Brsalje 1；主菜 59~178库纳起；⊙8:00~23:00）这个餐馆位于Pile门旁边的一个广场上，毫无疑问是面向旅游市场的。不过它仍然是个吃顿简单早餐的好地方，当地人同样对这里新鲜的鱼、烩饭、沙拉、比萨和意大利面赞赏有加。这里的风景也很好。

★ Restaurant 360° 新派欧洲菜 $$$

（☎020-322 222；www.360dubrovnik.com；Sv Dominika bb；主菜 240~320库纳，5道菜/7道菜套餐 780/970库纳；⊙周二至周日18:30~23:00）杜布罗夫尼克这座最富丽堂皇的餐厅，拥有色香味形俱佳的创意佳肴，还有熟练专业的服务，提供高档餐饮体验。环境无与伦比，坐落在城墙顶端，有些餐桌可以让你透过城垛看到港口的景色。如果你不想太挥霍的话，只来一杯饮品也是值得的。

饮品和夜生活

Cave Bar More 酒吧

（www.hotel-more.hr；Hotel More下面，

Kardinala Stepinca 33; ⏲10:00至午夜)这个小小的海滩酒吧为在拉帕德湾清澈的海水边躺着晒日光浴的人供应咖啡、小吃和鸡尾酒，但这还不足以说明它的性质：主吧台设置在一个真正的洞穴中。你可以在吧台旁的房间里的钟乳石下凉快凉快，透过玻璃地板可以看到下面是一个充满水的洞穴。

★ **Buža** 酒吧

(紧邻Ilije Sarake; ⏲8:00至深夜)找到这个位于悬崖上的摇摇欲坠的酒吧实属不易，那感觉就像你在城墙周边四处转悠，终于发现了入城通道一样。酒吧位于海边，态度温和的人群沉浸在有品位的音乐(灵魂乐、放克乐等)和美妙风景中。手握一杯装在塑料杯里的冷饮，坐在钢筋混凝土平台上，享受吧。

Jazz Caffe Troubadour 酒吧

(Bunićeva Poljana 2; ⏲9:00至次日1:00) Troubadour藏身于大教堂后面的一个角落里，在白天看起来相当不起眼。所有一切都在夏夜骤然改变，爵士乐表演者在外面搭起舞台，很快就会聚集大批人群。

实用信息

镇子里、拉帕德(Lapad)、渡船码头和公共汽车站都有很多自动柜员机，旅行社和邮局也能兑换货币。

杜布罗夫尼克总医院(General Hospital Dubrovnik; Opća Bolnica Dubrovnik; ☎020-431 777; www.bolnica-du.hr; Dr Roka Mišetića bb; ⏲急诊部24小时)位于拉帕德半岛的南部边缘。

旅游办事处(Tourist Office; www.tzdubrovnik.hr) Pile(☎020-312 011; Brsalje 5; ⏲6月至9月 8:00~21:00，10月至次年5月 周一至周六 8:00~19:00，周日 9:00~15:00)；格鲁兹港(Gruž; ☎020-417 983; Obala Pape Ivana Pavla Ⅱ 1; ⏲6月至9月 8:00~21:00，10月至次年5月 周一至周六 8:00~15:00)；拉帕德(Lapad; ☎020-437 460; Kralja Tomislava 7; ⏲6月至9月 8:00~21:00，10月至次年5月 周一至周六 8:00~15:00)提供地图、旅行信息和建议。

国家速览

面积 56,538平方公里

首都 萨格勒布

国家代码 ☎385

货币 库纳(简称KN)

紧急情况 急救☎94，报警☎92

语言 克罗地亚语

现金 提供自动柜员机；多数酒店和许多餐厅都可使用信用卡

人口 430万

签证 凭两次或多次申根签证(C类)，以及长期申根签证(D类)可免签入境克罗地亚

到达和离开

飞机

克罗地亚航空公司(Croatia Airlines，见314页)每天都有班机往来萨格勒布。杜布罗夫尼克机场还起降欧洲其他十几个航空公司的来往航班。

船

渡船码头和公共汽车站位于老城西北3公里处，在格鲁兹(Gruž)彼此相邻。**Jadrolinija**(Obala Pape Ivana Pavla Ⅱ 1)沿海渡船每周两班发往赫瓦尔和斯普利特。

长途汽车

从杜布罗夫尼克**长途汽车站**(☎060 305 070; Obala Pape Ivana Pavla Ⅱ 44a)开出的客车夏季总是人满为患，所以要提前购票。斯普利特到杜布罗夫尼克的长途汽车会短暂途经波黑，得带好护照以备查看。

所有长途汽车时刻表请查看www.libertas-dubrovnik.hr。

当地交通

杜布罗夫尼克机场(Dubrovnik Airport, Zračna Luka Dubrovnik; www.airport-dubrovnik.hr)位于Čilipi，杜布罗夫尼克东南方向19公里。阿特拉斯公司(Atlas)经营机场大巴(35库纳，30分钟)，发车时间与航班接驳。开往杜布罗夫尼克的大巴在Pile门及长途汽车站停靠；前往机场的大巴从汽车站和缆车附近的公交车站载客。

坐出租车去老城需要250库纳左右。

生存指南

出行指南

住宿

私宅住宿在克罗地亚常常很实惠，而且能让你感受到这个国家的好客之道。许多主人对待宾客就像很久不见的老朋友那样，有些主人会邀请客人一起吃饭，这是了解当地文化很棒的方式。

需要注意的是，在许多地方住宿少于3晚时会加收30%费用，这项费用包括每人每天7库纳的"住宿税"。本书中所列的住宿价格均不含住宿税。

露营

500多个露营地沿着克罗地亚海岸线分散分布。大多数营地从4月中旬至9月中旬开放。具体开放时间每年都有些许变化，所以如果你是在开放季节快结束时到达，最好提前电话咨询。

裸体露营地（有FKK标记）条件最好，位置僻静，确保了环境的和平与宁静。推荐一个不错的介绍网站：www.camping.hr。

青年旅舍

克罗地亚国际青年旅舍（Croatian YHA；☎01-48 29 294；www.hfhs.hr；Savska 5，Zagreb）在杜布罗夫尼克、萨格勒布和普拉（Pula）均经营有青年旅舍。非会员每天多支付10库纳就能在一张迎宾卡上加盖一个戳，累计6个戳就能升级为会员。克罗地亚YHA还提供赫瓦尔和萨格勒布私人青年旅舍信息。

酒店

8月，一些酒店可能会在住宿不到3或4晚时加收附加费，但其余月份当价格急剧下降时则不会加收。

所有酒店收费价格均包含早餐费用。

私宅住宿

在克罗地亚选择私人住所或公寓最物超所值，这些地方经常设在当地私人家里——相当于其他国家的小型私人宾馆。

如果住宿不到3或4晚的话要加付30%费用，有时只住一晚的话甚至要加付50%甚至100%费用；但淡季一般不会加收。有些地方旅游旺季甚至会将这一标准调高至最少7天。

无论你是从机构或私人业主处租房，特别是想要长期租住的话，千万别忘记讨价还价一番。

> **住宿价格区间**
>
> 下面列出的价格范围指的是带独立卫浴双人间的价格。
>
> € 低于450库纳
>
> €€ 450~800库纳
>
> €€€ 高于800库纳

如果你租住的房间或公寓的室外没有蓝色的sobe或apartmani标识的话，那么这个地方就是非法租用（即不用支付住宿税）。房东可能不太情愿给你提供他们的全名或电话号码，这样如果产生什么问题的话你将完全无法维权。

营业时间

全年中时间会有所变化。

银行 周一至周五 9:00~20:00，周六 7:00~13:00或8:00~14:00

酒吧和咖啡馆 8:00至午夜

办事机构 周一至周五 8:00~16:00或8:30~16:30

餐厅 正午至23:00或午夜，除旺季外周日打烊

商店 周一至周五 8:00~20:00，周六 至14:00或15:00

网络资源

➡ **Adriatica.net**（www.adriatica.net）

➡ **克罗地亚国家旅游局**（Croatian National Tourist Board；www.croatia.hr）

➡ **Taste of Croatia**（www.tasteofcroatia.org）

货币

信用卡

在大型酒店、商场和许多餐厅都可以刷美国运通卡（Amex）、万事达卡（MasterCard）、维萨卡（Visa）、大莱卡（Diners），但私人公寓和小餐厅就不一定能刷卡。各主要城市的机场、火车站、汽车站和大部分小镇的汽车站都有自动柜员机，可用万事达卡、Maestro卡、Cirrus卡、Plus卡和维萨卡。不接受银联卡。

货币

克罗地亚使用库纳（kuna，简称KN）。普遍流通的纸币面额分别为500库纳、200库纳、100库纳、50库纳、20库纳、10库纳和5库纳。每库纳折合100利帕（lipa）。50利帕和20利帕的硬币是银色

活动

克罗地亚是进行户外活动的好地方。骑自行车是首选，尤其是在伊斯特拉，那里有60多条带路标的骑行路线，沿线风景优美。徒步也很棒，特别是在国家公园里，如普利特维采湖群国家公园（见297页）。克罗地亚还有很多潜水地点，包括许多沉船；如需更多信息可咨询**克罗地亚潜水协会**（Croatian Diving Association; www.diving-hrs.hr）。其他在克罗地亚值得尝试的活动是皮划艇和漂流；位于萨格勒布的Huck Finn（www.huckfinncroatia.com）是一家可靠的运营商，组织在海面和河流上的皮划艇以及漂流活动。关于攀岩和洞穴探险，可咨询**克罗地亚登山运动协会**（Croatian Mountaineering Association; www.hps.hr）。

的，10利帕的硬币为古铜色。

节假日

新年 1月1日

主显节 1月6日

复活节星期一 3月/4月

劳动节 5月1日

基督圣体节 6月10日

反法西斯纪念日 6月22日，标志着1941年抵抗运动的爆发

国庆节 6月25日

本土感恩节 8月5日

圣母升天日 8月15日

独立日 10月8日

诸圣节 11月1日

圣诞节 12月25日、26日

电话

手机

如果你有一部未上锁的3G手机，你可以花20~50库纳买张SIM卡。这里共有3种网络供你选择：**VIP**（www.vip.hr）、**T-Mobile**（www.hrvatskitelekom.hr）和**Tele2**（www.tele2.hr）。

电话区号

- 从国外致电克罗地亚，需先拨你的国际接入号码，再拨☎385（克罗地亚的国家代码），然后拨区号（前面不加☎0），接下来拨本地号码就可以了。
- 在克罗地亚境内跨地区致电，需先拨区号（前面加☎0）；在同一地区内致电，直接拨打本地号码即可。
- 以☎060打头的电话号码可能免费也可能按照较高费率收费，因此，请注意备注说明文字。☎09打头的是手机号码。

就餐价格区间

下面列出的就餐价格指的是主菜。

€ 低于70库纳

€€ 70~120库纳

€€€ 高于120库纳

旅游信息

克罗地亚国家旅游局（www.croatia.hr）提供优质旅游信息。

签证

持有两次或多次入境有效申根签证或持有两次或多次有效保加利亚、罗马尼亚和塞浦路斯签证的中国旅行者可免签进入克罗地亚。

持普通护照的中国公民前往克罗地亚需在出行前3个月内申请克罗地亚签证。可登录http://www.vfsglobal.cn/croatia/china查询具体签证要求和详细信息。需本人直接到位于北京、上海、广州、西安、重庆、杭州、武汉、长沙、成都、深圳、福州、济南、南京和昆明的签证申请中心递交申请材料，也可到克罗地亚驻华大使馆提交申请。短期个人旅游签证停留时间为90天内，签证费为434元人民币。

杜布罗夫尼克是克罗地亚的“飞地”，中途需经过波黑，但两国已达成了过境协议，游客无须担心签证问题。

使领馆

中国驻克罗地亚大使馆（☎385 469 3002; hr.china-embassy.org/chn/; Mlinovi 132 10000, Zagreb）

汇率

人民币	CNY1	HRK1.05
港币	HKD1	HRK0.88
新台币	TWD1	HRK0.21
澳门元	MOP1	HRK0.85
新加坡元	SGD1	HRK4.94
美元	USD1	HRK6.81
欧元	EUR1	HRK7.56

到达和离开

飞机

欧洲许多国家都有直飞克罗地亚的飞机，北美没有直达克罗地亚的航班。

克罗地亚主要机场如下：

杜布罗夫尼克机场（Dubrovnik Airport，代码DBV；www.airport-dubrovnik.hr）从布鲁塞尔、科隆、法兰克福、汉诺威、伦敦（盖特威克机场和斯坦斯特德机场）、曼彻斯特、慕尼黑、巴黎和斯图加特等多地起飞的直飞航班可在该机场降落。

普拉机场（Pula Airport，代码PUY；www.airport-pula.com）从伦敦（盖特威克机场和斯坦斯特德机场）和曼彻斯特、奥斯陆、斯德哥尔摩、慕尼黑、爱丁堡、哥本哈根等多地起飞的直飞航班可在该机场降落。

斯普利特机场（Split Airport，代码SPU；www.split-airport.hr）从柏林、科隆、哥本哈根、法兰克福、伦敦、慕尼黑、布拉格、斯德哥尔摩、罗马、威尼斯等多地起飞的直飞航班可在该机场降落。

萨格勒布机场（Zagreb Airport，代码ZAG；www.zagreb-airport.hr）所有欧洲国家首都以及科隆、多哈、伊斯坦布尔、汉堡、马德里、慕尼黑、莫斯科和特拉维夫起飞的直飞航班可在该机场降落。

陆路

克罗地亚是前往欧洲东南部和亚得里亚海的便利枢纽，与匈牙利、斯洛文尼亚、波斯尼亚和黑塞哥维那（波黑）、塞尔维亚和黑山之间设有边境口岸。

萨格勒布有通往威尼斯、布达佩斯、贝尔格莱德、卢布尔雅那和萨拉热窝的火车和长途汽车。南下有从杜布罗夫尼克到莫斯塔尔、萨拉热窝（波黑）和科托尔（黑山）的快捷巴士。

欧洲巴士（Eurolines；www.eurolines.com）经营有从奥地利维也纳开往克罗地亚多个目的地的长途汽车。

德国和克罗地亚之间的长途汽车服务都不错，而且价格比火车便宜。德克之间的所有长途汽车均由**Deutsche Touring GmbH**（www.deutsche-touring.de）公司经营；克罗地亚境内没有德意志旅游办事处（Deutsche Touring offices），但许多旅行社和长途汽车站都出售德克长途车票。

海路

有很多渡船往返于克罗地亚与意大利，包括

特色饮食

克罗地亚的餐饮反映了漫漫历史长河中曾经影响整个国家的各种文化。你会发现沿海和内陆的饮食风味截然不同，前者基本是意式的，后者则深受匈牙利、奥地利和土耳其风味的影响。

近些年来，伊斯特拉菜肴以其悠久的美食传统、新鲜的食材和独一无二的特色吸引了国际美食家前来品尝。位于伊斯特拉的**Eat Istria**（www.eatistria.com）提供烹饪课程以及周游半岛的葡萄酒团队游。

在克罗地亚旅行时，请关注以下特色饮食：

- **Ćevapčići** 用碎牛肉、羊肉或猪肉做的小辣肠。
- **Ražnjići** 小块猪肉烤串。
- **Burek** 塞有肉末、菠菜或芝士的酥皮馅饼。
- **Rakija** 从梅子到蜂蜜，不同口味的克罗地亚白兰地。
- **啤酒** 克罗地亚的两个顶级品牌啤酒（pivo）是萨格勒布的Ožujsko和卡尔洛瓦茨（Karlovac）的Karlovačko。

杜布罗夫尼克至巴里（Bari）和斯普利特至安科纳（Ancona）的路线。

Blue Line（www.blueline-ferries.com）

Commodore Cruises（www.commodorecruises.hr）

Jadrolinija（www.jadrolinija.hr）

SNAV（www.snav.com）

Venezia Lines（www.venezialines.com）

当地交通

飞机

克罗地亚航空公司（Croatia Airlines；☎01-66 76 555；www.croatiaairlines.hr）克罗地亚航空公司是克罗地亚境内唯一一家航空公司。每天均有航班在萨格勒布与杜布罗夫尼克、奥西耶克（Osijek）、普拉、里耶卡（Rijeka）、斯普利特和扎达尔（Zadar）之间运行。

船

Jadrolinija（见305页）公司经营着沿亚得利亚海岸航行的汽车渡船和双体船的许多线路。虽然渡船的费用比汽车贵些，但要舒适得多。

全年提供航行服务，但冬季发船频率较低。船舱需提前一周预订。所有班次均开放甲板空间供乘客使用。

船票必须提前在专门售票处或Jadrolinija办公室购买，船上不卖票。在夏季，如果你带一辆汽车登船的话需提前两小时检票。

长途汽车

长途汽车服务优质且价格相对便宜。长途汽车线路通常由多家公司经营，所以票价差别比较大。如果有需要，长途汽车下方有专门的行李舱放置行李，但得额外付费（包括保险费在内每件行李加收7库纳）。

较大的汽车站都有专门的售票窗口，司机处不卖票。要保证有座位的话需要提前订票，尤其是夏季。

小汽车和摩托车

克罗地亚境内有萨格勒布与斯普利特之间的高速公路，建成刚几年时间，让沿途一些线路变得更加快捷。

租车服务

要想租车的话你必须年满21周岁，并且持有有效的驾照和信用卡。

当地的独立公司往往比国际连锁品牌收费便宜，但后者能提供单程租赁服务。

驾驶执照

持有任何有效的驾驶执照均能在本地合法驾驶租赁汽车，不必非要使用国际驾照。

Hrvatski Autoklub（HAK，Croatian Auto Club；☎01-46 40 800；www.hak.hr；Avenija Dubrovnik 44）能提供相关建议和帮助。如果你在路上需要援助的话，可联系全国范围的**HAK road assistance**（Vučna Služba；☎1987）。

当地交通工具

当地主要的交通工具是公共汽车。在各大城市中如杜布罗夫尼克和斯普利特等，公共汽车每20分钟1班，周日发车更少。每次乘车需10库纳，如果你在tisak（报摊）买票的话会有小折扣。

岛屿上因为大多数人都有私家车，所以公共汽车很少。

火车

火车没有公共汽车多，但比公共汽车舒服。查询时刻表、票价和服务价格，可联系**克罗地亚铁路**（Hrvatske Željeznice；☎060 333 444；www.hznet.hr）。

克罗地亚的铁路系统不太密集，萨格勒布是克罗地亚的铁路枢纽。整个海岸沿线没有铁路，只有少数沿海城市与萨格勒布间通车。

乘坐火车行李免费；大多数车站提供行李寄存服务，每件行李每天收费约15库纳。

欧盟居民可持欧洲铁路通票在克罗地亚境内免费乘车，但是你很可能找不到那么多乘坐火车的机会，来抵消你购买通票花费的成本。

捷克

包括 ➡

最佳餐饮

- Sansho（见324页）
- Pavillon（见334页）
- Kalina（见324页）
- Moritz（见336页）

最佳住宿

- Mosaic House（见323页）
- Penzión Na Hradě（见336页）
- Hotel Konvice（见332页）
- Savic Hotel（见323页）

为何去

1989年以后，中欧和东欧打开大门，布拉格逐渐成为欧洲最受欢迎的旅游目的地之一。这座城市保留着完好的中世纪风格，可以把你带回500年前。建于14世纪的查尔斯桥（Charles Bridge）连接着两个充满历史感的城区，是整个欧洲大陆最美丽的景观之一。

布拉格历史悠久，文化丰富。城堡、宫殿遍布城外，其中更有耸立在捷克克鲁姆洛夫（Český Krumlov）山顶、富有冒险传奇色彩的法式城堡，那个曾经影响整个欧洲的强大王朝仍可在此找到昔日光辉。

何时去

布拉格

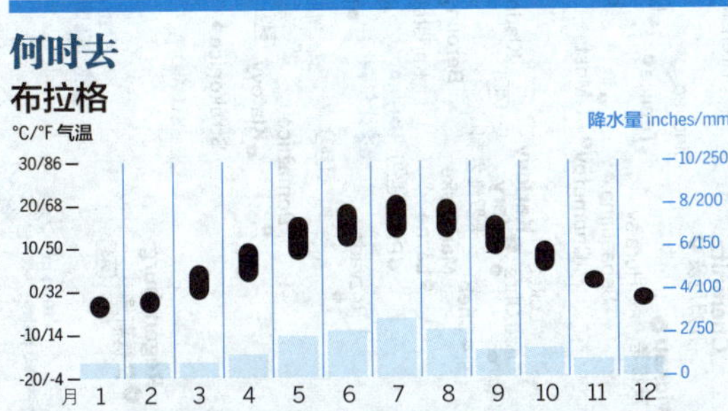

5月 古典音乐和另类艺术将布拉格点亮。

7月 一年一度的电影节让人们看到卡罗维发利（Karlovy Vary）这座平日令人昏昏欲睡的温泉小镇艺术的一面。

12月 布拉格的圣诞市场（Christmas Market）吸引来自全世界的游客。

捷克亮点

❶ 趁着黎明或是深夜游客不多的时候，漫步**查尔斯桥**（见321页）。

❷ 在**U Medvídků**（见325页）这样的老式捷克酒馆泡上一晚。

❸ 加入人群，等待布拉格**天文钟**（见320页）的指针指向12的那一刻。

❹ 到**捷克克鲁姆洛夫**（见330页）放松，欣赏中欧最美的小镇。

❺ 到比尔森参观**比尔森啤酒厂**（见329页），了解该啤酒厂的发源之处。

❻ 在庄严的**奥洛莫乌茨**（见335页）城中漫步，这也许是你听说过的最不可思议的地方。

布拉格(PRAHA, PRAGUE)

人口 124万

这是对布拉格最完美的"讽刺":你被它的过去吸引而来,却因为它的现在和未来而舍不得离开。从哥特、文艺复兴到新艺术和立体主义艺术,布拉格辉煌的艺术与建筑遗产会让你目不暇接。如果布拉格旺季的游客大军让你感到疲惫,没关系,喝上一杯捷克招牌式的拉格啤酒(lager,又称窖藏啤酒),休息放松一下,定定心,依然可以找到安静时刻:在黎明享受只属于你的查尔斯桥,欣赏布拉格老城(Staré Město)美到极致的城市景观,抑或迷失在布拉格小城(Malá Strana)错综复杂的小道上。

景点

布拉格坐落在伏尔塔瓦河(Vltava River)边,河西岸是城堡区(Hradčany)和小城(Malá Strana),东岸是布拉格老城(Staré Město)和新城(Nové Město)。

城堡区(Hradčany)

布拉格城堡 城堡

(Prague Castle, Pražský hrad; 见322页地图; ☎224 372 423; www.hrad.cz; Hradčanské náměstí; 广场免费,景点 成人/优惠 长团队游350/175克朗,短团队游 250/125克朗; ⏲广场 4月至10月 5:00至午夜,11月至次年3月 6:00~23:00; 花园 4月和10月 10:00~18:00,5月和9月 至19:00,6月至8月 至21:00,11月至次年3月关闭;历史建筑 4月至10月 9:00~17:00,11月至次年3月 至16:00; Ⓜ Malostranská, 🚊22)布拉格城堡——捷克语称为Pražský hrad,捷克人常简称为hrad——是布拉格最受欢迎的旅游景点。它高耸在伏尔塔瓦河左岸,密集的尖塔和宫殿好似童话中的堡垒一样伫立在城市中央。城堡的城墙内坐落着一系列令人着迷的历史建筑、博物馆和画廊,其中收藏了一些捷克最伟大的艺术和文化珍宝。

旧皇宫 宫殿

(Old Royal Palace, Starý královský palác; 见322页地图; 含在布拉格团队游门票中; ⏲4月至10月 9:00~17:00,11月至次年3月 至16:00; 🚊22)旧皇宫是布拉格城堡最古老的建筑之一,可追溯至1135年。它最初只是为捷克公主建造的建筑,不过在13~16世纪成为国王自己的宫殿。它的中心是雄伟的**弗拉季斯拉夫大厅**(Vladislav Hall),以及在1618年发生过著名的"布拉格抛窗事件"(Defenestration of Prague)的**波希米亚议政厅**(Bohemian Chancellery)。

圣维特大教堂 教堂

(St Vitus Cathedral, Katedrála Sv Víta; 见322页地图; ☎257 531 622; www.katedralasvatehovita.cz; 第三个庭院, Prague Castle; 含在布拉格团队游门票中; ⏲4月至10月 周一至周六 9:00~17:00,周日 正午至17:00,11月至次年3月 至16:00; 🚊22)圣维特大教堂或许看起来十分古老,但实际上它是拖到1929年才建成并献给神的。大教堂的众多珍宝包括金色大门(Golden Gate)上方的14世纪镶嵌拼贴画

旅行线路

一周

在**布拉格**体验它动荡不安的过去和充满活力的现在。行程包括参观庄严的布拉格城堡、约瑟夫城的布拉格犹太人博物馆(Prague Jewish Museum)以及让人容易迷失的如迷宫般复杂的老城。必须拿出一天去**卡尔施泰因**(Karlštejn),然后往南到**捷克克鲁姆洛夫**的河边民宿惬意几日。

两周

从**布拉格**开始旅程,接着向西来到温泉镇**卡罗维发利**。在**比尔森**(Plzeň)尝尝波希米亚的佳酿,稍稍放纵一下,然后往南到**捷克克鲁姆洛夫**,感受休闲与严谨的双重体验。接着往东走,在**泰尔奇**(Telč)体验文艺复兴的伟大,在**布尔诺**(Brno)逛逛城市的美术馆和博物馆。与摩拉维亚的首府布尔诺咫尺之遥便是庄严的**奥洛莫乌茨**(Olomouc)。

Central Praha 布拉格市中心

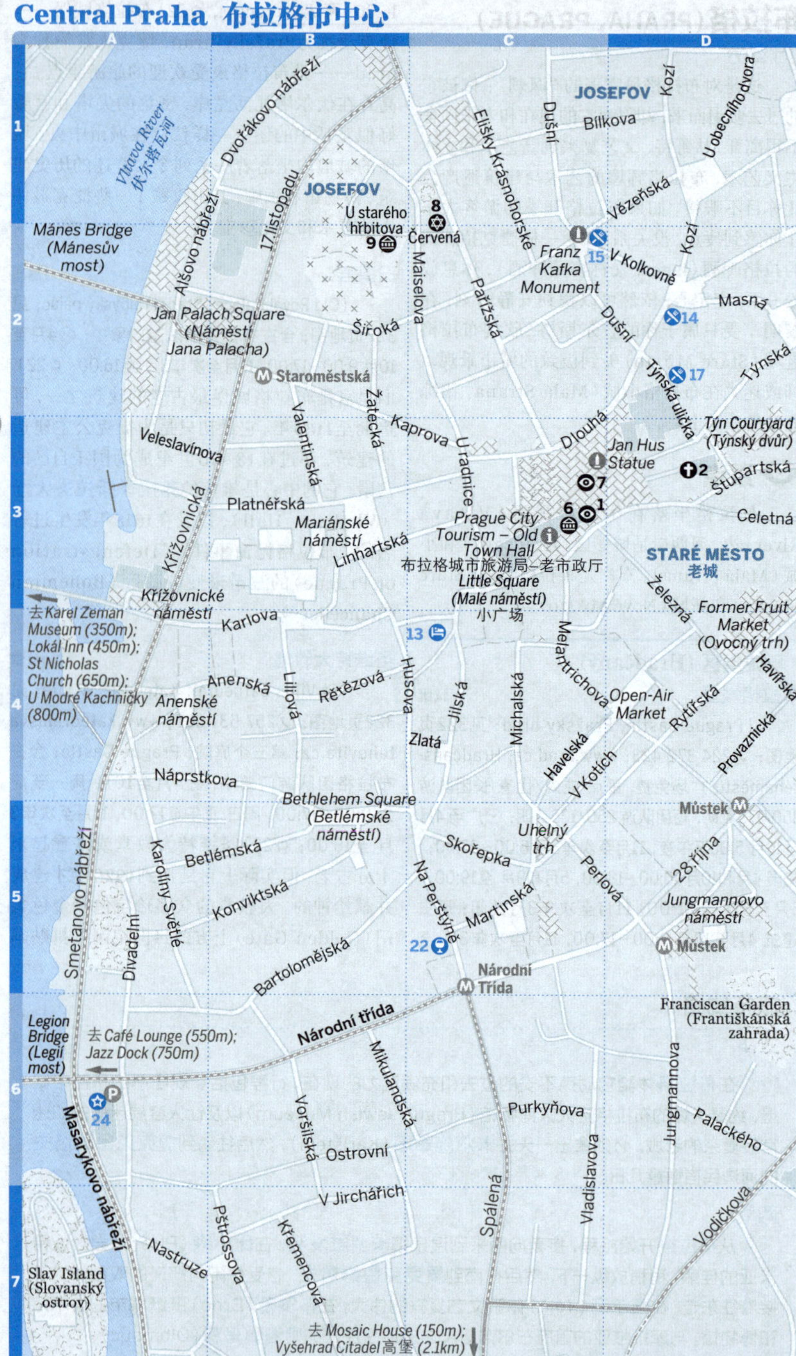
JOSEFOV
Dvořákovo nábřeží
Vltava River
伏尔塔瓦河
Dušní
Bílkova
Kozí
U obecního dvora
Elišky Krásnohorské
Mánes Bridge
(Mánesův
most)
Alšovo nábřeží
17 listopadu
U starého
hřbitova
8
Červená
9
Maiselova
Pařížská
Franz
Kafka
Monument
15
V Kolkovně
Vězeňská
Masná
Jan Palach Square
(Náměstí
Jana Palacha)
Široká
14
Staroměstská
Týnská ulička
17
Týnská
Veleslavínova
Valentinská
Žatecká
Kaprova
U radnice
Dlouhá
Jan Hus
Statue
Týn Courtyard
(Týnský dvůr)
7
2
Štupartská
Platnéřská
Mariánské
náměstí
Linhartská
Prague City
Tourism – Old
Town Hall
布拉格城市旅游局–老市政厅
6
1
Celetná
STARÉ MĚSTO
老城
Křižovnická
Křižovnické
náměstí
Karlova
Little Square
(Malé náměstí)
小广场
Železná
Former Fruit
Market
(Ovocný trh)
去Karel Zeman
Museum (350m);
Lokál Inn (450m);
St Nicholas
Church (650m);
U Modré Kachničky
(800m)
13
Anenská
Anenské
náměstí
Liliová
Řetězová
Husova
Jilská
Michalská
Melantrichova
Open-Air
Market
Rytířská
Havířská
Provaznická
Zlatá
Havelská
V Kotcích
Náprstkova
Bethlehem Square
(Betlémské
náměstí)
Můstek
Smetanovo nábřeží
Karoliny Světlé
Betlémská
Skořepka
Uhelný
trh
Perlová
28.října
Konviktská
Na Perštýně
Martinská
Jungmannovo
náměstí
Divadelní
22
Můstek
Bartolomějská
Národní
Třída
Franciscan Garden
(Františkánská
zahrada)
Legion
Bridge
(Legií
most)
去Café Lounge (550m);
Jazz Dock (750m)
Národní třída
Mikulandská
24
Masarykovo nábřeží
Voršilská
Ostrovní
Purkyňova
Jungmannova
Palackého
Vladislavova
Spálená
V Jirchářích
Pštrossova
Křemencová
Nastruze
Vodičkova
Slav Island
(Slovanský
ostrov)
去Mosaic House (150m);
Vyšehrad Citadel高堡 (2.1km)

捷克 布拉格

0 400 m
0 0.2 miles

NOVÉ MĚSTO
新城

Haštalské Náměstí
Haštalská
Hradební
Petrské náměstí
Lodecká
Samcova
Mlynářská
18
Petrská
Soukenická
16 26
21
Dlouhá
Rybná
Revoluční
Truhlářská
Zlatnická
Biskupská
去 Eurolines (350m); Florenc 汽车站(350m)
Benediktská
19
Na poříčí
Havlíčkova
Rybná
Malá Štupartská
Republic Square (náměstí Republiky)
Králodvorská
Na Florenci
Náměstí Republiky
V Celnici
Jakubská
U Obecního Domu
Náměstí Republiky
Templová
27
4
Masarykovo nádraží
Hybernská
Senovážná
Dlážděná
Senovážné náměstí
23
20
Na příkopě
Nekázanka
Jindřišská
Opletalova
Jeruzalémská
Panská
3
12
Upůjčovny
V Cípu
Hlavní Nádraží
Růžová
Praha hlavní nádraží (Main Train Station)
布拉格主火车站
Politických Vězňů
Wilsonova
Můstek
10
Washingtonova
Wenceslas Square (Václavské náměstí)
Opletalova
U divadla
25
Lucerna Arcade
Štěpánská
去 Palác Akropolis (1km)
V Jámě
Ve Smečkách
Legerova
Muzeum
11
Vinohradská
Španělská
Polská
Mezibranská
去 Czech Inn (1.5km)
Mánesova
5

Central Praha 布拉格市中心

景点

1 天文钟 C3
2 泰恩教堂 D3
3 穆哈博物馆 F4
4 市民会馆 F3
5 国家博物馆 G7
6 老市政厅 C3
7 老城广场 C3
8 旧新犹太教堂 C1
9 布拉格犹太人博物馆 B2
10 瓦茨拉夫广场 E6
11 圣瓦茨拉夫雕像 F7

住宿

12 Fusion Hotel F5
13 Savic Hotel C4

就餐

14 Kalina D2
15 Kolkovna C2
16 Lokál E1
17 Maitrea D2
18 Sansho H1

饮品和夜生活

19 Café Imperial G2
20 Hoffa G4
21 Prague Beer Museum E1
22 U Medvídků C5

娱乐

23 Bohemia Ticket E4
24 国家剧院 A6
25 布拉格国家歌剧院 G6
26 Roxy E1
27 斯美塔那大厅 F3

《最后的审判》(*Last Judgement*)，巴洛克式银制的内波穆克的圣约翰之墓(tomb of St John of Nepomuk)和装饰华丽的圣瓦茨拉夫礼拜堂(Chapel of St Wenceslas)，以及阿尔丰斯·穆哈(Alfons Mucha)设计的新艺术风格花窗玻璃。

洛布科维奇宫 博物馆

(Lobkowicz Palace, Lobkovickýpalác; 见322页地图; ☎233 312 925; www.lobkowicz.cz; Jiřská 3; 成人/优惠/家庭 275/200/690克朗; ⏲10:00~18:00; 🚋22)这座16世纪的宫殿内有一家私人博物馆，可以欣赏到价值连城的绘画、家具和音乐纪念品。语音导游是由业主William Lobkowicz及其家人献声的——这种个人化的关联真的赋予展品以生命，并让这座宫殿成为布拉格城堡最有趣的景点之一。

老城(Staré Město)

老城是布拉格最古老的一块区域，是布拉格主市集**老城广场**(Old Town Square, Staroměstské náměstí; 见318页地图; Ⓜ Staroměstská)的所在地。老城广场经常被简称为Staromák，从10世纪开始，这里便是老城的中心。

老市政厅 历史建筑

(Old Town Hall, Staroměstská radnice; 见318页地图; ☎236 002 629; www.staromestskaradnicepraha..cz; Staroměstské náměstí 1; 导览游 成人/儿童 100/50克朗，含塔楼 160克朗; ⏲周一 11:00~18:00，周二至周日 9:00~18:00; Ⓜ Staroměstská)布拉格的老市政厅建于1338年。历经几个世纪的老市政厅融汇各种中世纪建筑的元素，高高的哥特式塔楼安装了一部壮观的天文钟。除了容纳老城的游客信息办事处，市政厅中还有不少历史景点，一楼和三楼举办各种艺术展览。

天文钟 古迹

(Astronomical Clock; 见318页地图; Staroměstské náměstí; ⏲整点敲钟报时 9:00~21:00; Ⓜ Staroměstská)每逢整点，老市政厅下就会聚集一大帮人等着看天文钟报时。虽然报时表演只有短短的45秒，但这座钟依然是欧洲最著名的旅游景点之一，而且也是布拉格游客的"必看"景点。毕竟，它是古老的，风景如画的，而且——如果你有时间细细研究的话——还是充满象征主义的。

泰恩教堂 教堂

(Church of Our Lady Before Týn, Kostel Panny Marie před Týnem; 见318页地图; ☎222 318 186; www.tyn.cz; Staroměstské náměstí; 建议捐赠额 25克朗; ⏲3月至10月 周二至周六 10:00~13:00和15:00~17:00，周日 10:30至正午，

11月至次年2月 开放时间缩短；ⓂStaroměstská）醒目的哥特式双子塔让泰恩教堂成为老城辨识度最高的地标。就像来自15世纪——而且很可能有些残忍——的童话故事中一样，它们高耸在老城广场上，教堂的塔楼上有一尊金色的圣母玛利亚像，它于17世纪20年代建成，材料是将先前用来装饰教堂的胡斯圣杯融化后所得。

市民会馆 历史建筑

（Municipal House，Obecnídům；见318页地图；☎222 002 101；www.obecnidum.cz；náměstí Republiky 5；导览游 成人/优惠/10岁以下儿童 290/240克朗/免费；⏲公共区域 7:30~23:00，信息中心 10:00~20:00；ⓂNáměstí Republiky）被忽视了数十年后，市民会馆终于在20世纪90年代进行了修复。它是布拉格最有生命力和感性的建筑物，是爱心的奉献，设计和装饰的每一处细节都经过精心的考虑，每一幅画作和雕塑都充满象征主义。入口两侧的餐厅和咖啡馆就像是步入式的新艺术设计博物馆：楼上有六间装饰极为豪华的大厅，你可以参加导览游。

小城（Malá Strana）

和老城隔河相望的便是布拉格小城。17~18世纪，天主教传教士和贵族们就是在这些文艺复兴式宫殿群所在地，建起了这个布拉格的巴洛克式后巷。

查尔斯桥 桥梁

（Charles Bridge，Karlův most；⏲24小时；🚇17、18至Karlovy lázně，12、20、22至Malostranské náměstí）免费 在查尔斯桥上漫步是所有人最爱的布拉格活动。然而到早上9点的时候，这里就变成了长500米的露天市场，成群结队的游客在小贩和街头艺人之间艰难穿行，大桥栏杆上的巴洛克雕像默默向下注视着他们。如果你想体验这座大桥最有气氛的时刻，可以在黎明时过来。

圣尼古拉斯教堂 教堂

（St Nicholas Church，Kostel sv Mikuláše；☎257 534 215；www.stnicholas.cz；Malostranské náměstí 38；成人/儿童 70/50克朗；⏲3月至10月 9:00~17:00，11月至次年2月 至16:00；🚇12、20、22）圣尼古拉斯教堂是中欧最好的巴洛克式

布拉格的犹太人博物馆（PRAGUE'S JEWISH MUSEUM）

布拉格犹太人博物馆（Židovské muzeum Praha；见318页地图；☎222 317 191；www.jewishmuseum.cz；预约中心，U starého hřbitova 3a；普通票 成人/儿童 300/200克朗，包括旧新犹太教堂的联票 成人/儿童 480/320克朗；⏲4月至10月 周日至周五 9:00~18:00，11月至次年3月 9:00~16:30；ⓂStaroměstská）绝对是这个城市的一大珍宝。它包括四座犹太教堂：**梅瑟**（Maisel）、**平卡斯**（Pinkas）、**西班牙**（Spanish）和**克劳斯**（Klaus），以及从前的**犹太礼堂**（Ceremonial Hall）和**旧犹太墓园**（Old Jewish Cemetery）。这些建筑都聚集在约瑟夫城，老城的这个小角落曾经是布拉格犹太人的聚居区，他们在这里居住了约800年，直到20世纪初的一项城市改造项目和“二战”期间纳粹对这里的占领让这里成了历史。

这些建筑是不能单独参观的，你必须购买一张联票，在约瑟夫城各处都有售票窗口。第五座犹太教堂，即**旧新犹太教堂**（Old-New Synagogue，Staronová synagóga；见318页地图；www.jewishmuseum.cz；Červená 2；成人/儿童 200/140克朗；⏲4月至10月 周日至周五 9:00~18:00，11月至次年3月 9:00~16:30；🚇17）仍会举办宗教仪式，参观需另买一张票或是交纳额外费用。

博物馆始建于1906年，当时是为了给在世纪之交的贫民窟大清洗中被拆除的犹太教堂的剩余物件一个栖身之所。“二战”期间，博物馆的藏品得到极大的丰富，但原因却是极其荒诞的：在纳粹占领期间，德国人夺过了博物馆的管理权，想要建立一个“灭绝种族的博物馆”。为此，他们把在整个波希米亚和摩拉维亚（Moravia）地区被摧毁的犹太社区的物品都带到了这里。

Praha Castle 布拉格城堡

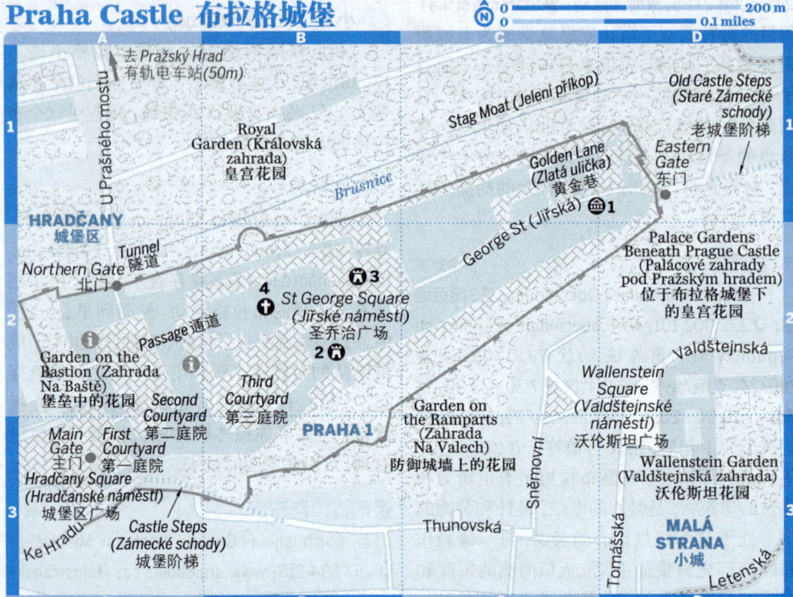

建筑之一，它巨大的绿色圆顶是布拉格小城最显眼的标志物（不要将它与老城广场上的另一座圣尼古拉斯教堂混淆）。在天花板上，Johann Kracker作于1770年的《尼古拉斯的神化》（*Apotheosis of St Nicholas*）是欧洲最大的壁画（巧妙的错视画法让这幅绘画几乎和建筑融为一体）。

卡雷尔·泽曼博物馆 博物馆

（Karel Zeman Museum, Museum of Film Special Effects; ☎724 341 091; www.muzeumkarlazemana.cz; Saský dvůr, Saská 3; 成人/儿童200/140克朗; ⊙10:00~19:00，18:00停止入内; 🚊12、20、22）出生在波希米亚的电影导演卡雷尔·泽曼（Karel Zeman; 1910~1989年）是电影特效的先驱，但他的作品在捷克境外鲜为人知。这座引人入胜的博物馆由他的女儿建立，展示了很多由他进行完善的技巧和技术，甚至允许游客进行自己动手的互动——你可以用自己的智能手机给处于绘画背景和3D模型中的自己摄像。

新城 (Nové Město)

新城包围着老城，它始建于14世纪。其主要的公共区域是**瓦茨拉夫广场**（Wenceslas Square, Václavské náměstí; 见318页地图; Ⓜ Můstek, Muzeum），两边是各类商场、银行和餐馆，最显眼的标志物是一座骑在马背上的**圣瓦茨拉夫雕像**（statue of St Wenceslas, sv Václav; 见318页地图; Václavské náměstí; Ⓜ Muzeum）。占领广场制高点的**国家博物馆**（National Museum, Národní muzeum; 见318页地图; ☎224 497 111; www.nm.cz; Václavské náměstí 68; Ⓜ Muzeum）由于长期修缮工程而关闭。

穆哈博物馆 画廊

（Mucha Museum, Muchovo muzeum; 见318页地图; ☎221 451 333; www.mucha.cz; Panská 7; 成人/儿童 240/140克朗; ⊙10:00~18:00; Ⓜ Můstek）迷人的（且繁忙的）穆哈博物馆展有阿尔丰斯·穆哈（Alfons Mucha, 1860~1939年）各种动人的新艺术风格海报、

绘画和装饰组画，还有许多素描、摄影和其他纪念物。博物馆中数不胜数的展品都包含穆哈标志性的元素：有飞扬秀发和能看穿人心的蓝眼睛的斯拉夫少女，头戴充满象征意味的花环，背着椴树枝。

高堡 要塞

（Vyšehrad Citadel；☎261 225 304；www.praha-vysehrad.cz；信息中心地址 V pevnosti 159/5b；广场免费进入；⏲广场 24小时；Ⓜ Vyšehrad）免费 高堡指的是Vyšehrad Hill山顶上的建筑群，它们在捷克历史的舞台上活跃了1000多年。虽然大部分建筑是18世纪建造的，但高堡仍被视为这座城市的精神家园。这片景点分布在很宽的区域，有统领全局的视野。

节日和活动

布拉格之春国际音乐节 古典音乐

（Prague Spring；www.festival.cz）捷克最盛大的一年一度的文化活动，也是欧洲最重要的古典音乐节之一。

布拉格艺穗节 艺术

（Prague Fringe Festival；www.praguefringe.com）5月底6月初的艺穗节的风格兼收并蓄。

圣诞市场（Christmas Market） 季节性节日

于12月1日至24日在老城广场举办。

住宿

Fusion Hotel 青年旅舍、精品酒店 €

（见318页地图；☎226 222 800；www.fusionhotels.com；Panská 9；铺 400克朗起 双/标三 2100/2700克朗起；@📶；🚋3、9、14、24）Fushion将自己定位为“住得起的设计酒店”，酒店极具风格：从旋转吧台和太空船似的紫外线走廊灯光，到好似迷你现代艺术画廊的独立装修卧室，这个地方四处洋溢着“酷”的感觉。这里有全世界最有风格的背包客宿舍、独立双人间、三人间和家庭房，大厅有一个可以打Skype电话的亭子。

Czech Inn 青年旅舍、酒店 €

（☎267 267 600；www.czech-inn.com；Francouzská 76，Vršovice；铺 260~450克朗，标单/双 1320/1540克朗，公寓 3100克朗起；P⊖@📶；🚋4、22）Czech Inn自称是青年旅舍，但你还是能在这里发现精品酒店的元素。这里的一切设计都似乎出自一名工业设计师之手，从铁床到拉丝钢地板和极简主义的方形水槽无不印证了这一猜测。Czech Inn提供各种住宿，从标准的青年旅舍床位到价格公道的独立双人间（带和不带独立浴室的都有）和公寓。

★ Mosaic House 酒店、青年旅舍 €€

（☎221 595 350；www.mosaichouse.com；Odborů 4；铺/标双 370/2400克朗起；⊖❄@📶；Ⓜ Karlovo Náměstí）🍃这既是一家四星级酒店，又是一家精品青年旅舍。从入口大厅里20世纪30年代的真品古董马赛克到喷银漆树枝状的衣架，Mosaic House的细节设计简直是丰富无比。背包客宿舍和独立客房分在两个区域，但和酒店里的音乐酒吧和休息室一样有同样高品质的装饰设计。

Lokál Inn 旅馆 €€

（☎257 014 800；www.lokalinn.cz；Míšeňská 12；双/套 3800/4900克朗；⊖📶；🚋12、20、22）这座18世纪建筑由布拉格最杰出的巴洛克风格建筑师基利恩·丁岑霍菲（Kilian Dientzenhofer）设计，到处都是抛光的镶花地板和饰有各种壁画的木制天花板。八间普通房和四间套房优雅整洁，而地下的石拱顶酒窖则是一个颇受欢迎的酒吧兼餐馆，和Lokál（老城一家颇受欢迎的捷克啤酒屋）是同一个老板。

Savic Hotel 酒店 €€€

（见318页地图；☎224 248 555；www.savic.eu；Jilská 7；房间 5200克朗起；❄@📶；Ⓜ Můstek）从你到达时的那杯欢迎红酒到舒适的特大号床，Savic绝对能让你感到被温柔照顾。这家酒店位于从前的圣吉尔斯修道院（monastery of St Giles）内，风格十分独特，处处都有欢乐时光的印记，比如老式的石制壁炉、绘有漂亮图案的木制天花板以及四周的壁画。

就餐

Maitrea 素食 €

（见318页地图；☎221 711 631；www.

restaurace-maitrea.cz; Týnská ulička 6; 主菜145~165克朗，工作日午餐115克朗；⏲周一至周五 11:30~23:30，周六和周日 正午至23:30；🚭📝；ⓂStaroměstská）Maitrea（佛教用语，意为"未来佛"）是一个设计得非常美丽的空间，到处都是流动的曲线和有机的形状，从漂亮的抛光橡木家具和设备到像鲜花一样的台灯罩。菜单充满创意并且是全素食，包括美墨油炸玉米粉饼（Tex-Mex quesadillas）、辣味炖菜配全麦饺子（spicy goulash with wholemeal dumplings），以及意大利面配烟熏豆腐、菠菜和帕尔马干酪。

Lokál 捷克菜 €

（见318页地图；☎222 316 265；lokal-dlouha.ambi.cz; Dlouhá 33; 主菜100~279克朗；⏲周一至周五 11:00至次日1:00，周六 正午至次日1:00，周日 正午至22:00；🚋5、8、24）谁会想到有这样一个地方呢？这是一家典型的捷克啤酒馆（尽管装修风格十分现代）；极棒的tankové pivo（桶装比尔森啤酒）；每天都不同的传统波希米亚食物餐单；面带微笑、手脚勤快的友善服务员；还有一个无烟区。顶级餐厅连锁企业Ambiente转向烹饪捷克美食并取得巨大成功，这里总是人满为患，大部分客人都是本地人。

Café Lounge 捷克菜 €

（☎257 404 020; www.cafe-lounge.cz; Plaská 8; 主菜120~390克朗；⏲周一至周五 7:30~22:00，周六 9:00~22:00，周日 9:00~17:00；🚭📶；🚋6、9、12、20、22）Café Lounge舒适而热情，拥有艺术装饰风格的氛围、一流的咖啡、精致的酥皮糕点和出色的葡萄酒单。全天咖啡馆菜单供应新鲜制作的沙拉和玉米面包三明治，而午餐和晚餐则有一些正式菜肴，如红酒炖牛肉（beef cheeks braised in red wine），或烤肉串配葛缕子籽（roast pike-perch with caraway seeds）。早餐也很棒（工作日供应到11:00，周末供应到正午）。

Kolkovna 捷克菜 €€

（见318页地图；☎224 819 701; www.vkolkovne.cz; V Kolkovně 8; 主菜110~360克朗；⏲11:00至午夜；📶；ⓂStaroměstská）Kolkovna由比尔森啤酒厂（Pilsner Urquell Brewery）所有并管理，在传统布拉格小酒馆的基础上进行了时尚现代的改造，由捷克设计师进行装修，供应精致（又丰盛）的经典捷克菜肴，如菜炖牛肉（goulash）、烤鸭和摩拉维亚麻雀，此外还有捷克人的最爱——烤猪肘。当然，佐以比尔森啤酒最佳。

★Sansho 亚洲菜、创意菜 €€

（见318页地图；☎222 317 425; www.sansho.cz; Petrská 25; 午餐 主菜110~225克朗，6道菜晚餐850~950克朗；⏲周二至周四 11:30~15:00和18:00~23:00，周五 至23:30，周六 18:00~23:30，22:00停止点菜；🚭📝；🚋3、8、24）🌿友善和随意是描述这里最好的形容词。这家独具一格的餐馆的主厨是英国人Paul Day，他在当地采购所有的肉类和蔬菜，以此表示对捷克农夫的支持。这里没有菜单——服务员会向你解释今天有哪些菜品（这完全取决于市场供应），比较经典的菜品包括咖喱兔肉、猪腹肉配西瓜沙拉以及炖制12小时的南洋咖喱牛肉（rendang）。

Kalina 法国菜 €€€

（见318页地图；☎222 317 715; www.kalinarestaurant.cz; Dlouhá 12; 主菜330~720克朗；⏲周一至周六 正午至15:00和18:00~23:30；🚭📶；🚋5、8、24）这家时髦且友好的小餐厅充分利用最好的新鲜捷克食材，并用法国料理的方式进行烹饪，供应的菜肴包括鸭肉酱配花楸浆果（duck pâté with rowan berries）、烟熏鳗鱼配甜菜根和榛子、烤野猪肉配红酒和杜松子等。含两道菜的午餐套餐售价330克朗。

U Modré Kachničky 捷克菜 €€€

（☎257 320 308; www.umodrekachnicky.cz; Nebovidská 6; 主菜450~600克朗；⏲正午至16:00和18:30至午夜；📶；🚋12、20、22）店名意为"蓝色小鸭栖息处"，隐藏在一条安静的背街里，是一座惬意朴素的20世纪30年代风格的老式狩猎者小屋。店里有安静的、可以享用烛光晚餐的角落，非常适合浪漫的二人世界。菜单上的主力是传统的波希米亚鸭肉和野味菜肴，如烤鸭配梅子白兰地（slivovice）、杏肉酱和土豆薄饼。

🍷饮品和夜生活

捷克啤酒在世界范围内都是数一数

二的。其中，最有名的品牌包括Plzeňský Prazdroj（比尔森啤酒）、Budvar和布拉格自产的Staropramen。而现在，独立小酿造厂的啤酒和地方酿造的啤酒也逐渐在布拉格流行起来。

U Medvídků 啤酒馆

（At the Little Bear；见318页地图；☎224 211 916；www.umedvidku.cz；Na Perštýně 7；⏲啤酒馆 11:30~23:00，博物馆 正午至22:00；📶；Ⓜ Můstek，🚊6、9、18、22）这是布拉格的小型酿酒厂中规模最小的一家，日产量只有250升。它从2005年才开始生产自己的啤酒，但这个传统风格的啤酒馆却有些年头了。酒厂规模虽小，"力道"可不小——这里酿造的以"X-Beer"为品牌的黑啤酒是全国度数最高的，酒精含量达11.8%。

Prague Beer Museum 小酒馆

（见318页地图；☎732 330 912；www.praguebeermuseum.com；Dlouhá 46；⏲正午至次日3:00；🚊5、8、14）从名字上来看，似乎这是一家游客酒馆，但实际上这家热闹的酒馆在布拉格本地人中十分受欢迎。这儿有不下30种捷克生产的桶装啤酒（附有一个指导你选择口味的酒单）。你可以尝试一下品酒套餐——木盘子端上来5个容量只有0.15升的玻璃杯，里面装着你点的啤酒。

Café Imperial 咖啡馆

（见318页地图；☎246 011 440；www.cafeimperial.cz；Na poříčí15；⏲7:00~23:00；📶；Ⓜ Náměstí Republiky）这家咖啡馆最初于1914年开业，在2007年改头换面。现在，这里采用新艺术风格瓷砖装修简直棒极了——墙上和天花板上铺有货真价实的陶瓷砌砖、马赛克、雕刻板和浅浮雕，使用老式灯具照明，青铜摆设到处都是。这里的咖啡非常不错，晚上还供应鸡尾酒。

Hoffa 鸡尾酒吧

（见318页地图；☎601 359 659；www.hoffa.cz；Senovážné náměstí 22；⏲周一至周五 11:00至次日2:00，周六和周日 18:00至次日2:00；📶；🚊5、9、26）作为布拉格第一批无烟酒吧之一，Hoffa既有干净的空气，也有清新的设计：一条长长的（12米长！）吧台摆在房间前面，室内装潢整洁实用，一面满是玻璃窗的墙壁对着Senovážné náměstí舞动的喷泉。友好的员工、技艺高超的鸡尾酒和美味的小吃——午餐时间甚至还有自制柠檬水和冰茶。

★ Cross Club 夜店

（☎736 535 010；www.crossclub.cz；Plynární 23，Holešovice；入场费 免费至150克朗；⏲咖啡馆 正午至次日2:00，夜店 18:00至次日4:00；📶；Ⓜ Nádraží Holešovice）这是一家完全意义上的工业化夜店：地点位于工业区；吵闹的音乐（DJ打碟和现场演出皆如此）；而它内部乱七八糟的各种直柄和曲柄管道绝对值得一看，它们会在随音乐节奏而闪动的灯光下忽隐忽现。有时上演现场音乐、戏剧表演和行为艺术。

✪ 娱乐

从舞蹈到古典音乐再到爵士乐，布拉格的娱乐选择丰富多样。我们推荐这两家票务公司，看看你在布拉格期间能碰上什么演出，并在网上先订好票：**Bohemia Ticket**（见318页地图；☎224 215 031；www.bohemiaticket.cz；Na příkopě 16，Nové Město；⏲周一至周五 10:00~19:00，周六 至17:00，周日 至15:00）和**Ticketstream**（www.ticketstream.cz）。

表演艺术

国家剧院 歌剧、芭蕾

（National Theatre，Národní divadlo；见318页地图；☎224 901 448；www.narodni-divadlo.cz；Národní třída 2；门票 50~1100克朗；⏲售票处 10:00~18:00；🚊6、9、18、22）颇受欢迎的国家剧院为斯美塔那（Smetana）、莎士比亚（Shakespeare）和柴可夫斯基（Tchaikovsky）的传统歌剧、戏剧和芭蕾舞剧提供舞台，同时菲利普·格拉斯（Philip Glass）和约翰·奥斯本（John Osborne）等现代作曲家和剧作家的作品也是这里的"常客"。售票处设在隔壁的Nový síň楼，Kolowrat Palace（在Estates Theatre对面）和国家歌剧院。

布拉格国家歌剧院 歌剧、芭蕾

（Prague State Opera，Státní opera Praha；见318页地图；☎224 901 448；www.narodni-divadlo.

cz; Wilsonova 4; 票价 180~1190克朗; ⊙售票处 10:00~18:00; Ⓜ Muzeum) 布拉格国家歌剧院是一座令人印象深刻的新洛可可式建筑，提供华美的表演场地，上演歌剧和芭蕾舞剧。每年8月和9月会有威尔第（Verdi）戏剧节，这座剧场还上演一些不那么传统的剧目，例如雷翁卡伐洛（Leoncavallo）的《波希米亚人》（*La Bohème*）很少登上舞台的一个版本。

斯美塔那大厅 古典音乐

(Smetana Hall, Smetanovasíň; 见318页地图; ☎222 002 101; www.obecnidum.cz; náměstí Republiky 5; 票价 300~600克朗; ⊙售票处 10:00~18:00; Ⓜ Náměstí Republiky) 斯美塔那大厅是市民会馆（Obecní dům，见321页）中最重要的场馆，是这座城市最大的音乐厅，可容纳1200位观众。它是布拉格交响乐团（Prague Symphony Orchestra, Symfonický orchestr hlavního města Prahy）的主演奏场馆，同时也承办民族舞蹈和民族音乐演出。

现场音乐

Palác Akropolis 现场音乐

(☎296 330 911; www.palacakropolis.cz; Kubelíkova 27, Žižkov; 入场费 免费至200克朗; ⊙夜店 19:00至次日5:00; 📶; 🚊5、9、26至Lipanska) Akropolis称得上是布拉格的地标之一，这个总是烟雾缭绕、人满为患如迷宫般的地方是另类音乐（alternative music）和小众戏剧的圣地。各种舞台上演着各种音乐剧和文化演出，如同一锅大杂烩：DJ打碟、弦乐四重奏、马其顿罗马人的乐队、当地的摇滚天神及过路的达人。Marianne Faithfull、the Flaming Lips和the Strokes都在这里演出过。

Roxy 现场音乐

(见318页地图; ☎224 826 296; www.roxy.cz; Dlouhá 33; 周五和周六 入场费 免费至300克朗; ⊙19:00至次日5:00; 🚊5、8、14) 这家传奇的夜店容身于从前一家艺术装饰风格（art deco）的电影院的破旧建筑里。自1987年开业以来已逐渐成为布拉格夜店中更具独立精神和创新性的一家——这里有全捷克最好的DJ。二楼是NoD，一个“试验空间”，上演戏剧、舞蹈、表演艺术、电影和现场音乐。这里是老城最棒的夜晚去处。

Jazz Dock 爵士乐

(☎774 058 838; www.jazzdock.cz; Janáčkovo nábřeží 2, Smíchov; 入场费 150克朗; ⊙16:00至次日3:00; Ⓜ Anděl, 🚊7、9、12、14) 布拉格大多数的爵士乐俱乐部都是烟熏火燎的地下室，这家位于河边的俱乐部绝对要比那种风格上了一个台阶：这里的装修简洁现代，并且有非常浪漫的伏尔塔瓦河景观。来这里演出的是当地最棒的一些爵士乐手，有时也会有国外乐手。提早去或者提前预订，占个好位子。演出通常在19:00和22:00开始。

ℹ 实用信息

虽然各大银行是兑换现金的首选，但用借记卡在自动柜员机上取钱能得到更好的汇率。不要去私人兑换亭（směnárna），他们广告上的汇率会误导你，而且收取的手续费相当高。

Na Homolce Hospital (☎257 271 111; www.homolka.cz; 5th fl, Foreign Pavilion, Roentgenova 2, Motol; 🚌167、168至Nemocnice Na Homolce) 布拉格最好的医院，医务人员和医疗设备都是发达国家的水准，有说英语、法语、德语和西班牙语的工作人员。

布拉格城市旅游局—老市政厅 (Prague Welcome; 见318页地图; ☎221 714 444; www.prague.eu; 老市政厅, Staroměstské náměstí 5; ⊙9:00~19:00; Ⓜ Staroměstská) 布拉格城市旅游局（Prague City Tourism）中最繁忙的分理办事处，位于老市政厅的一楼（从天文钟的左侧进入）。

Relax Café-Bar (☎224 211 521; www.relaxcafebar.cz; Dlážděná 4; 每10分钟 10克朗; ⊙周一至周五

想了解更多？

想要获取更深层次的旅游实用信息、点评和推荐？Apple App Store可以购买到Lonely Planet的*Prague City Guide*和*Czech Phrasebook*的iPhone应用程序。

或者登录www.lonelyplanet.com/czech-republic/prague，我们在那里为你提供行程建议、作者推荐、游客点评和专家指导。

8:00~22:00，周六 14:00~22:00；📶；ⓂNáměstí Republiky）位置便利的网络咖啡馆。无线网络免费。

ℹ 到达和离开

捷克全境的陆路和空中航线都很高效。更多细节见338页。

ℹ 当地交通

抵离机场

要从布拉格机场到市中心，在到达大厅里**布拉格公共交通局**（Prague Public Transport Authority；DPP；☎296 191 817；www.dpp.cz；⏲7:00~21:00）的售票处买一张全价公交票（32克朗），乘坐119路公共汽车（20分钟，每10分钟1班，4:00至午夜）到地铁A线的末端站（Dejvická），接着换乘地铁到达市中心（10~15分钟；无须另外购票）。

如果想去城市的西南部分，乘坐100路，它开往地铁B线的Zličín站。

机场快线（Airport Express bus，简称AE；60克朗，35分钟，5:00~22:00每半小时1班）开往布拉格主火车站（Praha hlavní nádraží），你可以在那里换乘地铁C线（上车买票，行李免费）。

AAA Radio Taxi提供24小时的出租车服务，到达布拉格市中心的车费是500~650克朗（取决于目的地）。在两个航站楼外你都可以看到出租车停靠站。通常来说，司机会说一点英语，并接受信用卡。

公共交通

布拉格四通八达的公共交通系统包括电车、地铁和公共汽车，由布拉格公共交通局（DPP）运营，在布拉格机场（7:00~22:00）及Muzeum、Můstek、Anděl、Nádraží Holešovice等地铁站均有公交信息咨询台。地铁的运营时间是5:00至午夜。

车票在所有地铁、电车和公共汽车上均可使用，你可以在地铁站的售票机购票（只能用硬币），也可以在DPP的信息办事处和大小报刊亭购买。你既可以按单张购票，也可以购买享有折扣的一日或三日通票。

一张全价票的价格是：成年人32克朗，65岁以上老人16克朗。可以乘坐90分钟以内车程的任何公共交通。短途旅行则可购买短途票，每张成人票24克朗，老人票12克朗，可以乘坐30分钟以内车程的任何公共交通。一日通票每张成人票110克朗，老人票55克朗；三日通票每张310克朗（老年人没有优惠）。

出租车

布拉格的出租车非常方便，价格也公道。官方规定的正规出租车的价格为：起步价40克朗，每公里28克朗，等待期间每分钟6克朗。按照这个价格，市中心内的任何两地，比如说从瓦茨拉夫广场到小城，价格都应在170克朗左右。从市中心到郊区的车费取决于距离，为200~400克朗，到机场的车费则为500~650克朗。

下面两家公司提供24小时的出租车服务，有会说英语的接线员：

AAA Radio Taxi（☎14014，222 333 222；www.aaataxi.cz）

City Taxi（☎257 257 257；www.citytaxi.cz）

布拉格周边（AROUND PRAHA）

卡尔施泰因（Karlštejn）

布拉格西南方30公里处的卡尔施泰因村中耸立着中世纪**卡尔施泰因城堡**（Karlštejn Castle，Hrad Karlštejn；☎团队游预订 311 681 617；www.hradkarlstejn.cz；成人/儿童 线路一 270/180克朗，线路二 300/200克朗，线路三 150/100克朗；⏲7月和8月 9:00~18:30，5月、6月和9月 周二至周日 9:00~17:30，4月 至17:00，10月至16:30，3月 至16:00，12月至次年2月 仅周六和周日，开放时间更短）。城堡的形状很漂亮，以至于把它安在迪士尼世界的主街上都不会显得突兀。这里的游客密度也和主题公园有一拼，但周边是静谧的郊外，从远处看城堡外观的效果绝对不比城堡里面的差。

这座城堡有光荣的历史，神圣罗马帝国皇帝查理四世在14世纪将王权之物（即皇帝穿戴的象征王权的各类饰物）和财宝藏在这里。城堡由皇帝指定的贵族管理，周围住着很多骑士封臣，每当有敌人入侵时，他们都会前来保卫城堡。

在15世纪的胡斯战争（Hussite Wars）期间，卡尔施泰因再次保护了波希米亚人和神圣罗马帝国王权之物，但是由于其防御工事年久失修，城堡坍塌。19世纪末期对城堡全方位的修复让它恢复往昔的荣光。

只能通过参加导览游参观这座城堡。有些团队游必须打电话或者通过城堡网站提前预约。

有三条团队游线路可供选择：**线路一**（50分钟）将带你参观骑士厅（Knight's Hall），这里仍然保留着以前骑士封臣们的盾徽、名字的残迹。还会参观查理四世的卧房（Charles Ⅳ's Bedchamber）、大殿（Audience Hall）和珠宝馆（Jewel House）。在珠宝馆里，你可以看到圣十字礼拜堂（Chapel of the Holy Cross）的财宝和圣瓦茨拉夫皇冠（St Wenceslas Crown）的复制品。**线路二**（70分钟，仅5月至10月）将带你游览玛丽一世塔（Marian Tower）、圣母玛利亚教堂（Church of the Virgin Mary）和圣凯瑟琳礼拜堂（Chapel of St Catherine），最后带你登上大塔（Great Tower），参观城堡最重要的景点——巧夺天工的圣十字礼拜堂。**线路三**（40分钟，仅5月至10月）可以登上大塔的高层，从那里俯瞰周边乡村的迷人景观。

每天都有很多班火车从布拉格的主火车站hlavní nádraží开往卡尔施泰因。车程40分钟，单程票价在50克朗左右。

库特纳霍拉（Kutná Hora）

在14世纪，位于布拉格东南方向60公里处的库特纳霍拉因其丰富的银矿矿藏和首都享有同等重要的地位。1726年，银矿终于枯竭，这座中世纪城镇似乎也就此停留在了那一年。这座被联合国教科文组织列入世界文化遗产名录上的城镇，有好几处非常迷人而又非比寻常的历史遗迹，因此是颇受欢迎的从布拉格出发的一日短途游目的地。

有意思的是，大多数游客并不是冲着华丽的银器来的，却是为一个阴森的教堂而来。这座教堂建于19世纪，内部完全由人骨搭成。的确，不同寻常的**塞德莱茨人骨教堂**（Sedlec Ossuary, Kostnice；☎信息中心 326 551 049；www.ossuary.eu；Zámecká 127；成人/优惠 90/60克朗；⏲4月至9月 周一至周六 8:00~18:00，周日 9:00~18:00，3月和10月 9:00~17:00，11月至次年2月 9:00~16:00）——或称"人骨教堂"——中，藏有不少于40,000具历年来因战争或瘟疫而死亡的人的尸骨。

更接近库特纳霍拉镇中心的是这里最伟大的遗迹：哥特式的**圣巴巴拉大教堂**（Cathedral of St Barbara, Chrám sv Barbora；☎775 363 938；www.khfarnost.cz；Barborská；成人/优惠 60/40克朗；⏲4月至10月 9:00~18:00，11月至12月 周一至周五 10:00~17:00，周六和周日 10:00~18:00，1月至3月 10:00~16:00）。它和布拉格的圣维特大教堂在规模和华丽程度上都不相上下：高耸的中殿极其优雅，肋状拱顶装饰着六片花瓣状的结构，回廊式的各礼拜堂则保留着货真价实的15世纪壁画。建于15世纪的**小城堡**（Hrádek；České muzeum stříbra；☎327 512 159；www.cms-kh.cz；Barborská 28；团队游 线路一 成人/优惠 70/40克朗，线路二 120/80克朗，联票 140/90克朗；⏲7月和8月 10:00~18:00，5月、6月和9月 9:00~18:00，4月和10月 9:00~17:00，11月 10:00~16:00，全年周一不开放）也是一个重要景点，它现在是**捷克银矿博物馆**（Czech Silver Museum）。

从布拉格出发，长途汽车（68克朗，1.75小时）或火车（101克朗，1小时）均可到达库特纳霍拉。长途汽车站位于老城的东北角，下车之后可以很方便地去往城镇中心的景点，但距离人骨教堂还有3公里。而库特纳霍拉的主火车站距离人骨教堂只有800米，距离老城却有3公里。

波希米亚（BOHEMMIA）

捷克的西部省份可谓风光各异。拥有文艺复兴时代城堡的河畔小镇捷克克鲁姆洛夫独具一格；而像比尔森这样的大城市则有不少城市景观，包括几家非常棒的博物馆和餐厅；西波希米亚的温泉小镇如卡罗维发利（Karlovy Vary）在19世纪可谓世界闻名，至今也还保持着旧世界的光彩。

比尔森（Plzeň）

人口 173,000

比尔森是西波希米亚地区的地方首府，也是波希米亚第二大城市，仅次于布拉格。它因是比尔森啤酒厂（Pilsner Urquell Brewery）的所在地而闻名，但这里还有不少其他有趣的景点，也有足够多的好餐馆和夜生活场所，非常值得待上一晚。大多数景点都在中央广场附近，但啤酒厂距离市中心有约15分钟的步行路程。

景点

★比尔森啤酒厂 酿酒厂

（Pilsner Urquell Brewery，Prazdroj；☎377 062 888；www.prazdrojvisit.cz；U Prazdroje 7；导览游 成人/儿童 190/100克朗；⊙4月至9月 8:30~18:00，10月至次年3月 8:30~17:00，英语团队游 12:45、14:15和16:15）比尔森最受欢迎的旅游项目便是比尔森啤酒厂团队游。该厂建于1842年，或许是全世界最好啤酒的产地。进入游览必须是在导游的带领下，每天有三次英语团队游。游览亮点包括地下酒窖（穿暖和点儿）和结束时的一杯纯生佳酿。

啤酒博物馆 博物馆

（Brewery Museum；☎377 224 955；www.prazdrojvisit.cz；Veleslavínova 6；导览游 成人/儿童 120/90克朗，英文手册 90/60克朗；⊙4月至12月 10:00~18:00，1月至3月 10:00~17:00）在啤酒博物馆你可以了解到在Prazdroj建厂之前的日子里，啤酒是如何被酿造（和饮用）的。亮点包括一个19世纪风格酒馆的模型、一个来自西伯利亚的巨大木质啤酒杯，以及各种啤酒杯垫。所有展品都配有英文介绍，博物馆还有一份非常不错的英文导览手册。

比尔森地道 地道

（Underground Plzeň，Plzeňské historické podzemí；☎377 235 574；www.plzenskepodzemi.cz；Veleslavínova 6；成人/儿童 100/70克朗；⊙4月至12月 10:00~18:00，2月至3月 10:00~17:00，1月关闭；英语团队游 4月至10月 每天 13:00）这个不同寻常的团队游带你探索老城的地下通道。据说最古老的一条是在14世纪为了酿造啤酒或是防御而挖掘的，最新的一条则建于19世纪。比尔森地道总长度大约是11公里，其中有约500米对公众开放。记得多带件衣服（地下温度只有10℃）。

★技术狂科学中心 博物馆

（Techmania Science Centre；☎737 247 585；www.techmania.cz；Borská和Břeňkova交叉路口，Areál Škoda；成人/优惠 含3D天文馆 180/110克朗；⊙周一至周五 8:30~17:00，周六和周日 10:00~18:00；P 📶 👪；🚌15、17）孩子们会在这个高科技的互动性科学中心乐疯的，他们在这里可以玩红外线摄影机、磁铁和许多其他寓教于乐的展品。这里还有一个3D天文馆（包含在全价门票内）和一些斯柯达出产的等比例老式电车和火车。乘坐无轨电车前往，从市中心步行的话路途较远。

住宿

Hotel Roudna 酒店 €

（☎377 259 926；www.hotelroudna.cz；Na Roudné 13；标单/双 1150/1400克朗；P @ 📶）这家酒店很可能是这座城市最具性价比的住所。外表没什么可看的；但在里面，客房布置得匀称舒适，有平板电视、迷你吧和写字台等高端设施。早餐新鲜丰盛，前台态度友好，需要注意的是没有电梯。酒店的同一条街上有一个很棒的牛排馆，和酒店就差两个门牌号。

U Salzmannů 家庭旅馆 €

（☎377 235 476；www.usalzmannu.com；Pražská 8；标单/双 1050/1450克朗，套 2100克朗；⊖📶）市中心的这家迷人家庭旅馆位于一个很不错的老式小酒馆上面。标间舒适，但比较普通；稍豪华些的双人“套房”则配有古典式大床、小客厅和小厨房。酒馆的位置非常方便，就算喝多了，爬几级楼梯就可以回到你的床上。

就餐

Na Parkánu 捷克菜 €

（☎377 324 485；www.naparkanu.com；Veleslavínova 4；主菜 100~200克朗；⊙周一至周四 11:00~23:00，周五和周六 至次日1:00，周日 至22:00；📶）不要错过啤酒博物馆旁边的这家可爱的酒馆兼餐馆。虽然看起来有些“游客气”，但这里的捷克传统菜却是一流的，啤酒也好喝到不行（这是自然的）。夏天的时候，看看能不能在花园里抢一个位子。一定要尝尝他们家的nefiltrované pivo（未过滤啤酒）。一定要提前预订。

Aberdeen Angus Steakhouse 牛排 €€

(☎725 555 631; www.angussteakhouse.cz; Pražská 23; 主菜 180~400克朗; ⏰11:00~23:00; 🚭📶)对荷包略紧的我们来说，这里大概是全捷克最好的牛排馆。这里的牛肉来自附近的有机农场。有数种部位和大小可供挑选，午餐时还有令人垂涎欲滴的芝士汉堡。楼下的餐厅非常舒适，另有一个溪边的露台。记得提前预订。

实用信息

城市信息中心(City Information Centre, Informační centrum města Plzně; ☎378 035 330; www.icpilsen.cz; Náměstí Republiky 41; ⏰4月至9月 9:00~19:00, 10月至次年3月 9:00~18:00)比尔森的游客信息办事处拥有充足的资料信息和乐于助人的员工，是游客们的第一个停靠港。可以就食宿选择提出建议，分发免费的城市地图，而且还有很多宣传册。

到达和离开

布拉格每天有8班火车(150克朗，1.5小时)从主火车站hlavní nádraží出发开往比尔森。比尔森的火车站位于城东，距离老城广场nám Republiky有10分钟的步行路程。不过从布拉格到比尔森，乘坐每小时1班的长途汽车会更快也更便宜(100克朗，1小时)。

捷克克鲁姆洛夫(Český Krumlov)

人口 14,050

捷克克鲁姆洛夫也许是除了布拉格之外，捷克剩下的唯一一个世界级的旅游目的地和非去不可的地方了。从远处看，这里同捷克其他郊外小镇别无二致，但一旦你走近它，看到那座文艺复兴式的城堡耸立于这座17世纪风格的静谧小镇，你就能感受到它的吸引力：这里真的是传说中的"童话小镇"。最好还是在捷克克鲁姆洛夫待上一晚，因为当天返回布拉格太赶了。

景点

捷克克鲁姆洛夫城堡 城堡

(Český Krumlov State Castle; ☎380 704

值得一游

卡罗维发利的温泉之旅

卡罗维发利是捷克私藏的度假胜地，这里真的十分低调。19世纪，这里曾是全欧洲著名的健康温泉疗养地，而今天却主要吸引短途游客。他们在可爱的温泉区域散步，从陶制鸭嘴杯里抿上几口据说有益健康的含硫黄的水，也就满足了。

Teplá河边的四个主要**柱廊**(kolonády)有15个矿质温泉。每处温泉都有传说中的专属疗效，而且以从微温到滚烫的不同温度向外喷涌。

Infocentrum(Infocentrum Lázeňská; ☎355 321 176; www.karlovyvary.cz; Lázeňská 14; ⏰9:00~17:00; 📶)有各个温泉和温度的图表，还可以就各温泉不同的健康益处提出建议。

虽然从布拉格开到这里来的长途汽车很多，它是一个一日游目的地，但这里也有很多很不错的酒店可以过夜。**Hotel Romance Puškin**(☎353 222 646; www.hotelromance.cz; Tržiště 37; 标单/双 2450/3450克朗; 🚭📶)位置极好，就在温泉区的中心，而且有经过全面装修的客房，配备优良的浴缸和舒适的床铺。

Hospoda U Švejka(☎353 232 276; www.svejk-kv.cz; StaráLouka 10; 主菜 160~370克朗; ⏰11:00~23:00)是非常好的午餐及晚餐选择。尽管菜牌相当粗制滥造，但这里的食物其实非常不错，气氛也差不多是典型的捷克酒馆。

从布拉格出发到卡罗维发利只能乘坐长途汽车。**Student Agency**(☎353 176 333; www.studentagency.cz; TG Masaryka 58/34; ⏰周一至周五 9:00~18:00)每天有很多班车往返布拉格的Florenc汽车站(160克朗起，2小时，每天数班)，从Dolní nádraží火车站附近的主汽车站发车。

Český Krumlov 捷克克鲁姆洛夫

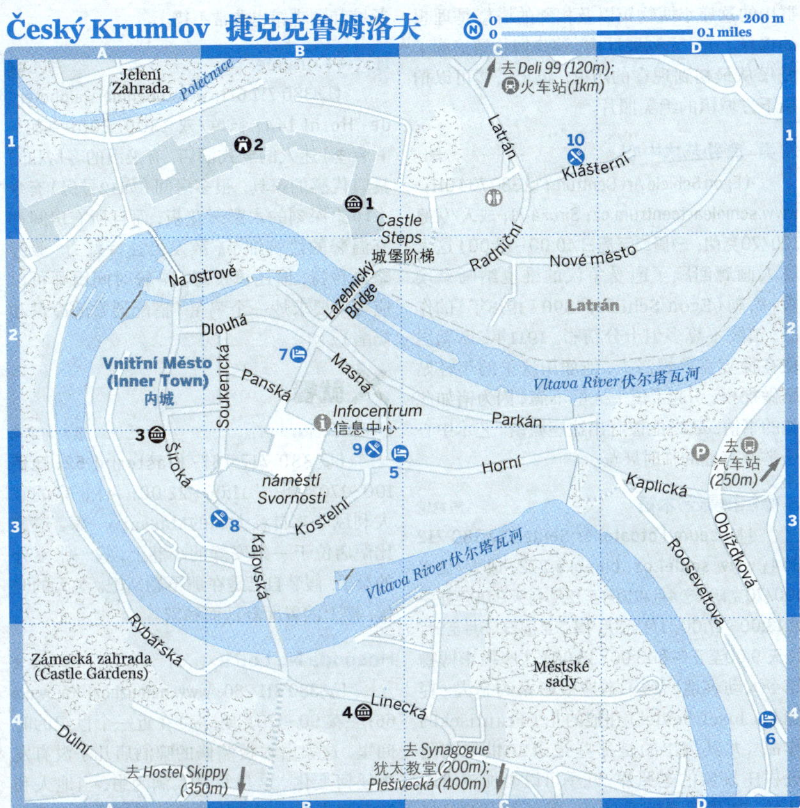

711; www.zamek-ceskykrumlov.eu; Zámek 59; 成人/优惠 线路一 250/160克朗，线路二 240/140克朗，剧院团队游 300/200克朗；◷6月至8月 周二至周日 9:00~18:00，4月、5月、9月和10月 至17:00）捷克克鲁姆洛夫这座摄人心魄的文艺复兴时期城堡位于镇中一块隆起的高地上，始建于13世纪。16~18世纪，罗森堡（Rožmberk）和史瓦森堡（Schwarzenberg）家族对它的改造使它成为今天的模样。城堡内部必须由导游带领参观，但你也可以自己在广场上逛逛。

城堡博物馆和塔楼 博物馆、塔

（Castle Museum & Tower; ☎380 704 711; www.zamek-ceskykrumlov.eu; Zámek 59; 联票 成人/优惠 130/60克朗，仅博物馆 100/50克朗，仅塔楼 50/30克朗；◷6月至8月 9:00~18:00，4月和5月 至17:00，9月和10月 周二至周日 至17:00，1月至3月 周二至周日 至16:00）如果你没有时间或精力参加城堡团队游的话，坐落在城堡建筑

Český Krumlov 捷克克鲁姆洛夫

景点

1 城堡博物馆和塔楼 B1
2 捷克克鲁姆洛夫城堡 B1
3 埃贡·席勒艺术中心 A3
4 塞德尔摄影艺术馆 B4

住宿

5 Hotel Konvice B3
6 Krumlov House D4
7 U Malého Vítka B2

就餐

8 Hospoda Na Louži B3
9 Krčma v Šatlavské B3
10 Nonna Gina C1

群内的这座小博物馆以及相邻的塔楼是理想的选择。在一系列展厅内，这座博物馆追溯了城堡从最初到现在的历史。爬上塔楼可以拍摄下方城镇的绝美照片。

埃贡·席勒艺术中心 博物馆

（Egon Schiele Art Centrum；☎380 704 011；www.schieleartcentrum.cz；Široká 71；成人/优惠120/70克朗；⊙周二至周日 10:00～18:00）这家私人画廊回顾了饱受争议的维也纳画家埃贡·席勒（Egon Schiele；1890～1918年）的作品，馆藏不算多但十分精彩。1911年，席勒居住在捷克克鲁姆洛夫，他雇用这里的年轻姑娘做裸模，引起了镇上人的不满。因为诸如此类的事情，最终他被赶出这座城镇。艺术中心还举办有趣的临时展览。

塞德尔摄影艺术馆 博物馆

（Museum Fotoateliér Seidel；☎380 712 354；www.seidel.cz；Linecká 272；成人/优惠100/70克朗；⊙4月和10月至12月 每天 9:00至正午和13:00～17:00，1月至3月 周二至周日，5月至9月 每天 9:00至正午和13:00～18:00）这座摄影博物馆令人动容地回顾了本地摄影家约瑟夫·赛德尔（Josef Seidel）和他的儿子František的作品。尤其突出的是那些记录20世纪初附近村庄景象的老照片。旺季可以参加英语团队游；如果不是旺季的话，就让照片自己说话吧。

住宿

★Krumlov House 青年旅舍 €

（☎380 711 935；www.krumlovhostel.com；Rooseveltova 68；铺/双/标三 300/1000/1350克朗；🚭@📶）Krumlov House坐落在河边，友好而舒适，有很多书、DVD和当地信息。房间包括带独立卫浴的六人间宿舍，独立双人间和三人间，还有可以做饭的私人公寓。店主会说英语，对旅行者很友好。

U Malého Vítka 酒店 €€

（☎380 711 925；www.vitekhotel.cz；Radniční 27；标单/双 1200/1500克朗；🅿🚭📶）我们喜欢老城中心的这家小规模酒店。房间的装修质量很高，都是手工的木制家具，每间房都以一个捷克传统童话角色命名。楼下的餐馆和咖啡馆也非常不错。

Hotel Konvice 酒店 €€

（☎380 711 611；www.boehmerwaldhotels.de；Horní 144；标单/双 1300/2000克朗；🅿🚭📶）迷人的老式酒店，有浪漫的客房和颇具时代感的家具。很多房间（如12号房）有令人印象深刻的木梁天花板，而且所有房间都有温馨的建筑细节，散发出独特魅力。服务略显矜持，但还算友好。早餐时间厨师可以应客人要求炒一个鸡蛋（搭配通常的冷盘和奶酪）。

就餐

Nonna Gina 意大利菜 €

（☎380 717 187；Klášterní 52；比萨100～170克朗；⊙11:00～22:00；🚭）正宗的意大利风味来自意大利的Massaro一家。这家比萨店位于一条安静的小巷上，找一张室外的桌子，假装自己是在那不勒斯吧。冬天的时候，楼上的餐厅舒适而私密。

Hospoda Na Louži 捷克菜 €

（☎380 711 280；www.nalouzi.cz；Kájovská 66；主菜 90～170克朗；🚭）在近一个世纪的时间里，这家由木板装修的啤酒店几乎没有发生任何变化。这里总是人满为患，当地人和游客都喜欢成群结伙地来这里享受分量巨大的捷克菜肴，如炸鸡排（chicken schnitzels）或烤猪肉和水饺，品尝来自爱根堡啤酒厂（Eggenberg Brewery）的黑啤和轻啤。如果在菜单上看到水果水饺的话，可以点来当甜品吃。

★Krčma v Šatlavské 捷克菜 €€

（☎380 713 344；www.satlava.cz；Horní 157；主菜 180～280克朗；⊙11:00至午夜）这个中世纪烧烤酒窖深受游客欢迎，你的同桌很可能来自奥地利或亚洲而非本地。但是这里的烤肉——香喷喷地装在点着蜡烛的迷宫样的器皿上——与捷克克鲁姆罗夫一样棒极了。记得提前预订。

实用信息

信息中心（Infocentrum；☎380 704 622；www.ckrumlov.info；náměstí Svornosti 2；⊙6月至8月

9:00~19:00，4月、5月、9月和10月 至18:00，11月至次年3月 至17:00）捷克最好的旅游局之一。提供交通和住宿信息、地图、上网服务（5克朗/5分钟）及语音导游（100克朗/1小时）。同时还提供残疾人旅游导览。

到达和离开

若想从布拉格乘坐火车（260克朗，3.5小时）到达捷克克鲁姆洛夫，需要在捷克布杰约维采（České Budějovice）换车。长途汽车通常更快更便宜，你可以在Anděl地铁站（B线）附近的Na Knížecí汽车站乘坐**Student Agency**（☎841 101 101；www.studentagency.cz）的客车（195克朗，3小时）。

摩拉维亚（MORAVIA）

如果说波希米亚是“阳”，捷克的东部省区摩拉维亚便是“阴”。波希米亚人爱啤酒，摩拉维亚人爱葡萄酒；波希米亚拥有人口密集的城镇，摩拉维亚则可欣赏起伏的山丘和美丽的景色。摩拉维亚地区首府布尔诺（Brno）的博物馆非常不错，而北部城市奥洛莫乌茨（Olomouc）则有十分抓人眼球的建筑。

布尔诺（Brno）

人口 385,900

在捷克城市中，摩拉维亚的首府布尔诺常被贴上无聊的标签。在这里虽然生活舒心，但似乎一成不变，但事实并非如此。数以千计的学生让这里的咖啡馆和夜店文化可以轻易匹敌布拉格。这里的博物馆也很棒。在20世纪初，布尔诺曾经是实验派建筑的中心之一，而受到联合国教科文组织保护的图根哈特别墅（Vila Tungendhat）则被认为是功能主义设计的杰作。

景点

史皮尔柏城堡 城堡

（Špilberk Castle, Hrad Špilberk；☎542 123 611；www.spilberk.cz；Špilberk 210/1；联票 成人/优惠 400/240克朗，仅炮塔 90/50克朗，仅塔楼 50/30克朗；⏲10月至次年4月 周二至周日 9:00~17:00，5月和6月 每天 9:00~17:00，7月至9月 每天 10:00~18:00）布尔诺幽灵般的山顶城堡被认为是这座城市最重要的地标。它的历史可以追溯至13世纪，当时是摩拉维亚侯爵的宅邸，后来成为一座要塞。在18世纪和19世纪哈布斯堡王朝的统治下，它变成一座监狱。如今这里也是**布尔诺城市博物馆**（Brno City Museum）的所在地，有一些临时和永久展览。

圣彼得和圣保罗大教堂 教堂、塔

（Cathedral of Sts Peter & Paul, katedrála sv Petra a Pavla；www.katedrala-petrov.cz；Petrov Hill；塔楼 成人/优惠 40/30克朗；⏲周一至周六 11:00~18:00，周日 11:45起）这座位于彼得罗山（Petrov Hill）山顶的14世纪大教堂最初是一座为维纳斯而建的异教神庙，经历过数次重建。装饰华丽高达11米的主圣坛上刻有圣彼得和圣保罗，是维也纳雕塑师约瑟夫·莱默尔（Josef Leimer）1891年的作品。你可以攀登**塔楼**俯瞰城市。

老市政厅 历史建筑

（Old Town Hall, Stará radnice；☎542 427 150；www.ticbrno.cz；Radnická 8；塔楼 成人/优惠 50/30克朗；⏲9:00~17:00）布尔诺的老市政厅建于13世纪初期，有自己独特的氛围。旅游局就位于这里，进去之后你会看到天花板上挂着一只鳄鱼（它被亲切地称为布尔诺的“龙”），以及一辆有着不寻常故事的木制马车。**塔楼**是可以爬上去的。

卡普琴修道院 墓地

（Capuchin Monastery, Kapucínský klášter；www.kapucini.cz；Kapucínské náměstí；成人/优惠 60/30克朗；⏲5月至9月 周一至周六 9:00至正午和13:00~16:30，周日 11:00~11:45和13:00~16:30，2月中旬至4月和10月至12月中旬的周一关闭，12月中旬至次年2月中旬仅周末开放）埋有18世纪几位城市贵族木乃伊的这座令人毛骨悚然的地下墓室是布尔诺最受欢迎的景点之一。很明显，这个干燥、通风良好的墓室可以自然地将尸体变成木乃伊。这里拥有1784年之前存放在这里的150具尸体，包括僧侣、修道院院长和当地名人。

蔬菜市场地下迷宫 地道

（Labyrinth under the Cabbage Market,

Brněnské podzemí; ☎542 427 150; www.ticbrno.cz; Zelnýtrh 21; 成人/优惠 160/80克朗; ⏱周二至周日 9:00~18:00）最近几年，这座城市向公众开放了它广阔的地下通道的几段。目前，开放的这几个地窖位于蔬菜市场（Cabbage Market；几百年来都是食品市场）地下6米至8米处，游览全程大约要花40分钟。地窖为两个目的而建：贮藏物品和战争避难。

★ 图根哈特别墅 建筑

（Villa Tugendhat; ☎团队游预约 515 511 015; www.tugendhat.eu; Černopolni 45; 成人/优惠 基础团队游 300/180克朗，扩展团队游 350/210克朗; ⏱周二至周日 10:00~18:00; 🚌3、5、11至Černopolní）在20世纪20年代，布尔诺可谓是现代建筑中功能主义和包豪斯风格的重镇。这栋家族别墅或许就是这个时期最杰出的典范，它是由现代建筑大师路德维希·密斯·凡德罗（Mies van der Rohe）于1930年设计的。参观需要由导游带领，记得提前通过电话或E-mail预约。有两种团队游：一种是60分钟的基础团队游，另一种是90分钟的扩展团队游。

住宿

在2月、4月、8月、9月和10月，布尔诺都有国际规模的商品交易会，酒店的价格会因此上涨40%~100%。如果可能的话，记得提前预订。

★ Hostel Mitte 青年旅舍 €

（☎734 622 340; www.hostelmitte.com; Panská 22; 铺 500克朗，标单/双 1000/1300克朗，所有房型均含早餐; 🚭@📶）这家位于老城中心的青年旅舍干净而时髦，看起来仍然是崭新的。房间以摩拉维亚名人（如米兰·昆德拉）或是著名事件（比如奥斯特里茨战役）命名，并根据命名有相应的装修风格。有六人间宿舍、独立单人间和双人间。一楼的咖啡馆很可爱。

Hotel Europa 酒店 €€

（☎515 143 100; www.hotel-europa-brno.cz; třída kpt Jaroše 27; 标单/双 1400/1800克朗; P🚭📶）这里距离市中心有10分钟的步行路程，环境安静。酒店的主人称这里是一家“艺术酒店”（大概是因为大堂里怪诞的未来主义家具）。这里的房间干净、现代，家具也富有品位，这栋楼本身也是19世纪的建筑。大堂有免费Wi-Fi，房间里则提供网线。酒店门外和庭院可免费停车。

Barceló Brno Palace 豪华酒店 €€€

（☎532 156 777; www.barcelo.com; Šilingrovo nám 2; 房间 3600克朗起; P🚭❄@📶）五星级奢华酒店在古老的Barceló Brno Palace登陆布尔诺。酒店大厅将华丽的19世纪建筑和极现代的设计细节结合得天衣无缝，宽敞的房间既现代又浪漫。位置绝佳，就在布尔诺的老城边缘。

就餐

Spolek 捷克菜 €

（☎774 814 230; www.spolek.net; Orli 22; 主菜 80~180克朗; ⏱周一至周五 9:00~22:00，周六和周日 10:00~22:00; 📶🌿👪）这家超酷的“波希米亚”餐厅（是的，我们是在摩拉维亚）服务友善、毫不做作。这里的沙拉和汤品很有意思，酒单虽然简单，但每一种酒都各有特色。墙上的摄影报道还有一个时髦的夹层书店作为补充。还有很棒的咖啡。

Špaliček 捷克菜 €€

（☎542 211 526; Zelný trh 12; 主菜 80~160克朗; ⏱11:00~23:00; 🚭）这家位于蔬菜市场尽头的餐馆是布尔诺最古老的（或许也是最“肉感”的）餐馆。尽管这有些讽刺，但是别管了，好好研究摩拉维亚的大餐吧，再点上一杯当地啤酒，或选一瓶当地的上好摩拉维亚葡萄酒。老派的小酒馆氛围原汁原味，每日特价午餐很实惠。

★ Pavillon 各国风味 €€

（☎541 213 497; www.restaurant-pavillon.cz; Jezuitská 6; 主菜 250~385克朗; ⏱周一至周六 11:00~23:00，周日 11:00~15:00; 🚭📶）这家高档餐厅位于一个优雅通风的空间内，令人想起这座城市的功能主义建筑传统。菜单随季节变化，但通常有素食选择，以及使用当地食材制作的主菜，如野猪肉或在Vysočina高地饲养的羔羊肉。每日特价午餐售价200克朗，包括汤、主菜和甜点，很实惠。

饮品

★Cafe Podnebi
咖啡馆

（☎542 211 372；www.podnebi.cz；Údolní 5；⊙周一至周五 8:00至午夜，周六和周日 9:00至午夜；📶👪）这家面向学生的温馨咖啡馆以其优质的热巧克力闻名全城，不过也供应很不错的浓缩咖啡。这里有很多烘焙糕点和甜点。在夏天，花园露台是一个隐秘的绿洲，还有一个小小的儿童嬉戏区。

U Richarda
小酒馆

（☎775 027 918；www.uricharda.eu；Údolní 7；⊙周一至周六 11:00~23:00）这家小型酿酒厂在学生中非常受欢迎。这里的招牌是自家酿造的纯生啤酒，其中包括一种少见的樱桃味拉格啤酒，另外，这里的传统捷克菜非常不错（主菜 109~149克朗）。记得提前预订。

娱乐

StaráPekárna
现场音乐

（☎541 210 040；www.starapekarna.cz；Štefánikova 8；⊙周一至周六 17:00至深夜；🚊1、6、7）蓝调、世界音乐、DJ音乐和摇滚乐，这些新老音乐形式在这里都能听到。搭乘电车到Pionýrská站下。演出通常在20:00开始。

Brno Philharmonic Orchestra
古典音乐

（Besední dům；☎539 092 811；www.filharmonie-brno.cz；Komenskéhonáměstí 8）布尔诺交响乐团（Brno Philharmonic）是这座城市最好的古典音乐乐团。每年举办大约40场音乐会，此外还有捷克和欧洲巡演。尤其擅长出生在摩拉维亚的20世纪初作曲家Leoš Janáček的作品。大多数演出在Besední dům音乐厅上演。在售票处（⊙周一和周三 9:00~14:00，周二、周四和周五 13:00~18:00）购票。

实用信息

旅游信息中心（TIC Brno；☎542 211 090；www.ticbrno.cz；老市政厅，Radnická 8；⊙周一至周五 8:00~18:00，周六和周日 9:00~18:00）提供很多便利的英文信息，包括免费地图。还有一台可以免费查收电子邮件的电脑。

到达和离开

从布拉格前往布尔诺，搭乘长途汽车（210克朗，2.5小时）或是火车（220克朗，3小时）都很方便。当地**Student Agency**（☎841 101 101；www.studentagency.cz；náměstí Svobody 17；⊙周一至周五 9:00~18:00）的长途汽车服务尤其不错。白天每隔几小时就有一班快速火车来往于布尔诺火车站和布拉格的hlavní nádraží火车站。

奥洛莫乌茨（Olomouc）

人口 100,200

奥洛莫乌茨（发音为olla-moats）是最被低估的捷克旅游目的地之一。这里有来自世界各地的大学生和堪比任何欧洲城市的中央广场，所以拥有非常棒的夜生活。

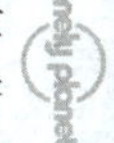

景点

圣三一柱
纪念碑

（Holy Trinity Column，Sloup Nejsvětější Trojice；Horní náměstí）免费 这座城镇的骄傲和欢乐就是这座高35米的巴洛克雕塑，是广场上最醒目的景致，也是当地居民最常用来碰面的地方。圣三一柱建于1716~1754年，据称是中欧最大的单体巴洛克雕塑。2000年，这根柱子被列入联合国教科文组织的世界文化遗产名录。

大主教博物馆
博物馆

（Archdiocesan Museum，Arcidiecézni muzeum；☎585 514 111；www.olmuart.cz；Václavské náměstí 3；成人/优惠 70/35克朗，周日免费；⊙周二至周日 10:00~18:00）大主教博物馆令人印象深刻的展品带你回顾奥洛莫乌茨1000年的历史。考究的布局配有英文指示标识，带你回顾奥洛莫乌茨城堡的罗马式地基，重点展示哥特及巴洛克时期这个城市的文化与艺术发展过程。

人防掩体
古迹

（Civil Defence Shelter，Kryt Civilní Obrany；Bezručovy sady；门票 20克朗；⊙团队游 6月中旬至9月中旬 周四和周六 10:00、13:00和16:00）奥洛莫乌茨到处都是拥有数百年历史的古迹，不过这个历史较短的"冷战"遗迹也值得参加导览游游览一番。该掩体建造于1953~1956年，

值得一游

泰尔奇的联合国教科文组织世界遗产建筑

受联合国教科文组织保护的泰尔奇镇位于波希米亚和摩拉维亚的边界，这里拥有捷克最美丽、保存最完好的老镇广场之一。

小镇最重要的景观就是**Náměstí Zachariáše z Hradce**广场，周围林立着文艺复兴风格的市民房屋。1530年的一场大火将整座城镇夷为平地，因此这里大部分的房屋都建于16世纪。著名的房屋包括15号房子，展示着极具特色的文艺复兴拉毛粉饰。48号房子有一个18世纪修建的巴洛克风格立面。

泰尔奇城堡（Telč Chateau，Zámek；☎567 243 943；www.zamek-telc.cz；náměstí Zachariáše z Hradce 1；成人/优惠 路线A 110/70克朗，路线B 90/60克朗，联票 170/100克朗；⏲4月和10月 周二至周日 10:00~16:00，5月、6月和9月 至17:00，7月和8月 至18:00）是另一处文艺复兴风格的杰作，位于广场的北端。进入城堡必须有导游带领。

如果你想在这里过夜，**Pension Steidler**（☎721 316 390；www.telc-accommodation.eu；náměstí Zachariáše z Hradce 52；标单/双 500/800克朗；⊜）提供带天窗、铺木地板的房间，位置在城中心。

每天大约有6班长途汽车从布拉格的Florenc汽车站出发（175克朗，2.5小时）开往泰尔奇，不少线路需要在伊赫拉瓦（Jihlava）换车。每天有几班长途汽车开往布尔诺（100克朗，2小时）。登录jizdnirady.idnes.cz查看时刻表。

建造目的是掩护少数幸运儿免于遭受化学武器或核武器的攻击。团队游由奥洛莫乌茨游客信息中心（Olomouc Information Centre）组织，并从那里出发。

住宿

Poet's Corner 青年旅舍 €

（☎777 570 730；www.hostelolomouc.com；4th fl, Sokolská 1；铺/标单/双 350/700/900克朗；⊜📶；🚊2、4、6）一对澳大利亚、捷克籍的情侣经营着这家友好的青年旅舍，管理状况非常好，能提供很多当地信息。有8人间宿舍，还有独立单人间和双人间。提供自行车出租，每天100克朗。夏天有时要求至少住宿两天，不过奥洛莫乌茨绝对值得你待两天，而且这里提供很多一日游信息。

★ **Penzión Na Hradě** 家庭旅馆 €€

（☎585 203 231；www.penzionnahrade.cz；Michalská 4；标单/双 1290/1890克朗；⊜❄📶）在性价比方面，这是奥洛莫乌茨最佳的住处。如果负担得起的话，值得稍微多花点钱。这个地方离圣米歇尔教堂（St Michael's Church）很近，位置居中，十分理想。又整洁又酷的房间充满专业的设计细节，后面还有一个可以休闲放松的小花园露台。夏天需要提前预订。

餐饮

Drápal 捷克菜 €

（☎585 225 818；www.restauracedrapal.cz；Havlíčkova 1；主菜 110~170克朗；⏲周一至周五 10:00至午夜，周六 11:00至午夜，周日 11:00~23:00；📶）这家宽敞的古老小酒馆位于镇中心附近的一个繁忙街角，很难走错。这里的纯生12°比尔森啤酒也许是奥洛莫乌茨最好的。菜单不算丰富，但捷克经典菜一样也不缺，比如最受欢迎的Španělský ptáček（意为"西班牙鸟"），这是一种卷有烟熏香肠、欧芹和一个水煮蛋的薄片牛肉卷。

Moritz 捷克菜 €€

（☎585 205 560；www.hostinec-moritz.cz；Nešverova 2；主菜 120~260克朗；⏲11:00~23:00；⊜📶）这家微型酿酒厂兼餐厅是本地人的最爱。它结合优质啤酒、物有所值的食物和值得表扬的禁烟政策。夏天的时候，啤酒花园是唯一的用餐地点。提前预订是必需的。这个地点位于镇中心向南走10分钟的地方，穿过繁忙的街道třída Svobody就是。

★ **Cafe 87** 咖啡馆

（☎585 202 593；www.cafe87.cz；Denisova

47；咖啡 40克朗；⏲周一至周五 7:30~21:00，周六和周日 8:00~21:00；📶）当地人成群结队地来到这家位于奥洛莫乌茨现代艺术博物馆（Olomouc Museum of Modern Art）旁边的时髦咖啡馆享用这里的咖啡和它著名的巧克力派（45克朗）。有些人依然更喜欢黑巧克力而非白巧克力。他们什么时候才会明白呢？这里的早餐和吐司三明治也很棒。有两层楼和一个屋顶露台。

☆ 娱乐

Jazz Tibet Club 现场音乐

（☎585 230 399；www.jazzclub.olomouc.com；Sokolská 48；门票 免费至250克朗；⏲售票处 11:00~14:00）蓝调音乐、爵士乐和世界音乐，包括偶尔的国际乐队演出，都会在这个热门地点上演，它同时也是一个不错的餐厅和葡萄酒吧。在夜店售票处或奥洛莫乌茨游客信息中心提前购票。

ℹ 实用信息

奥洛莫乌茨游客信息中心（Olomouc Information Centre, Olomoucká Informační Služba；☎585 513 385；www.tourism.olomouc.eu；Horní náměstí；⏲9:00~19:00）奥洛莫乌茨的游客信息中心缺乏语言技能，但能够提供地图、宣传册和全城各活动的票务服务。它还组织每天成行的市政厅观光团队游（15克朗），6月中旬至9月中旬每天还有带导游的市中心观光团队游（50克朗）。

ℹ 到达和离开

奥洛莫乌茨有火车通往布拉格（220克朗，3小时），速度快且车次多。也有定期火车和汽车开往布尔诺（100克朗，1.5小时）。

生存指南

ℹ 出行指南

住宿

捷克的住宿选择非常丰富，从豪华酒店到简单的家庭旅馆和露营地，都可以找到。布拉格、布尔诺和捷克克鲁姆洛夫都有适合背包客的青年旅舍。

在布拉格，春天和秋天的房价最高，圣诞节和复活节假日时的价格也不低。仲夏是这里的“平季”，住宿价格比旺季大约低20%。

捷克首都是热门目的地，所以一定要提前订好酒店。在布拉格之外的地方，酒店比较便宜，人也没那么多，但是尽量在抵达前订好房间，拿到最实惠的价格。

营业时间

银行 周一至周五8:30~16:30

酒吧 11:00至午夜或更晚

博物馆和城堡 一般来说全年的周一都关门

餐馆 11:00~22:00

商店 周一至周五8:30~18:00，周六8:30至正午

同性恋旅行者

同性恋在捷克是合法的，人们的态度相对开放。

登录**布拉格同性恋导览**（Prague Gay Guide；www.prague.gayguide.net）获取更多信息，其中包括住宿和酒吧推荐。

网络资源

捷克旅游（Czech Tourism；www.czechtourism.com）

国家汽车与货车时刻表（National Bus & Train Timetable；jizdnirady.idnes.cz）

布拉格城市旅游（Prague City Tourism；www.praguecitytourism.cz）

布拉格城市交通（Prague City Transport；www.dpp.cz）

布拉格广播新闻（Radio Prague News；www.radio.cz）

国家速览

面积 78,866平方公里

首都 布拉格

国家代码 ☎420

货币 克朗（Kč）

紧急情况 ☎112

语言 捷克语

现金 自动柜员机随处可见，银行周一至周五营业

人口 1050万

签证 申根签证适用

住宿价格区间

下列价格区间指的是旺季双人间的价格:

€ 低于1600克朗

€€ 1600~3700克朗

€€€ 高于3700克朗

货币

换钱的最好地点是在银行,或使用信用卡、借记卡在自动柜员机上取钱。在国内兑换捷克克朗相对较麻烦,不如使用银联卡,在捷克可以十分方便地取现。捷克商业银行(KB)在捷克全境的自动柜员机都为银联卡提供取款服务,机器上或屏幕上往往有银联标识或捷克商业银行标识,捷克商业银行自动柜员机网点在线查询(www.kb.cz/pobocky-bankomaty/en/hledani.x)。

永远不要在街上换钱,也不要去私人的换钱点,特别是在布拉格,他们的佣金往往夸张得过分。

手头留点零钱,在公共厕所和地铁售票机上会用到。

节假日

新年(New Year's Day) 1月1日

复活节星期一(Easter Monday) 3月/4月

劳动节(Labour Day) 5月1日

解放日(Liberation Day) 5月8日

圣西里尔和圣美多德日(Sts Cyril and Methodius Day) 7月5日

扬·胡斯日(Jan Hus Day) 7月6日

捷克国家日(Czech Statehood Day) 9月28日

共和国日(Republic Day) 10月28日

自由民主日(Freedom and Democracy Day) 11月17日

圣诞节 12月24日至26日

电话

➡ 所有的捷克电话号码都是9位,无论是拨本地电话还是长途电话都要把9位按满。

➡ 捷克的国家代码是☎420。

➡ 这里的手机信号覆盖非常不错,中国的手机兼容。捷克的移动电话通话费用较高,如果是短暂停留,建议使用漫游功能。移动电话网络(GSM 900/1800)与欧洲大多数国家、澳大利亚或新西兰手机兼容(但通常和北美或日本手机不兼容)。

➡ 可以从任何一家智能手机商店购买捷克SIM卡,售价约500克朗(包含300克朗的呼叫话费)。

➡ 当地的手机号码可通过前缀辨认。手机号均以☎601-608或☎720-779打头。

➡ 公共电话使用预付磁卡,邮局或报刊亭有售,100克朗起。

签证

捷克是欧洲申根区国家之一,大多数发达国家的公民在6个月的时间段内在捷克停留90天以内都无须签证。持中国大陆因私护照的旅行者前往捷克需要办理申根签证。

使领馆

中国驻捷克大使馆(☎领事部 420 2 3302 8898; www.chinaembassy.cz/chn/, konzularniodd@seznam.cz; Pelléova 18, 160 00 Praha 6 – Bubeneč, Czech Republic; ⏲办理签证、护照、公证、认证等各种业务递交申请时间:3月16日至10月31日 周一至周五 9:00~11:30,11月1日至3月15日 9:30~11:30,取件时间:周一至周五 10:00~11:00)

汇率

人民币	CNY1	CZK3.74
港币	HKD1	CZK3.14
新台币	TWD1	CZK0.74
澳门元	MOP1	CZK3.05
新加坡元	SGD1	CZK17.66
美元	USD1	CZK24.34
欧元	EUR1	CZK27.04

ℹ 到达和离开

从欧洲主要的交通枢纽搭乘飞机到捷克非常方便,邻近国家通过公路和铁路也非常方便。捷克靠近欧洲主要公路和铁路线,探索周边的国家非常方便。布拉格有便捷的铁路线通向柏林、克拉科夫、伯拉第斯拉瓦、布达佩斯和维也纳。

机票、团队游和火车票都可以在www.lonelyplanet.com/travel_services预订。

飞机

几乎所有国际航班都降落在布拉格瓦茨拉夫哈维尔机场(Václav Havel Airport Prague)。

瓦茨拉夫哈维尔机场（Václav Havel Airport Prague, Ruzyně International Airport; ☎220 111 888; www.prg.aero; K letišti 6, Ruzyně; 📶; 🚌100、119）布拉格的国际门户位于市中心以西17公里。它是国家航空公司**捷克航空**（Czech Airlines）的母港，也是欧洲各地和前往中东的航班的地区性枢纽（不过在本书作者调研期间，飞往北美的航班还很有限）。有两个主要的航站楼：1号航站楼为往返欧盟之外的航班服务，2号航站楼则为欧盟内部航班服务。

陆路

捷克同德国、波兰、斯洛伐克及奥地利接壤。它们都是欧盟成员，也都是申根国，因此火车上是没有护照或海关检查的。

长途汽车

Florenc汽车站是布拉格主要的国际长途汽车站。

最大的国际长途汽车客运公司包括Student Agency和欧洲巴士。

欧洲巴士（☎245 005 245; www.elines.cz; ÚAN Praha Florenc, Křižíkova 2110/2b; ⊙周一至周五 6:30~22:30，周六 6:30~21:00; 📶; ⓂFlorenc）国际长途客运公司，连接布拉格和欧洲各大城市。登录网站查看时间表和票价。可以在线购票，或者在Florenc汽车站买票。

Florenc汽车站（ÚAN Praha Florenc; ☎900 144 444; www.florenc.cz; Křižíkova 2110/2b, Karlín; ⊙4:00至午夜，信息台 6:00~22:00; 📶; ⓂFlorenc）布拉格的主汽车站，运营大部分国内和长途国际路线。有一个信息台、若干售票窗口、一个行李寄存处，还有几家商店和餐厅。通常可以直接上车买票。

Student Agency（☎汽车信息 841 101 101，直达车信息热线 800 100 300; www.studentagency.cz; ÚAN Praha Florenc, Křižíkova 2110/2）这家现代的公司运营良好，有提供全方位服务的舒适大巴，前往捷克主要城市和全欧洲的60个目的地。汽车通常从Florenc汽车站发车，但也可能从其他汽车站出发。在买票的时候一定要问清楚是哪个车站。

火车

布拉格的Praha hlavní nádraží（主火车站）是全国最主要的国际列车车站。可乘坐地铁C线抵达。

这里有来往于德国、波兰、斯洛伐克和奥地利的列车。往南和往东方向的列车，比如去往布拉迪斯拉发、维也纳和布达佩斯的列车，都在布尔诺的主火车站停靠。

在布拉格，在位于主火车站下层的**ČD Centrum**购买火车票。接受信用卡。旁边的旅行社ČD Travel可以帮助你安排复杂的国际转车。

国际铁路和欧洲铁路通票在捷克铁路线上都可以使用。

ČD Centrum（☎840 112 113; www.cd.cz; Praha hlavní nádraží, Wilsonova 8; ⊙3:00至午夜; ⓂHlavní nádraží）购买国内（vnitrostátní jízdenky）和国际（mezínárodní jízdenky）目的地火车票的总票务处，位于主火车站的下层（街道层）。还可以预订座位、火车卧铺和卧车。

ČD Travel（☎972 241 861; www.cdtravel.cz; Praha hlavní nádraží, Wilsonova 8; ⊙4月至9月 周一至周五 9:00~18:00，周六 9:00~14:00，10月至次年3月 周一至周五 9:00~17:00; ⓂHlavní nádraží）ČD Travel是České dráhy（捷克铁路）公司的附属机构，专门预订国际转接票务。它在**ČD Centrum主票务处**（主火车站的下层）设有一个小办事处。

Praha hlavní nádraží（布拉格主火车站; ☎840 112 113; www.cd.cz; Wilsonova 8, Nové Město; ⓂHlavní nádraží）布拉格的主火车站，往返国际和国内目的地的大部分列车在此停靠。

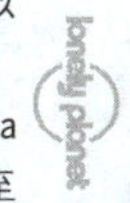

ℹ 当地交通

长途汽车

➡ 通常来说，长途汽车比火车要更快、更方便、更便宜。

➡ 许多长途汽车线路在周末的车次会减少乃至取消。

➡ 在jizdnirady.idnes.cz上可以查到时间表和价格。

就餐价格区间

下列价格区间指的是标准正餐的价格：

€ 低于200克朗

€€ 200~500克朗

€€€ 高于500克朗

特色饮食

➡ **啤酒** 现代清啤酒（pils；清爽的琥珀沙拉格啤酒）是19世纪在比尔森发明的，从而让捷克人可以宣称他们有全世界最好的啤酒（pivo）。

➡ **面饺** 每种饮食文化都有自己的淀粉类食物，在捷克餐桌上，这便是knedliky——大个儿的面包饺子，很适合用来蘸肉汁吃。

➡ **烤猪肉** 牛肉请让开，猪肉（vepřové maso）才是捷克餐桌上的统治者。见于全国各地菜单上的波希米亚经典美食是vepřo-knedlo-zelo（当地人对烤猪肉的俗称）、面包饺子和德国泡菜（sauerkraut）。

➡ **焖牛肉** 在菜单上寻找svíčková na smetaně这道菜。它是一大片烤牛肉，浸泡在奶油沙司中，旁边搭配面包饺子和一团蔓越莓酱。

➡ **Becherovka** 在大餐开始前（或结束后），人们都爱先来一小杯这种来自卡罗维发利的甜香草酒。

➡ **鲤鱼** 这种"低端"鱼类（在捷克语中叫作kapr）在捷克家庭的圣诞大餐中占有举足轻重的地位。Kapr na kmíní是煎或烤鲤鱼配葛缕子籽。

➡ 在布拉格，很多（但不是所有）长途汽车抵达Florenc汽车站或从这里出发。一定要再三确定具体的车站。

➡ 在发车提前一段时间到达车站占座。上车后从司机那里买票。

ČSAD（☎信息咨询电话 900 144 444）国家长途汽车公司，有各种连接城市和更小规模城镇的车次。在布拉格，ČSAD的班车通常抵离Florenc汽车站。

Student Agency（见339页）一家很受欢迎的私营客运公司，提供主要城市之间便捷的汽运服务。

小汽车和摩托车

➡ 在全国任何地方需要故障援助都可以拨打☎1230。

➡ 司机年龄不得小于18岁，靠右行驶。

➡ 12岁以下的儿童禁止坐在汽车前排。

➡ 汽车、摩托车前灯不能熄灭。

➡ 合法的血液酒精浓度为0。

火车

➡ 捷克铁路提供几乎可以到达全国任何地方的高效率火车服务。

➡ 在线时间表可以登录jizdnirady.idnes.cz和www.cd.cz查询。

丹麦

包括 ➡

最佳餐饮

- Schønnemann（见351页）
- Höst（见351页）
- Torvehallerne KBH（见350页）
- St Pauls Apothek（见358页）

最佳住宿

- Hotel Nimb（见350页）
- Generator Hostel（见349页）
- Hotel Guldsmeden（见350页）
- Badepension Marienlund（见360页）

为何去

丹麦是连接斯堪的纳维亚和欧洲北部的桥梁。与同在斯堪的纳维亚半岛的其他国家的人相比，丹麦人是冷漠轻率的派对狂，有比较自由和积极的生活态度。他们的文化、食物、建筑和消费观念更多地来自他们南边的德国邻居，而非北边从前的殖民地国家（瑞典、挪威和冰岛）。

丹麦首都哥本哈根是欧洲最时尚、最易接近的城市之一，拥有迷人的博物馆、商店、酒吧、夜生活和顶级的餐厅。虽然欧登塞和奥胡斯等丹麦城市各有其都市魅力，但丹麦的亮点主要在于风景如画的乡间、一望无际的海岸线和历史景点。

何时去

哥本哈根

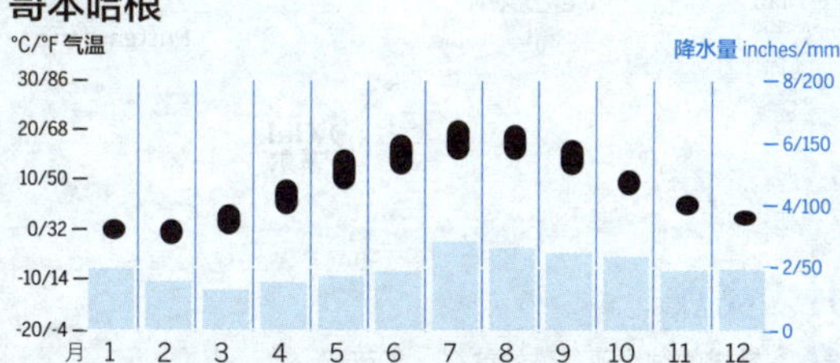

6月和7月 漫长的白天，熙熙攘攘的海滨城镇，哥本哈根爵士音乐节和一流的罗斯基勒摇滚音乐节正如火如荼。

9月和10月 游人更少，金秋来临，晚上舒适地依偎在噼啪作响的篝火旁。

12月 闪烁的圣诞节彩灯，滑冰场开放，还能畅饮温热的香料葡萄酒。

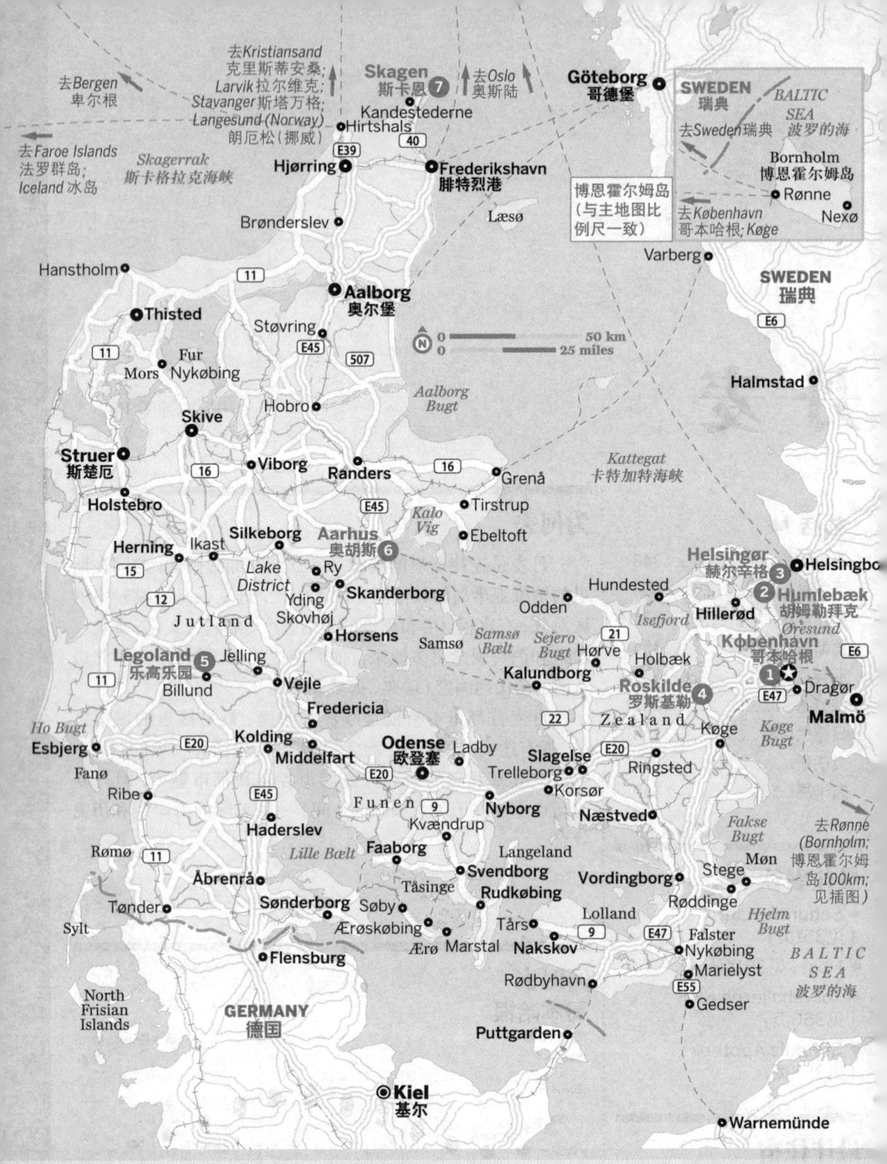

丹麦亮点

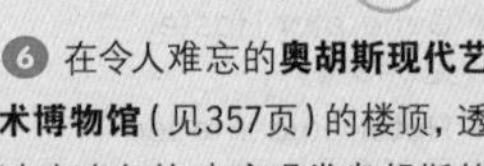

❶ 在斯堪的纳维亚最酷的首都**哥本哈根**购物、吃点心和发呆。

❷ 在**胡姆勒拜克**的**路易斯安那**（见353页）让艺术和景色激发你的灵感。

❸ 探索**克龙堡宫**（见354页），这是位于赫尔辛格的哈姆雷特的故乡。

❹ 在丹麦一年一度的顶级音乐盛事**罗斯基勒音乐节**（见354页）上动起来。

❺ 在**乐高乐园**（见360页）惊叹于微型的迷你乐园，然后去乘坐游乐设施。

❻ 在令人难忘的**奥胡斯现代艺术博物馆**（见357页）的楼顶，透过玫瑰色的玻璃观赏奥胡斯的屋顶风光。

❼ 在度假天堂**斯卡恩**（见359页）欣赏宝贵的艺术品和两座海峡的交会处。

哥本哈根 (KØBENHAVN, COPENHAGEN)

人口 190万

哥本哈根是北欧最酷的城市。它比斯德哥尔摩更前卫，比奥斯陆更世故，丹麦的首都让斯堪的纳维亚充满了神秘气息。这座拥有千年历史的港口城市依旧保持着它漂亮的历史外观，从铜塔尖和鹅卵石广场就可以看出。它也是创新和前沿的汇聚之处。这座发展超出人们预期的城市还是繁荣的设计之都，街道上到处是时尚商店、世界级的博物馆和艺术收藏，以及新型的智能建筑和无数米其林星级餐厅。

景点

你可以在1小时内步行穿越市中心，还能继续轻松前行，这多亏了自行车道、地铁、火车和公共汽车。

趣伏里及周边

★ 趣伏里花园 游乐园

(Tivoli Gardens; www.tivoli.dk; 成人/8岁以下儿童 Dkr99/免费; 4月初至9月底 周日至周四 11:00~22:00，周五 11:00至次日0:30，周六 11:00至午夜，其他月份开放时间缩短; ; 2A, 5A, 9A, 12, 26, 250S, 350S, S-train København H) 有品位的趣伏里可追溯至1843年，用梦幻般的游乐设施、闪烁的亭台楼阁、嘉年华游戏和露天表演赢得了一群拥趸。游客们可以乘坐经过翻修的百年过山车，观赏周六晚上著名的烟火秀，或者只是沉浸在童话般的氛围中。在夏天的周五去是个好主意，这一天的露天草坪舞台会从22:00开始上演丹麦乐队（有时还有国际巨星）的免费演奏会——如果有大牌表演的话，一定要早点去。

★ 国家博物馆 博物馆

(Nationalmuseet, National Museum; www.natmus.dk; Ny Vestergade 10; 周二至周日 10:00~17:00; ; 1A, 2A, 11A, 33, 40, 66, S-train København H) 免费 想要快速了解丹麦的历史和文化，就在丹麦的国家博物馆待一下午吧。它几乎拥有丹麦出土的所有文物，包括石器时代的工具、维京人的武器、如尼石和中世纪的珠宝。其中，最大的亮点是一辆精雕细琢、拥有3500年历史的太阳神战车。此外还有青铜号角，有些可追溯至3000年前，而且仍然能吹出调子来。

新嘉士伯艺术博物馆 博物馆

(Ny Carlsberg Glyptotek; www.glyptoteket.dk; Dantes Plads 7, HC Andersens Blvd; 成人/儿童 Dkr75/免费，周日免费; 周二至周日 11:00~17:00; ; 1A, 2A, 11A, 33, 40, 66, S-train København H) 在新嘉士伯艺术博物馆，19世纪末的建筑游刃有余地调和了各种艺术风格。博物馆的收藏分为两部分：北欧最大规模的古董收藏，以及优雅的19世纪丹麦和法国艺术品。后者包括法国之外罗丹（Rodin）雕塑的最大收藏，以及超过47件高更（Gauguin）的画作。与它们一同展出的还有塞尚（Cézanne）、凡·高（Van Gogh）、

旅行线路

一周

你可以在哥本哈根（Copenhagen）舒服地待上4天，探索博物馆，欣赏丹麦设计，在备受赞誉的餐厅和酒吧享用美食。剩下3天最好的参观方式是沿着海岸线向北来到壮观的现代艺术博物馆路易斯安那（Louisiana），然后继续向北来到克龙堡宫（Kronborg Slot），向南返回时路过罗斯基勒（Roskilde）。

两周

在哥本哈根及周边游览后，向西来到安徒生的出生地欧登塞（Odense）。然后继续向西来到日德兰半岛（Jutland peninsula），体验奥胡斯（Aarhus）低调的时尚和乐高乐园（Legoland）的塑料魔法，最后向北来到光辉灿烂的斯卡恩（Skagen）。

Central København 哥本哈根市中心

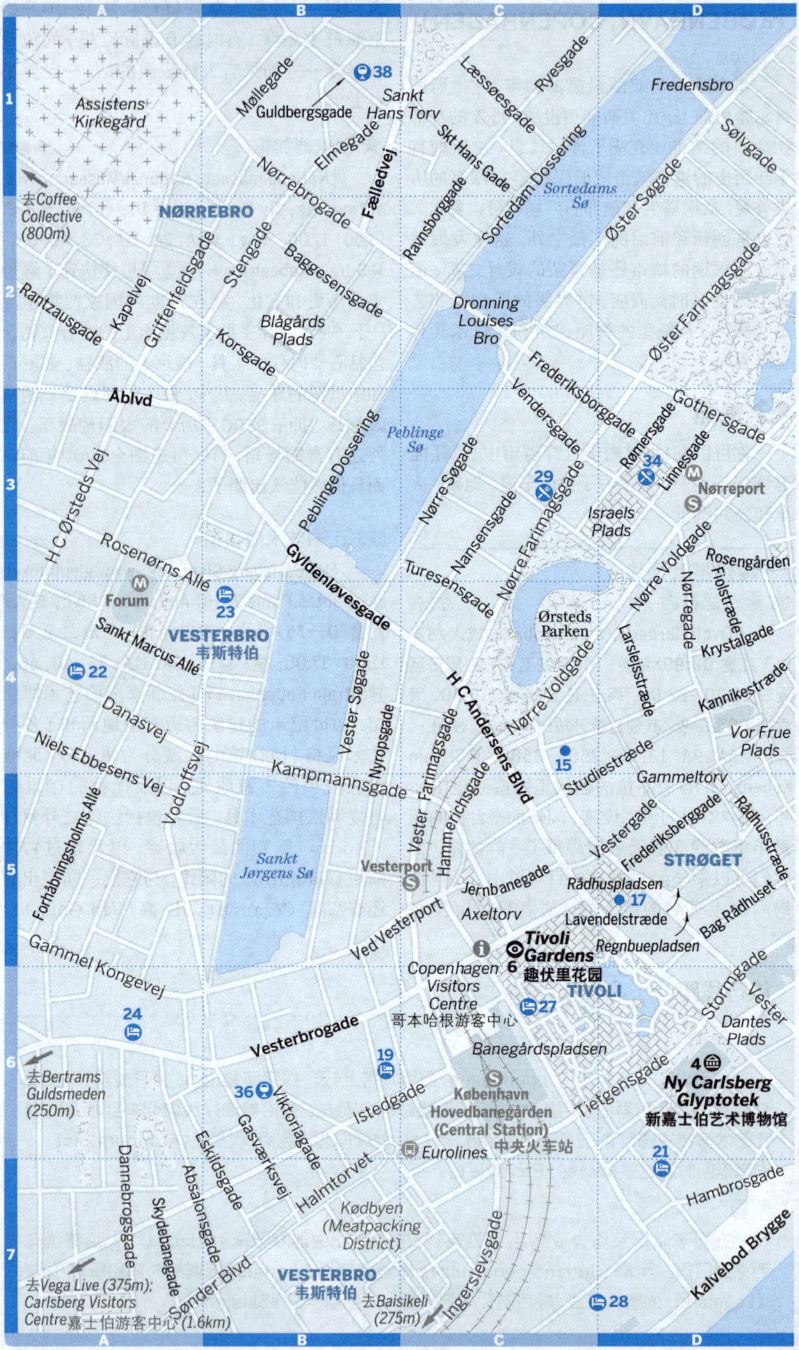

A B C D

1 2 3 4 5 6 7

Assistens Kirkegård
Møllegade
Guldbergsgade
38
Sankt Hans Torv
Læssøesgade
Ryesgade
Fredensbro
Sølvgade
Elmegade
Fælledvej
Skt Hans Gade
Nørrebrogade
去Coffee Collective (800m)
NØRREBRO
Ravnsborggade
Sortedam Dossering
Sortedams Sø
Øster Søgade
Stengade
Baggesensgade
Griffenfeldsgade
Kapelvej
Rantzausgade
Blågårds Plads
Korsgade
Dronning Louises Bro
Øster Farimagsgade
Frederiksborggade
Åblvd
Vendersgade
Gothersgade
Rømersgade
Linnésgade
34
Nørreport
Peblinge Sø
Peblinge Dossering
Nørre Søgade
29
Nørre Farimagsgade
Israels Plads
H C Ørsteds Vej
Nansensgade
Rosenørns Allé
Forum
23
Gyldenløvesgade
Turesensgade
Nørre Voldgade
Rosengården
Fiolstræde
Nørregade
Ørsteds Parken
VESTERBRO 韦斯特伯
Sankt Marcus Allé
22
Larslejsstræde
Krystalgade
H C Andersens Blvd
Vester Søgade
Kannikestræde
Danasvej
Nyropsgade
Nørre Voldgade
Vor Frue Plads
Niels Ebbesens Vej
Vodroffsvej
15
Studiestræde
Kampmannsgade
Vester Farimagsgade
Hammerichsgade
Gammeltorv
Forhåbningsholms Allé
Vestergade
Frederiksberggade
Rådhusstræde
Sankt Jørgens Sø
Vesterport
STRØGET
Jernbanegade
Rådhuspladsen
17
Axeltorv
Lavendelstræde
Bag Rådhuset
Ved Vesterport
Tivoli Gardens 趣伏里花园
6
Regnbuepladsen
Gammel Kongevej
Copenhagen Visitors Centre 哥本哈根游客中心
TIVOLI
27
Stormgade
Vester
Dantes Plads
24
Vesterbrogade
Banegårdspladsen
去Bertrams Guldsmeden (250m)
19
4
Ny Carlsberg Glyptotek 新嘉士伯艺术博物馆
36
Viktoriagade
København Hovedbanegården (Central Station) 中央火车站
Tietgensgade
Istedgade
Gasværksvej
Eskildsgade
Eurolines
21
Dannebrogsgade
Absalonsgade
Halmtorvet
Hambrosgade
Skydebanegade
Kødbyen (Meatpacking District)
Ingerslevsgade
Kalvebod Brygge
去Vega Live (375m); Carlsberg Visitors Centre 嘉士伯游客中心 (1.6km)
Sønder Blvd
VESTERBRO 韦斯特伯
去Baisikeli (275m)
28

A B C D

0 500 m
0 0.25 miles

E F G H
1 2 3 4 5 6 7

Østerport
去DFDS Seaways (1.2km)
11
Folke Bernadottes Allé
Kastellet
Langelinie
Øster Farimagsgade
Stockholmsgade
Statens Museum for Kunst
国家美术馆
5
Østre Anlæg
Store Kongensgade
Grønningen
Sølvtorvet
Øster Voldgade
Smedelinien
Botanisk Have
Rigensgade
Kronprinsessegade
Gernersgade
Skt Pauls Gade
Churchillparken
Esplanaden
20
Sølvgade
Klerkegade
Fredericiagade
2
Designmuseum Danmark
丹麦设计博物馆
13
10
Adelgade
Borgergade
Amalienborg plads
Amaliegade
Toldbodgade
Larsens Plads
Frederiksgade
Yderhavnen
NØRREPORT
Store Kongensgade
7
Bredgade
Amaliehaven
33
Hauser Plads
Åbenrå
26
Gothersgade
Landgreven
NYHAVN
新港
Amaliegade
Kvæsthusgraven
Holmen
Ny Adelgade
Ny Østergade
Kristen Bernikows Gade
Sværtegade
Sankt Annæ Plads
Kongens Nytorv
16
Strandstr
Inderhavnen
Pilestræde
Østergade
Nyhavn
12
39
Lille Kongensgade
Kongens Nytorv
Bredgade
Nyhavn
Papirøen
Vimmelskaftet
Nikolajgade
Læderstræde
Højbro Plads
Herluf Trolles Gade
Holmens Kanal
Holbergsgade
Højbro
Laksegade
32
37
Vindebrogade
Christiansborg Slotsplads
Juels Gade
Niels
Havnegade
9
14
Slotsholms Kanal
Stormbro
8
Tøjhusgade
Børsgade
Slotsholmsgade
Nationalmuseet
国家博物馆
3
Det Kongelige Bibiliotekshave
Christians Brygge
Knippelsbro
CHRISTIANSHAVN
克里斯蒂安港
Refshalevej
Prinsensbro
Søren Kierkegaards Plads
Strandgade
Christiania
克里斯蒂安尼亚
1
31
Torvegade
Sankt Annæ Gade
Prinsessegade
Mælkevejen
Voldgade
SLOTSHOLMEN
城堡岛
35
30
CHRISTIANIA
克里斯蒂安尼亚
Inderhavnen
Christianshavn
Wildersgade
25
Langebro
Langebrogade
Overgaden Oven Vandet
Dronningensgade
Prinsessegade
Stadsgraven
Christianshavns Voldgade
Sydhavnen
18
Havneparken
ISLANDS BRYGGE
Amager Blvd
Stadsgraven
Christmas Møllers Plads
Vermlandsgade

Central København 哥本哈根市中心

毕沙罗（Pissarro）、莫奈（Monet）和雷诺阿（Renoir）等大师的作品。

城堡岛

城堡岛（Slotsholmen）三面被护城河一般的运河环绕，与市中心隔开，另一面是海港。岛上坐落着克里斯蒂安堡宫，它也是丹麦议会所在地。

克里斯蒂安堡宫 宫殿

（Christiansborg Palace；☎33 92 64 92；www.christiansborg.dk；Slotsholmen；🚌1A，2A，9A，26，40，66，🚉Det Kongelige Bibliotek，Ⓜ Christianshavn）在克里斯蒂安堡宫的众多博物馆中（包括一个戏剧博物馆和一个兵工厂博物馆），最值得一看的是**皇家接见室**（De Kongelige Repræsenta-tionslokaler，Royal Reception Rooms；www.ses.dk；成人/儿童Dkr80/40；⏲5月至9月 每日 10:00~17:00，其他月份周一关闭，丹麦语导览团队游 11:00，英语15:00；📶；🚌1A，2A，9A，11A，26，40，66），这是一座华丽的文艺复兴风格的大厅，是女王招待各国元首的地方。

这栋建筑下面是**阿布萨隆主教堡垒遗址**（Ruins of Bishop Absalon's Fortress，Ruins under Chritiansborg；www.ses.dk；成人/儿童Dkr40/20；⏲每日 10:00~17:00，10月至次年4月周一关闭，英语导览团队游 周六正午，丹麦语 周日正午；🚌1A，2A，9A，11A，26，40，66），是阿布萨隆主教最初的城堡（1167年）及后来的哥本哈根城堡（Copenhagen Slot）被发掘出来的地基。

新港和港湾区

新港（Nyhavn） 运河

在阳光明媚时，没有什么比坐在新港码头边咖啡馆的户外餐桌边更好的了。这条运河的修建是为了将Kongens Nytorv与港口连接起来，很长时间以来就是水手和作家们出没的地方，包括汉斯·克里斯蒂安·安徒生（Hans Christian Andersen），他一生的大部分时间就是在那里的20号、18号和67号度过的。如今，新港运河是热门旅游地区，有颜色鲜艳的联排别墅、鲱鱼自助餐和泡沫丰富的啤酒。

阿马林堡宫 宫殿

（Amalienborg Slot；☎33 12 21 86；www.kongernessamling.dk/amalienborg；Amalienborg Plads；成人/儿童 Dkr90/免费；⏲5月至10月 每日 10:00~16:00，其他月份时间缩短；🚌1A，26）作为当今女王玛格丽特二世（Margrethe Ⅱ）的家宅，阿马林堡宫包括4座简朴的18世纪宫殿，围绕着一个铺着鹅卵石的大广场。每天正午都有卫兵换岗仪式，新卫兵11:30从Gothersgade的兵营穿过市中心走到这里。其中一座宫殿拥有1863~1947年三代君主使用过的皇家公寓的展览，重建过的房间装饰着金边皮挂毯、错视画派绘画、一些家庭照片和古董。

小美人鱼 纪念碑

（Little Mermaid，Den Lille Havfrue；🚌1A，⛴Nordre Toldbod）纽约有自由女神像，悉尼有歌剧院（丹麦人设计的），而当世界想起哥本哈根时，首先想到的大概就是小美人鱼。无论对它是喜爱还是厌恶（哥本哈根人总是极力避免提到它），这座矮小又平凡的雕像无疑是丹麦全国上镜率最高的景点之一。为了一睹芳容，无数游客会沿着常常海风强劲的港湾区步行大约1公里，最后却耸耸肩："就这样吗？"

★丹麦设计博物馆 博物馆

（Designmuseum Danmark；www.designmuseum.dk；Bredgade 68；成人/儿童 Dkr75/免费；⏲周二和周四至周日 11:00~17:00，周三 至21:00；🚌1A）18世纪的弗雷德里克斯医院（Frederiks Hospital）如今是杰出的丹麦设计博物馆。作为应用艺术和工业设计爱好者的必去之处，它极其丰富的收藏包括丹麦银器和瓷器、纺织品，以及凯尔·柯林特（Kaare Klint）、保罗·汉宁森（Poul Henningsen）和阿诺·雅各布森（Arne Jacobsen）等现代艺术创新者的标志性设计作品。展品中还包括古代中国和日本的瓷器，以及18世纪和19世纪的欧洲装饰艺术。丹麦设计博物馆位于Marmorkirken以北250米处。

国王公园周边

国王公园 公园

（Kongens Have，King's Gardens；🚌6A，11A，42，150S，173E，184，185，350S，Ⓜ Nørreport）免费 这是哥本哈根最古老的公园，17世纪初由克里斯蒂安四世（Christian Ⅳ）修建，当时是他的菜园。如今这里增添了更多东西，包括完美无瑕的花圃、浪漫的花园小路，以及夏季上演免费剧目的牵线木偶剧院（周二至周日 14:00和15:00）。这座剧院位于公园东北侧，占据的建筑是丹麦建筑师Peter Meyn设计的新古典风格的楼阁之一。

★国家美术馆 博物馆

（Statens Museum for Kunst；www.smk.dk；Sølvgade 48-50；特别展览 成人/儿童 Dkr110/免费；⏲周二和周四至周日 10:00~17:00，周三至20:00；📶；🚌6A，26，42，173E，184，185）免费 丹麦的国家美术馆跨越了两座对比鲜明、互相连接的建筑：一座19世纪末的"豪华宫殿"和一座极简主义风格的附属建筑。这座博物馆收藏有中世纪和文艺复兴时期的作品，以及令人印象深刻的荷兰和佛兰德艺术家的作品，包括鲁本斯（Rubens）、勃鲁盖尔（Breughel）和伦勃朗（Rembrandt）的。它拥有全世界最精美的19世纪丹麦"黄金时代"艺术家作品收藏，其中包括埃克斯堡（Eckersberg）、克勒耶（Krøyer）和哈莫修依（Hammershøi）的作品，外国艺术大师有马蒂斯（Matisse）和毕加索（Picasso），丹麦现代艺术家包括Per Kirkeby、Richard Mortensen和Asger Jørn，当代艺术的明星包括丹麦/挪威的双人组合Elmgreen和Dragset，以及出生在越南的丹麦艺术家Danh Vo。

罗森堡宫 城堡

（Rosenborg Slot；www.kongernessamling.dk；Øster Voldgade 4A；成人/儿童 Dkr90/free，含阿马林堡宫 Dkr125/免费；⏲6月至8月 每天

10:00~17:00，5月、9月和10月 每天10:00~16:00，其他月份时间缩短；📶；🚌6A，11A，42，150S，173E，184，185，350S，Ⓜ Nørreport）17世纪初的罗森堡宫拥有角楼、山形墙和护城河，呈现荷兰文艺复兴风格，是国王克里斯蒂安四世下令于1606~1633年修建的，作为他的夏宫。如今，这座城堡上部的24个房间按照编年顺序排列，收藏着从克里斯蒂安四世至弗雷德里克七世（Frederik Ⅶ）历任君主的穿戴用品和肖像。不过最大的亮点是地下室的宝库，放置着镶嵌着珠宝的耀眼的王权象征，其中包括克里斯蒂安四世耀眼的王冠和克里斯蒂安三世镶满珠宝的宝剑。

克里斯蒂安港

★克里斯蒂安尼亚 街区

（Christiania；www.christiania.org；Prinsessegade；🚌9A，2A，40，350S，Ⓜ Christianshavn）逃离资本主义的压榨，来到克里斯蒂安尼亚自由城，这个克里斯蒂安港东侧的社区聚集着很多留着长发绺的人。自1971年由非法居住者成立以来，这片地区聚集了来自世界各地的不守成规者，他们被合作经营、作坊和公社生活的理念所吸引。这里有一条臭名昭著的"Pusher St"——到处是垃圾食品和大麻贩子。穿过这条街继续向前探索，你会进入一片半田园风格的神奇土地，有异想天开的自建房屋、舒适的花园、几家工艺品店、食肆、啤酒花园和音乐演出场所。

哥本哈根卡

哥本哈根卡（www.copenhagencard.com；24/48/72小时 Dkr339/469/559）可以让你无限次乘坐哥本哈根周边和西兰岛（Zealand）北部的公共汽车和火车。它覆盖了这座城市的地铁系统和郊区火车。持卡人还可免费或享受折扣进入该地区的大约70个博物馆和景点。这种卡可直接在线购买，哥本哈根旅游信息中心、中央车站、主要火车站和许多酒店、露营地和青年旅舍都有售。不过需要注意的是，这座城市有几个景点或者本来就免费，或者至少在一周中的某一天免费。

外哥本哈根

"蓝色星球"水族馆 水族馆

（Den Blå Planet；www.denblaaplanet.dk；Jacob Fortlingsvej 1，Kastrup；成人/3~11岁儿童 Dkr160/95；⏲周一 10:00~21:00，周二至周日 至18:00；📶；🚌5A，Ⓜ Kastrup）哥本哈根新建成的铝外壳水族馆是北欧最大的水族馆，从上面看它就像一个漩涡。内部空间按照气候和地理类型分区，其中最壮观的是"海洋/珊瑚礁"。这里不但有许多色彩缤纷的热带鱼，还有水族馆里最大的鱼缸，鲨鱼、黄貂鱼和其他大型海洋动物在400万升水中畅游。尽可能在周一晚上去水族馆，那时候这里最安静，更让人浮想联翩。

嘉士伯游客中心 酿酒厂

（Carlsberg Visitors Centre；☎33 27 12 82；www.visitcarlsberg.dk；Gamle Carlsberg Vej 11，Vesterbro；成人/儿童 Dkr80/60；⏲周二至周日 10:00~17:00；🚌18，26）毗邻拥有奇特建筑的嘉士伯啤酒厂，嘉士伯游客中心有一个展览，探索了始于公元前1370年的丹麦啤酒的历史（没错，他们对一具从泥炭沼泽中发现的女孩尸体进行了碳同位素测试，女孩手里抱着一罐陈年佳酿）。实景模型展示了真实的酿酒过程，在通往最终目的地的途中，你会穿过古代的铜瓮和马厩，里面拴着12匹产自日德兰半岛（Jutland）的役马。自助游览结束于酒吧，你可以在那里享用两杯免费啤酒。

☛ 团队游

Canal Tours Copenhagen 乘船游

（☎32 66 00 00；www.stromma.dk；成人/儿童/家庭 Dkr75/35/190；⏲6月底至8月底 9:30~21:00，其他月份时间缩短；👪）Canal Tours Copenhagen运营1小时的城市运河和港口乘船游，沿途经过众多主要景点，包括克里斯蒂安堡宫、克里斯蒂安港、皇家图书馆、歌剧院、阿马林堡宫和小美人鱼。在新港或Ved Stranden上船。从6月底到8月底，发船频率可达每小时6班，一年当中其他时间的发船频率减少。

Copenhagen Free Walking Tours 步行游览

（www.copenhagenfreewalkingtours.dk）

免费 每天11:00和14:00从市政厅（Rådhus）外出发，这些免费的3小时徒步团队游涵盖著名地标和有趣的奇闻轶事。团队游使用英语解说，最少5人成团。免费的90分钟克里斯蒂安港团队游在周五至周一的每天16:00出发，出发地点是Højbro Plads上的阿布萨隆主教雕像下面。

Bike Copenhagen With Mike 骑车游览

（☎26 39 56 88；www.bikecopenhagenwithmike.dk；Skt Peders Stræde 47；每人 Dkr299）如果你不喜欢走路的话，Bike Mike经营有3小时的城市自行车团队游，从位于市中心、Ørstedsparken（Nørreport站的西南方向）东边的Skt Peders Stræde 47出发。团费包括自行车和头盔的租赁费用。还提供季节性的选择，包括6月至9月周六晚上的"骑行和美食"团队游。只收现金。

节日和活动

哥本哈根狂欢音乐节 音乐

（Distortion；www.cphdistortion.dk）6月初举办，持续5天，令人兴奋的哥本哈根狂欢音乐节是这座城市街头生活和夜店文化的狂欢。届时会有喧嚣的街区派对，全城的酒吧和夜店都会有大牌DJ打碟。

哥本哈根爵士音乐节 音乐

（Copenhagen Jazz Festival；jazz.dk）哥本哈根规模最大的活动，也是北欧最大的爵士音乐节，在7月初举办，持续10天。音乐节涵盖各种形式的爵士乐，当地和国际乐队的演出令人难忘。

哥本哈根美食节 食物

（Copenhagen Cooking；www.copenhagencooking.dk）斯堪的纳维亚半岛最大的美食节，举办各种令人胃口大开的活动，如一流大厨的烹饪展示、美食品尝以及美食家之旅。遍及全城的场馆和餐厅都会举办活动，通常在8月举行。为期1个月的冬季美食节在2月举行。

住宿

哥本哈根的住宿选择涵盖各种类型。最好预订——最受欢迎的中档酒店经常很快客满，特别是8月至10月的会议旺季期间，价格也会大幅上涨。

想游泳吗？

哥本哈根最酷的户外泳池建筑群**Islands Brygge Havnebadet**（Islands Brygge；⏲6月至8月 周一至周五 7:00~19:00，周六和周日 11:00~19:00；♿；🚌5A，12，Ⓜ Islands Brygge）免费 就坐落在市中心主运河中。水质得到严格监控，草坪、烧烤设施和小饭馆让这里成为夏日的好去处，无论你是不是下水。目前正在准备修建冬季可用的桑拿室和温泉浴室，以及第6个游泳池。

哥本哈根旅游信息中心（见352页）可以预订私人住宅的房间（单/双 Dkr350/500）。如果你现场通过办事处预订的话，需要交Dkr100的预订费，在线预订免费。

★**Generator Hostel** 青年旅舍 €

（www.generatorhostel.com；Adelgade 5-7；铺 Dkr230~325，房间 Dkr800~1070；@📶；🚌11A，350S，Ⓜ Kongens Nytorv）作为"廉价时尚"的理想之选，气氛欢快、设计风格文艺的Generator紧邻这座城市的中世纪核心区域。这里有充满设计气息的家具、时髦的公共区域（包括一个酒吧和户外露台）和友好年轻的工作人员。虽然房间有些小，但所有房间都明亮现代，私人房间和多人宿舍都带浴室。

Danhostel Copenhagen City 青年旅舍 €

（☎33 11 85 85；www.danhostel.dk/copenhagencity；HC Andersens Blvd 50；铺/双 Dkr225/610；@📶；🚌1A，2A，12，33，11A，40，66）内部装修由Gubi设计公司负责，大厅里还有一个咖啡厅兼酒吧，这家友好的青年旅舍很受欢迎，就坐落在俯瞰港口的一座塔楼里，位于趣伏里花园的南边（景色好极了）。宿舍和私人房间都明亮、轻快且现代，每间房都有浴室。需要预订。

Cabinn 酒店 €

（www.cabinn.com；标单/双/标三 Dkr545/675/805；@📶）运营良好、设施齐全而且便宜，Cabinn连锁酒店在哥本哈根有4家酒店，位置最靠中央的是**Cabinn City**（☎33

最后一分钟廉价住宿

如果你来到哥本哈根时还没有订酒店，运气仍然可能站在你这边。哥本哈根旅游信息中心（见352页）能以最低五折的价格预订空房。不过折扣是基于供需关系的，而且在旺季并不总是有房间。

46 16 16；www.cabinn.com；Mitchellsgade 14；标单/双/标三 Dkr545/675/805；@📶；🚌5A，9A，11A，30，🚆S-train København H），就在趣伏里南边。虽然小且没有名气，但酒店的房间都很舒适，配备了有线电视、电话、免费Wi-Fi和私人卫浴。**Cabinn Scandinavia**（☎35 36 11 11；www.cabinn.com；Vodroffsvej 57，Frederiksberg；标单/双/标三 Dkr545/675/805；🚌2A，68，250S，ⓂForum）和**Cabinn Express**（☎33 21 04 00；www.cabinn.com；Danasvej 32，Frederiksberg；标单/双/标三 Dkr545/675/805；@📶；🚌3A，30，ⓂForum）都在趣伏里以西不足2公里处，而比较新的**Cabinn Metro**（☎32 46 57 00；www.cabinn.com；Arne Jakobsens Allé 2；标单/双/标三 Dkr545/675/805；ⓂØrestad）距离Ørestad地铁站仅有一小段步行距离，并靠近机场。

★ Hotel Guldsmeden 精品酒店 €€

（www.hotelguldsmeden.dk）🍃华丽的Guldsmeden酒店包括**Bertrams**（☎70 20 81 07；Vesterbrogade 107；标单/双 Dkr895/995起；🚌3A，6A）、**Carlton**（☎33 22 15 00；Vesterbrogade 66；标单/双 Dkr695/795起；🚌6A）、**Axel**（☎33 31 32 66；Helgolandsgade 7-11；标单/双 Dkr765/895；🚌6A，26，🚆S-train København H）和新开的**Babette**（☎33 14 15 00；Bredgade 78；标单/双 Dkr795/945起；📶；🚌1A）。不过Babette不在Vesterbro，而是在市中心北侧的阿马林堡和Kastellet之间。这4家酒店都呈现出受巴厘岛风格启发的优雅时尚感，有粗石、裸木、四帷柱大床和清爽的白色亚麻床单。

Wakeup Copenhagen 酒店 €€

（☎44 80 00 10；www.wakeupcopenhagen.com；Carsten Niebuhrs Gade 11；房间 Dkr450~1500；@📶；🚌11A，🚆S-train København H）从中央车站和趣伏里均可轻松地步行抵达，它是Wakeup Copenhagen在城里的两家分店之一，以时尚和高性价比（如果你在网上预订的话）著称。大厅令人印象深刻，是用混凝土和玻璃建造的，摆放着Arne Jacobsen设计的椅子，而500多间客房时尚而紧凑，有平板电视和局促的淋浴间。

★ Hotel Nimb 精品酒店 €€€

（☎88 70 00 00；www.nimb.dk；Bernstorffsgade 5；房间 Dkr2600起；@📶；🚌2A，5A，9A，12，26，250S，350S，🚆S-train København H）这家漂亮的精品酒店位于趣伏里，提供17个风格各异的房间和套房，融合了利落的线条、美丽的艺术品、古董、豪华纺织品和高科技设施，如Bang & Olufsen电视和音响系统。除三个房间外，剩余所有房间都有壁炉；除一个房间外，其他所有房间都能俯瞰游乐园。酒店内的设施包括一家带壁炉的地道的鸡尾酒吧。

就餐

哥本哈根的餐饮业很火爆。你能在Vesterbro街区找到最酷的小吃场所，而带有波希米亚风情的Nørrebro街区有很多更便宜的适合学生的餐馆。

Torvehallerne KBH 市场 €

（www.torvehallernekbh.dk；Israels Plads；⏰周一至周四 10:00~19:00，周五 至20:00，周六 至18:00，周日 11:00~17:00）自2011年开张以来，Torvehallerne KBH食品市场已经成为哥本哈根美食之旅必不可少的一站。它讲究新鲜、可口和纯手工，漂亮的食品摊出售各种各样的东西，包括季节性香草、浆果、熏肉、海鲜、奶酪、单面三明治（smørrebrød）、新鲜的意大利面及手冲咖啡等，应有尽有。你可以在这里轻松地度过1小时或更长时间，可以探索它的两座大厅，和小贩聊天，试吃他们的产品。最棒的是，这里还有哥本哈根一些最美味的适合坐下来吃的饭菜……价格还很低。

Morgenstedet 素食 €

（www.morgenstedet.dk；Langgaden；主菜 Dkr80~100；⏰周二至周日 正午至21:00；✍；🚌2A，9A，40，350S，ⓂChristianshavn）🍃店面

船

DFDS Seaways（☎33 42 30 10；www.dfdsseaways.com；Dampfærgevej 30）运营每日前往奥斯陆的渡船。

长途汽车

长途汽车的发车点位于Ingerslevsgade上的DGI-byen体育中心对面，从中央车站向西南方向步行可很快到达。可以通过**欧洲巴士**（Eurolines；☎33 88 70 00；www.eurolines.dk；Halmtorvet 5）预订大多数国际路线的车票。

火车

长途火车的抵达和出发站是中央车站，正式名称为Københavns Hovedbanegård。硬币售票机（billetautomat）是最快捷的购票方式。

DSB Billetsalg（www.dsb.dk；⏰周一至周五7:00~20:00，周六和周日 8:00~18:00）是预订和购买国际火车票的最佳选择。或者也可以通过DSB的网站预订。

ℹ 当地交通

抵离机场

➡ **DSB**（www.dsb.dk）的火车连接机场和哥本哈根中央火车站（Dkr36，14分钟，每12分钟1班）。

➡ 24小时**地铁**（www.m.dk）每4~20分钟1班，往返于机场的到达航站楼（站名是Lufthavnen）和市中心东侧。它在中央车站（København H）不停，但去克里斯蒂安港和新港（在Kongens Nytorv站下车）很方便。到达Kongens Nytorv站所需时间是14分钟（Dkr36）。

自行车

哥本哈根的自行车文化和基础设施令人羡慕。这座城市拥有大约430公里连续的安全自行车道，让骑车变得非常轻松。登录cycleguide.dk查看更多详情。

Baisikeli（☎26 70 02 29；baisikeli.dk；Ingerslevsgade 80，Vesterbro；自行车 每6小时/每周Dkr50/270起；⏰10:00~18:00）即斯瓦希里语中的自行车，而且该自行车出租机构的利润每年会为非洲社区供应1200辆当地亟须的自行车。它位于Dybøllsbro S-train站旁，就在Vesterbro的餐厅酒吧区Kødbyen的南边。

不要错过

路易斯安那：现代艺术的必去之处

即使你对艺术不那么狂热，丹麦杰出的**路易斯安那**（Louisiana；www.louisiana.dk；Gammel Strandvej 13，Humlebæk；成人/儿童 Dkr110/免费；⏰周二至周五11:00~22:00，周六和周日 至18:00；📶）也应列入"愿望清单"。它是一座引人注目的现代主义艺术圣殿，位于一座雕塑环绕的公园内。

博物馆的永久收藏主要是战后绘画和图形艺术，涵盖了从构成主义、先锋（CoBrA）运动艺术和极简主义艺术到抽象表现派和波普艺术等现代艺术的方方面面。博物馆绝佳的临时展览为其增添了不确定的神秘因素。

路易斯安那位于绿树成荫的通勤小镇胡姆勒拜克（Humlebæk），从哥本哈根乘坐向北行驶的S-train的C线火车，35分钟即达。对于一日游，24小时通票（Dkr130）最划算。

公共汽车和火车

➡ 公共汽车、地铁和火车共用一套以区域为基础的票价系统。基础票价为Dkr24，可在最多两个区内使用公共交通工具，能满足大部分城市交通的需要，持1张票可在1小时内实现公交和地铁换乘。

➡ 如果你想探索包括Helsingør和Roskilde在内的城外地区，购买24小时通票（所有区域Dkr130）或7天的FlexCard（所有区域Dkr590）更划算。

➡ 网站www.rejseplanen.dk提供方便的行程计划，包括交通路线、时间和价格。

西兰岛（ZEALAND）

虽然对大多数游客来说，哥本哈根是丹麦东部最具吸引力的地方，但在这座城市之外也不乏精彩，特别是赫尔辛格城堡（Helsingør Slot，以"哈姆雷特城堡"之名著称，位于埃尔西诺）和罗斯基勒（Roskilde）著名的维京海盗船。

赫尔辛格(埃尔西诺)(Helsingør, Elsinore)

人口 46,400

通常来说，游客们来到西兰岛东北端的这座港口城镇是出于两个原因：如果是瑞典人，他们是来买更便宜的酒[这是离瑞典最近的地方，而且有很多轮渡往返厄勒海峡(Øresund)]；更为可能的原因是，他们来瞻仰丹麦最著名也最令人敬畏的城堡。

景点

克龙堡宫 城堡

(Kronborg Slot; www.kronborg.dk; Kronborgvej; 内部含导览团队游 成人/儿童 Dkr80/35; ⌚6月至8月 10:00~17:30，4月至5月和9月至10月 11:00~16:00，其他月份时间缩短；导览团队游 每天 11:30和13:30)被联合国教科文组织列入世界文化遗产的克龙堡宫建成时的名字是Krogen，是丹麦国王波希米亚王爱瑞克(Erik of Pomerania)在15世纪20年代修建的一座令人生畏的征税所。由弗雷德里克二世在1585年扩建。这座城堡后来在1629年毁于火灾，除了外墙几乎什么都没有留下。不知疲倦的建筑师国王克里斯蒂安四世重建了克龙堡宫，保留了它从前的文艺复兴风格并添加了巴洛克风格。有长廊的礼拜堂是在1629年火灾中唯一幸存的建筑，可以从中一窥城堡最初的样貌。

丹麦海事博物馆 博物馆

(M/S Museet for Søfart, Maritime Museum of Denmark; www.mfs.dk; Ny Kronborgvej 1; 成人/儿童 Dkr110/免费；⌚7月和8月 每天 10:00~17:00，其他月份 周二至周日 11:00~17:00；📶)丹麦的地下海事博物馆巧妙地建在克龙堡宫旁边的废弃船坞周围，值得一游。博物馆的设计和它先进的多媒体展厅一样有趣，后者以充满活力的现代方式探索了丹麦的航海历史和文化。除了常见的航海设备、航海图和战时物品，展览的主题非常多样，包括流行文化中的水手、丹麦海外殖民地的商贸和开发，以及现代船运集装箱的环球旅行。

食宿

Danhostel Helsingør 青年旅舍 €

(☎49 28 49 49; danhostelhelsingor.dk; Nordre Strandvej 24; 铺/标单/双/标三 Dkr225/495/550/595; P📶)这家青年旅舍拥有180张床铺，位于市区西北方向2公里处的一座海滨庄园中，坐落在面朝瑞典的一片小海滩上。中规中矩的宿舍位于其中一座较小的附属建筑内，设施包括一个自助厨房、供孩子们玩耍的小型游乐场和户外乒乓球。842路公共汽车(Dkr24)从赫尔辛格开到这里。

Rådmand Davids Hus 丹麦菜 €

(☎49 26 10 43; Strandgade 70; 菜肴 Dkr38~98; ⌚周一至周六 10:00~17:00)要享用丹麦经典菜肴，没有比这座17世纪的倾斜建筑更好的地方了，更何况这里还有一个铺着鹅卵石的庭院。用货真价实的主食重新注入能量，如单面三明治、鲱鱼，以及特别的“购物午餐”，后者是一大盘丰盛的沙拉、鲑鱼酱、猪肉、奶酪和自制燕麦面包。留点肚子吃Grand Marnier薄饼。

实用信息

旅游信息中心(☎49 21 13 33; www.visitnordsjaelland.com; Havnepladsen 3; ⌚7月至8月初 周一至周五 10:00~17:00，周六和周日 至14:00，其他月份时间缩短)在火车站对面。

到达和离开

哥本哈根和赫尔辛格之间的火车大约每小时3班(Dkr108, 45分钟)。如果你从哥本哈根出发一日游的话，可以购买24小时通票(Dkr130)。

罗斯基勒(Roskilde)

人口 47,800

对大多数听说过罗斯基勒的外国人来说，他们要么知道这里拥有北欧最好的音乐节之一，要么知道这里是著名的维京海盗船的发掘地。然而对丹麦人来说，这是一座高贵的、有宗教意义的城市，而且在哥本哈根成为丹麦首都之前，罗斯基勒曾是丹麦首都。

罗斯基勒音乐节(Roskilde Festival; www.roskilde-festival.dk)的举办时间是7月初的一个

长周末（周末前后增加一两天），举办场地就在市中心外面。它会吸引最有名的国际摇滚和流行音乐人以及7.5万名乐迷，以轻松友好的气氛著称大多数参加音乐节的游客会在现场宿营。

景点

★罗斯基勒大教堂 主教座堂

（Roskilde Domkirke; www.roskildedomkirke.dk; Domkirkepladsen; 成人/儿童 Dkr60/免费; ⏲4月至9月 周一至周六 9:00~17:00，周日 12:30~17:00，其他月份时间缩短）这座拥有双塔的大教堂不仅是丹麦教堂中的精品，还被联合国教科文组织列入世界遗产名录。这座建筑1170年由阿布萨隆主教修建，历经多次重建和改建，如今成为展示800多年丹麦建筑的最好范例。作为皇家陵墓，它容纳了37位丹麦国王和王后的墓穴——想到这么多手握大权的历史人物的遗骨就葬于此，不禁令人动容。

★海盗船博物馆 博物馆

（Viking Ship Museum; ☎46 30 02 00; www.vikingeskibsmuseet.dk; Vindeboder 12; 成人/儿童 5月至10月中旬 Dkr115/免费，10月中旬至次年4月 Dkr80/免费，乘船游 除博物馆 Dkr90; ⏲6月底至8月中旬 10:00~17:00，其他月份 至16:00，乘船游 5月中旬至9月 每天）维京迷们会对这座一流的海盗船博物馆赞叹不已，这里展览了五艘在罗斯基勒峡湾海底发现的维京海盗船。博物馆由两部分组成：一部分是保存这些船只的海盗船展厅，另一部分是正在进行考古工作的地方Museumsø。6月底至8月底的每天正午和15:00、5月至6月底及9月的周末正午有英语解说的免费45分钟导览团队游。

丹麦摇滚乐博物馆 博物馆

（Danmarks Rockmuseum; www.danmarksrockmuseum.dk; Rabalderstræde 1）丹麦摇滚乐博物馆已于2015年中期开放，将带领游客踏上多重感官之旅，穿越狂野不羁的摇滚乐历史。互动式展览可以让游客为一些流行曲目混音，练习各种舞步，并面对一群虚拟的罗斯基勒音乐节观众表演。登录网站查看开放时间和票价。202A路和212路公共汽车从罗斯基勒火车站开到距离博物馆350米的地方。

食宿

Danhostel Roskilde 青年旅舍 €

（☎46 35 21 84; www.danhostel.dk/roskilde; Vindeboder 7; 铺/标单/双/标三 Dkr 250/575/700/750; 🅿📶）罗斯基勒的这家现代青年旅舍就坐落在海盗船博物馆隔壁，就在海边。装饰着时髦的黑白壁画，有40个宽敞的房间，每个房间都有独立卫浴。员工很友好，不过我们睡的床垫偏向一边，令人沮丧。Wi-Fi额外收费，每小时Dkr20（每24小时Dkr100）。

Café Vivaldi 各国风味 €€

（Stændertorvet 8; 三明治和沙拉 Dkr99~109，主菜 Dkr169~199; ⏲周日至周四 10:00~22:00，周五和周六 至23:00）这家伪法式小馆位于主广场上（可看到大教堂），是个好地方，你可以坐下来一边享用美味的咖啡馆小吃，一边观察形形色色的人群。食物包括汤、三明治、卷、汉堡和沙拉，以及更有分量的意大利面和肉类菜肴。在周日特别方便，这一天镇上的大多数餐厅会关门歇业。

实用信息

旅游信息中心（www.visitroskilde.com; Stændertorvet 1; ⏲7月和8月 周一至周五 10:00~17:00，周六 10:00~14:00，其他月份时间缩短）当地旅游信息中心提供大量信息。

到达和离开

从哥本哈根开往罗斯基勒的火车班次很多（Dkr96，25分钟）。如果你从哥本哈根出发一日游，可以买一张24小时通票（Dkr130）。

菲英岛（FUNEN）

菲英岛是丹麦众所周知的失宠的孩子。既没有西兰岛首都城市的吸引力，又缺少日德兰半岛地理上的优势，常常被游客忽略——他们或许只会在安徒生的出生地做短暂停留。

欧登塞（Odense）

人口 172,500

菲英岛拥有千年历史的首府目前正在进

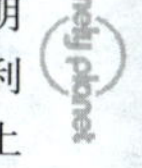

行大规模翻新，是一座欢乐而紧凑的城市，非常适合步行和骑车，并且足以令你在此停留一两日。这里是安徒生的诞生地，在很久很久以前……

景点

★ 安徒生博物馆 博物馆

（HC Andersens Hus；www.museum.odense.dk；Bangs Boder 29；成人/儿童 Dkr95/免费；⏲7月和8月 10:00~17:00，9月至次年6月 周二至周日 10:00~16:00）这座博物馆坐落在老旧的穷人区（现在常被称作安徒生区），它生动透彻地讲述了安徒生非凡的一生和他所处的时代。他的成就被置于有趣的历史背景中加以介绍，并配以迷人的视听资料和古怪的展品（例如关于其身高的展示——安徒生比当时的丹麦国民平均身高高出25厘米）。

布兰特 博物馆

（Brandts；www.brandts.dk；Brandts Torv；联票 成人/儿童 Dkr90/免费；⏲周二、周三和周五至周日 10:00~17:00，周四 正午至21:00）布兰特走廊（Brandts Passage）上从前的纺织厂已经被改造成了一座漂亮的艺术中心，拥有发人深省、精心策划的展览，内容经常变化（我们上次去的时候有关于文身的展览）。注意：周四17:00后可免费进入参观。

Brandts Samling（永久展览）追溯了从古典至现代的250年丹麦艺术史，还包括一个令人印象深刻的国际摄影展。

住宿

Cabinn Odense Hotel 酒店 €

（☎63 14 57 00；www.cabinn.com；Østre Stationsvej 7；标单/双 Dkr495/625起；@📶）它是一家很受欢迎的廉价连锁酒店，和附近的Danhostel一起争夺预算有限、乘坐火车旅行的游客。当然，床铺很窄，简朴的房间也缺少美感，但在这个价位还是很超值的。

Danhostel Odense City 青年旅舍 €

（☎63 11 04 25；www.odensedanhostel.dk；Østre Stationsvej 31；铺/双 Dkr250/470起；@📶）这个青年旅舍对旅行者来说位置绝佳，毗邻火车站和汽车站，对面就是国王公园。房间大且现代，所有房间都有浴室，旅舍还有一个客用厨房、洗衣房和一个地下室电视房。

餐饮

★ Restaurant no.61 欧洲菜 €€

（☎61 69 10 35；www.no61.dk；Kongensgade 61；2道菜/3道菜 Dkr255/295；⏲周二至周六 17:00起）这家舒适的农舍时尚风格的法式小馆以经典的欧洲菜肴备受赞誉，拥有每月一换的菜单，菜式少而简单，都是应季菜。每道菜都有两种菜式可选：直接来自菲英岛田野的菜肴可能包括白芦笋配松露荷兰沙司，或草莓、大黄、白巧克力和卡仕达酱调制的甜食。建议预订。

Nelle's Coffee & Wine 酒吧

（www.nelles.dk；Pantheonsgade；⏲周一至周四 9:00~22:00，周五和周六 至午夜，周日 9:00~17:30；📶）早上来这里补充咖啡因（Nelle's的鲜煮咖啡是城里最好的），然后在葡萄酒时间返回，从大约20种论杯出售的葡萄酒中选择（Dkr45起）。Nelle's不提供饭菜，但你也不会饿肚子：上午有酥皮糕点，下午有蛋糕，还有葡萄酒时间的坚果或奶酪拼盘。

实用信息

旅游信息中心（☎63 75 75 20；www.visitodense.com；Vestergade 2；⏲7月和8月 周一至周五 9:30~18:00，周六 10:00~15:00，周日 11:00~14:00，9月至次年6月 周一至周五 10:00~16:30，周六 至13:00）位于距离火车站700米的市政厅内，是一个资料充足、很有帮助的信息中心。

到达和离开

欧登塞位于哥本哈根（Dkr276，1.5小时，每小时2班）和奥胡斯（Dkr240，1.75小时，每小时2班）之间的铁路干线上。

日德兰半岛（JUTLAND）

丹麦没有南北之分，在文化、精神并且很大程度在政治上，它分为日德兰半岛……以及剩下的地方。

奥胡斯(Aarhus)

人口 310,800

一直是伴娘，从未做新娘，奥胡斯（发音为“oar-hus”）一直被笼罩在更大、更傲慢的哥本哈根的阴影下。不过这座和蔼可亲的丹麦第二大城市拥有时髦精品店、酒吧、咖啡馆、世界级的餐厅和美妙的博物馆。它是2017年的欧洲文化之都（www.aarhus2017.dk），届时一定会迈上新台阶。

景点

★奥胡斯现代艺术博物馆 艺术博物馆

（ARoS Aarhus Kunstmuseum; www.aros.dk; Aros Allé 2; 成人/儿童 Dkr110/免费; ⊙周二至周日 10:00~17:00，周三 至22:00; ）奥胡斯现代艺术博物馆的立体主义红砖墙内有9层展厅，由连续的曲线、高耸的空间和雪白的墙壁构成，展示了一系列美妙的“黄金时代”作品、丹麦现代主义作品，以及引人注目的丰富的当代艺术品。为博物馆锦上添花的是壮观的Your Rainbow Panorama，这是一座拥有360度视角的屋顶走廊，透过它的彩虹色玻璃窗为你呈现这座城市的彩色风景。

老城博物馆 博物馆

（Den Gamle By, The Old Town; www.dengamleby.dk; Viborgvej 2; 成人/儿童 Dkr135/免费; ⊙10:00~17:00; ）丹麦人对盛装打扮和重现历史似乎有无尽的热情，这种热情在老城博物馆达到了顶峰。它是一座引人入胜的露天博物馆，由75座砖木结构的房屋组成，这些房屋全都来自丹麦各地，并重建成安徒生时代省会集镇的样子。重建的1927年和1974年街区是最近添加的。

★穆厄庄园博物馆 博物馆

（Moesgård Museum; www.moesmus.dk; Moesgård Allé; 成人/儿童 Dkr110/免费; ⊙周二至周日 10:00~17:00，周三 至21:00，7月至9月 周一开放）不要错过位于市区以南10公里处的改头换面后的穆厄庄园博物馆。它在2014年10月重新开放，现代空间设计得极为壮观，旁边就是从前用于展示其绝佳史前展品的庄园宅邸。这座博物馆的明星展品是拥有2000年历史的男性木乃伊（Grauballe Man），他的身体保存得极其完好，是1952年在奥胡斯以西35公里的村庄Grauballe发现的。

住宿

CabInn Aarhus Hotel 廉价酒店 €

（☎86 75 70 00; www.cabinn.com; Kannikegade 14; 标单/双/标三 Dkr495/625/805起; P@）“最好的位置，最好的价格”是CabInn连锁酒店的格言，使这家分店在2014年扩张了一倍，它在某些方面确实做得很好。功能齐全的房间是按照船舱布置的（因此得名），最便宜的房间很小，但所有房间都有浴室、水壶和电视。位置的确很棒。早餐另外收费Dkr70。

City Sleep-In 酒店 €

（☎86 19 20 55; www.citysleep-in.dk; Havnegade 20; 铺 Dkr180，双 不带/带浴室 Dkr450/500; @）这个位置最居中的酒店房间小，而且只能满足基本需求——你会对公共区域更感兴趣，比如漂亮的庭院或位于二楼的电视房。这里拥有能帮得上忙的员工、全球化的气氛和不错的设施（带锁柜子、厨房、桌球台和洗衣房）。

★Hotel Guldsmeden 精品酒店 €€

（☎86 13 45 50; www.hotelguldsmeden.com; Guldsmedgade 40; 双 不带/带浴室 Dkr995/1395起; ）这家酒店以其优越的位置、亲切的员工、铺着波斯地毯的法国殖民地风格房间、漂亮的花园和悠闲时尚的氛围成为上佳之选。丰盛的早餐（主要是有机食品）及Guldsmeden专用的有机卫浴用品都包含在房费内。Guldsmed在丹麦语中同时有“金匠”和“蜻蜓”的意思——留意装修中使用的蜻蜓浮雕。

就餐

拉丁区（Latin Quarter）的法式小馆风格的咖啡馆很不错，Skolegade（及其延伸出来的Mejlgade）有一些实惠的选择。

Oli Nico 各国风味 €

（www.olinico.dk; Mejlgade 35; 菜肴 Dkr55~125; ⊙周一至周五 11:30~14:00和17:30~21:00，周六 正午至14:00和17:30~21:00，周日 至21:00）

Aarhus 奥胡斯

在Oli Nico你可能要抢座位，这家小餐馆提供各类经典菜肴，而且价格实惠得惊人（淡菜薯条Dkr60，肋眼牛排Dkr125，两道菜都配自制薯条）。每天都不同的三道菜晚餐套餐（仅需Dkr130）大概是奥胡斯保守得最好的美食秘密。不接受预订。可带走。

★ **St Pauls Apothek** 新派斯堪的纳维亚菜 €€

（☎86 12 08 33; www.stpaulsapothek.dk; Jægergårdsgade 76; 2道菜/3道菜套餐Dkr245/295; ⊙周二至周四 17:30至午夜，周五和

Aarhus 奥胡斯

重要景点

1 奥胡斯现代艺术博物馆 A4

景点

2 Aarhus Domkirke D2

住宿

3 CabInn Aarhus Hotel D3
4 City Sleep-In D3
5 Hotel Guldsmeden C1

就餐

6 Oli Nico D1
7 St Pauls Apothek B6

娱乐

8 Train D4

周六 至次日2:00）这里曾经是一家药房，如今是奥胡斯最热门、最超值的就餐目的地，时髦的调酒师、复古建筑装饰以及优美朦胧的照明彰显出布鲁克林风格。菜单种类不多，但重头戏在于产自北欧的食材和绝妙的食材搭配——仅需Dkr595就可以享用三道菜和品质优越且美妙的鸡尾酒。提前预订。

饮品和娱乐

奥胡斯是这个国家的音乐之都，从高贵的音乐厅到塞满了啤酒的角落，各种场所都会上演有品质的音乐演出。可登录网站www.visitaarhus.com或www.aoa.dk查看最近演出信息。

Strandbaren 酒吧

（www.facebook.com/strandbarenaarhus; Havnebassin 7, pier 4; 5月至9月）港湾的船运集装箱和沙滩组成了海滩酒吧，这个地方就在Aarhus Ø（出了轮渡港口就是），供应食物、饮品、打情骂俏的机会，以及取决于天气的活动。可在它的Facebook页面上查看开放时间和位置（港口的再开发项目可能要求它每年换一个地方，开放时间是“阳光明媚时”）。

Train 现场音乐、夜店

（www.train.dk; Toldbodgade 6; 周五和周六 夜店午夜起）作为奥胡斯首屈一指的夜店，Train首先是一个音乐演出场所，每周两个晚上有演出，会有国际大牌前来表演。周五和周六夜晚会变成夜店，可容纳1700人在此狂欢，还有一流的DJ主持。这个建筑群还包括一个时髦的俱乐部Kupé。

实用信息

VisitAarhus通过网络（www.visitaarhus.com）、电话（87 31 50 10）、夏天的小亭子和遍布全城的触摸屏提供信息。智能手机使用者还可以下载免费的VisitAarhus应用。

到达和离开

奥胡斯的铁路交通很顺畅，目的地包括哥本哈根（Dkr382，3~3.5小时，每小时2班），途经欧登塞。

斯卡恩（Skagen）

人口 8350

拥有丰富的艺术遗产、新鲜的海鲜和上镜的街区，斯卡恩（发音为“skain”）是丹麦的美味缩影。在19世纪中期，艺术家们群集于此，痴迷于万丈光芒照射在崎岖的美丽风景上产生的奇妙效果。如今游客们蜂拥而至，吸引他们来到这里的是繁忙的港口、绵长的沙滩和熙熙攘攘的假日氛围。

景点

★斯卡恩博物馆 博物馆

（Skagens Museum; www.skagensmuseum.dk; Brøndumsvej 4; 成人/儿童 Dkr90/免费; 5月至8月 每天10:00~17:00，9月至次年4月 周二至周日）这座美妙的画廊展示了1870~1930年在斯卡恩创作的杰出艺术品。

艺术家们在19世纪中期发现了斯卡恩明媚的阳光和疾风吹过的荒地沙丘，并充满热情地定格了该地区捕鱼生活的浪漫场景——斯卡恩的居民以捕鱼艰难谋生已有数百年的历史。

PS Krøyer、Anna Ancher和Michael Ancher等画家遵循了en plein air（户外）绘画的当代风尚。他们的作品建立了一种富于想象的绘画风格，被后世称为“斯卡恩画派”。

不要错过

乐高乐园

乐高乐园（Legoland；www.legoland.dk；Nordmarksvej；成人/儿童 Dkr309/289；⏲7月至8月中旬 10:00~20:00或21:00，4月至6月和9月至10月开放时间缩短，11月至次年3月关闭；🅰）是除哥本哈根外丹麦接待游客最多的旅游景点，你可以在此重回童年。位于乐高公司所在的Billund镇以北1公里，这座主题公园用小小的塑料乐高积木再现了众多场景，既有著名城市、地标和野兽，也有改建的来自《星球大战》系列电影中的场景。

乐高乐园的闭园时间不定（18:00~21:00）。还需要注意的是（而且知道的人不多），公园在骑乘游乐设施关闭前半小时敞开大门，此时入园无须门票。骑乘设施通常在公园本身闭园之前1或2小时关闭（可上网查看），所以走运的话，你可以免费入园2.5小时，游览迷你乐园。

2017年，**乐高屋**（Lego House）"体验中心"即将在Billund镇上开幕。它的设计大胆独特，就像一块巨大的乐高砖，里面将容纳展览区、屋顶花园、一家咖啡馆、一个乐高商店和一个带顶棚的公共广场，预计每年接待25万名游客。

Billund位于日德兰半岛中部。乘坐火车的话，最常用的路线是在Vejle下车，在那里乘坐公共汽车（43路或143路）。奥胡斯和公园附近的Billund机场（Dkr160，1小时）之间每天有10班公共汽车往来。可使用www.rejseplanen.dk.网站计划你的行程。

格雷嫩角（Grenen） 户外

丹麦是一个整洁有序的国家，就算是最北端也不会让人觉得邋遢，不过这片干净的沙滩只有几米宽。你甚至可以在顶端卡特加特海峡（Kattegat）与斯卡格拉克海峡（Skagerrak）的交会处戏水，把两只脚各伸进不同的海水中——但别玩过头了。这里禁止游泳，因为有危险的潮汐。

Gammel Skagen 村庄、海滩

精致的Gammel Skage（"老斯卡恩"，又称Højen）以其辉煌的落日、高档酒店和富有的夏季居民闻名，给人一种科德角（Cape Cod）的感觉。

这里曾经是个小渔村，后来沙尘暴破坏了这个疾风劲吹的区域，迫使众多居民搬到斯卡恩，后者位于更遮风的东海岸。它位于斯卡恩以西4公里，骑自行车即可轻松抵达：朝着腓特烈港（Frederikshavn）的方向骑，在Højensvej右拐，一直骑就会到达海边。

住宿

Danhostel Skagen 青年旅舍 €

（☎98 44 22 00；www.danhostelskagen.dk；Rolighedsvej 2；铺/标单/双 Dkr180/525/625；⏲3月至11月；🅿📶）这家青年旅舍现代、实用且一尘不染，总是一派繁忙景象。它很实惠，特别是对家庭或集体出游的人来说。淡季价格下降幅度会很大。从斯卡恩火车站向腓特烈港走1公里即可到达（如果你是坐火车来的，在Frederikshavnsvej下车）。

★Badepension Marienlund 客栈 €€

（☎28 12 13 20；www.marienlund.dk；Fabriciusvej 8；标单/双 含早餐 Dkr650/1100；⏲4月至10月；🅿📶）舒适的氛围、田园诗般的花园，以及漂亮的休息室和早餐区让Marienlund成为上佳之选。这里只有14个房间，所有房间都装饰成白色的简约风格（全部带浴室）。酒店位于镇中心以西一个宁静的居民区里。可以租用自行车。

就餐

港口区有十来家海鲜棚屋，出售新鲜的海鲜。对虾和小虾（rejer）是最受欢迎的，一大份的售价大约为Dkr100。

实用信息

旅游信息中心（☎98 44 13 77；www.skagen-tourist.dk；Vestre Strandvej 10；⏲6月底至8月中旬周一至周六 9:00~16:00，周日 10:00~14:00，其他月份时间缩短）在港口前，提供许多关于地区景点和活动的信息。

到达和离开

前往腓特烈港(Dkr60,35分钟)的火车每小时1班,你可以在那里换乘,前往更靠南的目的地。

在夏天(6月底至8月中旬),99路公共汽车连接斯卡恩和其他北部城镇和景点,包括希茨海尔斯(Hirtshal)。

生存指南

出行指南

签证

➡ 申根签证适用。

➡ **丹麦签证中心**[☎010-8405-9639; www.denmarkvac.cn/chinese/index.html; 北京朝阳区工体北路13号院1号楼703室(海隆石油大厦); ⊙签证申请受理/护照领取/电话咨询 周一至周五 8:00~15:00] 上海、广州和重庆签证中心参见网页。

货币

➡ **自动柜员机** 主要银行的自动柜员机都接受维萨卡、万事达卡及Cirrus和Plus的银行卡。银联卡暂不支持取现。

➡ **信用卡** 维萨卡和万事达卡的接受程度很高,偶尔接受美国运通和大莱卡。某些餐厅、商店和酒店对外国信用卡加收3.75%的附加费。

➡ **小费** 餐厅账单和出租车费中已含服务费,不用另付小费,不过如果服务特别好的话,将账单凑到最近的整数是常见做法。

国家速览

面积 43,094平方公里

首都 哥本哈根

国家代码 ☎45

货币 克朗(Dkr)

紧急情况 ☎112

语言 丹麦语

现金 自动柜员机很常见,广泛接受信用卡

人口 560万

签证 适用申根签证

汇率

人民币	CNY1	DKK1.01
港币	HKD1	DKK0.85
澳门元	MOP1	DKK0.83
新台币	TWD1	DKK0.20
新加坡元	SGD1	DKK4.80
欧元	EUR1	DKK7.44
美元	USD1	DKK6.63
英镑	GBP1	DKK9.65

活动

➡ 丹麦适合进行各种各样的户外活动,从步行和骑自行车到钓鱼和水上运动。**Visit Denmark**(www.visitdenmark.com)网站提供很棒的信息和链接。

➡ 骑自行车游览丹麦的最佳方式是找一张地图,自己做计划——**Cyclistic**(http://cyclistic.dk/en/)网站是一个很棒的信息来源。每个地方都有自己详尽的骑行地图,比例尺为1:100,000;很多地图都附带小册子,上面有详细的住宿、景点和其他当地信息。这些地图售价Dkr129左右,旅游信息中心有售,也可以通过丹麦自行车协会**Dansk Cyklist Forbund**(店铺地址http://shop.dcf.dk)的网站在线购买。

营业时间

➡ 营业时间全年不定。我们提供了旺季时的营业时间,在旅游地区和旅游机构,营业时间在平季和淡季会大幅缩短。

➡ 热门度假地区的家庭友好型景点(博物馆、动物馆、游乐园)通常从6月开放至8月(也有可能是5月至9月),此外,学校的春假和秋假期间也会开放。

银行 周一至周五10:00~16:00

酒吧 16:00至午夜,周五和周六至次日2:00或更晚(夜店在周末可能开到次日5:00)

咖啡馆 8:00至17:00或更晚

餐厅 正午至22:00(周末的开门时间可能较早,可以吃早午餐)

商店 周一至周五10:00~18:00(周五可能至19:00),周六至16:00。一些较大的商店在周日也营业。

超市 8:00至20:00、21:00或22:00(很多超市有7:00左右开业的面包房)

节假日

银行和大多数商业机构在节假日关门，交通班次通常减少。

元旦 1月1日

濯足节 复活节前的周四

耶稣受难日至复活节周一 3月/4月

祈祷日 复活节后的第4个周五

耶稣升天节 复活节后的第6个周四

圣灵降临节 复活节后的第7个周日

圣灵降临节后一日 复活节后的第7个周一

宪法日 6月5日

圣诞节 12月24日正午至12月26日

新年之夜 12月31日（正午起）

住宿

露营和小屋

➡ 丹麦共有将近600个营地，相当适合露营者。部分营地仅夏季开放。许多营地出租小屋。

➡ 一个成人每晚收费一般为Dkr75，儿童大约为此价格的一半。在夏天，有些地方还加收场地费，每顶帐篷/拖车Dkr50；有些营地还收一小笔生态税。

➡ 在所有营地住宿都需要一张露营卡（每两人Dkr110）。可以在抵达的第一个营地、当地旅游信息中心或通过Danish Camping Board（见www.danishcampsites.dk）购买。

➡ 见www.danishcampsites.dk和www.dkcamp.dk。

青年旅舍

➡ 大约88家青年旅舍组成了**丹麦青旅**（Danhostel; www.danhostel.dk）协会，隶属于国际青年旅舍（Hostelling International，简称HI）。有些是位于度假区域的专门的青年旅舍，还有些附属于体育中心。

➡ 建议预订，尤其是夏天。在有些地方，前台到18:00就关闭了。在大多数青年旅舍，前台办事处从正午至16:00是关闭的，电话也没有人接。

➡ 宿舍床位的价格通常为Dkr200~275。至于私人房间，双人间的价格是Dkr450~720，较大的房间每多住一个人加收Dkr100。所有青年旅舍都提供家庭房。许多房间都有浴室。

➡ 自带床单的话可以省钱，因为大部分青年旅舍的床单都收费。

➡ 所有青年旅舍都提供早餐，收费Dkr70左右。

➡ 如果持有效的国家或国际青旅卡，可以享受10%的折扣（该卡可在青旅购买，丹麦公民收费Dkr70，外国人Dkr160）。我们列出的是优惠前的非会员价。

> ### 住宿价格区间
>
> 下列价格区间指的是旺季双人间的价格。除非另作说明，房间都有独立卫浴。
>
> **€** 低于Dkr700
>
> **€€** Dkr700~1500
>
> **€€€** 高于Dkr1500

酒店

➡ 部分酒店在网站上列出了官方汇率，有些酒店的房价随季节和需求波动。大多数酒店的网站提供优惠，www.booking.com等搜索引擎也有优惠。

➡ 很多商务酒店在全年周五和周六晚及夏季高峰期（大约从仲夏6月底至8月初或中旬开学时）提供折扣。

➡ 早餐是否包含在房费内没有普适的规则——很多酒店含早餐，但有些酒店是自主选择的。在CabInn这样的廉价酒店，你可以购买早餐，每人Dkr70左右。

其他住宿

➡ 通过**AirBnB**（www.airbnb.com）可以从数百个地方（夏日村舍小屋、室内公寓、家庭友好型宅邸）的业主那里直接租房。

➡ 很多旅游信息中心可以帮忙预订私人住宅的房间，收取一小笔手续费，或者在网站上提供当地房间的清单。

电话

➡ 丹麦国内没有区号。

➡ 从外国拨打丹麦电话时，先拨你所在国家的国际接入码，然后拨☎45（丹麦的国家代码），最后是当地号码。

➡ 从丹麦拨打国际电话时，先拨☎00，然后是所呼叫国家的国家代码，紧接着是区号和当地号码。

➡ 公共付费电话有点难找，但接受硬币、电话卡和信用卡。电话卡可在报刊亭和邮局购买。

特色饮食

- **新北欧风味** 在哥本哈根最热门的餐厅之一品味所有人都在谈论的在烹饪运动中诞生的创新菜肴（需要预订）。
- **单面三明治（Smørrebrød）** 在燕麦面包上面放置任何你想放的配料，从鞑靼牛肉到鸡蛋和虾，这种单面三明治是丹麦最著名的餐饮出口产品。
- **鲱鱼（Sild）** 烟熏、腌渍或煎炸，鲱鱼是当地的主要食物，搭配分量十足的阿夸维特酒最佳。
- **肉桂面包卷（Kanelsnegle）** 富含卡路里的美味小吃，是一种甜的、使用大量黄油的酥皮糕点，有时点缀有巧克力。
- **阿夸维特酒（Akvavit）** 丹麦人最爱的酒精饮料就是这种加入葛缕子调味的烈酒，来自奥尔堡，喝的时候用小杯一饮而尽，紧接着喝一口啤酒（øl）。
- **狂饮啤酒（Lashings of beer）** 嘉士伯或许是最受欢迎的，不过丹麦的小自酿啤酒厂包括Mikkeller、Rise Bryggeri和Grauballe。

网络资源

Visit Denmark（www.visitdenmark.com）是丹麦的官方旅游局网站，列出了全国各地的旅游信息中心。

时间

- 丹麦比协调世界时/格林尼治标准时间（UTC/GMT）提前1小时。从3月底至10月底实行夏令时，时钟向前拨快1个小时。
- 丹麦使用24小时制，时间表和营业时间都用相应的办法表示。

ℹ 到达和离开

飞机

- 抵达丹麦的大多数国际航班降落在位于Kastrup的哥本哈根机场，在哥本哈根市中心东南方向约9公里处。
- 部分国际航班（主要来自其他北欧国家或英国）降落在奥胡斯、奥尔堡、Billund、Esbjerg和Sønderborg的小型地区性机场。

陆路

- 丹麦的陆地边境通道只连接德国，不过厄勒海峡（Øresund）上的大桥连接起了瑞典。如果走陆路的话，穿过连接哥本哈根和马尔默（Malmö）的厄勒海峡大桥，每辆汽车需要支付Dkr335的过桥费。火车经常走这条路线（Dkr95，35分钟）。
- **Eurolines Scandinavia**（www.eurolines.dk）连接26个国家的500多座主要欧洲城市。目的地、时间表和票价都可在线查询。建议预订。

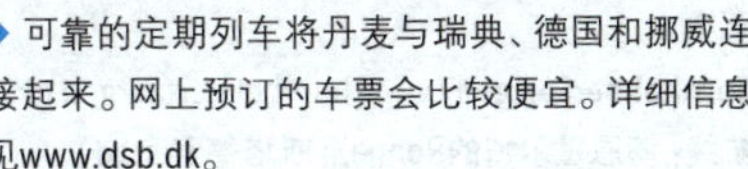

- 可靠的定期列车将丹麦与瑞典、德国和挪威连接起来。网上预订的车票会比较便宜。详细信息见www.dsb.dk。

海路

- 丹麦与挪威、瑞典、德国、冰岛和法罗群岛之间有轮渡连接。连接英国的轮渡在2014年停运。
- 这些轮渡的票价取决于季节和当天是星期几，并且差异很大。最高的票价一般在夏天的周末，最低的是在冬天的工作日。针对铁路通票、学生卡的持有者和老年乘客常有折扣。建议预订。

下面列出了主要运营商和它们的航线。

法罗群岛和冰岛

Smyril Line（www.smyrilline.com）航线：希茨海尔斯（Hirtshals）至Seyðisfjörður（冰岛），途经Tórshavn（法罗群岛）。

就餐价格区间

下列价格区间指的是本章所列餐厅的主菜价格。

€ 低于Dkr125

€€ Dkr125~250

€€€ 高于Dkr250

德国

BornholmerFærgen（www.bornholmerfaergen.dk）航线：博恩霍尔姆（Bornholm）的Rønne至Sassnit。

Scandlines（www.scandlines.com）航线：洛兰岛（Lolland）的Rødbyhavn至Puttgarden；法尔斯特岛（Falster）的Gedser至罗斯托克（Rostock）。

挪威

Color Line（www.colorline.com）航线：希茨海尔斯至克里斯蒂安桑（Kristiansand）和拉尔维克（Larvik）。

DFDS Seaways（www.dfdsseaways.com）航线：哥本哈根至奥斯陆。

Fjordline（www.fjordline.com）航线：希茨海尔斯至克里斯蒂安桑、途经斯塔万格（Stavanger）至卑尔根（Bergen），以及至朗厄松（Langesund）。

Stena Line（www.stenaline.com）航线：腓特烈港至奥斯陆。

瑞典

BornholmerFærgen（www.bornholmerfaergen.dk）航线：博恩霍尔姆的Rønne至斯塔德（Ystad）。

Scandlines（www.scandlines.com）航线：赫尔辛格至赫尔辛堡（Helsingborg）。

Stena Line（www.stenaline.com）航线：腓特烈港至哥德堡（Göteborg）；Grenaa至瓦尔贝里（Varberg）。

当地交通

自行车

➡ 这里非常适合骑行，优良的自行车道遍布全国。

➡ 几乎每一座丹麦城镇和村庄都可以租到自行车。自行车的租赁价格平均为每天/周 Dkr100/400。

必备交通网站

要获取丹麦境内的交通信息，必不可少的网站是www.rejseplanen.dk。它可以让你输入起点和终点、日期，以及偏好的旅行时间，然后会为你选择最佳旅行路线，包括步行、乘坐汽车和火车。附带公交路线链接，给出旅行时间和票价。下载移动端应用更方便。

日德兰半岛北部轮渡港口

前往瑞典、挪威和冰岛的轮渡（见363页）从日德兰半岛北端的两个港口出发。

➡ 轮渡从腓特烈港开往哥德堡和奥斯陆。腓特烈港和哥本哈根（Dkr445，6小时）之间的火车途经欧登塞、奥胡斯和奥尔堡。

➡ 从希茨海尔斯出发的轮渡前往6个挪威港口，每周有1班船开往冰岛，途经法罗群岛。从哥本哈根坐火车去希茨海尔斯（Dkr453，5.5小时）应在Hjørring换乘。

➡ 轮渡和火车可以运载自行车，收一小笔费用。

船

➡ 轮渡连接丹麦几乎所有有人居住的岛屿。

长途汽车

➡ 长途汽车不如火车方便快捷。不过，某些跨国长途汽车路线仍在运营，票价比火车低大约25%。

➡ 热门路线包括哥本哈根至奥胡斯或奥尔堡。

Abildskou（www.abildskou.dk）是一家很有用的运营商。

小汽车和摩托车

➡ 丹麦非常适合驾车游览，路况很好，路标充足清晰，交通状况也不错，即使是在哥本哈根等大城市（高峰时段除外）。

➡ 丹麦的轮渡可运输汽车，收费合理。最好预订，尤其是在夏季。

火车

➡ 除少数私营线路外，**Danske Statsbaner**（DSB；☎70 13 14 15；www.dsb.dk）运营丹麦的所有列车。总体而言，火车旅行并不贵，因为大部分路线的距离很短。

➡ 铁路干线上的长途火车白天至少每小时1班。在早上和晚上的高峰时段，如果要乘坐高速InterCityLyn（ICL）和Intercity（IC）列车，建议预订（Dkr30）。

➡ 学生、儿童、老年人和团体乘客可享受各种优惠。有时会有提前购票的可观折扣——寻找"橙色"车票。

爱沙尼亚

包括 ➡

最佳餐饮

- Ö（见374页）
- Tchaikovsky（见374页）
- Leib（见374页）
- Von Krahli Aed（见374页）
- Altja Kõrts（见377页）

最佳住宿

- Antonius Hotel（见379页）
- Hotel Telegraaf（见373页）
- Yoga Residence（见373页）
- Euphoria（见373页）
- Tallinn Backpackers（见373页）

为何去

爱沙尼亚无须刻意地令自己变得与众不同：这个国家本身就是独一无二的。爱沙尼亚虽然与拉脱维亚和立陶宛有相似的地理环境与历史，但是这个国家的文化不同。无论是民族还是语言，爱沙尼亚都更接近芬兰。不过虽然他们都喜欢一丝不挂地洗桑拿浴，但爱沙尼亚被苏联统治了50年，令这两个国家渐行渐远。在过去的300年中，爱沙尼亚一直与俄罗斯有密切的联系，但是这两个国家之间的共同点就像家燕和熊那么少（家燕和熊分别是两个国家的象征）。

过去几十年中，脱离了苏联而独立的爱沙尼亚逐渐找回自信，渐渐地摆脱了苏联在这个国家留下的印记，开始亲近西欧。爱沙尼亚与欧洲之间的吸引是相互的：欧洲人为塔林（Tallinn）那迷人的中世纪风情以及受到联合国教科文组织保护的古老城镇所倾倒，而那些追求与众不同旅行经历的游客则会探索爱沙尼亚那东欧与北欧交融的风情。

何时去

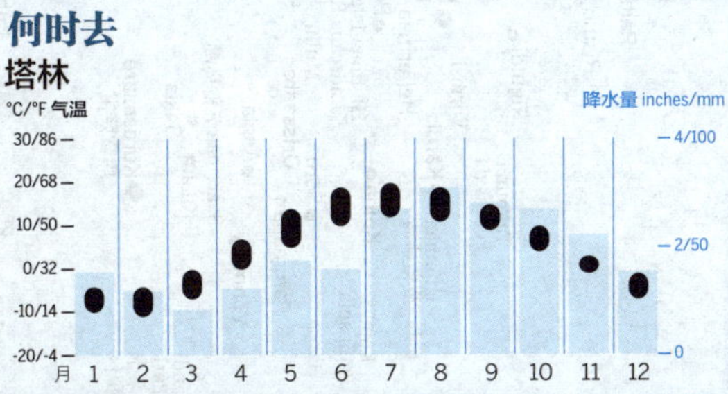

4月至5月 看着爱沙尼亚摆脱冬天的忧郁。

7月至8月 有极昼、海滩聚会以及数不清的夏季节日。

12月 逛一逛圣诞市场、品一品加香料的热葡萄酒，度过漫长而温暖的冬夜。

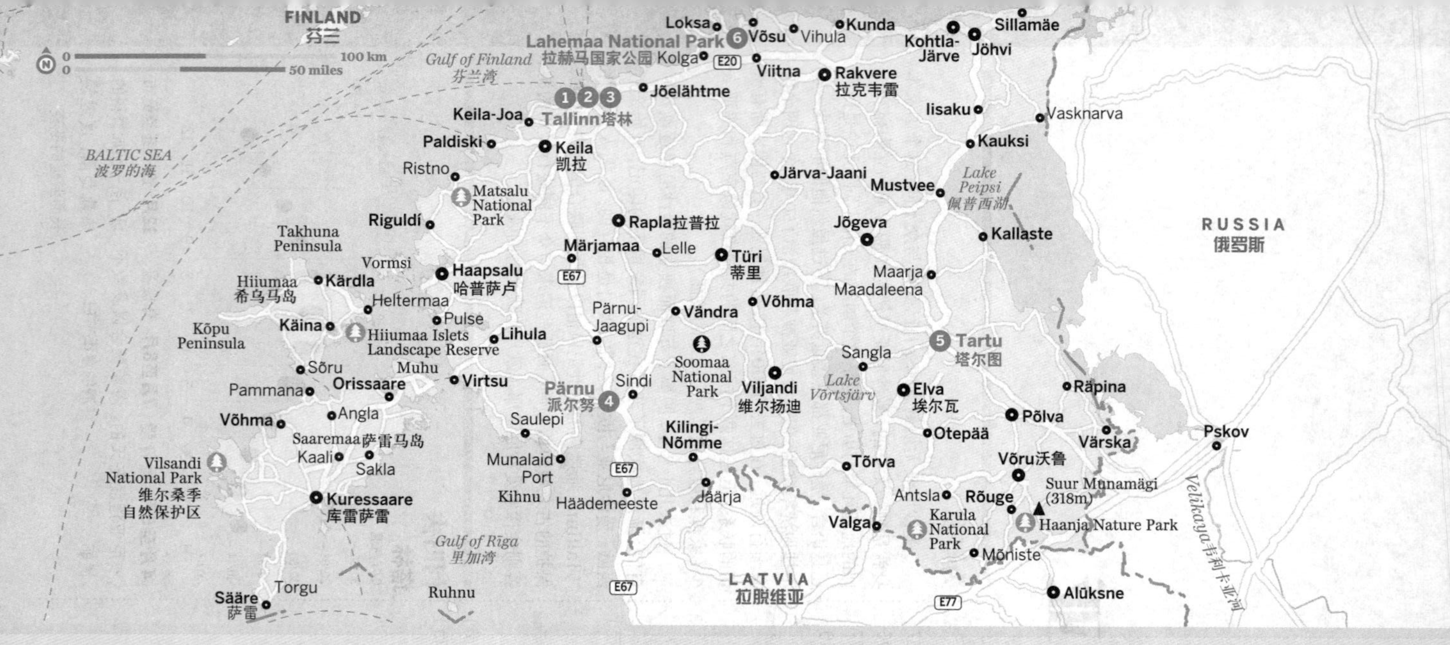

爱沙尼亚亮点

❶ 在**塔林老城**充满历史感的街巷中寻找中世纪风情的餐厅和酒吧。

❷ 在**塔林**郁郁葱葱的**卡德里奥公园**（见371页）追寻着俄国皇室成员的足迹漫步。

❸ 在**塔林**的众多优秀**博物馆**中了解爱沙尼亚被外国侵占的历史，明白幸福美好的生活是要付出代价的。

❹ 在爱沙尼亚的"夏都"**派尔努**（见380页）的金色沙滩和优雅街道上漫步。

❺ 在爱沙尼亚的第二大城市**塔尔图**（见377页）的大学城的博物馆和酒吧里继续了解这个国家。

❻ 在**拉赫马国家公园**（见376页）的庄园宅邸之间骑车，探索发现属于自己的荒芜海滩。

塔林(TALLINN)

人口 412,000

如果你认为“苏联”就意味着沉闷和灰暗，塔林会证明你是错的。这座城市自有其无穷魅力，将现代和中世纪风情融合得天衣无缝，打造出属于自己的勃勃生机。带有尖塔的教堂、有玻璃外墙的摩天大楼、巴洛克式的宫殿、迷人的餐厅食肆、令人沉思的碉堡城垛、闪闪发光的购物中心、老旧的木头房子，以及阳光明媚的广场上的咖啡馆混合在一起，散发着迷人的异国情调。而残存的一丝苏联痕迹更是增添了许多趣味。

景点和活动

老城 (Old Town)

塔林的中世纪老城(Vanalinn)无疑是爱沙尼亚最令人着迷的地点。它包括座堂山(Toompea；上城区)和下城区，大部分老城都处在一座2.5公里长防护城墙的包围之中。

座堂山 (Toompea)

根据传说，座堂山是神话传说中爱沙尼亚的第一位领袖卡列夫(Kalev)的墓丘。当塔林还是一座德国城镇时(当时叫Reval)，这座建有堡垒的山丘是主教和封建贵族的领地，他们居高临下地俯视着下面的商人和平民百姓。有两三个很棒的观景点，可以欣赏到从下城区的屋顶至大海的壮阔美景。

圣玛丽大教堂 教堂

(St Mary's Cathedral; Tallinna Neitsi Maarja Piiskoplik Toomkirik; www.eelk.ee/tallinna.toom/; Toom-Kooli 6; 塔楼 成人/儿童 €5/3; ⏲5月至9月 每天 9:00~17:00, 10月至次年4月 周二至周日 9:00~15:00)塔林的大教堂(如今是路德教会，最初是天主教会)至少创立于1233年，不过如今的教堂外部结构主要建造于15世纪，塔楼是1779年增建的。这座令人难忘的没什么装饰的建筑是富人和贵族的墓地，粉刷得雪白的墙壁上装饰着爱沙尼亚贵族的家族徽章。体力好的人可以爬上塔楼看风景。

亚历山大·涅夫斯基大教堂 教堂

(Alexander Nevsky Cathedral; Lossi plats; ⏲9:00~18:00) 免费 这座宏伟的洋葱穹顶俄国东正教大教堂(1900年完工)位于国会建筑群的对面，这样的位置安排并非偶然：当时的爱沙尼亚是沙俄帝国的一个波罗的海行省，这座教堂是19世纪后半叶推行的沙俄化浪潮中修建的众多建筑之一。东正教信徒成群结队地来到这里，伴随他们的还有目不转睛地注视教堂内部的圣像和壁画的游客们。

座堂山城堡 历史建筑

(Toompea Castle; Lossi plats) 免费 座堂山的顶上最初是一座爱沙尼亚早期要塞，后来丹麦人入侵，并于1219年在这里修建了一座城堡。后来Knights of the Sword城堡又将其取代，并遗留下三座塔楼至今，其中最精美的是14世纪的Pikk Hermann(从后部看最漂亮)。18世纪，这座要塞在俄国女皇叶卡捷琳娜大帝(Catherine the Great)的手中进行了大改造，变身成为一座漂亮的粉色巴洛克式宫殿，如今是爱沙尼亚国会(riigikogu)的所在地。

窥视厨房塔 城堡、博物馆

(Kiek in de Kök; ☎644 6686; www.linnamuuseum.ee; Komandandi tee 2; 成人/儿童

旅行线路

三天

住在塔林，第一天探索老城的所有边边角角。第二天，做大多数游客不会做的事——走出老城。探索一下卡德里奥公园，那里的绿化和艺术中心堪称一流，然后再去奇妙的爱沙尼亚露天博物馆。最后一天，租一辆车去拉赫马国家公园。

一周

前三天在塔林度过，然后花一整天探索拉赫马国家公园，晚上在公园里住宿。接下来的一天踏上前往塔尔图的旅程，住上一两夜，然后将派尔努作为终点站。

Tallinn 塔林

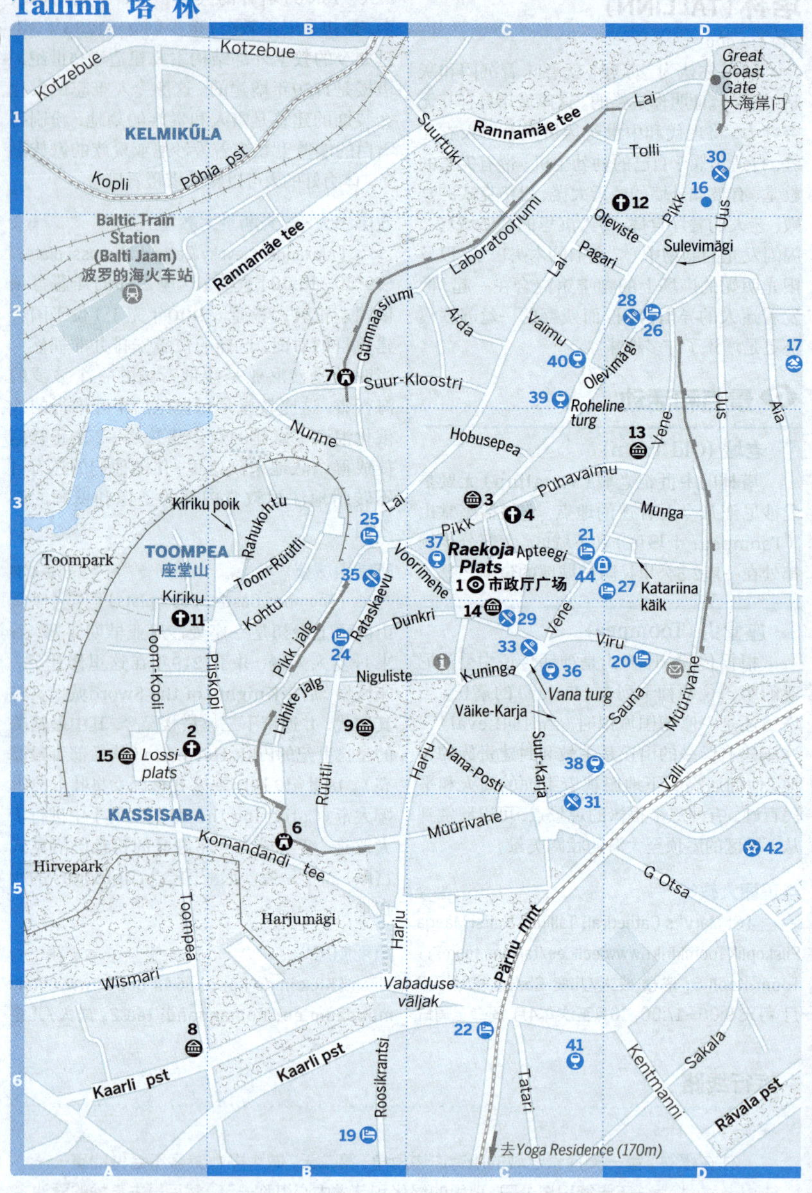

€4.50/2.60; ⊙周二至周日 10:30~18:00)大约建于1475年，这座高而坚固的要塞是塔林最令人畏惧的炮塔。它的名字(用英语读起来很滑稽)是低地德语，意思是"窥视厨房"；从上面的楼层，中世纪爱好者们可以窥探下面的房屋。如今这里是城市博物馆的一个分馆，主要展示这座城市复杂防御工程的变迁。

堡垒通道 要塞

(Bastion Passages, Bastionikäigud; ☎644 6686; www.linnamuuseum.ee; Komandandi tee 2;

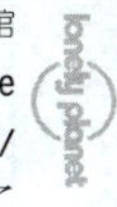

成人/儿童 €5.80/3.20）2小时的团队游从窥视厨房塔出发，探索这条连接各塔楼的17世纪通道。这些通道是瑞典人修建的，用来保护城市，需要提前预约。

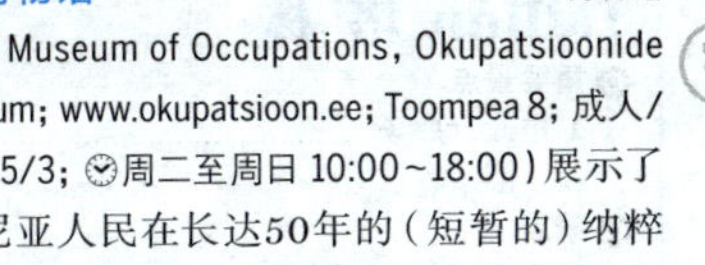

占领博物馆 博物馆

（Museum of Occupations，Okupatsioonide Muuseum；www.okupatsioon.ee；Toompea 8；成人/儿童 €5/3；⏲周二至周日 10:00~18:00）展示了爱沙尼亚人民在长达50年的（短暂的）纳粹和苏联占领期间遭受的困苦和恐惧。照片和文物很有趣，不过给人留下的印象最深刻的是视频（时间较长且扣人心弦）——最终是圆满的结局。

下城区（Lower Town）

沿着下城区狭窄的鹅卵石街道步行，感觉就像是漫步在15世纪——不只是因为当地商家经常让员工穿上中世纪的服饰。最有趣的街道是始于大海岸门（Great Coast Gate）的Pikk（Long St），两边有很多塔林古老的行会建筑。

★市政厅广场 广场

（Town Hall Sq，Raekoja Plats）自从11世纪开始出现集市以来，市政厅广场（Raekoja plats）就成为塔林人的生活中心。15~17世纪，这片地区就被带有柔和色调的建筑所环绕，最醒目的建筑就是哥特式市政厅。整个夏天，户外咖啡馆会诱惑你坐下来，看看广场上的各色人群；在圣诞节过来，会看到一棵巨大的松树矗立在广场中央。无论沐浴在阳光下还是有雪花飘洒，这里总是一个风景如画的地方。

塔林市政厅 历史建筑

（Tallinn Town Hall，Tallinna Raekoda；☎645 7900；www.tallinn.ee/raekoda；Raekoja plats；成人/学生 €5/2；⏲7月至8月 周一至周六 10:00~16:00，9月至次年6月需预订）1404年竣工，是北欧仅存的哥特式市政厅。在里面，你可以参观工会会所（Trade Hall；里面有一本带有皇家标识的留言簿）、会议室（Council Chamber；里面有爱沙尼亚最古老的木雕，可追溯至1374年）、带穹顶的市民大厅（Citizens' Hall）、一间铺有黄黑相间地板的议员办公室，还有一个小厨房。陡峭的斜坡阁楼有关于这栋建筑及其修复历程的展览。

圣灵教堂 教堂

（Holy Spirit Church；Pühavaimu Kirik；www.

Tallinn 塔林

重要景点

1 市政厅广场 C3

景点

2 亚历山大·涅夫斯基大教堂 A4
堡垒通道 .... （见6）
3 爱沙尼亚历史博物馆 C3
4 圣灵教堂 C3
5 维鲁酒店克格勃博物馆 F4
6 窥视厨房塔 B5
7 下城墙 B2
8 占领博物馆 A6
9 圣尼古拉博物馆 B4
10 罗特曼区 F3
11 圣玛丽大教堂 A4
12 圣奥拉夫教堂 D1
13 塔林市博物馆 D3
14 塔林市政厅 C4
15 座堂山城堡 A4

活动、课程和团队游

16 City Bike D1
17 Kalev Spa Waterpark D2
18 Tallinn City Tour E3

住宿

19 Euphoria B6
20 Hotel Cru D4
21 Hotel Telegraaf C3
22 Hotell Palace C6
23 Nordic Hotel Forum E4
24 Old House Apartments B4
25 Tabinoya B3
26 Tallinn Backpackers D2
27 Villa Hortensia D3

就餐

28 Chedi D2
Chocolats de Pierre .... （见27）
29 III Draakon C4
30 Leib D1
31 Must Puudel C5
32 Ö E2
33 Olde Hansa C4
34 Sfäär E3
Tchaikovsky .... （见21）
35 Von Krahli Aed B3

饮品和夜生活

36 Clazz C4
37 DM Baar C3
38 Drink Bar & Grill C4
39 Hell Hunt C2
40 Kultuuriklubi Kelm C2
41 X-Baar C6

娱乐

42 Estonia Concert Hall D5
43 Katusekino F4

购物

44 Katariina Gild C3
Masters' Courtyard .... （见27）
45 Viru Keskus F4

eelk.ee/tallinna.puhavaimu/; Pühavaimu 2; 成人/儿童 €1/50c; ⌚1月和2月 周一至周五 正午至14:00，周六 10:00~15:00，3月、4月和10月至12月 周一至周六 10:00~15:00，5月至9月 周一至周六 10:00~17:00）这座引人注目的哥特式路德宗教堂建于13世纪，其立面上蓝金相间的大钟是塔林最古老的，是1684年安上去的。教堂里面有精美的木雕和彩绘嵌板，包括一个可追溯至1483年的祭坛和一个17世纪的巴洛克讲道台。

爱沙尼亚历史博物馆 博物馆

（Estonian History Museum, Eesti Ajaloomuuseum; www.ajaloomuuseum.ee; Pikk 17; 成人/儿童 €5/3; ⌚10:00~18:00，9月至次年4月 每周三闭馆）爱沙尼亚历史博物馆用一系列对爱沙尼亚民族心理反思的展品填充了1410年修建的引人注目的大公会礼堂（Great Guild Hall）。展品的呈现方式与众不同且极具互动性。硬币收藏者不应错过老税务室（excise chamber）里的展览，而军事发烧友应该下楼去。地下室还展出了大公会礼堂本身的历史。

下城墙 要塞

（Lower Town Wall; Linnamüür; Gümnaasiumi 3; 成人/儿童 €1.50/75c; ⌚6月至8月 11:00~19:00，4月、5月、9月和10月 周五至周三 11:00~17:00，11月至次年3月 周五至周二 11:00~16:00）塔林现存的城墙中风景最优美的一段位于老城的东边，连接着9座塔楼。游客们可以探索其中三座塔楼光秃秃的边边角角，记得准备好照相机拍摄红色的屋顶。

圣奥拉夫教堂 教堂

（St Olaf's Church；Oleviste Kirik；www.oleviste.ee；Lai 50；塔楼 成人/儿童 €2/1；⏲4月至10月 10:00~18:00）1549~1625年（这一年，它高达159米的尖塔被闪电击中并烧毁），这座（如今属浸信会）教堂是全世界上最高的建筑之一，如今的尖塔仍然高达124米。你可以沿着紧凑局促的258级台阶爬上顶端，纵览座堂山高耸于下城区屋顶的美妙景色。

圣尼古拉博物馆 博物馆

（Niguliste Museum；www.nigulistemuuseum.ee；Niguliste 3；成人/学生 €3.50/2；⏲周三至周日 10:00~17:00）始建于13世纪，圣尼古拉教堂（Niguliste Kirik）是这座城市的哥特宝藏之一。如今这里设立了一座专注于中世纪宗教艺术的博物馆。音响效果一流，而且几乎每个周末都有管风琴独奏。

塔林市博物馆 博物馆

（Tallinn City Museum，Tallinna Linnamuuseum；www.linnamuuseum.ee；Vene 17；成人/儿童 €3.20/2；⏲周三至周一 10:30~17:30）塔林的城市博物馆实际上分布在10个不同的地方。这个是主场馆，位于一栋14世纪的商人家宅中，追溯了这座城市从建立之初的发展历程。展览引人入胜，布局也非常合理，有很多英文信息，没有必要租用语音导览器。

Kalev Spa Waterpark 游泳、水疗

（www.kalevspa.ee；Aia 18；2.5小时游览 成人/儿童 €12/10；⏲周一至周五 6:45~21:30，周六和周日 8:00~21:30）对于正经的游泳者，这里有一个奥运标准的室内泳池，不过也有很多其他湿身的方式，包括水滑梯、温泉浴场、桑拿和儿童戏水池。还有一个健身房、日间水疗中心和三个私人桑拿房，其中最大的可以容纳你20个大汗淋漓的亲密朋友。

市中心（City Centre）

★维鲁酒店克格勃博物馆 博物馆

（Hotel Viru KGB Museum；☎680 9300；www.viru.ee；Viruväljak 4；团队游 €9；⏲5月至10月 每天，11月至次年4月 周二至周日）1972年建成的维鲁酒店不仅是当时爱沙尼亚的第一座摩天大楼，也是塔林城内唯一一处供游客住宿的场所——一点儿也不夸张。所有外国游客都被聚集在一起，不但方便监视，而且能够轻易地掌握他们的动向以及接触了哪些当地人，这正是克格勃位于这座大楼24楼间谍基地的日常活动。酒店提供团队游，可以参观所有的间谍设施，一定要提前预订。

罗特曼区 街区

（Rotermann Quarter，Rotermanni Kvartal）令人难忘的当代建筑现身于破旧的砖砌货栈之间，这片开发区将从前的工厂建筑群改造成城市最时髦的新潮购物和餐饮区。

卡德里奥公园（Kadriorg Park）

这座美丽公园占地广阔，位于老城以东大约2公里处（乘坐1路或3路电车），是塔林人最喜爱的一抹绿色。它和巴洛克式的卡德里奥宫（Kadriorg Palace）一起，都是俄国沙皇彼得大帝在征服爱沙尼亚之后不久，为献给自己的妻子叶卡捷琳娜而下令修建的（"Kadriorg"在爱沙尼亚语中的意思是"叶卡捷琳娜的谷地"）。如今，橡树、方方正正的水池和花园为浪漫徜徉和婚纱摄影提供曼妙的背景，儿童游乐场是这座城市的小朋友们释放精力的最爱。

卡德里奥艺术博物馆 宫殿、画廊

（Kadriorg Art Museum，Kardrioru Kunstimuuseum；www.kadriorumuuseum.ee；AWeizenbergi 37；成人/儿童 €4.80/2.80；⏲5月至9月 周二和周四至周日 10:00~17:00，周三 至20:00，10月至次年4月 周一和周二闭馆）由俄国沙皇彼得大帝在1718~1736年修建的卡德里奥宫如今容纳着爱沙尼亚艺术博物馆（Estonian Art Museum）的一个分馆，其中展示着从16世纪至18世纪的荷兰、德国和意大利的绘画作品，还有从18世纪至20世纪初的俄国作品（看看楼上带有社会主义图像的装饰瓷器）。建筑像一座宫殿那样雕梁画栋，金碧辉煌，后面还有一个漂亮的法国风格花园。

库穆美术馆 画廊

（Kumu；www.kumu.ee；A Weizenbergi 34；所有展览 成人/学生 €5.50/3.20，永久性展览 €4.20/2.60；⏲5月至9月 周二和周四至周日 11:00~18:00，周三 至20:00，10月至次年4月 周一和

周二闭馆）这座芬兰人设计的未来主义建筑（建于2006年）共有7层，由石灰岩、玻璃和铜建造而成，十分壮观，并与周围环境融为有机整体。库穆美术馆（“Kumu”是“kunstimuuseum”的简称，意为“艺术博物馆”）收藏着这个国家最为齐全的爱沙尼亚艺术品，还有不断变化的当代艺术展。

皮里塔（Pirita）

皮里塔最出名的事情是，它是1980年莫斯科奥运会的帆船赛事举办地；这里至今仍举办国际赛舟会。它还拥有塔林最大和最受欢迎的海滩。

1A路、8路、34A路和38路公共汽车都往返于市中心和皮里塔，最后两条路线还继续开往电视塔。

电视塔 观景台

（TV Tower, Teletorn; www.teletorn.ee; Kloostrimetsa tee 58a; 成人/儿童 €8/5; ⏲10:00~19:00）这座高达314米的未来主义塔楼及时赶在1980年奥运会举办之前开放，可以让游客在它的23楼（高175米）欣赏绝美的景色。按一下按钮，地板中的毛边玻璃就会一下子变透明，让你直接看到脚下的风景。回过神来之后，可以参观太空胶囊里富于互动性的展览。胆子大的游客可以尝试露天“边缘行走”（€20），或者用绳索下降（€49）。

马尔亚梅宫 博物馆

（Maarjamäe Palace, Maarjamäe Loss; www.ajaloomuuseum.ee; Pirita tee 56; 成人/儿童 €4/2; ⏲周三至周日 10:00~17:00）卡德里奥公园以北1公里的马尔亚梅宫是一座新哥特式的石灰岩庄园宅邸，建于19世纪70年代。如今这里容纳有爱沙尼亚电影博物馆（Estonian Film Museum）和一个游客较少的爱沙尼亚历史博物馆（Estonian History Museum）分馆，后者详细介绍了爱沙尼亚在20世纪的起伏和转折。不要错过建筑后方的苏联雕塑墓地。

其他街区（Other Neighbourhoods）

★水上飞机海港博物馆 博物馆

（Lennusadam Seaplane Harbour; www.lennusadam.eu; Vesilennuki 6, Kalamaja; 成人/儿童 €10/6; ⏲5月至9月 10:00~19:00，10月至次年4月 周二至周日；Ⓟ）当这个三穹顶的飞机库在1917年竣工时，它的钢筋混凝土外框架建筑在全世界上是独一无二的。仿佛是007电影中的反派老巢，这片广阔的区域经过彻底修复后，在2012年作为一个迷人的海洋博物馆面向公众开放，到处都是互动性的展览。亮点包括探索一艘20世纪30年代海军潜艇狭窄的走廊，还有停泊在外面的破冰船和扫雷船。

爱沙尼亚露天博物馆 博物馆

（Estonian Open-Air Museum, Eesti Vabaõhumuuseum; www.evm.ee; Vabaõhumuuseumi tee 12, Rocca Al Mare; 成人/儿童 5月至9月 €7/3.50，10月至次年4月 €5/3; ⏲5月至9月 10:00~20:00，10月至次年4月 至17:00）如果游客们不去乡下的话，就把乡下带到他们身边。这就是这座漫无边际的博物馆的行事原则，有众多古老建筑被“拔”下来，移植在这里高高的树木之间。在夏天，员工们穿着传统服饰，在木头农舍和磨坊之间表演传统活动，穿越之感愈发强烈。

团队游

EstAdventures 步行游览、大巴游

（☎53083731; www.estadventures.ee; €15起; ⏲5月至9月）组织主题标新立异（苏联、传说、间谍、魅影、啤酒等）的塔林步行游览项目。全天的短途野外出游目的地包括拉赫马国家公园（Lahemaa National Park）和塔尔图（Tartu）。

Tallinn Traveller Tours 步行游览、骑自行车

（☎58374800; www.traveller.ee）颇有乐趣、性价比也很高的团队游项目包括免费的、历时两小时的老城徒步观光之旅。此外还有幽灵团队游（€15）、串酒吧（€20）、自行车团队游（€16）和一日游，最远到里加（Riga，€49）。

City Bike 骑自行车、步行游览

（☎5111819; www.citybike.ee; Uus 33）这家旅行社组织各种类型的骑自行车或徒步游览塔林的项目，还组织前往拉赫马国家公园（€49）的游览。常年开展历时2小时的骑自行

车游览塔林（€13~16），目的地是卡德里奥和皮里塔。

Tallinn City Tour 大巴游

（☎627 9080；www.citytour.ee；24小时通票 成人/儿童 €19/16）红色的双层巴士快速便捷，停靠在塔林最著名的旅游景点，游客们可以随意上下车游览。随车有录音语音导游播放。观光巴士从老城之外的Mere pst发车。

住宿

老城（Old Town）

★Tallinn Backpackers 青年旅舍 €

（☎644 0298；www.tallinnbackpackers.com；Olevimägi 11；铺 €12~15；@🛜）位于老城内，地段很好，给人的感觉是相当的国际化，还有许多大受游客们欢迎的设置，如免费Wi-Fi和衣柜、便宜的晚餐、一个桌上足球台——有一间宿舍甚至有自己的桑拿房！还有定期的串酒吧活动，还可组织去附近景点的一日游。

Tabinoya 青年旅舍 €

（☎632 0062；www.tabinoya.com；Nunne 1；铺/标单/双 €13/30/40起；@🛜）波罗的海地区第一家日本人经营的青年旅舍，占据一栋老建筑最顶端的两层，上面一层是宿舍和公用休息室，下面一层是宽敞的独立房间、一间厨房和一间桑拿房。

Hotel Cru 酒店 €€

（☎611 7600；www.cruhotel.eu；Viru 8；标单/双 €100/135起；🛜）在可爱的浅灰蓝色立面后，这栋14世纪的精美建筑拥有装饰华丽的房间，里面有很多原汁原味的设计细节（木梁和石墙），长长的走廊略显杂乱。最便宜的房间有点小。

Old House Apartments 公寓 €€

（☎641 1464；www.oldhouseapartments.ee；Rataskaevu 16；公寓 €85起；P🛜）对于这座14世纪的商人私宅，"老房子"（Old House）这个称呼有点过于低调了。它有8间装修非常漂亮的公寓（包括一间宽敞的双卧室公寓，还能看到中世纪彩绘天花板的痕迹）。遍布在老城的类似建筑里还有21间公寓，不过质量和设施相差很大。

Villa Hortensia 公寓 €€

（☎5046113；www.hoov.ee；Vene 6；标单/双 €45/65起；🛜）Hortensia坐落在鹅卵石铺地的Masters' Courtyard中，拥有4间带小厨房的开间跨层公寓，并共用一个休息室，不过其中两间较大的公寓才是真正的亮点，配有阳台且个性十足。

★Hotel Telegraaf 酒店 €€€

（☎600 0600；www.telegraafhotel.com；Vene 9；标单/双 €145/165起；P❄🛜🏊）这家高档酒店是19世纪的电报站改建的，个性十足。它有一个水疗中心、一个可爱的庭院、一个自营餐厅，装饰时髦，服务体贴、高效。

市中心（City Centre）

Euphoria 青年旅舍 €

（☎58373602；www.euphoria.ee；Roosikrantsi 4；铺/房间 €12/40起；P@🛜）这家位于老城南边的青年旅舍气氛相当的悠闲和舒适，是个有趣的住宿之所，它有种明显的旅行者社区的氛围，特别是如果你喜欢水烟袋和直至深夜的摇滚爵士乐即兴演奏的话（如果不喜欢，就戴上耳塞）。

★Yoga Residence 公寓 €€

（☎5021477；yogaresidence.eu；Pärnu mnt 32；公寓 €75起；🛜）它基本上是一栋非常现代、设施崭新齐全的公寓楼，距离老城只有一小段步行距离。你会在这里看到友好的员工、一间小厨房以及最让人开心的洗衣机。老城北边一栋较老的建筑中还有一家分店。

Hotel Palace 酒店 €€

（☎680 6655；www.tallinnhotels.ee；Vabaduse Väljak 3；标单/双 €115/125起；❄@🛜🏊）这家20世纪30年代的酒店建筑很有趣，最近进行了一次彻底的翻修，留下舒适有品位的房间。它位于自由广场（Freedom Sq）和老城的街对面，酒店里有室内游泳池、水疗中心、桑拿房和小健身房。

Nordic Hotel Forum 酒店 €€€

（☎622 2900；www.nordichotels.eu；Viru väljak 3；房间 €135起；P@🛜🏊）对一家大型商务型酒店而言，它表现出令人吃惊的个性——来看看酒店立面上的艺术作品和屋顶上的绿树吧。附属设施包括桑拿房和一个位于8楼、可以看风景的室内游泳池。

就餐

老城 (Old Town)

III Draakon 咖啡馆 €

（Raekojaplats; 主菜 €1.50~3; ⏲9:00~23:00）这家位于市政厅下面的袖珍咖啡馆充满着浓郁的氛围，麋鹿汤、香肠和刚出炉的热馅饼超便宜，古典的装修风格把氛围烘托得更加雅致：穿着特别服饰的姑娘机敏地与游客开着玩笑，而啤酒也是用陶瓷酒杯奉上。

Must Puudel 咖啡馆 €

（Müürivahe 20; 主菜 €6~9; ⏲周日至周二 9:00~23:00，周三至周六 至次日2:00; 📶）无论从哪方面来说，这家名字意为"黑色贵宾犬"的咖啡吧都是一家近乎完美的休闲咖啡吧：不太搭的20世纪70年代的家具、各种音乐曲风、庭院中的座位、极佳的咖啡、煮好的早餐（不到€5）、美味的简餐以及较长的营业时间——没错，这就是老城最潮的咖啡馆。

Chocolats de Pierre 咖啡馆 €

（☎641 8061; www.pierre.ee; Vene 6; 小吃 €3~5; ⏲8:00至午夜）坐落在风景如画的Masters' Courtyard内，在老城逛累了正好去歇歇脚。这个舒适的咖啡馆以其美味（但昂贵）的手工巧克力闻名。它还出售酥皮糕点和乳蛋饼，这让它成为一个享用轻便早餐或午餐的好地方。

★Leib 爱沙尼亚菜 €€

（☎611 9026; www.leibresto.ee; Uus 31; 主菜 €15~17; ⏲正午至23:00）一扇不起眼的门通向一片宽阔的草坪，草坪两边立着肖恩·康纳利（Sean Connery）和罗比·伯恩斯（Robbie Burns）的半身像。欢迎来到曾经塔林苏格兰俱乐部（没错！）的所在地，这里供应"简单的灵魂食物"，搭配店家自己做的面包（leib）。慢烹肉类和烤鱼菜肴异常美味。

★Von Krahli Aed 新派欧洲菜 €€

（☎626 9088; www.vonkrahl.ee; Rataskaevu 8; 主菜 €6~15; ⏲正午至午夜; 🖉）在这家古朴的充满植物的餐厅（aed的意思是"花园"），你会在盘子里发现很多绿色蔬菜。菜肴滋味新鲜清爽，并以有机、无谷蛋白、无乳糖和无蛋类之选招揽来一批粉丝。

Chedi 亚洲菜 €€

（☎646 1676; www.chedi.ee; Sulevimägi 1; 主菜 €14~23; ⏲正午至23:00）在英国工作生活的大厨Alan Yau（伦敦米其林星级餐厅Hakkasan和Yauatcha的主厨）是这家时髦性感餐厅的菜品顾问，他的一些标志性菜肴也会呈现在这里。新派的泛亚洲食物堪称典范——尝试美味的酥皮鸭肉沙拉和充满艺术感的饺子。

Olde Hansa 爱沙尼亚菜 €€

（☎627 9020; www.oldehansa.ee; Vanaturg 1; 主菜 €10~40; ⏲10:00至午夜）中世纪主题的Olde Hansa是享用饕餮大餐的理想场所，烛光摇曳的餐厅内服务员们打扮成中世纪农民的样子，用大盘子呈上野味。如果这些听起来有点俗气的话，放心，这里的大厨们已经研究出如何呈上原汁原味的美味菜品。

★Tchaikovsky 俄国菜 €€€

（☎600 0610; www.telegraafhotel.com; Vene 9; 主菜 €23~26; ⏲周一至周五 正午至15:00和18:00~23:00，周六和周日 13:00~23:00）Tchaikovsky位于Hotel Telegraaf中央的一个玻璃亭子里，拥有珠光宝气的吊灯和金碧辉煌的装饰，还有郁郁葱葱的植物。服务完美无瑕，法式俄国菜也一样，这一切还有美妙的室内音乐相伴。

市中心 (City Centre)

Sfäär 新派欧洲菜 €€

（☎56992200; www.sfaar.ee; Mere pst 6e; 主菜 €9~16; ⏲周一至周三 8:00~22:00，周四和周五 至午夜，周六 10:00至午夜，周日 10:00~22:00）漂亮的Sfäär餐厅环境类似于货仓，东西都有点像是出自某个北欧的设计品目录。这里的菜单也独具一格，特色是有最好的爱沙尼亚出产的食物。如果你只想来点喝的，鸡尾酒和葡萄酒单不会让你失望。

Ö 新派爱沙尼亚菜 €€€

（☎661 6150; www.restoran-o.ee; Mere pst 6e; 4/6/8道菜套餐 €46/59/76; ⏲周一至周六

18:00~23:00)备受赞誉的Ö(发音为“er”)在塔林的餐饮界创造了一个独一无二的空间，使用爱沙尼亚应季食材供应独具创意的套餐。低调的餐厅和造型夸张的菜肴形成和谐的互补。

Neh 新派爱沙尼亚菜 €€€

(☎602 2222; www.neh.ee; Lootsi 4; 主菜€22~23; ⏲10月 周一至周六 18:00至午夜, 11月至次年2月 每天)Neh将应季烹饪发挥到了极致，一到夏天就完全关门，转移到海滩上去——其实是Muhu岛上的Pädaste Manor，并在那里经营爱沙尼亚最好的餐厅。到淡季才返回城里，将波罗的海群岛的风味一并带回。

Kalamaja区

Moon 俄国菜 €€

(☎631 4575; www.kohvikmoon.ee; Võrgu 3; 主菜 €10~17; ⏲8月至次年6月 周一至周六 正午至23:00 周日 13:00~21:00)虽然它位于海边一条幽深的小巷里，但这里的食物很棒——融合俄国菜和其他欧洲菜的风格，十分美味。留点儿肚子吃甜点。

饮品和夜生活

★DM Baar 酒吧

(www.depechemode.ee; Voorimehe 4; ⏲正午至次日4:00)如果你是Depeche Mode的乐迷，它就是最适合你的酒吧。墙壁上装饰着各种记录这支乐队的东西，包括他们在这里举办派对的照片。背景音乐？你真的还需要问吗？

Hell Hunt 小酒馆

(www.hellhunt.ee; Pikk 39; ⏲正午至次日2:00; 📶)号称“第一家爱沙尼亚小酒馆”，这家值得信任的老店拥有轻松的气氛和丰富多样的啤酒选择——本地和进口的都有。店名(“地狱狩猎”)虽然吓人，但本意其实是“温柔的狼”。夏天会把餐桌摆到街对面的小广场上。

Drink Bar & Grill 小酒馆

(Väike-Karja 8; ⏲周一至周四 正午至23:00, 周五和周六 至次日2:00)当一个酒吧的名字中带有“畅饮”(Drink)的时候，你就知道这里不是喝着玩玩的。这里非常重视啤酒和苹果酒(它的格言是“喝吧，别废话”)，提供传统的下酒小菜和很长的酒水打折欢乐时段。

Kultuuriklubi Kelm 酒吧

(Vaimu 1; ⏲周一至周四 17:00至次日3:00, 周五 至次日6:00, 周六 19:00至次日6:00, 周日19:00至次日3:00)就像所有好的破旧摇滚酒吧应该有的样子那样，这个时髦的小“文化俱乐部”藏身于一个带拱顶的地下室里，举办艺术展览和很多现场音乐表演。

Clazz 酒吧

(www.clazz.ee; Vana turg 2; ⏲ 周一 18:00至午夜, 周二至周四 至次日2:00, 周五 至次日4:00, 周六 14:00至次日4:00, 周日 14:00至午夜)这家颇为热门的高级酒吧除了有个俗气的名字(是“经典爵士乐”的缩写)之外，亮点还有每天晚上的现场音乐演出(最低消费各有不同)，从爵士乐到灵魂乐、放克乐、布鲁斯和拉丁音乐，风格多样。

X-Baar 同性恋

(www.xbaar.ee; Tatari 1; ⏲周日至周四 16:00至次日1:00, 周五和周六 至次日3:00)塔林是在爱沙尼亚唯一能看到同性恋活动的地方，而这家经久不衰的酒吧是当地的中流砥柱。这里是个气氛放松的地方，男同性恋和女同性恋都来这里休闲娱乐。

娱乐

Katusekino 电影院

(www.katusekino.ee; L4 ViruKeskus, Viru Väljak 4/6; ⏲6月至8月)在气候宜人的月份，Viru Keskus购物中心的屋顶上会放映各种风格的电影(经典恐怖片以及有趣的新电影)。

Estonia Concert Hall 古典音乐

(Eesti Kontserdisaal; ☎614 7760; www.concert.ee; Estonia pst 4)这个双筒形状的场馆举办塔林最大的古典音乐会。它是塔林的主剧场，也是爱沙尼亚国家歌剧院和国家芭蕾舞剧院的所在地。

购物

★Katariina Gild 手工艺品

(Katariina Käik; Vene 12)可爱的圣叶卡捷

琳娜通道(Katariina Käik)有几个手工艺作坊，你可以在这里愉快地选购陶瓷、纺织品、拼布床单、帽子、珠宝、彩色玻璃和美丽的皮革封面图书。

Masters' Courtyard

手工艺品

(Meistrite Hoov; Vene 6)这里有很多选择，鹅卵石院子里不止一家舒适的咖啡馆，还有很多小商店和手工艺作坊，出售优质瓷器、玻璃器皿、珠宝、贸易、木工和蜡烛。

Viru Keskus

购物中心

(www.virukeskus.com; Viru väljak; ⌚9:00~21:00)塔林首屈一指的购物中心有许多知名的时装精品店以及一家不错的书店(Rahva Raamat)。它的后部与高档的Kaubamaja百货商店相连。

ℹ 实用信息

东塔林中心医院(East-Tallinn Central Hospital, Ida-Tallinna Keskhaigla; ☎620 7040; www.itk.ee; Ravi 18)提供全面的医疗服务，包括一个24小时急诊室。

塔林旅游信息中心(Tallinn Tourist Information Centre; ☎645 7777; www.tourism.tallinn.ee; Kullassepa 4; ⌚5月至8月 周一至周五 9:00~19:00, 周六和周日 至17:00, 9月至次年4月 周一至周五 9:00~18:00, 周六和周日 至15:00)提供宣传册、地图、活动日程和其他信息。

ℹ 到达和离开

关于国际交通，见383页的到达和离开。

长途汽车

中央长途汽车站(Central Bus Station, Autobussijaam; ☎12550; Lastekodu 46)位于老城东南约2公里处(可乘坐2路和4路有轨电车抵达)。白天每小时至少有1班长途汽车开往拉克韦雷(Rakvere; €3.50起, 1.5小时)、塔尔图(€11, 2.5小时)和派尔努(€6.50起, 2小时)。**TPilet**(www.tpilet.ee)网站上有全国长途汽车的时刻表和票价表。

火车

中央火车站(Central Train Station, Balti Jaam; www.elron.ee; Toompuiestee 35)位于老城的西北角。目的地包括拉克韦雷(€5.50, 1.25小时，每天3班)和塔尔图(€10, 2小时，每天8班)。

ℹ 当地交通

抵离机场

➡ **塔林机场**(Tallinn Airport, Tallinna Lennujaam; ☎605 8888; www.tallinn-airport.ee; Tartu mnt 101)距市中心4公里。

➡ 2路公共汽车每20~30分钟(6:00~23:00)一班，从Viru Keskus购物中心旁边Tallink Hotel对面的A Laikmaa公共汽车站发车前往机场。从机场返回时，2路公共汽车将把你带回市中心。上车从司机处买票(€1.60)；旅程时间取决于交通状况，但很少超过20分钟。

➡ 乘坐出租车往来机场和市中心的车费不会超过€10。

公共交通

塔林的公共交通网络十分发达，公共汽车、无轨电车和有轨电车会从6:00左右运营到23:00。当地最大的公共汽车站在Viru Keskus购物中心地下一层(老城正东)。可以在www.tallinn.ee网站上查阅到所有公共交通的时刻表。

塔林居民乘坐公共交通工具一律免费。游客仍然需要付钱，可以用现金(单程€1.60)，或通过电子购票系统购买。买一张塑料交通卡(€2押金)并充值，上车的时候在一台橙色的读卡器上刷一下激活即可。使用电子购票系统每小时/1天/3天的费用分别是€1.10/3/5。

出租车

塔林的出租车很多，但每家公司都有自己的定价。起步价为€2~5，接下来每公里50c~€1。为避免出乎意料的高价，可以尝试**Krooni Takso**(☎1212; www.kroonitakso.ee; 起步价 €2.50, 每公里 55c)或**Reval Takso**(☎1207; www.revaltakso.ee; 起步价€2.30, 每公里 50c)。

拉赫马国家公园 (LAHEMAA NATIONAL PARK)

拉赫马位于爱沙尼亚首都塔林附近，是一个完美的度假胜地，这里有狭长的海岸，数个半岛和海湾，以及475平方公里被松树林覆盖的乡村。旅游设施一应俱全：有舒适的客

栈、偏僻的海边露营地以及飘着松木香的森林道路系统。

景点

★帕姆色庄园 历史建筑

（Palmse Manor；www.palmse.ee；成人/儿童€6/4；⏲10:00~19:00）经过全面修复的帕姆色庄园是拉赫马国家公园最重要的景点，在它的旧马厩里设立着游客中心。漂亮的庄园宅邸（建于1720年，18世纪80年代重修）如今是一座收纳老式家具和服饰的博物馆。其他庄园建筑也得到重建并被赋予新用途：酿酒房现在是一家酒店，管家住所成为客栈，用人生活区变成一家小酒馆。

萨伽迪庄园和森林博物馆 历史建筑

（Sagadi Manor & Forest Museum；☎676 7888；www.sagadi.ee；成人/儿童€3/2；⏲5月至9月 10:00~18:00，10月至次年4月需要预约）这座漂亮的粉白相间巴洛克式宅邸于1753年完工。花园非常华丽（而且免费参观），有一座湖、众多现代雕塑、一个树木园和一个壮观的仿佛没有尽头的林荫大道。宅邸的门票包括旁边的森林博物馆，馆内专门介绍森林工业以及这座公园的动植物。

食宿

Toomarahva Turismitalu 客栈 €

（☎5050850；www.toomarahva.ee；Altja；房间€40起；📶）这个农庄由茅草屋顶的木头房子以及有许多鲜花和雕像的花园组成。经过改造的马厩有四个独立房间——其中两个共用浴室，一个有厨房设施——夏天的话，你也可以在干草垛里露营，每人€5。来这里的路上几乎没有什么路牌指示——它就在Swing Hill对面。

萨伽迪庄园 酒店、青年旅舍 €€

（Sagadi Manor；☎676 7888；www.sagadi.ee；Sagadi；铺€15，标单/双€60/80起；@📶）在萨伽迪庄园里面纯净的空气中醒来，探索宽阔的花园，绝对是非常棒的体验。庄园前管家的房子被改造成整洁的青年旅舍，共包括31个床位。而粉刷得雪白的酒店位于青旅草坪对面，是从前的马厩改造的，拥有清爽舒适的客房。

★Altja Kõrts 爱沙尼亚菜 €€

（Altja；主菜€6~9；⏲正午至20:00）这家餐厅坐落于一个茅草覆盖的木头房子里，带一个大露台，看起来十分有乡村气息，在烛光照亮的木餐桌上供应美味的传统菜肴（烤猪肉配德国泡菜等）。极有气氛，充满乐趣。

实用信息

拉赫马国家公园游客中心（Lahemaa National Park Visitor Centre；☎329 5555；www.lahemaa.ee；Palmse Manor；⏲5月至10月 每天 9:00~18:00，10月至次年4月 周一至周五 9:00~17:00）这个很棒的信息中心提供必不可少的拉赫马国家公园地图，此外还有关于徒步小径、住宿、岛屿探索和导游服务的信息。在开始公园之旅前，值得先花17分钟看看一部免费的影片——《拉赫马：自然与人》（*Lahemaa – Nature and Man*）。

到达和离开

租辆车会给你带来极大的便利，你也可以参加从塔林出发的团队游。使用公共交通工具探索这座公园需要足够的耐心和时间。开往公园内目的地的汽车从拉克韦雷镇（有来自塔林、塔尔图和派努尔的长途汽车）出发，该镇位于帕姆色（Palmese）东南方向35公里。一旦你抵达公园，就很容易租到自行车。

塔尔图（TARTU）

人口 98,500

塔尔图是爱沙尼亚19世纪民族复兴运动的中心，号称爱沙尼亚的文化首都。当地人总是谈起一种特别的塔尔图vaim（精神），这种精神体现在充满时光永恒感的木头房子和庄严的建筑，以及它美丽的公园和河滨中。它还是爱沙尼亚首屈一指的大学城，学生占总人口的近五分之一——因而如此规模的城市的夜生活充满活力。

景点

作为爱沙尼亚首屈一指的文化遗产城市，塔尔图有众多一流的博物馆。我们列出了其中最好的博物馆，不过如果你有其他的兴趣点（比如说农业机械），可以咨询旅游局。

当地知识

塔尔图的学生生活

全世界的学生都喜欢实惠的美食与便宜的酒类，塔尔图的学生们也不例外。

Genialistide Klubi（www.genklubi.ee; Lai 37后面，从Magasini进去）是一个多用途的"亚文化阵地"，身兼酒吧、咖啡馆、另类夜店、现场音乐舞台、电影院、专业爱沙尼亚CD店等多重身份，是塔尔图最潮的地方。

Möku（Rüütli 18; ⏲18:00至次日3:00; 📶）很受学生们的欢迎，这家小小的地下室酒吧在夏天晚上会把餐桌摆到外面的步行街上去。

Zavood（Lai 30; ⏲19:00至次日5:00）这个破旧的地下室酒吧用它廉价的饮品和平易近人的态度吸引了另类的率直人群。有时会有学生乐队表演。

老城（Old Town）

市政厅广场（Raekoja plats） 广场

塔尔图的主广场环绕着宏伟的建筑，夏天的时候还回响着杯盏交错的声音。最醒目的是18世纪末的**市政厅**（Town Hall），顶端是一座塔和一个风向标，市政厅前是一座伞下亲吻的学生情侣雕像。

塔尔图美术馆 画廊

（Tartu Art Museum, Tartu Kunstimuuseum; www.tartmus.ee; Raekoja plats 18; 成人/学生€3/2; ⏲周三和周五至周日 11:00~18:00，周四至21:00）如果你从广场上的小酒馆走出来，却不能确定自己是否还能直视的话，别把这座建筑当成检验的标尺。由于地基部分设在一段老城城墙上，这栋Barclay de Tolly上校（1761~1818年；一位在俄国军队中表现出色的遭流放的苏格兰人）的故居有明显的倾斜。如今它容纳一座引人入胜的画廊，展品分布在三层展览空间，最下面的楼层用于临时展览。

塔尔图大学 大学

（Tartu University, Tartu Ülikool; www.ut.ee; Ülikooli 18）塔尔图大学令人印象深刻的主楼建于1803~1809年，前方伫立着6根多立克式柱子。大学本身是瑞典国王古斯塔夫二世·阿道夫（Gustaf Ⅱ Adolf）于1632年建立的，目的是培训路德宗牧师和政府官员。以瑞典的乌普萨拉大学为模式建校。

大学美术馆 博物馆

（University Art Museum, Ülikooli Kunstimuuseum; www.kunstimuuseum.ut.ee; Ülikooli 18; 成人/儿童 €3/2; ⏲5月至9月 周一至周六 10:00~18:00，10月至次年4月 周一至周五 11:00~17:00）位于大学主楼内，这些收藏主要包括19世纪60年代和70年代制作的古希腊雕塑石膏模型，此外还有一具埃及木乃伊。其余的展品是1915年在俄国发掘出土的，再也没有回去过。门票包括布满涂鸦的阁楼**禁闭室**，是学生们因为各种原因被单独关禁闭的地方。

圣约翰教堂 教堂

（St John's Church, Jaani Kirik; www.jaanikirik.ee; Jaani 5; 尖塔 成人/儿童 €2/1.50; ⏲周二至周六 10:00~18:00）至少可追溯至1323年，这座高耸的红砖路德宗教堂的独特之处在于外墙和内壁四处的壁龛中稀有的赤陶雕塑（抬头向上看）。它在1944年遭到苏联轰炸后变成废墟，随后被遗弃，直到2005年才完全修复。高30米的尖塔有135级台阶，爬上去可以鸟瞰塔尔图。

★玩具博物馆 博物馆

（Toy Museum, Mänguasjamuuseum; www.mm.ee; Lutsu 8; 成人/儿童 €5/4; ⏲周三至周日 11:00~18:00）这个地方极受8岁以下儿童的喜爱（而且你也见不到很多大人急着想走），很适合用来在下雨的时候消磨几个小时。这座很不错的博物馆坐落在一栋18世纪末的建筑中，展有洋娃娃、火车模型、电动木马、玩具士兵以及许许多多令人艳羡的玩具。展览的互动性很好，有放置在拉开式抽屉中的展品，还有一个儿童游戏室。

教堂山（Toomemägi）

坐落在市政厅的西边，教堂山是塔尔图最初存在的理由，从5世纪或6世纪以来就断断续续地行使着要塞的功能。如今它是一座宁静的公园，步行道蜿蜒在绿树之间，还有一个可爱的圆形大厅充当夏日咖啡馆。

塔尔图大学博物馆 博物馆

（Tartu University Museum，Tartu Ülikool Muuseum；www.muuseum.ut.ee；Lossi 25；成人/儿童 €4/免费；⏲5月至9月 周二至周日 10:00~18:00，10月至次年4月 周三至周日 11:00~17:00）位于教堂山顶端的是一座哥特式大教堂的遗迹，最初由德国骑士在13世纪建造，于15世纪进行了大规模重建，后来又在1525年的宗教改革中被弃用，改成谷仓，然后在1804~1807年部分重建，成为大学图书馆，现而今又成了这座博物馆。你在里面会发现一个重建的验尸房，还有其他记录学生生活的展品。

其他街区

★AHHAA科学中心 博物馆

（Science Centre AHHAA，Teaduskeskus AHHAA；www.ahhaa.ee；Sadama 1；成人/儿童 €12/9；⏲10:00~19:00）这座博物馆穹顶下的一系列互动性展览能让孩子们和大人们都变成疯狂的科学家。至少留出两个小时来按按钮、喷水和转动把手。一定要让一盘有磁性的铁屑随着Bronski Beat《小镇男孩》（*Smalltown Boy*）的旋律"跳舞"才算尽兴。楼上有一些令人做噩梦的收藏，是来自大学医学院系的器官标本和泡在药水里的畸形胎儿。

克格勃牢房博物馆 博物馆

[KGB Cells Museum，KGB kongide muuseum；linnamuuseum.tartu.ee；Riia mnt 15b（入口在Pepleri）；成人/学生 €4/2；⏲周二至周六 11:00~16:00]当从前收归国有的房子最终归还给你，但地下室却改造成牢房，拥有令人恐惧的名声，你会怎么办呢？这个家庭把地下室捐给了塔尔图城市博物馆（Tartu City Museum），由后者创造了这个阴郁但很值得观看的展览。展览列出在苏联统治时期的流放、古拉格集中营（Gulag camps）的生活、爱沙尼亚抵抗运动以及在从前的克格勃总部（称为"灰房子"）里发生的事情，其中部分内容令人胆寒。

爱沙尼亚国家博物馆 博物馆

（Estonian National Museum，Eesti Rahva Muuseum；www.erm.ee；Kuperjanovi 9；全部/永久展览 €4/3；⏲周二至周日 11:00~18:00）这座小博物馆专注于爱沙尼亚生活和传统，永久展览分为四个主题：日常生活、节假日、地区民间文化和"做一个爱沙尼亚人"。目前有一个雄心勃勃的计划，要在2016年10月之前在塔尔图市区边上的Raadi Manor为这座博物馆建造一个庞大的新家。

住宿

Terviseks 青年旅舍 €

（☎5655382；www.terviseksbbb.com；顶楼，Raekoja plats 10；铺 €15~17，标单/双 €22/40；@📶）这家青年旅舍位于主广场上，位置绝佳。提供宿舍（最多有4张床位，没有双层铺）、独立房间、一个设备齐全的厨房以及许多城中动向的全新信息。

★Antonius Hotel 酒店 €€

（☎737 0377；www.hotelantonius.ee；Ülikooli 15；标单/双 €79/99起；❄📶）正对大学主楼，这家一流的精品酒店拥有18间客房，充满古董摆设，古色古香。早餐在拱顶地窖中供应，还有一个可爱的夏日露台。

Tampere Maja 客栈 €€

（☎738 6300；www.tamperemaja.ee；Jaani 4；标单/双/标三/四 €48/79/99/132起；P❄@📶）这家舒适的客栈和芬兰城市坦佩雷（塔尔图的姐妹城市）联系紧密，有6间温暖明亮的客房，大小不一。含早餐，而且每个房间都有烹饪设施。而且如果没有货真价实的桑拿房（1~4人€13；向非住店客人开放），就不算芬兰风格。

Hotel Tartu 酒店 €€

（☎731 4300；www.tartuhotell.ee；Soola 3；标单/双 €49/68起；P❄📶）位置便利，就在公共汽车站和Tasku购物中心对面。酒店的房间是宜家风格的装饰——简单但整洁，很有当代风格。出租桑拿房（每小时€25）。

餐饮

Crepp 法国菜 €

（Rüütli 16；可丽饼 €4.50；⏲11:00~23:00）当地人很喜欢这个地方。从它温暖时尚的装潢上很难看出可丽饼（有甜味和咸味可选，包

括一些很棒的搭配如樱桃巧克力和大杏仁）会卖得这么便宜。还供应美味的沙拉。

★ **Antonius** 欧洲菜 €€

（☎737 0377；www.hotelantonius.ee；Ülikooli 15；主菜 €18~22；⌚18:00~23:00）塔尔图最高档的餐厅笼罩在Antonius Hotel拱顶地窖的浪漫烛光下，这个地窖的历史比它上面的19世纪建筑还早几百年。菜单上有用最精致的爱沙尼亚食材精心制作的肉类菜肴。

Meat Market 牛排馆 €€

（☎653 3455；www.meatmarket.ee；Küütri 3；主菜 €13~18；⌚周一至周四 正午至午夜，周五和周六 至次日2:00，周日 至21:00）名字已经说明一切，这里的菜肴包括生麋鹿肉片（elk carpaccio）、利沃尼亚牛肉（Livonian beef）、冒烟的阿塞拜疆风格shashlyk（炖肉，上桌时锅里还烧着火）。搭配的素菜也很不错。营业到很晚，可以喝鸡尾酒。

La Dolce Vita 意大利菜 €€

（☎740 7545；www.ladolcevita.ee；Kompanii 10；主菜 €7~19；⌚11:30~23:00）这家比萨店气氛活泼，很适合家庭就餐，薄底比萨是在店中烧木材的烤箱中烤制而成。这里的菜品都是真材实料，长长的菜单上有意式特色烤面包、比萨、意大利面、烧烤等，店中的装修也是经典休闲风格（鸽子桌布、费里尼电影的海报）。

Püssirohukelder 小酒馆

（Lossi 28；主菜 €8~17；⌚周一至周六 正午至次日2:00，周日 至午夜）这家喧闹的小酒馆建在教堂山山腰，像洞穴的18世纪地下弹药库内，拱形的天花板高达10米，供应搭配啤酒的小吃和肉类菜肴。有定期的现场音乐表演，前面还有一个大的啤酒花园。

ℹ 实用信息

塔尔图旅游信息中心（Tartu Tourist Information Centre；☎744 2111；www.visittartu.com；Town Hall, Raekoja plats；⌚6月至8月 9:00~18:00，9月至次年5月 周一至周五 9:00~17:00，周六和周日 10:00~14:00）有当地地图和小册子，提供住宿和团队游预订服务，可以免费上网。

ℹ 到达和离开

公共汽车

从**长途汽车站**（☎12550；Turu 2——从Soola进入）出发，有长途汽车每天往返塔林（€11，2.5小时，每小时至少1班）、拉克韦雷（€8，2.5小时，每天7班）和派尔努（€11，2.75小时，每小时至少1班）。

火车

塔尔图修复得非常漂亮的**火车站**（☎385 7123；www.elron.ee；Vaksali 6）位于老城西南方向1.5公里（在Kuperjanovi街的尽头）。每天有8班火车往返塔林（€10，2小时）。

派尔努（PÄRNU）

人口 40,000

派尔努是爱沙尼亚首屈一指的海滨度假胜地。许多当地家庭、年轻的派对达人以及来自德国、瑞典和芬兰的度假者都喜欢到这里来享受明媚的阳光、金色的沙滩、面积广阔的公园，并畅游派尔努历史悠久、风景如画的市中心。

老城的主街道是Rüütli，两侧辉煌的建筑可追溯至17世纪。

👁 景点

★ **派尔努海滩（Pärnu Beach）** 海滩

派尔努狭长、宽阔的金色沙滩，遍布着沙滩排球场、咖啡馆和狭小的更衣室，这是这座城市最吸引游客的地方。一条曲折的小路沿着海滩蜿蜒，沿途有喷泉、公园长椅和一个很棒的游乐场。Ranna pst是一条海滨大道，分布着一些20世纪早期的建筑。在街对面，兰纳公园（Rannapark）的花园是夏日野餐的理想场所。

塔林门 门

（Tallinn Gate，Tallinna Värav）你可以在一张彩色地图上很轻易地找到老城周边的17世纪典型星状瑞典壁垒，因为地图上大多数带尖的点如今都变成了公园。唯一完整的部分（还带有壕沟）位于城中心西边。在壁垒与Kuninga西端相交的地方，它被这座通道式的大门穿透，这道门从前守卫着主街道（它通向河流渡口，并可乘船至塔林）。

活动

Tervise Paradiis Veekeskus 游泳、水疗

(www.terviseparadiis.ee; Side 14; 成人/儿童 3小时 €12/8 全天 €19/15; ⌚6:30~22:00)在海滩的尽头，爱沙尼亚最大的水上公园有游泳池、水滑梯、滑水管子和其他滑水游乐设施。这里非常适合家庭游玩。当天气不好、不宜去海滩时，人们都喜欢到这里来。这座公园是一个巨大度假村的一部分。这里还有水疗、康健课程和保龄球。

Hedon Spa 日间水疗

(☎449 9011; www.hedonspa.com; Ranna pst 1; ⌚周一至周六 9:00~19:00，周日 至14:00)这座漂亮的新古典主义建筑建于1927年，有派尔努著名的泥浴。最近进行了全面修复，作为一家日间水疗中心开放。提供各种保健服务，只是没有泥浴。

住宿

若是夏季来游玩，最好提前预订住宿，而在非旅游旺季时，能拿到不错的折扣价(最低能够打五折)。

Embrace 民宿、公寓 €€

(☎58873404; www.embrace.ee; Pardi 30; 房间 €86起; P ❄ 🛜)藏身于郊区一条街道上的旧木房子里，靠近海滩和水上公园。客房在古典和现代之间达成良好的平衡，旁边的附楼里还有4间现代化的设备齐全的公寓。

Villa Johanna 客栈 €€

(☎443 8370; www.villa-johanna.ee; Suvituse 6; 标单/双/套 €50/80/100; P 🛜)这个可爱的地方装饰着悬吊的花钵和种植盒，位于海滩附近的一条宁静街道上，舒适的客房镶嵌着松木地板。部分房间有自己的阳台。会说英语的人不多。

Villa Ammende 酒店 €€€

(☎447 3888; www.ammende.ee; Mere pst 7; 标单/双 €165/220起; P 🛜)这座1904年的新艺术风格宅邸修缮一新后尽显奢华，院子里也修剪得整整齐齐。华丽的外观——看起来就像很酷的巴黎地铁站的放大版——配以优雅的大厅，独立装修的房间里全都是古董摆设。园丁房里的房间便宜一些，但缺少令人惊艳的气质。

就餐

Piccadilly 咖啡馆 €

(Pühavaimu 15; 主菜 €4~7; ⌚周日 10:00~18:00，周一至周四 至20:00，周五和周六 至午夜)Piccadilly为葡萄酒爱好者提供一个天堂，还有种类众多的咖啡、茶和热巧克力。可口菜肴包括美味的沙拉、三明治和煎蛋卷，但这里的甜点才是重点，有吃不够的奶酪蛋糕和手工巧克力。

★ **Supelsaksad** 咖啡馆 €€

(☎442 2448; www.supelsaksad.ee; Nikolai 32; 主菜 €9~13; ⌚周日和周二至周四 8:00~21:00，周五和周六 9:00~23:00)这家迷人的咖啡馆看起来像是由芭芭拉·卡特兰(Barbara Cartland)所设计的(亮粉红色外加各种杂乱的条纹和印花)，供应各种吸引人的沙拉、意大利面和肉类主菜。如果你吃素的话，就直奔品种丰富的蛋糕柜台吧。

Trahter Postipoiss 俄国菜 €€

(☎446 4864; www.trahterpostipoiss.ee; Vee 12; 主菜 €14~22; ⌚周日至周四 正午至23:00，周五和周六 至次日2:00)位于一座1834年的邮局建筑中，这个古朴的小酒馆供应很棒的俄国菜(从简单到精致的菜式都有)，人们在此欢宴，皇室的肖像画俯瞰着一切。宽敞的庭院在夏天开放，周末还有现场音乐。

Mahedik 咖啡馆 €€

(☎442 5393; www.mahedik.ee; Pühavaimu 20; 早餐 €4~6，主菜 €7~15; ⌚周日至周四 9:00~19:00，周五和周六 10:00~23:00)店名粗略翻译过来的意思是"有机的"，当地的应季菜肴是这家舒适的全天候咖啡馆的重头戏。有经过烹饪的热早餐、当地捕捉的鱼和一系列美味蛋糕。

饮品和夜生活

Sweet Rosie 小酒馆

(Munga 2; ⌚周日至周四 11:00至午夜，周五和周六 至次日2:00)这家有趣的爱尔兰小酒馆有着温暖的黑木内部装饰，人们聚集其间畅

国家速览

国土面积 45,200平方公里

首都 塔林

国家代码 ☎372

货币 欧元(€)

紧急情况 救护车和火警☎112，警察☎110

语言 爱沙尼亚语

现金 自动柜员机随处可见

签证 申根签证适用

饮着种类众多的啤酒、吃着下酒小食，间或还有现场音乐伴奏，总能度过一段喧嚣的欢乐时光。

Puhvet A.P.T.E.K. 酒吧

(www.aptek.ee; Rüütli 40; ⏲周日至周四 正午至午夜，周五和周六 至次日3:00)参观一下这家20世纪30年代的老药房，巧妙的翻修将其变成一个生意不错的深夜聚会场所。精美的内部装修(包括最初的橱柜和酒瓶)像DJ的音乐和鸡尾酒一样，令人着迷。

Club Sunset 夜店

(www.sunset.ee; Rannapst 3; ⏲6月至8月 周五和周六 23:00至次日6:00)这里是派尔努最大也是最著名的夏季夜店，有着户外海滩露台和闪闪发亮的内部装潢，如果嫌舞池里人太多的话，这里还有许多舒适温馨的角落。国外的DJ和乐队让欢乐的时光可以一直持续到天明。

ℹ 实用信息

派尔努旅游信息中心(Pärnu Tourist Information Centre; ☎447 3000; www.visitparnu.com; Uus 4; ⏲6月至8月 每天 9:00~18:00，9月至次年5月 周一至周五 9:00~17:00，周六和周日 10:00~14:00)很实用的信息中心，提供地图和旅游手册，还有住宿预订和租车服务，收一小笔费用。有一个附属画廊。

ℹ 到达和离开

派尔努的**长途汽车站**(Ringi 3)就在市中心，有汽车往返塔林(€6.50起，2小时，每小时至少1班)、拉克韦雷(€8.50起，2.5小时，每天3班)和塔尔图(€11，2.75小时，每小时至少1班)。

生存指南

ℹ 出行指南

住宿

若是想在爱沙尼亚找一个经济实惠的住宿选择，可以住在青年旅舍、配备基础设施的客栈(大多只有公用浴室)和露营地(通常从5月中旬开放至9月)。宿舍床位通常为€12~15，而且周末时通常会再贵€2或€3。中档的住宿选择包括家庭经营的客栈以及酒店房间(带有独立浴室，房费通常含早饭)。而高档住宿则有水疗度假村、历史酒店和面向商务人士的现代高楼饭店。

在旅游旺季(6月至8月)，应该提前订好房间，特别是如果你想周末在塔林找一个房间的话。www.visitestonia.com网站上的搜索引擎可以找到各种类型的住宿。

同性恋旅行者

今天的爱沙尼亚对其男女同性恋公民相当宽容，是他们安全的家园，但只有塔林才拥有同性恋活动场所。同性恋在1992年被除罪化，2001年之后所有同性恋和异性恋都有相同的合法性行为最低年龄(14岁)。2014年，爱沙尼亚成为苏联加盟共和国中第一个通过法律承认同性婚姻的国家，于2016年生效。

节假日

新年 1月1日

独立日(Independence Day)2月24日

耶稣受难日(Good Friday)3月/4月

复活节星期日(Easter Sunday)3月/4月

劳动节(May Day)5月1日

圣灵降临节(Pentecost)复活节后的第7个周日；5

住宿价格区间

下列价格区间指的是旺季双人间价格：

€ 低于€50

€€€ €50~140

€€€ 高于€140

月/6月

胜利日（Victory Day；纪念1919年抗击德国军队胜利）6月23日

圣约翰节（仲夏节）（Jaanipäev, St John' s Day; Midsummer' s Day）6月24日

恢复独立日（Day of Restoration of Independence; 1991年）8月20日

圣诞前夜 12月24日

圣诞节 12月25日

节礼日（Boxing Day）12月26日

电话

爱沙尼亚没有区号。内陆城市所有电话号码均为7位，手机电话号码是7位或8位，以☎5开头。

旅游信息

大多数主要的旅游目的地都有旅游局。国家旅游局有一个很不错的网站（www.visitestonia.com）。

签证

欧盟国家公民可无限期在爱沙尼亚停留，而澳大利亚、加拿大、日本、新西兰、美国和许多其他国家的公民在6个月的时间段内停留90天内免签。持申根签证的旅行者无须另持爱沙尼亚签证。持中国大陆因私护照的旅行者前往爱沙尼亚需要办理申根签证。可登录**爱沙尼亚外交部**（www.vm.ee）的网站查询相关信息。

使领馆

中国驻爱沙尼亚大使馆（☎372 601 5830; www.chinaembassy.ee/chn/; chinaemb@online.ee; NARVA MNT.98, 15009 TALLINN; ⊙领事部 周二和周四 14:00~17:00）

现金

尚不支持银联卡。

到达和离开

飞机

有14家欧洲航空公司的航班在塔林机场起降，包括国有航空公司**爱沙尼亚航空**（Estonian Air; www.estonian-air.ee）。还有从赫尔辛基至塔尔图机场的直飞航班。

陆路

长途汽车

Ecolines（☎606 2217; www.ecolines.net）里加—派尔努—塔林这条路线（€17, 4~4.75小时）每天有7班汽车，里加—塔尔图路线（€7, 4小时）每天有2班。

Lux Express & Simple Express（☎680 0909; www.luxexpress.eu）塔林和里加之间每天有11班长途汽车，部分汽车中途停靠派尔努；2班车继续开往维尔纽斯。还有9班汽车往来塔林和圣彼得堡，圣彼得堡—塔尔图—里加线路上每天有4班车。

火车

Go Rail（☎爱沙尼亚 631 0044; www.gorail.ee）每天有2班列车往来塔林和圣彼得堡（€34, 6.5小时），塔林和莫斯科之间还有一趟过夜列车（€86起，15.25小时）。没有直达列车前往拉脱维亚，你需要在Valga转车。

海路

Eckerö Line（www.eckeroline.fi; Passenger Terminal A, Varasadam; 成人/儿童/小汽车 €19/15/19起）从赫尔辛基至塔林（2.5小时）的汽车渡轮每天2班。

Linda Line（☎699 9333; www.lindaliini.ee; Linnahall Terminal）从3月底至12月底，只能乘坐乘客的小型水翼船每天至少2班，航行在赫尔辛基和塔林（€25起，1.5小时）之间。受天气影响大。

Tallink（☎640 9808; www.tallink.com; Terminal D, Lootsi 13）每天4~7班汽车渡轮往返于赫尔辛基和塔林（乘客/汽车 €31/26起）。巨大的Baltic Princess号耗时3.5小时，较新的高速渡轮只需2小时。斯德哥尔摩和塔林之间还有一班过夜渡轮，途经Åland群岛（乘客/汽车 €39/62起，18小时）。

Viking Line（☎666 3966; www.vikingline.com; Terminal A, Varasadam; 乘客/汽车 €29/26起）每天有2班汽车渡轮往来赫尔辛基和塔林（2.5小时）。

> **就餐价格区间**
>
> 下列价格区间指的是主菜的平均价格。为良好服务支付10%的小费很常见。
>
> **€** 低于€10
>
> **€€€** €10~20
>
> **€€€** 高于€20

特色饮食

爱沙尼亚的烹饪受到北欧、俄国和德国影响，并且以当地应季食材入菜。

- **猪肉和土豆** 传统主菜，有无数种烹饪方式。
- **其他最爱** 包括黑面包、德国泡菜、黑布丁、熏肉和鱼，以及几乎所有食物都会搭配的奶油状的咸黄油和酸奶油。
- **甜点** 你会找到美味的巧克力、杏仁蛋白软糖和蛋糕。
- **应季食物** 夏天，浆果会进入甜味和咸味的菜肴中；秋天，所有人都为森林里的蘑菇而疯狂。
- **最受欢迎的饮品** 啤酒（Õlu）是最受欢迎的酒精饮料。流行的品牌包括Saku和A Le Coq，啤酒狂热爱好者应该寻找当地微型酿酒厂的产品，如塔林的Põhjala。其他饮品包括伏特加（Viru Valge和Saremaa是当地最知名的品牌）和Vana Tallinn（一种糖浆利口甜酒），还有添加奶油的类型。

当地交通

公共汽车

在爱沙尼亚国内乘坐公共汽车对旅行者来说是最好的选择，因为车次比火车多而且覆盖有限的铁路网到达不了的地方。**TPilet**（www.tpilet.ee）上提供所有汽车的时刻表和票价信息。

火车

乘坐火车往来于塔林和塔尔图很方便，但前往派尔努的车次极少。

芬兰

最佳就餐

- Olo（见391页）
- Musta Lammas（见399页）
- Smor（见394页）
- Hietalahden Kauppahalli（见390页）

最佳住宿

- Lossiranta Lodge（见397页）
- Dream Hostel（见395页）
- Hotel Fabian（见391页）

为何去

芬兰到处弥漫着一种纯净的气息，给人带来生机与活力，终年吸引着人们参加户外活动。乘坐爱斯基摩犬拉的雪橇穿越雪地，然后在美丽的北极光下享受桑拿，再跳进冰水之中，这样的冬日体验感觉如何？在午夜阳光中徒步或划船，穿越狼和熊出没的松树林，也不同于你一贯的涂满防晒霜的夏日体验。

尽管社会和经济发展处于世界前列，芬兰大部分地区仍然极其偏远。引领潮流的现代化城市赫尔辛基与被森林覆盖的荒原形成了鲜明的对比。

湖畔小屋里北欧特有的静谧，欢乐的啤酒吧露台上的夏季阳光，先锋设计，忧郁的旋律，以及咖啡馆里弥漫的自制食物的芬芳，则是芬兰诱惑的另一面。芬兰人个性独立、忠诚、为人热情，他们专注于做好自己的事情，而且做得很好。

何时去

赫尔辛基

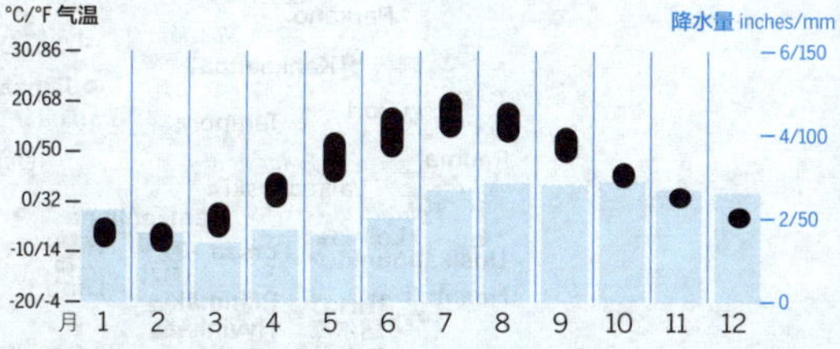

3月和4月 积雪仍然很厚，但已有足够的日光来享受冬季运动。

7月 极昼、无数的节日活动和打折的住宿。

9月 五彩斑斓的秋色让此时成为北上徒步的最佳季节。

芬兰亮点

❶ 沉醉于港畔城市**赫尔辛基**（见387页），它是芬兰时尚和夜生活的创意熔炉。

❷ 在美丽的**萨翁林纳**（见397页）领略波光粼粼的湖面风景，在中世纪的城堡中观赏顶级歌剧。

❸ 在湖区的航道里巡游，品尝小鱼，然后在**库奥皮奥**（见398页）体验传统的烟熏桑拿浴。

❹ 穿过北极圈，参观出色的北极博物馆，去**罗瓦涅米**（见399页）的石窟探访圣诞老人。

❺ 去**伊纳里**（见400页）了解萨米文化，乘坐雪橇犬拉的雪橇并与驯鹿相遇。

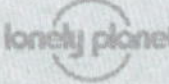

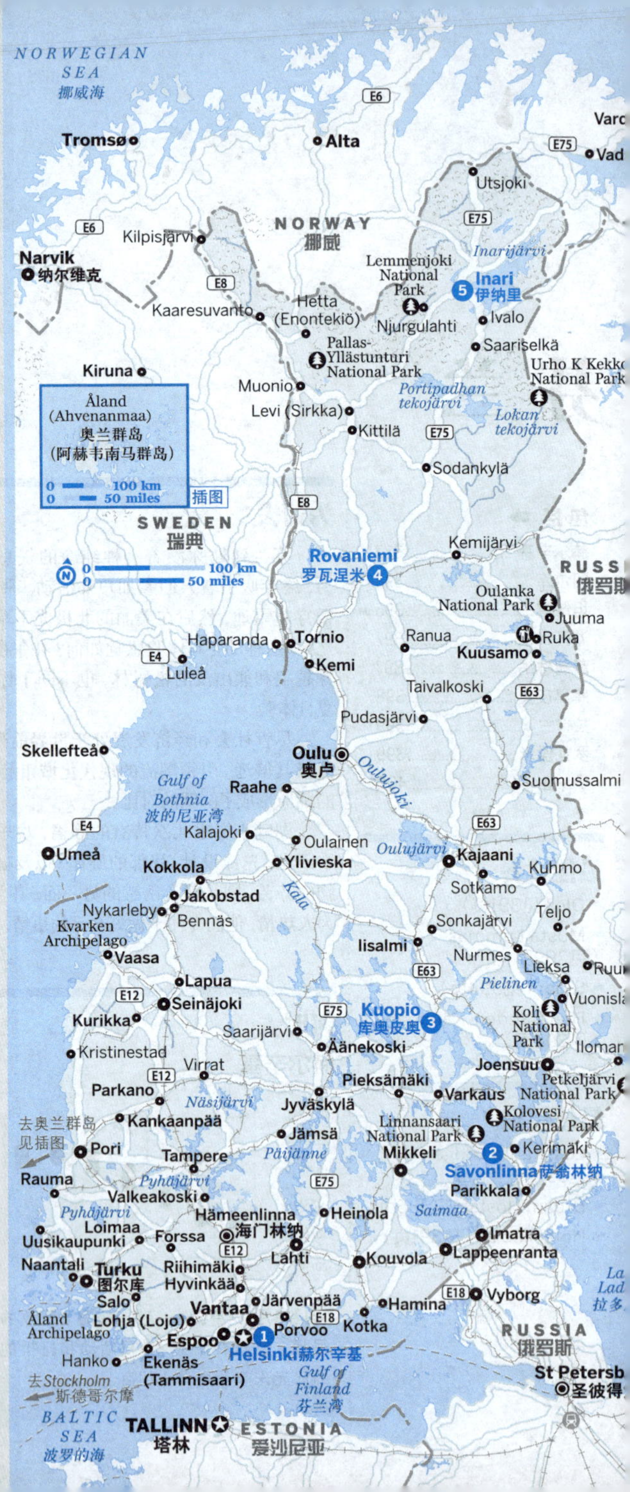

NORWEGIAN SEA
挪威海
E6
Tromsø
Alta
Vard
E75
Vad
Utsjoki
E75
NORWAY
挪威
E6
Kilpisjärvi
Narvik
纳尔维克
Lemmenjoki National Park
Inarijärvi
Inari
伊纳里
E8
Hetta (Enontekiö)
Kaaresuvanto
Njurgulahti
Ivalo
Saariselkä
Pallas-Yllästunturi National Park
Urho K Kekkonen National Park
Kiruna
Muonio
Portipadhan tekojärvi
Lokan tekojärvi
Levi (Sirkka)
Kittilä
E75
Åland (Ahvenanmaa)
奥兰群岛
（阿赫韦南马群岛）
0 100 km
0 50 miles
插图
Sodankylä
E8
SWEDEN
瑞典
Kemijärvi
Rovaniemi
罗瓦涅米
0 100 km
0 50 miles
RUSSIA
俄罗斯
Oulanka National Park
Juuma
Ranua
Ruka
Haparanda
Tornio
Kuusamo
E4
Luleå
Kemi
Taivalkoski
E63
Pudasjärvi
Skellefteå
Oulu
奥卢
Oulujoki
Gulf of Bothnia
波的尼亚湾
Raahe
Suomussalmi
E4
Kalajoki
E63
Oulainen
Oulujärvi
Kajaani
Umeå
Kokkola
Ylivieska
Kuhmo
Sotkamo
Kala
Jakobstad
Nykarleby
Bennäs
Kvarken Archipelago
Sonkajärvi
Teljo
Iisalmi
Vaasa
Nurmes
Lieksa
E63
Pielinen
Lapua
E12
Seinäjoki
Vuonislahti
Kuopio
库奥皮奥
E75
Koli National Park
Kurikka
Saarijärvi
Äänekoski
Ilomantsi
Kristinestad
Joensuu
Virrat
E12
Pieksämäki
Petkeljärvi National Park
Parkano
Näsijärvi
Jyväskylä
Varkaus
Kolovesi National Park
去奥兰群岛
见插图
Kankaanpää
Linnansaari National Park
Jämsä
Kerimäki
Pori
Tampere
Päijänne
Mikkeli
Savonlinna萨翁林纳
Rauma
Pyhäjärvi
E75
Valkeakoski
Parikkala
Pyhäjärvi
Hämeenlinna
Heinola
Saimaa
Loimaa
海门林纳
Imatra
Uusikaupunki
Forssa
E12
Lahti
Kouvola
Lappeenranta
Naantali
Turku
图尔库
Riihimäki
Hyvinkää
Lake Ladoga
拉多
Salo
E18
Vyborg
Vantaa
Järvenpää
Hamina
Åland Archipelago
Lohja (Lojo)
E18
Porvoo
Kotka
Espoo
RUSSIA
俄罗斯
Helsinki赫尔辛基
Hanko
Ekenäs (Tammisaari)
Gulf of Finland
芬兰湾
St Petersburg
圣彼得
去Stockholm
斯德哥尔摩
BALTIC SEA
波罗的海
TALLINN
塔林
ESTONIA
爱沙尼亚

赫尔辛基（HELSINKI）

☎09/人口 110万（城区总人口）

作为一个拥有大面积水域的国家的首都，港口城市赫尔辛基与波罗的海优雅地融为一体。这座城市有一半被水覆盖，复杂的海岸线上分布着众多的海湾、入海口和岛屿。

同斯堪的纳维亚半岛上的其他首都相比，赫尔辛基看起来像个小弟弟，但它更像是出自艺术学校，对流行音乐不屑一顾，就职于前沿的设计工作室。不论你是去品牌商店，还是去时髦的后街小店，这里的设计都富于传奇色彩。城市餐饮业也很发达，提供当地风味美食的餐厅层出不穷。

景点

市场广场（Kauppatori） 广场

赫尔辛基市中心是市场广场，那里有渡轮和游轮可前往群岛。近年来，这里游客众多，市场上多数小摊都已被出售驯鹿纪念品的小摊所取代，不过还是有一些浆果和鲜花在出售，还有大量的便宜美食。

★芬兰堡 要塞

（Suomenlinna，Sveaborg；www.suomenlinna.fi）从市场广场乘坐渡轮，只需要15分钟就能前往芬兰堡，它是芬兰的要塞，也是赫尔辛基的必游景点。这个由联合国教科文组织认定的世界文化遗产坐落在有桥梁连通的群岛上，原本是18世纪中期由瑞典人建造的瑞典堡。

大教堂 教堂

（Tuomiokirkko，Lutheran Cathedral；www.helsinginseurakunnat.fi；Unioninkatu 29；⊙9:00~18:00，6月至8月 至午夜）**免费** 这座粉白的新古典主义风格的路德教会大教堂坐落在议会广场（Senaatintori）之上，是CL Engel最好的作品之一。高耸的楼梯原本是为了显示上帝的权威，现在成了情侣们的约会场所。内部装饰极其简朴，几乎类似陵墓，高耸的穹顶下装饰极少，只有一幅祭坛画以及三尊表情坚毅的雕像，分别为宗教改革英雄路德（Luther）、梅兰希顿（Melanchthon）和米卡艾尔·阿格里高拉（Mikael Agricola），看上去就好像他们刚刚批阅完你的神学考卷，觉得你前途暗淡。

★国家美术馆 美术馆

（Ateneum；www.ateneum.fi；Kaivokatu 2；成人/儿童 €12/免费；⊙周二和周五 10:00~18:00，周三和周四 9:00~20:00，周六和周日 10:00~17:00）这座芬兰最好的美术馆是了解该国艺术的理想场所。其中藏有芬兰从"黄金时代"到19世纪末直至20世纪50年代的油画和雕塑作品，涉及的艺术家包括阿尔贝特·埃德费尔特（Albert Edelfelt）、雨果·辛姆伯格（Hugo Simberg）、海莲娜·夏白克（Helene Schjerfbeck）、冯·赖特兄弟（Von Wright）和佩卡·哈洛宁（Pekka Halonen）。让博物馆引以为豪的作品是高产艺术家阿克塞利·加伦-卡雷拉（Akseli Gallen-Kallela）取材自

芬兰 赫尔辛基

旅行线路

一周

赫尔辛基（Helsinki）至少需要预留两天，这里也是前往**塔林**（Tallinn，爱沙尼亚）或**波尔沃**（Porvoo）进行一日游的好地方。夏季可前往**湖区**探索**萨翁林纳**（Savonlinna）和**库奥皮奥**（Kuopio），可搭乘湖上渡轮往返两地。冬季可乘坐夜车或廉价航班前往**拉普兰**（Lapland），拜访圣诞老人，探索萨米文化，还可以乘坐西伯利亚雪橇犬拉的雪橇。赫尔辛基—萨翁林纳—库奥皮奥—罗瓦涅米（Rovaniemi）—赫尔辛基的路线是不错的选择。

两周

在**赫尔辛基**和**波尔沃**待几天，探访港口城镇**图尔库**（Turku）和生机勃勃的**坦佩雷**（Tampere）。下一站是美丽的湖区城镇**萨翁林纳**和**库奥皮奥**。然后到**罗瓦涅米**，或者更北的萨米文化之都**伊纳里**（Inari）。你可能会赶上某个夏季节日，还可以徒步旅行或者骑行前往**奥兰群岛**（Åland）。

Helsinki 赫尔辛基

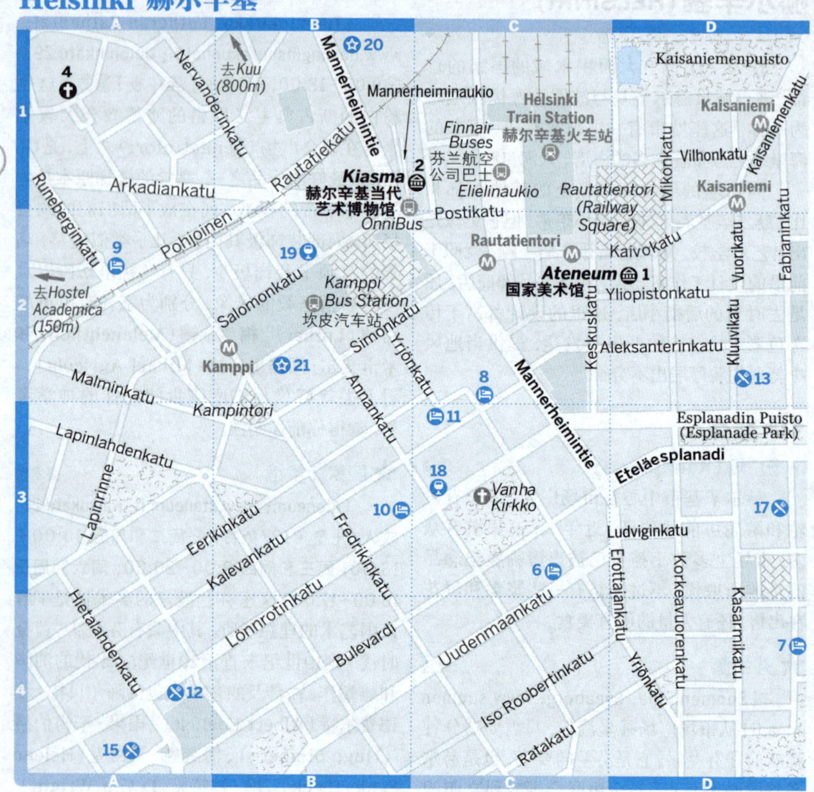

《卡勒瓦拉》(*Kalevala*)的三联画，描绘了维纳莫宁(Väinämöinen)追求少女阿依诺(Aino)的场景。这里还有一小部分非常有趣的19世纪和20世纪初的外国艺术作品。

★赫尔辛基当代艺术博物馆 美术馆

(Kiasma; www.kiasma.fi; Mannerheiminaukio 2; 成人/儿童 €10/免费; ⏲周日和周二 10:00~17:00, 周三至周五 10:00~20:30, 周六 10:00~18:00)在该地区一系列优雅的当代建筑中，由斯蒂文·霍尔(Steven Holl)设计并于1998年竣工的当代艺术博物馆采用金属结构，线条优美，造型新奇，至今仍是城市现代化的标志。这里不拘一格地展出了芬兰和各国的现代艺术作品，更吸引人的是它那令人震撼的当代艺术展览。其内部设计与外部造型一样，有令人意想不到的曲线和透视效果。

岩石教堂 教堂

(Temppeliaukion Kirkko; ☎09-2340 6320; www.helsinginseurakunnat.fi; Lutherinkatu 3; ⏲6月至8月 周一至周六 10:00~17:45, 周日 11:45~17:45, 9月至次年5月 至17:00)岩石教堂由Timo Suomalainen和Tuomo Suomalainen于1969年设计，至今仍是赫尔辛基最重要的景点之一。这是一座在坚硬的岩石中开凿的教堂，体现了芬兰人崇尚自然的精神。如果没有总长度22千米的铜网支撑起直径为24米的圆形屋顶的话，你会真的置身于岩洞之中。这里会定期举办音乐会，音响系统很棒。开放时间依据活动而定，可致电查询或搜索Facebook页面。工作日游人较少。

伴侣岛户外博物馆 博物馆

(Seurasaaren Ulkomuseo, Seurasaari Open-Air Museum; www.seurasaari.fi; 成人/儿童 €8/2.50;

Helsinki 赫尔辛基

重要景点

1 国家美术馆 D2
2 赫尔辛基当代艺术博物馆 C1

景点

3 市场广场 E3
4 岩石教堂 A1
5 大教堂 E2

住宿

6 Hostel Erottajanpuisto C3
7 Hotel Fabian D4
8 Hotel Finn C2
9 Hotelli Helka A2
10 Omenahotelli Lönnrotinkatu B3
11 Omenahotelli Yrjönkatu C3

就餐

12 Hietalahden Kauppahalli A4
13 Karl Fazer Café D2
14 Olo E2
15 Salve A4
16 Vanha Kauppahalli E3
17 Zucchini D3

饮品和夜生活

18 Bar Loose C3
19 Teerenpeli B2

娱乐

20 Musiikkitalo B1
21 Tavastia B2

⏲6月至8月 11:00~17:00，5月底和9月初 周一至周五 9:00~15:00，周六和周日 11:00~17:00）这座出色的岛屿博物馆位于市中心以西，收藏有从芬兰全国各地运来的古老的木头建筑。从干草棚到宅邸、牧师住宅、教堂应有尽有，还有一艘用来运送朝圣者的漂亮的大木船。上面列出的价格和时间是从进入博物馆后算起的，里面有穿着传统服饰、会表演民俗舞蹈和手艺的导游。此外，还可以在森林密布的美丽岛屿上漫步，那里有几家咖啡馆。

夏季每天15:00有英语导览游。岛上在仲夏还会点燃赫尔辛基最大的篝火，也是热门的野餐地。从赫尔辛基市中心前来，可乘坐24路公共汽车。

活动

★ Kotiharjun Sauna 桑拿

（www.kotiharjunsauna.fi；Harjutorinkatu 1；成人/儿童 €12/6；⏲周二至周日 14:00~20:00，桑拿 至21:30）Kallio这座烧木柴的传统桑拿浴室于1928年开业。随着公寓楼中公共桑拿的出现，这样的浴室大多都消失了，不过这是一种传统体验，你还可以享受搓背和按摩服务。有男女分开的浴室；可自带毛巾，也可以租用（€3）。从Sörnäinen地铁站步行前来很快就能到。6月至8月中旬周日关闭。

团队游

夏季有几家游轮公司从市场广场出发组织海港游，每小时1班船（€20~25）。

最实惠的游览方案是乘坐**2路有轨电车**，之后换乘**3路**，环游城市，反之也可以。可以拿一本免费的《2/3路有轨电车观光》（*Sightseeing on Tram 2/3*）作为环游指南。

住宿

建议全年都要预订，因为几乎一直都有活动或会议。

★ Hostel Academica 青年旅舍 €

（09-1311 4334; www.hostelacademica.fi; Hietaniemenkatu 14; 铺/标单/双 €28.50/63/75; 6月至8月; ）这个住处干净、热闹，有许多附带设施（游泳池和桑拿），员工友好，平时供芬兰学生住宿，夏季可充分利用。现代化风格的客房都很棒，全部配备有小冰箱和独立浴室。宿舍有2~3床可选，所以不会拥挤。设计上也很注重环保。提供早餐。HI会员有折扣。

Hostel Erottajanpuisto 青年旅舍 €

（09-642 169; www.erottajanpuisto.com; Uudenmaankatu 9; 铺/标单/双 €30/60/75; ）这是赫尔辛基最具特色、最休闲的青年旅舍，位于一座热闹的酒吧和餐厅街上的大楼的顶层。忘了宵禁、关门、学童等烦心事吧，记得自带床单——这里更像是一家由（拥挤的）学生宿舍组成的客栈。公共浴室很新，私人房间更安静，还有一间很大的休息室，员工友好。HI会员能享受10%的折扣。早餐额外收费。

★ Hotelli Helka 酒店 €€

（09-613 580; www.helka.fi; Pohjoinen Rautatiekatu 23; 标单 €110~132, 双 €142~162; ）市中心最好的中档酒店之一，有能干、乐于助人的工作人员和极好的设施，包括免费停车场，如果你能从有限的车位找到空间的话。最好的是客房，房间里有散发着松木清香的Artek家具、冰块形状的床头台灯，以及床头挂着的芬兰乡村画（背光下氛围很好）。

Hotel Finn 酒店 €€

（09-684 4360; www.hotellifinn.fi; Kalevankatu 3B; 标单 €59~119, 双 €109~199; ）这家两层酒店位于市中心一座大楼的高层，服务友好，走廊装饰成性感的巧克力色和红色，墙壁上挂着芬兰年轻摄影师拍摄的艺术作品。客房风格各不相同，但都很明亮，有现代风格的墙纸和小浴室。有些家具采用的是循环材料。价格变化很大，不过非常划算。

Omenahotelli 酒店 €€

（0600~18018; www.omenahotels.com; 房间 €70~130; ）这家超值的连锁酒店是无人自助服务，在赫尔辛基有两家分店：**Lönnrotinkatu**（www.omena.com; Lönnrotinkatu 13）和**Yrjönkatu**（www.omena.com; Yrjönkatu 30）。除了双人床外，房间里还有折叠椅，可入住两人以上，还配有微波炉和小冰箱。可提前在线或通过大厅服务终端订

赫尔辛基的市场

虽然在市场广场能找到食品摊、生鲜食品和浆果，但芬兰真正的农产品中心还是在市场（kauppahalli）。赫尔辛基市中心有三座市场，都是很棒的地方，有肉铺、面包房、鱼贩和熟食店，出售各种传统食物。可以四处转一转，拍些熏鱼的照片。市场是野餐食物和外卖食品采购的好去处，而且都设有咖啡馆和其他休闲小吃店。

Hakaniemen Kauppahalli（www.hakaniemenkauppahalli.fi; Hämeentie; 周一至周五 8:00~18:00, 周六 至16:00; ）这座传统芬兰食品市场靠近Hakaniemen地铁站。有各式各样的食材和咖啡馆，楼上还有织物批发市场。夏季门外的广场上也会有集市。

Hietalahden Kauppahalli（www.hietalahdenkauppahalli.fi; Lönnrotinkatu 34; 周一至周五 8:00~18:00, 周六 至17:00, 外加7月至8月 周日 10:00~16:00; ）这座经过翻新的市场有各种食品摊和小吃店，楼上各个方向尽头还有诱人的咖啡馆。可乘坐6路有轨电车到达。

Vanha Kauppahalli（www.vanhakauppahalli.fi; Eteläranta 1; 周一至周六 8:00~18:00; ）除港口外，这里是赫尔辛基另一座著名的市场。建于1889年，最近经过翻修，虽然近来是颇受游客喜爱的地方（为了烤驯鹿肉？），但仍是一座传统的芬兰集市。

房。窗户不能打开，所以天气炎热时房间会有些闷。

★ Hotel Fabian 酒店 €€€

（☎09-6128 2000；www.hotelfabian.fi；Fabianinkatu 7；房间 €200~270；❄@📶）这家酒店位于市中心，但闹中取静，没有其他设计师酒店那样嘈杂，一切都恰到好处。在优雅的标准客房里，充满想象力的灯光和并不张扬的现代设计让人感到非常舒适。房间面积大小差别很大。高级房间中有额外设施和小厨房。员工非常友善，而且看起来很满意在这里工作。没有餐厅，不过厨师会现场为你制作早餐。

就餐

好的经济型选择不多，不过多数地方都有特色午餐，也有许多自助选择。

Zucchini 素食 €

（Fabianinkatu 4；午餐 €8~12；⊙周一至周五 11:00~16:00；✎）它是城里少数几家素食咖啡馆之一，也是最佳的午餐场所，门口经常有很多人排队。冬天可以喝一口热汤驱走严寒，夏天则可以在后面的阳光露台上品尝现做的乳蛋饼。午餐可以选择汤、沙拉和热食。

Karl Fazer Café 咖啡馆 €

（www.fazer.fi；Kluuvikatu 3；简餐 €6~11；⊙周一至周五 7:30~22:00，周六 9:00~22:00，周日 10:00~18:00；📶）这家经典咖啡馆感觉有点像是洞穴，但其实是同名巧克力帝国的旗舰店。圆屋顶反射声音的效果好，所以当地人都说这里不适合说闲话。不过很适合购买Fazer巧克力、新鲜面包、三文鱼和虾肉三明治，或者享受美味的圣代和各种蛋糕。这里还提供不错的特殊膳食选择。

★ Kuu 芬兰菜 €€

（☎09-2709 0973；www.ravintolakuu.fi；Töölönkatu 27；主菜 €19~30；⊙周一至周五 11:30至午夜，周六 14:00至午夜，周日 14:00~22:00）这家餐厅隐藏在Mannerheimintie的Crowne Plaza酒店背后的角落里，是品尝传统和新派芬兰菜的好去处。菜单选择不多，主要分为创新菜和经典菜式的当代改良两类，高品质食材和出色的口感是成功的关键。葡萄酒非常贵，不过至少有些很棒的选择。

Salve 芬兰菜 €€

（☎010-766 4280；www.ravintolasalve.fi；Hietalahdenranta 11；主菜 €19~27；⊙周一至周六 10:00至午夜，周日 10:00~23:00）这家拥有百年历史的酒店就在城西的水边，长期以来一直是海员们的最爱，采用舰队主题的装潢，墙壁上挂有宏伟船舰的画作。提供可口的芬兰食物，例如肉丸、煎波罗的海青鱼和牛排，分量很足。氛围温暖，服务友好。

★ Olo 新派芬兰菜 €€€

（☎010-3206250；http://olo-ravintola.fi；Pohjoisesplanadi 5；午餐 €53，品尝套餐 €89~137，含酒水 €224~292；⊙周一 11:30~15:00，周二至周五 11:30~15:00和18:00至午夜，周六 18:00至午夜）这家餐厅被许多人公认是赫尔辛基最好的餐厅，位于港口一座19世纪的美丽建筑中。提供顶级的新派芬兰菜肴，品尝菜单令人难忘，综合了精选食材和少量的分子美食于一体。品尝"旅途"虽短，但因为有大量的小食精品，因而让人久久回味。提前一周预订。

饮品和夜生活

市中心有许多酒吧和夜店。想喝到赫尔辛基最便宜的啤酒（1品托€3~4），可以去市中心北部工人集中的Kallio（靠近Sörnäinen地铁站）。

★ Teerenpeli 小酒馆

（www.teerenpeli.com；Olavinkatu 2；⊙周一至周四 正午至次日2:00，周五和周六 正午至次日3:00，周日 15:00至午夜；📶）这家出色的小酒馆靠近坎皮（Kamppi）汽车站，能避开拥挤的人群。提供非常棒的麦芽酒、烈性啤酒和浆果果酒，均是拉赫蒂（Lahti）酿酒厂出产的。店内是狭长的错层式结构，有浪漫的暗光照明和私密餐桌，还有室内吸烟区。价格很贵，因此在本地区显得很高档。

Bar Loose 夜店

（www.barloose.com；Annankatu 21；⊙周二 16:00至次日2:00，周三至周六 16:00至次日4:00，周日18:00至次日4:00；📶）相对于摇滚酒吧，这里奢华的血红色室内装饰和舒适的座椅看起

来都太过时髦，不过这里就是如此。墙壁上挂有吉他手的肖像，楼上有形形色色的各种人群，有两家酒吧提供服务。楼下是夜店区，多数夜晚都有现场音乐演奏，还有DJ播放从金属到现代/复古的经典音乐。

☆ 娱乐

★ Musiikkitalo 演出场所

（www.musiikkitalo.fi; Mannerheimintie 13）如同在冰川上喝一杯杜松子酒般爽快，这座醒目的现代建筑为赫尔辛基市中心增色不少。室内装饰也毫不逊色——从门厅就可以看见观众席，音响效果极好。这里会定期举办古典音乐会，价格很低，一般都在€20左右。附设的酒吧是小酌的好去处。

Tavastia 现场音乐

（www.tavastiaklubi.fi; Urho Kekkosenkatu 4; ⏲周日至周四 20:00至次日1:00，周五 20:00至次日3:00，周六 20:00至次日4:00）这里是赫尔辛基传奇性的演出场地之一，来此演出的既有潜力巨大的当地歌手，也有国际著名团体。工作日每晚都有乐队演出。也可以看看隔壁的Semifinal有什么演出。

购物

赫尔辛基是设计之都，从时装到最新的家具和家居用品都是如此。位于市中心的滨海大道（Esplanadi）是游客光顾的地方，有许多时髦精品店，出售芬兰精品。最迷人的是附近的Punavuori，弥漫着一种很棒的复古氛围，有数不清的精品店、工作室和美术馆可以探索。其中有一两百家店都属于**赫尔辛基设计区**（Design District Helsinki; www.designdistrict.fi），可以在旅游局拿到超值的介绍地图。

> **值得一游**
>
> ### 波尔沃
>
> 这座芬兰第二古老的城市一直是从赫尔辛基前往一日游或周末度假的热门选择。波尔沃（瑞典语为Borgå）正式建城是在1380年，但在此之前就已经是一座重要的贸易城市。在美丽的历史中心城区的河畔，有许多著名的红砖仓库，曾经储存着即将运往欧洲各地的货物。白天，古城的手工艺品商店挤满游客，留下来过夜意味着你多少可以独享这座城市。日落时分，古老的经过粉刷的建筑显得尤为壮观。
>
> 每30分钟左右，会有车从赫尔辛基的坎皮汽车站出发，前往波尔沃。

实用信息

公共图书馆可免费上网。市中心大部分地区都有免费的无线网络。

赫尔辛基城市旅游局（Helsinki City Tourist Office; ☎09-3101 3300; www.visithelsinki.fi; Pohjoisesplanadi 19; ⏲5月中旬至9月中旬 周一至周五 9:00~20:00，周六和周日 9:00~18:00，9月中旬至次年5月中旬 周一至周五 9:00~18:00，周六和周日 9:00~16:00）是忙碌的多语种服务办公室，可提供大量的城市信息。在机场也有一个办事处（Terminal 2, Helsinki-Vantaa airport; ⏲5月至9月 10:00~20:00，10月至次年4月 10:00~18:00）。

HSL/HRT（www.hsl.fi）公共交通信息和旅行计划。

到达和离开

飞机

芬兰的主要机场是赫尔辛基万塔国际机场（Helsinki-Vantaa Airport; 见404页），有往返许多欧洲大城市和一些跨洲目的地的直达航班。机场在赫尔辛基以北19公里处的万塔。北京和上海有直飞赫尔辛基的航班。

芬兰航空公司（Finnair; ☎0600-140140; www.finnair.fi）和便宜的**FlyBe**（www.flybe.com）的航班能覆盖芬兰的18个城市，通常每天至少1班。

船

渡轮（见404页）可前往瑞典（途经奥兰群岛）、爱沙尼亚、俄罗斯和德国。船次很多，包括去往爱沙尼亚塔林（见367页）的快速渡轮，那里是热门的一日游选择。

长途汽车

坎皮汽车站（Kamppi bus station; www.matkahuolto.fi）发出的车可前往芬兰各地。OnniBus（见405页）运营更便宜的路线，从赫尔辛基当代艺术博物馆外前往芬兰的多个城市，提前在线订票可享受最大优惠。

火车

赫尔辛基**火车站**(Rautatieasema; www.vr.fi)位于市中心，靠近地铁(Rautatientori站)，从坎皮汽车站步行很快就到。

火车是从赫尔辛基前往大城市最快也最便宜的交通工具，每天还有班次前往俄罗斯。

当地交通

抵离机场

615/620路公共汽车(€5, 30~45分钟, 5:00至午夜)往返赫尔辛基万塔国际机场(21号站台)和赫尔辛基火车站附近Rautatientori的3号站台。

Finnair的车速度更快，从火车站另一侧的30号站台出发(€6.30, 30分钟, 5:00至午夜每20分钟1班)。

新的机场至城市的铁路在2015年年底开通，为乘客进城提供了最快的交通方式，抵达赫尔辛基火车站只需30分钟。

自行车

赫尔辛基很适合骑行，城内地势平坦，其行车道标记清晰。可在旅游局拿一份骑行地图。

当地交通

HSL(www.hsl.fi)运营有公共汽车、地铁、当地火车、有轨电车和芬兰堡渡轮。可乘坐所有交通工具的1小时车票(无限次换乘)上车购买价格为€3，提前购买价格为€2.50(有轨电车为€2.20)。一日和多日车票(24/48/72小时€8/12/16)很超值。购票可通过Rautatientori地铁站、R-kioskis和旅游局。

图尔库(TURKU)

☎02/人口 182,500

图尔库是芬兰最古老的城市，也是曾经的首都，但如今是一座现代化的海港城市，有许多博物馆，港口有一座宏伟的城堡和壮观的大教堂。可爱的奥拉河(Aurajoki)是城市的心脏和灵魂所在，这条宽阔的河流一直流进波罗的海港湾，两岸是船上酒吧和餐厅。

景点

★图尔库大教堂 主教座堂

(Turun Tuomiokirkko, Turku Cathedral; ☎02-261-7100; www.turunseurakunnat.fi; 大教堂免费，博物馆 成人/儿童 €2/1; ⏲大教堂和博物馆 4月中旬至9月中旬 9:00~20:00, 9月中旬至次年4月中旬 9:00~19:00)高耸的图尔库大教堂是芬兰路德教会的"母教堂"。这座巨大的哥特式砖教堂于1300年祝圣，几百年来曾几次毁于火灾，但又都进行了重建。

楼上有座小**博物馆**，追溯了大教堂各个阶段的建设历史，还收藏有一些中世纪的雕塑和宗教器物。

免费的**夏季管风琴音乐会**于每周二20:00和周三14:00举行。英语礼拜是在全年周日的16:00(每月最后一周除外)。

图尔库城堡 城堡

(Turun Linna, Turku Castle; ☎02-262-0300; www.turunlinna.fi; Linnankatu 80; 成人/儿童 €9/5, 导览游 €2; ⏲6月至8月 每天 10:00~18:00, 9月至次年5月 周二至周日 10:00~18:00)图尔库城堡建于1280年，位于奥拉河河口，是芬兰最大的一座城堡。亮点包括两座地牢和奢华的宴会厅，城堡的老贝利中央刑事法庭(Old Bailey)中还有一座讲述图尔库中世纪历史的迷人的**博物馆**。模型展示了城堡是如何从一个简单的小岛城堡成长为文艺复兴风格的宫殿。6月至8月，每天还有几次英语导览。

★考古和新艺术博物馆 博物馆、美术馆

(Aboa Vetus & Ars Nova; ☎020-718 1640; www.aboavetusarsnova.fi; Itäinen Rantakatu 4-6; 成人/儿童 €8/5.50; ⏲11:00~19:00; 👪)这座博物馆将艺术和考古完美结合。地下的**考古馆**(Aboa Vetus)展示有图尔库的中世纪街道，陈列有遗址(至今仍在发掘)出土的37,000件文物，**新艺术馆**(Ars Nova)中是当代艺术展览。奇数年的夏天还会举办**Turku Biennaali**(www.turkubiennaali.fi)主题展览。

博物馆的绿草庭院中有一座咖啡馆Aula，6月至8月的周日有爵士乐配早午餐，周四晚上有DJ打碟。

节日和活动

Ruisrock 音乐

(www.ruisrock.fi; 1/3日票 €78/128)7月，在Ruissalo会举办芬兰最古老、规模最大的

年度摇滚节——从1969年举办至今，为期3天，能吸引10万观众。

住宿

Laivahostel Borea 青年旅舍 €

（☎040-843 6611；www.msborea.fi；Linnankatu 72；标单 €49，双 €78~105.50，标三 €102，四 €124；）这艘巨大的客轮SS Bore于1960年建造于瑞典，如今停靠在渡轮总站东北约500米外的海事博物馆（Forum Marinum museum）门外。现在这里是优秀的HI附属青年旅舍，住处都位于复古的船舱中，大部分都很狭窄，如果想要宽敞的空间，可选择有公共区域的价格更高的双人房。房费中包括早间桑拿。

★ **Park Hotel** 精品酒店 €€

（☎02-273 2555；www.parkhotelturku.fi；Rauhankatu 1；标单 €89~124，双 €115~162；@）这座新艺术风格的建筑风格独特，能眺望到一座多山的公园，养有一只叫声粗响的鹦鹉Jaakkp，电梯里放着古典音乐。客房采用可爱的印花棉布装饰，配有小冰箱。酒店由家庭经营，公共休息室中有乒乓球桌，这使它完全不同于连锁酒店。

值得一游

奥兰群岛

美丽的奥兰群岛（Åland Archipelago）在地缘政治学上是一个特例：群岛属芬兰所有，居民讲瑞典语，但拥有自己的议会、旗帜和邮票。

奥兰群岛是北欧阳光最灿烂的地方，这里一望无垠的白沙滩、平坦如画的自行车道拥有极大的吸引力。除了繁忙的首府玛丽港（Mariehamn）之外，群岛其余地方的小村庄都很宁静，从6500个礁石和小岛上找到属于自己的偏僻海滩还是非常容易的。主要岛屿之间由桥梁和免费的电缆渡轮连接，大一些的汽车渡轮则可前往群岛外围的海滩。

有一些汽车渡轮可前往奥兰群岛，包括连接图尔库和赫尔辛基至斯德哥尔摩的。骑自行车是探索群岛的最好方式，而且自行车很容易租到。

就餐

CaféArt 咖啡馆 €

（www.cafeart.fi；Läntinen Rantakatu 5；菜肴 €2.20~4.80；⏲周一至周五 10:00~19:00，周六 10:00~17:00，周日 11:00~17:00）现磨的咖啡粉，一流的咖啡师，富于艺术气息的优雅的内部装饰，没有比这里更适合品尝咖啡和蛋糕的地方了。夏季，露台餐桌一直摆到河岸，有椴树的树荫。

★ **Tintå** 小酒馆 €€

（☎02-230 7023；www.tinta.fi；Läntinen Rantakatu 9；午餐 €8.50~13.50，比萨 €12~16，主菜 €25~30；⏲周一 11:00至午夜，周二至周四 11:00至次日1:00，周五 11:00至次日2:00，周六 正午至次日2:00，周日 正午至22:00）这家河畔葡萄酒吧内部采用舒适的裸砖装饰，工作日提供午餐和美食家比萨，例如芦笋和熏羊乳酪口味或熏火腿和无花果口味，经典主食有烤有机牛肉配辣根蒜泥蛋黄酱。可以点一杯葡萄酒坐在露台上，观看河岸的美景。

★ **Smor** 新派芬兰菜 €€€

（☎02-536 9444；www.smor.fi；Läntinen Rantakatu 3；主菜 €29，3/6道菜品尝套餐 €47/65，含葡萄酒 €81/130；⏲周一至周五 11:00~14:00和16:30~22:00，周六 16:00~22:00）位于一座闪烁着浪漫烛光的拱顶酒窖中，提供超赞的新派芬兰菜，多数是有机食物，例如菠菜华夫饼配鹌鹑蛋和风干猪肉、烤奥兰群岛羊羔肉配花椰菜泥和荨麻酱或白鲑鱼配紫茴香。甜点有杏仁糕点配酸奶布丁和柠檬百里香冰沙。

饮品和夜生活

Boat Bars 酒吧

夏季饮酒就从停靠在河南岸的船甲板上开始吧。它们是飘浮的啤酒乐园，是伴着音乐的社交场所，尽管大多数船酒吧也提供食物。如果船上的啤酒太贵，就跟当地人一起在河畔草地上喝外卖啤酒。

实用信息

旅游局（☎02-262 7444；www.visitturku.fi；

Aurakatu 4; ⏲周一至周五 8:30~18:00, 周六和周日 9:00~16:00)比较忙碌，但能提供整个地区的信息。

ℹ 到达和离开

船

港口位于市中心西南，有Tallink/Silja和Viking Line两家公司的渡轮码头。船可前往斯德哥尔摩(11小时)，途经奥兰群岛。

长途汽车

从主要**汽车总站**(www.matkahuolto.fi; Aninkaistenkatu 20)出发，每小时有1班快车前往赫尔辛基(€31.50, 2.5小时)，去坦佩雷的车也很多(€25.60, 2.5小时)。

火车

图尔库火车站位于市中心西北400米处，火车在渡轮码头也会停靠。

目的地包括:

赫尔辛基(€34, 2小时, 每小时至少1班)

罗瓦涅米(€91.40, 12小时, 每天4班, 一般在坦佩雷换乘)

坦佩雷(€28.20, 1.75小时, 每小时2班)

ℹ 当地交通

旅游局出租自行车，可咨询环绕图尔库群岛周边的250公里优美路线的信息。

1路公共汽车往返港口、市场广场和机场(€3)。

坦佩雷(TAMPERE)

☎03/人口 217,400

风景如画的坦佩雷位于两大湖泊之间，生机勃勃，是芬兰最受游客欢迎的地方之一。水流湍急的坦默雷斯基河(Tammerkoski)穿过市中心，绿草如茵的河岸与红砖纺织厂房相得益彰，而后者曾是该市的经济支柱。如今，改造后的工业建筑中有古怪的博物馆、诱人的商店、小酒馆、电影院和咖啡馆。

👁 景点

★大教堂 教堂

(Tuomiokirkko; www.tampereenseurakunnat.fi; Tuomiokirkonkatu 3; ⏲5月至8月 10:00~17:00, 9月至次年4月 11:00~15:00) **免费** 坦佩雷大教堂是民族浪漫主义建筑的标志性实例，建于1907年。其中的壁画和彩绘玻璃出自雨果·辛姆伯格(Hugo Simberg)之手，画面的内容充满了争议：一队像幽灵般的孩童使徒手执“生命花环”，坟墓和植物由骨瘦如柴的人看守，两个孩子抬出一位受伤的天使。出自马格纳斯·恩格尔(Magnus Enckell)之手的祭坛画也是同样的风格，描绘的是耶稣重生的场景，给人一种肃穆甚至哀恸的感受。

阿穆里工人房屋博物馆 博物馆

(Amurin Työläismuseokortteli, Amuri Museum of Workers' Housing; www.tampere.fi/amuri; Satakunnankatu 49; 成人/儿童 €7/3; ⏲5月中旬至9月中旬 周二至周日 10:00~18:00)这里保存有整个街区的19世纪木头房屋，包括32间公寓、一间面包房、一间鞋店、两间杂货店和一家咖啡馆。这里是芬兰最真实的房屋博物馆之一，有趣的背景资料(有英语翻译)提供了大量的历史信息。

Särkänniemi 游乐园

(www.sarkanniemi.fi; 日票 成人/儿童 €37/31; ⏲5月中旬至8月乘坐 10:00~19:00)这座位于海岬上的游乐园中有大量的亮点，包括几十个乘坐项目和一座瞭望塔，还有美术馆、水族馆、农场动物园、天文馆和海豚馆。可购买通票，也可以每个景点单独购票(成人/儿童 €10/5)。营业时间很复杂，可查看网站，在线购票可享受折扣。室内景点全年开放。从火车站或中央广场可乘坐20路公共汽车。

☞ 团队游

夏季，坦佩雷湖上巡游非常受欢迎。去往奈西湖(Näsijärvi)的船从Mustalahti码头出发，Laukontori码头的船前往比哈湖(Pyhäjärvi)。可在旅游局订票。

🛏 住宿

★Dream Hostel 青年旅舍 €

(☎045-236 0517; www.dreamhostel.fi; Åkerlundinkatu 2; 铺 €24~29, 标双/四 €79/108; P@令)这里是芬兰最好的一家青年旅舍，氛围活泼，装潢时尚，空间宽敞，员工服务

热情。铺位非常舒适宽敞（分混住和仅限女性），宿舍面积各不相同，便利服务包括自行车租赁。原创的装饰恰如其分，是它赢得旅行者喜欢的原因。从火车站步行可以很快到达，环境安静。

楼上有小型套房，以供那些想要旅舍气氛但又不愿共享浴室的人使用。

Scandic Tampere Station 酒店 €€

（☎03-339 8000；www.scandichotels.com；Ratapihankatu 37；标单/双 €139/159；P ❄ @ 📶 👪）🌿从名称即可看出，这家酒店就在火车站。设计时尚漂亮，装潢采用极简主义风格，以舒适的粉红色为主色调，黑白的休闲氛围中点缀着淡紫色灯光。高级客房尤其迷人，有暗色木头的桑拿浴房，带阳台，而且价格也没有高出太多。设施现代，服务优秀，价格超值。

这里也有几间无障碍客房，配备的是电动床铺。

Omenahotelli 酒店 €€

（☎0600-18018；www.omenahotels.com；Hämeenkatu 7；房间 €60~96；📶 👪）位于主街上，距离火车站很近。没有前台，提供的都是非常舒适的双床房，配备有微波炉、水壶和折叠式沙发。非常适合四口之家入住。在线预订，或者通过入口的服务终端机开房。

桑拿

几个世纪以来，桑拿房一直是沐浴、沉思、暖身甚至生产的地方，大多数芬兰人至今每周都会蒸一次。洗浴是裸体进行的（公共桑拿一般都是分性别的），芬兰人眼中的桑拿是神圣的，不含色情意味。

首先要淋浴。进入桑拿房之后（温度高达80~100℃），水被长柄勺（kauhu）洒在火炉上，产生蒸汽（löyly）。有时会用一个小桦木和树叶做成的毛掸（vihta）轻轻拍打皮肤，促进血液循环。降温的话可以洗冷水浴，或者直接跳进湖中。之后再次重复。传统上洗浴之后还会饮用桑拿啤酒。

就餐

坦佩雷的特色菜mustamakkara是一种味道温和的血肠，一般搭配越橘酱食用。可以在室内市场（kauppahalli）购买，那里也是品尝便宜小吃的好地方。

Tuulensuu 小酒馆 €€

（www.gastropub.net/tuulensuu；Hämeenpuisto 23；主菜 €17~26；⏲周一至周五 11:00至午夜，周六 正午至午夜，周日 15:00至午夜；📶）这里是坦佩雷少数几家美食小酒馆中最好的，有大量的比利时啤酒、美味葡萄酒和各种各样的港口美食可供选择。食物准备精心，主打菜包括肝脏和炸肉排，也有像鸭腿等受比利时和法国东北部风味影响的更加精致的菜肴。就连酒吧小食也很好吃，例如新烤的杏仁。夏季周日歇业。

Hella & Huone 法国菜、芬兰菜 €€€

（☎03-253 2440；www.hellajahuone.fi；Salhojankatu 48；1/2/3/7道菜 €26/40/52/76；⏲周二至周六 18:00~23:00）这个时髦的餐厅提供法国风味的精致美食。菜单上有7种菜，可随意挑选，然后支付相应的价格。留点胃口品尝可口的芬兰奶酪和新鲜浆果。每道菜都搭配葡萄酒。

饮品和夜生活

★**Café Europa** 酒吧

（www.ravintola.fi/europa；Aleksanterinkatu 29；⏲周一至周二 正午至午夜，周三至周四 正午至次日2:00，周五和周六 正午至次日3:00，周日 13:00至午夜；📶）这家酒吧成功再现了20世纪30年代的咖啡馆风格，装饰有奢华的马毛靠垫、扶手椅、镜子、枝形吊灯和油画，是热门的学生聚会场所，也适合所有想要舒舒服服地下棋、品尝比利时和德国啤酒的人。提供分量很足的三明治和沙拉。夏季，门前的露台上也有餐位。

实用信息

Visit Tampere（☎03-56566800；www.visittampere.fi；Hämeenkatu 14B；⏲9月至次年5月 周一至周五 9:00~17:00，6月至8月 周一至周五 9:00~18:00，周六和周日 10:00~15:00；📶）位于市中心的主街上。可以预订活动和演出。

到达和离开

飞机

瑞安公司（Ryanair）的航班每天可往返欧洲几个目的地。

长途汽车

固定班次的快车往返赫尔辛基（€27，2.75小时）、图尔库（€25.60，2~3小时）和芬兰其他大城市。

火车

火车站位于市中心。快车每小时1班，可往返赫尔辛基（€39，1.75小时），也有火车直达图尔库（€33.30，1.75小时）和其他城市。

湖区（LAKELAND）

芬兰南部大部分地区可以称作"湖区"，但这片壮观的地区将该称号发挥到了极致。这里的水域似乎多过陆地，无比美好，波光粼粼，纯净清澈，如镜面一般倒映着蓝天和森林。这是一片令所有旅行者都难以忘怀的土地。

萨翁林纳（Savonlinna）

☎015/人口 27,420

萨翁林纳是芬兰最美的小镇之一，在晴朗的日子里，市中心周围微波荡漾，整个城市散发出迷人的光芒。这里是一个典型的湖区小镇，主要景点是高耸在岩石小岛上的奥拉维城堡（Olavinlinna），它是欧洲最壮观的城堡之一。7月，城堡还会在壮丽的背景下举办世界闻名的歌剧节。

景点

★奥拉维城堡 城堡

（Olavinlinna；www.olavinlinna.fi；成人/儿童€8/4；⏲6月至8月中旬 11:00~18:00，8月中旬至12月中旬和1月至5月 周一至周五 10:00~16:00，周六和周日 11:00~16:00）这座建于15世纪的城堡规模宏大，气势恢宏，是北欧最壮观的一座城堡。它同时也是一座引人注目的要塞，每年还会举办为期一个月的萨翁林纳歌剧节。城堡已经过大规模重建，令人印象深刻，尤其从地理位置来说，它就建在湖中央的一块岩石上。想参观内部的高处，包括塔楼和礼拜堂，必须参加导览游（约45分钟）。

住宿

7月歌剧节期间，酒店床位紧俏，而且价格很高，最好预订。幸运的是，学生此时已放暑假，他们的住所会被改造成夏季酒店和青年旅舍。

Kesähotelli Vuorilinna 夏季酒店 €

（☎015-73950；www.spahotelcasino.fi；Kylpylaitoksentie；标单/双 €70/90，铺/青年旅舍标单 €30/40；⏲6月至8月；P）酒店位于几座建筑内，在学生上学期间被用作学生宿舍，由Spahotel Casino经营，地理位置很好，走过一座美丽的步行桥就是市中心。客房干净舒适，便宜的房间是两间共用一个浴室和厨房（没有炊具）。幸运的是，床位价也包含了公用浴室和厨房，而且HI会员可享受折扣。

Perhehotelli Hospitz 酒店 €€

（☎015-515 661；www.hospitz.com；Linnankatu 20；标单/双 €88/98；⏲4月至12月；P📶）这座舒适的酒店建于20世纪30年代，仍然保留着那个时代的优雅。客房装饰时尚，不过床铺有些狭窄，浴室很小；也提供大些的家庭房。带阳台的房间价格稍贵。怡人的露台和果园可通往一座小海滩。歌剧节期间提供午夜自助餐，不过此时客房价格会上涨（标单/双€130/155），所以要尽早预订。

★Lossiranta Lodge 精品客栈 €€€

（☎044-511 2323；www.lossiranta.net；Aino Acktén Puistotie；双 €160~200；P📶）如果想跟奥拉维城堡亲密接触，湖畔的这家客栈就是理想选择，对面就是令人印象深刻的城堡。这里只有5个舒适的小房间，是芬兰最迷人的酒店之一。房间装饰各不相同，不过都很可爱时尚。带有小厨房（是的，就在隔间），还有许多富有个性色彩的装饰。

餐饮

湖畔热闹的市场广场是品尝休闲小吃的好地方。常见的食品有卷饼（lörtsy），可搭配开胃肉食（lihalörtsy），或选择苹果（omenalörtsy）和云莓（lakkalörtsy）甜点。

萨翁林纳的煎白鳟鱼(muikku, 一种小湖鱼)也很著名。

★ Huvila

芬兰菜 €€

(☎015-555 0555; www.panimoravintolahuvila.fi; Puistokatu 4; 主菜 €20~28; ⏰6月和8月 周一至周五 16:00~23:00, 周六 14:00~23:00, 7月 周一至周六 正午至午夜, 周日 正午至22:00; 📶)这座高雅的木头建筑从前是一座发热医院, 后来改建成了收容所。不过说起好的方面, 现在这里是一座优秀的小啤酒厂和餐厅, 位置就在市中心的港口对面。食物主打新鲜的当地食材, 有时会有一些不太常见的肉食, 烹饪和服务都很到位。自酿啤酒的味道极好, 晴朗的下午, 露台是很好的就餐处, 有时会有现场音乐。

ℹ 实用信息

萨翁林纳旅游(Savonlinna Travel; ☎0600-30007; www.savonlinna.travel; Puistokatu 1; ⏰8月至次年6月 周一至周五 9:00~16:00, 7月 周一至周六 10:00~18:00, 周日 10:00~14:00)提供的旅游服务包括预订住宿、预约别墅和民宿、购买歌剧节门票和安排团队游。这里关门时, Sokos Hotel Seurahuone可提供帮助。

ℹ 到达和离开

夏季, 有船只连接萨翁林纳和其他湖区城镇。

长途汽车

可前往赫尔辛基(€49.90, 4.5~6小时, 每天数班)。

另辟蹊径

海豹湖

从萨翁林纳前往湖畔的林纳萨里和克鲁维西国家公园(Linnansaari and Kolovesi National Parks)很容易, 公园很适合乘坐独木舟探索, 其中栖居着一种珍稀的内陆海豹。可登录www.outdoors.fi查阅公园信息, 登录www.saimaaholiday.net查阅本地区交通、住宿和设备租用情况。

火车

乘坐火车可往返赫尔辛基(€65.70, 4.25小时), 要在帕里卡拉(Parikkala)换乘。

库奥皮奥(Kuopio)

☎017/人口 106,450

库奥皮奥几乎能满足普通人对夏季湖滨小镇的所有期待: 在蔚蓝色的湖水上巡游, 在云杉林中漫步, 在湖畔的木屋酒馆品尝当地鱼类。有什么能比传统的烟熏桑拿浴更能鼓舞你跳入冰冷刺骨的水中呢?

活动

★ Jätkänkämppä

桑拿

(☎030 60830; www.rauhalahti.fi; 成人/儿童 €12/6; ⏰6月至8月和11月至12月 周二和周四 16:00~22:00, 6月至8月 16:00~23:00)这座巨大的烟熏桑拿浴室是一个令人难忘的社交场所, 吸引了许多当地人和游客。它能容纳60人, 是男女混浴, 会提供一条浴巾让你围着。如果想跳到湖里, 要带上泳衣——狂热的当地人和勇敢的游客即便是在结冰时也乐此不疲。多玩几次, 然后买一瓶啤酒, 悠闲地享受北欧的宁静。

隔壁伐木工小屋中的餐厅(成人/儿童 自助餐加热菜 €21/10.50; ⏰16:00~20:00)和桑拿浴室一同营业, 提供传统的芬兰菜肴, 搭配手风琴助兴, 还有伐木工演出。7路和9路公共汽车可前往Rauhalahti酒店, 从那里继续走600米即到, 夏季也可以在港口乘坐巡游船。

食宿

Hotel Atlas

酒店 €€

(☎020-789 6101; www.hotelatlas.fi; Haapaniemenkatu 22; 标单/双 €130/150; Ⓟ❄@📶)这座古老的库奥皮奥酒店在经历全面翻修后于2012年重新开业, 现在是镇上最吸引人的住处, 尤其是考虑到它位于市场广场的优越地理位置。客房很宽敞, 带沙发, 隔音效果好, 能看到广场, 更特别的是, 还能看到百货商场的内部。

Kummisetä

芬兰菜 €€

(www.kummiseta.com; Minna Canthinkatu 44; 主菜 €17~30; ⏰厨房 周一至周六 15:00~

21:30）“教父”般的深棕色赋予这家餐厅传统的氛围，也反映在菜单上，酱汁有茴香、浆果和羊肚菌，搭配美味的切片牛肉、嫩羊羔肉和多汁的梭鲈。食物与其说美味，不如说丰盛，服务也很不错。夏季在后面宽敞的露台上就餐也是一大乐趣。

每周营业时间略有不同，以上只是大概时间。

★ Musta Lammas 芬兰菜 €€€

（☎017-581 0458；www.mustalammas.net；Satamakatu 4；主菜 €28~33，精选套餐 €59；⊙周一至周六 17:00至深夜；✎）这是芬兰最好的餐厅之一，如同黑色羊的一根金羊毛，位于一座浪漫的拱顶砖房中。菜单选择不多，但都是美味的顶级芬兰肉食和鱼类，搭配有各种酱料，但并不会盖过食材的本味。有很多昂贵的特制葡萄酒，你得准备好足够额度的信用卡。还有一个屋顶露台。

实用信息

库奥皮奥信息（Kuopio Info；☎0800-182-050；www.visitkuopio.fi；Apaja Shopping Centre，Kauppakatu 45；⊙周一至周五 8:00~15:00）位于市场广场之下，有本地景点和住宿的信息。以后周六也可能开放。

到达和离开

长途汽车可通往赫尔辛基（€66.30，6.5小时）和其他城市，火车也一样（赫尔辛基€68，4.5~5小时）。夏季有船只往返库奥皮奥和萨翁林纳。

拉普兰（LAPLAND）

拉普兰有几百公里都在北极圈之内，是芬兰名副其实的荒野，具有一种魔幻力量。午夜太阳、萨米人、北极光和四处漫游的驯鹿，还有作为慈祥的圣诞老人“官方”故乡的名声，都为拉普兰增添了神奇的色彩。

罗瓦涅米（Rovaniemi）

☎016/人口 60,900

这座旅游业发达的小镇是圣诞老人在地球上的“正式”居所，是拉普兰的首府，也是前往北境必不可少的停靠站。精彩的北极博物馆（Arktikum）是解答高纬度地区神秘现象的最佳地方。罗瓦涅米是很好的活动基地，也是拉普兰的交通枢纽。

景点

★ 北极博物馆 博物馆

（Arktikum；www.arktikum.fi；Pohjoisranta 4；成人/儿童/家庭 €12/5/28；⊙6月至8月和12月至次年1月中旬 9:00~18:00，1月中旬至5月和9月至11月 10:00~18:00）这里是芬兰最好的博物馆之一，有一条美丽的玻璃隧道一直延伸到欧纳斯河（Ounasjoki），如果你对北方感兴趣，那票价就非常超值。馆内介绍拉普兰以及关于萨米文化和罗瓦涅米历史的信息，还有大量关于北极的展示。这里的静态和互动展览都很棒，内容包括动植物及欧洲、亚洲和北美地区的北极圈民族。

团队游

罗瓦涅米是拉普兰最热门的夏季和冬季运动基地，有频繁的车次，还有多语种专业导览之旅。可登录旅游局网站查询活动信息，包括河面巡游、驯鹿和爱斯基摩犬拉雪橇、漂流、雪上摩托车、滑雪和山地自行车。

住宿

Guesthouse Borealis 客栈 €

（☎016-342 0130；www.guesthouseborealis.com；Asemieskatu 1；标单/双/标三 €53/66/89；P@📶）这家由家庭经营的客栈服务热情，靠近火车站，非常超值。客房简单、明亮、干净，有些带有阳台。餐厅通风条件良好，可以用早餐，包括芬兰麦片粥。住客可以使用厨房（桑拿要支付少量的费用），有两间可自己做饭的公寓。冬季价格会稍微提高，尤其是在圣诞节前后。

Hostel Rudolf 青年旅舍 €

（☎016-321 321；www.rudolf.fi；Koskikatu 41；铺/标单/双 1月中旬至3月 €52/64/92，4月至11月 €42/49/63，圣诞节期间 €58/73/108；P📶）由Hotel Santa Claus经营，不方便的是必须去那里登记。这个无人的自助式住处是罗瓦涅米唯一的青年旅舍，很快就会住满。独

拉普兰的四季

要前往拉普兰，挑选好时间非常重要。在最北部，全年没有太阳的时间达50天，没有夜晚的时间有70天。6月土地泥泞，7月昆虫难以对付。如果想来这里徒步，8月很好，9月也有绚丽的秋叶（ruska）可看。10月中旬至次年5月积雪很厚，12月有包机航班带人来寻找圣诞老人、真正的驯鹿和大雪，不过，滑雪及乘坐西伯利亚犬拉雪橇/驯鹿雪橇/雪地摩托车旅行的最佳时间是3月和4月，届时日照时间较长，而且温度也不会太低。

立式客房价格超值，有干净的浴室、结实的桌子和床边台灯，宿舍的价格与之相同。还有一间厨房，不过不要期待能享受到青旅的氛围。HI会员有折扣。

★ City Hotel 酒店 €€

（016-330 0111; www.cityhotel.fi; Pekankatu 9; 标单/双/高级双 €129/149/177; P@）这家位于镇中心的酒店有一些非常舒适的地方，保持着亲切的氛围，服务超赞，有许多免费的额外设施。客房宽敞简洁，风格非常简约，有大窗户、带有艺术气息的银器、舒适的床铺、豪华的栗色和棕色织物。豪华间提供双人床，智能套间中有桑拿房。夏季价格会降低。

就餐

Nili 芬兰菜 €€

（0400-369-669; www.nili.fi; Valtakatu 20; 主菜 €20~33; 周一至周六 18:00~23:00）在镇中心的这家热门餐厅中，说英语的人比说芬兰语的人要多。内部装饰迷人，采用的是拉普兰主题。食物与其说美味，不如说丰盛，采用的都是令人愉快的当地食材，包括驯鹿、湖鱼、野生蘑菇和浆果等，营造出一种迷人的北方风情。葡萄酒价格很高。

饮品和夜生活

★ Kauppayhtiö 咖啡馆、酒吧

（www.facebook.com/kauppayhtio; Valtakatu 24; 周一至周四 11:00~20:00，周五和周六 11:00至次日4:00; ）这里是罗瓦涅米最具特色的咖啡馆，收藏有许多咖啡和汽油主题的古董，配备的是五颜六色的塑料桌，其中所有的小装饰品都是可以出售的。但其吸引人的地方在于意式浓缩咖啡机、迷人的户外公共休息区和舞台区，以及沙拉、面包卷、汉堡包、周三至周日供应的寿司、圣代和波希米亚风情的拉普兰人。

实用信息

旅游信息（Tourist Information; 016-346 270; www.visitrovaniemi.fi; Maakuntakatu 29; 6月中旬至8月中旬和11月底至次年1月初 周一至周五 9:00~18:00，周六和周日 9:00~15:00，其余月份周一至周五 9:00~17:00; ）位于镇中心的广场上，能提供很多帮助。

到达和离开

飞机

罗瓦涅米机场冬季是包机的主要目的地。芬兰航空公司和挪威航空公司每天都有航班往返赫尔辛基。

长途汽车

每天都有车前往拉普兰的所有地区，以及挪威。夜车可前往赫尔辛基（€130.20，12.75小时）。

火车

相比汽车，火车在赫尔辛基和罗瓦涅米之间往返（€84~102，10~12小时）要更快，也更便宜。

伊纳里（Inari）

016/人口 550

伊纳里（萨米语为Anár）小村是芬兰最重要的萨米中心，也是开始了解他们文化的最佳地方。村子坐落在拉普兰最大的湖泊伊纳里湖（Inarijärvi）畔。

景点

★ 萨米博物馆 博物馆

（Siida; www.siida.fi; 成人/儿童 €10/5; 6月至9月中旬 9:00~20:00，9月中旬至次年5月 10:00~17:00）这里是芬兰最好的博物馆之一，全面呈现了萨米人及其生活环境，不容错过。

主要展览厅包括一个精美的自然展览，按季节详细展示拉普兰的生态环境，展品有出色的照片和信息板。展厅中央是萨米人的详细信息介绍，从早期半游牧的历史直至现代。

Sajos 文化中心

(www.sajos.fi; Siljotie; ⌚周一至周五9:00~17:00) 免费 坐落于木头和玻璃建筑之中的萨米文化中心位于小镇中心，其中设置有萨米议会，以及图书馆和音乐档案馆、餐厅、展览和礼品店。夏季会有团队游，组织参观建筑和萨米手工艺品商店。

住宿

伊纳里虽小，却有几个很好的住处。

Lomakylä Inari 露营地 €

(☎016-671 108; www.saariselka.fi/lomakylainari; 帐篷营地 1/2/4 人 €10/15/20, 2/4人小屋 €67/79, 不含浴室 €40/50, 村舍 €85~170; P 📶) 位于镇中心以南500米处，是镇上最近的小屋住处，是住宿佳选。有各种小屋，设施包括一家咖啡馆。湖畔小屋价格稍贵，但能看到令人难忘的日落景观，值得尝试。露营地和没有暖气的小屋只在6月至9月开放。

★ **Tradition Hotel Kultahovi** 酒店 €€

(☎016-511 7100; www.hotelkultahovi.fi; Saarikoskentie 2; 标单/双 €78/102, 附属建筑 标单/双 €112/128; P @ 📶) 这家舒适的酒店由一个萨米家庭经营，能眺望到湍急的Alakoski河。客房整洁，有些能看到河景。标准间最近进行过整修，副楼的房间采用迷人的北欧风格装修，有干燥柜和位于河畔的阳台/露台，多数房间有桑拿房。餐厅(11:00~22:30营业)提供美味的拉普兰特色菜(主菜€20~31)，风景令人放松。

实用信息

旅游局(☎020-564 7740; www.inari.fi; Inarintie 46; ⌚6月至9月中旬 9:00~20:00, 9月中旬至次年5月 10:00~17:00; 📶) 位于萨米博物馆。还设有一个自然信息点，可上网。

到达和离开

每天有两趟长途汽车(€60.10, 5小时)从罗瓦涅米到达伊纳里，然后继续前往挪威。

生存指南

出行指南

签证

申根签证适用。可登录www.formin.finland.fi网站查看详情。

去见圣诞老人

北极圈(芬兰语为**Napapiiri**)从罗瓦涅米以北8公里处的Sodankylä公路穿过，这里是太阳每年至少有一天不会落下的地区的最南端。北极圈的标记就立在这里(虽然实际上北极圈每天都会移动几米)。标记周围是**圣诞老人村**(Santa Claus Village; www.santaclausvillage.info; ⌚1月中旬至5月和9月至11月 10:00~17:00, 6月至8月 9:00~18:00, 12月至次年1月中旬 9:00~19:00) 免费，这处旅游景点有商店、冬季活动中心和小屋。

圣诞老人邮局(Santa Claus Post Office; www.santaclaus.posti.fi)每年会接到全世界的孩子们(以及成人)写来的超过50万封信。从这里寄出的信会盖上圣诞老人的官方邮戳，而且可以预约在圣诞节寄送。花费€7.90，就可以让圣诞老人在圣诞节给你寄贺卡。

不过最吸引人的当然还是圣诞老人，他待在一个令人印象相当深刻的**洞穴**(grotto; www.santaclauslive.com) 免费 中，全年接见游客。洞中有一套巨大的时钟系统(能减慢地球的自转，所以圣诞老人才能在圣诞夜探望全世界所有的小孩)，神秘地环绕在排队游客的周围。胖胖的圣诞老人一定是个语言学家，而且很懂得怎样与孩子及成人交谈。私人谈话(约2分钟)完全免费，但不能拍照，官方拍照价格非常离谱，€25起。

8路公共汽车可从火车站到达这里，途中会经过村中心(成人/儿童往返€6.60/3.80)。

国家速览

面积 338,145平方公里

首都 赫尔辛基

国家代码 ☎358

货币 欧元(€)

紧急情况 ☎112

语言 芬兰语、瑞典语、萨米语

人口 546万

签证 申根签证适用

芬兰驻中国大使馆(☎010-8519-8300; www.finland.cn; sanomat.pek@formin.fi; 北京朝阳区光华路1号嘉里中心南楼26层)

芬兰驻上海总领事馆(☎010-5292-9900; sanomat.sng@formin.fi; 上海南京西路1168号中信泰富广场2501-2505)

货币

自动柜员机 使用信用卡或借记卡通过自动柜员机取钱，是目前为止获取现金的最简便的方式。银联卡暂不支持取现。

信用卡 广泛接受。芬兰人是银行卡的忠实用户，就连买杯咖啡也可以刷卡。

货币 欧元(€)。注意，1分和2分的硬币在芬兰无法使用。

货币兑换处 可在银行兑换旅行支票和现金；在城市里，也有Forex(www.forex.fi)之类的独立兑换处，而且更划算。

小费 服务费包括在账单里，所以完全不用另付小费，除非你是真的想感谢出色的服务。

汇率

人民币	CNY1	EUR0.14
港币	HKD1	EUR0.11
澳门元	MOP1	EUR0.11
新台币	TWD1	EUR0.03
新加坡元	SGD1	EUR0.65
美元	USD1	EUR0.89
英镑	GBP1	EUR1.30

活动

水上 所有的水边城镇都有地方(经常是在露营地)可以租赁独木舟、皮划艇或小船。租赁的别墅一般会有小船供探索当地的湖泊，可免费使用。漂流选择包括短途、二级轻松、三级和四级探险及五级自虐。

钓鱼 外国人需要几项许可，不过都很容易安排。详情参见www.mmm.fi。

徒步 芬兰有欧洲最好的一些徒步步道，最佳时节是6月至9月，不过7月里拉普兰蚊子和其他昆虫叮咬就是个大问题了。北部步道两旁有一些原始的小屋。许多国家公园内都有维持很好的步道贯穿全境，标记清晰。更多信息请查看www.outdoors.fi网站。

滑雪 滑雪季是从11月底至次年5月初，北部时间稍长。

狗拉雪橇 探险选择从1小时尝试到中途在偏远森林小屋过夜的多日旅行都有。

雪上摩托车 如果想驾驶，需要有驾照。

桑拿 许多酒店、青年旅舍和露营地都有桑拿，免费供住客使用。大城镇有公共桑拿浴室。

营业时间

芬兰的许多景点，尤其是户外的那些，只在夏季开放很短时间，一般是6月中旬到8月底。冬季营业时间一般会缩短。

营业时间为：

国营售酒商店 周一至周五9:00~20:00，周六至18:00

银行 周一至周五9:00~16:15

商店 周一至周五9:00~18:00，周六至15:00

夜店 周三至周六22:00至次日4:00

小酒馆 11:00至次日1:00(周五和周六一般至深夜)

餐厅 11:00~22:00，午餐11:00~15:00，最后点餐一般是在打烊前1小时。

节假日

芬兰一年有两大休息时段，分别是圣诞节、新年期间，以及仲夏周末。国家节假日有：

新年 1月1日

主显节 1月6日

耶稣受难日 3月/4月

复活节和复活节星期一 3月/4月

国际劳动节 5月1日

耶稣升天节 5月

圣灵降临节 5月底或6月初

仲夏夜和仲夏日 6月最靠近24日的周末

万圣节 11月的第一个周六

独立日 12月6日

平安夜 12月24日

圣诞节 12月25日

节礼日 12月26日

住宿

北欧风格的舒适的标准间占主导地位，而非精品住宿。

- 绝大多数露营地都是6月至8月营业，价格一般为€14，外加每位成人/儿童€5/2。多数都有小屋或别墅，一般都非常超值，从€40的基本型小屋到€120带厨房、浴室和桑拿房的别墅都有。
- 值得加入**HI**（www.hihostels.com）成为会员，因为会员在附属的青年旅舍住宿时，每晚可享受10%的优惠。
- 6月至8月，有许多学生住处会被改造成夏季青年旅舍和酒店。
- 芬兰的酒店收费很高，不过在周末和7月夏季假日期间，价格会下降40%左右。一般都会包括早间自助餐。双人床很少见。
- 芬兰的一大好处是有大量的出租别墅，许多位于浪漫的湖畔和森林地区。最大的预订代理是**Lomarengas**（☎030-650 2502；www.lomarengas.fi）。

电话

- 芬兰基本上已经不存在公共电话。
- 最便宜也最实际的办法是购买一张芬兰的SIM卡，插入自己的手机。首先要确定你的手机没有受到本国网络运营商的禁止。开通国际漫游的中国旅行者可以接打电话。

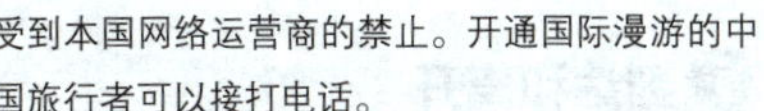

- 所有的R-kioski商店都可以买到预付费的SIM卡。可选择最小面额为€5的卡，包括少量话费。可以在购买店铺、网上或自动柜员机充值。
- 芬兰的国家代码是☎358。拨打国外电话加拨☎00。

上网

公共图书馆 有免费上网处，一般有时间限制。许多旅游局也有上网处，可供免费使用（一般为15分钟）。

无线上网 非常普遍，有些城市覆盖广泛，几乎所有的酒店，以及许多餐厅、咖啡馆和酒吧都提供免费的无线网络。

数据流量 非常便宜。如果有解锁的智能手机，可以购买便宜的当地SIM卡，然后充值够一个月使用的流量，速度很快，价格不到€20。可在R-Kioski商店询问最新价格。

住宿价格区间

下列价格指的是旺季双人间：

€ 低于€70

€€ €70~160

€€€ 高于€160

特色饮食

- **咖啡** 按照当地习俗，一天8~9杯才正确，最好还要搭配小豆蔻调味的糕点（pulla）。
- **另类肉食** 菜单上会出现另类肉食这个选择，以驯鹿肉为主，麋鹿也很常见，熊肉也有提供。
- **新鲜食物** 市场（kauppahalli）可以买到各种食材，夏季市场广场的货摊上能买到美味的新鲜蔬菜和水果。
- **味道** 赫尔辛基是品尝美味新派芬兰菜的最佳选择，豪华的创意美食菜单上呈现了各种用顶尖烹饪方法处理的传统芬兰食材。
- **酒类饮品** 以啤酒为主，各种小啤酒厂越来越多。芬兰人也喜欢在伏特加里掺一些东西，可以尝试一下咸甘草口味（salmiakkikossu）或渔民之友口味（fisu）。
- **鱼** 三文鱼无所不在，美味的湖鱼包括北极鲑、白鲑、梭鲈和煎白鳟鱼（muikku）。
- **早午餐** 周末早午餐（brunssi）在赫尔辛基和其他城市非常流行。这些奢华的套餐无所不包，需提前预约。

网络资源

芬兰旅游局(Finnish Tourist Board; www.visitfinland.com)

时间

东欧时间(EET),比瑞典和挪威早1小时。冬季比协调世界时/格林尼治标准时间(UTC/GMT)早2小时,3月底至10月底早1小时。

到达和离开

从欧洲和其他各地到达芬兰都很容易。有来自许多国家的直达航班,波罗的海的渡轮也是一大便利选择。

飞机

多数前往芬兰的航班都使用首都以北19公里处的**赫尔辛基万塔国际机场**(www.helsinki-vantaa.fi)。

芬兰空运便利,欧洲、美洲、亚洲许多地方都有直达赫尔辛基的航班。也有廉价航班,尤其是瑞安航空公司(Ryanair)的,可往返数个欧洲国家。其他航班多数是芬兰航空公司和斯堪的纳维亚半岛航空公司(SAS)运营。

陆路

瑞典和挪威北部与芬兰北部之间有数个过境点,不设护照和海关检查。长途汽车可连接芬兰北部和挪威,托尔尼奥(Tornio,芬兰)和哈帕兰达(Haparanda,瑞典)的共享汽车站可连接这些国家的公共交通系统。

芬兰和俄罗斯之间有9个边境口岸,包括东南的几处和拉普兰的两处,从赫尔辛基和其他一些城市有火车可前往俄罗斯。

海路

波罗的海渡轮连接芬兰和爱沙尼亚、俄罗斯、德国和瑞典,夏季、周末或携带车辆出行需要预订。

渡轮公司网站有详细的时刻表和价格信息。票价会随季节变化。主要运营商及芬兰语联系电话如下:

Eckerö Line(☎0600-4300; www.eckeroline.fi)芬兰—瑞典,芬兰—爱沙尼亚

Finnlines(☎010-343 4500; www.finnlines.com)芬兰—瑞典,芬兰—德国

Linda Line(☎0600-066 8970; www.lindaline.fi)芬兰—爱沙尼亚

St Peter Line(☎09-6187-2000; www.stpeterline.com)芬兰—俄罗斯

Tallink/Silja Line(☎0600-15700; www.tallinksilja.com)芬兰—瑞典,芬兰—爱沙尼亚

Viking Line(☎0600-41577; www.vikingline.fi)芬兰—瑞典,芬兰—爱沙尼亚

> **就餐价格区间**
>
> 下列价格指的是标准主菜:
>
> **€** 低于€17
>
> **€€** €17~27
>
> **€€€** 高于€27

当地交通

飞机

芬兰航空公司和FlyBe航空公司在赫尔辛基以外运营有广泛的国内网络。

自行车

芬兰和其他许多国家一样,很适合骑自行车,有许多自行车道,山地很少。多数火车、汽车和渡轮都允许搭载自行车。奥兰群岛尤其适合骑行。法律规定要戴头盔。几乎所有的城镇都能租到自行车。

船

湖船曾经是夏季重要的交通工具。现在多数依靠游轮,能快速而悠闲地往返于城镇之间。最热门的航线包括坦佩雷—海门林纳(Hämeenlinna)、坦佩雷—维拉特(Virrat)、萨翁林纳—库奥皮奥和拉赫蒂(Lahti)—于韦斯屈莱(Jyväskylä)。http://lautta.net能方便查询到湖船和渡轮的服务信息。

长途汽车

长途汽车是芬兰长距离运输的主要工具,公路网络比火车网络要广泛得多。

票务由**Matkahuolto**(www.matkahuolto.fi)负责,该公司出色的网络上能查到所有的时间表。Matkahuolto公司的营业时间同普遍营业时间相同,不过也可以上车时从司机处买票。价格依据距离而定,单程100公里的票价为普通/快车€18.70/22。

城镇里有汽车总站(linja-autoasema),贴有当地车次时刻表(lähtevät为出发,saapuvat为到达)。

除了常规系统之外，**OnniBus**（www.onnibus.com）运营许多城际廉价路线，采用的是舒适的双层车，最好预订。

小汽车和摩托车

芬兰汽油价格相对较贵。许多加油站都是无人管理的，有机器可刷卡或接受现金，不找零。

租赁

汽车租赁很贵，不过预订或者团队租赁的话价格比较合理。小型汽车价格约为每天/周€70/300，每天还有300公里免费。最便宜的方法是通过网络租赁。

可搜索周末价格。价格比只租一天稍贵，可以周五下午很早就提车，到周日深夜或周一清晨归还。

许多城市都有汽车租赁公司办公室，包括**Budget**（www.budget.com）、**Hertz**（www.hertz.com）、**Europcar**（www.europcar.com）和**Avis**（www.avis.com）。最便宜的是**Sixt**（www.sixt.com）。

道路灾害

野生动物 注意驼鹿和驯鹿，它们不会避让汽车，可能出人意料地猛冲上公路。这听起来很好笑，但会带来致命危害，特别是驼鹿。如果有因动物造成的事故，请通知警察。驯鹿在拉普兰很常见，如果看见有一只，请减速，因为附近可能还有更多。

路况 道路积雪和冰冻可能出现在9月至次年4月，在卡普兰可能会持续至6月，让驾车非常危险。胎链是非法的，可以使用雪地轮胎，上面有螺栓；或者使用适应各种天气的特制轮胎。

道路规则

- 芬兰是靠右行驶的。
- 建筑物密集的地区限速为50公里/小时，公路上为80~100公里/小时，高速公路为120公里/小时。
- 无论何时都要打开前灯。
- 所有人都要系安全带。
- 血液酒精含量上限为0.05%。
- 芬兰的一大特点是让行标志比大多数国家都少。从右侧进入十字路口的车辆走右边，但这一条不适用于公路和主干道，在城市中，车辆经常会不加观察地从右侧突然冲出，你必须让路，所以在城市的小型十字路口要小心。

其余值得一游的地方

凯米（Kemi） 冬季前来感受破冰船之旅，还有机会在壮观的雪城堡过夜。

鲁卡（Ruka） 这个滑雪村是全年户外活动的基地，门口就有芬兰最好的一些徒步和漂流路线。

约恩芬（Joensuu） 卡累利阿共和国（Karelia）的首都，森林覆盖全境，可参加东正教节日、徒步和观鸟。

汉科（Hanko） 芬兰最可爱的一些海岸线，可入住古老美丽的俄罗斯别墅。

瓦萨（Vaasa） 一个充满艺术气息的小镇，由此可探索阳光明媚的西海岸，感受其受瑞典影响的文化。

于韦斯屈莱（Jyväskylä） 热闹的湖畔大学城，与芬兰最著名的建筑师和设计师阿尔瓦·阿尔托（Alvar Aalto）联系密切。

奥卢（Oulu） 这个令人愉快的城市是北上途中的停靠站，由一系列彼此相连的美丽岛屿组成。

火车

芬兰的火车由**国营芬兰铁路公司**（Valtion Rautatiet, VR; www.vr.fi）经营。服务快速高效，价格基本与相同路线的长途汽车持平。

VR网站上有全面的时间表信息。大型车站设有VR的办公室和售票机，也可以在线购票，在网上还可以享有提前购票的优惠。

根据火车类型，票价稍有不同，其中Pendolino列车最贵。快车100公里的单程票价，二等座（“经济型”）约为€23，一等座（“上等”）比二等座约贵35%。往返票有10%的折扣。

火车通票

欧洲铁路和国际铁路发行的各种通票（见1319页）对芬兰的火车也适用。

Eurail Scandinavia通票的有效期从几天到两个月不等，可乘坐丹麦、瑞典、挪威和芬兰的火车。4天价格为€261，10天高达€403。条件类似但价格更便宜的有仅适用于瑞典和芬兰的通票。

Finland Eurail Pass的3/5/10日二等座的票价为€137/182/245，可乘坐芬兰火车，一个月内有效。

InterRail Finland通票提供1个月内仅适用于芬兰的3/4/6/8日票，价格为二等座€125/158/212/258。

法国

包括➡

最佳餐饮

- Le Musée（见452页）
- Café Saint Régis（见422页）
- Restaurant Le Pim'pi（见460页）
- Le Genty-Magre（见463页）

最佳历史景点

- 拉斯科岩洞（见456页）
- 登陆日海滩（见434页）
- 索姆（见432页）
- 加尔桥（见465页）
- 卡尔纳瓦莱博物馆（见415页）

为何去

对旅行者来说，法国的诱惑如此之多——大名鼎鼎的法国美食、标志性的景观、绚烂的艺术传承、绝妙的户外活动。你可以在短短一周内体验上述所有一切，然后发现：自己不过刚刚触及这个丰富国度的皮毛。

来到法国，著名的景点无疑要看，但日常生活的小趣味同样不容错过：步行穿过优雅的城市广场，坐在阳光明媚的街边咖啡馆喝杯咖啡，享用一顿持续到下午或晚上的法式大餐，沿风景优美的公路自驾并不时停下来拍拍照，抑或是即兴造访一家农场或葡萄园——法国人很在意生活的艺术（art de vivre），你不妨敞开怀抱，全力拥抱它。

何时去

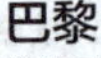

巴黎

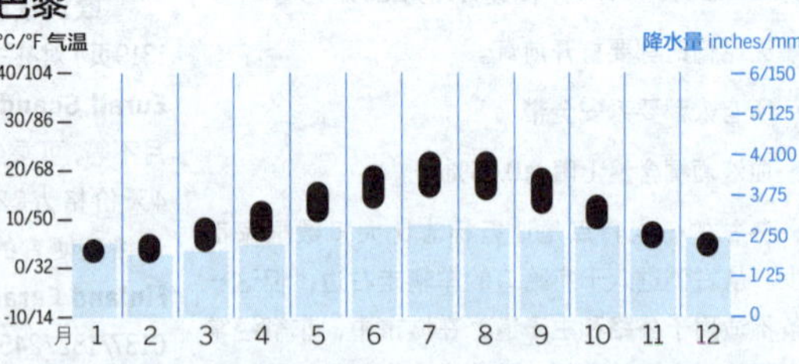

12月至次年3月 阿尔萨斯的圣诞集市、阿尔卑斯山的冰雪运动和南部的松露。

4月至6月 正是法国最美的春季，天气很好，也没有拥挤的人群。

9月 气温凉爽宜人，本地物产正丰，恰是葡萄收获的季节。

旅行线路

一周

先花两天时间探索**巴黎**，去卢浮宫、埃菲尔铁塔、巴黎圣母院、蒙马特区参观，沿着塞纳河坐船游览。前往壮观的**凡尔赛宫**，然后将剩下的时间花在**诺曼底**，造访“二战”的登陆日海滩和壮丽的圣米歇尔山。或者向东，前往**香槟地区**品尝佳酿，参观兰斯（Reims）壮丽的大教堂。

两周

在巴黎及其周边游玩了一周后，跳上高速列车前往**阿维尼翁**或**马赛**，欣赏普罗旺斯的罗马遗产——它美丽的山顶村庄和著名的艺术遗产。将**尼斯**作为最后一站，欣赏它闪闪发光的地中海风光和充满阳光气息的美味佳肴。或者向西南方向前进，来到优雅的**波尔多**和它举世闻名的葡萄园，然后向内陆挺进，去往**多尔多涅**，那里有丰盛的美食和独一无二的史前文化遗产。

巴黎（PARIS）

人口 2,200,000

关于巴黎，已有无数赞誉之辞，但如何才能更生动地描绘这座性感而精致的“光之城”呢？简单说，它是全世界最伟大的城市之一。1000多年来，巴黎一直都是潮流缔造者、市场领袖和文化之都，至今仍不失其领先地位。

正如你所料想到的，巴黎充满了古老的建筑、辉煌的美术馆和文化艺术瑰宝，但今天的巴黎却不只有博物馆，而是各种文化和思想的交汇之处。在巴黎，你可以在林荫大道上散步，在商店里尽情购物，在塞纳河畔静坐，或者像普通巴黎人那样坐在街边咖啡馆并默默地注视着世间的繁华与喧嚣。尽享你在巴黎的每一刻吧。

景点

左岸

★埃菲尔铁塔 地标

（Eiffel Tower，见412页地图；☎08 92 70 12 39；www.tour-eiffel.fr；Champ de Mars，5 av Anatole France，7e；乘电梯至顶层成人/儿童€15/10.50，乘电梯至第2层€9/4.50，爬楼梯至第2层€5/3，乘电梯从第2层至顶层 €6；⏲电梯和楼梯 6月中至8月 9:00至午夜，9月至次年6月中电梯 9:30~23:00，楼梯 9:30~18:30；Ⓜ Bir Hakeim或RER Champ de Mars-Tour Eiffel）缺少埃菲尔铁塔的巴黎是不可想象的。但古斯塔夫·埃菲尔（Gustave Eiffel）建造这座高320米的标志性优雅尖塔时，只是为了在1889年世博会上临时展览一下。幸运的是，新艺术风格的铁塔很受人们欢迎，从而得以保留下来。提前在网上订票可以避开排队的长龙。

电梯可到达铁塔的三个楼层。要到达顶层，需要在2层换乘一次。精力充沛的游客可以沿着南侧柱子的704级台阶爬楼梯上到2层去。

★奥赛博物馆 博物馆

（Musée d' Orsay，见412页地图；www.musee-orsay.fr；62 rue de Lille，7e；成人/儿童€11/免费；⏲周二、周三和周五至周日 9:30~18:00，周四至21:45；Ⓜ Assemblée Nationale或RER Musée d' Orsay）这座博物馆最近进行了装修，拥有色彩丰富的墙壁和更多展览空间，展出的法国国家收藏品主要包括从19世纪40年代到1914年的印象派、后印象派和新艺术运动作品。这里从前是辉煌壮丽的奥赛火车站（Gare d' Orsay）——其本身就是新艺术风格的典范，如今各种画派的大师和他们闻名世界的作品都在此展出。

所有游客必看的重点是博物馆的绘画收藏，馆内拥有全世界规模最大的印象派和后印象派画作藏品。

布朗利河岸博物馆 博物馆

（Musée du Quai Branly，见412页地图；www.quaibranly.fr；37 quai Branly，7e；成人/儿童€8.5/免费；⏲周二、周三和周日 11:00~19:00，周四至

法国亮点

❶ 走进**巴黎**（见407页）这座欧洲最无可救药的浪漫城市，尽享无数的标志性景点和优雅氛围。

❷ 行走**卢瓦尔河谷**（见443页），欣赏无数国王、王后建造的精美古堡，体味法国文艺复兴的气息。

❸ 登上**霞慕尼**（见454页）的勃朗峰，像詹姆斯·邦德一样滑下陡峭的雪坡。

❹ 避开潮水，来到**圣米歇尔山**（见435页）海岛修道院，徜徉在月光如洗的沙滩上，沉浸在传说中。

❺ 置身步调舒缓的**普罗旺斯**（见465页），细细品味古代遗迹、当代艺术和五花八门的市场，当然，还有薰衣草和山顶村庄。

❻ 在香槟核心产区**埃佩尔奈**（见439页）古老的洞穴酒窖中品尝气泡琼浆。

❼ 找一家正宗的**里昂**（见449页）土菜馆，饱餐法国最传统的猪肉美味。

❽ 在**摩纳哥**豪华的蒙特卡洛赌场（见478页）试试手气。

ATLANTIC OCEAN 大西洋
UNITED KINGDOM 英国
Plymouth 普利茅斯
La Manche (English Channel) 拉芒什海峡(英吉利海峡)
Cherbourg 瑟堡
Bayeux 巴约
St-Lô 圣洛
Caen 卡昂
A84
Roscoff 罗斯科夫
Paimpol 潘波勒
Île d'Ouessant
Morlaix 莫尔莱
St-Malo 圣马洛
4 Mont St-Michel 圣米歇尔山
Brest 布雷斯特
Carhaix-Plouguer 卡赖普卢盖
Presqu'île de Crozon
BRITTANY 布列塔尼
Quimper 坎佩尔
Rennes 雷恩
Concarneau 孔卡诺
Josselin 若瑟兰
Le Mans 勒芒
A28
Vilaine
Loire Valley 卢瓦尔河谷 2
Carnac 卡纳克
Vannes 瓦讷
Belle Île
N137
A11
Nantes 南特
Montaigu 蒙泰居
A83
Poitiers 普瓦捷
La Rochelle 拉罗谢尔
A10
ATLANTIC OCEAN 大西洋
Cognac
Soulac-sur-Mer
Bordeaux 波尔多
Bay of Biscay
Garonne
A70
THE DORDOGNE 多尔多涅
Adour
Biarritz
A64
Pau 波城
St-Étienne de Baïgorry
Lourdes
Vallée d'Azun
Vitoria 维多利亚
Pamplona 潘普洛纳
Vignemale (3298m)
Monte Perdido (3355m)
SPAIN 西班牙
Zaragoza 萨拉戈萨

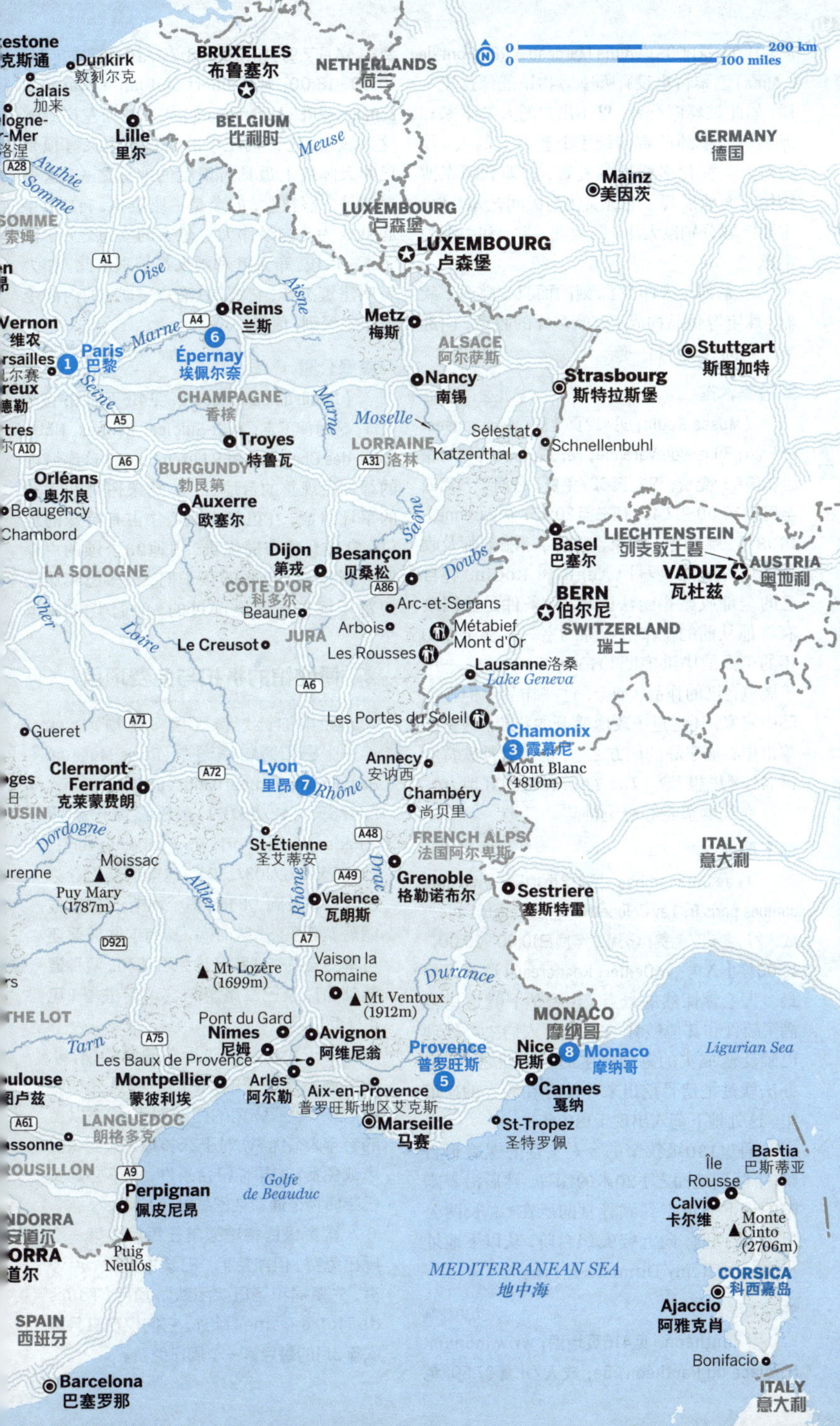

周六11:00~21:00；ⓂAlma Marceau或RER Pont de l' Alma）巴黎再也没有哪座博物馆能像这里一样，如此鼓舞旅行者、足不出户的人类学家和那些只是单纯欣赏传统手工艺之美的人。作为对人类文化多样性的礼赞，布朗利河岸博物馆全面地展现了土著文化与民间艺术。4个主要区域分别以大洋洲、亚洲、非洲和美洲为主题。

一系列令人印象深刻的面具、雕刻、武器、珠宝等物品构成了丰富多样的收藏，内部展览空间令人耳目一新。

罗丹美术馆

花园、博物馆

（Musée Rodin，见412页地图；www.musee-rodin.fr；79 rue de Varenne，7e；成人/儿童博物馆含花园€6/免费，仅花园€2/免费；⏲周二和周四至周日 10:00~17:45，周三至20:45；ⓂVarenne）1908年，雕塑家、画家、素描家、雕刻师及收藏家奥古斯特·罗丹（Auguste Rodin）将自己的全部收藏捐给法国政府，条件是法国政府将他从前的工作室和陈列室——建于1730年的美丽的毕洪宅邸（Hôtel Biron）——用于展览自己的作品。如今，这些作品不但在宅邸中安家，还走进了玫瑰盛开的花园。这是巴黎市中心最宁静的地方之一，也是凝神欣赏罗丹名作《思想者》（*The Thinker*）的好地方。

在线购票能够避免排队。

地下墓穴

墓地

（Les Catacombes，见412页地图；www.catacombes.paris.fr；1 av Colonel Henri Roi-Tanguy，14e；成人/儿童 €8/免费；⏲周二至周日10:00~20:00，19:00停止入内；ⓂDenfert Rochereau）这是巴黎最令人毛骨悚然的景点，几条地下隧道里堆满了颅骨和其他骸骨。1785年，人们决心处理巴黎泛滥成灾的墓地产生的卫生问题，解决办法就是把遗骨挖出来并储存在废弃的矿道里。这处地下墓穴出现于1810年。

通过130级狭窄的令人头昏的螺旋形台阶，下降到地面之下20米的深处，然后沿着幽暗的地下通道走到藏骨堂的所在（总长两公里）。返回时，向上爬83级台阶，从以下地址出去：rue Remy Dumoncel，14e。

先贤祠

历史建筑

（Panthéon，见416页地图；www.monum.fr；place du Panthéon，5e；成人/儿童€7.50/免费；⏲4月至9月10:00~18:30，10月至次年3月10:00~18:00；ⓂMaubert-Mutualité，Cardinal Lemoine或RER Luxembourg）从塞纳河左岸俯瞰这座城市，先贤祠庄严的新古典主义穹顶是巴黎天际线上最具辨识度的地标之一。这里最初是一座教堂，如今是一座陵墓，自1791年起就成为法国最伟大思想家的安息之所：伏尔泰、卢梭、布莱叶和雨果都长眠于此。作为一项建筑杰作，它宽阔（有点空旷）的内部令人印象深刻，值得一逛。

卢森堡公园

公园

（Jardin du Luxembourg，见416页地图；多个入口；⏲时间不定；ⓂSt-Sulpice，Rennes，Notre Dame des Champs或RER Luxembourg）这座城内的绿洲由规整的台地、一丛丛栗树林和青翠的草坪组成，在巴黎人的心中占有特殊的地位。拿破仑将布局优雅、占地23公顷的卢森堡公园献给了巴黎的孩子们，很多巴黎居民的童年都是在这里度过的。他们坐着20世

博物馆的折扣与免费项目

如果你计划参观很多博物馆，就买一张**巴黎博物馆通票**（Paris Museum Pass；http://en.parismuseumpass.com；2/4/6天 €42/56/69）或**巴黎城市护照**（Paris City Passport；www.parisinfo.com；2/3/5天 €71/103/130）。这些通票能让你进入巴黎及周边的60多个场馆，省去（或缩短）买票的排队时间。持有这些通票还可享受公共交通和各种免费福利。两种通票都可以从巴黎旅游与会议促进署（见427页）买到。

对于大多数市政运营的博物馆，永久性展览是免费的，但临时展览往往收费。国家级博物馆的门票对于60岁以上的老年人有优惠，对于26岁以下人士有优惠或免费。如果你符合条件，就不必购买巴黎博物馆通票或巴黎城市护照。

国家级博物馆通常在每月的第一个周日免费。但凯旋门、巴黎古监狱、卢浮宫、先贤祠和圣母院团队游项目（Tours de Notre Dame）除外，它们仅在11月至次年3月的每月第一个周日免费。

纪20年代的木帆船(每30分钟€3; ⌚4月至10月)、划着长桨泛舟八角形的Grand Bassin湖上，在卢森堡剧场(Théâtre du Luxembourg, 见416页地图; www.marionnettesduluxembourg.fr; 票价 €4.80; ⌚周三15:30, 周六和周日 11:00和15:30, 学校假期每日上演; Ⓜ Notre Dame des Champs)观看《潘趣和朱迪》(*Punch & Judy*)之类的木偶戏，骑旋转木马和真正的小马。

圣叙尔比斯教堂 教堂

(Église St-Sulpice, 见416页地图; http://pss75.fr/saint-sulpice-paris; place St-Sulpice, 6e; ⌚7:30~19:30; Ⓜ St-Sulpice) 1646年，拥有双子塔的圣叙尔比斯教堂开始动工，它由前后6名建筑师花费了150年时间才得以建成，里面共有21个小礼拜堂。吸引大多数游客来到这里的不是它带有两排叠加柱的引人注目的意大利式外观，不是受反宗教改革运动影响的新经典主义装饰，甚至也不是尤金·德拉克洛瓦(Eugène Delecroix)的壁画，而是它在丹·布朗(Dan Brown)的悬疑小说《达·芬奇密码》(*The Da Vinci Code*)中的重要性：蓄意谋杀一幕的发生地。

你能在周日10:30的弥撒上听到1781年管风琴的不朽乐声，在偶尔举办的周日下午音乐会上也可能听到。

岛屿

巴黎的两个岛屿有着天壤之别。西堤岛(Île de la Cité)面积较大，岛上景点众多、游人如织(但是居民非常少)。

面积稍小的圣路易斯岛(Île St-Louis)上有居民，也更安静，有足够多的精品店和餐厅，还有一家传奇般的冰激凌店Berthillon吸引着来访者。圣路易桥(Pont St-Louis)将这里与西堤岛相连，而路易-菲利普桥(Pont Louis Philippe)则通往玛莱区(Marais)，这两座桥周围是巴黎最浪漫的地方之一。

★巴黎圣母院 天主教堂

(Cathédrale de Notre Dame de Paris, 见416页地图; ☎01 53 10 07 00; www.cathedraledeparis.com; 6 place du Parvis Notre Dame, 4e; 教堂免费，塔楼成人/儿童€8.50/免费，藏宝库€2/1; ⌚教堂周一至周六7:45~18:45，周日至19:15，塔楼10:00~18:30，7月和8月周五和周六至23:00; Ⓜ Cité)巴黎圣母院是巴黎最受欢迎的免票景点，每年迎接超过1400万游客，是法国哥特式建筑的杰作。在长达700年的岁月里，它都是巴黎天主教的中心，广阔的内部空间可容纳6000多名礼拜者。

亮点包括3个蔚为壮观的玫瑰花窗(rose windows)、藏宝库(treasury)和有着大钟的塔楼(towers)，后者可以爬上去。在北塔楼，螺旋形的400多级台阶通向西立面顶端，爬上去后，你会发现自己对面就是令人生畏的滴水嘴怪兽，当然，还能欣赏迷人的巴黎全貌。

巴黎古监狱 古迹

(Conciergerie, 见416页地图; www.monuments-nationaux.fr; 2 bd du Palais, 1er; 成人/儿童€8.50/免费，圣礼拜堂联票€12.50; ⌚9:30~18:00; Ⓜ Cité)这座14世纪的皇家宫殿后来成为一座监狱。在恐怖统治时期(Reign of Terror, 1793~1794年)，所谓的大革命敌人被囚禁于此，他们等待被送到隔壁的司法宫(Palais de Justic)接受革命法庭(Revolutionary Tribunal)的审判。美丽的辐射状哥特式骑兵大厅(Salle des Gens d'Armes)是欧洲现存最大的中世纪大厅，里面的展览精彩绝伦。

右岸

★卢浮宫 博物馆

(Musée du Louvre, 见416页地图; ☎01 40 20 53 17; www.louvre.fr; rue de Rivoli和quai des Tuileries, 1er; 成人/儿童€12/免费; ⌚周一、周四、周六和周日9:00~18:00，周三和周五9:00~21:45; Ⓜ Palais Royal-Musée du Louvre)很少有美术馆像卢浮宫那样备受赞誉，却又让人望而却步。它是巴黎最成功的创造，任何一个初到巴黎的人都无法抗拒它的魅力。毕竟，它是全世界最大且最多样化的博物馆之一。坐拥35,000件艺术品，从美索不达米亚、埃及和希腊古董到达·芬奇、米开朗基罗和伦勃朗等大师的作品，要细细看完每一件作品至少得花上9个月的时间，因此，事先做好规划必不可少。

拉雪兹神甫公墓 墓地

(Cimetière du Père Lachaise, 见412页地图

Greater Paris 大巴黎地区

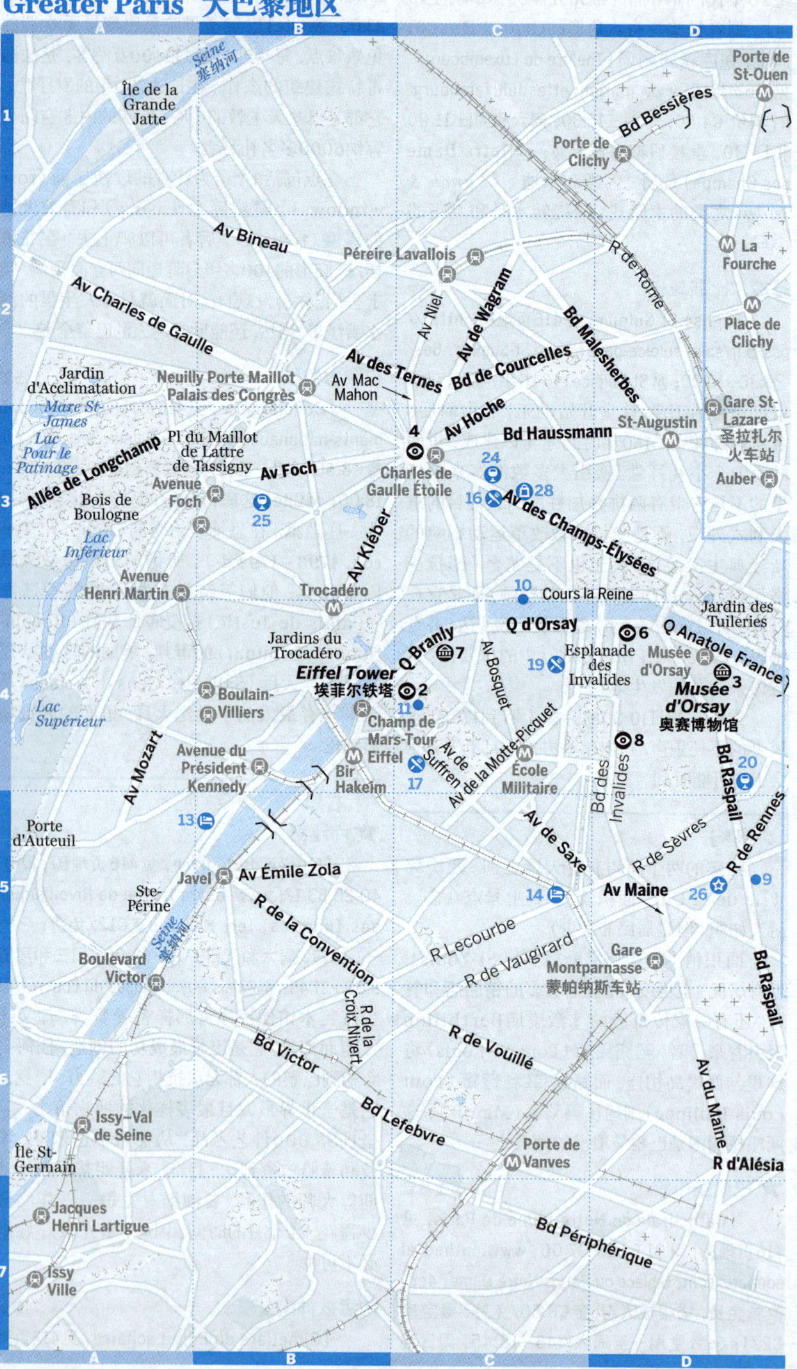

Seine 塞纳河
Île de la Grande Jatte
Porte de St-Ouen
Bd Bessières
Porte de Clichy
Av Bineau
Péreire Lavallois
R de Rome
La Fourche
Av Charles de Gaulle
Av Niel
Av de Wagram
Bd Malesherbes
Place de Clichy
Jardin d'Acclimatation
Neuilly Porte Maillot Palais des Congrès
Av des Ternes
Av Mac Mahon
Bd de Courcelles
Mare St-James
Lac Pour le Patinage
Allée de Longchamp
Pl du Maillot de Lattre de Tassigny
Av Hoche
Bd Haussmann
St-Augustin
Gare St-Lazare 圣拉扎尔火车站
Avenue Foch
Av Foch
Charles de Gaulle Étoile
Auber
Bois de Boulogne
Av des Champs-Élysées
Lac Inférieur
Av Kléber
Avenue Henri Martin
Trocadéro
Cours la Reine
Jardin des Tuileries
Q d'Orsay
Q Branly
Q Anatole France
Jardins du Trocadéro
Esplanade des Invalides
Musée d'Orsay
Av Bosquet
Eiffel Tower 埃菲尔铁塔
Musée d'Orsay 奥赛博物馆
Boulain-Villiers
Champ de Mars-Tour Eiffel
Lac Supérieur
Av de Suffren
Av de la Motte-Picquet
Av Mozart
Avenue du Président Kennedy
Bir Hakeim
École Militaire
Bd des Invalides
Bd Raspail
Porte d'Auteuil
Av de Saxe
R de Sèvres
R de Rennes
Javel
Av Émile Zola
Av Maine
Ste-Périne
R de la Convention
R Lecourbe
Gare Montparnasse 蒙帕纳斯车站
Boulevard Victor
R de Vaugirard
R de la Croix Nivert
R de Vouillé
Bd Victor
Av du Maine
Issy-Val de Seine
Bd Lefebvre
Porte de Vanves
Île St-Germain
R d'Alésia
Jacques Henri Lartigue
Bd Périphérique
Issy Ville

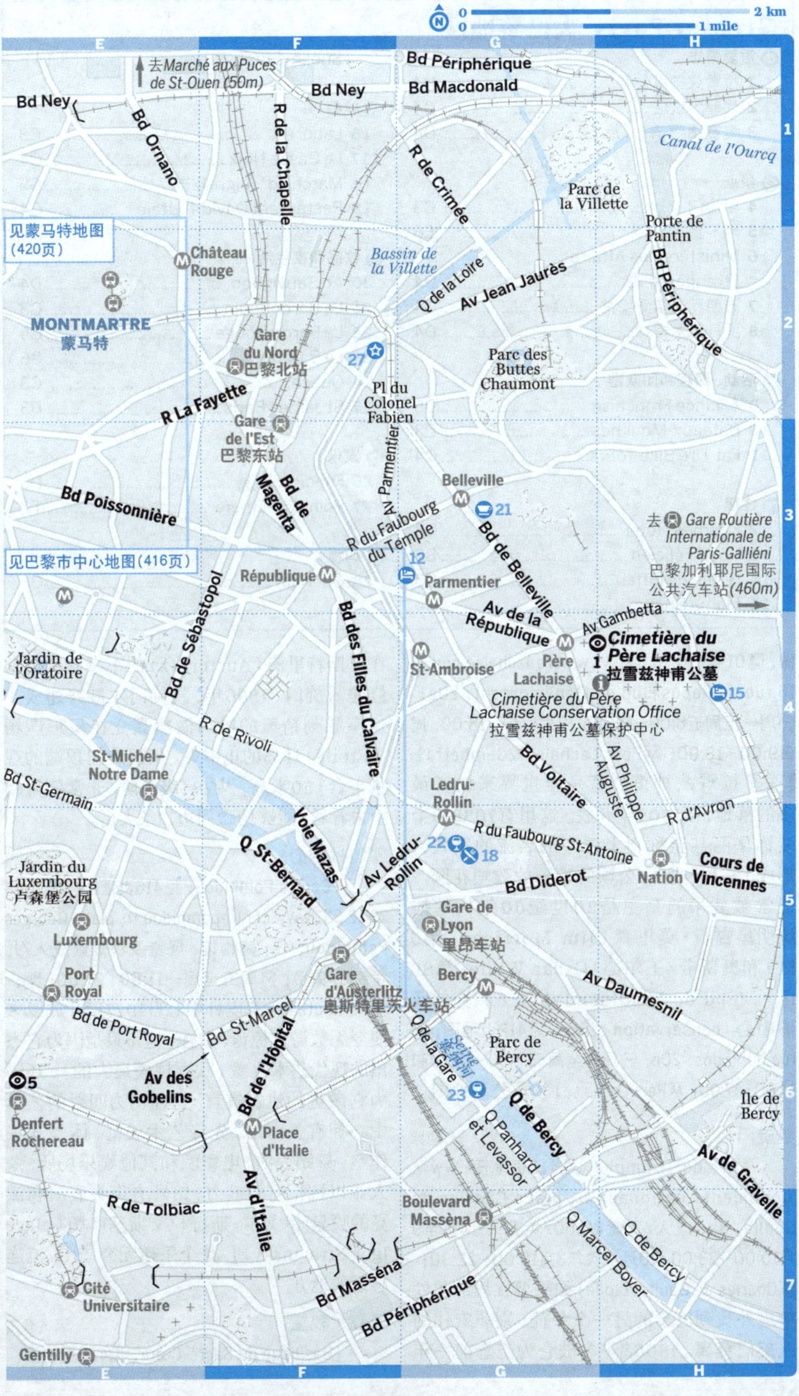

0 2 km
0 1 mile

E F G H

1 2 3 4 5 6 7

Bd Périphérique
Bd Ney
Bd Macdonald
Bd Ornano
R de la Chapelle
去Marché aux Puces de St-Ouen (50m)
R de Crimée
Canal de l'Ourcq
Parc de la Villette
Porte de Pantin
Bd Périphérique
见蒙马特地图（420页）
Château Rouge
MONTMARTRE
蒙马特
Bassin de la Villette
Q de la Loire
Av Jean Jaurès
Gare du Nord
巴黎北站
27
Parc des Buttes Chaumont
Pl du Colonel Fabien
R La Fayette
Gare de l'Est
巴黎东站
Av Parmentier
Bd de Magenta
Belleville
21
Bd Poissonnière
R du Faubourg du Temple
Bd de Belleville
去 Gare Routière Internationale de Paris-Galliéni
巴黎加利耶尼国际公共汽车站(460m)
见巴黎市中心地图（416页）
République
12
Parmentier
Bd de Sébastopol
Bd des Filles du Calvaire
Av de la République
Av Gambetta
Cimetière du Père Lachaise
拉雪兹神甫公墓
1
Jardin de l'Oratoire
St-Ambroise
Père Lachaise
15
Cimetière du Père Lachaise Conservation Office
拉雪兹神甫公墓保护中心
R de Rivoli
St-Michel-Notre Dame
Bd St-Germain
Bd Voltaire
Av Philippe Auguste
Ledru-Rollin
R d'Avron
Voie Mazas
Q St-Bernard
22
18
R du Faubourg St-Antoine
Av Ledru-Rollin
Nation
Cours de Vincennes
Jardin du Luxembourg
卢森堡公园
Bd Diderot
Gare de Lyon
里昂车站
Luxembourg
Port Royal
Gare d'Austerlitz
奥斯特里茨火车站
Bercy
Av Daumesnil
Bd de Port Royal
Bd St-Marcel
Bd de l'Hôpital
Q de la Gare
Seine
塞纳河
Parc de Bercy
5
Av des Gobelins
23
Q de Bercy
Île de Bercy
Denfert Rochereau
Place d'Italie
Q Panhard et Levassor
Av de Gravelle
R de Tolbiac
Av d'Italie
Boulevard Masséna
Q Marcel Boyer
Q de Bercy
Cité Universitaire
Bd Masséna
Bd Périphérique
Gentilly

法国 巴黎

Greater Paris 大巴黎地区

重要景点
1 拉雪兹神甫公墓 H4
2 埃菲尔铁塔 C4
3 奥赛博物馆 D4

景点
4 凯旋门 C3
5 地下墓穴 E6
6 Ministère des Affaires Étrangères D4
7 布朗利河岸博物馆 C4
8 罗丹美术馆 D4

活动、课程和团队游
9 Alliance Française D5
10 Bateaux-Mouches C3
11 Fat Tire Bike Tours C4

住宿
12 Cosmos Hôtel G3
13 Hôtel Félicien B5
14 Hôtel Vic Eiffel C5
15 Mama Shelter H4
Sublim Eiffel （见14）

就餐
16 Ladurée C3
17 Le Casse Noix C4
18 Marché d' Aligre集市 G5
19 Restaurant David Toutain C4

饮品和夜生活
20 Au Sauvignon D4
21 Le Barbouquin G3
22 Le Baron Rouge G5
23 Le Batofar G6
24 Queen C3
25 St James Paris B3

娱乐
26 Fnac D5
27 Point Éphémère F2

购物
28 Guerlain C3

图；☎01 43 70 70 33；www.pere-lachaise.com；16 rue du Repos和bd de Ménilmontant，20e；⊙周一至周五8:00~18:00，周六8:30~18:00，周日9:00~18:00；ⓂPère Lachaise或Gambetta）免费 拉雪兹神甫公墓是全世界来访者最多的墓地，于1804年开放。这里有70,000个装饰华丽甚至称得上浮夸的名流的墓穴，形成了一片占地44公顷的青翠的雕塑花园。最常被凭吊的墓主是20世纪60年代的摇滚明星吉姆·莫里森（Jim Morrison；第6区）和奥斯卡·王尔德（Oscar Wilde；第89区）。在bd de Ménilmontant主入口旁的**保护中心**（conservation office，见412页地图；16 rue du Repos，20e；⊙周一至周五 8:30~12:30和14:00~17:00；ⓂPère Lachaise）领取公墓地图。

凯旋门

地标

（Arc de Triomphe，见412页地图；www.monuments-nationaux.fr；place Charles de Gaulle，8e；成人/儿童€9.50/免费；⊙4月至9月10:00~23:00，10月至次年3月10:00~22:30；ⓂCharles de Gaulle-Étoile）如果要在埃菲尔铁塔之外找到巴黎的另一个象征，则非宏伟的凯旋门莫属。1806年，拿破仑为纪念前一年在奥斯特里茨（Austerlitz）的军事胜利下令修建凯旋门。1836年，凯旋门才最终建成。这座雕刻精美的拱门傲然矗立在星形广场（Étoile）环岛的正中央。从凯旋门顶端的观景平台（50米高，共284级台阶，非常值得爬上去看看）能够俯瞰周边12条大街。

蓬皮杜中心

博物馆

（Centre Pompidou，见416页地图；☎01 44 78 12 33；www.centrepompidou.fr；place Georges Pompidou，4e；博物馆、展览及观景票成人/儿童€13/免费；⊙周三至周一11:00~21:00；📶；ⓂRambuteau）蓬皮杜中心自1977年开放以来便令无数游客惊讶、着迷，这不只是因为它杰出的现代艺术收藏（欧洲规模最大的），还因为它激进的建筑宣言。这座活力四射的艺术中心拥有美术馆、先锋艺术展览、体验式工作室、舞蹈表演、电影院和其他娱乐场所，令人难以抗拒它的魅力。馆外有街头表演和漂亮的喷泉[伊戈尔·斯特拉文斯基广场（place Igor Stravinsky）]，是个乐趣无穷、让人流连忘返的地方。

圣心大教堂

天主教堂

（Basilique du Sacré-Cœur，见420页地图；

www.sacre-coeur-montmartre.com; place du Parvis du Sacré-Cœur; 教堂穹顶成人/儿童€6/4，仅现金; ⏲6:00~22:30，穹顶4月至9月 9:00~19:00，10月至次年3月9:00~17:30; Ⓜ Anvers）也许有人会拿圣心大教堂平铺直叙的外形设计来打趣，不过从它柱廊上望过去的风景却是一张完美的巴黎明信片。圣心大教堂并不只是一座大教堂，它还提供真正的体验，从在台阶上演奏的音乐家到山坡公园里成群结队野餐的三五好友，都让人感触良多。

毕加索博物馆 艺术馆

（Musée Picasso，见416页地图；☎01 42 71 25 21; www.museepicassoparis.fr; 5 rue de Thorigny, 3e; 门票€11; ⏲周二至周五11:30~18:00，周六和周日9:30~18:00; Ⓜ St-Paul或Chemin Vert）经过大规模修缮和种种争议后，巴黎最受热爱的艺术收藏在2014年年底重新开放。这座博物馆在建于17世纪中期气派的萨累宅邸（Hôtel Salé）内，收藏有艺术大师巴勃罗·毕加索（1881~1973年）的5000多幅杰出作品，包括绘画、蚀刻、陶瓷和雕塑，深受艺术爱好者青睐。这些杰出的收藏是毕加索的财产继承人作为遗产税捐给法国政府的。

卡尔纳瓦莱博物馆 博物馆

（Musée Carnavalet，见416页地图；www.carnavalet.paris.fr; 23 rue de Sévigné, 3e; ⏲周二至周日10:00~18:00; Ⓜ St-Paul, Chemin Vert或Rambuteau）**免费** 这座引人入胜的博物馆位于玛莱区的两座私人宅邸（hôtels particuliers）内，它们分别是16世纪中期文艺复兴风格的卡尔纳瓦莱宅邸（Hôtel Carnavalet）和17世纪末的Hôtel Le Peletier de St-Fargeau。部分法国最重要的文件档案、绘画和其他来自法国大革命时期的文物都收藏在这里。

不要错过来自rue Royale的乔治·富凯（Georges Fouquet）那令人吃惊的新艺术风格珠宝商店，还有马塞尔·普鲁斯特（Marcel Proust）位于bd Haussmann公寓中衬软木塞的卧室，他就是在这里写出了7350页的文学巨著《追忆似水年华》（*Remembrance of Things Past*）。

孚日广场 广场

（Place des Vosges，见416页地图；place des Vosges, 4e; Ⓜ St-Paul或Bastille）孚日广场是巴黎最古老的广场，于1612年以“皇家广场”之名建成。广场上的36幢住宅呈水平对称状分布，房屋都有底层游廊、倾斜的石板屋顶和大屋顶天窗，它们围着一个绿树成荫的广场而建。广场上有4座对称喷泉，还有一座1829年的路易十三骑马像。广场在1800年改成了现在的名字，以表彰第一个缴清中央税赋的省区——孚日省（Vosges département）。

团队游

★ Parisien d' un jour – Paris Greeters 步行游览

（www.parisgreeters.fr; 捐赠参团）在2~3小时的城市导览游中，透过当地人的视角来了解巴黎。志愿者都是对自己的城市充满热情且知识渊博的巴黎人，他们会带领团队（最多6人）去往他们最喜欢的地方。至少提前两周预约。

Fat Tire Bike Tours 骑车

（见412页地图；☎01 56 58 10 54; www.

ℹ 卢浮宫：门票和团队游

为了更好地参观卢浮宫中的藏品，可以参加自助导览游**主题之路**（thematic trail; 1.5~3小时; 需要提前从网站上下载游览手册），也可以选择自主决定参观进度的**多媒体导览**（multimedia guide; €5）。更加正规的**导览游**用英语解说，从拿破仑厅（Hall Napoléon）出发，免费发放英语地图。

主入口和售票窗口前是21米高的**大金字塔**（Grande Pyramide），这座玻璃金字塔是由美国华裔设计师贝聿铭设计的。如果没有博物馆通票（Museum Pass; 可享优先权），要想避开大金字塔外最长的（安检）队伍，可以通过地下购物中心**卡鲁塞勒商廊**（Carrousel du Louvre，见416页地图；www.carrouseldulouvre.com; 99 rue de Rivoli; ⏲8:00~23:00，商店 10:00~20:00; 📶; Ⓜ Palais Royal–Musée du Louvre）进入卢浮宫内。但进去后你仍需要排队购票。

Central Paris 巴黎市中心

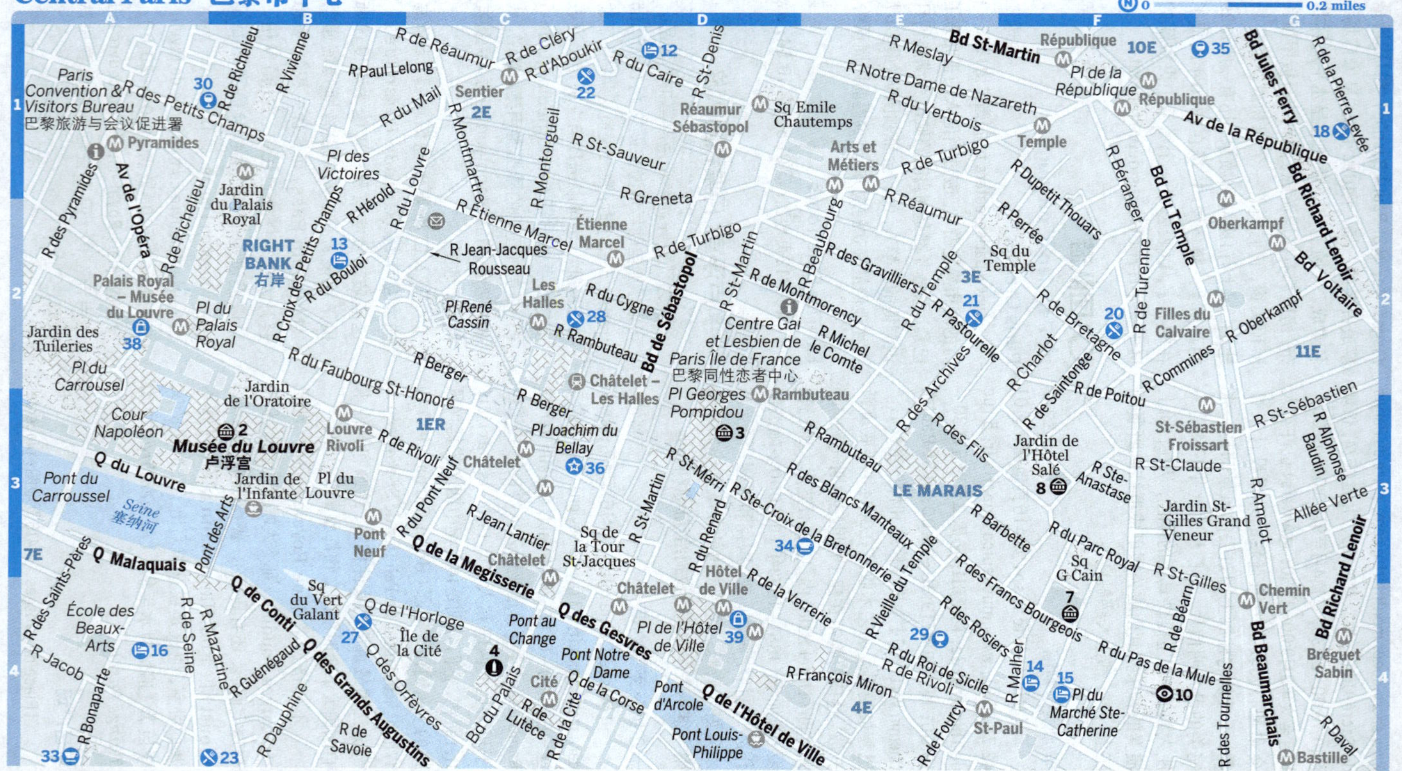

lonely planet

Central Paris 巴黎市中心

重要景点

1 巴黎圣母院 D5
2 卢浮宫 B3

景点

3 蓬皮杜中心 D3
4 巴黎古监狱 C4
5 圣叙尔比斯教堂 A5
6 卢森堡公园 A7
7 卡尔纳瓦莱博物馆 F4
8 毕加索博物馆 F3
9 先贤祠 C6
10 孚日广场 F4

活动、课程和团队游

11 Shetland Ponies for Hire A6

住宿

12 Edgar D1
13 Hôtel Crayon B2
14 Hôtel Emile F4
15 Hôtel Jeanne d' Arc F4
16 L' Hôtel A4

就餐

17 Berthillon E5
18 Blue Valentine G1
19 Café Saint Régis D5
20 Candelaria F2
21 Dessance E2
22 Frenchie C1
23 JSFP Traiteur B4
24 L' AOC E6
25 Le Comptoir du Panthéon C6
26 Les Pipos C6
27 Les Voyelles B4
28 Pirouette C2

饮品和夜生活

29 3w Kafé E4
30 La Champmeslé B1
31 Le Pub St-Hilaire C6
32 Le Verre à Pied D8
33 Les Deux Magots A4
34 Open Café E3
35 Scream Club G1

娱乐

36 Le Baiser Salé C3
37 卢森堡剧场 A7

购物

38 卡鲁塞勒商廊 A2
39 Paris Rendez-Vous D4
40 Shakespeare & Company C5

fattirebiketours.com）这家旅行社组织白天和夜晚的自行车团队游，线路既涉及巴黎市中心，也覆盖更远的凡尔赛和位于吉维尼的莫奈花园等。

Bateaux-Mouches 乘船游

（见412页地图；☎01 42 25 96 10；www.bateauxmouches.com；Port de la Conférence, 8e；成人/儿童 €13.50/5.50；⏰4月至12月；Ⓜ Alma Marceau）这是巴黎最大的塞纳河游船公司，它经营着团队游中最炙手可热的项目。从4月到9月，每天10:15～23:00，游船（70分钟）的班次很多，而其他月份每天有13班游船，在11:00～21:00开行。有法语和英语讲解。它位于右岸，就在Pont de l' Alma的东边。

Paris Walks 步行游览

（☎01 48 09 21 40；www.paris-walks.com；成人/儿童 €12/8）这是我们的读者倍加推崇的老牌旅行机构，这家公司组织时长两小时的主题徒步游览（艺术游、时尚游、巧克力美食游以及法国大革命历史游等）。

住宿

巴黎旅游与会议促进署（Paris Convention & Visitors Bureau，见427页）能帮你找到落脚之处，不需要预订费，但你得有一张信用卡，而且旺季的等待时间可能会很长。要租公寓，可以在Paris Attitude（www.parisattitude.com）上浏览。

左岸

Hôtel Vic Eiffel 精品酒店 €

（见412页地图；www.hotelviceiffel.com；92 bd Garibaldi, 15e；标单/双€99/109起；📶；Ⓜ Sèvres-Lecourbe）这家纯朴的酒店性价比非常突出，房间拥有别致的橙色和牡蛎灰色的配色（两个房间可用轮椅），距离埃菲尔铁塔只有一小段步行距离，地铁站就在门口。价格低廉的经典房(Classic)较小,但功能齐全。中档的高级房(Superior)和特级房(Privilege)空间更大。友好的员工非常乐意帮忙。

★ Hôtel Félicien 精品酒店 €€

(见412页地图; ☎01 83 76 02 45; www.hotelfelicienparis.com; 21 rue Félicien David, 16e; 双€120~280; ❄@📶🏊; Ⓜ Mirabeau)这家时髦的精品酒店藏身于一栋20世纪30年代的建筑中,性价比十分突出。设计精致的房间更像五星级而不是四星级,而酒店顶层"Sky floor"的"白色"(White)和"银色"(Silve)套间也极其舒适可心。这是个让浪漫主义者一见倾心的地方。

Sublim Eiffel 设计酒店 €€

(见412页地图; ☎01 40 65 95 95; www.sublimeiffel.com; 94 bd Garibaldi, 15e; 双€140起; ❄📶; Ⓜ Sèvres-Lecourbe)住在这里,你绝不会忘记身处哪一座城市:前台和房间里都有埃菲尔铁塔的图片(还有巴黎街道地图花纹的地毯和地铁隧道形状的床头板),通过高层房间的窗户还能看到闪闪发光的铁塔美景。时尚的设计元素包括鹅卵石楼梯(及一台电梯),还有符合巴黎"光之城"美名的色彩奇幻的室内光导纤维灯。小型康健中心兼公共浴室提供按摩服务。

L' Hôtel 精品酒店 €€€

(见416页地图; ☎01 44 41 99 00; www.l-hotel.com; 13 rue des Beaux Arts, 6e; 双€275~495; ❄@📶🏊; Ⓜ St-Germain des Prés)这家备受赞誉的酒店位于码头附近的一条宁静街道上,尽显浪漫,盛满了巴黎的神话和都市传说。摇滚和电影明星的赞助人争着住16号房,因为这个房间是奥斯卡·王尔德1900年去世的地方。如今,房内装饰着一面孔雀图案的浮雕。以艺术装饰风格装修的36号房(娱乐明星Mistinguett曾入住)拥有带镜子的大床,也非常受欢迎。

右岸

★ Mama Shelter 设计酒店 €

(见412页地图; ☎01 43 48 48 48; www.mamashelter.com; 109 rue de Bagnolet, 20e; 标单/双€79/89起; ❄@📶; 🚌76, Ⓜ Alexandre Dumas或Gambetta)一流的设计师菲利普·斯达克(Philippe Starck)将这座从前的停车场加以别出心裁的改造,使其成为城里最物有所值的住宿场所。它的170个舒适的房间全都配有一体化苹果电脑,甚至微波炉。标志性的斯达克设计细节显而易见,比如巧克力色和紫红色的搭配、混凝土墙,而屋顶露台和超酷的比萨餐厅更为酒店增色不少。

Cosmos Hôtel 酒店 €

(见412页地图; ☎01 43 57 25 88; www.cosmos-hotel-paris.com; 35 rue Jean-Pierre Timbaud, 11e; 标单€62~75, 双€68~75, 标三/四€85/94; 📶; Ⓜ République)这家酒店房价划算,性价比极高,距离rue JPT的夜生活区仅几步之遥,是廉价酒店中的复古风格明星酒店。酒店营业已近30年,但与其他同等价位的酒店不同,进入新世纪之时,这里经历过彻底的现代化翻修。早餐€8。

★ Loft 公寓 €€

(见420页地图; ☎06 14 48 47 48; www.loft-paris.fr; 7 cité Véron, 18e; 公寓€100~270; 📶; Ⓜ Blanche)提前几个月才能订到这些极具风格的公寓,它们提供一种酒店无法复制的私密感。公寓楼就在红磨坊(Moulin Rouge)的街角边,既有双人小开间,也有适合一大家人或一群亲朋住宿的跨层公寓。业主是一位文化记者,能提供很多信息。

Hôtel Jeanne d' Arc 酒店 €€

(见416页地图; ☎01 48 87 62 11; www.hoteljeannedarc.com; 3 rue de Jarente, 4e; 标单€72, 双€98~120, 四€250; 📶; Ⓜ St-Paul)这家华丽的酒店只有一处不尽如人意的地方,那就是所有人都知道它,所以你得尽早预订。这里有游戏可玩,小巧的休息室中还专门为儿童准备了带有绘画图案的摇椅。随处可见的小装饰品和早餐室内令人叫绝的镜子都为这座拥有35个房间的酒店营造出了真实的"家庭氛围"。

Hôtel Emile 设计酒店 €€

(见416页地图; ☎01 42 72 76 17; www.hotelemile.com; 2 rue Malher, 4e; 标单€170, 双

Montmartre 蒙马特

Montmartre 蒙马特

景点

1 圣心大教堂 C1

住宿

2 Loft B2

就餐

3 Le Miroir C2

饮品和夜生活

4 La Fourmi C2
5 Le Rex Club D5

娱乐

6 Au Limonaire D5
7 Kiosque Théâtre Madeleine A5
8 Moulin Rouge B2
9 Palais Garnier B5
10 Palais Garnier售票处 B5

购物

11 Galeries Lafayette B4
12 Galeries Lafayette家居用品店 A4
13 Galeries Lafayette 男士店 B4

€180~230，套€350；❄📶；ⓂSt-Paul）准备好迎接令人眼花缭乱的景象吧。复古的黑白色、几何花纹地毯、窗帘和壁纸装扮着位于玛莱区的精品店和餐厅之间的这座时髦酒店。较贵的"顶层"房间也是同样的装修风格，却可以将巴黎屋顶和烟囱令人赞叹的美景尽收眼底。

房费含早餐，就在大厅里的吧台凳上享用。食橱就是"厨房"了。

Edgar
精品酒店 €€

（见416页地图；☎01 40 41 05 19；www.edgarparis.com；31 rue d' Alexandrie，2e；双€235~295；❄📶；ⓂStrasbourg St-Denis）这里从前是一座女修道院兼女裁缝师的作坊，如今有12个有趣的房间，每间都由不同的艺术家或设计团队装修，等待着那些少数预订成功的幸运儿前来入住。Milagros房尽显远东风情，而Dream房则用超现实主义的装置回应着童年的奇妙幻想。

楼下很受欢迎的餐厅供应早餐。绿树成荫的隐秘广场位置极好。

★Hôtel Molitor
精品酒店 €€€

（☎01 56 07 08 50；www.mltr.fr；2 av de la porte Molitor，16e；双€270起；❄@📶🏊；ⓂMichel Ange Molitor）Molitor是巴黎最具传奇色彩的地点之一，20世纪30年代就作为巴黎最漂亮的游泳池名扬天下（比基尼就是在这里首次登场的）。到了20世纪90年代，它摇身一变，成为涂鸦艺术的热点地区。这座装饰艺术风格的建筑修建于1929年，1989年被废弃，如今经过修复，获得了惊人的效果。

Hôtel Crayon
精品酒店 €€€

（见416页地图；☎01 42 36 54 19；www.hotelcrayon.com；25 rue du Bouloi，1er；标单/双€311/347；❄📶；ⓂLes Halles or Sentier）法国艺术家茱莉·高特隆（Julie Gauthron）的线条图案装饰着这家创意精品酒店的墙壁和门。铅笔（le crayon）是这里的主题，26个房间都拥有每一层的既定色调——我们喜欢彩色玻璃的淋浴门，还有床头柜上的书籍（住店客人可以换书，并将它们带回家）。在线预订常常可以享受到比对折还优惠的价格。

就餐

左岸

★JSFP Traiteur
熟食店 €

（见416页地图；http://jsfp-traiteur.com；8 rue de Buci，6e；菜肴€3.40~5.70；⏲9:30~20:30；🖊；ⓂMabillon）这家熟食店供应大碗沙拉、砂锅菜（terrines）、肉酱（pâté）和其他熟食。这里有优质巴黎式"快餐"的明智之选，如各种口味组合（小胡瓜和细香葱、马苏里拉奶酪和罗勒、三文鱼和菠菜……）的乳蛋饼（quiches），你可以把它们带到附近的公园、广场或河畔享用。

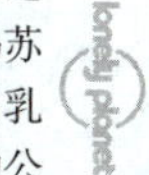

Le Comptoir du Panthéon
咖啡馆、法式啤酒馆 €

（见416页地图；☎01 43 54 75 56；5 rue Soufflot，5e；沙拉€11~13，主菜€12.40~15.40；⏲7:00至次日1:45；📶；ⓂCardinal Lemoine或RER Luxembourg）分量巨大且充满创意的沙拉是来这里就餐的理由。餐馆的位置太棒了，就在先贤祠穹顶的对面、街道的阴凉一侧。它的街边露台宽敞热闹，而且如此具有巴黎特色——刚把视线从伏尔泰的长眠之所移开，埃菲尔铁塔又跃入眼帘。

Le Casse Noix
新派法国菜 €€

（见412页地图；☎01 45 66 09 01；www.le-cassenoix.fr；56 rue de la Fédération，15e；2道/3道菜午餐套餐€21/26，3道菜晚餐套餐€33；⏲周一至周五正午至14:30和19:00~22:30；ⓂBir Hakeim）这是一家珍贵的社区小店，证明了埃菲尔铁塔旁的餐厅并不总会在品质、菜量或正宗程度上打折扣。餐厅的内部空间舒适而复古，价格可以承受，菜品一流，随季节调整。店主兼大厨Pierre Olivier Lenormand曾在巴黎一些最有名的厨房磨炼过厨艺，常常推陈出新。记得提前订位。

Les Pipos
葡萄酒吧 €€

（见416页地图；☎01 43 54 11 40；www.les-pipos.com；2 rue de l' École Polytechnique，5e；主菜€13.90~26.90；⏲周一至周六8:00至次日2:00；ⓂMaubert-Mutualité）这家葡萄酒吧（bar à vins）的食物完全值得成为来到这里的理由。法式小馆的标配（红酒牛肉）、地方风味的冷盘、腊肠（charcuteries de terroir）令

不要错过

最棒的三家甜品店

法国人都是甜食爱好者：从早餐的维也纳面包（viennoiseries，甜的烘焙糕点）到美妙的甜点、可丽饼和冰激凌，甜品是法式烹饪的重要组成部分。我们在这里列出了巴黎人最爱的甜品店：

Ladurée（见412页地图；www.laduree.com；75 av des Champs-Élysées，8e；酥皮糕点€1.50起；⏲周一至周五7:30~23:30，周六8:30至次日0:30，周日8:30~23:30；Ⓜ George V）它的马卡龙如此出名，基本用不着介绍了。

Berthillon（见416页地图；31 rue St-Louis en l'Île，4e；2/3/4球€2.50/5.50/7；⏲周三至周日10:00~20:00；Ⓜ Pont Marie）Berthillon相当于冰激凌界的拉菲酒庄，是圣殿一般的存在。这里有70多种口味可选，其中包括应季口味。

Dessance（见416页地图；☎01 42 77 23 62；www.dessance.fr；74 rue des Archives，3e；单点甜点€19，4道甜点套餐€36~44；⏲周三至周五15:00~23:00，周六和周日正午至午夜；👪；Ⓜ Arts et Métiers）听起来有些不可思议：这家餐厅只供应甜点——不过某些"菜"会让你大吃一惊的。

人垂涎，奶酪拼盘囊括了各种美味，如奥维涅蓝纹奶酪（bleu d'Auvergne）、圣费利西安奶酪（St-Félicien）和圣马塞林奶酪（St-Marcellin）等。不接受信用卡。

L'AOC　　传统法国菜 €€

（见416页地图；☎01 43 54 22 52；www.restoaoc.com；14 rue des Fossés St-Bernard，5e；2道菜/3道菜午餐套餐€21/29，主菜€19~36；⏲周二至周六正午至14:30和19:30~22:30；Ⓜ Cardinal Lemoine）"肉食小酒馆"（Bistrot carnivore）就是对这家餐厅的简洁概括。这里供应全法国备受推崇的传统佳肴。所谓推崇，就是Appellation d'Origine Contrôlée（AOC），意思是所有一切都按照严格的指导规范进行准备或生产。结果？无可挑剔！这里既有传统肉类大菜（鞑靼牛排），也有从烤鸡肉到烤乳猪的各类烤肉。

★Restaurant David Toutain　　美食店 €€€

（见412页地图；☎01 45 51 11 10；http://davidtoutain.com；29 rue Surcouf，7e；午餐套餐€42，午餐和晚餐套餐€68~98；⏲周一至周五正午至14:30和20:00~22:00；Ⓜ Invalides）David Toutain在他的同名新餐厅里用当今巴黎最具创意的高端烹饪手法挑战极限。神秘的套餐包括一些新奇的组合，如熏鳗鱼配青苹果和黑芝麻慕斯，或糖渍芹菜和松露米饭布丁配菊芋果仁糖（再来一杯让人眼前一亮的葡萄酒）。

岛屿

★Café Saint Régis　　咖啡馆 €

（见416页地图；http://cafesaintregisparis.com；6 rue Jean du Bellay，4e；沙拉和主菜€14.50~28；⏲7:00至次日2:00；📶；Ⓜ Pont Marie）Le Saint Régis（老主顾是这么称呼它的）时髦又充满历史感，有一种游刃有余的复古风，是一天当中任何时候都可以去的巴黎美味休闲场所。从可以当作早餐的酥皮糕点到10点多钟慰藉肚皮的薄饼、法式啤酒屋类型的午餐，再到晚餐前的牡蛎拼盘，Café Saint Régis都做得恰到好处。午夜时它会变身为热辣的深夜娱乐场所。

Les Voyelles　　新派法国菜 €€

（见416页地图；☎01 46 33 69 75；www.les-voyelles.com；74 quai des Orfèvres，4e；当日推荐€12，2道菜/3道菜套餐€17/22.50；⏲周二至周六8:00至午夜；Ⓜ Pont Neuf）这家新餐厅值得你从巴黎圣母院专程走一小段路过去。其装饰风格非常现代，用餐空间洋溢着私人"阅览室"一样的气氛，架子上摆着书和各种美丽的小物件，一些信件随意散落其中，菜单上既有小点心也有正餐大菜。它的街边露台在巴黎显得格外金贵。

右岸

Candelaria　　墨西哥菜 €

（见416页地图；www.candelariaparis.com；52 rue Saintonge；炸玉米饼€3.20~3.75，墨西哥奶酪薄饼和玉米饼€3.50，午餐套餐€11.50；⏲周四至周六正午至午夜，周日至周三至23:00；

ⓂFilles du Calvaire）为了能够找到这家超酷的墨西哥快餐馆，你需要先对它有所了解。漫不经心的外表之下是纯粹的时尚风格，巴黎总是擅长于此。这家不起眼的餐馆供应美味的家常玉米饼、墨西哥奶酪薄饼（quesadilla）和炸玉米粉圆饼（tostada），氛围悠闲随意——你可以蹲踞在前面的吧台旁，也可以在公共餐桌旁找一张吧台凳坐下，还有低矮的咖啡桌供你选择。

Le Miroir 法式小馆 €€

（见420页地图；☎01 46 06 50 73；http://restaurantmiroir.com；94 rue des Martyrs, 18e；午餐套餐€19.50，晚餐套餐€27~34；⏲周二至周六正午至14:30和19:30~23:00；ⓂAbbesses）这家低调的现代化法式小馆正位于蒙马特游客聚集的地方，但依然是当地居民的挚爱。这里有各种美味的开胃菜，比如珍珠鸡配椰枣、鸭肉配蘑菇、鳕鱼配柠檬，接下来才是精心烹饪的标准主菜，如酿小牛肩肉。

Pirouette 新派法式小馆 €€

（见416页地图；☎01 40 26 47 81；5 rue Mondétour, 1er；午餐菜单€18，3道菜/6道菜晚餐套餐€40/60；⏲周一至周六正午至14:30和19:30~22:30；ⓂLes Halles）在古老的"巴黎之腹"附近最好的餐厅里，大厨Tomy Gousset的团队在loft跃层空间里创造着奇迹，呈现出各种诱人的创意，从干烧鸭肉、芦笋和佛手到朗姆蛋糕配奶油泡芙和酸橙，不一而足。这里用独特的食材为法式烹饪增添新意。

Blue Valentine 新派法国菜 €€

（见416页地图；☎01 43 38 34 72；http://bluevalentine-restaurant.com；13 rue de la Pierre Levée, 11e；2道/3道菜套餐€29/36，8道菜品味套餐€54；⏲周三至周日正午至14:30和19:30~23:00，酒吧 19:00至次日2:00；ⓂRépublique）这家具有复古风的超现代法式小馆位于美食层出不穷的11e区，2013年年底开业时引起了轰动。时髦人群纷纷来到这里，品尝精心调制的鸡尾酒和日本大厨Saito Terumitsu运用可食用花朵和丰富草药增添滋味的精致菜肴。菜品种类不多，但足以令人难忘。

★**Frenchie** 法式小馆 €€€

（见416页地图；☎01 40 39 96 19；www.frenchie-restaurant.com；5-6 rue du Nil, 2e；指定套餐€48；⏲周一至周五19:00~23:00；ⓂSentier）这家有木餐桌和老石墙的法式小馆是一家标志性的餐厅，藏身于一条你平常不会光顾的巷子里。但这里总是坐满了人，这是有原因的：物超所值的菜肴充满现代气息，菜单每天都有变化，由法国大厨Gregory Marchand主理的创意烹调低调而恰到好处。

饮品和夜生活

酒吧、咖啡馆和法式小馆之间的界限非常模糊。在巴黎，坐在桌前喝比站在柜台前喝价格贵，时尚广场上的酒馆比小巷里的贵，8e街区比18e贵。22:00过后，许多咖啡馆就换上了较贵的tarif de nuit（夜市价）。

左岸

★**Au Sauvignon** 葡萄酒吧

（见412页地图；80 rue des St-Pères, 7e；⏲周一至周六8:30~22:00，周日至21:00；ⓂSèvres-Babylone）落日余晖中，在这家正宗的葡萄酒吧找一张桌子坐下，或是走进典型的法式小馆，里面有原汁原味的锌皮吧台（zinc bar），桌子摆放得满满当当，天花板上是称颂法国葡萄种植传统的手绘画。一盘casse-croûtes au pain Poilâne（烤面包配火腿、肉酱、砂锅菜、烟熏三文鱼、鹅肝酱等）是绝佳的配菜。

★**Le Batofar** 夜店

（见412页地图；www.batofar.org；opp 11 quai François Mauriac, 13e；⏲酒吧周二12:30至午夜，周三至周五至18:00，周六18:00至次日6:00；ⓂQuai de la Gare或Bibliothèque）这家深受欢迎的夜店在一艘红色金属拖船内，有一个在夏天非常棒的屋顶酒吧和一个备受赞誉的餐厅，而楼下的酒吧在潜艇似的金属墙和舷窗内提供令人难忘的音乐。Le Batofar以其前卫性、实验音乐和现场表演而闻名，表演的大多是电子音乐，但有时也会混杂着嘻哈乐、新浪潮音乐、摇滚乐、朋克音乐或爵士乐。

Le Verre à Pied 咖啡馆

（见416页地图；http://leverreapied.fr；118bis rue Mouffetard, 5e；⏲周二至周六9:00~

酒吧街

以下是最适合度过夜晚时光的巴黎街道：

Rue Vieille du Temple, 4e 位于玛莱区，有许多同性恋鸡尾酒吧和时尚咖啡馆。

Rue Oberkampf, 11e 潮流都市酒吧。

Rue de Lappe, 11e 喧闹的巴士底酒吧和夜店。

Rue de la Butte aux Cailles, 13e 乡村氛围和有趣的当地人。

Rue Princesse, 6e 学生酒吧和体育酒吧。

21:00，周日9:30~16:00；ⓂCensier Daubenton）这家兼售香烟的咖啡馆自1870年以来就没什么变化，是个珍稀之地。被尼古丁染色的墙壁上镶着镜子，模制檐口和最初的吧台是几近灭绝的物件。这里弥漫着所有人都热爱的旧巴黎的那种美丽、光辉和浪漫。有来自rue Mouffetard市场、在这里进进出出的小摊主们。

Les Deux Magots 咖啡馆

（见416页地图；www.lesdeuxmagots.fr；170 bd St-Germain，6e；⏲7:30至次日1:00；ⓂSt-Germain des Prés）如果有那么一座咖啡馆能够勾勒出20世纪初圣日耳曼德佩（St-Germain des Prés）的文学图景的话，就是这里了：从前总是有文学大家在这里出没。露台上有藤椅和深绿色的遮阳篷，天竺葵从窗槛花箱里蔓延出来，坐下来喝杯咖啡花费不菲，但这里无疑是巴黎历史的一部分。

Le Pub St-Hilaire 小酒馆

（见416页地图；2 rue Valette，5e；⏲周一至周四15:00至次日2:00，周五15:00至次日4:00，周六16:00至次日4:00，周日 16:00至午夜；ⓂMaubert-Mutualité）"喧闹"不足以形容这间酒吧的活力与激情，它是学生们的最爱。酒水减价供应的欢乐时光（happy hours）持续数小时，而且这个地方摆满了台球桌、棋类游戏。另外，飘荡在两层楼间的音乐、丰盛的酒吧食物和各种噱头（一米鸡尾酒阵、自助调酒等）足以吸引派对人群到来。

右岸

★ St James Paris 酒吧

（见412页地图；☎01 44 05 81 81；www.saint-james-paris.com；43 rue Bugeaud，16e；饮品€15~25，周日早午餐€65；⏲19:00~23:00；📶；ⓂPorte Dauphine）St James或许只是一家酒店酒吧，但这里的一杯酒或许会成为你最念念不忘的巴黎美酒。酒吧藏身于一面石墙后，这间古老的宅邸每天晚上向非住店客人开放，而它的环境也重新定义了"出色"二字。冬季饮品在阅览室中享用，夏天则在浪漫无比的花园里享用。

★ Le Barbouquin 咖啡馆

（见412页地图；www.lebarbouquin.fr；3 rue Ramponeau，20e；⏲周二至周六10:30~18:00；ⓂBelleville）在贝尔维尔（Belleville）的市场兴奋地逛了一上午之后，坐进复古扶手椅中放松下来，享用一杯有机茶或新鲜的胡萝卜苹果汁。一面墙上排列着二手书——可借、可交换或购买，外面街边露台上的两排桌子安放在布满涂鸦的rue Dénoyez上。供应早餐和周末早午餐。

Le Baron Rouge 葡萄酒吧

（见412页地图；1 rue Théophile Roussel，12e；⏲周二至周五10:00~14:00和17:00~22:00，周六10:00~22:00，周日10:00~16:00；ⓂLedru-Rollin）在这里，可以体验到极致的巴黎葡萄酒吧氛围——墙上摆满了红酒瓶，墙根底下堆着酒桶。尽管非常低调，但它其实是当地人的聚会碰面之所，所有人都很热情友好。周日**Marché d' Aligre集市**（见412页地图；http://marchedaligre.free.fr；rue d' Aligre，12e；⏲周二至周六8:00~13:00和16:00~19:30，周日8:00~13:30；ⓂLedru-Rollin）关门之后人特别多。奶酪、熟食和牡蛎，所有常见的配菜一应俱全，让你吃个痛快。

La Fourmi 酒吧、咖啡馆

（见420页地图；74 rue des Martyrs，18e；⏲周一至周四8:00至次日1:00，周五和周六8:00至次日3:00，周日10:00至次日1:00；ⓂPigalle）这家位于皮加勒（Pigalle）的老字号酒馆以高高的天花板、长长的锌皮吧台和怡然自得的氛围闻名。站起身来感受一下现场乐队和夜店之夜，或是坐下来品尝价格合理的餐点和饮料。

Le Rex Club 夜店

（见420页地图；www.rexclub.com；5 bd Poissonnière，2e；⏲周四至周六午夜至次日7:00；Ⓜ Bonne Nouvelle）这家夜店附属于具有装饰艺术风格的Grand Rex电影院，是巴黎首屈一指的豪斯音乐和科技电音之所。在这里，全世界最热辣的DJ用配着70个扬声器的声效系统活跃气氛。

☆ 娱乐

想要了解巴黎的娱乐信息，可在街头的报摊上买份《巴黎文娱》（*Pariscope*；€0.50）或《戏剧权威》（*L'Officiel des Spectacles*；€0.50；www.offi.fr）。两份报纸都在周三出版。购买音乐会、表演或活动门票最方便的地方是百货商店**Fnac**（见412页地图；☎08 92 68 36 22；www.fnactickets.com），其在城里有很多分店。如果你在演出当天购票，不妨在**Kiosque Théâtre Madeleine**（见420页地图；15 place de la Madeleine对面，8e；⏲周二至周六 12:30~20:00，周日 12:30~16:00；Ⓜ Madeleine）的特价票门店购买芭蕾舞、戏剧、歌剧和其他演出的半价票。

红磨坊 卡巴莱歌舞

（Moulin Rouge，见420页地图；☎01 53 09 82 82；www.moulinrouge.fr；82 bd de Clichy，18e；Ⓜ Blanche）在图卢兹-罗特列克（Toulouse-Lautrec）的画作中成为不朽，后来又被巴兹·鲁赫曼（Baz Luhrmann）搬上大荧幕，如今光芒万丈的红磨坊其实是1925年时按照原来的样子建造的复制品。是的，里面到处都是乘坐大巴车来到这里的团队游客。但是从开场音乐到最后一遍高踢腿动作，美妙的服装、布景、歌舞和闪闪发亮的葡萄酒演绎着纸醉金迷。建议提前预订。

Au Limonaire 现场音乐

（见420页地图；☎01 45 23 33 33；http://limonaire.free.fr；18 cité Bergère，9e；⏲周二至周六18:00至次日2:00，周日和周一19:00起；Ⓜ Grands Boulevards）这个完美的小葡萄酒吧是聆听传统法国香颂和本地唱作人作品的最佳场所。每周二至周六22:00以及周日的19:00有演出。入场免费。如果你计划在这里吃饭的话，建议预约。

Palais Garnier 歌剧

（见420页地图；☎08 92 89 90 90；www.operadeparis.fr；place de l' Opéra，9e；Ⓜ Opéra）这座城市最初的歌剧院比位于巴士底的那座小一些，不过这里拥有完美的音效。由于它奇怪的形状，所以部分座位的视野有限甚至什么都看不见——订票的时候要小心。可在**售票处**（见420页地图；rue Scribe和rue Auber交叉路口；⏲周一至周六 11:00~18:30）查询票价和座位情况（包括最后时刻折扣）。

Point Éphémère 现场音乐

（见412页地图；www.pointephemere.org；200 quai de Valmy，10e；⏲周一至周六12:30至次日2:00，周日12:30~23:00；📶；Ⓜ Louis Blanc）从中午直到深夜，这个位于圣马丁运河（Canal St-Martin）旁的艺术与音乐表演场所吸引着许多先锋人群前来喝酒、吃东西、听音乐会、跳舞，甚至看艺术展。在本书写作期间，有三辆不同类型的快餐车驻扎在这里营业（每周三天），它们19:00起开始出售食物。

Le Baiser Salé 现场音乐

（见416页地图；www.lebaisersale.com；58 rue des Lombards，1er；⏲每天；Ⓜ Châtelet）Salty Kiss以非洲音乐、拉丁爵士以及新派爵士演奏会闻名，登台者既有大腕，也有默默无名的艺术家。这个地方有一种放松的气氛，表演通常在19:30或21:30开始。

🛍 购物

Guerlain 香水

（见412页地图；☎水疗 01 45 62 11 21；www.guerlain.com；68 av des Champs-Élysées，8e；⏲周一至周六10:30~20:00，周日正午至19:00；Ⓜ Franklin D Roosevelt）Guerlain（娇兰）是巴黎最著名的香水制造商，它那可追溯至1912年的商店是城里最美的香水店之一。商店里是闪闪发亮的镜子和艺术装饰风格的大理石内饰，令人回想起香榭丽舍大街（Champs-Élysées）从前的辉煌。想彻底挥霍一把的话，去它的水疗中心做个预约吧。

Paris Rendez-Vous 概念商店

（见416页地图；29 rue de Rivoli，4e；⏲周一

男女同性恋的巴黎

30年来，玛莱区（4e）始终是巴黎同性恋者过夜生活的主要区域，特别是圣科瓦街（rue Ste-Croix de la Bretonnerie）与档案街（rue des Archives）的交叉路口附近，以及向东延伸至圣殿老街（rue Vieille du Temple）一带的地方。

了解巴黎男女同性恋情况的最佳场所是**巴黎同性恋者中心**（Centre Gai et Lesbien de Paris，简称CGL，见416页地图；☎01 43 57 21 47；www.centrelgbtparis.org；63 rue Beaubourg，3e；⏲中心和酒吧周一至周五 15:30~20:00，周六13:00~19:00，阅览室 周一至周三18:00~20:00，周五15:30~18:00，周六17:00~19:00；Ⓜ Rambuteau或Arts et Métiers），那儿有一个大型阅览室和一个时尚酒吧。

其他比较不错的选择有：

Open Café（见416页地图；www.opencafe.fr；17 rue des Archives，4e；⏲11:00至次日2:00；Ⓜ Hôtel de Ville）宽大的露台是个看人来人往的绝佳场所。

Scream Club（见416页地图；www.scream-paris.com；18 rue du Faubourg du Temple，11e；入场费 €15；⏲周六午夜至次日7:00；Ⓜ Belleville或Goncourt）周六晚上来参加“巴黎最大的同性恋派对”。

3w Kafé（见416页地图；8 rue desÉcouffes，4e；⏲周三和周四 20:00至次日3:00，周五和周六至17:30；Ⓜ St-Paul）这家时髦夜店的名字代表“女人和女人在一起”。

Queen（见412页地图；☎01 53 89 08 90；www.queen.fr；102 av des Champs-Élysées，8e；⏲23:30至次日6:30；Ⓜ George V）不要错过迪斯科之夜。

La Champmeslé（见416页地图；www.lachampmesle.com；4 rue Chabanais，2e；⏲周一至周六16:00至黎明；Ⓜ Pyramides）卡巴莱歌舞之夜、算命和艺术展览吸引着年龄较大的女同性恋群体。

至周六10:00~19:00；Ⓜ Hôtel de Ville）只有巴黎这样的时尚之都才可能拥有专属设计师特别设计的纪念品，并在Hôtel de Ville里面这家超棒的专营概念商店出售。在这里，可以买到各种各样的东西，从服饰、家居用品到以巴黎为主题的书籍、玩具帆船和标志性的Fermob户外椅（卢森堡公园里摆放的就是这种），不一而足。

Marché aux Puces de St-Ouen 市场

（www.marcheauxpuces-saintouen.com；rue des Rosiers，av Michelet，rue Voltaire，rue Paul Bert和rue Jean-Henri Fabre；⏲周六9:00~18:00，周日10:00~18:00，周一11:00~17:00；Ⓜ Porte de Clignancourt）这片巨大的跳蚤市场创始于19世纪末，据说是欧洲最大的市场，拥有2500多个摊位，它们汇聚成12个市场区，每一区都有各自的营业范围（比如Paul Bert出售17世纪家具，Malik出售服饰，Biron出售亚洲艺术）。这里有一眼望不到头的“个体”摊位，准备好在这儿花些时间。

Shakespeare & Company 书籍

（见416页地图；www.shakespeareandcompany.com；37 rue de la Bûcherie，5e；⏲周一至周五10:00~23:00，周六和周日11:00起；Ⓜ St-Michel）这家书店是处传奇般的存在。你一进来就会感受到：有一种魔力在新的英文书籍和二手英文书籍四周洋溢。原本的店面（12 rue l'Odéon，6e；1941年被纳粹关闭）由Sylvia Beach经营，并成了海明威的“失落的一代”聚会碰头的场所。大多数周一晚上的19:00都有新锐作家和知名作家的朗诵会，还举办工作室活动和节庆活动。

Galeries Lafayette 百货店

（见420页地图；http://haussmann.galerieslafayette.com；40 bd Haussmann，9e；⏲周一至周六9:30~20:00，周四至21:00；

Ⓜ Auber或Chaussée d' Antin) Galeries Lafayette包括主店（其华丽的彩色玻璃穹顶有一百多年的历史）、男士店和家居用品店，还有一个美食商场。

可以在画廊（www.galeriedesgaleries.com; 一层; ⏲周二至周六11:00~19:00）免费欣赏现代艺术；去看一场时尚秀（☎预订电话01 42 82 30 25; ⏲3月至7月和9月至12月周五15:00，需预订）；到屋顶上欣赏一览无余的免费风景；或者在它的19家餐厅和咖啡馆中挑一家歇歇脚。

实用信息

危险和麻烦

深夜，最好避免进入下列地铁站：Châtelet-Les Halles地铁站及站台、蒙马特Château Rouge地铁站、巴黎北站、斯特拉斯堡圣丹尼斯地铁站、Réaumur Sébastopol地铁站以及蒙帕纳斯Bienvenüe地铁站。

在人群拥挤（特别是游客众多）的地方，扒窃及偷盗手提包和背包等状况会是个问题。

医疗服务

巴黎美国医院（American Hospital of Paris; ☎01 46 41 25 25; www.american-hospital.org; 63 bd Victor Hugo, Neuilly-sur-Seine; Ⓜ Pont de Levallois）私立医院，提供24小时急诊和牙医服务。

主宫医院（Hôpital Hôtel Dieu; ☎01 42 34 82 34; www.aphp.fr; 1 place du Parvis Notre Dame, 4e; Ⓜ Cité）巴黎主要的公立医院之一。20:00之后使用位于rue de la Cité的急诊入口。

香榭大道药房（Pharmacie Les Champs; ☎01 45 62 02 41; Galerie des Champs-Élysées, 84 av des Champs-Élysées, 8e; ⏲24小时; Ⓜ George V）

旅游信息

巴黎旅游与会议促进署（Office du Tourisme et des Congrès de Paris, 见416页地图; www.parisinfo.com; 27 rue des Pyramides, 1er; ⏲5月至10月9:00~19:00, 11月至次年4月10:00~19:00; Ⓜ Pyramides）巴黎旅游与会议促进署的主要分理办事处位于卢浮宫西北方向大约500米处。

到达和离开

飞机

巴黎主要有三座机场：

戴高乐机场（Aéroportde Charles de Gaulle, 见428页）大多数国际航班飞往位于巴黎市中心东北方向28公里处的戴高乐机场（代码CDG）。在法国，这座机场通常被称为“鲁瓦西”（Roissy）。

奥利国际机场（Aéroport d' Orly, 代码ORY; ☎01 70 36 39 50; www.aeroportsdeparis.fr）位于巴黎以南19公里处，但国际航班不常在这里起降。

伯韦机场（Aéroport de Beauvais, 代码BVA; ☎08 92 68 20 66; www.aeroportbeauvais.com）其实并不在巴黎（位于巴黎以北75公里处）。一些廉价航空公司使用这个机场。

长途汽车

巴黎加利耶尼国际公共汽车站（Gare Routière Internationale de Paris-Galliéni; ☎08 92 89 90 91; 28 av du Général de Gaulle; Ⓜ Galliéni）这座城市的国际长途汽车站位于巴尼奥雷郊区（Bagnolet）的东端。乘坐地铁15分钟可抵达更靠近市中心的共和车站（République station）。

火车

巴黎有6个主要的火车站，它们连接国内和国际目的地。

巴黎北站（Gare du Nord; rue de Dunkerque, 10e; Ⓜ Gare du Nord）往返英国、比利时、德国和法国北部的列车。

巴黎东站（Gare de l' Est; bd de Strasbourg, 10e; Ⓜ Gare de l' Est）往返德国、瑞士和法国东部地区的列车。

里昂车站（Gare de Lyon; bd Diderot, 12e; Ⓜ Gare de Lyon）往返普罗旺斯、里维埃拉、阿尔卑斯山和意大利的列车，还有开往日内瓦的火车。

奥斯特里茨火车站（Gare d' Austerlitz; bd de l' Hôpital, 13e; Ⓜ Gare d' Austerlitz）往返西班牙和葡萄牙的列车，还有前往法国西南部的普通列车（非法国高速列车）。

蒙帕纳斯火车站（Gare Montparnasse; av du Maine和bd de Vaugirard, 15e; Ⓜ Montparnasse Bienvenüe）往返法国西部（布列塔尼、大西洋海岸）和西南部的列车。

圣拉扎尔火车站（Gare St-Lazare; rue St-Lazare和rue d' Amsterdam, 8e; Ⓜ St-Lazare）往返诺曼底的列车。

关于主要火车路线的信息可登录**SNCF**（www.sncf-voyages.com）查询。

当地交通

抵离机场

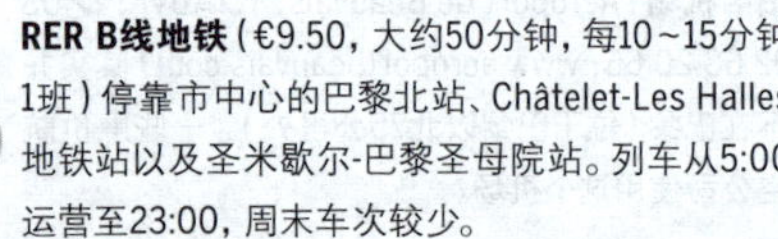

得益于一系列公共交通工具，从机场前往市区不但方便，价格也便宜。公共汽车司机负责卖票。4~11岁儿童乘坐大部分交通工具都可享受半票优惠。

戴高乐机场

RER B线地铁（€9.50，大约50分钟，每10~15分钟1班）停靠市中心的巴黎北站、Châtelet-Les Halles地铁站以及圣米歇尔-巴黎圣母院站。列车从5:00运营至23:00，周末车次较少。

RATP 351路巴士（€5.70，60分钟，每30分钟1班，5:30~23:00）从机场至民族广场（Place de la Nation）。

机场专线巴士（Roissybus；€10.50，45~60分钟，每15分钟1班，5:30~23:00）从机场至巴黎歌剧院（Opéra）。

出租车 花费€50，晚上和周末的价格更高。从机场到市中心需要40分钟，交通高峰时更长。

奥利国际机场

RER B和奥利机场内线（€10.90，35分钟，4~12分钟1班，6:00~23:00）距离机场最近的RER地铁站是Antony站，你可以在那里转乘专门的奥利机场内线（Orlyval）。

法航机场巴士1线（Air France bus 1；€12.50，1小时，每20分钟1班，5:00~23:00）连接机场和蒙帕纳斯火车站、荣军院（Invalides）及凯旋门。

出租车 花费€40，晚上和周末的价格更高。从机场到市中心需要30分钟，交通高峰时更长。

伯韦机场

伯韦机场大巴（Beauvais shuttle；€17，1.25小时）连接伯韦机场与马约门地铁站。

自行车

Vélib'（http://en.velib.paris.fr；1天/1周注册费€1.70/8，租金30分钟/60分钟/90分钟/2小时免费/€1/2/4）通过自行车分享计划将两万多辆自行车提供给巴黎居民和游客使用。约有1800个还车点。可以24小时租车。

船

Batobus（www.batobus.com；Port de Solférino，7e；船票 1天/2天 €16/18；⌚4月至8月 10:00~21:30，其他月份 10:00~19:00）Batobus经营着一支带有玻璃壳罩的三体帆船船队，游船沿塞纳河8个小码头前行，每隔20~25分钟停靠一站，分别是埃菲尔铁塔（Eiffel Tower）、奥赛博物馆（Musée d' Orsay）、圣日耳曼德佩、巴黎圣母院（Notre Dame）、巴黎植物园（Jardin des Plantes）、巴黎市政厅（Hôtel de Ville）、卢浮宫（Musée du Louvre）和香榭丽舍大街（Champs-Élysées）。可以在线购票，也可以在码头船站或游客信息中心购票。你还可以购买2日票或3日票，售价分别是€45和€49，含城市观光巴士之旅（L' Open Tour）。

公共交通

巴黎的公共交通工具由**巴黎公交公司**（RATP；www.ratp.fr）运营。

- 同一张巴黎公交公司的票可以乘坐地铁、RER、公共汽车、有轨电车和蒙马特缆车。单程票和十程联票的票价分别为€1.70和€13.70。
- 一张票可以在任意两个地铁站之间使用，1.5小时内有效（返程不可用），也可以在公共汽车之间或是公共汽车与有轨电车之间换乘，但是不能在地铁与公共汽车之间换乘。
- 出站前保管好地铁票，否则有可能被罚款。

公共汽车

- 巴黎的公共汽车于周一至周六的5:30~20:30运营，某些夜班线路会继续运营到午夜或次日0:30，然后每小时一班的夜间巴士Noctilien（www.noctilien.fr）开始运营。
- 短途公共汽车（比如在1~2个公共汽车区间内）持1张票即可搭乘，而乘坐路途较远的公共汽车则需要两张票。
- 记得上车后在司机旁的检票机（composteur）上检票。

地铁和RER

巴黎的地下交通网络由14条带数字编号的地铁线路和5条郊区线路RER组成（用字母A至E表示）。

地铁列车首班车的发车时间约为5:30。0:35~1:15（周五和周六至2:15）停止运营。

旅游交通通票

持**Mobilis卡**可以在一天内无限次乘坐2~5区内的地铁、RER、公交车、有轨电车和郊区列车（€6.80~16.10），而持**Paris Visite "Paris+**

Suburbs+Airports" 通票除可无限次乘坐公共交通工具（包括往返机场的公共交通）之外，购买博物馆门票或参加其他活动时还能享受折扣。通票价格如下：1天€22.85、2天€34.70、5天€59.50。

此通票在较大的地铁站、RER站、SNCF车站和机场都可以买到。

旅行通票

如果你在巴黎逗留三四天或更久，那么乘坐公共交通最便宜、最便捷的方式是买一张可充值的**巴黎通游交通卡**（Navigo；www.navigo.fr）。

周一生效的周票和每月第一天生效的月票的售价分别为€20.40和€67.10。此外，你还需要支付€5的制卡费并提供一张护照照片。

出租车

- 巴黎的出租车起步价为€2.50。在市区内行驶时，周一至周六10:00~17:00，每公里计价€1（Tarif A；计价器亮白色灯）。
- 周一至周六17:00至次日10:00、周日和公共假日，全天每公里€1.24（Tarif B；计价器亮橙色灯）。
- 第一件行李免费，额外的箱包需要多付€1。
- 出租车常常拒绝搭载三名乘客以上的群体。
- 你可以在街上拦车，在出租车候客区等车，或者通过电话或网络联系**Taxis G7**（☎36 07；www.taxisg7.fr）或**Taxis Bleus**（☎01 49 36 10 10；www.taxis-bleus.com）并叫车。

巴黎周边（AROUND PARIS）

凡尔赛（Versailles）

人口88,470

17世纪中期，"太阳王"（Roi Soleil）路易十四将他父亲的狩猎行宫改造成了不朽的凡尔赛宫，它至今仍是法国最著名、最宏伟的宫殿。这座巴洛克式的城堡位于巴黎西南方向28公里处繁荣、苍翠、充满布尔乔亚情调的凡尔赛郊区。从1682年到1789年的大事件发生时，这里一直都是法兰西帝国的政治中心和皇室所在地。1789年，革命者在杀死卢浮宫的卫兵后，将路易十六和玛丽·安托瓦内特（Marie Antoinette）拖回巴黎。后来，他们两人在巴黎不光彩地上了断头台。

景点

凡尔赛宫 宫殿

（ChâteauVersailles；☎01 30 83 78 00；www.chateauversailles.fr；通票含全部庄园成人/儿童€18/免费，含音乐节€25/免费，皇宫€15/免费；⏲4月至10月周二至周六9:00~18:30，周日至18:00，11月至次年3月至17:30；Ⓜ RER Versailles-Château-Rive Gauche）这座宫殿于1661年在建筑师Louis Le Vau的监督下开工（Jules Hardouin-Mansart在17世纪70年代中期从Le Vau手中接管了这项工程），一并负责工程的还有画家兼室内设计师Charles Le Brun、园林景观设计师André Le Nôtre，后者手下的工人铲平山丘、排干沼泽、移栽森林，创造了华丽的几何对称**花园**（免费进入，音乐活动期间除外；⏲花园 4月至10月9:00~20:30，11月至次年3月8:00~18:00，公园 4月至10月7:00~20:30，11月至次年3月8:00~18:00）。

Le Brun和他的数百名工匠用最豪华、最铺张的定制艺术品装饰了宫殿内部的每一面墙、每一处房檐、每一顶天花板和每一扇门。这些艺术品包括壁画、大理石雕刻、镀金塑像和木雕，许多艺术品的主题和元素都来自希腊和罗马神话。这种奢华在**镜厅**（Galeriedes Glaces）达到高峰，在这个75米长的舞厅里，一边的墙面上有17面巨大的镜子，而另一边则有相同数量的窗户，正对着花园和夕阳的余晖。

这座宫殿在建成之后就少有变动，只是大革命时期——几乎所有的内部装饰都不见了，而路易-菲利普（Louis-Philippe，1830~1848年在位）也对很多房间进行了重建。

凡尔赛宫游览贴士

凡尔赛宫是法国最热门的旅游景点，每年有500多万名游客造访这里。提前计划能让你的游览更加愉悦。

- 清晨来，避开人最多的周二和周日。
- 在凡尔赛宫的网站或Fnac（见425页）的任意分店购票，到达后直奔A入口。
- 11月至次年3月，每月的第一个周日，凡尔赛宫可免费参观。

到达和离开

往返凡尔赛宫最便捷的方式就是乘坐RER快速列车C5线（€3.25，45分钟，每15分钟1班）。这趟列车往返于左岸地区的RER各车站和凡尔赛宫东南700米处的Versailles-Château-Rive Gauche车站之间。

沙特尔（Chartres）

人口45,600

沙特尔城中壮观的13世纪圣母大教堂（Cathédrale Notre Dame；www.cathedrale-chartres.org；place de la Cathédrale；⌚全年每天8:30~19:30，6月至8月周二、周五和周日至22:00）有两处风格截然不同的尖顶，一处是哥特式，另一处则是罗马式。这座教堂位于巴黎西南88公里处一片肥沃的农田中，是这座中世纪小城的地标性建筑。

这座大教堂西端、北端和南端的入口有装饰精美的三重门廊，其高达105米的老钟塔（Clocher Vieux）又称南塔（Tour Sud），是现存最高的罗马式尖塔。沿着350级台阶拾级而上，登至112米高的新钟塔（Clocher Neuf，也称北塔），可以俯瞰大教堂的三层飞拱和19世纪的铜皮屋顶，这些屋顶在铜锈的作用下呈现出绿色，相当壮观。

在大教堂的内部，有172扇精美的彩色玻璃窗，这些玻璃窗大多制造于13世纪，组成了世界上最为重要的中世纪彩色玻璃群之一。西端入口之上、玫瑰窗之下有3扇玻璃窗，它们最为精美，并以其深邃浓郁的“沙特尔蓝”闻名。

到达和离开

每天有多趟SNCF运营的列车往返于沙特尔和蒙帕纳斯火车站（€15.60，55~70分钟）之间。

吉维尼（Giverny）

小小的吉维尼村（人口516）位于巴黎西北方向74公里处，这里有印象派画家克劳德·莫奈故居[home of impressionist Claude Monet；☎02 32 51 28 21；www.fondation-monet.com；84 rue Claude Monet；成人/儿童€9.50/5，含吉维尼印象派博物馆（Musée des Impressionnismes Giverny）€16.50/8；⌚4月至10月 9:30~18:00]。莫奈在这里生活了43年。你可以参观这位画家笔下曾出现过的粉彩房屋和著名花园、睡莲池塘以及紫藤掩映下的日式小桥等。从早春至暮春，花园中的水仙花、郁金香、杜鹃花、紫藤和鸢尾花争奇斗艳，罂粟和百合也竞相开放。在6月的旱金莲、玫瑰和香豌豆盛开之后，大丽菊、向日葵和蜀葵也会在9月开花。

最近的火车站位于吉维尼以西7公里处的维农（Vernon），这里每天有班车（往返€8，4月至10月每天3~6班）将乘客从车站送往吉维尼。在巴黎的圣拉扎尔火车站（Gare St-Lazare），每天有约15列火车往返于这个火车站（€14.30，50分钟）。

里尔和索姆地区（LILLE & THE SOMME）

说到法国的文化、美食、啤酒、产品以及壮丽的山水景观，没有什么地方能比得上友好热情的最北部地区。这里的亮点包括：佛兰德风情的城市里尔、横跨海峡的购物中心加来（Calais），以及令人动容的第一次世界大战战场和阵亡将士墓。

里尔（Lille）

人口232,210

里尔或许是法国各大城市中最为低调的一座。最近数十年来，得益于政府的大力支持，曾经环境恶劣的工业城市里尔已经转变为美丽而自信的文化和商业枢纽。这座城市的旅游亮点包括：有着浓郁佛兰德风情的迷人老城区、著名的艺术博物馆、时尚的购物区以及新潮的夜生活（因为有许多学生）。

景点

美术宫 艺术博物馆

（Palais des Beaux Arts；www.pba-lille.fr；☎03 20 06 78 00；place de la République；成人/儿童€6.50/免费；⌚周一14:00~17:30，周三至周日10:00~17:30；Ⓜ République Beaux Arts）这里是里尔城中闻名世界的美术博物馆，收藏着15~20世纪的绝世绘画珍品，包括鲁本

斯（Rubens）、凡·戴克（Van Dyck）和马奈（Manet）的作品。一层展出精致的瓷器和彩色陶器（faience），大部分都出自当地。而在地下室，你会找到文物、中世纪雕塑及18世纪法国北部和比利时军事防御城市的微缩模型。每个大厅都有法语、英语和荷兰语的信息说明。

现当代和原生艺术博物馆（LaM） 艺术博物馆

（Musée d' Art Moderne, d' Art Contemporain et d' Art Brut – LaM; ☎03 20 19 68 68; www.musee-lam.fr; 1 allée du Musée, Villeneuve-d' Ascq; 成人/儿童 €7/免费; ⏰周二至周日10:00～18:00）这座著名的博物馆兼雕刻公园坐落于里尔的阿斯克新城（Villeneuve-d' Ascq）郊区，位于里尔—欧洲火车站（Gare Lille-Europe）以东9公里处，馆内收藏着多彩、有趣甚至是古怪的现代与当代艺术品，创作者不乏大师，比如布拉克（Braque）、考尔德（Calder）、莱热（Léger）、米罗（Miró）、莫迪利亚尼（Modigliani）以及毕加索。乘坐地铁1号线至Pont de Bois，然后转公交4路（约10分钟）抵达Villeneuve-d' Ascq-LaM。

节日和活动

★里尔旧货节（Braderie de Lille） 跳蚤市场

在9月的第一个周末，里尔的整个市中心——长200公里的步行道路——全部变为里尔旧货集市，这是全世界最大的跳蚤市场。从周六14:00到周日23:00，它将不间断（没错，通宵达旦）地开放，清洁工人会不时清理堆成小山的贻贝壳和寻欢作乐的人们留下的薯条。

这个盛大的集市开始于中世纪，当时里尔的贵族老爷们允许自己的仆人把家里不用的老物件拿出来叫卖，以换一些钱来补贴家用。如今各个摊点主要出售古董、当地美食、手工艺品等。里尔的游客信息中心可以提供集市的免费地图。

食宿

Auberge de Jeunesse 青年旅舍 €

（☎03 20 57 08 94; www.hifrance.org; 12 rue Malpart; 铺含早餐€23; Ⓟ@📶; ⓂMairie de Lille和République Beaux-Arts）这间位于市中心的青年旅舍由妇产科医院改建而成，有163张床位（每个房间能住2～8人）、厨房设施和免费停车场。少数几个双人间带有套内的淋浴室。11:00～15:00（周五到周日至16:00）不办理入住。

Hotel Kanaï 酒店 €

（☎03 20 57 14 78; www.hotelkanai.com; 10 rue de Bethune; 双€75～140; ❄@📶; ⓂRihour）这家迷人的酒店位于里尔步行区的中心位置，提供价格合理且设计简洁的房间，最棒的是102号和302号房：有大型落地窗，自然光充足。所有房间都配有咖啡机、贴着瓷砖的漂亮卫生间、清爽的亚麻床单和优质床品。美中不足的是没有电梯。

★Meert 法式糕点

（☎03 20 57 07 44; www.meert.fr; 27 rue Esquermoise; 华夫饼€3起; ⏰周二至周六9:30～21:30，周日9:00～18:00; ⓂRihour）这家氛围愉悦的优雅茶室的历史可以追溯至1761年，适合早晨来杯咖啡或是喝下午茶。复古的装修风格以及马达加斯加香草味夹心华夫饼备受欢迎。同为茶室经营的古老巧克力店就在隔壁，它开业于19世纪30年代，其复古风格与茶室如出一辙。

Le Bistrot Lillois 佛兰德菜 €

（☎03 20 14 04 15; 40 rue de Gand; 主菜€10～15; ⏰周二至周六正午至14:00和19:30～22:00）餐厅以巧妙烹制且品质稳定的本地特色菜而得享盛名。菜单上最大的亮点是os à moëlle（棒骨），但也有其他值得尝试的菜肴，比如carbonade flamande（啤酒炖牛肉，加入了佛兰德啤酒、香料面包和红糖）和potjevleesch（杂肉冻，以鸡肉、猪肉、小牛肉和兔肉混合制成）。

实用信息

旅游局办事处（tourist office; ☎03 59 57 94 00; www.lilletourism.com; place Rihour; ⏰周一至周六 9:00～18:00，周日和节假日 10:00至正午和14:00～17:00; ⓂRihour）可提供城市徒步路线（€3）。

到达和离开

飞机

里尔机场（Aéroport de Lille; www.lille.aeroport.fr）连接法国所有主要城市和许多欧洲目的地。

火车

里尔有两个火车站：里尔-佛兰德火车站（Gare Lille-Flandres）供地区火车和开往巴黎北站的列车（€35~61，1小时，每天14~24班）停靠；高度现代化的里尔-欧洲火车站（Gare Lille-Europe）则有开往伦敦的欧洲之星（Eurostar）和开往布鲁塞尔北站（Brussels-Nord）的法国高速列车/欧洲之星（€19~30，35分钟，每天12班）等其他列车。

索姆（The Somme）

索姆河战役（First Battle of the Somme）是"一战"协约国联军向亚眠（Amiens）东北部的村庄和林地发起的一场战斗。该战役的目的是缓解在凡尔登（Verdun）陷入包围的法军的压力。1916年7月1日，英国、英联邦诸国和法国部队"跃出战壕"，在34公里长的战线上发起猛烈进攻。但德国人的防御阵线滴水不漏，战斗的第一天英国军队的阵亡人数就达到了惊人的21,392人，另有35,492人受伤，其中大多数都是被德国机枪扫倒的步兵。等到11月中旬战斗停止时，战争双方总共阵亡了120万人。英军推进了12公里，法军推进了8公里。

从2014年至2018年，整个索姆地区会举办一系列"一战"的百年纪念活动——选择在这个时间段前来很有意义。

景点和活动

战场和纪念场所众多且相对分散，因此参加团队游是个不错的选择，如果你没有自己的交通工具的话更是如此。信誉好的运营商包括**Battlefields Experience**（☎03 22 76 29 60; www.thebattleofthesomme.co.uk）和**Western Front Tours**（www.westernfronttours.com.au; ⊙3月中至11月中）。

"一战"历史纪念馆 战争博物馆

（Historial de la Grande Guerre, Museum of the Great War; ☎03 22 83 14 18; www.historial.org; Château de Péronne, Péronne; 成人/儿童含语音导览€7.50/4; ⊙10:00~18:00, 12月中至次年2月中闭馆）最好将这里作为索姆战场之旅的第一站——如果你对"一战"的历史和文化背景感兴趣的话。杰出的"一战"历史纪念馆位于亚眠（Amiens）以东约60公里处的佩罗讷（Péronne），藏身于一座巨大的堡垒城堡中。这座备受赞誉的博物馆按照时间顺序讲述了"一战"的历史，持平等的态度以德国、法国和英国的视角来看待战争的进程，讲述它的过程和原因。

博蒙阿梅尔纽芬兰纪念园 战争纪念地

（Beaumont-Hamel Newfoundland Memorial; ☎03 22 76 70 86; www.veterans.gc.ca; Beaumont-Hamel）这里保存了战争即将结束时西线部分战场的原貌。"之"字形壕沟阵清晰可见，而且到冬天仍然遍布着泥巴，地面上还有无数弹坑以及铁丝网的遗迹。一条小路通向"驯鹿高地"（Caribou mound）顶端的定位台，那里有一座青铜驯鹿雕像，四周围绕着纽芬兰的本土植物。博蒙阿梅尔位于阿尔贝（Albert）以北9公里处，顺着"Memorial Terreneuvien"的路标走即可。

> **值得一游**
>
> **卢浮宫朗斯分馆**
>
> 颇具创意的**卢浮宫朗斯分馆**（☎03 21 18 62 62; www.louvrelens.fr; 99 rue Paul Bert, Lens; ⊙周三至周一10:00~18:00）是专门兴建的一座先进的展馆，于2012年在里尔西南方35公里处的朗斯隆重开馆，馆内展出的几百件艺术珍宝都来自巴黎的老牌博物馆卢浮宫。博物馆中心区那长达120米的**时间艺术长廊**（Galerie du Temps）中展示的藏品虽然不多，但件件都是精品。来自卢浮宫的200多件展品一直在这里轮流展出，它们涵盖了各个文化和历史时期。
>
> 玻璃幕墙的**玻璃馆**（Pavillon de Verre）是第二座展馆，主要用于举办临时的主题展。博物馆周边有一些教育设施、一个礼堂、一家餐厅和一个公园。
>
> 巴黎北站（€28.50~51，65~70分钟）有定期的法国高速列车前往朗斯。里尔（€6.80起，40分钟）也有地区列车开往朗斯。

🛏 食宿

★ Au Vintage

民宿 €

（☎06 83 03 45 26, 03 22 75 63 28; www.chambres-dhotes-albert.com; 19 rue de Corbie, Albert; 双含早餐€65~85; P 📶）这家民宿绝对算得上对你的奖赏。它占据着一栋优雅的砖砌宅邸，有两个客房和一个家庭套间，都装修得很有格调。

我们的最爱是带超大浴室的Rubis房。可爱且温文尔雅的店主人Evelyne和Jacky喜欢和客人分享与战场有关的知识，他们的英语说得很好。

Butterworth Farm

民宿 €

（☎06 22 30 28 02, 03 22 74 04 47; www.butterworth-cottage.com; route de Bazentin, Pozières; 双含早餐€65; P 📶）这家运营良好的民宿是个很棒的基地，深受澳大利亚人和英国人的喜爱。精心打理的清爽客房位于改造后的谷仓内，正门外覆盖着木墙板。

花园里种满了鲜花和香草，可以在其中休息。早餐很丰盛。

Le Tommy

法式啤酒屋 €

（☎03 22 74 82 84; 91 route d' Albert, Pozières; 主菜€8~12; ⏰11:00~15:00）这家有点古怪的餐厅位于波济耶尔（Pozières）的主街上，不摆花架子，是个吃简单午餐的好地方。你可以吃一道主菜并加份甜品，也可以只要一个三明治。店内还有一个小博物馆，用以展示"一战"纪念品和文物。

ℹ 实用信息

旅游局办事处分设在**佩罗讷**（Péronne; ☎03 22 84 42 38; www.hautesomme-tourisme.com; 16 place André Audinot, Péronne; ⏰周一至周六10:00至正午和14:00~18:00）和**阿尔贝**（Albert; ☎03 22 75 16 42; www.tourisme-paysducoquelicot.com; 6 rue Émile Zola, Albert; ⏰周一至周六9:00~12:30和13:30~18:30，周日9:00~13:00），两处都有很多英文信息，可以帮忙预订团队游和住宿。

ℹ 到达和离开

自驾游览"一战"遗址，或者参加团队游。

诺曼底（NORMANDY）

以奶牛、苹果汽酒和卡芒贝尔奶酪（Camembert）著称的诺曼底（www.normandie-tourisme.fr）是一块地广人稀的乡村地区，也是法国最传统、到访者最多的地区之一。这里不乏世界闻名之处，比如巴约挂毯（Bayeux Tapestry）、登陆日（D-Day）海滩和壮观的圣米歇尔山（Mont St-Michel）。

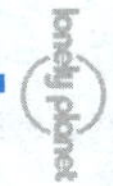

巴约（Bayeux）

人口 13,350

在英语国家中，巴约十分出名，原因就是这座城市拥有一块精心织就的68米长的精美刺绣挂毯——11世纪的巴约挂毯。这块挂毯上绣有58个场景，生动地描述了1066年诺曼底公爵征服英格兰的故事。

巴约是诺曼底地区少数逃过第二次世界大战摧残的城市之一，城中心保存有大量13~18世纪的建筑、木结构的诺曼风格民宅和一座美丽的哥特式教堂。要探索登陆日海滩，巴约是个很好的大本营。

👁 景点

★ 巴约挂毯馆

挂毯馆

（Bayeux Tapestry; ☎02 31 51 25 50; www.tapestry-bayeux.com; rue de Nesmond; 成人/儿童含语音导览€9/4; ⏰3月中至11月中9:00~18:30，5月至8月9:00~19:00，11月中至次年3月中9:30~12:30和14:00~18:00）这幅全世界最著名的刺绣作品不加掩饰地从诺曼底人的视角描绘了1066年征服者威廉（William the Conqueror）对英格兰的征服。为迎接巴约大教堂1077年的落成，威廉的同父异母兄弟巴约主教厄德（Odo of Bayeux）下令织造这幅图画长卷。总长68.3米的挂毯生动而鲜明地讲述了那场惊心动魄的血腥战役的传说。

热拉尔男爵艺术和历史博物馆

博物馆

（Musée d' Art et d' Histoire Baron Gérard，简称MAHB; ☎02 31 92 14 21; www.bayeuxmuseum.com; 37 rue du Bienvenu; 成人/儿童€7/4; ⏰5月至9月 9:30~18:30，10月至次年4月10:00~12:30和14:00~18:00）这是法国最光彩的省级博物馆之一，2013年才对公众开放。精美的展品

丰富多样，从高卢罗马时代的考古文物到中世纪艺术品，再到文艺复兴至20世纪的绘画[其中包括一幅居斯塔夫·卡耶博特(Gustave Caillebotte)的杰作]，不一而足。精妙无敌的当地蕾丝和巴约生产的瓷器同样引人注目。博物馆位于从前的主教官内。

食宿

Les Logis du Rempart 民宿 €

(☎02 31 92 50 40; www.lecornu.fr; 4 rue Bourbesneur; 双€60~100，标三€110~130; 📶)这个令人愉悦的家庭旅馆(maison de famille)共有3间客房，都散发着老式的舒适氛围。Bajocasse是我们最喜欢的一间，其中有拼花地板和Toile de Jouy印花壁纸。楼下还有家格调十足的商店，是购买高品质的家酿苹果酒和苹果白兰地(calvados)的好地方。

Hôtel d' Argouges 酒店 €€

(☎02 31 92 88 86; www.hotel-dargouges.com; 21 rue St-Patrice; 双/标三/四€140/193/245; ⏲12月和1月歇业; 🅿📶)这家优雅的酒店占据着一座庄严的18世纪宅邸，带一个郁郁葱葱的小花园，拥有28间舒适的房间，房里有裸露的横梁、厚重的墙壁和路易十六风格的家具。早餐室自1734年以来就没发生过什么变化，依然保留着最初的木护墙板和橡木地板。

★ La Reine Mathilde 法式糕点 €

(47 rue St-Martin; 蛋糕€2.20起; ⏲周二至周日9:00~19:30)这家装饰豪华的法式糕点铺兼茶室(salon de thé)自1898年建成以来就没怎么变化过，是享用甜美早餐或悠闲下午茶的好地方。

Le Pommier 诺曼底菜 €€

(☎02 31 21 52 10; www.restaurantlepommier.com; 38-40 rue des Cuisiniers; 午餐套餐 €15~18，其他套餐€21~39.50; ⏲正午至14:00和19:00~21:00，11月至次年2月周日歇业; 🌿)这家浪漫的餐厅供应美味的诺曼底经典菜式，包括蒸鳕鱼和卡昂风味牛肚。还提供素食菜单(这在诺曼底很少见)，供应以诺曼底奶油烹制的素牛排等菜肴。

实用信息

旅游局办事处(☎02 31 51 28 28; www.bayeux-bessin-tourisme.com; pont St-Jean; ⏲周一至周六9:30~12:30和14:00~18:00)服务于巴约及周边地区，包括登陆日海滩。

到达和离开

巴约和卡昂(Caen)之间有火车往返(€6.60，20分钟，每小时1班)，从卡昂可以乘坐火车前往巴黎的圣拉扎尔火车站(Gare St-Lazare)和鲁昂(Rouen)。

登陆日海滩(D-Day Beaches)

1944年6月6日清晨，盟军部队对巴约以北长达80公里的海滩发动猛攻，这些海滩的代号(由西向东)分别为犹他(Utah)、奥马哈(Omaha)、黄金(Gold)、朱诺(Juno)和宝剑(Sword)。这次英勇的登陆行动(法语称为Jour J)最终使欧洲摆脱了纳粹的魔爪。详情见网站www.normandiememoire.com和www.6juin1944.com。

最惨烈的一场战役发生在巴约西北15公里处的一片海滩上，如今这里被称作**奥马哈海滩**，是片细腻的金色沙滩，沿岸排列着沙丘和夏季度假屋。沿着一条用黄色条纹标识的环绕海滩的小路——**奥马哈海滩步道**(Circuit de la Plage d' Omaha)，可以自助游玩海滩，去一座悬崖上指点江山，这座山崖位于庞大的**诺曼底美国公墓和纪念园**(Normandy American Cemetery & Memorial; www.abmc.gov; Colleville-sur-Mer; ⏲4月中至9月中 9:00~18:00，其他月份至17:00)旁。该公墓是欧洲最大的美军公墓，也是斯皮尔伯格的影片《拯救大兵瑞恩》(*Saving Private Ryan*)开场一幕的外景地。

卡昂的高科技**和平纪念馆**(Mémorial-Un Musée pour la Paix; ☎02 31 06 06 44; www.memorial-caen.fr; esplanade Général Eisenhower; 成人/儿童 €19/11.50; ⏲2月中至11月中每天9:00~19:00，11月中至次年2月中周二至周日9:30~18:30，1月闭馆3周)利用声、光、影像、动画演示以及大量展览向人们生动地展示了第二次世界大战、登陆日抢滩作战及"冷战"的历史，令人印象深刻。

团队游

Normandy Tours 导览游

（☎02 31 92 10 70; www.normandy-landing-tours.com; 26 place de la Gare, Bayeux; 成人/学生 €62/55）该公司组织声誉良好的4~5小时主要战场团队游览。每天8:15和13:15开始团队游。还提供私人定制游项目。位于巴约的Hôtel de la Gare内，正对着火车站。

Tours by Mémorial–Un Musée pour la Paix 小巴游

（☎02 31 06 06 45; www.memorial-caen.fr; 成人/儿童上午 €64/64，下午 €81/64; ⏲4月至9月 9:00和14:00，10月至次年3月 13:00，1月歇业3周）这里提供相当不错的小巴团队游项目（4~5小时），全年无休，6月至8月有较便宜的大巴游（€39）。费用包含和平纪念馆的门票。可在网上预订。

圣米歇尔山（Mont St-Michel）

在海滨城镇蓬托尔松（Pontorson）对面的岩石岛上，**圣米歇尔山**（☎02 33 89 80 00; www.monuments-nationaux.fr; 成人/儿童含导览游€9/免费; ⏲9:00~19:00，最晚进入时间为关闭前1小时）修道院通过一条狭窄的堤道与大陆相连，山上高耸入云的角楼是经典的法国标志之一。周围的海湾以涨潮迅猛而著称：退潮之后，圣米歇尔山被数英里宽的荒凉沙滩包围，但6个小时之后会涨潮，届时海湾就会再次被淹没。

圣米歇尔山**旅游局办事处**（tourist office; ☎02 33 60 14 30; www.ot-montsaintmichel.com; ⏲9月至次年6月 9:00~12:30和14:00~18:00，7月和8月 9:00~19:00）在山脚下，一条蜿蜒的鹅卵石街道从这里通往诺曼和哥特风格兼而有之的**隐修院教堂**（Église Abbatiale）。其他值得一游的景点包括带拱顶的**回廊**（cloître）、**餐厅**（réfectoire）和哥特风格的**迎宾厅**（Salle des Hôtes），它们全都建于1213年。门票含一小时的团队游。英文导览游夏季每小时一次，冬季每天两次（11:00和15:00）。7月和8月，周一至周六的19:00至午夜还有晚间音乐灯光表演（nocturnes）。

如果你想住在山里的话，**Hôtel Du Guesclin**（☎02 33 60 14 10; www.hotelduguesclin.com; Grande Rue, Mont St-Michel; 双 €80~95; ⏲4月至6月和10月至11月中周三晚和周四关门，11月中至次年3月酒店歇业）是最好的选择，10间客房中的5间拥有令人赞叹的海湾景色。可爱的民宿Vent des Grèves性价比更高且有迷人的圣米歇尔山山景，就位于La Caserne车站以东1公里处。

到达和离开

Transdev bus 1往返于圣米歇尔山的La Caserne车站（距离山2.5公里，可以乘坐免费游览车抵达）与蓬托尔松之间（€3，18分钟），那里有最近的火车站。在蓬托尔松车站，每天有2~3班火车往返巴约（€23.90，1.75小时）和卡昂（€26.10，1.75小时）。

布列塔尼（BRITTANY）

布列塔尼是探险者的天堂。荒凉陡峭的海岸线、中世纪风情的小镇、茂密的森林以及与英国巨石阵（Stonehenge）相似的神秘环形巨石阵，这一切都值得人们从热门旅游线路绕道来这里探索一番。布列塔尼带着神秘的史前色彩，拥有引以为傲的传统以及美食文化。当地人仍然保持着高度的独立性，崇尚布列塔尼文化（和苹果汽酒），而巴黎似乎是一个与这里毫不相干的地方。

坎佩尔（Quimper）

人口66,911

坎佩尔面积很小，像个村庄，城市中到处都是砖木结构的房子和狭窄的鹅卵石街道。这里因是布列塔尼文化和艺术的中心而声名远扬。一派欣欣向荣的坎佩尔是菲尼斯泰尔省（Finistère，意为“陆地的尽头”）的首府。

景点

圣科伦坦大教堂 教堂

（Cathédrale St-Corentin; place St-Corentin; ⏲周一至周六 8:30至正午和13:30~18:30，周日8:30至正午和14:00~18:30）大教堂位于市中心，外观的曲线设计相当与众不同，据说象征着耶稣在十字架上倾斜着的头颅。教堂始建于1239年，但两座高高的钟楼是19世纪才增建的。在西侧外立面的高处找找格拉德隆国王（King Gradlon）的骑马像，传说中他在5世纪创建了这座城市。

布列塔尼省立博物馆 博物馆

（Musée Départemental Breton；☎02 98 95 21 60；www.museedepartementalbreton.fr；1 rue du Roi Gradlon；成人/儿童 €5/3；⏰周二至周六 9:00~12:30和13:00~17:00，周日 14:00~17:00）这座漂亮的博物馆就在圣科伦坦大教堂旁一座华丽的石头庭院里，此前曾是一位主教的宫殿。博物馆中展出了布列塔尼历史、家具、服装、手工艺以及考古等方面的丰富展品。

食宿

Hôtel Manoir des Indes 酒店 €€

（☎02 98 55 48 40；www.manoir-hoteldesindes.com；1 allée de Prad ar C' hras；标单 €99~125，双 €158~189；P 🛜 ❄）这座精美的酒店位于一座古老的庄园之中，从坎佩尔市中心驾车前往只要一小会儿。这里的原店主是位环球旅行家。现代化的装修极具简约主义风格，房间内装饰了亚洲艺术品，处处有裸露的木材。从坎佩尔驾车向西5分钟即到，位于D100向北不远处。

Crêperie du Quartier 法式薄饼 €

（☎02 98 64 29 30；16 rue du Sallé；主菜 €5~9；⏰周一至周六正午至14:00，周一、周三、周五和周六 19:00~22:00）可丽饼看似微不足道，但在坎佩尔，其地位却举足轻重。这家温馨的石头餐馆是城内最好的可丽饼店之一。套餐选择丰富多样，其中包括一周特选的荞麦可丽饼（galettes），你也可以来一份带有苹果、焦糖、冰激凌、杏仁以及奶油泡芙的可丽饼。

实用信息

旅游局办事处（tourist office；☎02 98 53 04 05；www.quimper-tourisme.com；place de la Résistance；⏰7月和8月周一至周六 9:00~19:00，周日10:00~12:45和15:00~17:45，6月和9月周一至周六 9:30~12:30和13:30~18:30，周日10:00~12:45）提供泛坎佩尔区域的相关信息。

莫尔比昂巨石阵

卡纳克有世界上最密集的巨石阵，比英国巨石阵还要早约100年。在卡纳克村（Carnac-Ville）和洛克马里阿屈埃村（Locmariaquer）之间矗立着3000多块直立的石头，它们大部分立于公元前5000年至公元前3500年。尽管众说纷纭，但没人知道当时的人建造这些石阵的确切目的。另外，这些巨石是如何被拖运并竖立起来的，至今都还是个谜。

由于侵蚀严重，这些石阵通常被围栏围起，植被因此得以重新生长。这里常年有用法语解说的导览游，仅7月初至8月底有英语解说。可以前往巨石屋（Maison des Mégalithes；☎02 97 52 29 81；www.carnac.monuments-nationaux.fr；rte des Alignements；团队游成人/儿童€6/免费；⏰7月和8月 9:30~19:30，9月至次年4月至17:00，5月和6月至18:00）报名参加。在它的对面是最大的一片巨石区（至少有1099块巨石）美内克巨石阵（Alignements du Ménec），它位于卡纳克村以北约1公里处。从这里开始，沿D196公路往东北方向约1.5公里是凯尔马利欧石阵（Alignements de Kermario）。半路上还可以爬到石头瞭望塔上俯瞰巨石阵的排列。再往前500米就是凯尔雷丝克巨石阵（Alignements de Kerlescan），而在卡纳克村旅游信息中心东北400米处则是科尔喀多支石墓（Tumulus St-Michel）——修建于公元前5000年。

想了解一些背景知识的话，可前往卡纳克的史前博物馆（Musée de Préhistoire；☎02 97 52 22 04；www.museedecarnac.fr；10 place de la Chapelle，Carnac-Ville；成人/儿童 €6/2.50；⏰10:00~18:00），这里按时间顺序记述了卡纳克及其周边地区从旧石器时代到新石器时代乃至中世纪的生活状况。

到达和离开

每天有多班火车前往巴黎蒙帕纳斯火车站（€55~65，4.75小时）。

圣马洛（St-Malo）

人口48,800

建有城堡的圣马洛，港口千帆竞发，只能用一种颜色来形容：深海蓝色。17世纪和18世纪，这座城市发展成为一个重要的港口，也是商船和政府批准的武装民船的基地。今天的圣马洛是繁忙的过海渡轮码头，同时也是消暑天堂。

景点

老城坚固的城墙是17世纪末修建的（1.8公里），在城墙顶上可以饱览**老城**（Intra-Muros，意为"在城墙里的城市"，也叫Ville Close）风光。从任何一个城门都可登上城墙。

圣文森特大教堂　天主教堂

（Cathédrale St-Vincent; place Jean de Châtillon; ⌚9:30~18:00）这座位于城市中心的大教堂修建于12~18世纪。在1944年8月的激烈战斗中，大教堂受到严重的损害，它最初的许多结构（包括尖塔）都变成了废墟。随后，大教堂进行了重建并在1971年投入使用。中殿地板上的一块马赛克铭牌标记了雅克·卡蒂埃（Jacques Cartier）在1535年踏上前往加拿大的"发现之旅"前接受圣马洛主教赐福的地方。

圣马洛历史博物馆　博物馆

（Musée d' Histoire de St-Malo; ☎02 99 40 71 57; www.ville-saint-malo.fr/culture/les-musees; Château; 成人/儿童 €6/3; ⌚4月至9月和10月至次年3月周二至周日 10:00~12:30和14:00~18:00）**圣马洛城堡**（Château de St-Malo）是15世纪和16世纪时由几位布列塔尼公爵陆续修建的，博物馆就位于城堡内，它通过航海展览、模型船只、海事文物和一处本城的鳕鱼捕捞传统展来展示这座城市的生活及历史。博物馆还介绍了这座城市的一些杰出人物，如卡蒂埃、苏尔库夫（Surcouf）、Duguay-Trouin和作家夏多布里昂（Chateaubriand）。

> **值得一游**
>
> **康卡勒美食**
>
> 在所有从圣马洛出发的一日游中，没有比**康卡勒**（Cancale）之旅更加"美味可口"的了。田园诗般质朴宜人的康卡勒是位于布列尼塔以东14公里处的一个渔港，以其近海的牡蛎养殖场（parcs à huîtres）而闻名。
>
> 前往**海洋农庄**（Ferme Marine; ☎02 99 89 69 99; www.ferme-marine.com; corniche de l' Aurore; 成人/儿童 €7/3.70; ⌚导览游法语解说 7月至9月中 11:00、15:00和17:00，英语解说 14:00）了解有关牡蛎养殖的各方面知识，随后到达当地的牡蛎市场**Marché aux Huîtres**（Pointe des Crolles; 12只牡蛎€4起; ⌚9:00~18:00），并以新鲜收获的牡蛎作为午餐。这个市场围绕着克罗尔（Pointe des Crolles）灯塔，气氛很不错。
>
> 公共汽车停靠在露西达广场的教堂后及霍尔港口（Port de la Houle）的鱼市场旁。**Keolis St-Malo**（www.ksma.fr）公司全年有班车往返圣马洛（€1.25，30分钟）。

食宿

Hôtel San Pedro　酒店 €

（☎02 99 40 88 57; www.sanpedro-hotel.com; 1 rue Ste-Anne; 标单 €65~69，双 €75~83; P 📶）这家酒店位于老城的角落里，装修简单中性，但黄色涂装运用得颇为巧妙。服务友好，早餐很棒，有专属停车场（€10），还有几辆可免费使用的自行车。酒店共有4层、12个房间，其中两个房间能看到海景。有一个微型电梯供客人使用（大行李箱可上不去！）。

★ L' Absinthe　新派法国菜 €€

（☎02 99 40 26 15; www.restaurant-absinthe-cafe.fr; 1 rue de l' Orme; 主菜 €18~24，套餐 €28~45; ⌚正午至14:00和19:00~22:00）这家绝妙（且法国味儿浓郁）的餐厅栖身于一栋高耸的17世纪建筑内，就在室内市场附近一条安静的小街上。来自附近市场的新鲜食材被天才大厨Stéphane Brebel烹饪得恰到好处，并在舒适的环境中供你享用。葡萄酒单是另一大亮点，从白葡萄酒到红葡萄酒再到桃红葡萄酒，全部都产自法国。

实用信息

旅游局办事处（tourist office; ☎08 25 13 52 00; www.saint-malo-tourisme.com; esplanade St-Vincent; ⏲周一至周六 9:00~19:30，周日10:00~18:00）就在城墙外。

到达和离开

布列塔尼渡轮公司（Brittany Ferries; www.brittany-ferries.com）的渡轮往返于圣马洛和朴次茅斯（Portsmouth）之间。**Condor Ferries**（www.condorferries.co.uk）往返于圣马洛和普尔（Poole）之间，途经泽西岛（Jersey）或根西岛（Guernsey）。

法国高速列车开往巴黎蒙帕纳斯火车站（€52~64，3小时，每天最多10班）。

香槟地区（CHAMPAGNE）

在罗马时代，这片地区被称为"Campania"，意为"平原"。如今，香槟地区（Champagne）已经成为与其同名的起泡酒的代名词。这个价值数百万美元的产业被法国的法律严格地加以保护，因此只有产自香槟区指定葡萄园的葡萄所酿造的酒才能被冠以"香槟"这一神圣名称。位于香槟区首府兰斯（Reims）以南30公里处的小镇埃佩尔奈（Épernay）是品酒（dégustation）的最佳地点，沿着**香槟大道**（Champagne Routes; www.tourisme-en-champagne.com）自驾，就可以遍览这片区域最负盛名的葡萄园。

兰斯（Reims）

人口184,652

816~1825年，在这1000多年的历史中，兰斯市（Reims）著名的大教堂曾见证过34位君主（其中有24位国王）的统治。这座城市名字的发音类似于"rance"。英国人常会将其写成"Rheims"。城市在第一次世界大战和第二次世界大战之后都曾被精心修复过。如今，这里有景色优美的步行区、管理完善的公园、热闹的夜生活和先进的有轨电车。

景点和活动

可以参加导览团队游，前往兰斯地区10个香槟酒庄装满瓶装酒的酒窖（恒温10~12℃，记得带件毛衣）参观，最后以品酒环节结束行程。

★圣母大教堂 天主教堂

（Cathédrale Notre Dame; www.cathedrale-reims.culture.fr; place du Cardinal Luçon; 塔楼成人/儿童 €7.50/免费，含塔乌宫 €11/免费；⏲7:30~19:30，塔楼团队游 5月至9月周二至周日11:00~16:00整点发团）想象法国皇帝加冕时的自负和奢华吧。这场浮夸盛事的视觉焦点就是兰斯光辉华丽的哥特式大教堂，它是1211年在一处从5世纪起就陆续建有教堂的原址上修建的。教堂内部有彩虹似的彩色玻璃窗，其中最精美的是西侧立面的12扇花瓣造型的**大玫瑰窗**、北耳堂的**玫瑰窗**和中轴线礼拜堂中栩栩如生的**夏加尔彩色玻璃窗**（Chagall; 1974年）。游客可在旅游局办事处租借语音导览装备（€6），以按照自己的节奏游览大教堂。

圣雷米大教堂 天主教堂

（Basilique St-Rémi; place du Chanoine Ladame; ⏲8:00~19:00）免费 这座长达121米的前本笃会修道院教堂是联合国教科文组织认证的世界文化遗产，融合了从11世纪中叶起的罗马式元素（破旧但仍然令人惊叹的中殿和耳堂）与早期的哥特式风格（12世纪后半叶的特色景致，如合唱班席位、三拱式拱廊，以及高处小小的天窗）。隔壁的**圣雷米博物馆**（Musée St-Rémi; 53 rue Simon; 成人/儿童 €4/免费；⏲周一至周五 14:00~18:30，周六和周日至19:00）位于一座建于17~18世纪的修道院内，展示了当地高卢罗马时期的考古文物、挂毯，还有关于16~19世纪军事历史的展览。

塔乌宫 博物馆

（Palais du Tau; http://palais-tau.monuments-nationaux.fr; 2 place du Cardinal Luçon; 成人/儿童 €7.50/免费，含教堂塔楼 €11/免费；⏲周二至周日 9:30~12:30和14:00~17:30）这座

博物馆所在的建筑建于1690年，在那个时代，法国的王子加冕前都住在这里，加冕后的奢华宴会也在这里举办。后来，这里一度成为前大主教的寓所，如今是联合国教科文组织认证的世界文化遗产，也是一座博物馆。馆内展示着异常精美的雕像、礼拜仪式用的器具以及来自大教堂的挂毯，部分挂毯陈列在令人印象深刻的哥特式大厅（Salle de Tau）中。

Mumm 香槟酒庄

（☎03 26 49 59 70；www.mumm.com；34 rue du Champ de Mars；1小时团队游 含品酒€14~25；⊙团队游 9:00~17:00，冬季时间缩短且周日关闭）Mumm（发音为"moom"）是兰斯中部唯一的一座香槟酒庄，建成于1827年，如今是全球第三大香槟生产商（每年约800万瓶）。一个小时的团队游可以带你参观储藏着2500万瓶上好香槟酒的酒窖，十分精彩，很长知识。轮椅使用方便。条件允许的话，不妨提前打电话预约。

Taittinger 香槟酒庄

（☎03 26 85 45 35；www.taittinger.com；9 place St-Niçaise；团队游 €16.50~45；⊙9:30~17:30，冬季时间缩短且周日关闭）Taittinger的总部是个很棒的地方，这里清晰直白地介绍了香槟的实际生产过程——这里不存在所谓"香槟的秘密"之类故弄玄虚的东西。酒窖的一部分曾是4世纪的罗马采石场，而其他部分则是13世纪时由本笃会僧人挖掘而成的。不必预约。酒庄位于兰斯市中心东南1.5公里处，可以搭乘Citadine 1路或2路公共汽车到St-Niçaise站或Salines站。

食宿

Les Telliers 民宿 €€

（☎09 53 79 80 74；http://telliers.fr；18 rue des Telliers；标单 €67~83，双 €79~114，标三 €115~134，四 €131~155；P 📶）这家小巧可爱的民宿位于大教堂附近的一条安静小巷中，是兰斯最温馨的住宿场所。其天花板很高，房间具有装饰艺术风格，有漂亮的壁炉、抛光橡木地板和奇特的古董装饰。早餐另收€9，非常丰盛，有酥皮糕点、水果、鲜榨果汁和咖啡。

兰斯折扣卡

相当超值的**兰斯通**（Pass Reims；€9）可以在旅游信息中心购买。凭票可自选参观一座博物馆，参加一场城市语音导览游，此外参观香槟酒庄时还有折扣。

L' Éveil des Sens 法式小馆 €€

（☎03 26 35 16 95；www.eveildessens-reims.com；8 rue Colbert；套餐 €30~38；⊙12:15~14:00和19:15~22:00，周日和周三歇业）"唤醒感觉"（店名之意）对这家极棒的法式小馆来说是非常贴切的名字。单色调和白色亚麻桌布打造出时尚且低调的就餐环境，让你可以舒心享用精心烹制的本地新鲜食物。Nicolas Lefèvre的特色菜仿佛很简单，但风味浓郁，有扇贝配澳洲青苹果（Granny Smith）、炖牛肉意大利饺配白豆沙司等。

实用信息

旅游局办事处（tourist office；☎03 26 77 45 00；www.reims-tourisme.com；2 rue Guillaume de Machault；⊙周一至周六 9:00~19:00，周日 10:00~18:00）

到达和离开

兰斯的火车站位于大教堂西北方向1公里处，有列车开往巴黎东站（€36~44，1小时，每天12~17班）和埃佩尔奈（€6.80，30分钟，每天19班）。

埃佩尔奈（Épernay）

人口 24,600

一派繁华的埃佩尔奈位于兰斯以南25公里处，自称"香槟之都"（capitale du champagne），拥有许多全球最为著名的香槟酒庄。这座城市的街道下窖藏着大约2亿瓶香槟酒，它们缓慢地成为陈酿，只待人们在气氛热烈的庆祝场合开瓶欢庆。

景点和活动

★香槟大道（Avenue de Champagne） 街道

在埃佩尔奈漂亮的香槟大道上，到处都

是香槟酒庄(maisons de champagne)。这条林荫大道两侧林立着"一战"后重建的宅邸和新古典主义风格的别墅。Moët的私家宅邸**Hôtel Chandon**是一座19世纪初期的楼阁风格宅邸,它坐落在景观花园里,招待过瓦格纳等著名人物。可以透过它的铸铁大门一窥里面的样子。看起来有些阴森的**Château Perrier**是1854年建造的一栋新路易十三风格的红砖宅邸,门牌号恰好也是13!交叉路口的环岛有巨大的红酒塞和瓶盖雕塑,可以照相留念。

酩悦酒庄 香槟酒庄

(Moët & Chandon; ☎03 26 51 20 20; www.moet.com; 20 av de Champagne; 成人 含1/2杯香槟 €21/28, 10~18岁 €10; ⏲团队游 9:30~11:30和14:00~16:30, 1月底至3月中的周六和周日关闭)酒庄上飘扬着酩悦香槟(Moët)、法国、欧盟和俄罗斯的旗帜。这家顶尖香槟酒庄提供相当频繁的团队游,每次1小时,这是该地区最令人印象深刻的游览项目之一,你可以一窥它28公里长、如同迷宫一样的地窖(caves)。在酒庄商店里,只花€15就可以买到一瓶15升的Brut Impérial香槟酒,而常规瓶装的该款香槟售价€31。

Champagne Domi Moreau 葡萄园游

(☎06 30 35 51 07, 19:00以后 03 26 59 45 85; www.champagne-domimoreau.com; 团队游 €25~30; ⏲团队游 9:30和14:30, 周三及8月下半月除外)这家公司经营3小时的小巴车团队游,途中游览附近的葡萄园,有法语和英语解说。在旅游局办事处对面的街道上车。此外,这里还组织两小时的葡萄园自行车游(€25)。提前打电话预约。

住宿

Parva Domus 民宿 €€

(☎06 73 25 66 60; www.parvadomusrimaire.com; 27 av de Champagne; 双 €100, 套 €110; 📶)这家葡萄藤包围的民宿就在香槟大道上。房间透着乡村的气息,有木地板和印花织物,色彩柔和素雅。在露台或优雅的起居室里喝上一杯自制香槟吧。

★ **La Villa Eugène** 精品酒店 €€€

(☎03 26 32 44 76; www.villa-eugene.com; 84 av de Champagne; 双 €154~333, 套 €375~390; P❄📶🏊)La Villa Eugène威风凛凛地坐落在香槟大道上,有自己的花园和一个户外游泳池,可谓出类拔萃。这是一栋美丽的19世纪别墅,曾经是Mercier家族的财产。宽敞的双人间散发出低调的优雅,色彩柔和沉静,还有奇特的古董摆设。再多花些钱,就能享受私人露台或四帷柱大床了。

餐饮

La Grillade Gourmande 地方菜 €€

(☎03 26 55 44 22; www.lagrilladegourmande.com; 16 rue de Reims; 套餐 €19~57; ⏲周二至周六正午至14:00和19:30~22:00)这个时尚的红墙法式小馆是个诱人的地方,在这里可以尝试焦香的烤肉和质感丰富、滋味浓郁的菜肴,如香槟酒煎小龙虾和迷迭香、蜂蜜嫩煮羊羔肉。天气温暖的时候,餐桌会被摆到外面带顶棚的露台上。

★ **C Comme** 香槟酒吧

(www.c-comme.fr; 8 rue Gambetta; 简餐 €7.50~14.50, 6杯香槟品酒套餐 €33~39; ⏲周日至周三 10:00~20:30, 周四 10:00~23:00, 周五和周六 10:00至午夜)楼下的酒窖中藏有300种不同的香槟。可以到楼上灯光柔和的酒吧/法式小馆中品尝(每杯€5.5起),还有美味的当地奶酪、熟食以及猪肉馅饼(rillettes)佐酒。我们喜欢这里放克范儿的酒瓶盖桌子和放松的气氛。

实用信息

旅游局办事处(tourist office; ☎03 26 53 33 00; www.ot-epernay.fr; 7 av de Champagne; ⏲周一至周六 9:30~12:30和13:30~19:00, 周日 10:30~13:00和14:00~16:30; 📶)有英文小册子和地图。

到达和离开

火车站(train station; place Mendès-France)有直达兰斯(€6.80, 30分钟, 每天19班)和巴黎东站(€23.60, 1.25~2.75小时, 每天16班)的列车。

阿尔萨斯和洛林 (ALSACE & LORRAINE)

阿尔萨斯和洛林位于法、德两国交界处,

这两个相邻的地区也是高卢和日耳曼文化交融的地方。砖木结构的房屋、郁郁葱葱的葡萄园和森林覆盖的山峰使阿尔萨斯显露出日耳曼风情，而洛林则完全是一派法国风范。

斯特拉斯堡（Strasbourg）

人口271,708

斯特拉斯堡是阿尔萨斯地区独特气质的完美缩影，这里既有着中世纪的历史，又有光明的未来，彰显出阿尔萨斯的独特风格。漫步在老城区曲折的街巷中，两旁都是格林童话里的砖木结构房屋，其中有许多舒适惬意的阿尔萨斯酒馆（winstubs）。你会感到很惊讶：这里有很棒的圣诞集市和姜饼，同时又是欧盟机构的所在地，还拥有法国第二多的学生人口。

景点

★圣母大教堂 天主教堂

（Cathédrale Notre-Dame; place de la Cathédrale; 天文钟成人/儿童 €2/1.50，平台成人/儿童 €5/2.50；⏲7:00~19:00，门票出售时间天文钟9:30~11:00，平台 9:00~19:15；🚋Grand' Rue）当你第一眼看到斯特拉斯堡的圣母大教堂时，就算做足了准备也会惊叹不已的。这座恢宏的哥特式大教堂竣工于1439年，雕梁画栋的立面将你的目光向上引导到飞拱、眼神凶狠的滴水兽和142米高的尖塔上。12~14世纪修建的**彩色玻璃窗**保证了教堂内部令人叹绝的光照，其中西大门上的玫瑰窗如珠似宝。哥特式与文艺复兴风格相结合的**天文钟**（astronomical clock）每天12:30敲响太阳历的午时钟声。大钟上刻画着人生的不同阶段和耶稣及其门徒。

大岛 历史街区

（Grande Île; 🚋Grand' Rue）大岛曲曲折折的街巷和布满咖啡馆的广场散发出历史的气息，这座River Ill河上的岛屿是斯特拉斯堡的联合国教科文组织世界遗产保护地。街道上排列着淡粉色的木结构房子，非常上镜，简直就是为了游客在此随性漫步而建的。它们的旁边矗立着巍峨的大教堂以及它的老伙伴——15世纪的**Maison Kammerzell**（rue des Hallebardes），它有着精湛繁复的雕刻和镀铅窗户。晚上挂起灯笼时，街巷最有气氛。

小法兰西 历史街区

（Petite France; 🚋Grand' Rue）狭窄的街巷、运河和水闸纵横交错，小法兰西是中世纪手工艺者聚居工作的区域。半木结构的房屋、夏天一丛丛鲜红色的天竺葵以及河滨公园吸引了大批旅行者，不过这片区域仍然保有它的阿尔萨斯风情，特别是清晨和深夜。在上镜率极高的**盖顶桥**（Ponts Couverts）及其3座13世纪的塔楼上饮酒，然后欣赏River Ill河和**沃邦水坝**（Barrage Vauban）的风景。

食宿

Villa Novarina 设计酒店 €€

（☎03 90 41 18 28; www.villanovarina.com; 11 rue Westercamp; 标单 €87~157，双 €117~257，套 €237~537; P ❄ 📶 🏊; 🚋Droits de l' Homme）这栋20世纪50年代的别墅位于Parc de l' Orangerie附近，这里通透敞亮，将新浪潮设计运用得恰到好处。房间整洁漂亮又不缺少灵魂，俯瞰花园的房间和套房充满艺术气息。早餐的重点是当地出产的有机食材。有加热泳池、涡流泳池和可享受宁静时刻的水疗中心。从Droits de l' Homme电车站向南步行10分钟即到。

★Cour du Corbeau 精品酒店 €€€

（☎03 90 00 26 26; www.cour-corbeau.com; 6-8 rue des Couples; 房 €140~175，套 €220~260; ❄ 📶; 🚋Porte de l' Hôpital）这家可爱的精品酒店由16世纪的旅馆改造而成，用半木结构的建筑和优越的地理位置（离河边仅几步远）赢得客人的欢心。房间环绕着一座庭院，还将古老的室内细节（如橡木镶嵌地板和路易十五时代的家具）和现代设施（如平板电视）结合起来。

Bistrot et Chocolat 咖啡馆 €

（www.bistrotetchocolat.net; 8 rue de la Râpe; 小吃 €7.50~11，早午餐 €12.50~26.50; ⏲周一至周四 11:00~19:00，周五至周日 10:00~21:00; 🌿 👶; 🚋Grand' Rue）很酷的法式小馆，以其固体和液体的有机巧克力（姜味的更是一流）、每日特色菜和周末早午餐闻名。

★La Cuiller à Pot 阿尔萨斯菜 €€

（☎03 88 35 56 30; www.lacuillerapot.

com；18b rue Finkwiller；主菜 €17.50~26.50；周二至周五正午至14:30和19:00~22:30，周六 19:00~22:30；Musée d'Art Moderne）这家小小的阿尔萨斯餐厅由天才的夫妻团队经营，供应新鲜的地方菜肴。它的菜单设计得很棒，内容随季节变动，有可能包括菲力牛排配野蘑菇等菜肴，还有自制的意大利团子（gnocchi）和蜗牛配荷兰芹汁。品质无与伦比。

实用信息

旅游局办事处（tourist office；03 88 52 28 28；www.otstrasbourg.fr；17 place de la Cathédrale；9:00~19:00；Grand'Rue）有英文地图（€1）。

到达和离开

飞机

斯特拉斯堡国际**机场**（03 88 64 67 67；www.strasbourg.aeroport.fr）位于市中心西南方向17公里处（穆尔塞姆方向）。

火车

斯特拉斯堡与欧洲和法国国内各大城市之间都有直达列车连接，如下：

布鲁塞尔北站 €80~185，5.25小时，每天3班

里尔 €96~140，4小时，每天17班

里昂 €75~145，4.5小时，每天14班

梅斯 €26~42，2小时，每天20班

巴黎 €75~134，2.25小时，每天19班

梅斯（Metz）

人口122,149

梅斯位于摩泽尔河（Moselle River）与塞耶河（Seille River）交汇处，是洛林极富优雅气质的首府。宏伟的哥特式大教堂、米其林星级餐厅、风光优美的黄色石头老城以及庄严的帝国街区（Quartier Impérial，正在申报联合国教科文组织的世界文化遗产）为游客提供了令人愉悦的发现之旅。

景点

★圣艾蒂安大教堂 天主教堂

（Cathédrale St-Étienne；place St-Étienne；语音导览 €7，珍宝库和地下室联票 成人/儿童 €4/2；8:00~18:00，珍宝库和地下室周一至周六 9:30~12:30和13:30~17:30，周日 14:00~18:00）这座哥特式大教堂精美的金色尖塔是梅斯天际线上最高的景致。13~20世纪的彩绘玻璃窗上挂着如万花筒般的窗帘，令教堂内的光线显得无比精致，因此，这座教堂又被昵称为“上帝的灯笼”，而它的高度也会令人精神一振。在令人目眩的珠宝色百叶窗上，留意华丽的夏加尔窗（Chagall windows），它们在回廊中投下了红宝石、黄金、蓝宝石、黄宝石以及紫水晶般的色彩，回廊也是珍宝库的所在。15世纪的地下室里有巨龙Graoully（发音为“grau-lee”）的雕像。传说，在基督教传播到这里之前，巨龙经常在梅斯为非作歹。

蓬皮杜梅斯中心 画廊

（Centre Pompidou-Metz；www.centrepompidou-metz.fr；1 parvis des Droits de l'Homme；成人/儿童 €7/免票；周一和周三至周五11:00~18:00，周六 10:00~20:00，周日 10:00~18:00）由日本建筑师坂茂（Shigeru Ban）设计，拥有中式斗笠般的曲线屋顶，在建筑上充满创意的蓬皮杜梅斯中心是这座城市的艺术明星。作为巴黎蓬皮杜中心的分馆，它拥有欧洲最大规模的现代艺术品收藏，如德国艺术家汉

> **不要错过**
>
> **到市场去**
>
> 斯特拉斯堡和梅斯都有很棒的市场，有些是季节性的，有些全年营业。
>
> ➡ **室内市场**（Marché Couvert；place de la Cathédrale；周二至周六 7:00~19:00）梅斯的室内市场曾经是一座主教宫，如今已成为本地新鲜食材的圣殿。它是这样一个地方：你只是打算进去买根法棍，但一小时后，你的手上就拎满了熟食、水果和5种不同的奶酪。
>
> ➡ **圣诞市集**（Marché de Noël；www.noel.strasbourg.eu）加香料的热葡萄酒、辣味饼干（bredele）和满是圣诞老人的儿童村，这就是斯特拉斯堡圣诞市集的盛况。它从11月的最后一个周六持续到12月31号。

斯·里希特(Hans Richter)的先锋作品和美国概念艺术家索尔·勒维特(Sol LeWitt)大胆的图形画作。这里常举办大规模的临时展览。充满活力的展览空间还会举办文化活动、讲座和青年项目等。

食宿

Hôtel de la Cathédrale 历史酒店 €€

(☎03 87 75 00 02; www.hotelcathedrale-metz.fr; 25 place de Chambre; 双 €75~120; 📶)你会在这家有格调的小酒店受到友好的欢迎,它栖身于一栋17世纪的别墅中,位置绝佳,就在大教堂对面。沿着铸铁楼梯走到具有古典风格的优雅房间里,房间有挑高天花板、硬木地板和古董摆设。提前预订能看到大教堂的房间。

La Table de Pol 新派法国菜 €€

(☎03 87 62 13 72; www.latabledepol.fr; 1/3 rue du Grand Wad; 套餐 €17~46; ⌚周二至周六正午至14:00和19:00~21:00)在这家友好的法式小馆中,气氛亲密的照明和排列紧凑的桌子让人心绪舒缓。新鲜食材都是从市场采购来的,所有菜都烹制得恰到好处。菜品包括香草脆煎羊羔排和鳕鱼排配芦笋等。

实用信息

旅游局办事处(tourist office; ☎03 87 55 53 76; http://tourisme.mairie-metz.fr; 2 place d'Armes; ⌚周一至周六 9:00~19:00, 周日 10:00~17:00)有免费的步行游览地图。

到达和离开

梅斯市华丽的**火车站**(place du Général de Gaulle)修建于20世纪早期,连接巴黎和卢森堡的法国高速列车在此停靠。直达目的地包括:

卢森堡 €16.20, 45分钟, 每天40班

巴黎 €60~75, 1.5小时, 每天15班

斯特拉斯堡 €26.40, 1.5小时, 每天16班

卢瓦尔河谷(THE LOIRE VALLEY)

卢瓦尔与法国首都相距不远。自古以来,这里就被王子、公爵和贵族作为乡村度假胜地。如今,在这片地区的乡村中点缀着一些仅次于凡尔赛宫的奢华建筑。

布卢瓦(Blois)

人口48,393

布卢瓦古老的城堡是有权势的布卢瓦公爵的领地。短暂地游览一下城堡内的大厅、螺旋形楼梯和平坦的庭院,你就能了解法国建筑史上的几个重要时期。

景点

★布卢瓦皇家城堡 城堡

(Château Royal de Blois; ☎02 54 90 33 33; www.chateaudeblois.fr; place du Château; 成人/儿童 €9.80/5, 语音导览 €4, 英语团队游 7月和8月免费; ⌚4月至9月 9:00~18:30, 7月和8月至19:00, 其他月份的开放时间缩短)在建造时,布卢瓦城堡的定位是一栋用于炫耀的建筑(看看雕刻得极为漂亮的立面),而非一座军事要塞。它接连承载了几位法国国王的奇思妙想。它是卢瓦尔河流域古堡的完美代表,其4座雄伟的侧殿分别属于哥特风格(13世纪)、奢华哥特风格(1498~1503年)、文艺复兴早期风格(1515~1524年)和古典主义风格(17世纪30年代)。

文艺复兴风格的侧殿是弗朗索瓦一世(François I)和克劳德王后(Queen Claude)的皇家寓所,其中最著名的景致是**长廊楼梯**(loggia staircase),上面装饰着许多火蜥蜴和弯曲的大写F(弗朗索瓦一世的纹章标志)。

魔幻之家 博物馆

(Maison de la Magie; www.maisondelamagie.fr; 1 place du Château; 成人/儿童 €9/5; ⌚4月至8月 10:00~12:30和14:00~18:30, 9月周一至周五 14:00~18:30, 周六和周日 10:00~12:30和14:00~18:30)这座博物馆就位于布卢瓦城堡的正对面,你不可能错过。它是钟表制造商、发明家兼魔术师Jean Eugène Robert-Houdin(1805~1871年,后来美国魔术师哈里·胡迪尼用他的名字作为自己的艺名)的故居。每到整点,窗户中就会有龙头咆哮着伸出来,而博物馆每天都举办魔术秀,还有关于魔术历史的展览——展示视觉魔术,以及一部关于胡

迪尼生平的短片。

食宿

Côté Loire 酒店 €

（☎02 54 78 07 86；www.coteloire.com；2 place de la Grève；房 €59~95；📶）一尘不染的房间有活泼的格子地板、明亮的素雅色调以及造型奇特的裸露砖石。部分房间可以欣赏卢瓦尔河的景色。早餐（€10.50）在一个古雅的室内木平台上享用，餐厅（套餐 €21~31）供应美味的当地菜肴。酒店位于Pont Jaques Gabriel西南方向，距河边1个街区。

★ **La Maison de Thomas** 民宿 €€

（☎02 54 46 12 10；www.lamaisondethomas.fr；12 rue Beauvoir；房 含早餐 €90；📶）这家美丽的民宿位于城堡和大教堂之间的步行街上，有4个宽敞的房间，服务热情友好。里面的院子可以存放自行车，还有一个能够品尝当地佳酿的葡萄酒窖。

Les Banquettes Rouges 法国菜 €€

（☎02 54 78 74 92；www.lesbanquettesrouges.com；16 rue des Trois Marands；套餐 €17.50~32.50；⊙周二至周六正午至14:00和19:00~22:00）黑板上手写的菜单和精美的食物令这家餐厅脱颖而出，最出色的是猪肉配西班牙辣香肠和迷迭香、扁豆烧鸭肉以及巧克力熔岩蛋糕（fondant au chocolat）。

实用信息

旅游局办事处（tourist office；☎02 54 90 41 41；www.bloischambord.com；23 place du Château；⊙4月至9月 9:00~19:00，10月至次年3月至17:00）出售城堡门票。有智能手机应用软件"Visit Blois"可供下载。

到达和离开

长途汽车

TLC公司（☎02 54 58 55 44；www.tlcinfo.net）的汽车从布卢瓦火车站（€2）开往尚博尔（Chambord；3路，25~40分钟，周一至周六每天2班）和舍韦尼（Cheverny；4路，45分钟，周一至周五每天3班，周六1班）。

火车

布卢瓦-尚博尔火车站（Blois-Chambord train station；av Jean Laigret）从布卢瓦皇家城堡往山上走600米即达。

昂布瓦斯 €7，20分钟，每天13班

巴黎 €28.60起，1.5~2小时，每天26班

图尔 €10.90，40分钟，每天13班

布卢瓦周边（Around Blois）

香波堡（Château de Chambord）

如果想要感受令人惊叹的宏伟城堡，就不能错过**香波堡**（☎咨询热线 02 54 50 40 00，团队游预约02 54 50 50 40；www.chambord.org；成人/儿童 €11/9，停车 €4；⊙4月至9月 9:00~18:00，10月至次年3月 10:00~17:00）。这座古堡是弗朗索瓦一世在1519年修建的，当时是贵族们在索洛涅（Sologne）森林中打猎时的奢华基地。这位国王在位32年（1515~1547年），却仅在这座古堡里待过42天。

这座城堡最著名的景致是它的**双螺旋楼梯**，有人认为它是由达·芬奇设计的。他从1516年开始在附近的昂布瓦斯（位于西南方向34公里处）居住，3年后在那里过世。最有趣的房间位于二楼，包括国王和王后卧室（有互相连接的通道，便于深夜狂欢作乐）。还有一座翼楼，第二帝国覆灭后尚博尔伯爵（Comte de Chambord）曾在这里密谋成为亨利五世，但没有成功。

每天有数次**导览游**（1.5小时，€4），带英文解说。

香波堡在布卢瓦以东16公里处，可乘坐公共汽车前往。

舍韦尼城堡（Château de Cheverny）

许多人认为**舍韦尼**（☎02 54 79 96 29；www.chateau-cheverny.fr；成人/儿童 €9.50/6.50；⊙4月至9月9:00~19:00，10月至次年3月10:00~17:00）是所有城堡中最完美的，它于1625~1634年建成，此后就一直保持着这样的外观。城堡内有正式的餐室、婚房、儿童游戏室（内有拿破仑三世时代的玩具），还有一个卫兵室，里面装满了长矛、地雷和成套的盔甲。

第二次世界大战期间，许多价值连城的艺术品（包括《蒙娜丽莎》）被藏在该城堡中18世纪的**橘园**（Orangerie）内。在古堡的门口附近，是纯种法国短毛猎犬和英国猎狐犬的

城堡游

铁杆的独立旅行者或许会对团队游嗤之以鼻，但是先别忙着否定这种选择，特别是在你没有交通工具的情况下。

小巴游

许多私人公司提供一系列精心挑选、组织得非常不错的旅行路线，它们涵盖了不同的古堡组合（以及品酒团队游）。半日游的花费是€23~36，一日游为€50~54。古堡门票不含在团费中，但你极有可能买到打折门票。通过图尔**旅游局办事处**（Tours tourist office；☎02 47 70 37 37；www.tours-tourisme.fr；78-82 rue Bernard Palissy；⊙4月至9月 周一至周六 8:30~19:00，周日 10:00~12:30和14:30~17:00，其他月份时间缩短）或昂布瓦斯旅游局办事处（Amboise tourist office）预约，大部分团队游都从这两个地方出发。

自行车游

卢瓦尔河谷大部分地区地势平坦，非常适合骑自行车旅行。

Loire à Vélo（www.loireavelo.fr）运营一条长达800公里的带有路标的道路。可以从旅游信息中心拿份指南，或是从网上下载路线图、语音导游以及自行车租赁细节等。

Détours de Loire（☎02 47 61 22 23；www.locationdevelos.com）在布卢瓦设有一个自行车租赁商店，而且还可以把自行车送上门，也允许中途租赁或归还自行车，只是要多付一点费用。经典款自行车每天和每周的租金分别为€15和€60。

Les Châteaux à Vélo（☎在布卢瓦拨打 02 54 78 62 52；www.chateauxavelo.com；每天€12~14）沿着布卢瓦、香波堡、舍维尼和Chaumont-sur-Loire有400公里带路标的道路，还提供小巴接送。同样可以从网络上下载免费地图和MP3语音导览。

犬舍，古堡主人至今还在使用这个犬舍，喂养犬类的时间**Soupe des Chiens**是4月至9月的每天17:00。

舍韦尼位于布卢瓦东南16公里处，可乘坐公共汽车前往。

昂布瓦斯（Amboise）

人口13,375

这里是查理八世的童年故居，也是达·芬奇的长眠之地。优雅的昂布瓦斯在图尔东北23公里处，位于卢瓦尔河南岸，被其拥有防御工事的古堡守护着。

景点

昂布瓦斯皇家城堡 城堡

（Château Royal d' Amboise；☎02 47 57 52 23；www.chateau-amboise.com；place Michel Debré；成人/儿童 €10.70/7.20，带语音导览€14.70/10.20；⊙4月至10月 9:00~18:00，其中7月和8月9:00~19:00，11月至次年3月时间缩短）这座易守难攻的城堡优雅地盘踞在城镇上方的一座岩石悬崖上，它似乎总是面临进攻者的觊觎，但其实并未见证过任何军事行动。它更像是国王在布卢瓦宫殿之外的周末度假行宫。查理八世（1483~1498年在位）在这里出生、长大，并在1492年下令将城堡改建成意式风格。如今，只有少部分15世纪和16世纪的建筑得以保留，最惹人注目的是华丽的哥特式配楼和**圣于贝尔礼拜堂**（Chapelle St-Hubert），后者是达·芬奇最后的安息之所。在这些建筑中可以看到河流、镇子和花园的美丽景色。

克洛吕斯城堡 历史建筑

（Le Clos Lucé；☎02 47 57 00 73；www.vinci-closluce.com；2 rue du Clos Lucé；成人/儿童€14/9，家庭票有优惠；⊙7月和8月 9:00~20:00，2月至6月、9月和10月 9:00~19:00，11月和12月 9:00~18:00，1月 10:00~18:00；👪）1516年，在弗朗索瓦一世的邀请下，达·芬奇入住这座宏伟的宅邸。作为意大利文艺复兴的仰慕者，弗朗索瓦任命达·芬奇为“首席画家、工程师、国王的建筑师”。当时，达·芬奇已是64岁高龄，他在这里画草图、焊补、构想各种奇巧的装置等比例模型。如今，所有这一切都在这座房子及其巨大的花园中得以展示。旅行者可以参观达·芬奇的工作间和1519年5月2日他去世时所在的卧室。

食宿

Au Charme Rabelaisien 民宿 €€

（☎02 47 57 53 84; www.au-charme-rabelaisien.com; 25 rue Rabelais; 双 含早餐 €92~179; P❄📶🏊）这是个位于镇中心的宁静天堂，为旅行者提供了完美的小型民宿体验。融合现代设施和古典魅力的三个舒适房间共享种满鲜花的花园、游泳池和免费的封闭停车场。宽敞的Chambre Nature房幽静宜人，距离游泳池只有几步。早餐极好。

Chez Bruno 法式小馆 €

（☎02 47 57 73 49; www.bistrotchezbruno.com; 38-40 place Michel Debré; 主菜 €8~12; ⏲周二至周六午餐和晚餐）这个生气勃勃的当代风格空间位于高耸的城堡正下方，不妨在这里打开当地陈酿的葡萄酒。在这里，一桌桌闲谈的旅行者和当地人享用着美味实惠的地方菜肴。如果想寻求一些关于卢瓦尔河谷葡萄酒的建议的话，你就来对地方了。

实用信息

旅游局办事处（tourist office; ☎02 47 57 09 28; www.amboise-valdeloire.com; quai du Général de Gaulle; ⏲周一至周六 9:30~18:00，周日10:00~13:00和14:00~17:00，11月至次年3月关门）组织徒步游。

到达和离开

火车站（bd Gambett，城堡以北1.5公里处）有开往布卢瓦（€7，20分钟，每天13班）和巴黎奥斯特里茨火车站（€15，1.75小时，每天4班）的列车。

昂布瓦斯周边（Around Amboise）

舍农索城堡（Château de Chenonceau）

一系列极其优雅的拱门横跨在河水平缓的谢尔河（Cher River）上，舍农索城堡（☎02 47 23 90 07; www.chenonceau.com; 成人/儿童 €12.50/9.50，含语音导览 €17/13.50; ⏲4月至9月 9:00~19:00，其他月份的时间缩短; 📶）是卢瓦尔河谷最优雅、最不同寻常的城堡之一。你会不由自主地沉迷于壮观的建筑、声名显赫的女主人那引人入胜的过往、辉煌华丽的环境和公园绿地景观中。

城堡的内部有华丽的家具、挂毯和令人惊叹的贴砖老地板，更有一流的艺术收藏，包括丁托列托（Tintorett）、柯勒乔（Correggio）、鲁本斯（Rubens）、穆里略（Murillo）、凡·戴克（Van Dyck）和里贝拉（Ribera）等大师的作品。而重头戏是横跨谢尔河、长达60米且两侧有窗户的大长廊（Grande Gallerie）。

留出时间游览花园：你能想象到的各种园子这里都有——迷宫花园、英式花园、蔬菜园、游乐园、鲜花园……

这座城堡位于昂布瓦斯东南方向10公里处。Touraine Fil Vert（www.tourainefilvert.com; 票价 €2.20）每天有两趟班车从昂布瓦斯发往这里（15分钟，周一至周六）。

阿宰勒里多城堡（Château d'Azay-le-Rideau）

浪漫的阿宰勒里多城堡（☎02 47 45 42 04; www.azay-le-rideau.monuments-nationaux.fr/en; 成人/儿童 €8.50/免费; ⏲4月至9月 9:30~18:00，7月和8月至19:00，10月至次年3月 10:00~17:15）坐落在一座郁郁葱葱的园林中，被护城河环绕着。这里有高挑的炮塔、几何形状的窗户和漂亮的石雕工艺，十分美妙。城堡建于16世纪，位于河中央的一座天然岛屿上，是卢瓦尔河流域最可爱的城堡之一。

它最著名的景致是意大利风格的长廊楼梯（loggia staircase），楼梯俯瞰中央庭院，饰有弗朗索瓦一世和克劳德王后各自的徽章——火蜥蜴和貂。

城堡位于图尔西南方向26公里处，距离火车站2.5公里。车站每天有8班火车前往图尔（€5.80，30分钟）。

勃艮第和罗讷河谷（BURGUNDY & THE RHÔNE VALLEY）

勃艮第是最能体现法国特色的地方。法国两大经久不衰的特产——美食和红酒——都能在这个美丽的乡村地区找到。如果你喜欢它们，那么来到这里就仿若置身天堂。

第戎（Dijon）

人口155,900

第戎拥有大量优雅的中世纪和文艺复兴时期建筑，这个时髦之地是勃艮第地区生机勃勃的首府城市。老城区内充满了生机，有许多时髦的酒吧和餐厅，非常适合漫步和购物。

景点

勃艮第公爵宫 宫殿

（Palais des Ducs et des États de Bourgogne, Palace of the Dukes & States of Burgundy; place de la Libération）勃艮第公爵宫曾是勃艮第有权势的公爵们的住所，这座雄伟的宫殿有新古典主义的立面，俯瞰着解放广场（place de la Libération），后者是第戎老城区华丽的中央广场，可追溯至1686年。勃艮第公爵宫的东翼是精美的美术馆（Musée des Beaux-Arts），入口靠近**Tour de Bar**：一座矮墩墩的14世纪塔楼，其前身是监狱。

美术馆 艺术博物馆

（Musée des Beaux-Arts; ☎03 80 74 52 09; http://mba.dijon.fr; 语音导览 €4; ⊙5月至10月 周三至周一 9:30~18:00，11月至次年4月10:00~17:00）免费 这些不规则延伸的画廊（它们本身就是艺术品）栖身于宏伟的公爵宫内，组成了法国最杰出的博物馆之一。明星景点是拥有护墙木板的**卫兵厅**（Salle des Gardes），它在经过大规模整修后于2013年9月重新开放，里面有两处精雕细琢的中世纪晚期圣体安置所，分别埋葬着无畏者约翰公爵（John the Fearless）和大胆者菲利普公爵（Philip the Bold）。其他展厅的主题是埃及艺术、中世纪的勃艮第和欧洲，还有文艺复兴以来600年的欧洲绘画。

食宿

Hôtel du Palais 酒店 €

（☎03 80 65 51 43; www.hoteldupalais-dijon.fr; 23 rue du Palais; 标单 €59~79，双 €65~89，四 €119; ❄📶）这家迷人的酒店位于一座17世纪的私人宅邸中，最近才改造并升级为三星，性比价很高。13个房间中，既有藏在屋檐下的舒适便宜的4楼双人间，也有宽敞明亮、有挑高天花板的家庭套间。位置绝佳，位于一条安静的小街上，从这里走到最中央的解放广场仅需5分钟。

Chez Léon 地方菜 €€

（☎03 80 50 01 07; www.restochezleon.fr; 20 rue des Godrans; 主菜 €17~23，午餐套餐 €15~19，晚餐套餐 €25~29; ⊙周二至周六正午至14:00和19:00~22:30）从勃艮第红酒牛肉到内脏香肠（andouillettes），这里是享用丰盛地方佳肴的首选之地，其气氛舒适而欢乐。室内餐厅有些杂乱，但天气温暖的时候有户外座位。

为芥末疯狂

关于第戎城内的"朝圣之地"，非**Moutarde Maille**（☎03 80 30 41 02; www.maille.com; 32 rue de la Liberté; ⊙周一至周六 10:00~19:00）莫属。这家工厂直营店隶属于生产第戎最著名芥末的公司。一进门，芥末辛辣刺鼻的气味就扑面而来。店内共出售36种不同口味的芥末，包括黑醋栗、松露、西芹等。可选择3种口味试尝。

另外，附近博讷（Beaune）的**Moutarderie Fallot**（☎03 80 22 10 10; www.fallot.com; 31 rue du Faubourg Bretonnière; 成人/儿童 €10/8; ⊙品尝间 周一至周六 9:30~18:00，团队游 3月中至11月中 周一至周六 10:00和11:30，6月至9月 15:30和17:00，其他时间可预约）是勃艮第地区最后一家家族经营、用石磨磨制芥末的公司。这里的团队游可以参观生产设备和芥末博物馆。提前通过博讷旅游局办事处预订。

实用信息

旅游局办事处(tourist office; ☎08 92 70 05 58; www.visitdijon.com; 11 rue des Forges; ⏰4月至9月周一至周六 9:30~18:30,周日 10:00~18:00,其他月份的时间缩短)提供团队游和地图。

到达和离开

长途汽车

Transco(☎03 80 11 29 29; www.cotedor.fr/cms/transco-horaires)的长途汽车就在火车站前停靠,可以在上车后买票(€1.5)。44路前往尼伊圣乔治(Nuits-St-Georges)和博讷。

火车

第戎的**火车站**(rue du Dr Rémy)与如下目的地连接:

里昂帕迭火车站 地区性列车/法国高速列车 €31/36, 2/1.5小时,每天25班

马赛 法国高速列车€89, 3.5小时,每天6班直达

巴黎里昂火车站 地区性列车/法国高速列车 €45/65, 3/1.5小时,每天25班

博讷(Beaune)

人口22,620

位于第戎以南44公里处的博讷(发音为"bone")是科多尔(Côte d' Or)的非正式首府。这个繁荣城市的存在理由和生活乐趣就是葡萄酒。

景点和活动

博讷的老城区奇形怪状,四周环绕着石头城墙,城墙庇佑着里面的葡萄酒酒窖。

博讷济贫院

历史建筑

(Hôtel-Dieu des Hospices de Beaune; www.hospices-de-beaune.com; rue de l' Hôtel-Dieu; 成人/儿童 €7/3; ⏰9:00~18:30)这座宏伟的哥特式医院建于1443年,在1971年之前是一座慈善医院,以其顶部漂亮的角楼和覆盖着多层瓦片的倾斜屋顶而闻名。内部的亮点包括大厅(Grande Salle; 在屋顶的大梁上找找龙和农民的头像)、满是壁画的圣休斯室(St-Hughes Room)、一个摆满了烧瓶的18世纪的药房(pharmacy; 烧瓶里曾经装满了炼金药和药粉),还有15世纪佛兰德画家魏登(Rogier van der Weyden)的名作《最后的审判》(*Polyptych of the Last Judgement*),其华丽鲜明的色彩描绘出了审判日的情景。

Marché aux Vins

品酒

(www.marcheauxvins.com; 2 rue Nicolas Rolin; ⏰4月至10月 10:00~19:00, 11月至次年3月 10:00至正午和14:00~19:00)在由烛光照亮的前天主教方济会教堂及其地窖中品尝葡萄酒,7种葡萄酒收费€11, 10种收费€15。品酒活动持续1个小时。最好的葡萄酒留在最后;找找premier crus和grand cru的标志(品质极好的葡萄酒)。

食宿

★Les Jardins de Loïs

民宿 €€

(☎03 80 22 41 97; www.jardinsdelois.com; 8 bd Bretonnière; 含早餐 房 €149, 套 €180~190, 公寓 €280~350; 📶)这座豪华的民宿是市中心一处令人意想不到的绿洲,这里有几间宽敞的客房,包括两个套房和一个135平方米的顶层公寓,可以俯瞰博讷令人惊叹的城市屋顶风光。宽阔的花园里栽植着玫瑰和果树,是一个坐下来细细品味专属酒庄生产的葡萄酒的好地方。停车免费。

Le Bacchus

新派勃艮第菜 €€

(☎03 80 24 07 78; 6 Faubourg Madeleine; 午餐套餐 €14~16.50, 晚餐套餐 €26.50~33; ⏰正午至13:30和19:00~22:00)这家小餐馆位于博讷市中心旁,其态度热情,食物特别可口。会说多种语言的合伙人之一Anna在桌边服务,而她的搭档Olivier使用市场采购来的新鲜食材制作各种菜肴,其中既有经典风味(牛排配第戎芥末酱),也有惊喜美味(西班牙冻汤配西红柿罗勒冰激凌)。留点肚子吃华丽的甜点,如波旁香草焦糖布丁(Bourbon vanilla crème brûlée)。

实用信息

旅游局办事处(tourist office; ☎03 80 26 21 30; www.beaune-tourisme.fr; 6 bd Perpreuil; ⏰周一至周六 9:00~18:30,周日 9:00~18:00)提供有关周边葡萄园的很多信息。

到达和离开

长途汽车

44路汽车往返博讷和第戎(€1.5, 1.5小时,

值得一游

酒庄之旅

勃艮第最著名的葡萄酒产自**科多尔**(金丘),这是一片由石灰岩、火石和黏土构成的山丘,从第戎向南绵延约60公里。北段**夜丘**(Côte de Nuits)从马尔萨奈拉科特(Marsannay-la-Côte)向南延伸至科霍戈卢万(Corgoloin)。夜丘区的葡萄酒以浓郁醇厚而著称。南段**博讷丘**(Côte de Beaune)位于拉杜瓦-塞尔里尼(Ladoix-Serrigny)和圣奈(Santenay)之间,出产优质的红葡萄酒和白葡萄酒。

旅游办事处提供小册子。经过带有路标的**Route des Grands Crus**(www.road-of-the-fine-burgundy-wines.com)时,会看到夜丘区最著名的一些葡萄园。品酒行家的天堂包括16世纪的**Château du Clos de Vougeot**(☎03 80 62 86 09; www.closdevougeot.fr; Vougeot; 成人/儿童 €5/2.50; ⏰4月至9月 9:00~18:30,10月至次年3月 9:00~11:30和14:00~17:30,全年的周六17:00关闭),那里有很不错的导览游。还有位于尼伊圣乔治的**L' Imaginariim**(☎03 80 62 61 40; www.imaginarium-bourgogne.com; av du Jura, Nuits-St-Georges; 成人 含基本/豪华品酒活动 €8/15,儿童 €5; ⏰周一 14:00~19:00,周二至周日 10:00~19:00),这是一座很有趣的葡萄酒博物馆。

Wine & Voyages(☎03 80 61 15 15; www.wineandvoyages.com; 团队游 €53起)以及**Alter & Go**(☎06 23 37 92 04; www.alterandgo.fr; 团队游 €70起)提供小巴团队游,有英语解说,侧重于介绍该地区的历史和葡萄酒酿制工艺。需提前在网上或第戎旅游局办事处预订。

每天2~7班),中途停靠位于科多尔的村庄,如尼伊圣乔治。

火车

从博讷开出的列车通往以下地点:

第戎 €7.80,25分钟,每天40班

巴黎里昂火车站 €75,2.25小时,每天2班

里昂帕迭火车站 €26.50,1.75小时,每天16班

里昂(Lyon)

人口499,800

在这里,美食家可以大快朵颐:里昂是法国美食之都,满桌子都是令人垂涎三尺的猪肉菜肴。在过去的500年里,这座城市一直都是法国经济、工业和银行业重镇,如今它是法国第三大城市,拥有杰出的艺术博物馆、动感十足的夜生活、绿树成荫的公园和一座被列入联合国教科文组织世界遗产名录的老城。

景点

里昂老城

里昂老城位于富维耶山脚下,有许多铺满鹅卵石的街道以及中世纪、文艺复兴时期的住宅。老城区被分成3个区域:圣保罗区(St-Paul,北部)、圣让区(St-Jean,中部)和圣乔治区(St-Georges,南部)。**rue du Boeuf**、**rue St-Jean**和**rue des Trois maries**有许多可爱的老建筑。

在略带罗马风格的**里昂主教座堂**(Cathédrale St-Jean; place St-Jean, 5e; ⏰周一至周五 8:15~19:45,周六和周日至19:00; Ⓜ Vieux Lyon)内,**天文钟**(astronomical clock)于正午、14:00、15:00和16:00鸣钟。

富维耶山

2000多年前,罗马人在富维耶山的斜坡上建造了里昂城(Lugdunum)。今天,在里昂"祈祷之山"的山顶上矗立着**富维耶圣母院**(Basilique Notre Dame de Fourvière; www.fourviere.org; place de Fourvière, 5e; 屋顶游 成人/儿童 €6/3; ⏰8:00~19:00; funicular Fourvière)和一座**金属塔**(Tour Métallique),这座塔建造于1893年,与埃菲尔铁塔相似,曾是电视转播塔。在山顶可以俯瞰里昂美妙的全景。有多条蜿蜒曲折的步道通向山顶,不过索道(place Édouard Commette, 5e; 单程 €1.70)是最轻松的到达方式。

Lyon 里昂

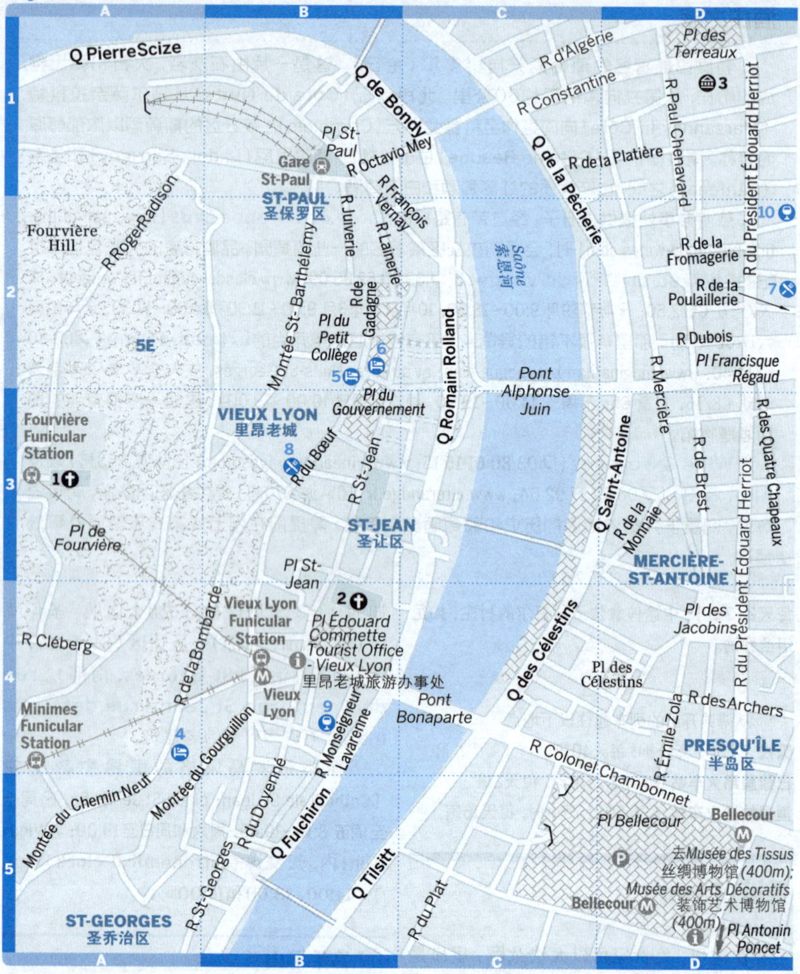

半岛区、汇流区和十字鲁塞区

里昂的市中心位于这座宽500～800米的半岛上，两侧是流淌着的罗讷河（Rhône River）和索恩河（Saône River）。

主广场**沃土广场**（place des Terreaux）中央的19世纪喷泉出自自由女神的塑造者弗雷德里克-奥古斯特·巴托尔迪（Frédéric-Auguste Bartholdi）之手。附近的**美术馆**（Musée des Beaux-Arts; www.mba-lyon.fr; 20 place des Terreaux, 1er; 成人/儿童含语音导览 €7/免费; ⏲周三、周四和周六至周一 10:00～18:00，周五10:30～18:00; ⓂHôtel de Ville）里陈列着除巴黎以外法国最精美的雕塑和美术作品。

丝绸博物馆（Musée des Tissus; www.musee-des-tissus.com; 34 rue de la Charité, 2e; 成人/儿童 €10/7.50，16:00之后 €8/5.50; ⏲周二至周日 10:00～17:30; ⓂAmpère）展示里昂出产的丝绸制品。隔壁的**装饰艺术博物馆**（Musée des Arts Décoratifs; 34 rue de la Charité, 2e; 持丝绸博物馆门票可免费进入; ⏲周二至周日 10:00至正午和14:00～17:30）展示18世纪的家具、挂毯、壁纸、陶器和银器。17世纪修建的

白莱果广场(place Bellecour)是欧洲最大的公共广场之一，广场上有一尊路易十四的骑马像。从广场向南，经过**佩拉什火车站**(Gare de Perrache)就来到了这座城市最新的街区**里昂汇流区**(Lyon Confluence; www.lyon-confluence.fr)，这是罗讷河与索恩河交汇的地方。它的码头附近林立着时尚的餐厅。雄心勃勃的**里昂汇流博物馆**(Musée des Confluences; www.museedesconfluences.fr; 28 bd des Belges, 6e)亦坐落于此，这是一座科技人文博物馆，栖身于颇具未来主义色彩的钢铁与玻璃透明晶体中。

Lyon 里昂

景点

住宿

就餐

饮品和夜生活

白莱果广场以北是位于山顶的迷人的**十字鲁塞区**，这里以繁荣的露天食品市场和丝绸纺织传统著称，**丝绸工人之家**(Maison des Canuts; www.maisondescanuts.com; 10-12 rue d' Ivry, 4e; 成人/儿童 €6.50/3.50; ⏲周一至周六10:00~18:30，导览游周一至周六 11:00和15:30; Ⓜ Croix Rousse)展示了当地丝绸纺织的历史。

住宿

Auberge de Jeunesse du Vieux Lyon

青年旅舍 €

(☎04 78 15 05 50; www.fuaj.org/lyon; 41-45 montée du Chemin Neuf, 5e; 铺含早餐 €19.50~24; ⏲前台 7:00~13:00、14:00~20:00 和21:00至次日1:00; @ 🛜; Ⓜ Vieux Lyon，缆车Minimes站)里昂的HI青年旅舍，在露台及许多房间(大部分是6人间)都可以将美妙的城市风光尽收眼底。有自行车停车位、厨房、洗衣房(洗衣加烘干每筒€4)，以及一个现场酒吧。如果不想从里昂老城地铁站爬10分钟累人的上山路，可以乘坐缆车至Minimes站，然后步行下山。

Mama Shelter

酒店 €€

(☎04 78 02 58 00; www.mamashelter.com/en/lyon; 13 rue Domer; 房间 €89~149; P ❄ @ 🛜; Ⓜ Jean Macé)这家时尚连锁酒店的里昂分店拥有整洁时髦的装潢、图案活泼

的地毯、紧实的床铺、蓬松的枕头、现代主义的照明和可以播放免费电影的大屏苹果一体机。灯光昏暗的餐厅里有很多年轻人聚集在长吧台旁。位于市中心2公里外的住宅区内，似乎有些偏，但距离里昂帕迭火车站（Gare Part-Dieu）和白莱果广场只有3站地铁的距离。

Lyon Renaissance 公寓 €€

（☎04 27 89 30 58; www.lyon-renaissance.com; 3 rue des Tourelles, 5e; 公寓 €95~115; 📶; ⓂVieux Lyon）友好的主人Françoise和Patrick出租两处位置绝佳的里昂老城公寓，公寓都带横梁天花板和厨房设施。位于3楼的无电梯公寓较小，可入住2人，窗外是一座可爱的绿树成荫的广场。另一间公寓位于老城最著名的中世纪塔楼对面，有一个宽敞的起居室，里面有漂亮的壁炉和折叠式沙发。

★ Cour des Loges 酒店 €€€

（☎04 72 77 44 44; www.courdesloges.com; 2-8 rue du Bœuf, 5e; 双 €190~485, 小套房 €340~655; ❄@📶🏊; ⓂVieux Lyon）四栋14世纪至17世纪的房子围绕着一条秘密通道（traboule），还有意大利式的长廊等一些保护得很好的古代建筑，这一切使这里成为一个精致优美的住宿场所。独立装修的房间有令人赞叹的浴室设施和许多古董陈设，而休闲设施则包括一个水疗中心、一家优雅的餐厅（套餐€85~105）、一间时尚咖啡馆（午餐套餐€17.50，主菜€22~30）和拥有十字拱顶的酒吧。

就餐

里昂有各种类型的餐馆：法国菜餐厅、创意餐厅、快餐厅以及各国风味餐厅，还有传统的里昂bouchon（服务友好的法式小馆，供应当地菜肴）。

★ Les Halles de Lyon Paul Bocuse 市场 €

（www.hallespaulbocuse.lyon.fr; 102 cours Lafayette, 3e; ⏲周二至周六 7:00~22:30，周日至16:30; ⓂPart-Dieu）里昂著名的室内食品市场有将近60个摊位，出售无数美味小吃。从传奇奶酪商Mère Richard那里买一块软糯的St Marcellin软奶酪，再从Charcuterie Sibilia那里找一根疙疙瘩瘩的“里昂的耶稣”（Jésus de Lyo，一种风干肠）。也可以坐下来吃一顿当地午餐，如果恰好赶上周日甲壳类水产品配白葡萄酒的早午餐，就更棒了。

Les Adrets 里昂土菜 €€

（☎04 78 38 24 30; 30 rue du Bœuf, 5e; 午餐套餐 €17.50，晚餐套餐 €27~45; ⏲周一至周五正午至13:30和19:45~21:00; ⓂVieux Lyon）这个气氛十足的地方供应非常超值的午餐套餐（含葡萄酒和咖啡）。菜单上的一半菜品是经典里昂土菜，另外一半是另类之选，如帕尔马火腿、松露意大利调味饭或鸭胸肉配烤梨。

★ Le Musée 里昂土菜 €€

（☎04 78 37 71 54; 2 rue des Forces; 午餐/晚餐套餐 €23/28; ⏲周二至周六正午至14:00和19:30~21:30; ⓂCordeliers）这家宜人的土菜馆栖身于里昂从前市政厅（Hôtel de Ville）的马厩中，供应一系列华丽的里昂经典肉菜，也有一些素菜，如烤辣椒配新鲜山羊奶酪。每天更换的菜单上列有10种开胃菜和10种主菜，再附加5种美味的甜点。所有菜品都盛在可爱的瓷盘子里，然后被端上居家风格的长餐桌供客人享用。

L' Ourson qui Boit 创新菜 €€

（☎04 78 27 23 37; 23 rue Royale, 1er; 午餐/晚餐 套餐 €18/28; ⏲周一、周三和周四至周六正午至13:30和19:30~21:30; ⓂCroix Paquet）这家餐厅位于十字鲁塞区的边缘，这里的日本大厨Akira Nishigaki对法国菜进行了独创改良，用许多当地出产的新鲜蔬菜创造出清淡爽口的滋味。不断推陈出新的套餐包含2道开

> **ℹ 里昂城市卡**
>
> 超值的**里昂城市卡**（Lyon City Card; www.en.lyon-france.com/Lyon-City-Card; 1/2/3天成人 €22/32/42，儿童€13.50/18.50/23.50）可以让你免费进入里昂的每一座博物馆和许多景点。持卡还可无限次乘坐市内的公共汽车、电车、缆车和地铁。全价卡可在旅游局办事处购买，网上购买打九折。

胃菜和2道主菜，配以上好的葡萄酒、贴心的服务和美味的甜点。有必要提前预订。

饮品和娱乐

沃土广场（place des Terreaux）的咖啡馆露台上从早到晚都坐满了喝咖啡的人，热闹非凡。附近1er一带的rue Ste-Catherine和老城区5e一带的rue Lainerie和rue St-Jean等街道也同样繁忙、热闹，这里有英式、爱尔兰和其他风格的酒吧。

停靠在罗讷河左岸的一串péniches（内河驳船）上有“漂浮酒吧”，内有DJ和现场乐队演奏，活动一直持续至次日3:00左右。在拉法耶特桥（Pont Lafayette；Cordeliers或Guichard地铁站）和吉约蒂埃桥（Pont de la Guillotière；Guillotière地铁站）之间的维克多·奥卡涅尔码头（Victor Augagneur）上也有一些娱乐之选。

Harmonie des Vins 葡萄酒吧

（www.harmoniedesvins.fr；9 rue Neuve，1er；周二至周六 10:00~14:30和18:30至次日1:00；；Hôtel de Ville、Cordeliers）这家充满魅力的葡萄酒吧拥有古老的石墙、当代装饰和美味的食物，可来这里探寻关于法国葡萄酒的一切。

（L' A）Kroche 酒吧

（www.lakroche.fr；8 rue Monseigneur Lavarenne，5e；周二至周六 16:00至次日1:00，周日和周一 16:00~21:00；Vieux Lyon）时尚的咖啡馆兼酒吧有70多种口味的朗姆酒，每天都有酒水优惠的欢乐时段，经常有现场音乐且不设最低消费。

★Le Sucre 现场音乐

（www.le-sucre.eu；50 quai Rambaud，2e；周三和周四 18:00至午夜，周五和周六19:00至次日6:00）位于汇流区，这是里昂最新、最具创意的夜店。本店的前身是20世纪30年代的制糖厂La Sucrière。夜晚，超酷的屋顶露台呈现DJ打碟、现场表演和各种各样的艺术活动。

实用信息

旅游局办事处（tourist office；04 72 77 69 69；www.lyon-france.com；place Bellecour，2e；9:00~18:00；Bellecour）位于半岛区的中心。这是里昂旅游局办事处的总部，这里非常有帮助，人员充足，他们会说多种语言。这里提供各种城市徒步团队游项目，并出售里昂城市卡（Lyon City Card）。Vieux Lyon地铁站外有一个较小的办事处（av du Doyenné，5e；10:00~17:30；Vieux Lyon）。

到达和离开

飞机

里昂圣埃克絮佩里机场（Lyon-St-Exupéry Airport；www.lyonaeroports.com）位于里昂以东25公里处，有120条直达航线往来于其他国家，其中包括许多廉价航空公司的航班。

长途汽车

在车站大楼（Perrache），**欧洲巴士**（Eurolines；08 92 89 90 91，04 72 56 95 30；www.eurolines.fr；Gare de Perrache）和主营西班牙方向车次的**Linebús**（04 72 41 72 27；www.linebus.com；Gare de Perrache）在换乘中心的汽车站楼层（留意“Lignes Internationales”的标识牌）设有办事处。

火车

里昂两座主要的火车站运营直达的法国高速列车：**佩拉什火车站**（Gare de Perrache；Perrache）位于罗讷以东1.5公里处；**帕迭火车站**（Gare de la Part-Dieu；Part-Dieu）是另外一座车站。

车次频繁的法国高速列车目的地包括：

第戎 €36，1.5小时

马赛 €52，1.75小时

巴黎戴高乐机场 €95，2小时

巴黎里昂火车站 €73，2小时

当地交通

Rhônexpress（www.rhonexpress.fr；成人/儿童/青年 €15.70/免费/€13）运营的有轨电车连接机场和帕迭火车站（Part-Dieu），全程不到30分钟。

TCL（www.tcl.fr）运营公共汽车、有轨电车、4条地铁线路以及2部连接里昂老城区和富维耶山的缆车。公共交通工具于5:00左右至午夜运行。单张票价€1.70。乘坐所有交通工具都要携带盖有时间戳的车票，否则就可能面临罚款。

可以通过**vélo' v**（www.velov.grandlyon.com；

前30分钟免费，第二个30分钟€1，之后每30分钟€2）租自行车，这家公司设有200多个租还车点。

法国阿尔卑斯（THE FRENCH ALPS）

徒步、滑雪、壮观的全景——法国阿尔卑斯山地区拥有户外活动应有的一切要素。除此之外，你还可以找到一流的美食和相当不错的夜生活，并体验浓郁的历史氛围。

霞慕尼（Chamonix）

人口9050/海拔1037米

有白雪皑皑的勃朗峰作为绝妙的背景，霞慕尼自然而然地成了地标。1741年，英国人威廉·温厄姆（William Windham）和理查德·波寇克（Richard Pococke）最先"发现"了这里，从此，霞慕尼就成为登山爱好者的圣地。刀锋般的高峰、陡峭的山坡和大片的冰川，让一代又一代极限运动爱好者和寻求刺激的勇士乐此不疲。在这里，滑雪后的娱乐活动（après-ski）也很有名。

景点

南针峰（Aiguille du Midi） 观景点

海拔3842米的南针峰距离勃朗峰8公里，这座崎岖的岩石尖峰高耸在冰川、雪野和岩石峭壁上空，是霞慕尼最独特的地理景观之一。如果你能适应这样的高海拔，那么当你从峰顶向下俯瞰法国、瑞士和意大利的阿尔卑斯山区时，其全景绝对令人窒息（毫不夸张）。霞慕尼至南针峰的南针峰缆车（Téléphérique de l'Aiguille de Midi; www.compagniedumontblanc.co.uk; place de l'Aiguille du Midi; 成人/儿童往返 至南针峰 €55/47，至针峰平台 夏季 €29.50/25，冬季 €16/14; ⌚首班上山缆车 7:10~8:30，末班上山缆车 15:30~17:00）令人眩晕，全年运行。

勒布雷凡峰（Le Brévent） 观景点

作为霞慕尼山谷西侧的最高峰，勒布雷凡峰（海拔2525米）坐拥惊人的勃朗峰（Mont Blanc）美景、无数徒步小路、供滑翔机起飞的岩架，还有一家位于山顶的餐厅：Le Panoramic。要上山，可先在旅游局办事处以西400米处乘坐缆车Télécabine de Planpraz（www.compagniedumontblanc.co.uk; 成人/儿童 单程 €13.20/11.20，往返 €16/13.60），然后再转乘Téléphérique du Brévent（www.compagniedumontblanc.co.uk; 29 rte Henriette d'Angeville; 成人/儿童单程 €22/18.70，往返 €29.50/25; ⌚6月中至9月中和12月中至次年4月中）。普朗普拉兹（Planpraz; 海拔2000米）有很多适合全家出行的步道。

冰海冰川（Mer de Glace） 冰川

闪亮的冰海冰川深达200米，是法国最大的冰川。它从勃朗峰的北侧山坡向下蜿蜒7公里，以每小时1厘米的速度移动（每年大约90米）。1909年，线路长5公里的齿轮传动小火车登山火车（Train du Montenvers; www.compagniedumontblanc.co.uk; 成人/儿童 单程 €24/20.40，往返 €29.50/25; ⌚9月底至10月中停运）开通，一路风景优美，从霞慕尼的蒙坦威尔火车站（Gare du montenvers）开到蒙坦威尔山（Montenvers; 海拔1913米）。山上有缆车去往冰川和冰河洞穴（Grotte de la mer de Glace; ⌚5月下半月和9月底至10月中关闭）。在冰洞里，你可以见识到冰隧道和像情绪戒指一样会变颜色的冰雕。

活动

滑雪季从12月中持续到次年4月中。徒步、溪降、爬山等夏季活动通常开始于6月，至9月结束。Compagnie des Guides de Chamonix（☎04 50 53 00 88; www.chamonix-guides.com; 190 place de l'Église, Maison de la Montagne; ⌚8:30至正午和14:30~19:30，4月底至6月中和9月中至12月中 周日和周一关闭）是所有提供导览游的机构中最著名的一家，任何季节都可以提供绝大部分类型活动的导游。

住宿

Gîte Le Vagabond 青年旅舍 €

（☎04 50 53 15 43; www.gitevagabond.com; 365 av Ravanel-le-Rouge; 铺 €21，床单 €5.50，双含早餐 €101; ⌚前台8:00~10:00和16:30~22:30; 📶）这是霞慕尼最时尚的上下铺青旅，位于一处有150年历史的驿马车旅馆旧

址内，提供4~6人间的宿舍和一个熙熙攘攘的酒吧。冬天，酒吧的壁炉里会燃起木柴。旅舍位于霞慕尼中心西南方向850米处。

★ Hôtel Richemond

酒店 €€

(☎04 50 53 08 85; www.richemond.fr; 228 rue du Docteur Paccard; 标单/双/标三 €75/120/153; ⊙4月中至6月中和9月中至12月中歇业;) 这家酒店位置居中，在一栋1914年的宏伟老建筑内（从那以后一直由同一家族经营管理），有52个宽敞的房间，房间里可以看到勃朗峰或勒布雷凡峰。有些房间是宜人的老派装修，其他房间最近翻修成了白色、黑色和米黄色，其中三个房间仍然保留了铸铁浴盆。工作人员态度友好。

Auberge du Manoir

酒店 €€

(☎04 50 53 10 77; www.aubergedumanoir.com; 8 rte du Bouchet; 标单/双/标三 €130/150/220; ⊙4月底和秋季各关闭两周;) 这个改造过的美丽农舍每到夏天就开满天竺葵，提供18个镶嵌松木板房间，古雅又不张扬。能看见美丽山景，还有户外热浴盆、桑拿室、酒吧，酒吧里的开放式壁炉在冬天十分舒适。酒店为家族所有。

就餐

Papillon

咖啡馆 €

(416 rue Joseph Vallot; 主菜 €5~8; ⊙12月中至次年5月初和6月中至10月初周一至周六11:00~20:00，周日16:00~20:00;) 这是一家英国人开的咖啡馆，店面极小，以外卖为主。供应非常棒的家常咖喱菜、墨西哥辣味牛肉（chilli con carne）、意式肉丸子、面条汤和熟食店风格的三明治。有很多严格素食、素食和无谷蛋白选择。

★ Le Cap Horn

法国菜 €€

(☎04 50 21 80 80; www.caphorn-chamonix.com; 78 rue des Moulins; 午餐套餐 €20，其他套餐 €29~39; ⊙正午至13:30/14:00和19:00~21:00/22:00) 这家备受赞誉的餐厅开业于2012年，位于一座华丽的两层山中小屋内，装饰着帆船模型。餐厅供应融合了亚洲风味灵感的法国菜，如香煎鸭胸肉配蜂蜜和豆浆等。在冬、夏两季，周五和周六的晚餐需要预订。

Munchie

创意菜 €€

(☎04 50 53 45 41; www.munchie.eu; 87 rue des Moulins; 主菜 €19~24; ⊙19:00至次日2:00，5月和10月中至11月各歇业两周) 自1997年以来，在这家气氛轻松随意的瑞典人经营的餐厅中，法国和亚洲风味结合的创新菜就是令人垂涎的招牌菜。特色菜包括牛排配辣味鸡蛋黄油酱等，摆盘精美。滑雪旺季时建议提前预订。

饮品和夜生活

霞慕尼的夜生活十分热闹。市中心临河的rue des Moulins有许多滑雪后的活动场所供应食物和酒。

MBC

自酿酒吧

(Micro Brasserie de Chamonix; www.mbchx.com; 350 rte du Bouchet; ⊙周一至周四 16:00至次日2:00，周五至周日10:00至次日2:00) 这家时髦的自酿酒吧由4个加拿大人经营，是个非常棒的地方。这里有非凡的汉堡（€10~15），每周精选奶酪蛋糕、现场音乐（周日21:30以后）以及令人赞叹的啤酒。17:00~23:00是最为忙碌的时段。

Chambre Neuf

酒吧

(272 av Michel Croz; ⊙7:00至次日1:00;) 霞慕尼最生机勃勃的滑雪后社交派对（après-ski; 16:00~20:00）就在这里，有一支瑞典乐队和桌上舞蹈助兴，热闹劲儿一直影响到Chambre Neuf的门外。非常受季节性的务工人员的青睐。

La Terrasse

酒吧

(43 place Balmat; ⊙周一至周五 16:00至次日2:00，周六和周日13:00至次日2:00，5月和11月歇业;) 这家英式风格的小酒馆俯瞰着霞慕尼的主广场和河流，爬上螺旋楼梯能欣赏到最好的风景。16:30~22:30供应酒馆美食，然后是音乐（现场音乐或DJ）和舞蹈。员工都是英国人。

实用信息

旅游局办事处（tourist office; ☎04 50 53 00 24; www.chamonix.com; 85 place du Triangle de l' Amitié; ⊙9:00~12:30和14:00~18:00，冬季和夏季时间延长）提供住宿、活动和天气等信息。

到达和离开

长途汽车

在火车站隔壁的**霞慕尼长途汽车站**（Chamonix bus station；☎04 50 53 01 15；place de la Gare；⏰冬季 8:00~11:30和13:15~18:15，其他季节时间缩短），SAT-Mont Blanc（☎04 50 78 05 33；www.sat-montblanc.com）每天有5班长途汽车往返日内瓦机场（Geneva airport；单程/往返€30/50，1.5~2小时）。仅接受预订。

火车

Mont Blanc Express运营的窄轨火车从霞慕尼以西23公里处的圣热尔韦拉法叶火车站（St-Gervais-Le-Fayet station）发车，前往瑞士的马蒂尼（Martigny），途中经停霞慕尼。霞慕尼和圣热尔韦（St-Gervais）之间每天有9~12班火车（€5.5，45分钟）。圣热尔韦拉法叶火车站有列车开往法国各大城市。

多尔多涅（THE DORDOGNE）

多尔多涅位于法国的西南角，这片令人难忘的美丽土地将历史、文化和美食融汇于一身。多尔多涅的出名之处在于其坚固的bastides（要塞城镇）、峭壁上的城堡和惊人的史前洞穴图画。

萨拉拉卡内达（Sarlat-la-Canéda）

人口10,105

蜜糖色的房屋混搭着中世纪的建筑，美如画卷，萨拉拉卡内达风光迤逦，常年受到旅行者的追捧。

景点

在弯弯曲曲的小巷和后街内闲逛至迷

不 要 错 过

史前绘画

韦泽尔谷（Vézère Valley）有神秘的史前洞穴，其间的**洞穴艺术**堪称全世界最精美的，为这里增添了特殊的魅力。大多数洞穴在冬天关闭，夏天则是最热闹的时候。游客人数被严格限制，所以最好早早预订。

在山谷里已知的175个洞穴中，最著名的是位于莱塞济（Les Eyzies）东北方向1公里处的**芬德歌姆岩洞**（Grotte de Font de Gaume；☎05 53 06 86 00；http://eyzies.monuments-nationaux.fr；成人/儿童€7.50/免费；⏰导览团队游 5月中至9月中 周日至周五 9:30~17:30，9月中至次年5月中 周日至周五 9:30~12:30和14:00~17:30）。在14,000年前，史前艺术家们在洞穴中创作了230多个形象，包括野牛、驯鹿、马、猛犸象、熊和狼，其中有25个是永久展品。

在莱塞济以东7公里处，**Abri du Cap Blanc**（☎05 53 06 86 00；成人/儿童 €7.50/免费；⏰导览团队游 5月中至9月中 周日至周五 9:30~17:30，9月中至次年5月中 周日至周五 9:30~12:30和14:00~17:30）展示的是不太常见的马、野牛和鹿的雕像。

然后就是**胡菲尼克岩洞**（Grotte de Rouffignac；☎05 53 05 41 71；www.grottederouffignac.fr；Rouffignac-St-Cernin-de-Reilhac；成人/儿童€7/4.60；⏰7月和8月 9:00~11:30和14:00~18:00，4月中至6月、9月和10月 10:00~11:30和14:00~17:00，11月至次年4月中关闭），它有时也被称为"一百猛犸洞"（Cave of 100 Mammoths），因为洞内绘有大量的猛犸图案。这些洞穴位于莱塞济以北15公里的树林中，可以乘坐电动火车前往。

所有洞穴中最有名的是蒙蒂尼亚克（Montignac）东南方2公里处的**拉斯科岩洞**[Grotte de Lascaux；☎05 53 51 95 03；www.semitour.com；成人/儿童 €9.90/6.40；联票 含勒托公园（Le Thot）€13.50/9.40；⏰导览游 7月和8月 9:00~19:00，4月至6月 9:30~18:00，9月和10月 9:30至正午和14:00~18:00，其他月份时间较短，1月关闭]。洞内像一个令人惊叹的动物园，壁画的主题包括牛、鹿、马、驯鹿和猛犸象。这里还有全世界最大的岩画——高达5.5米的牛。为防止岩画遭到破坏，原洞于1963年被关闭，在附近的第二洞穴内，有大部分著名岩画的精细复制品，它们是20位艺术家花费了11年才复制出来的。

路，是游览萨拉的乐趣之一。Rue Jean-Jacques Rousseau或rue Landry都是很好的出发点，但最壮观的建筑和膳食旅馆都在rue des Consuls一线。

周六市场 市场

（Sarlat Markets；place de la Liberté和rue de la République；⌚周三 8:30~13:00，周六 8:30~18:00）想体验一下法国的集市，就来萨拉的周六市场吧，这里总是挤满了旅行者，届时圣牧师大教堂周边的街道都会被它占据。市场上出售美食的品种取决于季节，可能有当地蘑菇以及鸭肉和鹅肉制品，如鹅肝酱等。冬天可以在Marché aux Truffes（⌚12月至次年2月周六上午）买到黑松露。周四有一个气氛十足的夜市（⌚18:00~22:00），多售卖有机食品。有经验的集市爱好者可能更喜欢该地区的其他市场。

圣牧师大教堂 大教堂

（Cathédrale St-Sacerdos；place du Peyrou）这里曾经是萨拉克吕尼修道院（Cluniac abbey）的一部分，最初的修道院教堂建于12世纪，16世纪初扩建，18世纪时又进行了改造，所以风格十分混搭。钟楼和西立面是最古老的部分，而中殿、管风琴和内部的小教堂都是后来添加的。

食宿

Villa des Consuls 民宿 €€

（☎05 53 31 90 05；www.villaconsuls.fr；3 rue Jean-Jacques Rousseau；双 €95~110，公寓 €150~190；@📶）虽然有文艺复兴风格的外观，但Villa des Consuls宽敞的房间却非常现代，其中有闪闪发亮的木地板和时髦的家具。几间令人愉悦的公寓散布在镇子里，设施齐全，全都同样奢华，部分房间还有俯瞰城区屋顶的露台。

★Le Quatre Saisons 地方菜 €€

（☎05 53 29 48 59；www.4saisons-sarlat-perigord.com；2 côte de Toulouse；套餐 €19起；⌚周四至周一 12:30~14:00和19:30~21:30；🖋👪）它是一家深受当地人喜爱的可靠餐厅，藏身在从rue de la République上山途中的一条狭窄街巷中，位于一座美丽的石头房子里。食物货真价实，毫不花哨，都是采用市场的新鲜食材制作的当地风味。最浪漫的餐桌可俯瞰全城美景。

实用信息

旅游局办事处（tourist office；☎05 53 31 45 45；www.sarlat-tourisme.com；3 rue Tourny；⌚5月至8月周一至周六 9:00~19:00，周日 10:00~13:00和14:00~18:00，9月至次年4月时间缩短；📶）萨拉的旅游局办事处能提供丰富资讯，但常常挤满了旅行者。网站上能查到全部信息。

到达和离开

火车站（av de la Gare）在老城以南1.3公里处。列车开往佩里格（€15.9，1.75小时，每天4班）和莱塞济（€9.80，50分钟至2.5小时，每天3班），途中都经停勒比松。

大西洋沿岸（THE ATLANTIC COAST）

大西洋沿岸是法国人亲近自然的好去处，宁静的乡村公路蜿蜒着穿过满是葡萄园的山丘，无垠的沙滩之外点缀着在雾气中忽隐忽现的小岛。如果你喜欢冲浪或者在海滩上晒太阳，比亚里茨（Biarritz）周边的沙滩就很不错，喜欢喝酒的人则可以在波尔多这个法国葡萄酒之都品尝佳酿。

波尔多（Bordeaux）

人口236,000

对这个一直被称为La Belle Au Bois Dormant（睡美人）的城市来说，新千年是个转折点：前总理、市长阿兰·朱佩（Alain Juppé）着手振兴波尔多，将几条林荫道划为禁车步行街，修复新古典主义建筑，并启用高科技公交系统。如今，波尔多已被列为联合国教科文组织世界遗产。城里有众多的学生，每年还要接待250多万来访的旅行者，"睡美人"如今根本无法入睡。

景点

4公里长的河滨大道上分布着游乐场和自行车道。

圣安德烈大教堂 天主教堂

（Cathédrale St-André; place Jean Moulin）大教堂高高在上，俯瞰着波尔多，其在联合国教科文组织世界遗产名录中的受保护级别都高于这座城市本身。它最古老的部分可追溯至1096年，而如今能看到的大多数建筑都建于13世纪、14世纪。北大门处有精美异常的石雕。

CAPC当代艺术博物馆 美术馆

（CAPC Musée d' Art Contemporain; rue Ferrére, Entrepôt 7; 临时展览成人/儿童 €5/2.50; ⏲周二和周四至周日 11:00~18:00，周三至20:00）这里原本是一间建于1824年的仓库，里面曾装满了来自法国殖民地的物产（如咖啡、可可、花生和香草）。如今，异常宽敞的莱恩仓库（Entrepôts Lainé）为CAPC当代艺术博物馆的先锋现代艺术品提供了很棒的展出环境。永久展览免费，不过任何临时展览都要收费。

美术馆 美术馆

（Musée des Beaux-Arts; 20 cours d'Albret; ⏲7月中至8月中 11:00~18:00，其他月份的周二闭馆）免费 波尔多的美术馆展示了从文艺复兴到20世纪中叶西方艺术的发展历程。博物馆建立于1801年，占据了建于18世纪70年代的市政厅的两座配楼，它们分别位于Jardin de la Mairie（一座优雅的公园）的两边。馆内亮点是17世纪的佛兰德、荷兰和意大利绘画。不远处的附属建筑艺术画廊（Galerie des Beaux-Arts; place du Colonel Raynal; 成人/儿童 €5/2.50; ⏲7月中至8月中11:00~18:00，其他月份的周二闭馆）里经常举办临时展览。

住宿

Hôtel Notre Dame 酒店 €

（☎05 56 52 88 24; 36-38 rue Notre Dame; 标单 €53~70，双 €61~79; 📶）这家酒店很实惠，地理位置是它的最大卖点：后面就是河，距离镇中心步行可达，周围是一个村庄似的可爱社区，聚集着古董商店和休闲咖啡馆。有一个可供轮椅出入的房间。

Ecolodge des Chartrons 民宿 €€

（☎05 56 81 49 13; www.ecolodgedeschartrons.com; 23 rue Raze; 标单 €107~205，双 €119~228; 📶）这家膳宿民居（chambre d' hôte）位于波尔图的葡萄酒商贸区夏特隆（Chartrons）码头，你可以在一条背街小巷里找到它。店主Veronique和Yann对老房子

漫步葡萄园小道

如果你感到口渴的话，来这里就算是来对地方了。与勃艮第一样，波尔多周围1000平方公里的葡萄酒产区是法国最为重要的顶级葡萄酒产地。可以先在波尔多旅游局办事处报名葡萄酒和奶酪介绍课程（€25）。

真心想学习有关葡萄知识的学生可以在位于波尔多葡萄酒大厦（Maison du Vin de Bordeaux; 3 cours du 30 Juille）内的École du Vin（葡萄酒学校; ☎05 56 00 22 66; www.bordeaux.com）报名参加2小时（€39）或2~3天的课程（€390~690）。

波尔多有5000多个酒庄，人们在那里种植、采摘葡萄并酿制葡萄酒。小酒庄通常会接待临时到访的游客，但是许多地方，特别是那些有名的庄园，必须要先预约才能参观。如果自己有车，最便于游览的地方就是蓝珊庄园（Château Lanessan; ☎05 56 58 94 80; www.lanessan.com; Cussac-Fort-Medoc; ⏲9:00至正午和14:00~18:00）。

爬满了葡萄藤的村庄散发着诱人的魅力，可以在村内品尝和购买葡萄酒，这些村庄包括圣埃米利翁（St-Émilion）和港口城镇波亚克（Pauillac）。在阿尔萨克-恩-梅多克（Arsac-en-Médoc），菲利普·哈乌（Philippe Raoux）建造了巨大的玻璃钢筋结构的葡萄酒中心La Winery（☎05 56 39 04 90; www.winery.fr; Rond-point des Vendangeurs, D1; ⏲10:00~19:00）。在这里，你可以一边品尝各种葡萄酒，一边欣赏音乐会或当代艺术展览。

许多酒庄在10月份的葡萄收获季（vendange）关闭。

的石墙进行了翻修和粉刷，将宽阔的木地板擦洗一新，并购置了二手古董家具，打造出令人难忘的居住空间。

★ **L' Hôtel Particulier** 精品酒店 €€€

（☎05 57 88 28 80；www.lhotel-particulier.com；44 rue Vital-Carles；公寓 €89起，双 €203起；📶）当你步入这座拥有秘密庭院花园的精品酒店时，会发现前台的墙上有上千只眼睛盯着你，而灯罩居然是用羽毛做成的。这时，你就会明白，自己来到了一个特别的地方。房间不会令人失望——极其奢华，有巨大的壁炉、带雕花的天花板、独立热水浴缸和高品质的家具。

如果住宿时间较长的话，还有设备齐全的超值公寓供你选择。

就餐

Place du Parlement、rue du Pas St-Georges、rue des Faussets以及place de la Victoire有许多就餐的地点，而quai des Marques附近的水滨老码头仓库区也不错，很适合傍晚就餐或小酌一杯。

★ **Le Cheverus Café** 法式小馆 €

（☎05 56 48 29 73；81-83 rue du Loup；套餐 €12.50起；⏲周一至周六正午至15:00和19:00~21:00）在一座到处是社区法式小馆的城市里，这间市中心的小店很是令人难忘。它友好、舒适而忙乱（午餐时间来这里吃饭要做好等位的准备）。这里的食物很新鲜，敢于突破一般法式小馆牛排加薯条的传统菜式俗套。

Karl 各国风味 €€

（☎05 56 81 01 00；place du Parlement；早餐 €5.50起；⏲8:30~19:30）它是吃早午餐的好去处，既有欧陆风格的简餐，也有各种含三文鱼、奶酪、火腿和鸡蛋的全套大餐。在一天当中的任何时候过来吃点小吃都不错，店里总是挤满了年轻人。

La Tupina 地方菜 €€€

（☎05 56 91 56 37；www.latupina.com；6 rue Porte de la Monnaie；套餐 €18~74，主菜 €27~45）古老的tupina（巴斯克语中的"水壶"）炖着汤，空气中弥漫着诱人的香味。这家铺着白桌布的餐厅以其季节性的法国西南特色菜远近闻名，如迷你砂锅鹅肝酱和蛋、奶羊羔肉或鹅翅膀配土豆和西芹。

周六早晨的牡蛎

在波尔多，一定要找一个周六的早晨，前往**Marché des Capucins**（6只牡蛎和1杯葡萄酒€6；⏲周六 7:00至正午）的随便哪一家海鲜摊，品尝一下牡蛎和白葡萄酒，这才算是正宗的波尔多体验。随后，你可以仔细地逛逛这个市场，买一些最新鲜的食材，到城市的某个公园里野餐。沿着cours Pasteur向南直走，到place de la Victoire左转进入rue Élie Gintrec即到。

实用信息

旅游局办事处总部（Main Tourist Office；☎05 56 00 66 00；www.bordeaux-tourisme.com；12 cours du 30 Juillet；⏲周一至周六 9:00~19:00，周日 9:30~18:00）组织一系列很不错的城市和地区团队游。位于火车站的分部（☎05 56 91 64 70；⏲周一至周六 9:00至正午和13:00~18:00，周日 10:00至正午和13:00~15:00）虽然小，但很有用。

到达和离开

飞机

波尔多机场（Bordeaux Airport；www.bordeaux.aeroport.fr）位于市中心以西10公里处的梅里尼亚克（Mérignac），有国内航班和部分国际航班。

火车

圣让火车站（Gare St-Jean）距离市中心3公里，每天至少有16班火车开往巴黎的蒙帕纳斯火车站（€73，3小时）。

比亚里茨（Biarritz）

人口26,067

沿着海岸线朝着西班牙向南，可以抵达时尚的小城比亚里茨，这个海滨城镇如同其名字一样优雅独特，它崛起于19世纪中叶（拿破仑三世十分钟爱这座小城）。城里美好年代（belle époque）和艺术装饰风格兴盛时代留

下的建筑瑰宝熠熠生辉，但如今这里更以巨大的海浪（或许是欧洲最好的海浪）和海滩生活吸引着欧洲时髦的冲浪者。

景点和活动

比亚里茨的亮点是其时尚的海滩，特别是处于中央位置的大海滩（Grande Plage）和米拉玛海滩（Plage Miramar）。每逢盛夏，沙滩上总是挤满了晒日光浴的人。Pointe St-Martin以北就是令人肾上腺素飙升的冲浪海滩昂格莱特（Anglet；词末字母t要发音），这片海滩一直向北延伸4公里多。在av Verdun（靠近jav Édouard Ⅶ）的尽头乘坐10路或13路公共汽车即可到达。

海洋博物馆 博物馆

（Musée de la Mer；☎05 59 22 75 40；www.museedelamer.com；esplanade du Rocher de la Vierge；成人/儿童 €14/10；⏰7月和8月 9:30至午夜，4月至6月及9月和10月 9:30~20:00，其他月份的开放时间缩短）比亚里茨的海洋博物馆位于一间壮观的艺术装饰建筑中，里面活跃着比斯开湾（Bay of Biscay）及更远海域的水下生物。巨大的水族箱里是游弋的鲨鱼和美丽的热带珊瑚鱼，此外还有令人回想起比亚里茨捕鲸历史的渔业展览。但海豹馆才是最精彩的部分（喂食时间为10:30和17:00），是孩子们的最爱。旺季时深夜前来，多半可以独享这座博物馆。

海洋城 博物馆

（Cité de l' Océan；☎05 59 22 75 40；www.citedelocean.com；1 av de la Plage；成人/儿童 €11/7.30；⏰7月和8月10:00~22:00，复活节、4月至6月、9月和10月10:00~19:00，其他月份的开放时间缩短）我们真的不知道把海洋城仅仅称作“博物馆”是否公平。本质上，它是一座海洋博物馆，却把富于娱乐性的先进科技、主题公园和科学博物馆融为一体。只需参观一次，你就会了解你想要知道的关于海洋的一切，还能乘坐潜水艇观看巨大的乌贼与抹香鲸之间的较量。

住宿

Auberge de Jeunesse de Biarritz 青年旅舍 €

（☎05 59 41 76 00；www.hihostels.com；8 rue Chiquito de Cambo；铺含床单和早餐 €25.40；⏰前台 9:00至正午和18:00~22:00，12月中至次年1月初歇业；@📶）这家很受欢迎的青年旅舍组织包括冲浪在内的各种户外活动。从火车站出发，沿铁路线向西走800米即达。

Hôtel Mirano 精品酒店 €€

（☎05 59 23 11 63；www.hotelmirano.fr；11 av Pasteur；双 €72~132；🅿📶）在这间复古的精品酒店中，房间里贴着紫色、橙色和黑色的波浪条纹墙纸，超大的橙色有机玻璃灯饰营造出些许20世纪70年代的氛围。对了，酒吧里还有一个调皮的贝蒂娃娃（Betty Boop）。工作人员费尽心机取悦客人。总之，它是镇上最好的住处。

就餐

比亚里茨的海滨布满时髦的咖啡馆和餐厅。昂格莱特的海滩也变得越来越时尚：海滨分布着很多咖啡馆。

★Restaurant le Pim' pi 法国菜 €€

（☎05 59 24 12 62；14 av Verdun；套餐 €14~28，主菜 €17；⏰周二正午至14:00，周三至周六正午至14:00和19:00~21:30）这是一个老派的小地方，丝毫不为周围的华丽堂皇所动。每日特色菜写在黑板上，大多数是法式小馆经典菜式，但以不同寻常的技巧和热情进行烹饪，很多人都认为它是镇上最好的食肆之一。

Bistrot des Halles 巴斯克菜 €€

（☎05 59 24 21 22；1 rue du Centre；主菜 €17~19；⏰周二至周六正午至14:00和19:30~22:30）Rue du Centre上有许多餐馆，它们都直接从旁边的室内市场购买食材，Bistrot des Halles是其中的一家。这家热闹的餐馆以供应美味鱼类和其他由新鲜原料制成的菜肴而出类拔萃。菜单写在黑板上，室内装饰着老式的金属广告海报。复活节和暑假期间每天都开门营业。

饮品和夜生活

在rue du Port Vieux、place Clemenceau和中央食品市场周边的地区都有很好的酒吧。

Miremont 咖啡馆

（☎05 59 24 01 38；www.miremont-biarritz.com；1bis place Georges-Clemenceau；热巧克力€5起；⏲9:00~20:00）这家老店自1880年就开始营业，仿佛让人穿越到了那个美好年代，当时的比亚里茨是一流的沙滩度假村，也是富贵阶层的度假首选。如今，它依然吸引着造型一丝不苟的精英才俊，不过也欢迎没那么时髦的人前来品尝这里的茶和蛋糕。

Ventilo Caffée 酒吧

（rue du Port Vieux；⏲10月至次年复活节的周二停业）这间有趣又时髦的酒吧内部装修得像闺房，在比亚里茨的年轻人中很受欢迎，一直是比亚里茨地区酒吧中的翘楚。

实用信息

旅游局办事处（tourist office；☎05 59 22 37 10；www.biarritz.fr；square d' Ixelles；⏲7月和8月9:00~19:00，其他月份的开放时间缩短）

到达和离开

飞机

比亚里茨-昂格莱特-巴约讷机场（Biarritz-Anglet-Bayonne Airport；www.biarritz.aeroport.fr）位于比亚里茨东南3公里处，有多趟廉价航空的航班在此起降。

长途汽车

ATCRB（www.transports-atcrb.com）的长途客车沿着海岸开往西班牙边境。

火车

比亚里茨La Négresse火车站位于市区以南3公里处，可在此乘坐A1路公共汽车前往市中心。

朗格多克—鲁西永（LANGUEDOC-ROUSSILLON）

朗格多克—鲁西永拥有三种迥异的风格：下朗格多克（Bas Languedoc）以斗牛、橄榄球和烈性红酒闻名；上朗格多克（Haut-Languedoc）山峦起伏、人烟稀少，是户外运动爱好者的天堂；而南边的鲁西永（Roussillon）蜷伏在崎岖的比利牛斯山脚下，与西班牙的加泰罗尼亚（Catalonia）接壤。

半个世纪前才划分出去的图卢兹曾经是这里的中心，因此我们暂且把它纳入这个地区内。

图卢兹（Toulouse）

人口 446,200

图卢兹优雅地位于米蒂运河（Canal du Midi）与加伦河（River Garonne）的交汇处，这座南方城市是法国最具活力的大都会之一。城内的许多建筑都采用醒目的艳粉色石头建造而成，因此图卢兹常被称为粉色之城（ville rose）。图卢兹城忙碌、热闹，学生云集。这座河边城市的历史可以追溯到2000多

值得一游

皮拉沙丘

这个巨大的沙丘[有时也被称为Dune de Pyla，因为它位于度假城镇滨海皮拉（Pyla-sur-Mer）]地处波尔多以西65公里处，从阿尔卡雄盆地（Bassin d' Arcachon）一直向南延伸约3公里。它已经是欧洲最大的沙丘了，但还是以每年4.5米的速度往东扩展，缓慢地吞噬着树木、道路甚至是酒店。

这座沙丘的海拔约114米，其顶端的景色十分壮观。西边，是阿尔卡雄盆地出口处的沙洲，包括**邦克德阿让鸟类保护区**（Banc d' Arguin bird reserve）和菲瑞特角（Cap Ferrat）。深绿色的浓密松林从沙丘脚下向东延伸，望不到尽头。

在这片区域游泳要特别小心：小港湾（baïnes）表面平静，其实暗流涌动。

虽然从波尔多到皮拉沙丘游玩一天足矣，但是周边的地区也是非常适合休闲放松的享乐之地。许多人会选择在这里季节性的露营地露营，可以登录www.bassin-arcachon.com查询相关信息。

年前。自20世纪30年代以来，图卢兹就是航空工业的摇篮。这里的咖啡馆和文化景观十分繁盛，有许多令人印象深刻的酒店，还有氛围浓厚的老城区。这座法国第四大城市一定会让你流连忘返。

景点和活动

卡皮托广场(Place du Capitole) 广场

图卢兹宏伟的主广场是这座城市的地理和精神中心。晴朗的夜晚，图卢兹人聚集到这片广场上，在临街的咖啡馆里喝一杯咖啡或是品尝开胃菜。广场东面是建于18世纪50年代的**市政厅**(Capitole; rue Gambetta和rue Romiguières, place du Capitole; ⏲10:00~19:00)，其正立面就有128米长。市政厅里是法国最有名望的歌剧院之一：**首都剧院**(Théâtre du Capitole)，还有名不副实、建于19世纪末期的**辉煌大厅**(Salle des Illustres)。

广场以南是**老城区**(Vieux Quartier)，里面满是纵横交错的小巷和绿树成荫的广场，有很多咖啡馆、商店和餐厅。

太空城 博物馆

(Cité de l' Espace; ☎08 20 37 72 33; www.cite-espace.com/en; av Jean Gonord; 成人 €20.50~24, 儿童 €15~17.50; ⏲7月和8月10:00~19:00, 其他月份至17:00或18:00, 1月闭馆)这座奇妙的太空博物馆位于图卢兹城的东郊，用于展示图卢兹的航天工业。这里鼓励你动手参与其中，展品包括航天飞机模拟器、星象仪、3D影院以及模拟天文台，还有许多标志性航天器的全尺寸模型，其中包括和平号空间站和53米高的阿丽亚娜5型火箭的模型。博物馆提供多语种语音导游，可以令你按照自己的步调探索。从allée Jean Jaurès乘坐15路公共汽车至终点站，再步行500米即可到达。

圣塞尔楠大教堂 教堂

(Basilique St-Sernin; place St-Sernin; ⏲周一至周六 8:30至正午和14:00~18:00, 周日 8:30~12:30和14:00~19:30)这座红砖天主教堂是法国保存最完好的罗马风格建筑之一，拥有高耸的尖塔和不同寻常的八角形塔楼。在教堂内部，高挑的中殿和精致的柱子包围着圣塞尔楠(St Sernin)的坟墓，将之庇护在华丽的华盖下。这座教堂曾经是圣雅克朝圣之路(Chemin de St-Jacques pilgrimage route)上的重要一站。

奥古斯丁博物馆 博物馆

(Musée des Augustins; www.augustins.org; 21 rue de Metz; 成人/儿童 €4/免费; ⏲10:00~18:00, 周三 10:00~21:00)与大多数法国大城市一样，图卢兹有一座极棒的美术馆。博物馆位于一座从前的奥古斯丁派修道院内，展出从罗马时期至20世纪早期的作品，时间绵延千百年。亮点是法国展厅，其中陈列着18世纪和19世纪的代表人物德拉克洛瓦(Delacroix)、安格尔(Ingres)和库尔贝(Courbet)的作品，而卢兹·罗特列克(Toulouse-Lautrec)和莫奈的作品在20世纪的展品中出类拔萃。不要错过14世纪的回廊花园。入口位于rue de Metz上。

空中客车 团队游

(Airbus Factory; ☎05 34 39 42 00; www.manatour.fr/lva; 团队游成人/儿童 €15.50/13)飞机迷可以参加团队游，前往图卢兹巨大的JL拉加代尔空中客车工厂(JL Lagardère Airbus factory)。工厂位于图卢兹市区以西10公里处的科咯米耶尔(Colomiers)。主工厂游可带游客参观空客A380客机的生产线；而时间更长的"全景之旅"还带游客乘坐大巴，并游览占地700公顷的工厂的其他部分。所有团队游都必须提前通过网络或是电话预订，非欧盟国家的旅行者必须提前两天预订。记得携带护照或是带照片的身份证件。

住宿

Hôtel La Chartreuse 酒店 €

(☎05 61 62 93 39; www.chartreusehotel.com; 4bis bd de Bonrepos; 标单/双/家 €52/59/73)火车站附近沿河一带有许多简单的酒店，这是其中最好的一家。这里整洁、友好、安静，有一个吃早饭的后花园露台。房间设施很简单，不过价格也很便宜。

★ Côté Carmes 民宿 €€

(☎06 83 44 87 55; www.cote-carmes.com; 7 rue de la Dalbade; 房 €85~110)这家迷人的民宿有三个房间，仿佛直接从室内设计目录图

册中跳出来一样，尽显法式优雅。卢浮宫式的门、镶木地板、裸砖和升级改造的家具赋予了这里十足的设计感。Chambre Paradoux房最温馨，还有个专属阳台。早餐丰盛精致，有起酥面包、冰沙和马卡龙。

Hôtel St-Sernin 精品酒店 €€

（☎05 61 21 73 08; www.hotelstsernin.com; 2 rue St-Bernard; 双 €135起; 📶）移居于此的巴黎人对这座位于圣塞尔楠大教堂附近的歇脚处进行了一番改造，如今它拥有现代的都市风格，房间虽小，但很时髦。最好的房间有落地窗，可以远眺大教堂。

就餐

Bd de Strasbourg、place St-Georges以及place du Capitole都是夏季露天就餐的绝佳去处。在Rue Pargaminières上，可以找到许多烤肉店、汉堡店以及学生们最喜爱的深夜小吃摊。

Faim des Haricots 素食 €

（☎05 61 22 49 25; www.lafaimdesharicots.fr; 3 rue du Puits Vert; 套餐 €11~15.50; ⌚正午至15:00和18:00~22:00; ✎）这家严格素食餐厅是预算有限的旅行者的最爱。在这里，一切食物都可随意享用（à volonté）。套餐有5道菜，包括一个乳蛋饼、一份自助沙拉、一道热菜和一份布丁。支付€15.50，可以在此基础上增加一杯开胃酒和一杯咖啡。

Solilesse 法式小馆 €€

（☎09 83 34 03 50; www.solilesse.com; 40 rue Peyrolières; 3道菜套餐午餐/晚餐 €17.50/28.50; ⌚周三至周六正午至14:30，周二至周六 20:00~22:00）朋克范儿的大厨Yohann Travostino将自己的法式小馆打造成了城里最酷的餐饮场所之一。曾在墨西哥和加利福尼亚工作的经验让他的食物融合了法式风格和美妙的北美西海岸风味。工业风的装修（黑色餐桌、钢铁、砖）与充满现代感的食物交相辉映。

★ Le Genty-Magre 法国菜 €€€

（☎05 61 21 38 60; www.legentymagre.com; 3 rue Genty Magre; 主菜 €16~28，套餐 €38; ⌚周二至周六 12:30~14:30和20:00~22:00）经典法式菜肴是这里的重头戏，不过备受赞誉的大厨Romain Brard也会对菜品做出充满现代感的改良。餐厅舒适宜人，有砖墙、木地板和朦胧的灯光。它大概是城里品尝油封鸭腿（confit de canard）或白豆焖肉（cassoulet）等传统大菜的最优之选。

实用信息

旅游局办事处（tourist office; ☎05 61 11 02 22; www.toulouse-tourisme.com; square Charles de Gaulle; ⌚9:00~19:00）位于戴高乐广场（square Charles de Gaulle）上的一座雄伟建筑内。

到达和离开

飞机

图卢兹机场（Toulouse-Blagnac Airport; www.toulouse.aeroport.fr/en）位于市中心西北8公里处。每天有班次频繁的国内和欧洲航班在这里起降。

Navette Aéroport Flybus（机场班车; ☎05 61 41 70 70; www.tisseo.fr）在机场与市区之间往返。

火车

马塔比奥火车站（Gare Matabiau; bd Pierre Sémard）位于市中心东北1公里处，有多班法国高速列车开往波尔多（€22~29，2小时）或向东开往卡尔卡松（€14，45分钟至1小时）。

卡尔卡松（Carcassonne）

人口 49,100

建有堡垒的卡尔卡松在岩石山顶上，四周被高低起伏的城垛、低矮的城墙和尖尖的角楼包围，如同童话故事中的城堡。这里完全符合多数人对于中世纪城堡的想象，而它本身无疑是令人印象深刻的奇观。此外，它还是朗格多克地区最热门的旅游胜地。**旅游局办事处**（Tourist Office; ☎04 68 10 24 30; www.tourisme-carcassonne.fr; 28 rue de Verdun; ⌚7月和8月9:00~19:00，其他月份的开放时间缩短）可以帮助安排团队游和预订的事宜。

景点

★ 城堡 要塞

（La Cité; ⌚纳波尼斯城门 7月和8月 9:00~19:00，9月至次年6月至17:00）卡尔卡松壁垒环绕的要塞是朗格多克最具辨识度的地标之一。城堡建在一块突出的陡峭岩石上，它充当防御要塞已将近2000年之久。这座军事城镇被两列城垛和52座岩石塔楼环绕，建筑顶端是"巫师帽"形状的醒目屋顶（这是建筑师Viollet-le-Duc在19世纪的重建过程中增建的）。纳波尼斯城门（Porte Narbonnaise）的主大门通向城堡内部的鹅卵石街道和庭院迷宫，如今里面大部分地方都入驻了商店和餐厅。

康达尔城堡 城堡

（Château Comtal；成人/儿童 €8.50/免费；⏲4月至9月 10:00~18:30）入场费可以让你进入城堡四处参观，欣赏一段11分钟的影片，参加一程30~40分钟的城墙游（英语解说，7月和8月有）。城堡四处都有英法对照的信息板，叙述清楚明了。若想了解更多信息，可租用语音导览（1人/2人€4.50/6）。

食宿

La Maison Vieille 民宿 €€

（☎04 68 25 77 24；www.la-maison-vieille.com；8 rue Trivalle；双 €85~95；📶）它是你在卡尔卡松能找到的最迷人的民宿。位于一栋旧宅邸中，房间极有格调：Barbecane是蓝色，Cité有裸露的砖墙，Prince Noir有一个室内浴盆，Dame Carcas有轻盈精巧的织物和复古行李箱。在带围墙的院子里供应早餐。民宿离上城（Villes Haute）和下城（Basse）都很近，位置绝佳。Rue Trivalle就在老桥（Pont Vieux）的东边。

Bloc G 法式小馆 €€

（☎04 68 47 58 20；www.bloc-g.com；112 rue Barbacane；3道菜午餐 €15，晚餐主菜 €15~25；⏲周二至周六正午至14:30，周三至周六19:00~22:30）这家现代餐厅提供的食物比城堡里大多数餐馆都好得多，价格也几乎要便宜一半。白墙、白桌椅的现代风格与食物很搭：午餐有几种沙拉和美味的馅饼（tarte salées），晚餐是经过创意改造的西南部经典菜肴。按杯出售的当地葡萄酒也很棒。

到达和离开

有多趟火车开往图卢兹（€14，45分钟至1小时）。

尼姆（Nîmes）

人口 146,500

充满活力的尼姆拥有法国保存最完好的古典建筑，比如著名的罗马圆形竞技场。这个城市更以出口布料闻名，对牛仔、喜欢泡夜店的人和裁缝来说，他们更熟悉尼姆的另一个名字：单宁布（denim，俗称牛仔布）。

景点

尼姆通票（Pass Nîmes Romaine；成人/儿童 €11.50/9）的有效期为3天，覆盖所有古罗马景点，在前往第一个景点的时候就可以购买。

★ 尼姆角斗场 罗马遗址

（Les Arènes；www.arenes-nimes.com；place des Arènes；成人/儿童 €9/7；⏲7月和8月 9:00~20:00，其他月份的开放时间缩短）尼姆的双层圆形竞技场是法国同类建筑中保存得最完好的。这座竞技场建于公元前100年左右，能容纳24,000名观众，用于角斗士斗兽表演和公开处决犯人，如今这里依然举行现场演出、活动和夏日斗牛表演。当你探索竞技场、座位区、楼梯井和走廊（罗马人称之为vomitories）时，语音导览会一一讲述它们的背景，接下来你可以在博物馆里参观角斗士盔甲的复制品和斗牛士服装的真品。

四方屋 罗马遗址

（Maison Carrée；place de la Maison Carrée；成人/儿童 €5.50/4；⏲7月和8月 10:00~20:00，其他月份的开放时间缩短）这座殿堂于公元5年左右建成，用于纪念奥古斯都皇帝的两个养子，使用的建材是闪亮的石灰岩。虽然名叫"四方屋"，但它其实是长方形的，因为在罗马语中"四方"（square）一词可泛指一切有直角边的房屋。这栋建筑保存得很好，有庄严的柱子和阶梯，花门票钱看看里面的样子是值得的，不过大可省掉蹩脚的3D电影。

节日和活动

圣神降临节和丰收节（Féria de Pentecôte & Féria des Vendanges） 斗牛

尼姆每年都会举办两个斗牛节（férias），

分别是6月为期5天的圣神降临节和9月第3个周末为期3天的丰收节（⊙9月，为了庆祝葡萄丰收）。每逢此时，尼姆更像一个西班牙城市。节日期间，每天都有斗牛表演。

食宿

Auberge de Jeunesse 青年旅舍 €

（☎04 66 68 03 20；www.hinimes.com；257 chemin de l' Auberge de Jeunesse, La Cigale；铺/双 €16.45/38；⊙前台 7:30至次日1:00）这家青年旅舍虽然地处偏远——距离汽车站和火车站都有4公里，但是优点多多：宿舍房间很大，有家庭房；有个带露营空间的漂亮花园；还有自助式厨房。乘坐往阿莱（Alès）或Villeverte方向开的1路公共汽车，在Stade站下车即是。

Hôtel Amphithéâtre 酒店 €€

（☎04 66 67 28 51；www.hoteldelamphitheatre.com；4 rue des Arènes；标单/双/家 €72/92/130）这栋高高的别墅位于一条从尼姆角斗场（Les Arènes）延伸出去的背街小巷深处，优点很多：带有古旧时髦家具的小巧房间，可俯瞰place du Marché广场的阳台，清爽协调的色彩搭配（灰色、白色和灰褐色），丰盛的自助早餐。由移居至此的一位英国康沃尔郡人和他的法国妻子共同经营。

★ **Le Cerf à Moustache** 法式小馆 €€

（☎09 81 83 44 33；38 bd Victor Hugo；主菜 €14~35；⊙周二至周六 11:45~14:00和19:00~23:00）尽管店名很奇怪（有小胡子的鹿），装潢也挺古怪（二手家具和一面满是陈旧涂鸦的墙壁），但它很快就确立了尼姆最佳法式小馆之一的地位。大厨Julien Salem对经典菜式进行了创意改造，基本款是汉堡配意大利调味饭，或者吃得高档一些，选择脆皮羔羊肉和厚实的牛排。

实用信息

旅游局办事处（tourist office；☎04 66 58 38 00；www.ot-nimes.fr；6 rue Auguste；⊙7月和8月周一至周五 8:30~20:00，周六 9:00~19:00，周日10:00~18:00，其他月份的开放时间缩短）在esplanade Charles de Gaulle上还有一个季节性开放的分支机构（⊙通常为7月和8月）。

到达和离开

飞机

瑞安航空公司是唯一一家在尼姆**机场**（☎04 66 70 49 49；www.nimes-aeroport.fr）运营的航空公司。机场位于市区东南10公里处的A54公路旁。

长途汽车

长途汽车站（火车站旁）有**Edgard**（www.edgard-transport.fr）的长途汽车——开往加尔桥（40分钟，周一至周六每小时1班）。

火车

每天有超过12班法国高速列车从**火车站**（bd Talabot）往返巴黎的里昂车站（€62.50~111，3小时）。也有列车开往阿维尼翁（€8.50，30分钟）。

加尔桥（Pont du Gard）

法国南部有许多精美的罗马遗址，但若提到大胆创新的工程，没什么能比得上被列入联合国教科文组织世界遗产名录的**加尔桥**（☎04 66 37 50 99；www.pontdugard.fr；汽车及5名以内乘客€18，20:00之后€10；⊙游客中心和博物馆 7月和8月9:00~20:00，其他月份时间缩短）。这个3层引水系统位于尼姆东北21公里处，曾经是一个50公里长的运河系统的一部分，建于公元前19年左右，目的是从于泽（Uzès）向尼姆引水。系统规模巨大：高48.8米，长275米，有35个精密打造的桥拱，桥很牢固，每天可以排放20,000立方米水。每块石材都是手工雕刻并从附近的采石场运到这里来的，最大的石块重达5吨多，这在当时绝非易事。

罗马历史博物馆（Musée de la Romanité）里有关于这座水道桥建造背景的介绍，而孩子们可以在**鲁多游戏区**（Ludo）参与一些寓教于乐的活动。附近有一条名为**Mémoires de Garrigue**的步道，总长1.4公里，弯弯曲曲地穿过典型的地中海灌木丛林地，通向河流的上游，一路上可以看到优美的桥梁风光。

河流的两岸都有大型停车场，距离大桥约400米。

普罗旺斯（PROVENCE）

提起普罗旺斯，人们眼前就会浮现出连

绵不绝的薰衣草田野、蔚蓝的天空、迷人的村庄、美味的食物与上佳的红酒。上述这些当然不是浪得虚名，但若深入游览，你将认识到拥有多元文化的大都市马赛、艺术天堂普罗旺斯地区艾克斯（Aix-en-Provence）和古老的罗马城市阿尔勒（Arles）。

马赛（Marseille）

人口858,360

交融的文化、熙熙攘攘的露天市场、上千年的港口，还有沿着岩石小海湾和阳光明媚的沙滩延伸的壮观滨海路（corniches），拥有这一切的马赛定会让你渐渐入迷。福赛城[cité phocéenne；这个名字来自古希腊城市福西亚（Phocaea），它位于现在的土耳其，是马赛定居者马赛利亚人（Massiliots）的故乡]一度是法国笑话中被嘲笑的对象，但在2013年欧洲文化之都的改造工作中改头换面，现在看起来棒极了。

景点

★老港口

历史街区

（Vieux Port；Ⓜ Vieux Port）身为这座城市的诞生地，五颜六色的老港口已通航2600多年。主要的商业码头早在19世纪40年代就转移到了北边的若列特（Joliette）地区，不过老码头至今仍是渔船、游艇和旅行者往来的繁忙港口。市政厅前免费的渡船Cross-Port Ferry（⏲10:00~13:15和14:00~19:00）是有趣的出海方式，但时间很短。

欧洲及地中海文明博物馆

博物馆

（Musée des Civilisations de l' Europe et de la Méditerranée，简称MuCEM，Museum of European &Mediterranean Civilisations；☎04 84 35 13 13；www.mucem.org；1 esplanade du J4；圣让堡免费，J4 成人/儿童 €8/5；⏲7月和8月 9:00~20:00，5月、6月、9月和10月 11:00~19:00，11月至次年4月 11:00~18:00；👪；Ⓜ Vieux Port或Joliette）作为"新"马赛的标志性建筑，这座令人赞叹的博物馆由两个对比鲜明的馆组成，中间由一条张扬的步行桥连接。它的一侧是敦实的圣让堡（Fort St-Jean）——13世纪由耶路撒冷圣约翰的医院骑士团建成，17世纪时路易十四重建；另一侧是现代建筑J4，它的外形好像一个鞋盒，拥有美到令人窒息的"蕾丝"表面，设计者是出生在阿尔及利亚的建筑师Rudi Ricciotti，他在马赛接受教育。

勒帕尼耶

历史街区

（Le Panier；Ⓜ Vieux Port）从老港口出发，一路向北，上行即可走到这片饱含历史沧桑感的迷人地区，这里因其倾斜的街道和艺术氛围而被称为马赛的蒙马特。早在希腊马赛利亚时期，这片街区就已经是一片集市，它的名字也由此而来，意为"篮子"。第二次世界大战期间，这里惨遭轰炸，战后经历了重建。如今，藏在小巷中的艺术品商店、各种作坊（ateliers）以及晾着衣服的露台住宅在这里混处杂居。

贾尔德圣母院

教堂

（Basilique Notre Dame de la Garde；Montée de la Bonne Mère；⏲4月至9月 7:00~20:00，10月至次年3月 7:00~19:00）这座修建于19世纪的豪华的罗马-拜占庭式天主教堂占据着马赛的制高点贾尔德山（La Garde；海拔162米）。圣母院修建于1853~1864年，装饰着彩色大理石、帆船平安航海的壁画和一流的马赛克拼贴镶嵌画。从山顶能俯瞰这座城市的全景。教堂的钟楼顶端有一座12米高的台座，上面矗立着一尊9.7米高的圣母玛利亚镀金像。从老港口步行1公里即可到达，乘坐60路公共汽车或观光火车亦可。

伊夫堡

岛屿、城堡

（Château d 'If；www.if.monuments-nationaux.fr；成人/儿童€5.5/免费；⏲5月至9月 10:00~18:00，其他月份的开放时间缩短）伊夫堡因出现于大仲马1844年的经典小说《基督山伯爵》中而名垂史册。这所建于16世纪的监狱曾是一个城堡，位于老港口以西3.5公里处的小岛伊夫岛（Île d' If）上。政治犯都被关押于此，其中包括几百名新教徒、法国大革命时期的英雄米拉波（Mirabeau）以及1871年巴黎公社的社员。

Frioul If Express（www.frioul-if-express.com；1 quai des Belges）的船只从老港口出发前往伊夫堡（往返 €10.10，20分钟，每天约15班）。

马赛城市一卡通

在旅游局办事处或网站www.resamarseille.com上购买一张**城市一卡通**(1/2天 €24/31)。持卡人可享受博物馆门票、一次城市导览游、无限次公共交通、乘船游等。

住宿

Hôtel Hermès 设计酒店 €

(☎04 96 11 63 63; www.hotelmarseille.com; 2 rue Bonneterie; 标单 €64, 双 €85~102; ❄📶; Ⓜ Vieux Port)这家超值的酒店和巴黎的设计酒店毫无关系,它拥有一个屋顶露台,可以俯瞰老港口全景。在明亮的底层早餐室取出装在托盘里的早餐(€9),然后乘坐电梯至5层,在屋顶上享用。当代风格的房间有白色墙壁,配以少量酸橙绿或红色,与斯堪的纳维亚半岛式的设计搭配得很好。

★ **Hôtel Edmond Rostand** 设计酒店 €€

(☎04 91 37 74 95; www.hoteledmondrostand.com; 31 rue Dragon; 双 €90~115, 标三 €127~141; ❄@📶; Ⓜ Estrangin-Préfecture)这家物超所值的酒店是法兰西小型旅馆住宿协会(Logis de France)的成员,位于Quartier des Antiquaires区,外面有些脏乱,视而不见就好。酒店内部的装修十分时尚,融合了当代设计和复古风格,有一个很棒的沙发休息区,16间客房都采用了清爽的白色和舒缓的自然色调。部分房间对着一个小小的私人花园,其他房间可远眺贾尔德圣母院。

★ **Au Vieux Panier** 民宿 €€

(☎04 91 91 23 72; www.auvieuxpanier.com; 13 rue du Panier; 双 €100~140; Ⓜ Vieux Port)这家极具风格的maison d'hôte(宾馆)代表着勒帕尼耶怀旧风的高度,用原创艺术品吸引着艺术爱好者。民宿每年都邀请艺术家来重新装饰,也就是说,它的6个房间每年都会有变化。楼梯间和走廊好像是一个美术馆。站在迷人的屋顶露台上,你的视线可越过城区的赤陶瓦屋顶,直达海天交界之处。

就餐

老港口遍地都是餐厅,但是要仔细挑选一番。可以去cours Julien及其周边街道,那里有各国风味美食。

★ **Café Populaire** 法式小馆 €

(☎04 91 02 53 96; 110 rue Paradis; 西班牙小吃 €8~16, 主菜 €19~23; ⏲周二至周六正午至14:30和20:00~23:00; Ⓜ Estrangin-Préfecture)复古家具、书架上一排排的旧书以及精美的苏打水玻璃瓶都为这个时髦的20世纪50年代风格的爵士餐厅(别被它的名字骗了)增添了复古的韵味。这里的客人也都很时髦,面带微笑的大厨在开放式厨房里精心准备每日特色菜,如烤大对虾(king prawns à la plancha)或甜菜根芫荽沙拉。

★ **Le Café des Épices** 新派法国菜 €€

(☎04 91 91 22 69; www.cafedesepices.com; 4 rue du Lacydon; 2道/3道菜午餐套餐 €25/28, 晚餐套餐 €45; ⏲周二至周五正午至15:00和18:00~23:00, 周六正午至15:00; 👪; Ⓜ Vieux Port)马赛最好的大厨之一Arnaud de Grammont在烹饪中实现了新的创造:墨鱼汁意大利面配芝香巧烹扇贝,或者是芫荽和柑橘调味马铃薯配当天新捕获的海鲜。摆盘完美,无懈可击,室内装修活泼,五彩缤纷的户外露台两侧是巨大的盆栽橄榄树。一切都是一流的。

Le Rhul 海鲜 €€€

(☎04 91 52 01 77; www.lerhul.fr; 269 corniche Président John F Kennedy; 马赛鱼汤 €53; ⏲正午至14:00和17:00~21:00; 🚌83)这家长盛不衰的老店很有气氛(虽然有些矫揉造作),它是一座20世纪40年代的地中海海景酒店。想品尝真正的马赛鱼汤(bouillabaisse),这里是最地道、最可靠的地方之一。

饮品和娱乐

老港口的两个码头上有许多咖啡馆和酒吧。咖啡馆都聚集在cours Honoré d'Estienne d'Orves,这是位于quai de Rive Neuve码头以南两个街区之外的一处大型开放式广场。

La Caravelle 酒吧

(34 quai du Port; ⏲7:00至次日2:00;

值得一游

卡朗格湾区

荒凉而壮观的卡朗格国家公园（Parc National des Calanques；www.calanques-parcnational.fr）与马赛毗邻，是一片长20公里的高高的岩石海角——耸立在明亮的蓝绿色地中海上。

陡峭的悬崖不时被一些风光优美、带海滩的小海湾打断，其中有些小湾乘坐皮划艇才能抵达。其中最著名的是索尔缪（Sormiou）、米欧港（Port-Miou）、松树湾（Port-Pin）和昂沃海湾（En-Vau）。

从10月至次年6月，游览卡朗格湾区的最佳方式是徒步，小镇卡西斯（Cassis）是最棒的起点。旅游局办事处（tourist office；☎08 92 39 01 03；www.ot-cassis.com；quai des Moulins；⊙周二至周六 9:00~18:30，周日 9:30~12:30和15:00~18:00，淡季时间缩短）可提供地图。7月和8月，由于火灾风险，徒步路线会关闭，此时可从马赛或卡西斯出发开展乘船游。RaskasKayak（www.raskas-kayak.com）提供海上皮划艇。自驾或乘坐公共汽车也是可行的选择。

ⓂVieux Port）这间出色的酒吧藏身在一幢楼上，不抬头就看不见。木头和皮革装修、镀锌吧台和陈旧的壁画让它极具风格。如果天气晴朗的话，可以在靠港口一侧的露台占一个舒服的位子。周五21:00至午夜有现场爵士乐表演。

Espace Julien 现场音乐

（☎04 91 24 34 10；www.espace-julien.com；39 cours Julien；ⓂNotre Dame du Mont-Cours Julien）摇滚乐、摇滚歌剧、另类戏剧、雷鬼乐、嘻哈音乐、非洲加勒比和其他前卫的娱乐活动都会出现在这里的舞台上。网站上有节目单。

ℹ 实用信息

旅游局办事处（tourist office；☎04 91 13 89 00；www.marseille-tourisme.com；11 La Canebière；⊙周一至周六 9:00~19:00，周日 10:00~17:00；ⓂVieux Port）有很多关于这座城市和卡朗格湾区的信息。

ℹ 到达和离开

飞机

马赛-普罗旺斯国际机场（Aéroport Marseille-Provence，见487页）位于市区西北方向25公里处的马里尼亚讷（Marignane）。许多连接欧洲各城市的廉价航班在此起降。**机场班车**开往马赛火车站（€8.20，25分钟，每20分钟1班）。

船

马赛的**客轮总站**（passenger ferry terminal；www.marseille-port.fr；ⓂJoliette）位于place de la Joliette以南250米处。**SNCM**（☎08 91 70 18 01；www.sncm.fr；61 bd des Dames；ⓂJoliette）的客轮开往科西嘉岛、撒丁岛和北非。

火车

马赛圣查尔斯火车站（Gare St-Charles）发出的列车（包括法国高速列车）开往法国全境和欧洲各地，包括：

阿维尼翁 €29.50，35分钟
里昂 €65，1.75小时
尼斯 €37，2.5小时
巴黎里昂火车站 €113，3小时

ℹ 当地交通

马赛有两条地铁线、两条有轨电车线路以及四通八达的公交网络，都由**RTM**（☎04 91 91 92 10；www.rtm.fr；6 rue des Fabres；⊙周一至周五 8:30~18:00，周六 8:30至正午和13:00~16:30；ⓂVieux Port）运营，公司提供班次信息并出售车票（€1.5）。

Le Vélo（www.levelo-mpm.fr）在全城有100多个站点，你可以从那里租用自行车。

普罗旺斯地区艾克斯（Aix-en-Provence）

人口144,274

艾克斯之于普罗旺斯就如同左岸之于巴黎——都是学生云集的小资地区。很难相信艾克斯（发音为“ex”）距离熙熙攘攘、充满异国情调的马赛仅25公里。从中世纪开始，这里就成为文化中心（画家保罗·塞尚和作家爱弥儿·左拉就出生于此），但繁华不再之后，

这座小城又变身为安静的普罗旺斯小镇。

景点

作为漫步者的天堂，艾克斯的亮点是以步行街道为主的老城**Vieil Aix**。米拉波大道（cours Mirabeau）南边的**马扎然区**（Quartier Mazarin）建于17世纪，艾克斯一些最精美的建筑就坐落于此。

★塞尚工作室　博物馆

（Atelier Cézanne；☎04 42 21 06 53；www.atelier-cezanne.com；9 av Paul Cézanne；成人/儿童 €5.50/免费；⏰10:00至正午和14:00~17:00）这里是塞尚最后的工作室，位于旅游局办事处以北1.5公里处的小山丘上。这里的一切都精心保持（并重塑，并非所有的画画工具和静物模型都是塞尚的）成他去世时的样子。虽然工作室令人激动，但其中并没有悬挂他的哪怕一幅作品。乘坐1路或20路公共汽车至Atelier Cézanne站下，或从城区步行1.5公里到达。

米拉波大道（Cours Mirabeau）　历史街区

没有哪个地方比遍布着喷泉的米拉波大道更能体现艾克斯的气质了。大道上点缀着优雅的文艺复兴风格的私人宅邸（hôtels particuliers），而在夏日，成荫的绿树则像是为街道撑起了遮阳伞。这条以革命英雄米拉波伯爵（Comte de Mirabeau）命名的大道修建于17世纪40年代。塞尚和左拉（Zola）常常出没于**Les Deux Garçons**（53 cours Mirabeau；⏰7:00至次日2:00），这是街上众多热闹的街边咖啡馆中的一间。

格拉内博物馆　博物馆

（Musée Granet；www.museegranet-aixenprovence.fr；place St-Jean de Malte；成人/儿童 €5/免费；⏰周二至周日 11:00~19:00）这间杰出的博物馆位于一座17世纪的马耳他骑士修道院中，以普罗旺斯画家弗朗索瓦·马吕斯·格拉内（François Marius Granet，1775~1849年）的名字命名。他捐赠了许多作品。博物馆的收藏包括16~20世纪意大利、佛兰德和法国的艺术作品，还有许多现代艺术大师的作品，如毕加索、莱热、马蒂斯、莫奈、克利、凡·高和贾科梅蒂的作品等。塞尚的9幅作品堪称博物馆的镇馆之宝。临时展览的质量也很高。

住宿

Hôtel les Quatre Dauphins　精品酒店 €

（☎04 42 38 16 39；www.lesquatredauphins.

值得一游

凡·高的阿尔勒

如果你觉得阿尔勒曲折的街道和五彩的房屋看起来很眼熟，这是因为文森特·凡·高（Vincent van Gogh）在阿尔勒拉马丁广场（Place Lamartine）上的一所黄房子内度过了大半生的时间。这座城市经常出现在他的画布上。凡·高故居在第二次世界大战中被炸毁，但你还是可以追随他的脚步行走于**凡·高环形步道**（Van Gogh walking circuit）上。**旅游局办事处**（tourist office；☎04 90 18 41 20；www.arlestourism.com；esplanade Charles de Gaulle，bd des Lices；⏰4月至9月 9:00~18:45，10月至次年3月 周一至周五 9:00~16:45，周日 9:00~12:45；📶）出售地图（€1）。你不会在阿尔勒看到这位艺术家的很多杰作，不过现代化的美术馆**文森特·凡·高基金会**（Fondation Vincent Van Gogh；☎04 90 49 94 04；www.fondation-vincentvangogh-arles.org；33 ter rue du Docteur Fanton；成人/儿童 €9/4；⏰4月至9月中 周二至周日11:00~19:00，9月中至次年3月至18:00）里总是会有一幅展出的作品，同时你还能看到受到这位印象派画家影响的当代艺术展。

早在2000年前，阿尔勒就是主要的罗马人定居点。可容纳20,000人的圆形竞技场被称作**Arénes**（Amphithéâtre；成人/儿童 含古剧院 €5.50/免费；⏰7月和8月 9:00~20:00，5月、6月和9月 至19:00，其他月份时间缩短），如今是斗牛场。

有公共汽车往返普罗旺斯地区艾克斯（€10.50，1.5小时），也有定期火车往返尼姆（€8.60，30分钟）、马赛（€15.30，55分钟）和阿维尼翁（€7.50，20分钟）。

fr; 54 rue Roux Alphéran; 标单 €62~72, 双 €72~87; ❄📶) 这间可爱的酒店栖身于一栋从前的私人宅邸中, 位于城区最可爱的地区之一。13个房间清新且干净, 还有很棒的现代化卫生间。有着倾斜天花板并裸露房梁的阁楼房间很是精巧, 但不适合那些行李多的人——拿着行李箱不方便上下赤陶砖楼梯。

★L' Épicerie 民宿 €€

(☎06 08 85 38 68; www.unechambreenville.eu; 12 rue du Cancel; 双 €100~130; 📶) 这家气氛亲密的民宿是土生土长的艾克斯小伙子Luc的手笔。他的早餐室重现了一间20世纪50年代的杂货店, 后面鲜花盛开的花园非常适合用晚餐和在周末享用早午餐(都需要提前预订)。早餐非常丰盛。两个房间可以住一家四口。

就餐

★Jacquou Le Croquant 西南地方菜、普罗旺斯菜 €

(☎04 42 27 37 19; www.jacquoulecroquant.com; 2 rue de l' Aumône Vielle; 当日特色菜 €10.90, 套餐 €14起; ⏲正午至15:00和19:00~23:00) 这家老店1985年就开始营业了。它出类拔萃的原因很多: 熙熙攘攘的快活气氛、开满鲜花的露台花园、时尚的内部装修、傍晚的营业时间、适合家庭、丰盛的家常烹饪、涵盖各种价位的菜单等。法国西南部风味菜肴是它的特色, 这意味着会有很多鸭肉, 不过菜单很丰富, 涵盖了各种食材。

Le Petit Verdot 法国菜 €€

(☎04 42 27 30 12; www.lepetitverdot.fr; 7 rue d' Entrecasteaux; 主菜 €15~25; ⏲周一至周六 19:00至午夜) 菜单上的美味佳肴都使用应季食材烹饪, 并搭配很棒的葡萄酒。肉类常常炖足一整天, 蔬菜鲜嫩, 用美味的肉汤烹煮。留点肚子品尝刚出炉的热甜点。桌面用装葡萄酒的板条箱制造, 用餐体验很有生气(你没准儿会跟旁边的人聊起来), 好社交的店主会说多种语言。

实用信息

旅游局办事处(tourist office; ☎04 42 16 11 61; www.aixenprovencetourism.com; 300 av Giuseppe Verdi; ⏲周一至周六 8:30~19:00, 周日 10:00~13:00和14:00~18:00, 6月至9月周一至周六至20:00; 📶) 经营导览游和活动票务。

到达和离开

长途汽车

从圆环雕像喷泉(La Rotonde)向西南步行10分钟即可到达艾克斯的**长途汽车站**(bus station; ☎08 91 02 40 25, 04 42 91 26 80; place Marius Bastard), 这里有长途汽车开往马赛(€5.70, 25分钟)和阿维尼翁(€17.40, 1.25小时)。

火车

艾克斯小型的**市中心火车站**(city centre train station; av Victor Hugo) 只有往返马赛(€8.20, 45分钟)的火车。艾克斯法国高速列车火车站距离小火车站15公里, 可从汽车站乘坐班车前往(€3.70)。高速列车开往法国大部分地区, 到马赛(€6.20)仅需12分钟。

阿维尼翁(Avignon)

人口 92,078

这个优雅的城市被4.3公里长的石头城墙环绕着, 堪称普罗旺斯的美女。曾是教皇宝座所在地的历史为阿维尼翁留下了壮观的艺术和建筑瑰宝, 其中最宏伟的莫过于中世纪要塞兼教皇的宫殿——教皇宫(Palais des Papes)。如今的阿维尼翁是一座充满活力的大学城, 也是前往周边地区游览的绝佳大本营, 其一年一度的戏剧节十分有名。

景点

教皇宫 宫殿

(Palais des Papes, Papal Palace; www.palais-des-papes.com; place du Palais; 成人/儿童 €11/9, 含圣贝内泽桥 €13.50/10.50; ⏲7月 9:00~20:00, 8月 9:00~20:30, 9月至次年6月开放时间缩短) 被列入联合国教科文组织世界遗产名录的教皇宫是全世界最大的哥特式宫殿。1309年, 罗马教皇克雷芒五世放弃罗马后修建了这座宫殿, 此后70多年间它一直就是教皇宝座的所在。宏大的规模佐证了教会的财富, 3米厚的墙壁、吊闸门和瞭望塔宣示着它的固若金汤。

如今，面对这些巨大空荡的石建大厅，只能靠想象来还原从前的奢华，不过有多媒体语音导览（€2）帮忙。亮点包括14世纪乔万内蒂（Matteo Giovannetti）所绘的礼拜堂壁画，以及描绘着中世纪打猎场景的雄鹿室（Chambre du Cerf）。

圣贝内泽桥 桥梁

（Pont Saint Bénezet; bd du Rhône; 成人/儿童 €5/4，含教皇宫€13.50/10.50; ⏲7月9:00~20:00，8月9:00~20:30，9月至次年6月开放时间缩短）根据传说，贝内泽牧师（Bénezet）见过三次显圣幻景，这促使他在罗讷河上建了一座桥。1185年竣工后，这座长900米、由20个桥拱组成的大桥将阿维尼翁和阿维尼翁新城（Villeneuve-lès-Avignon）连接起来。它后来经过几次重建，直到17世纪的一场洪水将其冲垮，仅留下如今的4个桥拱。在法国，这座桥被称为阿维尼翁桥。如果你看到有人跳舞，请不要惊讶，因为有一首童谣这样唱道："在阿维尼翁桥上，所有人都在跳舞。"

节日和活动

在世界闻名的**阿维尼翁节**（Festival d' Avignon; www.festival-avignon.com; ⏲7月）期间，数以百计的艺术家走上舞台或在街头表演。**另类艺术节**（Festival Off; www.avignonleoff.com）每年7月初至8月初举办。

住宿

Hôtel Mignon 酒店 €

（☎04 90 82 17 30; www.hotel-mignon.com; 12 rue Joseph Vernet; 标单 €40~60，双 €65~77，标三 €80~99，四 €105; ❄@📶）卫生间很小，楼梯陡而狭窄，但Hôtel Mignon（字面意思是"可爱的酒店"）仍然超值。它的16个房间干净舒适。酒店坐落在阿维尼翁最漂亮的商业街上。早餐收费€7。

Le Limas 民宿 €€

（☎04 90 14 67 19; www.le-limas-avignon.com; 51 rue du Limas; 标单/双/标三 €130/150/250起; ❄@📶）这家时髦的民宿位于一栋18世纪的联排别墅中，好像是直接从《时尚生活》（*Vogue Living*）杂志里蹦出来的一样。每个设计师在融合古老与现代时都追求这样的效果：最先进的厨房、极简主义白色装修与古董壁炉、18世纪的螺旋楼梯相得益彰。早餐在阳光明媚的露台上供应，十分美味。

就餐

Place de l' Horloge上的咖啡馆食物都很一般。

Ginette et Marcel 咖啡馆 €

（☎04 90 85 58 70; 27 place des Corps Saints; 法式三明治 €4~7; ⏲周三至周一 11:00~23:00; 👪）这家复古咖啡馆的风格有些像20世纪50年代的杂货店：桌椅摆放在阿维尼翁最漂亮的悬铃木广场上，适合消磨时光及观看各色行人。与此同时，你还可以享用法式三明治（tartine，单面三明治）、果馅饼、沙拉或其他简单的小吃——用来当午饭或者搭配晚餐前的饮品同样美味。孩子们喜欢Ginette的樱桃味和紫罗兰味甘露酒，以及Marcel用玻璃罐装的老式糖果。

★83.Vernet 现代法国菜 €€

（☎04 90 85 99 04; www.83vernet.com; 83 rue Joseph Vernet; 午餐/晚餐套餐 €19.50/24~30; ⏲周一至周六正午至15:00和19:00至次日1:00）忘了花哨的法语描述吧。这家极为现代的餐厅位于一座中世纪学院的18世纪回廊庭院中，菜单直白扼要，有锅烧扇贝、铁板烧鱿鱼和牛排配胡椒酱汁。周末，休息室风格的餐厅会变身为城里最时尚的舞池。

实用信息

旅游局办事处（tourist office; ☎04 32 74 32 74; www.avignon-tourisme.com; 41 cours Jean Jaurès; ⏲4月至10月周一至周六 9:00~18:00，周日 10:00至正午，其他月份的开放时间缩短）组织城市导览徒步游，提供很多其他团队游和活动的相关信息，包括罗讷河上的乘船游、午餐巡航游，以及前往附近罗讷河岸（Côtes du Rhône）各葡萄园的品酒之旅。

到达和离开

长途汽车

汽车站在火车站出口下坡道尽头的右边，有长途客车开往马赛（€22，35分钟）和尼姆（€1.5，

1.25小时)。

火车

阿维尼翁有两个火车站，分别是位于Courtine西南4公里处的**阿维尼翁法国高速列车火车站**(Gare Avignon TGV)和**阿维尼翁中央火车站**(Gare Avignon Centre)，后者每天有多班列车往返阿尔勒(€7.50, 20分钟)和尼姆(€9.70, 30分钟)。

一些往返巴黎(€123, 3.5小时)的法国高速列车经停阿维尼翁中央火车站，而往返马赛(€25.30, 30分钟)和尼斯(€60, 3.25小时)的法国高速列车只使用阿维尼翁法国高速列车火车站。

7月和8月，周六会有往返伦敦(€140起，6小时)的欧洲之星直达列车。

法国里维埃拉和摩纳哥(THE FRENCH RIVIERA & MONACO)

水波荡漾的大海、田园风光的海滩和绝佳的天气——法国里维埃拉(在法语中是Côte d'Azur，即蓝色海岸)一直是高雅、奢侈和富贵的象征。从维多利亚时代开始，这里就是欧洲富人最喜爱的度假胜地。在整个法国，没有哪个地方能比圣特罗佩(St-Tropez)、戛纳(Cannes)和权贵云集的摩纳哥(Monaco)更加迷人、精致。

尼斯(Nice)

人口348,195

里维埃拉的"皇后"尼斯具备舒适生活需要的一切：这里既有波光粼粼的海岸和绝佳的地中海食物，又有独特的历史遗址和免费的博物馆，还有充满魅力的老城和美妙绝伦的艺术品，距离高山荒野美景也仅有1小时的车程。

景点和活动

尼斯老城 历史街区

(Vieux Nice; ⏲食品市场周二至周日 6:00~13:30)尼斯的老城是色调柔和的密集居民区，自18世纪以来就没有什么变化。它的历史——也是这座城市的历史——是一大亮点。就算你不是历史爱好者，也可以在这个氛围十足的街区悠然漫步。今天的尼斯老城就像往日一样生气勃勃。

英格兰大道(Promenade des Anglais) 建筑

棕榈成行的英格兰大道是生活在尼斯的英格兰人于1822年出资修建的，是个漫步的好地方。晚上尤其有气氛，很多尼斯人都来这里闲逛，还有壮观的日落。不要错过1912年修建的**Hôtel Negresco**华丽的立面，还有在20世纪80年代躲过拆除厄运的艺术装饰风格的

不要错过

滨海路

里维埃拉最迷人的一段风景从尼斯向东延伸至摩纳哥。三条滨海路(corniches)盘旋在这两座海滨城市之间的悬崖上，三条公路一条比一条高。位于中间的滨海路通往摩纳哥，而其上方和下方的公路则会一直通到靠近法国和意大利边境的城市芒通(Menton)。

低断崖滨海路(Corniche Inférieure)掠过闪闪发光、坐落着滨海别墅的海岸线，这条路到处都闪烁着美好年代(特指"一战"前和平安逸的时期)的光辉，最具魅力的地方是位于圣让费哈角(St-Jean-Cap Ferrat)的**罗特希德庄园**(Villa Ephrussi de Rothschild; www.villa-ephrussi.com; St-Jean-Cap Ferrat; 成人/儿童 €13/10; ⏲3月至10月 10:00~18:00, 11月至次年2月 14:00~18:00)。

中断崖滨海路(Moyenne Corniche)毫无疑问，里维埃拉王冠上的明珠要数埃泽(Èze)，它是一座坐落在突出岩石上的雄伟的中世纪村庄。从高处俯瞰地中海，景色令人目眩。

高断崖滨海路(Grande Corniche)"风景公路"的同义词，波澜壮阔的全景在每一个弯道处徐徐展开。在拉图尔比(La Turbie)停车，然后欣赏摩纳哥的壮丽风景。

Palais de la Méditerranée——如今是一家四星级酒店的一部分。这条大道沿着整个天使湾（Baie des Anges，4公里）延伸，还有一条自行车和轮滑道。

马蒂斯博物馆　艺术博物馆

（Musée Matisse；www.musee-matisse-nice.org；164 av des Arènes de Cimiez；⌚周三至周一10:00~18:00）免费 这座博物馆位于绿树成荫的希米耶区（Cimiez），在市中心以北2公里处。馆内有大量马蒂斯的作品，记录了这位艺术家在艺术形式上的革命，包括油画、素描、雕塑、挂毯和马蒂斯标志性的著名剪纸。永久展品在一座褚红色的17世纪热那亚别墅中展出。临时展品则在颇具未来主义风格的地下室建筑中展出。只有法语说明。

住宿

Hôtel Solara　酒店 €

（☎04 93 88 09 96；www.hotelsolara.com；7 rue de France；标单/双/标三/四 €65/85/120/150；❄📶）如果没有绝佳的位置（就在步行街rue de France上），而且一半房间并没有漂亮露台的话，我们会说Solara是一家房间无可挑剔的廉价之选。但是因为拥有这些福利（我们提到每个房间里都有装着桃红葡萄酒的小冰箱了吗？），它就是一颗隐秘的明珠。

★Nice Pebbles　全配公寓 €€

（☎04 97 20 27 30；www.nicepebbles.com；单卧室/三卧室 公寓 €107/220起；P📶）你是否梦想过做一个真正的尼斯人——回到尼斯老城里设计感十足的家，打开一瓶冰镇桃红葡萄酒，享用市场上买来的食物？Nice Pebbles的理念很简单：在度假公寓里提供四星级酒店的品质。这些公寓（1~3个卧室）非常华丽，装修规格极高。

Nice Garden Hôtel　精品酒店 €€

（☎04 93 87 35 62；www.nicegardenhotel.com；11 rue du Congrès；标单/双 €75/100；❄📶）厚重的铁门后面藏着这个珍宝一样的小酒店：9个装修得很美丽的房间，精致高雅的马里恩（Marion）作品，古典与现代的微妙融合，还有一座宜人的花园，花园里种着一棵漂亮的橘子树。更棒的是，这么安静又有魅力的酒店距离英格兰大道只有两个街区。

就餐

尼斯当地特色小吃有索卡（socca；鹰嘴豆粉橄榄油薄饼）、尼斯沙拉（salade niçoise）和酿馅蔬菜（farcis）。尼斯老城内的餐馆良莠不齐，要谨慎选择。

★La Rossettisserie　法国菜 €

（☎04 93 76 18 80；www.larossettisserie.com；8 rue Mascoïnat；主菜 €14.50；⌚周一至周六正午至14:00和19:30~22:00）Rossettisserie这个名字有些玄机，来自“rotisserie”（烧烤餐厅）和“Rossetti”（附近广场名）。店里只供应鲜嫩多汁的烤肉——牛肉、鸡肉、小牛肉、羔羊肉或猪肉。烤肉做得恰到好处，并搭配自制的美味土豆泥、蔬菜杂烩（ratatouille）、煎土豆（sauté potato）和什锦沙拉。地下室的拱顶餐厅非常棒。

Chez Palmyre　法国菜 €

（☎04 93 85 72 32；5 rue Droite；套餐 €17；⌚周一至周五正午至13:30和19:00~21:30）这家极有气氛的小餐厅看起来似乎从未改变过，不过一位新厨师已经为它带来了新气息。厨房以精湛的手艺呈现尼斯经典菜肴，服务亲切，价格亲民。就算午餐也要提前预订。

L' Escalinada　尼斯菜 €€

（☎04 93 62 11 71；www.escalinada.fr；22 rue Pairolière；套餐 €26，主菜 €19~25；⌚正午至14:30和19:00~23:00）在过去的50年里，这家迷人的餐厅一直是享用尼斯佳肴的最好选择之一。试试入口即化的自制团子（gnocchi）配美味的普罗旺斯炖牛肉（daube）、烤对虾配大蒜香草，或玛莎拉白葡萄酒炖小牛肉（Marsala veal stew）。员工令人愉悦，还供应受欢迎的kir（加了黑醋栗糖浆的白葡萄酒）。不接受信用卡。

饮品和娱乐

老城的街道上到处是酒吧和咖啡馆。有充满活力的现场音乐表演。

Les Distilleries Idéales　咖啡馆

（www.lesdistilleriesideales.fr；24 rue de la Préfecture；⌚9:00至次日0:30）无论是想在前

Nice 尼斯

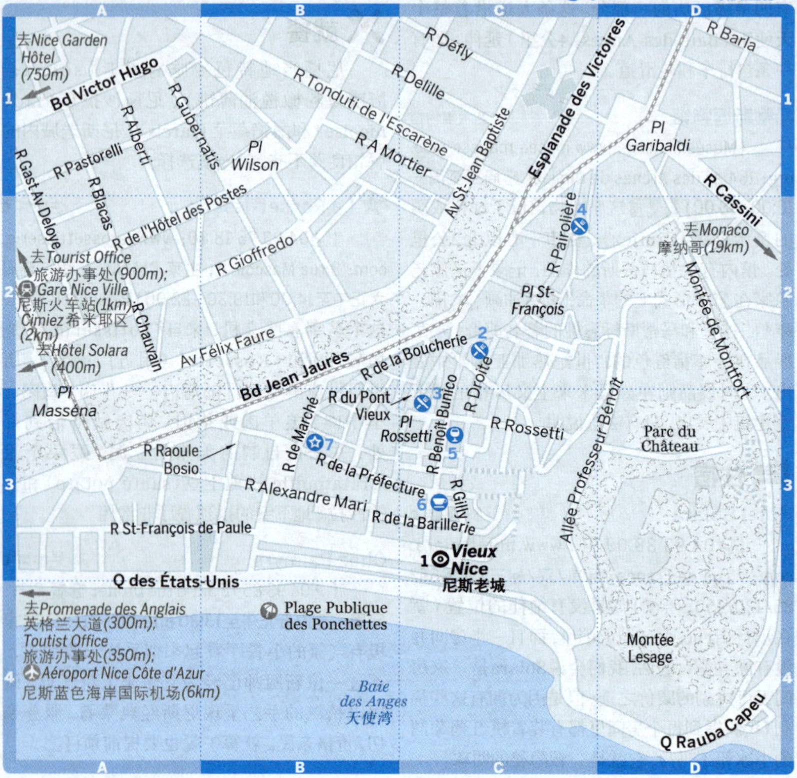

Nice 尼斯

重要景点

1 尼斯老城......C3

就餐

2 Chez Palmyre......C2
3 La Rossettisserie......C3
4 L' Escalinada......C2

饮品和夜生活

5 L' Abat-Jour......C3
6 Les Distilleries Idéales......C3

娱乐

7 Chez Wayne' s......B3

往萨勒亚庭院市场的路上喝一杯浓缩咖啡，还是在前往尼斯某个美味的餐厅之前来一杯开胃酒（通常配有奶酪和熟食，€5.60），都不妨到Les Distilleries坐坐，这是尼斯最有氛围和情调的酒吧之一。临街小露台上的餐桌很适合看人和被人看。酒水优惠的欢乐时段是18:00~20:00。

L' Abat-Jour 酒吧

（25 rue Benoît Bunico; ⊙18:30至次日2:30）复古的家具、不断更换的艺术展览及多变的音乐，令这间酒吧很受尼斯的年轻、时尚人群的喜爱。夜幕来临时，地下室会上演现场音乐和DJ表演。

Chez Wayne' s 现场音乐

（www.waynes.fr; 15 rue de la Préfecture; ⊙10:00至次日2:00）嘈杂的酒吧Chez Wayne' s是一个典型的英式小酒馆，看起来好像是从伦敦、布里斯托尔或利兹直接搬过来的。它每天晚上都有很棒的现场乐队表演，是城里氛围最好的地方。这家小酒馆还痴迷于体育，不会错过每一场值得观看的英式橄榄球、足球、澳式足球、网球和板球比赛。

实用信息

旅游局办事处（tourist office；☎08 92 70 74 07；www.nicetourisme.com；5 promenade des Anglais；⊙周一至周六 9:00～18:00）在火车站有一个分支机构（av Thiers；⊙周一至周六 8:00～19:00，周日 10:00～17:00）。

到达和离开

飞机

尼斯里维埃拉国际机场（Nice-Côte d'Azur airport，见487页）位于尼斯以西6公里处，靠近大海。从机场乘坐出租车至尼斯市中心的费用约为€30。

98路和99路公共汽车连接机场航站楼与尼斯市中心及尼斯火车站（€6，35分钟，每20分钟1班）。110路公共汽车（€20，每小时1班）连接机场和摩纳哥（30分钟）。

轮船

尼斯是前往科西嘉岛（Corsica）的轮渡停靠的主要港口。**SNCM**（www.sncm.fr；quai du Commerce）以及**Corsica Ferries**（www.corsicaferries.com；quai du Commerce）是两家主要的轮渡公司。

火车

位于海滩以北1.2公里处的**尼斯火车站**（av Thiers）有许多班次开往戛纳（€7，40分钟）和摩纳哥（€3.80，25分钟）。

戛纳（Cannes）

人口 73,671

大多数人都听说过戛纳和它著名的电影节。戛纳电影节只在每年5月份的两周举行，但这里全年都是热闹、浮华的，因为名人们会扎堆戛纳，到设计师服装店中选购，去海滩上度假，入住里维埃拉最迷人的克鲁瓦塞特大道（bd de la Croisette）两旁的豪华酒店。

景点和活动

克鲁瓦塞特大道（La Croisette） 建筑

高星级酒店和高级服装店林立，著名的克鲁瓦塞特大道（bd de la Croisette）也许是富贵名人的保留地，不过任何人都可以享受这条棕榈成行的林荫大道，感受这里的氛围。实际上，它是戛纳本地人（Cannois）最喜爱的地方，尤其是夜色渐深、霓虹闪烁的时候。

莱兰群岛（Îles de Lérins） 岛屿

乘船20分钟即可到达宁静的莱兰群岛，并远离熙熙攘攘的人群。17世纪晚期，神秘的"铁面人"被囚禁在**圣马格希特岛**（Île Ste-Marguerite），如今它却以雪白的沙滩、桉树林和小型海洋博物馆闻名。较小的**圣何那瑞岛**（Île St-Honorat）从5世纪开始就是一个修道院，你可以参观教堂和小礼拜堂，在僧侣们的葡萄园中漫步。

轮船从位于港口西边的群岛码头（quai des Îles）发船并驶离戛纳。**Riviera Lines**（www.riviera-lines.com；quai Laubeuf）运营前往圣马格希特岛的渡船，而**Compagnie Planaria**（www.cannes-ilesdelerins.com；quai Laubeuf）的船开往圣何那瑞岛。

海滩 游泳

戛纳海滩多多，不过克鲁瓦塞特大道旁的大部分区域都被私人海滩占据。在影节宫（Palais des Festivals）附近，有一小片免费海滩供当地居民游泳、晒太阳。旧港（Vieux Port）以西有两个大得多的海滩：**迷笛海滩**（Plage du Midi；bd Jean Hibert）和**博卡海滩**（Plage de la Bocca），它们同样是免费的。

住宿

Hôtel Alnéa 酒店 €

（☎04 93 68 77 77；www.hotel-alnea.com；20 rue Jean de Riouffe；标单/双 €70/90；❄📶）Alnéa为这座到处是星级酒店的城市带来了一股清新之风，Noémi和Cédric全心全意地经营自己的酒店。这里有明亮的客房、原创油画和无数小细节，如午后咖啡茶歇、自助付款酒吧，还有自行车或木球场可供出租。没有电梯。

Hôtel de Provence 酒店 €€

（☎04 93 38 44 35; www.hotel-de-provence.com; 9 rue Molière; 标单/双 €108/118起; ❄📶）这座高高的连栋别墅有淡黄色的墙壁和淡蓝紫色的百叶窗。就外观而言，Hôtel de Provence名副其实。然而，酒店内部的设计更像是极简主义时尚风格而非古雅的普罗旺斯风情——采用了很多简洁的白色线条。酒店的强项是其层高，几乎每个房间都有阳台或露台。

就餐

PhilCat 熟食 €

（La Pantiéro; 三明治和沙拉 €4.50~6; ⏲8:30~17:00; ✍）不要被位于La Pantiéro的这座组合式小屋的低调外表迷惑，这家由Phillipe和Catherine经营的餐厅是戛纳最好的午餐餐厅。沙拉使用新鲜食材现点现做，堆得高高的，分量十足。如果你饿得发慌，就试试他家惊人的pan bagna（一种按照普罗旺斯当地口味制作的三明治）。

Aux Bons Enfants 法国菜 €€

（www.aux-bons-enfants.com; 80 rue Meynadier; 套餐 €23, 主菜 €16; ⏲周二至周六正午至14:00和19:00~22:00）自1935年以来，这家气氛悠闲的餐厅就是众人的心头好，它供应美妙的本地菜肴，如aïoli garni（大蒜和藏红花蛋黄酱配鱼和蔬菜）、daube（一种普罗旺斯炖牛肉）和rascasse meunière（煎岩鱼），一切都在欢宴的气氛中享用。在这里，吃过午饭就不必考虑下午茶了。不接受信用卡和预约。

Mantel 新派欧洲菜 €€

（☎04 93 39 13 10; www.restaurantmantel.com; 22 rue St-Antoine; 套餐 €35~60; ⏲周五至周一正午至14:00, 周四至周二19:30~22:00）想知道Noël Mantel为何是戛纳美食界的热门人物，就来他位于老城的雅致餐厅吧。服务一流，应季菜肴非常美味：试试嫩小牛腿配香醋或独创的蒜味蛋黄鱼羹式煮章鱼。最棒的是，你可以从令人垂涎的甜品手推车中选择两道甜品（而非常规的一道）。

实用信息

旅游局办事处（tourist office; ☎04 92 99 84 22; www.cannes-destination.fr; Palais des Festivals, bd de la Croisette; ⏲9:00~19:00）可预订城市导览游，并获取有关戛纳的各种活动信息。

到达和离开

长途汽车

汽车站（place Cornut-Gentille）有长途汽车开往尼斯（€1.50, 1.5小时, 每15分钟1班）和尼斯机场（€20, 50分钟, 半小时1班）。

火车

戛纳火车站每小时至少有一班火车往返尼斯（€7, 40分钟）、格拉斯（€4.30, 30分钟）、摩纳哥（€9.40, 1小时）和马赛（€32, 2小时）。

值得一游

里维埃拉的香味

漫步在戛纳西北约20公里的地方，去呼吸田野里薰衣草、茉莉花、含羞草和橙子花的香味吧！**格拉斯**（Grasse）是全球香水制造业的中心之一，有十几个供应商在此生产香精。这些香精会被卖给工厂（可以为食物和香皂增加香味）和许多著名的成衣制造商。只需轻轻一喷，当地香水制造商训练有素的品香师就能分辨出3000种不同的气味。

在**国际香水博物馆**（Musée International de la Parfumerie, 简称MIP; www.museesdegrasse.com; 2 bd du Jeu de Ballon; 成人/儿童 €4/免费; ⏲周三至周一 10:30~17:30; 👪）可以了解3000年的香水制作历史，还可以参加**Fragonard perfumery**（www.fragonard.com; 20 bd Fragonard; 团队游免费; ⏲9:00~18:00）的团队游，现场观看香水的制作过程，这是最适宜步行参加的团队游。**旅游局办事处**（☎04 93 36 66 66; www.grasse.fr; place de la Buanderie; ⏲周一至周六 9:00~12:30和14:00~18:00; 📶）提供其他香水制造商和前往当地花卉农场参观的信息。5月中至6月中采摘玫瑰，7月至10月底采摘茉莉花。

圣特罗佩(St-Tropez)

人口 4571

在深秋或初冬时，很难想象：满眼陶瓦屋顶的渔村圣特罗佩是名流显贵在里维埃拉环游时的一站。比起海岸线上其他时尚耀眼的城市，这里似乎毫不起眼。但如果是在春季或夏季来到这里，那完全就是一个不同的世界。届时，人口突然增加了10倍，物价上涨3倍，寻欢作乐的人们或在派对上狂欢到清晨，或在豪华游艇云集的老港区漫步，或在庞佩洛纳海滩(Baie de Pampelonne)这样的顶级海滩上享受独有的惬意。

景点和活动

小镇东南方约4公里处是塔希提海滩(Plage de Tahiti)的起点，旁边就是著名的庞佩洛纳海滩(Plage de Pampelonne)，圣特罗佩最具传奇性的餐饮选择都聚集于此。

竞技场广场(Place des Lices) 广场

圣特罗佩传奇且非常迷人的中央广场遍布悬铃木、咖啡馆和玩法式滚球(pétanque)的人。坐在咖啡馆露台上，观看各色人群从身边经过，或者汇入人流，去一周两次的热闹集市(place des Lices; 周二和周六 8:00~13:00)看看，从水果、蔬菜到古董镜子和平底人字拖，这里应有尽有。

阿农西亚德美术馆 艺术博物馆

(Musée de l' Annonciade; place Grammont; 成人/儿童€6/免费; 周三至周一 10:00~13:00和14:00~18:00)这座著名的美术馆规模不大，由一座16世纪的小礼拜堂精心改建而成，展示一系列精彩的当代艺术品，洋溢着里维埃拉那神奇的明亮色彩。点彩派画家保罗·西涅克(Paul Signac)于1892年在圣特罗佩买下一栋宅子，并将这一地区推荐给了其他人。博物馆的收藏包括他创作的《圣特罗佩码头》(*St-Tropez, Le Quai*, 1899年)和《圣特罗佩日出》(*St-Tropez, Coucher de Soleil au Bois de Pins*, 1896年)。

食宿

在通往庞佩洛纳海滩的道路上，有不少星级的露营地。老港口的Quai Jean Jaurès码头上有餐厅和咖啡馆。

> **住宿警告**
>
> 在戛纳电影节和摩纳哥国际汽车大奖赛期间(都在5月举办)，可能找不到住宿，价格还都贵得离谱。芒通至戛纳之间的海滨地区都是这样。7月和8月到处人满为患，所以要提前预订房间。

Hôtel Lou Cagnard 酒店 €€

(04 94 97 04 24; www.hotel-lou-cagnard.com; 18 av Paul Roussel; 双 €81~171; 3月至10月;)这间性价比极高的庭院式家庭旅馆需要提前预订，周围环绕着柠檬树与无花果树，并且由富有经验的酒店业者经营。可爱的普罗旺斯式房屋带有薰衣草色的百叶窗，还有自己的专属花园，其中散发着茉莉香气，夜晚时被梦幻般的灯光照亮。明亮、干净的美丽房间装饰着彩绘普罗旺斯家具。5个房间有底层花园露台。最便宜的房间有私人盥洗池以及立式浴缸，但厕所是公用的。大部分房间有空调。

Hôtel Le Colombier 酒店 €€

(04 94 97 05 31; http://lecolombierhotel.free.fr; impasse des Conquettes; 双/标三€105/235起; 4月中至11月中;)这是一座由宅邸改造而成的酒店，洁净无瑕，距离竞技场广场仅5分钟步程。Colombier清爽的夏日风情装修显得娇媚且整齐，卧室装饰着白色复古家具。

★La Tarte Tropézienne 咖啡馆、面包房 €

(www.latartetropezienne.fr; place des Lices; 主菜 €13~15; 6:30~19:30，午餐正午至15:00)这家咖啡馆兼面包房是同名蛋糕的创造者，也是购买圣特罗佩精致美味的最佳之选。不过，还是先尝尝美味的每日特色菜、沙拉和三明治吧——可以在里面的法式小馆或者外面的小露台上享用。

La Plage des Jumeaux 海鲜 €€€

(04 94 58 21 80; www.plagedesjumeaux.com; rte de l' Épi, Pampelonne; 主菜 €25~40; 正午至15:00;)作为圣特佩罗沙滩餐厅中的佼佼者，本店在白沙碧海的海滩上供应

出色的海鲜(包括棒极了的全鱼,适合多人共享)和丰盛的沙拉。家庭旅行者会得到精心照顾,这里有玩乐设施、沙滩玩具和儿童菜单。

实用信息

旅游局办事处(Tourist Office; ☎08 92 68 48 28; www.sainttropeztourisme.com; quai Jean Jaurès; ⏲7月和8月 9:30~13:30和15:00~19:30, 4月至6月和9月至10月 9:30~12:30和14:00~19:00, 11月至次年3月周一至周六至18:00)7月和8月在港口停车场(Parking du Port)设有信息亭。

到达和离开

汽车站(☎04 94 56 25 74; av du Général de Gaulle)有**VarLib**(☎04 94 24 60 00; www.varlib.fr; 票价 €3)的长途汽车班次前往埃玛蒂埃尔(€3, 35分钟)和圣拉斐尔火车站(St-Raphaël train station; €3, 1.25小时)。每天有4班公共汽车开往土伦-伊埃雷机场(Toulon-Hyères airport; €3, 1.5小时)。

摩纳哥(Monaco)

人☐32,020

这个占地仅200公顷的袖珍公国或许是全世界第二小的国家(梵蒂冈是最小的),但它用姿态弥补了领土面积的不足。这里闪闪发光、富有魅力,是享乐主义者的天堂。

摩纳哥虽然是个主权国家,但没有边界控制。它有自己的国旗(红白两色)、国庆节(11月19日)和电话国家代码(☎377)。虽然摩纳哥并非欧盟成员国,但同样使用欧元。

可以从尼斯前往摩纳哥进行一日游,坐火车很快就到。

景点

★摩纳哥海洋博物馆 水族馆

(Musée Océanographique de Monaco; www.oceano.mc; av St-Martin; 成人/儿童 €14/7; ⏲10:00~18:00)世界知名的摩纳哥海洋博物馆于1910年由艾伯特一世王子(1848~1922年)修建,这座漂亮的建筑奇迹般地矗立于一座悬崖的边缘。博物馆的中央是一个水族箱,6米深的水中,鲨鱼和其他海洋捕猎者与多彩的热带鱼之间通过珊瑚礁隔离开来。在楼上,两个巨大的廊柱房间通过照片、老设备、众多标本和互动展追溯了海洋学和海洋生物学的历史(以及艾伯特王子在该领域做出的贡献)。

勒·罗歇(Le Rocher) 历史街区

摩纳哥城又被称为"勒·罗歇",它建在一块手枪形状的岩石之上,直冲云霄。这样的地理位置居高临下、俯瞰大海,战略意义非凡,因此,这里也就成为格里马尔迪王朝(Grimaldi dynasty)的要塞。13世纪建成的**宫殿**最初是一处要塞,如今成为格里马尔迪家族(Grimaldis.)的私人居住地。大公枪骑兵中队(Carabiniers du Prince)负责守卫此处,并于每天11:55举行**守卫换岗仪式**。

珍奇花园 花园

(Jardin Exotique; www.jardin-exotique.mc; 62 bd du Jardin Exotique; 成人/儿童 €7.20/3.80; ⏲9:00至黄昏)从小巧的鹿角柱属植物(echinocereus)到10米高的大型非洲仙人掌,花园拥有全世界最大的多肉和仙人掌植物。花园沿着莫内盖蒂区(Moneghetti)的山坡铺开,迷宫似的小道、台阶和桥梁穿插其间。从山上俯瞰摩纳哥,景色十分壮观。凭门票可以参加35分钟的环**Grottes de l' Observatoire导览游**。

住宿

在住宿方面,摩纳哥绝不是一个经济的旅行目的地。预算有限的旅行者可以住在附近的尼斯,然后来这里一日游。

Hôtel Miramar 酒店 €€

(☎93 30 86 48; www.miramar.monaco-hotel.com; 1 av du Président JF Kennedy; 标单/双 €160/185; ❄📶)这家带屋顶露台的现代酒店就在港口旁边,11个房间中的7个有可以俯瞰游艇的华丽阳台。酒店在2014年进行了彻底翻修,赋予了这座20世纪50年代的建筑以适宜的21世纪面貌。

就餐

Supermarché Casino 面包店 €

(17 bd Albert, 1er; 切片比萨和三明治 €3.20

起；⏲周一至周六8:30至午夜，周日至21:00；✎）这家超市没什么特殊的，但它有很棒的街边面包房和比萨摊，供应新鲜出炉的产品，而且很实惠。

La Montgolfière 创意菜 €€

（☎97 98 61 59；www.lamontgolfiere.mc；16 rue Basse；主菜 €14~27；⏲周一、周二和周四至周六正午至14:00和19:30~21:30）在摩纳哥老城区熙熙攘攘的旅游景点之中，你很有可能找不到这间规模很小的创意菜餐厅，不过Henri和Fabienne要为罗歇带来新生活与生机的想法却非常伟大。这对夫妻在马来西亚生活过很长一段时间。在这间袖珍的餐厅中，Henri的创意菜令人叫绝，而Fabienne的热情好客也让人倍感亲切。

Café Llorca 新派法国菜 €€

（☎99 99 29 29；www.cafellorca.mc；Grimaldi Forum，10 av Princesse Grace；套餐 €22，主菜 €15~19；⏲周一至周五正午至15:00）这间餐厅是米其林星级厨师阿兰·洛卡（Alain Llorca）为吃午餐的人准备的礼物：他对超赞的现代法国菜进行了融合创新，而价格还在可承受范围内。含一杯葡萄酒的两道菜午餐套餐非常实惠。在春天和夏天，需要排队等（并且预订）可以远眺大海的露台位。

🍷 饮品和娱乐

摩纳哥啤酒厂 自酿酒吧

（Brasserie de Monaco；www.brasseriedemonaco.com；36 rte de la Piscine；⏲正午至次日2:00）旅行者和当地人摩肩接踵，挤在这间摩纳哥唯一的自酿酒吧里。这里供应味道浓郁的自酿有机麦芽酒和淡啤酒，还有美味（但稍微有点儿贵）的开胃小吃。店里经常有现场音乐表演，并播放重要体育赛事。酒水优惠的欢乐时段是18:30~20:30。

★ 蒙特卡洛赌场 赌场

（Casino de Monte Carlo；www.montecarlocasinos.com；place du Casino；入场费 Salon Europe/Salons Privés €10/20；⏲Salon Europe 14:00至深夜，Salons Privés 周四至周日16:00起）在蒙特卡洛金碧辉煌的宏伟大理石赌场里赌博——或者只是看着人们摆出一副扑克脸赌博——是摩纳哥体验的重要部分。建筑和气氛本身就是亮点，你并不需要玩得很大。年满18岁方可进入赌场。

ℹ 实用信息

电话

在摩纳哥与法国之间打电话属于国际长途。从法国或其他国家向摩纳哥拨打电话时，要在摩纳哥的国家区号（☎377）前加拨☎00。而如果要从摩纳哥打往法国，也需要在法国的国家区号（☎33）前加拨☎00。

旅游信息

旅游局办事处（Tourist Office；www.visitmonaco.com；2a bd des Moulins；⏲周一至周六 9:00~19:00，周日 11:00~13:00）办事处有做得很棒的智能手机应用软件，叫Monaco Travel Guide（摩纳哥旅行指南）。

ℹ 到达和离开

从摩纳哥的**火车站**（av Prince Pierre）到尼斯（€3.80，25分钟）的火车班次频繁。此外，也有列车向东前往芒通（€2.10，15分钟），随后进入意大利。100路公共汽车沿着Corniche Inférieure开往尼斯（€1.50，45分钟）。

科西嘉岛（CORSICA）

地势起伏不平的科西嘉岛（法语称Corse）虽是法国的领土，但岛上的人民以拥有自己的文化、历史和语言而自豪。它是地中海风光最壮美的岛屿之一，有成片的美丽沙滩、波光粼粼的港口以及崎岖多山、灌木覆盖的内陆。此外，它还是独具狂野、独立气质之地。

阿雅克肖（Ajaccio）

人口67,477

阿雅克肖是科西嘉岛最大的城市，典雅且迷人。这座优雅的海港城市与科西嘉岛最伟大的将军拿破仑·波拿巴（Napoleon Bonaparte）息息相关，拿破仑于1769年在此出生，如今城里随处可见与他有关的雕像和博物馆（从阿雅克肖的主干道cours Napoléon就能看出来）。

景点和活动

在place du Maréchal Foch对面码头周围的书报亭可以买到季节性**乘船游**的船票，游览路线是绕行阿雅克肖湾（Golfe d'Ajaccio）和**赤血群岛**（Îles Sanguinaires；成人/儿童 €25/15）。还可以参加前往**斯堪多拉自然保护区**（Réserve Naturelle de Scandola；成人/儿童 €55/35）的短途游。

费什宫-美术博物馆 博物馆

（Palais Fesch – Musée des Beaux-Arts; www.musee-fesch.com; 50-52 rue du Cardinal Fesch；成人/儿童 €8/5；⌚5月至9月周一、周三和周六 10:30~18:00，周四、周五和周日正午至18:00，10月至次年4月至17:00）作为岛上必看的景点之一，这家一流的博物馆是除卢浮宫之外法国收藏意大利画作最多的博物馆，由拿破仑的叔父建立。馆藏大多是14~19世纪一些默默无闻的艺术家的作品。但也不乏提香（Titian）、圣巴托洛梅奥（Fra Bartolomeo）、维罗纳（Veronese）、波提切利（Botticelli）以及贝里尼（Bellini）等名家的画作。留意《天使支撑的母与子》（*La Vierge à l'Enfant Soutenu par un Ange*），它是波提切利的杰作之一。馆内也举办临时展览。

波拿巴故居 故居博物馆

（Maison Bonaparte；☎04 95 21 43 89; www.musees-nationaux-napoleoniens.org; rue St-Charles；成人/儿童 €7/免费；⌚4月至9月周二至周日 10:30~12:30和13:15~18:00，10月至次年3月至16:30）拿破仑在9岁之前一直住在这所房子里。这座房舍在1793年被科西嘉民族主义者洗劫一空，1794~1796年又被英国军队征用，直至最终由拿破仑的母亲重建而成为法国革命者的朝圣之地。如今，这里收藏着这位皇帝及其兄弟姐妹的各种纪念展品，包括一个玻璃奖章，上面有他的一缕头发。有多语言语音导览设备（€2）。

食宿

Hôtel Marengo 酒店 €

（☎04 95 21 43 66; www.hotel-marengo.com; 2 rue Marengo；双/标三 €90/110；⌚4月至10月；❄📶）如果想要一个靠近海滩的住处，就试试这家有个性、有魅力的小酒店吧。房间有阳台，酒店还有一个开满鲜花的宁静庭院，温馨的前台放置了很多有水准的印刷品和个人物品。酒店位于bd Madame Mère路边的一个死胡同里。

★ Hôtel Demeure Les Mouettes 精品酒店 €€€

（☎04 95 50 40 40; www.hotellesmouettes.fr; 9 cours Lucien Bonaparte；双 €160~340；⌚4月至10月；❄📶🏊）这家桃红色的19世纪廊柱宅邸就坐落在海边，是一个梦幻般的地方。从（加温）游泳池和露台看过去，阿雅克肖湾的风景优美宜人：一大早或深夜时常常能看见海豚。酒店内部透着低调的优雅，服务具有四星水准。

Don Quichotte 法式啤酒馆 €

（☎04 95 21 27 30; 7 rue des Halles；主菜 €10~18；⌚周一至周六正午至14:00和19:00~23:00）这家低调的法式啤酒馆藏身在鱼市场后面，是一颗隐秘的明珠：菜肴清爽，分量十足，而且绝对实惠。不要错过moules à la Corse（科西嘉风味扇贝）配自制薯条——纯粹的美味。

A Nepita 法式小馆 €€

（☎04 95 26 75 68; 4 rue San Lazaro; 2/3道菜套餐 €24/29；⌚周一至周五正午至14:00，周四至周六 20:00~22:00）这个阿雅克肖烹饪界的新秀用其法式烹饪和优雅环境赢得了大批忠诚的追随者。从丰盛的传统科西嘉菜肴中跳出来并换换口味也不错。菜单每天都有变化，并且只使用最新鲜的当地食材，包括季节性的海鲜和蔬菜。

实用信息

旅游局办事处（Tourist Office；☎04 95 51 53 03; www.ajaccio-tourisme.com; 3 bd du Roi Jérôme；⌚周一至周六 8:00~19:00，周日 9:00~13:00；📶）

到达和离开

飞机

阿雅克肖-拿破仑波拿巴机场（Aéroport d'Ajaccio Napoléon Bonaparte; www.2a.cci.fr/Aeroport-Napoleon-Bonaparte-Ajaccio.html）位于市中心以

东8公里处。8路公共汽车(€4.5, 20分钟)往返于机场、阿雅克肖火车站和长途汽车站之间。

船

轮船从阿雅克肖的**Terminal Maritime et Routier码头**(☎04 95 51 55 45; quai L' Herminier)出发前往土伦、尼斯和马赛。

长途汽车

当地长途汽车公司都在码头大厦内设有售票点,那里是长途汽车的总站。

火车

火车站(place de la Gare)有列车开往巴斯蒂亚(€21.60, 4小时,每天5班)。

巴斯蒂亚(Bastia)

人口43,539

巴斯蒂亚热闹忙碌的老港口有着令人无法抗拒的吸引力。可以花上至少一天的时间,到旧区内的狭窄街巷中喝上一杯,或是逛一逛人来人往的老港口,再去游览引人注目、高高矗立的16世纪城堡,参观引人入胜的历史博物馆。

景点和活动

旧区(Terra Vecchia) 历史街区

旧区是巴斯蒂亚的心脏和灵魂,狭窄的街巷如蛛网般纵横交错。周六和周日上午,树荫笼罩的市政厅广场(place de l' Hôtel de Ville)上有一个充满活力的市场。往西一个街区,巴洛克式的圣母堂(Chapelle de l' Immaculée Conception; rue des Terrasses)有描绘得极为精美的筒形拱顶天花板,1795年时这里曾短暂地充当了短命的英属科西嘉议会的所在地。再向北是圣罗克教堂(Chapelle St-Roch; rue Napoléon),这里有18世纪的管风琴和视觉陷阱(trompe l' œil)屋顶。

老港口(Vieux Port) 港口

巴斯蒂亚的老港口四周环绕着颜色素雅的房屋和熙熙攘攘的法式啤酒馆,拥有双子塔的圣让洗礼堂(Église St-Jean Baptiste; 4 rue du Cardinal Viale Préla)也在这里。从山坡上的升天公园(Jardin Romieu; 从海滨沿一段古旧庄严的台阶上行即达)可以欣赏到最优美的海港风光。

新区(Terra Nova) 历史街区

在升天公园上空,高耸着巴斯蒂亚琥珀色的城堡。这座城堡建于15~17世纪,是当时占据城市的热那亚人的要塞。如今,城堡内的总督宫(Palais des Gouverneurs)里是历史博物馆(Muséede Bastia; ☎04 95 31 09 12; www.musee-bastia.com; place du Donjon; 成人/儿童€5/2.50; ⏲4月至10月周二至周日10:00~18:00,其他月份的开放时间缩短),不妨在这里追溯这

值得一游的法国城镇

我们无法在一章内囊括法国的全部精彩,就长时间的旅行而言,以下列出的更多城镇和地区都值得考虑。

阿尔塔路卡(Alta Rocca)科西嘉虽然是个岛,但它的文化内在是多山的内陆地区。

安讷西(Annecy)适合印在明信片上的中世纪小镇,其高山风景是绝佳背景。

阿拉斯(Arras)超凡脱俗的佛兰德建筑和"一战"时期的地下遗址。

博若莱(Beaujolais)以其水果葡萄酒和Beaujolais Nouveau(酿造仅6个星期的幼龄葡萄酒)闻名的地区。

卡特里要塞(Cathar fortresses)在朗格多克(Languedoc)摇摇欲坠的堡垒中穿越回中世纪。

埃特勒塔(Étretat)在埃特勒塔的白垩悬崖上瞻仰大自然的鬼斧神工。

吕贝龙(Luberon)探索普罗旺斯著名的丘陵和山顶村庄。

座城市的历史。向南穿过几条街，不要错过雄伟的圣马利亚大教堂（Cathédrale Ste-Marie; rue de l' Évêché）和附近的圣十字教堂（Église Ste-Croix; rue de l' Évêché），后者有镀金天花板和1428年在海里发现的神秘的黑橡木耶稣受难像。

食宿

Hôtel Centralv 酒店 €€

（☎04 95 31 69 72; www.centralhotel.fr; 3 rue Miot; 标单/双/公寓 €80/90/150; ❄📶）从入口处由黑白相间的瓷砖铺就的复古地板，到绵延的楼梯，再到种植着多种盆栽植物的内部小庭院，这间家庭经营的酒店散发着20世纪40年代的优雅韵味。酒店的渊源可追溯至1941年，19世纪建筑中的复古家具不会令你失望。三间公寓都有设备齐全的厨房，很适合长期住宿。

★**Raugi** 冰激凌 €

（www.raugi.com; 2 rue du Chanoine Colombani; 冰激凌 €2起; ⏲10月至次年5月周二至周六 9:30至午夜，6月至9月周一至周六 9:30~12:30和14:30至次日1:00）Raugi自1937年开业以来就长盛不衰，是巴斯蒂亚的老字号。标准口味包括覆盆子、柠檬等，此外还有科西嘉特色的栗子、柑橘、无花果、芳香宜人的senteur de maquis（科西嘉香草灌木丛的气味）和甜甜的myrte（桃金娘）。冰激凌甜点（verrines glacées, €4.70）简直是人间极品。

Le Lavezzi 新派法国菜 €€

（☎04 95 31 05 73; 8 rue St-Jean; 主菜 €21~35，午餐套餐 €22）对设计感兴趣的美食者会爱上这家精品餐厅：想象一下绿松石色的抛光混凝土地板和色彩鲜艳的亚历山大·麦昆（Alexander McQueen）风格的椅子——完全是一流的时尚感觉。真正令人倾心的是二楼的双阳台，其凌驾于水面之上，可以俯瞰旧港的景色。新派美食将融合创新的成分融入了经典肉类和鱼类菜肴中。

实用信息

旅游局办事处（Tourist Office; ☎04 95 54 20 40; www.bastia-tourisme.com; place St-Nicolas; ⏲周一至周六 8:00~18:00，周日至正午; 📶）组织这座城市的导览团队游，并拥有关于Cap Corse的很多信息。

到达和离开

飞机

巴斯蒂亚-博雷塔机场（Aéroport Bastia-Poretta; www.bastia.aeroport.fr）位于城南24公里处。班车（€9，35分钟，每天10班）从城里的政府大楼（Préfecture）门外发车前往机场。

船

各渡轮公司都在**巴斯蒂亚港**（Bastia Port; www.bastia.port.fr）设有售票处，他们通常在发船前几个小时开门售卖当天的船票。渡轮往返法国大陆的马赛、土伦、尼斯，以及意大利的利沃诺、萨沃纳、皮奥恩比诺和热那亚。

长途汽车和火车

汽车站（1 rue du Nouveau Port）位于圣尼古拉斯广场（place St-Nicolas）北边。其他站点遍布全城。火车每天开往阿雅克肖（€21.60，4小时，每天5班）。

博尼法乔（Bonifacio）

人口2994

雄伟的城堡俯瞰着博尼法乔海峡（Bouches de Bonifacio）蔚蓝色的海水，这座迷人的港口城市是旅途中一个不容错过的地方。博尼法乔与撒丁岛隔海相望，颇具意大利风情，满目皆是沐浴在灿烂阳光下的民宅、摇摆的晾衣绳、纵横交错的小道上遍布的光线昏暗的小礼拜堂、海港边的小酒馆和小船等。

景点和活动

★**古堡** 历史街区

（Citadel; Haute Ville）博尼法乔大部分的魅力来自古堡区的绿荫街道。好几条街道上都有拱形水渠，它们的作用是收集雨水并储存在圣玛丽主教堂（Église Ste-Marie Majeure）对面的公共蓄水池里。从码头出发，沿着montée du Rastello和montée St-Roch就可以抵达古堡的老城门热那亚门（Porte de Gênes），城门外仍是16世纪的那座吊桥。

☞ 团队游

SPMB 乘船游

（☎04 95 10 97 50；www.spmbonifacio.com；Port de Bonifacio）离开这里之前，一定要乘一次船，游览博尼法乔非凡的海岸线，从船上你能清楚地看到小镇位于白垩岩峭壁上的险峻地势。一小时的行程（成人/儿童€17.50/12）里会经过几处calanques（幽深的岩石小海湾），参观阿拉贡国王阶梯（Escalier du Roi d'Aragon）和一个从洞顶射下自然光线、巨大而潮湿的小龙洞（Grotte du Sdragonato）。

食宿

Hôtel Le Colomba 酒店 €€

（☎04 95 73 73 44；www.hotel-bonifacio-corse.fr；rue Simon Varsi；双 €112~147；⊙3月至11月；❄📶）这家美丽的酒店位于老城中心一条风景如画的（陡峭）街道上，占据着一座颇具水准的改造过的14世纪建筑，是个令人愉悦的地方。房间小而简单，但非常清爽，每个房间各有特色：有的搭配着锻铁床头板和乡村风格的织物，有的是木雕床头板和黑白格地砖。早餐在一个拱顶房间供应，是另一大亮点。

★ Kissing Pigs 科西嘉菜 €

（☎04 95 73 56 09；15 quai Banda del Ferro；主菜 €11~20）这间备受赞誉的餐厅和葡萄酒吧位于港口附近，内部装修舒适迷人，有固定的木桌椅和花样繁多的香肠，供应可口的饭菜。它以奶酪、熟食拼盘闻名。如果不知道点什么好的话，moitié-moitié（一半一半）的双拼组合再好不过了。科西嘉葡萄酒单是另一特色。

ⓘ 实用信息

旅游局办事处（Tourist Office；☎04 95 73 11 88；www.bonifacio.fr；2 rue Fred Scamaroni；⊙4月中至10月中 9:00~19:00，10月中至次年4月中周一至周五 10:00~17:00；📶）

ⓘ 到达和离开

飞机

菲加里南-科西嘉机场（Aéroport de Figari-Sud-Corse；www.2a.cci.fr/Aeroport-Figari-Sud-Corse.html）位于城北20公里处，乘坐出租车前往的费用约为€45。

船

意大利撒丁岛的主要渡轮运营商**Moby**（www.moby.it）和**Saremar**（www.saremar.it）有季节性轮渡往返于博尼法乔和圣特雷莎加卢拉（Santa Teresa Gallura，撒丁岛）之间，航行时间为50分钟。

生存指南

ⓘ 出行指南

签证

申根签证适用。要查阅最新的签证要求，请访问**法国外交事务部**（www.diplomatie.gouv.fr；37 quai d'Orsay，7e）。

法国驻中国大使馆网站（www.ambafrance-cn.org/accueil.html?lang=zh）和代办机构中智签证（cn.tlscontact.com/cnBJS2fr/）提供相关的详细信息。

货币

在法国，信用卡和借记卡几乎随处可用。中国的银联卡（卡号62开头）也可以在全法国有“银联”标识的自动取款机上提取欧元。详细信息可以登录cn.unionpay.com/abroadCard/area/ch_europe/ch_faguo/查询。

➡ 有些地方（比如24小时加油站或是高速公路收费站）只接受带有芯片和PIN码的信用卡。

➡ 在巴黎和其他大城市，货币兑换处（bureaux de change）十分方便，其营业时间较长，并且提供优惠的汇率。

如果信用卡丢失，给你的信用卡公司打电话：

美国运通（☎01 47 77 70 00）

万事达（☎08 00 90 13 87）

维萨（Carte Bleue；☎08 00 90 11 79）

使领馆

要联系使领馆，可访问网站www.embassiesabroad.com。

中国大使馆（☎01-5375 8840；www.amb-chine.fr/chn；11，av.George V；Ⓜ George V）

活动

从拥有冰川、河流和峡谷的阿尔卑斯山，到

特色饮食

当你想起法国，总是不由自主地因它闻名世界的美食流口水。下面是一些令人垂涎的特色美味：

➡ **奶酪火锅和土豆奶酪**（Fondue & raclette）法国阿尔卑斯山地区的热奶酪食品。

➡ **牡蛎和白葡萄酒**（Oysters & white wine）在大西洋沿岸的各处都可以品尝到，尤以康卡勒和波尔多地区的最为美味。

➡ **马赛鱼汤**（Bouillabaisse）马赛特色的美味炖鱼汤，配以油炸面包丁和大蒜辣椒蛋黄酱（rouille）。

➡ **鹅肝酱与松露**（Foie gras & truffles）每年的12月至次年3月，在多尔多涅可以品尝到美味的鹅肝酱与有"黑钻石"美誉的松露。普罗旺斯也有美味的菌菇类菜品。

➡ **猪内脏菜肴** 里昂以鲜嫩多汁的内脏香肠（andouillette，以猪内脏为食材）而闻名，这种食物与当地罗讷河谷出产的红葡萄酒堪称绝配。

➡ **香槟**（Champagne）在法国香槟地区具有百年历史的酒窖中品尝冒泡的香槟酒。

➡ **波尔多和勃艮第葡萄酒**（Bordeaux & Burgundy wines）在每一家餐厅都能找到法国的标志性红酒。如今，你可以通过酒庄团队游了解更多。

多尔多涅和卢瓦尔河谷顺畅的自行车道，再到长达3200公里的海岸线，法国的地形地貌最适合进行令人兴奋的户外运动。

➡ 法国的乡村有众多sentiers balisés（带有路标的步行小路）。这些小路纵横交错，其总长度达到了令人震惊的120,000公里，可以通往法国任何一片地区的任何一个地方。徒步旅行不必事先得到许可证。

➡ 这些小路中最著名的就是sentiers de grande randonnée（GR），这条长距离徒步道路带有红白条状的指示牌。

➡ 如果要了解更多当地活动、课程、器材租赁、夜店、公司和组织等信息，请联系当地的旅游局办事处。

营业时间

➡ 法国的工作时间被一系列复杂的政府规章制度所限定，包括每周35小时的工作时长限制。

➡ 在巴黎，午休并不常见。但通常来说，越往南走，午休的时间就越长。

➡ 法国的法律要求大部分的公司周日必须歇业，但杂货店、面包房、花店和旅游行业除外。

➡ 在法国的大部分地区，商店周一歇业。

➡ 许多服务站都储备了许多基本的生活用品，而且24小时营业。

➡ 餐厅一周休息1~2天。

➡ 博物馆大多在周一或周二闭馆。

➡ 标准营业时间如下：

银行 周一至周五或周二至周六 9:00至正午和14:00~17:00

酒吧 周一至周六 19:00至次日1:00

咖啡馆 周一至周六 7:00/8:00~22:00/23:00

夜店 周四至周六 22:00至次日3:00/4:00/5:00

邮局 周一至周五 8:30/9:00~17:00/18:00，周六8:00至正午

餐厅 正午至14:30（巴黎至15:00）和19:00~23:00（巴黎22:00至午夜）

国家速览

面积 551,000平方公里

首都 巴黎

国家代码 ☎33

货币 欧元（€）

紧急情况 ☎112

语言 法语

现金 自动柜员机随处可见

签证 适用申根签证

住宿价格区间

本书所列价格指的是带独立卫浴的双人间，青年旅舍或特别说明的除外。除非具体说明，否则都是不含早餐的旺季价格：

€ 低于€90（巴黎€130）

€€ €90~190（巴黎€130~200）

€€€ 高于€190（巴黎€200）

商店 周一至周六 9:00/10:00~19:00（正午至13:30是午休）

超市 周一至周六 8:30~19:00，周日8:30~12:30

节假日

法国有下列公共假日：

新年 1月1日

复活节星期日和星期一 3月底或4月

国际劳动节 5月1日

"二战"胜利日（Victoire 1945）5月8日——"二战"停战日

耶稣升天日（Ascension Thursday）5月——复活节后第40天庆祝

五旬节/圣灵降临节（Pentecost/Whit Sunday & Whit Monday）5月中至6月中——通常在复活节之后的第7个星期日庆祝

巴士底狱日/国庆节（Bastille Day/National Day）7月14日——全国假日

圣母升天日（Assumption Day）8月15日

万圣节（All Saints' Day）11月1日

荣军纪念日（Remembrance Day）11月11日——"一战"停战日

圣诞节 12月25日

住宿

许多地方的旅游局办事处都提供住宿预订服务，但通常会收取€5的手续费。一般来说，预订住宿时需要本人到场。在法国阿尔卑斯山地区，滑雪场的旅游局办事处开设有一个预订服务总台。

民宿

民宿（chambre d' hôte）是最能感受法国魅力的地方，也是品尝家常菜的最佳选择。各地旅游局办事处通常提供当地民宿的名单，你也可以通过网络查询：

Fleurs de Soleil（www.fleursdesoleil.fr）有550个时尚的民宿可供选择，主要集中在法国乡村地区。

Gîtes de France（www.gites-de-france.com）法国最大的民宿和自炊物业（gîtes）组织。可按地区、主题（迷人、亲子、海边、美食、美丽花园等）、活动（钓鱼、品酒等）或设施（游泳池、洗碗机、壁炉、婴儿设备等）等做分类搜索。

Samedi Midi Éditions（www.samedimidi.com）可通过地段（乡村、山区、海边等）和主题（浪漫、高尔夫、设计、烹饪课程）等条件来筛选所要入住的民宿。

露营地

- 大多数露营地在3月（或4月）至10月开放。
- 预算有限的游客可以留意性价比高但设施简单的市政露营地（campings municipaux）。
- 在很多地区，非自驾者要前往露营地是很困难的。
- 在非指定地点露营（camping sauvage，野营）是非法的。

在以下网站可以通过地点和设施来搜索露营地：

Camping en France（www.camping.fr）

Camping France（www.campingfrance.com）

HPA Guide（http://camping.hpaguide.com）

青年旅舍

青年旅舍的档次不一。

- 在巴黎，auberge de jeunesse（青年旅舍）的一个宿舍床位需要€20~50；在其他的省份，则需要€15~35。房价通常含早餐。多提供床单。
- 为了避免产生臭虫，旅舍规定不得在房间中使用睡袋。
- 所有的青年旅舍都是禁止吸烟的。

酒店

- 法国酒店公示的房费中通常不含早餐。
- 法国酒店的等级从一星到五星不等，星级评定的主要依据是客观标准（比如大堂的面积），而不是服务、装修或干净程度。
- 双人房内设一张双人床（或是两张单人床拼在一起），两张床或是带浴缸（而不是淋浴）的房间通常较贵。

电话

手机

- 法国的手机号码以☎06和☎07开头。

就餐价格区间

此处指的是包含两道菜的一餐的费用。

€ 低于€20

€€ €20~40

€€€ 高于€40

➡ 法国使用GSM900/1800频段，和欧洲其他国家及澳大利亚一致，但与北美的GSM1900不一致（不过带有三频段的部分北美手机可以使用）。

➡ 和使用国际漫游相比，从法国电信运营商Orange、SFR、Bouygues和Free Mobile等处买一张当地SIM卡通常会比较便宜，但首先要确定你的手机是未锁定的。

➡ 大多数tabacs（出售香烟的报摊）和超市都有可充值的电话卡。

电话区号和实用号码

从国外向法国打电话 先拨所在国家的国际接入码，再拨☎33（法国国家代码），然后拨10位号码（号码前不必加拨☎0）。

从法国向国外打电话 先拨国际接入码（☎00），然后依次是国家代码（indicatif）、地区代码（如果第一位是0，就去掉）和电话号码。

号码查询 全国性的service des renseignements（黄页服务）的查询号码为☎118712，也可登录www.118712.fr免费查询。

紧急号码 不用电话卡就可以从公用电话上拨出。

网络资源

France 24（www.france24.com/en/france）英语法国新闻。

Paris by Mouth（http://parisbymouth.com）巴黎餐饮。

Rendez-Vous en France（www.rendezvousenfrance.com）法国政府官方旅游网站。

Wine Travel Guides（www.winetravelguides.com）法国葡萄酒产区的实用指南。

法律事务

➡ 法国警察可以随时拦住你进行检查，也有随时要求你出示证件的权力。

➡ 外国人必须能够证明自己在法国的合法身份（借助护照、签证、居留证）。

➡ 法国法律不区分硬毒品和软毒品。涉毒的惩罚会很重（包括罚款和坐牢）。

同性恋旅行者

➡ 彩虹旗在法国高高飘扬：在同性恋方面，法国是欧洲最为开放的国家之一。

➡ 自20世纪70年代末以来，巴黎就是男女同性恋者活动的中心。

➡ 波尔多、里尔、里昂、图卢兹以及其他法国城市都有活跃的同性恋团体。

➡ 在乡下，人们对待同性恋的态度要保守很多。

➡ 在法国，同性婚姻自2013年5月起合法。

➡ 每年5月中至7月初，在法国各主要城市都会举行同性恋大游行活动。

相关网络资源有：

France Queer Resources Directory（www.france.qrd.org）男女同性恋指南。

Gaipied（www.gayvox.com/guide3）Gayvox提供的在线法国旅游指南，有按照地区分列的列表。

语言课程

➡ 在巴黎和其他省份的城镇中有各式各样的法语培训班，大多数还可安排住宿。

➡ 语言班的课程和价格五花八门，课程内容会根据你的具体需求量身打造（收取一定的费用）。

➡ 网站www.europa-pages.com/france列出了法国的语言学校信息。

Alliance Française（见412页地图；www.alliancefr.org；101 bd Raspail, 6e, Paris；Ⓜ St-Placide）有适合不同程度的学生的法语课程（最短一周）。强化课程一天4个小时，每周5天课；拓展课程每周有9个小时的指导课时。

Eurocentres（www.eurocentres.com）这家规模不大的学校组织良好，在法国有3所分校，分别位于昂布瓦斯（在迷人的卢瓦尔河谷）、拉罗谢尔（La Rochelle）和巴黎。

ℹ 到达和离开

飞机

中国国际航空、中国南方航空、中国东方航空和法航等航空公司每周都有从北京、上海和广州直飞巴黎的航班，法航还有从中国香港直飞巴黎的航班。

法国的国际机场如下所示，此外还有一些仅

供欧洲境内航班起降的较小的机场：

戴高乐国际机场（Aéroport de Charles de Gaulle, 代码CDG; www.aeroportsdeparis.fr）

奥利国际机场（Aéroport d' Orly; www.aeroportsdeparis.fr）

马赛-普罗旺斯国际机场（Aéroport Marseille-Provence, 代码MRS; ☎04 42 14 14 14; www.marseille.aeroport.fr）

尼斯里维埃拉国际机场（Aéroport Nice Côte d' Azur; http://societe.nice.aeroport.fr）

陆路

长途汽车

欧洲巴士（Eurolines; ☎08 92 89 90 91; www.eurolines.eu）是由32个长途客车公司组成的集团公司，运营的线路连接法国和欧洲其他国家各城市，外加摩洛哥和俄罗斯。26岁以下和60岁以上人士可享票价优惠。最好提前预订，特别是7月和8月。

小汽车和摩托车

如果从英国或爱尔兰开一辆右舵汽车到法国，必须在前大灯上加装一个变流装置，以避免闪到对面来车。

Eurotunnel Le Shuttle（☎在法国拨打08 10 63 03 04，在英国拨打08443-35 35 35; www.eurotunnel.com）的火车从英国福克斯通郡（Folkestone）出发，可在35分钟内把自行车、摩托车、轿车和长途客车通过英吉利海峡隧道运到位于加来西南5公里处的科凯勒（Coquelles）。接驳火车每天24小时运行，高峰时期每小时发车3班。越早预订，优惠越大。每辆汽车（最多可以有9名乘客）€30起。

火车

➡ 从法国乘坐火车几乎可以到达欧洲任何国家，只是往返西班牙、意大利和德国的过夜火车班次以及往返英国的欧洲之星列车较少。

➡ 可以在**Rail Europe**（www.raileurope.com）预订车票并查询火车班次信息。在法国，需要通过法国铁路公司**SNCF**（www.voyages-sncf.com）订票，可以在网上订票，但是网上没有法国以外的票价信息。

海路

多班轮渡从英国、爱尔兰和意大利开往法国。

Brittany Ferries（www.brittany-ferries.co.uk）连接英格兰/爱尔兰与布列塔尼和诺曼底。

P&O Ferries（www.poferries.com）英格兰和法国北部之间的轮渡。

SNCM（www.sncm.fr）法国和撒丁岛之间的轮渡。

ℹ 当地交通

飞机

法国航空公司（Air France; www.airfrance.com）及其两家子公司**Hop!**（www.hop.com）和**Transavia**（www.transavia.com）把持着法国国内航空业的大部分份额。

廉价航空公司包括**易捷航空**（EasyJet; www.easyjet.com）、**Twin Jet**（www.twinjet.net）和**Air Corsica**（www.aircorsica.com）。这些公司也运营国内航线。

长途汽车

长途汽车广泛用于省内的短途旅行，特别是火车路线较少的乡村地区（如布列塔尼和诺曼底）。遗憾的是，某些地区的车次很少，速度也慢，部分原因在于这些车旨在送孩子上下学，而不是运送旅行者往返乡间。

自行车

法国是个非常适合骑自行车的国家，而且SNCF也为骑自行车的旅行者提供了最大的便利。登录www.velo.sncf.com查看详情。

大部分法国城市都至少有一个自行车行，车行可以租赁山地车（VTT，每天约€15）、公路自行车（VTCs）以及便宜的城市自行车。租车时，必须留下身份证件和/或押金（通常是信用卡担保）以防止自行车损坏或被盗。越来越多的城市拥有了

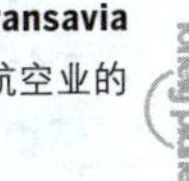

交通

➡ 高速铁路连接巴黎北站与伦敦的圣潘克拉斯火车站（通过海底隧道和欧洲之星列车），全程仅需2小时。开往布鲁塞尔、阿姆斯特丹和科隆的快速列车也由北站发车。

➡ 更多火车往返于法国首都和周边邻国的几乎每座城市之间，全都便捷舒适。

➡ 不少长途汽车和火车经比利牛斯山地区穿越法国和西班牙边境，经阿尔卑斯山地区和地中海南岸穿越法国和意大利边境。

SNCF火车票及折扣

基本信息

- 头等舱要比别的舱位贵20%或30%。
- 某些火车班次（包括法国高速列车）的票价在高峰时期比其他时段贵。
- 越早订票，票价越低。
- 4岁以下儿童免票（如果需要座位，需支付€9，无论目的地是哪里）。
- 4~11岁儿童乘坐火车可享受半价。

折扣票

Prem's SNCF在线销售不可退换的大折扣优惠车票，你可在出行前最早90天、最晚14天时通过电话、售票机或在售票窗口购买。

Bons Plans 在网站上Dernière Minute（最后一分钟）的标签下，是不同路线和日期的低价票大集合。

iDTGV 提前购买往返于近30个城市的法国高速列车车票，可以拿到优惠价格。低价票仅在www.idtgv.com上出售。

折扣卡

使用不同种类的折扣卡（有效期为1年）可以享受7.5折至4折的优惠票价：

Carte Jeune（€50）仅售给12~27岁的乘客。

Carte Enfant+（€75）售给携带一名4~11岁儿童的成年人，成年人总数不超过4人。

Carte Sénior+（€50）售给超过60岁的乘客。

自动租车系统。

小汽车和摩托车

自驾车出游可以享受更多的自由，并且可以去往法国更偏远的地区，但是花费不菲。在城市中，停车费和交通状况都是令人头疼的问题。法国有不少高质量的公路，弯道很多，沿途还有优美的风景，非常适合骑摩托车旅行。

- 所有驾驶者都必须携带身份证/护照、有效驾驶证件（permis de conduire，大多数国外驾照都可以在法国使用一年之久）、车辆所有权证明（carte grise，又被称为grey card）以及第三方保险证明。
- 法国的许多高速公路都有收费站，会根据车辆行驶的里程数收费。自驾上路前应先考虑好这些成本因素。
- 在法国租车，驾驶者需要超过21岁，并持有有效驾驶证件和国际信用卡。自动挡的汽车在法国非常少见，需要提前预订。

火车

法国完善的铁路网由法国铁路公司**SNCF**（www.sncf.com）运营。在没有开通SNCF铁路线路的乡镇，可以乘坐SNCF长途客车抵达。

- 法国火车的旗舰车型是速度极快的法国高速列车，时速可达200英里，仅需3小时就能将你从巴黎带到里维埃拉。
- 在登上任何火车之前，要先在验票机上盖个时间戳，前往月台的途中就设有黄色的验票机。

火车通票

欧洲居民（非法国人）可以购买**InterRail One Country Pass**（www.interrailnet.com；3/4/6/8天€216/237/302/344，12~25岁€147/157/199/222），持通票可在一个月的任意3~8天内无限次乘坐SNCF的火车。

对非欧洲居民来说，Rail Europe（见487页）提供**法国铁路通票**（France Rail Pass；www.francerailpass.com；1个月内的3/6/9天€211/301/388）。

只有行程很长时，买通票才会划算。

德国

包括 ➡

最佳城堡和宫殿

- 新天鹅堡（见527页）
- 埃尔茨堡（见548页）
- 瓦特堡（见515页）
- 无忧宫（见505页）

最佳标志性景点

- 勃兰登堡门（见493页）
- 霍尔斯滕城门（见564页）
- 科隆大教堂（见550页）
- 圣母教堂（见509页）

为何去

准备好迎接乘坐过山车般急转突变的节日、宴飨和诱惑场景吧，振奋人心的美景、荡涤精神的文化、古老和大胆的建筑、大都会的精彩、浪漫的城堡以及满是砖木结构房屋的城镇，这些德国都有。

很少有哪个国家能像德国一样，对世界产生如此巨大的影响，它为我们带来了印刷机、汽车、阿司匹林和MP3技术。说到伟人，这里诞生了马丁·路德、阿尔伯特·爱因斯坦和卡尔·马克思，还有巴赫、贝多芬、格林兄弟以及其他许多在人类历史上留下烙印的重量级人物。

德国那宛如故事书般的风景可能会在你的记忆深处留下深深的印记。从海风呼啸的北部海岸到宏伟的阿尔卑斯山，其风景如画卷般展开。虽然疾驰在高速公路上乐趣多多，但这个多样而迷人的国度也值得慢下来，好好感受。

何时去

柏林

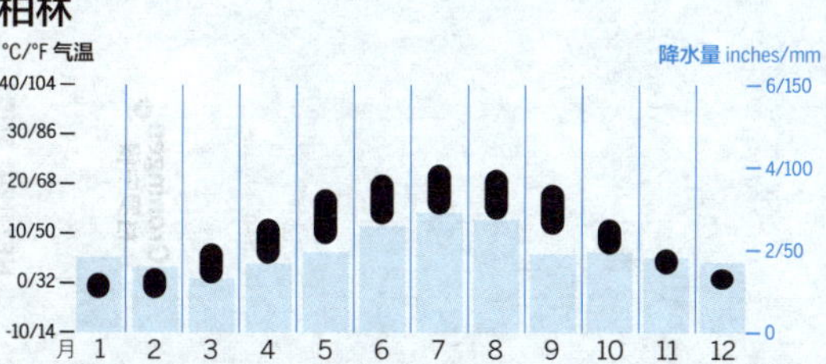

6月至8月 温暖的夏天让德国人脱下外套。夜晚似乎永不到来。

9月 绚丽的树叶和晴空让人们更向往户外运动，还有丰富的节日活动（慕尼黑啤酒节！）。

12月 冰天雪地，景点没那么多人排队了，阿尔卑斯山和圣诞市场吸引着人们。

德国亮点

❶ 在**柏林**（见492页）探索你成为派对动物的欲望。把睡眠留给其他地方好了，因为在这里感受一直变化的时代潮流、夜店和博物馆的时间永远不够。

❷ 计划好时间，去参加**慕尼黑啤酒节**（又名十月节，见518页）并狂欢畅饮，或者只是逛逛啤酒花园。

❸ 在德国迷人的小镇细品慢逛，如**班贝格**（见533页），那里有蜿蜒的小巷和烟熏啤酒，清新而别致。

❹ 在**科隆**（见550页）欣赏高耸入云的大教堂尖顶，也别忘了畅饮这个城市著名的啤酒。

❺ 在**黑森林**（见538页）里欣赏布谷鸟钟，探索这里令人战栗的悬

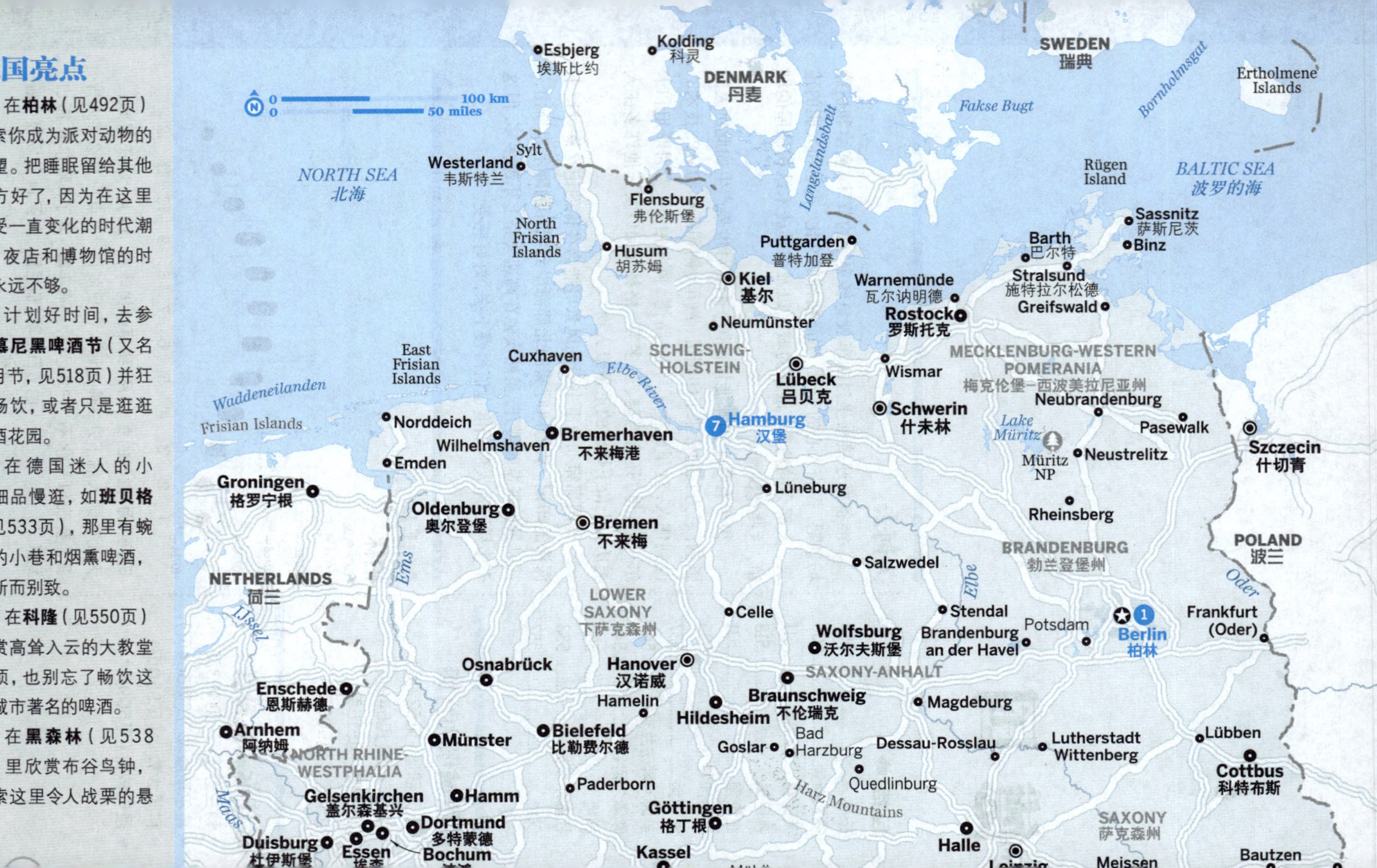

崖、云雾缭绕的山峰和永无止境的小路。

6 融入**德累斯顿**（见509页）的变化中，这里的文化富于创意。

7 巡游世界最大港口之一的**汉堡**（见557页），再去追寻甲壳虫乐队的踪迹。

8 去**特里尔**（见548页）探索阿尔卑斯山以北保存最完好的罗马遗迹，这座美丽的葡萄酒小镇就在摩泽尔河边。

旅行线路

三天

天哪，你只有这点时间吗？如果答案是肯定的，那么就驾车沿**浪漫之路**（Romantic Road）游览吧，可在罗滕堡（Rothenburg ob der Tauber）和菲森（Füssen）稍事停留，其余时间都花在**慕尼黑**吧。

五天

在**柏林**停留一两天，接着前往**德累斯顿**和**纽伦堡**并各待半天，在**慕尼黑**结束行程。

一周

这样你就有时间准备除上述景点之外的旅程。艺术爱好者可能想在日程中加入**科隆**和**杜塞尔多夫**；浪漫人士向往**海德堡**（Heidelberg），乘船巡游莱茵河或开车沿**浪漫之路**行进；自然爱好者可能会被**加尔米施—帕滕基兴**（Garmisch-Partenkirchen）、**贝希特斯加登**（Berchtesgaden）或**黑森林**吸引。

柏林（BERLIN）

☎030/人口3,500,000

俾斯麦和马克思，爱因斯坦和希特勒，约翰·菲茨杰拉德·肯尼迪和大卫·鲍伊，他们都曾塑造柏林，也都被柏林所塑造。这里的每一个街角，都有丰富的历史细节与你正面相视。尽管这里时尚前卫而优雅的街道、悠闲而酷炫的酒吧、涌现天才和走在时代尖端的画廊可能让你无暇顾及，但毫无疑问，总有些事物能够让你回想起它的历史。

柏林因它的多样性和宽容度、非传统的文化和丰富的夜生活而著名。柏林最好的一点就是重塑自我的方式：不被其独特的历史所束缚。全世界都知道这一点——德国人从全国各地源源不断地向这里涌来，其他国家的人也络绎不绝地来到这里，一探究竟。

Berlin 柏林

0 4 km
0 2 miles

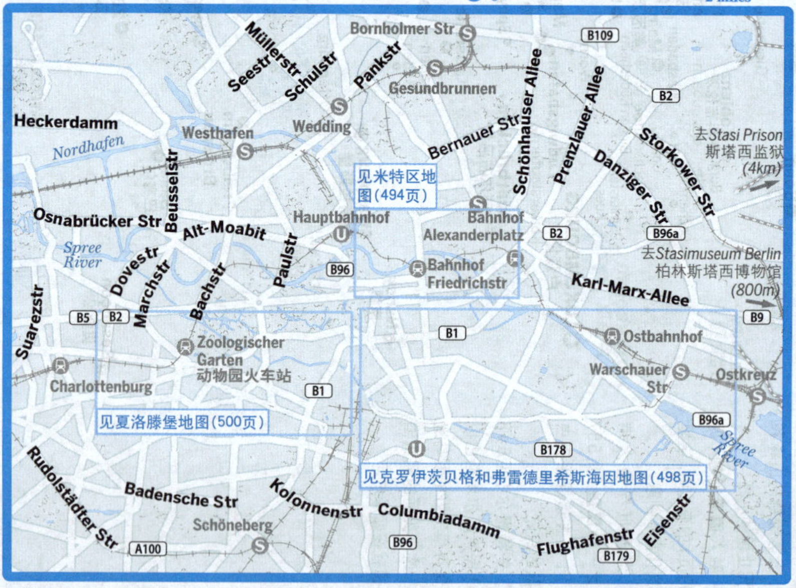

见米特区地图（494页）
见夏洛滕堡地图（500页）
见克罗伊茨贝格和弗雷德里希斯海因地图（498页）

景点

历史悠久的市中心——米特区(Mitte)有很多主要景点，如国会大厦、勃兰登堡门、电视塔(Fernsehturm)和博物馆岛(Museumsinsel)。迷宫一般、历史感浓厚的犹太区也在这里，位于犹太区中心的哈克市场(Hackescher Markt)如今随处可见时尚的精品店、酒吧和餐馆。在北面，居住区普伦茨劳贝格(Prenzlauer Berg)有热闹的咖啡馆和餐厅；而南面则是波茨坦广场(Potsdamer Platz)上林立的高楼；再往南，粗犷但很酷的克罗伊茨贝格(Kreuzberg)是派对的中心；充满学生味的弗雷德里希斯海因(Friedrichshain)在施普雷河(Spree River)的东岸；柏林西部的枢纽是夏洛滕堡(Charlottenburg)，这里有大型购物中心和一座富丽堂皇的皇家宫殿。

米特区

★国会大厦 历史建筑

(Reichstag，见494页地图；www.bundestag.de；Platz der Republik 1，服务中心；Scheidemannstrasse；⊙乘坐电梯8:00至午夜，最后进入时间 23:00，服务中心4月至10月 8:00~20:00，11月至次年3月至18:00；🚌100；S Bundestag；🚊Hauptbahnhof，Brandenburger Tor) 免费 作为柏林最具标志性的建筑之一，这座建于1894年的国会大厦曾被火烧过，被炸弹炸过，被重建过，被柏林墙倚靠过，也被裹在纤维织物里整修过，最终由诺曼·福斯特爵士(Norman Foster)改造成德国国会(Bundestag)所在地。这座建筑中最显眼的是闪闪发光的玻璃穹顶，可乘电梯(必须预订，查看www.bundestag.de了解详情)登顶，在上面能看到壮观的城市全景。如果没有预订，可尝试去服务中心获取留下来的门票。带上身份证。

★勃兰登堡门和巴黎广场 古迹

(Brandenburger Tor & Pariser Platz，见494页地图；Pariser Platz；⊙24小时；S Brandenburger Tor；🚊Brandenburger Tor) 免费 勃兰登堡门在冷战期间是分裂的标志，如今则是德国重新统一的象征。这座凯旋门竣工于1791年，最早是皇宫城门，其建设灵感来自希腊的雅典卫城(Acropolis)。一辆四马二轮战车(Quadriga)雕塑如皇冠般屹立在凯旋门上，表现了胜利女神张开翅膀驾着马拉战车的情景。

大屠杀纪念馆 纪念馆

(Holocaust Memorial，见498页地图；☎030-2639 4336；www.stiftung-denkmal.de；Cora-Berliner-Strasse 1；语音导览成人/优惠€4/2；⊙场地24小时开放，信息中心 4月至9月周二至周日 10:00~20:00，10月至次年3月至19:00，最后

在柏林的……

一天

提前预约早间电梯，登上德国国会大厦(Reichstag)穹顶，拍张勃兰登堡门(Brandenburger Tor)的照片，接着心怀肃穆地参观大屠杀纪念馆(Holocaust Memorial)，并去波茨坦广场(Potsdamer Platz)欣赏当代建筑。去查理检查站(Checkpoint Charlie)反思冷战的疯狂历史，接下来前往博物馆岛(Museumsinsel)赞美埃及皇后奈费尔提蒂(Queen Nefertiti)和伊师塔门(Ishtar Gate)。最后一晚到哈克市场(Hackescher Markt)尽享欢笑。

两天

第二天从认真研究柏林被分隔时期的生活面貌开始，前往参观柏林墙纪念馆(Gedenkstätte Berliner Mauer)。还可去东德博物馆(DDR Museum)或沿着东区画廊(East Side Gallery)漫步。下午则去克罗伊茨贝格(Kreuzberg)感受都市氛围，那里有时髦的商店、街头艺术表演。在运河边吃顿晚餐，去Kottbusser Tor附近喝几杯，然后到夜店狂欢，结束一天的行程。

Mitte 米特区

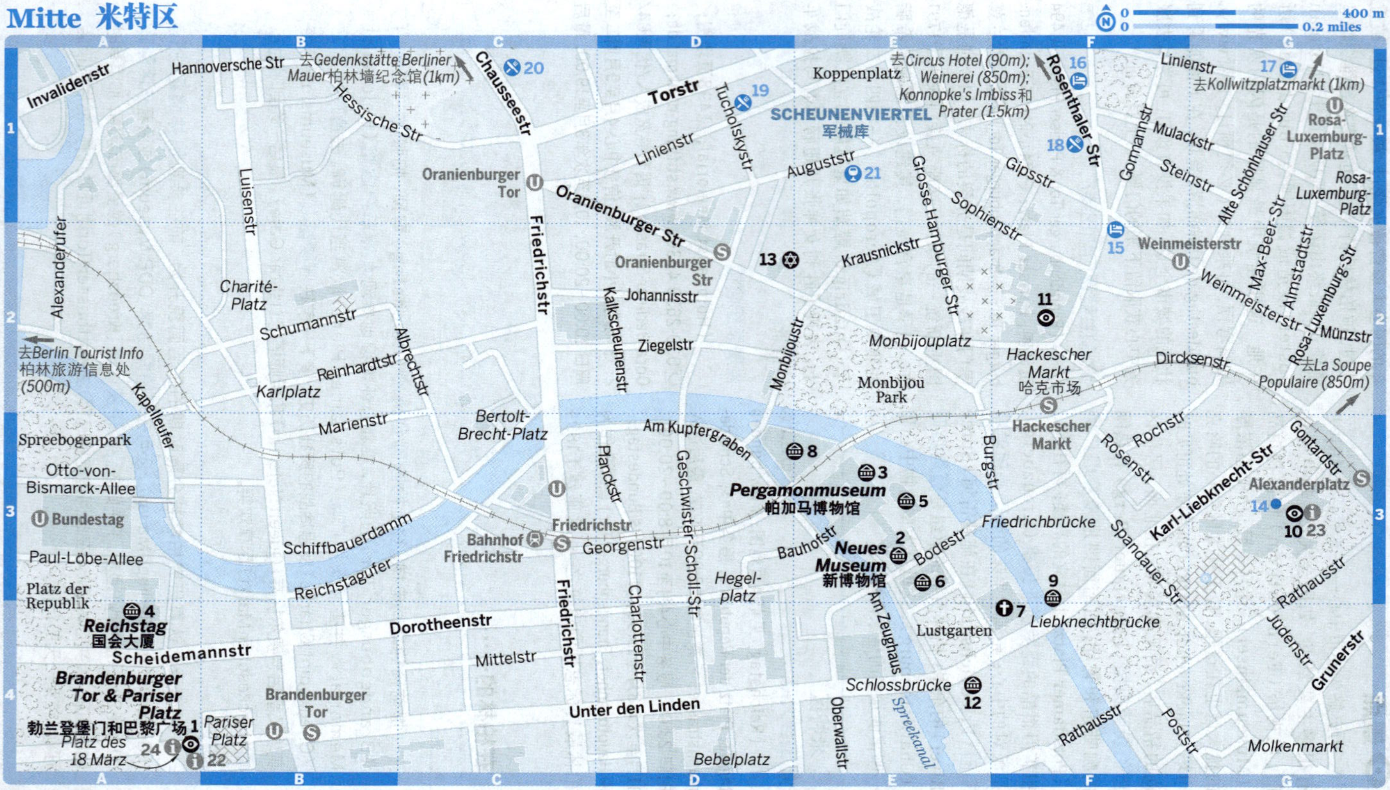

0 — 400 m
0 — 0.2 miles

A B C D E F G
1 2 3 4

Invalidenstr
Hannoversche Str
去Gedenkstätte Berliner Mauer柏林墙纪念馆(1km)
Hessische Str
Chausseestr
20
Torstr
Tucholskystr
19
SCHEUNENVIERTEL
军械库
Koppenplatz
去Circus Hotel (90m); Weinerei (850m); Konnopke's Imbiss和Prater (1.5km)
Rosenthaler Str
16
18
Linienstr
17
去Kollwitzplatzmarkt (1km)
Rosa-Luxemburg-Platz
Mulackstr
Gormannstr
Steinstr
Alte Schönhauser Str
Rosa-Luxemburg-Platz
Luisenstr
Oranienburger Tor
Oranienburger Str
Linienstr
Auguststr
21
Gipsstr
Sophienstr
Grosse Hamburger Str
15
Weinmeisterstr
Max-Beer-Str
Almstadtstr
Rosa-Luxemburg-Str
Weinmeisterstr
Münzstr
Alexanderufer
Charité-Platz
Friedrichstr
Oranienburger Str
13
Krausnickstr
Johannisstr
Kalkscheunenstr
11
Schumannstr
Ziegelstr
Monbijoustr
Monbijouplatz
Hackescher Markt
哈克市场
Dircksenstr
去La Soupe Populaire (850m)
去Berlin Tourist Info
柏林旅游信息处
(500m)
Reinhardtstr
Albrechtstr
Karlplatz
Monbijou Park
Kapelleufer
Marienstr
Bertolt-Brecht-Platz
Am Kupfergraben
Hackescher Markt
Rochstr
Spreebogenpark
Planckstr
Geschwister-Scholl-Str
8
Burgstr
Rosenstr
Gontardstr
Otto-von-Bismarck-Allee
3
Pergamonmuseum
帕加马博物馆
5
Karl-Liebknecht-Str
Alexanderplatz
Bundestag
Friedrichstr
Bahnhof Friedrichstr
Georgenstr
Friedrichbrücke
14
10 23
Schiffbauerdamm
Bauhofstr
2
Neues Museum
新博物馆
Bodestr
Spandauer Str
Paul-Löbe-Allee
Reichstagufer
Hegelplatz
6
9
Rathausstr
Platz der Republik
4
Reichstag
国会大厦
Dorotheenstr
Friedrichstr
Charlottenstr
Am Zeughaus
7
Liebknechtbrücke
Lustgarten
Jüdenstr
Scheidemannstr
Mittelstr
Grunerstr
Brandenburger Tor & Pariser Platz
勃兰登堡门和巴黎广场 1
Brandenburger Tor
Schlossbrücke
12
Unter den Linden
Oberwallstr
Spreekanal
Rathausstr
Poststr
Pariser Platz
Platz des 18 März
24
22
Bebelplatz
Molkenmarkt

Mitte 米特区

重要景点

1 勃兰登堡门和巴黎广场 A4
2 新博物馆 E3
3 帕加马博物馆 E3
4 国会大厦 A4

景点

5 旧国家画廊 E3
6 旧博物馆 E3
7 柏林大教堂 F4
8 博德博物馆 E3
9 东德博物馆 F3
10 电视塔 G3
11 哈克庭院 F2
12 洪堡资讯馆 E4
13 新犹太教堂 D2

活动、课程和团队游

14 Fat Tire Bike Tours G3

住宿

15 Casa Camper F2
16 Hotel Amano F1
17 Wombats City Hostel Berlin G1

就餐

18 Chèn Chè F1
19 Schwarzwaldstuben D1
20 Weinbar Rutz C1

饮品和夜生活

21 Clärchens Ballhaus E1

实用信息

22 柏林旅游信息处 A4
23 柏林旅游信息处 G3
24 柏林旅游局 A4

进入时间为闭馆前45分钟；S Brandenburger Tor，Ⓤ Brandenburger Tor）**免费** 这座足球场一般大小的纪念馆于2005年揭幕，是由美国建筑师彼得·艾森曼（Peter Eisenman）设计的，其地面以2711块类似石棺的水泥墩铺就，波澜起伏的感觉更添沉寂肃穆之气。这座迷宫可从任意角落自由进入，全程可自由参观。相关背景信息，可去地下室的**信息中心**（Ort der Information）问询。展览足以让所有观众动容。提供语音导览。

希特勒的地堡 古迹

（Hitler's Bunker，见498页地图；In den Ministergärten和Gertrud-Kolmar-Strasse交叉路口；⏲24小时；S Brandenburger Tor，Ⓤ Brandenburger Tor）1945年4月30日，当整个柏林陷入熊熊大火之中，苏联坦克开进了柏林，阿道夫·希特勒和他的长期伴侣爱娃·布劳恩（Eva Braun）在他们婚后几个小时双双自杀。如今，这里成为停车场，那段黑暗的历史只能通过信息牌展现出来。上面有庞大地堡阵的平面图、建筑数据和对"二战"后此地的介绍。

查理检查站 古迹

（Checkpoint Charlie，见498页地图；Zimmerstrasse和Friedrichstrasse交叉路口；⏲24小时；S Kochstrasse，Stadtmitte）1961~1990年，查理检查站是来往于两个柏林之间的外国人和外交官的主要通道。不幸的是，这个冷战的有力象征，现在几乎沦为无比俗气的游客陷阱，还好有免费的露天展览讲述这一冷战历史上的里程碑。

博物馆岛和军械库

博物馆岛是柏林最重要的宝库，集欧洲和其他地区6000年来的艺术、文物、雕塑、建筑等瑰宝于一身。而与其相邻的军械库则是紧凑且充满魅力的一方天地，这里有田园风格的庭院、划时代的画廊、当地设计师的精品店、时尚酒吧甚至美好时代的舞厅。自两德统一后，军械库也重新定义了自身的历史定位，成为柏林重要的犹太区。

★帕加马博物馆 博物馆

（Pergamonmuseum，见494页地图；☎030-266 424 242；www.smb.museum；Bodestrasse 1-3；成人/优惠 €12/6；⏲周五至周三 10:00~18:00，周四至20:00；🚌100，Ⓤ Hackescher Markt，Friedrichstrasse）虽然目前正进行重修，但帕加马博物馆还是打开了一扇通往古代世界的窗口。那宫殿般宏伟的三翼建筑群中统合了大量来自古希腊、罗马、巴比伦和中东地区的古典雕塑和纪念性建筑，其中最著名的包括荧光蓝的**巴比伦伊师塔门**（Babylonian Ishtar Gate）、罗马的**米利都市场门**（Market Gate of Miletus）和穆萨塔的**哈里发宫殿**（Caliph's Palace）。注意，与博物馆同名的帕加马祭坛直到2019年才能恢复参观。

★新博物馆

博物馆

（Neues Museum, New Museum, 见494页地图；☎030-266 424 242; www.smb.museum; Bodestrasse 1-3; 成人/优惠 €12/6; ⊙周五至周三 10:00~18:00, 周四至20:00; 🚌100, 200, 🚇Hackescher Markt）这座因遭受轰炸而由大卫·奇普菲尔德（David Chipperfield）重新建造的新博物馆现在是埃及王后奈费尔提蒂（Queen Nefertiti）的安息之所。埃及馆中的亮点还包括木乃伊、雕塑和石棺。同一建筑内的史前和早期历史馆（Museum of Pre- and early History）中的镇馆之宝包括特洛伊文物、尼安德特人头骨化石和拥有3000年历史的镀金圆锥形礼帽。只能在博物馆门票标明的半小时内入馆。若想省却排队的麻烦，可提前在线购票。

柏林大教堂

教堂

（Berliner Dom, Berlin Cathedral, 见494页地图；☎030-2026 9136; www.berlinerdom.de; Am Lustgarten; 成人/优惠/18岁以下€7/4/免费; ⊙4月至9月周日 9:00~20:00, 10月至次年3月至19:00; 🚌100, 200, 🚇Hackescher Markt）这座华丽庄严、具有意大利文艺复兴风格的前宫廷教堂（1905年）有三个属性：既是做礼拜的教堂，也是博物馆和音乐厅。里面从上到下都是镀金，有一座由大理石和红玛瑙建造的豪华祭坛、一架有7269个风管的萨奥尔管风琴，以及制作精良、雕刻精美的皇室石棺。攀登267级台阶到达画廊，可以看到城市的壮丽风景。

东德博物馆

博物馆

（DDR Museum, GDR Museum, 见494页地图；☎030-847 123 731; www.ddr-museum.de; Karl-Liebknecht-Strasse 1; 成人/优惠 €6/4; ⊙周日至周五 10:00~20:00, 周六至22:00; 👪; 🚌100, 200, 🚇Hackescher Markt）这座互动式博物馆可以让人们对铁幕后面那个已经破灭的社会一探究竟。你会看到：东德儿童集体进行如厕训练，工程师的收入比农民稍高一点点，似乎所有人都会参加裸体假日。亮点是你可以模拟乘坐东德的卫星牌小汽车。

电视塔

地标

（Fernsehturm, 见494页地图；☎030-247 575 875; www.tv-turm.de; Panoramastrasse 1a; 成人/儿童 €13/8.50, Fast View票 €19.50/11.50; ⊙3月至10月 9:00至午夜，11月至次年2月 10:00至午夜；Ⓢ Alexanderplatz, 🚇Alexanderplatz）这座368米高的电视塔是德国最高的建筑。它之于柏林的标志性意义就如同埃菲尔铁塔之于巴黎。天气晴朗时，在203米高的平台上可以看到无与伦比的全景风光。塔上的球形餐厅（Restaurant Sphere, 主菜 €14~28）每小时旋转一周。想省却排队的烦恼，可在线上购票。

博物馆岛的更多宝藏

虽然帕加马博物馆和新博物馆是博物馆岛上的亮点，但其他三座博物馆在藏品方面也绝不平淡。卢斯特加滕公园（Lustgarten park）对面的**旧博物馆**（Altes Museum, Old Museum, 见494页地图；☎030-266 424 242; www.smb.museum; Am Lustgarten; 成人/优惠€10/5; ⊙周二、周三和周五至周日10:00~18:00, 周四至20:00; 🚌100, 200, 🚇Friedrichstrasse, Hackescher Markt）展出的是古希腊、伊特鲁里亚和罗马时代的文物。岛屿最北端的**博德博物馆**（Bodemuseum, 见494页地图；☎030-266 424 242; www.smb.museum; Am Kupfergraben/Monbijoubrücke; 成人/优惠€10/5; ⊙周二、周三和周五至周日10:00~18:00, 周四至20:00; 🚇Hackescher Markt）收藏了许多欧洲珍贵的雕塑作品，其跨度从中世纪直至18世纪。**旧国家画廊**（Alte Nationalgalerie, Old National Gallery, 见494页地图；☎030-266 424 242; www.smb.museum; Bodestrasse 1-3; 成人/优惠€10/5; ⊙周二、周三和周五至周日 10:00~18:00, 周四至20:00; 🚌100, 200, 🚇Hackescher Markt）聚焦在19世纪的欧洲绘画上。五座博物馆一日通票的价格为€18（优惠价€9）。

柏林城市宫殿的重建

2013年7月，洪堡论坛（Humboldt-Forum）重建工程终于在新宫殿（Schlossplatz）破土动工。这座浩大工程的外观将复制巴洛克式的柏林城市宫殿（Berliner Stadtschloss，Berlin City Palace），原建筑于1950年被东德政府炸毁，26年后取而代之的是一座多功能礼堂，即采用大量石棉材料修建的共和国宫（Palace of the Republic），这座建筑在2006年也被落锤破碎机摧毁。新建筑内部采用现代化设计，将容纳科学、教育和跨文化对话论坛、人种学博物馆（Museum of Ethnology）和亚洲艺术博物馆（Museum of Asian Art）——两座博物馆目前都位于达勒姆（Dahlem）远郊——以及中央国家图书馆（Central State Library）和大学收藏馆。工程预计于2019年完工。可去工地旁边形状奇怪的建筑**洪堡资讯馆**（Humboldt-Box，见494页地图；☎0180-503 0707；www.humboldt-box.com；Schlossplatz；门票€2；⊙10:00~19:00；🚌100，200，Ⓢ Hausvogteiplatz）先行预览，那里的屋顶咖啡馆露台视野开阔。

哈克庭院 古迹

（Hackesche Höfe，见494页地图；☎030-2809 8010；www.hackesche-hoefe.com；Rosenthaler Strasse 40/41，Sophienstrasse 6；🚊M1，🚊Hackescher Markt）免费 这座精心修复的建筑群由8个相连的庭院组成，集合了咖啡馆、画廊、精品店和娱乐场所，因此非常受游客的欢迎。**一号庭院**（Court Ⅰ）有新艺术风格的用瓷砖铺就的图案，是最漂亮的一座。**七号庭院**（Court Ⅶ）通往浪漫的**玫瑰庭院**（Rosenhöfe），后者是一个带有下沉式玫瑰花园和卷须状栏杆的单独的庭院。

新犹太教堂 犹太教堂

（Neue Synagoge，见494页地图；☎030-8802 8300；www.centrumjudaicum.de；Oranienburger Strasse 28-30；成人/优惠 €3.50/3，穹顶 €2/1.50；⊙周日和周一 10:00~20:00，周二至周四至18:00，周五至17:00，11月至次年2月周日和周一10:00~18:00，10月至次年3月周五 10:00~14:00；Ⓢ Oranienburger Tor，🚊Oranienburger Strasse）原来那座新犹太教堂竣工于1866年，是那时德国最大的犹太教堂，位于当时主要是犹太人居住的街区。建筑于“二战”中被毁，柏林墙倒塌之后获得重建。这里同时是博物馆和文化中心，并记录当地犹太人的生活。

柏林墙纪念馆 纪念馆

（Gedenkstätte Berliner Mauer，Berlin Wall Memorial；☎030-467 986 666；www.berliner-mauer-gedenkstaette.de；Bernauer Strasse，在Schwedter Strasse和Gartenstrasse之间；⊙游客中心4月至10月 9:30~19:00，11月至次年3月至18:00，露天展览8:00~22:00；🚊Nordbahnho，Bernauer Strasse，Eberswalder Strasse）免费 柏林墙纪念馆是德国分裂史的主要纪念场所，它沿着Bernauer Strasse绵延1.4公里长。里面有保持着原貌的柏林墙、以前边界设施的残留部分，还有逃跑隧道、一个礼拜堂和一座纪念碑。这里是唯一能看到这座边境防御工事历史随时代演变的地方。多媒体工作站、“考古窗口”及贯穿纪念馆的零散地标揭示了在此地发生过的事件的背景和详细资料。想眺望全景，可登上Ackerstrasse附近文献中心（Documentation Centre）的观景平台。

波茨坦广场和蒂尔加滕

波茨坦广场是柏林最新的广场，曾经被柏林墙一分为二，在20世纪90年代恢复了原貌，现在是当代建筑的最佳展示。赫尔穆特·扬（Helmut Jahn）设计的**索尼中心**是最吸引眼球的建筑。

毗邻的**文化中心**（Kulturforum）有艺术博物馆和举世闻名的柏林爱乐厅（Berliner Philharmonie）。在欧洲最大的城市公园之一——蒂尔加滕（Tiergarten）中，漫步林荫小道、流连啤酒花园，真是观光的好享受。

★ **绘画陈列馆** 画廊

（Gemäldegalerie，Gallery of Paintings，

Kreuzberg & Friedrichshain
克罗伊茨贝格和弗雷德里希斯海因

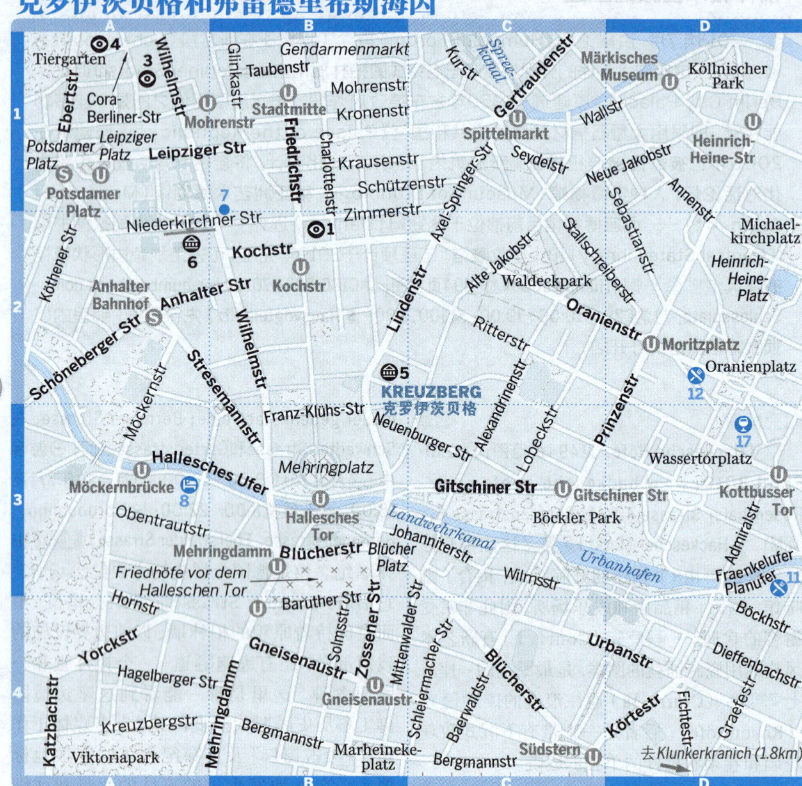

见500页地图；☎030-266 424 242；www.smb.museum/gg；Matthäikirchplatz 8；成人/优惠 €10/5；⏰周二、周三和周五至周日10:00~18:00，周四至20:00；🚌M29, M41, 200, Ⓢ Potsdamer Platz，Ⓤ Potsdamer Platz）殿堂级的柏林文化博物馆（Kulturforum museum）收藏了堪称世界上最精美、最全面的13~18世纪的欧洲艺术品。当你参观这72个画廊时，要穿一双舒适的鞋，然后边走边欣赏伦勃朗（Rembrandt）、丢勒（Dürer）、哈尔斯（Hals）、维梅尔（Vermeer）、庚斯博罗（Gainsborough），以及更多古典大师的杰作。展览绵延近两公里。

恐怖刑场 博物馆

（Topographie des Terrors, Topography of Terror，见本页地图；☎030-2548 0950；www.topographie.de；Niederkirchner Strasse 8；⏰10:00~20:00，庭院至黄昏或20:00；♿；Ⓢ Potsdamer Platz，Ⓤ Potsdamer Platz）**免费** 就在同一地点，曾经有纳粹德国最恐怖的机构（包括盖世太保总部和纳粹党卫军指挥部）。这里引人注目的展览记录了恐怖的场景，展现了这些残忍机构对整个欧洲犯下的罪行的详细信息。外面另一处展览则聚焦于被纳粹定为首都之后的柏林及市民生活的变化。

克罗伊茨贝格和弗雷德里希斯海因

克罗伊茨贝格有一点分裂的气质：西部（Bergmannstrasse周围）充满了高档、文雅的气息；东部（科特布斯门周边）是多种文化的大杂烩和喧闹夜生活的中心地带。横跨施普雷河的弗雷德里希斯海因深受学生的喜爱，可以在这里参观冷战遗址（包括卡尔·马

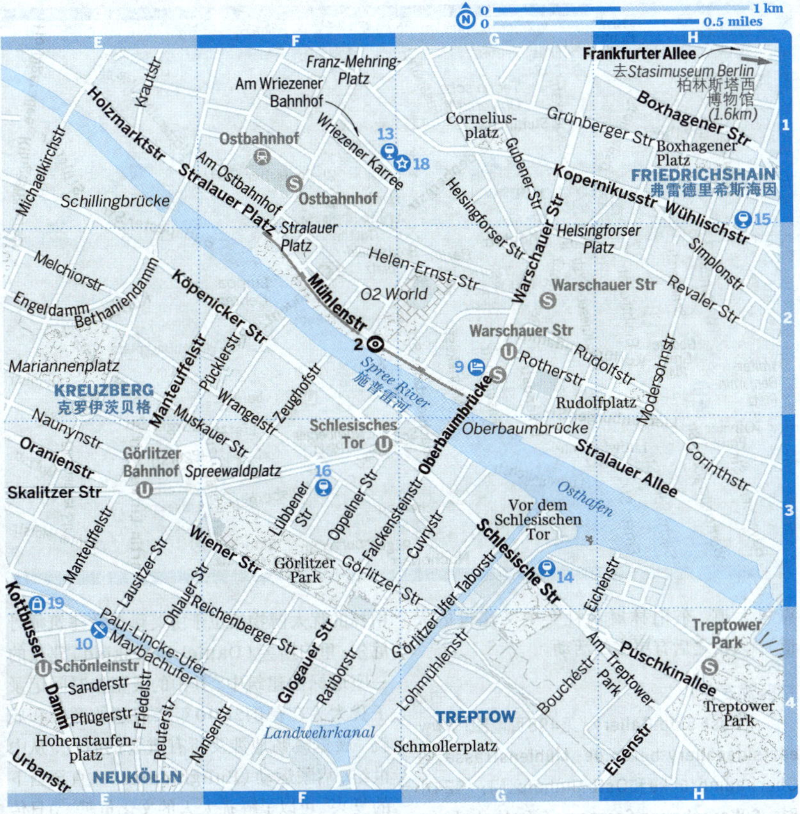

Kreuzberg & Friedrichshain
克罗伊茨贝格和弗雷德里希斯海因

景点

1 查理检查站 B2
2 东区画廊 F2
3 希特勒的地堡 A1
4 大屠杀纪念馆 A1
5 犹太博物馆 B2
6 恐怖刑场 A2

活动、课程和团队游

7 Trabi Safari B1

住宿

8 Grand Hostel Berlin A3
9 Michelberger Hotel G2

就餐

10 Cafe Jacques E4
11 Defne D3
12 Max und Moritz D2

饮品和夜生活

13 Berghain/Panorama Bar F1
14 Club der Visionäre G3
15 Hops & Barley H1
16 Madame Claude F3
17 Würgeengel D3

娱乐

18 Kantine am Berghain G1

购物

19 土耳其市场 E3

德国 柏林

Charlottenburg 夏洛滕堡

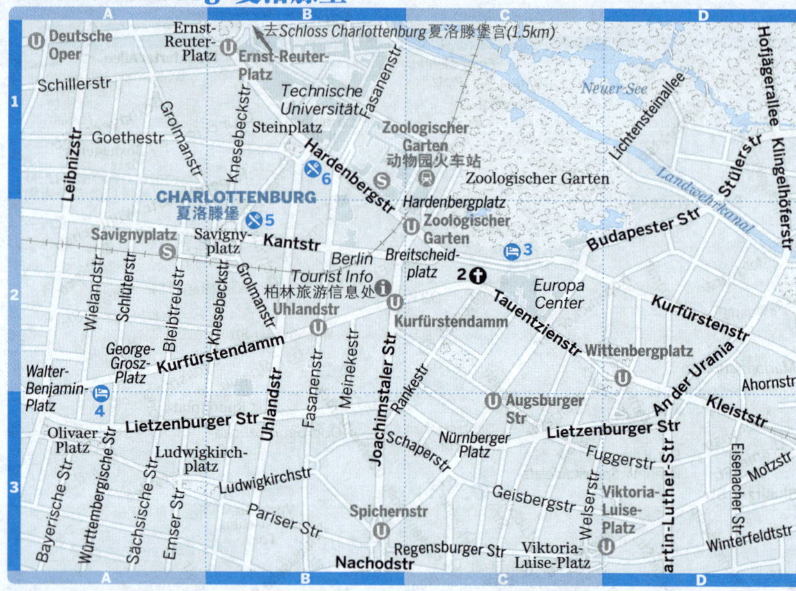

克思大道、东柏林展示社会主义建设的大道），入夜之后有更多的活动。

东区画廊 古迹

（East Side Gallery，见498页地图；www.eastsidegallery-berlin.de；Mühlenstrasse，在Oberbaumbrücke和Ostbahnhof之间；24小时；Warschauer Strasse，Ostbahnhof，Warschauer Strasse）**免费** 时间停留在1989年。28年之后，柏林墙，这座分隔人性、冷酷灰暗时代的产物终于寿终正寝。施普雷河（Spree River）沿岸的大部分墙壁都被迅速拆掉了，但仍保留下1.3公里长的一段，现在成为东区画廊，这也是世界上最大的露天壁画展览馆。在其中的100多幅作品中，几十位国际艺术家通过政治宣言、药物引起的沉思和真正的艺术视角将全球性时代的欢乐气氛和乐观情绪呈现出来。

犹太博物馆 博物馆

（Jüdisches Museum，Jewish Museum，见498页地图；030-2599 3300；www.jmberlin.de；Lindenstrasse 9-14；成人/优惠 €8/3；周一 10:00~22:00，周二至周日至20:00，闭馆前1小时禁止入场；Hallesches Tor，Kochstrasse）柏林的犹太博物馆位于由美籍波兰建筑师丹尼尔·里伯斯金（Daniel Libeskind）建造的一座标志性建筑中。其中的展览按时间记录了犹太人在德国2000年来遭遇的磨难和成就。展览流畅地涉及所有重要的时代，从中世纪、启蒙运动（Enlightenment）直至当下的复兴。可以了解犹太人的文化贡献、节日传统、艰难的解放之路和杰出人物，例如哲学家摩西·门德尔松（Moses Mendelssohn）、牛仔裤发明者李维·施特劳斯（Levi Strauss）以及画家费力克斯·努斯鲍姆（Felix Nussbaum）。

斯塔西博物馆 博物馆

（Stasimuseum Beilin；030－553 6854；www.stasimuseum.de；Haus 1，Ruschestrasse 103；成人/优惠€5/4；周一至周五 10:00~18:00，周六和周日正午至18:00；Magdalenenstrasse）前国家安全局总部的所在现在已成为一个博物馆，你会惊奇地看到不如现在先进却非常巧妙的监视设备（藏在喷壶、岩石甚至领带里）、一座带有漆黑小囚室的囚犯押运车，以及前东德国家安全局主席埃里希·梅尔克（Erich Mielke）极度整洁的办公室。

Charlottenburg 夏洛滕堡

重要景点
1 绘画陈列馆 F1

景点
2 威廉皇帝纪念教堂 C2

住宿
3 25hours Hotel Bikini Berlin C2
4 Hotel Askanischer Hof A3

就餐
5 Dicke Wirtin B2
6 Restaurant am Steinplatz B1

娱乐
7 柏林爱乐厅 F1

斯塔西监狱 纪念馆

（Stasi Prison, Gedenkstätte Hohenschönhausen; 030-9860 8230; http://en.stiftung-hsh.de; Genslerstrasse 66; 团队游成人/优惠 €5/2.50; 德语团队游3月至10月周一至周五 11:00~15:00 每小时1次，11月至次年2月周一至周五 11:00、13:00和15:00，全年周六和周日 10:00~16:00 每小时1次，英语团队游周三、周六和周日 14:30; M5至Freienwalder Strasse）斯塔西迫害的受难者常常死于这个残酷的羁押监狱。这里现在是一座纪念馆，官方名称是霍恩施豪森纪念馆（Gedenkstätte Hohenschönhausen）。团队游全面揭示了数千名疑似政权反对者所受的恐怖残酷的迫害，很多人完全是无辜的。新建的监狱展览则记录了监狱的历史。从亚历山大广场（Alexanderplatz）乘M5有轨电车到Freienwalder Strasse，然后沿街走10分钟就到了。

城市西部和夏洛滕堡

在冷战期间，夏洛滕堡是西柏林闪亮的核心地带。然而，柏林重新统一后，在历史悠久的米特区和东部其他区域的映衬下，这里显得黯然失色。但现在，夏洛滕堡正竭力通过重新开发动物园站（Zoologischer Garten）周边来重展雄风。主要干线是3.5公里长的Kurfürstendamm（简称Ku' damm），这是柏林最繁忙的购物街道。最主要的景点是修复完善的夏洛滕堡宫。

★夏洛滕堡宫 宫殿

（Schloss Charlottenburg; 030-320 910; www.spsg.de; Spandauer Damm 10-22; 一日通票成人/优惠 €15/11; 不同建筑时间不同; M45, 109, 309; S Richard-Wagner-Platz, Sophie-Charlotte-Platz）这是柏林现存最宏大的皇宫，包括一座主宫殿和散落在可爱花园里的三座较小的建筑。夏洛滕堡宫是为弗雷德里希一世（King Friedrich I）的妻子索菲·夏洛特（Sophie Charlotte）夏季避暑而建，后来由弗雷德里希大帝（Friedrick the Great）扩建。亮点包括装饰奢华的皇家私人公寓、结有富丽华彩的节日大厅、珍藏的稀有陶器、法国18世纪大师创作的油画、银器、花瓶、挂毯和其他能体现皇室生活的物品。

威廉皇帝纪念教堂 教堂

（Kaiser-Wilhelm-Gedächtniskirche, Kaiser Wilhelm Memorial Church, 见500页地图; 030-218 5023; www.gedaechtniskirche.com; Breitscheidplatz; 教堂9:00~19:00，纪念馆周一至周五 10:00~18:00，周六 10:00~17:30，周日正午至17:30; 100, S Zoologischer Garten, Kurfürstendamm, Zoologischer Garten）免费

这个地标性的教堂于1895年封圣，其尖塔在战争中几乎被炸毁，现在这里成为反战纪念馆，宁静而庄严地矗立在川流不息的道路中间。八角形大厅是做礼拜的地方，增建于1961年。大厅有令人惊奇的深蓝色玻璃墙，以及“漂浮”在祭坛上空的巨大耶稣像。

团队游

下面列出的大部分英语步行团队游不需要预订，只需登录网站查看最新的集合地点。

Alternative Berlin Tours 步行游览

（☎0162 819 8264; www.alternativeberlin.com）任你选择的亚文化之旅，可带你深入探索城市表面之下，每天两次。还有街头文化工坊的参观活动、可选的酒吧游和最核心的“暮色游览”。

Berlin Walks 步行游览

（☎030-301 9194; www.berlinwalks.de; 成人 €12~15，优惠 €10~12）这是柏林经营时间最久的提供英语步行游览服务的机构。BerlinWalks还经营萨克森豪森集中营和波茨坦的团队游。

Fat Tire Bike Tours 自行车游

（见494页地图；☎030-2404 7991; www.fattirebiketours.com/berlin; Panoramastrasse 1a; 成人/优惠 €24/22; Ⓢ Alexanderplatz, Ⓡ Alexanderplatz）组织城市经典、纳粹和柏林墙之旅，迷人的“原生态柏林”之旅会深入探寻城市的亚文化风景。集合地点在电视塔的主门处。也有电动车（E-bike）团队游。推荐预订（而且有些项目要求预订）。

Trabi Safari 汽车之旅

（见498页地图；☎030-2759 2273; www.trabi-safari.de; Zimmerstrasse 97; 每人 €34~60，柏林墙乘车之旅 €79~89; Ⓢ Kochstrasse）通过Trabi Safari，可以驾驶或乘坐原东德生产的卫星牌（Trabant）小汽车，游览《再见了，列宁》（*Good Bye, Lenin!*）式的柏林经典场景，或者进行“狂野东部”之旅。车内会传送现场评论（英语版本需要提前预约）。

住宿

夏洛滕堡的酒店经常有特价促销，但记住，住在这里的话，距离绝大多数主要景点都很远（景点都位于米特区），所以需要乘坐地铁（U-Bahn）前往景点。另外，这里也远离弗里德里希斯海因和克罗伊茨贝格的夜生活区。

米特区和军械库

Wombats City Hostel Berlin 青年旅舍 €

（见494页地图；☎030-8471 0820; www.wombats-hostels.com; Alte Schönhauser Strasse 2; 铺/双 €26/78; @ 📶; Ⓢ Rosa-Luxemburg-Platz）位于市中心，利于社交，是理想的青旅之选。背包大小的室内储物柜、单独的阅读台灯和有洗碗机的客用厨房，这些细节会令你印象深刻。宽敞的套房中有免费的床单和饮品。

★ **Circus Hotel** 酒店 €€

（☎030-2000 3939; www.circus-berlin.de; Rosenthaler Strasse 1; 双 €85~120; @ 📶; Ⓢ Rosenthaler Platz）这里是我们最爱的一座经济型精品酒店，所有的现代化房间都各不相同，但全采用欢快的色调、周到的设计细节、光滑的橡木地板和高质量寝具。浴室有步入式淋浴间。有可练瑜伽的夏季屋顶露台，提供自行车出租，美味的早餐自助餐（€9）一直供应到13:00。

Hotel Amano 酒店 €€

（见494页地图；☎030-809 4150; www.amanogroup.de; Auguststrasse 43; 双 €90~190; P ❄ @ 📶; Ⓢ Rosenthaler Platz）这座经济型的设计酒店有诱人的公共区域、考究的铜拉丝墙壁和深褐色的长软座，客房方便时髦，采用白色家具搭配橡木地板和自然色调的织物，营造出一种清爽舒适的氛围。喜欢宽敞的人可以预订带厨房的公寓。早餐的价格为€15。

Casa Camper 酒店 €€€

（见494页地图；☎030-2000 3410; www.casacamper.com; Weinmeisterstrasse 1; 房/套 €194/338起; P 📶; Ⓢ Weinmeisterstrasse）加泰罗尼亚的鞋商Camper将其悠闲而时尚的制鞋理念移植到这家为时髦客人准备的酒店中。客房都是现代极简主义的风格，搭配有光线充足的浴室，床铺让人舍不得起床。顶楼的休闲酒吧能看见绝佳的风景。有免费早餐。24小

折扣卡

如果你的预算有限，多种组合优惠和折扣通票能帮你省钱。

柏林博物馆通票（Museumspass Berlin；www.visitberlin.de；成人/优惠€24/12）三日（连续）通票适用于大约50座博物馆的永久展览，包括帕加马博物馆等火爆的博物馆。旅游局办事处和参加通票项目的博物馆均有售。

柏林欢迎卡（Berlin Welcome Card；www.berlin-welcomecard.de；在AB区域旅行48/72小时€18.50/25.50，48小时含波茨坦和最多3名15岁以下儿童€20.50，72小时含博物馆岛€40.50）在2天、3天或5天之内无限次乘坐公共交通，还有针对200个景点、古迹以及团队游的高达50%的优惠。在旅游局办事处、地铁（U-Bahn）和轻轨（S-Bahn）的售票机及公共汽车上都可以买到。

时供应小吃和饮品。

克罗伊茨贝格和弗雷德里希斯海因

★ Grand Hostel Berlin 青年旅舍 €

（见498页地图；☎030-2009 5450；www.grandhostel-berlin.de；Tempelhofer Ufer 14；铺€14起，双€58；@📶；Ⓢ Möckernbrücke）在图书馆酒吧享用下午茶？可以。房间有石膏吊顶吗？当然。有运河河景？是的。位于一座建于19世纪70年代建筑中的Grand Hostel，现已经过完全的修复，虽然不是五星级酒店，却是柏林最舒服、最有氛围的青年旅舍之一。提供私人房间和带高质量单人床的多人间（寝具价格€3.60），还有大储物柜。

★ Michelberger Hotel 酒店 €€

（见498页地图；☎030-2977 8590；www.michelbergerhotel.com；Warschauer Strasse 39；双€105~196；📶；Ⓢ Warschauer Strasse，🚆Warschauer Strasse）这家终极创意之选完美概括了柏林的另类DIY精神，但又没有自以为是的显摆。房间的前身是厂房，但非常舒适，有适合情侣、家庭或整支摇滚乐队的各种房间。员工很友好，信息灵通，大厅里有一家很热门的餐厅，有时会有现场音乐演奏。可选早餐的价格为€16。

城市西部和夏洛滕堡

25hours Hotel Bikini Berlin 酒店 €€

（见500页地图；☎030-120 2210；www.25hours-hotels.com；Budapester Strasse 40；房€80起；❄@📶；Ⓢ Zoologischer Garten，🚆Zoologischer Garten）这家"都市丛林"主题的时尚生活前哨完美反映了所在地域的特色。它位于城市动物园和主要购物区之间。客房风格时髦，不过有些小，较好的一些正对动物园。

Hotel Askanischer Hof 酒店 €€

（见500页地图；☎030-881 8033；www.askanischer-hof.de；Kurfürstendamm 53；双含早餐€80~160；📶；Ⓢ Adenauerplatz）如果你追随充满个性而复古的感觉，你将会在这家有17个房间的漂亮酒店里如愿以偿。房间装饰充满了"咆哮的20年代"的余韵。华丽的橡木门背后宛如一片静谧的绿洲，所有房间各不相同，都装饰着古董、蕾丝窗帘、枝形吊灯和古老的东方挂毯。古雅的老柏林魅力吸引了许多时尚的摄影者。

就餐

柏林是小吃爱好者的天堂，市内遍布土耳其的小吃（最好的选择），德国香肠，希腊、意大利和中国的小吃店。如果要品尝本地小吃，就去寻找各处都有的咖喱香肠（Currywurst，淋番茄酱、撒咖喱粉的切片香肠）。出色的农夫市场包括普伦茨劳贝格区的**Kollwitzplatzmarkt**（Kollwitzstrasse；⏰周四正午至19:00，周六9:00~16:00；Ⓢ Senefelderplatz）和克罗伊茨贝格的**土耳其市场**（Türkenmarkt，Turkish Market，见498页地图；www.tuerkenmarkt.de；Maybachufer；⏰周二和周五11:00~18:30；Ⓢ Schönleinstrasse，Kottbusser Tor）。

米特区和军械库

Chèn Chè 越南菜 €€

（见494页地图；www.chenche-berlin.de；Rosenthaler Strasse 13；菜€7~11；⏰正午至午夜；🌶；Ⓢ Rosenthaler Platz，🚊M1）这是一家富于

异国风情的越南茶馆，可以在迷人的禅意花园就座，也可以在六角形的枝形吊灯下找个桌子。菜品的选择不多，有热腾腾的pho（汤）、咖喱和用传统陶碗盛着的面条。有精选的茶叶，还有一座小商店。

Schwarzwaldstuben 德国菜 €€

（见494页地图；☎030-2809 8084；Tucholskystrasse 48；主菜 €7~14；⌚9:00至午夜；🚊M1，🚆Oranienburger Strasse）在这古灵精怪的森林般的装潢中品尝美味的德国南部食物吧。值得称赞的有马克罗尼奶酪（Spätzle）、德国大饺子（Maultaschen，类似意大利饺子的面食）、巨大的炸肉排（schnitzel），可以一股脑儿地就着来自黑森林的Rothaus Tannenzäpfle啤酒吃下去。

Weinbar Rutz 德国菜 €€€

（见494页地图；☎030-2462 8760；www.rutz-weinbar.de；Chausseestrasse 8；酒吧主菜 €16~25，3/4道菜套餐 €44/54；⌚周二至周六 16:00~23:00；Ⓢ Oranienburger Tor）在这一高水准的美食圣殿中，米其林星级大厨Marco Müller运营着一家更接地气的葡萄酒吧，其中的菜单上都是特色的简单菜肴和肉食。许多肉类和香肠都来自柏林及周边。甜点可选择柏林核桃奶酪蛋糕和接骨木莓冰激凌。

普伦茨劳贝格区

Konnopke' s Imbiss 德国菜 €

（☎030-442 7765；www.konnopke-imbiss.de；Schönhauser Allee 44a；香肠 €1.40~1.90；⌚周一至周五 9:00~20:00，周六 11:30~20:00；Ⓢ Eberswalder Strasse，🚊M1，M10）来这家著名的香肠餐厅排队吧。本店从1930年起就一直位于这座地铁高架桥下，现在又增加了一座有暖气的亭子，以及英语菜单。经典咖喱香肠的辣味分四个等级：从微辣到劲辣，香肠上浇有"秘方"酱料。

La Soupe Populaire 德国菜 €€

（☎030-4431 9680；www.lasoupepopulaire.de；Prenzlauer Allee 242；主菜 €14~21；⌚周四至周六正午至午夜；Ⓢ Rosa-Luxemburg-Strasse，🚊M2）这里是当地名厨Tim Raue最新的分店，其烹饪技巧融合了德国家常菜肴的精髓，最受欢迎的是小牛肉丸（Königsberger Klopse）。装潢走的是工业时尚风。位于一家已经停业的19世纪啤酒厂内，顾客们坐在复古的桌前。楼下的画廊空间一直有各种临时展览。

克罗伊茨贝格

Cafe Jacques 各国风味 €€

（见498页地图；☎030-694 1048；Maybachufer 14；主菜 €12~20；⌚18:00至深夜；Ⓢ Schönleinstrasse）这里有讨人喜欢的烛光、优雅的艺术风格装潢、出色的葡萄酒和热情的员工，所以一直是下班厨师和当地食客的最爱。这里还是完美的约会场所，你一定会被写在黑板上的法式和北非菜肴迷住。冷盘足够分享，鱼和肉食一直都是顶级选择，意大利面是自制的。必须预约。

Max und Moritz 德国菜 €€

（见498页地图；☎030-6951 5911；www.maxundmoritzberlin.de；Oranienstrasse 162；主菜 €9.50~17；⌚17:00至午夜；Ⓢ Moritzplatz）这间老式自酿小酒馆散发着昔日的光辉，其名字来自威廉·布施（Wilhelm Busch）创作的搞笑卡通角色。自1902年开始，这里装饰着乡村风情的地砖和灰泥的房间就一直挤满了饥肠辘辘的食客和饮酒者。这里提供泡沫丰富的自制啤酒和柏林传统菜肴。菜单上最受欢迎的是啤酒煮土豆牛肉（Kutschergulasch）。

Defne 土耳其菜 €€

（见498页地图；☎030-8179 7111；www.defne-restaurant.de；Planufer 92c；主菜€8~20；⌚4月至9月 16:00至次日1:00，10月至次年3月 17:00至次日1:00；Ⓢ Kottbusser Tor，Schönleinstrasse）如果你认为土耳其美食只限于旋转烤肉，运河畔的Defne会改变你的印象。单是开胃菜拼盘就足以勾起你的食欲（核桃-辣椒酱特别好吃！），创意主菜——例如片羊羔肉和茄子泥酸奶（ali nacik）也令人流连忘返。夏季有可爱的露台。

城市西部和夏洛滕堡

Dicke Wirtin 德国菜 €€

（见500页地图；☎030-312 4952；www.dicke-wirtin.de；Carmerstrasse 9；主菜 €6~16；

⊙11:00至深夜；🚉Savignyplatz）这个老牌小酒馆的每个角落都散发着老柏林的魅力。店内提供8种生啤（包括超赞的Kloster Andechs）和30多种自制杜松子酒。配上丰盛的当地下酒菜，如烤猪肉（roast pork）、煎猪肝（fried liver）和面包屑炸肉排（breaded schnitze）。有便宜的午餐。

Restaurant am Steinplatz 德国菜 **€€€**

（见500页地图；☎030-312 6589；www.marriott.de；Hardenbergstrasse 12；主菜€16~26；⊙早餐、午餐和晚餐；🚌M45，🅢Ernst-Reuter-Platz，Bahnhof Zoologischer Garten，🚉Bahnhof Zoologischer Garten）这家20世纪20年代开办的餐厅已经过彻底的21世纪风格的改造，厨房和门面都装饰一新。餐厅中占据主要位置的是开放式厨房。在这里，经验丰富的厨师Marcus Zimmer用地区性食材制作经典的柏林菜肴。就连烤猪肘（Eisbein）之类的乡村啤酒馆菜肴都具有自己的特色，摆盘精美。

饮品和夜生活

柏林没有宵禁，是出了名的不夜城。从黄昏到黎明，再到清晨，酒吧永远都挤满了人，一些夜店直到次日6:00才趋于平静。克罗伊

值得一游

无忧宫和公园

这座从前的普鲁士皇宫位于波茨坦，从柏林市中心只需半小时即可到达。其中宏伟的宫殿和公园由18世纪的弗里德里希二世（Friedrich Ⅱ，即弗里德里希大帝）设计，现已被联合国教科文组织列入世界遗产名录。

这片皇家建筑中最引人注目的是**无忧宫**（Schloss Sanssouci；☎0331-969 4200；www.spsg.de；Maulbeerallee；成人/优惠含语音导览€12/8；⊙4月至10月周二至周日10:00~18:00，11月至次年3月至17:00；🚌650，695），这是一座著名的洛可可式宫殿，是国王最爱的夏季避暑行宫。语音导览游中的亮点包括具有奇特装饰风格的音乐厅、私密的图书室和圆顶大理石大厅（Marble Hall）。入场人数有限制，而且只发售限时门票。可在线上（http://tickets.spsg.de）订票以避免排队等待或者失望而归。波茨坦**旅游局办事处**（☎0331-2755 8899；www.potsdam-tourism.com；⊙周一至周六9:30~20:00，周日10:00~16:00）组织的团队游能确保入场。

无忧宫周围环绕着一座不规则伸展的公园，其中还点缀有许多其他宫殿、建筑、喷泉、雕塑和浪漫角落。其中不容错过的有**中国馆**（Chinesisches Haus，Chinese House；☎0331-969 4200；www.spsg.de；Am Grünen Gitter；门票€2；⊙5月至10月周二至周日 10:00~18:00；🚌605，606至Schloss Charlottenhof，🚊91至Schloss Charlottenhof），这是一座可爱的三叶草形状的亭楼，其中装饰着身穿异国服饰的镀金人像，呈现出饮茶、舞蹈和演奏乐器等场景。

公园里的另一个亮点是**新皇宫**（Neues Palais，New Palace；☎0331-969 4200；www.spsg.de；Am Neuen Palais；成人/优惠含语音导览€8/6；⊙4月至10月周三至周一10:00~18:00，11月至次年3月至17:00；🚌605或606至Neues Palais，🚉Potsdam Charlottenhof），它占据了整个园林的西头，是为显示皇室气度而修建的，其中满是奢华的私人和办公房间，有一些正在修复中。

每座建筑单独收取门票。一日通票花费€19（优惠价€14）。

天气晴朗的时候，值得参加**乘船巡游**（☎0331-275 9210；www.schiffahrt-in-potsdam.de；Lange Brücke 6；⊙4月至10月10:00~19:00）以探索波茨坦水上风光和其他宫殿。其中最热门的一条线路是90分钟的宫殿巡游（Schlösserundfahrt，palace cruise；€13）。船只从中央火车站（Hauptbahnhof）附近的码头出发。

从柏林-中央火车站和动物园站（Zoologischer Garten）开出的地区火车30分钟即可到达波茨坦中央火车站。从柏林市中心出发的轻轨S7线来这里需要约40分钟。无论乘坐什么车次，都需要购买ABC车票（€3.20）。

茨贝格和弗雷德里希斯海因是当下最流行的酒吧区。时髦阔气的米特区和夏洛滕堡区更适合晚上约会。详细名录可参见两周一期的城市杂志*Zitty*（www.zitty.de）或*Tip*（www.tip.de），也可登录www.residentadvisor.net查询。

Prater 啤酒花园

（☎030-448 5688；www.pratergarten.de；Kastanienallee 7-9；⊙天气允许的时候4月至9月正午至深夜；ⓈEberswalder Strasse）这里是柏林最古老的啤酒花园，从1837年一直营业至今，很适合坐在老栗子树下痛饮用传统方法酿造的比尔森啤酒（自助）。有为孩子们设计的小型玩乐区。天气不好或冬季时，旁边的啤酒馆是品尝经典德国菜肴的好去处（主菜€8~19）。

Weinerei 葡萄酒吧

（☎030-440 6983；www.weinerei.com；Veteranenstrasse 14；⊙20:00至深夜；📶；ⓈRosenthaler Platz，🚇M1）这家客厅风格的葡萄酒吧奉行诚信收费的原则：以€2的价格"租"一个葡萄酒杯，然后随意自取，最后自行决定应付总价。请适可而止，不要辜负了这种美好的理念。

Madame Claude 小酒馆

（见498页地图；☎030-8411 0859；www.madameclaude.de；Lübbener Strasse 19；⊙19:00开始；ⓈSchlesisches Tor, Görlitzer Bahnhof）在这一大卫·林奇（David Lynch）式的酒馆里，地心引力被颠覆了，家具从天花板上倒挂下来，而装饰线条却在地板上。这里每晚都有音乐会、DJ打碟等活动，包括周一的eXperi、周三的音乐小测验之夜和周日的自愿即兴表演。店名来自一位著名的法国妓女——非常贴合这里的妓院起源。

Hops & Barley 小酒馆

（见498页地图；☎030-2936 7534；Wühlischstrasse 40；⊙周一至周五 17:00起，周六和周日 15:00起；ⓈWarschauer Strasse，🚇Warschauer Strasse）这家气氛宜人的自酿酒馆由一间肉铺改建而来。在这里，可以一边谈天说地，一边畅饮比尔森生啤、麦芽黑啤（dunkel）、果味小麦啤酒（weizen）和浓烈的苹果酒（cider）。店主也生产时令特色饮品，例如Bernstein麦芽酒或强劲的印度淡啤酒。小黑板上写着几种特色酒的名字。

Würgeengel 酒吧

（见498页地图；www.wuergeengel.de；Dresdener Strasse 122；⊙19:00开始；ⓈKottbusser Tor）若想在一处时髦的场所度过夜晚，可以来这家鸡尾酒吧。店内采用时髦的装饰艺术风格，有许多吊灯和闪亮的黑色界面。这里一般都很忙碌，尤以旁边的巴比伦（Babylon）电影院散场之后为最。

Klunkerkranich 酒吧

（www.klunkerkranich.de；Karl-Marx-Strasse 66；⊙天气允许的时候周一至周六 10:00至午夜，周日正午至午夜；ⓈRathaus Neukölln）Klunkerkranich只在暖和的月份营业，是一座夜店、花园、沙滩酒吧的结合体，位于Neukölln Arcaden购物中心屋顶停车场的盆栽之间。这里是伴着当地DJ和乐队创作旋律小酌的好去处。

Berghain/Panorama Bar 夜店

（见498页地图；www.berghain.de；Wriezener Bahnhof；⊙周五午夜至周一早晨；🚇Ostbahnhof）迷宫般的前电厂变成享乐主义者的天

男女同性恋的柏林

柏林传奇般的自由主义造就了世界上规模最大、最多元化的"GLBT"（男同性恋、女同性恋、双性恋和跨性别者）聚集地。古老的"同性恋村"在Schöneberg的Nollendorfplatz附近（尤其是Motzstrasse和Fuggerstrasse的周边，在Nollendorfplatz地铁站下车）。早在20世纪20年代，这里就已骄傲地插上了彩虹旗。如今，同性恋者的时尚中心是克罗伊茨贝格，自由奔放的派对场所集中在Mehringdamm和Oranienstrasse一带。查看免费的同性恋"宝典"*Siegessäule*周刊（www.siegesaeule.de）。有关城中同性恋的最新信息都可以在里面找到。

值得一游

萨克森豪森集中营

位于柏林以北仅35公里处的萨克森豪森（Sachsenhausen）是由犯人建造的，1936年开放并成为集中营的典型。到1945年，已有约200,000人穿过这里罪恶的大门：一开始大部分都是政治异见者，后来也有罗姆人、信德人、犹太人以及战俘。成千上万的人在这里因饥饿、衰竭、疾病、严寒、医学实验和死刑而丧生。1961年，集中营被改造，成为纪念遗址（☎03301-200 200；www.stiftung-bg.de；Strasse der Nationen 22；⏲3月中至10月中8:30~18:00，10月中至次年3月中至16:30，多数展览周一关闭）免费。参观这里的庭院、遗留建筑和展览，所有游客都会动容。

除非是参加导览游，不然可以拿一份宣传单（€0.50），或者去游客中心租一个语音导览器（€3，含宣传单），以便更好地了解这座巨大的遗址。注意，虽然庭院每天都开放，但室内展览周一会关闭。

轻轨S1线每小时3班，可前往奥拉宁堡（Oranienburg，€3.20，45分钟），再从那里步行两公里，沿途设有路标。也可以乘坐1小时1班的公共汽车804路前往集中营。

堂。世界一流的打碟大师炒热这里的气氛。安装着ex-turbine音响的大厅（Berghain）主要播放冷酷简约的高科技舞曲，楼上的Panorama Bar则播放浩室乐（house）。进门时把关严格，不允许拍照。可登录网站查看主场地和相邻的Kantine am Berghain（见498页地图；☎030-2936 0210；www.berghain.de；Am Wriezener Bahnhof；⏲时间不定；🚉Ostbahnhof）周中音乐会和唱片发行派对的信息。

Clärchens Ballhaus 夜店

（见494页地图；☎030-282 9295；www.ballhaus.de；Auguststrasse 24；⏲11:00至深夜，跳舞21:00或21:30开始；🚉M1，🚉Oranienburger Strasse）在这座建于19世纪后期的气派舞厅里，时光仿佛回到从前：头发斑白的舞者们在镶花地板上舞动身体。从萨尔萨舞曲到摇摆舞曲，从探戈到迪斯科，每晚的音乐都不同，周六有现场乐队演奏。

Club der Visionäre 夜店

（见498页地图；☎030-6951 8942；www.clubdervisionaere.com；Am Flutgraben 1；⏲周一至周五 14:00开始，周六和周日正午开始；🅂Schlesisches Tor，🚉Treptower Park）这一位于运河边一间旧船屋内的夏日派对场地相当好，有冰凉啤酒、爽脆比萨，还有动听的电子音乐。你可以在垂柳下打发时光或在楼上跳舞。周末派对的时候人很多。厕所环境糟糕。

☆ 娱乐

柏林爱乐厅 古典音乐

（Berliner Philharmonie，见500页地图；☎售票处030-2548 8301；www.berliner-philharmoniker.de；Herbert-von-Karajan-Strasse 1；🚉200，🅂Potsdamer Platz，🚉Potsdamer Platz）这一世界闻名的音乐厅拥有很棒的音响系统。因为汉斯·夏隆（Hans Scharoun）采用了台地葡萄园式的巧妙设计，所以里面没有位置不好的座位。这里是柏林爱乐乐团的专属音乐厅。乐团现任首席指挥西蒙·拉特尔爵士（Sir Simon Rattle）将任职至2018年。室内音乐会在旁边的室内乐厅（Kammermusiksaal）举行。

ℹ 实用信息

柏林旅游局（Visit Berlin，见494页地图；www.visitberlin.de；Brandenburger Tor，Pariser Platz）运营4座散客办事处，在机场设有信息台。还有一座**呼叫中心**（☎030-2500 2333；⏲周一至周五 9:00~19:00，周六 10:00~18:00，周日 10:00~14:00），其中的员工会讲多种语言，能回答各种常见问题，还能帮你预约酒店和车票。散客办事处分别在下列位置：

勃兰登堡门办事处（Brandenburger Tor，见494页地图；Pariser Platz，Brandenburger Tor；⏲4月至10月9:30~19:00，11月至次年3月至18:00；🅂Brandenburger Tor；🚉Brandenburger Tor）

中央火车站办事处（中央火车站，Europaplatz

出口，一楼；⊙8:00~22:00；S Hauptbahnhof，U Hauptbahnhof）

新克兰茨勒之角大楼办事处（Neues Kranzler Eck，Kurfürstendamm 22, Neues Kranzler Eck；⊙周一至周六 9:30~20:00；S Kurfürstendamm）

电视塔办事处（见494页地图；电视塔一楼；⊙4月至10月 10:00~18:00，11月至次年3月至16:00；🚌100，200，S Alexanderplatz，U Alexanderplatz）

到达和离开

飞机

多数游客都选择乘飞机前往柏林。随着新建柏林勃兰登堡机场（Berlin Brandenburg Airport）开业的延期，航班继续使用**泰格尔机场**（Tegel；代码TXL；☎030-6091 1150；www.berlin-airport.de）和**舍纳费尔德机场**（Schönefeld；代码SXF；☎030-6091 1150；www.berlin-airport.de）。

长途巴士

多数长途巴士都使用柏林最西边会展中心附近的**长途巴士总站**（Zentraler Omnibusbahnhof，简称ZOB；☎030-302 5361；www.iob-berlin.de；Masurenallee 4-6；S Kaiserdamm，U Messe/ICC Nord）。地铁U2线连接至市中心。有些公司的车也会停靠亚历山大广场（Alexanderplatz）和城里其他站点。

火车

柏林有几个火车站，但多数列车都使用市中心的**中央火车站**（Hauptbahnhof）。

> ### 便宜的巴士游
>
> 在动物园站（Zoologischer Garten）或亚历山大广场站（Alexanderplatz）乘坐100路或200路公共汽车，来一次快速的柏林之旅。花一张标准公共汽车票的钱（€2.60，一日通票€6.80）就可以在地标建筑间飞快地移动。100路公共汽车经过蒂尔加滕（Tiergarten），200路公共汽车经过波茨坦广场。如果不堵车也不下车，整个行程大约30分钟。

当地交通

抵离机场

泰格尔机场

公共汽车 TXL公共汽车途经中央火车站，然后前往亚历山大广场（€2.60，40分钟），每10分钟1班。X9路巴士前往Kurfürstendamm和动物园站（€2.60，20分钟）。

地铁 最近的地铁站是Jakob-Kaiser-Platz，可乘坐109路和X9路巴士前往。从那里有U7号线直接前往Schöneberg和克罗伊茨贝格（€2.60）。

舍纳费尔德机场

机场火车站距离航站楼约400米远。有免费的接驳车，每10分钟1班；步行前往需要5~10分钟。

机场快轨 定时的德国国家铁路公司（Deutsche Bahn）地区火车，在时刻表里表示为RE7和RB14。每小时两班开往柏林市区（€3.20，30分钟）。

轻轨 S9线每20分钟1班，前往弗雷德里希斯海因或者普伦茨劳贝格还是很方便的。如果前往Messe（会展中心），搭乘S45到Südkreuz站，然后换乘S41。票价为€3.20。

公共交通

一张票对所有的公共交通都有效，包括地铁、巴士、有轨电车和渡轮。多数柏林市内的车次都需要AB车票（€2.60），其两小时内有效（允许停顿和换乘，但不能往返）。

可通过汽车司机、地铁和轻轨车站的自动售票机（提供英语说明）、有轨电车上的自动售票机和车站办公室购票。使用现金购票（可找零）。一定要验票（盖戳），否则可能会被处以€40的罚款。

在工作日，交通工具的运行时间是4:00到午夜过后不久，之后有半小时1班的Nachtbus（夜班巴士）服务。在周末，地铁和轻轨整夜运行（除了U4和U55线）。

要进行行程规划，可登录网站或拨打24小时**热线**（☎030-194 49；www.bvg.de）。

出租车

你可以打电话预订**出租车**（☎030-20 20 20，030-44 33 11），也可以招手拦下一辆或者在出租车等候站等候。起步价€3.40，7公里前每公里€1.79，超过7公里每公里€1.28。小费约10%。两公里的短程收费为€4，但仅限于你招手拦下出租车并在司机激活计价器之前。

德国中部 (CENTRAL GERMANY)

德国中部包括图林根州(Thuringia)和萨克森州(Saxony),两者从前都属于东德领土。这里有魏玛(Weimar)、爱森纳赫(Eisenach)和爱尔福特(Erfurt)等城镇,曾经被德国历史上最著名的人物(包括歌德和马丁·路德)所塑造。继续向东,莱比锡无可争议地为自己在东德的垮台中所发挥的作用而自豪,德累斯顿则是重生的代表。期待这个地区为你带来的启发和惊喜吧。

德累斯顿(Dresden)

☎0351/人口512,000

德累斯顿死而后生,已经成为德国观光客最多的城市之一。复原重建已经使它的历史中心恢复了18世纪鼎盛时期的荣光,当时这里被称为"易北河上的佛罗伦萨",闻名整个欧洲。众多意大利艺术家、音乐家、演员和工匠大师涌向奥古斯特二世(Augustus the Strong)的宫廷,赋予了这座城市无数大师级的杰作。

1945年毁灭性的轰炸将大多数建筑瑰宝夷为平地。但德累斯顿是幸运的,之后很多重要的地标性建筑得以重建,包括优雅的圣母教堂(Frauenkirche)。今天,这里有不断发展变化的艺术和文化盛况、活力四射的酒吧和夜生活区,尤其是外新城(Outer Neustadt)。

景点

德累斯顿横跨易北河两岸,南面是景点众多的老城(Altstadt),北面是酒馆和学生聚集的新城(Neustadt)。

圣母教堂 教堂

(Frauenkirche; www.frauenkirche-dresden.de; Neumarkt; 语音导览 €2.50; ⏲10:00至正午和13:00~18:00) 免费 这是德累斯顿最受人喜爱的建筑之一。拥有穹顶的圣母教堂从一片城市废墟中拔地而起。当初那座存在了两个世纪的优雅建筑在1945年2月的大轰炸中倒塌。德国统一后的一场草根运动帮助这里筹得了资金,并让其获得重建。复建后的建筑与原建筑几乎一模一样,虽然可能缺少了历史的厚重感,但这无损于其内外的美感。其中的祭坛是用近2000件碎片重新组装而成的,非常惊人。

茨温格宫 博物馆

(Zwinger; ☎0351-4914 2000; www.skd.museum; Theaterplatz 1; 成人/17岁以下€14/免费; ⏲周二至周日 10:00~18:00)这座不规则伸展的宫殿是德国最令人着迷的巴洛克宫殿之一,现在里面有几座重要的博物馆,其中最重要的是**历代大师画廊**(Gemäldegalerie Alte Meister)——堪称一卷世界艺术大师名人录,包括波提切利(Botticelli)、提香(Titian)、鲁本斯(Rubens)、维梅尔(Vermeer)和丢勒(Dürer)。其中一幅重要的作品是拥有500年历史的拉斐尔创作的《西斯廷圣母》(*Sistine Madonna*)。迈森和东亚珍贵陶器的粉丝可以去**瓷器博物馆**(Porzellansammlung),技术迷们则喜欢**数理-物理沙龙**(Mathematisch-Physikalischer Salon)中的古代科学仪器(地球仪、时钟、望远镜等)。

森帕歌剧院 历史建筑

(Semperoper; ☎0351-320 7360; www.semperoper-erleben.de; Theaterplatz 2; 团队游成人/优惠 €10/6; ⏲时间不定)德国最负盛名的歌剧院之一,揭幕于1841年,曾举办过理查德·施特劳斯(Richard Strauss)、卡尔·玛利亚·冯·韦伯(Carl Maria von Weber)和理查德·瓦格纳(Richard Wagner)著名作品的首演。45分钟的导览游几乎每天都有(英语团队游15:00)。具体时间依据排练和表演时间表而定。提前在网上购票,可避免排队。

阿尔贝廷宫 博物馆

(Albertinum; ☎0351-4914 2000; www.skd.museum; 从Brühlsche Terrasse或Georg-Treu-Platz 2进入; 成人/优惠/17岁以下€10/7.50/免费; ⏲周二至周日10:00~18:00; P)这座文艺复兴时期的军械库在2002年遭遇洪水后就

不要错过

绿穹珍宝馆

1485~1918年，德累斯顿的这座堡垒似的文艺复兴式城市宫殿遗址是萨克森统治者的家，现在则是一座珍宝馆，收藏着奥古斯特二世那令人眼花缭乱的珍贵藏品。这里可谓现实版的“阿拉丁的山洞”，到处散落着金银、象牙、钻石和用珠宝打造的奇珍异宝。其展品如此之丰富，以至于用了两座单独的博物馆才装下，一座是**绿穹珍宝馆旧馆**（Historisches Grünes Gewölbe, Historic Green Vault; ☎0351-4914 2000; www.skd.museum; Residenzschloss; 成人/17岁以下含语音导览€14/免费; ⊙周三至周一 10:00~18:00），另一座是现代风格的**绿穹珍宝馆新馆**（Neues Grünes Gewölbe, New Green Vault; ☎0351-4914 2000; www.skd.museum; Residenzschloss; 成人/17岁以下含语音导览€14/免费; ⊙周三至周一 10:00~18:00）。

如果时间只够参观其中一座，那就选旧馆吧，因为这里陈列展品的展厅是一系列装饰奢华的巴洛克风格房间，就和奥古斯特时期一样。只出售限时门票，且对参观人数也有限制。最好提前在线上买票，或者在售票处开门前就到达。

不过，如果进不了旧馆也不要太失望，因为现代风格的新馆中陈列的文物一样精彩。

两座展馆的联票价格为€23（17岁以下免票），包括其他宫殿展览（硬币、盔甲、印花布和素描等）以及塔楼（Hausmannturm）。

进行了大规模修复，现在是精彩的**当代大师画廊**（Galerie Neue Meister），展出18世纪至20世纪重要画家——从卡帕斯·大卫·弗里德里希（Caspar David Friedrich）、克劳德·莫奈到格哈德·里希特——的绘画珍品。展室装饰华丽，环绕着中间一座光线充沛的庭院。

团队游

NightWalk Dresden 徒步游

（☎0172 781 5007; www.nightwalk-dresden.de; Albertplatz; 团队游 €13; ⊙团队游21:00）德累斯顿不全是巴洛克式的华美建筑。通过这里迷人的“幕后”徒步团队游，你可以探索城市中最有趣的街区外新城。途中，你可以见识精美的街头艺术，了解从前东德的生活样貌，造访有趣的酒馆和酒吧。集合地点一般是阿尔伯特广场（Albertplatz），不过最好提前打电话确认一下。

Grosse Stadtrundfahrt 巴士游

（☎0351-899 5650; www.stadtrundfahrt.com; Theaterplatz; 一日通票成人/优惠 €20/18; ⊙4月至10月9:30~22:00，11月至次年3月至20:00）有解说，可随时上下车，共22站，每15~20分钟1班。可选择囊括所有重要景点的短途导览游。

住宿

Hostel Mondpalast 青年旅舍 €

（☎0351-563 4050; www.mondpalast.de; Louisenstrasse 77; 铺 €13~19.50，双 €56，床单€2; @）先在一间出色的酒吧咖啡馆（有便宜的饮品）登记，然后再进入房间，每间房都代表着黄道十二宫中的一个。锦上添花之处是自行车出租服务和设备齐全的厨房。早餐的价格为€6.50。

★**Aparthotel am Zwinger** 公寓 €€

（☎0351-8990 0100; www.pension-zwinger.de; Maxstrasse 3; 公寓 €60~112; ⊙前台周一至周五 7:00~22:00，周六和周日 9:30~18:00或预约; P @ 令）自炊者、家庭和渴望大空间的游客都会中意这里明亮、设施齐全又时尚的房间。这里也有提供厨房的公寓。房间位于好几座建筑中，但全部都在市中心，而且相当安静。早餐的费用为€9.50。

Hotel Martha Dresden 酒店 €€

（☎0351-817 60; www.hotel-martha-dresden.de; Nieritzstrasse 11; 双 €113~121; 令）50间带大窗户的客房，都配着木地板和毕德麦雅式样的家具，再加上迷人的冬景花园和微笑服务，这里成为宜人的住宿选择。早餐的价格为€10。整座酒店都方便轮椅通行。提供自行车租赁服务。

餐饮

新城有为数众多的咖啡馆和餐厅，特别是Königstrasse和阿尔伯特广场（Albertplatz）北面的街道沿线。后者也是德累斯顿夜生活的中心。老城的餐厅主要面向游客，价格也更高。

Villandry 地中海菜 €€

（☎0351-899 6724；www.villandry.de；Jordanstrasse 8；主菜 €9~22；⏰周一至周六 18:30~23:30）这里的厨师擅长将最简单的食材进行最大化利用，制作出养眼又美味的地中海菜肴。最好的用餐地点是可爱的庭院。

Cafe Alte Meister 各国风味 €€

（☎0351-481 0426；www.altemeister.net；Theaterplatz 1a；主菜 €9~20；⏰10:00至次日1:00）如果在逛博物馆时感到饥饿，或者想从应接不暇的文化之旅中休息一下，就来这家位于茨温格宫和森帕歌剧院之间优雅舒适的餐馆吧。在这里艺术化装潢的店内或露台上吃点时令创意小酒馆菜肴。晚上的气氛稍显正式。

Raskolnikoff 各国风味 €€

（☎0351-804 5706；www.raskolnikoff.de；Böhmische Strasse 34；主菜 €7~24；⏰周一至周五 10:00至次日2:00，周六和周日 9:00至次日2:00）在柏林墙倒塌之前，这里一直是艺术家聚会的地方，现在也充满波希米亚艺术气息，尤其是在后面甜美的小花园。依季节变化而调整的菜单展现了受全球风格影响的地方菜肴，啤酒也是当地酿造的。楼上有7间装潢漂亮的客房（标单/双€45/62），还有一间带厨房的零居室公寓（€55/72）。

Twist 酒吧

（☎0351-795 150；Salzgasse 4；⏰周一至周六18:00起）店名"Twist"（意为扭曲）完美诠释了这家空中酒吧的精髓。这里提供经典鸡尾酒的新创改良版本。位于Innside Hotel的6楼上，窗外正对圣母教堂的穹顶。

实用信息

旅游局办事处（Tourist Office；☎0351-501 501；www.dresden.de）在中央火车站（Hauptbahnhof；Wiener Platz；⏰8:00~20:00）和圣母教堂（Frauenkirche，Neumarkt 2；⏰周一至周五 10:00~19:00，周六至18:00，周日至15:00）都设有分部。两处都可以预订房间和团队游，提供语音导览出租服务，并出售德累斯顿卡（Dresden Card）。

到达和离开

德累斯顿机场（Dresden Airport，代码DRS；www.dresden-airport.de）在城中心以北约9公里处，由每小时几班的轻轨S2线列车（€2.20，20分钟）连接。

直达列车可至莱比锡（€23.80起，70~100分钟）和柏林（€40，2.25小时）。S1火车开往迈森（€5.90，35分钟）。大多数火车在德累斯顿中央火车站（Dresden-Hauptbahnhof）和易北河对岸的德累斯顿新城站（Dresden-Neustadt）停靠。

当地交通

关于德累斯顿公共交通的信息，可登录www.dvb.de/en或拨打☎0351-8657 1011热线查询。

莱比锡（Leipzig）

☎0341/人口530,500

熙熙攘攘的莱比锡是重要的商业和交通中心、贸易会展的圣地，这里同时也是德国东部除柏林之外最有活力的城市。相对较低的租金和活跃的夜生活，让莱比锡成为对学生和年轻职业人士极具吸引力的城市。莱比锡在1989年的民主革命中发挥了重要作用，对那些想要了解柏林墙背后故事的历史迷来说，这里有许多可供探索之处。这座城市拥有漫长而灿烂的音乐传统，并且一直繁荣至今日，巴赫（Bach）、瓦格纳（Wagner）和门德尔松（Mendelssohn）都曾在此居住，而这里的艺术和文学氛围也毫不逊色。另一位与这里有过联系的著名人物是歌德（Goethe），他将自己最喜欢的一家当地酒馆的地下室设置为《浮士德》（*Faust*）里一个主要的场景。

景点

不要在景点之间奔忙——在莱比锡悠闲地逛逛，本身就很有乐趣。中央市场周边的许多街区都有纵横交错、历史悠久的购物长廊，

值 得 一 游

迈森

横跨易北河、位于德累斯顿上游约25公里处的迈森（Meissen）是欧洲瓷器的中心。1710年，瓷器烧制兴起于那里雄伟的**阿尔布雷希特堡**（Albrechtsburg；☎03521-470 70；www.albrechtsburg-meissen.de；Domplatz 1；成人/优惠含语音导览€8/4；⏰3月至10月10:00~18:00，11月至次年2月10:00~17:00）。二楼的展览按年代顺序讲述了瓷器生产的历史。相邻的**大教堂**（☎03521-452 490；www.dom-zu-meissen.de；Domplatz 7；成人/优惠€4/2.50；⏰4月至10月 9:00~18:00，11月至次年3月 10:00~16:00）充满亮点，包括中世纪的彩绘玻璃窗和老卢卡斯·克拉纳赫（Lucas Cranach the Elder）创作的祭坛画。两座建筑都高踞在山脊上，俯瞰着迈森可爱的老城（Altstadt）。

自1863年起，瓷器生产就已经在老城以南1公里处的定制工厂里开始。工厂旁边的**梅森之家体验中心**（Erlebniswelt Haus Meissen；☎03521-468 208；www.meissen.com/de/meissen-besuchen/erlebniswelt-haus-meissen；Talstrasse 9；成人/优惠€9/5；⏰5月至10月9:00~18:00，11月至次年4月至17:00）是个非常受欢迎的瓷器体验中心。你可以在那里欣赏让人惊叹的艺术品和让迈森瓷器与众不同的工艺。

如需有关城镇的更多细节和信息，可在**旅游局办事处**（☎03521-419 40；www.touristinfo-meissen.de；Markt 3；⏰4月至10月周一至周五10:00~18:00，周六和周日10:00~16:00，11月、12月、2月和3月周一至周五10:00~17:00，周六10:00~15:00）获取。

每半小时1班的轻轨S1火车从德累斯顿的中央火车站和新城火车站发往迈森（€5.90，35分钟）。如前往体验中心，要在Meissen-Triebischtal站下车。还有**Sächsische Dampfschiffahrt**（☎03521-866 090；www.saechsische-dampfschiffahrt.de；单程/往返€13.50/17.50；⏰5月至9月）运营的船只——从德累斯顿的Terrassenufer出发前往迈森，行程两小时。可以考虑来回分别乘坐船和火车。

包括经典的**麦德拉长廊**（Mädlerpassage）。

★圣尼古拉教堂 教堂

（Nikolaikirche；Church of St Nicholas；www.nikolaikirche-leipzig.de；Nikolaikirchhof 3；⏰周一至周六 10:00~18:00，周日礼拜9:30、11:15和17:00）圣尼古拉教堂原本是罗马式和哥特式风格，但自1797年开始，其内饰被改造成了令人惊叹的新古典主义风格，还有棕榈树一般的支柱和奶油色的长椅。教堂在致使东德政权崩溃的非暴力运动中起了关键作用。早在1982年，教堂就在每周一的17:00举行“和平祈祷”（延续至今），该活动激励当地人民勇于面对不公正现象。

当代历史论坛 博物馆

（Zeitgeschichtliches Forum，Forum of Contemporary History；☎0341-222 00；www.hdg.de/leipzig；Grimmaische Strasse 6；⏰周二至周五 9:00~18:00，周六和周日 10:00~18:00）免费 这间奇妙的展览馆讲述了德意志民主共和国的政治、历史——从分裂、独裁到柏林墙倒塌带来的欣喜若狂和大转折（Wende）后的忧郁。你若想了解那个已经不复存在的国家政权机构、对于政体批评的系统化镇压、两德关系和国际关系的里程碑、导致其崩溃的反抗运动历史，这里就是必不可少的观察点。

莱比锡巴赫博物馆 博物馆

（Bach-Museum Leipzig；☎0341-913 70；www.bachmuseumleipzig.de；Thomaskirchhof 16；成人/优惠/16岁以下€8/6/免费；⏰周二至周日10:00~18:00）除了可以了解重量级音乐家约翰·塞巴斯蒂安·巴赫（Johann Sebastian Bach）的生平以及成就之外，在这个互动式博物馆中，你还可以学习如何确定巴赫手稿的年代，听听巴洛克风格乐器的声音和这位伟大作曲家的作品。楼下的“珍宝厅”陈列有珍贵的原稿。

托马斯教堂 教堂

（Thomaskirche；☎0341-222 240；www.

thomaskirche.org; Thomaskirchhof 18; 塔 €2; ⌚4月至11月教堂 9:00~18:00, 塔周六13:00、14:00和16:30, 周日 14:00和15:00）从1723年起, 作曲家巴赫开始在这里担任合唱指挥, 直至1750年逝世。他的遗体被安葬于祭坛前的青铜板之下。巴赫曾经带领过的合唱团（Thomanerchor）从1212年不断壮大, 现在包括100名8~18岁的男声合唱团员。教堂的塔楼可以攀登。

斯塔西博物馆 博物馆

（Stasi Museum; ☎0341-961 2443; www.runde-ecke-leipzig.de; Dittrichring 24; ⌚10:00~18:00）免费 在原民主德国, 隔墙有耳, 这种令人毛骨悚然的情况在这座博物馆中就有记录。博物馆位于从前东德秘密警察局（斯塔西）的莱比锡总部中, 建筑名为圆角（Runde Ecke）。英文语音导览可以帮你理解展出的德语政治宣传品、荒唐的伪装道具、狡猾的监控设备和其他令人战栗的伎俩和手段, 揭示东德控制、操纵和镇压本国人民时倾尽全力的狂热。

住宿

Motel One 酒店 €

（☎0341-337 4370; www.motel-one.de; Nikolaistrasse 23; 双 €69起; P ❄ 📶）这是莱比锡两家Motel One分店中较老的一家, 在圣尼古拉教堂对面, 位置绝佳。这里有充满时代精神的大厅休息室和舒适且时髦的客房。总是满房。早餐费用为€7.50。

arcona Living Bach14 酒店、套间 €€

（☎0341-496 140; www.bach14.arcona.de; Thomaskirchhof 13/14; 双 €110起; 📶）这间音乐主题酒店让人大为赞叹, 在整洁的房间里, 你将睡得很香。每个房间还用有声音雕塑灯具和巴赫手稿图案做的装饰, 色调从柔和的橄榄色到活泼的树莓色不等。花园一侧的房间最安静, 前面古老部分的房间能看到著名的托马斯教堂。

★ Steigenberger Grandhotel Handelshof 酒店 €€€

（☎0341-350 5810; www.steigenberger.com/Leipzig; Salzgässchen 6; 房 €160起; ❄ @ 📶）这家豪华酒店位于一座壮观的1909年的老市政贸易大厅之中。位于市中心的地理位置, 富于魅力而高效的团队, 清爽的白、银、紫色调的现代化房间, 使得它脱颖而出。时髦的错层式水疗是完美的休闲享受。

就餐

除了下面列出来的餐厅外, 另一处就餐的好去处是市中心以南的Muenzgasse餐饮街。可乘坐10路或11路有轨电车, 在“Hohe Strasse”下车。

Sol y Mar 地中海菜、亚洲菜 €€

（☎0341-961 5721; www.solymar-leipzig.de; Gottschedstrasse 4; 主菜 €5~14; ⌚9:00至深夜; 📶）柔和的灯光、环境声音和富于美感的内饰（包括带有衬垫的靠背椅用餐处）让这家热门餐厅成为休闲用餐的好去处。这里提供的食物有地中海菜和亚洲菜。工作日午间特色菜€4.90起, 周日有早午餐, 夏季还可在宽阔的露台用餐。

★ Auerbachs Keller 德国菜 €€€

（☎0341-216 100; www.auerbachs-keller-leipzig.de; Mädlerpassage, Grimmaische Strasse 2-4; 主菜 Keller €10~27, Weinstuben €33~35; ⌚Keller 每天正午至23:00, Weinstuben 周一至周六 18:00~23:00）Auerbachs Keller开办于1525年, 是德国最著名的餐厅之一。这里舒适且游客众多, 食物很美味, 环境令人印象深刻。餐厅分两个部分: 拱顶下的Grosser Keller呈现丰盛的萨克森菜肴, Historische Weinstuben的4间历史悠久的房间则提供高档德国菜。强烈推荐预订。

Max Enk 新派德国菜 €€€

（☎0341-9999 7638; www.max-enk.de; Neumarkt 9-19; 主菜 €20~26, 1/2/3道菜午餐 €10/12/15; ⌚周一至周五正午至14:00和18:00至次日1:00, 周六正午至次日1:00, 周日11:30~16:00）这家时髦的就餐处提供精选的葡萄酒, 一盘盘优雅美味的食物都是高水平杰作, 人们在觥筹交错间谈笑风生。维也纳炸肉排值得信赖, 高质量烤肉臻于完美, 工作日的多道菜午餐很超值。

饮品和娱乐

派对活动的中心集中在三个区域：喧闹的Drallewatsch酒吧一条街、Gottschedstrasse周边更高端的剧场区，还有混合了时尚和另类活力的Karl-Liebknecht-Strasse（又名Südmeile）沿路。

Moritzbastei 咖啡馆、酒吧

（0341-702 590; www.moritzbastei.de; Universitätsstrasse 9; 周一至周五 10:00至深夜，周六正午开始，周日 9:00开始，派对几乎每晚都有；）这家传奇性的（亚）文化中心位于老城要塞地下的一座酒窖中，举办老少咸宜的派对、音乐会、艺术和阅读活动。有时髦的鸡尾酒和葡萄酒吧，白天则是咖啡馆（主菜€2~5），提供美味咖啡、健康实惠的食物。夏季还有露台。

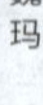

Flowerpower 小酒馆

（0341-961 3441; www.flower-power.de; Riemannstrasse 42; 19:00至次日5:00；）这家酒馆拥有漫长的经营史，迷幻的闪光灯令人想起20世纪60年代（炫酷的弹球机），里面随时都有派对。门票一般免费，音乐比顾客的年纪还要大。如果玩得累了，还可以去楼上过夜，价格为€15。

Cafe Waldi 咖啡馆、酒吧

（0341-462 5667; www.cafewaldi.de; Peterssteinweg 10; 周一至周五 11:30至深夜，周六和周日 9:00至深夜）虽然呈现出一派曾祖母客厅般的古老风格——搭配有大沙发、布谷鸟钟和鹿角挂饰，但这是一处最新潮的休闲场所。早餐一直供应到16:00，还有咖啡和简餐，也可以喝鸡尾酒和啤酒，直至深夜。周末，楼上会有DJ播放浩室、独立和嘻哈音乐。

实用信息

旅游局办事处（Tourist Office; 0341-710 4260，住宿推荐0341-710 4255; www.leipzig.travel; Katharinenstrasse 8; 周一至周五 9:30~18:00，周六至16:00，周日至15:00）可以提供客房推荐、票务销售、地图和一般信息咨询等业务。还出售莱比锡卡（Leipzig Card，1/3日 €9.90/19.90）。

到达和离开

莱比锡-哈勒机场（Leipzig-Halle Airport，代码LEJ; www.leipzig-halle-airport.de）在莱比锡以西约21公里处，有半小时1班的轻轨火车（€4.30，35分钟）到达市区。

有班次频繁的高速火车开往法兰克福（€80，3.5小时）、德累斯顿（€28，1.25小时）和柏林（€47，1.25小时），还有开往其他城市的列车。

魏玛（Weimar）

03643/人口65,500

在魏玛迷人的老街上随意走走，你能感觉到曾居住于此的名人——如歌德、席勒、巴赫、李斯特（Liszt）和尼采（Nietzsche）的影响。这里有太多的雕像、匾额和博物馆，提醒你有关的传奇故事。沿途有公园和花园，可以让你在知识与文化的迅猛交锋中获得片刻的休息。

景点

★歌德国家博物馆 博物馆

（Goethe-Nationalmuseum; 03643-545 400; www.klassik-stiftung.de; Frauenplan 1; 成人/优惠/16岁以下€12/8.50/免费; 4月至10月周二至周日 9:00~18:00，11月至次年3月至16:00）这座博物馆内有关于约翰·沃尔夫冈·冯·歌德（Johann Wolfgang von Goethe）最全面、最深刻的展览。歌德之于德国人的意义，就如同莎士比亚之于英国人。他在这里居住了50年，直到1832年去世，留下大量遗物。歌德在这里工作、学习、做研究，创作了《浮士德》和其他不朽的作品。博物馆的现代化副楼中有关于作家及其成就的文献和纪念物，不只涉及文学，还涉及艺术、科学和政治。

如果你是歌德的粉丝，他的书房和去世时的卧室一定会让你激动——都保存了原样。想充分理解参观内容，可以使用语音导览（免费）。

席勒博物馆 博物馆

（Schiller-Museum; 03643-545 400; www.klassik-stiftung.de; Schillerstrasse 12; 成人/优惠/16岁以下€7.50/6/免费; 4月至10月周

值得一游

爱森纳赫

位于图林根森林边缘的爱森纳赫（Eisenach）是约翰·塞巴斯蒂安·巴赫（Johann Sebastian Bach）的出生地。就算是向这位伟大作曲家致敬的**博物馆**（☎03691-793 40；www.bachhaus.de；Frauenplan 21；成人/优惠€8.50/4.50；⏲10:00~18:00）也要屈尊于小镇的主要景点，即建于11世纪的令人赞叹不绝的**瓦特堡**（Wartburg；☎03691-2500；www.wartburg-eisenach.de；Auf der Wartburg 1；团队游成人/优惠€9/5，仅参观博物馆和路德书房€5/3；⏲团队游4月至10月8:30~17:00，11月至次年3月9:00~15:30，英语团队游13:30）。

这座巨大的城堡雄踞在小镇高处（景观迷人）。中世纪时，这里曾举办吟游诗人的歌唱比赛，也是因从事慈善事业而封圣的匈牙利公主伊丽莎白（Elisabeth）的居所。不过，在这里住过的最有名的人物，还是**马丁·路德**。他在1521年被罗马教皇下令逐出教会后，曾藏匿于此。在这10个月的逗留期间，他将圣经《新约》从希腊语翻译成德语，为德语书面语的发展做出了巨大的贡献。他的简陋书房是导览游的一部分。镇上的**路德故居**（Lutherhaus；☎03691-298 30；www.lutherhaus-eisenach.de；Lutherplatz 8；成人/优惠€6/4；⏲10:00~17:00，11月至次年3月周一闭馆）是路德上学时居住的地方，其中陈列有关于他的生平和历史影响的展览。

在11:00之前到达，以避开高峰时段拥挤的人群。从4月到10月的9:00~17:00，10路公共汽车自中央火车站发车，每小时1班，并前往Eselstation。在那里，沿坡度很大的道路上行10分钟，可到达城堡。

地区火车频繁发往爱尔福特（€11.10，45分钟）和魏玛（€14.40，1小时）。**旅游局办事处**（☎03691-792 30；www.eisenach.de；Markt 24；⏲周一至周五10:00~18:00，周六和周日至17:00）可以帮你寻找住宿地点。

二至周日 9:30~18:00，11月至次年3月至16:00）戏剧家弗里德里希·冯·席勒（Friedrich von Schiller）是歌德的亲密好友，他自1799年开始在魏玛生活，直至1805年英年早逝。在图林根州这座新近修缮过的展览馆中，可以了解作家的生平、家庭和生活，之后可以参观私人房间，包括席勒临终时所在的书房，以及他写作《威廉如是说》（*Wilhelm Tell*）和其他重要作品时的书桌。

包豪斯博物馆 博物馆

（Bauhaus Museum；☎03643-545 400；www.klassik-stiftung.de；Theaterplatz 1；成人/优惠/16岁以下€4.50/3/免费；⏲4月至10月10:00~18:00，11月至次年3月至16:00）1919年，包豪斯艺术学派在魏玛诞生，其在设计、艺术和建筑方面都极富影响力，相形之下，博物馆却显得非常谦逊。更具代表性的新建博物馆计划于2018年揭幕。

伊尔姆河畔公园（Park an der Ilm） 公园

这座不规则伸展的公园为城镇提供了一派田园风情，其中还坐落有三座古老的建筑，分别为著名的**歌德花园别墅**（Goethe Gartenhaus，他于1776~1782年的居所）、**罗马之屋**（Römisches Haus，当地公爵的避暑别墅，有古老的房间和公园展览）和**李斯特之屋**（Liszt-Haus，作曲家1848年、1869~1886年的住所，他在此创作了《浮士德交响曲》）。

住宿

★Casa dei Colori 民宿 €€

（☎03643-489 640；www.casa-colori.de；Eisfeld 1a；双含早餐 €95~125；🅿📶）这里可能是魏玛最迷人的精品式家庭旅馆，成功地将欢快的地中海风格引入了欧洲中部。大多数房间大小合适，装饰色彩也很醒目，还搭配有小桌子、一对舒适的扶手椅和时髦的浴室。

Amalienhof 酒店 €€

（☎03643-5490；www.amalienhof-weimar.de；Amalienstrasse 2；双含停车 €97~125；🅿📶）

这家酒店的迷人之处很多：经典的古董家具、富丽的房间、厚重的历史感。为那些尽情享受度假生活的人提供供应到很晚的自助早餐。

餐饮

JoHanns Hof
德国菜 €€

（☎03643-493 617；www.restaurant-weimar.com；Scherfgasse 1；主菜 €12~25，午间特色菜 €6.50；⏰周一至周六 11:30~14:30和17:00~23:00）这里通风良好，环境优雅，提供新派德国风味的菜肴，有精心准备的切片牛排，搭配精选的附近萨尔-施特鲁特（Saale-Unstrut）地区出产的葡萄酒。可来这里舒适的庭院中享受超值的工作日午餐。

Residenz-Café
各国风味 €€

（☎03643-594 08；www.residenz-cafe.de；Grüner Markt 4；早餐 €2.90~6.40，主菜 €5~12；⏰8:00至次日1:00；📶）这家威尼斯风格的咖啡馆深受当地人喜爱，被亲切地称为“Resi”。店内有丰富的美食选择，无论何时，每个人都能找到对胃口的食物。“情人早餐”搭配闪亮的葡萄酒，蛋糕很美味，沙拉爽脆，但最具创意的可能是每周特色菜。

实用信息

旅游局办事处（Tourist Office；☎03643-7450；www.weimar.de；Markt 10；⏰4月至10月周一至周六 9:30~19:00，周日至15:00，11月至次年3月周一至周五 9:30~18:00，周六和周日至14:30）出售魏玛卡（Weimar Card，每天€14.50），持卡者可享受免费或优惠，范围包括博物馆门票、城市公共汽车，还有其他一些便利。

到达和离开

直达火车班次频繁，目的地包括爱尔福特（€5.30，15分钟）、爱森纳赫（€15.30，1小时）、莱比锡（€19.20，1.75小时）、德累斯顿（€47，2.5小时）和柏林中央火车站（€58，2.25小时）。步行到市中心需要20分钟，不妨乘坐1路公共汽车前往。

爱尔福特（Erfurt）

☎0361/人口205,000

这座美丽的中世纪之城有一条美丽的小河流过，城内融合了宏大的广场、日久年深的小巷、两侧建满房屋的桥梁和高耸的教堂尖顶。爱尔福特还拥有欧洲最古老的大学，它于1392年由富商所建，马丁·路德曾在这里学习哲学，他后来成为一名修道士，在当地的奥古斯丁修道院修行。这里是个旅游业未受开发的清新城市，很值得探索一番。

景点

爱尔福特的主要景点都集中在老城，从火车站步行前往需要10分钟（也可以搭乘3路、4或6路有轨电车前往）。宽阔的大教堂广场（Domplatz）上建有圣母玛利亚大教堂（Mariendom）和塞维利教堂（Severikirche）两座教堂，在这里能将最激动人心的全景风光尽收眼底，非常适合拍照，而主要焦点当然就是保存完好、恢宏的彼得斯堡（Petersberg）要塞。

圣母玛利亚大教堂
教堂

（St Mary's Cathedral；☎0361-646 1265；www.dom-erfurt.de；Domplatz；⏰5月至10月周一至周六 9:30~18:00，周日13:00~18:00，11月至次年4月至17:00）这座大教堂是马丁·路德被任命为牧师的地方，其原本是一座建于8世纪的简单的小礼拜堂，后来逐渐成为今天你所看见的宏伟哥特式样貌。内部的出色珍宝包括：彩绘玻璃窗；沃尔夫拉姆（Wolfram），一座拥有850年历史的人形青铜大烛台；荣耀颂大钟（Gloriosa bell，1497年）；一座罗马式的灰泥圣母像；雕刻精美的合唱团席位。

每年7月或8月，教堂的扶壁台阶是举办大受欢迎的Domstufen-Festspiele古典音乐节的舞台。

克拉默桥（Krämerbrücke）
桥梁

这座迷人的石桥建于1325年，其两侧都是砖木结构的精巧房屋。直到今日，人们还住在小商店楼上，店里摆满诱人的巧克力、陶器、首饰和简单的纪念品。可爬上其东端的阿吉迪恩教堂（Ägidienkirche，11:00~17:00）的塔楼，从高处眺望石桥。

奥古斯丁修道院
教堂

（Augustinerkloster，Augustinian Monastery；☎0361-576 600；www.augustinerkloster.

de; Augustinerstrasse 10; 团队游成人/优惠€6/4; ⌚团队游4月至10月周一至周六 9:30~17:00, 周日 11:00和正午, 11月至次年3月周一至周五 9:30~15:30, 周六至14:00, 周日 11:00开始)这家修道院与马丁·路德的渊源颇深，这位宗教改革者于1505~1511年在此居住，并在这里成为修道士、做了第一次弥撒。可以自由参观庭院，进入教堂中欣赏优雅的哥特式彩绘玻璃窗，参加祷告仪式。修道院组织的团队游可以进入回廊，参观重建的路德修道室和有关路德在爱尔福特生活的展览。这里也可以过夜。入口在Comthurgasse。

住宿

Opera Hostel 青年旅舍 €

(☎0361-6013 1360; www.opera-hostel.de; Walkmühlstrasse 13; 铺 €13~20, 标单/双/标三€49/60/81, 床单 €2.50; @📶)服务态度友善、管理有序，这家高级旅舍位于一幢历史建筑内，就在一家牛排馆楼上，很受世界各地背包客的欢迎。旅舍拥有宽敞明亮的客房，很多客房都配有沙发。你还可以在公用厨房和附设的酒吧交到朋友。从火车站乘51路公共汽车（Hochheim方向）到老歌剧院（Alte Oper）。

Pension Rad-Hof 家庭旅馆 €

(☎0361-602 7761; www.rad-hof.de; Kirchgasse 1b; 双 €66; @📶)这家旅馆位于奥古斯丁修道院旁，靠近酒馆区，很适合自行车手入住。店主采用木头和泥巴等天然材料对建筑进行了整修。每间房间都各不相同。

Hotel Brühlerhöhe 酒店 €€

(☎0361-241 4990; www.hotel-bruehlerhoehe-erfurt.de; Rudolfstrasse 48; 双 €85起; P📶)这座由普鲁士官员赌场改造成的城市休闲酒店以其丰富的早餐（€12.50）而大获赞扬，员工微笑服务、效率很高。客房都是现代风格，但配有巧克力色的家具、厚地毯和闪闪发亮的浴室。步行前往市中心只需要10分钟，也可以乘坐有轨电车。

餐饮

大教堂以北的Andreasviertel的狭窄街巷中有许多咖啡馆和小酒馆。

Zwiesel 德国菜 €

(Michaelisstrasse 31; 主菜 €6~9; ⌚周一至周四 18:00至深夜，周五至周日 15:00至深夜)这家餐馆是当地人最爱的就餐地，家庭风味的菜肴、冰凉的啤酒、出色的鸡尾酒与随和的氛围一直是制胜法宝。天气冷的时候，可以在有艺术风格的穹顶下的酒窖就座，夏季则可以移驾到啤酒花园中。

Henner 三明治 €

(☎0361-654 6691; www.henner-sandwiches.de; Weitergasse 8; 菜 €3.50~8; ⌚周一至周五 8:00~17:00; ✎)这家活泼的法式小馆是白天就餐的好去处，有现做的三明治、家常汤和爽脆的沙拉。

Zum Wenigemarkt 13 德国菜 €€

(☎0361-642 2379; www.wenigemarkt-13.de; Wenigemarkt 13; 主菜 €9~17; ⌚11:30~23:00)这家氛围欢快的餐馆由一个富有活力的家庭经营，提供传统和新派的图林根热门菜肴。有可能的话，还能让顾客自选食材。嫩烤腌猪肉、鳟鱼配气味浓烈的续随子白葡萄酒酱汁都是招牌菜。

实用信息

旅游局办事处（Tourist Office; ☎0361-664 00; www.erfurt-tourismus.de; Benediktsplatz 1; ⌚4月至12月周一至周六10:00~18:00，周日至14:00，1月至3月周一至周五10:00~18:00，周六至16:00，周日至14:00）出售爱尔福特卡（ErfurtCard，每48小时€12.90），持卡者可享受一次城市团队游、公共交通、门票免费或优惠。

到达和当地交通

班次很多的高速列车开往柏林（€61, 2.75小时，有些可在莱比锡换乘）、德累斯顿（€51, 2.75小时）和美因河畔法兰克福（€55, 2.25小时）。地区火车开往魏玛（€5.30, 15分钟）和爱森纳赫（€11.80, 45分钟），每小时至少有1班。从爱尔福特中央火车站出发，3路、4路和6路有轨电车经由Anger和鱼市场（Fischmarkt）到达大教堂广场（Domplatz）。

巴伐利亚（BAVARIA）

从云雾缭绕的阿尔卑斯山到肥沃的多瑙

河平原，巴伐利亚保留了最好的历史传统。茂密的森林中矗立着古怪国王留下的一座座如插图般美丽的城堡，开满鲜花的草地上牛铃响个不停。林场里，小伙子们畅饮泡沫丰富的啤酒，而在城墙环绕的中世纪小镇中，时光仿佛凝滞，人们一如既往地做着自己的事情。

这里展现的不仅仅是巧克力盒子上那种世外桃源般的景致。在慕尼黑了解最先进的汽车制造业，在纽伦堡和贝希特斯加登审视这里的纳粹历史，在维尔茨堡品尝世界一流的葡萄酒，或者乘坐令人难以置信的火车登上德国最高的山脉。有些目的地经常被形容为"适合所有人"，若用此描述巴伐利亚，也绝不夸张。

慕尼黑（Munich）

☎089/人口1,380,000

如果你在找寻阿尔卑斯山的经典，这里应有尽有。但慕尼黑还有很多你意想不到的惊喜。民俗和古老的传统与时尚的宝马车并行不悖，大牌精品店和高效的工业相映成趣。这里众多的博物馆中收藏有世界级艺术大师的杰作，音乐和文化风貌仅次于柏林。

慕尼黑啤酒节

成群结队的人来到慕尼黑参加**慕尼黑啤酒节**（Oktoberfest; www.oktoberfest.de）。这个节日在每年10月的第一个星期日之前持续15天，要提前很多天预订住宿。当天要早一些去，这样你就能在特蕾莎广场（Theresienwiese grounds，中央火车站西南约1公里处）众多的飞机库大小的啤酒帐篷中抢到一席之地。没有入场费，那些售价€11的1升大杯装啤酒（又叫Mass）一杯接一杯，账单加起来也很可观。虽然节日的起源是1810年王储路德维希的婚礼庆典，但现在这种狂饮与王室的高贵没有半点关系。你可能会遇到借酒耍疯的醉汉，也会交上醉态可掬的新朋友。夜晚一到，所有的礼貌庄重就消失不见了，尽情狂欢吧。

景点

老城

★玛利亚广场 广场

（Marienplatz; Ⓢ Marienplatz）玛利亚广场是老城的中心和灵魂，是热门的集会场所。这里矗立着修建于1638年的玛利亚神柱（Mariensäule）——用于庆祝在三十年战争（Thirty Years' War）中击败了瑞典军队。每天11:00和正午（以及3月至10月的17:00），广场上都会挤满游客，大家都伸长脖子观看**新市政厅**（Neues Rathaus）可爱的**钟琴**。

圣彼得教堂 教堂

（St Peterskirche, Church of St Peter; Rindermarkt 1; 教堂门票免费，塔成人/儿童€2/1; ⏲塔5月至10月周一至周五 9:00~19:00，周六和周日 10:00开始，11月至次年4月关闭时间提前1小时; Ⓢ Marienplatz, Ⓡ Marienplatz）这是慕尼黑最古老的教堂（建于1150年），其92米高的塔楼约有306级台阶。到了顶端，就可以饱览慕尼黑中心区最美妙的景色。教堂内，等待你的是几个世纪的艺术珍品。可留意观看哥特风格的圣马丁祭坛、出自约翰·巴普蒂斯特·齐默尔曼（Johann Baptist Zimmermann）之手的巴洛克风格的穹顶壁画和出自伊格纳茨·冈瑟（Ignaz Günther）之手的洛可可风格的雕塑。

谷物市场 市场

（Viktualienmarkt; ⏲周一至周五和周六早晨; Ⓢ Marienplatz, Ⓡ Marienplatz）谷物市场是各种美味的盛宴，也是欧洲中部最好的美食市场。这里有新鲜水果和蔬菜，一堆堆的手工奶酪，一桶桶来自国外的橄榄、火腿、果酱、鸡油菌和松露。

圣母教堂 教堂

（Frauenkirche, Church of Our Lady; ☎089-290 0820; www.muenchner-dom.de; Frauenplatz 1; ⏲周六至周三 7:00~19:00，周四至20:30，周五至18:00; Ⓢ Marienplatz）这座地标性的圣母教堂建于1468~1488年，是慕尼黑的精神中心，也是这里最高的一座教堂。城市里再没有其他建筑能比其洋葱形圆顶的双子塔更高，塔高99米。

马科思城、施瓦宾区和英国花园

老城以北的马科思城是慕尼黑主要的大学区，也是顶级艺术博物馆聚集的区域。继续往前是咖啡馆众多的施瓦宾区，其毗邻英国花园，这是欧洲最大的城市公园之一，深受本地人和旅行者的喜爱。

老绘画陈列馆 艺术博物馆

（Alte Pinakothek；☎089-238 0526；www.pinakothek.de；Barer Strasse 27；成人/儿童€4/2，周日€1，语音导览€4.50；⏲周二10:00~20:00，周三至周日至18:00；🚊Pinakotheken，🚋Pinakotheken）这是慕尼黑主要的博物馆，珍藏有欧洲古典大师的杰作，比如14~18世纪的重要画家的画作。这座新古典主义的圣殿由利奥·冯·克伦泽（Leo von Klenze）设计，就算你根本分不清伦勃朗和鲁本斯画作的区别，建筑本身也足够精致。藏品品质超群，世界闻名，尤其是德国大师们的杰作。注意有些部分正处于关闭修复中。

新绘画陈列馆 博物馆

（Neue Pinakothek；☎089-2380 5195；www.pinakothek.de；Barer Strasse 29；成人/儿童€7/5，周日€1；⏲周四至周一10:00~18:00，周三至20:00；🚊Pinakotheken，🚋Pinakotheken）新绘画陈列馆珍藏有许多保存完好的19世纪和20世纪初的绘画、雕塑。所有家喻户晓的大师在这里都有一席之地，包括吸引众多游客前去参观的法国印象派大师莫奈（Monet）、塞尚（Cézanne）、德加斯（Degas）和凡·高（Van Gogh）。凡·高色彩浓烈的《向日葵》（1888年）光芒四射。

现代艺术陈列馆 艺术博物馆

（Pinakothek der Moderne；☎089-2380 5360；www.pinakothek.de；Barer Strasse 40；成人/儿童€10/7，周日€1；⏲周二、周三和周五至周日10:00~18:00，周四至20:00；🚊Pinakotheken，🚋Pinakotheken）德国最大的现代艺术博物馆，集结了四个系列的重要作品：20世纪艺术、19世纪直至今日的应用设计、平面设计作品和建筑博物馆。宏伟的场馆由史蒂芬·布罗因费尔斯（Stephan Braunfels）设计，其四层楼的主要亮点是一座巨大的眼睛形状的穹顶，柔和的自然光从上面过滤下来，照亮了雪白的美术馆内部。

> **别和冲浪说再见**
>
> 慕尼黑因啤酒、香肠和冲浪而闻名。是的，你没看错。只要前往英国花园南端的Prinzregentenstrasse，你就会看到许多人倚着桥，为身穿冲浪衣的冒险者捧场呐喊。当爱森纳赫河里的人工浪来时，冲浪者们顶着浪尖做“hang 10”（十指站立）动作，喊声最甚。

伦巴赫故居 博物馆

（Lenbachhaus，Municipal Gallery；☎089-2333 2000；www.lenbachhaus.de；Luisenstrasse 33；成人/优惠含语音导览€10/5；⏲周二10:00~21:00，周三至周日至18:00；🚊Königsplatz，Ⓢ Königsplatz）这座壮丽的博物馆经历了四年的修复，重新开放后大获好评。其中增添了一座由诺曼·福斯特爵士设计的新配楼。馆内收藏着许多充满活力的印象派油画作品，涉及的画家有康定斯基（Kandinsky）、弗兰茨·马克（Franz Marc）和保罗·克利（Paul Klee）等。

更远的地方

宁芬堡宫 宫殿

（Schloss Nymphenburg；www.schloss-nymphenburg.de；成人/优惠/18岁以下€6/5/免费；⏲4月至10月中9:00~18:00，10月中至次年3月10:00~16:00；🚋Schloss Nymphenburg）这座巴伐利亚皇室家族的夏季行宫和奢侈的花园位于市中心西北约5公里处。自助导览游可从美人画廊（Gallery of Beauties）开始，那里有路德维希一世国王（King Ludwig Ⅰ）挑选的38幅精美的女子肖像画作。其余亮点包括皇后寝宫，其中有雪橇式床铺，路德维希二世（Ludwig Ⅱ）就在这里出生。国王的房间中则有奢华的用错视壁画装饰的屋顶。

宝马汽车博物馆 博物馆

（BMW Museum；☎089-125 016 001；www.bmw-welt.de；Am Olympiapark 2；成人/优惠€8/6；⏲博物馆周二至周日10:00~18:00，宝马汽车馆周二至周日9:00~18:00；Ⓢ Petuelring）这座

Central Munich 慕尼黑市中心

银色碗状的博物馆包括七座主题“场馆”，介绍了宝马汽车生产线的发展历程。有的部分展现摩托车和摩托车竞赛场景。就算对这些不感兴趣，建筑的内部设计——极具线条美的复古感、未来派的桥梁、广场和巨大的背投屏幕墙——也值得参观。

博物馆还可通往两座绝伦的建筑：宝马总部（靠近公共区域）和宝马世界（BMW-Welt showroom，门票免费）。工作日的9:00~16:30有汽车厂团队游。

Central Munich
慕尼黑市中心

重要景点

1 玛利亚广场 E4
2 皇宫博物馆 E3

景点

3 老绘画陈列馆 D1
4 圣母教堂 D4
5 伦巴赫故居 C2
6 新绘画陈列馆 D1
7 现代艺术陈列馆 D2
8 Schatzkammer der Residenz E3
9 圣彼得教堂 E4
10 谷物市场 E4

活动、课程和团队游

11 Radius Tours & Bike Rental B3

住宿

12 Flushing Meadows E6
13 Hotel Cocoon C6
14 Hotel Uhland B5
15 Louis Hotel E4
16 Wombats City Hostel Munich B4

就餐

17 Café Cord C4
18 Kochspielhaus E5
19 Les Deux Brasserie E3
20 Schmalznudel E4
21 Vegelangelo F4
22 Wirtshaus Fraunhofer D5
23 Wirtshaus in der Au F6

饮品和夜生活

24 Atomic Café E4
25 Hofbräuhaus E4
26 Niederlassung E5
27 Rote Sonne D3
28 Zephyr Bar E6

交通

29 长途巴士总站 A3

团队游

Radius Tours & Bike Rental 导览游

（089-5502 9374；www.radiustours.com；Arnulfstrasse 3；办公室4月至10月8:30~18:00，11月至次年3月至14:00）英语团队游知识性、趣味性很强，包括可自由选择捐赠费用的城市团队游、第三帝国团队游和啤酒主题游。还有新天鹅堡、纽伦堡和萨尔斯堡一日游项目。自行车租赁每24小时€17。

City Bus 100 巴士游

这是普通的城市巴士，从中央火车站开往火车东站（Ostbahnhof），途经慕尼黑的21

不要错过

慕尼黑皇宫

经过一代又一代巴伐利亚统治者的扩建，这座中世纪的堡垒成为现在这片规模庞大的宫殿群。1508~1918年，这里是统治者的主要居住地和统治中心。今天，这里就像一座阿拉丁的山洞，其中遍布精美的房间和各个时代的藏品，可通过名为**皇宫博物馆**（Residenzmuseum；☎089-290 671；www.residenz-muenchen.de；成人/优惠/18岁以下€7/6/免费；⏰4月至10月中9:00~18:00，10月中至次年3月10:00~17:00，最晚入场时间为闭馆前1小时；Ⓢ Odeonsplatz）的语音导览游参观。即使走马观花，也要预留两小时的时间。

亮点包括装饰着壁画的**古董陈列馆**（Antiquarium）宴会厅，以及生气勃勃的洛可可风格的**富贵套房**（Reiche Zimmer）。**皇宫珍宝馆**（Schatzkammer, Residence Treasury；成人/优惠/18岁以下随同父母€7/6/免费；⏰4月至10月中 9:00~18:00，10月中至次年3月10:00~17:00，最晚入场时间为闭馆前1小时；Ⓢ Odeonsplatz）展示着代表昔日奢华的奇珍异宝，从金牙签到精雕细琢的宝剑，从微型象牙雕刻到陪葬的黄金首饰盒，不一而足。皇宫博物馆语音导览游和皇宫珍宝馆联票的价格为€11/9（成人/优惠）。

个景点，包括皇宫和几座绘画陈列馆。

住宿

慕尼黑啤酒节或夏季繁忙的时期要尽早预订。在火车站周边沉闷的街上，可以找到很多经济型酒店。

Wombats City Hostel Munich 青年旅舍 €

（☎089-5998 9180；www.wombats-hostels.com；Senefelderstrasse 1；铺€19~29，双€76起；P@令；Ⓢ Hauptbahnhof，Ⓓ Hauptbahnhof）这是慕尼黑最好的青年旅舍，管理专业，有300个床位和若干私人房间。宿舍采用活泼的粉彩装饰，配有木地板、配套设施、安全结实的储物柜和舒服的松木双层床。位于火车站附近的市中心区域。酒吧里有免费的欢迎饮料。早餐费用为€3.90。

★ Hotel Laimer Hof 酒店 €€

（☎089-178 0380；www.laimerhof.de；Laimer Strasse 40；标单/双 €65/85起；P@令；Ⓓ Romanplatz）从宁芬堡宫步行前来只需要5分钟。其员工团队很友好，愿意花时间了解顾客的需求。23间客房各不相同，但全部都装饰有古董、东方地毯和金色床铺。提供免费的自行车租赁服务，大厅有咖啡和茶。早餐费用为€10。

Hotel Uhland 酒店 €€

（☎089-543 350；www.hotel-uhland.de；Uhlandstrasse 1；标单/双 €75/95起；P令；Ⓢ Theresienwiese）这家酒店一直以宾至如归的感受而大受欢迎。提供免费的Wi-Fi和停车场，早晨自助餐包括有机食品，迷你冰箱中的饮品不会破坏你的预算。这些只是贴心细节中的一些例子而已。客房配备超大水床。

Flushing Meadows 设计酒店 €€

（☎089-5527 9170；www.flushingmeadowshotel.com；Fraunhoferstrasse 32；零居室公寓 €115~165；⏰前台6:00~23:00；P❄令；Ⓢ Fraunhoferstrasse）坚持最新设计细节的城市探索者很喜欢这家酒店，它位于时髦的Glockenbachviertel区一座老邮局最上面的两层楼。11间混凝土屋顶的跃层公寓反映出当地人的创意眼光，5间顶楼零居室公寓中有3间带有私人露台。早餐费用为€11。

Hotel Cocoon 设计酒店 €€

（☎089-5999 3907；www.hotel-cocoon.de；Lindwurmstrasse 35；标单/双 €69/89起；Ⓢ Sendlinger Tor，Ⓓ Sendlinger Tor）复古设计的粉丝很喜欢这座市中心的设计酒店。前台采用20世纪70年代的设计，还有20世纪60年代风格的晃悠悠的舞厅椅子，这种风格一直延伸到客房。所有房间的风格都完全相同，采用复古的橙色和绿色色调，配有LCD电视、iPod基座和笔记本电脑舱。玻璃围墙的淋浴间就位于卧室区。早餐费用为€9。

Louis Hotel 酒店 €€€

（☎089-411 9080；www.louis-hotel.com；

Viktualienmarkt 6/Rindermarkt 2; 房 €159~289; Ⓢ Marienplatz）这座风景优美的酒店弥漫着一种悠闲的氛围，其中宽敞的房间都采用栗木和橡木、自然石材和优雅的地砖装饰，配备有全套“电子用品”，包括iPod基座和能收看星空卫视的平板电视。所有房间都有小阳台，要么面朝庭院，要么能看到谷物市场。屋顶酒吧和餐厅的风景也极好。早餐费用为€24.50。

就餐

Schmalznudel 咖啡馆 €

（Cafe Frischhut; ☎089-2602 3156; Prälat-Zistl-Strasse 8; 糕点 €1.70; ⏰周一至周五 7:00~18:00, 周六 5:00~17:00; Ⓢ Marienplatz, Marienplatz）这家热门小店的正式名称是Cafe Frischhut，却以其昵称Schmalznudel而闻名。Schmalznudel是一种油腻的甜甜圈，也是这里提供的唯一一种食物。可以配着热腾腾的咖啡享用。

Wirtshaus in der Au 巴伐利亚菜 €€

（☎089-448 1400; Lilienstrasse 51; 主菜 €9~20; ⏰周一至周五 17:00至午夜，周六和周日 10:00开始; Deutsches Museum）这间传统的巴伐利亚菜馆充满了21世纪的气氛，但主打特色却是经久不衰的饺子。肉食动物可能会青睐烤鸭或菜单上其他的菜肴。宽敞的餐厅曾经是一间酿酒厂，有厚实的地砖，屋顶很高，冬季还有壁炉。春天到来时，啤酒花园中人潮汹涌。

Wirtshaus Fraunhofer 巴伐利亚菜 €€

（☎089-266 460; www.fraunhofertheater.de; Fraunhoferstrasse 9; 主菜 €7.50~19; ⏰16:00至次日1:00; ; Müllerstrasse）这家独具个性的酒馆有老式嵌花地板、灰泥屋顶、木头饰板，很适合品尝当地菜肴。菜单按季节更换，吸收了德国南部的热门风味，至少有12种素食。

Vegelangelo 素食 €€

（☎089-2880 6836; www.vegelangelo.de; Thomas-Wimmer-Ring 16; 主菜 €10~19; ⏰周二至周四正午至14:00, 周一至周六 18:00至深夜; ; Isartor, Isartor）这家小素食餐厅提供各种印度风味的菜肴，推荐预订。钢琴和维多利亚式的小壁炉能稍稍减弱美味素食的吸引力。周五和周六只有套餐（3道/4道菜 €24/30）。只收现金。

当地知识

啤酒馆和啤酒花园

喝啤酒不仅是慕尼黑娱乐活动不可或缺的部分，同时是来慕尼黑的原因之一。下面是一些饮酒选择：

奥古斯丁啤酒厂（Augustiner Bräustuben; ☎089-507 047; www.braeustuben.de; Landsberger Strasse 19; ⏰10:00至午夜; Holzapfelstrasse）这家传统的啤酒馆位于真正的奥古斯丁啤酒（Augustiner）酿造厂里，一进门就有啤酒花的香气包裹住你。巴伐利亚美食（主菜 €7.50~14）很棒，尤其是Schweinshaxe（猪肘子）。此外，每天还有不同的特色菜。

Hofbräuhaus（☎089-290 136 100; www.hofbraeuhaus.de; Am Platzl 9; ⏰9:00~23:30; Ⓢ Marienplatz, Kammerspiele, Marienplatz）这里可谓啤酒馆中的航母，其中有多个散发森林香氛又拥挤的穹顶房间，到处都是痛饮啤酒的客人。他们随着铜管乐队演奏的旋律而摇摆，或饱餐巴伐利亚美食（主菜€7.50~18），就和你想象中一样疯狂。想安静一些的话，可以去楼上结有花彩的大厅。

中国塔（Chinesischer Turm; ☎089-383 8730; www.chinaturm.de; Englischer Garten 3; ⏰10:00~23:00; Chinesischer Turm, Tivolistrasse）这家啤酒馆很难被忽视，因为它就位于英国花园之中，而且它还是慕尼黑最古老的啤酒花园（1791年开始营业）。挂着照相机的游客、悠闲的当地人、野餐的家庭和忙中偷闲出来喝一杯的商务人士都汇聚在木制宝塔周围。有铜管乐队演奏小夜曲。

Café Cord
各国风味 €€

（☎089-5454 0780；www.cafe-cord.tv；Sonnenstrasse 19；主菜 €10~20；⊙周一至周六11:00至次日1:00；Ⓢ Karlsplatz，Ⓣ Karlsplatz，Ⓤ Karlsplatz）这间漂亮的餐厅是午间用简餐或喝咖啡的好地方，也是去夜店狂欢前的理想前哨。夏季可以在灯光闪烁的浪漫庭院中品尝极为美味的各国风味菜（主菜€10~20）。

Kochspielhaus
各国风味 €€

（☎089-5480 2738；www.kochspielhaus.de；Rumfordstrasse 5；早餐 €10~16，主菜€13~26；⊙周日和周一7:00~20:00，周二至周六6:30至午夜；Ⓢ Fraunhoferstrasse）这间现代乡村风格的餐厅附属于一家名叫Backspielhaus的美味面包房，大量的蜡烛增添了其魅力。只提供新鲜的用顶级食材制作的美味意大利面、肉食和鱼类菜肴。也是用早餐的好地方。夏季可选择户外的餐桌和长椅。

Les Deux Brasserie
各国风味 €€

（☎089-710 407 373；www.lesdeux-muc.de；Maffaistrasse 3a；主菜 €6.50~17；⊙正午至22:00；Ⓢ Marienplatz）同名的精致餐厅楼下有一座啤酒馆，是品尝经济型美食的好去处。可选择迷你汉堡、俱乐部三明治、冰岛鳕鱼和炸薯条，或者尝试更为精致的每周特色菜。如果天气许可，可以选择在庭院餐位就座。

饮品和夜生活

除了啤酒屋和啤酒花园，慕尼黑也不缺热闹的小酒馆。Glockenbachviertel、Gärtnerplatzviertel、Maxvorstadt和Schwabing都很值得一去。

Zephyr Bar
鸡尾酒吧

（www.zephyr-bar.de；Baaderstrasse 68；⊙周一至周四 8:00至次日1:00，周五和周六至次日3:00；Ⓢ Fraunhoferstrasse）在这一慕尼黑最好的酒吧之一，Alex Schmaltz大胆地施展魔法，娴熟地制作出各种非同凡响的风味，如芝麻油和香蕉欧芹酱。有各种顶级的杜松子酒和烈酒。不必预订。

Niederlassung
酒吧

（☎089-3260 0307；www.niederlassung.org；Buttermelcherstrasse 6；⊙周二至周四 19:00至次日1:00，周五和周六至次日3:00，周日至午夜；Ⓢ Fraunhoferstrasse，Ⓢ Isartor）从Adler Dry到Zephyr，这家烈酒酒吧有多达80种的杜松子酒，其装潢低调，有许多书和沙发，周围萦绕着独立音乐的旋律。还有大量不同的汤力水。酒水优惠的欢乐时段是19:00~21:00以及午夜之后。

Rote Sonne
夜店

（☎089-5526 3330；www.rote-sonne.com；Maximiliansplatz 5；⊙周四至周日 23:00起；Ⓣ Lenbachplatz）这里是电子乐爱好者的热门乐园。来自各国的DJ让木地板舞池总是人满为患。

Atomic Café
夜店

（www.atomic.de；Neuturmstrasse 5；⊙周三至周六 22:00开始；Ⓣ Kammerspiele）这是独立音乐的堡垒，采用时髦的20世纪60年代装饰风格。因其总能发现具有潜质的乐队而为众人所熟知。拥有很长历史的Britwoch之夜是周三最热门的夜店之夜。

实用信息

旅游局办事处（Tourist Office；☎089-2339 6500；www.muenchen.de）有两个分部，分别在中央火车站（Bahnhofplatz 2；⊙周一至周六 9:00~20:00，周日 10:00~18:00）和玛利亚广场（Marienplatz 2；⊙周一至周五 10:00~19:00，周六至17:00，周日至14:00）。

到达和离开

飞机

慕尼黑机场（Munich Airport，代码MUC；www.munich-airport.de）位于城市东北方向约30公里处。机场和中央火车站之间的交通工具有10分钟

男女同性恋的慕尼黑

在慕尼黑，沿Müllerstrasse地区和毗邻的Glockenbachviertel一带的同性恋活动尤为活跃。留意免费的杂志*Our Munich*和*Sergej*，其内容包括城市里最新的同性恋场所和同性恋群体的新闻。网站**同性恋旅游局办事处**（www.gaytouristoffice.de）也提供实用信息，还可帮忙预订欢迎同性恋的住宿处。

德国 慕尼黑

值得一游

达豪集中营

达豪(Dachau Concentration Camp Memorial Site; ☎08131-669 970; www.kz-gedenkstaette-dachau.de; Peter-Roth-Strasse 2a, Dachau; 博物馆门票免费; ⌚周二至周日 9:00~17:00)位于慕尼黑市中心西北约16公里处，开办于1933年，是纳粹的第一座集中营。这里总计"处理"过200,000多名囚犯，杀戮的人数为30,000~40,000人。现在这里是一座纪念馆，令人久久难以忘怀。可预留2~3小时参观院子和展览。想深入了解这段历史，可拿上语音导览(€3.50)，参加一个长达2.5小时的团队游。其中，你将在主博物馆中观看一段22分钟长的英文纪录片。

从中央火车站乘坐S2前往达豪车站(€5.20, 25分钟)，然后换乘726路公共汽车(方向为Saubachsiedlung)，在KZ-Gedenkstätte车站下车。

1班的轻轨(S1和S8, €10.40, 40分钟)和20分钟1班的汉莎航空公司机场大巴(€10.50, 45分钟, 5:00~20:00运行)。

瑞安航空的航班飞抵位于城区以西125公里处梅明根(Memmingen)的**阿尔高机场**(Allgäu Airport, 代码FMM; www.allgaeu-airport.de)。机场每天有7班机场快车往返中央火车站(€17, 线上购票为€12, 1.5小时)。

长途巴士

包括**浪漫之路大巴**(Romantic Road Coach)在内的长途巴士都从**长途巴士总站**(Zentraler Omnibusbahnhof, 简称ZOB; Arnulfstrasse 21)发车。车站就位于主火车站附近的轻轨Hackerbrücke站。

火车

所有线路的火车都从中央火车站发车，这里的**Euraide**(www.euraide.de; Desk 1, Reisezentrum, Hauptbahnhof; ⌚8月至次年4月周一至周五10:00~19:00)是一家态度友好、提供英语服务的旅游机构。车站有频繁始发的直达快速列车开往纽伦堡(€55, 1.25小时)、法兰克福(€101, 3.25小时)、柏林(€130, 6小时)和维也纳(€91.20, 4小时)，同时还有每日两班前往布拉格的火车(€69.10, 6小时)。

当地交通

请查询www.mvv-muenchen.de。

加尔米施-帕滕基兴(Garmisch-Partenkirchen)

☎08821/人口26,700

加尔米施-帕滕基兴的位置得天独厚，距德国的最高峰——海拔2962米的楚格峰(Zugspitze)仅一箭之遥，是户外滑雪和徒步的天堂。加尔米施更有大都会的感觉，而帕滕基兴仍保留了一个传统阿尔卑斯山村的氛围。两座小城在举办1936年冬季奥运会时合并。

景点

楚格峰 山

(Zugspitze; www.zugspitze.de; 往返成人/儿童 5月至9月 €51/29.50, 10月至次年4月 €42.50/23; ⌚火车 8:15~14:15)天气好的时候，从这个德国的屋脊上，可以远眺其他四个国家的风景。环线游从加尔米施开始，你可以搭乘齿轮火车(Zahnradbahn)沿山脚前往艾伯湖(Eibsee)，这是一座景色秀美的林间湖泊。从这里出发，艾伯湖缆车铁道(Eibsee-Seilbahn)非常陡峭，一路攀升至2962米的顶峰。欣赏完风景，Gletscherbahn缆车将你送往2600米的楚格峰冰川，再从那里乘坐齿轮火车返回加尔米施。

前往楚格峰顶峰的旅程令人难忘，也非常受欢迎。一大早就出发的话，可能不会有那么多人。如果有可能，最好避免在周末来这里。

食宿

Reindl's Partenkirchner Hof 酒店 €€€

(☎08821-943 870; www.reindls.de; Bahnhofstrasse 15; 双 €130~230; ⌚餐厅正午至14:30和18:30~23:00; P ⊖ @ ≋)虽然从外表看来不值五星，但这座豪华的酒店拥有三座大楼，其中有各种便利设施，包括葡萄酒吧、顶级美食餐厅，格调优雅。客房主打典雅的民族主题，有些房间还能看到壮观的山景。

Bräustüberl 德国菜 €€

（☎08821-2312；www.braeustueberl-garmisch.de；Fürstenstrasse 23；主菜 €8.50～19:00）从城中心走很短一段路即到。在这间古朴的巴伐利亚酒馆，可以很方便地吃到一些地方小吃。女服务员身着巴伐利亚传统裙装。天气寒冷时，店家会在巨大的搪瓷煤炉中生火。周六有现场音乐演奏。

ℹ 实用信息

旅游局办事处（Tourist Office；☎08821-180 700；www.gapa.de；Richard-Strauss-Platz 2；⏰周一至周六9:00～18:00，周日 10:00至正午）有地图、宣传册。员工友好，还会提供建议。

ℹ 到达和离开

很多旅行社提供从慕尼黑到加尔米施-帕滕基兴的一日游，这里也有每小时至少1班的直达火车（€20.10，1.25小时）。

贝希特斯加登（Berchtesgaden）

☎08652/人口7600

充满轶事和传说的贝希特斯加登及其周围的乡村美得不可思议。这里被6座雄伟的山脉围绕，德国第二高峰——瓦茨曼峰（Watzmann，2713米）就在此处。这里有如梦如幻、冷杉林立的山谷，也有潺潺的溪流和平静的高山村庄。可惜的是，贝希特斯加登的历史也因纳粹而有不可磨灭的污点。从萨尔茨堡到这里一日游非常方便。

👁 景点

鹰巢 历史遗址

（Eagle's Nest，Kehlsteinhaus；☎08652-2929；www.kehlsteinhaus.de；Obersalzberg；成人/儿童 €16.10/9.30；⏰接驳巴士5月中至10月7:40～16:00）鹰巢是为庆祝希特勒50岁生日而建造的一座山顶静养地。工程动用了3000名劳工，他们用仅仅两年时间就开凿出6公里长的险峻山路、一条124米长的隧道和一座穿透岩层的黄铜镶板电梯，寓所也得以完工（现在是一家餐厅）。这座景点只能从Kehlsteinhaus巴士站乘坐特别接驳巴士前来。要避开高峰时段（10:00～13:00）。

天气晴朗时，山顶景色令人震撼。如果不是自驾车前来，可从贝希特斯加登中央火车站乘坐每半小时1班的838路公共汽车前往接驳车车站。

到了山顶车站，你会被要求预订返程座位。要前往景点、探索寓所和山顶风光，至少要留出两小时，可能还需要吃点东西。如果错过预订的时机，不要担心——返回山顶车站重新预订即可。

上萨尔茨堡文献博物馆 博物馆

（Dokumentation Obersalzberg；☎08652-947 960；www.obersalzberg.de；Salzbergstrasse 41，Obersalzberg；成人/儿童 €3/免费，语音导览€2；⏰4月至10月每天 9:00～17:00，11月至次年3月周二至周日 10:00～15:00，最后入场时间为闭馆前1小时）1933年，安静的上萨尔茨堡山村（Obersalzberg，距贝希特斯加登3公里）成为纳粹继柏林之后的第二大总部，开始了一段历史上的黑暗时期，这一点在博物馆出色的展览中体现得淋漓尽致，其中记录了本地区被强行接管、进行场地建设以及纳粹高官日常生活的场景。这里涉及纳粹恐怖统治的方方面面，包括希特勒近乎神话的吸引力、种族歧

希特勒的山居生活

在所有因第三帝国（Third Reich）蒙羞的德国城镇中，贝希特斯加登承担的历史重担比其他地方重得多。20世纪20年代，希特勒在上萨尔茨堡（Obersalzberg）度假，他喜欢上了这里宁静的山村，就买了一个小村宅，这里后来被扩建成威风的官邸区（Berghof）。

在1933年夺取政权后，元首在这里建立了第二总部，把纳粹其他高官也带到此地。他们赶走当地人，将这片地区改造成一片Führersperrgebiet（禁区）。许多有关战争与和平、大屠杀的决策都是在这里产生的。

在“二战”的最后一段日子里，英美轰炸机将上萨尔茨堡的大部分地方夷为平地，不过希特勒在山顶的鹰巢却奇怪地毫发无损。

视、抵抗运动、外交政策和死亡集中营。地下四通八达的地堡中有一部分对公众开放。每半小时1班的838路公共汽车从贝希特斯加登中央火车站来到这里。

国王湖 湖泊

（Königssee；☎08652-963 696；www.seenschifffahrt.de；Schönau；往返船只成人/儿童€13.90/7；⏲船只4月中至10月中 8:00~17:15）穿越静谧、风景如画、如翡翠般碧绿的国王湖，你将获得一些无法忘怀的记忆和一生仅一次的宝贵拍照机会。贝希特斯加登以南5公里左右的国王湖被陡峭的山壁环绕，是德国海拔最高的湖泊（603米）。波光粼粼的湖水可以直接饮用，其深度堪比峡湾。可从贝希特斯加登中央火车站乘坐每半小时1班的841路公共汽车前往此地。

团队游

Eagle's Nest Tours 团队游

（☎08652-649 71；www.eagles-nest-tours.com；Königsseer Strasse 2；成人/儿童 €53/35；⏲5月中至10月 13:15）这家著名机构提供引人入胜的团队游，你可以借此大致了解贝希特斯加登的纳粹历史。

食宿

Hotel Edelweiss 酒店 €€€

（☎08652-979 90；www.edelweiss-berchtesgaden.com；Maximilianstrasse 2；双€200~236）这家时髦的新酒店位于镇中心，具有巴伐利亚新派风格，即融合了传统的木头装饰和豪华水疗等时髦元素。屋顶露台餐厅酒吧能看到壮丽山景和户外观景游泳池。房间都很大，多数都有阳台。

Bräustübl 巴伐利亚菜 €

（☎08652-976 724；www.braeustueberl-berchtesgaden.de；Bräuhausstrasse 13；主菜€6.50~15；⏲10:00至次日1:00）这家舒适的啤酒馆有一座拱顶大门，上面描画着巴伐利亚蓝白钻石。店主是当地的酿酒商。有许多肉食佳肴，如热门的烤猪肉等。店内的特色菜是烤小牛头肉（尝起来比名字要好得多）。周五和周六，传统乐队还会演奏欢快的舞曲。

实用信息

地区旅游局办事处（☎08652-896 70；www.berchtesgaden.com；Königsseer Strasse 2；⏲4月至10月中周一至周五 8:30~18:00，周六 9:00~17:00，周日 9:00~15:00，10月中至次年3月营业时间缩

不要错过

新天鹅堡

新天鹅堡（Schloss Neuschwanstein；☎门票08362-930 830；www.neuschwanstein.de；Neuschwansteinstrasse 20；成人/优惠/18岁以下€12/11/免费，与旧天鹅堡联票€23/21/免费；⏲4月至10月中9:00~18:00，10月中至次年3月10:00~16:00）是迪士尼作品《睡美人》中城堡的原型。它如海市蜃楼一般，赫然出现在层层山峦之巅。国王路德维希二世在一个舞台设计者的帮助下，亲自设计了这座如童话般甜美的城堡。路德维希二世希望他的杰作成为一个巨大的舞台，借助友人理查德·瓦格纳（Richard Wagner）戏剧作品的启发，来再现日耳曼神话世界。其中最令人印象深刻的房间是**Sängersaal**（歌手大厅），墙上的壁画描绘着歌剧《唐怀瑟》（*Tannhäuser*）中的场景。

其他完成的部分包括路德维希的**卧室**，这里以特里斯坦（Tristan）和伊索尔德（Isolde）为主题，被一张冠以精雕细琢的教堂式尖顶的哥特风格大床占据；一个华丽的**人造洞穴**（又一次涉及《唐怀瑟》）；还有拜占庭风格的**王座宝殿**（Thronsaal），房间里异常精美的镶嵌地板使用了200多万块石头。在团队游的最后，游客们可以观赏一场关于城堡及其创造者的电影，时长20分钟。

为了欣赏新天鹅堡如画般的美景，你可以上行10分钟到**Marienbrücke**（玛利亚桥）。

短）这家办事处靠近火车站，可提供整个地区的信息。

到达和离开

840路公共汽车连接着贝希特斯加登和萨尔茨堡的火车站，每小时两班（50分钟）。从慕尼黑乘火车旅行，需要在Freilassing（€32.80，2.5小时）换乘公共汽车。

浪漫之路（Romantic Road）

浪漫之路从维尔茨堡的葡萄园蜿蜒至阿尔卑斯山脚下，长约400公里，是目前德国最流行的主题度假线路。这条路穿过20多个市镇，其中最著名的是罗滕堡（Rothenburg ob der Tauber）。

到达和当地交通

法兰克福和慕尼黑都是浪漫之路上受欢迎的中转站，尤其是当你搭乘**浪漫之路大巴**（☎0719-126 268，0171-653 234；www.touring-travel.eu）的时候。从4月到10月，这条特别路线每日双方向运行1班，往返于法兰克福和菲森（前往新天鹅堡）之间，经过慕尼黑，整个行程需要12小时左右。中途下车并于次日继续赶路不会有额外收费。长途巴士在夏天拥挤不堪。

整个路线或短途分段的票可以通过网络、旅行社、在慕尼黑的Euraide（见525页）或主要火车站的游客中心（Reisezentrum）办事处购买。

菲森（Füssen）

☎08362/人口14,900

菲森是一个位于阿尔卑斯山山麓的迷人小镇，不过大多数游客都会跳过这里，直接前往国王路德维希二世的两个著名城堡——新天鹅堡和旧天鹅堡。你可以从慕尼黑出发，用一天的时间游览两座城堡。不过，只有在这里过个夜，等一日游游客都离开后，才能体会到阿尔卑斯山的宁静。

景点

两座城堡都在菲森城外约4公里处。

旧天鹅堡 城堡

（Schloss Hohenschwangau；☎08362-930 830；www.hohenschwangau.de；成人/优惠/18岁以下€12/11/免费，与新天鹅堡联票 €23/21/免费；⏲4月至10月中8:00~17:30，10月中至次年3月9:00~15:30）路德维希二世就成长于这座可爱的金碧辉煌的旧天鹅堡。后来，每到夏天国王就在这里避暑，直至1886年去世。这座新哥特风格的城堡由他的父亲马克西米利安二世（Maximilian Ⅱ）建设，原址是12世纪的施望高骑士团留下的遗迹。旧天鹅堡远不及新天鹅堡那样张扬，但有明显的生活气息，每一件家具都是过去使用过的原件。在父亲去世后，路德维希对旧天鹅堡进行的主要改动就是在他卧室的天花板上画上了一些星星，并通过隐藏的油灯使其发光。

食宿

Altstadt Zum Hechten 酒店 €€

（☎08362-916 00；www.hotel-hechten.com；Ritterstrasse 6；双 €94~100；🅿📶）这是菲森最古老的酒店之一，有许多乐趣。公共区域为传统的风格，卧室则是当代风情，有图案漂亮的嵌花地板和大床铺，色彩明快。小而高端的水疗是一天的徒步之后很棒的休息处。

Restaurant Ritterstub’n 德国菜 €€

（☎08362-7759；www.restaurant-ritterstuben.de；Ritterstrasse 4；主菜 €5.50~16；⏲周二至周日 11:30~23:00）这座令人愉快的餐厅有超

城堡门票和团队游

新旧天鹅堡必须要通过导览游（德语或英语解说）参观，时长约35分钟。限时门票只可在城堡脚下的**票务中心**（Ticket-Centre；☎08362-930 830；www.hohenschwangau.de；Alpenseestrasse 12；⏲4月至10月中8:00~17:30，10月中至次年3月9:00~15:30）购买。这种票可通过网站预订，时间最迟为你参观的两天之前（推荐）。

如果要在同一天参观两座城堡，可先安排旧天鹅堡团队游，然后预留足够的时间，步行30~40分钟，经过一条陡峭的步道前往新城堡。脚酸的话可以乘坐公共汽车或马车。

值沙拉、小吃、特色午餐、鱼、炸肉排和不含谷蛋白的食物，还有可爱的儿童菜单。孩子们很喜欢用手抓着鱼排吃，或打量父母围着大大的餐巾的样子。

实用信息

旅游局办事处（☎08362-938 50；www.fuessen.de；Kaiser-Maximilian-Platz；⊙5月至10月周一至周五 9:00~18:00，周六 10:00~14:00，周日 10:00至正午，11月至次年4月周一至周五 9:00~17:00，周六 10:00~14:00）能帮助寻找住宿处。

到达和离开

菲森是浪漫之路大巴的南部终点站。

地区火车可从慕尼黑前往菲森，每两小时1班。之后，可继续乘坐78路或73路公共汽车（€27.90，2.5小时）前往城堡。如果8:00左右从慕尼黑出发，一日游是可行的。

罗滕堡（Rothenburg ob der Tauber）

☎09861/人口11,000

罗滕堡镇是一座中世纪的可爱小镇，这里砖木结构的房屋四周围绕着德国保存最完好的堡垒。小镇是浪漫之路的必经之地，可惜的是，其迷人之处也因此被拥挤的人潮所掩盖。可以赶早或等晚上前来（理想的选择是过夜），然后体会人潮散尽后的古城魅力。

景点

★雅各布教堂 教堂

（Jakobskirche；Klingengasse 1；成人/儿童 €2/0.50；⊙周一至周六9:00~17:30，周日10:45~17:30）罗滕堡这座雄伟的路德教会教堂已有500年历史，其中有圣血祭坛（Heilig Blut Altar），上面极为精美的祭坛画（在管风琴后面台阶上）出自中世纪大师提尔曼·里门施奈德（Tilmann Riemenschneider）之手。

市政厅塔楼 历史建筑

（Rathausturm；Marktplatz；成人/优惠 €2/0.50；⊙4月至10月9:30~12:30和 13:00~17:00，1月至3月和11月周六和周日正午至15:00，12月10:30~14:00和14:30~18:00）沿着中世纪市政厅的220级台阶，可以登上观景台并饱览陶伯河（Tauber）美景。

城墙 历史遗址

（Stadtmauer，Town Wall）追随哨兵的足迹，沿着15世纪城墙漫步。城墙上有2.5公里长的一段可以靠近，但即便稍微走一段，也足以看见城市迷人的红屋顶。

中世纪犯罪博物馆 博物馆

（Mittelalterliches Kriminalmuseum；☎09681-5359；www.kriminalmuseum.rothenburg.de；Burggasse 3-5；成人/儿童 €5/3；⊙5月至10月 10:00~18:00，11月至次年4月开放时间缩短）这间诡异可怕的博物馆，展示了中世纪所采用的酷刑和惩罚，展品包括贞操带、惩罚不雅流言的面罩、关押欺诈顾客的面包师的笼子、泼妇的颈托和为醉鬼准备的啤酒桶状的围牢。你甚至可以亲自使用这些刑具并来张自拍照！

食宿

Altfränkische Weinstube 酒店 €€

（☎09681-6404；www.altfraenkische.de；Klosterhof 7；双 €82~118；📶）这家极具特色的旅馆有6间乡村风格的浪漫客房，其中有裸露的砖木结构，配有浴缸，多数房间摆着四柱床或华盖床。从18:00开始，餐厅提供可口的当地菜肴（主菜 €7~16），搭配欢乐的中古风情。

Mittermeier Restaurant & Hotel 设计酒店 €€€

（☎09861-945 430；www.blauesau.eu；Vorm Würzburger Tor 7；双 €80~200；⊙餐厅周一至周六 18:00~22:30；P📶）这家设计时髦的酒店就在城墙外，在这里能睡得安稳。拱顶酒窖中的餐厅尽可能选用当地顶级时令食材，加以精心处理（晚餐主菜€22~38）。重点是搭配创意配菜的烧烤，以及来自弗兰科尼亚（Franconia）等地的超赞葡萄酒。早餐费用为€10。

Gasthof Butz 德国菜 €

（☎09861-2201；Kapellenplatz 4；主菜 €7~15；⊙11:30~14:00和18:00~21:00；📶）想快速品尝到红烩牛肉、炸肉排或烤猪肉，那就迈开疲惫的步伐，来这家深受当地人喜爱的家庭餐厅吧。位于从前的一座啤酒厂中。夏季有两座鲜花盛开的啤酒花园。也有十几间简装的客房（双人间 €36~75）。

实用信息

旅游局办事处（☎09861-404 800；www.tourismus.rothenburg.de；Marktplatz 2；⏰5月至10月周一至周五 9:00~18:00，周六和周日 10:00~17:00，11月至次年3月周一至周五 9:00~17:00，周六 10:00~13:00）可免费上网。

到达和离开

浪漫之路大巴在小镇停留45分钟。

每小时1班的火车抵离施泰纳赫，这是前往维尔茨堡（€12.90，1.25小时）的换乘点。

维尔茨堡（Würzburg）

☎0931/人口127,000

狭长的河谷中布满了葡萄园，在你还没有到达市中心之前，就一定会被维尔茨堡迷倒。这里以艺术、建筑和精美的葡萄酒而闻名于世。登峰造极的辉煌建筑——维尔茨堡的大主教宫（Residenz），是德国最杰出的巴洛克式建筑之一，也是联合国教科文组织认定的世界遗产。

景点

玛利恩城堡 要塞

（Festung Marienberg；☎0931-355 170；团队游成人/优惠 €3.50/2.50；⏰团队游周二至周日 11:00、14:00、15:00和16:00，3月中至10月周六和周日 10:00和13:00，11月至次年3月中周六和周日 11:00、14:00和15:00）这座宏伟的城堡于1200年左右在当地采邑主教的带领下开工建设。从城堡上能尽享城市和葡萄园的全景风光。夜间照明效果非常好。其中的**Fürstenbaumuseum**（11月至次年3月中闭馆）展示了居住者的奢华生活，**Mainfränkisches Museum**则呈现城市的历史，以及当地后哥特时代雕塑大师提尔曼·里门施奈德和其他著名艺术家的作品。从Alte Mainbrücke出发，途经**Tellsteige小径**，穿过葡萄园上行30分钟就能到达要塞。

圣基利安大教堂 教堂

（Dom St Kilian；☎0931-3866 2900；www.dom-wuerzburg.de；Domstrasse 40；⏰周一至周六 10:00~19:00，周日 13:00~18:00）这座新近修复完成的罗马式大教堂规模宏大，呈现出一种梦幻的氛围，其中纤长的柱子上有珍贵的雕塑和墓石。亮点是巴尔塔萨·纽曼（Balthasar Neumann）设计的**礼拜堂**（Schönbornkapelle）。

食宿

维尔茨堡的很多葡萄酒小酒馆（Weinstuben）都是品尝当地佳酿的好地方。

Hotel Zum Winzermännle 酒店 €€

（☎0931-541 56；www.winzermaennle.de；Domstrasse 32；标单 €60~80，双 €90~110；Ⓟ@）这间由家庭经营的酒店原本是一座葡萄酒厂，是城里步行中心区域的上乘之选。客房布置得当，不过有些老派，面朝安静庭院的客房中有些带阳台。公共区域光线明亮，一般还有季节性装饰。早餐价格为€5。

Alte Mainmühle 德国菜 €€

（☎0931-167 77；www.alte-mainmuehle.de；Mainkai 1；主菜 €8~23；⏰9:30至午夜）这家餐厅位于古老的磨坊中，入口在老桥处。游客和当地人都喜欢来这里品尝根据传统弗兰科尼亚菜创意改良的现代美食（包括美味的烤香肠）。夏季可在双层露台上用餐——上面的一层能看到桥和玛利恩城堡的美景。冬季可以躲进舒适的木头餐厅中。

Backöfele 德国菜 €€

（☎0931-590 59；www.backoefele.de；Ursulinergasse 2；主菜 €7~19.50；⏰周一至周四正午至午夜，周五和周六至次日1:00，周日至23:00）这间古色古香的餐厅从四十多年前就开始供应丰盛的弗兰科尼亚热门菜式。可以在鹅卵石铺就的庭院中找个最爱的餐位，也可以去4间古老的餐厅中就座，每一间都有当地特色的别致装饰。

实用信息

旅游局办事处（☎0931-372 398；www.wuerzburg.de；Marktplatz 9；⏰4月至12月周一至周五 10:00~18:00，周六 10:00~14:00，5月至10月周日 10:00~14:00，1月至3月周一至周五 10:00~17:00，周六 10:00~14:00）规划行程，预订房间。

到达和离开

浪漫之路大巴就在中央火车站附近停靠。

不要错过

维尔茨堡

恢宏的**维尔茨堡**（Würzburg Residenz；www.residenzwuerzburg.de；Balthasar-Neumann-Promenade；成人/优惠/18岁以下€7.50/6.50/免费；⌚4月至10月9:00~18:00，11月至次年3月10:00~16:30，45分钟英语导览游 11:00和15:00，4月至10月16:30）已被联合国教科文组织列入世界遗产名录，这是18世纪时由明星建筑师巴尔塔萨·纽曼（Balthasar Neumann）主持修建的，建成后是当地采邑主教的住宅，是德国最重要和最精美的巴洛克式宫殿之一。其中的亮点是绝妙的"之"字形**楼梯**，上面覆盖的壁画至今仍是世界规模最大者，它出自乔瓦尼·巴蒂斯塔·提埃坡罗（Giovanni Battista Tiepolo）之手。

宫殿的绝大部分都可以自行探访。除了楼梯之外，进入**皇帝大厅**（Kaisersaal）之前的**白色大厅**（Weisser Saal）中装饰有冰白色的灰泥，天篷上面还覆有另一幅提埃坡罗的壁画杰作，可大饱眼福。其余精彩之处包括镀金的**镜子大厅**（Spiegelkabinett），其中覆盖着一层如镜子般独特的玻璃，上面绘有人物、花卉和动物图案（仅限团队游览）。**庭院教堂**（Hofkirche）是纽曼和提埃坡罗的又一件合作作品。这里装饰有大理石柱子、金叶子和大量的天使图案，其华美程度和规格都与宫殿完美匹配。

班次频繁的列车开往班贝格（€20.10，1小时）、法兰克福（€35，1.25小时）、纽伦堡（€20.30起，1小时）和罗滕堡（途经施泰纳赫，€12.90，1.25小时）。

纽伦堡（Nuremberg）

☎0911/人口510,000

纽伦堡以修复完好的中世纪老城、宏伟壮丽的城堡，以及12月份奇妙的圣诞市场赢得了游客的青睐。

纳粹统治时期，这座城市扮演着重要角色。疯狂的政党集会就在这里举行，抵制犹太企业家的活动从这里开始，反犹太主义的《纽伦堡法案》（*Nuremberg Laws*）也是在这里颁布的。"二战"之后，这里是纳粹战犯纽伦堡大审判的举行场地。

景点

最好步行游览市中心，与纳粹相关的景点则较远，可以乘坐有轨电车前往。

中央广场（Hauptmarkt） 广场

这座位于老城区中心的喧闹广场每天都有市集，著名的Christkindlmarkt（圣诞市场）也在这里。其东端是装饰华丽的哥特式**圣母教堂**（Frauenkirche）。每天正午，人们都仰着头，等待音乐钟里的人像上演精彩的Männleinlaufen。高耸在广场之上、宛如哥特式尖塔的建筑是**美丽喷泉**（Schönen Brunnen）。触碰华丽的铸铁大门里的金环会带来好运。

皇帝堡 城堡

（Kaiserburg，Imperial Castle；☎0911-244 6590；www.kaiserburg-nuernberg.de；Auf der Burg；成人/优惠/18岁以下含博物馆€5.50/4.50/免费，塔楼和井 €3.50/2.50/免费；⌚4月至9月9:00~18:00，10月至次年3月 10:00~16:00）这座庞大的城堡建筑群高耸在老城区之上，显示出纽伦堡在中世纪的重要地位。不要错过居住区团队游，你可以借此参观奢华的骑士和皇帝大厅、罗马式的双礼拜堂和一个介绍神圣罗马帝国的展览。这里可通往**皇帝堡博物馆**（Kaiserburg Museum），该馆主要侧重于城堡的军事和建筑历史。此外，可登上**辛威尔塔**（Sinwell Tower）欣赏城市全景，或者参观深达48米的惊人的**深井**（Deep Well）。

日耳曼国家博物馆 博物馆

（Germanisches Nationalmuseum，German National Museum；☎0911-133 10；www.gnm.de；Kartäusergasse 1；成人/优惠 €8/5；⌚周二和周四至周日 10:00~18:00，周三至21:00）该馆是最重要的有关日耳曼国家文化的博物馆，记载了史前到20世纪初的历史，馆中藏品包括德国绘画和雕塑、考古藏品、武器、盔甲、乐器、科学仪器和玩具。

圣诞市场

每年11月末，德国各地的中央广场几乎都变成了圣诞市场（Christkindlmärkte，又称Weihnachtsmärkte）。人们在木制摊位之间走来走去，仔细地挑选着应景的饰品（从手工雕刻制品到塑料材质的天使，不一而足），再用Glühwein（圣诞热红酒）和烤香肠让自己暖和起来。当地人喜欢圣诞市场，毫不意外的是，市场也深受游客的喜爱。你不妨捂得严严实实，来逛逛、畅饮几杯，在市场玩上几小时。纽伦堡、德累斯顿、科隆和慕尼黑的圣诞市场尤为著名。

纽伦堡审判纪念馆 纪念馆

（Memorium Nuremberg Trials；☎0911-3217 9372；www.memorium-nuremberg.de；Bärenschanzstrasse 72；成人/优惠含语音导览€5/3；⊙周三至周一 10:00~18:00）戈林（Göring）、赫斯（Hess）、施佩尔（Speer）及其他21名纳粹头目以危害和平与反人性罪在法院600号审判室（Schwurgerichtssaal 600）接受同盟国的审判。法院现在仍在运营。如今，审判室同其他部分共同组成了一座动人的展馆，用电影、照片、音频，甚至当初的“被告席”，详细呈现了审判的背景、过程和影响。要来这里，乘坐去往Bärenschanze方向的U1，在Sielstrasse下车。

纳粹党集结地 历史遗址

（Reichsparteitagsgelände；Luitpoldhain；☎0911-231 5666；www.museen-nuernberg.de；Bayernstrasse 110；庭院免费，文献中心成人/优惠含语音导览 €5/3；⊙庭院24小时，文献中心周一至周五 9:00~18:00，周六和周日 10:00~18:00）如果你曾经好奇过：那些狂热的纳粹支持者向元首致敬场面的影像是在哪里拍摄的，答案就是纽伦堡。庭院的大部分区域在同盟国空袭中被毁掉了，但遗留的部分仍足以让我们感觉到其背后隐藏的狂妄，尤其是参观完出色的**文献中心**（Dokumentationszentrum）后。可从中央火车站乘坐9号有轨电车前来。

住宿

★Hotel Drei Raben 精品酒店 €€

（☎0911-274 380；www.hoteldreiraben.de；Königstrasse 63；双 €135起；P ❄ 📶）这座优雅建筑的设计灵感来源于传说中栖息于高烟囱之上的三只乌鸦，它们讲述着纽伦堡的全部历史。“神话主题”客房中的艺术品和装饰都体现了这一传说。

Hotel Elch 酒店 €€

（☎0911-249 2980；www.hotel-elch.com；Irrerstrasse 9；双 €89起；📶）这家拥有12个房间的精品酒店浪漫而舒适，位于皇帝堡附近一座建于14世纪的砖木结构的房子中。古典氛围中搭配着当代艺术品、用闪亮釉陶装饰的浴室和多色水晶吊灯。楼下餐厅的特色菜是炸肉排。

就餐

如果没有尝试著名的手指大小的纽伦堡香肠（Nürnberger Bratwürste），就不要离开纽伦堡。

Goldenes Posthorn 德国菜 €€

（☎0911-225 153；www.die-nuernberger-bratwurst.de；Glöckleinsgasse 2，Sebalder Platz交叉路口；主菜 €7~20；⊙11:00~23:00；✍）这家餐厅从1498年开业起，用地道的菜肴招待过皇室、艺术家和大师（包括阿尔布雷希特·丢勒）。点当地的小香肠绝对没错，不过猪肩胛肉和本店特色菜醋泡牛脸颊肉也强烈推荐。

Hexenhäusle 德国菜 €€

（☎0911-4902 9095；www.hexenhaeusle-nuernberg.com；Vestnertorgraben 4；主菜 €7~11；⊙11:00~23:00）这家砖木结构的“女巫之家”是纽伦堡最迷人的酒馆和啤酒花园之一。位于城堡脚下一座坚固的城门旁，提供各种烧烤食物，以及其他弗兰科尼亚肋骨，还可搭配大杯当地产的Zirndorfer和Tucher啤酒。

实用信息

旅游局办事处（☎0911-233 60；www.tourismus.nuernberg.de）在中央市场（Hauptmarkt 18；⊙周一至周六 9:00~18:00，5月至10月周日 10:00~16:00）和Künstlerhaus（Königstrasse 93；

⏲周一至周六 9:00~19:00，周日 10:00~16:00）都设有分支机构，出售纽伦堡卡（Nuremberg Card, €23），持卡者两天之内可免费游览博物馆，乘坐公共交通。员工还提供地图、信息和建议。

到达和离开

纽伦堡机场（Nuremberg Airport，代码NUE；www.airport-nuernberg.de）位于市中心以北5公里处，与中央火车站有地铁U2线连接（€2.50，12分钟）。

从纽伦堡开出的列车抵达法兰克福（€55，2小时）和慕尼黑（€55，1.5小时）。

当地交通

关于公共交通信息，可登录www.vgn.de查询。

班贝格（Bamberg）

☎0951/人口70,000

虽然不是主要旅游目的地，但班贝格可算是德国最美丽、最淳朴的城镇之一。这里的老城区拥有保存完好的历史建筑、宫殿和教堂，已被列入联合国教科文组织世界遗产名录。此外，这里还有生气勃勃的学生和风格独特的当地啤酒。

景点

班贝格大教堂 大教堂

（Bamberger Dom；www.erzbistum-bamberg.de；Domplatz；⏲4月至10月8:00~18:00，11月至次年3月至17:00）班贝格大教堂的尖顶耸立，内部则满是艺术瑰宝，其中最著名的是真人大小的**班贝格骑士雕像**（Bamberger Reiter），其真实身份仍是未解之谜。这里还有教堂建立者海因里希二世（Heinrich Ⅱ）及其妻子库尼贡德（Kunigunde）的墓地，上面的华丽雕塑出自提尔曼·里门施奈德之手。西唱诗席的**教皇克莱门斯二世的大理石墓地**是阿尔卑斯山以北唯一一处教皇陵墓。附近的**圣母玛利亚祭坛**出自维特·史托斯（Veit Stoss）之手，也值得近距离欣赏。

老市政厅 历史建筑

（Altes Rathaus；Obere Brücke）班贝格老市政厅建于1462年，位于雷格尼茨河（Regnitz River）中的一座人工小岛上，就像一条搁浅的船，据说这是因为当地主教拒绝给市民任何土地进行建设。其内收藏有许多珍贵的瓷器，但更迷人的是正立面上装饰华丽的壁画——注意看，小天使的腿从东侧壁画里调皮地伸了出来。

新宫殿 宫殿

（Neue Residenz，New Residence；☎0951-519 390；www.schloesser.bayern.de；Domplatz 8；成人/儿童 €4.50/3.50；⏲4月至9月 9:00~18:00，10月至次年3月 10:00~16:00）这座华丽的主教宫能让你对班贝格采邑主教的奢华生活有充分的认识。1703~1802年，这些主教占据了其中的40间房间，但只能通过45分钟的导览游参观（德语）。门票也包括巴伐利亚州美术馆（Bavarian State Gallery），其中收藏有老卢卡斯·克拉纳赫（Lucas Cranach the Elder）和其他古典大师的作品。巴洛克式的玫瑰花园能让你饱览班贝格绝美的红瓦屋顶。

住宿

Hotel Wohnbar 精品酒店 €

（☎0951-5099 8844；www.wohnbar-bamberg.de；Stangsstrasse 3；双 €59起；📶）这家迷人的酒店拥有10间客房，采用当代风格的大胆色彩装潢。靠近大学区。那些“经济型”的房间非常逼仄，千万别选。

Hotel Europa 酒店 €€

（☎0951-309 3020；www.hotel-europa-bamberg.de；Untere Königstrasse 6-8；房 €119；📶）这家老城区附近的酒店收拾得干干净净，风格低调，以其友好的氛围、舒适的床铺和奢华的早餐而备受好评。早餐在冬景花园或阳光庭院提供。前排客房较吵，不过能眺望到大教堂和老城区的红瓦屋顶。有些房间稍小。

餐饮

大教堂附近的Obere Sandstrasse和大学附近的Austrasse都是很棒的餐饮街。班贝格风格最独特的啤酒被称为Rauchbier（烟熏啤酒），其口感特别，是将发芽大麦放在榉木上烟熏酿造而成的。

★ **Schlenkerla** 德国菜 €€

（☎0951-560 60；www.schlenkerla.de；Dominikanerstrasse 6；主菜 €8~15；⏰9:30~23:30）这里的木头横梁黑得宛如直接从橡木酒桶中倒出来的烟熏啤酒。当地人和游客都喜欢来这家装饰着垂花雕饰的传奇酒馆里品尝美妙的弗兰科尼亚菜。在大教堂附近。

Spezial-Keller 德国菜 €€

（☎0951-548 87；www.spezial-keller.de；Sternwartstrasse 8；菜 €6~13；⏰周二至周五15:00至深夜，周六正午开始，周日 10:00起）从大教堂向山里走，就能找到这座令人愉悦的啤酒花园，值得走一趟：既为了麦芽烟熏啤酒，也为了饱览老城区风光。冬季，各种活动转移到舒适的小酒馆内，有烧木柴的传统炉子。

ℹ 实用信息

旅游局办事处（☎0951-297 6200；www.bamberg.info；Geyerswörthstrasse 5；⏰周一至周五9:30~18:00，周六至16:00，周日至14:30）员工可提供多媒体itour旅游指南（4/8小时 €8.50/12）。

ℹ 到达和离开

往返班贝格的铁路交通一般要在维尔茨堡转车。

雷根斯堡（Regensburg）

☎0941/人口138,000

雷根斯堡位于辽阔的多瑙河畔一处景色秀丽的地方，拥有的历史遗迹可追溯到古罗马时期。这里不像其他风光旖旎的城市一样挤满游客。虽然拥有很多令人赞叹的历史资源，但今天的雷根斯堡却是一座氛围悠闲又接地气的学生城镇，呈现出独具特色的意大利风情。

景点

石桥 桥梁

（Steinerne Brücke，Stone Bridge）石桥已拥有900年历史，当时来说是难以置信的工程奇迹——多瑙河上唯一一座带有防御工事的过路桥。南部塔楼中的小型历史展览追溯了桥梁历史中的大事。

圣彼得大教堂 教堂

（Dom St Peter；www.bistum-regensburg.de；Domplatz；⏰6月至9月 6:30~19:00，4月、5月和10月至18:00，11月至次年3月至17:00）这座宏伟的地标建筑内部光线昏暗，可能要花几秒钟才能适应。这是巴伐利亚州最宏伟壮丽的哥特式大教堂之一，亮点包括千变万化的彩色玻璃窗和奢华的镀银主祭坛。

大教堂的男童唱诗班已拥有千年的历史，他们主要为周日10:00的仪式进行配唱（只在学期中）。大教堂珍宝馆（Domschatzmuseum）收藏着众多圣体匣、挂毯和其他宗教珍品。

老市政厅 历史建筑

（Altes Rathaus；☎0941-507 3440；Rathausplatz；成人/优惠 €7.50/4；⏰英语团队游 4月至10月 15:00，11月至次年3月 14:00，德语团队游每半小时1次）1663~1806年，国会议会（Reichstag）都在这座老市政厅中举行。建筑具有重要的历史意义，现在是**Reichstagsmuseum**展览所在地。团队游会带你参观装饰华丽的议会厅，还有地窖里当年的**酷刑室**（Tourture Chambers）。

住宿

Elements Hotel 酒店 €€

（☎0941-3819 8600；www.hotel-elements.de；Alter Kornmarkt 3；双 €105起；）4种元素、4个房间，而且是多么具有特色的房间啊！“火”喷吐着深红的火焰，“水”溅湿了窗户和按摩浴缸，“空气”清爽天然，“土”则是殖民地风格。早餐价格为€15。

Petit Hotel Orphée 酒店 €€

（☎0941-596 020；www.hotel-orphee.de；Wahlenstrasse 1；双 €75~175；）大门虽不起眼，但里面才是真正的魅力所在，有许多让你意想不到的细节。条纹地板、锻铁床、古老的水池、带软垫的普通客房、各种图书创造了一种居家的亲切感。登记、用早餐是在附近Untere Bachgasse 8的Café Orphée。咖啡馆的楼上也有几间客房。

餐饮

Historische Wurstkuchl 德国菜 €

（☎0941-466 210；www.wurstkuchl.

de; Thundorferstrasse 3; 6根香肠 €8.40; ⏲8:00~19:00)这座袖珍小馆长时间以来一直供应手指般大小的传统香肠。香肠用山毛榉木烧烤，上菜时搭配泡菜。餐馆1135年开业，号称世界上最古老的香肠餐厅。

Leerer Beutel 欧洲菜 €€

(☎0941-589 97; www.leerer-beutel.de; Bertoldstrasse 9; 主菜 €12~18; ⏲周一18:00至次日1:00，周二至周六11:00至次日1:00，周日11:00~15:00)这家宽敞的餐厅是慢食理念的支持者，位于同名文化中心内，提供融巴伐利亚菜、蒂罗尔菜和意大利菜于一体的创意菜肴。可在室内或户外车辆禁行的鹅卵石街道上用餐。周二到周五，内行的当地人会在中午来这里吃两道菜套餐，价格为€6.50。

Spitalgarten 啤酒花园

(☎0941-847 74; www.spitalgarten.de; St Katharinenplatz 1; ⏲9:00至午夜)这里是镇上最适合户外痛饮的地方之一，在多瑙河边摆有许多折叠椅和板条桌。自称从1350年就开始自酿啤酒(今天的Spital品牌)，如今做起来更是得心应手。

实用信息

旅游局办事处(☎0941-507 4410; www.regensburg.de; Rathausplatz 4; ⏲全年周一至周五 9:00~18:00，周六至16:00，4月至10月周日9:30~16:00，11月至次年3月周日9:30~14:30; 📶)位于古老的市政厅内，可售票、举办团队游、订房，还为自助导览游的游客准备了语音导览设备。

到达和离开

有班次频繁的火车前往慕尼黑(€26.70，1.5小时)和纽伦堡(€20.10，1小时)，也有去往其他目的地的火车。

斯图加特和黑森林 (STUTTGART & THE BLACK FOREST)

作为德国经济发展的引擎之一，斯图加特的高科技与海德堡的历史魅力形成了鲜明对比，后者有该国最古老的大学，还有一座浪漫的城堡遗址。更远处是一片充满神秘传说的美丽土地黑森林(德语为Schwarzwald)，这里有云蒸霞蔚的群山、茂盛的森林和可爱的村庄，其中唯一的大城镇弗赖堡充满年轻活力。

斯图加特(Stuttgart)

☎0711/人口591,000

斯图加特居民享受着令人羡慕的优质生活品质，这在很大程度上来自本地举世闻名的汽车工业：保时捷和梅赛德斯都位于斯图加特。两座出色的博物馆炫耀着这两家公司的光荣传统。这座城市四周环绕着藤蔓覆盖的山丘，有许多惊喜呈现给欧洲艺术爱好者。

景点

在中央火车站和市中心之间，有条长长的步行购物街Königsstrasse。市中心坐落着宫殿和众多艺术博物馆。梅赛德斯-奔驰博物馆位于市中心东北约5公里处，保时捷博物馆则要继续向北行进7公里。

斯图加特州立绘画馆 美术馆

(Staatsgalerie Stuttgart; ☎0711-470 400; www.staatsgalerie-stuttgart.de; Konrad-Adenauer-Strasse 30-32; 永久展览成人/优惠/20岁以下 €5/3/免费; ⏲周二、周三和周五至周日10:00~18:00，周四至20:00)这座融新古典主义和当代风格于一体的美术馆出自英国建筑师詹姆斯·斯特林(James Stirling)之手，其富于曲线美，色彩生动。除了赫赫有名的展览外，这里也收藏有欧洲14~21世纪的代表

当地知识

波希米亚豆子

斯图加特最有趣的街区离市中心仅几步之遥。Bohnenviertel(豆子区)的名字取自曾住在这里的穷苦制革工人、印染工匠和手工艺人的食物。今天，这个街区的鹅卵石小巷和山墙拱立的房子聚集了独特的画廊、工作坊、书店、葡萄酒小酒馆、咖啡馆和红灯区。

性艺术作品，以及美国“二战”后的先锋艺术作品。

新宫殿

历史建筑

（Neues Schloss；☎路德维希博物馆07141-182 004；www.neues-schloss-stuttgart.de；Schlossplatz；团队游成人/优惠 €8/4）公爵卡尔·欧根·冯·符腾堡（Karl Eugen von Württemberg）借鉴凡尔赛宫的风格建造了这里。华丽的三翼新宫殿曾是巴洛克新古典主义风格的皇家住所，现在是州政府部门的所在地。威廉一世骑在骏马上目视前方的铜像优雅地矗立在附近的卡尔广场（Karlsplatz）上。登录网站查看团队游时间表。

梅赛德斯-奔驰博物馆

博物馆

（Mercedes-Benz Museum；☎0711-1730 000；www.mercedes-benz-classic.com；Mercedesstrasse 100；成人/优惠 €8/4；⊙周二至周日 9:00~18:00，最晚入场时间为17:00；🚊S1至Neckarpark）梅赛德斯-奔驰博物馆的未来派螺旋结构在城市建筑中很是显眼，这里按年代顺序讲述品牌故事。传奇展品有世界上第一辆以汽油为动力的车辆、造于1885年的戴姆勒骑式汽车（Daimler Riding Car），还有1909年在代托纳海滩（Daytona Beach）以228公里时速打破当时纪录的闪电奔驰（Lightning Benz）。

保时捷博物馆

博物馆

（Porsche Museum；www.porsche.com/museum；Porscheplatz 1；成人/优惠 €8/4；⊙周二至周日 9:00~18:00；🚊Neuwirtshaus）保时捷博物馆如同准备升空的白色飞船。这座无障碍的博物馆是每个小男孩的梦想。绝妙的语音导览会带你飞速穿越保时捷从1948年开始的历史。你还有幸一睹在1998年赢得勒芒24小时耐力赛的911 GT1的真容。

住宿

Hostel Alex 30

青年旅舍 €

（☎0711-838 8950；www.alex30-hostel.de；Alexanderstrasse 30；铺 €25~29，双 €74；🅿📶）低预算旅行者喜欢这间热门的青年旅舍。步行即可前往市中心。房间一尘不染，采用橘色的当代风格装饰。酒吧、阳光露台和公共厨房是与其他旅行者交换故事的好地方。早餐费用为€8。

Der Zauberlehrling

精品酒店 €€€

（☎0711-237 7770；www.zauberlehrling.de；Rosenstrasse 38；标单/双 €135/180起；🅿📶）这家名为“巫师学徒”的酒店提供梦幻风格的时髦客房，是缓解旅途疲惫的好去处。每间客房通过不同的色彩、家具和细节（如四柱床、狮爪浴缸、榻榻米草席和壁炉）呈现不同的主题（地中海午休、日出、一千零一夜等）。早餐费用为€19。

餐饮

斯图加特是一个品尝施瓦本（Swabian）特色菜的好地方，如Spätzle（自制面条）和Maultaschen（德式大馄饨）。当地葡萄酒和自酿啤酒也很受欢迎。

Hans-im-Glück-Platz是酒吧集中地，夜店多在Theodor-Heuss-Strasse，而Bohnenviertel则有许多葡萄酒吧。

斯图加特市场大厅

市场

（Stuttgarter Markthalle；www.markthalle-stuttgart.de；Dorotheenstrasse 4；⊙周一至周五 7:00~18:30，周六至17:00）自己做饭的游客可以来这座市场。这里出售野餐配菜，也有意大利和施瓦本风味餐厅。

Weinhaus Stetter

德国菜 €€

（☎0711-240 163；www.weinhaus-stetter.de；Rosenstrasse 32；主菜 €4~14.50；⊙周一至周五 15:00~23:00，周六正午至15:00和17:30~23:00）这座位于Bohnenviertel的传统葡萄酒吧提供地道的施瓦本菜，例如美味的扁豆香肠（Linsen und Saiten）、烤牛肉和洋葱，气氛欢乐。附设的葡萄酒商店有650种葡萄酒。

Academie der Schönen Künste

法国菜 €€

（☎0711-242 436；www.academie-der-schoensten-kuenste.de；Charlottenstrasse 5；主菜 €11~20；⊙周一至周六 8:00至午夜，周日至20:00）这家于20世纪70年代开业的早餐厅现已变为很受欢迎的法式小馆，主打从市集买来的新鲜食材，也有久经考验的经典菜式，例如酒焖仔鸡（coq au vin）和阿尔萨斯比萨（Flammekuche）。可坐在有美丽装饰的室内，也可选择迷人庭院中的座位。

Cube 各国风味 €€€

（☎0711-280 4441；www.cube-restaurant.de；Kleiner Schlossplatz 1；主菜午餐€9~20，晚餐€27~35；⏰11:30至午夜）餐馆位于美术馆楼上，正立面是玻璃幕墙。这里的食物一流，但店内炫目的装潢、优雅的氛围和迷人的景观却更胜一筹。午餐很赞，为各国风味的新鲜菜肴。晚餐则侧重更为精致的环太平洋地区菜肴。特色午餐的价格为€9。

★ Palast der Republik 啤酒花园

（☎0711-226 4887；www.facebook.com/PalastStuttgart；Friedrichstrasse 27；⏰11:00至次日3:00；S Friedrichsbau）这里吸引了从学生到银行家在内的各种顾客。当地人都喜欢坐在清凉的树下，拿着冰啤酒慢慢喝。

实用信息

旅游局办事处（☎0711-222 8253；www.stuttgart-tourist.de；Königstrasse 1a；⏰周一至周五9:00~20:00，周六至18:00，周日11:00~18:00）

到达和离开

斯图加特机场（Stuttgart Airport，代码SGT；www.stuttgart-airport.com）是德国之翼航空公司（Germanwings）的一个重要枢纽，位于城市以南13公里处，有S2和S3列车（€3.70，30分钟）连接中央火车站。

火车前往德国所有的主要城市，包括法兰克福（€63，1.25小时）和慕尼黑（€57，2.25小时）。

当地交通

关于公共交通信息，可查询www.vvs.de。

海德堡（Heidelberg）

☎06221/人口149,000

这是德国最古老、最有名的大学城，以其可爱的老城、大量的小酒馆和引人回忆的半废墟城堡而闻名。这些适合上镜的风光每年吸引几百万游客到此一游，他们在这里追随马克·吐温（Mark Twain）的足迹——1878年，这位作家就是从海德堡开启了他的欧洲之行。

景点

从主火车站向东，走上15分钟，或搭乘32路或38路公共汽车并行进一小段，就可以感受到老城的魅力，海德堡的景点都集中于此。

★ 海德堡城堡 城堡

（Schloss Heidelburg；☎06221-658 880；www.schloss-heidelberg.de；成人/儿童含缆车€6/4，语音导览€4；⏰庭院24小时，城堡8:00~18:00，英语导览游4月至10月周一至周五11:15~16:15，周六和周日10:15~16:15 1小时1次，11月至次年3月次数减少）这座文艺复兴时期的城堡废墟矗立在老城，留下了浪漫的身影。夜间的灯光点亮后，从内卡河（Neckar River）对岸看过来更美。景点包括世界上最大的葡萄酒桶以及绝美风光。要到达那里，可沿着一条陡峭的鹅卵石小路行进约10分钟，或者从谷物广场火车站乘坐齿轮火车（车票包含城堡门票）。18:00之后，庭院可以免费游览。

老桥 桥

（Alte Brücke；Karl-Theodor-Brücke）这座长200米的“老桥”建于1786年，连接老城和河流右岸、**蛇形小路**（Schlangenweg），后者这条“之”字形道路可通往**哲学家之路**（Philosophenweg）。沿这里漫步，能饱览城镇和海德堡城堡的浪漫风景。

圣灵教堂 教堂

（Heiliggeistkirche；☎06221-980 30；www.ekihd.de；Marktplatz；塔楼成人/优惠€2/1；⏰周一至周六11:00~17:00，周日12:30~17:00）这座著名的教堂建于15世纪。沿着塔楼的208级台阶登顶，可俯瞰全城。1706~1936年，教堂一直为天主教和新教共有（现为新教教堂）。

学生监狱 历史遗址

（Studentenkarzer，Student Jail；☎06221-543 554；www.uni-heidelberg.de/fakultaeten/philosophie/zegk/fpi/karzerhd.html；Augustinergasse 2；成人/优惠€3/2.50；⏰4月至10月10:00~18:00，11月至次年3月周一至周六10:00~16:00）1823~1914年，那些犯下劣迹的学生都会被送

到这里。从墙上别出心裁的涂鸦来看，有些学生在这里过得快乐非凡。

团队游

旅游局办事处提供用英语解说的老城**步行游览**（成人/优惠 €7/5；⊙英语团队游4月至10月周四至周六10:30）。

食宿

SteffisHostel 青年旅舍 €

（☎06221-778 2772；www.hostelheidelberg.de；Alte Eppelheimer Strasse 50；铺 €18~24，标单/双不带浴室 €45/56；⊙前台 8:00~22:00；P@令）本店建在主火车站附近一座19世纪的卷烟厂里，有明亮的宿舍和房间（全部共用浴室）、一个五颜六色的休息室（很适合结识其他游客）、一间宽敞的厨房，老派的旅馆氛围妙不可言。早餐价格为€3。

附加享受包括免费的Wi-Fi、咖啡和自行车。旅舍就在中央火车站以北一个街区处——Lidl超市上面。要乘坐一座工业尺寸的电梯进入。

★ **Arthotel Heidelberg** 精品酒店 €€

（☎06221-650 060；www.arthotel.de；Grabengasse 7；双 €125~200；P※令）这座可爱的酒店以古香古色的环境和时髦的当代设计取胜。光线充足的红黑色大厅只是24间客房华彩乐章的前奏。房间配备有巨大的浴室（有浴缸），宽敞又简洁。早餐€12.90。

KulturBrauerei 咖啡馆 €€

（☎06221-502 980；www.heidelberger-kulturbrauerei.de；Leyergasse 6；主菜 €11~26.50；⊙7:00~23:00或更晚）这里有厚厚的木地板、来自西班牙修道院的椅子、黑色的铁吊灯。这个小型自酿酒馆有很好的氛围，可以让你尽情享受当地特色菜（如猪肘），或者在迷人的啤酒花园中狂饮自酿啤酒。

★ **Herrenmühle Heidelberg** 德国菜 €€€

（☎06221-602 909；www.herrenmuehle-heidelberg.de；Hauptstrasse 239；主菜 €22~29，3道/5道菜晚餐 €48/69；⊙周一至周六18:00~22:00）这家优雅的餐厅是由一座1690年的磨面作坊改造而来的，气氛典雅，提供高档"乡村"菜肴，包括鱼料理。室内有厚重的木梁，每张餐桌上都有浪漫的烛光。提前预订。

实用信息

旅游局办事处（www.heidelberg-marketing.de）的分支机构分别在中央火车站（☎06221-584 4444；Willy-Brandt-Platz 1；⊙4月至10月周一至周六 9:00~19:00，周日 10:00~18:00，11月至次年3月周一至周六 9:00~18:00）和市集广场（Marktplatz 10；⊙周一至周五 8:00~17:00，周六 10:00~17:00），前者在主火车站外，后者位于老城。除了有大量实用信息外，旅游局办事处还有不错的徒步游地图（€1.50）。

到达和离开

每小时至少有1班InterCity（IC）列车抵离法兰克福（€22，55分钟）和斯图加特（€27，40分钟）。

黑森林（Black Forest）

黑森林得名自幽暗茂密的森林。让蜿蜒的小路带领你穿过雾气萦绕的溪谷、童话般的森林和散发出朴实氛围的村庄。虽然这里没有大自然的狂野和偏僻，但田园牧歌风光如画。这里还有许多地方出售布谷鸟钟。

当地交通

黑森林全景之路（Schwarzwald-Hochstrasse，B500）是德国最美的公路之一，有60公里长，连接起巴登-巴登（Baden-Baden）和弗罗伊登施塔特（Freudenstadt）。

地区列车可连接阿尔皮斯巴赫（Alpirsbach）、席尔塔（Schiltach）、豪萨（Hausach）和其他黑森林中的村庄。从豪萨可接上黑森林铁路（Schwarzwaldbahn line），前往巴登-巴登和特里贝格（Triberg）。

巴登-巴登（Baden-Baden）

☎07221/人口 53,600

巴登-巴登是黑森林的北部门户，也是欧洲最著名的温泉城镇之一，这里的泉水富含矿物质，曾治愈过许多名人的疾病，包括维多利亚女王和维多利亚·贝克汉姆。这座美丽的小镇弥漫着一种旧世界的豪华感，其中还有一座宫殿般的赌场。

活动

★ Friedrichsbad 水疗

(☎07221-275 920; www.carasana.de; Römerplatz 1; 3小时门票 €25, 含香皂、浴刷和按摩 €37; ⏲9:00~22:00, 最晚入场时间为19:00) 如果渴望拥有维纳斯女神般的身材和埃及艳后的肤色, 那么就抛下矜持 (和服装), 跳入这座装饰着大理石和马赛克的宫殿般的温泉中心吧。进入这座罗马爱尔兰式的浴场, 投入汗蒸、洗涤、热冷水浴、浸泡的世界, 这种感觉正如马克·吐温描述的那样: "十分钟之后, 你会忘记今夕何夕; 二十分钟, 不知身在何处。"

Caracalla Spa 水疗

(☎07221-275 940; www.carasana.de; Römerplatz 11; 2/3/4小时 €15/18/21; ⏲8:00~22:00, 最后入场20:00) 这座拥有玻璃正立面的现代化温泉水疗中有许多室内和户外泳池、洞穴和冲浪流道, 将富含矿物质的温泉水的疗效发挥到最大。对那些敢于挑战桑拿浴的人来说, 有乡村风情的"森林浴", 也有95℃的"烈焰浴", 种类繁多。

食宿

Schweizer Hof 酒店 €€

(☎07221-304 60; www.schweizerhof.de; Lange Strasse 73; 双 €99~119) 这家高水准的酒店位于巴登-巴登最时髦的一条街道上, 有整洁的客房, 花园里有日光浴室。

Rizzi 各国风味 €€€

(☎07221-258 38; www.rizzi-baden-baden.de; Augustaplatz 1; 主菜午餐 €9~24, 晚餐 €14~52; ⏲正午至次日1:00) 这座餐厅位于一座粉红色别墅的绿荫庭院中, 夏季很受欢迎, 提供出色的葡萄酒和精选牛排。其他热门菜式包括美味汉堡、自制意大利面和本店特色寿司。

实用信息

旅游局办事处分部 (Branch Tourist Office; Kaiserallee 3; ⏲周一至周六 10:00~17:00, 周日 14:00~17:00) 位于Trinkhalle。出售活动门票。

特里贝格 (Triberg)

☎07722/人口4800

布谷鸟钟之都, 黑森林蛋糕的圣地, 全国最高的瀑布——特里贝格是黑森林地区精粹的汇集地, 吸引了大批的游客。

景点

★ 特里贝格瀑布 瀑布

(Triberger Wasserfälle; 成人/优惠/家庭 €4/3/9.50; ⏲5月至11月初, 12月25日至30日) 虽然比不上尼亚加拉瀑布, 但德国最高的瀑布自有一种野性的浪漫。古塔赫河 (Gutach River) 造就了这个七级的瀑布, 落差达163米, 22:00前都有灯光照明。

鸟的战争

特里贝格是德国当之无愧的布谷鸟钟之都。这里有两座巨大的时钟, 它们竞相争夺世界最大的布谷鸟钟的名号。

其中历史较悠久、较迷人的, 是自称**世界上第一座最大的布谷鸟钟** (1. Weltgrösste Kuckucksuhr; ☎07722-4689; www.1weltgroesstekuckucksuhr.de; Untertalstrasse 28, Schonach; 成人/优惠€1.20/0.60; ⏲9:00至正午和13:00~18:00)。它位于绍纳赫 (Schonach), 从1980年开始运转, 由当地一名钟表匠花费三年打造。

不过, 在尺寸上, 位于**Eble Uhren-Park** (☎07722-962 20; www.uhren-park.de; Schonachbach 27; 门票€2; ⏲周一至周六9:00~18:00, 周日10:00~18:00) 的另一座布谷鸟钟抢走了前者的风采, 后者占据了特里贝格和霍恩伯格 (Hornberg) 之间B33公路旁的一整座房屋。这座钟尺寸更大 (而且已被列入吉尼斯世界纪录), 但像是个花招——用来吸引人们走进大钟内的商店买东西。

食宿

Parkhotel Wehrle 历史酒店 €€€

（☎07722-860 20；www.parkhotel-wehrle.de；Gartenstrasse 24；双 €155~179；P 📶 🏊）酒店拥有400年历史，还附设一家极有名望的餐厅（主菜 €13~32，每天18:00~21:00，周日正午至14:00），海明威曾经对餐厅供应的鳟鱼极尽赞美之词。店内还有一座综合温泉水疗中心。总体上，这里属于巴洛克和毕德麦雅风格，空间宽敞，饰有精美古董。最好的房间配备了Duravit的浴缸。

Café Schäfer 咖啡馆 €

（☎07722-4465；www.cafe-schaefer-triberg.de；Hauptstrasse 33；蛋糕 €3~4；⏲周一、周二、周四和周五 9:00~18:00，周六 8:00~18:00，周日 11:00~18:00）糖果制作人Claus Schäfer采用了1915年黑森林蛋糕的老配方，制作出这款让人欲罢不能的甜点。听我们的，热量再高也值得吃。

实用信息

旅游局办事处（☎07722-866 490；www.triberg.de；Wallfahrtstrasse 4；⏲周一至周五 9:00~17:00）位于黑森林博物馆中。

弗赖堡（Freiburg im Breisgau）

☎0761/人口220,300

弗赖堡悠然地坐落在黑森林树木繁茂的山坡和葡萄园脚下，是一个阳光明媚、充满快乐的大学城。这里的老城活像一本故事书，有带山墙的房子、用鹅卵石铺就的小道和咖啡馆林立的广场。热爱派对的学生让当地的夜生活非常活跃，这为弗赖堡带来了悠闲的氛围。

> **当地知识**
>
> **飞越整个森林**
>
> 当你乘坐**高架缆车**（Schauinslandbahn；成人/优惠往返€12/11，单程€8.50/8；⏲10月至次年6月9:00~17:00，7月至9月至18:00）至城市上空，身处地毯一般的大片草地和森林之上，弗赖堡看上去变得极为微小。缆车直到1284米高的**绍因斯兰山**（Schauinsland；www.bergwelt-schauinsland.de）。乘坐缆车可以在弗赖堡和黑森林高地之间快速往来。

景点

★弗赖堡大教堂 大教堂

（Freiburger Münster，Freiburg Minster；☎0761-202 790；www.freiburgermuenster.info；Münsterplatz；塔成人/优惠 €2/1.50；⏲周一至周六 10:00~17:00，周日 13:00~19:30，塔周一至周六10:00~16:45，周日 13:00~17:00）弗赖堡建于11世纪的大教堂有带褶皱的尖顶、邪恶的怪兽状滴水嘴和令人目不暇接的大门，其高耸在中央市场广场上的身姿令人难忘。其中有炫目的千变万化的彩色玻璃窗（多数都由中世纪行会资助），**高祭坛**（High Altar）上有由丢勒门徒汉斯·巴尔东·格里恩（Hans Baldung Grien）创作的圣母玛利亚（Virgin Mary）精美三联画。塔楼可攀登。

市政厅广场 广场

（Rathausplatz，Town Hall Square）和当地人一起，在栗树成荫的市政厅广场的喷泉旁放松吧，这里是弗赖堡最美丽的广场。然后，拿出照相机拍下建于16世纪的牛血红的**老市政厅**（Altes Rathaus），其中有旅游局办事处，还有建于19世纪有三角山墙的**新市政厅**（Neues Rathaus），以及拥有现代化室内风格的中世纪的**马丁教堂**（Martinskirche）。

奥古斯丁博物馆 博物馆

（Augustinermuseum；☎0761-201 2531；Augustinerplatz 1；成人/优惠/18岁以下€7/5/免费；⏲周二至周日 10:00~17:00）这间出色的博物馆位于一座经过现代化改造的修道院中，其中呈现的从中世纪直至19世纪的艺术家作品让人回想起过去的时光。一楼的雕塑厅尤其令人印象深刻，其中有精美的中世纪雕塑，文艺复兴时期艺术家汉斯·巴尔东·格里恩、马提亚·格吕内瓦尔德（Matthias Grünewald）和老卢卡斯·克拉纳赫（Lucas Cranach the Elder）的杰作。到楼上去，能看到与视线齐平的怪兽状滴水嘴。

住宿

Black Forest Hostel 青年旅舍 €

（☎0761-881 7870；www.blackforest-hostel.de；Kartäuserstrasse 33；铺 €17~27，标单/双 €35/58，床单 €4；⏲前台7:00至次日1:00；@）这是时髦的经济型住宿，有舒服轻松的公共区域、公用厨房，宽敞并装有不锈钢淋浴的浴室。提供自行车出租服务。从镇中心步行5分钟就可到达。

Hotel Minerva 酒店 €€

（☎0761-386 490；www.minerva-freiburg.de；Poststrasse 8；双 €130~165；P📶）这家新艺术风格的酒店魅力十足，距老城只需步行5分钟。这里配以线条柔美的窗户和木头装饰。气氛欢快的客房中绘有明亮的色调，提供免费Wi-Fi。桑拿是另一大附加享受。

餐饮

周一到周六的7:30~13:30，弗赖堡大教堂周边会有许多摊贩，他们出售生鲜食品和花卉。

Markthalle 美食城 €

（www.markthalle-freiburg.de；Martinsgasse 235；简餐 €4~8；⏲周一至周四 8:00~20:00，周五和周六至午夜）这座历史悠久的市场美食城被昵称为"Fressgässle"，在其中的食品摊上吃遍世界吧。从咖喱到寿司，从牡蛎到开胃菜，一应俱全。

Hausbrauerei Feierling 自酿小酒馆 €€

（☎0761-243 480；www.feierling.de；Gerberau 46；主菜 €6~12；⏲周一至周四 11:00至午夜，周五和周六至次日1:00；🖉）这里自酿的啤酒让人想竖起拇指点赞，四分之一个世纪以来吸引了许多啤酒爱好者。夏季，可以在可爱的啤酒花园中找个桌子，点些实在的德国经典菜式，以防止宿醉，或者尝试各种风味的素食。

Kreuzblume 法国菜、德国菜 €€€

（☎0761-311 94；www.hotel-kreuzblume.de；Konviktstrasse 31；2道/3道/4道菜晚餐 €32.50/39/47；⏲周五至周日正午至14:00，周三至周日 18:00~22:00）这家袖珍型餐厅位于一条装饰有花卉的小巷中，背景灯光时髦，菜单上的口味吸引了许多精于美食之道的老饕。每道菜都采用精选食材，并以大胆别致的方法制作。服务无可挑剔。

> **当地知识**
>
> **观景餐厅**
>
> 在Kaiser-Joseph-Strasse 165，卡尔施泰特（Karstadt）百货公司的楼顶平台上有一家自助式小酒馆，在此就餐可饱览城市风景。附加奖励是免费的Wi-Fi。

Schlappen 咖啡馆、小酒馆

（Löwenstrasse 2；⏲周一至周三 11:00至次日1:00，周四至次日2:00，周五和周六至次日3:00，周日15:00至次日1:00）这家总是很受欢迎的小酒馆位于一座古老的建筑中，装饰有大量古董和复古的剧院海报，吸引了一代代学生顾客。看看男厕所中的骨架模型。夏季有露台。

实用信息

旅游局办事处（☎0761-388 1880；www.freiburg.de；Rathausplatz 2-4；⏲6月至9月周一至周五 8:00~20:00，周六 9:30~17:00，周日10:30~15:30，10月至次年5月周一至周五 8:00~18:00，周六 9:30~14:30，周日 10:00至正午）有大量1:50,000的骑行地图、城市地图（€1）和实用宣传册《弗赖堡——官方指南》（*Freiburg-Official Guide*，€4.90）。可帮忙预订房间（€3）。

到达和离开

弗赖堡与瑞士巴塞尔（Basel）、法国米卢斯（Mulhouse）共用**欧洲机场**（EuroAirport，代码BSL；www.euroairport.com）。每小时有1班机场班车AirportBus（单程/往返 €26/42，55分钟）。

火车包括InterCity Express（ICE）列车，可连接巴塞尔（€25.20，45分钟）和巴登-巴登（€30，45分钟）。

法兰克福和莱茵兰（FRANKFURT & THE RHINELAND）

德国的腹地有气势磅礴的莱茵河、美味

的葡萄酒、中世纪的城堡和浪漫村庄，富于梦幻色彩。就连看上去沉默内敛的法兰克福也呈现出一派悠闲都会的气象，这里有极好的博物馆和热闹的夜生活场景。

美因河畔法兰克福（Frankfurt-am-Main）

☎069/人口700,800

美因河畔法兰克福（Frankfurt-on-the-Main，最后一个词的发音是“mine”）高楼林立，是一座金融和商业之都，还举办一些欧洲最重要的商品交易会。尽管商务气息浓厚，法兰克福却一直是德国最适合居住的城市之一，这得益于馆藏丰富的博物馆、广阔的公园和绿地、学生众多的活泼氛围和便捷的公共交通设施。

景点

★罗马广场 广场

（Römerberg；皇帝殿成人/优惠 €2/0.50；⊙皇帝殿10:00~13:00和14:00~17:00；🚇Dom/Römer）罗马广场是法兰克福古老的**中央广场**。这些装饰精美、带有山墙的砖木建筑是第二次世界大战后重建的，于是人们可以了解到这座城市中世纪的核心区曾是多么美丽。高耸在广场之上的是宏伟的**老市政厅**（Römer），神圣罗马帝国曾有几十位皇帝在此举行加冕仪式。想一探究竟，可参观壮丽的**皇帝殿**（Kaisersaal；入口在Limpurgerstrasse）。

皇帝大教堂 大教堂

（Kaiserdom，Imperial/Frankfurt Cathedral；www.dom-frankfurt.de；Domplatz 14；塔楼成人/优惠 €3.50/1.50；⊙教堂4月至10月周六至周四 9:00~20:00，周五 13:00~20:00，塔楼9:00~18:00，11月至次年3月周四至周一 11:00~17:00；🚇Dom/Römer）法兰克福的这座红砂岩大教堂开建于15世纪初年，竣工于19世纪60年代，其中的主体建筑是优雅的哥特式**塔楼**（95米，可攀登）。这里是喧嚣市中心内的一座宁静岛屿。1356~1792年，神圣罗马帝国帝王就在右走廊尽头（可寻找现代的“头盖骨”祭坛）的**Wahlkapelle**产生（1562年以后由教皇加冕）。

法兰克福博物馆区 博物馆

（Museumsufer Frankfurt；www.museumufer-frankfurt.de；Eiserner Steg和Friedensbrücke之间；ⓈSchweizer Platz）超过12座博物馆沿美因河的南岸排列开，这里被统称为博物馆区。其中最著名的是**施塔德尔博物馆**（Städel Museum），这是一座著名的艺术馆，但建筑、考古、应用美术、电影和民族学的粉丝也将受益匪浅。每小时，都有几班博物馆区的46路公共汽车从中央火车站始发，去往大部分博物馆。

★施塔德尔博物馆 博物馆

（Städel Museum；☎069-605 098 117；www.staedelmuseum.de；Schaumainkai 63；成人/优惠/12岁以下/家庭€14/12/免费/24；⊙周二、周三、周六和周日 10:00~18:00，周四和周五至21:00；🚇Schweizer Platz）这座世界著名的美术馆建于1815年，收藏有名副其实的从中世纪直至今日的欧洲艺术杰作。好好享受这场视觉盛宴，欣赏那些最耀眼的大师创作的绝美作品，其中包括丢勒、伦勃朗、鲁本斯、雷诺阿、毕加索和塞尚的作品。当代艺术大师的作品包括格哈德·里希特（Gerhard Richter）和弗朗西斯·培根的作品，在最近新建的地下分馆中展出，有圆形天窗照明。

主塔楼 观景点

（Main Tower；☎069-3650 4878；www.maintower.de；Neue Mainzer Strasse 52-58；电梯成人/儿童/家庭 €6.50/4.50/17.50；⊙4月至10月周日至周四 10:00~21:00，周五和周六至23:00，11月至次年3月周日至周四 10:00~19:00，周五和周六至21:00，休闲鸡尾酒吧周二至周四 21:00至午夜，周五和周六至次日1:00；🚇Alte Oper）如果没有主塔楼，法兰克福的天际线会变得很不一样。塔楼高200米，是城里最高、最具特色的建筑之一。高出街道水平面200米处有观景台，是感受“美因哈顿”（Mainhattan）的好地方，乘坐电梯只需45秒就到。准备好接受机场般严格的安检。打雷时塔楼关闭。

住宿

正如证券交易市场一样，法兰克福的住宿价格由供需关系调控。换句话说，如果城里有大型贸易展会（经常有），价格会翻三番。一般说来，周末会降价。

Frankfurt Hostel 青年旅舍 €

(☎069-247 5130; www.frankfurt-hostel.com; Kaiserstrasse 74, 3楼; 铺€18~22, 标单/双€39/49起; @📶; 🚉Frankfurt Hauptbahnhof)这家热闹的旅舍拥有200张床位。穿过战前建造的大理石、瓷砖大堂，再乘一部透明的电梯就能到达。有一个休闲区可供社交。设有一个小型共用厨房，装饰的是木地板，有免费的早间自助餐。

25hours Hotel by Levi's 酒店 €€

(☎069-256 6770; www.25hours-hotels.com; Niddastrasse 58; 双周中/周末 €99/70起，展会期间€390; ❄@📶; 🚉Hauptbahnhof)这家酒店很受创意人士的欢迎，幽默的设计受李维斯(是的，那个牛仔裤品牌)的影响，时髦元素包括屋顶露台、免费的自行车和微型汽车出租。有一间吉布森音乐室，所有人都可以演奏其中的鼓和吉他。客房采用年代主题，从20世纪30年代(平静颜色)到80年代(老虎图案的壁画、错视地毯)，不一而足。早餐价格为€16。

Adina Apartment Hotel 酒店 €€€

(☎069-247 4740; www.adina.eu/adina-apartment-hotel-frankfurt; Wilhelm-Leuschner-Strasse 6; 零居室公寓/公寓 €199/245起; P❄📶🏊; S Willy-Brandt-Platz)这里有超大的零居室公寓和公寓，装饰温馨，位于高层，能眺望到美因河。一卧和两卧套房有全套厨房设备，很适合想自己做饭的游客和家庭。Wi-Fi的费用为每24小时€14.50。早餐价格为€21。

餐饮

豪普特瓦赫(Hauptwache)广场以西的步行区有许多普通水准的餐厅。惬意的苹果酒馆多集中在老萨克森豪森区(Alt-Sachsenhausen)。

Kleinmarkthalle 市场 €

(www.kleinmarkthalle.de; Hasengasse 5; ⏲周一至周五8:00~18:00, 周六至16:00; S Dom/Römer)这家有顶棚的传统食品市场有许多忙碌的货摊，货品码放得很艺术化。这里出售高质量的水果、蔬菜、肉类、香料和美味奶酪。如果实在饥饿，也有美味的烘焙食物、面包夹香肠(wurst)，甚至是寿司和西班牙小吃。

Almas 土耳其菜 €€

(☎069-6642 6666; www.almas-restaurants.de; Wallstrasse 22; 主菜 €11~18; ⏲周二至周四 17:00至午夜，周五和周六至次日2:00，周日10:00~15:00; S Südbahnhof)这里的异国风情装饰很优雅，就算是出现在土耳其也不会不协调。除了烤肉串之外，还有大量的土耳其特色菜，配有蜡烛、亚麻桌布。所有食物都地道、新鲜，混合了各种正宗的香料。

Metropol Cafe am Dom 各国风味 €€

(☎069-288 287; www.metropolcafe.de; Weckmarkt 13-15; 主菜 €6~15.80; ⏲周二至周日9:00至次日1:00; S Dom/Römer)这家法式小馆主打受各国菜肴启发的家常菜，位于大教堂旁边的一个僻静角落。两道菜午餐(€8.90)很受当地人欢迎，可在鲜花露台上享用。晚上会有许多时髦人士涌入。

Leonhard's 快餐 €€

(☎069-219 1579; www.leonhards-restaurant.de; Zeil 116-26, 7楼, Galeria Kaufhof;

> **当地知识**
>
> ### 苹果酒小酒馆
>
> 苹果酒小酒馆是法兰克福很棒的当地特色。这里提供苹果酒(Ebbelwei，法兰克福方言为Apfelwein)：一种带酒精的苹果汁，再配上一些本地特色菜，如Handkäse mit Musik——浸泡在油和醋里面的圆形奶酪，上面放有洋葱。任何搭配Grüne Sosse(一种带给你味蕾震撼的用当地香料制作的酱汁)的食物都是赢家。推荐老萨克森豪森区的**Fichtekränzi**(☎069-612 778; www.fichtekraenzi.de; Wallstrasse 5; 主菜€2.80~14.50; ⏲17:00至午夜; 🖉; 🚉Lokalbahnhof)和**Adolf Wagner**(☎069-612 565; www.apfelwein-wagner.com; Schweizer Strasse 71; 主菜€8.50~13.90; ⏲11:00至午夜; 🖉; 🚉Südbahnhof)。

Frankfurt-am-Main 法兰克福

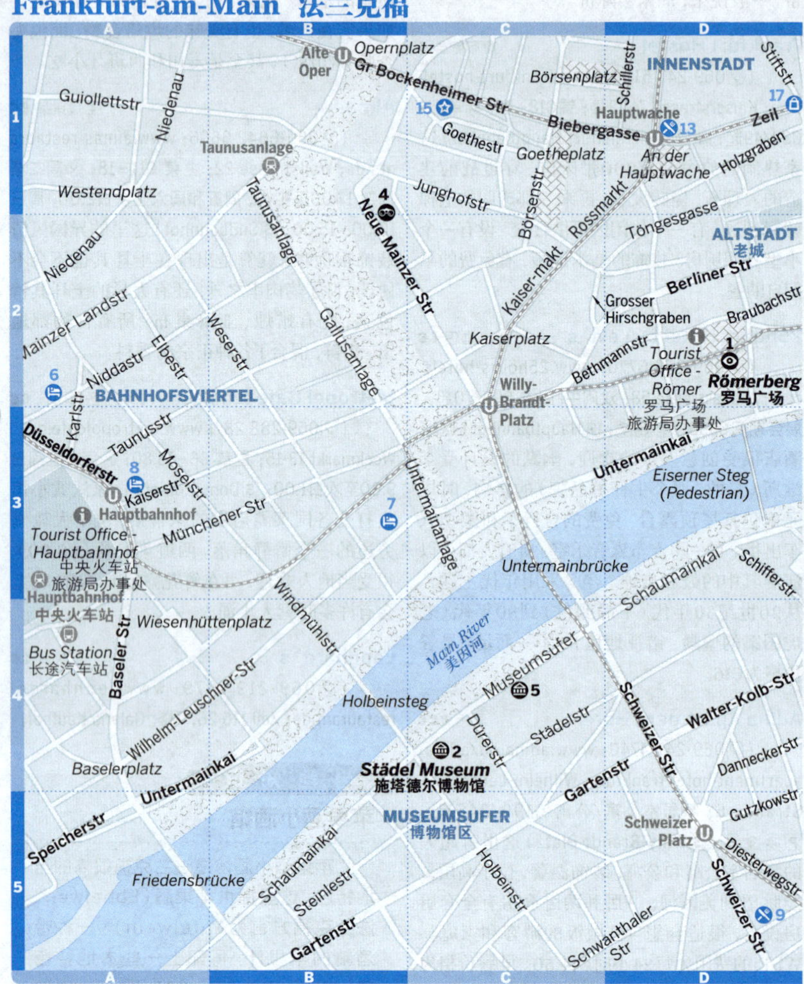

餐 €5起；⊙周一至周六 9:30~21:00；✎；S Hauptwache）位于Galeria Kaufhof百货商店的高层，这家高档美食城有户外露台。从咖啡、烘烤食物、鲜鱼到肉食，各种餐饮一应俱全。

☆ 娱乐

Jazzkeller 爵士乐

（www.jazzkeller.com；Kleine Bockenheimer Strasse 18a；门票 €5~25；⊙周二至周四 20:00至次日2:00，周五 22:00至次日3:00，周六 21:00至次日2:00，周日 20:00至次日1:00；S Alte Oper）自1952年以来，这里一直是一个很有气氛的爵士乐场地。看看墙上的照片，你会知道多来年有哪些爵士乐大师曾经在这儿表演过。21:00有音乐会（周日为20:00），DJ之夜（周五）除外，届时有拉丁和放克音乐。隐藏在Goethestrasse 27对面的酒窖里。

Nachtleben 夜店

（☎069-206 50；www.nachtleben.net；Kurt-Schumacher-Strasse 45；⊙周一至周三 10:30至次日2:00，周四至周六至次日4:00；S Konstablerwache）隐藏在Konstablerwache

Frankfurt-am-Main 法兰克福

重要景点
- 1 罗马广场 D2
- 2 施塔德尔博物馆 C4

景点
- 3 皇帝大教堂 E2
- 4 主塔楼 B1
- 5 法兰克福博物馆区 C4

住宿
- 6 25hours Hotel by Levi's A2
- 7 Adina Apartment Hotel B3
- 8 Frankfurt Hostel A3

就餐
- 9 Adolf Wagner D5
- 10 Almas E4
- 11 Fichtekränzi F4
- 12 Kleinmarkthalle E1
- 13 Leonhard's D1
- 14 Metropol Cafe am Dom E2

娱乐
- 15 Jazzkeller C1
- 16 Nachtleben E1

购物
- 17 Zeil D1

东南角的是一家安静的咖啡馆（周日 7:00至次日2:00），其一楼有露台，地下室夜店直到1:00才热闹起来。音乐会上会有高音和独立乐队演出，风格从英伦流行乐到高科技舞曲，再到嘻哈乐，每晚不同。

购物

Zeil 商场

（Ⓢ Hauptwache）想大采购，可以沿着Zeil步行区晃悠，两边有许多百货商店、高级连锁商场，包括建筑风格非常醒目的MyZeil。这片区域两边各有个广场，分别是Konstablerwache和Hauptwache，名字都来自卫兵室，不过只有Hauptwache广场上的卫兵室保留了下来。

实用信息

旅游局办事处（☎069-2123 8800；www.frankfurt-tourismus.de）有两个分部：中央火车站办事处（中央火车站主大厅；⏰周一至周五 8:00~21:00，周六和周日 9:00~18:00）和罗马广场办事处（Römerberg 27；⏰周一至周五 9:30~17:30，周六和周日至16:00；🚉Frankfurt Hauptbahnhof），后者位于中央广场，比较小。

到达和离开

飞机

法兰克福机场（Frankfurt Airport，代码FRA；www.frankfurt-airport.com）在市中心的西南方向12公

里处，是德国最繁忙的机场。轻轨S8和S9线连接机场的地区火车站和市中心（€4.35，11分钟），每小时数班。

法兰克福-哈恩机场（Frankfurt-Hahn Airport，代码HHN；www.hahn-airport.de）有瑞安航空公司的航班。机场在法兰克福西面125公里处，靠近摩泽尔河谷。

长途巴士

浪漫之路大巴和许多长途巴士在中央火车站的南侧发车。

火车

中央火车站有去往很多地方的直达列车，包括柏林（€123，4小时）和慕尼黑（€101，3.5小时）。

当地交通

关于公共交通信息，请查询www.rmv.de/en。

浪漫莱茵河谷（The Romantic Rhine Valley）

科布伦茨（Koblenz）和美因茨（Mainz）之间的莱茵河河段深深切开板岩山脉。这条被昵称为“浪漫莱茵河谷”的河道自然是许多德国探索者的重点。这里的山坡、陡峭的悬崖和几乎垂直的台地葡萄园交织在一起。每处河湾都有恬静的村庄，整齐的砖木结构房屋和教堂尖塔似乎从童话世界里拔地而起。河面上是繁忙的船舶，高耸在河岸上的是著名的中世纪城堡，有些已成废墟，有的则获得了精心修复，所有的遗迹都来自神秘的过去。

虽然科布伦茨和美因茨是理想的出发地，但若从法兰克福出发，也可以安排行程很长的一日游。

到达和当地交通

莱茵河上的不同交通方式各有特色，也同样精彩。赶路时不妨将它们搭配起来。

船

大约从复活节开始到10月（冬季班次非常少），**科隆—杜塞尔多夫**（Köln-Düsseldorfer，简称KD；☎0221-2088 318；www.k-d.com）经营的客轮有固定的时刻表，往返于各村庄。可以随时上下。

小汽车

科布伦茨和宾根之间没有桥，但是乘坐汽车渡轮很容易过河。有五条路线：宾根-吕德斯海姆（Rüdesheim）、下海姆巴赫（Niederheimbach）-洛尔希（Lorch）、博帕尔德（Boppard）-费尔森（Filsen）、上韦瑟尔（Oberwesel）-考伯（Kaub）和圣戈阿（St Goar）-戈阿尔斯豪森（Goarshausen）。

火车

在科布伦茨和美因茨间运行的当地列车每小时1班，经停莱茵河左岸的村落，如巴哈拉赫（Bacharach）及博帕尔德。右岸的村落，如吕德斯海姆、圣戈阿尔斯豪森（St Goarshausen）和布劳巴赫（Braubach）也有每小时1班的火车连接科布伦茨的中央火车站。到法兰克福的火车在RheingauLinie线路上运行。

巴哈拉赫（Bacharach）

巴哈拉赫是莱茵河畔最美丽的村庄之一，其14世纪的城墙后面隐藏着超凡的魅力。经过厚厚的拱门，可以看到一座美丽的中世纪古城。因Oberstrasse主街旁砖木结构的房子，它更显优雅。这里不乏品尝美食和美酒的好去处。

想饱览村庄、葡萄园和河流的美景，可以在**中世纪城墙**上漫步，那里点缀着守卫塔。村子最北部的**Postenturm**上能看到尤为壮丽的全景，在那里，能眺望中世纪礼拜堂**Wernerkapelle**遗址上的装饰和山顶12世纪城堡**Burg Stahleck**的炮台，后者已被改造为**青年旅舍**（☎06743-1266；www.jugendherberge.de；Burg Stahleck；标单/双€27/43）。另一个不错的住处是**Rhein Hotel**（☎06743-1243；www.rhein-hotel-bacharach.de；Langstrasse 50；双€78~136；P ❄ 📶），这里有14间光线充足的隔音客房，还配有原创艺术品。附设一家值得推崇的餐厅。

圣戈阿和圣戈阿尔斯豪森（St Goar & St Goarshausen）

这对双子镇在莱茵河两岸隔河相望。左岸，圣戈阿高耸的**莱茵岩堡**（Burg Rheinfels；www.st-goar.de；成人/儿童€4/2；⏲3月中至10月末9:00~18:00，11月9日前至17:00）是莱茵河边规模最大、最令人印象深刻的城堡之一。迷宫般的废墟反映了当年伯爵的贪婪和野心。他在1245年建造了这座庞然大物，然后向每一艘过往船只征收通行费。

现在，价格便宜的渡轮可连接圣戈阿尔斯豪森和浪漫莱茵河沿岸最具童话色彩的景点——罗蕾莱（Loreley Rock）。这处垂直板岩因一位虚构的神秘少女而出名，据说水手们会被她的歌声吸引，然后掉到河中凶险的暗流里溺亡。

上好的住宿处有Romantik Hotel Schloss Rheinfels（☎06741-8020；www.schloss-rheinfels.de；双含早餐 €130~245；P@📶🏊），本店就在城堡旁边。这里的三个餐馆声誉良好，不过村里的选择更多。

布劳巴赫（Braubach）

拥有1300年历史的古镇布劳巴赫位于河流右岸，周围的山坡上森林密布，有葡萄园和河畔玫瑰园。镇中央是一座砖木结构的小型广场。上方高耸的马克斯堡（Marksburg；☎0049-2627-536；www.marksburg.de；成人/学生/6~18岁 €6/5/4；⏲3月底至10月 10:00~17:00，11月至次年3月底 11:00~16:00）已有700年历史，拥有壮观的塔楼、炮台和城垛。建筑从未遭到毁坏，这在莱茵河流域的城堡中绝无仅有。参加团队游（英语 3月底至11月初 13:00、16:00），可参观城堡、哥特式大厅和大厨房，外加可怕的刑讯室。

科布伦茨（Koblenz）

科布伦茨由罗马人建立，坐落在莱茵河和摩泽尔河（Moselle River）的交汇之地，这里被称为德意志之角（Deutsches Eck），醒目地矗立着一尊德皇威廉一世耀武扬威的骑马雕像。在莱茵河右岸，坐落在德意志之角高处的是欧洲最雄伟的堡垒之一埃伦布赖特施泰因要塞（Festung Ehrenbreitstein；www.diefestungehrenbreitstein.de；成人/儿童 €6/3，含缆车 €11.80/5.60，语音导览€2；⏲4月至10月 10:00~18:00，11月至次年3月至17:00）。其视野很棒，里面还有一间餐厅和一座地区博物馆。搭乘850米长的空中缆车（Seilbahn；www.seilbahn-koblenz.de；往返成人/儿童 €9/4，含城堡 €11.80/5.80；⏲4月至10月 10:00~18:00或19:00，11月至次年3月至17:00）线路到达。

摩泽尔河谷（Moselle Valley）

一批批游客来到摩泽尔。城堡和有砖木结构房屋的城镇建在蜿蜒流淌的河边，背倚着陡峭的满是葡萄园的岩石峭壁。这是德国最引人遐想的地区之一，河畔每个转角都有美妙绝伦的风景。与浪漫莱茵河不同，摩泽尔河谷有大量的桥梁。最美的部分在贝尔恩卡斯特尔-屈斯（Bernkastel-Kues）和科赫姆（Cochem）之间，两地相隔50公里，有B421公路相连。

科赫姆（Cochem）

科赫姆是摩泽尔河谷中最受欢迎的目的地之一，有一座童话般的赖希斯堡（Reichsburg；☎02671-255；www.burg-cochem.de；Schlossstrasse 36；团队游成人/优惠/儿童 €5/4.50/3；⏲3月中至10月 9:00~17:00，11月和12

感受莱茵河的浪漫

浪漫莱茵河谷的每个村庄都有许多迷人之处，至少值得匆匆地逛一下。随机挑选一个，然后去发现其魅力。下面列出的是一些有特色的选择：

博帕尔德 罗马遗址，还有到Vierseenblick观景点的缆车（左岸）。

上韦瑟尔 因其3公里长的中世纪城墙和其间屹立着的16座守卫塔而闻名（左岸）。

阿斯曼豪森（Assmannhausen）游客不太多的村庄，因红葡萄酒闻名。有一览无余的景色，是很好的徒步游选择（右岸）。

吕德斯海姆 一日游的人群汹涌，不过前往雄伟的尼德瓦尔德（Niederwalddenkmal）纪念碑和埃伯巴赫修道院（Eberbach Monastery）很方便（右岸）。

月10:00~15:00，1月至3月中周三、周六和周日正午和13:00），从科布伦茨乘火车或船很容易前往。和许多其他城堡一样，这座城堡在1689年被疯狂的法国人毁坏。遗址矗立了几个世纪，直至1868年——一位富有的柏林人花了很少的钱将其买下，并把它改造成现在的宏伟模样——虽然并非完全的还原。40分钟的团队游（德语讲解，但提供英文宣传册）将带你参观装饰精美的房间。

旅游局办事处（☎02671-600 40；www.ferienland-cochem.de；Endertplatz 1；⊙4月至10月周一至周五 9:00~17:00，11月至次年3月周一至周五 9:00~13:00和14:00~17:00，5月至6月中周六9:00~15:00，7月中至10月周六 9:00~17:00，7月至10月周日 10:00~15:00）有整个地区的信息。

科赫姆距离科布伦茨55公里，通过美丽的B327和B49公路可在两地间往返。往返特里尔（€12.90，45分钟）和科布伦茨（€11.30，50分钟）的地区火车也在这里停靠。

贝尔斯坦（Beilstein）

风景完美的贝尔斯坦并不只有陡峭葡萄园包围着的杂乱房屋。这里历史悠久的亮点还包括**市集广场**和山顶**梅特涅堡**（Burg Metternich）的遗址。**Zehnthauskeller**（☎02673-900 907；www.zehnthauskeller.de；Marktplatz；⊙周二至周日11:00至晚上）免费 是家族经营的幽暗浪漫的拱形葡萄酒小酒馆，这个家族还经营当地的两家酒店。可以就餐，菜肴价格为€2.20~9。没有旅游局办事处。

716路公共汽车可从科赫姆前往贝尔斯坦（€3.65，20分钟），旺季时几乎每小时1班，不过乘船的话景色更好（€12，1小时）。

贝尔恩卡斯特尔-屈斯（Bernkastel-Kues）

这座迷人的双子镇横跨摩泽尔河两岸，从特里尔向下游行进50公里即到，附近有河畔最著名的葡萄园。右岸的贝尔恩卡斯特尔是砖木结构、砖石和板岩建筑构成的和谐乐章，有许多葡萄酒吧。

费些力气，爬山前往**兰茨胡特城堡**（Burg Landshut）。这是一座毁坏了的13世纪城堡，坐落在城镇高处的悬崖上。在**啤酒花园**待上30分钟，犒劳一下自己，享受壮丽迷人的山谷景色和冷饮。

旅游局办事处（☎06531-500 190；www.bernkastel.de；Gestade 6，Bernkastel；⊙5月至10月周一至周五 9:00~17:00，周六 10:00~17:00，周日 10:00~13:00，11月至次年4月周一至周五 9:30~16:00）在贝尔恩卡斯特尔。

从特里尔前来，自驾车的话可沿着B53公路走。乘坐公共交通工具的话，需要在维特利希乘坐地区火车，然后换乘300路巴士。

特里尔（Trier）

☎0651/人口106,700

这座绿荫浓密的美丽小城位于摩泽尔河谷，有德国最精美的罗马建筑遗址——包括温泉浴场和圆形剧场，也有后世的建筑瑰宝。

景点

黑门 城门

（Porta Nigra；成人/学生/儿童€3/2.10/

值得一游

埃尔茨堡

埃尔茨堡（Burg Eltz；☎02672-950 500；www.burgeltz.de；Wierschem；团队游成人/学生/家庭€9/6.50/26；⊙4月至10月 9:30~17:30）位于美丽的埃尔茨山谷（Eltz Valley）的顶部，是德国最浪漫的中世纪城堡之一。城堡坐落在一处周围森林密布的岩石顶部，在近900年的历史中从未遭受破坏。堡内建有炮塔、塔楼、凸窗和山形墙。城堡目前仍归原建造家族所有。在45分钟的团队游中，能看到的装饰、家具、挂毯、壁炉、油画和盔甲有几百年的历史。

自驾车的话，可经由Munstermaifeld到达。也可乘船或火车前往莫泽尔肯村（Moselkern village），然后经由一条景色宜人的5公里长步道前往城堡（搭乘出租车的价格为€24）。

1.50；⏲4月至9月 9:00~18:00，3月和10月至17:00，11月至次年2月至16:00）这座气质阴郁的城门建于2世纪，如今已被岁月涂黑（其名字就源于此）。时人利用重力和铁钩将门固定起来，可谓工程学奇迹。

露天圆形竞技场 历史遗址

（Amphitheatre；Olewiger Strasse；成人/优惠/儿童 €3/2.10/1.50；⏲4月至9月 9:00~18:00，3月和10月至17:00，11月至次年2月至16:00）这座古罗马户外竞技场曾容纳20,000名观众。在竞技场下面的地牢中关着死刑犯和饥饿的猛兽，人与兽都等待着最后一搏。

皇家浴场 历史遗址

（Kaiserthermen；Imperial Baths；Weberbachstrasse 41；成人/学生/儿童 €3/2.10/1.50；⏲4月至9月 9:00~18:00，3月和10月至17:00，11月至次年2月至16:00）可从角落处的瞭望塔感受这座罗马洗浴建筑的庞大，这里有刻有条纹的砖石斗拱。可以走入地下迷宫，其中冷热浴池都有，还有锅炉房和加热输水渠。

特里尔大教堂 大教堂

（Trierer Dom；☎0651-979 0790；www.dominformation.de；Liebfrauenstrasse 12，Domfreihof交叉路口；⏲4月至10月 6:30~18:00，11月至次年3月至17:30）这座大教堂被认为是德国最古老的主教教堂，建于古罗马时代的一座宫殿之上。今天的建筑有将近1700年的历史，其中包含罗马式、哥特式和巴洛克式的元素。有趣的是，其楼层平面图为一朵12瓣的花朵，这象征着圣母玛利亚。

君士坦丁教堂 教堂

（Konstantin Basilika；☎0651-425 70；www.konstantin-basilika.de；Konstantinplatz 10；⏲4月至10月 10:00~18:00，1月至3月周二至周六 11:00至正午和 15:00~16:00，周日正午至13:00）教堂修建于公元310年左右，曾是君士坦丁的王宫大殿。石砖打造的教堂现在是座典型的新教教堂，其规模会让你为之惊奇不已（67米长，36米高）：它是现存最大的单体式罗马建筑。

住宿

Hotel Deutscher Hof 酒店 €€

（☎0651-977 80；www.hotel-deutscher-hof.de；Südallee 25；标单/双 €60/75起；P @ 📶）这间舒适超值的酒店位于市中心以南，步行几步路即到。房间灯光柔和，装饰温馨。夏季，你能在可爱的露台上用早餐，天冷时，还有桑拿和蒸气浴。早餐价格为€8。

Hotel Villa Hügel 精品酒店 €€€

（☎0651-937 100；www.hotel-villa-huegel.de；Bernhardstrasse 14；双含早餐 €146~194；P @ 📶 🏊）在这间拥有33个房间的山腰时尚别墅里，你可以在丰盛的自助早餐中以起泡葡萄酒开始新的一天。晚间，不妨在奢华的12米室内泳池和芬兰桑拿浴中享受奢华。客房装饰着蜂蜜色调的木家具，温馨安乐。可乘坐2路和82路公交车前往。

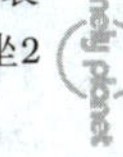

餐饮

暖和的时节，古城的公共广场和谷物市场上咖啡馆林立。市中心东南3公里处的Olewig是葡萄酒区，可乘坐6路、16路和81路公交车前往。

de Winkel 小酒馆 €

（☎0651-436 1878；www.de-winkel.de；Johannisstrasse 25；主菜 €6~9.50；⏲周二至周四 18:00至次日1:00，周五和周六至次日2:00）Winny和Morris经营的这家酒吧已经有15年以上的历史，很受当地人喜爱。和当地人一起尝试Pils，再点些小吃，例如爽脆鸡翅。

Weinstube Kesselstadt 德国菜 €€

（☎0651-411 78；www.weinstube-kesselstatt.de；Liebfrauenstrasse 10；菜 €4.50~12；⏲10:00至午夜）这里环境迷人，品尝当地葡萄酒是一大乐趣。夏季有面朝大教堂的露台。标准套餐均是高质量的地区食品，偶尔还会增加些以当地时令特产为主打的菜品，比如蘑菇或芦笋。在吧台点单。

Zum Domstein 古罗马菜 €€

（☎0651-744 90；www.domstein.de；Hauptmarkt 5；主菜 €9~19，古罗马晚餐 €17~36；⏲8:30至午夜）在这家老派餐厅中，你可以吃到古罗马美食，或更传统的德国和国际美食。古罗马菜肴是根据1世纪当地大厨Marcus Gavius Apicius的食谱制作的。

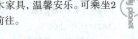

实用信息

旅游局办事处（☎0651-978 080；www.trier-info.de；⏲3月至12月周一至周六 9:00~18:00，5月至10月周日 10:00~17:00，3月、4月、11月和12月周日至15:00，1月和2月时间缩短）在黑门旁。有出色的英语宣传册，出售摩泽尔河谷步行和骑行地图、音乐会门票及短途乘船游等。

到达和离开

车次频繁的直达火车开往科布伦茨（€22.10，1.5~2小时）、科隆（€33，3小时）和卢森堡（€17.30，50分钟）。

科隆（Cologne）

☎0221/人口1,000,000

科隆有大量的景点，最突出的是著名的大教堂——金银丝装饰的双尖塔在整座城市的天际线中无比显眼。这个城市的博物馆艺术氛围非常浓厚，同时也能让喜欢巧克力、体育运动和古罗马历史的人满足愿望。众所周知，当地人善于享受生活乐趣。你很容易就能和他们一起，在老城整年都开着的啤酒屋里喝上一杯，共同享受美好的时光。

景点

★科隆大教堂 教堂

（Kölner Dom，Cologne Cathedral；☎0211-1794 0200；www.koelner-dom.de；塔成人/优惠/家庭 €3/1.50/6；⏲5月至10月周一至周六6:00~21:00，11月至次年4月至19:30，全年周日13:00~15:30，塔 5月至9月 9:00~18:00，3月至4月和10月至17:00，11月至次年2月至16:00）这座宏伟的大教堂是科隆的地理和精神中心，也是最大的单个旅游景点。高耸的双子尖塔可谓大教堂中的最高杰作，其中藏有数不胜数的艺术品和珍宝。

想锻炼一下，就顺着509级台阶登上南塔，到达尖塔的基座，这座建筑曾令欧洲一切建筑都相形见绌，直至居斯塔夫·埃菲尔（Gustave Eiffel）在巴黎建造出另一座塔。途中休息时，可观赏24吨重的**彼得钟**（1923年），它是世界上仍在运转的最大的自由摆动大钟。

大教堂规模为德国之最，必须绕一圈才能真正感受其震撼力。留意观察一下：教堂虽然庞大而高耸，但尖塔和飞拱仍然营造出轻盈感、脆弱感。透过中世纪的彩绘玻璃窗和当代艺术家格哈德·里希特备受赞誉的十字形翼部设计，光线洒下来，柔和宁静。

大教堂无数珍宝中的亮点是主祭坛之后的**东方三贤士神龛**（Shrine of the Three Kings），这座饰有大量珠宝的镀金石棺中据说安葬着三位国王的遗骸，他们跟随星光指引，找到了伯利恒耶稣诞生时的马厩。1164年，三贤士的遗骸作为战利品被巴尔巴罗萨皇帝（Emperor Barbarossa）的幕僚从米兰迁出，此后科隆一跃成为重要的朝圣地。

其他亮点还有**杰罗十字架**（Gero Crucifix，公元970年），它以不朽的尺寸而闻名，其蕴含的情感张力在中世纪早期的作品中非常罕见；建于1310年的**唱诗班席位**是用橡木雕刻的，装饰华丽；还有出自科隆艺术家史蒂芬·洛克纳（Stephan Lochner）之手的**祭坛画**（约1450年）。

★罗马—日耳曼博物馆 博物馆

（Römisch-Germanisches Museum，Roman Germanic Museum；☎0221-2212 4438；www.museenkoeln.de；Roncalliplatz 4；成人/优惠€9/5；⏲周二至周日 10:00~17:00）入口外面的雕塑和遗址，只不过是莱茵河畔发现的罗马文物完整交响曲的前奏。亮点包括巨大的**波普利修斯陵墓**（Poblicius tomb，公元30~40年）、3世纪华丽的**狄奥尼索斯镶嵌画**（Dionysus mosaic），以及保存得异常完好的玻璃器皿。可通过玩具、镊子、灯具和首饰一窥罗马时代的日常生活。出人意料的是，它

科隆狂欢节

为了迎接2月末或3月初的大斋期（Lent），科隆人创造了盛大的狂欢节（Karneval），它足以媲美慕尼黑啤酒节。届时，人们穿着创意服装在街头狂欢。庆祝活动在复活节前第七个周日前的周四正式开始，周一（Rosenmontag）活动达到高潮，届时会有电视转播街头游行的盛况。狂欢节在圣灰周三（Ash Wednesday）偃旗息鼓。

们的设计从那时起就没有过什么变化。

★ 路德维希博物馆 博物馆

（Museum Ludwig；☎0221-2212 6165；www.museum-ludwig.de；Heinrich-Böll-Platz；成人/儿童 €11/7.50，有特别展览时会涨价；⊙周二至周日 10:00~18:00）这里是20世纪艺术的圣地，几乎涵盖了所有重要时期引人入胜的作品。德国表现主义（贝克曼、迪克斯、科克纳）、毕加索、美国波普艺术（沃霍尔、利希滕斯坦）、俄罗斯先锋艺术家亚历山大·罗钦可（Alexander Rodchenko）作品的爱好者都可大饱眼福。抽象派藏品的亮点包括罗斯科（Rothko）和波洛克（Pollock）的作品，而古尔斯基（Gursky）和提尔曼斯（Tillmanns）则使得有关摄影的内容成为必看的选择。

瓦尔拉夫—里夏茨博物馆和基金会 博物馆

（Wallraf-Richartz-Museum & Fondation Corboud；☎0221-2212 1119；www.wallraf.museum；Obenmarspforten；成人/优惠€13/8；⊙周二至周日10:00~18:00，周四至21:00）博物馆是由已故设计师乌恩杰尔（OM Ungers）设计的一座后现代主义立方体建筑，馆内收藏着从13世纪到19世纪的欧洲著名画作。藏品按照年代顺序编排，1楼馆藏的历史最悠久，亮点包括以独特用色而闻名的科隆画派创作的杰出作品。最著名的收藏是史蒂芬·洛克纳的《玫瑰凉亭圣母》（*Madonna of the Rose Bower*）。

巧克力博物馆 博物馆

（Chocolate Museum，Schokoladenmuseum；☎0221-931 8880；www.schokoladenmuseum.de；Am Schokoladenmuseum 1a；成人/优惠/家庭€9/6.50/25；⊙周二至周五 10:00~18:00，周六和周日 11:00~19:00，最晚入场时间为闭馆前1小时）这个高科技展馆里呈现的是巧克力的制作艺术。这里讲述了阿兹特克人（Aztecs）口中"众神的琼浆"的起源，还有可可的种植过程。可以参观工厂的生产现场，最后在巧克力喷泉处停下来品尝。

团队游

KD River Cruises 乘船游

（☎0221-258 3011；www.k-d.com；Frankenwerft 35；成人/儿童€9.50/6；⊙4月至10月10:30~17:00）提供壮美的老城全景游的公司有好几家，这是其中之一。游轮在河上来来去去，耗时约1小时。其余选择包括早午餐和日落巡游。

住宿

Station Hostel for Backpackers 青年旅舍 €

（☎0221-912 5301；www.hostel-cologne.de；Marzellenstrasse 44-56；铺 €17~20，标单/双 €39/55起；@📶）这里就是青年旅舍该有的样子：市中心的位置、欢乐的氛围和实惠的价格。经过一个休息厅，就是干净且色彩缤纷的客房，可以睡1~6人。有很多免费的东西，包括床单、网络、储物柜、城市地图和客用厨房。靠近中央火车站。

Stern am Rathaus 酒店 €€

（☎0221-2225 1750；www.stern-am-rathaus.de；Bürgerstrasse 6；双 €105~135；📶）这座小型的当代风格酒店有8间装饰可爱、带有豪华镶饰板的客房，它们分布在三层楼中。酒店位于老城一座僻静的小巷中，离景点很近，而且有许多餐厅可选。其他锦上添花之处包括极为舒适的床铺、个性化服务和高品质自助早餐。

Excelsior Hotel Ernst 酒店 €€€

（☎0221-2701；www.excelsiorhotelernst.com；Trankgasse 1-5；双 €230起；❄@📶）这家传统酒店非常豪华，其历史可追溯到1863年。装潢奢华的房间能眺望到雄伟的科隆大教堂。附设的米其林星级餐厅非常棒。早餐费用为€32。

餐饮

游客喜欢的老城有许多啤酒馆和餐厅。想要体会当地特色，可以去学生青睐的Zülpicher Viertel和Belgisches Viertel，它们都在市中心。当地酿酒厂出产各种Kölsch酒，这种酒较清淡，以纤长的200毫升玻璃杯供应。

Freddy Schilling 汉堡包 €

（☎0221-1695 5515；www.freddyschilling.de；Kyffhäuserstrasse 34；汉堡包 €5.50~10；⊙周日至周二正午至23:00，周五和周六至23:00）

全麦面包夹多汁的牛肉饼，然后洒上本店自制的"特色"酱料，再搭配上Rosi（黄油迷迭香小土豆）。

Bei Oma Kleinmann 德国菜 €€

（☎0221-232 346；www.beiomakleinmann.de；Zülpicher Strasse 9；主菜 €13~21；⊙周二至周六 17:00至次日1:00，周日至午夜）餐厅的名字来自长期经营这家店的老板。2009年，她在去世前几天还在做饭，享年95岁。这里预订难度高，提供品种多得令人难以置信的炸肉排——以猪肉或小牛肉制作，搭配自制酱汁和配菜。在木头桌子旁找个座位，享受经典的外出用餐体验。

Sorgenfrei 新派欧洲菜 €€€

（☎0221-355 7327；www.sorgenfrei-koeln.com；Antwerpener Strasse 15；主菜 €17~35，两道菜午餐 €17，3道/4道菜晚餐 €35/43；⊙周一至周五正午至15:00，周一至周六 18:00至午夜）种类繁多的杯售葡萄酒只是这家精致餐厅的特色之一。在这里，菜品的制作同样注重细节。硬木地板烘托出一种悠闲氛围。午餐有沙拉和简单的主食，晚餐更加精致多样。

Cologne 科隆

★ Päffgen
啤酒馆

(☎0221-135 461; www.paeffgen-koelsch.de; Friesenstrasse 64-66; ⊙周日至周四 10:00至午夜，周五和周六至次日0:30）这家餐厅从1883年就开始供应科隆啤酒，总是忙碌而热闹。夏季，可以在星空下的啤酒花园享受清爽的自酿啤酒和当地特色菜（€1.10~10.70）。

Früh am Dom
啤酒馆

(☎0221-261 3215; www.frueh-am-dom.de; Am Hof 12-14; ⊙8:00至午夜）这间大教堂附近的拥挤酒馆是科隆朴实气质的缩影。可坐在摆着大量装饰品的室内（或喷泉旁的鲜花露台上）享受丰盛的食物（€2.50~20）。啤酒馆量大饱腹的早餐（€4.30~9.50）也很有名。

实用信息

旅游局办事处（☎0221-346 430; www.cologne-tourism.com; Kardinal-Höffner-Platz 1; ⊙周一至周六 9:00~20:00，周日 10:00~17:00）位于大教堂附近。

到达和离开

飞机

科隆波恩机场（Köln Bonn Airport，代码CGN; Cologne-Bonn Airport; ☎02203-404 001; www.koeln-bonn-airport.de; Kennedystrasse）在市中心东南18公里处，有每20分钟1班的S13轻轨列车（€2.80，15分钟）往返中央火车站。

火车

快速列车从科隆频繁发往各个方向。目的地包括：柏林（€117，4.25小时）、法兰克福（€71，1.25小时）、杜塞尔多夫（€11.30，30分钟）、波恩（€7.70，30分钟）和亚琛（€16.80，1小时）。ICE列车可前往布鲁塞尔，从那里可换乘到伦敦或巴黎的欧洲之星。

当地交通

关于公共交通信息，请查询www.vrs.de。

杜塞尔多夫（Düsseldorf）

☎0211/人口596,000

杜塞尔多夫是一座时尚的现代化城市，这里有令人眼花缭乱、别具一格的建筑格局，还有热情四溢的夜生活和能与很多大都市相媲美的艺术盛况。其支柱产业是银行、广告、时尚和通讯。不过，花几个小时去莱茵河畔历史悠久的老城逛逛，你就会发现：当地人一旦脱下了刻板的西装，也一样会放松享受。

景点

K20格拉贝广场
博物馆

（K20 Grabbeplatz; ☎0211-838 1130; www.kunstsammlung.de; Grabbeplatz 5; 成人/儿童€12/9.50; ⊙周二至周五10:00~18:00，周六和周日11:00~18:00）这里珍藏的20世纪艺术品让K20为艺术世界所羡慕。藏品包括毕加索、马蒂斯、蒙德里安等人的重要作品，还有保罗·克利的100多幅画作。来自美国的作品则有杰克逊·波洛克（Jackson Pollock）、安迪·沃霍尔和贾斯珀·约翰（Jasper John）的作品。杜塞尔多夫当地画家——约瑟夫·博伊斯（Joseph Beuys）的作品也占据重要地位。

K21展览馆
博物馆

（K21 Ständehaus; ☎0211-838 1630; www.kunstsammlung.de; Ständehausstrasse 1; 成人/儿童€12/9.50; ⊙周二至周五 10:00~18:00，周六和周日 11:00~18:00）这座先锋艺术画廊位于一座宏伟的19世纪议会大楼中，馆内收藏着20世纪80年代以后的作品，有大尺寸

的电影和视频装置，还有涉及安德烈斯·古尔斯基（Andreas Gursky）、康迪达·霍弗（Candida Höfer）、比尔·维奥拉（Bill Viola）和白南淮（Nam June Paik）等各国艺术家的作品。

媒体港 建筑

（Medienhafen; Am Handelshafen）这座曾一度荒废的老海港已重生为媒体港（Medienhafen），拥有各种建筑、餐厅、酒吧、酒店和夜店，越来越时尚。曾经破败不堪的仓库已被改造成高科技办公大楼，现在与弗兰克·盖里（Frank Gehry）等建筑大师设计的先锋建筑比肩而立。

住宿

Backpackers-Düsseldorf 青年旅舍 €

（☎0211-302 0848; www.backpackers-duesseldorf.de; Fürstenwall 180; 铺含小份早餐€18~24，床单 €2; P @ 令）杜塞尔多夫这间可爱的独立青年旅舍有60间干净的4人或10人间，配有独立的背包大小的储物柜。

Max Hotel Garni 酒店 €€

（☎0211-386 800; www.max-hotelgarni.de; Adersstrasse 65; 标单/双/标三€75/90/110起; @令）有欢快的氛围、现代的风格、带有个人特色的管理经营模式，这个魅力之地是杜塞尔多夫很受欢迎的酒店，性价比也高。11个房间都很宽敞，采用亮色调和温暖的木头装饰。房价包括咖啡、茶、软饮，还有一张区域性的公共交通通票。早餐费用为€7.50。前台不是一直有人，所以要提前打电话通知店家你的抵达时间。

Sir & Lady Astor 酒店 €€

（☎0211-173 370; www.sir-astor.de; Kurfürstenstrasse 18 & 23; 标单/双 €75/80起; ❄@令）位于中央火车站附近的一条街上，环境虽然有些沉闷，但这座独特的双子精品酒店提供高品质的迷人服务。在Sir Astor登记，那里采用苏

值得一游

波恩

波恩位于莱茵河畔，在科隆的南面，1949~1990年一直是西德的首都。对游客来说，路德维希·范·贝多芬（Ludwig van Beethoven）的出生地有很多迷人之处，特别是作曲家出生的房子。这里还有一系列顶级的博物馆和可爱的河边景致。

贝多芬故居（Beethoven-Haus; ☎0228-981 7525; www.beethoven-haus-bonn.de; Bonngasse 24-26; 成人/优惠€6/4.50; ⏰4月至10月 10:00~18:00，11月至次年3月周一至周六10:00~17:00，周日11:00~17:00）1770年，作曲家在此诞生。故居里的纪念品重点展示了他的生活和音乐，亮点包括他最后一架钢琴，其中安装有一个用以助听的扩音板。门票包括旁边一处以贝多芬为主题的3D多媒体互动展览。

波恩最好的博物馆都整齐地排列在博物馆区（Museumsmeile），即市中心以南Willy-Brandt-Allee路边前政府区的中心（乘坐地铁16号线、63号线和66号线）。其中最棒的一座是**波恩艺术博物馆**（Kunstmuseum Bonn; ☎0228-776 260; www.kunstmuseum-bonn.de; Friedrich-Ebert-Allee 2; 成人/优惠€7/3.50; ⏰周二和周四至周日11:00~18:00，周三至21:00），馆内收藏着20世纪艺术品，尤其是奥古斯特·麦克（August Macke）和其他莱茵河流域表现派艺术家的作品。历史爱好者可前往引人入胜的**历史之家**（Haus der Geschichte, Museum of History; ☎0228-916 50; www.hdg.de; Willy-Brandt-Allee 14; ⏰周二至周五 9:00~19:00，周六和周日 10:00~18:00）免费 了解德国"二战"后的历史。

旅游局办事处（☎0228-775 000; www.bonn.de; Windeckstrasse 1; ⏰周一至周五10:00~18:00，周六至16:00，周日至14:00）紧邻大教堂广场（Münsterplatz），从中央火车站沿Poststrasse步行3分钟即到。

每小时有多班16号线、18号线的地铁（€7.70，1小时）和其他的地区火车（€7.70，30分钟）往返于波恩和科隆。

格兰与非洲混搭的风格，街对面的Lady Astor则更偏重法式花卉的富丽。酒店粉丝众多，却仅有21个房间，所以提前预订吧。

餐饮

当地饮料的选择是Altbier：一种暗色的半甜型杜塞尔多夫特产啤酒。

★ Brauerei im Füchschen 德国菜 €€

（☎0211-137 470；www.fuechschen.de；Ratinger Strasse 28；小吃 €1.80~6.90，主菜€8.50~15.30；⏰周一至周四9:00至次日1:00，周五和周六至次日2:00，周日至午夜）热闹喧哗，人头攒动，这家老城里的餐馆能提供你所期待的莱茵河啤酒馆应有的一切。室内天花板很高，人们都在愉快地享受自己的食物。有城里最好的Altbier啤酒。

Sila Thai 泰国菜 €€€

（☎0211-860 4427；www.sila-thai.com；Bahnstrasse 76；主菜 €17~25；⏰正午至15:00和18:00至次日1:00）在这家泰国风味的美食圣殿中，就连简单的咖喱也变得如诗歌般美妙。在这里，环境如童话般梦幻，有木雕、富丽的织物和进口雕塑。推荐预订。

★ Zum Uerige 啤酒馆

（☎0211-866 990；www.uerige.de；Berger Strasse 1；⏰10:00至午夜）这家如洞穴般宽敞的啤酒馆非常地道，你能在此尝试城里的特色Altbier啤酒。就算是大冷天，顾客也会一直挤到外面的大街上去。

实用信息

旅游局办事处（☎0211-1720 2844；www.duesseldorf-tourismus.de）有两家分支机构，主办事处在中央火车站（Immermannstrasse 65b；⏰周一至周五 9:30~19:00，周六至17:00），另一处在老城（Marktstrasse和Rheinstrasse交叉路口；⏰10:00~18:00）。

到达和离开

杜塞尔多夫国际机场（Düsseldorf International Airport，代码DUS；www.dus-int.de）有轻轨1号线前往市中心（€2.50，10分钟）。

地区列车前往科隆（€11.30，30分钟）、波恩（€16.80，1小时）和亚琛（€20.70，1.5小时）。快速ICE火车前往柏林（€111，4.25小时）、汉堡（€82，3.5小时）和法兰克福（€82，1.5小时）等目的地。

当地交通

关于公共交通信息，可查询www.vrr.de。

亚琛（Aachen）

☎0241/人口 236,000

亚琛是一个有活跃的学生群体和多样性格的水疗城镇，最出名的是其古老的教堂。从科隆或杜塞尔多夫到此一日游非常合适，住一晚也值得。

景点

★ 亚琛大教堂 教堂

（Aachener Dom；☎0241-447 090；www.aachendom.de；Münsterplatz；团队游成人/优惠€4/3；⏰4月至12月7:00~19:00，1月至3月至18:00，团队游周一至周五 11:00~17:30，周六和周日 13:00~17:00，英语团队游 14:00）若谈论瑰丽宏伟的亚琛大教堂的重要性，怎样都不会显得夸张。作为查理曼大帝（Charlemagne）的埋葬地，自12世纪起，有30多位德国国王在这里加冕，络绎不绝的朝圣者涌向这里。在进入教堂之前，可以先去**大教堂游客中心**（☎0241-4770 9127；Klosterplatz 2；⏰1月至3月周一 10:00~13:00，周二至周日至17:00，4月至12月周一 10:00~13:00，周二至周日至18:00）了解信息，购买团队游和教堂珍宝游的门票。

其中，最古老、最令人印象深刻的部分是查理曼大帝的**宫殿小教堂**（Pfalzkapelle）。小教堂在公元800年竣工（皇帝加冕之年），是一座八角形穹顶建筑，周围环绕着古老的意大利石柱支撑的16边形走廊。内部巨大的黄铜吊灯是1165年罗马帝国皇帝弗雷德里希·巴尔巴罗萨（Friedrich Barbarossa）赠送的礼物。那一年，查理曼大帝（Charlemagne）被封圣。

自此以后，朝圣者朝亚琛蜂拥而来，一方面是出于对查理曼大帝的崇拜，一方面则是因为四件无价的遗迹，包括据称是被钉在十字架上的耶稣穿过的腰布。为了容纳越来越多的朝圣者，一座华丽的哥特式唱诗席在1414年被并入礼拜堂。此外，礼拜堂中也收藏有许多11世纪的无价之宝，例如镀金的祭坛正立面（pala d'oro）以及镶嵌着珠宝的镀金铜布道坛。在远远的尽头，是镀金的查理曼圣龛（shrine of Charlemagne），自1215年起，帝王的遗体就一直被安放在里面。正前方同样精美的圣母玛利亚圣龛（shrine of St Mary）里面收藏着那四件珍贵遗迹。

除非是参加团队游，否则几乎看不到楼上展厅内查理曼大帝的白色大理石王座。936~1531年，这里是30位德国国王的加冕宝座。团队游会讲述许多有关教堂的细节。

市政厅 历史建筑

（Rathaus；☎0241-432 7310；市场；成人/儿童含语音导览 €5/3；⏰10:00~18:00）亚琛的哥特式市政厅非常恢宏，其正立面上装饰着德国50位统治者真人大小的雕像，其中包括936~1531年30位在镇上加冕的德国国王。建筑建于14世纪，是在查理曼大帝宫殿的基础上建造的，原有宫殿遗存下来的只剩东塔（Granusturm）。在市政厅内部，亮点是加冕厅（Krönungssaal），那里装饰有史诗般的19世纪壁画，以及帝国象征的复制品：皇冠、王权宝球和剑（原件都在维也纳）。

大教堂珍宝馆 博物馆

（Domschatzkammer, Cathedral Treasury；☎0241-4770 9127；成人/儿童 €5/4；⏰1月至3月周一 10:00~13:00，周二至周日至17:00，4月至12月周一 10:00~13:00，周二至周日至18:00）大教堂珍宝馆是各种金银珠宝的宝库。尤其重要的珍宝包括一座查理曼大帝的金银胸像、一座被称作Lotharkreuz的镶嵌有珠宝的游行用十字架、一个拥有千年历史的浮雕象牙桶（用于盛放圣水）。

团队游

Old Town Guided Tour 徒步观光

（成人/儿童 €8/4；⏰4月至12月周六11:00）旅游局办事处组织的90分钟英语徒步游。

食宿

Hotel Drei Könige 酒店 €€

（☎0241-483 93；www.h3k-aachen.de；Büchel 5；标单 €90~130，双 €120~160，公寓 €130~240；⏰前台有人值班7:00~23:00；📶）靓丽的地中海装饰让你一进入这个家庭经营的酒店，马上就能有种喜悦感。这家很受欢迎的酒店位于市中心，有些房间略显花哨，不过两卧室公寓能入住4人。早餐在4楼提供，能眺望到城市屋顶和大教堂的梦幻风景。

Aquis Grana City Hotel 酒店 €€

（☎0241-4430；www.hotel-aquis-grana.de；Büchel 32；双 €85~165；🅿📶）这家优雅酒店最好的一点在于有露台和阳台，能看到市政厅的风景。有98个房间，虽然都是最简单的房间，但不可能有比这里更靠中心的位置了。设施齐全，包括酒吧和餐厅。

Cafe Van den Daele 咖啡馆 €

（☎0241-357 24；www.van-den-daele.de；Büchel 18；点心 €3起）皮革覆盖的墙壁、瓷砖炉灶，再加上古董，让这家格局凌乱的老字号咖啡馆有种复古风格。可以来这里享用全日供应的早餐、简单的午餐或可口的蛋糕。也可以打包一份自制的Printen——亚琛特色的传统胡椒糕（Lebkuchen）。

Am Knipp 德国菜 €€

（☎0241-331 68；www.amknipp.de；Bergdriesch 3；主菜 €9~20；⏰周三至周一17:00~23:00）自1698年起，饥肠辘辘的食客总会在这家传统小店停留。餐馆布置着各种小摆设，都能开个跳蚤市场了。你可以置身其中享用一顿丰盛的德国美食，或者在天气不错时到宽敞的啤酒花园，并度过一段美好时光。

实用信息

旅游局办事处（☎0241-180 2960；www.aachen-tourist.de；Friedrich-Wilhelm-Platz；⏰4月至12月周一至周五 9:00~18:00，周六和周日至16:00，1月至3月周一至周五 9:00~18:00，周六至14:00，复活节至12月周日 10:00~14:00）地图、综合信息、房间、团队游、票务等。

到达和离开

频繁发车的地区火车可前往科隆（€16.80，

55分钟)、杜塞尔多夫(€20.70,1.5小时)以及更远的目的地。

汉堡及北部
(HAMBURG & THE NORTH)

北部地区疾风肆虐、洋溢着大海的气息,其主要城市是汉堡,从中世纪起,这里就因为航运和贸易而成为繁荣的都会。不来梅这个美丽的城市充满着童话色彩,这不仅来自著名的格林兄弟在童话中塑造的驴子、狗、猫和公鸡等角色。喜欢甜食的人不要错过小城吕贝克,这里以很棒的杏仁蛋白软糖(marzipan)而闻名。

汉堡(Hamburg)

☎040/人口 1,750,000

"通往世界的大门"可能是一句大话,但作为德国的第二大城市和最大的港口,汉堡却从来没有为此害羞过。自从在中世纪加入了汉萨同盟贸易集团(Hanseatic League trading bloc),汉堡就开始与世界各地进行贸易往来。今天,这个"港口大都会"是全国首屈一指的媒体中心,也是德国最富有的城市之一。这里还是欧洲最大的城市重建项目港口新城(HafenCity)的所在地,这一项目将有效地把旧港口区转化成一个大胆的新城区。

汉堡的航海精神注入了整个城市的方方面面,从建筑到菜单,再到海鸥的叫声,都会让你意识到近在咫尺的大海。这座城市造就了遍布多元文化餐馆的众多活力街区,也拥有绳索街(Reeperbahn)这样乌烟瘴气的派对区和红灯区。

👁 景点

市政厅 历史建筑

(Rathaus; ☎040-428 312 064; Rathausmarkt 1; 团队游成人/14岁以下€4/免费; ⏲团队游周一至周五 10:00~15:00,周六至17:00,周日至16:00,每半小时1次,英语团队游按需求而定; Ⓢ Rathausmarkt, Jungfernstieg)汉堡的这座巴洛克市政厅是欧洲最华丽的老市政厅之一,以其皇帝大厅和大礼堂而闻名,其中有壮观的咖啡色天花板。40分钟的团队游只能参观647个蜂巢般的房间中的一小部分。

从这里往北,你可以到具有文艺复兴风格、商店和咖啡馆林立的**阿尔斯特湖拱廊**(Alsterarkaden)逛逛。

★汉堡艺术馆 博物馆

(Hamburger Kunsthalle; ☎040-428 131 200; www.hamburger-kunsthalle.de; Glockengiesserwall; 成人/优惠 €12/6; ⏲周二、周三和周五至周日 10:00~18:00,周四至21:00; Ⓢ Hauptbahnhof)这里是德国最负盛名的艺术馆之一,分为两座建筑,展览从中世纪直至今天的作品。原本的砖结构建筑建于1869年,在其中可以欣赏到古典大师(伦勃朗、雷斯达尔)、19世纪浪漫主义(弗雷德里希、朗格)和古典现代主义(贝格曼、蒙克)的作品。现代美术馆(Galerie der Gegenwart)是幢朴素的白色混凝土立方体建筑,馆内展示的多为20世纪60年代以来的德国艺术家的作品,包括尼奥·罗施(Neo Rauch)、珍妮·霍尔泽(Jenny Holzer)、康迪达·赫弗(Candida Höfer)和莱因哈德·穆乔(Reinhard Mucha)的作品。

智利大楼 历史建筑

(Chilehaus; ☎040-349 194 247; www.chilehaus.de; Fischertwiete 2; Ⓢ Messberg)这座棕色的砖结构建筑看起来就像是干船坞上

> **当地知识**
>
> **便宜的巡游**
>
> 这座海滨城市提供多得令人眼花缭乱的乘船之旅,但不是所有的都值得参加,比如花€18乘巡航船看港口就没有必要。你不妨跳上与标准公共汽车价格(€3)相同的公共渡轮。最方便的是62号渡轮,它从码头栈桥(Landungsbrücken,3号码头)发船,一路向西前往芬肯韦德机场(Finkenwerder)。可在**港区**(Dockland)站下船,登上那座像平行四边形的美丽建筑的楼顶,欣赏集装箱码头的风景。接着,前往Neumühlen/Oevelgönne,逛逛**博物馆码头**(museum harbour)的老商店,然后在Strandperle(见562页)买杯啤酒并带到Elbe沙滩上慢慢享用。

Hamburg 汉堡

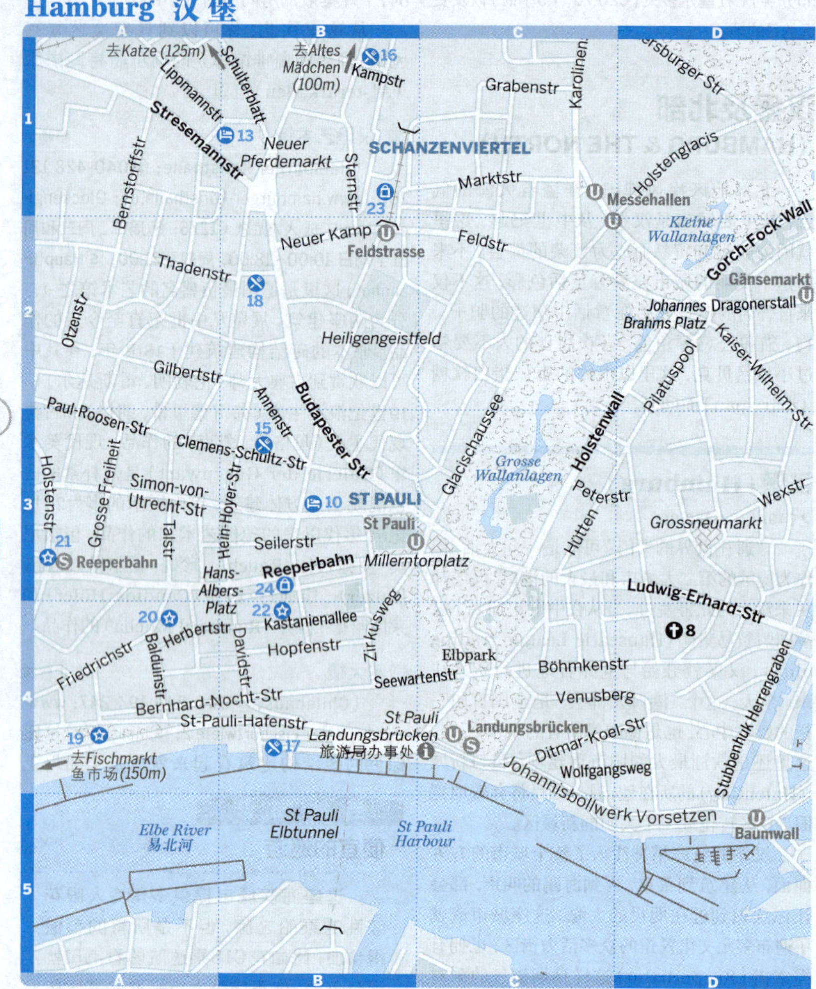

停泊的一艘巨大的远洋轮，是德国表现主义建筑的主要范本。大楼由弗里茨·赫尔（Fritz Höger）于1924年设计，委托人是靠同智利做生意而积累财富的商人。

圣米夏埃利斯 教堂

（St Michaelis, Church of St Michael; ☎040-376 780; www.st-michaelis.de; 塔楼成人/6~15岁 €5/3.50，地下室 €4/2.50，联票 €7/4; ⏲5月至10月 10:00~20:00，11月至次年4月至18:00，最后入场时间为闭馆前30分钟; Ⓡ Stadthausbrücke）这里经常被昵称为“Der Michel”，是汉堡的地标之一，也是德国北部最大的巴洛克式新教教堂。登上**塔楼**（有楼梯和电梯），能饱览城市和运河的全景。**地下室**有介绍城市历史的精彩多媒体展览。

★ 仓库城 街区

（Speicherstadt; Am Sandtorkai; ⏲24小时; Ⓢ Rödingsmarkt, Messberg）这些由红砖砌成的7层仓库是汉堡最著名的地标，也是世界上最大的连贯仓库群，已被列入联合国教科文组织世界遗产名录。最好步行或乘坐平底游船（Barkasse）来欣赏这些别致的建筑。许多建

筑中都有商店、咖啡馆和小博物馆。

微缩景观世界 博物馆

(Miniatur Wunderland; ☎040-300 6800; www.miniatur-wunderland.de; Kehrwieder 2; 成人/16岁以下 €12/6; ⏰周一、周三、周四9:30~18:00, 周五至19:00, 周二至21:00, 周六8:00~21:00, 周日8:30~20:00; Ⓢ Messberg)就算是最愤世嫉俗的人也会变成这座微缩景观世界的粉丝。当你看到A380飞机腾空飞起，然后降落在汉堡机场的全功能模型上，你会不由地屏住呼吸。旺季提前在网上订票。

港口新城 街区

(HafenCity; ☎040-3690 1799; www.hafencity.com; 信息中心, Am Sandtorkai 30; ⏰信息中心周二至周日 10:00~18:00; Ⓢ Baumwall, Überseequartier)港口新城是港口东面正在建设中的一座庞大新城。待完全竣工后，这里将有望入住12,000人，为40,000人提供工作空间。这里是现代建筑的一次集中展示，其中最大的亮点是易北交响音乐厅(Elbphilharmonie)，这座巨大的音乐厅在港口上，位于一座受保护的茶和可可仓库之

Hamburg 汉堡

重要景点

1 汉堡艺术馆 G2
2 仓库城 E5

景点

3 智利大楼 G4
4 港口新城 E5
5 国际海事博物馆 G5
6 微缩景观世界 E5
7 市政厅 F3
8 圣米夏埃利斯 D4

住宿

9 25hours Hotel HafenCity F5
10 East B3
11 Henri Hotel G3
12 Hotel Wedina H1
13 Superbude St Pauli B1

就餐

14 Café Koppel H1
15 Café Mimosa B3
16 Erikas Eck B1
17 Fischbrötchenbude Brücke 10 B4
18 Nil B2

娱乐

19 Golden Pudel Club A4
20 Hasenschaukel A4
21 Molotow A3
22 Prinzenbar B4

购物

23 跳蚤市场 B1
24 圣保利夜市 B3

上。新城有望于2017年投入使用。想了解详细情况，可前往港口新城信息中心，那里有免费导览游。

鱼市场 市场

（Fischmarkt；Grosse Elbstrasse 9；⏲4月至10月周日 5:00~9:30，11月至次年3月周日 7:00~9:30；🚌112路至Fischmarkt，🚇Reeperbahn）这里赋予了你完美的借口，可以把周六的一整夜都耗在这儿。每周日凌晨，都有近70,000当地人和游客光顾圣保利（St Pauli）著名的鱼市场。市场自1703年开始营业，其无可争议的明星是喧哗热闹的Marktschreier（市场叫卖者）。现场乐队也妙趣横生，他们在毗邻的Fischauktionshalle（鱼产品拍卖大厅）演奏德国古代的流行歌曲。

移民博物馆 博物馆

（Auswanderermuseum BallinStadt，Emigration Museum；☎040-3197 9160；www.ballinstadt.de；Veddeler Bogen 2；成人/优惠/5~12岁 €12.50/10/7；⏲4月至10月 10:00~18:00，11月至次年3月 10:00~16:30；🚇Veddel）这座出色的移民博物馆有点类似于纽约埃利斯岛的角色。1850年至20世纪30年代，近500万人就是从这里的大厅出发，前往美国和南美，寻找更好的生活。大厅的样子与当年相差无几。多语言展览侧重记录了启程前、旅途中以及到达新世界后移民的种种艰辛。博物馆位于市中心以东4公里处，乘坐轻轨S3线很容易前往。

国际海事博物馆 博物馆

（Internationales Maritimes Museum；☎040-3009 3300；www.internationales-maritimes-museum.de；Koreastrasse 1；成人/优惠 €12/8.50；⏲周二、周三和周五至周日 10:00~18:00，周四至20:00；Ⓢ Messberg）这座出色的私人博物馆位于一幢修复过的砖墙海运仓库里，占据着10层楼，全面展现了汉堡海运的历史并对未来做了预测。它被认为是世界上规模最大的私人海事收藏馆，藏品之丰富令人惊叹，其中包括26,000件模型船、50,000份施工图、5000份插图、2000部影片和150万张照片等。

住宿

Superbude St Pauli 酒店、青年旅舍 €

（☎040-807 915 820；www.superbude.de；Juliusstrasse 1-7；铺/双 €16/60起；@📶；Ⓢ Sternschanze，🚇Sternschanze，Holstenstrasse）这家时髦的酒店和青年旅舍复合体不带任何偏见地融合了所有最新的流行元素，在这里可以住宿、大笑、开派对，同时还能休息得很好。所有的房间都配备舒服的床铺和时髦浴室，早餐一直提供到正午，甚至还有一间“摇滚明星套房”——在这里，有Astra啤酒，可供睡前小酌。

Henri Hotel
酒店 €€

（☎040-554 357 557；www.henri-hotel.com；Bugenhagenstrasse 21；房 €98~138；📶；Ⓢ Mönckebergstrasse）蚕豆形状的桌子、豪华的扶手椅、复古的打字机——这家酒店成功地连通了20世纪50年代。65间房间和零居室公寓适合那些喜欢现代便利设施和复古设计的城市享乐者。想住得宽敞，可以选择有超大床铺的L形大房间。

25hours Hotel HafenCity
酒店 €€

（☎040-855 870；www.25hours-hotel.de；Überseeallee 5；房 €97~245；Ⓟ🚭📶；Ⓢ Überseequartier）时髦的装潢，给人无拘无束的感觉，后现代复古氛围使得这里成了全球旅行者的最佳选择。装潢呈现出一种海事风格的华丽，与大厅古香古色的水手俱乐部、出色的餐厅和170个船舱风格的房间相呼应。屋顶桑拿可看到初具规模的港口新城。早餐价格为€14。

★ Hotel Wedina
酒店 €€

（☎040-280 8900；www.hotelwedina.de；Gurlittstrasse 23；双 €125~245；Ⓟ@📶；Ⓢ Hauptbahnhof）这家可爱的酒店中曾有以下大文豪下榻：玛格丽特·阿特伍德（Margaret Atwood）、乔纳森·弗兰岑（Jonathan Franzen）和马丁·瓦尔泽（Martin Walser），他们都留有签名书籍。客房分布在5座色彩明亮的建筑中，各方面都反映出店主对文学、建筑和艺术的热爱。从火车站和阿尔斯特湖（Alster）溜达几步就可到达。

East
酒店 €€

（☎040-309 933；www.east-hamburg.de；Simon-von-Utrecht-Strasse 31；双 €113~209；❄📶；Ⓢ St Pauli）这家酒店位于一家老铸铁厂的旧址上，其大胆、狂放的设计会让每一个新来的住客都印象深刻。公共休息区的墙壁、灯具和巨大的柱子营造出温暖、富丽和安全的感觉。房间里有手工家具，手感很好的织物和皮革制品更是增色不少。

就餐

Schanzenviertel（地铁到Feldstrasse或Schanzenstern）有大量的便宜餐馆。你可以在Schulterblatt尝试葡萄牙菜，或者在Susannenstrasse品尝亚洲和土耳其美食。圣乔治的Lange Reihe（地铁至中央火车站）提供了许多极具特色且可以满足各种预算的餐饮地点。Landungsbrücken周围有许多鱼餐厅，但标价过高。

★ Fischbrötchenbude Brücke 10
鱼 €

（☎040-6504 6899；www.bruecke-10.de；Landungsbrücken, Pier 10；三明治 €2.50~7.50；⊙4月至10月 10:00~22:00，11月至次年3月 10:00~20:00；Ⓢ Landungsbrücken，Ⓡ Landungsbrücken）汉堡有数不胜数的鱼肉三明治摊贩，但我们还是要说——这家热闹干净的当

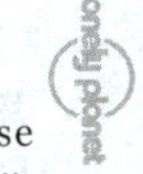

德国 汉堡

当地知识

汉堡最好的三座市场

圣保利夜市（St Pauli Nachtmarkt；Spielbudenplatz；⊙周三16:00~22:00；Ⓢ St Pauli）这座夜晚开市的农贸市场和美食市场有五颜六色的丰富商品，可爱的零食小摊吸引着当地人和游客。位于圣保利的中心区域。

跳蚤市场（Flohschanze；Neuer Kamp 30；⊙周六8:00~16:00；Ⓢ Feldstrasse）汉堡最好的跳蚤市场，是购买便宜小饰品和复古旧货的天堂。几百家摊贩在时尚的Karolinenviertel街头一字排开。

伊辛市场（Isemarkt；www.isemarkt.com；Hoheluft和Eppendorfer Baum地铁站之间；⊙周二和周五8:30~14:00；Ⓢ Eppendorfer Baum, Hoheluft）Eppendorf的这座市场每周开市两次，位于高架地铁桥之下，蜿蜒1公里，是名副其实的德国最长的农贸市场。200多家摊贩提供各种优质的货品。

代风格小店做得最棒。可尝试经典的腌青鱼（Bismarck）或腌菜（Matjes）口味，或者犒赏自己一个馅料丰富的虾肉三明治。

Café Mimosa 咖啡馆 €

（☎040-3202 7989; www.cafemimosa.de; Clemens-Schultz-Strasse 87; 主菜 €3.50~12; ⏲周二至周日 10:00~19:00; Ⓢ St Pauli）这间很受欢迎的社区咖啡馆提供热乎乎的奶油蛋卷、城里最好吃的蛋糕，外加每天更换的特色午餐。可以坐在装潢夸张的室内，也可以在路边找个桌子就座。

Café Koppel 素食 €

（www.cafe-koppel.de; Lange Reihe 66; 主菜 €5~10; ✍; Ⓢ Hauptbahnhof）坐落在繁忙的Lange Reihe后面，夏天开放一个花园，这家素食餐吧就像个精致的绿洲。上午，在阁楼上可以听到勺子触碰咖啡杯的声音。菜单足以作为德国北方富饶土地的宣传广告，有烘烤食品、沙拉、汤，还有许多用新鲜时令食材制作的菜肴。

Altes Mädchen 新派德国菜 €€

（☎040-800 077 750; www.altes-maedchen.com; Lagerstrasse 28b; 主菜 €9~22; ⏲周一至周六正午起，周日 10:00起; Ⓢ Sternschanze）这家时髦的美食广场是由一座19世纪的红砖市场大厅改造而来的，内设烘焙咖啡馆、名厨餐厅、中间设吧台的果馅饼自酿啤酒馆、面包房和啤酒花园。

Erikas Eck 德国菜 €€

（☎040-433 545; www.erikas-eck.de; Sternstrasse 98; 主菜 €6~18; ⏲17:00至次日2:00; Ⓡ Sternschanze）这家地下餐厅以前的服务对象是附近屠宰场（今天是中央肉类市场）的工人，现在则为夜店族、出租车司机和值班警察等各色顾客提供超值的炸肉排和其他的德国传统食品——分量足够撑大你的腰围。每天营业21小时。

Nil 各国风味 €€€

（☎040-439 7823; www.restaurant-nil.de; Neuer Pferdemarkt 5; 主菜 €15.50~24; ⏲周三至周一 18:00~22:30; Ⓢ Feldstrasse）除了店名与埃及有点关系外，这家当代风格的3层楼餐厅并不提供埃及菜，而是根据季节和本地供应商的各种食材烹制创意慢食菜肴，种类丰富。

饮品和娱乐

汉堡的派对集中在Schanzenviertel及其南面几条街以外的圣保利（St Pauli）。多数人以前者为起点，午夜后则去后者的夜店和酒吧。在线资源是www.szene-hamburg.de和www.neu.clubkombinat.de。

Katze 酒吧

（☎040-5577 5910; Schulterblatt 88; ⏲周一至周四 15:00至午夜，周五 18:00至次日3:00，周六 13:00至次日3:00，周日 15:00至午夜; Ⓢ Sternschanze）这家“kitty”（Katze的意思是“猫咪”）酒吧小而时髦，提供超值的鸡尾酒（有城里最好的caipirinhas）和很棒的音乐（周末有舞曲）。这是Schanzenviertel酒吧街上最受欢迎的饮酒处之一。

Strandperle 酒吧

（☎040-880 1112; www.strandperle-hamburg.de; Oevelgönne 60; ⏲5月至9月周一至周五 10:00~23:00，周六和周日 9:00~23:00，天气不好的话时间会缩短; 🚌112）这是汉堡海滩酒吧的鼻祖，也是喝啤酒、吃汉堡包和看人的必选酒吧。不同年龄、阶层的人聚在一起，尤其是日落时分。位于易北河边，可以看到巨大的货轮缓缓开过，还可以把脚伸进沙子里。从Landungsbrücken乘坐62号渡轮可以到达这里。或者从Altona车站乘坐112路公共汽车，到达Neumühlen/Oevelgönne即可。

★ **Golden Pudel Club** 现场音乐

（☎040-3197 9930; www.pudel.com; St-Pauli-Fischmarkt 27; ⏲每晚; Ⓡ Reeperbahn）这家小酒吧兼夜店在一座19世纪的监狱中，经营者是传奇的朋克乐队Die Goldenen Zitronen的前成员们。这是圣保利夜店圈的必去场所，有国际化的氛围、高质量的乐队和DJ，每晚都人满为患。

Molotow 现场音乐

（☎040-430 1110; www.molotowclub.com; Holstenstrasse 5; Ⓡ Reeperbahn）这家传奇的独立夜店原本位于绳索街，后来被拆。2013年，本店搬迁到了这里，现在仍然非常受欢迎。

当地知识

圣保利和绳索街

说到汉堡，就不能不提圣保利，这里是欧洲最著名（声名狼藉）的红灯区之一。性用品店、桌面舞酒吧和脱衣舞夜总会仍然排列在主街道绳索街和许多小街的两侧，但在互联网时代，性交易活动的受欢迎程度已经大不如前。现在的圣保利是汉堡主要的夜生活区域，吸引了不同行业、年龄的人来这里的现场音乐和舞蹈夜总会、时尚酒吧及剧院。

事实上，性工作者在20:00之前是不得上街揽客的。另外，揽客时还有特定的区域限制，其中最臭名昭著的便是装着大门的Herbertstrasse街（女性和18岁以下的男性不得入内）。附近戴维街（Davidwache）警局的警察们密切注视着附近的动向。向西步行一小段，就到了一条名为大自由街（Grosse Freiheit）的小街，这里的Indra Club（64号）和Kaiserkeller（36号）是披头士乐队职业生涯开始的地方。两家店今天都已大变样，但在35号后面的庭院中还有一座小小的纪念碑，以纪念这个四人组。

Prinzenbar 音乐会场地

（Kastanienallee 20；Ⓢ St Pauli，Ⓤ Reeperbahn）这家私密的俱乐部装饰着调皮的天使像、灰泥雕饰和铸铁走廊，看起来像是礼拜堂，以前是电影院，现在则用来举办时尚电子乐派对、音乐会、酷儿派对（LGBT群体派对）和独立音乐之夜。位于圣保利中心区。

Hasenschaukel 现场音乐

（☎040-1801 2721；www.hasenschaukel.de；Silbersackstrasse 17；⏲周二至周日 21:00起；Ⓤ Reeperbahn）这家袖珍型俱乐部实行预订制度，因此有从容的气氛。这里装潢豪华，经常播放低保真的独立、民谣和摇滚音乐。除了DJ打碟之外，一般还有未成名的各国艺术家来演出。几杯啤酒下肚后，再吃点午夜时分的素食小吃吧。

ℹ 实用信息

旅游局办事处（Tourist Office；www.hamburg-tourism.de）的分支包括中央火车站（Kirchenallee出口；⏲周一至周六 9:00~19:00，周日 10:00~18:00；Ⓢ Hauptbahnhof，Ⓤ Hauptbahnhof）和St Pauli Landungsbrücken（在4号、5号码头之间；⏲周日至周三 9:00~18:00，周四至周六至19:00；Ⓢ Landungsbrücken）。注意，后者不负责预订酒店。

ℹ 到达和离开

飞机

汉堡机场（Hamburg Airport，代码HAM；www.airport.de）有S1轻轨火车（€3，25分钟）到市中心，每10分钟1班。出租车约需半小时到市中心，花费约€25。

长途巴士

长途巴士总站（Zentral Omnibusbusbahnhof，简称ZOB；☎040-247 576；www.zob-hamburg.de；Adenauerallee 78）在中央火车站的东南方向，有欧洲巴士、Flixbus和其他许多运营商运营的国内和国际车次。

火车

汉堡是铁路枢纽，有4个主线车站：中央火车站、Dammtor、Altona和Harburg。班次频繁的列车往返于吕贝克（€13.70，45分钟）、不来梅（€28起，55分钟）、柏林中央火车站（€78，1.75小时）、哥本哈根（€85.40，4.75小时）和其他许多城市。

ℹ 当地交通

有关公共交通信息，可查看www.hvv.de。城市被分为不同的区。A区车票覆盖市中心、近郊和机场。

吕贝克（Lübeck）

☎0451/人口214,000

紧凑而迷人的吕贝克适合进行一日游。地标建筑霍尔斯滕城门（Holstentor）的两座尖塔就像一对巫师的帽子一样高高矗立，这里是通往历史中心的门户。中心区位于岛上，周围环绕着特拉维河（Trave River）的支流。小城的鹅卵石街巷已被列入联合国教科文组织世界遗产名录，两边排列的是带有山形墙的商人住宅以及尖顶教堂，这反映出吕贝克

曾经在中世纪的汉萨同盟贸易城市中具有重要地位。现在，这里是德国的杏仁蛋白软糖之都。

景点

霍尔斯滕城门是在老城漫步的不错起点。Hüxstrasse街两边都是宜人的精品店和咖啡馆。想呼吸海滨空气，可乘坐短途火车到波罗的海港口和度假地特拉沃明德（Travemünde）。

★霍尔斯滕城门（Holstentor） 地标

吕贝克这座迷人的红砖城门建成于1464年，是国家的标志。板岩覆盖的尖塔间连接着阶梯山墙，这一景致曾出现在许多明信片、油画和海报中，也曾印在老版50马克的纸币上。城门看起来有些歪斜，这是因为地基不牢，造成南塔下陷，直到20世纪30年代这一情况才得到控制。其中的博物馆讲述城门的历史，反映吕贝克中世纪贸易的繁荣局面。

圣母玛利亚教堂 教堂

（Marienkirche；☎0451-397 700；Marienkirchhof；成人/优惠 €2/1.50；⏲4月至9月 10:00~18:00，10月至17:00，11月至次年3月周二至周日至16:00）这座精美的哥特式教堂有世界上最高的砖建拱顶，为德国北部的几十座教堂提供了范本。仰起头欣赏彩绘的十字拱顶，下面有纤长的棱纹柱支撑。还可留意北廊上的天文钟，旁边的现代化玻璃窗是受《死亡之舞》（*Dance of Death*）壁画的启发创作的，原壁画已毁于“二战”。

圣彼得教堂 教堂

（Petrikirche；☎0451-397 730；www.st-petri-luebeck.de；Petrikirchhof 1；塔楼成人/儿童€3/2；⏲4月至9月 9:00~21:00，10月至次年3月10:00~19:00）因为有电梯，所以体力不佳的人也可以登上50米高的平台，并观赏城市全景。教堂建于13世纪，现已不再是一座活跃的教堂，刷得很白的内部会举办展览和活动。

> **不要错过**
>
> **甜蜜的诱惑**
>
> **Niederegger**（☎0451-530 1126；www.niederegger.de；Breite Strasse 89；⏲周一至周五9:00~19:00，周六9:00~18:00，周日10:00~18:00）可谓吕贝克杏仁蛋白软糖界的麦加，这里制作这种甜食的历史已有几百年之久。商店精心设计的陈设让人大饱眼福，其中甚至还办有一座博物馆。在这里，你会了解到：在中世纪，杏仁蛋白软糖竟被视作药品。店内的咖啡馆提供三明治、沙拉和其他一些甜品。

住宿

Hotel an der Marienkirche 酒店 €

（☎0451-799 410；www.hotel-an-der-marienkirche.de；Schüsselbuden 4；双 €89起；📶）这座超值的小酒店最近经过了整修，呈现出活泼的当代斯堪的纳维亚半岛风格，配备的是顶级乳胶床垫和清爽床单。18间客房中有一间能看到同名的教堂。

Hotel Lindenhof 酒店 €€

（☎0451-872 100；www.lindenhof-luebeck.de；Lindenstrasse 1a；双 €94起；P@📶）这家由家庭经营的酒店位于一条安静的小街上，66间客房多数都不能容纳太多行李，但这里有奢华的早间自助餐，服务友好，且有些额外的便利（例如免费的饼干和报纸）。

就餐

Schiffergesellschaft 德国菜 €€

（☎0451-767 76；www.schiffergesellschaft.com；Breite Strasse 2；主菜 €10~25）位于古老的航海公会大厅，这是吕贝克最可爱——如果不是最佳——的餐厅，也是一座名副其实的博物馆。船用灯笼、古老的船只模型、中国式的走马灯摇摇晃晃地从木头镶边的餐厅横梁上垂挂下来。穿着白围裙的服务员呈上一道道当地特色菜。也可以在后面隐蔽的花园中用餐。晚餐要提前预订。

Remise 咖啡馆 €€

（☎0451-777 73；www.remise-luebeck.de；Wahmstrasse 43-45；主菜 €12~20；⏲周一至周五正午至深夜，周六和周日 9:00至深夜）这家由迷人店主经营的餐厅从前是烘焙餐厅，特色菜是食草牛的牛肉，不过也有创意意大利面、地

另辟蹊径

安妮·弗兰克和贝尔根-贝尔森

1940年，纳粹在这里建造了贝尔根-贝尔森（Bergen-Belsen Memorial Site；☎05051-475 90；www.bergen-belsen.de；Anne-Frank-Platz，Lohheide；⊙文献中心4月至9月10:00~18:00，10月至次年3月10:00~17:00，庭院至黄昏）免费，并将其作为战俘营。但在1943年，这里因为被党卫军（SS）接管而成为集中营，开始关押犹太人人质，以交换德国在海外的战俘。总计70,000名犹太人死在这里，其中最有名的是安妮·弗兰克。死难者都被埋葬在万人冢中。现代化的文献中心编年记录了在这里丧生的人们的命运，包括被监禁前、监禁期间和之后。其中有一小部分是关于安妮·弗兰克的，这里还有一座献给她和姐姐玛戈特（Margot）的纪念墓碑，就在墓地的犹太纪念碑旁。

这座纪念遗址在汉诺威东北约60公里处的乡间，如果没有自驾车的话，很难到达。登录网站查看详细的驾车和乘坐公共汽车的信息。

区菜肴和沙拉。天气好的时候，可以在种有葡萄藤的庭院里用餐。周一晚上，当地人会三三两两地前来用餐。

Brauberger 德国菜 €€

（☎0451-702 0606；Alfstrasse 36；小吃€1.50~5，主菜€11~18；⊙周一至周四 17:00至午夜，周五和周六至深夜）这家传统的德国酿酒坊中弥漫着啤酒花的味道。来一杯甜蜜浓郁的自酿啤酒（Zwickelbier），然后大口品尝大份炸肉排和其他传统菜肴。

实用信息

旅游局办事处（☎0451-889 9700；www.luebecktourismus.de；Holstentorplatz 1；⊙5月至8月周一至周五 9:00~19:00，周六 10:00~16:00，周日10:00~15:00，其余月份时间缩短）出售欢乐日卡（HappyDay Card，每24/48/72小时 €11/13/16），凭卡可享受公共交通工具的免费和优惠待遇。还有咖啡馆和上网设备。

到达和离开

瑞安航空和威兹航空经营**吕贝克机场**（Lübeck Airport，代码LBC；www.flughafen-luebeck.de）的航线。

地方火车可连接汉堡，每小时两班（€13.50，45分钟）。

不来梅（Bremen）

☎0421/人口 548,000

遗憾的是，格林童话《不来梅的音乐家》中的驴、狗、猫和公鸡，从来没有真正来过，否则它们一定会爱上这里。城市虽小，但从童话人物的雕像，到令人瞠目的表现主义风格巷道，再到令人印象深刻的市政厅，无不展现着非凡的魅力。最重要的是，威悉（Weser）河畔长廊是一个气氛轻松、法式小馆和啤酒花园林立的好地方，而沿着Ostertorsteinweg街的热闹的学生区（Das Viertel）有许多独立的精品店、咖啡馆、艺术影院和另类文化活动场所。

景点

不来梅的主要历史景点都集中在市场（Markt）周围，步行游览很方便。

★市场（Markt） 广场

不来梅这座市场已被联合国教科文组织列入世界遗产名录，十分壮观，尤其是市场后方那座有雕塑装饰和山形墙的华丽市政厅（Rathaus，1410年）。其门口矗立着一座5.5米高的中世纪罗兰（Roland）骑士雕塑（1404年），是不来梅民权和自由的象征。市政厅以西是不来梅的音乐家们的雕像（Town Musicians of Bremen，1951年）。

圣彼得大教堂 教堂

（Dom St Petri，St Petri Cathedral；www.stpetridom.de；Markt；塔楼 €1，主地下室成人/优惠 €1.40/1；⊙6月至9月周一至周五和周日 10:00~18:00，周六至14:00，10月至次年3月周一至周五 10:00~17:00，周六至14:00，周日14:00~17:00，塔楼11月至次年复活节关闭）不来

梅这座主要的新教教堂可追溯到8世纪，棱纹穹顶、礼拜堂和两座高塔建于13世纪。除了威风凛凛的建筑之外，精心雕刻的讲道坛和西部地下室中的洗礼池也值得细细品味。想眺望全城风光，可登上265级台阶并到达南塔顶上。有一个独立的入口通往教堂的**铅地窖**（Bleikeller），那里打开的棺材展示着8具在非常干燥的空气里制成的木乃伊。

扎桶匠街 街道

（Böttcherstrasse；www.boettcherstrasse.de）20世纪20年代，这条迷人的中世纪扎桶匠街在咖啡商路德维格·罗斯维斯（Ludwig Roselius）的带领下进行了改造，成为表现主义建筑的典范。这些红砖房屋有着独具特色的外立面，装饰有异想天开的喷泉、雕塑和钟乐器，许多屋内是工匠商店和艺术博物馆。最醒目的景致是伯恩哈德·霍特格尔（Bernhard Hoetger）创作的金色**"光之使者"浮雕**，它守卫着北入口。

施诺尔小区（Schnoor） 街区

这里如迷宫般狭窄、蜿蜒的小巷曾经是个渔民区，后来又变成红灯区。现在，玩具屋般大小的可爱房子里都是精品店、餐厅、咖啡馆和美术馆。虽然有很多游客，但周边也有些可爱的角落，适合漫步探索。

住宿

Townside Hostel Bremen 青年旅舍 €

（☎0421-780 15；www.townside.de；Am Dobben 62；铺 €15~25，标单/双 €54/76；📶）这座明亮的酒店非常专业，就位于不来梅夜生活的中心，去Werder Bremen的零居室公寓很方便。早餐价格为€5.50。可从中央火车站乘坐10路有轨电车到Humboldtstrasse，或者乘2路、3路有轨电车到达Sielwall。

Hotel Überfluss 设计酒店 €€€

（☎0421-322 860；www.hotel-ueberfluss.com；Langenstrasse 72；双 €139~169，套 €345；❄📶🏊）距离河岸只有几米远，这家前卫的酒店是那些爱好设计的都市旅行者的上佳选择。黑色、白色和铬黄色营造出一种后现代的时髦氛围，也延续到配着开放式浴室和Yves Rocher产品的客房中。套房能看到河景，带有私人桑拿和旋涡浴，很适合度蜜月。早餐价格为€12.50。

餐饮

市场周围多是针对游客的餐饮处，天黑后就一片死寂。Das Viertel的另类氛围很受

值得一游

在不来梅港追本溯源

"送给我，你受穷受累的人们，你那拥挤着……的大众"，纽约港的自由女神发出了邀请。不来梅港绝对是回应这一邀请最热烈的地方。1830~1974年，在美国埃利斯岛登陆的移民中有超过700人是从这里出发的。**德国移民博物馆**（Deutsches Auswandererhaus，German Emigration Centre；☎0471-902 200；www.dah-bremerhaven.de；Columbusstrasse 65；成人/4~16岁€12.60/6.90；⏰3月至10月10:00~18:00，11月至次年2月至17:00）出色地记录了其中一些人的故事。你可以登上一座电影场景般的轮船，模拟"启程"并体验移民们的旅程和航行条件，然后选取其中某位的生平信息进行研读。等到"登陆"后，你必须穿过埃利斯岛移民署，继续前往一座按照纽约中央车站复制的微缩建筑，开始你的新生活。

这里还设有不那么吸引人的新展览，其主题是逆向的，讲述了17世纪以来移民到德国的人们的故事。

不来梅港位于不来梅市以北70公里处，有地区火车（€12，35分钟）连接。从火车站出发，可乘坐502路、505路、506路、508路或509路公共汽车前往"Havenwelten"，从那里可前往博物馆和港口，港口停泊着许多老船（包括一艘"二战"时期的潜水艇），附近有许多醒目的当代建筑。

值得一游

汉诺威的海恩豪森王宫花园

能证明汉诺威并不平淡的就是宏伟的巴洛克式**海恩豪森王宫花园**（Royal Gardens of Herrenhausen；☎0511-1683 4000；www.herrenhaeuser-gaerten.de；Herrenhäuser Strasse；花园成人/优惠/12岁以下€8/4/免费；⏲4月至10月9:00~18:00，11月至次年3月至16:30，石窟4月至10月9:00~17:30，11月至次年3月至16:00）。这里是欧洲最重要的古代园林景观之一。花园设计受到凡尔赛宫的影响，不规则伸展的庭院适合游览——可花几个小时感受玫瑰的芬芳，尤其是在天气晴朗的时候。

拥有300年历史的**大花园**（Grosser Garten）是游览中的亮点，其中有喷泉、整齐的花圃、修整过的树篱和各种形状的草坪。不要错过最北端附近的**尼基·德·圣法尔雕刻石窟**（Niki de Saint Phalle Grotto），这里魔幻的背景下建有这位已故的法国艺术家（1930~2002年）创作的充满奇思妙想的雕塑、喷泉和彩绘瓷砖。其南面是**大喷泉**（Grosse Fontäne，为欧洲最高），其喷出的水花可达80米高。夏季，喷泉会在**喷泉秀**（Wasserspiele）期间统一进行展示。而在夜间**照明**时，花园和喷泉都会笼罩上如梦似幻的灯光。

在Herrenhäuser Strasse街对面的**山顶花园**（Berggarten）种植有来自全球各地的各种花卉。在大花园以东，经过一条小运河，点缀着小湖的**格奥尔格花园**（Georgengarten）中有**威廉·布施博物馆**（Wilhelm-Busch-Museum；☎0511-1699 9911；www.wilhelm-busch-museum.de；Georgengarten；成人/优惠€4.50/2.50；⏲周二至周日11:00~18:00），馆藏包括大量精品，如布施、奥诺雷·杜米埃（Honoré Daumier）和威廉·荷加斯（William Hogarth）等艺术家的讽刺画。

如果对汉诺威其他景点感兴趣，可前往**旅游局办事处**（☎信息 0511-1234 5111，订房 0511-1234 5555；www.hannover.de；Ernst-August-Platz 8；⏲周一至周五9:00~18:00，周六和周日10:00~15:00）咨询详细信息。

学生喜欢，河滨步道Schlachte上的餐饮更贵，但也更受欢迎。

Engel Weincafe

咖啡馆 €

（☎0421-6964 2390；www.engelweincafe-bremen.de；Ostertorsteinweg 31；菜 €4~11；⏲周一至周五 8:00至次日1:00，周六和周日 10:00至次日1:00；📶✍）这家热门的就餐处弥漫着一种对从前药店的留恋，无论什么时候都挤满了人。有早餐、特色热门午餐、爽脆法式比萨（Flammekuche）、生牛肉片和意大利面。或者就点些奶酪，再叫上一杯红酒。

Casa

地中海风味 €€

（☎0421-326 430；www.casa-bremen.com；Ostertorsteinweg 59；主菜 €10~27；⏲周一至周五 11:30至午夜，周六和周日 10:00至午夜；✍）无论是外观还是菜单，这家历史悠久的餐厅都带着些地中海风情。这里提供沙拉、意大利面和精选西班牙小吃。不过，最佳选择还是熔岩烤鱼和肉食（包括招牌的汉堡包）。

Luv

各国风味 €€

（☎0421-165 5599；www.restaurant-luv.de；Schlachte 15-18；主菜 €9~37；⏲周一至周五 11:00至深夜，周日 10:00至深夜）这家气氛欢快的法式小馆有一种休闲酒吧的感觉，擅长制作沙拉和意大利面，再搭配各种肉食主菜，例如备受推崇的熔岩烤汉堡包、分量超大的维也纳炸肉排和当地的鱼。天气好的时候，可以坐在门外的闪烁灯光下俯瞰威悉河。

Café Sand

咖啡馆

（☎0421-556 011；www.cafe-sand.de；Strandweg 106；⏲周一至周六正午起，周日 10:00起，关闭时间不定）位于威悉河上的一座小岛中，这是一家沙滩咖啡馆，让人感觉像是离开了城市一光年。游泳者、晒日光浴的人、家庭游客、Werder Bremen足球俱乐部的粉丝都喜欢这里。可步行穿过Wilhelm-Kaisen-

Brücke（大桥）前来，或者从Osterdeich乘渡轮（往返 €2.20，周五 15:00起，周六正午起，周日 10:00起，关门不早于18:00）。

实用信息

旅游局办事处（☎0421-308 0010；www.bremen-tourism.de）设有中央火车站分部（⊙周一至周五 9:00~19:00，周六和周日 9:30~17:00），它位于主火车站，很方便。还有市场分部（Langenstrasse 2-4；⊙4月至10月周一至周六 10:00~18:30，周日至16:00，11月至次年3月周六16:00关闭），这里的员工友好，就位于市场附近。

到达和离开

不来梅机场（Bremen Airport，代码BRE；www.airport-bremen.de）位于城市以南约3.5公里处，由有轨电车6路连接（€2.50，15分钟）。

地区火车可前往不来梅港（Bremerhaven，€12，35分钟），InterCity（IC）的火车可前往汉堡（€28，1小时）和科隆（€67，3小时）。

生存指南

出行指南

签证

申根签证（见1302页）适用。申请德国申根签证的详情请参见**德国驻华使馆网站**（www.china.diplo.de/Vertretung/china/zh/Startseite.html）及中智签证（cn.tlscontact.com/cnBJS2de/）。

货币

➡ 德国的官方货币是欧元，在有银联标志（贴于机身或显示在屏幕上）的自动柜员机上可以使用银联卡提取欧元。自动柜员机暂时没有中文界面。

➡ 在德国，现金为王，所以要随身携带一些，以方便几乎无处不在的现金支付。

➡ 自动取款机（Geldautomat）可连接国际系统，Cirrus、Plus、Star和Maestro的卡都能接受。联系发卡方查询费用问题。

➡ 信用卡正在被越来越广泛地接受，但最好不要想当然地认为你可以随便使用——先询问。

优惠卡

许多城市的旅游局办事处都销售欢迎卡，持卡游客在卡有效期内可免费或者打折进入博物馆、景点，参加团队游以及无限次使用本地公共交通（有效期通常为24小时或48小时）。如果你想去很多地方，买张卡很划算。

使领馆

所有外国使馆都在柏林，但在法兰克福、慕尼黑、汉堡和杜塞尔多夫等城市有许多国家的领事馆。

中国大使馆（☎030-275 90883；www.china-botschaft.de；Brückenstraße 10；Ⓤ Heinrich-Heine-St）

营业时间

银行 周一至周五9:00~16:00，周二或周四一般会延长营业时间

酒吧 18:00至次日1:00

咖啡馆 8:00~20:00

夜店 22:00至次日4:00

邮局 周一至周五9:00~18:00，有时周六早上也营业

餐厅 11:00~21:00或22:00（不同的餐厅，营业时间很不一样。在乡村地区，15:00~18:00通常不营业）

商店 周一至周六9:30~20:00（郊区和农村地区的营业时间缩短，午餐时间可能休息）

节假日

除了下列国定假日外，各州还有额外节假日（一般都是宗教性的节日）。

新年 1月1日

复活节 耶稣受难日、复活节星期日和复活节星期一

升天节 复活节后40天

劳动节 5月1日

五旬节 复活节后50天

住宿价格区间

除非另有说明，以下的价格范围是指旺季一间含早餐、带独立浴室的双人房价格。

€ 低于€80

€€ €80~170

€€€ 高于€170

德国统一日 10月3日

圣诞节 12月25日

节礼日 12月26日

住宿

提前预订是一个好主意，特别是在6月至9月、重要节假日、文化活动以及展会期间。当地旅游局办事处会帮你找到价格合适的住宿地点。

电话

德国的电话号码包括一个区号（3~6位），紧跟着的是电话号码（3~9位）。手机制式为GSM900/1800。

国家代码 ☎49

国际接入码 ☎00

号码查询 ☎11837（英语查询每分钟收费€1.99）

网络资源

德国在线（Deutschland Online；www.magazine-deutschland.de）

Facts About Germany（www.tatsachen-ueber-deutschland.de）

德国国家旅游局（German National Tourist Office；www.germany.travel）

在线德语课程（Online German Course；www.deutsch-lernen.com）

法律事务

- 司机在任何时候都需要随身携带驾驶执照。血液里的酒精含量上限为0.05%。如果被发现酒驾，会面临很重的罚款，还会被没收执照，甚至被监禁。
- 在公共场合饮酒不是违法行为，但言行要谨慎。
- 藏有大麻属刑事罪行，处罚的范围从警告到出庭受审不等。

同性恋旅行者

- 德国对schwule（男同性恋）和lesbische（女同性恋）旅行者而言，好似一块磁铁：在柏林、科隆，同性恋很活跃，汉堡、法兰克福和慕尼黑也有一些颇具规模的同性恋社区。
- 一般来说，在乡村地区和东部各州，人们对同性恋的态度往往较为保守。中老年人也不太认同同性恋。

到达和离开

飞机

目前有大量从中国各城市飞往德国的直航航班，目的地以法兰克福和慕尼黑为主。中国国际航空公司运营从北京和上海到以上两个目的地的航线，中国东方航空运营从上海到法兰克福的航线。海南航空和柏林航空都运营从北京到柏林的直航航线。德国汉莎航空有从成都飞往法兰克福、香港飞往法兰克福和慕尼黑、南京飞往法兰克福、北京飞往杜塞尔多夫和法兰克福以及慕尼黑、上海飞往法兰克福和慕尼黑的直航航线。

国家速览

面积 356,866平方公里

首都 柏林

国家代码 ☎49

货币 欧元（€）

紧急情况 ☎112

语言 德语

现金 自动取款机随处可见，买东西时现金更受欢迎

人口 81,100,000

签证 申根签证适用

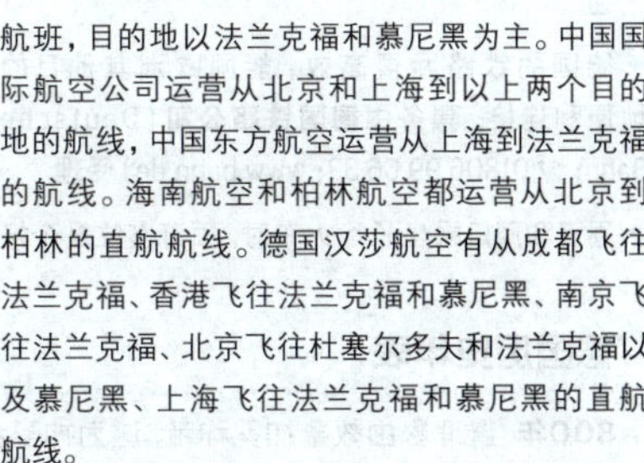

规模庞大的法兰克福机场（Frankfurt Airport，见545页）是德国最繁忙的机场，紧随其后的是慕尼黑机场（见524页），杜塞尔多夫机场（见555页）也分担了大量的出境服务。柏林、汉堡和科隆的机场相对较小。

陆路

长途巴士

随着许多新巴士公司开始提供性价比高的德国境内和跨境服务，乘坐长途巴士旅行变得越来越流行。这些车次都很舒服，带有小吃吧，还提供免费的Wi-Fi。关于路线、时刻表和价格，可查询www.busliniensuche.de（也有英语版）。

跨越整个欧洲大陆的最大的长途巴士线路网由**欧洲巴士**（www.eurolines.com）经营，它由各国长途巴士公司组成。

小汽车和摩托车

- 当你把自己的车开到德国，你需要一本有效的驾驶执照、车辆登记和第三方的保险证明。外国汽车必须要有显示国籍的贴纸，除非车辆有正式的欧洲牌照。你还需要随车带有一个三角形警告

就餐价格区间

以下的价格范围是针对一道主菜的价格。

€ 低于€8

€€ €8~18

€€€ 高于€18

牌和一个急救包。

➡ 德国大多数城市现在都建立了绿色区域，只有标有Umweltplakette（排放贴纸）的车辆（包括外国车）才可进入。请与你当地的机动车协会联系或通过www.umwelt-plakette.de在线预购。

火车

➡ 德国的铁路网很高效，能同欧洲其他目的地便利连接。票务由**德国铁路公司**（Deutsche Bahn; ☎01806 99 66 33; www.bahn.de）受理。

➡ 周五和周日乘坐长途火车时，预订座位是个好主意。在夏季高峰期和重大节假日期间更要预订座位。

➡ 欧洲铁路通票和国际铁路通票对所有德国国有火车有效。

海路

➡ 德国主要的渡轮港口有基尔（Kiel）、吕贝克（Lübeck）和石勒苏益格-荷尔斯泰因（Schleswig-Holstein）的特拉沃明德（Travemünde）。在梅克伦堡-西波美拉尼亚州（Mecklenburg-Western Pomerania）的罗斯托克（Rostock）和Sassnitz（吕根岛，Rügen Island），都有到斯堪的纳维亚和波罗的海国家的线路。德国和英国之间没有直达渡轮。

➡ 相关细节和船票信息，请查阅网站www.ferrybooker.com或www.ferrysavers.com。

ℹ 当地交通

德国有一套卓越而完善的公共交通系统。区域长途巴士服务填补了铁路线路的空白。

德国历史年表

800年 查理曼由教皇加冕称帝，这为神圣罗马帝国的建立打下基础。帝国的统治持续至1806年。

1241年 汉堡和吕贝克签署贸易协定，这为强大的汉萨同盟奠定了基础，该同盟在整个中世纪控制了欧洲多数地区的政治和贸易。

1455年 约翰内斯·古登堡（Johannes Gutenberg）发明西方活字印刷术，使书籍首次能够大规模出版。

1517年 马丁·路德发表《九十五条论纲》（*Ninety-Five Theses*），领导宗教改革，挑战天主教会的权威。

1618~1648年 “三十年战争”是一场新教徒反抗天主教会的血腥战争，影响深远，造成欧洲人口的大幅下降，很多地区沦为荒地。

1871年 普鲁士统一德国，柏林被定为首都，威廉一世称帝。

1914~1918年 第一次世界大战，德国、奥匈帝国和土耳其与英国、法国、意大利和俄罗斯开战。德国战败。

1933年 希特勒掌权，开始了长达12年的纳粹恐怖统治，对犹太人、罗姆人、信德人和其他被认为“不受欢迎”的民族实施了系统化屠杀，纳粹统治在第二次世界大战中终结。

1949年 德国被分成民主主义西德和社会主义东德两部分，它们分属西方同盟国（美国、英国和法国）和苏联阵营。

1961年 东德政府兴建柏林墙，将国家一分为二，这种状态持续了将近28年。

1989年 柏林墙倒塌，德国于次年重归统一。

特色饮食

和英国一样，德国烹饪在过去十年中得到了极大发展。近年来，饮食分量都有所减少，而且更为健康，因为许多大厨都以当地产的时令有机食材作为菜单的主打。各国风味和烹饪技巧为久经考验的特色食品更添魅力，而素食和严格素食也更为常见。当然，如果偏好传统爽心美食，你仍能在菜单上找到大量的猪肉、土豆和卷心菜，尤其是在乡村地区。下面是五种传统经典美食：

- **香肠** 最受欢迎的休闲食品，有1500多种，包括手指大小的纽伦堡香肠、香脆的图林根香肠，还有蘸满番茄酱的切片咖喱香肠。
- **猪肘** 一切猪肉料理之母。整只猪肘会被烤至香脆不已。
- **续随子酱小牛肉丸** 一道简单却优雅的小牛肉丸菜肴：乒乓球大小的丸子浇上续随子白色酱汁，搭配着少许煮土豆和甜菜根。
- **面包** 德国人谈论面包时，眼睛总是亮晶晶的，尤其是在描述自己最喜欢的种类时。大家爱吃的大都是分量十足的各种全麦面包。
- **黑森林蛋糕** 多层巧克力海绵蛋糕，加了生奶油和樱桃酒蜜饯，表面还装饰着樱桃和巧克力屑。

飞机

除非你需要从这个国家的一端飞往另一端，比如从柏林或汉堡到慕尼黑，否则我们不推荐你乘坐飞机。因为一旦你算上过安检和转机等的时间，飞机只会比火车稍微快一点。

自行车

- 自行车可以在除高速公路以外的所有道路上骑行。头盔并非强制性佩戴的装备（甚至儿童也是）。
- 自行车可以带上大多数火车，不过需要一张额外的车票，而且如果乘坐InterCity（IC）/EuroCity（EC）的列车，则需要提前预订。自行车不可带上InterCity Express（ICE）列车。
- 大多数城镇和城市都有私人自行车租赁站，火车站附近较多。自助自行车租赁系统越来越多。

船

从4月到10月，莱茵河、易北河（Elbe River）和多瑙河都有固定时刻的船次。

长途巴士

- 国内长途客运服务网络四通八达。
- 在一些乡村地区，如果自己没有车，长途巴士可能是你在当地的唯一选择。车次的频率从“很少”到“经常”不等。在晚上和周末，通勤线路的车次会减少或停驶。
- 在城市里，公共汽车一般都会集中在长途巴士总站，后者通常在中央火车站附近。

小汽车和摩托车

- 汽车靠右行驶。
- 除少数情况外，公共道路一般都不收取任何的通行费用。
- 除非另有说明，城市限速一般为50公里/小时，乡村公路为100公里/小时，高速公路不限速。
- 在市区开车实为不便，如果把车停在市中心的停车场，每天的停车费高达€20甚至更多。
- 多数国家的游客不必持有国际驾照就可以在德国驾车。带上本国的驾照即可。
- 租车人一般应年满25岁，并持有有效的驾驶执照和一张国际信用卡。
- 自动挡汽车很少见，必须提前预订。

当地交通工具

- 大城市和小城镇的公共交通十分完善，可以搭乘公共汽车、有轨电车、轻轨和地铁。
- 车票包括所有形式的换乘，票价也是由不同的区间和乘车时间决定的，有时也由两个因素共同决定。多段旅程联票和一日通票比单程票更实惠。
- 大多数车票必须在上车前验票（盖章）才有效。

火车

- 德国的火车系统几乎完全由**德国铁路公司**（Deutsche Bahn；www.bahn.com）运营管理。不过，私营公司运营的路线也越来越多。
- 在几种火车中，ICE是最快、最舒适的。IC火车（如果过境则是EC）的速度几乎一样快，但车龄较长，而且时髦程度稍逊。地区特快（RE）和地区列车（RB）都只在地区内运营。轻轨是大城市和卫星城运营的郊区铁路。
- 在大车站，可以将行李寄存在储物柜或行李寄存处。
- 强烈建议预订长途旅行的座位，特别是当你在周五或周日下午、假期或夏季出行时。可在网上或售票柜台预订，最晚可在列车发车前10分钟预订。
- 可通过网络（www.bahn.de）或火车站自动售票机、售票处购票。只有ICE和IC/EC列车上的列车员会收取一定的手续费。

希腊

包括 ➡

最佳餐饮

- To Maridaki（见606页）
- To Steki tou Yianni（见614页）
- Paparouna（见591页）
- Funky Gourmet（见581页）
- M-Eating（见595页）

最佳住宿

- Aroma Suites（见600页）
- Casa Leone（见606页）
- Marco Polo Mansion（见609页）
- Amfitriti Pension（见585页）
- Siorra Vittoria（见618页）

为何去

将历史与自然美景融合在一起，这正是使希腊（Ελλάδα）跻身于全球最受欢迎旅游目的地之一的迷人之处，这种双重诱惑总是很吸引人。这里交通便利，参观完恢宏的古代遗迹，可以很方便地抵达景色异常优美的海滩和提供各种美食的餐厅。从希腊特产的茴香酒到章鱼，餐厅的各色美食应有尽有。在奥林匹斯山、扎格里亚（Zagorohoria）和克里特、科孚等岛屿，都有徒步步道纵横交错。

如果你渴望在小岛上游山玩水，必能乘兴而归（每个海岛都别具特色）；如果你热衷派对，可以在此感受希腊动感十足的现代城市和夜生活。

这里有热情的当地人和迷人的文化。但凡前往希腊旅游，你都能在那里找到自己期待重游的至爱之地——现在就动身出发，找寻你心中的最爱吧。

何时去

雅典

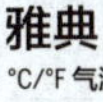

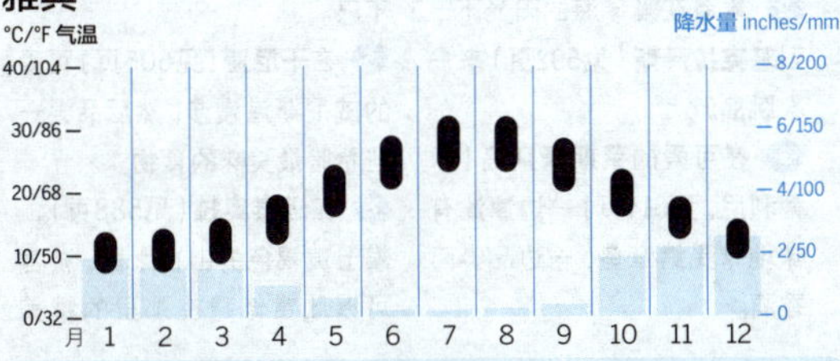

5月和6月 随着东正教复活节的来临，希腊逐渐开门迎客。这两个月是游希腊的最佳月份。

7月和8月 此时，你要为夏季汹涌的人潮、高物价和不断上升的高温做好准备。

9月和10月 这两个月的游客有所减少，正是去希腊休闲度假的好时机。

希腊亮点

❶ 在**雅典**抚今追昔，城里既有古老的卫城又有如雨后春笋般涌现的夜店。

❷ 沐浴在爱琴海的阳光下，到**基克拉泽斯**（见592页）来一次跳岛游。

❸ 在可爱的**莱斯沃斯岛**（米蒂利尼，见614页）一边津津有味地享受烤章鱼，一边品尝茴香酒。

❹ 游客来到无与伦比的**圣托里尼**（见598页），想必会因为那里巨大无比的火山口而震惊不已。

❺ 在**干尼亚**（见605页）可爱的威尼斯港漫步，然后品尝一些希腊最美味的食物。

❻ 在**迈泰奥拉**（见588页），攀上黄褐色的山岩之巅，游客可以欣赏修建在那里的精美修道院。

❼ 以古雅的**纳夫普利翁**（见585页）为营地，探索伯罗奔尼撒的小径和遗迹。

❽ 游览**罗得**的老城（见608页），在中世纪的城墙里迷失自我。

❾ 在**德尔斐**（见587页）炫目的遗址里，搜寻神谕之所。

雅典（ATHÍNAI） ΑΘΗΝΑ

人口3,800,000

无论是用世俗的标准还是高雅的标准评判，雅典都是兼具古典与现代魅力的城市。人潮熙攘的雅典集历史与现代的色彩于一身，令人陶醉。这里不但有与标志性纪念碑结合在一起的一流博物馆，还有气氛热闹的咖啡馆和露天餐厅，游客一定会在这些地方体会到无限乐趣。因为希腊现在正处于金融困境中，所以雅典展现出了比较动荡的一面。但如果愿意花时间抛开表象并体会它的内在，你会发现雅典是一座丰富多彩的现代化大都市，随处可见充满生机的亚文化。

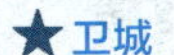

景点

★卫城 古迹

（Acropolis；☎210 321 0219；http://odysseus.culture.gr；成人/儿童/优惠€12/免费/6；⏰4月至10月8:00~20:00，11月至次年3月至17:00；Ⓜ Akropoli）雅典卫城或许是西方世界最重要的远古建筑杰作。最高处的**帕特农神庙**（Parthenon）守卫着整座城市，从市内任意地方都能看见。大理石遗迹在日光下闪烁着白色光芒，随着太阳西沉而逐渐染上蜂蜜的颜色，到了晚上也灿烂地闪耀在城市上方。看一眼这宏伟的景点会让你精神焕发。

★卫城博物馆 博物馆

（Acropolis Museum；☎210 900 0901；www.theacropolismuseum.gr；Dionysiou Areopagitou 15, Makrygianni；成人/儿童€5/免费；⏰4月至10月周一8:00~16:00，周二至周日至20:00，周五至22:00；11月至次年3月周一至周四9:00~17:00，周五至22:00，周六和周日9:00~20:00；Ⓜ Akropoli）期盼已久的卫城博物馆终于在2009年隆重开业了，它就在山脚的南面。其面积比原址的博物馆要大十倍，现代主义建筑风格十分壮观，内部陈列着卫城现存的珍宝，包括之前曾在其他博物馆和仓库收藏的文物，以及国外博物馆归还的物品。**餐厅**的视野很棒，还有一座很好的博物馆**商店**。

★古市场 古迹

（Ancient Agora；☎210 321 0185；http://odysseus.culture.gr；Adrianou；成人/儿童€4/免费，持卫城通票免费；⏰周一11:00~15:00，周二至周日8:00开放；Ⓜ Monastiraki）古市场位于雅典古城中心，热闹、拥挤，是城市行政、商业、政治和社交活动的核心。苏格拉底曾在这里阐述他的哲学思想。公元49年，圣保罗来到这里，号召众人信仰基督教。现在的古市场是一个树木茂盛的清爽休息处，有美丽的纪念碑和神庙，还有一座迷人的**博物馆**。

★罗马市场和风之塔 遗迹

（Roman Agora & Tower of the Winds；☎210 324 5220；Pelopida和Eolou交叉路口，Monastiraki；成人/儿童€2/1，持卫城通票免费；⏰8:00~15:00；Ⓜ Monastiraki）要进入罗马市场，先要穿过保存完好的**雅典娜之门**（Gate of Athena Archegetis），其两侧各有四根陶立克柱。这座大门是公元1世纪由凯撒大帝出资建造的。保存完好的气派的**风之塔**（Tower of the Winds）由叙利亚天文学家安德罗尼克斯（Andronicus）建于公元前1世纪。

★奥林匹亚宙斯神庙 遗迹

（Temple of Olympian Zeus；☎210 922 6330；成人/儿童€2/免费，持卫城通票免费；⏰4月至10月8:00~20:00，11月至次年3月8:30~15:00；Ⓜ Syntagma, Akropoli）不可错过雅典市

旅行线路

一周

在**雅典**，可以花一天时间游览当地的博物馆与古迹。然后，用几天时间，经纳夫普利翁、迈锡尼和奥林匹亚前往**伯罗奔尼撒**。乘坐渡轮到达**基克拉泽斯**之后，再去欣赏米科诺斯与圣托里尼的优美景色。

一个月

你可以在雅典和伯罗奔尼撒多停留些时间，然后再去**伊奥尼亚群岛**。在经**迈泰奥拉**和**德尔斐**返回雅典前，别忘了去扎格里亚村庄猎奇。从比雷埃夫斯乘渡轮，往南可以去往**米科诺斯**，然后途经圣托里尼去克里特岛。游览克里特岛之后，乘坐渡轮向东赶往**罗得岛**，接着再向北去往**科斯岛**、**萨摩斯岛**、**莱斯沃斯**。最后，在休闲的世界之都塞萨洛尼基结束旅程。

Central Athínai 雅典市中心

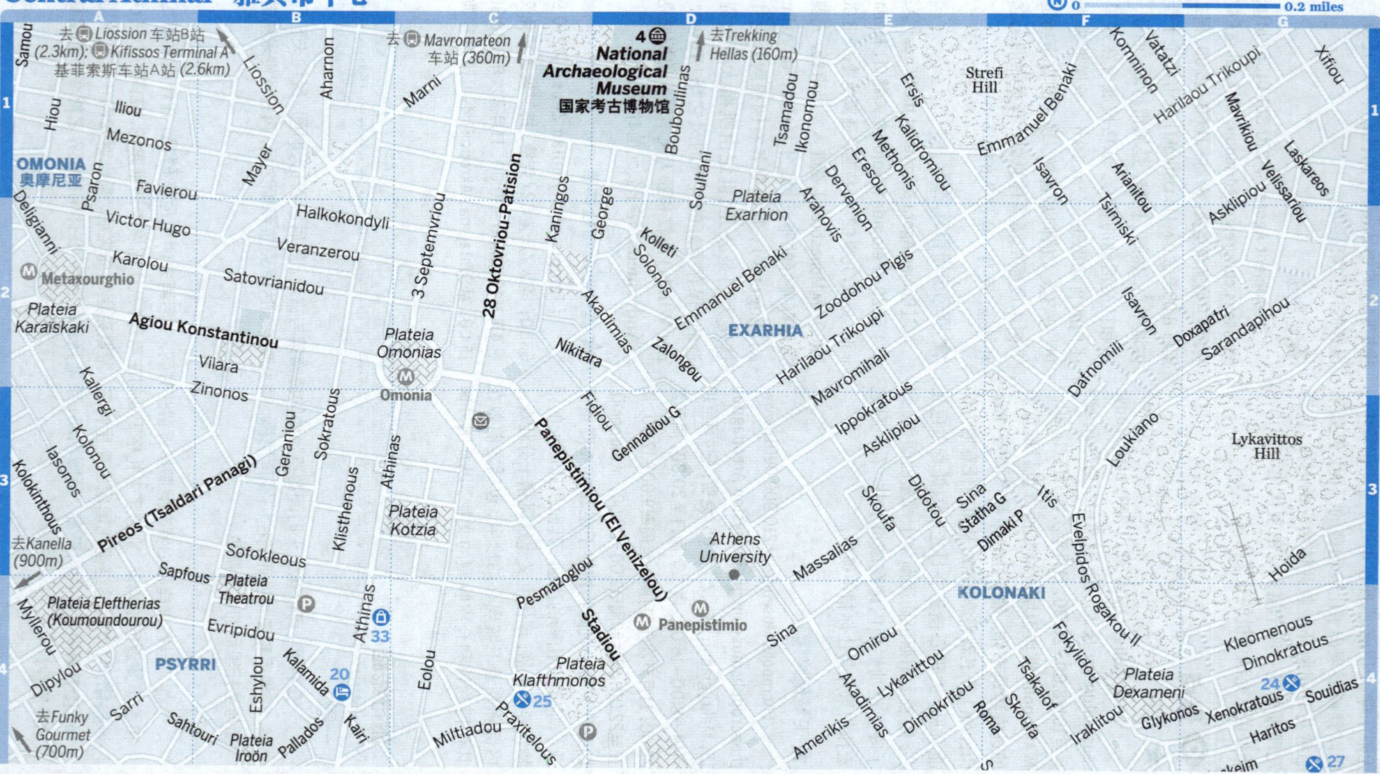

KOLONAKI
SYNTAGMA
PLAKA 普拉卡
MONASTIRAKI
ANAFIOTIKA
PANGRATI
METS

Ploutarhou
Patriarhou Ioakim
Alopekis
Karneadou
Irodotou
Kapsali
Plateia Kolonakiou
Milioni
Kolonos
Sekeri
Merlin
Zalokosta
Voukourestiou
Karageorgi Servias
Vouris
Plateia Kolokotroni
Leka
Perikleous
Thiseos
Romvis
Kolokotroni
Plateia Agia Irini
Athinaidos
Voreou
Karori
Miaouli
Plateia Monastirakiou
Agias Theklas
Mikonos
Pittaki
Normanou
Ifestou
Plateia Avissynias
Avliton
Thermopylon
Plateia Agion Asomaton
Thisio
Adrianou
Ermou
Mitropoleos
Plateia Mitropoleos
Church of Agios Eleftherios
Apollonos
Bus 040 to Piraeus 到比雷埃夫斯的040路公共汽车
Plateia Syntagmatos 宪法广场
Syntagma
Airport Express Bus X95 前往机场的X95路公共汽车
Xenofontos
Filellinon
Vouris
Souri G
Kodrou
Kydathineon
Plateia Filomousou Eterias
Adrianou
Tripodon
Thespidos
Lysiou
Diogenous
Aiolou
Pelopida
Prytaniou
Theorias
Kladou
Peikilis
Ancient Agora 古市场
Roman Agora & Tower of the Winds 罗马市场和风之塔
Acropolis 卫城
Acropolis Main Entrance 卫城主入口
Areopagus Hill
Apostolou Pavlou
Dionysiou Areopagitou
Rovertou Galli
Kallisperi
Mitseon
Hatzihristou
Strateon
Parthenos
Erehthiou
Propyleon
Fratti
Garivaldi
Drakou
Filopappou Hill
Akropoli
Acropolis Museum 卫城博物馆
EOT 希腊国家旅游组织
Vyronos
Fryinon
Athens City Information Kiosk (Acropolis) 雅典城市信息咨询台(卫城)
Leof Vasilissis Amalias
Leof Vasilissis Olgas
Temple of Olympian Zeus 奥林匹亚宙斯神庙
Athanasiou Diakou
Lembesi
Kallirrois
Leof Syngrou
去Onassis Cultural Centre 奥纳西斯文化中心(1.3km)
Zappeio Gardens
National Gardens 国家花园
Irodou Attikou
Leof Vasilissis Sofias
Mourouzi
Lykiou
Rigilis
Leof Vas Georgiou
Leof Vasileos Konstantinou
Plateia Proskopon
Amynda
Polemonos
Telesilis
Fokianou
Arktinou
Arrianou
Plateia Agios Spyridonos
Eratosthenous
Agras
Plateia Plastira
Athanasias
Ippodamou
Arhimidous
Panathenaic Stadium 泛雅典娜体育场
Ardettos Hill
Markou Mousourou
Arditou
Piga M

Central Athínai 雅典市中心

中心这座引人注目的奇迹。这里是希腊最大的神庙，由庇西特拉图始建于公元前6世纪，后由于缺乏资金而被废弃。后来又有多名统治者想要完成，但直至公元131年才由哈德良大帝建设竣工。神庙从开工到竣工，前后总计耗费了700多年光阴。

★ 泛雅典娜体育场　古迹

（Panathenaic Stadium；☎210 752 2984；www.panathenaicstadium.gr；Leoforos Vasileos Konstantinou，Pangrati；成人/儿童€3/1.50；⊙3月至10月8:00~19:00，11月至次年2月至17:00；Ⓜ Akropoli）宏伟的泛雅典娜体育场位于Mets和Pangrati两个相邻街区之间的两座长满松树的小山之间。体育场最早建于公元前4世纪，最初是泛雅典娜女神比赛的赛场。据说，在公元120年的哈德良大帝加冕仪式上，这里献祭了1000只野生动物。后来，赫罗狄斯·阿提库斯（Herodes Atticus）用潘泰列克大理石重修了观众座位。

议会和卫兵换岗　建筑

（Parliament & Changing of the Guard；Plateia Syntagmatos；Ⓜ Syntagma）免费 在宪法广场（Plateia Syntagmatos）的希腊议会大厦门前，守卫**无名战士纪念碑**（Tomb of the Unknown Soldier）的卫兵（evzones）身着传统服装，每小时换一次岗。周日11:00，会有整建制的卫兵沿Vasilissis Sofias行进至陵墓，沿途还有乐队演奏活动。

国家花园　花园

（National Gardens；Leoforos Vasilissis Sofias & Leoforos Vasilissis Amalias，Syntagma；⊙7:00至黄昏；Ⓜ Syntagma）免费 夏季来临时，国家花园是浓荫蔽日的好去处。这里的前身是御花园，由阿玛丽娅皇后（Queen Amalia）设计。其中有一个很大的儿童**游乐场**和一处可以放养鸭子的池塘，还有一家绿荫**咖啡馆**。

贝纳基博物馆　博物馆

（Benaki Museum；☎210 367 1000；www.benaki.gr；Koumbari 1，在Leoforos Vasilissis Sofias和Kolonaki的交叉路口；成人/儿童 €7/免费，周四免费；⊙周三和周五9:00~17:00，周四和周六至午夜，周日至15:00；Ⓜ Syntagma，Evangelismos）这

里是希腊最好的私立博物馆，收藏着安东尼斯·贝纳基(Antonis Benakis)35年来积累的大量的欧洲和亚洲艺术品。展品包括迈锡尼和塞萨利古城青铜时代的文物，格列柯(El Greco)的作品，从小亚细亚运来的牧师家具，来自埃及、小亚细亚和美索不达米亚的陶器、铜器、银器和木制品，还有精美的希腊地方服饰。

★国家考古博物馆 博物馆

(National Archaeological Museum; ☎210 821 7717; www.namuseum.gr; 28 Oktovriou-Patision 44, Exarhia; 成人/优惠 €7/3; ⌚4月至10月周一13:00~20:00, 周二至周六8:00~20:00, 周日8:00~15:00, 11月至次年3月周一13:00~20:00, 周二至周日9:00~16:00; Ⓜ Viktoria, 🚌2路、4路、5路、9路或11路到Polytechnio站)国家考古博物馆是世界上最重要的博物馆之一，其中收藏有世界上最精美的希腊文物。这些宝藏能让你了解希腊艺术和历史，其年代从新石器时代至古典年代，展品包括从希腊各地发现的精美雕塑、陶器、首饰、壁画和文物。

团队游

除了开放式公共汽车巡游之外，还可以尝试Athens Segway Tours(☎210 322 2500; www.athenssegwaytours.com; Eschinou 9, Plaka; 两小时巡游 €59; Ⓜ Akropoli)或有义工服务的This is My Athens(www.thisisathens.org)。想以较经济的方式在城区外游览可选择Athens:Adventures(☎210 922 4044; www.athensadventures.gr)。徒步或划皮划艇可选择Trekking Hellas(☎210 331 0323; www.trekking.gr; Saripolou 10, Exarhia; Ⓜ Viktoria)。

节日

希腊节 表演艺术

(Hellenic Festival; www.greekfestival.gr; ⌚6月至9月)希腊文化节每年举行一次。届时，埃皮达鲁斯(Epidavros)古剧场和雅典的阿提库斯剧院(Theatre of Herodes Atticus)是主要的表演场地。它们会举行一系列一流的表演，内容是音乐、舞蹈与戏剧，表演者来自国内外。

住宿

7月和8月需提前订房。

★Athens Backpackers 青年旅舍 €

(☎210 922 4044; www.backpackers.gr; Makri 12, Makrygianni; 铺含早餐€24~29, 2/4/6人公寓€95/125/155; ❄@📶; Ⓜ Akropoli)屋顶酒吧很有人气，有便宜的饮品，还可以饱览卫城的美景，这让这家由澳大利亚人经营的背包客住宿处更具吸引力。旅舍为现代风格，靠近卫城地铁。庭院有烤肉架，还有一间储备充足的厨房。干净的铺位宿舍有私人浴室，储物柜中有寝具，使用毛巾的费用为€2。店主在附近经营着一家价格实惠的现代公寓。

Tempi Hotel 酒店 €

(☎210 321 3175; www.tempihotel.gr; Eolou 29, Monastiraki; 双/标三€55/65, 标单/双无浴室€37/47; ❄📶; Ⓜ Monastiraki)这家家族经营的古老酒店位于Eolou步行区，位置便利、价格便宜是其优势所在。前排的阳台能眺望Plateia Agia Irini——雅典最美的夜景，也可以看到旁边的卫城。一般的客房中有卫星电视，不过浴室都很原始。顶楼客房小，而且上去要费些力气。有公用厨房。

AthenStyle 青年旅舍 €

(☎210 322 5010; www.athenstyle.com; Agias Theklas 10, Psyrri; 铺 €18~26, 标单/双 €51/76, 公寓 €86起; ❄@; Ⓜ Monastiraki)这是明亮而具有浓厚艺术气息的青旅，有设施齐备的工作室公寓和旅舍床铺，从Monastiraki地铁站步行就能到，距离主要景点和夜生活

希腊 雅典

ⓘ 六景点联票更优惠

除了卫城，这种售价€12的联票(4日有效)还包含其他五大古迹的门票。这些引人注目的古迹分别是：古市场、罗马市场、凯拉米克斯(Keramikos)、奥林匹亚宙斯神庙、狄俄尼索斯剧场。

11月至次年3月，在每月第一个周日和特定的节假日进入上述景点是免费的。所有未满18岁的游客和持有欧盟国家学生证的游客，也能享受免费游览待遇。

场所也很近。每个铺位都有储物柜。有些阳台能看到卫城。前台、时尚的地下休息室都装饰有壁画，还有乒乓球桌、家庭影院和上网的地方。会组织艺术展览。能看到卫城的屋顶露台酒吧，晚上有优惠时间。

Hera Hotel 精品酒店 €€

（☎210 923 6682; www.herahotel.gr; Falirou 9, Makrygianni; 双含早餐 €120~165, 套 €225; ❄@📶; Ⓜ Akropoli）这家优雅的精品酒店距离卫城和普拉卡都很近，已经完成彻底重建，具有正式风格的室内设计与可爱的新古典主义风格的外墙看起来很协调。这里有许多黄铜和木头制品，以及时髦的古典主义家具。屋顶花园、餐厅和酒吧的视野十分开阔。

Plaka Hotel 酒店 €€

（☎210 322 2096; www.plakahotel.gr; Kapnikareas 7, 在Mitropoleos和Monastiraki交叉路口; 双含早餐 €125~200; ❄📶; Ⓜ Monastiraki）从这里的屋顶露台和顶楼客房看到的卫城风景是数一数二的。整洁的客房配备的是轻型木地板和家具，还有卫星电视，不过浴室有些小。虽然名为Plaka Hotel，但实际上距离Monastiraki更近。

Central Hotel 商务酒店 €€

（☎210 323 4357; www.centralhotel.gr; Apollonos 21, Plaka; 双/标三含早餐 €105/150起; ❄@📶; Ⓜ Syntagma）这家时髦酒店的装潢很有格调，是清淡的现代风格。舒适的客房里有全套的现代设施和优良的浴室。可爱的屋顶露台能看到卫城风景。有一家小的水疗中心和日光浴室。正如名字所暗示的那样，酒店位于宪法广场和普拉卡之间的中心地带。

Hotel Adonis 酒店 €€

（☎210 324 9737; www.hotel-adonis.gr; 3 Kodrou St, Plaka; 标单/双/标三含早餐 €70/88/105; ❄@📶; Ⓜ Syntagma）这家舒适的酒店位于普拉卡一条安静的步行街上，有干净的客房，带电视。浴室虽小但已经过良好的翻新。4楼客房和顶楼露台能看到卫城风景。不接受信用卡。

Hotel Cecil 酒店 €€

（☎210 321 7079; www.cecilhotel.gr; Athinas 39, Monastiraki; 标单/双/标三/四含早餐 €60/65/95/120起; ❄@📶; Ⓜ Monastiraki）这家古老迷人的酒店位于繁忙的Athinas，有漂亮高大的铸造天花板、明亮的木地板和原始的笼子式电梯。简洁的客房配备的是高雅的家具，不过没有冰箱。共享浴室的两间相通的客房很适合家庭游客。

就餐

餐饮街包括Monastiraki的Mitropoleos、Adrianou和Navarchou Apostoli,

当代艺术

雅典不只有古典艺术。想欣赏当代艺术，可参观：

艺术基金会（Taf, The Art Foundation; ☎210 323 8757; www.theartfoundation.gr; Normanou 5, Monastiraki; ⏰13:00至午夜; Ⓜ Monastiraki）综合性艺术和音乐美术馆。

Six DOGS（☎210 321 0510; www.sixdogs.gr; Avramiotou 6, Monastiraki; Ⓜ Monastiraki）剧院、美术馆和现场音乐演奏场所。

奥纳西斯文化中心（Onassis Cultural Centre; ☎213 017 8000, 售票处 210 900 5800; www.sgt.gr; Leoforos Syngrou 107-109, Neos Kosmos; Ⓜ Syngrou-Fix）投资几百万欧元兴建的视觉和表演艺术中心。

国家当代艺术博物馆（National Museum of Contemporary Art; ☎210 924 2111; www.emst.gr; Athens Conservatory, Vassileos Georgiou B 17-19和Rigillis交叉路口, Kolonaki; 成人/儿童 €3/免费; ⏰周二、周三和周五至周日11:00~19:00, 周四至22:00; Ⓜ Syntagma）很快将搬往Syngrou新址。

Plateia Psyrri周边，以及Keramikos地铁附近的Gazi。

水果与蔬菜**市场**（Varvakios Agora；Athinas，Sofokleous和Evripidou之间；⏲周一至周六7:00~15:00；Ⓜ Monastiraki，Panepistimio，Omonia）位于肉类市场的对面。

★ Mani Mani
希腊菜 €

（☎210 921 8180；www.manimani.com.gr；Falirou 10，Makrygianni；主菜 €9~15；⏲周一至周五14:30~23:30，周六从13:00开始，周日13:00~17:30，7月和8月歇业；Ⓜ Akropoli）这间现代餐厅的楼上有宜人的休闲餐室，特色是伯罗奔尼撒的Mani地方菜。出色的菜肴有意大利饺子搭配唐莴苣、山萝卜和奶酪，还有味道浓郁的Mani香肠搭配橙子。几乎所有的菜都可以点半份（价格减半）。

Oikeio
地中海菜 €

（☎210 725 9216；Ploutarhou 15，Kolonaki；主菜 €7~13；⏲周一至周六13:00至次日2:30；Ⓜ Evangelismos）这家现代式酒家名副其实（名字的意思是"家常"），提供可口的家常菜。内部装饰如同舒适的酒馆，街道上的餐位可以观赏来往行人，但价格要比Kolonaki一般的地方贵。意大利面、沙拉和国际风味菜肴都很美味，不过也可以尝试mayirefta（现成菜肴），例如美味的填馅西葫芦。要预约。

Tzitzikas & Mermingas
开胃小菜 €

（☎210 324 7607；Mitropoleos 12-14，Syntagma；开胃小菜€6~11；⏲正午至23:00；Ⓜ Syntagma）希腊本地商品摆满了这家现代开胃小菜馆的墙壁。位于雅典市中心。这里的开胃小菜味道可口，品种多样且富有创意，深受当地人的喜爱。

Kalnterimi
酒馆 €

（☎210 331 0049；www.kalnterimi.gr；Plateia Agion Theodoron，Skouleniou和Monastiraki交叉路口；主菜 €6~9；⏲正午至午夜；Ⓜ Panepistimio）沿Agii Theodori教堂背后的道路能找到这家隐蔽的露天酒馆，这里有最地道的希腊食物。所有的菜肴都很美味，选这里不会错。手工涂漆的桌子一直铺到人行道上，能让人在城市最繁忙的地区享受宁静。

Filippou
酒馆 €

（☎210 721 6390；Xenokratous 19，Kolonaki；主菜 €8~12；⏲正午至23:00，周六晚上和周日歇业；Ⓜ Evangelismos）Filippou从1923年起就一直在制作美味的希腊菜肴。在这里，有机会品尝用心之作。桌面铺有白色桌布。位于Kolonaki中心。

Kanella
酒馆 €

（☎210 347 6320；Leoforos Konstantinoupoleos 70，Gazi；菜 €7~10；⏲13:30至深夜；Ⓜ Keramikos）乡村风味的面包、不协调的复古陶器、棕色的桌布，这些奠定了这家具有现代风格的时髦酒馆的主色调。地区风味的希腊菜不错，员工热情，每日特色菜包括柠檬羊肉土豆、美味的西葫芦和鳄梨沙拉。

Thanasis
希腊烤肉串 €

（☎210 324 4705；Mitropoleos 69，Monastiraki；希腊特色汉堡€2.50；⏲8:30至次日2:30；Ⓜ Monastiraki）这家餐馆是雅典的希腊烤肉串天堂，位于Mitropoleos的尽头。这里的特色皮塔饼远近闻名。

★ Café Avyssinia
开胃菜 €€

（☎210 321 7047；www.avissinia.gr；Kynetou 7，Monastiraki；主菜 €10~16；⏲周二至周六11:00至次日1:00，周日至19:00；Ⓜ Monastiraki）这家波希米亚风格的开胃菜餐厅隐藏在色彩缤纷的跳蚤市场中间，以其氛围、食物和热情的服务闻名。特色菜是希腊地方风味菜肴，包括暖暖的蚕豆、番茄和奶酪烤茄子，还有各种茴香烈酒、raki（克里特烈酒）和tsipouro（一种类似茴香酒的烈酒，但酒劲儿更强）。

★ Funky Gourmet
地中海菜 €€€

（☎210 524 2727；www.funkygourmet.com；Paramithias 3，Salaminas和Keramikos交叉路口；套餐 €70起；⏲周二至周六19:30~23:30；Ⓜ Metaxourgio）这家米其林星级餐厅将新式烹饪法运用在新鲜的地中海食材上。灯光优雅、食品精致使这里成了所有爱好美食的人士都值得尝试的选择。品尝美食可以搭配葡萄酒。需提前预约。

🍷 饮品和娱乐

Kolonaki紧邻Plateia Kolonakiou的地

方，有Skoufa街和Tsakalof街，其咖啡馆的数量令人难以置信。另一个咖啡馆密集的地方是古市场沿线的Adrianou。

雅典人懂得怎样享受派对。人们多半在午夜后出现。去Monastiraki（Plateia Agia Irini、Plateia Karytsi或Kolokotroni街附近）、Gazi（在Voutadon街和Keramikos地铁站附近）或Kolonaki（Ploutarhou街和Haritos街附近或Skoufa街和Omirou街附近）找乐子吧！

Gazi的同性恋酒吧在Leoforos Konstantinoupoleos街和Megalou Alexandrou街的铁路线附近，Makrygianni、Psyrri、Metaxourghio和Exarhia也有。查看网站www.athensinfoguide.com、www.gayguide.gr或在当地报亭购买希腊同性恋导游指南。

虽然Exarhia有一片波希米亚风格的酒吧，但最近的街头示威深深影响了邻近的街区。

如需了解各类文娱活动的安排，可登录网站www.breathtakingathens.gr、www.elculture.gr、www.tickethour.com、www.tickethouse.gr、www.ticketservices.gr。《国际先驱论坛报》（*International Herald Tribune*）内页的希腊《每日新闻报》（*Kathimerini*）副刊会刊登指南，列出最近的文娱活动和即将上映的电影。夏季，舞蹈俱乐部转移到Glyfada附近的海滩。

购物

精品店在宪法广场附近；设计师品牌和时髦商店位于Kolonaki；纪念品、民俗艺术和皮革在普拉卡广场和Monastiraki，后者有热闹的**Monastiraki跳蚤市场**（Adrianou, Monastiraki；⏲每天；Ⓜ Monastiraki）。

实用信息

危险和麻烦

金融危机爆发后，雅典的犯罪率开始上升。虽然暴力事件仍然比较罕见，但游客上街时应该保持警惕。夜间出行时要多加小心。

- 奥摩尼亚（Omonia）周围的街道变得不堪入目，那里的妓女和吸毒者在增加。要避开这一地区，夜晚尤其要绕行。
- 不论是乘地铁，还是逛市场，都要小心扒手。
- 乘出租车时，先要求司机使用出租车计价器，或者事先商量好价格。如果司机告诉你，你预订的酒店已经关门或者客满，请不要理睬。司机这么说，可能是想诱导你去另一家酒店，这样就可以得到那家酒店的佣金。
- 酒吧里骗子较多，而普拉卡（Plaka）和宪法广场（Syntagma）的酒吧里骗子特别多。小心那些过于热情的人！
- 希腊政府近来持续推行金融改革，因此雅典市内时而发生罢工（查看网站http://livingingreece.gr/strikes）。小偷常常在宪法广场举行罢工游行时出没。

紧急情况

SOS Doctors（☎1016, 210 821 1888；⏲24小时）付费的医疗服务。医生会讲英语。

游客紧急求助服务（☎112）通话免费，24小时服务。有英语服务。

不稳定时期

- 希腊依旧处于金融困境中，始于2010年的金融危机的恶劣影响仍在持续。希腊各地的营业时间和物价比以往更不稳定。一些现存的商家店铺与从前相比，更加命运多舛。
- 撰写本书之时，希腊政府经营的许多考古遗迹已经缩短了冬季的营业时间（约15:00关闭）。
- 旅游业场所的营业时间根据情况变化：如果生意好，他们会开门；如果不好，就会关门。
- “旺季”一般是7月和8月。如果是“淡季”（5月和6月，9月和10月），可以获得很大的优惠，东西将非常便宜，不过冬季可能关门。
- 如有疑问，请提前致电咨询。

值得一游

岛屿一日游：埃伊纳岛和伊兹拉岛 ΑΙΓΙΝΑ & ΥΔΡΑ

如果想挑选从雅典很容易到达的岛屿，可以去塞隆尼克海湾(Saronic Gulf)。**埃伊纳岛**(Aegina，发音eh-yee-nah；www.aeginagreece.com)距离比雷埃夫斯只有半小时的行程，这里有令人难忘的**阿帕伊亚神庙**(Temple of Aphaia)，据传是帕特农神庙的建筑模本。塞隆尼克海湾中的**伊兹拉岛**(Hydra，发音ee-drah；www.hydra.gr，www.hydraislandgreece.com)是一大亮点，距离比雷埃夫斯也只有一个半小时的行程。在这个风景如画的马蹄形港口城镇里，有优雅的石头建筑，是有名的艺术家、作家的休养地。这里没有机动车——环卫车除外，因此海滨沿岸和山地中的步道都未受破坏。

从伊兹拉岛可以返回比雷埃夫斯，或者继续前往斯派赛斯岛(Spetses)和伯罗奔尼撒(Metohi、Ermione和Porto Heli)。可参阅**Hellenic Seaways**(www.hsw.gr)和**Aegina Flying Dolphins**(www.aegeanflyingdolphins.gr)等网站。

网络资源

官方游客服务网站(www.breathtakingathens.gr)

旅游信息

雅典城市信息咨询台(卫城)[Athens City Information Kiosk(Acropolis)；⌚5月至9月9:00~21:00；Ⓜ Akropoli]

雅典城市信息咨询台(机场)[Athens City Information Kiosk(Airport)；☎210 353 0390；⌚8:00~20:00；Ⓜ Airport]地图、交通信息和有关雅典的所有信息。

希腊国家旅游组织(EOT；☎210 331 0347，210 331 0716；www.visitgreece.gr；Dionysiou Areopagitou 18-20，Makrygianni；⌚5月至9月周一至周五8:00~20:00，周六和周日10:00~16:00，10月至次年4月周一至周五 9:00~19:00；Ⓜ Akropoli)免费地图、交通信息和雅典各方面的信息。

ℹ 到达和离开

飞机

现代化的**埃莱夫塞里奥斯·韦尼泽洛斯国际机场**(Eleftherios Venizelos International Airport，ATH；☎210 353 0000；www.aia.gr)位于雅典东面27公里处。

船

大部分渡轮、水翼船和高速双体船都会从比雷埃夫斯(Piraeus)的大港口出发。一些双体船会从拉斐纳(Rafina)和拉夫里奥(Lavrio)的一些小港口发船。

长途汽车

雅典有两大城际**KTEL**(☎14505；www.ktel.org)长途汽车站。**Liossion车站B站**(☎210 831 7153；Liossion 260，Thymarakia；Ⓜ Agios Nikolaos)在奥摩尼亚(Omonia)北面5公里处，有去往希腊中部和北部地区(特尔斐、迈泰奥拉)的车次；**基菲索斯车站A站**(Kifissos Terminal A；☎210 512 4910；Kifisou 100，Peristeri；Ⓜ Agios Antonios)在奥摩尼亚北面7公里处，有去往塞萨洛尼基、伯罗奔尼撒、爱奥尼亚群岛和希腊西部地区的车次。KTEL网站和游客信息中心都有发车时刻表。

去往Attica南部(拉斐纳、拉夫里奥、Sounio)的车次从**Mavromateon车站**(Mavromateon Terminal；☎210 880 8000，210 822 5148；Leoforos Alaxandras和28 Oktovriou-Patision交叉路口，Pedion Areos；Ⓜ Viktoria)出发。车站在国家考古博物馆向北约250米处。

小汽车和摩托车

机场有汽车租赁服务，奥林匹亚宙斯神庙南面的Syngrou有许多租车公司，不过在雅典驾车很危险。

火车

雅典中心地区的**拉利西斯火车站**(Stathmos Larisis；☎14511；www.trainose.gr)有往返于希腊中部与北部的城际火车。火车站位于奥摩尼亚广场(Plateia Omonias)西北约1公里处，有地铁连接。在伯罗奔尼撒，可以乘坐近郊火车前往基亚托(Kiato)，到了基亚托再换乘，可选择希腊铁路组织(OSE)的其他运输服务，或者查看拉利西斯车站开通的铁路线，并去往其他地方。

当地交通

抵离机场

公共汽车

票价€5。24小时运营。

比雷埃夫斯港口（Piraeus Port）X96路公共汽车，1.5小时，每20分钟1班。

宪法广场 X95路公共汽车，60~90分钟，每15分钟1班（站台在Othonos）。

基菲索斯车站A站 X93路公共汽车，35分钟，每30分钟1班。

地铁

3号蓝色地铁线往返于机场与市中心，全程约40分钟。从Monastiraki街发车的线路于5:50至午夜运营。从机场发出的线路的运营时间是5:30~23:30。购买€8的车票可以在70分钟内乘坐所有公共交通。一次购买两人的车票只需€14。

出租车

有张贴出来的固定票价信息。到市中心，白天和夜晚的价格分别是€35和€50，去比雷埃夫斯的价格是€47和€65。这两段路各需要1小时的车程，如果交通拥堵，耗时会更久。可登录www.athensairporttaxi.com查阅更多信息。

公共交通工具

地铁、电车和公共汽车系统覆盖了雅典中心地区，去比雷埃夫斯非常方便。请在游客信息中心或**雅典市交通组织**（Athens Urban Transport Organisation, OASA；☎185；www.oasa.gr）索取地图和公共交通时刻表。

除机场服务以外，可以购买任意形式的70分钟通票（€1.20）或24小时/5日通票（€4/10）。3日旅游车票（€20）包括机场交通工具。仅限公共汽车/有轨电车的车票不能在地铁上使用。

6岁以下儿童乘车免费，18岁以下或65岁以上的乘客须付半价。在地铁站、交通服务站和大多数街边贩卖亭（periptera）都可以买到这类车票。乘车时，记得用机器验证车票。

公共汽车和有轨电车

公共汽车和有轨电车每15分钟开1班，运营时间为5:00至午夜。

从宪法广场到比雷埃夫斯和从Filellinon街到Akti Xaveriou街，要乘坐040路公共汽车；从Athinas街尽头的奥摩尼亚到Themistokleous广场（Plateia Themistokleous），要乘坐049路公共汽车。

地铁

地铁5:00至午夜（周五和周六约至次日2:00）运营，每3~10分钟1班。查看网站www.stasy.gr可了解地铁时刻表。

出租车

出租车的价格一般比较合理。以下情况会收取少量额外费用：在机场、火车站和公共汽车站接人，行李的重量超过10千克。要坚持按里程计价付费（除标示的统一收费外）。

Athina 1（☎210 921 2800）

火车

郊区铁路（☎1110；www.trainose.gr）有快速近郊

比雷埃夫斯港 ΠΕΙΡΑΙ'ΑΣ

这座希腊的主要港口和渡轮中心似乎有数不完的码头，停靠着无数水翼船和双体船，它们准备前往全国各地。所有的渡轮公司都有网上时刻表，码头上也有售票厅。雅典的希腊国家旅游组织（Greek National Tourist Organisation）有每周的时刻表，也可以查看www.openseas.gr。4月、5月和10月班次减少，冬季会完全取消。购票时，要确认出发地点——有些去往基克拉泽斯的船只从拉斐纳或拉夫里奥港出发，而去往意大利和爱奥尼亚群岛的船只从Patras港口出发。伊古迈尼察港有去科孚岛的船。

从港口去雅典最快速、最便捷的方式是地铁（€1.20，40分钟，每10分钟1班，5:00至午夜），车站就在渡轮附近。比雷埃夫斯也有地铁站，可接驳雅典的郊区铁路。

地铁站的行李寄存费用为每24小时€3。

X96（Plateia Karaïskak；车票 €5）比雷埃夫斯-雅典机场快车从Plateia Karaïskaki广场西南角出发。040路可前往雅典市区的Syntagma。

铁路将雅典与机场、比雷埃夫斯、伯罗奔尼撒北部和远郊地区连接在一起。它也连接着Larisis、Doukissis Plakentias和 Nerantziotissa地铁站。这段铁路能从机场通往基亚托。

伯罗奔尼撒 (THE PELOPONNESE) ΠΕΛΟΠΟΝΝΗΣΟΣ

伯罗奔尼撒拥有令人叹为观止的景观、城镇和历史遗迹，希腊历史长河中的许多故事都曾在这里上演。

纳夫普利翁(Nafplio) Ναυπλιο

人口14,200

优雅的威尼斯风格住宅和新古典主义的大厦墙壁上，爬满成片的深红色叶子，如同瀑布般直泻而下，奔流到纳夫普利翁的山腰，最后涌入天蓝色的海洋。活力十足的咖啡馆、商店和餐馆林立在蜿蜒的步行街上。还可遥望高处的帕拉米蒂堡(Palamidi Fortress)。你有什么理由不爱这里呢?

景点

帕拉米蒂堡 要塞

(Palamidi Fortress; ☎27520 28036; 成人/儿童€4/免费; ⏲5月至10月中旬8:00~19:30，10月中旬至次年4月至15:00)这座巨大的城堡宏伟地耸立在一座216米高的岩石山顶上，能眺望下面的海面和周边的壮美风光。城堡由威尼斯人于1711~1714年修建，被视作军事建筑的杰作。

伯罗奔尼撒民俗基金会博物馆 博物馆

(Peloponnese Folklore Foundation Museum; ☎27520 28379; www.pli.gr; Vasileos Alexandrou 1; 门票€2; ⏲周三至周一9:30~14:30)纳夫普利翁这座美轮美奂的博物馆生动地展示着纳夫普利翁历史上的民间服饰和家居用品。一楼有一间可爱的礼品店。

住宿

古城的确是让人流连的地方，但很少有经济实惠的住宿选择。通往阿戈斯(Argos)和托洛(Tolo)的路上有较平价的落脚点。

Hotel Byron 家庭旅馆 €

(☎27520 22351; www.byronhotel.gr; Platonos 2; 双含早餐€50~70起; ❄)旅馆位于一栋威尼斯风格的建筑中，是值得信赖的热门选择，服务热情，洁净的客房中配有铁架床，摆放着仿古家具。

★ Amfitriti Pension 家庭旅馆 €€

(☎27520 96250; www.amfitriti-pension.gr; Kapodistriou 24; 双含早餐 €60起; ❄📶)这家旅馆位于老城，客房中装饰着古雅的古董。还可以享受附近姐妹酒店Amfitriti Belvedere的出色风景，那里满是色彩明艳的挂毯，散发出一种宜人的宁静。

Pension Marianna 酒店 €€

(☎27520 24256; www.pensionmarianna.gr; Potamianou 9; 标单含早餐 €50，双 €65~75，标三 €85，四 €100; P❄📶)想选择服务热情又超值的地方，没有比这里更好的了。店主是热情的Zotos兄弟，他们展现了希腊人filoxenia(热情)的一面，提供旅行建议和美味早餐(都是家常食物)。客房舒适且非常干净，能通往露台，在那里你可以从山顶的位置欣赏无敌风景。

就餐

纳夫普利翁古城的街道上随处可见典型的酒馆，就餐的最佳选择在Vasilissis Olgas周边。

Antica Gelateria di Roma 冰激凌 €

(☎27520 23520; www.anticagelateria.gr; Farmakopoulou和Komninou交叉路口; 小吃€2起; ⏲10:00~22:00)这里是纳夫普利翁唯一"正宗"的冰激凌店，来自意大利的冰激凌大师马尔塞洛、克劳迪娅和莫妮卡·拉弗会招呼你:"这里是意大利冰激凌店!"店里只使用当地食材。

To Kentrikon 咖啡馆 €

(☎27520 29933; Plateia Syntagmatos; 主菜€4~10; ⏲8:00至午夜)咖啡馆就在美丽的广场上，你可以坐在绿荫下轻松地享受一顿丰盛的早餐。

不要错过

艺术和文化中心

2012年，纳夫普利翁宏伟的艺术和文化中心Fougaro（☎27520 96005；www.fougaro.gr；Asklipiou 98）在一座获得完美修复的工厂中高调开放，现在有艺术商店、图书馆、咖啡馆和展览室，同时举办各种艺术表演。

Alaloum 希腊菜 €€

（☎27520 29883；Papanikolaou 10；主菜€10~18；⏲正午至15:00和19:00至次日1:00）在这里，你能眺望到一座林木茂盛的广场。这里提供美味（而且分量很足）的希腊地中海风味菜肴。

ℹ 实用信息

Staikos Tours（☎27520 27950；Bouboulinas 50；⏲9:00~13:00和15:00~19:00）十分有用，有Avis出租汽车，也提供去往斯派赛斯岛（Spetses）、伊兹拉岛（Hydra）和莫奈姆瓦夏（Monemvasia）的一天**船游**（www.pegasus-cruises.gr）等全方位的旅游服务。

ℹ 到达和离开

KTEL Argolis公共汽车站（☎27520 27323；www.ktel-argolidas.gr；Syngrou）有车去往下列目的地：

阿戈斯（去伯罗奔尼撒中转）€1.60，30分钟，每30分钟1班

雅典 €13.10，2.5小时，每小时1班（途经科林斯）

埃皮达鲁斯 €2.90，45分钟，周一至周六每天两班

迈锡尼 €2.90，1小时，每天3班

埃皮达鲁斯（Epidavros） Επίδαυρος

壮观的埃皮达鲁斯（☎27530 22009；门票€6；⏲4月至10月8:00~20:00，11月至次年3月至17:00）被列入世界文化遗产名录。这里是医神阿斯克勒庇俄斯（Asclepius）的神殿。这座宏伟的建筑坐落在长满青松的群山中，至今仍是希腊节（Hellenic Festival）的活动场地。别错过幽静的阿斯克勒庇俄斯神殿（Sanctuary of Asclepius），那里是古老的洗浴和医疗中心。

游客可以选择从纳夫普利翁出发的一日游（€2.90，45分钟，周一至周六每天两班）。

迈锡尼（Mycenae） Μυκηνες

早在公元前6000年，就已经有人在古迈锡尼（Ancient Mycenae；☎27510 76585；成人/儿童€8/免费；⏲4月至10月8:00~18:00，11月至次年3月至15:00）定居。按照英语发音，迈锡尼一词应读作“mih-kee-nes”。公元前1600年至公元前1200年是这里最强盛的时期。迈锡尼城宏伟的正门名为狮门（Lion Gate），是欧洲历史最悠久的标志性雕塑。

每天有3班公共汽车从阿戈斯（€1.60，30分钟）和纳夫普利翁（€2.90，1小时）到迈锡尼。

米斯特拉斯（Mystras） Μυστρας

顶着神奇光环的米斯特拉斯（☎23315 25363；成人/儿童€5/免费；⏲4月至10月周一至周六8:30~19:00，周日至17:30，11月至次年3月至15:00）曾是拜占庭帝国实际上的首都。通过这里的宫殿、修道院和教堂遗迹，能确定大部分建筑的历史可以追溯到1271~1460年。它们都沉睡在Taÿgetos山的山脚，如今围绕它们的是长满了橄榄树和橙树的林荫道。游客不妨抽出半天时间游览。

虽然距斯巴达仅7公里，但如果在附近的村镇留宿，就可以赶在气温上升以前抵达米斯特拉斯。Hotel Byzantion（☎27310 83309；www.byzantionhotel.gr；标单/双/标三€40/50/65；P❄@≋）有美丽的游泳池，客人能在这里欣赏美景。

游客可以在Castle View（☎27310 83303；www.castleview.gr；营地每成人/帐篷/汽车€6/4/4，两人平房€25；⏲4月至10月；≋）野营。这座营地位于米斯特拉斯镇前方约1公里处，就在一片橄榄树林中。如果你提出请求，公共汽车司机会把车停靠在营地外面。

奥林匹亚（Olympia） Ολυμπία

人口1000

奥林匹亚城位于科拉德奥斯河（Kladeos

River）沿岸，矗立在富饶的三角洲上。这座现代城镇在同名的废墟上拔地而起。第一届奥运会于公元前776年在这里举行，此后每四年举办一届，直到公元393年，狄奥多西一世（Emperor Theodosius I）颁布了奥运会的禁令。

古奥林匹亚（Ancient Olympia；☎26240 22517；成人/儿童€6/免费，遗址/博物馆€9/免费；⏲周一至周五8:00~20:00，周六和周日至15:00，冬季时间缩短）的主体是**宙斯神庙**（Temple of Zeus）废墟。奥运会就是为向宙斯致敬而举办的。到这里游玩，别错过**普拉克西特列斯的赫耳墨斯**（Hermes of Praxiteles）雕像。它是古典雕塑的杰作，现在就陈列在美妙绝伦的**考古博物馆**（Archaeological Museum；成人/儿童€6/免费；⏲4月至10月周一10:00~17:00，周二至周日8:00~20:00，11月至次年3月至15:00）。

洁净光亮的民宿**Pension Posidon**（☎26240 22567；www.pensionposidon.gr；Stefanopoulou 9；标单/双/标三含早餐€35/45/55；❄）和安静又宽敞的酒店**Hotel Pelops**（☎26240 22543；www.hotelpelops.gr；Varela 2；标单/双/标三含早餐 €40/50/70；🚭❄@📶）提供市中心的最佳住宿服务。城镇上方的**Best Western Europa**（☎26240 22650；www.hoteleuropa.gr；Drouva 1；标单/双/标三含早餐 €85/110/120；P❄@📶🏊）由家族经营，在房间的阳台上可以一览绝妙风景。还有出色的游泳池。

在枝叶浓密的营地**Camping Diana**（☎26240 22314；www.camping Diana.gr；营地每成人/车/帐篷 €8/5/6；⏲全年营业；🏊）搭起你的帐篷。营地位于城镇西面250米处。

城北头设有公共汽车站。那些往北去的汽车经停皮尔戈斯（Pyrgos，€2.30，30分钟），然后去往雅典、科林斯和帕特雷。有两班往东边开的公共汽车，可以让游客从奥林匹亚去往特里波利（Tripoli，€14.30，3小时）。你必须在**KTEL Pyrgos**（☎26210 20600；www.ktelileias.gr）的网站上提前预订。当地每天有火车发往皮尔戈斯（€1，30分钟）。

希腊中部（CENTRAL GREECE）
ΚΕΝΤΡΙΚΗ ΕΛΛΑΔΑ

希腊中部有着深峻的峡谷、崎岖的群山和肥沃的河谷等动人心魄的景致。这里有位于石岩顶上、充满魔力的迈泰奥拉（Meteora）修道院，以及古代的德尔斐（Delphi）遗迹——亚历山大大帝曾从德尔斐神谕中寻求建议。1938年建立的**帕纳索斯国家公园**（Parnassos National Park；www.en.parnassosnp.gr）位于德尔斐北部，吸引着自然学家、徒步旅行者（那里是E4欧洲长途步行路线的一部分）和滑雪者。

德尔斐（Delphi） Δελφοί

人口2800

现代的德尔斐和邻近的遗迹悬于帕纳索斯山（Mt Parnassos）的山坡上，可以俯瞰波光粼粼的科林斯湾（Gulf of Corinth）。

据神话传说，宙斯曾在世界尽头的两极放飞了两只鹰，它们在这里相会，因此说明德尔斐是世界的中心。到公元前6世纪，**德尔斐古城**（Ancient Delphi；☎22650 82312；www.culture.gr；遗址或博物馆成人/儿童€6/免费，联票€9；⏲8:00~15:00，夏季时间延长）已成为太阳神阿波罗的圣地。成千上万的信徒蜂拥而来，向那位坐在喷发出烟雾的峡谷口上的女圣人咨询问题。信徒们献上一只绵羊或山羊，并咨询一个问题，然后牧师将圣人的回答转译成诗句。战争、旅行和生意都会按照先知的判断来进行。

从入口沿着圣路（Sacred Way）攀登至**阿波罗神庙**，圣人就坐在那里。从那里有道路继续前往保存完好的剧院和体育场。

在主要遗址对面，即山下约100米处，不可错过**雅典娜神庙**（Sanctuary of Athena）以及经常上镜的**圆形会场**（Tholos），后者是在公元前4世纪采用大理石柱建造而成的。

氛围安静、服务热情的**Rooms Pitho**（☎22650 82850；www.pithohotel.gr；Vasileon Pavlou & Friderikis 40a；标单/双/标三含早餐 €40/55/65起；❄📶）和**Hotel Hermes**（☎22650 82318；www.hermeshotel.com.gr；Vasileon Pavlou & Friderikis 27；标单/双含早餐

€45/55；❄）位于小镇中心，后者有可以看到峡谷风光的宽敞房间。Hotel Apollonia（☎22650 82919；www.hotelapollonia.gr；Syngrou 37-39；标单/双含早餐 €75/90；❄@📶）稍微高档一些。

Apollon Camping（☎22650 82762；www.apolloncamping.gr；露营地每人/帐篷€8.50/4；P@📶🏊）位于城镇以西仅2公里处，有餐馆、游泳池和小超市。

Taverna Vakhos（☎22650 83186；www.vakhos.com；Apollonos 31；主菜 €6~11；⏰正午至午夜；📶）的特色菜有填馅西葫芦和炖兔肉。当地人会群集在Taverna Gargadouas（☎22650 82488；Vasileon Pavlou & Friderikis；主菜 €7~10；⏰正午至午夜）吃烤肉和慢烤羊肉。

KTEL公共汽车站（☎22650 82317；www.ktel-fokidas.gr；Vasileon Pavlou & Friderikis）、邮局和银行全部位于现代德尔斐城的大道Vasileon Pavlou & Friderikis上。每天有6班汽车前往雅典的Liossion车站B站（€15.10，3小时）。要去迈泰奥拉（Meteora）、卡兰巴卡（Kalambaka），乘汽车至拉米亚（Lamia，€9.10，2小时，每天1班）或特里卡拉（Trikala，€14，4.5小时，每天1班）换乘。

迈泰奥拉（Meteora） Μετεωρα

迈泰奥拉（发音为meh-teh-o-rah）是公认的世界奇迹。建于14世纪后期的修道院盘旋在巨岩之顶，非常引人注目。千万不要错过它。

景点

过去，所有的24座石岩顶上都有修道院，如今只留下6座：大迈泰奥伦（Megalou Meteorou；☎24320 22278；门票€3；⏰4月至10月周三至周一9:00~17:00，11月至次年3月周四至周一至16:00）、瓦拉姆（Varlaam；☎24320 22277；门票 €3；⏰4月至10月周六至周四9:00~16:00，11月至次年3月周四关闭）、圣斯蒂芬努（Agiou Stefanou；☎24320 22279；门票€3；⏰4月至10月周二至周日9:00~13:30和15:30~17:30，11月至次年3月9:30~13:00和15:00~17:00）、圣三一（Agias Triados；☎24320 22220；门票 €3；⏰4月至10月周五至周三9:00~17:00，11月至次年3月周五至周二10:00~15:00）、圣尼古拉·阿那帕夫萨修道院（Agiou Nikolaou；☎24320 22375；门票€3；⏰4月至10月周六至周四9:00~15:30，11月至次年3月至14:00）与圣瓦尔瓦拉斯·鲁萨诺（Agias Varvaras Rousanou；门票€3；⏰4月至10月周四至周二9:00~18:00，11月至次年3月至14:00）。每座修道院都有严格的着装规定（不得裸露肩膀或膝盖，女性必须穿裙子。可以在入场前借一条长裙）。可以步行去修道院，也可以沿后山沥青公路驱车而上，或者搭乘9:00自卡兰巴卡（Kalambaka）与卡斯特拉奇（Kastraki）发车、13:00返回的公共汽车（€1.20，20分钟，周末为12:40返回）。

迈泰奥拉动人心魄的山岩也是攀岩运动的圣地。持照的山地导游Lazaros Botelis（☎69480 43655，24320 79165；meteora.guide@gmail.gr；Kastraki）为你引路。

食宿

距离卡兰巴卡两公里的宁静小村卡斯特拉奇是游览的最佳大本营。

Doupiani House 家庭旅馆 €

（☎24320 75326；www.doupianihouse.com；标单/双/标三含早餐€45/55/65起；P❄@📶）这栋温馨的旅馆有干净优雅的客房，能通往阳台或花园。旅馆就在村边，自称是本地区风景最好的旅馆之一，能看到迈泰奥拉。早餐在露台提供，用餐时能听到鸟儿的歌唱。店主Toula和Thanasis很细心。

Vrachos Camping 露营地 €

（☎24320 22293；www.campingmeteora.gr；营地每顶帐篷€7.50；🏊）这处荫蔽的露营地位于卡兰巴卡通往卡斯特拉奇的路上，有极佳的设施。

Taverna Paradisos 酒馆 €

（☎24320 22723；主菜 €6.50~9；⏰正午至15:00和19:00~23:00）这家宽敞的酒馆提供的传统食物会让你一路不停地大赞nostimo（好吃）！煎西葫芦很棒。

到达和离开

当地有来往卡兰巴卡和卡斯特拉奇的班车（€1.20）。每小时有汽车从卡兰巴卡的**KTEL**

奥林匹斯山　ΟΛΥΜΠΟΣ ΟΡΟΣ

就像古时候那样，希腊最高的山峰——希腊众神驻扎的云雾缭绕的奥林匹斯山（Mt Olympus；www.olympusfd.gr）迄今仍然激发着游客们的无穷想象。**奥林匹斯**的8座山峰中最高的是**Mytikas**（2917米），它很受登山客的欢迎。他们以距雅典—塞萨洛尼基高速公路5公里处的**利托霍龙**（Litohoro，海拔305米）为基地。登山主路线要两天才能完成，路上会在山中的**山屋**（refuges；⏲5月至10月）留宿一夜。即便是夏季，优质的御寒衣物也不能少。**EOS Litohoro**（Greek Alpine Club；☎23520 82444，23520 84544；http://eoslitohorou.blogspot.com；⏲6月至9月周一至周六9:30~12:30和18:00~20:00）提供登山信息。

汽车站（☎24320 22432；www.ktel-trikala.gr；Ikonomou）发车，抵达特里卡拉（Trikala，€2.30，30分钟）的换乘车站。那里有汽车前往约阿尼纳（Ioannina，€12.50，3小时，每天2班）和雅典（€29，5小时，每天6班）。

卡兰巴卡**火车站**（☎24320 22451；www.trainose.gr）有前往雅典（常规车票/IC卡€18/29，5.5/4.5小时，都是每天两班）和塞萨洛尼基（Thessaloniki，€15.20，4小时，每天1班）的列车班次。需要在Paleofarsalos换乘。

希腊北部（NORTHERN GREECE）ΒΟΡΕΙΑ ΕΛΛΑΔΑ

上天赐予希腊北部壮丽的山岭、茂密的森林、静谧的湖泊和众多古代遗迹。在那里，很容易摆脱日常生活，体验到希腊与其他大陆或者岛屿地区迥然不同的方方面面。

塞萨洛尼基（Thessaloniki）Θεσσαλονικη

人口325,182

避开街上的樱桃贩子，呼吸飘荡在空气中的香料气息，享受塞萨洛尼基（发音为thess-ah-lo- nee-kih，又称Salonica）的水边清风。这里是拜占庭时期的第二大城市，有令现代希腊引以为豪的无数拜占庭教堂、散落的罗马遗迹、有趣的博物馆、足可与雅典媲美的购物中心、美味的餐厅、热闹的咖啡厅和夜生活场景。

景点

不妨参观海滨的**白塔**（Lefkos Pyrgos；☎2310 267 832；www.lpth.gr；⏲周二至周日8:30~15:00），漫游土耳其浴室（hammams）、奥斯曼帝国与罗马帝国的景点与教堂，比如伽列里乌斯（Galerius）的**圆形大厅**（Rotunda；☎2310 218 720；Plateia Agiou Georgiou；⏲周二至周日9:00~17:00）免费 和建于5世纪的巨大的**圣德米特里教堂**（Church of Agios Dimitrios；☎2310270008；Agiou Dimitriou 97；⏲8:00~22:00），后者的地下室中收藏着一些城市保护神的遗迹。

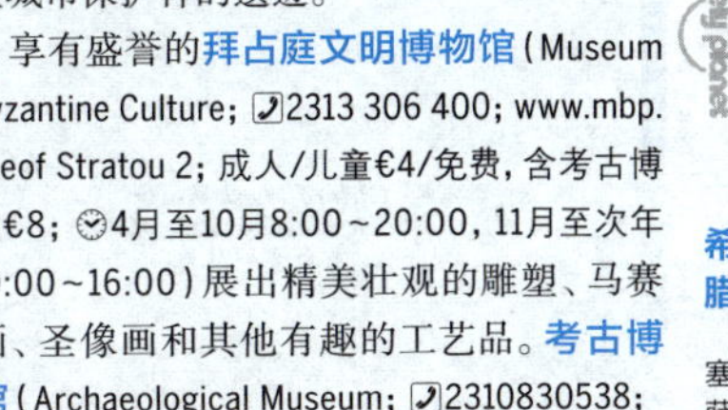

享有盛誉的**拜占庭文明博物馆**（Museum of Byzantine Culture；☎2313 306 400；www.mbp.gr；Leof Stratou 2；成人/儿童€4/免费，含考古博物馆€8；⏲4月至10月8:00~20:00，11月至次年3月9:00~16:00）展出精美壮观的雕塑、马赛克画、圣像画和其他有趣的工艺品。**考古博物馆**（Archaeological Museum；☎2310830538；www.amth.gr；Manoli Andronikou 6；成人/儿童€6/免费，含拜占庭文明博物馆€8；⏲4月至10月8:00~17:00，11月至次年3月9:00~16:00）陈列史前、古代马其顿和希腊化时期的文物。

港口还有令人叹服的**塞萨洛尼基当代艺术中心**（Thessaloniki Centre of Contemporary Art；☎2310 593 270；www.cact.gr；Warehouse B1；成人/儿童 €3/1.50；⏲周二至周日10:00~16:00）和时髦的**塞萨洛尼基摄影博物馆**（Thessaloniki Museum of Photography；☎2310 566 716；www.thmphoto.gr；Warehouse A，Port；成人/儿童€2/1；⏲周二至周日11:00~19:00）。

住宿

Colors Rooms & Apartments　公寓 €

（☎2310 502 280；www.colors.com.gr；Valaoritou 21；标单/双/套 €45/55/65；❄📶）Valaoritou的派对人士们，你们终于有个舒服的地方可以睡觉了。这里15间崭新的公寓可以媲美昂贵的酒店客房，有亮堂的照明、极

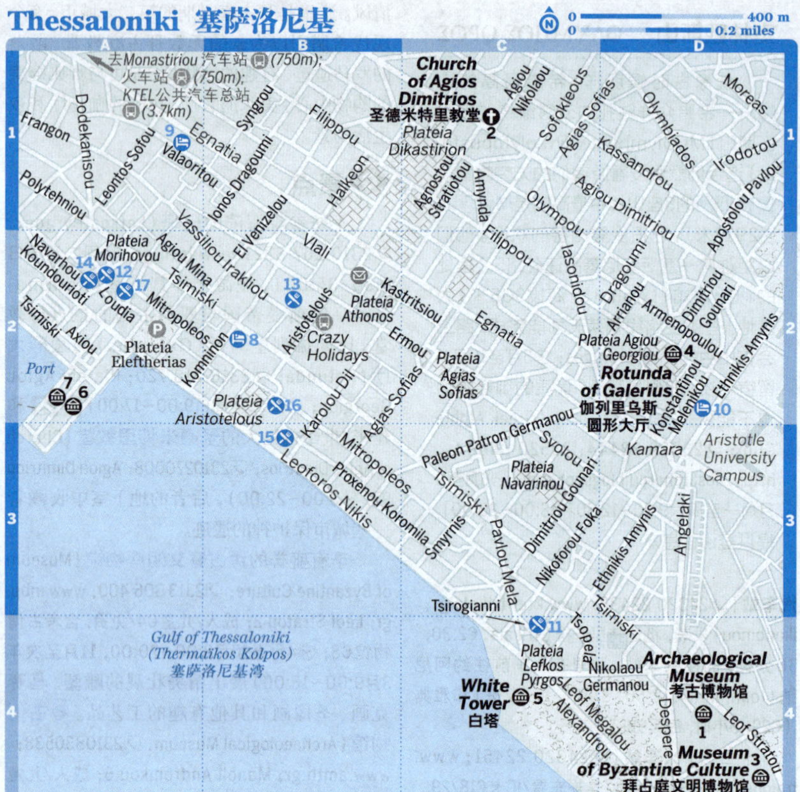

Thessaloniki 塞萨洛尼基

重要景点

1 考古博物馆 D4

2 圣德米特里教堂 C1

3 拜占庭文明博物馆 D4

4 伽列里乌斯圆形大厅 D2

5 白塔 C4

景点

6 塞萨洛尼基当代艺术中心 A2

7 塞萨洛尼基摄影博物馆 A2

住宿

8 City Hotel B2

9 Colors Rooms & Apartments A1

10 Rent Rooms Thessaloniki D2

就餐

11 Dore Zythos C4

12 Kouzina Kioupia A2

13 Modiano Market B2

14 Paparouna A2

15 To Mikraki B3

16 Turkenlis B2

17 Zythos A2

简主义装饰，现代化生活设备包括iPhone基座。有四间公寓可以自己做饭。糕饼早餐（多加€5）可以送到你的房间，你也可以去一楼餐厅、咖啡厅就餐。

Rent Rooms Thessaloniki 青年旅舍 €

（☎2310 204 080；www.rentrooms-thessaloniki.com；Konstantinou Melenikou 9，靠近Kamara；铺/标单/双/标三/四含早餐€19/38/

49/67/82; ❄📶)这家旅舍位于Kamara地区，经营得当，悠闲的后院有一个能欣赏附近圆顶建筑的咖啡吧，早餐和饮品也在其中供应。部分宿舍和房间自带小厨房，所有宿舍和房间都有浴室。友好的员工会提供当地信息，还可帮助租赁自行车。

City Hotel 商务酒店 €€

(☎2310 269 421; www.cityhotel.gr; Komninon 11; 双/标三/套含早餐 €70/90/110起; ❄@📶)这间时髦的四星级酒店在Ladadika以东的Plateia Eleftherias广场附近，漂亮的客房（有些能满足使用轮椅的住客）有优雅的气氛。有美式早餐和水疗中心。

餐饮

塞萨洛尼基是一个很棒的美食城镇。Plateia Athonos周围的希腊小馆星罗棋布，Leoforos Niki附近的咖啡店众多，Ladadika是最好的餐厅和酒吧区。若想购买新鲜蔬果，可以前往**Modiano Market**(Vassiliou Irakliou或者Ermo; ⏲7:00~18:00)。塞萨洛尼基以甜点闻名。

★**Paparouna** 现代希腊菜 €

(☎2310 510 852; www.paparouna.com; Pangaiou 4和Doxis交叉路口; 主菜 €5~11; ⏲10:00至次日2:00)Ladadika这家一直很受欢迎的餐厅开在人行道上，店内色彩活泼，有棋盘格花纹的地板，员工热情，诱人的菜单按季节更换。魅力超凡的主厨和店主Antonis Ladas有时会在其中演奏拉丁歌曲、灵魂乐和爵士乐。

★**Kouzina Kioupia** 酒馆 €

(☎2310 553 239; www.kouzina-kioupia.gr; Plateia Morihovou 3-5; 主菜 €4~7; ⏲周一至周六13:00至次日1:00，周日至18:00)这家热情的酒馆光线明亮，服务又好，餐位一直铺展到广场上，欢乐的当地人坐在其中，餐桌边围满了一群群的朋友。简单的菜肴配上烛光，所有人都能享受欢乐时光。有时会有现场音乐演奏。

★**To Mikraki** 酒馆 €

(☎2310 270 517; Proxenou Koromila 2; 主菜 €4~7.50; ⏲周一至周六12:30~18:00)这家友好的酒馆位于一片休闲咖啡厅之中，提供希腊顶级家常菜，附赠热情服务。这是一个社区休闲场所。在柜台后面能看到当天的特色菜。

Zythos 希腊小馆 €

(Katouni 5; 主菜€8~12; ⏲正午至15:00和19:00至午夜)这家极佳的希腊小馆颇受当地人欢迎。小馆有亲切的员工、可口的标准餐、别具特色的当地特产、杯装葡萄酒佳酿和随时供应的啤酒。分店是白塔（White Tower）附近的**Dore Zythos**(☎2310 279 010; Tsirogianni 7; 主菜 €10~18; ⏲午餐和晚餐)。

Turkenlis 面包店 €

(Aristotelous 4; 甜点 €1~3; ⏲8:00~20:00)这家面包店以zoureki（甜面包）和数量多得令人难以置信的香甜糖果闻名。

实用信息

登录www.enjoythessaloniki.com查看最新的活动信息。

旅游警察局(☎2310 554 871; 5楼, Dodekanisou 4; ⏲7:30~23:00)

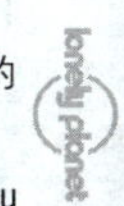

到达和离开

飞机

马克东尼亚国际机场(Makedonia International Airport, SKG; ☎2310 473 212; www.thessalonikiairport.com)在市中心东南方向16公里处。78路公共汽车（€2, 1小时, 5:00~22:00, 也有几班夜车; www.oasth.gr）直达。出租车花费€25或更多（20分钟）。奥林匹克航空（Olympic Air）、爱琴海航空（Aegean Airlines）与**Astra Airlines**（见623页）飞往希腊全境。许多公司都有国际航班。

船

每周有渡轮前往利姆诺斯岛（Limnos, €20, 8小时）、莱斯沃斯岛（Lesvos, €30, 14小时）、希俄斯（Chios, €32, 19小时）和萨摩斯（Samos, €40, 20小时）。可咨询港口区的旅行社，如**Karaharisis Travel & Shipping Agency**(☎2310513005; b_karachari@tincewind_techpath.gr; Navarhou Koundourioti 8; ⏲8:00~20:30)，也可以登录www.openseas.gr查询。

公共汽车

KTEL公共汽车总站(Main bus station; ☎2310

595408; www.ktelmacedonia.gr; Giannitson 244)位于市中心以西3.7公里处。这里的车辆往返于雅典(€42, 6.25小时, 每天11班)、约阿尼纳(€32, 4.75小时, 每天6班)和其他目的地。如果只去雅典，你也可以在火车站附近的**Monastiriou汽车站**(☎2310 500 111; Monastiriou 69)乘车。通往哈尔基季基半岛(Halkidiki Peninsula)的长途汽车从**哈尔基季基公共汽车终点站**(Halkidiki bus terminal; ☎2310 316 555; www.ktel-chalkidikis.gr; Karakasi 68)发车。

KTEL的车可去索非亚。小型长途汽车公司的车经过法院大楼(Dikastirion)，也提供往来斯科普里、索非亚和布加勒斯特等国际目的地的服务。可以尝试**Simeonidis Tours**(☎2310 540 970; www.simeonidistours.gr; 26 Oktovriou 14; ⏰周一至周五9:00~21:00, 周六至14:00)的服务。**Crazy Holidays**(☎2310 241 545; www.crazy-holidays.gr; Aristotelous 10)的车可去伊斯坦布尔。

火车

火车站(☎2310 599 421; www.trainose.gr; Monastiriou)有去雅典(常规车票/IC卡€36/48, 6.75/5.5小时, 每天7/10班)和其他国内目的地的车次。国际班次可至斯科普里、索非亚及其他地方。

值得一游

扎格里亚和维科斯峡谷

ΤΑ ΖΑΓΟΡΟΧΩΡΙΑ & ΧΑΡΑΔΡΑ ΤΟΥ ΒΙΚΟΥ

不要错过壮阔的**扎格里地区**(Zagori Region)，这里有幽深的崖谷、大量的野生生物、浓密的森林和积雪覆盖的山岳。其中，有以灰色板岩建筑而闻名的46个村落，它们被统称为扎格里亚，散落在约阿尼纳(Ioannina)以北的品都斯山脉(Pindos Mountains)中。这些获得了精心修复的瑰宝曾经只能通过石头小路、拱桥相互连通，但现在它们之间有铺砌的道路。徒步信息可从约阿尼纳的**希腊高山俱乐部**(Greek Alpine Club; ☎26510 22138; www.orivatikos.gr; Smyrnis 15; ⏰开放时间不定)办公室获取。

莫诺登德里(Monodendri)是热门的出发地，这里的步道可贯穿12公里长、900米深的陡峭的维科斯峡谷，两侧悬崖上都是光秃秃的石灰岩壁。偏远(但却热门)的双子村**Megalo Papingo**和**Mikro Papingo**中散落着许多精致的酒店。最好从约阿尼纳租车前往。

基克拉泽斯(CYCLADES) ΚΥΚΛΑΔΕΣ

基克拉泽斯(发音为kih-klah-dez)是人们梦想中的希腊群岛。这些岛屿以围绕着提洛岛(Delos)的粗略环形(kyklos，希腊语"环")而得名，是凸起于蔚蓝爱琴海之上的岩石。岛中散布着洁白的立体主义建筑和有青色穹顶的拜占庭教堂。置身于阳光照耀的金色海滩，一种享乐和迷狂的文化会逐渐浸润你。

米科诺斯(Mykonos) Μύκονος

人口10,190

米科诺斯是基克拉泽斯一个富有魅力的岛屿，它快乐地炫耀着自己的时髦风格。旺季，这里汇聚了寻欢作乐的度假者、坐游轮的客人(一天能达到15,000人)。这里就像是一个基克拉泽斯风格的迷宫，整个镇子到处都是时髦人士，他们陶醉在咖啡厅—酒吧—购物风景之中。这里还是男同性恋游客和富裕人士的圣地，不过旺季会非常拥挤。

景点

岛上最受欢迎的海滩位于南部海岸，夏季人潮汹涌。**普拉兹·加洛斯**(Platys Gialos)遍地都是阳光浴场。**天堂海滩**(Paradise Beach)、**超级天堂**(Super Paradise)、**阿格拉里**(Agrari)等海滩上的裸体人士也屡见不鲜。

米科诺斯镇(Hora) 街区

米科诺斯镇是一座诱人的迷宫，这里有时髦的精品店，雪白的房屋旁点缀着九重葛和天竺葵，另外还有几座小博物馆和上相的教堂。不容错过的景点有**小威尼斯**(Little Venice)和米科诺斯著名的山顶**风车**。

基克拉泽斯交通系统

每当旅游旺季来临，就会有一大批公司提供每天来往基克拉泽斯的双体船和渡轮业务。你可以从比雷埃夫斯（去往雅典）、克里特岛的伊拉克利翁（Iraklio）或者两者之间的任何地方出发。

每天都有一趟船从比雷埃夫斯向南驶往帕罗斯（Paros）、纳克索斯（Naxos）、伊奥斯岛（Ios）与圣托里尼（Santorini），并沿原航线返回。比雷埃夫斯每天也有前往锡罗斯岛（Syros）、蒂诺斯岛（Tinos）和米科诺斯（Mykonos）的航线。有时，渡轮也会东西航行，连接沿途岛屿。

伊拉克利翁往北的航线上也有双体船往返圣托里尼、伊奥斯岛、帕罗斯和米科诺斯。

除了以上信息，还要灵活应变（日程表在持续变化），请查询www.openseas.gr或www.gtp.gr。淡季时，船只停运或班次减少。有时乘飞机更方便些。

住宿

旺季请提前预订。7月、8月以外，价格明显下降，冬季几乎所有的酒店都会歇业。

米科诺斯有两个露营区域，都在南部海岸——天堂海滩和**Mykonos Camping**（☎22890 25915；www.mycamp.gr；Paraga Beach；露营地成人/儿童/帐篷 €10/5/10，铺€20，平房 €15~30；P📶🏊）。这两处都有小型公共汽车往返渡轮点，还有班次固定的前往镇上的公共汽车。

Paradise Beach Camping 露营地、公寓 €

（☎22890 22852；www.paradisemykonos.com；露营地每人/帐篷€10/5；@📶🏊）这里有许多可以过夜的选择，包括帐篷、沙滩小屋和公寓，还有酒吧、游泳池和游戏场地等。夏季的海滩人山人海，有浓厚的聚会气氛。

★ Carbonaki Hotel 精品酒店 €€

（☎22890 24124；www.carbonaki.gr；23 Panahrantou, Hora；标单/双/标三/四 €120/142/180/206起；❄📶）这家由家族经营的精品酒店位于米科诺斯城中央，是一个喜人的"绿洲之地"，有明亮舒适的客房、气氛悠闲的公共阳台和阳光明媚的中央庭院。可在按摩浴缸和小桑拿浴室中放松。有轮椅入口，淡季折扣很大。

Manto Hotel 酒店 €€

（☎22890 22330；www.manto-mykonos.gr；Evagelistrias 1, Hora；标单/双含早餐 €60/85起；⏲全年；❄📶）这家令人愉快的酒店位于镇中心，是一个出色又超值的选择（相对于米科诺斯其他的酒店），有得体的彩色客房——有些带阳台。附设一间迷人的早餐室，店主很友好。

Hotel Philippi 家庭旅馆 €€

（☎22890 22294；www.philippihotel.com；Kalogera 25, Hora；标单/双 €80/100起；⏲4月至10月；❄📶）绿色的庭院花园使得这里成为城镇中心很受欢迎的选择。明亮干净的客房通往带栏杆的阳台，在阳台上能眺望到花园。

希腊 米科诺斯

Fresh Hotel 精品酒店 €€€

（☎22890 24670；www.hotelfreshmykonos.com；Kalogera 31, Hora；双含早餐 €160起；⏲5月中旬至10月；❄@📶）这家酒店位于镇中心，有一座树木繁茂的中央花园、时尚的早餐厅、酒吧和按摩浴缸。客房铺设的是木地板，采用极简风格的蓝白装饰。

就餐

在米科诺斯，价高不一定质优。咖啡馆聚集在海岸边。在**Kadena**（☎22890 29290；Hora；主菜 €10~20；⏲8:00至深夜；📶）你会发现美味的食物和咖啡。烤肉店散落在Enoplon Dynameon和Fabrika广场（Plateia Yialos）上。旺季，多数地方会营业至深夜。

Suisse Cafe 咖啡馆 €

（☎22890 27462；Matoyani, Hora；小吃€4~6；⏲9:00至深夜；📶）享用早餐、薄饼和观赏行人的最佳选择。

Nautilus 希腊菜 €€

（☎22890 27100；www.nautilus-mykonos.

Mykonos 米科诺斯

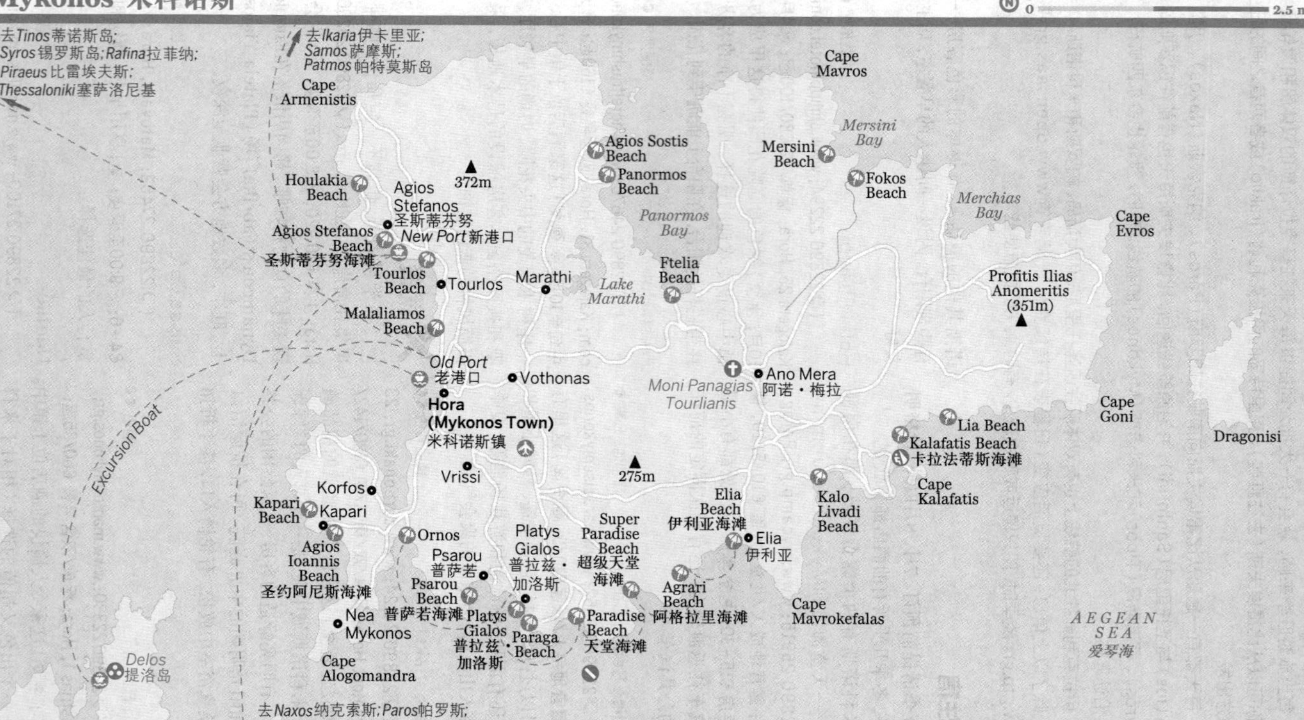
0 5 km
0 2.5 miles
去Tinos蒂诺斯岛;
Syros锡罗斯岛;Rafina拉菲纳;
Piraeus比雷埃夫斯;
Thessaloniki塞萨洛尼基
去Ikaria伊卡里亚;
Samos萨摩斯;
Patmos帕特莫斯岛
Cape Armenistis
Houlakia Beach
372m
Agios Stefanos 圣斯蒂芬努
Agios Stefanos Beach 圣斯蒂芬努海滩
New Port 新港口
Tourlos Beach
Tourlos
Marathi
Malaliamos Beach
Old Port 老港口
Vothonas
Hora (Mykonos Town) 米科诺斯镇
Vrissi
Korfos
Kapari Beach
Kapari
Agios Ioannis Beach 圣约阿尼斯海滩
Ornos
Psarou 普萨若
Psarou Beach 普萨若海滩
Platys Gialos 普拉兹·加洛斯
Paraga Beach
Nea Mykonos
Cape Alogomandra
Delos 提洛岛
Excursion Boat
去Naxos纳克索斯;Paros帕罗斯;
Iraklio伊拉克利翁;
Ios伊奥斯岛; Santorini圣托里尼
Agios Sostis Beach
Panormos Beach
Panormos Bay
Lake Marathi
Ftelia Beach
Moni Panagias Tourlianis
Ano Mera 阿诺·梅拉
275m
Super Paradise Beach 超级天堂海滩
Paradise Beach 天堂海滩
Agrari Beach 阿格拉里海滩
Elia Beach 伊利亚海滩
Elia 伊利亚
Cape Mavros
Mersini Beach
Mersini Bay
Fokos Beach
Merchias Bay
Cape Evros
Profitis Ilias Anomeritis (351m)
Cape Goni
Lia Beach
Kalafatis Beach 卡拉法蒂斯海滩
Cape Kalafatis
Kalo Livadi Beach
Cape Mavrokefalas
Dragonisi
AEGEAN SEA 爱琴海

值得一游

提洛岛（DELOS）

ΒΙΔΗΛΟΣ

提洛岛（☎22890 22259；景点和博物馆成人/儿童€5/免费；⏲4月至10月8:00~20:00，11月至次年3月至15:00）位于米科诺斯西南，是基克拉泽斯古迹中的璀璨宝石，也是联合国教科文组织认定的世界遗产。去吧！作为神话中阿波罗和阿尔忒弥斯孪生子的诞生地，宏伟的提洛岛古城是一座由神庙转变而成的神圣宝库和商业中心。从公元前3000年开始，这里就有人居住，并在公元前5世纪达到了权力的顶峰。

岛上的遗址包括阿波罗神庙，其中有献给阿波罗的庙宇和著名的狮子平台（Terrace of the Lions）——它们守卫着这片神圣的区域（原件收藏在岛上的博物馆中）。圣湖（Sacred Lake，1925年干涸）是勒托诞下阿波罗和阿尔忒弥斯的地方，剧院区（Theatre Quarter）的提洛剧院（Theatre of Delos）周围环绕着装饰有华丽马赛克镶嵌画的私人住宅。钦托斯山（Mt Kynthos，113米）也是一大亮点。

戴好遮阳帽、太阳镜，并穿上结实的鞋。岛上的自助餐厅出售食品和饮品。提洛岛禁止过夜。

夏季，9:00~17:00有船只从米科诺斯岛前往提洛岛（€18，30分钟），正午至20:00返回。可在米科诺斯镇古老的码头售票厅、Delia Travel（☎22890 22322；www.mykonos-delia.com；Akti Kambani）、Sea & Sky（☎22890 22853；sea-sky@otenet.gr；Akti Kambani）或米科诺斯住宿中心购票。夏季，有时也会有来自蒂诺斯岛（Tinos）和纳克索斯岛（Naxos）的船。

gr；Kalogera 6，Hora；主菜€11~16；⏲3月至11月19:00至次日1:00）这里刷成白色的露台餐位一直扩展到外面。提供混合风味，采用的是顶级食材。

To Maereio 希腊菜 $$

（☎22890 28825；Kalogera 16，Hora；菜€14~21；⏲正午至15:00和19:00至午夜）这家舒适的餐厅提供的菜品选择虽少，却都是米科诺斯人最爱的，因此很受欢迎。

★ M-Eating 地中海菜 €€€

（☎22890 78550；www.m-eating.gr；Kalogera 10，Hora；主菜€15~26；⏲19:00至午夜）服务细心，风格休闲、豪华，这些都是这家创意餐厅的标志。这里主打新鲜的希腊食物——由大厨发挥天赋精心制作。可以品尝填有麦索福奶酪的牛里脊和搭配龙虾酱的虾皮意大利水饺。不要错过米科诺斯蜂蜜派。这里还有来自圣托里尼的火山精酿啤酒。

饮品和娱乐

人们来米科诺斯就是为了参加派对。每一座主要海滩上都至少有一间海滨酒吧，它们都是从白天就开始营业的。镇上的夜生活约从23:00开始，暖场活动至次日1:00。狂欢者一般会在凌晨从米科诺斯镇赶到Cavo Paradiso（☎22890 27205；www.cavoparadiso.gr；Paradise Beach）。镇上的酒吧会举办各种各样的活动，比如让人大汗淋漓的迷幻舞蹈。无论去哪里，都记得带上现金（入场就要花€20）——狂欢从来不便宜。米科诺斯一直被称为男同性恋的旅行目的地，这里有很多面向男同性恋的俱乐部和流连之所。

实用信息

米科诺斯岛住宿中心（Mykonos Accommodation Centre；☎22890 23408；www.mykonos-accommodation.com；1楼，Enoplon Dynameon 10，Hora）能提供有关米科诺斯岛的各种旅游信息（住宿、导游、岛屿信息），包括与同性恋有关的内容。

到达和当地交通

飞机

米科诺斯机场（JMK；☎22890 22490）这里每天都有到雅典的航班。此外，5月至9月还有一批新开的国际航班。飞机场在镇中心东南方向3公里处，从南部公共汽车站出发的公共汽车收费€1.60，出

租车则是€9。

船

全年都有渡轮连接大陆港口比雷埃夫斯（€35，4.75小时，每天1~2班）、拉菲纳（Rafina，如果直接从雅典机场前来会更快）、附近的岛屿蒂诺斯（Tinos）和安德罗斯（Andros）。旺季时，米科诺斯岛与周边所有岛屿之间的交通都很便利，例如帕罗斯岛（Paros）和圣托里尼岛（Santorini）。米科诺斯镇有许多售票机构。

米科诺斯岛有两座渡轮码头，老港口位于镇北400米处，有常规渡轮和快速小型渡轮船坞；新港口在镇北2公里处，有大型快速渡轮和一些常规渡轮船坞。购买船票时，要仔细核查渡轮是从哪个码头出发的。

当地船只

夏季，米科诺斯镇和普拉兹·加洛斯有小型渔船（caiques）驶往天堂海滩、超级天堂、阿格拉里与伊利亚等海滩。

公共汽车

北部的公共汽车站靠近老港口，有往返圣斯蒂芬努（Agios Stefanos）、伊利亚、卡拉法蒂斯（Kalafatis）和阿诺·梅拉（Ano Mera）的班次。

希腊简史

欧亚交界的独特战略位置让希腊承受了漫长而动荡的历史。早在青铜器时期（即公元前3000至公元前1200年），强大的基克拉迪文明（Cycladic）、克里特文明（Minoan）和迈锡尼文明（Mycenaean）皆繁盛一时。到了公元前12世纪，尚武的多利安人（Dorians）终结了迈锡尼文明，他们将希腊带入了铁器时代。此后的400年通常被称为“黑暗时代”，即人类学家对其知之甚少的一段时期。

到了公元前800年，荷马创作的两部史诗《奥德赛》（*Odyssey*）和《伊利亚特》（*Iliad*）相继问世。随着城邦的不断发展，希腊开始经历文化、军事复兴以及民主的发展。在一系列的城邦之中，最强大的当属雅典和斯巴达。公元前490年和公元前480年，团结一心的希腊人两次击败了波斯人。战胜波斯以后，希腊进入了空前的繁荣时期，历史上称之为古典（或黄金）时代。

黄金时代

在这一时期，伯里克利（Pericles）掌管了帕特农神庙，索福克勒斯（Sophocles）创作了《俄狄浦斯王》（*Oedipus the King*），而苏格拉底则在教育年轻的雅典人如何思考。黄金时代被伯罗奔尼撒战争（Peloponnesian War，公元前431年至公元前404年）终结，当时穷兵黩武的斯巴达人击败了雅典人。不过，希腊人却忽略了腓力二世（King Philip Ⅱ）统治下的马其顿王国的扩张，致使马其顿轻而易举地征服了饱受战乱之苦的各大城邦。

腓力二世的野心又被他的儿子亚历山大大帝（Alexander the Great）超越，后者成功地攻占了小亚细亚、埃及、波斯以及现在分属阿富汗和印度的部分地区。公元前323年，33岁的亚历山大大帝英年早逝。随后，他手下的将军将他的帝国瓜分殆尽。

罗马的统治和拜占庭帝国时代

公元前205年，罗马开始入侵希腊。到了公元前146年，希腊和马其顿成了罗马的行省。公元395年，罗马帝国分裂为东西两个帝国以后，希腊又成了以君士坦丁堡为首都的东罗马（拜占庭）帝国的一部分。

在此后几个世纪中，威尼斯人、法兰克人、诺曼人、斯拉夫人、波斯人、阿拉伯人以及土耳其人都曾轮流侵占过拜占庭帝国的领土。

奥斯曼帝国时代和独立

1453年，拜占庭帝国终结，君士坦丁堡落入土耳其人之手，希腊的大部分地区成为奥斯曼帝国的一部分。1821~1832年，希腊人民进行了独立战争。1827年，爱奥尼斯·卡波季斯第亚斯（Ioannis Kapodistrias）被推举为第一任希腊总统。

南部公共汽车站在Fabrika广场，离风车群有300米的步行距离。这里有往返机场、圣约阿尼斯(Agios Ioannis)、普萨若(Psarou)、普拉兹·加洛斯和天堂海滩的班次。新港口附近也有上车点。

小汽车和出租车

旺季，汽车租赁的起步价为每天€45。小轮摩托车和四轮摩托车的单日价格为€20和€40。机场有Avis和Sixt等代理机构。

出租车(☎22400 23700，机场 22400 22400)

纳克索斯(Naxos) Νάξος

人口12,089

纳克索斯是基克拉泽斯列岛中最大的一座，美丽而原始。纳克索斯的经济并不完全依赖旅游业。本岛土地肥沃、郁郁葱葱，有巨大的中央山脉，盛产橄榄、葡萄、无花果、柠檬、玉米和土豆。迷人的主镇、绝赞的海滩、幽僻的村庄和动人的室内景观都很值得一游。

纳克索斯镇(Naxos Town, Hora)位于西海岸，是本岛的港口和首府。

景点

★卡斯特罗 街区

(Kastro; Naxos Town)在海岸背后，一条条狭窄的小巷通往山顶壮观的13世纪城堡卡斯特罗，那里曾经居住过威尼斯的天主教徒。这里视野极佳，还有一个收藏丰富的**考古博物馆**(☎22850 22725; 成人/儿童 €3/免费; ⊙周二至周日8:00~15:00)。

★阿波罗神庙 考古遗址

(Temple of Apollo; The Potara) 免费 在纳克索斯镇码头，有一条长堤通往Palatia岛和醒目的尚未完工的阿波罗神庙，这是纳克索斯最著名的地标。虽然只有简单的两根大理石柱子和一座屋顶，但神庙却是一处引人注目的景点。傍晚，人们会聚集在这里观看白色的房屋和山顶上建于13世纪的城堡。

★得墨忒耳神庙 神庙

(Dimitra's Temple; ☎22850 22725; ⊙周二至周日8:30~15:00) 免费 这座令人难忘的神庙周围环绕着群山，在连绵通往海边的葱茏山谷中熠熠生辉，至今仍相当震撼人心。遗址和重建区并不大，但是散发着历史的魅力，而且位置无可匹敌。很显然，这里是为了向丰收女神献祭而出现的。遗址博物馆位于附加的神庙重建区域。从遗址向南约1.5公里，Sangri村的公路有路标指示方向。

> **不要错过**
>
> **在哈尔基品尝基特隆酒**
>
> 位于特拉盖亚地区中心的历史名村**哈尔基**是品尝基特隆酒(Kitron)的绝佳地点，这是纳克索斯特有的一种利口酒。配方绝对机密。游客可以品尝或囤积位于哈尔基主广场上的**瓦林德拉斯酿酒厂**(Vallindras Distillery; ☎22850 31220; ⊙7月和8月10:00~22:00，5月、6月、9月和10月至18:00)供应的酒，还可以免费参观古老酿酒厂中极富情调的储藏室，其中收藏着古代的酒坛和铜制蒸馏炉。最后以品尝基特隆酒作为旅途的完美终点。

海滩

只需从主海滨向南步行10分钟，就能抵达深受欢迎的海滩**圣格利高里**(Agios Georgios)。距离主镇6公里的**圣安娜海滩**(Agia Anna Beach)和**普拉卡海滩**(Plaka Beach)有住宿设施，但夏天人满为患。继续往南，美丽的沙滩一直延展到南端的**拜尔加基海滩**(Pyrgaki Beach)。

村庄

租一辆汽车或小摩托车，能大大方便你探索纳克索斯崎岖但动人心魄的风景。**特拉盖亚**(Tragaea)有宁静的乡村、屹立在嶙峋岩石上的教堂和巨大的橄榄树丛林。梅拉尼斯(Melanes)和基尼达洛斯(Kinidaros)之间是岛上著名的大理石采石场。你会看见两座荒废的古代**kouros**(青年)雕像，它们距离道路很近。小小的定居点阿比兰索斯(Apiranthos)位于基克拉泽斯最高峰**宙斯山**(Mt Zeus, 1004米)的山坡上。**哈尔基**(Halki)曾经是纳克索斯的商业中心，这个颇有历史的村落值得一去。

阿波罗纳斯(Apollonas)是纳克索斯北部海角的可爱村落。那里有**海滩**、**希腊小馆**以

及另一座神秘的10.5米高的kouros。雕像建于公元前7世纪，还未完成就被遗弃在古代大理石采石场。

住宿

Nikos Verikokos Studios 酒店 €

（☎22850 22025；www.nikos-verikokos.com；Naxos Town；标单/双/标三 €40/50/60；⊙全年；❄📶）这家友好的酒店位于古城中心，客房洁净无瑕。有些客房带阳台，能看到海景，多数都有小厨房。提前通知主人还可以获得港口接送服务。

Camping Maragas 露营地 €

（☎22850 42552；www.maragascamping.gr；Agia Anna Beach；露营地 €9，双/零居室€40/60起）在镇子的南面。

Hotel Glaros 精品酒店 €€

（☎22850 23101；www.hotelglaros.com；Agios Georgios Beach；双 €115~125，套 €150起；⊙4月至10月；❄@📶）这家经营得当的洁净酒店有一种海滨的氛围，前卫而朴实，简洁而豪华，有浅蓝色和白色的手工涂漆的木制家具。服务高效且周到，海滩只有几步之遥。早餐的价格为€7。

餐饮

纳克索斯镇的海滨餐饮场所鳞次栉比。从渡轮码头向下，可前往旧城的集市街，那里有优质酒馆。再往南走几分钟，到达主广场，那里有其他一些不错的就餐处，有些全年营业。

Meze 2 海鲜 €

（☎22850 26401；Harbour，Naxos Town；主菜€6~13；⊙4月至10月正午至午夜）海滨的这家餐厅很容易被当作敲诈游客的黑馆子而错过，但不要这样做。这里的克里特、纳克索斯风格的菜肴和出色的服务使得餐厅脱颖而出。海鲜很棒，可尝试填馅鱿鱼、烤沙丁鱼、渔民的saganaki（番茄酱和羊乳酪烤海鲜）、茴香酒和大蒜贻贝。沙拉创意优秀且分量很足，尤其是纳克索斯土豆沙拉。

L'Osteria 意大利菜 €€

（☎22850 24080；Naxos Town；主菜 €10~15；⊙19:00至午夜）这家地道的意大利风味餐厅隐藏在从港口上山后的一条小巷中（卡斯特罗城墙之下）。在悠闲的庭院中找个餐位，准备好为美食惊叹吧。菜单每天更换，三文鱼千层面和意大利饺子等菜肴都属于家常风味。

实用信息

没有官方的旅游信息中心。请到网站www.naxos-greece.net获得更多信息。

Zas Travel（☎22850 23330；www.zastravel.com；Harbour，Naxos Town；⊙9:00~21:00）提供渡轮船票，组织住宿、团队游和租车活动。冬季营业时间缩短。

到达和当地交通

飞机

纳克索斯机场（JNX）每天有往返雅典的航班。机场在小镇南边3公里处，不通公共汽车，乘坐出租车的费用为€15。可以请酒店安排接机。

船

旺季，每天有无数渡轮和水翼飞机往返基克拉泽斯的大多数岛屿和克里特岛，此外还有去往比雷埃夫斯的渡轮（€31，5小时）和双体船（€48，3.75小时）。冬季班次减少。

公共汽车

在港口的**公共汽车办公室**（☎22850 22291；www.naxosdestinations.com；港口）前，旺季有公共汽车定时前往大多数村庄。可在办公室或售票机上购票。

小汽车和摩托车

在纳克索斯，自己开车是个好主意。纳克索斯镇港口和主街两边有汽车（€4~65）和摩托车（€25~30）租借处。

圣托里尼（锡拉）[Santorini（Thira）] Σαντορινη（Θηρα）

人口 13,500

圣托里尼的景色震撼人心，不等你定睛细看就已经征服了你。一圈由火山岩垒成的峭壁差不多环绕起被海水半淹没的火山口。峭壁顶上则是冰糖粉般散布着的村镇。你一定会目不转睛地盯着这样惊人的景象。如果旺季前来，那就准备好面对连绵不绝的人潮——圣托里尼是靠旅游业为生的。

景点和活动

★费拉（Fira） 村庄

圣托里尼的主镇充满生气，蜿蜒的狭窄街道上是商店与餐厅。从费拉及相邻的费罗斯特法尼（Firostefani）看到的火山口美景只有伊亚（Oia）小村能媲美。

锡拉史前文明博物馆 博物馆

（Museum of Prehistoric Thira；☎22860 23217；Mitropoleos，Fira；门票 €3；⊙周二至周日8:30~15:00）这座博物馆位于费拉最南端，有从阿克罗蒂利（Akrotiri）发掘出的精彩文物。当你了解到它们的古老程度后，你会更加难忘。最著名的是闪闪发光的黄金山羊雕像，其历史可追溯到公元前17世纪，现在还光亮如新，令人惊讶。还可以找找从火山口内发现的公元前6万年的橄榄树叶化石。

★伊亚（Oia） 村庄

小岛的北部有明信片上经常出现的伊亚，其日落时分的景色久负盛名，你不能错过。面对火山喷口的餐馆是用餐的好地方。从费拉到伊亚，可以沿着火山喷口走3~4小时，也可以乘坐出租车或公交车。清晨或傍晚来可以避开人群。

★阿克罗蒂利 考古遗址

（Akrotiri；☎22860 81366；成人/儿童 €5/免费；⊙周二至周日8:00~15:00）1967年，人们开始发掘阿克罗蒂利遗址。其结果令人惊讶：原来一座古代米诺安（Minoan）城市因为公元前1613年的火山喷发而被悲惨地埋葬了。现在，遗址仍然令人敬畏。在一座凉爽的防护建筑中，有木头走道带领你穿过城市的各个区域。

★圣桑托酒 酿酒厂

（Santo Wines；☎22860 22596；www.santowines.gr；Pyrgos；⊙10:00~19:00）圣托里尼岛出产的干白葡萄酒备受赞誉，例如美味的阿西尔提克（asyrtiko），还有琥珀色的餐后甜酒薇桑托（Vinsanto）。在这家酿酒厂，你可以品尝到各种葡萄酒，而且还可以浏览当地农产品，例如蚕豆、番茄、酸豆和果酱。

岛屿周边

圣托里尼的多色**沙滩**很出名。黑沙滩——**佩里萨**（Perissa）、**佩里沃洛斯**（Perivolos）、**圣乔治**（Agios Giorgos）与**卡马里**（Kamari）表面滚烫，你在前往时应携带沙滩垫。古城阿克罗蒂利附近的红海滩有令人难忘的红色悬崖和清澈海水下手掌大小的鹅卵石。

佩里萨和卡马里之间的山上是古色古香的**古代锡拉**（Ancient Thira；门票€4；⊙周二至周日8:00~14:30）遗址，公元前9世纪就有人类在此建立定居点。

火山小岛中只有**锡拉夏岛**（Thirasia）有人居住。游客可以攀登**新卡梅尼**（Nea Kameni）的火山岩层，然后在**老卡梅尼**（Palia Kameni）的海中温泉里畅游。有许多短途航线抵达那里。小船在费拉的斯卡拉（Skala）港口停靠。

住宿

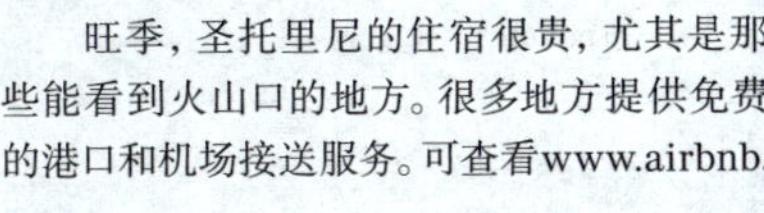

旺季，圣托里尼的住宿很贵，尤其是那些能看到火山口的地方。很多地方提供免费的港口和机场接送服务。可查看www.airbnb.com。

Stelios Place 酒店 €

（☎22860 81860；www.steliosplace.com；Perissa；铺/标三/四 €55/70/90；P❄📶≋）这家酒店的地理位置优越，位于海滩之后一个街区的主街道上。客房洁净得闪闪发光，但没有什么特色。可要求有朝海阳台的房间。

Hotel Keti 酒店 €€

（☎22860 22324；www.hotelketi.gr；Agiou Mina，Fira；双/标三 €115/140起；❄📶）这里是能享受"日落景观"的酒店中规模较小的一家，它在幽静的火山口山岩上。迷人的传统客房在崖壁上开凿而出，半数房间都有按摩浴缸。旺季两晚起住。

Villa Soula 酒店 €€

（☎22860 23473；www.santorini-villasoula.gr；Fira；标单和双 €68，公寓 €95；❄📶≋）这家酒店非常干净，令人愉悦，是很棒的选择。客房不大，但新近整修过，有通风良好的小阳台。五彩缤纷的公共区域和维护得

Santorini (Thira) 圣托里尼(锡拉)

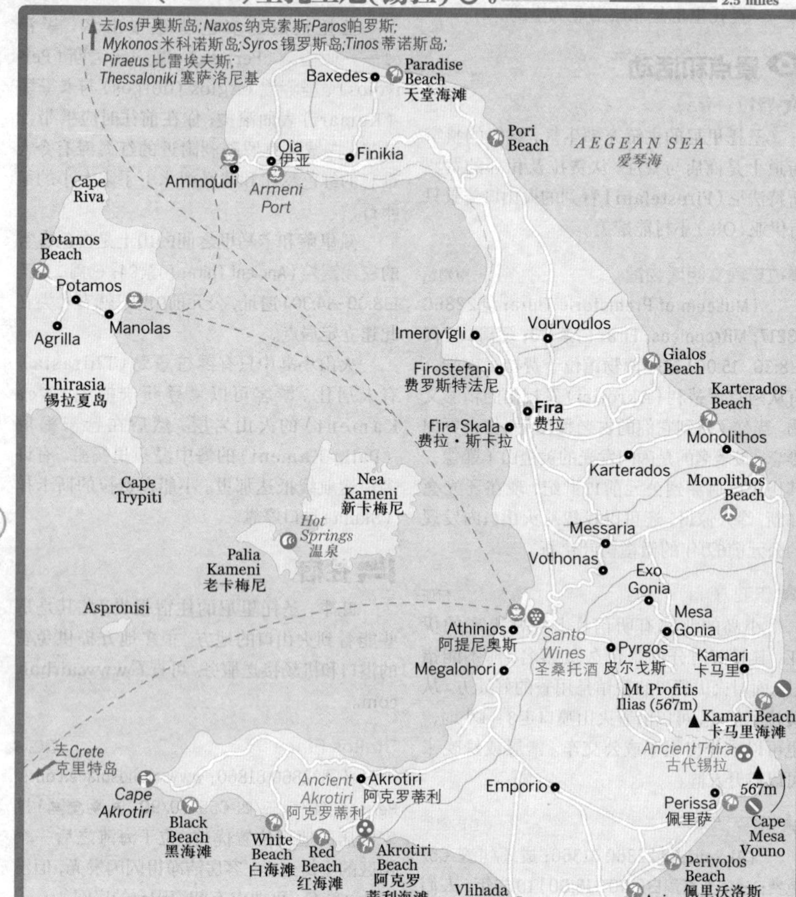

很好的小泳池让你有空间活动。早餐室有点暗，但可以在房间阳台上吃。距镇中心很近。

Hotel Sofia 酒店 €€

(☎22860 22802; www.sofiahotelsantorini.com; Firostefani; 双/标三 €70/105起; ❄📶🏊)这家酒店在费罗斯特法尼中心区，其客房都很舒适，有一丝个性，是喧闹的费拉广场的替代选择。能看到火山口，可爱的小泳池和阳台很适合休闲活动。位于费拉广场中心区以北1.5公里处，沿着火山口一条可爱的步道即可到达。

★Aroma Suites 精品酒店 €€€

(☎22860 24112, 6945026038; www.aromasuites.com; Agiou Mina, Fira; 双 €175~220; ❄@📶)这家精品酒店位于费拉广场最南端的幽静区域，能眺望火山口，相比类似的酒店更容易让人接受。服务热情，客房豪华美丽。建在火山口一侧，室内采用传统装饰风格，浓烈的色彩、四柱床、当地艺术品、书本和立体声系统使得房间更加可爱。在阳台上能体会到完全的隐退感。

餐饮

针对游客的昂贵而不美味的食物，是夏季费拉广场上非常不好的特色。能看到火山口的就餐处价格都会翻倍。便宜的餐饮场所聚集在费拉广场附近。那些知名的酒吧和俱乐部多聚集在费拉的Erythrou Stavrou。很多用餐者会前往有着传奇绚烂落日的伊亚。沿着卡马里和佩里萨的海滩风景区，有优质的希腊小馆。

可尝试圣托里尼啤酒公司（Santorini Brewing Company）提供的Yellow Donkey等啤酒。

Krinaki 希腊小馆 €€

（☎22860 71993；www.krinaki-santorini.gr；Finikia；主菜 €10~20；⌚正午至深夜）伊亚以东，Finikia小村中的这家家常小馆采用本地新鲜食材制作出顶级的菜肴。提供当地啤酒和葡萄酒，外加海边（但没有火山口）景观。

Assyrtico Wine Restaurant 希腊菜 €€

（☎22860 22463；www.assyrtico-restaurant.com；Fira；主菜 €14~25；⌚正午至23:00；📶）这家餐厅位于主街上，在其外廊处找个餐位坐下。这里有精心准备的食物，从芝麻菜沙拉和焦糖核桃开始，最后尝试海鲜番茄鸡蛋口菇意面搭配藏红花和柠檬酒。服务自在而友好。能看到火山口景观。

Ta Dichtia 海鲜 €€

（☎22860 82818；www.tadichtia.com；Agios Giorgos-Perivolos Beach；主菜 €9~20；⌚正午至23:00）这家典型的海滨希腊小馆提供每日收获的鲜鱼菜肴，脚下就是柔软的沙滩。

★ Selene 现代欧洲菜 €€€

（☎22860 22249；www.selene.gr；Pyrgos；主菜 €20~35；⌚4月至10月餐厅19:00~23:00，法国小馆正午至23:00）在这家餐厅，每当菜单上出现"香洋姜白色调汁"之类的短语时，你就知道这道菜并不普通。大厨采用能得到的当地食材，源源不断地开发新菜品。现在这里还包括一家法国小馆，其价格更优惠，提供葡萄酒和开胃菜，还有全日的烹饪课程。你会发现，这里像一个博物馆。

实用信息

没有游客信息中心。请到网站www.santorini.net上获取更多信息。

Dakoutros Travel（☎22860 22958；www.dakoutrostravel.gr；费拉；⌚8:30~22:00）就在Plateia Theotokopoulou前的主街上。

到达和当地交通

飞机

圣托里尼机场（JTR；☎22860 28405；www.santoriniairport.com）每天有往返雅典的航班，还有逐渐增加的飞往国内其他地区与直飞全欧各地的班次。机场在费拉东南5公里处。有定时公共汽车（€1.50）和出租车（€15）。

船

大多数渡轮停泊在新港阿提尼奥斯（Athinios），新港位于费拉以南10公里处。公共汽车和出租车可接驳渡轮。老港费拉·斯卡拉（Fira Skala）供游艇和短途船使用，就在费拉镇下方，可以通过缆车（成人/儿童 单程 €4/2）、驴子（€5，只有上行）或步行（588步）到达。

本岛每天有前往比雷埃夫斯的渡轮（€33.50，9小时）和快艇（€60，5.25小时）；夏季每天有前往米科诺斯、伊奥斯、纳克索斯、帕罗斯岛和伊拉克利翁的班次；渡轮还可去基克拉泽斯的其他小岛以及克里特岛的伊拉克利翁。

公共汽车

汽车站和**出租车站**（☎22860 22555，22860 23951）就在费拉主广场Plateia Theotokopoulou以南。有公共汽车前往伊亚、卡马里、佩里萨和阿克罗蒂利。阿提尼奥斯港口公共汽车（€2.20，30分钟）通常在渡轮起航前1~1.5小时从费拉、卡马里和佩里萨发车。

小汽车和摩托车

推荐你驾驶汽车（每天€40起）或者小摩托车游览圣托里尼。本地的租借点很多。

克里特岛（CRETE） ΚΡΗΤΗ

人口 550,000

克里特岛是希腊最大、最靠南的岛。由于面积庞大，并且远离希腊的其他地方，因此它给人一种异国他乡的感觉。克里特岛有迷人

Crete 克里特岛

的风光、无数山地村落，文化独特，出产一些希腊最美味的食物，是令人心情愉悦的旅游胜地。

这座岛被一条东西走向的宏伟山脉劈开。主要城镇都集中在好客的北部海岸，南部海岸因太过陡峭而无法建立大型定居点。岛内崎岖的山地散落着山洞和一条条险峻的峡谷，是徒步和登山活动的好去处。一些小的村落，例如伊迪山（Mt Idi）附近的陶工村落马加里蒂斯（Magarites），能让人一窥当地传统生活。

伊拉克利翁（Iraklio） Ηρακλειο

人口 174,000

伊拉克利翁（ee-rah-klee-oh；经常拼写为Heraklion）是克里特岛的首府和经济中心，是一座熙熙攘攘的现代都市，同时也是希腊第五大城市。它有一个生机勃勃的市中心和一座一流的考古博物馆，紧邻克里特岛重要的旅游胜地克诺索斯（Knossos）。

伊拉克利翁的港口朝北，这里有标志性的库勒斯城堡（Koules Venetian Fortress）。以“雄狮喷泉”（Lion Fountain）闻名的威尼斯广场（Plateia Venizelou）是这座城市的中心，该广场在老港口以南400米处。

景点和活动

★伊拉克利翁考古博物馆 博物馆

（Heraklion Archaeological Museum；☎2810 279 000；http://odysseus.culture.gr；Xanthoudidou 2；成人/儿童€6/免费，包括克诺索斯€10；⏰4月至10月8:00~20:00，11月至次年3月周一11:00~17:00，周二至周日8:00~15:00）这座出色的博物馆是希腊最大、最重要的博物馆之一。在这里，文物的历史跨越了5500年，从新石器时代直至罗马时代，最著名的是丰富的米诺安文物。博物馆已经过精心修复，是文物的出色展示场所，而且能极大地丰富你对克里特岛悠久历史的认识，不要错过。

珍宝包括陶器、首饰、石棺，外加从克诺索斯、费斯托斯（Phaestos）、扎克罗斯（Zakros）、马利亚（Malia）和圣特里亚达（Agia Triada）遗址出土的几件著名壁画。

Cretan Adventures 户外

（☎2810 332 772；www.cretanadventures.gr；Evans 10，3层）Cretan Adventures是

Fondas Spinthaikos经营的一家口碑很好的当地公司，组织徒步团队游、山地车骑行以及其他户外极限运动。

住宿

入住Arhanes将有机会看到克里特出产葡萄酒的乡村。可去**Arhontiko**（☎2810 881 550; www.arhontikoarhanes.gr; 公寓 €75~95; ❄📶），那里有设施齐全的公寓。

Kronos Hotel

酒店 €

（☎2810 282 240; www.kronoshotel.gr; Sofokli Venizelou 2; 标单/双€49/60; ❄@📶）经过彻底翻修之后，这家海滨酒店一跃成为经济型酒店中的佼佼者。客房有双层玻璃窗，能屏蔽外界噪声，还有阳台、电话、小电视和冰箱。有些双人间能看到海景（€66）。

Rea Hotel

酒店 €

（☎2810 223 638; www.hotelrea.gr; Kalimeraki 1, Hortatson交叉路口; 双含/不含浴室 €45/35, 标三 €54; ❄📶）这家由家族经营的酒店很受背包客欢迎，氛围轻松友好。客房全部都有小电视和阳台，有些带公用浴室。提供家庭房。还有一台公用冰箱。

Lato Boutique Hotel

精品酒店 €€

（☎2810 228 103; www.lato.gr; Epimenidou 15; 双含早餐 €89~136, 四 €124起; P❄@📶）这家传统的精品酒店就是伊拉克利翁的好莱坞——时髦却没有个性。这里能眺望到老港口，花哨的外墙很容易辨认。其中的客房采用大量木头装饰，色调是温暖的红色，铺设乙烯基地板，外加传统家具，床垫上有枕头，灯光组合很有趣，水壶可泡茶、冲咖啡。后面的房

不要错过

伊拉克利翁集市

1866大道（Odos 1866）位于雄狮喷泉以南，这条狭窄的街道是伊拉克利翁的传统习俗展示区。这里部分是市场，部分是集市，可以购买水果、蔬菜、香浓的奶酪、蜂蜜、多汁的橄榄和新鲜的面包。也有小摊出售味道刺鼻的草药、毛皮货品、帽子、首饰和一些纪念品。在**Giakoumis**（Theodosaki 5-8; 主菜 €6~13; ⏰正午至23:00）或附近的其他酒馆（不要去集市中的那些）吃个午饭，然后就开始狂欢吧。

间能俯视一座现代主义风格的金属雕塑。

餐饮

在威尼斯广场（雄狮喷泉）和埃尔·格列柯公园（El Greco Park）聚集着许多餐馆、酒吧和咖啡馆。老港口区有海鲜餐厅。

Fyllo…Sofies 咖啡馆 €

（☎2810 284 774；www.fillosofies.gr；Plateia Venizelou 33；小吃 €3~7；⏰5:00至深夜；📶）这家历史悠久的咖啡厅的露台一路延伸到莫罗西尼喷泉，这里是品尝bougatsa[一种填满了奶油或myzithra（羊奶奶酪）的传统糕点]的好去处。

Ippokambos 海鲜 €

（☎2810 280240；Sofokli Venizelou 3；主菜 €6~13；⏰周一至周六正午至午夜；📶）当地人对这家低调的餐厅赞不绝口。这里的主打菜是新鲜的鱼，烹饪方法虽简单却是专业水准，而且价格也公道。夏季，可以在海滨绿荫露台就座。

实用信息

城市信息请参见www.heraklion.gr。

Skoutelis Travel（☎2810 280 808；www.skoutelisrentacar.gr；25 Avgoustou 24）飞机票和渡轮票预订，克里特岛和圣托里尼短途旅行，住宿帮助和租车。

游客信息中心（☎2810 228 225；Xanthoudidou 1；⏰周一至周五9:00~15:00）提供少量宣传册和地图。

到达和当地交通

飞机

从伊拉克利翁的**Nikos Kazantzakis国际机场**（HER；☎2810 397 800；www.heraklion-airport.info）有航班飞往雅典、塞萨洛尼基（Thessaloniki）和罗得岛（Rhodes），外加欧洲各地。机场位于小镇以东5公里处。1路公共汽车往返于机场和市中心（€1.20），6:15~22:45每15分钟1班。

船

伊拉克利翁渡轮码头（☎2810 244 956）每天都有开往比雷埃夫斯（Piraeus，€39，8小时）的渡轮，还有双体船发往圣托里尼（Santorini）和基克拉泽斯群岛的其他岛屿。有渡轮向东开往罗得岛（€28，14小时），途中经过圣尼古拉奥斯（Agios Nikolaos）、锡蒂亚（Sitia）、卡索斯岛（Kasos）、卡尔帕索斯岛（Karpathos）以及哈尔基（Halki）。冬季班次减少。参见www.openseas.gr。

公共汽车

KTEL（www.bus-service-crete-ktel.com）运营克里特岛的长途汽车，主汽车站A（Bus Station A）位于靠近新港口的内陆，站内的车开往克里特岛东部和西部[圣尼古拉奥斯、耶拉派特拉（Ierapetra）、锡蒂亚、马利亚（Malia）、拉西锡高原（Lasithi Plateau）、干尼亚（Hania）、罗希姆诺（Rethymno）和克诺索斯]。有实用的旅游信息和行李储存处。

汽车站B（Bus Station B）在干尼亚之门（Hania Gate）外50米处，从这里发出的车走南线[费斯托斯（Phaestos）、马塔拉（Matala）和阿诺基亚（Anogia）]。

克诺索斯（Knossos） Κνωσσος

克里特岛上最著名的历史景点是伊拉克利翁以南5公里处的**克诺索斯宫**（Palace of Knossos；☎2810 231 940；成人/儿童 €6/免费，包括伊拉克利翁考古博物馆 €10；⏰6月至10月 8:00~20:00，11月至次年5月至17:00），以及宏伟的克里特都城。克诺索斯（发音k-nos-os）的发掘工作自1878年由克里特考古学家米诺斯·卡诺克里诺斯（Minos Kalokerinos）组织展开，1900~1930年由英国考古学家亚瑟·伊万斯爵士（Sir Arthur Evans）继续进行。在这里大量的复原建筑中，哪些是伊万斯的重建项目，哪些才是米诺安时代就已经存在的，到今天已经难以分清。但是，整个环境非常壮观，遗迹和复建建筑令人印象深刻，还有巨大的宫殿、庭院、私人公寓、浴室、生动的壁画等。可以参观伊拉克利翁考古博物馆（见602页，那里保存的珍宝更多），参加导览游（€10）也能增进对背景知识的了解。

克诺索斯是米诺陶诺斯牛头人（Minotaur）神话的发生地。根据传说，克诺索斯的国王米诺斯得到一头威风的白色公牛，准备将其献祭给海神波塞冬，但又决定自己留下。此举触怒了波塞冬，于是他让国王之妻

费斯托斯 ΦΑΙΣΤΟΣ

费斯托斯（发音fes-tos；☎2892 042 315；成人/儿童 €4/免费，含圣特里亚达遗址 €6/免费；⏰4至10月8:00~20:00，11月至次年3月8:30~15:00）位于伊拉克利翁西南63公里处，是克里特岛第二重要的米诺安宫殿遗址。相比克诺索斯，这里的复建更少，更加荒凉。周国风景极佳的梅莎拉（Mesara）平原和Psiloritis山（2456米；也称Ida山）也值得探索。规模小一些的**圣特里亚达**（Agia Triada；☎2723 022 448；成人/儿童 €3/免费，含费斯托斯 €6/免费；⏰10:00~15:00）遗址在向西3公里处。

帕西法厄（Pasiphae）爱上动物，以此作为对国王的惩罚。王后和动物的结合诞生了米诺陶诺斯——半人半牛的怪物。他被关押在克诺索斯的宫殿之下的迷宫中，后来被提修斯（Theseus）杀死。

去往克诺索斯的公共汽车（€1.50，20分钟，每小时3班）从伊拉克利翁的主汽车站A出发。

干尼亚（Hania） Χανια

人口 54,000

作为克里特岛上最浪漫、最迷人的城市，干尼亚（hahn-yah，经常被写成Chania）是这里的前首府和岛上第二大城市。这里有许多威尼斯建筑和土耳其建筑，特别是在老港口区域。

如今，现代化的干尼亚仍然保留着自己的异域风情，东西方的文化在这里交汇融合。这里可作为探索周边海滩和壮美的内陆山区的基地。

景点

威尼斯港口 历史城区

（Venetian Harbour）免费 绕着老港口漫步是所有来干尼亚的游客都必须尝试的。港口上排列着色调柔和的古老住宅和商铺。整个地区周围环绕着令人印象深刻的**威尼斯防御工事**（Venetian fortifications）。绕海堤走大约1.5公里，可以到达位于海港入口处的**威尼斯灯塔**。在港口内部，东面是著名的**Kioutsouk Hasan清真寺**（也称Janissaries清真寺），其中布置着一些常规展览。

考古博物馆 博物馆

（Archaeological Museum；☎28210 90334；Halidon 30；成人/儿童 €2/免费，含拜占庭和后拜占庭时期的藏品 €3/免费；⏰周二至周日8:30~15:00）干尼亚的考古博物馆在建于16世纪的威尼斯圣弗朗西斯科教堂（Venetian Church of San Francisco）中，土耳其统治时期曾被改建成清真寺，1913年还被改造成电影院，“二战”期间则被德国人用来储存军需品。博物馆完美地展示着来自克里特岛西部的考古发现：从新石器时代到罗马时代。公元前3400年至公元前1200年的文物包括一些带有线性文字A（Linear A）手迹的写字板。另外，还有来自几何时代（公元前1200年至公元前800年）的精美陶器和一尊公牛雕塑。

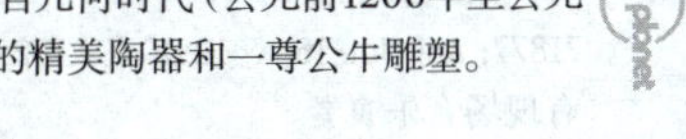

住宿

干尼亚的老港口有许多极好的酒店，但常常满房，即便是冬季的周末也不例外。所以提前预订吧。

Ionas Hotel 精品酒店 €€

（☎28210 55090；www.ionashotel.com；Sarpaki和Sorvolou交叉路口；双含早餐 €60~90；❄📶）这里是宁静的Splantzia区新开的精品酒店中的一家，在一座古老的建筑中，内部采用当代风格装修。店主友好。9间客房都配备了现代生活设备（有一间带小型按摩浴缸），公用一座露台。建筑入口保留着一座威尼斯风格的拱门，还有建于16世纪中期的墙壁。

Palazzo Duca 公寓 €€

（☎28210 70460；www.palazzoduca.gr；Douka 27-29；双/套 €80/110起）读者最爱的这家小酒店隐藏在干尼亚老港口的小街巷中，有舒适的零居室和公寓，还配备了厨房。有些房间能看到港口风景，另外一些带有小阳台。

Pension Lena 家庭旅馆 €€

（☎28210 86860；www.lenachania.gr；Ritsou 5；双€65；❄📶）Nea Hora海滩附近的

这家家庭旅馆由友好的Lena经营，客房装饰高雅，散落着古董，有一种旧世界的氛围。前面的客房最为迷人。Lena还提供3间独立的房屋。

★ **Casa Leone** 精品酒店 €€€

（☎28210 76762；www.casa-leone.com；Parodos Theotokopoulou 18；双/套含早餐€125/160起；❄📶）这家威尼斯风格的住宅现已被改造成由家族经营的古典浪漫的精品酒店。客房宽敞且装备齐全，阳台能眺望港口。有蜜月套房，配备古典的四柱床，还有豪华的帷幔。

餐饮

越过海滨那些欺骗游客的餐厅，才能找到岛上一些最好的就餐处。Splantzia区很受眼光敏锐的当地食客欢迎。夜店散落在港口，极富情调的**Fagotto Jazz Bar**（☎28210 71877；Angelou 16；⏰19:00至次日2:00）有时会有现场音乐演奏。

★ **Taverna Tamam** 希腊小馆 €

（☎28210 96080；Zambeliou 49；主菜€7~12；⏰正午至午夜；✎）这家氛围欢乐的出色餐馆由原来的老土耳其浴室改造而成，里面有许多喜爱闲谈的当地人。店里的桌子一直摆到街上。菜肴融合中东风味，包括美味的汤品和各种特色素菜。

★ **Bougatsa tou Iordanis** 克里特菜 €

（☎28210 88855；Apokoronou 24；早餐糕点€3）如果没吃过这家小店的bougatsa[一种填满了奶油或myzithra（羊奶奶酪）的传统糕点]，你将感到遗憾。店员会当着你的面，在一块巨大的平板上现做并切开。配上一杯咖啡，就是完美的早餐。

Pallas 咖啡馆 €

（Akti Tombazi 15-17；主菜€8~16；⏰8:00至午夜；📶）想在干尼亚的老港口品尝咖啡和早餐，可以去当地人最爱的Pallas。餐厅在二楼，视野很好，还有早午餐菜单。

★ **To Maridaki** 克里特菜 €€

（☎28210 08880；Daskalogianni 33；菜€7~12；⏰周一至周六正午至午夜）这家新派海鲜mezedhopoleio（开胃菜餐厅）不容错过。在光线明亮的热闹餐厅中，快乐的游客和当地人都在大口品尝无可挑剔的当地海鲜和克里特特色菜。食材新鲜，炸鱿鱼让人欲罢不能，自产的白葡萄酒清爽可口，搭配的意式奶酪布丁更是美味。谁会不爱这里呢？

实用信息

更多有关干尼亚的信息请参见www.chania.gr。

当地旅游局（☎28210 41665；tourism@chania.gr；Milonogianni 53；⏰9:00~14:00）位于市政厅。

Tellus Travel（☎28210 91500；www.tellustravel.gr；Halidon 108；⏰8:00~23:00）大型机构，提供以下服务：汽车租赁、货币兑换、飞机票和船票的预订、住宿预订和短途旅行。

值得一游

罗希姆诺和阿尔卡迪奥修道院

罗希姆诺（发音reth-im-no）位于伊拉克利翁和干尼亚之间的海岸上，是岛上的瑰宝之一，因为这里有令人惊叹的**城堡**，以及**旧城区**融合了威尼斯和土耳其风格的住宅。威尼斯港口周围的地区值得停下来探索一番，还可以在有趣的艺术品和手工艺精品店中购物。

阿尔卡迪奥修道院（Arkadi Monastery；☎28310 83136；www.arkadimonastery.gr；门票€2.50；⏰6月至8月9:00~20:00，9月至次年5月时间缩短）位于罗希姆诺东南约23公里处的山上，对于克里特人来说有着重要的意义。这里是人类抵抗侵略的一个有力象征，是1866年克里特人和土耳其人那场惨痛战斗的遗址，被视作反抗土耳其人统治、追求自由的标志。阿尔卡迪奥最震撼人心的建筑是**威尼斯教堂**（1587年），其引人注目的文艺复兴式的外墙有八根纤长的科林斯石柱，顶上是一座装饰精美的三联钟楼。高耸的山谷风景优美，尤其是日落时分。

值得一游

西南海岸村庄

克里特岛最西端的南部海岸上点缀着许多偏僻而迷人的小村庄，是放松几天的绝妙去处。

从Paleohora向东走，有索吉亚(Sougia)、阿吉亚努美利(Agia Roumeli)、鲁特罗(Loutro)和霍拉斯法基翁。海滨度假地之间没有路，但是夏季时，每天有1班船从Paleohora开往索吉亚(€8.00，1小时)、阿吉亚努美利(€14，1.5小时)、鲁特罗(€15，2.5小时)和霍拉斯法基翁(€16，3小时)，连接着各个村庄。这班船9:45从Paleohora出发，13:00从霍拉斯法基翁出发，并沿着原路返回。更多信息请参见www.sfakia-crete.com /sfakia-crete/ferries.html。夏季，每天有3班长途汽车连接干尼亚和霍拉斯法基翁(€7.60，2小时)，有两班去往索吉亚(€7.10，1.75小时)。如果你热爱徒步，也可以沿着海岸南部徒步前往。

Paleohora被隔绝在一座半岛上，西部是沙质海滩，东部是卵石海滩。夏季的夜晚，主街上不通车，于是酒馆会将桌椅搬到路中央。如果你想休息几天，那么这里是养精蓄锐的好地方。可入住Joanna's(☎69785 83503，28230 41801；www.joannas-palaiochora.com；开间€40~55；⏰4月至11月；P❄📶)宽敞洁净的开间。

索吉亚(soo-yah)位于Agia Irini峡谷的入口处，是一个舒适的地方，而且尚未开发，令人兴奋。这里有一片大大的弧形沙质—卵石沙滩。从Paleohora到这里的14.5公里(6小时)步道很热门。可以乘坐渡轮、车辆或步行抵达这里。住宿可选择Santa Irene Hotel(☎28230 51342；www.santa-irene.gr；公寓€60~80；⏰3月底至11月初；P❄📶)，这里有自己的咖啡馆。

阿吉亚努美利 在萨马利亚峡谷的入口处，阿吉亚努美利到处都有来峡谷徒步旅行的人。他们午后抵达这里，一直等到有船来把他们接走。你可以慢慢地享受这座小村庄。游客离开之后，这座优美的小镇就陷入宁静之中，直至第二天下午另一批徒步游客抵达。位于海滨的Paralia Taverna & Rooms(☎28250 91408；www.taverna-paralia.com；Agia Roumeli；双€30起；❄📶)提供你所需要的一切，包括绝美的风景、美味的克里特岛佳肴、冰凉的啤酒和简单干净的客房。

鲁特罗 这座小村庄是一个风景如画的地方，在克里特岛南海岸唯一的天然海港周围。这里不通车，只能坐船或者步行抵达。Hotel Porto Loutro(☎28250 91433；www.hotelportoloutro.com；标单/双含早餐€50/60；⏰5月中旬至10月；❄@)有雅致的客房，阳台可以俯瞰港口的美景。提前预订房间，好好放松一下。村子里有海滩、优质步道。可租赁皮划艇和船只前往出色的甜水海滩(Sweetwater Beach)。

霍拉斯法基翁 这是一个可爱的小镇，因其叛逆的个性而在克里特岛赫赫有名。对“二战”感兴趣的人知道，当时有几千名盟军战士在克里特战役后被海水冲到了这里。霍拉斯法基翁海滨的小餐馆供应新鲜的海味，还有独具特色的Sfakianes pites，这道菜看上去就像是填满了当地甜味和开胃奶酪的薄饼。Hotel Stavris(☎28250 91220；www.hotel-stavris-sfakia-crete.com；标单/双/标三€28/33/38；❄📶)有简单的房间，并在外面的庭院里提供早餐。

ℹ 到达和离开

飞机

干尼亚机场(CHQ；www.chaniaairport.com)提供往返雅典、塞萨洛尼基的航班，也有飞往欧洲各城市的季节性航班。机场位于城市以东14公里处，在阿克罗蒂利半岛上。出租车的费用为€20，公交车的费用为€2.30。

船

港口在干尼亚东南9公里处的Souda。夜间，**Anek**(www.anek.gr)有1班船前往比雷埃夫斯

(€35，9小时)。有频繁的公共汽车(€1.65)和出租车(€10)往返于城市和Souda之间。

长途汽车

许多长途汽车从**主汽车站**(www.bus-service-crete-ktel.com; Kydonias 73-77; 行李寄存每件每天 €2)出发，它们沿着克里特岛的北海岸一直开往伊拉克利翁(€13.80，2.75小时，半小时1班)和罗希姆诺(€6.20，1小时，半小时1班)。还有部分长途汽车开往Paleohora、Omalos和霍拉斯法基翁。去往干尼亚西部海滩的车从Plateia 1866东侧出发。

萨马利亚峡谷(Samaria Gorge) Φαραγγι Της Σαμαριας

萨马利亚峡谷(☎28210 45570; www.samariagorge.eu; 成人/儿童 €5/2.50; ⏲5月至10月底7:00至日落)是欧洲最壮观的峡谷之一，也是绝佳(也很热门)的徒步地点。徒步者需要穿鞋底摩擦力强的鞋，带足食物和水，做好防晒，整个徒步行程长达5～6小时，非常辛苦。你可以把该徒步行程作为一次短途旅行的一部分，或是一次单独的旅行。从干尼亚主汽车站(€6.90，1小时)乘坐开往Omalos的公共汽车，到峡谷的源头Xyloskalo并下车。步行16.7公里(全程下坡)，走到海边的阿吉亚努美利，然后从那里坐船到霍拉斯法基翁(€10，1.25小时)，再乘坐公共汽车返回干尼亚(€7.60，1.5小时)。

由于峡谷禁止游人在此过夜，所以你必须在一天内走完全程，或者赶在人潮之前，到附近的村子过夜。峡谷**伊姆罗兹**(Imbros; 门票€2; ⏲全年)也有很好的步道，而且人较少。

十二群岛(DODECANESE) ΔΩΔΕΚΑΝΗΣΑ

由于靠近土耳其西部沿海，十二群岛(Dodecanese; dodeca意为12)过去屡遭侵略和占领，动荡的历史赋予了其迷人的多样性。"二战"时，这里被德国人占领。1944年，英国和希腊突击队将其从德国人手中解放出来。1947年，十二群岛成为希腊的一部分。而今，岛上最多的是游客。

罗得岛(Rhodes) Ροδος

人口 98,000

罗得岛(希腊语为Rodos)是十二群岛中最大的岛屿。根据神话传说，太阳神赫利俄斯(Helios)曾选择罗得斯(Rhodes)为自己的妻子，并赋予其光、热和植被。这种祝福似乎起到了作用，因为罗得岛上的花的确比希腊其他岛屿的花更多，而且晴天也更多。前往东海岸，你会明白渴望日光的北欧人来这里的原因。老城也很壮观。

罗得(Rhodes Town)

人口 56,000

罗得是罗得岛的行政中心，位于岛的最北端。它壮观的**老城**是欧洲最大的有人居住的中世纪城市，四周有巨大的城墙，非常值得一游。老城北端的**新城**是商业中心。在新城最北端的半岛周围的**城中海滩**，可以遥望土耳其。

作为主港口的**商业港口**在老城的最东端，大型的岛际轮船会在这里停靠。它的西北

圣约翰骑士团

在十二群岛游历几个岛之后，你会意识到，圣约翰骑士团在这里留下了许多城堡。

1080年，圣约翰骑士团成立于耶路撒冷，最初是医院骑士团(Knights Hospitaller)，旨在照料穷人和患病的朝圣者。后来，这些骑士迁至罗得岛(通过塞浦路斯)。他们在1309年赶走了统治当地的热那亚人，并在十二群岛建造了许多城堡来保护新家园，随后便开始冒犯自己的邻居——针对土耳其的航运进行了许多海盗行为。但是，土耳其苏丹苏莱曼大帝并不是一个好惹的人，他随后将这些骑士赶出了他们的大本营。骑士团最终在1523年输掉了罗得岛，剩下的骑士迁往了马耳他。他们曾建立了耶路撒冷、罗得岛以及马耳他的医院骑士团。

是Mandraki港口，这里到处是游轮和小型渡轮，还有水翼船和双体船。据称，这里曾有罗得岛太阳神雕像（Colossus of Rhodes），即一尊耗时12年以上（公元前294年至公元前282年）、32米高的阿波罗青铜雕像。不过，雕像只存在了65年，就被地震摧毁了。

景点

老城已被联合国教科文组织列入世界遗产名录，绕着它漫步是必不可少的游览项目。这里是世界上现存最好的中世纪防御工事的实例，有12米厚的城墙。老城中密布拜占庭、土耳其和拉丁式建筑，被分为Kollakio（骑士区，是中世纪圣约翰骑士团生活的地方）、Hora和犹太区。骑士区包括大多数中世纪的历史景点，Hora一般被认为是土耳其区，也是罗得主要的商贸区，有许多商店和餐厅，游客如织。

骑士区位于古城最北端。石子铺砌的骑士大街（Avenue of the Knights, Ippoton）两边有许多宏伟的中世纪建筑，其中最壮观的是大统领宫（Palace of the Grand Masters; ☎22410 23359; 门票 €6; ⊙周二至周日8:30~15:00），它已经过修复，但还未投入使用。它曾是墨索里尼的度假住所。从宫殿出发，可以探索D' Amboise之门，这是城门中最具氛围的一座，可带领你穿过护城河。

建于15世纪的美丽的骑士医院（Knight' s Hospital）靠近海滨，现在是出色的考古博物馆（☎22410 65256; Plateia Mousiou; 门票 €6; ⊙周二至周日8:00~15:00）。这座宏伟的建筑曾被意大利人修复，令人印象深刻的展品中包括优雅的大理石雕像罗得的阿芙洛狄特（Aphrodite of Rhodes）。

Sokratous顶上粉色穹顶的苏莱曼清真寺（Mosque of Süleyman）建于1522年，是为纪念奥斯曼战胜骑士团而修建的，之后在1808年经历过重建。

住宿

Mango Rooms 家庭旅馆 €

（☎22410 24877; www.mango.gr; Plateia Dorieos 3, 老城; 双/标三€60/72; ❄@📶）这家旅馆坐落在老城的一个广场上，简洁而干净的客房里有保险箱、冰箱和浴室。楼下是餐厅和网吧。

林多斯

林多斯卫城（☎22440 31258; 门票€6; ⊙6月至8月周二至周日8:00~18:00，9月至次年5月至14:40）位于罗得以南47公里处，是一座高耸在116米高的岩石山顶上的壮观古城。其下是林多斯城，其中错综复杂的街道上精巧地点缀着17世纪的住宅。

★ Marco Polo Mansion 精品酒店 €€

（☎22410 25562; www.marcopolomansion.gr; Agiou Fanouriou 40, 老城; 双含早餐 €80~180; ⊙4月至10月; ❄📶）这家酒店位于一座建于15世纪的奥斯曼官员住宅中，我们喜欢这里鲜艳的装饰风格。房间中搭配有厚重的古董家具和东方挂毯，彩绘玻璃窗的图案在蓝色灯光下会投射在牛血红的墙壁上。可尝试从前是妻妾房间的错层式卧室。还设有一间顶级餐厅！

Hotel International 酒店 €€

（☎22410 24595; www.international-hotel.gr; 12 Kazouli St, 新城; 标单/双含早餐€50/70; ❄📶）这个家庭经营的酒店非常友好，有洁净、超值的房间，距离罗得岛的主沙滩和老城只有几分钟的路程。在旺季以外的时间，房价会降低三分之一。

餐饮

罗得老城充斥着欺骗游客的陷阱。可以去小街巷看看。向北到达新城，那里的餐厅和酒吧更好。

To Meltemi 希腊小馆 €

（Kountourioti 8; 主菜€10~15; ⊙正午至18:00; P❄👪）这家小餐馆距离海滩只有几码的距离，能看到壮丽的海景，氛围轻松愉快，室内采用舒适的航海装饰风格。你也可以在装饰着壁画的半露天阳台中就餐。员工热情，菜单上有新鲜的沙拉、咸鲭鱼、鱿鱼和章鱼。

Pizanias 希腊小馆 €€

（☎22410 22117; Sofokleous 24; 主菜 €8~18; ⊙2月至10月正午至午夜）这家极富情调的小餐馆隐藏在老城的中心地带，以其新鲜的海鲜和美味的蚕豆而闻名。可以在树下或夜空下就餐。

实用信息

更多详细信息请参见www.rodos.gr。

游客信息中心(Tourist Information Office, EOT; ☎22410 44335; www.ando.gr/eot; Makariou和Papagou交叉路口; ⊙周一至周五 8:00~14:45)有宣传册、地图、交通信息和免费的英文报纸*Rodos News*。

Triton Holidays(☎22410 21690; www.tritondmc.gr; Plastira 9, Mandraki; ⊙9:00~20:00)提供机票、船票和住宿预订,还有租车服务,以及整个十二群岛的团队游。也出售去往土耳其的票。

到达和当地交通

飞机

每天有许多航班往返于罗得岛的**迪亚戈拉斯机场**(Diagoras airport, RHO; ☎22410 88700; www.rhodes-airport.org)和雅典。此外,还有不那么频繁的航班飞往卡尔帕索斯(Karpathos)、卡斯特洛里佐岛(Kastellorizo)、塞萨洛尼基、伊拉克利翁和萨摩斯岛。夏天,机场会挤满国际专机,还有廉价航空公司的航班以及定期航班。该机场位于西海岸,在罗得西南16公里处,坐公交车25分钟可以到达,费用为€2.20,出租车的价格为€22。

船

罗得岛是十二群岛的主要港口,许多渡轮都从这里起航。大多数从罗得岛出发去往比雷埃夫斯(€59, 13小时)的渡轮都会途经十二群岛,但是也有些船经过卡尔帕索斯岛、克里特岛和基克拉泽斯(Cyclades)。夏季,十二群岛每天都有往返的双体船从罗得岛开往锡米岛、哈尔基岛(Halki)、科斯岛、卡林诺斯岛(Kalymnos)、尼西罗斯岛(Nisyros)、蒂洛斯岛(Tilos)、帕特莫斯岛(Patmos)和莱罗斯岛(Leros)。可咨询www.openseas.gr、**Dodekanisos Seaways**(☎22410 70 590; Afstralias 3)和**Blue Star Ferries**(☎2108 9 19 800; www.bluestarferries.com)。港口有短途船只前往锡米岛。

去土耳其

有船只往返于罗得岛和土耳其的马尔马里斯(单程/往返 含港口税 €50/75, 50分钟)。请查阅www.marmarisinfo.com。你也可以在罗得岛和土耳其的费特希耶(单程/往返 含港口税 €50/75, 90分钟)之间往返。请参见www.alaturkaturkey.com。

长途汽车

罗得新市场旁有两个长途汽车站。**西侧车站**(☎22410 26300)连接机场、卡米洛斯(Kamiros, €5, 55分钟)和西海岸。**东侧车站**(☎22410 27706; www.ktelrodou.gr)连接东海岸、林多斯(€5, 1.5小时)和南部村庄。

> **去往土耳其的船只**
>
> 土耳其近在眼前,好像可以从十二群岛和爱琴海东北部的许多岛屿直接游过去。以下是一些可选的渡船:
>
> **马尔马里斯**(Marmaris)或**费特希耶**(Fethiye)从罗得岛出发
>
> **博德鲁姆**(Bodrum)从科斯岛(Kos)出发
>
> **库沙达瑟**[Kuşadasi; 邻近以弗所(Ephesus)]从萨摩斯岛(Samos)出发
>
> **切什梅**[Çeşme; 邻近伊兹密尔(İzmir)]从希俄斯岛(Chios)出发
>
> **迪基利**[Dikili; 邻近艾瓦勒克(Ayvalık)]从莱斯沃斯(Lesvos)出发

科斯岛(Kos) Κως

人口 19,872

繁忙的科斯岛距土耳其的博德鲁姆半岛(Peninsula of Bodrum)仅5公里。作为医药之父希波克拉底(Hippocrates, 公元前460年至公元前377年)的故乡,这里深受历史爱好者的青睐。这座小岛还吸引着另一个完全不同的群体——热爱阳光、海滩的北欧人。夏天,会有大量的北欧人来到这里度假。

景点和活动

熙攘的科斯城(Kos Town)有许多美丽的海滨自行车道,租一辆自行车沿海骑行是观景的好选择。骑士城堡附近有**希波克拉底梧桐树**(Hippocrates Plane Tree; Plateia Platanou, Kos Town) 免费 。据说,希波克拉底当年就是在这里的树下授课的。现代城区就建在古代城市的巨大遗址之上——一起来探索遗迹吧!

希腊 科斯岛

★阿斯克勒庇俄斯康复中心 考古遗址

（Asklipieion；☎22420 28763；成人/儿童€4/免费；⏰周二至周日8:00～19:30）在科斯城西南4公里处一座覆盖着松林和橄榄林的美丽小山上，耸立着这座著名的康复中心遗址，人们曾在这里教授、学习希波克拉底思想，其面积甚大。来自世界各地的医生和医疗者成群结队地前来此地参观游览。

骑士城堡 要塞

（Castle of the Knights；☎22420 27927；Kos Town；门票€4；⏰周二至周日8:00～14:30）从希波克拉底梧桐树旁的桥穿过Finikon河，就到了这座曾经固若金汤的城堡。城堡由巨大的外墙和一座内城组成，修建于14世纪，有一条护城河（Finikon）将其与老城分割开来。1495年，它因为地震被毁，16世纪获得重建，是骑士团用来抵抗土耳其人入侵的最坚固的防御措施。

古市场 遗迹

（Ancient Agora；Kos Town）古市场是骑士城堡以南的一处露天遗址，包含阿佛洛狄忒圣坛（Shrine of Aphrodite）和赫拉克勒斯神庙（Temple of Hercules）的遗迹。西侧是一座建于公元前3世纪的巨大柱廊，有一些复原的石柱。

住宿

Hotel Afendoulis 酒店 €

（☎22420 25321；www.afendoulishotel.com；Evripilou 1，Kos Town；标单/双€30/50；⏰3月至11月；❄@📶）宁静的Afendoulis有许多乐观热情的员工，明亮的客房中是白色的墙壁，配备有小阳台、平板电视、吹风机和干净的浴室。楼下有开放式早餐厅和鲜花露台，摆放有铸铁桌子和椅子，可以享受自制的果酱和橘子酱。

★Hotel Sonia 酒店 €€

（☎22420 28798；www.hotelsonia.gr；Irodotou 9，Kos Town；标单/双/标三€40/60/75；⏰全年；❄📶）这家旅馆位于一条宁静的小街上，闪闪如新的客房中装饰着嵌木地板，配备有平板电视、冰箱和时尚的浴室。如果需要，可以额外添加床铺。有公共阳台，上面有铸铁椅子，还有宽敞的私人阳台和一间很不错的图书馆。4号房间有最好的海景。

就餐

科斯城老港口的中央海滨有许多餐馆，但要想吃得经济实惠，应该去后街小巷。夜店散落在集市以北的Diakon和Nafklirou。

H2O 国际风味 €

（☎22420 47200；www.kosaktis.gr；Vasileos Georgiou 7，Kos Town；主菜€10～20；⏰11:00至午夜；❄📶✎）酒店Kos Aktis Art里的这家餐厅是城市中最炫目的海滨餐厅，在面朝博德鲁姆的码头露台上，很受时髦人士的追捧，是享受健康午餐和晚餐的绝佳去处。可选择蒜末烤面包、烤蔬菜、虾蓉、鸡肉调味饭，也可以于傍晚来喝杯莫吉托。

Arap 土耳其菜 €

（☎22420 28442；Platani Sq，Kos Town；主菜€7～15；⏰正午至午夜）这家休闲烧烤餐厅位于土耳其区Platani，在通往Asklepeion的路上。在此，可品尝分量很足的烤肉和新鲜美味的皮塔饼。从市中心步行过来要走2.5公里，所以不妨骑自行车或者搭出租车。

实用信息

更多信息请参见www.kos.gr、www.kosinfo.gr或www.travel-to-kos.com。

到达和当地交通

飞机

每天都有航班从科斯岛的**Ippokratis机场**（KGS；☎22420 51229）飞往雅典，也可从此飞往罗得岛和卡林诺斯岛（Kalymnos）。夏季，有来自欧洲各国的专机和定期航班。机场位于科斯西南28公里处，可以乘坐公共汽车（€4）或出租车（€30）抵离机场。

自行车

可以在港口租赁自行车，并环游城镇。

船

科斯有船前往比雷埃夫斯和十二群岛中的所有岛屿，还有基克拉泽斯、萨摩斯岛和塞萨洛尼基。运营的公司有**Blue Star Ferries**（☎2242 028 914；Kos Town）、**Anek Lines**（☎2242 028 545）和**ANE Kalymnou**（☎22420 29900）。

岛上捷径

如果长时间乘坐渡轮太浪费你的度假时间，可以查看爱琴海航空、奥林匹克航空、Astra Airlines和Sky Express（见623页）的航班。注意行李限制，尤其是Sky Express——只允许携带很小的包。

Dodekanisos Seaways在岛际渡轮码头运营双体船。当地乘客和汽车渡轮从Mastihari镇前往卡林诺斯岛的Pothia。票务可咨询港口的**Fanos Travel & Shipping**（☎22420 20035；www.kostravel.gr；11 Akti Kountourioti，Kos Town）。

去土耳其

夏季，每天有短途船只前往土耳其的博德鲁姆（€20往返，1小时）。

公共汽车

科斯岛上的公交系统非常完善，公共汽车站位于Kleopatras，邻近城市后面的遗址。

爱琴海东北部群岛（NORTHEASTERN AEGEAN ISLANDS） ΤΑ ΝΗΣΙΑ ΤΟΥ ΒΟΡΕΙΟ ΑΝΑΤΟΛΙΚΟ ΑΙΓΑΙΟΥ

作为希腊最隐秘的景点，这些偏远的群岛散落于爱琴海的东北角，它们离土耳其比离希腊本土还要近。这里有未经破坏的风景、热情好客的人民、迷人又独具特色的文化。在夏季旅游高峰期，当其他希腊岛屿被游客攻占的时候，这里仍保持着相对宁静的氛围。

萨摩斯岛（Samos） Σαμος

人口 32,820

这座植被繁茂的多山岛屿距土耳其仅有3公里。作为传说中众神之神宙斯的姐姐兼妻子赫拉的出生地，萨摩斯岛拥有辉煌的历史。与此同时，它也是希腊重要的文化中心，数学家毕达哥拉斯（Pythagoras）和寓言作家伊索（Aesop）皆出生于此。夏日，岛上的海滩很适合晒太阳，而它的腹地则极适宜徒步旅行。春季，岛上野花盛开，有粉红色的火烈鸟。夏季则有大量的团队游客。

瓦西（萨摩斯城）[Vathy (Samos Town)] Βαθύ Σάμος

人口 2030

忙碌的瓦西是一座富有魅力的转运港口。城中的商业活动主要集中在水边的主要街道Themistokleous Sofouli一带。滨水区中央的主要广场Plateia Pythagorou上种植了四棵棕榈树，还安放着一座狮子雕像，非常容易辨认。

考古博物馆（Archaeological Museum；☎22730 27469；成人/儿童€3/免费，11月至次年3月周日免费；⏲周二至周日8:30~15:30）是岛上值得参观的一流景点之一。**Cleomenis Hotel**（☎22730 23232；Kallistratous 33；双含早餐 €35起）靠近城镇东北的海滩，有简洁的优质客房。优雅的**Ino Village Hotel**（☎2273 0 23 241；www.inovillagehotel.com；Kalami；双含早餐 €70~145；P ❄ 📶 🏊）位于渡轮码头以北的山上，附设的Elea Restaurant的露台能看到城镇和港口风景。

前往码头对面的**ITSA Travel**（☎2273 0 23 605；www.itsatravelsamos.gr；Themistokleous Sofouli；⏲8:00~20:00），你可以获得很多关于旅行咨询、短途旅行、食宿和行李寄存方面的信息。

皮萨戈里奥（Pythagorio） Πυθαγόρειο

人口 1300

从瓦西向南走11公里，即可抵达小镇皮萨戈里奥，从帕特莫斯岛乘船亦可到达这里。皮萨戈里奥的海港里总是停满了游艇，迷人的小镇始终洋溢着一种忙碌的假日氛围。

长达1034米的**艾夫帕利诺斯隧道**（Evpalinos Tunnel；☎22730 61400；Pythagorio；成人/儿童€4/免费；⏲周二至周日8:00~14:00）是公元前6世纪由政治犯挖掘而成的。这里曾被当成一个水渠，以便引入来自Ampelos山（海拔1140米）的水源。

在传说中，女神赫拉的出生地**埃尔伦**（Ireon；成人/儿童€4/免费；⏲周二至周日8:30~15:00）位于皮萨戈里奥以西8公里处，是联合国教科文组织认证的世界遗产，其上的庙宇极为庞大，其规模为帕特农神庙的4倍。不过，历经沧桑之后，庙宇中仅有一根圆柱保存了下来。

Polyxeni Hotel（☎22730 61590；www.polyxenihotel.com；双€45~70；❄📶）是一处位于海滨中心的有趣住所。水岸边的咖啡馆和酒吧鳞次栉比。

热忱待人的**市立游客信息中心**（municipal tourist office；☎22730 61389；deap5@otenet.gr；Lykourgou Logotheti；⏲8:00~21:30）位于距离海滨两个街区的主要街道上。**公共汽车站**也在同一条街上。

萨摩斯周边

萨摩斯是一个森林、山岳和野生生物资源丰富的岛屿，其中分布有30多个村庄，隐藏着许多便宜又出色的餐馆。迷人的**Vourliotes**和**Manolates**位于瓦西西北宏伟的**艾佩洛斯山**（Mt Ampelos）的山坡上，很适合徒步旅行，有许多路标明晰的道路。

海岸西北的**Karlovasi**是另一座渡轮港口，本身也很有趣，值得探索。可在海滩附近环境整洁、服务热情的**Hesperia Hotel Apartments**（☎22730 30706；www.hesperiahotel.gr；Karlovasi；零居室/公寓€50/65）过夜。Karlovasi以南的海滩最为宜人，例如**Potami海滩**。其余选择包括海岸北部的**Tsamadou海滩**、西南部的**Votsalakia海滩**和皮萨戈里奥以东的**Psili Ammos海滩**。后者为沙质海滩，在土耳其就能看见，距离仅几公里远。Skoureika附近美丽的**Bollos海滩**更鲜有人知。

ℹ 到达和当地交通

飞机

萨摩斯机场（SMI）位于皮萨戈里奥以西4公里处，每天都有航班飞往雅典。每周还有几趟航班连接伊拉克利翁、罗得、希俄斯（Chios）和塞萨洛尼基。夏季会有包机从欧洲其他国家飞来。

公共汽车（€2）每天9班，乘出租车前往瓦西、皮萨戈里奥的花费分别为€25和€6。

船

萨摩斯有两大港口：东北海岸的瓦西（大型渡轮）和东南海岸的皮萨戈里奥（从南部开来的船只）。公共汽车需要25分钟连接两处。去往利姆诺斯（Limnos）、希俄斯和莱斯沃斯（Lesvos）的船只也可从Karlovasi村出发。要确定你乘坐的船次的出发港口。

作为海运中心，萨摩斯每天都有渡轮前往比雷埃夫斯（€40，1小时），也有北上前往希俄斯和西进前往基克拉泽斯的渡轮。夏季高峰期间，有船次南下帕特莫斯（Patmos）和科斯。

去土耳其

每天都有渡轮前往土耳其的库萨达斯（去以弗所，单程/往返€35/45，外加€10的港口税）。4月至10月也有一日往返的短途旅程。最新信息可咨询ITSA Travel（见612页）。

公共汽车

乘坐公共汽车，可以到达岛上绝大多数村庄和海滩。

小汽车和摩托车

到处都可以租到小汽车和小轮摩托车（小汽车/摩托车每天€60/30起）。

莱斯沃斯岛（米蒂利尼）[Lesvos (Mytilini)]

Λεσβος (Μυτιληνη)

人口 93,500

通常被称为米蒂利尼的莱斯沃斯岛偏好"大规模"的事物。作为希腊仅次于克里特岛和埃维亚岛（Evia）的第三大岛屿，莱斯沃斯岛出产了世界上半数的茴香酒，同时还种植了1100多万棵橄榄树。岛上虽然多山，但土壤肥沃，当地美食世界闻名，还有绝佳的徒步和观鸟机会，且目前还未被旅游业染指。

米蒂利尼 (Mytilini) Μυτιλήνη

人口 29,650

作为莱斯沃斯岛首府和主要港口的米蒂利尼是一座学生众多的城镇，有许多出色的餐饮选择，还有不拘一格的教堂、19世纪的宏伟建筑和博物馆。位于两座海港（北边和南边）之间，其东边的海岬上还有一座壮观的堡垒。所有的渡轮都在港口南部停靠，而城镇的绝大多数活动也都围绕着海滨展开。

👁 景点

可联系旅游局询问**特里亚德博物馆**

萨福、女同性恋和莱斯沃斯岛

公元前7世纪，伟大的古希腊女诗人萨福（Sappho）出生于莱斯沃斯岛。她的大部分作品皆专注于描绘爱和欲望，而且她的爱慕对象通常为女性。鉴于此，萨福及其出生地便与女同性恋者联系在了一起。

现如今，有很多女同性恋者来莱斯沃斯岛游览，同时向萨福表达敬意。整座岛屿对同性恋者非常友善，尤其是位于西南部海滩的**Skala Eresou**度假村，那里曾是古代埃雷索斯（Eresos）的所在地，萨福便出生于此。这座村庄是为了迎合女同性恋者的需求而修建的，每年9月还会举办“女性同行节”（Women Together）。登录www.womensfestival.eu和www.sapphotravel.com可获取详细资讯。

在米蒂利尼海滨的中央广场上耸立着一座精美的萨福雕像。

（Teriade Museum；☎22510 23372；www.museumteriade.gr；Varia）的修复工作是否完成，本书调研时这里还处于施工状态。其中收藏有许多艺术精品。也可以索要当地博物馆的完整名录，其中有一些专门介绍橄榄油和茴香烈酒。

考古博物馆 博物馆

（Archaeological Museum；旧考古博物馆；成人/儿童含新考古博物馆 €3/2；⏲周二至周日8:30~15:00）这座博物馆位于码头以北的一个街区，有从新石器时代到罗马时代的惊人发现，包括女性翻跟头的陶瓷雕像和黄金首饰。

要塞 要塞

（Foetress；成人/儿童€2/免费；⏲周二至周日8:30~14:30）米蒂利尼令人印象深刻的要塞修建于拜占庭早期。14世纪，它在热那亚君主Francisco Gatelouzo的统治下获得整修，后被土耳其人扩建。要塞周围松林环绕，是散步的绝佳之所。

住宿

★Alkaios Rooms 家庭旅馆 €

（☎2251047737, 69455 07089；www.alkaiosrooms.gr；Alkaiou 16 & 30；标单/双/标三含早餐€35/45/55；❄📶）这里是米蒂利尼最吸引人的廉价住宿选择，位于几座修复过的传统建筑中，包括30间保养得当的客房。从海滨的Paradosiaka Bougatsa Mytilinis走过来只需要两分钟。

Hotel Lesvion 酒店 €€

（☎22510 28177；www.lesvion.gr；Harbour；标单/双/标三 €45/60/70起；❄📶）这家酒店位置优越，就坐落在港口，服务友好，提供的是迷人的现代风格客房，有些带有能看到港口绝佳风景的阳台。

Theofilos Paradise Boutique Hotel 精品酒店 €€

（☎22510 43300；www.theofilosparadise.gr；Skra 7；标单/双/四/套含早餐 €70/95/135/120起；P❄@📶🏊）这家酒店位于一座修复过的拥有100年历史的老宅中，装饰优雅喜人，非常超值，有现代化设施，还有一间传统的hammam（土耳其浴室）。22间客房散布在三座相邻的建筑中，中间有一个庭院。

餐饮

在港口（莎孚广场）转弯处的Ladadika有热闹的酒吧、咖啡馆和创意餐厅。

★To Steki tou Yianni 希腊小馆 €

（☎22510 28244；Agiou Therapodos；主菜€6~14；⏲正午至15:00和20:00至深夜）从高耸的Agios Therapon教堂背后向上走，就到了这家热情又出色的希腊小馆。这里供应最新鲜的食物。所有的食材都产自当地，奶酪非常美味，鱼肉等肉类也都是顶级的。这是一家针对当地人的就餐处，食客都是21:00之后才到。可品尝当地的茴香酒。

Averoff Restaurant 希腊菜 €

（☎22510 22180；Kountourioti, Harbour；主菜 €6~10；⏲10:00~22:00）这是海滨中心地区一家经济实惠的餐厅，特色是分量很足的mayirefta（现成）菜肴，例如鸡肉、土豆和填馅番茄。

实用信息

登录www.lesvos.net和www.greeknet.com可获取相关信息。

游客信息中心（EOT；☎22510 42512；Aristarhou 6；⊙周一至周五 9:00~13:00）靠近码头，咨询处提供旅行手册和地图。

Zoumboulis Tours（☎22510 37755；Kountourioti 69；⊙8:00~20:00）出售渡轮票和机票，提供前往土耳其的船运服务，还可帮游客租赁房间。

莫利沃斯（米西姆纳）[Molyvos (Mithymna)] Μόλυβος (Μήθυμνα)

人口 1500

雅致的古老小城米西姆纳（本地人称为莫利沃斯）位于米蒂利尼以北62公里处，优雅地环绕在风景如画的**旧港口**周围，石子铺砌的街道上尽是开花的藤蔓，由此上行就到了山顶气势恢宏的**拜占庭-热那亚城堡**（Byzantine-Genoese castle；门票€2；⊙周二至周日8:00~15:00）。城堡上，视野非常开阔，甚至能远眺土耳其和周围葱茏山谷的景致。莫利沃斯的美景赏心悦目，非常值得游览，也是一个适合停留的宁静小镇。

位于城外4公里处的海滩上的**艾弗塔罗温泉**（Eftalou hot springs；☎22530 72200；Eftalou；传统大众/新私人浴室每人€4/5；⊙旧浴室6:00~21:00）是一处一流的浴场，搭配的是蒸汽腾腾的鹅卵石浴池。海岸北部的风景美丽绝伦，小村也毫不逊色。

Nassos Guest House（☎22530 71432；www.nassosguesthouse.com；Arionis；双/标三不含浴室€20/35；📶）是一家位于土耳其老屋中的宾馆，氛围轻松且友善，景致令人着迷。**Molyvos Queen**（☎22530 71452；www.molyvos-queen.gr；公寓 €60起；❄📶）的公寓能看到海景或城堡景色。

从公共汽车站出发，向城内走100米，即可抵达**市立游客信息中心**（municipal tourist office；☎22530 71347；www.visitmolivos.com；⊙时间不定）。

从米蒂利尼乘公共汽车前往米西姆纳（€6.90）需要1.75小时。租辆车自驾是更好的选择。

岛屿周边

租辆车，可以游览不可思议的乡村地区。莱斯沃斯南部主要是**奥林帕斯山**（968米）以及林木茂密的峡谷。可游览美丽的山村**Agiasos**，这里工匠工坊制作的产品包括手工家具和陶器等。更靠南的**Plomari**村是茴香烈酒的产地，可参观迷人的酒厂**Varvagianni Ouzo**（☎22520 32741；⊙周一至周五9:00~16:00，周六和周日要预约）免费。

莱斯沃斯西部以其**石化森林**（petrified forest；www.petrifiedforest.gr；门票 €2；⊙7月至9月和10月至次年6月 周五至周日 9:00~17:00）闻名，这里的石化森林至少拥有500,000年的历史。这里还有对同性恋很友好的小镇**Skala Eresou**，它是女诗人萨福（Sappho，见614页）的诞生地。可以在宁静的**Sigri**过夜，这里宽阔的海滩一直延伸到西南。

到达和当地交通

飞机

莱斯沃斯的Odysseas机场（MJT）在航行时刻表上被称作米蒂利尼，每天都有航班从这里前往雅典和塞萨洛尼基。**Sky Express**（☎2810 223 500；www.skyexpress.gr）的航班可至伊拉克利翁、利姆诺斯、希俄斯、萨摩斯、罗得和伊卡里亚（要注意，行李限制严格）。机场位于米蒂利尼以南8公里处。出租车费为€10，公共汽车费为€1.60。

船

夏季，每天都有快船从米蒂利尼前往比雷埃夫斯（€41，11~13小时），途经希俄斯。其余渡轮前往希俄斯、伊卡里亚、利姆诺斯、塞萨洛尼基和萨摩斯。可查看www.openseas.gr。

去土耳其

每周有定点的渡船去往迪基利（Dikili）港［至艾瓦勒克（Ayvalik）］以及Fokias［至伊兹密尔（Izmir）］，可以在Zoumboulis Tours（见本页）订船票并查询时刻表。

长途汽车

米蒂利尼长途汽车站位于Agia Irinis公园旁，靠近圆顶教堂。当地汽车站在主广场Plateia Sapphou对面。

小汽车

值得租辆小汽车去探索这广阔的岛屿。机场有几家租赁处，镇上也有很多。

斯波拉泽斯群岛（SPORADES） ΣΠΟΡΑΔΕΣ

散落在皮利翁半岛（Pelion Peninsula）东南的斯波拉泽斯群岛形成于史前时期，由11座岛屿组成，岛上的景色非常相似——重峦叠嶂，树木葱茏，被波光粼粼的清澈大海环绕。

沃洛斯（Volos）和圣康斯坦丁诺斯（Agios Konstantinos）是斯波拉泽斯群岛的主要港口。

斯基亚索斯岛（Skiathos） Σκιαθος

人口 6150

植被茂盛的斯基亚索斯岛给人一种海滩度假村的感觉。虽然搭乘包机来此游玩的游客不少，但在岛上你依然能享受惬意的氛围，而且冬季气候温和。斯基亚索斯城有一座古雅的老港口，几处极美的海滩就位于南海岸。

景点和活动

天使报喜修道院（Moni Evangelistrias, Monastery of the Annunciation；博物馆门票 €2；⏲10:00至黄昏）是岛上最著名的修道院。在独立战争时期，这里曾是自由战士的山顶避难所，1807年希腊国旗率先插在了这里。

斯基亚索斯岛（尤其是南部海岸）拥有一流的海滩。**库库纳里斯**（Koukounaries）深受家庭游客的欢迎，而且有一片保护得极好的水禽栖息沼泽地。漫步越过海岬后，即可抵达绝美的**大香蕉海滩**（Big Banana Beach），但如果你想享受全身日光浴，不妨再走远一些，前往**小香蕉海滩**（Little Banana Beach），那里裸晒的游客非常多。美丽的**Lalaria**位于海岸北部，只能乘船进入。

斯基亚索斯城的老港口有**乘船短途游**，比如前往附近海滩（€10）、斯基亚索斯环岛（€25）以及包括游览斯科派洛斯岛（Skopelos）、阿洛尼索斯岛（Alonnisos）和阿洛尼索斯海洋公园在内的全天游项目（€35）。

住宿

Hotel Mato 酒店 €

（☎24270 22186；www.matoskiathos.gr；25th Martiou 30；双含早餐 €60；❄📶）这家舒适的酒店位于风景如画的古城步行区中心，全年营业。友好的店主Popi把这里打扫得非常干净。早餐是农场出产的美味的新鲜鸡蛋。

Hotel Bourtzi 精品酒店 €€€

（☎24270 21304；www.hotelbourtzi.gr；Moraitou 8；双含早餐 €174起；P❄📶🏊）这家时髦的酒店位于Papadiamanti上部，因而摆脱了城镇的喧闹。客房设计出色，还有迷人的花园和游泳池。夏季7晚起住。

餐饮

在斯基亚索斯城老港口周边，可品尝到海鲜，咖啡馆、酒吧则遍布整个海滨。

Taverna-Ouzerie Kabourelia 希腊小馆 €

（老港口；主菜 €4~9；⏲正午至午夜；📶）老港口的这家热门餐厅全年营业，可以去厨房看看当天有什么收获。烤鱼价格便宜。开胃菜中具有代表性的是烤章鱼。

O Batis 希腊小馆 €

（☎24270 22288；老港口；主菜 €4~9；⏲正午至午夜）这家位于老港口上方路边的热门鱼餐厅是当地值得信赖的选择，鲜鱼、gavros（卤汁小鱼）和美味开胃菜价格便宜。氛围舒适，有精选的当地葡萄酒，而且全年营业。

实用信息

登录www.skiathosinfo.com可获取相关资讯。

到达和当地交通

飞机

斯基亚索斯机场（JSI）位于斯基亚索斯城东北2公里处，夏季每天有航班前往雅典，也有来自北欧的包机。依据你前往方向的不同，出租车费用为€6~15。

船

每天，从斯基亚索斯去往沃洛斯内陆港口（€38，1.25小时）和圣康斯坦丁诺斯内陆港口（€37，2小时）的水翼船非常多，更廉价的渡船也不少。还有水翼船/渡轮从斯基亚索斯往来于斯科派洛斯岛（€10/6，20/40分钟）和阿洛尼索斯岛（€17/11，1.5/2.5小时）。参见**Hellenic Seaways**

星空下的电影

希腊的夏季时光意味着露天剧场。雅典有Aigli Cinema（☎210 336 9369；www.aeglizappiou.gr；Zappeio Gardens，Syntagma；Ⓜ Syntagma）和Cine Paris（☎210 322 0721；www.cineparis.gr；Kydathineon 22，Plaka；Ⓜ Syntagma）等许多选择，斯基亚索斯城则有Cinema Attikon（☎69727 06305，24720 22352；票价 €7）。在晴朗的星空下，你可以一边啜饮着啤酒，一边欣赏最新上映的英文电影，还可以跟随超快的字幕练习希腊语。其他岛屿上也拥有类似的室外电影院。

（☎24270 22209；www.hsw.gr）或**NEL Lines**（☎24270 22018；www.nel.gr）。

环绕斯基亚索斯岛的水上出租车从老港口出发。

汽车

沿着南部海岸公路往来于斯基亚索斯城和库库纳里斯海滩之间的公共汽车（€2）非常拥挤，7:30~23:00每30分钟1班，全年如此。在沿途的所有海滩都会停靠。汽车站位于港口最东端。

伊奥尼亚群岛（IONIAN ISLANDS） ΤΑΕΠΤΑΝΗΣΑ

覆盖着柏树和冷杉的伊奥尼亚群岛充满了田园气息，它分布在希腊西海岸，从基西拉岛北部的科孚岛（Corfu）一直延伸至伯罗奔尼撒（Peloponnese）的最南端。

伊奥尼亚群岛多山，岛上的海滩皆背靠悬崖，阳光和煦、海水清澈，充满了浓郁的意大利风情，为游客提供了一种在希腊其他岛屿上体验不到的独特感受。

科孚岛（Corfu） Κερκυρα

人口 101,080

很多人认为科孚岛[希腊人称之为克基拉岛（Kerkyra）；读作ker-kih-rah]是希腊最美丽的岛屿。但不幸的是，美景带来了过多的建设和泛滥的人群。略过这些去寻找岛屿的核心魅力吧。

科孚市（Corfu Town） Κέρκυρα

人口 31,359

建于海岬之上的科孚老城夹在两座要塞中间，城中的步行街道错综复杂，街道两旁皆是华丽的威尼斯式建筑。清晨或黄昏时分，到这些蜿蜒的小巷和令人惊奇的广场闲逛，可避开前来购买纪念品的大批短途游客。

景点

★老城堡 要塞

（Palaio Frourio；☎26610 48310；成人/优惠€4/2；⏲4月至10月8:00~20:00，11月至次年3月8:30~15:00）这座宏伟的地标是15世纪的威尼斯人以一座拜占庭城堡的废墟为基础修建的，后来英国人对其进行了进一步的改造。可以从内部登上灯塔的顶端，饱览本地区绝佳的全景风景。门楼中有一座拜占庭博物馆。

★圣迈克尔和圣乔治宫（Palace of St Michael & St George） 宫殿

这座宫殿建于1929年，原本是英国高级专员的居住区，现在是一座世界级的亚洲艺术博物馆（Museum of Asian Art；☎26610 30443；www.matk.gr；成人/儿童含音频导览 €3/免费，含安迪沃尼奥蒂萨博物馆和老城堡 €8；⏲周二至周日8:30~15:30）。这里有来自亚洲各地约10,000件的文物，大多配有专业的英语标签，信息丰富。此外，宫殿的王位厅（throne room）和圆形大厅（rotunda）都装饰有古老的家具和艺术品，令人难忘。

★圣斯皮里登教堂 教堂

（Church of Agios Spiridon，Agios Spiridonos；⏲7:00~20:00）免费 在这座16世纪的长方形教堂中有一具精致的银制棺木，其中是备受科孚人民爱戴的保护神圣斯皮里登的神圣遗骨。

安迪沃尼奥蒂萨博物馆 博物馆

（Antivouniotissa Museum；☎26610 38313；www.antivouniotissamuseum.gr；紧邻Arseniou；成人/儿童€2/免费；⏲周二至周日9:00~15:30）这座精致的木头屋顶的安迪沃尼奥蒂萨圣母教堂（Church of Our Lady of Antivouniotissa）建于15世纪，现在收藏有精美的拜占庭和后拜占庭时期的画像和各种文物，这

些展品的历史可追溯至13世纪到17世纪。

宁静宫 公园

（Mon Repos Estate, Kanoni Peninsula; ⊙5月至10月8:00~19:00，11月至次年4月至17:00）**免费** 在城镇南郊的Kanoni Peninsula，广阔的林地之中有一座优雅的新古典主义风格别墅，其中是**Palaeopolis博物馆**（☎26610 41369; www.corfu.gr; 成人/优惠 €3/2; ⊙5月至10月周二至周日8:00~19:00），这里布置有好玩的考古展示品，以及关于科孚市历史的展览。随道路穿过林地，可到达两座多利安式神庙的遗迹，第一座已经全部荒废，但南部的阿尔忒弥斯神庙（Temple of Artemis）令人印象深刻。

住宿

依据旅游季节的不同，住宿价格会呈现疯狂的波动趋势。最好提前预订。

★ Siorra Vittoria 精品酒店 €€

（☎26610 36300; www.siorravittoria.com; Stefanou Padova 36; 标单/双 含早餐 €95/135起，套 €165~190; P ❄ 📶）这家酒店位于一座建于19世纪的宁静大楼中，它煞费苦心地恢复了传统风格，并融合了现代便利设施。大理石浴室、清爽的寝具和优雅的服务生使得这里住起来非常舒适。早餐在安静花园里古老的玉兰树下供应。Vittoria套房中包含一个工作室，能眺望到大海。

★ Bella Venezia 精品酒店 €€

（☎26610 46500; www.bellaveneziahotel.com; N Zambeli 4; 标单/双含早餐 €100/120起; ⊖ ❄ 📶）这家酒店位于从前的一座新古典主义风格的女子学校中，客房舒适，氛围优雅。员工认真尽责，花园露台中的早餐厅令人眼前一亮。

Hermes Hotel 酒店 €€

（☎26610 39268; www.hermes-hotel.gr; Markora 12; 标单/双/标三 €50/70/90起; ❄ 📶）这家酒店位于新城的一片繁忙地区，能眺望到市场。提供的简单整洁的客房有双层玻璃，旧楼中的氛围尤其好。

餐饮

科孚拥有很多极好的餐馆。带拱廊的利斯顿街（Liston）两边都是咖啡屋和酒吧，记得品尝一下科孚本地的啤酒。

★ To Tavernaki tis Marinas 希腊小馆 €

（☎69816 56001; 4th Parados, Agias Sofias 1; 主菜 €6~16; ⊙正午至午夜）修复过的石头墙壁、光滑的硬木地板和热情的员工使得这家小餐馆的氛围远远超越其他餐馆。可查看每日特色菜，或者选择烤沙丁鱼和牛排。所有的菜肴都搭配少量茴香酒或tsipouro（一种类似茴香酒的烈酒）。

Chrisomalis 希腊小馆 €

（☎26610 30342; N Theotoki 6; 主菜€8~

值得一游

爱奥尼亚人的乐趣

帕克西岛（Paxi, Πάξοι）帕克西不愧是爱奥尼亚群岛上最具田园风情、最美丽的岛屿之一。它的面积只有40平方公里，是主要度假岛屿中最小的一座，也是逃离科孚岛快节奏生活的好选择。

凯法劳尼亚岛（Kefallonia, Κεφαλλονιά）凯法劳尼亚岛上长满了宁静的柏木和冷杉，是群岛中最大的一座，有崎岖的山脉、富庶的葡萄园、高耸的海滨悬崖和金色的沙滩，美得令人窒息。这里没有像其他的爱奥尼亚岛屿那样屈服于包价旅游，而是保留了低调度假区的感觉。

伊萨基岛（Ithaki, Ιθάκη）伊萨基（古代叫伊萨卡）是荷马史诗《奥德赛》中奥德修斯失去已久的家园。目前，这里是一个葱茏的原始岛屿，有长满柏木的山坡和美丽的绿松石色的小湾。最好从凯法劳尼亚岛前来。

莱夫卡达岛（Lefkada, Λευκάδα）莱夫卡达的一些海滩如果不能被称为世界最佳的话，起码也是希腊最佳。还有悠闲的生活方式。

13；⊙正午至午夜）位于老城中心的这家夫妻档酒馆提供很多经典菜式。

★**La Cucina** 意大利菜 €€

（☎26610 45029；Guilford 17；主菜 €13~25；⊙19:00~23:00）这家餐厅经营良好，提供创意菜肴，还有手工制作的意大利面。

位于古老的Guilford街，采用舒适的暖色调，装饰有壁画，附属的**Moustoxidou**（☎26610 45799；Guilford和Moustoxidou交叉路口；⊙19:00~23:00）采用一样的菜单，装饰的是时髦的玻璃和灰色调。

实用信息

旅游警察局（Tourist Police；☎26610 30265；3rd fl，Samartzi 4）紧邻Plateia San Rocco。

岛屿周边

想要探索本岛，最好自驾车。科孚市以北的海岸大多是海滩度假村，南部较为宁静，西部有美丽的海岸线，不过较为热门。**科孚之路**（Corfu Trail；www.thecorfutrail.com）南北贯穿岛屿。

在科孚市以北，**卡希奥皮**（Kassiopi）的**Manessis Apartments**（☎26610 34990；www.manessiskassiopi.com；Kassiopi；4人公寓 €70~100；❄📶）提供海滨公寓。

市南的**阿克琉斯宫**（Achillion Palace；☎26610 56210；www.achillion-corfu.gr；Gastouri；成人/儿童 €7/2，音频导览 €3；⊙4月至10月 8:00~20:00，11月至次年3月8:45~16:00）一派皇室的珠光宝气。不要忘了在岛上最好的酒馆之一**Klimataria**（Bellos；☎26610 71201；主菜 €8~14；⊙19:00至午夜）吃顿晚餐，它就在**贝尼采斯**（Benitses）附近。

想鸟瞰西海岸主要度假胜地**Paleokastritsa**周围长着柏木的海湾，可以去宁静的村庄**Lakones**。背包客可前往**Pelekas海滩**低调的**Sunrock**（☎26610 94637；www.sunrockhostel.com；Pelekas Beach；铺/房 每人 含早晚餐 €18/25；@📶），这是一家全膳宿青年旅舍。继续南下，**Agios Gordios**小镇周边环绕着美丽的海滩，这里著名的**Pink Palace**（☎26610 53103；www.thepinkpalace.com；Agios Gordios Beach；铺和房 每人 含早晚餐 €21~50；❄@）是背包客的派对中心。

到达和当地交通

飞机

爱奥尼斯卡波季斯第亚斯机场（Ioannis Kapodistrias Airport，CFU；☎26610 89600；www.corfu-airport.com）位于科孚市西南2公里处。**奥林匹克航空**（Olympic Air；☎801 801 0101；www.olympicair.com）、**爱琴海航空**（Aegean Airlines；☎26610 27100；www.aegeanair.com）和Astra Airlines（见623页）每天都有航班飞往雅典，每周则有几班飞往塞萨洛尼基。**Sky Express**（☎2810 223500；www.skyexpress.gr）运营季节性航线，可至爱奥尼亚群岛的其他地方和克里特（但要注意，行李规定很严）。夏季，有廉价航班和国际包机。19路公交车可连接机场（€1.50），出租车的费用为€7~10。

船

新港口（Neo Limani）位于新城堡（Neo Frourio）以西。乘坐轮船可前往伊古迈尼察（Igoumenitsa；€10，1.5小时，每小时1班）。夏季，每天都有开往帕克西岛（Paxi）的轮船和水翼船，去往意大利（巴里、布林迪西和威尼斯）的渡轮也会在帕特雷（€35，6小时）停靠，有些则在凯法劳尼亚岛（Kefallonia）和扎金索斯岛（Zakynthos）停靠。**Petrakis Lines**（Ionian Cruises；☎26610 31649；Ethnikis Antistaseos 4，Corfu Town）可前往阿尔巴尼亚的萨兰达（Saranda）。查看www.openseas.gr。

长途汽车

科孚的**长途汽车站**（☎26610 28927；www.ktelkerkyras.gr；Ioannou Theotoki）每天都有长途汽车发往雅典（€50，8.5小时）和塞萨洛尼基（€45，8小时）。

开往科孚周边村庄的蓝色短途汽车（€1.1~1.5）从Plateia San Rocco发车。

生存指南

出行指南

签证

申根签证（见1302页）适用。可在**希腊驻华大使馆**（www.grpressbeijing.com）和**签证代办机构**（gr.vfsglobal.cn）的网站查询申请希腊申根签证的最新变化。

货币

- 自动柜员机随处可见，除了小村庄以外。
- 现金使用广泛，尤其是在乡村地区。一般来说，信用卡在小村子都不可用。
- 餐馆的账单中都包含了服务费。
- Piraeus Bank、Alpha Bank和花旗银行（Citibank）的自动柜员机支持银联卡提取欧元。部分机器带有中文界面。

使领馆

中国驻希腊大使馆（☎领事部0030-210-6723-282，接听时间为9:00~12:00；www.fmprc.gov.cn/ce/cegr/chn/；Krinon 2A，Paleo Psychico，15452，Athens，Greece；⏲周一至周五9:00~12:00）

海关条例

未获出口许可，严禁出口文物（任何历史超过100年的物品）。

营业时间

银行 周一至周四8:00~14:30，周五8:00~14:00

酒吧 20:00至深夜

咖啡馆 10:00至午夜

俱乐部 22:00至次日4:00

邮局 乡村地区 周一至周五 7:30~14:00；城市 周一至周五 7:30~20:00，周六 7:30~14:00

餐馆 11:00~15:00和19:00至次日1:00

商店 周一、周三和周六的8:00~15:00，周二、周四和周五的8:00~14:30及17:00~20:30（夏季，度假地的时间是全天）。周日，主要旅游区和雅典市中心的商店也营业。

节假日

新年 1月1日

主显节 1月6日

四旬斋的第一个星期日 2月

希腊独立日 3月25日

东正教耶稣受难日 3月/4月（不定）

东正教复活节星期日 2016年5月1日、2017年4月16日、2018年4月8日、2019年4月28日

五朔节 5月1日

圣灵降临节 复活节周日后的第50天

圣母升天节 8月15日

抗击意大利入侵日 10月28日

圣诞节 12月25日

圣史蒂芬节 12月26日

国家速览

面积 131,944平方公里

首都 雅典

国家代码 ☎30

货币 欧元（€）

紧急电话 ☎112

语言 希腊语

货币 主要是现金，除了小村庄外都有自动柜员机。

人口 10,700,000

签证 一般不受停留90天的限制。申根签证适用。

住宿

住宿类型

酒店 从基本商务型到高端精品奢侈型，不一而足。

家庭旅馆和客栈 一般提供早餐，由房主人经营。

Domatia 客房出租，民宿主人会在码头和汽车站等地方大喊“住宿”！

青年旅舍 大多数主要城镇和一些岛上都有青年旅舍。

露营地 4月至10月开放。标准设施包括热水淋浴、厨房、餐馆和迷你市场，而且通常都带有一个游泳池。可咨询**泛希腊露营协会**（Panhellenic Camping Association；☎21036 21560；www.greececamping.gr）。野外露营是被禁止的。

登山避难处 所有避难所都收录在《希腊登山避难处和滑雪中心》里。在希腊国家旅游组织和希腊高山俱乐部（Ellinikos Orivatikos Syndesmos，EOS）办公室可以免费领取本书。

邮局

- 邮局（Tahydromia；www.elta.gr）外面有黄色的标志，很容易辨识。
- 在欧洲以内寄明信片和航空信件的邮资是€0.60，寄往其他目的地的邮资是€0.80。

电话

- 希腊的电话业务由Organismos Tilepikoinonion Ellados运营，该公司简称OTE。电话卡在OTE商店和报刊亭有售。按“i”键收听英文使用说明。
- 手机信号覆盖广泛。持GSM900/1800手机的游

客可以使用漫游服务。购买当地的SIM卡需要用护照注册。如果要待上一阵子而且有不上锁手机的话可以考虑。

➡ 要查询希腊本地号码，拨打☎131。要查询国际长途电话，拨打☎161。区域代码是包含在10位电话号码之中的。

上网

多数住宿地、餐厅、港口、机场以及某些城市广场有无线网络。

网络资源

古希腊（Ancient Greece；www.ancientgreece.com）

希腊渡轮（Greek Ferries；www.openseas.gr，www.greekferries.gr）

希腊国家旅游组织（Greek National Tourist Organisation；www.gnto.gr，visitgreece.gr，www.discovergreece.com）

Greek Travel Pages（www.gtp.gr）

Virtual Greece（www.greecevirtual.gr）

就餐价格区间

文中列出的价格范围是依据主菜的平均价格而定的：

€ 低于€10

€€ €10~20

€€€ 高于€20

时间

希腊位于东欧时区，比格林尼治标准时间提前2小时，也就是比北京时间晚6小时。夏令时从3月的最后一个周日到10月的最后一个周日。

ℹ 到达和离开

希腊和意大利的安科纳、巴里、布林迪西、威尼斯之间有定期渡轮往来。希腊的罗得岛、科斯岛、萨摩斯岛、希俄斯岛和莱斯沃斯岛同土耳其爱琴海岸也有渡轮往来。

陆路方面，从希腊可以到达阿尔巴尼亚、保加利亚、马其顿和土耳其。如果自驾车，可以通过

特色饮食

营养又美味，食物是希腊旅行中最大的乐趣之一。这个国家丰富的烹饪传统融合了山村食物、海岛烹饪、亚洲少数民族特色、侵略者和古老贸易伙伴的影响于一体。经典希腊菜肴的精华在于新鲜、季节性的家常食材，一般辅以简单平常的烹饪方法，做出的是口感浓郁的地中海式美食。

➡ **开胃菜** 被称作mezedhes（字面意思就是“味道”，简称meze），标准菜品包括tzatziki（酸奶、黄瓜和大蒜）、melitzanosalata（浸茄子）、taramasalata（浸鱼子）、dolmadhes（填馅葡萄叶，简称dolmas）、fasolia（豆子）和oktapodi（章鱼）。

➡ **便宜小吃** 从旋转烤架上的大块猪肉或鸡肉上切下肉片，将其和西红柿、洋葱、炸薯条放在一起，然后夹在皮塔饼式面包里，就是Gyros。Souvlaki是竹签烤肉，一般是猪肉。

➡ **酒馆主食** 你会发现，每家的菜单上都有mousaka（一层层的茄子和肉馅，浇上贝夏梅尔调味酱烘烤而成），此外还有moschari（铁锅烤小牛肉和土豆）、keftedhes（肉丸）、stifado（炖肉）、pastitsio（烤肉末和贝夏梅尔调味酱通心粉）和yemista（将番茄或青椒填进肉末和米饭）。

➡ **甜点** 希腊人对待甜点很认真，即便是最小的村庄中也会有zaharoplasteia（甜点店）。可尝试不同口味的baklava（薄皮油酥点心，填进蜂蜜和坚果）。或者来点简单的：美味的希腊酸奶淋蜂蜜。

➡ **热门饮品** 带有传奇色彩的希腊烈酒散发着茴香的味道，适合细品。如果在酒中加入冰块与水，它会变成白云一般的颜色。Raki是克里特人的烈酒，采用葡萄皮制作。希腊咖啡是奥斯曼统治时期遗留下来的遗产，是备受欢迎的消遣饮品。

住宿价格区间

旺季以外，如果是长期住宿的话，一般都可以讲价（而且折扣力度很大）。文中列出的是旺季（7月和8月）带私人浴室的价格：

€ 低于€60（雅典€80）

€€ €60~150（雅典€80~150）

€€€ 高于€150

上述四国边境。希腊同邻国之间也有火车和长途汽车连接，不过要提前订票，因为这些业务都曾受到金融危机的影响。

更多渡轮信息参见www.seat61.com。

飞机

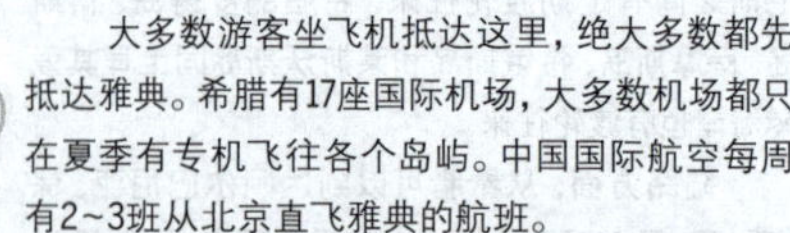

大多数游客坐飞机抵达这里，绝大多数都先抵达雅典。希腊有17座国际机场，大多数机场都只在夏季有专机飞往各个岛屿。中国国际航空每周有2~3班从北京直飞雅典的航班。

越来越多的欧洲廉价航空公司运营直飞希腊的定期航班，**奥林匹克航空**（www.olympicair.com）和**爱琴海航空**（www.aegeanair.com）也有国际航班。

陆路

过境

你可以开车或乘车通过以下边境口岸入境：

阿尔巴尼亚 Kakavia（Ioannina西北60公里处）、Sagiada（伊古迈尼察以北28公里处）、Mertziani（Konitsa以西17公里处）、Krystallopigi（Kotas以西14公里处）

保加利亚 Promahonas（塞萨洛尼基东北109公里处）、Ormenio（距离Serres41公里）、Exohi（兹拉马以北50公里处）

马其顿 Evzoni（塞萨洛尼基以北68公里处）、Niki（Florina以北16公里处）、Doïrani（Kilkis以北31公里处）

土耳其 Kipi（亚历山德鲁波利斯以东43公里处）、Kastanies（亚历山德鲁波利斯东北139公里处）

公共汽车

私人公司和KTEL马其顿运营的车次可从塞萨洛尼基前往伊斯坦布尔、斯科普里和索非亚，见591页。

Albatrans（☎+355 42 259 204；www.albatrans.com.al）和**Euro Interlines**（☎+355 42251866，210 523 4594；www.eurointerlines.com）的车次可到达阿尔巴尼亚。

长途汽车和旅行公司运营的车次可往返希腊和保加利亚的索非亚、匈牙利的布达佩斯、捷克的布拉格和土耳其。咨询Simeonidis Tours（见592页）、**Dimidis Tours**（www.dimidistours.gr）和**Tourist Service**（www.tourist-service.com）。

火车

因为经济问题，国际和国内的**火车线路**（www.trainose.gr）都有所减少。记得提前查询。火车可从塞萨洛尼基前往保加利亚的索非亚和马其顿的斯科普里。

海路

关于渡轮线路、班次，可以上www.greekferries.gr和www.openseas.gr在线查询。

如果你使用火车卡旅行，记得咨询意大利和希腊之间的渡轮服务是否包括在内。一些渡轮是免费的，而其他会有折扣。部分线路需要提前预订。

阿尔巴尼亚

要去萨兰达（Saranda），**Petrakis Lines**（☎26610 38690；www.ionian-cruises.com）每天都有水翼艇开往科孚岛（25分钟）。

意大利

路线不同，参见网站。

安科纳 帕特雷（20小时，每天3班，夏季）。

巴里 帕特雷（14.5小时，每天出发），途经科孚岛（8小时）和凯法劳尼亚岛（14小时），也到伊古迈尼察（Igoumenitsa，11.5小时，每天出发）。有些途经扎金索斯岛。

布林迪西 帕特雷（15小时，4月至10月初），途经伊古迈尼察。

威尼斯 帕特雷（30小时，每周最多12班，夏季），途经科孚岛（25小时）。

土耳其

土耳其的爱琴海岸和希腊岛屿之间有船只往返，见610页。

当地交通

希腊有全面、完善的交通系统，去哪里都非常方便。

飞机

国内航班的价格有时候比坐船还便宜，提前上网预订更优惠。国内航空公司如下：

爱琴海航空（☎801 112 0000；www.aegeanair.com）

Astra Airlines（☎2310 489 392；www.astra-airlines.gr）总部在塞萨洛尼基。

Hellenic Seaplanes（☎210 647 0180；www.hellenic-seaplanes.com）包机服务。

奥林匹克航空（☎801 801 0101；www.olympicair.com）已部分与爱琴海航空合并。

Sky Express（☎2810 223500；www.skyexpress.gr）注意，行李规定很严格。

自行车

➡ 希腊的地势非常崎岖，多山地，夏日的酷热令人窒息。此外，大多数司机完全不遵守道路交通规则。带自行车搭乘渡轮免费。

➡ 骑自行车旅行的方法参见www.cyclegreece.gr。

➡ 大多数旅游中心都有自行车出租服务，但这种自行车只适合在城里用，并不适合进行正规的骑行。租车的费用为每天€10~20。

船

对于许多人来说，乘船在岛屿之间往来是游览希腊岛屿的终极梦想。注意，旺季时你可能会发现压力很大，因为要赶时间返回。这里的渡船有各种形状和大小，从只走主要线路的最先进的"超级渡船"到古老的公共渡船，都提供抵达外围岛屿的当地服务。高速渡船可以缩短行程时间，但是价格也更贵，一般是双体船或水翼船。

你可以选择"甲板级"，也就是最便宜的票，或者选择"小屋级"，有空调和席位。大些的渡轮上有休息室和餐厅，可为所有人提供快餐和零食。

船只运营具有很强的季节性，而且是建立在旅游贸易之上的。从4月起，有船只开始工作，到11月慢慢减少。冬季船次很少，或者完全停运。即便是在夏天，天气状况（尤其是大风）也会让船次在最后一分钟被取消。如果容易晕船，可预订中后部或靠窗的座位。

请做好灵活应变的准备。渡船很少会早到，通常都会晚点！有的甚至彻底不来。

可以在码头购买船票，不过旺季一般会满员——请提前安排。登录网站www.openseas.gr或www.gtp.gr，可以查询时刻表和费用，还有各个船运公司的网页链接。

智能手机上的Greek Ships应用能实时追踪渡轮情况。

长途汽车

长途汽车由**KTEL**（www.ktel.org）运营，车票价格由政府规定。车次路线可以在公司的网站或地区网站（前面已列出）上查到。汽车都很舒适，通常准点且价格合理，在主要线路上有许多车次。车票需要至少提前1小时购买。车上没有厕所和餐点，但是每过几小时就会停车休息。

小汽车和摩托车

➡ 独辟蹊径是游览希腊各地的不错方式，但是在公路上要小心，希腊的交通事故死亡率是欧洲最高的。近年来，道路网络有了很大的改善，但是高速路收费相当高。

➡ 几乎所有的岛都有车辆渡船往来，但是价格很高，费用根据车辆的大小而不同。

➡ 希腊汽车俱乐部**ELPA**（www.elpa.gr）为其他国家汽车协会的成员提供互惠服务。如果你的车出了问题，拨打☎104。

➡ 欧盟注册车辆可以免费在希腊使用6个月，且不用支付相应的道路税。所需要的仅是一张绿卡（国际第三方保险）而已。

租车

➡ 在希腊各地几乎都可以租车，当地公司的价格比大型跨国机构的更低。仔细阅读保险豁免条例，并询问出现故障后他们会怎样帮助处理。最好事先用邮件预订好车型，尤其是自动挡车。当地租车公司基本都不要求订金，还可以将车送到酒店。

➡ 旺季的时候，最小的车每周的费用大约为€280起，冬季会降到€175，包含各种税费。大公司会要求你用信用卡支付订金。

➡ 希腊的最低驾车年龄是18岁，但大多数公司要求司机的年龄至少达到21岁。有些租车点可以接受中国驾照。携带公证过的驾照英文件或国际驾照，可以避免不必要的麻烦。

租助力车和摩托车

➡ 这些车随处都可以租到。按照规定，你需要一张有效的摩托车驾照，才能租到理想型号的摩托车。50cc起。

Main Ferry Routes 主要渡轮线路

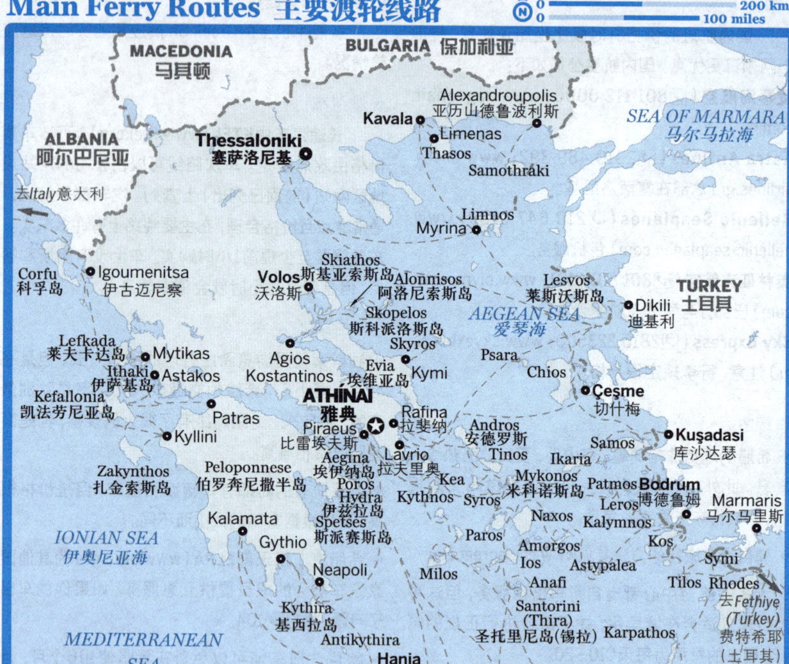

➡ 助力车和50cc摩托车每天的价格为€10~20，250cc的摩托车每天为€25。旺季以外的时间，价格会有所降低。

道路规则

➡ 靠右行驶。

➡ 从左边超车（不是所有的希腊人都这么做！）。

➡ 坐在前排的必须系安全带，如果能系后排也必须系。

➡ 禁止酒后驾车的法规很严格。血液酒精浓度达到0.05%就需要交约€150的罚金，而超过0.08%就会被认为是刑事犯罪。

公共交通

所有的主要城镇都有自己的公交系统。雅典是希腊唯一有地铁系统的城市。

出租车

➡ 出租车随处可见且价格合理。黄色的城市出租车打表计费。从午夜至次日5:00，费用会翻倍。灰色的郊县出租车不打表，上车前需要谈好价格。

➡ 雅典的出租车司机非常擅长在每笔车费上多赚一点。如果你想投诉，记住出租车号码并联系旅游警察。郊县出租车司机通常都更友善。

火车

➡ 最新时刻表请登录**希腊铁路组织**（www.trainose.gr）进行查询。希腊只有两条主要的铁路：雅典北面到塞萨洛尼基和亚历山德鲁波利斯，还有雅典到伯罗奔尼撒。

➡ 还有许多分支线路，例如皮尔戈斯—奥林匹亚线以及壮观的迪亚科弗托—卡拉夫里塔山间铁路线。

➡ 国际铁路通票和欧洲铁路通票可以在这里使用，但你仍然需要提前预订。

➡ 夏季的时候至少提前两天预订。

匈牙利

包括 ➡

最佳餐饮

- Jókai Bisztró（见644页）
- Erhardt（见639页）
- Kisbuda Gyöngye（见633页）
- Fő Tér（见647页）

最佳住宿

- Hotel Palazzo Zichy（见633页）
- Club Hotel Füred（见640页）
- Bacchus（见642页）
- Hotel Senator-Ház（见647页）

为何去

把匈牙利定为欧洲之旅的起点再合适不过了。凭借弗朗兹·李斯特（Franz Liszt）、贝拉·巴托克（Béla Bartók）、辛辣的美食、一流的葡萄酒以及浪漫的多瑙河，位于欧洲大陆中心的这块土地一直让游客如醉如痴。昔日帝王之城布达佩斯会让你一见钟情，它还拥有该地区最火辣的夜生活。其他的城市也毫不逊色，比如南部的温暖中心佩奇（Pécs），北部的红酒之都埃格尔（Eger），还有绵延起伏的大平原（Great Plain），这里有游牧的牛仔、成群的牛羊。何处才能找到这样一个地方，让你可以悠闲地躺在露天温泉里静观四周的飘雪？它就在巴拉顿湖最西端的黑维兹，这片欧洲最大的湖泊也是匈牙利的"内海"，有无数种消遣方式。在匈牙利，仅需一半的开销，就能体验到西欧的刺激与乐趣。

何时去

布达佩斯

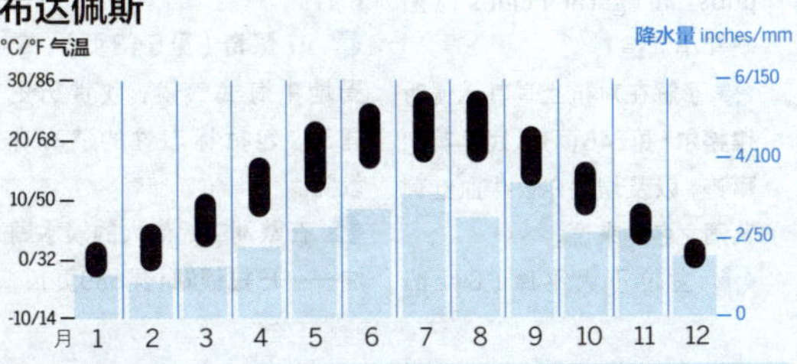

5月 正值春季，天气舒适，气温凉爽，鲜花盛开。

7月和8月 太阳高照，十分炎热，逃到山区或巴拉顿湖（Lake Balaton）吧（提前预订）。

9月和10月 蔚蓝的天空，气温适宜，还有葡萄丰收节——也许是最佳游览时节。

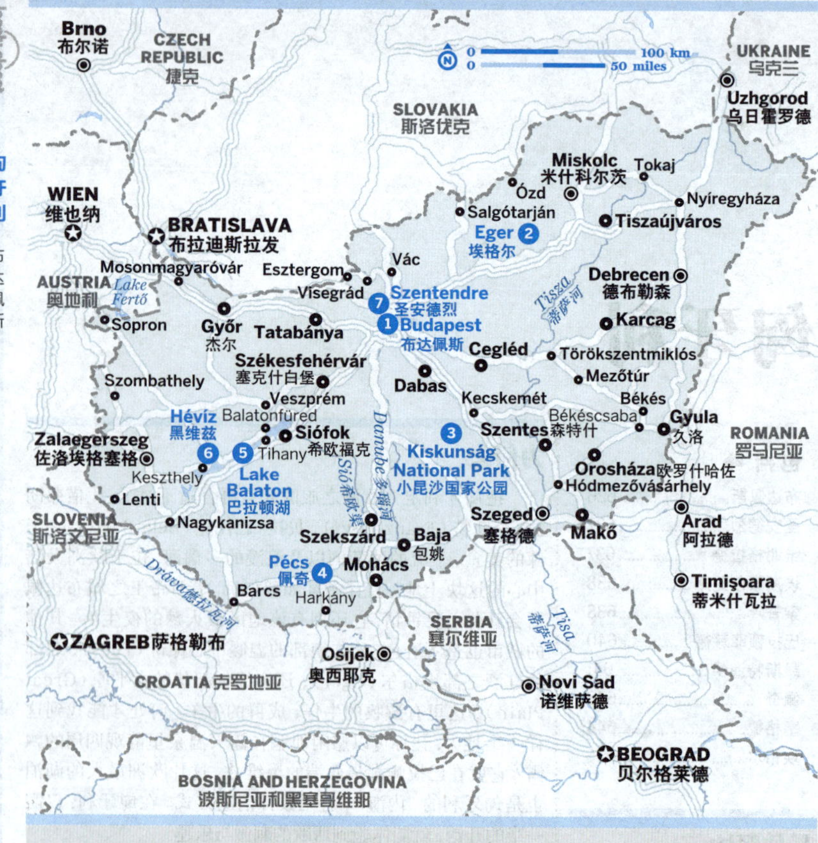

匈牙利亮点

1 流连于匈牙利夜生活，尤其不可错过**布达佩斯**的“ruin pubs”和“garden clubs”（酒吧和小酒馆）。

2 了解在对抗土耳其入侵时**埃格尔**（见646页）人民的英勇事迹，以及埃格尔公牛血红葡萄酒之名的来源。

3 去位于大平原（Great Plain）中部的**小昆沙国家公园**（见645页）观看骑马放牧的牛仔。

4 在**佩奇**（见643页），享受地中海式气候，欣赏历史建筑，包括标志性的清真寺教堂。

5 在欧洲中部最大的淡水湖泊——**巴拉顿湖**（见639页），来一趟游轮航行。

6 浸泡在**黑维兹**（见642页）的温泉湖水中，让酸痛的肌肉得到放松。

7 徜徉于魅力非凡的艺术家领地——**圣安德烈**（见637页），让自己淹没在艺术家、自由思想家及游客当中。

布达佩斯（BUDAPEST）

☎1 / 人口175万

在匈牙利，布达佩斯的城市规模和重要地位无与伦比。作为占据全国20%人口的首都，它是全国的政治、商业和文化中心。

然而，布达佩斯的出众之处仍在于其自然风光与人文景观。蜿蜒的多瑙河横穿城内，布达山（Buda Hills）屹立于城西，城东则是大平原的起始之地。布达佩斯是建筑瑰宝，其建筑风格能满足所有人的喜好——巴洛克式、新古典主义以及新艺术流派。

最近几年，布达佩斯成为东欧地区的派对圣地。天气暖和的时候，酒馆和露天俱乐部中聚满派对常客直至凌晨。

景点和活动

布达（Buda）

城堡山（Várhegy）是最能吸引游客到访布达佩斯的景点，它也是城市观光的首站。在这里，你能看到大多数尚存于布达佩斯的中世纪建筑遗迹和皇宫（Royal Palace），更能欣赏到河对岸的佩斯（Pest）的广阔景色。

位于Clark Ádám tér西北端的是素有"皇家阶梯"之称的**Király lépcső**，沿其而上可步行到达城堡山。另外，还可从Clark Ádám tér出发，乘坐建于1870年的索道**Sikló**（见628页地图；www.bkv.hu/en/siklojegy/siklojegyek；I Szent György tér；单程/往返 成人 1100/1700福林，儿童 650/1100福林；⏲7:30~22:00，每月第一个和第三个周一关闭；🚌16，🚌19、41），攀升到达位于皇宫附近的Szent György tér车站。

★皇宫 宫殿

（Royal Palace, Királyi Palota；见628页地图；I Szent György tér；🚌16、16A、116）皇宫坐落于城堡山的南端。在过去的7个世纪中，这座宏伟的前皇宫经历不下6次的摧毁与重建。在此，你可以看到两座重要博物馆：**匈牙利国家美术馆**（Hungarian National Gallery；Nemzeti Galéria；见628页地图；☎1-201 9082；www.mng.hu；I Szent György tér 2，Bldgs A-D；成人/优惠 1400/700福林，语音导游 800福林；⏲周二至周日 10:00~18:00；🚌16、1A、116）追溯从11世纪至今的匈牙利艺术，**城堡博物馆**（Castle Museum；Vármúzeum；见628页地图；☎1-487 8800；www.btm.hu；I Szent György tér 22，Bldg E；成人/优惠 1800/900福林；⏲2月至10月 周二至周日 10:00~18:00，11月至次年3月 至16:00；🚌16、16A、116，🚌19、41）让人回顾过去2000年的城市生活。

★马加什教堂 教堂

（Matthias Church, Mátyás templom；见628页地图；☎1-355 5657；www.matyas-templom.hu；I Szentháromság tér 2；成人/优惠 1200/800福林；⏲周一至周六 9:00~17:00，周日 13:00~17:00；🚌16、16A、116）马加什教堂的得名源于贤明的马加什国王（King Matthias Corvinus）的两次婚礼均在此举行。那高耸的尖塔和色彩缤纷的砖顶，使这座新哥特风格的教堂成为城堡山的地标。教堂部分建筑已有约500年历史，尤其是南部入口之上的雕塑，而其余部分则是在1896年由建筑师弗里杰·舒勒克（Frigyes Schulek）所设计。

旅行线路

一周

花三天时间在**布达佩斯**参观各景点、博物馆、咖啡馆和园艺俱乐部（romkertek）。第四天，到多瑙河湾（Danube Bend）的小镇**圣安德烈**（Szentendre）或到**埃斯泰尔戈姆**（Esztergom）来个一日游。第五天，搭乘早班火车到**佩奇**，游览那里美丽的土耳其遗迹，以及众多博物馆和美术馆。如果还不过瘾，第六天就去浸泡在红酒中的巴洛克小镇——埃格尔。最后一天去布达佩斯的温泉浴场恢复体力吧。

两周

夏季之时，别忘了到**巴拉顿湖**（Lake Balaton）探索湖畔小镇和绿草如茵的海滩。**帝豪尼**（Tihany）是一座位于保护区半岛上的山腰小镇，而**凯斯特海伊**（Keszthely）拥有一座大宫殿和无数海滩，黑维兹（Hévíz）则有个温泉湖。可以到**大平原**去游玩一下：**塞格德**（Szeged）是座雄伟的大学城，**凯奇凯梅特**（Kecskemét）则是新派艺术的中心。把匈牙利最受欢迎的红酒产地——**托考伊**（Tokaj）安排为最后一站吧。

Buda 布达

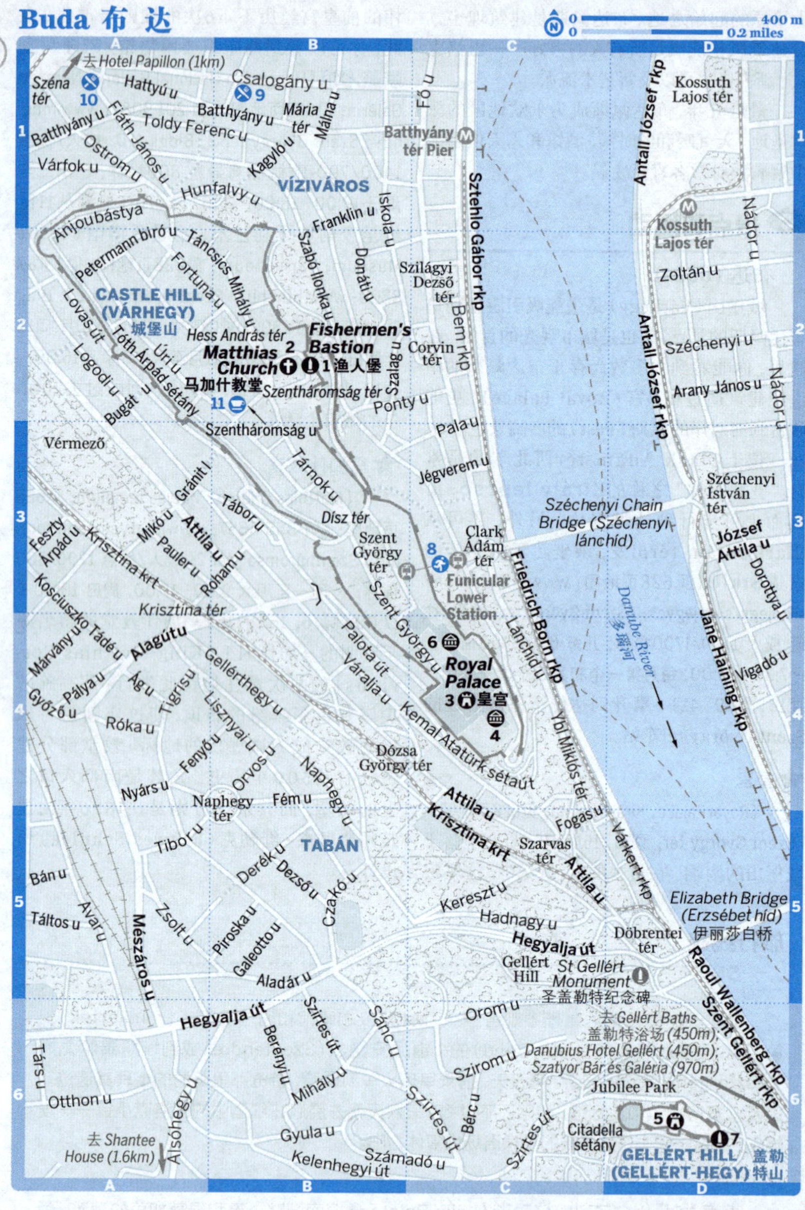

★渔人堡 纪念碑

（Fishermen's Bastion，Halászbástya；见本页地图；I Szentháromság tér；成人/优惠700/500福林；⏲3月中旬至10月中旬 9:00~23:00；🚌16、16A、116）作为观景平台的渔人堡修筑于1905年，是一座坚实的新哥特式建筑。其名字来源于渔夫协会，在中世纪，城堡的这段外墙是由他们负责防守的。

要塞 要塞

（Citadella；见本页地图；www.citadella.hu；

Buda 布达

重要景点

1 渔人堡 B2
2 马加什教堂 B2
3 皇宫 C4

景点

4 城堡博物馆 C4
5 要塞 D6
6 匈牙利国家美术馆 C4
7 自由纪念碑 D6

活动、课程和团队游

8 Sikló C3

就餐

9 Csalogány 26 .... B1
10 Nagyi Palacsintázója A1

饮品和夜生活

11 Ruszwurm Cukrászda B2

🚌27）免费 在1848~1849年的独立战争之后，为了防止城市暴乱的再次发生，哈布斯堡（Habsburgs）家族修建了这座要塞。然而，自从1851年修建完毕，这座要塞却被弃置至今，从未经历战火。目前不对公众开放。

自由纪念碑 纪念碑

（Liberty Monument，Szabadság szobor；见628页地图；🚌27）一位手持棕榈叶的美丽女士，大声宣告着整座城市的自由，这便是位于要塞东侧、盖勒特山（Gellért Hill）山顶的自由纪念碑。这座纪念碑修筑于1947年，高14米，用以纪念1945年因解放布达佩斯而牺牲的苏联战士。

纪念公园 古迹

（Memento Park；☎1-424 7500；www.mementopark.hu；XXII Balatoni út 16；成人/学生 1500/1000福林；⌚10:00至黄昏；🚌150）纪念公园展示着列宁、马克思和其他工人英雄的近40座雕塑、半身像和铭牌。它位于市中心西南方10公里之外，是一处令人兴奋的景点。在Deák Ferenctér的布达佩斯艾美酒店（Le Meridien Budapest Hotel）门口，可乘直达公共汽车（含公园门票；成人/儿童 往返 4900/3500福林）到达公园。汽车于全年每天11:00发车，在7月、8月，加班汽车于15:00发车。

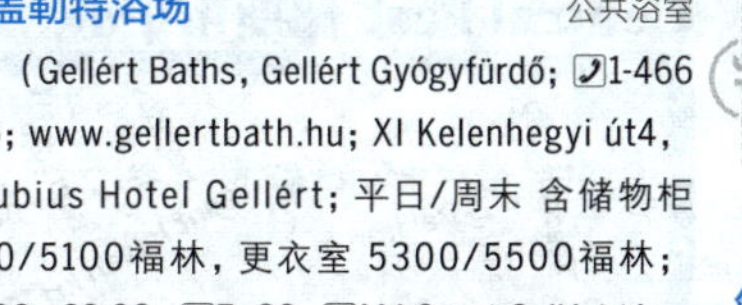

★盖勒特浴场 公共浴室

（Gellért Baths，Gellért Gyógyfürdő；☎1-466 6166；www.gellertbath.hu；XI Kelenhegyi út4，Danubius Hotel Gellért；平日/周末 含储物柜 4900/5100福林，更衣室 5300/5500福林；⌚6:00~20:00；🚌7、86，Ⓜ M4 Szent Gellért tér，🚋18、19、47、49）在新艺术风格的Gellért浴场之中洗澡犹如在天主教堂洗澡。浴场每天开放，且男女混浴，共有8个热水池，水温从26℃到38℃。

玛格丽特岛（Margaret Island）

玛格丽特岛 岛屿

（Margaret Island，Margit-sziget；🚌26）免费 全长2.5公里的玛格丽特岛既不属于布达，也不属于佩斯，而是位于多瑙河中央，在中世纪曾是修会的领土，19世纪中期成为公园。岛上的花园和绿荫道路是漫步或绕岛游览的好去处。

佩斯（Pest）

★国会大厦 历史建筑

（Parliament，Országház；见630页地图；☎1-441 4904；www.parlament.hu；V Kossuth Lajos tér 1-3；成人/学生和欧盟居民 4000/2000福林；⌚4月至10月 周一至周五 8:00~18:00，周六和周日至16:00，11月至次年3月 每天 8:00~16:00；Ⓜ M2 Kossuth Lajos tér）参加导览游，就可以参观这座位于河岸的巨大的国会大厦（建于1902年）中691间装饰华丽的房间，还可以看到**圣斯蒂芬的王冠**（Crown of St Stephen），这是匈牙利最重要的国家象征。

★犹太大教堂 犹太会堂

（Great Synagogue，Nagy zsinagóga；见630页地图；www.dohanystreetsynagogue.hu；VII Dohány utca 2-8；成人/学生和儿童 含博物馆 2850/2000福林；⌚4月至10月 周日至周四 10:00~18:00，周五 至16:30，11月至次年3月 营业时间缩短；Ⓜ M2 Astoria）布达佩斯的这座令人叹为观止的犹太大教堂（建于1859年）是欧洲最大的犹太教礼拜堂。其中的**匈牙利犹太人博物馆**（Hungarian Jewish Museum，Magyar Zsidó Múzeum；见630页地图；☎1-343 6756；www.zsidomuzeum.hu；VII Dohány utca 2；含犹

Central Pest 佩斯市中心

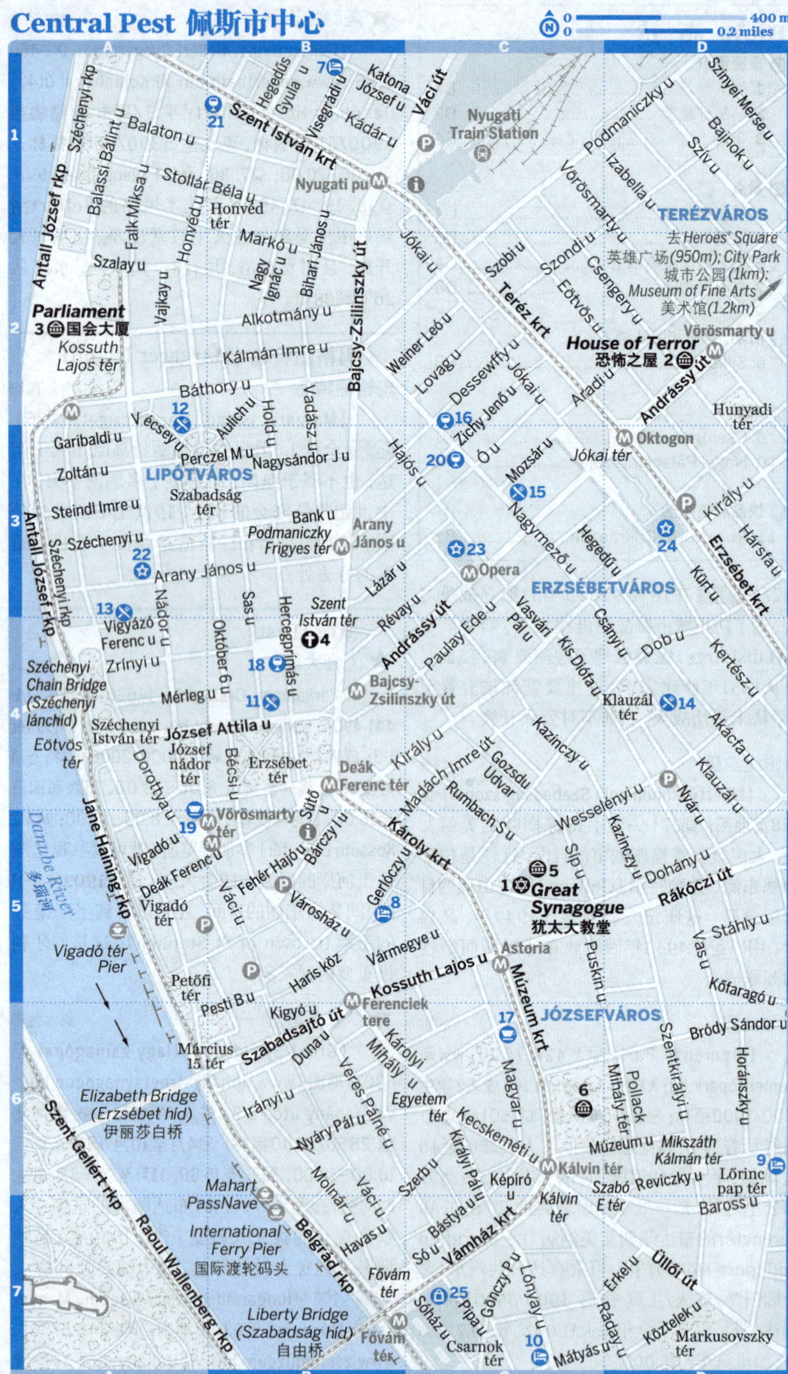

Central Pest 佩斯市中心

太大教堂门票，导览游需提前电话预约；⏲3月至10月 周日至周四 10:00~18:00，周五 至16:00，11月至次年2月 周一至周四 10:00~16:00，周五 至14:00；Ⓜ M2 Astoria）中收藏有许多宗教和日常生活器物，还有令人痛心的**大屠杀纪念馆**（Holocaust Memorial Room）。

英雄广场 广场

（Heroes' Square, Hősök tere；🚌105，Ⓜ M1 Hősök tere）在枝叶茂盛的Andrássy út北端是一片宽阔的公共区域，占据此地的便是散落分布的纪念碑。它们于1896年修建，是为了纪念马扎尔人（Magyar）征服喀尔巴阡盆地（Carpathian Basin）1000周年。

美术馆 博物馆

（Museum of Fine Arts, Szépművészeti Múzeum；www.mfab.hu；XIV Dózsa György út 41；成人/优惠 1800/900福林，临时性展览3200/1600福林；⏲周二至周日 10:00~18:00；Ⓜ M1 Hősök tere）位于英雄广场的北侧。这个建于1906年的画廊收藏着优秀的国外艺术品。古典大师藏品包括格列柯（El Greco）的七幅画作。

城市公园 公园

（City Park, Városliget；Ⓜ M1 Hősök tere，M1 Széchenyi fürdő）作为佩斯的绿肺，这块空地约1平方公里。夏季可在湖上荡舟，冬季可于湖面溜冰。

★ **恐怖之屋** 博物馆

（Terror House, Terror Háza；见630页地图；www.terrorhaza.hu；VI Andrássy út 60；成人/优惠2000/1000福林；⏲周二至周日 10:00~18:00；Ⓜ M1 Oktogon）曾经是骇人的秘密警察的总部，现在是一座勾起往事回忆的纪念博物馆，主要展示着匈牙利法西斯分子的罪行。

圣斯蒂芬大教堂 教堂

（Basilica of St Stephen, Szent István Bazilika；见630页地图；☎06 30 703 6599；www.basilica.hu；V Szent István tér；要求捐赠 200福林；⏲4月至9月 9:00~17:00，10月至次年3月 10:00~16:00；Ⓜ M2 Arany János utca）布达佩斯这座巨大的新古典主义风格的大教堂（建于1905年）可以一直攀爬至穹顶。在主圣坛左边的礼拜堂内，存放着**神圣右手**（Holy Right），即国王圣斯蒂芬的木乃伊右手（mummified right hand）。

匈牙利国家博物馆 博物馆

（Hungarian National Museum, Magyar Nemzeti Múzeum；见630页地图；www.hnm.hu；VIII Múzeum körút 14-16；成人/优惠 1600/800福林；⏲周二至周日 10:00~18:00；🚌47、49，Ⓜ M3/4 Kálvin

tér）这座新古典主义建筑风格的国家博物馆（建于1847年）收藏着全国最重要的历史文物，从罗马帝国的考古发现到加冕宝器。

塞切尼温泉浴场 浴室

（Széchenyi Baths，Széchenyi Gyógyfürdő；☎1-363 3210；www.szechenyibath.hu；XIV Állatkerti körút 9-11；门票 含储物柜/更衣室 周一至周五 4500/5000福林，周六和周日 4700/5200福林；⏲6:00~22:00；Ⓜ M1 Széchenyi fürdő）这座巨大的浴场位于城市公园最北端，男女混合浴场一直开放，包括15座室内和3座露天温泉浴池。

节日和活动

布达佩斯春季艺术节 艺术节

（Budapest Spring Festival；www.springfestival.hu）在每年的3月底、4月初举行的布达佩斯春季艺术节是首都最具规模、最重要的文化节日。

Sziget音乐节 音乐节

（Sziget Music Festival；szigetfestival.com）欧洲规模最大的音乐节之一，8月中旬在布达佩斯的Óbuda岛举行。

一级方程式汽车赛（F1）匈牙利站 赛车

（Formula One Hungarian Grand Prix；www.hungaroring.hu）匈牙利最好的体育活动，比赛通常于每年的7月底、8月初进行，在布达佩斯东北24公里的Mogyoród举行。

住宿

布达

Shantee House 青年旅舍 €

（☎1-385 8946；www.backpackbudapest.hu；XI Takács Menyhért utca 33；蒙古包内的床位€10，铺 大宿舍/小宿舍 €13/16，双 €38；P @ 🛜；🚌7、7A，🚌19、49）这里是布达佩斯的第一家青年旅舍，现已在其涂有缤纷色彩的郊区“别墅”上加盖了两层，地址位于南布达。各方面都很好，乐趣（旺季人满为患）一直扩展到可爱的花园中去，有吊床、蒙古包和露台。五间双人房中有两间带私人浴室。

Hotel Papillon 青年旅舍 €€

（☎1-212 4750；www.hotelpapillon.hu；II Rózsahegy utca 3/b；标单/双/标三 €44/54/69，公寓 €78~90；P ❄ @ 🛜 ≋；🚌4、6）这家舒适的酒店是布达住宿界最为隐蔽的秘密之一，位于Rózsadomb（玫瑰山），有一座可爱的后花园，其中有个小泳池，20间客房中有些带阳台。同一座大楼中还有四间公寓，其中一间有一个可爱的屋顶露台。

Danubius Hotel Gellért 豪华酒店 €€€

（☎1-889 5500；www.danubiusgroup.com/gellert；XI Szent Gellért tér 1；标单/双/套 €85/170/268起；P ❄ @ 🛜 ≋；Ⓜ M4 Szent Gellért tér，🚌18、19、47、49）布达的这座宏伟的新艺术风格的酒店建于1918年，包括234间客房。价格取决于客房的朝向和浴室的类别。住客可以免费使用温泉浴场。

佩斯

Aventura Boutique Hostel 青年旅舍 €

（见630页地图；☎1-239 0782；www.aventurahostel.com；XIII Visegrádi utca 12；铺 €9~19，双 €29~56，公寓 €38~66；@ 🛜；Ⓜ M3 Nyugati pályaudvar，🚌4、6）这家舒适好客的青年旅舍拥有4间主题房（印度、非洲、日本和我们最爱的太空）。我们喜欢这里的色彩和织物，以及室内按摩，阁楼宿舍可入住4~8人。

KM Saga Guest Residence 客栈 €

（见630页地图；☎1-217 1934；www.km-saga.hu；IX Lónyay utca 17, 3rd fl；标单 €30~40，双 €35~55；❄ @ 🛜；Ⓜ M4 Fővám tér）这家独特的客栈有5间主题房，配有款式多样的19世纪装饰，主人是一位热情好客、会多国语言的匈牙利、美国混血儿Shandor。两间客房共用一间浴室。

Gerlóczy Rooms deLux 精品酒店 €€

（见630页地图；☎1-501 4000；www.gerloczy.hu；V Gerlóczy utca 1；房间 €80~95；❄ 🛜；Ⓜ M2 Astoria）Gerlóczy是出众之选，其特色在于，将装潢、氛围和专业的服务超值地组合在一起。位于一座迷人广场上一栋建于19世纪90年代的四层建筑中，客房设计各不相同，但都很恰当，全部都配有大床。蜿蜒的铸铁台阶、穹顶彩色玻璃窗和毛玻璃都是很精彩的细节。

★ **Hotel Palazzo Zichy** 历史酒店 €€€

（见630页地图；☎1-235 4000；www.hotel-palazzo-zichy.hu；VII Lőrinc pap tér 2；房间/套 €125/150起；🅿⊖❄@📶；Ⓜ M3 Corvin-negyed, M3/4 Kálvin tér, 🚋4、6）这座"宫殿"在19世纪曾经是一个贵族家庭的奢华住所，现在已被改造成一家可爱的酒店，其原有的细节，例如铸铁栏杆和超现代的装饰风格天衣无缝地融合在一起。80间客房都装饰有红色玻璃板的桌子，淋浴极好，地下室还有桑拿房和健身房。

就餐

布达

Nagyi Palacsintázója 匈牙利菜 €

（外婆的薄饼屋；见628页地图；www.nagyipali.hu；I Hattyú utca 16；薄煎饼 190~680福林，套餐 1090~1190福林；⏲24小时；✍；Ⓜ M2 Széll Kálmán tér）这家小食店无论昼夜，都可以吃到匈牙利式薄煎饼，总是人满为患。

★ **Kisbuda Gyöngye** 匈牙利菜 €€

（☎1-368 6402；www.remiz.hu；Ⅲ Kenyeres utca 34；主菜 2780~4980福林；⏲周二至周六 正午至15:00和19:00~22:00；🚌160、260，🚋17）这家传统且优雅的匈牙利菜餐厅于20世纪70年代开业，餐室中散落着古董，服务细心，尽力营造一种颓废的氛围。可尝试出色的鹅肝特色菜配一杯托考伊葡萄酒（3980福林），或者也可尝试稍微简单些的菜肴，例如烤鸭和苹果（2980福林）。

Csalogány 26 各国风味 €€€

（见628页地图；☎1-201 7892；www.csalogany26.hu；I Csalogány utca 26；主菜 3600~5000福林；⏲周二至周六 正午至15:00和19:00~22:00；🚌11、39）这家私密的小餐厅名字无趣，装潢也很简朴，这样就将注意力全部聚焦于超赞的菜肴上。可尝试mangalica（一种匈牙利特色猪肉）和皱叶甘蓝（4500福林）或者放养的小母鸡肉配玉米粥（3800福林）。午间三道菜套餐减价乐享价为2500福林。

佩斯

Nagycsarnok

（大市场；见630页地图；www.piaconline.hu；IX Vámház körút 1-3；⏲周一至周五 6:00~17:00，周六 至15:00；Ⓜ M4 Fővám tér）是一个以钢铁和玻璃建造的大型古老市场，可到这里购买水果、蔬菜、熟食、鱼及肉类产品。

Kádár 匈牙利菜 €

（见630页地图；☎1-321 3622；X Klauzál tér 9；主菜 1250~2500福林；⏲周二至周六 11:30~15:30；🚋4、6）这家餐厅位于犹太区中心，是布达佩斯最地道的étkezde（提供简单匈牙利菜的餐厅），菜单经常更换，吸引了众多饥肠辘辘的食客。

Govinda 素食 €

（见630页地图；☎1-473 1310；www.govinda.hu；V Vigyázó Ferenc utca 4；菜肴 190~990福林；⏲周一至周五 11:30~21:00，周六 正午开始；✍；🚌15，🚋2）这家位于地下室中的餐厅提供健康沙拉、汤和甜点，还有每日定食套餐（990/1890/2990福林），分别包括1/2/3道菜。

Da Mario 意大利菜 €€

（见630页地图；☎1-301 0967；www.damario.hu；V Vécsey utca 3；主菜 2000~5500福林；⏲11:00至午夜；🚌15，Ⓜ M2 Kossuth Lajos tér）这家餐厅由三个来自意大利南部的ragazzi（小伙子）所有和经营，是本书中绝对不会出错的选择。其中的冷盘、汤、肉食和鱼类主食看起来都很棒，但我们还是坚持推荐家常意大利面（2000~3500福林）和木柴炉子烤制的比萨（1250~3000福林）。

Pesti Disznó 匈牙利菜 €€

（见630页地图；☎1-951 4061；www.pestidiszno.hu；VI Nagymező utca 19；主菜 1490~2890福林；⏲周日至周三 11:00至午夜，周四至周六 至次日1:00；Ⓜ M1 Oktogon）如果有人以为这家名字意为"Pest Pig"的餐厅里都是猪肉菜肴，这也是可以被原谅的。事实上，这里有半数主菜都是禽类、鱼类或素食。这里环境很棒，几乎像是一座阁楼，有高高的桌子，提供信息服务，氛围迷人。葡萄酒菜单很出色。

Borkonyha 匈牙利菜 €€€

（葡萄酒厨房；见630页地图；☎1-266 0835；www.borkonyha.hu；V Sas utca 3；主菜 3750~7150福

林；⊙周一至周六 正午至午夜；🚌15，ⓂM1 Bajcsy-Zsilinszky út）这里是布达佩斯四家米其林三星店当中的一家，服务名副其实。可以品尝标志菜肴果馅卷鹅肝酱配一杯托考伊甜酒。如果菜单上有mangalica（一种匈牙利特色猪肉），可搭配一杯干Furmint。氛围温馨，服务员知识渊博。

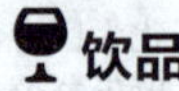

饮品

布达

Ruszwurm Cukrászda 咖啡馆

（见628页地图；☎1-375 5284；www.ruszwurm.hu；I Szentháromság utca 7；⊙周一至周五 10:00~19:00，周六和周日 至18:00；🚌6、6A、116）这家小咖啡馆历史可追溯到1827年，是喝咖啡、吃蛋糕（380~580福林）的完美之选，位于城堡区。

Szatyor Bár és Galéria 酒吧

（Carrier Bag Bar & Gallery；☎1-279 0290；www.szatyorbar.com；XIII Bartók Béla út 36-38；⊙周一至周五 正午至次日1:00，周六和周日 14:00至次日1:00；ⓂM4 Móricz Zsigmond körtér；🚌18、19、47、49）与那家热门的咖啡馆在同一座楼中，只有一门之隔，装饰时髦，提供鸡尾酒，墙壁上挂着街头艺术作品，还有诗人翁德雷·厄岱（Endre Ady）曾开过的一辆拉达车。

佩斯

★Instant 俱乐部

（见630页地图；☎06 30 830 8747；www.instant.co.hu；VI Nagymező utca 38；⊙周日至周四 16:00至次日6:00，周五和周六 至次日11:00；ⓂM1 Opera）我们依然很喜欢位于佩斯夜生活最热闹地区的这家"遗址酒吧"，我们的朋友们也是。三层楼中有6家酒吧，有地下DJ打歌，还会举办舞蹈派对。

Gerbeaud 咖啡馆

（见630页地图；☎1-429 9001；www.gerbeaud.hu；V Vörösmarty tér 7；⊙9:00~21:00；ⓂM1 Vörösmarty tér）这家咖啡馆在佩斯最繁忙广场的最北端，1858年创建，从19世纪以来就一直是最时尚的城市精英聚会地。价格不便宜。蛋糕1950福林起。

Csendes 咖啡馆、酒吧

（见630页地图；www.facebook.com/csendesvintagebar；V Ferenczy István utca 5；⊙周一至周五 10:00至次日2:00，周六 14:00开始，周日 14:00至午夜；📶；ⓂM2 Astoria）这家古怪的咖啡馆紧邻Little Ring Rd，墙壁和地板上采用垃圾场般的别致风格装饰，名字中的"安静"（Quietly）要等到DJ到来，拧大音量来打破。

★DiVino Borbár 葡萄酒吧

（见630页地图；☎06 70 935 3980；www.divinoborbar.hu；V Szent István tér 3；⊙周日至周三 16:00至午夜，周四至周六 至次日2:00；ⓂM1 Bajcsy-Zsilinszky út）DiVino是布达佩斯最受欢迎的葡萄酒吧，有来自约30家生产商制造的120种葡萄酒可供选择，不过注意，用0.1升的玻璃杯（650~2800福林）很快就喝完了。

Morrison's 2 俱乐部

（见630页地图；☎1-374 3329；www.morrisons.hu；V Szent István körút 11；⊙17:00至次日4:00；🚌4、6）这家巨大的俱乐部是布达佩斯最大的派对场所，其中的5间舞厅吸引了许多年轻人，6间酒吧中一家位于有篷庭院中，一家带有桌上足球台。DJ很赞。

Club AlterEgo 同性恋

（见630页地图；☎06 70 345 4302；www.alteregoclub.hu；VI Dessewffy utca 33；⊙周五和周六 22:00至次日6:00；🚌4、6）这里仍然是布达佩斯最好的同性恋俱乐部，有着最时髦的人群和最棒的舞蹈气氛。

✩娱乐

想要获取市内演出的英文信息，最好的办法便是到酒店、酒吧、电影院或游客集中地，索取免费的**Budapest Funzine**（www.budapestfunzine.hu）。**Koncert Kalendárium**（www.muzsikalendarium.hu/）列出的则是正式演出的信息，如古典音乐演奏会、歌剧、舞蹈等。下列网站几乎可以预订任何票务：

Jegymester（www.jegymester.hu）
Kulturinfo（www.kulturinfo.hu）
Ticket Express（www.tex.hu）

表演艺术

匈牙利国家歌剧院 歌剧

（Hungarian State Opera House, Magyar Állami Operaház；见630页地图；☎订票处 1-353 0170；www.opera.hu；VI Andrássy út 22；⊙订票处 11:00~17:00，周日 16:00起；Ⓜ M1 Opera）在这座新文艺复兴风格的歌剧院欣赏表演，聆听完美的声音效果的同时，也要看看里面丰富的内饰。这里也有芭蕾舞演出。

李斯特音乐学院 古典音乐

（Liszt Academy, Liszt Zeneakadémia；见630页地图；☎1-321 0690；www.zeneakademia.hu；VI Liszt Ferenc tér 8；⊙订票处 11:00~18:00；Ⓜ M1 Oktogon）这是在布达佩斯聆听古典音乐的最佳之处，最近进行了翻修。你在这里不仅能欣赏音乐，更能看到绝妙的若尔瑙伊（Zsolnay）瓷器和壁画装饰。

Aranytíz Cultural Centre 传统音乐

（Aranytíz Művelődési Központ；见630页地图；☎1-354 3400；www.aranytiz.hu；V Arany János utca 10；⊙订票处 周一和周三 14:00~21:00，周六 9:00~15:00；🚌15）Kalamajka Táncház是全城最好的民间音乐舞蹈表演之一。每周六19:00过后，这里会有节目上演。

购物

★Ecseri Piac 市场

（www.piaconline.hu；XIX Nagykőrösi út 156；⊙周一至周五 8:00~16:00，周六 5:00~15:00，周日 8:00~13:00；🚌54、84E、89E、94E）欧洲中部最大的跳蚤市场之一，据说周六市场是其中最棒的。从佩斯的Boráros tér搭乘54路公共汽车或者在M3地铁线的Határ út站搭乘84E、89E或94E快速公共汽车。

实用信息

自动柜员机遍布火车站、汽车站及机场。最好避免去换汇店（特别是Váci utca上的）兑换。

布达佩斯卡（Budapest Card；☎1-438 8080；www.budapestinfo.hu；每24/48/72小时 4500/7500/8900福林）持卡能免费进入指定博物馆、无限次搭乘公共交通、参加两次免费导览游，享受团队游、汽车租赁、温泉浴场和指定商店、餐厅优惠。旅游局有售，网上购买更优惠。

布达佩斯信息中心（Budapest Info；V Sütő utca 2；⊙8:00~20:00；Ⓜ M1/M2/M3 Deák Ferenc tér）最佳布达佩斯信息网站。

FirstMed Centers（☎1-224 9090；www.firstmedcenters.com；I Hattyú utca 14, 5th fl；⊙周一至周五 8:00~20:00，周六 至14:00，紧急救护 24小时；Ⓜ M2 Széll Kálmán tér）全天候待命，价格昂贵。

SOS Dent（☎1-269 6010, 06 30 383 3333；www.sosdent.hu；VI Király utca 14；⊙8:00~21:00）口腔外科服务。

Teréz Gyógyszertár（☎1-311 4439；VI Teréz körút 41；⊙周一至周五 8:00~20:00，周六 至14:00；Ⓜ M3 Nyugati pályaudvar）市中心药房。

到达和离开

船

每年的6月至9月，由**Mahart Pass Nave**（见630页地图；☎1-484 4025；www.mahartpassnave.hu；V Belgrád rakpart；⊙周一至周五 8:00~18:00；🚊2）运营的水翼船从**国际渡轮码头**（Nemzetközi hajóállomás；见630页地图；☎1-318 1223；V Belgrád rakpart；🚊2）出发，往返维也纳。如需查看更多渡轮信息，见650页。

也有高速渡轮往返多瑙河湾小镇。

长途汽车

Volánbusz（☎1-382 0888；www.volanbusz.hu）为国营汽车公司，经营多条从布达佩斯出发的汽车线路。所有的国际长途汽车及部分往返匈牙利西部的长途汽车均停靠**Népliget汽车站**（☎1-219 8030；IX Üllői út 131；Ⓜ M3 Népliget）。**Stadionok汽车站**（☎1-219 8086；XIV Hungária körút 48-52；Ⓜ M2 Stadionok）发出的长途汽车通常到达布达佩斯东部。大多数往返多瑙河湾小镇的长途汽车停靠在**Árpád Híd汽车站**（☎1-412 2597；XIII Árbóc utca 1；Ⓜ M3 Árpád Híd）紧邻XIII Róbert Károly körút，也有部分长途汽车从市郊的小型长途汽车站发出，该车站位于M3地铁蓝线的**Újpest-Városkapu火车站**（XIII Arva utca；Ⓜ M3 Újpest-Városkapu）紧邻Váci út。所有车站都在地铁沿线。若售票处已下班，你还可上车买票。

小汽车和摩托车

所有主要的国际汽车租赁公司，包括**Avis**（☎1-318 4240；www.avis.hu；V Arany János utca

26-28；⊙周一至周五 7:00~18:00，周六和周日8:00~14:00；Ⓜ M3 Arany János utca）、**Budget**（☎1-214 0420；www.budget.hu；VII Krisztina körút 41-43，Hotel Mercure Buda；⊙周一至周五8:00~20:00，周六和周日 至18:00）和**Europcar**（☎1-505 4400；www.europcar.hu；V Erzsébet tér 7-8；⊙周一和周五 8:00~18:00，周二至周四 至16:30，周六 至正午），均在布达佩斯城内及机场设有办事处。

火车

密集的国内铁路线路由匈牙利国家铁路（Hungarian State Railways，MÁV）运营。如需获取城际火车发车时间，可联系**MÁV-Start乘客服务中心**（MÁV-Start passenger service centre；☎1-512 7921；www.mav-start.hu；V József Attila utca 16；⊙周一至周五 9:00~18:00）。其网站上还有英文版列车时刻表，可供你参考安排行程。

布达佩斯的3个主火车站均出售火车票，或者也可以在乘客服务中心购买。**Keleti火车站**（东部火车站；VIII Kerepesi út 2-4）停靠的多数是从北部和东北部发出的国际和城际火车。若要搭乘某些国际线路的火车（如罗马尼亚），以及往返多瑙河湾小镇和大平原的城际火车，则要到**Nyugati火车站**（西部火车站；VI Nyugati tér）。发往巴拉顿湖和匈牙利南部的火车则需到**Déli火车站**（南部火车站；I Krisztina körút 37；Ⓜ M2 Déli pályaudvar）搭乘。这3个火车站均在地铁沿线。

当地交通

抵离机场

从弗伦茨·李斯特国际机场（Ferenc Liszt International Airport）进入市区最经济的方式便是乘坐市内公共汽车200E（350福林；全线450福林），其终点站为Kőbánya-Kispest地铁站。到达终点站后，再转乘M3地铁（320福林），便可到达市区。

机场穿梭小巴（Airport Shuttle Minibusz，缩写为ASM；☎1-296 8555；www.airportshuttle.hu；单程/往返 3200/5500福林）能直接把乘客运送到住所。若要购票，机场到达大厅有标识清晰的柜台，小客车满座后发车。

乘坐出租车到佩斯绝大多数地方花费为6000福林，布达为7000福林。

公共交通

公共交通由**BKK**（Budapesti Közlekedési Központ；布达佩斯交通中心；☎1-258 4636；www.bkk.hu）负责运营。3条地下铁路线（分别为M1黄线、M2红线和M3蓝线）在佩斯的Deák tér交会。新开的M4绿线在Keleti火车站与M2换乘，在Kálvin tér与M3换乘。HÉV市郊铁路以布达的Batthyány tér为起点，向北而行到达圣安德烈（Szentendre）。使用交通卡搭乘HÉV是有限制的，仅在市区范围内（Békásmegyer站以南）适用。

此外，这里还有密集的公共汽车、有轨电车和无轨电车线路网。公共交通从4:30开始运行，到23:30结束。另外还有40多趟晚班公共汽车沿着主街行驶。在Big Ring Road上的6路有轨电车是全天候运行。

一张适用于所有交通工具的单程票售价为350福林（可在60分钟内不间断地在同一条地铁、公共汽车、无轨电车或有轨电车线路上使用，但不能换乘其他线路）。10张票的售价为3000福林。转乘票（530福林）对一次交通出行有效，可在90分钟内免费转乘/换乘一次。

3天有效的旅行卡（4150福林）及7天通票（4950福林）更为方便。手持此卡，可在市区范围内乘坐交通工具而无次数限制。把票随时带在身上，无票乘车现场罚款的金额是8000福林，若想在事后到**BKK办公室**（☎1-461 6800；VII Akácfa utca 22；⊙周一至周五 6:00~20:00，周六8:00~13:45；Ⓜ M2 Blaha Lujza tér）交罚款，金额则是16,000福林。

出租车

可靠的出租车公司包括**Fő Taxi**（☎1-222 2222；www.fotaxi.hu）和**City Taxi**（☎1-211 1111；www.citytaxi.hu）。注意夜间和凌晨会涨价。

多瑙河湾（THE DANUBE BEND）

在布达佩斯的北部，多瑙河如一把弯刀，穿过Pilis山和Börzsöny山，而后继续沿斯洛伐克边境而行。罗马帝国曾以此为其北部边境，中世纪的国王们在宏伟的宫殿里，俯瞰流淌于埃斯泰尔戈姆（Esztergom）和维谢格拉德（Visegrád）的多瑙河，统治着匈牙利。博物馆与画廊密布的圣安德烈（Szentendre）曾是繁华的艺术殿堂。

到达和离开

长途汽车和火车

乘坐定点长途汽车可抵达多瑙河西岸的小镇。火车能到达圣安德烈，还有另一条火车线路可前往埃斯泰尔戈姆。

船

天气暖和时，多瑙河本身就是一条完美的捷径。此时定点的船次能运送游客往返布达佩斯。

每年5月至9月，**Mahart PassNave**（☎1-484 4013; www.mahartpassnave.hu; Belgrád rakpart; ⏲周一至周五 8:00~16:00）的渡轮于周二至周日10:00从布达佩斯的Vigadó tér出发（10:10从布达的Batthány tér出发），驶往圣安德烈（单程/往返2000/2500福林; 1.5小时），返航时间为17:00。7月和8月会继续前行到达维谢格拉德（Visegrád; 单程/往返2000/3000福林, 3.5小时），返程时间为15:30。7月和8月14:00另有1班前往圣安德烈（返程时间为20:00）。

从5月上旬至9月，前往维谢格拉德（单程/往返4000/6000福林，1小时）以及埃斯泰尔戈姆（单程/往返5000/7500福林，1.5小时）的水翼船于周六、周日运行。其发船时间为9:30，并于17:00从埃斯泰尔戈姆，17:30从维谢格拉德返航。

圣安德烈（Szentendre）

☎26 / 人口25,300

这个在布达佩斯以北19公里处的小镇是深受欢迎的一日游胜地。迷人的圣安德烈（发音为*sen*-ten-dreh）拥有蜿蜒狭窄的街道，是那些想要购买纪念品游客的最爱。Fő tér（主广场）周围是古老迷人的镇中心地区，有大量咖啡馆和画廊，还有几座值得参观的塞尔维亚东正教教堂，其历史可追溯到基督教信徒逃往这里躲避土耳其侵略者的时期。可到旅游信息中心（Tourinform; ☎26-317 965; www.szentendreprogram.hu; Dumtsa Jenő utca 22; ⏲周一至周五 9:00~17:00，周六和周日10:00~14:00）办事处，索取该镇及附近区域的地图和信息。

坐落于西北5公里处的是宏大的匈牙利露天民族博物馆（Hungarian Open-Air Ethnographical Museum, Magyar Szabadtéri Néprajzi Múzeum; ☎26-502 500; www.skanzen.hu; Sztaravodai út; 4月至10月 成人/学生 1500/750福林，11月至次年3月 1000/500福林; ⏲4月至10月 周二至周日 9:00~17:00，11月至12月上旬和2月至3月 周六和周日 10:00~16:00）。这儿展示着根据匈牙利各地风格而仿建的屋宇、农场及手工作坊。徜徉其中，能让你感受到匈牙利乡村生活的今日与往昔。火车站旁的公共汽车站有车可到达此处。到7号月台/站台搭乘230路公共汽车即可。

前往圣安德烈最便捷的途径便是搭乘HÉV市郊火车，其发车地点为布达Batthyány tér地铁站（660福林，40分钟，每10~20分钟1班）。有便捷的渡轮从布达佩斯前往圣安德烈。

维谢格拉德（Visegrád）

☎26 / 人口1780

维谢格拉德（发音为*vish*-eh-grahd）那座13世纪的城堡遗址位于多瑙河拐弯的一座山上。这里壮美的景色吸引着众多游客到这个宁静的小镇。

在13世纪受到蒙古人的入侵后，匈牙利的诸位国王便修筑了雄伟的维谢格拉德城堡（Visegrád Citadel, Visegrádi Fellegvár; ☎026-598 080; www.parkerdo.hu; Várhegy; 成人/儿童和学生 1700/850福林; ⏲3月中旬至4月和10月 9:00~17:00，5月至9月 至18:00，11月至次年3月 至15:00）。到达城堡需攀登一段山路，但景色之美绝对值得你为此付出汗水。皇宫（Royal Palace, Királyi Palota; ☎026-597 010; www.visegradmuzeum.hu; Fő utca 29; 成人/优惠 1100/550福林; ⏲3月至10月 周二至周日 9:00~17:00，11月至次年2月 周二至周日 10:00~16:00）坐落于山脚的漫滩上，离镇中心不远。信息可咨询维谢格拉德信息中心（Visegrád Info; ☎26-597 000; www.palotahaz.hu; Dunaparti út 1; ⏲4月至10月 10:00~18:00，11月至次年3月 周二至周日 10:00~16:00）。

搭乘火车到不了维谢格拉德，但有频繁的长途汽车（745福林，1.25小时，每小时1班）往返布达佩斯的Újpest-Városkapu火车站。另还有车往返圣安德烈（465福林，45分钟，每45分钟1班）和埃斯泰尔戈姆（465福

林，45分钟，每小时1班）。定点渡轮服务可往返布达佩斯和维谢格拉德。

埃斯泰尔戈姆（Esztergom）

☎33 / 人口28,400

埃斯泰尔戈姆的吸引力显而易见，尤其当你站在远处眺望时。其宏伟的天主教堂高高屹立在小镇与多瑙河之上，从周围的乡村风景中脱颖而出，形成一道亮丽之景。

然而，这座小镇的建筑之美远远比不上其历史地位之重要。2世纪时，罗马帝国的皇位继承人马可·奥勒留（Marcus Aurelius）曾在此露营，并写下了名篇《沉思录》（*Meditations*）。10世纪时，匈牙利王国的建立者——斯蒂芬一世在此出生，后来又在这里的天主教堂加冕为帝。从10世纪晚期至13世纪中期，这里为匈牙利王室所在地。1543年，土耳其人的入侵导致大部分地区遭到毁坏，直至18和19世纪才得以重建。

匈牙利最大的教堂是**埃斯泰尔戈姆大教堂**（Esztergom Basilica, Esztergomi Bazilika; ☎33-402 354; www.bazilika-esztergom.hu; Szent István tér 1; ⏰4月至10月 8:00~18:00，11月至次年3月 至16:00）免费。山的南端屹立着宏伟的**城堡博物馆**（Castle Museum, Vármúzeum; ☎33-415 986; www.mnmvarmuzeuma.hu; Szent István tér 1; 成人/学生 1800/900福林，仅参观庭院 500/250福林；欧盟居民免费；⏰4月至10月 周二至周日 10:00~18:00，11月至次年3月 周二至周日 至16:00），展览着2~3世纪的考古发现。城堡山下是主教宫（Bishop's Palace），设于其中的**基督教博物馆**（Christian Museum, Keresztény Múzeum; ☎33-413 880; www.christianmuseum.hu; Mindszenty hercegprímás tér 2; 成人/优惠 900/450福林；⏰3月至11月 周三至周日 10:00~17:00）收藏有许多最精美的匈牙利中世纪宗教艺术作品。

频繁的长途汽车连通埃斯泰尔戈姆与布达佩斯（930福林，1.25小时）、维谢格拉德（465福林，45分钟）以及圣安德烈（930福林，1.5小时）。也可于布达佩斯的Nyugati火车站搭乘火车（1120福林，1.5小时），至少每小时发1班车。定点渡轮能连接布达佩斯和埃斯泰尔戈姆。

匈牙利西部（WESTERN HUNGARY）

想找寻匈牙利的罗马古迹、中世纪遗产以及巴洛克风格的辉煌，这里是个福地。由于避免了奥斯曼帝国在16世纪和17世纪的侵略和破坏，像索普隆等小镇都保留了中世纪的风貌，探索它们的鹅卵石街道和隐蔽的庭院是一项颇具梦幻色彩的体验。

索普隆（Sopron）

☎99 / 人口61,250

索普隆（发音为showp-pon）是一个迷人的边境小镇，其历史可追溯至罗马时期。在这儿，你可以找到保存完好的古遗迹，美丽的中世纪广场，还有环镇而建的原城墙，可以花一两个小时的时间漫无目的地随心游走。

景点

Főtér 广场

Főtér是索普隆的主广场，有多家博物馆、教堂及纪念碑，其中包括壮观的**防火塔**（Firewatch Tower, Tűztorony; ☎99-311 327; www.muzeum.sopron.hu; Fő tér; 成人/学生 1200/600福林；⏰5月至9月 周二至周日 10:00~20:00，4月和10月 周二至周日 10:00~18:00，11月和12月 周二至周日 9:00~17:00，1月至3月 周二至周日 10:00~16:00），这里可以向上攀登，其中还有一家可爱的新咖啡馆。这座60米高的塔，高耸于老城的北门之上，四周都能看见。主广场中心是1701年修建的**三一柱**（Trinity Column, Szentháromság oszlop; Fő tér）。**广场之外城墙**（Castle Wall Walk; ⏰4月至9月 9:00~21:00，10月至次年3月 至18:00）免费 边上，有几处遗迹，在索普隆为罗马帝国的边境小镇（时称Scarbantia）时得以修建。

★ **施托诺珍藏馆** 博物馆

（Storno Collection, Storno Gyűjtemény; ☎99-311 327; www.muzeum.sopron.hu; Fő tér 8; 成人/老人和学生 1000/500福林；⏰4月至10月 周二至周日 10:00~18:00，11月和12月 周二至周日

9:00~17:00，1月至3月 周二至周日10:00~16:00）施托诺珍藏馆位于**施托诺宅邸**（Storno House，Storno Ház és Gyűjtemény；☎99-311 327；www.muzeum.sopron.hu）二楼，这里是瑞士籍意大利人弗伦茨·施托诺（Ferenc Storno）的家，施托诺由打扫烟囱改行成为艺术品修复者，经由他修复的罗马和哥特式纪念碑遍布整个多瑙河流域，直至今日。藏品中的重要作品包括一个带铅条窗和壁画的美丽封闭阳台、大量的中世纪武器、描绘着魔鬼和龙的图案的皮革椅子，以及由附近一座15世纪修建的教堂中获取的座位改造的门框。

住宿

Jégverem Fogadó
客栈 €€

（☎99-510 113；www.jegverem.hu；Jégverem utca 1；标单/双 7400/9800福林；📶）这家建于18世纪的fogadó（旅馆）只有5间套房式的房间，所以必须提前预订。就算不在此投宿，也该尝尝那露台餐厅的超大分量食物，有猪肉、鸡肉和鱼。如果你好奇招牌上拿着一只碎冰锥站在一个巨大立方体上的小人是什么意思，在这里可以找到答案——jégverem就是“冰窖”的意思，18世纪这里就是一个冰窖。

Hotel Wollner
酒店 €€€

（☎99-524 400；www.wollner.hu；Templom utca 20；标单/双/标三 €75/90/110；📶）这家由家庭经营的雅致的酒店提供有18间宽敞的房间，装饰高雅，位于内城一间拥有300年历史的别墅中。附设一座分层花园，在其中能看见重建的中世纪城堡的城墙，还有一座浪漫的葡萄酒酒窖，可以品尝到本地区最著名的葡萄酒。

餐饮

★Erhardt
各国风味 €€€

（☎99-506 711；www.erhardts.hu；Balfi út 10；主菜 2600~3900福林；⏲周日至周四11:30~22:00，周五和周六 至23:00；🖉）这里是索普隆最好的餐厅之一，有木头横梁的屋顶和乡村风景的画作，搭配的是创意菜肴，例如红辣椒鲶鱼配平菇，香酥鸭腿和鸭胸肉切片。有大量的索普隆本地产葡萄酒可供选择（酒窖中也可以提供购买），服务热情，信息灵通。

Museum Cafe
咖啡馆

（☎06 30 667 1394；www.museumcafesopron.hu/hu；Előkapu 2-7；⏲周一至周四 9:00~23:00，周五和周六 至次日2:00，周日 至22:00）这家出色的新餐厅位于火情瞭望塔（Firewatch Tower）脚下，透过大玻璃窗能看见令人惊艳的美景，装饰前卫，四处散落着宝石雕刻和中世纪文物。这里不仅仅只有咖啡和茶，还有鸡尾酒和pálinka（果味白兰地），更有三明治（420~880福林）和点心（390~690福林）可垫肚。

实用信息

旅游信息中心[Tourinform；☎99-517 560；turizmus.sopron.hu；Liszt Ferenc utca 1，Ferenc Liszt Conference & Cultural Centre；⏲周一至周五9:00~17:00，周六 至13:00，周日（仅3月至9月）9:00~13:00]有大量关于索普伦和周边地区的信息，包括当地的葡萄酒作坊。

到达和离开

长途汽车

虽然可搭乘长途汽车往返布达佩斯，但至少要转一次车，而且等待时间长（6小时），不推荐此方式。每天有2趟直达车前往凯斯特海伊（Keszthely；2520福林，3小时）和巴拉顿菲赖德（Balatonfüred；3130福林，4.25小时）。

火车

火车到布达佩斯的Keleti火车站（4525福林，3小时，每天最多12班）。更有当地火车连接索普隆与奥地利的维也纳新城（Wiener Neustadt）/Bécsújhely（2800福林，40分钟，每小时1班），而后换乘至维也纳。

巴拉顿湖（LAKE BALATON）

巴拉顿湖是欧洲中部最大的淡水湖，其面积达600平方公里。这片“内陆海洋”上的主要活动包括游泳、划帆船和晒太阳。此外，其环岛而建的单车道长200多公里，吸引着众多自行车骑士。

巴拉顿菲赖德（Balatonfüred）

☎87 / 人口13,300

巴拉顿菲赖德（发音为bal-ah-ton-fuhr-ed）是湖上最古老也最时尚的度假胜地。在19世纪的全盛时期，富人和名人纷纷在这里林木茂盛的街道两边建造大型别墅，希望充分享受城镇里的温泉所带来的健康生活条件。近来，湖泊沿岸进行了大规模改造，现在是巴拉顿最时髦的散步路线。这里是探索巴拉顿湖的大本营。

景点和活动

治疗广场 广场

（Cure Square，Gyógy tér；Gyógy tér）这座绿荫如盖的广场上建有**国家心脏病医院**（State Hospital of Cardiology，Állami Szívkórház；Gyógy tér 2），巴拉顿菲赖德也以此闻名。广场中央有**科苏特泵站**（Kossuth Pump House；建于1853年），这座天然泉水流淌出的温泉稍稍含有硫黄，但可以饮用。如果不在乎那淡黄色的色调，你可以和当地人一起排队，用温泉水灌满水瓶。广场北端是**巴拉顿神殿**（Balaton Pantheon；Gyógy tér），其中陈列的是在这里得到治愈的人所捐赠的纪念奖章。

公共海滩 海滩

巴拉顿菲赖德有几座海滩对公众开放，其中紧邻Aranyhíd sétány且在Tagore sétány延长线上的**Kisfaludy Strand**（www.balatonfuredistrandok.hu；Aranyhíd sétány；成人/儿童 680/420福林；⏲6月中旬至8月中旬 8:30~19:00，5月中旬至6月中旬和8月中旬至9月中旬 8:00~18:00）为最佳。

游轮 游轮

（Cruises；☎87-342 230；www.balatonihajozas.hu；渡轮码头；成人/优惠 1600/700福林）从4月底到10月初，每天有4~5趟时长1小时的欢愉游轮从中央渡轮码头出发。

住宿

Hotel Blaha Lujza 酒店 €€

（☎87-581 210；www.hotelblaha.hu；Blaha Lujza utca 4；标单 €40~50，双 €55~80；❄📶）这家小酒店是巴拉顿菲赖德最可爱的住宿处之一。22间客房虽然有些紧凑，但非常舒适，而且位置优越，从市中心和湖岸很快就能走到，非常理想。1893~1916年，这里还是19世纪深受爱戴的演员歌手Lujza Blaha的夏季住宅。餐厅非常受当地人欢迎。

★ **Club Hotel Füred** 度假酒店 €€€

（☎06 70 458 1242，87-341 511；www.clubhotelfured.hu；Anna sétany 1-3；标单/双 €55/110，套 €135起；❄📶🏊）这家出色的度假酒店就在湖边，距离市中心1.5公里，占地面积超过2.5公顷，开阔草地和葱翠的花园中点缀的几座建筑中设有43间客房和套房。附设有一间带桑拿、蒸汽浴室和泳池的出色的水疗中心，但

> **值得一游**
>
> **帝豪尼（TIHANY）**
>
> 到了巴拉顿菲赖德（Balatonfüred），不要忘了去帝豪尼（人口1380）游览一番，这座小半岛位于城市西南14公里处，是巴拉顿湖上最有历史意义的地方。这里的活动主要集中于与其同名的小定居点，其中著名的**本笃会教堂**（Benedictine Abbey Church，Bencés Apátság Templom；☎87-538-200；tihany.osb.hu；András tér 1；成人/儿童 含博物馆 1400/700福林；⏲5月至9月 9:00~18:00，4月和10月 10:00~17:00，11月至次年3月 10:00~16:00）里有出色的祭坛和讲道坛，屏风由奥地利的一位庶务修士于18世纪中期雕刻，它们本身都是巴洛克-洛可可风格的杰作。教堂吸引了很多游客，但是半岛本身有一种与世隔绝、近乎荒凉的感觉。徒步是帝豪尼的主要活动之一。位于教堂下方的**旅游信息中心**（☎87-448 804；www.tihany.hu；Kossuth Lajos utca 20；⏲6月中旬至9月中旬 周一至周五 9:00~19:00，周六和周日 10:00~18:00，9月中旬至次年6月中旬 周一至周五 10:00~16:00）提供很不错的徒步线路图。去往帝豪尼的长途汽车从巴拉顿菲赖德的长途汽车/火车站出发（310福林，30分钟），每小时至少1班。

真正吸引人的还是花园尽头的私人海滩。服务也很赞。

餐饮

Vitorlás 匈牙利菜 €€

(☎06 30 546 0940; www.vitorlasetterem.hu; Tagore sétány 1; 主菜 2000~3300福林; ⌚9:00至午夜)这座巨大的木头别墅就坐落在码头脚下的湖畔。这里是观看游艇在港口进出的最佳地点，你还可以在露台上品尝匈牙利菜肴，啜饮当地的葡萄酒。鱼是这里必须品尝的菜肴。推荐炖鲶鱼(3100福林)。

Karolina 咖啡馆、酒吧

(☎87-583 098; karolina.hu; Zákonyi Ferenc utca 4; ⌚5月至9月 8:00至午夜，周日至周五 正午至21:00，10月至次年4月 周六 至午夜)这家精致的咖啡馆兼酒吧无疑是城里最热门的餐厅，可以品尝饮品，或者吃些快餐(菜肴950~2500福林)，周末20:00起有现场音乐演奏。内部装饰成新艺术风格的墙壁上有壁画，灯光精妙，有一定程度的颓废味道，露台区有沙发，非常休闲。

Kedves 咖啡馆

(☎87-343 229; Blaha Lujza utca 7; ⌚周日至周四 8:00~19:00，周五和周六 至22:00)和Lujza Blaha的粉丝一同在这家咖啡馆里喝杯咖啡，吃点蛋糕(蛋糕240~450福林)吧，这位著名的女演员不在街对面住宅中待着时就喜欢来这里。这里也很吸引当地居民，因为可以远离疯狂的人潮。

实用信息

旅游信息中心(Tourinform; ☎87-580 480; www.balatonfured.info.hu; Blaha Lujza utca 5; ⌚6月中旬至8月 周一至周六 9:00~19:00，周日 10:00~16:00，9月至次年6月 周一至周五 9:00~17:00，周六 至15:00)能提供大量信息，员工友好。

到达和当地交通

长途汽车

去往帝豪尼(310福林，30分钟)的长途汽车全天每隔30分钟左右1班。每天有8趟车前往黑维兹(Hévíz; 1490福林，1.75小时)，途中会经过凯斯特海伊(1300福林，1.5小时)。去往布达佩斯的长途汽车和火车差别不大(都是2520福林，3小时)，不过汽车班次更多。

火车

4月至10月初，每天有6班渡轮往返巴拉顿菲赖德和帝豪尼(1100福林，30分钟)之间。

凯斯特海伊(Keszthely)

☎83 / 人口20,200

凯斯特海伊(发音为kest-hey)位于巴拉顿湖的最西端。这里是湖岸上的主要城镇，有许多宏伟的建筑，氛围优雅温和。小浅滩非常适合家庭游客，奢华的费斯特蒂奇宫(Festetics Palace)不可错过。

景点和活动

★费斯特蒂奇宫 宫殿

(Festetics Palace, Festetics Kastély; ☎83-312194; www.helikonkastely.hu; Kastély utca 1; 宫殿和马车博物馆 成人/优惠 2300/1150福林; ⌚6月和9月 9:00~18:00，5月 10:00~17:00，10月至次年4月 周二至周日 10:00~17:00)这座白光闪闪、拥有100间房的费斯特蒂奇宫最初修建于1745年。150年后，在其原有建筑之上加筑了两翼。巴洛克式的南翼中，有约18间房现已用作**海利肯宫殿博物馆**(Helikon Palace Museum, Helikon Kastélymúzeum)。此外，这里还有宫殿最大的宝藏——**海利肯图书馆**(Helikon Library, Helikon Könyvtár)，其中收藏有100,000卷书，还有些华丽的雕刻家具。宫殿背后的一座独立建筑中有**马车博物馆**(Coach Museum, Hintómúzeum; 含在费斯特蒂奇宫门票中; ⌚6月至9月 9:00~18:00，5月 10:00~17:00，10月至次年4月 周二至周日 10:00~17:00)，其中满是为皇室建造的马车和雪橇。

湖边区域 海滩

湖畔区域的中心是长渡轮码头。从4月底到10月初，你可以乘坐1小时的**欢愉游轮**(pleasure cruise; ☎83-312 093; www.balatonihajozas.hu; 渡轮码头; ⌚成人/优惠 1600/700福林)泛舟湖上，每天3~8班。如果想游泳，**城市海滩**(City Beach, Városi Strand; 成人/儿童 900/650福林; ⌚5月至9月中旬 8:00~18:00)就在码头西南，旁边有许多啤酒摊和食品

摊。继续往南200米就是芦苇丛生的**海利肯海滩**(Helikon Beach, Helikon Strand; 成人/儿童 500/350福林; ⏲5月中旬至9月中旬 8:00~18:00)。

住宿

★ Bacchus 酒店 €€

(☎83-314 096; www.bacchushotel.hu; Erzsébet királyné útja 18; 标单 13,300福林, 双 16,400~21,400福林, 公寓 26,000福林; ❄📶)这家酒店地理位置居中,房间洁净——每一间都是根据一个葡萄品种命名,因此是游客的热门选择。26间客房都很简洁,但超级干净,而且配备的是迷人而结实的木头家具;有些甚至带有露台。同样讨喜的还有极富氛围的酒窖,其中有一家可爱的餐厅,可以品尝葡萄酒。这里不愧于酒神"巴克斯"的名号。

Párizsi Udvar 旅馆 €€

(☎83-311 202; www.parizsi.huninfo.hu; Kastély utca 5; 双 9400~10,500福林, 标三 11,400~13,400福林; 📶)这里是距离费斯特蒂奇宫最近的住宿处。客房都有些太大,影响舒适度,但是维护得都很好,而且能看到阳光明媚、绿叶成荫的内庭院(角落里有一家日间餐厅和啤酒花园)。

餐饮

Margareta 匈牙利菜 €

(☎83-314 882, 06 30 826 0434; www.margareta-etterem.hu/; Bercsényi Miklós utca 60; 主菜 1600~2500福林; ⏲11:00~22:00)随意问一个当地人他们最喜欢的就餐处,多数都会回答是"Margareta"。这家餐厅并非美丽过人,但每当天气暖和之时,人们总聚集在环旋状的长廊和深深的庭院之中;至于其余的时间,则躲在小小的室内。这里主打匈牙利日常菜式,简单丰盛的菜肴定能填饱你肚子。午间套餐很便宜,只要990福林。

Pelso Café 咖啡馆

(☎06 30 222 2111, 83-315 415; Kossuth Lajos utca 38; ⏲周日至周四 9:00~21:00, 周五和周六 至22:00; 📶)这家现代化的两层式咖啡馆有一个梦幻的露台,能眺望主广场的最南端。这里提供出色的蛋糕,有世界各地的茶可供选择,外加常见的咖啡(咖啡和蛋糕450福林起)。但我们最爱的还是傍晚的户外餐位——葡萄酒和啤酒种类很少,但是地理位置很好。

实用信息

旅游信息中心(Tourinform; ☎83-314 144; www.keszthely.hu; Kossuth Lajos utca 30; ⏲6月中旬至8月 9:00~19:00, 9月至次年6月中旬 周一至周五 9:00~17:00, 周六 至13:00)提供许多关于凯斯特海伊和西巴拉顿湖地区的信息。

到达和离开

长途汽车

有长途汽车可往返凯斯特海伊和黑维兹(250福林, 15分钟, 每半小时1班),巴拉顿菲

值得一游

黑维兹(HÉVÍZ)

黑维兹(人口4685)位于凯斯特海伊西北8公里处,因拥有欧洲最大的"温泉湖"——**Gyógy-tó**(黑维兹温泉湖; ☎83-342 830; www.spaheviz.hu; Dr Schulhof Vilmos sétány 1; 3小时/4小时/全天 2600/2900/3900福林; ⏲6月至8月 8:00~19:00, 5月和9月 9:00~18:00, 4月和10月 9:00~17:30, 3月和11月至次年1月 9:00~17:00),成为匈牙利最知名的温泉之乡。到了巴拉顿湖区域,怎能不去铺满睡莲的湖中泡一下呢?

位于Park Wood的温泉湖面积达4.5公顷,几乎常年被白色或粉红荷花覆盖,景色十分壮观。这里的温泉水来源于地下约40米处的火山口,每天流出的温泉水多达8000万升。如此一来,约每48小时便能更新一池湖水。湖面平均温度为33℃,在冬天也在22℃以上,即使杉树上挂着冰挂,也适合泡温泉。入乡随俗,租一个橡胶圈(600福林),只管漂浮其中吧。

黑维兹与凯斯特海伊间有长途汽车运行(250福林, 15分钟),每半小时1班。

赖德（1300福林，1.5小时，每天8班）和布达佩斯（3410福林，3小时，每天6班）。

火车

凯斯特海伊位于贯通巴拉顿湖的东南岸及布达佩斯的铁路支线上，有去往布达佩斯的车（3410福林，4小时，每天 6班）。要去往巴拉顿南岸城镇，例如巴拉顿菲赖德（1640福林，2小时），必须在塔波尔卡（Tapolca；465福林，30分钟，每小时1班）换乘。

匈牙利南部（SOUTHERN HUNGARY）

匈牙利南部一片恬静安详。这里只有少数地方经过旅游开发，游人不多，徜徉于乡村道路之间，仿佛时光倒流一般。

佩奇（Pécs）

☎72 / 人口146,600

温和的气候、辉煌的历史，还拥有众多别致的博物馆与纪念碑，无怪乎佩奇（发音为paich）能名列匈牙利最宜人、最有趣的城市之一。在许多游客的行程单中，佩奇是匈牙利除布达佩斯外的必到之处。

景点和活动

★清真寺教堂 清真寺

（Mosque Church，Mecset templom；☎72-321 976；Hunyadi János út 4；成人/优惠1000/750福林；⏰4月中旬至10月中旬 10:00~16:00，10月中旬至次年4月中旬 至正午，周日 开放时间缩短）这座内城教堂（Inner Town Parish Church，Belvárosi plébánia templom）的前身为帕夏盖吉卡辛清真寺（Pasha Gazi Kassim Mosque），人们更愿意称其为清真寺教堂（Mosque Church）。这里是匈牙利在土耳其占领时期遗存下来的最大建筑，现在已然成为佩奇的标志。

犹太教堂 犹太教堂

（Synagogue，Zsinagóga；Kossuth tér；成人/优惠 750/500福林；⏰5月至10月 周日至周五 10:00~17:00，11月至次年3月 周日至周五 10:30~12:30）这座建于1869年的犹太教堂位于Széchenyi tér的南面，保存完整，异常漂亮，对面是修复后的Kossuth tér。

Cella Septichora游客中心 遗迹

（Cella Septichora Visitors Centre，Cella Septichora látogató központ；☎72-224 755；www.pecsorokseg.hu；Janus Pannonius utca；成人/优惠 1700/900福林；⏰4月至10月 周二至周日 10:00~18:00，11月至次年3月 周二至周日 10:00~17:00，周一闭馆）这儿的一系列早期基督教陵墓在2000年已列入联合国教科文组织世界遗产目录中。这里最大的亮点是人们口中的**水罐陵墓**（Jug Mausoleum，Korsós sírkamra；含在Cella Septichora游客中心门票中；⏰4月至10月 周二至周日 10:00~18:00，11月至次年3月 周二至周日 10:00~17:00，周一闭馆）。这座4世纪罗马陵墓因一幅带藤蔓的水罐画作而得名。

★琼特瓦里博物馆 博物馆

（Csontváry Museum；☎72-310 544；www.jpm.hu；Janus Pannonius utca 11；成人/儿童1500/750福林；⏰周二至周日 10:00~18:00）19世纪象征主义画家特里瓦多·科斯特卡·琼特瓦里（Tivadar Kosztka Csontváry；1853~1919年）的作品在此展出。其悲惨的一生与同期的凡·高有时会被相提并论。不要错过《孤独的雪松》（*Solitary Cedar*）和《巴勒贝克》（*Baalbek*）。

住宿

Hotel Főnix 酒店 €€

（☎72-311 680；www.fonixhotel.com；Hunyadi János út 2；标单/双/套 8000/13,000/14,000福林起；❄@📶）凤凰旅馆（Hotel Fonix）相对于其所占有的土地来说显得太大了，它的13个房间有的甚至小得无法容纳一只凤凰。服务总是很热情，清真寺教堂近在咫尺。套房有一座很大的开放式露台。

Corso Hotel 商务酒店 €€

（☎72-421 900；www.corsohotel.hu；Koller utca 8；标单/双/套 19,500/23,200/32,000福林起；❄@📶）如果你想享受商务酒店的便利设施，那么这家酒店是你的首选，这里距离市中心步行只需要10分钟。81间客房都很迷人，装饰有丝绒地毯和天鹅绒窗帘，所有的套房都

有户外露台（有一座还带有私人桑拿）。一楼餐厅提供热门的各国菜肴和匈牙利菜。

餐饮

★Jókai Bisztró 匈牙利菜 €€

（☎06 20 360 7337; www.jokaibisztro.hu; Jókai tér 6; 主菜 1690~3390福林; ⏲11:00至午夜）这家迷人的法国小馆可算是佩奇最佳就餐处，装潢时髦，超大的灯笼能眺望迷人的Jókai tér，夏季露台餐位非常抢手。菜单上选择不多，但都是季节性开胃菜肴，烹饪格外精心；大部分食物和肉都由餐厅自己种植和饲养。唯一不足就是服务有些漫不经心。

Áfium 匈牙利菜 €

（☎72-511 434; www.afiumetterem.hu; Irgalmasok utca 2; 主菜 1690~3190福林; ⏲周一至周六 11:00至次日1:00，周日 至午夜）这家温馨的餐馆有明快的复古装饰，能满足大部分寻觅匈牙利美食的食客的胃口。偶尔也会有其他相邻国家风格的菜肴，比如csevap（塞尔维亚式辣牛肉或猪肉丸；价格1690福林）。千万不要错过"头盔"（实际上是一种膨胀的硬壳面包）豆汤配猪蹄（1190福林）。这里还有可爱的工作人员。

Cooltour Café 咖啡馆

（☎72-310 440; cooltourcafe.hu; Király utca 26; ⏲周日至周二 11:00至午夜，周三和周四 至次日2:00，周五和周六 至次日3:00）这里有如此之多的极好的食物，很难选出我们的最爱。它是一家"遗址酒馆"，不过全天开放，喝咖啡、吃零食、品尝鸡尾酒，或者聊天都是很好的选择。位于主街上，但后花园却有一种隐蔽的氛围。晚上偶尔有现场音乐演奏和派对。

实用信息

旅游信息中心（☎72-213 315; www.iranypecs.hu; Széchenyi tér 7; ⏲6月至8月 周一至周五 9:00~17:00，周六和周日 10:00~15:00，5月、9月和10月 周日关闭，11月至次年4月 周六和周日关闭）员工知识渊博，有许多关于佩奇和周边地区的信息提供。

到达和离开

长途汽车

每天有8趟长途汽车连接佩奇与布达佩斯（3690福林；4.25小时），另有8趟往返塞格德（Szeged；3410福林，3.25小时）和3趟往返凯奇凯梅特（Kecskemét；3410福林，3.5小时）的汽车。

火车

佩奇位于连通布达佩斯Déli火车站（3950福林，4小时，每天9班）的铁路主线上。每天有1趟火车从佩奇开出，途经克罗地亚的奥西耶克（Osijek/Eszék；2小时），而后继续前往波黑首都萨拉热窝（Sarajevo；9小时）。

大平原（GREAT PLAIN）

正如澳大利亚人心中的内陆或美国人眼里的狂野西部一样，大平原（Nagy Alföld）对匈牙利人具有一种浪漫的吸引力。自古以来，关于此地区丰富的想象、画作和诗篇，造就了这种情怀。若称其为"辽阔的天空之城"，绝对不会有人反对。此外，大平原还囊括许多拥有优雅建筑的历史名城，如塞格德和凯奇凯梅特。

塞格德（Szeged）

☎62 / 人口162,000

塞格德（发音为seh-ged）是一个繁忙的边境城市。众多古迹沿着蒂萨河（Tisza River）而建，更有一些奢华的新派艺术宫殿。更重要的是，塞格德是一座大规模的大学之城，也就意味着这里是文化与派对的集散地，还有全年无休的节日盛宴。

景点和活动

Dóm tér 广场

塞格德最重要的建筑物与纪念碑都在"大教堂广场"之内。年度盛宴**塞格德露天音乐节**（Szeged Open-Air Festival; ☎62-541 205; www.szegediszabadteri.hu）于每年夏季举行，这里则是一系列活动的主会场。双子塔**祈愿教堂**（Votive Church, Fogadalmi templom; ☎62-420 157; www.szegedidom.hu; Dóm tér; ⏲周一至周

六 6:30~19:00，周日 7:30开放）是"万众"之首。在1879年，这座不成比例的砖瓦怪物成了水灾的牺牲品，而后在1913~1930年得以重建。**国家万神殿**（National Pantheon, Nemzeti Emlékcsarnok; ⌚24小时）**免费** 环广场三面而建，里面摆放着超过100名匈牙利名人的塑像与雕像（几乎全部为男性）。

★ 新犹太教堂 犹太教堂

（New Synagogue, Új Zsinagóga; ☎62-423 849; www.zsinagoga.szeged.hu; Jósika utca 10; 成人/优惠 500/250福林; ⌚4月至9月 周日至周五 10:00至正午和13:00~17:00，10月至次年3月 周日至周五 9:00~14:00）这座新派艺术风格的新犹太教堂由Lipót Baumhorn于1903年设计，是匈牙利最美的犹太礼拜教堂。即便犹太社区已从第二次世界大战前的8000人缩减到现在的约50人，这座教堂依旧为其所用。蓝色和金色色调的巨大的内部空间主要是圆屋顶，上面装饰有星星和鲜花（代表永恒和虔诚），看起来就像是要漂浮升空一般。

赖克宫 建筑

（Reök Palace, Reök Palota; ☎62-541 205; www.reok.hu; Tisza Lajos körút 56; ⌚周二至周日 10:00~18:00）这座绿紫搭配的新艺术建筑（建于1907年）装饰得如水族馆一般，让人震撼。现在已经修葺一新，其中会定期举办摄影与视觉艺术作品展览。

住宿

Familia Vendégház 客栈 €€

（☎62-441 122; www.familiapanzio.hu; Szen-háromság utca 71; 标单 €27，双 €35~43，标三 €50; ❄📶）家庭游客和国外旅行者经常会预订这个家族经营的客栈，客栈位于火车站附近的旧式建筑之内。24间当代风格（虽然并不明显）的房间天花板很高，高高的窗口光线充足。使用空调的话要额外加收€2。

Dóm Hotel 精品酒店 €€€

（☎62-423 750; www.domhotel.hu; Bajza utca 6; 标单/双/公寓 19,900/23,900/47,000福林起; ❄@📶）塞格德高端住宿市场新增加的这家非常时髦的精品酒店很受欢迎，地理位置极为便利，设有16间客房。小小的养生中心设有按摩浴缸、桑拿和按摩，配备有一家热门的餐厅和一座21世纪新建的地下停车场，可通过电梯进入。但其中的主要优势还是在于会讲多种语言的员工，帮助很大，对他们来说任何要求都不会被难倒。

> **值得一游**
>
> **凯奇凯梅特（KECSKEMÉT）**
>
> 可爱的小城凯奇凯梅特（人口112,000）也值得一游，位于布达佩斯和塞格德之间的铁路和公路主干道沿岸。这儿绿树成荫，新派艺术建筑成群，适宜步行游览。**旅游信息中心**（Tourinform; ☎76-481 065; www.visitkecskemet.hu; Kossuth tér 1; ⌚5月至9月 周一至周五 8:30~17:30，周六 9:00~13:00，10月至次年4月 周一至周五 8:30~16:30）地处主广场的中心。可到此咨询有关景点、住宿以及到**小昆沙国家公园**（Kiskunság National Park, Kiskunsági Nemzeti Park; www.knp.hu）郊游的信息。在布达佩斯（1680福林，1.25小时，每半小时1班）及塞格德（1680福林，1.75小时，每天9班）均有长途汽车往返凯奇凯梅特。

餐饮

Boci Tejivó 快餐 €

（☎62-423 154; www.bocitejivo.hu; Zrínyi utca 2; 菜肴 220~890福林; ⌚24小时; 🖉）陈旧的想法与现代化的餐馆碰撞，这家"牛奶吧"在社会主义时期很受欢迎。虽然并不是素食餐厅，但也有几十种非肉食菜肴可供选择，例如奶酪和蘑菇蛋卷、面条和核桃、一直很受欢迎的百搭túró（凝乳），尤其是túrógombóc（凝乳饺子; 650福林）。

Vendéglő A Régi Hídhoz 匈牙利菜 €€

（☎62-420 910; www.regihid.hu; Oskola utca 4; 主菜 1700~2600福林; ⌚周日至周四 11:30~23:00，周五和周六 至午夜）想吃顿地道美食，但又不想倾家荡产，那就来这家名为"旧桥之下"（At the Old Bridge）的传统匈牙利菜餐厅吧，其中有各种该国最受欢迎的菜肴，还有一个很棒的露台，距离河边只有一

个街区远。这里是尝试Szögedi halászlé（塞格德最受欢迎的鱼汤；1700福林）的好地方。

Classic Cafe 塞尔维亚菜 €€

（☎62-422 065；www.classiccafe.hu；Széchenyi tér 5；主菜 2190~2700福林；⊙周一至周六 10:00至午夜，周日 至22:00）这家很受欢迎的塞尔维亚餐厅有一座可爱的内部花园庭院（很适合安静地喝点东西），提供有csevap（香辣牛肉和猪肉丸子）和pljszkavica（肉馅饼）等烧烤。

A Cappella 咖啡馆

（☎62-559 966；acappella.atw.hu/；Kárász utca 6；⊙7:00~22:00）这座位于路边的两层楼咖啡馆能眺望到Klauzál tér，有大量的蛋糕（485~650福林）、冰激凌和奶泡丰富的咖啡可供选择。

实用信息

旅游信息中心分支机构包括非常有用的总办事处（☎62-488 690；www.szegedtourism.hu；Dugonics tér 2；⊙周一至周五 9:00~17:00，周六 至13:00），隐藏在大学附近的一处庭院中，还设有一个分季节开放的岗亭（Széchenyi tér；⊙6月至9月 8:00~20:00）。

到达和离开

长途汽车

每天有8趟长途汽车出发至凯奇凯梅特（1680福林，1.75小时，每天9班）和佩奇（3410福林，3.75小时，每天4班），另有每天最多4趟前往塞尔维亚苏博蒂察（Subotica；1200福林，1.5小时）的长途汽车。

火车

塞格德位于连接布达佩斯Nyugati火车站的铁路主线上（3705福林，2.5小时，每半小时1班）；还有许多列车途中会在凯奇凯梅特（2375福林，1.25小时）停靠。

匈牙利东北部（NORTHEASTERN HUNGARY）

匈牙利最著名的两种酒——甜如蜜的托考伊白葡萄酒（Tokaj）和埃格尔著名的公牛血红葡萄酒，均为此地区的产物。而这一地区的微气候也十分适合葡萄酒的酿造。东北部树木繁茂的山陵沿匈牙利和斯洛伐克边境延伸，构成了喀尔巴阡山脉（Carpathian Mountains）的山麓。

埃格尔（Eger）

☎36 / 人口54,500

埃格尔（发音为egg-air）就如城镇中的首饰盒，收藏着保存完好的巴洛克建筑。在这里，你可以到山顶城堡了解土耳其的入侵和溃败故事；或登上一座当地尖塔，在雄伟的天主教堂内欣赏管风琴表演。记得把行程的重点放在美女谷（Valley of Beautiful Women），穿梭于各个酒窖之间，在其出产地尝尝著名的公牛血红葡萄酒。

景点和活动

★埃格尔城堡 要塞

（Eger Castle, Egri Vár；☎36-312 744；www.egrivar.hu；Vár köz 1；城堡 成人/儿童 800/400福林，含博物馆门票 1400/700福林；⊙展览 5月至10月 周二至周日 10:00~17:00，11月至次年4月 周二至周日 10:00~16:00，城堡 5月至8月 8:00~20:00，4月和9月 至19:00，3月和10月 至18:00，11月至次年2月 至17:00）从Dózsa György tér爬过铺着鹅卵石的Vár köz，就可进入埃格尔城堡，它建于13世纪蒙古人入侵之后。在前主教宫殿（Bishop's Palace；建于1470年）内的是**István Dobó博物馆**（István Dobó Museum）。在此展出的模型和画作诉说着城堡的历史。埃格尔艺术馆（Eger Art Gallery）位于庭院西北，其中收藏有加纳莱托（Canaletto）和塞鲁蒂（Ceruti）的作品。由坚硬的岩石劈制而成的**炮台**（Kazamata）位于城堡之下，现已对外开放。

埃格尔大教堂 教堂

（Eger Basilica, Egri Bazilika；☎36-420 970；www.eger-bazilika.plebania.hu；Pyrker János tér 1；要求捐赠 成人/优惠 300/100福林；⊙周一至周六 8:30~18:00，周日 13:00~18:00）大教堂是城里令人惊艳的建筑亮点。这座新古典主义风格的巨大建筑于1836年由József Hild设计，他后来还参与了埃斯泰尔戈姆大教堂的建设工作。半个小时的**风琴演奏**（成人/优惠 800/500福林；

⌚5月中旬至10月中旬 周一至周六 11:30,周日 12:30)之时是参观的好时机,届时装饰精美的祭坛和高耸的穹顶将营造出迷人的声音效果。

宣礼塔

伊斯兰教

(Minaret; ☎06 70 202 4353; www.minareteger.hu; Knézich Károly utca; 门票 300福林; ⌚4月至9月 10:00~18:00, 10月 10:00~17:00, 11月至次年3月 周六和周日 10:00~15:00)这座40米高的宣礼塔上面不协调地高耸着一座十字架,是埃格尔少数能让人忆起奥斯曼王朝占领历史的遗迹之一。若你没有幽闭恐惧症,可以登上97级狭窄的螺旋楼梯,到塔顶欣赏美景。

★美人谷

品酒

(Valley of the Beautiful Women, Szépasszony-völgy)美人谷地如其名。在这里的酒窖品酒是很流行的选择。要品尝公牛血红葡萄酒,或其他白葡萄酒,如产自邻近小镇戴伯亚(Debrő)的琳尼卡(Leányka)、雷司令(Olaszrizling)和哈斯莱威路(Hárslevelű),来这儿就对了。这儿的酒窖多得让人为之震撼,最好还是自己走走逛逛。美人谷位于25号公路西南方1公里外,紧邻Király utca。

★土耳其浴室

水疗

(Turkish Bath, Török Fürdő; ☎36-510 552; www.egertermal.hu; Fürdő utca 3-4; 2.5小时 成人/儿童 2200/1500福林; ⌚周一和周二 16:30~21:00, 周三和周四 15:00~21:00, 周五 13:00~21:00, 周六和周日 9:00~21:00)没有什么能比得上在这座古老的水疗中心享受泡澡和蒸汽浴的乐趣了,这里有一座可追溯至1617年的浴场。耗资几百万福林的改造为这里增加了5座浴池、桑拿房、蒸汽浴房和一个土耳其浴室。还提供各种各样的按摩和服务。

住宿

Agria Retur Vendégház

客栈 €

(☎36-416 650; www.returvendeghaz.hu; Knézich Károly utca 18; 标单/双/标三 3800/6400/9300福林; 📶)这家迷人的客栈位于宣礼塔附近,不可能找到比这里的店主母女更可爱的主人了。走过3层楼梯,就进入位于4间房间的中心的公用厨房及餐饮区,这里令人愉悦,客房都是双重斜坡屋顶,带有冰箱。屋后的大花园有餐桌和烧烤台,可供烧烤之用。

★Hotel Senator-Ház

精品酒店 €€

(☎36-320 466; www.senatorhaz.hu; Dobó István tér 11; 标单 €40~48, 双 €53~65; ❄)这家可爱的酒店位于埃格尔主广场的一座18世纪的建筑之中,楼上有11间温暖而舒适的客房,带有传统的白色家具。一楼还有一间优秀的餐厅,前台区摆满古董。

Dobó Vendégház

客栈 €€

(☎36-421 407; www.dobovendeghaz.hu; Dobó István utca 19; 标单 9000~10,500福林, 双 13,500~15,900福林; 📶)这家酒店藏身于城堡之下的老城步行街中,7间整洁的房间中,有几间带有阳台。

可以在早餐室里观赏堪比博物馆收藏的Zsolnay陶瓷珍藏。

餐饮

Palacsintavár

法式薄饼 €

(Pancake Castle; ☎36-413 980; www.palacsintavar.hu; Dobó István utca 9; 主菜 1850~2250福林; ⌚周二至周六 正午至23:00, 周日 至22:00)这家博采众长的小店墙边陈列着波普艺术作品和一些保持原包装的迷人的古董香烟藏品。出品的咸palacsinták(用"煎饼"形容更为合适)会配上大量的新鲜蔬菜,可选择包括亚洲口味和墨西哥口味的不同风味。此外还提供多种甜味薄饼(1690福林起)。从Fazola Henrik utca进入。

★Fő Tér

匈牙利菜 €€

(主广场; ☎36-817 482; fotercafe.hu; Gerl Matyas utca 2; 主菜 1300~3400福林; ⌚10:00~22:00)Dobó István tér对面街区新开办的这家餐厅为埃格尔餐饮增添了一丝新色彩,其中采用黄绿色和紫红色的波普艺术装饰风格,四面用玻璃围住的露台上有一座帐篷形的屋顶。食物是匈牙利菜融入一些当代味道;我们喜欢烤的烟熏羊乳奶酪和橙子沙拉(1950福林)、黑啤炖猪肘子(2000福林)。

Bikavér Borház

葡萄酒吧

(☎36-413 262; www.egrikirakat.hu/tagok-

值得一游

托考伊(TOKAJ)

葡萄酒小村托考伊(人口4900)值得一游，位于埃格尔东北43公里处，这里出产的甜葡萄酒久享盛名。**旅游信息中心**(☎06 70 388 8870, 47-552 070; www.tokaj-turizmus.hu; Serház utca 1; ⏲6月至8月 周一至周六 9:00~17:00，周日 10:00~15:00，9月至次年5月 周一至周五 9:00~16:00)紧邻Rákóczi út，能提供住宿帮助。往返埃格尔可以选择火车(3425福林，2小时，每小时1班)，不过得在菲泽绍博尼(Füzesabony)转车。每天有7班车次前往布达佩斯(4605福林，2.5小时)。

bemutatkozasa/bikaver-borhaz; Dobó István tér 10; ⏲10:00~22:00)在这家地理位置居中的葡萄酒吧里可尝试一两种(或者三种)本地区最佳葡萄酒，此外还有50多种葡萄酒可选。侍者可引导你做出正确的选择，还可以提供一盘奶酪或者葡萄帮助你清理味觉。

实用信息

旅游信息中心(Tourinform; ☎36-517 715; www.eger.hu/hu/turizmus/tdm-tourinform; Bajcsy-Zsilinszky utca 9; ⏲7月和8月 周一至周五 8:00~18:00，周六和周日 9:00~13:00，5月、6月、9月和10月 周一至周五 8:00~17:00，周六和周日 9:00~13:00，11月至次年4月 周一至周五 8:00~17:00)提供能促进城镇和埃格尔周边地区发展的旅游信息。

到达和离开

长途汽车

从埃格尔出发，可乘长途汽车前往凯奇凯梅特(3130福林，4.5小时，每天3班)和塞格德(3950福林，5小时，每天2班)。若要乘长途汽车前往托考伊，则要先到达Nyíregyháza(2520福林，3小时，每天3班)出发，然后换乘另一班车(650福林，半小时，每天3班)。

火车

每天最多有8趟直达火车前往布达佩斯的Keleti火车站(2725福林，2小时)。也可以从菲泽绍博尼换乘火车至托考伊(3425福林，2小时，每小时1班)。

生存指南

出行指南

营业时间

银行 周一至周五8:00或9:00~16:00或17:00

酒吧 一般周日至周四11:00至午夜，周五和周六至次日1:00或2:00

博物馆 周二至周日9:00或10:00~17:00或18:00

餐厅 约11:00至午夜

商店 周一至周五9:00或10:00~18:00，周六10:00~13:00，周四有时至20:00

折扣卡

匈牙利卡(Hungary Card; www.hungarycard.hu; 基本/标准/附加 2550/5800/9300福林)可免费进入许多博物馆；有6趟往返火车可享受半价，还包括一些长途汽车和船只；精选住宿可享受高达80%的优惠；还可半价购买布达佩斯卡(Budapest Card，见635页)。旅游局有售。

网络资源

匈牙利博物馆(Hungary Museums; www.museum.hu)

匈牙利国家旅游局(Hungarian National Tourist Office; www.gotohungary.com)

媒体

布达佩斯有两份英语报纸：周刊**《布达佩斯**

国家速览

面积 93,030平方公里

首都 布达佩斯

国家代码 ☎36

货币 福林(Ft)

紧急情况 救护车☎104，紧急协助☎112，火警☎105，警察☎107

语言 匈牙利语

现金 自动柜员机遍布

人口 996万

签证 申根签证适用

时报》(*Budapest Times*; www.budapesttimes.hu; 750福林)包括一些有趣的时事评论和观点;而双周刊《布达佩斯商务期刊》(*Budapest Business Journal*; www.bbjonline.hu; 1250福林)是商业报纸。报刊亭都有售。

货币

匈牙利货币单位是匈牙利福林(Ft)。其中面值为5、10、20、50、100和200福林的为硬币;500、1000、2000、5000、10,000和20,000福林的为纸币。自动柜员机随处可见,即使身在小城镇也无须担心。吃饭、理发和搭计程车时,需给服务人员约总数10%的小费。

凡贴有银联标识的商户均可以受理银联卡。目前,匈牙利OTP银行和花旗银行的自动柜员机可接受银联卡的取款和余额查询。

节假日

新年 1月1日

1848年革命节(1848 Revolution Day)3月15日

复活节星期一(Easter Monday)3月/4月

国际劳动节(International Labour Day)5月1日

圣灵降临节星期一(Whit Monday/Pentecost)5月/6月

圣伊什特万节/宪法日(St Stephen' s/Constitution Day)8月20日

1956年事件纪念日/共和国成立日(1956 Remembrance/Republic Day)10月23日

万圣节(All Saints' Day)11月1日

圣诞节 12月25日和26日

电话

匈牙利的国家区号为☎36。若要拨打国际长途,需在所打号码前加拨☎00。若在匈牙利国内拨打城际电话,先拨☎06,听到第二声铃响后,再拨打城市区号及电话号码。若拨打手机号码则一定要加拨☎06。匈牙利全国各地电话号码之前都包括2位数的城市区号,除布达佩斯是☎1。

正如欧洲其他地区一样,匈牙利的手机使用GSM标准网络。使用该制式的手机将自动连接当地运营商。但需注意昂贵的漫游费,特别是因数据下载而产生的费用。另一个更为经济划算的方式便是到手机店或报摊买一张预付式SIM卡,用临时的当地号码打电话和发短信。

旅游信息

匈牙利国家旅游局(Hungarian National Tourist Office, HNTO; gotohungary.com)在全国设有超过125家**旅游信息中心**(☎国外 36 1 438 80 80,匈牙利国内 800 36 000 000; www.tourinform.hu; ⌚周一至周五 8:00~20:00)。这里是咨询常见问题、领取各地宣传册的最佳去处。在首都,你还可以造访**布达佩斯信息中心**(Budapest Info; ☎1-438 8080; www.budapestinfo.hu)。

签证

几乎所有欧洲国家以及澳大利亚、加拿大、以色列、日本、新西兰和美国的公民,可以免签进入匈牙利,最多停留90天。关于最新的签证要求,请查询匈牙利外交部网站的领事服务(konzuliszolgalat.kormany.hu/en)。持中国大陆因私护照的旅行者前往匈牙利需要办理申根签证。

使领馆

中国驻匈牙利大使馆(☎361 413 3381; www.fmprc.gov.cn/ce/cehu/chn/; consulate_hun@mfa.gov.cn; ⌚周一至周四 9:00~11:45)

汇率

人民币	CNY1	HUF42.90
港币	HKD1	HUF35.96
新台币	TWD1	HUF8.51
澳门元	MOP1	HUF34.91
新加坡元	SGD1	HUF202.55
美元	USD1	HUF279.07
欧元	EUR1	HUF309.99

到达和离开

匈牙利的内陆位置确保了多种经陆路旅行的可能性。这里有直达列车连接布达佩斯和所有匈牙利邻国的主要城市。跨国的长途汽车四通八达,暖和的时节你可以搭乘渡轮沿多瑙河去往奥地利的维也纳。

飞机

弗朗兹·李斯特国际机场(Ferenc Liszt International Airport; ☎1-296 7000; www.bud.hu)位于布达佩斯东南24公里外,两座现代化的航站楼彼此相邻。航站楼2A服务申根国航班,其余国际航班和廉价航空公司使用2B。后者的航班包括:

柏林航空(Air Berlin, AB; ☎06 80 017 110; www.

住宿价格区间

带私人浴室的双人间价格区间如下：

€ 低于9000福林（布达佩斯15,000福林）

€€ 9000~165,000福林（布达佩斯15,000~33,500福林）

€€€ 高于16,500福林（布达佩斯33,500福林）

有些酒店和客栈标价为欧元。如果情况如此，那我们也按原样列出。

airberlin.com；科隆市中心）

易捷航空（EasyJet, EZY; www.easyjet.com）

德国之翼航空（German Wings; www.germanwings.com）

瑞安航空（Ryanair, FR; www.ryanair.com；伦敦市中心）

威兹航空（Wizz Air, W6; ☎06 90 181 181; www.wizzair.com；波兰卡托维兹市中心）

陆路

长途汽车

大多数的国际长途汽车停靠于布达佩斯的**Népliget汽车站**（见635页），且多数都是由**欧洲巴士**（Eurolines; www.eurolines.com）及其匈牙利子公司Volán（www.volan.eu）负责运营。此外，从布达佩斯出发，其他可用的国际线路包括至奥地利的维也纳、斯洛伐克的伯拉第斯拉瓦、塞尔维亚的苏博蒂察、克罗地亚的里耶卡、捷克的布拉格，以及保加利亚的索非亚。

小汽车和摩托车

在匈牙利境内驾车必须购买第三方保险。欧洲牌照的汽车一般都已购买此保险。其他驾驶者则需出示保险绿卡或在边境购买保险。

要在匈牙利机动车道行驶得预先购买公路通（matrica），加油站和邮局有售。你的驾照/注册号码会被输入电脑数据库，然后可供公路上安装的监控摄像机进行筛选。价格为每辆摩托车/小汽车每周1470/2975福林。

火车

匈牙利国家铁路公司（Magyar Államvasutak, MÁV; ☎06 40 494 949, 1-371 9449; elvira.mav-start.hu/）的铁路线路在各个方向与国际铁路网相连。其列车安排可于网上查询。

搭乘欧洲快车（EuroCity，简称EC）及城际列车（InterCity，简称IC）的列车，需提前预订座席并支付附加费。匈牙利境内的多数大型火车站均有行李寄存室，开放时间最短是9:00~17:00。

此外，从布达佩斯出发还有直达火车连接奥地利、斯洛伐克、罗马尼亚、乌克兰、克罗地亚、塞尔维亚、德国、斯洛文尼亚、捷克、波兰、瑞士、意大利、保加利亚和希腊。

水路

每周二、周四和周六9:00，有水翼船从布达佩斯出发沿多瑙河前往维也纳，返程是每周三、周五和周日同一时间。单程/双程成人票价为€99/125。若载上自行车则需另付€25。

当地交通

匈牙利并无定期的国内航班。

船

夏季有定点乘客渡轮沿多瑙河从布达佩斯前往圣安德烈、维谢格拉德和埃斯泰尔戈姆以及巴拉顿湖沿岸。

公共汽车

由Volánbusz（见635页）客车运营协会运营的国内汽车网络密集，覆盖全国。公共汽车的时刻表张贴于各车站。时刻表的脚注可能会包含以下字眼：naponta（每天发车）、hétköznap（平日）、munkanapokon（工作日）、munkaszüneti napok kivételével naponta（除节假日外，每天发车）和szabad és munkaszüneti napokon（周六和节假日）。某些大型的公共汽车站配有行李寄存室，但

就餐价格区间

价格区间如下：

€ 低于2000福林（布达佩斯3000福林）

€€ 2000~3500福林（布达佩斯3000~7500福林）

€€€ 高于3500福林（布达佩斯7500福林）

特色饮食

在东欧地区，匈牙利饮食或许是最多变和有趣的。按照西欧标准，匈牙利传统食物不算贵，分量充足，而且口感偏重。肉、酸奶和脂肪含量高，辣椒粉无所不在，和盐、胡椒一同放在餐桌上作为调料。"新派匈牙利菜"和民族菜肴越来越多，这对素食者来说是个喜讯。

- **Galuska** 和面团类似的小饺子，很适合搭配pörkölt。
- **蔬菜炖牛肉**（Gulyás）匈牙利经典菜式，材料包括牛肉、洋葱和番茄。这里出品的更像汤而非炖菜。
- **渔夫汤**（Halászlé）大力推荐这道鱼汤，其材料包括水煮的淡水鱼、番茄、青椒和干红椒。
- **Lángos** 街头食物，是奶酪和/或酸奶油（tejföl）浇炸面圈。
- **Palacsinta** 薄饼，作为开胃菜或者主食食用，或者是填满果酱、甜奶酪或巧克力酱作为甜点。
- **巴林卡**（Pálinka）用多种水果，特别是梅子和杏子，蒸馏而成的烈性白兰地。
- **辣椒粉**（Paprika）匈牙利烹饪中无所不在的调味品，有两种口味：辣（erős）和甜（édes）。
- **匈牙利炖肉**（Pörkölt）辛辣的炖菜，与传统的蔬菜炖牛肉相似。
- **腌酸菜**（Savanyúság）名副其实的"酸"。其种类多样，可为酸甜的黄瓜，或者酸酸的泡菜。作为配菜食用。
- **红酒**（Wine）匈牙利有两种红酒名扬海内外，分别为餐后甜酒Tokaji Aszú和浓郁的埃格尔公牛血红葡萄酒。

通常只营业至18:00。

小汽车和摩托车

通常来说，必须是年满21岁或以上并持驾照超过1年的人士，才可租车驾驶。酒后驾驶是绝对不允许的，对酒驾的查处十分严格。多数城镇规定驾驶者需购买街道停车票（通常为平日的9:00~18:00），可从停车贩卖机处购买临时停车票。

当地交通工具

匈牙利的公共交通有公共汽车，在许多城镇内还有无轨电车运行，线路密集而快捷。在布达佩斯、塞格德和德布勒森（Debrecen）还有有轨电车运行。另外，布达佩斯城内更有密集的地铁线路与市郊通勤列车。上车前，可在报摊购买车票，上车时验票。检票员会频繁查票。

火车

MÁV（☎1-444 4499；www.mav-start.hu）在超过7600公里的铁路线上，运营着可靠的火车服务。如需获取列车时刻表，可上网或在全国各火车站的电子信息亭处进行查询。

城际列车为最舒适、现代化的特快列车，搭乘快车（Gyorsvonat）需时较久且车厢较陈旧，旅客列车（személyvonat）经停沿线的每一个村庄。座席预订（helyjegy）需加收附加费。搭乘城际列车及某些快车时，必须提前预订座席。若列车时刻表中，该班列车有带方框或圆圈的"R"字样，则代表需预订座席（若仅有一个"R"字样，则代表此班可预订座席，但并非必须）。

在所有的车站内，黄色指示牌表明离开（indul），白色指示牌表明到达（érkezik）。特快和快车由红色指示，当地火车则为黑色。

国际铁路（InterRail；www.interrail.eu）和**欧洲铁路**（Eurail；www.eurail.com）的火车均途经匈牙利。

冰岛

包括 ➡

最佳餐饮

- Dill（见660页）
- Þrír Frakkar（见660页）
- Lindin（见663页）
- Plássið（见666页）
- Hannes Boy（见668页）

最佳住宿

- Hótel Borg（见659页）
- KEX Hostel（见658页）
- Hótel Egilsen（见666页）
- Ion Luxury Adventure Hotel（见663页）
- Skjaldarvík（见667页）

为何去

这片充满魔力的岛屿的能量触手可及，摄人心魄的自然风景孕育了富于创造力且热情的当地人，也吸引了越来越多的游客前来探索这无拘无束的壮丽风光。这片土地本身就像一座巨大的火山实验室，它躁动不安，充满了生命力。这里有雷鸣般的瀑布、不断喷发的间歇泉、隆隆作响的火山群和扭曲的熔岩原，还有切出一条条通道直抵黑沙滩的晶莹冰川。

夏季，极昼让精致而古怪的首都雷克雅未克原本就精力充沛的居民们更加充满活力，这里有精彩的咖啡馆和酒吧。时尚、设计和音乐被编织进城市的肌理，这里还拥有一流的博物馆。在冬季，如果运气好，能看到北极光闪过天际。冰岛一年四季都能进行探险旅行，让你跟那些毕生难忘的风景和声音亲密接触。

何时去

雷克雅未克

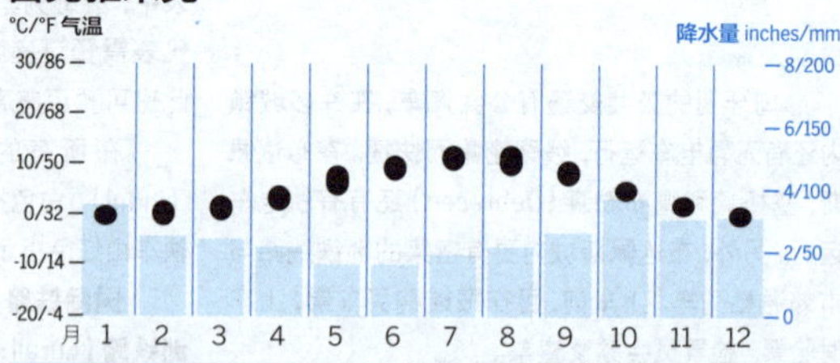

5月和6月 主要观鸟季节，恰好也是一年中最干燥的两个月，游客较少。

8月 雷克雅未克人满为患，整个国家到处都是游客，几乎一直是白天。

11月至次年4月 观赏极光和极简主义的最佳时间。

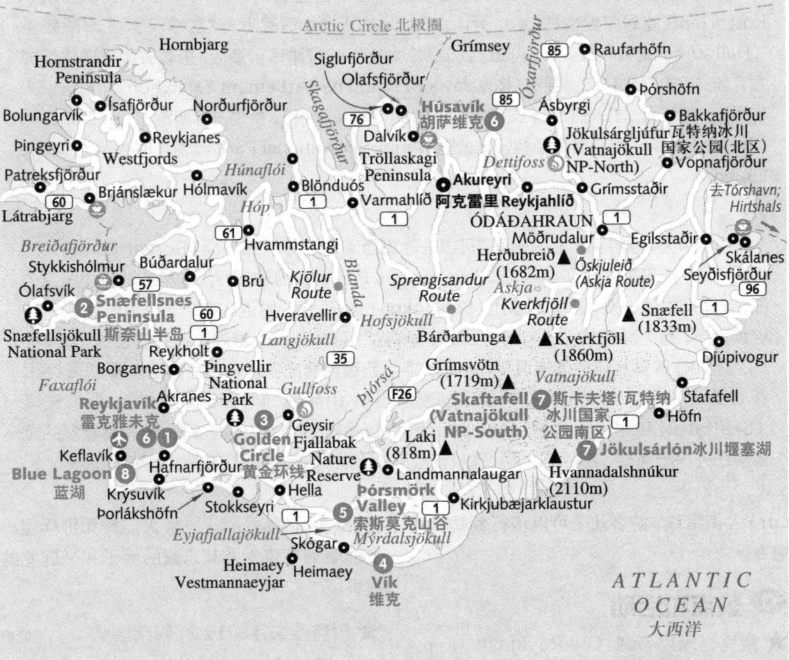

冰岛亮点

❶ 周末去热闹的**雷克雅未克**的酒吧区djammið狂欢到天明，接着参观精彩的博物馆、商店和咖啡馆。

❷ 去**斯奈山半岛**（见666页）骑马、爬冰川、徒步穿越熔岩原，或者泡温泉。

❸ 加入人潮探索**黄金环线**（见663页），这里有闪闪发光的古佛斯瀑布、喷发的间歇泉，还有冰岛的诞生地——辛格韦德利裂谷。

❹ 去郁郁葱葱的**维克**（见664页）探索黑沙滩和近海的礁石。

❺ 去壮观的**索斯莫克山谷**（见664页）进行荒野徒步。

❻ 去**胡萨维克**（见666页）或**雷克雅未克**（见658页）观鲸。

❼ 去瓦特纳冰川国家公园的**斯卡夫塔**和附近的**冰川堰塞湖**（见665页）秒杀菲林。

❽ 在闻名于世的**蓝湖**（见663页）热腾腾的蒸汽中游泳。

雷克雅未克（REYKJAVÍK）

人口 121,230

作为世界上最靠北的首都，雷克雅未克将五彩缤纷的建筑、狂野的夜生活和任性的灵魂相结合，产生了惊人的效果。你可以在此探索维京人的历史、迷人的博物馆、炫酷的音乐、不同寻常的咖啡馆和酒吧。这里也是游览冰岛自然奇观的超级大本营。

雷克雅未克的中心地带是提宁湖（Tjörnin）和港口之间以及洛加维格（Laugave-

旅行线路

3天

周末抵达雷克雅未克，正好赶上颓废的整晚营业的djammið（酒吧区）。去Grái Kötturinn区吃早午餐或在Laugardalur的地热水池中醒醒酒，欣赏哈尔格林姆斯教堂（Hallgrímskirkja）的美景，逛逛洛加维格大街上的咖啡馆和商店，接着去国家博物馆或雷克雅未克871±2：移民展览（Reykjavík 871±2: The Settlement Exhibition）了解维京人的历史。第三天，加入黄金环线之旅（Golden Circle tour），参观古佛斯瀑布（Gullfoss）、间歇泉（Geysir）和辛格韦德利国家公园（Þingvellir National Park），返程时去蓝湖（Blue Lagoon）。

7天

再多4天，你将有足够的时间。可以去冰岛西部参观博尔加内斯（Borgarnes）精彩的移民中心。接下来去斯奈山半岛（Snæfellsnes Peninsula）参观令人陶醉的斯奈山国家公园；或者向内陆进发，去朗格冰川（Langjökull）参观冰洞，附近还有Víðgelmir熔岩管。继续南下，到达赫克拉（Hekla）火山，在斯科加尔（Skógar）参观瀑布并参加徒步游，去维克（Vík）欣赏壮丽的海岸风景，也可以乘坐超级吉普或者水陆两栖大巴去索斯莫克山谷（Þórsmörk Valley）。瓦特纳冰川国家公园（Vatnajökull National Park）、斯卡夫塔（Skaftafell）和冰川堰塞湖（Jökulsárlón glacier lagoon）也值得游览，这里有壮观的风景和户外探险活动。或者可以乘坐飞机前往阿克雷里（Akureyri），探索北国风光。

gur）大街沿线，游客几乎可以步行到达所有地方。

景点和活动

★雷克雅未克老城（Old Reykjavík） 街区

被称为雷克雅未克老城的地区就在首都市中心，这里有一系列景点和有趣的历史建筑，亮点在于许多历史景点徒步游览。该地区位于市中心湖泊提宁湖旁，介于湖泊和Austurvöllur公园之间，北边是市政厅（Raðhús）和议会（Alþingi）。

★国家博物馆 博物馆

（National Museum; Þjóðminjasafn Íslands; ☎530 2200; www.nationalmuseum.is; Suðurgata 41; 成人/儿童 Ikr1500/免费，音频导览 Ikr300; ⏲5月至9月中旬 10:00~17:00，9月中旬至次年4月 周二至周日 11:00~17:00; 🚌1, 3, 6, 12 或14）这家一流的博物馆展出从移民时代直至现代的文物，很好地概括了冰岛的历史和文化，音频导览包括许多信息。最精彩的部分是关于移民时代的，包括首领的管理方式及基督教的引入，展出刀剑、角杯、银器和一尊威武的托尔神（Thor）的小青铜雕像。可追溯到13世纪的Valþjófsstaðir教堂大门是无价珍宝，上面雕刻有骑士及其忠诚的狮子和一群龙的故事。

★雷克雅未克871±2：移民展览 博物馆

（Reykjavík 871±2: The Settlement Exhibition; ☎411 6370; www.reykjavikmuseum.is; Aðalstræti 16; 成人/儿童 Ikr1300/免费; ⏲6月至8月 10:00~17:00，周一、周三和周五 英语团队游 11:00）这个迷人的考古遗址兼博物馆是以这里2001~2002年发掘出土的一座建于10世纪的维京长屋为基础的，还包括雷克雅未克市中心其他一些移民时代的文物。它充分发挥想象力，将技术和考古融为一体，让人一瞥冰岛早期的生活面貌。

博物馆名称是指长屋之下的火山灰层的估算年代。不要错过博物馆后面的围墙残片，它的年代更为久远（还有雷克雅未克最古老的人造建筑）。

★哈尔格林姆斯教堂 教堂

（Hallgrímskirkja; ☎510 1000; www.hallgrimskirkja.is; Skólavörðustígur; 塔楼 成人/儿童 Ikr700/100; ⏲7月和8月 9:00~21:00，9月至

次年6月 至17:00)雷克雅未克这座巨大的白色混凝土教堂(1945~1986年)在城市中特别引人注目,远在20公里外就能看见,曾出现在无数的明信片上。乘坐电梯上到74.5米高的**塔楼**,从这里看到的城市风景不容错过。与外表的高大宏伟相比,这座路德教会教堂内部相当简朴。最引人注意的是1992年安装的拥有5275根**管子**的巨大的管风琴。教堂的规模和大胆的设计引发了诸多争议,建筑师Guðjón Samúelsson(1887~1950年)未能看到其竣工。

★雷克雅未克艺术博物馆 艺术博物馆

(Reykjavík Art Museum, Listasafn Reykjavíkur; www.artmuseum.is; 成人/儿童Ikr1300/免费)出色的雷克雅未克艺术博物馆分为三部分:最大的馆是位于市中心的现代化的**Hafnarhús**(☎590 1200; Tryggvagata 17; ⊙周五至周三 10:00~17:00, 周四 至20:00)聚焦当代艺术;就在Snorrabraut东边的**Kjarvalsstaðir**(☎517 1290; Flókagata, Miklatún Park; ⊙10:00~17:00)举办关于现代艺术的展览;Laugardalur附近的**Ásmundarsafn**(Ásmundur Sveinsson Museum; ☎553 2155; Sigtún; ⊙5月至9月 10:00~17:00, 10月至次年4月 13:00~17:00; 🚌2, 14, 15, 17或19)是一个欣赏Ásmundur Sveinsson雕塑作品的宁静天堂。

三个区域实行一票制,每天15:00之后购买次日门票可享受50%的折扣。

★老港口 街区

(Old Harbour; Geirsgata)老港口之前是一个大型服务性港口,现已成为热门旅游景点。这里有几座博物馆、关于火山和北极光的影片,还有值得品尝的餐厅。观赏鲸鱼和海鹦的旅行团从码头出发。在此可以拍摄渔船、哈帕(Harpa)音乐厅和附近雪山的景色。本书调研时,Mýrargata沿岸夏天还有一个可供儿童玩耍的**游乐场**,有巨大的纺锤和绳索。

★冰岛国家美术馆 博物馆

(National Gallery of Iceland, Listasafn Íslands; www.listasafn.is; Fríkirkjuvegur 7; 成人/儿童 Ikr1000/免费; ⊙6月至8月 周二至周日 10:00~17:00, 9月至次年5月 11:00~17:00)这座巨大的美术馆有美丽的大理石前厅,从这里能眺望到提宁湖,轮番展出的展品精选自馆藏的1万件作品。博物馆每次展出的只是一小部分藏品,包括冰岛最受欢迎的本土画家(例如Jóhannes Kjarval和Nína Sæmundsson)在19世纪和20世纪所创作的油画,以及Sigurjón Ólafsson和其他艺术家的雕塑。门票包括**Ásgrímur Jónsson Collection**(☎515 9625; www.listasafn.is; Bergstaðastræti 74; 成人/儿童 Ikr1000/免费; ⊙5月中旬至9月中旬 周二、周四和周日 14:00~17:00, 9月中旬至11月和2月至5月中旬 周日 14:00~17:00)和**Sigurjón Ólafsson Museum**(Listasafn Sigurjóns Ólafssonar; ☎553 2906; www.lso.is; Laugarnestangi 70; 成人/儿童 Ikr500/免费; ⊙6月至9月中旬 周二至周日 14:00~17:00, 9月中旬至11月和2月至5月 周六和周日 14:00~17:00)的费用。

火山之屋 电影

(Volcano House; ☎555 1900; www.volcanohouse.is; Tryggvagata 11; 成人/儿童 Ikr1990/500; ⊙10:00~21:00 每小时1次)这座现代化剧院大厅有岩浆展览,里面放映的是关于西人群岛(Westman Island)火山群和埃亚菲亚德拉冰盖(Eyjafjallajökull)的两部55分钟的电影。夏季每天都有德语版本播放。

萨加博物馆 博物馆

(Saga Museum; ☎511 1517; www.sagamuseum.is; Grandagarður 2; 成人/儿童 Ikr2000/800; ⊙9:00~18:00)这座传奇博物馆既讨人喜欢又血腥,这里通过怪异的硅胶模型将冰岛历史呈现于眼前,多语言声轨中充斥着斧头砍杀声和令人毛骨悚然的尖叫。如果你看到其中的一些角色在市中心漫步,不要惊讶,因为这里的模型是按照雷克雅未克居民塑造的(爱尔兰公主和咬着一条鱼的小奴隶是按照馆主的女儿所塑的)。

地热游泳池 地热池、热水浴池

(Laugardalslaug; Sundlaugavegur 30a, Laugardalur; 成人/儿童 Ikr600/130, 泳衣/浴巾租赁 Ikr800/550; ⊙周一至周五 6:30~22:00, 周六和周日 8:00~22:00; 👪)这里是冰岛最大的游泳池之一,设施最佳,有奥运会尺寸的室内泳

Central Reykjavík 雷克雅未克市中心

去Elding Adventures at Sea (25m); Reykjavík Bike Tours (110m)
26
4
Old Harbour 老港口
去Icelandair Hotel (100m); Reykjavík Marina Slippbarinn (100m); Saga Museum 萨加博物馆 (360m)
10
Harpa 哈帕 2
Vesturgata
15
Reykjavík Art Museum – Hafnarhús 雷克雅未克艺术博物馆 7
Tryggvagata
Geirsgata
Naustin
Ránargata
Bárugata
Main Tourist Office 主旅游局
Sæbraut
Garðastræti
Mjóstræti
Fisch
Tryggvagata
Hafnarstræti
18
Ingólfstorg
32
24
Veltus
Árnarhóll & Ingólfur Arnarson Statue
Grjótag
33
Lækjartorg Bus Terminal
Aðalstræti
19
Austurstræti
Hverfisgata
Reykjavík 871±2: The Settlement Exhibition 6 雷克雅未克871±2：移民展览
17
Austurvöllur
Pósthst
25
23
Kirkjustræti
14
20
12
22
Old Reykjavík 5 雷克雅未克老城
Alþingi
Dómkirkja
Bankastræti
Lækjargata
Skólastræti
Suðurgata
Templarasund
Amtmannsst
Vonarstræti
Ráðhús
Þingholtsstræti
Skólavörðustígur
30
去National Museum 国家博物馆 (400m)
Lækjargata
Bókhlöðust
Tjarnargata
Ingólfsstræti
Hallveigastígur
Laufásvegur
Fríkirkjuvegur
Miðst
Spítalast
Tjörnin 提宁湖 8
Skálholtsst
Bjargarst
Bergstaðastræti
Óðinsgata
3
National Gallery of Iceland 冰岛国家美术馆
Laufásvegur
Þingholtsstræti
Grundarst
Hallargarður Park
Skothúsvegur
Hellus
Baldursgata
Sóleyjargata
Fjólugata
Nönnugata
27
Tjörnin
Baldursgata
Urðarst
Bragagata
9
Hljómskálagarður Park
去BSÍ汽车总站 – Reykjavík Excursions (500m)
13

冰岛 雷克雅未克

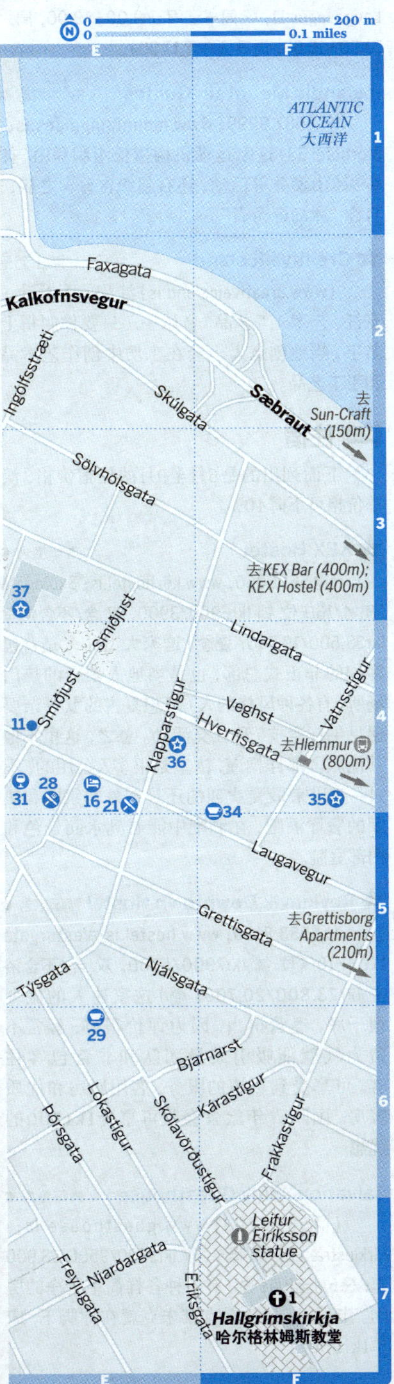

Central Reykjavík 雷克雅未克市中心

重要景点

1 哈尔格林姆斯教堂 F7
2 哈帕 D1
3 冰岛国家美术馆 B5
4 老港口 A1
5 雷克雅未克老城 B4
6 雷克雅未克871±2：移民展览 A3
7 雷克雅未克艺术博物馆 B2
8 提宁湖 A5

景点

9 Ásgrímur Jónsson Collection C7
10 火山之屋 A1

活动、课程和团队游

11 Arctic Adventures E4
12 Bike Company C4

住宿

13 Galtafell Guesthouse C7
14 Hótel Borg B3
15 Reykjavík Downtown Hostel A2
16 Room With A View E4
17 Salvation Army Guesthouse A3

就餐

18 Bæjarins Beztu C3
19 Café Paris B3
20 Dill D3
21 Gló E4
22 Grái Kötturinn D4
23 Grillmarkaðurinn C3
24 Laundromat Café B3
25 Nora Magasin C3
26 Sægreifinn A1
27 Þrír Frakkar D7
28 Vegamót E4

饮品和夜生活

29 Babalú E6
30 Kaffi Mokka D4
31 Kaffibarinn E4
Kaldi .... （见21）
32 Loftið B3
33 Micro Bar B3
34 Tiú Droppar F4

娱乐

35 Bíó Paradís F4
36 Café Rosenberg E4
37 国家剧院 E3

购物

Fjallakofinn .... （见11）

池和户外泳池、7个热水浴室、盐水浴池、蒸汽浴池和86米长的弧形滑水道。

节日和活动

在8月中旬的**文化之夜**(Culture Night; www.menningarnott.is),雷克雅未克人会尽数出动,享受一天一夜的艺术、音乐、舞蹈和焰火表演。11月,精彩的**冰岛电波音乐节**(Iceland Airwaves; www.icelandairwaves.com)是世界上最好的新音乐(冰岛和其他国家)展演场合。

团队游

徒步、骑行和巴士团队游是游览城市的主要方式。观赏鲸鱼、海鹦和海上钓鱼之旅可作为近海短途旅行。

作为首都,雷克雅未克自身的风景就已经非常漂亮了,而这里同时也是游览周围美景和活动的主要大本营。那些没有驾车、时间不多和不想特意游览乡村的人可将雷克雅未克作为各种团队游的大本营,比如超级吉普车、巴士游、骑马、雪地摩托、直升机或飞机观光。如果时间充裕,也可以自行计划。

Elding Adventures at Sea 观鲸

(☎519 5000; www.whalewatching.is; Ægisgarður 5; ⌚港口岗亭 8:00~21:00)这是城市最著名和环保的机构,有鲸鱼展览,售卖点心,也提供海上钓鱼和海鹦观赏之旅、团队游,运营的渡轮可至维泽岛(Viðey)。

Reykjavík Excursions 巴士游

(Kynnisferðir; ☎580 5400; www.re.is; Vatnsmýrarvegur 10, BSÍ Bus Terminal)这是最受欢迎的巴士游运营商(规模很大),有大量的宣传册,夏季和冬季项目众多。此外,还包括骑马、雪上摩托和节日主题团队游,也提供"自助游冰岛"的车票和交通通票。

Arctic Adventures 探险游

(☎562 7000; www.adventures.is; Laugavegur 11; ⌚8:00~22:00)这家公司的员工年轻热情,擅长组织活动之旅,包括皮划艇、漂流、骑马、四轮车越野、冰川徒步等。在市中心有一家售票公司,附设有装备用品商店**Fjallakofinn**(☎510 9505; www.fjallakofinn.is; Laugavegur 11; ⌚周一至周五 9:00~19:00,周六 10:00~16:00,周日 正午至17:00)。

Icelandic Mountain Guides 探险游

(☎587 9999; www.mountainguides.is; Stórhöfði 33)这家运动机构擅长组织登山、徒步、冰山攀登等活动,还有超级吉普车之旅,自称"冰岛巡游者"。

★ **Creative Iceland** 手工艺品

(www.creativeiceland.is)涉及平面设计、烹饪、艺术、工艺品、音乐……只要你叫得上名字。当地创意人士会在工坊中创作艺术品和手工艺品。

住宿

下面列出的是6月至9月的住宿价格,淡季价格可下降40%。

★ **KEX Hostel** 青年旅舍 €

(☎561 6060; www.kexhostel.is; Skúlagata 28; 4/16床位 铺 Ikr6900/3900,双 含/不含浴室 Ikr28,500/19,700; @📶)这家大型旅舍是背包客们的非正式总部,也是当地人聚会的热门场所,有各种风格的人(想想复古的歌舞杂耍遇见牛仔竞技)和社交活动。总之,这里不像其他旅舍那样拘谨,浴室是很多人公用的,不过一直以来最受欢迎的还是友好的氛围和热闹的餐厅酒吧,在酒吧中能看到水面景色和内部庭院。

★ **Reykjavík Downtown Hostel** 青年旅舍 €

(☎553 8120; www.hostel.is; Vesturgata 17; 4/10床位 铺 Ikr7900/5700,双 含/不含浴室 Ikr23,800/20,700; @)这家迷人的旅舍很干净,经营得当,因为评价很好,经常不费力气就能吸引大量团队和非背包客住客。可享受到热情的服务、客用厨房和优质客房。国际青年旅舍会员可享受Ikr700的优惠。

Salvation Army Guesthouse 青年旅舍 €

(☎561 3203; www.guesthouse.is; Kirkjustræti 2; 铺/标单/双 Ikr3500/9500/13,900起; ⌚6月至8月; 📶)有各种各样简单干净的房间。走出门,整个雷克雅未克就在你脚下。床单Ikr900。

★ **Room With A View** 公寓 €€

(☎552 7262; www.roomwithaview.is; Laugavegur 18; 公寓 Ikr24,400~67,940; 📶)这家市中心的公寓酒店提供时髦的开间和带1~4间卧室的公寓(可入住10人),采用奢华的斯堪的纳维亚半岛风格装饰,设有厨房、CD唱机、电视和洗衣机,外加露台和按摩浴缸,能看到海景或城市风景。每间公寓都不一样,详情可登录网站查询。唯一的缺点是周五和周六夜间很吵。

★ **Grettisborg Apartments** 公寓 €€

(☎694 7020; www.grettisborg.is; Grettisgata 53b; 公寓 Ikr25,500起; 📶)这里完全现代化的开间和公寓就像是《五十度灰》(*50 shades of grey*)中的场景(不,不是这样),睡在这里就像睡在斯堪的纳维亚半岛家居设计杂志中,有精美的装饰和整洁的嵌入式空间。

Galtafell Guesthouse 客栈 €€

(☎551 4344; www.galtafell.com; Laufásvegur 46; 双/公寓 含早餐 Ikr18,500/29,300起; 📶)这座改造过的古老建筑中有4间带一个卧室的公寓,位于从市中心可步行到达的宁静的湖畔,其中包括设备齐全的厨房和舒适的休息区。3个双人间共用一间厨房。花园和入口空间很可爱。

★ **Hótel Borg** 豪华酒店 €€€

(☎551 1440; www.hotelborg.is; Pósthússtræti 9-11; 双 Ikr43,600起; @📶)这家古老的酒店建于1930年,现在是精心设计的时髦的米黄色、黑色和奶油色装潢,有镶木地板、皮革床头板和平板Bang & Olufsen电视。塔楼套房有两层,可尽情观赏全景式风光。2015年年初,在大厨Völundur Völundarson的带领下,Borg餐厅经过浩大的扩建后重新开业了。他的酒馆**Nora Magasin**就在隔壁。

★ **Icelandair Hotel Reykjavík Marina** 精品酒店 €€€

(☎560 8000; www.icelandairhotels.is; Mýrargata 2; 双 Ikr27,800~35,800; @📶)这家大型设计酒店位于老港口,现在又增添了整幢全新的副楼。迷人的艺术品,酷酷的航海设计元素,最新的设备,聪明的节约空间的方法,这些都为这里的小房间赢得了顾客。港口一面的阁楼里能看到壮丽的海景。热闹的前厅有卫星直播节目,能看到冰岛各地景色,还附设有**Slippbarinn**(☎560 8080; www.slippbarinn.is; Mýrargata 2; ⏰周日至周四 11:30至午夜,周五和周六 至次日1:00)。

就餐

★ **Gló** 有机菜、素食 €

(☎553 1111; www.glo.is; Laugavegur 20b; 主菜 Ikr1700~2500; ⏰11:00~21:00; 📶✍)到这家通风良好的楼上餐厅伴着爵士乐用餐吧,这里提供每日更新的大份新鲜特色菜,有大量的亚洲风味的香草和香料。虽然并不全是素食,但宽阔的吧台上有精致的沙拉,是生食和有机食物的好选择,能满足各种程度的素食主义者。在**Laugardalur**(☎553 1111; Engjateigur 19; 主菜 Ikr1700~2500; ⏰周一至周五 11:00~21:00,周六 至17:00)和**Hafnarfjörður**(☎553 1111; www.glo.is; Strandgata 34; 主菜 Ikr1700~2500; ⏰周一至周五11:00~21:00,周六和周日 至17:00)有分店。

★ **Sægreifinn** 海鲜 €

(Sea Baron; ☎553 1500; www.saegreifinn.is; Geirsgata 8; 主菜 Ikr1350~1900; ⏰11:30~23:00)走进这家港口旁边的绿色小屋,能品尝到首都最著名的龙虾汤(Ikr1300),或者可以从冰箱里的大量鲜鱼中选择一些现做烧烤。虽然原来的Sea Baron餐厅在几年前出售了,但这里还是保持了闲散的家庭氛围。

Bæjarins Beztu 热狗 €

(www.bbp.is; Tryggvagata; 热狗 Ikr380; ⏰周日至周四 10:00至次日2:00,周五和周六 至次日4:30; 👪)冰岛人发誓说这辆港口附近的卡车里制作的热狗是城市中最可口的(很受比尔·克林顿和深夜酒吧客的欢迎)。要记住最重要的一句话"Eina með öllu"(什么都要),这样就可以品尝到最地道的甜芥末、番茄酱和嘎吱嘎吱的洋葱。

★ **Grái Kötturinn** 咖啡馆 €

(☎551 1544; Hverfisgata 16a; 主菜 Ikr1000~2500; ⏰周一至周五 7:15~15:00,周六和周日 8:00~15:00)眨一眨眼你就会错过这家

只有6张桌子的咖啡馆（是比约克的最爱）。它看上去就像横在一家奇怪书店和一家美术馆之间的一个十字架，提供美味的早餐，包括吐司、百吉饼、煎饼，或者是将新烤的面包切得厚厚的，涂上薄薄的一层黄油，放上培根和鸡蛋。

★ Þrír Frakkar 冰岛菜、海鲜 €€

（☎552 3939；www.3frakkar.com；Baldursgata 14；主菜 Ikr3200~5300；⊙周一至周五 11:30~14:30和18:00~23:30，周六和周日18:00~23:30）店主厨师Úlfar Eysteinsson为这家舒适的小餐厅打造了经久不衰的人气，这里也是Jamie Oliver的最爱之一。特色菜包括各种水产品，例如咸鳕鱼、比目鱼和plokkfiskur（炖鱼）配黑面包。除了鱼之外，还有海雀、马肉、羊肉和鲸鱼肉菜肴。

★ Nora Magasin 法式小馆 €€

（☎578 2010；Pósthússtræti 9；主菜 Ikr1900~2500；⊙周日至周四 11:30至次日1:00，周五和周六 至次日3:00）这家现代风格的开敞式时髦酒吧提供美味的汉堡包、沙拉和新鲜鱼肉主菜，由很受欢迎的大厨Völundur Völundarson独创。咖啡和鸡尾酒整晚都有供应，不过厨房会在22:00或23:00关门。

Laundromat Café 各国风味 €€

（www.thelaundromatcafe.com；Austurstæti 9；主菜 Ikr1000~2700；⊙周一至周三和周日 8:00至午夜，周四和周五 至次日1:00，周六 10:00至次日1:00；📶👪）这家很受欢迎的餐厅来自丹麦，用丰盛的菜肴吸引了当地人和游客，氛围活泼，周围环绕着破旧的平装本图书。周末提供“Dirty早午餐”（Ikr2690），还可品尝前一晚剩下的酒。对了，这里的地下室还设有（忙碌的）洗衣机和烘干机（洗衣/15分钟烘干 每次Ikr500/100）。

Vegamót 各国风味 €€

（☎511 3040；www.vegamot.is；Vegamótastígur 4；主菜 Ikr2400~4000；⊙周一至周四 11:30至次日1:00，周五和周六 11:00至次日4:00，周日 正午至次日1:00；📶）这家酒馆酒吧兼俱乐部的历史悠久，名字的意思是“十字路口”，是一个就餐、饮酒的时髦场所，夜间可以前来观赏人群或被众人观赏（白天很受家庭顾客的欢迎）。“全球”菜单上包括墨西哥沙拉、路易斯安那鸡肉等。周末早午餐（Ikr2000~2500）也很受欢迎。

Café Paris 各国风味 €€

（☎551 1020；www.cafeparis.is；Austurstræti 14；主菜 Ikr2300~5300；⊙周日至周四 8:00至次日1:00，周五和周六 至次日2:00；📶）这里是城里观赏人潮的最佳地点之一，尤其是在夏季，户外餐位会摆放到Austurvöllur广场上；夜间，装饰豪华的室内则充满了音乐旋律，葡萄酒酒杯叮当作响。此外，还有一些不错的三明治、沙拉和汉堡包。

★ Dill 斯堪的纳维亚菜 €€€

（☎552 1522；www.dillrestaurant.is；Hverfisgata 12；3道菜套餐 Ikr8100起；⊙周三至周六 19:00~22:00）最好的“新式北欧菜”就在这家优雅简洁的酒馆中。这里的重点有很大一部分都在食物上，值得自豪的当然是当地出产的产品。店主与著名的诺玛家族（Noma）是朋友，因此从哥本哈根那家著名的餐厅中吸取了许多灵感。这里很受当地人和游客的欢迎，必须预约。

★ Grillmarkaðurinn 创意菜 €€€

（Grill Market；☎571 7777；www.grillmarkadurinn.is；Lækargata 2a；主菜 Ikr4200~7200）提供顶级膳食是这里的原则，从你进入闪耀着金色光芒的玻璃前厅开始，到你喝下第一口华丽的鸡尾酒，直至用餐结束，这一理念贯彻始终。服务无可挑剔，当地人和游客都赞美这里的食物，那些冰岛本地出产的食材由充满想象力的大厨烹饪而成。

🍷 饮品和夜生活

雷克雅未克以其周末时分的djammið而闻名，届时人们会来购买来自Vínbúðin（国营酒店）的酒，在家里先来个派对暖身，然后午夜时分去市区狂欢。市区许多爵士乐咖啡馆夜里会转变成酒吧。最低饮酒年龄为20岁。

★ Babalú 咖啡馆

（☎555 8845；Skólavörðustígur 22a；⊙8:00~21:00；📶）这家温馨的咖啡馆感觉像是朋友的房间，有许多书籍和棋类游戏，棒极了的烘焙食物、露台和舒适的沙发是主要吸引源。意式三明治还不错，也可以尝尝自制巧克力蛋糕和苹果派。

★ Kaffi Mokka 咖啡馆

(☎552 1174；www.mokka.is；Skólavörðustígur 3a；⏲9:00~18:30）雷克雅未克这家最古老的咖啡馆的装潢从20世纪50年代以来就几乎没改变过。根据你的心情，原本的马赛克柱子和铜灯看上去有时复古，有时破旧。各种顾客都有，有长者，有游客，有潮流艺术家，大家都在尽情享用这里的三明治、蛋糕和华夫饼。

★ Kaffibarinn 酒吧

(www.kaffibarinn.is；Bergstaðastræti 1；⏲周日至周四 14:00至次日1:00，周五和周六 至次日4:30）这座老房子门上有伦敦地铁的标志，里面是雷克雅未克最炫酷的酒吧之一，甚至在邪典电影《冰点下的幸福》(*101 Reykjavík*，2000年）中出现过。周末你会恨不得有一张名人脸或破城槌以强行闯入。其余时间，这里是艺术家拿着苹果电脑工作的地方。

★ KEX Bar 酒吧

(www.kexhostel.is；Skúlagata 28；⏲正午至23:00；📶）当地人会蜂拥进这家青年旅舍中的酒吧餐厅（主菜Ikr1700~2500)。它位于一座老曲奇厂（kex的意思就是曲奇饼），宽敞的窗户面对海洋，内庭中有许多快乐的嬉皮士。这里的氛围类似20世纪20年代的拉斯维加斯，有沙龙大门、一家老派的理发店、破旧的地板和快乐的交谈声。

Tiú Droppar 咖啡馆

(Ten Drops；☎551 9380；Laugavegur 27；⏲周一至周四 9:00至次日1:00，周六和周日 10:00至次日1:00；📶）这家咖啡馆隐藏在一排舒适的茶馆之后，是雷克雅未克最地道的选择之一，提供华夫饼、早午餐（Ikr640~990）和三明治，在晚间会变成葡萄酒酒吧，有时会有现场音乐演奏。据说，周日晚上的钢琴家可以不看乐谱演奏任何曲目。

Micro Bar 酒吧

(Austurstræti 6；⏲6月至9月 14:00至午夜，10月至次年5月 16:00至午夜）Austurvöllur附近这家低调酒吧的特色是精品啤酒，有各个品牌，产自各个国家，但更重要的是，你会发现10种来自岛上最好的小啤酒厂的干啤，它们是雷克雅未克最好的。5种啤酒的小份品尝花费为Ikr2500，优惠时段（17:00~19:00）的价格为Ikr600。

> **ⓘ 智能手机应用程序**
>
> 智能手机应用程序多得令人难以置信。有用的包括：关于安全旅行的**112 Iceland**，关于天气的**Veður**，还有Strætó和Reykjavík Excursions这类的汽车公司应用程序。**Reykjavík Appy Hour**特别提到了优惠时间和价格。

Loftið 鸡尾酒吧

(☎551 9400；www.loftidbar.is；Austurstræti 9, 2nd fl；⏲周日至周四 14:00至次日1:00，周五和周六 16:00至次日4:00）这里有各种高档鸡尾酒，可让人领略美好的生活氛围。打扮一番，加入楼上通风良好的休息室的争论吧。这里有一家镀锌酒吧，采用裁缝店般迷人的复古装饰，有古旧的纺织品和各色时髦人群。提供的都是别家店里最高档的酒，周四夜晚还有爵士乐乐队演奏。

Kaldi 酒吧

(www.kaldibar.is；Laugavegur 20b；⏲周日至周四 正午至次日1:00，周五和周六 至次日3:00）这家酒吧有故意配错的座位和青色沙发，外加很受欢迎的抽烟庭院，毫不费力地营造出了炫酷的气氛。提供各种价位的自酿啤酒，是其余地方都品尝不到的。优惠时段（16:00~19:00）的价格为每人Ikr650。所有人都可弹奏店内的钢琴。

☆ 娱乐

充满生机的雷克雅未克有千变万化的现场音乐表演。深夜的酒吧和咖啡厅，如**Café Rosenberg**（☎551 2442；Klapparstígur 25-27；⏲周一至周四 15:00至次日1:00，周五和周六 16:00至次日2:00）等场所，一般都有演出。当地剧院和**哈帕音乐厅**（Harpa concert hall；☎售票处 528 5050；www.harpa.is；Austurbakki

冰岛流行乐

冰岛的世界级音乐家多得不成比例。比约克（和Sugarcubes）和胜利玫瑰（Sigur Rós）是冰岛著名的音乐人。胜利玫瑰的演唱会电影*Heima*（2007年）是必看的。新声音不断涌现，包括独立民谣乐团Of Monsters and Men、古怪的民谣歌手Ásgeir Trausti、独立乐队Seabear（热门演唱会有Sin Fang and Sóley）和电子乐（FM Belfast，GusGus和múm）。更多信息可访问www.icelandmusic.is网站。

2；⏲售票处 周一至周五 9:00~18:00，周六和周日 10:00~18:00）提供所有的表演艺术项目。雷克雅未克**国家剧院**（National Theatre；Þjóðleikhúsið；☎551 1200；www.leikhusid.is；Hverfisgata 19；⏲7月歇业）上演话剧、音乐剧和歌剧。炫酷的**中央电影院**（Bíó Paradís；www.bioparadis.is；Hverfisgata 54；成人 Ikr1600；📶）上演英语字幕的电影。

想了解演出信息，可查看*Grapevine*（www.grapevine.is）、*Visit Reykjavík*（www.visitreykjavik.is）、*What's On in Reykjavík*（www.whatson.is/magazine）、*Musik.is*（www.musik.is）或者音乐商店。

购物

雷克雅未克充满生机的设计文化带来了极佳的购物体验，从时髦的鱼皮钱包和编织lopapeysur（传统冰岛羊毛衫）到独特的音乐和令人垂涎的冰岛杜松子酒brennivín。洛加维格是商店最多的街道。时装店集中在洛加维格大街靠近Frakkastígur和Vitastígur的一端。Skólavörðustígur主打艺术品和首饰，Bankastræti和Austurstræti有许多旅游商店。

实用信息

折扣卡

持**Reykjavík City Card**（24/48/72小时 Ikr2900/3900/4900）可自由乘坐城市的Strætó汽车和去往维泽岛的渡轮，进入雷克雅未克市游泳馆和多数博物馆，有些团队游、商店和娱乐场所还提供折扣。可在旅游局、旅行社、10-11超市、HI青年旅舍和一些酒店购买。

紧急情况

紧急救助（☎112）救护车、火警和警察。

Landspítali大学医院（☎543 1000；www.landspitali.is；Fossvogur）急诊部每周7天、每天24小时开放。

医疗服务

健康中心（☎585 2600；Vesturgata 7）提前预约。

旅游信息

广泛发行的英语报纸*Grapevine*（www.grapevine.is）有对雷克雅未克的不留情面的介绍，可登录网站查看。

旅游总局（Upplýsingamiðstöð Ferðamanna；☎590 1550；www.visitreykjavik.is；Aðalstræti 2；⏲6月至9月中旬 8:30~19:00，9月中旬至次年5月 周一至周五 9:00~18:00，周六 至16:00，周日 至14:00）员工热情，提供免费的登山宣传册和地图，还出售Strætó城市汽车票。可预约住宿、团队游和活动，也可以获得免税退款。

当地交通

自行车

Reykjavík Bike Tours（☎694 8956；www.icelandbike.com；Ægisgarður 7, Old Harbour；自行车租赁 每4小时 Ikr3500起，团队游 Ikr5500起；⏲6月至8月 9:00~17:00，9月至次年5月时间缩短）或**Bike Company**（☎590 8550；www.bikecompany.is；Bankastræti 2；自行车租赁 每5小时 Ikr3500；⏲周一至周五 9:00~17:00）可租赁自行车，每4小时或5小时的费用为Ikr3500。

公共汽车

Strætó（www.straeto.is）运营雷克雅未克周边及郊区的车次，也有长途车，有在线时刻表和手机应用程序。免费地图如*Welcome to Reykjavík City Map*，包括公交车路线地图。车费为Ikr350，不找零。每日运营时间为7:00~23:00或午夜（周日从10:00开始），每20分钟或30分钟1班，周五和周六有少量夜班车运营至次日2:00。车次只在标有黄色字母"S"的车站停靠。

出租车

车租车价格很贵，起步价约Ikr660。出租车在车站、机场和酒吧（周末夜晚）外等候。

BSR（☎561 0000；www.taxireykjavik.is）

Hreyfill（☎588 5522；www.hreyfill.is）

雷克雅未克周边（AROUND REYKJAVÍK）

黄金环线（The Golden Circle）

距离首都不到100公里的黄金环线包括三个热门景点，分别是辛格韦德利（Þingvellir）、间歇泉（Geysir）和古佛斯瀑布（Gullfoss）。这是一条人为的旅游环线（没有山谷，自然地势标注了其范围），受到很多人的欢迎和推广，自驾或参团一日游都很方便。

辛格韦德利国家公园（www.thingvellir.is）位于一座巨大的裂谷之中，是由北美和欧亚大陆板块分裂造成的。这里是冰岛最重要的历史景点，也是联合国教科文组织认定的世界遗产：930年，冰岛早期居民在这里建立了世界上最早的民主议会（Alþing）。

盖歇尔间歇泉 免费 的喷涌次数极少，不过所有的间歇泉均以其命名。幸运的是，旁边还有一直很值得信赖的**斯托克间歇泉**（Strokkur），它几乎每隔5分钟就会喷涌出将近30米高的泉水。东边10公里处的**古佛斯瀑布**（www.gullfoss.is）免费 是一座如彩虹般华丽的双瀑布，有32米高，一路咆哮着流向巨大的峡谷。

勒伊加湖（Laugarvatn）是过夜的好地方，湖畔有时髦的**Fontana**（☎486 1400；www.fontana.is；成人/儿童/12岁以下Ikr3200/1600/免费；⏲6月至9月 10:00～23:00，10月至次年5月 周一至周五 13:00～21:00，周六和周日 11:00～21:00）地热水疗。

食宿

★Héraðsskólinn 青年旅舍、客栈 €

（☎537 8060；www.heradsskolinn.is；铺/标单/双/四 不含浴室 Ikr4200/12,900/13,900/25,900起；📶）这家新开的青年旅舍和客栈位于一座翻新过的巨大且古老的地标学校里，学校是1928年由Guðjón Samúelsson所建。这座漂亮的湖畔建筑有高耸的屋顶、带公用浴室的私人客房（有些能住6个人），也有宿舍，此外还有一座宽敞的图书馆兼起居室和一间咖啡馆（7:00～22:00营业）。

Efstidalur II 客栈 €€

（☎486 1186；www.efstidalur.is；Efstidalur 2；标单/双/标三 含早餐 Ikr19,240/23,800/28,500起，主菜 Ikr1200～5000；📶）这家客栈位于Laugarvatn东北12公里处一座仍在运营的乳制品农场里，提供舒适的住宿环境、美味菜肴和令人称奇的冰激凌。在可爱的半分离式小屋能看到高大的赫克拉火山的风景，餐厅提供农场出产的牛肉和湖里捕获的鳟鱼。可爱的冰激凌酒吧中有农场冰激凌，从窗口能看到挤奶场。

★Ion Luxury Adventure Hotel 精品酒店 €€€

（☎482 3415；www.ioniceland.is；Nesjavellir vid Þingvallavatn；标单/双 Ikr44,000/51,000；）这里是新建的乡村奢华酒店中的领军者，提供的全是当地食物、可持续使用的设备和现代化的时髦客房。**餐厅**（www.ioniceland.is；Nesjavellir vid, Þingvallavatn；晚餐主菜 Ikr4400～6200；⏲11:30～22:00）提供用当地食材做成的慢烹食物，酒吧配备落地窗、地热泳池和有机水疗，略显奢华。客房有点小，但装饰无可挑剔，墙上有可爱的马匹画作。

★Lindin 冰岛菜 €€

（☎486 1262；www.laugarvatn.is；Lindarbraut 2；餐厅主菜 Ikr3600～5500，酒馆主菜 Ikr1800～4000；⏲5月至9月 正午至22:00，10月至次年4月时间缩短）店主Baldur是一位和蔼可亲的著名厨师，这里是方圆几公里中最好的餐厅，拥有纯粹的美食，位于一座可爱的银色房屋中，面朝湖面，有采用当地或野生食材制作的顶级冰岛菜。现代化的休闲酒馆中提供更正式的食物，包括汤和令人称奇的驯鹿肉汉堡包。旺季晚餐要预约。

蓝湖（Blue Lagoon）

冰岛最著名的景点无疑是**蓝湖**[Bláa Lónið；☎420 8800；www.bluelagoon.com；6月至8月门票 成人/14和15岁/14岁以下 €40/20/免费起，成人参观票（不进入蓝湖）€10；⏲6月和8月11～31日 9:00～21:00，7月至8月10日 至23:00，

9月至次年5月 10:00~20:00]，这座奶蓝色的地热池位于雷克雅尼斯（Reykjanes）半岛一片广阔的黑色熔岩原上，在雷克雅未克西南50公里处。未来主义风格的史瓦克森吉（Svartsengi）地热电站提供了别致的背景，温泉中的水也与众不同——70%是海水，30%是淡水，温度是完美的38℃。全身涂抹上硅泥，拿上一杯冰蓝色的鸡尾酒，懒洋洋地泡在温泉中。这里的水富含矿物质，会让头发干得像稻草——多使用这里提供的护发素。

想躲开拥挤的人群的话，尽量赶早或晚间去，并记得预约。Reykjavík Excursions（见671页）运营的车次可至BSÍ汽车总站（或者可按要求到达酒店和机场）。

冰岛南部（SOUTH ICELAND）

从雷克雅未克一路向东，Rte 1（环路）连接沿途散布着超现实般的汽孔和温泉的陡峭的火山山路，环绕着惠拉盖尔济（Hveragerði）。接着向下穿过一座平坦宽阔的海滨平原，遍布满是青翠的马场和温室。经过赫拉（Hella）和赫弗斯沃洛尔（Hvolsvöllur）后，地势陡然变得崎岖。赫弗斯沃洛尔的博物馆Sögusetrið（萨加中心；☎487 8781；www.njala.is；Hliðarvegur 14；成人/儿童 Ikr900/免费；⏲5月中旬至9月中旬 9:00~18:00，9月中旬至次年5月中旬 周六和周日 10:00~17:00）展出*Njál's Saga*中的戏剧化情节。环路靠内陆一侧部分高山耸立，有些火山顶上雾气弥漫（埃亚菲亚德拉火山曾在2010年喷发），并且开始出现壮观的冰川，肖尔索河（Þjórsá）等大河一路流往大西洋沿岸的黑沙滩。

道路自始至终向内陆延伸，通往Þjórsádalur和Fljótshlíð等瀑布诸多的山谷，以及赫克拉等令人望而生畏的火山。内陆两个最著名的景点分别为兰德曼纳劳卡（Landmannalaugar）和索斯莫克山谷，前者色彩鲜活的流纹岩山上有汩汩流淌的温泉，后者则是一处隐藏在一系列冰盖下的林木葱茏的山谷，躲开了粗犷的北国风景。两处景点由55公里长的著名的温泉之路（Laugavegurinn）连接，这是冰岛最受欢迎的徒步路线（更多信息可登录Ferðafélag Íslands的网站www.fi.is）。这些地区位于内陆，没有供普通车辆通行的道路，多数游客都是参团或者乘坐水陆两用车从环路南部前来。索斯莫克山谷是冰岛最受欢迎的徒步目的地之一，一日即可走完。

斯科加尔是前往索斯莫克山谷的跳板，这里有斯科加尔民俗博物馆（Skógar Folk Museum；Skógasafn；☎487 8845；www.skogasafn.is；成人/儿童 Ikr1750/免费，建筑外围 Ikr800；⏲博物馆 6月至8月 9:00~18:00，5月和9月 10:00~17:00，10月至次年4月 11:00~16:00），外加附近的瀑布Seljalandsfoss & Gljúfurárbui和斯科加（Skógafoss）。冰川舌中最容易到达的一处是Sólheimajökull，就在斯科加尔以东，不过一定要在当地导游的陪同下攀登，因为情况经常会在不知不觉间变化。维克（Vík）周围环绕着冰川、令人眩晕的悬崖和黑沙滩，例如Reynisfjara近海有Dyrhólaey岩层。在环路以南的小渔村Stokkseyri和Eyrarbakki能体会当地风情。

汹涌的海上有韦斯特曼纳（Vestmannaeyjar）群岛[有时也被称作“西人群岛”（Westman Islands）]，火山岩下隐藏着雀跃的海鹦和小镇赫马（Heimaey），著名的火山博物馆Eldheimar（Pompeii of the North；☎488 2000；www.eldheimar.is；Gerðisbraut 10；成人/10~18岁/儿童 Ikr1900/1000/免费；⏲6月至9月中旬 11:00~18:00，其余月份时间缩短；🎧）中有解说。

环路上的公共交通工具很准时。South Iceland Adventures（☎770 2030；www.siadv.is）和Southcoast Adventure（☎867 3535；www.southadventure.is）经营着本地区出色的徒步、探险和超级吉普车团队游。

西南地区（www.south.is）很受欢迎，发展迅速，基础设施也在不断完善，家庭农场中提供可爱的客栈。不过，旺季会很忙碌，因此必须要预订住宿。

🛏 食宿

想在内陆的兰德曼纳劳卡和索斯莫克附近寻找露营地，可在Ferðafélag Íslands（Icelandic Touring Association；www.fi.is）查看，这里管理着Laugavegurinn步道和木屋。索斯莫克也提供私人青年旅舍-客栈-露营地**Húsadalur**（Volcano Huts Thorsmork；☎552 8300；www.volcanohuts.com；营地每人Ikr1600，铺/标单/双和标三/小屋 不含浴室Ikr6500/15,000/19,000/25,000；📶），以及国际青年旅舍提供的露营地**Slyppugil**（☎575 6700；www.hostel.is；营地每人Ikr1000；⏲6月中旬至8月中旬）。旺季要提前数月预约。

斯科加尔及周边

★ Skógar Campsite 露营地 €

（营地每人Ikr1200；⏲6月至8月）位置优越，就在斯科加尔瀑布右侧，瀑布的声音听起来就像催人入眠的摇篮曲。有一个小型厕所，有淡水，在附近的青年旅舍付费。

★ Stóra-Mörk III 客栈、小屋 €€

（☎487 8903；www.storamork.com；睡袋住宿Ikr3900，双 含/不含浴室Ikr16,300/11,500）在瀑布（Rte 249）停车场以外5公里处，有一条土路通往这个年代久远的农场（当然，在*Njál's Saga*中也有提到），提供宽敞、舒适的客房，有公共设施。主建筑中有些房间带有私人浴室，有一个大厨房，从餐厅能看到壮丽的山海景色。还有两座新建的小屋。

Hótel Skógafoss 酒店 €€

（☎487 8780；www.hotelskogafoss.is；双 含/不含瀑布景观Ikr20,000/14,900，主菜Ikr1200~2300）这家全新酒店2014年开业，提供简单的现代化客房（半数都能看到斯科加尔瀑布），配备有顶级浴室。其中的小酒馆（6月至9月11:00~21:30营业）是镇上最好的就餐和饮酒场所，透过玻璃窗能看到瀑布，提供当地啤酒。

Country Hotel Anna 乡村酒店 €€

（☎487 8950；www.hotelanna.is；Moldnúpur；标单/双 含早餐Ikr19,800/26,900，主菜Ikr4200~5100；📶）🌿与酒店同名的Anna曾写过她的环球旅行图书，她的后代开办的这家乡村酒店则将她的旅行热情传承了下来。这里提供7间温馨的旧式客房，装饰着古董和绣花床单。酒店和小餐厅（5月至9月中旬18:00~20:00营业）位于Rte246上的一座火山脚下。

值得一游

斯卡夫塔和瓦特纳冰川国家公园

斯卡夫塔可谓瓦特纳冰川国家公园（www.vjp.is；www.visitvatnajokull.is）这顶皇冠上的宝石，拥有许多激动人心的山峰和冰川。这里是冰岛最受欢迎的野外景点，每年有30万游客前来参观这里雷鸣般轰响的瀑布、扭曲的桦树林、沙洲上纵横交织的河网、绝美的蓝白色瓦特纳冰川及其无数条冰舌。**冰川堰塞湖**是摄影师的天堂，这座冰川湖中有大量风蚀和水蚀形成的奇形怪状的冰山，一路延伸到海中。

Icelandic Mountain Guides（IMG；☎雷克雅未克办公室587 9999，斯卡夫塔894 2959；www.mountainguide.is）和**Glacier Guides**（☎雷克雅未克办公室571 2100，斯卡夫塔659 7000；www.glacierguides.is）有冰山徒步和探险活动之旅。

★ Gamla Fjósið 冰岛菜 €€

（Old Cowhouse；☎487 7788；www.gamlafjosid.is；Hvassafell；主菜Ikr1100~6500；⏲6月至8月11:00~21:00，9月至次年5月时间缩短；📶）这家迷人的餐厅建于一个一直使用到1999年的牛棚中，主打农家产的新鲜肉食主菜，包括汉堡包和火山汤（一种辣味炖肉）。硬木地板和低矮的房梁下摆放着擦得铮亮的餐桌和宽大的木头箱子，员工都很热情。

维克及周边

★ Garðar 客栈 €

（☎487 1260；http://reynisfjara-guesthouses.com；Reynisfjara；小屋Ikr12,000~17,000）Garðar位于Rte 215的尽头，是一处风景优美的梦幻住处。热情的农民店主Ragnar出租设备齐全的海滨木屋，包括一栋舒适的石屋，能住两人（上下铺）；两栋宽敞的木头小屋能住4人。床单每人收费Ikr1000。

★ Vellir 客栈 €€

（Ferðaþjónustan Vellir；☎849 9204；http://f-vellir.123.is；双 含/不含浴室 含早餐

Ikr24,700/20,300，小屋Ikr25,000起；🛜）这个友好的家庭住处位于Rte 219向下1.5公里处，在Pétursey附近，这里在几万年前是一座巨大的土堆。客房都是现代风格，有些能看到海景。有两座小屋可供出租。晴朗的日子可以看见米达尔斯冰原（Mýrdalsjökull）和大西洋上的冰。在客栈用餐要预约（Ikr5900）。

Icelandair Hótel Vík 酒店 €€

（☎487 1480，预订444 4000；www.icelandairhotels.com；Klettsvegur 1-5；双Ikr24,500起；🛜）这座崭新时尚的黑色酒店隐藏在Hótel Edda之后，就在镇子最东端，靠近露营地。两家酒店共享一座前厅（由同一位热情的老板开办），但相似之处仅限于此。Icelandair酒店舒适时髦，有些客房能看到后面的悬崖和大海的风景。光线、自然风格的装饰都受到当地环境的启发。

Suður-Vík 冰岛菜、亚洲菜 €€

（☎487 1515；Suðurvíkurvegur 1；主菜Ikr1750~4950；⏰正午至22:00）友好的氛围提升了这座酒店的竞争力，这里有硬木地板、有趣的艺术装饰品、热情的员工。食物是冰岛式的丰盛风格，包括堆得很高的牛排三明治和培根、蛋黄酱，还有亚洲菜（想想泰国烤肉和米饭）。位于镇子最高处一座闪闪发光的银色建筑中。夏季要预约。

冰岛西部（WEST ICELAND）

冰岛西部（被称作Vesturland；www.west.is）虽然地理上靠近雷克雅未克，但观感上相去甚远，这里就是整个冰岛的一个精彩的微缩模型。多数游客都会错过这里，因此你可以自在地享受这个绝妙的地区。

斯奈山半岛（Snæfellsnes Peninsula）以斯奈山冰川而受人青睐。**斯奈山国家公园**（☎436 6860；www.snaefellsjokull.is）周围的地区是观鸟、观鲸以及在火山岩地区徒步和骑马的最佳选择。

过了**雷克霍特**（Reykholt）的内陆地区，你会见识到熔岩管，例如**Viðgelmir**（☎865 4060；www.fljotstunga.is；团队游Ikr3000；⏰5月至9月）；还有偏远地区的高地冰川，包括巨大的**朗格冰川**，在这里能看到最新形成的**冰洞**（www.icecave.is；⏰3月至10月）。

冰岛人以冰岛西部诞生的传说而自豪，其中最著名的两个是*Laxdæla Saga*和*Egil's Saga*，它们都在这里的海边发生，今天仍有大量的石冢作为标记，热闹的**博尔加内斯**还有一座特别的**移民中心**（Settlement Center；Landnámssetur Íslands；☎437 1600；www.settlementcentre.is；Brákarbraut 13-15；1个展览 成人/儿童 Ikr1900/1500，2个展览 成人/儿童 Ikr2500/1900；⏰6月至9月 10:00~21:00，10月至次年5月 11:00~17:00；🛜）对此进行了介绍。

冰岛西部应有尽有，从狂风劲吹的海滩到历史村落和让人望而生畏的地形。**斯蒂基斯霍尔米**（Stykkishólmur）是很好的大本营，有舒适的酒店和客栈，例如**Hótel Egilsen**（☎554 7700；www.egilsen.is；Aðalgata 2；标单/双 Ikr22,000/28,500；@🛜）；有美味的餐厅，例如**Plássið**（☎436 1600；www.plassid.is；Frúarstígur 1；主菜Ikr1400~4200；⏰11:30~15:00和18:00~22:00；🥕👪）；还有有趣的博物馆，例如**Norska Húsið**（Norwegian House；☎433 8114；www.norskahusid.is；Hafnargata 5；门票 Ikr800；⏰6月至8月 正午至17:00；🛜）。Breiðafjörður周围有**Seatours**（Sæferðir；☎433 2254；www.seatours.is；Smiðjustígur 3；⏰5月中旬至9月中旬 8:00~20:00，9月中旬至次年5月中旬 9:00~17:00）运营的船只。

冰岛北部（NORTH ICELAND）

冰岛广阔而壮观的北部是一片奇境，这里有像月球表面一样的熔岩原、喷射的硫泥塘、壮丽的瀑布、积雪覆盖的山峰和鲸鱼出没的海湾。该地区的顶级景点围绕着同一个主题，那就是隆隆作响、火山活跃的大地。

胡萨维克（Húsavík）是冰岛最主要的观鲸目的地，这里夏季会有多达11种鲸鱼前来觅食。**North Sailing**（☎464 7272；www.northsailing.is；Hafnarstétt 9；3小时团队游 成人/儿童 Ikr9280/4640）、**Gentle Giants**（☎464 1500；www.gentlegiants.is；Hafnarstétt；3小时团队游 成人/儿童 Ikr9100/3900）和**Salka**（☎464 3999；www.salkawhalewatching.is；Garðarsbraut 6；3小时团队游 成人/儿童 Ikr8640/4000）会组

织鲸鱼和海鹦观赏之旅。托拉斯卡基半岛（Tröllaskagi Peninsula）上的锡格吕菲厄泽（Siglufjörður）景色壮阔，能看到参差交错的山景。在超脱凡尘的米湖（Mývatn）可参观熔岩城堡和隐藏的裂谷。雷鸣般轰响的Dettifoss是冰岛全境最壮观的瀑布之一。

阿克雷里（Akureyri）

小城阿克雷里也有大城市的精彩生活，是冰岛北部最佳大的本营。你可以驾车或乘坐长途汽车从这里出发，游览本地区的亮点。

团队游

Saga Travel（☎558 888; www.sagatravel.is; Kaup-vangsstræti 4）全年提供穿越整个北部的各种远足和活动。

食宿

阿克雷里

Sæluhús（☎412 0800; www.saeluhus.is; Sunnutröð; 开间/房屋 Ikr23,700/42,500; 📶）有设施齐全的现代化开间和房屋。Skjaldarvík（☎552 5200; www.skjaldarvik.is; 标单/双 不含浴室 含早餐 Ikr14,900/19,900; @📶）是一处宛若天堂的客栈，位于镇北6公里处的一座农场里。Akureyri Backpackers（☎571 9050; www.akureyribackpackers.com; Hafnarstræti 67; 铺 Ikr4500~5500，双 不含浴室 Ikr18,000; @📶）

冰岛移民和萨加

有关暴风雨和野蛮的狗头人的传说、神话和幻想故事让大多数探险者都不敢接近北海（oceanus innavigabilis）。经常航行到法罗群岛来寻找隐修地的爱尔兰修道士或许是最早踏足冰岛领土的人，据称他们可能是在700年左右迁居此地，但在9世纪初因为北欧人的到达而逃离。

移民时代

从传统来说，移民时代是指870~930年，当时斯堪的纳维亚半岛上的政治冲突导致许多人开始流亡。大部分北大西洋的挪威移民都是普通人，有农民和商人，他们迁居到西欧，与英国人、爱尔兰人和苏格兰人通婚。

最早移居冰岛的北欧人中包括挪威的Flóki Vilgerðarson，他于860年前后将农场整个迁到Snæland（冰岛的古代维京称呼）。他靠乌鸦导航，经历过失败后终于抵达了目的地，这也为他换来了"乌鸦Flóki"（Hrafna-Flóki）的绰号。乌鸦Flóki航行到西海岸的Vatnsfjörður，但对这里的环境感到失望。看到峡湾中的冰山之后，他为这里取名为冰岛（Ísland），然后返回了挪威。后来他迁居到冰岛的Skagafjörður地区。

根据12世纪的*Íslendingabók*（有关移民时代的历史记录）的记载，871年，Ingólfur Arnarson同亲兄弟Hjörleifur一同逃离挪威，在Ingólfshöfði（冰岛东南）登陆。接着，他经过一次异教仪式被引往雷克雅未克，抵达陆地时将高座柱（权力的象征）抛向海中，神明将柱子送往哪里的岸边，哪里就将成为移民者的新家。Ingólfur因为看到温泉的蒸汽而将那里命名为"雷克雅未克"（雾气海湾），Hjörleifur则在今日的维克镇附近定居，但后来很快就被手下的奴隶杀害了。

930年，最早的这批移民的后代在辛格韦德利（议会平原）建立起了世界上最早的民主议会。

萨加时代

萨加时代始于12世纪末，此时的历史学家和作家记录了9~10世纪早期移民的史诗故事。这些震撼的史诗或传奇详细记录了移民时代的家族斗争、罗曼史、世仇和丰富多彩的人物，它们构成了冰岛中世纪文学的基础，也为了解历史提供了大量资源。可试着阅读*Egil's Saga*，讲述的是一位诗人武士和一位变形人的孙子的精彩探险故事。

提供很棒的廉价之选。**Icelandair Hotel Akureyri**（☎518 1000；www.icelandairhotels.com；Þingvallastræti 23；双 含早餐 Ikr28,800起；@📶）则是顶级选择。

阿克雷里周边

达尔维克（Dalvík）出色的**HI Hostel**（Vegamót；☎865 8391，466 1060；www.vegamot.net；Hafnarbraut 4；铺/双 不含浴室 Ikr4500/11,100；📶）和美妙的**Kaffihús Bakkabræðra**（Grundargata 1；汤和沙拉自助餐 Ikr1790；⏰周一至周五 8:00~23:00，周六和周日 10:00~23:00）使得这个冷清的乡村成了一个不错的住处。想在托拉斯卡基半岛上品尝高档海鲜，就不要错过锡格吕菲厄泽的**Hannes Boy**（☎461 7730；www.raudka.is；主菜 Ikr3290~5990；⏰6月至8月 正午至14:00和18:00~22:00，9月至次年5月时间缩短）。在靠近米湖的地方，雷恰利兹（Reykjahlíð）的**Vogafjós**（www.vogafjos.net；主菜 Ikr2550~4700；⏰7:30~23:00；📶✍👪）提供当地顶级食物，附近还有客栈。

生存指南

ℹ 出行指南

签证

申根签证适用。

冰岛驻中国大使馆（☎010-6590-7795；www.iceland.org/cn；北京朝阳区东三环北路8号亮马河大厦1座802）

货币

信用卡使用很普遍，但许多交易（例如购买汽油）都需要个人识别码（PIN），出发前要先准备好。自动柜员机接收万事达卡、维萨卡、Cirrus卡、Maestro卡和Electron卡。增值税和服务费有明确标价。无须小费。在同一家商店消费超过Ikr4000可以获得15%的退税（参见www.taxfreeworldwide.com/Iceland）。

冰岛全境自动柜员机均支持银联卡取现。除边远地区外，全境90%以上的自动柜员机有中文界面。你可以在银联国际网站（http://www.unionpayintl.com/cn/serviceCenter/globalCard）上查询你打算去的目的地是否支持银联卡取现。

汇率

人民币	CNY1	ISK19.02
港币	HKD1	ISK16.03
澳门元	MOP1	ISK15.57
新台币	TWD1	ISK3.80
新加坡元	SGD1	ISK90.20
美元	USD1	ISK124.48
欧元	EUR1	ISK139.67
英镑	GBP1	ISK181.34

海关条例

海关条例请查看www.customs.is网站。

活动

➡ 冰岛全国各地都有精彩的徒步和登山活动，尤其是在国家公园和自然保护区。7月、8月和9月最适合徒步。详情可查看Ferðafélag Íslands的网站（www.fi.is）。

➡ 各种探险之旅包括冰上攀爬、雪上活动、洞穴探险，也有超级吉普车或巴士之旅。多数都可从雷克雅未克接车，参见658页。

➡ 一般提供的项目包括90分钟骑马、多日团队游等，还可以搭配其他活动，比如参观黄金环线或蓝湖。有些还提供客栈住宿。90分钟骑马花费Ikr9000～12,000。

➡ 黄金环线沿岸的赫维塔河（Hvítá）是雷克雅未克附近激浪漂流和快艇运动的首选。旅途从雷克霍特出发，也可从雷克雅未克接车。

➡ 潜水旅行团可去辛格韦德利裂谷的河流，那里的能见度能达到惊人的100米。

➡ 每个城镇都有地热公共泳池，天然温泉数量众多。

➡ 观赏鲸鱼的最佳季节是5月中旬至9月。船从雷克雅未克出发，不过胡萨维克北部也以观鲸闻名。

➡ 北极光之旅在冬季，飞行之旅覆盖全国。

营业时间

全年营业时间不同（许多地方只在旺季营业），可提前查看。6月至8月的营业时间会尽可能地延长，9月至次年5月会缩短。标准营业时间如下：

银行 周一至周五9:00~16:00

咖啡馆酒吧 周日至周四10:00至次日1:00，周五和周六10:00至次日3:00~6:00

咖啡馆 10:00~18:00

办公室 周一至周五9:00~17:00

加油站 8:00~22:00或23:00

邮局 周一至周五9:00~16:00或16:30（大城市至18:00）

餐厅 11:30~14:30和18:00~21:00或22:00

商店 周一至周五10:00~18:00，周六至16:00，雷克雅未克大型商业区有些周日也会营业

超市 9:00~20:00（雷克雅未克至深夜）

Vínbúðin（政府运营的卖酒商店） 时间不一，雷克雅未克以外的许多地方每天只营业几个小时

节假日

在节假日期间旅行，尤其是在商业节之后的长周末，山地木屋和交通工具一定要预订。国家节假日包括：

元旦 1月1日

复活节 3月或4月；濯足节和耶稣受难日至复活节星期一（每年不同）

夏季第一天 4月18日之后的第一个周四

劳动节 5月1日

耶稣升天日 5月或6月（每年不同）

圣灵降临节 5月或6月（每年不同）

国庆节 6月17日

商业节 8月的第一个星期一

圣诞节 12月24~26日

新年之夜 12月31日

住宿

6月至8月，游客应该预约住宿（露营地无须预约）。如果自带睡袋的话，所有的青年旅舍、部分客栈和酒店可以提供折扣。有很多不同风格的房间，我们只列出了一部分。总体说来，住宿价格比欧洲大陆要贵很多。

住宿类型

除了私人领地外，冰岛的所有地方都允许露营。在国家公园和保护区内，你必须住在标记的营地，多数城镇都设计有露营区，一般在5月中旬至9月中旬开放。露营卡（Camping Card；www.campingcard.is）对长期住宿来说很划算。私人徒步游俱乐部和Ferðafélag Íslands在许多热门的徒步步道上都运营有skálar（山地木屋，单人小屋），夏季必须预约。

住宿价格区间

下列价格是基于旺季双人间：

€ 低于Ikr15,000（约€100）

€€ Ikr15,000~30,000（€100~200）

€€€ 高于Ikr30,000（€200）

Hostelling International Iceland（www.hostel.is）管理着冰岛32家很棒的青年旅舍，阿克雷里和雷克雅未克也有私人经营的青年旅舍。

Gistiheimilið（客栈）涵盖了从私人住家到专门营建的民宿，通常都是公用浴室，许多只在5月中旬至9月中旬开放。可登录Icelandic Farm Holidays（www.farmholidays.is）查看最新的乡村住宿信息。

酒店既有汽车旅馆，也有精品豪华酒店，而且一直在增建。建在学校中的**Edda Hótels**（www.hoteledda.is）只在夏季营业，一般提供宿舍。

邮政

冰岛邮政服务（www.postur.is）值得信赖。发往欧洲的明信片和信件花费为Ikr180/310，欧洲以外的地方花费为Ikr240/490。

电话

冰岛的国际接入码为☎00，国家代码为☎354，没有区域代码。拨打☎1811可查询国际号码和拨打受话人付费电话。移动电话信号覆盖广泛。使用GSM900/1800电话的游客可漫游拨号。如果要待上一段时间，可以购买当地的SIM卡（杂货店和加油站均有售）和未锁定的手机。

开通国际漫游的中国旅行者可以接打电话。

上网

无线网络在多数酒店和餐厅都有提供。图书馆和旅游局可以找到公用电脑。

网络资源

冰岛旅游局（Icelandic Tourist Board；www.

就餐价格区间

下列价格基于主菜的平均价格：

€ 低于Ikr2000（€13）

€€ Ikr2000~5000（€13~32）

€€€ 高于Ikr5000（€32）

visiticeland.com）有地区网站链接。

雷克雅未克旅游局（Reykjavík tourist office；www.visitreykjavik.is）

时间

冰岛采用格林尼治标准时间/协调世界时（伦敦），没有夏令时。

到达和离开

飞机

冰岛的**凯夫拉维克国际机场**（Keflavík International Airport，KEF；www.kefairport.is）位于雷克雅未克西南48公里处，全年均有航班（包括廉价航班）来往于欧洲各地，包括从挪威、瑞典到法国、奥地利、意大利和德国，也可以抵达美国和加拿大。冰岛航空公司（www.icelandair.com）提供大陆之间的中转，能连通去往北方阿克雷里的航班。国内航班和去往格陵兰岛及法罗群岛的航班采用雷克雅未克市中心的小型机场**雷克雅未克国内机场**（Reykjavík Domestic Airport，REK；Reykjavíkurflugvöllur；www.reykjavikairport.is）。

抵离机场

Flybus（☎580 5400；www.re.is；📶）、**Airport Express**（☎540 1313；www.airportexpress.is；📶）和折扣运营商**K-Express**（☎823 0099；www.kexpress.is）的停靠点紧邻机场大楼，提供舒适的班车来往于机场和雷克雅未克（50分钟）。Flybus在许多住处都提供接送服务（Ikr1950至雷克雅未克，Ikr2500至酒店），也可至蓝湖。可网上购票，也可在机场售票处购票。

国家速览

面积 103,000平方公里

首都 雷克雅未克

国家代码 ☎354

货币 冰岛克朗（Ikr）

紧急救助 ☎112

语言 冰岛语，英语也广泛使用

现金 信用卡（使用加油站一般要个人识别码）广泛使用，自动柜员机分布广泛

人口 325,000

签证 申根签证适用

机场有连锁租车店，强烈建议预约。出租车很少（因为去往雷克雅未克要花约Ikr15,000）。

船

Smyril Line（www.smyrilline.com）每周有1班渡轮，Norröna从丹麦的希茨海尔斯（Hirsthals）经法罗群岛的Tórshavn前往东冰岛的Seyðisfjörður。可上网查看行程。

当地交通

飞机

冰岛有国内航空网，但当地人使用的绝大多数还是长途汽车。冬季，飞机是连接各目的地的唯一交通工具，但天气又常常会影响行程。注意：所有的国内航班都从雷克雅未克的小型国内机场出发（不是凯夫拉维克国际机场）。可查看冰岛航空（Flugfélag Íslands；www.airiceland.is）和Eagle Air（www.eagleair.is）的网站。

自行车

骑行是欣赏冰岛风光的绝妙方式（而且越来越流行），不过要准备好应对严酷的自然环境。多数长途汽车都接受自行车。**Reykjavík Bike Tours**（www.icelandbike.com）租赁游览自行车，其他机构可租赁当地远足用车。**Icelandic Mountain Bike Club**（http://fjallahjolaklubburinn.is）可连接到每日更新的冰岛骑行地图。

船

有几班渡轮全年运营主要航线：

- Landeyjahöfn—韦斯特曼纳群岛(www.herjolfur.is)
- 斯蒂基斯霍尔米—Brjánslækur(www.seatours.is)
- 达尔维克—赫里斯岛/格里姆塞岛（Hrísey/Grímsey；www.saefari.is）
- Arskógssandur—赫里斯岛（www.hrisey.net）

6月至8月，博隆加维克（Bolungarvík）和伊萨菲厄泽（Ísafjörður）有固定船次可至西峡湾区（Westfjords）的Hornstrandir。

长途汽车

- 冰岛拥有广泛的长途汽车路线网，由多家公司运营，许多提供汽车通票。免费的冰岛公共交通地图有路线总览，可在旅游局和汽车总站索取，尤其是在雷克雅未克。

特色饮食

➡ **冰岛传统菜肴** 这些体现出一种历史需求，即吃下所有的零零碎碎，以度过整个冬季。harðfiskur（干黑线鳕鱼条和黄油）、plokkfiskur（丰盛的鱼和土豆奶油烤菜）和美味的酸奶般的skyr都是盛宴。勇敢的人可能会尝试svið（烤羊头）、súrsaðir hrútspungar（腌制的羊睾丸）和hákarl（发酵过的鲨鱼肉）。

➡ **多汁特色菜** 冰岛羊肉是世界上最美味的食物——整个夏季羊群在山野间散养，吃着甜美的青草和野生的百里香。大多数菜单上会出现新鲜的鱼类菜肴。东部高原的驯鹿肉也是上佳的款待。

➡ **鲸鱼肉争议** 许多餐厅都提供鲸鱼肉，但是75%的冰岛人从来不会购买。这些消费保护物种的行为多数是游客带来的。与之类似，使用海鹦（许多菜单上也可找到）和格陵兰鲨鱼的hákarl也正面临压力。我们不会从目录中去除提供这些肉类的餐厅，但你可以选择不食用，或者去www.icewhale.is/whale-friendly-restaurants网站寻找不提供鲸鱼肉的餐厅。

➡ **热门饮品** 传统酒类brennivín是用土豆种子和葛缕子籽酿造的杜松子酒。它被温柔地称作“黑死病”。精酿啤酒很受欢迎，可去Kaldi、Borg Brugghús和Einstök寻找啤酒。咖啡也是国民饮品。

➡ 大约从5月中旬到9月中旬，都有固定班次的汽车连接环路、西南热门徒步地区和大的城镇。其余月份，班车从每日1班缩减到停运。

➡ 夏季，四驱车会往返F公路（高原公路），包括Kjölur和Sprengisandur公路（两轮驱动车不可进入）。

➡ 许多长途汽车可作为一日游览的交通工具（车会在总站停留数小时之后返回，沿途也可停靠多个旅游目的地）。

➡ 汽车公司可安排不同地方的接车服务。雷克雅未克有多个汽车总站。在小镇上，长途汽车一般在主加油站停靠，最好核实一下。

主要汽车公司包括：

Reykjavík Excursions（☎580 5400；www.re.is）

SBA-Norðurleið（☎550 0700；www.sba.is）

Strætó（☎540 2700；www.straeto.is）

Sterna（☎551 1166；www.sterna.is）

Trex（☎587 6000；www.trex.is；📶）

小汽车和露营车

租车虽贵但非常有用，而且可以无拘无束地探索这个国家。预约一般可享受最低折扣。环路几乎都是柏油路，但是许多乡村地区只有泥土路。注意，多数租赁车辆都不能进入高原公路。要租车，必须年满20岁（租赁四驱车的要求是23~25岁），且需持有有效驾照。露营车更加便利，**Camper Iceland**（www.campericeland.is）是其中一家租赁机构。

搭便车

搭便车不能完全保证安全，我们不推荐。选择搭便车的游客要明白，此举会带来一定的风险。夏季能够搭到便车，但在乡村地区可能要等待很长时间。

爱尔兰

包括➡

最佳传统小酒馆

- Stag's Head（见682页）
- Kyteler's Inn（见686页）
- O'Connor's（见691页）
- Crane Bar（见695页）

最佳餐饮

- Fade Street Social（见681页）
- Market Lane（见689页）
- Quay Street Kitchen（见695页）

为何去

从三叶草和橡木棍（shillelaghs）到爱尔兰传说中的小矮妖和可爱的小淘气，有太多陈腐说法挡在了你和真实的爱尔兰之间。

尽管游人如织让这里显得有些嘈杂，但被称为“翡翠之岛”的爱尔兰岛的确值得一游，它是欧洲的一块珍宝，这里的湖泊、山脉、大海和天空都有动人心魄的魅力。从风景如画的凯里到北爱尔兰地区（属于英国，与爱尔兰共和国不同）崎岖的海岸线，这里有无数机会让你到户外探索大自然。你可以在堤道海岸骑车，或是在基拉尼和康尼马拉山丘徒步。

作为乔伊斯（Joyce）、叶芝（Yeats）、U2和Undertones的故乡，这里自然少不了文化景点。都柏林、科克都有世界级的美术馆和博物馆。你也可以在戈尔韦（Galway）和基拉尼（Killarney）的酒吧里欣赏传统音乐。忘记三叶草，来体验真正的爱尔兰吧！

何时去

都柏林

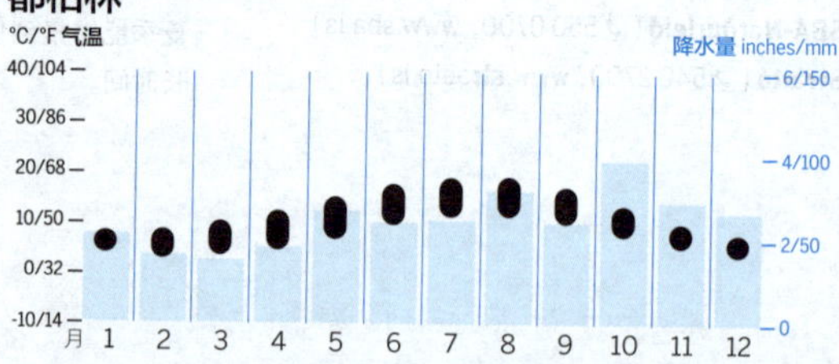

3月末 春花烂漫、绿意盎然之际，圣帕特里克节在召唤你。

6月 旱季的时候，悠长的夏日夜晚是庆祝都柏林的布鲁姆日的最佳时间。

9月和10月 夏季成群的游客已经离开，色彩缤纷的秋天来临，适合去西海岸冲浪。

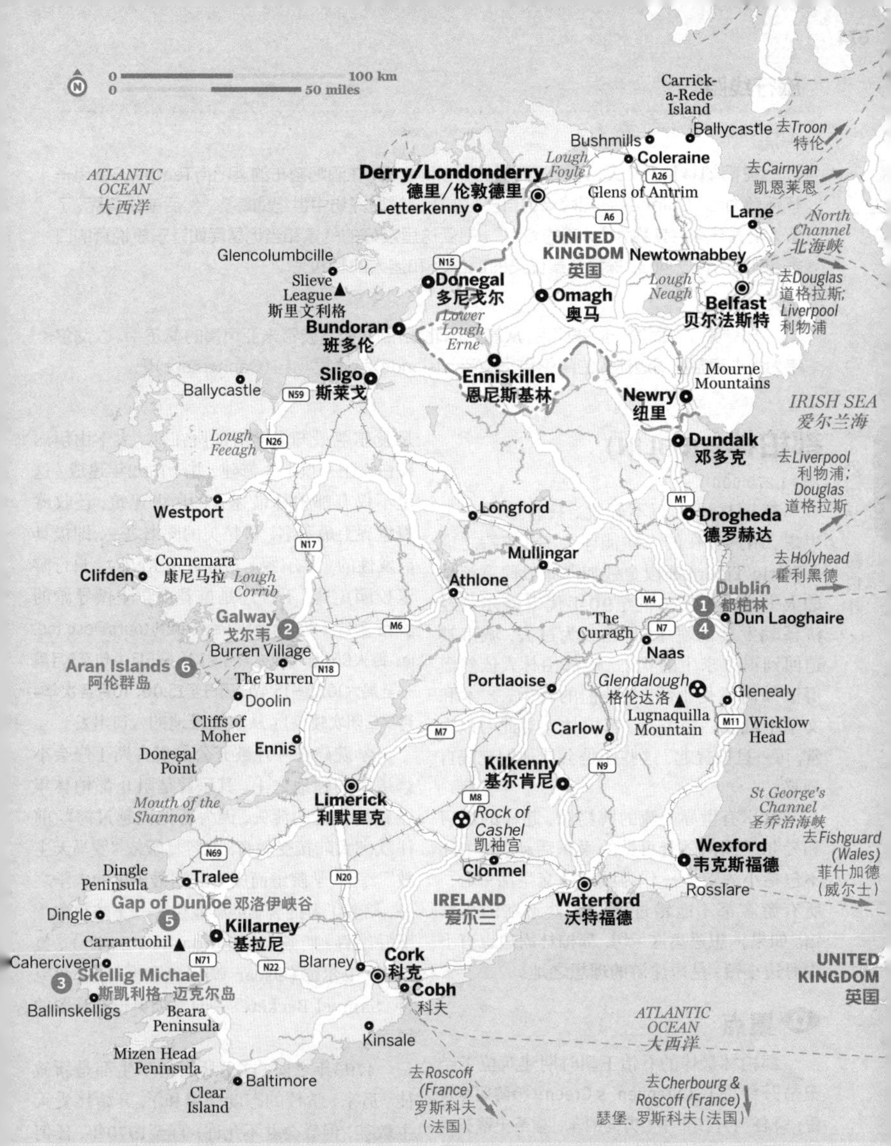

0 100 km
0 50 miles

ATLANTIC OCEAN 大西洋
Carrick-a-Rede Island
Bushmills
Ballycastle
去Troon 特伦
Coleraine
Lough Foyle
去Cairnyan 凯恩莱恩
Derry/Londonderry 德里/伦敦德里
A26
Glens of Antrim
Letterkenny
A6
Larne
North Channel 北海峡
UNITED KINGDOM 英国
Newtownabbey
Glencolumbcille
N15
Lough Neagh
去Douglas 道格拉斯; Liverpool 利物浦
Slieve League 斯里文利格
Donegal 多尼戈尔
Omagh 奥马
Belfast 贝尔法斯特
Bundoran 班多伦
Lower Lough Erne
Sligo 斯莱戈
Enniskillen 恩尼斯基林
Mourne Mountains
Ballycastle
N59
Newry 纽里
IRISH SEA 爱尔兰海
Lough Feeagh
N26
Dundalk 邓多克
去Liverpool 利物浦; Douglas 道格拉斯
Westport
M1
Longford
Drogheda 德罗赫达
N17
Mullingar
去Holyhead 霍利黑德
Connemara 康尼马拉
Clifden
Lough Corrib
Athlone
Dublin 都柏林
M4
Galway 戈尔韦
M6
The Curragh
N7
Dun Laoghaire
Burren Village
Naas
Aran Islands 阿伦群岛
N18
The Burren
Portlaoise
Glendalough 格伦达洛
Glenealy
Doolin
Lugnaquilla Mountain
Cliffs of Moher
Carlow
M11
Wicklow Head
Ennis
M7
Donegal Point
Kilkenny 基尔肯尼
N9
Mouth of the Shannon
Limerick 利默里克
M8
St George's Channel 圣乔治海峡
Rock of Cashel 凯袖宫
去Fishguard (Wales) 菲什加德（威尔士）
N69
Wexford 韦克斯福德
Dingle Peninsula
Tralee
Clonmel
N20
Rosslare
IRELAND 爱尔兰
Waterford 沃特福德
Gap of Dunloe 邓洛伊峡谷
Dingle
Killarney 基拉尼
Carrantuohil
Caherciveen
N71
N22
Blarney
Cork 科克
UNITED KINGDOM 英国
Skellig Michael 斯凯利格-迈克尔岛
Cobh 科夫
Ballinskelligs
Beara Peninsula
Kinsale
ATLANTIC OCEAN 大西洋
Mizen Head Peninsula
去Roscoff (France) 罗斯科夫（法国）
去Cherbourg & Roscoff (France) 瑟堡、罗斯科夫（法国）
Clear Island
Baltimore

爱尔兰亮点

lonely planet

❶ 穿行于**都柏林**的博物馆、酒馆，享受一场文化之旅。

❷ 去极富波希米亚风情的**戈尔韦**（见694页）吧，那里有不少新潮的咖啡馆和现场音乐表演。

❸ 乘船去位于岩石小岛**斯凯利格-迈克尔岛**（Skelling Micheal，见692页）最高处的那座6世纪修道院。

❹ 在都柏林的**传统爱尔兰酒馆**（traditional pubs，见681页），一边踩着现场音乐的节拍，一边喝着健力士啤酒。

❺ 骑车穿行于**邓洛伊峡谷**（Gap of Dunloe，见691页），欣赏壮美的湖景山色。

❻ 在偏僻而崎岖的**阿伦群岛**（Aran Island，见696页）上，沿荒凉的石灰岩海滩漫步。

旅行线路

一周

在都柏林待上几天，逛一逛极好的国家博物馆，在酒吧密布的酒吧街Temple Bar用一杯杯健力士（Guinness）黑啤灌饱自己。去基尔肯尼探访中世纪的踪影，然后前往科克，了解人们为什么将其称为“真正的首都”，感受这里友好的气氛和当地居民如音乐般悦耳的口音。向西前行一两日，探索风景优美的凯里环和迷人的基拉尼。

两周

在结束了上面的一周线路后，从基拉尼北上，到达极富波希米亚风情的戈尔韦。以戈尔韦为大本营游览周边迷人的阿伦群岛（Aran Islands）和康尼马拉（Connemara）吧。

都柏林（DUBLIN）

人口1,270,000

都柏林迷人而不轻佻，只有那些放下焦虑、闲逸自在的人才能体会。凯尔特之虎（Celtic Tiger）那段金钱如瀑布般肆意流淌的太平盛世（指20世纪90年代末爱尔兰经济蓬勃发展的岁月）早已成为过去，城市被迫回到艰难求生的状态。但都柏林人依然懂得该如何享受生活，从他们的音乐、艺术和文学中就能一窥究竟，都柏林人对此习以为常，可一旦被提起，这些还是会让他们充满自豪感。

这里有世界一流的博物馆、超棒的饭店和爱尔兰国内随处可见的娱乐活动，其中还不包括小酒馆——作为城市社交生活中心，所有游客都不能错过那些无处不在的小酒馆。如果你想逃离这一切，都柏林周边也有不少海边小镇，是短途游的理想之地。

景点

都柏林最棒的乔治王朝时期建筑位于圣史蒂芬绿地（St Stephen' s Green；⏲黎明至黄昏；🚌任何开往市中心方向的车，🚊圣史蒂芬绿地）免费和三一学院往南不远处的梅瑞恩广场（Merrion Square；⏲黎明至黄昏；🚌从市中心乘坐7路和44路公交车）附近，标志性的门廊非常显眼。两处广场在天气晴好时都非常适合野餐。

★三一学院 历史建筑

（☎01-896 1000；www.tcd.ie；学院绿地；⏲8:00~22:00；🚌任何开往市中心方向的车）免费这处远离都柏林现代喧嚣的宁静区域是爱尔兰最知名学府的所在地。大学由伊丽莎白女王一世下令修建，并于1592年建成。这里不仅有都柏林最迷人的历史建筑，还收藏着世界上最著名、最精美的图书之一，即极具启发性的《凯尔经》（*Book of Kells*）。自行游览校园免费，不过还是推荐由学生做导游的步行游览（Walking tours；trinitytours@csc.tcd.ie；每人€5，含《凯尔经》€10；⏲5月中旬至9月周一至周六10:15~15:40，周日至15:00，10月至次年4月平日团次较少）：从学院绿地的入口出发。

学院建在一片被充公的奥古斯丁修会小修道院的领地之上，其宗旨是阻止都柏林年轻新教教徒的流失，因为若他们越过海峡前往欧洲大陆接受教育，就容易皈依“罗马天主教”。三一学院继而成为欧洲最出色的大学之一，培养了大批著名的毕业生——不妨想象一下乔纳森·斯威夫特（Jonathan Swift）、奥斯卡·王尔德（Oscar Wilde）和塞缪尔·贝克特（Samuel Beckett）一同参加男校友晚餐的场面。

1793年之前，这里所有的学生都是新教徒。后来，学校的态度变温和了，开始接受天主教徒，但教会并不允许；直至1970年，任何登记就读的天主教徒都会自视为已被逐出天主教会。

这里的校园可谓建筑杰作，风景也完美地保留下乔治王时代的特色；校园绿地上优雅的摄政院（Regent House）入口两侧守卫着作家奥利弗·哥尔斯密（Oliver Goldsmith，1730~1774）和演讲家埃德蒙·伯克（Edmund Burke，1729~1797）的雕像。进入大门后看到的多数建筑都建于18世纪和19世纪，它们姿态高雅地散布在一系列互相联系的广场周围。

校园里较新的建筑包括**伯克利图书馆**（Berkeley Library），这座粗犷的建筑是现代主义的杰作；还有1978年修建的**艺术和社会科学大楼**（Arts & Social Science Building），其背靠Nassau St，也是学校的另一个入口。和伯克利图书馆一样，这座大楼也是由保罗·卡拉莱克（Paul Koralek）设计的，其中还设有**道格拉斯·海德现代艺术馆**（Douglas Hyde Gallery of Modern Art; www.douglashydegallery.com; 三一学院; ⌚周一至周三和周五11:00~18:00，周四至19:00，周六至16:45）免费。

★长阅览室 著名建筑

（东阁，图书馆柱廊；成人/学生/儿童 €10/8/免费；⌚全年周一至周六9:30~17:00，10月至次年4月周日正午至16:30，5月至9月周日9:30~16:30；🚌任何开往市中心方向的车）这座老图书馆是由托马斯·伯格（Thomas Burgh）于1712~1732年建立的，风格相当庄重。其中，在这座筒形穹顶的壮观长室中，收藏着三一学院部分最伟大的珍宝。这座全长65米的学术殿堂摆放着一列列闪烁着微光的书架，装饰有大理石胸像。这里陈列着图书馆中一些最古老的典籍，数量约有250,000本，包括令人激动的《凯尔经》。其余陈列的还有《爱尔兰共和宣言》（*Proclamation of the Irish Republic*）的稀有复印本，这份宣言在1916年曾被帕特里克·皮尔斯（Pádraig Pearse）于复活节起义（Easter Rising）前夕宣读。

门票包括东阁陈列的临时展览。

这里还有号称**布莱恩·博茹**（Brian Ború）的竖琴，不过这绝对不是这位爱尔兰早期民族英雄1014年在克朗塔夫战役（Battle of Clontarf）中击败丹麦人时用过的那把。然而，它的历史确实可以追溯到1400年左右，是爱尔兰最古老的竖琴之一。

★爱尔兰国家考古博物馆 博物馆

（National Museum of Ireland-Archaeology; www.museum.ie; Kildare St; ⌚周二至周六10:00~17:00，周日14:00~17:00；🚌任何开往市中心方向的车）免费 国家考古博物馆的亮点包括：了不起的**史前黄金制品**（prehistoric gold objects）馆藏；精美的8世纪文物**阿德圣餐杯**（Ardagh Chalice）和**塔拉胸针**（Tara Brooch），后者是全世界最精美的凯尔特艺术作品；从爱尔兰的沼泽中挽救出来的物件，包括保存得异常完好的人类尸体。其他展区专题包括早期基督教艺术、维京时期及中世纪爱尔兰的展品。这里值得看的展品很多，可以询问一下有没有导览游，或者买一本导游书，以帮助你了解展品。

★健力士啤酒展览馆 酿酒厂、博物馆

（Guinness Storehouse; www.guinness-storehouse.com; St James's Gate, South Market St；成人/学生/儿童€18/14.50/6.50，鉴赏家体验€30，网上预订有折扣；⌚9月至次年6月9:30~17:00，7月和8月9:30~19:00；🚌Fleet St始发的21A、51B、78、78A或123，🚊St James's）这里是市区最热门的参观场所，可谓啤酒爱好者的迪士尼乐园，是用多媒体对这个国家最著名的出口产品的一次致敬，也是都柏林永恒的城市象征。古老的谷仓是占地26公顷的巨大的圣詹姆斯之门啤酒厂（St James's Gate Brewery）中唯一对公众开放的部分，也是一座向黑金致敬的完美大教堂；谷仓围绕着一座美丽的中央庭院而建，有七层楼之高，令人印象深刻。其顶部是**Gravity Bar**酒吧，能看到都柏林全景。

★切斯特·比替图书馆 博物馆

（Chester Beatty Library; ☎01-407 0750; www.cbl.ie; Dublin Castle; ⌚全年周二至周五10:00~17:00，周六11:00~17:00，周日13:00~17:00，5月至9月周一10:00~17:00，免费参观周三13:00，周日15:00和16:00；🚌50，51B，77，78A或123）免费 这座世界闻名的图书馆位于都柏林城堡之中，陈列的是矿业工程师阿尔弗雷德·切斯特·比替爵士（Sir Alfred Chester Beatty, 1875~1968）的珍藏。爵士去世之时将这些收藏全数捐赠给国家。其惊人的收藏摆满了两层楼，包括20,000份手稿、珍贵图书、袖珍画、泥版、服饰和其他在艺术、历史和审美上具有重要意义的器物，比如可追溯到公元150~200年的早期基督教福音书的片段。

★凯勒梅堡监狱 博物馆

（Kilmainham Gaol; www.heritageireland.

Dublin 都柏林

Garden of Remembrance
Parnell Sq
Upper Dominick St
Mountjoy St
St Mary's Tce
Granby Row
N Parnell Sq
E Parnell Sq
W Parnell Sq
N Great George's St
Britain Pl
Cathal Brugha St
Henrietta La
Henrietta St
Henrietta Pl
Bolton St
Lower Dominick St
Dominick Pl
Granby Pl
King's Inns St
Loftus La
去Generator Hostel (500m)
N King St
Capel St
Parnell St
Halston St
Green St
Little Britain St
Jervis St
Mary St
Upper Liffey St
Moore St
Moore La
Upper O'Connell St
Dublin Discover Ireland Centre 都柏林发现爱尔兰中心
Marlborough St
Cathedral St
Henry Pl
Sampson's La
N Earl St
Earl Pl
Lower O'Connell St
Sackville Pl
Little Mary St
Wolfe Tone Sq
Middle Abbey St
Abbey St
Jervis
Lotts Row
Eden Quay
O'Connell Bridge 奥康奈尔桥
Burgh Quay
Mary's Abbey
Quartier Bloom
Bachelor's Walk
Aston Quay
Westmoreland St
D'Olier St
Boardwalk
Crampton Quay
Fleet St
去Dice Bar (600m)
Upper Ormond Quay
River Liffey
Wellington Quay
Temple Bar Sq
College St
Wood Quay
E Essex St
Meeting House Sq
Cecilia St
Anglesea St
Parliament Sq
Trinity College 三一学院
Winetavern St
Fishamble St
Parliament St
Dame St
Crow St
College Green
Front Sq
Cork Hill
Lower Yard
Trinity St
Dublin Discover Ireland Centre 都柏林发现爱尔兰中心
Provost's Garden
Castle St
Upper Yard
Palace St
Exchequer St
Wicklow St
Nassau St
Werburgh St
George's St Arcade
GRAFTON STREET
Grafton Arc
去Guinness Storehouse 健力士啤酒展览馆 (1.2km); Kilmainham Gaol 凯勒梅堡监狱 (2.7km)
Castle Gardens
Chester Beatty Library 切斯特·比替图书馆
Drury St
S William St
Coppinger Row
Westbury Mall
Dawson St
Nicholas St
Bride Rd
Chancery La
Upper Stephen St
S Anne St
Johnston Pl
Aungier St
Bull Alley St
Golden La
Whitefriar St
S King St
N St Stephen's Green
St Patrick's Park
Bride St
Patrick St
Peter Row
St Patrick's Cathedral 圣帕特里克大教堂
Peter St
去Whelan's (230m); Anseo (320m); Green Nineteen (470m)
St Stephen's Green 圣史蒂芬绿地

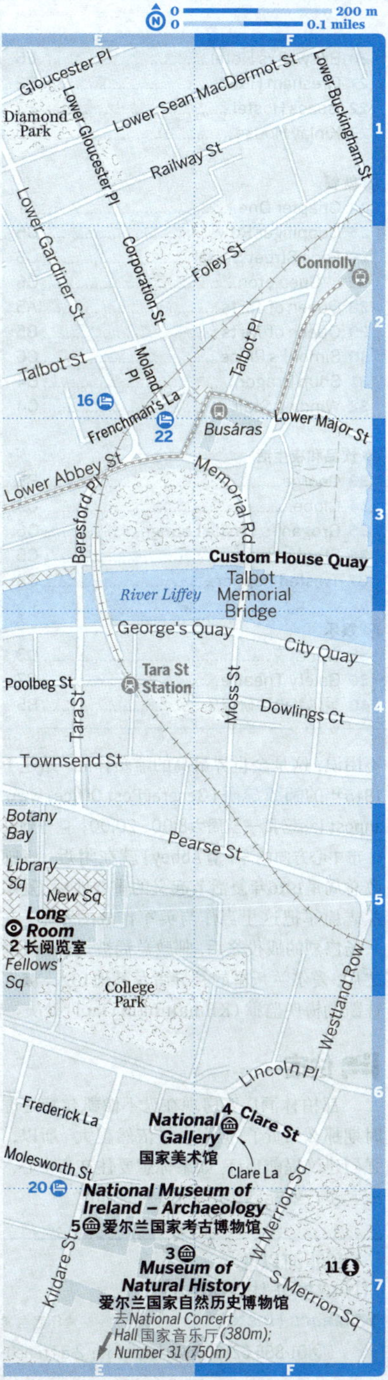

com; Inchicore Rd; 成人/儿童 €6/2; ⏲4月至9月全天9:30~18:00, 10月至次年3月周一至周六9:30~17:30, 周日10:00~18:00; 🚌从市中心乘坐23, 25, 25A, 26, 68或69)如果你有一丝想要了解爱尔兰历史的欲望——尤其是抵抗英国统治的生动历史——那么这座从前的监狱就是非造访不可的景点。这座令人恐惧的灰色建筑建于1792~1795年, 在爱尔兰的独立斗争所走过的每一个艰难阶段都扮演过重要的角色。在一段精彩的视频介绍后便有导游带领你游览这座可怕的监狱, 这座欧洲空置的同类建筑中规模最大的一座, 定会让你感慨万千。

★ 国家美术馆 博物馆

(National Gallery; www.nationalgallery.ie; West Merrion Sq; ⏲周一至周三、周五和周六9:30~17:30, 周四9:30~20:30, 周日正午至17:30; 🚌从市中心乘坐7和44) **免费** 馆藏中包括数量巨大的卡拉瓦乔(Caravaggio)画作, 以及杰克·巴特勒·叶芝(Jack Butler Yeats, 威廉·巴特勒·叶芝的弟弟)的作品。让人惊叹的作品是这家美术馆的重头戏, 但这并不是全部。这里出色的展品主要是爱尔兰艺术, 但也有欧洲各个主要流派的高质量作品。周日12:30和13:30有免费的导游讲解。

★ 圣帕特里克大教堂 教堂

(St Patrick's Cathedral; www.stpatrickscathedral.ie; St Patrick's Close; 成人/儿童€5.50/免费; ⏲全年周一至周六9:00~17:00, 周日9:00~10:30, 12:30~14:30, 3月至10月时间有延长; 🚌Aston Quay始发的50、50A或56A, 或Burgh Quay始发的54、54A)据说当年圣帕特里克(St Paddy)就是在这座大教堂中, 亲自将爱尔兰的异教徒浸入井水之中, 因此这座教堂便以他的名字命名, 建立在城市中最早期的一座基督教遗址之上。虽然早在5世纪的时候, 圣帕特里克大教堂的所在地就已经建起了一座教堂, 但今天, 这座建于1191年或1225年(意见不一), 而且历经几次改建(最著名的一次是在1864年)的教堂增添了飞拱。

★ 爱尔兰国家自然历史博物馆 博物馆

(National Museum of Ireland–Natural History; www.museum.ie; Merrion St; ⏲周二至周六10:00~17:00, 周日14:00~17:00; 🚌从市中心乘坐7

Dublin 都柏林

重要景点
- **1** 切斯特·比替图书馆 B6
- **2** 长阅览室 E5
- **3** 爱尔兰国家自然历史博物馆 E7
- **4** 国家美术馆 F6
- **5** 爱尔兰国家考古博物馆 E7
- **6** 圣帕特里克大教堂 A7
- **7** 圣史蒂芬绿地 D7
- **8** 三一学院 D5

景点
- **9** 道格拉斯·海德现代艺术馆 D5
- **10** 邮政总局 C3
- **11** 梅瑞恩广场 F7
- **12** 光明纪念碑 D3
- **13** 奥康奈尔街 D3
- 三一学院和《凯尔经》........（见2）

活动、课程和团队游
- **14** Trinity College Walking Tour D5

住宿
- **15** Abbey Court Hostel C4
- **16** Anchor House E2
- **17** Ashfield House D4
- **18** Barnacles C5
- **19** Brooks Hotel C6
- **20** Buswell's Hotel E6
- **21** Gresham Hotel C2
- **22** Isaacs Hostel E3
- **23** Kinlay House A5

就餐
- **24** Chapter One C1
- **25** Coppinger Row C6
- **26** Fade Street Social C6
- **27** L'Gueuleton C6
- **28** Queen of Tarts A5
- **29** Queen of Tarts B5
- **30** Simon's Place C6
- **31** Soup Dragon B4
- **32** Winding Stair C4

饮品和夜生活
- **33** George B5
- **34** Globe C5
- **35** Grogan's Castle Lounge C6
- **36** Stag's Head C5
- **37** Twisted Pepper C3

娱乐
- **38** 艾比剧院 D3
- **39** Gaiety Theatre C7
- **40** 爱尔兰电影研究所 B5

和44）免费 这个布满灰尘的古怪地方十分引人注目。自苏格兰探险家戴维·利文斯通博士（Dr David Livingston）于1857年（在非洲丛林里消失之前）开办以来，这里几乎没有什么变化。它为了解维多利亚时期打开了一扇窗。里面的地板已经吱呀作响，馆内塞满了将近200万种填充的动物标本、骨骼、化石和其他各种来自世界各地的标本，从西非黑猩猩到玻璃罐里的昆虫，不一而足。有些独自站立着，有些则罩在玻璃中，但不管你往哪个方向转，这座"死亡动物园"里的动物都静静地凝视着你。

奥康奈尔街 历史遗址

（O'Connell St；⏲24小时；🚌任何开往市中心方向的车）都柏林最重要的一条大道上最显眼的建筑物，便是120米高的针状**光明纪念碑**（Monument of Light），其更为人熟知的名字是The Spire（都柏林尖塔）。纪念碑的所在地过去是一座尼尔森将军（Admiral Nelson）的雕像，但于1966年被爱尔兰共和军（IRA）炸毁。高达120米的尖塔直入云霄，不用说，这是全世界最高的雕塑作品。始建于1815年的**邮政总局**（General Post Office；www.anpost.ie；⏲周一至周六8:00~20:00；🚌任何开往市中心方向的车，🚊Abbey）就在附近。该邮政总局是1916年复活节起义的重要地标，爱尔兰志愿军把这里当作与英军作战的基地。在一场惨烈的战役之后，邮政总局被烧毁。投降之后，爱尔兰叛军的领导者及其他13人，被押往凯勒梅堡监狱（Kilmainham Gaol）处决。

住宿

都柏林酒店客房现在已不像凯尔特之虎时期那么昂贵了，但需求量依然很大。所以，强烈建议提前预订，如果你想要住在市中心，或者步行就能到达市中心，更是如此。

利菲河以北（North of the Liffey）

★ **Isaacs Hostel** 青年旅舍 €

（☎01-855 6215；www.isaacs.ie；2-5 Frenchman's Lane；铺/标双€14/58起；@📶；🚌任何开往市中心方向的车，🚉Connolly）北部这家最好的青年旅舍——说真的，单凭氛围，这里就已经是市区最好的——位于主要巴士站街角的一座拥有200年历史的葡萄酒酒窖中。夏季有烤肉，休闲室有现场音乐演奏，可以上网，客房色彩缤纷，这个极好的住宿处一直都深受背包客和其他旅行者的好评。

★**Generator Hostel** 青年旅舍 €

（☎01-901 0222；www.generatorhostels.com；Smithfield Sq；铺/标双€16/70起；@📶）这家欧洲连锁青年旅舍把时髦有趣的品牌设计带到了都柏林，包括鲜艳的颜色、舒适的多人间（有单独的女寝），以及热闹的交友气氛。位于老詹姆森酿酒厂（Old Jameson Distillery）旁边的步行街上，位置非常不错。

Abbey Court Hostel 青年旅舍 €

（☎01-878 0700；www.abbey-court.com；29 Bachelor's Walk；铺/双 €16/78起；📶；🚌任何跨城车次）这家经营良好的大型青年旅舍跨越两座建筑，有33间清洁的宿舍，收纳设施齐全。便利设施包括餐厅、温室和烧烤区。有淋浴的双人房位于新建筑中，与其相邻的咖啡厅提供简单的早餐。因此，这里很受欢迎也就不在话下了。推荐预订。

Anchor House 民宿 €€

（☎01-878 6913；www.anchorhousedublin.com；49 Lower Gardiner St；标单/双€95/105；🅿📶；🚌任何开往市中心方向的车，🚉Connolly）这一地区大多数民宿提供的条件都差不多：电视、半新的淋浴、清洁的寝具、泡茶和咖啡的设施。这些Anchor全部都有，此外这里还有种在这一片的其他民宿中难以找到的优雅。这座可爱的乔治王时代风格的客栈还提供美味营养的早餐，深受旅行者推荐。选这里绝对不会错。

Gresham Hotel 酒店 €€€

（☎01-874 6881；www.gresham-hotels.com；Upper O'Connell St；房€145起；🅿❄@📶；🚌任何跨城车次）这座标志性的酒店呈现出一种传统的如奶奶家客厅般的氛围，几年前曾经过一次大修。虽然外表变得更加明亮、时髦和现代，还增设了一个美丽的敞开式大厅，但忠实的顾客——上了年纪的购物者和穿着考究的美国人——还是会发现其原本的魅力。客房宽敞，服务热情，位置也无懈可击。

利菲河以南（South of the Liffey）

Barnacles 青年旅舍 €

（☎01-671 6277；www.barnacles.ie；19 Lower Temple Lane；铺/标双€17/64起；🅿📶；🚌任何开往市中心方向的车）如果你来这里找乐子而且不能待得太久，那么这家圣殿酒吧（Temple Bar）附近的青年旅舍是理想选择：可以结识其他狂欢者；叫醒热情且消息灵通的员工，询问要恶作剧的最佳场所；睡一觉以便从上述恶作剧中清醒，同时又完全不会被外界持续的噪声所打扰。

后排客房较安静。便利设施包括一座带明火的舒适休息室。提供寝具和毛巾。作为南部最佳青年旅舍的竞争者，这里会有优惠价格，附近还有一座带顶棚的停车场。

Ashfield House 青年旅舍 €

（☎01-679 7734；www.ashfieldhouse.ie；19-20 D'Olier St；铺/标双€14/70；@📶；🚌任何开往市中心方向的车）这家现代化的青年旅舍由一座教堂改造而成，离圣殿酒吧（Temple Bar）和奥康奈尔桥（O'Connell Bridge）仅一步之遥。提供整洁的4床和6床房，有1间大宿舍和25间带私人浴室的房间。这里更像是一家酒店，但价格更加优惠。提供大陆风格的早餐——对青年旅舍来说确实罕见。最少入住6晚。

Kinlay House 青年旅舍 €

（☎01-679 6644；www.kinlaydublin.ie；2-12 Lord Edward St；铺/标单/四€16/26/68；📶；🚌任何开往市中心方向的车）这家城市青年旅舍从前是一座男生寄宿公寓，有一间带24个床位的大宿舍，同时也有一些小房间。位于基督大教堂和都柏林城堡附近，周围很热闹，这算是一项附加优惠，但是有些房间有些吵。配备有烹饪设施，还有一家咖啡馆，提供早餐。胆小的别来。

★**Brooks Hotel** 酒店 €€

（☎01-670 4000；www.sinnotthotels.com；59-62 Drury St；房€140起；🅿❄；🚌任何跨城车

次，🅓圣史蒂芬绿地）这间小型豪华酒店位于Grafton St以西120米处，主打家族式友善服务。装潢采用新古典风格，墙壁上有很高的装饰面板，有装饰性的书架和老派沙发，而客房则极为舒适，装饰色调淡雅。所有房间都配备大床和超大床铺，还有枕头列表，供你选择舒适的枕头。

Buswell's Hotel 酒店 €€

（☎01-614 6500；www.buswells.ie；23-27 Molesworth St；房€141起；P ❄ @；🅑任何跨城车次，🅓圣史蒂芬绿地）这座酒店开办于1882年，长期以来一直为政客提供服务，他们会从下议院穿过马路来到酒店里的酒吧喝杯酒。69间客房全部采用统一装潢，但都完好地保存了乔治王时代的魅力。

★Number 31 客栈 €€€

（☎01-676 5011；www.number31.ie；31 Leeson Close；标单/双/三含早餐€240/280/320；P 📶；🅑任何开往市中心方向的车）这家都柏林最独特的建筑从前是现代主义建筑大师萨姆·史蒂芬森（Sam Stephenson）的家，他将20世纪60年代的风格与18世纪的优雅成功地融合在一起。21间客房散落在复古的马车房、梦幻的房间和更为优雅的乔治王时代的房间中，每间房装饰不同，但都有高雅的法国古董和舒适的大床。

就餐

餐馆最集中的区域是圣殿酒吧区，这里除了少数几家还算不错之外，大多数餐馆提供的都是无聊、毫无想象力的食品及专供游客的便宜定食菜单。想要吃到更好的食物，格拉夫顿街（Grafton St）是更好的选择，而最高端的餐馆则集中于梅瑞恩广场（Merrion Sq）和菲茨威廉广场（Fitzwilliam Sq）。城北以快餐为主，但现在终于出现了一些不错的咖啡馆和餐馆。

利菲河以北

Soup Dragon 快餐 €

（www.soupdragon.com；168 Capel St；主菜€5~8；⏲周一至周五8:00~17:00；🅑任何开往市中心方向的车，🅓Jervis）这家长于制作速食汤的餐厅外经常大排长龙，不过这里也提供美味的咖喱、炖菜、派和沙拉。全天候提供的早餐很棒——我们尤其喜欢有香肠、鸡蛋和培根的迷你早餐乳蛋饼。还有新鲜面包和水果。

★Chapter One 新派爱尔兰菜 €€€

（☎01-873 2266；www.chapteronerestaurant.com；18 North Parnell Sq；两道菜午餐€29，四道菜晚餐€70；⏲周二至周五12:30~14:00，周二至周六19:30~22:30；🅑从市中心乘坐3、10、11、13、16、19或22路）这家米其林星级餐厅是我们认为的都柏林最好的选择。它成功地将无懈可击的高级烹饪方法与热情休闲的氛围结合在一起，而后者本是爱尔兰人好客传统的核心表现。食物是法国风味的新派爱尔兰菜，菜单会定期更换，服务更是无可挑剔。三道菜的戏前套餐（€36.50）是那些准备前往街角大门的人士的最爱。

Winding Stair 新派爱尔兰菜 €€€

（☎01-873 7320；www.winding-stair.com；40 Lower Ormond Quay；两道菜午餐€19，主菜€23~27；⏲正午至17:00和17:30~22:30；🅑任何开往市中心方向的车）这家优雅的餐厅位于一座漂亮的乔治王时代风格的大楼中，是由从前一座最受欢迎的书店改造而来的，服务无可挑剔。精彩的爱尔兰菜单——奶油鱼派、培根和有机卷心菜，蒸贻贝和爱尔兰农场奶酪——搭配出色的葡萄酒目录，令人难以忘怀。

利菲河以南

Green Nineteen 爱尔兰菜 €

（☎01-478 9626；www.green19.ie；19 Lower Camden St；主菜€9~14；⏲8:30~23:00；📶；🅑任何开往市中心方向的车）🍃这家位于Camden St阴凉走廊上的时髦嬉皮士餐厅一直备受欢迎，店内主打当地出产的有机食物，价格也不昂贵。红烧羊肉、鲜牛肉、炖鸡和无所不在的汉堡包是菜单上的肉食之选，也有沙拉和素食选择。我们喜欢这里。

Queen of Tarts 咖啡馆 €

（www.queenoftarts.ie；4 Cork Hill；主菜€5~10；⏲周一至周五8:00~19:00，周六和周日9:00~19:00；🅑任何开往市中心方向的车）这间规模很小的餐厅提供大量令人垂涎欲滴的开胃果馅饼、佛卡夏面包、水果松脆饼和布朗尼蛋糕。也有出色的健康早餐和周末早午餐特色菜，例如土豆香葱蛋糕配蘑菇和鸡蛋。此外，咖啡非常美味，服务也很温馨。Cow's Lane（www.queenoftarts.ie；3-4 Cow's Lane；主菜 €5~10；周一至周五 8:00~19:00，周六和周日 9:00~19:00；城市各个地区）街角有一家更大的分店。

Simon's Place　咖啡馆 €

（乔治大街拱廊，S Great George's St；三明治€5；周一至周六8:30~17:00；；任何开往市中心方向的车）自从20多年前开业以来，这里的家常三明治和健康蔬菜汤菜单就从没有更换过——为什么要换呢？这里的食物令人振奋，富于传奇色彩，就和店主西蒙一样。这里是喝咖啡、观看老式拱廊下来往人群的好去处。

★ Fade Street Social　新派爱尔兰菜 €€

（01-604 0066；www.fadestreetsocial.com；Fade St；主菜€19~32，西班牙餐前小吃€5~12；周一至周五12:30~14:30，每天17:00~22:30；；任何开往市中心方向的车）两家店都由著名大厨Dylan McGrath经营，前面喧闹的Gastro酒吧里漂亮的开放式厨房提供美味的西班牙餐前小吃。后面较安静的餐厅提供爱尔兰肉食菜肴——包括小牛肉和兔子肉——搭配自种的有机蔬菜。三菜午餐和傍晚菜单食物€25。建议预订。

Coppinger Row　地中海菜 €€

（www.coppingerrow.com；Coppinger Row；主菜 €17~26；周一至周六正午至17:30和18:00~23:00，周日12:30~16:00和18:00~21:00；任何开往市中心方向的车）这家餐厅在常更换的菜单上展现创意，将整个地中海盆地的各色菜肴都囊括其中。选择包括煎黑鲈鱼配烤小茴香、番茄和橄榄，羊臀肉配香辣茄子和杏脯。氛围安静，提供苏打水（€1），而且店主将收入的50%捐献给癌症研究。

L'Gueuleton　法国菜 €€

（www.lgueuleton.com；1 Fade St；主菜€16~27；周一至周六12:30~15:30和17:30~22:00，周日正午至15:30和17:30~21:00；任何开往市中心方向的车）都柏林人非常讨厌说这间餐厅的名字（在法语里意思是"饕餮盛宴"），而且不预约只能排队候位的政策也非常考验他们的耐心，但他们就是吃不腻这家餐厅里法国乡村风味的粗野（可理解为多肉和满馅）菜肴，因此等位时的腿脚酸软只是小菜一碟。

饮品和夜生活

都柏林的"派对区"圣殿酒吧永远都被"雄鹿"（stag，指单身汉）、"母鸡"（hen，指单身女子）、衣着清凉的女孩儿，以及穿着

免费的惊喜

都柏林的物价不低，但也有不少不会让你破费的景点：

- 在三一学院（Trinity College，学院绿地；校园 免费，老图书馆 成人/儿童 €9/免费，徒步团队游 每人 €10；全年 周一至周六 9:30~17:00，5月至9月 周日 9:30~16:30，10月至次年4月 周日正午至16:30，5月中旬至9月 每小时两次的步行参观 周一至周六 10:15~15:40，周日 至15:00）的校园中散步，这是都柏林最古老、最美丽的大学。
- 爱尔兰国家考古博物馆（National Museum of Archaeolog，见675页）有全世界最好的史前黄金制品。
- 探索切斯特·比替图书馆（Chester Beatty Library，见675页），馆内收藏有东方及宗教艺术品。
- 在国家美术馆（National Galley，见677页）凝视那些来自爱尔兰和欧洲的画作。
- 在都柏林最漂亮的公共公园——圣史蒂芬绿地（St Stephen's Green，见674页）消磨时光。

都柏林通票

如果你给自己的旅行安排了不少"任务"，购买**都柏林通票**（Dublin Pass；www.dublinpass.ie；成人/儿童一日票€39/21，三日票€71/42）能为你省下不少银子。通票不仅包括30多个景点的门票（例如健力士啤酒展览馆、凯勒梅堡监狱，并且只要出示通票，就不用排队），而且还包括了机场大巴（Aircoach）的往返票。通票在都柏林所有的游客信息中心都有出售。

健力士T恤大吵大嚷的俄亥俄男人挤得满满的。如果你想被压扁或者来一段异国情缘，在爱尔兰找不出比这里更好的地方。但如果这不是你的风格，其实还有很多别的选择。事实上，最好的那些老式酒馆大都不在这个区域。

★ Stag's Head 小酒馆

（www.louisfitzgerald.com/stagshead；1 Dame Ct；⏲周一至周六10:30至次日1:00，周日至午夜；🚌任何开往市中心方向的车）这家小酒馆建于1770年，重修于1895年，庆幸的是，从那时起它就没再改变过。这是一家超赞的酒馆，因为太过漂亮而经常出现在电影中，也曾现身于爱尔兰酒吧系列的邮票上。一家超赞的酒馆，毋庸置疑。

Grogan's Castle Lounge 小酒馆

（www.groganspub.ie；15 South William St；⏲周一至周四10:30~23:30，周五和周六10:30至次日0:30，周日12:30~23:00）这间市中心的地标被简称为Grogan's（根据原店主的名字命名），一直以来就经常有都柏林作家和画家出没，同时也有不少波希米亚的艺术家，他们中的大多数看起来像是在等待"迟早会来"的时机，届时他们终将被认定为天才。

George 同性恋酒吧

（www.thegeorge.ie；89 S Great George's St；⏲周一14:00~23:30，周二至周五14:00至次日2:30，周六12:30至次日2:30，周日12:30至次日1:30）这里是都柏林同性恋酒吧界的女王，有很长的历史，曾经是城里的同性恋社群唯一可以做回真实自我的地方。现在同性恋社群有了别的选择，但就传统而言，这里仍然是最好的一家同性恋酒吧。由电视名人谢尔丽主持的周日晚间表演和从前一样热闹。

Dice Bar 酒吧

（☎01-674 6710；www.thatsitdublin.com；79 Queen St；⏲周一至周四15:00至午夜，周五和周六至次日1:00，周日至23:30；🚌从市中心乘坐25，25A，66，67，🚊博物馆）乐队Fun Lovin' Criminals的歌手Huey是这里的主人之一。风格上，这里有点像纽约下东区的那些酒吧。室内有红黑涂漆装饰，有滴着蜡滴的蜡烛和简单的座椅，多数夜晚都有摇滚DJ，因此很吸引都柏林的嬉皮士们。提供健力士和当地精酿啤酒。

Anseo 酒吧

（28 Lower Camden St；⏲周一至周四10:30~23:30，周五和周六10:30至次日0:30，周日11:00~23:00；🚌任何开往市中心方向的车）这间舒适的备选酒店不做作，很有格调，人气也极高。名字发音为"an-shuh"，爱尔兰语中就是"这里"的意思。酒吧是那些坚守"做得太过不如不做"这一信条的人士的最爱。顾客们穿着松垮的服饰，在聊天声中变得活跃。还有极好的DJ。

Globe 酒吧

（☎01-671 1220；www.theglobe.ie；11 S Great George's St；⏲周一至周五 17:00至次日2:30，周六 16:00至次日2:30，周日 16:00至次日1:00；📶；🚌任何开往市中心方向的车）都柏林最古老的嬉皮士酒吧，因为坚守传统和极简风格，地位得以保持至今。有木地板、简洁的砖墙，无所顾忌的氛围让你无法伪装。

Twisted Pepper 俱乐部

（☎01-873 4800；www.bodytonicmusic.com/thetwistedpepper；54 Middle Abbey St；⏲酒吧 16:00至深夜，咖啡馆 8.30~18:00；🚌任何开往市中心方向的车，🚊Abbey）这里分为四个部分：地下室里有DJ播放出色旋律；舞台中有现场演出；位于舞台之上的中间层是一座隐蔽的酒吧；咖啡馆里全天都能品尝到爱尔兰风味的早餐。全部由Bodytonic经营管理，他们是城里最好的音乐制作团队。

☆娱乐

想要寻找演出信息、点评和俱乐部列表，可以购买一份**Hot Press**（www.hotpress.com），这是一份音乐评论类半月刊。免费的文化活动则可以参阅每周出版的电子杂志**Dublin Event Guide**（www.dublineventguide.com）。周五的《爱尔兰时报》（*Irish Times*）会有一份单独的小册子，叫作"*The Ticket*"，其中列出了各类艺术活动及点评。

Whelan's 现场音乐

（☎01-478 0766; www.whelanslive.com; 25 Wexford St; 🚌从市中心乘坐16、122路汽车）一个都柏林机构，为爱尔兰唱作人和国外小众艺人提供展示场所，于20世纪90年代开办，楼上是传统酒馆，楼下是一个热门的现场音乐演出场所。老派的氛围搭配着激进的音乐旋律，节目中包括许多来自摇滚、独立、民谣、传统音乐的最新演出。

艾比剧院 剧院

（Abbey Theatre; ☎01-878 7222; www.abbeytheatre.ie; Lower Abbey St; 🚌任何前往市中心方向的车，🚊Abbey）著名的艾比剧院是爱尔兰的国家剧院，由叶芝于1904年创立。近年来在Fiach MacConghaill的领导下完成了复兴，他为剧院引入了许多新鲜血液，使得这里避免了死亡的危险。当下演出包括爱尔兰经典（Synge、O'Casey等）、国际著名团队（Shepard、Mamet）和新生才俊（O'Rowe、Carr et al）的表演。

国家音乐厅 现场音乐

（National Concert Hall; ☎01-417 0000; www.nch.ie; Earlsfort Tce; 🚌任何开往市中心的车）爱尔兰第一家管弦乐音乐厅，全年举办各种音乐会。在6月到8月的周二13:05~14:00，有一系列午间音乐会。

Gaiety Theatre 剧院

（☎01-677 1717; www.gaietytheatre.com; South King St; 🚌任何开往市中心的车）这里的演出节目严格遵照满足全家人娱乐的理念，包括伦敦西区的热门剧目、音乐剧、圣诞节舞剧和爱尔兰经典话剧——都是为那些想要享受娱乐的观众准备的。

爱尔兰电影研究所 电影院

（Irish Film Insitute; ☎01-679 5744; www.ifi.ie; 6 Eustace St; 🚌任何开往市中心的车）研究所内有两块播放各类经典和新艺术影片的屏幕，不过其中有些选择过于怪异和富有争议，也存在冗长乏味的问题。建筑中还有一座酒吧、一间咖啡馆和一家书店。

ℹ实用信息

都柏林所有的游客信息处都只提供现场服务，基本不能通过电话问询。电话问询只能从爱尔兰境内拨打☎1850 230 330。

都柏林发现爱尔兰中心（Dublin Discover Ireland Centre; www.visitdublin.com; St Andrew's Church, 2 Suffolk St; ⏰周一至周六9:00~17:30，周日10:30~15:00）主要的游客信息中心，在奥康奈尔大街上还有一家分中心（14 O'Connell St; ⏰周一至周六9:00~17:00）。

格拉夫顿医疗中心（Grafton Medical Centre; ☎01-671 2122; www.graftonmedical.ie; 34 Grafton St; ⏰周一至周五 8:30~18:00，周六11:00~14:00）

Hickey's Pharmacy（☎01-873 0427; 55 Lower O'Connell St; ⏰周一至周五 8:00~22:00，周六8:30~22:00，周日 10:00~22:00）药房，每天营业至晚上10点。

St James's Hospital（☎01-410 3000; www.stjames.ie; James's St）医院，都柏林主要的24小时事故急救中心。

ℹ到达和离开

飞机

都柏林机场（Dublin Airport; 见700页）在市中心以北大约13公里处，是爱尔兰主要的国际机场，有来自欧洲、北美和亚洲的直达航班。瑞安（Ryan-air）和Flybe等一些廉价航空的航班也在这里降落。

船

从威尔士霍利黑德（Holyhead）到市中心东北3公里处的都柏林港、市中心东南13公里处的邓莱里（Dun Laoghaire）都有直达渡轮。同样，也有从利物浦和马恩岛（the Isle of Man）道格拉斯港（Douglas）出发、开往都柏林港的船运服务。

长途汽车

私人公司**Citylink**（www.citylink.ie）提供从都柏林机场（在市中心奥康奈尔大桥附近Bachelor's Walk处停靠）到戈尔韦（Galway）的直达汽车服务（€13，2.5小时，每小时1班）。

Aircoach（www.aircoach.ie）运营的车次从都柏林市中心的奥康奈尔大街出发，途经都柏林机场并并前往贝尔法斯特。

Busáras（☎01-836 6111；www.buseireann.ie；Store St）发音为buh-saw-ras，是都柏林主要的巴士站，就在利菲河以北。

贝尔法斯特（Belfast）€17，2.5小时，每小时1班。
科克（Cork）€15，3.75小时，每天6班。
戈尔韦（Galway）€14.50，3.75小时，每小时1班。
基尔肯尼（Kilkenny）€13.50，2.25小时，每天6班。
罗斯莱尔港（Rosslare Europort）€23，4小时，每天5班。

火车

Connolly火车站位于利菲河以北，有开往贝尔法斯特、斯莱戈（Sligo）和罗斯莱尔的列车。Heuston火车站位于利菲河以南、市中心以西，有开往科克、戈尔韦、基拉尼、利默里克（Limerick）及绝大多数南部和西部目的地的列车。登录www.irishrail.ie查看时刻表和价格信息。

贝尔法斯特 €38，2.25小时，每天8班
科克 €64，2.75小时，每小时1班
戈尔韦 €36，2.75小时，每天9班
基尔肯尼 €67，3.25小时，每天7班

凯尔经

世界闻名的《凯尔经》（*Book of Kells*）起源于约公元800年，是世界上最古老的书籍之一，有可能是由偏远的爱奥那岛上的圣科伦巴修道院（St Colmcille's Monastery）的修士所创作。书籍包括以拉丁文写成的新约中的四福音书、序言、总结和其他文字。如果只涉及文字内容的话，《凯尔经》可能只是一本古书而已，但使此经书如此精彩的是其中收录了大量令人惊叹的精致插图（阐释）。装饰极美的开篇首字母只是其中的一部分，整本书的一行行文字之间还有小型插图。

ℹ 当地交通

抵离机场

Aircoach（www.aircoach.ie；单程/往返€7/12）6:00至午夜，每10~15分钟1班；午夜至次日6:00，每小时1班。

Airlink Express（☎01-873 4222；www.dublinbus.ie；单程/往返€3/6）747路公共汽车5:45~23:30每10~20分钟1班，往返于机场、中心汽车站（Busáras）和上奥康奈尔街上的Dublin Bus办公室。

出租车 入境大厅外就有一个出租车停靠站。搭乘出租车前往市中心约需要45分钟，花费约€25，包括€3的附加费用（前往机场不需要）。

自行车

租车价格大约每日/周为€13/70起，另需€50~200现金（作为押金）和带照片的证件。

Dublinbikes（www.dublinbikes.ie）一种即用即付服务。骑车人可在网站或市中心超过40座车站的任意一处购买一张智能卡（3天€5，1年€20，外加€150的信用卡押金），使用的前30分钟免费，之后费用会逐渐提高（例如€3.50可使用多达3小时）。

你可以在不少地方租到**Neill's Wheels**（www.rentabikedublin.com；每日/周€12.50/70）的车，包括Kinlay House和Isaacs Hostel。

公共交通

公共汽车

Dublin Bus（www.dublinbus.ie）单程公交票价€0.70~3.05。上车时必须付零钱，司机不找零。自由通（Freedom Pass，€30）可以允许3天内无限次乘坐都柏林所有公共汽车，包括Airlink和Dublin Bus自由上下的观光巴士。

火车

都柏林城市快速线（Dublin Area Rapid Transport，DART；☎01-836 6222；www.irishrail.ie）是快捷的城市快运，北向最远到达霍斯（Howth），南向最远到达布雷（Bray）。Pearse和Tara站距离都柏林市中心非常近。单程费用€2.15~3.05，1日通费用为€11.10。

电车

Luas（www.luas.ie）有两条线路（之间没有换乘站）：绿线来往于城东圣史蒂芬绿地和东南Sandyford，红线来往于Tallaght和Connolly火

车站，中途停靠Heuston火车站、国家博物馆和Busáras汽车站。单程票€1.70~3，取决于车程区间数，1日通费用为€6.40。

出租车

都柏林出租车价格昂贵；起步价€4.1，每公里€1.03。如果有叫车需要，联系**National Radio Cabs**（☎01-677 2222；www.radiocabs.ie）。

东南部（THE SOUTHEAST）

基尔肯尼（Kilkenny）

人口 24,400

基尔肯尼（Cill Chainnigh）是许多游客想象中爱尔兰的样子。梦幻的河畔城堡，错综复杂的17世纪的走道，一排排色彩缤纷的旧式门面，有现场音乐演奏且历经几个世纪的小酒馆，一切都散发着永恒的魅力，就如同这里宏伟的中世纪大教堂一般。令基尔肯尼引以为豪的还有当代餐厅和丰富的文化生活。

景点

★基尔肯尼城堡 城堡

（Kilkenny Castle；www.kilkennycastle.ie；成人/儿童€6/2.50，语音导游€5，停车场免费；⏲3月至9月9:30~17:00，10月至次年2月至16:30，停车场白天开放）基尔肯尼城堡高耸于诺尔河畔（River Nore），是爱尔兰游客最多的历史遗迹之一。这里是强大的巴特勒（Butler）家族的根据地，其历史可以追溯至12世纪，但今天我们能看到的城堡则大多来自19世纪。导游游览的亮点包括朗恩展览馆（Long Gallery）的彩绘门梁及维多利亚时期的古董收藏。在前面那座城堡的厨房中有一个极棒的茶室，全部用洁白的大理石装修，铜器都发着光。

★圣卡尼斯大教堂 教堂

（St Canice's Cathedral；www.stcanicescathedral.ie；St Canice's Pl；大教堂€4，圆塔€3，联票€6；⏲周一至周六9:00~18:00，周日13:00~18:00，9月至次年5月开放时间缩短）这里是爱尔兰第二大的中世纪大教堂（仅次于都柏林的圣帕特里克），拥有漫长而迷人的历史。其包括一座标志性的圆形塔楼。传说这里的第一座修道院是6世纪由基尔肯尼的守护圣徒圣卡尼斯（St Canice）所建。教堂外的古代墓碑之中，高耸着一座30米的圆形塔楼。这座塔楼建于700~1000年，原址是一座早期的基督徒陵墓，年满12岁即可登顶观景。

国家工艺美术馆及基尔肯尼设计中心 美术馆

（National Craft Gallery& Kilkenny Design Centre；www.nationalcraftgallery.ie；Castle Yard；⏲周二至周六10:00~17:30，周日11:00~17:30；👪）这座富有想象力的设计中心位于基尔肯尼城堡从前的马厩中，其中展出的是爱尔兰当代艺术作品。马厩里还有基尔肯尼设计中心的商店。展品主要是陶器，但也包括来自爱尔兰工艺委员会成员所创作的家具、首饰及织物。每月第二个周六是家庭日，届时的10:00和12:30会开放为孩子们准备的动手DIY工坊。工坊和活动等资讯可查看网站。

节日和活动

基尔肯尼是爱尔兰名副其实的节庆中心，全年有不少世界级的活动。

基尔肯尼艺术节 艺术节

（Kilkenny Arts Festival；www.kilkennyarts.ie）8月中旬整座城市会因戏剧、电影、音乐、文学、视觉艺术、儿童节庆和街头艺术等活动变得十分热闹。整整10天，每天都有非常多的活动。

基尔肯尼音乐节 音乐节

（Kilkenny Rhythm & Roots；www.kilkennyroots.com）每年5月，有超过30家酒馆及演出场馆参与承办爱尔兰的这一重要音乐节。该音乐节主打乡村和“老式”美国草根（roots，民间）音乐。

住宿

Kilkenny Tourist Hostel 青年旅舍 €

（☎056-776 3541；www.kilkennyhostel.ie；35 Parliament St；铺/标双€17/42起；@📶）这家温馨舒适的独立假日青年旅舍（Independent Holiday Hostles）位于一座覆满常春藤的市政建筑内，建于18世纪70年代乔治时期。旅舍有60张床位，还有一个带壁炉的客厅、带传统铅格窗户的餐厅，一个自助式厨房与之相连。

大多数酒馆都离这里很近，喝醉了踉跄着也能回来。

Butler House 精品酒店 €€

（☎056-772 2828；www.butler.ie；16 Patrick St；标单/双€90/145起；P @ 📶）虽然不能住在基尔肯尼城堡，这座有些年月的建筑也是不错的选择。这里曾经住着奥尔门第（Ormonde）伯爵家族，就是他们修建了城堡。现在这里成了一家精品酒店，装修散发着浓厚的贵族气息：有气派的楼梯、大理石壁炉、一个艺术品展览区及修建得极好的花园。

Celtic House 民宿 €€

（☎056-776 2249；www.celtic-house-bandb.com；18 Michael St；房€70；P @ 📶）身兼艺术家和作家的Angela Byrne开的干净整洁的家庭旅馆，绝对会是你在爱尔兰最温暖的体验之一。一些光线不错的房间内设有浴室，有些可以看到城堡，很多房间内还挂有Angela的风景画。记得提前预订。

就餐

Gourmet Store 三明治 €

（56 High St；三明治和咖啡 €5；⏲周一至周六 9:00~18:00）在这家拥挤的小熟食店中，外卖三明治是采用进口肉类和奶酪（外加一些当地顶级产品）制作的。

★ **Foodworks** 法式小馆、咖啡馆 €€

（☎056-777 7696；www.foodworks.ie；7 Parliament St；主菜€8~21；⏲周三至周五正午至21:30，周六正午至22:00，周日12:30~16:30；📶）🍃这家时髦休闲法式小馆的店主自己养猪、种植沙拉菜，因此，不品尝一下他们的手撕猪肉奶油蛋卷和甜菜根沙拉简直是不礼貌——品尝后你会很高兴的。美味的食物、出色的咖啡和友好的服务使这里无可争议地成为热门之选；最好预约餐位。

Cafe Sol 新派爱尔兰菜 €€

（☎056-776 4987；www.restaurantskilkenny.com；William St；主菜午餐 €10~14，2/3菜晚餐€23/27；⏲周一至周四11:00~21:30，周五和周六11:00~22:00，周日正午至21:00；📶）🍃这间备受欢迎的餐厅午餐一直供应到17:00。菜肴中采用的是当地产的有机食品，主打当季的新鲜菜。口味一般都很大胆，融合了各国特色。服务虽然有些随意，但很优秀，整个地方都弥漫着一种新派地中海-法式小馆的风情。

饮品和夜生活

★ **Kyteler's Inn** 小酒馆

（www.kytelersinn.com；27 St Kieran's St；⏲3月至10月周日至周四11:00至午夜，周五和周六至次日2:00，现场音乐18:30）这座老建筑建于1224年，见证过历史时刻：1323年，这里曾被指控施行巫术。今天，这座酒吧保留了原始建筑，搭配有拱形屋顶和拱门。附设有啤酒花园和庭院，楼上的大房间是为乐队准备的，演奏风格包括传统和蓝调。

Tynan's Bridge House 小酒馆

（St John's Bridge；⏲周一至周四10:30~23:30，周五和周六10:30至次日0:30，周日11:30~23:00）这座建于1703年的古老乔治王风格的酒馆是城里最好的传统酒馆，外墙是亮蓝色，装饰有蹄铁钢，保留了原有的瓦作，顾客多是硬脾气的当地人，而且没有电视！周三和周日21:00有传统音乐演奏。

☆ 娱乐

Watergate Theatre 剧院

（www.watergatetheatre.com；Parliament St）这家顶级剧院有戏剧、喜剧和音乐剧演出。幕间休息会持续18分钟，那是因为观众会飞奔进**John Cleere's pub**（www.cleeres.com；22 Parliament St；⏲周一至周四11:30~23:30，周五和周六至次日0:30，周日13:00~23:00）喝上一品托。

ℹ 实用信息

游客信息中心（Tourist Office；www.kilkennytourism.ie；Rose Inn St；⏲周一至周六9:15~17:00）有许多优秀的指南和徒步地图。所在的Shee Alms House建于1582年，是捐助者理查德·希爵士（Sir Richard Shee）采用当地石材建造的，目的是帮助贫苦人民。

ℹ 到达和离开

长途汽车

车从火车站出发。线路包括科克方向（€19，

3小时，每天两班）和都柏林方向（€13.50，2.25小时，每天6班）。

火车

基尔肯尼火车站（Dublin Rd）位于城东的John St上，在MacDonagh Junction购物中心的旁边。线路包括都柏林Heuston方向（€25，1.75小时，每天8班）和戈尔韦方向（€47，3.5小时，每天1班，需在Kildare换车）。

西南部（THE SOUTHWEST）

科克（Cork）

人口 119,230

科克是爱尔兰第二大城市，但在许多重要领域都名列前茅，至少在当地人看来是如此——当地人乐于把这里称为"爱尔兰真正的首都"。紧凑的市中心周围环绕着美丽的水道，四处遍布美味的餐厅，科克可算得上是爱尔兰最好的美食城市。

景点

★英国集市 市场

（English Market；www.englishmarket.ie；Princes St；周一至周六9:00~17:30）这里的拱顶天花板和廊柱装饰华丽，因此，完全可以给它起名叫"维多利亚集市"。无论你叫它什么，这里都是一块珍宝。这里有数十户商户，卖的当地农产品、肉类、奶酪和外带食物也是这一地区最好的。天气好的时候，不如带上你的午餐，去隔壁颇受欢迎的露天就餐场所卢西主教公园（Bishop Lucey Park）享用。

克劳福德市立美术馆 美术馆

（Crawford Municipal Art Gallery；021-480 5042；www.crawfordartgallery.ie；Emmet Pl；周一至周三，周五和周六10:00~17:00，周四至20:00）免费 科克的这座公立美术馆中收藏有永久展品，数量虽少但质量优秀，覆盖历史从17世纪直至现代。亮点包括约翰·莱夫里爵士（John Lavery）、杰克·B.叶芝和纳撒尼尔·霍恩（Nathaniel Hone）的作品，还有一间房间献给1886~1978年的爱尔兰女性艺术家——不要错过梅茵尼·杰立特（Mainie Jellet）和艾维·霍恩（Evie Hone）的作品。

科克市监狱 博物馆

（Cork City Gaol；021-430 5022；www.corkcitygaol.com；Convent Ave，Sun's Well；成人/儿童€8/4.50；4月至10月9:30~17:00，11月至次年3月10:00~16:00）这座雄伟的监狱值得参观，可以在此了解一个世纪之前囚犯的悲惨生活。语音导游可带领你参观复原的囚室，其中陈列的人体模型有痛苦的囚犯和看起来暴虐的狱卒。展览非常生动，将19世纪刑罚系统的残酷还原于眼前。许多囚犯都是因为偷了一条面包而被判以沉重的劳役。

住宿

Oscar's Hostel 青年旅舍 €

（085 175 3458；www.oscarshostel.com；111 Lower Glanmire Rd；铺/标双€20/44；）这家小型（32床）青年旅舍在本书调研的时候还相当新，地址位于火车站以东200米处的一条繁忙街道上，从市中心步行15分钟即到。设施便

> **值得一游**
>
> **凯袖宫**
>
> **凯袖宫**（www.heritageireland.com；成人/儿童 €6/2；3月中旬至10月中旬9:00~17:30，6月中旬至8月至19:00，10月中旬至次年3月中旬至16:30）是爱尔兰最壮观的考古遗址之一。这是一座显眼的绿色小山，其中点缀着石灰岩的岩石，从凯袖镇郊区草原上拔地而起，山上有许多古代防御工事。在超过1000年的历史岁月中，这里一直是权利的象征，是国王宝座和统治该地区的教会的所在地。坚固的城墙中有一座浑圆的塔楼、一座没有屋顶的修道院和一座建于12世纪的爱尔兰最精美的罗马式小礼拜堂。
>
> **Cashel Lodge & Camping Park**（062-61003；www.cashel-lodge.com；Dundrum Rd；露营地每人€10，铺/标单/双€20/40/65；）是住宿的好选择，这里能看到凯袖宫的绝美风景。Bus Éireann每天有6班车往返凯袖和科克之间（€15，1.75小时）。

Cork 科克

0 200 m
0 0.1 miles

去Franciscan Well Brewery(290m); Cork City Gaol 科克市监狱(880m)
Dominick St
Upper John St
Carroll's Quay
Coburg St
Bridge St
Wellington Rd
York St
MacCurtain St
Summer Hill
去Kent 肯特火车站(300m); Oscar's Hostel (640m)
Millennium Bridge
Pope's Quay
St Patrick's Bridge 圣帕特里克桥
St Patrick's Quay 圣帕特里克码头
River Lee North Channel
Lavitt's Quay
Penrose's Quay
Merchant's Quay
Cork Bus Station 科克汽车站
Anderson's Quay
Cornmarket St
St Paul's Ave
Emmet Pl
Bowling Green St
Academy St
Carey's La
Paul St
Paul La
Castle St
Winthrop St
Caroline St
Maylor St
Oliver Plunkett St Lower
Lapp's Quay
St Patrick's St
Patrick St
Grand Pde
Parnell Pl
Phoenix St
Smith St
Pembroke St
Oliver Plunkett St
Cook St
Tobin St
去River Lee Hotel (540m); Garnish House (780m)
Bishop Lucey Park
English Market 英国集市
Princes St
Morrison's Quay
River Lee South Channel
Albert Quay
City Hall 市政厅
S City Link Rd
Anglesea St
S Main St
South Mall
Nano Nagle Bridge
Parliament Bridge
South Gate Bridge
George's Quay
French Quay
Barrack St
Cove St

利，有一间配备齐全的现代厨房，有舒适的公共休息室和自行车存放处，不过卧室都是基本型。

Brú Bar & Hostel 青年旅舍 €

（☎021-455 9667；www.bruhostel.com；57 MacCurtain St；铺/标双€17/40；@📶）这家热闹的青年旅舍有自己的网吧咖啡厅，可供住客免费上网，还附设一间梦幻的酒吧，很受背包客和当地人的欢迎。宿舍（每间都有浴室）有4至6床，都很干净时髦——可要求楼上房间以避免酒吧噪声。早餐免费。

★ Garnish House 民宿 €€

（☎021-427 5111；www.garnish.ie；Western Rd；标单/双€89/98起；P📶）这家一流的民宿对顾客付出了无微不至的关怀。传奇般的早餐目录（30种可选）中包括鲜鱼和法式吐司。典型特色是美味的麦片粥，搭配奶油蜂蜜和你选择的威士忌或百利甜酒。可以在外面的花园露台上就餐。14间客房都非常舒适。前台24小时开放。

★ River Lee Hotel 酒店 €€€

（☎021-425 2700；www.doylecollection.com；Western Rd；房€155起；P📶🏊）河畔的这家现代化酒店为市中心带来了一丝豪华气息。其豪华的公共休息区中有巨大的沙发、设计师设计的火炉和一座环绕着玻璃的五层楼高的美丽中庭，服务超赞。卧室设施齐备（后排的舒适安静，不过可以要求角落的房间，那里空间较大），还提供也许算是爱尔兰最好的早间自助餐。

就餐

Quay Co-op 素食 €

（☎021-431 7026；www.quaycoop.com；24

Cork 科克

Sullivan's Quay；主菜€5~11；⊙周一至周六8:00~21:00，周日正午至21:00；) 这里主打"另类"的科克菜，供应各种自助式素食选择，全部都是有机食物。其中包括丰盛的早餐和齿颊留香的汤品和砂锅菜。同样供应不含麦麸、乳制品和小麦的食物，非常适合小孩子。

★ Market Lane 爱尔兰菜、各国风味 €€

(021-427 4710；www.marketlane.ie；5 Oliver Plunkett St；主菜€12~26；⊙周一至周六正午至22:30，周日13:00~21:00；) 这家光线明亮、位于拐角处的小酒馆采用的是开放式厨房，还有一座长长的木头吧台。菜单选择很多，而且经常更换，以反映最新潮流——可尝试科克杜松子酒卤制的红烧猪肉、牛排配超赞的蒜泥蛋黄酱。€10的午间套餐很超值。不用预约，等待餐位的时候可以在吧台喝一杯。

Farmgate Cafe 咖啡馆、小酒馆 €€

(www.farmgate.ie；English Market，Princes St；主菜€6~15；⊙周一至周五8:30~16:30，周六至17:00) 这是英国市场中心一个不容错过的地方。Farmgate位于一个可以俯瞰市场的阳台上，你盘子里的新鲜本地食材都来自楼下，包括生蚝和爱尔兰炖羊肉。上楼左转是餐桌，右转是吧台服务。

饮品和夜生活

在科克的小酒馆，要喝健力士的话后果自负，不过当地的两个烈性啤酒传奇品牌Murphy's和Beamish都已经被喜力啤酒所购买了（而且还关闭了后者的酿酒厂）。科克的小啤酒厂Franciscan Well Brewery生产高质量啤酒，包括Friar Weisse，夏季很受欢迎。

Franciscan Well Brewery 小酒馆

(www.franciscanwellbrewery.com；14 North Mall；⊙周一至周四15:00~23:30，周五和周六至次日0:30，周日至23:00；) 吧台后面的铜桶泄露了这里的秘密：Francisan Well自己酿造啤酒。想要好好地享受啤酒，我们推荐酒馆后面特别宽敞的啤酒花园。酒馆还会定期和其他小型（而且经常是未得到充分赏识的）爱尔兰酿酒厂合作举办啤酒节。

Sin É 小酒馆

(www.corkheritagepubs.com；8 Coburg St；⊙周日至周四12:30~23:30，周五和周六至次日0:30) 在这家出色的老酒馆中，你可以轻轻松松消磨一整天，这里完全就是一家有趣的酒馆应有的样子——重在氛围，没有丝毫的夸张，只有轻松的气氛。几乎每晚都有音乐，大多数很传统（周二的21:30，周五和周日的18:30），却有不一样的惊喜。

Mutton Lane Inn 小酒馆

(www.corkheritagepubs.com；Mutton Lane；⊙周一至周四10:30~23:30，周五和周六10:30至次日0:30，周日14:00~23:00) 这家迷人的小酒馆隐身在圣帕特里克大街旁最小的一条巷子里，其中点着蜡烛和小彩灯，是科克最隐蔽的饮酒处之一。因为很小，所以尽早进场占位，或者坐在外面的酒桶上喝。

☆ 娱乐

总的来说，科克的文化生活水准非常高。免费月刊WhazOn?（www.whazon.com）可以为你提供活动信息，在游客中心、报刊亭、商店、青年旅舍和民宿都可以找到。

科克歌剧院 歌剧

(Cork Opera House；021-427 0022；www.

corkoperahouse.ie; Emmet Pl; ⊙售票处演出夜周一至周六10:00~19:00，周日从18:00开始，非演出夜周一至周六10:00~17:30）科克最好的歌剧院已经为市民们提供了150年的娱乐节目了，演出从歌剧、芭蕾到单口喜剧和木偶剧，不一而足。其背后的**半月剧院**（Half Moon Theatre; ☎021-427 0022; www.corkoperahouse.ie/category/genre/half-moon-theatre; Emmet Pl）有当代戏剧、舞蹈和艺术表演，有时还会举办俱乐部之夜。

特里斯科尔艺术中心 艺术中心

（Triskel Arts Centre; ☎021-472 2022; www.triskelart.com; Tobin St; 门票€15~20; ⊙咖啡馆周一至周六10:00~17:00）这家私人演出场地有现场音乐、装置艺术、摄影和戏剧等各种节目。还附设一座电影院（18:30开始）和一家出色的咖啡馆。

实用信息

科克市游客信息中心（☎021-425 5100; www.corkcity.ie; Grand Pde; ⊙全年周一至周六9:00~18:00，7月和8月周日10:00~17:00）设有纪念品商店和信息服务台。出售英国地形测量局出版的地图。Stena Line渡轮公司在这里有服务台。

到达和当地交通

自行车

Cycle Scene（☎021-430 1183; www.cyclescene.ie; 396 Blarney St）提供租车服务，价格为每日/周€15/80起。

船

Brittany Ferries（☎021-427 7801; www.brittanyferries.ie; 42 Grand Pde）有科克驶往罗斯科夫（Roscoff，法国）的定期航班。起点站位于市中心东南的Ringaskiddy，沿N28公路有15分钟的车程。

长途汽车

Aircoach（☎01-844 7118; www.aircoach.ie）有从圣帕特里克码头（St Patrick's Quay）出发，开往都柏林市区（€16）和都柏林机场（€20）的直达巴士（3小时，每小时1班）。**科克汽车站**（Merchants Quay和Parnell Pl交叉路口）位于市中心以东，目的地包括都柏林（€15，3.75小时，每天6班）、基尔肯尼（€21，3小时，每天两班）和基拉尼（€27，2小时，每小时1班）。

火车

科克的**肯特火车站**（☎021-450 4777）在河对面。目的地包括都柏林（€64，2.25小时，每天8班）、戈尔韦（€57，4~6小时，每天7班，需换2到3次车）以及基拉尼（€28，1.5~2小时，每天9班）。

科克周边（Around Cork）

如果需要证据来证明一根上好纱线的力量，那么就加入队伍前往15世纪建造的**布拉尼城堡**（Blarney Castle; ☎021-438 5252; www.blarneycastle.ie; 成人/儿童€12/5; ⊙全年每天9:00~17:30，5月和9月周一至周六至18:00，6月至8月周一至周六至19:00; Ⓟ）吧。这里不知为何一直是爱尔兰最受欢迎的景点之一。人们到这里来当然都想要亲吻其中的**布拉尼之石**（Blarney Stone），希望被赐予能言善辩的天赋——这种说法几乎传遍了各地。布拉尼位于科克西北8公里处，每半小时有1班汽车从科克汽车站出发前往这里（€7.30往返，30分钟）。

基拉尼（Killarney）

人口 14,200

拥有湖景、森林和高达1000米的山峰的基拉尼称得上是一台灵活的旅游机器。这里另类的制造业非常出名，街上到处都是旅行团的游客在购买三叶草毛绒玩具，还有无数张标语牌标示各处传统音乐的演出活动。除了这里的瀑布、森林、山脉和沼泽外，基拉尼还有很多吸引人的地方。作为一个已经发展了250多年旅游业的城镇，激烈的竞争提高了当地的服务水准。任何预算的游客都可以在这里找到绝赞的餐厅酒馆和不错的住处。

景点和活动

基拉尼大部分的景点都位于城市近郊。以大山作为背景的便是**基拉尼国家公园**（Killarney National Park; www.killarneynationalpark.ie）。这里有美丽的临下湖（Lough Leane）、马克罗斯湖（Muckross Lake）及上湖（Upper Lake）。除了**罗斯城堡**（Ross Castle）和**马克罗斯别墅**（Muckross House）

之外，公园还有很多值得用脚、自行车和小船探索的地方。

到了夏天，夹在紫山（Purple Mountain）和卡朗图厄尔山（Carrauntouhil，海拔1040米，爱尔兰第一高峰）之间、风景壮观优美的**邓洛伊峡谷**（Gap of Dunloe）会有非常多的游客。相较那些游客成堆质量不佳的乘车游览，我们推荐**O' Connors Tours**（☎064-663 0200；www.gapofdunloetours.com；7 High St，Killarney；⊙3月至10月）。他们可以为你安排自行车和船只环游峡谷（€15；强烈推荐），或者选择汽车和船只环游（€30）。

住宿

Súgán Hostel 青年旅舍 €

（☎064-663 3104；www.killarneysuganhostel.com；Lewis Rd；铺€12~15，标双€38；📶）这家拥有250年历史的老店从外面看就像是一座酒馆，走进一看其实非常亲切温馨，舒适的公共休息室有明火，天花板很低且拐角处很奇怪，配备的是硬木地板。注意这里禁止饮酒，这样既有利也有弊，取决于你自己的观点了。

Fleming' s White Bridge Caravan & Camping Park 露营地 €

（☎086 363 0266；www.killarneycamping.com；White Bridge，Ballycasheen Rd；露营地€10~25；⊙3月中旬至10月；📶）这家由家庭经营的可爱露营地位于市中心东南2公里处，紧邻N22，有一间很大的游戏室，有自行车租赁处、露营者厨房、洗衣房，还可以到旁边的河里免费钓鳟鱼。前台的Hillary可安排汽车、自行车和乘船之旅，如果他的唠叨没把你吓跑的话。

★**Crystal Springs** 民宿 €€

（☎064-663 3272；www.crystalspringsbb.com；Ballycasheen Cross；标单/双€45/70起；P📶）这家悠闲的民宿在弗雷斯克河（River Flesk）上有座观景木台，河里可以免费钓鳟鱼。客房装饰富丽，有花纹墙纸和胡桃木家具；私人浴室（多数都有温泉浴室）很宽敞。玻璃围墙的早餐室中能看到湍急的河水。步行15分钟就能进城。

Kingfisher Lodge 民宿 €€

（☎064-663 7131；www.kingfisherlodgekillarney.com；Lewis Rd；标单/双/家€70/90/120；⊙2月中旬至11月；P@📶）可爱的后花园是这家完美民宿的一大亮点，11间客房都采用红、黄和粉色等明快色调。店主Donal Carroll是一位有资格认证的徒步导游，有丰富的本地区徒步经验。

就餐

Jam 咖啡馆 €

（☎064-663 7716；www.jam.ie；77 Old Market Lane；主菜€4~11；⊙周一至周六8:00~17:30，周日10:00~17:30；👪）走进这家隐身于小巷中的小餐厅，可以从不断更新的菜单上点热食，如凯里牧羊人的派、熟食等，还有咖啡和蛋糕。食物全部都是由当地食材制作，前门外的雨篷下也有几个餐桌。在肯梅尔（Kenmare）和科克也有分店。

Smoke House 牛排、海鲜 €€

（☎087 233 9611；www.thesmokehouse.ie；High St；午餐主菜€11~16，晚餐主菜€15~29；⊙周一至周五正午至22:00，周六和周日9:00~22:00；✍）基拉尼最忙碌的馆子之一。这间用瓷砖装修的小酒馆是爱尔兰第一家用Josper（西班牙炭炉）烧烤的地方。这里供应各种特色沙拉，比如挪威的帝王蟹和凯里的海陆双拼汉堡包——有对虾和家常烤肉酱——在当地有许多忠实顾客。"早来的鸟儿"三菜晚餐价格为€25。

Brícín 爱尔兰菜 €€

（www.bricin.com；26 High St；主菜€19~26；⊙周二至周六18:00~21:30）这家凯尔特装饰风格的餐厅装饰的摆设来自修道院、孤儿院和学校，面积足有镇博物馆的两倍大，里面最亮眼的地方挂有画家乔纳森·费舍尔（Jonathan Fisher）所画的18世纪国家公园景观画，这可是餐厅的镇店之宝。可尝试特色菜boxty（传统的土豆薄煎饼）。价格€19的两菜晚餐18:45前供应。

饮品和夜生活

★**O' Connor' s** 小酒馆

（High St；⊙周一至周四10:30~23:00，周五

和周六10:30至次日0:30，周日12:30~23:00）这家传统小酒馆装有含铅玻璃门，是基拉尼最热门的聚会地之一。每晚都有现场音乐演奏；夏季每天都有美味的酒吧食物。天气暖和时，人群会一直拥挤到周边的小巷中去。

Courtney's 小酒馆

（www.courtneysbar.com；Plunkett St；⊙周日至周四17:00~23:30，周五17:00至次日0:30，周六14:00至次日0:30）这家古老的酒馆外面看起来毫不起眼，全年许多晚上都会有传统音乐演奏。当地人会来这里看老朋友演出，或者在城里消磨一个晚上。

Killarney Grand 酒吧、俱乐部

（www.killarneygrand.com；Main St；⊙周一至周六19:30至次日2:30，周日至次日1:30）在基拉尼的这家俱乐部，21:00~23:00是传统音乐现场演奏时间，23:00开始是迪斯科，23:30至次日1:30是乐队演出。23:00以前入场免费。

实用信息

游客信息中心（Tourist Office；☎064-663 1633；www.killarney.ie；Beech Rd；⊙周一至周六9:00~17:00；📶）几乎能解答任何问题，尤其能够处理繁杂的交通信息。

> **值得一游**
>
> **斯凯利格-迈克尔岛**
>
> 从波特玛吉村（从基拉尼驾车向西行驶80公里）出发前往斯凯利格-迈克尔岛（离岸12公里远的两座小岩石岛）是一段令人难以忘怀的旅途。一路攀爬上无人居住的斯凯利格-迈克尔岛，这过程令人头晕但同时也让人心生敬畏。岛屿顶部小块平坦地面上修建着密密麻麻蜂巢状的石头小屋，修士们原来就是在这里艰难生存着。从春天到夏末，天气允许的时候，会有船只从波特玛吉前往斯凯利格-迈克尔岛。标准费用为每人约€50，10:00出发，15:00返回。必须提前预订。有十二家船只运营商，包括**Casey's**（☎066-947 2437；www.skelligislands.com；波特玛吉）和**Sea Quest**（☎066-947 6214；www.skelligsrock.com）。

到达和当地交通

自行车

O'Sullivan's（www.killarneyrentabike.com；Beech Rd；每日/周€15/80）提供自行车租赁，就在游客信息中心对面。

长途汽车

Bus Éireann从火车站开出，有开往科克（€27，2小时，每小时1班）、戈尔韦（途经利默里克，€26，3.75小时，每天4班）和罗斯莱尔港（Rosslare Harbour，€29，7小时，每天3班）的常规车次。

出租车

在College St上设有出租车停靠站。城市边缘地带（比如Flesk露营地）到城中心的车费在€9左右。

火车

搭乘前往科克（€28，1.5~2小时，每天9班）或都柏林（€67，3.25小时，每天7班）的火车，有时需要在马洛（Mallow）换车。

凯里环（Ring of Kerry）

环绕艾弗拉半岛（Iveragh Peninsula）壮观海岸线的179公里环线凯里环，是爱尔兰的顶级旅游目的地之一。大多数游客搭乘从基拉尼发团的汽车团体游，在这里只稍作停留，但你也完全有理由在这里待上几天。

环路沿线散落着风景如画的村庄**斯尼姆**（Sneem）和**波特玛吉**（Portmagee），还有**史前遗迹**（Prehistoric sites，可在基拉尼游客信息中心寻找导游）和壮观的**观景台**，尤其是凯尔丹尼尔（Caherdaniel）以西比纳洛克（Beenarourke）的那座和女士观景台（Ladies' View，位于肯梅尔和基拉尼之间）。半岛尽头稍短些的**斯凯利格环**（Ring of Skellig）有非常不错的斯凯利格群岛（Skellig Islands）景观，也没有主路那么繁忙。走在全长200公里的**凯里之路**（Kerry Way；www.kerryway.com）上，你会完全放弃驾驶这个念头。

值得一游

莫赫悬崖

作为无数旅游手册中的亮点，克莱尔郡（County Clare）的莫赫悬崖是爱尔兰最热门的景点之一。但就像许多古老的景点一样，别太相信众说纷纭的评论，这样才能看到其内在魅力。夏季，这里到处都是一日往返游客，但是如果你愿意沿着崖顶走上10分钟，就能远离人群的喧嚣，宁静的大自然将是莫大的享受。

优美的**莫赫悬崖游客中心**（Cliffs of Moher Visitor Centre; www.cliffsofmoher.ie; 成人/儿童 €6/免费; ⏲7月至8月 9:00~21:00, 5月至6月和9月至10月 至19:00, 3月至4月 至18:00, 11月至次年2月 至17:00）设有关于悬崖及其自然历史的展览。每天早上都有许多汽车团队游从戈尔韦出发前往莫赫崖壁，包括**Burren Wild Tours**（☎087 877 9565; www.burrenwalks.com; 从戈尔韦汽车站出发; 成人/学生 €25/20; ⏲10:00~17:00）。

凯里之路蜿蜒穿过麦吉利卡迪山（Macgillycuddy's Reeks），并经过爱尔兰最高峰——卡朗图厄尔山（Carrauntuohill; 1040米）。

景点

克里沼泽村庄博物馆 博物馆

（Kerry Bog Village Museum; www.kerrybogvillage.ie; 成人/儿童€6.50/4.50; ⏲9:00~18:00）这座博物馆位于基洛格林（Killorglin）和格伦贝（Glenbeigh）之间的N70公路边上，这里还原了19世纪的沼泽村，即在爱尔兰无处不在的泥炭沼泽严酷的环境中创造出来的一种生存环境岌岌可危的典型小村落。你可以看到割草工、铁匠、盖屋匠和劳工们的茅草小屋，还有一座牛奶厂。还能见到珍稀的凯里沼泽矮马。

戴瑞内恩国家历史公园 历史遗址

（☎066-947 5113; www.heritageireland.ie; 戴瑞内恩; 成人/儿童€3/1; ⏲5月至9月10:30~18:00, 10月至11月底周三至周日10:00~17:00）戴瑞内恩之家（Derrynane House）曾是19世纪早期天主教解放运动活动家丹尼尔·奥康奈尔（Daniel O' Connell）的家庭住宅。奥康奈尔的祖先因为同法国和西班牙进行走私贸易富裕起来，买下了这座住宅和周围的开阔草地。这里主要装饰的都是与奥康奈尔相关的纪念品，包括复原的凯旋战车，1844年他获释就是乘坐这辆车环绕都柏林游行的。

食宿

沿着凯里环有不少青年旅舍和民宿。不过我们还是建议你提前预订，因为在淡季有些地方不营业，而其他的地方则很容易就会满客。

Mannix Point Camping & Caravan Park 露营地 €

（☎066-947 2806; www.campinginkerry.com; Mannix Point; 背包客每人€8.50, 露营车€23; ⏲3月至10月; 📶）Mortimer Moriarty的这家一流海滨住宿处有迷人的厨房，烧着泥煤火的露营者客厅（没有电视，但经常有音乐时间）、烤肉区，甚至还有一个观鸟平台。日落景观非常美。

★ Smuggler's Inn 旅馆 €€

（☎066-947 4330; www.the-smugglers-inn.com; Cliff Rd; 双€80~130; ⏲4月至10月; 🅿📶）位于水边Waterville Golf Links对面的这家旅馆可谓钻石级的发现（一旦找到，你会很难辨明自己是不是从北方来的）。客房新近装修过——可尝试15号房，其中有一座围着玻璃的阳台，能眺望Ballinskelligs Bay。

Moorings 旅馆 €€

（☎066-947 7108; www.moorings.ie; 标单/双€60/80起; 🅿📶）这里是一家友好的当地酒店、酒吧和餐厅的结合体，提供的16间客房有现代风格海景房和简单一些的选择，多数都采用清爽的白色。航海主题的**餐厅**（主菜€20~25; ⏲4月至10月周二至周日18:00~22:00）擅长制作美味的海鲜，**Bridge Bar**（主菜€10~25; ⏲食物供应正午至21:00）酒吧则提供超赞的炸鱼和薯条。

当地交通

6月末至8月末，Bus Éireann每天有1班凯里环巴士(No 280)。汽车在11:30从基拉尼出发，沿途停靠基洛格林、格伦贝、凯尔希文(Caherciveen，€16.40，1.75小时)、沃特维尔(Waterville)、凯尔丹尼尔(Caherdaniel)和莫尔斯峡谷(Molls Gap，€21.50)，在16:45回到基拉尼。

基拉尼的旅行社和青年旅舍，全年每天10:30~17:00提供环区的当日往返长途客车团体游，价格€20~25。

西海岸(THE WEST COAST)

戈尔韦(Galway)

人口75,500

极具波希米亚风情的戈尔韦(爱尔兰语为Gaillimh)凭借其娱乐氛围享誉全球。学生占这座城市人口的四分之一，每天晚上在那些粉刷鲜艳的酒馆，都会有热闹的现场音乐演出。在这里，品味街头生活比观光更重要，鹅卵石小路上挤满了咖啡馆，各种小提琴、班卓琴、吉他和宝思兰鼓(Bodhráns，一种手持的山羊皮鼓)演奏的音乐此起彼伏。路人更是被变戏法儿的、画家、玩木偶的和戴着古怪面具的魔术师逗得十分开心。

景点

★戈尔韦城市博物馆 博物馆

(Galway City Museum; www.galwaycitymuseum.ie; Spanish Pde; ⏲全年周二至周六10:00~17:00，复活节至9月周日正午至17:00) 免费 这座现代博物馆中设有关于城市历史的展览(1800~1950年)，其中包括一艘标志性的戈尔韦渔船(Galway Hooker)、currach(兽皮做的船)展，以及一尊帕德里亚克·欧·康奈尔(Pádraic O' Conaire，1883~1928年)的雕像。这位饱受争议的戈尔韦作家一生中惹了不少麻烦，这尊雕像之前被放在埃尔广场(Eyre Square)。

★西班牙拱门(Spanish Arch) 历史遗址

西班牙拱门被认为是戈尔韦中世纪城墙的延长部分，设计目的是保护那些停靠在附近码头、卸载从西班牙运来的葡萄酒和白兰地等货物的商船。今天，这里回荡着班戈鼓的鼓声，草坪和河畔地区成了当地人和游客在晴天聚会的去处。许多人在这里观看皮划艇运动员在科里布河(River Corrib)的湍流中熟练地穿梭。

林奇城堡 历史建筑

(Shop St和Upper Abbeygate St交叉路口)这座古老的石头建筑被认为是爱尔兰最精美的市镇城堡，虽建于14世纪，但今天你所能看到的大部分都建于1600年左右。外立面的石雕(也正是这里的迷人之处)主题包括令人毛骨悚然的夜行神龙、亨利七世的战甲、林奇家族(戈尔韦14个统治“部族”中最强盛的一支)，以及基尔代尔的菲茨杰拉德家族(Fitzgeralds of Kildare)。

节日

戈尔韦国际艺术节 艺术节

(Galway International Arts Festival; www.giaf.ie)每年7月中旬举办，持续两周，包括艺术、音乐、戏剧和喜剧表演。

戈尔韦牡蛎节 美食节

(Galway Oyster Festival; www.galwayoysterfest.com)至今已经历了50多个年头的9月末的牡蛎节可以吸引到数以万计的游客。

住宿

★Kinlay Hostel 青年旅舍 €

(☎091-565 244; www.kinlayhouse.ie; Merchants Rd; 铺/双€29/70; @📶)随和的店员、齐备的设施和绝佳的地理位置(就在埃尔广场边上)，让这里成为你的不二之选。旅舍有两层楼，光线明亮，带有两个自助式厨房和两个带电视的舒适公共休息区，有些房间能看到海湾。

Snoozles Tourist Hostel 青年旅舍 €

(☎091-530 064; www.snoozleshostelgalway.ie; Forster St; 铺/双€18/50; @📶)这家新开办的青年旅舍中所有的宿舍和私人房间都带有浴室。因为靠近火车站和汽车站，所以很适合行李太重的游客。附加设施包括一座烧烤炉台、台球桌等。

★Heron' s Rest 民宿 €€

(☎091-539 574; www.theheronsrest.com;

16a Longwalk；标单/双€70/140起；📶）这家住宿处坐落在科里布河（River Corrib）河岸，位置理想，主人非常细心，会为你提供折叠式躺椅，好让你坐在外面欣赏风景。其余令人感动之处包括方便度假的早餐时间（8:00~11:00）、滤酒器等。客房小巧可爱，都能看到河景。

St Martins B&B 民宿 €€

（☎091-568 286；www.stmartins.ie；2 Nun's Island Rd；标单/双€50/80起；@📶）这家住宿处位于运河右岸一座翻修过的老房子中，养护得当，鲜花盛开的花园里能眺望到William O'Brien大桥和科里布河。4间客房包括所有的舒适设施，早餐有些超出常规（有新榨的橙汁）。店主Mary Sexton备受好评。

就餐

★ McCambridge's 咖啡馆、杂货店 €

（www.mccambridges.com；38/39 Shop St；小吃€3起，主菜€7~13；⊙咖啡馆周一至周三9:00~17:30，周四至周六9:00~22:00，周日10:30~18:00，杂货店周一至周六9:00~18:00）这家餐厅经营历史很长，有精选的现成沙拉、热食和其他更具异国风情的食物。可以为完美野餐进行采购，也可以在门前桌子上享受你挑选的美食。楼上的咖啡厅非常好——提供的是新派爱尔兰风味菜肴，而且菜单一直在更新。食物包括创意三明治、沙拉、乌骨鸡汤和开胃菜。

Griffin's 咖啡馆、面包房 €

（www.griffinsbakery.com；Shop St；主菜€4~8；⊙周一至周六8:00~18:00）Griffin家庭经营的这家小面包房虽然从1876年就开业了，但对顾客而言仍然和刚出炉的面包一样新鲜。柜台上摆满了各种美食，包括美味的烤饼。不过这里最大的享受是可以在楼上的咖啡馆享用三明治、特色热菜，还有诱人的甜点。

★ Quay Street Kitchen 爱尔兰菜 €€

（☎091-865 680；The Halls，Quay St；主菜€8~18；⊙11:45~22:30；📶✍）这家总是很忙碌的法式小馆服务高效且友好，给人留下的第一印象非常好。菜单也不让人失望，有大量牛排、羊肉、海鲜、美味素食和素食菜肴，丰盛的每日特色菜包括猪肉、韭菜和鳟鱼香肠搭配土豆泥和洋葱肉汤。

★ Oscar's 海鲜 €€

（☎091-582 180；www.oscarsbistro.ie；Upper Dominick St；主菜€15~25；⊙周一至周六18:30~21:30，周日18:00~21:00）这里是戈尔韦最好的海鲜餐厅，地址就在游客中心区以西。菜单选择很多，而且一直在更新，上面有大量的当地特色菜，包括贝类和白鱼（提供超赞的炸鱼和薯条）。口味大胆，和里里外外装潢的大红色很衬。

★ Séhán Ua Neáchtain 小酒馆

（www.tighneachtain.com；17 Upper Cross St；⊙周一至周四正午至23:30，周五和周六正午至午夜，周日正午至23:00）这间19世纪的酒馆经常被简称为Neáchtain's（nock-tans）或是Naughtons。门外摆着一圈桌子，其中很多都被树荫遮蔽。各种各样的当地人会一屁股坐在这里，完全不理睬过客，或是请他们停下来一起喝一杯。午餐很美味。

★ Crane Bar 小酒馆

（www.thecranebar.com；2 Sea Rd；⊙周一至周四10:30~23:30，周五和周六10:30至次日0:30，周日正午至23:00）这座极富氛围的古老小酒馆位于科里布河以西，是在戈尔韦大多数夜晚体验正式的céilidh（传统音乐和舞蹈时间）的最佳去处。楼上喧闹而温馨的酒吧里有天才乐队演奏；楼下有时候看上去就像是漫画《在远方》（*The Far Side*）里的场景。

ℹ 实用信息

游客信息中心（Toutist Office；www.discoverireland.ie；Forster St；⊙复活节至9月 每天 9:00~17:45，10月至次年复活节期间的周日关闭）是一座规模很大、服务高效的地区信息中心，能帮助安排当地住宿和团队游。

ℹ 到达和当地交通

自行车

On Yer Bike（www.onyourbikecycles.com；40 Prospect Hill；⊙周一至周六9:00~17:30）提供自行车租赁服务，价格€10/天起。

汽车

Bus Éireann的巴士从火车站开出。Citylink

Galway City 戈尔韦市

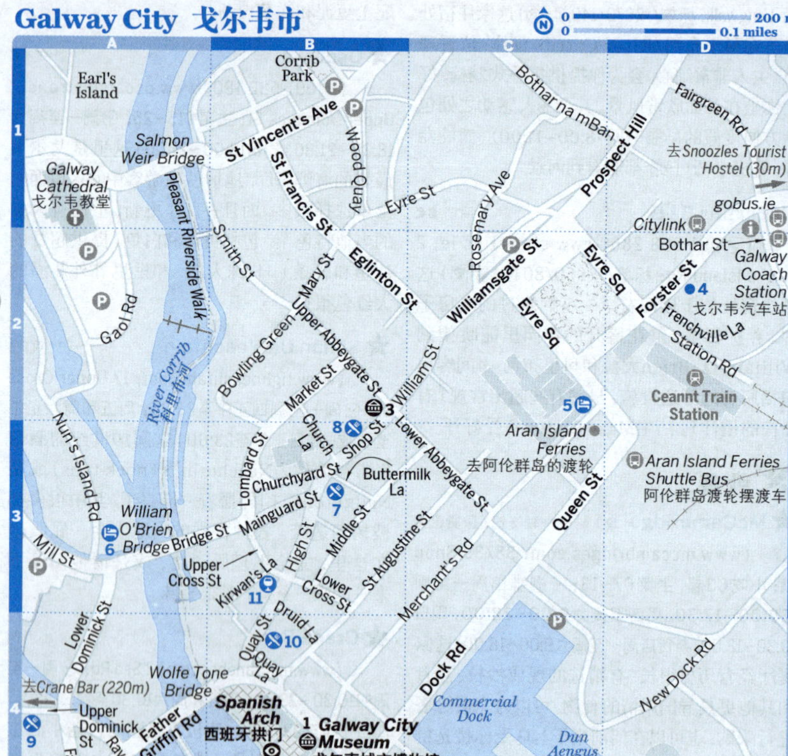

Galway City 戈尔韦市

重要景点

1 戈尔韦城市博物馆 B4
2 西班牙拱门 B4

景点

3 林奇城堡 B2

活动、课程和团队游

4 Lally Tours D2

住宿

5 Kinlay Hostel C2
6 St Martins B&B A3

就餐

7 Griffin's B3
8 McCambridge's B3
9 Oscar's A4
10 Quay Street Kitchen B4

饮品和夜生活

11 Séhán Ua Neáchtain B3

(www.citylink.ie; 售票处在Forster St; ⏲办公室9:00~18:00; 📶)和GoBus(www.gobus.ie; Galway Coach Station; 📶)则从位于火车站东北方一个街区的汽车站(coach station, 新汽车站; Bothar St)开出。Citylink有开往克利夫登(Clifden, €14, 1.5小时, 每天5班)和都柏林(€13, 2.5小时, 每小时1班)的汽车。Bus Éireann有开往基拉尼、经过利默里克的巴士(€26, 3.75小时, 每天4班)。

火车

有来往于都柏林的火车(€36, 2.75小时, 每天9班)。在阿斯隆(Athlone)可以换乘开往其他方向的火车。

阿伦群岛(Aran Islands)

狂风大作的阿伦群岛是西爱尔兰主要的景点之一。这里是布伦石灰岩高原的延伸，也延续了布伦崎岖的美。这片说爱尔兰语的群岛有几处全爱尔兰最古老的基督教及前基督教时期的遗址。

群岛中有三座主岛，全年都有人居住。大多数游客会去狭长的(长14.5公里，最宽处4公里)伊尼什莫尔岛(Inishmór，或Inishmore)。岛上居民大多居住在呈上坡状的北部，而南边则垂直落下，进入汹涌的大西洋。伊尼什曼岛(Inishmaan)和伊尼希尔岛(Inisheer)要小得多，游客也要少得多。

游客信息中心(☎099-61263；Kilronan；⊙5月至6月10:00~17:00，7月和8月10:00~17:45，9月至次年4月11:00~17:00)全年开放，位于基尔罗南(Kilronan)，那里是伊尼什莫尔岛的停泊点，也是岛上主要的村庄聚落。你可以把行李留在这里，还可以在这里换钱。在拐角处有Spar超市，里面有自动取款机(岛上大多数地方不接受信用卡)。

伊尼什莫尔岛(Inishmór)

伊尼什莫尔岛守卫着三座壮观的石堡(fort)，据说它们已经将近2000岁了。其中最著名的是半圆形的安古斯堡垒(Dún Aengus；Dún Aonghasa；www.heritageireland.ie；成人/儿童€3/1；⊙4月至10月9:45~18:00，11月至次年3月9:30~16:00，1月和2月的周一和周二关闭)，这里有三座巨大的干石墙，一直陡直地延伸到下方的大海中。这里有chevaux de frise防护，即一道可怕且密集的防御性尖石利刺。附设有一座小型游客中心，讲述了所有的历史。沿着一条900米长的步道，稍稍有些费力地向上攀爬就能到达堡垒。

Kilronan Hostel(☎099-61255；www.kilronanhostel.com；Kilronan；铺€15~30，标双€42；@🛜)位于Tí Joe Mac's酒馆楼上，是一家非常友好的青年旅舍，距离渡口只需要走两分钟。店员免费出借钓鱼竿，还会教你在海滩上打爱尔兰曲棍球。Kilmurvey House(☎099-61218；www.kilmurveyhouse.com；Kilmurvey；铺/双€55/90；⊙4月至9月)位于通往安古斯堡垒路途上一座宏伟的18世纪石头建筑中，提供民宿服务。

到达和离开

飞机

Aer Arann Islands(☎091-593 034；www.aerarannislands.ie)提供可前往群岛中每个岛屿的往返航班，每日有几班(夏季为每小时1班)，成人/儿童价格为€49/27。航程约10分钟，4人或以上同行可享受团体折扣。连接机场和戈尔韦的Victoria Hotel的小巴费用为单程€3。

船

Aran Island Ferries(www.aranislandferries.com；戈尔韦售票处，Merchant's Rd；成人/儿童往返€25/13起；⊙8:00~17:00)渡轮航行时间为1小时，浪大时可能取消。船次从戈尔韦以西40公里处R336公路上的Rossaveal出发。戈尔韦有巴士(成人/儿童€7/4)，可与渡轮接驳，订票时可询问详情。

去往阿伦群岛(主要是伊尼希尔岛)的渡轮也可从杜林(Doolin)出发。

康尼马拉(Connemara)

闪烁的黑湖、皑皑的山峦和幽寂的峡谷，加上并不稀奇的彩虹，戈尔韦郡西北角的康尼马拉是爱尔兰最惊艳的角落之一。这里地势起伏，极其适合山地徒步旅行，其中最有代表性的便是十二本(Twelve Bens)。这是康尼马拉国家公园(Connemara National Park；www.connemaranationalpark.ie；紧邻N59；⊙游客中心3月至10月9:00~17:30，停车场24小时开放)免费崎岖山脉中的一段山脊。

康尼马拉的"首府"克利夫登(Clifden，An Clochán)是一座迷人的维多利亚时期小镇，椭圆形的街道唤起人漫步其中的闲情。氛围活泼的Clifden Town Hostel(☎095-21076；www.clifdentownhostel.com；Market St；铺€17~22，双€40起)位于城的正中央。华丽的Dolphin Beach B&B(☎095-21204；www.dolphinbeachhouse.com；Lower Sky Rd；标单/双€90/130起，晚餐€40；P🛜)位于镇西5公里处。

戈尔韦的Lally Tours(☎091-562 905；

其他值得一游的爱尔兰目的地

爱尔兰还有其他一些地方，可能会让你想来个一日往返或多日游。

丁格尔（Dingle，基拉尼以西65公里处）这座迷人的港口小城早就吸引了来自世界各地的游客光顾，这使它呈现出令人惊叹的国际风情和创意色彩。这里有许多咖啡馆、书店和艺术品、手工艺画廊，还有一只名叫Fungie的温顺的海豚，它在海湾里已经生活了25年。

格伦达洛（Glendalough，Gleann dá Loch，意思是"两湖之间的河谷"）位于都柏林以南50公里处，在两座湖泊之间，是爱尔兰最重要的修道院遗址之一，也是该国最受欢迎的景点之一。

金塞尔（Kinsale，科克以南28公里处）这座风景如画的游艇港口是散落在科克郡海岸线上诸多宝石中的一颗，现已被称为"爱尔兰美食之都"。这里拥有远远不止国际标准的餐厅。

斯里文利格（Slieve League，德里/伦敦德里西南120公里处）斯里文利格的悬崖有300米高，耸立于大西洋之上，气势令人敬畏，这里是爱尔兰最重要的景点之一。经验丰富的徒步者可以花一天时间沿着悬崖顶部前行，经由稍稍有些吓人的单人步道One Man's Path前往Glencolumbcille附近的马林贝格（Malinbeg）。

斯莱戈（Sligo，戈尔韦以北140公里处）威廉·巴特勒·叶芝（1865~1939）虽然出生于都柏林，在伦敦接受教育，但其诗歌中有大量笔墨描述其母亲的故乡斯莱戈（Sligeach）的风景、历史和民俗。他曾多次返回这座温馨宁静的小镇，这里有许多关于他的纪念物。

www.lallytours.com; 4 Forster St; 团队游成人/儿童€20/12）经营横穿康尼马拉的全天巴士游览线路。

生存指南

出行指南

签证

爱尔兰并非申根国家，中国大陆的旅行者需单独申请签证，爱尔兰和英国使用共同的签证中心。申请爱尔兰签证需在线填写表格（www.visas.inis.gov.ie/AVATS/OnlineHome.aspx），详细签证申请信息请见爱尔兰驻华大使馆网站（www.dfa.ie/zh/aierlandashiguan/zhong-guo/）。2014年10月起在中国实施的英国-爱尔兰签证体系，可以让中国旅行者持爱尔兰或英国的签证前往另一个国家。需要注意的是，如果你持有爱尔兰签证，则要先入境爱尔兰才可进入英国，反之亦然。但如果持有爱尔兰签证，需要在英国过境转机前往爱尔兰，则可以在英国停留不超过24小时。考虑到交通和签证办理的方便程度，打算前往爱尔兰的中国旅行者申请英国签证会是更容易的选择。

货币

爱尔兰共和国使用欧元（€）。银行有最好的汇率，兑换所开放时间更长，但汇率差佣金高。一般来说，邮局提供换汇服务，周六早上也营业。

银联卡目前还无法在爱尔兰取现，但在支持银联卡的商户可以刷卡。建议前往爱尔兰之前准备好足够的欧元现金。

小费

高级酒店的账单通常会增加10%~15%的服务费，档次低一些的地方通常不会包括服务费。如果想要给小费，补足零头就好（或者最多10%）。不用给出租车司机小费，但如果你想给，10%就已经非常大方了。

使领馆

中国驻爱尔兰共和国大使馆（☎00353-1-269 1707分机110，手机00353-8 7223 9198）

领事部（☎00353-1-219 6651；每周二、三、四15:00~16:00接听咨询电话；chinaemb_ie@mfa.gov.cn; 118 Merrion Road, Dublin 4, Ireland; ⏰受理证件申请周一至周四9:00~12:00）负责办理签证、护照、旅行证、公证认证等事务。

爱尔兰 出行指南

活动

爱尔兰是户外运动的绝佳目的地，游客信息中心提供各类信息，包括观鸟、冲浪（西海岸）、水肺潜水、骑自行车、垂钓、骑马、帆船、独木舟等的信息。

徒步旅行尤其受到欢迎，不过要为潮湿天气做好准备。全爱尔兰境内有超过20条带有路标的徒步旅游线路，其中较受欢迎的是长200公里的凯里之路（www.kerryway.com）。

营业时间

银行 周一至周五10:00~16:00（周四至17:00）。

办公室 周一至周五9:00~17:00。

邮局 周一至周五9:00~18:00，周六9:00~13:00。小邮局午餐时间可能会关门，且每周除周日外可能有一天不营业。

酒馆 周一至周四10:30~23:30，周五和周六10:30至次日0:30，周日正午至23:00。有酒吧扩展区的酒馆，周四至周六营业至次日2:30。所有的酒吧圣诞节（12月25日）及复活节前的耶稣受难日关闭。

餐馆 正午至22:30，很多餐馆每周有一天不营业。

商店 周一至周六9:00~17:30或18:00（周四至20:00，有时周五也是），周日正午至18:00（仅限大城镇内）；农村地区的商店午餐时间可能会关门，每周可能有一天不营业。

节假日

新年 1月1日

圣帕特里克节（St Patrick's Day）3月17日

复活节（耶稣受难日至复活节星期一）3月或4月

五月节（May Holiday）5月第一个星期一

六月节（June Holiday）6月第一个星期一

八月节（August Holiday）8月第一个星期一

十月节（October Holiday）10月最后一个星期一

圣诞节 12月25日

圣史蒂芬日（节礼日）12月26日

住宿

爱尔兰的青年旅舍在夏天经常客满。An Óige（意为"青年"）是国际青年旅舍（HI）的分支。An Óige在共和国内有26家青年旅舍。其他的青年旅舍协会包括：独立假日青年旅舍（Independent Holiday Hostels，IHH），一个在全岛拥有大约120家青年旅舍的合作组织；独立青年旅舍经营者协会（Independent Hostel Owners，IHO），在整个爱尔兰岛有超过100个会员。

6月至9月，大多数青年旅舍的铺位价格为€15~20，不过都柏林和其他一些地方的价格还会更高些。

一般的民宿价格在每人每晚€35~45，而一些更豪华的民宿价格则能达到每人€55。大多数民宿规模都不大，所以在夏天很容易客满。

露营地的住宿一般是每帐篷或露营车两人€12~25。除非另有标明，价格信息中的"露营地"意为一顶帐篷、一辆车和两个人。

实用参考信息：

An Óige（www.anoige.ie）国际青年旅舍（HI）的下属组织，在共和国境内有26家青年旅舍。

爱尔兰家庭住宿（Family Homes of Ireland；www.familyhomes.ie）列出了家庭经营的客栈和自己准备膳食的住宿处。

爱尔兰独立假日青年旅舍（Independent Holiday Hostels of Ireland，IHH；www.hostels-ireland.com）在爱尔兰有超过100家受旅游委员会认可的青年旅舍。

爱尔兰独立青年旅舍经营者协会（Independent Hostel Owners of Ireland，IHO；www.independenthostelsireland.com）独立青年旅舍协会。

电话

爱尔兰的手机网络使用GSM900/1800系统，与欧洲其余地区及澳大利亚都能兼容，但美国除外。爱尔兰共和国内的手机号码以☎085、☎086或☎087开头。当地的即付即用（pay-as-you-go）SIM卡价格在€10左右，但会有话费返还（要确保你的手机与当地运营商兼容）。

从爱尔兰共和国拨打北爱尔兰的电话需在当地号码前加拨☎048，但打往英国其他地区则是加拨☎0044；从北爱尔兰打往爱尔兰共和国需在当地号码前加拨完整的国际代码☎00353。

住宿价格区间

以旺季（淡季会有15%~20%的折扣）带浴室的双人间为标准，信息中如不带浴室会另有标明。在旺季（4月至10月）建议提前预订住宿。

€ 低于€60

€€ €60~150

€€€ 高于€150

国家速览

面积 84,421平方公里

首都 都柏林

国家代码 ☎353

货币 欧元（€）

紧急情况 ☎112

语言 英语、爱尔兰语、盖尔语

现金 自动取款机随处可见，使用信用卡也非常方便

人口 4,720,000

签证 不属于申根国家，需单独申请旅游签证

网络资源

Failte Ireland（www.discoverireland.ie）官方旅游网站。

爱尔兰娱乐（Entertainment Ireland；www.entertainment.ie）全国娱乐场所名录。

到达和离开

飞机

如果先到达英国，国航、南航、维珍航空和英航等都有从国内各大城市（如北京、上海、广州、成都等）直飞伦敦的线路，经香港直飞的航空公司有国泰航空和新西兰航空。经中东和欧洲大陆各大空港，可转机到达都柏林。从英国和欧洲各大城市还有到香农或科克的直达航班。

有从英国、欧洲大陆、北美到都柏林、香农的直达航班，也有从英国、欧洲大陆到科克的直达线路。国际离境税一般包含在你的机票价格中。

爱尔兰的国际机场：

都柏林机场（Dublin Airport；☎01-814 1111；www.dublinairport.com）位于市中心以北13公里处，是爱尔兰最大的国际门户，有来自欧洲、北美和亚洲的直达航班。

香农国际机场（Shannon Airport，SNN；☎061-712 000；www.shannonairport.com；📶）有许多便利设施，包括为那些滞留乘客准备的免费候机区。其他几乎无所不包，有自动取款机和货币兑换处。

海路

往返爱尔兰和英国及欧洲大陆的主要渡轮路线如下：

- 科克至法国的罗斯科夫（Roscoff；14小时）
- 都柏林至利物浦（英格兰；快/慢 4/8.5小时）
- 都柏林和敦劳费尔（Dun Laoghaire）至威尔士的霍利黑德（Holyhead；快/慢 1.5/3小时）
- 拉恩至苏格兰的凯恩莱恩（1.5小时）
- 拉恩至苏格兰的特伦（Troon；1.5小时；仅限3月至10月）
- 拉恩至英格兰的弗利特伍德（Fleetwood；6小时）
- 罗斯莱尔至法国的瑟堡和罗斯科夫（20.5

特色饮食

爱尔兰最近刚获得了美食之国的荣誉，这完全是实至名归，因为这里的厨师和生产者正发起一场美食革命，因此各种预算的旅行者都能吃得心满意足。

- **Colcannon** 加入了牛奶、卷心菜和炸葱头的拌土豆泥。
- **燕麦薄饼（Farl）** 多尼戈尔郡（Donegal）的一种三角形的小饼。
- **爱尔兰炖菜（Irish stew）** 土豆、洋葱、百里香炖羊肉。
- **苏打面包（Soda bread）** 用爱尔兰精面粉和酪乳制作，无论是普通的还是全麦的，甜的还是咸的，都好吃极了。
- **Stout** 烤大麦酿造的准黑啤酒，著名商标有都柏林的健力士（Guinness）及科克的摩菲斯（Murphy's）、比美鲜（Beamish & Crawford）。
- **爱尔兰威士忌** 有100多种，但全部来自4家蒸馏酿酒厂：Jameson、Bushmills、Cooley和最近重新开张的Kilbeggan。

小时）

➡ 罗斯莱尔至威尔士的菲什加德（Fishguard）和彭布罗克（Pembroke；3.5小时）

来自廉价航空公司的竞争使得渡轮运营商提供大幅优惠和弹性票价，这就意味着在淡季或不景气的年头会有很大折扣。举例来说，从都柏林跨越爱尔兰海前往霍利黑德的热门路线可能只需要€15（乘客），一辆汽车和最多四个人€90。

网站www.ferrybooker.com非常有用，上面提供所有渡轮航线和英国（爱尔兰海运的中坚力量）以外的运营商名录。

主要运营商包括：

Brittany Ferries（www.brittanyferries.com）科克至罗斯科夫；4月至10月每周六。

Irish Ferries（www.irishferries.com）有都柏林至霍利黑德（全年每天最多4班）、法国至罗斯莱尔（2月中旬至12月每周3班）的渡轮。

Isle of Man Steam Packet Company（www.steam-packet.com）前往都柏林和贝尔法斯特，夏季每周2班。

P&O Irish Sea（www.poirishsea.com）全年每天运营，从都柏林至利物浦，从拉恩至凯恩莱恩。拉恩至特伦的渡轮仅限3月至10月。

Stena Line（www.stenaline.com）每天有航班从霍利黑德至都柏林港和敦劳费尔。

折扣和通票

英国铁路通票 可另付费加上一个爱尔兰目的地，包括渡轮。

> **就餐价格区间**
>
> 下列价格标准参考晚餐时一道主菜的价格。
>
> **€** 低于€12
>
> **€€** €12~25
>
> **€€€** 高于€25

欧洲铁路通票 持有者乘坐Irish Ferries开往法国的渡轮享有50%折扣。

国际铁路通票 持有者乘坐Irish Ferries和Stena Line渡轮享有50%折扣。

当地交通

爱尔兰本地的交通十分方便，目的地之间距离短，公路铁路交通网密集。其实，在爱尔兰很少有能直达的线路，公共交通也比较昂贵（特别是火车），有时班次也少。因此，若能自己开车或骑自行车，能极大弥补公共交通的不足。

自行车

爱尔兰面积小，地势相对平坦，风景优美，是理想的骑行目的地。唯一要担心的就是善变的天气和偶尔出现的路面颠簸。针对去西部骑行的游客有一条实用建议：盛行风使得从南向北骑行更加省力。

巴士上允许携带自行车，不过是在空间许可的情况下。乘坐火车时，要记住以下几点：

➡ 城际火车每辆自行车最多加收€10。

> **汽车和火车通票**
>
> 如果旅行计划中多是使用公共交通工具，那么有许多仅限汽车或火车的通票，以及汽车加火车的通票值得考虑。
>
> **Open Road Pass**（汽车）连续6天内的3天（€57）和连续30天内的15 天（€249）通票，可乘坐Bus Éireann运营的所有车次。
>
> **Irish Explorer**（汽车和火车）连续15天内的8天通票（€245），可乘坐共和国境内的火车和汽车。
>
> **Irish Explorer**（火车）连续15天内的5天通票（€160），可乘坐共和国境内的火车。
>
> **Trekker** 连续4天通票（€110），可乘坐共和国境内的所有火车。
>
> 16岁以下儿童购买所有通票和正常车票都享受半价。3岁以下儿童乘坐所有公共交通工具免费。上述通票在爱尔兰绝大多数主要火车站和汽车站都能购买。

- 自行车使用的是乘客舱。
- 需要预订（www.irishrail.ie），因为每趟车只够三辆自行车的空间。

公共汽车

爱尔兰共和国的国家汽车公司**Bus Éireann**（☎01-836 6111; www.buseireann.ie）经营全爱尔兰的巴士线路。巴士票比火车票要便宜许多，往返票通常只比单程票贵一点点，同时经常有折扣（比如同天往返优惠票）。

汽车和摩托车

在爱尔兰，大多数租车行要求租车者的年龄在23岁及以上，并要出示一年以上的有效驾照。有些租车行也不会把车租给74岁及以上的老年人。用本国驾照通常就可以租车，时间最长达3个月。

火车

爱尔兰的铁路系统**Irish Rail**（Iarnród Éireann; ☎1850366 222; www.irishrail.ie）有从都柏林辐射至各地的班次，但在西海岸没有南北直通的线路。火车票的价格可能是巴士票的两倍，但时间也会大大缩短。车票经常会有优惠，周三的往返票有时只比单程票贵一点。在周五和周日，火车票会昂贵得多。**Rail Users Ireland**（www.railusers.ie）提供比官方网站更全的信息。

意大利

包括 ➡

最佳餐饮

- Pizzeria Gino Sorbillo（见773页）
- Casa Coppelle（见720页）
- Osteria Ballarò（见783页）
- L' Osteria di Giovanni（见760页）
- Osteria de' Poeti（见751页）

最佳博物馆和美术馆

- 梵蒂冈博物馆（见709页）
- 乌菲兹美术馆（见754页）
- 国家考古博物馆（见769页）
- 博尔盖塞博物馆美术馆（见712页）
- 学院美术馆（见741页）

为何去

自从18世纪贵族子弟进行遍游欧洲的大旅行（Grand Tour）以来，意大利就成了最受喜爱的目的地，这里表面看来似乎就充满惊喜。其标志性的历史遗迹和各种杰作闻名国际，而罗马、佛罗伦萨和威尼斯等名城也不必多言。

然而，意大利所拥有的却远远不只是风景。这个充满了自豪感的国家拥有几个世纪以来形成的风俗习惯和美食传统，因此，几乎在每个角落都有热情洋溢的节日盛会和令人愉快的美食。然后便是那些不受时间影响的风景，从托斯卡纳绵延起伏的丘陵到冰雪覆盖的阿尔卑斯山峰，以及令人眼花缭乱的海岸线和吞烟吐雾的南部火山，应有尽有。

意大利从来不缺少戏剧性，这里供戏剧表演的街道和比萨饼引来无数围观人群，这些街道也是优哉游哉地吃顿午饭或在晚间畅饮的理想之地。总而言之，这是一片闲适的土地，在这里，只是简单地出去转转也令人愉快。

何时去

罗马

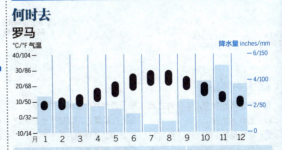

°C/°F 气温

降水量 inches/mm

40/104
30/86
20/68
10/50
0/32
-10/14

6/150
4/100
2/50
0

月 1 2 3 4 5 6 7 8 9 10 11 12

4月和5月 春季天气暖和，适宜探索生机勃勃的城市和鲜花盛开的乡村。

6月和7月 夏季意味着海滩活动及接踵而至的节日。

10月 享受舒适的气温、秋季的美食和葡萄大丰收。

意大利亮点

lonely planet

❶ 在**罗马**欣赏令人惊叹的艺术和标志性的古迹。

❷ 在**威尼斯**（见739页）乘船巡游哥特式宫殿、圆顶教堂和正在消失的广场。

❸ 探索文艺复兴时期的“时间胶囊”——**佛罗伦萨**(见753页)。

❹ 在**那不勒斯**（见769页）的小巷品尝世界上最美味的比萨。

❺ 在**都灵**（见730页）参观王宫和豪华的博物馆。

❻ 在**锡耶纳**（见764页）欣赏精美的哥特式建筑和文艺复兴时期的艺术。

❼ 在**阿马尔菲海岸**（见778页）享受令人愉悦的海景。

❽ 在意大利最浪漫的城市之一**维罗纳**（见737页）观看一场露天歌剧。

❾ 在崇尚享乐主义的**博洛尼亚**（见750页）尽情享受美食的乐趣及中世纪建筑的魅力。

❿ 在**锡拉库萨**(见785页)的古希腊剧院中尽情欣赏戏剧的魅力。

旅行线路

一周

如果你要在意大利进行为期一周的短暂旅行，这段时间足够你游览最著名的三座城市了。先用两天时间领略一下**威尼斯**独一无二的运河景色，然后向南前往意大利知名的文艺复兴城市——**佛罗伦萨**。这两天将激起你对艺术和建筑珍品的兴趣，之后开始期待最后几天在**罗马**的行程。

两周

经过第一周的旅行，你可以继续南下，去感受大海和南方的激情。花一天体验**那不勒斯**的车水马龙，花一天探究**庞贝**的遗迹，再花一天或两天欣赏**阿马尔菲**海岸（Amalfi Coast）。然后，沿原路返回那不勒斯，乘渡轮前往**巴勒莫**，去享受西西里岛的美食乐趣。

罗马（ROME）

人口2,860,000

即便是在这个名城云集的国家之中，罗马也是别具一格的。意大利的首都生机勃勃、极具魅力，足以俘获任何人。这座传奇般的不朽之都会偷走你的心，令你魂牵梦绕。人们说，在此穷尽一生也无法遍览其美妙之处。然而，只需一次短暂的到访，你就会因其艺术、建筑瑰宝、歌剧广场、浪漫的街角及铺着鹅卵石的小巷而流连忘返。尽管历史回响在罗马的每一个角落，但现代化的生活亦充实而美好。城市的整体风格与点滴之处皆洋溢着古典与现代交织的醉人气息，正是这一切造就了罗马令人无法抗拒的魅力。

景点

罗马的大部分景点都集中在中央火车站（Stazione Termini）和梵蒂冈之间的区域内。两者之间是万神庙（Pantheon）和纳沃纳广场（Piazza Navona），它们正好位于历史中心（Centro Storico）的心脏位置。往东南方向走，你会来到古罗马斗兽场，它主宰着这座城市古老历史的核心。

古罗马

★古罗马斗兽场 遗迹

（Colosseum, Colosseo, 见713页地图；☎06 3996 7700；www.coopculture.it；Piazza del Colosseo；成人/优惠含古罗马广场和帕拉提诺山€12/7.50；⏲8:30至日落前1小时；Ⓜ Colosseo）罗马伟大的角斗场是城市古迹中最令人激动的地方。它起初被称为弗拉维竞技场（Flavian Amphitheatre），于公元80年建造完成，共有50,000个座位。斗兽场起初有一座由240根长杆高高撑起的巨大的帆布遮蓬。在其内部，一层层座位环绕着竞技场。它的地下建有洞室（地窖），是关押野兽和准备舞台布景的地方。竞技的内容通常是角斗士与野兽搏斗，或是角斗士互搏。

★帕拉提诺山 考古遗址

（Palatino, Palatine Hill, 见713页地图；☎06 3996 7700；www.coopculture.it；Via di San Gregorio 30 & Via Sacra；成人/优惠含古罗马斗兽场和古罗马广场€12/7.50；⏲8:30至日落前1小时；Ⓜ Colosseo）帕拉提诺山被夹在古罗马广场（Roman Forum）和马西莫竞技场（Circo Massimo）之间，这里氛围极好，一棵棵松树高高耸立，能看到宏伟的遗迹和令人难忘的景色。据说，公元前753年，罗慕路斯（Romulus）就是在这里创建了罗马城。可寻

> **ℹ 古罗马斗兽场门票**
>
> 要想避免在**古罗马斗兽场**排队，最好在帕拉提诺入口（Palatino entrance，大约250米远，在Via di San Gregorio 30）或古罗马广场（Largo della Salara Vecchia）购买门票。你可以在线预订，网址是www.coopculture.it（要加收€2的预约费）。

Greater Rome 大罗马地区

A B C D

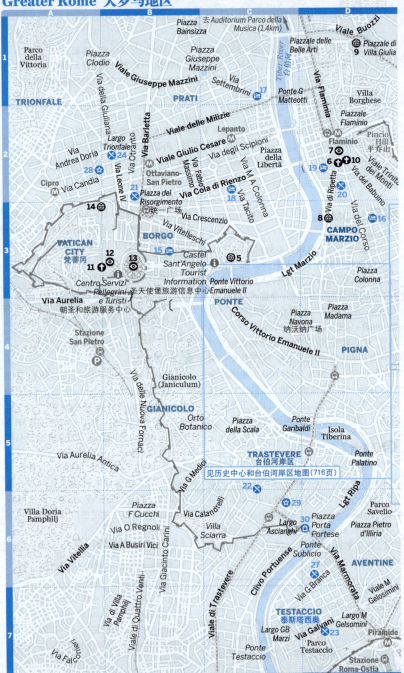

去Auditorium Parco della Musica (1.4km)

Piazza Bainsizza

Viale Buozzi

Piazzale delle Belle Arti

9 Piazzale di Villa Giulia

Parco della Vittoria

Piazza Clodio

Piazza Giuseppe Mazzini

Tiber River 台伯河

Viale Giuseppe Mazzini

Via Settembrini

17

Ponte G Matteotti

Via Flaminia

Villa Borghese

TRIONFALE

PRATI

Via della Giuliana

Piazzale Flaminio

Viale delle Milizie

Lepanto

Pincio Hill 平乔山

Via Barletta

Flaminio

Largo Trionfale

Via Otranto

Viale Giulio Cesare

Via degli Scipioni

Piazza della Libertà

7

Via Andrea Doria

24

6 10

Viale Trinità dei Monti

28

Ottaviano-San Pietro

Via Fabio Massimo

Via M A Colonna

19

Via del Babuino

Cipro

Via Candia

Via Leone IV

21

Via Cola di Rienzo

18

Via di Ripetta

20

Piazza del Risorgimento

Via Tacito

14

统一广场

Via Crescenzio

8

16

Via del Corso

Via Vitelleschi

CAMPO MARZIO

BORGO

VATICAN CITY 梵蒂冈

15

12

13

Castel Sant'Angelo Tourist Information

5

11

Lgt Marzio

Piazza Colonna

Centro Servizi Pellegrini e Turisti

圣天使堡旅游信息中心

Ponte Vittorio Emanuele II

Via Aurelia

朝圣和旅游服务中心

PONTE

Piazza Madama

Piazza Navona 纳沃纳广场

Corso Vittorio Emanuele II

Stazione San Pietro

PIGNA

Via delle Nuova Fornaci

Gianicolo (Janiculum)

GIANICOLO

Orto Botanico

Piazza della Scala

Ponte Garibaldi

Isola Tiberina

Via Aurelia Antica

TRASTEVERE 台伯河岸区

Ponte Palatino

Via G Medici

见历史中心和台伯河岸区地图（716页）

22

Lgt Ripa

29

Parco Savello

Villa Doria Pamphilj

Piazza F Cucchi

Via Calandrelli

Largo Ascianghi

30

Piazza Porta Portese

Piazza Pietro d'Illiria

Via O Regnoli

Villa Sciarra

Via A Busiri Vici

Via Giacinto Carini

Ponte Sublicio

Via Marmorata

AVENTINE

Via Vitellia

Clivo Portuense

27

Via G Branca

Viale M Gelsomini

Viale di Trastevere

Via di Villa Pamphilj

Viale di Quattro Venti

TESTACCIO 泰斯塔西奥

Largo M Gelsomini

Largo GB Marzi

Via Galvani

23

Piramide

Parco Testaccio

Ponte Testaccio

Via Falconieri

Stazione Roma-Ostia

1 2 3 4 5 6 7

Museo e Galleria Borghese
博尔盖塞博物馆美术馆
SALARIO
SALLUSTIANO
TREVI
MONTI
CAMPITELLI
CAELIAN HILL
西里欧山
SAN LORENZO
圣洛伦佐
TUSCOLANO
Basilica di San Giovanni in Laterano
拉特朗圣若望教堂
Stazione Termini
中央火车站
见特米尼、埃斯奎林山和奎里纳尔山地图(718页)
见古罗马地图(713页)
去Autostazione Tiburtina
蒂布尔蒂纳汽车站
(300m)
去Via Appia Antica
阿皮亚古道(1km)
Piazza Venezia
威尼斯广场
Via Nomentana
Viale Regina Margherita
Corso Trieste
Via Salaria
Via Po
Via Piave
Viale del Policlinico
Via XX Settembre
Via del Tritone
Via Nazionale
Viale dell' Università
Viale P Gobetti
Via Tiburtina
Via Merulana
Via di Porta Maggiore
Via Conte Verde
Via Labicana
Viale Carlo Felice
Via La Spezia
Via Appia Nuova
Via di Porta San Sebastiano
Villa Borghese
Villa Torlonia
Spagna
Barberini
Repubblica
Termini
Cavour
Colosseo
Vittorio Emanuele
Manzoni
San Giovanni
Circo Massimo
Re di Roma
Ponte Lungo
Policlinico
Castro Pretorio

Greater Rome 大罗马地区

◎ 重要景点

1 拉特朗圣若望教堂......G6
2 博尔盖塞博物馆美术馆......F2

◎ 景点

3 圣格肋孟大教堂......F5
4 圣彼得罗-因温科利教堂......F5
5 圣天使堡......C3
6 奇迹圣母堂......D2
7 圣山圣母堂......D2
8 和平祭坛博物馆......D3
9 伊特鲁里亚朱利亚别墅
国家博物馆......D1
方尖碑......（见10）
10 人民广场......D2
11 圣彼得大教堂......A3
12 圣彼得大教堂穹顶......B3
13 圣彼得广场......B3
14 梵蒂冈博物馆......A3

住宿

15 Hotel Bramante......B3
16 Hotel Panda......D3
17 意大利青年旅舍联盟......C1
18 Le Stanze di Orazio......C2
19 Okapi Rooms......D2

就餐

20 Al Gran Sasso......D2
21 Fa-Bìo......B2
22 Fatamorgana......C5
23 Flavio al Velavevodetto......D7
24 Hostaria Dino e Tony......B2
25 Il Gelato......E6
26 Panella l' Arte del Pane......F4
27 Pizzeria Da Remo......D6

娱乐

28 Alexanderplatz......A2
29 Big Mama......C6

购物

30 Porta Portese Market......D6

找运动场（stadio，stadium，见713页地图）、佛拉维亚宫（Domus Flavia，见713页地图）遗址、皇宫。如果你想总览古罗马广场的全景，可以前往Orti Farnesiani（见713页地图）。

★古罗马广场 考古遗址

（Roman Forum，Foro Romano，见713页地图；☎06 3996 7700；www.coopculture.it；Largo della Salara Vecchia & Via Sacra；成人/优惠含古罗马斗兽场和帕拉提诺山€12/7.50；⏲8:30至日落前1小时；🚌Via dei Fori Imperiali）如今的古罗马广场聚集着许多令人印象深刻却杂乱无章的遗迹，这里曾是古罗马的展示中心，有许多宏伟的神殿、长方形会堂和生气勃勃的公共空间。遗址最早是伊特鲁里亚人的坟场，公元前7世纪才开始开发，经年累月逐渐成了罗马帝国的社交、政治及贸易中心。标志性景点包括塞蒂莫·塞维鲁凯旋门（Arco di Settimio Severo，Arch of Septimius Severus，见713页地图）、元老院（Curia，见713页地图）和贞女宅（Casa delle Vestali，House of the Vestal Virgins，见713页地图）。

坎皮多里奥广场 广场

（Piazza del Campidoglio，见713页地图；🚌Piazza Venezia）这座由米开朗基罗（Michelangelo）于1538年设计的广场是罗马最漂亮的广场之一。你可以从古罗马广场前往该广场，不过最富有戏剧性的路线是从天坛广场（Piazza d' Ara Coeli）经台阶（Cordonata，见713页地图）前往。

山顶上的广场被3座宫殿（piazza）围绕，它们分别是新宫（Palazzo Nuovo，见713页地图）、保守宫（Palazzo dei Conservatori，见713页地图）以及城市议会所在地元老院宫（Palazzo Senatorio，见713页地图）。新宫和保守宫现在是卡皮托林博物馆（Capitoline Museums）。广场中心的马可·奥勒利乌斯铜像（Marcus Aurelius，见713页地图）是复制品。

★卡皮托林博物馆 博物馆

（Capitoline Museums，Musei Capitolini，见713页地图；☎06 06 08；www.museicapitolini.org；Piazza del Campidoglio 1；成人/优惠€11.50/9.50；⏲周二至周日9:00~20:00，最晚19:00入场；🚌Piazza Venezia）卡皮托林博物馆的历史可以追溯至1471年，它是世界上最为古老的国家博物馆。这里收藏的古典雕塑在意大利可谓数一数二，深受大众喜爱的作品包括塑像《卡匹托尔母狼》（*Lupa capitolina*）、罗慕路斯和勒莫斯（Remus）在一匹母狼身下的雕塑，以及《垂死的高卢人》（*Galata morente*）。这里还设有一座令人敬畏的美术馆，展有提香（Titian）、丁托列托（Tintoretto）、凡·戴克（Van Dyck）、鲁本斯（Rubens）和卡拉瓦乔（Caravaggio）等大师的杰作。

维托里亚诺

纪念碑

（Il Vittoriano，见713页地图；Piazza Venezia；⊙夏季9:30~17:30，冬季至16:30；🚌Piazza Venezia）免费 维托里亚诺（又名祖国祭坛，Altare della Patria，Altar of the Fatherland）是一座雄伟的白色大理石建筑，赫然耸立在威尼斯广场（Piazza Venezia）上。和大多数当地人一样，无论你对它是喜是憎，都无法忽视它。建筑始建于1885年，用于纪念意大利第一位国王维托里奥·埃马努埃莱二世（Victor Emanuele Ⅱ）。纪念堂包含**无名烈士墓**（Tomb of the Unknown Soldier）和**复兴运动中心博物馆**（Museo Centrale del Risorgimento，见713页地图；www.risorgimento.it；Il Vittoriano，Piazza Venezia；成人/优惠€5/2.50；⊙9:30~18:30，每月的第一个周一关闭；🚌Piazza Venezia），见证着意大利的统一。

乘坐**观光电梯**（Roma dal Cielo，见713页地图；成人/优惠€7/3.50；⊙周一至周四9:30~18:30，周五至周日至19:30；🚌Piazza Venezia）可到达顶部，欣赏罗马最迷人的全景。

真理之口

纪念碑

（Bocca della Verità，见716页地图；Piazza Bocca della Verità 18；捐赠€0.50；⊙夏季9:30~17:50，冬季至16:50；🚌Piazza Bocca della Verità）真理之口是一个大理石圆盘，它是一座古老喷泉的一部分，也可能是一个古老的井盖。它是罗马最受欢迎的古迹之一。传说，如果你把手放进雕像的口里，如果说谎，它就会咬掉你的手。

真理之口被安放在中世纪建造的、美丽的**希腊圣母堂**（Chiesa di Santa Maria in Cosmedin）的门廊处。

梵蒂冈

梵蒂冈是世界上最小的主权国家，也是教皇国（Papal States）的现代版本。教皇的帝国曾统治着罗马和意大利中部的大部分地区，直到1861年意大利统一为止。1929年，根据墨索里尼（Mussolini）和教皇庇护十一世（Pope Pius Ⅺ）签署的《拉特兰条约》（*Lateran Treaty*），梵蒂冈才正式建立。

> **如何在梵蒂冈博物馆避免排队**
>
> ➡ 登录http://mv.vatican.va在线订票（加收€4的预约费）。
>
> ➡ 计划好参观时间：周三上午很适合，因为此时所有人都在圣彼得大教堂参加教皇每周一次的觐见会；下午比上午适合；避开周一，因为此时许多别的博物馆都关闭了。

★圣彼得大教堂

大教堂

（St Peter's Basillica，Basilica di San Pietro，见706页地图；www.vatican.va；St Peter's Sq；⊙夏季7:00~19:00，冬季至18:30；Ⓜ Ottaviano-San Pietro）免费 在这座拥有诸多杰出教堂的城市中，没有哪座教堂能与圣彼得大教堂相提并论。它是意大利最壮观的大教堂。这座教堂是在一座4世纪早期建造的教堂的基础上修建而成的，前后经过150年的建设，直至1626年才竣工。教堂囊括了许多华丽的艺术作品，包括意大利最著名的三件杰作：出自米开朗基罗之手的《哀悼基督》（*Pietà*）和他创作的高耸的穹顶，以及出自贝尔尼尼（Bernini）之手的位于教皇祭坛上方的29米高的华盖（baldachin）。

需要注意的是，大教堂一天要吸引多达20,000名游客，所以高峰期可能要排队等候。

圣彼得广场

广场

（St Peter's Square，Piazza San Pietro，见706页地图；Ⓜ Ottaviano-San Pietro）在圣彼得大教堂可以俯视圣彼得广场。这里是梵蒂冈的中央广场，它由巴洛克艺术家吉安·洛伦佐·贝尔尼尼设计，于1656年开始施工，直到1667年才完工。从空中鸟瞰，它很像由两个半圆形的柱廊构成的巨大锁眼，每个柱廊由4排多利斯式圆柱组成，它们共同围成一个巨大的椭圆，并逐渐变直，以便将信徒集中到大教堂。这种设计效果是经过深思熟虑的，贝尔尼尼曾形容这些柱廊代表着"教会那慈母般的双臂"。

★梵蒂冈博物馆

博物馆

（Vatican Museums，Musei Vaticani，见706

梵蒂冈博物馆旅行线路

下面的3小时参观线路涵盖了博物馆里最精华的部分。

进门之后，从自动扶梯顶部出去，到达**松果庭院**（Cortile della Pigna），这座庭院因巨型壁龛中有奥古斯都时期的巨大青铜松果而得名。穿过庭院进入长廊，会来到**恺撒馆**（Museo Chiaramonti），然后左转上楼到达**八角亭**（Museo Pio Clementino），这里陈列着梵蒂冈最出色的一些古典雕塑。跟随人流经过**八角庭院**（Cortile Ottagono），来到**希腊十字厅**（Sala Croce Greca）。此处的楼梯通往美景宫（Belvedere Palace）的一楼。

继续前进，穿过**枝状烛台陈列室**（Galleria dei Candelabri）、**挂毯陈列室**（Galleria degli Arazzi）和**地图陈列室**（Galleria delle Carte Geografiche），来到**君士坦丁厅**（Sala di Costantino），这便是4间**拉斐尔画室**中的第一间——其余的分别为**埃利奥多罗厅**（Stanza d' Eliodoro）、收藏着拉斐尔最杰出的作品《雅典学派》（*La Scuola di Atene*）的**签字大厅**（Stanza della Segnatura）和**火警厅**（Stanza dell' Incendio di Borgo）。在其他任何地方，这些带有绝美壁画的套房都会是最引人注目的，但在这里，他们只是为博物馆的宏伟终章**西斯廷教堂**预热而已。

这座高耸的教堂最早于1484年由教皇西斯笃四世（Pope Sixtus Ⅳ）建立，其中藏有两幅世界上最著名的艺术作品：米开朗基罗创作的屋顶壁画（1508~1512）和他的《最终审判》（*Giudizio Universale*, *Last Judgment*, 1535~1541）。

页地图；☎06 6988 4676；http://mv.vatican.va；Viale Vaticano；成人/优惠€16/8，每月最后一个周日免费；⏰周一至周六9:00~16:00，每月最后一个周日至12:30；Ⓜ Ottaviano-San Pietro）梵蒂冈博物馆是教皇尤利乌斯二世（Pope Julius Ⅱ）在16世纪初建立的，后经历代教皇的连续扩建，堪称世界上最伟大的艺术品收藏馆之一。展览陈列于7公里长的大厅和走廊之中，藏品包括埃及木乃伊、伊特鲁里亚青铜器、古代胸像、古代大师的绘画和现代绘画。亮点包括八角亭（Museo Pio-Clementino）中令人惊叹的古典雕塑、装饰有拉斐尔创作的湿壁画的一间套房和米开朗基罗装饰的西斯廷教堂（Sistine Chapel）。

历史中心

★万神庙

教堂

（Pantheon，见716页地图；Piazza della Rotonda；⏰周一至周六8:30~19:30，周日9:00~18:00；🚌Largo di Torre Argentina）**免费** 万神庙是一座罕见的已有2000年历史的神殿，现在是教堂。它是保存最好的古罗马遗迹，也是西方世界最具影响力的建筑之一。神殿的历史可以追溯至公元120年，是哈德良（Hadrian）皇帝在马可·阿古利巴（Marcus Agrippa）建于公元前27年的神殿基础之上建造的，布满凹痕的灰白色的外立面让人看得出其饱经风霜的历史，但当你穿过那巨大的青铜殿门时，仰望其中世界上最大的非钢筋混凝土穹顶，也是一种令人兴奋的体验。

★纳沃纳广场

广场

（Piazza Navona，见716页地图；🚌Corso del Rinascimento）纳沃纳广场上有华丽的喷泉、巴洛克式的大楼（palazzi）和路边咖啡馆，还有街头艺术家、叫卖的小贩、游客等形形色色的人，这里是罗马市中心的展示广场。它建在1世纪的图密善体育场（Stadio di Domiziano, Domitian's Stadium）之上，15世纪被填平，在之后300年左右的时间里，它一直是这座城市的主要市场所在地。这里最著名的景点是位于广场中央的引人注目的**四河喷泉**（Fontana dei Quattro Fiumi, Fountain of the Four River，见716页地图），它是贝尔尼尼修建的。它代表着尼罗河（Nile）、恒河（Ganges）、多瑙河（Danube）及拉普拉塔河（Plata）这4条河流。

花市广场

广场

（Campo de' Fiori，见716页地图；🚌Corso Vittorio Emanuele Ⅱ）喧闹而生动的"Il Campo"

是罗马人生活的重要中心。白天这里是深受人们喜爱的市场，到了晚上，它又会变成热闹的露天酒馆。几个世纪以来，这里一直是公开行刑的地方。1600年，哲学家、修道士焦尔达诺·布鲁诺（Giordano Bruno）就是因为宣扬“异端邪说”而在这里被执行火刑的。今天，这座广场上竖立着一座头戴兜帽的邪恶修士的雕像，它是由埃托雷·法拉利（Ettore Ferrari）设计并于1889年揭幕的。

多利亚潘菲利美术馆 博物馆

（Galleria Doria Pamphilj，见716页地图；☎06 679 73 23；www.dopart.it；Via del Corso 305；成人/优惠€11/7.50；⏰9:00~19:00，最晚18:00入场；🚌Via del Corso）这座出色的美术馆藏在多利亚潘菲利宫（Palazzo Doria Pamphilj）灰白色的墙壁之内，是罗马藏品最丰富的私人艺术品收藏馆之一。该馆藏有拉斐尔、丁托列托、布鲁盖尔（Brueghel）、提香、卡拉瓦乔、贝尔尼尼和委拉斯开兹（Velázquez）的作品。杰作众多，但无可争辩的亮点则是出自委拉斯开兹之手的教皇英诺森十世（Pope Innocent X）的肃穆肖像，教皇本人曾抱怨这幅画“太过真实”。可将其与贝尔尼尼创作的同主题雕塑进行对比。

★特雷维喷泉 喷泉

（Trevi Fountain，Fontana di Trevi，见718页地图；Piazza di Trevi；Ⓜ Barberini）特雷维喷泉是罗马最大、最知名的喷泉，也是安妮塔·艾克伯格（Anita Ekberg）在电影《甜蜜生活》（*La Dolce Vita*）中浸湿身体场景的拍摄地。这座奢华耀眼的巴洛克式喷泉汇聚了许多神话角色、野马和层叠的岩石瀑布，其整体效果就像是17世纪修建的一座海神宫。

当地的著名传统是将一枚硬币扔进喷泉，这样你就一定会再次回到这座不朽之城。这里平均每天会被投进€3000的货币。

圣彼得大教堂穹顶

气势恢宏地高耸于罗马天际线之上的**圣彼得大教堂**（St Peter's Basilica Dome，见706页地图；含/不含电梯 €7/5；⏰夏季8:00~17:45，冬季至16:45；Ⓜ Ottaviano-San Pietro）可谓米开朗基罗最伟大的建筑杰作。攀登入口在教堂右侧。你可以步行551级台阶登顶，或者乘坐小电梯登上半空，接着再徒步走完最后的320级台阶。无论选择哪种方式，这条攀登之路都很陡峭狭窄，因此不推荐给那些有幽闭恐惧症和恐高症的人士。不过，登顶之后，你会值回票价的，因为这里位于圣彼得广场（St Peter's Sq）上空120米高的地方，视野无敌。

西班牙台阶 台阶

（Scalinata della Trinità dei Monti，见718页地图；Piazza di Spagna；Ⓜ Spagna）西班牙台阶从西班牙广场（Piazza di Spagna）处向上延伸，自18世纪以来，一直深深吸引着大量游客。西班牙广场得名于附近的西班牙大使馆，台阶是由意大利人弗朗西斯科·德·桑克蒂斯（Francesco De Sanctis）设计的。1725年，通过法国资金，台阶得以建成。它通向法国教堂——**山上天主圣三教堂**（Chiesa della Trinità dei Monti，见718页地图；visite.guidate.tdm@gmail.com；Piazza Trinità dei Monti；⏰周二至周日6:30~20:00，团队游意大利语周六11:00，法语周日/周二9:15/11:00；Ⓜ Spagna）。台阶下方是沉船喷泉**Barcaccia**（1627年，见718页地图），据说它是彼得罗·贝尔尼尼的作品（吉安·洛伦佐·贝尔尼尼的父亲）。

人民广场 广场

（Piazza del Popolo，见706页地图；Ⓜ Flaminio）这座令人眼花缭乱的广场建于1538年，是当时进入罗马北部主城门的宏伟入口。广场从那以后又经过数次改建，最近一次是朱塞佩·瓦拉蒂耶（Giuseppe Valadier）于1823年主持的。

守护着其南侧的是两座比邻而立的建于17世纪的教堂——**奇迹圣母堂**（Chiesa di Santa Maria dei Miracoli，见706页地图；Ⓜ Flaminio）和**圣山圣母堂**（Chiesa di Santa Maria in Montesanto，见706页地图；Ⓜ Flaminio）。广场中央是一座高36米的**方尖碑**（obelisk，见706页地图；Ⓜ Flaminio），它是由奥古斯都从古埃及带回的，最早放置于马西莫竞技场。

和平祭坛博物馆 博物馆

（Museo dell' Ara Pacis，见706页地图；☎06 06 08；http://en.arapacis.it；Lungotevere in

Augusta；成人/优惠€10.50/8.50，音频导览€4；⏲9:00~19:00，最晚18:00入场；Ⓜ Flaminio）第二次世界大战以来，理查德·迈耶（Richard Meier）的这座饱受争议、招致许多憎恶的玻璃和大理石亭子是罗马历史中心内的第一座现代建筑。里面安放着**和平祭坛**（Ara Pacis Augustae，Altar of Peace），用来纪念奥古斯都所建立的伟大和平。它是古罗马雕塑最重要的作品之一，巨大的大理石祭坛长11.6米，宽10.6米，高3.6米，完工于公元前13年。

台伯河岸区

台伯河（又称“特韦雷河”）岸区是罗马中心区最具活力的地区之一，这里处处可见赭色的宫殿、爬满常春藤的外墙及上镜的小巷。这里起初是工人阶级的社区，如今成了时尚人士青睐的地方，酒吧和餐馆随处可见。

★台伯河岸区圣母教堂　　天主教堂

（Basilica di Santa Maria in Trastevere，见716页地图；Piazza Santa Maria in Trastevere；⏲7:30~21:00；🚌Viale di Trastevere，🚋Viale di Trastevere）这座天主教堂坐落在台伯河岸区主要广场一个安静的角落。据说，这是罗马献给圣母玛利亚的最古老的教堂，其原型可以追溯至3世纪，后来在12世纪的一次大修中增建了一座罗马式的钟楼和熠熠生辉的正立面。柱廊则出现得更晚，是1702年由卡洛·方塔纳（Carlo Fontana）增建的。

ℹ 罗马通票

罗马通票（Roma Pass；www.romapass.it）集观光卡和交通卡于一体，可以在线或者从旅游信息点及合作博物馆购买。通票有两种：

经典卡（€36；有效期3天）不仅能免费参观两处博物馆或景点，还能在参观其他景点时享受折扣。可无限次免费搭乘市内交通工具，并可以在参加其他展览和活动时购买优惠票。

48小时卡（€28；有效期48小时）可以免费参观一座博物馆或经典遗址，其余功能和经典卡一样。

教堂内部，12世纪的镶嵌画是主要看点。

博尔盖塞花园

博尔盖塞花园是罗马最著名的公园，从Piazzale Flaminio、平乔山（Pincio Hill）和Via Vittorio Veneto大街尽头可到达。

★博尔盖塞博物馆美术馆　　博物馆

（Museo e Galleria Borghese，见706页地图；☎06 3 28 10；www.galleriaborghese.it；Piazzale del Museo Borghese 5；成人/优惠 €11/6.50；⏲周二至周日9:00~19:00；🚌Via Pinciana）如果在罗马的时间只够参观一座美术馆，你就一定要选这里。这座博物馆被普遍认为是“私人艺术收藏界的女王”，在其中能看到卡拉瓦乔、波提切利和拉斐尔的画作，还有贝尔尼尼创作的一些壮丽雕塑。馆内每个拐角都有亮点，记得找找贝尔尼尼的《劫掠波西比娜》（*Ratto di Proserpina*，*Rape of Persephone*）和卡诺瓦（Canova）的《征服威尼斯》（*Venere vincitrice*，*Conquering Venus*）。

为了限制人流，游客每小时只能进两批，所以需要提前订票且准时到达。

伊特鲁里亚朱利亚别墅国家博物馆　　博物馆

（Museo Nazionale Etrusco di Villa Giulia，见706页地图；www.villagiulia.beniculturali.it；Piazzale di Villa Giulia；成人/优惠 €8/4；⏲周二至周日8:30~19:30；🚌Via delle Belle Arti）意大利最精美的伊斯鲁里亚艺术瑰宝完美地呈现在这座朱利亚别墅和附近的波尼亚托夫斯基别墅（Villa Poniatowski）中，前者是16世纪时教皇尤利乌斯三世的游乐宫。许多展品都来自周围拉齐奥（Lazio）地区的古墓，种类包括青铜器雕像、黑色的布克凯洛（buccero）餐具、神殿装饰、陶瓷花瓶和一些令人眼花缭乱的精美首饰。

不容错过的珍品是阿波罗的彩色陶土雕像、公元前6世纪的夫妇寝棺（Sarcofago degli Sposi，Sarcophagus of the Betrothed）和一件著名的古希腊花瓶——欧弗洛尼奥斯陶瓶（Euphronios Krater）。

特米尼和埃斯奎林山

埃斯奎林山（Esquilino）是罗马七座山中最大的一座，从古罗马斗兽场一直向北延伸

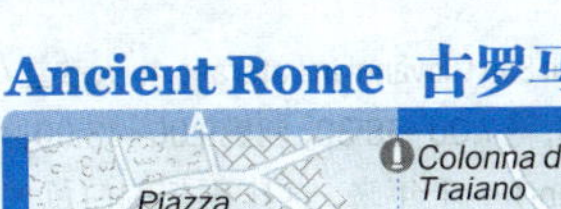

Ancient Rome 古罗马

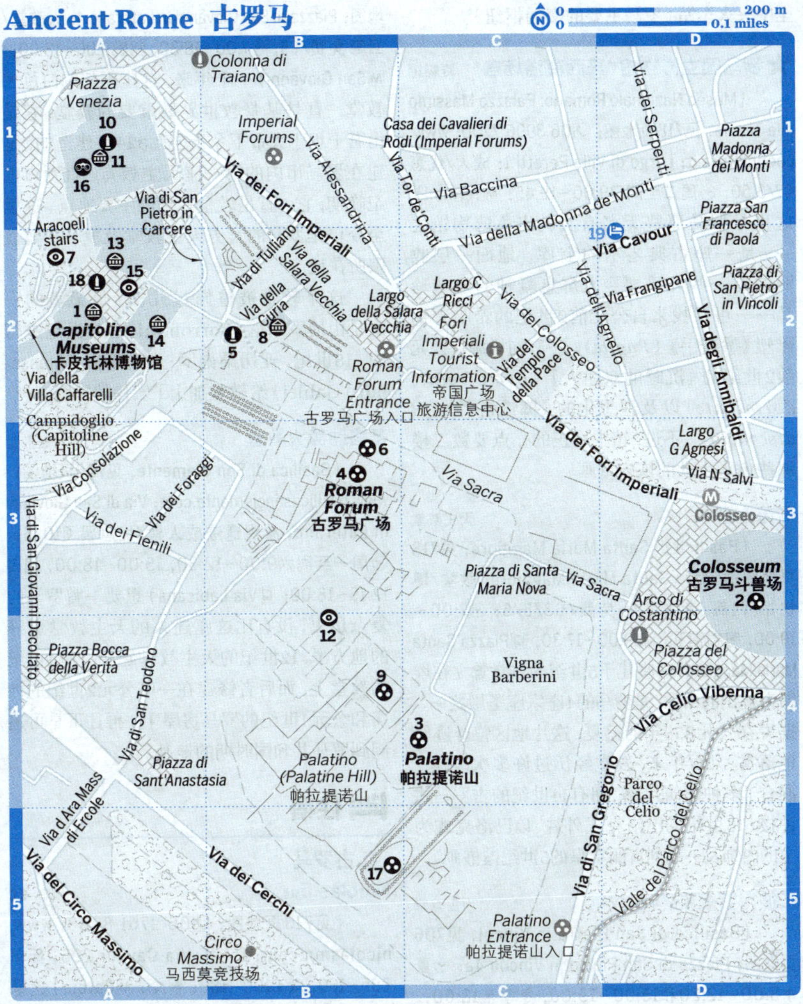

0 200 m
0 0.1 miles
A
B
C
D
1
2
3
4
5
Colonna di Traiano
Piazza Venezia
10
11
16
Imperial Forums
Casa dei Cavalieri di Rodi (Imperial Forums)
Via dei Serpenti
Piazza Madonna dei Monti
Via Alessandrina
Via Tor de'Conti
Via dei Fori Imperiali
Via Baccina
Via di San Pietro in Carcere
Via della Madonna de'Monti
Piazza San Francesco di Paola
19
Via Cavour
Aracoeli stairs
7
13
15
18
Via di Tulliano
Via della Salara Vecchia
Via della Curia
Largo della Salara Vecchia
Largo C Ricci
Via Frangipane
Piazza di San Pietro in Vincoli
Via dell'Agnello
Via del Colosseo
1
Capitoline Museums
卡皮托林博物馆
14
5
8
Fori Imperiali Tourist Information
帝国广场旅游信息中心
Via del Tempio della Pace
Via degli Annibaldi
Via della Villa Caffarelli
Roman Forum Entrance
古罗马广场入口
Campidoglio (Capitoline Hill)
6
4
Roman Forum
古罗马广场
Via Consolazione
Via dei Foraggi
Via Sacra
Largo G Agnesi
Via N Salvi
Colosseo
Via dei Fienili
Via di San Giovanni Decollato
Piazza di Santa Maria Nova
Colosseum
古罗马斗兽场
2
Arco di Costantino
12
Piazza Bocca della Verità
Vigna Barberini
Piazza del Colosseo
9
Via di San Teodoro
3
Palatino
帕拉提诺山
Via Celio Vibenna
Piazza di Sant'Anastasia
Palatino (Palatine Hill)
帕拉提诺山
Parco del Celio
Via d Ara Mass di Ercole
Via di San Gregorio
Viale del Parco del Celio
Via del Circo Massimo
Via dei Cerchi
17
Palatino Entrance
帕拉提诺山入口
Circo Massimo
马西莫竞技场

Ancient Rome 古罗马

重要景点

1 卡皮托林博物馆 A2
2 古罗马斗兽场 D3
3 帕拉提诺山 C4
4 古罗马广场 B3

景点

5 塞蒂莫·塞维鲁凯旋门 B2
6 贞女宅 B3
7 台阶 A2
8 元老院 B2
9 佛拉维亚宫 B4
10 维托里亚诺 A1
11 复兴运动中心博物馆 A1
12 Orti Farnesiani B4
保守宫 .... （见1）
13 新宫 A2
14 元老院宫 A2
15 坎皮多里奥广场 A2
16 观光电梯 A1
17 运动场 B5
18 马可·奥勒利乌斯铜像 A2

住宿

19 Nicolas Inn D2

至中央火车站（罗马主要的交通枢纽）。

★ 罗马国立博物馆：马西莫浴场宫 博物馆

（Museo Nazionale Romano: Palazzo Massimo alle Terme，见718页地图；☎06 3996 7700；www.coopculture.it；Largo di Villa Peretti 1；成人/优惠 €7/3.50；⊙周二至周日9:00~19:45；Ⓜ Termini）这里是罗马那些无名有实的出色博物馆之一，是一座古典艺术的宝库。地面一层收藏的是一些几乎要令人屏息凝神的雕塑珍品——可寻找来自公元前2世纪的希腊青铜雕塑《拳击手》（*Pugile*），还有同样源自公元前2世纪的《沉睡的双性人》（*Ermafrodite dormiente*）以及理想化的《掷铁饼者》（*Il discobolo*）。不过，馆中真正的亮点要数二楼那些色彩生动的恢宏壁画。

圣母大殿 天主教堂

（Basilica di Santa Maria Maggiore，见718页地图；Piazza Santa Maria Maggiore；教堂/博物馆/门廊/考古遗址 免费/€3/5/5；⊙7:00~19:00，博物馆和门廊9:00~17:30；🚌 Piazza Santa Maria Maggiore）这座建于5世纪的教堂耸立在埃斯奎林山的山顶，是罗马的4座宗座圣殿之一。据说在公元358年的盛夏，这片地区曾奇迹般地落雪。几百年来，教堂经历过许多次改建，混合了多种建筑风格，拥有14世纪的古罗马式钟楼、18世纪的巴洛克式外观、以巴洛克式为主的内饰及一系列富丽堂皇的5世纪镶嵌画。

圣彼得罗-因温科利教堂 天主教堂

（Basilica di San Pietro in Vincol，见706页地图；Piazza di San Pietro in Vincoli 4a；⊙夏季8:00~12:20和15:00~19:00，冬季至18:00；Ⓜ Cavour）朝圣者和艺术爱好者聚集在这座5世纪的大教堂中。他们的目的有两个：膜拜米开朗基罗创作的巨大的《摩西》（*Moses*，1505年）雕塑；参观在圣彼得被关押进马梅尔定监狱（Carcere Mamertino，靠近古罗马广场）之前可能用来绑缚他的锁链。

要前往教堂，可从Via Cavour大街穿过一座低矮的拱门，然后爬一段台阶。

圣乔瓦尼和西里欧山

拉特朗圣若望教堂 天主教堂

（Basilica di San Giovanni in Laterano，见706页地图；Piazza di San Giovanni in Laterano 4；大教堂/回廊 免费/€5；⊙7:00~18:30，回廊9:00~18:00；Ⓜ San Giovanni）一千年来，这座不朽的白色大教堂一直是基督教世界最重要的教堂。它是由君士坦丁大帝下令于公元324年建造的，是建在罗马市内的第一座天主教堂。直到14世纪晚期，它一直是教皇礼拜的主要地点。这里至今仍是罗马的官方天主教堂及罗马主教教宗所在地。

这座教堂被整修过几次，最显著的一次是由博罗米尼（Borromini）在17世纪进行的。18世纪，亚历桑德罗·加利莱伊（Alessandro Galilei）给教堂加上了宏伟的外墙。

圣格肋孟大教堂 天主教堂

（Basilica di San Clemente，见706页地图；www.basilicasanclemente.com；Via di San Giovanni in Laterano；参观遗迹成人票/优惠票 €10/5；⊙周一至周六9:00~12:30，15:00~18:00，周日12:15~18:00；🚌 Via Labicana）想要一瞥罗马的复杂历史，没有比这座迷人的天主教堂更好的地方了。12世纪的天主教堂建在一座4世纪的教堂上，而后者修建在一座公元2世纪的神庙和公元1世纪的罗马房屋上。再往下是可追溯到罗马共和国时期的地基。

住宿

古罗马

Nicolas Inn 民宿 €€

（见713页地图；☎06 9761 8483；www.nicolasinn.com；1st fl，Via Cavour 295；标单€95~160，双 €100~180；❄📶；Ⓜ Cavour）这家阳光充足的民宿服务热情，地理位置便利，距离古罗马广场只有几步路的距离。旅馆由一对友好的夫妇经营，有4间大客房，每间都有朴素的家具、生动的绘画和大浴室。不接待5岁以下的小孩。

梵蒂冈

★ Le Stanze di Orazio 民宿 €€

（见706页地图；☎06 3265 2474；www.lestanzediorazio.com；Via Orazio 3；房 €85~125；❄@📶；Ⓜ Lepanto）这家小型的精品民宿物超所值。5间明亮客房均采用舒心的色调，装饰

风格活泼——想象一下闪亮的彩虹墙纸、淡紫色的设计师风格的浴室。有一个小的早餐区，客房带水壶和泡茶工具。

Hotel Bramante 历史酒店 €€

（见706页地图；☎06 6880 6426；www.hotelbramante.com；Vicolo delle Palline 24-25；标单€100~160，双€140~240，标三€175~260，四€190~300；❄📶；🚌Borgo Sant' Angelo）这家酒店位于梵蒂冈的城墙之下，有舒适的内部庭院、浅蓝色的墙壁、木头横梁的屋顶和古董家具，散发出一种乡村小屋的迷人魅力。这座建筑的历史可追溯至16世纪，建筑师多米尼克·方塔纳曾在此居住过。

历史中心

Okapi Rooms 酒店 €

（见706页地图；☎06 3260 9815；www.okapirooms.it；Via della Penna 57；标单€65~80，双€85~120，标三€110~140，四€120~180；❄📶；Ⓜ Flaminio）酒店在人民广场（Piazza del Popolo）附近，是一处时髦的超值选择。房间分布在一座细长的6层联排建筑中，装饰简洁，通风良好，有奶油色的墙壁、赤褐色的地板和零星的石雕带。有些客房的面积较其他的要小，一些客房带有小阳台。没有早餐。

Hotel Panda 家庭旅馆 €

（见706页地图；☎06 678 01 79；www.hotelpanda.it；Via della Croce 35；标单€65~80，双€85~130，标三€120~150，四€160~190；❄📶；Ⓜ Spagna）旅馆位于西班牙台阶的附近，在这里能买到打折的宝格丽手表。这家旅馆的定位是廉价住宿。客房屋顶很高，装饰简洁高雅。夏天可免费使用空调，其他季节要加收€6。

Daphne Inn 精品酒店 €€

（见718页地图；☎06 8745 0086；www.daphne-rome.com；Via di San Basilio 55；标单€115~180，双€130~240，套€190~290，不含浴室标单€70~130，双€90~160；❄📶；Ⓜ Barberini）这家酒店由一对美籍意大利夫妇经营，员工会讲英语，服务热情，客房的风格时尚舒适。房间的大小、形状各不相同，但总体上属于当代时髦风格。分店Daphne Trevi位于Via degli Avignonesi 20，提供更多住宿环境一样的房间。

免费罗马

收好钱包，罗马一些最著名的景点是免费的：

- 特雷维喷泉
- 西班牙台阶
- 万神庙
- 所有的教堂，包括圣彼得大教堂
- 梵蒂冈博物馆，限每月最后一个周日
- 所有的国家博物馆和遗址，包括罗马斗兽场和卡皮托林博物馆，限每月第一个周日

台伯河岸区

★**Arco del Lauro** 民宿 €

（见716页地图；☎346 2443212，9:00~14:00 06 9784 0350；www.arcodellauro.it；Via Arco de' Tolomei 27；标单€75~125，双€95~145；❄📶；🚌Viale di Trastevere，🚋Viale di Trastevere）这家绝妙的民宿在一座有几百年历史的豪华住宅内，位于一条狭窄的由鹅卵石铺成的街上。共有6间客房。白色客房融乡村风情与现代低调于一体，床铺很舒适。店主很热情，随时能提供帮助。

Maria-Rosa Guesthouse 民宿 €

（见716页地图；☎338 7700067；www.maria-rosa.it；Via dei Vascellari 55；标单€45~65，双€60~80，标三€95~120；@📶；🚌Viale di Trastevere，🚋Viale di Trastevere）这是一家令人心情愉快的民宿，位于台伯河岸区一栋联排住宅的3楼。这里简单的两间客房需共用一个单人浴室和一个小客厅。装饰朴实，有盆栽植物和书本，营造出了可爱而温暖的氛围。店主Sylvie在**La Casa di Kaia**（见716页地图；☎338 7700067；www.kaia-trastevere.it；Via dei Vascellari 55；不含浴室 标单 €45~55，双 €60~75；📶；🚌Viale di Trastevere，🚋Viale di Trastevere）的楼上还拥有另外3间房。没有电梯。

Centro Storico & Trastevere 历史中心和台伯河岸区

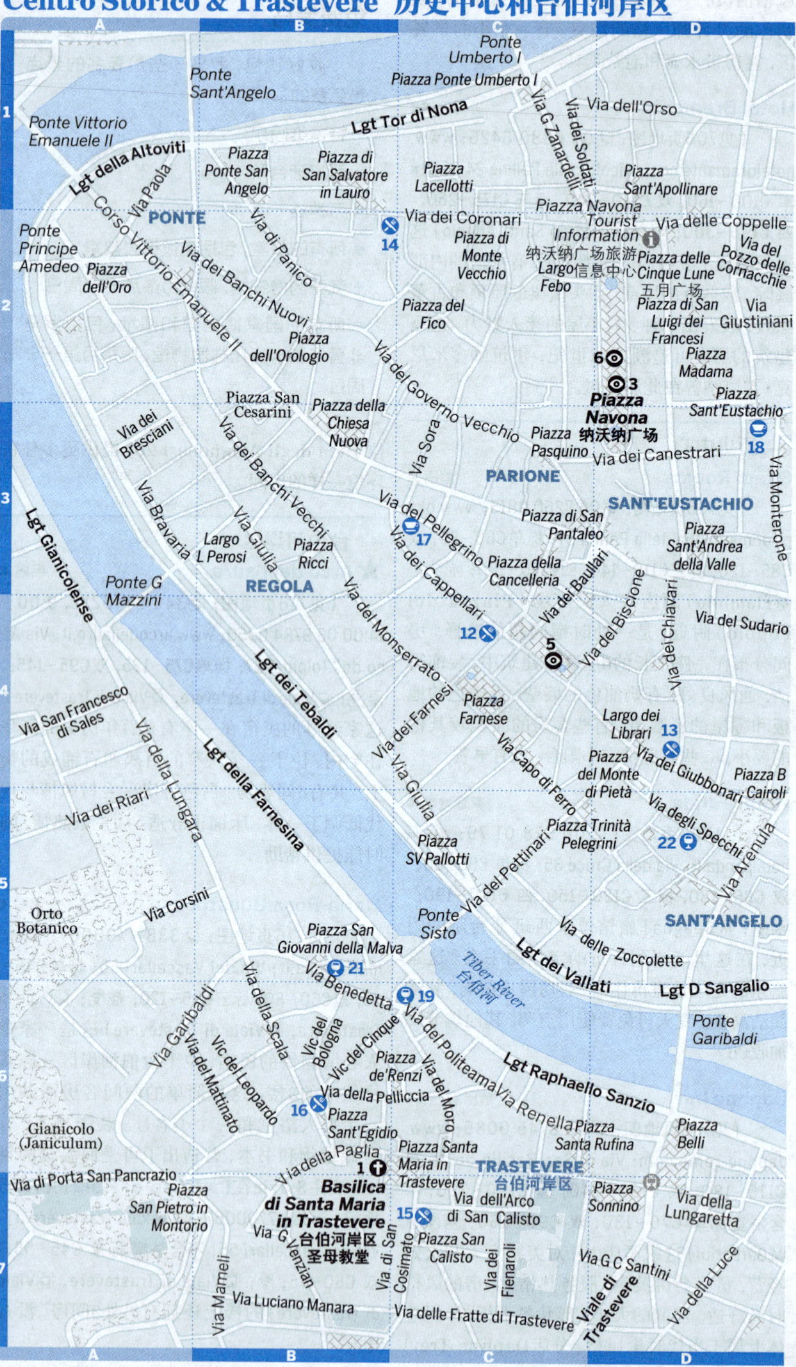

Ponte Umberto I
Ponte Sant'Angelo
Piazza Ponte Umberto I
Via dell'Orso
Lgt Tor di Nona
Via G Zanardelli
Via dei Soldati
Ponte Vittorio Emanuele II
Lgt della Altoviti
Piazza Ponte San Angelo
Piazza di San Salvatore in Lauro
Piazza Lacellotti
Piazza Sant'Apollinare
Via Paola
PONTE
Via di Panico
14
Via dei Coronari
Piazza Navona Tourist Information
纳沃纳广场旅游信息中心
Via delle Coppelle
Ponte Principe Amedeo
Piazza dell'Oro
Corso Vittorio Emanuele II
Via dei Banchi Nuovi
Piazza di Monte Vecchio
Largo Febo
Piazza delle Cinque Lune
五月广场
Via del Pozzo delle Cornacchie
Piazza di San Luigi dei Francesi
Via Giustiniani
Piazza del Fico
Piazza dell'Orologio
Via del Governo Vecchio
6
3
Piazza Navona
纳沃纳广场
Piazza Madama
Piazza Sant'Eustachio
Piazza San Cesarini
Piazza della Chiesa Nuova
Via Sora
Piazza Pasquino
Via dei Canestrari
18
Via dei Bresciani
PARIONE
Via Monterone
SANT'EUSTACHIO
Via dei Banchi Vecchi
Via del Pellegrino
17
Piazza di San Pantaleo
Lgt Gianicolense
Via Bravaria
Via Giulia
Largo L Perosi
Piazza Ricci
Via dei Cappellari
Piazza della Cancelleria
Piazza Sant'Andrea della Valle
Ponte G Mazzini
REGOLA
Via dei Baullari
Via del Biscione
Via dei Chiavari
Via del Monserrato
12
Via del Sudario
5
Lgt dei Tebaldi
Via San Francesco di Sales
Via dei Farnesi
Piazza Farnese
Largo dei Librari
13
Via della Lungara
Via Giulia
Via Capo di Ferro
Piazza del Monte di Pietà
Via dei Giubbonari
Piazza B Cairoli
Lgt della Farnesina
Via dei Riari
Piazza Trinità Pelegrini
Via degli Specchi
22
Piazza SV Pallotti
Via del Pettinari
Via Arenula
Orto Botanico
Via Corsini
Ponte Sisto
SANT'ANGELO
Piazza San Giovanni della Malva
Via delle Zoccolette
Lgt dei Vallati
21
Via Benedetta
Tiber River
台伯河
Lgt D Sangalio
19
Ponte Garibaldi
Via Garibaldi
Via della Scala
Vic del Bologna
Vic del Cinque
Via del Politeama
Via del Mattinato
Vic del Leopardo
Piazza de'Renzi
Via del Moro
Lgt Raphaello Sanzio
Via della Pelliccia
16
Via Renella
Piazza Sant'Egidio
Piazza Santa Rufina
Piazza Belli
Gianicolo (Janiculum)
Via della Paglia
1
Piazza Santa Maria in Trastevere
TRASTEVERE
台伯河岸区
Via di Porta San Pancrazio
Piazza San Pietro in Montorio
Basilica di Santa Maria in Trastevere
台伯河岸区圣母教堂
15
Via dell'Arco di San Calisto
Piazza Sonnino
Via della Lungaretta
Via G Venzian
Via di San Cosimato
Piazza San Calisto
Via dei Fienaroli
Via G C Santini
Via Mameli
Via Luciano Manara
Via delle Fratte di Trastevere
Viale di Trastevere
Via della Luce

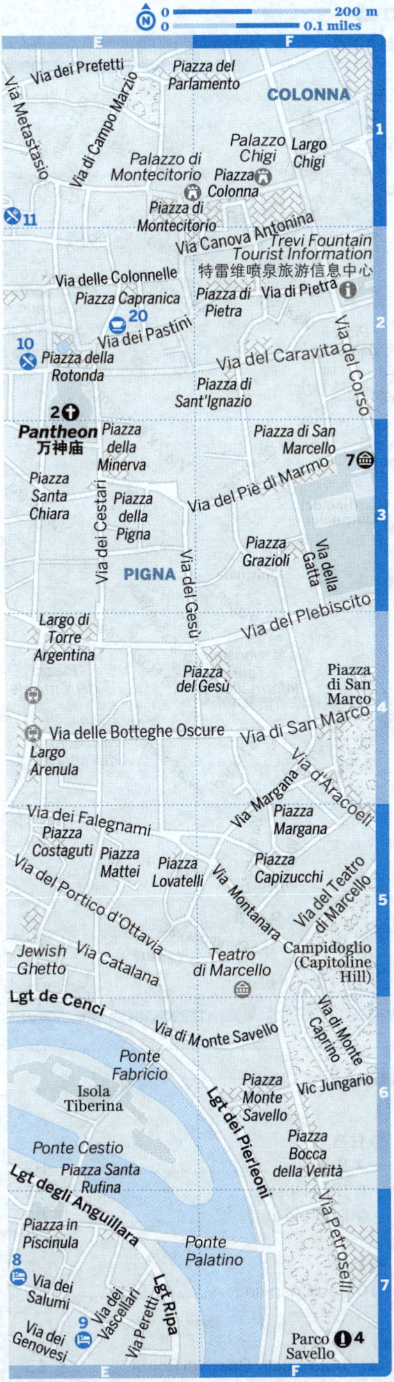

Centro Storico & Trastevere
历史中心和台伯河岸区

重要景点

1 台伯河岸区圣母教堂 B6
2 万神庙 E2
3 纳沃纳广场 D2

景点

4 真理之口 F7
5 花市广场 C4
6 四河喷泉 D2
7 多利亚潘菲利美术馆 F3

住宿

8 Arco del Lauro E7
9 La Casa di Kaia E7
Maria-Rosa Guesthouse .... （见9）

就餐

10 Armando al Pantheon E2
11 Casa Coppelle E1
12 Forno di Campo de' Fiori C4
13 Forno Roscioli D4
14 Gelateria del Teatro B2
15 Paris C7
16 Trattoria degli Amici B6

饮品和夜生活

17 Barnum Cafe C3
18 Caffè Sant' Eustachio D3
19 Freni e Frizioni C6
20 La Casa del Caffè Tazza d' Oro E2
21 Ma Che Siete Venuti a Fà B5
22 Open Baladin D5

特米尼和埃斯奎林山

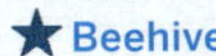

★ Beehive 青年旅舍 €

（见718页地图；☎06 4470 4553；www.the-beehive.com；Via Marghera 8；铺€25~30，标单€60~70，双€80~100，不带浴室的标单€40~50，双€60~80，标三€75~105；❄📶；Ⓜ Termini）

Beehive是市内最好的青年旅舍之一，比背包客旅舍更加精致时髦。有8人的混住宿舍，也有6间双人间，有些房间带空调，床铺一尘不染。原创画作和时髦的组装家具更增添了色彩。附设一间咖啡馆，有时会供应素食正餐。

Termini, Esquiline and Quirinal
特米尼、埃斯奎林山和奎里纳尔山

lonely planet

意大利 罗马

Termini, Esquiline and Quirinal
特米尼、埃斯奎林山和奎里纳尔山

重要景点
1 罗马国立博物馆：马西莫浴场宫 F3
2 特雷维喷泉 A3

景点
3 Barcaccia A1
4 圣母大殿 F5
5 山上天主圣三教堂 A1
6 西班牙台阶 A1

住宿
7 Beehive H2
8 Blue Hostel F5
9 Daphne Inn C2

就餐
10 San Crispino B3

娱乐
11 Teatro dell' Opera di Roma E3

Blue Hostel 青年旅舍 €

（见718页地图；☎340 9258503；www.bluehostel.it；3rd fl, Via Carlo Alberto 13；双€60~140，公寓 €100~180；❄📶；ⓂVittorio Emanuele）这里虽然叫青年旅舍，但提供的却是标准的酒店小客房，每一间都带浴室，装潢风格高雅低调：有木梁屋顶、木地板、法式窗户和黑白相片。还有一间带厨房的公寓，能住4人。没有电梯和早餐。

🍴就餐

最好的就餐区是历史中心和台伯河岸区，这里氛围也最好。不过，在学生聚集的圣洛伦佐（San Lorenzo）和曾是工人阶级住宅区的泰斯塔西奥（Testaccio）也有不错的选择。要小心终点站和梵蒂冈周边地区昂贵的旅游陷阱。

梵蒂冈

Fa-Bìo 三明治 €

（见706页地图；☎06 6452 5810；www.fa-bio.com；Via Germanico 43；三明治 €5；⏲周一至周五10:00~17:30，周六至16:00）这家小外卖店中，三明治、沙拉、冰沙的制作速度非常快。后厨手艺高超，且都采用有机食材。熟悉的当地人会来这里迅速解决午餐，如果能挤得进去，你也可以有样学样。

Hostaria Dino e Tony 意式小馆 €€

（见706页地图；☎06 39733284；Via Leone IV 60；餐€25~30；⏲12:30~15:00和19:00~23:00，周日和8月歇业；Ⓜ Ottaviano-San Pietro）这是一家地道的老派意式小馆，烹制简单的罗马风味菜肴。先品尝经典的意式餐前小吃，它本身就是一道简餐，然后是招牌的番茄培根辣酱意面（配以培根、辣椒和番茄沙司）。不接受信用卡。

历史中心

★Forno Roscioli 比萨饼、面包房 €

（见716页地图；Via dei Chiavari 34；切块比萨 €2起，小吃 €1.50起；⏲周一至周六7:00~19:30；🚋Via Arenula）这里是罗马最好的面包店之一，很受当地人欢迎，他们喜欢在午餐时来享受美味的切块比萨、点心和饱腹感强的炸饭团（suppli）。有一个柜台出售热乎乎的意大利面和蔬菜配菜。

Forno di Campo de' Fiori 比萨饼、面包房 €

（见716页地图；Campo de' Fiori 22；切块比萨约€3；⏲周一至周六7:30~14:30和16:45~20:00；🚌Corso Vittorio Emanuele II）这家位于花市广场的面包房人声鼎沸，供应意式三明治（panini）和新鲜出炉的美味切块比萨（pizza al taglio）。常客对pizza bianca（"白"比萨配橄榄油、迷迭香和盐）的评价很高，不过意式三明治和pizza rossa（"红"比萨配橄榄油、番茄）也很美味。

★Casa Coppelle 意式小馆 €€

（见716页地图；☎06 6889 1707；www.casacoppelle.it；Piazza delle Coppelle 49；餐 €35~40；⏲12:00~15:30和18:30~23:30；🚌Corso del Rinascimento）这家餐厅位于万神庙附近的小广场上，氛围亲切浪漫，烹制现代意大利菜和受法式菜肴影响的菜品。有各种开胃菜和意大利面可选，不过真正的代表作要数美味的嫩牛排和肉食菜肴。服务效率高，而且很细心。提前预订。

Armando al Pantheon 意式小馆 €€

（见716页地图；☎06 6880 3034；www.armandoalpantheon.it；Salita dei Crescenzi 31；餐€40；⏲周一至周五12:30~15:00和19:00~23:00，周六12:30~15:00；🚌Largo di Torre Argentina）这家由家庭经营的小餐馆位于游客众多的万神庙地区，建在一座罗马式建筑中。它已经忙碌了50多年，主打传统朴实的罗马菜肴。推荐预订。

Al Gran Sasso 意式小馆 €€

（见706页地图；☎06 321 48 83；www.algransasso.com；Via di Ripetta 32；餐 €35；⏲周日至周五12:30~14:30和19:30~23:30；

罗马最好的意式冰激凌店

Fatamorgana（见706页地图；Via Roma Libera 11，Piazza San Cosimato；圆筒和纸杯 €2起；⏲夏季正午至午夜，冬季至22:30；🚌Viale di Trastevere，🚋Viale di Trastevere）罗马新开的一家美食冰激凌店，口味新奇。

Il Gelato（见706页地图；Viale Aventino 59；冰激凌 €2~4.50；⏲夏季10:00至午夜，冬季11:00~21:00；🚌Viale Aventino）意式冰激凌帝国的前哨，由罗马的冰激凌大王Claudio Torcè兴建。

Gelateria del Teatro（见716页地图；Via dei Coronari 65；冰激凌 €2.50起；⏲11:30至午夜；🚌Corso del Rinascimento）出售时令水果和芳香巧克力口味的冰激凌，位于历史中心区的中央。

San Crispino（见718页地图；☎06 679 39 24；Via della Panetteria 42；纸杯 €2.70起；⏲周一至周四和周日11:00至次日00:30，周五和周六至次日1:30；Ⓜ Barberini）靠近特雷维喷泉，擅长制作自然、季节口味的冰激凌。

Ⓜ Flaminio）这家经典地道的意式小馆是午餐最佳选择，擅长制作老派乡村菜肴。服务热情，氛围悠闲，墙壁上装饰着过分艳丽的壁画（但奇怪的是，这一点经常是好预兆），食物美味超值。煎炸的菜肴很棒，也可以尝试用粉笔写在外面黑板上的当天特色菜。

台伯河岸区

Trattoria degli Amici 意式小馆 €€

（见716页地图；☎06 580 60 33；www.trattoriadegliamici.org；Piazza Sant' Egidio 6；餐€35；⏰12:30~15:00和19:30~23:30；🚉Viale di Trastevere，🚉Viale di Trastevere）这家令人愉快的意式小馆占据着一座漂亮广场上的极佳位置，员工由志愿者和残障人士组成，他们的热情在这座游客众多的城市里并不是到处都能见到的。在这里找一张露天餐桌，研究一下煎炸的开胃菜，以及精心准备的新鲜的意大利经典菜品。

Paris 餐厅 €€€

（见716页地图；☎06 581 53 78；www.ristoranteparis.it；Piazza San Calisto 7a；餐€45~55；⏰周一7:30~23:00，周二至周日12:30~15:00和19:30~23:00；🚉Viale di Trastevere，🚉Viale di Trastevere）这家老派餐厅位于一座17世纪的建筑中，在门外的小广场上也有餐位，店名来自其创始人，而不是法国首都。这里是除犹太区之外品尝罗马犹太风味菜肴的最佳去处。标志性菜肴包括炸蔬菜、咸鳕鱼和煎洋蓟。

泰斯塔西奥

Pizzeria Da Remo 比萨餐厅 €

（见706页地图；☎06 574 62 70；Piazza Santa Maria Liberatrice 44；比萨€5.50起；⏰周一至周六19:00至次日1:00；🚉Via Marmorata）想品尝地道的罗马菜肴，可到这家热门的比萨餐厅来，加入喧闹的食客中。简朴的餐厅主打薄皮罗马比萨，氛围热闹，令人愉快。点餐方式是在忙碌的服务员啪的一声拍下的纸上勾选。晚上8点半以后需要排队。

Flavio al Velavevodetto 意式小馆 €€

（见706页地图；☎06 574 41 94；www.ristorantevelavevodetto.it；Via di Monte Testaccio 97-99；餐€35；⏰12:30~15:00和19:45~23:00；

> **值得一游**
>
> **阿皮亚古道**
>
> 阿皮亚古道竣工于公元前190年，它将罗马与意大利亚得里亚海岸南部的布林迪西（Brindisi）连接起来。尽管这条古道现在受到诸多追捧，但其历史却十分黑暗——公元前71年，斯巴达克斯（Spartacus）及他率领的6000名奴隶反叛者在这里被钉在十字架上，早期的基督教徒也在这里的地下墓穴埋葬死者。可参观**圣塞巴斯蒂亚诺地下墓穴**（Catacombe di San Sebastiano；☎06 785 03 50；www.catacombe.org；Via Appia Antica 136；成人/优惠 €8/5；⏰周一至周六10:00~17:00，12月关闭；🚉Via Appia Antica）及**圣卡利斯托地下墓穴**（Catacombe di San Callisto；☎06 513 01 51；www.catacombe.roma.it；Via Appia Antica 110 & 126；成人/优惠€8/5；⏰9:00至正午和14:00~17:00，周三和2月关闭；🚉Via Appia Antica）并了解详情。
>
> 要前往阿皮亚古道，可从Colli Albani地铁站（A线）乘坐660路公共汽车，或者从Piramide站（B线）乘坐118路公共汽车。

🚉Via Galvani）这家服务热情的餐厅为罗马的意式小馆赢得了好名声。它位于一座具有乡村风情的别墅中，附带一座有屋顶的庭院和开放式露台，主打朴实的罗马菜肴。可尝试开胃菜奶酪和腌肉，家常风味的意大利面分量巨大，还有一些简单的肉食。

特米尼和埃斯奎林山

★ **Panella l' Arte del Pane** 面包房、咖啡馆 €

（见706页地图；☎06 487 24 35；Via Merulana 54；小吃 约€3.50；⏰周一至周四 8:00~23:00，周五和周六 至午夜，周日8:30~16:00；Ⓜ Vittorio Emanuele）这家时髦的面包房咖啡馆提供各种pizza al taglio、西西里炸饭团、意式面包佛卡夏（focaccia）、炸肉饼和点心。外面的餐位很适合悠闲地吃早餐或者在夜里饮酒，你也可以坐在展示各种食物的柜台旁吃午餐。

饮品和夜生活

大部分饮酒活动都集中在历史中心（centro storico）——花市广场在学生中很有人气，气氛也很好，而纳沃纳广场周边的地区则聚集着更加高级的场所。对岸的台伯河岸区是另一个热门地点，那里有许多酒吧和小酒馆。

罗马的夜总会集中在泰斯塔西奥和奥斯提恩塞（Ostiense）地区，不过在台伯河岸区和历史中心也能找到一些。俱乐部门票一般是免费的，但饮品很贵。

★Circolo degli Artisti 夜总会

（☎06 7030 5684；www.circoloartisti.it；Via Casilina Vecchia 42；免费至€15，依据活动而变；⊙根据活动而定；🚇Ponte Casilino）这里是罗马最好的夜总会之一。周五是Miss Loretta的迪斯科之夜，有20世纪80年代的名曲和经典舞曲；周六的Screamadelica之夜有狂放的摇滚、复古和电音节奏。也会定期在户外的清凉花园酒吧举办演奏会。从中央火车站乘坐105路公共汽车可到。

★Barnum Cafe 咖啡馆

（见716页地图；www.barnumcafe.com；Via del Pellegrino 87；⊙周一9:00~22:00，周二至周六8:30至次日2:00；📶；🚇Corso Vittorio Emanuele Ⅱ）这是一个氛围友好的悠闲去处，可以一边喝新榨橙汁一边查看电邮，或者坐在古旧的扶手椅上看看报纸，度过愉快的一小时。店内是白色净面砖墙装饰。晚上前来，能品尝鸡尾酒，享受轻柔的音乐，观看很多穿着随意的当地人。

Caffè Sant' Eustachio 咖啡馆

（见716页地图；www.santeustachioilcaffe.it；Piazza Sant' Eustachio 82；⊙周日至周四8:30至次日1:00，周五至次日1:30，周六至次日2:00；🚇Corso del Rinascimento）这家低调的小咖啡馆经常处于客满的状态，据称能制作市内最好的咖啡。制作方法是将头几滴浓缩咖啡加几勺糖，打成多泡的糊状，然后加入剩下的咖啡。口感很顺滑，一定会为你的游览增添乐趣。

Open Baladin 酒吧

（见716页地图；www.openbaladinroma.it；Via degli Specchi 6；⊙正午至次日2:00；📶；🚇Via Arenula）这家虽老旧但仍很时髦的休闲酒吧位于花市广场附近。它在罗马繁荣的啤酒界极具影响力，提供40多种桶装啤酒及近100种瓶装啤酒，许多都是手工啤酒厂生产的。也有一份像样的菜单，供应意式三明治、汉堡包和每日特色菜。

La Casa del Caffè Tazza d' Oro 咖啡馆

（见716页地图；www.tazzadorocoffeeshop.com；Via degli Orfani 84-86；⊙周一至周六7:00~20:00，周日10:30~19:30；🚇Via del Corso）这是一家忙碌而整洁的咖啡馆，采用20世纪40年代风格的陈设，是罗马最好的咖啡馆之一。供应极好的意式浓缩咖啡和各种美味的调和咖啡，包括出色的生奶油碎冰咖啡。

Ma Che Siete Venuti a Fà 小酒馆

（见716页地图；www.football-pub.com；Via Benedetta 25；⊙11:00至次日2:00；🚇Piazza Trilussa）台伯河岸的这家小型酒馆的名字来源于一首足球歌曲，文雅地翻译过来就是"你来这里做什么"。这里是啤酒迷的天堂。小小的室内空间里塞满了数量巨大的国际手工酿制啤酒，瓶装和桶装的都有。

Freni e Frizioni 酒吧

（见716页地图；☎06 4549 7499；www.freniefrizioni.com；Via del Politeama 4-6；⊙18:30至次日2:00；🚇Piazza Trilussa）台伯河岸上的这家时髦酒吧位于从前的一座机械车间中——其名字亦来源于此，意思是"刹车闸和离合器"。这里吸引了很多喜欢spritz鸡尾酒的年轻人，他们聚集在外面的小广场上，边喝着划算的鸡尾酒（€7起），边享受每天的开胃餐（19:00~22:00）。

娱乐

罗马有丰富的文化活动，音乐会、演出和各种文娱节日足以填满全年的日历。*Trova Roma*是一份非常有用的清单指南，每周四都作为插页和《共和报》（*La Repubblica*）一起出版。活动讯息会刊登在网站www.turismoroma.it及www.auditorium.com上。

Auditorium Parco della Musica 演出场所

（☎06 8024 1281；www.auditorium.com；

意大利 罗马

Viale Pietro de Coubertin 30；🚊Viale Tiziano）这座现代主义建筑是罗马重要的演出场所，融创新的建筑风格和完美的声响效果于一体。剧院由伦佐·皮亚诺（Renzo Piano）设计，3个音乐厅和能容纳3000个席位的露天竞技场能举办从古典音乐会到探戈表演和电影放映在内的各种活动。

可从Piazzale Flaminio乘坐2号电车来这里。

Alexanderplatz 爵士乐

（见706页地图；☎06 3972 1867；www.alexanderplatzjazzclub.com；Via Ostia 9；⏰8:30至次日2:00，音乐会21:45；Ⓜ Ottaviano-San Pietro）罗马顶级的爵士乐演出场所，小而私密，吸引了意大利顶级的艺术家和世界各地的表演者，也吸引了许多充满敬意的国际听众。如果想边欣赏音乐边就餐，需要预订餐桌。

Teatro dell' Opera di Roma 歌剧

（见718页地图；☎06 481 70 03；www.operaroma.it；Piazza Beniamino Gigli；芭蕾舞€12~80，歌剧€17~160；⏰周二至周六9:00~17:00，周日至13:30；Ⓜ Repubblica）这里是罗马第一座歌剧院，内部有豪华的镀金装潢，外观采用的是20世纪20年代的设计。这里曾经首演普契尼的《托斯卡》（*Tosca*），玛利亚·卡拉斯（Maria Callas）也曾在这里演唱。歌剧和芭蕾表演于9月至次年6月举行。

Big Mama 蓝调

（见706页地图；☎06 581 25 51；www.bigmama.it；Vicolo di San Francesco a Ripa 18；⏰21:00至次日1:30，表演22:30，6月至9月歇业；🚊Viale di Trastevere，🚊Viale di Trastevere）要沉醉于"不朽之城"（指罗马）的蓝调，度过柔美的一夜，那就来这个位于台伯河岸区的狭窄地下

值得一游

罗马周边一日游

奥斯提亚古城

奥斯提亚古城（Ostia Antica）是意大利最引人注目却最未受到重视的古迹之一，从罗马来此进行一日游很方便。古罗马的重要海港遗迹**奥斯提亚古城遗址**（Scavi Archeologici di Ostia Antica；☎06 5635 0215；www.ostiaantica.beniculturali.it；Viale dei Romagnoli 717；成人/优惠€10/6；⏰夏季周二至周日8:30~18:15，冬季关闭时间提前）比较分散，你需要几个小时来参观。

要前往奥斯提亚古城，可以从与Piramide地铁站相邻的圣保罗门站（Stazione Porta San Paolo）搭乘Ostia Lido列车（25分钟，每半小时1班）。持标准的公共交通通票即可乘坐。

蒂沃利

蒂沃利（Tivoli）位于罗马以东30公里处，这里有两处被联合国教科文组织（Unesco）认可的遗址：哈德良别墅（Villa Adriana）和埃斯特别墅（Villa d' Este）。

哈德良别墅（☎0774 38 27 33；www.villaadriana.beniculturali.it；成人/优惠€8/4，包括临时展览€11/7；⏰9:00至日落前1小时）距蒂沃利5公里远，曾是哈德良（Hadrian）皇帝占地颇广的夏宫，建于1世纪。它是罗马帝国（Roman Empire）最大、最奢华的别墅之一。后来因需要建筑材料而被掠夺过，不过残存的部分足以显示其昔日的壮丽辉煌。

来到山顶上的镇中心，会看到文艺复兴时期的**埃斯特别墅**（☎0774 31 20 70；www.villadestetivoli.info；Piazza Trento；成人/优惠€8/4；⏰周二至周日8:30至日落前1小时），这里以其精致的花园和喷泉而闻名。

从Ponte Mammolo地铁站乘坐Cotral长途车（€2.30，50分钟，每15到20分钟1班）即可到达蒂沃利。要从蒂沃利镇中心去哈德良别墅，可从Largo Garibaldi乘坐CAT的4路或4X路公共汽车（€1，10分钟，每半小时1班）。

室。它历史悠久，也举办蓝调、爵士乐、放克（funk）、灵魂乐（soul）和R&B音乐会，还有意大利热门的翻唱乐队来演出。

购物

罗马有许多常见的连锁店和炫目的专卖店，但在这里购物的乐趣在于各种小型独立商店，例如家庭经营的熟食店、小牌子的时装精品店、工匠的工作室和社区集市。

Porta Portese Market 集市

（见706页地图；Piazza Porta Portese；⌚周日6:00~14:00；🚋Viale di Trastevere，🚋Viale di Trastevere）想见识一下罗马的另一面，就来这座巨大的跳蚤市场。这里有几千家摊贩，出售从珍稀图书、来路不明的自行车、秘鲁披肩到MP3音乐播放器在内的各种东西。把贵重物品收好，准备好杀价。

实用信息

危险和麻烦

罗马并不是一座危险的城市，但小偷小摸是个问题。在较大的旅游景点、中央火车站和拥挤的公交车上，一定要提防扒手——梵蒂冈的64路公共汽车早已臭名昭著。

上网

现在，青年旅舍、民宿和酒店基本上都有免费无线网络，有些地方还有供客人使用的笔记本电脑或台式电脑。许多酒吧和咖啡馆现在也提供无线网络。

网吧相当少，费用通常为每小时€4~6。

医疗服务

圣神医院（Ospedale Santo Spirito；☎06 6 83 51；Lungotevere in Sassia 1）位于梵蒂冈附近。

药房（Pharmacy；☎06 488 00 19；Piazzadei Cinquecento 51；⌚周一至周五7:00~23:30，周六和周日8:00~23:30）中央火车站也有一家药房，就在1号站台旁边，营业时间为7:30~22:00。

旅游信息

如需电话咨询，可以联系由罗马市政厅（Comune di Roma）运营的、可选择多种语言的**旅游信息热线**（tourist information line；☎060608；⌚9:00~21:00）。

梵蒂冈相关信息，可咨询朝圣和旅游服务中心（Centro Servizi Pellegrini e Turisti，见706页地图；☎06 6988 1662；St Peter's Sq；⌚周一至周六8:30~18:15）。

在**菲乌米奇诺**（Fiumicino；Terminal 3，International Arrivals；⌚8:00~19:30）、**钱皮诺**（Ciampino；International Arrivals，行李提取区；⌚9:00~18:30）机场以及下列地点，都有旅游信息咨询点。

圣天使堡旅游信息中心（Castel Sant' Angelo Tourist Information，见706页地图；Piazza Pia；⌚9:30~19:15）

帝国广场旅游信息中心（Fori Imperiali Tourist Information，见713页地图；Via dei Fori Imperiali；⌚9:30~19:15）

纳沃纳广场旅游信息中心（Piazza Navona Tourist Information，见716页地图；⌚9:30~19:00）靠近五月广场（Piazza delle Cinque Lune）。

中央火车站旅游信息中心（Stazione Termini Tourist Information，见718页地图；⌚8:00~19:45）在与24号站台相邻的大厅内。

特雷维喷泉旅游信息中心（Trevi Fountain Tourist Information，见716页地图；Via Marco Minghetti；⌚9:30~19:00）相对于喷泉来说，这座信息中心离Via del Corso大街更近一些。

民族街旅游信息中心（Via Nazionale Tourist Information，见718页地图；Via Nazionale；⌚9:30~19:00）

网络资源

060608（www.060608.it）提供景点、未来活动、交通运输等方面的综合信息。

Coop Culture（www.coopculture.it）提供许多主要景点的预订服务。

罗马旅游网（Roma Turismo；www.turismoroma.it）罗马的官方旅游网站，有大量名录和最新信息。

到达和离开

飞机

列奥纳多·达·芬奇机场（Leonardo da Vinci，Fiumicino；☎06 6 59 51；www.adr.it/fiumicino）是罗马主要的国际机场，更知名的名字是菲乌米奇诺（Fiumicino），位于城市以西30公里处。

钱皮诺机场（Ciampino；☎06 6 59 51；www.adr.it/ciampino）规模稍小，位于市中心东南15公里处，是廉价航空公司的枢纽。

瑞安航空（Ryanair；☎895895 8989；www.ryanair.com）

船

离罗马最近的港口在奇维塔韦基亚（Civitavecchia），位于城市以北80公里处。有从西班牙和突尼斯开来的渡轮，也有来自西西里岛和撒丁岛的船。

可在**365代理处**（Agenzia 365；☎06 474 09 23；www.agenzie365.it；⊙7:00~21:00）、旅行社或网站www.traghettiweb.it预订渡轮的船票。你也可以直接在港口购票。

每半小时就有1班列车从罗马的中央火车站开往奇维塔韦基亚（€5~10，40分钟至1.25小时）。

长途汽车

意大利国内长途汽车和国际长途汽车都在蒂布尔蒂纳汽车站（Autostazione Tiburtina；Piazzale Tiburtina；ⓂTiburtina）停靠。

你可以在蒂布尔蒂纳汽车站购票，或通过旅行社购票。

Interbus（☎091 34 25 25；www.interbus.it）往返于西西里岛。

Marozzi（☎080 579 01 11；www.marozzivt.it）往返于索伦托（Sorrento）、巴里（Bari）和普利亚（Puglia）。

SENA（☎861 1991900；www.sena.it）往返于锡耶纳（Siena）、博洛尼亚（Bologna）和米兰（Milan）。

Sulga（☎800 099661；www.sulga.it）往返于佩鲁贾（Perugia）、阿西西（Assisi）和拉韦纳（Ravenna）。

小汽车和摩托车

罗马被大环形路（Grande Raccordo Anulare，简称GRA）环绕，所有高速公路（autostradas）都与之相连，包括南北向主干道A1，以及通向奇维塔韦基亚和菲乌米奇诺机场的A12。

可在机场和中央火车站租赁小汽车。

火车

罗马的主要火车站是中央火车站（Stazione Termini；Piazza dei Cinquecento；ⓂTermini）。罗马有定期开往欧洲其他国家、意大利的所有大城市及众多小城镇的列车。

行李寄存处（Left luggage；Stazione Termini；前5小时€6，6~12小时每小时€0.90，13小时及以后每小时€0.40；⊙6:00~23:00）在24号站台地下的楼层。

罗马其余的重要火车站有蒂布尔蒂纳火车站（Stazione Tiburtina）和罗马-奥斯蒂恩塞火车站（Stazione Roma-Ostiense）。

ℹ 当地交通

抵离机场

菲乌米奇诺

往返菲乌米奇诺，最简单的方法是搭乘火车，不过也可选择公共汽车。乘出租车到市中心的固定收费为€48（最多可搭乘4个人和行李）。

FL1 Train（单程€8）连接着机场和台伯河岸区、奥斯蒂恩塞及蒂布尔蒂纳各站，但是不经过中央火车站。5:57~22:42，每15分钟就有1班车从机场开出（周日和节假日每小时1班）；5:46~19:31，从奥斯蒂恩塞开出的列车每15分钟1班，之后是每半小时1班，并运营至22:02。

列奥纳多特快列车（Leonardo Express Train；单程€14）往返于中央火车站。6:38~23:08，每30分钟就有1班车从机场开出，从终点站开出的列车于5:50~22:50运营。行程30分钟。

钱皮诺

最好的选择是从钱皮诺搭乘定期出发的公共汽车进入市中心。乘出租车去市中心的固定收费为€30。

SIT Bus（☎06 591 68 26；www.sitbusshuttle.com；往/返机场€6/4）7:15~22:30，定期从机场开往中央火车站外面的Via Marsala。从终点站开出的车于4:30~21:30运营。上车购票，行程45分钟。

Terravision Bus（www.terravision.eu；单程€6，在线预订€4）每小时两班，往返于中央火车站外面的Via Marsala。从机场出发的车于8:15至次日00:15运营；从Via Marsala出发的车于4:30~21:20运营。在Via Marsala公共汽车站前的Terracafé购票。行程40分钟。

公共交通工具

罗马的公共交通系统是由公共汽车、有轨电车、地铁和市郊列车构成的交通网。

通票可在各类公共交通工具上使用，但去往菲乌米奇诺机场的路线除外。可在烟草店（tabaccherie）、报刊亭或自动售票机处购票，而且形式多样：

单一票（BIT；€1.50）100分钟内有效，但是只能乘坐一次地铁。

日票（BIG；€6）

三日票（BTI；€16.50）

周票（CIS；€24）

公共汽车

公共汽车和有轨电车都由**ATAC**（☎06 5 70 03；www.atac.roma.it）运营。

意大利简史

古代

伊特鲁里亚人是出现在意大利半岛上的第一股主要势力。公元前7世纪，他们控制了意大利中部，只有来自大希腊（Magna Graecia）南部殖民地的希腊人能与其抗衡。这两股势力的繁荣一直持续到罗马新兴城市开始扩张他们的领土和势力为止。

建于公元前8世纪（传说由罗慕路斯建立）的罗马不断发展壮大，在公元前509年成为共和国，并继续扩张，成为西方世界的主宰力量。公元前44年，恺撒因为内斗而被暗杀，他的侄孙屋大维（Octavian）成为首位罗马皇帝，并被尊为奥古斯都·恺撒（Augustus Caesar）。共和国时代结束。

罗马帝国在公元2世纪进入全盛时期，然而在一个世纪之后，它就走上了衰败之路。戴克里先（Diocletian）将帝国分成东西两半，他的后继者君士坦丁（Constantine；首位信奉基督教的皇帝）则把皇宫移到了君士坦丁堡（Constantinople），罗马已时日无多。公元476年，西部帝国被入侵的日耳曼部落占领。

城邦和文艺复兴

整个中世纪几乎处于持续不断的战争之中，意大利中部和北部的强大城邦征战连连。最终，佛罗伦萨、米兰和威尼斯成为地区主导力量。虽然摩擦不断，但艺术和文化却繁荣发展，并在15世纪佛罗伦萨知识和艺术活动的爆发式增长时达到顶点，这就是文艺复兴运动。

统一

到16世纪末，意大利的大部分领土都落入了外国之手——奥地利的哈布斯堡王朝（Habsburgs）控制着北部，西班牙的波旁王朝（Bourbons）则控制着南部。3个世纪之后，拿破仑的短暂入侵刺激了统一运动（Risorgimento）的发展。有加富尔伯爵（Count Cavour）的政治辅佐，再加上加里波第（Garibaldi）的军事力量，该运动在1861年统一了意大利。10年之后，罗马被从教皇手中夺走，成为意大利的首都。

共和国的诞生

意大利短暂的法西斯独裁时期是一个低谷。墨索里尼（Mussolini）在1925年掌握了政权，并在1940年加入了第二次世界大战的德国阵营。然而，失败接踵而至。1945年4月，“领袖”（Il Duce；墨索里尼的称号）被游击队员处决。一年后，意大利人在一次全民公决中投票废除君主制政体，建立起立宪共和国。

现代

意大利在战后时期取得了巨大的成功。它是欧洲经济共同体（European Economic Community，简称EEC）的创始成员国。它度过了20世纪70年代国内恐怖主义猖獗的时期，又在20世纪80年代实现了经济的持续增长。但在20世纪90年代，意大利又一次陷入了危机，当时的贪污丑闻震惊了意大利全国，而这也为亿万富翁、传媒大亨——西尔维奥·贝卢斯科尼（Silvio Berlusconi）登上政治舞台铺平了道路。

近期的经济危机使意大利遭受重创，于是2011年贝卢斯科尼被迫辞职。继任总理继续努力，以期改善国家经济萧条的局面。在本书写作之时，中左翼总理马泰奥·伦齐（Matteo Renzi）担当起重任，力图平息工会不断高涨的激烈情绪，缓和社会紧张局势。

公共汽车总站（见718页地图）在Piazza dei Cinquecento上，那儿有一个**信息亭**（Information booth；⊙7:30~20:00）。其他重要枢纽位于银塔广场（Largo di Torre Argentina）和威尼斯广场（Piazza Venezia）。

公共汽车通常从5:30左右运营至午夜，夜班车很少。

地铁

罗马最主要的两条地铁线A线（橙色）和B线（蓝色）在中央火车站交会。

列车从5:30运营至23:30（周五和周六至次日1:30）。

出租车

经官方认可的出租车是白色的，两侧有身份编号和Roma capitale的字样。

通常按计价器收费，不会提前讲价（往返机场的固定收费除外）。出租车内贴有官方价格。

可以招手叫出租车，不过打电话叫车或者在出租车停靠站排队会更容易。机场、中央火车站、银塔广场、共和广场（Piazza della Repubblica）、古罗马斗兽场和梵蒂冈博物馆附近的统一广场（Piazza del Risorgimento）有出租车排队候客。

La Capitale（☎06 49 94）

Radio Taxi（☎06 35 70；www.3570.it）

Samarcanda（☎06 55 51；www.samarcanda.it）

意大利北部（NORTHERN ITALY）

意大利富有的北部十分迷人，那里不仅有历史财富，还有多样化的自然风光。它以阿尔卑斯山北部为界，拥有一部分意大利最为壮丽的海岸线和最大的低地——肥沃的波河（Po）流域平原。最北部的冰川湖风景绝美，而威尼斯（Venice）、米兰（Milan）和都灵（Turin）则隐匿着许多艺术瑰宝，文化生活丰富。

热那亚（Genoa）

人口 597,000

热那亚这座迷人的城市有贵族的宫殿、臭气熏天的阴暗小巷、哥特式的建筑及工业扩张的痕迹。这里从前是一个强大的沿海共和国，名为La Superba（1451年，克里斯托弗·哥伦布就出生在这里）。现在的热那亚仍然是一座重要的交通枢纽，渡轮连接着地中海各口岸，火车可前往五渔村（Cinque Terre）。

景点

新街博物馆 博物馆

（Musei di Strada Nuova；www.museidigenova.it；Via Garibaldi；联票成人/优惠€9/7；⊙周二至周五9:00~19:00，周六和周日10:00~19:00）Via Garibaldi步行街（从前被称为新街）由加里亚佐·埃里希（Galeazzo Alessi）于16世纪规划，环绕在曾经是城市边缘的北郊。建成后，这里迅速成为城市中最受追捧的地区，热那亚最富裕的市民在这里建起一座座宫殿，其中的3座——红宫（Rosso）、白宫（Bianco）、和Doria-Tursi构成了今天所谓的新街博物馆。城市里一些最精美的大师杰作就在这些建筑内。

圣洛伦佐大教堂 大教堂

（Cattedrale di San Lorenzo；Piazza San Lorenzo；⊙8:00至正午和15:00~19:00）热那亚结合哥特式和古罗马式风格的著名大教堂以黑白条纹为装饰。它之所以能够在第二次世界大战期间幸存，是因为1941年英国投放的炸弹的质量太差，没能引燃。现在，那枚炮弹位于中殿右侧，像是一件无伤大雅的老古董。

教堂前有三座拱门，还有一些弯曲的竖栏和蹲伏的石狮。它首次封圣是在1118年，两座钟楼和穹顶都是16世纪时后加的。

食宿

★Hotel Cairoli 酒店 €

（☎010 246 14 54；www.hotelcairoligenova.com；Via Cairoli 14/4；双€65~120，标三 €85~130，四 €90~150；❄@🛜）想以三星酒店的价格获得五星级的服务，那就预订这家精致酒店吧。客房位于一座高大宫殿的3楼，提供以现代艺术家为主题的房间，装饰作品带有蒙德里安（Mondrian）、多拉齐奥（Dorazio）和亚历山大·考尔德（Alexander Calder）的风格。还有一座公共图书馆、休闲区、上网区域、小健身房和露台，是理想的栖身之处。

B&B Palazzo Morali 民宿 €

（☎010 246 70 27；www.palazzomorali.com；Piazza della Raibetta；标单/双 €75/85；❄📶）这家位于旧港口附近的民宿四处散落着古董，住宿环境考究豪华。位于一座高大建筑的顶层，客房宽敞（有些带公用浴室），配备的是装饰有金叶子的四柱床，还有带镀金框架的镜子和热那亚艺术品。

La Cremeria delle Erbe 意式冰激凌店 €

（Piazza delle Erbe 15-17；圆筒€2起；⏲周一至周四和周日11:00至次日1:00，周五和周六至次日2:00）这家店可以参与"热那亚最好的冰激凌店"的竞争。位于令人愉快的百草广场（Piazza delle Erbe），冰激凌种类繁多，富含浓郁的奶油，纸杯分量很大，吸引了许多午夜用餐者和饮酒者。

★ **Trattoria della Raibetta** 意式小馆 €€

（☎010 246 88 77；www.trattoriadellaraibetta.it；Vico Caprettari 10-12；餐 €35；⏲周二至周日正午至14:30和19:30~23:00）这家由家庭经营的餐馆位于大教堂附近的拥挤街市中，能品尝到最地道的热那亚美食。氛围舒适，有低矮的砖石拱形屋顶，供应本地经典菜式，包括trofiette al pesto，以及许多美味新鲜的海鲜。

ℹ 实用信息

这里有几处旅游信息办公室，包括**机场**（☎010 601 52 47；到达大厅；⏲夏季9:00~18:20，冬季至17:30）和**Via Garibaldi**（☎010 557 29 03；www.visitgenoa.it；Via Garibaldi 12r；⏲9:00~18:20）。

ℹ 到达和当地交通

飞机

热那亚的**克里斯托弗-哥伦布机场**（Cristoforo Colombo Airport；☎010 6 01 51；www.airport.genova.it）位于城市以西6公里处。往返于机场的**Volabus**（www.amt.genova.it；单程 €6）班车连接着Stazione Brignole和Stazione Principe。可上车购票，或在游客信息中心购票。

船

渡轮从市中心西侧的**渡轮码头**（Terminal Traghetti，Ferry Terminal；Via Milano 51）往返于西班牙、西西里岛、撒丁岛、科西嘉岛（Corsica）和突尼斯（Tunisia）。

Grandi Navi Veloci（GNV；☎010 209 45 91；www.gnv.it）前往撒丁岛的托雷斯港（Porto Torres，€74）和西西里岛的巴勒莫（Palermo，€90）。也可前往巴塞罗那（西班牙）、突尼斯（突尼斯）和丹吉尔（Tangier，摩洛哥）。

Moby Lines（☎199 303040；www.mobylines.it）全年可前往科西嘉岛的巴斯蒂亚（Bastia，€39）和撒丁岛的奥尔比亚（Olbia，€73）。

Tirrenia（☎89 21 23；www.tirrenia.it）往返于撒丁岛的托雷斯港（€60）、奥尔比亚（€41起）和阿尔巴塔克斯（Arbatax，€91）。

长途汽车和公共汽车

开往其他国家和该地区各地的长途汽车从Stazione Brignole南侧的胜利广场（Piazza della Vittoria）出发。可在**Geotravels**（Piazza della Vittoria 57；⏲周一至周五9:00~12:30和15:00~19:00，周六9:00至正午）订票。

当地的公共汽车由**AMT**（www.amt.genova.it）运营。车票的售价为€1.50，也可用来乘坐地铁。

火车

热那亚有两座主要的火车站：布里尼奥莱火车站（Stazione Brignole）和普林西普火车站（Stazione Principe）。

从普林西普出发 火车可前往都灵（Turin；€9~16，2小时，每小时至少1班）、米兰（Milan；€10.30~16.50，1.75小时，每小时1班）、比萨（Pisa；€9~11，2~3.5小时，每天最多15班）和罗马（Roma；€25~48，4.5~5小时，每天9班）。

从布里尼奥莱出发 火车可前往里奥马焦雷（Riomaggiore；€7，1.5~2小时，每天18班）和其他的五渔村村庄。

五渔村（Cinque Terre）

利古里亚东部的里维埃拉（Riviera）拥有一部分意大利最令人难忘的海岸线，亮点是被联合国教科文组织认可的**五渔村国家公园**（Parco Nazionale delle Cinque Terre），它就在拉斯佩齐亚西侧。这个令人赞叹的地方绵延18公里，既有陡峭的悬崖，也有长满葡萄树的丘陵。它得名于当地的5座小村庄：里奥马焦雷（Riomaggiore）、马纳罗拉（Manarola）、科尼利亚（Corniglia）、维尔纳扎（Vernazza）及蒙特罗索（Monterosso）。

活动

五渔村有很棒的徒步路线。最知名的要数连接全部5座村庄的12公里长的**蓝色小路**（Sentiero Azzurro），它从前是条驴道。要进入小路（或国家公园里的任意一条步道），需要购买**五渔村徒步卡**（Cinque Terre Trekking Card；1/2日€7.50/14.50）或者**五渔村火车卡**（Cinque Terre Treno Card；1/2日€12/23），持火车卡可以无限制地乘坐在拉斯佩齐亚和五座村庄间运行的火车。两种卡可以在所有的公园办公室买到。

本书写作之时，因为2011年秋季暴雨以及2012年9月的一次落石，蓝色小路位于里奥马焦雷和维尔纳扎（Vernazza）之间的一段被封闭了。可在网站www.parconazionale5terre.it上查询当前的状态。

蓝色小路只是公园中纵横交错的步行小径和自行车路线网络中的一条，可在公园管理处了解相关细节。

如果你更喜欢水上运动，可在里奥马焦雷的**五渔村潜水中心**（Diving Center 5 Terre；www.5terrediving.it；Via San Giacomo）租用浮潜用具和皮划艇。

实用信息

所有5座村庄的火车站和拉斯佩齐亚（La Spezia）车站都设有公园信息处。夏季，8:00~20:00开放，冬季为9:00~17:00。

可登录网站www.cinqueterre.it和www.cinqueterre.com查询在线信息。

到达和离开

船

7月至9月，**Golfo Paradiso**（☎0185 77 20 91；www.golfoparadiso.it）运营的船次从热那亚的老港口出发，去往维尔纳扎和蒙特罗索（单程€18，往返€33）。

从3月底到10月，**Consorzio Marittimo Turistico 5 Terre**（☎0187 73 29 87；www.navigazionegolfodeipoeti.it）运营的渡轮往返于拉斯佩齐亚和里奥马焦雷、马纳罗拉（Manarola）、维尔纳扎和蒙泰罗索（Monterosso）4座村庄，每天4班。去往里奥马焦雷或蒙泰罗索的单程票收费€12，去往维尔纳扎或蒙泰罗索的为€16。如需往返，可以购买日票（工作日/周末€25/27）。

火车

列车从热那亚的布里尼奥莱火车站开往里奥马焦雷（€6.80，1.5~2小时，每天18班），中途在五渔村的每座村庄都有站。

4:30~23:46，每小时会有1~3班火车从拉斯佩齐亚出发，沿海岸而行。如果你走这条路，而且想在每个村庄都停留一下，那么可购买五渔村火车卡。

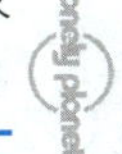

蒙泰罗索（Monterosso）

蒙泰罗索是五渔村中最大、最发达的村庄，还宣称拥有海岸上唯一的一座由绵绵细沙覆盖的沙质海滩。此外，这里的就餐和住宿选择也很多。

食宿

★Hotel Pasquale 酒店 €€

（☎0187 81 74 77；www.hotelpasquale.it；Via Fegina 4；标单 €80~145，双 €135~190，标三 €180~250；⊙3月至11月中旬；❄📶）这家友好的海滨酒店建在中世纪的海堤上，客房风格时髦、现代，可以看到抚慰人心的景观。出了火车站后，向左穿过隧道，朝历史中心区走就能到达。

Ristorante Belvedere 海滨 €€

（☎0187 81 70 33；www.ristorante-belvedere.it；Piazza Garibaldi 38；餐 €30；⊙周三至周一正午至15:00和18:15~22:30）这家朴素的海滨餐厅是尝试当地菜肴的好地方，餐桌能眺望到海滩。先品尝penne con scampi（管状意大利面配虾），然后是浓郁的鱼汤（zuppa di pesce）。

维尔纳扎（Vernazza）

维尔纳扎高耸在风景优美的小港口上方，可能要算五渔村中最吸引人的一座了。

在海港附近，沿一条狭窄而陡峭的台阶，可登上**多里亚城堡**（Castello Doria；门票 €1.50；⊙10:00~19:00），它是五渔村中现存最古老的一座要塞，其历史可追溯至公元1000年左右，现在除步道中央的圆形塔楼之外，其余部分大多已坍圮，但因为从上俯视的视野极为开阔，因此城堡还是值得一探究竟的。

想在维尔纳扎度过浪漫的夜晚吗？位于悬崖边上的L' Eremo sul Mare（☎339 268 56 17；www.eremosulmare.com；双 €70~100；❄📶）是个迷人的去处。虽然只有3个房间，但这里有一个视野开阔的可爱露台。从村子沿Sentiero Azzurro朝科尔尼利亚村的方向走15分钟即到。

科尔尼利亚（Corniglia）

科尔尼利亚是唯一一座无法从海上直接前往的村子，它在一座高1000米的岩石海岬上，周围环绕的都是葡萄园。从火车站出发，可沿一条365级的台阶步行前往，也可以跳上公共汽车（€2，持五渔村卡免费）。

到达村子后，可以在圣母玛利亚观景台（Belvedere di Santa Maria）上尽享180度的炫目海景。要找到观景台，沿着Via Fieschi大街穿过村子，直至最终到达崖顶平台。

马纳罗拉（Manarola）

马纳罗拉是五渔村中最繁忙的一座，其中的那些令人屏息凝神的色调柔和的大楼、咖啡馆、饮食店和餐厅零零散散，一直延伸到海边。

食宿

Ostello 5 Terre 青年旅舍 €

（☎0187 92 00 39；www.hostel5terre.com；Via Riccobaldi 21；铺 €21~24，双 €55~65，家 €92~132；@📶）这家青年旅舍坐落在村子最高处，靠近圣洛伦佐教堂。它全年营业11个月（1月中旬至2月中旬歇业），有仅限同性入住的6床宿舍，每间都带独立浴室，还有几间双人房和家庭房。

Hotel Ca' d' Andrean 酒店 €€

（☎0187 92 00 40；www.cadandrean.it；Via Doscovolo 101；标单 €80~90，双 €90~150；⏲3月至11月中旬；❄📶）这家出色的酒店由家庭经营，位于村子的上部。客房宽敞凉爽，采用灰白色调，带有浴室，有些有私人露台。可选早餐（€7）。不接受信用卡。

Il Porticciolo 海鲜 €€

（☎0187 92 00 83；www.ilporticciolo5terre.it；Via Renato Birolli 92；餐 €30；⏲11:30~23:00）村子通往港口的大路旁有几家餐厅，这是其中的一家，是享受户外海鲜盛宴的热门场所。在这里，能领略海滨的热闹气氛，海鲜菜单上有一些很受欢迎的经典选择，例如意大利细面配贻贝（spaghetti with mussels）和酥炸鱿鱼（crispy fried squid）。

里奥马焦雷（Riomaggiore）

里奥马焦雷是五渔村中最大的一座，位于最东面，实际上发挥了非正式首府的作用。

想一尝经典海鲜和当地葡萄酒，可找到Dau Cila（☎0187 76 00 32；www.ristorantedaucila.com；Via San Giacomo 65；餐 €40；⏲3月至10月8:00至次日2:00），这家小巧的葡萄酒酒吧由餐厅改造而来，位于里奥马焦雷花哨光滑的碎石小街的高处。

都灵（Turin）

人口902,200

都灵有王室宫殿、巴洛克式广场、咖啡馆，以及世界级的博物馆，是一座充满活力的优雅城市。它完全不是人们经常描绘的乏味的工业中心的样子。这座城市在几百年间一直是萨沃伊王朝（Savoy）的所在地。而在1861~1864年，它又成为意大利统一后的第一个首都。后来，2006年冬季奥运会在此举办，它还在2008年成了欧洲设计之都。

景点

★安托内利尖塔 地标

（Mole Antonelliana；Via Montebello 20；观光电梯成人/优惠 €7/5，含博物馆 €14/11；⏲观光电梯周二至周五和周日10:00~20:00，周六至23:00）这座167米高的塔楼是都灵的标志，其与众不同的铝合金尖塔还出现在意大利的两分硬币上。1862年，这一建筑开工，本来打算建成后作为犹太教会堂使用，但从未被用作礼拜场所，现在这里是国家电影博物馆。

想要饱览360度炫目风景，可乘坐观光电梯到达85米高的露天观景台。

国家电影博物馆 博物馆

（Museo Nazionale del Cinema；www.museocnema.it；Via Montebello 20；成人/优惠€10/8，含观光电梯€14/11；⌚周二至周五和周日9:00～20:00，周六至23:00）这座让人愉悦的博物馆位于安托内利尖塔之中，它将带着你穿越电影历史，展开一段梦幻之旅。这里展示的重要作品包括玛丽莲·梦露（Marilyn Monroe）的黑色蕾丝紧身胸衣、彼得·奥图（Peter O' Toole）在《阿拉伯的劳伦斯》中穿过的袍子、贝拉·卢戈西（Bela Lugosi）扮演德拉库拉时用过的棺材。博物馆中央巨大的神殿厅（Temple Hall）周围环绕着10座互动式"小圣堂"（chapels），它们分别展示不同的电影类型。

埃及博物馆 博物馆

（Museo Egizio，Egyptian Museum；www.museoegizio.it；Via Accademia delle Scienze 6；成人/优惠€7.50/3.50；⌚周二至周日8:30～19:30）位于科学协会宫（Palazzo dell' Accademia delle Scienze）的这座传奇式博物馆于1824年开馆，收藏着除开罗以外世界上最有价值的埃及珍宝。其中的两大亮点分别为拉美西斯二世（Ramesses Ⅱ）的雕像（世界上最重要的埃及艺术品之一）和1906年在皇室建筑师卡（Kha）及其妻子梅里特（Merit）的陵墓中发掘的超过500件墓葬（公元前1400年）。

城堡广场（Piazza Castello） 广场

都灵的中央广场边上环绕着大量博物馆、剧院和咖啡馆。广场主要呈巴洛克风格，于14世纪开建，是萨沃伊王朝的所在地。广场上高耸的一半中世纪风格、一半巴洛克风格的夫人宫（Palazzo Madama）最初是意大利议会。17世纪中叶，艾曼纽二世（Emanuele Ⅱ）建设了北部的王宫，门口有卡斯特与帕勒克（Castor and Pollux）孪生神灵的雕像守卫。

都灵主教座堂 大教堂

（Cattedrale di San Giovanni Battista；Piazza San Giovanni；⌚8:00至正午和15:00～19:00）都灵建于15世纪的大教堂内保存着著名的都灵裹尸布（Shroud of Turin，Sindone）。据说，耶稣被钉在十字架上死去后，他的尸体就是用这块布包裹的。祭坛前用于长期展览的只是一件复制品，真品存放在一个真空密封的盒子里，极少展示。

住宿

Tomato Backpackers Hotel 青年旅舍 €€

（☎011 020 94 00；www.tomato.to.it；Via Pellico 11；铺/标单/双/标三 €25/38/56/72；📶）这家重视生态保护的青年旅舍位于火车站以东的时髦的San Salvario地区，是市中心少数几家针对低预算游客的住宿处之一。提供纯朴的宿舍、时髦的私人房，还有厨房和休息室。整体风格休闲且包容，有许多额外服务，包括洗衣和行李寄存。

★Art Hotel Boston 精品酒店 €€€

（☎011 50 03 59；www.hotelbostontorino.it；Via Massena 70；标单 €80～150，双 €110～400；❄📶）这家酒店古典式的简朴外表让人无法想象其内部的风雅装潢。公共区域装饰有沃霍尔、利希滕斯坦（Lichtenstein）和阿尔多·蒙第诺（Aldo Mondino）的原创作品。客房风格各不相同，主题多样，包括拉瓦萨（Lavazza）咖啡、埃尔顿·塞纳（Ayrton Senna）和帕布罗·毕加索。

就餐

Grom 意式冰激凌店 €

（www.grom.it；Piazza Pietro Paleocapa 1/D；圆筒和纸杯 €2.50起；⌚夏季周日至周四11:00～23:00，周五和周六至次日1:00，冬季周五和周六至午夜）Grom连锁品牌是意大利近年来意式冰激凌店潮流的先锋，它2003年就在这里开办了第一家店。长长的队伍是其成功及冰激凌质量的证明。

L' Hamburgheria di Eataly 汉堡包 €

（Piazza Solferino 16a；餐€10～15；⌚正午至午夜）漂亮的砖块装饰、内部钢结构及可选的菜单为这家高档汉堡店增添了一丝时尚的感觉。店里专卖美味汉堡，全部是用本地出产的皮埃蒙特牛肉制成的。你也可以选择热狗和烤串，还有意大利精酿啤酒。

La Cantinella 餐厅、比萨店 €€

（☎011 819 33 11；www.lacantinella-restau

rant.com; Corso Moncalieri 3/A; 餐 €40; ⊙7:30至次日1:00)懂行的人会从维托里奥·维内托广场(Piazza Vittorio Veneto)过河，然后聚集在这家私密的餐厅里。这里有各种意大利面和比萨，不过星级菜肴却是牛排和烤肉。来杯美味的奶油栗子慕斯佐餐吧。

饮品和夜生活

傍晚，很适合在市区找个咖啡馆并享用一杯apericena，即都灵风味的开胃酒。叫一杯喝的(一般€5~10)，其价格中还包括一顿奢华的自助餐。热门的夜生活场所包括Piazza Emanuele Filiberto、Piazza Savoia和Piazza Vittorio Veneto。

实用信息

查理·费利切广场游客信息中心(Piazza Carlo Felice Tourist Office; ☎011 53 51 81; Piazza Carlo Felice; ⊙9:00~18:00)位于新门火车站(Stazione Porta Nuova)前。

城堡广场游客信息中心(Piazza Castello Tourist Office; ☎011 53 51 81; www.turismotorino.org; Piazza Castello; ⊙9:00~18:00)位于市中心，有多语种服务。

到达和当地交通

从市中心西北16公里处的**都灵机场**(Torino Airport; www.turin-airport.com)出发，有往返于欧洲各地及意大利主要港口的航班。

Sadem(www.sadem.it; 单程€6.50，上车购票€7.50)运营的机场班车(40分钟，每半小时1班)往返于机场和新门火车站。

都灵有开往米兰(€12.20~24, 1~2小时，每天最多30班)、佛罗伦萨(€52, 3小时，每天9班)、热那亚(€12.20~19, 2小时，每天最多15班)和罗马(€72, 4.25小时，每天14班)的直达列车。

米兰(Milan)

人口1,320,000

米兰是意大利的金融和时尚之都。几乎没有其他的意大利城市像它一样得到如此两极化的评价：有些人偏爱它世界性的积极氛围、充满活力的文化景象和高度发达的购物环境；另一些人则抱怨这里肮脏丑陋、价格昂贵。米兰确实缺乏许多意大利城镇所拥有的如画美景，但是在忙碌的城市中，依然有一些真正伟大的亮点——列奥纳多·达·芬奇的《最后的晚餐》(*Last Supper*)、规模庞大的米兰大教堂及斯卡拉歌剧院。

景点

★米兰大教堂

大教堂

(Duomo; www.duomomilano.it; Piazza del Duomo; 屋顶平台成人/优惠楼梯€7/3.50，电梯€12/6，圣若望洗礼堂 €6/4; ⊙周二至周日 大教堂7:00~18:40，屋顶平台9:00~18:30，洗礼堂10:00~18:00; ⓂDuomo)这座奢华的哥特式大教堂就像是用Candoglia大理石建造的一座粉红色的幻梦，它充分展现出这座城市的创造力和雄心。教堂始建于1387年，完工时共耗费了近600年的时间，其珍珠白的正立面上有3200座雕像和135个尖顶，巨大的内部空间有基督教世界最大的一座彩色玻璃窗。在这里的地下墓穴中能看到卡洛·波罗梅奥(Carlo Borromeo)的神圣陵墓，还可探索洗礼堂中的古迹。登上尖顶林立的屋顶平台可以欣赏到令人难忘的城市全景。

二十世纪博物馆

美术馆

(Museo del Novecento; ☎02 8844 4061; www.museodelnovecento.org; Piazza del Duomo 12; 成人/优惠 €5/3; ⊙周一14:30~19:30，周二、周三、周五和周日9:30~19:30，周四和周六至22:30; ⓂDuomo)俯瞰大教堂广场(Piazza del Duomo)，能看到美丽的大教堂，这是墨索里尼的阿伦加里奥宫(Arengario)。在墨索里尼统治的全盛时期，他在这里对大量群众发表了滔滔不绝的讲话。现在它是米兰的二十世纪博物馆，建筑围绕着一座充满未来主义特色的螺旋形阶梯而建(是为了向古根海姆博物馆致敬)，底层空间有些拥挤，但其中的藏品令人沉醉，包括博乔尼·翁贝托(Umberto Boccioni)、卡皮戈里(Campigli)、德·基里柯(de Chirico)和马里内蒂(Marinetti)等大师的杰作。

★斯卡拉大剧院

剧院

(Teatro alla Scala, La Scala; www.teatroallascala.org; Via Filodrammatici 2; ⓂCordusio, Duomo)朱塞佩·皮耶马利尼(Giuseppe

Central Milan 米兰市中心

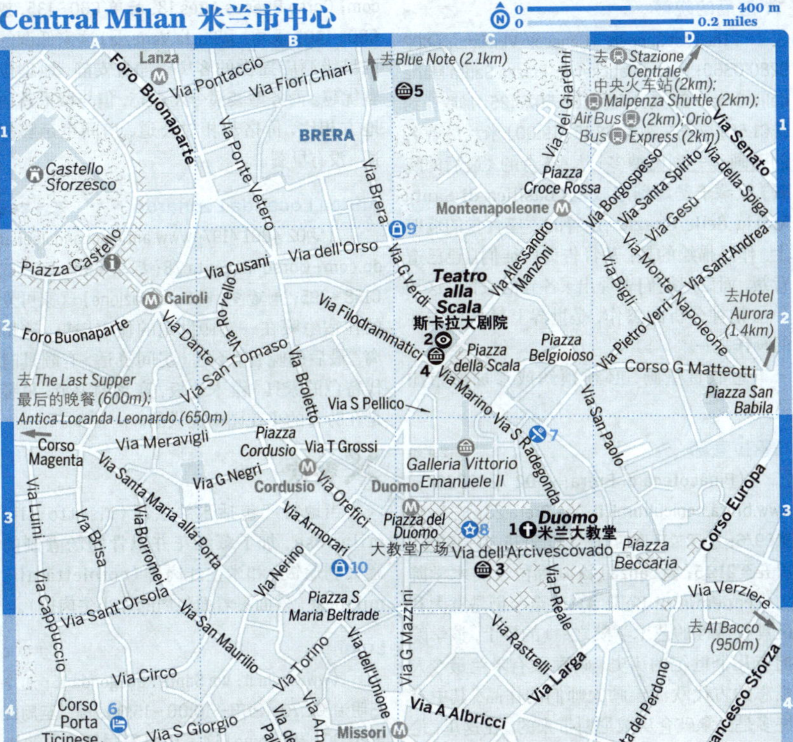

Central Milan 米兰市中心

重要景点

1 米兰大教堂 C3
2 斯卡拉大剧院 C2

景点

3 二十世纪博物馆 C3
4 斯卡拉大剧院博物馆 C2
5 布雷拉画廊 C1

住宿

6 Ostello Bello A4

就餐

7 Luini C3

娱乐

斯卡拉大剧院 .... （见2）
8 斯卡拉大剧院售票处 C3

购物

9 Cavalli e Nastri C2
10 Peck B3

Piermarini）设计的宏伟剧院拥有2800个席位，于1778年在安东尼奥·萨列里（Antonio Salieri）创作的歌剧《重建欧洲》（*Europa Riconosciuta*）首映时揭幕落成，但后来因为一场狂欢庆祝活动而被烧毁。其造成的损失靠palchi（私人包厢）的出售而得到了弥补，那些包厢上有六层镀金和深红色的镀层。

在**斯卡拉大剧院博物馆**（La Scala Museum; ☎028879 7473; Largo Ghiringhelli 1; 门票€6; ⏲9:00~12:30和13:30~17:30）中，小丑的戏服和一架刻有"生手别碰我"的立式钢琴，反映了米兰音乐剧几百年来的历史。

★最后的晚餐 艺术品

（The Last Supper; Il Cenacolo Vinciano; ☎02 9280 0360; www.vivaticket.it; Piazza Santa Maria delle Grazie 2; 成人/优惠€6.50/3.25，加收预约费€1.50; ⊙周二至周日8:15~19:00）米兰最著名的壁画——列奥纳多·达·芬奇的《最后的晚餐》收藏于圣母感恩教堂（Basilica di Santa Maria delle Grazie）连着的一座食堂的墙壁上。作品描绘的是：基督告诉门徒们自己已遭背叛，而后门徒们表现出了各异的表情。这是一份精神分析的杰作，是世界上最具标志性的画作之一。

想欣赏壁画，必须预约或参加城市团队游。

布雷拉画廊 美术馆

（Pinacoteca di Brera; ☎02 72263264; www.brera.beniculturali.it; Via Brera 28; 成人/优惠€9/6; ⊙周二至周四、周六和周日8:30~19:15，周五至21:15; Ⓜ Lanza）该画廊位于美术学院（Accademia di Belle Arti，至今仍是意大利最具权威性的艺术学院之一）的楼上，该学院拥有几个世纪的历史。画廊藏有米兰最令人难忘的古代欧洲绘画大师们的作品，其中有许多是由拿破仑从威尼斯带来的。在这里，伦勃朗（Rembrandt）、戈雅（Goya）、凡·戴克（van Dyck）都有一席之地。不过，来这里要看的是意大利画家的作品：提香、丁托列托、韦罗内塞恢宏的作品，具有开创意义的曼塔尼亚（Mantegna）、贝里尼（Bellini）兄弟的作品和一幅卡拉瓦乔的画作。

住宿

Ostello Bello 青年旅舍 €

（☎02 3658 2720; www.ostellobello.com; Via Medici 4; 铺 €28~35，双/标三/四 €98/130/160; ❄📶; 🚊Via Torino）这里是市区最好的青年旅舍，为市中心千篇一律的住宿风格注入了一丝新鲜空气。入口在一间热闹的酒吧咖啡馆中，那里对非住客也开放，可以享受到微笑服务和附赠的饮品。有混合宿舍，也有干净的私人房间，附设厨房、小露台，地下休息室里有吉他、棋类游戏和桌上足球。

Hotel Aurora 酒店 €€

（☎02 204 79 60; www.hotelauroramilano.com; Corso Buenos Aires 18; 标单 €60~135，双 €80~140; ❄📶; Ⓜ Porta Venezia）这家低调的两星级酒店提供的客房干净且安静，地理位置优越。商务型装潢令人难忘，但与城里其他地方相比，价格却相对公道，房间也足够舒适。没有早餐。

Antica Locanda Leonardo 酒店 €€€

（☎02 4801 4197; www.anticalocandaleonardo.com; Corso Magenta 78; 标单 €95~170，双 €158~395; ❄@📶; Ⓜ Conciliazione）这家可爱的住宿隐藏在一座19世纪的住宅楼里，这里离《最后的晚餐》不远。房间舒适，有颇具时代特色的家具、镶木地板、豪华的窗帘。早餐是在芳香的小花园中提供的。

餐饮

当地特产包括米兰烩饭（risotto alla milanese，加了藏红花并以骨髓汤煮制的意大利烩饭）和米兰炸肉排（cotoletta alla milanese，外面裹着面包屑的炸小牛肉排）。

Luini 快餐 €

（www.luini.it; Via Santa Radegonda 16; 油炸三明治 €2.70; ⊙周一10:00~15:00，周二至周日至20:00; Ⓜ Duomo）这家历史餐厅是品尝油炸三明治（panzerotti）的好地方，还有美味的比萨底卷饼，其中的馅料混合了马萨里拉干酪、菠菜、番茄、火腿或香辣蒜味腊肠，然后煎炸或放进烧木柴的炉子里烘烤。

Rinomata 意式冰激凌店 €

（Ripa di Porta Ticinese; 圆筒和纸杯€2.50~4.50; ⊙正午至次日2:00; Ⓜ Porta Genova）如果是在Navigli用餐，那么省掉饭后甜点，来这家街上的小冰激凌店买个冰激凌吧。店内装潢华美，有老式冰箱和玻璃门的柜子，里面装满了圆筒——冰激凌也棒极了。

Al Bacco 意大利菜 €€

（☎02 5412 1637; Via Marcona 1; 餐 €35; ⊙周一至周五12:30~14:30和19:30~23:00，周六19:00至次日1:00; 🚊Corso XXII Marzo）这家主张慢食运动主义的舒适餐厅位于市中心以东、三月二十三日大道（Corso XXII Marzo）以北的一个街区处。这里有精心准备的米兰经典菜肴。可尝试黄色米馅饼配藏红花（tortino di riso giallo allo zafferano)，之后再来一道米兰炸肉排。

BQ Navigli 酒吧

(Birra Artigianale di Qualità; Via Alzaia Naviglio Grande 44; ⊙18:00至次日2:00; Ⓜ Porta Genova)这家酒吧位于Navigli运河岸边，供应不错的精酿啤酒。从浅色的贮藏啤酒到浓郁的苦啤酒，种类齐全。可搭配意式三明治(panini)和皮塔饼式的卷饼(piadine)下酒。

☆ 娱乐

斯卡拉大剧院 歌剧

(Teatro alla Scala; ☎02 8 87 91; www.teatroallascala.org; Piazza della Scala; 芭蕾舞 €11~127，歌剧€13~210; Ⓜ Duomo)歌剧季从12月初持续到次年7月，不过你全年都可以欣赏到戏剧、芭蕾舞和音乐会，8月除外。可以在线购票，或者在演出前的两个月电话购票，也可以在中央售票处(box office; Galleria del Sagrato，大教堂广场；⊙正午至18:00)购票。

Blue Note 爵士

(☎02 69016888; www.bluenotemilano.com; Via Borsieri 37; 门票€22~40; ⊙音乐会21:00和23:30; Ⓜ Zara, Garibaldi)这里有来自世界各地的顶级演出，可通过电话、网络购票，或者于19:30之后在门口购票。周日有热门的轻音乐早午餐(每位成人€35，两位成人和两位12岁以下的儿童€70)。

购物

Quadrilatero d' Oro (Via della Spiga、Via Sant' Andrea、Via Monte Napoleone和Via Alessandro Manzoni四条大街周边地区)有许多大名鼎鼎的设计师品牌专卖店。热门的年轻品牌在Brera和Corso Magenta周围。连锁店多在Corso Vercelli和Corso Buenos Aires两边。

Peck 食物、葡萄酒

(☎02 802 31 61; www.peck.it; Via Spadari 9; ⊙周一15:30~19:30，周二至周六9:30~19:30; Ⓜ Duomo)这家古老熟食店的规模较小，名气却很大，出售各式各样多得令人难以相信的parmigiano reggiano(帕尔玛干酪)和堆

米兰的足球

米兰是意大利最成功的两支足球队的家乡，它们是国际米兰队(Internazionale，简称Inter)和贝卢斯科尼拥有的AC米兰队(AC Milan)。赛季期间(9月至次年5月)，这两个俱乐部会轮流于周日在朱塞佩·梅阿查球场(Stadio Giuseppe Meazza; Via Piccolomini 5; Ⓜ Lotto)踢球。该球场又名圣西罗球场(San Siro)。可在意大利联合商业银行(Banca Intesa; AC米兰)和米兰人民银行(Banca Popolare di Milano; 国际米兰)的分行购买比赛门票(€19起)。

比赛当天前往球场，可从Lotto地铁站(MM1号线)搭乘免费的班车。

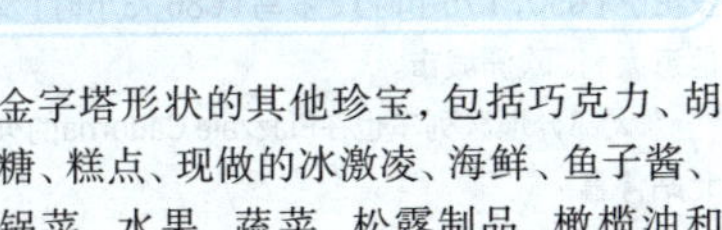

成金字塔形状的其他珍宝，包括巧克力、胡桃糖、糕点、现做的冰激凌、海鲜、鱼子酱、砂锅菜、水果、蔬菜、松露制品、橄榄油和黑醋。

Cavalli e Nastri 服饰

(☎02 7200 0449; www.cavallienastri.com; Via Brera 2; ⊙周一15:30~19:30，周二至周六10:30~19:30; Ⓜ Montenapoleone) Brera的这家色彩缤纷的商店以其复古服饰和配件而闻名。这里专门经营从20世纪初期和中期的意大利时装店里搜集而来的可爱的连衣裙、包袋、首饰和鞋子。价格不菲。

ℹ 实用信息

有用的网站包括www.turismo.milano.it和www.hellomilano.it。

24小时药房(24-Hour Pharmacy; ☎02 669 09 35; Galleria delle Partenze, Stazione Centrale; Ⓜ Centrale FS)位于中央火车站的1楼。

米兰游客信息中心(Milan Tourist Office; ☎02 7740 4343; www.visitamilano.it; Piazza Castello 1; ⊙周一至周五9:00~18:00，周六9:00~13:30和14:00~18:00，周日至17:00; Ⓜ Cairoli)

中央火车站游客信息中心(Stazione Centrale Tourist Office; ☎02 77404318; ⊙周一至周五9:00~17:00，周六和周日至12:30; Ⓜ Centrale FS)在21号站台边的二楼。

到达和离开

飞机

利纳特机场（Linate Airport；☎02 23 23 23；www.milanolinate-airport.com）位于市中心以东7公里处，有国内航班和部分前往欧洲其他国家的航班。

马尔彭萨机场（Malpensa Airport；☎02 23 23 23；www.milanomalpensa-airport.com）位于城市西北50公里处，是意大利北部主要的国际机场。

Orio al Serio（☎035 32 63 23；www.sacbo.it）贝加莫（Bergamo）附近的这座机场起降定期运行的欧洲航班，有直达交通工具往返米兰。

火车

定期开出的火车从中央火车站开往威尼斯（€37.50，2.5小时）、博洛尼亚（€40，1小时）、佛罗伦萨（€50，1.75小时）、罗马（€86，3小时）及其他意大利、欧洲城市。

大部分地区列车也在Piazzale Cadorna的火车北站停靠。

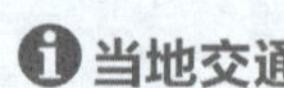

当地交通

抵离机场

马尔彭萨

Malpensa Shuttle（☎02 58583185；www.malpensashuttle.it；单程€10）有公共汽车往返于与中央火车站相邻的Piazza Luigi di Savoia。火车站开出的车辆于3:45至次日0:30运营，每20分钟1班；机场开出的车辆于5:00至次日0:30运营。可在中央火车站或机场购买车票。行程50分钟。

Malpensa Express（☎02 7249 4949；www.malpensaexpress.it；单程€12）4:28至次日0:26，每30分钟即有1班列车往返于1号航站楼（Terminal 1）、火车北站（35分钟）和中央火车站（45分钟）之间。去往2号航站楼的乘客需要从1号航站楼乘坐免费的接驳车。

利纳特

Air Bus（www.atm-mi.it；单程 €5）从Piazza Luigi di Savoia开往机场，6:30至23:30运营，每30分钟1班。行程25分钟。

OrioalSerio

Orio Bus Express（☎02 3391 0794；www.autostradale.it；单程€5）Autostradale运营。从Piazza Luigi di Savoia出发车辆的运行时间是2:45~23:30，每半小时1班；从Orio出发车辆的运行时间是4:30至次日1:00。行程1小时。

公共交通

米兰的地铁、公交车和有轨电车都由**ATM**（☎02 4860 7607；www.atm.it）运营。持车票（€1.50）可乘坐一次地铁，或在90分钟内任意搭乘市内的公共汽车和有轨电车。日票售价€4.50。可在地铁站、烟草店（tabaccherie）和报摊购买车票。

湖区（The Lakes）

意大利湖区四周环绕着顶部被积雪覆盖的山岳、雅致的城镇和美丽花园，是这个国家里一个让人沉醉的角落。

马焦雷湖（Lago Maggiore）

马焦雷湖是三大湖中最靠西的，湖面曲曲折折，一路越过瑞士边境。它至今还保存着19世纪全盛时期那种美好年代的风貌，那时，这里是艺术家和作家们喜爱的休息场所。

湖中的主要景点是伯约明群岛（Borromean islands），可从湖畔西岸的**斯特雷萨镇**（Stresa）前往。**贝拉岛**（Isola Bella）的主要景点是建于17世纪的**伯约明宫**（Palazzo Borromeo；☎0323 3 05 56；www.isoleborromee.it；成人/优惠 €13/6.50，含马德雷岛 €18.50/8.50，夸德里美术馆 €3/2；⏲3月中旬至10月中旬9:00~17:30），这座宏伟的巴洛克式宫殿中包含一座美术馆（夸德里美术馆）和美丽的分层式花园。占据湖中马德雷岛的是**马德雷宫**（Palazzo Madre；☎0323 3 12 61；www.isoleborromee.it；成人/优惠 €11/6，含贝拉岛 €18.50/8.50；⏲3月中旬至10月中旬9:00~18:00）。

在斯特雷萨镇中心的步行区，服务热情的小食店**Nonna Italia**（☎0323 93 39 22；www.nonnaitalia.net；Via Garibaldi 32；比萨饼€5~8，餐 €25~30）提供不同地区的创意菜肴。附近由家庭经营的**Hotel Fiorentina**（☎0323 3 02 54；www.hotelfiorentino.com；Via Bolongaro 9；标单 €50~60，双 €80~90；❄📶）

温馨朴实。

更多信息可咨询斯特雷萨的游客信息中心(☎0323 3 13 08; www.stresaturismo.it; Piazza Marconi 16; ⊙夏季10:00~12:30和15:00~18:30,冬季时间缩短)。

到达和当地交通

去往斯特雷萨镇最简便的方法是从米兰乘火车(€8.30,1小时,每天最多14班)。

4月至9月,**Saf**(☎0323 55 21 72; www.safduemila.com)会有一辆Alibus的接驳车往返马尔彭萨机场(€12,1小时,每天6班)。

Navigazione Lago Maggiore(☎800 551801; www.navigazionelaghi.it)有跨湖渡轮。从斯特雷萨镇到贝拉岛往返花费€6.80,到马德雷岛为€10。

科莫湖(Lago di Como)

科莫湖掩映在林木茂盛的小山和覆盖着积雪的高峰之中,是湖区中最壮美、游客最少的湖泊。位于湖面西南角的科莫镇是一个迷人的中世纪风情的繁华小镇,渡轮往来便利。

从科莫镇中心出发,在1公里开外的地方就能看到建于18世纪的华丽的奥尔莫别墅(Villa Olmo; ☎031 57 61 69; www.grandimostrecomo.it; Via Cantoni 1; 花园免费,别墅费用依据其中的展览而定; ⊙别墅展览周一至周六9:00~12:30和14:00~17:00,花园夏季7:30~23:00,冬季至19:00),它是小镇的标志性建筑,与众多水滨别墅相映成趣。

想吃午餐,可去风格独特的Osteria del Gallo(☎031 27 25 91; www.osteriadelgallo-como.it; Via Vitani 16; 餐€25~30; ⊙周一12:30~15:00,周二至周六至21:00)。同处中世纪中心区的时髦酒店Avenue Hotel(☎031 27 21 86; www.avenuehotel.it; Piazzole Terragni 6; 双/套€170/220起; ❄📶)有时尚的四星级住宿环境。

更多当地信息可咨询信息点(infopoint; www.comotourism.it; 科莫圣若望火车站; ⊙夏季周三至周一9:00~17:00,冬季至16:30)。

到达和当地交通

从米兰的中央火车站和加里波第门(Porta Garibaldi)有地区火车,这种车可前往科莫圣若望火车站(Como San Giovanni; €4.60,1小时,每小时1班)。

Navigazione Lago di Como(☎800 551801; www.navigazionelaghi.it)全年均有从Piazza Cavour附近码头出发的渡轮。

加尔达湖(Lago di Garda)

加尔达湖是湖区最大、最发达的一部分,该湖横跨伦巴第州(Lombardy)和威尼托州(Veneto)。南岸上风景优美的小村西尔米奥奈(Sirmione)是一个很好的营地。在这里,可以探索中世纪的斯卡利杰拉城堡(Rocca Scaligera, Castello Scaligero; 成人/优惠€4/2; ⊙周二至周六8:30~19:00,周日至13:30),从中可眺望宁静蔚蓝的湖面。

西尔米奥奈历史中心区有数不清的餐厅。La Fiasca(☎030 990 61 11; www.trattorialafiasca.it; Via Santa Maria Maggiore; 餐€30; ⊙周四至周二正午至14:30和19:00~22:30)是其中最好的就餐点之一,可在此品尝美味湖鱼。

西尔米奥奈村可从维罗纳出发做一日往返游。不过,如果想过夜,可前往Hotel Marconi(☎030 91 60 07; www.hotelmarconi.net; Via Vittorio Emanuele Ⅱ 51; 标单€45~75,双€80~140; P❄📶),这里有一些朴素的房间,能看到湖面的风景。

更多信息,可咨询中世纪城墙外的游客信息中心(☎030 91 61 14; iat.sirmione@tiscali.it; Viale Marconi 8; ⊙9:00~12:30和15:00~18:30,冬季的周六下午和周日关闭)。

到达和当地交通

在维罗纳,有固定班次的长途汽车前往西尔米奥奈村(€3.50,1小时,每小时1班)。

Navigazione Lago di Garda(☎800 551801; www.navigazionelaghi.it)运营湖上渡轮。

维罗纳(Verona)

人口260,000

漫步于维罗纳的街道,你就会明白莎士比亚为什么要把《罗密欧与朱丽叶》(*Romeo and Juliet*)的故事背景设在这里了。维罗纳是意大利最美、最浪漫的城市之一。它在古代的重要性为它赢得了“小罗马”（piccola Roma）的称号，而这座城市的全盛期出现在13世纪和14世纪，当时它由斯卡拉家族（Della Scala，又称Scaligeri）统治。该家族建造宫殿和桥梁，资助乔托（Giotto）、但丁（Dante）和彼特拉克（Petrarch），但也压迫他们的臣民，并与家族以外的人们争斗不休。

景点

罗马竞技场 遗迹

（Roman Arena；☎045 800 32 04；www.arena.it；Piazza Brà；成人/优惠€10/7.50，含Museo Maffeiano€11/8，10月至次年3月每月第一个周日持维罗纳卡 €1；⏰周一13:30~19:30，周二至周日8:30~19:30）这座1世纪的维罗纳古罗马圆形露天竞技场由粉色大理石建造而成，在12世纪经历过一场地震，但得以幸存，现在是城市里富于传奇色彩的露天歌剧院，能容纳3万人。全年均可参观竞技场，不过最好的时节是夏季歌剧节（opera festival）期间。

朱丽叶故居 博物馆

（Casa di Giulietta，Juliet's House；☎045 803 43 03；Via Cappello 23；成人/优惠€6/4.50；⏰周一13:30~19:30，周二至周日8:30~19:30）尽管朱丽叶和她的爱人罗密欧是完全虚构的角色，而且狭窄的石头阳台上几乎连两个人站立的空间都不够，但这并不影响参观者聚集在这座14世纪的建筑里，将失恋的心情书写在庭院的门上。

百草广场（Piazza delle Erbe） 广场

这里最早是罗马时代市民集会的场所，广场边环绕着热闹的咖啡馆，还有一些金碧辉煌的建筑，包括优雅的巴洛克式的**马费宫**（Palazzo Maffei），宫殿北端现在有几家商店。

紧邻广场的拱门是**鲸肋拱门**（Arco della Costa），上面悬挂着一根鲸肋。传说这根肋骨将落在第一个从拱门穿过的人身上。但一直到现在为止，肋骨仍未落下，尽管许多教皇和国王都曾到访这里。

领主广场（Piazza dei Signori） 广场

这座漂亮的露天沙龙四周环绕着一系列优雅的文艺复兴式宫殿，主要包括**斯卡利杰里宫**（Palazzo degli Scaligeri，又名“执政官官邸”，即14世纪时斯卡拉家族统治者坎格兰德一世的居所）、15世纪作为城市会议厅而建设的拱顶**市政会凉廊**（Loggia del Consiglio），以及由砖和石灰华建造的**拉焦内宫**（Palazzo della Ragione）。

广场中央有一座**但丁**的塑像。1302年，当他被从佛罗伦萨驱逐后，是维罗纳为他提供了庇护。

值得一游

帕多瓦

仅是中世纪中心城区和大学校园热闹的氛围，就能让你从威尼斯出发，来帕多瓦（Padua）游览一日。这趟旅程的亮点在于**斯科洛文尼礼拜堂**（Cappella degli Scrovegni，Scrovegni Chapel；☎049 201 00 20；www.cappelladegliscrovegni.it；Piazza Eremitani 8；成人/优惠€13/6，夜间门票€8/6，持帕多瓦卡€1；⏰9:00~19:00，全年多个时段7:00~22:00），其中有出自乔托之手的湿壁画。这幅引人注目的作品被认为是文艺复兴早期艺术最典型的杰作，于1303~1305年绘制而成，由38幅画组成，色彩鲜艳而生动，描绘了基督和圣母玛利亚生平的重大事件。注意，参观必须提前预约。

镇上其他的景点信息，可询问**火车站**（☎049 201 00 80；Piazza di Stazione；⏰周一至周六9:00~19:00，周日10:00~16:00）和**市中心**（Galleria Pedrocchi；☎049 201 00 80；www.turismopadova.it；Vicolo Pedrocchi；⏰周一至周六9:00~19:00）的旅游信息办公室。

漫游途中，若想补充能量，可加入大学生当中，一起到**L'Anfora**（☎049 65 66 29；Via dei Soncin 13；餐 €25~30；⏰周一至周六正午至15:00和19:00~23:00）吃一顿快乐午餐。

从威尼斯前往帕多瓦的火车（€4.05，50分钟）大约每20分钟一班。

食宿

★Corte delle Pigne
民宿 €€

(☎333 7584141; www.cortedellepigne.it; Via Pigna 6a; 标单 €60~90, 双 €90~130, 标三和四 €110~150; P❄📶)这家民宿位于历史中心区的中央,三间客房环绕在中央庭院周围。客房装饰雅致,十分有特色:一个公用的可爱广口瓶,豪华的浴室用品,幸运的夫妇还能使用按摩浴缸。

Hotel Aurora
酒店 €€

(☎045 59 47 17; www.hotelaurora.biz; Piazzetta XIV Novembre 2; 双 €100~250, 标三 €130~280; ❄📶)这家友好的三星级酒店现在正是最兴旺的时候,从这里能眺望到百草广场。客房光线明亮,有些能看到广场。装潢方面,现代与古典相融合。可以在阳光露台上吃早餐。

Hostaria La Vecchia Fontanina
意式小馆 €

(☎045 59 11 59; www.ristorantevecchiafontanina.com; Piazzetta Chiavica 5; 餐 €25; ⌚周一至周六正午至14:30和19:00~22:30)这家古老的餐馆在门外小广场上设有餐位,室内氛围舒适,食物美味。菜单包括典型的维罗纳菜肴,还有许多独出心裁的创意菜肴,例如bigoli con ortica e ricotta affumicata(浓郁的意式细面配刺草和熏乳清干酪)。还有一些无比美味的甜点。

Al Pompiere
意式小馆 €€

(☎045 803 05 37; www.alpompiere.com; Vicolo Regina d' Ungheria 5; 餐€45; ⌚周一至周六12:40~14:00和19:40~22:30)这家很受当地人欢迎的餐馆有种类繁多的奶酪,自制的火腿(salumi)久负盛名,店名中的那顶"消防帽"(pompiere)还挂在墙上。来此用餐,可以选择搭配杯装葡萄酒的开胃菜,或是盘装的调味饭和锅煮的猪蹄。建议预约。

娱乐

夏季歌剧节在**竞技场**(Arena; ☎045 800 51 51; www.arena.it; 售票处 Via Dietro Anfiteatro 6b; 歌剧门票€12~208; ⌚售票处周一至周六9:00至正午和周一至周五15:15~17:45,歌剧节时间延长)举办。

实用信息

游客信息中心(Tourist Office; ☎045 806 86 80; www.tourism.verona.it; Via degli Alpini 9; ⌚周一至周六9:00~19:00,周日10:00~16:00)紧邻Piazza Brà。员工信息灵通,能提供很大的帮助。住宿预订台周一至周六的10:00~18:00开放。

到达和当地交通

Aerobus(€6, 20分钟, 5:15~23:35,每20分钟1班)可连接市外12公里处的**维罗纳机场**(Verona Villafranca Airport; ☎045 809 56 66; www.aeroportidelgarda.it)和火车站。从火车站可乘11、12、13和510路公共汽车(晚间和周日是90、92、93和98路)前往Piazza Brà。

有开往米兰(€12~17, 1小时20分钟至2小时,每小时最多3班)、威尼斯(€8.50~18.50, 50分钟至2.25小时,每半小时两班)和博洛尼亚(€10~18.50, 50分钟至1.5小时,每天20班)的火车。

威尼斯(Venice)

人口264,500

威尼斯是一个美得令人沉醉的城市。在这里的每一个街角,都能碰见让你难以忘怀的美景:清澈运河上的小桥;在忙碌的驳船间轻快穿梭的朴素的贡多拉(gondola,一种两头尖的平底船);映衬在水平线上的尖塔和远处穹顶的轮廓。这里名胜古迹众多,迷宫似的后街小巷充满了独特的、近乎神秘的氛围,让人不免联想其中是否涌动着激情和阴暗的秘密。卡纳雷吉欧(Cannaregio)、多尔索杜罗(Dorsoduro)和城堡区很少能看到大批的游客,你可以在学院(Accademia)和火车站之间的小巷里闲逛几个小时。

城中许多瑰宝的历史都要追溯至中世纪时期,那时的威尼斯还是一个名叫西罗尼希玛(La Serenissima)的强大共和国。

景点

圣马可区

★圣马可大教堂
大教堂

(Basilica di San Marco, St Mark' s Basilica, 见742页地图; ☎041 270 83 11; www.basilicasa

Greater Venice 大威尼斯地区

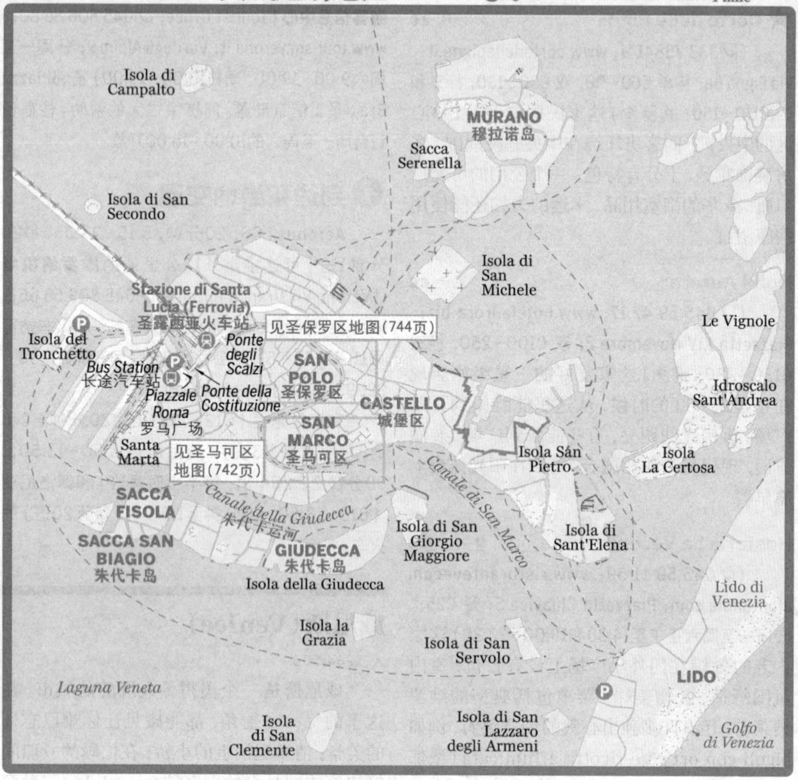

nmarco.it; Piazza San Marco; ⊙4月至10月周一至周六9:45~17:00，周日14:00~17:00，11月至次年3月周日至16:00; San Marco) 免费 威尼斯的标志性教堂是一处令人难忘的景点，它有锥形的尖顶、拜占庭式的穹顶、闪亮的镶嵌画及奢华的大理石工艺。起初建造这座教堂是为了安放圣马可的遗体，但是最早的小礼拜堂在公元932年的大火中被烧毁了。1094年，在其原址之上又建造了新的天主教堂。之后的500年里，它被不断地加工改造，继任的总督先后增加了镶嵌画及从东方国家掠夺来的装饰品。

在教堂内部的众多珍宝中，要留意**金色围屏**(Pala d' Oro，见742页地图；门票€2；⊙4月至10月周一至周六9:45~17:00，周日14:00~17:00，11月至次年3月至16:00; San Marco)，这是一幅令人震惊的黄金圣坛装饰画。

圣马可广场 广场

(Piazza San Marco，见742页地图)这座宏伟的广场完美地集中了威尼斯过去的显赫及现在游人如织的热闹。广场两侧坐落着带有拱廊的**旧行政官邸大楼**(Procuratie Vecchie)和**新行政官邸大楼**(Procuratie Nuove)。在一天的大部分时间里，广场上尽是游客、鸽子和导游。想从高处俯视，可前往圣马可大教堂中99米高的**钟楼**(campanile, Bell Tower，见742页地图；www.basilicasanmarco.it; Piazza San Marco; 门票 €8; ⊙夏季9:00~21:00，春秋至19:00，冬季9:30~15:45; San Marco)，在上面能尽览全景式的绝伦风景。

★总督府 博物馆

(Palazzo Ducale, Ducal Palace，见742页地图; ☎041 271 59 11; www.palazzoducale.visitmuve.it; Piazzetta San Marco 52; 成人/优惠

€17/10；⏲4月至10月8:30~19:00，11月至次年3月至17:30；⛴San Zaccaria）这座宏伟的哥特式建筑从9世纪开始的近700年历史中，一直是总督（doge）的官邸和威尼斯共和国政府（和监狱）的所在地。总督公寓在1楼，但2楼上装潢奢华的套房才是真正的亮点。其中，能产生回声的**大会议厅**（Sala del Maggiore Consiglio）是最大亮点，这里是总督宝座的所在，还藏有丁托列托之子多梅尼克（Domenico）的油画《天堂》（*Paradiso*）。

★叹息桥 桥

（Ponte dei Sospiri，见742页地图）叹息桥是威尼斯被拍摄最多的景点之一，它连接着总督府与16世纪建造的新监狱（Priggione Nove）。这座桥得名于被定罪的囚犯们——包括贾科莫·卡萨诺瓦（Giacomo Casanova）在内，犯人在被押往牢房的途中会发出叹息之声。

多尔索杜罗区（Dorsoduro）

★学院美术馆 画廊

（Gallerie dell' Accademia，见742页地图；☎041 520 03 45；www.gallerieaccademia.org；Campo della Carità 1050；成人/优惠€11/8，每月第一个周日免费；⏲周一8:15~14:00，周二至周日至19:15；⛴Accademia）这家古老的美术馆记载着威尼斯艺术从14世纪到18世纪的发展轨迹，藏有贝利尼（Bellini）、提香（Titian）、丁托列托（Tintoretto）、韦罗内塞（Veronese）、卡纳莱托（Canaletto）和其他一些艺术家的作品。这里从前是Santa Maria della Carità女修道院，其中的宁静生活维持了几个世纪，直至1807年拿破仑将这里作为他安放威尼斯艺术战利品的场所为止。自此以后，这里的艺术珍品就不断增加。

> **门票优惠**
>
> **市属博物馆通票**（Civic Museum Pass；www.visitmuve.it；成人/优惠 €24/18）可单次进入11座市属博物馆，6个月内有效，或者仅限圣马可广场（Piazza San Marco，€16/10）周围的5座博物馆。可在线购买，或者在有关博物馆内购买。
>
> **教堂通票**（Chorus Pass；www.chorusvenezia.org；成人/优惠 €12/8）覆盖11座教堂。可在有关景点购买。
>
> **威尼斯全城通票**（Venezia Unica City Pass；www.veneziaunica.it；成人/优惠 €40/30）包括市属博物馆和教堂通票，另外还提供其他景点优惠。可在网站查看详情并购买。也在HelloVenezia出售。

★佩吉·古根海姆美术馆 博物馆

（Peggy Guggenheim Collezion，见742页地图；☎041 240 54 11；www.guggenheim-venice.it；Palazzo Venier dei Leoni 704；成人/优惠€15/9；⏲周三至周一10:00~18:00；⛴Accademia）当父亲于泰坦尼克号上丧生后，女继承人佩吉·古根海姆就成了20世纪最伟大的收藏家之一。她这座位于运河边上的迎狮宫（Palazzo Venier dei Leoni）陈列着来自200位艺术家的大量超现实主义、未来主义、抽象表现主义艺术作品，其中包括她的前夫马克思·恩斯特（Max Ernst）、杰克逊·波洛克（Jackson Pollock，是传言中她诸多情人中的一位）、毕加索和萨尔瓦多·达利的作品。

安康圣母堂 大教堂

（Basilica di Santa Maria della Salute，La Salute，见742页地图；☎041 241 10 18；www.seminariovenezia.it；Campo della Salute 1b；门票免费，圣器收藏室成人/优惠€3/1.50；⏲9:00至正午和15:00~17:30；⛴Salute）这座建于17世纪的穹顶教堂守卫在大运河的入口处，是威尼斯瘟疫幸存者为表达对救赎的感恩而建造的。Baldassare Longhena的设计可谓一场令人振奋的工程盛宴，挑战了简单逻辑。据说，教堂还具有神奇的治病效果。艺术家提香躲过了瘟疫，活到94岁高龄，还为这里的圣器收藏室留下了一幅杰作。

圣保罗和圣十字区（San Polo & Santa Croce）

弗拉里教堂 教堂

（I Frari，Basilica di Santa Maria Gloriosa dei Frari；Campo dei Frari，San Polo 3072；成人/优惠 €3/1.50；⏲周一至周六9:00~18:00，周日13:00~18:00；⛴San Tomà）这座肃穆的意大利哥特式教堂采用砖石建造，其中有嵌花

Sestiere di San Marco 圣马可区

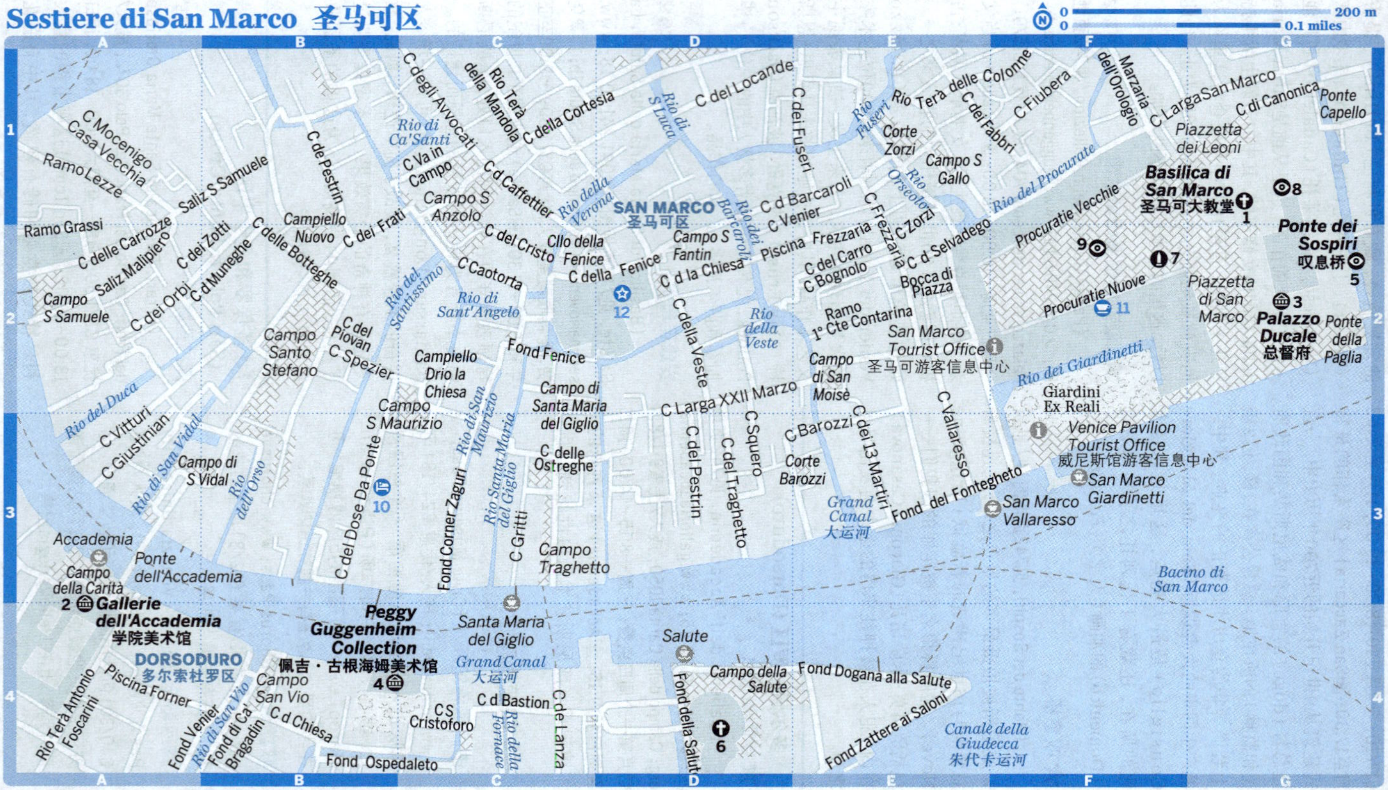

0 200 m
0 0.1 miles

Basilica di San Marco 圣马可大教堂 1
Gallerie dell'Accademia 学院美术馆 2
Palazzo Ducale 总督府 3
Peggy Guggenheim Collection 佩吉·古根海姆美术馆 4
Ponte dei Sospiri 叹息桥 5
6
7
8
9
10
11
12

SAN MARCO 圣马可区
DORSODURO 多尔索杜罗区
Grand Canal 大运河
Canale della Giudecca 朱代卡运河
Bacino di San Marco
San Marco Tourist Office 圣马可游客信息中心
Venice Pavilion Tourist Office 威尼斯馆游客信息中心
San Marco Giardinetti
San Marco Vallaresso
Santa Maria del Giglio
Salute
Accademia
Giardini Ex Reali
Piazzetta dei Leoni
Piazzetta di San Marco
Procuratie Vecchie
Procuratie Nuove
Ponte della Paglia
Ponte Capello
Ponte dell'Accademia
Rio del Procurate
Rio dei Giardinetti
Rio Orseolo
Rio Fuseri
Rio dei Barcaroli
Rio di S Luca
Rio della Verona
Rio di Ca'Santi
Rio del Santissimo
Rio di Sant'Angelo
Rio della Veste
Rio di San Maurizio
Rio Santa Maria del Giglio
Rio del Duca
Rio di San Vidal
Rio dell'Orso
Rio di San Vio
Rio della Fornace
Marzaria dell'Orologio
C Larga San Marco
C di Canonica
C Fiubera
Rio Terà delle Colonne
C dei Fabbri
Corte Zorzi
Campo S Gallo
C Zorzi
C Frezzaria
C d Selvadego
Bocca di Piazza
C d Barcaroli
C Venier
Piscina Frezzaria
C del Carro
C Bognolo
C dei Fuseri
C del Locande
C della Cortesia
Rio Terà della Mandola
C degli Avvocati
C Va in Campo
C d Caffettier
Campo S Anzolo
C del Cristo
Cllo della Fenice
C della Fenice
Campo S Fantin
C d la Chiesa
C della Veste
Ramo 1° Cte Contarina
Campo di San Moisè
C Larga XXII Marzo
C Barozzi
Corte Barozzi
C dei 13 Martiri
C Vallaresso
Fond del Fontegheto
C Squero
C del Traghetto
C del Pestrin
C Caotorta
Fond Fenice
Campo di Santa Maria del Giglio
C delle Ostreghe
C Gritti
Campo Traghetto
Fond Corner Zaguri
C del Dose Da Ponte
Campiello Drio la Chiesa
Campo S Maurizio
C del Piovan
C Spezier
Campo Santo Stefano
C delle Botteghe
C dei Frati
Campiello Nuovo
C de Pestrin
Saliz S Samuele
C Mocenigo Casa Vecchia
Ramo Lezze
Ramo Grassi
C delle Carrozze
Saliz Malipiero
C dei Zotti
C d Muneghe
C dei Orbi
Campo S Samuele
C Vitturi
C Giustinian
Campo di S Vidal
Campo della Carità
Campo San Vio
C d Chiesa
Piscina Forner
Rio Terà Antonio Foscarini
Fond Venier
Fond di Ca' Bragadin
Fond Ospedaleto
CS Cristoforo
C d Bastion
C de Lanza
Campo della Salute
Fond della Salute
Fond Dogana alla Salute
Fond Zattere ai Saloni

Sestiere di San Marco 圣马可区

的唱诗班席位、卡诺瓦的金字塔式陵墓、圣器收藏室中贝里尼创作的温馨的《圣母子》（*Madonna with Child*）三联画、Longhena为Pesaro总督设计的令人毛骨悚然的纪念碑。游客们肯定会被祭坛上的小装饰画吸引。《圣母升天》（*Assumption*）是提香在1518年创作的，在画面中能看到身穿红色斗篷的圣母玛利亚散发着光芒，踏上云层升入天堂，远离了俗世牵挂。提香于1576年逝世后，就被埋葬在这幅杰作之下。

◎ 朱代卡岛 (Giudecca)

威尼斯救主堂 教堂

（Chiesa del Santissimo Redentore, Church of the Redeemer; Campo del SS Redentore 194; 成人/优惠 €3/1.50，或持教堂通票；⊙周一至周六10:00~17:00；Redentore）帕拉迪奥（Palladio）设计这座救主堂（Il Redentore）是为了庆祝城市从黑死病中的劫后余生。建筑于1592年在安东尼·达·庞特（Antonio da Ponte，因设计里亚尔托桥而闻名）的带领下竣工，其中藏有丁托列托、韦罗内塞和维瓦里尼的作品，不过最吸引人的还是保罗·皮亚扎（Paolo Piazza）在1619年创作的《感恩威尼斯自瘟疫中重生》（*Gratitude of Venice for Liberation from the Plague*）。

◎ 岛屿

穆拉诺岛 岛屿

（Murano; 4.1, 4.2）穆拉诺岛从13世纪起就一直是威尼斯玻璃的原产地。你可以参加工厂的团队游，去看看产品的幕后生产过程，或者去参观**玻璃博物馆**（Museo del Vetro, Glass Museum; ☎041 527 47 18; www.museovetro.visitmuve.it; Fondamenta Giustinian 8; 成人/优惠€10/7.50; ⊙4月至10月10:00~18:00，11月至次年3月至17:00; Museo），它就在交通汽艇（vaporetto）的博物馆站附近。注意，在本书写作期间，博物馆正进行大修。

布拉诺岛 岛屿

（Burano; 12）岛上有许多令人愉快的色彩缤纷的房子。该岛因手工制作的"蕾丝"而闻名。不过，近年来，当地商店里出售的蕾丝多是进口货。

托尔切洛岛 岛屿

（Torcello; Torcello）托尔切洛是共和国最早有人定居的岛屿，后来被废弃主要是因为疟疾肆虐。现在，这里的居民总计不超过80人。威尼斯最古老的天主教堂——镶嵌着马赛克的拜占庭式**圣母升天大教堂**（Basilica di Santa Maria Assunta; ☎041 73 01 19; Piazza Torcello; 成人/优惠€5/4，含博物馆€8/6; ⊙3月至10月10:30~18:00，11月至次年2月至17:00; Torcello）就坐落在这里。

导航威尼斯

威尼斯并不是一个便于导航的地方，即使带着地图，你也一定会迷路。令人感兴趣的区域主要位于圣露西亚（Santa Lucia）火车站（路标为ferrovia）和圣马可广场（Piazza San Marco）之间。这两地之间的通路——威尼斯的主干道需要步行40~50分钟，行程令人愉快。

了解这座城市被划分为哪6个区会很有帮助，它们是：卡纳雷吉欧、城堡、圣马可、多尔索杜罗、圣保罗和圣十字。

Sestiere di San Polo 圣保罗区

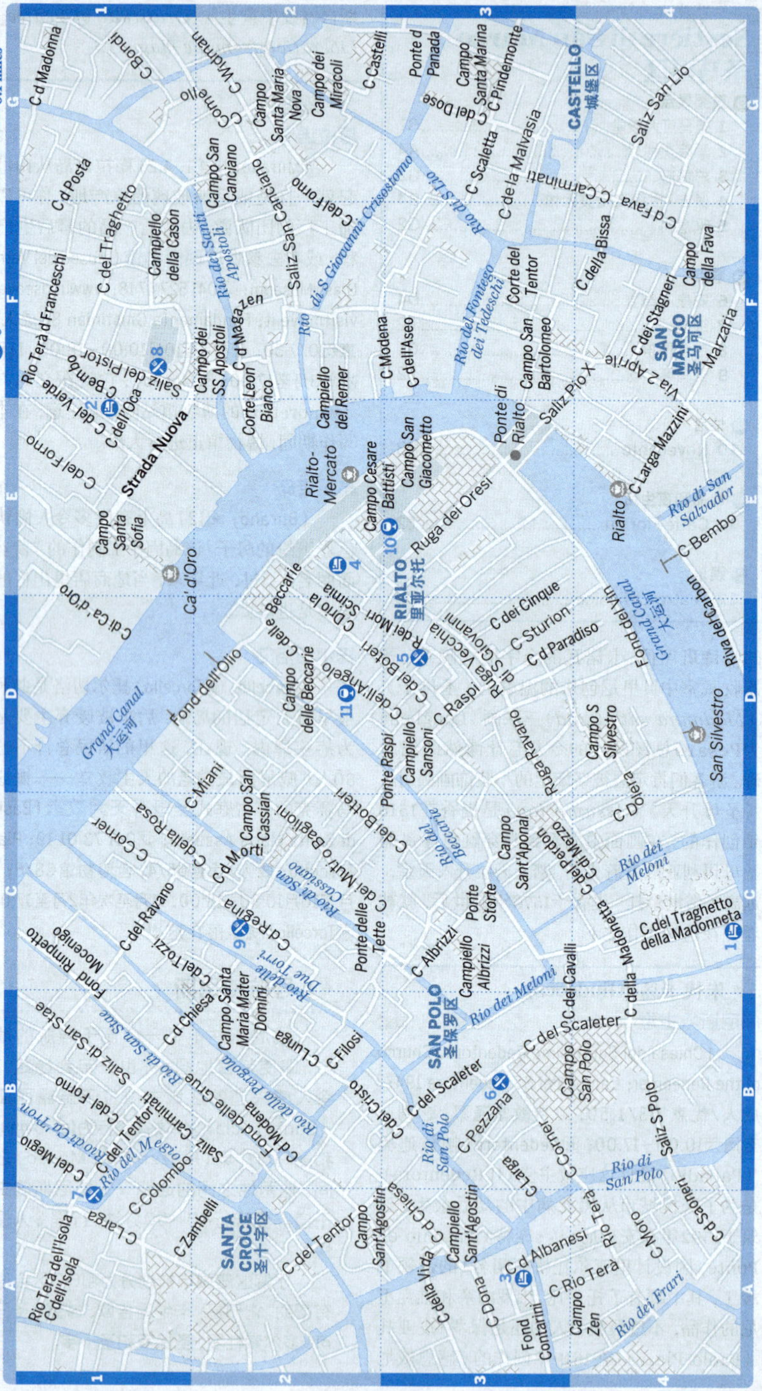

0 — 200 m
0 — 0.1 miles

SANTA CROCE 圣十字区
SAN POLO 圣保罗区
RIALTO 里亚尔托
SAN MARCO 圣马可区
CASTELLO 城堡区
Grand Canal 大运河

Rio Terà dell'Isola
C dell'Isola
C del Megio
Rio di Ca' Tron
Rio del Megio
C del Forno
Saliz di San Stae
Fond Rimpetto Mocenigo
C Larga
C del Tentor
C Colombo
Saliz Carminati
Rio di San Stae
C Zambelli
Fond delle Grue
C d Modena
Rio della Pergola
C d Chiesa
C del Tozzi
C del Ravano
C Corner
C della Rosa
Campo Santa Maria Mater Domini
C d Regina
Rio delle Due Torri
C d Morti
Campo San Cassian
C Miani
C del Tentor
C Lunga
C Filosi
Rio di San Cassiano
C dei Muti o Baglioni
Ponte delle Tette
Campo Sant'Agostin
C del Cristo
C della Vida
C d Chiesa
Rio di San Polo
C del Scaleter
Campiello Sant'Agostin
C Dona
C Pezzana
C Albrizzi
Campiello Albrizzi
Ponte Storte
Rio dei Meloni
Fond Contarini
C d Albanesi
C Larga
Campo Sant'Aponal
C Rio Terà
Campo Zen
Rio Terà
C Corner
Campo San Polo
C del Scaleter
C dei Cavalli
C del Perdon
C di Mezzo
Rio dei Frari
C Moro
Rio di San Polo
Saliz S Polo
C d Saoneri
C della Madonetta
C del Traghetto della Madonneta
Rio dei Meloni
C Dolera
Campo S Silvestro
San Silvestro
C dei Botteri
Rio del Beccarie
Ponte Raspi
Campiello Sansoni
C Raspi
C dell'Angelo
C del Boteri
R dei Mori
C Drio la Scimia
Campo delle Beccarie
C delle Beccarie
Fond dell'Olio
Ruga Ravano
Ruga Vecchia di S Giovanni
C Sturion
C d Paradiso
C dei Cinque
Ruga dei Oresi
Fond del Vin
Riva del Carbon
C Bembo
Rio di San Salvador
Rialto
C Larga Mazzini
Ponte di Rialto
Saliz Pio X
Via 2 Aprile
C dei Stagneri
Marzaria
Campo della Fava
C d Fava
C della Bissa
C Carminati
C de la Malvasia
Campo San Bartolomeo
Corte del Tentor
Rio del Fontego dei Tedeschi
Rio di S Lio
C Scaletta
C del Dose
Campo Santa Marina
C Pindemonte
Ponte d Panada
Saliz San Lio
Campo Cesare Battisti
Campo San Giacometto
Rialto-Mercato
Campiello del Remer
C Modena
C dell'Aseo
Rio di S Giovanni Crisostomo
C Castelli
C del Forno
Campo dei Miracoli
Campo Santa Maria Nova
Saliz San Canciano
Corte Leon Bianco
C d Magazen
Campo dei SS Apostoli
Rio dei Santi Apostoli
Campo San Canciano
C Widman
C Comello
C Bondi
Ca' d'Oro
C di Ca' d'Oro
Campo Santa Sofia
Strada Nuova
C del Forno
C del Verde
C Bembo
C dell'Oca
Saliz del Pistor
Rio Terà d Franceschi
C d Posta
C del Traghetto
Campiello della Cason
C d Madonna

1 2 3 4 5 6 7 8 9 10 11

Sestiere di San Polo
圣保罗区

利多 岛屿

（Lido di Venezia；1、2、5.1、5.2、6、8、10、14、N）这里的主要景点是海滩，不过海水被污染了，而且公共区域经常显得乱七八糟。南部的一些海滩倒是例外，例如阿尔贝罗尼（Alberoni）的那些。如果想距离交通游艇站更近一些，可以花费€10租椅子和遮阳伞，待在海滩上更容易到达、更干净的地区。

活动

贡多拉（gondola）的官方价格为€80起（8:00~19:00），19:00至次日8:00则为€100起。这是40分钟行程的价格，最多可乘坐6人。以20分钟为单位加价（白天/晚上€40/50）。

节日和活动

狂欢节 狂欢节

（Carnevale；www.carnevale.venezia.it）在2月大斋（Lent）前的两周内，假面狂欢（Masquerade madness）活动会遍布城市。假面舞会票价€140起，不过，狂欢节开始之前会有自由流淌的葡萄酒喷泉，每座广场（campo）都会举办公众化装舞会。大运河上的小船队表演标志着节日落幕。

沿海共和国赛舟会 文化

（Palio delle Quattro Antiche Repubbliche Marinare；Regatta of the Four Ancient Maritime Republics）每年6月初，比萨（Pisa）、威尼斯、阿马尔菲（Amalfi）和热那亚（Genoa）这四大历史海港城市会轮流主办这项极具历史意义的赛船会。

威尼斯双年展 艺术节

（Venice Biennale；www.labiennale.org）这个重要的国际视觉艺术展会在每个奇数年的6月至11月举办。

救世主节 宗教节日

（Festa del Redentore，Feast of the Redeemer；www.turismovenezia.it）在7月的第三个周六和周日举行，届时可通过一座摇摇晃晃的浮桥从朱代卡运河走到威尼斯救主堂，接着码头区会有烟花表演。

威尼斯国际电影节 电影节

（Venice International Film Festival，Mostra del Cinema di Venezia；www.labiennale.org/en/cinema）8月里，唯一比利多岛海滩还要热门的地方就是电影节上星光闪耀的红毯。一般在8月最后一个周末至9月第一周举行。

威尼斯传统赛舟会 文化

（Regata Storica；www.regatastoricavenezia.it）在这场古老的游行活动（一般是在9月举行）中，会有穿着16世纪服饰的人、8人划桨的贡多拉小船和正式的三桅帆船，这是再现塞浦路斯女王驾临的场面，之后会有贡多拉赛舟会。

住宿

圣马可区

★Novecento 精品酒店 €€€

（见742页地图；041 241 37 65；www.novecento.biz；Calle del Dose 2683/84；双€160~340；；Santa Maria del Giglio）这家酒店呈现出一种波希米亚式的时髦样貌，真的很迷人。9间客房的设计风格各不相同，其中有土耳其基里姆枕头、福尔图尼帷幔和19世纪的雕花床架。外面的花园是用早餐的好地方。

多尔索杜罗区

Hotel La Calcina 酒店 €€€

（041 520 64 66；www.lacalcina.com；

Fondamenta Zattere ai Gesuati 780；标单€100~190，双€170~370；；Zattere）这家历史悠久的三星级酒店是运河边的著名地标。屋顶露台视野开阔，附设一间优雅的位于运河畔的餐厅。嵌花地板的客房通风良好，有几间面朝朱代卡运河和救主堂。可提前预约风景更好的房间，尤其是2号，约翰·拉斯金（John Ruskin）1876年曾在这里写作他的经典名篇《威尼斯之石》（*The Stones of Venice*）。

圣保罗区和圣十字区

L' Imbarcadero 青年旅舍 €

（392 341 08 61；www.hostelvenice.net；Imbarcadero Riva de Biasio和Calle Zen交叉路口，Santa Croce；铺€18~27；；Riva de Biasio）圣十字区这家友好的青年旅舍距离火车站只有5分钟的步程，提供宽敞的混合宿舍和仅限女性入住的宿舍，有些能看到大运河的景色。

★ Ca' Angeli 精品酒店 €€

（见744页地图；041 523 24 80；www.caangeli.it；Calle del Traghetto de la Madoneta 1434，San Polo；双€95~225，套€200起；；San Silvestro）在这家精致的酒店中能看到穆拉诺岛制作的玻璃吊灯、嵌花地板。这里正对着运河，客房美丽如画，有木梁结构的屋顶、古董地毯和大浴室。餐厅提供用心制作的有机早餐。

Pensione Guerrato 家庭旅馆 €€

（见744页地图；041 528 59 27；www.pensioneguerrato.it；Calle Drio la Scimia 240a，San Polo；双/标三/四€145/165/185；；Rialto Mercato）这家小旅馆位于一座1227年建造的塔楼中，曾是第三次十字军东征时赶赴战场的骑士们的客栈。时髦的客房并没有丧失原有的历史感——有些装饰有壁画，有些能瞥见大运河。靠近里亚尔托（Rialto）市场，老板很友善，因此更添魅力。大厅有无线网络。

> **威尼斯的厕所**
>
> 可在火车站、罗马广场、学院桥、圣巴托洛梅奥广场及圣马可广场后面找到公厕。要使用它们，需要€1.50（火车站为€1）的零钱。

没有电梯。

★ Oltre il Giardino 精品酒店 €€€

（见744页地图；041 275 00 15；www.oltreilgiardino-venezia.com；Fondamenta Contarini，San Polo 2542；双€180~250，套€200~500；；San Tomà）住在这座花园别墅中，如置身梦境一般。这里在20世纪20年代是某位作曲家的遗孀阿尔玛·马勒（Alma Mahler）的家。酒店隐藏在一座带有围墙的茂盛花园背后，6间客房的屋顶都很高，洋溢着历史的魅力和现代的舒适氛围：珍稀古董、现代化设备和象牙白的背景被融合在一起。

★ 卡纳雷吉欧区

Hotel Bernardi 酒店 €

（见744页地图；041 522 72 57；www.hotelbernardi.com；SS Apostoli Calle dell' Oca 4366；标单€48~110，双€57~90，家€75~140，不含浴室 标单€25~32，双€45~62；）这家酒店地理位置便利，紧邻大街，店主很热情，价格很低，因此总是人满为患。最好的房间里有一些位于副楼，装饰有木梁结构的屋顶、穆拉诺岛产的枝形吊灯和镀金家具。

Giardino dei Melograni 客栈 €€

（041 822 61 31；www.pardesrimonim.net；Ghetto Nuovo，Cannaregio 2873/c；标单€70~100，双€80~180，标三€110~210，四€140~240；；Ferrovia Santa Lucia）这家客栈由威尼斯的犹太人社区经营，所有的收益也都归于社区。名字的意思是"石榴园"。这是个符合犹太教教规、气氛活泼的住处，位于迷人的新犹太广场（Campo Ghetto Nuovo），从火车站步行很快就能到达。有14间明亮的现代化房间。

就餐

威尼斯的特色菜包括豌豆汤烩米饭（risi e bisi）和用醋、洋葱腌制过的油炸沙丁鱼（sarde in saor）。也可以尝试cicheti，这是一种传统的威尼斯酒吧小吃。

多尔索杜罗区

Grom 意式冰激凌店 €

（041 099 17 51；www.grom.it；Campo San

Barnaba 2461；冰激凌 €2.50～5.50；周日至周四10:30～23:00，周五和周六10:00～12:30，冬季时间缩短；Ca' Rezzonico）城市里Grom的几家分店之一。冰激凌十分不错，采用应季食材（柠檬来自阿马尔菲海岸，开心果来自西西里岛，榛子来自皮埃蒙特）制作，是完美的提神甜品。

Ristorante LaBitta 意式餐厅 €€

（041 523 05 31；Calle Lunga San Barnaba 2753a；餐€35～40；周一至周六18:45～22:45；Ca' Rezzonico）这家惬意的木制餐厅位于热闹的圣玛格丽特广场（Campo Santa Margherita）附近。每日菜单写在一块画架上，用心制作的乡村食物看起来像是静物一般，其口感会让"肉食动物"置身梦境：牛排紧紧地卷在培根中，小牛肉和切奥迪尼（chiodini）蘑菇一起炖熟。必须预约。只收现金。

圣保罗区和圣十字区

★All' Arco 威尼斯菜 €

（见744页地图；041 520 56 66；Calledell' Ochialer 436，San Polo；cicheti€1.50起；周三至周五8:00～20:00，周一、周二和周六至15:00；Rialto-Mercato）在这家地道的街区osteria（由许多人共同经营的休闲酒馆或餐馆）中能找到城里最好的cicheti。食材来自附近的里亚尔托市场，厨师是父子档：弗朗西斯科（Francesco）和马泰奥（Matteo），其菜肴杰作包括清蒸白芦笋配应季培根、生鲳鱼（otrega）配薄荷橄榄油卤汁。

Osteria La Zucca 新派意大利菜 €€

（见744页地图；041 524 15 70；www.lazucca.it；Calle del Tentor 1762，Santa Croce；餐€35；周一至周六12:30～14:30和19:00～22:30；San Stae）这是一家舒适的、装饰着木制镶板的餐馆，供应各种应季素菜和经典肉食菜肴，总能让你如愿以偿。菜肴将香草和香料的魅力发挥到了极致，例如肉桂南瓜馅饼、羊肉配莳萝和羊乳奶酪（pecorino）。店面很小，因此可能会很热，所以建议夏季时预订运河边的餐位。

Birraria La Corte 意式小馆、比萨店 €€

（见744页地图；041 275 05 70；Campo San Polo 2168，San Polo；比萨 €7～14，餐 €35；正午至15:00和18:00～22:30；；San Tomà）这家餐厅曾是一座牛棚，19世纪被改造成一座啤酒厂。现在这里的啤酒和牛肉仍值得信赖。这里也有比萨。广场边的餐位很受欢迎。

Vecio Fritolin 威尼斯菜、海鲜 €€€

（见744页地图；041 522 28 81；www.veciofritolin.it；Calle della Regina 2262，Santa Croce；传统三菜套餐 €38，餐 €45；周二19:30～22:30，周三至周日正午至14:30和19:00～22:30；San Stae）Fritolin就是人们坐在公共餐桌上吃炸鱼的传统餐馆。这家餐厅是其现代版，更时髦更精致。菜单包括肉食和素食，但亮点是顶级海鲜，原料来自附近的里亚尔托市场。

卡纳雷吉欧区

Dalla Marisa 威尼斯菜 €€

（041 72 02 11；Fondamenta di San Giobbe 652b；套餐 午餐/晚餐 €15/35；每天正午至15:00，周二和周四至周六19:00～23:00；Crea）在卡纳雷吉欧区的这家餐馆中，哪里有位子你就在哪里坐下，Marisa做什么你就吃什么。预约的时候，你会被告知固定价格的套餐是以肉食为主还是以海鲜类为主。经常光顾的威尼斯食客表示，Marisa的威尼斯小牛肝（fegato alla veneziana）比他们奶奶做的还好吃。不接受信用卡。

Trattoria da Bepi Già "54" 威尼斯菜 €€

（见744页地图；041 528 50 31；www.dabepi.it；Campo SS. Apostoli 4550；餐€30～40；周五至周三正午至14:30和19:00～22:00；Ca' d' Oro）靠近颇受旅行者欢迎的主干道（实际上距离Santi Apostoli也只有几米远），这里是较好的小餐馆之一。这家经典的老派意式小馆有几张户外餐桌，喧闹的室内有木头装饰，气氛令人愉快。供应传统的威尼斯菜肴，海鲜是重点。

★Anice Stellato 威尼斯菜 €€€

（041 72 07 44；www.osterianicestellato.com；Fondamenta della Sensa 3272；酒吧小吃€13.50，餐 €45～50；周三至周日10:30～15:30和18:30至午夜；Madonna dell' Orto）在运河

畔的这家bacaro（传统威尼斯餐馆）中，锡制灯笼、朴素的乡村餐桌和小木头吧台为高品质海鲜搭配了完美情境。可以在吧台边大口品尝cicheti，或者按菜单点菜，愉快地享用多汁的saor（醋汁）虾和烤金枪鱼。

饮品和夜生活

Cantina Do Spade

酒吧

（见744页地图；☎041 521 05 83；www.cantinadospade.com；Calle delle Do Spade 860，San Polo；⏰10:00~15:00和18:00~22:00；📶；🚤Rialto）自1488年以来，这家由砖块装饰的惬意酒吧就一直让威尼斯人保持着高昂的兴致，年轻懒散的管理者热情地欢迎前来品尝鸡尾酒的威尼斯熟客、鉴赏双倍麦芽浓度黑啤的内行游客和喝便宜货的威尼斯出租车司机。来得早还能吃到用新鲜食材制作的炸面粉裹海鲜（fritture）。

Al Mercà

葡萄酒吧

（见744页地图；Campo Cesare Battisti 213，San Polo；⏰周一至周四10:00~14:30和18:00~21:00，周五和周六至21:30；🚤Rialto）眼光敏锐的人会挤到里亚尔托集市广场这家袖珍小酒吧的柜台前，然后品尝顶级的prosecco（起泡酒）和杯装（€2）的法定产区酒。18:30之前来，可以吃到小意式三明治（€1~2.50）。那时进酒吧更容易，也可以和人群一起，坐到大运河码头上去。

Il Caffè Rosso

咖啡馆

（☎041 528 79 98；Campo Santa Margherita 2963，Dorsoduro；⏰周一至周六7:00至次日1:00；📶；🚤Ca' Rezzonico）圣玛格丽特广场（Campo Santa Margherita）上的这家正面为红色的咖啡馆被亲切地称为"il rosso"。它从19世纪初就在这里了。傍晚的氛围最好，届时当地人会抢占令人愉快的广场上的餐位，品尝并不昂贵的spritzes（一种用普洛赛克葡萄酒制作的鸡尾酒）。

★El Rèfolo

酒吧

（www.elrefolo.it；Via Garibaldi，Castello 1580；⏰11:30至次日1:00）这里是城堡区的热门去处。和许多其他酒吧一样，这家的亮点也集中在外面的街旁餐位上，尤其是19:00左右，外地人会过来喝杯普洛赛克葡萄酒（€2.50），聊聊天，吃点腌肉和奶酪。

Caffè Florian

咖啡馆

（见742页地图；☎041 520 56 41；www.caffeflorian.com；Piazza San Marco 56/59；饮品€10~25；⏰9:00至午夜；🚤San Marco）这里是威尼斯最著名的咖啡馆之一，至今仍维持着1720年开业时的景象：白衣侍者用银托盘端上咖啡；情人们在豪华的座椅上亲吻爱抚；日落时分，当夕阳照亮圣马可的镶嵌画时，管弦乐团还会演奏探戈舞曲。

娱乐

指南《表演和活动》（*Shows & Events*，€1）会罗列出即将到来的各项活动，你可在游客信息中心获取，也可以登录网站www.veneziadavivere.com查看。

★Teatro La Fenice

歌剧

（见742页地图；☎041 78 65 11，剧院观光 041 78 66 75；www.teatrolafenice.it；Campo San Fantin 1965；剧院参观成人/优惠€9/6，音乐会/歌剧门票€15/45起；⏰团队游9:30~18:00；🚤Santa Maria dei Giglio）La Fenice是意大利的顶级歌剧院之一，会举办歌剧、芭蕾舞和古典音乐等演出活动。提前预约的话，还可以参观剧院，不过最好的参观方式是loggionisti（在顶层品尝歌剧自助餐）。可在剧院购票，也可上网购票，或者通过HelloVenezia（☎041 24 24；Piazzale Roma；⏰公共交通票务7:00~20:00，活动票务8:30~18:30；🚤Piazzale Roma）购票。

实用信息

机场游客信息中心（☎041 529 87 11；www.turismovenezia.it；马可波罗机场到港大厅；⏰8:30~19:30）

市民医院（Ospedale Civile；☎041 529 41 11；Campo SS Giovanni e Paolo 6777；🚤Ospedale）威尼斯主要的医院，有急救和齿科治疗服务。

罗马广场游客信息中心（Piazzale Roma Tourist Office；☎041 529 87 11；www.turismovenezia.it；Piazzale Roma，地面，多层停车场；⏰8:30~14:30；🚤Santa Chiara）

警察局（Police Station，Santa Croce 500；🚤Santa

Chiara)

圣马可游客信息中心(见742页地图;☎041 529 87 11;www.turismovenezia.it;Piazza San Marco 71f;⏰8:30~19:00;🚢San Marco)

火车站游客信息中心(☎041 529 87 11;www.turismovenezia.it;Stazione di Santa Lucia;⏰8:30~19:00;🚢Ferrovia Santa Lucia)

威尼斯馆游客信息中心(Venice Pavilion Tourist Office,见742页地图;☎041 529 87 11;www.turismovenezia.it;Ex Giardini Reali,San Marco 30124;⏰8:30~19:00;🚢San Marco)

ℹ 到达和离开

飞机

大部分航班在**马可波罗机场**(Marco Polo Airport,VCE;☎航班信息 041 260 92 60;www.veniceairport.it)起降,该机场位于威尼斯以外12公里处。瑞安航空公司(Ryanair)的航班使用**特雷维索机场**(Treviso Airport,TSF;☎0422 31 51 11;www.trevisoairport.it;Via Noalese 63),该机场距市区约30公里。

船

Venezia Lines(☎041 882 11 01;www.venezialines.com)在4月中旬至10月初运营高速船只,它们往返于克罗地亚(Croatia)的几处港口。

长途汽车

ACTV(☎041 24 24;www.actv.it)的长途汽车开往周边地区。可在罗马广场的**长途汽车站**购票并了解相关信息。

火车

威尼斯的圣露西亚火车站(Stazione di Santa Lucia)有从帕多瓦(€4.05~13,50分钟,每10分钟1班)和维罗纳(€7.50~18.50,1.25~2.25小时,每半小时1班)地区发来的列车,还有往返于博洛尼亚、米兰、罗马和佛罗伦萨的车次。

国际直达列车则往返于法国、德国、奥地利和瑞士。

ℹ 当地交通

抵离机场

马可波罗机场

Alilaguna(☎041 240 17 01;www.alilaguna.it)有三条渡轮航线(约半小时)前往市中心。去往威尼斯花费€15,去往穆拉诺岛花费€8。

橙色 取道里亚尔托和大运河,至圣马可广场。

蓝色 在穆拉诺岛、利多岛、圣马可区和朱代卡有站。

红色 通往穆拉诺岛、利多岛和圣马可。

ATVO(☎0421 59 46 71;www.atvo.it)的班车往返于罗马广场(单程/往返€6/11,20分钟,每半小时1班)。**ACTV**的5路公共汽车(单程/往返€6/11,25分钟,每15分钟1班)也走这一路线。

特雷维索机场

ATVO有往返于罗马广场(单程/往返€10/18,70分钟,每天9班)的班车。

船

该市主要的公共交通工具是汽艇(vaporetto)。可在主要汽艇站设的ACTV售票处和罗马广场上的HelloVenezia售票处买票,价格为单次乘坐€7,12小时通票€18,24小时通票€20,36小时通票€25,两天通票€30,3天通票€35,7天通票€50。实用线路包括:

1号 从罗马广场到火车站,然后沿大运河行进,到达圣马可区和利多岛。

2号 从圣扎卡里亚(San Zaccaria,靠近圣马可区)到利多岛,途中经过朱代卡岛、罗马广场、火车站和里亚尔托。

4.1号 往返于穆拉诺岛,途中经过Fondamente Nove、火车站、罗马广场、主教堂和圣扎卡里亚。

横渡大运河时,若附近没有桥,可用"穷人的贡多拉"(traghetto gondola,每次渡河€2)摆渡通过。

的里雅斯特(Trieste)

人口 204,800

作为从意大利前往斯洛文尼亚边境的最后一个城市,的里雅斯特值得快速游览一番。这里的有些景点不容错过,海滨建筑为城市增添了一份让人难以忘怀的宏伟气魄,历史中心则遍布着热闹的酒吧和咖啡馆。这里曾经是奥匈帝国一座重要的港口,到处洋溢着欧洲中部的风情。

👁 景点和活动

意大利统一广场(Piazza dell' Unità d' Italia) 广场

这座广场是意大利最大的海滨广场,也

是奥匈帝国城镇规划的杰作，让当代市民备感自豪。环绕广场的是城市里最宏伟的大楼，这座巨大的公共建筑是19世纪里雅斯特市政厅的所在地。在这里，不妨边品尝饮品边聊天，或者只是看看海平面上的船只。

2路有轨电车 观光

（www.triestetrasporti.it；Piazza Oberdan；1小时/1天票价 €1.30/4.30；⏲7:00~20:00每20分钟1班）想欣赏美景，可跳上这座复古的电车，前往奥皮西纳别墅（Villa Opicina）。这趟5公里长的旅途从奥贝丹别墅（Piazza Oberdan）出发，一路上的大部分时间，它只是一趟普通电车，但在前往卡索（Carso）的时候会变成缆车。旅途虽短却很有意义，因为奥皮西纳别墅里的人曾经全讲斯洛文尼亚语，今天这里显然还留存着不同于意大利的风貌。

食宿

★ L' Albero Nascosto 精品酒店 €€

（☎040 30 01 88；www.alberonascosto.it；Via Felice Venezian 18；标单 €85，双 €125~145；❄📶）这家宜人的小酒店位于老城区的中心。客房宽敞，装饰高雅，有镶花地板、原创艺术品、书籍和一两件古董，大多数房间还带着小厨房。早餐简单却全面，有当地产奶酪、顶级果酱，还有意大利咖啡。

Buffet da Siora Rosa 自助餐 €

（☎040 30 14 60；Piazza Hortis 3；餐 €25；⏲周二至周六8:00~22:00）这家由家庭经营的传统自助餐厅（酒吧餐厅）开办于“二战”前。可以坐在外面，或坐在有美丽的复古装饰的室内，享受烹煮猪肉、德国酸菜及其他德国和匈牙利菜肴，也可选择鱼类，例如盐鳕鱼（baccalà）配玉米粥。

实用信息

游客信息中心（☎040 347 83 12；www.turismofvg.it；Via dell' Orologio 1；⏲周一至周六9:00~19:00，周日至13:00）

到达和离开

从威尼斯出发，有火车前往的里雅斯特（€13.25~19，2~3.75小时，每天25班）。从火车站出发，30路公共汽车可前往意大利统一广场和海滨。

去往国内外的汽车都从**长途汽车站**（☎040 42 50 20；www.autostazionetrieste.it；Via Fabio Severo 24）出发。可前往克罗地亚的普拉（Pula）、萨格勒布（Zagreb）、杜布罗夫尼克（Dubrovnik），以及斯洛文尼亚的卢布尔雅那（Ljubljana）和其余一些地方。

博洛尼亚（Bologna）

人口384,200

博洛尼亚是意大利一个名不见经传的地方，但它的市中心相当吸引人，有红砖建成的宫殿、文艺复兴时期的塔楼及40公里长的拱形柱廊。这里有很多景点，足以令人兴奋不已，也不会让人累得筋疲力尽。自1088年以来，它就是一座大学城（欧洲最古老的），也是意大利重要的美食目的地之一：博洛尼亚沙司（ragù）、意式饺子（tortellini）、意式千层面（lasagne）和博洛尼亚香肠（mortadella）都产自这里。

景点

圣白托略大殿 教堂

（Basilica di San Petronio，Piazza Maggiore；⏲7:45~14:00和15:00~18:30）这座宏伟的哥特式大教堂是世界上第五大的教堂，长132米，宽66米，高47米。建造工程始于1390年，直到今天其主要立面仍未完工。进入教堂后，可寻找东侧廊道上那座67.7米长的巨型日晷。它是由吉安·卡西尼（Gian Cassini）和多米尼克·吉列尔米（Domenico Guglielmi）于1656年设计的，是探索罗马儒略历纪年异常之处的工具，并推动了闰年的发明。

阿西内利塔 塔

（Torre degli Asinelli，Piazza di Porta Ravegnana；门票€3；⏲9:00~18:00，10月至次年3月至17:00）博洛尼亚的主要标志就是这里的两座斜塔。其中，较高的是97.6米高的阿西内利塔，它对公众开放，不过不建议膝盖不好（498级台阶）的游客或迷信的学生（当地传说，爬上去的话你永远也无法毕业）进去。塔楼由阿西内利家族于1109~1119年建造，现在已经倾斜了1.3米。

较矮的、仅有48米高的加里森达塔（Torre Garisenda）是禁止入内的，因为它已经倾斜了3.2米。

四方区 街区

在马焦雷广场以东，锁匠街（Via Clavature）周边的街区曾经是古罗马博洛尼亚省政府的所在地。这片紧凑的街区被称作“四方区”，有很多市场摊贩、咖啡馆和产品丰富的熟食店，很适合闲逛。

食宿

Albergo delle Drapperie 酒店 €€

（☎051 22 39 55；www.albergodrapperie.com；Via delle Drapperie 5；标单€64~115，双€102~160，套€130~180；❄📶）这家酒店位于气氛独特的四方区，隐藏在街区一座大楼的楼上，很惬意。从一楼进门，上楼梯后会发现19间迷人的客房，有带木梁的天花板及不太常见的砖砌拱门，屋顶还有色彩缤纷的壁画。早餐加收€5。

Hotel University Bologna 酒店 €€

（☎051 22 97 13；www.hoteluniversitybologna.com；Via Mentana 7；双€70~250；❄📶）从没住过这么好的学生公寓。这家低调的酒店服务热情，提供的是三星级客房服务，位于大学区的中心地带。

Trattoria del Rosso 意式小馆 €

（☎051 23 67 30；www.trattoriadelrosso.com；Via A Righi 30；餐€20~25；⊙正午至午夜）这家餐馆据说是城里最古老的一家意式小馆，是品尝博洛尼亚标志性菜肴的去处。餐厅忙碌且普通，提供有益健康的当地家常菜肴，价格很公道，满是优点。

★**Osteria de' Poeti** 意式餐厅 €€

（☎051 23 61 66；www.osteriadepoeti.com；Viade' Poeti 1b；餐€35~40；⊙周二至周五 12:30~14:30和19:30至次日3:00，周六7:30~15:00，周日12:30~14:30）这家历史上著名的小餐馆在一座14世纪宫殿的酒窖内，你能在此尽情享受博洛尼亚备受好评的美食。在石砌壁炉边选一张桌子，选择传统热门菜式，例如家常饺子配黄油和鼠尾草（tortelloni al doppio burro e salvia）。

实用信息

游客信息中心（Tourist Office；☎051 23 96 60；www.bolognaturismo.info；Piazza Maggiore 1e；⊙周一至周六9:00~19:00，周日10:00~17:00）在机场也有分部。

到达和当地交通

飞机

欧洲和意大利国内的航班使用**古列尔莫-马可尼机场**（Guglielmo Marconi Airport；☎051 647 96 15；www.bologna-airport.it），该机场就在城市西北8公里处。

从机场出发的Aerobus班车（€6，30分钟，每15~30分钟1班）开往火车站，可以上车购票。

长途汽车

25路、30路和其他一些汽车可连接火车站和市中心。

火车

博洛尼亚是重要的铁路枢纽。从Piazza delle Medaglie d' Oro的火车站出发的高速火车开往米兰（€33~40，1~2小时）、威尼斯（€30，1.5小时）、佛罗伦萨（€24，40分钟）和罗马（€56，2.5小时）。

拉韦纳（Ravenna）

人口158,800

从博洛尼亚前往拉韦纳一日游是很值得的。这座优雅的小城以基督教早期的镶嵌画而闻名。这些被联合国教科文组织列入名单的珍宝，早在13世纪就给参观者留下了极其深刻的印象。当时，但丁（Dante）在他的作品《神曲》（*Divine Comedy*，其大部分内容都是在这里完成的）中对这些镶嵌画进行了描述。

景点

拉韦纳的镶嵌画（Mosaics）分布在市中心的五个地方：圣维塔莱教堂（Basilica di San Vitale）、加拉·普拉西提阿墓（Mausoleo di Galla Placida）、新圣阿波利纳雷教堂（Basilica di Sant' Appollinare Nuovo）、大主教博物馆（Museo Arcivescovile）和内欧尼亚诺洗礼堂（Battistero

意大利的艺术和建筑

意大利到处都是复杂的历史遗留下来的建筑和艺术见证。**伊特鲁里亚**（Etruscan）的古墓和**希腊**的神庙诉说着曾经的辉煌，**罗马**的圆形剧场展示着古代的嗜血本色和建筑智慧，而**拜占庭**的镶嵌画则告诉人们源自东方国家的强大影响力。

文艺复兴留下了难以磨灭的痕迹，也带来了一些意大利最伟大的艺术杰作：菲利波·布鲁内莱斯基（Filippo Brunelleschi）为佛罗伦萨的大教堂设计的穹顶、波提切利（Botticelli）创作的《维纳斯的诞生》（*The Birth of Venus*）和米开朗基罗（Michelangelo）为西斯廷装饰的湿壁画。同时代的列奥纳多·达·芬奇（Leonardo da Vinci）和拉斐尔（Raphael）则进一步提升了当时的成就。

米开朗基罗·梅里西·达·卡拉瓦乔以其颇具争议又极具影响力的绘画风格革新了16世纪末的艺术世界。他曾在罗马和意大利的南部作画，那里艺术和建筑的**巴洛克**风格在17世纪时达到了巅峰。

新古典主义风行于18世纪末和19世纪初，这标志着向简朴的**古典主义**线条的回归。这一潮流中最著名的意大利倡导者是安东尼·卡诺瓦（Antonio Canova）。

与复古的新古典主义形成了鲜明对比的是20世纪初诞生的**未来主义**（futurism），该思潮希望采用全新形式表达机器时代的活力，而意大利的**理性主义**则见证了明朗、雄壮的建筑风格的发展。

继承了现代主义传统的是意大利的两位建筑名家：伦佐·皮亚诺（Renzo Piano）——罗马音乐厅（Renzo Piano）背后的**理想主义**者，还有出生在罗马的马西米利亚诺·福克萨斯（Massimiliano Fuksas）。

Neoniano）。上述景点只需一张票（€9.50，3月至6月€11.50），在5个地方中的任何一处都可购买。更多信息可参见www.ravennamosaici.it。

历史中心区（centro storico）北端是建于6世纪的**圣维塔莱教堂**（Via Fiandrini；⏲夏季9:00~19:00，冬季9:30~17:00）肃穆的外墙，其内部的镶嵌画令人炫目，描绘的是旧约中的场景。同处这片地区的**加拉·普拉西提阿墓**（Via Fiandrini；⏲夏季9:00~19:00，冬季9:30~17:00）小教堂有小镇上最古老的镶嵌画。

大主教博物馆（Museo Arcivescovile；Piazza Arcivescovado；⏲夏季9:00~19:00，冬季10:00~17:00）位于不甚引人注目的大教堂旁边，其中有一座源自6世纪的精致象牙宝座，隔壁的**内欧尼亚诺洗礼堂**（Battistero Neoniano；Piazza del Duomo；⏲夏季9:00~19:00，冬季10:00~17:00）的穹顶上能看见基督洗礼的画面。东侧的**新圣阿波利纳雷教堂**（Basilica di Sant' Apollinare Nuovo；Via di Roma；⏲夏季9:00~19:00，冬季10:00~17:00）除其他文物外，还有一幅描绘殉道者朝着基督及其门徒行进的超凡镶嵌画。

位于城市东南5公里处的**古典圣阿波利纳雷教堂**（Basilica di Sant' Apollinare in Classe；Via Romea Sud；成人/优惠€5/2.50；⏲周一至周六8:30~19:30，周日13:00~19:30）里的壁龛镶嵌画是必看的一处。从Piazza Caduti per la Libertà搭乘4路公共汽车即可到达。

就餐

La Gardela 意式小馆 €

（☎0544 21 71 47；Via Ponte Marino 3；餐€25；⏲周五至周三正午至14:30和19:00~22:00）价格实惠、家常烹饪，意味着这家意式小馆可能会很挤。侍者服务专业，端着一盘盘意大利经典菜式来往穿梭。主打菜有薄皮比萨、调味饭和意大利面配沙司。

实用信息

游客信息中心（☎0544 3 54 04；www.turismo.ravenna.it；Via Salara 8-12；⏲周一至周六8:30~18:00，周日10:00~18:00）

到达和当地交通

拉韦纳有往返于博洛尼亚（€7.10，1.5小时，每小时1班）和东海岸各地的地区列车。

托斯卡纳和翁布里亚（TUSCANY & UMBRIA）

托斯卡纳及其名声稍逊的邻居翁布里亚是意大利最美的两个地区。托斯卡纳传说中的景色——覆盖着葡萄树的起伏丘陵之间散落着柏树和石头别墅——一直被视为乡村时尚元素。古城和山区城镇遗留着中世纪和文艺复兴时期重要的艺术瑰宝。

南面的翁布里亚主要是乡村，这里被誉为"意大利的绿色心脏"，拥有该国保存最完好的古老村庄（borghi）和许许多多重要的艺术、宗教及建筑珍宝。

佛罗伦萨（Florence）

人口377,200

几个世纪以来，佛罗伦萨的访问者一直狂热地称颂它的美好，只要来过这里，你就会明白个中缘由。这里完整地保存着文艺复兴时期的风貌，全年都非常忙碌，但即便是不可避免的游客潮，也无法遮掩它的光辉。在城市名人录上能看到许多文艺复兴时期的人物——仅"M"词条下，你就会发现美第奇（Medici）、马基雅弗利（Machiavelli）和米开朗基罗（Michelangelo）。这里的美术馆、博物馆和教堂内收藏着数量惊人的文艺复兴时期的艺术品。

佛罗伦萨的全盛时期是14世纪至17世纪在美第奇家族的赞助下到来的。1865年至1870年，佛罗伦萨成了新统一的意大利王国的首都。

景点

大教堂广场及周边

★佛罗伦萨大教堂 大教堂

（Duomo; Cattedrale di Santa Maria del Fiore; www.operaduomo.firenze.it; Piazza del Duomo; ⏲周一至周三和周五10:00~17:00，周四至16:30，周六至16:45，周日13:30~16:45）免费 大教堂是佛罗伦萨最具标志性的建筑。教堂的红色穹顶（Piazza del Duomo; 含穹顶、洗礼池、钟楼、地下室和博物馆 成人/优惠 €10/免费; ⏲周一至周五8:30~18:20，周六至17:00）由菲利波·布鲁内莱斯基设计，这是一座令人惊叹的建筑，在城市的中世纪景物轮廓线中占据着重要的地位，其粉红色、白色和绿色大理石外立面及形式优雅的钟楼（campanile）让人几乎要忘记呼吸。大教堂由锡耶纳建筑师阿诺尔弗·迪·坎比奥（Arnolfo di Cambio）于1296年开建，工程持续了近150年，直至1436年才最终封圣。进入能听到回声的教堂内部，可寻找瓦萨里（Vasari）和祖卡里（Zuccari）创作的湿壁画，还有44扇彩色玻璃窗。

钟楼 钟楼

（Campanile; www.operaduomo.firenze.it; Piazza del Duomo; 成人/优惠 含大教堂穹顶和洗礼池€10/免费; ⏲8:30~19:30）这座由乔托设计于1334年的宏伟钟楼几乎和大教堂穹顶等高，其哥特式的精致外立面上包括16座真人大小的雕像，外墙后来由14世纪的一群艺术家继续建造完成，参与建造的人包括乔托、安德里亚·皮萨诺（Andrea Pisano）、多纳泰罗和Luca Della Robbia。登上414级台阶，能看到与从大教堂穹顶看到的几乎一样的风景，而且不用排那么长的队。

圣乔瓦尼洗礼堂 地标

（Battistero di San Giovanni, Baptistry; Piazza di San Giovanni; 含穹顶、钟楼和博物馆成人/优惠 €10/免费; ⏲周一至周六8:15~10:15和11:15~19:00，周日和每月第一个周六8:30~14:00）大教堂对面是建于11世纪的古罗马式洗礼堂，这是一座有白色和绿色大理石条纹的八角式建筑，三座大门上的画面讲述着人性与救赎的故事。其中，最著名的是东部入口处由贝吉尔蒂雕刻的镀金青铜门，它被称作"天堂之门"（Porta del Paradiso, Gate of Paradise），不过现在看到的是复制品，原件收藏于大教堂博物馆（Grande Museo del Duomo）。

领主广场及周边

领主广场 广场

这座热闹的广场从13世纪开始就一直是

当地生活的中心，佛罗伦萨人傍晚时分聚集在这里的阿普瑞提式（aperitivi，即支付一杯酒水的费用，就可以免费不限量地食用餐馆提供的自助餐）古老咖啡馆。统率广场上一切事物的**旧宫**（Palazzo Vecchio）曾是佛罗伦萨的市政厅。这里还有建于14世纪的**佣兵凉廊**（Loggia dei Lanzi），它现在是一座露天美术馆，其中陈列着文艺复兴时期的雕塑，包括詹博洛尼亚（Giambologna）的《掠夺萨宾妇女》（*Rape of the Sabine Women*，约1583年）、本韦努托·切利尼（Benvenuto Cellini）的青铜雕塑《珀尔修斯》（*Perseus*，1554年）和阿格诺罗·加迪（Agnolo Gaddi）的《七美德》（*Seven Virtues*，1384～1389年）。

★旧宫 博物馆

（☎055 276 82 24；www.musefirenze.it；Piazza della Signoria；博物馆成人/优惠 €10/8，塔楼 €10/8，博物馆和塔楼 €14/12，考古团队游 €2；⏲博物馆 夏季周一至周三和周五至周日 9:00至午夜，周四至14:00，冬季周一至周三和周五至周日9:00～19:00，周四至14:00，塔楼夏季周五至周三 9:00～21:00，周四至14:00，冬季周五至周三10:00～17:00，周四至14:00）这座城堡宫殿由阿诺尔弗·迪·坎比奥（Arnolfo di Cambio）设计，带有垛口城墙和一座94米高的塔楼，1298～1314年曾是城市政府（signoria）所在地。从**阿诺尔弗塔楼**（Torre d'Arnolfo）顶端看到的城市屋顶风光令人难忘。城堡内部有一座为15世纪统治机构五百人议会（Consiglio dei Cinquecento）修建的宏伟大厅，即**五百人大厅**（Salone dei Cinquecento），其中装饰的是米开朗基罗创作的《胜利的机智》（*Genio della Vittoria*）雕塑。

乌菲兹美术馆之最

想要快速而扼要地了解美术馆中的收藏，想要从前文艺复兴时代的托斯卡纳艺术品开始参观，可以去**2号展厅**，这里收藏着几幅由乔托等人创作的熠熠生辉的杰作。接着，来**8号展厅**，这里有皮耶罗·德拉·弗朗切斯卡为乌尔比诺公爵和公爵夫人创作的标志性肖像作品。

波提切利厅（Sala di Botticelli）则有更多熟悉的画作等待着你，其中包括这位大师伟大的文艺复兴式杰作《维纳斯的诞生》。接着，来到**15号展厅**，这里有两幅列奥纳多·达·芬奇的作品。之后在**35号展厅**中能欣赏到米开朗基罗的《圣家庭与施礼约翰》。

★乌菲兹美术馆 美术馆

（Galleria degli Uffizi，Uffizi Gallery；www.uffizi.firenze.it；Piazzale degli Uffizi 6；成人/优惠 €8/4，含临时展览€12.50/6.25；⏲周二至周日 8:15～18:50）这里是佛罗伦萨最好的美术馆，位于乌菲兹宫内，其中收藏着世界上最杰出的意大利文艺复兴时期的艺术品。这座宏伟的宫殿是1560～1580年作为政府机关办公室而建造的。这里的藏品是美第奇家族于1743年遗赠给城市的，条件是它们永远都不能离开佛罗伦萨。其中包括一些意大利最著名的杰作：皮耶罗·德拉·弗朗切斯卡（Piero della Francesca）为乌尔比诺（Urbino）公爵和公爵夫人绘制的侧面肖像，还有桑德罗·波提切利（Sandro Botticelli）的《维纳斯的诞生》。

老桥（Ponte Vecchio） 桥梁

老桥的历史可追溯至1345年。经过1944年德军撤退时制造的毁灭后，这是佛罗伦萨唯一幸存下来的桥梁。在桥梁东侧的首饰店上方，建于16世纪的**瓦萨利走廊**（Corridoio Vasariano）将乌菲兹美术馆和彼提宫（Palazzo Pitti）连接在一起，但它并没有穿过桥梁南端的**曼内利塔**（Torre dei Mannelli），而是从旁绕行。

★巴杰罗博物馆 博物馆

（Museo del Bargello；www.polomuseale.firenze.it；Via del Proconsolo 4；成人/优惠€4/2；⏲夏季8:15～16:50，冬季至13:50，每月的第1、3、5个周日和第2、第4个周一闭馆）这座博物馆位于佛罗伦萨最早的公共建筑巴杰罗广场（Palazzo del Bargello）之后，从13世纪末到1502年，广场一直是官员主持正义的地方。博物馆中现在收藏着意大利最全面的托斯卡纳文艺复兴时期的雕塑作品，其中包括米开朗基罗早期最好的一些作品，还有许多多纳泰罗的作品。

圣洛伦佐区

圣洛伦佐教堂 大教堂

（Basilica di San Lorenzo；Piazza San Lorenzo；门票€4.50，含美第奇-洛伦佐图书馆€7；周一至周六10:00~17:30，冬季周日13:30~17:00）这座教堂被认为是该市文艺复兴时期建筑物的最佳典范之一。教堂并未竣工，它本是美第奇教区教堂和墓地——该家族的许多成员都埋葬在这里。建筑是布鲁内莱斯基在1425年为住在附近的科西莫一世（Cosimo the Elder）设计的，建在一座4世纪早期的教堂之上。进入肃穆的教堂内部后，可寻找布鲁内莱斯基设计的朴素而美丽的**老圣器室**（Sagrestia Vecchia），里面有多纳泰罗的雕刻装饰。

美第奇礼拜堂博物馆 礼拜堂

（Museo delle Cappelle Medicee，Medici Chapels；055 294 883；www.polomuseale.firenze.it；Piazza Madonna degli Aldobrandini；成人/优惠€6/3；8:15~13:50，每月第2、4个周日及第1、3、5个周一闭馆）没有哪个家族墓地能像美第奇礼拜堂一样，将美第奇家族的荣耀表现得这样明显。建筑装饰着花岗岩、珍贵的大理石和次等宝石，以及米开朗基罗最漂亮的一些雕塑作品。这里埋葬着该时代的49位要员。

圣马可区

★ **学院美术馆** 美术馆

（Galleria dell' Accademia；www.polomuseale.firenze.it；Via Ricasoli 60；成人/优惠€8/4；周二至周日8:15~18:50）这座美术馆门前排队等候的队伍很长，因为其中珍藏着文艺复兴时期最著名的杰作之一——米开朗基罗的《大卫》，但这座世界最著名雕塑绝对值得等待。真品的细节——结实手臂上的静脉血管、大腿肌肉及围绕着雕塑转圈时其表情的变化让人难以忘怀。

奥尔特拉诺区

彼提宫 博物馆

（Palazzo Pitti；www.polomuseale.firenze.it；Piazza dei Pitti；周二至周日8:15~18:50，冬季时间缩短）1457年，这座巨大的文艺复兴式

减少排队时间

➡ 可通过**佛罗伦萨博物馆**（Firenze Musei，Florence Museums；055 29 48 83；www.firenzemusei.it）提前预订乌菲兹美术馆、研究院美术馆（Galleria dell' Accademia）及其他几座博物馆的门票。注意，费用包含每座博物馆€4的预订费。

➡ 也可购买**佛罗伦萨卡**（Firenze Card，€72，有效期72小时），这样就能省去预约费和排队等候的时间。可以在线购买，也可以通过Via Cavour街上的旅游信息办公室、彼提宫（Palazzo Pitti）、旧宫（Palazzo Vecchio）或乌菲兹美术馆购买。详情可查看www.firenzecard.it。

宫殿由银行家卢卡·彼提（Luca Pitta）任命布鲁内莱斯基设计建造，后来它被美第奇家族收购。几百年来，它一直是城市统治者的宅邸，直至1919年——萨沃伊将其捐赠给了国家。现在，其中有几座博物馆，包括藏品丰富的**帕拉蒂纳美术馆**[Galleria Palatina；含皇室套房（Appartamenti Reali）和现代艺术馆（Galleria d' Arte Moderna）成人/优惠 €8.50/4.25；夏季周二至周日8:15~18:50，冬季时间缩短]。你还可以探索宫殿中建于17世纪的**波波里花园**[Giardino di Boboli；含银器博物馆（Museo degli Argenti）、陶瓷博物馆（Museo delle Porcellane）和服饰博物馆（Galleria del Costume）成人/优惠€7/3.50；夏季8:15~19:30，冬季时间缩短]。

节日和活动

烟火节（Scoppio del Carro） 焰火

复活节星期日的11:00，一马车的爆竹将在大教堂的前面被引爆。

佛罗伦萨五月音乐节 表演艺术

（Maggio Musicale Fiorentino；www.operadifirenze.it）这是意大利最古老的艺术节，有世界级的戏剧、古典音乐、爵士乐和舞蹈表演，4月至6月举办。

圣乔瓦尼节（Festa di San Giovanni） 宗教

佛罗伦萨人会赞颂其守护圣徒约翰，届

Florence 佛罗伦萨

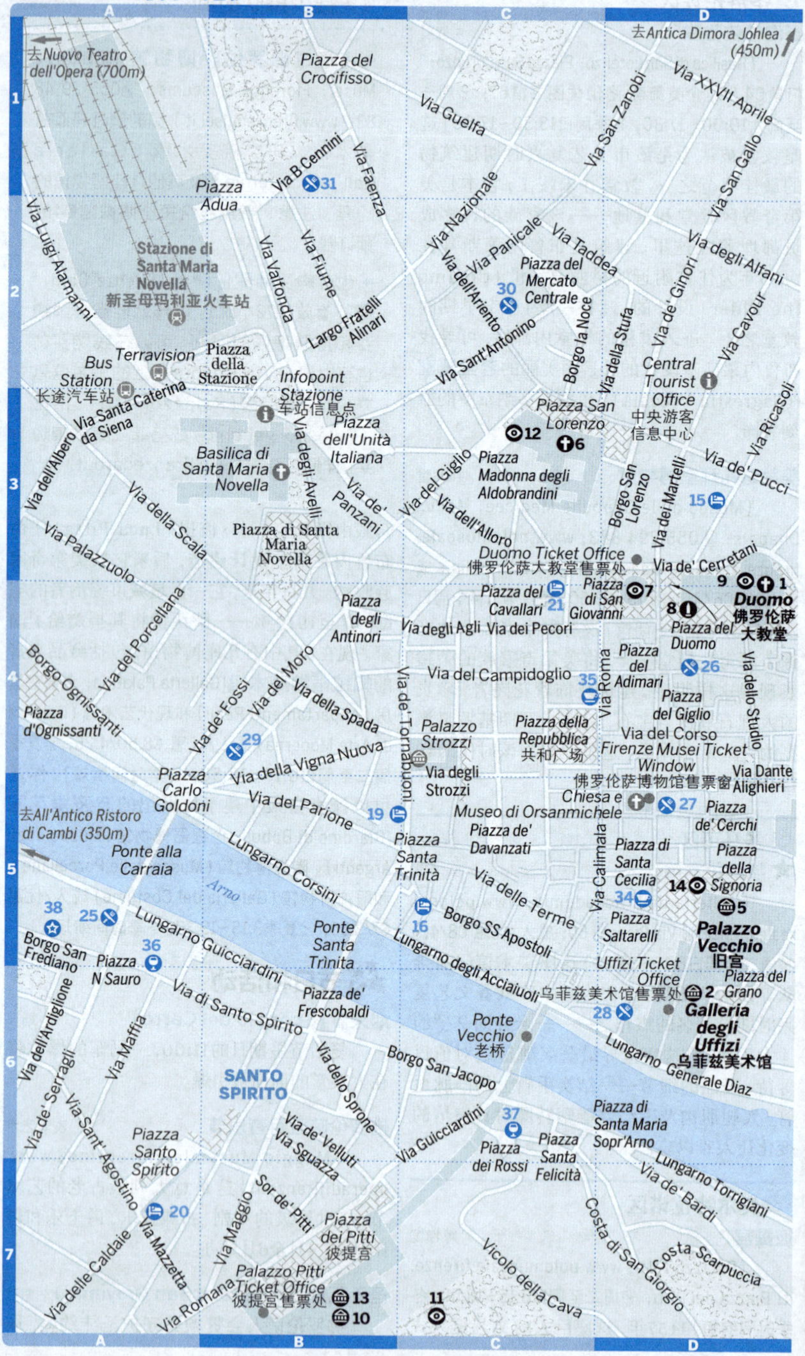

A B C D

去Nuovo Teatro dell'Opera (700m)
Piazza del Crocifisso
Via Guelfa
去Antica Dimora Johlea (450m)
Via XXVII Aprile
Via San Zanobi
Via San Gallo
Piazza Adua
Via B Cennini
31
Via Faenza
Via Nazionale
Via Luigi Alamanni
Stazione di Santa Maria Novella
新圣母玛利亚火车站
Via Valfonda
Via Fiume
Via Panicale
Via Taddea
Via degli Alfani
Via dell'Ariento
30
Piazza del Mercato Centrale
Via de' Ginori
Largo Fratelli Alinari
Via Sant'Antonino
Borgo la Noce
Via della Stufa
Via Cavour
Bus Station
长途汽车站
Terravision
Piazza della Stazione
Infopoint Stazione
车站信息点
Central Tourist Office
中央游客信息中心
Via Santa Caterina da Siena
Via dell'Albero
Piazza dell'Unità Italiana
Piazza San Lorenzo
12
6
Via Ricasoli
Basilica di Santa Maria Novella
Via degli Avelli
Via de' Panzani
Via del Giglio
Piazza Madonna degli Aldobrandini
Borgo San Lorenzo
Via dei Martelli
Via de' Pucci
15
Via della Scala
Via Palazzuolo
Piazza di Santa Maria Novella
Via dell'Alloro
Duomo Ticket Office
佛罗伦萨大教堂售票处
Via de' Cerretani
9
1
Piazza del Cavallari
21
Piazza di San Giovanni
7
8
Duomo
佛罗伦萨大教堂
Piazza del Duomo
Via del Porcellana
Piazza degli Antinori
Via degli Agli
Via dei Pecori
Borgo Ognissanti
Via del Moro
Via de' Tornabuoni
Via del Campidoglio
35
Via Roma
Piazza del Adimari
26
Via dello Studio
Piazza d'Ognissanti
Via de' Fossi
Via della Spada
Palazzo Strozzi
Piazza della Repubblica
共和广场
Piazza del Giglio
Via del Corso
29
Via della Vigna Nuova
Firenze Musei Ticket Window
佛罗伦萨博物馆售票窗
Via Dante Alighieri
Piazza Carlo Goldoni
Via degli Strozzi
Chiesa e Museo di Orsanmichele
27
Piazza de' Cerchi
去All'Antico Ristoro di Cambi (350m)
Via del Parione
19
Piazza de' Davanzati
Ponte alla Carraia
Lungarno Corsini
Piazza Santa Trinità
Via Calimala
Piazza di Santa Cecilia
Piazza della Signoria
Arno
Via delle Terme
14
5
38
25
16
Borgo SS Apostoli
34
Palazzo Vecchio
旧宫
Lungarno Guicciardini
Ponte Santa Trìnita
Piazza Saltarelli
Borgo San Frediano
36
Piazza N Sauro
Lungarno degli Acciaiuoli
Uffizi Ticket Office
乌菲兹美术馆售票处
2
Piazza del Grano
Via di Santo Spirito
Piazza de' Frescobaldi
28
Galleria degli Uffizi
乌菲兹美术馆
Via dell'Ardiglione
Via Maffia
Ponte Vecchio
老桥
Lungarno Generale Diaz
Via dello Sprone
Borgo San Jacopo
SANTO SPIRITO
Via de' Serragli
Piazza di Santa Maria Sopr'Arno
37
Via de' Velluti
Via Guicciardini
Piazza Santo Spirito
Via Sguazza
Piazza dei Rossi
Piazza Santa Felicità
Lungarno Torrigiani
Via de' Bardi
Via Sant' Agostino
20
Sor de' Pitti
Via Maggio
Piazza dei Pitti
彼提宫
Costa di San Giorgio
Costa Scarpuccia
Via Mazzetta
Via delle Caldaie
Palazzo Pitti Ticket Office
彼提宫售票处
13
10
11
Vicolo della Cava
Via Romana

A B C D

意大利 佛罗伦萨

0 200 m
0 0.1 miles

E F

Via Pier Antonio Micheli
Giardino dei Semplici
Palazzo Capponi
Via Giorgio la Pira
Piazza San Marco
22
Via Cesare Battisti
Via Gino Capponi
Galleria dell'Accademia
学院美术馆
3
Piazza della SS Annunziata
Via Laura
18
Via della Colonna
Via dei Servi
Via del Castellaccio
Via dei Pilastri
Via Bufalini
Via della Pergola
Piazza di Santa Maria Nuova
SANTA CROCE
圣十字区
Borgo Pinti
Via Sant'Egidio
Via dell'Oriuolo
17
Piazza G Salvemini
Via del Proconsolo
Borgo degli Albizi
32
去Trattoria Cibrèo (250m)
Via de' Pandolfini
Via dell'Isola delle Stinche
Via dell'Agnolo
4
Via Ghibellina
Museo del Bargello
巴杰罗博物馆
33
Via Giuseppe Verdi
Via de' Pepi
Piazza San Firenze
Via dell'Anguillara
Via Torta
Via del Fico
Borgo dei Greci
Piazza di Santa Croce
Basilica di Santa Croce
圣十字教堂
Via Vinegia
Piazza di San Remigio
Piazza de' Peruzzi
Via de' Neri
24
Via Magliabecchi
Via de' Vagellai
23
Corso dei Tintori
Lungarno delle Grazie
Ponte alle Grazie
Piazza Nicola Demidoff
Lungarno Serristori
Via dei Renai
Via del Giardino Serristori
Piazza de' Mozzi
Via San Niccolò

1 2 3 4 5 6 7

Florence 佛罗伦萨

重要景点

1 佛罗伦萨大教堂……D4
2 乌菲兹美术馆……D6
3 学院美术馆……E2
4 巴杰罗博物馆……E5
5 旧宫……D5

景点

6 圣洛伦佐教堂……C3
7 圣乔瓦尼洗礼堂……D4
8 钟楼……D4
9 穹顶……D4
10 帕拉蒂纳美术馆……B7
11 波波里花园……C7
12 美第奇礼拜堂博物馆……C3
13 彼提宫……B7
14 领主广场……D5

住宿

15 Academy Hostel……D3
16 Hotel Cestelli……C5
17 Hotel Dalí……E4
18 Hotel Morandi alla Crocetta……F2
19 Hotel Scoti……B5
20 Palazzo Guadagni Hotel……A7
21 Relais del Duomo……C4

就餐

22 Accademia Ristorante……E1
23 Del Fagioli……E6
24 Gelateria dei Neri……E6
25 Gelateria La Carraia……A5
26 Grom……D4
27 I Due Fratellini……D5
28 'Ino……D6
29 L' Osteria di Giovanni……B4
30 Mercato Centrale……C2
31 Trattoria I Due G……B1
32 Vestri……F4
33 Gelateria Vivoli……E5

饮品和夜生活

34 Caffè Rivoire……D5
35 Gilli……C4
36 Il Santino……A5
37 Le Volpi e l' Uva……C6

娱乐

38 La Cité……A5

时将在圣十字广场(Piazza di Santa Croce)上进行一场古典足球赛(calcio storico),还会在米开朗基罗广场(Piazzale Michelangelo)上空燃放焰火,时间是6月24日。

住宿

★ Hotel Dalí 酒店 €

(055 234 07 06; www.hoteldali.com; Via dell' Oriuolo 17; 双€90,标单/双 不含浴室 €40/70,公寓€95起;)在这家可爱的小酒店里,店主Marco和Samanta用热忱的服务迎接客人的到来。距离大教堂只有几步距离,有10个光线充足的房间,有些能看到绿荫繁茂的内庭,装潢风格低调而现代,配备有水壶、咖啡和茶。不提供早餐。提供免费停车服务。

★ Hotel Cestelli 酒店 €

(055 21 42 13; www.hotelcestelli.com; Borgo SS Apostoli 25; 双€70~100,家€80~115,不带浴室的标单€40~60,双€50~80; 1月至2月歇业4周,8月歇业2至3周;)这家酒店位于一座12世纪的豪宅中,距离时尚的Via de' Tornabuoni只有几步路。8间私密的客房非常棒,呈现出一种朴素的风格,结合了古董、亮闪闪的枝形吊灯、复古艺术品和丝绸屏风。店主Alessio和Asumi了解当地情况并乐于分享。不提供早餐。

Relais del Duomo 民宿 €

(055 21 01 47; www.relaisdelduomo.it; Piazza dell' Olio 2; 标单 €40~90, 双 €70~130;)这家民宿位于大教堂附近的一个街角,氛围安静,车流量少,位置就是它的最大卖点。客房优雅,色彩柔和,搭配有镶花地板和简单实用的装饰。

Academy Hostel 青年旅舍 €

(055 239 86 65; www.academyhostel.eu; Via Ricasoli 9r; 铺 €32~36, 标单/双 €42/100, 双不含浴室 €85;)这家有10间客房的上等青年旅舍位于利卡索里男爵17世纪的府邸中。迷人的休息区曾经是一座剧院,"宿舍"有4张或6张床铺,天花板很高,储物柜色彩明亮。€150以下的消费,不接受信用卡支付。

★ Palazzo Guadagni Hotel 酒店 €€

(055 265 83 76; www.palazzoguadagni.com; Piazza Santo Spirito 9; 双 €150, 加床 €45;)这座宜人的酒店能眺望佛罗伦萨夏季最热闹的广场,极富传奇色彩——泽非雷里(Zefferelli)的影片《与墨索里尼一同喝茶》(*Tea with Mussolini*)就曾在这里取景。酒店位于一座精心修复过的文艺复兴式宫殿中,有15间风格高雅的宽敞客房和一座浪漫得无以复加的凉台,凉台上有藤椅。

Hotel Scoti 家庭旅馆 €€

(055 29 21 28; www.hotelscoti.com; Via de' Tornabuoni 7; 标单/双/标三/四€75/130/160/185;)这家隐蔽的小酒店(pensione)夹杂在佛罗伦萨最时髦的购物区的各种专卖店之间,集复古风格和性价比于一体。它位于一座高耸的16世纪宫殿中,16间传统风格的客房分布在两层楼中,有些能看到迷人的屋顶风光。不过,亮点要数建于1780年的带有壁画的休息室。早餐的价格为€5。

Antica Dimora Johlea 民宿 €€

(055 463 32 92; www.johanna.it; Via San Gallo 80; 双 €90~220;)这处无懈可击的民宿在市中心以外,是个可爱的地方。6间客房有一种来自旧世界的优雅,配备的是四柱床、镶花地板,屋顶很高,还有富有时代感的家具。可以从诚信酒吧里自取饮品,然后到小露台上欣赏大教堂风光。

Hotel Morandi alla Crocetta 精品酒店 €€

(055 234 47 47; www.hotelmorandi.it; Via Laura 50; 标单/双/标三/四 €105/170/197/227;)这家酒店由中世纪的一座修道院改造而来,位于圣马可的拥挤街区中,极其出色。客房风格精致而传统,带有一种旧世界的安静——想象一下古董家具、木梁屋顶和油画。可选择29号房,其中装饰有湿壁画,从前是小礼拜堂。

就餐

传统的托斯卡纳菜肴包括菜豆白菜羹(ribollita)、重口味的蔬菜汤和佛罗伦萨牛排(bistecca alla fiorentina,三分熟)。基安蒂红葡萄酒是当地的一种烈酒。

★ Mercato Centrale 集市、快餐 €

(055 239 97 98; www.mercatocentrale.

it; Piazza del Mercato Centrale 4; 菜 €7~15; ⊙10:00至次日1:00，食品摊正午至15:00和19:00至午夜；📶）美食广场的概念已来到佛罗伦萨。这里的1楼有热闹的美食广场、书店、烹饪学校，还有葡萄酒酒吧和货摊，出售包括牛排、烤汉堡包、冰沙、比萨、冰激凌、糕点和新鲜的意大利面在内的各种食物。尽情选购，然后挑选最近的免费餐桌享用吧。

'Ino 三明治 €

（www.inofirenze.com; Via dei Georgofili 3r-7r; 意式三明治€5~8; ⊙夏季11:30~16:30，周一至周五正午至15:30，冬季周六和周日11:30~16:30）🍃这个三明治吧靠近乌菲兹美术馆，其秘诀在于选取当地食材并加以创造性的混搭处理。你可以创造自己的组合，或者来一份招牌推荐，例如finocchiona（托斯卡纳当地蒜味腊肠）配上香草羊乳干酪和芥末。

I Due Fratellini 三明治 €

（www.iduefratellini.com; Via dei Cimatori 38r; 意式三明治€3; ⊙周一至周六9:00~20:00）这家袖珍的小店从1875年至今一直提供意式三明治（panini）。馅料包括火腿、萨尔萨辣酱和鱼类，例如凤尾鱼（anchovy）配欧芹酱（parsley sauce）。

Trattoria Cibrèo 托斯卡纳菜 €€

（www.edizioniteatrodelsalecibreofirenze.it; Via dei Macci 122r; 餐€30; ⊙周二至周六12:50~14:30和18:50~23:00，8月歇业）在这里吃顿饭，然后你就会明白为什么开门之前店门外就大排长龙。进店后，可以尽情享用顶级的托斯卡纳美食：或许可以先来道浓郁的番茄面包罗勒汤（pappa al pomodoro），然后是鸡肉和乳清干酪肉丸（polpettine di pollo e ricotta）。不可预订，也不接受信用卡，不提供咖啡，只能提早来占餐位。

Del Fagioli 托斯卡纳菜 €

（☎055 24 42 85; Corso Tintori 47r; 餐€25~30; ⊙周一至周五12:30~14:30和19:30~22:30，8月歇业）这个装饰着木头的舒适餐厅在圣十字教堂（Basilica di Santa Croce）附近，是一家典型的托斯卡纳小餐馆。这里开业于1966年，一直为当地工人和居民提供物美价廉的汤和烤肉。不接受信用卡。

All' Antico Ristoro di' Cambi 托斯卡纳菜 €€

（☎055 21 71 34; www.anticoristorodicambi.it; Via Sant' Onofrio 1r; 餐 €35; ⊙周一至周六正午至14:30和18:00~22:30）这家位于Oltrarno的机构在1950年建立之初本是一家葡萄酒商店，它坚持传统特色，有许多上好的托斯卡纳葡萄酒可选，干肉直接悬挂在砖石拱顶上。不妨倒一杯葡萄酒，然后搭配备受赞誉的佛罗伦萨牛排（bistecca alla fiorentina）。肉食爱好者可以享受多汁的tagliata di cinta senese（Senese猪排）。

Accademia Ristorante 托斯卡纳菜 €€

（☎055 21 73 43; www.ristoranteaccademia.

五家顶级的意式冰激凌店

La Carraia（Piazza Nazario Sauro 25r; 圆筒和纸杯 €1.50~6; ⊙夏季11:00~23:00，冬季至22:00）位于Ponte Carraia旁的梦幻冰激凌店。

Gelateria dei Neri（Via de' Neri 22r; 圆筒和纸杯 €1.80起; ⊙9:00至午夜）一家老派冰激凌店，提供各种新鲜、给人活力的冰激凌。

Gelateria Vivoli（Via dell' Isola delle Stinche 7; 纸杯 €2~10; ⊙夏季周二至周日7:30至午夜，冬季至21:00）有大量口味可供选择。可在对面的美丽广场狼吞虎咽。

Grom（www.grom.it; Via del Campanile和Via delle Oche交叉路口; 圆筒 €2.50~4.50，纸杯 €2.50~5.50; ⊙夏季10:00至午夜，冬季至23:00）口感令人愉悦，选用有机的时令食材制作。

Vestri（☎055 234 03 74; www.vestri.it; Borgo degli Albizi 11r; 圆筒和纸杯 €1.80起; ⊙周一至周六10:40~20:00）专卖巧克力口味冰激凌。

it; Piazza San Marco 7r; 比萨 €7~18, 餐 €35~40; ⌚正午至15:00和19:00~23:00）员工友好，装潢喜人，坚持提供高品质食物，这家家庭经营的餐厅一直门庭若市。这里主打传统的地方性菜肴，可尝试crostini开胃菜、腌肉和奶酪、家常意面、肉食主菜和口味众多的木柴烤比萨。

Trattoria I Due G 托斯卡纳菜 €€

（☎055 21 86 23; www.trattoriai2g.com; Via B Cennini 6r; 餐 €30; ⌚周一至周六正午至14:30和19:30~22:00）这家家庭经营的地道意式小馆在火车站附近，主打托斯卡纳菜。可选择经典的野猪肉酱意大利面（parpadelle al cinghiale），然后再大口品尝嫩烤美味牛排。

★ L' Osteria di Giovanni 托斯卡纳菜 €€€

（☎055 28 48 97; www.osteriadigiovanni.it; Via del Moro 22; 餐 €50; ⌚周一至周五19:00~22:00, 周六和周日正午至15:00和19:00~22:00）这家时髦的社区餐厅之所以脱颖而出，并不是因为其装潢出众，而是因为其豪华的托斯卡纳菜——梦幻的松露、嫩煎牛排、意大利面和乌塌菜酱汁（pici al sugo di salsicccia e cavolo nero）。再搭配一杯普洛赛克葡萄酒，你会忍不住再次光临。

饮品和夜生活

★ Il Santino 葡萄酒酒吧

（Via Santo Spirito 60r; ⌚12:30~23:00）这家袖珍型葡萄酒酒吧每晚都门庭若市。里面现代风格的椅子与古老的砖墙对比强烈，不过亮点在外面：21:00左右，葡萄酒爱好者能一直挤到街上。

Le Volpi e l' Uva 葡萄酒酒吧

（www.levolpieluva.com; Piazza dei Rossi 1; ⌚周一至周六11:00~21:00）这家宜人酒吧的大理石吧台上有两个橡木酒桶，上面写着的葡萄酒名多得让人记不住。这些酒都来自本国，有托斯卡纳的基安蒂、皮埃蒙特的浓郁红葡萄酒和Valle d' Aosta的夏埃敦酒。咬一口crostini，或是来一盘托斯卡纳精品奶酪，你会感受到真正的幸福。

Caffè Rivoire 咖啡馆

（Piazza della Signoria 4; ⌚周二至周日7:00~23:00）这家昂贵咖啡馆的历史可追溯至1872年。在这里，能看到领主广场（Piazza della Signoria）上的人群，风光无可匹敌。这是欣赏附近的乌菲兹美术馆后理想的调剂场所。特色是精致的巧克力。

Gilli 咖啡馆

（www.gilli.it; Piazza della Repubblica 39r; ⌚7:30至次日1:30）这是该市最著名的咖啡馆。自1733年以来，它一直供应优质的咖啡和美味的蛋糕。要使用广场上的桌子用餐，就得承担极其昂贵的价格，所以我们宁可站在宽敞的自由风格的酒吧里。

☆ 娱乐

佛罗伦萨权威的信息指南月刊《佛罗伦萨秀》（*Firenze Spettacolo*; www.firenzespettacolo.it）在报摊有售。该刊的最后几页有一个小型的英文版块。

Nuovo Teatro dell' Opera（☎055 277 93 50; www.operadifirenze.it; Viale Fratelli Rosselli 15）有音乐会、歌剧和舞蹈演出，这里也是佛罗伦萨五月音乐节相关活动的举办场所。

想在私密的环境中欣赏现场音乐，可以去**LaCité**（www.lacitelibreria.info; BorgoSan Frediano 20r; ⌚周一至周六8:00至次日2:00, 周日15:00至次日2:00; 📶）。

实用信息

24小时药房（新圣母玛利亚火车站）

斯蒂芬·克尔医生：医疗服务（Dr Stephen Kerr: Medical Service; ☎055 28 80 55, 335 8361682; www.dr-kerr.com; Piazza Mercato Nuovo 1; ⌚周一至周五15:00~17:00, 预约服务周一至周五9:00~15:00）医生都是住在当地的英国医生。

车站信息点（Infopoint Stazione; ☎055 21 22 45; www.firenzeturismo.it; Piazza della Stazione 5; ⌚周一至周六9:00~19:00, 周日至14:00）

中央游客信息中心（Central Tourist Office; ☎055 29 08 32; www.firenzeturismo.it; Via Cavour 1r; ⌚周一至周六9:00~18:00）

到达和离开

飞机

为佛罗伦萨服务的主要机场是**比萨国际**

机场（Pisa International Airport, Galileo Galilei Airport；☎050 84 93 00；www.pisa-airport.com）。佛罗伦萨以北5公里处还有一座小型的城市机场——**佛罗伦萨机场**（Florence Airport, Aeroport Vespucci；☎055 306 13 00；www.aeroporto.firenze.it；Via del Termine）。

长途汽车

主要长途汽车站**Autostazione Busitalia-Sita Nord**（☎800 37 37 60；Via Santa Caterina da Siena 17r；⏲周一至周六5:40~20:40，周日6:20~20:00）就在火车站的西南方向。长途汽车从这里开往锡耶纳（€7.80，1.25小时，每小时至少1班），也有经波吉邦西（Poggibonsi）到达圣吉米尼亚诺（€6.80，1.25~2小时，每天最多16班）的车。

火车

佛罗伦萨的**新圣母玛利亚火车站**（Stazione di Santa Maria Novella；Piazza della Stazione）位于罗马—米兰的铁路线上。这里有定期往返于比萨（€8，45分钟至1.5小时）、罗马（€21~36，1.5~3.5小时）、威尼斯（€22~45，2小时）和米兰（€28~50，1.75小时）的直达列车。

ℹ 当地交通

抵离机场

Terravision（www.terravision.eu；单程/往返€6/10）的汽车可从Via Luigi Alamanni大街上的新圣母玛利亚火车站外前往比萨国际机场。可在网上或Deanna Café里的Terravision服务台购买车票，也可上车购买。

Volainbus（☎800 424500；www.ataf.net；单程€6）运营接驳车，往返于车站和佛罗伦萨机场之间。5:30至次日0:30运行，约每20分钟1班。行程约25分钟。

公共交通

ATAF运营市内公共汽车。可在香烟店（tabaccherie）和报刊亭买票（€1.20，如果上车购买则为€2）。车票的有效时间为90分钟，所有公交车可用。

比萨（Pisa）

人口88,600

比萨是一座美丽的大学城，因其中一个严重失误的建筑项目而闻名。然而，在其紧凑的中世纪中心区里，比萨斜塔不过是众多值得关注的景点之一。

比萨的全盛时期出现在12世纪和13世纪，当时它是一股可与热那亚和威尼斯相匹敌的海上势力。

👁 景点

★比萨斜塔 塔楼

（Leaning Tower, Torre Pendente；www.opapisa.it；Piazza dei Miracoli；门票€18；⏲夏季9:00~20:00，夏季10:00~17:00）作为意大利标志性景点之一的比萨斜塔名副其实，现在其倾斜度达到了3.9度。斜塔高56米，官方名称是“大教堂钟楼”（campanile），其建设时间持续了将近200年，但1372年揭幕时就已经在倾斜。岁月流逝，由地基薄弱所造成的倾斜状况一直在加剧，直至20世纪90年代一项重大稳定工程的实施，倾斜才终于停止。

比萨大教堂 大教堂

（Duomo；www.opapisa.it；Piazza dei Miracol；⏲夏季10:00~20:00，冬季10:00~12:45和14:00~17:00）免费 比萨这座宏伟的罗马式大教堂开建于1064年，于1118年封圣。其优雅的分层式外立面包裹着绿色和奶油色大理石条带，巨大的圆柱式内部空间之上是金色的木头天花板。椭圆形拱顶是1380年增建的，当时还属于欧洲同类型建筑的首例。

注意：门票虽免费，但还是需要从售票处或奇迹广场（Piazza dei Miracoli）上其他景点的售票处领取入场券。

★洗礼堂 宗教遗址

（Battistero, Baptistry；www.opapisa.it；Piazza dei Miracoli；成人/优惠 €5/3，与墓室和斯诺皮耶美术馆联票 成人/优惠€8/7，三座景点中的两座 成人/优惠 €5/4；⏲夏季8:00~20:00，11月至次年2月10:00~17:00）比萨这座特别的圆形洗礼堂的顶部是由一座穹窿叠放在另一座上建成的，每座穹顶都有一半是铅，一半是瓷砖，顶上是一座施洗者约翰的镀金青铜像（1395年）。洗礼堂始建于1152年，一百多年后由尼古拉·皮萨诺和乔凡尼·皮萨诺改建，最终于14世纪竣工。洗礼堂内部的亮点是出自尼古拉·皮萨诺之手的六角形大理石布道坛（1260年）。

参观比萨斜塔

比萨斜塔一次仅限40人进入。为了避免失望而归，可在线预约，或者在到达比萨后直接去售票处预订当天晚些时候的参观活动。参观可持续30分钟，其中要攀爬300级陡峭的台阶，有时会很滑。所有的包都要在售票处旁边的存包台寄存（免费）。

食宿

★ Hotel Pisa Tower 酒店 €

（050 520 00 19；www.hotelpisatower.com；Via Pisano 23；双 €75~90，标三 €90~100，四 €110~119；）这间新开业的酒店是比萨最具性价比的选择——价格超值，位置无可匹敌，客房宽敞且屋顶很高。室内陈设很古典，有枝形吊灯、大理石地板和古老的镶框版画，屋后有一片草坪，为这里增添了一抹绿意。

Hostel Pisa Tower 青年旅舍 €

（050 520 24 54；www.hostelpisatower.it；Via Piave 4；铺€20~25；@）这个极其友善的地方靠近奇迹广场，在两栋郊区别墅内。这里光线明亮，令人愉快，装饰采用柔和的混搭风格，有一间公共厨房，露台上能看到屋后的小花园。

Hotel Bologna 酒店 €€

（050 50 21 20；www.hotelbologna.pisa.it；Via Giuseppe Mazzini 57；双/标三/四 €148/188/228；P）这家四星级酒店所处的位置刚好避开了奇迹广场的喧闹，是一处宁静的绿洲。客房宽敞明亮，搭配的是木地板，家具色彩协调，有些房间有美丽的湿壁画。

Osteria La Toscana 餐馆 €€

（050 96 90 52；Via San Frediano 10；餐 €25~30；19:00~23:00，周六和周日 正午至15:00）这家休闲餐厅是骑士广场（Piazza dei Cavalieri）旁热闹的Via San Frediano大街上几家优秀餐厅中的一家。房间灯光柔和，有棕色墙纸，爵士背景音乐搭配各种意大利面和美味的烤肉，附赠面带微笑的高效服务。

biOsteria 050 素食 €€

（050 54 31 06；www.biosteria050.it；Via San Francesco 36；餐 €25~30；周二至周六12:30~14:30和19:30~22:30，周一和周日19:30~22:30；）这里的大厨Marco和Raffaele负责制作美味，其来源都是经过严挑细选的季节性的当地有机食材——全部来自比萨方圆50公里范围内的农场。可享用调味饭配杏仁和芦笋，或者搭配当天的午间超值特色菜。

实用信息

要了解该市的信息，可以查阅网站www.pisaunicaterra.it，或者前往市中心的**游客信息中心**（050 4 22 91；www.pisaunicaterra.it；Piazza Vittorio Emanuele II 16；10:00~13:00和14:00~16:00）。

到达和当地交通

比萨国际机场（Pisa International Airport；www.pisa-airport.com）可乘坐PisaMover运营的汽车（€1.30，8分钟，每10分钟1班）前往市中心。

Terravision的公共汽车从机场开往佛罗伦萨（单程/往返€6/10，70分钟，每天18班）。

比萨有定期的火车开往卢卡（Lucca；€3.40，30分钟）、佛罗伦萨（€8，45分钟至1.25小时）和通往五渔村的拉斯佩齐亚港（€7~12，45分钟至1.5小时）。

卢卡（Lucca）

人口89,200

卢卡是一个让人一见钟情的地方。它的历史中心藏在颇具纪念意义的文艺复兴时期的城墙后面，里面到处都是气派的教堂、出色的餐馆和诱人的面包坊。卢卡由伊特鲁里亚人建立，于12世纪成了城邦国家，并维持了600年。这里绝大多数的街道和纪念物都源自这一时期。

景点

城墙（City Wall） 防御工事

卢卡环绕着老城的雄伟城墙（mura）建于16世纪和17世纪，如今几乎保存得很完整。这道壁垒高12米、长4公里，顶上有一条绿树成荫的步行道，既可以俯视古老的小镇，又能远眺阿普阿内山（Apuane Alps）。这里是当地人最爱的夜间散步（passeggiata）场所。

圣马蒂诺大教堂 天主教堂

（Cattedrale di San Martino; Piazza San Martino; 成人/优惠€3/2，与大教堂博物馆及圣乔瓦尼和圣雷帕拉塔教堂联票€7/5；⏲周一至周五9:30~17:00，周六至18:00，周日11:30~17:00）卢卡占支配地位的古罗马式大教堂可以追溯至11世纪初。美丽的外立面采用的是流行的卢卡-比萨样式，教堂的设计风格是为了适应之前就已存在于此的钟楼（campanile）。门廊左侧入口上的浮雕据称是尼古拉·皮萨诺（Nicola Pisano）创作的，而内部的珍品则包括圣器收藏室（sacristy）中的**Volto Santo**（字面意思即“圣容”）十字架雕塑和一座15世纪的精美**陵墓**。

食宿

★Piccolo Hotel Puccini 酒店 €

（☎0583 5 54 21; www.hotelpuccini.com; Via di Poggio 9; 标单/双 €75/100; ❄📶）这家热情的三星级酒店坐拥市中心无可比拟的地理位置，砖石建造的外表非常庄重。小客房中有木地板、复古的屋顶吊扇，还有彩色的当代图案，风格迷人。

Alla Corte degli Angeli 精品酒店 €€

（☎0583 46 92 04; www.allacortedegliangeli.com; Via degli Angeli 23; 标单/双/套 €150/250/400; ❄@📶）这家精品酒店非常迷人，它在一座15世纪的联排建筑中，有可爱的木梁休息室，提供21间明亮的客房，其中是绘有湿壁画的屋顶、裸露的砖块和风景壁画。早餐额外收费€10。

Da Felice 比萨 €

（www.pizzeriadafelice.it; Via Buia 12; 佛卡夏面包 €1~3，切块比萨 €1.30; ⏲周一11:00~20:30，周二至周六10:00~20:30）这家热闹的餐厅位于Piazza San Michele背后。当地人喜欢来这里品尝木柴烤的比萨、咸鹰嘴豆比萨（cecina）和坚果蛋糕（castagnacci）。

La Pecora Nera 意式小馆 €€

（☎0583 46 97 38; www.lapecoraneralucca.

值得一游

圣吉米尼亚诺

这座山顶小镇深藏于托斯卡纳的乡村中，是从佛罗伦萨和锡耶纳前往进行一日游的圣地。其别称“中世纪的曼哈顿”（The Medieval Manhattan）源自这里的14座建于11世纪的塔楼，它们在小镇质朴的历史中心（centro storico）上方高高地耸立着。

市政厅（Palazzo Comunale; ☎0577 99 03 12; Piazza del Duomo 2; 成人/优惠 €6/5; ⏲夏季9:00~18:30，冬季11:00~17:00）包括圣吉米尼亚诺的**美术馆**（Pinacoteca）和最高的塔楼——**格罗萨塔楼**（Torre Grossa）。

能眺望到**大教堂广场**（Piazza del Duomo）的**联合教堂**（Collegiata, Duomo, Basilica di Santa Maria Assunta; Piazza del Duomo; 成人/优惠 €4/2; ⏲夏季周一至周五10:00~19:00，周六至17:00，周日12:30~19:00，冬季至16:30）是圣吉米尼亚诺的罗马式大教堂，这里有一系列极好的14世纪的湿壁画。

想吃一顿传统的托斯卡纳午餐，可以去**Ristorante La Mandragola**（☎0577 94 03 77; www.locandalamandragola.it; Via Diaccetto 7; 套餐 €14~25，餐 €35; ⏲7:30~9:30和正午至14:30）。

游客信息中心（tourist office; ☎0577 94 00 08; www.sangimignano.com; Piazza del Duomo 1; ⏲夏季9:00~13:00和15:00~19:00，冬季9:00~13:00和14:00~18:00）就在市政厅，从汽车站沿Via San Giovanni大街步行即到。

圣吉米尼亚诺有定期长途汽车经波吉邦西（Poggibonsi）开往佛罗伦萨（€7，1.25~2小时，每天最多16班）。这里也有往返于锡耶纳（€6，1.25小时，每小时1班）的车。

it; Piazza San Francesco 1; 比萨 €5.50~9, 餐€25~30; ⏲周三至周五19:00~23:00, 周六和周日11:00~15:00和19:00~23:00)这家休闲的小餐厅在门外的历史中心(centro storico)小广场上也设有餐位。部分员工是残障年轻人。这里是品尝地道托斯卡纳风味比萨和晚餐的好地方。

ℹ 实用信息

游客信息中心(Tourist Office; ☎0583 58 31 50; www.luccaitinera.it; Piazzale Verdi; ⏲夏季9:00~19:00, 冬季至17:00)提供免费的酒店预订、自行车租赁和行李寄存服务。

ℹ 到达和离开

地区列车往返于佛罗伦萨(€7, 1.5小时, 每30~90分钟1班)和比萨(€8, 1小时, 每半小时1班)。

锡耶纳(Siena)

人口54,200

锡耶纳是意大利最令人陶醉的中世纪小镇之一。这里带有城墙的市中心保存完好, 里面尽是阴暗的小巷和不时出现的哥特式豪宅。位于小镇中心位置的田野广场(Piazza del Campo, Il Campo)是一座倾斜的广场, 它是镇上一年一度的著名赛马活动——锡耶纳赛马节(Il Palio)的举办场所。

在中世纪, 锡耶纳在政治和艺术上都是一支不容小视的力量, 足以同规模更大的邻居佛罗伦萨一争高下。

👁 景点

★田野广场(Piazza del Campo) 广场

这座倾斜的广场经常被称作"田野"(Il Campo), 自从在12世纪中叶被九人议会(Consiglio dei Nove)立杆标出以来, 一直是锡耶纳的城市和社会中心。广场是在从前古罗马的集市上建起的, 其铺砌图案被分为九个部分, 代表着议会的成员人数。位于地势最低处的是优雅的哥特式**市政厅**(Palazzo Comunale), 其中是城市最精美的博物馆市立博物馆(Museo Civico)。

市立博物馆 博物馆

(Museo Civico; Palazzo Comunale; 成人/优惠€9/8; ⏲夏季10:00~19:00, 冬季至18:00)这里是锡耶纳最著名的一座博物馆, 其中的展厅墙壁上装饰着大量锡耶纳学派艺术家创作的壁画。其不同寻常之处在于, 他们是城市统治部门任命的, 而非教会任命的。许多壁画描绘的是世俗生活场景, 而非当时流行的宗教主题。亮点包括**世界地图厅**(Sala del Mappamondo)中西蒙尼·马蒂尼(Simone Martini)著名的《威严圣母》(*Maestà*, 1315年)。

★锡耶纳大教堂 大教堂

(Duomo; www.operaduomo.siena.it; Piazza del Duomo; 夏季/冬季 €4/免费, 地板展出时 €7; ⏲夏季周一至周六10:30~19:00, 周日13:30~18:00, 冬季周一至周六10:30~17:30, 周日13:30~17:30)锡耶纳大教堂是意大利最令人敬畏的教堂之一, 是罗马式哥特建筑的成功范例。根据传统, 教堂在1179年封圣, 但此后工程又持续了几百年, 意大利许多顶级艺术家都曾为其贡献过自己的力量: 乔瓦尼·皮萨诺设计了精美的白色、绿色和红色的大理石外立面; 尼古拉·皮萨诺雕刻了精美的布道坛; 平图里乔(Pinturicchio)创作了壁画; 米开朗基罗、多纳泰罗(Donatello)和吉安·洛伦佐·贝尔尼尼也都为其创作过雕像。另外, 出色的嵌花地板也值得一看。

圣乔瓦尼洗礼堂 洗礼堂

(Battistero di San Giovanni; Piazza San Giovanni; 门票€4; ⏲夏季10:30~19:00, 冬季至17:30)从大教堂后走下一段陡峭的台阶就到了洗礼堂, 这里装饰有大量的壁画。其中央装饰的是出自雅各布·德拉·奎尔恰(Jacopo della Quercia)之手的大理石洗礼盘, 上面还装饰着青铜镶板, 其上描绘着施洗圣约翰的生平事迹, 包括洛伦佐·吉尔贝蒂(Lorenzo Ghiberti)创作的《基督的洗礼和狱中圣约翰》(*Baptism of Christ and St John in Prison*)和多纳泰罗创作的《施洗者圣约翰的头颅被呈送给希律王》(*The Head of John the Baptist Being Presented to Herod*)。

锡耶纳大教堂歌剧博物馆 博物馆

(Museo dell' Opera del Duomo; www.operaduomo.siena.it; Piazza del Duomo 8; 门票

€7；⊙夏季10:30~19:00，冬季至17:30）这座博物馆收藏展示的都是从前装饰在大教堂中的艺术作品，包括原本站在外立面上的出自乔瓦尼·皮萨诺之手的12使徒和哲学家的雕像。这些作品本是为了从地面仰视而设计的，因此都前倾着，有些令人不适，看起来很扭曲。博物馆的亮点包括杜乔·迪·博尼塞尼亚（Duccio di Buoninsegna）那件引人注目的《庄严圣母》（*Maestà*，1311年），作品为双面描绘，原本是大教堂高祭坛上的屏风。

节日和活动

赛马节（Il Palio） 游行、赛马

这是锡耶纳一年一度的盛大活动（7月2日和8月16日），起源于中世纪，内容包括一系列丰富多彩的游行和围着田野广场进行的无鞍赛马。届时，城市的17个区竞赛追逐，争夺渴盼良久的palio（锦旗）。每个区都有自己的传统、标志、颜色、教堂，还有赛马节博物馆。

食宿

★ Hotel Alma Domus 酒店 €

（☎0577 4 41 77；www.hotelalmadomus.it；Via Camporegio 37；标单€40~52，双€60~122，四€95~140；❄📶）这座酒店归教区所有，里面仍住着6名多米尼加修女，是一处可爱而安静的绿洲。客房位于3楼和4楼，装潢风格现代时髦，配有简洁的浴室。有些房间能看到大教堂，不过价格会高一些。

Antica Residenza Cicogna 民宿 €

（☎0577 28 56 13；www.anticaresidenzacicogna.it；Via delle Terme 76；标单€70~95，双€95~115，套€120~155；❄@📶）这座民宿位于一座13世纪的宫殿中，店主Elisa很有魅力，服务热情。7间客房干净而且维护得很好，有彩绘过的天花板、铺着花砖的地板，有的还能看到原来的湿壁画。这里也有一间小型休息室，你可以一边享受Vin Santo和cantuccini（一种又硬又甜的杏仁饼干）一边放松。

Osteria Nonna Gina 意式小馆 €

（☎0577 28 72 47；www.osterianonnagina.com；Pian dei Mantellini 2；餐€25；⊙周二至周日12:30~14:30和19:30~22:30）这家令人愉快的餐厅呈现出一幅家庭经营的老派意式小馆的画面。有各种零零碎碎的装饰品，家庭成员则在厨房和舒适的餐厅间奔来走去，呈上一道道热气腾腾的意大利面和托斯卡纳炖菜。

Morbidi 熟食 €

（www.morbidi.com；Via Banchi di Sopra 75；午间自助餐€12；⊙周一至周四8:00~20:00，周五和周六至21:00）在这家熟食店里可品尝优质自助午餐。只要€12就可以从当天的前菜、沙拉、调味饭、意面和甜点中自由选择。提供瓶装水，葡萄酒和咖啡要另收费。

★ Enoteca I Terzi 新派托斯卡纳菜 €€

（☎0577 4 43 29；www.enotecaiterzi.it；Via dei Termini 7；餐€35~40；⊙夏季11:00至次日1:00，冬季11:00~16:00和18:30至午夜，周日歇业）这家古老的葡萄酒酒吧（enoteca）靠近田野广场，是当地人的最爱。他们会在这里吃工作日的午餐、aperitivi、休闲晚餐。这里提供顶级的自制火腿（salumi）、精心制作的家常意面和美味葡萄酒。

实用信息

游客信息中心（☎0577 28 05 51；www.terresiena.it；Piazza del Duomo 1；⊙夏季每天9:00~18:00，冬季周一至周六10:00~17:00，周日至13:00）位于大教堂对面，提供住宿预订，安排汽车和小轮摩托车租赁，出售火车票（需要手续费），还可以预订各种一日游。

到达和离开

Siena Mobilità（☎800 922984；www.sienamobilita.it）运营的长途汽车往返于佛罗伦萨（€8，1.25小时，每小时至少1班）和圣吉米尼亚诺（€6，1.25小时，每小时1班），或直达，或经过波吉邦西和比萨国际机场（€14，2小时，每天1班）。

Sena（www.sena.it）的长途车往返于罗马的蒂布尔蒂纳火车站（€24，3小时，每天9班），有两班会继续前往菲乌米奇诺机场。也有长途车往返米兰（€36，4.5小时，每天4班）、佩鲁贾（€18，1.5小时，每天两班）和威尼斯（€32，5.5小时，每天两班）。

售票处在格拉姆西广场（Piazza Gramsci）汽车站的地下。

佩鲁贾（Perugia）

人口166,000

佩鲁贾是翁布里亚最大、最国际化的城市，这里有山顶上的中世纪中心，还有大量来自世界各地的留学生。7月，音乐迷会涌入这座城市，参加享有声望的翁布里亚爵士音乐节（Umbria Jazz festival；www.umbriajazz.com），而在10月第三周举办的欧洲巧克力节（Eurochocolate；www.eurochocolate.com）则会吸引来自世界各地的巧克力狂热分子。

佩鲁贾有一段令人惊心动魄的血腥历史——在中世纪，当地实力强大的家族为城市的统治权争斗不休。不过，这里的艺术和文化一直颇为兴盛，画家佩鲁吉诺（Perugino）和他的学生拉斐尔都在此工作过。

景点

佩鲁贾的景点集中在山顶的历史中心，城中央有主要街道Corso Vannucci和一座漂亮的中世纪广场十一月四日广场（Piazza Ⅳ Novembre）。

圣洛伦佐大教堂　大教堂

（Cattedrale di San Lorenzo；Piazza IV Novembre；周一至周六7:30至正午和15:30~18:45，周日8:00~13:00和16:00~19:00）佩鲁贾的这座庄严的中世纪大教堂坐落在十一月四日广场上。这里从公元10世纪开始就有教堂存在，但现在看到的这座是1345年由弗拉·博威纳特（Fra Bevignate）设计建造的。工程一直持续到1587年，但正立面到现在也未完工。在教堂内部，你会发现引人注目的晚期哥特风格的建筑、一座由西尼奥雷利设计的祭坛和出自杜乔（Duccio）的雕塑。正门前的台阶似乎把佩鲁贾全城的台阶都聚集到了这里。它们之下是广场中心建筑：由粉红色大理石和白色大理石建造的精致的大喷泉（Fontana Maggiore，Great Fountain；Piazza IV Novembre）。

★执政官大厦　宫殿

（Palazzo dei Priori；Corso Vannucci）这座哥特式宫殿位于Corso Vannucci大道两侧，建造于13~14世纪，设计有三重窗户、装饰精美的大门和要塞般的垛口，非常引人注目。这里从前是当地的行政中心，现在是城市的主要美术馆——翁布里亚国家美术馆（Galleria Nazionale dell' Umbria）。其他值得一看的有交易大厅（Nobile Collegio del Cambio，Exchange Hall；www.perugiacittamuseo.it；Palazzo dei Priori，Corso Vannucci 25；门票€4.50，含Nobile Collegio della Mercanzia€5.50；周一至周六9:00~12:30和14:30~17:30，周日9:00~13:00），这里是佩鲁贾中世纪时的货币兑换处，里面有佩鲁吉诺的湿壁画。

翁布里亚国家美术馆　博物馆

（Galleria Nazionale dell' Umbria；075 5866 8410；www.gallerianazionaleumbria.it；Palazzo dei Priori，Corso Vannucci 19；成人/优惠€6.50/3.25；周二至周日8:30~19:30）翁布里亚最重要的美术馆，位于市中心执政官大厦之中。藏品将近3000件，是意大利中部地区最为丰富的，包括拜占庭风格的13世纪油画、真蒂莱·达·法布里亚诺（Gentile da Fabriano）的哥特式作品，以及本地名人平图里乔和佩鲁吉诺创作的文艺复兴时期的作品等，可谓应有尽有。

食宿

Primavera Minihotel　酒店 €

（075 572 16 57；www.primaveraminihotel.it；Via Vincioli 8；标单€55~65，双€75~105，标三€95~120；）这家热情的酒店位于历史中心一处僻静的角落。其外观华丽，客房光线明亮，装饰着复古家具，特色亮点包括裸露的石头、横梁和木地板。早餐要加收€5~8。店员会讲英语、法语和意大利语。

Hotel Morlacchi　家庭旅馆 €

（075 572 03 19；www.hotelmorlacchi.it；Via Tiberi 2；标单 €60~66，双 €80~92，标三 €90~115；）这家友好的老派家庭旅馆靠近十一月四日广场。舒适的矮屋顶客房分布在一座17世纪的联排建筑中，虽然低调，但有古董和原创艺术作品的装饰。

Pizzeria Mediterranea　比萨 €

（Piazza Piccinino 11/12；比萨 €4.50~12；12:30~14:30和19:30~23:00；）这是一家人气颇高的经典比萨店，有木柴烤炉，氛围热

值得一游

奥尔维耶托

从战略观点来看，这座选址惊人的山顶小镇正好位于连接罗马和佛罗伦萨的主要铁路线上。它的最大卖点是哥特式**奥尔维耶托大教堂**（Cattedrale di Orvieto；☎0763 34 24 77；www.opsm.it；Piazza Duomo 26；门票€3；⏰夏季周一至周六9:30~18:00，周日13:00~17:30，冬季周一至周六9:30~13:00和14:30~17:00，周日14:30~16:30），其始建于1290年，建造时间超过了300年。其正立面相当惊人，在华丽而脱俗的内部还保存着重要的艺术品，包括卢卡·西诺雷利（Luca Signorelli）的一组壁画《最后的审判》（*Giudizio Universale*）。

想补充体力，可以去**Trattoria del Moro Aronne**（☎0763 34 27 63；www.trattoriadelmoro.info；Via San Leonardo 7；餐 €25~30；⏰周三至周一正午至14:30和19:30~21:30）。

要获得相关信息，可前往**游客信息中心**（tourist office；☎0763 34 17 72；www.orvieto.regioneumbria.eu；Piazza Duomo 24；⏰周一至周五8:15~13:50和16:00~19:00，周六和周日10:00~13:00和15:00~18:00），它就在大教堂对面。

火车可往返佛罗伦萨（€15.40~19.50，2.25小时，每小时1班）和罗马（€7.50~13.50，1.25小时，每小时1班）。从佩鲁贾（€7~14.50，1.75~3小时，每天最多13班）出发，需要在Terontola-Cortona或Orte换车。

如果你是乘火车来的，需要搭乘**缆车**（funicular；€1.30；⏰周一至周六7:15~20:30，每10分钟1班，周日8:00~20:30，每15分钟1班）前往镇中心。

闹，提供城里最好的比萨——端上来时还鼓着气泡。比萨选用那不勒斯轻型底饼，有多种口味。周末可能要排队。

Sandri
咖啡馆、法式糕点 €

（Corso Vannucci 32；点心€2.50；⏰7:30~21:00）自1860年开始，Sandri坚持供应诱人的甜食和市内最好的咖啡。室内精美的壁画和枝形吊灯的光为点心、巧克力和蛋糕打造出唯美的背景，也使墙壁和天花板无不展现其精致。

Osteria a Priori
餐馆 €€

（☎075 572 70 98；www.osteriaapriori.it；Via dei Priori 39；餐 €30左右；⏰周一至周六12:30~14:30和19:30~22:00）这家时髦的餐厅在一家葡萄酒酒吧（enoteca）的楼上，提供当地产葡萄酒和采用时令食材制作的地方性菜肴。翁布里亚奶酪和腌肉搭配松露、烤肉和秋季蘑菇。周末午餐只要€9。推荐预订。

ℹ 实用信息

游客信息中心（Tourist Office；☎075 573 64 58；http://turismo.comune.perugia.it；Piazza Matteotti 18；⏰9:00~19:00）可提供城市地图和迷你指南。要了解该市当下的资讯，可在本地的报摊买一份《佩鲁贾万岁》（*Viva Perugia*，€1）。

ℹ 到达和当地交通

佩鲁贾的长途汽车站位于Piazza dei Partigiani，从这里出发，有电梯通往历史中心区的意大利广场（Piazza Italia）。

Sena（☎861 1991900；www.sena.it）有车次可前往佛罗伦萨（€21，2小时，每天两班）及托斯卡纳地区。

Sulga（☎800 099661；www.sulga.it）有车次可往返罗马（€17，2.5小时，每天4~5班）和菲乌米奇诺机场（€22，3.75小时，每天2~4班）。

Umbria Mobilità（☎075 963 76 37；www.umbriamobilita.it）有车次前往地方城镇，包括阿西西（€4.20，45分钟，每天8班）。

直达列车往返于佛罗伦萨（€14，1.5~2.25小时，每天8班）。从火车站去市中心，可乘坐minimetrò（€1.50）前往马泰奥蒂广场（Piazza Matteotti）下的Pincetto车站，或者乘坐G路公交（€1.50，上车购票为€2）前往意大利广场，或乘C路公交到圣洛伦佐大教堂后面。

阿西西(Assisi)

人口28,100

圣方济各(St Francis, 1182~1226)诞生在这里,于是,这座中世纪小镇成了无数朝圣者的重要目的地。这里的主要景点是圣方济各大教堂,它是意大利参观人数最多的教堂之一,山顶的历史中心区也值得一游。

景点

★圣方济各大教堂 教堂

(Basilica di San Francesco; www.sanfrancescoassisi.org; Piazza di San Francesco; ⏲上教堂8:30~18:45,下教堂和陵墓6:00~18:45)免费 这座教堂是阿西西诸多被联合国教科文组织列入世界遗产名录的景点中最耀眼的一处,其雄姿从几公里以外就能看见。教堂分为上下两座:**上教堂**(Basilica Superiore)的特色是由乔托创作的一组巨大的湿壁画;**下教堂**(Basilica Inferiore)更古老,在这里能找到契马布埃(Cimabue)、彼得罗·洛伦泽蒂(Pietro Lorenzetti)和西蒙涅·马尔蒂尼(Simone Martini)绘制的湿壁画。圣方济各墓位于教堂地下。

圣嘉勒大教堂 大教堂

(Basilica di Santa Chiara; Piazza Santa Chiara; ⏲夏季6:30至正午和14:00~19:00,冬季至18:00)建于13世纪的圣嘉勒大教堂为罗马式风格,有陡峭的城墙,粉红色和白色的外立面也非常醒目。教堂是献给圣嘉勒(St Clare)的,她是当代圣方济各的灵魂,也是贫穷修女会(Sorelle Povere di Santa Chiara)的创始人,该组织现在被称作Poor Clares。圣嘉勒被安葬于教堂地下室,一同被埋葬于此的还有圣达米亚诺十字架(Crocifisso di San Damiano),这是拜占庭风格的十字架,1205年圣方济各受到上帝的启示后曾面对它祷告。

食宿

Hotel Alexander 酒店 €€

(☎075 81 61 90; www.hotelalexanderassisi.it; Piazza Chiesa Nuova 6; 标单 €60~80,双 €99~140; ❄📶)这家酒店位于新教堂旁边的一座小卵石广场上,有8间宽敞的客房和一座能看到美丽屋顶风光的公共露台。现代化的装潢——灰色木地板和棕色色调——与木头横梁屋顶和精心保存的古董形成鲜明对比。

Trattoria da Erminio 意式小馆 €€

(☎075 81 25 06; www.trattoriadaerminio.it; Via Montecavallo 19; 固定价格套餐€18,餐€25~30; ⏲周五至周三正午至14:30和19:00~21:00)这座迷人的背街餐馆因烤肉而闻名,烤肉是在小用餐区巨大的壁炉上制成的。夏季,摆在宜人的鹅卵石街道上的餐桌非常抢手。不用对此感到惊讶,这种老派的用餐方式才最有助于你享受乡村风情。你可以在马泰奥蒂广场(Piazza Matteotti)附近的上城区找到它。

实用信息

游客信息中心(Tourist Office; ☎075 813 86 80; www.assisi.regioneumbria.eu; Piazza del Comune 22; ⏲夏季每天9:30~19:00,冬季周一至周五8:00~14:00和15:00~18:00,周六9:00~19:00,周日9:00~18:00)可以提供地图、小册子和住宿信息。

到达和离开

乘长途汽车前往阿西西比乘火车好。长途汽车从历史中心(centro storico)的马泰奥蒂广场出发。

Sulga(www.sulga.it)车次连接着阿西西与罗马(€18,3小时,每天1班)。

Umbria Mobilità(www.umbriamobilita.it)车次往返于佩鲁贾(€4,45分钟,每天8班)。

火车站位于阿西西城外4公里处的安杰利圣母教堂(Santa Maria degli Angeli)。如果你是乘火车来的,乘公共汽车C(€1.30,上车购票€2,每半小时1班)可前往马泰奥蒂广场。地区列车开往佩鲁贾(€2.50,20分钟,每小时1班)。

意大利南部 (SOUTHERN ITALY)

意大利南部是一片日照强烈的土地,拥有壮观的海岸线和粗犷的景色,与文雅的北部形成了鲜明的对比。这里的绝伦风景、巴洛克风格的城镇和经典遗迹，与令人厌恶的城市扩张及可耻的沿海开发并存，有时仅相隔几公里。

尽管存在种种缺陷，“正午的太阳”（il mezzogiorno，意大利南部的别称）仍是每一条意大利旅行路线的必要组成部分，这里有诱人的烹饪杰作和大量的建筑瑰宝。

那不勒斯（Naples）

人口989,100

那不勒斯肮脏、喧闹、松散而杂乱，但这里的一切都令人愉快。它由希腊殖民者建立，后来成了繁荣的罗马城市，随后又做了波旁王朝统治下的两西西里王国（Kingdom of the Two Sicilies）的首都。18世纪时，它是欧洲的大城市之一。当你对这里大量的巴洛克式宫殿感到惊奇时，你就会相信这一点。

景点

★ 国家考古博物馆 博物馆

（Museo Archeologico Nazionale；☎081 442 21 49；http://cir.campania.beniculturali.it/museoarcheologiconazionale；Piazza Museo Nazionale 19；成人/优惠€8/4；⏲周三至周一9:00~19:30；Ⓜ Museo，Piazza Cavour）这里是那不勒斯最好的一座博物馆，展示着世界上最精美的古希腊罗马文物。这里最早是骑兵的军营，后来成为大学，其历史可追溯至18世纪末，当时波旁国王查理七世建造了这里，目的是收藏从母亲伊丽莎白·法尼斯（Elisabetta Farnese）那里继承来的古董，以及来自庞贝和赫库兰尼姆遗址的珍宝。星级展品包括著名的《法尔内塞公牛》（*Toro Farnese*）、雕塑和一系列来自庞贝的牧神之家（Casa del Fauno）的令人敬畏的镶嵌画。

★ 圣塞韦罗礼拜堂 小教堂

（Cappella Sansevero；☎081 551 84 70；www.museosansevero.it；Via Francesco de Sanctis 19；成人/优惠€7/5；⏲周一和周三至周六9:30~18:30，周日至14:00；Ⓜ Dante）在这座巴洛克风格的共济会礼拜堂中，你会发现朱塞佩·萨马尔蒂诺（Giuseppe Sanmartino）创作的极为逼真的雕塑《蒙着面纱的基督》（*Cristo velato*），其中的大理石面纱如此逼真，以至于你想要掀开看看其后的基督。其余艺术亮点包括弗朗西斯科·奎尔热罗（Francesco Queirolo）的雕塑《幻灭》（*Disinganno*）、安东尼·科拉迪尼（Antonio Corradini）的《谦逊》（*Pudicizia*）及弗朗西斯科·玛利亚·拉索（Francesco Maria Russo）创作的色彩鲜艳的湿壁画，后者从1749年完成以来从未被触碰过。

圣嘉勒纪念大楼 天主教堂、修道院

（Complesso Monumentale di Santa Chiara；☎081 551 66 73；www.monasterodisantachiara.eu；Via Santa Chiara 49c；教堂免费，纪念大楼成人/优惠€6/4.50；⏲天主教堂7:30~13:00和16:30~20:00，纪念大楼周一至周六9:30~17:30，周日10:00~14:30；Ⓜ Dante）这座巨大的哥特式教堂在设计上很有迷惑性，位于安静的修道院建筑群的中央。我们今天看到的教堂其实是20世纪重建的，由Gagliardo Primario建造于14世纪的原教堂在第二次世界大战中遭到了严重的破坏。大教堂隔壁是**修女院**（cloisters），其外立面装饰着颜色鲜艳的17世纪的马略尔卡（maiolica）瓷砖和湿

> **艺术卡**
>
> **艺术卡**（ArteCards；www.campaniartecard.it）提供那不勒斯和坎帕尼亚博物馆门票的优惠。可在有关的博物馆、那不勒斯卡波迪基诺机场（Naples Capodichino Airport）和那不勒斯中央火车站（Stazione Centrale）购票。也可以在线购买或拨打☎800 600 601。有几种不同类型的卡，下面两种最为实用：
>
> **那不勒斯艺术卡**（Artecard Napoli；€21，有效期3天）两处免费景点，多处优惠景点，同时城市公共交通免费。
>
> **坎帕尼亚艺术卡**（Artecards Campania；€32/34，有效期3/7天）2/5个免费景点（有效期3/7天的卡），多个优惠景点。3天内有效的卡可免费乘坐城市交通工具，但7天的卡不适用。

Central Naples 那不勒斯市中心

0 400 m
0 0.2 miles

A B C D
1 2 3 4 5 6 7

Museo Archeologico Nazionale
国家考古博物馆 2
去Palazzo Reale di Capodimonte 卡波迪蒙特王宫 (1.9km)
Museo
Via Foria
Via Maria Longo
Piazza Museo Nazionale
Piazza Cavour
Via S Guiseppe dei Nudi
Via Tommasi
Via Santa Maria di Costantinopoli
Largo Regina Coeli
Via Santissimi Apostoli
Via d Anticaglia
Via Pisanelli
Via San Paolo
Vico Giganti
Via Duomo
Duomo 大教堂
Via dei Tribunali
Via della Zite
Vico Zuroli
Via Broggia
Via Francesco Saverio Correra
Via Enrico Pessina
Via della Sapienza
Via del Sole
Via Atri
Piazza San Gaetano
8
10
Via G Maffei
Via Vicaria Vecchia
Piazza Museo Filangieri
Via G Brombeis
Vico S Domenico Soriano
Via Bellini
6
13
Piazza Bellini 贝尼尼广场
Piazza Luigi Miraglia
Via Nilo
Cappella Sansevero
圣塞韦罗礼拜堂 1
Palazzo dei Di Sangrio
Via San Biagio dei Librai
Via Port'Alba
12
Dante
Piazza Dante 但丁广场
Via Montesanto
Via Tarsia
Via San Sebastiano
Piazzetta del Nilo
Vico S Severino
Via d'Alagno
Duomo (under construction)
大教堂(建设中)
Piazza Nicola Amore
Via Pellegrini
Via Benedetto Croce
Via B Capasso
3
Via Toledo
Via D Capitelli
Piazza del Gesù Nuovo 新耶稣广场
Via Santa Chiara
Via Mezzocannone
Via G Paladino
去 Stazione Centrale 中央火车站(1.1km); Circumvesuviana (1.1km)
Via Pasquale Scura
Via Pignasecca
Via S Liborio
Via Formale
Via T Caravita
Piazza Monteoliveto
Via Monteoliveto
Largo Giusso
Largo Banchi Nuovi
Piazetta Orefici
Corso Umberto I
Via Nuova Marina
Piazza Carità
Via Donnalbina
Via Sedile di Porto
Via G Simonelli
Vico P Galluppi
Toledo
Via C Battisti
Piazza Matteotti
Via D Cerriglio
Piazza Bovio
Università
Via G C Cortese
Via Alside De Gasperi
Via Concezione a Montecalvario
Via Montecalvario
Via Bracco
Via A Diaz
Via D Fiorentini
Via Graziella
Via A Depretis
Tirrenia
Medmar
Calata Porta di Massa
Varco Immacolatella
Toledo
Via Potracarrese a Montecalvario
Via S Tommaso d'Aquino
Via Medina
Via S Bartolomeo
Via F Gioia
Via S Nicola alla Dogana
Via Cristoforo Colombo
Via S Giacomo
Via Speranzella
Via Toledo
Piazza del Municipio
5
7
Piazza Francese
Via P E Imbriani
Chiaia (under construction)
Municipio (under construction)
9
Via Santa Brigida
Vico d'Aflitto
Funicolare Centrale
4
Via Vittorio Emanuele III
Castel Nuovo 新城堡
Molo Angioino
Tirrenia
SNAV
Via San Carlo
Piazza Trieste e Trento
14
11
Parco Castello
Alilauro
Caremar
Molo Beverello
Via A F Acton
Piazza del Plebiscito

Central Naples 那不勒斯市中心

壁画。

★ 圣马蒂诺修道院兼博物馆 修道院、博物馆

（Certosa e Museo di San Martino；☎081 229 45 10；www.polomusealenapoli.beniculturali.it；Largo San Martino 5；成人/优惠€6/3；⏰周四至周二8:30~19:30，最晚18:30入场；Ⓜ Vanvitelli，索道Montesanto Morghen）14世纪的建造之初，这座由修道院改建的博物馆是加尔都西会的修道院，它代表着那不勒斯巴洛克式建筑的最高峰。修道院的中心有意大利最精美的一座回廊，几个世纪以来，曾有一些最优秀的才俊对其进行装饰和改造，其中最重要的包括16世纪的乔瓦尼·安东尼·多西奥（Giovanni Antonio Dosio），以及一个世纪之后的巴洛克大师科西莫·方扎戈（Cosimo Fanzago）。如今，这里成了那不勒斯精彩的艺术宝库。

卡波迪蒙特王宫 美术馆

（Palazzo Reale di Capodimonte；☎081 749 91 11；www.polomusealenapoli.beniculturali.it；Via Miano 2；成人/优惠€7.50/3.75；⏰周四至周二8:30~19:30；🚌Via Capodimonte）这座庞大的宫殿最早是波旁王朝的查理七世建造的，作用是打猎的行宫。现在里面是**卡波迪蒙特国家博物馆**（Museo Nazionale di Capodimonte）——意大利南部规模最大、收藏最丰富的美术馆之一。其中许多藏品是查理继承自母亲伊丽莎白·法尼斯的。1759年，他将这些藏品搬迁至此，包括由波提切利（Botticelli）、提香和安迪·沃霍尔（Andy Warhol）等人创作的12世纪的精美祭坛画。

王宫始建于1738年，一百多年后才竣工。

节日和活动

圣热内罗节（Festa di San Gennaro） 宗教节日

5月第一个周六，虔诚的信徒会涌入大教堂，观看圣热内罗的血液溶解的神奇场面。同样的表演在9月19日和12月16日举行。

Maggio dei Monumenti 文化

这是一场持续一个月之久的文化盛宴，每年5月举行。届时，整个城市会有许多音乐会、演出、展览、导览游和其他活动。

住宿

B&B Cappella Vecchia 民宿 €

（☎081 240 51 17；www.cappellavecchia11.it；Vico Santa Maria a Cappella Vecchia 11；标单€50~70，双€75~100，标三€90~120；❄@📶；🚌C24至Piazza dei Martiri）这家民宿由一对友善的夫妇经营，是游览时髦的Chia地区的基地。它有6间简单却舒适的客房，配有时髦的浴室，色彩搭配有趣，采用那不勒斯主题装饰，包括“邪恶之眼”（malocchio）、spaccanapoli（穿过那不勒斯历史中心的主要大道）。早餐在宽敞的公共区供应。

Hostel of the Sun 青年旅舍 €

（☎081 420 63 93；www.hostelnapoli.com；Via G Melisurgo 15；铺€16~22，双€50~70；❄@📶；🚌R2至Via Depretis）这家友好的青年旅舍坐落在码头附近一座建筑的7楼（电梯€0.05），备受赞誉，是一处令人愉快的社交场所。提供由多种色调装饰的宿舍、位于室内的

庞贝和赫库兰尼姆

公元79年8月24日，维苏威火山（Mt Vesuvius）爆发，火山砾（lapilli，燃烧的浮石碎屑）吞没了繁荣的庞贝城，赫库兰尼姆城则陷入淤泥之中。结果，两座城市都被摧毁了，数千人罹难。现在，这两处被联合国教科文组织列入名单的遗迹，提供了极其生动的罗马城市模型，包括街道、神殿、住宅、浴室、广场、酒馆、商店，甚至还有妓院。

庞贝

深眠于维苏威火山之间的**庞贝**古城遗址（081 857 53 47；www.pompeiisites.org；入口在Porta Marina, Piazza Esedra & Piazza Anfiteatro；成人/优惠 €11/5.50，含赫库兰尼姆 €20/10；夏季8:30~19:30，冬季至17:00）是自然界破坏力量对人类的警告。这里是欧洲最引人注目的考古遗址之一。1594年，庞贝古城遗址第一次被发现：当时的建筑师多梅尼克·方塔纳（Domenico Fontana）在开挖运河时，曾于其中磕磕绊绊地经过，但系统化的发掘则始于1748年。从那时起，古城原本66公顷的面积被继续发掘了44公顷。

遗址可参观的地方有很多。可从**郊区浴场**（Terme Suburbane）开始游览，这座公共浴室中点缀着情色主题的壁画，地址就在**码头门**（Porta Marina）外，码头门是古城原有的七座城门中最令人难忘的一座。走入城墙内，沿着**码头大街**（Via Marina）可到达绿草如茵的**广场**（foro）。这里是古城的主要广场，现在四周环绕着由石灰岩建造的圆柱，还有**长方形会堂**（basilica）的遗迹，在公元前2世纪，这里曾是古城的法院和交流场所。会堂对面的**阿波罗神殿**（Tempio di Apollo）是庞贝最古老、最重要的宗教建筑，广场北端的**广场粮仓**（Granai del Foro）中则储藏着无数两耳细颈酒罐和大量的人体铸模。这些铸模是19世纪时用石膏灌入人体腐烂后留下的空壳而铸成的。

再走几步就到了**妓院**（Lupanare），其中收藏的红色湿壁画吸引了大量游客。向南，建于公元前2世纪的**大剧场**（Teatro Grande）能容纳5000名观众，它是在庞贝原本的火山岩上开凿出来的。

其余亮点包括**圆形剧场**（Anfiteatro），这是现存古罗马露天剧场中已知最古老的一座；**农牧神宅邸**（Casa del Fauno）是庞贝最大的私宅，其中的许多马赛克镶嵌画现在都收藏于

可爱酒吧，也有一些简朴的私人房间，有的含浴室，有的不含。

★ Hotel Piazza Bellini 精品酒店 €€

（081 45 17 32；www.hotelpiazzabellini.com；Via Santa Maria di Costantinopoli 101；标单 €70~150，双 €80~170；Dante）这间时髦的当代风格酒店位于一座16世纪的宫殿中，距离热闹的贝利尼广场只有几步路。薄荷白的空间内保留着原本的马爵利卡（maiolica）瓷砖，还有一些新兴艺术家创作的作品。客房是简约风格，陈设、浴室设计都很时髦，镜框是直接在墙上画出来的。有些房间有观景阳台。

Casa D' Anna 客栈 €€

（081 44 66 11；www.casadanna.it；Via Cristallini 138；标单€67~102，双€95~145；Piazza Cavour, Museo）这是一家精致的客栈，配备了大量的古董、书籍和艺术真品，不管是艺术家还是巴黎那些赶时髦的人都会爱上这里。4间客房很好地融合了古典特色和现代顶级设计的特色，豪华的公共露台很适合促膝长谈。注意，酒店规定至少留宿两晚。

Art Resort Galleria Umberto 酒店 €€

（081 497 62 81；www.artresortgalleriaumberto.it；4th fl, Galleria Umberto I 83；房€94~193；）想体验那不勒斯浮华的一面，可预订这座位于Galleria Umberto I楼上的四星级酒店。这里的客房都很安静，装饰有豪华的湿壁画、大理石地板和镀金边框的油画，公共空间设计成巴洛克式风格。营业时间以外使用电梯需要花费€0.10。

那不勒斯的国家考古博物馆；**神奇别墅**（Villa dei Misteri）的酒神节主题雕带是遗址现存最重要的壁画作品。

要去往庞贝，可乘坐环游火车（Circumvesuviana）到达码头门附近的庞贝古城—神奇别墅（Pompeii Scavi-Villa dei Misteri；€2.90，从那不勒斯出发需35分钟；€2.20，从索伦托出发需30分钟）。

赫库兰尼姆

赫库兰尼姆（081 732 43 27；www.pompeiisites.org；Corso Resina 187, Ercolano；成人/优惠€11/5.50，含庞贝 €20/10；夏季8:30~19:30，冬季至17:00）遗址不如庞贝的面积大，也稍显逊色。一个上午或下午的时间就足够参观。

赫库兰尼姆是古罗马富裕人士的小渔港和度假地，它的命运也和庞贝一样，最终毁于维苏威火山的喷发。但是，因为距离火山的距离更近，淹没城市的是16米厚的海泥和碎石浮屑，而非吞没庞贝的火山砾和灰烬。因此，城镇实际上已变成化石，这就使得家具和服饰等精致物件也得到了完好保存。1709年，城镇被再度发现，发掘工作自此开始，并持续至今。

这里有大量有趣的房屋可供探索，其中著名的有**阿尔戈宅邸**（Casa d' Argo），这座著名的建筑中央有一座带有柱廊的棕榈树花园；贵族住宅海神和**安菲特利特宅邸**（Casa di Nettuno e Anfitrite）的名称来源于其中精妙的马赛克镶嵌画，画面描绘的是水神殿（nymphaeum，喷泉和浴场）中的海神；**雄鹿宅邸**（Casa dei Cervi）有用大理石雕刻的鹿、壁画和一些美丽的静物画作。

遗址最南端的是建于公元1世纪的**郊区浴场**（Terme Suburbane），这座浴场建筑群保存得异常完好，有幽深的浴池、灰泥雕带和下方是大理石座椅、地板的浅浮雕。

要去往赫库兰尼姆，可乘坐环游火车到达埃尔科雷诺（Ercolano；€2.20，从那不勒斯出发需15分钟；€2.20，从索伦托出发需45分钟），从那里的火车站出发，步行500米，沿着路标指示的下山方向即可到达scavi（遗址）。

Romeo Hotel 豪华酒店 €€€

（081 017 50 01；www.romeohotel.it；Via Cristoforo Colombo 45；房 €150~330，套€240~650；）这家高端酒店采用的全部都是顶级艺术品、玻璃和钢铁制品装饰，为破旧的码头区增添了一抹迷人色彩。客房大小不一，不过全部都很豪华，而且极其舒适，最好的那些能看到海湾风景，令人难忘。米其林星级餐厅、寿司吧台和绝妙的水疗更是令人印象深刻。

就餐

那不勒斯人为他们的比萨自豪。虽然有许多种可以搭配的馅料，但当地人偏爱玛格丽特（margherita，番茄、罗勒和马苏里拉奶酪）或杂菜（marinara，番茄、大蒜和牛至）。

★ **Pizzeria Gino Sorbillo** 比萨 €

（081 44 66 43；www.accademiadellapizza.it；Via dei Tribunali 32；比萨€4起；周一至周六正午至13:00；M Dante）这家带有传奇色彩的比萨店日复一日地聚满了饥饿的食客。里面喧闹的氛围并不会减少比萨的魅力，因为它们都是至高无上的美味。如果太拥挤，可尝试几步之隔的Via dei Tribunali 38大街上“只是稍微安静些”的分店。

Di Matteo 比萨 €

（081 45 52 62；www.pizzeriadimatteo.com；Via dei Tribunali 94；小吃€0.50起，比萨€2.50起；周一至周六9:00至午夜；C55至Via Duomo）这里是那不勒斯比萨店里的核心成员，门前设有一个很受欢迎的街边摊，出售该市最棒的油炸小吃，从那不勒斯炸比萨（pizza fritta）到营养丰富的油炸饭团（arancini），品种颇多。走进去，感受一下昏暗的灯光、不太友好的服务员和好吃得令人咂嘴的比萨吧。

Trattoria Castel dell' Ovo 海鲜 €€

（☎081 764 63 52；Via Luculliana 28；餐€25~30；⊙周五至周三13:00~15:00和19:30至午夜）那不勒斯不仅有比萨，海鲜在城里也非常流行，最富氛围的品尝地是Borgo Marinaro。这家由家庭经营的小餐厅位于码头上大大小小的餐厅之间，为当地人和游客供应美味的鱼类菜肴。

Da Michele 比萨 €

（☎081 553 92 04；www.damichele.net；Via Cesare Sersale 1；比萨€4起；⊙周一至周六10:30至午夜）这家老字号比萨店一直很朴实：朴素的大理石桌面、快捷的服务及两种比萨——玛格丽特和杂菜——都很美味。先露个面，领张票，然后等位（要耐心）。

★ Pintauro 面包坊 €

（☎348 778 16 45；Via Toledo 275；意式千层酥€2；⊙9月至次年5月周一至周六8:00~14:00和14:30~20:00，周日9:00~14:00）那不勒斯所有的甜品中最精华的就是意式千层酥（sfogliatella），这是一种裹有奶香乳清干酪的点心。这家本地面包房自19世纪早期就一直在售卖意式千层酥，据说店主是从其诞生地阿马尔菲海岸将其带来那不勒斯的。

其他值得一游的南部城镇

莱切（Lecce）被称作"南方佛罗伦萨"，这座热闹的大学城以其装饰华丽的巴洛克式建筑而闻名。

马泰拉（Matera）这座史前城镇坐落在两座岩石峡谷之间，散落着被称作sassi的原始岩洞定居点。

伊奥利亚群岛（Aeolian Islands）是西西里岛东北海滨附近的七座小岛。利帕里岛（Lipari）是其中面积最大的，也是主要的交通枢纽。斯特龙博利岛（Stromboli）最为引人注目，因为那里的火山经常喷发。

La Stanza del Gusto 意式餐厅 €€

（☎081 40 15 78；www.lastanzadelgusto.com；Via Costantinopoli 100；固定价格的套餐€13，品尝套餐€35~65；⊙周一17:30至午夜，周二至周六11:00至午夜；Ⓜ Dante）这家餐厅主打顶级食材，楼下是一间时髦的"奶酪吧"，楼上是更为正式的餐厅和一家小型熟食店。说实话，品尝套餐不是太划算，不过"奶酪房"则很适合品尝奶酪（formaggi）、自制火腿和杯装葡萄酒。

🍷 饮品和夜生活

Caffè Mexico 咖啡馆

（Piazza Dante 86；⊙周一至周六5:30~21:00；Ⓜ Dante）这里是那不勒斯最好（也最受欢迎）的咖啡酒吧，就连当地警察都会进来喝一杯提神酒。这里的氛围复古，有老派的咖啡调配师、橙色的浓缩咖啡机和各种口味的咖啡。意式浓缩咖啡是加糖的（zuccherato），如果你要喝不加糖的，可以要求苦味的（amaro）。

Caffè Gambrinus 咖啡馆

（☎081 41 75 82；www.grancaffegambrinus.com；Via Chiaia 12；⊙7:00至次日1:00；🚌R2至Via San Carlo）这是那不勒斯最古老、最受推崇的咖啡馆，装饰豪华，有枝形吊灯。奥斯卡·王尔德曾几次光顾这里，墨索里尼为了阻止左翼知识分子进入，曾关闭这里的房间。当然，价格一定不菲，不过开胃酒的选择也相当好，可以一边喝着起泡酒，一边享受Piazza Triesto e Trento的优雅氛围。总之，这一切值得体验。

Intra Moenia 咖啡馆

（☎081 29 07 20；Piazza Bellini 70；⊙10:00至次日2:00；📶；Ⓜ Dante）这家覆盖着常春藤的文艺风咖啡馆位于贝利尼广场，虽然服务一般，却是个很好的休闲地。可浏览其中有关那不勒斯文化的限量版图书，挑一张复古风格的明信片，或者只是小口喝着普洛赛克葡萄酒，同时观赏广场上的人潮。葡萄酒€4一杯，还有许多什锦面包、沙拉和小吃。

☆ 娱乐

圣卡罗歌剧院 歌剧、芭蕾舞

（Teatro San Carlo; ☎081 797 23 31; www.teatrosancarlo.it; Via San Carlo 98; ⏰售票处周一至周六10:00~17:30，周日至14:00；🚌R2至Via San Carlo）这里是意大利最好的歌剧院之一，全年都有歌剧、芭蕾舞和音乐会。歌剧的门票售价€30~400，芭蕾舞和音乐会会便宜一些。

ℹ 实用信息

深夜，旅行者应该尽量避免一人在中央火车站和但丁广场（Piazza Dante）附近的地区行走。小偷小摸很常见，要警惕扒手（尤其是在该市的公共交通工具上）和摩托车小偷。

旅游信息

Ospedale Loreto-Mare（☎081 254 21 11; Via Amerigo Vespucci; 🚌Corso Garibaldi）这家医院位于滨水区，靠近火车站。

警察局（Police Station, Questura; ☎081 794 11 11; Via Medina 75）有一间处理外国人事物的办公室。举报偷车拨打☎113。

新耶稣广场（Piazza del Gesù Nuovo; ☎081 551 27 01; Piazza del Gesù Nuovo 7; ⏰周一至周六9:00~17:00，周日至13:00；Ⓜ Dante）

中央火车站（Stazione Centrale; ☎081 26 87 79; Stazione Centrale; ⏰8:30~20:30；🚌Piazza Garibaldi）

Via San Carlo（☎081 40 23 94; Via San Carlo 9; ⏰周一至周六9:00~17:00，周日至13:00；🚌R2至Via San Carlo）

ℹ 到达和离开

飞机

那不勒斯卡波迪基诺机场（Naples Capodichino; ☎081 789 61 11; www.gesac.it）位于市中心东北7公里处，是意大利南部的主要机场。这里有主要的航空公司和廉价运营商，包括易捷航空。有从伦敦、巴黎、柏林和其他一些欧洲城市飞至那不勒斯的航班。

船

那不勒斯、海湾岛屿、阿马尔菲海岸、西西里岛和撒丁岛之间有广泛的渡轮网络。出发地包括：

Calata Porta di Massa靠近Molo Angioino，有慢船前往卡普里岛（Capri）、普罗奇达（Procida）和伊斯基亚（Ischia）。

Molo Beverello去往索伦托、卡普里岛、伊斯基亚和普罗奇达。有些船从Molo Mergellina出发。

Molo Angioino在Molo Beverello旁，可去往西西里岛和撒丁岛。

可在线购票，或者在Molo Beverello购票。长途旅行可尝试**Ontano Tours**（☎081 551 71 64; www.ontanotour.it; Molo Angioino; ⏰周一至周五8:30~20:00，周六至13:30）。花€19，可乘坐喷气船行驶50分钟，并到达卡普里岛。花€12.50可前往索伦托，行程35分钟。渡轮服务在冬季有所减少，不利的海面状况可能对日程表产生影响。

Alilauro（☎081 497 22 01; www.alilauro.it）

Caremar（☎081 551 38 82; www.caremar.it）

Medmar（☎081 333 44 11; www.medmargroup.it）

NLG（☎081 552 07 63; www.navlib.it）

Siremar（☎081 497 2999; www.siremar.it）

SNAV（☎081 428 55 55; www.snav.it）

Tirrenia（☎892 123; www.tirrenia.it）

长途汽车

SITA Sud（☎089 40 51 45; www.sitasudtrasporti.it）的车次可往返阿马尔菲（€4.10，2小时，周一至周六每天最多4班）。从海滨的Varco Immacolatella出发。

从Corso Arnaldo Lucci的火车站附近的Metropark出发，**Marino**（☎080 311 23 35; www.marinobus.it）每天最多有4班车往返巴里（€13起，3~3.75小时）。可在Piazza Garibaldi 95的Bar Ettore购票。

火车

大多数火车都进出中央火车站（Stazione Centrale; Piazza Garinaldi）或其地下的加里波第火车站（Stazione Garibaldi）。

每天有多达40班列车从这里开往罗马（€11~34.50，1.25~2.5小时），其中的许多车次会继续北上。

经停中央火车站的**环游火车**（☎800 21 13 88; www.eavsrl.it）每半小时有一班列车开往索伦托（€4.10，65分钟），途中经过埃尔科拉诺（€2.20，15分钟），从那里可以前往赫库兰尼姆和庞贝（€2.90，35分钟）。

当地交通

抵离机场

Alibus（☎800 639525；www.anm.it）运营的机场班车（€3，45分钟，每20分钟1班）往返加里波第广场或Molo Beverello。上车购票。

公共交通

你可以乘坐公共汽车、地铁和索道周游那不勒斯。Unico Napoli ticket覆盖各类行程，它有多种形式：

标准票 90分钟有效，售价€1.30

一日通票 售价€3.70

周末的日票 售价€3.10

需要注意的是，这些票只针对那不勒斯市内交通，对去往赫库兰尼姆、庞贝和索伦托的环游火车无效。

卡普里岛（Capri）

人口14,100

卡普里岛是那不勒斯湾众多岛屿中最值得游览的一个，应该在这里多待些时日，而不只是来这里匆忙一日游。精致的咖啡馆和设计师精品店只是该岛颇具诱惑力的表面，除此以外，这里还有粗犷的海景、荒凉的罗马遗迹和未受破坏且令人惊叹的充满了乡村气息的内陆。

渡轮都在大码头（Marina Grande）停靠。从那里乘缆车上行，到达主要城镇卡普里只有一小段路程，可再乘一段公共汽车，前往岛上的阿纳卡普里（Anacapri）。

景点

蓝洞 洞穴

（Grotta Azzurra, Blue Grotto；门票€13；⊙9:00至日落前1小时）这个令人惊叹的海蚀洞穴（Grotto Azzura）被超凡脱俗的蓝光照亮，是卡普里岛最著名的景点。

最简便的参观方式是参加从大码头出发的团队游。花费为€26.50，包括乘船往返、划艇进洞和洞穴的费用。最好预留一个小时的时间。

奥古斯都花园 花园

（Giardini di Augusto, Gardens of Augustus；门票€1；⊙9:00至日落前1小时）想避开拥挤的人群，可以探索14世纪修建的圣贾科莫修道院（Certosa di San Giacomo）附近的这些色彩缤纷的花园。它们由奥古斯都皇帝（Emperor Augustus）修建，一层层开满鲜花的露台向上伸展，最高点的视野令人惊叹，能眺望到法拉优尼岛（Isole Faraglioni）——三块笔直地伸出海面的石灰岩。

朱庇特别墅 遗迹

（Villa Jovis, Jupiter's Villa; Via Amaiuri；门票€2；⊙9:00~13:00，每月1日至15日的周二关闭，每月其他时间的周日关闭）别墅坐落在卡普里以东2公里处Via Tiberio的沿线，是提比略（Tiberius）在卡普里岛上主要居所的遗迹，曾是岛上12座罗马式别墅中最大、最豪华的一座。这片巨大的建筑群现在只剩遗迹，其闻名之处在于迎合了堕落的皇帝，包括皇室居住区，在花园和茂密的林地中有大量洗浴区。

★索拉罗山缆车 缆椅

（Seggiovia del Monte Solaro；☎081 837 14 38; www.capriseggiovia.it；单程/往返 €7.50/10；⊙夏季9:30~17:00，冬季至15:30）阿纳卡普里的缆车可助你轻松快速地登上卡普里岛最高峰，这趟平稳又美妙的旅程只需要12分钟。山顶视野开阔，晴天时可饱览整个那不勒斯湾、阿马尔菲海岸、伊斯基亚和普罗奇达群岛的风光。

食宿

Hotel Villa Eva 酒店 €€

（☎081 837 15 49; www.villaeva.com; Via La Fabbrica 8；双 €100~160，标三 €150~210，公寓每人 €55~70；⊙复活节至10月；❄🛜🏊）这家酒店依偎在阿纳卡普里附近乡村的一片果树和橄榄树林里，是具有田园风情的住宿点，配备了游泳池、葱郁的花园、阳光客房及公寓。彩绘玻璃窗和复古的壁炉更添风情，其位置保证了宁静清幽。

Hotel La Tosca 家庭旅馆 €€

（☎081 837 09 89; www.latoscahotel.com; Via Dalmazio Birago 5；标单€50~100，双€75~160；⊙4月至10月；❄🛜）这家迷人的一星级家庭旅馆远离浮华的镇中心，隐藏在一条安静的小巷里，可以远眺圣贾科莫修道院。房间通风性能良好，很舒适，有松木家具、淡色瓷砖、条纹织物，带有宽敞的浴室，其中几间还有独立的露台。

Lo Sfizio 意式小馆、比萨 €€

（☎081 837 41 28；Via Tiberio 7；比萨 €7~11，餐 €30；⏰4月至12月周三至周一正午至15:00和19:00至午夜）这家意式小馆和比萨店位于前往朱庇特别墅的途中，是游览结束后进餐的理想之地。这里氛围休闲、实在，路边摆有几个餐桌，菜单都是典型的海岛风味，选择包括比萨、家常意面、烤肉和烤鱼。

Pulalli 餐厅 €€

（☎081 837 41 08；Piazza Umberto 1；餐 €35~40；⏰8月每天正午至15:00和19:00~23:30，9月至次年7月周二歇业）从卡普里钟楼的台阶向上，到达游客信息中心的右侧，这里也是当地人的消遣场所。Pulalli有美味的葡萄酒，还有各种精心挑选的奶酪、猪肉熟食、分量很足的柠檬调味饭（risotto al limone）。可在露台上就座，而更好的选择是，在其中的阳台上挑张带有桌布的餐桌。

实用信息

可在网站www.capritourism.com上查询相关信息，或者从以下3家游客信息中心里选一家，包括：**大码头**（Marina Grande；☎081 837 06 34；www.capritourism.com；Quayside，Marina Grande；⏰周一至周六9:00~14:00和15:00~18:50，周日9:00~13:00和14:00~19:00）、**卡普里镇**（Capri Town；☎081 837 06 86；www.capritourism.com；Piazza Umberto 1；⏰周一至周六9:00~19:00，周日9:00~13:00和14:00~19:00）及**阿纳卡普里**（Anacapri；☎081 837 15 24；www.capritourism.com；Via Giuseppe Orlandi 59，Anacapri；⏰9:00~15:00）。

到达和当地交通

全年都有船只从那不勒斯和索伦托开往卡普里岛。可在网站www.capritourism.com上查询时刻表和票价详情。

从那不勒斯出发 有固定班次的船只从Molo Beverello开出，票价为€19（水翼船）、€12（渡轮）。

从索伦托出发 水翼船€17~18.50，慢一些的渡轮€14.50。

在岛上，从卡普里镇出发的公共汽车往返于大码头、阿纳卡普里和小码头（Marina Piccola）。所有路线的单程票价均为€1.80，包括缆车。

索伦托（Sorrento）

人口16,700

虽然是个流行的"一价全包"度假胜地，但索伦托仍保留了意大利南部的悠闲氛围。这里值得一提的景点不多，但能眺望到维苏威火山的雄姿，而且小小的历史中心区也很值得探索。相较而言，索伦托离阿马尔菲海岸、庞贝和卡普里岛最近，因此是探索这些地区的非常不错的基地。

景点和活动

你可能会把大部分时间花在历史中心（centro storico），这片漂亮的街区有纪念品商店、咖啡馆、教堂和餐馆。

城市公园 公园

（Villa Comunale park；⏰夏季8:00至午夜，冬季至22:30）这座公园风景优美，可以越过大海远眺维苏威火山，景致极为壮观。这里很热闹，有长椅、街头艺人，还有一家小酒吧——日落时分很受欢迎。

Bagni Regina Giovanna 海滩

索伦托没有像样的海滩，所以可以考虑去Bagni Regina Giovanna。位于镇西2公里处，海水清澈，周围是罗马波利欧·菲利克斯别墅（Villa Pollio Felix）遗迹。

食宿

Casa Astarita 民宿 €

（☎081 877 49 06；www.casastarita.com；

UNICO COSTIERA

如果你沿阿马尔菲海岸旅行，可以买一张Unico Costiera旅行卡。根据有效期，卡片可分为45分钟（€2.50）、90分钟（€3.80）、24小时（€7.50）和72小时（€18）几种。可在酒吧、烟草店、SITA和环游火车的售票处购买该卡。

Corso Italia 67；双€70~120，标三€100~150；❄📶）这家迷人的民宿在一座16世纪的建筑里，位于镇上主要的街区。色彩鲜艳，不拘一格，保留了原本的拱形屋顶、颜色鲜艳的门和马爵利卡瓷砖地板。6个简单却设施齐备的房间环绕着一个中央客厅，早餐就在淳朴的大餐桌上供应。

Ulisse 青年旅舍 €

（☎081 877 47 53；www.ulissedeluxe.com；Via del Mare 22；铺€18~28，双€50~120；P❄📶）虽然自称青年旅舍，却和背包客的风格相去甚远，其中的差异就像登山靴和高跟鞋之间的那么大。实际上，这里确实有两个仅限同性入住的宿舍，但多数房间都豪华、宽敞，有带摄政时期风格的寝具、大理石地板和宽敞的浴室。有些房间的价格包括早餐，另外一些则要多加€10。

Raki 意式冰激凌店 €

（www.rakisorrento.com；Via San Cesareo 48；圆筒和纸杯 €2起；⏲11:00至深夜）索伦托有许多意式冰激凌店，但是这家新店却脱颖而出，因为这里的冰激凌口味众多、令人振奋且不含防腐剂。可尝试乳清奶酪、胡桃和蜂蜜口味，或者香草和生姜口味。

O' Puledrone 海鲜 €€

（☎081 012 41 34；Via Marina Grande 150；餐 €25~30；⏲复活节至10月正午至15:00和18:30至深夜）大码头上的这座小港口是品尝海鲜的最佳去处。这家没有虚饰的小餐馆由当地渔民联合经营，和环境一样棒的还有各种炸鱼开胃菜、意面，以及堆得像山一样高的海鲜调味饭（risotto alla pescatora）。

ℹ 实用信息

主要的**游客信息中心**（tourist office；☎081 807 40 33；www.sorrentotourism.com；Via Luigi De Maio 35；⏲夏季周一至周六8:30~19:00，冬季至16:10）在Piazza San Antonino附近。在**环游火车车站**（Circumvesuviana station；⏲夏季10:00~13:00和15:00~19:00，冬季至17:00）和**塔索广场**（Piazza Tasso，Corso Italia和Via Correale交叉路口；⏲夏季10:00~13:00和16:00~21:00，冬季至19:00）也有信息咨询点。

ℹ 到达和离开

每半小时1班的环游火车往返于索伦托和那不勒斯（€4.10，65分钟），途中经过庞贝（€2.20，30分钟）和埃尔科拉诺（€2.20，45分钟）。在埃尔科拉诺、庞贝和索伦托各站都有效的日票售价€6.30（周末€3.50）。

固定班次的SITA长途汽车从环游火车车站出发，开往阿马尔菲海岸，在波西塔诺（€2.50，40分钟）和阿马尔菲（€3.80，90分钟）有站。

从小码头出发，有水翼船（€18.50）和高速渡轮（€17）去往卡普里岛（25分钟，每天最多16班）。夏季也有船次前往那不勒斯（€12.50，35分钟）、波西塔诺（往返€32）和阿马尔菲（往返€34）。

阿马尔菲海岸（Amalfi Coast）

沿着索伦托半岛（Sorrentine Peninsula）的南侧，这片受联合国教科文组织保护的阿马尔菲海岸绵延50公里，美景如画：波光粼粼的蓝色大海以高耸的峭壁为尽头，峭壁之上是粉刷成白色的村庄和梯田式的柠檬树林。

ℹ 到达和离开

固定班次的SITA长途汽车从索伦托开往波西塔诺（€2.50，40分钟）和阿马尔菲（€3.80，90分钟），也从萨勒诺（Salerno）开往阿马尔菲（€3.80，75分钟）。

船运服务通常仅限于4月至10月。

Alicost（☎089 87 14 83；www.alicost.it）每天有1班船从萨勒诺去往阿马尔菲（€8）、波西塔诺（€12）和卡普里岛（€22）。

Travelmar（☎089 87 29 50；www.travelmar.it）每天最多有7班船从萨勒诺前往阿马尔菲（€8）和波西塔诺（€12）。

波西塔诺（Positano）

人口3950

乘船靠近波西塔诺时，令人难忘的景色将映入你的眼帘。色彩缤纷的房子矗立在近乎垂直的绿色陡坡之上，令人惊叹。小镇的主要活动是在小海滩上闲逛，在花团锦簇的露台上吃喝，以及在昂贵的精品小店购物。

游客信息中心（tourist office；☎089 87 50

值得一游

拉韦洛

优雅的小镇拉韦洛在能眺望到海滩的高高的云雾之中若隐若现。从阿马尔菲出发，乘坐半小时的汽车（€2.50，每小时最多3班）即可到达。旅途虽然令人神经紧张，但是一旦到达目的地，你就可以放松享受**鲁菲洛别墅**（Villa Rufolo；☎089 85 76 21；www.villarufolo.it；Piazza Duomo；成人/优惠 €5/3；⏲9:00~17:00）花园中令人陶醉的美景，还可以去**塞姆博朗别墅**（Villa Cimbrone；☎089 85 80 72；Via Santa Chiara 26；成人/优惠 €7/4；⏲夏季9:00~19:30，冬季至日落）感受那令人敬畏的风景。

67；Via del Saracino 4；⏲夏季周一至周六9:00~19:00，周日至14:00，冬季周一至周六9:00~16:00）能提供去树木繁茂的Lattari Mountains散步的相关信息。

食宿

Pensione Maria Luisa 家庭旅馆 €

（☎089 87 50 23；www.pensionemarialuisa.com；Via Fornillo 42；房间€70~80，海景房€95；⏲3月至10月；@📶）这里是一间友好的老派家庭旅馆。客房铺设的是亮蓝色瓷砖，装潢简洁，带独立阳台的房间能看到海湾，值得多花€15。如果住不到观景房，可以前往小型公共露台，在那里同样能看到动人的风景。早餐需另付€5。

Hostel Brikette 青年旅舍 €

（☎089 87 58 57；www.hostel-positano.com；Via Marconi 358；铺€24~50，双€65~145，公寓€80~220；❄📶）这家全年营业的青年旅舍气氛活泼且令人愉快。这里能看到迷人的风景，而且住宿选择很多，包括宿舍、双人间和公寓。方便之处在于，每天还供一日游游客使用旅舍的服务，包括淋浴、无线网络和行李寄存，收费为€10。不包含早餐。

C' era una volta 意式小馆、比萨 €

（☎089 81 19 30；Via Marconi 127；比萨€6，餐€25；⏲正午至15:00和18:30至深夜）这家地道的意式小馆位于镇子高处，供应纯正且实实在在的意大利美食。除了地区热门菜式（例如番茄罗勒酱团子）之外，还有多种比萨（可堂食，也可打包）、意面和主菜。

Next2 意式小馆 €€

（☎089 812 35 16；www.next2.it；Viale Pasitea 242；餐 €45；⏲18:30~23:30）这家新派餐厅将低调优雅与创意菜肴融合在了一起。采用当地有机食材制作的菜肴令人难忘，例如茄子和对虾馅的饺子、海鲈鱼配番茄和柠檬味的豆子。甜点尤其美味。户外朝海的露台在夏季很受欢迎。

阿马尔菲 (Amalfi)

人口5170

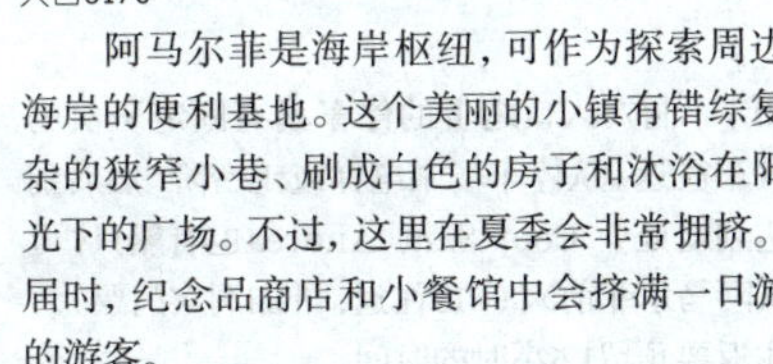

阿马尔菲是海岸枢纽，可作为探索周边海岸的便利基地。这个美丽的小镇有错综复杂的狭窄小巷、刷成白色的房子和沐浴在阳光下的广场。不过，这里在夏季会非常拥挤。届时，纪念品商店和小餐馆中会挤满一日游的游客。

游客信息中心（tourist office；☎089 87 11 07；www.amalfitouristoffice.it；Corso delle Repubbliche Marinare 33；⏲周一至周六9:00~13:00和14:00~18:00）能提供景点、活动和交通方面的信息。

景点

圣安德烈大教堂 大教堂

（Cattedrale di Sant' Andrea；☎089 87 10 59；Piazza del Duomo；⏲大教堂7:30~19:45，修道院9:00~19:45）阿马尔菲大教堂是各种建筑风格的杂糅。11世纪时，阿马尔菲曾是海上的超级力量，这里正是这段历史仅存的几处遗迹之一，从其中高耸的台阶顶部观赏周边，景象令人难忘。10:00~17:00，要经过与之毗邻的13世纪的修道院**天堂修道院**（Chiostro del Paradiso）进入教堂。修道院门票售价€3。

祖母绿洞 洞穴

（Grotta dello Smeraldo；门票€5；⏲9:30~16:00）这座岩洞位于阿马尔菲以西4公里处，其名字来源于水中透露出来的怪异的祖母绿色彩。24米高的洞顶有钟乳石垂下，石笋高达

巴里

为了乘渡轮，旅行者来到普利亚区（Puglia）的这座主要城镇。尽管这里没有不容错过的景点，但老城（Bari Vecchia）值得花上一个小时左右的时间探索一番。在迷宫般的街巷中，可以找到圣尼古拉大教堂（Basilica di San Nicola; www.basilicasannicola.it; Piazza San Nicola; ⏲周一至周六7:00~20:30，周日至22:00），这座令人难忘的建筑中存放着圣尼古拉[St Nicholas，又叫圣塔·克劳斯（Santa Claus）]的遗骸。

午餐可去Terranima（☎080 521 97 25; www.terranima.com; Via Putignani 213/215; 餐€30; ⏲周一至周六11:30~15:30和18:30~22:30，周日11:30~15:30），这里提供美味的普利亚风味食物。

从罗马出发，有固定班次的火车前往巴里（€39~43，每小时4~6班）。从那不勒斯出发，可乘坐Marino的长途汽车（€13起，3~3.75小时）。

从巴里的港口出发，乘坐渡轮可前往希腊、克罗地亚、黑山和阿尔巴尼亚。火车站有公共汽车前往港口。渡轮公司在港口设有办公室，你还可以在Morfimare（☎080 578 98 15; www.morfimare.it; Corso de Tullio 36-40）购买船票。

10米。洞穴入口之上的停车场有固定班次的汽车往返（从停车场乘电梯或走台阶，然后到达划艇处）。Coop Sant' Andrea也有船只，可从阿马尔菲前来（€10往返，外加洞穴门票）。往返要预留1.5小时的时间。

食宿

Hotel Lidomare
酒店 €€

（☎089 87 13 32; www.lidomare.it; Largo Duchi Piccolomini 9; 标单/双€50/120; ❄📶）这家由家庭经营的老式酒店很有个性：宽敞明亮的房间弥漫着贵族气息，随意的装饰、复古地砖和精美的古董很迷人。有些房间带按摩浴桶，其余一些能看到海景且带阳台。早餐是铺展在豪华钢琴上的。

Hotel Centrale
酒店 €€

（☎089 87 26 08; www.amalfihotelcentrale.it; Largo Piccolomini 1; 双 €85~140; ❄@📶）考虑到价格，这里是阿马尔菲最超值的酒店。入口位于历史中心的一座小广场上。装潢优雅的小房间能眺望到大教堂广场。宝石蓝的瓷砖地板显得生动又清新，顶楼露台上视野开阔。

Trattoria Il Mulino
意式小馆、比萨 €€

（Via delle Cartiere 36; 比萨€6~11，餐€30; ⏲周二至周日11:30~16:00和18:30至午夜）这可能是你在阿马尔菲所能找到的最可靠的意式小馆兼比萨餐厅，角落里有电视，孩子们会在桌子之间追逐奔跑。菜单上惊喜很少，只是些可信赖的意面、烤肉和鱼类。想尝试当地海鲜，可选择对虾、贻贝、番茄和欧芹烩带状意面。

Marina Grande
海鲜 €€€

（☎089 87 11 29; www.ristorantemarinagrande.com; Viale Delle Regioni 4; 品尝套餐 午餐/晚餐€25/60，餐 €45; ⏲3月至10月周二至周日正午至15:00和18:30~23:00）🍃这家海滨餐厅由第三代传人经营，提供非常新鲜的鱼类。店内以采用当地有机食材而自豪，在阿马尔菲，这意味着其海鲜质量很高。推荐预约。

西西里岛（Sicily）

与这个地中海上最大岛屿相关的一切都相当极致——从粗犷的景色之美到口味兼收并蓄的菜肴，再到华丽的建筑。几个世纪以来，西西里岛送走了一代又一代的外国人，从腓尼基人和古希腊人到西班牙波旁王族，再到第二次世界大战时期的同盟国。他们对岛上的整体结构和颇具魅力的文化景观做出了贡献。

到达和离开

飞机

在意大利的大陆城市和越来越多的欧洲目

的地，都能乘飞机前往西西里岛。岛上有两个主要机场，分别是：巴勒莫的**法尔科内-博尔塞利诺机场**（Falcone-Borsellino Airport；☎091 702 02 73；www.gesap.it）和卡塔尼亚的**方塔纳罗萨机场**（Fontanarossa Airport；☎095 723 91 11；www.aeroporto.catania.it）。

船

可搭载汽车和乘客的渡轮定期从卡拉布里亚的Villa San Giovanni驶往西西里岛（墨西拿）。热那亚、里窝那（Livorno）、奇维塔韦基亚（Civitavecchia）、那不勒斯、萨勒诺（Salerno）、卡利亚里，以及马耳他和突尼斯也有渡轮驶往西西里岛。

下面是运营公司的主要航线：

目的地	出发地	运营公司
卡塔尼亚	那不勒斯	TTT Lines
墨西拿	萨勒诺	Caronte & Tourist
巴勒莫	卡利亚里	Tirrenia
巴勒莫	奇维塔韦基亚	Grandi Navi Veloci
巴勒莫	热那亚	Grandi Navi Veloci
巴勒莫	那不勒斯	Tirrenia, Grandi Navi Veloci
巴勒莫	萨勒诺	Grimaldi Lines

长途汽车

往返于罗马和西西里岛的长途汽车由**SAIS Trasporti**（www.saistrasporti.it）和**Segesta**（☎091 34 25 25；www.buscenter.it）运营，这些车都从罗马的蒂布尔蒂纳出发。每天还有开往墨西拿、卡塔尼亚、巴勒莫和锡拉库萨（Syracuse）的长途汽车。

火车

有直达列车从罗马、那不勒斯和雷焦卡拉布里亚（Reggio di Calabria）开往墨西拿、巴勒莫和卡塔尼亚。

巴勒莫（Palermo）

人口678,500

背负着第二次世界大战轰炸留下的伤痕，巴勒莫是一座引人注目又缺乏秩序的城市。一旦你适应了拥挤而喧闹的街道，你就会发现一些意大利南部最壮观的建筑、令人难忘的美术馆、充满活力的街边市场及大量迷人的餐馆和咖啡馆。

景点

四首歌广场（Quattro Canti）是个不错的起点，这个道路交叉点是巴勒莫的4个中心区交界的地方。附近的**普雷托利亚广场**（Piazza Pretoria）被浮华的**普雷托利亚喷泉**（Fontana Pretoria）独占着。

马尔托拉纳教堂 教堂

（La Martorana，Chiesa di Santa Maria dell' Ammiraglio；Piazza Bellini 3；门票 €2；⏲周一至周六8:30~13:00和15:30~17:30，周日8:30~9:45和11:45~13:00）这座美丽的教堂位于贝利尼广场（Piazza Bellini）南端，是12世纪由罗杰王的叙利亚埃米尔——安提俄克的乔治（George of Antioch）捐建的。建设者原本计划建一座清真寺。精美的法蒂玛式圆柱支撑的穹顶上描绘着基督在大天使的环绕下登上宝座的场景。欣赏教堂内部最好是在清晨，届时会有阳光照亮宏伟的拜占庭式马赛克镶嵌画。

圣卡塔尔多教堂 教堂

（Chiesa Capitolare di San Cataldo；Piazza Bellini 3；门票€2.50；⏲9:30~12:30和15:00~18:00）这座建于12世纪的阿拉伯-诺曼式教堂是巴勒莫最迷人的建筑之一。淡粉色的小穹顶、正方形的外观、封闭的拱廊、精美的窗饰完美地将阿拉伯和诺曼的建筑风格融为一体。内部虽然较朴素，但仍然很美，有嵌花地板，拱门和穹顶上有可爱的砖石图案。

巴勒莫主教堂 大教堂

（Cattedrale di Palermo；www.cattedrale.palermo.it；Corso Vittorio Emanuele；大教堂免费，纪念碑区€7；⏲周一至周六7:00~19:00，周日8:00~13:00和16:00~19:00）巴勒莫主教堂可谓建筑盛宴，有几何图案、金字塔形细褶皱、马爵利卡陶瓷贴饰的穹顶和封闭的拱廊。几个世纪以来，这里曾经过多次风格改造，但仍然是西西里岛上独特的阿拉伯-诺曼式建筑风格的典范。教堂内部的规格虽然宏大，但只是个大理石的壳子，其中最迷人的地方在于诺曼皇室的陵墓（在教堂入口左边的**纪念碑**

区）和宝库（treasury），其中藏有归阿拉贡的康斯坦斯（Constance of Aragon）所有的一顶13世纪的宝石皇冠。

王宫 宫殿

（Palazzo dei Normanni, Palazzo Reale; www.fondazionefedericosecondo.it; Piazza Indipendenza 1; 成人/优惠周五至周一 €8.50/6.50，周二至周四 €7/5; ⏲周一至周六8:15~17:40，周日至13:00）这座庄严宫殿的历史可追溯至9世纪，它是西西里岛议会的所在地。不过，宫殿现在的外观（和名字）都来源于诺曼式的改造，当时在皇室套房和宏伟的帕拉蒂纳礼拜堂（Cappella Palatina）中都增添了华丽的马赛克镶嵌画。套房周二至周四关闭，其中的Sala dei Venti和Sala di Ruggero Ⅱ都有镶嵌画，后者是罗杰王12世纪的寝宫。

★帕拉蒂纳礼拜堂 礼拜堂

（Cappella Palatina, Palatine Chapel; www.fondazionefedericosecondo.it; 成人/优惠周五至周一 €8.50/6.50，周二至周四 €7/5; ⏲周一至周六8:15~17:40，周日8:15~9:45和11:15~13:00）这座价值无可限量的礼拜堂是罗杰二世（Poger Ⅱ）在1130年设计的，现在是巴勒莫最重要的旅游景点。它建在王宫中三层凉廊的中间层，美好的金色马赛克镶嵌画熠熠生辉，嵌饰的大理石地板和木头壁龛屋顶更强化了其审美上的一致性，壁龛内一件阿拉伯风格的蜂巢雕刻杰作，反映出诺曼时期西西里岛文化的多元性。

注意，排队等候参观的人数可能会很多。身穿短裤、短袖或低胸上衣的游客禁止入内。

★马西莫剧院 剧院

（Teatro Massimo; ☎团队游预约 091 605 35 80; www.teatromassimo.it; Piazza Giuseppe Verdi; 导览游成人/优惠€8/5; ⏲周二至周日9:30~17:00）巴勒莫这座宏伟的新古典主义风格的歌剧院历经20年才建成，已成为城市的标志性建筑之一。电影《教父Ⅲ》（*The Godfather:Part Ⅲ*）最后一幕的背景就是这座剧院，因为它是能与高雅文化、低级犯罪、戏剧和死亡相提并论的惊人存在。除周一之外，每天都有英语、西班牙语、法语和意大利语讲解的25分钟导览游。

住宿

★A Casa di Amici Hostel 青年旅舍 €

（☎091 765 46 50; www.acasadiamici.com; Via Dante 57; 铺 €15~23，双 €46~70; ❄📶）这家由青年旅舍改造的客栈是极好的选择，这里氛围友好且充满生气，有许多从前住客留下的让人开心的油画作品。有仅限同性入住的和混合的宿舍，也有几间装潢风格很梦幻的客房，每一间都以一个乐器为主题。附带一间小厨房和瑜伽房，店主Claudia会讲多种语言，能提供有用的地图和建议。

B&B Panormus 民宿 €

（☎091 617 58 26; www.bbpanormus.com; Via Roma 72; 标单€45~70，双€60~83，标三€75~120; ❄📶）低廉的价格、颇具魅力的老板、便利的位置将这里变成了该市最受欢迎的民宿之一。有5间屋顶很高的客房，每个房间在走廊上都有自己的专用小浴室。房间采用优雅的利伯蒂风格装饰，配备双层玻璃窗和平板电视。

Butera 28 公寓 €€

（☎333 3165432; www.butera28.it; Via Butera 28; 公寓每天 €60~180，每周 €380~1150; ❄📶）讨人喜欢的店主Nicoletta会讲多种语言，她在一座18世纪的宫殿Palazzo Lanzi Tomasi中拥有11间舒适的公寓，这里是《豹》（*The Leopard*）的作者朱塞佩·托马斯·迪·兰佩杜萨（Giuseppe Tomasi di Lampedusa）最后的家。公寓的面积从30平方米到180平方米，多数都可入住一家四口或更多人。有4间公寓朝海，多数都带洗衣设备，全部都有设施齐备的厨房。

餐饮

有3道特色菜应该尝试：油炸饭团（arancini）、鹰嘴豆煎饼（panelle）和以甜干酪与水果蜜饯为馅的筒状油煎酥卷（cannoli）。

要体验真正刺激的食物，可以前往巴勒莫的市场：Via Sant' Agostino上的Capo，或是Albergheria区内、紧邻Via Maqueda的

Ballarò。

Touring Café 咖啡馆 €

（☎091 32 27 26；Via Roma 252；炸饭团€1.70；⊙周一至周五18:15~23:00，周六和周日至午夜）不要让其中闪亮的利伯蒂风格的镜子吧台和各种美丽如画的糕点转移了注意力，来这里是为了炸饭团，这种美味的饭团中有沙司、菠菜或黄油的馅料。

Trattoria Il Maestro del Brodo 意式小馆 €

（☎091 32 95 23；Via Pannieri 7；餐 €25；⊙周二至周日12:30~15:30，周五和周六20:00~23:00）位于Vucciria的这家毫无虚饰的意式小馆提供美味的汤品、各种新鲜的海鲜和极好的开胃菜自助餐（€8）。

★Osteria Ballarò 西西里菜 €€

（☎091 791 01 84；www.osteriaballaro.it；Via Calascibetta 25；餐 €35~40；⊙12:30~15:15和19:00至午夜）这家古典餐厅兼葡萄酒酒吧是最新的热门美食目的地，这里氛围极好，提供梦幻的岛屿美食。在裸露的石柱、砖墙和拱形屋顶形成的背景中，可享用美味的海鲜和当地葡萄酒。推荐预订。

想快速用餐，可以在吧台上吃街头食品，或者从外面的袖珍柜台点外卖。

Kursaal Kalhesa 酒吧

（☎091 616 00 50；www.kursaalkalhesa.it；Foro Umberto I 21；⊙周二至周日18:30至次日1:00）这里一直是著名的城市夜生活现场，最近经过改建重新开业了。这里自称是餐厅、葡萄酒酒吧和爵士俱乐部，吸引了许多懂行的时髦人士。可以在户外或者高大的拱形屋顶下用餐。地址是城市巨大的海堤上的一座15世纪宫殿内。

ℹ 实用信息

市区有几座旅游信息点，最方便的包括机场、**贝尼尼广场**（Piazza Bellini；☎091 740 80 21；promozioneturismo@comune.palermo.it；⊙周一至周六8:30~18:30）和新城堡广场（Piazza Castelnuovo；⊙周一至周六8:30~13:00）。

Ospedale Civico（☎091 666 11 11；www.ospedalecivicopa.org；Piazza Nicola Leotta）紧急服务。

警察局（Police Station, Questura；☎091 21 01 11；Piazza della Vittoria 8）

ℹ 到达和离开

意大利国内航班和国际航班都在巴勒莫以西31公里处的**法尔科内-博尔塞利诺机场**（Falcone-Borsellino Airport，见781页）起降。

渡轮码头位于历史中心东北侧，紧邻Via Francesco Crispi。

长途汽车站位于Piazza Cairoli，就在火车站后面。主要的长途汽车公司包括：

Cuffaro（☎091 616 15 10；www.cuffaro.info；Via Paolo Balsamo 13）的车去往阿格里真托（€9，2小时，每天3~8班）。

Interbus（☎091 616 79 19；www.interbus.it；Piazza Cairoli）的车往返于锡拉库萨（€13.50，3.25小时，每天3班）。

SAIS Autolinee（☎091 616 60 28；www.saisautolinee.it；Piazza Cairoli）的车往返于卡塔尼亚（€15，2.75小时，每天10~14班）和墨西拿（€26，2.75小时，每天3~6班）。

火车可开往墨西拿（€12~19.50，2.5~3.5小时，每小时1班）、阿格里真托（€8.50，2小时，每天11班）、那不勒斯（€50~59，9.25小时，每天3班）和罗马（€59~62，11.5~12.75小时，每天4班）。

ℹ 当地交通

抵离机场

Prestia e Comandé（☎091 58 63 51；www.prestiaecomande.it）运营的车次从火车站外出发，前往机场。每半小时1班，运营时间为5:00~22:30（从机场返回的最晚班次是23:00）。行程50分钟，票价€6.30，可在车上购买，也可上网购买。

公共汽车

步行是游览巴勒莫市中心的最佳方式。如果你想乘公共汽车，大多数车都在火车站外面或其附近停站。票价€1.40（上车购票则为€1.80），90分钟有效。

陶尔米纳（Taormina）

人口11,100

这座久经风霜的城镇高居于一片峭壁顶

上的平地，俯瞰着伊奥尼亚海（Ionian Sea）和埃特纳火山（Mt Etna），相当令人震惊。自希腊时代起，它便吸引着形形色色的社会名流、艺术家和作家。这里依旧保持着古朴的中世纪风貌。一览无余的海岸风光和入时的社交场面，使它成为大受欢迎的夏季度假胜地。

景点和活动

在陶尔米纳，主要活动是在雅致的山顶街道闲逛，漫步在只允许步行的主要街区Corso Umberto的商店，或打量其他游人。

如果想去海滩，需要乘缆车（funivia，cable car；Via Luigi Pirandello；单程€3；周一8:45至次日1:00，周二至周日7:45至次日1:00）下行至Lido Mazzarò和贝拉岛（Isola Bella）。

★希腊剧院 遗迹

（Teatro Greco；094 22 32 20；Via Teatro Greco；成人/优惠 €8/4；9:00至日落前1小时）陶尔米纳的主要景点就是这座完美的马蹄形剧院，它仿佛悬于海天之间，南部天际线上能隐隐约约看见埃特纳火山（Mt Etna）。剧院建于公元前3世纪，是世界上建筑环境最引人注目的一座希腊剧院，规模在西西里岛排第二（次于锡拉库萨）。夏季这里会举办国际艺术和电影节。

SAT 巴士观光

（0942 2 46 53；www.satexcursions.it；Corso Umberto I 73）这是当地若干旅行社中的一家，可以组织去埃特纳火山（€35起）、锡拉库萨（€45）、巴勒莫（€55）和阿格里真托（€52）的一日游。

食宿

★Isoco Guest House 客栈 €

（0942 2 36 79；www.isoco.it；Via Salita Branco 2；房间 €95~120；3月至11月；）这家热情的客栈对同性恋游客也很友好，5间客房中每间献给一个艺术家，包括波提切利、涂鸦流行设计师凯斯·哈林（Keith Haring）、摄影传奇赫伯·利茨（Herb Ritts）。早餐在外面花园里的一个大圆桌边提供，屋顶露台有热水浴桶，能看到壮丽海景。

Hostel Taormina 青年旅舍 €

（09426255 05；www.hosteltaormina.com；Via Circonvallazione 13；铺€18~23，房间€49~85；）这家友好的青年旅舍全年营业，从屋顶平台可以俯瞰大海的全景。有3间宿舍、1间独立客房和两间公寓，温暖而舒适。还设有一间公共厨房。店主会尽一切努力提供帮助。

Tiramisù 意式小馆、比萨 €€

（0942 2 48 03；Via Cappuccini 1；比萨€7~14，餐€35；周三至周五12:30至午夜，周六和周日13:00~15:30和19:30至午夜）墨西拿码头附近的这家时尚餐厅里有出色的海鲜、美味的木柴烤比萨和传统的岛屿食物，例如rigatoni alla Norma，这是一种混合了意面、茄子、海鲈鱼、番茄和乳清干酪的经典食品。不要错过标志性的提拉米苏。

实用信息

游客信息中心（Tourist Office；09422 32 43；Palazzo Corvaja，Piazza Santa Caterina；周一至周五8:30~14:15和15:30~18:45，夏季周六9:00~13:00和16:00~18:30）有许多实用信息。

到达和离开

去陶尔米纳最好乘坐长途汽车。从Via Luigi Pirandello的汽车终点站开出的Interbus的车去往墨西拿（€4.30，55分钟至1.75小时，每天最多6班）、卡塔尼亚（€5，1.25小时，每天6~10班）和卡塔尼亚的方塔纳罗萨机场（€8，1.5小时，每天6班）。

埃特纳火山（Mt Etna）

埃特纳火山（3350米）黑色的影子不祥地笼罩着西西里岛的东海岸，它几乎位于陶尔米纳和卡塔尼亚的正中间。它是欧洲最高、最不稳定的火山之一，喷发相当频繁，最近的一次出现在2014年夏季。

如果要乘坐公共交通工具去往火山，可选择从卡塔尼亚（每天8:15，6月至9月11:20还有1班）开出的每天1班的AST长途汽车。它从火车站前出发（16:30返回；往返€6），会让你在Rifugio Sapienza（1923米）下车，可从那里搭上**埃特纳缆车**(Funivia dell' Etna; ☎095 91 41 41; www.funiviaetna.com; 往返€30, 含长途汽车和导游€60; ⊙夏季9:00~17:45, 冬季至15:45), 到达2500米处。然后, 公共汽车会继续把你送到火山口区(2920米)。如果你想要步行, 往返行程需控制在4小时以内。

Gruppo Guide Alpine Etna Sud(☎095 791 47 55; www.etnaguide.com)是许多提供导览游的机构之一。全天游览的价格为€70~80。

关于埃特纳火山的更多信息, 可从卡塔尼亚的**游客信息中心**(☎095 742 55 73; www.comune.catania.it; Via Vittorio Emanuele Ⅱ 172; ⊙周一至周六8:15~19:15)获取。

锡拉库萨(Syracuse)

人口122,300

动荡的历史为锡拉库萨留下了一座美丽的巴洛克式中心城区, 这里还有西西里岛最精美的一些古代遗迹。这座城由科林斯(Corinthian)殖民者建于公元前734年, 后来成了地中海上极具影响力的希腊城邦国家, 而且以古代世界里最美丽的城市而著称。1693年, 一次毁灭性的地震摧毁了城里的大部分建筑, 这也为后来整体的巴洛克式改建埋下了伏笔。

景点

奥提伽岛(Ortygia) 历史街区

奥提伽岛是锡拉库萨的历史中心, 由一座桥连接着现代城区。岛上有精致的巴洛克式豪宅、充满生机的广场和忙碌的小餐馆, 气氛极佳。其中心地带是7世纪的**大教堂**(Duomo; Piazza del Duomo; 门票€2; ⊙夏季周一至周六9:00~18:30, 冬季至17:30), 它高耸在西西里岛最优美的公共空间之一——大教堂广场(Piazza del Duomo)上。大教堂建在公元前5世纪的希腊神庙之上, 并将原建筑的大多数圆柱并入了带有3条走廊的新建筑。大教堂华丽的巴洛克式外立面是18世纪加上去的。

尼波利斯考古公园 考古遗址

(Parco Archaeologico della Neapolis; ☎0931 6 62 06; Viale Paradiso 14; 成人/优惠€10/5, 含考古博物馆 €13.50/7; ⊙9:00~18:00)锡拉库萨真正吸引人的景点就是这座考古公园及公元前5世纪的珍珠白**希腊剧场**(Teatro Greco)。这座能容纳16,000人的圆形剧场是从岩石上凿出来的。这里总是上演埃斯库罗斯(Aeschylus)最新创作的悲剧(包括《波斯人》)。他见证了这些剧目的首演。每年春末举行的古典戏剧季会让这里重新焕发生机。

★帕奥罗-奥尔西考古博物馆 博物馆

(Museo Archeologico Paolo Orsi; ☎093146 40 22; Viale Teocrito 66; 成人/优惠€8/4, 含考古公园 €13.50/7; ⊙周二至周六9:00~18:00, 周日至13:00)这座现代化的博物馆位于考古公园以东大约500米处, 收藏有西西里岛最有趣的考古发现, 规模也是岛上最大的。建议留出充足时间探索展示本地区史前历史的四个展区, 以及锡拉库萨从建立之初到古罗马时代末期的历史。

食宿

★B&B dei Viaggiatori, Viandanti e Sognatori 民宿 €

(☎0931 2 47 81; www.bedandbreakfastsicily.it; Via Roma 156; 标单€35~50, 双€55~70, 标三€75~80, 四€90~100; ❄📶)这家悠闲民宿的装潢风格很有活力, 自称是奥提伽岛上位置最好的一座, 整体呈现出一种如家一般舒适的波希米亚氛围, 明亮的墙壁旁摆放着书籍和古董家具。客房颜色鲜艳, 装潢充满梦幻色彩, 楼顶上有一个阳光充足的屋顶平台, 可一览壮观的海景。

B&B L' Acanto 民宿 €

(☎0931 44 95 55; www.bebsicily.com; Via Roma 15; 标单 €35~50, 双 €55~70, 标三€75~80, 四 €90~100; ❄📶)这家热门的超值民宿位于奥提伽城中心, 其中央有一座室内庭院。5间客房的装潢都很简洁, 而且因为裸露的石块、复古家具而显得更加活泼, 有的还装饰着壁画。

Palazzo del Sale 民宿 €€

(☎093 16 59 58; www.palazzodelsale.com; Via Santa Teresa 25; 双 €100~120, 套 €115~135; ❄📶)这家时髦民宿位于一座历史宫殿中，7间客房在夏季很抢手，所以一定要预订。客房全部都很宽敞，屋顶很高，保留着原本的气息，床铺舒适。惬意的公共休息室提供咖啡和茶。

★ **Sicily** 比萨 €

(☎392 9659949; www.sicilypizzeria.it; Via Cavour 67; 比萨 €4.50~12; ⏲周二至周日19:15至午夜)在饮食风气保守的西西里岛尝试比萨，后果自负。但这家复古而时髦的休闲比萨店就专攻此行，而且做得很好。所以，如果你想要尝试木柴烤的比萨，那么这里就是为你准备的。

Sicilia in Tavola 西西里菜 €

(☎392 4610889; Via Cavour 28; 餐 €25; ⏲周二至周日12:30~14:30和19:30~22:30)这家小馆是Via Cavour大街上的热门就餐处之一，其家常风味的意面和新鲜的海鲜在当地人气很高。自己品尝的话，可以尝试缎带状意面和混合海鲜(fettuccine allo scoglio)。推荐预订。

实用信息

登录www.siracusaturismo.net查看实用信息。

游客信息中心(Tourist Office; ☎0800 0555 00; infoturismo@provsr.it; Via Roma 31; ⏲周一至周六8:00~20:00，周日9:00~19:00)要了解本地信息，可前往这座位于奥提伽岛的办公室。

到达和当地交通

与火车相比，长途汽车是更好的选择，其终点站靠近火车站。Interbus的车往返于卡塔尼亚的机场(€6, 1.25小时，每小时1班)、卡塔尼亚(€6, 1.5小时，每小时1班)和巴勒莫(€13.50, 3.25小时，每天3班)。

直达列车可连接陶尔米纳(€8.50, 2小时，每天8班)和墨西拿(€9.50~15.50, 2.75小时，每天7班)。

Sd' a trasporti运营着3条电动公共汽车路线，最实用的一条是红色的2号线，它连接奥提伽岛和火车站、考古区。上车买票，价格为€0.50。

阿格里真托(Agrigento)

人口59,000

从远处看去，阿格里真托只有一排排丑陋的公寓群拥挤在山腰，并不好看。但在外表之下，这座城市有一个虽小但迷人的中世纪核心区，山谷里还有意大利最为伟大的古代遗址——神殿之谷(Valley of the Temples, Valle dei Templi)。

这座城市是古希腊定居者在公元前591年前后建立的，在罗马和拜占庭统治时代也是重要的贸易中心。

想获取地图和本地信息，可咨询设在Provincia大楼内的**游客信息中心**(☎0922 59 31 11; www.provincia.agrigento.it; Piazzale Aldo Moro 1; ⏲周一至周五9:00~13:00和14:30~19:00，周六9:00~13:00)。

景点

神殿之谷 考古遗址

(Valley of the Temples, Valle dei Templi; ☎0922 62 16 11; www.parcovalledeitempli.net; 成人/优惠€10/5，含考古博物馆€13.50/7; ⏲8:30~19:00)神殿之谷是西西里岛最迷人的考古遗址之一，由古城Akragas的遗迹构成。其中的亮点是**和谐神庙**(Tempio della Concordia)，它是现存的保存最完整的希腊神庙之一。和其他建在山脊上的神庙一样，它是照亮水手归航之路的灯塔。

考古公园占地13平方公里，位于阿格里真托以南3公里处。

食宿

PortAtenea 民宿 €

(☎349 093 74 92; www.portatenea.com; Via Atenea和Via C Battisti交叉路口; 标单€39~50, 双€59~75, 标三€79~95; ❄📶)这家民宿位于火车站和汽车站附近，交通便利，有5间客房，值得选择。赢得赞誉的是其屋顶上的全景视野和设施齐全的宽敞客房。

Trattoria Concordia 意式小馆 €€

（☎0922 2 26 68；Via Porcello 8；餐 €25~30；⏲周一至周五正午至15:00和19:00~22:30，周六19:00~23:00）这家位于小巷中的舒适就餐处是一家由家庭经营的意式小馆。这里采用乡村风格装饰，有粗糙的石墙和低矮的木梁屋顶，食物分量很足，而且口味齐全。可先从开胃菜rustico开始，之后再来份多汁的烤牛排。

ℹ 到达和当地交通

搭乘长途汽车是进出阿格里真托最简单的方式。坐Intercity的车到Piazzale F Rosselli，从那里下坡，步行一小段路，即可到达位于Piazza Gugliemo Marconi的火车站。在那儿可以搭乘当地的1路、2路或3路公共汽车去往神殿之谷（€1.20）。

Cuffaro运营的长途汽车往返于巴勒莫（€9，2小时，每天3~8班，周日3~8班），SAIS Trasporti的车则开往卡塔尼亚（€13.50，3小时，每小时1班）。

生存指南

ℹ 出行指南

签证

➡ 申根签证（见1302页）适用。申请意大利申根签证的详情请参见意大利驻华使馆网站（www.ambpechino.esteri.it/ambasciata_pechino/zh/）及意大利签证中心（www.vfsglobal.com/italy/china/chinese/index.html）。

➡ 除非在酒店、民宿、青年旅舍及其他旅馆留宿，否则，所有外国游客都要在抵达后的8日内到当地警察局登记。

➡ 要在意大利停留超过3个月的所有非欧盟国家公民需持有居留许可（permesso di soggiorno），而且必须在抵达意大利后的8日内提交申请。可在网站www.poliziadistato.it上确认正确的书面格式要求。

➡ 欧盟居民不需要持有居留许可。

货币

自动柜员机 又称bancomat，随处可见，接受带有相应标志的卡。维萨卡和万事达卡的普及度很高，Cirrus和Maestro也一样，而美国运通卡（American Express）就没那么常见了。

在意大利，已有超过八成的自动柜员机支持银联卡提取欧元，包括Instea Sanpaolo、Poste Italiane、Unicredit Banca、Monte Dei Paschi Di Siena、Banca Toscana等银行的机器。如果你使用的是带IC芯片的银联卡，最好选择Intesa Sanpaolo、UniCredit和意大利邮政（Poste Italiane）的自动柜员机。意大利的自动柜员机目前暂不支持中文界面，但可以选择英文界面进行取款操作。

信用卡 商家普遍接受信用卡，不过美国运通卡的接受度低于维萨卡和万事达卡。很多意式小馆、比萨餐厅和家庭旅馆只收现金。不要指望博物馆、美术馆及类似的地方接受信用卡。如果你的信用卡/借记卡丢失、被盗或是被自动柜员机吞了，可以拨打免费电话将其冻结：**美国运通**（☎800 928391）、**万事达**（☎800 870866）、**维萨**（☎800 819014）。

小费 如果账单上不包括服务费，在餐厅可给10%的小费，在比萨饼店给€1或€2。在酒吧和咖啡馆不必给，但如果是在酒吧喝酒，许多人会多给些零钱。

使领馆

中华人民共和国驻意大利大使馆（☎0039-0696524200；it.chineseembassy.org；chinaemb_it@mfa.gov.cn；NO.56，VIA BRUXELLES，00198 ROME，ITALY）

中华人民共和国佛罗伦萨总领事馆（☎0039-055 5058188；firenze.china-consulate.org；chinaconsul_fir_it@mfa.gov.cn；VIA DEI DELLA ROBBIA，89-91 FIRENZE，ITALY）

中华人民共和国驻米兰总领事馆（☎0039-025694106；milano.china-consulate.org；chinaconsul_mil_it@mfa.gov.cn；VIA BENACO 4，20139 MILAN，ITALY）

活动

骑车 游客信息中心能提供路线和导览骑行游的详细信息。最佳季节为春季，最受欢迎的骑车区域包括托斯卡纳、艾米利亚-罗马涅区（Emilia-Romagna）的平原，以及马焦雷湖和加尔达湖周边的山地。

徒步游 意大利遍布sentieri（带有路标的徒步小径），其长度足有数千公里。适合徒步的季节是6

月至9月。意大利公园组织(www.parks.it)列有该国国家公园内的徒步路线。

滑雪 意大利的滑雪季从12月持续至次年3月。价格普遍很高，尤其是顶级的阿尔卑斯山滑雪场，亚平宁山脉相对便宜一些。热门选择是购买settimana bianca(字面意思是“多雪周”)套餐服务，当中包括食宿和滑雪通票。

营业时间

以下列出的都是最常用的营业时间，并标注了注意事项。

银行 周一至周五8:30~13:30和14:45~16:30。

酒吧和咖啡馆 7:30~20:00，有时会营业至次日1:00或2:00。

夜店 22:00至次日4:00。

博物馆和美术馆 一般都实行夏季和冬季开放时间。通常情况下，夏季时间为3月/4月底至10月。在有些地方，关闭时间根据日落时间而定。

药店 除正常营业时间之外，药店还会轮流营业。所有药店必须张贴附近药店的营业时间表。

邮局 总局为周一至周五8:00~19:00，周六至13:15；分局为周一至周五，一般营业至14:00，周六至13:00。

餐馆 正午至15:00和19:30~23:00。大多数餐馆一周歇业一天。

商店 周一至周六9:00~13:00和15:30~19:30(或16:00~20:00)。在较大的城市，连锁店和超市在午饭时间和周日也有可能营业。

节假日

大多数意大利人在8月度年假。这意味着很多商家至少会在这个月关闭一段时间——通常在八月节(Ferragosto；8月15日)前后。复活节是另一段繁忙的假期。不同的城镇还有纪念自己守护圣徒的节日。

全国性节假日如下：

元旦 1月1日

主显节 1月6日

复活节星期一 3月/4月

解放日 4月25日

劳动节 5月1日

共和国日 6月2日

圣母升天节 8月15日

万圣节 11月1日

圣母无染原罪瞻礼日 12月8日

圣诞节 12月25日

节礼日 12月26日

住宿

➡ 意大利的住处以酒店和家庭旅馆为主。其他选择有青年旅舍、露营地、民宿、农场住宿、山间小屋、修道院及出租的别墅或公寓。

➡ 不同季节的价格波动巨大。复活节、夏季(6月中旬至8月)和圣诞节至新年期间实行旺季价格。

➡ 很多海滨酒店从11月至次年3月间歇业。

民宿

➡ 品质不一，但最好的民宿肯定比你用同样的价格订到的酒店房间要舒服得多。

➡ 双人间的价格通常为€70~180。

露营

➡ 意大利大多数露营地都有超市、餐厅和运动设施。

➡ 夏季的价格可能高达每人€20，一块搭帐篷的营地要加收€25。

➡ 实用信息网站包括www.campeggi.com、www.camping.it和www.italcamping.it。

修道院

女修道院和修道院通常会提供具备基本条件的住处。登录网站www.monasterystays.com查看专业的在线预订服务。

农场住宿

➡ 如果要在乡村留宿，农场住宿是不错的选择。不过，你需要自备交通工具前往农场。

➡ 住宿条件各异，既有一般农场里的简朴宿舍，也有豪华乡间度假村内的奢侈套房。

住宿价格区间

本章中引用的价格指的是含私人浴室的房间价格，除非另有说明，否则均包含早餐在内。下面是价格参考(以旺季双人间为基准)：

€ 低于€110(罗马和威尼斯低于€120)

€€ €110~200(罗马€120~250，威尼斯€120~220)

€€€ 高于€200(罗马高于€250，威尼斯高于€220)

酒店税

意大利大多数酒店都要征收酒店税（tassa di soggiorno），这笔费用会加在你的酒店账单上。各城市收取的确切金额各不相同，这取决于你的住宿规格。大致参考标准如下：一星级酒店每人每晚€1~3；民宿收取€3~3.50；三星级酒店及其他类型则收取€3~4。

本书所报价格不含税。

➡ 可在网站www.agriturist.it或www.agriturismo.com上查询相关农场列表。

青年旅舍

➡ 隶属于**国际青年旅舍联盟**的官方ostelli per la gioventù（青年旅舍）由**意大利青年旅舍联盟**（Italian Youth Hostel Association，Associazione Italiana Alberghi per la Gioventù，见706页地图；☎06 487 11 52；www.aighostels.it）运营。要在这种旅舍住宿，需持有效的国际青年旅舍联盟卡（HI card）。可在本国或入住的旅舍购买这种卡。

➡ 还有很多私人运营的优秀青年旅舍，可提供宿舍和独立房间。

➡ 宿舍的价格通常为€15~30，基本上都含早餐。

酒店和家庭旅馆

➡ Pensione一般是指由家庭经营的小旅馆。在城市里，它们一般是由公寓改造的。

➡ 酒店和家庭旅馆有一星到五星的分类。通常来说，三星级客房是含浴室、空调、电吹风、小冰箱、保险柜和无线网络的套房。

➡ 许多位于市中心的酒店会在8月打折，以吸引来自拥挤不堪的海边的住客。可登录网站查看打折信息。

饮食

➡ 账单可能包含面包和饮食附加费（pane e coperto）。这是标准收费，即使你不需要或没有吃面包，也会收取。

➡ 10%~15%的服务费（Servizio）不一定列入账单中。如果未列入，旅行者买单时可以留下10%左右的小费。

➡ 餐厅都禁烟。

电话

➡ 区号是所有意大利电话号码必不可少的组成部分。即便是呼叫本地号码，也必须拨打。

➡ 要从海外致电意大利，需加拨☎0039，然后拨区号，包括开头的☎0。

➡ 在意大利拨打国外的电话，要先拨☎00，然后是相应的国家代码，接着是电话号码。

➡ 意大利的手机号码为9位数或10位数，开头的3位固定数字都是以☎3打头。

➡ 许多青年旅舍的电脑都能使用Skype。

上网

➡ 绝大多数酒店、青年旅舍、民宿和家庭旅馆都有免费的无线网络。

➡ 许多大城市的公共场所也有无线网络，不过一般得用意大利国内的手机号码才能登录。

➡ 网吧很少。费用通常为每小时€5左右。

➡ 使用上网点之前，必须出示带有照片的证件。

网络资源

下面的网站会激发你对意大利旅游的热情：

➡ Italia（www.italia.it）包括实用和有趣的信息。

➡ Lonely Planet（www.lonelyplanet.com/italy）目的地信息、酒店预订、游客论坛等。

➡ Delicious Italy（www.deliciousitaly.com）介绍意大利美食的文章、与食物相关的新闻和活动等。

旅行安全

总体而言，意大利是个很安全的国家，但小偷小摸现象很普遍。在热门的旅游中心，比如罗马、佛罗伦萨、威尼斯和那不勒斯，一定要提防扒手。

同性恋旅行者

➡ 同性恋在意大利是合法的。在大城市，人们对

就餐价格区间

下列的价格区间指的是包含两道菜、一杯饭店特选葡萄酒和服务费（coperto）的一餐所需的花费：

€ 低于€25

€€ €25~45

€€€ 高于€45

特色饮食

意大利的饮食地方特色浓郁，而且无论去哪里，都能发现当地特色。

➡ **比萨** 有两种：罗马式，使用薄而松脆的饼底；那不勒斯式，使用更厚、更柔软的饼底。最棒的比萨通常是用烧木柴的烤炉（fornoalegna）烤制的。

➡ **意大利面** 有几百种形状和分量。酱汁从浓郁的肉汁到海鲜，应有尽有。

➡ **冰激凌** 广受欢迎的冰激凌口味包括草莓、开心果、榛子和牛奶加巧克力薄片。

➡ **葡萄酒** 从大名鼎鼎的皮埃蒙特（Piedmont）的巴罗洛（Barolo）到托斯卡纳布鲁尼诺干红（Brunello di Montalcino），从西西里岛产的莫瓦西亚白葡萄酒（Malvasia）到威尼托（Veneto）产的起泡酒普罗塞克（prosecco），种类繁多，应有尽有。

➡ **咖啡** 意大利人对待咖啡的态度很认真，卡布奇诺只在早上喝，意式浓缩咖啡（espresso）可随时饮用，而且最好是站在酒吧里享用。

像意大利人一样吃喝

一顿完整的意大利餐包括餐前小吃（antipasto）、头盘（primo，意面或米饭类）、第二道菜/主菜（secondo，通常是肉类或鱼）配沙拉（insalata）或素菜配菜（contorno）、甜点（dolce）和咖啡。大多数意大利人只在周日中午或特殊场合吃这种大餐。外出就餐时，可以搭配着点，可以先叫头盘，然后点沙拉或素材配菜。

意大利人的晚餐时间很晚，通常在21:00之后才用餐。

去哪里吃喝

想品尝全餐，有以下几种选择：**饮食店**（trattorias）通常是家庭经营的传统就餐处，提供当地食物和葡萄酒；**餐厅**（ristoranti）较为正式，选择众多，而且服务优良；**比萨饼店**（pizzerias）一般只在晚上营业，通常除了比萨饼之外也提供全餐。

午餐时间，**酒吧**和**咖啡馆**会供应面包卷（panini），而且许多店在晚间会提供开胃酒（aperitivo）自助餐。在**葡萄酒酒吧**（enoteca）中，你可以就着玻璃酒杯喝葡萄酒，并且搭配奶酪小吃和腌肉。其中有一些也供应热菜。想吃比萨饼，可以去**切片比萨饼店**（pizza al taglio）。

同性恋比较宽容，但公开示爱可能会遭人反感。

➡ 意大利主要的同性恋组织是Arcigay（☎051 1095 7241；www.arcigay.it；Via Don Minzoni 18, Bologna），其总部设在博洛尼亚。

ℹ 到达和离开

去意大利非常简单。国际航空公司和欧洲的廉价航空公司会提供便捷的服务，还有很多长途汽车、火车和渡轮可以抵达。可在网站lonelyplanet.com/bookings上预订机票、汽车票和火车票。

飞机

目前，从北京、重庆、上海和武汉均有前往罗马的直航航线，北京和上海有前往米兰的直航航线。

欧洲航班也服务地区机场。意大利国有航空公司为**意大利航空公司**（Alitalia；www.alitalia.com）。

下列为意大利主要的国际机场：

列奥纳多·达·芬奇机场（Leonardo da Vinci；www.adr.it/iumicino）意大利的主要机场，也叫罗马菲乌米奇诺（Fiumicino）机场。

罗马的钱皮诺机场（Roma Ciampino；www.adr.it/ciampino）罗马的第二个机场。

米兰的马尔彭萨机场（Milan Malpensa；www.milanomalpensa-airport.com）意大利北部的主要枢纽。

威尼斯的马可波罗机场（Venice Marco Polo；www.veniceairport.it）威尼斯的主要机场。

比萨国际机场（Pisa International；www.pisa-airport.com）进出佛罗伦萨和托斯卡纳的门户。

那不勒斯卡波迪基诺国际机场(Naples Capodichino; www.gesac.it)意大利南部的主要机场。

卡塔尼亚方塔纳罗萨机场(Catania Fontanarossa; www.aeroporto.catania.it)西西里岛最大的机场。

陆路

长途汽车

欧洲巴士(www.eurolines.it)运营的长途汽车从欧洲各地开往意大利的很多城市。

火车

米兰和威尼斯是意大利主要的国际铁路枢纽。国际列车还可进出罗马、热那亚、维罗纳、帕多瓦、博洛尼亚、佛罗伦萨和那不勒斯。主要路线包括:

米兰 有往返于巴黎、马赛、日内瓦、苏黎世和维也纳的列车。

罗马 有往返于慕尼黑和维也纳的列车。

威尼斯 有往返于巴黎、慕尼黑、因斯布鲁克、萨尔斯堡、卢塞恩和维也纳的列车。

Voyages-sncf(☎0844 848 5848; http://uk.voyages-sncf.com)提供从英国前往意大利的相关行程的票务信息,其中大部分行程需要在巴黎换乘。另一个不错的信息来源是网站www.seat61.com。

欧洲铁路通票和国际铁路通票在意大利都有效。

海路

➡ 意大利各港口城市有来自整个地中海地区的渡轮。时刻表随季节变动,所以一定要提前确认。

➡ 可在网站www.traghettiweb.it上找到航线和运营公司的信息,还可以订票。

➡ 本章所报价格以一个单程的poltrona(可调节式座位)为标准。

➡ 持有欧洲铁路通票和国际铁路通票的旅行者应向渡轮公司确认能否享受折扣或是免费乘船。

➡ 主要渡轮公司包括**Anek Lines**(www.anekitalia.com)、**Endeavor Lines**(www.endeavor-lines.com)、GNV(www.gnv.it)、**Jadrolinija**(www.jadrolinija.hr)、**Minoan Lines**(www.minoan.it)、**Montenegro Lines**(www.montenegrolines.net)、**SNAV**(www.snav.it)和**Superfast**(www.superfast.com)。

> **国家速览**
>
> **面积** 301,230平方公里
>
> **首都** 罗马
>
> **货币** 欧元
>
> **紧急情况** ☎112
>
> **语言** 意大利语
>
> **现金** 自动柜员机随处可见,广泛接受信用卡
>
> **人口** 60,780,000
>
> **电话** 国家代码☎39,国际接入码☎00
>
> **签证** 申根签证适用

当地交通

自行车

➡ 带有自行车标志的地区列车和某些国际列车可以搭载自行车,但是要额外付费(地区列车收取€3.50,国际列车收取€12)。如果将其拆卸并装进车袋,就能免费携带自行车。

➡ 带自行车上渡轮,通常要另付一小笔费用,一般为€10~15。

船

大型渡轮(Navi)为西西里岛和撒丁岛提供服务;小型渡轮(traghetti)和水翼船(aliscafi)则为小的岛屿提供服务。

如果要去撒丁岛,主要登船点为热那亚、奇维塔韦基亚和那不勒斯;去往西西里岛,则为那不勒斯和卡拉布里亚的Villa San Giovanni。

意大利国内主要的渡轮公司包括:

GNV(☎010 209 45 91; www.gnv.it)往返于撒丁岛和西西里岛。

Moby Lines(☎199 303040; www.moby.it)往返于撒丁岛和埃尔巴岛(Elba)。

Sardinia Ferries(☎199 400500; www.corsica-ferries.it)往返于撒丁岛。

SNAV(☎081 428 55 55; www.snav.it)往返于伊奥利亚群岛、卡普里岛和那不勒斯湾的岛屿。

Tirrenia(☎892123; www.tirrenia.it)往返于撒丁岛和西西里岛。

公共汽车

➡ 意大利的公交网络覆盖全面,而且相当可靠。

主要国际渡轮航线

出发地	目的地	运营公司	最低-最高票价(€)	所需时间(小时)
安科纳	伊古迈尼察	Minoan, Superfast, Anek	69~100	16.5~22
安科纳	帕特雷	Minoan, Superfast, Anek	69~100	22~29
安科纳	斯普利特	Jadrolinija, SNAV	48~57.5	10.75
巴里	巴尔	Montenegro	50~55	9
巴里	科孚岛	Superfast	78~93	9
巴里	杜布罗夫尼克	Jadrolinija	48~57.50	10~12
巴里	伊古迈尼察	Superfast	78~93	8~12
巴里	帕特雷	Superfast	78~93	16
布林迪西	伊古迈尼察	Endeavor	52~83	8
布林迪西	帕特雷	Endeavor	56~94	14
布林迪西	科孚岛	Endeavor	52~83	6.5~11.5
布林迪西	凯法劳尼亚	Endeavor	56~94	12.5
奇维塔韦基亚	巴塞罗那	Grimaldi	45~90	20
热那亚	巴塞罗那	GNV	90	19.5
热那亚	突尼斯	GNV	111	23.5
威尼斯	伊古迈尼察	Superfast	66~82	15
威尼斯	帕特雷	Superfast	66~82	18~21.5

➡ 汽车未必比火车更便宜，但通常是山区的唯一选择。

➡ 在大城市，汽车公司会设置售票处或由经销商代为运营，但是在村庄和小镇，则要在酒吧购票或上车购票。

➡ 想在旺季乘坐长途汽车，必须提前预订。

小汽车和摩托车

➡ 意大利的道路条件一般都很好，收费高速公路（机动车道）的网络非常广泛。

➡ 所有欧盟驾照在意大利都有效。持非欧盟驾照的旅行者需要通过本国汽车协会拿到国际驾照。

➡ 大多数城市都在历史中心实行交通管制。

➡ 如果要租车，需持有驾照（如必要，还需持有国际驾照）和信用卡。年龄限制各不相同，但通常要求达到21岁或更为年长。

➡ 如果要驾驶自己的车，需携带汽车登记证、驾照和第三方保险责任证明。

➡ 更多信息可查看意大利的驾车组织意大利汽车俱乐部（Automobile Club d' Italia，简称ACI；www.aci.it）网站。

➡ 意大利汽车俱乐部提供24小时的道路救援，使用固定电话或意大利手机，可拨打☎803 116；使用外国手机，则需拨打☎800 116 800。

票价

从2014年7月开始，所有的国立博物馆、美术馆、古迹和遗址对年龄在18岁以下的未成年人免费开放。18岁至25岁的游客可享受优惠价。要获得折扣，最好先通过护照或身份证证明你的年龄。

每月的第一个周日，门票对所有人都免费。

火车

意大利拥有覆盖广泛而全面的铁路网络。

乘火车出行相对便宜，而且很多列车快捷而舒适。大多数列车都由**Trenitalia**（☎892021; www.trenitalia.com）运营，然而新兴的**Italo**（☎06 07 08; www.italotreno.it）也运营高速列车。

火车分为以下几种类型：

城际列车（InterCity，简称IC）往返于主要城市之间。

Le Frecce高速列车 Frecciarossa、Frecciargento和Frecciabianca。

地区或区间列车（Regionale or interregionale，简称R）属于速度较慢的本地列车。

火车票

- 搭乘城际列车和高速列车需要支付一定的附加费用，该费用含在票价内。如果持普通车票乘坐城际列车，必须在车上补足差价。
- 高速列车需要提早预订。
- 在意大利国内购买车票，票价会更便宜。
- 如果你的票不显示预留的指定座位，必须在上车前将其插入遍布车站的验票机进行验证。
- 有些商家提供“无票”旅行。可在网站www.trenitalia.com上预约，并为你的座位付款。上车后只要把预约码告诉乘务员即可。

拉脱维亚

包括 ➡

最佳餐饮

- International（见802页）
- Istaba（见802页）
- 36.Line（见805页）
- Vincents（见802页）
- Mr Biskvīts（见806页）

最佳住宿

- Dome Hotel（见801页）
- Neiburgs（见801页）
- Hotel MaMa（见805页）
- Ekes Konvents（见801页）
- Naughty Squirrel（见800页）

为何去

北部有爱沙尼亚，南部为立陶宛，拉脱维亚就好像是波罗的海这块三明治的夹心部分。但我们并非暗示周围的国家就是那白白的面包片，而是想说拉脱维亚正好是那中间的美味，拥有各种有趣的馅料。里加是其中的主料，也是这个国家的都会核心；戈雅河谷（Gauja Valley）的松树提供了厚厚的一片浓绿；洋葱形的圆拱大教堂在当地的城镇拔地而起；动感的欧洲流行音乐在美丽的海滩四处飘荡，而德国、瑞典、沙皇俄国和苏联时代的影响为这一切撒上了不少香料。

在拉脱维亚旅行很容易，语言障碍很少发生，有迷人的海滩、森林和城堡，也有历史积淀浓厚的老街老巷。拉脱维亚也许不能像其他更加高端的目的地一样，提供你所想要的吃到饱的盛宴，但它可以作为一份美味的配菜，加进任何一道欧洲大餐中。

何时去

里加

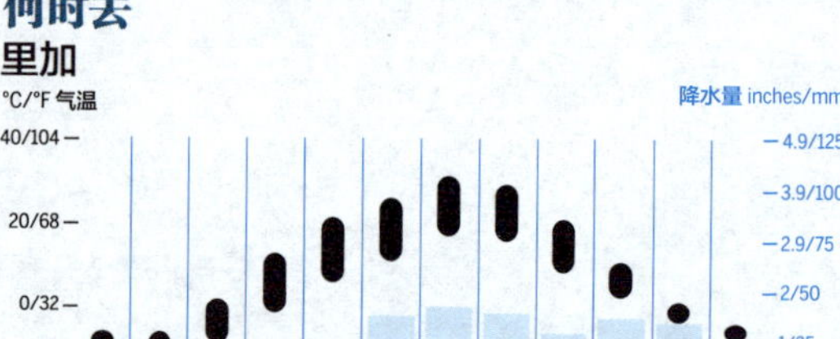

6月至8月 随着夏天的到来而开始彻夜狂欢，然后到海滩上游玩。

9月 舍不得夏天的离去，里加人会跑到露天咖啡馆在保温灯下品一口拿铁。

12月 在圣诞树的诞生地庆祝节日。

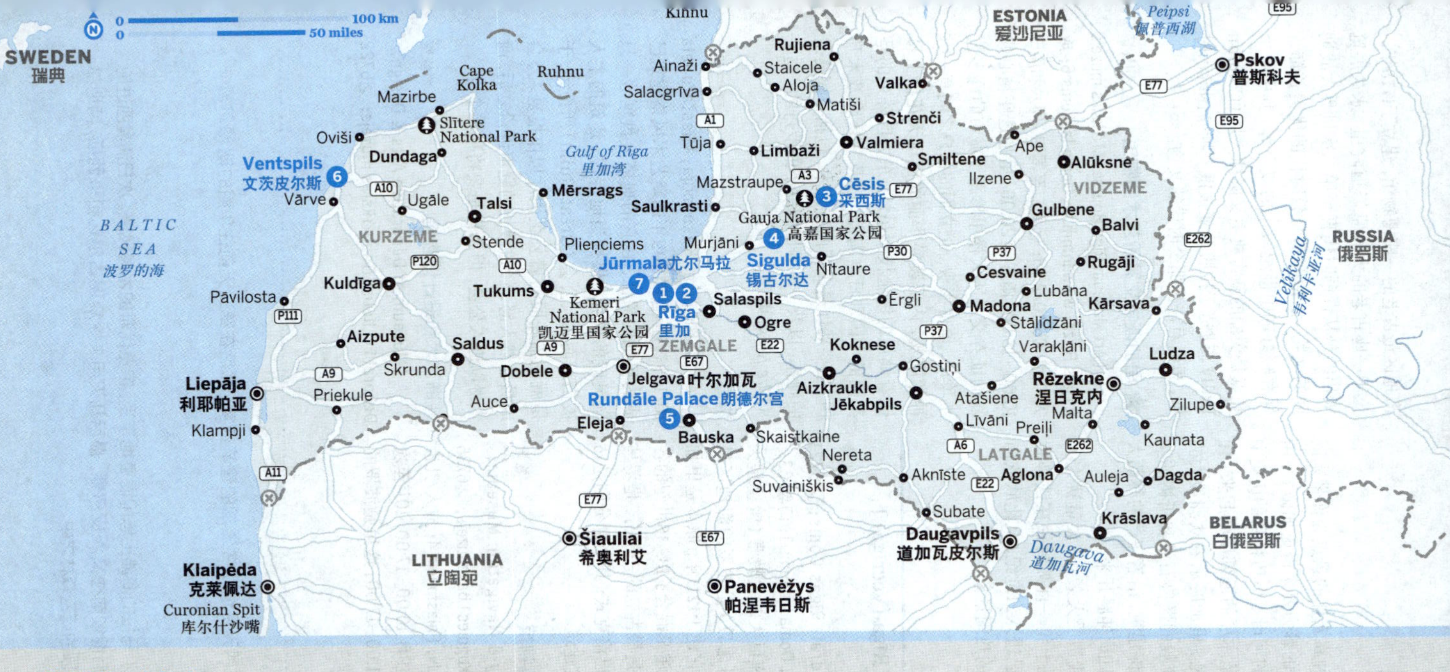

拉脱维亚亮点

1 赞叹**里加新艺术风格建筑**（见800页）上由怪兽石像、野兽、女神和缠绕的葡萄藤构成的奇异动物园。

2 漫步于鹅卵石小路，登上教堂尖顶，品味华丽精致的**老里加**（见796页）。

3 在烛光中探索城堡，然后漫游**采西斯**（见807页）古老的街巷。

4 前往森林环绕的**锡古尔达**（见805页），在一座座城堡之间徒步。

5 到**朗德尔宫**（见805页）参观内部精美的装饰和华丽的花园，感受贵族的颓废。

6 走出城堡，接着去**文茨皮尔斯**（见808页）灿烂的长海滩上享受悠闲时光。

7 在时髦的滨海水浴小镇**尤尔马拉**（见804页）与俄罗斯政商名流交谈甚欢。

里加（RĪGA）

人口 700,000

里加不是那种靠宏伟的景点为你带来巨大冲击的城市。它的魅力要来得更加微妙，由它充满悠闲氛围的河畔、小巧精致的历史中心和满是摇摇欲坠木屋的近郊串联起来。让人印象最深刻的是，里加展示着欧洲最大的新艺术建筑。噩梦般的怪兽石像和祈祷的女神像装点着750多栋建筑，沿着庄严的林荫大道，从城市中心向四周伸展开来。

虽然战争年代遭受大轰炸，大量犹太人被屠杀，随后的几十年一直被封锁在铁幕背后，但今日的里加已进入21世纪，文化欣欣向荣，呈现出国际化的热闹景象。

景点

老里加［Old Rīga（Vecrīga）］

★里加大教堂 大教堂

（Rīga Cathedral；Rīgas Doms；☎6721 3213；www.doms.lv；Doma laukums 1；门票 €3；⊙9:00～17:00）这座巨大的大教堂（曾经是天主教堂，现在是路德教）是波罗的海地区最大的中世纪教堂，它建于1211年，原本是里加主教教区所在地。建筑混合了13～18世纪的各种风格：最东端也是最古老的一部分，是罗马式；塔楼是18世纪巴洛克式；其余部分则是15世纪重建的哥特式建筑。

里加历史和航海博物馆 博物馆

（Rīga History & Navigation Museum，Rīgas vēstures un kuģniecības muzejs；☎6735 6676；www.rigamuz.lv；Palasta iela 4；成人/儿童 €4.27/0.71；⊙5月至9月 10:00～17:00，10月至次年4月 周三至周日 11:00～17:00）这里是波罗的海地区最古老的一座博物馆，建立于1773年，位于一座古老的大教堂修道院里。永久展览展出的是从青铜时代直至第二次世界大战期间的文物，包括前基督教时代的优美首饰、保存完好的中世纪锻工的双手等。其中一个亮点是美丽的新古典主义圆柱大厅（Column Hall），建造于拉脱维亚被俄罗斯帝国统治时期，里面有许多那个时代的文物。

★里加证券交易所艺术博物馆 博物馆

（Art Museum Rīga Bourse，Mākslas muzejs Rīgas Birža；www.lnmm.lv；Doma laukums 6；成人/儿童 €6.40/2.85；⊙周二至周四，周六和周日 10:00～18:00，周五 至20:00）里加这座精心修复的证券交易所大楼里珍藏了城市的许多艺术珍品，值得参观。正立面的窗户之间有一组神像雕塑，内部装潢华丽的模压天花板上悬挂着灿烂的镀金枝形吊灯。东方区陈列的是美丽的中国和日本陶器，以及一具埃及木乃伊。主要展厅是关于西方艺术，包括一幅莫奈的画作，以及一座等比例缩小的罗丹的《吻》（*The Kiss*）雕塑。

猫屋 历史建筑

（Cat House，Kaķu māja；Miestaru iela 10/12）这座建于1909年的新艺术风格建筑已成为里加的象征，在它的炮塔上盘踞着一只幽灵般的黑猫。根据当地传说，建筑的主人被街对面的大公会（Great Guild）所拒绝，于是就用猫屁股对着公会大厅以作报复。公会成员勃然大怒，经过漫长的庭审诉讼之后，商人得以进入公会，但条件是要将猫转个身。

装饰艺术和设计博物馆 博物馆

（Museum of Decorative Arts & Design，Dekoratīvi lietiskās mākslas muzejs；☎6722

旅行线路

三天

你可以在前两天尽情欣赏**里加**的建筑盛宴，然后在第三天前往华丽的**朗德尔宫**一日游。

一周

第四天在尤尔马拉的海滩上悠闲惬意地享受，饱览优雅的木屋风景。次日清晨西进前往**库尔迪加**，之后继续前往**文茨皮尔斯**。最后几天用来探索**锡古尔达**和**采西斯**，两地都位于**高嘉国家公园**的茂密森林之中。

7833; www.lnmm.lv; Skārņu iela 10/20; 成人/儿童 €4.27/2.13; ⌚周二和周四至周日 11:00~16:00，周三 至19:00）这座建筑以前是圣乔治教堂（St George's Church），现在用作博物馆，展出从新艺术年代直至今日的应用艺术作品，包括大量家具、木雕、挂毯和陶器。建筑的建造年代可追溯至1207年，当时圣剑骑士团的利沃尼亚兄弟（Livonian Brothers of the Sword）在此建造了城堡。

圣彼得教堂　　教堂

（St Peter's Church, Sv Pētera baznīca; www.peterbaznica.riga.lv; Skārņu iela 19; 成人/儿童 €2/1，含尖塔 €7/3; ⌚周二至周六 10:00~18:00，周日 正午至18:00）这座哥特式教堂占据着里加城市天际线的中心，据称已有800年的历史，是波罗的海地区最古老的中世纪建筑之一。除了柱子上的盾形纹章之外，红砖建造的教堂内部装饰相对简单，与侧廊中呈现的彩色艺术作品呈现明显对比。在教堂后方有一座电梯，可将游客送上尖塔中72米高的观景平台。

★黑头宫　　历史建筑

（Blackheads House, Melngalvju nams; www.melngalvjunams.lv; Rātslaukums 7）本书写作之时，这座华丽的建筑被用作拉脱维亚总统的临时住所。它建于1344年，当时未婚德国商人组成的黑头行会把此地当作聚会场所。原本的建筑在1941年被毁，7年后被苏联人夷为平地。然而建筑的图纸留存了下来，人们按原样进行了精确的复制，最终于2001年竣工，作为里加800岁生日的礼物。

拉脱维亚占领博物馆　　博物馆

（Museum of the Occupation of Latvia, Latvijas Okupācijas muzejs; ☎6721 2715; www.omf.lv; Latviešu strēlniekulaukums 1; 门票自愿捐赠; ⌚11:00~18:00）这座博物馆位于主广场上一座有趣的苏联时代建筑中，详细地展示了1940~1991年拉脱维亚被纳粹和苏联占领的那段历史。展览中有些地方让人非常不安，包括犹太人大屠杀的第一手资料（里加曾有大量的犹太人口），一座重建的古拉格监狱和许多令人毛骨悚然的照片。留几个小时慢慢消化吧。

啊，圣诞树

里加的黑头宫因为举办狂欢派对而闻名，毕竟，这里从前是未婚商人的俱乐部。在1510年那个寒冷的平安夜，有一群沉浸在节日精神（也可以说充满了其他精神）中的单身汉，拖来一棵巨大的松树立在俱乐部中，并为其装饰满各种鲜花。天亮之前，他们点起熊熊火焰，将松树烧成灰烬，那场景令人难忘。从此以后，装饰"圣诞树"就成了每年的传统，并且逐渐传遍全球（不过烧树的部分没有被沿袭）。

在Rātslaukums的鹅卵石地面上镶嵌有一块纪念牌匾，用以标记当年那棵树曾经站立的地方。

里加市中心 [Central Rīga (Centrs)]

自由纪念碑　　纪念碑

（Freedom Monument; Brīvības bulvāris）被昵称为"米尔达"（Milda）的里加自由纪念碑，高耸在老城和市中心之间。纪念碑由公众募捐，雕塑家卡利斯-扎莱（Kārlis Zāle）设计，建成于1935年，那里也曾立有俄国统治者彼得大帝的雕像。

基督诞生大教堂　　大教堂

（Nativity of Christ Cathedral, Kristus Piedzimšanas katedrāle; Brīvības bulvāris 23）这座可爱的小东正教教堂（建于1883年）的金色穹顶在树林间若隐若现，为城市的天际线增添了一丝耀眼的俄罗斯风情。在苏联时期该教堂被改造为天文馆，但现在已恢复从前的用途。

里加新艺术博物馆　　博物馆

（Rīga Art Nouveau Museum, Rīgas jūgendstila muzejs; www.jugendstils.riga.lv; Albertaiela 12; 成人/儿童 5月至9月 €5/3.50，10月至次年4月 €3.50/2.50; ⌚周三至周日 10:00~18:00）如果你曾好奇里加天马行空的新艺术门面背后到底藏了什么，那么这里绝对值得参观。博物馆曾经是建筑师Konstantīns Pēkšēns（这位当地建筑师为城市设计了超

Rīga 里加

A B C D
1 2 3 4 5 6 7

去 里加客运码头 (400m)
Strēlnieku iela
36
11
Elizabetes iela
27
Dzirnavu iela
Alberta iela
K Valdemāra iela
QUIET CENTRE (KLUSAIS CENTRS) 安静中心
E Melngaiļa iela
Skolas iela
Kalpaka bulvāris
Antonijas iela
Elizabetes iela
18
Lāčplēša iela
Kronvalda parks
Alunāna iela
Kronvalda bulvāris
Miķeļa iela
K Valdemāra iela
CENTRAL RĪGA (CENTRS) 里加市中心
Baznīcas iela
Citadeles iela
33
Esplanāde
Kalpaka bulvāris
10
Brīvības bulvāris
去 里加国际机场 (12km)
K Valdemāra iela
Basteja bulvāris
Raiņa bulvāris
Tērbatas iela
37
Elizabetes iela
Jēkaba iela
Bastejkalns
Pils laukums
Torņa iela
14
6
Trokšņu iela
ZA Meierovica bulvāris
Vērmanesdārzs
OLD RIGA (VECRĪGA) 老里加
26
Smilšu iela
Valņu iela
Mazā Pils iela
Art Museum Rīga Bourse 里加证券交易所艺术博物馆 5
28
Zirgu iela
Arhitektu
Anglikāņu
1
15
Doma laukums
34
Līvu laukums
Alfrēda Kalniņa iela
Rīga Cathedral 里加大教堂 3
29
Kaļķu iela
Valņu iela
35
Audēju iela
Merķeļa iela
Palasta iela
12
Šķūņu iela
25
Vāgnera iela
21
Kalēju iela
Teātra iela
Jauņ iela
30
8
Kungu iela
23
16
Rātslaukums
Kaļķu iela
2
13
Aspazijas bulvāris
Satekles iela
Blackheads House 黑头宫
Stacijas laukums
Latviešu Strēlnieku laukums
9
Grēcinieku iela
20
22
Central Train Station 中央火车站
Alberta laukums
Peldu iela
Mārstaļu iela
Kungu iela
Akmens Bridge
13 janvāra iela
Rīga International Bus Station 里加国际长途汽车站
11 novembra krastmala iela
Gogoļa iela
Gogoļa iela
Rīga Central Market 里加中央市场 4
City Canal (Pilsētas kanāls) 城市运河
Daugava River 道加瓦河
Nēģu iela
Prāgas iela

0 400 m
0 0.2 miles

Miera iela
Brīvības iela
Matīsa iela
Bruņinieku iela
Stabu iela
Ģertrūdes iela
Akas iela
Tērbatas iela
Martas
32
19
Blaumaņa iela
24
Ģertrūdes iela
Lačplēša iela
Dzirnavu iela
K Barona iela
去 Baltā Pirts (1.5km)
A Čaka iela
17
Blaumaņa iela
31
Marijas iela
E Birznieka Upīša iela
Satekles iela
Turgeņeva iela
Timoteja iela
MOSCOW SUBURB (MASKAVAS FORŠTATE)
莫斯科郊区
7

Rīga 里加

重要景点

1 里加证券交易所艺术博物馆……B5
2 黑头宫……B6
3 里加大教堂……A5
4 里加中央市场……C7

景点

5 猫屋……B4
6 自由纪念碑……C4
7 拉脱维亚科学院……E7
8 装饰艺术和设计博物馆……B5
9 拉脱维亚占领博物馆……B6
10 基督诞生大教堂……C3
11 里加新艺术博物馆……B1
12 里加历史和航海博物馆……A5
13 圣彼得教堂……B5

活动、课程和团队游

14 Rīga By Canal……C4

住宿

15 Dome Hotel……A5
16 Ekes Konvents……B5
17 Hotel Bergs……E4
18 Hotel Valdemārs……C2
19 Krišjānis & Ģertrūde……F3
20 Naughty Squirrel……C6
21 Neiburgs……B5
22 Rīga Old Town Hostel……C6

就餐

23 Domini Canes……B5
24 Istaba……F3
Le Dome Fish Restaurant……（见15）
25 LIDO Alus Sēta……B5
26 Uncle Vanja……B4
27 Vincents……B1

饮品和夜生活

28 Aptieka……A4
29 Cuba Cafe……B5
30 Egle……B5
31 Garage……E5
32 Golden……F3
33 Skyline Bar……D3

娱乐

34 大公会……B5
35 拉脱维亚国家歌剧院……C5

购物

36 Art Nouveau Rīga……B1
37 萨克塔花市……D4

过250座建筑）的家，其内部已经被修复得像20世纪20年代的中产阶级公寓。入口在Strēlnieku iela，按12号的门铃。

莫斯科郊区[Moscow Suburb (Maskavas forštate)]

里加城中这片古老地区的名字来源于横跨区中通往莫斯科的大路。在纳粹占领时期，这里是里加犹太人隔离区（Rīga Ghetto）。1941年10月，城市里所有的犹太人（约30,000人）被全部塞进Lāčplēša iela以东、被铁丝网拦住的街区。同年晚些时候，他们中的绝大多数被赶往10公里以外的伦布拉森林（Rumbula Forest），被射杀并填埋在万人冢中。

★里加中央市场 市场

（Rīga Central Market, Rīgas Centrāltirgus; www.centraltirgus.lv; Nēgu iela 7; ⏲8:00~17:00）这座巨大的市场坐落在一系列第一次世界大战时期的飞艇机库中，甚至还扩展到门外，你可以在其中跟卖越橘的老板讨价还价。这是一趟道地的里加体验，让你有机会观赏人群，同时采购午间野餐的食材。

拉脱维亚科学院 历史建筑 €

（Latvian Academy of Science, Latvijas Zinātņu Akadēmija; www.panoramariga.lv; Akadēmijas laukums 1; 全景观赏 €4; ⏲8:00~20:00）这座宏伟的建筑有21层，107米高，被当地人称为"斯大林的生日蛋糕"，是里加版本的俄罗斯风格帝国大厦。建筑于1951年动工，直至1961年才完成，这时斯大林已经无法过生日了。眼尖的人在复杂的正立面上能看到隐藏的锤子和镰刀图案。17楼有一座极好的观景平台。

团队游

E.A.T. Rīga 徒步、骑行

（☎2246 9888; www.eatriga.lv; 团队游 €12起）这个公司名字事实上是"体验另类团队游"（Experience Alternative Tours）的缩写，美食爱好者们一开始可能会失望。该公司主打独辟蹊径的主题徒步团队游（老里加、新艺术、另类里加、复古里加）。但是不要着急，里加美食品尝也是选择之一。还提供尤尔马拉（Jūrmala）的自行车团队游。

> **不要错过**
>
> ### 里加的新艺术运动
>
> 随便找一个里加人提问，城市里最具国际知名度的新艺术建筑在哪里，他们都会给出一个共同的答案："抬头看！"
>
> 里加是欧洲拥有新艺术建筑数量最多的一个城市。有超过750座建筑都是采用这种华丽的风格装饰的，这种风格也被称为Jugendstil，意思即是"新风格"。其名称来自总部设在慕尼黑的杂志《新艺术运动》（*Die Jugend*），是它让这种艺术风格在20世纪之初流行开来。
>
> 里加的新艺术区［正式名称是"安静中心"（Quiet Centre）］围绕着阿尔伯特街（Alberta iela）展开（尤其要注意2a、4和13号建筑），但其实在整座城市都能找到许多美丽范本。不要错过Strēlnieku街4a号和Elizabetes街10b、33号建筑修复过的正立面。

Rīga By Canal 乘船

（☎2591 1523; www.kmk.lv; 成人/儿童 €18/9; ⏲10:00~20:00）登上拥有107年历史的Darling号从另一个角度享受城市风光吧，这是一条迷人的木造运河游轮，燃料中15%是太阳能（其余为煤油）。舰队中还有另外三条船也同样环绕城市运河（City Canal）和道加瓦河（Daugava River）巡游。

住宿

老里加（Vecrīga）

★Naughty Squirrel 青年旅舍 €

（☎2646 1248; www.thenaughtysquirrel.com; Kalējuiela 50; 铺/标单/双 €16/45/55; ❄@📶）明亮的颜料涂绘线条和卡通涂鸦使得这座背包客王国的"首府"焕然一新，游客或在桌式足球机上忙碌，或在电视机房放松一下。可以报名参加串酒吧、令人兴奋的乡间一日游或者是夏日烤肉等定期活动。

Rīga Old Town Hostel 青年旅舍 €

（☎6722 3406; www.rigaoldtownhostel.lv; Valņuiela 43; 铺 €11~14; @📶）一楼的澳式酒吧被当作旅舍的社交场地，经常人满为患。如

果你可以成功地拖着你的行李箱通过假书架门、到达曲折的楼梯之上，你将找到饰有枝形吊灯且阳光充足的宽敞宿舍。

★ **Ekes Konvents** 酒店 €€

（☎6735 8393；www.ekeskonvents.lv；Skārņuiela 22；标单/双 €60/70起；📶）不要跟隔壁的Konventa Sēta酒店弄混了，这座已有600年历史的酒店，每个角落和缝隙里都透露着动荡的中世纪的魅力。捧一本书蜷缩在各层楼梯平台上的可爱石龛内，细细品读享受。可以在街区深处享用早餐。

★ **Dome Hotel** 酒店 €€€

（☎6750 9010；www.domehotel.lv；Miesnieku iela 4；房间 €249起；📶）很难想象，这座拥有几百年历史的建筑曾经是一排屠场的其中之一。今日，一座华美的木梯引领访客进入一系列装潢独特而迷人的房间，房间屋顶带着重檐，墙上有木头镶板，家具上装了软垫，窗外还能看到城市风景。

★ **Neiburgs** 酒店 €€€

（☎6711 5522；www.neiburgs.com；Jaun iela 25/27；标单/双 €152/182起；❄📶）这座酒店是老里加最精美的新艺术建筑之一，保存完好的古老细节与当代风格融合起来，创造出这里标志性的精品休闲风格。试试高层的房间——能看到五颜六色的山墙屋顶，以及盘旋上升的中世纪尖塔。

值得一游

迷人的森林

如果没有时间游览拉脱维亚的乡村，那么一定要去一趟**拉脱维亚露天民族博物馆**（Latvian Ethnographic Open-Air Museum，Latvijas etnogrāfiskais brīvdabas muzejs；www.brivdabasmuzejs.lv；Brīvības gatve 440；成人/儿童 5月至10月 €4.27/1.42，11月至次年4月 €2.13/0.71；⏲10:00~17:00）。一片广袤的森林位于城外东北积古拉湖（Lake Jugla）的湖岸上，其中有超过100座木头建筑（教堂、风车、农舍等），风格也集拉脱维亚四大文化区为一体。可从Merķeļa iela和Tērbatas iela街角乘坐1路公共汽车前往，在Brīvdabas muzejs站下车即到。

里加市中心（Centrs）

Hotel Valdemārs 酒店 €€

（☎6733 4462；www.valdemars.lv；K Valdemāraiela 23；标单/双 €56/64起；❄📶）这座Clarion Collection酒店的分店位于一片新艺术建筑的街区，是那些想以合理价格享受有趣装饰风格的旅客佳选。最让人惊艳的是，酒店还会为所有住客提供早餐、下午茶及简单的晚间自助餐。

Krišjānis & Ģertrūde 民宿 €€

（☎6750 6604；www.kg.lv；K Barona iela 39；标单/双/标三 含早餐 €35/45/55；@📶）远离喧闹的十字路口，进入古香古色的家庭式民宿，这里装饰着水果和鲜花的静物画。因为这家民宿只有6间舒适的房间对外出租，所以你最好提前预订。准备好耳塞抵御交通噪声。

Hotel Bergs 酒店 €€€

（☎6777 0900；www.hotelbergs.lv；Elizabetes iela 83/85；套 €174起；P❄📶）这座酒店位于一座翻新的19世纪建筑中，采用的是斯坎迪式时髦装饰风格，体现了"豪华"一词的意蕴。宽敞的套房内配备的是顶级质量的单色豪华家具，部分带厨房。这里甚至还有一个"枕头列表"，顾客能从各种根据材质和纹理分类的枕头中挑选。

就餐

老里加（Vecrīga）

LIDO Alus Sēta 拉脱维亚菜 €

（www.lido.lv；Tirgoņu iela 6；主菜 约€5；📶）Alus Sēta是里加LIDO（里加随处可见的瑞典式自助餐连锁品牌）的首选，给人的感觉就像是一家拉脱维亚老酒厂。在当地人以及游客中广受欢迎——每个人都集聚在这里享受着便宜但美味的传统食物和自制啤酒。在较热的月份，座椅会满到铺着鹅卵石的街道上。

Domini Canes 欧洲菜 €€

（☎2231 4122；www.dominicanes.lv；

Skārpu iela 18/20；主菜 €7~18；⊙10:00~22:30）这家高档休闲餐厅面朝圣彼得教堂的背部，餐位一直摆到广场上。法式小馆风格的菜单上包括许多美味的自制意大利面，还有大量新鲜的拉脱维亚菜。

Uncle Vanja 俄罗斯菜 €€

（Tēvocis Vaņa；☎2788 6963；www.facebook.com/DjadjaVanjaRestorans；Smilšu iela 16；主菜 €11~21；⊙11:00~23:00）这家餐厅位于一座外表像是舒适的19世纪俄罗斯家庭房屋中（有书架、流苏灯罩等）。进入这个舞台，有衣着考究的侍应生呈上一盘盘冒着热气的pelmeņi、blini（煎饼）和各种肉食，如鸡肉和鱼类菜肴。最后再从大量的伏特加品牌中选一种作为谢幕吧。

Le Dome Fish Restaurant 海鲜 €€€

（☎6755 9884；www.zivjurestorans.lv；Miesnieku iela 4；主菜 €22~30；⊙8:00~23:00）Dome Hotel附设的这家餐厅很快就让食客们想起来，里加原来是一座位于水滨的城市，拥有各种美味的鱼类。服务无可挑剔，菜肴（包括一些肉食和素食选择）制作非常专业，体现不拘一格的新派拉脱维亚菜风格。

里加市中心（Centrs）

★ Istaba 咖啡馆 €€

（☎6728 1141；K Barona iela 31a；主菜 €17；⊙正午至23:00）为当地厨师暨电视名人Mārtiņš Sirmais所有，"房间"（The Room）坐落于一间画廊（有时也是表演场地）的椽木之上。在这儿并没有菜单，你不得不听任厨师的奇思妙想，但会有许多免费的附赠（面包、蘸酱、沙拉、素食），主食选择很多。

★ Vincents 欧洲菜 €€€

（☎6733 2634；www.restorans.lv；Elizabetes iela 19；主菜 €24~29；⊙周一至周六18:00~22:00）这里是里加最时髦的餐厅，采用的是凡·高风格的亮眼装饰，曾经服务过皇室和摇滚明星（明仁天皇、查尔斯王子、埃尔顿·约翰）。主厨Martins Riitins是慢食运动的坚定支持者，精心制作的菜单总在推陈出新，选用的都是从拉脱维亚小农场里出产的食材。

其他街区

虽然里加绝大多数最好的餐厅都位于市中心，但也有几家竞争能力很强的散落在边缘地区。

LIDO Atpūtas Centrs 拉脱维亚菜 €

（LIDO Recreation Centre；www.lido.lv；Krasta iela 76；主菜 约€5；⊙11:00~23:00）如果拉脱维亚和迪士尼结合生下一个可爱的孩子，那么一定就是这里，这座巨大圆木小屋中呈现的都是该国最诱人的菜肴。侍者们穿着波罗的海挤奶女工风格的制服，步态轻盈地招呼食客们在一排排的自助餐架子上挑选。外面有一个儿童游乐园，可以骑小马、滑冰。

餐厅位于里加中央市场东南3.5公里处；可乘坐有轨电车3、7和9路，在LIDO站下车，然后朝大风车走。

★ International 各国风味 €€

（☎6749 1212；www.international.lv；Hospitālu iela 1；菜肴 €5~12；⊙周一至周五10:00至午夜，周六和周日 正午至午夜；📶）这家美味餐厅值得你搭乘有轨电车专程前来品尝（乘坐有轨电车11路，在Mēness iela站下）。店内提供各种小盘美食，店名描述得相当精准，菜单上包括"沙皇的鱼汤"（Tsar's fish soup）、寿司、泰式咖喱和出众的威灵顿牛肉。

饮品和夜生活

Skyline Bar 鸡尾酒吧

（天际线酒吧；www.skylinebar.lv；Elizabetes iela 55；⊙周日至周四 17:00至次日1:00，周五和周六 15:00至次日3:00；📶）令人炫目的天际线酒吧是每位游客必去之处，坐落于Radisson Blu Hotel Latvija的26楼。一览无余的景色为整座城市之最（即便厕所也是）。富有魅力的人们精神抖擞地在一起说说笑笑，你可以观察到形形色色的人。

Aptieka 酒吧

（Pharmacy Bar；www.krogsaptieka.lv；Mazā Miesnieku iela 1；⊙周日至周三 16:00至次日1:00，周四至周六 至次日4:00）这家热门的酒吧由一位拉脱维亚籍美国人经营，古董式的药剂瓶证明了其主题的微妙与时髦。音乐一般都很

里加的历史棋盘——骑士到国王，还有沙皇

虽然有些拉脱维亚人会哀叹，他们在自己国家的首都也成了少数民族，但很快其他人就会指出，里加从来都不是一个“拉脱维亚”城市。这里原本是德国大主教阿尔伯特·冯·布克斯赫夫登（Albert von Buxhoevden；把这个名字快速念三遍）于1201年所建，目的是作为十字军讨伐欧洲剩余异教徒部落的桥头堡。里加是圣剑骑士的大本营、汉萨同盟成员国，也是连接俄国和西欧地区的重要贸易枢纽。1621年被瑞典人攫取后，这里发展成瑞典帝国最大的城市（甚至比斯德哥尔摩更大）。到19世纪60年代中期，在当时的霸主俄国人的统治下，里加成为世界上最大的木材贸易口岸。

出色，而且也提供各种美国酒吧食物（汉堡包等）。

Egle 啤酒园

（www.spogulegle.lv；Kaļķu iela 1a；⊙11:00至次日1:00）这里是老里加最好的一座露天啤酒园，分为两半，喧闹的一半多数晚上都有现场音乐（从民谣到摇滚），另外一半较安静（经常很早就打烊）。天气实在不好时会关门。

Garage 葡萄酒吧

（www.vinabars.lv；Berga Bazārs，Elizabetes iela 83/85；⊙10:00至午夜）除了一些半工业化的装饰（光亮的混凝土地板、金属椅子）之外，这家时髦的小酒吧跟名字中的“车库”简直毫无关系。这里既是咖啡馆（咖啡很出色）也是葡萄酒吧，提供西班牙小吃和少量主食。

Golden 同性恋酒吧

（www.mygoldenclub.com；Ģertrūdes iela 33/35；门票 夜店 €10；⊙周二至周四 16:00～23:00，周五 19:00至次日5:00，周六 23:00至次日5:00）这里是里加同性恋圈的佼佼者（这么说并不过分），氛围友好，是一家温室般的酒吧，只有周末才变身夜店。

Cuba Cafe 酒吧

（www.cubacafe.lv；Jaun iela 15；⊙周日至周二 正午至次日2:00，周三至周六 至次日5:00；📶）点一杯地道的莫吉托，在能眺望到圆顶广场（Doma laukums）的桌边坐下品尝，这正是一整天观光之后所需要的。天气冷时，可以在店内摇摇摆摆的古巴国旗下大口痛饮凯匹林纳鸡尾酒，周围装饰有彩绘玻璃台灯，背景的爵士乐能听到轻柔的喇叭声。

☆ 娱乐

拉脱维亚国家歌剧院 歌剧、芭蕾舞

（Latvian National Opera，Latvijas Nacionālajā operā；☎6707 3777；www.opera.lv；Aspazijas bulvāris 3）这里被国际上广泛认为是欧洲最好的歌剧公司之一，是拉脱维亚的骄傲。这里也是里加芭蕾舞团的大本营；本地出生的米哈伊尔·巴雷什尼科夫（Mikhail Baryshnikov）就是在这里成名的。

大公会 古典音乐

（Great Guild；☎6722 4850；www.lnso.lv；Amatu iela 6）是著名的拉脱维亚国家交响乐团（atvian National Symphony Orchestra）的大本营。

购物

Art Nouveau Rīga 纪念品

（www.artnouveauriga.lv；Strēlnieku iela 9；⊙10:00～19:00）出售各种新艺术相关的纪念品，包括指南书籍、明信片、石像怪兽和彩绘玻璃片。

萨克塔花市 市场

（Sakta Flower Market；Tērbatasiela 2a；⊙24小时）这家营业到深夜的市场正是为那些与朋友疯玩漫漫长夜的“戴罪之人”所开，也许简单的一句“亲爱的，对不起，我回来晚了”已经不起效了。

ℹ 实用信息

ARS（☎6720 1006；www.ars-med.lv；Skolas iela 5）提供24小时咨询服务，有会说英语的医生。

旅游信息中心（☎6730 7900；www.liveriga.com；Rātslaukums 6；⊙10:00～18:00）发放旅行地图和步行游览手册，帮助安排住宿并预订一日游，出售音乐会门票。还销售**里加卡**（Rīga Card；www.rigacard.lv；24/48/72小时卡 €16/20/26），凭卡可

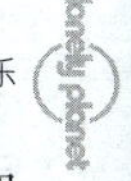

以享受观光和就餐折扣，并可免费乘坐公共交通。在Livu laukums（5月至9月）和长途汽车站也有办事处。

到达和离开

里加与许多国际目的地（见810页）之间都有飞机、汽车、火车和渡轮连接。

长途汽车

长途汽车从**里加国际长途汽车站**（Rīgas starptautiskā autoosta; www.autoosta.lv; Prāgasiela 1）出发，该汽车站位于老城东南边缘以外的铁路路基后面。国际目的地包括锡古尔达（€3，1小时，每小时1班）、采西斯（€4.15，2小时，每小时1班）、库尔迪加（€6.40，2.5~3.5小时，每天11班）和文茨皮尔斯（€7.55，3小时，每小时1班）。

火车

里加的**中央火车站**（Centrālā stacija; ☎6723 2135; www.pv.lv; ; Stacijas laukums 2）位于中央市场附近一个有着耀眼玻璃外墙的购物中心内。目的地包括尤尔马拉（€1.50，30分钟，每半小时1班）、锡古尔达（€2.35，1.25小时，每天10班）和采西斯（€3.50，1.75小时，每天5班）。

当地交通

抵离机场

里加国际机场（Rīga International Airport, Starptautiskā Lidosta Rīga; ☎1817; www.riga-airport.com; Mārupe District）位于市中心以西20公里处的Skulte。

到达市中心最便宜的选择就是乘坐公共汽车22路（€1.20，30分钟），每10~30分钟1班，在城里的几个站点停靠。

出租车价格为€12~15，行程约15分钟。

自行车

Sixt Bicycle Rental（Sixt velo noma; ☎6767 6780; www.sixtbicycle.lv; 每30分钟/天 €0.90/9）在里加和尤尔马拉市周围方便地设置了几个自助租赁站，你仅仅需要选择你中意的自行车，打个电话要求提供租赁服务，就可以收到解开车轮锁的密码了。

公共交通

里加的绝大多数主要旅游景点都彼此挨得很近，步行就可以到达，所以你完全可以放弃使用有轨电车、电车和公共汽车构成的错综复杂的道路网。城市交通每天从5:30开始运营直至午夜。有些线路拥有每小时1班的夜间服务。想了解里加公共交通线路和时间表，请登录www.rigassatiksme.lv。

可提前从为数众多的Narvesen便利商店（每趟 €0.60，5天通票 €8）买票。直接从司机手中买票价格会翻倍（€1.20），不过在乘坐较新的有轨电车时，自动售票机也只收取€0.60。乘坐1901年的老有轨电车价格为€1.50。

出租车

出租车每公里收费约€0.70（通常在22:00至次日6:00会有额外费用），起步价约€2.10。你一定要坚持在出发时开始打表。在公共汽车和火车站之外、飞机场和里加市中心的几个大酒店（例如Radisson Blu Hotel Latvija）前都有出租车候车站。

里加周边（AROUND RĪGA）

如果日程很紧，可以参加从里加出发到拉脱维亚乡村的一日体验游。距离首都75公里范围内有两座国家公园、该国最宏伟的宫殿以及漫长的淡黄色海滩。

尤尔马拉（Jūrmala）

人口 55,600

尤尔马拉是法国蔚蓝海岸（French Riviera）的波罗的海版本，海边连成线的城镇里满是宏伟的木头房屋，它们属于俄罗斯石油大亨以及他们的超模娇妻。在夏季的周末，那些名流阔佬们和一日游的里加人涌向这里的度假村，在夏日的阳光下寻找乐趣。

如果不是自驾车或骑自行车，最好直接前往Majori和Dzintari两个小镇，它们是各种活动的中心。两地之间由一条1公里长的步道Jomas iela相连，它被认为是尤尔马拉的主街。

连接里加和尤尔马拉的公路在苏联时代被称为“在美国的10分钟”（10 Minutes in America），因为当地人拍摄的以美国为背景的电影一般都是在这条繁忙的沥青路上取景。开车的人驾驶15公里就可以进入尤尔马拉，但每天必须支付€2的费用，即使他们仅仅是途经这里。注意多车道的自选收费站在度

值得一游

波罗的海的凡尔赛

宏伟的**朗德尔宫**（Rundāle Palace, Rundāles pils; ☎6396 2197; www.rundale.net; 整个建筑群/房屋短程/花园/短程和花园 €7.20/5/2.85/5.70; ⏲10:00~17:00）是库尔兰公国皇室的居所，彰显了18世纪贵族生活的浮华，也是拉脱维亚乡村建筑的一大亮点。宫殿由意大利巴洛克建筑的天才大师巴尔托洛梅奥·拉斯特雷利（Bartolomeo Rastrelli）设计，他最著名的作品是圣彼得堡的冬宫。宫殿的138个房间有大约40个对公众开放，另外还可参观受凡尔赛影响的美丽规则式庭院。

假村两端都有。

景点

凯迈里国家公园 国家公园

（Ķemeri National Park, Ķemeru nacionālais parks; ☎6673 0078; www.kemerunacionalaisparks.lv）在尤尔马拉名流消夏别墅以外的腹地，有一座宁静的渔村，那里的沼泽生满白杨，林木茂盛。早在19世纪末，凯迈里就因为具有治病效果的泥浆和泉水而闻名，甚至吸引了遥远的莫斯科游客。

食宿

★ **Hotel MaMa** 精品酒店 €€€

（☎6776 1271; www.hotelmama.lv; Tirgonu iela 22; 房间 €160起; 📶）这家酒店卧室的房门内部装有厚厚的床垫般的垫子（神经质还是时髦？），套房本身也是一幅白色床幔组成的暴风雪般的景象。银漆和精灵尘的运用更加强了陈设和设施的超级现代化风格。如果说天堂里有妓院，那应该就是这样的面貌。

★ **36.Line** 新派拉脱维亚菜 €€€

（☎2201 0696; www.lauris-restaurant.lv; Līnija 36; 主菜 €12~30; ⏲11:00~23:00; ✎）这家出色餐厅占据着尤尔马拉最东端的一片沙滩，当地厨师Lauris Alekseyerv很受欢迎，提供的菜肴都是在传统拉脱维亚菜的基础上加以新派改良。享受沙滩，然后换上休闲装来用午餐，或者盛装打扮赴晚宴。晚上这里常有DJ来打碟。

实用信息

旅游信息中心（☎6714 7900; www.jurmala.lv; Lienes iela 5; ⏲周一至周五 9:00~19:00, 周六 9:00~17:00, 周日 10:00~15:00）位于Majori火车站对面。员工能帮助预订住宿和租赁自行车。

到达和离开

每小时有2~3班火车从里加市中心前往尤尔马拉沙滩。在Majori火车站（€1.50, 30分钟）下车前往沙滩，或者在凯迈里（Kemeri; €2.05, 1小时）下车前往国家公园。

如果你的时间很多，可以搭乘每天11:00在老里加河畔**New Way**（☎2923 7123; www.piekapteina.lv; 成人/儿童 €15/10）运营的船，2.5小时可到达Majori镇，17:00返程。

锡古尔达（Sigulda）

人口 11,000

锡古尔达这个名字听起来像是神话中的女妖，其实是一个迷人的小地方，是通往**高嘉国家公园**（Gauja National Park; www.gnp.gov.lv）的门户。当地人自豪地将它称为“拉脱维亚的瑞士”，如果你期待看到连绵的雪山，不免会感到失望。但它风景优美的小路、自行车道、极限运动和有着800年传奇历史的城堡会让你兴奋不已。

景点

图雷达博物馆区 城堡、博物馆

（Turaida Museum Reserve, Turaidas muzejrezervāts; ☎6797 1402; www.turaida-muzejs.lv; Turaidas iela 10; 成人/儿童 €5/1.14; ⏲10:00~17:00）“图雷达”在古代拉脱维亚语里的意思是“神之花园”，而这座山顶耸立着童话城堡的绿色小山也确实是个天堂般的地方。这座带有圆柱形塔楼的红砖城堡建于1214年，当时这里是Liv的大本营所在。城堡中建于15世纪的粮仓现在是一座博物馆，展示1319~1561年拉脱维亚的有趣历史，42米高的城堡主塔（Donjon Tower）以及西东两座塔楼中设有附加展览。

锡古尔达中世纪城堡 城堡

（Sigulda Medieval Castle；Pils iela 18；⏲5月至9月 9:00~20:00，10月 周一至周五 9:00~17:00，周六和周日 至20:00，11月至次年4月 9:00~17:00）这座城堡是1207~1209年由圣剑骑士团的利沃尼亚兄弟所建，在大北方战争（Great Northern War；1700~1721年）中遭到严重破坏，现在大部分已成废墟。有些部分经过了修复，现在你可以沿着前面的城墙漫步，登上后部的塔楼，从那里能眺望到森林繁茂的高嘉山谷（Gauja Valley）。试试看能否看见树林中掩映的克里穆尔达庄园（Krimulda Manor）和图雷达城堡。

缆车 缆车

（☎2921 2731；Poruka iela 14；单程 成人/儿童 €4/3；⏲6月至8月 10:00~18:30，9月至次年5月 至16:00）节约些徒步时间，乘坐缆车跨越高嘉河（Gauja River），享受绝美的风景吧。缆车从锡古尔达桥南的一座岩石绝壁上出发，前往克里穆尔达庄园。

活动

人造雪橇滑道 探险运动

（Bobsled Track，Bob trase；☎6797 3813；www.bobtrase.lv；Šveices iela 13；⏲周六和周日 正午至17:00）锡古尔达1200米的人造雪橇滑道是为苏联雪橇队修建的。冬季，你可以乘坐5人的**Vučko软雪橇**（每人 €10，10月至次年3月中旬）沿着16个弯的滑道，以每小时80公里的速度向下俯冲，或预订速度更快的**出租车雪橇**（每人 €15，11月至次年3月中旬）以获得真正的奥运体验。在夏季，爱好高速滑行的游客可乘坐带轮的**夏季雪橇**（每人 €15，5月至9月）。

缆车蹦极 探险运动

（Cable Car Bungee Jump；☎2644 0660；www.bungee.lv；Poruka iela 14；蹦极 €30起；⏲4月至10月 周三至周日 18:30、20:00和21:30）想把你不怕死的冒险精神提高到更高水平吗？那就乘坐橙黄色的缆车跨越高嘉河，从43米的高空跳下来吧。想更加刺激，那就裸跳。

Aerodium 探险运动

（☎2838 4400；www.aerodium.lv；2分钟 周中/周末 €28/32）独一无二的Aerodium是一个巨大的风洞，进入其中的游客会被吹入空中，好像他们在飞翔。教练能飞到约15米的高度，新手一般能到3米。要找到这个地方，沿着锡古尔达以西4公里处的A2公路行进，寻找指示牌。

Tarzāns Adventure Park 探险运动

（Piedzīvojumu Parks Tarzāns；☎2700 1187；www.tarzans.lv；Peldu iela 1；联票 成人/儿童 €32/22，平底雪橇 €3/1.50，绳索课程 €17/10；⏲5月至10月 10:00~20:00）来这里沿着平底雪橇滑道嗖嗖一滑而下吧，或者学着“泰山”的样子参加绳索课程。这里也有缆椅（€1）、管道滑行（€1）、绑紧跳（€6）、大回环（€6）、攀岩墙（€1.50）和射箭（€2）。

食宿

Līvkalns 民宿 €€

（☎2686 4886；Pēteralas iela 3；房间 €45起；P❄📶）这个田园诗般的民宿位于一片有着可爱的茅草屋顶的庄园之间，紧邻森林边缘的一座池塘，再没有比这里更浪漫、更具乡村特色的地方了。房间内弥漫着松木的清新。

★ Mr Biskvīts 咖啡馆、面包房 €

（www.mr.biskvits.lv；Ausekļa iela 9；主菜 €3~7；⏲周一至周六 8:00~21:00，周日 9:00~19:00）这家淘气的店铺就像个白底条纹装饰的陷阱，里面有各式美味的蛋糕和糕点，不过也是吃早餐的好地方，午餐有汤和三明治，晚间有意大利面或炒菜。咖啡也很赞。

实用信息

高嘉国家公园游客中心（Gauja National Park Visitors Centre；☎6780 0388；www.gnp.lv；Turaida iela2a；⏲4月至10月 8:30~20:00，11月至次年3月 8:00~17:00）出售公园、城镇和附近的自行车路线图。

锡古尔达旅游信息中心（Sigulda Tourism Information Centre；☎6797 1335；www.tourism.sigulda.lv；Ausekļa iela6；⏲9:00~18:00；📶）这家信息中心位于火车站内，有关于活动和食宿的海量信息。

到达和当地交通

火车可往返里加（€2.35，1.25小时，每天10班）和采西斯（€2，45分钟，每天5班）。

也有长途汽车前往里加（€3，1小时，每小时1班）和采西斯（€1.85，1.5小时，每天1班）。

采西斯（Cēsis）

人口 15,900

可爱的采西斯（发音为tsay-sis）不仅是拉脱维亚最漂亮的小镇之一，也是历史最悠久的一个。它位于林木葱茏的高嘉国家公园之内，鹅卵石铺就的小路中坐落着一座坚固的城堡、一座高耸的教堂尖塔和一座慵懒的湖畔公园。

景点

采西斯历史和艺术博物馆 城堡、博物馆

（Cēsis History & Art Museum，Cēsu Vēstures un mākslas muzejs；Pils laukums 9；整个建筑群/城堡和花园/博物馆 €5/3/3；周二至周日 10:00~17:00）从拿起点有蜡烛的玻璃灯笼开始，你就知道这不是一座普通的博物馆。建筑群正中央的是采西斯城堡，是1209年由圣剑骑士团的利沃尼亚兄弟所建。蜡烛是帮你看清西塔中昏暗的螺旋形楼梯（塔顶能眺望到城堡公园美丽如画的湖畔景色）。博物馆中最有趣的展览位于旁边的18世纪“新城堡”中。

食宿

Province 民宿 €€

（6412 0849；www.province.lv/；Niniera iela 6；房间 €45；）这座可爱的芹菜绿客栈在周围一片沉闷的苏联式建筑中显得很独特。11个房间虽简单但都一尘不染，一楼还有一座咖啡馆。英语不是这里的强项。

Vinetas un Allas Kārumlādes 咖啡馆 €

（Rīgas iela 12；小吃 €3~5；9:00~19:00）店名的意思是“美好一天的犒赏”，这就足够吸引你进门在蛋糕柜台前大流口水了。除了展示的美味甜点外，还提供沙拉和汤。遗憾的是咖啡还不够好。

实用信息

采西斯旅游信息中心（Cēsis Tourism Information Centre；6412 1815；www.tourism.cesis.lv；Pils laukums 9；5月至9月 每天 10:00~17:00，10月至次年4月 周二至周日 10:00~17:00）位于采西斯历史和艺术博物馆内。

到达和离开

每天有4~5班火车往返里加（€3.50，1.75小时）和锡古尔达（€2，45分钟）。

也有长途汽车前往里加（€4.15，2小时，每小时1班）和锡古尔达（€1.85，1.5小时，每天1班）。

拉脱维亚西部（WESTERN LATVIA）

拉脱维亚最西部的一个省库尔兰（Courland，Kurzeme）拥有一些美丽的海滩，散落着一些历史城镇。难以想象这个不起眼的地方曾经一度拥有强大的野心，在17世纪，当它仍是波兰-立陶宛联邦中的一个半独立公国的时候，库尔兰公国（Duchy of Courland）就尝试过在多巴哥岛和冈比亚进行殖民统治。大北方战争结束了这段辉煌，战后的公国臣服于俄罗斯帝国统治。

库尔迪加（Kuldīga）

人口 11,400

如果库尔迪加依附在里加周边，那么它一定会挤满拿着相机咔咔拍照的一日游客。幸运的是，小镇位于库尔兰乡村腹地，这就让它古雅的历史中心成为那些更加勇敢的旅行者的完美犒赏。

库尔迪加在16世纪和17世纪初发展到巅峰，当时这里是库尔兰公国最重要的城镇之一，但在大北方战争中遭到严重毁坏，从此再也未能恢复昔日荣光。今天这里是拉脱维亚拍摄古代电影的热门外景地。

这里可做的事情不多，只是可以在大街小巷漫步游览，去古老城堡（也没有太多东西留下来）周围休息，惊叹于雕塑花园的精妙，以及眺望欧洲最宽阔的瀑布文塔伦巴瀑布（Ventas Rumba）。不要被这个宏大的称号骗了，虽然宽249米，但高度只有几米而已。到了产卵季节，三文鱼可以毫不费力地逆流而上，因此也给了库尔迪加一个奇怪的绰号——“三文鱼会飞的城镇”。

特色饮食

几百年来，在拉脱维亚，食物就等同于燃料，它让农民有力气在田地里劳作，在波罗的海严寒刺骨的冬季暖人心脾。虽然要等到各国游客来评价当地餐厅是不是“拉脱维亚的标准美味”还需要很久，但近些年来，这里的饮食面貌确实已经改善许多。

猪肉、青鱼、水煮土豆、泡菜和黑面包是传统的主食，还会加上莳萝、茅屋奶酪和酸奶油调味。其余可尝试的当地美食包括：

➡ **蘑菇** 采蘑菇虽不是一种运动，却是令整个国家都痴迷的事情。在秋日的第一场阵雨之后，全民都会跑去采蘑菇。

➡ **熏鱼** 在库尔泽梅海岸（Kuzeme Coast）散布着几十个鱼棚，树冠上升起的烟雾标志着鱼棚的所在。

➡ **Black Balzām** 这种墨黑色的调配饮料酒精度为45%，配制方法神秘，包括橡树皮、苦艾和菩提花在内的十几种原料。如大多数拉脱维亚老人所言，“一天一杯，长命百岁”。试着将它与黑加仑汁混合在一起，这样会使酒精度低一些。

➡ **Alus** 对于一个如此小的国家，是绝对不会缺少alus（啤酒）的——每个主要城镇都有自己的品牌啤酒。选择Užavas和Valmiermuižas品牌总不会错。

实用信息

旅游信息中心（Tourist Information Centre；☎6332 2259；www.visit.kuldiga.lv；Baznīcas iela 5；⏲5月至9月 周一至周六 9:00~17:00，周日 10:00~14:00，10月至次年4月 周一至周五 9:00~17:00）这里有无数关于城镇的信息宣传册，还有一家纪念品商店。坐落在老城市政厅中。

到达和离开

有长途汽车可往返里加（€6.40，3小时，每天11班）和文茨皮尔斯（€6，1.25小时，每天6班）。

文茨皮尔斯（Ventspils）

人口 36,700

巨大的石油储量和造船业赋予文茨皮尔斯其他拉脱维亚小城望尘莫及的经济优势，虽然当地人溺爱本地的Užavas啤酒，谦称这里没有太多精彩之处，但靠着绝妙的海滩、维护很好的公园和互动博物馆，游客们还是能度过一个愉快的周末。

景点

利沃尼骑士团城堡 城堡、博物馆

（Livionian Order Castle, Livonijas ordeņa pils；☎6362 2031；www.ventspilsmuzejs.lv；Jāņa iela 17；成人/儿童 €2.10/1.10；⏲周二至周日 10:00~18:00）外表看来，这座方方正正的13世纪的建筑并不像城堡，其内部有一座前卫的互动博物馆，讲述当地历史和艺术。在苏联统治时期，城堡曾被用作监狱，马厩里的展览记录了那段恐怖岁月（只有拉脱维亚文）。之后可以去旁边的禅宗岩石花园舒缓心情。

食宿

Kupfernams 民宿 €€

（☎6362 6999；www.hotelkupfernams.lv；Kārļa iela 5；标单/双 €39/59；📶）这家迷人的木头房屋位于老城中心，是我们最爱的住宿处。楼上有一系列让人愉悦的客房，其中有倾斜的屋顶，还可通往一间公共休息室。下面有一家咖啡馆和一间理发厅（兼前台）。

Melanis Sivēns 拉脱维亚菜 €€

（☎6362 2396；www.pilskrogs.lv；Jāņa iela 17；主菜 €6~8；⏲周三至周一 正午至22:00）“黑猪”餐厅位于城堡地牢中，名字来源于考古学家发现的一副猪骨架，是文茨皮尔斯氛围最好的餐厅。木桌上烛光闪烁，就餐者们大口品尝着肉食主菜和麦芽酒。肉食主义者会满意这里的肉食。

Skroderkrogs 拉脱维亚菜 €€

（☎6362 7634；Skroderu iela 6；主菜

€6~13；⏲每天 11:00~22:00）如果你想找个舒适的当地餐厅（餐桌是用古老的缝纫机改造的，上面摆着蜡烛和花），好好品尝一下拉脱维亚美食，这里就是为你准备的。

ℹ 实用信息

旅游信息中心（☎6362 2263；www.visitventspils.com；Dārzu iela 6；⏲周一至周六 8:00~18:00，周日 10:00~16:00）位于渡轮码头。

ℹ 到达和离开

文茨皮尔斯有长途汽车往返里加（€7.55，3小时，每小时1班）和库尔迪加（€6，1.25小时，每天6班）。

生存指南

ℹ 出行指南

节日和活动

查看拉脱维亚一年中的节日和活动目录请登录Kultura（www.culture.lv）网站。在仲夏，整个城市会倾巢而出，前往乡村进行传统庆祝活动。

同性恋旅行者

1992年同性恋被除罪化，并且规定了合法性行为最低年龄（16岁）。不过，对同性恋持否定态度的人仍很常见，暴力事件也偶有发生。里加有一些同性恋活动场所，2015年，这里还是前苏联地区第一个举办欧洲同性恋骄傲节的城市。

网络资源

➡ **拉脱维亚旅游**（Latvia Travel；www.latvia.travel）

国家速览

面积 64,589平方公里

首都 里加

国家代码 ☎371

货币 欧元（€）

紧急情况 ☎112

语言 拉脱维亚语

现金 自动柜员机到处都可找到

人口 200万

签证 申根签证适用

住宿价格区间

此处报价的住房除非另有说明均指带有私人浴室的房间。如果是夏季来的话，强烈建议你提前预订。在寒冷的月份，费用会有明显的降低。下列价格指标适用于旺季的双人间：

€ 低于€40

€€ €40~80

€€€ 高于€80

➡ **拉脱维亚研究所**（Latvia Institute；www.latinst.lv）

➡ **黄页目录**（Yellow Pages Directory；www.1188.lv）

节假日

新年 1月1日

耶稣受难日（Good Friday）3月或4月

复活节（Easter Sunday & Monday）3月或4月

劳动节（Labour Day）5月1日

恢复独立日（Restoration of Independence Day）5月4日

母亲节（Mothers' Day）5月的第二个周日

圣灵降临节（Pentecost）5月或6月

仲夏前夜和仲夏（Līgo & Jāņi）6月23日和24日

国庆节（National Day）11月18日（如果是周末，则顺延到周一）

圣诞节假期（Christmas Holiday）12月24日至26日

新年前夜（New Year's Eve）12月31日

电话

拉脱维亚没有区号。所有的电话号码都是8位数字；固定电话号码以☎6开头，手机以☎2开头。

货币

拉脱维亚尚未有银联刷卡和取现服务。

签证

持中国大陆因私护照的旅行者前往拉脱维亚需要办理申根签证。

使领馆

中国驻拉脱维亚大使馆（☎371 6735 7023；lv.chineseembassy.org/chn/；chinaemb_lv@mfa.gov.cn；5 Ganibu Dambis Street，Riga，Lv 1045；⏲周一至周五 9:00~12:00和14:00~17:00）

到达和离开

飞机

有15家欧洲航空公司运营有飞往里加的航班，包括拉脱维亚国有运输公司**波罗的海航空**（airBaltic；☎9000 1100；www.airbaltic.com）。

陆路

在2007年，拉脱维亚签署申根协议，撤销和爱沙尼亚、立陶宛边界上的所有边界控制。但你仍要随时携带你的旅行文件，因为偶尔仍会有边界检查。

长途汽车

Ecolines（☎6721 4512；www.ecolines.net）路线包括里加—派尔努（Parnu）—塔林（€17，4~4.75小时，每天7班）、里加—塔尔图（€7，4小时，每天2班）、里加—维尔纽斯（€17，4小时，每天7班）、里加—维尔纽斯—明斯克（€24，8小时，每天1班）和里加—莫斯科（€60，14小时，每天1班）。

Kautra/欧洲巴士（www.eurolines.lt）运营的路线有里加—维尔纽斯—华沙—柏林—科隆（€116，29小时）。

Lux Express & Simple Express（☎6778 1350；www.luxexpress.eu）路线包括里加—派尔努—塔林（€13起，4.5小时，每天11班）、里加—塔尔图—圣彼得堡（€23起，12小时，每天4班）、里加—维尔纽斯（€11起，4小时，每天10班）和里加—加里宁格勒（€20，8小时，每天1班）。

火车

国际列车每天可从里加前往莫斯科（16小时）、圣彼得堡（15小时）和明斯克（12小时）。没有去往爱沙尼亚的直达车次，需要在瓦尔卡（Valka）转车。

海路

Stena Line（☎6362 2999；www.stenaline.nl）汽车渡轮从德国的特拉沃明德（Travemünde）前往利耶帕亚（Liepāja；26小时）和文茨皮尔斯（Ventspils；26小时），以及从瑞典的尼纳斯港（Nynäshamn）前往文茨皮尔斯（12小时）。

Tallink Silja Line（☎6709 9700；www.tallinksilja.com；乘客/汽车 €32/105起）往返里加和斯德哥尔摩的过夜渡轮（17小时），每隔一天出发。

就餐价格区间

以下价格区间是指一道标准主菜价格。为优良服务付10%的小费是常态。

€ 低于€7

€€ €7~17

€€€ 高于€17

当地交通

公共汽车

- 公共汽车班次一般比火车要多，而且可前往的目的地也更多。
- 查看更新的公共汽车时间表可登录www.1188.lv和www.autoosta.lv。

小汽车和摩托车

- 在拉脱维亚，驾车靠右行驶。
- 行驶时必须一直开着车头灯。
- 当地汽车租赁公司一般允许你在波罗的海三个国家境内驾驶，但不能超出此范围。

火车

- 火车可从里加前往尤尔马拉、锡古尔达和采西斯。
- 在www.1188.lv和www.ldz.lv可以查询时间表。

立陶宛

包括 ➡

最佳餐饮

- Leičiai（见816页）
- Pilies kepyklėlė（见816页）
- Senoji Kibininė（见819页）
- Moksha（见821页）
- Momo Grill（见823页）

最佳住宿

- Hotel Euterpė（见822页）
- Bernardinu B&B（见816页）
- Miško Namas（见823页）
- Litinterp Guesthouse（见822页）
- Jimmy Jumps House（见816页）

为何去

立陶宛面积虽小，但旅游景点众多。热衷于巴洛克建筑风格、古城堡、考古珍品的游客可以在立陶宛首都和周边城市大饱眼福。雕塑公园、互动博物馆能满足那些希望了解立陶宛近代苦难的游客，现代艺术空间和展览足以撩拨那些对现代更感兴趣的游客，城市内和海滩边的通宵酒吧更会让那些懒得动脑筋的游客流连忘返。

远离城市，西海岸质朴沙滩上的巨大沙丘一望无垠，不容错过。十字架山会让人感受到意料之外的惊喜。此外，夏日里这儿的森林和湖泊是自行车手、浆果采摘者以及露营者的天堂。

何时去

维尔纽斯

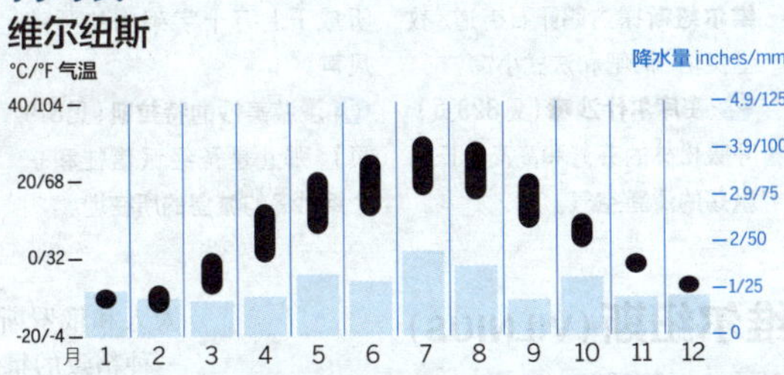

4月 一些世界顶级爵士演奏者将出席考纳斯国际爵士音乐节（Kaunas International Jazz Festival）。

6月和7月 游览库尔什沙嘴（Curonian Spit）森林和沙丘的最美时节。

9月 维尔纽斯首都日（Vilnius Capital Days），在首都有街边戏剧、音乐和时装演出。

立陶宛亮点

❶ 在美丽的巴洛克风格城市**维尔纽斯**探访鹅卵石街道、教堂尖塔、酒吧和法式小馆。

❷ 在**库尔什沙嘴**（见823页）呼吸松林的芬芳和高高沙丘间飘荡的清新空气。

❸ 在**十字架山**（见821页）倾听成千上万十字架间的呼啸风声。

❹ 漫游美妙的**特拉凯**（见819页），那儿是圣经派信徒和一个绝妙岛屿城堡的所在地。

❺ 在**格鲁塔公园**（见819页），了解立陶宛共产党的历史。

❻ 在考纳斯附近的**第九堡垒博物馆**（见820页），回味沉痛的“二战”史。

维尔纽斯（VILNIUS）

☎5 / 人口523,100

立陶宛的首都维尔纽斯并没有得到应有的关注。这个城市里让人惊艳的老城集合了诸多巴洛克式建筑、诱人的巷弄和围绕着静谧庭院而建的五彩缤纷的教堂，让人目不暇接。但是还没说到博物馆：城市里受波兰、犹太人和俄罗斯影响的各国风格遗产，营造出一种精致的氛围，还有成千上万的学生，他们让城市更加活力充沛。推开厚重的木门，你会发现热闹的小酒馆和酒吧、隐蔽的露台和浪漫餐厅。看似破旧的建筑中隐藏的都是设计师的精品店和高端手工艺品商店。

旅行线路

三天

用两天时间参观**维尔纽斯**的巴洛克艺术，第三天到**特拉凯**（Trakai）游览岛屿城堡和圣经派（Karaite）信徒的宅地，顺路可在**帕纳雷**（Paneriai）歇脚。

一周

花四天在**维尔纽斯**，参加前往**特拉凯**和位于德鲁斯基宁凯（Druskininkai）附近的**格鲁塔公园**（Grūtas Park）的一日游。横穿国土去**十字架山**（Hill of Crosses），然后花2~3天去**库尔什沙嘴**感受美丽的自然风光。向东经**克莱佩达**和**考纳斯**返回。

景点

大教堂广场和格迪米纳山 (Cathedral Square & Gediminis Hill)

建有维尔纽斯大教堂（Vilnius Cathedral）及其157米高钟楼（belfry）的**大教堂广场**（Cathedral Square, Katedros aikštė）是城市的中心，也是这里最重要的景点。广场上能看到当地生活的热闹场景，尤其是周日早上的弥撒时间。搜寻一下神秘的stebuklas（奇迹）瓷砖；如果能找到，就站在上面顺时针转圈，据说这样做能实现你的愿望。瓷砖是1989年为反抗苏联统治而结成的650公里长的塔林—维尔纽斯人链的结束标志。从广场后拔地而起的是48米高的**格迪米纳山**。修复后的**格迪米纳城堡**（Gediminas Castle）标记着13世纪城市建立的原点。登上山顶（或者乘坐便利**缆车**），眺望到的老城景色让人印象深刻。

维尔纽斯大教堂　教堂

（Vilnius Cathedral, Vilniaus Arkikatedra; ☎5-261 0731; www.katedra.lt; Katedros aikštė 2; ⌚7:00~19:30，弥撒 周日 8:00、9:00、10:00、11:15、12:30、17:30和18:30）这座教堂是国家标志，所在地址原本用来祭祀立陶宛雷神Perkūnas，后来苏联人将这座大教堂改造为美术馆。最初的木质教堂建于1387~1388年。位于后部的**圣卡西米尔礼拜堂**（St Casimir's Chapel）是一个亮点。其中有一座巴洛克式的圆顶塔，装饰有彩色大理石和描绘圣卡西米尔（St Casimir，立陶宛守护神）生活的壁画。

★立陶宛大公官邸　博物馆

（Palace ofthe Grand Dukes of Lithuania; Valdovų rumai; ☎5-212 7476; www.valdovurumai.lt; Katedros aikštė 4; 成人/学生 €3/1.50，导览游 €20; ⌚周二至周五 11:00~18:00，周六和周日 11:00~16:00）这座宫殿曾经是立陶宛大公王位所在地，现已经过精心修复，是了解立陶宛历史的必到之处。游客参观可从一楼开始，在那里还能看到16世纪和17世纪，甚至更早时候的老宫殿遗迹，之后可以向上了解各个时代的历史。宫殿可谓当时现代风格的奇迹，拥有一座巨大的庭院，社交日历上排满各种活动，包括蒙面舞会、宴会和竞赛。18世纪末这里被俄国人占领后，宫殿被拆毁，只剩一座遗址。在历经十年、耗资巨大的修复之后，这里于2013年重新开放。

立陶宛国家博物馆　博物馆

（National Museum of Lithuania, Lietuvos Nacionalinis Muziejus; ☎5-262 7774; www.lnm.lt; Arsenalogatvė 1; 成人/儿童 €2/1; ⌚周二至周六 10:00~18:00）立陶宛国家博物馆门前有一座**明道加斯**（Mindaugas; Arsenalo gatvė 1）——立陶宛第一位也是唯一一位国王——的荣耀雕像。馆中呈现从13世纪直至第二次世界大战期间的历史。值得一提的是该国最古老的钱币，可追溯到14世纪，以及一些民间艺术品和

维尔纽斯城市卡

如果你计划短时间内饱览尽可能多的景点，就办一张**维尔纽斯城市卡**（Vilnius City Card; ☎5-250 5895; www.vilnius-tourism.lt; 24小时/72小时 €18/30），可以免费或以折扣价参观众多景区，乘坐免费交通工具。

Central Vilnius 维尔纽斯市中心

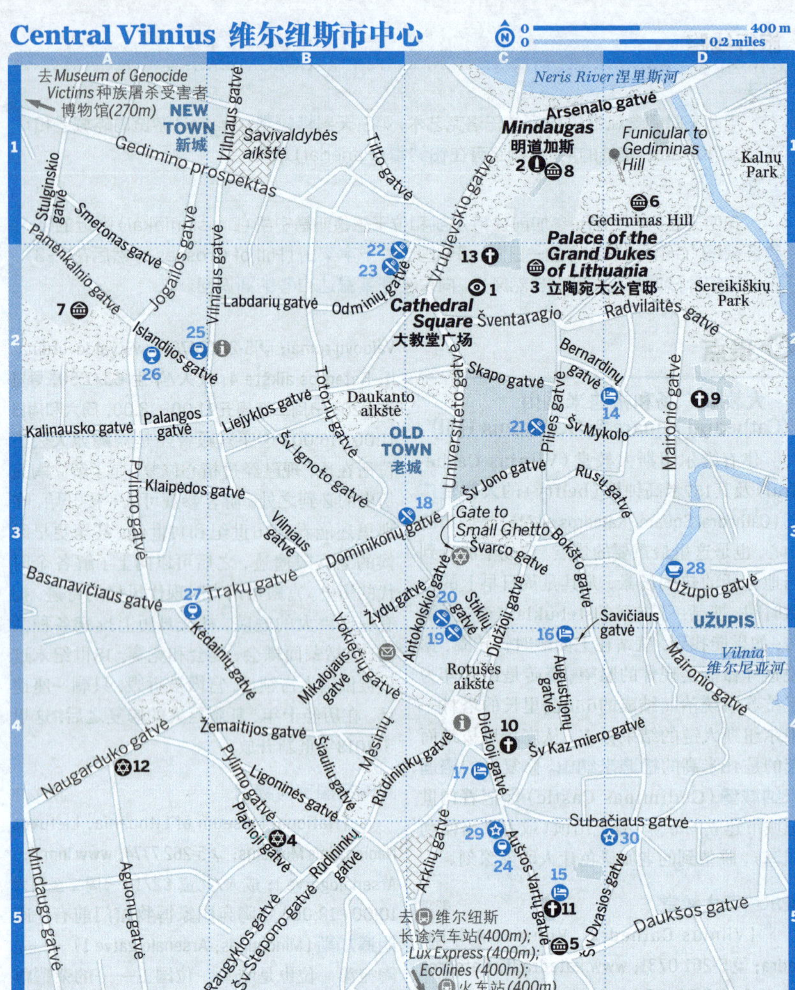

手工艺品。

格迪米纳城堡和博物馆 博物馆

（Gediminas Castle & Museum, Gedimino Pilis ir Muziejus; ☎5-261 7453; www.lnm.lt; Gediminas Hill, Arsenalo gatvė 5; 成人/儿童 €2/1; ⏲5月至9月 10:00~19:00, 10月至次年4月 周二至周日 10:00~17:00）维尔纽斯立基于48米高的格迪米纳山，其顶端是自13世纪起便时常重修的城堡塔楼。想从塔顶鸟瞰壮观的老城风光，可沿着螺旋形楼梯登上塔顶，其中还设有上城堡博物馆（Upper Castle Museum）。展览包括14世纪和18世纪城堡的微缩模型，以及一些中世纪的武器。

老城 (Old Town)

圣安妮教堂 教堂

（St Anne's Church, Šv Onos Bažnyčia; ☎8-698 17731; www.onosbaznycia.lt; Maironiogatvė 8-1; ⏲弥撒 周一至周六 18:00，周日 9:00和11:00）这座小型教堂[位于规模更大的西妥教团教堂（Bernardine's Church）之前]建于15世纪末，可称得上是维尔纽斯最漂亮的教

Central Vilnius 维尔纽斯市中心

堂。它是哥特式建筑的一座优雅范本，连续弧线和精致的尖塔由33种不同形式的红砖造成。因为太过精美，据说就连拿破仑都想把它搬回巴黎。

圣卡西米尔教堂 教堂

（St Casimir's Church, Šv Kazimiero Bažnyčia; ☎5-212 1715; www.kazimiero.lt; Didžioji gatvė 34; ⊙7:00~19:00）引人入胜的圣卡西米尔教堂是维尔纽斯最古老的巴洛克式教堂建筑杰作。教堂由耶稣会会士于1604~1615年建造，其穹顶和十字形平面结构为当时的教堂建筑引入了一种新风格。几百年来，教堂被毁坏和重建过多次，最近刚完成新一轮的修复。

圣特蕾莎教堂 教堂

（St Teresa's Church, Šv Teresės Bažnyčia; ☎5-212 3513; www.ausrosvartai.lt; Aušros Vartųgatvė 14; ⊙7:00~19:00）这座大教堂是一座完完全全的巴洛克风格建筑：外部是早期巴洛克风格，内部装饰是后期巴洛克式风格。其入口之下是一间逝者室，其中有一些巴洛克式坟墓，不过一直都被锁着。

黎明之门 历史建筑

（Gates of Dawn, Aušros Vartai; ☎5-212 3513; www.ausrosvartai.lt; Aušros Vartų 12; ⊙小礼拜堂 6:00~19:00，弥撒 周一至周六9:00、10:00、17:30和18:30，周日 9:30）**免费** 在老城的南部边界上，还站立着曾经为城墙所建造的10座城门。这座16世纪的城门不大当得起"黎明之门"这样让人屏气凝神的名号，不过往里面看一眼圣母玛利亚礼拜堂（Chapel of the Blessed Mary）和古老的圣母画像，据说能实现奇迹。

新城和市中心外围 (New Town & Outside Centre)

★种族屠杀受害者博物馆 博物馆

（Museum of Genocide Victims, Genocido Aukų Muziejus; ☎5-249 8156; www.genocid.lt/muziejus; Aukų gatvė 2a; 成人/儿童 €2/1; ⊙周三至周六 10:00~18:00，周日 至17:00）这座博物馆位于从前的苏联克格勃（Soviet KGB）总部，是为了纪念从第二次世界大战直至20世纪60年代，被苏联谋杀、囚禁和流放的成千上万立陶宛受害者。建筑之外有一座纪念受害者的纪念碑。馆内记录了苏联占领期间的残酷历史，包括一些被流放到西伯利亚的立陶宛人记录的扣人心弦的个人故事。

电视塔 塔楼

（TV Tower, Televizijos Bokštas; ☎5-252

5333；www.telecentras.lt；Sausio 13-osios gatvė 10；成人/儿童 €6/3；⌚观景台 11:00~22:00；🚌1、3、7、16）在城市西部的天际线上，很难错过这座326米高的电视塔。这座高耸的针尖状的建筑是立陶宛人顽强精神的象征；1991年1月13日，苏联特种兵在这里杀害了约14人。立陶宛电视台一直坚持播报，直至军队冲进电视塔的大门。登上观景台（190米），维尔纽斯风景尽数铺展在你眼前。

住宿

★Jimmy Jumps House 青年旅舍 €

（☎8-607 88435，5-231 3847；www.jimmyjumpshouse.com；Savičiaus gatvė 12-1；铺 €11~12，房间 €30起；⊖@📶）这座位于市中心的旅舍打扫得很干净，经营良好，很受背包客欢迎。4~12床的宿舍中采用的是朴素的松木床铺，额外提供的免费徒步团队游、主题酒馆游和免费早餐很超值。如果通过电邮直接预订会有折扣。不接受信用卡。

★Bernardinu B&B 客栈 €€

（☎5-261 5134；www.bernardinuhouse.com；Bernardinų gatvė 5；标单/双 €54/60起；P❄📶）这座由家庭经营的迷人客栈位于老城最美丽的一条小巷中。其历史可追溯到18世纪，但现已经过修复，店主尽力保留下古老的木头地板和天花板等原有元素。早餐价格为€5，9:00可为你送到房里。

★Domus Maria 客栈 €€

（☎5-264 4880；www.domusmaria.lt；Aušros Vartųgatvė 12；标单/双 €60/80；P⊖@📶）维尔纽斯总教区的这家客栈位于一座17世纪的前修道院中，非常迷人。住宿处是修士的房间，但已进行彻底的时尚改造。207和307两个房间能看到黎明之门，一般早早就被订走。早餐是在拱顶食堂提供。

Radisson Blu Royal Astorija 酒店 €€€

（☎5-212 0110；www.radissonblu.com；Didžioji gatvė 35/2；标单/双/套 €180/210/360；P⊖@📶🏊）这家优秀的豪华或商务酒店是一个高端品牌的连锁分店，不过建筑历史可追溯到20世纪初，非常有特色。位于市中心，能看到圣卡西米尔教堂，除此之外，冬季提供的早午餐也很受欢迎。现代便利设施包括压裤器和保险箱，都是标准配备。高等客房在2014年进行过一次彻底改造。

就餐

★Pilies kepyklėlė 法式薄饼 €

（☎5-260 8992；Pilies gatvė 19；主菜 €3~6；⌚9:00~23:00）这家薄饼面包房在维尔纽斯最繁忙的旅游商业街上显得非常突出，其风格将旧世界的迷人与清新、欢快的氛围融合在一起。9:00供应的煎蛋卷不可错过，还有开胃煎饼，以菠菜或火腿做馅，浇有酸奶油。

★Leičiai 立陶宛菜 €€

（☎5-260 9087；www.bambalyne.lt；Stiklių gatvė 4；主菜 €4~8；⌚11:00至午夜；📶）这家朴实的啤酒馆和餐厅很受欢迎，提供的都是简单但丰盛的立陶宛菜——想一想土豆煎饼和cepelinai（包肉馅的土豆饺子），价格所有人都能接受，啤酒也很出色。天气暖和时，后面还有一座大露台可供休息。

Cozy 各国风味 €€

（☎5-261 1137；www.cozy.lt；Dominikonų gatvė 10；主菜 €5~8；⌚周一至周三 9:00至次日2:00，周四和周五 至次日4:00，周六 10:00至次日4:00，周日 至次日2:00；📶）这里藐视一切简单的定义：它是一家酒吧、咖啡馆还是餐厅？食物包括几种含鸭肉或火鸡肉的创意沙拉，标准主食则有猪肉和鸡肉（不过一般是亚洲风），光是这些就值得来一趟。到了晚上这里还会变成一个热门的酒吧，很受附近维尔纽斯大学的学生们的欢迎。

Sue's Indian Raja 印度菜 €€

（☎5-266 1887；www.suesindianraja.lt；Odminių gatvė 3；主菜 €6~10；✍）把印度餐厅列为维尔纽斯首选是有些奇怪，不过这里的食物实在是出色又地道。吃够了美味的当地食物，如土豆煎饼和cepelinai之后，来这里点些香辣扁豆、咖喱和咖喱肉刺激一下口味。三道菜的"商务午餐"在平日供应，很便宜，只要€7.50。

Zoe's Bar & Grill 各国风味 €€

（☎5-212 3331；www.zoesbargrill.com；

Odminių gatvė 3；主菜 €3~8）这家餐厅囊括许多基本美食，而且都做得很好，例如自制肉丸和香肠、嫩煎牛排、香辣泰式炒菜和汤。外面的餐位能看到大教堂，也可在室内用餐，上一堂即兴的烹饪课。

★ **Lokys** 立陶宛菜 €€€

（☎5-262 9046；www.lokys.lt；Stiklių gatvė 8；主菜 €8.50~18）靠着外面摆放的巨大的木头熊就能找到这家地窖迷宫餐厅，它从1972年开始生意就很红火。主打本国经典菜式，例如，炖河狸肉配梅子、鹌鹑配黑莓酱，都令人对其烹饪方法充满好奇。夏季夜晚会有民谣歌手演出。

饮品和夜生活

Užupio kavinė 咖啡馆

（☎5-212 2138；www.uzupiokavine.lt；Užupio gatvė 2；⏲10:00~23:00；📶）这座河畔的咖啡馆位于波希米亚风情的Užupis街区，是喝咖啡、啤酒和葡萄酒休闲的完美选择。暖和的夏夜要提前预订，因为经常客满。内部装饰舒适，在冬季也让人欣喜。偶尔夜里会有即兴的现场娱乐活动。

InVino 葡萄酒吧

（☎5-212 1210；www.invino.lt；Aušros Vartųgatvė 7；⏲周日至周四 16:00至次日2:00，周五和周六 至次日4:00）这是老城中心区的一座很受欢迎的酒吧，很适合女孩之夜（或单身汉之夜），如果你单身且有兴致，这里可以碰到一些友善的当地人。夏季可以坐在后门外的庭院里（早点儿来，因为位置很快就一抢而空）。虽然名字是关于葡萄酒的，但其实也提供啤酒和鸡尾酒。

Jackie 酒吧

（Vilniaus gatvė 31；⏲周日至周三 18:00至次日2:00，周四 至次日3:00，周五和周六 至次日5:00）这家热闹的威士忌酒吧，供应美国产威士忌和波本威士忌，几乎每晚都人满为患。若要体验疯狂的夜晚应提早前往，若想观看DJ现场音乐会则可在周末深夜前去。

Pabo Latino 夜店

（☎5-262 1045；www.pabolatino.lt；Trakų gatvė 3/2；门票 €5~8；⏲周四至周六 20:00至次日3:00）这家红色的夜店主打甜美的拉丁音乐、烈性鸡尾酒。穿上舞鞋，打起精神，准备狂欢吧。

Opium 夜店

（☎8-691 41205；www.opiumclub.lt；Islandijos gatvė 4；门票 €3~5；⏲周五 22:00至次日6:00，周六 23:00至次日5:00）这家紧凑的场地是全市最棒的DJ聚集地，是专为夜店会员们准备的。一旦来过一次，你很有可能从此上瘾。

维尔纽斯的犹太文化

经过几个世纪的发展，维尔纽斯已成为欧洲最大的犹太文化和学者中心之一，但在第二次世界大战期间，整个社群被纳粹占领军彻底扫平。犹太老街区位于Didžioji gatvė街西面，包括今天的Žydų gatvė（Jews St）以及Gaono gatvė，后者是以维尔纽斯最著名的犹太人高恩·伊利雅胡·本·谢勒莫·沙曼（Gaon Elijahu ben Shlomo Zalman，1720~1797年）命名的。**宽容中心**（Tolerance Centre；☎5-262 9666；www.jmuseum.lt；Naugarduko gatvė 10/2；成人/儿童 €2.40/1.20；⏲周一至周五 10:00~18:00；周日 10:00~16:00）前身是一座壮观的犹太教剧院，后经修复成为现在的宽容中心，陈列有Shoah（"二战"大屠杀）前发人深省的犹太历史文化展品，不定期举办艺术展。**大屠杀纪念馆**（Holocaust Museum；Holokausto Muziejus；☎5-262 0730；www.jmuseum.lt；Paměnkalnio gatvė 12；成人/儿童 €2.40/1.20；⏲周一至周四 9:00~17:00，周五 9:00~16:00，周日 10:00~16:00）即所谓的绿屋（Green House），展出当地大屠杀幸存者未曾出版的关于大屠杀的恐怖照片和信件，真实再现立陶宛犹太人的悲惨遭遇。维尔纽斯仅存的唯一一座犹太教堂**犹太合唱教堂**（Choral Synagogue；Choralinė Sinagoga；☎5-261 2523；Pylimo gatvė 39；欢迎捐款；⏲周日至周五 10:00~14:00）免费 带有摩尔风格，建于1903年，因为当时被纳粹用作医药库而幸免于难。

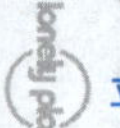

☆娱乐

立陶宛国家爱乐乐团 古典音乐

（Lithuanian National Philharmonic; Lietuvos Nacionalinė Filharmonija; ☎5-266 5233; www.filharmonija.lt; Aušros Vartų gatvė 5; ⏰售票处 周二至周六 10:00~19:00，周日 至正午）这里是立陶宛国内最重要的古典音乐演出场所，也举办流行音乐节和其他演出活动。

Tamsta 摇滚、爵士

（☎5-212 4498; www.tamstaclub.lt; Subačiaus gatvė 11a; 门票 €3~5; ⏰9月至次年4月 周三和周四 19:00至午夜，周五和周六 至次日2:00）有当地音乐家现场演出——包括摇滚、爵士。有时候会很挤，长吧台上多数夜晚都人满为患。注意酒吧夏季歇业（6月至8月）。

ℹ实用信息

波罗的海—美国医药及外科诊所（Baltic-American Medical & Surgical Clinic; ☎8-698 52655, 5-234 2020; www.bak.lt; Nemenčinės gatvė 54a; ⏰24小时）一家英语医护中心，位于维尔纽斯大学Antakalnis医院。

药房（Gedimino Vaistinė; ☎5-261 0135; www.univesitetovaistine.eu; Gedimino prospektas 27; ⏰周一至周五 7:30~20:00，周六 10:00~17:00，周日 至16:00）

维尔纽斯旅游信息中心—老城（☎5-262 9660; www.vilnius-tourism.lt; Vilniaus gatvė 22; ⏰9:00~18:00; 📶）城市旅游信息中心总部，有实用地图和宣传册，员工很友善，乐意帮你解决交通、住宿和观光问题。

维尔纽斯旅游信息中心—市政厅（☎5-262 6470; www.vilnius-tourism.lt; Didžioji gatvė 31; ⏰9:00~12:30和13:15~18:00; 📶）官方旅游局的一个便利办事处，有各种宣传册和概览信息。也可安排团队游，预订住宿（要收取酒店预订费），提供自行车租赁服务。

ℹ到达和离开

长途汽车

长途汽车站（Autobusų Stotis; ☎信息 1661; www.autobusustotis.lt; Sodų gatvė 22）有国内和国际客车服务，位于老城以南1公里处，在火车站对面。主要国际汽车运营商包括**Ecolines**（☎信息 5-213 3300; www.ecolines.net; Geležinkelio gatvė 15; ⏰周一至周五 8:00~19:00，周六 9:00~17:00，周日 9:00~15:00）、Lux Express（见825页）或**欧洲巴士**（www.eurolines.lt）的附属公司。

国内目的地包括考纳斯（€6，1.5小时，每小时1班）、克莱佩达（€20，4~5小时，每天15班）和希奥利艾（Siauliai，€15，3.25~5小时，每天超过10班）。

国外目的地包括柏林（€32，15小时，每天1班）、里加（€20，4小时，每天最多7班）、塔林（€36，9小时，每天4班）和华沙（€16，8小时，每天2班）。

火车

火车站（Geležinkelio Stotis; ☎信息 5-233 0088; www.litrail.lt; Geležinkelio gatvė 16）有列车可前往许多国外目的地，包括华沙、明斯克和莫斯科，不过多数火车都要经过白俄罗斯，需要中转签证。

国内目的地包括考纳斯（€6，1~1.75小时，每天最多17班）、克莱佩达（€15，4.75小时，每天3班）和特拉凯（Trakai，€1.60，35~45分钟，每天最多10班）。

国际目的地包括莫斯科（€90起，15小时，每天3班）、明斯克（€10起，3~4小时，每天最多7班）和华沙（€25起，15小时，每天1班）。

ℹ当地交通

抵离机场

1路公共汽车往返于市中心以南5公里的**维尔纽斯国际机场**（见825页）和火车站之间。火车站有班车服务，往返时间为5:44~21:07，每天17班（约€0.75）。乘出租车从机场到市中心，车费约€15。

自行车

Velo-City（☎8-674 12123; www.velovinius.lt; AušrosVartų 7; 每小时/天 €3/12⏰4月至9月 9:00~21:00）出租自行车，每天还安排自行车环城游。淡季会搬到Kauna gatvė 5（周二至周六 14:00~18:00）。

公共交通

Vilnius Transport（☎5-210 7050; www.vilniustransport.lt）维尔纽斯公共交通公司的公共汽车和无轨电车每天5:00~23:00运营。可登录网站查看时刻表（很复杂）。单次乘坐可从司机手中

值得一游

格鲁塔公园

格鲁塔公园(Grūtas Park, Grūto Parkas; ☎313-55 511; www.grutoparkas.lt; Grūtas; 成人/儿童 €6/3; ⊙夏季 9:00~22:00, 其他季节 至17:00; 🚻)位于维尔纽斯以南125公里处，靠近温泉之城德鲁斯基宁凯(Druskininkai)，自2001年开放以来接待了大量游客。这座巨大的公园既富娱乐性，又具有教育意义。公园仿照西伯利亚集中营而建，园内有马克思主义代表人物和立陶宛社会主义活动家的雕像，以及各种各样与社会主义者有关的事物，还有反映苏联历史(以立陶宛的受压迫史为主)的展品，扩音器里播放着苏联国歌。

这样的雕塑原来遍布于全国的公园和广场，现在只有这些被保存了下来。

每天有数班公共汽车往返于德鲁斯基宁凯和维尔纽斯之间(€10, 2小时)，每小时有1班公共汽车往返考纳斯(€9, 2.25小时)。告诉司机你要在格鲁塔村下车，之后步行1公里即达。返回时需在主路上乘车。

买票，价格为€1。长期停留，可从报亭购买电子卡Vilniečio Kortelė(维尔纽斯卡)，价格€1.20。持此卡，30分钟行程约€0.60。

出租车

Vilnius Veža(☎5-233 3337, 1450; www.vilniusveza.lt)值得信赖的出租车运营商。价格每公里约€0.72。

帕纳雷(Paneriai)

第二次世界大战期间，纳粹德国在立陶宛帮凶的帮助下在这里屠杀了10万人，其中约有7万犹太人。屠杀现场就在位于维尔纽斯市中心西南8公里处的森林里。

入口的小路一直通往帕纳雷博物馆(Paneriai Museum; ☎团队游 662-89 575; www.jmuseum.lt; Agrastų gatvė 17; ⊙5月至9月 周六至周四 9:00~17:00, 10月至次年4月 预约) 免费 ，这里展出死难者生前的照片和私人物品，以及当时纳粹焚烧尸体的地方，如今那里已绿草萋萋。

每天都有火车从维尔纽斯到帕纳雷车站，每小时1班(€0.60; 8~11分钟)，再沿Agrastų gatvė街向西南方向走大约1公里即到。

特拉凯(Trakai)

☎528 / 人口4930

童话般的红砖城堡、圣经教派(Karaite)的文化、精巧的木屋和美丽的湖畔风光，我们强烈推荐特拉凯一日游，而且从首都来此还非常方便。

圣经派信徒以单词“kara”——希伯来语和阿拉伯语意为“学习经文”——命名。该教派成立于巴格达，主张严格遵守《摩西五经》(*Torah*)，反对希伯来语的《犹太法典》(*Talmud*)。大约在1400年，立陶宛大公维陶塔斯(Vytautas)将380个左右圣经教派家庭从克里米亚半岛迁到特拉凯，做他的卫士。如今，特拉凯的圣经教派家庭已不多，且数量还在迅速减少。

特拉凯最负盛名的景点是童话般的特拉凯城堡(Trakai Castle)，位于Galvė湖的一座小岛上。岛屿城堡和河岸间隔着一座人行桥。这座红砖结构的哥特式建筑建于14世纪末，现已煞费苦心地根据原有设计重建。城堡内的特拉凯历史博物馆(Trakai History Museum, Trakų Istorijos Muziejus; ☎528-53 946; www.trakaimuziejus.lt; 特拉凯城堡; 成人/老人/学生和儿童 €5.40/3.60/2/40, 拍照 €1.20; ⊙5月至9月 10:00~19:00, 3月、4月和10月 至18:00, 11月至次年2月 至17:00)展示了城堡的历史，拥有馆藏硬币、武器、陶瓷等大量展品，还有互动展区。

你可以去**Senoji Kibininė**(☎528-55 865; www.kibinas.lt; Karaimų gatvė 65; kibinai 每个 €2~3, 主菜 €6~9; ⊙10:00至午夜)或**Kybynlar**(☎8-698 06320; www.kybynlar.lt; Karaimų gatvė 29; 主菜 €6~9; ⊙正午至21:00; 🚭)品尝kibinai(特拉凯肉饼，类似肉馅卷饼或康瓦尔郡菜肉烘饼)。

每天至少有10班列车(€1.60, 35~45分钟）往返特拉凯和维尔纽斯之间。长途汽车班次也很多（€1.80，40分钟，每小时2班）。从汽车站或火车站出发，徒步15分钟就能看到湖泊和城堡。

考纳斯（Kaunas）

☎37 / 人口 304,000

立陶宛的第二大城市有一个紧凑的老城，拥有大量博物馆，朝气蓬勃的莘莘学子为这座城市注入了年轻的活力。最佳游览时间是4月末，可以参加**考纳斯爵士音乐节**（Kaunas Jazz Festival；www.kaunasjazz.lt），届时当地以及国际艺术家将会在城内各个场地演出。

景点

老城（Old Town）

考纳斯可爱的老城中心**Rotušės Aikštė**，是一个四周环绕着15~16世纪德国商人住宅的广场，这里从前是城市的市政厅，现在已成为“婚礼殿堂”（Palace of Weddings）。

圣弗朗西斯泽维尔教堂和修道院 教堂

（St Francis Xavier Church & Monastery；☎8-614 49310；Rotušės aikštė 7-9；塔楼 €1.50；⊙塔楼 周六 正午至16:30，周日 14:00~16:00）位于主广场Rotušės Aikštė南端的是这座拥有双塔的圣弗朗西斯泽维尔教堂、大学和耶稣会修道院建筑群，其历史可追溯至1666~1720年。进去游览一番，登上塔楼可鸟瞰考纳斯全城。

> **值得一游**
>
> **考纳斯历史上黑暗的一节**
>
> **第九堡垒博物馆**（Museum of the Ninth Fort，IX Forto Muziejus；☎37-377 748；www.9fortomuziejus.lt；Žemaičių plentas 73；成人/儿童 €2.40/1.50，墓地向导 €6；⊙4月至10月 周三至周一 10:00~18:00，11月至次年3月 至16:00）位于考纳斯以北7公里处，由第一次世界大战期间的一座旧堡垒和一座像地堡的教堂组成。展示被苏联流放的立陶宛人的故事以及追溯考纳斯犹太人社区被屠杀的摄像展品。
>
> 乘23路公共汽车从Jonavos gatvė至第九堡垒博物馆（9-ojo Forto Muziejus）站下车，通过地下步行街即达。

圣彼得和圣保罗大教堂 教堂

（St Peter & Paul Cathedral，Šventų Apaštalų Petro ir PoviloArkekatedra Bazilika；☎37-324 093；Vilniaus gatvė1；⊙周一至周六 7:00~19:00，周日 8:00~19:00）重建后呈现出更多巴洛克风格，尤其是内部，但教堂的窗户仍保持15世纪早期的哥特式风格。教堂可能是维陶塔斯（Vytautas）于1410年左右所建，现在有九座祭坛。这里只有一座塔楼，南墙外是**迈罗尼斯墓**（tomb of Maironis）。

新城（New Town）

1.7公里长的步行街Laisvės alėja如今遍布酒吧、商店和餐馆。步行街从老城向东延伸至新城，终点是白色的新古典主义风格**圣米歇尔天使教堂**（St Michael the Archangel Church）。

★**丘尔里奥尼斯国家美术馆** 美术馆

（MK Čiurlionis National Art Museum，MK Čiurlionio Valstybinis Dailės Muziejus；☎37-229 475；www.ciurlionis.lt；Putvinskio gatvė 55；成人/儿童 €1.80/0.90；⊙周二至周日 11:00~17:00）丘尔里奥尼斯国家美术馆是考纳斯最好的博物馆。馆内收藏了立陶宛最伟大艺术家和作曲家之一米卡洛修斯·康斯坦迪纳斯·丘尔里奥尼斯（Mikalojus Konstantinas Čiurlionis；1875~1911年）的大量作品，其余还有立陶宛民间艺术和16~20世纪的欧洲应用艺术作品。

★**恶魔博物馆** 博物馆

（Museum of Devils，Velnių Muziejus；☎37-221 587；www.ciurlionis.lt；Putvinskio gatvė 64；成人/儿童 €1.80/0.90；⊙周二至周日 11:00~17:00；👪）用恶魔来描述这座博物馆中收藏的2000多件邪恶雕塑最为贴切不过，这些作品都是风景画艺术家Antanas Žmuidzinavičius（1876~1966年）多年来的珍藏。虽然当代加注的标签总试图加入一些伪知识分子式的色彩，想要将这些恶魔同立陶宛民俗学联系起来，但博物馆的乐趣全在于那些令人毛骨悚

值得一游

十字架山

立陶宛最令人震撼的景观之一便是传奇的十字架山（Hill of Crosses, Kryžių kalnas; ☎41-370 860; Jurgaičiai），成千上万的十字架布满驼峰似的小山丘，晚风吹过，满山的十字架就会发出叮当的声响。

这些被树立在此的十字架至少可追溯到19世纪，甚至更久之前。它们曾被苏联军队推倒，但每到晚上，人们会冒着失去生命和自由的危险，绕过苏联士兵、匍匐穿过铁丝网的封锁立起更多的十字架，以表达对国家的热爱。

有些十字架是用于祈祷的，有些是用于纪念的（特别是纪念那些被流放到西伯利亚的人们），还有一些则是精美的民间艺术雕刻品。

十字架山位于A12公路沿线，距中心城市希奥利艾（Šiauliai）以北12公里，在Jurgaičiai村附近。从公路下来后，再沿一条标识清晰的岔路（路标显示“Kryžių kalnas 2”）向东走2公里即达。从希奥利艾你可以乘坐前往Joniškis的公共汽车（€1.20，10分钟，每天最多7班）到“Domantai”站下车，然后步行15分钟，或坐出租车（约€18）前往。

要去往希奥利艾，可在维尔纽斯、考纳斯和克莱佩达乘坐长途汽车。关于食宿可以咨询希奥利艾旅游信息中心（Tourism Information Centre; ☎41-523110; www.siauliai.lt/tic; Vilniaus gatvė 213; ⌚周一至周五 9:00~13:00和14:00~16:00，周六 10:00~16:00）。

然的面具和故事。很适合孩子们参观。

住宿

Apple Economy Hotel 酒店 €

（☎37-321 404; www.applehotel.lt; Valančiaus gatvė 19; 标单/双 €36/45; P⊖@令）这间简洁风格的酒店位于老城边缘一座僻静的庭院里，是一个值得推荐的选择。客房很小，但都令人愉悦，而且装饰的色彩都很明亮。我们住的这间是在立陶宛调研期间所住过最舒适的。有些房间需要共用浴室，其余都是独立的。

Litinterp 客栈 €

（☎37-228 718; www.litinterp.lt; Gedimino gatvė 28-7; 标单/双/标三 €30/45/54; ⌚办公室周一至周五 8:30~19:00，周六 9:00~15:00; P⊖@令）这个在维尔纽斯、克莱佩达和考纳斯都有分店的品牌主打高质量客栈。没有太多特色，但是房间都很便宜、干净而且实用。员工极其热情，了解的信息也很多。如果要在办公时间之外前来，请提前致电或发送电邮。

Park Inn by Radisson 酒店 €€

（☎37-306 100; www.parkinn.com/hotel-kaunas; Donelaičio gatvė 27; 标单/双 €80/100起; P⊖@令）这家时髦的商务酒店占据着新城一座修复过的八层建筑。服务熟练且专业，房间都是标准商务级别，附加的措施包括可加热的浴室地板、免费的茶水和咖啡。其中设有餐厅、酒吧和一间巨大的会议中心。

就餐

★**Moksha** 印度菜、泰国菜 €€

（☎8-676 71649; www.moksha.lt; Vasario 16-osios gatvė 6; 主菜 €5~8; ⌚11:00~22:00; ✎）这家小餐馆采用的是刷白的砖墙，到处都装点着鲜花，用异国情调吸引顾客。供应每日特色菜如咖喱羊肉或脆香鸭柿子沙拉，还有素食如扁豆汤。最重要的是服务极其友好，这在这些地区很罕见。

Bernelių Užeiga—老城 立陶宛菜 €€

（☎37-200 913; www.berneliuuzeiga.lt; Valančiaus gatvė 9; 主菜 €5~8; ⌚11:00~22:00; ✎）如果你想要身着传统服饰的美丽少女为你提供立陶宛乡村菜肴，那么这家位于市中心的木屋乡村旅馆和餐厅就是为你准备的。在Donelaičio另有一家分店（www.berneliuuzeiga.lt; Donelaičio gatvė 11; 主菜 €5~8; ✎）。

饮品和夜生活

Kavinė Kultūra 咖啡馆

（☎8-676 25546; www.facebook.com/

kavine.kultura; Donelaičio gatvė 14-16; ⌚周日至周四 正午至22:00，周五和周六 正午至次日2:00; 📶）虽然自称是咖啡馆，但这家另类的约会场所却具备从酒馆、鸡尾酒吧到舒适咖啡馆的所有功能。顾客多是学生和沉思者，它能为所有想要逃离时髦、商业化酒店的人带来一抹清新空气。有出色的酒吧食物、沙拉和鸡翅。

Whiskey Bar W1640 酒吧

（☎37-203 984; www.viskiobaras.lt; Kurpių gatvė 29; ⌚周二至周四 17:00至次日1:00，周五和周六 17:00至次日5:00; 📶）这家酒吧隐藏在一条破旧的小街中，真的物超所值。威士忌的种类多到令人难以置信（确切说有150种）——绝大多数是苏格兰威士忌，不过也有罕见的日本品牌——而且酒吧服务人员是全市最友好的。对威士忌不感兴趣的话，可以尝尝英式啤酒。

实用信息

旅游局办事处（☎37-323 436; www.visit.kaunas.lt; Laisvėsalėja 36; ⌚6月至8月 周一至周五 9:00~18:00，周六和周日 10:00~15:00）提供食宿预订，出售地图和城市指南，并出租自行车，5月中旬至9月还组织老城游。

到达和离开

考纳斯长途汽车站和火车站相隔不远，都在市中心以南约2公里处。长途汽车站有许多车次可前往克莱佩达（€12，3小时，每天最多16班）和维尔纽斯（€6，1.75小时，每小时最多3班）。火车站每天有几班车次发往维尔纽斯（€5.40，1.25~1.75小时，每天最多17班）。

克莱佩达（Klaipėda）

☎46 / 人口160,400

克莱佩达是立陶宛的主要海港城市，主要以作为通往库尔什沙嘴（Curonian Spit）的门户而闻名，不过这里也有一段迷人的历史，过去曾一直是东普鲁士的城市梅梅尔（Memel），直至20世纪20年代才并入现代立陶宛。城市最早于1252年由条顿骑士团（Teutonic Order）所建，他们建造了这里的第一座城堡，随后的几个世纪直至现代，这里一直是一座重要的贸易口岸。"二战"期间，克莱佩达被纳粹德国重新占领，并被建设成为德国的一个潜水艇基地。虽然战争期间遭到大量轰炸，但城市仍保留下独特的普鲁士氛围，尤其是历史悠久的老城安静的背街小巷中。

景点

克莱佩达城堡博物馆 博物馆

（Klaipėda Castle Museum, Klaipėda Pilies Muziejus; ☎46-410 527; www.mlimuziejus.lt; Pilies gatvė 4; 成人/儿童 €1.80/0.90; ⌚周二至周六 10:00~18:00）这座小博物馆位于克莱佩达那座拥有壕沟防护的老城堡中，其历史可追溯到13世纪。馆中呈现了城堡几百年来直至19世纪的历史，那时这里大多数建筑都被推倒了。你会发现许多迷人的"二战"期间以及战后年代的照片，在那段岁月里，城市在苏联规划者的领导下进行了重建。

小立陶宛历史博物馆 博物馆

（History Museum of Lithuania Minor, Mažosios Lietuvos Istorijos Muziejus; ☎46-410 524; www.mlimuziejus.lt; Didžioji Vandens gatvė 6; 成人/儿童 €1.50/0.75; ⌚周二至周六 10:00~18:00）这座小型博物馆追溯了"小立陶宛"（Kleinlitauen）的历史，因为立陶宛海滨地区的大部分在几个世纪中一直是东普鲁士的一部分。博物馆中有一些德国遗产的迷人片段，例如普鲁士地图、劳动密集型纺织机和传统民俗艺术等。

住宿

★ Litinterp Guesthouse 民宿 €

（☎46-410 644; www.litinterp.lt; Puodžių gatvė17; 标单/双/标三 €30/48/60，不带浴室 €24/42/50; ⌚周一至周五 8:30~19:00，周六 10:00~15:00; P ⊖ @ 📶）这座干净又安静的客栈因为超值的价格而获得我们的青睐。19个房间都一尘不染，而且都配备浅色的松木家具，营造出一种清新的当代风格。位置便利，就在河北岸，步行即可到达老城。早餐（€2.90）是其短处，只有一些面包、蒜味香肠和奶酪，不过我们也不是在抱怨。

★ Hotel Euterpė 酒店 €€

（☎46-474 703; www.euterpe.lt; Daržų

gatvė 9；标单/双 €75/90；P⊖@令）我们认为位于老城前德国商人住宅附近的这座高档酒店是克莱佩达最完美的住宿处。前台会给你热烈的欢迎，舒适的客房装饰朴实，呈现出整洁的极简主义风格。楼下餐厅很出色，还有一个小露台，可以在户外享用早间咖啡。

餐饮

Senoji Hansa 立陶宛菜 €€

（☎46-400 056；www.senojihansa.lt；Kurpių gatvė 1；主菜 €6~10；⊙10:00至午夜；令）这家融酒吧、餐厅和咖啡馆于一体的机构坐落在河畔一个街区以外的街角楔形地带。这里是用午餐和晚餐的热门去处，菜单上有肉食、煎饼和大量非常出色的cepelinai［土豆饺子，因酷似"齐柏林飞艇"（cepelinai）而得名］。带有屋顶的露台全年开放，周末夜间会吸引许多时髦顾客。

★ **Momo Grill** 牛排馆 €€€

（☎8-693 12355；www.momogrill.lt；Liepų gatvė 20；主菜 €10~18；⊙周二至周日 11:00~22:00；⊖令）这家小型现代极简主义的牛排馆是美食爱好者的天堂，也是镇上最难订到位置的地方。菜单选择不多，只有三种啤酒外加烤鱼和鸭腿，不过也正因为这样大厨们才能集中精力准备自己最擅长的菜肴。内部装饰简朴，白色瓷砖让人放松，葡萄酒单很出色。

实用信息

旅游局办事处（☎46-412 186；www.klaipedainfo.lt；Turgaus gatvė 7；⊙周一至周五 9:00~19:00，周六和周日 10:00~16:00）这是一家效率超高的旅游局办事处，出售地图和当地出版的指南书。可安排住宿和英语导游（每小时约€40），能帮助查询去往库尔什沙嘴的渡轮和长途汽车时刻表，还可出租自行车（每小时/天€2.40/9，外加€100的押金）。有两台电脑可供上网（每小时€1.20）。

到达和离开

火车和长途汽车站相隔很近，都在新城区，位于老城以北2公里处。每天有3班火车前往维尔纽斯（€15，4.75小时）。也有班车可前往维尔纽斯（€18，4~5.5小时，每天最多14班）和考纳斯（€12，2.75~4.5小时，每天最多15班）。

库尔什沙嘴（Curonian Spit）

☎469 / 人口2640

这片神奇的银色土地被松林环绕，拥有欧洲最珍稀的沙丘以及鹿、麋鹿、鸟类等野生动物。2000年，联合国教科文组织将这片脆弱的沙嘴列为世界遗产。库尔什沙嘴平均分为两部分，一半在俄罗斯的加里宁格勒地区，在立陶宛的这一半被划入**库尔什沙嘴国家公园**（Curonian Spit National Park；☎46-402 256；www.nerija.lt；Smiltynės gatvė 11，Smiltynė；⊙游客中心 周一至周五 9:00至正午和13:00~16:00）保护起来。

斯密特内（Smiltynė）是从克莱佩达码头发出的渡轮停靠的地方。每到周末，斯密特内多彩的水族馆和**立陶宛海洋博物馆**（Lithuania Sea Museum，Lietuvos Jūrų Muziejus；☎46-490 754；www.juru.muziejus.lt；Smiltynė；成人/学生 €7.50/5；⊙6月至8月 周二至周日 10:30~18:30，9月 周三至周日 10:30~18:30，10月至12月 周六和周日 10:30~17:30；👪）都会吸引大批游客的到来。海洋博物馆位于一座19世纪的堡垒内。往南走是**耶德库安特**（Juodkrantė）**村庄**，这里飘出阵阵熏鱼（žuvis）的香味。而风景优美的**奈达**（Nida）坐落于52米高的**Parnidis Dune**，在此处你可以鸟瞰"立陶宛的撒哈拉"的全貌——一直延伸至加里宁格勒地区的海岸线、森林、沙丘，千万不要错过。

一条平坦的**自行车步道**从奈达延展至斯密特内。沿途可在耶德库安特附近观察苍鹭和鸬鹚，还有机会看到野猪等其他野生动物。在奈达随处都可租到自行车（每12/24小时约€9/12）。

克莱佩达的**旅游局办事处**可提供交通和住宿预订。**Miško Namas**（☎469-52 290；www.miskonamas.com；Pamario gatvė11-2；双 €75，2/4人公寓 €90/110起；P@令👪）与**Naglis**（☎8-699 33682；www.naglis.lt；Naglių gatvė 12；双/公寓 €75/100；P）均是不错的选择。

到达和离开

要去往沙嘴，可在**老渡轮港口**（Old Ferry

Port; Senoji perkėla; ☎46-311 117; www.keltas.lt; Danės gatvė 1; 每人/自行车 €0.90/免费)乘坐朝西开往达克莱佩达老城的渡轮(€0.90,10分钟,每半小时1班)。乘坐运输船一定要选择位于客运码头以南2.5公里的**新渡轮港口**(New Ferry Port; Naujoji perkėla; ☎46-311 117; www.keltas.lt; Nemuno gatvė 8; 每人/车 €0.90/12,自行车免费)。

长途汽车(€4.50,1小时,每天至少7班)全天经过耶德库安特,往返于斯密特内和奈达之间(€3,15~20分钟)。

生存指南

出行指南

住宿

- 在旅游旺季游览维尔纽斯和库尔什沙嘴要提前预订。旺季价格比淡季高出30%左右,维尔纽斯的价格更贵。
- 维尔纽斯有许多青年旅舍,在首都之外你可以找到很多便宜旅馆。

营业时间

银行 周一至周五8:00~15:00

酒吧 周日至周四11:00至午夜,周五和周六11:00至次日2:00

夜店 周四至周六22:00至次日5:00

邮局 周一至周五8:00~20:00,周六10:00~21:00,周日10:00~17:00

餐馆 正午至23:00,周末更迟

商店 周一至周六9:00或10:00~19:00;某些商店周日开放

网络资源

- **汽车和火车时刻表**(Bus & Rail Timetable; www.stotis.lt)

> **住宿价格区间**
>
> 下列价格区间指的是带独立浴室的双人间。除非另有说明,一般含早餐。
>
> **€** 低于€45
>
> **€€** €45~100
>
> **€€€** 高于€100

> **国家速览**
>
> **面积** 65,303平方公里
>
> **首都** 维尔纽斯
>
> **国家代码** ☎370
>
> **货币** 欧元(€)
>
> **紧急情况** ☎112
>
> **语言** 立陶宛语
>
> **现金** 各地均有自动柜员机
>
> **人口** 290万
>
> **签证** 申根签证适用

- **In Your Pocket**(www.inyourpocket.com)
- **立陶宛各大博物馆**(Lithuania's museums; www.muziejai.lt)
- **立陶宛旅游官网**(Lithuania's official tourism portal; www.lithuania.travel)
- **维尔纽斯旅游网**(Vilnius Tourism; www.vilnius-tourism.lt)

货币

- 立陶宛于2015年1月1日接纳欧元(€)为官方货币。
- 全国的自动柜员机和各大银行都可用信用卡和借记卡兑换货币。
- 立陶宛各地广泛接受信用卡。
- 有些银行仍可兑换旅游支票,不过数量已越来越少。
- 餐厅服务优良可给予10%的小费。
- 立陶宛境内基本不支持银联卡。

节假日

新年 1月1日

独立日(Independence Day)2月16日

立陶宛重获独立日(Lithuanian Independence Restoration Day)3月11日

复活节周日(Easter Sunday)3月或4月

复活节周一(Easter Monday)3月或4月

国际劳动节(International Labour Day)5月1日

母亲节(Mother's Day)5月第一个周日

圣约翰节(仲夏)(Feast of St John)6月24日

国家日(Statehood Day)7月6日

圣母升天日(Assumption of Blessed Virgin)8月15日

万圣节(All Saints' Day)11月1日

圣诞节 12月25日和26日

电话

➡ 在立陶宛国内拨打固定电话,需在城市编码和电话号码前加拨☎8。

➡ 如果是拨打立陶宛国内移动电话,则需在8位数电话号码前加拨☎8。

➡ 拨打国际长途则需在国家编码前加拨☎00。

➡ 预付SIM卡在**Bitė**(www.bite.lt)、**Omnitel**(www.omnitel.lt)和**Tele 2**(www.tele2.lt)均有销售,费用为€2.30~3。

➡ 付费电话——由于手机的普遍使用而日趋罕见——只接受电话磁卡,在各报刊亭有售。

签证

➡ 持中国大陆因私护照的旅行者前往立陶宛需要办理申根签证。

使领馆

中国驻立陶宛大使馆(☎领事部 370 5 21 62972; www.chinaembassy.lt; chinaemb_lt@mfa.gov.cn; Algirdo g. 36 Vilnius; ⊙周二和周四 9:00~11:30)

ℹ 到达和离开

立陶宛与周边国家可通过长途汽车、火车和国际渡轮方便地连通,不过如果没有白俄罗斯和俄罗斯的加里宁格勒省的过境签证,就请在规划线路时避开上述地区。立陶宛和波兰都是欧盟的共同边境申根区,边境不设护照检查。维尔纽斯是该国空运枢纽,有一些欧洲主要城市的直达航班,但绝大多数仍需要从华沙或里加转机。瑞典和德国可从克莱佩达乘坐渡轮前往,那里是立陶宛的国际港口。

可通过www.lonelyplanet.com/travel_services网站在线预订航班、旅行团和铁路票务。

> **ℹ 立陶宛货币**
>
> 立陶宛在2015年1月1日采纳欧元为官方货币。我们已尽最大努力将本章中列出的价格换算为新货币,但部分景点的价格可能会同此处列出的有稍许出入。

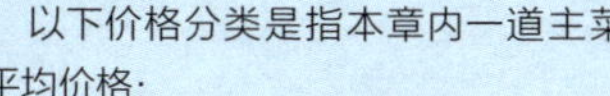

> **就餐价格区间**
>
> 以下价格分类是指本章内一道主菜的平均价格:
>
> **€** 低于€5
>
> **€€** €5~12
>
> **€€€** 高于€12

飞机

大部分到立陶宛的国际航班经由**维尔纽斯国际机场**(Vilnius International Airport, Tarptautinis Vilniaus Oro Uostas; ☎乘客信息 6124 4442; www.vno.lt; Rodūnios kelias 10a; 📶; 🚌1、2),不过在本书写作之时,只有少数欧洲大城市有直达航班。

➡ 许多航班要在华沙、哥本哈根或里加转机。

➡ 前往维尔纽斯的大型国际航空公司包括波罗的海航空(airBaltic)、奥地利航空(Austrian Airlines)、德国汉莎航空(Lufthansa)、LOT和斯堪的纳维亚航空(Scandinavian Airlines)。

➡ 廉价航空公司包括瑞安航空(Ryanair)、威兹航空(Wizz Air),以及2014年开始运营的一家新公司立陶尼加航空(Air Lituanica)。

船

从克莱佩达的**国际渡轮港口**(International Ferry Port; ☎46-395 051; www.dfdsseaways.lt; Perkėlos gatvė10)出发,**DFDS Seaways**(☎46-395 000; www.dfdsseaways.lt; Šaulių gatvė19)经营的客轮往返于德国的基尔(Kiel; €80起,每周6班,22小时)及瑞典的卡尔斯哈门(Karlshamn; €72起,14小时,每天1班)。

长途汽车

立陶宛的主要国际长途汽车公司有**Lux Express**(☎5-233 6666; www.luxexpress.eu; Sodų 20b-1; ⊙周一至周五 8:00~19:00,周六和周日 9:00~19:00)和**Ecolines**(☎5-213 3300; www.ecolines.net; Geležinkelio gatvė 15; ⊙周一至周五 8:00~19:00,周六 9:00~17:00,周日 9:00~15:00)。

小汽车和摩托车

➡ 如果从波兰和拉脱维亚进入,没有护照和海关管控。

➡ 如果进入或驾车穿过白俄罗斯和俄罗斯的加里宁格勒省区域，必须持有有效入境或过境签证。

火车

➡ 许多国际火车线路都要通过白俄罗斯，包括到华沙和莫斯科的火车，因此需要过境签证。

➡ 查询时刻表可登录**Lithuanian Rail**（☎信息7005 5111；www.litrail.lt）。

当地交通

自行车

➡ 立陶宛绝大部分道路都很平坦，适宜骑自行车游览。

➡ 游客众多的大城市和地区有自行车租赁和维修店铺。

➡ 要想获得更多自行车环游信息请登录**BalticCycle**（www.balticcycle.eu）。

公共汽车

➡ 立陶宛公共汽车系统发达，高效且价格相对便宜。

➡ 查询全国列车时刻表请登录**stotis.lt**（www.stotis.lt）。

小汽车和摩托车

➡ 目前有四车道的高速公路连接维尔纽斯和克莱佩达（经由考纳斯）。

➡ 司机必须年满18周岁，而且拥有本国有效驾驶执照。

➡ 立陶宛市内限速为50公里/小时，双车道70~90公里/小时，高速公路110~130公里/小时。

➡ 血液酒精含量限制为0.04%。

➡ 无论日夜，头灯都必须打开。

➡ 国际和当地汽车租赁机构均在立陶宛国际机场设有办事处。租赁紧凑型车一周的费用约€150。

当地交通工具

➡ 立陶宛的城市公共交通一般都非常发达，有公共汽车、无轨电车和小巴。

➡ 单程价格约€1。

火车

➡ 由Lithuanian Rail运营的列车网络系统比较发达，覆盖维尔纽斯、考纳斯、克莱佩达和特拉凯，不过有些路线长途汽车更为快捷，包括考纳斯到克莱佩达。

➡ Lithuanian Rail官网有英语版时刻表。

特色饮食

➡ **土豆佳肴** 你可以尝试cepelinai［像土豆面团的“zeppelin”（齐柏林飞艇），塞满肉末、蘑菇或奶酪的馅料］、bulviniai blynai（土豆馅饼）、žemaičių blynai（油煎心形肉馅土豆泥）和vedarai（土豆泥猪肉灌肠）。

➡ **啤酒配菜** 饮料必定配以一盘熏猪耳和kepta duona（蒜香油炸面包条）。

➡ **甜菜小吃** 夏日特色是凉奶油味šaltibarščiai（甜菜根汤），配以油煎土豆。

➡ **风味肉食** 胆大的游客可以尝试炖海狸或熊香肠。

➡ **熏鱼** 库尔什沙嘴以熏鱼闻名，尤其是著名的rukytas unguris（熏鳗鱼）。

➡ **啤酒和蜂蜜酒** 首选的三种啤酒是Švyturys、Utenos和Kalnapilis，midus（蜂蜜酒）是一种蜂蜜色泽的贵族饮料。

马其顿

包括 ➡

最佳餐饮

- Stara Gradska Kuča（见832页）
- Restaurant Antiko（见836页）
- Letna Bavča Kaneo（见836页）
- Kaj Pero（见832页）
- Kebapčilnica Destan（见832页）

最佳住宿

- Hotel Radika（见837页）
- Villa Dihovo（见838页）
- Sunny Lake Hostel（见835页）
- Villa Jovan（见835页）
- Hotel Solun（见831页）

为何去

马其顿（Македонија）是一个拥有复杂而迷人历史的小国。它部分位于巴尔干半岛，部分属于地中海，受希腊、罗马和奥斯曼帝国的历史影响很大；在呈现热闹现代氛围的同时，也提供了许多令人印象深刻的古代遗址，设法将更多的活动和自然美景压缩在一个面积似乎容纳不下的小领土之中。

逍遥自在的斯科普里仍然是欧洲最有特色的首都之一，持续不断的都市美化已经让那里成了一座拼图般的城市迷宫，永远充满惊喜。

在其他地方，有徒步、山地骑行、葡萄酒品尝和登山等各种活动在发出召唤，而偏远的山地里也隐藏着迷人的中世纪修道院、宏伟的高山小径和传统的巴尔干村庄。奥赫里德是这个国家的旅游中心，这里以海滩而闻名，其他还有夏日庆典、宏伟的拜占庭式教堂、34公里长的湖岸线；而在冬季，马夫罗沃等滑雪度假村就成了主要吸引源。

何时去

斯科普里

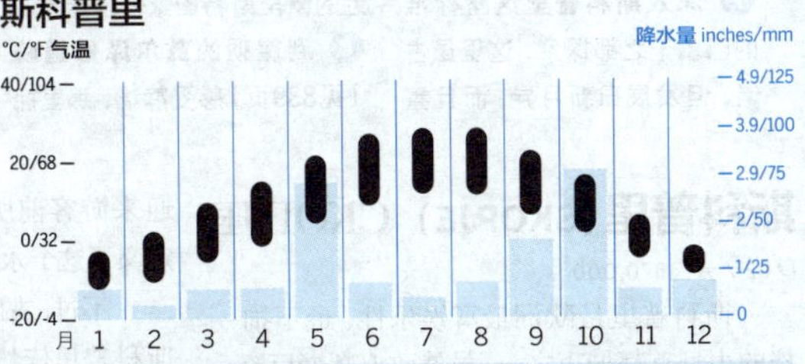

6月至8月 感受奥赫里德夏日庆典的节日气氛，跳到300米深的湖里清凉一下。

9月和10月 来斯科普里参加啤酒节、爵士音乐节和丰收庆典。

12月至次年2月 来马夫罗沃滑雪，感受马其顿的假日嘉年华。

马其顿亮点

❶ 去**奥赫里德**看看**圣约翰教堂**（见835页），它就坐落在湖旁边的一个悬崖上。

❷ 深入**斯科普里**这座标准的巴尔干之都探索，这里虽古老，但发展日新月异，而且氛围融洽。

❸ 去**比托拉**（见838页）感受一下古欧洲的感觉，然后去附近的佩里斯特国家公园徒步。

❹ 到崖顶的**兹尔泽修道院**（见839页）感受静谧，那里拥有Pelagonian平原的无敌风景和无价的拜占庭艺术珍品。

❺ 到**马夫罗沃国家公园**（见837页）滑雪，这里是马其顿首屈一指的冬季运动胜地。

斯科普里（SKOPJE） СКОПJE

☎02 / 人口670,000

斯科普里是欧洲最富娱乐性、最不拘一格的小型首都城市之一。虽然政府耗费巨资，有些刻奇地大兴土木，近年来引发了极大争议，但为了提高民族身份认同感所新建的许多雕像、喷泉、桥梁、博物馆及其他建筑，却迎来游客前所未有的拍摄热情，也为21世纪定义了这个永远都在变化的城市。

不过，古时候留下来的东西并没有消失。斯科普里依然保留着那些从奥斯曼帝国和拜占庭时期遗留下来的古迹，有15世纪的石桥（Kameni Most）、能让你流连数小时的老土耳其风格的美妙巴扎（Čaršija）、圣斯帕斯

旅行线路

一周

先在**斯科普里**待两天，参观一下广场上那些醒目的新建筑，去**老城区**逛逛，那里有历史悠久的教堂、清真寺、博物馆和一座奥斯曼城堡。然后可以前往西南隅的奥赫里德，它是马其顿最迷人、历史最悠久的小城。那里有静谧的湖泊，在繁茂的森林和山脉里有**马夫罗沃**（Mavrovo）。两天之后继续前往**比托拉**，这个久负盛名的“领事之城”有令人赞叹的咖啡文化，附近还有**佩里斯特国家公园**（Pelister National Park）。

两周

花时间在**斯科普里、奥赫里德**和**比托拉**及周边慢慢探索，然后增加一趟行程，参观马其顿最著名的兹尔泽修道院。返回斯科普里之前，可以去**Tikveš葡萄酒区**进行酒庄连环游。

教堂（里面有许多华丽的手刻圣像）、特夫尔迪纳卡莱要塞，以及从5世纪就有的斯科普里卫兵。

景点

马其顿广场和南岸 (Ploštad Makedonija & the South Bank)

马其顿广场 广场

（Ploštad Makedonija, Macedonia Sq）马其顿广场的前面是凯旋门（Triumphal Arch），广场是斯科普里通过建筑来塑造国家的“大胆”工程之中心，这里有献给不同国家英雄的巨大雕像。中间那座雕像“马上的斗士”（Warrior on a Horse）旁边有座喷泉，晚上会有灯光。

马其顿犹太人大屠杀纪念中心 博物馆

（Holocaust Memorial Center for the Jews of Macedonia; www.holocaustfund.org; Ploštad Makedonija; ⏲周二至周五 9:00~19:00，周六和周日 至15:00）免费 这座动人的博物馆通过一系列照片、墙壁上的英语文章、地图和视频，缅怀马其顿已失去的西班牙犹太人文化。展览记录了马其顿犹太社区的历史，从他们被伊比利亚（Iberia）驱逐出境开始，结束于“二战”，当时马其顿约98%的犹太人（总计7144人）死于大屠杀。

斯科普里市博物馆 博物馆

（Museum of the City of Skopje, Mito Hadživasilev Jasmin bb; ⏲周二至周六 9:00~17:00，周日 至13:00）免费 这个博物馆由以前的火车站改建，大钟的石头指针一直指着5:17的方向——1963年7月27日的斯科普里大地震就是在这个时间发生的。因此可以预料，博物馆的重点也就聚焦在那次恐怖灾难之上，展览包括录像片段以及其余波的照片，这是一场动人的展览。在那次灾难中，有1070人遇难。

特蕾莎修女纪念馆 博物馆

（Memorial House of Mother Teresa; ☎02 3290 674; www.memorialhouseofmotherteresa.org; ul Makedonija bb; ⏲周一至周五 9:00~20:00，周六至周日 至14:00）免费 这栋怀旧未来主义的建筑非常丑陋，老实说还很奇怪。其中呈现的是有关加尔各答著名的天主教修女的纪念品，她于1910年出生在斯科普里。还可留意市中心各处饰板上刻写的特蕾莎修女名言。

北岸和巴扎 (North Bank & Čaršija)

★**巴扎（Čaršija）** 社区

巴扎是位于山腰上的土耳其老城，它让人联想起城市被奥斯曼帝国统治的时期。弯弯曲曲的小道两边全是茶馆、清真寺、手工艺品商店，甚至还有出色的夜店。这里也有斯科普里历史最悠久的建筑和博物馆，也是所有游客都应该第一个前往的地方。从巴扎走过石桥就可以到**Bit Pazar**，这是一个大型的、繁忙的蔬菜市场，里面可以买到许多小玩意儿、家居用品以及百货。可以在那狭窄巷弄构成的迷宫里享受迷失的乐趣。

Skopje 斯科普里

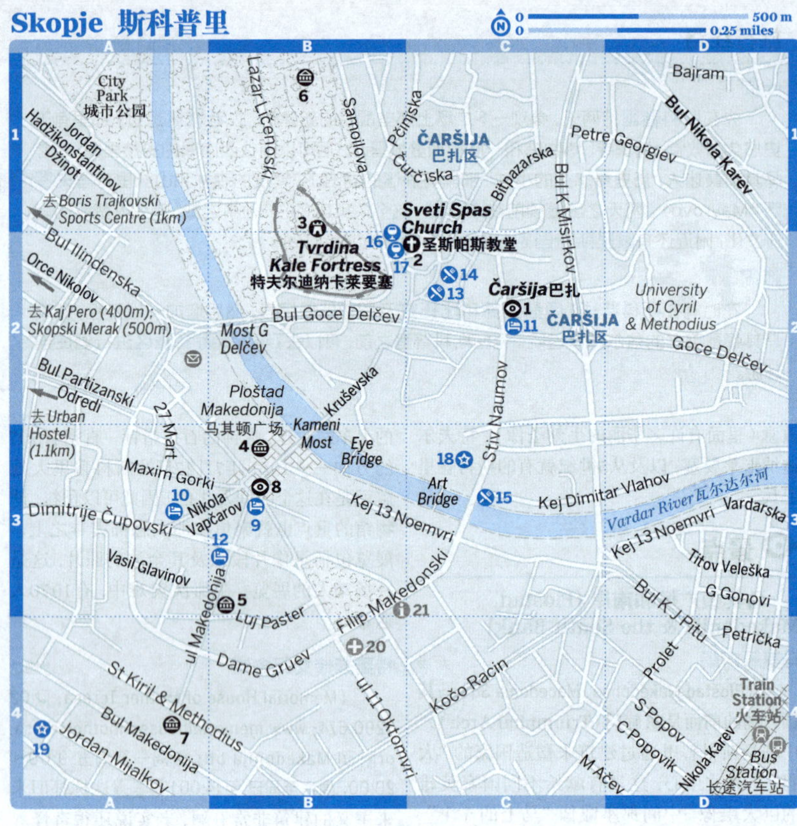

Skopje 斯科普里

重要景点

1 巴扎 …… C2
2 圣斯帕斯教堂 …… C2
3 特夫尔迪纳卡莱要塞 …… B1

景点

4 马其顿犹太人大屠杀纪念中心 …… B3
5 特蕾莎修女纪念馆 …… B3
6 当代艺术博物馆 …… B1
7 斯科普里市博物馆 …… A4
8 马其顿广场 …… B3

住宿

9 Hotel Pelister …… B3
10 Hotel Solun …… A3
11 Hotel Super 8 …… C2
12 Rekord Hostel …… B3

就餐

13 Kebapčilnica Destan …… C2
Kebapčilnica Destan …… （见9）
14 Pivnica An …… C2
Restaurant Pelister …… （见9）
15 Stara Gradska Kuča …… C3

饮品和夜生活

16 Old Town Brewery …… B2
17 Vinoteka Temov …… B2

娱乐

18 马其顿国家剧院 …… C3
19 Multimedia Center Mala Stanica …… A4

实用信息

20 城市医院 …… B4
21 斯科普里旅游信息中心 …… B3

★ **圣斯帕斯教堂** 教堂

（Sveti Spas Church, Church of the Holy Saviour; Makarije Frčkoski 8; 成人/儿童 120/50代纳尔; ⏲周二至周五 9:00~17:00, 周六和周日至15:00）这个教堂有一部分在地下（当时土耳其人禁止人们把教堂修得比清真寺高），其历史可追溯到14世纪，是城市里最具重要历史意义的教堂。昏暗的内部最著名的那个木头雕像有10米宽、6米高，它是由19世纪早期的伟大木匠Makarije Frčkovski以及Petar、Marko Filipovski兄弟亲手雕刻的。位置很难找，因为下沉式的设计意味着它外表看上去并不像是教堂。

★ **特夫尔迪纳卡莱要塞** 要塞

（Tvrdina Kale Fortress; ⏲白天）免费 这个如同《权力的游戏》（*Game of Thrones*）故事发生地的城堡建于公元6世纪拜占庭时期（以及后来的奥斯曼帝国时期），它牢牢占据着斯科普里的天际线，从巴扎步行很快即可到达。由其中的城墙能眺望到城市和河流的壮观景象。城堡里收藏了从新石器时代到奥斯曼帝国时期出土的各种文物。

当代艺术博物馆 博物馆

（Museum of Contemporary Art; NIMoCA; www.msuskopje.org.mk; Samoilova bb; 门票50代纳尔; ⏲周二至周六 10:00~15:00, 周日9:00~13:00）这个杰出的博物馆位于小山顶上一座令人印象深刻的建筑中，能看到美丽的城市风光，收藏有大量与斯科普里城市规模相匹配的艺术珍品，绝对是城市的亮点。博物馆是1963年那场毁灭性的地震之后建立的，有世界各地的艺术家捐赠的作品，现在其中涉及的艺术家包括毕加索、莱杰尔（Léger）、霍克尼（Hockney）、亚历山大·考尔德（Alexander Calder）、雅斯佩尔·约翰斯（Jasper Johns）、梅列特·奥本海姆（Meret Oppenheim）、克里斯托（Christo）和布里奇特·莱利（Bridget Riley）。

住宿

★ **Urban Hostel** 青年旅舍 €

（☎02 6142 785; www.urbanhostel.com.mk; Adolf Ciborovski 22; 铺/标单/双 €13/24/35, 公寓 €46起; ❄📶）这座出色的青年旅舍坐落于树木繁盛的Debar Maalo区，从市中心走过去很近。这里对顾客的照顾无微不至，房间很干净，床很舒服，甚至还有一些独特的额外摆设，包括壁炉和钢琴。员工非常友好，能提供大量帮助，这也是另一大亮点。从市中心步行过去只需要15分钟。

Rekord Hostel 青年旅舍 €

（☎02 6149 954; Dimitrije Čupovski 7/1-1; 铺/标单/双 €13/25/34; ❄📶）这是斯科普里市中心新开办的一家青年旅舍，为城市廉价住宿处又增添一个很好的选择。有3间宿舍和一间独立客房，全部都配备有舒适的现代化床铺，有布帘保证隐私，有箱子保证财物安全。还设有一间公共休息室和一座阳台，虽然没有厨房，但有冰箱和一个带平板的水槽。

Hotel Pelister 精品酒店 €€

（☎02 3239 584; www.pelisterhotel.com.mk; Ploštad Makedonija; 标单/双/公寓 €59/69/145起; ❄@📶）就在Restaurant Pelister的上面（要从餐厅才能进入），位置极为便利，就在广场上，能眺望到城市里的新建筑奇观。5间客房都很出色，几乎可算是标准装修。多数房间都配有电脑，公寓房很宽敞，适合商务旅行者。

Hotel Super 8 酒店 €€

（☎02 3212 225; www.hotelsuper8.com.mk; Bul Krste Misirkov 57/3; 标单/双/标三 €40/60/70; ❄📶）这家出色的中档酒店就位于市中心，在河流和巴扎之间。由家庭经营，21间客房都是舒适明亮的现代化风格，位于一座现代化建筑中。其中还设有公共休息室和客用厨房。

★ **Hotel Solun** 酒店 €€€

（☎02 3232 512; www.hotelsolun.com; Nikola Vapcarov 10; 标单/双 €79/99起; ❄@📶🏊）这家拥有53间客房的酒店开办于2013年，是斯科普里最超值的高端酒店。它位于市中心街道旁庭院里的一座改造过的房屋中，风格时尚而有设计意识。有各种不同的房间可选，其中最小的房间真的非常狭窄。

就餐

★Kebapčilnica Destan 烤肉串 €

(ul 104 6；套餐 180代纳尔；⏲7:00~23:00)这家位于古老巴扎中的烤肉店提供斯科普里最好的烤牛肉串，搭配季节性烤面包。这里没有菜单，所有人拿到一样的食物。员工不会讲英语，服务很生硬。但这正是魅力所在，而且其中的露台上总是人满为患，这足以证明他们的出色。在**Ploštad Makedonija**(烤串 180代纳尔；⏲10:00~23:00)有家分店，卫生条件更好。

★Kaj Pero 马其顿菜 €€

(Orce Nikolov 109；主菜 200~600代纳尔；⏲8:00至午夜；📋)这家餐厅是社区的最爱，夏季在户外摆有餐桌，当路灯亮起，会营造出一种美妙的户外就餐氛围。餐厅内部是一种舒适的传统风格，很适合冬季用餐。菜单主打skara(烤肉)，同时也有精选的当地葡萄酒，以及各种非烧烤类创意菜肴。

Pivnica An 马其顿菜 €€

(Kapan An；主菜 300~600代纳尔；⏲11:00~23:00；📋)这家餐厅位于一座caravansarai(家庭旅馆)中，出了名的难找(从巴扎中心繁忙的小广场旁拱门穿过，那里是烤肉店集中的地方)。豪华的庭院中提供的全部都是奥斯曼帝国传统菜肴。食物非常美味，而且比前门外那些即可食用的要好得多。

Skopski Merak 烤肉店 €€

(☎02 321 2215；Debarca 51；主菜 200~800代纳尔；📶📋)这家超级受欢迎的餐厅大多数晚上都有现场音乐演奏，其中挤满当地人和游客，长长的菜单读起来就像是一本有关马其顿菜肴的百科全书。这里是斯科普里最好的烤肉店，而且周末也值得前来用晚餐。

Idadija 烤肉店 €€

(Zhivko Chingo；主菜 200~300代纳尔；⏲正午至午夜)这家餐厅位于Debar Maalo区的一个角落，专做烤肉(Skara)，是已经营业超过80年的老字号，吸引许多顾客围在餐桌边就餐。氛围悠闲，是个观赏人群的好地方。

★Stara Gradska Kuča 马其顿菜 €€€

(www.starakuka.com.mk；Pajko Maalo 14；主菜 300~1000代纳尔；⏲周一至周五 10:00至午夜，周六和周日 正午至23:00；📶📋)餐厅老板称这里是马其顿在营业的餐厅中最古老的一家，风格传统，氛围温暖，是品尝马其顿传统菜肴的佳选，偶尔还有现场音乐演奏。游客有些多，不过装饰的是木头家具和乡村风格，很舒适，位于市中心。

饮品

★Vinoteka Temov 酒吧

(Gradište 1a；⏲周一至周二 9:00至午夜，周五至周日 至次日1:00)是斯科普里最好的葡萄酒吧，位于圣斯帕斯教堂附近的一座修复过的木头建筑中，装修精致，富于情调。长长的葡萄酒单上呈现的都是马其顿葡萄园出产的精华，杯装瓶装都可选，而且经常会有传统和古典吉他手演奏。也提供出色的菜肴(主菜 240~660代纳尔)，包括咖喱、汉堡包、烤串和开胃菜。

Old Town Brewery 啤酒馆

(Gradište 1；⏲9:00至次日1:00)这座啤酒吧位于巴扎最繁忙的步行街楼梯之上，是斯科普里唯一一个可以在院子里豪饮啤酒的地方。选择很多，有大量本店酿造的产品。

娱乐

Multimedia Center Mala Stanica 现场音乐、艺术

(www.nationalgallery.mk；Jordan Mijalkov 18；⏲10:00~22:00)这家咖啡馆位于国家美术馆中，装饰华丽、富于艺术风格。其中会举行临时展览，上演现场音乐，是城里热爱艺术的人群经常选择的碰面地点。

实用信息

医疗服务

城市医院(City Hospital；☎02 3130 111；11 Oktomvri 53；⏲24小时)

现金

自动柜员机和menuvačnici(货币兑换处)很多。

邮局和电话

邮政总局（☎02 3141 141；Orce Nikolov 1；⏰周一至周六 7:00~19:30，周日 7:30~14:30）位于马其顿广场西北75米处。另一间在火车站对面，Gradski Trgovski Centar和Ramstore也设有分局。

旅游信息

斯科普里旅游信息中心（Vasil Adzilarski bb；⏰8:30~16:30）有地图提供，还可帮忙安排游览和住宿。员工会讲英语。

ℹ 到达和离开

飞机

斯科普里亚历山大大帝机场（Skopje Alexander the Great Airport；☎02-3148 333；www.airports.com.mk；Petrovec）在斯科普里市中心以东21公里的地方。直达航班可前往欧洲、土耳其和海湾地区许多城市。航空公司包括：

亚德里亚航空（Adria Airways；www.adria.si）

柏林航空（airberlin；www.airberlin.com）

塞尔维亚航空（Air Serbia；www.airserbia.com）

奥地利航空（Austrian Airlines；www.austrian.com）

克罗地亚航空（Croatia Airlines；www.croatiaairlines.hr）

飞马航空（Pegasus Airlines；www.flypgs.com）

土耳其航空（Turkish Airlines；www.thy.com）

威兹航空（Wizz Air；www.wizzair.com）

长途汽车

斯科普里的**长途汽车站**（☎02 2466 313；www.sas.com.mk；bul Nikola Karev）里面有自动柜员机、货币兑换点和英语的旅游资讯，就在火车站的旁边。车次时刻表可上网查看。

有途经基切沃（Kičevo）到奥赫里德（Ohrid，3小时，167公里）或比托拉（Bitola，4~5小时，261公里）的长途汽车，夏天记得要提前预订。大部分的城际汽车都是有空调的，通常也会比火车快，但是票价贵得多。

国际长途汽车

国际班次可前往：

贝尔格莱德（Belgrade；1400代纳尔，10小时，每天8班）

伊斯坦布尔（Istanbul；1900代纳尔，12小时，每天3班）

卢布尔雅那（Ljublijana；3800代纳尔，14小时，每天1班）

普里什蒂纳（Pristina；330代纳尔，2小时，每天12班）

斯科普里2014：一个过分花哨的愿景？

近年来，随着马其顿首相尼古拉·格鲁埃夫斯基（Nikola Gruevski）领导的政府开始推行争议颇多的斯科普里2014（Skopje 2014）项目，城市中心区域的面貌发生了巨大改变。该项目自2010年开始实施，已在河畔周边的区域建设起20座新建筑和40座新纪念碑，以期在将城市整体面貌变得更加统一的同时，通过打通现代国家同其古代历史之间的联系，帮助提高马其顿人民的民族自豪感和身份辨识度，因为过去统治者对于马其顿的认识其实是存在争议的。

批评者们悲叹迄今为止投入项目中的那几千万——如果不止几百万的话——欧元的资金；其余人则指出计划本身的刻奇性质，带来的都是造型怪诞的建筑，包含有明显的民族主义倾向（例如，马其顿将亚历山大大帝和马其顿的腓力二世认定为本国的民族英雄，此举被许多人看作是对希腊政府的公然挑衅，而希腊方面不承认马其顿对古代历史的这种解读）。

但斯科普里2014至少为游客带来了许多喷泉、雕塑和其他可供拍摄的建筑正立面。其中一些著名的亮点包括横跨沃达尔河（Vadar River）的**艺术桥**（Art Bridge）和**眼桥**（Eye Bridge），两座建筑都重新定义了“刻奇”一词的含义；还有新**国家剧院**（National Theatre）的建设，它是根据原本位于河畔同一位置的建筑复制而成的，原有建筑已被1963年地震所摧毁。另外还可参观新**考古博物馆**（Museum of Archeology）和**马其顿凯旋门**（Porta Macedonia），后者是一座紧邻主广场的拱门。

萨拉热窝(Sarajevo；3170代纳尔，14小时，周五和周日20:00)

索非亚(Sofia；1040代纳尔，5.5小时，每天4班)

塞萨洛尼基(Thessaloniki；1300代纳尔，4小时，周一、周三和周五各1班)

萨格勒布(Zagreb；3200代纳尔，12小时，每天1班)

火车

火车站(Železnička Stanica；bul Jane Sandanski)有开往本国和国外的车次。因为和希腊政府尚未谈好，所以同希腊之间的火车暂时停运，不过在本书调研之时，斯科普里—塞萨洛尼基线(760代纳尔，4.5小时，每天5:06)仍有运营。有车次可前往贝尔格莱德(1430代纳尔，8小时，每天8:20和20:10)。

国内火车

本国目的地包括如下：

比托拉(Bitola；315代纳尔，4小时，每天4班)

盖夫盖利亚(Gevgelija；270代纳尔，2.5小时，每天3班)

基切沃(Kičevo；210代纳尔，2小时，每天3班)

库马诺沃(Kumanovo；80代纳尔，40分钟，每天4班)

内戈蒂诺(Negotino；200代纳尔，2小时，每天3班)

普利莱普(Prilep；250代纳尔，3小时，每天4班)

当地交通

抵离机场

机场和城市之间有机场接驳巴士**Vardar Express**(www.vardarexpress.com)运营。可在标有到达终点的售票亭购票(100代纳尔)。巴士每半小时或1小时1班，依据乘客数量而定，停靠点包括长途汽车/火车站和中央广场。从机场前往市中心，出租车花费为1200代纳尔。

公共汽车

斯科普里城市公共汽车费用为35代纳尔，私营车次为25代纳尔，使用同样的站台和线路编号。可以上车购票和验票。

出租车

斯科普里出租车很优惠，第1公里只需要40代纳尔，随后每公里收费25代纳尔。司机很少会讲英语，不过会使用计价器。

马其顿西部(WESTERN MACEDONIA)

奥赫里德(Ohrid) Охрид

☎046 / 人口55,000

崇峻的奥赫里德是马其顿主要的旅游目的地，这里有气势雄伟的老城、庄严漂亮的教堂、优雅绵延的山峰和一个能俯瞰奥赫里德湖

值得一游

从斯科普里出发的一日游

自驾车半小时，乘坐城市公共汽车花费稍长的时间，就可到达静谧的马特卡湖(Lake Matka)。虽然在周末会人满为患，但这个位于陡峭的特雷斯卡峡谷(Treska Canyon)之下的充满诗情画意的景点仍然值得期待，这里提供徒步、攀岩、洞穴探险(€10)等活动，茂密的森林中还散落着古老的教堂。附近的餐厅在提供美食的同时，也能观赏湖景。马特卡湖底的洞穴深度近218米，可与欧洲任何一处水下洞穴相媲美，甚至还可能更深。

马特卡与圣母玛利亚的渊源也因为Sveta Bogorodica等洞窟神殿而加深("马特卡"一词在马其顿语中即是"子宫"之意)。从这里有一条陡峭的小路通往Sveti Spas、Sveta Trojca和Sveta Nedela——到最后一处的步道有4公里(约需1.5小时)。这些洞穴曾一度是苦行僧和反抗奥斯曼帝国统治的革命分子的避难所。

经过圣尼古拉教堂(Church of Sveti Nikola)，翻过大坝，跨过大桥，还可进入圣安德烈教堂(Church of Sveti Andrej，1389年)参观其中的壁画。毗邻的登山小屋Matka(☎02-3052 655)中提供导游、登山装备和住宿。

从斯科普里前来，可乘坐出租车(450代纳尔)，或者乘坐60路公共汽车沿bul Partizanski Odredi行进(50代纳尔，40分钟，每小时1班)。

34公里长宁静湖岸线的中世纪城堡。这里毫无疑问是马其顿最诱人的旅游目的地，尤其是附近还有加利契察国家公园（Galičica National Park）以及湖泊东岸更为宁静的沙滩。

景点

★圣约翰教堂 教堂

（Church of Sveti Jovan at Kaneo；门票100代纳尔；⏲9:00~18:00）这个壮丽的13世纪教堂庄严地耸立在湖岸边的一座悬崖上，这里可能是整个马其顿被拍得最多的建筑。看着下方的湛蓝的湖水，你就会理解为什么中世纪的僧侣们能够在这里参悟。小教堂的祭坛后面保存有原来的壁画。

圣克里门教堂 教堂

（Church of Sveta Bogorodica Perivlepta；Gorna Porta；门票100代纳尔；⏲9:00~13:00和16:00~20:00）从上门（Gorna Porta）走进去就是这个教堂，它是一个13世纪的拜占庭风格教堂，其名字翻译过来意思就是"最光荣的圣母"，里面有出自塞尔维亚大师米哈伊尔和Eutihije的栩栩如生的圣经壁画，在露台上能眺望湖面和老城的优美景色。这里还有一座肖像画廊（Gorna Porta；门票100代纳尔；⏲周二至周日9:00~17:00），这个画廊显示了创始人高超的艺术成就。

古典圆形剧场（Classical Amphitheatre） 竞技场

免费 这个令人印象深刻的地方最初是修建来用做剧场的，但后来罗马人把前面10排位置拆掉了，这样就成了一个竞技场。

卡尔萨莫伊尔城堡 城堡

（Car Samoil's Castle；门票30代纳尔；⏲9:00~19:00）这个巨大的、墙上有炮塔的10世纪古堡显示着中世纪保加利亚帝国的强盛。沿着楼梯走到城墙上，在那里可以看到城镇和湖面的漂亮风景。

普劳什尼克 教堂

（Plaošnik；⏲9:00~18:00）免费 顺着树木繁茂的小路来到普劳什尼克，这所教堂曾号称Sveti Kliment i Pantelejmon教堂。这个5世纪的大教堂在2002年的时候按照拜占庭时期的风格被重新整修过。多重穹顶的教堂里部分彩色玻璃底板残片保留了下来。这里保存着St Kliment的遗物，外部还保存着5世纪的精美镶嵌画。

圣索菲亚大教堂 教堂

（Sveta Sofia Cathedral；Car Samoil bb；成人/学生100/30代纳尔；⏲10:00~19:00）奥赫里德最大的教堂，历史可以追溯到11世纪，圣索菲亚大教堂是用圆柱支撑的，里面有拜占庭时期的精美壁画，虽然褪色严重，但保存得很好，那些在半圆形后殿中的仍非常生动。这个大教堂的声学设计很完美，因此常常被用作演奏厅（300代纳尔）。裸露的横梁表明这座宏伟的教堂可能是在11世纪建造的。

罗贝夫家族宅邸国家博物馆 博物馆

（Robev Family House National Museum；Car Samoil 62；成人/学生100/50代纳尔；⏲周二至周日9:00~14:00和19:00~22:00）这座建于1827年的博物馆位于老城中心，坐落在保存非常完好的罗贝夫家族宅邸的几层楼中。展品包括希腊考古文物、史前器物、金属器、陶器、首饰和一些精美的室内装饰。马路对面的乌拉尼亚宅邸（Urania Residence）也属于博物馆，那里有人种学展览。

住宿

★Sunny Lake Hostel 青年旅舍 €

（www.sunnylakehostel.mk/；11 Oktombri 15；铺€10，双€20~24；📶）这座出色的新旅舍是背包客在奥赫里德停靠的热闹大本营。这里设施齐备，包括一座能眺望湖景的露台、每个床铺下都有储物柜以及可供做饭的厨房。不过浴室算不上好，经常没有热水供应。尽管如此，旅舍的位置极其便利，而且价格也超值。

★Villa Jovan 历史酒店 €

（☎076 377 644；vila.jovan@gmail.com；Car Samoli 44；标单/双/套€25/35/49；❄📶）这家拥有200年历史的大楼位于老城中心，有9个房间，都是非常迷人的乡村风格，配的都是古欧洲的家具，能看见木头横梁，有些墙上还挂着当地艺术品。客房面积略小，不过员工会讲英语，让你有回到家的感觉。

Villa Lucija 客栈 €

（☎046 265 608；www.vilalucija.com.mk；

Kosta Abraš 29；标单/双/公寓 €20/30/50；❄@📶）有老城的感觉，装修得很漂亮，房间里微风徐徐，还可以看到湖景。提供早餐。这里的位置非常便利，而且有亲水阳台。

★ Vila Sveta Sofija 酒店 €€

（☎046 254 370；www.vilasofija.com.mk；Kosta Abraš 64；标单/标双/双/四 €29/49/69/99；❄@）这座豪华酒店位于圣索菲亚大教堂附近一座古老的大楼内，融传统的陈设与时髦的现代浴室于一体。最好的房间是套房，能入住4人，有一个很棒的阳台，能看到湖面。

Jovanovic Guest House 客栈 €€

（☎070 589 218；jovanovic.guesthouse@hotmail.com；Boro Sain 5；公寓 €40起）这座旅馆有2间公寓，都能入住4人，地址就在老城中心区。每间公寓的装修都很雅致，有许多古董陈设。顶楼的那间能看到令人惊艳的湖景，店主是一位专业潜水员，会组织湖上潜水游。

就餐

奥赫里德有一些很好的就餐选择，不过也有许多专门针对夏季团队游客的平庸餐厅，所以挑选时要小心。自己做饭的人可以去主购物街（bul Makedonski Prosvetiteli）上的Tinex超市，那里有最好的精选食材，或者也可以去有趣的蔬菜市场（Kliment Ohridski）从菜农手中直接购买。

当地的鲑鱼已经快灭绝了，因此这里是禁止捕捞鲑鱼的（至少规定是这样），点菜的时候就点mavrovska和kaliforniska吧，一样很美味。

★ Letna Bavča Kaneo 海鲜 €

（Kočo Racin 43；鱼 100~200代纳尔；🕙10:00至午夜；📶）这家夏日露天餐厅在卡内奥海滩上，简单平价，而且服务很棒。两个人点一小份炸plasnica（巴尔干半岛常吃的一种炸小鱼），再加一份沙拉，就够吃了。或者也可以尝试其他特色菜，例如鳗鱼和鲤鱼。

Via Scara 比萨餐厅 €

（www.viasacra.mk；Ilindenska 36；主菜 150~300代纳尔；🕙9:00至午夜；📶📄）这家餐厅将意大利菜肴和马其顿风味完美融合，提供爽口美味的比萨以及大量精选的马其顿民族菜肴和葡萄酒。位置也是一大亮点：位于老城中心一条鹅卵石街道上，面对着圣索菲亚大教堂。提供早餐。

★ Restaurant Antiko 马其顿菜 €€

（Car Samoil 30；主菜 300~650代纳尔）Antiko在奥赫里德老城中心一栋老建筑里面，是一家很有名的传统餐厅，里面的气氛很好，虽然价格贵，但是菜肴都很地道很好吃。不要错过tavče gravče，这是一种传统的马其顿豆子菜肴，加香料和辣椒烹饪。

Restoran Sveta Sofija 马其顿菜 €€

（Car Samoil 88；主菜 300~500代纳尔；🕙10:00至午夜；📶）这家高级餐厅就在圣索菲亚大教堂对面，位置无可挑剔，而且暖和的月份，还可以在对面的一座小露台上用餐。这里是品尝传统美食的好地方，而且这里有100多种马其顿葡萄酒可供选择。

饮品和娱乐

★ Cuba Libre 酒吧

（www.cubalibreohrid.com；Partizanska 2；🕙22:00至次日4:00）一家很受欢迎的酒吧和夜店。夏天过了午夜才营业，经常挤得人几乎没有立足之地，有来自巴尔干半岛各地的DJ为这些时髦欢乐的人群演奏。

Aquarius 咖啡馆

（Kosta Abraš bb；🕙10:00至次日1:00；📶）奥赫里德老字号的湖边露台咖啡馆，白天逛累了不妨来这里清凉下，晚上很热闹，有鸡尾酒单，能看到湖景。

实用信息

Sunny Land Tourism（☎070 523 227；www.sunnylandtourism.com；Car Samoil；🕙9:00~19:00）在这里可以找当地导游Zoran Grozdanovski安排住宿、行程或活动。活动种类包括骑山地自行车、品尝葡萄酒和湖上泛舟。

旅游局办事处（Car Samoil 38；🕙10:00至午夜）这家服务友好的旅游局办事处位于老城中心，员工会讲英语，提供各种信息，包括城市地图在内，能帮你寻找住宿处，安排户外活动。

ℹ 到达和离开

飞机

奥赫里德的**圣保罗机场**（St Paul the Apostle Airport；☎046 252 820；www.airports.com.mk），在市中心北边10公里处，夏天的时候包机会在这里起落。打车400代纳尔。

长途汽车

长途汽车站（7 Noemvri bb），在市中心东边1.5公里处，往返斯科普里的长途汽车有两种路线，一种是途经基切沃（500代纳尔，3小时，每天8班），一种是途经比托拉（路线较长，560代纳尔）；每天也有8班直达比托拉的长途汽车（210代纳尔，1.25小时）。去往斯特鲁加（Struga，40代纳尔，14公里）的车次每15分钟1班。夏季需提前预订前往斯科普里的车票。在Bul Makedonski Prosveiteli尽头有一些kombi（小巴）和出租车候客。

国际车次可往返贝尔格莱德（途经基切沃，1800代纳尔，15小时，每天1班，5:45发车）。19:00有1班车前往索非亚（1450代纳尔，8小时）。要去往阿尔巴尼亚，可乘坐去往Sveti Naum（110代纳尔，50分钟，每天8班）的车次。过境后，搭乘出租车（€5，6公里）前往波格拉德茨（Pogradec）。从奥赫里德前往Sveti Naum的出租车需1000代纳尔。

马夫罗沃国家公园（Mavrovo National Park）

МавровоНационален Парк

☎042

马夫罗沃有马其顿最大的滑雪度假村，坐拥730平方公里的桦木和松树森林、峡谷、喀斯特地貌和瀑布，此外还有该国最高山峰**克拉比山**（Mt Korab，海拔2764米）。这里空气稀薄，全年景色壮美。

👁 景点和活动

施洗者圣约翰修道院（Sveti Jovan Bigorski Monastery） 修道院

这座位于德巴尔（Debar）公路边的拜占庭式修道院建于1020年。传说这里神奇地出现了一座施洗者圣约翰的圣像，自此以后，修道院就频繁重建——圣像也曾再度显现过几次。

1829~1835年，当地工匠在这里雕刻了三座圣像，其中前两座出自Makarije Frčkovski以及Filipovski兄弟之手，最后一座由Bigorksi创作。凝视着这些庞大而精美的杰作，让人几乎不由忘却了呼吸。传说雕刻工程竣工之时，这些匠人将工具都抛入附近的拉迪卡河（Radika River）——保证工艺秘诀将随河水永远流走。

加里奇尼克（Galičnik） 村庄

沿着一条绿树成荫的道路蜿蜒行进，道路的终点有一座如同月球表面般的岩石地区，这里就是几近荒芜的加里奇尼克村，位于马夫罗沃西南17公里处，村庄在山腰上建有一些传统房屋。在7月12日和13日**加里奇尼克婚礼**（Galičnik Wedding）期间，会有一到两对幸运夫妇在这里举办婚礼。跟随3000名欢乐的马其顿人一同前来，尽情吃喝，享受传统民间舞蹈和音乐吧。

🛏 食宿

Hotel Srna 滑雪旅馆 €

（☎042 388 083；www.hotelsrnamavrovo.com；标单/双/公寓 €25/40/60；❄📶）这座小酒店位于马夫罗沃湖岸上，距离缆椅有400米远。干净的房间通风良好，价格超值。

★ Hotel Radika 水疗酒店 €€€

（☎042 223 300；www.radika.com.mk；标单/双/公寓 €65/90/130；P❄📶🏊）这座极为时髦的水疗酒店距离马夫罗沃只有5公里远，是奢侈一把的完美之选，提供有大量的按摩项目，客房条件也都很出色。价格在夏季会大幅下跌，届时酒店会组织徒步游，还出租山地自行车。没有自驾车的人可从斯科普里—奥赫里德公路沿线的戈斯蒂瓦尔（Gostivar，650代纳尔）乘坐出租车前来。

ℹ 到达和离开

南下的长途汽车可途经德巴尔（120代纳尔，每天7班）前往Mavrovo Anovi，或者可北上前往泰托沃（Tetovo；140代纳尔，每天5班）和斯科普里（180代纳尔，每天3班）。

要去往施洗者圣约翰修道院，从德巴尔前往奥赫里德或斯特鲁加的车次可在途中下车。

马其顿中部（CENTRAL MACEDONIA）

比托拉（Bitola） Битола

☎047 / 人口95,400

从平地升起的比托拉（海拔660米）拥有优雅的建筑和美丽的人们，它继承了当年作为奥斯曼"领事之城"的特质。色彩缤纷的18世纪和19世纪联排别墅、土耳其清真寺和咖啡文化，使它成为马其顿最具魅力和活力的小城。

景点和活动

希罗克街 街道

（Širok Sokak; ul Maršal Tito）比托拉的希罗克街是当地最具代表性、最有风格的一条街，两旁五颜六色的建筑都是欧洲国家的领事馆，它们见证了奥斯曼帝国时期的兴盛。享受这里的咖啡文化和路边走过的帅哥美女是比托拉旅行途中必做的事。

Sveti Dimitrija教堂 教堂

（Church of Sveti Dimitrija; 11 Oktomvri bb; ⌚7:00~18:00）这个东正教教堂（1830年）有许多壁画、华美的吊灯以及一个巨大的圣像。

赫拉克利亚林塞斯蒂斯 考古遗址

（Heraclea Lyncestis; 门票 100代纳尔，拍照500代纳尔; ⌚冬季 9:00~15:00，夏季 至17:00）这座马其顿最精彩的考古遗址坐落在比托拉以南1公里处（乘坐出租车费用为70代纳尔）。这里由马其顿的腓力二世建立，是罗马人征服之前（公元前168年）重要的贸易城市。因为地处Via Egnatia大道，因此城市得以一直维持繁荣。4世纪时，赫拉克利亚成为主教座所在地，但随后被哥特人和斯拉夫人洗劫一空。

可以参观罗马浴场、柱廊和圆形剧场，还有引人注目的早期基督教长方形教堂，以及主教座宫遗址，其中有保存完好的精美的马赛克镶嵌地面。它们描绘的是本地动植物，非常独特。发掘工作目前仍在持续，所以你可以参观最新发现。

> **VILLA DIHOVO**
>
> **Villa Dihovo**（☎070 544 744, 047 293 040; www.villadihovo.com; 可以讲价; 📶）可以说是马其顿最出色的客栈之一，坐落于一座有80年历史的老宅中。这里是前职业足球运动员Petar Cvetkovski及其家人的家。客栈中有3间按照传统风格装修的房间。这里宽阔的草坪上开满鲜花，很适合小朋友在上面玩。只有客栈自酿的葡萄酒、啤酒和烈酒（rakija）是固定的价格，其他的一切包括房费，随你来定。
>
> Peter本人了解许多信息，坚定地拥护慢食运动，他既能组织从Pelisterski湖徒步到山地自行车之旅这样的活动，也会在自家酒窖中举办葡萄酒品尝之夜。店内还有一座极好的公用厨房，住客可以在其中同主人一起做饭；起居室中有一座开放式壁炉——在寒冷的夜晚堪称完美。必须提前预订。
>
> Dihovo村距离比托拉只有很短一段距离，乘坐出租车的价格为120~150代纳尔。

食宿

★ Chola Guest House 客栈 €

（☎047 224 919; www.chola.mk; Stiv Naumov 80; 标单/双 €12/20; ❄📶）总体而言是一个非常超值的住宿处，在一栋极富氛围的老建筑里面，氛围安静。房间干净且维护得很好，五颜六色的浴室很时尚。从主街步行即可前来，网站上有实用地图，如果找不到地方可以参考。

Hotel De Niro 酒店 €

（☎047 229 656; hotel-deniro@t-home.mk; Kiril i Metodij 5; 标单/双/套 €17/34/67起; ❄📶）酒店的地理位置闹中取静，里面的房间装修成比托拉民宅风格，十分漂亮，楼上有一间宽敞的公寓，能入住4人。店主拥有一座画廊，墙壁上的每一个空间几乎都挂着画作。楼下有一个很赞的、供应比萨和意大利面的餐厅（主菜200~450代纳尔）。早餐加收€2。

Hotel Milenium 酒店 €€

（☎047 241 001; h.milenium@t-home.mk; Maršal Tito 48; 标单/双/套/公寓 €39/60/80/99; ❄📶）这家酒店装饰有彩绘玻璃，豪华的大理石和比托拉古董，位置无可媲美。就在希罗克街上（必须穿过热闹的咖啡馆露台才能进入大厅）。房间都很宽敞，天花板很

值得一游

兹尔泽修道院

在普利莱普（Prilep）西南约26公里处，前往马其顿布罗德（Makedonski Brod）的途中有一座建于14世纪的兹尔泽修道院（Zrze Monastery; Манастир Зрзе; Manastir Sveto Preobrazhenije-Zrze; ⌚8:00~17:00）免费，这座耶稣变容（Holy Transfiguration）修道院高耸在悬崖上就如同一道启示。修道院姿态优雅地坐落在一片广阔的草坪中央，能眺望到广袤的Pelagonian平原，风景令人惊叹。

在奥斯曼统治时期，兹尔泽屡次被废弃和重建，曾遭受掠夺，但一直是重要的精神中心。这里建于17世纪的圣彼得和圣保罗教堂（Church of Sts Peter and Paul）中包含有重要的壁画和圣像。

游客可与友善的修士们一同享用咖啡，还可游览教堂以及其中的珍贵壁画和圣像。虽然现在修道院中最著名的圣像——Holy Mother of God Pelagonitsa（1422年）被收藏在斯科普里的博物馆中，但教堂中有一件大型复制品。在毗邻的山腰上，针对兹尔泽修道院先驱——一座5世纪的大教堂的发掘工作仍在继续。

要前往兹尔泽，可沿着去往马其顿布罗德的公路行进，在Ropotovo拐弯后沿着路标指示前往Sv Preobraženie Manastir XIV Vek。你会经过三座村庄，道路也变得坑坑洼洼，接着要经过很长时间沿着一段未铺砌的路面穿过一座烟草田，直至看见修道院在你前方的山腰现身。山下的兹尔泽村几近荒废，可以将车停在那里，除非你驾驶的是四驱车。从这里向山上徒步2公里就能到达修道院。这里没有公共交通工具。

高，浴室闪闪发亮。不过如果你喜欢安静，可要求后排住房。

El Greko 比萨 €

（☎071 279 848; Maršal Tito和Elipda Karamandi交叉路口; 主菜 150~350代纳尔; ⌚10:00至次日1:00）这家比萨餐厅很有啤酒馆的氛围，在当地很受欢迎。是主街上许多像样餐厅中的一家，这些地方从下午到深夜一直有络绎不绝的当地人前来用餐。

饮品和娱乐

★Porta Jazz 酒吧

（Kiril i Metodija; ⌚8:00至次日1:00; 📶）一家很受欢迎、很潮的酒吧，有一种显而易见的波希米亚风情，当有爵士乐队和布鲁斯乐队现场演奏的时候会很拥挤。就在Centar na Kultura的旁边，希罗克街后面的一个街区。白天是一家非常热门的咖啡馆，你可以在整洁的露台上品尝意式浓缩咖啡。

到达和离开

长途汽车站和**火车站**（Nikola Tesla）是相邻的，在市中心南边1公里处。有途经普利莱普（Prilep; 140代纳尔，1小时）往返斯科普里（480代纳尔，3.5小时，每天12班）的长途汽车，还可去往卡瓦尔达齐（Kavadarci; 280代纳尔，2小时，每天5班）、斯特鲁米察（Strumica; 460代纳尔，4小时，每天2班）和奥赫里德（210代纳尔，1.25小时，每天10班）。

要去往希腊，可乘坐出租车到达边境（500代纳尔），然后换乘出租车前往弗洛里纳（Florina）。有些比托拉的出租车司机愿意跑全程，价格约3000代纳尔。

每天有4班火车可途经普利莱普（85代纳尔）前往斯科普里（315代纳尔），以及韦莱斯（Veles; 170代纳尔）。

生存指南

出行指南

营业时间

银行 周一至周五7:00~17:00

商业场所 周一至周五8:00~20:00，周六至14:00

咖啡馆 10:00至午夜

邮局 6:30~20:00

网络资源

探索马其顿（Exploring Macedonia; www.exploringmacedonia.com）

马其顿信息机构（Macedonian Information

Agency; www.mia.com.mk)

马其顿欢迎中心(Macedonian Welcome Centre; www.dmwc.org.mk)

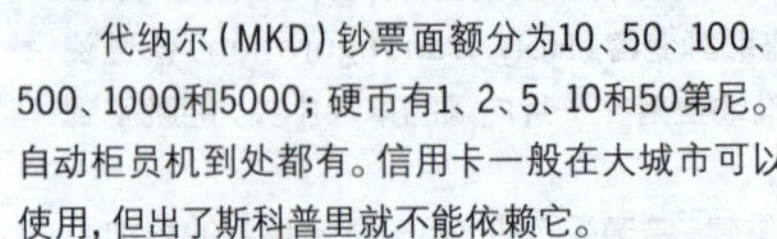

货币

代纳尔(MKD)钞票面额分为10、50、100、500、1000和5000;硬币有1、2、5、10和50第尼。自动柜员机到处都有。信用卡一般在大城市可以使用,但出了斯科普里就不能依赖它。

节假日

新年(New Year' s Day)1月1日

东正教圣诞节(Orthodox Christmas)1月7日

东正教复活周(Orthodox Easter Week)3月/4月

劳动节(Labour Day)5月1日

圣西里尔与美多迪乌斯日(Saints Cyril and Methodius Day)5月24日

伊林顿节(Ilinden Day)8月2日

共和日(Republic Day)9月8日

1941游击队日(1941 Partisan Day)10月11日

电话

马其顿的国家代码是☎+389。从国外拨打过来不用加城市代码前面的0,拨打手机则加07。

签证

持因私护照的中国大陆公民,须在入境马其顿前办好签证。持有效期内的美国、加拿大、英国、申根C类多次签证的旅行者,如果签证有效期比在马其顿预计停留时间超过5天以上,即可免签入境马其顿。每次入境后停留时间不得超过15天,6个月内入境总停留时间不能超过3个月。

快速参考

面积 25,713平方公里

首都 斯科普里

国家代码 ☎389

货币 代纳尔(MKD)

紧急情况 救护车☎194,火警☎193,警察☎192

语言 马其顿语、阿尔巴尼亚语

现金 大城市里随处可见自动柜员机

人口 210万

签证 中国公民须提前申请签证

住宿价格区间

下列价格代表旺季的双人间:

€ 低于3000代纳尔/€50

€€ 3000代纳尔/€50至5000代纳尔/€80

€€€ 高于5000代纳尔/€80

2018年3月,马其顿政府通过了与中国互免持普通护照公民签证的提案,但本书写作时,互免协议尚未生效。

申请马其顿旅游签证所需材料信息为:有效期比申请人预计在马其顿停留时间长3个月以上的有效护照;旅行保险文件(由申请人国籍所在国家或长期居留地保险公司签署的保险文件);关于申请人拟在马其顿停留的目的及状况的说明文件;对赴马其顿旅行的付款确认(担保或其他方式的付款证明);用于负担在马其顿停留期间产生费用的个人资产证明(信用卡或银行对账单);效果清晰的申请人个人白底彩照(3.5厘米×4.5厘米);€60签证费付款证明;酒店预订单;回程机票或往返机票复印件;填写清晰的签证申请表。

马其顿共和国驻华大使馆(☎8610 6532 7846; www.macedonianembassy.com.cn;北京三里屯外交公寓3-2-21)

使领馆

中国驻马其顿大使馆(☎24小时领事保护热线电话 389 2 321 3163; mk.china-embassy.org/chn/; Street 474, NO.20, 1000, Skopje)

汇率

人民币	CNY1	MKD8.52
港币	HKD1	MKD7.14
新台币	TWD1	MKD1.69
澳门元	MOP1	MKD6.94
新加坡元	SGD1	MKD40.25
美元	USD1	MKD55.44
欧元	EUR1	MKD61.55

ℹ 到达和离开

斯科普里有长途汽车可前往索非亚、贝尔格莱德、布达佩斯、普里什蒂纳、地拉那、伊斯坦布尔、塞萨洛尼基等。火车可往返斯科普里和普里什蒂纳、贝尔格莱德和塞萨洛尼基。等待许久的廉价航空公司的到来增多了斯科普里的航班数量，现在这里和欧洲大城市都能便利连接。

飞机

斯科普里亚历山大大帝机场（见833页）是马其顿主要的机场，距离斯科普里市中心21公里。奥赫里德的**圣保罗机场**（见837页）主要是供夏天的包机起落，班次相对较少。

陆路

长途汽车

马其顿的国际车次一般以斯科普里为大本营。目的地包括贝尔格莱德、普里什蒂纳、伊斯坦布尔、波德戈里察和索非亚。

小汽车和摩托车

自驾车进入马其顿很方便，不过需要有绿卡（第三方保险的证明，由你的保险商提供）。

火车

马其顿铁路公司（Macedonian Railway; www.mz.com.mk）有往返塞尔维亚和希腊的火车。

当地交通

自行车

在斯科普里很多人都骑自行车，郊区的交通是很畅通的，不过到处是山地，还有开车鲁莽的司机。

公共汽车

斯科普里有往返国内大部分地方的长途汽车。大一点的汽车是新车且有空调，小巴（kombi）一般与之相反。夏天去奥赫里德的话要提前买票。

小汽车和摩托车

偶尔会遇到警察检查站，要确保持有正确的文件。道路协助拨打☎196。

就餐价格区间

下列价格是一道主菜的价格：

€ 低于200代纳尔

€€ 200~350代纳尔

€€€ 高于350代纳尔

驾驶执照

本国驾驶驾照就可以了，但如果有国际行驶许可证（International Driving Permit）的话就最好了。

租车

斯科普里既有国际大租车公司，也有当地的小租车公司。奥赫里德也有很多，其他城市就少了。小轿车的租金平均是每天€60，含保险。记得带上你的护照、驾照和信用卡。

交通规则

靠右行驶。必须系好安全带，开头灯。小汽车必须携带备用灯泡，两个三角警戒标识和一个急救箱（大型加油站有售）。警察会针对酒驾罚款（血液酒精含量限制为0.05%）。罚款必须当即缴纳。

出租车

出租车相对比较便宜。斯科普里的出租车第1公里是40代纳尔，之后每公里加20代纳尔。

火车

主要铁路线包括塔巴诺夫采（Tabanovce，位于塞尔维亚边境）至盖夫盖利亚（Gevgelija，希腊边境），途经库马诺沃（Kumanovo）、斯科普里、韦莱斯（Veles）、内戈蒂诺（Negotino）和德米尔卡皮亚（Demir Kapija）；斯科普里至比托拉，途经韦莱斯和普利莱普。也有斯科普里—基切沃（Kičevo）和斯科普里—科查尼（Kočani）这样的支线。

特色饮食

马其顿饮食是典型的巴尔干半岛风格，融地中海风味与中东影响于一体。有各种烤肉（skara），而且当地菜肴中大量使用新鲜蔬菜和香草。

- **Ajvar** 甜味的红辣椒酱汁，配肉和奶酪。
- **Šopska salata** 西红柿、洋葱、黄瓜，上面有一层薄薄的白奶酪（sirenje）。
- **Uviač** 培根卷鸡肉或猪肉，里面还有融化的黄奶酪。
- **Tavče gravče** 马其顿特色烘豆，加香料、洋葱、香草烹制，用陶器装盘。

摩尔多瓦

包括 ➡

最佳餐饮

- Vatra Neamului（见846页）
- Grill House（见847页）
- Bastion（见846页）
- Robin Pub（见846页）
- Kumanyok（见851页）

最佳住宿

- Jazz Hotel（见846页）
- Hotel Russia（见851页）
- Art Rustic Hotel（见845页）
- Hotel Codru（见846页）
- Agro Pensiunea Butuceni（见848页）

为何去

摩尔多瓦夹在罗马尼亚和乌克兰两国之间，欧洲的这一部分“鲜少有人涉足”。这个国家吸引的只是一小部分邻国游客（近年来每年为12,000~20,000人次），对那些喜欢插上旗帜、游览少有人探索过的土地的游客而言，这是一个天然的目的地。

但是，摩尔多瓦的魅力可不只是偏远。这个国家出产一些欧洲最好的葡萄酒，与葡萄酒有关的旅游业也方兴未艾，在这里你可以参观酿酒厂、品尝葡萄。令人欣喜的是，乡村地区尚未遭到破坏，村民们好客而真诚。首都基希讷乌的餐饮业很出色，热闹氛围令人惊喜。德涅斯特河对岸的德涅斯特河沿岸（Transdniestr）是一片独立地区，通行俄语。这里仿佛是一个时间停滞了的地方，让人有穿越回苏联时期的感觉，交通要道两边还排列着列宁的胸像。

何时去

基希讷乌

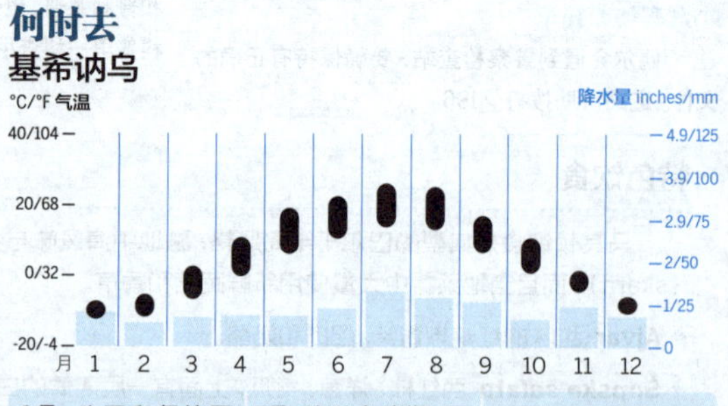

6月 公园和餐馆露台挤满学生，天气暖和。

7月 旅游高峰期，可以远足、参观酒庄和露营。

10月 10月的第一个周末是“国家葡萄酒节”。

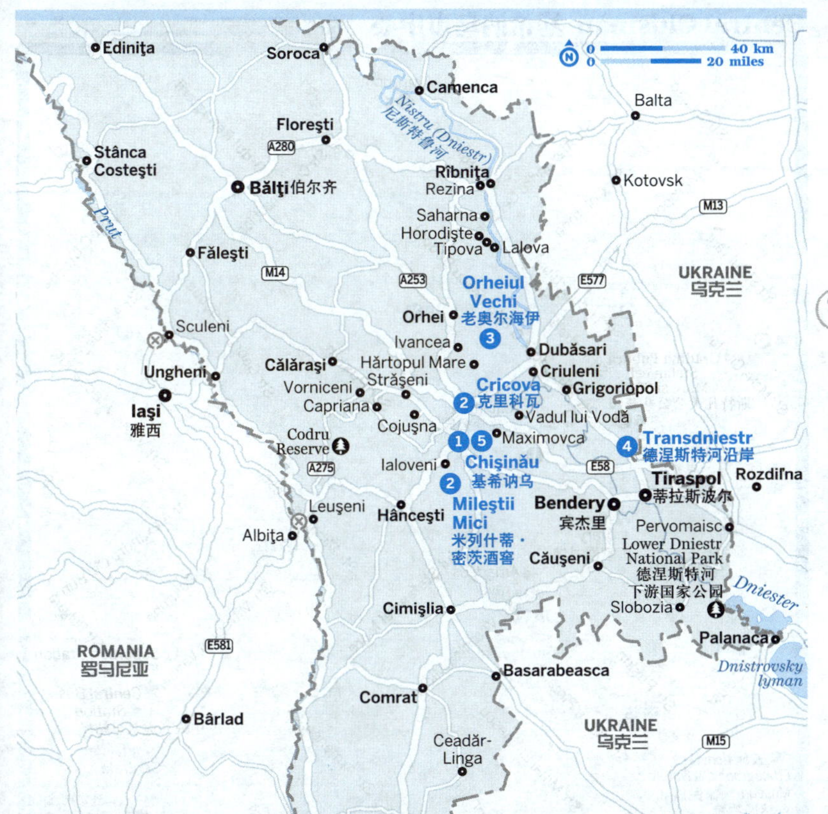

摩尔多瓦亮点

❶ 漫步在首都**基希纳乌**（见本页）令人惊讶的友好街道和公园中。

❷ 请一名司机带你去参观**米列什蒂·密茨酒窖**（见849页）和**克里科瓦**（见849页）这两个举世闻名的酒窖。

❸ 在位于**老奥尔海伊**（见848页）的精美洞窟修道院洗涤心灵，它是由13世纪的修道士挖建而成的。

❹ 另辟蹊径，去**德涅斯特河沿岸**（见850页）体验他们独特的"共和"风，这是一个仍对苏联顶礼膜拜、远离尘世的地方。

❺ 品尝基希纳乌各式各样精致的**美食**（见846页）。

基希纳乌（CHIȘINĂU）

☎22 / 人口674,000

首都基希纳乌［俄语中为基什尼奥夫（Kishinev）］到目前为止是摩尔多瓦最大也最充满活力的城市，也是主要交通枢纽。基希纳乌（发音为kish-i-now）城市历史可追溯到近600年前的1420年，但被第二次世界大战和1940年的那次灾难性地震夷为平地。20世纪50年代以后，城市按照苏联风格进行了重建，市中心和郊区主要都是实用主义（坦白说就是不太吸引人）的高楼。虽然如此，市中心却出人意料地呈现出一派绿色宁静的氛围。这里有两座大公园，主要大街均从树林中穿越而过，为其增添一丝静谧。

景点

大教堂公园和斯特凡大公公共花园 公园

（Parcul Catedralei & Grădina Publică Ştefan cel Mare şi Sfînt, Cathedral Park & Ştefan cel Mare Park; B-dul Ştefan cel Mare; ）这两座公园互为斜对角。它们都很受家庭游客的欢迎，长椅上有许多亲昵的青少年情侣。大教堂公园位于大公公共花园以北，有两座主要景点：东正教大教堂（Orthodox Cathedral）和凯旋门（Arc de Triomphe）。大公公共花园中的主要亮点是门口的**斯特凡大公雕像**（statue of Ştefan cel Mare）。

凯旋门 古迹

（Arc de Triomphe, Holy Gates; Parcul Catedralei）免费 基希讷乌的这座凯旋门建于19世纪40年代，是城市中心的标记物。其建造目的是纪念俄国军队对奥斯曼帝国的胜利。门中央经常会覆盖上摩尔多瓦国旗，很适合拍照。

国家考古和历史博物馆 博物馆

（Muzeul Naţional de Istorie a Moldovei,

Central Chişinău 基希讷乌市中心

景点

1 凯旋门 B3
2 国家考古和历史博物馆 A3
3 大教堂公园和斯特凡大公公共花园 B2
4 国会大厦 A2
5 普希金博物馆 C1
6 斯特凡大公雕像 A2

住宿

7 Art Rustic Hotel D2
8 Hotel Codru A3
9 Jazz Hotel C3
10 Tapok Hostel B5

就餐

11 Bastion A3
12 Grill House B5
13 Propaganda Cafe A4
14 Robin Pub B2
15 Vatra Neamului A4

饮品和夜生活

16 Delice d'Ange A3
17 Dublin Irish Pub C5
18 Tipografia 5 B3

娱乐

19 Opera & Ballet Theatre A2
20 Philharmonic Concert Hall C3

National Archaeology & History Museum; ☎240 426; www.nationalmuseum.md; Str 31 August 1989, 121a; 成人/学生 10/5列伊; ⊙周六至周四10:00~18:00; 📶)它是基希讷乌博物馆的鼻祖。二楼收藏着很多来自首都以北老奥尔海伊(Orheiul Vechi)地区的考古珍品，包括金帐汗国(Golden Horde)的钱币，还有苏联时代的武器和巨大的"二战"实景模型。

普希金博物馆 博物馆

(Pushkin Museum; ☎292 685; Str Anton Pann 19; 成人/学生 15/5列伊; ⊙周二至周日10:00~16:00)这是俄罗斯爱国诗人亚历山大·普希金(Alexander Pushkin, 1799~1837年)1820~1823年三年流放期间待的地方。可以参观他住过的小茅草屋，其中陈列了从前的家具和他的私人物品，包括写字台上一幅他敬爱的作家拜伦的肖像画。茅草屋对面的建筑中还有一座包括三间展室的文学博物馆，其中记录了普希金跌宕起伏的一生。

国家民族和自然博物馆 博物馆

[Muzeul Naţional de Etnografie şi Istorie Naturală, National Ethnographic & Nature Museum; ☎240 056; www.muzeu.md; Str M Kogălniceanu 82; 成人/儿童 15/10列伊，英语团队游(需提前安排)100列伊; ⊙周二至周日10:00~18:00]这个庞大精彩的博物馆其亮点是一副与实物一样大小、经过修补的恐兽(上新世——530万至180万年前的一种类似大象的哺乳动物)标本，于1966年在Rezine地区被发现。至少留出1个小时参观馆内的流行艺术品，动物标本以及涵盖地质学、植物学和动物学内容的展览。

住宿

基希讷乌的住宿环境正逐渐改善，但绝大多数还是指向高端，中低档选择很少。一个替代选择是可以租住公寓。可咨询**Marisha.net**(☎06 915 57 53, 488 258; www.marisha.net; 公寓 500~600列伊)或**Adresa**(☎544 392; www.adresa.md; B-dul Negruzzi 1; 公寓 500~1800列伊)，前者有廉价家庭寄宿和公寓选择。

Tapok Hostel 青年旅舍 €

(☎068 408 626; www.tapokhostel.com; Str Armeneasca 27a; 铺 150~180 列伊，房间 500 列伊; P ⊜ 📶)这家友好现代的青年旅舍提供有4、6和8床宿舍，位于靠近市中心的一处僻静位置，附近就有城市最好的酒吧和餐厅。免费的毛巾、储物柜和洗衣设备更添魅力。4床宿舍可以预订做独立房间。团队住宿需要提前发电邮咨询，或者询问是否可住。

★Art Rustic Hotel 酒店 €€

(☎232 593; www.art-rustic.md; Str Alexandru Hajdeu 79/1; 标单/双/套 950/1100/1300列伊; P ⊜ ❄ 📶)这家小型精品酒店距离市中心只需要步行10~15分钟，非常超值。13间客房各不相同，装潢都很有想象力(有些摆设有古董)。客房分两等："标准"和便宜些的

旅行线路

一周

以首都基希讷乌为大本营，去认识这个热情友好、正在迅速变化的城市。安排一天去参观位于老奥尔海伊（Orheiul Vechi）的洞窟修道院，那里会让你叹为观止。当地有许多久负盛名的葡萄园，挑一个去看看，可以欣赏美景并品尝美酒。回基希讷乌前，在世外桃源般的德涅斯特河沿岸住上一两晚。

十天

步调更加悠闲地走完一周行程，然后在基希讷乌周边的葡萄园逛逛，尽情购物到关税限额。到索罗卡过一夜，看看湍急的德涅斯特河岸边的那座让人难以忘怀的要塞。

"经济"型，后者要稍小一些。11号客房有一个漂亮的大露台。注意，没有电梯。

★Jazz Hotel 酒店 €€€

（☎212 626；www.jazz-hotel.md；Str Vlaicu Pârcălab 72；标单/双 1250/1800列伊；P ⊖ ❄ @ ⓦ）这家经营良好的现代酒店非常豪华，客房明亮干净，位置优越，就位于市中心。驾车游客会很高兴，因为可以免费使用后部的停车场。前台令人愉悦，会讲英语。早餐自助餐有熏三文鱼，很受欢迎。有一个小型商务中心，有电脑可供查看电邮。

★Hotel Codru 酒店 €€€

（☎208 104；www.codru.md；Str 31 August 1989, 127；标单/双 含早餐 1600/1800列伊起；P ❄ @ ⓦ）穿过沉闷的大厅，你将看到与之相反的漂亮客房，它们完全是豪华型（价格有些贵），让你达到"豪华"等级。酒店位于市中心，从公园过街即到，还有美丽的阳台和宽敞的浴室。其中还设有一间美味餐厅，大厅还有一间方便的葡萄酒商店。

就餐

基希讷乌的好餐厅数量多得让人吃惊。绝大多数都位于市中心的Str Bucureşti和Str 31 August 1989绿荫路两边的街区中。

Propaganda Cafe 各国风味 €

（☎060 096 666；Str Alexei Şciusev 70；主菜70~130列伊；⊙11:00至次日1:00；⊖ ⓦ ✎）强烈推荐这家针对学生的热门咖啡馆，其中提供的超赞主菜均是围绕着鸡肉、猪肉和牛肉大做文章，还有创意沙拉和甜品——价格都非常合理。葡萄酒单包括摩尔多瓦最好的一些葡萄酒，棒极了。店内装饰有古董，像是一座19世纪的玩偶屋，本身也值得参观一番。

★Vatra Neamului 摩尔多瓦菜 €€

（☎226 839；www.vatraneamului.md；主菜90~200列伊；⊙11:00至午夜；⊖ ✎ ▤）这个地方很棒，有迷人的怀旧风格和真诚友好的员工。菜单非常丰富，各种肉类的做法极具想象力。试想一下，猪肉炖玉米粥、加烤兔肉和鲑鱼的馅饼，更不用提丰富的素食料理了，很多人都是回头客。从位于Str Puşkin的大门进去。

★Robin Pub 各国风味 €€

[☎241 127；Str Alexandru cel Bun 83；主菜90~250列伊；⊙11:00至午夜；ⓦ]这家装修高雅的餐厅呈现出一种友好的当地酒馆氛围，价格合理。菜单上有煎蛋卷、意大利面和烧烤，包括处理得非常专业的肋眼牛排（150列伊），还有大量甜品。可坐在室内的黑色皮革座椅上就餐，也可以选择坐在外面门前的树下。

★Bastion 各国风味 €€

[☎060 706 070；www.bastion.md；Str Bucureşti 68（入口在Str 31 August 1989, 117）；主菜 130~200列伊；⊙11:00至午夜；⊖ ⓦ]这家高档的休闲餐厅提供超赞的烤肉和鱼，许多都是亚洲风味，外加大量的寿司。可在室内铺着白色亚麻桌布的餐桌就餐，也可在露台上休闲。葡萄酒单中包括当地最好的一些产品，例如Purcari、Chateau Vartely、Et'cetera等。

Beer House 各国风味 €€

（☎275 627；www.beerhouse.md；B-dul Negruzzi 6/2；主菜 75~250列伊；⊙11:00~

23:00；)这家酿酒厂兼餐厅有四种诱人的自制啤酒。菜式很多，可以先吃鸡翅开胃，最后吃烤兔肉或鸡肉配白兰地。休闲的氛围和细心服务更添魅力——夏季晚间套餐在露台上提供。

★ Grill House 各国风味 €€€

(224 509；Str Armeneasca 24/2；主菜150~300列伊；11:00至午夜；)外表看上去像是很平常的街头小店，但里面很时髦，提供城里最好的牛排，都是细心的员工在玻璃围起、带火炉的厨房中制作的。除了精心制作的肉食、海鲜和鱼之外，还有创意沙拉，再者，葡萄酒也很多。从街边那条氛围很好的小巷一直走就到。

饮品和夜生活

Delice d' Ange 咖啡馆

(245 139；Str 31 August 117/2；9:00~23:00；)这家位于市中心的咖啡馆提供多得令人眼花缭乱的美味糕点和咖啡（25列伊）。可在室内享用，露台上也有餐位。这里还有棵树，楼上还有儿童游乐区。

Dublin Irish Pub 小酒馆

(245 855；Str Bulgară 27；10:00~23:00；)这是家非常舒适的酒馆和餐厅，巨大的木梁构成起天花板，地板铺的是砖块。饮品价格不便宜，但那是市区少数能喝到健力士黑啤酒的地方，服务非常好。

Tipografia 5 现场音乐

(079 894 142；tipografia5.locals.md；Str Vlaicu Pârcălab 45；周日至周四 20:00至午夜，周五和周六 22:00至次日4:00)深夜在这里可享受俱乐部氛围，偶尔会有现场音乐演奏。氛围很适合学生，很时髦。节目多是独立/时尚音乐，有些夜晚是科技舞曲，有时则是迪斯科。

☆ 娱乐

Opera & Ballet Theatre 歌剧、芭蕾

(售票处 245 104；www.nationalopera.md；B-dul Ştefan cel Mare 152；售票处 周二至周五 10:00~13:00和14:00~18:00，周六和周日11:00~16:00)这是一家享誉全国的戏剧和芭蕾公司的所在地，从9月到次年6月都在推出新演出。

Philharmonic Concert Hall 古典音乐

(237 262，售票处 222 734；www.filarmonica.md；Str Mitropolit Varlaam 78)摩尔多瓦的国家交响乐团（National Philharmonic）的总部就在这里。

实用信息

医疗服务

市立临床急救医院(Municipal Clinical Emergency Hospital；急救 903，信息 248 435；Str Toma Ciorba 1；24小时)提供急救服务，而且大多时候都能找到讲英语的工作人员。

现金

Victoriabank(Str 31 August 1989, 141；周一至周五 9:00~16:00)

旅行社

Amadeus Travel(Lufthansa City Center；团队游 211 716；www.amadeus.md；Str Puşkin 24；周一至周五 9:00~19:00)提供多种国内游览项目，包括去克里科瓦（Cricova）、柯居斯纳（Cojusna）、米列什蒂·密茨酒窖（Mileştii Mici）、瓦特里城堡（Chateau Vartely）和普尔卡里（Purcari）等摩尔多瓦最著名葡萄庄园的葡萄酒之旅。

到达和离开

飞机

基希讷乌国际机场(Chişinău International Airport；KIV；525 111；www.airport.md；Str Aeroportului 80/3)是摩尔多瓦唯一的国际机场，在市中心西南16公里处。有定点飞往欧洲主要首都的航班，但没有摩尔多瓦国内的航班。

长途汽车

基希讷乌有3个长途汽车站：**中央长途汽车站**(Central Bus Station, Chişinău Gara；Str Mitropolit Varlaam)、**长途汽车北站**(North Bus Station, Gara de Nord；www.autogara.md)和**西南长途汽车站**(Southwestern Bus Station, Autogara Sud-vest或 Gara de Sud；www.autogara.md；Şoseaua Hânceşti 143)。此外还有一座小的**郊区汽车站**(Suburban Station, Casele Suburbane)。每座车站负责不同的目的地（并非全部都能从地理位

不要错过

老奥尔海伊修道院建筑群

老奥尔海伊（Orheiul Vechi）考古和教会建筑群位于奥尔海伊现代城区（基希讷乌东北方60公里处）东南20公里处，是该国最重要的历史遗址，自然风光荒凉而美丽。

这片野外建筑群坐落在鲁特河（Răut River）河岸高处一座偏远的岩石山脊上，其中有遗迹、防御工事、浴场、洞穴和修道院，横跨的历史从2000多年前的大夏部落最早期，到中世纪早期蒙古人和鞑靼人入侵年代，再到斯特凡大公统治时期，然后直至现代。

参观可从特雷布杰尼村［Trebujeni，主要公路边，就在到达布图凯尼（Butuceni）桥之前］附近的**老奥尔海伊展览中心**（Orheiul Vechi Exhibition Centre；☎235-56 137；orhei.dnt.md；Trebujeni；成人/优惠 10/5列伊；⏲周二至周日 9:00~18:00）开始。这座小博物馆中收藏有考古发掘中发现的文物，还有一座很有用的信息中心。探索遗址需步行，全部参观完需要约半天。

最壮观的景点毫无疑问是**洞窟修道院**（Cave Monastery, Mănăstire în Peşteră；www.orhei.dnt.md；Butuceni, Orheiul Vechi；自愿捐赠；⏲8:00~18:00）免费，它建在一座能眺望到平静河湾的山崖中。有一座小钟楼做标记，岩石上耸立着一座十字架。修道院是13世纪时由东正教修士挖掘的，直至18世纪一直无人居住。1996年，有少量修士回到这座与世隔绝的圣地，将其慢慢修复。可从钟楼所在小山脚下的一座砖石拱廊进入洞窟。

老奥尔海伊展览中心有6间宜人的客房（600列伊），还附设一座小餐厅。如果想要体会当地风情，可尝试**Agro Pensiunea Butuceni**（☎235-56 906；www.pensiuneabutuceni.md；Butuceni；房间 1000列伊；P ⊖ ❄ 令 ✉ 👪），这是一座精心修复的传统客栈，位于同名村庄的中央。

从基希讷乌出发，每天约有5班车从郊区汽车站（Suburban Station）开往特雷布杰尼（26列伊，约1小时）。

置上得到合理解释），所以提前了解你乘坐的汽车使用哪座汽车站非常重要。

常见的目的地及其所使用的车站包括布加勒斯特（Bucharest，中央长途汽车站；250列伊，10小时，每天5班）、基辅（Kyiv，长途汽车北站；280列伊，13小时，每天2班）、莫斯科（Moscow，长途汽车北站；800列伊，30小时，每天2班）、奥尔海伊/特雷布杰尼村（Orhei/Trebujeni，郊区汽车站；26列伊，1.5小时，每天5班）、索罗卡（Soroca，长途汽车北站；70列伊，4小时，班次频繁）和蒂拉斯波尔（Tiraspol，中央长途汽车站；35列伊，2小时，班次频繁）。www.autogara.md有在线时刻表（仅限罗马尼亚语），很有帮助。国际长途旅程的话，**欧洲巴士**（Eurolines；☎549 813；www.eurolines.md；Aleea Garii 1；⏲周一至周五 9:00~18:00）在火车站有办公室。

火车

国际列车从基希讷乌新翻修的火车站Aleea Gării出发，在Piaţa Negruzii的东南边。

从基希讷乌出发的车次一般可前往布加勒斯特（500列伊，14小时，每天1班）、蒂拉斯波尔（80列伊，2小时，每天1班）、敖德萨（Odesa，160列伊，5小时，每天1班）、莫斯科（900列伊，28~32小时，每天4~5班）和圣彼得堡（St Petersburg，1000列伊，40小时，每天1班）。

ℹ 当地交通

抵离机场

每20分钟就有从斯特凡大公公共花园附近的Str Ismail开往机场的maxitaxi 165号（3列伊）。从机场出发的话，这是最后一站。乘坐出租车（拨打☎14 222）前往市中心花费80~100列伊。

公共汽车和MAXITAXI

45路可从市中心前往长途汽车西南站，maxitaxi 117号则是从火车站前往同一目的地。1路公共汽车从火车站前往斯特凡大公公共花园。从市中心可乘坐无轨电车1、4、5、8、18和22路前往火车站，公共汽车2、10和16路可前往长途汽车西南站，maxitaxi 176和191号可前往长途汽车北站。公共汽车（2列伊）和无轨电车（2列伊）都是上车买票。市区和郊区村庄的大部分路线都是由风驰电掣的minitaxi（多人出租车）提供服务（3列伊，把钱付给司机）。maxitaxi的常规运营时间是6:00~22:00，然后车次减少一直到午夜。

基希讷乌周边（AROUND CHIŞINĂU）

克里科瓦（Cricova）

在摩尔多瓦众多的葡萄庄园中，**克里科瓦**（团队游 22-441 204；www.cricova.md；Str Ungureanu 1, Cricova；导览游 每人 200列伊起；周一至周五 10:00~17:00）可称是最著名的一处。它的地下酒窖王国位于基希讷乌北部15公里处，是欧洲最大的酒窖之一。120公里长的石灰地道建于15世纪，其中约60公里的墙面都摆满一排排酒。

团队游中最有趣的部分是一座葡萄酒杯形状的珍品收藏地窖，其中有约19瓶曾经属于纳粹党领袖赫尔曼·戈林（Hermann Göring）、一瓶来自捷克的1902年产的冰爵力娇酒（Becherovka）、一瓶来自耶路撒冷的1902年产的Evreiesc de Paşti以及一些"二战"前法国产的红葡萄酒。据说1966年苏联宇航员尤里·加加林（Yury Gagarin）进了酒窖，2天之后才（在搀扶下）出来。俄罗斯总统弗拉基米尔·普京（Vladimir Putin）甚至在这里庆祝他的50岁生日。

参观克里科瓦酒窖必须自备交通工具，而且要提前预约，或者让酒厂员工来基希讷乌接你。

米列什蒂·密茨酒窖（Mileştii Mici）

米列什蒂·密茨酒窖（团队游 22-382 333；www.milestii-mici.md；Mileştii Mici, Ialoveni；40分钟导览游 每人 200列伊；品尝和午餐 每人 500~900列伊；团队游 周一至周五 10:00、13:00、15:30）与克里科瓦类似，不过规模更大，可能也更令人难忘。它位于基希讷乌以南20公里处，靠近亚洛韦尼镇（Ialoveni），长约200公里。酒窖珍藏超过200万瓶，是吉尼斯世界纪录中收藏数量最多的。

每天有3次汽车导览游，不过需要提前电话或邮件预约。如果自驾车前来，最简单的办法是开自己的车穿过酒窖（有导游，小型汽车更方便）。或者，你也可以通过旅行社或者找个有车的人提前安排参观。

柯居斯纳城堡（Chateau Cojuşna）

柯居斯纳城堡葡萄园（Chateau Cojuşna vineyard；22-221 630；www.migdal.md；Str Mecanizatorilor 1, Străşeni；团队游 220~900列伊）位于基希讷乌西北13公里处斯特拉塞尼（Străşeni）地区的柯居斯纳村，这里的团队游服务很友好，而且价格也不贵，不过相较于规模更大、更热门的克里科瓦和米列什蒂·密茨酒窖，这里的环境更安静一些。

参观时长为1~3小时，包括一瓶礼品酒、品尝一顿热食，不过英语导游得提前预约。

不预约也可以，不过员工不一定会打开那些非常值价的葡萄酒品尝室，其中采用传统风格装饰，木头家具是由当地一个男孩和他的父亲打造的。不过商店里一般都可以购买葡萄酒（30~300列伊一瓶）。

从基希讷乌乘坐公共交通工具可以到达柯居斯纳，但不容易。maxitaxi的车次可从Calea Eşilor出发。从下客点下车后，继续走2公里就可到达酒庄。

索罗卡（Soroca）

230 / 人口37,000

索罗卡北城位于德涅斯特河（Dniestr River）河岸一个险要的位置，历史上对于摩尔达维亚公国的防卫起着至关重要的作用。这里的景点主要是**索罗卡要塞**（Soroca Fortress），它是14~16世纪摩尔达维亚王公所建的中世纪军事堡垒链中的一部分，用以防守公国的国界。这座要塞由斯特万大公所建，1543~1545年，其子Petru Rareş进行过重建。

景点

索罗卡要塞 要塞

（Soroca Fortress, Cetatea Soroca；30 430；Str Petru Rareş 1）这座宏伟建筑可追溯

到1499年，当时摩尔达维亚的斯特凡大公（Ştefan cel Mare）在此建造了一座木头要塞。16世纪中叶，其子Petru Rareş增建了5座石头堡垒，赋予其圆形的形状。要塞在本书调研时正关闭重建。

索罗卡历史和人种学博物馆 博物馆

（Soroca Museum of History & Ethnography; ☎22 264; Str Independenţei 68; 成人/学生 3/2列伊; ⏲周一至周五 10:00~13:00和14:00~17:00）这座小博物馆有考古发现、武器和人种学展览。

食宿

Hotel Central 酒店 €

（☎23 456; www.soroca-hotel.com; Str Kogâlniceanu 20; 标单/双 含早餐 500/600列伊; ）这家位于市中心的小型酒店部分改造过，是城里最好的住宿处。地面层的房间感觉有些潮湿，不太讨人喜欢，但是上面楼层环境有所改善。16号客房很舒适、干净，有一间簇新的浴室。小桑拿房和露台餐厅也很棒。

Nistru Hotel 酒店 €

（☎23 783; Str Alecu Russo 15; 房间 不带/带浴室 300/400列伊）简单干净，价格合理。

到达和离开

基希讷乌长途汽车北站每天有将近12班车次发往索罗卡（4小时）。

自驾车的话，从基希讷乌向北沿M2公路行进150公里即可直达。注意：在本书调研之时，这条公路正在进行大规模重修（奥尔海伊以北）。行程至少要预留3~4小时。

德涅斯特河沿岸（TRANSDNIESTR）

人口 505,000

他们自称为"德涅斯特河沿岸共和国"（有时称德涅斯特河沿岸，俄文为Pridnestrovskaya Moldavskaya Respublika，缩写为PMR），是德涅斯特河（Dniestr River）东岸一块狭长的土地。它可算得上是东欧最奇异的一片土地，一个只在他们心中存在、并不为世人所正式认可的"迷你国家"。

在摩尔多瓦人看来，德涅斯特河沿岸仍是本国领土的一部分，只是20世纪90年代早期在俄罗斯的支持下被非法强占。但德涅斯特河沿岸的官员却持不同观点，他们骄傲地认为自己已经过1992年血腥的内战获得"独立"。从那以后这里就进入微妙而痛苦的休战期。

近年来，从摩尔多瓦前往德涅斯特河沿岸相对来说已变得较为容易，而且绝对安全。游客可能会对这个特殊的地区感到诧异，这里仍然完全保留着苏联时代的造像（各处散落有许多列宁的胸像，值得拍照纪念），但同时也拥有自己的货币、警察、军队以及边境线。

蒂拉斯波尔（Tiraspol）

☎533 / 人口136,000

德涅斯特河沿岸的"首都"——至少官方称呼如此——也是摩尔多瓦的第二大城市。不过不要以为这里会像摩尔多瓦的首都那样一团混乱，这里的时间仿佛从苏联解体的那一刻起就停止了。这里的街道静得出奇，旁边的花坛被修剪得一丝不苟，到处都是苏联的痕迹：从街道标识到以共产党重要人物命名的、不许乱扔垃圾的公园等。蒂拉斯波尔（源于希腊语，意为"德涅斯特河上的小镇"）会是你见过的最奇异的地方之一。

景点

蒂拉斯波尔国家联合博物馆 博物馆

（Tiraspol National United Museum; ☎90 426; ul 25 Oktober 42; 门票 25卢布; ⏲周日至周五 10:00~17:00）它类似一个当地的历史博物馆，馆内有关于创办了第一所苏联化学学校的诗人Nikolai Zelinsky的展览。博物馆的对面是**"总统府"**（Presidential Palace），新任的"总统"Yevgeny Shevchuk在这里办公。在这里闲晃或照相都有可能受到盘问，而且会有警卫护送你离开。

战争纪念碑 纪念碑

（War Memorial; ul 25 Oktober）免费 在ul 25 Oktober街最西端，有一辆苏联装甲坦克，"德涅斯特河沿岸共和国"的国旗就在那里飘扬。其后是战争纪念碑和**无名烈士墓地**

过河前往德涅斯特河沿岸

所有前往德涅斯特河沿岸的游客在"边境"都需要出示有效护照。手续很简单，只需要约15分钟。需要扫描护照生成一张名为"外国旅客登记卡"(migration card)的纸条，上面会包括你的姓名、国籍和出生日期在内的基本信息。登记卡免费，允许你在境内停留10小时。纸条需要和护照一同保存好，离境时要上交(所以不要弄丢!)。

10小时对于大部分一日游都已足够，可以参观主要景点(或者从该国过境)。如果计划过夜，需要到蒂拉斯波尔(Tiraspol)的**OVIR**[☎533 55 047; ul Kotovskogo 2a(Str Cotovschi 2a); ⊙周一 9:00至正午，周二和周四 9:00至正午和13:00~16:00，周五 13:00~15:00]出入境管理处登记。高档酒店会帮你处理登记程序；如果住在青年旅舍或私人家中，需要同店主一同处理。

(Tomb of the Unknown Soldier)，一侧的永恒之火是为了纪念这些在1992年3月3日第一次战斗爆发时牺牲的战士。周末这里会摆满鲜花。

Kvint酒厂 白兰地酒厂

(Kvint Factory; ☎96 577; www.kvint.biz; ul Lenina 38; 团队游 180~900卢布)从1897年起，Kvint酒厂就一直在为摩尔多瓦生产最上等的白兰地。在工厂入口附近或市区几家Kvint商店中可以买一瓶欧洲最便宜的干邑白兰地(cognac，30卢布起)。品尝团队游价格为每人180卢布左右起，必须提前预约，一般都包含食物。

苏联大厦 著名建筑

(House of Soviets; ul 25 Oktober)苏联大厦高耸在ul 25 Oktober街的最东端，最高处有列宁怒目而视的半身像。

基洛夫公园 公园

(Kirov Park; ul Lenina)基洛夫公园位于ul Lenina街北侧和汽车、火车站之间，其中有一座基洛夫的雕像，1934年这位列宁格勒州委第一书记遭刺杀，此事很快引发苏联展开大规模镇压。

住宿

如果要过夜，必须在蒂拉斯波尔市中心的OVIR(见本页)注册。Marisha.net(见845页)可安排家庭寄宿。

Tiraspol Hostel 青年旅舍 €

[Bottle Hotel; ☎068 571 472; www.moldovahostels.com; ul Karla Marksa 13, Ternovka (Tîrnauca); 铺/房间 300/600卢布; P⊖📶🏊]看起来很难以置信，蒂拉斯波尔竟然有青年旅舍。这里由一个美国移民经营，提供有带浴室的大宿舍，还有青年旅舍中少见的便利设施，例如游泳池和网球场。房价含一次团队游。打电话或发电邮让他们来接你。青年旅舍位于蒂拉斯波尔城外3公里处的一片叫Ternovka的地区。

★ **Hotel Russia** 酒店 €€€

(☎38 000; www.hotelrussia.md; ul Sverdlova 69; 房间 含早餐 1100卢布; P⊖❄📶)这家大型豪华酒店于2012年热闹开张，装潢时髦，主要是为那些商务人士和追求舒适的人士所准备的。客房中有平板电视，时髦的浴室和舒适的床铺。酒店位于苏联大厦旁边的一条小街上。员工可处理登记表。

餐饮

★ **Kumanyok** 乌克兰菜 €€

(☎72 034; www.kumanyok.com; ul Sverdlova 37; 主菜 60~140卢布; ⊙9:00~23:00; 📶📋)这家时尚的传统乌克兰菜餐厅是德涅斯特河沿岸统治阶层的第二个家(外面的一排排黑色奔驰轿车就是证明)，采用伪乡村风格装潢，服务员都打扮成乡民的样子。菜单是丰盛的乌克兰风味，想象一下饺子、煎饼、鱼、羊肉，还有地道美味的罗宋汤(甜菜汤)。

Cafe Larionov 各国风味 €€

(☎47 562; ul Karla Liebknechta 397; 主菜 70~120卢布; ⊙9:00~23:00; 📶)名称来源于蒂拉斯波尔的先锋现代派画家米哈伊尔·拉里奥诺夫(Mikhail Larionov, 1881~1964年)。

供应受拉里奥诺夫时代文化风格（俄罗斯、犹太、摩尔多瓦）影响的当地菜肴，主打汤、炖菜和烤肉。有一座巨大的中庭，后面有一座舒适的露台。

Baccarat 夜店

（☎94 642；ul 25 Oktober 50；⏲17:00至次日4:00）这家时髦夜店中的饮品很贵，室内/户外都有餐位。经常举办卡拉OK之夜。

ℹ 实用信息

Transnistria Tour（☎069 427 502；www.transnistria-tour.com）强烈推荐这家公司，它向外国游客提供各种团队游和观光服务。它的英文网站很棒，是你开始计划旅行的不错参考。团队游主题包括苏联纪念遗址、白兰地、足球、生态游等，价格为每人每天300卢布起。

ℹ 到达和离开

长途汽车

汽车票只能以当地货币购买，不过在汽车和火车联合车站有兑换处。购票是在车站内。蒂拉斯波尔每天有8班到乌克兰敖德萨（Odesa，50卢布，3小时）的长途汽车。从5:00~18:00，几乎每半小时就有去基希讷乌（34卢布）的长途汽车/maxitaxi。19路无轨电车（2.50卢布）和快速maxitaxis19、20号（3卢布）可穿过德涅斯特河上的大桥前往宾杰里（Bendery）。

火车

每天有一趟很方便的火车从基希讷乌去敖德萨，每天9:20会在蒂拉斯波尔停靠。去敖德萨的票价为100卢布，行程2小时。每天晚上返回基希讷乌，在19:20停靠蒂拉斯波尔。

宾杰里（Bendery）

☎532 / 人口93,750

宾杰里（有时也称Bender，之前名为Tighina）位于德涅斯特河西岸，相比对岸的蒂拉斯波尔，这里绿化更好，审美上支持的人也更多。虽然有些建筑上还能看到内战留下的弹痕——宾杰里在1992年发生的军事冲突中遭到的打击最重——但市中心氛围却很友好轻松。

这里的亮点是一座令人印象深刻的奥斯曼要塞，即**宾杰里要塞**（Bendery Fortress，Tighina；☎48 032；www.bendery-fortress.com；ul Kosmodemyanskoi 10；门票 50卢布；⏲周一至周五 8:00~16:00，周六和周日 10:00~15:00）。它位于市中心以外，靠近宾杰里—蒂拉斯波尔大桥。要塞建于16世纪，见证了土耳其与俄罗斯之间所爆发的激烈斗争，之后在19世纪初，这里永远归于沙皇俄国统治。直至不久前，这里都还一直是俄罗斯军事基地，不对公众开放。现在可以从容参观了。

在城市入口靠近宾杰里—蒂拉斯波尔大桥的地方有一座纪念公园（memorial park），是为了纪念本地在1992年战争的遇难者。装甲坦克之前燃有长明火焰，坦克上升有国旗。市中心许多街道上都能看到内战遇难者的纪念建筑。

生存指南

ℹ 出行指南

住宿

基希讷乌的住宿环境正逐步改善，这里有许多非常好的高端酒店。但中低档住宿处的选择不多，这一问题仍继续存在。城市也许正以此为荣，这一点从高档酒店和廉价住宿处在质量和舒适程度上的巨大差异就能明显感觉到。

大多数城市都有社会主义时期遗留下来的小酒店，也都稍稍整修过。近年来，多数酒店都完全禁烟，或者至少提供了无烟房。

到达酒店后会被要求出示护照，填写一份身份信息简表。

露营地（popas turistic）很少，好在除了明令禁止的地区外，一般到处都可以野外露营。

偏远地区酒店稀少的情况下，作为补充，市民住宅改建的民宿和私人经营的家庭旅馆很多。**Moldova Holiday**（www.moldovaholiday.travel）有最新名录。

住宿价格区间

下列价格指的是双人间一晚的价格：

€ 低于€50

€€ €50~120

€€€ 高于€120

国家速览

面积 33,851平方公里

首都 基希讷乌

国家代码 ☎373

货币 摩尔多瓦列伊

紧急情况 救护车☎903，火警☎901，警察☎902

语言 摩尔多瓦语

现金 基希讷乌的自动柜员机到处都是，小城镇的数量较少

人口 360万（包括德涅斯特河沿岸地区）

签证 需提前申请电子签证，或持有效欧盟成员国签证免签。

营业时间

银行 周一至周五9:00~15:00

商业机构 周一至周五8:00~19:00，周六8:00~16:00

博物馆 周二至周日9:00~17:00

餐厅 10:00~23:00

商店 周一至周六9:00或10:00至18:00或19:00

货币

摩尔多瓦的货币是列伊（leu，复数为lei）。纸币面额分为1、5、10、20、50、100、200、500和1000列伊。1列伊等于100巴尼（bani）。硬币使用得较少，有1、5、10、25和50巴尼面额。

换取当地货币最简单的办法是，使用你本国的借记卡或信用卡从当地的自动柜员机中提取。基希讷乌市中心到处都有自动柜员机，但其他城镇较难找（有条件时存储些现金）。另外，也可以去银行兑换。

德涅斯特河沿岸唯一合法的货币是德涅斯特河沿岸卢布（Transdniestran rouble，简称TR）。一些出租司机、商店老板和市场小贩会收美元、欧元甚至摩尔多瓦列伊，但总的来说买东西还是需要卢布的。在走之前一定要把卢布用完，因为在德涅斯特河沿岸外就没人用卢布了，也换不了其他货币。

节假日

新年（New Year's Day）1月1日

东正教圣诞节（Orthodox Christmas）1月7日

国际妇女节（International Women's Day）3月8日

东正教复活节（Orthodox Easter）4月/5月

"二战"胜利日［Victory（1945）Day］5月9日

独立日（Independence Day）8月27日

国家语言日（National Language Day）8月31日

签证

摩尔多瓦允许持有效的欧盟成员国签证（包括申根签证，但不含过境签证）或居留许可的中国公民免签入境。在上述签证或居留许可有效期内，中国公民可在摩尔多瓦停留不超过90天（每180天内）。

不符合以上条件的中国公民可登录http://evisa.gov.md申请赴摩尔多瓦的电子签证，签证费用60欧元。

从2017年3月3日起，中国公民申请摩尔多瓦签证无需再提供经摩尔多瓦移民局审核发放的邀请函。更多申请要求可登录http://www.mfa.gov.md/entry-visas-moldova/了解。

摩尔多瓦驻华大使馆（☎8610 6532 5494；北京市塔园外交人员办公楼2-9-1）

抵达基希讷乌机场，或者是从罗马尼亚的三个边界点Sculeni（雅西以北）、Leuşeni（布加勒斯特—基希讷乌主要边界点）和Cahul乘长途汽车或自驾车入境，可获得签证。任何其他边境通道，以及乘火车入境都不能获得签证。

使领馆

中国驻摩尔多瓦大使馆（☎373 22 29 6104；md.chineseembassy.org；chnembassy@126.com；Str.M.Dosoftel 124，Chisinau，Republic of Moldova）

汇率

人民币	CNY1	MDL3.03
港币	HKD1	MDL2.54
新台币	TWD1	MDL0.60
澳门元	MOP1	MDL2.49
新加坡元	SGD1	MDL14.33
美元	USD1	MDL19.73
欧元	EUR1	MDL21.91

到达和离开

飞机

摩尔多瓦唯一的国际机场（见847页）在基希讷乌。

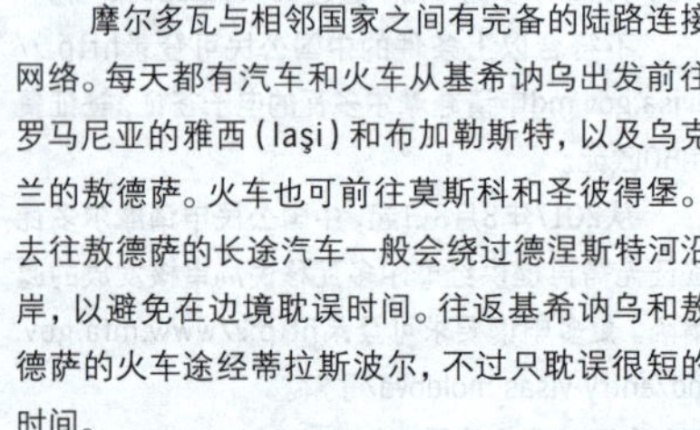

就餐价格区间

下列价格以一道主菜的均价为基础:

€ 低于€5

€€ €5~10

€€€ 高于€10

陆路

摩尔多瓦与相邻国家之间有完备的陆路连接网络。每天都有汽车和火车从基希讷乌出发前往罗马尼亚的雅西(Iaşi)和布加勒斯特,以及乌克兰的敖德萨。火车也可前往莫斯科和圣彼得堡。去往敖德萨的长途汽车一般会绕过德涅斯特河沿岸,以避免在边境耽误时间。往返基希讷乌和敖德萨的火车途经蒂拉斯波尔,不过只耽误很短的时间。

长途汽车

摩尔多瓦与欧洲中部和西部有较为完备的公路系统相连。虽然没有火车舒适,但长途汽车更为方便快捷,虽然价格不一定更便宜。

小汽车和摩托车

在边界处,司机需要出示有效的车辆注册登记、保险(绿卡)、驾驶执照(美国和欧盟都可)和护照。骑摩托车必须购买公路标签(贴纸)才能开上摩尔多瓦的公路。在边境处可购买。价格每7/15/30天为€2/4/7。

火车

从基希讷乌到莫斯科每天有4~5趟火车,每天也有一班车到圣彼得堡和乌克兰敖德萨(途经蒂拉斯波尔)。从布加勒斯特到基希讷乌有一趟夜间列车,时长12~14小时。

当地交通

公共汽车和MAXITAXI

摩尔多瓦的交通网络相当完善,公共汽车可到达各个村庄城镇,但路线常常让人眼花缭乱。maxitaxi和公共汽车走同样的路线,但是一般更加快捷、可靠。公共汽车2列伊,市区的maxitaxi 3列伊。

特色饮食

摩尔多瓦食物同罗马尼亚的极其相似。主要是传统食谱,采用农场产新鲜食材,而非复杂的制备方法。

- **Muşchi de vacă/porc/miel** 牛肉/猪肉/羊肉片。
- **Piept de pui** 无处不在的鸡胸肉。
- **Mămăligă** 一种里面带类似面包成分的燕麦粥,许多菜肴都会搭配。
- **Brânză** 摩尔多瓦最常见的奶酪是微咸且酸的羊奶制品,经常会搓碎,放在mămăligă上食用。
- **Sarma** 卷心菜包肉馅,或大米包肉,有点像土耳其的大米羊肉菜叶包(dolma)或是俄罗斯的菜叶卷(goluptsy)。
- **葡萄酒** 可从克里科瓦酒窖、瓦特里城堡、普尔卡里等许多当地高品质葡萄酒厂寻找瓶装酒。

黑山

包括 ➡

最佳餐饮

- Konoba Ćatovića Mlini（见862页）
- Galion（见861页）
- Restoran Lim（见858页）
- Taste of Asia（见858页）
- Juice Bar（见858页）

最佳住宿

- Palazzo Drusko（见861页）
- Palazzo Radomiri（见861页）
- Hotel Astoria（见858页）
- Old Town Hostel（见861页）
- Hikers Den（见865页）

为何去

试想一下，有这么一个地方，它的海滩如克罗地亚的蓝宝石海滩一样迷人，陡峭险峻的山峰堪比瑞士，峡谷如科罗拉多大峡谷般深邃，广场犹如威尼斯广场那样典雅，小镇和希腊的小镇一样古老。它被地中海气候包围，面积只有威尔士的三分之二，这就是黑山。

喜欢探险的游客在旺季时可以躲开海岸边汹涌的人潮，去攀登北面的险峰。毕竟在这片国土上，还有狼和熊出没在各个被遗忘的角落。

黑山，这个名字本来就会让人联想到浪漫和戏剧。在这片芬芳四溢的大地上游览，野草、松柏和地中海花朵散发出的香味沁人心脾。是的，它确实跟它的名字一样充满魔力。

何时去

波德戈里察

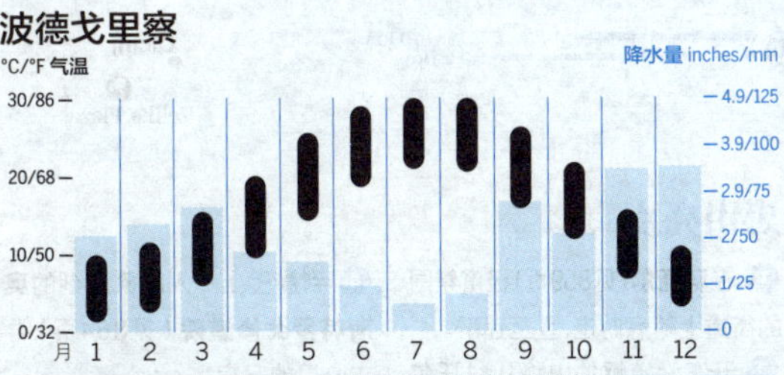

6月 要承受旺季的人潮和离谱的价格，不过可以尽情享受和煦宜人的天气。

9月 水温暖和，游人稍微少一些，价格持平。

10月 叶子变成金黄色，漫步在国家公园里，树叶就像一幅宽阔的黄色幕布。

黑山亮点

❶ 在**科托尔**（见859页）极富氛围的街道上随意游走，直至迷醉。

❷ 开车沿崎岖的山路从科托尔到**洛夫琴国家公园**（见863页）最高处的涅戈什陵墓。

❸ 去美丽的**佩拉斯特**（见862页）欣赏巴洛克式宫殿和教堂。

❹ 到崖壁上令人印象深刻的**奥斯特罗戈修道院**（见864页）寻求心灵的归宿。

❺ 在近千米深的**塔拉峡谷**（见865页）漂流，犹如在天堂穿行一般。

❻ 去古老的皇都**采蒂涅**（见863页）深入了解黑山的历史、艺术和文化。

❼ 去**布德瓦**（见857页）老城的碎石小巷里边喝咖啡边观赏来往的漂亮路人。

黑山海岸线（COASTAL MONTENEGRO）

从克罗地亚到群山环绕的科托尔湾（Bay of Kotor, Boka Kotorska）都是黑山的海岸线，风光绮丽优美。亚得里亚海岸（Adriatic coast）的景色更是美不胜收，在那里有一座座充满魅力的小山村，背后便是清澈见底的海水和柔软的沙滩，令人陶醉。

布德瓦（Budva） Будва

☎033 / 人口13,400

布德瓦是黑山的旅游热门城市，这里有充满氛围的老城（Old Town）和不计其数的海滩，可玩的地方很多。可惜现在被过度开发，城市原有的魅力多半已被榨取干净。不过，这里是沿岸最热闹的地方，所以如果你想参加聚会，这里是一个很不错的选择。

景点

布德瓦最有特色和吸引力的地方就是老城（Stari Grad），犹如一个小型的杜布罗夫尼克（Dubrovnik），有大理石镶嵌街道和威尼斯风格城墙，墙下就是清澈的河水。1979年的两场地震几乎销毁了这座城市，重建后这里的商店、酒吧和餐馆比住宅还多。

城堡 要塞

（Citadela；门票 €2.50；⏲5月至10月 9:00至午夜，11月至次年4月 至17:00）这座古老的城堡位于老城海边，景色美得令人窒息，里面有个小博物馆和一个图书馆，藏有非常珍贵的典籍和地图。城堡据说是在从前古希腊的卫城之上建造的，现存建筑历史可追溯到19世纪奥地利人占领时期。巨大的露台是每年一度的城市戏剧节（Theatre City Festival）的主要舞台。

城墙 要塞

（Town Walls；门票 €1.50）在老城靠近内陆地区的城墙周围有一条宽约1米的道路，城墙上面能看到城市屋顶的美景，俯视还能看到一些美丽的隐藏的花园。似乎只有在夏季旅游旺季才收门票；其余时间要么免费，要么锁闭。入口靠近城堡。

普洛切海滩 海滩

（Ploče Beach；www.plazaploce.com）如果布德瓦城的沙滩太过拥挤，那么可以到矮树成荫的半岛尽头这座小小的鹅卵石沙滩来，位于镇子以西10公里处（顺着前往科托尔的路行进，在贾兹海滩路口拐弯继续前进）。这里的海水晶莹透亮，不过如果你更喜欢淡水，这里的日光浴平台上也有一些小泳池。

贾兹海滩（Jaz Beach） 海滩

从高处的Tivat公路上俯视，贾兹海滩的蔚蓝海水和宽阔的沙质海滩尤为壮观。和布德瓦不一样，海滩上排列着躺椅、遮阳伞和喧闹的沙滩酒吧。朝海滩往布德瓦方向的尽头走，那里的沙滩更加隐蔽。

住宿

Montenegro Freedom Hostel 青年旅舍 €

（☎067-523 496；montenegrofreedom@gmail.com；Cara Dušana 21；铺/标双/双 €14/30/36；❄📶）这座便于交际的青年旅舍位于老城一处僻静角落，整洁的小房间散落在三幢建筑之中。露台和小庭院是举办即兴吉他演奏会的热门场所。

旅行线路

五天

以**科托尔**为大本营，去佩拉斯特度过一个下午，去布德瓦过上一整天。再花一天来探索**洛夫琴国家公园**和**采蒂涅**。

一周

最后两天，北上前往**杜米托尔国家公园**，路上一定要在**奥斯特罗戈修道院**停靠。花些时间来进行徒步、漂流和溪降。

Montenegro Hostel 青年旅舍 €

（☎069-039 751; www.montenegrohostel.com; Vuka Karadžića 12; 铺/房间 €12/40; ❄📶）这家色彩缤纷的小型青年旅舍位于老城深处（带上耳塞），是探访酒吧和海滩的完美基地。每一层都有厨房和浴室，顶楼的公共空间适合交际。

Hotel Oliva 酒店 €€

（☎069-551 769; www.hotel-oliva.com; Velji Vinogradi bb; 房间 €50; P❄📶）没有任何华而不实的东西，只有温暖的招待、干净舒适且带阳台的客房，美丽的花园中长着橄榄树，酒店的名称也来源于此。无线网络在餐厅中接收不到。

★ **Hotel Astoria** 酒店 €€€

（☎033-451 110; www.astoriamontenegro.com; Njegoševa 4; 标单/双 €115/130起; ❄📶）走进这座隐藏在老城要塞之中的休闲精品酒店，在走廊墙下能看到莹莹闪光的水波。客房虽然有些小，但家具很漂亮；海景套房引人入胜。

Villa M Palace 公寓 €€€

（☎067-402 222; www.mpalacebudva.com; Gospoština 25; 公寓 €110起; P❄📶）这家公寓位于靠近老城的一片新开发的现代化街区中，有一种诱惑的魅力。电梯中闪烁着枝形吊灯，黑暗走廊中的墙壁也在闪闪发光——这时候你甚至还没走进那奢华的1~3床公寓呢。

就餐

★ **Juice Bar** 咖啡馆 €

（www.juicebar.me; Vranjak 13; 主菜 €3~10; ⏰8:30至深夜）这家位于老城阳光广场上的国际风格咖啡馆也许会提供美味的果汁、冰沙和奶昔，但这只是其中的一部分而已。菜单上的热门选择包括简式早餐、沙拉、吐司三明治、烤干酪辣味玉米片、意式宽面、蛋糕和松饼。

★ **Restoran Lim** 欧洲风味 €€

（Slovenska Obala; 主菜 €6~19; ⏰8:00至次日1:00）坐进雕刻得像王座一般的木头椅子中，大口品尝烤肉和鱼类、家常腊肠、比萨、奶油里脊丝、巴黎小牛肉或炸肉排。章鱼沙拉超赞。

★ **Taste of Asia** 亚洲菜 €€

（☎033-455 249; Popa Jola Zeca bb; 主菜 €10~15; ⏰正午至22:00）黑山事实上是不存在辛辣食物的，因此这家迷人的小餐厅就成了热门的惊喜。菜单让人仿佛到了东方，有来自印尼、马来西亚、新加坡和越南的菜式，不过最让人流连忘返的还是泰国菜和中国菜。

Knez Konoba 黑山菜、海鲜 €€

（Mitrov Ljubiše 5; 主菜 €8~17; ⏰正午至23:00）这家极富氛围的小餐厅隐藏在老城的小巷中，只有三个户外餐桌和几张室内就餐位。传统菜肴外观美丽，而且经常搭配免费的rakija（水果白兰地）。

Porto 黑山菜、海鲜 €€

（☎033-451 598; www.restoranporto.com; City Marina, Šetalište bb; 主菜 €7~18; ⏰10:00至次日1:00）从海滨步道沿一座小拱桥跨过鱼塘就到了这座浪漫餐厅，其中有打着滑稽领结的侍者端着一盘盘新鲜的海鲜在餐桌间来回穿梭。食物很美味，葡萄酒单上提供有大量来自本地区的酒。

🍷 饮品和夜生活

Casper 咖啡馆、酒吧

（www.facebook.com/casper.budva; Petra I Petrovića bb; ⏰6月至9月 10:00至次日1:00，10月至次年5月 17:00至次日1:00; 📶）来这家位于老城的美丽咖啡馆兼酒吧的松树下休息一下吧。7月起有DJ打歌，曲种从雷鬼到浩室都包括。9月还举办自己的爵士音乐节。

Top Hill 夜店

（www.tophill.me; Toplški Put; 活动 €10~25; 7月和8月 23:00至次日5:00）这家位于Topliš山顶的顶级露天夜店会吸引多达5000名客人来这里狂欢，这里有顶级的音响和灯光，无敌的海景，大牌巡回DJ和当地流行歌手的表演。

ℹ 实用信息

旅游局办事处（☎033-452 750; www.budva.

值得一游

更多探索

新海尔采格(Herceg Novi)这是一条热闹的海滨步道，位于筑有防御工事的中心城区之下，阳光明媚的广场上有咖啡馆和教堂。

圣斯特凡岛(Sveti Stefan)俯视这座建有城墙的岛屿村庄(现在是一座豪华度假村)里令人难以置信的美景，这里是整个亚得里亚海岸上最值得大声惊呼"哇"的地方。

乌尔齐尼(Ulcinj)宣礼塔和厚重的城墙占据天际线，这里为海滨度假游客提供激动人心的旅游环境。

波德戈里察(Podgorica)这里是黑山的现代化首都，有各种咖啡馆，还有许多绿色空间和一些优秀的画廊。

斯库台湖国家公园(Lake Skadar National Park)巴尔干半岛最大的湖泊，其中散落着岛屿修道院，是迁徙鸟类的重要庇护所。

拜奥格拉斯卡戈拉国家公园(Biogradska Gora National Park)原始森林的中央有一座美丽湖泊。

travel; Njegoševa 28; ⌚6月至8月 周一至周六 9:00~21:00，9月至次年5月 周一至周六 8:00~20:00)

到达和离开

长途汽车站(☎033-456 000; Popa Jola Zeca bb)有许多班车到科托尔(€3.50)和采蒂涅(€3.50)，每天还有1班车前往扎布利亚克(Žabljak, €15)。

科托尔(Kotor) Котор

☎032 / 人口13,500

科托尔这座风景优美的城市镶嵌在大片群山和一个忧伤的海湾角落之间，将历史的优雅魅力与繁华热闹的街头文化完美地结合在一起。科托尔那坚固的古城墙矗立在山坡上，被灰色的山影所掩藏，难以分辨。但当夜幕降临，城墙被美丽的灯火照亮，倒映在水中，一个金色的光环就环绕在小镇之上。在城墙内有迷宫般曲折的大理石街道，其间散布着教堂、商店、酒吧和餐馆，漫步其中必定会让你流连忘返。

景点和活动

在科托尔最棒的事就是在那迷宫般的街道中迷失，然后自行找到出口。你很快就会熟悉每个街角，因为镇子很小，不过这里有许多教堂可以参观，绿荫广场上也有许多咖啡馆可供你休息一下，品尝咖啡。

海门 城门

(Sea Gate, Vrata od Mora)这里是城镇的主要入口，建于1555年，当时这里还归威尼斯人统治(1420~1797年)。可寻找圣马可(St Mark)的带翅膀的狮子，这是威尼斯的象征，威风地耸立在这里的城墙上，城镇里其他几处地方也有。城门之上有一颗社会主义之星，是为了纪念城市从纳粹统治下获得解放，还有一句提托(Tito)的名言。

穿过城门的时候，可以注意在圣特勒弗(St Tryphon)和圣伯纳德(St Bernard)环绕中的圣母子石头浮雕。穿过城门走进**武器广场**(Trg od Oružja)，在**钟楼**(clock tower, 1602年)前能看见一座奇怪的石头金字塔；它曾经被用来作为羞辱任性城民的**示众物**(pillory)。

城墙 要塞

(Town Walls; 门票 €3; ⌚24小时，5月至9月 8:00~20:00收费)科托尔的这座要塞于9世纪在圣约翰山(St John's Hill)上建起，14世纪时加筑了一道防护性围墙；直至19世纪才竣工。这座宏伟的城墙有1350级台阶，升高1200米到达防御工事的高度，比海平面要高260米。北门附近和Trg od Salate之后有入口；要避免在炎热的白天前往，记得多带水。

Kotor 科托尔

圣尼古拉斯教堂 教堂

(St Nicholas' Church, Crkva Sv Nikole; Trg Sv Luke)在这座相对较朴素的东正教教堂(1909年)里能闻到焚香和蜜蜡的味道。寂静的氛围、圣像屏风上银质的浅浮雕挂屏、阴暗的木质结构、纯灰色的墙壁、穹顶上滤下来的光线、简单的彩绘玻璃，这一切共同营造出一种神秘的氛围。

圣特勒弗大教堂 教堂

(St Tryphon's Cathedral, Katedrala Sv Tripuna; Trg Sv Tripuna; 门票 €2.50; ⌚8:00~19:00)这座天主教大教堂是科托尔最壮观的建筑，它在12世纪封圣，但因为遭遇过几次地震破坏，因此重建了几次。1667年整个正面结构都被毁坏了，因此增建了巴洛克式钟楼；其中左边的那座现在仍未完工。大教堂内部采用柔和色调装饰，交错建有细长的科林斯式石柱和粉色石柱，它们向上伸展支撑起一系列拱形屋顶，可谓罗马式建筑的杰作。镀银的浅浮雕祭坛屏风被认为是科托尔最珍贵的宝物。

Kotor 科托尔

朱尔迪克门 城门

(Gurdić Gate, Vrata od Gurdića)很少有游客会前往城市的最南端，这里的房屋逐渐收缩形成一条狭长的走廊，通往这座堡垒和城门(其中有些部分历史可追溯到13世纪)。这里还有一座吊桥横跨在朱尔迪克河上。没有了拥挤的人群，你很容易就会觉得自己是穿越了时空。

A Day Out On Monty B 航海

(www.montenegro4sail.com; 每人 €79起)如果没有€1000来享受豪华游艇，那就乘坐英国移民Katie和Tim(和他们的两只小狗)这艘44英尺长的双桅小帆船去航行吧，这里也是他们的家(和狗舍)。

食宿

虽然老城是个迷人的住宿处，但最好还是带上耳塞。夏季每晚直到夜里1点仍能听到街上传来的酒吧音乐声，而拾荒者6点左右就发出丁零当啷的声音。最好的住宿选择是在科托尔城外安静的多布洛特(Dobrota)。可在游客信息亭询问私人住宿处。

★Old Town Hostel 青年旅舍 €

(☎032-325 317; www.hostel-kotor.me; 靠近Trg od Salata; 铺 €12~15, 房间 不带/带浴室 €39/44, 公寓 €49;)如果Bisanti家族的亡魂在他们的这座13世纪的宫殿(宏伟大楼)要被改建成青年旅舍时有过担心，那现在他们一定也大喜过望。翻新给这里带来了活力，古城墙悬挂的Bisanti家族盾徽下回荡着游客欢乐的笑声。

★Palazzo Drusko 客栈 €€

(☎032-325 257; www.palazzodrusko.me; 靠近Trg od Mlijeka; 标单/双 €49/75起;)这座拥有600年历史的庄严宫殿是一个令人难忘的住宿处，这里很有特色，其中装饰着许多古董，地址就在老城的中心。附加的贴心设施还包括一座客用厨房、3D电视以及老派的收音机，可以播放黑山音乐。

Hotel Monte Cristo 酒店 €€

(☎032-322 458; www.montecristo.co.me; 靠近Trg Bokeljske Mornarice; 房间/公寓 €90/125起;)虽然不是为了赢取什么时髦的设计大奖，但这座古老的石头酒店提供热情的服务和干净明亮的瓷砖地板客房，位置就在市中心。楼下有餐厅，所以会有些吵。

★Palazzo Radomiri 酒店 €€€

(☎032-333 172; www.palazzoradomiri.com; Dobrota 220; 标单/双/套 €110/140/200起; ⊙4月至10月; P)这座蜂蜜色调的宫殿建于18世纪早期，位于老城以北4公里处的多布洛特海滨，现已被改造为一座一流的精品酒店。有些房间与其他房间相比更大，但是所有的10间房都能看到海景，且都配备奢华的家具。有小型工作区、桑拿、游泳池、私人码头、酒吧和餐厅可供使用。

Forza Mare 酒店 €€€

(☎032-333 500; www.forzamare.com; Kriva bb, Dobrota; 房间 €200起; ⊙4月至10月; P)还没走进酒店前门，就有一座拱桥横跨在贴有瓷砖的小游泳池上，水滴落在大理石、板岩上，呈现出一派奢华。楼下有个小型私人海滩，还有一家高档餐厅和一座水疗中心。

★Galion 海鲜 €€€

(☎032-325 054; Šuranj bb; 餐 €12~23; ⊙正午至午夜)这家极其高端的餐厅环境非常

浪漫，能透过码头上的无数游艇直接眺望到老城。鲜鱼是主打，不过你也会看到牛排和意大利面。冬季一般会歇业。

实用信息

游客信息亭（Tourist Information Booth；☎032-325 950；www.tokotor.me；Vrata od Mora外；⏲4月至11月 8:00~20:00，12月至次年3月 8:00~17:00）有免费地图和宣传册，能帮助联系私人住宿处。

到达和离开

长途汽车站（☎032-325 809；⏲6:00~21:00）在小镇南边，紧邻去往蒂瓦特（Tivat）隧道的公路。坐长途汽车可以到布德瓦（€3.5，40分钟），每小时至少1班，每天还有2班车可去扎布利亚克（€13，3.5小时）。

坐出租车到蒂瓦特机场要花€10左右。

佩拉斯特（Perast） Пераст

☎032 / 人口270

佩拉斯特看上去犹如一块威尼斯，奔涌到亚得里亚海（Adriatic），然后自己停靠在科托尔海湾旁。回忆佩拉斯特昔日富有强大的时光，总是让人忧伤。这个小镇面积虽小，但却有着16座教堂和17座宏伟的宫殿（palazzi）。

值得一游

黑山最具氛围的餐厅

Konoba Ćatovića Mlini（☎032-373 030；www.catovicamlini.me；主菜€12~25；⏲11:00~23:00）曾经是农村作坊，加上周围流淌的小河，看起来像是一个简陋的家庭经营场所（Konoba），但实际上这可是黑山最好的餐厅之一。你可以一边品尝着梦幻的面包和橄榄油，一边看着鹅群在一旁悠闲散步，它们好像餐桌上不请自来的食客。鱼是这里的招牌菜，此外也有传统Njeguši特色菜品。餐厅位于科托尔湾内陆西角的莫利吉村（Morinj）。

景点

圣乔尔杰和岩上圣母岛 群岛

（Sveti Đorđe & Gospa od Škrpjela）在佩拉斯特沿岸的不远处有两座风景尤其美丽的小岛。其中较小的一座**圣乔尔杰岛**（St George）是从一座暗礁上伸展而出，上面有一座笼罩在柏树绿荫之下的本笃会修道院。有渡轮（往返€5）可载人前往大些的**岩上圣母岛**（Our-Lady-of-the-Rocks），这座岛是15世纪围绕着一座岩石人工建造的，当时在那里找到了一幅圣母像。每年的7月22日，当地人都会带着石头前来继续建岛的工作。

圣尼古拉斯教堂 教堂

（St Nicholas' Church，Crkva Sv Nikole；宝库€1；⏲10:00~18:00）这座大型教堂一直没有完工，因为它于17世纪开始修建，而当时海湾的天主教教会已经开始急剧衰落，有人猜测它可能永远也不会竣工了。其中的宝库里有美丽的刺绣法衣，以及各种圣人的遗物。登上55米高的宏伟钟楼，能眺望到海湾的风景。

佩拉斯特博物馆 博物馆

（Perast Museum，Muzej grada Perasta；成人/儿童€2.50/1.50；⏲9:00~19:00）这座Bujović宫的历史可追溯到1694年，一直受到悉心保护，现在改造成博物馆，用于展出镇上引以为傲的航海历史。建筑本身就值得游览，其阳台能为拍照提供非常好的背景。

食宿

Hotel Conte 公寓 €€€

（☎032-373 687；www.hotel-conte.com；公寓€80~160；❄📶）这里不像是一座酒店，因为它是由一系列豪华的工作室、1床和2床公寓散落在圣尼古拉斯教堂附近的历史大楼中组成。从石头墙壁中能一眼看出其古老的历史，但在时髦的公寓中却还配备有完全和传统不搭边的现代按摩浴缸和桑拿设备。多花€20可以享受到海景。

Per Astra 酒店 €€€

（☎032-373 608；www.perastra.me；套€169~329；⏲4月至10月；P❄📶🏊）这座古老的石头建筑位于镇子的最高处（有台阶上去，

不过夜里会很麻烦），提供的11间套房装潢炫目，景观迷人，还有一座小游泳池。

Restaurant Conte 海鲜 €€€

（☎032-373 687；主菜 €9~20；⏰8:00至午夜；📶）位于Hotel Conte酒店的海滨鲜花露台上，氛围非常浪漫。有许多鲜鱼可供选择；挑中的就拿回厨房，烹饪好之后用银质餐具呈上餐桌。

ℹ 到达和离开

镇子两边都有付费的停车场，汽车不允许进城。

镇子最高处的主路上每小时至少有一辆公共汽车停靠。去往海湾上介于科托尔（25分钟）和新海尔采格（Herceg Novi，40分钟）之间任何地区花费都不到€3。

黑山中部 (CENTRAL MONTENEGRO)

花一天时间就可以从海岸到达黑山的地理、文化和政治中心。不过，这里值得多待几天。它算得上是名副其实的黑山中心，有高耸的山峰、隐蔽的修道院、陡峭的峡谷和历史重镇。

洛夫琴国家公园（Lovćen National Park） Ловћен

耸立在科托尔背后的就是洛夫琴山（海拔1749米），这座黑山赋予该国家名字[Crna Gora（Montenegro），在黑山语和意大利语中，crna/negro和gora/monte分别表示"黑色"和"山"的意思]。这里在所有黑山人心目中都占据着特殊的地位。在黑山历史的绝大多数时间里，它都代表着整个国家——一个在奥斯曼帝国之海中坚持抵抗的岩石岛屿。古都采蒂涅就在其山脚。

国家公园占地6220公顷，其中纵横交错的步道都设有明显的路标。

👁 景点和活动

涅戈什陵墓 纪念碑

（Njegoš Mausoleum，Njegošev Mauzolej；门票 €3；⏰8:00~18:00）这座宏伟的陵墓（建于1970~1974年）是洛夫琴的重要景点，它位于其中的第二高峰——耶泽尔峰（Jezerski Vrh，海拔1657米）顶部。走上461级台阶到达入口，这里有两座花岗岩雕刻的女巨人塑像，守卫着黑山最伟大英雄的陵墓。步入之后，在一座金色马赛克镶嵌画的穹顶下，28吨重的佩塔尔二世佩特罗维奇·涅戈什（Petar Ⅱ Petrović Njegoš）雕像就安息在老鹰的双翼之下。这座雕塑采用一块黑色花岗岩雕成，其作者是克罗地亚艺术家Ivan Meštrović。

Avanturistički Park 探险运动

（☎069-543 156；Ivanova Korita；成人/儿童 €18/12；⏰6月至8月10:00~18:00，5月、9月和10月周六和周日 正午至18:00）这座占地2公顷的探险公园设有飞索和绳索课程，包括各种难度，位于国家公园游客中心附近的树林中。

ℹ 实用信息

国家公园游客中心（National Park Visitor Centre；www.nparkovi.me；Ivanova Korita；⏰9:00~17:00）提供有4床平房住宿（€40）。

ℹ 到达和离开

如果自驾车，那从科托尔或采蒂涅都可到达（门票€2）。观光巴士是公园内唯一的交通工具。

采蒂涅（Cetinje） Цетиње

☎041 / 人口14,000

采蒂涅是由一个小山谷发展而来的城市，被粗犷的灰色山脉环抱。前首都与快速发展的村落成为一个古怪的混合体，导致平房和雄伟的大厦都在一条街上。

👁 景点

黑山国家博物馆（National Museum of Montenegro）实际上是四个采蒂涅博物馆和两个美术馆组合而成的。买联票可以去这些所有的地方（成人/儿童€10/5），也可以单独购票。

历史博物馆 博物馆

（History Museum，Istorijski muzej；☎041-

不要错过

奥斯特罗戈修道院（OSTROG MONASTERY） ОСТРОГ

静静矗立在泽塔谷（Zeta valley）的900米悬崖上，闪着白光的东正教修道院（1665年）是一个不可思议的地方，让人觉得它好像是从石头里长出来一般。

下修道院（Lower Monastery）附近有一家客栈，提供干净整洁的房间（€5），仅供同性别的客人居住。不过在夏季，那些去上修道院（Upper Monastery）的朝圣者们，可以睡在免费提供的垫子上。没有公共交通到这里，不过有很多的旅游巴士从海岸发车来这里。

230 310；www.mnmuseum.org；Novice Cerovića 7；成人/儿童 €3/1.50；⏲9:00~17:00）这座迷人的博物院位于采蒂涅最宏伟的建筑之中，从前是国会（1910年）的所在地。馆内陈设齐备，按照时间顺序从石器时代直到1955年。这里英语信息牌很少，不过热情的员工会带着你四处参观让你有一个总体印象，之后才会让你自由探索。

门的内哥罗美术馆 美术馆

（Montenegrin Art Gallery，Crnogorska galerija umjetnosti；www.mnmuseum.org；Novice Cerovića 7；成人/儿童 €4/2；⏲9:00~17:00）藏品分别位于从前的国会和主街上一座引人注目的现代建筑中（主要用于临时展览）。黑山所有伟大的艺术家都有陈列，其中最著名的（Milunović、Lubarda、Đurić等）还有单独的展厅。

尼古拉国王博物馆 宫殿

（King Nikola Museum，Muzej kralja Nikole；www.mnmuseum.org；Dvorski Trg；成人/儿童 €5/2.50；⏲9:00~17:00）这座建于1871年的宫殿是黑山最后一位国王的住所，必须由导游带领你进入（可能需要等待队伍满员）。虽然在第二次世界大战中曾遭受洗劫，但仍有很多的豪华家具、庄重的肖像画和动物标本展现宫廷的灵魂。

涅戈什博物馆 宫殿

（Njegoš Museum，Njegošev muzej；www.mnmuseum.org；Dvorski Trg；成人/儿童 €3/1.50；⏲9:00~17:00）这座城堡般的宫殿是黑山最爱的儿子、采邑主教、诗人佩塔尔二世佩特罗维奇·涅戈什（Petar Ⅱ Petrović Njegoš）的居所。宫殿在1838年由俄罗斯人资助兴建，其中有这个国家的第一个台球桌，因此博物馆也叫台球桌博物馆。

采蒂涅修道院 修道院

（Cetinje Monastery，Cetinjski Manastir；⏲8:00~18:00）这座修道院曾经历过四次幸运时刻，它在奥斯曼帝国的进攻下多次被毁，但每次都被重建起来。现在的这座坚固建筑建于1786年，只有外部装饰的石柱是1484年原有建筑材料循环使用的。

食宿

Pansion 22 民宿 €

（☎069-055 473；www.pansion22.com；Ivana Crnojevića 22；标单/双 €22/40；📶）他们也许不擅长英语或者回复邮件，不过经营这家中心宾馆的家庭成员们非常热情好客。房间布置略显简单，不过却整洁舒服，顶楼的房间还能看到山地风光。

Kole 黑山菜、欧洲菜 €€

（☎041-231 620；www.restaurantkole.me；Bul Crnogorskih Junaka 12；主菜 €3~12；⏲7:00~23:00）这家时尚的餐厅有煎蛋卷和意大利面，不过最棒的是当地的特色。尝一尝Njeguški ražanj，即填有pršut（火腿）和奶酪的烟熏烤肉。

实用信息

旅游信息中心（☎041-230 250；www.cetinje.travel；Novice Cerovića bb；⏲3月至10月 8:00~18:00，11月至次年2月 至16:00）

到达和离开

长途汽车站在Trg Golootočkih Žrtava，离主干道有两个街区。到布德瓦有定点班车（€3.50）。

杜米托尔国家公园（Durmitor National Park） Дурмитор

☎052

这个国家公园（门票€3）里景色宏伟壮观，历经冰与水打磨的石灰石地貌令人叹为观止。杜米托尔山脉有48座超过2000米的高峰，其中最高的博博托夫库克山（Bobotov Kuk）高2532米。其中散落的18个冰川湖被称为gorske oči（山之眼）。最大的黑湖（Black Lake, Crno jezero）从公园主要入口扎布利亚克（Žabljak）徒步3公里可到，一路景色宜人。国家公园北边的山脉看上去像是本地软酪被刀切过一片似的。塔拉河（Tara River）形成的峡谷最深处有1300米。

每年12月至次年3月，这里是一个滑雪胜地。到了夏季，人们又会云集此地，进行徒步旅行或漂流。

活动

两天的漂流是这个国家最有吸引力的户外旅游活动（仅在5月至10月开放）。大多从海岸出发的一日游都是游览河流的最后18公里，那不在国家公园的范围，所以可以省一笔门票钱。这一部分的激流最多——但是激浪漂流就不要想了。

Summit Travel Agency 探险观光

（☎052-360 082; www.summit.co.me; Njegoševa 12, Žabljak; 半/1/2天漂流 €50/110/200）这家历史悠久的旅行社除了漂流外，还组织有吉普车团队游、山地自行车租赁和峡谷漂流探险。

住宿

★**Hikers Den** 青年旅舍 €

（☎067-854 433; www.hostelzabljak.com; Božidara Žugića bb, Žabljak; 铺 €11~13, 标单/双 €22/35; ⏲4月至10月; @📶）这座适合社交的休闲住宿处包括三座相邻的建筑，是迄今为止北部最好的青年旅舍。如果热衷漂流和溪降运动，这里的店主会很高兴组织。

Eko-Oaza Suza Evrope 小屋、露营地 €

（☎069-444 590; ekooazatara@gmail.com; Dobrilovina; 露营点 每帐篷/人/露营车 €5/1/10, 小屋 €50; ⏲4月至10月）由4座舒适的小木屋（每间屋住5个人）和河上一片茂盛的草坪组成。这个家庭经营的"生态绿洲"可以让你真切地感受到黑山人民的热情好客。可要求提供家常饭食，还可组织漂流和吉普车巡游。

Hotel Soa 酒店 €€

（☎052-360 110; www.hotelsoa.com; Put Crnog Jezera bb, Žabljak; 标单/双/套 €60/75/120起; 📶）这家时髦的新酒店里的客房都配备有淋浴喷头、Etro的化妆用品、浴袍和拖鞋。此外这里可租赁自行车（每小时/天 €2/10），还有一个运动场和一间餐厅。

实用信息

杜米托尔国家公园游客中心（☎052-360 228; www.nparkovi.me; Jovana Cvijića bb; ⏲周一至周五 7:00~15:00）这座游客中心位于去往黑湖的路上，包括一座介绍公园动植物的小型博物馆。出售有徒步地图和指南。

到达和离开

长途汽车站在扎布利亚克的南边，沙夫尼克（Šavnik）公路上。目的地包括科托尔（€13, 3.5小时，每天2班）和布德瓦（€15, 4.75小时，每天1班）。

生存指南

出行指南

住宿

尽管热门旅游景区有一些青年旅舍，但大部分人还是选择私人住宿处（房间和公寓都可出

> **住宿价格区间**
>
> 下列价格是平季（大约是6月和9月）双人间的价格：
>
> **€** 低于€40
>
> **€€** €40~100
>
> **€€€** 高于€100

就餐价格区间

无须小费，不过一般会算到最接近的欧元整数价格。下列价格区间指的是一道标准主菜的价格：

€ 低于€7

€€ €7~12

€€€ 高于€12

租）。夏季时露营地会开放，部分山区的"生态村庄"有小屋或者木棚。

在夏季的旅游高峰期，有些住宿点会有最少入住规定（3天到一周）。冬季，很多海岸的住宿都会停业。所有的房费都包含旅游税（一般每晚不到€1）。

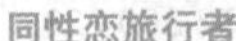

同性恋旅行者

尽管同性恋在1977年已经合法化了，2010年也规定歧视同性恋属违法行为，不过，大众对于同性恋还是充满敌意，同性恋人群的生活非常艰难。许多男同性恋都求助于网络联络（去www.gayromeo.com试试）或者去海滩碰碰运气，女同性恋们要融入当地社区会更加艰难。

网络资源

探索黑山（Explore Montenegro；www.exploremontenegro.com）

黑山国家旅游组织（Montenegrin National Tourist Organisation；www.montenegro.travel）

黑山国家公园（National Parks of Montenegro；www.nparkovi.me）

节假日

新年 1月1日和2日

东正教圣诞节（Orthodox Christmas）1月6日至8日

东正教耶稣受难日和复活节星期一（Orthodox Good Friday & Easter Monday）通常在4月/5月

劳动节（Labour Day）5月1日

独立日（Independence Day）5月21日

建国日（Statehood Day）7月13日

电话

用固话拨打国际长途号码前面加拨☎00；用手机拨打国际长途，在号码前加拨"+"。

手机号码以☎06开头。

当地的SIM卡到处都可以买到。

特色饮食

松松腰带，你要饱餐一顿了。大多数黑山食物都是当地出产的新鲜有机食材，因此非常具有季节性。海岸区的食物与达尔马西亚（Dalmatian）菜肴几乎难以区分：大量的烧烤海鲜、大蒜、橄榄油和意大利食物。内陆则更偏重肉食，受塞尔维亚影响很大。腹地的Njeguši村庄以其pršut（熏火腿、风干火腿）和奶酪而闻名，所有名字里带有Njeguši字样的食物都是地道的黑山口味以及类似的美食。

在黑山就餐对素食者来说很麻烦，严格素食主义的人几乎无法用餐。意大利面、比萨和沙拉可能是可依靠的最佳选择了。

下面是当地最受欢迎的一些食物：

- **Riblja čorba** 鱼汤，海边的标志性食物。
- **Crni rižoto** 用乌贼墨汁装点的黑色意大利烩饭。
- **Lignie na žaru** 烤鱿鱼，有时里面会塞上奶酪和干熏火腿。
- **Jagnjetina ispod sača** 以金属容器烹制的羊肉（通常配土豆），金属盖子上铺着热炭。
- **Rakija** 当地的白兰地，原料几乎什么都有。当地人最喜欢的还有用葡萄酿制的洛萨（loza）白兰地。
- **Vranac & Krstač** 分别为本土最著名的红/白葡萄酒。

签证

持普通和公务普通护照且持有两次或多次有效申根、美国、英国、爱尔兰签证或上述地区及国家合法居留许可的中国公民，可免签在黑山境内停留不超过30天（同时不可超过签证有效期）。

此外，持普通护照的中国公民，凭已支付过的行程安排、返回中国或前往第三国的交通证明以及旅行社开具的其他证明，以旅游团组方式集体出行，可免签进入、过境黑山并停留不超过30天。

以上条件均不符合的中国公民须事先向黑山驻华使馆申办签证。需提交完整填写的签证申请表、2寸照片1张、护照原件及复印件、住宿证明、经济能力证明、机票订单、医疗保险和在职证明。具体要求可咨询黑山驻华大使馆。签证费用为一次/两次/多次入境 20/50/60欧元，在领取签证当天以人民币支付。

黑山驻华大使馆（☎8610 6532 7610；www.mip.gov.me；china@mfa.gov.me；三里屯外交公寓3号楼1单元12号；⏲周一至周五 10:00~12:00）

使领馆

中国驻黑山大使馆（☎382 20 60 9275；me.chineseembassy.org；chinaemb_me@mfa.gov.cn；Radosava Burića bb，81000 Podgorica，Montenegro）

到达和离开

飞机

黑山有两个国际机场：**蒂瓦特**（Tivat；TIV；☎032-671 337；www.montenegroairports.com）和**波德戈里察**（Podgorica；TGD；☎020-444 244；www.montenegroairports.com）。不过许多游客喜欢乘坐克罗地亚的杜布罗夫尼克机场航班，因为离边境很近。

黑山航空公司（Montenegro Airlines；www.montenegroairlines.com）是黑山的国家航空公司。

陆路

长途汽车

四通八达的公交线路网络连接着黑山和邻国各大主要城市，包括杜布罗夫尼克（Dubrovnik）、萨拉热窝（Sarajevo）、贝尔格莱德（Belgrade）、普里什蒂纳（Priština）和斯库台（Shkodra）。

小汽车和摩托车

车辆需要有绿卡保险，如果没有，可以在边界处购买保险。

火车

每天至少有1班往返巴尔（Bar）和贝尔格莱德的火车（€21，17小时），更多详情查看www.zpcg.me网站。

海路

黑山线（Montenegro Lines；☎030-303 469；www.montenegrolines.net）运营的汽车渡轮往返意大利的巴里（Bari）港和巴尔（Bar）之间。

当地交通

长途汽车

当地公交网络四通八达，非常可靠。公共汽车很舒服，里面都装有空调，人也很少。

小汽车和摩托车

汽车靠右行驶，头灯必须一直打亮。建议司机把国际驾驶执照（International Driving Permit；

国家速览

面积 13,812平方公里

首都 波德戈里察

国家代码 ☎382

货币 欧元（€）

紧急情况 救护车☎124，火警☎123，警察☎122

语言 黑山语

现金 大城镇有自动柜员机

人口 779,000

签证 需提前申请签证，持两次或多次有效申根、美国、英国、爱尔兰签证的中国公民可免签停留30天内。团队游客也可免签停留30天内。

IDP）和本国驾驶执照都带上。到处都有交通警察，所以要遵守限速规定。不过不幸的是，索取贿赂的行为确实会发生（尤其是在杜米托尔地区周边），所以不要让警察有任何可乘之机。

要留出比你根据距离预计的长一点的时间，因为地形会影响速度。

各大国际租车公司在许多中心城市都设有分部。

荷兰

包括 ➡

最佳餐饮

- Greetje（见877页）
- De Jong（见889页）
- Foodhallen（见877页）
- Karaf（见892页）
- Café Sjiek（见894页）

最佳住宿

- King Kong Hostel（见889页）
- Dylan（见877页）
- Trash Deluxe（见893页）
- Hotel New York（见889页）
- Hotel de Plataan（见886页）

为何去

荷兰是一个古老与现代包容并蓄的国度。这里既有伟大的艺术家伦勃朗（Rembrandt）、弗美尔（Vermeer）、凡·高（Van Gogh）留下的遗产，17世纪开凿的美丽运河，风车，郁金香，烛火摇曳的古雅的棕色咖啡馆，也有具有开创意义的当代建筑、多彩的夜生活和积极进取的心态。

荷兰的大部分地区都比海平面要低，煎饼般平坦的地形很适合悠闲骑行。本地人出行都骑自行车，你也可以。自行车租赁店在这个国家几乎无所不在，而专用的自行车道更是纵横交错。多留些时间纵情享受首都阿姆斯特丹多元的梦幻氛围；还可以远赴莱顿和代尔夫特等运河畔的市镇，或者细细探索马斯特里赫特这类精致古城，那里有城墙、古老的教堂和宏伟的广场；别忘了动感的港口城市鹿特丹，那里现在正经历城市复兴。这真是一个异常盛大的小国家。

何时去

阿姆斯特丹

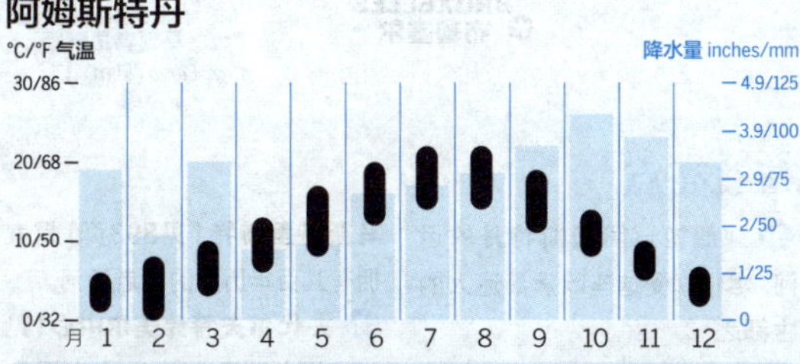

3月至5月 数以亿计的郁金香在荷兰绽放，短期内五彩斑斓。

7月 夏季温和的气温和充足的日光会让你流连户外、骑车和畅饮。

12月至次年2月 全国各地冰冻的运河上，荷兰人展示着对滑冰的热情。

0 50 km
0 25 miles

Waddeneilanden
FRISIAN ISLANDS
Schiermonnikoog
Ameland
Terschelling
Dokkumer Ee
Groningen
格罗宁根
Eems Kanaal
Vlieland
Leeuwarden
Winschoterdiep
Waddenzee
Texel
Sneek
Assen
Den Helder
Dwingelderveld National Park
Emmen
NORTH SEA
北海
IJsselmeer
Alkmaar
Zaanse Schans
风车村
Edam
Zwolle
IJmuiden
Haarlem
哈勒姆
Amsterdam
阿姆斯特丹
IJssel
Bad Bentheim
Keukenhof Gardens
库肯霍夫花园
Schiphol史基浦机场
Aalsmeer
Deventer
Enschede
恩斯赫德
Amersfoort
阿默斯福特
Hoge Veluwe National Park
Twenthe Kanaal
Leiden
莱顿
Randstad
兰斯台德
Den Haag
海牙
Utrecht
乌得勒支
Veluwezoom National Park
Delft
代尔夫特
Gouda
Hoek van Holland
Rotterdam The Hague Airport
鹿特丹海牙机场
Lek
Arnhem
阿纳姆
Waal
Europoort
Rotterdam
鹿特丹
Kinderdijk
Nijmegen
奈梅亨
GERM
德
Dordrecht
多德雷赫特
De Biesbosch National Park
Schouwen-Duiveland
Bergse Maas
Den Bosch
Willemstad
Domburg
Noord-Beveland
Breda
布雷达
Eindhoven Airport
埃因霍芬机场
Maas
Walcheren
Roosendaal
Tilburg
蒂尔堡
Middelburg
Zuid-Beveland
Eindhoven
埃因霍芬
Oosterschelde
Westerschelde
Venlo
Zeeuws-Vlaanderen
Perkpolder
Düsseldorf
杜塞尔多夫
Roermond
Antwerp
安特卫普
Juliana Kanaal
Ghent
根特
BELGIUM
比利时
Cologne
科隆
BRUXELLES
布鲁塞尔
Maastricht
马斯特里赫特
Aachen
去Liège (8km)

荷兰亮点

lonely planet

❶ 乘船游览**阿姆斯特丹**的运河，尽情享受这座欧洲最迷人的古都之一。

❷ 为**Markthal Rotterdam**拱廊市场（见890页）这座令人惊叹的建筑而赞叹。

❸ 在圣彼得要塞下的华丽之城**马斯特里赫特**（见893页）探索拥有几百年历史的古老运河。

❹ 去**代尔夫特弗美尔中心**（见886页）了解弗美尔的生平和成就。

❺ 在**海牙**(见883页)流连忘返。

❻ 到风景如画的**莱顿**（见882页）深入探索博物馆及郁金香盛开的**库肯霍夫花园**（见883页）。

❼ 去可爱的**风车村**（见881页）观赏风车。

❽ 沿着**兰斯台德**（见881页）波光粼粼的运河堤坝前行，或是巡游郁金香田。

阿姆斯特丹（AMSTERDAM）

☎020/人口 811,185

被联合国教科文组织列入世界遗产名录的运河网，沿岸鳞次栉比的带山形墙的房屋，烛光摇曳的咖啡馆，呼啸而过的自行车，郁郁葱葱的公园，具有不朽意义的博物馆，五颜六色的市场，口味多元的美食，稀奇的购物地，传奇般精彩的夜生活，所有这些让荷兰的这座自由奔放的首都成了欧洲最伟大的城市之一。

自荷兰的"黄金时代"（Golden Age）起，阿姆斯特丹就一直是座自由之城，曾引领欧洲艺术与商贸发展。数百年后，20世纪60年代，这座城市再度引领潮流——这一回阿姆斯特丹开风气之先的是其兼容并蓄的态度，占据中心地位的是对毒品和同性恋的开放观念。

探索这里形形色色的世界中的世界，变幻的景色总是不断地焕发新意。

景点

阿姆斯特丹小巧而紧凑，可步行游览，同时，这里的公共交通网络也很便捷。

市中心

广场是"阿姆斯特丹"名字里"丹"（Dam）的由来，也是这座城市最古老的街区。这里还是那座著名的红灯区的所在地。而为广场加冕的就是**皇宫**（Royal Palace；Koninklijk Paleis，见872页地图；☎620 40 60；www.paleisamsterdam.nl；Dam；成人/儿童€10/免费；⏲11:00~17:00；🚋4/9/16/24 dam）。

贝居安会院 历史建筑

（Begijnhof，见872页地图；☎622 19 18；www.begijnhofamsterdam.nl；紧邻Gedempte Begijnensloot；⏲9:00~17:00；🚋1/2/5/13/17Spui）免费 这里原先是14世纪早期一所与世隔绝的女修道院。会院仿佛梦幻般的宁静绿洲，打理得宜的庭院中有小巧的房屋和袖珍小花园。贝居安女修会会士（Beguines）原本是未婚或孀居的天主教女教徒，她们不必成为真正的修女，却可以照顾长者、过着清修生活。最后一位名副其实的会士已于1971年逝世。

运河圈（Canal Ring）

阿姆斯特丹的运河圈初建于17世纪，当时这座航海业发达的港口突破了其中世纪城墙的限制，于是当局制订了一个具有里程碑意义的扩建计划。

诸多建筑瑰宝倒映于Prinsengracht、Keizersgracht和Herengracht的狭长水面上，信步其间，白日时光似乎流逝得更快。

★安妮·弗兰克之家 博物馆

（Anne Frank Huis；☎556 71 00；www.annefrank.org；Prinsengracht 267；成人/儿童€9/4.50；⏲9:00~21:00，开放时间按季节有所不同；🚋13/14/17 Westermarkt）每年约有百万游人参观安妮·弗兰克之家（提前在线购票能节省排队时间）。这里有复原后安妮阴郁的卧室，以及她的日记真迹——孤零零地存放在玻璃橱柜中，其中交杂着乐观、阳光与沉默。

博物馆的重点是后宅（achterhuis），

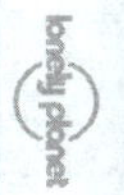

旅行线路

一周

在阿姆斯特丹花上3天时间，探索运河，徜徉各种不同的博物馆，扎进咖啡馆。在兰斯台德的各个古镇和鹿特丹的现代氛围间穿行，再留1天给富丽堂皇的马斯特里赫特。

两周

用4天来欣赏阿姆斯特丹的众多乐事，花1天前往北方某古城旅行，再花1或2天游览一下这一区域内较小的城镇，然后在美丽的代尔夫特、华美的海牙、学生城乌得勒支和熙熙攘攘的鹿特丹各停留1天。最后两天以古老的马斯特里赫特画上句点。

Central Amsterdam 阿姆斯特丹市中心

也称“隐秘后宅”(Secret Annexe)。那是一个阴暗且不通风的空间。在被神秘出卖从而走向死亡之前，弗兰克一家和其他人一直在这里保持安静。他们把好莱坞影星的照片贴在墙上，阅读狄更斯的小说，衣服也逐渐变得不再合体。开放时间根据季节而变化。

博物馆广场 (Museumplein)

阿姆斯特丹的三座大博物馆围绕着绿草

Central Amsterdam
阿姆斯特丹市中心

如茵的博物馆广场展开，地址在老城南部的街区中。

★凡·高博物馆 博物馆

（Van Gogh Museum，见874页地图；☎570 52 00；www.vangoghmuseum.nl；Paulus Potterstraat 7；成人/儿童€15/免费，语音导游€5；⏲周六至周四9:00~18:00，周五至22:00；📶；🚊2/3/5/12 Van Baerlestraat）这家博物馆拥有一座闪闪发光的高性能玻璃大堂，其中珍藏了全世界最多的凡·高作品，展出一系列非凡杰作。沿着这位艺术家的生活轨迹上溯，从试探性的开始，到有着炫目色彩的向日葵创作阶段，再到他本人及其作品阴云密布的阶段。这里也收藏了同时代艺术家高更（Gauguin）、图卢兹-洛特雷克（Toulouse-Lautrec）、莫奈（Monet）和伯纳德（Bernard）的作品。

排队游客很多。提前预订电子票，或者使用折扣卡能通过快速通道，从而加快参观进程。开放时间随季节变化。

★国家博物馆 博物馆

（Rijksmuseum，National Museum，见874页地图；☎900 07 45；www.rijksmuseum.nl；Museumstraat 1；成人/儿童€17.50/免费；⏲9:00~17:00；🚊2/5 Hobbemastraat）国家博物馆是荷兰首屈一指的艺术宝库，其长达1500多米的画廊中陈列了众多伦勃朗、弗美尔及其他名家的7500幅名作。15:00后前往或是提前在线预订，皆可避开人流高峰，后者可享快捷通道。

“黄金时代”的作品是其中的亮点。静物、羽毛领绅士及沐浴在暗淡的黄光中的风景，众多画作让人大饱眼福。伦勃朗的名画《夜巡》（*The Night Watch*，1642年）堪称其中傲世之作。

这幅画原本叫《民兵队长》（*Company of Frans Banning Cocq*），后来之所以改叫《夜巡》是因为画面蒙着一层尘垢，给人以夜晚的印象。其他必看的还有代尔夫特陶器（Delftware，蓝白色陶器）、极尽精细的玩具屋及全新的亚洲亭阁（Asian Pavilion）。馆外点缀着雕像的花园可免费参观。

市立博物馆 博物馆

（Stedelijk Museum，见874页地图；☎573 29 11；www.stedelijk.nl；Museumplein 10；成人/儿童€15/免费，语音导览€5；⏲周五至周三10:00~18:00，周四至22:00；🚊2/3/5/12 Van Baerlestraat）阿姆斯特丹市立博物馆是1895年由A.M.维斯曼（AM Weissman）设计的一座新文艺复兴风格建筑，是国家现代艺术博物馆的永久所在地。此处的现代艺术精品都是战后由馆长威廉·桑德伯格（Willem Sandberg）收集的，其水准在全世界也名列前茅。永久性藏品包括19世纪和20世纪最重要的油画，如莫奈、毕加索（Picasso）和夏加尔（Chagall）的画，以及罗丹（Rodin）的雕塑，蒙德里安（Mondrian）和康定斯基（Kandinsky）的抽象画，等等。

Southern Canal Ring 南运河环区

见阿姆斯特丹市中心地图（872页）

Southern Canal Ring 南运河环区

◎ 重要景点

1 鲜花市场 E1
2 国家博物馆 D3
3 凡·高博物馆 C4

◎ 景点

4 喜力啤酒体验馆 E4
5 市立博物馆 C4
6 冯德尔公园 A4

活动、课程和团队游

7 Blue Boat Company D3

就餐

8 Tempo Doeloe G2

娱乐

9 Melkweg C2
10 Uitburo D2

购物

11 Young Designers United D1

冯德尔公园 公园

(Vondelpark，见874页地图；www.vondelpark.nl；🚊2/5 Hobbemastraat) 免费 冯德尔公园就像是都市之中一曲优美的田园诗，是阿姆斯特丹最梦幻的地方之一——这片不规则伸展的英伦风格的公园里有池塘、草地、人行桥和蜿蜒的步道。风和日丽的时候，这里就像是一个露天的派对，游客、情侣、骑行者、轮滑手、推着婴儿车的父母、玩侧手翻的儿童、踢足球的青少年、分享大麻卷烟的朋友和大口大口喝着香槟的野餐者全都被吸引过来了。

De Pijp

De Pijp就在运河圈以南，这里被誉为阿姆斯特丹的“拉丁区”。其中多姿多彩的阿尔伯特克伊普街道市场（Albert Cuypmarkt，见879页）周边正涌现出越来越多的时尚咖啡馆、餐厅和酒吧。

喜力啤酒体验馆 酿酒厂

(Heineken Experience，见874页地图；☎523 9435；www.heinekenexperience.com；Stadhouderskade 78；成人/儿童€18/12.50；⏰7月和8月10:30~21:00，9月至次年6月周一至周四11:00~19:30，周五至周日10:30~21:00；🚊16/24 Stadhouderskade）喜力啤酒体验馆位于喜力公司的老酿酒厂中，这趟自导的“体验”（先撇开品尝不说）之旅中最亮眼的要数多媒体展览，在其中，你会被摇晃、喷上水然后送去加热直至“变成”一瓶啤酒。真正的啤酒鉴赏家们会兴奋得浑身发抖，但真的很有趣。门票包括一趟15分钟的接驳船之旅，可前往伦勃朗广场（Rembrandt plein）附近的喜力啤酒专卖店（Heineken Brand Store）。提前在线订票可以帮你省€2，并且可以略过排队购票的过程。

Nieuwmarkt和Plantage

邻近伦勃朗故居（Rembrandt House）的街道极适合散步，这里生机勃勃地融合了老阿姆斯特丹的种种景物：运河、奇特的商店和咖啡馆。

★伦勃朗故居博物馆 博物馆

(Museum het Rembrandthuis，Rembrandt House Museum，见872页地图；☎520 04 00；www.rembrandthuis.nl；Jodenbreestraat 4；成人/儿童€12.50/4；⏰10:00~18:00；🚊9/14 Waterlooplein）在伦勃朗故居博物馆，伦勃朗曾经用作画室的地方，你简直可以活生生地感觉到这位大师本人的存在。这里曾经是荷兰最大的画室，只是对于大师开始放浪形骸、四面树敌和行将破产的时代并无细述。博物馆内藏有数十件蚀刻版画及素描。在入口可索取免费的语音导览。可以提前在线购票，尽管这并不像其他大型博物馆那么有必要。这里还收藏有伦勃朗许多令人惊异的物品：贝壳、武器、罗马式胸像和盔甲。

活动

Canal Motorboats 租船

(☎020 422 70 07；www.canalmotorboats.com；Zandhoek 10a；前1小时€50；⏰9:00至日落；🚊48 Barentszplein）这家公司有许多电动铝合金小船（最多可乘坐6人）可供出租，驾驶很简单（不需要驾船执照）。员工可以为你提供一份地图和许多建议，如有必要还会来救你。需要提供信用卡复印件或缴纳€150的现金押金。租船1小时后费用会降低。

团队游

运河乘船游是游览阿姆斯特丹的一个轻松方式。不想听到玻璃窗剧烈震动的声响，可以选择有露天座位的船只，例如**Blue Boat Company**（见874页地图；☎679 13 70；www.blueboat.nl；Stadhouderskade 30；75分钟游览成人/儿童€16/8.50；⏰3月至10月10:00~18:00半小时1班，11月至次年2月每小时1班；🚋1/2/5 Leidseplein）运营的那些。

Yellow Bike 骑行

（见872页地图；☎620 69 40；www.yellowbike.nl；Nieuwezijds Kolk 29；租车每天€12，城市/乡村团队游€25/31.50；⏰9:30~17:00；🚋1/2/5/13/17 Nieuwezijds Kolk）很新颖的项目。可以选择城市之旅，或者从美丽的Waterland区直至北部的更长的乡村之旅。

住宿

全年的周末及夏季需提前预订。许多较为廉价的住宿都特地迎合“派对动物”的需求，提供司空见惯、夜以继日的狂欢。其余旅馆则散发着旧时代的魅力。基本都有无线网络，不过电梯并不完全普及。

St Christopher's at the Winston 青年旅舍 €€

（见872页地图；☎623 13 80；www.winston.nl；Warmoesstraat 129；铺€38~43，标单€95，双€124~144；📶；🚋4/9/16/24/25 Dam）这里提供有每周7天、每天24小时供应啤酒的摇滚房，楼下还有热闹的夜店、酒吧、啤酒花园，有抽烟层。套房式宿舍最多能住8人。多数私人房都是“艺术”房：由当地艺术家自由发挥，风格从超级先锋（全部是不锈钢结构）到邋遢可疑。房费包含早餐（和耳塞）。

Hotel Brouwer 酒店 €€

（见872页地图；☎624 63 58；www.hotelbrouwer.nl；Singel 83；标单€71~79，双€115~128，标三€148~178；@📶；🚋1/2/5/13/17 Nieuwezijds Kolk）这是廉价住宿处（对阿姆斯特丹而言）中最受欢迎的一家，仅有8间客房，建筑历史可追溯至1652年。酒店客房以荷兰诸画家为名，陈设简约，但都可饱览运河美景。采用20世纪初期的装饰风格，搭配代尔夫特蓝色瓷砖，还有一架迷你电梯。友善的员工能提供旅行建议。要尽早预订，只收现金。

Hotel The Exchange 精品酒店 €€

（见872页地图；☎523 00 89；www.hoteltheexchange.com；Damrak 50；双 1/2/3/4/5星€93/110/128/162/196；@📶；🚋1/2/5/13/17 Nieuwezijds Kolk）这里的61间客房全部是阿姆斯特丹时尚学院（Amsterdam Fashion Institute）学生设计的“模特一般”的惊人风格。从超大的扣子装饰的墙壁到由玛丽·安托瓦内特皇后服饰做成的床幔，极尽想象之能事。如果喜欢简洁的风格，这里不适合你。房间从看不见风景的小间到宽敞的圣地，大小不一，不过全部都设有浴室。

Frederic Rentabike 游艇 €€

（见872页地图；☎624 55 09；www.frederic.nl；Brouwersgracht 78；游艇€145起；📶；🚋18/21/22 Brouwersstraat）这家住宿处提供的是Prinsengracht、Brouwersgracht和Bloemgracht运河上的游艇住宿处，全部都设备齐

红灯区

在中央车站（Centraal Station）的东南，Oudezijds Voorburgwal和Oudezijds Achterburgwal这两条霓虹灯闪闪烁烁的平行的运河周边，那一大片错综复杂的中世纪街巷就是阿姆斯特丹的红灯区（当地人称德瓦伦）。这里可谓是各类色情活动的嘉年华，因妓院窗口那些穿着暴露的妓女而沸腾骚动。喧嚣的酒吧、烟雾缭绕的“咖啡馆”、脱衣舞秀场、性表演、令人难以置信的博物馆，这里无奇不有，商店里出售从卡通包装的安全套到S&M器具的各种用品。

这里总体来说还算安全，不过还是要保持理智，不要给那些橱窗里的妓女拍照或录影——既是出于尊重，也是避免你的照相机被打手们扔进运河。这话可不是开玩笑。

全，真可谓是拥有一切便利设施的水上度假住宿处。该公司在市中心也提供各种不同的房间和公寓（是的，也租赁自行车）。

★ Dylan
酒店 €€€

（530 20 10；www.dylanamsterdam.com；Keizersgracht 384；双/套€350/500起；；1/2/5 Spui）这家精品酒店位于Keizersgracht运河边上的一座18世纪的建筑中，包括一座小径铺砌成人字纹带、灌木修剪齐整的庭院。40个房间和套间（有些是小复式）装潢各不相同，有定制的家具，例如镶嵌有银叶子和珍珠母的酒柜。附设的米其林星级餐厅Vinkeles也会在游船Muze上提供私享大厨美食，可边用餐边在运河上巡游。

就餐

阿姆斯特丹包罗了各式各样的餐厅。超赞美食街包括Rembrandtplein附近的Utrechtsesraat、Vondelpark西岸的Amstelveensweg及西部运河一带的随便哪条小巷。

★ Foodhallen
美食大厅 €

（www.foodhallen.nl；Bellamyplein 51；绝大部分菜肴€5~15；周日至周三11:00~20:00，周四至周六至21:00；17 Ten Katestraat）这座拥有各国风味的美食大厅位于一座由有轨电车棚改造而成的文化和设计大楼De Hallen之中，20个货摊围绕着一座开放式餐饮区排开。有些是阿姆斯特丹热门餐厅开设的分店，例如Butcher和Wild Moa Pies。可寻找奶油肉丸（De Ballenbar），就在热闹的街头市场Ten Katemarkt旁边。

Vleminckx
快餐 €

（见872页地图；Voetboogstraat 31；炸薯条€2.10~4.10，调味汁€0.60；周日和周一正午至19:00，周二、周三、周五和周六11:00~19:00，周四11:00~21:00；1/2/5 Koningsplein）这家狭小简陋的外卖店自1887年便开始卖招牌法式炸薯条（frites），吸引了大批拥趸。标配是浇上厚厚的蛋黄酱（mayonnaise），不过你也可以索取番茄酱、花生酱或其他各种香辣酱。

De Luwte
各国风味 €€

（625 85 48；www.restaurantdeluwte.nl；Leliegracht 26；主菜€19.50~28.50；18:00~23:00；13/17 Westermarkt）这家餐厅设计精美绝伦，有一座垂直的“植物墙”花园和回收利用的木料，其中的亮点在于以精美的方式呈现的地中海式菜肴：慢烹猪肉和油炸丸子调味饭、鳕鱼和奶油南瓜、松露粥和蘑菇末、颇具特色的黑安格斯战斧牛排双人套餐。鸡尾酒也很棒。

Buffet van Odette
咖啡馆 €€

（423 60 34；www.buffet-amsterdam.nl；Prinsengracht 598；午餐主菜€7.50~15.50，晚餐€14.50~20.50；厨房10:00~22:00；；7/10 Spiegelgracht）这里不是自助餐，而是有侍者服务的咖啡馆，通风良好，装饰有白色瓷砖，并且附设有一座位于运河畔的漂亮的露台。奥德特（Odette）和伊薇特（Yvette）向人们证明，简单的烹饪也依然可以很美味，只要你采用上好的配料，再加上一点创造力。汤、三明治、意大利面和乳蛋饼多是以有机食材制作，还有一些精致的小食，如松子或松露奶酪。

★ Greetje
新派荷兰菜 €€€

（779 74 50；www.restaurantgreetje.nl；Peperstraat 23-25；主菜€23~27；周日至周五18:00~22:00，周六至23:00；22/34/35/48 Prins Hendrikkade）这家餐厅选用刚从市场上采购来的新鲜有机食材，复兴和再创了传统荷兰菜肴，例如甜菜根腌制过的北海鳕鱼、费吕沃（Veluwe）鹿肉炖紫甘蓝和埃尔斯塔（Elstar）苹果，或者是烤Alblasserwaard野鸡配鸭肝酱。从两人份的Big Beginning开始比较好，有各种冷热开胃菜可供品尝。

Tempo Doeloe
印度尼西亚菜 €€€

（见874页地图；625 67 18；www.tempodoeloerestaurant.nl；Utrechtsestraat 75；主菜€23.50~38.50，印尼抓饭和套餐€28.50~49；周一至周六18:00~23:30；；4 Prinsengracht）这家餐厅一直位列阿姆斯特丹最佳印度尼西亚餐厅排行榜的前茅，店内装饰优雅，服务讲究，但又不会过头。同样的评价也适用于这里的印尼抓饭：这是一种在许多地方都流行得过了头的食物，不过在这里却能品尝在这个国家能找到的许多口味。提示一句：标注为“非常辣”的菜肴确实辣劲儿威猛。葡萄酒单很棒。

饮品和夜生活

除了中世纪中心城区和红灯区之外，派对热门场所还包括Rembrandtplein和Leidseplein，两地都有大量的酒吧、夜店、咖啡馆和小酒馆。

想真正体会荷兰风情的gezellig（乐事/舒适），可以去历史悠久的bruin café（棕色咖啡馆，即小酒馆，以被烟碱污染变色的墙壁命名）。许多小酒馆也提供食物。

在市区周边，可寻找当地出产的有机啤酒（一般酒劲都很足）。Brouwerij' t IJ（www.brouwerijhetij.nl；Funenkade 7；⏲14:00~20:00；🚊10 Hoogte Kadijk）🍃和Brouwerij De Prael（见872页地图；☎408 44 69；http://deprael.nl；Oude-zijds Armsteeg 26；⏲周二和周三正午至午夜，周四和周六至次日1:00，周日至23:00；🚊4/9/16/24/25 Centraal Station）都是氛围很好的小酒馆。

★In' t Aepjen 棕色咖啡馆

（见872页地图；Zeedijk 1；⏲周一至周四正午至次日1:00，周五和周六至次日3:00；🚊4/9/16/24 Centraal Station）这家酒吧建在一座16世纪中叶的老宅里，就连白天也点着蜡烛，这是阿姆斯特丹现存的两座木制建筑之一。之所以叫这个名字，据说是因为在16世纪和17世纪，这家酒吧是远东地区水手的临时住所，他们经常会背着aapjes（猴子）来。

Wynand Fockink 品尝处

（见872页地图；www.wynand-fockink.nl；Pijlsteeg 31；⏲15:00~21:00；🚊4/9/16/24 Dam）这家小型品尝处（建于1679年）提供有几十种琴酒（jenever）和利口酒（liqueurs），地址就在Grand Hotel Krasnapolsky背后的一道拱廊上。虽然没有座位，但这个私密的场所很适合多来几次，喝上几杯。每周六14:00还会有英语导游引导参观酿酒厂（€17.50，不必预约）。

男同性恋的阿姆斯特丹

阿姆斯特丹是世界上同性恋文化规模最大的城市之一。中心区包括红灯区的Warmoesstraat和Zeedijk，以及南运河环区（Southern Canal Ring）的Reguliersdwarsstraat。同性恋的阿姆斯特丹（Gay Amsterdam；www.gayamsterdam.com）网站上列出了相关酒店、酒吧、夜店等更多信息。

不要错过
约丹

直至20世纪中叶，拥挤的约丹区还是一个人口稠密的平民区（volksbuurt），但现在却摇身一变成了阿姆斯特丹城里最令人向往的居住区。17~18世纪商人的宅邸和朴素的工人住房都一同挤在约丹街区小小的巷子里，两边还点缀着仅能容身的咖啡馆和商店。这里还有几座小型博物馆（游艇博物馆、郁金香博物馆），不过真正的乐趣在于信步闲庭，任由自己迷失在运河畔那一条条迷人的背街小巷中。

SkyLounge 鸡尾酒吧

（http://doubletree3.hilton.com；Oosterdokstraat 4；⏲周日至周四11:00至次日1:00，周五和周六至次日3:00；🚊1/2/4/5/9/14/16/24 Centraal Station）这家酒吧位于DoubleTree阿姆斯特丹中央车站酒店11层上，采用的是玻璃围墙，因此能看到无与伦比的360度风光，而且走上其巨大的SkyTerrace会更棒。这里有一家露天酒吧，观景木台上散放着许多沙发。有超过500种鸡尾酒可供你慢慢选择。经常会有DJ打碟。

Air 夜店

（www.air.nl；Amstelstraat 16-24；⏲周四至周日，营业时间不定；🚊4/9/14 Rembrandtplein）阿姆斯特丹的时髦俱乐部之一，设计富于亲和力，出自荷兰设计师Marcel Manders之手，还有独一无二的层叠式舞池。附加红利包括储物柜和充值卡，免得在酒吧里不停地找零钱。超赞的音响系统吸引了许多前卫DJ，他们会播放从迪斯科、浩室、电子到嘻哈在内的各种音乐。准备好惊艳亮相吧！

咖啡馆

在荷兰，政府批准"咖啡馆"合法地售卖大麻。

Dampkring 咖啡馆

(见872页地图；www.dampkring-coffeeshop-amsterdam.nl；Handboogstraat 29；⊙10:00至次日1:00；📶；🚊1/2/5 Koningsplein)店里装饰着一座比真人还要大的火山岩形的灯，这里售卖印度大麻，它因为有城里最全面的菜单而闻名(包括如何闻味、品尝的详细信息)。其名字的意思是小东西燃烧在地球大气层中造成的烟圈。

Grey Area 咖啡馆

(见872页地图；www.greyarea.nl；Oude Leliestraat 2；⊙正午至20:00；🚊1/2/5/13/14/17 Dam)这家小商店由一对懒散的美国人经营，他们会将超级黏腻、香气十足的"Double Bubble Gum"烟草介绍给这里的烟民们。有机咖啡可免费续杯。

☆ 娱乐

可登录**I Amsterdam**(www.iamsterdam.com)查询演出信息。

购票(包括最后时刻的打折票)可前往**Uitburo**(见874页地图；☎621 13 11；www.aub.nl；Leidseplein 26；⊙周一至周三、周五和周六10:00~18:00，周四至21:00，周日正午至18:00；🚊1/2/5/7/10 Leidseplein)。

Melkweg 现场音乐

(见874页地图；www.melkweg.nl；Lijnbaansgracht 234a；⊙18:00至次日1:00；🚊1/2/5/7/10 Leidseplein)位于一座前奶制品厂中。不以营利为目的的"银河"(店名)确如其名，仿佛令人眼花缭乱的星系，混合了多种多样的音乐风格。今天是电子，明天是雷鬼或朋克风，后天又变成重金属。摇滚创作型歌手全都会登台演出。可登录网站查看先锋电影、戏剧和多媒体展演信息。

咖啡店里的注意事项

- 吧台提供在售的印度大麻脂相关货品单，货品一般都以小包分装。也有卷好的成品售卖。大部分商店都供应卷纸、烟管甚至烟枪。
- 不要在除了咖啡店以外的其他任何地方吸大麻，除非你确认此处允许。
- 不要喝酒和吸烟——这些在咖啡店都是禁止的。
- 不要寻找硬(非法)毒品。

Muziekgebouw aan 't IJ 音乐厅

(☎788 20 00；www.muziekgebouw.nl；Piet Heinkade 1；门票免费至€33；⊙售票处周一至周六正午至18:00和演出前的90分钟；🚊26 Muziekgebouw)这家集各种表演艺术为一体的举办场地外表看来很高科技，主要演出厅中光线非常明亮，舞台可灵活调整，声响效果很棒。爵士舞台**Bimhuis**(☎788 21 88；www.bimhuis.nl；Piet Heinkade 3；门票免费至€28；🚊26 Muziekgebouw)氛围较私密。在演出开始前30分钟内，30岁以下的人士可以在售票处买到€10的低价票，或者通过http://earlybirds.muziekgebouw.nl在线购买。其余折扣可尝试**Last Minute Ticket Shop**(www.lastminuteticketshop.nl)。

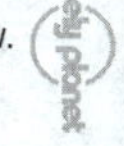

🛍 购物

在阿姆斯特丹购物的终极乐趣在于发现一些小店，它们卖的东西只此一家别无分号。运河圈西部的构成**Negen Straatjes**(Nine Streets；www.de9straatjes.nl；🚊1/2/5 Spui)的"九小街"(nine little streets)上就散落着很多。

市内各处散布着各种市场，出售的商品堪称应有尽有。包括阿姆斯特丹最大最繁忙的De Pijp的**阿尔伯特克伊普街道市场**(www.albertcuypmarkt.nl；Albert Cuypstraat，在Ferdinand Bolstraat和Van Woustraat中间；⊙周一至周六9:00~17:00；🚊16/24 Albert Cuypstraat)；**鲜花市场**(Flower Market，见874页地图；Singel，在Muntplein和Koningsplein中间；⊙周一至周六9:00~17:30，周日11:00~17:30；🚊1/2/5 Koningsplein)是一座"水上"花市(建在船屋上)，出售各种鲜花；还有**滑铁卢广场跳蚤市场**(Waterlooplein Flea Market，见872页地图；www.waterloopleinmarkt.nl；Waterlooplein；⊙周一至周六9:00~18:00；🚊9/14Waterlooplein)。

★ Droog 设计、家居

(见872页地图；www.droog.com；Staalstraat 7；⊙周二至周日11:00~18:00；🚊4/9/14/

16/24 Muntplein）Droog在荷兰语中的意思是"干"，而这家时髦的当地设计商店中的产品确实都是实打实的干货。你可以找到各种永远也想象不到会需要的时髦物件，例如吸力超强的吸盘。这里还有一间画廊，一家古灵精怪的蓝白色咖啡馆，一座会让曾在仙境历险的爱丽斯也喜欢的童话般的庭院花园。同时，顶楼还有一间公寓（双人间每晚€275）。

Young Designers United 服饰

（YDU，见874页地图；www.ydu.nl；Keizersgracht 447；⏲周一13:00～18:00，周二、周三、周五和周六10:00～18:00，周四10:00～20:00；🚊1/2/5 Keizersgracht）这家精品店主要是展示荷兰年轻设计师的作品，货架定期更换，价格也都能承受。你可能会看到由Agna K设计的耐用基本款服饰，Andy ve Eirn设计的极简主义针织衫，Fenny Faber设计的几何花纹连衣裙，Mimoods带来的柔软的限量版针织衫。配饰有各种精选首饰和包袋。

Condomerie Het Gulden Vlies 特色商店

（见872页地图；condomerie.com；Warmoesstraat 141；⏲周一至周六11:00～18:00，周日13:00～17:00；🚊4/9/14/16/24 Dam）这家精品店完全是为红灯区的人士准备的，出售有各种尺寸、颜色、味道和设计极尽想象之能事的安全套（有角的怪物、大麻叶、代尔夫特陶瓷……），还有一些润滑油和俏丽的小礼物。

Kokopelli 时尚商店

（见872页地图；www.kokopelli.nl；Warmoesstraat 12；⏲11:00～22:00；🚊4/9/16/24/25 Centraal Station）无论是不是为了购买"魔幻松露"（类似现在已被宣布为非法的裸根草菇或迷幻蘑菇），你都有可能信誓旦旦地说这家漂亮的大商店是一家时装或家居用品店。这里有咖啡馆和果汁吧，还有一个休闲区，能眺望到Damrak。

> **ⓘ 阿姆斯特丹旅游卡**
>
> **阿姆斯特丹旅游卡**（I Amsterdam Card；www.iamsterdam.com；24/48/72小时€47/57/67）在VVV办公室（游客咨询处）和部分酒店有售。持卡可进入超过30家博物馆，参加运河游轮旅行，在各商店、景点、餐厅享受折扣及免费赠品。含GVB车票。

ⓘ 实用信息

游客咨询处（Tourist Office，VVV，见872页地图；☎702 60 00；www.iamsterdam.nl；Stationsplein 10；⏲周一至周六9:00～17:00，周日至16:00；🚊4/9/16/24/25Centraal Station）出售地图、旅行指南及车票。

ⓘ 到达和离开

飞机

大部分主要航空公司都使用**史基浦机场**（Schiphol，见883页），其位于市中心西南18公里处。

长途汽车

欧洲巴士连接欧洲各国主要首都。长途汽车到达市中心东南7.5公里处的Amsterdam Duivendrecht火车站，与中央车站（Centraal Station）以地铁相连，十分便捷（约15分钟）。

欧洲巴士售票处（Eurolines' ticket office；www.eurolines.nl；Rokin 38a；⏲周一至周六9:00～17:00；🚊4/9/14/16/24 Dam）靠近水坝（Dam）。

火车

阿姆斯特丹主要火车站就是著名的**中央车站**（Centraal Station），有许多车次可开往国内其他城市及欧洲主要城市。

去往国内目的地，可选择荷兰国家火车服务**Nederlandse Spoor-wegen**（NS；www.ns.nl）。**NS International**（www.nsinternational.nl）运营有许多国际列车。

ⓘ 当地交通

抵离机场

从史基浦机场乘出租车进入阿姆斯特丹市区需25～45分钟，花费约€55。

开往中央车站的火车每隔几分钟便有一班，需15～20分钟，单程/往返收费€4/8。

自行车

阿姆斯特丹堪称自行车天堂。城市的自行车数量（881,000）比居民数量（811,000）还多。每年约有80,000辆自行车失窃，所以要随时锁车。

值得一游

风车村

风车村至今仍在运转，且有人居住，它就是赞河（Zaan）上的一个露天的**风车博物馆**（windmill gallery; www.dezaanseschans.nl; 村子免费，风车成人/儿童 €3.50/2; ⏲风车4月至11月10:00~17:00，12月至次年3月开放时间不同）免费。这里很受游客欢迎，磨坊货真价实，而且被打理得井井有条。你可以凭喜好探索风车房，亲眼目睹这个庞然大物的部件。

赞斯博物馆（Zaans Museum; ☎075-616 28 62; www.zaansmuseum.nl; Schansend 7; 成人/儿童 €9/5; ⏲10:00~17:00; 🛜）令人难忘，其中展示驾驭风与水的过程。

从阿姆斯特丹中央车站乘坐前往库格赞代克（Koog Zaandijk）的火车（€3，17分钟，每小时4班），下车后有明显的路牌。步行1.5公里可达。

Bike City（☎626 37 21; www.bikecity.nl; Bloemgracht 68-70; 租车每天€14起; ⏲9:00~18:00; 🚋13/14/17 Westermarkt）这里的黑色自行车上没有广告，所以尽可以和当地人一样自由使用。

船

Canal Bus（☎217 05 00; www.canal.nl; Weteringschans 26; 成人/儿童单日船票€22/11; ⏲10:00~18:00; 🛜; 🚋1/2/5 Leidseplein）提供独一无二的随时上下船服务。在市内各区域有码头，距几大博物馆和景点都不远。

公共交通

阿姆斯特丹公共交通使用OV-chipkaart交通卡。如果在有轨电车或公共汽车上购票，收费€2.90。也可购买1~7天有效的无限次车票（€7.50~32），在有轨电车、大部分公共汽车及地铁内均可使用。

GVB信息办事处（GVB Information Office; www.gvb.nl; Stationsplein 10; ⏲周一至周五7:00~21:00，周六和周日8:00~21:00; 🚋1/2/4/5/9/14/16/24 Centraal Station）阿姆斯特丹运输管理局GVB设有一间信息办事处，可以购买车票、地图等。位于中央车站正门电车轨道对面。

出租车

阿姆斯特丹的出租车很贵，即便短途乘坐也是如此。推荐**Taxicentrale Amsterdam**（TCA; ☎777 77 77; www.tcataxi.nl）。

兰斯台德（RANDSTAD）

兰斯台德是地球上人口密度最大的区域之一，从阿姆斯特丹一直延伸到鹿特丹及众多经典的荷兰城镇，诸如海牙、乌得勒支、莱顿和代尔夫特。有自行车道路网将散落在郁金香田野里的市镇彼此相连。

哈勒姆（Haarlem）

☎023/人口150,000

哈勒姆既有运河，也有鹅卵石铺就的街巷。从阿姆斯特丹坐火车至此仅需15分钟。古色古香的建筑、宏伟的教堂、博物馆、休闲酒吧、美味的餐厅和古董店吸引了众多一日游的游人。

景点

哈勒姆的市中心以**大广场**（Grote Markt）为中心向四周辐射开来。**市政厅**（Town Hall, Grote Markt 2）值得一去，**圣巴弗大教堂**（Grote Kerk van St Bavo; www.bavo.nl; Oude Groenmarkt 22; 成人/儿童€2.50/1.25; ⏲周一至周六10:00~17:00）亦然。

费兰斯·哈尔斯博物馆 画廊

（Frans Hals Museum; www.franshalsmuseum.nl; Groot Heiligland 62; 成人/儿童€15.50/免费; ⏲周二至周六11:00~17:00，周日从正午开始; 🛜）从大广场往南走几步，便是费兰斯·哈尔斯博物馆，这是对荷兰大师级艺术家有兴趣的人的必到之所。馆内主要藏品以17世纪的哈勒姆画派（Haarlem School）作品为主，藏于哈尔斯生前最后几年生活的一所破旧的房子里。让博物馆引以为豪、最令人陶醉的作品是一组8幅公民警卫队的肖像画，它们展示出哈尔斯对情绪和精神的格外关注。也可寻找其

他大师的作品，包括小彼得·布吕赫尔（Pieter Brueghel the Younger）和雅各布·凡·斯达尔（Jacob van Ruysdael）的作品。

餐饮

Schagchelstraat餐厅众多，咖啡馆则集中在Lange Veerstraat和大广场。大广场上的周六早市堪称荷兰最佳早市之一，周一还有一个规模小些的市场。

De Haerlemsche Vlaamse 快餐 €

（Spekstraat 3；炸薯条€2~3；⊙周一至周三和周五11:00~18:30，周四至21:00，周六至17:00，周日正午至17:00）就在圣巴弗大教堂门口，这家炸薯条小摊（frites）驰名本地。排队买点儿用新鲜土豆现炸的脆生生的金黄薯条吧，有一打酱汁可选，包括3种蛋黄酱。

★ Jopenkerk 啤酒厂

（www.jopenkerk.nl；Gedempte Voldersgracht 2；⊙啤酒厂和咖啡馆 10:00至次日1:00，餐厅周二至周六17:30至深夜）这座独立的啤酒厂位于一座带有彩绘玻璃窗户的1910年建的教堂之中，是哈勒姆氛围最好的饮酒和用晚餐的场所。可以在灯光闪烁的酒桶下享受柑橘味的Hopen、果味的Lente Bier或巧克力味的Koyt和经典零食（奶油肉丸、奶酪），也可以去夹层吃主菜（€16.50~23.50）——都是选用当地应季食材制作的，也供应Jopenkerk的啤酒作为搭配。

到达和离开

坐火车可到达哈勒姆令人震撼的装饰艺术车站，从这里到市中心北部步行约10分钟。开往：

阿姆斯特丹（€4.10，15分钟，每小时5~8班）

海牙（€8.20，35~40分钟，每小时4~6班）

鹿特丹（€11.90，50分钟，每小时4~6班）

莱顿（Leiden）

☎071/人口122,000

生机勃勃的莱顿之所以闻名遐迩，是因为它是伦勃朗的出生地，也是荷兰最古老的大学（及其2万名学生）所在地。1620年，前往美洲的清教徒们就是在这里筹集资金，租下破破烂烂的“五月花号”（Mayflower），才启程去往新大陆的。运河两岸遍布着宽大庄严的17世纪建筑。

景点

感受莱顿的最佳方式是漫步历史中心，尤其是Rapenburg运河沿岸。

彼得教堂 教堂

（Pieterskerk，Pieterskerkhof；门票€2；⊙11:00~18:00）彼得教堂有高大的尖顶，经常都在进行修复——这是件好事，因为教堂初建于14世纪，本已摇摇欲坠了。

这里原属老莱顿区（old-Leiden），包括带山墙的老拉丁学校（Latin School；Lokhorststraat 16），在变成商业建筑之前，一位名叫伦勃朗的学生曾于1616~1620年就读于此。广场对面，找一找Gravensteen（Pieterskerkhof 6），它始建于13世纪，曾是一座监狱。正对着广场的画廊曾经是法官监督行刑的地方。

Lakenhal 博物馆

（www.lakenhal.nl；Oude Singel 32；成人/儿童€7.50/免费；⊙周二至周五10:00~17:00，周六和周日正午至17:00）在17世纪建成的Lakenhal修复你的伦勃朗藏品，市政博物馆（Municipal Museum）也在此处，分类展出各流派古典大师（Old Master）作品，同时也有现当代陈列室及当代展品。1楼已修复还原到博物馆在莱顿最繁荣时代的样貌。

国立古物博物馆 博物馆

（Rijksmuseum van Oudheden；National Museum of Antiquities；www.rmo.nl；Rapenburg 28；成人/儿童€9.50/3；⊙周二至周日10:00~17:00；📶）这家博物馆收藏的希腊、罗马和埃及工艺品均属世界级珍品，其中最引以为傲的是非同凡响的塔法神庙（Temple of Taffeh），它是埃及前总统安瓦尔·萨达特（Anwar Sadat）赠送的礼物，是为了感谢荷兰在帮助抢救埃及古迹免于洪水毁灭而提供的帮助。

食宿

市中心的运河和狭窄的老街都有大量选择。Nieuwe Rijn沿街星期六会有集市。

Nieuw Minerva 酒店 €€

（☎512 63 58；www.nieuwminerva.nl；Boommarkt 23；标单/双€84/88起；@📶）这家市中心的酒店位于运河岸边的几座宅邸内，历史可追溯到16世纪，其中混合了40间常规（亦即无甚特别）客房和一些相当有趣的主题客房，其中的一间有张路易·波拿巴皇帝（King Lodewijk Bonaparte）曾下榻过的床。"天使客房"（room of angels）内是一片耀目的洁白，还有"代尔夫特蓝色客房"和伦勃朗房。

Oudt Leyden 煎饼 €

（www.oudtleyden.nl；Steenstraat 49；煎饼€8~15，主菜€12.50~24.50；⏰11:30~21:30；🖉👪）准备好来见识见识荷兰风味的巨大煎饼吧，其中的创意馅料会让孩子和成人都瞪圆了眼睛。无论是开胃的（卤汁三文鱼、酸奶油和酸豆）、甜的（苹果、葡萄干、杏仁膏、糖和肉桂）还是单纯的冒险（生姜和培根），这家热情的咖啡馆都能让你满足。

Proeverijde Dames 咖啡馆 €€

（www.proeverijdedames.nl；Nieuwe Rijn 37；午餐主菜€7~9.50，晚餐€17~20.50；⏰10:00~22:00）由两位品位非凡的女士经营，会在露台上提供各种优秀的咖啡和杯装葡萄酒。有一长串小盘零食、共享菜肴，也可以组合成一顿正餐。自制的烘焙食品包括浓情巧克力蛋糕和苹果派。

不要错过

库肯霍夫花园

荷兰最美的景点之一，靠近利瑟（Lisse），在哈勒姆和莱顿之间。**库肯霍夫**（www.keukenhof.nl；利瑟；成人/儿童€16/8，停车费€6；⏰3月中旬至5月中旬8:00~19:30，最晚入园时间18:00；📶）是全世界最大的球根植物花园，园中数百万株五颜六色的郁金香、水仙和风信子盛放的花季非常短暂，在这短暂的旅行季中，约有80万游客前来参观。

花开季节，有专线公共汽车连接库肯霍夫和阿姆斯特丹的史基浦机场和莱顿的中央车站。有包括门票和交通费用的联票（成人/儿童€23.50/12.50）提供。预先在线购票可以省却大排长队的麻烦。

ℹ 实用信息

游客咨询处（Tourist Office；☎516 60 00；www.vvvleiden.nl；Stationsweg 41；⏰周一至周五7:00~19:00，周六10:00~16:00，周日11:00~15:00）就在火车站对面。

ℹ 到达和离开

长途汽车直接从中央车站前方发车。

火车可开往：

阿姆斯特丹（€8.80，34分钟，每小时6班）

海牙（€3.40，10分钟，每小时6班）

史基浦机场（€5.70，15分钟，每小时6班）

海牙（Den Haag）

☎070/人口501,000

海牙（也作The Hague）的正式称谓是's-Gravenhage（伯爵的篱笆），它是荷兰政府所在地（虽然首都在阿姆斯特丹），城市里宽阔的大街绿树成荫。这里使馆云集，还有各个国际法庭，令这座城市显得十分国际化。城市西北约5公里处的**斯凡赫宁根**（Scheveningen）——如有机会说到的话，发音为s'chay-fuh-ninger——有一片长海滩，开发程度令人惊叹。过了港口后，南部的广告逐渐减少。

👁 景点

★莫瑞泰斯皇家美术馆 博物馆

（Mauritshuis；www.mauritshuis.nl；Plein 29；成人/儿童€14/免费；与威廉五世美术馆联票€17.50；⏰周一13:00~18:00，周二、周三和周五至周日10:00~17:00，周四至20:00）要想全面了解荷兰及弗拉芒艺术，就请参观莫瑞泰斯皇家美术馆，这家珍宝库般的博物馆包括一座旧宫殿和一座全新的新楼。藏品几乎全都是杰作，其中包括弗美尔的《戴珍珠耳环的少女》（*Girl with a Pearl Earring*）、伦勃朗逝世之年（1669年）的怀旧自画像及《尼古拉斯·杜尔博士的解剖学课》（*The Anatomy Lesson of Dr Nicolaes Tulp*）。向西南步行5分钟就到了新修复过的**威廉五世美术馆**（Galerij Prins Willem V; www.mauritshuis.nl; Buitenhof 35; 成人/儿童€5/2.50，与莫瑞泰斯皇家美术馆联票€17.50; ⌚周二至周日正午至17:00），这里有150位艺术大师的杰作（斯坦恩、鲁本斯、波特，等等）。

★内庭 宫殿

内庭的中央庭院（曾用作刑场）四周被国会建筑包围。建于17世纪的宏伟的北楼至今仍是**荷兰国会**（Dutch Parliament）上议院（Upper Chamber）所在地。下议院（Lower Chamber）从前是在建于19世纪的那座大楼的舞厅举行会议，如今在南面的一座现代建筑中。这一建筑群的亮点是修复过的13世纪的**骑士厅**（Ridderzaal）。参观需要通过游客机构**ProDemos**（☎757 02 00; www.prodemos.nl; Hofweg 1; 45分钟骑士厅参观€5，90分钟国会参观€10; ⌚周一至周六9:30~17:00，团队游要预约）组织的团队游。

参观完后可以绕着**霍夫菲法湖**（Hofvijver）漫步，湖面上倒映的内庭和皇家美术馆的姿影引来人们竞相拍照纪念。

埃舍尔博物馆 博物馆

（Escher in Het Paleis Museum; www.escherinhetpaleis.nl; Lange Voorhout 74; 成人/儿童€9/6.50; ⌚周二至周日11:00~17:00）Lange Voorhout宫曾经是艾玛皇后（Queen Emma）的冬宫。现在这里用于陈放荷兰艺术家M.C.埃舍尔（MC Escher）的作品。永久性展览包括笔记、信件、手稿、照片及覆盖了埃舍尔全部职业生涯的成熟作品，从他早期的现实主义作品到后期的幻景风格都有涉及。也有一些独具想象力的展览，包括虚拟再现的一座由埃舍尔设计的不可能实现的建筑。

市立博物馆 博物馆

（Gemeentemuseum, Municipal Museum; www.gemeentemuseum.nl; Stadhouderslaan 41; 成人/儿童€17/免费; ⌚周二至周日10:00~17:00）荷兰风格派（De Stijl）的仰慕者们，尤其是皮特·蒙德里安（Piet Mondrian）的粉丝，一定不能错过荷兰贝尔拉格（Berlage）建筑学院设计的市立博物馆。馆内收藏了众多新造型主义（neoplasticist）艺术家们的作品，以及19世纪晚期的其他艺术作品，也藏有大量应用艺术展品、服装及乐器。从海牙中央车站和海牙老火车站乘坐17路有轨电车，在Statenwartier站下。

食宿

开支可以报销的外籍人士支撑起了这里繁盛多彩的咖啡馆文化。铺鹅卵石的街道和Denneweg街边的运河都是开始游逛的好地方。

Corona 酒店 €€

（☎363 79 30; www.corona.nl; Buitenhof 39-42; 标单€90~120，双€145~175; ❄@📶）这座酒店位于内庭旁的一个便利位置，在中央车站西南1公里处，包括3座建于17世纪的联排建筑，最近经过整修，打理得很好。36间客房设计成各种不同风格，融经典细节与现代款式于一体。停车位需要预约（€20）。

Zebedeüs 咖啡馆 €€

（www.zebedeus.nl; Rond de Grote Kerk 8; 午间主菜€5~13.50，晚餐€16.50~22.50; ⌚11:00~22:00）这座有机咖啡馆位于Grote Kerk大教堂墙内，全天候提供大份新鲜三明治（熏鳟鱼、手撕猪肉），创意晚餐包括鲶鱼配培根、鸭胸肉配熏大蒜和焦糖汁、蘑菇和扁豆汉堡配根芹菜和麦芽糊。天气好的时候，最好的位置是外面栗子树树荫下面的座位。

De Basiliek 法国菜、意大利菜 €€

（☎360 61 44; www.debasiliek.nl; Korte Houtstraat 4a; 主菜€18.50~22.50，2/3菜市场套餐€27.50/30; ⌚周一至周五正午至16:00和18:00~22:00，周六18:00~22:00）这家餐厅外立面装饰得很时髦，有黑色遮阳篷，提供的精致菜肴包括烤野兔肉配紫甘蓝和无花果、鸭肉煎饼卷配芦笋和松露油。一流的葡萄酒有整瓶、半瓶和杯装的可选。

购物

Grote Markstraat是大型商铺购物街。Hoogstraat、Noordeinde和Heulstraat两边遍布着诱人的精品店，Prinsestraat街真正好玩。

Stanley & Livingstone 书

（☎365 73 06; www.stanley-livingstone.

自行车上的荷兰

荷兰有超过3.2万公里的专用自行车道（fietspaden），是全世界最适合骑自行车的地方。你可以沿着自行车高速公路LF routes纵横全国。LF意为“长途路线”（landelijke fietsroutes），不过基本都被简称为LF，共计近4500公里。每条线路都设有与众不同的绿白色路牌，标记得非常完善。

最好的完整路线图是随处都可买到的Falk/VVV自行车路线图（*Falk/VVV Fietskaart met Knooppunten-netwerk*），一套共20张图，比例尺为1:50,000，完整覆盖全国，售价€9。图例使用的是英文，极其详尽易用。每一条大大小小的自行车道都在图中，还标有距离。综合性骑行网站**Nederland Fietsland**（www.nederlandfietsland.nl）上有路线规划，还有可供下载的GPS导航系统，并且列出了全国所有的自行车租赁处。

租自行车

荷兰所有的酒店，独立租车店和火车站都可租赁自行车。价格一般每24小时约€15。租车时需出示身份证件，还需交一定的押金（€50~150）。

坐火车

高峰时段（周一至周五6:30~9:00和16:00~18:30）以外，只要火车上有地方，你就可以把自行车带上火车。需为自行车购买一日通票（dagkaart fiets；€6）。

eu；Schoolstraat 21；⊙时间不定）一家旅游书店。

实用信息

游客咨询处（Tourist Office，VVV；☎361 88 60；www.denhaag.com；Spui 68；⊙周一正午至20:00，周二至周五10:00~20:00，周六10:00~17:00，周日正午至17:00；📶）位于地标建筑New Toen Hall的公共图书馆1楼。

到达和当地交通

本地有轨电车一日票收费€7.70。

大多数火车都经过海牙中央车站（Den Haag Centraal Station，CS），不过也有部分路过的火车仅在市中心南面的海牙老火车站（Den Haag HS，Holland Spoor station）经停。

目的地包括：

阿姆斯特丹（€11.20，50分钟，每小时最多6班）

鹿特丹（€4.70，25分钟，每小时最多6班）也可乘坐地铁到达。

史基浦机场（€8.20，30分钟，每小时最多6班）

代尔夫特（Delft）

☎015/人口99,737

代尔夫特不大却迷人，是完美的荷兰一日游目的地。此城建于公元1100年前后，尽管面对现代化的压力和大群的游客，但至今依然保持着若干看得见摸得着的旧日痕迹，与浪漫的往昔紧密相连。运河边许多狭长的街景说不定就是《戴珍珠耳环的少女》的发生地，这部小说讲述的是关于“黄金时代”画家扬·弗美尔的故事。

景点

市政厅（town hall）和**大广场**（Grote Markt）上的**称量房**（Waag）感觉就像是穿越到17世纪一般。

老教堂 教堂

（Oude Kerk，Old Church；www.oudeennieuwekerkdelft.nl；Heilige Geestkerkhof 25；成人/儿童含新教堂€6.50/免费；⊙4月至10月9:00~18:00，11月至次年3月11:00~16:00，周日不开放）这座哥特式的老教堂建于1246年，可谓一处超现实主义的风景：因为地处运河，地基的下陷导致75米高的塔楼倾斜了将近2米，教堂也因此得到“倾斜的Jan”（Scheve Jan）这个绰号。教堂的墓地中有一座墓属于弗美尔。

新教堂 教堂

（Nieuwe Kerk，New Church；www.oudeennieuwekerkdelft.nl；Markt；成人/儿童含老教堂

€6.50/免费，新教堂塔楼€3.75/2.25；⌚4月至10月周一至周六9:00~18:00，11月至次年3月时间多变）代尔夫特这座新教堂开建于1381年，最终在1655年竣工。从它那108.75米高的塔楼上看见的风景令人惊叹：晴朗的天气里，爬上那376级狭窄的螺旋楼梯后能一直眺望到鹿特丹和海牙。这里是威廉三世（William of Orange）即沉默者威廉（William the Silent）的安息地，他的陵墓由亨德里克·德·凯泽（Hendrick de Keyser）设计。

王子纪念馆 博物馆

（Municipal Museum het Prinsenhof；http://prinsenhof-delft.nl；St Agathaplein 1；成人/儿童€10/5；⌚11:00~17:00，11月至次年5月周一不开放）位于老教堂对面，前身是女修道院。1584年，威廉三世（沉默者威廉）在此遇刺（墙上的弹孔保存至今），如今这里被用作博物馆，展出各种物品，讲述与西班牙的八十年战争（Eighty Years' War）历程，以及17世纪绘画作品。有一位驻场艺术家用绘画的形式来解读荷兰的各项杰作。宁静的花园可供休息。

★代尔夫特弗美尔中心 博物馆

（Vermeer Centrum Delft；www.vermeerdelft.nl；Voldersgracht 21；成人/儿童€8/4；⌚10:00~17:00）弗美尔生于斯、长于斯、工作于斯，对于许多艺术史和古典大师发烧友而言，代尔夫特就是"弗美尔中心"。除了观赏实物大小的弗美尔毕生之作，你也可以参观弗美尔工作室仿制品，一窥这位艺术家在其作品中运用光和色彩的方式。"弗美尔世界"（Vermeer's World）主题展览呈现了艺术家的生活环境和成长历程，临时展览则侧重他的作品对其他艺术家的影响。

De Candelaer 工作室

（www.candelaer.nl；Kerkstraat 13；⌚周一至周六9:30~18:00，周日11:00~18:00）代尔夫特最中心和低调的机构就是de Candelaer，就在市场边上。这里有五位艺术家，其中两三位大多数时间都工作。人少的时候，他们还会带你详细了解作品的制作过程。

食宿

★Hotel de Plataan 精品酒店 €€

（☎212 60 46；www.hoteldeplataan.nl；Doelenplein 9-11；标单/双€105/115起；📶）这家由家庭经营的珍品酒店位于老城区一座美丽的运河广场上，提供的客房虽小但都是优雅的标准间，还有一些奢华主题的房间，例如"伊甸园"、带有土耳其按摩淋浴的东方风格的"琥珀"、沙漠岛屿的"罗望子"。低调提示一句：许多套房只是由房间部分改造而来。房费包括早餐和安全停车。

De Visbanken 海鲜 €

（www.visbanken.nl；Camaretten 2；菜肴€2~7；⌚周一10:00~18:00，周二至周五9:00~18:00，周六9:00~17:00，周日10:00~17:00）这里从1342年就开始卖鱼。小贩们沿着旧露天展台一字排开，靠鲜鱼以及卤味、熏制和油炸的鱼类食物招徕顾客。

Stadys-Koffyhuis 咖啡馆 €

（http://tads-koffyhuis.nl；Oude Delft 133；主菜€6.25~12.50；⌚周一至周五9:00~19:00，周六至18:00）这家宜人的咖啡馆中最悠闲的座位在馆前停泊的平台驳船上。可以品尝一流口感的面包圈，有古老的高德干酪作馅料，搭配苹果酱、芥末、新鲜无花果和榛子，或者选择本店特色煎饼，一边品尝，一边欣赏最美的老教堂景色，就在前方运河尽头处。

Spijshuis de Dis 新派荷兰菜 €€

（☎213 17 82；www.spijshuisdedis.com；Beestenmarkt 36；主菜€17~24.50；⌚周二至周六17:00~22:00；🌿👪）这家浪漫的美食天堂主打鲜鱼和面包碗盛的美味汤，不过肉食爱好者和素食者也有很好的选择。创意开胃菜包括烟熏卤汁青鱼盖苹果片配山葵。不要错过用木鞋盛放的荷兰布丁。

饮品和夜生活

Locus Publicus 棕色咖啡馆

（www.locuspublicus.nl；Brabantse Turfmarkt 67；⌚周一至周四11:00至次日1:00，周五和周六至次日2:00，周日正午至次日1:00）这家舒适的小咖啡馆挤满了兴高采烈的本地人，照着酒水单上的175种劲很足的酒类一路喝到底。前方露台很适合欣赏路人。

实用信息

游客咨询处（VVV；☎215 40 51；www.delft.nl；

Kerkstraat 3；⊙时间多变）出售优秀的徒步观光宣传册。

到达和离开

火车站周边区域就是个巨大的建筑工地，因为线路正在向地下转移。预计完工时间为2016年。

目的地包括：

阿姆斯特丹（€12.70，1小时，每小时最多6班）

海牙（€2.40，12分钟，每小时最多6班）

鹿特丹（€3.20，12分钟，每小时4班）

鹿特丹（Rotterdam）

☎010/人口619,879

大胆的新举措，五花八门的城市复兴项目，振奋人心的美食和夜生活，这一切让鹿特丹成为欧洲当下最有意思的城市之一。这座迷人的城市是荷兰的"第二大城市"，有五方杂居的各种族群体，有围绕着欧洲最繁忙港口展开的有趣的航海传统，以及若干顶级博物馆的宝库。

鹿特丹中部大部分地区在"二战"期间被夷为平地，随后的几十年一直在进行重建。它的建筑保持着一种不断进取、不断行动的姿态，崇尚随心所欲的哲学思想。

鹿特丹被宽阔的新马斯河（Nieuwe Maas）航道一分为二，一连串隧道和桥梁横穿航道，尤其是惊人之作伊拉斯莫斯大桥（Erasmusbrug）。市中心位于北侧岸边，轻松便可走完。

景点和活动

鹿特丹可谓是一座名副其实的现代、后现代和当代建筑露天博物馆，有许多20世纪末期建造的离奇古怪的标志性作品，也有一些令人瞠目的新建筑。

市中心西南3公里处的德夫哈芬（Delfshaven）曾经是代尔夫特的正式海港，它于战争中幸存下来，至今仍保持着古老的魅力。在离开荷兰前往美洲新大陆之前，清教徒们的最后一次祷告就是在这里的老教堂（见885页）中进行的。当地酿酒厂Stadsbrouwerij De Pelgrim（www.pelgrimbier.nl；Aelbrechtskolk 12；⊙周三至周六正午至午夜）还有相关纪念。经过重建的18世纪风车（windmill；☎010 477 9181；Voorhaven 210；⊙周三13:00~17:00，周六10:00~16:00，开放时间多变）免费 俯视着水面。乘坐4路或8路有轨电车和地铁皆可到达。

★波伊曼·凡·布宁根博物馆 博物馆

（Museum Boijmans van Beuningen；www.boijmans.nl；Museumpark 18-20；成人/儿童€15/免费，周三免费；⊙周二至周日11:00~17:00）波伊曼·凡·布宁根博物馆是欧洲最为精美的博物馆之一，其固定藏品包含荷兰和欧洲各个时代的艺术作品，包括许多古典大师

航海鹿特丹

港口观光之旅、博物馆和展出让鹿特丹几个世纪以来的海事遗产焕发出生机。

鹿特丹海事博物馆（Maritiem Museum Rotterdam，Maritime Museum；www.maritiemmuseum.nl；Leuvehaven 1；成人/儿童€8.50/4.50；⊙全年 周二至周六10:00~17:00，周日11:00~17:00，7月和8月外加周一10:00~17:00）这家综合性博物馆展出的是荷兰丰富的航海传统。这里有大批航海模型，每个孩子都会很想将之放进浴缸里，还有更多有趣的诠释性展品。

海港博物馆（Haven Museum；www.maritiemmuseum.nl；Leuvehaven 50；⊙周二至周六10:00~16:00，周日11:00~16:00）位于鹿特丹海事博物馆以南的海港里，停泊着各种具有历史感的旧船。你随时可以沿着码头散步，游客中心开放时，你还可以了解更多相关历史。

Spido（www.spido.nl；Willemsplein 85；成人/儿童€11.25/6.90）提供75分钟的海港游，出发点位于伊拉斯莫斯大桥（Erasmusbrug；勒弗港Leuvehaven地铁站旁）的Leuvehoofd码头。7月和8月每天最多10趟，其余时节则减少。

Rotterdam 鹿特丹

们的杰作。其中的亮点包括希罗尼穆斯·博斯（Hieronymus Bosch）的《迦拿的婚礼》（*The Marriage Feast at Cana*）、范·艾克（Van Eyck）的《空墓前的三圣女》（*Three Maries at the Open Sepulchre*）、老彼得·布吕赫尔（Pieter Brueghel the Elder）那幅极为详尽的《巴别塔》（*Tower of Babel*）、伦勃朗的《提图斯的肖像》（*Portrait of Titus*）和《戴红帽子的男人》（*Man in a Red Cap*）。

Overblaak住宅区

著名建筑

这个靠近Blaak地铁站的住宅区是由皮特·布洛姆（Piet Blom）设计的，建造于1978~1984年。其标志是铅笔形状的塔楼和45度角倾斜的立方体形状的公寓楼“森林”，它们都建于六角塔上。其中的一座公寓**立体方块屋**（Kijk-Kubus Museum-House; www.kubuswoning.nl; Overblaak 70; 门票€3; ⏲11:00~17:00）对公众开放。**Stayokay Rotterdam**青年旅舍位于最南端的超大立方体之中。

欧洲之桅

观景点

（Euromast; www.euromast.nl; Parkhaven

Rotterdam 鹿特丹

◎ 重要景点

1 波伊曼·凡·布宁根博物馆 B3

◎ 景点

2 欧洲之桅 A5
3 海港博物馆 C3
4 立体方块屋 D2
5 鹿特丹海事博物馆 C2
Overblaak住宅区 .... （见4）

活动、课程和团队游

6 RiF010 .... C2
7 Spido C4

住宿

8 Hotel New York C5
9 Hotel Van Walsum A3
10 King Kong Hostel B3

就餐

11 Bazar C3
12 De Jong C1
13 HMB D5
Ter Marsch & Co .... （见10）

饮品和夜生活

14 Café LaBru C3
De Witte Aap .... （见10）

购物

15 Blaak D2
16 Markthal Rotterdam D2

20；成人/儿童€9.25/5.90起；⌚4月至9月9:30~22:00，10月至次年3月10:00起）这座185米高的欧洲之桅是1960年建造的一座地标性建筑，其100米高度的观景台能360度全景饱览鹿特丹美景，体验无与伦比。其余的娱乐还包括一家法式啤酒店，夏季设有游绳下降（€52.50）。塔楼上的两个套房价格€385起，含早餐。

RiF010 冲浪

（www.rif010.nl; Steigersgracht）从2016年年初开始，冲浪手、身体冲浪手、站立式划桨冲浪手、皮划艇手都可以在这条市中心的运河上享受14秒的狂野冲浪体验了，届时会有自然净化水制造的1.5米高的桶式浪涛。和水面齐平的海滩咖啡馆则能近距离观赏这些活动。

住宿

★ King Kong Hostel 精品酒店 €

（☎818 87 78; www.kingkonghostel.com; Witte de Withstraat 74; 铺/双/四€22.50/75/110起；@📶）这家旅舍坐落在鹿特丹最时髦的一条街道上，门外的长椅是Sander Bokkinga设计的，采用打捞的木头和花园橡胶软管制作。艺术风格的房间和宿舍中摆满了复古和工业风格的家具。令人难以置信的是这里还有吊床、带充电设备的储物柜、一间可自己做饭的美食厨房、屋顶花园和烤肉区，还可观看Netflix在线视频。

Hotel Van Walsum 酒店 €€

（☎436 32 75; www.hotelvanwalsum.nl; Mathenesserlaan 199-201; 标单/双/标三/四€70/85/110/125起；P📶）这家由家庭经营的酒店位于一片建于1895年的宏伟的联排建筑群中，氛围温暖，服务热情，拥有电梯等现代便利设施。从市中心步行10分钟就可到达，公共交通便利。舒适的房间里采用秋天的色调装饰。有一个迷人的后花园和安全停车场（每天€15）。房费包括早餐。

★ Hotel New York 历史酒店 €€€

（☎439 05 00; www.hotelnewyork.nl; Koninginnenhoofd 1; 双€99~270; @📶）这座酒店位于荷兰—美国客轮公司从前的总部大楼中，是一座新艺术风格的建筑，有一片拥有无敌视野的极好的用餐区，其中还包括一家牡蛎酒吧、一家理发店，还有水上渡轮出租，可运送顾客横跨新马斯河前往市中心。客房保持着原有的风貌，有煞费苦心复原的陈设和装饰，从标准间到设在从前的会议室里带壁炉的木板镶边的套间，风格各不相同。

就餐

鹿特丹餐饮业发达。新建的Markthal Rotterdam（见890页）极其方便，有许多可坐下就餐和提供外卖的饮食选择。

★ De Jong 新派荷兰菜 €€

（☎465 79 55; www.restaurantdejong.nl;

Rampoortstraat 38；4菜套餐€40；⊙周三至周日18:00~23:00；☑）这家餐厅位于时髦的Station Hofplein建筑群中，用废弃不用的Hofpleinlijn铁路火车站改造而成，从前的高架铁路拱桥被改造成了文化和创意空间。这里富于探险精神的主厨Jim De Jong招待食客的是令人惊叹的4菜套餐（肉/鱼或素食，没有菜单），都是采用时令食材制作的，包括从餐厅花园里采摘的草药和花朵。

Ter Marsch & Co 汉堡包、牛排 €€

（www.termarschco.nl；Witte de Withstraat 70；汉堡包€7~12.50，主菜€21~40；⊙正午至22:00）这家餐厅是由肉店改造而成的，提供汉堡包（例如苏格兰黑安格斯牛肉培根和松露蛋黄酱）和多汁的牛排，令人难忘。

HMB 各国风味 €€

（☎760 06 20；www.hmb-restaurant.nl；Holland Amerika Kade 104；主菜€15~17.50，3菜午间套餐€35，4/5/6菜晚间套餐€49/57/65；⊙周二至周五正午至15:30和17:00~22:00，周六17:00~22:00）这家休闲餐厅位于荷兰最大的建筑、令人目眩的"直立式城市"De Rotterdam大楼中，能饱览伊拉斯莫斯大桥的美景。提供卖相精美的新派菜肴（小牛肉丸和蘑菇土豆；鹅肝酱配鳗鱼和苹果），价格公道。用完餐后，还可以去大楼7层露台上的鸡尾酒吧。

Bazar 中东菜 €€

（www.bazarrotterdam.nl；Witte de Withstraat 16；主菜€8.50~16；⊙周一至周四8:00~23:00，周五至午夜，周六和周日9:00至午夜）这家餐厅位于异国风情的Hotel Bazar酒店楼下，这里有灯火通明的灯笼，坚定拥护市集风格的大米羊肉菜叶包、蒸粗麦粉、鹰嘴豆泥、炸泥豆三明治、烤串、土耳其比萨、烤羊乳酪配薄荷和欧芹、波斯羊羔肉，等等。餐桌散落在铺砌过的露台上。

饮品和夜生活

★De Witte Aap 棕色咖啡馆

（www.dewitteaap.nl；Witte de Withstraat 78；⊙13:00至次日4:00；📶）这家名叫"白猴子"的街角酒馆很赞，周三有现场音乐，周六有DJ打歌，永远挤满了来自这片艺术家云集之地的本地人。店门大敞，巨大的凉棚将恶劣天气拒之门外。

Café LaBru 酒吧

（http://cafelabru.nl；Hartmansstraat 18a；⊙周日至周四14:00至次日1:00，周五和周六至次日2:00）这是一家超酷的复古酒吧，酒水单上有许多并不常见的威士忌、琴酒、朗姆酒、龙舌兰和精酿啤酒。

Maassilo 夜店

（www.maassilo.com；Maashaven Zuidzijde 1-2；⊙周五和周六23:00至次日6:00，周日至周四时间多变）这家夜店位于一座拥有百年历史的谷仓中，能容纳6000人。可查看日程表了解派对的内容和时间。

购物

名牌商店和百货公司都在Lijnbaan、Beursplein及半地下的Beurstraverse。另类店铺多集中在Meent及其周边，以及Nieuwemarkt、Pannekoekstraat、Oude Binnenweg和Nieuwe Binnenweg。

★Markthal Rotterdam 食物和饮品

（http://markthalrotterdam.nl；Nieuwstraat；⊙周一至周四和周六10:00~20:00，周五至21:00，周日正午至18:00）2014年，荷兰的这家室内美食市场一经开幕就登上了世界各地媒体的头版，因为它采用的是非同一般的倒U字形结构设计，在美食广场绘有梦幻水果和蔬菜图案壁画的天花板上的，是玻璃围墙建造的拱弧形公寓。这里有各式各样诱人的产品，包括现成食物和饮品。商铺一直延伸到楼下，而且**Blaak**（⊙周二和周六8:00~17:00）每周还有两次街头集市。

实用信息

游客咨询处（☎790 01 85；www.rotterdam.info；Coolsingel 197；⊙周一至周五9:30~18:00）是旅游局的主要办事处，在主火车站（中央车站；⊙9:00~17:30）内还有一家规模较小的办事处。

到达和离开

鹿特丹中央车站（Rotterdam Centraal Station）是

一座崭新的美妙建筑，于2014年完全开放。直达车次可至布鲁塞尔和巴黎。到2016年年底，欧洲之星往返阿姆斯特丹和伦敦的列车还将经停这里。

主要车次包括：

阿姆斯特丹（经莱顿）（€14.80，65分钟，每小时5班）

阿姆斯特丹高速（€17.10，42分钟，每小时两班）

史基浦机场（€11.90~14.20，20~50分钟，每小时5班）

乌得勒支（€10.10，40分钟，每小时4班）

当地交通

鹿特丹的有轨电车、公共汽车和地铁都由**RET**（www.ret.nl）运营。大多在中央车站（Centraal Station）前会合，那里有座**信息亭**（information booth；⏲7:00~22:00），也出售车票。也有不同期限的日票（1/2/3天票€7.10/10.70/14.20）。单程票在公共汽车司机或有轨电车售票员处购买，售价€3。

乌得勒支（Utrecht）

☎030/人口330,772

乌得勒支是荷兰最古老的城市之一，美丽的复古风市中心被一座座独特的13世纪运河码头环绕，其高度远低于街道。运河河畔的街道两边，商店、餐厅和咖啡馆鳞次栉比。这里有70,000名生机勃勃的学生，规模为全国之最。

乌得勒支火车站（荷兰最繁忙）的旁边是迷宫般的Hoog Catharijne商业中心，目前巨型建筑项目（www.nieuwhc.nl）正在改变整个区域的面貌，改造预计于2016年完成。

景点

只在Domplein和绿树成荫的Oudegracht南面游逛就好。游客咨询处可以拿到有用的小册子，涵盖了乌得勒支数不胜数的小博物馆，其展品包罗万象，从废水到老火车无奇不有。

教堂塔 历史建筑

（Domtoren, Cathedral Tower; www.domtoren.nl; Domplein; 塔楼游览成人/儿童€9/5; ⏲11:00~16:00）大教堂及钟楼是乌得勒支最令人震撼的中世纪地标性景观，前后共建设了将近300年，并于14世纪建成。1674年，北海刮来的飓风吹倒了教堂中殿，仅余高塔和十字形翼部。

教堂塔共112米高，其中有50座大钟。花些功夫登上465级台阶到达塔顶非常值得，在这里可将城市美景尽收眼底。在晴朗的日子里，还能看到阿姆斯特丹。

中央博物馆 博物馆

（Centraal Museum; www.centraalmuseum.nl; Nicolaaskerkhof 10; 成人/儿童€9/4; ⏲周二至周日11:00~17:00; 📶）中央博物馆的藏品五光十色。展出的既有早在17世纪的应用艺术，也有部分乌得勒支派艺术家及少量荷兰风格派（De Stijl）画作——包括全世界数量最大的赫里特·里特费尔德（Gerrit Rietveld，荷兰家具及建筑设计师）作品，让所有极简主义风格爱好者都无比渴望。这里甚至还有一座从当地泥泞中拖拽出来的12世纪的维京长船，外加一座17世纪的奢华的玩偶之家。门票包含迪克·布鲁纳故居（Dick Bruna House; www.centraalmuseum.nl; Nicolaaskerkhof

值得一游

其他值得一游的荷兰城镇

荷兰还有些值得前往一日游或停留更久的城镇，包括：

阿尔克马尔（Alkmaar）虽然旅游者众多，不过这里的奶酪典礼（从4月的第一个周五到9月的第一个周五之间所有的周五）可以追溯至17世纪。

代芬特尔（Deventer）一座昏昏欲睡的汉萨同盟（Hanseatic League）小镇，有1000多座16~17世纪的建筑。

金德代克和多德雷赫特（Kinderdijk & Dordrecht）很适合一日游，可从鹿特丹乘快速渡轮前往，先参观金德代克被联合国教科文组织列入世界遗产名录的风车，然后去多德雷赫特参观中世纪的运河。

豪达（Gouda）完美无瑕的荷兰小镇。

特塞尔（Texel）弗里西亚群岛（Frisian Islands）中最大的一个岛，衬着沙丘的海滩上有无数条漫步小道，还有出众的本地海鲜。

10；⏲周二至周日11:00~17:00），这里是作家和插图画家迪克·布鲁纳的工作室，他创作的卡通形象米菲兔（Miffy；荷兰语为Nijntje）深受喜爱。此外，**里特费尔德的施罗德住宅**（Rietveld-Schröderhuis；☎预订030 236 2310；www.centraalmuseum.nl；Prins Hendriklaan 50；⏲周三至周日11:00~17:00）的门票也包括在内。这座联合国教科文组织承认的地标性建筑出自乌得勒支建筑家赫里特·里特费尔德（Gerrit Rietveld）之手。

住宿

B&B Utrecht 客栈 €

（☎06 5043 4884；www.hostelutrecht.nl；Lucas Bolwerk 4；铺/标单/双/标三€19.50/57.50/65/90起；@📶）这家一尘不染的客栈不知是青年旅舍还是酒店，坐落在一座优雅的老宅里。这里提供公用厨房和免费的三餐原料。无线网络、扫描仪、打印机及各种各样的乐器和光盘都免费提供。

Mary K Hotel 酒店 €€

（☎230 48 88；www.marykhotel.com；Oudegracht 25；双€120起；📶）🍃这家酒店就在运河边，位置便利，其中的房间是由当地的一群艺术家装饰的。房间面积分为3种基本类型（舒适、中等和大），而且每一间都不一样。全部都采用了原本的18世纪的元素，你会发现浴室里有木梁穿过，或者发现椽子上有一只毛绒动物玩偶在打盹。

餐饮

GYS 咖啡馆 €

（http://gysutrecht.nl；Voorstraat 77；菜€7~10；⏲周一至周六10:00~22:00；📶）🍃这家设计精心的咖啡馆通风情况良好，光线明亮，提供的食物都是采用有机食材制作。可以选择汉堡包（例如豆腐配烤辣椒和鹰嘴豆泥，羊羔肉配南瓜和薄荷）、三明治（例如印尼豆豉配甘薯、鳄梨和豆瓣菜，熏鲭鱼配甜菜根慕斯）、汤、沙拉，热菜有茄子炸肉排配萨尔萨辣酱，也有品尝菜单。

★**Karaf** 各国风味 €€

（☎233 11 04；www.restaurantkaraf.nl；Lange Nieuwstraat 71；主菜€18~23.50；⏲17:00~22:00）这家新开业的餐厅立即成为当地热门选择，内部是时尚的当代荷兰风格装饰，菜品卖相精致，选择有熏黄油、苏格兰松鸡填Merquez香肠配桑葚汁，葡萄酒选择也很赞。

't Oude Pothuys 棕色咖啡馆

（www.pothuys.nl；Oudegracht 279；⏲周一和周二15:00至次日2:00，周三至周日正午至次日3:00）这家氛围惬意的小酒馆位于一座中世纪酒窖中，光线暗淡。每晚都有音乐活动，包括摇滚爵士乐即兴演奏会、新冒头的乐队演出、放克和灵魂，爵士和蓝调，电子和其他活动。可在运河畔的码头上品尝饮料。

荷兰还是尼德兰？

“荷兰”（Holland）经常被用作尼德兰（Netherlands）的同义词，但实际上，它指的只是北（Noord）荷兰和南（Zuid）荷兰两省。阿姆斯特丹是北荷兰省最大的城市，哈勒姆是其省会。鹿特丹是南荷兰省最大的城市，海牙是其省会。该国其余地区都不属于荷兰省，不过荷兰人自己也会弄错。

实用信息

游客咨询处（VVV；☎0900 128 87 32；www.visit-utrecht.com；Domplein 9；⏲周日和周一正午至17:00，周二至周六10:00~17:00）出售教堂塔门票。

到达和离开

乌得勒支火车站是主要连接节点，有前往德国的车次。

主要目的地包括：

阿姆斯特丹（€7.40，30分钟，每小时4班）

科隆（€29~44，2小时，每天最多7班直达列车）

马斯特里赫特（€23.10，2小时，每小时1班）

鹿特丹（€10.10，40分钟，每小时最多4班）

荷兰南部（THE SOUTH）

真正的山要在荷兰南部边界才有，那里距比利时和德国都只有咫尺之遥。这里的明星城市是马斯特里赫特。

马斯特里赫特（Maastricht）

☎043/人口121,906

位于国境最南端的马斯特里赫特是一座宏伟的古城，这里值得从阿姆斯特丹和兰斯台德那些珍珠般散落的小镇一路赶来，而且你可以由此轻松前往比利时和德国。

在1650座记录在册的历史建筑中流连，留意寻找西班牙和罗马遗迹、来自法国和比利时建筑的影响、精彩的美食和全球化姿态的小镇氛围，这一切使得马斯特里赫特成为同名条约的缔结地——现代欧盟于1992年诞生于此。

从忏悔星期二之前的星期五直至周三晚间是嘉年华狂欢时间，届时城市最为热闹。

景点

马斯特里赫特的亮点散落在马斯河（Maas）两岸，步行游览会让你感觉不枉此行。

宏伟的弗莱特霍夫（Vrijthof）广场是城市的焦点所在，这周围环绕着豪华的咖啡馆、博物馆和教堂。Onze Lieve Vrouweplein是座遍布着咖啡馆的亲切广场，以广场上的教堂为名，教堂至今还吸引着一些朝圣者的脚步。石头建造的拱形人行桥Sint Servaasbrug历史可追溯至13世纪，它将马斯特里赫特市中心与Wyck区连接在一起。

伯尼芳坦博物馆　博物馆

（Bonnefantenmuseum; www.bonnefanten.nl; Ave Cèramique 250; 成人/儿童€9/4.50; ⏲周二至周日11:00~17:00）这家博物馆的特色是一座28米的高塔，也是本地地标。建筑出自阿尔多·罗西（Aldo Rossi）之手，其1995年投入使用，精心布置的展厅分为一个个不同的部分，每部分单独分层：古典大师和中世纪雕塑汇聚一层，下一层则是林堡（Limburg）众位艺术家创作的现代艺术，之间连接的楼梯非常壮观。留点时间欣赏世界级的Neuteling中世纪艺术藏品吧。

圣瑟法斯圣殿　教堂

（Sint Servaasbasiliek; www.sintservaas.nl; 教堂免费，宝库成人/儿童€4/免费; ⏲10:00~16:30）免费 圣瑟法斯圣殿是一座可追溯至公元1000年的混杂建筑，雄踞于弗莱特霍夫广场上。宝库（Treasury）中满是自12世纪以来的黄金艺术品。不要错过圣瑟法斯神殿（shrine to St Servatius），这位天主教外交官于公元384年在此逝世。此外，一定要绕过建筑后部，前往宁静的回廊花园。

★圣彼得要塞　要塞

（Fort Sint Pieter; ☎325 21 21; www.maastrichtunderground.nl; Luikerweg 80; 团队游成人/儿童€6.20/5; ⏲英语团 12:30）几个世纪以来，马斯特里赫特大部分地区的松散砂岩层中都开凿了防御性运河。要欣赏运河网，最佳选择就是圣彼得要塞，现在它已经复原到1701年的风貌。那里真的是一片很优美的地区，虽然有高耸的城墙——醒目的要塞就矗立在迷人的山腰上——但还是呈现出一派田园风情。位于市南2000米处，步道两边景色宜人。

住宿

Stayokay Maastricht　青年旅舍 €

（☎750 17 90; www.stayokay.com/maastricht; Maasboulevard 101; 铺€21.50~37，标双€59~89; @📶）这家青年旅舍竟然有个正对马斯河的大露台。共有199个铺位和若干私人房间可供挑选。就在市中心南面1公里处的一座不规则伸展的公园内。

★Trash Deluxe　精品酒店 €€

（☎852 55 00; www.trashdeluxe.nl; Boschstraat 55; 双€85~115，家€200; 📶）名字就说明了一切。这家由艺术家设计的酒店位于市中心，位置极好（浅睡者可以要求后部的房间）。包括两座古老的大楼，客房有玻璃、金属、混凝土等类别，风格非常时尚，面积宽敞且打扫得一尘不染，使用的都是循环材料（橡胶运送带、工业照明、包装箱等），服务也是一流水准。

餐饮

在马斯特里赫特，美味的餐厅简直比旧防御工事还多。

Bisschopsmolen　面包房、咖啡馆 €

（www.bisschopsmolen.nl; Stenebrug 1-3; 菜€4~8.50; ⏲周二至周六9:30~17:30，周日11:00~

特色饮食

- **Vlaamse frites** 标志性的法式炸薯条，涂上厚厚的蛋黄酱或各种其他甜酱。
- **奶酪** 荷兰人每人每年平均要食用将近19公斤的奶酪，其中有近三分之二都是豪达奶酪（Gouda）。这种老（oud）奶酪口感硬，口味浓郁而复杂。
- **海鲜** 街头小摊出售的海鲜小吃包括淡淡地腌过的生青鱼（haring）。食用时，切成一口大小的片状，佐以洋葱和酱菜。
- **印尼菜** 最著名的一道是“饭桌”（rijsttafel），就是一堆香辣口味的菜，诸如炖牛肉（braised beef）、加香烤猪肉和排骨（pork satay and rib），搭配白米饭。
- **炸肉丸** 又名Croquettes，是将塞了各种馅的小块面团油炸而成的食品，例如肉馅的*bitterballen*。
- **啤酒** 喜力（Heineken）这样的大牌无处不在，不过像De Drie Ringen、Gulpener这样的小厂啤酒是最好的。
- **荷兰琴酒**（Jenever）荷兰琴酒用杜松子酿造，冰冻过后用郁金香形状的小酒杯饮用。Jonge（新酿）的琴酒口感顺滑，浓醇的陈年琴酒让人欲罢不能。

16:30）这家面包房所使用的面粉是由旁边那座建于7世纪的古老的水车磨坊生产的。这里的特色包括斯佩耳特小麦制作的面包和vlaai（时令水果派），都是在后面敞开式的烤箱里制作的。也可以在其中的咖啡馆中用餐，如果磨坊不忙的话，也可以自行参观，看看几百年来面粉都是怎么生产的。

★ Café Sjiek 荷兰菜 €€

（www.cafesjiek.nl; St Pieterstraat 13; 主菜€12.50~34.50; ⏲厨房周一至周五17:00~23:00，周六和周日正午至23:00; 📶）这家惬意的餐厅中提供当地传统菜肴，包括zoervleis（马肉）配苹果酱、丰盛的炖鹿肉、鲜鱼和Rommedoe奶酪配梨汁和黑面包。不接受预订而且总是很繁忙，不过你可以在吧台等待。夏季会在街对面的公园里摆上餐桌。

Take One 棕色咖啡馆

（www.takeonebiercafe.nl; Rechtstraat 28; ⏲周四至周一16:00至次日2:00）这家20世纪30年代的别致酒馆从外面看起来又窄又挤，供应产自比荷卢经济联盟（Benelux，比利时、荷兰、卢森堡）最不为人知的地区的100多种啤酒。这是家夫妻店，老板会帮你挑选最合口味的啤酒。Bink Blonde口感甜美，味道浓郁，非常棒。

ℹ 实用信息

游客咨询处（VVV; ☎325 21 21; www.vvvmaastricht.nl; Kleine Straat 1; ⏲时间多变）在15世纪的Dinghuis内，提供很棒的徒步游小册子。

ℹ 到达和离开

去往布鲁塞尔和科隆的火车需要在列日（Liège）换乘。

国内目的地包括：

阿姆斯特丹（€25，2.5小时，每小时两班）

乌得勒支（€23.10，2小时，每小时两班）

生存指南

ℹ 出行指南

签证

申根签证（见1302页）适用。申请荷兰申根签证的详情请参见荷兰驻华使馆网站（china-cn.nlembassy.org）及中智签证网站（cn.tlscontact.com/cn2nl）。

货币

银行外面的自动柜员机很多，超市和火车站也有。

绝大部分酒店、餐厅和大型商店都可以刷国际通用的主要信用卡结账。不过包括铁路系统在内的有些机构不接受欧洲以外地区的信用卡——事先还是确认一下。

目前在荷兰暂时无法用银联卡提取欧元现金，机场免税店和部分百货公司支持银联刷卡消费。

优惠卡

Museumkaart（博物馆卡，Museum Card；www.museumkaart.nl；成人/儿童€55/30，首次注册的顾客另加€5）持卡可享受全国400多家博物馆免费入场或折扣价，一年有效。在有关博物馆售票处或Uitburo售票商店购买。

使领馆

中国驻荷兰大使馆（☎070-306 5099；nl.china-embassy.org；chinaemb_nl@mfa.gov.cn；Willem Lodewijklaan 10 2517 JT, The Hague）

营业时间

银行和政府办事处 周一至周五9:00~17:00
酒吧和咖啡馆 11:00至次日1:00
夜店 大部分都是22:00至次日4:00
博物馆 许多在周一闭馆
邮局 周一至周六9:00~18:00
餐厅 10:00或11:00~22:00，一般15:00~18:00暂停营业
商店 周一正午至18:00，周二、周三、周五和周六9:00~18:00（大城市周日也营业），周四至21:00；超市至20:00或22:00

节假日

新年（Nieuwjaarsdag）
耶稣受难日（Goede Vrijdag）
复活节（Eerste Paasdag）
复活节星期一（Tweede Paasdag）
国王日（Koningsdag）4月27日
解放日（Bevrijdingsdag）5月5日
耶稣升天节（Hemelvaartsdag）

小费

不是一定要给小费，因为餐厅、酒店、酒吧之类的地方账单上就已经包含了服务费。不过如果你多给一点，当然也是商家求之不得的——添上点零头凑够整数也行，或者给账单金额的10%。

住宿价格区间

如无特别说明，报价均含独立浴室，为旺季收费标准。不含早餐——除非特别注明。

€ 低于€80
€€ €80~160
€€€ 高于€160

圣灵降临节（Eerste Pinksterdag）
圣灵降临节星期一（Tweede Pinksterdag）
圣诞节（Eerste Kerstdag）12月25日
节礼日（Tweede Kerstdag）12月26日

住宿

始终记得要提前预订，尤其是旺季。各游客咨询处都提供预订服务。如果是订两个人的房间，务必说明你要的是双床房还是大床房。

许多荷兰酒店都有危险的陡楼梯，却没有电梯，不过大部分高端酒店和部分中档酒店例外。

Stayokay（www.stayokay.com）是荷兰青年旅舍协会。在青年旅舍，一张青年旅舍会员卡收费€17.50；非会员入住时每晚要多付€2.50，住满6晚之后，便成为会员。通常的国际青年旅舍折扣也适用于此。

电话

国家代码☎31
拨打国际长途加拨☎00

网络资源

Lonely Planet（www.lonelyplanet.com/the-netherlands）
荷兰旅游局（Netherlands Board of Tourism；www.holland.com）
风车资料库（Windmill Database；www.molendatabase.nl）

旅行安全

荷兰是个安全的国家，不过还是要有所警觉，随时锁好自行车。永远不要在街头买毒品：这是非法的，而且可能会遇到生命危险，而这类事件确实发生过。也不要随地抽大麻——可以在“咖啡店”里抽。

法律事宜

毒品在荷兰其实是非法的。该国允许持有不

国家速览

面积 41,526平方公里

首都 阿姆斯特丹

国家代码 ☎31

货币 欧元（€）

紧急情况 ☎112

语言 荷兰语，英语广泛使用

现金 自动柜员机很常见，小额交易更青睐现金

签证 申根签证适用

超过5克的软性毒品，高于这一数量就可能会被监禁。持有烈性毒品则为重罪。

所有公共场所严禁吸烟。有个仅在荷兰可行的解决办法，就是可以在咖啡店里抽不混有烟草的大麻。

到达和离开

飞机

规模庞大的**史基浦机场**（Schiphol airport, AMS; www.schiphol.nl）是荷兰的主要国际机场。**鹿特丹海牙机场**（Rotterdam The Hague Airport, RTM; www.rotterdamthehagueairport.nl）和廉价航空公司集中的**埃因霍芬机场**（Eindhoven Airport; www.eindhovenairport.nl）都不大。

从中国前往荷兰可搭乘由北京、上海、广州、杭州、成都和厦门到阿姆斯特丹的直飞航班。

陆路

长途汽车

欧洲长途汽车公司**欧洲巴士**（www.eurolines.com）运营的车次可前往荷兰包括大城市在内的十几个目的地。

汽车和摩托车

除了本国驾照之外，你还需要车辆行驶证、第三方保险和国际驾照。全国汽车俱乐部**ANWB**（www.anwb.nl）在荷兰各地均设有办事处，如果出示居住国的汽车俱乐部卡（比如美国的AAA或英国的AA），ANWB还会向你提供信息。

火车

国际火车网络便利。所有欧洲铁路通票（Eurail）、国际铁路通票（Inter-Rail）均可用于荷兰国内火车服务商**Nederlandse Spoorwegen**（NS; www.ns.nl）的车次。

许多国际列车服务都由**NS International**（www.nsinternational.nl）经营。此外，**大力士列车**（Thalys; www.thalys.com）开往布鲁塞尔[可在此换乘欧洲之星（Eurostar）]和巴黎。2016年12月起，欧洲之星将开通连接阿姆斯特丹、史基浦机场、鹿特丹与伦敦的列车。

高速列车缩短了旅行时间，其从阿姆斯特丹开出（经史基浦和鹿特丹），可到安特卫普（Antwerp, 1.25小时）、布鲁塞尔（2小时）和巴黎（3.25小时）。德国ICE高速直达列车每天运行6趟，途经乌得勒支，往返于阿姆斯特丹和科隆（2.5小时）之间。许多人会经法兰克福机场去往法兰克福（4小时）。

高峰时段最好提前预订座位。在线购票可通过SNCB Europe（www.b-europe.com）完成。

海路

有几家公司经营往返荷兰和英国之间的人/车渡船：

DFDS Seaways（www.dfdsseaways.co.uk）有夜班渡轮航行于纽卡斯尔和艾默伊登（Ijmuiden, 15小时）之间，后者位于阿姆斯特丹西北30公里处，有公共汽车（单程€6, 40分钟）连接。

乘火车指南

购买火车票要注意以下几点：

- 仅有部分售票机收现金，而且还只收硬币，所以你需要多多准备零钱。
- 可用卡付款的售票机不接受没有内嵌芯片的信用卡和借记卡（不仅如此，而且还并非所有的国际卡都可使用）。只在史基浦机场和阿姆斯特丹中央车站有少数几台售票机例外。
- 售票窗口不接受信用卡和借记卡，不过可以收欧元纸币。一般都得排很长的队，在售票窗口买票还要收附加费。
- 想用国际信用卡在线购买荷兰国内和国际列车车票，可登录**SNCB Europe**（www.b-europe.com）。可能需要打印车票pdf文件的复印件。

P&O Ferries（www.poferries.com）运营每晚往返赫尔（Hull）和Europoort之间的夜间渡船（11.75小时），后者位于鹿特丹市中心以西39公里处。预订船票的时候也可以预订好往返城市的汽车车票（€10，40分钟）。

Stena Line（www.stenaline.co.uk）有夜班渡轮在哈里奇（Harwich）和荷兰角港（Hoek van Holland）之间运行，后者在鹿特丹西北31公里处，有火车连接至市中心（€5.50，30分钟）。

当地交通

船

渡船连接着荷兰大陆和弗里西亚群岛（Frisian Islands），包括特塞尔（Texel）。其他渡船横跨泽兰省（Zeeland）南面的西须耳德（Westerschelde），提供了通往荷兰南部国土及比利时的陆路连接，常年频繁运行，很受使用泽布吕赫（Zeebrugge）渡船码头的人们的欢迎。

小汽车和摩托车

租赁

在荷兰租车须年满23周岁。在阿姆斯特丹以外的地方，如果你是坐火车到达的话，去租车公司可能不是很方便。

交通规则

靠右行驶，汽车驾驶员不得低于18岁，摩托车驾驶员不得低于16岁。要求系好安全带，只要空间容许，12岁以下儿童必须坐在后排。有轨电车优先通行，右转时自行车优先通行。

限速规定为楼宇密集区50公里/小时，乡间80公里/小时，主公路100公里/小时，高速公路130公里/小时（情况如有变化，会有明确标志）。到处都有隐藏摄像头，一旦有问题有关部门就会通过你的租车公司找到你。

> **交通**
>
> 通往邻国的列车交通便捷。阿姆斯特丹有高速列车发往科隆、布鲁塞尔和巴黎。从2016年年底开始，阿姆斯特丹和鹿特丹将开通往返伦敦的欧洲之星（Eurostar）直达列车。马斯特里赫特就位于比利时和德国边界，由此可前往科隆和布鲁塞尔。

> **就餐价格区间**
>
> 以下价格范围适用于主菜价格。
>
> **€** 低于€12
>
> **€€** €12~25
>
> **€€€** 高于€25

公共交通

9292（www.9292ov.nl）有英文版全国公共交通信息，也有很棒的智能手机App应用。

荷兰通用的交通付款方式是**OV-chipkaart**（www.ov-chipkaart.nl）。游客可购买一张一次性的卡，1小时有效，在车站指定的自动售票机、票务窗口购票或上车购票皆可（需要提供正确面额的零钱）。你也可以购买一天或更多天数内不限次使用的一次性的OV-chipkaarts卡，这往往也是最方便的办法，而且比单次使用的芯片卡更便宜。

可充值的“不记名”OV-chipkaarts卡（€7.50，如果是在售票处购买，要多收€3）也很便宜。每张卡内储存有你的付款金额，然后在每次使用时从中扣除费用。可在售票机、报刊亭或售票窗口充值。

当你上下公共汽车、有轨电车或火车时，将卡对准车门或车站门口的读卡装置，系统就会计算你的车费，并从卡中扣除。

火车

火车网由荷兰铁路运营。头等座跟二等座区域没什么差别，只是人要少些。火车时速很快，班次也很频繁，开往大多数引人入胜的目的地。往返史基浦机场和鹿特丹市中心的高铁1/2等座需要加收€3/2.30。大部分火车站都设有用信用卡付费的保险柜（平均费用€5）。

车票

Enkele reis 单程，你可以在中途下车。

Dagretour 当日往返，价格与购买两张单程票相同。

Dagkaart 一日通票（€50.80），可在全国范围内无限次乘坐。除非你打算在火车上待一整天，否则没什么用处。

挪威

包括 ➡

最佳餐饮

- Torget Fish Market（见906页）
- Markveien Mat & Vinhus（见904页）
- Renaa Matbaren（见909页）
- Emma' s Under（见915页）
- Kasbah（见904页）

最佳住宿

- The Thief（见904页）
- Svinøya Rorbuer（见914页）
- Hotel Park（见906页）
- Westerås Gard（见911页）
- Rica Ishavshotel（见915页）

为何去

挪威是个一生必去的旅行目的地，其魅力其实相当简单：这是地球上最美的国家之一。陡峭得令人难以置信的峡湾深深切入内陆，宏伟壮丽的冰川从欧洲最大的冰原地区蜿蜒而下，极地的魅力发自原始。与如此自然美景相对的是这个国家生机勃勃的文化生活。挪威的城市非常国际化，各种建筑彰显着斯堪的纳维亚半岛人所具有的设计天分。是的，挪威是全球消费最高的国家之一，但是它将回报给你难忘的旅游记忆。

何时去

奥斯陆

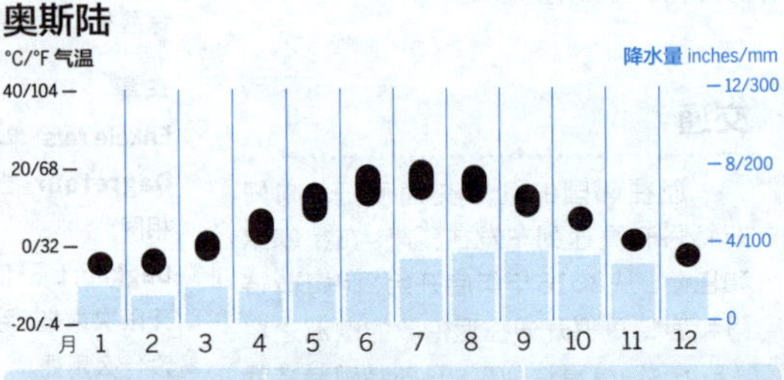

5月 积雪仍然很厚，但白昼时间充足，可享受冬季运动。

6月至8月 夏季虽短但很精彩，北极圈的白夜如梦似幻。

9月 秋季的缤纷色彩使得这时成为北上徒步的最佳时节。

旅行线路

一周

从**奥斯陆**开始，在城市博物馆、海滨和美食中感受斯堪的纳维亚半岛的高雅。加入Norway in a Nutshell之旅，乘火车穿越挪威的美丽屋脊，下行到**松恩峡湾**（Sognefjorden），然后经过**古德旺恩**（Gudvangen）、**斯塔海姆**（Stalheim）和**沃斯**（Voss）前往**卑尔根**（Bergen）。在卑尔根停留三天，体验这座迷人的城市，然后乘火车返回奥斯陆。

两周

延长一周时间，花两天去**斯塔万格**[Stavanger；包括吕瑟峡湾（Lysef jord）上的**布道岩**（Pulpit Rock）一日游]，两天去**特隆赫姆**（Trondheim），再花三天探索广阔的**罗弗敦群岛**（Lofoten Islands），然后乘飞机返回**奥斯陆**。

奥斯陆（OSLO）

人口 613,300

奥斯陆有许多世界级的博物馆和美术馆，足以同欧洲艺术之路上的其余地方相媲美，城市周围还环绕着森林、山岳和湖泊。除此之外，城里还有热闹的咖啡馆和酒吧文化、顶级的餐厅，造就了这座令人陶醉的城市，徜徉其中能令你暂时忘却峡湾风景。

景点

★奥斯陆歌剧院 建筑

（Oslo Opera House, Den Norske Opera & Ballett；☎21 42 21 21；www.operaen.no；Kirsten Flagstads plass 1；门票 大厅免费；⏲大厅 周一至周五 10:00~21:00，周六 11:00~21:00，周日 正午至21:00）为了将奥斯陆转变为一个世界级的文化中心，领导者们发起了一个巨大的水滨再开发项目（预计持续至2020年），其中心工程就是这座宏伟的歌剧院，这里很快就成了斯堪的纳维亚半岛上最具标志性的现代化建筑。

★阿斯楚普费恩利美术馆 美术馆

（Astrup Fearnley Museet, Astrup Fearnley Museum；☎22 93 60 60；www.afmuseet.no；Strandpromenaden 2；成人/学生/儿童 Nkr100/60/免费，导览团队游 Nkr50；⏲周二至周三和周五 正午至17:00，周四 正午至19:00，周六和周日 11:00~17:00）这座博物馆位于水滨中心一座绝美的建筑中，最近重新开放，其中包括各种形式的有趣的当代艺术作品，是奥斯陆最新完成的旗舰项目，也是整座城市的艺术亮点。

国家美术馆 美术馆

（Nasjonalgalleriet, National Gallery；☎21 98 20 00；www.nasjonalmuseet.no；Universitetsgata 13；成人/儿童 Nkr50/免费，周日免费；⏲周二、周三和周五 10:00~18:00，周四 至19:00，周六和周日 11:00~17:00）国家美术馆是奥斯陆的主要亮点之一，有最多的挪威艺术作品收藏，包括罗马时代的作品，以及1800年至第二次世界大战期间的更为现代的作品。这里展出了一些爱德华·蒙克（Edvard Munch）最好的作品，包括他最著名的《呐喊》（*The Scream*）；还有其他令人印象深刻的欧洲艺术作品，例如高更（Gauguin）、毕加索（Picasso）、格列柯（El Greco）的作品，以及马奈（Manet）、德加（Degas）、雷诺阿（Renoir）、马蒂斯（Matisse）、塞尚（Cézanne）和莫奈（Monet）等印象派艺术家的作品。

阿克什胡斯宫 城堡

（Akershus Slott, Akershus Castle；☎22 41 25 21；www.nasjonalefestningsverk.no；成人/儿童 Nkr70/30，持奥斯陆卡免费；⏲5月至8月 周一至周六 10:00~16:00，周日 12:00~16:00，9月至次年4月 周六和周日 12:00~17:00，导览团队游 6月中旬至8月中旬 11:00、13:00、15:00，5月至6月中旬和8月中旬至9月 时间缩短）在17世纪，克里斯蒂安四世（Christian Ⅳ）将阿克什胡斯宫改建成了一座文艺复兴式风格的宫殿，虽然前门仍然保留着明显的中世纪风格。在城堡的地下城中，你会发现黑暗的小室，那里是关押被驱

挪威亮点

❶ 从哈雷斯特乘渡轮到**盖朗厄尔**（见911页），探索挪威第一峡湾。

❷ 去北极圈和毋庸置疑的欧洲最美群岛**罗弗敦**（见913页）。

❸ 在**卑尔根**（见905页）海岸感受迷人的布吕根老城建筑。

❹ 跳上**奥斯陆至卑尔根的火车**（见909页），体验挪威最壮观的铁路之旅。

❺ 徒步登上吕瑟峡湾，感受挪威最惊险的**布道岩**（见907页）。

❻ 乘坐**Hurtigruten海岸渡轮**（见919页）从卑尔根前往希尔克内斯，感受挪威无与伦比的海岸风景。

❼ 在**特罗姆瑟**（见914页）感受挪威最

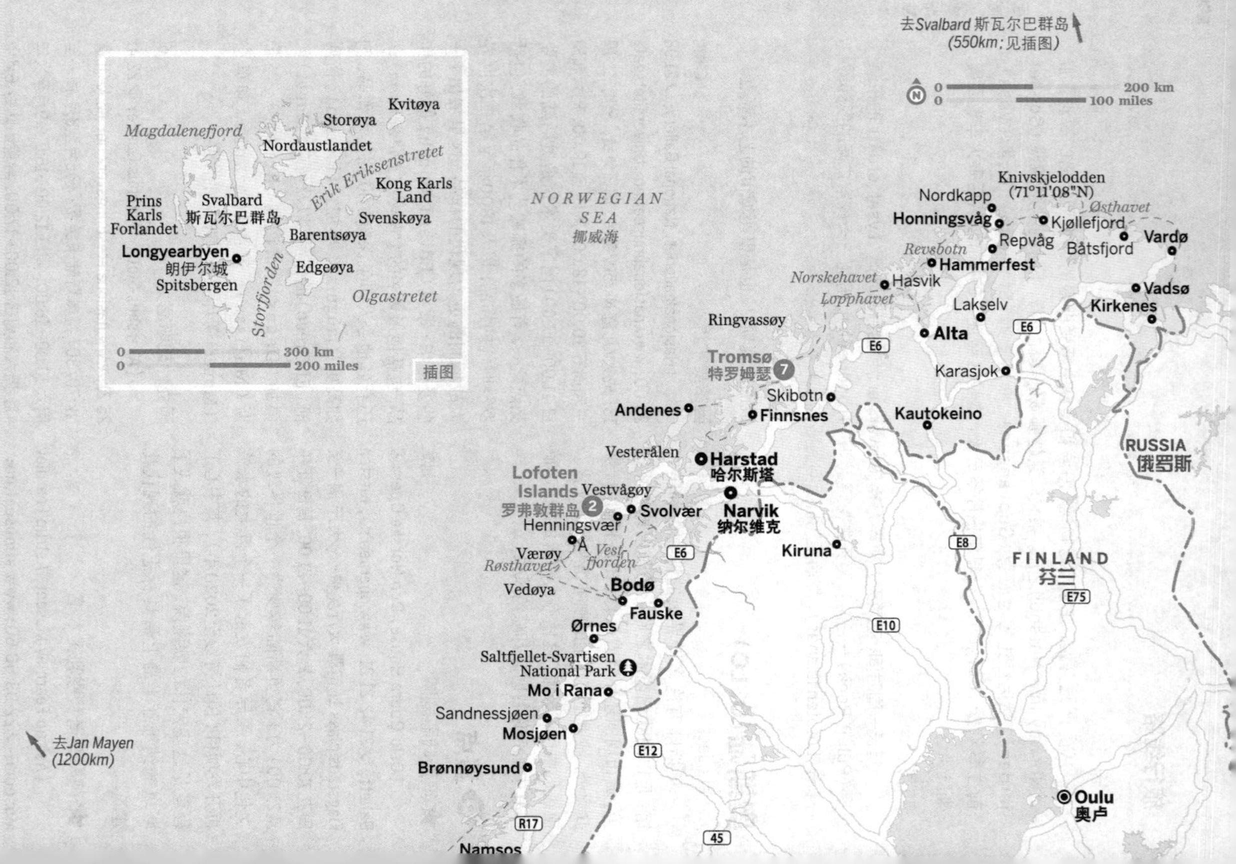

去Svalbard 斯瓦尔巴群岛 (550km；见插图)
0 200 km
0 100 miles
插图
Magdalenefjord
Kvitøya
Storøya
Nordaustlandet
Erik Eriksenstretet
Kong Karls Land
Svenskøya
Prins Karls Forlandet
Svalbard 斯瓦尔巴群岛
Barentsøya
Longyearbyen 朗伊尔城
Spitsbergen
Edgeøya
Storfjorden
Olgastretet
0 300 km
0 200 miles
NORWEGIAN SEA 挪威海
Knivskjelodden (71°11'08"N)
Nordkapp
Honningsvåg
Kjøllefjord
Østhavet
Vardø
Repvåg
Båtsfjord
Revsbotn
Hammerfest
Norskehavet
Hasvik
Vadsø
Lopphavet
Lakselv
Kirkenes
Ringvassøy
Alta
E6
Tromsø 特罗姆瑟 7
Karasjok
Skibotn
Andenes
Finnsnes
Kautokeino
RUSSIA 俄罗斯
Vesterålen
Harstad 哈尔斯塔
Lofoten Islands 罗弗敦群岛 2
Vestvågøy
Svolvær
Narvik 纳尔维克
Henningsvær
Å
Værøy
Vestfjorden
Røsthavet
Kiruna
E8
FINLAND 芬兰
Bodø
Vedøya
Fauske
E75
Ørnes
E10
Saltfjellet-Svartisen National Park
Mo i Rana
Sandnessjøen
Mosjøen
去Jan Mayen (1200km)
E12
Brønnøysund
Oulu 奥卢
R17
45
Namsos

热闹的城镇，冬季可乘坐狗拉雪橇。

8 在**奥斯陆**（见899页）享受这座首都的国际风情，参观令人惊叹的歌剧院。

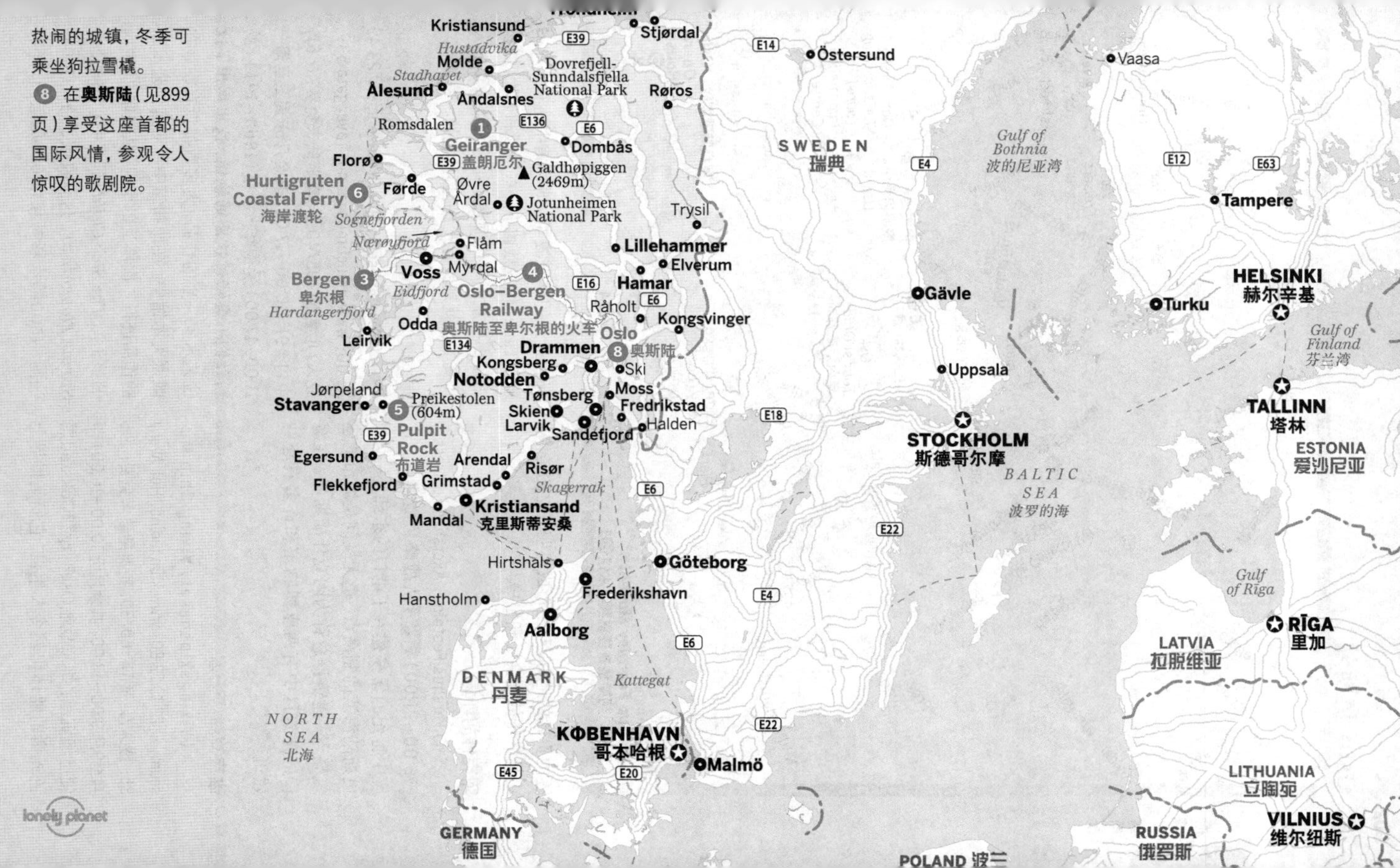

Oslo 奥斯陆

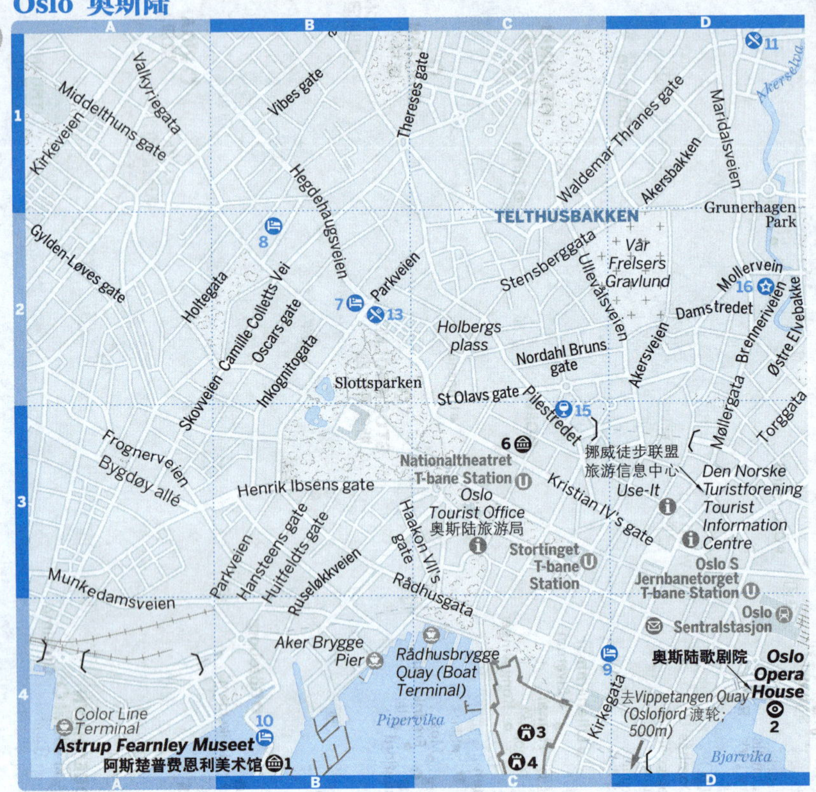

逐的贵族的地方。与之形成鲜明对比的是，楼上是奢华的宴会厅和包房。

阿克什胡斯堡 堡垒

（Akershus Festning，Akershus Fortress；⏰6:00～21:00）免费 从战略位置考虑，这座中世纪的堡垒建在了港口的东部，占据着奥斯陆海滨的制高点，毫无疑问是城市的建筑亮点。建筑群总称为阿克什胡斯堡。在宽广的建筑区中有两座博物馆和许多有趣的建筑。

维京战船博物馆 博物馆

（Vikingskipshuset，Viking Ship Museum；☎22 13 52 80；www.khm.uio.no；Huk Aveny 35；成人/儿童 Nkr60/30，持奥斯陆卡免费；⏰5月至9月 9:00～18:00，其余月份 10:00～16:00）即便已经沉睡，维京战船Oseberg和Gokstad黑色光滑的船体仍然令人生畏，它们是世界上保存最好的维京战船。博物馆中还有另外一艘船Tune，但只残留下一些甲板和碎片。博物馆是那些童年时代痴迷于维京海盗故事的人（其实也就是所有人）的必游之处。

蒙克博物馆 美术馆

（Munchmuseet，Munch Museum；☎23 49 35 00；www.munchmuseet.no；Tøyengata 53；成人/儿童 Nkr95/40，持奥斯陆卡免费；⏰6月中旬至9月 10:00～17:00，其余月份 周三至周一 11:00～17:00）爱德华·蒙克（1863～1944）的粉丝们不会错过这座博物馆，这里展出了这位艺术家一生的作品，大多数都没有收藏在国家美术馆中。在博物馆中可对这位艺术家的作品进行一次广泛的审视，从黑暗（《生病的孩子》，*The Sick Child*）到光明（《春耕》，*Spring Ploughing*）。这里收藏了超过1100幅油画、4500幅水彩画和18,000幅版画，还有

Oslo 奥斯陆

重要景点

1 阿斯楚普费恩利美术馆……B4
2 奥斯陆歌剧院……D4

景点

3 阿克什胡斯堡……C4
4 阿克什胡斯宫……C4
5 蒙克博物馆……F3
6 国家美术馆……C3

住宿

7 Cochs Pensjonat……B2
8 Ellingsens Pensjonat……B2
9 Oslo Vandrerhjem Central……C4
10 The Thief……B4

就餐

11 Kasbah……D1
12 Markveien Mat & Vinhus……E2
13 Rust……B2

饮品和夜生活

14 Bar Boca……E1
15 Fuglen……C3

娱乐

16 Blå……D2
奥斯陆歌剧院……（见2）

蒙克本人遗赠给这座城市的素描册，是这里的标志性收藏。

团队游

Norway in a Nutshell 团队游

（☎81 56 82 22；www.norwaynutshell.com）免费 想参加Norway in a Nutshell的热门团队游，可在旅游局或火车站预约。从奥斯陆出发，经典路线如乘火车穿过哈当厄尔高原（Hardangervidda）到达米达尔（Myrdal），然后沿着陡峭的Flåmbanen下行，乘船从奈勒伊峡湾（Nærøyfjorden）巡游至古德旺恩，再乘汽车到达沃斯（Voss），接着乘坐接驳火车到卑尔根短暂游览，在火车上过夜，最后返回奥斯陆（有卧铺车厢），往返花费为Nkr2490。也可以预订到卑尔根的单程旅途（Nkr1630）。

住宿

★ Oslo Vandrerhjem Central 青年旅舍 €

（☎23 10 08 00；www.hihostels.no/oslo.central；Kongens gate 7；Nkr375起；📶）这家青年旅舍非常干净，客房简洁实用，有一个大的社交休闲区，上网便利，能提供大量旅游信息，地理位置非常优越。总之，奥斯陆新开的这家青年旅舍对节约的旅行者来说是一个很棒的选择。

★ Ellingsens Pensjonat 家庭旅馆 €€

（☎22 60 03 59；www.ellingsenspensjonat.no；Holtegata 25；标单/双 Nkr600/990起，不含浴室 标单/双 Nkr550/800，公寓 标单/双 Nkr700/1200；📶）这家温馨的家庭旅馆位于一处僻静怡人的街区，提供首都最划算的住宿。建筑可追溯到1890年，保留了许多原有的风格（高屋顶、玫瑰图案）。客房明亮通风，

装饰得很美，配有冰箱和热水壶，晴天还可以到小花园休息。

Cochs Pensjonat 家庭旅馆 €€

（☎23 33 24 00；www.cochspensjonat.no；Parkveien 25；标单/双 含厨房 Nkr610/840起，不含浴室 Nkr510/720；📶）20世纪20年代开业，最初是单身汉客栈，客房很干净，家具不多，有些带有小厨房。地理位置理想，位于皇家宫殿后面。后面的客房能眺望皇宫花园，非常宽敞。有一个行李室。酒店角落的咖啡店中提供有折扣的早间自助餐，价格Nkr42起。

★ **The Thief** 精品酒店 €€€

（☎24 00 40 00；www.thethief.com；Landgangen 1；双 Nkr2890起；📶🏊）这家酒店是新的海滨开发区的一部分，提供世界级的服务（虽然名字很奇怪），能够眺望到阿斯楚普费恩利美术馆。酒店装潢受到隔壁美术馆的启发，电梯中有移动的人影，金色针织时钟不是用来报时的，时髦的客房中有许多垫子。

就餐

★ **Kasbah** 中东菜 €

（☎21 94 90 99；www.thekasbah.no；Kingsogate 1b；主菜 Nkr90~100，开胃菜 Nkr42起；⏲11:00至次日1:00）这家中东风味的餐厅色彩缤纷，由挪威人经营，可以品尝开胃菜，或者选择分量更大的午餐，包括家常炸豆泥三明治和蔬菜麦粉汤。

Rust 各国风味 €€

（☎23 62 65 05；www.rustoslo.com；Hegehaugsveien 22；西班牙小吃 Nkr40~80，主菜 Nkr129~195；⏲周一至周六 11:00至次日1:00，周日 正午至午夜）位于一条布满了咖啡厅和餐厅的小街上，色彩缤纷明亮，是100%的奥斯陆现代风情。有许多户外餐位，天冷时还提供毯子。可以静静地品尝鸡尾酒、精心制作的沙拉和一些创意西班牙小吃，直到深夜。

★ **Markveien Mat & Vinhus** 挪威菜 €€€

（☎22 37 22 97；Torvbakkgt 12；主菜 Nkr 240~290，3道菜 Nkr495；⏲周二至周日 16:00至次日1:30）这里的厨师靠着一点点松露油和莳萝，使得这些挪威菜肴令人难以忘怀。餐厅主打当地海鲜、肉类和有机产品，烹制出的食物令人愉快。不容错过的特色菜有羊肉和小龙虾。

饮品和娱乐

城市里最好的酒吧街在Thorvald Meyers大门两边及Grünerløkka附近的街上。Youngstorget区有一些市中心附近最受欢迎的地方，Grønland街区则要另类一些。

★ **Fuglen** 鸡尾酒吧

（www.fuglen.com；Universitetsgaten 2；⏲周一和周二 7:30~22:00，周三和周四 7:30至次日1:00，周五 7:30至次日3:00，周六 11:00至次日3:00，周日 11:00~22:00）白天这里是一家著名的咖啡馆酒吧，晚上则变成了城里最时尚的鸡尾酒吧。如果喜欢复古装饰和家具，为什么不带些回家呢？所有的家具都是可以出售的！

Bar Boca 酒吧

（Thorvald Meyers gate 30；⏲周日至周二 正午至次日1:00，周三和周四 11:00~14:00，周五和周六 11:00至次日3:00）这里可能是奥斯陆最小的一家酒吧，挤进来你会发现不知不觉回到了20世纪60年代。这里复古炫酷，鸡尾酒区域和氛围一样棒极了。

★ **Blå** 爵士乐

（www.blaaoslo.no；Brenneriveien 9c；入场费 Nkr100~180）如果不来这里就离开奥斯陆，那就太遗憾了，它是美国爵士乐杂志*Down Beat*行业编辑评选出的全球100大爵士乐俱乐部之一。正如一位编辑所称："被选入这个名录就意味着，选择这里总不会错。"

其他值得一游的城镇

奥勒松（Ålesund）装饰艺术建筑和绝佳的水滨位置。

勒罗斯（Røros）用木头建造的采矿村庄，历史悠久，是联合国教科文组织认定的世界遗产。

里尔哈默（Lillehammer）漂亮的滑雪中心，1994年曾举办冬季奥运会。

卡拉索克（Karasjok）北方极地民族萨米人的精神之都。

奥斯陆歌剧院 歌剧

（Oslo Opera House, Den Norske Opera & Ballett; www.operaen.no; Kirsten Flagstads plass 1; 门票 Nkr100~795; ⏲大厅 周一至周五 10:00~23:00，周六 11:00~23:00，周日 正午至 22:00）除了是挪威令人印象最深刻的当代建筑之外，这里也是世界级歌剧和芭蕾舞演出场地。

实用信息

挪威徒步联盟旅游信息中心（Den Norske Turistforening Tourist Information Centre, DNT, Norwegian Mountain Touring Club; www.turistforeningen.no; Storget 3; ⏲周一至周三和周五 10:00~17:00，周四 至18:00，周六至15:00）提供挪威徒步信息、地图和宣传册，售卖会员卡，可在主要徒步路线沿途的山地小屋享受折扣。你可以在这里预订某些小屋的住宿，拿取钥匙。中心还出售徒步装备。

奥斯陆旅游局（Oslo Tourist Office; ☎81 53 05 55; www.visitoslo.com; Fridtjof Nansens plass 5; ⏲5月至9月 9:00~18:00，10月至次年4月 至 16:00）这座主要旅游局坐落在市政厅以北，能提供大量信息。可找找便利的《奥斯陆指南》（*Oslo Guide*）或每月发行的《奥斯陆新闻》（*What's On in Oslo*），两者在城市内和周边所有的旅游局都能找到，许多景点和酒店也有。旅游局出售奥斯陆卡（www.visitoslo.com/en/activities-and-attractions/oslo-pass; 成人 1/2/3日 Nkr290/425/535，儿童和老人 Nkr145/215/270）。

到达和离开

飞机

奥斯陆加登摩恩国际机场（Oslo Gardermoen International Airport; www.osl.no）

长途汽车

Galleri奥斯陆汽车总站（☎23 00 24 00; Schweigaards gate 8）长途汽车抵达和出发是在Galleri奥斯陆汽车总站，火车和汽车站之间通过一条便利的空中走廊连接，很方便。

火车

所有的火车到达和出发都是在市中心的Oslo S。主要目的地包括斯塔万格、卑尔根和特隆赫姆。

当地交通

抵离机场

Flybussen（www.flybussen.no）Flybussen机场巴士可连接位于奥斯陆以北50公里处的加登摩恩国际机场。4:05~21:05每小时有3~4班车从Galleri Oslo汽车总站出发，单程/往返的价格为Nkr120/220（有效期1个月），行程40分钟。

Flytoget（www.flytoget.no）FlyToget铁路服务连接城市西南最偏远的Asker车站和达加登摩恩（Nkr190，49分钟），4:18至午夜每20分钟1班，也可从国家剧院和Oslo S出发。

公共交通

公共汽车和电车路线环绕全城。如果提前购买（7-Eleven、Narvesen和Trafikanten有售），多数旅程票的价格为成人/儿童 Nkr30/15；如果直接向司机购买，价格为Nkr50/25。拥有6条线路的地下Tunnelbanen（T-bane）的票价也一样。

卑尔根和峡湾西部(BERGEN & THE WESTERN FJORDS)

这一壮观的地区着实有难以形容的风景。哈当厄尔峡湾（Hardangerfjord）、松恩峡湾（Sognefjord）、吕瑟峡湾（Lysefjord）和盖朗厄尔峡湾（Geirangerfjord）都围绕着同一个主题：陡峭的结晶岩壁直坠入海中，通常都点缀有瀑布。卑尔根是一座迷人而热闹的城市，这里的海滨区建于15世纪。

卑尔根（Bergen）

人口 258,500

卑尔根是一座迷人的城市，周围环绕着7座山和峡湾。最引人注目的景点包括被联合国教科文组织列入世界遗产名录的布吕根（Bryggen）和热闹的Vågen港口，山腰点缀着木头房屋，乘坐缆车能从高处眺望绝美风景。

景点

★布吕根（Bryggen） 历史遗址

这里是卑尔根最古老的区域，沿着Vågen港口（名字翻译过来意思就是“码头”）东岸延伸，一排排带石头或木头地基的

从卑尔根出发的峡湾团队游

从卑尔根出发有许多峡湾团队游。旅游局(见907页)有全部名录,可以在那里买票,也可以上网购买。如果有**卑尔根卡**(Bergen Card; www.visitbergen.com/bergencard; 成人/儿童 24小时卡 Nkr200/75, 48小时卡 Nkr260/100),可享受大多数折扣。想进行大致了解的话,可在旅游局索取《往返之旅——峡湾游和远足》(*Round Trips – Fjord Tours & Excursions*)宣传册,其中有各个私人公司提供的团队游服务介绍。

Fjord Tours(☎81 56 82 22; www.fjordtours.com)擅长在有限时间内组织一系列峡湾游览。全年经营的**Norway in a Nutshell**很受欢迎,能在一天时间内让你看到比预想中多得多的风景。

三角墙建筑和重建的粗木建筑平行伸展。毋庸置疑,这里氛围迷人,但是如果碰到了巡航船或巴士游的高峰期,会令人筋疲力尽。

目前占地13,000平方米的58座建筑(25%为原建,不过也有称是61座)都是1702年火灾后重建的,不过建筑形式起源于12世纪。考古挖掘发现,之前码头的位置比现在要往内陆推进140米。

在14世纪早期,这里约有30座木建筑,一般都为几家stuer(贸易公司)所共有。码头上的建筑有两三层楼高,将贸易场所与生活区域、仓库区域结合在一起。每座建筑都有起降船只的吊车,还有schøtstue(大型集会房间)供雇工集合和吃饭。

布吕根小巷中的木建筑是艺术家和手工艺人的天堂,每个转角处都有首饰店和精品店。水滨社区的私密感被原封不动地保存了下来,徜徉其中是在卑尔根旅行的一大乐趣所在。

住宿

Citybox　青年旅舍 €

(☎55 31 25 00; www.citybox.no; Nygårdsgaten 31; 标单/双 Nkr650/950,不含浴室 Nkr550/750; 📶)这个小连锁品牌来自卑尔根,是最好的旅舍-廉价酒店之一。色彩斑斓的现代化客房充分利用了原有的历史元素,都是喜人的高屋顶。家庭房极其宽敞,还有一个小的厨房区。公共空间包括公用洗衣房,很热闹,员工友好,乐于助人。

★ Hotel Park　历史酒店 €€

(☎55 54 44 00; www.hotelpark.no; Harald Hårfagresgate 35; 标单/双 Nkr1190/1390; 📶)这家酒店由老店主的女儿们经营,融合家庭珍藏、设计天赋、新奇想法于一体,服务热情,确实是个独特的所在。酒店位于一个安静庄重的街区里,包括两座19世纪的石头建筑,客房优雅且各不相同,不过家具全部都是古董与当代舒适风格的融合,非常迷人。

Skansen Pensjonat　客栈 €€

(☎55 31 90 80; www.skansen-pensjonat.no; Vetrlidsalmenning 29; 标单/双/公寓 Nkr550/900/1100; 📶)这家客栈像扣子般小巧可爱,只有7个房间,位于缆车车站背后的高处,位置绝佳,而且店主和员工温和热情。房间保留着传统的感觉和大小,明亮通风,"阳台房"能看到卑尔根最美的风景。

就餐

Pingvinen　挪威菜 €

(www.pingvinen.no; Vaskerelven 14; 每日特色菜 Nkr119, 主菜 Nkr159~249; ⏲周日至周五 13:00至次日3:00, 周六 正午至次日3:00)这里主打家常菜,有一种喜人的正式氛围,是每个人的最爱,人们会来品尝他们的母亲和祖父母曾做过的那些食物。虽然菜单定期更换,但总会供应下列菜肴中的一道或多道:鱼糕三明治、驯鹿肉、鱼肉派、三文鱼、羊小腿肉和raspeballer(即komle),以及西海岸土豆饺。

★ Torget Fish Market　海鲜 €

(www.torgetibergen.no; Torget; ⏲6月至8月 7:00~19:00, 9月至次年5月 周一至周六 至16:00)论氛围,很难有比这里更好的餐厅了。地址就在港口右岸,距离布吕根老城区很近,供应三文鱼、鱿鱼、炸鱼和薯条、鱼糕、对虾长棍面包、海鲜沙拉、当地鱼子酱，有时还有驯鹿肉和驼鹿肉。

饮品和夜生活

Altona Vinbar 葡萄酒吧

（C Sundts gate 22；⊙周一至周四 18:00至次日0:30，周五和周六 至次日1:30）位于可追溯到16世纪的拥挤的拱顶地下市场，有大量精选的葡萄酒品牌，柔和的灯光和交谈声使这里成为卑尔根最浪漫的酒吧之一（尤其是天气寒冷潮湿时更加迷人）。酒吧菜单主要是美味的爽心食物，例如挪威羊肉汉堡包（Nkr175）。

Garage 现场音乐

（www.garage.no；Christies gate 14；⊙周一至周六 15:00至次日3:00，周日 17:00至次日3:00）对欧洲的音乐爱好者来说，这里几乎笼罩着神话般的色彩。虽然也有奇怪的爵士乐和不插电演出，但主要还是摇滚和金属乐，巨大的地下室场地中有挪威和国际著名演出团队的表演。夏季周日过来能欣赏到爵士乐即兴演奏。

实用信息

旅游信息

旅游局（☎55 55 20 00；www.visitbergen.com；Vågsallmenningen 1；⊙6月至8月 8:30~22:00，5月和9月 9:00~20:00，10月至次年4月 周一至周六 9:00~16:00）卑尔根旅游局是挪威最好的，这里免费分发很有帮助的《卑尔根指南》小册子，还提供整个地区的大量信息，也出售火车票。

值得一游

游览吕瑟峡湾

在42公里长的吕瑟峡湾沿途，花岗岩一直闪烁着缥缈的斑驳光影，即便在阴天也不例外。这里美得摄人心魄，是许多游客最爱的峡湾。本地区最流行的远足是徒步2小时到达壮观的布道岩（Preikestolen）顶部，在斯塔万格以东25公里处。你可以慢慢移动到平台顶部的边缘，眺望604米高的垂直崖壁下方的蓝色水面，体验眩晕的感觉。

布道岩公共交通

从5月到9月中旬，每天有5~7班渡轮从斯塔万格的Fiskespiren码头出发前往Tau。在那里换乘汽车，从Tau码头前往Preikestolhytta Vandrerhjem。从那里再乘坐2小时的火车一路前往布道岩。从Preikestolhytta返回Tau的末班车是在19:55发车。**Tide Reiser**（www.tidereiser.no）提供往返的全程交通票（成人/儿童 Nkr250/125），网上和旅游局有时间表。可以在旅游局、网上和Fiskespiren码头买票。

布道岩自驾

如果自驾，可以乘坐汽车渡轮（成人/儿童/汽车 Nkr42/21/125，40 分钟，每日最多24班）从斯塔万格的Fiskespiren码头到达Tau。从那里的码头出发，沿一条标志清晰的公路（Rv13）开19公里，到达Preikestolhytta Vandrerhjem（13公里后根据路标转弯）。这里的停车费用为每辆汽车/摩托车 Nkr70/35。斯塔万格和铁路总站之间的车程约1.5小时。

吕瑟峡湾乘船游

有两家公司提供3小时的乘船游，从斯塔万格到达吕瑟峡湾布道岩之下的水域，然后返回。

Rødne Fjord Cruise（☎51 89 52 70；www.rodne.no；Skagenkaien 35-37, Stavanger；成人/老人和学生/儿童/家庭 Nkr450/350/280/1150；⊙出发 7月和8月 周日至周五 10:00和14:00，周六 正午，5月、6月和9月 每日正午，10月至次年4月 周五至周日 正午）

Tide Reiser（☎51 86 87 88；www.tidereiser.no；成人/老人和学生/儿童 Nkr360/280/250；⊙出发 5月底至8月底 正午，9月至次年5月底 周六 正午）

Bergen 卑尔根

0 200 m
0 0.1 miles

A B C D
1 2 3 4 5 6 7

Vågen Harbour Ferry
Sandbrugaten
Dreggsallmenning
Bryggen
Bryggestr
Nikolaikirkeallm
Steinkjellergaten
Øvre Blekeveien
Nedre Fjellsmug
Øvregaten
Finnegårdsgaten
Vetrlidsallmenningen
Fløibanen Funicular Station
Bryggen 布吕根
1
2
5
Vågen
8
C Sundts gate
Strandgaten
Strandkaiterminal (Express Ferries)
7
Torget
Strandkaien
Småstrandgaten
N Korskirkealmenning
Skostredet
Lille Øvregaten
Bergen Cathedral
Kong Oscars gate
Klostergate
Jon Smørs gate
Vågsallmenningen
Kjellersmauet
Michelsens gate
Markeveien
Torgalmenningen
Allehelg ensgate
Nygaten
V Murallm
ENGEN
SENTRUM
Engen
Øvre Ole Bulls plass
Kaigaten
Neumanns gate
Vaskerelven
6
Olav Kyrres gate
Christies gate
Grønnevollen
Håkonsgaten
Sigurds gate
Lille Lungegårdsvann
去火车站 (100m)
Rasmus Meyers Allé
Lars Hilles gate
Rosenbergsgaten
9
Strømgaten
Nygårdsgaten
Fosswinckels gate
Langes gate
Olav Kyrres gate
3
Harald Hårfagresgate
Haakon Sheteligs plass
Olaf Ryes vei
Parkveien
4
Dokkeveien
Welhavens gate
Allégaten
Nygårdsgaten

Bergen 卑尔根

重要景点
1 布吕根……B1

景点
2 布吕根仓库区域……B1

住宿
3 Citybox……D6
4 Hotel Park……C7
5 Skansen Pensjonat……D2

就餐
6 Pingvinen……B5
7 Torget Fish Market……C3

饮品和夜生活
8 Altona Vinbar……A2
9 Garage……C6

如果要预约或者咨询，要尽早前来，不然会排队。

到达和离开

船

Hurtigruten海岸渡轮从Nøstegaten以东的总站出发。

长途汽车

卑尔根汽车总站在Vestre Strømkaien。

目的地包括：

奥勒松（Nkr686，10小时，每日2班）
奥斯陆（Nkr680，11小时，每日3班）
斯塔万格（Nkr550，5.5小时，每日6班）
斯特林（Stryn；Nkr538，6.5小时，每日3班）
特隆赫姆（Nkr848，14.5小时，每日1班）

火车

连接卑尔根与奥斯陆的精彩火车之旅（Nkr349~829，6.5~8小时，每日5班）直贯挪威中心。其余目的地包括沃斯（Nkr189，1小时，每小时1班）和米达尔（Nkr286，2.25小时，每日最多9班），可连接弗洛姆（Flåmsbana）铁路。

斯塔万格（Stavanger）

人口 124,940

有人称斯塔万格是欧洲最大的木头城市，这里的旧城区围绕着美丽的港口一直延伸到山坡上。斯塔万格也是挪威最热闹的城市中心，是探索吕瑟峡湾的一个便利营地。

景点

★斯塔万格旧城区（Gamle Stavanger） 街区

宜人的斯塔万格旧城位于港口西岸上，这里的鹅卵石街道连接着一排排18世纪晚期的白色木头房屋，非常整洁，装点着精心照管的漂亮花盆，值得花上一两个小时慢慢观赏。

★挪威石油博物馆 博物馆

（Norsk Oljemuseum，Oil Museum；www.norskolje.museum.no；Kjeringholmen；成人/儿童/家庭 Nkr100/50/250；⏲6月至8月 每日 10:00~19:00，9月至次年5月 周一至周六 至16:00，周日至18:00）你可以花几个小时游览这座设计精美的先进的博物馆，它是挪威最好的博物馆之一。主题聚焦于北海的石油勘探，从1969年发现石油至今日，有许多高科技的交互式展览和真实的复建。亮点包括世界上最大的钻头、模拟作业环境、北海潜水人员工作日的纪录电影，还有一个巨大的展厅，展出令人震惊的石油平台模型。

食宿

★Thompsons B&B 民宿 €

（☎51 52 13 29；www.thompsonsbedandbreakfast.com；Muségata 79；标单/双 含公共浴室 Nkr400/500；P）位于一处宁静居民区的一座19世纪的别墅内，有4张床，店主Sissel Thompson温暖热情的服务给人以家庭般的温暖，客房舒适惬意。客栈提供分量很足的传统挪威早餐，在餐厅供应。

Comfort Hotel Square 酒店 €

（☎51 56 80 00；www.nordicchoicehotels.no；Løkkeveien 41；双 Nkr749起；❄📶）这家Nordic Choice Comfort旗下的精品酒店位于斯坦万格旧城区之后的一座木头建筑中，设计时尚（有裸露的混凝土墙、创意灯光和墙壁大小的照片），有连锁酒店的便利、设施和价格。周末价格超值，位置也很方便。

★Renaa Matbaren 各国风味 €€

（Breitorget 6，从Bakkegata进入；小份菜肴Nrk135~189，主菜 Nkr195~335；⏲周一至周六

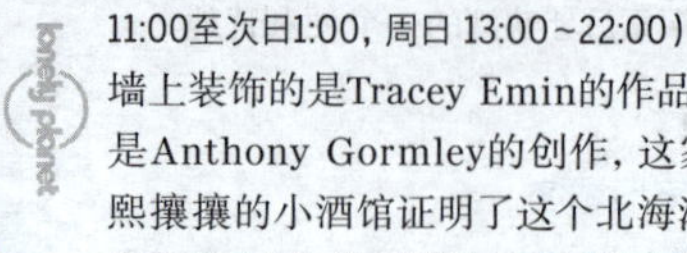

11:00至次日1:00，周日 13:00~22:00）是的，远处墙上装饰的是Tracey Emin的作品，房屋中间是Anthony Gormley的创作，这家一直都熙熙攘攘的小酒馆证明了这个北海港口城市的富有和文明。你可能为这里的氛围而来，但食物也很棒。

实用信息

旅游局（☎51 85 92 00；www.regionstavanger.com；Domkirkeplassen 3；⊙6月至8月 9:00~20:00，9月至次年5月 周一至周五 至16:00，周六至14:00）提供当地旅游信息以及吕瑟峡湾和布道岩的旅游建议。

到达和离开

长途汽车

多数去往奥斯陆的车都在克里斯蒂安桑（Kristiansand）换乘。

目的地包括：

卑尔根（Nkr440，5.5小时，每日13班）

海于格松（Haugesund；Nkr220，2小时，每日16班）

克里斯蒂安桑（Nkr390，4.5小时，每日3班）

奥斯陆（Nkr820，9.5小时，每日3班）

火车

多数去往奥斯陆的火车都在克里斯蒂安桑换乘。

目的地包括：

埃格松（Egersund；Nkr164，1.25小时，每日4班）

克里斯蒂安桑（Nkr474，3小时，每日5班）

奥斯陆（Nkr929，8小时，每日最多5班）

松恩峡湾（Sognefjorden）

松恩峡湾是世界上第二长的峡湾（203公里），也是挪威最深的峡湾（1308米），在挪威西部的地图上切下了一道很深的裂谷。有些地方陡峭的崖壁高耸出水面1000米以上，其余较和缓的海岸地带则分布着农场、果园和村落。宽阔的主水道令人印象深刻，但较狭窄的支线区域也能进入，例如从纳柔依峡湾（Nærøyfjord）到盖朗厄尔峡湾的那段深邃又可爱的水道，能看到高耸崖壁上的田园风景，还有层叠的瀑布。Norled（www.norled.no）每日运营一班快船往返于卑尔根和弗洛姆（Nkr750，5.5小时）、松达尔（Sogndal；Nkr645，4.75小时）之间。

弗洛姆（Flåm）

人口 450

风景优美的弗洛姆小村坐落在艾于兰峡湾（Aurlandsfjorden）的前端，是探索本地区的出发点。游轮入港时会有些拥挤，这里每年夏季都要接待50万游客。

景点

弗洛姆铁路 观光铁路

（Flåmsbana Railway；www.flaamsbana.no；成人/儿童 单程 Nkr300/150，往返 Nkr400/300）这个长20公里的工程奇迹通过20个隧道攀爬至海拔864米的高度。轨道坡度为1:18，是世界上最陡峭的铁路，而且不靠缆车和大齿轮运行。攀爬至不毛的哈当厄尔高原上的米达尔需花费45分钟，经过无数瀑布（在令人惊叹的Kjosfossen有拍照停靠点）。铁路全年运营，夏季每日最多有10班。

食宿

Flåm Camping & Hostel 青年旅舍、露营地 €

（☎57 63 21 21；www.flaam-camping.no；汽车/房车营地 Nkr215/220，铺/标单/标双/四 Nkr300/500/865/1255，含公共浴室 Nkr 230/390/650/950；⊙3月至10月；📶）这家家庭经营的住处位于一个古老的家庭农场中，有许多可爱的地方。客房散落在这片林木茂盛的营地里，每间都简洁时尚，露营地很有田园风情。营地在一个风景如画的地方，距离车站步行只需要几分钟。

Fretheim Hotel 酒店 €€€

（☎57 63 63 00；www.fretheim-hotel.no；标单/双 Nkr1195/2190；P@📶）这座巨大的酒店是19世纪英国贵族们经常出没的地方，有122间客房，除了规模很大之外，管理也很热情到位。在原本建于19世纪70年代的那座建筑中，17间客房虽然恢复成了过去的样子，但是有现代化的舒适，而美国楼中则完全是现代化的豪华气派。

实用信息

旅游局(☎57 63 33 13; www.visitflam.com; ⊙6月至8月 8:30~20:00,5月和9月 8:30~16:00)在火车站内。

盖朗厄尔峡湾(Geirangerfjorden)

蜿蜒20公里的盖朗厄尔峡湾是联合国教科文组织认定的世界遗产,这里高耸且几近垂直的崖壁上散落着一个个农场,不过多数都早已荒废。七姐妹(Seven Sisters)、求婚者(Suitor)、婚纱(Bridal Veil)等瀑布一路下跌奔流。

在盖朗厄尔到哈雷斯特(Hellesylt)之间运营的时长1小时的观光渡轮既是交通工具,也是迷你观光船,即便没有特别的理由要去峡湾另一端,也值得乘坐。

景点和活动

弗里达斯观景台(Flydalsjuvet) 观光台

你也许在某张老照片上看到过悬空的弗里达斯岩,这里备受各种宣传册的宠爱,一般在照片上还能看到有人在俯视下方盖朗厄尔峡湾中的船只。停车场和弗里达斯路标牌位于从盖朗厄尔到斯特林公路的上山5公里处,能眺望到峡湾的壮丽景色和绿色的河谷,但并不能保证和各种明信片上看到的一模一样。要看到那样的景色,你需要向山下走150米,然后沿着一条很滑而且难以辨认的小路走到崖壁边缘。拍照时人必须小心地趴下,要异常谨慎地继续前进50米才能到达悬空的岩石,返回时要倍加小心。

Coastal Odyssey 皮划艇、徒步

(☎91 11 80 62; www.coastalodyssey.com; 海上皮划艇 每小时/半日/一日 Nkr150/450/800,皮划艇徒步之旅 Nkr800~1250)推荐的这家公司总部设在盖朗厄尔露营地(从渡轮总站走很短一段距离),由加拿大人Jonathan Bendiksen经营,他几乎从还不会走路起就开始学习皮划艇了。这里提供海上皮划艇租赁,每日组织徒步和漂流之旅,可以到达峡湾附近4个最美的目的地。

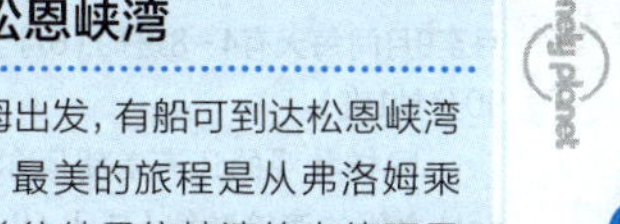

乘船游览松恩峡湾

从弗洛姆出发,有船可到达松恩峡湾周围的城镇。最美的旅程是从弗洛姆乘坐乘客渡轮前往纳柔依峡湾的古德旺恩(单程/往返 Nkr295/400)。全年15:10从弗洛姆出发,5月至9月每日最多5班。你也可以在奥兰峡湾(Aurland)乘船。在古德旺恩可转车至沃斯,从那里乘坐火车可前往卑尔根或奥斯陆。旅游局出售渡轮船票,外加弗洛姆到沃斯的渡轮和汽车联票。从弗洛姆到卑尔根每天至少有一班快船(Nkr695,5.5小时),途经Balestrand(Nkr265,1.5小时)。

食宿

★ **Westerås Gard** 小屋 €€

(☎93 26 44 97; www.geiranger.no/westeras; 2床小屋 Nkr950,公寓 Nkr1150; ⊙5月至9月)这个古老而美丽的农场现在还在运营,位于通往Grotli的Rv63公路4公里处,在一条狭窄道路的尽头,远离喧嚣。可以选择2个农场公寓,或者5间松木小屋。谷仓可追溯到1603年,其中设有一家餐厅,店主会用农场出产的食材烹制食物。

Brasserie Posten 餐馆 €€

(☎70 26 13 06; www.brasserieposten.no; 午餐 Nkr99~124,晚餐 Nkr168~228; ⊙正午至23:00)简单的菜单上有沙拉、汉堡包、牛排、鱼和比萨饼,来自哈雷斯特的热心厨师将其制作得不同凡俗,他采用勒罗斯出产的有机奶制品和大量的新鲜香草、蔬菜。室内采用现代斯堪的纳维亚半岛风格装潢,明亮且富有情调,但最具特色的还是靠近峡湾一侧的露台。

实用信息

旅游局(☎70 26 30 99; www.geiranger.no; ⊙5月中旬至9月中旬 9:00~18:00)位于码头右侧。

到达和离开

强烈推荐盖朗厄尔和哈雷斯特哈姆斯特镇之间的这条路线(汽车连同司机 Nkr320,成人/儿童 单程 Nkr160/79,往返Nkr215/115,1小时),这

条热门的路线是挪威最壮观的一条渡轮航线。，5月至9月间每天有4~8班船（6月至8月18:30之前每90分钟1班）。

同样壮观的还有盖朗厄尔到瓦达尔（Valldal）之间的渡轮航线（成人/儿童 单程Nkr240/130，往返Nkr370/190，2.25小时），6月中旬至8月中旬间运营，船是一艘迷你渡轮。

挪威北部（NORTHERN NORWAY）

这里有热闹的城市和令人惊叹的自然美景，你会很高兴能够探索这片跨越北极圈的广袤土地。除了陆上交通之外，这里还有Hurtigruten海岸渡轮，在各大港口都会停靠，途中会经过斯堪的纳维亚半岛最美的一些海岸。

特隆赫姆（Trondheim）

人口 182,035

特隆赫姆是挪威从前的首都，也是除奥斯陆和卑尔根之外的第三大城市。这座迷人的城市里有宽敞的街道和部分只允许步行的中心区，拥有漫长的历史。这里有大量学生，因此非常热闹。

景点

★尼达洛斯大教堂 大教堂

（Nidaros Domkirke; www.nidarosdomen.no; Kongsgårdsgata; 成人/儿童/家庭 Nkr70/30/170，塔楼 Nkr30; ⏲6月中旬至8月中旬 周一至周五 9:00~19:00，周六 9:00~14:00，周日 9:00~15:00，其余月份时间缩短）尼达洛斯大教堂是斯堪的纳维亚半岛上最大的中世纪建筑，外部装饰华丽。祭坛般的西墙上整面雕刻着圣经中的人物以及挪威的大主教和国王，这是在20世纪初雕刻的，其中有些是根据中世纪原件复制的，原件现收藏在博物馆中。大教堂内部光线暗淡（可以欣赏现代彩色玻璃的生动色彩，尤其是最西端的玫瑰窗），所以先让你的眼睛适应一下。

★斯维尔勒博格特伦德拉格民俗博物馆 博物馆、建筑

（Sverresborg Trøndelag Folkemuseum; www.sverresborg.no; Sverresborg Allé 13; 成人/儿童 含导览游 Nkr125/50; ⏲5月中旬至8月 10:00~17:00，其余月份 周一至周五 11:00~15:00，周六和周日 正午至16:00）这座民俗博物馆位于市中心以西，是挪威最好的一座。内部展厅Livsbilder（生活影像）展出的是过去150多年的文物，包括服饰、学校用品和自行车，还有多媒体展览。博物馆的露天部分包括超过60座各个年代的建筑，毗邻斯韦勒国王（King Sverre）城堡的遗迹，能眺望城市美丽的山顶景色。

住宿

★Pensjonat Jarlen 客栈 €

（☎73 51 32 18; www.jarlen.no; Kongens gate 40; 标单/双 Nkr540/690; 📶）价格合理、便利和物有所值是这里赢得顾客的法宝。经过最近的彻底检修后，这家位于中心位置的客栈中的客房都呈现出当代风情，并且非常超值，虽然有些浴室可以再翻新一下。有些客房铺的是铮亮的地板，其他的是地毯，多数都有电热板和冰箱。

Rica Nidelven Hotel 酒店 €€

（☎73 56 80 00; www.rica.no; Havnegata 1-3; 房间 Nkr945~1695; P @ 📶）这家时尚酒店位于Solsiden旁边漂亮的水滨，步行5分钟就能到达老城区。343间客房都很迷人，许多能看到河景。酒店曾荣获挪威最佳酒店早餐大奖，值得入住。

就餐

★Ravnkloa Fish Market 海鲜 €

（☎73 52 55 21; www.ravnkloa.no; Munkegata; 小吃 Nkr45起，主菜 Nkr150~185; ⏲周一至周五 10:00~17:00，周六 10:00~16:00）这家鱼市里的一切看起来都很棒，还兼作咖啡馆，前门外码头旁边有餐位。鱼糕很赞，还有虾仁三明治、贻贝和美味鱼汤。除了海鲜之外，也出售各种奶酪和其他美食，令人印象深刻。

★Baklandet Skydsstasjon 挪威菜 €€

（☎73 92 10 44; www.skydsstation.no; Øvre Bakklandet 33; 主菜 Nkr138~245; ⏲周一至周五 11:00至次日1:00，周六和周日 正午至次日1:00）早在18世纪，这里是一座客栈，几间舒适的客

房中有狭小的角落和歪斜的地板。这里的服务非常热情，你可以品尝到美味佳肴，例如著名的鱼汤（一对用餐者向我们保证这是"全挪威最佳"），周四至周六午餐时分有鲱鱼自助餐（Nkr178）。记得留点肚子吃自制蛋糕。

🍷饮品

作为一个满是学生的城镇，特隆赫姆的夜生活彻夜不休。Solsiden是城市里最时髦的休闲区。新建的漂亮公寓区之下的整个码头上全是酒吧和餐厅，有许多改造后的仓库和现已荒废的起重机。

★ Den Gode Nabo 小酒馆

（www.dengodenabo.com; Øvre Bakklandet 66; ⏲周日至周五 16:00至次日1:30，周六 13:00至次日1:30）酒馆名字的意思是"好邻居"，内部昏暗宽阔，不止一次被提名为挪威最佳酒馆。它位于河畔，位置优越，实际上有一部分已经伸展到了水面上，可预订浮桥上的餐位。美国游客在啤酒桶上能找到Sam Adams标签，英国麦芽酒爱好者能在瓶身上看到Bishop's Finger。

★ Trondheim Microbryggeri 小酒馆

（Prinsens gate 39; ⏲周一 17:00至午夜，周二至周五 15:00至次日2:00，周六 正午至次日2:00）这家出色的家庭啤酒馆很值得所有忠诚的啤酒豪饮者来一场虔诚的朝圣。有自酿的8种啤酒，菜单上还有一些美味简餐，是一个可以逗留、就餐和饮酒的好地方。位于一条短巷里，就在Prinsens大门边。

ℹ实用信息

旅游局（☎73 80 76 60; www.visittrondheim.no; Nordre gate 11; ⏲6月中旬至8月中旬 每天9:00~18:00，其余月份 周一至周六 9:00~18:00）位于市中心，能预定住宿。

ℹ到达和离开

船

特隆赫姆是Hurtigruten海岸渡轮航线上的主要停靠站。

长途汽车

城际汽车总站（Rutebilstasjon）毗邻特隆赫姆火车站（Trondheim Sentralstasjon，也称为Trondheim S）。Nor-Way Bussekspress每天运营3班至奥勒松（Nkr587，7小时，每日2~3班）的车，还有1班过夜车可至卑尔根（Nkr848，14.5小时）。

火车

每日有2~4班火车往返奥斯陆（Nkr899，6.5小时），2班北上去往博多（Bodø; Nkr1059，9.75小时）。

罗弗敦群岛（Lofoten）

搭乘渡轮第一次前往罗弗敦群岛的情景将令你永生难忘。高耸崎岖的岛屿映衬在天空下，就像是长着尖刺的蛟龙，你会惊讶于人类在这样荒凉的环境下怎么生存。四个主要大岛之间均有桥梁或隧道连接，罗弗敦群岛公路（E10）全程有公共汽车运营，北至Fiskebøl，西南至道路终点的Å。

👁景点和活动

罗弗敦的主要居民点斯沃尔韦尔（Svolvær）是一个美丽的地方，可作为探索的大本营，以高耸的群山和繁忙的海港为背景。现在仍很活跃的渔村亨宁斯韦尔（Henningsvær）位于一处狭窄海岬的尽头，是群岛上最轻松明亮和时尚的村子。从E10公路高耸的裸露崖壁下向南前进6公里就到了纳斯峡湾（Nusfjord）的可爱村庄，村子围绕着隐蔽的小港口展开。Å位于罗弗敦最西端，这里感觉就像是世界的尽头。在难以靠近的高耸崖壁上有一座保存完好的渔村，有木桥连接，海岸线边环绕着漆成红色的rorbuer（渔民小屋），许多一直伸展到了海上。

罗弗敦维京博物馆 博物馆

（Lofotr Viking Museum; www.lofotr.no; 成人/儿童 含导览游 6月中旬至8月中旬 Nkr 160/80，其余月份 Nkr120/60; ⏲6月至8月中旬 10:00~19:00，其余月份时间缩短）1981年，在西沃格岛（Vestvågy）中心附近的博格（Borg），一位农民耕田时发现了一处83米长的住宅，这就是维京首领的住所，也是斯堪的纳维亚半岛上发现的这一时代的最大建筑，罗弗敦维京博物馆由此而来。这里位于莱克内斯（Leknes）以北14公里处，能让人了解维京时代的生活。可以从开阔的山顶沿着1.5公里

长的步道从复建的首领长屋(主建筑，形状像是一艘翻倒的船)走到水中复建的维京战船。

★ Svolværgeita 徒步、登山

罗弗敦各处的明信片上都能看到它，还有些大胆的游客会在高耸于斯沃尔韦尔上空的两根手指形状的岩石之间跳跃。要徒步前往两座山峰(355米)之下的地方，要沿着E10公路向东北的纳尔维克(Narvik)前进，经过码头，在Nyveien左转，然后到达Blatind veg——陡峭的山路就从运动场后开始。爬山大约需要半小时，如果你想继续登上弗罗亚(Floya)顶峰，需要1小时。如果要攀登Svolværgeita山，需要找导游——可以请旅游局推荐，或者试试Northern Alpine Guides(☎94 24 91 10；www.alpineguides.no；Havnegata 3)。

食宿

★ Svinøya Rorbuer 小屋 €€

(☎76 06 99 30；www.svinoya.no；Gunnar Bergs vei 2；小屋和套房 Nkr1150~3200)这里是斯沃尔韦尔的第一个居民点，要跨过一座位于Svinøya小岛上的桥才能到达，现在有几座小屋，有些很古老，但多数都是当代风格，全部都很舒适惬意。前台实际上是个博物馆，有一家修复过且重新进货的krambua(杂货店)，商店建于1828年，是斯沃尔韦尔最早的商店。归Svinøya Rorbuer所有的财产遍布整个区域，包括罗弗敦最佳的渔民木屋。

★ Henningsvær Suites 公寓 €€

(☎40 17 33 45；www.henningsvarsuites.no；套 Nkr1190~2500；Ⓟ📶)这些令人惊艳的宽敞套房中有些能眺望水面，是亨宁斯维尔的上佳选择。空间宽敞，光线充足，地理位置便利，是酒店住宿的绝佳替代选择。

Å Rorbuer 小屋 €€

(☎76 09 11 21；www.a-rorbuer.com；双 Nkr800~1100，公寓 Nkr1750~2000)Å Rorbuer的住处散布在Å的历史建筑中，最昂贵的屋子有齐全的设施，采用古董家具装饰。新建的海边房屋整齐简洁，尽管是公共浴室，但价格昂贵。

★ Fiskekrogen 海鲜 €€€

(☎76 07 46 52；www.fiskekrogen.no；Dreyersgate 29；主菜 Nkr195~295，午餐菜肴Nkr145~275；⏲6月至8月 周日 13:00~16:00和18:00~23:00，周一至周六 18:00~23:00，其余月份时间缩短)这家码头餐厅位于船台尽头，能眺望港口，是挪威皇室的最爱，也是亨宁斯维尔烹饪界又一知名之处。推荐出色的鱼汤(Nkr195)，不过菜单上还有许多其他菜肴，包括鱼和薯条、煎鳕鱼膘。有鲸鱼肉菜肴。

实用信息

旅游局(☎76 06 98 07；www.lofoten.info；Torget；⏲6月中旬至8月中旬 周一至周五 9:00~22:00，周六 9:00~20:00，周日 10:00~20:00，其余月份时间缩短)提供整个群岛的信息。

到达和离开

船

除了Hurtigruten渡轮之外，下列船也能连接罗弗敦和大陆：

- 汽车渡轮，往返于斯沃尔韦尔和大陆的斯图特维克(Skutvik；1.75小时)
- 汽车渡轮，往返于博多和莫斯克内斯(Moskenes；3~3.5小时)
- 仅限乘客的快速渡轮，往返于博多和斯沃尔韦尔(3.75小时)

长途汽车

有长途汽车连接主要岛屿的居民点。

特罗姆瑟(Tromsø)

人口 67,300

简单来说，特罗姆瑟是个派对城镇。它是目前为止挪威北部最大的城镇，也是特罗姆斯郡的行政中心，气氛热闹，有生机勃勃的街道、一座备受推崇的大学以及神圣的Mack啤酒厂，人均酒馆数量比挪威其他任何城镇都要多。雪山之巅的日晕景象引人注目，夏季有极好的徒步路线，冬季适合滑雪和乘坐狗拉雪橇。

景点

★ 北极大教堂 教堂

(Arctic Cathedral；Ishavskatedralen；www.

ishavskatedralen.no；Hans Nilsensvei 41；成人/儿童 Nkr40/免费，管风琴演奏 Nkr70~150；⏲6月至8月中旬 周一至周五 9:00~19:00，周六和周日 13:00~19:00，4月、5月和8月中旬至12月 15:00~18:00，2月和3月 14:00~18:00）北极大教堂（1965年）更常被叫作特罗姆斯达伦教堂（Tromsdalen Church），其中的11个三角拱顶寓意着冰川裂缝和极光幔。占据着整个最东端墙壁的闪闪发光的彩色玻璃窗上描绘着耶稣诞生的场景。向西边的尽头看，当代制作的管风琴本身就是一件钢铁艺术品。屋顶悬挂着捷克水晶制作的灯盏，悬挂下来宛如冰柱。可乘坐20或24路公共汽车到达。

★ 北极博物馆 博物馆、水族馆

（Polaria；www.polaria.no；Hjalmar Johansens gate 12；成人/儿童 Nkr120/60；⏲5月中旬至8月 10:00~19:00，9月至次年5月中旬 至17:00）设计大胆的北极博物馆是对挪威北部和斯瓦尔巴特群岛（Svalbard）的有趣的多媒体展示。在一部精彩的时长14分钟的斯瓦尔巴特群岛的短片（每30分钟播放一次）和一部北极光短片之后，北极之路一路通往逐渐萎缩的海洋冰山展览和北极光展示，水族馆中有冷水鱼以及最具吸引力的三只精力充沛的髯海豹。

★ Fjellheisen 缆车

（☎77 63 87 37；www.fjellheisen.no；Solliveien 12；成人/儿童 Nkr140/60；⏲5月底至8月中旬 10:00至次日1:00，其余月份时间缩短）想观赏城市和午夜阳光，可以乘坐缆车到达Storsteinen山顶（421米）。山顶有一家餐厅，以这里为基准有辐射开来的徒步步道网。可乘坐26路公共汽车，或者购买公共汽车和缆车的联票（成人/儿童 Nkr145/65）。

活动

特罗姆瑟和周边地区冬季黄昏时有各种活动，包括北极光体验、越野滑雪和雪鞋健走，以及驯鹿和狗拉雪橇。你也可以尝试雪鞋游猎或冰上钓鱼。想体验冬季刺激，可查看旅游局官网。

住宿

Ami Hotel 酒店 €€

（☎77 62 10 00；www.amihotel.no；Skolegata 24；标单/双 Nkr740/910，含公用浴室 Nkr 640/790；P @ 📶）这家由家族经营的酒店位于车流量很少的道路和公园边，安静而且服务热情。厨房设施齐全，可供自炊者使用。有两间公共休息室，每间都有电视，可上网，有免费的茶和咖啡。

★ Rica Ishavshotel 酒店 €€

（☎77 66 64 00；www.rica.no/ishavshotel；Fredrik Langes gate 2；房间 Nkr1045~1695；@ 📶）这家酒店位于码头主要区域，高高的尖顶很像轮船的桅杆，很容易辨认。酒店有时一天要接待多达5个旅行团，因此夏季推荐预订。几乎有半数的迷人客房，包括许多单间，都能看到海湾的绝美风景。最近进行了扩建，增加了一些客房，更加吸引人。住客和非住客都可以享受附设的**Brasseriet**（☎77 66 64 00；主菜 Nkr210~375）餐厅和Skibsbroen（见916页）酒吧。

就餐

Driv 咖啡馆、餐馆 €

（www.driv.no；Tollbodgata 3；主菜 Nkr 115~185；⏲厨房 11:00~18:00，酒吧 11:30至次日1:30）这家餐厅由学生经营，是在一座仓库的基础上改造的，提供多肉的汉堡包（可尝试著名的Driv汉堡包）和美味沙拉。组织音乐和文化活动，每周六还有迪斯科舞会。冬季可以在露天热水浴缸中泡澡。

★ Emma's Under 挪威菜 €€

（☎77 63 77 30；www.emmas.as；Kirkegata；主菜 Nkr155~295；⏲周一至周五 11:00~22:00，周六 正午至22:00）这里是特罗姆瑟最热门的午餐餐厅之一，私密且时尚，主菜包括挪威北方常见菜肴，例如驯鹿菲力肉排、羊肉和鳕鱼干。楼上是更为正式的**Emma's Drømekjøkken**（☎77 63 77 30；Kirkegata；主菜 Nkr295~365；⏲周一至周六 18:00至午夜），是一家备受推崇的餐厅，必须预约。

饮品和夜生活

特罗姆瑟夜生活发达，许多人称其是挪威最佳。周五和周六，大多数夜店都营业到次日3:30。

★ Skibsbroen

鸡尾酒吧

(⏲周一至周四 20:00至次日2:00，周五和周六 18:00至次日3:30) 想看港口、峡湾和山地的风景，可乘坐Rica Ishavshotel的电梯上4楼。Skibsbroen（意为“船桥”）是一家私密的船员酒吧，员工热情，提供很棒的鸡尾酒，能观赏到超赞的全景风光。

Blå Rock Café

酒吧

(Strandgata 14/16; ⏲11:30至次日2:00) 这里是城里最喧闹的地方，会举办主题之夜，有将近50个品牌的啤酒，有时会有现场乐队演奏，周末有DJ打碟。音乐自然是摇滚。每周一是优惠时间。

ℹ 实用信息

旅游局 (☎77 61 00 00; www.visittromso.no; Kirkegata 2; ⏲5月中旬至8月 周一至周五 9:00~19:00，周六和周日 10:00~18:00，其余月份时间缩短) 出版信息全面的《特罗姆瑟指南》(*Tromsø Guide*)。有两个免费上网处。

ℹ 到达和离开

飞机

特罗姆瑟机场 (Tromsø Airport; ☎77 64 84 00; www.avinor.no)

挪威航空 (Norwegian; www.norwegian.no) 可往返伦敦（盖特威克机场）、爱丁堡、都柏林和奥斯陆。

斯堪的纳维亚航空 (SAS; www.sas.no) 有挪威最大的国际航空网。

> **国家速览**
>
> **国家代码** ☎47
>
> **货币** 克朗(Nkr)
>
> **紧急情况** ☎112
>
> **语言** 挪威语
>
> **现金** 自动柜员机非常普遍，每个地方都接受信用卡
>
> **人口** 515万
>
> **时间** 比协调世界时/格林尼治时间早1小时（3月底至10月底早2小时）
>
> **签证** 申根签证适用

船

特罗姆瑟是Hurtigruten海岸渡轮航线上的主要停靠站。

长途汽车

主要汽车站（有时称Prostneset）在Hurtigruten码头旁边的Kaigata。每日最多有3班快车往返纳尔维克（Nkr240，4.25小时）、1班往返阿尔塔（Alta; Nkr560，6.5小时），从阿尔塔可以转车前往Honningsvåg，然后再转车到Nordkapp。

生存指南

ℹ 出行指南

签证

申根签证适用。

挪威驻中国大使馆 (☎010-8531-9600; www.norway.org.cn; bejvisa@mfa.no; 北京朝阳区三里屯东一街1号; ⏲签证办理 周一至周五 9:00~11:30) 上海和广州领事馆的信息参见网页。

住宿

挪威有各种条件的住处，包括露营地、青年旅舍、家庭旅馆和国际标准化酒店。与其他国家相比，你可能要多付很多钱，但标准很高。多数酒店都有无线网络。

挪威有超过1000处露营地。虽然有些露营地全年开放，但帐篷、拖车营地只在5月中旬至8月底开放。多数露营地还出租带厨房设施的简易小屋，床单和毯子费用另算。有些贵一些的小屋还提供淋浴和厕所。想了解全面的挪威露营地名录，可领取免费的指南《露营》(*Camping*，一些旅游局、露营地和Norsk Camping提供)。

在挪威，价位合理的青年旅舍（vandrerhjem）提供铺位以及公共设施，一般包括厨房、上网和浴室。廉价住宿最近新增了一些很受欢迎的连锁品牌，如Citybox、Smarthotels和Basic Hotels。这些青年旅舍兼酒店的复合式住处整洁又超值，不过只在大城市有。

挪威酒店一般都是现代化的优秀品牌，不过有个性的不多。舒适的国民连锁酒店很规范，入住不久就会发现，客房看起来都一样。

活动

水上 所有的水边城镇都有地方（多数是露营地）租赁独木舟、皮划艇或赛艇。盖朗厄尔的Coastal

住宿价格区间

下列价格指的是旺季带独立浴室的双人间的价格，默认含早餐，除非另有说明：

€ 低于Nkr750

€€ Nkr750~1400

€€€ 高于Nkr1400

Odyssey是水上运动的好选择。在挪威中部的斯约阿（Sjoa）附近，漂流运动很普遍，选择包括短途、二级简单、三级和四级探险以及五级自虐。

徒步 挪威有欧洲最好的徒步路线，6月至9月是最佳时节。北部步道沿途有荒野小屋（有免费合住和私人预约住宿两种）。

滑雪 滑雪季从11月底到次年5月初，北方时间稍长。

狗拉雪橇 从2小时尝试到多日旅行都有，中途会在偏远的森林小屋过夜。

营业时间

下面是旺季（6月中旬至9月中旬）的标准营业时间，其余月份会缩短。

银行 周一至周三和周五8:15~15:00，周四8:15~17:00

中央邮局 周一至周五8:00~20:00，周六9:00~18:00；或者周一至周五9:00~17:00，周六10:00~14:00

餐厅 正午至15:00和18:00~23:00

商店 周一至周三和周五10:00~17:00，周四10:00~19:00，周六10:00~14:00

超市 周一至周五9:00~21:00，周六9:00~18:00

同性恋旅行者

挪威社会接受同性恋，这从1973年开始即是合法行为。但即便如此，在公共场所有亲密行为也不常见，奥斯陆的一些地区可能是例外。奥斯陆一般来说是挪威同性恋接受程度最高的地区，不过即便是在这里，最近也时不时会有攻击牵手的同性恋伴侣的行为发生，尤其是在中东部区域。在那些保守宗教观念占据主导地位的地区，无论是在新近建立的穆斯林移民社区还是在乡村虔诚的路德教会社区，同性恋者都很可能遭遇麻烦。

奥斯陆的同性恋文化最繁荣，**Use-It**（☎24 14 98 20；www.use-it.no；Møllergata 3, Oslo；⏲7月至8月初 周一至周五 10:00~18:00，周六 正午至17:00，其余月份 周一至周五 11:00~17:00，周六 正午至17:00）值得停留，在这里可以拿到每年更新的*Streetwise*宣传册，其中有“同性恋指南”部分。

上网

➡ 公共图书馆一般至少都有一个免费上网处，可能需要预约。

➡ 旅游局一般都有上网处可供使用（一般最多使用15分钟）。

➡ 无线网络在多数酒店、咖啡馆和旅游局中都有提供，有些餐厅也有，一般都是免费的（不过并非全部）。机场有无线网络，但一般第一个小时收费Nkr60左右。

货币

最方便的携带货币的方式是借记卡或信用卡，然后再额外带些现金以供紧急使用。

➡ 在很小的村落中都能找到自动柜员机。银联卡暂不支持取现。

➡ 信用卡接受程度很高。挪威人是信用卡的忠实用户，即便是买一瓶啤酒或一杯咖啡也可以使用。

➡ 旅游支票和现金可以在银行兑换，在大城市独立的兑换机上兑换，汇率一般更划算。

➡ 服务费一般都会包括在账单中，所以没必要再给小费，除非是你想获得额外服务。

汇率

人民币	CNY1	NOK1.27
港币	HKD1	NOK1.07
澳门元	MOP1	NOK1.04
新台币	TWD1	NOK0.25
新加坡元	SGD1	NOK6.02
美元	USD1	NOK8.31
欧元	EUR1	NOK9.32
英镑	GBP1	NOK12.11

节假日

新年 1月1日

濯足节 3月或4月

耶稣受难日 3月或4月

复活节星期一 3月或4月

就餐价格区间

下列价格指的是标准主菜的价格：

€ 低于Nkr125

€€ Nkr125~200

€€€ 高于Nkr200

劳动节 5月1日

宪法日 5月17日

耶稣升天日 5月或6月，复活节后第40天

圣灵降临节 5月或6月，复活节后的第8个星期一

圣诞节 12月25日

节礼日 12月26日

电话

➡ 预付费的SIM卡很容易购买。一般都有协约，应该挑选低至Nkr200的卡，包含一部分话费。可以在购买的销售点、网上或自动柜员机充值。开通国际漫游的中国旅行者可以接打电话。

➡ 可以购买折扣电话卡，打国际电话的费用更低。

➡ 拨打海外电话要加拨☎00。

到达和离开

挪威与其他欧洲国家之间空运便利。也有固定班次的长途汽车和火车连接挪威和相邻的瑞典、芬兰（从那里可换乘前往欧洲其余地方），往返俄罗斯的班次较少（也更复杂）。固定班次的长途汽车和乘客渡轮也可连接挪威南部港口与丹麦、瑞典和德国。

飞机

斯堪的纳维亚航空（SAS；www.sas.no）运营挪威最大的国际航空网络。

挪威航空（www.norwegian.com）廉价航空，运营广泛的国内和国际网络，而且还在扩大。

海路

渡轮可连接挪威、丹麦、德国、冰岛、法罗群岛和瑞典。

Color Line（☎德国 0431-7300 300，挪威 81 00 08 11，瑞典 0526-62000；www.colorline.com）

Stena Line（☎挪威 02010；www.stenaline.no）从腓特烈港（Frederikshavn）往返奥斯陆。

Fjord Line（☎丹麦 97 96 30 00，挪威 51 46 40 99；www.fjordline.com）希茨海尔斯（Hirtshals）至

特色饮食

挪威的食物非常可口，有大量海鲜及驯鹿肉等当地特色菜，越来越流行的前卫烹饪无疑也是一大亮点。唯一的问题（而且也很严重）在于价格过高，这意味着餐厅里一顿全餐可能对所有人来说都太过奢侈了，除非可以报销。其结果就是，可能直到离开挪威，你对这里的食物都没什么印象，考虑到这里的美食，这实在是一大遗憾。

➡ **驯鹿肉** 烤驯鹿肉（reinsdyrstek）是所有非素食者在挪威都至少要尝试一次的菜肴，最好是半生不熟的。

➡ **驼鹿肉** 驼鹿肉（elg）有多种食用形式，包括肉排和汉堡包。

➡ **三文鱼** 三文鱼（烤制称laks，熏制称røykelaks）是挪威对国际美食的一大贡献，不可错过。上等的三文鱼菜肴gravat laks是用糖、盐、白兰地和莳萝腌制的，加奶油酱汁食用。

➡ **其余海鲜** 常见的包括鳕鱼（torsk或bacalao，经常是鱼干）、煮制或新鲜的虾、鲱鱼和北极鲑。挪威人还非常喜欢fiskesuppe，这是一种淡奶油鱼汤。

➡ **肉丸** 传统挪威肉丸会加豆泥、土豆泥和野莓酱食用，这是一种当地热门家常菜。

➡ **野生浆果** 最受欢迎的食用野生浆果包括草莓、黑醋栗、红醋栗、覆盆子、蓝莓和可爱的琥珀色的云莓（moltebær）。

➡ **奶酪** 挪威奶酪受到国际关注是因为口感温和而味美的亚尔斯贝格奶酪（Jarlsberg）。还可以尝试棕色的杰托斯特奶酪（Gudbrandsdalsost），它采用山羊奶或牛奶的乳清制作，略带甜味。

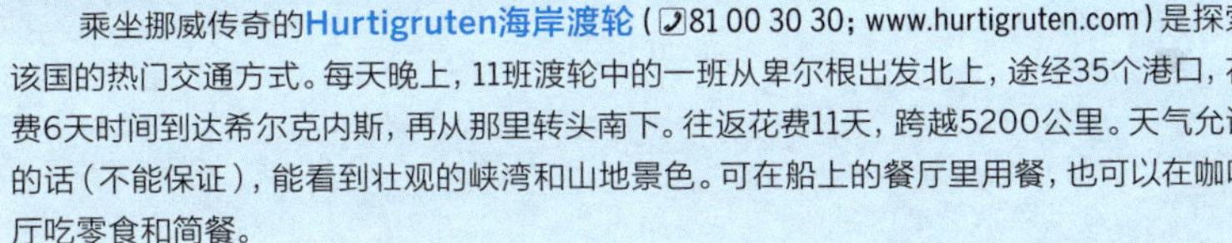

渡轮

乘坐挪威传奇的**Hurtigruten海岸渡轮**（☎81 00 30 30；www.hurtigruten.com）是探索该国的热门交通方式。每天晚上，11班渡轮中的一班从卑尔根出发北上，途经35个港口，花费6天时间到达希尔克内斯，再从那里转头南下。往返花费11天，跨越5200公里。天气允许的话（不能保证），能看到壮观的峡湾和山地景色。可在船上的餐厅里用餐，也可以在咖啡厅吃零食和简餐。

克里斯蒂安桑、卑尔根、斯塔万格和奥斯陆的朗厄松（Langesund）。

当地交通

挪威有非常便利的公共运输网络，火车、长途汽车和渡轮一般都能准时对接，不过根据季节，服务时间有变化。铁路最北能到达博多（也可以从瑞典乘火车到达纳尔维克），继续北上只能选择长途汽车和渡轮。便利的陆路替代线路是Hurtigruten海岸渡轮，在卑尔根和希尔克内斯（Kirkenes）之间的各大口岸都会停靠。

飞机

挪威有广泛的国内航空网络，主要国内航线竞争激烈，这就意味着花同样的钱，乘坐飞机比乘坐火车能到达更远的地方。

挪威航空（www.norwegian.com）廉价航空，网络广泛，现在还覆盖了斯瓦尔巴特群岛的朗伊尔城（Longyearbyen）。

斯堪的纳维亚航空（www.sas.no）运营挪威大陆的大型国内航空网，还可到达斯瓦尔巴特群岛的朗伊尔城。

北欧航空（Widerøe；www.wideroe.no）斯堪的纳维亚航空的子公司，飞机较小，有少数航班飞往更小的地区机场。

船

挪威出色的渡轮运输网能将难以接近的孤立的城镇与峡湾中纵横交叉的汽车渡轮运输网联系起来，快船能将岛屿与大陆相连。多数渡轮都能搭载机动车。

长途汽车

挪威广泛的长途汽车运输网提供的车很舒适，而且按时发车。

Lavprisekspressen（www.lavprisekspressen.no）由Lavprisekspressen运营的车是最便宜的，可在网上购票。长途汽车可连接奥斯陆和斯塔万格之间的海滨地区（途经克里斯蒂安桑和大部分城镇），还可沿着南北走廊连接奥斯陆和特隆赫姆。

Nettbuss（www.nettbuss.no）Nettbuss有广泛的运输网，包括子公司TIMEkspressen、Nettbuss Express和Bus4You（卑尔根至斯塔万格）。

Nor-Way Bussekspress（www.nor-way.no）Nor-Way Bussekspress运营着挪威最大的快车网，路线能连接大多数城镇和城市。

小汽车和摩托车

主要公路（E16从奥斯陆至卑尔根路段，以及从奥斯陆至希尔克内斯的整条E6公路）全年开放，受到积雪情况的限制，风景优美的山地公路一般只在6月至9月开放。燃料和汽车租赁很贵。所有的国际汽车公司在挪威全境都有分部。

道路危险

老公路和山地公路一般都很狭窄，有很多急转弯和陡峭的坡道。在一些山地公路上，小面包车和露营车不允许通行，或者只允许有经验的司机驾驶；为了让接近的车辆通行，也可能会倒车。注意：偏远的北部会有驯鹿出现。

火车

挪威国家铁路（Norges Statsbaner, NSB；☎按9为英语 81 50 08 88；www.nsb.no）运营着优秀的铁路系统，虽然班次有限，但能够连接奥斯陆和斯塔万格、卑尔根、翁达斯内思（Åndalsnes）、特隆赫姆、福斯克（Fauske）和博多，铁路也可以连接瑞典与奥斯陆、特隆赫姆和纳尔维克。多数长途日间车次都有一等座和二等座之分，有自助餐车或食品推车。

预订有时会加收Nkr50，而且有些长途车必须预约。

波兰

包括 ➡

最佳餐饮

- Restauracja Pod Norenami（见932页）
- Dwie Trzecie（见926页）
- Szeroka 9（见951页）
- Papierówka（见944页）
- Cafe & Restaurant Steinhaus（见941页）

最佳住宿

- Wielopole（见932页）
- Castle Inn（见925页）
- Hostel Mleczarnia（见941页）
- Hotel Stare Miasto（见943页）
- Hotel Petite Fleur（见950页）

为何去

如果有一个"最动荡的历史"大奖，波兰会赢得奖牌。这个国家几百年来一直站在历史的风口，不断与战争和侵略搏斗，但是没有任何势力能压倒波兰人的爱国心和文化认同。也正因为此，繁忙的中心城市，如华沙和克拉科夫，散发出一股新老结合的成熟能量。

远离城市，波兰的地貌多样化程度令人惊讶，从北部的海滩到南部边境上长长的山脉，之间是被遗迹城堡装点的城镇、如画的市场广场和历史悠久的教堂。

尽管在后社会主义时期，物价不断上涨，但是波兰的物品仍然物美价廉。波兰人正努力将其独特的国家特色与其在欧洲的位置结合起来，此时正是拜访这里的绝佳时机。

何时去

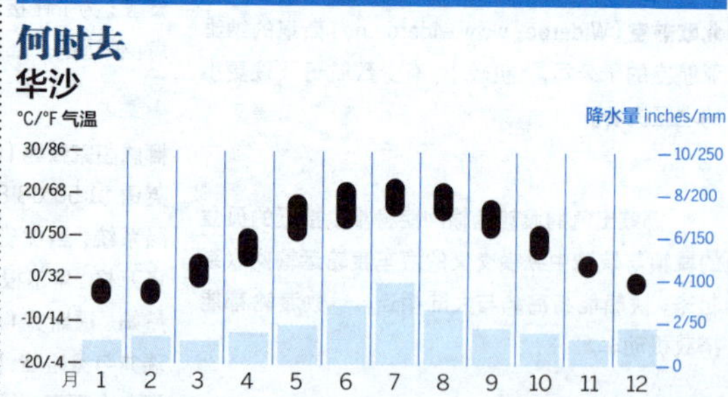

5月和6月 漫长的冬季过去，姿态庄严的克拉科夫重新焕发生机。

7月和8月 夏季虽短，但很炎热，很适合去波罗的海游泳，或者到山地徒步。

9月和10月 天气足够温暖，阳光也足够明媚，适合去热闹的华沙来一次城市休闲之旅。

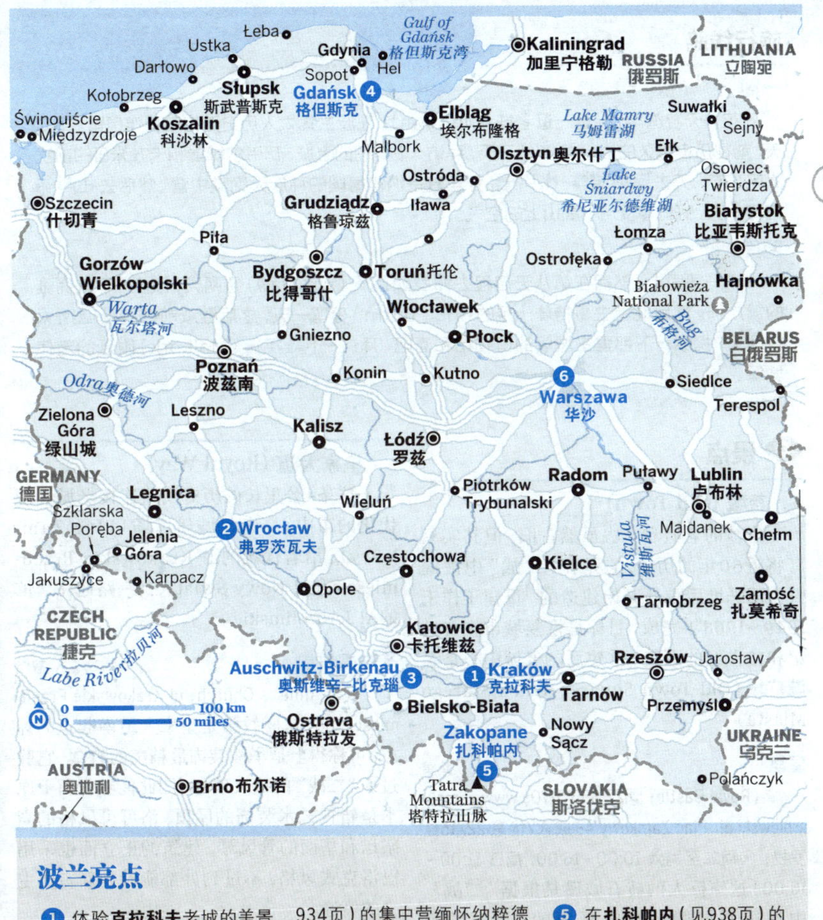

波兰亮点

❶ 体验**克拉科夫**老城的美景与历史。

❷ 在**弗罗茨瓦夫**(见939页)享受学生带来的刺激的派对氛围。

❸ 在**奥斯维辛-比克瑙**(见934页)的集中营缅怀纳粹德国屠杀的受害者。

❹ 去**格但斯克**的**欧洲团结中心**(见947页)感受波兰的历史。

❺ 在**扎科帕内**(见938页)的塔特拉山滑雪或徒步。

❻ 准备好去**华沙**的**波兰犹太人历史博物馆**(见923页)感受悲惨历史所带来的冲击。

华沙(WARSZAWA, WARSAW)

人口 173万

华沙(波兰语: Warszawa, 发音为: *var-shah-va*)这座充满活力的城市是波兰的首都,也是该国最大的城市,是经济和文化的中心。这里有数不清的博物馆、俱乐部和音乐厅,也有最繁多的就餐选择。作为一个交通枢纽中心,即便你不打算长待于此,也很有可能要在这里换乘火车,或者是从这城市的某个机场出发或到达。

华沙给你的第一印象可能并不是完全正面的。这座城市在"二战"德军占领期间几乎被夷为平地,20世纪五六十年代的重建采用的是苏联的严肃风格。1989年,社会主义制度结束以后,现代主义风格建筑柔化了城市面貌,不过在过去的几十年里,老式苏联建筑重又焕发出时尚而复古的光彩。

旅行线路

一周

花一天游览华沙，逛一逛老城（Old Town），在波兰犹太人历史博物馆稍作停留。第二天，前往历史悠久的克拉科夫待三天，拜访一下美丽的老城、瓦韦尔城堡和卡齐米日的前犹太区。花一天去奥斯维辛-比克瑙，那里曾是纳粹德国的种族灭绝集中营。然后去扎科帕内待一天，好好享受一下高山上的空气。

两周

第一周同上，然后在第八天启程去弗罗茨瓦夫（Wrocław）待两天，欣赏一下其优雅的镇广场。然后北上去哥特味十足的托伦（Toruń）停留一天，之后继续前行到格但斯克待两天，探索一下那里主城区的博物馆和酒吧，拜访一下马尔堡（Malbork）附近的宏伟城堡。

景点

老城（Old Town）

华沙的老城看上去虽然古旧，但其实只有将近60年的历史，它是在“二战”中被摧毁为瓦砾堆后重新开始建造的。重建工作于1949~1963年完成，目标是恢复城市在17世纪和18世纪的面貌。重建后的老城中心是老城广场（Old Town Square; Rynek Starego Miasta）。

皇宫 城堡

（Royal Castle; ☎22 355 5170; www.zamek-krolewski.pl; Plac Zamkowy 4; 成人/优惠 22/15兹罗提; ⌚周二至周六 10:00~16:00，周日 11:00~16:00）这座巨大的砖石城堡是根据“二战”中被德军摧毁的那座复建的，原有的那座木头建筑建于14世纪，当时是马佐夫舍（Mazovia）公爵的大本营。其全盛时期是在17世纪中叶，当时它是欧洲最宏伟的皇室住宅之一。1918年它曾服务过沙皇，波兰独立后，这里成了总统的住宅。现在城堡中收藏了许多古老的家具和艺术作品。

瓮城 要塞

（Barbican; ul Nowomiejska）沿着ul Nowomiejska街向北出老城之后，很快就会看到这座红砖瓮城。它是一座半圆形的防御性塔楼，顶部装饰有文艺复兴样式的矮护墙。瓮城在19世纪曾被部分拆除，“二战”后重建，现在这里是街头艺人和艺术家卖艺的热门场所。

皇家大道（Royal Way）

这条4公里长的历史线路连接老城和现代化的市中心，南起城堡广场（Plac Zamkowy），沿着优雅的ul Krakowskie Przedmieście和ul Nowy Świat大街一路通往繁忙的Al Jerozolimskie。

圣安妮教堂 教堂

（St Anne's Church; ul Krakowskie Przedmieście 68）这座教堂是皇家大道南起点的标志，可称得上是华沙装饰最精美的教堂。它躲过了“二战”的重大破坏，因此能够保留下原本是错视艺术装饰的屋顶、洛可可风格的高祭坛和华丽的管风琴。建筑的正立面也采用巴洛克式风格，不过到处都能看到新古典主义的痕迹。

圣十字教堂 教堂

（Church of the Holy Cross; Kościół św Krzyża; ☎22 826 8910; ul Krakowskie Przedmieście 3; ⌚10:00~16:00）免费 这座街区有许多华丽的教堂，但绝大多数游客想要瞻仰的却是这座圣十字教堂，其原因不仅在于奇迹般躲过华沙起义战火的精致巴洛克式祭坛画，还为了一睹中殿左边第二根柱梁旁那座小小的坟墓。墓碑上有一篇献给弗雷德里克·肖邦（Frédéric Chopin）的墓志铭，墓中安葬着这位作曲家的心脏，是过世后他人从巴黎带回的。

肖邦博物馆 博物馆

（Chopin Museum; ☎预约 22 441 6251;

www.chopin.museum/pl; ul Okólnik 1; 成人/优惠 22/13兹罗提; ⌚周二至周日 11:00~20:00）这座巴洛克式的奥斯卓哥斯基宫（Ostrogski Palace）中现在是一座高科技博物馆，其中用多媒体的形式呈现了这位波兰最著名作曲家的作品。你可以花时间好好游览四层楼的展厅，还可以顺便参观地下室的聆听展台，在那里你可以尽情探索肖邦的全部作品，直到心满意足为止。每小时只允许进入一批游客，所以最好提前通过电话或电邮预约参观。

萨克森花园（Saxon Gardens） 花园

免费 这些宏伟的花园位于ul Krakowskie Przedmieście大街以西的几个街区中，其历史可追溯到18世纪早期，它们是城市里最早的公园。这些花园仿照法国凡尔赛宫所建，种满了栗子树，立有许多巴洛克式的雕塑（关于美德、科学和原理的寓言）。花园中还有一座装饰性湖泊，湖边有一座建于19世纪，仿造希腊神庙的圆形水塔。

市中心和周边

文化科学宫 历史建筑

（Palace of Culture & Science; PKiN; ☎22 656 7600; www.pkin.pl; Plac Defilad 1; ⌚9:00~18:00）无论是喜欢还是厌恶，每一个来到华沙的游客都应该参观一下这座社会主义现实风格的文化科学宫。这个建于20世纪50年代初期的高塔是苏联赠送的"友谊的礼物"。其高度达到231米，至今仍是波兰最高的建筑。建筑中包括一座巨大的国会厅、剧院、一间多影厅的电影院和两座博物馆。乘坐高速电梯到达位于30层（115米）的**观景台**（成人/优惠 18/12兹罗提; 9:00~18:00）可以看到城市的全景图。

★华沙起义博物馆 博物馆

（Warsaw Rising Museum, Muzeum Powstania Warszawskiego; ☎22 539 7905, 语音导游 22 539 7941; www.1944.pl; ul Grzybowska 79; 成人/优惠 14/10兹罗提，语音导游 10兹罗提; ⌚周一、周三和周五 8:00~18:00，周四 8:00~20:00，周六和周日 10:00~18:00）这座现代化的高科技博物馆，是为纪念1944年反抗纳粹占领爆发的起义而建造（虽然起义注定以失败告终）。起义的历史通过三层楼的互动展览、照片、电影档案和个人评述等方法重新向世人诉说。展览资料多到把你淹没，但博物馆成功地将华沙居民决定是否武力抗争的绝望感灌输给每位参观者，以及那不可避免的结果，包括纳粹随后对城市施行的毁灭性打击。

瓦金基公园 花园

（Łazienki Park; ☎22 506 0028; www.lazienki-krolewskie.pl; ul Agrykola; ⌚黎明至黄昏）免费 这座公园——发音为wah-zhen-kee——是一个有着修剪齐整的绿地和野生植物的美丽花园。它受到家庭游客、时髦人士和古典音乐爱好者的广泛欢迎，每年5月中旬到9月，这些爱好音乐的人每周日，从正午到16:00都会来参加露天的**肖邦音乐会**（Chopin concerts）。这里原本是一座附属于乌亚兹多夫城堡（Ujazdów Castle）的狩猎场，1764年斯坦尼斯瓦夫·奥古斯特·波尼亚托夫斯基国王（King Stanisław August Poniatowski）取得了这座城堡，将其改造成一座漂亮的公园，增加了宫殿、圆形剧场和各种特别的建筑。

前犹太区（Former Jewish District）

这个位于文化科学宫西北的郊区曾经是华沙的犹太社区。

★波兰犹太人历史博物馆 博物馆

（Museum of the History of Polish Jews; Polin; ☎信息 22 471 0301; www.polin.pl; ul Mordechaja Anielewicza 6; 成人/优惠 永久性展览 25/15兹罗提，含临时展览 30/20兹罗提; ⌚周一、周三至周五和周日 10:00~18:00，周六 10:00~20:00）这座高科技博物馆历经多年筹划，终于在2014年盛大开幕。其中的永久性展览追溯了波兰犹太人1000年来的历史，从本地区最早期的犹太贸易者到大移民浪潮、大屠杀直至第二次世界大战以及欧洲最大犹太社区的毁灭。语音导游（10兹罗提）可充分帮助你理解展厅陈设、互动地图、照片和视频所提供的信息。

犹太公墓 墓地

（Jewish Cemetery; ☎22 838 2622; www.

Central Warszawa 华沙市中心

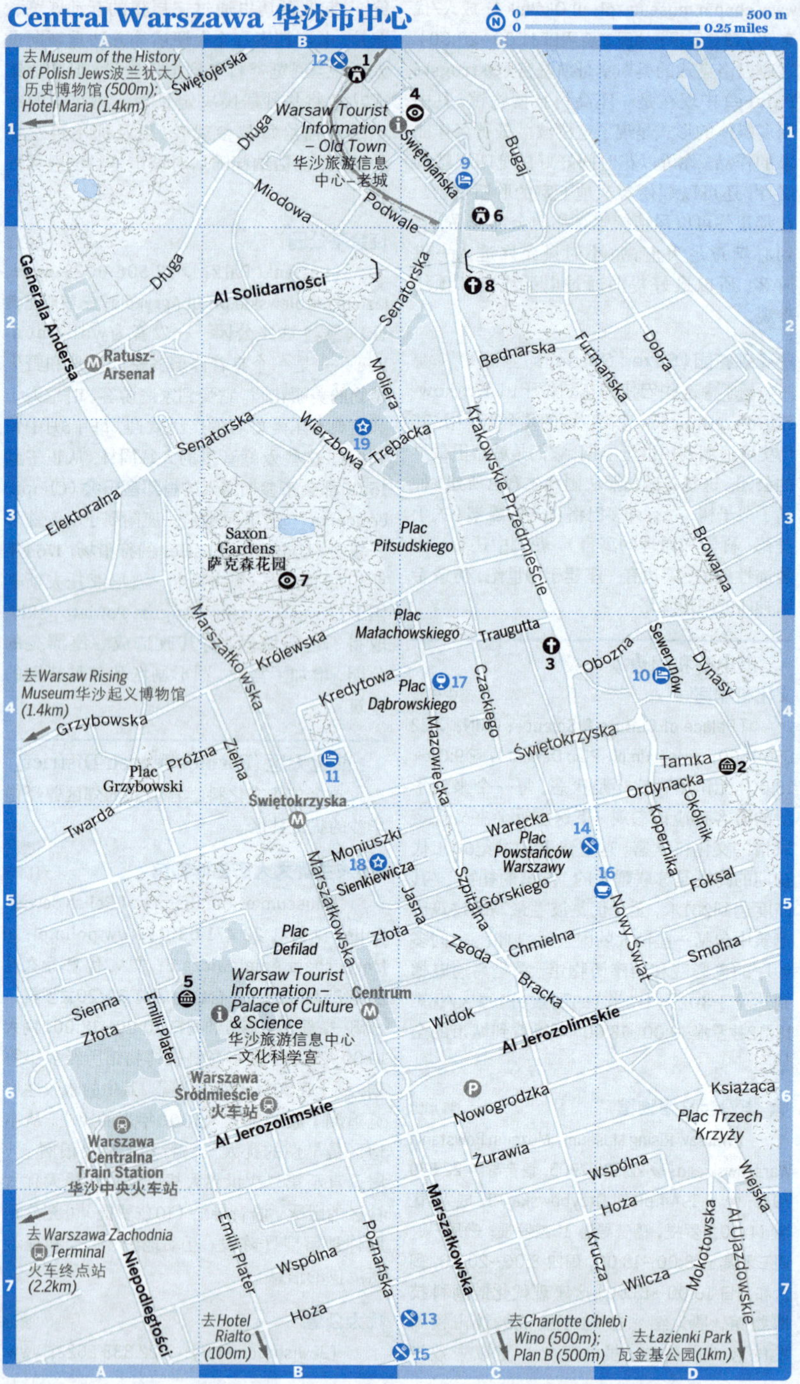
0 500 m
0 0.25 miles
A B C D
1 2 3 4 5 6 7
去Museum of the History of Polish Jews波兰犹太人历史博物馆(500m); Hotel Maria (1.4km)
Świętojerska
12
1
4
Warsaw Tourist Information – Old Town 华沙旅游信息中心–老城
Świętojańska
9
Bugaj
Długa
Miodowa
Podwale
6
Długa
Al Solidarności
Senatorska
8
Generała Andersa
Ratusz-Arsenał
Moliera
Bednarska
Furmańska
Dobra
Senatorska
Wierzbowa
19
Trębacka
Krakowskie Przedmieście
Elektoralna
Saxon Gardens 萨克森花园
7
Plac Piłsudskiego
Browarna
Marszałkowska
Królewska
Plac Małachowskiego
Traugutta
3
Oboźna
Sewerynów
10
Dynasy
去Warsaw Rising Museum华沙起义博物馆(1.4km)
Grzybowska
Kredytowa
Plac Dąbrowskiego
17
Czackiego
Mazowiecka
Świętokrzyska
Tamka
2
Plac Grzybowski
Próżna
Zielna
11
Świętokrzyska
Ordynacka
Twarda
Okólnik
Koperníka
Warecka
Plac Powstańców Warszawy
14
Moniuszki
18
Sienkiewicza
Marszałkowska
Jasna
Szpitalna
Górskiego
16
Nowy Świat
Foksal
Plac Defilad
Złota
Zgoda
Chmielna
Smolna
5
Warsaw Tourist Information – Palace of Culture & Science 华沙旅游信息中心–文化科学宫
Centrum
Bracka
Sienna
Złota
Emilii Plater
Widok
Al Jerozolimskie
Warszawa Śródmieście 火车站
Książąca
Plac Trzech Krzyży
Nowogrodzka
Al Jerozolimskie
Warszawa Centralna Train Station 华沙中央火车站
Żurawia
Wspólna
Wiejska
Hoża
去Warszawa Zachodnia Terminal 火车终点站 (2.2km)
Niepodległości
Emilii Plater
Wspólna
Poznańska
Marszałkowska
Krucza
Wilcza
Mokotowska
Al Ujazdowskie
Hoża
13
15
去Hotel Rialto (100m)
去Charlotte Chleb i Wino (500m); Plan B (500m)
去Łazienki Park 瓦金基公园(1km)

Central Warszawa 华沙市中心

◎ 景点

1 瓮城 B1
2 肖邦博物馆 D4
3 圣十字教堂 C4
4 老城广场 C1
5 文化科学宫 A6
6 皇宫 C1
7 萨克森花园 B3
8 圣安妮教堂 C2

住宿

9 Castle Inn C1
10 Hostel Helvetia D4
11 Oki Doki Hostel B4

就餐

12 Bar Mleczny Pod Barbakanem B1
13 Beirut Hummus & Music Bar C7
14 Dawne Smaki C5
15 Dwie Trzecie C7

饮品和夜生活

16 Cafe Blikle D5
17 Enklawa C4

娱乐

18 Filharmonia Narodowa B5
19 Teatr Wielki B3

beisolam.jewish.org.pl; ul Okopowa 49/51; 门票 8兹罗提; ⏲周一至周四 10:00至黄昏, 周五 9:00~13:00, 周日 11:00~16:00) 华沙的主要犹太公墓建于1806年, 在"二战"中竟然奇迹般地没有受到太大损坏, 其中有超过150,000个墓碑, 为欧洲同类型中最大规模者。公墓入口有一份说明, 列出了墓地中的波兰裔犹太名人名录, 例如世界语(Esperanto)的创造者路德维克·柴门霍夫(Ludwik Zamenhof)。

住宿

Apartments Apart(www.apartmentsapart.com)提供老城和市中心的短期公寓出租。

Oki Doki Hostel 青年旅舍 €

(☎22 828 0122; www.okidoki.pl; Plac Dąbrowskiego 3; 铺 40~90兹罗提, 标单/双 100/154兹罗提起; 📶)这里算得上是华沙最受欢迎的青年旅舍, 也绝对是最好的一座。宽敞明亮的大房间每个都有自己的名字, 装饰也各不相同。提供有3~8床的宿舍, 还特别准备了一间仅限女性入住的3床宿舍。店主旅行经验丰富, 非常了解背包客的需求, 因此也提供自助洗衣设备和自行车租赁业务。供有早餐(15兹罗提)。

Hostel Helvetia 青年旅舍 €

(☎22 826 7108; www.hostel-helvetia.pl; ul Sewerynów 7; 铺/房间 41/180兹罗提起; 📶)这里的客房打扫得一尘不染, 采用的是温暖明亮的装饰色调, 配备有木地板, 空间宽敞。可选类别有3~8床宿舍, 还有超值的独立单人间和双人间。洗衣和厨房设施都是顶级, 再加上床铺数量有限, 因此夏季最好提前预订。

★ Castle Inn 酒店 €€

(☎22 887 9530; www.castleinn.eu; ul Świętojańska 2; 标单/双 220/280兹罗提起; @📶)这座精心修缮过的"艺术酒店"位于一座17世纪的联排建筑中。所有的客房或者能眺望到城堡广场, 或者能看见圣约翰大教堂, 而且有多种有趣的风格。我们最爱的是121号"Viktor"房, 其名字来自一位隐居的街头艺术家, 房间里画着有品位的涂鸦, 还能看到宏伟的城堡风光。早餐需要额外支付35兹罗提。

Hotel Maria 酒店 €€

(☎22 838 4062; www.hotelmaria.pl; Al Jana Pawła II 71; 标单/双 320/380兹罗提; P❄📶)这座酒店坐落在一座不规则的老房子里, 有三层楼(没有电梯, 只有陡峭的木头楼梯), 员工友善, 客房均很宽敞, 附设有一间让人愉快的餐厅, 还有早餐角。位置虽然是在市中心以外, 但可以看到犹太区的风光, 而且乘电车几站地就能到达老城。

Hotel Rialto 精品酒店 €€€

(☎22 584 8700; www.rialto.pl; ul Wilcza 73; 房间 450兹罗提起; P❄@📶)这座酒店是由联排别墅改造而成的, 风格可谓是对20世纪早期设计的一次纪念。44间客房装潢各不相同，或是新艺术风格，或是装饰艺术风格，搭配有古董和仿造的家具、复古陈设品，浴室贴的是瓷砖或大理石。也有许多现代便利设施，包括平板电视、淋浴，还附设一间桑拿浴室和蒸汽浴室。

就餐

Bar Mleczny Pod Barbakanem 自助餐馆 €

（☎22 831 4737；ul Mostowa 27；主菜 6~10兹罗提；⊙周一至周六 8:00~17:00；✍）这家热门的牛奶吧距离老城非常近，外表看起来就像是几十年都没有变化过一样。其中提供便宜而朴实的标准波兰菜肴，再加上这个位置，许多高档餐厅也会嫉妒不已。

Beirut Hummus & Music Bar 中东菜 €

（www.beirut.com.pl；ul Poznańska 12；主菜 15~22兹罗提；⊙正午至次日1:00；📶✍）这家时髦的休闲餐厅很受食客欢迎，最近在其原本就结合了各式鹰嘴豆泥和中东菜肴的菜单上又增添了海鲜（例如青鱼和烧烤鱿鱼）。可先在柜台的菜单上点菜，然后找张餐桌。晚些时候还会有转盘出场，届时就是餐厅名字中的音乐部分开始了。

Charlotte Chleb i Wino 法国菜 €€

（☎600 807 880；www.bistrocharlotte.com；Al Wyzwolenia 18，Plac Zbawiciela；主菜 15~30兹罗提；⊙周一至周四 7:00至午夜，周五至次日1:00，周六 9:00至次日1:00，周日 至22:00；📶）这是一家令人眼花缭乱的法式面包房和法式小馆，清晨时会推出各种诱人的羊角面包和糕点，接着在午餐和晚餐时分会提供大份沙拉和硬皮三明治，最后晚间还会在露台上供应葡萄酒。

Dawne Smaki 波兰菜 €€

（☎22 465 8320；www.dawnesmaki.pl；ul Nowy Świat 49；主菜 25~50兹罗提；⊙正午至23:00；📶）这家出色的波兰餐厅很容易找到，其中提供的特色菜包括奶油青鱼、白菜卷、pierogi（饺子）等。内部采用的是传统风格的白色墙壁、木头结构和蕾丝装饰，看起来不会太过做作。可尝试午间超值特色菜。

★Dwie Trzecie 地中海风味 €€€

（☎22 623 0290；www.dwietrzecie.waw.pl；ul Wilcza 50/52；主菜 30~70兹罗提；⊙正午至23:00；📶）这里卖相精美的菜肴值得挥霍一把，选择经甜菜根和虾调味的香辣南瓜汤、慢烤小牛脸肉和玉米粥。内部装潢正式但又不过分，砖石勾边的墙壁感觉很温暖，外加木板假顶，给人一种平静的感觉。葡萄酒单很出色，并提供"按杯点酒"这个好选择。

饮品和夜生活

泡吧爱好者的好去处是市中心的ul Mazowiecka街两旁，维斯瓦河（Vistula River）对岸的普拉加（Praga），以及大学附近的Powiśle区。

Cafe Blikle 咖啡馆

（☎22 826 0569；www.blikle.pl；ul Nowy Świat 35；咖啡 10兹罗提起，甜甜圈 3兹罗提起；⊙周一至周六 9:00~20:00，周日 10:00~20:00；📶）挺过了两次世界大战和社会主义时代的压力，仅仅是这些事实就足以让这座咖啡馆家喻户晓了。但真正让这座传奇咖啡馆闻名的还是其中让一代代人排着长队争相购买的甜甜圈，排到队尾一探究竟吧。

Plan B 酒吧

（☎503 116 154；Al Wyzwolenia 18，Plac Zbawiciela；⊙11:00至深夜）这家位于萨维尔广场（Plac Zbawiciela）一座建筑楼上的酒吧非常受欢迎，吸引了许多学生和年轻的白领。这里经常会有DJ打歌，找张沙发，就着舒缓的旋律好好放松一下。夏季暖和的夜晚，人群会满溢到外面街上，给广场带来一丝夏季街头派对的气氛。

Enklawa 夜店

（☎22 827 3151；www.enklawa.com；ul Mazowiecka 12；⊙周二至周六 22:00至次日4:00）这家夜店采用红色和橙色的主色调装饰，有舒适的绒毛沙发、镜子天花板、两个吧台和广阔的舞池。饮品单选择众多，可去舞池跳舞，也可以坐在上面阳台的凳子上观赏。周三晚上是"怀旧之夜"，都是20世纪70年代至90年代的音乐。

☆娱乐

Filharmonia Narodowa 古典音乐

（国家爱乐乐团；☎总机 22 551 7103，售票处 22 551 7128；www.filharmonia.pl；ul Jasna 5；⏰售票处 周一至周五 10:00~14:00和15:00~19:00）这里是世界著名的国家爱乐乐团（National Philharmonic Orchestra）和波兰合唱团的演出场地，建于1901年，拥有一座音乐厅（入口在ul Sienkiewicza 10）和一座室内乐厅（入口在ul Moniuszki 5），两处都定期举办音乐会。售票处入口在ul Sienkiewicza街。

Teatr Wielki 歌剧

（国家歌剧院；☎订票 22 826 5019；www.teatrwielki.pl；Plac Teatralny 1；⏰售票处 周一至周五 9:00~19:00，周六和周日 11:00~19:00）这座宏伟的新古典主义风格的剧院历史可追溯到1833年，"二战"后经历过重建，是城市主要的歌剧和芭蕾舞演出场地。保留剧目包括许多国际经典作品，以及波兰作曲家所创作的作品，例如著名的斯坦尼斯拉夫·莫纽什科（Stanisław Moniuszko）。

ℹ实用信息

华沙旅游信息中心（www.warsawtour.pl）在市区不同区域运营有三个有用的信息点：**老城**（Centrum Informacji Turystycznej；Stary Rynek 19/21/21a；⏰5月至9月 9:00~20:00，10月至次年4月 至18:00；📶）、**文化科学宫**（Plac Defilad 1，入口在ul Emilii Plater；⏰5月至9月 8:00~20:00，10月至次年4月 至18:00；📶）和**华沙肖邦机场**（Terminal A，Warsaw-Frédéric Chopin Airport，ul Żwirki i Wigury 1；⏰5月至9月 8:00~20:00，10月至次年4月 至18:00）。三处都有免费的城市地图，还可提供景点和住宿建议。

Lux Med（☎22 332 2888；www.luxmed.pl；Marriott Hotel Bldg，al Jerozolimskie 65/79；⏰周一至周五 7:00~20:00，周六 至16:00）这是一家私人诊所，有会讲英语的专业医生，还配备自己的救护车；可进行实验室检查，还可安排出诊。

ℹ想了解更多？

欲了解更深入的信息、评论和推荐，查看网站www.lonelyplanet.com/poland/warsaw以获取规划建议、作者推荐、旅行者评论和经验之谈。

Verso Internet（☎22 635 9174；ul Freta 17；每小时 5兹罗提；⏰周一至周五 8:00~20:00，周六 9:00~17:00，周日 10:00~16:00）一家复印店，有互联网终端机可供使用。入口在ul Świętojerska。

ℹ到达和离开

飞机

华沙肖邦机场（Warsaw Frédéric Chopin Airport，WAW-Lotnisko Chopina w Warszawie；☎航班信息 22 650 4220；www.lotnisko-chopina.pl；ul Żwirki i Wigury 1）是华沙的主要国际机场，距离市中心10公里，负责绝大部分进出城市的航班起降。机场的A航站楼已经经历大规模翻新。航站大楼有银行自动柜员机、餐厅，还有华沙旅游信息中心的一处分局。

一些廉价航空公司，包括瑞安航空，使用的都是偏远的**Warsaw Modlin机场**（☎801 801 880，瑞安航空 703 303 033；www.modlinairport.pl；ul Generała Wiktora Thommée 1a，Nowy Dwór Mazowiecki），地处城北35公里处。

长途汽车

华沙的主汽车站是**Warszawa Zachodnia**（☎703 403 330，PKS Polonus 22 823 6200；www.pksbilety.pl；Al Jerozolimskie 144；⏰信息和售票处 6:00~21:00），位于市中心西南，Warszawa Zachodnia火车站旁边。这座不规则伸展的总站负责的是绝大多数（但不是全部）国际和国内路线。从Warszawa Centralna火车站前往这里，可乘坐127、158和517路公共汽车。

热门的长途客运服务由**Polski Bus**（☎22 417 6227；www.polskibus.com）运营，一般从Wilanowska地铁站旁边的小长途汽车站出发。更多详细信息，可登录其网站。记得多预留些时间寻找汽车站。可以在网上买票。

国内汽车路线可连接格但斯克（40兹罗提，

5小时，每小时1班）、克拉科夫（40兹罗提，5小时，每小时1班）、卢布林（15兹罗提，3小时，每天5班）、托伦（25兹罗提，3小时，每天5班），波兹南（20兹罗提，5小时，每天5班）和弗罗茨瓦夫（30兹罗提，5小时，每天5班），华沙和柏林（80兹罗提，10小时，每天2班）、布拉格（100兹罗提，11小时，每天2班）之间也有不错的客运服务。

火车

华沙有不少火车站，并且直达很多跨国目的地。大多数旅行者都会选择**Warszawa Centralna**（Warsaw Central；☎22 391 9757；www.pkp.pl；Al Jerozolimskie 54；⏲24小时），但是这里不一定是每班车的起点或终点站，所以尽快上车吧。

固定班次的国际列车可至柏林（6小时，每天5班）、布拉迪斯拉发（Bratislava，6小时，每天1班）、布达佩斯（10.5小时，每天2班）、明斯克（9.5~12小时，每天2~3班）、莫斯科（18~21小时，每天2~3班）和布拉格（8.5~10.5小时，每天2班）。

ℹ 当地交通

抵离机场

从华沙肖邦机场前往市中心，可搭乘通勤用SKM铁路服务列车52或53号。52号火车前往Warszawa Zachodnia和Warszawa Śródmieście火车站，53号可前往Warszawa Centralna（中央火车站）。票价为4.40兹罗提。175路公共汽车（4.40兹罗提）的终点站是Plac Piłsudskiego，距离老城大约500米的步行距离。机场前往市中心的出租车费用约50兹罗提。

如果从Warsaw Modlin机场出发去市中心，最简单的方法是搭乘固定班次的**Modlin**公共汽车（19兹罗提）。出租车费用为100~130兹罗提。

公共交通

华沙的有轨电车、公共汽车和地铁网络值得信赖。有轨电车东西向贯穿忙碌的Al Jerozolimskie，尤为便利。

购票可通过购票机（硬币或小额纸币更方便）或者通过车站附近的报刊亭。标准票（4.40兹罗提）搭乘公共汽车、有轨电车、地铁只能一次性使用。也有一日通票（15兹罗提）。记得上车要打卡。

出租车

Super Taxi（☎196 22；www.supertaxi.pl）值得信赖，提供的无线电出租车服务价格并不昂贵。

小波兰（MAŁOPOLSKA）

小波兰（Małopolska，字面意思是“较小的波兰”）覆盖了波兰东南一大片区域，从前皇家首都克拉科夫到东面的卢布林高地（Lublin Uplands）。之所以叫这个名字，与面积或重要性并无关系，而是指，相较于Wielkopolska（“大波兰地区”），小波兰在地图册上出现的时间晚一些（15世纪）。这是一片丰富多彩的地区，有许多传统生活的残余和历史性城市。

克拉科夫（Kraków）

人口756,500

虽然以迷人老城为中心的波兰城市很多，却没有一处可以和美丽的克拉科夫（发音为：*krak-oof*）相比。直到1596年为止，这里一直是波兰的皇家首都，并且奇迹般地躲过了第二次世界大战的破坏。克拉科夫充满吸引人的历史建筑和街景，最重要的景点之一是瓦韦尔城堡，它曾经是古波兰王国的统治中心。

城堡往南就是前犹太人聚居地卡齐米日（Kazimierz）。这里的无声犹太教堂是第二次世界大战惨剧的警钟。近年来，这一地区又被注入新的生机，出现了城市里最好的一些酒吧和俱乐部。

👁 景点

瓦韦尔山（Wawel Hill）

位于老城南面，这个突起的小山山顶仿佛被从前的皇宫和大教堂加冕，这两地都是波兰持久不衰的象征。

★皇家瓦韦尔城堡

城堡

（Royal Wawel Castle，Zamek Królewski na Wawelu；☎瓦韦尔游客中心 12 422 5155；www.

wawel.krakow.pl；瓦韦尔山；庭院门票免费，景点单独收费；⏲庭院 6:00至黄昏）作为整个16世纪波兰的政治和文化中心，瓦韦尔城堡是国家身份的有力象征。现在这里是一座博物馆，包括五个独立部分：**皇家财政部和军械所**（Crown Treasury & Armoury）、**国事厅**（State Rooms）、**皇家私人公寓**（Royal Private Apartments）、**失落的瓦韦尔**（Lost Wawel）和**东方艺术博物馆**（Museum of Oriental Art）。每部分单独收费。五处之中，国事厅和皇家私人公寓令人最为难忘。门票配额有限，所以尽早到达或者通过电话提前预约。

瓦韦尔大教堂 教堂

（Wawel Cathedral；☎12 429 9515；www.katedra-wawelska.pl；Wawel 3, Wawel Hill；大教堂免费，地下室、钟楼和博物馆联票 成人/儿童 12/7兹罗提；⏲周一至周六 9:00~17:00，周日 12:30开门）几个世纪以来，这座皇家大教堂为波兰的许多君主举办过加冕礼、葬礼和埋葬仪式，也见证了许多铁腕强人的兴衰。这是该址建造的第三座教堂，于1364年封圣。最早的那座是11世纪由波列斯瓦夫一世查洛里国王（King Bolesław I Chrobry）所建，后来于1140年左右被一座罗马式教堂所取代。1305年，教堂被焚毁，只有圣伦纳德的地下墓室（Crypt of St Leonard）幸免于难。其中的亮点包括**圣十字礼拜堂**（Holy Cross Chapel）、**西吉斯蒙德礼拜堂**（Sigismund Chapel）、**西吉斯蒙德钟楼**（Sigismund Bell）、**圣伦纳德地下墓室**和**皇室墓室**（Royal Crypts）。

老城

这个巨大的主广场（Rynek Główny）是老城的瞩目焦点，也是欧洲最大的中世纪城镇广场（长宽各有200米）。

布料交易大厅 历史建筑

（Cloth Hall；Sukiennice；www.museum.krakow.pl；Rynek Główny 1/3）**免费** 这座建筑位于主广场中央，它曾经是克拉科夫中世纪布匹贸易的中心。大厅建于14世纪早期，当时只是在两排货摊上加盖了一个屋顶，后来扩建成一座长108米的哥特式建筑。1555年火灾后，大厅改造成文艺复兴风格；正立面是19世纪末增建的。

市场地下博物馆 博物馆

（Rynek Underground；☎12 426 5060；www.podziemiarynku.com；Rynek Główny 1；成人/优惠19/16兹罗提，周二免费；⏲周一 10:00~20:00，周二 至16:00，周三至周日 至22:00）从布料交易大厅北端可进入这座位于中央市场广场地下的迷人景点。其中包括一条穿过中世纪市场摊位的地下路线和其他被遗忘的房间。一系列的全息投影和其他巫术般的视听资料强化了“中世纪遇见21世纪”的体验。门口总是挤得水泄不通，因此提前到旅游局办事处中的一处预约入场时间。

圣玛丽大教堂 教堂

（St Mary's Basilica, Basilica of the Assumption of Our Lady；☎12 422 0737；www.mariacki.com；Plac Mariacki 5, Rynek Główny；成人/优惠 10/5兹罗提；⏲周一至周六 11:30~17:30，周日 14:00~17:50）这座引人注目的教堂用砖石建造，俯视着整座广场。它经常被简称为圣玛丽教堂，主要由两座不同高度的塔楼构成。这里最早的教堂是在13世纪20年代所建，于鞑靼人入侵时被毁，之后大教堂的营建工作才开始。可参观大教堂精美的内部，包括出自维特·史托斯（Veit Stoss）之手的五联画，夏季可登顶塔楼，饱览绝佳风景。不要错过每隔一小时在高塔演奏的军号（hejnał）。

恰尔托雷斯基博物馆 博物馆

（Czartoryski Museum；www.czartoryski.org；ul Św Jana 19）这座博物馆拥有城市最丰富的艺术藏品，包括克拉科夫最珍贵的油画：达·芬奇的《抱银貂的女子》（*Lady with an Ermine*）。其余重要作品还包括伦勃朗的《景观与乐善好施的人》（*Landscape with the Good Samaritan*）。此外还有希腊、罗马、埃及和伊特鲁里亚艺术展，以及土耳其兵器展。我们调研时此处正在进行装修，装修期间，《抱银貂的女子》会在瓦韦尔城堡展出。

Kraków – Old Town & Wawel
克拉科夫–老城和瓦韦尔

0 200 m
0 0.1 miles

A B C D
1 2 3 4 5 6 7

去 Galeria Krakowska 购物中心(100m)
去 长途汽车站(100m)
去 Restauracja Pod Norenami (200m)
去 Filharmonia Krakowska (100m)
去 Schindler's Factory 辛德勒工厂(1.2km)

Royal Wawel Castle 皇家瓦韦尔城堡
Wawel Hill 瓦韦尔山
Kraków Główny Train Station 克拉科夫主火车站
OLD TOWN 老城
WESOŁA
KAZIMIERZ

Florian Gate
Plac Matejki
Plac Kolejowy
Plac Św Ducha
Rynek Główny
Plac Mariacki
Mały Rynek
Planty
Plac Dominikański
Plac Wszystkich Świętych
Plac Św Marii Magdaleny
Plac Nowy
Most Grunwaldzki

Basztowa, Pijarska, Reformacka, Sławkowska, Św Jana, Floriańska, Szpitalna, Zacisze, Worcella, Pawia, Bosacka, Lubicz, Św Tomasza, Szczepańska, Św Marka, Św Krzyża, Westerplatte, Zamenhofa, Skłodowskiej-Curie, Radziwiłłowska, Jagiellońska, Szewska, Mikołajska, Kopernika, Blich, Wiślna, Bracka, Gołębia, Grodzka, Stolarska, Sienna, Zyblikiewicza, Kołłątaja, Gen Sołtyka, Franciszkańska, Dominikańska, Wielopole, Bonerowska, Poselska, Św Gertrudy, Starowiślna, Sarego, Bogusławskiego, Wrzesińska, Siedleckiego, Kanonicza, Dietla, Św Sebastiana, Podzamcze, Św Idziego, Joselewicza, Brzozowa, Droga do Zamku, Bernardyńska, Stradomska, Podbrzezie, Miodowa, Smocza, Św Agnieszki, Warszauera, Jakuba, Szeroka, Dajwór, Koletek, Sukiennicza, Estery, Izaaka, Józefa, Bartosza, Meiselsa, Nowa, Orzeszkowej, Krakowska, Bożego Ciała, Wąska, Paulińska, Św Wawrzyńca

1 2 3 4 5 6 7 8 9 10 11 12 13 14 15 16 17 18 19 20 21 22 23

Kraków – Old Town & Wawel 克拉科夫–老城和瓦韦尔

卡齐米日和波德戈兹 (Kazimierz & Podgórze)

由卡齐米日三世大帝(King Kazimierz Ⅲ Wielki)于1335年建立，卡齐米日原本是一个独立的镇子，后来成为犹太区。在第二次世界大战期间，德国人将犹太人重新安置在维斯瓦河对面高墙树立的波德戈兹(Podgórze)隔离区。这些犹太人都在附近的普拉绍夫(Płaszów)集中营被处死了，斯蒂芬·斯皮尔伯格(Steven Spielberg)的电影《辛德勒的名单》(*Schindler's List*)讲述的就是这个故事。除下列景点外，许多犹太教堂也依然存在，而且都可以个别参观。

辛德勒工厂 博物馆

(Schindler's Factory; Fabryka Schindlera; ☎12 257 1017; www.mhk.pl; ul Lipowa 4; 成人/优惠 19/16兹罗提，周一免费; ⏱周一 10:00~20:00，周二至周日 10:00~16:00)这个令人难忘的互动式博物馆记录了第二次世界大战纳粹占领时期的克拉科夫，坐落于原奥斯卡·辛德勒(Oskar Schindler)的搪瓷厂内。这位著名的纳粹实业家在大屠杀期间，拯救了工厂犹太工人的性命。精心组织的创新性展览讲述了城市在1939~1945年的动人故事，在工厂围墙内重现了一些城市景观，例如有轨电车车厢、火车站地下通道、拥挤的犹太隔离区。

犹太人博物馆 博物馆

[Jewish Museum，旧犹太教堂(Old Synagogue); ☎12 422 0962; www.mhk.pl; ul Szeroka 24; 成人/优惠 9/7兹罗提，周一免费; ⏱周一 10:00~14:00，周二至周日 9:00~17:00] 这个博物馆坐落在ul Szeroka最南端的一座15世纪的**旧犹太教堂**(Old Synagogue)内。祷告殿中布置的是礼拜仪式器具展，其中有重建的bimah(诵经台，犹太教堂中央用于诵读摩西五经的高台)以及原本的aron kodesh(东墙中用于存放《摩西五经》经卷的壁龛)。楼上的摄影展主要讲述克拉科夫犹太人的生活以及大屠杀的历史。

加利西亚犹太人博物馆 博物馆

(Galicia Jewish Museum; ☎12 421 6842; www.galiciajewishmuseum.org; ul Dajwór 18; 成人/优惠 15/10兹罗提; ⏱10:00~18:00)这个博物馆纪念大屠杀中遇难的犹太人，展示前奥匈帝国加利西亚地区犹太人的文化和历史。其中有名为"记忆的痕迹"(Traces of Memory)的摄影展，这些令人难忘的作品描绘了波兰东南的一度繁荣的犹太社区的现代痕迹。此外还有幸存者的视频证词和一些定期的临时展览。

想了解更多？

欲了解更深入的信息、评论和推荐，查看网站www.lonelyplanet.com/poland/malopolska/krakow以获取规划建议、作者推荐、旅行者评论和经验之谈。

住宿

克拉科夫无疑是波兰的主要旅游目的地，价格也不便宜。**AAA Kraków Apartments**（www.krakow-apartments.biz）是几家提供超值短期公寓出租的中介公司之一。

Hostel Flamingo 青年旅舍 €

（☎12 422 0000；www.flamingo-hostel.com；ul Szewska 4；铺 47～65兹罗提，双 158兹罗提；📶）这家高标准青年旅舍地理位置优越，就在市中心，从主广场走几步就到。除了各种便利设施之外，还提供免费的早餐。店内氛围随意自由，还有一家咖啡馆。住宿包括6～12床宿舍，也有几间独立双人间。

Greg & Tom Hostel 青年旅舍 €

（☎12 422 4100；www.gregtomhostel.com；ul Pawia 12/7；铺 57兹罗提，双 150兹罗提起；📶）这家青年旅舍经营得很好，住宿处包括3个不同地址，不过登记都要去位于ul Pawia的总店。员工友善，客房打扫得很干净，配有洗衣设施。周二和周六晚上还提供热腾腾的波兰菜。

★ **Wielopole** 酒店 €€

（☎12 422 1475；www.wielopole.pl；ul Wielopole 3；标单/双 260/360兹罗提；❄📶）这座酒店位于老城东部一个整修过的街区中，从卡齐米日走几步就到。附带一个很棒的庭院，客房都是明亮的现代风格，全部配备一尘不染的浴室。早餐的排场令人难忘。

Hotel Abel 酒店 €€

（☎12 411 8736；www.abelkrakow.pl；ul Józefa 30；标单/双 150/190兹罗提；📶）这座低调而超值的酒店有其独特气质，能很好地体现卡齐米日的特点，比如抛光的木头台阶、砖垒的拱门和年代久远的瓦片。客房装饰简洁而干净，是探索犹太历史街区的好基地。

Hotel Pod Różą 酒店 €€€

（☎12 424 3300；www.podroza.hotel.com.pl；ul Floriańska 14；标单 650兹罗提，双 650～720兹罗提；❄@📶）这是一家从不曾停业过的酒店。酒店的名字意思是"玫瑰丛下"，装饰有古董、东方风格的地毯，庭院里有一座四周用玻璃围住的出色餐厅，配备各种最新设施。早餐要额外花费50兹罗提。

就餐

Glonojad 素食 €

（☎12 346 1677；www.glonojad.com；Plac Matejki 2；主菜 10～16兹罗提；⏰8:00～22:00；📶🖉）这是一家很吸引人的现代素食餐厅，可以看到瓮城北部Plac Matejki的美丽景色。菜单很多样化，有各种美味菜肴，包括咖喱角、咖喱、土豆煎饼、墨西哥卷饼、疙瘩汤和其他汤品。还有全天供应的早餐菜单，所以不用太早起来。

Milkbar Tomasza 波兰菜 €

（☎12 422 1706；ul Św Tomasza 24；主菜 10～20兹罗提；⏰8:00～22:00）这是一个由传统牛奶吧（bar mleczny）精心改造而成的现代餐馆，供应实惠的美食，包括能在环境优美的用餐区享用的早餐。两道菜的套餐只需18兹罗提，真是太值了。

★ **Restauracja Pod Norenami** 亚洲菜、素食 €€

（☎661 219 289；www.podnorenami.pl；ul Krupnicza 6；主菜 18～30兹罗提；⏰10:00～22:00；📶🖉）这家温暖而诱人的亚洲创意菜餐厅是素食者和严格素食者的理想之选。菜单主打日本菜、泰国菜和越南菜，有各种辛辣面条和米饭、素食寿司以及其他许多出色选择。早餐（10:00至正午供应）有中东风味，包括鹰嘴豆泥、皮塔饼和辛辣摊鸡蛋。要提前预约。

Dawno Temu Na Kazimierzu 犹太菜 €€

［卡齐米日往事（Once upon a Time in Kazimierz)；☎12 421 2117；www.dawnotemu.nakazimierzu.pl；ul Szeroka 1；主菜 20~35兹罗提；⌚10:00至午夜]这家餐厅算得上是卡齐米日主打犹太风味的餐厅中规模最小，也最富氛围的一家。传统的波兰犹太菜肴（想象一下精心制作的各种羊肉和鸭肉）都很美味，再加上温暖的烛光，以及犹太背景音乐演奏，是享受克拉科夫这方面魅力的完美之选。

Chimera 波兰菜 €€€

（☎12 292 1212；www.chimera.com.pl；ul Św Anny 3；主菜 35~60兹罗提；⌚10:00~22:00）不要把它和名字一样的沙拉吧搞混了，这里是克拉科夫经典菜馆。位于一座拱顶酒窖中，是品尝特色烤羊肉、鹅肉或野味的完美环境。

饮品和夜生活

克拉科夫老城有上百个酒馆和酒吧，大多数位于古老的拱顶地窖中。卡齐米日也有不少热闹的酒吧，多数集中在Plac Nowy周边街道。

Mleczarnia 咖啡馆

（☎12 421 8532；www.mle.pl；ul Meiselsa 20；⌚10:00至午夜；🚊3、6、8、10）可以得到最佳庭院奖的咖啡馆。成荫的树木和盛开的玫瑰花让这里成为晴天的首选。如果下雨了，也不用怕，咖啡馆里温暖又舒适，有摆得满满当当的书架，墙壁上挂满了肖像画。是自助式服务。

Miejsce Bar 酒吧

（☎600 960 876；www.miejsce.com.pl；ul Estery 1；⌚10:00至次日2:00；📶）这家时髦酒吧吸引了各色人群，知识分子、嬉皮士、学生，只要是喜欢美味鸡尾酒和悠闲氛围的人都喜欢这里。白天很安静，晚上喧闹和刺激一些。

Pauza 酒吧

（☎12 422 4866；www.klubpauza.pl；ul Floriańska 18；⌚周一至周六 10:00至次日2:00，周日 正午开始；🚊2、3、4、12、13、14、15）这家酒店的另类氛围很受欢迎，二楼提供烈酒，可以大声聊天（何况它偶尔还举办艺术展，窗边的位置能俯瞰Floriańska街景）。

Frantic 夜店

（☎12 423 0483；www.frantic.pl；ul Szewska 5；⌚周三至周六 22:00至次日4:00）这里经常挤满当地时髦的年轻人，有2座舞厅、3间酒吧、1个休息室，配备有波兰和国际顶级DJ。门童让人讨厌，所以别穿得太邋遢。

娱乐

Baccarat Live 现场音乐

（☎605 057 234；www.baccaratlive.pl；Rynek Główny 28；⌚周三至周六 21:00至深夜）这家高端舞蹈俱乐部有现场音乐演奏，还会举办DJ和主题之夜，因此吸引了各种学生和年轻的专业人士。

值得一游

受联合国教科文组织保护的盐矿

在克拉克夫东南约14公里处，**维利奇卡**（Wieliczka，发音为vyeh-leech-kah；☎12 278 7302；www.kopalnia.pl；ul Daniłowicza 10；成人/优惠 79/64兹罗提；⌚4月至10月 7:30~19:30，11月至次年3月 8:00~17:00）以其盐矿而闻名。这里是一个由深坑和舱室构成的奇异世界，其深处的所有结构都是手工从岩块中开凿而出。盐矿开放了一个部分给公众参观，包括大约22个舱室，是一趟迷人之旅。

可以参观的是盐矿上面的三层，深度位于地下64~135米。有些地方被建造成小礼拜堂，其中设有祭坛、装饰有雕像；其余的也点缀有雕塑和纪念碑——其中甚至还有地下湖。

导览游时长约2小时。矿井中的温度只有14℃，因此要穿上舒适的鞋子和保暖衣物。夏季每半小时有一次英语团队游。其余时间，团队游的数量会减少。

克拉科夫有很多小巴可前往维利奇卡（3兹罗提），出发点在ul Pawia大街，靠近克拉科夫主火车站（Kraków Główny）旁的Galeria Krakowska购物中心。

不要错过

奥斯维辛-比克瑙（AUSCHWITZ-BIRKENAU）

许多游客到访克拉科夫都会去奥斯维辛镇参观**奥斯维辛-比克瑙博物馆和纪念馆**（Auschwitz-Birkenau Museum & Memorial；☎导游 33 844 8100；www.auschwitz.org.pl；ul Więźniów Oświęcimia 20，Oświęcim；门票免费，必须参加导览游 成人/优惠 25/20兹罗提；⊙6月至8月 8:00~19:00，5月和9月 8:00~18:00，4月和10月 8:00~17:00，3月和11月 8:00~16:00，12月至次年2月 8:00~15:00）免费——其正式的名称是"奥斯维辛-比克瑙：纳粹德国集中营和灭绝营"（Auschwitz-Birkenau: German Nazi Concentration & Extermination Camp）。在第二次世界大战波兰被德国占领期间，有超过100万名犹太人以及大量的波兰人和吉卜赛人在这里遭到系统性谋杀。

奥斯维辛（Auschwitz Ⅰ）的主集中营和2公里外的面积更大的比克瑙（也称Auschwitz Ⅱ）集中营都对公众免费开放（不过3月至10月，如果你10:00~15:00来这里，则必须参加团队游）。参观是了解纳粹大屠杀必不可少的一环，不过罪行的范围和本质太过骇人，可能不适合14岁以下的儿童参观。

参观从主集中营Auschwitz Ⅰ开始，这里最早是波兰的一座军营，1940年被纳粹划分为死亡集中营。在这里臭名昭著的大门上，有一句极具讽刺意味的标语："Arbeit Macht Frei"（意思是"劳动带来自由"）。现存的30个监禁区中约有13个被用来陈列博物馆展览。

走出这里，将继续前往比克瑙（Auschwitz Ⅱ），那里是绝大多数屠杀发生的场所。这座营地都是出于特殊目的而建造的大规模建筑，有超过300座囚禁营。在这里可以找到毒气室和火葬场的遗迹。

奥斯维辛-比克瑙从克拉科夫出发并参观需要花一天时间，最方便的方法是从克拉科夫长途汽车站搭乘去往奥斯维辛（Oświęcim，12兹罗提，1.5小时）的长途汽车，大约每小时1班，要么途经博物馆，要么终点站为博物馆。也有许多从Galeria Krakowska旁边的ul Pawia小巴车站出发的小巴去奥斯维辛（10兹罗提，1.5小时）。

Alchemia 现场音乐

（☎12 421 2200；www.alchemia.com.pl；ul Estery 5；⊙9:00至深夜）这个卡齐米日的夜店散发出一种"我们寒酸我们酷"的气场，比如外观粗糙的木椅、烛光桌和便于交友的昏暗环境。这里一周中会定期举办现场演出和舞台活动。

Filharmonia Krakowska 古典音乐

（Filharmonia im. Karola Szymanowskiego w Krakowie；☎预约 12 619 8722，订票 12 619 8733；www.filharmonia.krakow.pl；ul Zwierzyniecka 1；⊙售票处 周二至周五 10:00~14:00和15:00~19:00）波兰顶级交响乐团之一的演出场所。

实用信息

官方旅游信息中心**InfoKraków**（www.infokrakow.pl）在市区设有多家分支机构，包括**布料交易大厅**（☎12 433 7310；Rynek Główny 1/3；⊙5月至9月 9:00~19:00，10月至次年4月 9:00~17:00）、**卡齐米日**（☎12 422 0471；ul Józefa 7；⊙9:00~17:00）、**老城**（☎12 421 7787；ul Św Jana 2；⊙9:00~19:00）和**机场**（☎12 285 5341；John Paul II International Airport，Balice；⊙9:00~19:00）。

Klub Garinet（☎12 423 2233；www.garinet.pl；ul Floriańska 18；上网 每小时 4兹罗提；⊙9:00~22:00）主广场附近最好的一家网吧咖啡馆。

到达和离开

飞机

本书调研之时，克拉科夫的**John Paul II国际机场**（John Paul II International Airport；KRK；☎信息 12 295 5800；www.krakowairport.pl；Kapitana Mieczysława Medweckiego 1，Balice）正在进行大规模改造。航班虽然照常运营，但可能会有延误。机场和市中心之间的火车服务已经临时停运。如

果火车不运营，292路和208路公共汽车（票价4兹罗提）可到达主汽车站。乘出租车前往市中心花费约70兹罗提。

波兰主要航空公司LOT（见954页）运营的航班可前往华沙和其他大城市。LOT子公司**Eurolot**（www.eurolot.com）的航班可前往格但斯克。经济型航班连接克拉科夫和一些欧洲城市。

长途汽车

克拉科夫的现代化**长途汽车站**（☎703 403 340；www.mda.malopolska.pl；ul Bosacka 18；⏲信息 7:00~20:00）十分便捷，就在老城主火车站Kraków Główny旁边。

汽车是前往扎科帕内（Zakopane，16兹罗提，2小时，每小时1班）的最佳选择。**Polski Bus**（www.polskibus.com）运营的现代化客车也从这里发车去华沙（5小时，每天数班）和弗罗茨瓦夫（3小时，每天数班）；可在其官网查询票价并预订车票。

火车

刚完成改造的**克拉科夫主火车站**（Kraków Główny，Dworzec Główny；☎信息 22 391 9757；www.pkp.pl；Plac Dworcowy）位于老城东北郊区，所有的国际列车和大多数国内列车都在这里停靠。有用的国内目的地包括格但斯克（80兹罗提，8小时，每天3班）、卢布林（62兹罗提，4小时，每天2班）、波兹南（80兹罗提，8小时，每天3班）、托伦（73兹罗提，7小时，每天3班）、华沙（60~130兹罗提，3小时，每小时至少1班）和弗罗茨瓦夫（50兹罗提，5.5小时，每小时1班）。

热门的国外目的地包括布拉迪斯拉发（Bratislava，7.5小时，每天1班）、柏林（10小时，每天1班）、布达佩斯（10.5小时，每天1班）、利沃夫（Lviv，7.5~9.5小时，每天2班）和布拉格（10小时，每天1班）。

卢布林（Lublin）

人口 349,000

应当承认，波兰东部的这座大都会虽然不如格但斯克和克拉科夫那么宏伟，但确实也有一片迷人的老城、一些漂亮的教堂和小街巷。这里是探索波兰东南部的跳板。因为汇聚了成千上万的学生人口，所以餐厅、酒吧和夜店十分发达。

卢布林在波兰和犹太人历史上也占有重要地位。在1569年，这里签署了《卢布林条约》（*Lublin Union*），将波兰和立陶宛联合了起来，成为当时欧洲最大和最强有力的国家之一。如果对犹太遗产感兴趣，一定要来卢布林看看，因为这里几个世纪以来一直是欧洲犹太文化的中心。然而大屠杀结束了这一繁荣局面，而且纳粹最臭名昭著的种族灭绝集中营之一马伊达内克（Majdanek），就在卢布林城门口。

景点

卢布林城堡 博物馆

（Lublin Castle；☎81 532 5001；www.muzeumlubelskie.pl；ul Zamkowa 9；成人/优惠 博物馆 6.50/4.50兹罗提，礼拜堂 6.50/4.50兹罗提；⏲周二至周日 10:00~17:00）卢布林的这座皇家城堡历史可追溯到12世纪和13世纪，不过在漫长的岁月中，这里曾经过多次重建。1569年，与立陶宛的联合条约就是在这里签署。城堡中现在设有**卢布林博物馆**（Lublin Museum），以及**圣三一教堂的哥特式礼拜堂**（Gothic Chapel of the Holy Trinity），后者历史可追溯到14世纪。两处分别收门票。

卢布林历史博物馆 博物馆

（Historical Museum of Lublin；www.muzeumlubelskie.lublin.pl；Plac Władysława Łokietka 3；成人/优惠 5.50/4.50兹罗提；⏲周三至周六 9:00~16:00，周日 至17:00）位于连接老城和新城的**克拉科夫大门**（Kraków Gate）内（入口在东墙），这个小博物馆的展品包括有关该城历史的文件和动人照片。

施洗者圣约翰大教堂 教堂

（Cathedral of St John the Baptist；www.diecezja.lublin.pl；Plac Katedralny；⏲黎明至日落，宝库 周二至周日 10:00~14:00和15:00~17:00）免费 这座前耶稣会教堂历史可追溯到16世纪，规模为卢布林之最。其中有许多令人难忘的细节，包括巴洛克式的错视壁画（出自摩拉维亚艺术家Józef Majer之手）和用一根黎巴嫩黑梨木建造的17世纪祭坛。声响法衣室（因为这里连窃窃私语声也能放得很大）和礼拜堂后的宝库（skarbiec）也值得注意。

马伊达内克 集中营

（Majdanek；Państwowe Muzeum na Majdanku；☎81 710 2833；www.majdanek.pl；Droga Męczenników Majdanka 67；⏲4月至10月 9:00~18:00，11月至次年3月 9:00~16:00）免费 纳粹德国所建立的马伊达内克种族灭绝集中营位于市中心东南4公里处，"二战"期间，成千上万人在这里惨遭屠杀。与其他集中营不同的是，纳粹并没有试图对马伊达内克加以掩饰。从游客中心开始的5公里步道会经过压抑的战斗和牺牲纪念碑（Monument of Fight & Martyrdom），穿过部分军营，最后到达有保卫看守的陵墓，其中埋葬着许多遇难者的骨灰。

旧犹太墓园 公墓

（Old Jewish Cemetery，Cmentarz żydowski；ul Kalinowszczyzna和ul Sienna交叉路口；⏲预约）这座旧犹太墓园建于1541年，可辨认的墓碑还剩30多座，其中包括波兰境内仍在原位的最老犹太墓碑。墓园位于ul Sienna和ul Kalinowszczyzna之间的一座小山上，在主长途汽车站东北500米处。墓地周围建有很高的砖墙，大门锁闭。出发前可联系旅游信息中心（见939页）安排参观。

☞团队游

Underground Route 步行团队游

（☎团队游预约 81 534 6570；Rynek 1；成人/优惠 9/7兹罗提；⏲周二至周五 10:00~16:00，周六和周日 正午至17:00）这个280米的小径蜿蜒穿过老城下方的相通的酒窖，沿途有历史展品。入口位于美丽的市场广场（Rynek）中心新古典主义的旧市政厅（Old Town Hall），大约每两小时出发一团；可联系旅游信息中心

值得一游

扎莫希奇：波兰的文艺复兴中心地

虽然大多数波兰城市的迷人之处在于其中世纪的气质，扎莫希奇（Zamość；读作*zah-moshch*）却是完全的16世纪文艺复兴的产物。此城由贵族Jan Zamoyski建于1580年，由一个意大利建筑师设计。这里辉煌的扎莫希奇老城躲过了"二战"一劫，并在1992年被联合国教科文组织列为世界遗产。

市场广场（Rynek Wielki，Great Market Square）是扎莫希奇迷人老城的中心部位。这个令人难忘的意大利文艺复兴广场（长宽正好100米×100米）最主要的建筑就是高大粉红的市政厅，周围是色彩缤纷的拱门建筑，这些建筑曾为市民所有。

扎莫希奇博物馆（Museum of Zamość，Muzeum Zamojskie；☎84 638 6494；www.muzeum-zamojskie.pl；ul Ormiańska 30；成人/优惠 10/5兹罗提；⏲周二至周日 9:00~17:00）位于广场最美丽的两座建筑之内，其中设有一些有趣的展览，包括油画、民族服饰以及一座按比例建造的16世纪的城镇模型。

犹太教堂（Synagogue；☎84 639 0054；www.zamosc.fodz.pl；ul Pereca 14；门票 7兹罗提；⏲周二至周日 10:00~18:00）经过漫长的整修后最近重新对公众开放了。教堂建于1620年左右，一直是犹太社区的主要礼拜场所，直至第二次世界大战爆发以后，这里被德国人关闭。展览的亮点是一段扣人心弦的电脑展演，讲述的是城市犹太社区历史，包括其西班牙系犹太人的起源。

旅游局办事处（☎84 639 2292；www.travel.zamosc.pl；Rynek Wielki 13；⏲5月至9月 周一至周五 8:00~18:00，周六和周日 10:00~17:00，10月至次年4月 周一至周五 8:00~17:00，周六和周日 9:00~15:00）位于市政厅，提供地图、宣传册和纪念品，很有帮助。从扎莫希奇出发前往卢布林进行一日游非常简便。80公里（15兹罗提）的旅途有长途汽车和小巴运营，行程约90分钟。

（见939页）查询具体时间。

住宿

Hostel Lublin 青年旅舍 €

（☎792 888 632；www.hostellublin.pl；ul Lubartowska 60；铺/房间 40/100兹罗提；）这里是本城的第一个现代青年旅舍，坐落在一座从前的公寓大楼中，拥有干净整洁的宿舍、厨房和一个舒适的休息区。从老城乘坐156路或者160路无轨电车可到达，经过繁忙的Al Tysiąclecia后两站地即到。

Hotel Waksman 酒店 €€

（☎81 532 5454；www.waksman.pl；ul Grodzka 19；标单/双 210/230兹罗提，公寓 270兹罗提起；）这座酒店有许多方面都值得获颁蓝丝带奖，尤其是地处极富氛围的老城的地理位置。每间标准房（按照装饰色被命名为"黄色""蓝色""绿色"或"红色"）都各有特色。顶楼的两间公寓尤为特别，能提供宽敞的休闲和工作空间，还能眺望到老城和城堡。

Vanilla Hotel 酒店 €€

（☎81 536 6720；www.vanilla-hotel.pl；ul Krakowskie Przedmieście 12；标单/双 330/370兹罗提；）酒店的名字一定是在搞笑。这座漂亮的精品酒店紧邻主步行街，什么都有就是没有香草。客房造型令人振奋，甚至显得有点大胆，装饰色调充满生气，床后有很大的床头架，还配备有时髦的复古台灯和家具。这里值得一提的细节很多，也包括一座爵士时代风格的餐厅和咖啡酒吧。

就餐

Magia 各国风味 €€

（☎502 598 418；www.magia.lublin.pl；ul Grodzka 2；主菜 20~65兹罗提；⏰正午至午夜；）这家餐厅的气氛不拘一格；拥挤的餐厅和宽阔的户外庭院都有各种就餐环境可选，每个区域都带有一丝魔幻色彩。大厨只选用新鲜食材，菜肴从虎虾到蜗牛、牛肉到鸭肉都有，还有各种比萨、意大利面和烤薄饼。

Mandragora 犹太菜 €€

（☎81 536 2020；www.mandragora.lublin.pl；Rynek 9；主菜 20~60兹罗提；⏰正午至22:00；）刻奇本身有好有坏，但这里的都是好的。他们当然是想模仿《屋顶上的提琴手》（*Fiddler on the Roof*），因此才设计了蕾丝桌布、小摆件和卢布林的老照片，但在浪漫的市场广场上，这一套却奇妙地奏效了。食物精心地融合了波兰菜和犹太菜的特色，主菜包括鹅肉和鸭肉。

饮品和夜生活

Szklarnia 咖啡馆

（Centrum Kultury w Lublinie；☎81 466 6140；www.ck.lublin.pl；ul Peowiakow 12；⏰周一至周五 10:00~23:00，周六和周日 正午至午夜；）在卢布林想找到好喝的咖啡不容易。不过这座位于新近翻新过的卢布林文化中心的时髦咖啡馆提供的咖啡却很棒，还搭配每日精选蛋糕。有时候晚上有现场娱乐活动，天气暖和时后面还有一座漂亮的露台可以使用。

Złoty Osioł 小酒馆

（☎81 532 9042；ul Grodzka 5a；⏰15:00至午夜；）这里氛围传统，提供的也是超值的传统膳食。有美味的鱼类菜肴，饮品单让人稍稍有些匪夷所思（比如有热干葡萄酒配果冻），举棋不定的食客可以选择每日套餐。餐厅设在一座烛光酒窖中，附设一座舒适的绿色庭院。偶尔还会举办民谣音乐会。

实用信息

卢布林旅游信息中心（Tourist Information Centre in Lublin，简称LOITiK；☎81 532 4412；www.lublin.eu；ul Jezuicka 1/3；⏰5月至10月 周一至周五 9:00~19:00，周六和周日 10:00开始，11月至次年4月 周一至周五 9:00~17:00，周六和周日 10:00开始）员工会讲英语，可以提供很多帮助，出售纪念品，还提供很多旅游指南，包括卢布林最热门徒步之旅的实用地图。有一台电脑可供短时间上网。

到达和离开

长途汽车

PKS长途汽车从**长途汽车站**（☎703 402

622; ul Hutnicza 1, Al Tysiąclecia对面）发车，就在城堡对面；从这里，**Polski Bus**（www.polskibus.com）也有长途汽车去华沙（3小时，每天5班）。私人小巴也开往各个地方，包括扎莫希奇（15 兹罗提，1.5小时，每小时1班），在长途汽车站北部的小巴车站乘坐。

火车

火车站（Dwórzec Kolejowy Lublin Główny; ☎信息 19 757; www.pkp.pl; Plac Dworcowy 1）在老城以南1.8公里处。

直达火车可前往克拉科夫（62兹罗提，4小时，每天2班）和华沙（37兹罗提，2.75小时，每天5班）。

喀尔巴阡山脉（CARPATHIAN MOUNTAINS）

喀尔巴阡山脉[卡帕蒂（Karpaty）]位于波兰南部与斯洛伐克边境并绵延至乌克兰境内，这里树木繁茂的山峦和雪山对徒步者、滑雪者和骑行者来说犹如一座地标。最受欢迎的目的地是度假镇扎科帕内。

扎科帕内（Zakopane）

人口 27,485

扎科帕内位于克拉科夫以南100公里处，是波兰主要山区度假地，位于塔特拉（Tatra）山脉脚下。这里是徒步和山地远足的热门出发点，也是波兰最好的滑雪胜地。忙碌的主街ul Krupówki上有许多纪念品商店、酒吧和餐厅，但是远离中心城区后，生活节奏就慢下来了。在20世纪初期，这里是一个艺术家村落，镇子里四处还散落着当时所建造的木头别墅——按照所谓的“扎科帕内风格”建造。

景点和活动

扎科帕内博物馆

博物馆

（Museum of Zakopane Style; Willa Koliba; ☎18 201 3602; www.muzeumtatrzanskie.pl; ul Kościeliska 18; 成人/优惠 7/5.50兹罗提；⏲周三至周六 9:00~17:00，周日 至15:00）这座博物馆位于Villa Koliba内，该别墅是波兰著名画家和建筑师斯坦尼斯瓦夫·维特凯维奇（Stanisław Witkiewicz）按照他所带动的“扎科帕内风格”（类似于20世纪初席卷美国和英国的工艺美术运动）所设计的几座宏伟的木头别墅中的第一座。建筑内部已经恢复成原本的模样，配备的是高地风格家具和织物，都是为这座别墅专门设计的。

旧教堂和墓地

教堂

（Old Church & Cemetery; Stary Kościół, Pęksowy Brzyzek National Cemetery; ul Kościeliska）免费 这座木头建造的小型教堂和旁边的墓地历史可追溯到19世纪中叶。旧教堂中有迷人的木雕装饰品和长凳，玻璃窗上有彩绘的耶稣受难像。其背后的旧墓地绝对是波兰最美丽的一座，有许多美丽惊人的木雕墓碑，有些就像是巨大的棋子。波兰著名的画家，扎科帕内风格的创造者斯坦尼斯瓦夫·维特凯维奇就安葬于此，在一座朴素的木头墓碑之下。

海洋之眼

湖泊

（Morskie Oko; 门票 9兹罗提）这座翡翠绿的山间湖泊是扎科帕内附近最热门的短途旅游目的地，距离镇中心约12公里。长途汽车定点由主汽车站对面的ul Kościuszki前往Polana Palenica（30分钟），再从那里的道路向山上继续行进9公里就可到达湖泊。小汽车、自行车和公共汽车都不允许通行，所以只能步行（单程需预留约2小时），或者是乘坐马车到达距离湖泊2公里处。旅行社可安排一日游。

卡司普罗瓦峰缆车

缆车

（Mt Kasprowy Wierch Cable Car; ☎18 201 5356; www.pkl.pl; Kuźnice; 成人/优惠 往返 58/48兹罗提；⏲1月至3月 7:30~16:00，4月至6月和9月至10月 7:30~18:00，7月和8月 7:00~21:00，11月至12月 9:00~16:00）从Kuźnice（扎科帕内以南2公里）到卡司普罗瓦峰峰顶（海拔1985米）的缆车游览可是经典旅行体验。上升到峰顶后（20分钟，爬升936米），你可以一只脚踏在波兰，另一只脚踏在斯洛伐克。峰顶景色非常壮丽（云雾缭绕）。5月间缆车一般会停运两周，如果遇到下雪或刮风的危险天气也会停运。

住宿

扎科帕内的旅行社一般都能安排独立房间住宿。旺季镇中心双人间花费约80兹罗提，其他地区约60兹罗提。

Youth Hostel Szarotka 青年旅舍 €

（☎18 201 3618; www.schroniskomlodziezowe.zakopane.org.pl; ul Nowotarska 45; 铺/双41/102兹罗提; ）这座温馨愉快的旅舍位于一条繁忙的公路旁，62个床位在旺季会全部住满。不过这里服务友好，还配有厨房和洗衣机。

★ **Hotel Sabała** 酒店 €€€

（☎18 201 5092; www.sabala.zakopane.pl; ul Krupówki 11; 标单/双 300/400兹罗提起; ）这座引人注目的酒店用木头建造，历史可追溯到1894年，但已经过彻底的现代化改造。酒店地理位置极好，能看到风景如画的步行街。提供51个舒适的阁楼风格房间，还设有桑拿房、日光浴室和游泳池。餐厅供应当地特色菜和国际热门菜式。

就餐

Pstrąg Górski 海鲜 €€

（☎512 351 746; ul Krupówki 6a; 主菜 20~40兹罗提; ⏲10:00~22:00; ）这是一家传统风格的鱼餐厅，能俯瞰一条小溪，提供的菜肴是用镇上最新鲜的鳟鱼、三文鱼和海鱼制作的。鳟鱼起价为5兹罗提，每100克加价（全鱼），因此一道标准的鱼类晚餐价格约为30兹罗提，不包括旁菜。

Stek Chałupa 波兰菜 €€

（☎18 201 5918; www.stekchalupa.pl; ul Krupówki 33; 主菜 20~40兹罗提; ⏲8:00至午夜; ）是ul Krupówki上较好的选择之一。这里采用高地风格装饰，很适合品尝烤香肠和各种牛排。

实用信息

旅游信息中心（☎18 201 2211; www.zakopane.pl; ul Kościuszki 17; ⏲3月至8月 9:00~17:00，9月至次年2月 周一至周五 9:00~17:00）规模虽小但帮助很大，距离汽车站不远，提供城市地图并出售徒步地图。可以咨询住宿、山地导游和一日游信息。

塔特拉国家公园总部（Tatra National Park Headquarters, Tatrzański Park Narodowy; ☎18 202 3300; www.tpn.pl; ul Chałubińskiego 44; ⏲周一至周五 9:00~16:00）塔特拉国家公园的这座信息办事处位于城市南郊Rondo Kuźnickie附近的一座小型建筑中。这是获取地图、导游和当地天气及徒步信息的好去处。

到达和离开

虽然扎科帕内有一座小型火车站，但大多数游客都选择从克拉科夫乘汽车而来。白天客车每30~60分钟1班（16兹罗提，2小时）。主要汽车公司为**Szwagropol**（www.szwagropol.pl）。购买前往克拉科夫的汽车票可去扎科帕内**长途汽车站**（ul Chramcówki）。

西里西亚（SILESIA）

西里西亚（波兰语：Śląsk，发音为：*shlonsk*）位于波兰的西南角，是一个传统上以工业和矿业见长的地区，地形多样。古都弗罗茨瓦夫有一座漂亮的大广场，因为学生众多，夜生活也很热闹。

弗罗茨瓦夫（Wrocław）

人口 632,065

连美丽的克拉科夫的居民都会怂恿你来弗罗茨瓦夫（发音为：vrots-wahf），可想而知这里有多美。这个城市优雅的老城完美地混合了哥特风格和巴洛克风格，而这里庞大的学生人口也确保了足够的餐馆、酒吧和夜店数量。

弗罗茨瓦夫在过去几百年来一直被各个统治者宰割，但从公元1000年左右这里开始焕发生机。历史迷可能更熟悉布雷斯劳（Breslau）这个名字，这是直至"二战"结束前，作为德国的一部分时的城市名。战后被归还给波兰时，弗罗茨瓦夫只剩下一个躯壳。不过现在已经恢复精神，并且变回了昔日那个美丽的历史中心。

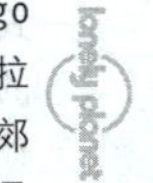

景点

主要景点是城市里宏伟的市场广场(Rynek),就在市中心老市政厅(Stary Ratusz)旁边。注意散布在市中心的那些庄严的哥特式教堂,它们均采用红砖建造。这些轮廓优美的建筑经历了"二战"的轰炸而幸存下来,那被染上污迹、炸出缺口的墙壁上写满荣耀。

老城

布尔乔亚艺术博物馆 博物馆

(Museum of Bourgeois Art, Muzeum Sztuki Mieszczańskiej; ☎71 347 1690; www.muzeum.miejskie.wroclaw.pl; Stary Ratusz; 永久展览 免费,临时展览 成人/优惠 10/7兹罗提; ⏲周三至周六 10:00~17:00, 周日 至18:00) 免费 这座名字不凡的博物馆内珍藏着一大亮点,那就是老市政厅的哥特式内部装饰。可参观二楼的大厅(Sala Wielka),其中的雕刻装饰品源自15世纪下半叶。旁边的王子厅(Sala Książęca)是14世纪中叶建造的一座礼拜堂。

圣伊丽莎白教堂 教堂

(Church of St Elizabeth; www.kosciolgarnizon.wroclaw.pl; ul Św Elżbiety 1; 塔楼 门票 5兹罗提; ⏲周一至周六 10:00~19:00, 周日 正午至19:00, 塔楼 周一至周五 9:00~19:00, 周六 11:00~17:00, 周日 13:00~17:00)这个具有纪念意义的哥特式砖石教堂就在汉泽尔与格蕾太尔(Hansel and Gretel, 即格林童话《糖果屋》里的兄妹)的房子北边,拥有一个83米高的塔楼,你可以沿着狭窄的楼梯爬上300多级的台阶登上塔顶俯瞰全城的壮丽景色。

圣抹大拉的玛利亚教堂 教堂

(Church of St Mary Magdalene; ul Łaciarska; 塔楼 成人/优惠 4/3兹罗提; ⏲周一至周六 10:00~18:00, 塔楼 4月至10月 10:00~18:00)这座庄严的哥特式红砖建筑位于市场广场以东的一个街区,其历史可追溯到14世纪。其中值得注意的是南墙上那座建于1280年左右的罗马式大门复制品,它原本属于Ołbin的本笃会修道院(Benedictine Abbey),1546年修道院被拆毁后就挪到了这里。可以爬上72米高的塔楼,跨越所谓的忏悔桥(Penance Footbridge)。

山墙三角面的原件现在于弗罗茨瓦夫国家博物馆中展出。

老城外

★拉茨瓦维采全景馆 博物馆

(Panorama of Racławice; ☎71 344 1661; www.panoramaraclawicka.pl; ul Purkyniego 11; 成人/优惠 25/18兹罗提; ⏲5月至9月 9:00~17:00, 10月至次年4月 周二至周日 至16:00)这幅巨型绘画作品是弗罗茨瓦夫引以为傲的旅游景点,画面描绘的是1794年4月4日爆发的波兰独立之战,作战的双方分别是由塔德乌什·柯斯丘什科(Tadeusz Kościuszko)率领的波兰军队和亚历山大·托马索夫将军(General Alexander Tormasov)率领的俄国军队。波兰虽取得了胜利但毫无作用,几个月后,全国起义就被沙皇军队击败了。这幅画长114米,高15米,被悬挂在一座圆形大厅的内墙上。

国家博物馆 博物馆

(National Museum; ☎71 372 5150; www.mnwr.art.pl; Plac Powstańców Warszawy 5; 成人/优惠 15/10兹罗提; ⏲周二至周日 10:00~17:00)这座艺术宝库位于拉茨瓦维采全景馆以东200米处。一楼展出的是中世纪的石雕,展品包括圣抹大拉的玛利亚教堂大门的山墙三角面,上面描绘的是圣母玛利亚升天的场景,以及S.S.文森特和詹姆斯教堂(Church of SS Vincent and James)的一座14世纪石棺。此外,还有西里西亚地区16~19世纪的油画、陶器、银器和家具展品。

施洗者圣约翰大教堂 教堂

(Cathedral of St John the Baptist; ☎71 322 2574; www.katedra.archidiecezja.wroc.pl; Plac Katedralny 18; 塔楼 成人/优惠 5/4兹罗提; ⏲周一至周六 10:00~16:00, 周日 14:00~16:00, 塔楼 周一至周六 10:00~18:00)这座有三条通道的哥特式大教堂建于1244~1590年,地址位于市中心教堂群的正中心。因为在"二战"中遭到严重损坏,现在重建成原来的哥特式形制,带有龙形排水系统。这一次你不用再费劲攀爬91米高的塔楼了,因为有电梯(升降梯)。

住宿

★ Hostel Mleczarnia 青年旅舍 €

（☎71 787 7570；www.mleczarniahostel.pl；ul Włodkowica 5；铺 40兹罗提起，双 220兹罗提；📶）这个旅舍位于市场广场不远处的一条僻静道路旁，有很多迷人之处，装修复古，所处的建筑以前是一座居民楼。这里有个女生宿舍，还有厨房和免费洗衣设施。楼下有一个出色的Mleczarnia咖啡馆兼酒吧。

Hostel Babel 青年旅舍 €

（☎71 342 0250；www.babelhostel.pl；ul Kołłątaja 16/3；铺 45兹罗提起，双 140兹罗提；📶）这个经济旅舍外的楼梯虽然又老又简陋，不过里面环境宜人，距离火车站也只有100米远。宿舍位于翻新后的公寓房间内，拥有华丽的灯具和装饰艺术天花板。浴室干净得闪闪发光，客人可以使用厨房。遇上下雨天，这里还有DVD放映机可供娱乐。

B&B Hotel Wrocław Centrum 酒店 €

（☎71 324 0980；www.hotelbb.pl；ul Ks Piotra Skargi 24-28；房间 149兹罗提；P❄📶）这座经济型酒店里提供的客房虽然式样简单，但都干净得一尘不染，床铺大而舒适。其地理位置极好，就在市中心，距离市场广场只有500米远。自驾车的司机会很喜欢酒店后面有防护的大型停车场（25兹罗提）。这里离火车站和汽车站都不到1公里。

Art Hotel 酒店 €€

（☎71 787 7400；www.arthotel.pl；ul Kiełbaśnicza 20；标单/双 280/300兹罗提起；❄📶）这座酒店位于一座翻修的公寓大楼中，装潢高雅内敛，家具品质很高，浴室也一尘不染，是你想奢侈一把时的理想选择。附设一间顶级的波兰菜和法国菜餐厅，在那里增加的体重可以去健身房中锻炼锻炼减下来。早餐每人额外加收50兹罗提。

就餐

Bar Bazylia 自助餐馆 €

（☎71 375 2065；www.bazyliabar.pl；ul Kuźnicza 42；主菜 每100克2.49兹罗提；⏰周一至周五 8:00~19:00，周六和周日 7:30开始；✍）这里是个传统的牛奶吧，物美价廉并且进行了现代化的改造。餐厅是一个弯曲的空间，有巨大的玻璃窗可以俯瞰大学。菜单有波兰名菜，比如bigos（泡菜和炖肉）和gołąbki（白菜卷），还有各式各样的沙拉和其他素菜。所有食物都按重量计价；点好后，以现金交款，然后才能取到食物。

Bernard Pub-Restaurant 捷克菜、各国风味 €€

（☎71 344 1054；www.bernard.wroclaw.pl；Rynek 35；主菜 30~60兹罗提；⏰10:30~23:00；📶）这是一座热闹的错层式酒吧兼餐厅，是得到饱受赞誉的同名捷克啤酒启发而开设，餐厅提供一些捷克菜，例如兔肉和猪腿肉。也提供一些高档的爽心美食，包括汉堡包、牛排和鱼，还有大量的Bernard啤酒。内部装饰时髦，有利于营造一个安静的晚餐环境，也是集体聚餐的理想选择。

★ Cafe & Restaurant Steinhaus 波兰菜 €€€

（☎512 931 071；www.steinhaus.pl；ul Włodkowica 11；主菜 40~70兹罗提；⏰11:00~23:00；📶）这家老派的波兰菜和犹太菜餐厅环境优雅而低调。即便蔓越莓酱鹅肉算不上顶级水平，烤鸭胸肉也绝对差不多了。周末一定要预订，因为这里毫无疑问非常热门。

饮品和夜生活

Mleczarnia 咖啡馆、酒吧

（☎71 788 2448；www.mle.pl；ul Włodkowica 5；⏰8:00至次日4:00；📶）这座咖啡馆兼酒吧隐藏在前犹太区的一条小街上，氛围极好。其中摆放有许多破旧的木桌，上面铺着蕾丝碟巾和蜡烛台。供应美味的咖啡和简餐，包括早餐在内。晚上酒窖会开放，又增添了另一种情调。夏季这里还有一座漂亮的后花园。

Pub Guinness 小酒馆

（☎71 344 6015；www.pubguinness.pl；Plac Solny 5；⏰正午至次日2:00；📶）猜猜这家小酒馆里提供些什么，不过猜中了也没有奖。这是一个热闹且地道的爱尔兰小酒馆，位于繁忙街角一座三层楼建筑。一楼的酒吧挤满了学生和旅行团，还有个餐厅和啤酒酒窖。是整天观光疲累之后休息一下的好去处。

Jazzda 夜店

(☎607 429 602; www.jazzda.pl; Rynek 60; ⏲周一至周五 17:00至深夜，周六和周日 正午至深夜）想获得美国影星约翰·特拉沃尔塔（John Travolta）所经历过的那种夜晚体验吗？来这家位于市中心的酒吧和夜店就对了，这里有多彩舞池，闪光灯照耀不停。

Bezsenność 夜店

(☎570 669 570; www.bezsennosclub.com; ul Ruska 51, Pasaż Niepolda; ⏲19:00至深夜）这里播放另类/摇滚/舞曲等风格的音乐，装修也很另类，"失眠症"夜店吸引的都是高层次顾客，是城里最受欢迎的夜店之一。位于Pasaż Niepolda，那是紧邻Ruska的一片酒吧、夜店和餐厅区。

☆ 娱乐

Filharmonia 古典音乐

(☎订票 71 792 1000; www.filharmonia.wroclaw.pl; ul Piłsudskiego 19）如果喜欢古典音乐，在周五和周六晚上这里就是你的最佳选择。位于市场广场西南800米处。

ℹ 实用信息

Intermax (☎71 794 0573; www.imx.pl; ul Psie Budy 10/11; 每小时 4兹罗提; ⏲9:00~23:00）入口在ul Kazimierza Wielkiego。

旅游局办事处 (☎71 344 3111; www.wroclaw-info.pl; Rynek 14; ⏲9:00~21:00）

ℹ 到达和离开

长途汽车

长途汽车站（Dworzec Centralny PKS; ☎71 333 0530; ul Sucha 1/11）位于火车站南面，每天有几班去往华沙（60兹罗提，7小时）的PKS长途汽车。对其他大多数目的地来说，坐火车更合适，虽然从这里乘坐**Polski Bus**（www.polskibus.com）去华沙（7小时，每天2班）和布拉格（5小时，每天2班）也很方便。

火车

弗罗茨瓦夫主火车站（Wrocław Główny; ☎71 717 3333; www.rozklad.pkp.pl; ul Piłsudskiego 105）建于1857年，原本是一个豪华的建筑之星。这里毫无疑问是波兰最迷人的火车站，就算你不打算坐火车旅行，也应该来这里看看。目的地包括华沙（61兹罗提，6.5小时，每小时1班）、克拉科夫（50兹罗提，5.5小时，每天数班）、波兹南（46兹罗提，3.5小时，每小时1班）和托伦（56兹罗提，5小时，每天数班）。

大波兰（WIELKOPOLSKA）

大波兰（Wielkopolska）地区是中世纪时期波兰的发源地。作为一个曾经显赫一时的地方，这里的城镇有数不清的历史和人文景点。第二次世界大战对该地区造成了大规模的破坏，然而波兹南已经恢复了其重要经济角色。

波兹南（Poznań）

人口 551,600

波兹南是大波兰地区的文化、经济和交通中心。这座城市与公元1000年左右波兰王国的早期形成历史有着密不可分的关系，波兰的第一位君主梅什科一世（Mieszko Ⅰ）就安葬于波兹南大教堂中。

18世纪末期，波兰领土遭到邻国瓜分，波兹南归于普鲁士统治，直至第一次世界大战结束波兰取得独立复国前，这里一直是一座被叫作Posen的德国城市。在"二战"中，波兹南城市的大部分地区，包括主广场（Stary Rynek）都被战火摧毁了，随后几十年里才又努力复建起来。

近年来，波兹南已成为一座生机勃勃的大学城。城内有美丽的老城，很多有趣的博物馆和热闹的酒吧、夜店和餐厅。

👁 景点

老城

市政厅 历史建筑

(Town Hall; Ratusz; ☎61 856 8193; www.mnp.art.pl; Stary Rynek 1）波兹南的这座市政厅属于文艺复兴风格，顶部建有一座61米高的塔楼，立刻就能抓住你的视线。其优雅的形制取代了建于13世纪的那座哥特式建筑，它在16世纪初被焚毁。每天正午钟楼上的两扇小门内就会出来两只金属山羊，它们四角相抵敲响12声钟声，其设计来自一个古老的传说。目前市政厅是波兹南历史博物馆的家。

波兹南历史博物馆 博物馆

(Historical Museum of Poznań, Muzeum Historii Miasta Poznania; ☎61 856 8000; www.mnp.art.pl; Stary Rynek 1; 成人/优惠 7/5兹罗提，周六免费；⏲周二至周四 9:00~15:00，周五 正午至21:00，周六和周日 11:00~18:00)这个博物馆就在文艺复兴风格的市政厅中，精心展现了城市的历史，建筑内部原本的结构也值得买票进来参观。哥特式的拱形地窖中留有最早那座市政厅的仅存遗迹。地窖最早是贸易场所，后来曾用作监狱。

大教堂岛 (Ostrów Tumski)

大教堂岛位于主广场以东，瓦尔塔河(Warta River)对面。这里是波兹南建立的地方，也是波兰建立的地方。

波兹南大教堂 教堂

(Poznań Cathedral; Cathedral Basilica of Sts Peter & Paul; ☎61 852 9642; www.katedra.archpoznan.pl; ul Ostrów Tumski 17; 地下墓室 成人/优惠 3.50/2.50兹罗提；⏲9:00~16:00)这个河中小岛最令人瞩目的建筑就是这座巨大的双塔大教堂。建筑形式基本是哥特式，后世进行过一些增建，其中最著名的是塔楼上巴洛克式的穹窿。大教堂曾于1945年被毁，重建工作花了11年时间。廊道和回廊周围环绕的12座礼拜堂中有许多墓碑。其中最著名的是高祭坛后的金色礼拜堂，这里面安葬着波兰最早的两位君主：梅什科一世(Mieszko Ⅰ)和波列斯瓦夫一世(Bolesław Chrobry)。

波兹南尼亚互动遗产中心 博物馆

(Porta Posnania Interactive Heritage Centre; ☎61 647 7634; www.bramapoznania.pl; ul Gdańska 2; 成人/优惠 15/9兹罗提，语音导游 5/3兹罗提；⏲周二至周五 9:00~18:00，周六和周日 10:00~19:00; 📶)这座先进的多媒体历史博物馆于2014年开幕，通过互动展览和其他技术手段，展示了这座岛屿动荡的历史以及波兰国家诞生的传奇故事。博物馆位于岛屿的东岸，通过一座人行天桥与大教堂区连接。展览有多种语言解说，不过语音导游能将一切都综合在一起。

住宿

Poco Loco Hostel 青年旅舍 €

(☎61 883 3470; www.hostel.poco-loco.pl; ul Taczaka 23; 铺 39~55兹罗提，房间 140~160兹罗提；@📶)干净，经营得当，位于市中心地区，这家青年旅舍有很多理由成为城市里最受欢迎的旅舍之一。有4~10床宿舍，外加能入住2~4人的独立客房。配有公共厨房，外加洗衣设备和电脑。管理者都热衷于探险旅行，以提供超值住宿处而骄傲。

Fusion Hostel 青年旅舍 €

(☎61 852 1230; www.fusionhostel.pl; ul Św Marcin 66/72; 铺 50~69兹罗提，标单 119/130兹罗提，双 195~210兹罗提；📶)旅馆位于一栋破旧商业楼的8楼，视野开阔。装修明亮且现代化，顾客可使用休息室和厨房，还提供自行车出租服务。有4~6床的上下铺宿舍，也有独立单人间和双人间。电梯藏在大厅保安亭背后。

★ **Hotel Stare Miasto** 酒店 €€

(☎61 663 6242; www.hotelstaremiasto.pl; ul Rybaki 36; 标单/双 224/340兹罗提起；P❄📶)这家时髦超值的酒店大厅里装饰有高雅的枝形吊灯，早餐厅很宽敞。客房可能有些小，但好在干净明亮，而且配备的是浆洗过的白色床单。上层客房有的没有窗户，而是用天窗代替。

Brovaria 酒店 €€

(☎61 858 6868; www.brovaria.pl; Stary Rynek 73/74; 标单/双 250/290兹罗提起；📶)这家酒店就像个多面手，其中也经营一间餐厅和酒吧，但令人印象最深刻的还是附设的精品自酿酒吧，你能现场看到整个操作过程。优雅的客房采用的是雅致的暗色木料装饰，有些能看到市场广场。

就餐

Apetyt 自助餐馆 €

(☎61 852 0742; ul Szkolna 4; 主菜 5~12兹罗提；⏲周一至周五 9:00~20:00，周六 10:00~19:00，周日 11:00~19:00; 🖉)这家最晚关门的牛奶吧位于市中心的一个便利位置上。你可以享受热气腾腾的波兰菜，简直无可挑剔，还搭配有各种各样的薄饼(naleśniki)。

★ Papierówka
波兰菜 €€

（☎797 471 388; www.restauracjapapierowka.pl; ul Zielona 8; 主菜 20~40兹罗提; ⏲9:00~22:00; 📶）这家毫无虚饰的慢食餐厅提供城里最好的一些食物。在柜台点好菜后，可以看到一群厨师在开放式厨房中忙活准备。每天有6种选择，采用的都是应季食材。特色菜是鸭肉，不过也有两种猪肉和鱼肉菜肴。葡萄酒品种虽少但都无可挑剔。

Ludwiku do Rondla
犹太菜 €€

（☎61 851 6638; ul Woźna 2/3; 主菜 26~38兹罗提; ⏲13:00~22:00）这家舒适的小餐厅位于主广场以东的两个街区之外，特色菜是犹太菜和波兰菜——尤以融两种风味于一体的菜肴见长。菜单上标记了食物是波兰菜还是犹太菜，很有帮助。我们会以油浸青鱼（波兰菜/犹太菜融合）为开始，然后是肉片荞面片卷（波兰菜），但其实每道菜看起来都棒极了。

Wiejskie Jadło
波兰菜 €€

（☎61 853 6600; www.wiejskie-jadlo.pl; Stary Rynek 77; 主菜 18~51兹罗提; ⏲10:00~23:00）这家小巧的波兰菜餐厅隐藏在ul Franciszkańska街上，距离市场广场只有很短一段距离。供应各种美味菜肴，包括pierogi（饺子）、汤和各种各样做法的猪肉。环境是朴素的乡村风格，桌子上摆有花朵装饰。

饮品和夜生活

Proletaryat
酒吧

（☎61 852 4858; www.proletaryat.pl; ul Wrocławska 9; ⏲周一至周六 13:00至深夜，周日 15:00至深夜; 📶）这个亮红色的酒吧充满社会主义怀旧氛围，墙壁上有各种社会主义时代的物件，包括军功章、勃列日涅夫和马克思的肖像，窗户上还有个探出身子来的列宁。喝着Czarnków啤酒厂产的高档啤酒同时还能玩会儿"大家来找领导人"。

Atmosfera
夜店

（☎61 853 3434; www.atmosfera-klub.pl; Stary Rynek 67; ⏲周一至周六 18:00至深夜; 📶）这里可算得上是主广场上几家音乐和舞厅夜店中最好的一家。从楼梯下行就能找到这家大规模的酒吧和舞厅。价格根据最新提供的饮品而定，有时候周末会营业到第二天的11:00。

Van Diesel Music Club
夜店

（☎515 065 459; www.vandiesel.pl; Stary Rynek 88; ⏲周五和周六 21:00至次日5:00）位于主广场，DJ会提供各种流行、浩室、R&B、灵魂乐和舞曲。有这么多的选择，一定有个晚上会勾起你的跳舞欲望。

☆ 娱乐

Johnny Rocker
现场音乐

（☎61 850 1499; www.johnnyrocker.pl; ul Wielka 9; ⏲18:00至深夜）这座曲线形的酒吧位于地下室中，快乐的饮酒者们坐在卡巴莱风格的舞台前，欣赏着每个周末都会举办的蓝调、爵士或摇滚演出。如果声音太吵，你也可以在时髦的"红厅"中缓一缓。

Filharmonia
古典音乐

（☎售票处 61 853 6935; www.filharmoniapoznanska.pl; ul Św Marcin 81; ⏲售票处 13:00~18:00）这处音乐厅每周至少会举办一次室内交响乐音乐会。波兹南也有着波兰最好的男童合唱团——Poznańskie Słowiki（波兹南夜莺），他们的演出在这里也能欣赏到。购票可通过售票处，至少要在演出开始前一小时买。

ℹ 实用信息

Adax（☎61 850 1100; www.adaxland.poznan.pl; ul Półwiejska 28; 每小时 4兹罗提; ⏲周一至周六 10:00~22:00，周日 正午开始）靠近Stary Browar购物中心。

城市信息中心—主广场（☎61 852 6156; www.poznan.travel; Stary Rynek 59/60; ⏲5月至9月 周一至周六 9:00~20:00，周日 10:00~18:00，10月至次年4月 周一至周五 10:00~17:00）波兹南这家很

> **ℹ 波兹南城市卡**
>
> **波兹南城市卡**（Poznań City Card; 1天/35兹罗提）在城市信息中心有售，持卡可免费进入城市主要博物馆，在餐厅和娱乐场所也可获得很大折扣，还可免费乘坐公共交通工具。

有用的旅游信息办事处位于主广场上，非常便利。他们能提供有关城市的大量信息，还能对找房和预订交通票务提供建议。

城市信息中心—火车站（☎61 633 1016；www.poznan.travel；ul Dworcowa 2，Poznań Główny；⊙周一至周五 8:00~21:00，周六和周日 10:00~17:00）波兹南旅游局位于主火车站里的办事处。

到达和离开

长途汽车

长途汽车站（Dworzec PKS；☎时刻表 703 303 330；www.pks.poznan.pl；ul Stanisława Matyi 2；⊙信息 周一至周六 8:00~19:00，周日 10:00~19:00；🚊5、8、11、12、14至Most Dworcowy）距离火车站很近，属于波兹南市中心交通和购物中心的一部分。位于老城西南1.5公里处，步行15分钟即可到达，或者可以乘坐有轨电车在“Most Dworcowy”站下。

Polski Bus（www.polskibus.com）运营通往华沙（4小时，每天5班）和弗罗茨瓦夫（3小时，每天5班）的长途汽车。Polski Bus的车次到达和停靠有两个车站：主长途汽车站和其西南3公里处的Dworzec Górczyn小车站。可查看网站找准正确的车站。在线购票。

火车

繁忙的**波兹南主火车站**（Poznań Główny；☎61 633 1659；www.pkp.pl；ul Dworcowa 2；🚊5、8、11、12、14至Most Dworcowy）位于老城西南方向1.5公里处，步行15分钟即可到达，或者可乘坐有轨电车到“Most Dworcowy”站下。

这里有车次可到达国内的格但斯克（60兹罗提，3.5小时，每天3班）、克拉科夫（80兹罗提，8小时，每天3班）、托伦（30兹罗提，2小时，每天2班）、弗罗茨瓦夫（60兹罗提，2.75小时，每天5班）和华沙（80兹罗提，3小时，每天6班）。波兹南自然也是前往柏林（150兹罗提，3小时，每天6班）的跳板。

波美拉尼亚（POMERANIA）

波美拉尼亚（波兰语：Pomorze）是有着多重魅力的迷人地区，从美丽的海滩到拥有优美建筑的城市。历史悠久的港口城市格但斯克位于这个地区最东面，而吸引人的哥特式城市托伦则位于内陆。

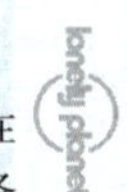

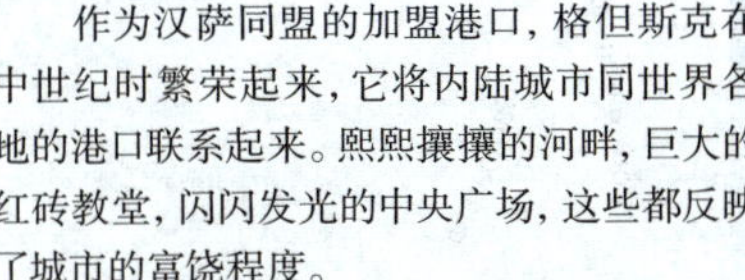

格但斯克（Gdańsk）

人口 460,400

作为汉萨同盟的加盟港口，格但斯克在中世纪时繁荣起来，它将内陆城市同世界各地的港口联系起来。熙熙攘攘的河畔，巨大的红砖教堂，闪闪发光的中央广场，这些都反映了城市的富饶程度。

格但斯克在历史上所扮演的角色也极为重要。“一战”结束时，“但泽自由市”（Free City of Danzig）创立，在“二战”之初，希特勒就是以此事为由头发动对波兰的进攻。1939年9月1日，德国人就是在这里的维斯特布拉德（Westerplatte）的波兰军队要塞中打响了战争的第一枪。

1980年8月，在魅力超凡的领袖（后来成为波兰总统）莱赫·瓦文萨（Lech Wałęsa）的领导下，格但斯克建立起团结工会（Solidarity trade union）。

景点

格但斯克的主要景点都位于主城区（Główne Miasto）。今天你在这里看到的绝大部分建筑，包括中央人行步道——长街（ul Długa）旁金碧辉煌的宫殿在内，都是从“二战”的瓦砾中重新建造的。

明智的参观方法是沿着从前的皇家大道（Royal Route）走，从长街最西端的高地大门（Brama Wyżynna）开始，附近的金色大门（Złota Brama）是1612年建造的一座凯旋门。接着街道拓宽形成长市场（Długi Targ），最终在宏伟的绿色大门（Brama Zielona）结束。从这里走上莫特拉瓦河（River Motława）河堤上那条引人回忆的河畔步道。

主城区（Main Town）

格但斯克历史博物馆 博物馆

（Historical Museum of Gdańsk；市政厅；☎58 767 9100；www.mhmg.pl；Długa 46/47；成人/优惠 12/6兹罗提；⊙周二 10:00~13:00，周三至周六 10:00~16:00，周日 11:00~16:00）这座博物馆位于古老的市政厅中，有

Gdańsk 格但斯克

景点

1 琥珀博物馆 A3
2 格但斯克历史博物馆 C4
3 国家海事博物馆 D3
4 圣玛丽教堂 C3

住宿

5 3 City Hostel A2
6 Dom Aktora C2
7 Dom Zachariasza Zappio D3
8 Kamienica Gotyk C3

就餐

9 Bar Mleczny Neptun B4
10 Przystań Gdańska D2
11 Restauracja Pod Łososiem C3
12 Tawerna Mestwin C2

饮品和夜生活

13 Cafe Ferber B3
14 Cafe Lamus C2
15 Miasto Aniołów D4

娱乐

16 Klub Morza Zejman D4

格但斯克最高的塔楼，高度为81.5米。其中的亮点红厅（Red Room，Sala Czerwona）建于16世纪末，采用的是荷兰矫饰主义风格。三楼陈列的是有关格但斯克历史的展览，包括一些记录1945年城市被摧毁后的样子的照片，从这里进入塔楼可饱览整座城市的壮丽景象。

琥珀博物馆

博物馆

（Amber Museum；☎58 301 4733；www.mhmg.pl；Targ Węglowy 26；成人/优惠 10/5兹罗提；⏲周一 10:00~13:00，周二至周六 10:00~16:00，周日 11:00~16:00）这座博物馆专门收藏与琥珀相关的物件、琥珀首饰的设计和创新工艺。博物馆位于**前门**（Foregate），原来是监狱和拷问室，因此除了琥珀展览外，这里也有一些令人毛骨悚然的拷问室的真实场景展出，买一送一的参观！

圣玛丽教堂

教堂

（St Mary's Church；☎58 301 3982；www.bazylikamariacka.pl；ul Podkramarska 5；塔楼 成人/优惠 5/3兹罗提；⏲8:30~18:00，弥撒时间除外）圣玛丽教堂坐落在主城区的中央，经常被引为世界上最大的砖建教堂。其十字形翼部长105米，宽66米，有一座高78米的巨大塔楼耸立在城市的天际线上。圣玛丽教堂于1343年开建，直至1502年才达到今天的规模。不要错过十字形翼部北侧的15世纪天文钟，以及教堂塔楼（有405级台阶）。

国家海事博物馆

博物馆

（National Maritime Museum，Narodowe Muzeum Morskie w Gdańsku；☎海事文化中心 58 329 8700，信息 58 301 8611；www.nmm.pl；ul Tokarska 21-25，入口在莫特拉瓦河畔；海事文化中心 成人/儿童 8/5兹罗提，其他展览单独收费；⏲周二至周日 10:00~16:00）这座博物馆展出的是海事历史，以及格但斯克作为一个波罗的海海港，几百年来所发挥的重要作用。主要部分是耗资几百万欧元建造的**海事文化中心**（Maritime Cultural Centre），其中设有"人—船—海港"的永久性互动展览。其余展出还包括**MS Sołdek**，这是战后岁月里，格但斯克船坞建造的第一艘船只；**Żuraw**（ul Szeroka 67/68），这是15世纪的一座起吊机，为当时世界之最。还有更多展览在河对岸的**粮仓**（granary；ul Ołowianka 9-13）中举行。

市中心以外

★欧洲团结中心

博物馆

（European Solidarity Centre；Europejskie Centrum Solidarności；☎506 195 673；www.ecs.gda.pl；Pl Solidarności 1；成人/优惠 17/13兹罗提；⏲5月至9月 10:00~20:00，10月至次年4月 至18:00；📶）这座崭新的博物馆于2014年开幕。拿一个英语语音导览器，依次参观一系列展厅，其中的展览讲解了社会主义时代波兰的生活状况，以及格但斯克船厂工人在1980年建立团结工会，并于1988年最终结束社会主义制度的过程中所发挥的关键性作用，虽然让人有些晕头转向，但非常动人。

住宿

★3 City Hostel

青年旅舍 €

（☎58 354 5454；www.3city-hostel.pl；Targ Drzewny 12/14；铺 60兹罗提起，房间 180兹罗提；@📶）这个现代化的大型青年旅舍色彩非常生动，地址位于火车站附近，天花板很高，公共区域也很舒适，有一个厨房和一个能看到外景的休息室。含早餐，此外还有电脑可供上网。前台24小时提供服务。

Dom Zachariasza Zappio

青年旅舍 €

（☎58 322 0174；www.zappio.pl；ul Świętojańska 49；铺/标单/双 60/95/170兹罗提；📶）这个旅舍位于一座迷宫般的前商人住宅中，能看到粗重的木梁。其规模如此之大，就算是带着一群小孩的家庭游客和派对人士也不会挡着彼此的路。拥有高天花板的宿舍房能入住14人，除此之外，还有13间中世纪风格的独立客房，大小各不相同。这座出色的旅舍还有自己的小酒馆和客用厨房，可出租自行车，前台24小时服务。

Dom Aktora

酒店 €€

（☎58 301 5901；www.domaktora.pl；ul Straganiarska 55/56；标单/双 250/330兹罗提，公寓 360~570兹罗提；P📶）这家不开玩笑的公寓酒店位于从前的一座演员宿舍之中，价格不贵，还配有设备简单的厨房，是想要自己做饭的游客首选。浴室完全是21世纪最新标准，但除此之外，其余的装饰自从20世纪90年代中叶以来就没有太大变化。自制的早间自助餐是城里最佳。

Kamienica Gotyk

酒店 €€

（☎58 301 8567；www.gotykhouse.eu；ul Mariacka 1；标单/双 280/310兹罗提；📶）这座哥

值得一游

马尔堡

从格但斯克来看雄伟的**马尔堡城堡**(Malbork Castle; ☎订票 55 647 0978; www.zamek.malbork.pl; ul Starościńska 1; 成人/优惠 40/30兹罗提; ⏰4月15日至9月15日 9:00~19:00, 9月16日至次年4月14日 10:00~15:00)是个绝佳的一日游。这个城堡是欧洲最大的哥特式城堡,以前被称为"马林堡"(Marienburg),是中世纪时期条顿骑士团的总部。它位于小镇与诺加特河(Nogat River)边的高处——当你乘火车越过河流时,可以在右侧看到它朦胧的身影。有定点列车(45分钟)从Gdańsk Głowny火车站来这里。当你到了马尔堡站,向右转,穿过高速公路,沿着ul Kościuszki就会到达城堡。强制参加的团队游通常都是波兰语解说,但是有英文讲解器。镇里和城堡里都有餐馆。

特主题的客栈位于ul Mariacka街上圣玛丽教堂的这一头,位置很棒。酒店所在的建筑是格但斯克历史最悠久的一座住宅,7间客房都非常整洁,断拱形的门廊和厚重的窗帘能看出哥特风的影子,不过绝大部分设施都完全是现代产物,浴室更是21世纪标准。酒窖中有一座小型哥白尼博物馆,一楼有个姜饼店。

就餐

Bar Mleczny Neptun 自助餐馆 €

(☎58 301 4988; www.barneptun.pl/en/; ul Długa 33/34; 主菜 2~16兹罗提; ⏰周一至周五 7:30~19:00, 周六和周日 10:00~19:00; 📶)如果哪里还有社会主义时代的牛奶吧幸存,那一定会让你惊讶,位于游客繁多地区的这座餐馆就是。这个地方比普通牛奶吧环境好太多了,有盆栽、装饰瓷砖和免费的无线网络。

★**Tawerna Mestwin** 波兰菜 €€

(☎58 301 7882; ul Straganiarska 20/23; 主菜 20~40兹罗提; ⏰周二至周日 11:00~22:00, 周一至18:00; 📶)这家餐厅的特色是来自波兰西北地区的卡舒比菜,土豆饺子、白菜卷等菜肴都是明显的家常风味,通常也会提供鱼汤和炸鱼。室内装饰成传统的茅草屋样子,裸露出来的木梁和深绿色的墙壁别有一番韵味。

Przystań Gdańska 波兰菜 €€

(☎58 301 1922; ul Wartka 5; 主菜 17~43兹罗提; ⏰11:00~22:00)这里气氛很好,适合户外用餐,可以看到沿河的格但斯克起重机。提供波兰经典菜式和各种鱼类菜肴,此外也有一些比萨。食物水准超过平均水平,而露台风景更可算是老城最佳。

Restauracja Pod Łososiem 波兰菜 €€€

(☎58 301 7652; www.podlososiem.com.pl; ul Szeroka 52/54; 主菜 60~85兹罗提; ⏰正午至23:00)这座建于1598年的餐厅以三文鱼闻名,它是格但斯克最受好评的餐厅之一。内部装饰是严肃风格,有红色皮革座椅、黄铜枝形吊灯和许多煤气灯,这一切都被特色饮品——金水酒(Golawasser)照亮了。这种产自自家酒店的黏稠红酒中有一片片的金叶子,从16世纪直至"二战",酒窖里一直在生产这种产品。

饮品和夜生活

Cafe Lamus 酒吧

(☎531 194 277; ul Lawendowa 8; ⏰正午至次日2:00; 📶)酷得不能再酷的复古主题酒吧,供应各种当地小牌啤酒厂的啤酒,从ul Straganiarska进入。

Cafe Ferber 咖啡馆、酒吧

(☎791 010 005; www.ferber.pl; ul Długa 77/78; ⏰9:00至深夜; 📶)从格但斯克古老的主街上猛然走进这个现代酒吧一定会大吃一惊,酒吧内以鲜艳的红色墙面为主,有悬空式天花板和方形的灯。和鲜红色装饰色调相搭配的是舒适的扶手椅,可以坐在上面喝喝咖啡和创意鸡尾酒,例如szary kot(灰猫)。周末会有DJ打歌直至凌晨。

Miasto Aniołów 夜店

(☎58 768 5831; www.miastoaniolow.com.pl; ul Chmielna 26)《天使之城》(*City of Angels*)电影元素是这里的基本装饰素材——夜猫子可以来这里的舞池疯狂一下,或者一头扎进休闲区,也可以坐在气氛绝佳

的吧台边看着远处的莫特拉瓦河。夜场DJ会播放迪斯科和其他舞曲。

☆ 娱乐

波罗的海国家歌剧院 歌剧

（State Baltic Opera Theatre；☎58 763 4906；www.operabaltycka.pl；Al Zwycięstwa 15）这座歌剧院建于1950年，其中驻场的是格但斯克最重要的歌剧团。地址位于Wrzeszcz区，距离Gdańsk Politechnika火车站不远。除了平时的歌剧演出外，也定期上演芭蕾舞，还会举办交响乐音乐会。

Klub Morza Zejman 现场音乐

（☎669 070 557；www.bractwozeglarzy.home.pl；Chmielna 111/113；门票2兹罗提；⏰周三、周五和周六 18:00~22:00，周四 20:00至午夜）这片位于Spichlerze岛上的拥挤区域能吹到咸腥海风，有一种怡人的颓废气息。大多数夜晚，水手会带着妻子来这里的酒吧喝喝啤酒，但在周四夜晚（有时其他晚上也有）他们会现场演唱古老的海员号子（水手歌谣），不要错过。

ℹ 实用信息

Jazz 'n' Java（☎58 305 3616；ul Tkacka 17/18；每小时6兹罗提；⏰10:00~22:00）网吧。

旅游局办事处—Długi Targ（☎58 301 4355；www.gdansk4u.pl；Długi Targ 28/29；⏰6月至8月 9:00~19:00，9月至次年5月 至17:00）这家位于市中心的办事处很有帮助，提供免费的城市地图，还有各种观光、住宿和交通信息。

ℹ 到达和离开

长途汽车

长途汽车站（PKS Gdańsk；☎58 302 1532；www.pks.gdansk.pl；ul 3 Maja 12）位于主火车站后面，每小时都有PKS长途汽车去往华沙（55兹罗提，5.75小时），**Polski Bus**（www.polskibus.com）也提供同样的服务。

火车

城里的火车站**格但斯克主火车站**（Gdańsk Główny；www.pkp.pl；ul Podwale Grodzkie 1）位于老城西部郊区，十分便捷。大多数长途列车实际上是以格丁尼亚（Gdynia）作为发车站或终点站，所以在这里上下车一定要动作迅速。

直达火车可往返托伦（50兹罗提，3小时，每天3班）、克拉科夫（80兹罗提，8小时，每天3班）、波兹南（30兹罗提，3.75小时，每天3班）和华沙（90兹罗提，6小时，每天5班）。可连接的国外目的地包括柏林（7小时，每天2班）。

值得一游

大马祖里湖区（GREAT MASURIAN LAKES）

在波兰国土的东北角，有一片美不胜收的后冰河时期千湖景观。约200公里的运河连接着这些湖泊，所以此地极其适合独木舟活动，喜欢登山、钓鱼和山地自行车的旅行者也同样可以在此找到乐子。

吉日茨科（Giżycko）和**米科瓦伊基**（Mikołajki）这两个镇都是探索这个湖不错的基地。吉日茨科的**旅游局办事处**（☎87 428 5265；www.gizycko.turystyka.pl；ul Wyzwolenia 2；⏰4月至10月 周一至周五 9:00~17:00，周六和周日 10:00~14:00，11月至次年3月 周一至周五 9:00~16:00，周六 10:00~14:00）和米科瓦伊基的**旅游局办事处**（☎87 421 6850；www.mikolajki.pl；Plac Wolności 3；⏰6月至8月 10:00~18:00，5月和9月 周一至周六 10:00~18:00）都可以提供对航行和徒步很有帮助的地图，并且提供游览船时间表，还能帮你寻找住宿。

抛开自然风光，这个区域也有一些有趣的历史景点。**狼穴**（Wolf's Lair，Wilczy Szaniec；☎89 752 4429；www.wolfsschanze.pl；成人/优惠 15/10兹罗提；☎8:00至黄昏）时刻诉说着沉痛的过去。此处位于肯琴（Kętrzyn）以东8公里处的**Gierłoż**，这个错综复杂的遗址是希特勒入侵苏联时的司令部。1944年一群高阶德国军官曾试图在这里刺杀希特勒。此事在2008年汤姆·克鲁斯（Tom Cruise）主演的电影《刺杀希特勒》（*Valkyrie*）中被重新演绎。

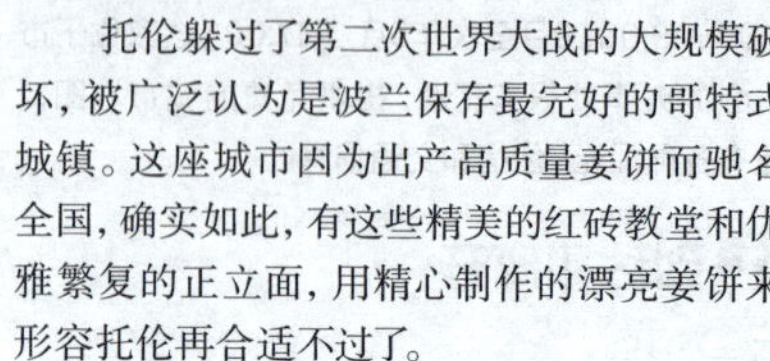

托伦(Toruń)

人口 205,000

托伦躲过了第二次世界大战的大规模破坏，被广泛认为是波兰保存最完好的哥特式城镇。这座城市因为出产高质量姜饼而驰名全国，确实如此，有这些精美的红砖教堂和优雅繁复的正立面，用精心制作的漂亮姜饼来形容托伦再合适不过了。

托伦还是尼古拉斯·哥白尼(Nicolaus Copernicus)的故乡，他在1543年提出的日心说曾颠覆了天文界。在这里你根本躲不开哥白尼，你甚至能买到以他为造型的姜饼。

景点

托伦的哥特参观之路一般从**老城市场广场**(Rynek Staromiejski)作为起点，这里耸立着巨大的红砖建造的**市政厅**，两旁排列有精心复原的房屋。可寻找东南角的**哥白尼雕像**(Statue of Copernicus)，它经常出现在度假照片中。

老市政厅　　博物馆

(Old Town Hall; Ratusz Staromiejski; www.muzeum.torun.pl; Rynek Staromiejski 1; 成人/优惠 博物馆 11/7兹罗提，塔楼 11/7兹罗提；⏲博物馆 5月至9月 周二至周日 10:00~18:00，10月至次年4月 至16:00，塔楼 5月至9月 10:00~20:00，10月至次年4月 10:00~17:00)这座老市政厅建于14世纪，自此以后模样就没有怎么改变过，只是在肃穆的哥特式结构上增加过一些文艺复兴式的装饰。现在，这里是托伦地区博物馆(Toruń Regional Museum)的主要分馆。其中的展品包括大量哥特式艺术品(油画和彩绘玻璃)，一些当地17世纪和18世纪的手工艺品，还有一座画廊，展出从1800年至今的波兰油画。登顶**塔楼**能饱览托伦哥特式市容的全景风光。

哥白尼故居　　博物馆

(House of Copernicus; ☎56 660 5613; www.muzeum.torun.pl; ul Kopernika 15/17; 博物馆 成人/优惠 11/8兹罗提，视听短片 13/8兹罗提，姜饼展览 11/8兹罗提，联票 22/17兹罗提；⏲5月至9月 周二至周日 10:00~18:00，10月至次年4月 周二至周日 至16:00)哥白尼到底是不是在这里出生，并没有明确答案，但这座地区博物馆的分馆却专门呈现这位著名天文学家的生平和作品。除了复古家具和文字作品以外，更吸引人的是博物馆内记录哥白尼在托伦的生活的短片，以及一座城镇模型。博物馆第三部分名为**托伦姜饼世界**(World of Toruń's Gingerbread)，深入介绍了姜饼制作的秘术。

施洗者与福音传道者圣约翰大教堂　　教堂

(Cathedral of SS John the Baptist & John the Evangelist; ☎56 657 1480; www.katedra.diecezja.torun.pl; ul Żeglarska 16; 成人/优惠 3/2兹罗提；⏲周一至周六 9:00~17:30，4月至10月 周日 14:00~17:30)托伦这座巨大的哥特式大教堂于1260年左右开始建设，但直至15世纪末才竣工。宏伟的塔楼中存放着波兰第二大的古钟Tuba Dei(上帝之号)。塔楼的南面，面朝着维斯瓦河(Vistula)的是一座建于15世纪的大钟；当初的那个钟面和单一时针至今仍在正常运转。可仔细观察8点钟数字(Ⅷ)上的凹痕，那是1703年瑞典人围城时发射的炮弹所致。

姜饼博物馆　　博物馆

(Gingerbread Museum; Muzeum Piernika; ☎56 663 6617; www.muzeumpiernika.pl; ul Rabiańska 9; 成人/优惠 12/9.50兹罗提；⏲9:00~18:00)这座博物馆建在一座修复过的16世纪姜饼工厂中。在这里你可以了解姜饼的历史，还可以按照仿中世纪姜饼师傅的详细讲解，亲自动手做一块香辛的姜饼。

住宿

Green Hostel　　青年旅舍 €

(☎56 561 4000; www.greenhostel.eu; ul Małe Garbary 10; 房间 100兹罗提起；📶)这个没有宿舍的青年旅舍位于Hotel Heban对面一座14世纪建筑的陡峭楼梯上，4层楼共计有34张床位，每层都设有浴室。前台24小时服务。价格不是按人头算——而是要按整间房付钱，而这里又不设单间，所以两人以上同行绝对更划算。

★ Hotel Petite Fleur　　酒店 €€

(☎56 621 5100; www.petitefleur.pl; ul Piekary 25; 标单/双 210/270兹罗提；📶)这家酒

店是托伦中档住宿处中较好的一处选择，低调的客房中有抛光的木头家具和优雅的版画装饰，不过标单有些小。砖块搭建的酒窖里有一个法国菜餐厅，是托伦酒店餐厅中较好的一个，此处提供的自助早餐是我们在波兰吃过的最棒的一顿。

Hotel Pod Czarną Różą 酒店 €€

（☎56 621 9637；www.hotelczarnaroza.pl；ul Rabiańska 11；标单/双 170/210兹罗提；📶）"黑玫瑰下"（Under the Black Rose）酒店一部分位于一个历史悠久的旅馆，另一部分位于河对面的一座新楼中。不过两处室内都采用统一的当代装饰风格，很干净，还有一些零散的古董装饰。房费包括自助早餐。

Hotel Karczma Spichrz 酒店 €€

（☎56 657 1140；www.spichrz.pl；ul Mostowa 1；标单/双 250/310兹罗提，公寓 290兹罗提起；❄📶）这座酒店位置超赞，位于水边的一座古老粮仓中，19间客房都很有特色，粗重的木梁裸露在外，下面是个性十足的木头家具和当代浴室。从这里去河边只需要走一小段路，路上景色优美，而且远离人群。隔壁有一家美味餐厅。

就餐

Bar Mleczny Pod Arkadami 自助餐馆 €

（☎56 622 2428；ul Różana 1；主菜 4~12兹罗提；⏲周一至周五 9:00~19:00，周六和周日 至16:00）这里是市中心最后仅存的一家牛奶吧，用很便宜的价格就能买到大分量的波兰食物。外卖窗供应华夫饼、冰激凌以及或许是波兰北部最美味的zapiekanki（波兰比萨）。

Luizjana 路易斯安那菜 €€

（☎56 692 6678；www.restauracjaluizjana.pl；ul Mostowa 10/1；主菜 22~50兹罗提；⏲正午至22:00；📶）路易斯安那菜和克里奥尔菜在本地区尚属新鲜，不过这家餐点却相当杰出。主食可尝试甜椰子汁香辣烤鸡配米饭，或者熏三文鱼配菠菜香蒜酱，用餐环境是一种咖啡馆般的低调迷人氛围。分量（尤其是汤）巨大，适合共享。整体气氛时髦又不矫饰。

★**Szeroka 9** 波兰菜 €€€

（☎56 622 8424；www.szeroka9.pl；ul Szeroka 9；主菜 35~50兹罗提；⏲9:00~23:00；📶）这家优雅精致（而不显得吹毛求疵）的餐厅距离主广场只有很短一段路。厨师涉猎的是传统波兰主菜，例如兔肉、鹅肉和鸭肉，然后加以当代改良（例如鹅肉中就填有韭菜和梅子酱）。服务细心，葡萄酒单很出色。很适合特殊场合用餐。

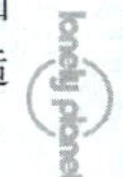

饮品和夜生活

Kona Coast Cafe 咖啡馆

（☎56 664 0049；www.konacoastcafe.pl；ul Chełmińska 18；⏲周一至周六 9:00~21:00，周日 11:00~18:00；📶）宣称是城里唯一一家会自己烘烤咖啡豆的咖啡馆。一流的咖啡，还有自制柠檬汁、印度拉茶（chai）和各种冷饮。这里也供应一些简餐。

娱乐

Lizard King 现场音乐

（☎56 621 0234；www.lizardking-torun.pl；ul Kopernika 3；⏲19:00至深夜；📶）这个现场音乐会场的演出从本地的乐队到东欧和中欧的摇滚巨星都有。

Teatr Baj Pomorski 木偶戏

（☎56 652 2424，56 652 2029；www.bajpomorski.art.pl；ul Pienikarska 9）外形像个巨型木屋的木偶剧场，上演各种娱乐秀。

实用信息

旅游局办事处（☎56 621 0930；www.torun.pl；Rynek Staromiejski 25；⏲周一和周六 9:00~16:00，周二至周五 至18:00，周日 11:00~15:00；📶）可免费上网，提供大量信息，员工非常专业，对自己的城市了解得很清楚。

到达和离开

长途汽车

从老城往北走10分钟就是**长途汽车站**（Dworzec Autobusowy Arriva；www.rozklady.com.pl；ul Dąbrowskiego 8-24）；从这里，**Polski Bus**（www.polskibus.com）可以去华沙（3.75小时，每天4班）和格但斯克（2小时，每天4班）。去其他地方，一般还是乘火车更方便。

火车

托伦主火车站（Toruń Główny；www.pkp.pl；Kujawska 1；☐22、27）位于维斯瓦河（Vistula River）对面，从老城来可以乘坐22路或27路公共汽车（或者步行2公里）。直达列车可往返格但斯克（50兹罗提，3小时，每天3班）、克拉科夫（73兹罗提，7小时，每天3班）、波兹南（30兹罗提，2小时，每天2班）和华沙（52兹罗提，2.75小时，每天5班）。

生存指南

ℹ 出行指南

住宿

在波兰，住宿选择多种多样，从青年旅舍、小屋、山地小屋、廉价酒店、家庭旅馆到高端精品酒店和商务连锁酒店应有尽有。

➡ 青年旅舍分为"古老风格"和现代型两种，前者位于大学宿舍中，后者则是针对国外背包客。铺位价格每人每晚40~60兹罗提起。

➡ 有一个很方便的露营地资源网站**波兰野营和房车联合会**（Polish Federation of Camping and Caravanning；www.pfcc.eu）。

➡ 酒店价格根据具体的入住时间和季节差别很大。城市里周中价格较高，周末会有优惠。在游客集中的地区，周末价格会提高。

➡ 以下是两个在网络上安排酒店住宿的可靠网站：www.poland4u.com和www.hotelspoland.com。

国家速览

面积 312,679平方公里

首都 华沙

国家代码 ☎48

货币 兹罗提（złoty，zł）

紧急情况 救护车☎999，火警☎998，警察☎997

语言 波兰语（Polish）

现金 自动柜员机随处可见，银行周一至周五营业

人口 3850万

签证 申根签证适用

住宿价格区间

在本章，我们的价格划分基于旺季双人间。除非另有说明，所有房间都有私人浴室，房价包括早餐。

€ 低于150兹罗提

€€ 150~400兹罗提

€€€ 高于400兹罗提

➡ 在大城市，诸如华沙、克拉科夫和格但斯克，有的中介公司能提供私人公寓，是短期租赁值得信赖的选择，也是酒店之外可以负担得起的选择。

营业时间

银行 周一至周五8:00~17:00，有时周六8:00~14:00

咖啡馆和餐厅 11:00~23:00

商店 周一至周五10:00~18:00，周六10:00~14:00

夜店 21:00至深夜

同性恋旅行者

➡ 同性恋活动在波兰是合法的，而且公然歧视行为被法律所禁止，但是公众一般都持不支持态度。

➡ 华沙和克拉科夫是寻找同志友好酒吧和夜店的最好地方。

➡ 一个像样的信息资源网是www.gayguide.net，不过信息有些过时。

上网

➡ 几乎所有的酒店和青年旅舍都有网络，一般是无线网络。

➡ 许多咖啡馆、餐厅和酒吧都为顾客提供免费的无线网络。

➡ 网吧咖啡馆不像过去那么多了，它们的收费一般是每小时约5兹罗提。

网络资源

In Your Pocket（www.inyourpocket.com）

火车在线时刻表（Online train timetable；rozklad-pkp.pl）

波兰官方旅游网站（Poland's official travel website；www.poland.travel）

有用的促销网站（Useful promotional website；www.polska.pl）

货币

波兰货币为兹罗提（złoty，发音为*zwo -ti*），缩写是兹罗提（国际货币代码PLN）。1兹罗提等于100格罗希（groszy，gr）。

Bankomats（自动柜员机）不难找到，可接受大部分国际信用卡。私人kantors（外汇交易处）也随处可见。

在波兰给小费并不常见，但是如果你被服务得很好的话，也可以多给服务员或者出租车司机10%的小费。

凡贴有银联标识的商户均可以受理银联卡。目前，花旗银行的自动柜员机可接受银联卡的取款和余额查询。银联IC卡可通过Euronet的自动柜员机提取现金。

节假日

新年 1月1日

主显节（Epiphany）1月6日

复活节星期日（Easter Sunday）3月/4月

复活节星期一（Easter Monday）3月/4月

全国假日（State Holiday）5月1日

宪法日（Constitution Day）5月3日

圣灵降临节（Pentecost Sunday）复活节后的第7个周日

圣体节（Corpus Christi）复活节后的第9个周四

圣母升天日（Assumption Day）8月15日

万圣节（All Saints' Day）11月1日

独立日（Independence Day）11月11日

圣诞节（Christmas）12月25日和26日

电话

- 波兰陆线电话号码有9位数，包括2位数的区号和7位数的号码。手机号码有9位数，一般以5、6或7开头。
- 如果从一条陆线拨打另一条，先拨☎0加区号，然后是7位数电话号码。从陆线拨打手机，先拨☎0，然后是9位数手机号码。
- 如果用手机拨打手机，直接拨号码即可。
- 如果要从国外给波兰打电话，先拨国家代码☎48，然后是区号加上7位数陆线号码，或者是9位数手机号码。
- 这里的主要手机服务供应商是Plus、Orange、T-Mobile和Play，这些公司都有便宜的预付费SIM卡，买了就能打电话和发信息。
- 在公共电话上打越洋电话最便宜的方法是，使用预付费国际电话卡，可以在邮局和报亭买到。

签证

- 欧盟居民无须签证即可访问波兰且无限期停留。
- 澳大利亚、加拿大、以色列、新西兰、瑞士和美国公民可在波兰免签停留最长90天。
- 其余国家公民可登录**波兰外交部**（www.msz.gov.pl）查询相关信息。
- 中国旅行者可在波兰驻华大使馆办理申根签证。申请人必须提交以下材料：签证申请表，一张护照尺寸照片，护照原件及复印件，身份证及复印件，户口本及复印件（不要求翻译件），旅行医疗保险及复印件，旅行目的证明文件，足够的财政手段证明，在职或个体经营或在校证明，确定时间的往返机票（只需机票订单即可），酒店订单或其他住宿证明。申请签证时需要提供与在波兰境内停留时长相符的境外医疗保险。

签证办理时间最长为15天。签证费用：60欧元（折合后以人民币支付）。

波兰驻中国大使馆（☎8610 6532 1235；pekin.amb.wk@msz.gov.pl；北京市建国门外日坛路1号）

使领馆

中国驻波兰共和国大使馆（☎48 22 831 3836；www.chinaembassy.org.pl；mailbox@chinaembassy.org.pl；Bonifraterska St.1, 00-203, Warsaw）

特色饮食

- **Żurek** 丰盛的酸味汤，里面有香肠和煮鸡蛋。
- **Barszcz** 著名的甜菜汤，有两种：红汤（用红菜头做成）和白汤（里面有小麦粉和香肠）。
- **Bigos** 厚厚的酸菜和炖肉。
- **Pierogi** 饺子，一般是奶酪、蘑菇或肉馅。
- **Szarlotka** 这种苹果奶油蛋糕堪称波兰经典。
- **Wódka** 来试试波兰的纯伏特加，或者来点myśliwska（加了杜松子浆果的伏特加）。

汇率

人民币	CNY1	PLN0.59
港币	HKD1	PLN0.50
新台币	TWD1	PLN0.12
澳门元	MOP1	PLN0.48
新加坡元	SGD1	PLN2.80
美元	USD1	PLN3.85
欧元	EUR1	PLN4.28

到达和离开

飞机

华沙肖邦机场（见927页）是波兰的主要国际门户，从北京有直飞华沙的航班，通常每周3班。其他重要机场包括克拉科夫、格但斯克、波兹南和弗罗茨瓦夫。

国家航空公司**LOT**（☎呼叫中心 801 703 703；www.lot.com）有飞往欧洲主要城市的航班以及其余更远的一些目的地。

很多廉价航空公司，包括**瑞安航空**（Ryanair；☎703 303 033；www.ryanair.com）和**威兹航空**（Wizz Air；☎703 603 993；www.wizzair.com），都会有从欧洲各地飞往波兰的航班，包括英国和爱尔兰的地区机场。

陆路

波兰与西欧和东欧之间都有完善的铁路和公路网络连通。

过境

波兰是申根成员国，从德国、捷克、斯洛伐克和立陶宛入境不设护照和海关检查。

如果从乌克兰、白俄罗斯和俄罗斯的加里宁格勒省入境可能会发生延迟。

长途汽车

➡ 波兰有开往各个方向的国际长途汽车，包括向东到达波罗的海诸国。从扎科帕内出发乘坐长途汽车或小巴可轻松到达斯洛伐克。

➡ 几个公司运营长途客运服务。**Eurolines Polska**（☎146 571 777；www.eurolines.pl）和**Polski Bus**（www.polskibus.com）是其中两家值得信赖的运营商。

小汽车和摩托车

➡ 最低法定驾驶年龄为18岁。

➡ 血液酒精含量最高为0.02%。

➡ 所有司机都必须携带本国驾驶执照、身份证并且附带车辆登记文件（vehicle registration）及责任保险（liability insurance）。

火车

华沙有直达火车可前往柏林（途经波兹南）和布拉格，克拉科夫也有前往布拉格的车次。华沙还有车次可前往白俄罗斯的明斯克和俄罗斯的莫斯科。

海路

渡轮服务由**Polferries**（☎801 003 171；www.polferries.pl）、**Stena Line**（☎58 660 9200；www.stenaline.pl）和**Unity Line**（www.unityline.pl）运营，将波兰的波罗的海海岸的格但斯克、格丁尼亚（Gydnia）和斯奇诺维斯切（Świnoujscie）与斯堪的纳维亚目的地连接起来，包括丹麦和瑞典。

当地交通

飞机

LOT（见935页）和/或便宜点的子公司**Eurolot**（☎275 8740；www.eurolot.com）往返于华沙、格但斯克、克拉科夫、波兹南、弗罗茨瓦夫和卢布林。

长途汽车

大多数长途汽车都由国家公共汽车公司PKS运营。其不仅运营普通长途汽车（在时间表上用黑色标出），也运营快速长途汽车（用红色标记）。

购票可通过长途汽车总站，或者直接向司机购买。

Polski Bus（见927页）运营的舒适现代化长途客车可前往波兰的大城市和其他地区；可在公司官网购买车票。

小汽车

各大国际汽车出租公司都在大城市和机场有代表。

就餐价格区间

本章的价格区间基于主菜的平均费用。

€ 低于20兹罗提

€€ 20~40兹罗提

€€€ 高于40兹罗提

Avis（☎22 572 6565；www.avis.pl）

Europcar（☎22 255 5600；www.europcar.com.pl）

Hertz（☎22 500 1620；www.hertz.pl）

火车

➡ **波兰国家铁路**（Polish State Railways；PKP；☎信息 19 757；www.pkp.pl）的列车几乎通往每一个旅游目的地；其网上时间表非常有用，提供英文的路线、费用和中间站的信息。

➡ **EIC**（Express InterCity）和**EC**（EuroCity）的列车只在大城市停，并且速度最快，服务最优。必须预订座位。

➡ **TLK**（Tanie Linie Kolejowe）列车速度几乎和EC的列车一样快，但价格要便宜一些。车上一般会很挤，而且有些列车的二等座不能预订座位。

➡ **IR**（InterRegio）和**R**（Reigo）都是便宜的区域慢速列车。

购票可通过车站售票窗口，或者在PKP在各大火车站特设的乘客服务中心。也可通过波兰国家铁路（Polish State Railways；PKP）官网购买。

葡萄牙

包括 ➡

最佳餐饮

- Belcanto（见966页）
- Botequim da Mouraria（见975页）
- DOP（见987页）
- Fangas Mercearia Bar（见980页）
- Restaurante O Barradas（见973页）

最佳住宿

- Memmo Alfama（见964页）
- Gallery Hostel（见985页）
- Nice Way Sintra Palace（见969页）
- Duas Quintas（见973页）
- Albergaria do Calvario（见975页）

为何去

中世纪的城堡、时光停驻的村庄、迷人的城市与金色的海湾，葡萄牙能让你感受多姿多彩的生活。历史、美食、美酒、诗情画意的风景，还有彻夜狂欢，这些都只是葡萄牙之旅的序曲而已。

如电影画面般美丽的首都里斯本、深情的北方城市波尔图，它们是欧洲最有魅力的两大都市。这两座城市都适合漫步游览，河畔风景如画，有轨电车咔咔作响，错综复杂的街道巷陌里隐藏着精品店、复古商店和新潮酒吧。

在城市以外的地方，葡萄牙才展露出其全部美景。昔日山顶的堡垒如今已经改建，可以过夜，对面就是古老的葡萄园，还可以在花岗岩石的群峰中徒步旅行，或是到鲜有游客的乡野间探访中世纪的村庄。超过800公里长的海岸线上隐藏着欧洲一些最好的海滩。你可以凝望“世界尽头”般激动人心的悬崖峭壁，还可以在大西洋中尽情冲浪，或是在面向大海的沙岛上慵懒地打发时光。

何时去

里斯本

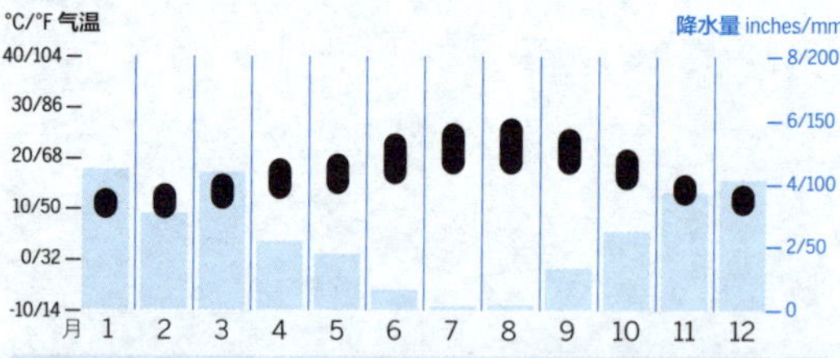

4月和5月 和煦的阳光、遍地的野花，为徒步游创造了条件。

6月至8月 可爱而又具有活力的季节，还有许多节日。

9月末和10月 清新凉爽的清晨，明媚的阳光。

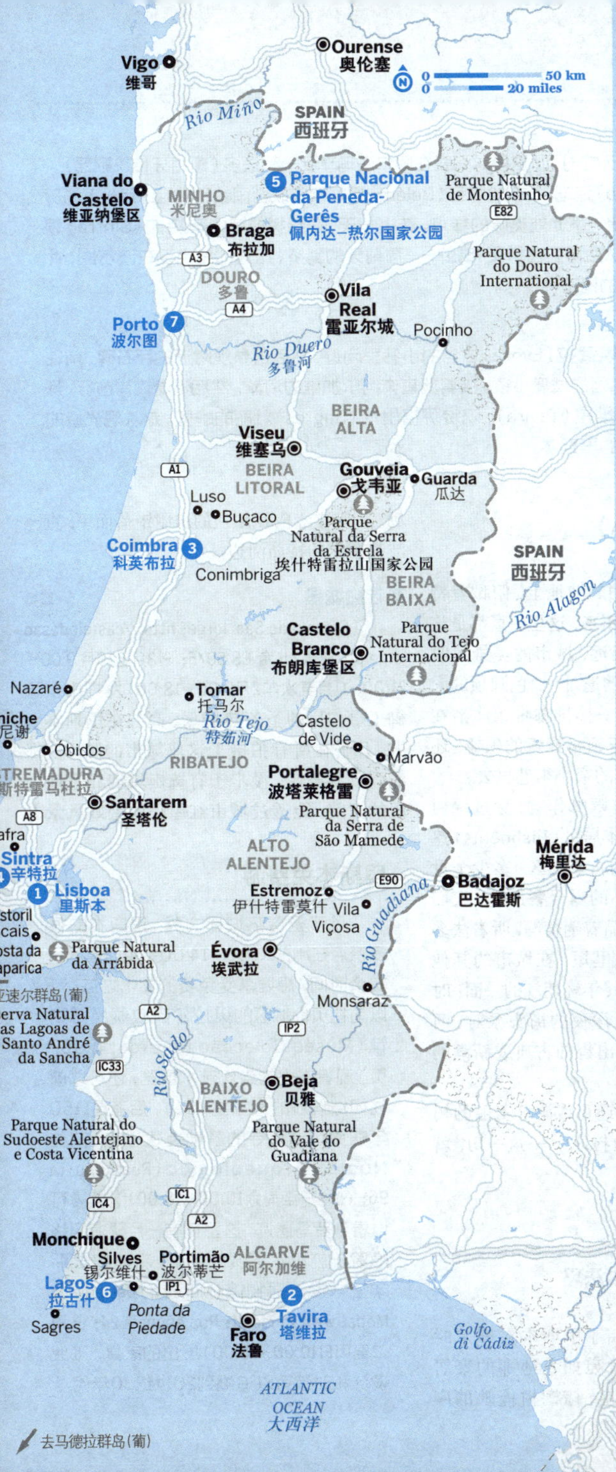

葡萄牙亮点

❶ 古老迷人的**阿尔法玛城区**(见958页)位于**里斯本**的中心,在洒满灯光的小巷里,飘荡着法多的乐声。

❷ 领略**塔维拉**(见972页)宁静休闲的魅力,然后再前往阿尔加维最美丽的海滩。

❸ **科英布拉**(见979页)是一个欢快的大学城,中世纪时期的城市中心令人叹为观止,去小街巷的酒吧里听一听现场音乐。

❹ **辛特拉**(见969页)树木繁茂的小山上,星星点点地散布着童话般的宫殿、别墅和花园。

❺ **佩内达—热尔国家公园**(见990页)的景致粗犷豪迈,尝试征服一下险峻的山间小道。

❻ **拉古什**(见972页)的海滩令人心醉,非常适合冲浪运动,那里还有热闹的餐饮场所。

❼ 游览联合国教科文组织世界遗产——**波尔图**(见982页)市中心,在河边的葡萄酒小屋里品尝口感如天鹅绒般的波尔图葡萄酒。

旅行线路

一周

在**里斯本**花上3天的时间，这段时间要在阿尔法玛享受一晚法多（葡萄牙传统歌谣），在上城区（Bairro Alto）泡吧，在贝伦城区（Belém）好好欣赏联合国教科文组织目录下的历史文化遗产，也要享受一下此处美味的糕点。花上一天，在绿树成荫的**辛特拉**（Sintra）领略它仙境般的魅力，然后再前往**科英布拉**——葡萄牙的剑桥。旅途的终点设在**波尔图**，此处通往多鲁河谷迷人的葡萄种植区。

两周

在第二周，先在**埃武拉**（Évora）古老的小巷里闲逛，然后再参观附近的巨石碑，前往**蒙萨拉什**这座风景如画的城堡小镇。接着就直奔阿尔加维的海滩，然后沿着海岸前行，拜访美丽的河滨小镇**塔维拉**（Tavira），观赏**萨格里什**（Sagres）壮丽的峭壁。这次观光游的终点站就是阳光明媚的**里斯本**。

里斯本（LISBOA）

人口 552,700

里斯本坐落在陡峭的坡地上，俯瞰着特茹河（Rio Tejo）。数百年来，这里一直都是旅游胜地。在风中登高望远，城市的美景尽收眼底：罗马人和摩尔人的遗址、白色圆顶的大教堂、壮丽的广场周围一排排咖啡馆沐浴在阳光下。不过，要想真正领略探索的乐趣，还是要深入到铺满鹅卵石的窄小街巷里去。

明黄色的有轨电车哐啷作响，穿过绿树成荫的曲折街道，里斯本居民（Lisboêtas）悠闲地漫步在洒满灯光的古老街区，多少个世纪以来都是如此。小小的露台餐厅里，人们吃着新鲜出炉的面包，品着葡萄酒，听着法多歌手的歌声，聊着家长里短。在城市的其他地方，里斯本则展示出其年轻朝气的一面：时髦的餐厅和休闲酒吧、深夜的街头派对、河边的夜店，还有精品店出售的古典或新潮的商品。

在里斯本周边，你还可以游览美丽的树林、迷人的海滩和海边村庄——这一切，就等着你来发现了。

景点

庞巴尔下城和阿尔法玛 (Baixa & Alfama)

阿尔法玛城区保持了里斯本在摩尔时期的原貌，整个城区就宛如麦地那的聚居区——交错盘结的街巷、棕榈树掩映的广场、一座座赤陶瓦屋顶的房屋错落而下，直至波光粼粼的特茹河边。

圣若热城堡 城堡

（Castelo de São Jorge; http://castelodesaojorge.pt; 成人/儿童 €8.50/5; ⏲3月至10月 9:00~21:00，11月至次年2月9:00~18:00）发挥山顶防御工事作用的圣若热城堡，高耸在里斯本上方，几乎在所有拍摄于这座城市的照片上都能看到其身影。漫步于有蜿蜒城墙和遍地松荫的庭院，能透过城市红屋顶的绝妙风景看

里斯本免费游

除了圣若热城堡之外，里斯本的很多景点在周日10:00~14:00是免门票的。其余时间，想要享受免费的文化之旅，可以前往贝伦城区的**贝拉尔多收藏品博物馆**（Museu Colecção Berardo，见959页）观看杰出的当代艺术展览，还可以前往如城堡般的大教堂（Sé），后者是1150年在原址清真寺的基础上建造的。前往**Núcleo Arqueológico**（Rua Augusta 96; ⏲周一至周六10:00~18:00）免费 可以看到罗马遗迹，这里还有一片隧道网络隐藏于庞巴尔下城的地下。新建的**里斯本艺术设计博物馆**（Museu de Design e da Moda; www.mude.pt; Rua Augusta 24; ⏲周二至周日10:00~18:00）展出的家具、工业设计和时装可以追溯到20世纪30年代。

到特茹河。

大教堂

大教堂

（Sé；⏲周二至周六 9:00~19:00，周一和周日 9:00~17:00）免费 这座城堡般的大教堂是里斯本的城市标志之一。1150年，基督徒从摩尔人手中夺回城市，不久便在原址是一座清真寺的地方建造了它。

法多博物馆

博物馆

（Museu do Fado；www.museudofado.pt；Largo do Chafariz de Dentro；门票€5；⏲周二至周日10:00~18:00）法多（葡萄牙曲调忧伤的传统民谣）诞生于阿尔法玛。到法多博物馆中，尽情沉醉于那苦乐参半的交响韵律之中吧。这个有趣的博物馆讲述了法多音乐的历史，展示了法多从工人阶级音乐演变为国际知名音乐的过程。

贝伦城区（Belém）

贝伦城区位于Rossio广场以西6公里处，这里的标志性景点能让你穿梭回“葡萄牙的地理大发现年代”。除了历史遗产建筑之外，贝伦城区还分布着几个全国最美味的蛋挞（pastéis de nata）店。

要到达贝伦城区，在Praça da Figueira或是Praça do Comércio跳上15号有轨电车即可。

★热罗尼莫斯修道院

修道院

（Mosteiro dos Jerónimos；www.mosteirojeronimos.pt；Praça do Império；成人/儿童 €10/5，周日10:00~14:00免费；⏲周二至周日10:00~18:30）贝伦城区最迷人的毫无疑问是这座联合国教科文组织认证的修道院。这座修道院完全就像是一个梦幻世界，它是迪奥戈·德·波伊塔卡（Diogo de Boitaca）的创意思想同曼努埃尔一世（Manuel Ⅰ）的情趣品位和财力融合的产物，修道院也正是在后者的支持下建造的——用以庆祝1498年瓦斯科·达·伽马（Vasco da Gama）发现了通往印度的海上之路。

贝拉尔多收藏品博物馆

博物馆

（Museu Colecção Berardo；www.museuberardo.pt；Praça do Império；⏲周二至周日10:00~19:00）免费 文化爱好者们对于当代艺术的热情，在这座免费的贝拉尔多收藏品博物馆中可以得到释放，这里是贝伦文化中心的璀璨明星。这座超白的极简主义美术馆中展出的都是亿万富翁何塞·贝拉尔多（José Berardo）收藏的抽象派、超现实主义作品和流行艺术的精美艺术品，令人目不转睛。

> **想了解更多？**
>
> 想要全面深入的信息，前往苹果应用商店购买Lonely Planet的*Lisbon City Guide* iPhone应用程序，只需动一动手指，你就能看到各种评论和推荐文章。

贝伦塔

塔楼

（Torre de Belém；www.torrebelem.pt；成人/儿童 €6/3，每月的第1个周日免费）这座被列入世界遗产名录的堡垒高高耸立于特茹河畔，是地理大发现年代的缩影。深呼吸，沿着狭窄的螺旋形楼梯登上塔顶，能看到贝伦城区和河面的绝伦风景。

萨尔达尼亚（Saldanha）

卡洛斯提·古本加博物馆

博物馆

（Museu Calouste Gulbenkian；http://museu.gulbenkian.pt；Avenida de Berna 45；成人/儿童 €5/免费；⏲周二至周日10:00~18:00）卡洛斯提·古本加博物馆以其展品的优异品质和收藏广度而闻名。这里汇聚了东西方史诗般的艺术展品：埃及珍宝、古代大师杰作，以及印象派油画。

现代艺术中心

博物馆

（Centro de Arte Moderna，Modern Art Centre；www.cam.gulbenkian.pt；Rua Dr Nicaulau de Bettencourt；成人/儿童€5/免费；⏲周二至周日10:00~18:00）这座现代艺术中心坐落在一处点缀着各种雕塑的花园中，收藏了20世纪葡萄牙和各国的优秀艺术作品。

圣阿波罗尼亚和拉帕区（Santa Apolónia & Lapa）

以下列出的博物馆位于城市中心的西边和东边，都非常值得一游。

国家瓷砖博物馆

博物馆

（Museu Nacional do Azulejo；www.muse

Central Lisboa 里斯本市中心

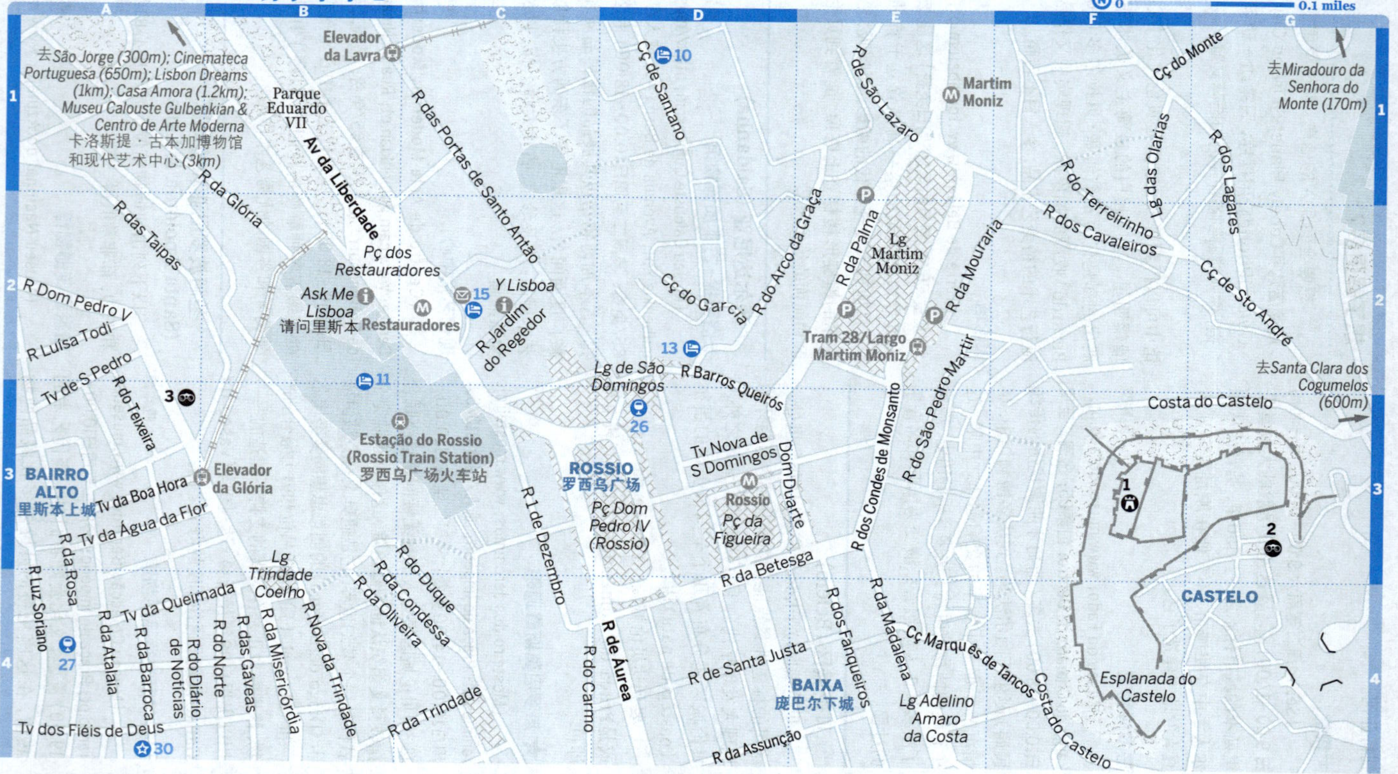
0 200 m
0 0.1 miles
A
B
C
D
E
F
G
1
2
3
4
去São Jorge (300m); Cinemateca Portuguesa (650m); Lisbon Dreams (1km); Casa Amora (1.2km); Museu Calouste Gulbenkian & Centro de Arte Moderna
卡洛斯提·古本加博物馆和现代艺术中心(3km)
Elevador da Lavra
Parque Eduardo VII
Av da Liberdade
R das Portas de Santo Antão
Cç de Santano
10
R de São Lazaro
Martim Moniz
Cç do Monte
去Miradouro da Senhora do Monte (170m)
R da Glória
R das Taipas
Pç dos Restauradores
Ask Me Lisboa
请问里斯本
Restauradores
15
Y Lisboa
R Jardim do Regedor
Cç do Garcia
R do Arco da Graça
R da Palma
Lg Martim Moniz
R da Mouraria
R do Terreirinho
R dos Cavaleiros
Lg das Olarias
R dos Lagares
Cç de Sto André
R Dom Pedro V
R Luísa Todi
Tv de S Pedro
R do Teixeira
3
11
13
Tram 28/Largo Martim Moniz
R do São Pedro Martir
去Santa Clara dos Cogumelos (600m)
Costa do Castelo
Lg de São Domingos
R Barros Queirós
26
Estação do Rossio (Rossio Train Station)
罗西乌广场火车站
BAIRRO ALTO
里斯本上城
Elevador da Glória
Tv da Boa Hora
Tv da Água da Flor
ROSSIO
罗西乌广场
Tv Nova de S Domingos
Dom Duarte
R dos Condes de Monsanto
1
2
Rossio
Pç Dom Pedro IV (Rossio)
Pç da Figueira
R 1 de Dezembro
R da Rosa
R Luz Soriano
Lg Trindade Coelho
R do Duque
R da Condessa
R da Oliveira
R da Betesga
R da Madalena
CASTELO
Tv da Queimada
27
R da Atalaia
R da Barroca
R do Diário de Notícias
R do Norte
R das Gáveas
R da Misericórdia
R Nova da Trindade
R do Carmo
R de Áurea
R de Santa Justa
R dos Fanqueiros
Cç Marquês de Tancos
Esplanada do Castelo
BAIXA
庞巴尔下城
Lg Adelino Amaro da Costa
Costa do Castelo
Tv dos Fiéis de Deus
30
R da Trindade
R da Assunção

去Park (100m); Miradouro de Santa Catarina & Noobai Café (200m); Casa do Bairro (450m)
Tv da Espera
R das Salgadeiras
R do Loreto
R Chigas
R da Horta Seca
Lg do Barão de Quintela
Tv de Guilherme Coussel
R do Ataide
Lg Rafael Bordalo Pinheiro
Tv do Carmo
Lg do Chiado
Baixa-Chiado
R Serpa Pinto
R Anchieta
R Garrett
CHIADO 希亚多
Lg de São Carlos
R António Maria Cardoso
R dos Duques de Bragança
R Serpa Pinto
19
Lg da Academia Nacional de Belas Artes
R Ivens
Cç de São Francisco
25
R das Flores
R do Alecrim
R Vitor Cordon
R do Ferragial
R de São Paulo
R Nova do Carvalho
去Museu Nacional de Arte Antiga 国家古代艺术博物馆 (1.4km)
20
21
R dos Remolares
24
28
R Bernardino Costa
7
Av 24 de Julho
Pç do Duque da Terceira (Cais do Sodré)
Av da Ribeira das Naus
Cais do Sodré 火车站和地铁站
16
Cais do Sodré 渡轮码头
Baixa-Chiado
14
R de Áurea
R dos Sapateiros
R Augusta
R dos Correeiros
R da Vitória
R da Prata
18
R do Crucifixo
22
R Nova do Almada
R de São Nicolau
12
17
5
Tram 28/Baixa
R da Conceição
R de São Julião
4
R do Comércio
Pç do Município
R do Arsenal
Lisboa Welcome Centre 里斯本游客中心
8
Pç do Comércio
R da Prata
R da Madalena
R de São Mamede
R das Pedras Negras
R da Padaria
Lg da Sé
6
R dos Bacalhoeiros
R da Alfândega
R Santiago
去Memmo Alfama (100m)
R da Saudade
R Augusto Rosa
R do Barão
29
R Cruzes da Sé
23
去A Baîuca (350m); Páteo 13 (450m); Mesa de Frades (700m)
去Museu Nacional do Azulejo 国家瓷砖博物馆 (1.2km); Lux-Frágil (2.5km)
Av Infante Dom Henrique
Terreiro do Paço 渡轮码头
9
Terreiro do Paço
Rio Tejo 特茹河

葡萄牙 里斯本

Central Lisboa 里斯本市中心

景点

1 圣若热城堡 F3
2 太阳门广场 G3
3 Miradouro de São Pedro de Alcântara A3
4 里斯本艺术设计博物馆 E6
5 Núcleo Arqueológico E6
6 大教堂 G6

活动、课程和团队游

7 Bike Iberia B7
8 Lisbon Walker E7
9 Transtejo G7

住宿

10 Lavra Guest House D1
11 Lisbon Destination Hostel B2
12 Lisbon Lounge Hostel E5
13 Lisbon Story Guesthouse D2
14 Living Lounge D5
15 Pensão Imperial C2
16 Sunset Destination Hostel A8
17 Travellers House D5

就餐

18 A Palmeira D5
19 Belcanto C6
20 Cafe Tati A7
21 Mercado da Ribeira A7
22 Oito Dezoito D5
23 Pois Café G6
24 Povo B7
25 Tagide Wine & Tapas Bar C6

饮品和夜生活

26 A Ginjinha D3
27 BA Wine Bar Bairro Alto A4
28 Pensão Amor B7

娱乐

29 Clube de Fado G6
30 Zé dos Bois A4

udoazulejo.pt; Rua Madre de Deus 4; 成人/儿童€5/2.50, 每月第1个周日免费; ⏲周二至周日10:00~18:00)这座博物馆在一座庄严的16世纪女修道院里,展出的是手绘花砖(azulejo)的全部历史。亮点包括一座36米的花砖镶嵌的墙面,展示了里斯本在地震前的景象;一座曼努埃尔式的修道院,它的拱顶呈现网状结构,有精美的蓝白色手绘花砖;以及令人几乎要屏息凝神的金色巴洛克式礼拜堂。

国家古代艺术博物馆 博物馆

(Museu Nacional de Arte Antiga, Ancient Art Museum; www.museudearteantiga.pt; Rua das Janelas Verdes; 成人/儿童€6/3, 每月第1个周日免费; ⏲周二14:00~18:00, 周三至周日10:00~18:00)这座古代艺术博物馆是拉帕区最吸引人的景点,它位于一座17世纪的宫殿中,正前方为柠檬色,里面展出的是欧洲和亚洲的画作和装饰艺术,大师作品云集。

万国公园 (Parque das Nações)

万国公园是1998年世博会旧址,它使得位于东北方向、长达2公里的滨水地区重新焕发出生机,是家庭出游的好地方。这里有公共艺术展出,还有花园和一些适合孩子们的景点。

搭乘地铁前往里斯本东站(Oriente station)——这个站点的绝妙设计出自西班牙著名建筑家圣地亚哥·卡拉特拉瓦(Santiago Calatrava)之手。

海洋馆 水族馆

(Oceanário; www.oceanario.pt; Doca dos Olivais; 成人/儿童€14/9; ⏲10:00~20:00)里斯本的这座海洋馆着实令人兴奋,让你不穿潜水服就能获得潜水般的体验。毫不夸张地说,这里700万公升的海水中生活着8000种海洋生物。巨大的环绕式水箱让你感觉如同置身海底:定睛细看,你会发现斑鲨、蜂巢状的鳐、一划而过的魔鬼鱼和一群群的灯鱼。

知识馆 博物馆

(Pavilhão do Conhecimento; www.pavconhecimento.pt; 生命科学中心; 成人/儿童€8/5; ⏲周二至周五10:00~18:00, 周六和周日11:00~19:00)在这座互动知识馆中,孩子们不会有丝毫抱怨的。在这里,他们可以发射氢燃料火箭,毫发无伤地躺在钉子床上,体验月球上的重力环境,在高空钢丝自行车上感受头晕目眩。

团队游

Lisbon Walker 步行观光

(☎218 861 840; www.lisbonwalker.com; Rua dos Remédios 84; 3小时徒步游成人/儿童€15/免费; ⏲10:00和14:30)这家出色的公司组织的主题徒步旅游，由见多识广的英语导游带路穿过里斯本城。从Praça do Comércio广场的西北角出发。

Transtejo 游轮

(☎210 422 417; www.transtejo.pt; Terreiro do Paço渡轮码头; 成人/儿童€20/10; ⏲4月至10月)游轮行程2.5小时，一路享受里斯本的美景，悠闲自在，配有多语种的解说。

节日和活动

每年6月12日至13日的**圣安东尼节**(Festa de Santo António)是为期3周的**里斯本节**(Festas de Lisboa)的高潮，届时会有列队游行和多场街头派对。阿尔法玛(Alfama)最热闹。

天堂般的美景

里斯本的观景点(miradouro)能让你看到天堂般的美景，令人仿佛获得精神上的升华。有些观景点还有户外咖啡馆。

太阳门广场(Largo das Portas do Sol)一座摩尔式的大门，能眺望到阿尔法玛城绝美的屋顶风光。

Miradouro da Graça 广场周围种了松树，是日暮后小酌的理想场所。

Miradouro da Senhora do Monte 最高点的瞭望处，能够看到令人难忘的城堡景致。

Miradouro de São Pedro de Alcântara(Rua São Pedro de Alcântara; ⏲观景点24小时，咖啡馆 周一至周三10:00至午夜，周四至周日10:00至次日2:00)位于里斯本上城区边缘，有饮品，景致一览无余。

Miradouro de Santa Catarina(Rua de Santa Catarina; ⏲24小时) 免费 一个充满朝气的地方，有弹吉他的叛逆青年，到处都是巧妙的涂鸦艺术，能看到远处的风景。

住宿

能看到河景的精品酒店，舒适的民宿，宏伟的城堡酒店——这些在里斯本全都有。夏季一定要提前预订房间。

庞巴尔下城、罗西乌广场和Cais do Sodré (Baixa, Rossio & Cais do Sodré)

Lisbon Destination Hostel 青年旅舍 €

(☎213 466 457; http://destinationhostels.com; 罗西乌广场火车站, 2楼; 铺€23~34, 双€40~80; @📶)这座时尚的青年旅舍位于里斯本最可爱的一座火车站内，从玻璃天花板泻下的充足的阳光，照射着宽敞的、植物繁盛的公共区域。房间整洁干净，还有很多活动(泡吧、海滩一日游等)，附加设施包括公用厨房、游戏机和24小时自助酒吧。早餐可谓顶级，有薄饼和新鲜水果。

Travellers House 青年旅舍 €

(☎210 115 922; www.travellershouse.com; Rua Augusta 89; 铺€22~28, 标单€40, 双€70~90; @📶)这家旅舍热情友好，是由Rua Augusta上一栋250年的房子改建而成的，很受游客欢迎。宿舍亲切舒适，复古的休息室里面有懒人沙发、网络角以及公共厨房。

Sunset Destination Hostel 青年旅舍 €

(☎210 997 735; http://destinationhostels.com; Cais do Sodré火车站; 铺€22~28, 双€32~69; @📶🏊)这家面朝河面的青年旅舍，设计非常优美，房间都很舒适。附设一间豪华的餐厅，一座顶级标准的厨房，屋顶的游泳池露台看到的河面景色令人难忘。

Lisbon Lounge Hostel 青年旅舍 €

(☎213 462 061; www.lisbonloungehostel.com; Rua de São Nicolau 41; 铺/双€25/64; @📶)这家旅舍的宿舍设计巧妙，漂亮的休息室里装饰有人造的驼鹿头，员工们都很有趣。三道菜的晚餐、自行车租赁服务、徒步团队游和DJ之夜，是这家位于庞巴尔下城区的时髦旅舍不可缺少的元素。

Lavra Guest House 客栈 €€

(☎218 820 000; www.lavra.pt; Calçada de

沿着特茹河骑车

从Cais do Sodré到贝伦城区，沿着特茹河有一条长7公里的**单车/慢跑小路**。这里很有艺术氛围，部分道路上印有费尔南多·佩索亚的诗作，一路上可以看到古老的货栈、饱经风雨的码头、露天餐馆和夜店。

从Cais do Sodré出发，漫步一小会儿就可以找到一个方便的自行车租赁处**Bike Iberia**（213 470 347；www.bikeiberia.com；Largo Corpo Santo 5；租赁自行车 每2小时/每天€7.50/14；9:30~17:00）。

Santano 198；双不含早餐€59~69；）这家客栈坐落于拥有200年历史的前女修道院建筑中，提供风格时尚的客房，有木地板和小阳台。有的浴室有些狭小。从修道院的电梯处步行一小段，或者从圣多明斯教堂（Largo de São Domingos）登上一段陡峭的台阶即到。

Lisbon Story Guesthouse 客栈 €€

（218 879 392；www.lisbonstoryguesthouse.com；Largo de São Domingos 18；双€50~80，不含浴室€60~80；）这座客栈能眺望到圣多明斯教堂，规模虽小但服务热情。房间里光线充足，收拾得很好，有些采用的是葡萄牙主题装饰（特茹河、28路有轨电车、法多等）。休息室要脱鞋才能进入，有抱枕和矮桌，是个休闲的好去处，还有露台。

Pensão Imperial 客栈 €€

（213 420 166；Praça dos Restauradores 78；双€50~70，标三€90~100）这间客栈位于罗西乌广场上，位置极好，不要因此乐不可支，因为这里没有电梯。高天花板和木制家具的房间一点也不耀眼，不过有些房间有鲜花阳台，可以看到广场（praça）。浴室是公用的，有些房间配备了淋浴或洗脸盆。

阿尔法玛

Alfama Patio Hostel 青年旅舍 €

（218 883 127；http://alfama.destinationhostels.com；Rua das Escolas Gerais 3；铺€21~25，标单/双€32/64；）地处阿尔法玛中心地带，这间旅舍经营得很好，是结识其他游客的好地方。有很多活动（泡吧、上城区观光、海滩一日游），还经常会在花园般的休闲平台上烧烤。附设有一间漂亮的休息厅，员工都很赞。

★ **Memmo Alfama** 精品酒店 €€€

（210 495 660；http://memmoalfama.com；Travessa Merceeiras 27；房€150~400；）沿着狭窄的小巷一直走，就能到达这座阿尔法玛区新开的华丽的精品酒店了，它是由一座鞋油厂改造而来。房间都是白色极简主义风格，真正会让你震撼的是屋顶露台看到的特茹河风景。

希亚多、里斯本上城和王储花园 (Chiado, Bairro Alto & Príncipe Real)

★ **Living Lounge** 青年旅舍 €

（213 461 078；www.livingloungehostel.com；Rua do Crucifixo 116，2楼；铺€16~20，标单€35，双€60；）客房设计时髦而迷人，员工友善，还有许多出色的设施（设备齐全的厨房、无线网络、自行车租赁服务）。晚餐和多种团队游能让你有很多机会结识其他游客。

Casa do Bairro 民宿 €€

（914 176 969；http://shiadu.com；Beco Caldeira 1；双/标三/家€104/114/129；）这座客栈虽小但很热情，客房采用迷人的当代风格装饰，光线明亮，员工能提供许多关于游玩城市的建议。有些房间很小，浴室可能也会很狭窄。地址很难找（位于一条阶梯形小巷里），所以要准备好清晰的地图。店主在里斯本还有另外4家民宿，在波尔图也有一家。

自由大道、Rato和庞巴尔侯爵广场 (Avenida de Liberdade, Rato & Marquês de Pombal)

★ **Casa Amora** 客栈 €€

（919 300 317；http://solisbon.com；Rua João Penha 13；双€105~170；）有10间设计精美的房间，装饰有抢眼的艺术品，配备着iPod基座音响。一个可爱的花园露台供您享受一流的早餐。客栈位于宁静的Amoreiras街区，步行几步路就可到达里斯本最美丽的广场之一。

Lisbon Dreams

客栈 €€

(☎213 872 393; www.lisbondreamsguesthouse.com; Rua Rodrigo da Fonseca 29; 标单/双不带浴室€55/60; @📶)客栈在一条安静的街道上，街两边都是蓝花楹树。这家店的房间明亮而现代，天花板高，床垫高档，物有所值。青苹果是其贴心的特色，还有一个迷人的公共区域可供休息。共用浴室，不过浴室非常干净。

就餐

除了新兴的创意菜肴，你还能找到提供经典葡萄牙菜的平价食肆。

庞巴尔下城、罗西乌广场和Cais do Sodré

A Palmeira

葡萄牙菜 €

(Rua do Crucifixo 69; 主菜€7~10; ⊙周一至周五11:00~21:00)受庞巴尔下城居民欢迎的一家吃午餐的餐馆，提供美味地道的葡萄牙菜，包括烤鱼、炖牛肉等，室内采用老派的瓷砖装饰。可靠着招牌上的棕榈树寻找到这家餐馆。

Povo

葡萄牙菜 €

(Rua Nova do Carvalho 32; 小盘€4~8; ⊙周二至周六正午至次日2:00，周日和周一18:00至次日1:00)Rua Nova do Carvalho酒吧林立，这家餐馆用小盘出售葡萄牙风味的爽心美食，非常可口。户外有座位，晚上有现场的法多音乐表演(周四的演出最精彩)。

Oito Dezoito

葡萄牙菜 €€

(☎961 330 226; www.oitodezoito.pt; Rua de São Nicolau 114; 主菜€12~20; ⊙周一至周六12:00至次日2:00)店名Oito Dezoito(8点18分)源自于第一缕晨曦照射到这里的时刻。本店以意大利风味的菜肴而闻名。流畅的造型，炭笔和奶油的色调，营造出一个时尚的用餐环境。提供早午餐、午餐，菜肴包括嫩烤羊肉配石榴和坚果酱。葡萄酒可按杯点。

阿尔法玛

Pois Café

咖啡馆 €

(Rua de São João da Praça 93; 主菜€7~10; ⊙周一13:00~23:00，周二至周日11:00~23:00; 📶)这家店有着休闲的氛围，提供创意沙拉、三明治和新榨果汁，还有每日的可口特供菜(汤和主菜€9.5)。你可以坐在舒适的沙发上，一边喝着咖啡，一边看着小说，度过一个慵懒的下午。

★Santa Clara dos Cogumelos

各国风味 €€

(☎218 870 661; www.santaclaradoscogumelos.com; Campo de Santa Clara 7; 餐前小吃€5~8，主菜€14~18; ⊙周二至周五19:30~23:00，周六12:30~15:30和19:30~23:00; ✎)如果你很迷恋蘑菇，那么圣克拉拉广场(Campo de Santa Clara)的老市场大厅里新开的这家新奇餐厅简直堪称梦幻。菜单仿佛都在歌颂这些看似不起眼的蘑菇(cogumelo)。可品尝餐前小吃(petiscos)，如有机香菇配大蒜和芫荽，主菜有牛肝菌和黑干脐菇调味饭，还可以尝试蘑菇冰激凌和布朗尼蛋糕作为甜点。

Páteo 13

葡萄牙菜 €€

(Calçadinha de Santo Estêvão 13; 主菜€8~12; ⊙周二至周日11:00~23:00)闻着烤鱼的香气就能找到这家当地人最爱的餐厅了，它隐藏在阿尔法玛一座装饰欢快的小广场边。

希亚多、里斯本上城和王储花园

Mercado da Ribeira

市场 €

(Avenida 24 de Julho; ⊙周日至周三10:00至午夜，周四至周六10:00至次日2:00)这家有着东方风格穹顶的市场大厅从1892年开始就一直是新鲜水果、蔬菜、鱼类和鲜花的贸易场所，2014年*Time Out*将其一半区域改造为美食广场后，这里更变得家喻户晓。现在这里就像是个浓缩版的里斯本，从Garrafeira Nacional葡萄酒、Conserveira de Lisboa鱼到Arcádia巧克力、Santini意式冰激凌，应有尽有。

Cafe Tati

咖啡馆 €

(☎213 461 279; http://cafetati.blogspot.com; Rua da Ribeira Nova 36; 主菜€7~8; ⊙周二至周日11:00至次日1:00; 📶)石头建造的拱顶餐厅里光线充足，墙壁上有模板印刷的图案，这家咖啡馆魅力让人无法抗拒。除了别出心裁的tostas（帕尔马火腿和干酪土豆、面包）和沙拉（羊乳奶酪和青苹果）之外，每天还有特色开胃菜。

Tagide Wine & Tapas Bar 创意菜 €€

（☎213 404 010; Largo da Academia Nacional de Belas Artes 20; 西班牙小吃€4~9; ⊙周二至周四12:30~15:00和19:00至午夜，周五12:30~15:00和19:00至次日1:00，周六14:00至次日1:00）这家休闲时尚的现代西班牙小吃酒吧能看到河面美景，不要和隔壁的Tagide弄混了，那边价格要贵一些。小盘的合餐很有创意，综合了各种口味。午餐三菜套餐包括一杯葡萄酒和一杯咖啡，花费为€12.50。

★ **Belcanto** 葡萄牙菜 €€€

（☎213 420 607; Largo de São Carlos 10; 主菜€42，品尝菜单€90~145，2/3菜午餐 €45/60; ⊙周二至周六12:30~15:00和19:30~23:00）José Avillez开办的这家米其林两星餐厅，比里斯本其他餐厅都更耀眼一些。招待食客的是精心编辑的创意菜单，无可挑剔的服务和一流的酒侍。特色菜有海鲈鱼配海带和贝类，迷迭香熏制的牛腰肉配骨髓和蒜泥，口感足以将你对葡萄牙的印象提升到一个全新层面。必须预订。

贝伦城区

Antiga Confeitaria de Belém 糕点 €

（Rua de Belém 86-88; 糕点€1~2.50; ⊙8:00~23:00）这家法式蛋糕店始建于1837年，一直是当地人的甜蜜天堂。这里的葡式蛋挞外皮酥脆，内加鸡蛋奶油，以200℃的温度烘焙至完美的金色，然后稍稍洒上肉桂粉。

Enoteca de Belém 葡萄牙菜 €€

（☎213 631 511; Travessa do Marta Pinto 10; 主菜 €12~17; ⊙周二至周六13:00~23:00）这家葡萄酒吧隐藏在贝伦城区主干道旁的一条僻静小巷中。提供美味的葡萄牙经典美食（可尝试章鱼或烤伊比利亚猪肉），搭配有精心选择的醇厚多鲁河红葡萄酒以及清爽提神的阿兰特茹白葡萄酒。

饮品和夜生活

里斯本上城通宵达旦的街头派对，高高的露台上落日时分的小酌，还有分布在希亚多各处的具有华丽艺术装修风格的咖啡屋——里斯本给畅饮者提供了很多诱人的选择。

里斯本的同性恋场所不多，主要集中在王储花园（Príncipe Real），在里斯本上城（Bairro Alto）也有一些同性恋酒吧。同性恋和普通人都出入Lux夜店。

Pensão Amor 酒吧

（www.pensaoamor.pt; Rua Nova do Carvalho 36; ⊙周一至周三正午至次日3:00，周四和周六正午至次日4:00）这家酒吧的前身是家妓院。这家店很顽皮，完全不忘其激情洋溢的过去：色彩斑斓的壁画，藏书室的书都带有色情的味道。还有个小舞台，有时能看到一些滑稽表演。

BA Wine Bar Bairro Alto 葡萄酒吧

（Rua da Rosa 107; ⊙周二至周日18:00~23:00）开始夜生活的一个最佳方式就是来这家位于里斯本上城的酒吧，喝一杯葡萄牙产的葡萄酒（有150种可供选择）、尝点西班牙小吃。氛围亲密，服务贴心。

Noobai Café 酒吧

（Miradouro de Santa Catarina, Santa Catarina; ⊙正午至午夜）这家店是日暮时分小酌的热门去处，风景无可挑剔，鸡尾酒味美，人们都喜气洋洋。

Park 酒吧

（Calçada do Combro 58; ⊙周二至周六13:00至次日2:00，周日13:00~20:00）如果所有的多层式停车场都设计成这样就好了……登上顶楼，这里被改造成了里斯本最时髦的屋顶酒吧之一，风景无敌，能看到下面的特茹河。

A Ginjinha 樱桃酒吧

（Largo de Saõ Domingos 8; ⊙9:00~22:00）嬉皮士、戴贝雷帽的老人、白领、游客，大家聚集在这家樱桃酒（ginjinha）吧，都是为了享受喝着樱桃酒、吐出樱桃核的乐趣。

Lux-Frágil 夜店

（www.luxfragil.com; Avenida Infante Dom Henrique, Santo Apolónia; ⊙周四至周六23:00至次日6:00）这里是里斯本必看的酷炫夜店，

有大名鼎鼎的DJ在这里播放电子和浩室音乐。本店由前Frágil名家Marcel Reis经营，约翰·马尔科维奇（John Malkovich）拥有部分所有权。在露台找个座位，可以看到特茹河日出场景。

☆ 娱乐

要想了解最新的动态，在书店买上一本周刊*Time Out Lisboa*（www.timeout.pt），或是从游客中心领取免费月刊*Follow Me Lisboa*。

Zé dos Bois 现场音乐

（www.zedosbois.org；Rua da Barroca 59；⏲19:00至次日2:00）着眼未来的表演艺术和音乐走向，Zé dos Bois是一间带有实验性质的场所，在一个有涂鸦装饰的庭院里举行戏剧、电影、视觉艺术和现场音乐活动。

电影院

里斯本出众的电影院有宏伟的**São Jorge**（Avenida da Liberdade 175），还有在拐角处的**Cinemateca Portuguesa**（www.cinemateca.pt；Rua Barata Salgueiro 39）。这两个电影院放映的电影类型有标新立异型电影、文艺片、世界电影和老电影。

体育

里斯本的足球队有：本菲卡（Benfica）、比兰伦斯（Belenenses）和里斯本竞技。为了举办2004年葡萄牙欧洲杯赛，65,000个座席的**卢斯球场**（Estádio da Luz；☎217 219 555；www.slbenfica.pt）修葺一新，又修建了有54,000个座位的**国家体育场**（Estádio Nacional；☎214 197 212；Cruz Quebrada）。最高水准的体育馆**阿尔瓦拉德球场**（Estádio José de Alvalade；Rua Prof Fernando da Fonseca）可以容纳54,000人，就在大学的北面。搭乘地铁就可到达Campo Grande。

ℹ 实用信息

紧急情况

警察局（☎217 654 242；Rua Capelo 13）

旅游警察（☎213 421 634；Palácio Foz，Praça dos Restauradores；⏲24小时）

葡萄牙的灵魂

受到了摩尔人歌曲和思乡水手小曲的滋养，葡萄牙民谣法多带着忧伤，甜美又苦涩，再也没有比**法多**更能体现里斯本灵魂的东西了。这种独一无二的葡萄牙音乐风格诞生于阿尔法玛，要在里斯本听现场的法多，阿尔法玛依然是最好的选择。每人最低消费是€15~25。

A Baîuca（☎218 867 284；Rua de São Miguel 20；⏲周四至周一20:00至午夜）在一个美妙的夜晚步入A Baîuca，就像是不请自来出现于一个家庭聚会中。这是一个非常特别的地方，当地人轮流演唱，歌唱时如果有人胆敢讲话，就会遭到听众的嘘声制止。

Clube de Fado（☎218 852 704；www.clube-de-fado.com；Rua de São João da Praça 92；⏲20:00至次日2:00）带有穹顶的房间里光线较暗，这里举行的演唱会正是法多音乐表演的精华。鼎鼎有名的法多歌手在此演唱，身旁伴奏的也是著名的吉他手。

Mesa de Frades（☎917 029 436；Rua dos Remédios 139A；⏲周一至周六19:00至次日2:00）倾听法多的奇妙之地，这家小店以前是小教堂。里面有精美的azulejos（手绘花砖），只有几张桌子，需要提前预订。

上网

大多数的青年旅舍和中等水平的宾馆都有无线上网服务（通常是免费的）。许多咖啡馆和餐馆都有Wi-Fi，只需要询问密码即可。

葡萄牙电信（Avenida Fontes Pereira de Melo 40，Loja 4；⏲9:00~19:00）有许多电话亭。

医疗服务

英国医院（British Hospital；☎217 213 410；www.british-hospital.pt；Rua Tomás da Fonseca）有讲英语的工作人员和医生。

货币

Cota Câmbios（Praça Dom Pedro IV 41）兑换现金

或旅行支票最划算的地方就是像这家一样的私人兑换处。

邮局

邮政总局(Praça dos Restauradores 58; ⊙周一至周五8:00~22:00,周六9:00~18:00)也有一台自动取款机。

邮局(Praça do Município 6)中央邮局。

游客信息中心

请问里斯本(Ask Me Lisboa; ☎213 463 314; www.askmelisboa.com; Palácio Foz, Praça dos Restauradores; ⊙9:00~20:00)最大最有用的旅游办事处。能够预订住宿,或是预订租赁的车辆。

里斯本游客中心(Lisboa Welcome Centre; ☎210 312 810; www.visitlisboa.com; Praça do Comércio; ⊙9:00~20:00)里斯本旅游信息中心(Turismo de Lisboa)的主要办事处,提供免费的城市地图和宣传册,有酒店和团队游预订服务。可购买里斯本卡(Lisboa Card)。

Y Lisboa(☎213 472 134; www.askmelisboa.com; Rua Jardim do Regedor 50; ⊙10:00~19:00)

有用网址

Go Lisbon(www.golisbon.com)有关于观光、就餐、夜生活和活动的最新信息。

Time Out(www.timeout.pt)葡萄牙语,有关于即将举行的爵士音乐会、文化活动和有趣的实况报道的详细信息。

Visit Lisboa(www.visitlisboa.com)里斯本的综合旅游网站,有关于观光、交通和住宿的实用信息。

ℹ 到达和离开

飞机

距离城中心以北大约6公里的地方就是**里斯本机场**(Aeroporto de Lisboa; ☎218 413 500; www.ana.pt),有直飞多个欧洲城市的航班。

长途汽车

里斯本的长途汽车站**Sete Rios**(Rua das Laranjeiras)和Jardim Zoológico地铁站、Sete Rios火车站相连,非常方便。大型的汽车运营商有**Rede Expressos**(☎707 223 344; www.rede-expressos.pt)和**Eva**(☎707 223 344; www.eva-bus.com),到主要的城市都有班车,车次频繁。

其他主要的汽车站有**Gare do Oriente**(在Oriente地铁和火车站),主要运营往北和前往西班牙的路线。此处最大的巴士运营公司是**Renex**(☎218 956 836; www.renex.pt)和西班牙运营商**Avanza**(☎218 940 250; www.avanzabus.com)。

火车

圣阿波罗尼亚火车站(Santa Apolónia station)是前往葡萄牙北部和中部的枢纽。可以在圣阿波罗尼亚火车站搭乘火车前往里斯本东站(Gare do Oriente train station),那里有前往阿尔加维和其他国际终点站的班次。从Cais do Sodré火车站搭车可以前往贝伦城区、卡斯凯什(Cascais)和埃什托里尔(Estoril)。在罗西乌广场火车站(Rossio station)可以搭乘火车途经Queluz前往辛特拉。

访问www.cp.pt查询票价和时刻表。

ℹ 当地交通

抵离机场

机场巴士**AeroBus**(www.yellowbustours.com; 单程 €3.50)7:00~23:00每20分钟发车一趟,从机场到达Cais do Sodré耗时30~45分钟,也可从Cais do Sodré返回机场。

从红线的地铁站可以非常方便地前往市中心。在Alameda(绿线)换车,就可到达罗西乌广场和庞巴尔下城。搭乘出租车进城的费用大约是€15。

公共交通

24小时的Bilhete Carris/Metro车票(€6)可以让你无限制地搭乘所有的公交车、有轨电车、地铁和缆车。在售票亭(Carris kiosk)和地铁站有售。

公交车、有轨电车和缆车

公交车和有轨电车从6:00运营到次日1:00,也有一些通宵路线。在旅游办事处或是售票亭买一份交通地图。上车后购买单张车票花费更多(有轨电车/公交车/缆车€2.85/1.80/3.60),如果购买可充值的Viva Viagem卡(€0.5),费用就要少得多:每搭乘一次交通工具€1.25。在售票亭和地铁站有售。

总共有3条缆车线路:Elevador da Bica、Elevador da Glória、Elevador do Lavra。

如果要出城,一定要搭乘从Largo Martim Moniz出发的28号有轨电车,电车穿梭行驶在阿尔法玛狭窄的街道上。从Praça da Figueira广场搭乘12号有轨电车可以到达贝伦城区。

渡船

Cais do Sodré渡轮码头的搭载汽车、自行车以及乘客的渡轮前往卡西利亚什（€1.20，行程10分钟），船次频繁。在Terreiro do Paço渡轮码头，可以搭乘双体船曲折穿行，前往蒙蒂茹（Montijo；€2.75，每30分钟1班）和塞沙尔（Seixal；€2.35，每30分钟1班）。

地铁

地铁（www.metrolisboa.pt；单程/日票€1.40/6；⏲6:30至次日1:00）非常适合穿梭于城区之间和前往Parque das Nações。从地铁售票机上购票，有英语菜单。

里斯本周边（AROUND LISBON）

辛特拉（Sintra）

人口26,200

诗人拜伦爵士将这座山顶小镇称作“壮丽的伊甸园”，不过只有黄昏时分，旅游大巴离开之后，辛特拉最美的一面才会显现，的确赏心悦目。辛特拉在里斯本的西面，不到一小时的车程，自古以来就是葡萄牙国王的避暑之地。如今，壮丽的城堡和庄园周围全是连绵起伏的绿色田野，宛如童话世界。

景点和活动

整座城镇就像一座历史主题公园，这里也有几处让人无法抗拒的景点。

★雷加莱拉庄园 别墅、花园

（Quinta da Regaleira；www.regaleira.pt；Rua Barbosa du Bocage；成人/儿童€6/3；⏲旺季10:00~20:00，淡季时间缩短）这座富有魔幻色彩的别墅和花园是新曼奴埃尔式风格的一次华丽展现，它是受巴西咖啡业大亨安东尼奥·卡瓦略·蒙蒂罗（António Carvalho Monteiro，又叫钱袋子蒙蒂罗）委托，由意大利歌剧布景设计师路易吉·马尼尼（Luigi Manini）建造的。别墅内部出人意料地呈现家常风格，不过壁炉的雕刻粗犷野蛮，也装饰有壁画和彩色玻璃马赛克画。仔细找找神话和圣殿骑士徽记。

辛特拉宫 宫殿

（Palácio Nacional de Sintra；www.parquesdesintra.pt；Largo Rainha Dona Amélia；成人/儿童€9.50/7.50；⏲9:30~19:00，淡季时间缩短）辛特拉的亮点就是这座宫殿，其中有一对标志性的圆锥形烟囱，内部装饰奢华。极尽想象的室内是摩尔风格和曼奴埃尔式风格的混合体，有着阿拉伯风格的庭院、螺旋状的廊柱，还有15世纪和16世纪手绘花砖（azujelos），都跻身于葡萄牙最古老物品之列。

摩尔人城堡 城堡

（www.parquesdesintra.pt；成人/儿童€7.50/6；⏲9:30~20:00，淡季时间缩短）这座薄雾笼罩的城堡遗迹在周围森林的掩映下若隐若现，其高度超过海平面412米。当云雾消散之时，这里视野极其开阔，能透过散落有宫殿的山谷一直看到波光粼粼的大西洋，令人不由要屏住呼吸，当然登顶过程也比较费力。

佩纳宫 宫殿

（www.parquesdesintra.pt；成人/儿童€14/11；⏲10:00~19:00，淡季时间缩短）佩纳宫高耸在一座林木茂盛的山巅，四周烟雾迷离。它就是一场奇特的建筑盛宴，能看到洋葱形的穹顶、安装有摩尔式锁孔的大门、翻卷的蛇形石雕、有防御城墙的粉红色和柠檬色的塔楼。

住宿

★Nice Way Sintra Palace 青年旅舍 €

（☎219 249 800；www.sintrapalace.com；Rua Sotto Mayor 22；铺€18~22，双含/不含浴室€60/50；📶）位于主广场以北的一座不规则形状的大楼中，客房陈设时髦，有一座可爱的花园，能看到美丽的乡村景观。火光闪烁的壁炉在寒夜让人倍觉温馨。氛围融洽，是结识其他游客的好地方。设备齐全的两床小屋是家庭游客的超值选择，每晚花费约€75。

Hotel Nova Sintra 客栈 €€

（☎219 230 220；www.novasintra.com；Largo Afonso de Albuquerque 25；标单/双€75/95；❄📶）这家客栈是由主公路上一座建于19世纪末期的大楼改造而成。卖点在于能看到辛特拉的阳光露台，这里可以用早餐。前排的双人间能看到如画美景，后排能享受平和静谧的氛围。有些房间非常小。

餐饮

Saudade 咖啡馆 €

（Avenida Dr Miguel Bombardo 8；主菜€5~7；⏲8:30~20:00；📶）以前是家烘焙店，提供辛特拉著名的queijadas（外壳酥脆的迷你奶酪蛋糕）。室内的天花板上绘有天使，内部陈设凌乱，是品尝糕点或简餐的好去处（每天有各种特色汤、沙拉、鱼和肉食）。后面的画廊会有不同的艺术展。

Dom Pipas 葡萄牙菜 €€

（Rua João de Deus 62；主菜€7~13；⏲周二至周日正午至15:00和19:30~22:00）这家餐厅是当地人最爱，供应各式美味葡萄牙菜。装修是乡村风格，有手绘花砖。位于火车站背后（出车站后左转，走到尽头再次左转）。

实用信息

Turismo（☎219 231 157；Praça da Republica；⏲9:30~18:00）靠近辛特拉镇中心，员工会多种语言，能提供很多关于辛特拉和周边地区的专业信息，会很有帮助。小火车站也有一座办事处（☎211 932 545；⏲10:00~12:30和14:30~18:00），不过经常会被乘火车前来的游客忽视。

到达和离开

终点站在辛特拉的里斯本—辛特拉铁路线，位于该镇历史中心的东北方向，是1公里长的风景线。前往辛特拉的**汽车站**和另一个火车站，还要往东走上1公里，在新镇Portela de Sintra。汽车站和历史中心之间的班车发车频繁。

辛特拉和里斯本罗西乌广场火车站之间的火车票为€2.55，行程40分钟，每15分钟1班。

当地交通

Scotturb公交车434（€5）从火车站出发，途经辛特拉镇，到达摩尔人城堡（行程10分钟）和佩纳宫（15分钟），非常方便。到达佩纳宫后，该公交车原路返回。

搭乘出租车到佩纳宫或是蒙塞拉特宫单程花费约€8。

卡斯凯什（Cascais）

人口34,000

卡斯凯什是个俊秀的海滨度假胜地，建筑雅致，还有一个很有情调的老城，餐馆和酒吧也很多，气氛欢快。

景点和活动

卡斯凯什的三大沙滩海湾**Praia da Con-ceição**、**Praia da Rainha**和**Praia da Ribeira**都非常适合晒日光浴，或是在大西洋中畅游一番，但是夏季的时候这里游客很多。

Boca do Inferno（意为地狱之口）在卡斯凯什以西2公里的地方。这里的海浪咆哮而来，冲击着海岸。蔚为壮观的**罗卡角**（Cabo da Roca）在欧洲的最西端，距离卡斯凯什和辛特拉16公里，两个城镇都有汽车前往。

葆拉·雷戈历史展览馆 美术馆

（Casa das Histórias Paula Rego；www.casadashistoriaspaularego.com；Avenida da República 300；成人/儿童€3/免费；⏲周二至周日10:00~19:00）该美术馆在辛特拉的文化宝藏里又增加了一份瑰宝。这个美术馆不大，展出的是葡萄牙在世的最优秀的艺术家之一葆拉·雷戈（Paula Rego）的作品，她的画作引人共鸣，让人震撼。

康德斯·卡斯特罗·吉马良斯博物馆 博物馆

（Museu Condes de Castro Guimarães；⏲周二至周日10:00~17:00）免费 卡尔莫纳元帅公园（Parque Marechal Carmona）有一座19世纪早期风格独特的豪宅，城堡带有塔楼，还有阿拉伯风格的回廊。这座豪宅就是博物馆的所在地。

食宿

Agarre o Momento 客栈 €€

（☎214 064 532；www.agarreomomento.com；Rua Joaquim Ereira 458；双/标三/四€60/90/120；@📶）这间客栈服务人员热情好客，位于一个安静的居民区中。客房光线明亮，通风良好，还附设有花园、公共厨房，提供自行车租赁服务。从火车站向北步行15分钟（1.5公里）即到，搭乘出租车很快就到。

Casa Vela 客栈 €€€

（☎214 868 972；www.casavelahotel.

com; Rua dos Bem Lembrados 17; 双€135~169; 🅿❄📶🏊)这家友好的客栈的客房光线明亮，现代风格的家具非常迷人，因此颇受青睐。有些房间里的阳台能看到可爱的花园和游泳池。客栈位于一个宁静的街区中，向古城中心步行约10分钟即可到达。

House of Wonders 咖啡馆 €

(Largo da Misericordia 53; 简餐 €4~8; ⏰10:00至午夜，淡季时间缩短；📶🖉)这家荷兰人开的迷人咖啡馆隐藏在一个古老街区中，深受游客喜爱。氛围温暖惬意，室内装饰有许多艺术作品，此外还提供卖相精美的沙拉、乳蛋饼、汤和甜品。

ℹ 实用信息

Turismo (☎214 822 327; www.visiteestoril.com; Rua Visconde da Luz 14; ⏰周一至周六9:00~13:00和14:00~19:00)出售卡斯凯什地图。

ℹ 到达和离开

从里斯本Cais do Sodré火车站出发的火车，途经埃什托里尔(€2.15, 40分钟)，到达卡斯凯什，班次频繁。

阿尔加维(THE ALGARVE)

阿尔加维的魅力是显而易见的：激动人心的峭壁、金色的海滩、扇形的海湾和长长的沙滩海岛。海岸部分地区过度开发，有损这里的美景，但是一旦进入内陆，就确确实实地置身于葡萄牙可爱迷人的乡村场景之中了。阿尔加维的亮点有河滨城市塔维拉(Tavira)、喜爱热闹的拉古什(Lagos)，还有荒凉粗犷的萨格里什(Sagres)。法鲁(Faro)是该地区的首府城市。

法鲁(Faro)

人口65,000

法鲁是个迷人的城镇，有着棕榈树覆盖下的海滨、干净整洁的广场，还有个步行街中心，周围到处都是户外咖啡馆。这个城镇本身并没有海滩，但是乘坐渡轮就能游览附近风景如画的海滩了。乘船穿过里亚福摩萨自然公园(Parque Natural da Ria Formosa)又是该地的亮点之一。

👁 景点和活动

荒芜岛(Ilha Deserta) 岛屿

巴莱塔岛(Ilha da Barreta，即荒芜岛)就在大陆附近，是一处长条状的沙滩海岛，有渡轮可前往。

里亚福摩萨自然公园(Parque Natural da Ria Formosa) 自然保护区

如果要参观里亚福摩萨自然公园，就报名参加**Ria Formosa**(☎918 720 002; www.formosamar.pt)和**Lands**(☎289 817 466; www.lands.pt)的划艇或观鸟团体游，这两家机构都很环保，都在法鲁小艇船坞的Clube Naval里面。

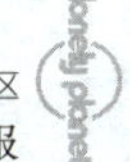

🛏 食宿

★Casa d' Alagoa 青年旅舍 €

(☎289 813 252; www.farohostel.com; Praça Alexandre Herculano 27; 铺不含早餐€19~25, 双€70; 📶)这家旅舍在一座整修后的大楼里，当下精致旅舍所应有的一些元素一应俱全：时髦、悠闲、炫酷。它为法鲁廉价住宿又增添了一个新选择。

Hotel Eva 酒店 €€€

(☎289 001 000; www.tdhotels.pt; Avenida da República 1; 标单/双/套€145/175/265; 🅿❄📶🏊)客房宽敞舒适。朝东的那些有阳台，风景美丽。屋顶游泳池能看到更远处的海湾。

Gengibre e Canela 素食 €

(☎289 882 424; Travessa da Mota 10; 自助餐€7.50; ⏰周一至周六正午至15:00; 🖉)让你一直在品尝大鱼大肉的味蕾放个假，到这家禅寺般的素食餐厅来放松一下吧。自助餐每天更换。可能会有蔬菜烤意式宽面、feijoada(砂锅豆子)和豆腐。

Adega Nova 葡萄牙菜 €€

(☎289 813 433; www.restauranteadeganova.com; Rua Francisco Barreto 24; 主菜€7.50~18; ⏰11:30~23:00)这家店深受大家喜爱，出售烤鱼和肉食，就餐环境很有乡土气息。店内

有高高的木梁，陈放有乡村风格的烹饪器具，很长的公共餐桌和长椅。服务效率很高。

实用信息

Turismo（www.visitalgarve.pt；Rua da Misericórdia 8）该办事处忙碌且高效，提供法鲁的各种信息。

到达和离开

法鲁的机场既有国内航班也有国际航班。

汽车站在城市中心以西的地方，很近，每天至少有6趟特快大巴开往里斯本（€20，4小时），另外还有慢一些的班次。前往其他海岸城镇的汽车非常频繁，也有国际长途汽车前往马德里（€39，8小时）。

火车站在汽车站以西，有几分钟的步行路程。每天有5趟火车开往里斯本Sete Rios火车站（€23.50，3.25小时）。

当地交通

机场距离城镇中心有6公里的路程。可以搭乘14路和16路公交车（€2.20）进城，这两路公交车运营到21:00。从机场搭乘出租车到城镇中心花费大约为€12。

塔维拉（Tavira）

人口26,200

Rio Gilão河蜿蜒穿过塔维拉城，这是一座魅力城镇，有一座山顶城堡、一座古罗马桥，还有些哥特式的教堂。乘船驶过很短的距离，就可以到达塔维拉岛（Ilha da Tavira）漂亮的海滩。

景点和活动

城堡 城堡

（Castelo）免费 该城堡遗址居高临下，俯瞰这座城市。其历史可能要追溯到新石器时代，腓尼基人曾进行重建，后来被摩尔人接手。现在看到的遗址大部分都是17世纪重建的。其中的八角形塔楼能看到塔维拉岛。注意，壁垒和台阶都没有栏杆。

仁慈教堂 教堂

（Igreja da Misericórdia；Rua da Galeria；周一至周六9:00~13:00和14:00~18:00）免费 这座教堂建于16世纪40年代，是阿尔加维地区最重要的文艺复兴时期的遗迹。其中有一座带雕刻装饰的宏伟大门，上面有仁慈圣母、圣佩德罗和圣保罗的雕像。

塔维拉岛（Ilha da Tavira） 岛屿、海滩

这座岛屿海滩与大陆之间有渡轮连接，可以在Quatro Águas乘坐。步行2公里就可以到达Quatro Águas，或者可从公交站乘坐公车（仅限夏季）。

食宿

Calçada Guesthouse 客栈 €€

（926 563 713，927 710 771；www.calcadaguesthouse.com；Calçada de Dona Ana 12；房€85~100；）这家时髦的客栈由两个英国移民翻修建成和经营，位于镇中心。客房明亮温馨，在完美的顶楼露台上，可以穿过塔维拉的屋顶凝望远处的风光。早餐另计价（€8.50），也欢迎儿童入住。有时会有最少入住天数限制。

Casa Simão 葡萄牙菜 €

（João Vaz Corte Real 10；主菜€6~11；周一至周六正午至15:00和19:00~22:00）先说缺点：这家由家庭经营的老派餐厅就像个谷仓，光照刺目，毫不浪漫。不过那是因为快活的店主人专注于老老实实地做菜呢——提供的超值菜肴包括javali estufado（炖野猪肉）和烧烤。可尝试每天特色菜。

实用信息

Turismo（281 322 511；www.visitalgarve.pt；Praça da República 5；周一至周五9:00~18:00，周六和周日9:00~13:00和14:00~18:00，7月和8月至19:00）提供当地和一些地区性信息，有酒店列表。开放时间不定。

到达和离开

法鲁和塔维拉（€3.15，行程40分钟）之间每天大约有15趟火车。

拉古什（Lagos）

人口31,100

夏季的时候，拉古什美丽的渔港就像在举行派对一样热闹。它那风景如画的鹅卵石

街道和美丽的海滩（包括东边的Meia Praia海滩和西边的Praia da Luz海滩）都挤满了畅饮的狂欢者和追逐阳光的人。

活动

Blue Ocean 潜水

（☎964 665 667; www.blue-ocean-divers.de）针对那些想要潜水或浮潜的人士，提供有半日探索之旅（€30）、全天潜水（€90）和专业潜水教练协会（PADI）的水肺潜水课程（€590）。也可组织皮划艇巡游（半/全天€30/45，12岁以下儿童半价）。

Kayak Adventures 皮划艇

（☎913 262 200; http://kayakadventureslagos.com）4月至10月有从Batata（意为红薯）海滩出发的皮划艇之旅，包括浮潜。旅途大约3小时（€25）。

住宿

Hotel Mar Azul 客栈 €

（☎282 770 230; www.hotelmarazul.eu; Rua 25 de Abril 13; 标单€50~60, 双€60~85; ❄@📶）这座小而精的客栈是拉古什最超值的住宿处之一。位于镇中心，经营得很好，服务热情。客房舒适整洁，有些能看到海景。简单的早餐有额外加分。

Albergaria Marina Rio 酒店 €€€

（☎282 780 830; www.marinario.com; Avenida dos Descobrimentos; 标单€105~130, 双€108~133; P❄@📶🏊）这家酒店能眺望到港口，舒适的客房都是现代风格，带阳台。多数都是双人间。还有一个小游泳池和屋顶露台。缺点是面朝马路，背靠汽车站。

就餐

★A Forja 葡萄牙菜 €€

（☎282 768 588; Rua dos Ferreiros 17; 主菜€8~15; ⊙周日至周五12:00~15:00和18:30~22:00）秘密被泄露啦。这家店丰盛的传统食物质量上乘，前来就餐的人非常多，包括当地人、游客、外国人，氛围热闹，价格也超值。每天的菜品都不错，鱼类菜品也是如此。

Casinha do Petisco 海鲜 €€

（Rua da Oliveira 51; 主菜€7~13; ⊙周一至周六6:00~23:00）这是一家传统的瑰宝级餐厅，规模很小，眨眼就会错过。装修舒适简洁，店内的烤海鲜和贝类菜品是当地人极力推荐的。

实用信息

Turismo（☎282 763 031; www.visitalgarve.pt; Praça Gil Eanes; ⊙9:00~18:00）员工非常友善，提供出色的地图和宣传页。

到达和离开

有多班长途汽车和火车前往阿尔加维的其他城镇，每天大约有8趟车前往里斯本（€25.50, 4小时）。

当地交通

有**公交车**（车票€1.20~1.60; ⊙周一至周六7:00~20:00）前往Meia Praia和Luz的海滩。从**Motorent**（☎282 769 716; www.motorent.pt; Rua Victor Costa e Silva; 自行车/摩托车每3天€21/60起）可以租到自行车或摩托车。

锡尔维什（Silves）

人口11,000

锡尔维什曾是摩尔人时期阿尔加维的首都，现如今是个美丽的小镇，阿拉德河（Rio Arade）的河岸之上，错落分布着橙色屋顶的房子。攀登上童话般城堡的防御墙，可以看到美不胜收的景致。

食宿

★Duas Quintas 乡村旅馆 €€

（☎282 449 311; www.duasquintas.com; São Estevão; 双/零居室€95/120; 📶🏊）这家十足迷人的旅馆由一座农舍改造而来，周围种满了橘子树，环绕着起伏的小山。一共有6个怡人的房间，内有一间起居室，还有露台和一个游泳池。

★Restaurante O Barradas 葡萄牙菜 €€€

（☎282 443 308; www.obarradas.com; Palmeirinha; 主菜 €8.50~25; ⊙周四至周二18:00~22:00; 👪）🍃这家宜人的餐厅由Luís

和他的德国妻子Andrea经营，餐厅由一座农舍改造而来。天气暖和时会在花园里点上蜡烛提供浪漫晚餐，是美食爱好者的星级选择。店主夫妇为精心采购来的有机鱼肉和应季水果而自豪。男主人会酿酒，所以你一定能品尝到美味葡萄酒。

到达和离开

锡尔维什的火车站距离镇中心2公里。每天有8趟从拉古什（€2.90，35分钟）出发的火车停靠此处（如果从法鲁出发，则在Tunes转车），然后就可转乘当地的巴士。往返于锡尔维什和阿尔布费拉—费雷拉斯（Albufeira-Ferreiras；€2.45，30分钟）的火车班次很多。

萨格里什（Sagres）

人口2100

萨格里什是个长条状的小村庄，海浪冲击而成的悬崖上是空荡荡、饱经风雨的堡垒，整个村庄给人一种世界尽头的感觉。这片海岸非常适合冲浪，在沙丘环绕的Praia do Martinhal上还能租到冲浪装备。

往西6公里的圣维森特角（Cabo de São Vicente）是欧洲的最西南端。光秃秃的海角上矗立着孤零零的灯塔。

景点和活动

萨格里什要塞 要塞

（Fortaleza de Sagres；成人/儿童€3/1.50；5月至9月9:30~20:00，10月至次年4月9:30~17:30）萨格里什的要塞坐落在海边的悬崖之上，看起来荒凉而宏伟，令人望而生畏，沿着海滩能到达圣维森特角。传说中，航海家恩里克王子就在此处建立了他的航海学校，为葡萄牙早期的探险者做行程准备。

Mar Ilimitado 游船

（916 832 625；www.marilimitado.com；Porto da Baleeira）Mar Ilimitado的团队是一群海洋生物学家，提供各种各样"具有教育意义的"游船之旅，包括海豚（€32）、圣维森特角游览（€20）和观赏海鸟（€40）。

DiversCape 潜水

（965 559 073；www.diverscape.com；Porto da Baleeira）潜水中心总部就设在港口。向你推荐这家有专业潜水教练协会认证的DiverCape，他们会组织浮潜探险（€25，2小时），以及沉船附近12~30米的潜水项目。

Sagres Natura 冲浪

（282 624 072；www.sagresnatura.com；Rua São Vicente）备受推荐的冲浪学校。也租赁身体冲浪板（€10）、冲浪板（€15）和潜水服（€5）。公司有皮划艇之旅（€35），也出租自行车（€15）。

食宿

Casa Azul 民宿 €

（282 624 856；www.casaazulsagres.com；Rua Dom Sebastião；双€65~125，公寓€75~200；）这家民宿就和它的名字一样充满蓝色海洋的气息，十分受冲浪手欢迎。客房光线明亮，通风良好，色彩大胆。公寓大小足够家庭入住，且配有厨房和烧烤台。

Casa do Cabo de Santa Maria 客栈 €€

（282 624 722；www.casadocabodesantamaria.com；Rua Patrão António Faústino；双€50~70，公寓€70~110；）这些房间和公寓都干爽洁净，也许从这些地方看不到一览无余、尽收眼底的风景，但是房间装修得很雅致舒适，而且非常超值（不含早餐）。

实用信息

Turismo（282 624 873；www.cm-viladobispo.pt；Rua Comandante Matoso；9:00~18:00，时间经常变化）坐落在一小块绿地上，从Praça da República向东100米。

到达和离开

每天都有多趟巴士从拉古什开往萨格里什（€3.8，行程1小时），周日班次较少。有一趟巴士在工作日的时候会继续往前开，直到圣维森特角（Cabo de São Vicente）。

葡萄牙中部（CENTRAL PORTUGAL）

葡萄牙中部面积辽阔，连绵起伏的山地崎岖不平，白色的村庄到处都是橄榄树丛和软木树。这片土地承载了厚重的历史，到处散落着史前遗址和中世纪的城堡。这里还有葡萄牙小镇中建筑最丰富的埃武拉，此外，还有几个围墙中的村庄颇为壮观。葡萄牙中部当地的葡萄酒也不错，对于精力更为充沛的人而言，在贝拉（Beiras）地区有很多激动人心的户外探险活动。

埃武拉（Évora）

人口54,300

来到迷人的埃武拉，仿佛时光倒流，回到了过去。14世纪的围墙里面，小巷狭窄蜿蜒，通往中世纪让人震撼的大教堂，古罗马的神庙，还有风景如画的中心广场。埃武拉也是一座生机勃勃的大学城镇，这些古老的美景是这座城市的脊梁，周围有很多葡萄酒酿造厂，还有迷人的乡村。

景点和活动

圣弗朗西斯科教堂 教堂

（Igreja de São Francisco；Praça 1 de Maio）免费 这座高大的曼努埃尔—哥特式建筑是埃武拉最著名的教堂，是专门献给圣弗朗西斯科的礼物，它于1510年左右竣工。传说葡萄牙航海家吉尔·文森特（Gil Vicente）安葬于此。

大教堂 大教堂

（Sé；Largo do Marquês de Marialva；门票€1.50，含回廊€2.50；⏲9:00~17:00）埃武拉这座像城堡一般的中世纪大教堂由一对玫瑰花岗岩建造的塔楼守卫，其中的回廊美妙至极，还有一个博物馆里满是和基督教相关的珍贵藏品。

埃武拉罗马神庙 遗址

（Templo Romano；Temple of Diana；Largo do Conde de Vila Flor）曾经是古罗马广场的一部分，神庙的历史可追溯到2世纪或3世纪早期，遗址就在镇中心，是一处令人陶醉的景点。

住宿

Hostel Namaste 青年旅舍 €

（☎266 743 014；www.hostelnamasteevora.pt；Largo Doutor Manuel Alves Branco 12；铺/标单/双€17/30/45；📶）这家旅舍位于古老的阿拉伯区，由亲切的Maria和Clara Sofia经营。客房很明亮，打扫得一尘不染，装饰有艺术品，色彩生动。附设有休息室、图书馆、厨房和自行车租赁处。早餐额外加收€4。

★**Albergaria do Calvario** 精品酒店 €€€

（☎266 745 930；www.albergariadocalvario.com；Travessa dos Lagares 3；标单 €98~110，双€108~120；🅿📶）这家酒店装修质朴优雅，服务细心，氛围舒适，很受游客喜欢。员工很可爱，提供无微不至的服务。早餐是本地区最好的，都是采用当地有机食材制作，还有自制蛋糕和鸡蛋类菜肴。

就餐

Pastelaria Conventual Pão de Rala 法式糕点 €

（Rua do Cicioso 47；糕点 €2起；⏲7:30~19:30）这家宜人的店铺虽然不在市中心，但也在市区范围内，专长是制作各种美味糕点和女修道院蛋糕，都是店内现场制作。

★**Botequim da Mouraria** 葡萄牙菜 €€

（☎266 746 775；Rua da Mouraria 16A；主菜€13~16.50；⏲周一至周五12:00~15:00和18:00~22:00，周六12:00~15:00）闲逛在古老的摩尔人居住区，找一找这家温馨的小店，这里的食物和葡萄酒位列埃武拉最美味的行列。无法预订，只是在柜台边上有12个凳子。

Vinho e Noz 葡萄牙菜 €€

（Ramalho Orgigão 12；主菜约€12；⏲周一至周六正午至22:00）这家朴实无华的餐厅由一个快乐家庭经营，提供的服务很专业，有大量的葡萄酒可供选择，菜肴也都是高品质的。

Dom Joaquim 葡萄牙菜 €€

（☎266 731 105；Rua dos Penedos 6；主菜€12~15；⏲周二至周六正午至15:00和19:00~22:45，周日正午至15:00）被石墙和现代艺术作品围绕着的Dom Joaquim供应美味的传统菜肴，包括肉类菜品（野味，还有多汁的脱骨羔羊肉）以及海鲜菜品，例如caçao（狗鲨）。

饮品

Bookshelf 咖啡馆

（Rua de Machede 19；⏲8:00~20:00）这家极为友好的咖啡馆有波希米亚风格，也有些复古，专长是茶、果汁、自制蛋糕和简餐。

Páteo 酒吧

（Rua 5 de Outubro, Beco da Espinhosa; ⏲11:00至次日2:00; 📶）这家酒吧就在中世纪老城区中心，有一座美丽的绿荫庭院，很适合坐下来喝杯阿兰特茹葡萄酒。食物也很美味。

ℹ 实用信息

Turismo（☎266 777 071; www.cm-evora.pt; Praça do Giraldo 73; ⏲4月至10月9:00~19:00，11月至次年3月9:00~18:00）这家游客信息中心能提供很多帮助，有城镇的详细地图。

ℹ 到达和离开

有前往里斯本的直达火车（€12，行程80分钟），也有非直达火车，途经Pinhal Novo到法鲁（€26，3.75~4.25小时）和拉古什（€29，5小时），定点发车。火车站在Jardim Público南边600米的地方。

蒙萨拉什（Monsaraz）

人口782

这个村庄在高处俯瞰平原，村庄周围设有围墙，有一种多变的中世纪氛围，景色壮丽。两年一次的**蒙萨拉什博物馆节**（Monsaraz Museu Aberto）在偶数年的7月举行，特色是各种展览和音乐会。

神圣艺术博物馆（Museu de Arte Sacra, Museum of Sacred Art; Praça Dom Nuno Álvares Pereira; 成人/儿童€1.80/1.20; ⏲10:00~18:00）位于教区教堂旁边的一座精美的哥特式建筑中，收藏有少量14世纪的木雕宗教人像、18世纪的法衣和银器。

Menhir of Outeiro 免费 在村以北3公里的地方，高5.6米，以花岗岩建造，是现今为止发现的最高的巨石碑。

刷白墙面的**St Condestáv-el**（☎969 713 213, 266 557 181; www.condestavel-monsaraz.com; Rua Direita 4; 房€60~70，套房€85; ❄📶）是个富有乡村风情的住宿处，非常安静。它的历史可追溯到17世纪，共有5间出色的客房，配有厚重的木雕床铺。有些房间能看到平原那头的阿尔克瓦湖（Alqueva）。

位于山顶高处的**Sabores de Monsaraz**（☎969 217 800; www.saboresdemonsaraz.com; Largo de S Bartolomeu; ⏲周二12:30~15:30，周三至周日12:30~15:30和19:30~22:30; 👪）是个家

其他值得一游的葡萄牙城镇

时间对你来说不是问题？那就考虑一下到下列宝石般精美的城镇进行一日游或过夜游。

吉马良斯（Guimarães）葡萄牙第一位独立君王阿方索·恩里克斯（Afonso Henriques）的出生地，这座美丽的中世纪小镇位于葡萄牙北部米尼奥（Minho）地区的南部，它就像是一座由巷陌和广场组成的大杂院，为其加冕的是一座拥有1000年历史的城堡。

埃尔瓦什（Elvas）这座被联合国教科文组织列入世界遗产名录的小镇位于阿连特茹（Alentejo）东部，紧紧拥抱着西班牙边境。这里有令人印象深刻的星形防御工事，有一座可爱的广场和一些精巧有趣的博物馆。

沙维什（Chaves）这座美丽的温泉小镇跨坐在北部达拉斯奥斯蒙达斯（Trás-os-Montes）地区泰迈加河（Rio Tãmega）的两岸，周围群山环绕。这里有一个保存完好的历史中心和一座16拱的罗马古桥。

巴塔利亚和阿尔科巴萨（Batalha & Alcobaça）位于葡萄牙中部，大西洋沿岸稍稍靠内陆的地区，这两座埃斯特雷马杜拉省（Estremadura）的小镇以其迷人的中心区而闻名，有两座葡萄牙最美的修道院。

蒙桑图（Monsanto）中部比拉斯（Beiras）地区光芒最耀眼的就是这座村庄，它位于一座雄伟陡峭的崖壁顶部。

庭经营的酒馆，氛围友好，提供阿兰特茹家常风味菜肴，如入口即化的黑猪肉、migas com bacalhau e coentros（鳕鱼面包芫荽）等。

旅游办事处（927 997 316；Rua Direita 2；10:00~12:30和14:00~17:30）在住宿方面提供建议。

蒙萨拉什和Reguengos de Monsaraz之间每天最多有4趟巴士（€3，行程35分钟，营业时间周一至周五），也有到埃武拉的路线。

佩尼谢（Peniche）

人口 16,000

海边城市佩尼谢是个海港，比起周围的海滩度假城市，这里多了些阳刚之气，也更有生活气息。佩尼谢附近的冲浪海滩很有人气，这里是前往大贝伦加岛（Berlenga Grande）的起点，也是柏兰加斯岛自然保护区（Ilhas Berlengas nature reserve）的一部分。佩尼谢还有一个围墙中的历史中心，城市东边的海滩很可爱。

从汽车站出发，往西步行10分钟，就到了历史中心。

景点

堡垒 堡垒

（Fortaleza；周二至周五9:00~12:30和14:00~17:30，周六和周日10:00~12:30和14:00~17:30）免费 高耸在半岛南部的这座堡垒气势磅礴，建于16世纪，在20世纪曾是独裁者萨拉查关押政治犯的臭名昭著的监狱之一。

巴勒艾尔（Baleal） 海滩

佩尼谢东北方向大约5公里的地方就是这座美丽的岛屿村庄，通过一个筑堤，就能到达陆地村庄Casais。此处有大片大片美妙的海滩，适合冲浪。海滩上有几处冲浪培训班，还有几处酒吧兼餐馆。

大贝伦加岛（Berlenga Grande） 岛屿

距离佩尼谢海岸线有10公里的距离，这是个岩石岛屿，有些偏远，风景壮丽。岛屿上扭曲的岩石形态令人惊讶，还有各种大洞穴。

活动

冲浪

冲浪营地提供按星期计算的指导课，也有2小时的课程，还出租冲浪板和潜水服。有信誉的冲浪营地有：Baleal Surfcamp（262 769 277；www.balealsurfcamp.com；Rua Amigos do Baleal 2；1/3/5天课程€60/95/145）和Peniche Surfcamp（962 336 295；www.penichesurfcamp.com；Avenida do Mar 162, Casais do Baleal）。

潜水

佩尼谢周边有不错的潜水地点，特别是Berlenga岛。在Acuasuboeste（918 393 444；www.acuasuboeste.com；Porto de Pesca；潜水入门课程€80，单次潜水€25~35）潜水两次需€65~75（佩尼谢周边更便宜）。在Haliotis（262 781 160；www.haliotis.pt；Casal Ponte；单次/2次潜水旅程€35/75）潜水两次也需要这么多钱。

葡萄牙 佩尼谢

住宿

Peniche Hostel 青年旅舍 €

（969 008 689；www.penichehostel.com；Rua Arquitecto Paulino Montês 6；铺/双€20/50；@）这家舒适的小旅舍距离游客中心办事处只有几步远，从汽车站步行前往也只需5分钟。房间色彩丰富，通风良好。可以租到滑板和自行车，也有附属的冲浪培训班。

餐饮

Restaurante A Sardinha 海鲜 €

（262 781 820；Rua Vasco da Gama 81；主菜€6~14；11:30~16:00和18:30~22:30）这家毫无虚饰的餐馆位于一条和Largo da Ribeira大道平行的窄街之上，生意很红火。主菜有简单的烤鱼和caldeirada（炖鱼）。

Java House 咖啡馆、酒吧

（Largo da Ribeira 14；周一至周四9:00至次日3:00，周五和周六至次日4:00；）这里是镇上最热门的咖啡馆，提供清晨咖啡、三明治、薄饼等。晚上灯光会变暗，是DJ出场的时候了。

到达和离开

佩尼谢的**汽车站**（968 903 861；Rua Dr Ernesto Moreira）在旅游办事处东北方向400米的地方，到旅游办事处要穿过连接该城和地峡之间的Ponte Velha大桥。目的地包括科英布拉

(Coimbra; €14, 2.75小时, 每天3趟车)、莱里亚(Leiria; €12.20, 2小时, 每天3趟车)、里斯本(€8.60, 1.5小时, 每1~2小时1趟车)和奥比杜什(Óbidos; €3.15, 40分钟, 每天6~8趟车)。

奥比杜什(Óbidos)

人口 3100

这座围墙中的村庄精致美丽, 是迪尼什一世(Dom Dinis)送给他妻子Dona Isabel的新婚礼物(当然比送火锅组合高级了), 在其历史气息浓厚的中心漫步, 赏心悦目。亮点有圣玛丽亚教堂(Igreja de Santa Maria; Praça de Santa Maria; ⏲9:30~12:30和14:30~19:00) 免费, 教堂里有17世纪的美丽的花砖, 还可以看到整座城镇的景色。

从7月中旬到8月中旬, 奥比杜什会举办Mercado Medieval(www.mercadomedievalobidos.pt), 其特色有: 骑士格斗、四处漫游的游吟诗人, 还有很多中世纪的景象和活动。

食宿

Hostel Argonauta 青年旅舍 €

(☎262 958 088; www.hostelargonauta.com; Rua Adelaide Ribeirete 14; 铺/双€25/50; 📶)这家旅舍位于城外一个美丽的地方, 感觉像是朋友家而不是旅舍。气氛很欢乐, 宿舍富有艺术气息、色彩生动, 有木柴炉子取暖设备, 有床位也有上下铺, 还有一间能看到美丽景色的可爱双人间。

Petrarum Domus 葡萄牙菜 €€

(☎262 959 620; Rua Direita; 主菜€9~18; ⏲周一至周四正午至次日1:00, 周五和周六至次日2:00, 周日至午夜)被古老的石墙包围着的餐馆供应丰盛的菜品, 有蘑菇配猪肉、各种海鲜小炒, 还有几种bacalhau(腌制的鳕鱼)菜。

实用信息

Turismo(☎262 959 231; www.obidos.pt; ⏲9:30~19:30)就在Porta da Vila大门的外面, 靠近汽车站。员工友善, 能讲多种语言, 提供小镇宣传册和四种语言的地图。

到达和离开

周一到周五, 有从里斯本到此处的直达巴士(€8, 70分钟)。

纳扎雷(Nazaré)

人口16,000

纳扎雷是个热闹的海岸城镇, 狭窄的鹅卵石小巷蜿蜒而下, 通往宽阔的海滩, 海滩边上还有耸立的悬崖峭壁。城镇的中心到处都是海鲜餐馆和酒吧, 7月和8月的时候人满为患。

景点和活动

这里有顶级的海滩, 但是游泳的时候要当心危险的激流。攀爬或是乘坐索道前往悬崖顶部希提欧(Sítio), 那里有一片渔民的小屋, 还可以欣赏到美丽的风景。

食宿

镇上很多人都有房间出租, 双人间起价€35。在Avenida da República的海滨区附近打听打听。

Magic Art Hotel 酒店 €

(☎262 569 040; http://hotelmagic.pt; Rua Mouzinho de Albuquerque 58; 标单€70~85, 双€75~90; 🅿❄📶)这处崭新的酒店靠近景点, 通风条件良好, 装修风格现代休闲。白色客房设备齐全, 收拾干净, 装饰有纳扎雷过去的艺术照, 与黑色板岩的迷人浴室对比强烈。

Hotel Oceano 客栈 €€

(☎262 561 161; www.adegaoceano.com; Avenida da República 51; 双€60~85; ❄📶)这家亲切的小酒店面朝大海, 提供的房间都很简洁, 配备有平板电视和现代化的浴室。前排房间能看到海滩对面的崖壁和海滨。因为靠近海滩, 街上的噪声可能会影响到你。

★ **A Tasquinha** 海鲜 €

(☎262 551 945; Rua Adrião Batalha 54; 主菜€6~10; ⏲周二至周日正午至15:00和19:00~22:00)这是一间家庭经营的小餐馆, 气氛特别友好, 海鲜品质好。两间餐厅虽然都很小, 但都有美丽的瓷砖。夏季夜晚排队的人会很多。

实用信息

Turismo(☎262 561 194; www.cm-nazare.pt;

Centro Cultural da Nazaré, Avenida Manuel Remígio; ⌚9:30~12:30和14:30~18:30，淡季时间缩短）位处海滨旧鱼市的文化中心内。

到达和离开

纳扎雷有多条巴士路线前往里斯本（€10.5，2小时）。

托马尔（Tomar）

人口16,000

托马尔横跨河流两岸，是个迷人的城镇，因圣殿骑士而扬名。要去看看圣殿骑士的总部，赫赫有名的**托马尔基督会院**（Convento de Cristo; www.conventocristo.pt; Rua Castelo dos Templários; 成人/儿童€6/免费; ⌚9:00~18:30），就位于城镇上方的陡峭之处。其他难得一见的景点有：葡萄牙国内保存最完好的中世纪的**犹太教堂**（Rua Dr Joaquim Jacinto 73; ⌚周二至周日10:00~19:00，淡季时间缩短）免费。托马尔背靠浓密翠绿的**七座山国家森林公园**（Mata Nacional dos Sete Montes）。

食宿

Residencial União 客栈 €

（☎249 323 161; www.residencialuniao.pt; Rua Serpa Pinto 94; 标单/双€30/50; 📶）这是托马尔最有情调的经济型住处。客栈位于主要步行街上，前身是富丽堂皇的镇公所，房间大而整洁，配有古董家具和房间的固定装置。

Restaurante Tabuleiro 葡萄牙菜 €

（☎249 312 771; Rua Serpa Pinto 140; 主菜€8~12; ⌚周一至周六正午至15:00和19:00~22:00; 👪）这家当地餐馆适合全家前来就餐，服务热情周到，传统食物美味可口，分量也足。紧邻托马尔的中心广场。

实用信息

Turismo（☎249 329 823; www.cm-tomar.pt; Rua Serpa Pinto; ⌚4月至9月10:00~13:00和15:00~19:00，10月至次年3月9:30~13:00和14:30~18:00）提供有详细的城市地图和住宿处列表。

到达和离开

前往里斯本的火车发车频繁（€9.65，2小时）。

科英布拉（Coimbra）

人口107,000

科英布拉是一座充满活力的时尚宜居之城。它也是一座大学城，以建于13世纪的大学为中心，华丽高贵。这里既有雅致的购物街，又有古老的石墙和后街小巷，客栈和法多酒吧就隐藏其中，符合兼收并蓄的美学观点。科英布拉是葡萄牙第一位国王的出生地和埋葬之处，也是摩尔人占领里斯本时期葡萄牙最重要的城市。

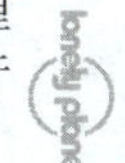

景点和活动

★ **科英布拉旧主教座堂** 大教堂

（Sé Velha, Old Cathedral; ☎239 825 273; Largo da Sé Velha; 门票€2; ⌚10:00~18:00，淡季周日不开放）科英布拉主教座堂令人惊叹，它可以追溯到12世纪晚期，是葡萄牙罗马式建筑中最杰出的代表之一。大门和正面景观尤其令人惊艳。外部的雉堞和裂缝般狭窄的窗口让人想起国家早年面临摩尔人的威胁，战火纷飞的岁月。从设计上来说，在战争年代，这些建筑都可发挥要塞作用。

旧大学 大学

（Velha Universidade, Old University; www.uc.pt; 成人/儿童€9/免费，包括塔楼在内€12.50/免费; ⌚3月中旬至10月9:00~19:30，10月中旬至次年3月中旬9:30~13:30和14:00~17:30）无论从哪个角度来看，旧大学都是城市的最高点。其中包括一系列杰出的16~18世纪的建筑，它们全都围绕着巨大的Patio des Escolas庭院而建。校门是17世纪建造的优雅的Porta Férrea门，它也是从前科英布拉摩尔人大本营的主要城门。校园中的亮点是宏伟的图书馆。

Go Walks 徒步观光

（☎910 163 118; www.gowalksportugal.com; Rua do Sargento Mor 4; 半/全天游览€25/40）🌿由一群知识丰富而又热情的学生经营，英语流利（也可预约法语和西班牙语团）。提供各种主题的徒步团队游，从法多到科英布拉犹太人都有。

O Pioneiro do Mondego 皮划艇

（☎239 478 385; www.opioneirodomondego.

值得一游

罗马遗址

科宁布里加（Conimbriga）在科英布拉以南16公里的地方，是一处保存完好的**罗马古镇**（⊙10:00~19:00），可以看到马赛克的地面、精致的浴室，还有汩汩的喷泉，非常迷人，值得前往。那里有一个不错的**博物馆**（www.conimbriga.pt；成人/儿童 含罗马遗址€4.50/免费；⊙10.00~19:00），讲述了该古镇的兴衰史。每天都有频繁的巴士前往该遗址2公里外的新孔代沙（Condeixa），从科英布拉有2趟直达巴士到达此处。

com；导览团队游每人€22.50）可出租皮划艇，可以沿着蒙德古河（Rio Mondego）往返佩纳科瓦（Penacova）和Torres de Mondego之间的这段18公里长的水路。

节日和活动

焚缎带节 宗教节日

（Queima das Fitas；www.queimadasfitas.org）科英布拉每年的亮点就是焚缎带节，长达一周的法多和狂欢，畅饮美酒，开始于5月的第一个周四，此时，学生们也会庆祝一学年的结束。

住宿

Hotel Vitória 酒店 €

（☎234 824 049；www.hotelvitoria.pt；Rua da Sota 9；标单/双/标三€45/59/75；）这家由家庭经营的住宿处已完成华丽大改造。最新的客房中有一种极简的北欧风情，光线充足。可尝试三楼的客房，因为视野最开阔，能看到老城或河景。有一间出色的家庭房。楼下有餐厅。

Casa Pombal 客栈 €

（☎239 835 175；www.casapombal.com；Rua das Flores 18；双含/不含浴室€68/54；）这家荷兰人开的客栈位于老城区一个可爱的地方，不大，却魅力无限。美味早餐在华美的蓝色瓷砖装饰的早餐室中享用。

Riversuites 酒店 €

（☎239 440 582；www.riversuiteshotel.com；Avenida João das Regras 82；双€40~52，标三€65，四€75；）这家出色的酒店从市中心过桥即到，时髦的现代风格房间（不是套间），很舒适。包含一顿美味的早餐，淋浴也很棒。

餐饮

Mercado Municipal Dom Pedro V

（Rua Olímpio Nicolau Rui Fernandes；⊙周一至周六7:00~19:00）满满当当全是水果和蔬菜摊，肉店里也码放着葡萄牙产的分割肉（长蹄子的、带爪子的，应有尽有），为想要自己动手烹饪食物的人提供了大量选择。

Adega Paço dos Condes 葡萄牙菜 €

（☎239 825 605；Rua do Paço do Conde 1；主菜€5~10；⊙周一至周六11:30~15:00和18:30~23:00）这家由家庭经营的烧烤店，经常挤满学生和当地人，是城里最好的低成本就餐处。

★ **Fangas Mercearia Bar** 西班牙小吃 €€

（☎934 093 636；http://fangas.pt；Rua Fernandes Tomás 45；餐前小吃€4~7；⊙周二至周日12:00~16:00和19:00至次日1:00；）这家明亮欢快的餐厅，提供的美味餐前小吃都采用顶级熟食制作，它是老城最好的餐厅之一。服务虽慢但很友好，员工还会帮你从各种美味的食物——香肠、蔬菜卷、蜜饯和葡萄酒中做出选择。因为地方小，总是会很快客满，所以最好提前预订。

Zé Manel dos Ossos 小酒馆 €€

（Beco do Forno 12；主菜€7~15；⊙周一至周五12:00~15:00和19:30~22:00，周六12:00~15:00）这家小小的珍品酒馆隐藏在一条普普通通的巷子里，里面的墙壁上贴着学者派头的涂画，还写着诗句。店内提供极其美味的feijoada á leitão（炖豆子和乳猪）。

Restaurante Zé Neto 葡萄牙菜 €€

（Rua das Azeiteiras 8；主菜€9~11；⊙周一至周六9:00~15:00和19:00至午夜）这是一处由家庭经营的餐馆，非常棒，专营家常的葡萄牙菜品，其中就有烤小山羊（cabrito）。

★ **Café Santa Cruz** 咖啡馆

（www.cafesantacruz.com；Praça 8 de Maio；⊙周一至周六7:30至午夜）这里是葡萄牙氛围

最好的咖啡馆之一，其前身是一座礼拜堂，有极其美丽的高大拱顶，装饰着彩绘玻璃窗、优雅的石拱，祭坛原先所在的位置有一幅Ché的马赛克镶嵌画。露台上能看到Praça 8 de Maio的可爱风景。

Bar Quebra Costas 酒吧

(Rua Quebra Costas 45; ⌚周一至周五正午至次日4:00，周六14:00至次日4:00) 这座酒吧是科英布拉的经典选择，有一个铺满鹅卵石的阳光露台。内部装饰充满艺术气息，服务友好，播放的旋律轻松闲适，有时会有爵士乐。

☆ 娱乐

和里斯本的法多相比，科英布拉的版本更柔和。科英布拉法多的拥护者忠实地守卫着自己的音乐。

Á Capella 法多

[☎239 833 985; www.acapella.com.pt; Rua Corpo de Deus; 门票(含一杯饮品)€10; ⌚21:00至次日2:00]这家店建筑的前身是一座14世纪的礼拜堂，现在改造成一座烛光鸡尾酒休闲场所。科英布拉最著名的法多音乐人会定期在这里表演。每天22:00会有一场演出。

ℹ 实用信息

Turismo Praça República (www.turismodecoimbra.pt; Praça da República; ⌚周一至周五9:00~12:30和14:00~18:00) 位于市区东部。

Turismo Universidade (☎239 834 158; www.turismodecoimbra.pt; Praça da Porta Férrea; ⌚4月至10月10:00~13:00和14:00~18:00，淡季时间缩短) 紧邻旧大学售票台，就在Porta Férrea门外。

ℹ 到达和离开

有开往里斯本(€24，行程2~2.5小时)和波尔图(€9.50~17，行程1~1.75小时)的火车，发车频繁。也有途经里斯本去往法鲁和埃武拉的定点车次。主要的火车站有**科英布拉B**(Coimbra B)，在城中心西北方向2公里的地方，另外还有中心地带的火车站**科英布拉A**(Coimbra A)。大多数长途火车都在科英布拉B火车站。**汽车站**(Avenida Fernão Magalhães)在城中心东北方向400米的地方。

卢索和布卡可森林(Luso & the Buçaco Forest)

人口 2000

这片林区有着百年老树形成的葱郁森林，周围的田野上星星点点地全是石楠花、野花还有多叶的蕨草。这里还有一座童话般的**宫殿**(☎231 937 970; www.almeidahotels.com; Mata Nacional do Buçaco; 7/8道菜的大餐€35/40; ⌚午餐和晚餐; 📶)，这是一座1970年的新曼努埃尔式豪宅，手头宽裕的游客可以在这里就餐或是过夜。这座宫殿就在布卡可森林(Mata Nacional do Buçaco)之中，森林里小径阡陌交错，不时可以看到破败的礼拜堂，还点缀着池塘、喷泉和奇异的树种。16世纪的时候，布卡可森林是修士们的隐居之地。从中心出发，步行2公里穿过森林就能到达该宫殿。

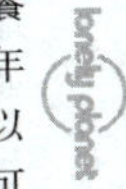

温泉**Maloclinic Spa** (www.maloclinictermasluso.com; Rua Álvaro Castelões; ⌚旺季每天8:00~13:00和14:00~19:00，淡季周一至周六9:00~13:00和14:00~18:00) 提供各种舒缓护理疗法。

🛏 食宿

Alegre Hotel 精品酒店 €€

(☎231 930 256; www.alegrehotels.com; Rua Emídio Navarro 2; 标单/双€45/55; P📶🏊) 这座华丽的粉色酒店氛围极好，它位于一座19世纪城市住宅建筑中，提供的大双人房装饰有长毛绒窗帘、灰泥吊顶和抛光的仿古家具。优雅的入口通道，正式的接待厅，以及一个藤蔓覆盖之下带水池的美丽花园，为其增添了不少魅力。

ℹ 实用信息

Turismo (☎231 939 133; Rua Emídio Navarro 136; ⌚9:30~13:00和14:30~18:00) 提供住宿信息、城市和森林地图，可上网，很有帮助。

ℹ 到达和离开

有前往/离开科英布拉(€3.50，45分钟)的汽车，工作日每天4趟车，周六2趟车。每天有几趟前往/离开科英布拉B火车站(€2.50，25分钟)的火车。从火车站步行到城镇中心需15分钟。

埃什特雷拉山脉（Serra da Estrela）

森林覆盖下的埃什特雷拉山有一种原始的自然之美，是葡萄牙最好的徒步游地点之一。这里是葡萄牙大陆土地上最高的山脉（1993米），两大河流——蒙德古河（Rio Mondego）和泽泽雷河（Rio Zêzere）的发源地。曼泰加什（Manteigas）镇是徒步游和四处游览（冬天的时候还可以滑雪）的上好大本营。公园主要办事处（☎275 980 060；pnse@icnf.pt；Rua 1 de Maio 2, Manteigas；⏰周一至周五9:00~12:30和14:00~17:30）提供埃什特雷拉山脉国家公园里受欢迎的行走路线的详细信息——从镇上出发，或是从镇外开始；其他的办事处在Seia、戈韦亚和瓜达这三处地方。

住宿

Hotel Berne 酒店 €

（☎275 981 351；www.hotelberne.com；Quinta de Santo António, Manteigas；双/标三/四€65/80/105；P❄📶🏊）这家可爱的酒店位于小镇最低处，充满瑞士风情。房间里弥漫着木材的芳香，打扫得一尘不染，令人愉悦。许多房间可以看到曼泰加什小镇和上方山林的景色。附设有一家很赞的餐厅和一个宽敞的休息室。

★ **Casa das Penhas Douradas** 酒店 €€€

（☎275 981 045；www.casadaspenhasdouradas.pt；Penhas Douradas；标单€120~140，双€135~160；P❄@📶🏊）这家酒店位于曼泰加什和Seia之间的山顶上，无可挑剔。客房全都有充足的自然光，视野开阔，有些是斜面天花板，有的带迷人露台。因为秉持着一种为顾客提供舒适服务的原则，因此能让你看到各种便利细节，例如温水泳池、自行车和皮划艇、书籍和DVD，也提供水疗和按摩服务。

到达和离开

曼泰加什和瓜达（Guarda）之间在工作日有两趟定点巴士。从瓜达出发，有前往科英布拉和里斯本的巴士路线。

葡萄牙北部（THE NORTH）

葡萄牙北部在西班牙加利西亚自治区的下方，这片土地上有着葱郁的河谷、美妙的海岸线、石灰岩的山峰，还有未开发的森林。这里也是葡萄酒爱好者开怀畅饮的地方：它是爽口的vinho verde wine（一种年份不长、稍稍起泡的白葡萄酒或红葡萄酒）的产地，在多鲁河沿岸还有古老的葡萄园。波尔图是通往北部的门户。那是个迷人的水滨城市，兼具中世纪古城和现代城市的双重魅力。从雄伟的布拉加——该地区的宗教中心，到美丽的海边城市维亚纳堡，小一点的城镇和村庄也有其文化魅力。

波尔图（Porto）

人口238,000

黄昏时分从多鲁河对岸看去，浪漫的波尔图就像是从夕晖中弹跳出来的一座城市，像一个摇摇晃晃的五彩的梦。这里有中世纪的遗产，有高耸的钟楼，有奢华的巴洛克风格的教堂，有鳞次栉比的庄严的艺术建筑，缓缓流动的光辉将它们一一点亮。如果眯起眼睛，你会依稀辨认出敞开的窗扇、狭窄的巷弄，还有那一级级的台阶，曲曲折折不知通往何处。

波尔图河边的老城区是联合国教科文组织认定的世界文化遗产，行走在这座生机勃勃的城市，倾听着空中弥漫着的喧哗声，可以感觉到触手可及的历史。河的对岸，就是加亚新城（Vila Nova de Gaia）的霓虹灯招牌，那里是波尔图主要葡萄酒制造商的集中地。

景点和活动

河滨的Ribeira城区很适合闲庭信步，这里是了解城市历史的一个非凡窗口。沿着河畔步道，能看到一艘艘barcos rabelos（用于运送波尔图葡萄酒往返多鲁河的传统船只）在路易一世大桥（Ponte de Dom Luís I）投下的斑驳光影中起伏摇晃。

城中心以西几公里的地方，Foz do Douro是一处位于海边的郊区，夏季的周末在这里度过是再好不过了。长长的海滩正好适合散步，还有些许靠海的酒吧和餐馆。

★证券交易所宫 纪念建筑

（Palácio da Bolsa; Stock Exchange; Rua Ferreira Borges; 团队游成人/儿童 €7/4; ⌚4月至10月9:00~18:30，11月至次年3月9:00~12:30和14:00~17:30）这座新古典主义风格的宏伟建筑（建于1842~1910年）是为了纪念波尔图过去和现在的货币商人。走进入口有一座玻璃穹顶的国际大厅（Pátio das Nações），货币兑换业务曾经就是在这里进行的。但与内部的房间相比，这些就显得有些暗淡。可参加每30分钟1次的引导观光。

大教堂 大教堂

（Sé; Terreiro da Sé; 回廊成人/学生€3/2; ⌚4月至10月9:00~12:30和14:30~19:00，11月至次年3月至18:00）免费 从Praça da Ribeira出发，有许多建于中世纪的错综复杂的小巷和台阶蜿蜒向上，最终到达山顶这座宏伟的大教堂要塞。教堂建于12世纪，一个世纪后进行过大规模的重建，之后在18世纪又经历过一次大面积改造。不过，还是可以辨认出教堂整体的罗马式轮廓。内部有一扇玫瑰花窗和一座14世纪修建的哥特式回廊仍旧保持着当年的模样。

圣弗朗西斯科教堂 教堂

（Igreja de São Francisco; Praça Infante Dom Henrique; 成人/儿童€3.50/1.75; ⌚7月至9月9:00~20:00，3月至6月和10月至19:00，11月至次年2月至18:00）这座教堂位于Praça Infante Dom Henrique，从外面看是一座简朴的哥特式教堂，内部却呈现出令人眼花缭乱的巴洛克式风格，是葡萄牙最杰出的巴洛克风格范例之一。其中装饰的天使和肃穆的僧侣周围覆盖着将近100公斤的金叶子，几乎没有1寸是露在外面的。

水晶宫 公园

（Jardim do Palácio de Cristal; Rua Dom Manuel II; ⌚4月至9月8:00~21:00，10月至次年3月8:00~19:00）免费 这座美丽的植物园坐落在一片断崖顶上，是波尔图最受欢迎的休闲地之一。草坪上交错着一条条光影斑驳的小径，四处散落着喷泉、雕像，生长着巨大的木兰树、山茶、柏树和橄榄树。它其实就像是一幅由一片片小花园拼接组成的马赛克镶嵌画，随着你漫步深入才一点一点露出真正面目——就像从这里看到的城市和多鲁河的旖旎风光。

当代艺术博物馆 博物馆

（Museu de Arte Contemporânea; www.serralves.pt; Rua Dom João de Castro 210; 成人/儿童博物馆和公园 €8.50/免费，公园 €4/免费; ⌚周二至周五10:00~19:00，周六和周日10:00~20:00，冬季时间缩短）这处墙面刷白的极简主义空间非常引人注目，由活跃于波尔图的著名建筑师阿尔瓦罗·西塞·维埃拉（Álvaro Siza Vieira）设计。先锋艺术展览都在Casa de Serralves举行，这是一座具有优美的装饰艺术风格的粉红色大楼。有一场永久展览，展出的是从20世纪60年代末直至当下的作品。两座博物馆只用一张门票，它们都位于占地18公顷的塞拉尔维斯公园（Parque de Serralves）之中。

苏亚雷斯国家博物馆 博物馆

（Museu Nacional Soares dos Reis; www.museusoaresdosreis.pt; Rua Dom Manuel II 44; 成人/儿童€5/免费，周日10:00~14:00免费; ⌚周三至周日10:00~18:00，周二14:00~18:00）是波尔图最好的艺术博物馆，展出的都是一流作品，从新石器时代的雕刻到现代主义作品都有。位于宏伟的Palácio das Carrancas中。

Teleférico de Gaia 缆车

（www.gaiacablecar.com; 单程/往返€5/8; ⌚旺季10:00~20:00，淡季10:00~18:00）不要错过Teleférico de Gaia上的这趟旅程，它就像一条遨游空中的贡多拉小船，短短的5分钟行程，便能俯瞰下方的多鲁河和波尔图，可以一饱眼福。缆车架在路易一世大桥的南端和河岸之间。

Taste Porto Food Tours 导览团队游

（☎967 258 750; www.tasteportofoodtours.com; 成人/儿童€55/40; ⌚团队游周二至周六10:30，周二至周五16:30）饿了吗？好的，松松腰带，准备好开始这些极好的半日美食之旅吧，途中你可以品尝波尔图最唯美的慢烤猪肉三明治、巧克力泡芙、上等葡萄酒、奶酪和咖啡等各种美食。

Porto 波尔图

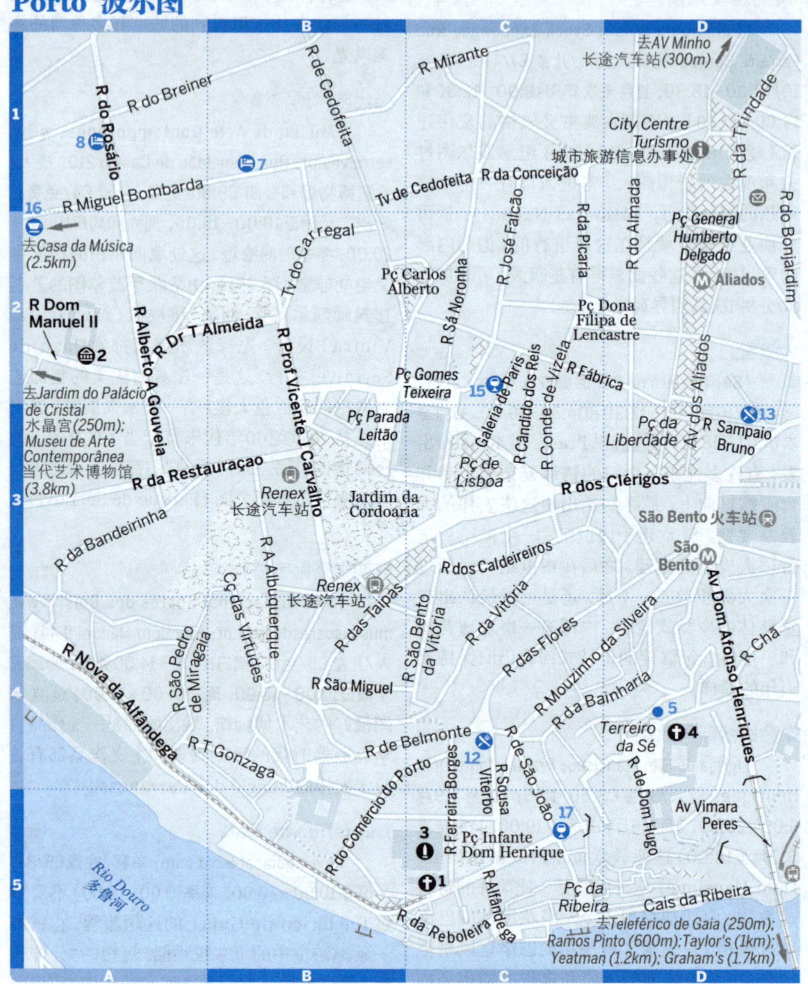

We Hate Tourism Tours 导览团队游

(☎913 776 598; http://wehatetourismtours.com/oporto; 全日团队游约€40) 如果想避开针对游客而设的陷阱，直抵城市的灵魂所在，那么WHTT就是最佳选择。这里的导游，如André，对波尔图充满了热情。

节日和活动

塞拉尔维斯艺术节 文化

(Serralves Em Festa; www.serralvesemfesta.com) 这一文化盛事于每年的6月初举行，要一连持续40个小时，跨越一个周末。主要活动是在塞拉尔维斯公园举行，有音乐会、先锋话剧和为儿童准备的活动。城市其他地方也都会举办各种露天活动。

圣约翰节 宗教

(St John's Festival, Festa de São João) 波尔图最盛大的派对，在6月的一个晚上举行，届时城市里会有各种音乐表演、竞赛和狂欢派对。寻欢作乐的人们还会拿着吱吱作响的塑料锤敲打彼此的脑袋（提醒你了哦）。

Porto 波尔图

景点

活动、课程和团队游

住宿

就餐

饮品和夜生活

娱乐

摇滚庆典之夜（Noites Ritual Rock） 音乐

8月末举行，持续整个周末的疯狂的摇滚演出。

住宿

★Gallery Hostel 青年旅舍 €

（☎224 964 313; www.gallery-hostel.com; Rua Miguel Bombarda 222; 铺€22~24，双 €64，标三 €80; ❄📶）这家旅舍是真正的游客住宿中心，宿舍和双人间干净舒适，还有一座玻璃围起来的阳光后院、一座绿色露台、一间电影室、一个公用厨房和一间酒吧音乐厅。可参加这里组织的免费徒步团队游，店家还可应要求提供家常晚餐，也有波尔图葡萄酒品尝和音乐会，看完这些你就会明白为什么经常预订一空了——一定要提前预约。

Tattva Design Hostel 青年旅舍 €

（☎220 944 622; www.tattvadesignhostel.com; Rua do Cativo 26-28; 铺€10~20，双€47~60，四€75~100; @📶）这家旅舍深谙背包客的需求。设施很棒，房间装饰迷人、考虑周到：大大的寄物柜，采光好，有布帘，保护了隐私，每间都有浴室和阳台。露天的屋顶休息室是日暮后小酌的好地方。此外还会组织免费的徒步团队游。

6 Only 客栈 €€

（☎222 013 971; www.6only.pt; Rua Duque de Loulé 97; 房€70~80; @📶）这家精心修复过

值得一游

穿过多鲁河两岸的葡萄园

多鲁河是葡萄牙最知名的河流，流经这个国家乡村的中心地带。在多鲁河的上游，河岸两边陡峭的梯田坡地上种植的是生产波尔图葡萄酒的葡萄，远处点缀着石头砌成的村庄。春天的时候盛开着耀眼的白色杏花。

可以乘船顺着多鲁河穿越葡萄牙。强烈推荐搭乘火车从波尔图出发，前往Pinhão（€11，行程2.5小时，每天5趟火车），这条路线的最后70公里就在多鲁河旁；到达Pinhão后，火车继续前进，前往波西尼奥（Pocinho，从波尔图出发的话，€13，行程3.25小时）。

Porto Tours（☎222 000 045；www.portotours.com；Calçada Pedro Pitões 15, Torre Medieval；⏰10:00~19:00）就在波尔图的大教堂旁，组织团体游，内容包括乘船欣赏多鲁河的田园风光。

也可以骑自行车或开车沿着靠河岸的道路浏览，一路上还可以参观葡萄酒厂（查询www.dourovalley.eu，看一看哪些葡萄酒厂对游客开放，选择范围很广）。也可以在葡萄园中风景如画的小屋里过夜。

的客栈只有6间房，设计简洁但不失时尚的细节，将古老（例如铸铁装饰的阳台）和当代风格轻松融合在一起。附设一间休息室、一间禅意庭院，员工都很友好。

ROSA ET AL Townhouse 客栈 €€

（☎916 000 081；www.rosaetal.pt；Rua do Rosário 233；房€98~228；📶）这家华丽的、精心打造的客栈位于波尔图最拥挤的艺术区的一排连栋房屋中，6个套间都有硬木地板和独立的爪形足浴缸，后面还有个可爱的花园。餐厅周末会提供美味的早午餐和下午茶。有轮替展览、烹饪工坊和其他有趣活动。早餐每间房加收€30。

Yeatman 度假村 €€€

（☎220 134 200；www.the-yeatman-hotel.com；Rua do Choupelo 88；标单€270~320，双€285~335，套€615~1100；❄📶🏊）名字来源于Taylor家族最早的创建者之一，是波尔图唯一真正的五星级度假村。隐藏在加亚新城的山腰上，能看到多鲁河和波尔图的壮丽景色。有米其林星级主厨，带私人露台的巨大客房和套间，玻璃水瓶形的游泳池，梦幻的Caudalie水疗中心还有罗马式浴场，总之你能想得到的一切设施这里都有。

就餐

★博尔豪市场 市场 €

（Mercado do Bolhão；Rua Formosa；⏰周一至周五7:00~17:00，周六至13:00）19世纪的铁艺建筑，其中的市场生意兴隆，出售各种生鲜食品，包括奶酪、橄榄、熏肉、香肠、面包等。在最热闹的周五和周六早晨，这里还会摆满便宜的食品摊，你甚至可能吃到早上还在大西洋里游动的新鲜鱼，或者也可以品尝当地产葡萄酒和奶酪。

Casa Guedes 小酒馆 €

（Praça dos Poveiros 130；主菜€4~9；⏰周一至周六8:00至午夜）来这里是为了品尝美味量足又便宜的食物，或者是著名的猪肉三明治，全天供应。

Flor dos Congregados 葡萄牙菜 €€

（Travessa dos Congregados 11；主菜 €8~16；⏰周一至周三18:30~23:00，周四至周六12:00~15:00和18:00~23:00）这家由家庭经营的餐厅隐藏在一条狭窄小巷中，内部光线柔和，房间是石头墙壁，有木梁，角落里悬挂着艺术品。黑板上的菜单经常随季节更换。

Café Majestic 咖啡馆 €€

（Rua Santa Catarina 112；主菜€10~18；⏰9:00至午夜）这里是波尔图最著名的茶叶商店，其中有很多欢腾天使图案的镀金木雕和皮革椅子。盘着金色发辫的侍者会为你呈上雅致的早餐，下午茶或简餐——从经典的francesinha三明治到最健康的沙拉都有。有一座铺砌过的露台。

★DOP

葡萄牙菜 €€€

（☎222 014 313；www.ruipaula.com；Largo de S Domingos 18；品尝菜肴€65；⏲周一19:00~23:00，周二至周六12:30~15:00和19:00~23:00）位于波尔图最时尚的艺术宫（Palácio das Artes），有高高的天花板，采用整洁的单色调装饰。经常操办宴会的大厨Rui Paula会采用出色食材制作创意十足的时令菜肴。

饮品和夜生活

Rua Galeira de Paris酒吧林立，附近的街道大多数晚上都挤满了饮酒狂欢的人。往下走，来到广场的露天酒吧，这里是饮酒观景的不错选择。

Rota do Chá

茶室

（www.rotadocha.pt；Rua Miguel Bombarda 457；茶€2.50；⏲周一至周四11:00~20:00，周五和周六正午至午夜，周日13:00~21:00）这家波希米亚风情的咖啡馆有一座乡村风格的绿色后花园，在那里，学生们和美术馆观众们围坐在矮桌边，品尝着菜单上按地区划分的300多种茶。

Casa do Livro

休闲酒吧

（Rua Galeria de Paris 85；⏲21:30至次日4:00）古老的墙纸、镀金的镜子，整墙整墙的书架，这个淡啤酒和葡萄酒吧有浑然天成的魅力。周末的时候DJ们在后面的房间播放着放克、灵魂、爵士和怀旧音乐。

Vinologia

葡萄酒吧

（Rua de São João 46；⏲16:00至午夜）这家舒适的葡萄酒吧是个痛饮波尔图好酒的美妙地点，有超过200种不同选择。如果爱上某种酒，一般可以整瓶买走（甚至邮寄一箱回家）。

☆娱乐

★Casa da Música

现场音乐

（House of Music；☎220 120 220；www.casadamusica.com；Avenida da Boavista 604）这里可谓波尔图音乐的麦加，宏伟而极简，复杂而纯粹。其正中央是一座鞋盒状的音乐厅，精心的设计适宜演奏从爵士二重奏到贝多芬《第九交响乐》在内的所有曲目。

Maus Hábitos

表演艺术

（www.maushabitos.com；Rua Passos Manuel 178，四楼；⏲周三和周四正午至次日2:00，周五和周六正午至次日4:00）名字的意思是“坏习惯”，这里是一家充满艺术气息的休闲文化活动举办地。墙壁被不断更换的展品和极富想象力的装置作品所装饰，小舞台上有现场乐队和DJ们演奏音乐。

实用信息

城市旅游信息办事处（City Centre Turismo；☎223 393 472；www.visitporto.travel；Rua Clube dos Fenianos 25；⏲旺季9:00~20:00，淡季9:00~19:00）城市turismo的主要办事处，有详细的城市地图、交通地图和*Agenda do Porto*文化活动月历，也有一些其他印刷资料。

邮政总局（Praça General Humberto Delgado广场）就在主要旅游办事处的对面。

Santo António医院（☎222 077 500；www.chporto.pt；Largo Prof Abel Salazar）有说英语的员工。

游客警察局（Tourist Police；☎222 081 833；Rua Clube dos Fenianos11；⏲8:00至次日2:00）在主要旅游办事处旁边的一间多语种警察站。

到达和离开

飞机

波尔图机场（见993页）每天都有航班从里斯本和伦敦飞来；波尔图和其他欧洲城市也有直飞航班，易捷航空和瑞安航空的欧洲航班最多。

长途汽车

波尔图有多家私营巴士公司，开往多个目的地；从主要旅游办事处可以得到这方面的帮助。总的来说，到里斯本和阿尔加维地区可以选择**Renex**（www.renex.pt；Campo Mártires de Pátria 37）或**Rede Expressos**（☎222 006 954；www.rede-expressos.pt；Rua Alexandre Herculano 366）。**欧洲巴士**（www.eurolines.com）的巴士开往西班牙的马德里（途经瓜达，€50，行程10小时）和圣地亚哥—德孔波斯特拉（Santiago de Compostela；途经布拉加，€33，行程4小时）。

巴士公司从Praceto Régulo Magauanha或是其附近出发，紧邻Rua Dr Alfredo Magalhães：**Transdev-Norte**（www.transdev.pt）开往布拉加

(€6)；**AV Minho**(www.avminho.pt)开往维亚纳堡(€8)。

火车

波尔图是葡萄牙北部的铁路枢纽。Campanhã的火车站，在城中心以东2公里的地方，所有的国际火车班次和城市间班次都从这里发车。

在**São Bento火车站**，你可以预订到其他目的地的火车票。

当地交通

抵离机场

搭乘地铁的"紫罗兰"(violet)E路线，到达机场很方便。从机场出发到市中心，单程费用€1.85，行程45分钟。搭乘日间的出租车前往/离开市中心，花费€20~25。

> **不要错过**
>
> **品味波尔图葡萄酒**
>
> **加亚新城**(Vila Nova de Gaia)与波尔图隔着多鲁河相望，这里有绝美的桥梁，与后者共享一份波尔图葡萄酒酿造历史，因而也深深地融入了波尔图城市的肌理之中。从18世纪中叶开始，波尔图葡萄酒的装瓶工和出口商就开始选择加亚新城作为寄存仓库。
>
> 今天，河岸上的这些寄存仓库还有大约30间，它们绝大多数都对公众开放了酒窖团队游和品尝项目。其中最好的一些包括**Taylor's**(☎223 742 800；www.taylor.pt；Rua do Choupelo 250；团队游€5；⏲周一至周五10:00~18:00，周六和周日至17:00)、**Graham's**(☎223 776 484；www.grahams-port.com；Rua do Agro 141；团队游€5~20；⏲4月至10月9:30~18:00，11月至次年3月9:30~17:30)和**Ramos Pinto**(☎223 707 000；www.ramospinto.pt；Av Ramos Pinto 400；团队游和品尝€5；⏲5月至10月每天10:00~18:00，4月周一至周五10:00~18:00，11月至次年3月周一至周五9:00~17:00)。

公共交通

花上€0.60买一张可充值的**Andante交通卡**，节约搭乘交通的花费，可以搭乘公交车、地铁、索道和有轨电车。在STCP亭或是报刊摊有售。24小时票花费为€7，可乘坐除有轨电车外的所有公共交通工具。

公共汽车

波尔图的公交系统覆盖广泛，主要的枢纽有Jardim da Cordoaria、Praça da Liberdade(广场)和São Bento火车站。上车后购票，单程€1.20/1.85(持/不持Andante交通卡)。

缆索铁路

Funicular dos Guindais(单程 €2；⏲8:00~22:00，冬季时间缩短)缆索铁路建在从Avenida Gustavo Eiffel到Rua Augusto Rosa之间陡峭的斜坡之上，来回穿梭，可以俯瞰全景画面。

地铁

目前，波尔图的**地铁**(www.metrodoporto.pt)有6条城市路线，都在Trinidade站点会合。使用Andante交通卡花费€1.20。也出售各种24小时有效的车票(€4.15起)。

有轨电车

波尔图有3条古老的有轨电车路线，绕市中心缓慢行进。其中最有用的是1E路线，沿着多鲁河行驶，到达Foz城区。单次乘坐的票价为€2.50。

出租车

横穿市内，花费€5~8。晚上加价20%，如果出城区，还有额外的收费，加亚新城包括在城区之内。整个市中心区域都有出租车候车区，也可以电话叫车(☎225 076 400)。

维亚纳堡区(Viana do Castelo)

人口38,000

维亚纳堡是绿色海岸(Costa Verde)的瑰宝，既有迷人的中世纪中心，又有可爱的海滩，海滩就在城外。除了美丽的自然风光外，这里的海鲜也堪称一绝，而且举行一些盛大的传统节日纪念活动，其中就包括8月盛大的**圣母受难节**(Festas da Nossa Senhora da Agonia)。

景点

市中心是庄严的**Praça da República**广场，广场上有精美的喷泉和雄伟的建筑，其中就有16世纪的教堂**Misericórdia**，以前是救济院。

圣卢西亚山（Monte de Santa Luzia） 山

游览维亚纳堡这座长满桉树的228米高的小山有两大充分理由。一是，向下能俯视海岸，向上能远眺利马（Lima）山谷。二是，山顶上有一座20世纪兴建的新拜占庭风格的**耶稣圣心教堂**（Templo do Sagrado Coração de Jesus; Temple of the Sacred Heart of Jesus; ⏲11:00~13:00和15:00~20:00）免费。从一楼博物馆入口进去，乘坐电梯，然后再登上一座狭窄到几乎要刮伤胳膊肘的楼梯，爬到满是涂鸦的屋顶，这里离"天堂"更近一点。

Praia do Cabedelo 海滩

（⏲渡轮9:00~18:00）维亚纳堡区海滩是米尼奥（Minho）最好的海滩之一，有一条1公里长的弧形海滩，上面都是金色的细沙。旁边的沙丘上长满青草，背后是一片涛声阵阵的松林。从城镇中心出发，要过河，最好是从Largo 5 de Outubro南边的码头搭乘**渡轮**（单程/往返€1.40/2.80，12岁以下半价，6岁以下免费），行程为5分钟。

食宿

Ó Meu Amor 客栈 €

（☎258 406 513; www.omeuamor.com; Rua do Poço 19; 标单/双不带浴室€25/45; @📶）这家客栈隐藏在城市历史中心的一座不规则的联排建筑中，是镇上住宿的最佳选择。有9间可爱的房间，公用浴室。顾客可使用厨房和舒适的起居室。

Margarida da Praça 客栈 €€

（☎258 809 630; www.margaridadapraca.com; Largo 5 de Outubro 58; 标单€60~75，双€78~88; @📶）这家精品旅馆设计上充满了奇思妙想，主题客房是醒目的粉红色、海蓝色和白色色调，还有时髦的花卉壁纸、枝状大烛台和豪华的羽绒被。同样时髦的大厅在夜间会有烛光闪烁。

Taberna do Valentim 海鲜 €€

（Campo do Castelo; 主菜€9.75~12.50; ⏲周一至周六12:30~15:00和19:30~22:00）这家海鲜餐馆光线明亮、氛围热闹，新鲜烤鱼按公斤出售，还有浓郁的海鲜炖菜——鱼米饭（arroz de tamboril）和炖鱼（caldeirada）。

O Pescador 海鲜 €€

（☎258 826 039; Largo de São Domingos 35; 主菜 €9.50~15.50; ⏲周一至周六12:00~15:00和19:00~22:00，周日12:00~15:00）这家由家庭经营的餐厅很受当地人欢迎，装修简单，服务友好，提供美味的海鲜和午间特色菜（€6.50起）。

到达和离开

每天有5~10趟火车前往波尔图（€7~8，行程1.5小时），也有特快巴士（€8，行程1~1.5小时）。

布拉加（Braga）

人口143,000

布拉加是葡萄牙的第三大城市，美丽的教堂建筑群是它的骄傲，在古老的广场和窄小巷陌上方，可以隐约看到这些华丽的巴洛克风格教堂的正面。生机勃勃的咖啡馆、整洁的小店，还有不错的餐馆，都为这座历史中心城市增添魅力。

景点

大教堂 教堂

（Sé; www.se-braga.pt; Rua Dom Paio Mendes; ⏲旺季8:00~19:00，淡季9:00~18:00）这座非凡的葡萄牙最古老的大教堂，于1070年大主教区恢复之后开建，一个世纪后竣工。不规则伸展的教堂建筑群糅合了多种建筑风格，建筑爱好者们可以愉快地花上半天时间从曼努埃尔式肌理和巴洛克式装饰中找找罗马式风骨。

仁慈耶稣阶梯（Escadaria do Bom Jesus） 宗教场所

仁慈耶稣阶梯距离布拉加5公里，是教徒们的朝圣之地。这里的台阶非同寻常，边上有寓言喷泉、礼拜堂，还有极佳的景色。从布

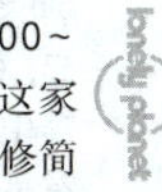

拉加搭乘2路城市公交车就能到达此处，发车频繁。从那里你可以攀登阶梯（朝圣者们有时会膝行前进），也可乘坐缆车（单程/往返€1.20/2）。

住宿

Pop Hostel 青年旅舍 €

（☎253 058 806；http://bragapophostel.blogspot.co.uk；Rua do Carmo 61；铺/双€17/40起；@📶）这座舒适的小旅舍位于一间顶楼公寓中，新近落成。有一间彩色休息室，阳台上有吊床，店主友好并知道城里所有最好的餐馆和酒吧。还可以租赁自行车和报名参加团体游。

★ Portuguez Inn 客栈 €€

（☎962 130 549；www.portuguezinn.pt；Rua Dom Frei Caetano Brandão 154；每2/4人€96/156；P❄📶）这家隐藏在离市中心的住宿处自称是"世界上最小的客栈"。虽然小，但是6个特色元素却构成了一个时尚的微观世界：建于1世纪的罗马下水道，舒适的顶楼起居室，葡萄牙元素的装饰品包括羊毛毯、陶瓷燕子、手工皂和棉布玩偶。

Hotel Bracara Augusta 精品酒店 €€

（☎253 206 260；www.bracaraaugusta.com；Avenida Central 134；标单/双€79/99；P❄@📶）这家时髦宏伟的联排建筑中有明亮的现代化客房，里面铺有镶木地板、具有古典风格的装饰和大理石地板浴室。

就餐

Anjo Verde 素食 €

（Largo da Praça Velha 21；主菜€7.50~8.60；⏰周一至周六12:00~15:00和19:30~22:30；🌿）布拉加的这家素食餐馆，菜肴卖相华丽典雅，餐厅通风透气良好。可以选择素食烤宽面，调味饭和蔬菜馅饼。主菜可能有些平淡，但巧克力果馅饼超赞。

Cozinha da Sé 葡萄牙菜 €€

（Rua Dom Frei Caetano Brandão 95；主菜€10~14；⏰周三至周日午餐和晚餐，周二晚餐）布拉加的这座餐厅私密而令人愉悦，裸露的石墙上挂有当代艺术作品。传统菜式中的亮点包括烤bacalhau（腌鳕鱼）和açorda de marisco（面包碗炖海鲜）。

实用信息

Turismo（☎253 262 550；www.cm-braga.pt；Avenida da Liberdade 1；⏰6月至9月周一至周五9:00~19:00，周六和周日9:00~12:30和14:00~17:30，淡季时间缩短）布拉加的这家旅游办事处位于一座装饰艺术风格的大楼中，门前有喷泉，能提供实用信息。

到达和离开

里斯本（€33，行程3.5~4.5小时）、科英布拉（€16~20，行程1.75~2.5小时）和波尔图（€3.10，行程50分钟）有火车定点发车到达此地，每天都有火车往北开往维亚纳堡。**AVIC**（☎253 203 910；Rua Gabriel Pereira de Castro 28；⏰周一至周五9:00~19:00，周六9:00~12:30）租赁汽车，每日租车费用€35起。

佩内达—热尔国家公园（Parque Nacional da Peneda-Gerês）

这是一片面积巨大的公园，横跨4座壮观的花岗岩山丘，有险峻的山峰、陡峭的山谷、铺满金雀花的高沼地，还有橡树林和松树林。这里还有100多座花岗岩建成的村庄，自12世纪葡萄牙建立以来，这些村庄就几乎没有改变过。对于热爱大自然的人们来说，这里的风景在葡萄牙可谓无与伦比，很适合露营、徒步旅行及其他户外探险活动。公园的主要中心在宁静的温泉村庄Vila do Gerês。

活动

徒步游

车道和人行道穿过公园，其中一些靠近村庄，可以找到食宿地。从公园的办事处可以找到相关细节信息的宣传单。

在村庄Vila do Gerês的日间徒步游很受欢迎。要探险的话，就选择**古罗马路线**（old Roman road），从Mata do Albergaria（沿着山谷往上，距离村庄Vila do Gerês 10公里的地方）出发，经过**Vilarinho das Furnas**水库，来到Campo do Gerês。更远的目的地包括**Ermida**和**Cabril**，这两处都有基本的住宿。

骑车和骑马

在Campo do Gerês（村庄Vila do Gerês东北方向15公里处），**Equi Campo**（☎253 161 405；www.equicampo.com；⊙6月至8月每天9:00~19:00，9月至次年5月周六和周日9:00~19:00）租赁山地自行车。此处还有导游，指导骑马游、徒步游或是徒步/攀爬/绳索下降三结合的项目。

水上运动

Rio Caldo位于村庄Vila do Gerês以南8公里的地方，是Caniçada水库水上运动的基地。由英国人运营的**AML**（☎253 391 779；www.aguamontanha.com；Lugar de Paredes）租赁皮划艇、脚踏船、划艇和小型的汽艇。也组织沿Albufeira de Salamonde的皮划艇之旅。

食宿

村庄Vila do Gerês有很多客栈（pensões），但是很多已被夏季前来参加温泉治疗的病人预订，空房很少。

Parque Campismo de Cerdeira 露营地 €
（☎253 351 005；www.parquecerdeira.com；人/帐篷/汽车€5.90/5/5，别墅€70；⊙全年；P 🛜 🏊）位处Campo de Gerês，宿营地在橡树的掩映之下，可以洗衣，有水池、迷你市场和一个非常不错的餐馆。环保型的别墅开门就是无与伦比的山景。

★**Peneda Hotel** 酒店 €€
（☎251 460 040；www.penedahotel.pt；Lugar da Peneda，Arcos de Valdevez；标单/双€70/75；P 🛜）这座山地住宿处曾经是Igreja Senhora de Peneda教堂朝圣者们的小窝，其背后有一座瀑布，下面有一条汩汩流淌的小溪。客房极其舒适，有金色木地板、法式窗户，能看到峡谷那边古雅的佩内达村。还有一间很不错的餐厅。

Beleza da Serra 客栈 €€
（☎253 391 457；www.bserra.com；Lugar do Bairro 25，Vilar da Veiga；双/标三€62.50/78.50；P ❄ 🛜）这座位于水滨的客栈能眺望到Vila do Gerês以南4.5公里处的Caniçada Reservoir水库，氛围友好，是很棒的徒步和皮划艇运动基地。客房简单、干净、舒适，餐厅提供的都是当地食物。

实用信息

公园的总办事处是**Adere-PG**（☎258 452 250；www.adere-pg.pt；Largo da Misericórdia 10；⊙周一至周五9:00~12:30和14:30~18:00），在Ponte de Barca。在此处可以获取关于公园的信息，还可以预订农舍或是其他的公园住宿。

到达和离开

公园里缺乏交通设施，所以最好自备。可以在布拉加租赁汽车。

生存指南

出行指南

签证

申根签证（见1302页）适用。申请葡萄牙申根签证的详情请参见葡萄牙驻华使馆网站（www.portugalembassychina.com）及葡萄牙签证中心（www.vfsglobal.com/portugal/china/）。

现金

葡萄牙各处都有多家带自动取款机的银行。中高档酒店、餐馆和商店接受信用卡。葡萄牙全境的ATM均可以使用银联卡提取欧元，请留意ATM上的银联或Multibanco的标志。带IC芯片的银联卡可在SIBS的ATM提取现金。

使领馆

中国驻葡萄牙大使馆[☎00351-21 392 8430；

> **国家速览**
>
> **面积** 91,470平方公里
>
> **首都** 里斯本
>
> **国家代码** ☎351
>
> **货币** 欧元（€）
>
> **紧急情况** ☎112
>
> **语言** 葡萄牙语
>
> **现金** 自动柜员机很普遍，银行周一至周五营业
>
> **签证** 申根签证适用

pt.china-embassy.org/chn/; chinaemb_pt@mfa.gov.cn; RUAPAU DE BANDEIRA, 11-13 (A LAPA), 1200-756, LISBOA, PORTUGAL]

营业时间

全年营业时间不同。我们提供的是旺季营业时间；在淡季，营业时间一般都会缩短。

银行 周一至周五8:30~15:00

酒吧 19:00至次日2:00

咖啡馆 9:00~19:00

商场 10:00~22:00

夜店 周四至周六23:00至次日4:00

邮局 周一至周五8:30~16:00

餐馆 一般是11:30~15:00，晚餐是18:00~23:00，有些闹市区餐馆始终营业。除非是知名餐馆，否则不用预约

商店 周一至周五9:30~12:00和14:00~19:00，周六10:00~13:00

节假日

新年（New Year's Day）1月1日

星期二狂欢节（Carnaval Tuesday）2月/3月——复活节前的第7个圣灰星期三的前一天

耶稣受难日（Good Friday）3月/4月

自由日（Liberty Day）4月25日——庆祝1974年革命

劳动节（Labour Day）5月1日

基督圣体节（Corpus Christi）5月/6月——复活节后的第9个星期四

葡萄牙日（Portugal Day）6月10日——也被称为贾梅士日暨葡侨日（Camões and Communities Day）

圣母升天日（Feast of the Assumption）8月15日

共和国日（Republic Day）10月5日——纪念1910年葡萄牙共和国成立

万圣节（All Saints' Day）11月1日

独立日（Independence Day）12月1日——纪念1640脱离西班牙统治取得独立

圣母无染原罪瞻礼（Feast of the Immaculate Conception）12月8日

圣诞节 12月25日

住宿

葡萄牙的住宿条件总的来说非常超值。经济型住处价格位于西欧最低之列。在改造后的城堡、豪宅和农舍里，也有颇具情调的住处。

季节

旺季 6月中旬至9月中旬

平季 5月至6月中旬，9月中旬至10月

淡季 11月至次年4月

生态旅游和农庄住宿

Turismo de Habitação（www.turihab.pt）一个历史遗产或是乡村产业的私人产业网，从17世纪的庄园到古朴的农舍，再到自助农家小屋，不一而足。双人间的费用是€60~120。

POUSADAS

这些住处以前都是城堡、修道院或宫殿，由政府经营，通常都位于景色壮丽之处。从旅游办事处或是**Pousadas de Portugal**（www.pousadas.pt）可以获取详细信息。

客栈

最常见的类型就是residencial和pensão：通常为家庭经营，房间简单。有些房间共用浴室，更为便宜。带浴室的双人间价格通常是€40~60。

青年旅舍

葡萄牙时髦背包客住宿处的数量在不断增加中，里斯本更是如此。葡萄牙全国有超过30处**青年旅舍**（pousadas da juventude; www.pousadasjuventude.pt）都在国际青年旅舍联盟之下。宿舍房间的平均价格为€20左右。

露营

Roteiro Campista（www.roteiro-campista.pt）上有葡萄牙露营地的详细列表，每年都有更新，书店有售。**Orbitur**（www.orbitur.pt）经营的一些地点是最时髦漂亮的。

电话

葡萄牙的国家区号为☎351。国内没有区号。葡萄牙境内的手机号为9位数，开头数字为☎9。

信息查询拨打☎118，对方付费电话拨打☎120。

住宿价格区间

下列价格区间指的是旺季带私人浴室的双人间，通常包括早餐在内，除非另有说明。

€ 低于€60

€€ €60~120

€€€ 高于€120

就餐价格区间

下列价格区间指的是一道主菜的价格。

€ 低于€10

€€ €10~20

€€€ 高于€20

电话卡在邮局、报刊点和烟草零售店有售，面值有€5和€10两种。

网络资源

Lonely Planet（www.lonelyplanet.com/portugal）

Portugal Tourism（www.visitportugal.com）

到达和离开

飞机

TAP（www.flytap.com）是葡萄牙国际航空，也是其主要的国内航空。以下是葡萄牙主要的机场：

法鲁机场（FAO；☎289 800 800；www.ana.pt）

里斯本机场（LIS；☎218 413 500；www.ana.pt）

波尔图机场（OPO；☎229 432 400；www.ana.pt）

陆路

长途汽车

英国—葡萄牙和法国—葡萄牙的欧洲线路途经西班牙的西北地区并到达葡萄牙。主要运营商有：

Alsa（www.alsa.es）

Avanza（www.avanzabus.com）

Damas（www.damas-sa.es）

欧洲巴士（Eurolines；www.eurolines.com）

Eva（☎289 899 760；www.eva-bus.com）

火车

Renfe（www.renfe.com）运营的Sud Express（特快）火车路线从西班牙出发，最受欢迎，在马德里和里斯本之间的路线中有晚间的卧铺车厢。

其余两个西班牙—葡萄牙过境点分别在Valença do Minho和埃尔瓦什（Elvas）附近的加亚（Caia，西班牙称Caya）。

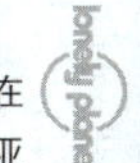

当地交通

飞机

TAP（见本页；www.flytap.com）常年都有里斯本—波尔图和里斯本—法鲁的每日航班（不到1小时）。

自行车

在所有的地区火车或是地区间火车上，自行车都是作为携带行李免费运送的。周末的时候有些郊区路线上也可以携带自行车。葡萄牙国内的大部分公共汽车不运载自行车。

公共汽车

众多的小巴士运营公司合并成为地区公司，在全国形成了密集的巴士路线。最大的公司

特色饮食

- **海鲜** 炭烤鱿鱼（lulas）、章鱼（polvo）或是沙丁鱼（sardinhas）。其他美味有铜锅海鲜加香肠（cataplana）、大份的炖鱼（caldeirada）和面包炖虾（açorda de mariscos）。
- **一年四季的鳕鱼** 葡萄牙人有几十种烹制腌鳕鱼（bacalhau）的方法。尝一尝鳕鱼丁煎土豆鸡蛋（bacalhau a brás）、鳕鱼蛋奶酥（bacalhau espiritual）或是奶油碎奶酪烤鳕鱼（bacalhau com natas）。
- **畜禽类** 伊比利亚黑猪（Porco preto）、烤乳猪（leitão）、面包加肉肠（alheira，以前是犹太食品）、烤小山羊（cabrito assado）和鸭肉调味饭（arroz de pato）。
- **饮品** 多鲁河谷的波尔图葡萄酒和红葡萄酒，来自米尼奥的清澈、半起泡的葡萄酒（alvarinho和vinho verde），还有来自阿连特茹（Alentejo）和比拉斯（Beiras）特别是Dão地区的红葡萄酒——不太为人所知，却非常出众。
- **糕点** pastel de nata（葡式蛋挞）极富传奇色彩，尤其是贝伦城区出产的。其余美味包括：travesseiros（杏仁鸡蛋糕点）和queijadas（迷你奶酪）。

交通

从葡萄牙出发横跨大陆，需经过西班牙。经过两国边境的选择有：从阿尔加维的圣安东尼奥雷亚尔城（Vila Real de Santo António）的渡口出发，前往西班牙的塞维利亚。也可以从埃尔瓦什（Elvas）出发，到达西班牙边境附近的巴达霍斯，或是从北部瓦伦萨（Valença do Minho）的铁路线出发，前往西班牙加利西亚的圣地亚哥—德孔波斯特拉。

有Rede Expressos（☎707 223 344；www.rede-expressos.pt）、Rodonorte（☎259 340 710；www.rodonorte.pt）和Algarve line Eva。

大多数汽车站的售票窗口会给你打印车票，大型车站外通常都张贴有路线和时刻表。

汽车等级

特快（Expressos）往返于大型城市、舒适快捷的汽车。

快车（Rápidas）地区间的高速汽车。

慢车（Carreiras）有CR的标识，在每个路口都要停车。

汽车和摩托车

汽车协会

Automóvel Clube de Portugal（ACP；☎213 180 100；www.acp.pt）和更加知名的外国汽车俱乐部之间有互惠协议。提供医疗、法律和故障援助。24小时紧急求助电话是☎707 509 510。

租赁

在葡萄牙租用汽车至少要年满25岁，取得本国驾照一年以上。租用排气量为50cc的小型摩托车必须超过18周岁，持有效驾驶证。

交通规则

在城市和中心区域，机动车限速每小时50公里，一般道路限速90公里，高速路限速120公里。

葡萄牙关于酒驾的法律很严格，血液中酒精含量达到0.05%就是酒驾。

火车

Caminhos de Ferro Portugueses（CP；www.cp.pt）覆盖全国铁路路线，通常来说效率较高。

主要有4种长途列车服务。注意国际路线在时刻表上有“IN”标识。

地区（Regional，时刻表上标识为R）随处要停的慢车。

地区间（Interregional，标识为IR）比较快。

快车（Intercidade，标识为IC）/**Rápido**特快火车。

豪华（Alfa Pendular）最快，价格也最贵。

罗马尼亚

包括 ➡

最佳餐饮

- Central Park（见1007页）
- Casa Bunicii（见1015页）
- Caru' cu Bere（见1000页）
- Crama Sibiul Vechi（见1009页）
- Bistro de l' Arte（见1004页）

最佳住宿

- Casa Georgius Krauss（见1007页）
- Casa Reims（见1003页）
- The Guest House（见1005页）
- Hotel Central（见1011页）
- Hostel Costel（见1014页）

为何去

罗马尼亚美丽的乡村风景基本上没有受到这个国家城市发展的影响。这片土地上有美到让人心醉的人力耕种田地、有羊群引起的交通堵塞的画面，还有好多自制的李子白兰地酒。

多数游客都将注意力集中在特兰西瓦尼亚，因为这里有许多撒克逊人留下的要塞城镇，例如布拉索夫和锡吉什瓦拉，外加无数令人为之一震的自然美景。风格相近但更偏远的马拉穆列什保留了原汁原味的民俗风情，村庄中能看到醒目的木头教堂，令人难以忘怀。翻越喀尔巴阡山脉，在南布科维纳点缀着一些被联合国教科文组织列入世界遗产的彩绘修道院。多瑙河三角洲上则生活着超过300种鸟类，包括许多珍稀品种，是观鸟的理想去处。

生机涌动的城市里，例如蒂米什瓦拉、克卢日-纳波卡，当然还有布加勒斯特，文化生活丰富，阳春白雪与下里巴人皆有，展现了飞速发展中的罗马尼亚作为欧洲现代国家的一面。

何时去

布加勒斯特

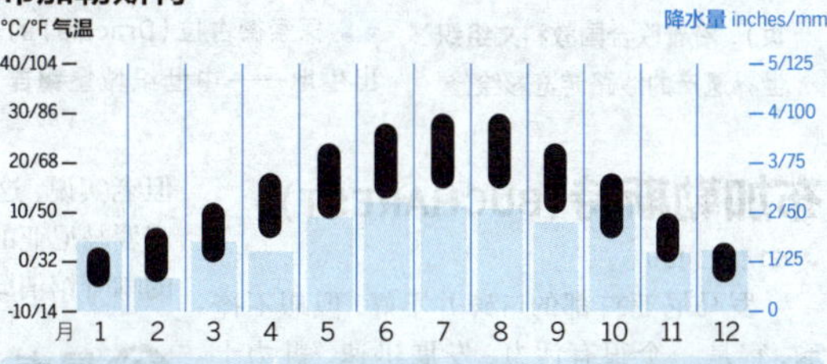

5月 体验节庆的好月份，包括人气很高的锡比乌爵士音乐节(Sibiu Jazz Festival)。

6月 6月中旬就可以开始登山了，多瑙河三角洲的观鸟季节也一并到来。

9月 夏日的高温已经结束，但是天气依旧晴朗，最适合探索大城市。

罗马尼亚亮点

❶ 以**布拉索夫**（见1003页）为大本营，开始攀登城堡和高山（和山顶上的城堡）。

❷ 在**南布科维纳**（见1012页），沿着联合国教科文组织世界遗产的线路游览彩绘修道院。

❸ 迷失在**锡比乌**（见1008页），一个重建的美丽撒克逊小镇。

❹ 探索德古拉（Dracula）的出生地——中世纪城堡**锡吉什瓦拉**（见1006页）。

❺ 在**多瑙河三角洲**（见1014页）喧闹的森林和静谧的支流间划船。

❻ 享受首都**布加勒斯特**林立的博物馆和喧嚣的夜生活。

布加勒斯特（BUCHAREST）

☎021/人口 190万

罗马尼亚首都的口碑并不好，但瑕不掩瑜，它是一个很有活力、发展迅速、魅力十足的城市。在这里，欧洲让人昏昏欲睡的气氛遇上中东和巴尔干半岛（Balkans）的热情。许多游客仅在去特兰西瓦尼亚（Transylvania）之前在这个城市短暂地停留一两夜，但老实说，这是不够的。最好多停留几日，参观罗马尼亚的博物馆，漫步在公园中，在时髦的咖啡馆消磨时间。

景点

市中心以南

国会宫 历史建筑

（Palace of Parliament, Palatul Parla-

旅行线路

一周

花一天时间漫步游览**首都**，然后坐火车去**布拉索夫**——特兰西瓦尼亚的主要活动——看城堡、参加各种活动、在街边的咖啡馆喝一杯啤酒。在**锡吉什瓦拉**的中世纪城堡待上一天，然后搭乘火车回布加勒斯特，或者直接去布达佩斯。

两周

坐飞机到布加勒斯特或者坐火车到**蒂米什瓦拉**，然后去**特兰西瓦尼亚**，在布拉索夫、锡吉什瓦拉和**锡比乌**各待上1~2天。游览南**布科维纳**的彩绘修道院，然后继续前往**布加勒斯特**。

mentului/Casa Poporului; ☎团队游预订 021-311 3611; www.cdep.ro; B-dul Naţiunile Unite; 全套团队游 成人/学生 45/23列伊，标准团队游 成人/学生 25/13列伊; ⏲10:00~16:00; Ⓜ Izvor）国会宫是世界上第二大的建筑（仅次于五角大楼），但同时它也是前领导人尼古拉·齐奥塞斯库（Nicolae Ceauşescu）最遭诟病的创作。它建于1984年（至今仍未竣工），占据333,000平方米，有超过3000个房间。参观国会宫必须参加导游带领的团队游（提前预订）。请带上护照，因为入口会检查身份证件。建筑内现在是国会。

老城和革命广场 (Old Town & Piaţa Revoluţiei)

老城和革命广场是城市的中心。在15世纪，老城是王位所在地，但现在这里只是一个步行城区，有许多夜店和咖啡馆。

革命广场位于老城以北，是1989年推翻独裁者尼古拉·齐奥塞斯库统治时，斗争最激烈的地方。广场中央建有**重生纪念碑**（Rebirth Memorial），用以纪念那段岁月。附近是**共产党中央委员会大楼**（Central Committee of the Communist Party Building），当年齐奥塞斯库就是在这里的阳台上发表了臭名昭著的最后演说，然后乘坐直升机（暂时）逃走。

旧王宫　遗迹

（Old Princely Court; Palatul Voievodal, Curtea Veche; Str Franceză 21-23; 门票 3列伊; ⏲10:00~18:00）旧王宫建于15世纪，当时的布加勒斯特是瓦拉几亚（Wallachian）公国首都。遗址目前正以缓慢的速度进行发掘，不过现在你可以在从前宫廷的一些房间周围漫步。正门前有**弗拉德·采佩什**（Vlad Ţepeş）**雕像**，适合拍照。

斯塔弗罗波莱奥斯教堂　教堂

（Stavropoleos Church; ☎021-313 4747; www.stavropoleos.ro; Str Stavropoleos 4; ⏲7:00~20:00）这个小而温馨的斯塔弗罗波莱奥斯教堂建于1724年，距离老城最喧闹地段只有一个街区远，显得有些孤单。虽然是教堂，但其中让人无法忘记的却是院子中“沉睡”的一座座墓石，以及内部的木质装潢和木雕大门。

国家历史博物馆　博物馆

（National History Museum, Muzeul Național de Istorie a Romaniei; ☎021-315 8207; www.mnir.ro; Calea Victoriei 12; 成人/学生 27/7列伊; ⏲周三至周日 10:00~18:00）国家历史博物馆收藏一系列精美的地图、雕塑和古代首饰。它将罗马尼亚和古罗马时代联系起来的收藏品也很精彩，如其中2世纪图拉真圆柱（Trajan's Column）的复制品。我们最喜欢的其实并不是藏于馆内的任何文物，而是立于馆外的一座争议性（也很有趣）雕塑——**图拉真大帝雕像**（Statue of Emperor Trajan），赤身露体的图拉真大帝正手握达基亚狼。

国家美术馆　博物馆

（National Art Museum, Muzeul Naţional de Artă; ☎021-313 3030; www.mnar.arts.ro; Calea Victoriei 49-53; 门票 15列伊; ⏲周三至周日 11:00~19:00）国家美术馆前身为19世纪的皇宫。华丽的博物馆内——都有英语讲解牌——包括两座永久性美术馆：一座关于

Central Bucureşti 布加勒斯特市中心

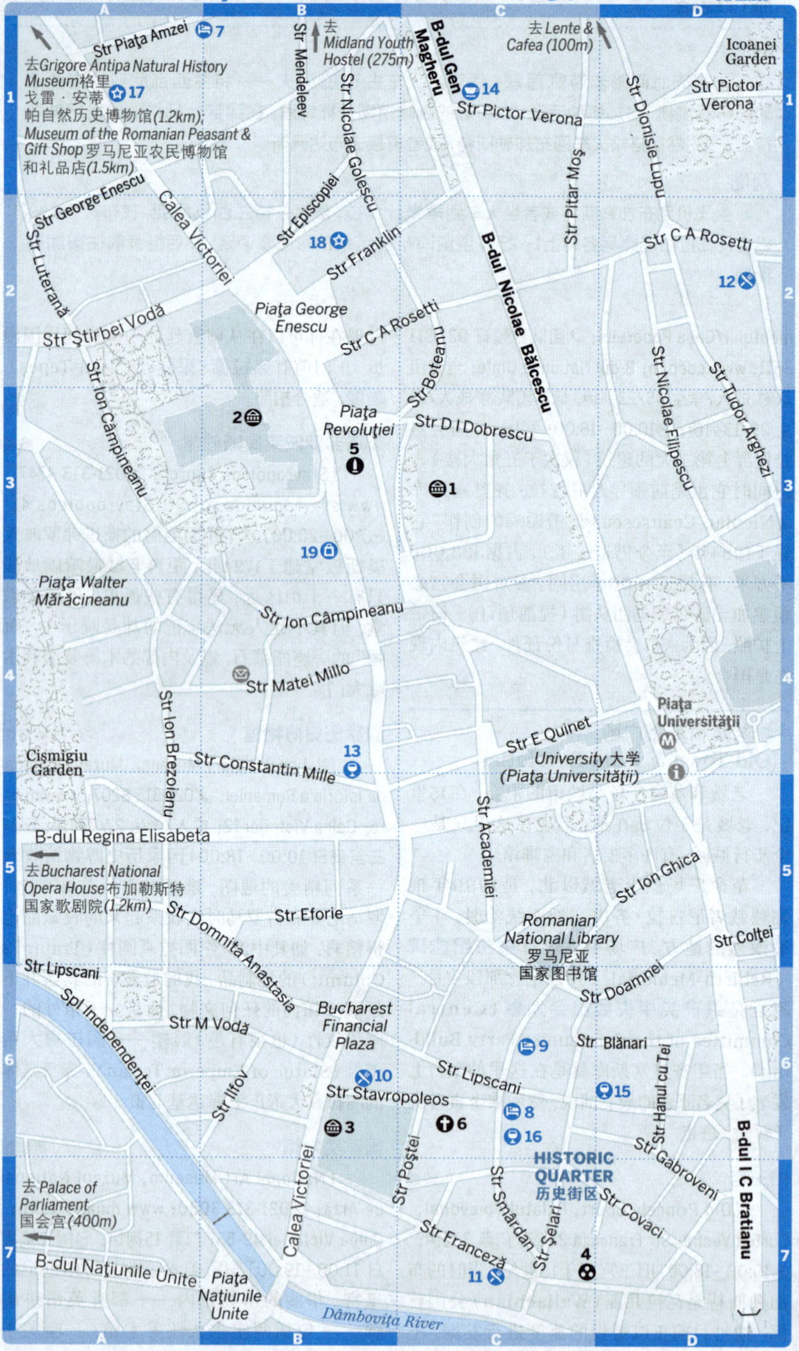

0 200 m
0 0.1 miles

A B C D
1 2 3 4 5 6 7

Str Piaţa Amzei
7
去Grigore Antipa Natural History Museum格里戈雷·安蒂帕自然历史博物馆(1.2km); Museum of the Romanian Peasant & Gift Shop 罗马尼亚农民博物馆和礼品店(1.5km)
17
Str Mendeleev
去 Midland Youth Hostel (275m)
B-dul Gen Magheru
14
Str Pictor Verona
去 Lente & Cafea (100m)
Icoanei Garden
Str Pictor Verona
Str Dionisie Lupu
Str Nicolae Golescu
Str Pitar Moş
Str George Enescu
Calea Victoriei
Str Episcopiei
18
Str Franklin
B-dul Nicolae Bălcescu
Str C A Rosetti
12
Str Luterană
Piaţa George Enescu
Str C A Rosetti
Str Ştirbei Vodă
Str Ion Câmpineanu
Str Boteanu
Str Nicolae Filipescu
Str Tudor Arghezi
2
Piaţa Revoluţiei
5
Str D I Dobrescu
1
19
Piaţa Walter Mărăcineanu
Str Ion Câmpineanu
Str Matei Millo
Str Ion Brezoianu
Piaţa Universităţii
Str E Quinet
Cişmigiu Garden
Str Constantin Mille
13
University 大学 (Piaţa Universităţii)
B-dul Regina Elisabeta
Str Academiei
去 Bucharest National Opera House 布加勒斯特国家歌剧院(1.2km)
Str Ion Ghica
Str Domnita Anastasia
Str Eforie
Romanian National Library 罗马尼亚国家图书馆
Str Colţei
Str Lipscani
Str Doamnei
Spl Independenţei
Str M Vodă
Bucharest Financial Plaza
9
Str Blănari
Str Ilfov
10
Str Lipscani
15
Str Stavropoleos
Str Hanul cu Tei
3
6
8
16
B-dul I C Bratianu
Str Poştei
HISTORIC QUARTER 历史街区
Str Gabroveni
去 Palace of Parliament 国会宫(400m)
Calea Victoriei
Str Smârdan
Str Şelari
Str Covaci
Str Franceză
4
B-dul Naţiunile Unite
Piaţa Naţiunile Unite
11
Dâmboviţa River

Central Bucureşti 布加勒斯特市中心

景点

1 共产党中央委员会大楼 C3
2 国家美术馆 B3
3 国家历史博物馆 B6
4 旧王宫 C7
5 重生纪念碑 B3
6 斯塔弗罗波莱奥斯教堂 C6

住宿

7 Hotel Amzei B1
8 Little Bucharest Old Town Hostel C6
9 Rembrandt Hotel C6

就餐

10 Caru' cu Bere B6
11 Divan C7
12 Lente & Cafea D2

饮品和夜生活

13 Control B4
14 Grădina Verona C1
15 La Muse D6
16 St Patrick C6

娱乐

17 Green Hours 22 Jazz Club A1
18 Romanian Athenaeum B2

购物

19 Anthony Frost B3

国家艺术，另一座关于欧洲大师。国家美术馆中古代和中世纪艺术品尤其丰富，而欧洲美术馆中则有约12,000件按国别分类的艺术品。

市中心以北

堂皇的Şos Kiseleff大街从胜利广场（Piaţa Victoriei）开始，两边排列着一幢幢奢华的别墅和公园。这里的主要地标是**凯旋门**（Triumphal Arch; Arcul de Triumf; Piaţa Arcul de Triumf），它耸立在Şos Kiseleff大街半途中。

★格里戈雷·安蒂帕自然历史博物馆 博物馆

（Grigore Antipa Natural History Museum, Muzeul de Istorie Naturală Grigore Antipa; ☎021-312 8826; www.antipa.ro; Şos Kiseleff 1; 成人/学生 20/5列伊; ⊙周三至周日 10:00~20:00; 👪）这个自然历史博物馆是布加勒斯特少数针对儿童的景点之一，现已经历大规模的翻新，用现代化科技吸引游客，如视频、游戏、交互展览等。大部分地方都有英语标牌。

罗马尼亚农民博物馆 博物馆

（Museum of the Romanian Peasant, Muzeul Tăranului Român; ☎021-317 9661; www.muzeultaranuluiroman.ro; Şos Kiseleff 3; 成人/儿童 8/2列伊; ⊙周二至周日 10:00~18:00）这座博物馆是布加勒斯特最受欢迎的博物馆之一，它展示了罗马尼亚农民家里的小摆设、衣服、画像和部分重修的房子。英语引导标识不多，但是每个展厅中都有英语小卡片，让人了解展览内容。后部有一座18世纪的教堂，还设有一家很棒的礼品店和餐厅。

国家村庄博物馆 博物馆

（National Village Museum, Muzuel Naţional al Satului; ☎021-317 9103; www.muzeul-satului.ro; Şos Kiseleff 28-30; 成人/儿童 10/5列伊; ⊙周二至周日 9:00~19:00, 周一 至17:00; 👪）这是一个出色的露天博物馆，位于赫拉斯特劳湖（Herăstrău Lake）湖畔，按照罗马尼亚乡村实景布置了许多农场、教堂、磨坊和风车。博物馆由皇室于1936年下令建造，是欧洲最大的露天博物馆，也是供孩子们玩耍的好选择。

住宿

布加勒斯特的酒店主要服务商务旅客，因此它的价格比起国内其他地方高。**Cert Accommodation**（☎0720-772 772; www.cert-accommodation.ro）提供超值的私人公寓住宿，价格每晚200列伊起。

★Little Bucharest Old Town Hostel 青年旅舍 €

（☎0786-055 287; www.littlebucharest.ro; Str Smârdan 15; 铺 45~60 列伊，房间 225列伊; 🚭@📶）这里是布加勒斯特地理位置最靠近市中心的一座青年旅舍，打扫得非常干净，墙壁刷成白色，经营得很好。住宿处分布在两层楼中，有6~12床的宿舍，也提供独立双人间。员工旅游经验丰富，主要针对青年游客，能提

供许多观光和找乐建议。地址位于热闹老城的中心。

Midland Youth Hostel 青年旅舍 €

（☎021-314 5323；www.themidlandhostel.com；Str Biserica Amzei 22；铺 40~60列伊；）时髦的Midland Youth Hostel离罗马广场不远，再没哪个青年旅舍能有这样的黄金位置。有6床、10床和14床宿舍。附设一间公用厨房，早餐免费。

Rembrandt Hotel 酒店 €€

（☎021-313 9315；www.rembrandt.ro；Str Smârdan 11；旅游房 标单/双180/230列伊，标准房 标单/双 260/300列伊，商务房 标单/双 350/380列伊；）这家酒店的好处怎么夸也嫌不够。它由荷兰人经营，面朝着地标建筑国家银行（National Bank），位于历史中心。16间客房的时髦程度远超其三星级的评分。房型分三种：旅游型、标准型和商务型，主要区别在于面积。所有房间都有光亮的木地板、木制床头柜和DVD播放器。要提前预订。

Hotel Amzei 酒店 €€€

（☎021-313 9400；www.hotelamzei.ro；Piaţa Amzei 8；标单/双 450/550列伊；）这家酒店位于一座精心重建的别墅中，紧邻胜利大街（Calea Victoriei），4层楼中分布着22间客房。大厅中的铸铁天井营造出一种精致的气息。客房则是更加克制的当代风格，不过这里的一切都很优质。

就餐

★Caru' cu Bere 罗马尼亚菜 €€

（☎021-313 7560；www.carucubere.ro；Str Stavropoleos 3-5；主菜 20~45列伊；⊙周日至周四 8:00至午夜，周五和周六 8:00至次日2:00；）尽管这里的气氛很明显是游客导向，女服务员都打扮成农家女的模样，还不定时地上演一些传统的歌曲和舞蹈，但这间布加勒斯特最老的啤酒屋仍然继续吸引着当地人。色彩缤纷的美丽年代（belle époque，指第一次世界大战之前的安逸时代）的室内装饰和彩色玻璃窗让人眩目，经典的罗马尼亚食品也同样让人喜爱。晚餐最好提前预订。

Divan 中东菜 €€

（☎021-312 3034；www.thedivan.ro；Str Franceză 46-48；主菜 20~30列伊；⊙10:00至次日2:00；）这个土耳其和中东餐厅受欢迎实在是再正常不过了，要抢到一张露台上的桌子既需耐心也需要好运气。服务员会先端来许多诱人的开胃菜，有鹰嘴豆泥和茄子沙拉。选几份开胃，然后等着享用超大份的烤肉和烤串吧。

Lente & Cafea 各国风味 €€

（☎021-310 7424；www.lente.ro；Str Gen Praporgescu 31；主菜 25~40列伊；⊙11:30至次日1:00；）搭配油炸面包丁和黄奶酪的番茄汤（tomanina）堪称经典，所有的主菜都很有创意，饱腹又超值。我们特别喜欢"Anthos"主菜，即牛腰嫩肉以芹菜酱调味，然后搭配印度香米饭。花园露台在热天很舒服。

饮品和夜生活

★Grădina Verona 咖啡馆

（☎0732-003 060；Str Pictor Verona 13-15；⊙9:00至次日1:00；）这是一个藏在Cărtureşti书店后面的花园绿洲，提供一流的意式浓缩咖啡和一些罗马尼亚最稀奇古怪的冰茶饮品，例如牡丹花、芒果和柠檬口味（还不赖）。

St Patrick 小酒馆

（☎021-313 0336；www.stpatrick.ro；Str Smârdan 25；）这家热门的小酒馆采用的是地道的爱尔兰酒吧风格装饰，有暗色木头结构和绿色的天花板。在忙碌的Str Smârdan边找个桌子，来上一品脱的健力士黑啤或苹果酒。提供的食物标准也很高，有牛排腰子饼（25列伊）和爱尔兰式早餐（25列伊）。

Control 夜店

（☎0733-927 861；www.control-club.ro；Str Constantin Mille 4；⊙18:00至次日4:00；）这里是喜欢另类、独立和车库摇滚的泡吧者最爱。不同的夜晚有不同的活动，包括现场演出和DJ打歌。

La Muse 夜店

（☎0734-000 236；www.lamuse.ro；Str

Lipscani 53；⏲周日至周三 9:00至次日3:00，周四至周六 至次日6:00；📶）在这家老城的热门舞厅中，一切皆有可能。23:00左右就尽早到场，因为后面会很挤。吸引的顾客都是二三十岁的年轻人，从大学生到专业人士都有。一切都很棒。

☆ 娱乐

布加勒斯特国家歌剧院 歌剧

（Bucharest National Opera House, Opera Naţională Bucureşti；☎售票处 021-310 2661；www.operanb.ro；B-dul Mihail Kogălniceanu 70-72；票价 10~70列伊；⏲售票处 9:00~13:00和15:00~19:00）这里是在这个城市看古典歌剧和芭蕾的主要场所。剧院售票处或者网络预订均可买票。

Romanian Athenaeum 古典音乐

（Ateneul Roman；☎售票处 021-315 6875；www.fge.org.ro；Str Franklin 1-3；票价 15~65列伊；⏲售票处 周二至周五 正午至19:00，周六 16:00~19:00，周日 10:00~11:00）这座古老的演出场地是著名的乔治·埃内斯库交响乐团（George Enescu Philharmonic）的总部，9月至次年5月有一系列的古典音乐会，全年还有许多一次性的音乐表演和大型演出。需到现场售票处买票。

Green Hours 22 Jazz Club 爵士乐

（☎音乐会 0788-452 485；www.greenhours.ro；Calea Victoriei 120；⏲18:00至次日2:00）这个老派的爵士俱乐部一直都有激情四射的爵士乐之夜活动，5月和6月的时候举办国际爵士音乐节。登录网站查看你到访时有什么活动，提前订票。

🛍 购物

★ Anthony Frost 书籍

（☎021-311 5136；www.anthonyfrost.ro；Calea Victoriei 45；⏲周一至周五 10:00~20:00，周六 至19:00，周日 至14:00）阅读爱好者会想抽出时间逛一下这家书店，这里可以称得上是东欧最好的英语书店。位于Creţulescu教堂附近的一条小街上，有精心选择的当代小说和非虚构作品。

罗马尼亚农民博物馆礼品店 民俗工艺品

（Museum of the Romanian Peasant Gift Shop；www.muzeultaranuluiroman.ro；Şos Kiseleff 3；⏲周二至周日 10:00~18:00）想购买美丽的手工挂毯、桌布、罗马尼亚民族服饰、陶器和其他当地手工艺品，那就不要错过罗马尼亚农民博物馆中这家出色的民俗艺术品商店；从博物馆后部进入。

ℹ 实用信息

你在市中心会看到几百家银行的分行和自动柜员机。多数银行都有货币兑换处，可用信用卡、借记卡取当地货币。带上护照，兑换货币的时候需要出示护照。

Best Cafe（☎021-312 4816；www.best-cafe.ro；B-dul Mihail Kogălniceanu 19；每小时 5列伊；⏲24小时；📶）网吧咖啡馆。

布加勒斯特旅游信息中心（Bucharest Tourist Information Center；☎021-305 5500，分机 1003；http://en.seebucharest.ro；Piaţa Universităţii；⏲周一至周五 10:00~18:00，周六和周日 至14:00）这家信息中心规模很小，储备也不是很足，但已经是这城市能提供给游客的最好一处了。虽然没有很多信息，但是会说英文的工作人员可以回答简单的问题、给些旅行建议、帮忙在地图上找到地点。

中央邮局（Central Post Office；☎021-315 9030；www.posta-romana.ro；Str Matei Millo 10；⏲周一至周五 7:30~20:00）

急救诊所（Emergency Clinic Hospital；☎021-599 2300, 021-9622；www.scub.ro；Calea Floreasca 8；⏲24小时）发生任何紧急情况时第一时间拨叫的对象，可以称得上是此城（和该国）最好的急救医院。

ℹ 到达和离开

飞机

所有的国际和国内航班都起降亨瑞·柯恩达国际机场[Henri Coandă International Airport；见1017页；一般简称为从前的名字——奥托佩尼（Otopeni）]。亨瑞·柯恩达国际机场位于布加勒斯特以北17公里处、去布拉索夫的路上。这座机场设施现代，有餐厅、报刊亭、货币兑换处和自动柜员机。

这里也是国营航空公司**罗马尼亚航空公**

司（Tarom；☎呼叫中心 021-204 6464，办公室021-316 0220；www.tarom.ro；Spl Independenţei 17，市中心；⏲周一至周五 8:30~19:30，周六 9:00~13:30）的大本营。公司有广泛的国内航线网，可前往罗马尼亚国内各大城市，以及欧洲和中东各国首都和大城市。

长途汽车

从布加勒斯特乘坐长途汽车可前往罗马尼亚国内各个地方，但是要弄清楚你的车次或小巴的出发点，因为情况很复杂。布加勒斯特有几个长途汽车站，但是它们好像没有任何可以区分的逻辑。

最好的办法是参考网站www.autogari.ro和www.cdy.ro。两个网站都有最新的时间表，并且很容易使用。还可以让你住宿的旅馆帮忙，或者通过旅行社预订。

小汽车和摩托车

在布加勒斯特开车实在是不明智，不出几分钟，你就会停车去坐地铁。如果你想自驾车去布加勒斯特玩一天的话，可以把车停在郊区的地铁站，然后坐地铁进城。

Autonom（☎机场分部 0742-215 361，呼叫中心 0721-442 266；www.autonom.com；亨瑞·柯恩达国际机场；价格 每天约150列伊起）信誉良好的当地租车公司，提供各种罗马尼亚和欧洲产的车辆。

火车

火车北站（Gara de Nord；☎电话预订 021-9522；www.cfrcalatori.ro；Piaţa Gara de Nord 1；Ⓜ Gara de Nord）是主火车站，国内列车和国际列车都停靠这里。地址位于市中心约2公里外，最佳交通方式是乘坐地铁。车站设有餐厅、自动柜员机和行李寄存处。

在售票窗口购票。国际车次的车票可通过火车站内的私营旅行社**Wasteels**（☎021-300 2730；www.triptkts.ro；Gara de Nord；⏲周一至周五 10:00~17:00）购买，他们会帮你从复杂的连接系统中做出选择。

从布加勒斯特出发的城际列车（IC）目的地和价格包括布拉索夫（50列伊，3小时，每天数班）、克卢日-纳波卡（94列伊，10小时，每天2班）、锡比乌（75列伊，6小时，每天2班）、蒂米什瓦拉（Timişoara；105列伊，9小时，每天2班）和苏恰瓦（94列伊，7小时，每天1班）。

ℹ 当地交通

抵离机场

公共汽车

快线公共汽车783路白天每30~40分钟1班，从机场到达大厅前往市中心多个地点，包括统一广场（Piaţa Unirii）和胜利广场（Piaţa Victoriei）。在车站边上的RATB售票处都可以买到7列伊的车票。

出租车

从机场到达大厅的触摸屏可预订出租车。只需要选择公司和价格（几乎所有都一样），然后就可以拿到票和乘车号码。向司机付款。乘正规的出租车到市中心应该不超过70列伊。

公共交通

布加勒斯特的公共交通系统包括地铁、公共汽车、有轨电车和无轨电车都是**RATB**（Regia Autonomă de Transport Bucureşti；☎信息 021-9391；www.ratb.ro）管理的。公交系统从5:00营运至约23:30。

公共汽车、有轨电车和无轨电车的车票可以在任何有"casa de bilete"标识的RATB街边售票亭买到。普通公共汽车每趟1.3列伊，车票以2张一套为单位出售，售价2.6列伊。少量快线公共汽车，例如连接机场的783路的车票为7列伊（可搭乘2趟）。上车时在车票上打孔，不然会被当场罚款。

地铁站的标识是大写的"M"。要乘坐地铁，在车站入口的售票机买一张磁卡（要备好零钱）。4列伊的车票可以搭乘2趟地铁。可以坐10趟的车票售价为15列伊。

特兰西瓦尼亚（TRANSYLVANIA）

整整一个世纪，"特兰西瓦尼亚"频繁出现在文学和电影中，这个名字早已闻名全球。只要一提到它，人们脑海中就会浮现形象鲜明的群山、城堡、阴森的月光和以及至少一位长着奇怪獠牙的著名伯爵。也许真的有那神秘刺伤，特兰西瓦尼亚的魅力来自这些事物，但又不止于此。布拉索夫（Braşov）、锡吉什瓦拉（Sighişoara）和锡比乌（Sibiu）街市上散落着各种风格的建筑，还有许多悠闲的路边咖啡馆，而生机勃勃的学生城克卢日-纳波卡（Cluj-Napoca）则有狂野热闹的夜生活。对了，布兰城堡（Bran Castle）也值得一游，虽然“德古拉”从来就没有在这里停留过太长时间。

布拉索夫（Braşov）

人口 253,200

传说花衣魔笛手（Pied Piper）曾在布拉索夫的哈默尔恩（Hamelin）再度出现，的确，这个充满童话塔楼和鹅卵石街道的城市有些古怪的地方。坦帕山（Mt Tâmpa）以夸张的姿势俯瞰着这个非常放松的城市，树林为它披上金黄的外衣（还有张扬的好莱坞风格指示牌）。你可以在这里的街道迷宫中徜徉，迷失在奥匈帝国姜饼屋顶、巴洛克雕像、中世纪的尖塔和苏联平顶屋的诱人组合中，偶尔停下脚步在波希米亚风格的咖啡馆里给自己注入一些咖啡因。

景点

除了下面列出的景点之外，还可以探索老城的城墙，以及东西两翼排列的棱堡。许多都已经修复。

议会广场（Piaţa Sfatului） 公共广场

这个咖啡馆密布的宽阔广场曾经是中世纪布拉索夫的心脏。广场中央是建于1420年的市议会（Council House, Casa Sfatului），顶上是号手塔（Trumpeter's Tower），镇议员——又叫百夫长（centurion）——在这里举行会议。现在每天正午，还会有身着传统服饰的音乐家出现在塔楼顶部，就像瑞士钟表中的指针一样。

黑教堂 教堂

（Black Church, Biserica Neagră; ☎0268-511 824; www.honterusgemeinde.ro; Curtea Johannes Honterus 2; 成人/儿童 8/5列伊; ⏲周二至周六 10:00~19:00，周日 正午至19:00）黑教堂是布拉索夫的主要地标，是维也纳和伊斯坦布尔之间最大的哥特式教堂，德国路德教会今天仍在使用这个教堂。它于1383~1480年建成，外观因为1689年的一场大火而得名“黑教堂”。原来在教堂半圆形后殿外面的雕像如今在室内。

坦帕山 山

（Mt Tâmpa, Telecabina Tampa; ☎0268-478 657; Aleea Tiberiu Brediceanu; 缆车 单程/往返 10/16列伊; ⏲周二至周日 9:30~17:00）高耸于城市东方的是940米高的坦帕山，布拉索夫最早的防御碉堡（以及好莱坞风格的招牌）就建在那里。你可以徒步（约1小时）或乘坐缆车登上一座小观景平台，那里能眺望整座城市的美丽景色，还有一座社会主义时期的餐厅可以用些简餐，喝些东西。

住宿

Centrum House Hostel 青年旅舍 €

（☎0727-793 169; www.hostelbrasov.eu; Str Republicii 58; 铺 45列伊，房间 135~360列伊; 🚭📶）这座通风良好的现代风格旅舍2013年开业，是一个很好的住宿选择。打扫得很干净，地址位于Str Republicii旁一条通道的尽头。墙壁是白色，处处点缀着一些彩色装饰，营造出一种清新的氛围。宿舍有上下铺位和普通铺位的不同组合（可查看网站）。白色房间（White Room）是舒适的独立三人间。

Rolling Stone Hostel 青年旅舍 €

（☎0268-513 965; www.rollingstone.ro; Str Piatra Mare 2a; 铺 40列伊，房间 120列伊起; 🚭@📶）超级友好的Stone由乐于助人、精力无限的姐妹经营，吸引了来自世界各地的旅行者。宿舍有点挤，楼下的那间更小。不带浴室的独立双人间有沙发和衣柜。到达后会发给你一份地图和信息袋。还提供私人储物柜，组织团队游，以及简单早餐。

★ **Casa Reims** 精品酒店 €€

（☎0368-467 325; www.casareims.ro; Str Castelului 85; 标单/双 200/250列伊; P🚭❄📶）这是一家高档精品酒店，装修迷人，有高质量的亚麻织物、印花桌布和硬木地板。前台非常热情，提供精心制作的早餐。自驾车的话，这里有一座带有围墙的大停车场。步行5分钟即可前往市中心的步行区。推荐入住。

★ **Casa Wagner** 酒店 €€€

（☎0268-411 253; www.casa-wagner.com; Piaţa Sfatului 5; 标单/双 含早餐 260/320列伊;

Braşov 布拉索夫

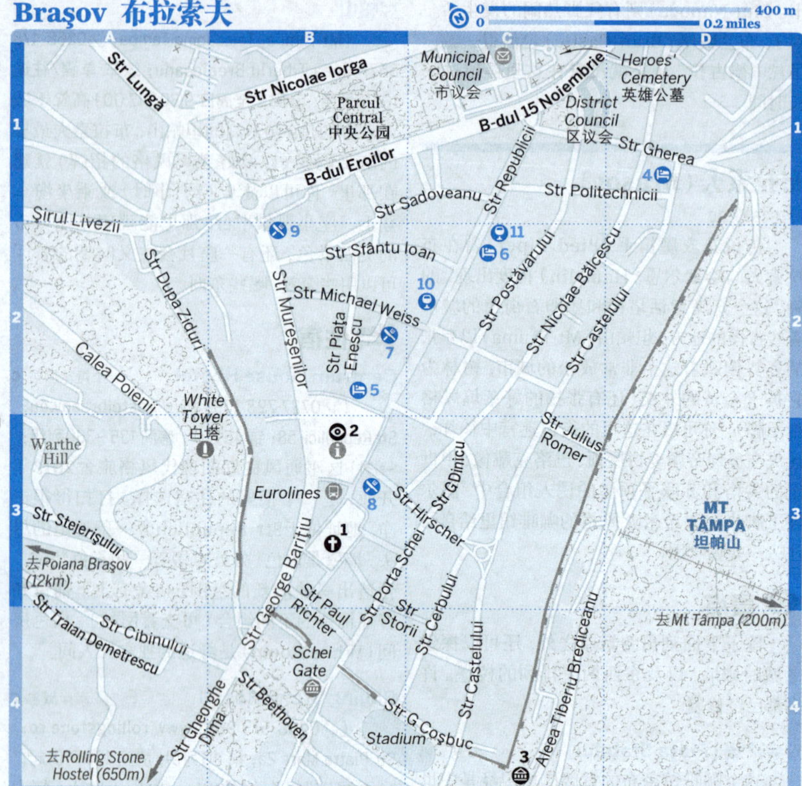

Braşov 布拉索夫

景点
1 黑教堂 B3
2 议会广场 B3
3 Weavers' Bastion C4

住宿
4 Casa Reims D1
5 Casa Wagner B2
6 Centrum House Hostel C2

就餐
7 Bistro de l'Arte B2
8 Keller Steak House B3
9 Sergiana B2

饮品和夜生活
10 Deane's Irish Pub & Grill C2
11 Festival 39 C2

)这家豪华的精品酒店由一座15世纪的德国银行大楼改造而成，24间客房设施都很齐全。地址就在市中心。裸露的砖墙，高雅的家具，现代风格的套间，服务热情的早餐区，令人舒适的管理，这一切让这家酒店成为极好的住宿选择。

就餐

★ Bistro de l' Arte 法式小馆 €€

(0720-535 566; www.bistrodelarte.ro; Str Piaţa Enescu 11; 主菜 15~35列伊; 周一至周六 9:00至次日1:00，周日 正午至次日1:00;) 藏在童话般的鹅卵石小路深处，这家招摇的饭馆绝对有波希米亚基因。里面墙上满是本地艺术家的作品。西班牙冷汤菜(Gazpacho soup)、番茄虾脆皮烙菜(shrimps and tomato gratin)、蜗牛……或者干脆来一个火腿干酪三明治（croque monsieur）。很适合点一杯卡布奇诺，边喝边用笔记本电脑工作。

Sergiana 罗马尼亚菜 €€

（☎0268-419 775; http://sergianagrup.ro; Str Mureşenilor 28; 主菜 25~40列伊; ⏲11:00~23:00）这家正宗撒克逊风格的地下餐厅里面分为两区：白色房间是"完全"禁烟区，裸露的砖墙地窖里是吸烟区。菜单上有鹿肉、牡鹿、野猪、排骨、嫩牛排和特兰西瓦尼亚酸汤配腌猪腿和龙蒿（11.50列伊）。这里是肉食者的梦幻之选。

Keller Steak House 牛排 €€€

（☎0268-472 278; www.kellersteakhouse.ro; Str Apollonia Hirscher 2; 主菜 60~90列伊; ⏲11:00~23:00）这里是布拉索夫最好的牛排餐厅，可以在赭色餐厅内部就餐，也可以在露台餐位上享受你的牛里脊。牛排，洛克福羊乳干酪，沙拉和野猪肉……有一件事可以确定，你绝对不会空着肚子离开。

饮品和夜生活

Festival 39 酒吧

（☎0743-339 909; www.festival39.com; Str Republicii 62; ⏲7:00至午夜）这家浪漫的酒吧

值得一游

布兰城堡和勒什诺夫要塞（BRAN CASTLE & RÂŞNOV FORTRESS）

旅途中可在布拉索夫稍作停留，抓住绝佳时机游览一些幽灵般的令人毛骨悚然的山顶要塞；其中最为著名的毫无疑问当属布拉索夫以南30公里处的**布兰城堡**（Bran Castle; ☎0268-237 700; www.bran-castle.com; Str General Traian Moşoiu 24; 成人/学生 25/10列伊，拍照或摄影 20列伊; ⏲5月至9月 周二至周日 9:00~18:00，周一 正午至18:00，10月至次年4月 周二至周日 9:00~16:00，周一 正午至16:00）。这座城堡常被称为"德古拉城堡"，虽然它与历史上真正的弗拉德·采佩什（Vlad Ţepeş）的联系可能微乎其微。

布兰城堡高60米，前方面对的是广袤的平原，背靠崇山峻岭，风光可谓壮丽。它是由撒克逊人在1380年左右建造的，目的是防止具有重要意义的布兰免受土耳其人和鞑靼人的侵略。弗拉德·采佩什可能只是1462年从土耳其溃逃期间在此居住过几晚而已，相对于此地到处出售的德古拉梭织物品和T恤衫，这位统治者从未在这里拥有过居所。

对罗马尼亚人来说，与布兰城堡联系在一起的是玛丽皇后，她从1920年左右开始在此居住。城堡直至1947年米哈伊尔国王（King Michael）被迫退位前，一直都作为皇室夏宫使用。玛丽皇后当时从西欧进口而来的家具原物大部分都还保留在此。城堡门票也可允许进入堡垒脚下的露天村庄博物馆。

从布兰向布拉索夫走12公里就到了勒什诺夫（Râşnov），那里的山顶有13世纪**勒什诺夫要塞**（Râşnov Fortress, Cetatea Râşnov; 门票 10列伊; ⏲5月至10月 9:00~19:00，11月至次年4月 至17:00）的遗址。它是由条顿骑士团所建，目的也是防御鞑靼人和土耳其人的入侵。游客可游览庭院，参观教堂，感叹山地的壮观景色。曾有计划修建一座从中央广场通往要塞的电梯；不过目前，你只能步行攀爬。

绝大多数游客都会选择从布拉索夫前往一座或两座遗址做一日游，这里有两座不错的酒店。在布兰，我们的首选是**The Guest House**（☎0744-306 062; www.guesthouse.ro; Str General Traian Moşoiu 7; 房间 120~140列伊起，标三 150列伊; P⊖📶👪），这是一家热情的家庭旅馆，能眺望到城堡景色。在勒什诺夫，**Pensiunea Stefi**（☎0721-303 009; www.hotelstefi-ro.com; Piaţa Unirii 5; 标单/双/标三 90/100/130列伊; ⊖📶）是一座位于主广场上的小客栈，提供5个装饰简洁的房间。

从布拉索夫的Autogara 2（见1006页）每隔半小时有1班小巴出发前往布兰（7列伊，1小时）。长途汽车在勒什诺夫一般都会停靠。

是一个装饰派艺术风格的梦想之地，有彩绘玻璃屋顶、铸铁装饰、枝形大烛台、皮质的卡座。长长的吧台足可以坐下一支酒吧常客的军队。绝对活力四射。

Deane's Irish Pub & Grill 小酒馆

（☎0268-474 542；www.deanes.ro；Str Republicii 19；⏲周一至周四 10:00至次日1:00，周五和周六 10:00至次日3:00，周日 正午至次日1:00）这家地下的爱尔兰小酒馆就像是从多尼哥移植来的一般，里面有20世纪早期的朦胧镜子吧台、昏暗的卡座和老旧的唱片，是渴望喝健力士啤酒（Guinness）的人的好去处。晚上有时有现场音乐。

实用信息

在Str Republicii和B-dul Eroilor街及周边地区，你会找到无数的自动柜员机和银行。

郡医院（County Hospital；☎0268-320 022；www.hospbv.ro；Calea Bucureşti 25-27；⏲24小时）位于市中心东北。

网吧（Str Michael Weiss 11；每小时3列伊；⏲24小时）

旅游信息中心（Tourist Information Centre；☎0268-419 078；www.brasovcity.ro；Piaţa Sfatului 30；⏲周一至周五 10:00~18:00）在广场中央的金色市议会大楼里面，很容易找到。有会说英语的工作人员，他们提供免费地图、宣传册，还可以寻找有空房间的旅馆以及火车、汽车时间表。与历史博物馆位于同一座建筑内。

到达和当地交通

长途汽车

maxitaxi（多人出租车）每30分钟出发去布加勒斯特（30列伊，2.5 小时）；有4~5班maxitaxi去锡比乌（25列伊，2.5小时）；每天有9~10班去锡吉什瓦拉（Sighişoara，25列伊，2小时），最方便的车站是紧邻火车站的**Autogara 1**（Bus Station 1；☎0268-427 267；www.autogari.ro；B-dul Gării 1）。有些长途汽车，包括去往布兰的那些（7列伊，1小时），从**Autogara 2**（Bus Station 2；☎0268-426 332；www.autogari.ro；Str Avram Iancu 114）出发，地址位于市中心以北3公里处。

欧洲路线由**欧洲巴士**（☎0268-474 008；www.eurolines.ro；Piaţa Sfatului 18；⏲周一至周五 9:00~20:00，周六 10:00~14:00）经营。

火车

火车站（Gara Braşov；☎0268-421 700；www.cfrcalatori.ro；B-dul Gării 5）位于市中心东北2公里处。购票要去车站。设有自动柜员机和行李寄存处。4路公共汽车可从火车站前往市中心的统一广场（Piaţa Unirii，或者步行20分钟也可以到达）。

布拉索夫是重要的铁路枢纽，去往全国各大城市都很便利。前往布达佩斯的火车也经过这里。常规的国内火车包括每小时1班去布加勒斯特（50列伊，3小时）、数班去锡吉什瓦拉（41列伊，2.5小时）、2班去锡比乌（50列伊，4小时）和数班去克卢日-纳波卡（75列伊，6小时）。

锡吉什瓦拉（Sighişoara）

人口 26,400

从你踏进锡吉什瓦拉的防御城墙，沿着铺满鹅卵石的小巷一路前往中央广场的那刻起，这座城镇就永远地融入了你的记忆里。就像进入了童话世界，这里狭窄的巷弄中遍布16世纪的彩色房屋，在那些华丽的屋顶下坐落着一座座美丽的咖啡馆。恐怖故事爱好者也不会失望，因为这里有那座被联合国教科文组织列入世界遗产名录的城堡，据说是历史上最邪恶的"怪物"之一——弗拉德·采佩什（吸血鬼）的诞生地。

景点

锡吉什瓦拉的大多数景点都集中在充满魔幻色彩的中世纪城堡（Citadel）附近——坐落在小山丘上，周围环绕着14世纪的城墙（14座塔楼和5座火炮棱堡是后来增建的）。

钟楼 博物馆

（Clock Tower；Turnul cu Ceas；☎0265-771 108；Piaţa Muzeului 1；成人/儿童 12/3列伊；⏲周二至周五 9:00~18:30，周六和周日 10:00~17:30）这座宏伟的中世纪钟楼是城镇的象征物，它建于14世纪，200年后曾进行过增建。钟楼内本来是镇议会，现在主要是装饰性建筑。其中的大钟和雕塑是17世纪增建的。雕塑代表的是中世纪不同的角色，包括和平、正义和法律，也有一些代表的是日与夜。

塔楼中现在是一座历史博物馆（history

museum)，从这里可以登上楼上的观景平台。博物馆很难看明白(英语引导标识质量参差不齐)，不过其中有一个关于当地英雄和物理学家赫尔曼·奥博特(Hermann Oberth)的小型展览。向上走2层可以看到大钟的著名指针，还有其咔嚓作响的内部结构。

德古拉之家 历史建筑

(Casa Dracula; ☎0265-771 596; www.casavladdracul.ro; Str Cositorarilor 5; 门票 5列伊; ⊙10:00~22:00)据说1431年弗拉德·采佩什(即德古拉)就是在这里出生的，4岁之前他一直生活在这里。这座建筑现在被改造成一座像样的餐厅，但是给点门票费，员工就会带领你去看弗拉德住过的房间(并小小地惊吓你一番)。这座建筑确实已有几百年历史，距弗拉德居住的年代已很久远，现在已经过彻底的翻新。

山上教堂 教堂

(Church on the Hill; Biserica din Deal; 门票3列伊; ⊙10:00~18:00)这座晚期哥特式风格的教堂坐落在"学校山"(School Hill，海拔420米)的山顶上，内部已经过修复，值得步行上山去参观。其中残留的壁画可追溯到15世纪，古老的祭坛画是1520年创作的。进门要穿过一条scara acoperitā(带有屋顶的木头廊道)。教堂对面是一座古老的德国公墓(每天8:00~20:00开放)。

住宿

Pensiune Cristina & Pavel 家庭旅馆 €

(☎0744-119 211, 0744-159 667; www.pensiuneafaur.ro; Str Cojocarilor 1; 铺/标单/双 48/90/132列伊; P⊖)这家客栈有4个房间、1个宿舍，这里的地板干净到可以直接在上面吃午饭的地步。套房粉刷成抚慰人心的灰白色，田园诗一般的花园里鲜花怒放。就餐/自炊区域欢迎你使用，如果需要，这里还有洗衣服务。

Burg Hostel 青年旅舍 €

(☎0265-778 489; www.burghostel.ro; Str Bastionului 4-6; 铺 40列伊，标单/双 不带浴室70/90列伊，带浴室 80/95列伊; ⊖Ⓦ)这家不拘一格的旅舍采用的是木头墙壁装饰，有大量舒适客房——三人间最宽敞。不过单间其实也已足够。楼下有酒吧和一座怡人庭院，你可以在庭院里看书。

Casa Wagner 酒店 €€

(☎0265-506 014; www.casa-wagner.com; Piaţa Cetăţii 7; 标单/双/套 220/260/350列伊; ⊖Ⓦ)这家建于16世纪的迷人酒店有32间客房，散落在三座建筑中。想象一下桃红色的墙壁、枝状的烛台、暗色的木头家具和高雅的挂毯。屋檐旁边的房间要小一些，但是有木头地板，氛围舒适，非常浪漫，很适合书写吸血鬼风格的日记。一楼的餐厅有时晚上会有现场音乐演奏。

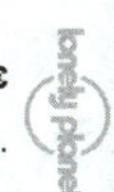

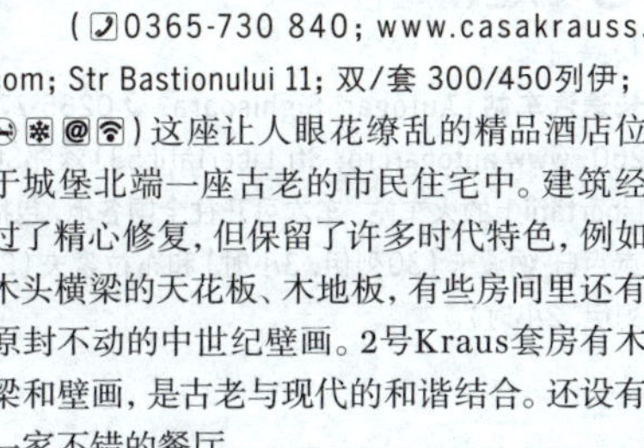

★ **Casa Georgius Krauss** 精品酒店 €€€

(☎0365-730 840; www.casakrauss.com; Str Bastionului 11; 双/套 300/450列伊; ⊖❄@Ⓦ)这座让人眼花缭乱的精品酒店位于城堡北端一座古老的市民住宅中。建筑经过了精心修复，但保留了许多时代特色，例如木头横梁的天花板、木地板，有些房间里还有原封不动的中世纪壁画。2号Kraus套房有木梁和壁画，是古老与现代的和谐结合。还设有一家不错的餐厅。

就餐

★ **Central Park** 各国风味 €€

(☎0365-730 006; www.hotelcentralpark.ro; Piaţa Hermann Oberth 25; 主菜 25~40列伊; ⊙11:00~23:00; Ⓦ)即便不住在这家酒店，也可以在这里用餐。锡吉什瓦拉没有什么好餐厅，这里就是镇上最好的了。食物是罗马尼亚菜和各国菜肴的组合，精心挑选的葡萄酒单包括该国最好的品牌。餐厅装饰豪华，好好打扮一番再进去吧，或者就在露台上享受悠闲进餐的氛围。

Casa Dracula 罗马尼亚菜 €€

(☎0265-771 596; www.casavladdracul.ro; Str Cositorarilor 5; 主菜 30列伊; ⊙11:00~23:00; Ⓦ👪)僵尸一样的德古拉头像镶嵌在墙上，这个房子——弗拉德的出生地——变成现在这样富有情调、镶嵌着木头的餐厅已经挺不错了。菜单从番茄汤到三文鱼排都有和德古拉有关的典故。如果是带着孩子，他们会喜欢这里的。

实用信息

文化遗产信息中心（Cultural Heritage Info Centre；☎0788-115 511；www.dordeduca.ro；Piaţa Muzeului 6；⊙周二至周日 10:00~18:00）出租自行车（每2小时10列伊），提供去锡吉什瓦拉和驻城防御教堂的导览游，以及同样主题的DVD。还提供城市和地区的地图。

游客信息中心（Tourist Information；☎0265-770 415；www.infosighisoara.ro；Str O Goga 8；⊙周二至周六 10:00~18:00）这是一家由私人住宿处改造成的游客信息办事处。可以帮助你找到住宿的地方，不过其余的就别指望了。

到达和离开

长途汽车

长途汽车站（Autogari Sighisoara；☎0265-771 260；www.autogari.ro；Str Libertăţii 53）紧邻Str Libertăţii上的火车站，车次可开往全国各地，包括克卢日-纳波卡（30列伊，3小时）和布拉索夫（25列伊，2小时）。

火车

锡吉什瓦拉位于主要国际铁路线上，火车客运便利。热门的目的地包括布拉索夫（41列伊，2小时）、布加勒斯特（69列伊，5小时）和克卢日-纳波卡（62列伊，4小时）。你需要在Mediaş换乘去锡比乌的列车（26列伊，4小时）。每天还有3班车前往布达佩斯（150列伊，11小时）。车票直接在**火车站**（☎0265-771 130；www.cfrcalatori.ro；Str Libertăţii 51）买。

锡比乌（Sibiu）

人口 137,020

鹅卵石街道和巴洛克广场构成的迷宫让锡比乌一瞬间就无比迷人，罗马尼亚的第一文化"名媛"有自己的魔力。19世纪的作曲家弗朗茨·李斯特（Franz Liszt）和约翰·施特劳斯（Johann Strauss）被吸引至此，2007年，这里成为罗马尼亚第一座被提名为欧盟"文化之都"的城市。一年中大多数时候这里都有各种各样的活动，从节日、展览到戏剧和歌剧。城中三个主要广场上有很多咖啡馆可以用来观赏行人。

景点

布鲁肯陶尔博物馆 博物馆

（Brukenthal Museum；☎0269-217 691；www.brukenthalmuseum.ro；Piaţa Mare 5；成人/学生 20/5列伊；⊙周二至周日 10:00~18:00）布鲁肯陶尔博物馆是罗马尼亚地区最重要的一座博物馆。其中有分别献给欧洲（二楼）和罗马尼亚（三楼）艺术的不同美术馆。欧洲藏品侧重荷兰和德国画家，至少有一幅大师杰作：小彼得·布吕赫尔（Pieter Brueghel the Younger）的《对无辜者的大屠杀》（*The Massacre of Innocents*）。罗马尼亚艺术藏品则主要是肖像画和风景画。

路德会圣母大教堂 教堂

（Biserica Evanghelică, Evangelical Church；Piaţa Huet；关闭修复中）这座哥特式教堂建于1300~1520年，本书调研期间正围满脚手架进行长期修复。工程预计2016年完工。一旦重新开幕，游客将可以再次领略其中那座建于1772年的管风琴的光辉，它由6002根琴管组成，令人惊愕。也可以登上教堂塔楼游览。

医药博物馆 博物馆

（Pharmaceutical Museum；☎0269-218 191；www.brukenthalmuseum.ro；Piaţa Mică 26；成人/儿童 10/2.5列伊；⊙4月至10月 周二至周日 10:00~18:00，11月至次年3月 周三至周日 10:00~18:00）位于Piaţa Mică药房（1600年开业）中，3间展厅里满满都是药丸和药粉、古老的显微镜和吓人的医疗器械。有些展览特别介绍塞缪尔·汉尼曼（Samuel Hahnemann），他是18世纪70年代顺势疗法的创建人。

阿斯特拉传统民俗文化博物馆 博物馆

（Astra Museum of Traditional Folk Civilisation, Muzeul Civilizaţiei Populare Tradiţionale Astra；☎0269-202 447，预约 0269-216 453；www.muzeulastra.ro；Str Pădurea Dumbrava 16-20；成人/儿童 15/7.50列伊；⊙博物馆 周二至周日 10:00~18:00，礼品店 周二至周日 9:00~17:00）这座形状不规则的露天博物馆离市中心有5公里远，有120多座来自全国各地的传统民居、磨坊和教堂，散布在两个小湖和一座迷你动物花园周围，让人眼花缭乱。许多展品有英

语标识，还有地图讲解建筑的来源地。此外，还设有一座可爱的礼品店和一个在河畔摆有长椅座位的餐厅。

住宿

Welt Hostel 青年旅舍 €

（☎0269-700 704；www.weltkultur.ro；Str Nicolea Bălcescu 13；铺 48~53列伊；⊖@🛜）这家位于市中心的旅舍提供的是条顿骑士团风格的干净住宿环境，有4、6、8床的宿舍。上等房间朝向街道，采光好，还能看到外面Piaţa Mare的风景。有厨房可供想自己做饭的游客使用，还配有储物柜，有一座氛围友好的休息室。一楼的时尚咖啡馆中提供咖啡和葡萄酒。

The Council 精品酒店 €€

（☎0369-452 524；www.thecouncil.ro；Piaţa Mică 31；房间 标准/豪华 220/280列伊；⊖@🛜）这座时髦的精品酒店位于一座古老的14世纪的联排建筑中，原来是市政厅所在地。客房价格分为标准和豪华两种，后者房间更宽敞，而且一般是错层式房间，能看到木头椽子，风景也更好。所有的房间装修风格都各不相同，所以你可能想多看看再决定。位置在市中心。

Casa Luxemburg 酒店 €€

（☎0269-216 854；www.kultours.ro；Piaţa Mică 16；标单/双/标三 260/290/350列伊起；⊖🛜）提供的优质房间里有镶木地板，极简主义的高雅家具和精心挑选的艺术品。搭配有平板电视、大衣柜、办公桌和风格清新的配套设施。能眺望到路德会圣母大教堂和Piaţa Mică。

就餐

★**Crama Sibiul Vechi** 罗马尼亚菜 €€

（☎0269-210 461；www.sibiulvechi.ro；Str A. Papiu Ilarian 3；主菜 25~30列伊；⏰11:00~22:00）这家餐厅藏在一个古老的酒窖里，员

值得一游

马拉穆列什的木头教堂

位于特兰西瓦尼亚以北的马拉穆列什被认为是罗马尼亚最具传统风情的地区，这里散落着许多带尖塔的木头教堂，村民的房屋正门也是装饰华丽的木雕房门。

有些教堂历史可追溯至14世纪，它们反映了那个受匈牙利统治者限制的年代，罗马尼亚东正教教徒被禁止用石头建造教堂的事实。有几座教堂现在被联合国教科文组织列入了遗产名录。

要探索这个美丽乡间地区，伊兹山谷（Valea Izei）可以作为很好的基地，这里有小汽车和长途汽车可通往Sighetu Marmaţiei。山谷追随着伊扎河（Iza River）从城市向东延伸，来到Leud及其他村庄。

路上到达的第一座村庄Vadu Izei坐落在伊扎河和马拉河（Mara River）交汇处，位于Sighetu Marmaţiei城以南6公里处。村里最古老的房屋（1750年）中设有博物馆。从Vadu Izei村出发，继续行进12公里就到了1326年建立的伯尔萨纳（Bârsana）村。这里的第一座教堂建于1720年，其内部的画作出自当地艺术家Hodor Toador和Ion Plohod之手。著名的东正教伯尔萨纳修道院（Bârsana Monastery，Mănăstirea Bârsana）是热门的朝圣地；不过，教堂本身其实是20世纪90年代才建的。

继续向南到达罗扎夫莱亚（Rozavlea）村。这里的教堂是献给大天使米迦勒和加百列的，它原本是1717~1720年在另外一个村庄建造，后来因为罗扎夫莱亚的老教堂被鞑靼人所毁，就被迁来了这座村庄。

从罗扎夫莱亚出发，继续南下到达宁静的波提扎（Botiza）村，它是全马拉穆列什地区最美的一座村庄，其中有一些此区最好的家庭旅馆。波提扎的老教堂建于1694年，不过后来因为1974年建造了规模宏大的东正教新教堂，因而显得有些黯然失色。

附近的村庄Ieud中有许多木头房屋，老人们大多身着传统服饰。这里也有两座美丽的教堂，其中有一座可能是本地区最为古老的一座木头教堂。

工穿着传统服装。这是锡比乌最能引起人乡村情怀的餐厅，能品尝到最地道的罗马尼亚菜肴，例如奶酪炸丸子、肉丸子和附玉米粥的乡村炖菜。朦胧的光线，砖块墙壁……欢迎来这家当地珍品餐厅就餐。

Weinkeller 罗马尼亚菜 €€

（☎0269-210 319；www.weinkeller.ro；Str Turnului 2；主菜 18~30列伊；⏲正午至午夜；📶）菜单选择不多，主菜只有6种，融合了传统罗马尼亚菜肴口味，例如卷心菜卷，搭配一些奥匈帝国风味菜肴，例如Tafelspitz（煮牛肉）和goulash（菜炖牛肉）。绝妙的Nachbil红酒和食物很搭，地窖的位置正适合一个凉爽的晚上。

饮品和夜生活

Cafe Wien 咖啡馆

（☎0269-223 223；www.cafewien.ro；Piaţa Huet 4；⏲周一 10:00至次日2:00，周二至周日 9:00至次日2:00；📶）当你漫步走过美丽的广场，可以在这里用咖啡（kaffee）和蛋糕（kuchen）补充一下体力。正如其名，这里提供正宗旧世界风格的维也纳（Wien）甜点，而且从露台上俯瞰的下城风景也堪称城内最佳。

Bohemian Flow Art & Pub 酒吧

（☎0269-218 388；www.bohemianflow.ro；Piaţa Mică26；⏲周一至周日 16:00至次日5:00）位于Old Town Hostel下面的热闹的后街俱乐部，播放着雷鬼音乐的氛围很适合年轻人。

娱乐

Philharmonic 古典音乐

（☎订票 0735-566 486；www.filarmonicasibiu.ro；Str Cetăţii 3-5；门票 16~20列伊；⏲售票处 周一至周四 正午至16:00）成立于1949年，在保持锡比乌作为特兰西瓦尼亚的文化中心地位上起到了关键作用。

Radu Stancu National Theatre 剧院

（☎订票 0369-101 578；www.tnrs.ro；B-dul Corneliu Coposu 2；门票 20列伊）这里上演的一般都是罗马尼亚语的节目，一周内偶尔会有德语节目（查看网站）。6月会举办国际戏剧节。购票可通过网站，或者在演出开场30分钟前在剧院现场购买。

实用信息

市中心到处都有自动柜员机。

Kultours（☎0269-216 854；www.kultours.ro；Piaţa Mică 16；⏲9:00~21:00）旅游公司，提供很多城市团队游，价格约40列伊起，也有创意一日游和自行车团队游，约90列伊起。热心的员工会分发地图，提供观光和活动建议。

游客信息中心（Tourist Information Centre；☎0269-208 913；www.turism.sibiu.ro；Piaţa Mare 2；⏲周一至周六 9:00~17:00，周日 至13:00）在市政厅，这里员工提供的信息特别有用，能够让你充分了解这个城市和文化活动，也能帮你寻找住处、预订火车票和汽车票。他们也提供一份出色的城市地图。

到达和当地交通

长途汽车

长途汽车站（Autogara Sibiu；www.autogari.ro；Piaţa 1 Decembrie 1918）在火车站对面。长途汽车和maxitaxi开往布拉索夫（28列伊，2.5小时，每天2班）、布加勒斯特（42列伊，5.5小时，每天6班）、克卢日-纳波卡（32列伊，3.5小时，每天数班）和蒂米什瓦拉（55列伊，6小时，每天3班）。

火车

每天有5班直达列车开往布拉索夫（46列伊，2.5小时），还有2班开往布加勒斯特（75列伊，6小时）和蒂米什瓦拉（75列伊，6小时）。要往返克卢日-纳波卡（54列伊，4小时），一般得去Coşa Mică或者Mediaş转车（每天大概9或10班车）。

火车站（Gara Sibiu；☎0269-211 139；www.cfrcalatori.ro；Piaţa 1 Decembrie 1918，6）位于市中心以东2公里处，步行约20分钟。

克卢日-纳波卡（Cluj-Napoca）

人口 305,600

克卢日-纳波卡，口语中总被简称为“克卢日”（Cluj）。这座城市的风景不如附近的其他撒克逊城镇，但是以咖啡馆、夜店和学生生活闻名。除了夜总会之外，克卢日也是罗马尼亚最好客、最富激情的城市之一。

景点

圣米歇尔教堂 教堂

（St Michael's Church，Biserica Sfantul

Mihail; ☎0264-592 089; Piața Unirii; ⏲9:00~18:00）这座巨大的教堂建于14世纪，占据着统一广场（Piața Unirii）的显著位置。新哥特式塔楼（1859年）居于哥特式厅堂教堂顶部，构成了一个雄伟的地标，这座建筑被认为是罗马尼亚哥特式建筑中最精美的代表。每日仪式有匈牙利语和罗马尼亚语，晚间一般会举行管风琴音乐会。

药房历史展览馆 博物馆

（Pharmacy History Collection; ☎0264-595 677; Piaţa Unirii 28; 成人/儿童 5.20/3.10列伊; ⏲周二至周日 10:00~16:00）这座小型博物馆位于主广场附近，你可以自己决定是否参观，取决因素全在于是否有英语导游。团队游的导游是身穿白大褂的"药剂师"，他像游戏节目里的模特一样（似乎还打着哈欠）指着玻璃盒子里的木乃伊粉、中世纪的炼金术符号和18世纪装春药的瓶子。

国家美术馆 博物馆

（National Art Museum; ☎0264-596 952; www.macluj.ro; Piaţa Unirii 30; 成人/学生 8/4列伊; ⏲周三至周日 10:00~17:00）得承认，这座博物馆让人提不起精神，其中收藏的大多是19世纪和20世纪的罗马尼亚艺术作品，不过也有几幅优秀作品是出自该国印象派和战争主题画家尼古拉·格里戈埃斯库（Nicolae Grigorescu）之手。博物馆的亮点是环境：它位于贵族班菲（Bánffy）家族的巴洛克式宫殿里，1852年和1887年，这里曾两次接驾哈布斯堡皇帝弗朗茨·约瑟夫一世（Habsburg Emperor Franz Joseph Ⅰ）。

画笔工厂 美术馆

（Fabrica de Pensule, Paintbrush Factory; ☎团队游 0724-274 040; www.fabricadepensule.ro; Str Henri Barbusse 59-61; ⏲团队游 周一至周五 16:00~20:00）克卢日很重视当代艺术，其中心就是这座位于城市郊区（统一广场以东4公里处）的博物馆。这里是由从前的一座画笔工厂修复而成，里面有6座美术馆，包括著名画家艾德里安·格尼（Adrian Ghenie）的Plan B。这里还设有音乐会、戏剧表演和偶发艺术舞台；可查看网站。提前致电或发送电邮可安排免费的导游之旅。

住宿

Retro Hostel 青年旅舍 €

（☎0264-450 452; www.retro.ro; Str Potaissa 13; 铺/标单/双 含早餐 55/100/150列伊起; ⊖@📶）Restro管理到位，位于市中心，员工非常友好，有干净的宿舍和不错的双人间（都有电视和公共浴室），楼下有一座可爱的咖啡馆，也可免费出租自行车，提供很棒的导览游，可前往马拉穆列什（Maramureş）、附近的图尔达盐矿（Turda Salt Mine），也有阿普塞尼山脉（Apuseni Mountains）徒步游。

★Hotel Central 酒店 €€

（☎0264-439 959; www.hotelcentralcluj.ro; Str Victor Babeș 13; 标单/双/公寓 260/300/390列伊; P⊖❄📶）中档预算的游客会青睐这家超值的选择。这家现代风格的酒店位于市中心，从统一广场步行前来只需要10分钟。提供的都是带有空调的时髦房间（许多是分开式床铺，带起居室）。5楼的房间有屋顶露台。提供像样的早餐，门外有少量停车位（提前预订）。

Fullton 酒店 €€

（☎0264-597 898; www.fullton.ro; Str Sextil Puşcariu 10; 标单 175~215列伊，双 200~240列伊; ⊖❄📶）这家精品酒店外墙是豆绿色，位置极好，就在老城，有两个停车位。客房芬芳清新，且每间色彩不同，带有办公桌和套间。有一些，例如101号房，配备的是四柱床。还有一个服务热情的天井酒吧。

就餐

Camino 各国风味 €

（☎0749-200 117; Piaţa Muzeului 4; 主菜 20~30列伊; ⏲9:00至午夜; 📶）这家波希米亚风格的餐厅内部有斑驳的穹窿，装饰有枝状烛台和古旧的挂毯，播放着爵士音乐，氛围特别适合一个人独自看书，或者两人浪漫的露天晚餐。自制的意大利面非常美味，沙拉和餐前小吃也是异常受欢迎的。也提供早餐。

★Bricks – (M) eating Point Restaurant 牛排馆 €€€

（☎0364-730 615; www.bricksrestaurant.ro; Str Horea 2; 主菜 40~60列伊; ⏲11:00~

23:00；📶）这家餐厅已经从一个破旧的饮酒处改造成为时髦的都市小酒馆。坐在带有顶棚的藤椅上，能看到河对岸的风景。菜单上有许多烧烤类菜肴，也有蔬菜、东方菜肴、沙拉，提供的烤肉眼牛排是我们在罗马尼亚吃过最好的。葡萄酒单很赞。

🍷饮品和夜生活

克卢日以咖啡馆和夜店为胜。最好的一些都在统一广场以北一座名为Piaţa Muzeului的僻静广场上。

Casa Jazz 酒吧、现场音乐

（☎0720-944 251；Str Vasile Goldiş 2；⏲正午至次日2:00）深红色的墙上装饰着Rat Pack组合的海报和古董小号，阿姆斯特朗（Armstrong）和吉莱斯皮（Gillespie）在喇叭上舞动，这个烟雾缭绕的酒吧像是新奥尔良的一个切片。也有钢琴之夜，还会举办展览。

Joben Bistro 咖啡馆

（☎0720-222 800；http://joben.ro；Str Avram Iancu 29；⏲周一至周四 8:00至次日2:00，周五至周六 正午至次日2:00；📶）这也是一家主题咖啡馆，主打"蒸汽朋克"。砖墙上装饰着重工业的废料，例如齿轮、杠杆、滑轮和时钟。兑有姜汁的柠檬水在夏季最受欢迎，咖啡也是。也提供美味的简餐，例如汤和沙拉。

☆娱乐

国家剧院 剧院

（National Theatre，Teatrul Naţional Cluj-Napoca；☎订票 0264-595 363；www.teatrulnationalcluj.ro；Piaţa Ştefan cel Mare 2-4；门

值得一游

南布科维纳的彩绘修道院

南布科维纳的彩绘修道院是东欧最杰出的艺术瑰宝之一，1993年，全部被列入联合国教科文组织世界遗产。

这些东正教修道院建于15世纪和16世纪，当时摩尔多瓦（Moldavia）正受到土耳其侵略，这些修道院都被牢固的防御墙包围着。教堂的墙壁上以彩画的形式描绘了圣经故事，也许是美观需要，也许是为了让不识字的信徒更好地理解这些故事。

修道院建筑群中令人印象最深刻的一处位于苏恰瓦（Suceava）以西。这里包括胡摩尔、沃罗内茨和摩尔多维察三座修道院。

胡摩尔修道院（Humor Monastery，Mănăstirea Humorului；Gura Humorului；成人/学生 5/2列伊；⏲夏天 8:00~19:00，冬天 至16:00）建于1530年，地址靠近Gura Humorului镇，其中的壁画可算得上是令人最难以忘怀的一处。

沃罗内茨修道院（Voroneţ Monastery，Mănăstirea Voroneţ；☎0741-612 529；Voroneț，Gura Humorului；成人/儿童 5/2列伊；⏲夏天 8:00~19:00，冬天 至16:00）距离Gura Humorului镇也不远，是唯一一座和特定色彩有联系的修道院。"沃罗内茨蓝"（Voroneţ Blue）是一种亮蓝色，采用天青石和其他原料创作而出，在这里的壁画中看得很鲜明。1488年为了庆祝斯特凡大公（Ştefan cel Mare）抗击土耳其侵略者而取得的一次大捷，修道院只用了三个月零三周就修建好了。

摩尔多维察修道院（Moldoviţa Monastery，Mânăstirea Moldoviţa；Vatra Moldoviței；成人/学生 5/2列伊；⏲夏天 8:00~19:00，冬天 至16:00）位于沃罗内茨修道院西北35公里处，建在一座四边形的防御工事之中，还带有塔楼、大门和鲜花草坪。中央的那座彩绘教堂曾经过部分修复，其中令人难忘的壁画创作于1537年，而修道院的历史则可追溯到1532年。

通往这些修道院的主要门户是**苏恰瓦**，与布加勒斯特（94列伊，7小时，每天1班）和克卢日-纳波卡（75列伊，7小时，每天4班）都有直达火车连接。自驾车的话，花一天时间就可以游览所有的彩绘修道院；或者，沿途也有客栈可供过夜。

票15列伊起；⊙售票处 周二至周日 11:00~14:00和15:00~17:00）这座国家剧院是19世纪由著名的哈布斯堡王朝建筑师费尔纳（Fellner）和海尔纳（Hellmer）设计，呈现的演出都很精致。**歌剧院**也在同一座建筑中。在附近的**售票处**（Piaţa Ştefan cel Mare 14）购票。

Flying Circus Pub 夜店

（☎0758-022 924；www.flyingcircus.ro；Str Iuliu Maniu 2；⊙17:00至次日黎明；📶）是市中心附近以学生为主顾的舞厅中最好的一家。17:00开始营业，不过23:00之后才会热闹起来。

ℹ 实用信息

市中心有许多银行和自动柜员机。

游客信息办事处（Tourist Information Office；☎0264-452 244；www.visitcluj.ro；B-dul Eroilor 6-8；⊙周一至周五 8:30~18:00，周六 10:00~18:00）这个游客信息中心由两个名叫Marius的小伙子经营，两人很有前瞻性，服务非常友好，有海量关于徒步、火车和汽车时刻表、餐饮、住宿和文化活动的信息。

ℹ 到达和当地交通

长途汽车

长途汽车一般是从位于火车站西北方300米处的**Autogara 2**（Autogara Beta；☎0264-455 249；www.autogari.ro；Str Giordano Bruno 1-3）出发。热门的目的地包括：布拉索夫（60列伊，5小时，每天2班）、布加勒斯特（90列伊，8小时，每天3班）和锡比乌（34列伊，3.5小时，每天8班）。

火车

克卢日有便利的火车运输网可前往全国各地。每天有2班直达火车前往布加勒斯特（94列伊，10小时），3班前往布拉索夫（76列伊，7小时）和2班前往锡吉什瓦拉（62列伊，4小时）。去往锡比乌的车次（53列伊，5小时）要在Teiuş或Mediaş换乘。

火车站（☎0264-592 952；www.cfrcalatori.ro；Piaţa Gării 2-3）位于市中心以北1公里处，沿Str Horea步行10分钟即到。购票可前往火车站，或者通过**罗马尼亚国家铁路公司**（Agenţia de Voiaj CFR；☎0264-432 001；www.cfrcalatori.ro；Piaţa Mihai Viteazul 20；⊙国内车次售票处 周一至周五 8:00~20:00，国际车次售票处 周一、周三和周五 8:30~15:30，周二和周四 13:00~20:00）。

巴纳特（BANAT）

由于和邻近的匈牙利、塞尔维亚在地理、文化上千丝万缕的联系，以及与奥匈帝国的历史渊源，西罗马尼亚拥有这个国家其他地方不具有的民族多元化。蒂米什瓦拉是这个地区的中心，因它的美丽与活力享誉全国，还有一系列的“第一”——它是世界上第一个采用电路灯的城市（1884年），也是在1989年第一个反对独裁者尼古拉·齐奥塞斯库的城市。

蒂米什瓦拉（Timişoara）

人口 312,000

这座罗马尼亚第三或者第四大的城市（根据不同的数据来源），也是这个国家最具魅力的城市之一，参差分布着一系列美丽的公共广场和青翠的公园和花园。这里又被称为“第一座自由城”（Primul Orac Liber），因为在1989年，正是在这里，齐奥塞斯库的反对者第一次突破了卫队的暴力镇压，并最终将他和妻子一同送向死亡。

👁 景点

统一广场（Piaţa Unirii）

统一广场是蒂米什瓦拉风景最好的广场，这里颇具特色的是雄伟的天主教教堂和塞尔维亚东正教教堂相对而立。

★1989年革命展览馆 博物馆

（Permanent Exhibition of the 1989 Revolution；☎0256-294 936；www.memorialulrevolutiei.ro；Str Popa Sapcă 3-5；门票任捐；⊙周一至周五 8:00~16:00，周六 9:00~13:00）如果想要温习一下1989年12月从蒂米什瓦拉开始的政变运动，这座仍在运营的展览馆就是最理想的地点。展览包括那个决定性时代的文件、海报和照片，还会播放一部20分钟的动画短片（不适合儿童），带英文字幕。入口在Str Oituz大街。

艺术博物馆 博物馆

（Art Museum, Muzeul de Artă；☎0256-491 592；www.muzeuldeartatm.ro；Piaţa Unirii 1；门

值得一游

多瑙河三角洲（DANUBE DELTA）

多瑙河在流经几个国家，纳入无数支流之后，在乌克兰边界以南汇入黑海。

联合国教科文组织世界遗产名单上的多瑙河三角洲（Delta Dunării）是罗马尼亚最有名的旅游景点之一。在内陆港**图尔恰**（Tulcea），多瑙河一分为三：Chilia、苏利纳（Sulina）和圣格奥尔基（Sfântu Gheorghe），形成了一个4187平方公里，由变化万千的湿地沼泽、漂浮的芦苇小岛和沙洲组成的地带。苏利纳和圣格奥尔基有安静怡人的沙滩，而且那里的海鲜，尤其是餐厅和家庭旅馆厨房中提供的鱼汤是全罗马尼亚最棒的。

对许多游客来说，这里最吸引人的是**观鸟**。三角洲是无数鸟儿的重要迁徙中心，最佳观赏季节是春季和秋季。

多瑙河三角洲的大部分都在**多瑙河三角洲生物圈保护局**（Danube Delta Biosphere Reserve Authority, DDBRA；☎0240-518 924；www.ddbra.ro；Str Portului 34a；通行许可证 每天 5列伊；⏲周一至周五 9:00~16:00）的保护下，该局的总部在图尔恰。进入保护区的游客都需要去多瑙河三角洲生物圈保护局办公室购买一张许可证。许可证分为一日有效和一周有效两种。

多瑙河三角洲没有铁路，铺砌公路也很少，主要交通方式是渡轮。主要渡轮运营商是国营的**Navrom**（☎0240-511 553；www.navromdelta.ro；Str Portului 26；⏲售票处 11:30~13:30）。这里运营的传统"慢速"渡轮和快速水翼船可从图尔恰主港口前往三角洲主要景点。

渡轮时刻表令人眼花缭乱。图尔恰**旅游信息中心**（Tourism Information Centre；☎0240-519 130；www.primariatulcea.ro；Str Gării 26；⏲周一至周五 8:00~16:00）的工作人员非常热心，可以根据你的时间和预算帮你安排行程。

票 10列伊；⏲周二至周日 10:00~18:00）展出几个世纪以来非常具有代表性的绘画和视觉艺术作品，经常会有高水平的临时展览。博物馆位于1754年建造的巴洛克式的**旧县宫**（Old Prefecture Palace），建筑内部优雅的设计本身也值得参观。

胜利广场（Piaţa Victoriei）

这是一条风景优美、绿草如茵的商业步行街，两旁有喷泉作为点缀，商店和咖啡馆林立。广场的北面是18世纪建造的国家戏剧和歌剧院（National Theatre & Opera House），1989年12月16日曾有成千上万的示威者在这里聚集。

巴纳特历史博物馆 博物馆

（Banat History Museum, Muzeul Banatului; Piaţa Huniades 1）这家博物馆位于历史建筑胡尼亚迪宫（Huniades Palace）内，本书调研之时正关闭修复，预计2016年重新开放。不过宫殿的外观非常值得一看。宫殿的历史可以追溯到14世纪匈牙利国王查尔斯·罗伯特（Charles Robert）时期。

都会大教堂 教堂

（Metropolitan Cathedral, Catedrala Ortodoxă; www.mitropolia-banatului.ro; B-dul Regele Ferdinand I; ⏲10:00~18:00）这个东正教大教堂于1936~1946年建成。这个教堂独一无二的地方在于受拜占庭影响的建筑风格，让人想起布科维纳（Bucovina）的修道院。

住宿

★ **Hostel Costel** 青年旅舍 €

（☎0356-262 487; www.hostel-costel.ro; Str Petru Sfetca 1; 铺 40~45列伊；双 135列伊；🚭@📶）这家迷人的新艺术风格的小房子建于20世纪20年代，是这个城市最好的一家青年旅舍。员工和善可亲，气氛轻松友好。有3间宿舍和1间独立双人间，外加一些宽敞的休息室和一座大花园。地址位于市中心以东1公里处，在Bega运河的对面，靠近Decebal桥；可乘坐1路有轨电车。

Pension Casa Leone
家庭旅馆 €

(☎0256-292 621; www.casaleone.ro; B-dul Eroilor de la Tisa 67; 标单/双/标三 125/150/200列伊; P 🚭 ❄ 📶)这家可爱的家庭旅馆有7个房间，服务非常周到，每个房间的装修风格都很独特。要找到这里，可从火车站坐8路有轨电车，在Deliblata站下车，然后往东北方向走一个街区到B-dul Eroilor便是(或者提前致电，旅馆可安排交通工具)。

★ Pensiunea Park
家庭旅馆 €€

(☎0356-264 039; www.pensiuneapark.ro; Str Remus 17; 标单/双/套 170/220/250列伊; P 🚭 ❄ 📶)这家由家庭经营的小酒店位于一条绿树成荫小街上的一座老建筑中，从胜利广场步行前来需要约10分钟。其中有许多复古的细节，包括美丽的枝形吊灯和走廊里的固定装置，但房间里装饰简单。后部有一座小露台，清晨可以在那里喝咖啡，入住期间可免费使用这里的自行车。

就餐

★ Casa Bunicii
罗马尼亚菜 €€

(☎0356-100 870; www.casa-bunicii.ro; Str Virgil Onitiu 3; 主菜 20~35列伊; 👪)名字的意思是“外婆家”，这个随意、友好的餐厅确实是以家庭式烹饪和巴纳特本地特产为特色。推荐鸭汤，烤鸡胸肉配酸樱桃酱。

Casa cu Flori
罗马尼亚菜 €€

(☎0256-435 080; www.casacuflori.ro; Str Alba Iulia 1; 主菜 18~28列伊)这里是城里最著名的餐厅，并非无缘无故。提供高端罗马尼亚菜，服务周到，价格实惠。天气好的时候，走上三段楼梯到鲜花密布的屋顶露台看看吧。

饮品和夜生活

Scârţ loc lejer
咖啡馆

(☎0751-892 340; Str Zoe 1; ⏲周一至周五 10:00~23:00，周六 11:00~23:00，周日 14:00~23:00; 📶)这家风格独特的咖啡屋由一幢老房子翻新而成，墙上钉着唱片专辑，播放着有个性的音乐。有一些舒适的房间可供阅读和休息，不过我们最爱的还是后面的花园，有树荫，甚至还有吊床可供伸展。地址在市中心以南1公里处。

La Căpiţe
啤酒花园

(☎0720-400 333; www.lacapite.ro; B-dul Vasile Pârvan; ⏲5月至10月 周日至周四 10:00至午夜，周五和周六 10:00至次日4:00; 📶)这家啤酒花园散落在河畔，是一处另类的聚会场所，地址位于大学街道对面，因此夏夜顾客很多。多数夜晚都有现场音乐演出或DJ打碟。店名翻译过来就是“干草堆”，于是一捆捆的干草被拖得到处都是，成了坐下和休息的好地方。

Aethernativ
咖啡馆

(☎0724-012 324; Str Mărăşeşti 14; ⏲周一至周五 10:00至次日1:00，周六 正午至次日1:00，周日 17:00至次日1:00; 📶)这个时尚的艺术俱乐部、咖啡馆、酒吧气氛轻松，在统一广场西边两个街区的一栋破败建筑的小院子里。内部装饰不拘一格，是很受学生欢迎的另类风格。没有招牌让你知道你已经进了咖啡馆，只能按着地址找，开门后要爬一段楼梯。

☆ 娱乐

州立交响乐团剧院
古典音乐

(State Philharmonic Theatre, Filharmonica de Stat Banatul; ☎0256-492 521; www.filarmonicabanatul.ro; B-dul CD Loga 2; ⏲售票处 周二和周四 14:00~19:00，周一、周三和周五 10:00~14:00)多数夜晚都会上演古典音乐会。可以于演出前1小时在剧院里面的售票处买票(40列伊起)。

国家剧院和歌剧院
剧院、歌剧院

(National Theatre & Opera House, Teatrul Naţional şi Opera Română; ☎歌剧院 0256-201 286，剧院 0256-499 908; www.tntimisoara.com; Str Mărăşeşti 2; ⏲售票处 10:00~13:00和17:00~19:00)国家剧院和歌剧院以戏剧作品和古典歌剧为特色，非常有名。在售票处购票(约40列伊起)，不过要注意，多数戏剧都是罗马尼亚语。

ℹ 实用信息

Internet Cafe(B-dul Mihai Eminescu 5; 每小时 6列伊; ⏲24小时; 📶)

蒂米什瓦拉郡医院(Timişoara County Hospital, Spitalul Clinic Judeţean de Urgenţă Timişoara; ☎0356-433 111; www.hosptm.ro; B-dul Iosif

Bulbuca 10）现代化医院，位于市中心以南2公里处，有24小时急救服务。

游客信息中心（Tourist Information Centre, Info Centru Turistic; ☎0256-437 973; www.timisoara-info.ro; Str Alba Iulia 2）这家游客信息中心非常棒，可代为预订住宿和火车票，还提供地图和巴纳特地区的信息。

到达和离开

长途汽车

长途汽车和小巴都是私人经营的，从城市周围不同的车站出发。可以上www.autogari.ro网站查询出发地点。长途汽车服务四通八达，包括去克卢日-纳波卡（65列伊）和锡比乌（45列伊）。

国际长途汽车从**长途汽车东站**（East bus station）出发。主要的国际运营公司包括**Atlassib**（☎呼叫中心 0269-229 224，本地办公室 0256-226 485; www.atlassib.ro; Str Gheorghe Lazăr 27）和**欧洲巴士**（☎0256-288 132; www.eurolines.ro; Str M Kogălniceanu 20）。总部在贝尔格莱德（Belgrade）的**Gea Tours**（☎0316-300 257; www.geatours.rs）每天提供来去蒂米什瓦拉和贝尔格莱德的小巴服务，单程/往返90/180列伊。可在网站上预订。

火车

列车从**火车北站**（Gara Timişoara-Nord; Gara Timişoara-Nord; ☎0256-200 457; www.cfrcalatori.ro; Str Gării 2）出发，名为"北站"，其实在市中心西面。每天运营的快线列车包括：2班开往布加勒斯特（105列伊，9小时）和2班开往克卢日-纳波卡（75列伊，6小时）。

生存指南

出行指南

住宿

罗马尼亚有很多种住宿选择，适合不同的旅行预算，包括酒店、家庭旅馆、私人住宿处、青年旅舍和露营地。房价一般比西欧便宜。

实惠的选择包括青年旅舍、露营地和经济型客栈。中档住宿处包括三星级酒店和家庭旅馆。高端的指华丽的酒店、连锁酒店和精品酒店。

营业时间

银行 周一至周五9:00至正午和13:00~17:00

夜店 20:00至次日3:00

餐厅 10:00~23:00

商店 周一至周五10:00~18:00，周六10:00~17:00

同性恋旅行者

相对而言，社会对于同性恋的态度还是较负面的。尽管如此，罗马尼亚在同性恋合法化和通过反歧视法律上已经有了很大的进步。

➡ 布加勒斯特是全国最开放的城市，不过同性恋伴侣在这里还是不要公开表现亲昵举动。

➡ 总部在布加勒斯特的**Accept Romania**（☎021-252 9000; www.accept-romania.ro）在初夏会组织为期六天的布加勒斯特骄傲节（Bucharest Pride Festival）。

网络资源

罗马尼亚国家旅游局（Romanian National Tourist Office; www.romaniatourism.com）

布加勒斯特生活（Bucharest Life; www.bucharestlife.net）

汽车时刻表（Bus Timetable; www.autogari.ro）

火车时刻表（Train Timetable; www.cfrcalatori.ro）

货币

官方货币是列伊（leu; 复数为lei），注意本指南中都写作"lei"。1列伊等于100巴尼（bani），列伊的面值为1、5、10、50、100、200 和500。硬币的面值分别为10巴尼和50巴尼。

➡ 罗马尼亚是欧盟成员国，但不使用欧元。

➡ 自动柜员机几乎到处可见，而且许多国际银行卡都可以24小时提取列伊现金。罗马尼亚的自动柜员机要求四位数的密码。

➡ 兑换货币最划算的地方是银行。也可以去私人交易亭（casa de schimb）兑换，不过当心要收取佣金。

➡ 城市的酒店、餐厅和商店普遍都接受国际信用卡和借记卡。乡村地区，可能需要现金。

住宿价格区间

下列价格区间为双人间价格：

€ 低于150列伊

€€ 150~300列伊

€€€ 高于300列伊

➡ 凡贴有银联标识的商户均可以受理银联卡。自动柜员机取款暂未开通。

节假日

新年 1月1日和2日

东正教复活节周一（Orthodox Easter Monday）3月/4月

劳动节（Labour Day）5月1日

圣灵降灵节（Pentecost）5月/6月，复活节后50天

圣母蒙召升天节（Assumption of Mary）8月15日

圣安德鲁日（Feast of St Andrew）11月30日

罗马尼亚国庆节（Romanian National Day）12月1日

圣诞节 12月25日和26日

电话

罗马尼亚有现代的座机和手机网络。国家代码为☎40。

➡ 所有罗马尼亚电话都有10位数字，以☎0开头，加上城市代码然后是号码。手机号码都有3位数、以☎7开头的前缀。

➡ 罗马尼亚手机使用GSM 900/1800网络，这也是澳大利亚、新西兰和全欧洲的标准网络，但是北美或者日本的手机不能兼容。

➡ 想要减少昂贵的漫游费用的话，可以买预付话费的当地SIM卡。罗马尼亚的三个主要运营商都提供SIM卡：**Vodafone**（www.vodafone.ro）、**Cosmote**（www.cosmote.ro）和**Orange**（www.orange.ro）。

➡ 使用公共电话需要磁卡，你可以在邮局和书报亭买到。电话卡售价10列伊起。

签证

2014年起，凡持有申根国家C类签证（两次或多次入境签证）、D类签证（长期签证）或申根国家居留许可的外国（包括中国）公民可免签入境罗马尼亚，每6个月内停留最多不超过90天。持有保加利亚、塞浦路斯或克罗地亚短期停留（包括旅游）签证的旅行者也可免签进入罗马尼亚不超过90天。

不符合上述条件、持普通护照的中国公民则需要事先办妥去罗马尼亚的签证。可登录http://evisa.mae.ro下载签证申请表，准备两张2寸白色背景照片、有效期6个月以上的护照原件及复印件、经过罗马尼亚移民署以旅游目的批准的邀请函、覆盖罗马尼亚及整个停留时间的有效旅游保险、往返机票、住宿预订单、旅行期间每日50欧元以上的财力证明以及户口本复印件向罗马尼亚驻华大使馆申请。停留时间90天内，签证费60欧元。

罗马尼亚驻中国大使馆（☎86 10 6532 3879；http://beijing.mae.ro/cn；北京市朝阳区日坛东二街2号；⏲领事服务时间周一11:00~12:00，周三和周五10:00~12:00）

使领馆

中华人民共和国驻罗马尼亚大使馆（☎021 232 8858；www.chinaembassy.org.ro；SOS. Nordului Nr.2，Bucuresti，Sector 1，014 101）

汇率

人民币	CNY1	RON0.62
港币	HKD1	RON0.52
新台币	TWD1	RON0.12
澳门元	MOP1	RON0.50
新加坡元	SGD1	RON2.92
美元	USD1	RON4.02
欧元	EUR1	RON4.47

ℹ 到达和离开

飞机

罗马尼亚与欧洲和中东地区都有便利的空运连接。本书调研之时，罗马尼亚到北美、东南亚和中国尚无直飞航班。

机场

多数飞往罗马尼亚的国际航班都降落在布加勒斯特的**亨瑞·柯恩达国际机场**（Henri Coandă International Airport；OTP/Otopeni；☎021-204 1000；www.bucharestairportst.ro；Şos Bucureşti-Ploieşti）。

其他有国际机场的城市：

克卢日阿夫拉姆·伊安库国际机场（Cluj Avram Iancu International Airport；CLJ；☎0264-307 500，0264-416 702；www.airportcluj.ro；Str Traian Vuia 149-151）

锡比乌国际机场（Sibiu Inter national Airport；SBZ；☎0269-253 135；www.sibiuairport.ro；Şos Alba Iulia 73）

蒂米什瓦拉特拉伊安·武伊亚国际机场（Timişoara Traian Vuia International Airport；TSR；☎0256-386 089；www.aerotim.ro；Str Aeroport 2，Ghiroda）

国家速览

面积 237,500平方公里

首都 布加勒斯特

国家代码 ☎40

货币 罗马尼亚列伊

紧急情况 ☎112

语言 罗马尼亚语

人口 2000万

现金 自动柜员机很多

签证 中国旅行者需要单独办理签证

陆路

从西欧去往罗马尼亚的主要铁路会经过布达佩斯，每天有3班火车途经布拉索夫一路开往布加勒斯特，然后再返回。西部城市蒂米什瓦拉与整个欧洲各地都有便利的火车、汽车和飞机连接网络。走公路的话，罗马尼亚西部的主要入境点在阿拉德（Arad）和奥拉迪亚（Oradea）。

罗马尼亚和5个国家接壤：保加利亚、匈牙利、摩尔多瓦、塞尔维亚和乌克兰。有4个去保加利亚的渡口，渡轮可搭乘旅客和车辆。公路边境站一般都是24小时开放，小一些的边境站一般开放时间是8:00~20:00。

罗马尼亚不是欧盟共同边境和海关申根区的成员，这也就意味着，你在边境处必须出示有效护照（和签证，如被要求的话）。

长途汽车

从罗马尼亚去西欧以及欧洲西南和土耳其的部分地区，乘坐长途汽车一直都是受欢迎的交通方式。长途汽车的价格和火车差不多，但是可能会更快到达目的地。

往返西欧的长途汽车公司包括：**欧洲巴士**（www.eurolines.ro）和**Atlassib**（☎0740-104 446, 021-420 3665; www.atlassib.ro; Soseaua Alexandriei 164）。两家都有往返于罗马尼亚各地和西欧各地的长途汽车。在网站上可以找到最新的时间表和价格。

小汽车和摩托车

自驾进入罗马尼亚国境以前，一定要确保你的所有证件（护照、汽车保险和登记文件）都准备齐全。

火车

罗马尼亚是欧洲铁路网的一部分，它与西欧以及邻近国家的铁路线都很发达。列车的始发地和目的地都在布加勒斯特的主火车站——**火车北站**（Gara de Nord，见1002页）。

布达佩斯是西欧进出罗马尼亚的主要铁路门户。每天有3班火车往返于布加勒斯特和布达佩斯之间（13小时），可以直接从布达佩斯继续坐车去布拉格、慕尼黑和维也纳。

当地交通

飞机

因为陆路情况欠佳，如果赶时间的话，搭乘航班在城市间往返是比较好的选择。国营的**罗马尼亚航空公司**（Tarom; ☎021-204 6464; www.tarom.ro）提供的国内航班网络比较全面，往返布加勒斯特和克卢日-纳波卡、雅西（Iaşi）、奥拉迪亚（Oradea）和蒂米什瓦拉。

长途汽车

长途汽车和maxitaxi（多人出租车）是罗马尼亚交通运输网的主要构成力量。如果弄懂了该系统的运作方式，交通会很方便，而且便宜，但如果没有当地人帮忙的话，可能很难找到最新的信息。网站www.autogari.ro有便利的在线时刻表。

小汽车和摩托车

道路很拥挤、路面情况很差。乡村地区的高速公路（autostrada）很少，这意味着大多数时候都要在两个车道的国道（drum naţional）或二级公路上行驶。估计路程用时的时候，你可以按照每小时50公里为单位计算。

西式的加油站遍地都是。1升无铅95号辛烷的费用约为6.20列伊。大多数加油站接受信用卡。

交通规则

➡ 血液酒精含量上限：0

就餐价格区间

下列价格区间为一道主菜的价格：

€ 低于15列伊

€€ 15~30列伊

€€€ 高于30列伊

特色饮食

罗马尼亚饮食受邻国，包括土耳其、匈牙利和巴尔干半岛国家影响很大，主打猪肉和其他肉类。农场出产的有机新鲜水果和蔬菜很多，为各种名目繁多的汤和沙拉增添了不少口味和色彩。调味品一般包括酸奶油、大蒜酱和磨碎的山羊乳奶酪，用来为各种食物增添口感，从汤到最普通的配菜——玉米粥都可以加。

- **Mămăligă** 玉米面糊，有时候上面有酸奶油或者奶酪。
- **Ciorbă** 一种酸酸的汤，是当地的主要食品。
- **Sarmale** 混合着香料的猪肉，用白菜或者葡萄叶卷着吃。
- **Covrigi** 温热的烤椒盐脆饼，在大街小巷的外卖窗口都有卖。
- **Ţuică** 装在普通水瓶里，度数很高的李子白兰地酒，路边休息站里都有卖。

- 安全带：强制使用
- 前灯：不管白天还是晚上都必须开
- 限速：主要公路90公里/小时，城镇公路50公里/小时

本地交通

罗马尼亚的大多数城镇的公共交通系统都不错。布加勒斯特是唯一有地铁的城市。乘坐公共交通的方式都大同小异。搭车前，先在街边标有bilete或casă de bilete的售票亭买票，然后在车上检票。乘坐maxitaxi的话可以向司机买票。

出租车

出租车价格实惠，是替代公共交通系统出行的不错选择。法律规定司机必须将费用标准贴在挡风玻璃上。费用都不同，但是一般在每公里1.39~1.89列伊。如果高于这个标准很可能是在宰客。

火车

四通八达的火车网络覆盖全国，包括大多数主要旅游景点。国家铁路系统由**罗马尼亚国家铁路局**（Căile Ferate Române, CFR|Roman State Railways; www.cfr.ro）运营。罗马尼亚有三种火车，速度都不一样。城际列车（InterCity），时刻表上写为“IC”，是最贵、最舒服的。

在售票窗口、罗马尼亚国家铁路公司（Agentia de Voiaj CFR）售票处或者www.cfrcalatori.ro网站上买票。

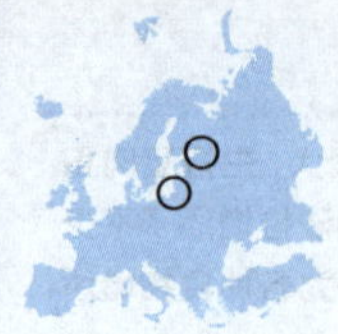

俄罗斯

包括 ➡

最佳餐饮

- Delicatessen（见1029页）
- Varenichnaya No 1（见1029页）
- Duo Gastrobar（见1040页）
- Yat（见1040页）

最佳住宿

- Hotel Metropol（见1028页）
- Blues Hotel（见1028页）
- Soul Kitchen Hostel（见1039页）
- Rachmaninov Antique Hotel（见1039页）

为何去

还有什么比莫斯科红场尖顶高耸的建筑群更经典的东欧标志景象吗？俄罗斯（Россия）这座盛气凌人、令人激动且石油储量丰富的首都是在这一地区旅行的必到之处。

波罗的海岸边的圣彼得堡是另一大亮点。这座前皇家首都拥有宏伟的意式建筑、蜿蜒的运河和浩荡的涅瓦河，依然是俄罗斯最美丽而迷人的城市。你也可以抽些时间前往大诺夫哥罗德，这里有一座古老的石头要塞，还有许多装饰着湿壁画的教堂。小巧的加里宁格勒位于波兰和立陶宛之间，如同它的波罗的海邻居一样友善好客，同时也集合了它庞大母国的所有优点，是一处引人入胜的目的地。

烦琐的签证手续可能阻挡了很多旅行者来这里观光——别因为这样的麻烦就不来这个世界上最大国家的欧洲部分，在这里你可以亲眼看见、亲身体验众多不可思议的事。

何时去

莫斯科

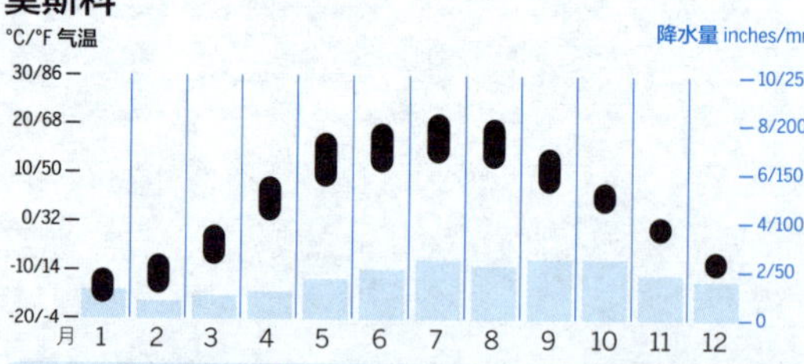

5月 为纪念第二次世界大战的结束特设了一个公共假日，届时会举办盛大的阅兵式。

6月和7月 圣彼得堡永昼节（White Nights）期间的派对，加里宁格勒海滩上的日光浴。

12月和1月 大雪覆盖的莫斯科和圣彼得堡犹如仙境，酒店的房费也会有很大折扣。

瑞典
HIIUMAA
希乌马岛
TALLINN
塔林
Petrodvorets 4 2 3
彼得夏宫
4 Kolpino
Narva
纳尔瓦
Tsarskoe Selo
沙皇别墅
FÅRÖ
SAAREMAA
萨雷马岛
ESTONIA
爱沙尼亚
ÖLAND
GOTLAND
哥得兰岛
Volkhov
沃尔霍夫河
Vologda
Veliky Novgorod 5
大诺夫哥罗德
Narva
纳尔瓦河
Suda
苏达河
BALTIC SEA
波罗的海
Gulf of Rīga
里加湾
Pskov
RĪGA
里加
LATVIA
拉脱维亚
Lovat 洛瓦季河
Msta
姆斯塔河
Rybinsk
RUSSIA
俄罗斯
Volga
伏尔加河
Volga 伏尔加河
Yaroslavl
雅罗斯拉夫尔
Kinesma
Kurshskaya Kosa National Park
库尔什沙嘴国家公园
Curonian Spit库尔什沙嘴
Velikaya
韦利卡亚河
Velikie Luki
Volga
伏尔加河
Tvertsa
特韦尔察河
Tver
特维尔
Ivanovo
Svetlogorsk
Sovetsk
Baltiysk
6
RUSSIA
俄罗斯
LITHUANIA
立陶宛
Rzev
Sergiev Posad
Kaliningrad
加里宁格勒
Cernyakhovsk
Kovrov
VILNIUS
维尔纽斯
BELARUS
白俄罗斯
Daugava (Zapadnaya Dvina)
道加瓦河
Dnepre
第聂伯河
Zelenograd
Moskva
1 莫斯科
Vladimir
弗拉基米尔
Odincovo
Orehovo-Zuevo
Ljubercy
Murom
POLAND
波兰
Neris (Vilija)
涅里斯河
Dnipro (Dnieper)
第聂伯河
Smolensk
Obninsk
Kolomna
科洛姆纳
MINSK
明斯克

俄罗斯亮点

❶ 在俄罗斯粗犷而又充满活力的首都**莫斯科**，为她的广袤与富饶所震撼。

❷ 虽然与俄罗斯颇不协调，但古老欧洲的意大利风情在**圣彼得堡**（见1034页）展露无遗。可选择步行、骑车或乘船等游览方式。

❸ 为**圣彼得堡**无与伦比的**冬宫博物馆**（见1035页）数不尽的艺术杰作目眩神迷。

❹ 抽一天时间走出**圣彼得堡**，去见识见识**彼得夏宫**和**沙皇别墅**（见1040页）这两座威严的乡村庄园。

❺ 循着俄罗斯的发祥根源来到**大诺夫哥罗德**（见1032页），这里有保存完好的克里姆林宫和许多如诗如画的教堂。

❻ 探索**加里宁格勒**（见1043页），这里一度是普鲁士帝国的一部分，库尔什沙嘴国家公园中有许多质朴的海滩。

莫斯科（Moskva, Moscow） Москва

☎495和☎499 / 人口1150万

莫斯科的规模之大令人生畏，同时也令人兴奋且难忘，它能激发人的极端情感——可能是激情，也可能是憎恶。历史、权力和野蛮的资本主义气息弥漫在空气之中，与之相伴的，是创意能量的迸发——艺廊和生龙活虎的餐厅、酒吧及夜生活场所。

克里姆林宫的石墙，俄罗斯政治权力的尖峰，以及曾经的东正教会中心，占据着莫斯科河北岸城市建成时所在的区域。苏联时期的残留物，例如列宁墓，都集中在红场附近，以及从克里姆林宫向外发散的城市环线上的其他各处。

景点

克里姆林宫和红场（The Kremlin & Red Square）

克里姆林宫（Kremlin，Кремль；www.kreml.ru；成人/学生 350/100卢布；⏲周五至周三 10:00~17:00，售票处 周五至周三 9:30~16:30；Ⓜ Aleksandrovsky Sad）位于莫斯科河北岸边的博罗维茨基山（Borovitsky Hill），被2.25公里长的高耸围墙围起，东墙外是红场。要观赏整个建筑群，最好的位置是在河对岸的Sofiyskaya nab。

进入克里姆林宫前，记得在**寄存处**（left-luggage office；60卢布/包；⏲周五至周三 9:00~18:30）存包，寄存处位于入口旁的**库塔菲亚塔楼**（Kutafya Tower）底下。主售票处位于**亚历山大花园**（Alexandrovsky Garden）。门票包括全部5座教堂博物馆和牧首宫（Patriarch's Palace），但不包括**兵器博物馆**（Armoury）、钻石基金展（Diamond Fund Exhibition）或特别展览，这些要单独收费。

从库塔菲亚塔楼沿着斜坡向上走，从**圣三一门塔**（Trinity Gate Tower，Троицкая надвратная башня）下经过克里姆林宫墙。向右（南）的小道会经过17世纪的**娱乐宫**（Poteshny Palace，Потешный дворец），那里是斯大林曾经居住过的地方。非常不合时宜的玻璃—水泥建筑宫殿**克里姆林大会堂**（State Kremlin Palace，Государственный Кремлевский Дворец）现为一个音乐会和芭蕾舞会堂，很多西方流行明星在造访莫斯科时曾在这里演出。兵器博物馆和教堂广场（Sobornaya Ploshchad，Cathedral square）上的所有建筑内部都禁止拍照。

★兵器博物馆 博物馆

（Armoury，Оружейная палата；成人/学生 700/250卢布；⏲10:00、正午、14:30和16:30；Ⓜ Aleksandrovsky Sad）兵器博物馆建于1511

旅行线路

一周

在**莫斯科**，参观克里姆林宫和红场用去一天，欣赏特列季亚科夫美术馆、新特列季亚科夫美术馆和普希金美术馆的海量收藏再用去一天。第三天去感受新圣女修道院的宏伟，然后游览经过翻新的高尔基公园。乘坐夜班火车前往**大诺夫哥罗德**，在那里花一天时间探索古代克里姆林宫和教堂。这周剩余的时间都留给辉煌的**圣彼得堡**吧。可以沿着涅瓦大街漫步，参观皇宫广场，在冬宫博物馆里度过半天；乘船漫游运河和浩荡的涅瓦河；参观彼得保罗要塞、滴血教堂和精彩的俄罗斯博物馆。

两周

在莫斯科多停留两天，去奢华的Sanduny Baths挥汗如雨，或者来场地铁之旅。在圣彼得堡，多花点时间在冬宫博物馆以及其他博物馆逗留，然后再去**彼得夏宫**或**沙皇别墅**来次短途旅行。接着飞往曾身为首府城市的**加里宁格勒**，为这里重建的哥特式教堂而倾倒，沿着河流漫步至优秀的世界海洋博物馆。还可以去温泉城市**斯韦特洛戈尔斯克**（Svetlogorsk）领略古老普鲁士的魅力，或者去探索**库尔什沙嘴国家公园**（Kurshskaya Kosa National Park）的沙丘与森林。

教堂广场（SOBORNAYA PLOSHCHAD）

教堂广场北侧正对着广场的是有着5个金色盔状穹顶以及四面半环状山墙的**圣母升天大教堂**（Assumption Cathedral, Успенский собор）。教堂建造于1475~1479年。作为俄国革命前的重要教堂，这里埋葬了14世纪20年代至1700年间俄国东正教的大部分领袖。其中的圣像门建于1652年，但最低层上的有些圣像的历史则要更古老，包括弗拉基米尔圣母像（Virgin of Vladimir, Vladimirskaya Bogomater），这座圣像是根据俄罗斯最受人敬畏的圣像——弗拉基米尔的圣母玛利亚（Vladimir Icon of the Mother of God, Ikona Vladimirskoy Bogomateri）——复制而成的，建于15世纪早期。

位于圣母升天大教堂西门旁的小巧单穹顶教堂是**圣袍解救教堂**（Church of the Deposition of the Robe, ерковь Ризоположения），由普斯科夫（Pskov）的泥瓦匠们于1484年至1486年间修建完成。

教堂广场东侧高耸的两个金色穹顶属于16世纪的**伊凡大帝钟楼**（Ivan the Great Bell Tower, Колокольня Ивана Великого），是克里姆林最高的建筑。钟楼旁边矗立着巨大的**沙皇钟**（Tsar Bell, Царь-колокол），这尊重达202吨的巨钟在响起来之前就坏了。钟楼北侧是巨型**沙皇炮**（Tsar Cannon, Царь-пушка），建于1586年，但从未开过炮。

1508年修建的**天使长大教堂**（Archangel Cathedral, Архангельский собор）位于广场的东南角，数个世纪以来一直是沙皇们举行加冕仪式、婚礼和葬礼的地方。14世纪20年代至17世纪90年代，除了葬于谢尔吉耶夫镇（Sergiev Posad）的鲍里斯·戈杜诺夫（Boris Godunov）外，所有的沙皇都被安葬在这里。

最后是位于广场西南角的**圣母领报大教堂**（Annunciation Cathedral, Благовещенский собор; Blagoveshchensky sobor），其历史可追溯至1489年，内有大师级圣像画家希腊人塞奥法尼斯（Theophanes）创作的一些著名圣像。塞奥法尼斯可能创作了“祈祷”（diesis）组画右端的6副圣像，为6层圣像群中最大的一组。《天使长米歇尔》（*Archangel Michael*）（“祈祷”组画行从左数第三位）和旁边的《圣彼得》（*St Peter*）被认为是俄罗斯大师安德烈·鲁布廖夫（Andrei Rublyov）的作品。

年，是由瓦西里三世（Vasily Ⅲ）建造的，用于制造和存储武器、皇室军备和徽章以供宫廷之需。后来这里也用于生产首饰、圣像框架和刺绣。直到现在，兵器博物馆内仍然储存着大量珍宝，是所有参观克里姆林宫的观光行程中的亮点。如果可能，在购买克里姆林宫门票的同时也一并购买指定参观时间的兵器博物馆门票。

红场 古迹

（Red Square, Красная площадь; Krasnaya pl; ⓂPloshchad Revolyutsii）走出克里姆林宫东北方向的城墙就到了著名的红场，这座铺有圆石的广场长400米，宽150米，是莫斯科的心脏。高耸于广场最南端的是**圣瓦西里大教堂**（St Basil's Cathedral; Покровский собор, Храм Василия Блаженного; www.saintbasil.ru; 成人/学生 250/50卢布，语音导览 200卢布；⏲11:00~17:00; ⓂPloshchad Revolyutsii）。广场的全景绝对会让人激动不已，尤其是在夜间。

列宁墓 纪念碑

（Lenin's Mausoleum, Мавзолей Ленина; www.lenin.ru; ⏲周二至周四和周六 10:00~13:00; ⓂPloshchad Revolyutsii）**免费** 虽然弗拉基米尔·伊里奇（Vladimir Ilych）曾要求死后被安葬在位于圣彼得堡的母亲身边，但他的墓地最终还是建在了克里姆林宫的城墙脚下，以供访客瞻仰。游客可在广场西角（靠近亚历山大花园入口处）排队等候，自1924年起，这具经过防腐处理的苏联领导人的遗体就被一直存放在这里。注意，这里不允许拍照，而且会有严厉的卫兵确保所有游客保持肃静。

国家历史博物馆 博物馆

（State History Museum, Государственный

Central Moskva 莫斯科市中心

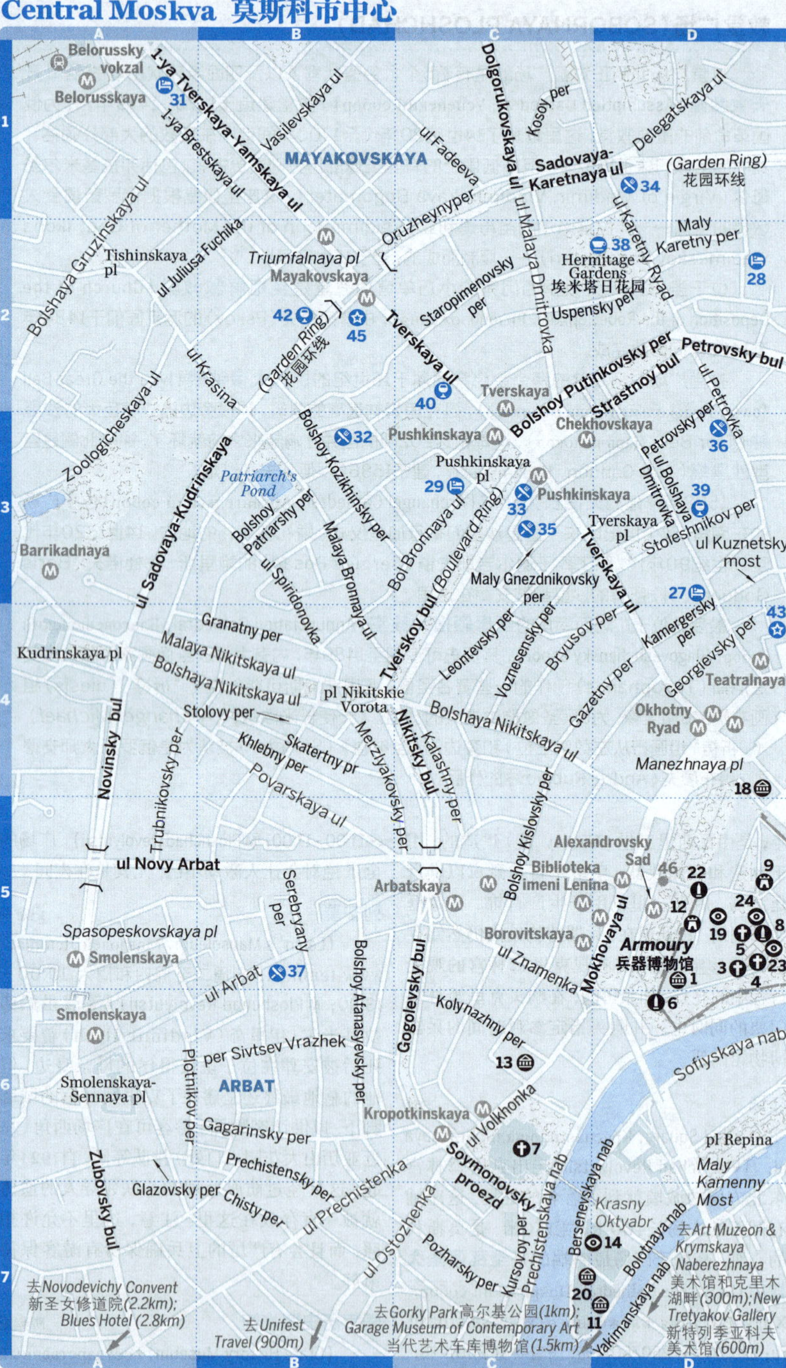

Belorussky vokzal
Belorusskaya
1-ya Tverskaya-Yamskaya ul
1-ya Brestskaya ul
Vasilevskaya ul
MAYAKOVSKAYA
ul Fadeeva
Dolgorukovskaya ul
Kosoy per
Delegatskaya ul
Sadovaya-Karetnaya ul
(Garden Ring) 花园环线
ul Malaya Dmitrovka
ul Karetny Ryad
Maly Karetny per
Hermitage Gardens 埃米塔日花园
Uspensky per
Oruzheyny per
Triumfalnaya pl
Mayakovskaya
Staropimenovsky per
Tishinskaya pl
ul Juliusa Fuchika
Bolshaya Gruzinskaya ul
Tverskaya ul
(Garden Ring) 花园环线
ul Krasina
Zoologicheskaya ul
Tverskaya
Bolshoy Putinkovsky per
Strastnoy bul
Petrovsky bul
ul Petrovka
Chekhovskaya
Pushkinskaya
Pushkinskaya pl
Petrovsky per
ul Bolshaya Dmitrovka
Patriarch's Pond
Bolshoy Patriarshy per
Bolshoy Kozikhinsky per
Malaya Bronnaya ul
Bol Bronnaya ul
(Boulevard Ring)
Tverskaya pl
Stoleshnikov per
ul Kuznetsky most
Barrikadnaya
ul Sadovaya-Kudrinskaya
ul Spiridonovka
Maly Gnezdnikovsky per
Granatny per
Tverskoy bul
Leontevsky per
Voznesensky per
Bryusov per
Kamergersky per
Georgievsky per
Gazetny per
Teatralnaya
Okhotny Ryad
Kudrinskaya pl
Malaya Nikitskaya ul
Bolshaya Nikitskaya ul
pl Nikitskie Vorota
Bolshaya Nikitskaya ul
Stolovy per
Skatertny pr
Khlebny per
Merzlyakovsky per
Nikitsky bul
Kalashny per
Manezhnaya pl
Novinsky bul
Trubnikovsky per
Povarskaya ul
Bolshoy Kislovsky per
Alexandrovsky Sad
ul Novy Arbat
Biblioteka imeni Lenina
Arbatskaya
Serebryany per
Spasopeskovskaya pl
Smolenskaya
Borovitskaya
Mokhovaya ul
Armoury 兵器博物馆
ul Znamenka
ul Arbat
Bolshoy Afanasyevsky per
Gogolevsky bul
Kolymazhny per
Smolenskaya
per Sivtsev Vrazhek
Sofiyskaya nab
Smolenskaya-Sennaya pl
Plotnikov per
ARBAT
Kropotkinskaya
ul Volkhonka
Gagarinsky per
Soymonovsky proezd
pl Repina
Prechistensky per
Glazovsky per
Chisty per
ul Prechistenka
Maly Kamenny Most
Zubovsky bul
ul Ostozhenka
Kursovoy per
Prechistenskaya nab
Bersenevskaya nab
Krasny Oktyabr
Bolotnaya nab
Pozharsky per
去Art Muzeon & Krymskaya Naberezhnaya 美术馆和克里木湖畔(300m); New Tretyakov Gallery 新特列季亚科夫美术馆(600m)
Yakimanskaya nab
去Novodevichy Convent 新圣女修道院(2.2km); Blues Hotel (2.8km)
去Unifest Travel (900m)
去Gorky Park 高尔基公园(1km); Garage Museum of Contemporary Art 当代艺术车库博物馆(1.5km)
A
B
C
D
1
2
3
4
5
6
7
31
34
38
28
42
45
40
32
36
29
33
35
39
27
43
18
46
22
9
12
24
8
19
5
3
23
4
1
6
37
13
7
14
20
11

俄罗斯 莫斯科

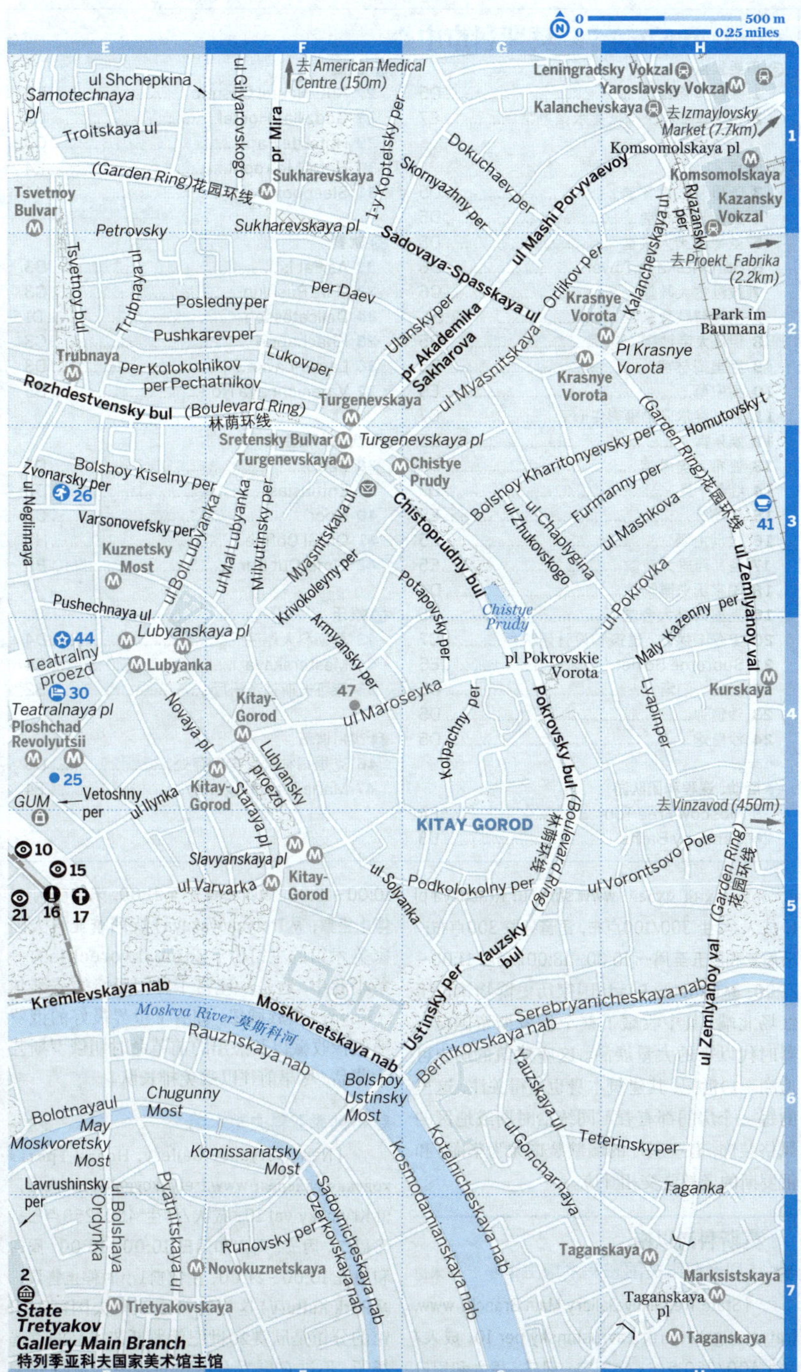

lonely planet

俄罗斯

莫斯科

Central Moskva 莫斯科市中心

重要景点

1 兵器博物馆 D5
2 特列季亚科夫国家美术馆主馆 E7

景点

3 圣母领报大教堂 D5
4 天使长大教堂 D5
5 圣母升天大教堂 D5
6 Borovitskaya Tower D6
7 救世主大教堂 C6
圣袍解救教堂 （见5）
8 伊凡大帝钟楼 D5
9 克里姆林宫 D5
10 列宁墓 E5
11 卢米埃尔兄弟摄影中心 D7
12 娱乐宫 D5
13 普希金美术馆 C6
14 红色十月 D7
15 红场 E5
16 救世主塔 E5
17 圣瓦西里大教堂 E5
18 国家历史博物馆 D4
19 克里姆林大会堂 D5
20 史翠卡媒体、建筑和设计研究所 C7
21 Supreme Soviet E5
22 圣三一门塔 D5
23 沙皇钟 D5
24 沙皇炮 D5

活动、课程和团队游

25 Moscow Free Tour E4
26 Sanduny Baths E3

住宿

27 Anti-Hostel Cosmic D3
28 Godzillas Hostel D2
29 Hotel de Paris C3
30 Hotel Metropol E4
31 Sleepbox Hotel A1

就餐

32 As Eat Is B3
33 Café Pushkin C3
34 Delicatessen D1
35 Khachapuri C3
36 Lavka-Lavka D3
37 Varenichnaya No 1 B5

饮品和夜生活

38 3205 D2
39 Enthusiast D3
40 Noor C2
41 OMG! Coffee H3
42 Time-Out Bar B2

娱乐

43 莫斯科大剧院 D4
44 Masterskaya E4
45 柴可夫斯基音乐厅 B2

实用信息

46 克里姆林宫行李寄存处 D5
47 Maria Travel Agency F4

исторический музей; www.shm.ru; Krasnaya pl 1; 成人/学生 300/100卢布，语音导览 300卢布；⏲周三和周五至周一 10:00~18:00，周四 11:00~21:00；Ⓜ Okhotny Ryad）国家历史博物馆位于红场北端，其中收藏了整个俄罗斯帝国自石器时代以来的大量展品。这座建筑的历史可追溯至19世纪，其建筑本身也值得关注，这里的每一个房间都有着不同统治时期或地区的风格装饰，有些展厅的墙壁装饰尤为华丽，和俄罗斯的老教堂交相呼应。

莫斯科河以南

★ 特列季亚科夫国家美术馆主馆 美术馆

（State Tretyakov Gallery Main Branch; www.tretyakovgallery.ru; Lavrushinsky per 10; 成人/学生400/250卢布；⏲周二、周三、周六和周日 10:00~18:00，周四和周五 至21:00，闭馆前1小时停止售票；Ⓜ Tretyakovskaya）特列季亚科夫国家美术馆的主馆位于Zamoskvorechie的一条小巷中，这是一座富于异国风情的波维尔（boyar）贵族城堡，拥有全世界最好的俄罗斯圣像收藏以及杰出的前革命时期俄罗斯艺术藏品。尽早前往以避免排长队。

新特列季亚科夫美术馆 美术馆

（New Tretyakov Gallery, Новая Третьяковская галерея; www.tretyakovgallery.ru/en/; ul Krymsky val 10; 成人/学生 400/250卢布；⏲周二、周三、周六和周日 10:00~18:00，周四和周五 10:00~21:00，闭馆前1小时停止售票；Ⓜ Park Kultury）这座特列季亚科夫国家美术馆的分馆是欣赏20世纪俄罗斯艺术品的首选场所，不过它更为人熟知的名字是新特列季

亚科夫美术馆。除了典型的社会主义现实主义杰作，如挥着镰刀的肌肉男、胸部丰满的挤奶女工（当然这里也有这类作品）之外，这里还有诸如马列维奇（Malevich）、康定斯基（Kandinsky）、夏加尔（Chagall）、冈察洛娃（Goncharova）和波波娃（Popova）等先锋派艺术家的作品。

美术馆和克里木湖畔 雕塑公园

（Art Muzeon & Krymskaya Naberezhnaya; ul Krymsky val 10; Ⓜ Park Kultury）免费 这座公园现已完成全面改造，并同精心重建过的克里木湖畔堤岸合并在一起。这里用于堆放1991年后反苏浪潮中被从原来的台座上移除的各色雕塑（大多数都很媚俗）和偶像纪念碑（有斯大林、斯维尔德洛夫的纪念碑，还有一些列宁和勃列日涅夫的）。这些纪念物如今都矗立在可爱的花园中，周围设有木栈道和许多迷人的长椅。

★高尔基公园 公园

（Gorky Park, Парк Горького; ⏲24小时; 📶 👪; Ⓜ Oktyabrskaya）免费 这里是莫斯科市内的主要公园，但它并非是你想象中的那种都市深处的自然保护区，也非游乐园，虽然这里曾是一座游乐园。其正式名称——马克西姆·高尔基中央文化和休闲公园（Maxim Gorky's Central Park of Culture & Leisure）——就说明了一切。这里提供的是各式各样的文化和休闲设施。公园由先锋建筑师康斯坦丁·梅尔尼科夫（Konstantin Melnikov）于20世纪20年代设计，曾是一座共产主义乌托邦；近年来，它成为展示莫斯科这些年所发生的开明转化的窗口。

克里姆林宫以西

普希金美术馆 博物馆

（Pushkin Museum of Fine Arts; Музей изобразительных искусств им Пушкина; www.arts-museum.ru; ul Volkhonka 12; 门票 每个分馆 200~300卢布; ⏲周二至周日 10:00~19:00，周四 至21:00; Ⓜ Kropotkinskaya）莫斯科首选的外国艺术博物馆，包括3个分馆，陈列有大量的欧洲艺术作品，包括许多古代文明时期、意大利文艺复兴时期和荷兰黄金时代的杰作。

新圣女修道院 女修道院

（Novodevichy Convent, Новодевичий монастырь; 成人/学生 300/100卢布，摄影 100卢布; ⏲庭院 8:00~20:00，博物馆 周三至周一 9:00~17:00; Ⓜ Sportivnaya）新圣女修道院建于1524年，是为了庆祝从立陶宛手中夺回斯摩棱斯克（Smolensk），此次胜利是莫斯科公国征服基辅罗斯（Kyivan Rus）旧领地的重要一步。这里最古老也最宏伟的建筑是白色的斯摩棱斯克大教堂，其内部装饰有16世纪创作的华丽壁画。新圣女修道院至今仍在运营。进教堂参观时，建议女性遮盖住头部和肩膀，男性应该穿上长裤。

救世主大教堂 教堂

（Cathedral of Christ the Saviour, Храм Христа Спасителя; ul Volkhonka 15; ⏲周一 13:00~17:00，周二至周日 10:00~17:00; Ⓜ Kropotkinskaya）免费 这座庞大的教堂建筑竣工于1997年——恰逢莫斯科建城850周年纪念。其富丽雄伟的程度令人咂舌，实可谓具有重大历史意义。大教堂规模浩大，装饰金碧辉煌，是一座让人又爱又恨的地标性建筑。斯大林曾计划对这一场所进行改造（建造一座苏维埃宫，顶部竖立起一座100米高的列宁雕

俄罗斯桑拿浴（BANYA）

一定要做一次传统的俄罗斯桑拿浴。这些潮湿的桑拿房是一个社交中心，对任何一位来到俄罗斯的游客来说，也是一段美妙的体验。将你的顾虑抛诸脑后吧，准备好迎接桦条细枝的鞭打（它比听起来要舒服多了）。向你的住宿处咨询最近的公共桑拿浴在哪里，通常这些地方的门票会低至100卢布。在莫斯科，可以试试奢华的**Sanduny Baths**（☎495-628 4633; www.sanduny.ru; Neglinnaya ul 14; 每人 1500~2300卢布; ⏲8:00~22:00; Ⓜ Kuznetsky Most）；在圣彼得堡的话，则不妨去传统的**Mytninskiye Bani**（Мытнинские бани; www.mybanya.spb.ru; Mytninskaya ul 17~19; 每小时 100~200卢布; ⏲周五至周二 8:00~22:00; Ⓜ Ploshchad Vosstaniya）。

像），有鉴于此，莫斯科人至少应该感恩，因为他们如今还能赞美教堂金光灿灿的穹顶，而不是列宁的头像。

团队游

Moscow Free Tour 步行游览

（☎495-222 3466；http://moscowfreetour.com；Nikolskaya ul 4/5；付费团队游 950~1550卢布）每天都有激情洋溢的女士提供绕行红场和格罗城（Kitay Gorod，莫斯科的中央城区）的2小时导览徒步游，能使游客了解许多知识，让人深受启发——而且完全免费。游览活动非常精彩，因此（她们期待）你会报名参加她们其他付费的精彩团队游，路线包括克里姆林宫、阿尔巴特街（Arbat）和地铁，或者更多主题观光游，例如社会主义莫斯科、神秘莫斯科等。

Moscow 360 步行游览

（☎8-915-205 8360；www.moscow360.org）免费 这个野心勃勃的公司提供4种——数清楚，4种！——不同的徒步观光游，全都免费。包括游览红场、救世主大教堂和地铁，以及——最特别的——AK-47之旅（游览和交通免费，不过射击要付费）。显然，如果给小费，他们会很感谢。

住宿

酒店一般都很贵，不过这里也有许多价格实惠的青年旅舍和出租公寓可供选择。

Godzillas Hostel 青年旅舍 €

（☎495-699 4223；www.godzillashostel.com；Bolshoy Karetny per 6；铺 760卢布起，标单/双 2400/2600卢布起；❄@📶；Ⓜ Tsvetnoy Bulvar）经检验，这里确实是莫斯科最著名的青年旅舍，4层楼中拥有几十张床位可供住宿。客房面积大小不一，不过总体而言都很宽敞，采用不同的色彩装饰，而且光线充足。为了满足大量住客的需求，每层楼都配有浴室，此外还有3间厨房，以及1间带卫星电视的大客厅。

Anti-Hostel Cosmic 青年旅舍 €

（☎499-390 8132；http://anti-hostel.ru；ul Bolshaya Dmitrovka 7/5 str 3；胶囊房 1350卢布起；📶；Ⓜ Teatralnaya）这家旅舍位于一座经过改造的公寓中，将旅舍和胶囊酒店的概念结合了起来。位置极为便利——到红场只需步行5分钟。胶囊房虽然很小，却能为那些享受独处的人提供一个舒适的小世界。这里也有一个舒适的公共区，这样你就可以和其他胶囊房住客打成一片了。

★ **Blues Hotel** 精品酒店 €€

（☎495-961 1161；www.blues-hotel.ru；ul Dovatora 8；标单/双 5800/6300卢布起；⊖❄📶；Ⓜ Sportivnaya）这家酒店的位置算不上市中心，但也不是什么缺点。距离红线地铁只有几步路（到红场只有5站地），距离新圣女修道院也只有几个街区，附近有几家餐厅值得一试。考虑至此，这家价格优惠、服务也热情的精品酒店可谓难得的瑰宝。提供的客房装饰时髦，且打扫得一尘不染，配备的是大床，有平板电视。

Sleepbox Hotel 酒店 €€

（☎495-989 4104；www.sleepbox-hotel.ru；ul 1-ya Tverskaya-Yamskaya 27；标单 不含浴室 3200卢布起，双 4700卢布起，四 5500卢布起；❄📶；Ⓜ Belorusskaya）虽然会被拿来和胶囊酒店作比较，但这里实际上要更好。可以想象一下舒适的火车车厢——这家酒店提供的就是类似的服务。打扫极为干净，非常出众。所在位置对于那些乘火车从谢列梅捷沃（Sheremetyevo）机场前来的旅客来说很便利。公共淋浴间和厕所都是非常现代化的风格，而且很干净。通常不会住满。

★ **Hotel Metropol** 历史酒店 €€€

（☎499-501 7800；www.metropol-moscow.ru；Teatralny proezd 1/4；双 9930~11,400卢布；⊖❄@🏊；Ⓜ Teatralnaya）这家建于1907年的酒店可谓新艺术风格建筑的杰作，每个角落都散发着古老的艺术感，从宏伟的内部结构到华丽的大厅，以及装饰各不相同的房间（不过很小）。自助早餐（2000卢布）价格贵得离谱，不过你可以在奢华的彩色玻璃天花板下享用这份天价早餐。

Hotel de Paris 精品酒店 €€€

（☎495-777 0052；www.hotel-deparis.ru；Bolshaya Bronnaya ul 23，bldg 3；标单/双

9000/9450卢布起；Pushkinskaya）这家时尚怡人的酒店隐藏在紧邻林荫环路（Boulevard Ring）的一座僻静庭院中，距离拥挤的特维尔大街（Tverskaya）只有几步路。客房都在较低的楼层里，自然采光不太好，不过却有特大号的床和按摩浴缸，而且设计得很优雅。服务一贯很友好。房价在周末会打六折，非常超值。

就餐

★ Varenichnaya No 1　俄罗斯菜 €

（www.varenichnaya.ru；ul Arbat 29；主菜200~400卢布；10:00至午夜；Arbatskaya）复古苏联风在莫斯科非常流行，但是这家老派餐厅却复古得恰到好处，墙上摆着一排排的书籍，黑白电视机里播放着老电影，价格几乎是"冷战"时期的标准。菜肴都很美味，有vareniki和pelmeni（不同馅料的饺子），馅料有甜有酸。额外奖励是自制的腌菜，好吃得停不下来。

★ Delicatessen　各国风味 €€

（Деликатесы；www.newdeli.ru；Savodvaya-Karetnaya ul 20；主菜450~700卢布；周二至周六 正午至午夜；Tsvetnoy Bulvar）这家餐厅的老板很友善（而且很健谈），他游历过世界许多地方，尝试过各种菜肴。店里将汉堡包、比萨和意大利面加以巧妙改良，制作成新派菜肴。另一大乐事在于，橱柜中摆满各种醇美的果酒，如果控制不住酒瘾，可能会打破你的省钱计划（我们明白，多说无益）。

Khachapuri　格鲁吉亚菜 €€

（8-985-764 3118；http://hacha.ru；Bolshoy Gnezdnikovsky per 10；奶酪面包200~350卢布，主菜400~600卢布；Pushkinskaya）这家都市风情的咖啡馆不摆架子，价格实惠，味道也好，也反映出格鲁吉亚文化讨人喜欢的一面：温暖好客的友善态度，以及新鲜的khachapuri（奶酪面包）。除了有7种风味的奶酪面包之外，这里也提供各种汤、shashlyki（烤串）、khinkali（饺子）和其他

不要错过

莫斯科狂热的艺术氛围

在莫斯科那些经过改造的老工业建筑和其他空间里，你可以找到俄罗斯当代最具创意的一些艺术珍品。除了下列推荐场所之外，你也可以登录www.artguide.ru获取更多信息。

当代艺术车库博物馆（Garage Museum of Contemporary Art；www.garageccc.com；ul Krymsky val 9；成人/学生300/150卢布；周一至周四 11:00~21:00；Oktyabrskaya）车库博物馆位于高尔基公园中一座用纸板搭建的临时展馆中，展出的都是激动人心的顶级艺术家的作品。

Proekt_Fabrika（www.proektfabrika.ru；18 Perevedenovsky per；周二至周日 10:00~20:00；Baumanskaya）免费 这家非营利性质的美术馆和表演空间位于一座仍在营业的纸厂中，因艺术涂鸦和创意工业办公室而显得生机勃勃。

红色十月（Red October，Завод Красный Октябрь；Bersenevskaya nab；Kropotkinskaya）免费 这座红砖建筑群之前是巧克力工厂，现在成为**卢米埃尔兄弟摄影中心**（Lumiere Brothers Photography Centre；www.lumiere.ru；Bolotnaya nab 3，Bldg 1；周二至周五 正午至21:00，周六和周日 至22:00）和其他一些美术馆、时髦酒吧及餐厅的所在地。隔壁大楼中的**史翠卡媒体、建筑和设计研究所**（Strelka Institute for Media，Architecture and Design；www.strelkainstitute.ru；bldg 5a，Bersenevskaya nab 14/5；Novokuznetskaya）也值得一探究竟，这里会举办活动，并设有书店和酒吧。

Vinzavod（Винзавод；www.winzavod.ru；4 Syromyatnichesky per 1；Chkalovskaya）免费 这座后工业化的建筑群由一座葡萄酒厂改建而来，其中设有久负盛名的美术馆，还有商店，以及一家电影院和时髦的咖啡馆。

格鲁吉亚热门菜肴。

As Eat Is 各国风味 €€

（Как Есть；495-699 5313；www.aseatis.ru；Tryokhprudny per 11/13；主菜500~900卢布；正午至23:00；Mayakovskaya）我们喜欢这里低调且特别的装修风格，有不相匹配的纹理，还有塞得严严实实的迷人书架和充满古旧风情的点缀物。此外，我们还喜欢这里的新派时令菜肴，色味俱全。这里的餐食看起来都是很贵的那种，但其实价格都很合理。一语双关的店名也十分讨喜。

Lavka-Lavka 各国风味 €€

（Лавка-Лавка；903-115 5033；http://restoran.lavkalavka.com/?lang=en；ul Petrovka 21 str 2；菜400~600卢布；周日至周四 10:00至午夜，周五至周六 10:00至次日1:00；Teatralnaya）欢迎来到俄罗斯的波特兰迪亚——这里所有的食物都是由产自一些小农场的有机食材制成，不过你可以放心，在被做成菜肴之前，这些羊羔和小鸡都过着非常幸福的生活。抛开玩笑，如果你喜欢时髦的即兴风格烹饪，这里是品尝当地这类菜肴的好地方。

俄罗斯 莫斯科

Café Pushkin 俄罗斯菜 €€€

（Кафе Пушкинъ；495-739 0033；www.cafe-pushkin.ru；Tverskoy bul 26a；商务午餐 750卢布，主菜1000~2200卢布；24小时；Pushkinskaya）这家餐厅是高级餐饮界的女沙皇，它将俄罗斯菜和法国菜精妙地融合在一起——服务和菜肴都无可挑剔。餐厅位于一座19世纪的可爱建筑中，每层楼的风格各不相同，包括一间装饰富丽的图书馆和一间怡人的屋顶咖啡馆。

饮品和夜生活

★3205 咖啡馆

（905-703 3205；www.veranda3205.ru；ul Karetny Ryad 3；11:00至次日3:00；Pushkinskaya）这里是冬宫花园（Hermitage Gardens）中最大的餐饮设施，位于主楼后部的走廊中，看上去就像一座温室。夏天，店家会将餐桌摆到公园中，客人们三三两两围桌而坐，使得这里成为户外小酌的最佳选择。有长廊酒吧，气氛欢乐，因此在冬季也是一片乐园。

Enthusiast 酒吧

（Энтузиаст；per Stoleshnikov str 5；正午至23:00；Teatralnaya）你是摩托车爱好者吗？来这里就对了。不过即便不是摩托车爱好者，你也可以尽情享受酒吧里极为闲散的氛围。它隐藏在一座形状奇特的庭院的最远端，伪装成一家机器备件商店的样子。天气暖和的时候，来瓶啤酒或苹果酒，坐在沙滩椅上，享受那份宁静惬意吧。

Noor 酒吧

（499-130 6030；www.noorbar.com；ul Tverskaya 23；周一至周三 15:00至次日3:00，周四至周日 正午至次日6:00；Pushkinskaya）这家外表看来不起眼的酒吧没什么需要多说的，只能说一切都臻于完美。便利的位置，狂欢的氛围，DJ播放的独树一帜的音乐，友善的酒保和超赞的饮品，这里全都有。虽然被许多不同杂志在不同场合评为“最佳”，但他们自己好像毫不在意。

Time-Out Bar 鸡尾酒吧

（www.timeoutbar.ru；Bolshaya Sadovaya ul 5的12楼；周日至周四 正午至次日2:00，周五和周六 正午至次日6:00；Mayakovskaya）这家时髦的酒吧位于复古的Pekin Hotel酒店楼上，是完完全全的“当代”风格。酒保们穿着格子花呢，调配出各种美味的鸡尾酒，均是为一天里的不同时段而专门创作的。装潢也令人印象深刻——尤其是能看到壮观的城市天际线。这里是日暮小酌（或欣赏日出，如果你能留到最后的话）的完美选择。

OMG! Coffee 咖啡馆

（495-722 6954；www.omgcoffee.net；ul Staray Basmannaya 6 str 3；周一至周五 8:30~23:00，周六和周日 11:00~23:00；Krasnye Vorota）俄罗斯与美国的争端越严重，莫斯科的咖啡馆就越青睐布鲁克林的风格。这家时髦的本地咖啡馆对于咖啡的态度非常严谨（或者用他们自己的话来说——神经质），所用咖啡都是从信得过的烘烤专家手中购得，然后采用7种不同方法进行冲泡。这里也提供美味的汉堡包和三明治。

☆娱乐

要了解城中热事，可以参考每周四*Moscow Times*的娱乐版。大部分的剧院，包括莫斯科大剧院（Bolshoi），都会在6月底至9月初期间休业。

★莫斯科大剧院 芭蕾舞、歌剧

（Bolshoi Theatre, Большой театр; www.bolshoi.ru; Teatralnaya pl 1; 票价 200~4000卢布; ⏲7月和8月关闭; Ⓜ Teatralnaya）在莫斯科大剧院度过一晚仍是你在莫斯科最浪漫和有趣的体验之一。这座金碧辉煌的6层大礼堂拥有令人激动的剧院氛围，235年来一直呈现着最好的音乐和舞蹈盛事。这里有芭蕾舞和歌剧团体上演各种俄罗斯和国外的作品。苏联解体后，这座剧院曾一度被各种政治风波和丑闻所困扰，几经易主。但是演出必须继续——而且事实也正是如此。

柴可夫斯基音乐厅 古典音乐

（Tchaikovsky Concert Hall, Концертный зал имени Чайковского; ☎495-232 0400; www.meloman.ru; Triumfalnaya pl 4/31; 票价 300~3000卢布; ⏲7月和8月关闭; Ⓜ Mayakovskaya）这里是莫斯科最古老的交响乐团——莫斯科国立交响乐团（Moskovskaya Filharmonia）的大本营，建于1921年。巨大的礼堂能容纳1600位观众。在这里，你可以听到俄罗斯古典音乐，例如斯特拉文斯基、拉赫玛尼诺夫和肖斯塔科维奇的作品，以及其他欧洲最受欢迎的古典音乐。可关注专为儿童举办的音乐会。

咖啡馆、夜店和反咖啡馆

在俄罗斯的城市中，咖啡馆、酒吧和夜店之间的区别很模糊，许多地方兼具3种功能。因此我们将它们综合列在一起。

顶级的夜店都有严格的“容貌控制”（feis kontrol）；想突破限制只能趁保镖还没就位之前就早早进场，或者讲英语，这样就能享受为外国人提供的特权。

当下流行的是“反咖啡馆”（anti-cafes）。这是一种“创意空间”，在其中你需要按分钟付费，然后可享用咖啡、零食，使用从无线网络到电脑游戏和乐器在内的一切设施。这里是结识当地人的好地方。

Masterskaya 现场音乐

（Мастерская; www.mstrsk.ru; Teatralny proezd 3 str 3; ⏲正午至次日6:00; 📶; Ⓜ Lubyanka）莫斯科所有最有趣的机构都隐藏在庭院最偏僻的角落里，而且一般大门上都没有标记，这家超赞的音乐演出场所也一样。其内部采用独特的艺术风格装饰，是白日休闲的好去处。晚间则有各种各样的现场音乐演出，有时还有舞蹈或戏剧表演。

购物

Ul Arbat遍布纪念品商店和小摊，一直是游客们趋之若鹜的地方。

GUM 购物中心

（ГУМ; www.gum.ru; Krasnaya pl 3; ⏲10:00~22:00; Ⓜ Ploshchad Revolyutsii）这家光亮而热闹的购物中心位于红场东北侧，240米高的外立面装饰精美。内部有几百家时髦的商店和餐厅。屋顶采用天窗式设计，有3层拱廊，这种壮观的内部风格在19世纪90年代建成时颇具革命性意义；这里原本是名为上层交易商行（Upper Trading Rows）的建筑。

Izmaylovsky Market 市场

（www.kremlin-izmailovo.com; Izmaylovskoye shosse 73; ⏲10:00~20:00; Ⓜ Partizanskaya）这片宽敞的区域又名Vernisazh市场，其中有各种艺术、手工艺品、古董、苏联时期用品和所有你想要的纪念品。在这里，你能找到莫斯科规模最大的原创matryoshki、palekh和khokhloma器物，也有不那么传统的木工艺品。此外还有来自高加索和中亚的挂毯、陶器、亚麻制品、首饰、皮帽、棋盘组、玩具、苏联式海报等。

ℹ实用信息

莫斯科的无线网络非常普遍，而且基本都是免费的。

36.6（Аптека 36.6; ☎495-797 6366; www.366.ru）一家24小时营业的连锁药店，分店遍布全城。

地铁游

仅需40卢布，你便可以花一天时间环游莫斯科各个富丽堂皇的地铁站了。许多车站都装饰着大理石表面、壁画和镀金的艺术品。我们最喜欢的有：**Komsomolskaya站**，一个巨大的装饰砂浆大厅，天花板上铺着描绘军事英雄的马赛克镶嵌画；**Novokuznetskaya站**，特色是军事相关的浅浮雕，以严肃的卡其色展示，缤纷的马赛克天花板描绘着欢乐生活的场景；还有**Mayakovskaya站**，它是1939年纽约世界博览会（World's Fair）上的大奖赢家。

American Medical Centre（☎495-933 7700；www.amcenter.ru；Grokholsky per 1；⏲24小时；Ⓜ Pr Mira）提供24小时急救服务、咨询以及所有类型的医疗专家。

邮政总局（Main Post Office；Myasnitskaya ul 26；⏲24小时；Ⓜ Chistye Prudy）

Maria Travel Agency（☎495-777 8226；www.maria-travel.com；ul Maroseyka 13；Ⓜ Kitay-Gorod）提供签证服务、公寓租赁和一些包括去金环区域（Golden Ring）的本地团队游。

Moscow Times（www.themoscowtimes.com）本地出版的最好的英文报纸，免费，发行面广。

Unifest Travel（☎495-234 6555；http://unifest.ru/en.html；Komsomolsky prospekt 16/2）这家出色的旅行公司提供火车和飞机票订票及签证服务等。

ℹ 当地交通

抵离机场

在莫斯科的3座机场[多莫杰多沃（Domodedovo）、谢列梅捷沃（Sheremyetovo）和伏努科沃（Vnukovo）]都可以乘坐**Aeroexpress Train**（☎8-800-700 3377；www.aeroexpress.ru；340~400卢布；⏲6:00至午夜）运营的火车，到达市中心很方便；在线购票有优惠。

或者也可在航站大楼的调度员工作台预订官营机场出租车（前往市中心价格为2000~2200卢布）。大多数公司的出租车都采用固定价格（抵离任一机场的车费一般在1500~1800卢布），但提前预订会有优惠。根据交通状况，行程时间区别很大。

公共交通

搭乘**莫斯科地铁**（www.mosmetro.ru）是到目前为止最方便、最快捷且最便宜的游览全城的方式。地铁站外均有"M"标识。在所有的地铁站售票处都可以买到磁卡（40卢布）。购买多次乘坐的车票（5次为160卢布，11次为320卢布，20次为540卢布）可以节约时间。车票是非接触式智能卡，通过闸机时必须在验票处轻敲一下。

在一些地铁线路未覆及的放射状线路及跨城线路上，公共汽车、无轨电车和有轨电车很方便，它们也是前往市中心以外景点的必要交通工具。车上有售票员售票（40卢布）。

出租车

私营出租车在莫斯科依然常见。在市中心搭乘私营出租车的单次费用为200~400卢布，具体价格取决于你的砍价水平。

Detskoe Taxi（Детское такси；☎495-765 1180；www.detskoetaxi.ru；每8公里500卢布）这家"儿童的出租车"公司有禁止吸烟汽车以及儿童用汽车座椅。

Taxi Blues（☎495-105 5115；www.taxi-blues.ru）

大诺夫哥罗德（Veliky Novgorod） Великий Новгород

☎8162 / 人口 219,925

大诺夫哥罗德（经常简称为诺夫哥罗德）是一座满怀自豪的美丽城市，被称为"俄罗斯的诞生地"。公元862年，留里克王子（Prince Rurik）就是在这里宣告现代俄罗斯国家建立——留里克王朝统治俄罗斯的时间超过750年。这里雄伟的圣索菲亚大教堂（Cathedral of St Sophia）是俄罗斯境内最古老的教堂。这座迷人的城市横跨沃尔霍夫河（Volkhov River）两岸，很适合旅游，也是深受圣彼得堡居民喜爱的周末度假地——为了避开人潮，可以选择周中前来。

👁 景点

克里姆林宫 要塞

（Kremlin；⏲6:00至午夜）免费 克里姆林宫位于沃尔霍夫河西岸，周围环绕着一座优美的林荫公园，是俄罗斯最古老要塞之一。它原本被称作“Detinets”（现在仍经常被这样称呼），其历史可追溯到9世纪，不过后世在14世纪用砖块对其进行了重建，并一直耸立至今。建筑群值得聘请导游带领参观，可通过旅游办事处安排。每小时有1班游览观光船（5月至10月，300卢布）从克里姆林宫的码头和雅罗斯拉夫法院（Yaroslav's Court）出发，朝伊尔曼湖（Lake Ilmen）行进，可联系旅游办事处预订船票。

★ **圣索菲亚大教堂** 教堂

（Cathedral of St Sophia, Софийский собор; www.saintsofianovg.ortox.ru; ⏲8:00~20:00，仪式 每天10:00至正午和周三至周日18:00~20:00）圣索菲亚大教堂是俄罗斯境内最古老的教堂（竣工于1050年），也是该国最古老的石头建筑之一。你可以轻而易举地在克里姆林宫中找到这座教堂——它的金色穹顶光芒四射。教堂中许多圣像的历史都可追溯到14世纪，但其中最为重要的是诺夫哥罗德城市的守护神——神迹圣母（Our Lady of the Sign），据传，1170年她被一支箭矢射中，由此奇迹般地拯救了城市，使其免于被毁。

★ **诺夫哥罗德州联合博物馆** 博物馆

（Novgorod State United Museum, Новгородский государственный объединенный музей-заповедник; www.novgorodmuseum.ru; 成人/学生 150/100卢布; ⏲周三至周一10:00~18:00，每月最后一个周四闭馆）这座必游博物馆中包括三大引人注目的综合展览，分别关于大诺夫哥罗德的历史、俄罗斯木雕和圣像。后者展出的圣像作品数量之大为全球瞩目——约有260件，以编年顺序排列，以便游客欣赏几百年来造像工艺和技巧的发展。

雅罗斯拉夫法院 古迹

（Yaroslav's Court）克里姆林宫人行天桥对面是一座18世纪的市场拱廊遗址。除此之外，还能看到市场门房和一系列由13~16世纪商会捐建的教堂，以及一座18世纪修建的“路宫”，其目的是供叶卡捷琳娜大帝歇脚之用。12世纪建造的**圣尼古拉斯法院大教堂**（Court Cathedral of St Nicholas, Храм Николая Чудотворца; 成人/学生 100/60卢布; ⏲周三至周日 10:00至正午和13:00~18:00，每月最后一个周五关闭）是诺夫哥罗德王公早期宫殿建筑群所遗留下来的唯一遗迹，雅罗斯拉夫法院（Yaroslavovo dvorishche）的名字也由此而来。大教堂中收藏有教堂文物和当地景点的一些临时展览。在楼下可以看到教堂早期壁画的片段。

食宿

★ **Hotel Volkhov** 酒店 €€

（Гостиница Волхов; ☎8162-225 500; www.hotel-volkhov.ru; ul Predtechenskaya 24; 标单/双 2150/3100卢布起; @📶）这家位于市中心的现代化酒店运营得很好，客房装饰有美丽的家具，和蔼可亲的员工会讲英语，还提供洗衣服务和免费的无线网络。也提供桑拿（额外收费）。房费附送的早餐（有欧洲大陆、俄罗斯和美国风味可选）着实很赞。

★ **Nice People** 各国风味 €€

（Хорошие люди; ☎8162-730 879; www.gonicepeople.ru; ul Meretskova-Volosova 1/1; 餐 380~620卢布; ⏲8:00至午夜; 📶📋）这家咖啡馆酒吧是目前为止诺夫哥罗德最好的选择，服务名副其实——你将受到讲英语的员工的热情招待，而且顾客也都非常随和。菜单包括特色DIY沙拉，有大量的食材可供你自由选择。其余的美味食物和每日特色菜都写在墙上。

到达和离开

火车站（Новгород-на-Волхове，遵循俄罗斯铁路公司的时刻表）和长途汽车站（Автовокзал）紧挨着，都位于克里姆林宫西北1.5公里处的Oktyabryskaya ul。

搭乘Lastochka的高速列车可前往圣彼得堡的莫斯科火车站（400卢布，3小时，每天2班）。要前往莫斯科，可以选择Lastochka和Sapsan联运的高速火车，4.5小时即到；也可以选择21:20发出的便利夜车（platskart/kupe 1250/2400卢布，8小时）。

可搭乘长途汽车前往圣彼得堡（330卢布，4小时，每天13班）。

圣彼得堡（ST PETERSBURG）
Санкт-Петербург

☎812 / 人口480万

在当地人口中，圣彼得堡被亲切地称为彼得（Piter）。游览这个城市会带给你一场视觉盛宴。涅瓦河（Neva River）和周围的运河倒映着18世纪和19世纪那些坚不可摧的建筑的帅气外墙，墙内则是一系列引人入胜的文化仓库，其中的佼佼者便是无与伦比的冬宫博物馆（Hermitage）。圣彼得堡孕育了俄罗斯许多最伟大的创作天才（普希金、陀思妥耶夫斯基、柴可夫斯基），其精神至今仍在激励着当代人。这里是一个自由的充满享乐主义且令人振奋的旅游目的地，同时也是一座蕴藏丰富的文化宝库。

这座城市还包含了许多岛屿，有些是天然岛屿，也有些是在修建运河的过程中形成的。城区的中心街道是涅瓦大街（Nevsky pr），从亚历山大·涅夫斯基修道院（Alexander Nevsky Monastery）延伸至冬宫，长度约4公里。

景点

总参谋部大楼 博物馆

（General Staff Building, Здание Главного штаба; www.hermitagemuseum.org; Dvortsovaya pl 6-8; 门票 100卢布; ⏲周二和周四至周日 10:30~18:00，周三 10:30~21:00; Ⓜ Admiralteyskaya）这座宏伟的建筑环绕在皇宫广场南部，由卡洛·罗西（Carlo Rossi）于19世纪20年代设计，其东翼内部经过修复，连同一座当代建筑一起构成了一系列的美术馆，用于展出冬宫博物馆中令人惊艳的印象派和后印象派艺术作品。这里也经常展出重要艺术家的当代艺术作品，通常以临时展览的形式出现。

俄罗斯博物馆 博物馆

（Russian Museum, Русский музей; www.rusmuseum.ru; Inzhenernaya ul 4; 成人/学生 350/150卢布，4宫联票 成人/儿童 600/300卢布; ⏲周三和周五至周日 10:00~18:00，周一 10:00~17:00，周四 13:00~21:00; Ⓜ Nevsky Prospekt）帅气的米哈伊洛夫斯基宫（Mikhailovsky Palace）拥有最大规模的俄

俄罗斯最著名的街道

沿着**涅瓦大街**（Nevsky Prospekt）漫步是游览圣彼得堡的必备体验。沿途经过的亮点包括**喀山大教堂**（Kazan Cathedral, Казанский собор; http://kazansky-spb.ru; Kazanskaya pl 2; ⏲8:30~19:30; Ⓜ Nevsky Prospekt）免费，其弧形的两翼向着涅瓦大街伸展开去。

正对着喀山大教堂的是**胜家公司大楼**（Singer Building; Nevsky pr 28; Ⓜ Nevsky Prospekt），作为昔日缝纫机公司总部，这座重建的摩登大楼（装饰艺术风格）恢复了往日的辉煌；楼内有书店**Dom Knigi**（www.spbdk.ru; Nevsky pr 28; ⏲9:00至次日1:00; 📶; Ⓜ Nevsky Prospekt）和**Café Singer**（Nevsky pr 28; ⏲9:00~23:00; 📶; Ⓜ Nevsky Prospekt），后者提供美味食物和饮品，有着俯瞰街道的超棒视野。

再往前走，你会来到拉斯特雷利（Rastrelli）的历史性建筑大商廊**Bolshoy Gostiny Dvor百货公司**（Большой Гостиный Двор; http://bgd.ru; Nevsky pr 35; ⏲10:00~22:00; Ⓜ Gostiny Dvor）。在Sadovaya ul拐角能看到现代风格的经典之作**Kupetz Eliseevs**（http://kupetzeliseevs.ru; Nevsky pr 56; ⏲10:00~22:00; 📶; Ⓜ Gostiny Dvor），这座建筑现已被改造成一家豪华的杂货店和咖啡馆。

一座巨大的**叶卡捷琳娜大帝雕像**（statue of Catherine the Great）矗立在**奥斯特洛夫斯基广场**（Ploshchad Ostrovskogo; Площадь Островского; Ⓜ Gostiny Dvor）的中央。这里通常也被称为叶卡捷琳娜花园（Catherine Gardens），花园的南端是**亚历山大剧院**（Aleksandrinsky Theatre; ☎812-710 4103; www.alexandrinsky.ru; pl Ostrovskogo 2; Ⓜ Gostiny Dvor），1896年契诃夫的《海鸥》（*The Seagull*）就是在这里首演的（当时反响很一般）。

不要错过

冬宫博物馆（STATE HERMITAGE MUSEUM）

冬宫博物馆（Hermitage；Государственный Эрмитаж；www.hermitagemuseum.org；Dvortsovaya pl 2；成人/学生 400卢布/免费，每月的第一个周四免费，照相 200卢布；⏲周二和周四至周日 10:30~18:00，周三 至21:00；Ⓜ Admiralteyskaya）主要坐落于宏伟的冬宫（Winter Palace）及相邻建筑群中，确实名不虚传。这里的珍宝足以叫你流连忘返好几天，而且看完后仍有意犹未尽之感。

其中规模浩大的珍藏（超过300万件，约360间展厅中只展出了其中的一小部分）几乎等同于一部包罗万象的西欧艺术史。想参观得尽兴需要做一番小小的规划，进展之前最好先挑选出最感兴趣的区域。博物馆由5座相连的建筑组成，从西往东依次是：

冬宫 由巴尔托洛梅奥·拉斯特列利（Bartolomeo Rastrelli）设计，其中奢华的大厅、大教堂（Great Church）、展示馆厅（Pavilion Hall）和珍宝厅（Treasure Rooms）不容错过。

小冬宫和老冬宫（Small Hermitage and Old Hermitage）两座建筑都是为叶卡捷琳娜大帝而建造的，其中部分建筑是为了存放自彼得大帝（Peter the Great）伊始收藏的各类艺术品，叶卡捷琳娜之后又在原有收藏的基础上增加了许多藏品。在这里可以看到伦勃朗、达·芬奇和卡拉瓦乔的作品。

新冬宫（New Hermitage）是为尼古拉二世（Nicholas Ⅱ）所建，目的也是收藏不断增加的艺术品。新、老冬宫博物馆经常被合称为大冬宫（Large Hermitage）。

国家冬宫剧院（State Hermitage Theatre）18世纪80年代由贾科莫·夸伦吉（Giacomo Quarenghi）建造。其中至今仍在上演音乐会和芭蕾舞演出。

罗斯艺术品收藏。游览过冬宫博物馆之后，你或许觉得你的艺术之旅已经完满，但是设法留些时间给藏在这个博物馆中的遗珠吧。宫殿后面还有一个非常可爱的花园。

滴血教堂 教堂

（Church on the Spilled Blood，Храм Спаса-на-Крови；http://cathedral.ru；Konyushennaya pl；成人/学生 250/150卢布；⏲周四至周二 10:30~18:00；Ⓜ Nevsky Prospekt）这座有着五重穹顶的建筑美得令人目眩，是圣彼得堡装饰最为精致的一座教堂，其外部是俄罗斯东正教的经典风格，内部则装饰有7000平方米的镶嵌画。其正式名称是基督复活教堂（Church of the Resurrection of Christ），但“滴血教堂”这个叫法更普及也更令人印象深刻，这一叫法源于1881年亚历山大二世（Alexander Ⅱ）在此遇刺的事件。

圣艾萨克大教堂 博物馆

（St Isaac's Cathedral，Isaakievsky Sobor；www.cathedral.ru；Isaakievskaya pl；大教堂 成人/儿童 250/150卢布，石柱廊 150卢布；⏲周四至周二 10:30~18:00，大教堂周三关闭，石柱廊每月第一个和第三个周三关闭；Ⓜ Admiralteyskaya）圣艾萨克大教堂的金色穹顶是圣彼得堡天际线景观的主角。装饰豪华的教堂内部作为博物馆开放，但是在重要的宗教节日里这里还是会举行仪式。大多数游客选择跳过博物馆，直接登上262级的台阶到穹顶周围的石柱廊（kolonnada）观赏城市全景。

彼得保罗要塞 要塞

（Peter & Paul Fortress，Петропавловская крепость；www.spbmuseum.ru；要塞免费，展览联票 成人 60~150卢布，学生 40~80卢布；⏲要塞 4月至9月 8:30~20:00，展览 周一和周四至周日 11:00~18:00，周二 10:00~17:00；Ⓜ Gorkovskaya）位于兔子岛（Zayachy Island）上的这座巨大的要塞包括一座作为罗曼诺夫家族（Romanovs）墓地的大教堂，一座从前的监狱和多个展厅。今天的圣彼得堡城市就是在此基础之上发展形成的。历史爱好者们会喜欢这里，所有的游客都会着迷于要塞城墙顶上所能看到的全景风光。墙下是一片沙质河滩，是晒日光浴的好地方。

Central St Petersburg 圣彼得堡市中心

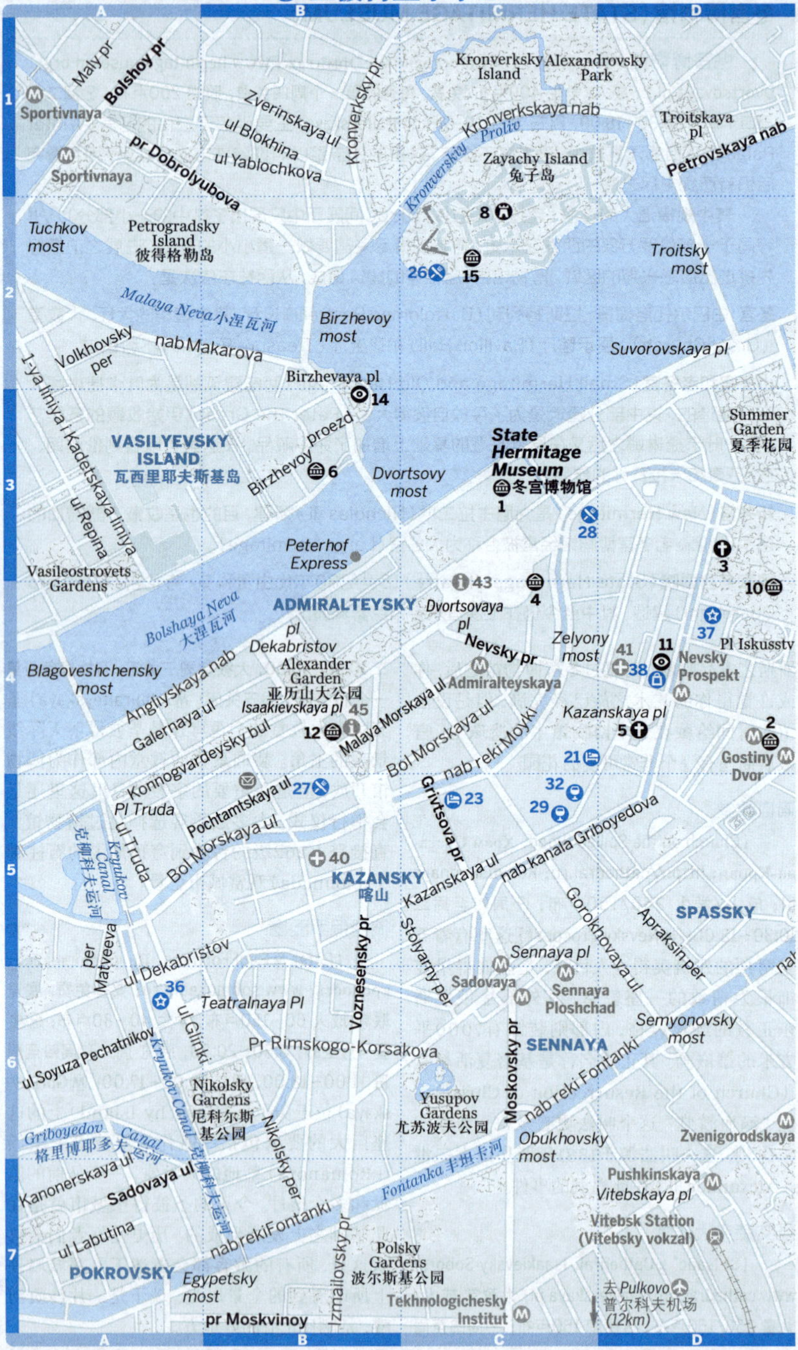

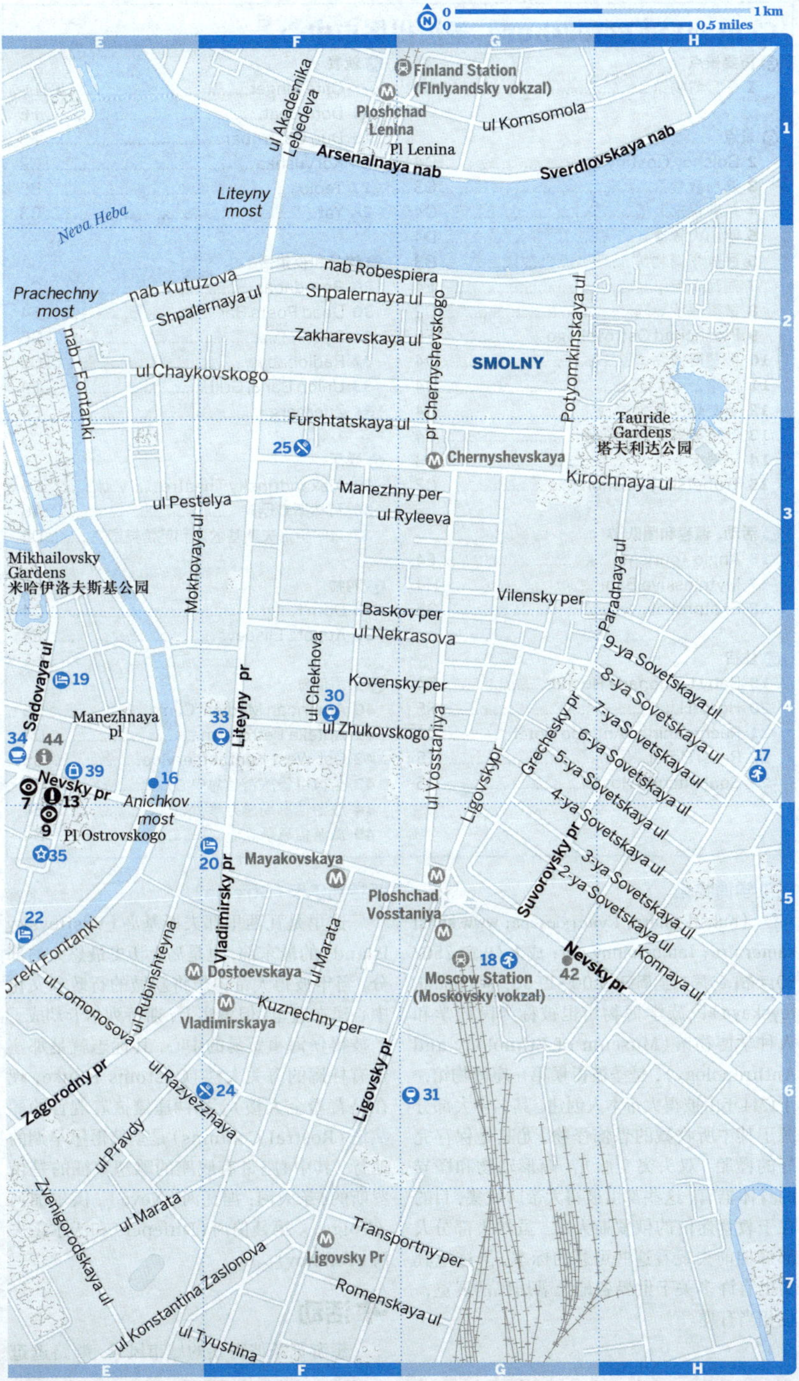

0 1 km
0 0.5 miles

E F G H

Finland Station (Finlyandsky vokzal)
Ploshchad Lenina
Pl Lenina
ul Komsomola
ul Akademika Lebedeva
Arsenalnaya nab
Sverdlovskaya nab
Liteyny most
Neva Нева
nab Robespiera
Prachechny most
nab Kutuzova
Shpalernaya ul
Zakharevskaya ul
pr Chernyshevskogo
Potyomkinskaya ul
SMOLNY
nab r Fontanki
ul Chaykovskogo
Furshtatskaya ul
Tauride Gardens 塔夫利达公园
25
Chernyshevskaya
Kirochnaya ul
Manezhny per
ul Pestelya
ul Ryleeva
Mokhovaya ul
Mikhailovsky Gardens 米哈伊洛夫斯基公园
Paradnaya ul
Vilensky per
Baskov per
ul Nekrasova
9-ya Sovetskaya ul
8-ya Sovetskaya ul
Sadovaya ul
19
ul Chekhova
Kovensky per
30
Liteyny pr
Manezhnaya pl
33
ul Zhukovskogo
7-ya Sovetskaya ul
6-ya Sovetskaya ul
Grechesky pr
17
34 44
39
16
Nevsky pr
7 13 9
Anichkov most
Pl Ostrovskogo
35
ul Vosstaniya
Ligovsky pr
5-ya Sovetskaya ul
4-ya Sovetskaya ul
Suvorovsky pr
20
Mayakovskaya
Vladimirsky pr
Ploshchad Vosstaniya
3-ya Sovetskaya ul
2-ya Sovetskaya ul
22
nab reki Fontanki
ul Rubinshteyna
ul Marata
18
Moscow Station (Moskovsky vokzal)
42
Nevsky pr
Konnaya ul
Dostoevskaya
ul Lomonosova
Vladimirskaya
Kuznechny per
Zagorodny pr
ul Razyezzhaya
24
Ligovsky pr
31
ul Pravdy
Zvenigorodskaya ul
ul Marata
Transportny per
Ligovsky Pr
ul Konstantina Zaslonova
Romenskaya ul
ul Tyushina

E F G H

1 2 3 4 5 6 7

lonely planet

俄罗斯

圣彼得堡

Central St Petersburg 圣彼得堡市中心

重要景点
1 冬宫博物馆 C3

景点
2 Bolshoy Gostiny Dvor D4
3 滴血教堂 D3
4 总参谋部大楼 C4
5 喀山大教堂 D4
6 民族学博物馆 B3
7 涅瓦大街 E4
8 彼得保罗要塞 C2
9 Ploshchad Ostrovskogo E5
10 俄罗斯博物馆 D4
11 胜家公司大楼 D4
12 圣艾萨克大教堂 B4
13 叶卡捷琳娜大帝雕像 E4
14 史翠卡 B3
15 Trubetskoy Bastion C2

活动、课程和团队游
16 Anglo Tourismo E4
17 Mytninskiye Bani H4
18 Skatprokat G5

住宿
19 Baby Lemonade Hostel E4
20 Hostel Life F5
21 Rachmaninov Antique Hotel C4
22 Rossi Hotel E5
23 Soul Kitchen Hostel C5

就餐
Café Singer .... （见11）
24 Dom Beat F6
25 Duo Gastrobar F3
26 Koryushka C2
27 Teplo B5
28 Yat C3

饮品和夜生活
29 Borodabar C5
30 Dead Poets Bar F4
31 Dyuni G6
32 Radiobaby C5
33 Union Bar & Grill F4
34 Ziferberg E4

娱乐
35 Alexandrinsky Theatre E5
36 马林斯基剧院 A6
37 米哈伊洛夫斯基歌剧和芭蕾舞剧院 D4

购物
38 Dom Knigi D4
39 Kupetz Eliseevs E4

实用信息
40 American Medical Clinic B5
41 Apteka Petrofarm D4
42 Ost-West Kontaktservice G5
43 圣彼得堡旅游信息中心 C4
44 旅游信息局总办事处 E4
45 旅游信息亭 B4

民族学博物馆 博物馆

（Kunstkamera, Кунсткамера; www.kunstkamera.ru; Tamozhenny per; 成人/儿童 250/50卢布; ⏲周二至周日 11:00~19:00; Ⓜ Admiralteyskaya）民族学博物馆也被称为民族学和人种学博物馆（Museum of Ethnology and Anthropology），是圣彼得堡第一座博物馆，于1714年由彼得大帝本人创建。其名声大部分源于其中所收藏的恐怖怪物，尤其是保存完好的怪胎、双头突变胎儿、畸形动物和怪异的身体器官。这些都由彼得大帝所收集，目的在于教育迷信的俄罗斯人民。虽然大部分人都蜂拥前去观看这些可悲的标本，但这里其实也有许多关于世界各地土著居民的展览，也相当有趣。

斯特列尔卡（Strelka） 地标

这里是瓦西里耶夫斯基岛（Vasilevsky Island）的最东部，也是岛上历史最悠久的部分。当年彼得大帝曾想将新城的行政和文化中心建在这里，但事实上，斯特列尔卡却成了圣彼得堡海事贸易的中心，其标志就是那座建有柱廊的海关大楼（Customs House，现在是普希金大楼）。那两座镶嵌着舰首的**船头塔**（Rostral Columns）是圣彼得堡早期的地标，其中4座带有底座的雕塑象征的是俄罗斯的4条大河：涅瓦河（Neva）、伏尔加河（Volga）、第聂伯河（Dnieper）和沃尔霍夫河（Volkhov）。

活动

想游览圣彼得堡的城市风景，顺路逛逛

餐厅和酒吧，骑自行车是一个绝妙且经济的出行方式，尤其是在永昼节期间。紧邻大街的一些背街小巷都很安静，气氛美妙，例如Nevsky pr（这里的人行道允许骑车）。

Skatprokat 骑行

（☎812-717 6838；www.skatprokat.ru；Goncharnaya ul 7；每天 400卢布起；⏰11:00~20:00；Ⓜ Ploshchad Vosstaniya）这里出租的自行车中包括俄罗斯公司Stark生产的全新山地车。租一辆自行车必须交纳2000卢布的押金和护照，或者交纳7000卢布的押金。如果要在市区待一阵子，这里也出售二手车，还提供修理业务。周六和周日清晨还提供出色的自行车团队游。

团队游

★ **Peter's Walking Tours** 步行游览

（☎812-943 1229；www.peterswalk.com；团队游 每人750卢布起；⏰团队游 4月中旬至10月 10:30）Peter Kozyrev经营的这家公司成立于1996年，这里独创的导览团队游富于激情，备受推荐，本地导游知识渊博，是游客了解城市的好方式。每天的"彼得独创徒步游"（Original Peterswalk）是最受欢迎的项目之一，4月中旬至10月末每天10:30从Hostel Life（☎812-318 1808；www.hostel-life.ru；Nevsky pr 47, Vosstaniya；Ⓜ Mayakovskaya）出发。

Anglo Tourismo 乘船游

（☎921-989 4722；www.anglotourismo.com；27 nab reki Fontanki；1小时 成人/学生 650/550卢布；Ⓜ Gostiny Dvor）很多公司都经营游览整个历史中心城区（Historic Heart）的乘船巡游业务，价格和路线都差不多。不过，Anglo Tourismo是其中唯一一家带英语讲解的运营商。5月至9月每天11:00~18:30，每隔1.5小时就有1班船。6月1日至8月31日期间还有额外的夜间巡游项目。

住宿

5月至9月是旅游旺季，届时有些酒店会在6月和7月的房价基础上再次大涨价。淡季会有很大优惠，那时候酒店价格平均会便宜30%以上。

★ **Soul Kitchen Hostel** 青年旅舍 €

（☎8-965-816 3470；www.soulkitchenhostel.com；nab reki Moyki 62/2, apt 9, Sennaya；铺/双 900/3600卢布起；Ⓜ Admiralteyskaya）这家青年旅舍混合了波希米亚式的时髦与精品酒店的舒适，在许多影响住宿品质的关键因素方面都可得到满分，其中包括：私人房间（别致）、宿舍床位（双倍宽，且带隐私保护帘）、公共区域（宽阔）、厨房（大而且漂亮）和卫浴间（非常诱人）。这里也有自行车租赁处、桌上足球、可供客人使用的免费Mac电脑，以及免费拨打国际长途电话的服务，在公共阳台上还能看到Moyka的美景。

Baby Lemonade Hostel 青年旅舍 €

（☎812-570 7943；www.facebook.com/pages/Baby-Lemonade-Hostel；Inzhernernaya ul 7；铺/双 含公共浴室 790/2590卢布起，双 3250卢布起；Ⓜ Gostiny Dvor）这家旅舍的店主对20世纪60年代非常迷恋，从其中的波普艺术和迷幻摇滚的设计细节都能看出来。氛围友好欢乐，提供2间舒适的大宿舍，1间很棒的厨房和客厅。不过值得多花些钱选择精品酒店般的私人房，位于一座独立的平房中，屋顶露台风光很赞。房费含早餐。

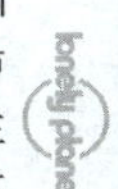

★ **Rachmaninov Antique Hotel** 精品酒店 €€

（☎812-327 7466；www.hotelrachmaninov.com；Kazanskaya ul 5；标单/双 含早餐 6300/7100卢布起；Ⓜ Nevsky Prospekt）这家酒店历史悠久，那些了解这里的人至今仍将其视为一个不愿与人分享的秘密。酒店地理位置优越，员工友善，采用怡人的旧世界风格装饰，不过搭配的是硬木地板和迷人的俄罗斯家具，特别之处在于早餐沙龙中还有一台大钢琴。

Rossi Hotel 精品酒店 €€€

（☎812-635 6333；www.rossihotels.com；nab reki Fontanki 55；标单/双/套 含早餐 12,000/12,900/18,000卢布起；Ⓜ Gostiny Dvor）这家酒店位于圣彼得堡最漂亮的一座广场上，所在建筑经过了精心的修复。提供的53间客房在设计上各不相同，但光线都很明亮，且采用的都是模压天花板。古董风格的床，超级时尚的浴室，外露的砖墙，各种出色的设计，这一切共同营造出一种新旧交融的绝妙感觉。

✕就餐

★Duo Gastrobar　　创意菜 €

（☎812-994 5443；www.duobar.ru；ul Kirochnaya 8a；主菜 200~500卢布；⊙13:00至午夜，周五和周六 至次日2:00；⊘；Ⓜ Chernyshevskaya）光线明亮，采用木头装饰，搭配华丽的玻璃灯罩，这一切帮助这家安静的餐厅在美食地图上赢得了一席之位。餐厅提供创意菜，选择不多，亮点包括百香果和戈尔根朱勒干酪慕斯、三文鱼配藜麦和马斯卡彭奶酪。更多的是传统菜肴，例如意大利调味饭、意大利面和沙拉。

★Yat　　俄罗斯菜 €€

（Ять；☎812-957 0023；http://eatinyat.com；nab reki Moyki 16；主菜 500卢布起；⊙11:00~23:00；📶👶；Ⓜ Admiralteyskaya）这家村舍风格的餐厅是冬宫博物馆附近最佳的就餐场所，菜单上都是非常诱人的传统菜式，服务不紧不慢。Shchi汤（白菜为主料）很出色，而且还提供各种风味的诱人伏特加。餐厅里还有一个绝妙的儿童区，有宠物兔子可供孩子们喂食玩耍。

Dom Beat　　各国风味 €€

（Дом Быта；www.dombeat.ru；ul Razyezzhaya 12；主菜 300~500卢布；📶🖉📖；Ⓜ Ligovsky Prospekt）这家餐厅位于一家苏联风格的通用商店后，店员都像模特般美艳，穿着合身的工厂制服般的服饰。说它是圣彼得堡最酷的酒吧、休闲餐厅还不足够，时髦复古而又十分有趣的室内装饰、华丽的菜单、美妙的氛围，这些元素让这里成为城里最好的就餐之选。

Teplo　　新派欧洲菜 €€

（☎812-570 1974；www.v-teple.ru；Bolshaya Morskaya ul 45；主菜 250~650卢布；⊙9:00至午夜；⊘📶🖉📖；Ⓜ Admiralteyskaya）这家不拘一格的餐厅富于原创精神，待客极为热情。餐厅

值得一游

彼得夏宫和沙皇别墅（PETERHOF & TSARSKOE SELO）

在圣彼得堡周边地区有几座为沙皇而建的宫殿和乡村庄园，如今它们已成为俄罗斯最壮观的景点。

彼得夏宫（Петергоф，也称Petrodvorets）位于城市以西29公里处，是为彼得大帝所建。其中最值得参观的景点是位于**下花园**（Lower Park，Нижний парк；成人/学生 500/250卢布，11月至次年4月免费；⊙9:00~20:00）中的**大瀑布**（Grand Cascade；ul Razvodnaya 2；⊙5月至10月初 周一至周五 10:00~18:00，周六 至20:30，周日 至19:00）和水滨大道，它们就是一曲由140多座喷泉和运河交织组成的交响曲。这里还有其他一些附属宫殿、别墅和公园，每处单独收费，且价格不菲。

沙皇别墅（Царское Село）位于普希金镇以南25公里处，这里有巴洛克式的**叶卡捷琳娜宫**（Catherine Palace，Екатерининский дворец；http://eng.tzar.ru；成人/学生 400/200卢布，语音导览 150卢布；⊙周三至周日 10:00~18:00，周一 至21:00）。建筑在第二次世界大战中几乎被毁，后来又经过了专业的修复。5月至9月，每天正午至14:00和16:00~17:00允许个人游客前往参观，其余时间游客需要通过团队游预约参观。

Avtovo和Leninsky Prospekt地铁站外有许多公共汽车和marshrutky小巴开往彼得夏宫（55卢布，30分钟）。5月至9月，冬宫博物馆和海事法庭（Admiralty）后面的码头有**Peterhof Express**（成人 单程/往返 650/1100卢布，学生 单程/往返 450/800卢布；⊙10:00~18:00）运营的水翼船可供乘坐。

前往沙皇别墅最简便的方法是从Moskovskaya地铁站乘坐marshrutka小巴（35卢布）。

包含多间小餐室，各个角落都有许多有趣的地方值得探索。服务友好且高效（不忙的时候），别出心裁的意大利菜单能让每个人都找到喜欢的菜肴。一般都需要预订，所以提前致电吧。

Koryushka 俄罗斯菜、格鲁吉亚菜 €€

（Корюшка；☎812-917 9010；http://ginza-project.ru/SPB/Restaurants/Korushka/About；Petropavlovskaya krepost 3, Zayachy Island；主菜500卢布起；⏰正午至午夜；📶🍴👶；Ⓜ Gorkovskaya）炸制的挂糊koryushka（香鱼）是圣彼得堡每年4月的特色菜，不过在这家装潢精致的休闲餐厅里全年都能吃到小鱼。位置靠近彼得保罗要塞。菜单上也有很多诱人的格鲁吉亚菜，食客们可以边用餐边眺望涅瓦河对岸的美丽风景。

饮品和夜生活

★ Borodabar 鸡尾酒吧

（Kazanskaya ul 11；⏰18:00至次日6:00；📶；Ⓜ Nevsky Prospekt）店名在俄语中是"小胡子"的意思，当然了，在这家嬉皮士鸡尾酒吧中，你会看到许多留着小胡子、刺着文身的人。不要紧，调酒师都很专业——我们尤其要推荐用真正的烟草制作的烟熏古典鸡尾酒；此外还有各种色彩斑斓的鸡尾酒（劲很足）。

★ Ziferberg 咖啡馆

（http://ziferburg.ziferblat.net；3rd fl, Passage, Nevsky pr 48；第一个小时/之后每分钟2/1卢布，最高收费360卢布；⏰周日至周四 11:00至午夜，周五和周六 11:00~19:00；📶；Ⓜ Gostiny Dvor）这家反咖啡馆在Passage画廊的3楼占了很大一块场地，包括各种装潢成波希米亚-嬉皮风格的古怪空间，有的隐秘，有的很适合社交。咖啡馆还提供了许许多多不错的活动供客人在享用咖啡和茶的同时消遣娱乐，包括棋类游戏、电影，以及由古典音乐系的学生提供的音乐会，周末尤其精彩。

Dead Poets Bar 鸡尾酒吧

（ul Zhukovskogo 12；⏰14:00至次日2:00；📶；Ⓜ Mayakovskaya）这里是一家非常时尚的成人鸡尾酒吧，有精心设计的饮品单，长长的吧台上还摆着多到让人难以置信的各式烈酒，调酒师都很尽职尽责。这里的氛围更加安静，灯光朦胧，背景音乐播放的是爵士乐，空间很宽敞，不怕没地方坐。

Union Bar & Grill 酒吧

（Liteyny pr 55；⏰周日至周四 18:00至次日4:00，周五和周六 至次日6:00；📶；Ⓜ Mayakovskaya）这是一家魅力十足的有趣场所，又大又长的木头吧台个性十足，灯光朦胧，洋溢着一股纽约风情。一切都非常成人化，有精心设计的鸡尾酒菜单和桶装啤酒。周末很疯狂，但平时很安静，一般吸引的都是二三十岁的人群。

Dyuni 酒吧

（Дюны；Ligovsky pr 50；⏰16:00至午夜，周五和周六 至次日6:00；📶；Ⓜ Ploshchad Vosstaniya）这家酒吧从外面看上去像座郊区小屋，位于一个巨大庭院中的一间改作他用的库房中，与周围的环境显得有些不太协调。内部是一个舒适的酒吧，外面的沙地有桌上足球和乒乓球台，夏季会有酷酷的孩子们在这里彻夜疯玩。沿着庭院大门直走即可找到这里。

Radiobaby 酒吧、夜店

（www.radiobaby.com；Kazanskaya ul 7；⏰18:00至次日6:00；Ⓜ Nevsky Prospekt）穿过Kazanskaya ul街5号的拱门（不是7号——那只是街道地址），然后左拐穿过第二个拱门，你就会在右手边看到这家超级酷炫的谷仓般的酒吧。内部分为不同的房间，施行"没有电子，没有浩室"的音乐政策，有桌上足球和闲散的人群，呈现出一种永恒的享乐主义氛围。每天22:00之后，相比酒吧，这里更像是一家夜店。

✩ 娱乐

从7月到9月中旬，马林斯基剧院和米哈伊洛夫斯基剧院这样的大剧院都会关闭，但你在圣彼得堡依然有大量的表演可以观看。完整的名单可以参阅*St Petersburg Times*。

马林斯基剧院 歌剧、芭蕾舞

（Mariinsky Theatre, Мариинский театр；☎812-326 4141；www.mariinsky.ru；Teatralnaya pl 1；门票 1000~6000卢布；Ⓜ Sadovaya）这里是

圣彼得堡最壮观的芭蕾舞和歌剧演出场馆，建筑本身也是一大景点。门票可以在线购买，也可以现场购买，不过夏季应该提前订票。内部装饰金碧辉煌，是帝国辉煌时代的缩影。在这里度过的任何一个夜晚都将成为你难以忘怀的美好记忆。

米哈伊洛夫斯基歌剧和芭蕾舞剧院

歌剧、芭蕾舞

（Mikhailovsky Opera & Ballet Theatre；☎812-595 4305；www.mikhailovsky.ru；pl Iskusstv 1；门票 300~4000卢布；Ⓜ Nevsky Prospekt）虽然不如马林斯基剧院那般宏伟，但这里出色的舞台也能让你享受到俄罗斯风情芭蕾舞和歌剧的美妙体验。内部设计有多层剧院，天花板上装饰着壁画，音乐厅也很精致。这座令人敬畏的剧院是国家学术歌剧和芭蕾舞公司（State Academic Opera & Ballet Company）的所在地，就坐落在可爱的Pl Iskusstv（艺术广场）上。

实用信息

免费的无线网络遍布全城。

American Medical Clinic（☎812-740 2090；www.amclinic.ru；nab reki Moyki 78；⏲24小时；Ⓜ Admiralteyskaya）世界上最大的私人诊所之一。

Apteka Petrofarm（Nevsky pr 22；⏲24小时）一家通宵营业的出色药房。

Express to Russia（☎570 6342；www.expresstorussia.com；Muchnoi per 2）提供签证、团队游、预订旅馆、票务等服务。

邮政总局（Pochtamtskaya ul 9；⏲24小时；Ⓜ Admiralteyskaya）内部采用优雅的现代风格装饰，值得参观。

Ost-West Kontaktservice（☎812-327 3416；www.ostwest.com；Nevsky pr 100；⏲周一至周五 10:00~18:00；Ⓜ Ploshchad Vosstaniya）能帮你找到出租公寓，也组织团队游，还可订票。

St Petersburg Times（www.sptimes.ru）每周二和周五出版，附有艺术活动列表和评论板块。

旅游信息局（Tourist Information Bureau；☎812-310 2822；http://eng.ispb.info；Sadovaya ul 14/52；⏲周一至周五 10:00~19:00，周六 正午至18:00；Ⓜ Gostiny Dvor）在冬宫博物馆（Dvortsovaya pl 12；⏲10:00~19:00；Ⓜ Admiralteyskaya）、圣艾萨克大教堂（Isaakievskaya pl）和普尔科夫机场（Pulkovo Airport；⏲周一至周五 10:00~19:00）设有办事处。

莫斯科到圣彼得堡

往返莫斯科和圣彼得堡之间的最快的**火车**是Sapsan（2600卢布起；3~4小时；每天6班）。此外每晚都有约10班夜车开往途中各地，行程为7~11小时（platskart/kupe 1000/2200卢布起）。旺季车票经常会被抢购一空，不过随机应变，总能找到解决办法，有时甚至在最后一刻会迎来转机。两地之间也有许多**航班**（2300卢布起）可供选择，很少出现买不到票的情况。

当地交通

抵离机场

从圣彼得堡崭新的**普尔科夫国际机场**（Pulkovo International Airport，见1046页）出发，有官方运营的出租车可前往市中心，花费约900卢布，或者也可以乘坐公共汽车前往Moskovskaya 地铁站，花费为30卢布，然后再换乘地铁（2号线）到达城市各处（票价均为28卢布）——全程需约50分钟。

公共交通

地铁通常是城区范围内出行的最快方式。在站内售票亭可以买到代币（Zhetony）和预付卡（28卢布）。

如果停留时间超过一至两天，可以买一张智能卡（55卢布），在固定时段以外的时间也可以多次乘坐地铁，非常方便。

公共汽车、无轨电车和marshrutky小巴（22~30卢布）经常会停靠在距离景点更近的地方，游览涅瓦大街这样长距离的主街道是尤其方便。

出租车

非官方运营的出租车很常见。官营出租车（4门的Volga轿车，侧身有棋盘图案，前窗有绿灯）有计价表，司机有时会使用，不过多数时候你还是先谈好价格比较好。

Peterburgskoe Taksi 068（☎812-324 7777，在圣彼得堡只需拨打068；taxi068.spb.ru）

Taxi Blues（☎812-321 8888；www.taxiblues.ru）

值得一游

加里宁格勒地区

夹在波兰和立陶宛之间的加里宁格勒地区是俄罗斯的飞地，既与母国紧密相连，又是一个孤立的世界。在这个"小俄罗斯"——只有15,000平方公里，人口总数为941,873人——你可以发现美丽的乡村、迷人的老普鲁士海滨度假村和壮丽的海滩。日本和欧洲许多国家的公民都可持72小时旅游签证前往加里宁格勒。

地区首府加里宁格勒[Калининград，从前称柯尼斯堡(Königsberg)]曾经是与布拉格和克拉科夫(Kraków)平起平坐的中欧建筑古都，尽管如今已没有多少遗存能够证明这一点，但这里还是有着一些诱人的郊区住宅和古老城墙的遗迹，能够唤起人们对于普鲁士时期的回忆。令人印象最为深刻的建筑要数哥特式的**加里宁格勒大教堂**(Kaliningrad Cathedral, Кафедральный собор Кёнигсберга; ☎4012-631 705; www.sobor-kaliningrad.ru; Kant Island; 成人/学生 150/130卢布，摄影 50卢布，演奏会 250~300卢布; ⊙10:00~17:00)。这座教堂始建于1333年，在第二次世界大战期间几乎全部被毁，后经重建。也可以抽些时间到大教堂西边的河边参观迷人的**世界海洋博物馆**(World Ocean Museum, Музей Мирового Океана; www.world-ocean.ru/en; nab Petra Velikogo 1; 成人/学生 300/200卢布，单艘船艇 成人/学生 100/80卢布; ⊙周三至周日 10:00~18:00)。

这里最好的住处是经济实惠的**Amigos Hostel**(Амигос Хостел; ☎8-911-485 2157; www.amigoshostel.ru; ul Yablonevaya Alleya 34; 铺 500~550卢布，双 1200卢布; 📶)和中档价位的**Skipper Hotel**(Гостиница Шкипер; ☎4012-307 237; www.skipperhotel.ru; ul Oktyabrskaya 4a; 房间 2800卢布起; ❄📶)，后者位于稍稍有些媚俗色彩的迷人的河畔开发区渔村(Fish Village)中。餐饮选择很多，包括**Fish Club**(Рыбный клуб; ul Oktyabrskaya 4a; 餐 500~1500卢布; ⊙正午至午夜)、**Zarya**(Заря; ☎4012-300 388; pr Mira 43; 餐 200~540卢布; ⊙10:00至次日3:00; 📶)和时髦的公寓咖啡馆 **Kvartira**(Apartment; ☎4012-216 736; ul Serzhanta Koloskova 13; 📶)。

从加里宁格勒出发前往其他重要景点进行一日游也很简单，不过如果想要远离城市，那么可以将海滨度假村**斯韦特洛戈尔斯克**(Svetlogorsk, Светлогорск)作为大本营，从这里驾车前往位于波罗的海海滨的**库尔什沙嘴国家公园**(Kurshskaya Kosa National Park; Национальный парк Куршская коса; www.park-kosa.ru; 入场费 每人/车 40/300卢布)只需几个小时，公园里有成片的松林和撒哈拉一般的连绵沙丘，是经过联合国教科文组织认证的世界遗产。

生存指南

出行指南

住宿

莫斯科和圣彼得堡的经济型旅馆正在兴起，如果预算紧张，那么可以考虑这些住处——即便你一般不"住"青年旅舍也没关系，它们中的大多数都会配备少量的私人客房。

在旅舍里，花600~1000卢布可以住到宿舍铺位，花2500卢布可以入住配备公共浴室的私人客房。其余带浴室的酒店房间的价格约为3000卢布起。另一头的价格可就无上限了，不过莫斯科和圣彼得堡的顶级住处的房费起步价至少也要10,000卢布(其余地区要低很多)。

公寓出租

预订公寓住宿是省钱的好方法，尤其是针对小团体游客来说。

一般每晚花费为4300~8600卢布。下列中介机构可帮忙预订莫斯科和/或圣彼得堡的公寓。

Enjoy Moscow(www.enjoymoscow.com; 每晚US$155起; 📶)

HOFA(www.hofa.ru; 公寓 每晚€44起; 📶)

Moscow Suites(www.moscowsuites.ru; 小开间 每晚US$199起; 📶)

Ost-West Kontaktservice(见1042页)

营业时间

如果客满的话，餐厅和酒吧的营业时间一般会比预订的晚很多。事实上，许多地方都表示他们会营业到“do poslednnogo klienta”（意为“直到最后一位顾客离开”）。

注意，大多数博物馆在闭馆前1小时（有时候是30分钟）停止售票。

银行 周一至周五9:00~18:00，部分周六9:00~17:00

酒吧和餐厅 正午至午夜

商店 周一至周五10:00~21:00，周六和周日至19:00

网络资源

Russia Made Easy（www.redtape.ru）

The Moscow Expat Site（www.expat.ru）

Visit Russia（www.visitrussia.org.uk）

Way to Russia（www.waytorussia.net）

现金

俄罗斯的货币是卢布（rouble），俄语写法为“рубль”，缩写为“руб”或者“р”。

一个卢布的价值相当于100个几乎毫无价值的戈比（kopeki，kopecks）。硬币面额有1、2、5和10卢布，纸币面额包括10、50、100、500、1000和5000卢布。

支持主流信用卡和借记卡的自动柜员机随处可见，大城市的多数餐厅、商场和旅馆都很愿意接受信用卡付款。你可以在大部分银行兑换美元或者欧元（以及一些其他货币）；如果银行下班了，可以在高级酒店的兑换处交易，兑换货币可能需要护照。注意一般的兑换处都不收褶皱和破旧的纸币。许多银行在兑现旅行支票时会收取小额佣金。

住宿价格区间

以下是本章中双人间的预算标准。

€ 莫斯科和圣彼得堡 低于3000卢布（其余地区低于1500卢布）

€€ 莫斯科和圣彼得堡 3000~8000卢布（其余地区1500~4000卢布）

€€€ 莫斯科和圣彼得堡 高于8000卢布（其余地区高于4000卢布）

凡贴有“银联”标识的商户均可受理银联卡，当地知名商户如莫斯科中央百货商店（TSUM）、机场免税店等都可以受理银联卡消费。目前，俄罗斯境内有3万多台自动柜员机可使用银联卡提取现金，在莫斯科、圣彼得堡、海参崴等几十个城市的机场和酒店、宾馆、超市、药店等日常消费场所，都可用银联卡在自动柜员机上提取俄罗斯卢布（部分自动柜员机还可提取美元现金）。

邮局

俄罗斯的邮政服务由Pochta Rossia（www.russianpost.ru）运营。主要分局一般会在周一到周五的8:00至20:00或21:00间营业，周六和周日的营业时间会缩短。以航空邮件形式邮寄明信片或20克以下的信件到世界上任何地方的费用都是26卢布。

节假日

1月1日至7日期间很多地方会停止营业。俄罗斯的主要节假日包括：

新年 1月1日

俄罗斯东正教圣诞节（Russian Orthodox Christmas Day）1月7日

祖国保护者日（Defender of the Fatherland Day）2月23日

国际妇女节 3月8日

复活节星期一（Easter Monday）4月

国际劳动节/春节 5月1日

胜利日（Victory Day）5月9日

国庆节/俄罗斯独立日（Russian Independence Day）6月12日

俄罗斯民族统一日（Unity Day）11月4日

旅行安全

旅行者大可不必担心俄罗斯的“黑帮”——越发体面的黑社会阶层才不会在意这样的蝇头小利呢。但是，小家子气的窃贼和扒手在莫斯科和圣彼得堡也是很常见的，所以还是要看管好你的随身物品。

有些警务人员可能会令人头疼，对于深色皮肤或者看似外国人的人来说尤其如此。警察队伍里还有些人会针对游客，尽管关于游客因为文件和登记被找麻烦的报道被官方所否认，你还是应该随身带上你的护照、签证及注册标记的复印件，如果你因为任何原因被拦住——无论是合法的还是非法的——没有这些文件你肯定会惹上麻烦。

特色饮食

俄罗斯肥沃的黑土孕育了丰富的谷物和蔬菜，它们被用来制作各种各样的美味面包、沙拉、开胃菜和汤。水中也出产多种特有的鱼类，此外，和所有气候寒冷的国家一样，俄罗斯人也非常钟爱高脂肪含量的菜肴——在这里想节食，没门儿！

- **汤** 举例来说，流行的有加肉的柠檬味solyanka或者加鱼的丰盛的ukha。
- **俄式薄煎饼**（Bliny）通常与鱼子酱（ikra）或白芝士（tvorog）一起吃。
- **沙拉** 食材丰富多样，通常拌上厚厚的蛋黄酱，还加入一种叫Olivier的土豆丁。
- **饺子**（Pelmeni）肉馅大饺子，与酸奶油和醋一起吃。
- **中亚菜肴** 试试plov（乌兹别克肉饭）、shashlyk（烤肉）和lagman（面条）。
- **伏特加** 俄罗斯烈酒中的标杆。
- **格瓦斯**（Kvas）一种清爽的啤酒类饮料，或者是混有红莓果汁的mors。

悲哀的是，种族主义也是俄罗斯的一个问题。在希特勒的生日（4月20日）前后上街一定要提高警惕。众所周知，这时候一群群的右翼暴徒会走上街头，并渴望跟任何长得不像俄罗斯人的人打上一架。

电话

俄罗斯的国际区号是☎7。俄罗斯国内固话的国际接入编码是☎8，第二声提示音后拨☎10，然后再拨国家区号。

俄罗斯的3家主流移动电话公司均实行预付费制度并提供4G网络，它们分别为**Beeline**（www.beeline.ru）、**Megafon**（www.megafon.ru）和**MTS**（www.mts.ru）。这些公司的营业厅到处可见。买一张SIM卡很便宜，但是需要带上护照。

由于通讯服务是由本地相关部门管理的，因此从你所在的城市或地区拨打另一个城市或地区的电话，以及发送短信都会被视为拨打长途电话或发送长途短信，因此价格会更贵。所以经常打电话的人可以考虑在莫斯科时就购买莫斯科的SIM卡，在圣彼得堡就购买圣彼得堡的SIM卡。

要拨打另一地区的电话号码（手机或者固话），拨☎8+10位数电话号码。手机号码通常为10位数，始终以☎9开头——通常是☎915、☎916或☎926。在本章中，手机号码以以下格式表示：☎8-9xx-xxx xxxx。

签证

到俄罗斯旅游，每个人都需要签证。签证有好几种，但是大部分旅行者会申请旅行签证，有效期30天，从入境之日起生效。

申请流程

多数情况下，中国大陆的普通居民赴俄罗斯旅游需要签证。鉴于俄罗斯的签证政策时常变化，建议旅行者关注俄罗斯联邦驻华大使馆的网站（www.russia.org.cn）。

邀请函

自助申请赴俄签证，每个人都需要邀请函，又称“签证担保”，旅行者可通过俄罗斯的酒店或者青年旅舍获得邀请函。目前不少酒店提供此项付费服务，一般收费€15~35，具体价格取决于你需要一次还是两次的入境签证。请留意，俄罗斯驻华使馆需要邀请函的原件和复印件。也可以申请商务邀请函，需花费€45~270。此外，如果你没有入住酒店或青年旅舍，还可以通过大多数旅行社以及专门的签证公司获得邀请函，费用约为€20。

申请

目前俄罗斯在中国实行领区划分，俄罗斯驻上海总领事馆办理上海、江苏、浙江和安徽这4个省市的签证业务；驻广州总领事馆办理广东、广西、江西、福建、海南、云南这6个省区的签证业务；俄罗斯驻北京大使馆办理中国大陆其他地区的居民签证业务。

为了避免可能出现的麻烦，你需要提供：

旅游邀请函/签证担保材料的打印件纸质文件；

适用于申请表格的护照照片证件照，用于申请表格；

如果你是自由职业者，需提供过去3个月的银行流水记录，证明你在俄罗斯期间有足够的资金可以使用。

签证类型

适用于中国游客的签证主要是旅游签、商务签和过境签。持旅游签可在俄罗斯游玩30天。如果想在俄罗斯待一个月以上，那么可以申请商务签证，不过目前以旅游为目的持商务签证的中国游客很少。过境签最多只能停留72小时，目前持过境签证到俄罗斯的中国游客还不多，据称俄罗斯旅游署希望加大开发中国游客过境旅游的资源。

旅游签证

持旅游签证可以在俄罗斯停留30天。申请人需先在网上填写电子申请签证表格并预约时间，再前往指定使领馆递交申请材料。申请者需提交护照以及护照首页的复印件、1张证件照片、电子签证申请表、俄罗斯旅行社签发的确认接待外国旅游者的邀请函原件和往返机票的复印件。单次签证收费为309~743元，主要取决于旅行者想在多长时间内获得签证。签证通常5个工作日可出签，最快1个工作日即可出签。

远东地区电子签证

2017年8月8日起，俄罗斯向中国开通了针对远东地区的电子签证申请渠道，只需4天即可免费办好电子签证，且不需任何邀请函或确认书，在http://electronic-visa.kdmid.ru/提交申请即可。包括符拉迪沃斯托克（海参崴）自由港在内的11个边检口岸承认电子签证，停留时间不超过8天。

免签

根据2012年10月中俄签署的团队旅游互免签证协议，如果你参加了一个有资质的旅行社组织的团队，就可以享受两国间的免签证政策。条件是团体人数为5~50人，免签证旅游期限应当不超过15个自然日。通过这个渠道前往俄罗斯的游客只能以组团的方式旅游。此外，香港居民享有14日的免签旅游待遇，澳门居民享有30日的免签旅游待遇。

使领馆

俄罗斯驻外国大使馆的详细名单请参见www.russianembassy.net网站。

中国驻俄罗斯联邦大使馆（☎7 96 3620 1852；ru.china-embassy.org；No.6，UL. Druzhby，Moscow，Russia）

中国驻伊尔库茨克总领馆（☎7 3952 78 1431；irkutsk.chineseconsulate.org；consulate_irkutsk@mfa.gov.cn；NO.40，Str.Karl Marx，Irkutsk，Russia）

中国驻叶卡捷琳堡总领馆（☎7 343 253 5834；ekaterinburg.chineseconsulate.org；chinaconsul_ye_ru@mfa.gov.cn；No.45，Tchaikovsky St，Yekaterinburg，Russia）

中国驻哈巴罗夫斯克总领馆（☎7 4212 30 6163；www.fmprc.gov.cn/ce/cgkhb/chn/；chinaconsul_khab_ru@mfa.gov.cn；Stadium of Lenin，Khabarovsk，Russia）

中国驻圣彼得堡总领事馆（☎ 7 812 713 7605；saint-petersburg.chineseconsulate.org；No.134，NAB.Kanala Griboedova，St.Petersburg，Russia）

汇率

人民币	CNY1	RUB10.77
港币	HKD1	RUB9.04
新台币	TWD1	RUB2.14
澳门元	MOP1	RUB8.78
新加坡元	SGD1	RUB50.88
美元	USD1	RUB70.18
欧元	EUR1	RUB78.00

到达和离开

飞机

从北京直飞莫斯科的航班一般每周5班，大部分主要的欧洲航空公司和少数的美国航空公司有航班飞往莫斯科和圣彼得堡。俄罗斯与欧洲、北美和亚洲之间也有大量的直飞航班，通常由大型的俄罗斯国内航空公司运营。国际航班在莫斯科有3座起降机场——**多莫杰多沃机场**（Domodedovo，Домодедово；www.domodedovo.ru）、**谢列梅捷沃**（Sheremetyevo，Шереметьево，SVO；☎495-578 6565；www.svo.aero）和**伏努科沃**（Vnukovo，Внуково；www.vnukovo.ru）。圣彼得堡的国际机场是**普尔科夫**（Pulkovo，LED；www.pulkovoairport.ru）。飞往加里宁格勒**Khrabrovo机场**（☎012-610 620；www.kgd.aero）的国际航班相对少一些。

陆路

从俄罗斯乘坐火车和长途汽车前往欧洲其

余地区非常便利。不过，许多从圣彼得堡和莫斯科前往东部地区——包括加里宁格勒的路线——都要经过白俄罗斯（Belarus），需要过境签证。从圣彼得堡前往塔林（Tallinn）最好的方式是乘长途汽车。从圣彼得堡到赫尔辛基（Helsinki）可以乘坐长途汽车和火车，也可以选择乘船。

俄罗斯联邦与13个国家接壤，因此有大量的过境通道。从东欧入境的话，可以选择从芬兰经维堡（Vyborg）、从爱沙尼亚经纳尔瓦（Narva）、从拉脱维亚经涅日克内（Rēzekne）、从白俄罗斯经克拉斯诺耶（Krasnoye）或Ezjaryshcha、从乌克兰经切尔尼戈夫（Chernihiv）入境。要前往加里宁格勒，可以通过立陶宛和波兰的7个边防哨所中的任意一个过境。

海路

4月初到9月末，圣彼得堡的**Morskoy Vokzal**（Морской вокзал; pl Morskoy Slavy 1）运营的国际客运渡轮可连接斯德哥尔摩、赫尔辛基和塔林。

当地交通

飞机

在俄罗斯，飞行可不适合胆小者。抛开安全问题不说，航班本身也可能延误，而且经常延误长达数小时，航空公司则很少或根本不予解释。

尽管如此，在俄罗斯在线订票比以往更容易，而且国内航线的机票相对便宜。俄罗斯主要的航空公司包括**Aeroflot**（www.aeroflot.com）、**Rossiya**（www.rossiya-airlines.com）、**S7**（www.s7.ru）、**Sky Express**（www.skyexpress.ru/en）、**Transaero**（www.transaero.com）和**UTAir**（www.utair.ru），均支持在线订票，提前预订一般都有优惠。此外，你可以在随处可见的aviakassa（售票处）方便地买到票，而且他们也可以告诉你在国外网站上很难查到的航班信息。专营俄罗斯航空票务服务的在线代理机构中设有英文界面的包括**Anywayanyday**（☎495-363 6164; www.anywayanyday.com）和**Pososhok.ru**（☎495-234 8000; www.pososhok.ru）。

国家速览

面积 17,098,242平方公里

首都 莫斯科

国家区号 ☎7

货币 卢布（Rouble, R）

紧急情况 救护车☎03，紧急救援☎112，火警☎01，警察☎02

语言 俄语

现金 自动柜员机数量众多，大部分接受外国银行卡

人口 1.438亿

签证 中国公民须提前申请签证，远东地区实行电子签证

就餐价格区间

以下是本章中一道主菜的价格标准：

€ 低于500卢布

€€ 500~1000卢布

€€€ 高于1000卢布

长途汽车

长途汽车和marshrutky小巴（线路固定的面包车或小巴）经常比火车的车次更多、更方便也更快，尤其是运营短距离线路时。几乎没有必要订位——在规定的出发时间前30分钟到达、买票就可以了。票价差不多是火车三等座的价格。

小巴比破旧的长途汽车要快，而且一般都是满员即发，而不是根据时刻表发车。在那些路况良好、村庄很多的地区，小巴比长途汽车要快两倍，虽然票价翻倍但也很值得。

小汽车和摩托车

旅行者可以携带自己的汽车进入俄罗斯，不过可能会遭遇延误、官僚式对待以及交通警察（GAI）投来的憎恶目光，他们尤其以拦下外国车辆进行文件检查为乐。

如果计划驾车前往俄罗斯，你需要持有有效的国际驾驶执照、保险以及汽车所有权文件。

在大城市旅行其实不需要汽车，但要前往公共交通系统不那么完善的村镇，租车就很有必要了。所有的大型汽车租赁机构在莫斯科和圣彼得堡都有办事处。

俄罗斯车辆靠右行驶，在十字路口，一般（并非每次）是右方开来的车辆先行通过。法律规定的最高血液酒精含量为0.03%，对这条规定的执

行很严格。

出租车

在俄罗斯的城市中，官营出租车很多，不过大部分人是什么车都拦，而不会分辨是不是官营。可以议价——只需要说出你的目的地，问“skolko?”（多少钱？），然后就可以出发。如果是独行或夜间出行，搭车要谨慎，尤其是女性。虽然暴力袭击乘客的事件鲜有发生，但确实发生过。

火车

俄罗斯有**Russian Railways**（www.eng.rzd.ru）运营的高效铁路网。Prigorodny（郊区）或短途列车——也称elektrichky——无须提前订票，只需在火车站的prigorodny poezd kassa（郊区火车售票处）购票即可。

购票的方式有很多，包括在RZD官网上在线购买。最早可提前45天购买车票。夏季高峰期和节假日，例如新年和5月初，提前购票才是明智之举，因为届时要在短时间内买到某趟车的固定座位会很难。

除非有特别说明，在提及长途火车时我们列出的都是二等卧铺（kupe）的价格。一等车票（SV）的价格在此基础上翻倍，三等车厢（platskartny）的票价约减少40%。5岁以下儿童如果和成人坐一个座位则免票；此外，10岁以下儿童购买单独坐票可享受低价折扣。

购票需要护照（或复印件）。如果持他人护照或复印件也可以帮他人买票。排队买票的人很多，而且移动速度非常之慢。在火车售票处（Zh/D kassa，全称是zheleznodorozhnaya kassa）——几乎所有城市都有——可以多交200卢布的手续费免排队。或者，多数旅行社都可以帮忙预订和寄送火车票，但价格会贵很多。

塞尔维亚

最佳餐饮

- Šešir Moj（见1055页）
- To Je To（见1055页）
- Radost Fina Kuhinjica（见1055页）
- Fish i Zeleniš（见1062页）

最佳住宿

- Hotel Moskva（见1055页）
- Hostel Bongo（见1054页）
- Green Studio Hostel（见1054页）
- Hotel Veliki（见1062页）

为何去

热情好客，并且乐趣多多——这些你从未听说过的关于塞尔维亚（Србија）的描述都是真的。空气里弥漫着混合了热忱与固执的好斗气息（塞尔维亚人自古以来便具有叛逆反抗的特征），这个国家绝不是"温文尔雅"的：贝尔格莱德是世界上最狂野的派对举办地之一，北部城镇诺维萨德会举办摇滚风十足的出口（EXIT）音乐节，甚至连塞尔维亚人的热情好客也令人印象深刻——来到这个国家，你可以期待得到rakija（水果白兰地）的款待和热情的三次亲吻礼的问候。

塞尔维亚是一个文化的熔炉：新艺术之城苏博蒂察（Subotica）陶醉于和匈牙利的相似性中，波希米亚风的尼什（Niš）城内仿佛总是回响着罗马马车的马蹄声，新帕扎尔（Novi Pazar）的清真寺宣礼塔与塞尔维亚东正教的一些最重要的圣地毗邻而立。在多山的科帕奥尼克（Kopaonik）和兹拉蒂博尔（Zlatibor）地区，古老的传统与滑雪后的时尚娱乐活动共存。

何时去

贝尔格莱德

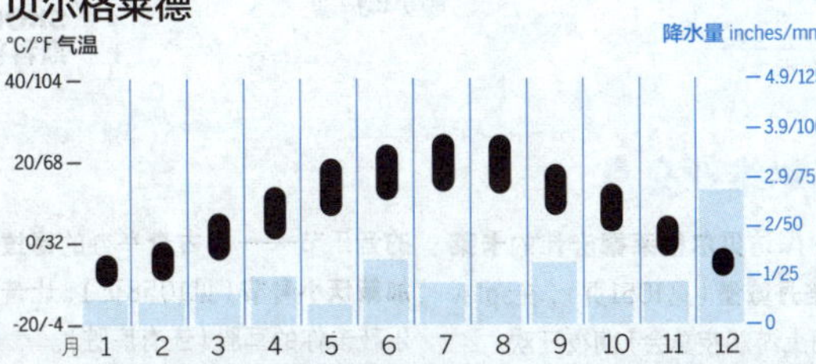

4月 乘坐Šargan 8 railway观光列车开始你的怀旧赏景之旅。

7月至8月 在出口音乐节尽享动感摇滚，在尼什维尔体会爵士之韵。

12月至次年3月 向南走到达兹拉蒂博尔，进行高山探险。

塞尔维亚亮点

1. 探访**贝尔格莱德**宏伟的**卡莱梅格丹城堡**（见1051页），在splav（河上游船夜总会）彻夜狂欢。
2. 见证生活轻松悠闲的**诺维萨德**（见1061页）在每年的7月变成出口音乐节的王国。
3. 全身心沉浸在全世界最疯狂的音乐节——在**古查**举办的**德拉加策沃小号节**（见1058页），让音乐敲击你的耳膜（还有肝脏）。
4. 在梦幻的**木头村**（见1060页）逃离现实的烦扰，这座村庄是导演埃米尔·库斯图里卡为独立戏剧《生活是个奇迹》所搭建的。
5. 感受伏伊伏丁那平原上迸发出的辉煌奇迹，包括**苏博蒂察**（见1063页）的新艺术风格瑰宝。
6. 在**鬼城**（见1064页）里那些陡峭而神秘的石塔下沉思。
7. 在**兹拉蒂博尔**(见1060页)的神奇村庄滑雪、远足或呼吸山区空气。

旅行线路

一周

你可以在贝尔格莱德逗留3天，感受这里独特的文化，享用这里的美味菜肴。你至少应该花上一晚的时间去体验一下这个首都传奇的夜间娱乐场所。然后朝诺维萨德进发，去参观弗鲁什卡山（Fruška Gora）和斯雷姆斯基卡尔洛夫奇（Sremski Karlovci）的葡萄园和修道院。

两周

沿着以上路线，继续向北到达苏博蒂察去看新艺术建筑，然后掉头南行至兹拉蒂博尔，途中会经过众多传统的塞尔维亚村庄、怪异的鬼城，以及热闹的城市尼什。

贝尔格莱德（BEOGRAD, BELGRADE）

БЕОГРАД

☎011 / 人口 160万

直爽、大胆，充满自豪感——贝尔格莱德虽不是一座"娇美"的城市，但它活力四射，是欧洲最活跃的城市之一。萨瓦河（Sava）和多瑙河（Dunav）在此交汇，旧世界的文化渐渐被新时代的夜生活所取代。古老的建筑在Knez Mihailova人行大道两旁高高耸立，直指这座城市的冠冕——卡莱梅格丹城堡。街上到处都是富丽堂皇的咖啡馆、时尚的冰激凌店和烟雾缭绕的夜店。虽然塞尔维亚首都贝尔格莱德的意思是"白色城市"，但事实上它是一座色彩缤纷的热辣城市。

景点和活动

★卡莱梅格丹城堡 要塞

（Kalemegdan Citadel, Kalemegdanska tvrđava）免费 令人印象深刻的雄伟壮观的卡莱梅格丹见证了115次战争。在筑堡以来的几百年间，这座要塞曾遭受40余次破坏。要塞的防御工事始建于凯尔特时代，之后罗马人在定居"Singidunum"期间又将这座要塞扩建到冲积平原上，而"Singidunum"也就是贝尔格莱德的罗马名字。虽然有气氛欢快的咖啡馆和游乐设施，但这座要塞所经历的血雨腥风如今仍依稀可见，不过这也使得它更具魅力。

军事博物馆 博物馆

（Military Museum; www.muzej.mod.gov.rs; Kalemegdan Citadel; 成人/儿童 150/70第纳尔; ⏲周二至周六 10:00~17:00）隐蔽在卡莱梅格丹城堡中，展示了前南斯拉夫的完整军事史。其中扣人心弦的展览包括缴获的科索沃解放军武器、炸弹和导弹（由北约提供），少量枪炮，以及1999年被击落的美军隐形战斗机的碎片。到达这座博物馆要穿过曾为公开刑场的Stambol Gate，它由土耳其人于18世纪中叶建造而成。

国家博物馆 博物馆

（National Museum, Narodni Muzej; www.narodnimuzej.rs; Trg Republike 1a; 成人/

不要错过

贝尔格莱德的历史城区

斯卡达克（Skadarska）也称Skadarlija，是贝尔格莱德版的蒙马特（Montmartre）。这片区域到处都铺设着鹅卵石，位于共和国广场以东，是19世纪和20世纪之交波希米亚艺术的腹地，可爱的咖啡馆和餐馆是当地艺术家和名流的汇集之地。

萨瓦马拉（Savamala）是今日贝尔格莱德最酷的区域，沿萨瓦河边的ul Karadjordjeva街伸展。这一街区（见1056页）是19世纪30年代为这里的时髦人士而建的，如今则遍布着文化中心和上相的古旧建筑，以及大量夜店，热闹得很。

Central Beograd 贝尔格莱德市中心

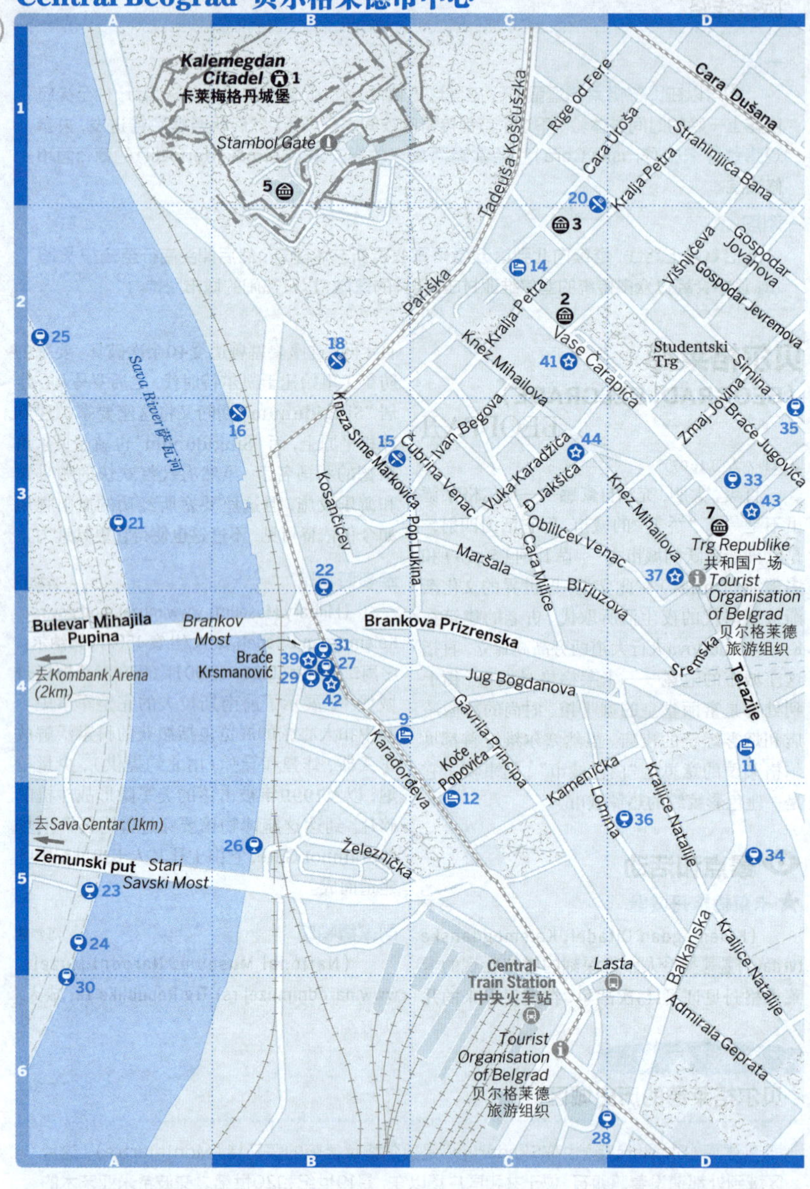

儿童 200/100第纳尔；⏲周二至周三和周五10:00~17:00，周四和周六 正午至20:00，周日 10:00~14:00）共和国广场（Trg Republike）是集会地点和室外展览馆，内有国家博物馆。过去10年来，因重建资金短缺，博物馆在多数时间一直是关闭的，但如今已有一些展览重新对公众开放。

人种学博物馆 博物馆

（Ethnographic Museum，Etnografski Muzej；www.etnografskimuzej.rs；Studentski Trg

13；成人/学生 150/60第纳尔；⏲周二至周六 10:00~17:00，周日 9:00~14:00）以传统服饰、工具和山区村庄的室内民俗装饰品为特色。

壁画馆 美术馆

（Gallery of Frescos；www.narodnimuzej.rs；Cara Uroša 20；门票 100第纳尔；⏲周二、周三、周五和周六 10:00~17:00，周四 正午至20:00，周日 10:00~14:00）这个美术馆的特色展品是拜占庭时期塞尔维亚的教堂艺术品仿品（和少部分真品），包罗万象。和对光敏感的真品原件不同，这里的壁画可以让你随意尽情拍照。

尼古拉·特斯拉博物馆 博物馆

[Nikola Tesla Museum；www.tesla-museum.org；Krunska 51；门票（含英语导览游）500第纳尔；⏲周二至周日 10:00~18:00]这是贝尔格莱德最好的博物馆，可以看到100第纳尔纸币上的伟人。特斯拉的骨灰就存放在这里一个金光闪闪的球状物中，本书写作之时，博物馆及其支持者同教会之间正展开激烈争论，争论的焦点在于是否应当把骨灰转往圣地。

汽车博物馆 博物馆

（Museum of Automobiles；www.automuseumbgd.com；Majke Jevrosime 30；成人/儿童 200/80第纳尔；⏲9:00~19:00）这里是贝尔格莱德的第一座公共车库。可以看到总统铁托（Tito）的座驾——1957年产的凯迪拉克敞篷车，只跑了25,000公里，且经过了精心保养。

塞尔维亚历史博物馆 博物馆

（Historical Museum of Serbia，Istorijski Muzej Srbije；www.imus.org.rs；Trg Nikole Pašića 11；成人/儿童 200/100第纳尔；⏲周二至周日 正午至19:00）这家博物馆藏品丰富，包罗万象，有许多考古学、人种学和军事类的展品。在国家博物馆完全重开之前，这儿将是你最好的选择。

圣萨瓦教堂 教堂

（Sveti Sava；www.hramsvetogsave.com；Svetog Save）圣萨瓦教堂是世界上最大的东正教教堂，不论是从远处眺望城市的天际线，或者站在其穹窿之下，都能让你对此深有体会。该教堂所在的位置也就是土耳其人焚烧圣萨瓦（St Sava）遗体的地方。教堂内部的修建工作（常因战争而延误）直至今日仍在继续。

马沙尔·铁托墓 纪念碑

（Maršal Tito's Grave，House of Flowers；www.mij.rs；Botićeva 6；门票 含南斯拉夫历史博物馆 200第纳尔；⏲5月至10月 周二至周日

Central Beograd 贝尔格莱德市中心

重要景点
1 卡莱梅格丹城堡 B1

景点
2 人种学博物馆 C2
3 壁画馆 C2
4 塞尔维亚历史博物馆 E4
5 军事博物馆 B1
6 汽车博物馆 F4
7 国家博物馆 D3
8 俄罗斯教堂 F5

住宿
9 Green Studio Hostel B4
10 Hostel Bongo E5
11 Hotel Moskva D4
12 Jump Inn C5
13 Soul House Apartments E3
14 YOLOstel C2

就餐
15 ? B3
Cantidna de Frida .... （见16）
16 Comunale B3
Iguana .... （见16）
17 Little Bay E3
18 Radost Fina Kuhinjica B2
19 Šešir Moj E3
20 Smokvica C1
Toro Latin Gastro Bar .... （见16）

饮品和夜生活
21 20/44 .... A3
22 Bašta B3
23 Blaywatch A5
24 Freestyler A5
25 Hot Mess A2
Klub Beton .... （见16）
26 Lasta B5
27 Mladost i Ludost B4
28 Mr Stefan Braun C6
29 Peron B4
30 Povetarac A6
31 Prohibicija B4
32 Radionica Bar E2
33 Rakia Bar D3
34 Samo Pivo D5
35 Tube D3
36 WATS D5

娱乐
37 Bilet Servis D3
38 Bitef Art Cafe F3
39 Čorba Kafe B4
40 Dom Omladine E4
KC Grad .... （见39）
41 Kolarčev University Concert Hall C2
42 Mikser House B4
43 National Theatre D3
44 Serbian Academy of Arts & Sciences C3

10:00~20:00，11月至次年4月 周二至周日 至18:00）铁托的陵寝是一个不容错过的景点。这里也展览着年轻的"先锋斗士"送给铁托元帅的许多精致的接力棒，还有各国政治领袖送给他的各种礼物和时髦物品。这里附属于南斯拉夫历史博物馆，在Kneza Miloša大街上的议会南端乘坐40路或41路无轨电车即可到达。陵墓位于拐弯进入Bul Mira后的第二站，告诉司机让你在Kuća Cveća下车。

阿达斯甘里加 海滩

（Ada Ciganlija；www.adaciganlija.rs）夏日时节，登上这个位于Sava的人工岛，与痴迷于大海的当地人（每天多达250,000人）一起享受阳光和欢乐吧。从55米高的蹦极塔上纵身跃下，再游游泳、划划皮艇或者玩玩风帆冲浪降降温。从Zeleni Venac乘坐53路或56路公共汽车即可到达。

住宿

★ Green Studio Hostel 青年旅舍 €

（☎011-218 5943；www.greenstudiohostel.com；Karađorđeva 61，6楼，Savamala；铺€9起，房间€9~40，公寓 €40；❄📶）这家阳光充足的住宿处整洁通风，而且员工相当友善。交通非常方便，邻近公共汽车站、火车站和贝尔格莱德的主要景点。有夜间优惠时段、每日活动，还可提供大量当地信息，以及免费的rakija白兰地！

★ Hostel Bongo 青年旅舍 €

（☎011-268 5515；www.hostelbongo.com；ul Terazije 36；铺/双 €11/38起；❄📶）选择入住这家色彩明亮、现代风格的青年旅舍的住客可以尽享便利，这里距离景点、酒吧和餐厅都很近，还有可爱的花园露台供住客休憩娱乐。员工都很赞，且经验丰富，深谙青年旅舍运营之道。

YOLOstel 青年旅舍 €

（☎064 141 9339；www.yolostel.rs；ul Uzun Mirkova 6, Apt 6, 3楼；铺/双 €11/35起；❄📶）这座全新的时髦旅舍位置超赞，距离萨瓦马拉（Savamala）只有很短一段距离。旅舍有定制的家具，装潢独特而华丽，有一种时尚精致的氛围，不同于一般的背包客廉价住所。

Soul House Apartments 公寓 €€

（☎064 135 2255；www.soul-house.net；ul Makedonska 15；1人/2人入住 €25/35起；❄📶）这3间主题公寓位于共和国广场不远处的同一座建筑中。"嬉皮士套房"（€25/35）以明亮的黄色色调为主，"现代工坊"（€30/40）陈设迷人而有趣，"复古公寓"（€40/50）则主打铁托时代的装修风格。所有公寓都配备了设施齐全的厨房。周末最少2晚起住。

Jump Inn 酒店 €€

（☎011-404 9650；www.jumpinnhotelbelgrade.com；ul Koče Popovića 2a；标单/双 €60/70起；P❄📶）这座新建的时髦酒店位于时尚的萨瓦马拉区，客房宽敞而时髦，全部配有智能电视，在许多房间里都能看到萨瓦河和阿达桥（Ada Bridge）。

★**Hotel Moskva** 历史酒店 €€€

（Hotel Moscow；☎011-364 2069；www.hotelmoskva.rs；Balkanska 1；标单/双/套 €90/110/130起；❄📶）这座宏伟的酒店是贝尔格莱德新艺术风格的代表，也是城市最引以为豪的象征。自1906年开业以来，这里已经赢得了众多顾客的一致好评，其中包括阿尔伯特·爱因斯坦、英迪拉·甘地和阿尔弗雷德·希区柯克。这里充满了厚重的历史韵味，很适合坐在古老的大桌子前写回忆录。

就餐

★**To Je To** 巴尔干半岛菜 €

（bul Despota Stefana 21；主菜 220~750第纳尔；⏲8:00至午夜）"To je to"的意思是"就是它了"，而在这家店里，他们指的就是肉食了。厨师们将一堆堆的食材烘烤得鲜亮多汁，菜单上包括萨拉热窝风味的ćevapi（无皮辣味香肠）、土耳其烤串、法式杂碎等。周末还供应自制的sarma（白菜卷）。这里的食物便宜又美味，受到当地人强烈推荐。

★**Šešir Moj** 塞尔维亚菜 €€

（My Hat；www.restoransesirmoj.co.rs；Skadarska 21；餐 420~1300第纳尔；⏲9:00至次日1:00）你可以一边欣赏罗马乐队的弦乐演奏，一边享用各式传统菜肴，如punjena bela vešalica（填入了kajmak奶油冻馅料的猪肉）。

★**Radost Fina Kuhinjica** 素食 €€

（☎060 603 0023；Pariska 3；主菜 450~

滨水中心

贝尔格莱德的宴会中心毫无疑问是滨水中心（Beton Hala）。这个乏善可陈的名字——意思是"混凝土大厅"——掩盖了其建筑所承载的丰厚财富。在这栋一度遭到废弃的仓库中聚集了大量令人惊艳的时髦餐厅、咖啡馆和夜店。如果你想追求经典时髦的食物，那么这里就是你最好的选择。我们推荐：

Comunale（www.comunale.rs；Beton Hala；主菜 650~1700第纳尔；⏲10:00~13:00）各种花哨的自制意大利面，还有上等的塞尔维亚烧烤。

Cantina de Frida（www.cantinadefrida.com；Beton Hala；主菜 270~1300第纳尔；⏲10:00至次日3:00）环境时尚多彩，供应美味的西班牙小吃。

Iguana（www.iguana.rs；Beton Hala；主菜 900~1750第纳尔；⏲10:00至次日2:00）菜单虽短但值得细细研究，有现场爵士乐演奏。

Toro Latin Gastro Bar（www.richardsandoval.com/torobelgrade；Beton Hala；主菜 400~1500第纳尔；⏲10:00至次日2:00）提供豪华的共享菜肴、丰盛的烤肉、素食和不含谷蛋白的食物。

1300第纳尔；⏲周二至周六 14:00至午夜，周日13:00~21:00；🖉）在热衷烤肉的塞尔维亚，想找到素食并不容易，不过幸好还有这么一家令人愉悦的餐厅——你再也不用只吃装饰菜和薯条了。菜单常换常新，包括咖喱、素食汉堡包、创意意大利面和其他大量肉食替代品，有些是严格的素食。健康的纸杯蛋糕是一大亮点。

? 塞尔维亚菜 €€

（Znak Pitanja；www.varoskapija.rs；Kralja Petra 6；主菜 550~1100第纳尔；⏲9:00~23:00）贝尔格莱德最古老的咖啡馆（kafana），自1823年开业以来便一直受到钟情波希米亚风的客人们的青睐。这里供应酿馅鸡和"铁盘羊肉"之类的菜品。奇特的店名源于与旁边教堂的争论——教堂反对它以"By the Cathedral"命名，认为用这样的名字命名一处"暴饮暴食之所"这是对上帝居所的亵渎。

Smokvica 咖啡馆 €€

（www.smokvica.rs；Kralja Petra 73；主菜250~1200第纳尔；⏲9:00至次日1:00；📶）这里有迷人的庭院阳台，充满艺术气息的食客，以及包含各种美味佳肴的菜单。在Smokvica（意思是"小无花果"）中走一趟，你会忘记自己正身处拥挤热闹的贝尔格莱德。可以尝尝创意沙拉，精品尝鲜菜肴和三明治，或者只是喝喝咖啡，这里有着难得的纯净氛围。

Little Bay 欧洲菜 €€

（www.littlebay.rs；Dositejeva 9a；餐 595~1390第纳尔；⏲11:00至次日1:00）当地人长久以来一直对这家餐厅赞誉连连，对此你丝毫不用怀疑，因为这里能提供贝尔格莱德最棒的就餐体验之一。钻进私人歌剧包厢，让填有菠菜和羊乳酪的鸡和传统英式吐司午餐（795第纳尔，仅限周日）在你的口中慢慢融化。

🍷 饮品和夜生活

酒吧

★ Kafana Pavle Korčagin 希腊小馆

（☎011-240 1980；Ćirila i Metodija 2a；⏲20:00至次日1:00）在这家忙碌、欢快的酒馆

萨瓦马拉风景

萨瓦马拉曾经一度遭到废弃，但现在这里已被改造为整洁的创意街区，并成为贝尔格莱德的时尚中心地。这里的酒吧、夜店和文化中心到了晚上都会播放非常时髦的音乐，变成热闹的劲舞场所。这片地区的着装准则和生活态度比城市的其他地区要休闲得多，而且大部分地方似乎都有一条不成文的规定，即禁止turbofolk流派的音乐；独立、电子、放克、摇滚和20世纪90年代的迪斯科音乐才是这里的主打。不要被建筑衰败的外表所迷惑，精彩的都在里面。下面是一些值得推荐的：

Mikser House（www.house.mikser.rs；Karadjordjeva 46；⏲10:00至次日2:00）这里是萨瓦马拉的象征。它隐藏在一座古老的仓库中，有商店、创意工坊、咖啡馆和美术馆，展现着当地设计师的天赋；晚上这里会变成酒吧、餐厅和现场音乐演出场所，有来自塞尔维亚和世界各地的DJ打歌。可登录网站查看即将举行的活动。

KC Grad（www.gradbeograd.eu；Braće Krsmanović 4；⏲周一至周五 正午至午夜，周六至周日14:00至午夜）和Mikser House一样，这座精彩的仓库空间以工坊、展览、餐厅和晚间的先锋音乐推动了当地的创意产业发展。

Peron（Braće Krsmanović 12；⏲22:00至深夜）是个多元的地方，人们聚集在这里享受从弦乐四重奏到劲爆电子乐的各种疯狂的活动。

Lasta（Hercegovačka bb, Savamalski kej；⏲周四至周日 午夜至次日6:00）这里是贝尔格莱德第一家全城范围的游船夜总会，聚集了嘻哈、放克、电子和迪斯科音乐爱好者。

Mladost i Ludost（Karadjordjeva 44；⏲21:00至次日5:00）这两座酒吧位于同一座建筑中；顾客们徜徉在老派DJ播放的旋律中尽情放松。店家的名字是"年轻"和"疯狂"：绝无虚言！

里，你可以向铁托元帅敬一杯酒。酒馆带有明显的复古风格，摆放了许多社会主义纪念品，挤满了饮酒狂欢者。每天晚上都会客满，需提前订位。

Rakia Bar 酒吧

（www.rakiabar.com; Dobračina 5, Dorćol; ⏲周日至周四 9:00至午夜，周五和周六 至次日1:00）这里很适合rakija新手第一次体会塞尔维亚的灵魂所在。这儿的工作人员会讲英语，可以向你介绍酒单上种类众多的饮品。注意：酒很烈。

WATS 酒吧

（We Are The Shit; Lomina 5-9; ⏲周日至周四 18:00至次日1:00，周五和周六 至次日2:00）这家狂放的酒吧本身也很像夜店，适合在前往萨瓦马拉泡吧前尝试。店面虽然很小，但会有DJ打歌，还有各种时髦人群跳舞、喝酒甚至眉目传情。

Prohibicija 酒吧

（ul Karadjordjeva 36, Savamala; ⏲9:00至次日1:00）这家时髦的酒吧很适合在前往萨瓦马拉泡吧之前来小喝几杯。可以一边喝精酿啤酒和鸡尾酒，一边透过巨大的窗户观赏街上的活动。

Idiott 酒吧

（Dalmatinska 13; ⏲正午至次日2:00）这家有趣的小酒吧长期以来一直都是贝尔格莱德另类文化的总部，因其20世纪80年代的风格、朋克和电子乐、弹球机和绝赞的夏季花园露台而深受人们的喜爱。位于植物园旁边。

Bašta 酒吧

（www.jazzbasta.com; Karadjordjeva 43, Savamala; ⏲17:00至次日2:00）位于一座古老建筑中，有一座特色庭院，提供创意鸡尾酒，还经常举办现场爵士乐演奏，是全面感受萨瓦马拉风情的好地方。顺着Brankov Most旁的台阶爬上去就能找到这间酒吧。

Radionica Bar 酒吧

（Dobračina 59, Dorćol; ⏲工作日 20:00至次日3:00，周五至周六 21:00至次日4:00）“Radionica”意思是“工坊”，而这里以前确实就是一间工坊。其工业风格的装潢还能使人感受到过去的蓝领工作氛围，但是店里的嬉皮士顾客和时髦的鸡尾酒确是十分地道的。

Samo Pivo 酒吧

（ul Balkanska 13; ⏲正午至次日1:00）店名意为“只有啤酒”，这丝毫不假。这里提供7种生啤和50个品牌的瓶装啤酒。对于喝腻了Lav和Jelen（当然这里也有这两个品牌）的人来说，这里是个很好的选择。

夜店

贝尔格莱德被誉为世界顶尖派对城市之一，除了想象力的极限和白天的到来，没有什么能够阻挡疯狂的派对景象。夏季，许多夜店会搬到河流上游的大船中。

Klub Beton 夜店

（Beton Hala; ⏲22:00至次日4:00）在Beton Hala新开的这家夜店里，你可以一边喝着调酒师精心调制的酒，一边随着电子乐尽情摇摆。

Mr Stefan Braun 夜店

（www.mrstefanbraun.rs; Nemanjina 4）在“第九层的堕落窝”（den of decadence）中，那些想要仿效（并和）塞尔维亚超级巨星一同玩派对的顾客可以得偿所愿。拿出你最好的精神状态，摆出模特般的姿态来尽情玩乐吧——凌晨1:00之前来才能避免排长队。

Plastic 夜店

（www.clubplastic.rs; Dalmatinska和Takovska交叉路口; ⏲10月至次年5月 周三至周六 22:00至次日6:00）这里是电子乐爱好者和热爱跳舞的人们一直以来的最爱之地，顶尖的国内和国外DJ常常光顾这处时尚的娱乐场所。店内还包括一家更小的Mint Club。5月至10月间，可以尝试Plastic Light，这是该夜店设在萨瓦河上的游船漂流版。

Tube 夜店

（www.thetube.rs; Simina 21; ⏲周四至周六 23:00至次日6:00）在这家设计迷人的夜店里，所有的电子乐爱好者都会玩得很开心。这里从前是一座原子燃料库，虽然很大，但经常会挤得满满当当，早点儿去抢个地方。

河上游船

根据迈克尔·帕林（Michael Palin）的说

塞尔维亚的狂欢活动

德拉加策沃小号节（Dragačevo Trumpet Assembly，铜管音乐家的年度聚会）听起来不温不火，甚至可以说是非常小众的音乐节。但对于众多乐队而言，事实并非如此：它即使算不上是全世界最热闹的音乐节，也应该算是全欧洲最喧闹热烈的音乐盛会了。

自1961年以来，塞尔维亚西部地区的一些乡村在每年的8月都会举办一场持续4天的狂欢宴会。虽然后来它有了一个更为人们所熟知的简单名字——"古查"（Guča），但活动本身始终是最为喧闹的享乐主义盛典：数以万计热衷铜管乐和啤酒的访客会走上街道，他们跳着疯狂的kola（快节奏的圆圈舞）、大口大口地吃着烤肉，向大汗淋漓、忘情于表演的trubači艺人（大部分是罗姆人）扔下第纳尔。音乐本身就极度疯狂且令人忘情，就连猫王也曾表示："我不知道原来小号还可以这样演奏。"

在这里住宿需要三思而行，不过不管怎样还是带上帐篷或者提前预约吧，www.guca.rs网站有关于住宿和交通的信息。

法，贝尔格莱德夜店太多，"陆地上没法全部容纳"。确实如此，这座城市以其萨瓦河和多瑙河（Danube）上的游船夜店而闻名，它们被统称为splavovi。游船多数只在夏季开放。萨瓦河西岸据称有1.5公里长的游船带，它们都是名副其实的疯狂派对船。从城市徒步穿过Brankov Most或者搭乘7路、9路或11路有轨电车即可到达。

在Novi Belgrade的Hotel Jugoslavija酒店旁边，1公里长的多瑙河游船带的情况更加复杂，这里许多地方白天是餐厅，到了深夜会成为舞厅。从Zeleni Venac乘坐704路或706路公共汽车，在Hotel Jugoslavija酒店下车。

Hot Mess 河上游船

（Ušće bb, Sava River; ⏲9:00至次日3:00）这里可谓奢侈享乐的游船夜店（Splav）中的代表。船上游泳池畔都是摆姿势照相的自拍爱好者，装饰有炫目的霓虹灯，放纵不拘的年轻人会随着迪斯科、浩室和R&B音乐的节奏疯狂起舞。这里也提供很棒的宿醉早餐。

Blaywatch 河上游船

（www.blaywatch.com; Brodarska bb, Sava River; ⏲午夜至深夜）这儿充满活力，常常人满为患，且对着装有一定要求（男生要痞，女生要少）。伴着游船的涡轮轰鸣声，当地的俊男靓女和外国游客一起纵情享乐。

20/44 河上游船

（Savski kej bb, Sava River; ⏲18:00至次日4:00）这条另类的游船虽然老旧失修，但乐趣多多，其名源于贝尔格莱德在世界地图上的坐标。全年营业。

Freestyler 河上游船

（www.freestyler.rs; Brodarska bb, Sava River; ⏲周二至周日 23:00至次日5:00）巨大的Freestyler多年来已成为splav纵情狂欢的象征，更不用说它声名狼藉的泡沫派对。

Povetarac 河上游船

（Brodarska bb, Sava River; ⏲23:00至深夜，冬季 20:00至深夜）这条生锈的货船广受独立乐迷欢迎。全年营业。

Amsterdam 河上游船

（www.amsterdam.rs; Kej Oslobodjenja bb, Danube River; ⏲10:00至次日1:00，周六 至次日2:00）白天（和傍晚）是餐厅，晚上则变身为闪亮的派对船，提供有趣的鸡尾酒，并有DJ驻场打碟，偶尔有现场流行音乐和民谣音乐演出。就在Hotel Jugoslavija酒店旁边。

Acapulco 河上游船

（Danube River; ⏲正午至深夜）俊男们纷纷来此炫耀他们的（暴发）财富和女朋友。如果无法忍受Turbofolk风格的音乐怎么办？那就下水游泳吧。

☆ 娱乐

在Bilet Servis（☎0900 110 011; www.eventim.rs; Trg Republike 5; ⏲周一至周五 10:00~20:00，周六 正午至20:00）可以购买音乐会和剧院门票。如果想看国外团体在大型演出场

所举办的演出，可以到**Sava Centar**（☎011-220 6060；www.savacentar.net；Milentija Popovića 9；⊙售票处 周一至周五 10:00~20:00，周六 至15:00）和**Kombank Arena**（☎011-220 2222；www.kombankarena.rs；Bul Arsenija Ĉarnojevića 58；⊙售票处 周一至周五 10:00~20:00，周六 至15:00）购买门票。

Bitef Art Cafe 现场音乐

（www.bitefartcafe.rs；Skver Mire Trailović 1；⊙19:00至次日4:00）在这家集咖啡馆和夜店于一身的地方，每个人都能找到乐趣。放克、灵魂乐和爵士乐营造出良好的氛围，也有摇滚、世界音乐和古典乐。夏季，他们会将舞台搬到卡莱格梅丹城堡。

Čorba Kafe 现场音乐

（Braće Krsmanović 3；⊙周日至周四 9:00至次日2:00，周五至周六 至次日3:00）在这家热闹的小咖啡馆中，你可以欣赏到现场音乐演奏，包括摇滚、金属、流行和20世纪70年代的热门歌曲，基本上每晚都会举行；这里烟雾弥漫、闷热而且吵闹，但乐趣也就在此。咖啡馆位于Brankov Most大桥下。

National Theatre 剧院

（☎011-262 0946；www.narodnopozoriste.co.rs；Trg Republike；⊙售票处 11:00~15:00，17:00至演出开始）冬季上演舞台歌剧、戏剧和芭蕾。

Kolarčev University Concert Hall 现场音乐

（☎011-263 0550；www.kolarac.co.rs；Studentski Trg 5；⊙售票处 10:00~19:30）贝尔格莱德交响乐团的演出场地。

Dom Omladine 文化中心

（Youth Centre；www.domomladine.org；Makedonska 22；⊙售票处 周一至周六 10:00~22:00）为年轻人准备了一系列文化娱乐活动，包括地下音乐会和流行文化讨论会。

Serbian Academy of Arts & Sciences 现场音乐

（☎011-234 2400；www.sanu.ac.rs；Knez

值得一游

斯雷姆区（SREM DISTRICT） CPEM

弗鲁什卡山连绵起伏80公里，15~18世纪，为了保护塞尔维亚的文化和宗教免受土耳其人的破坏，这里修建了35座修道院，自此以后，这儿的居民一直过着一种僧侣式的生活。如果自驾出行，你可以自由地游览现存的16座修道院；如果没有车，那么可以去诺维萨德和斯雷姆斯基卡尔洛夫奇的游客办公室询问团队游的情况。从诺维萨德可乘坐公共交通工具前往公园内的村庄，从那里可以步行前往各个景点。有一个简便的方法是从诺维萨德乘坐前往伊里格（Irig）的公共汽车（170第纳尔，40分钟），并要求在**新霍普沃修道院**（Novo Hopovo Monastery）下车。从这里可步行或搭乘当地汽车前往其他景点，如Vrdnik和Venac等。可登录www.npfruskagora.co.rs浏览本地区信息；www.psdzeleznicarns.org.rs有各座修道院的详细信息（点击“Фрушкогорски манастири”）。在位于多瑙河河岸的弗鲁什卡山山脚下有一座很上镜的村庄，即**斯雷姆斯基卡尔洛夫奇**（Sremski karlovci）。村子里有许多绝美的建筑，例如东正教大教堂（1758~1762年）、巴洛克式的四头狮子喷泉，以及最南端的和平礼拜堂（1699年土耳其人和奥地利人在这里签订了和平协议）。这座村庄也位于著名的葡萄酒产区中心。可参观**养蜂和酒窖博物馆**（Museum of Beekeeping & Wine Cellar；☎021-881071；www.muzejzivanovic.com；Mitropolita Stratimirovića 86），品尝著名的bermet葡萄酒，或者也可以随意到访村子附近任意一家由家庭经营的酒窖。夏季周末，这里会有许多热闹的婚礼派对，9月底还会举办葡萄丰收节。从诺维萨德出发可乘坐车次频繁的60路、61路或62路公共汽车（140第纳尔，30分钟），**游客协会**（tourist organisation；☎021-882 127；www.karlovci.org.rs；Patrijarha Rajačića 1；⊙周一至周五 8:00~18:00，周六 10:00~18:00）就在主广场旁。

值得一游

兹拉蒂博尔（ZLATIBOR）

兹拉蒂博尔是一个很浪漫的地方，有着起伏和缓的山岳、温和的传统和热情好客的人民。

Mokra Gora等着你去探险。**木头村**（Drvengrad, Küstendorf; www.mecavnik.info; Mećavnik hill; Mokra Gora; 成人/儿童 200/120第纳尔; ⌚9:00~21:00）是塞尔维亚电影导演埃米尔·库斯图里卡（Emir Kusturica）2002年为他的电影《生命是个奇迹》（*Life is a Miracle*）而修建的，在这里你可以感受到超现实的乐趣，还可以欣赏到纯朴的全景风光。

蜿蜒曲折的**Šargan 8 railway**（☎订票 510 288; www.serbianrailways.com; 成人/儿童 600/300第纳尔; ⌚4月至10月 每天，11月至次年3月 根据预约情况而定）观光列车行程2.5小时，其乐趣就在于令人丧失方向感的拐弯和隧道（共计22个）。

你可以从Užice乘坐公共汽车前往这些景点，或参加**Zlatibor Tours**（☎031-845 957; www.zlatibortours.com; Tržni centar, bus station; ⌚8:00~22:00）的团队游。

Mihailova 35）经常举办免费音乐会和展览。

实用信息

旅游信息

贝尔格莱德旅游组织（Tourist Organisation of Belgrade; ☎免费咨询 0800 110 011; www.tob.rs）共和国广场5号（Trg Republike 5; ☎011-263 5622; ⌚9:00~19:00）；火车站（☎011-361 2732; Savski Trg 2; ⌚周一至周六 7:00~13:30）；尼古拉·特斯拉机场（☎011-209 7828; ⌚9:00~21:30）热情的工作人员可为你提供各种信息，还有宣传册和城市地图。

网络资源

Belgraded（www.belgraded.com）

Belgradian（www.belgradian.com）

Lonely Planet（www.lonelyplanet.com/serbia/belgrade）

到达和离开

长途汽车

贝尔格莱德有两个邻近的汽车站，都在萨瓦河东岸：**BAS**（☎011-263 6299; www.bas.rs; Železnička 4）和**Lasta**（☎011-334 8555; www.lasta.rs; Železnička 2）。两座车站都有前往国内外的长途汽车，诸如从贝尔格莱德开往萨拉热窝（Sarajevo, 2340第纳尔, 8小时）、卢布尔雅那（Ljubljana, 4000第纳尔, 7.5小时）和维也纳（4400第纳尔, 9.5小时）的长途线路；还有大量班次可开往国内的苏博蒂察（Subotica, 800第纳尔, 3小时）、诺维萨德（Novi Sad, 520第纳尔, 1小时）、尼什（Niš, 1380第纳尔, 3小时）和新帕扎尔（Novi Pazar, 1400第纳尔, 3小时）。

小汽车和摩托车

绝大多数主要的汽车租赁公司在尼古拉·特斯拉机场（Nikola Tesla Airport）都有办公室。登录www.beg.aero/en网站可查询完整名录。

火车

中央火车站（Savski Trg 2）在1号站台、旅游信息办公室、**货币兑换局**（⌚6:00~22:00）和**销售柜台**（⌚24小时）都有信息办公室。

有定时发往诺维萨德（288第纳尔, 1.5小时）、苏博蒂察（560第纳尔, 3小时）和尼什（784第纳尔, 4小时）的车次。登录www.serbianrailways.com可查看时刻表和票价。

当地交通

抵离机场

尼古拉·特斯拉机场距贝尔格莱德18公里。乘72路公共汽车从Zeleni Venac（73至150第纳尔，每30分钟1班，机场发车 5:20至午夜，市内发车4:40~23:40）可到达机场；在报刊亭可买到最便宜的车票。机场与Trg Slavija广场中央也有一班小型公共汽车往返通行（250第纳尔，机场发车 5:00至次日3:50，广场发车 4:20至次日3:20）。

不要被机场的高价出租车蒙骗，可在到达大厅请旅游办公室帮你叫车。乘出租车从机场到Knez Mihailova约需1800第纳尔。

小汽车和摩托车

贝尔格莱德停车场分为3个区域——红色（1

小时，56第纳尔）、黄色（2小时，每小时48第纳尔）和绿色（3小时，每小时41第纳尔）。必须从报刊亭或通过SMS（塞尔维亚语）买票。

公共交通

有轨电车和无轨电车线路有限，公共汽车的通行线路则覆盖整个城市。你可以在全城的报亭处购买可充值的BusPlus卡（每张73第纳尔）。如果是在司机处购买的话，价格为140第纳尔。

2路有轨电车在卡莱梅格丹城堡和Trg Slavija广场、汽车站及中央火车站之间来往运营。

出租车

远离明显的出租车陷阱，注意乘坐有清晰标识的巡游出租车，或者请当地人帮你叫车。起步价170第纳尔，信誉良好的出租车每公里收费约为70第纳尔。

伏伊伏丁那（VOJVODINA）ВОЈВОДИНА

拥有超过25个民族、6种语言的伏伊伏丁那是探访匈牙利和塞尔维亚传统习俗的最佳之地。伏伊伏丁那的薄饼种类丰富，口味繁多，在其他国家闻所未闻。友善的首府城市诺维萨德会举办综合性的出口音乐节（EXIT），为东南欧规模最大的音乐节；而弗鲁什卡山地区则远离喧闹，沉浸在修道院和祖传葡萄园的宁静之中。迷人的苏博蒂察距匈牙利10公里，堪称一片新艺术景点的绿洲。

诺维萨德（Novi Sad） Нови Сад

☎021 / 人口 366,860

如同参加rakija酒宴般欢乐——有时甚至是尽情狂欢——诺维萨德是一座令人愉悦的城市，这里好处多多，而且没有大城市的压力。当地人聚集在美丽的公园和户外咖啡馆休憩娱乐，人行大道Zmaj Jovina旁林立着众多酒吧，从城市广场（Trg Slobode）一直延伸至Dunavska街，夜晚更是热闹非常。

景点

★彼得罗瓦拉丁城堡 要塞

（Petrovaradin Citadel；博物馆门票 200第纳尔；⏲博物馆 周二至周日 9:00~17:00）高耸于河面上一块40米高的火山岩板上，这座恢宏的要塞（tvrđava）被称为“多瑙河上的直布罗陀”，于1692~1780年由犯人修建完成。地牢中关押过的有名人物包括卡拉乔尔杰（Karađorđe，第一次反土耳其起义的领袖，他还建立起一个新的王朝）和铁托。好好看看令人目瞪口呆的标志性钟楼吧，它的分针和时针尺寸互相颠倒，让远处的渔民也能看得清时间。城堡内有一座博物馆（☎021-643 3145；Petrovaradin Citadel；门票 150第纳尔；⏲周二至周日 9:00~17:00），讲述了城堡的历史（无英语解说）。博物馆还提供彼得罗瓦拉丁的地下走廊之旅（300第纳尔），恐怖却很精彩。

伏伊伏丁那博物馆 博物馆

（Museum of Vojvodina，Muzej Vojvodine；www.muzejvojvodine.org.rs；Dunavska 35-7；门票 200第纳尔，周日免费；⏲周二至周五 9:00~19:00，周六至周日 10:00~18:00）举办历史、考古和人种学展览。35号大楼内的展览涵盖了伏伊伏丁那从旧石器时代到19世纪末的历史。37号大楼的展览则展示了直至1945年的历史，并着重于两次世界大战期间的事情。

Štrand 沙滩

欧洲最棒的多瑙河畔沙滩之一。

节日和活动

每年7月这里会举办盛大的出口音乐节（EXIT Festival；www.exitfest.org），届时彼得罗瓦拉丁城堡将变得人山人海。2000年举办的首届音乐节持续了100天，涌现了大批反对米洛舍维奇（Milošević）政权的年轻人。化学兄弟（Chemical Brothers）、Gogol Bordello和帕蒂·史密斯（Patti Smith）等都曾参加过音乐节，每年吸引约20万乐迷前来共享音乐盛宴。

住宿

★Hostel Sova 青年旅舍 €

（☎021-527 556；www.hostelsova.com；Ilije Ognjanovića 26；铺 €10起，双 €15；Ⓟ📶）这个可爱的住处就像是个缩小的诺维萨德：服务超级热情，给人一种悠闲放松的感觉（更不用说这里的一两种古怪的rakija）。旅舍位于一条迷人的安静小街上，就在热闹的Zmaj Jovina

转角附近，步行一两分钟就能到达镇上最好的酒吧。

Downtown 青年旅舍 €

（021-524 818；www.hostelnovisad.com；Njegoševa 2；铺 €12起，标单/双 €21/30；@）服务人员特别友好，位于邻近Slobode广场的"最热闹处"，所以，在这家喧闹的、稍微有些破旧的青年旅舍住宿将带给你一种经典的诺维萨德体验。

★ **Hotel Veliki** 酒店 €€

（021-472 3840；www.hotelvelikinovisad.com；Pašića 24；标单/双 €33/46，公寓 €65起；P ❄ 令）位于同名的巨大餐厅楼上，Veliki（意思是"大"）名副其实，有的房间确实要用巨大来形容。员工很讨人喜欢，就在Zmaj Jovina拐角，位置无可匹敌。额外惊喜在于：楼下有免费早餐！

就餐

Kukuriku 快餐 €

（Despota Stefana 5；主菜 160~280第纳尔；周一至周五 8:00~23:00，周六 至次日1:00）丝毫不用怀疑，这家位于时髦的唐人街上的袖珍小店供应镇上最新鲜美味的pljeskavica（汉堡），吃过这里的汉堡包之后几个月都难以忘怀。自制的比萨饼和其他快餐也值得你松开腰带大快朵颐。位于一座卡通色彩的大楼拐角右侧，不可能会错过。

★ **Fish i Zeleniš** 地中海菜 €€

（Fish and Greens；021-452 000；www.fishizelenis.com；Skerlićeva 2；主菜 680第纳尔起；正午至午夜；）这家明亮舒适的餐馆提供塞尔维亚北部最好的素食/鱼素餐。有机的当地产食材？背景音乐？难以置信的美味？打钩，打钩，打钩。从Zmaj Jovina步行3分钟即可到达。

Restoran Lipa 塞尔维亚菜 €€

（www.restoranlipa.com；Svetozara Miletića 7；餐 700第纳尔起；周一至周四和周日 9:00~23:00，周五至周六 9:00至次日1:00）这家乡村风格的餐厅从19世纪开始就一直致力于提供老派的用餐环境和传统的伏伊伏丁那菜肴。周五和周六会有现场tamburaši（丝弦乐器演奏的小夜曲）演出。

饮品和夜生活

相比贝尔格莱德的疯狂夜店和享乐主义的河上游船，诺维萨德的夜生活显得更加悠闲。Laze Telečkog（邻近Zmaj Jovina的步行小街）沿街都是能满足喝酒兴致的酒吧。

★ **Martha's Pub** 酒吧

（Laze Telečkog 153；8:00至次日3:00）是顶级酒吧街上最好的一家，虽小但烟雾缭绕，非常适合社交，以其出色的medovača（蜂蜜rakija）而闻名。挤进去，或者早点儿到，在外面找个桌子观看Laze Telečkog大街上戏要喧闹的派对人群。

Culture Exchange 咖啡馆

（064 432 9197；www.cultureexchangeserbia.org；Jovana Subotića 21；9:00~23:00；令）由一些旅行经验丰富的志愿者经营，提供咖啡、蛋糕，以及其余一切你能想到的东西，比如免费的自行车维修、塞尔维亚语言课程、现场音乐活动、电影放映和艺术展览。这里是晚上外出痛饮之前的最佳去处，镇上没有地方能和这里相比（或者确切说来，整个塞尔维亚也找不到第二家！）。

Crni Bik 小酒馆

（Trg Mladenaca 8；10:00至深夜）由Zmaj Jovina向南步行很快就能到达这家喧闹的小酒馆。小舞台上有不拘一格的乐队和DJ表演，台下聚集的也都是友善的当地人。

实用信息

旅游信息中心（www.turizamns.rs；Jevrejska 10；周一至周五 7:30~18:00，周六 10:00~15:00）提供地图和英文信息。

到达和离开

汽车站（Bul Jaše Tomića；咨询台 6:00~23:00）有开往贝尔格莱德（520第纳尔，1小时，每10分钟1班）和苏博蒂察（600第纳尔，1.5小时）的班车，还有前往乌日策（Užice，1120第纳尔，5小时）和兹拉蒂博尔（Zlatibor，1300第纳尔，6小时）。从这里乘坐4路公共汽车坐4站可前往市中心；沿着地下通道走，你会慢慢看见城市广场。

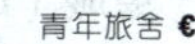
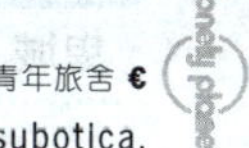

火车站（Bul Jaše Tomića 4）在汽车站旁，开往贝尔格莱德（288第纳尔，1.5小时）和苏博蒂察（384第纳尔，1.5小时）的火车班次比较频繁。

苏博蒂察（Subotica） Суботица

☎024 / 人口 148,000

精心设计的新艺术奇迹，悠闲的生活氛围，塞尔维亚与匈牙利文化的美妙融合，这一切使得这座古香古色的小镇独具特色，值得你来此一日游，或作短暂停留。

景点

市政厅 历史建筑

（Town Hall, Trg Slobode）这座建于1910年的巨大建筑混合了新艺术风格和高迪（Gaudí）的建筑风格。这里的议事堂有精致的彩绘玻璃和细致的装饰，不容错过。

现代美术馆 历史建筑

（Modern Art Gallery; www.likovnisusret.rs; Park Ferenca Rajhla 5; 门票 50第纳尔; ⏲周一至周五 8:00~19:00，周六 9:00~13:00）这座大楼建于1904年，起初是一座建筑师的设计工作室，看起来也的确如此。它是塞尔维亚最华丽的建筑之一，到处都是镶嵌画、瓷砖、花卉图案和彩绘玻璃。

住宿

Hostel Incognito 青年旅舍 €

（☎062 666 674; www.hostel-subotica.com; Hugo Badalića 3; 标单/双/标三/公寓 1000/1800/2400/7000第纳尔; Ⓟ📶）从苏博蒂察的景点步行几分钟即可到达这家设施简单、干净整齐的友好旅舍。接待处在一楼，住宿需提前打电话预订。

Hotel Galleria 酒店 €€

（☎024-647 111; www.galleria-center.com; Matije Korvina 17; 标单/双 €45/57，公寓/套 €76/135起; ❄📶）这里的四星级客房都像是“绅士们的房间”，有温暖的桃花心木家具，床铺旁摆有书架。酒店里还有一座巨大的“健康中心”和几家餐馆。酒店在Atrium购物广场内。

就餐

Ravel 咖啡馆 €

（Nušićeva 2; 蛋糕 60~200第纳尔; ⏲周一至周六 9:00~22:00，周日 11:00~22:00）这家新艺术风格的咖啡馆装饰华丽，供应美味的蛋糕和可爱的茶点。

Boss Caffe 各国风味 €€

（www.bosscaffe.com; Matije Korvina 7-8; 主

不要错过

新帕扎尔和斯图德尼察修道院（NOVI PAZAR & STUDENICA MONASTERY） НОВИ ПАЗАР

新帕扎尔是Raška/Sandžak地区南部的文化中心，当地居民大部分是穆斯林。你可以尽情品味土耳其的咖啡和菜肴，欣赏各种民俗，附近也有一些田园诗般美妙的东正教景点。这里曾是塞尔维亚中世纪城邦的腹地。

斯图德尼察修道院是塞尔维亚最神圣的景点之一，也是联合国教科文组织认定的世界遗产。这座修道院是12世纪90年代由塞尔维亚皇帝（之后被封圣）斯特凡·尼曼亚一世（Stefan Nemanja）建造的，并在其子Vukan、Stefan和Rastko（St Sava）的领导下得到发展。生机勃勃的小修道院萨瓦（Sava）孕育出活跃的修道生活并延续至今，因此完全不介意游客的打扰。

在令人印象深刻的白色大理石围墙内有两座保存完好的教堂。**圣女教堂**（Bogorodičina Crkva）是一座皇陵教堂，斯特凡的陵墓就在这里。小一些的**国王教堂**（Kraljeva Crkva）中有著名的《圣母诞生》（*Birth of the Virgin*）壁画和其他一些杰作。

从新帕扎尔出发，可搭乘前往克拉列沃（Kraljevo）的汽车到达Ušće村（约1小时），然后从这里换乘当地汽车——或跟出租车讲定往返价格——即可到达。

值得一游

鬼城（DJAVOLJA VAROŠ）

鬼城是位于塞尔维亚南方腹地的一片岩石丛生的魔幻区域，这里的202座天然形成的岩石金字塔以其怪异的姿态在富含矿物质的亮红色溪流上方若隐若现。根据当地传说，这些石塔——歪歪扭扭地伸展到2~15米的高度，顶部还有怪异的火山岩组成的"脑袋"——是在一次乱伦的婚宴后形成的，由于宾客们触怒了神明，因此全部被变成了石头。

自驾前往鬼城很容易，你也可以搭乘前往库尔舒姆利亚（Kuršumlija）的汽车，然后从那里再换乘出租车。公园内不允许露营，不过有许多村民都乐意留宿迷路的人。你可以在附近露营，但是蛇和狼很多。这里不是平白无故被叫作鬼城的！

菜450~1000第纳尔；⏲周一至周四 7:00至午夜，周五至周六 至次日1:00，周日 9:00至午夜）这里是镇上最好的一家餐厅，菜单上可供选择的菜肴很多，有中国菜、意大利菜、墨西哥菜和塞尔维亚菜，不管点什么后厨都能镇定自若地完成。就位于现代美术馆后面。

实用信息

旅游信息中心（☎024-670 350；www.visitsubotica.rs；市政厅；⏲周一至周五 8:00~18:00，周六 9:00~13:00）非常友好，能用英语提供各种建议。当地的Subotica Greeters志愿者非常热心，会带你四处观光（必须预订）。

到达和离开

汽车站（www.sutrans.rs；Senćanski put 3）每小时各有1班长途汽车分别前往诺维萨德（600第纳尔，2小时）和贝尔格莱德（800第纳尔，3.5小时）。其他目的地可登录网站查询。苏博蒂察的**火车站**（Bose Milećević bb）有两列火车前往匈牙利的塞格德（Szeged，320第纳尔，1小时45分钟）。通往贝尔格莱德的火车（560第纳尔，3.5小时）途经诺维萨德（384第纳尔，1.5小时）。

塞尔维亚南部（SOUTH SERBIA）

尼什（Niš） Ниш

☎018 / 人口 183,000

尼什是一个充满各种奇妙反差的热闹城市：罗马式的马拉车厢与崭新的小汽车一同在马路上疾驰；古老的小巷里，人们畅饮着一杯杯优雅的鸡尾酒。尼什早在罗马时代之前就有人定居，在出生并成长于当地的君士坦丁大帝（公元280~337年）统治时期，这里一片繁荣昌盛。

景点

尼什要塞 要塞

（Niš Fortress, Niška tvrđava; Jadranska; ⏲24小时）虽然现存的要塞是土耳其人在18世纪修建的，但其实这里从古罗马时代就已经有要塞存在了。现在这里成了一片休闲区，有许多餐厅、咖啡馆和市场小摊。每年8月还会举行**尼什维尔国际爵士音乐节**（Nišville International Jazz Festival; www.nisville.com），9月的**Nišomnia音乐节**（www.facebook.com/festivalnisomnia）则主打摇滚乐和电子乐表演。城市的主要步行大道Obrenovićeva一直延伸到要塞前。

头骨塔 纪念碑

（Tower of Skulls, Ćele Kula; Bul Zoran Đinđić; 成人/儿童 150/130第纳尔；⏲周二至周五 9:00~19:00，周六至周日 至15:00）在1809年Čegar战役中战败之前，雷萨瓦公爵（Duke of Resava）向土耳其防御军发起了自杀式进攻，他们开火击中了土耳其的弹药库，致使包括公爵自己在内的4000名士兵和10,000名土耳其人丧生。然而土耳其人还是取得了胜利，为了防止未来可能发生的叛乱行为，他们将死去的塞尔维亚人的头颅砍去并剥掉头皮，嵌进这座头骨塔中。原本的952个头骨现在仅剩58个。但与土耳其人的本意相反，这座塔成了塞尔维亚人英勇抵抗的纪念碑。

从Ambassador Hotel酒店对面乘坐任意一辆标有"Niška Banja"字样的公共汽车均可到达这里，可要求在Ćele Kula下车。

红十字集中营 博物馆

（Red Cross Concentration Camp, Crveni

Krst; Bul 12 Februar; 成人/儿童 150/130第纳尔; ⏲周二至周五 9:00~16:00，周六至周日10:00~15:00）这里是欧洲保存最好的一座纳粹集中营，虽然名字中的"红十字"很有迷惑性，但在德国占领期间（1941~1945年），这里却关押了约30,000名塞尔维亚人、罗姆人、犹太人和游击队员。博物馆里的展览讲述了他们的悲惨故事，以及那些试图越狱的囚犯的经历。从尼什汽车站向北步行很短一段距离即到。

住宿

Day 'n' Night Hostel 青年旅舍 €

（☎064 481 5869; www.daynnighthostel.com; Božidarčeva 9; 铺/标单/双 €9/15/20起; P❄📶）这座崭新的青年旅舍干净明亮，两个楼层每层都设有一间厨房和一间公共休息室。友好的店员会讲英语，会尽一切可能确保你住得舒适，还会组织短途旅行。从尼什市区步行10分钟即到。

★ **Hotel Sole** 酒店 €€

（☎018-292 432; www.hotelsole.rs; Kralja Stefana Prvovenčanog 11; 标单/双 含早餐 €45/55起; P❄📶）这座经过全面翻新的酒店位于尼什镇中心，有超级宽敞的现代化客房，以及你能在此地找到的最好的免费自助早餐之一。员工都非常优秀。

餐饮

Kopitareva（补锅匠小巷）碎石小街有许多可以让你迅速填饱肚子和饮酒的场所。

Stara Srbija 塞尔维亚菜 €€

（Old Serbia; ☎018-521 902; Trg Republike 12; 主菜 220~1500第纳尔; ⏲8:00至午夜）这家氛围很好的餐厅位于镇中心一座经过修复的1876年的房屋中，提供各种梦幻的塞尔维亚南方传统菜肴，包括烤豆子和熏肉，以及填满了熏火腿和kajmak（浓缩奶油）的美味鸡肉。

Crazy Horse 酒吧

（Davidova 8; ⏲周六至周四 8:00至次日2:00，周五 至次日4:00; 📶）健力士黑啤酒、现场演奏的爱尔兰音乐，播放着欧洲冠军联赛的电视……在君士坦丁大帝的出生地体验这一切？

国家速览

面积 77,474平方公里

首都 贝尔格莱德

国家代码 ☎381

货币 第纳尔（Dinar, DIN）

紧急情况 救护车☎94，火警☎93，匪警☎92

语言 塞尔维亚语

现金 大中型城镇均有自动柜员机

人口 716万

签证 中国公民免签，停留时间30天内

特色饮食

塞尔维亚以其烤肉而闻名，地方菜肴包括伏伊伏丁那辛辣的匈牙利浓汤（Hungarian goulash）、新帕扎尔的土耳其烤串（Turkish kebab）。素食者可以尝试要求posna hrana（无肉食品），这类食品也适合严格素食主义者。

- **Kajmak** 乳制品，上面涂有咸味固态奶油，可以和面包、汉堡等所有食品一同食用。
- **Ćevapčići** 这种无处不在的去皮香肠和pljeskavica（香辣汉堡）会让你在塞尔维亚轻而易举地变成"肉食动物"。
- **Burek** 以薄肉片、奶酪或者蔬菜为馅料的馅饼，常搭配酸奶食用。
- **Karađorđeva šnicla** 与基辅鸡（chicken Kiev）很像，不过搭配有小牛肉或猪肉，还有大量的kajmak或鞑靼酱。
- **Rakija** 一种蒸馏酒，通常用李子制作而成。小提示：这不是你爷爷那辈人爱喝的白兰地。

疯狂吧——正如其名字所说的那样——然而不知怎么的，这间酒吧的确做到了。

实用信息

尼什旅游协会（Tourist Organisation of Niš；☎018-250 222；www.visitnis.com；Tvrđava；⏰周一至周五 7:30~19:00，周六 9:00~13:00）位于城堡大门内，提供各种有用信息。

到达和离开

汽车站（Bul 12 Februar）就在要塞背后，有很多开往贝尔格莱德（1380第纳尔，3小时）和科帕奥尼克（Kopaonik）的布鲁斯（Brus，710第纳尔，1.5小时）的长途汽车，每天还有3班车开往新帕扎尔（1120第纳尔，4小时）。

从火车站（Dimitrija Tucovića）出发，有7班车可至贝尔格莱德（784第纳尔，4.5小时），还有2班车可至保加利亚的索非亚（Sofia；730第纳尔，5小时）。

生存指南

出行指南

住宿

私人住所和公寓性价比很高，可通过旅游局预订，国家公园外也可野外露营。

现金

塞尔维亚仍使用第纳尔交易；尽管住宿的费用一般都是以欧元报价，但必须支付第纳尔。银联卡在塞尔维亚无法使用。

电话

在邮局和香烟店都可购买本地和国际电话卡。在超市和报刊亭可购买手机SIM卡（约200第纳尔）和充值卡。

就餐价格区间

本章节依照一道主菜的价格进行价位分类，如下所列：

€ 低于€6（600第纳尔）

€€ €6~10（600~1000第纳尔）

€€€ 高于€10（1000第纳尔）

住宿价格区间

本章节使用旺季双人间的价格进行价位分类，如下所列：

€ 低于€30（3000第纳尔）

€€ €30~75（3000~7000第纳尔）

€€€ 高于€75（7000第纳尔）

签证

欧盟国家、欧洲其余大部分国家、澳大利亚、新西兰、加拿大和美国公民在塞尔维亚逗留的时间少于90天者，一般不需要办理旅游签证。详情查看**外交部网站**（www.mfa.gov.rs/en）。

2017年6月起，中国公民持有效护照可免签进入塞尔维亚，停留时间不超过30天。

官方规定，所有游客都必须在警局登记。旅馆和酒店都可办理登记。但如果你想露营，或居住在私人居所，就应在到达塞尔维亚24小时内进行登记。还没有正式登记吗？虽然这一规定很少被执行，但是离开塞尔维亚时如果无法出示登记材料就可能会被罚款。中国公民目前可免签进入塞尔维亚，停留时间30天内。

塞尔维亚共和国驻华使馆领事处（☎8610 6532 3516，8610 6532 1693；www.embserbia.cn；embserbia@embserbia.cn；北京市三里屯东六街1号，100600）

使领馆

中国驻塞尔维亚大使馆（☎381 11 369 5057；rs.chineseembassy.org；chinaemb_yu@mfa.gov.cn；Užička 25，11000 Beograd；⏰除节假日外，周二 9:00~11:30，14:00~16:00，周三 9:00~11:30，周四9:00~11:30）

汇率

人民币	CNY1	RSD17.06
港币	HKD1	RSD14.31
新台币	TWD1	RSD3.39
澳门元	MOP1	RSD13.90
新加坡元	SGD1	RSD80.62
美元	USD1	RSD111.01
欧元	EUR1	RSD123.28

到达和离开

飞机

贝尔格莱德的**尼古拉·特斯拉贝尔格莱德机场**（Nikola Tesla Beograd Airport；☎011-209 4444；www.beg.aero）起降绝大多数国际航班。塞尔维亚国有航空公司为塞尔维亚国家航空（Air Serbia；www.airserbia.com）。机场官网有所有到达塞尔维亚的航空公司的名录。

陆路

自驾游游客需获得国际驾照，欧盟国家的司机不需要持有绿卡或边境保险也能在塞尔维亚驾驶；除此之外，边境保险的费用为小汽车约€107，摩托车€67。

通往西欧和土耳其的巴士方便快捷。

驶离塞尔维亚的国际列车会从贝尔格莱德发车，更多信息可查看**塞尔维亚铁路**（Serbian Railways；www.serbianrailways.com）。

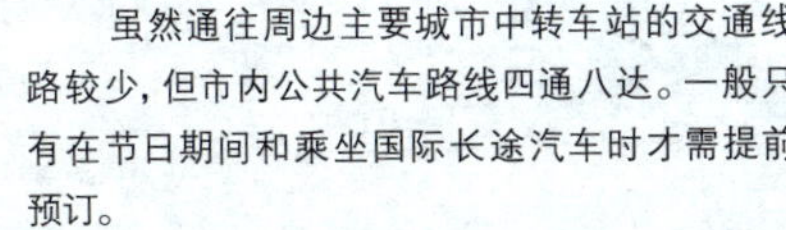

当地交通

虽然通往周边主要城市中转车站的交通线路较少，但市内公共汽车路线四通八达。一般只有在节日期间和乘坐国际长途汽车时才需提前预订。

比较重要的几个汽车租赁公司都很好找到。**塞尔维亚汽车与摩托车协会**（Auto-Moto Savez Srbije；☎011-333 1100，路边帮助 1987；www.amss.org.rs；Ruzveltova 18）网站提供道路援助和其他信息。

塞尔维亚铁路的列车从贝尔格莱德出发前往诺维萨德、苏博蒂察和尼什。

几个较大的城市正在逐步完善自行车道。

斯洛伐克

包括 ➡

最佳餐饮

- Traja Mušketieri（见1074页）
- Koliba Patria（见1081页）
- Republika Východu（见1087页）

最佳住宿

- Hotel Marrol's（见1073页）
- Grand Hotel Kempinski（见1081页）
- Hotel Bankov（见1086页）

为何去

自捷克斯洛伐克解体以来，斯洛伐克（Slovakia）作为一个独立的国家已经存在了20余载，并日渐强盛。这里是欧洲最像城堡的国家，整个国家就像是一座由无边原野组成的堡垒，其中有些地方的森林覆盖率为欧洲大陆最高，但要塞和隐匿着出色徒步小径的崇山峻岭更引人注目。斯洛伐克人偏爱葡萄酒而非啤酒，其传统气息浓厚的内陆腹地孕育了令人着迷的民俗文化，而这种文化在大部分欧洲国家都已遗失。

斯洛伐克国土面积不大，但这也可能是其最迷人的地方。你可以用一天时间徜徉在森林覆盖、瀑布散落的峡谷，而另一天，则可以在海拔2500多米的山峰中放声高歌。

干净整洁的首都布拉迪斯拉发遍布着古雅的博物馆，周围绿树成荫。离开首都时记得向东行进，那里历史悠久的中世纪小镇中耸立着众多要塞。喝下一杯slivovica（梅子白兰地烈酒），为我们干杯（nazdravie）吧！

何时去

布拉迪斯拉发

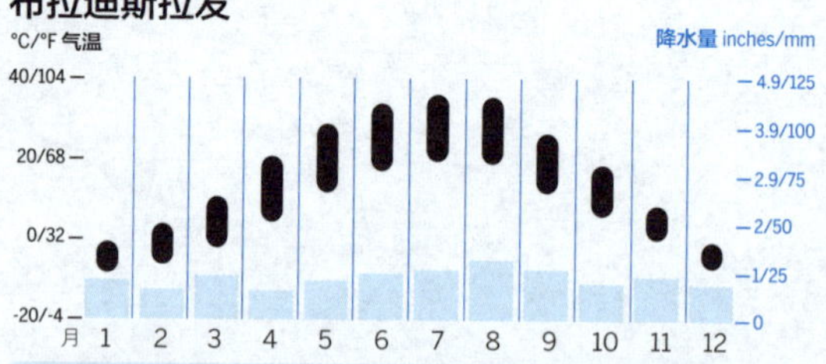

6月和7月 全国各地有各种节日盛事，上塔特拉山中的徒步步道全部开放了。

1月和2月 山地地区的高山滑雪季到来，但其他许多景点都关闭了。

9月 游客有所减少，但葡萄酒季节带来了各种酒类节日，酒香满溢。

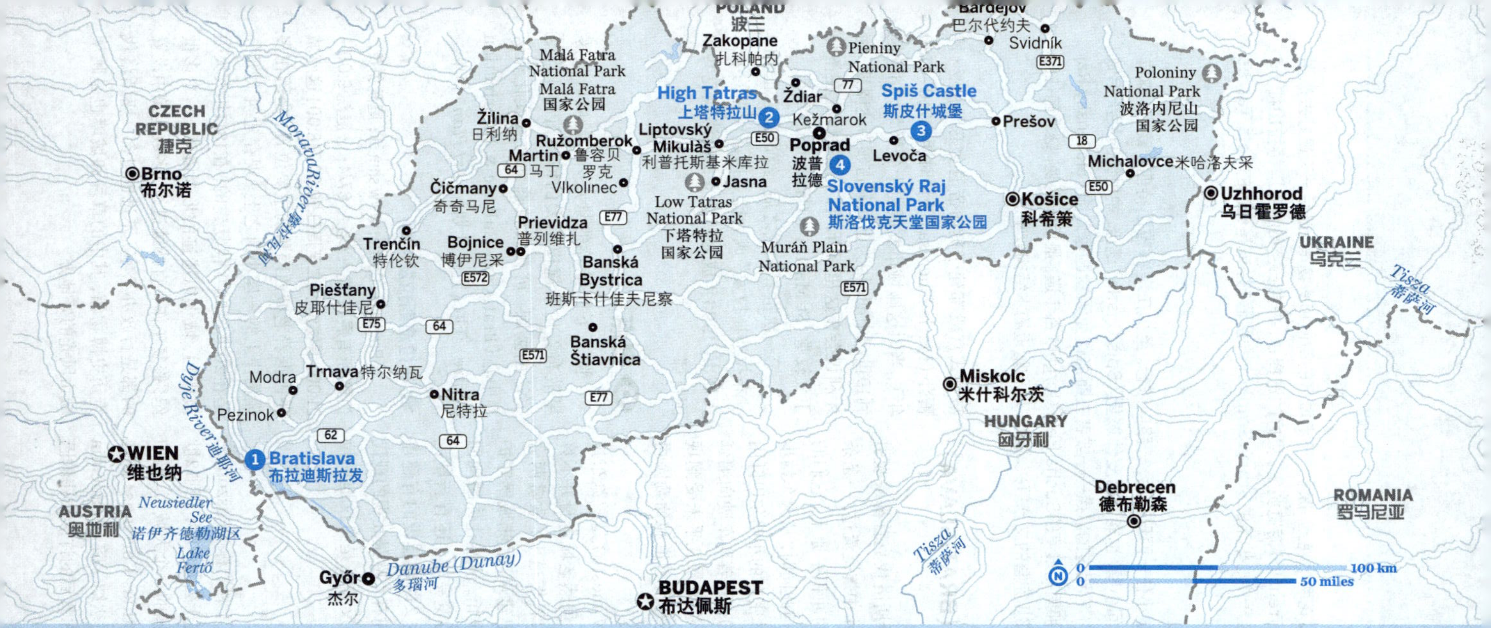

斯洛伐克亮点

❶ 徜徉于**布拉迪斯拉发**（见1070页）的古城区，在路边或河畔咖啡屋里啜饮几杯。

❷ 在欧洲占地面积最小的高山地区之一——**上塔特拉山**（见1078页）的山脊间攀登，沿途会经过一座座山地小屋。

❸ 在欧洲规模最大的城堡遗址**斯皮什城堡**（见1083页）中漫步。

❹ 在沟壑密布的**斯洛伐克天堂国家公园**（见1084页）里爬过吱呀作响的梯子，经过飞流直下的瀑布。

旅行线路

三天

在**布拉迪斯拉发**花两个晚上，探索一下老城区的街道和博物馆。最后一天最好去**杰温**（Devín）或**特伦钦**（Trenčín）游览城堡。更好的选择是，去岩石密布的**上塔特拉山**徒步3天，住宿地可以选择位于中心地带的**Starý Smokovec度假村**，或是偏远的**Belá Tatras**地区的**Ždiar**。

一周

在**布拉迪斯拉发**小住一两日之后，一路向东行。至少在**塔特拉山**待四个晚上，这样你才有时间徒步到山间小屋，也能到**斯皮什城堡**（Spiš Castle）遗迹、中世纪的**莱沃恰**做一日游——这些都是不容错过的景点——或者去**斯洛伐克天堂国家公园**（Slovenský Raj National Park）探索那里高难度的Suchá Belá Gorge峡谷步道。最后一两晚，继续前往巴尔代约夫，去看一看那儿完整的文艺复兴城镇广场和附近的木结构教堂。

布拉迪斯拉发（BRATISLAVA）

☎02 /人口 430,000

与自然的亲近赋予斯洛伐克首都最吸引人的魅力。多瑙河在城市中蜿蜒流过，一条条自行车道穿行于青翠的冲积平原上，它们的起点就在市中心附近。与此同时，从火车站步行30分钟就能到达丛林密布的小喀尔巴阡山（Small Carpathians）；开着房车驶向绵延至全国的野外山区，沿途风景几乎未受到现代文明的影响。这里还有滑雪道和葡萄园可让你从容漫步其间。

迷人的老城（starý mesto）是游览布拉迪斯拉发的理想起点，虽然老城本身并不算大。漫步在窄窄的鹅卵石街道上，欣赏两旁仿如蜡笔绘制的18世纪建筑，品味城堡守护下的数不清的路边咖啡馆，仿佛让你瞬间回到中世纪时代。老城游览完毕？还有新城：这座城市有一些社会主义时期建设的有趣建筑，值得参观，同时还拥有东欧最壮观的现代艺术空间之一，这样的反差正是布拉迪斯拉发的魅力所在。

历史

布拉迪斯拉发（匈牙利语称为Poszony，德语称为Pressburg）建于公元907年，到12世纪时，它成为匈牙利王国的一个大城市。马加什一世国王（King Matthias Corvinus）在这里建造了伊斯特洛波利达纳学院（Academia Istropolitana）。今天你看到的许多宏伟的巴洛克式宫殿都建于奥匈帝国女王玛利亚·特蕾莎（Maria Theresa）统治时期（1740~1780年），当时这座城市发展得十分繁荣。16世纪到19世纪中期，因为土耳其占领布达佩斯，匈牙利议会在这里召开，君主加冕仪式在圣马丁大教堂（St Martin' s Cathedral）举行。

第一次世界大战之后，经过官方正名的“布拉迪斯拉发”成为捷克斯洛伐克的第二大城市，1993年成为新建立的斯洛伐克共和国首都。

景点

除了下面推荐的景点外，老城区还零星散布着几个规模不大的博物馆和日益受关注的画廊。可在布拉迪斯拉发文化和信息中心（Bratislava Culture & Information Centre）获取《艺术计划》（*Art Plan*）传单。

★ 布拉迪斯拉发城堡　城堡

（Bratislava Castle；www.snm.sk；庭院免费，门票 所有展览 成人/老人 €7/4；⏲庭院 9:00~21:00，博物馆 周二至周日 10:00~18:00）这座城堡占据着老城西南角的主要位置，坐落在多瑙河岸上的一座小山之上。现存建筑大部分是在20世纪50年代复建的；在1811年大火中被毁后，城堡以遗迹的形式留存了一个多世纪，修复工作一直持续进行。多数建筑中设置的都是行政办公室，不过也包含一座斯洛伐克历史博物馆，其中的草坪和城墙也是眺望城市风光的好地方。

★ 犹太文化博物馆 博物馆

（Museum of Jewish Culture；www.snm.sk；Židovská 17；成人/儿童 €7/2；⏲周日至周五 11:00～17:00）在占据三个楼层的众多展览中，最动人的部分主要聚焦于第二次世界大战期间和战后消失的庞大犹太社区和建筑，黑白照片呈现那些街区和犹太教堂消失之前的样貌。

★ 圣马丁大教堂 教堂

（St Martin's Cathedral，Dóm sv Martina；Kapitulská和Staromestská交叉路口；门票 €2；⏲5月至9月 周一至周六 9:00～11:30和13:00～18:00，周日 13:30～16:00，10月至次年4月 周一至周六 至16:00）相比它恢宏的历史，教堂内部的装饰稍显朴素，曾有11位奥匈帝国的君主（10位国王、1位女王——玛利亚·特蕾莎）在这座14世纪的大教堂中完成加冕。繁忙的公路几乎是紧邻着圣马丁大教堂，沿着从前城墙外的壕沟而建。

赫维兹多斯拉夫广场（Hviezdoslavovo Námestie） 广场

形状修长、绿树成荫的赫维兹多斯拉夫广场位于步行区的最南端，汇聚了多家大使馆、餐厅和酒吧。广场东端坐落着建于1886年的华丽的斯洛伐克国家剧院（Slovak National Theatre，见1075页），是城市里风光无限的歌剧院之一。剧院不开放参观，但门票价格还算可以承受。附近是建于1914年的新巴洛克风格的**Reduta Palace**（Eugena Suchoň nám；⏲周一 9:00～14:00，周二至周五 13:00～19:00以及演出开始前1小时），为斯洛伐克爱乐乐团（Slovak Philharmonic）的演出场地。

主广场（Hlavné Námestie） 广场

美丽的主广场周围摆放着许多咖啡馆的餐桌，节日期间这里会上演各种表演。广场中心是著名的**罗兰喷泉**（Roland's Fountain），据说在1572年建设之时它还只是一个消火栓。广场的东北侧是建于1421年的**老市政厅**（Old Town Hall；www.muzeum.bratislava.sk；成人/儿童 €5/2；⏲周二至周五 10:00～17:00，周六和周日 11:00～18:00），内有城市博物馆。在Františkánske nám边上的是耶稣会教堂（Jesuit Church），在那里的台阶上经常能看见一个身着传统服饰的艺人在演奏fujara（一种笛子）。

斯洛伐克国家美术馆 博物馆

（Slovak National Gallery，Slovenská Národná Galéria；☎2049 6243；www.sng.sk；Rázusovo nábr 2；⏲周二、周三、周五至周日 10:00～18:00，周四 正午至20:00，周一关闭）**免费** 一座社会主义现代风格的建筑和一座18世纪的宫殿共同组成了这座国家美术馆。其中展示的是斯洛伐克别具一格的艺术作品，从哥特式作品到平面设计应有尽有。2014年，博物馆开始免费开放，馆方希望接下来几年也能继续保持免费对外开放。

活动

斯洛伐克航运与港口 乘船游

（Slovak Shipping & Ports；☎5293 2226；www.lod.sk；Fajnorovo nábr2）每年4月至9月，该公司会在多瑙河上举行45分钟的布拉迪斯拉发乘船往返游活动（成人/儿童 €6/4.50）。前往杰温的观光邮轮（成人/儿童 往返 €8/6）可以在城堡停留约1小时，然后在30分钟内即可返回布拉迪斯拉发。

团队游

Authentic Slovakia 文化游

（☎0908 308 234；www.authenticslovakia.com；每人 2/4小时团队游 €27/43）想了解一般团队游不会告诉你的其他情况吗？跟随这些家伙走进独树一帜的社会主义时期建筑，以及典型的krčmy（斯伐洛克小酒馆）吧——感受原汁原味（不受审查）的斯洛伐克。

节日和活动

Fjúžn 文化节

（www.fjuzn.sk；⏲4月）Dunaj（见1075页）是一处重要的演出场地，全年都有许多世界音乐活动在此举行，包括这个每年一度的斯洛伐克少数民族及其文化庆典。

夏日文化节 文化节

（Cultural Summer Festival；www.visit.bratislava.sk；⏲6月至9月）夏日，各种精彩纷呈的话剧和其他表演节目将在街道和城市各处的场馆中轮番上演。

Central Bratislava 布拉迪斯拉发市中心

200 m
0.1 miles
去Slavín War Memorial斯拉夫战争纪念碑(1km)
Grassalkovich Palace (Presidential Palace) 总统府
Nám 1 mája
Hodžovo nám
Tatra centrum
去Hotel-Penzión Arcus (850m); Hlava XXII (1.2km)
Crowne Plaza 皇冠广场
Hurbanovo nám
Monument of the Slovak National Uprising 斯洛伐克民族起义纪念碑
Nám SNP
Michael's Gate & Tower 米迦勒的门和塔
去Bistro St Germain (450m)
Bratislava Culture & Information Centre 布拉迪斯拉发文化和信息中心
Biela
Františkánske nám
Primaciálné nám
Hlavné nám
去Tulip House Hotel (250m); Nu Spirit Club (400m); 主汽车站(1.2km); Bratislava 布拉迪斯拉发机场(10km)
Museum of Jewish Culture 犹太文化博物馆
Bratislava Castle 布拉迪斯拉发城堡
St Martin's Cathedral 圣马丁大教堂
Rudnayovo nám
Hviezdoslavovo nám
Eugena Suchoň nám
去Hotel Marrol's (200m); New SND (1km)
Zámocké schody
Nový Most Bus Stop
Rybné nám
Nám L Štúra
Nábr arm gen L Svobodu
Rázusovo nábr
Propeller Terminal
去 Hydrofoil Terminal 水翼船码头(90m); Slovak Shipping & Ports斯洛伐克航运与港口(100m)
Most SNP 斯洛伐克民族起义大桥
去Viewing Platform 观景台(100m); Petržalka (750m)
Danube River 多瑙河
Moyzesova
Tolstého
Sládkovičova
Štefánikova
Palisády
Mýtna
Vysoká
Panenská
Konventná
Kozia
Zochova
Staromestská
Pilárikova ulica
Svoradova
Zámocká
Skalná
Kapucínska
Baštová
Klariská
Farská
Kapitulská
Prepoštská
Židovská
Úzka
Drevená
Obchodná
Poštová
Zámočnícka
Františkánska
Nedbalova
Uršulínska
Klobučnícka
Laurinská
Michalská
Sedlárska
Radničná
Rybárska brána
Ventúrska
Zelená
Panská
Gorkého
Jesenského
Palackého
Mostová
Medená
Paulínyho

Central Bratislava 布拉迪斯拉发市中心

布拉迪斯拉发音乐节 音乐节

（Bratislava Music Festival; www.bhsfestival.sk; ◷10月）斯洛伐克顶尖音乐节之一；10月举行，汇聚了世界各国的古典音乐表演。

圣诞集市 购物

（Christmas Market; ◷11月至12月）从11月底开始，主广场和赫维兹多斯拉夫广场上会摆满美食、饮料、手工艺品供人们挑选采购，届时也有舞台表演，气氛非常棒。

住宿

在老城区内租个短期公寓（每晚€60~120）是住在市中心且不用付酒店高昂房费的最佳选择，而且还可以自己做饭。现代风格的**Apartments Bratislava**（www.apartmentsbratislava.com）由家庭经营，氛围友好，是我们的最优选择。许多青年旅舍也提供厨房。

Downtown Backpackers 青年旅舍 €

（☎5464 1191; www.backpackers.sk; Panenská 31; 铺 €17~18, 标双 €54; ⊖@☜）作为布拉迪斯拉发的第一家青年旅舍，Backpackers是波希米亚风格的经典代表，而且可以大肆饮酒（进门就要穿过一座酒吧）。红砖墙壁和挂毯更为这里增添了魅力。楼下舒适的餐厅提供美味饭食。

Penzión Portus 客栈 €

（☎0911 978 026; www.portus.sk; Paulínyho 10; 房 含早餐 €40起）这家客栈位于一座古老的酒窖餐厅楼上，提供的现代风格客房虽少了些个性，但却是城里最值的私人客房。

Penzión Virgo 客栈 €€

（☎2092 1400; www.penzionvirgo.sk; Panenská 14; 标单/双/公寓 €61/74/85; ⊖@☜）外面的房间围绕一个庭院而建。室内为深色木地板、巴洛克风格的壁纸，房间光线足，空气新鲜。自助早餐（€5）包括意式浓缩咖啡。

Hotel-Penzión Arcus 客栈 €€

（☎5557 2522; www.hotelarcus.sk; Moskovská 5; 标单 €54~66, 双 €80~100, 全部含早餐; ⊖☜）这家由家庭经营的客栈有各种不同的房间（有的带阳台，有的能看到庭院风景）。位于Tesco东北500米处，经过Špitalska即到。

★Hotel Marrol's 精品酒店 €€€

（☎5778 4600; www.hotelmarrols.sk; Tobrucká 4; 双/套 含早餐 €152/290起; ☜⊠）你可以想象威廉大帝在这里抽着雪茄心满意足的样子，所有贵族成员在这里都不会显得格格不入。这家酒店里有54间奢华的客房和套房，还有一家Jasmine水疗吧。鉴于这里经常登上"世界最佳豪华酒店"名录，价格当然不会太亲民。

Tulip House Hotel 精品酒店 €€€

（☎3217 1819；www.tuliphouse.sk；Štúrova 10；套 含早餐 €150~390；P⊖❄@📶）这是一家精致的新艺术风格的酒店，拥有一间临街的咖啡馆餐厅，还设有顶层豪华公寓房。

就餐

步行区中心有许多定价过高、服务却比较平常的就餐选择，不过在其中搜寻一下也能找到一些很好的咖啡馆和少量像样的餐厅。美味的斯洛伐克食物不好找，但斯洛伐克人最爱的午餐套餐真的很超值。

Shtoor 咖啡馆 €

（Panská 23；简易午餐 €3~6；📶✎）凭借可口又便宜的健康午餐在众多餐馆中占据一席之地。Shtoor在布拉迪斯拉发有3家店，但这一家的就餐氛围最棒（弥漫着咖啡和糕点的香味）。翻阅菜单你会发现：菜单是采用老式斯洛伐克语书写的，这种语言由斯洛伐克文学语言的先驱L' udovít Štúr制定。

Bistro St Germain 法式小馆 €

（Rajská 7；主菜 €3~8；⊙周一至周五 10:00~23:00，周六和周日 正午至23:00；📶✎）这家餐厅现已迁到一处更加宽敞的场地，但仍然保留了原本精致的装饰风格。你可以喝着自制柠檬汁，品着糕点，吃着简易午餐（沙拉、长棍面包等）讲讲八卦，总之这里是个放松的好地方。

★ Café Verne 各国风味 €€

（Hviezdoslavovo nám 18；主菜 €4~11；⊙9:00至午夜）这是老城区一家氛围热闹、服务友好的超值餐厅。这里有捷克的啤酒，顾客从移民到学生都有，食物很丰盛，包括斯洛伐克热门菜式，也有不错的英式早餐。

Hradná Hviezda 创意菜 €€

（☎0944 142 718；hradnahviezda.sk；Bratislava Castle；开胃菜 €4~7，主菜 €10~22；⊙11:00~23:00）地址就在布拉迪斯拉发城堡之下，你会以为这样的位置一定是面向游客的低质量就餐处，但这家美丽的餐厅其实很安静，装饰庄重，而且高端。主打斯洛伐克特有菜式，而且将它们全部改造得更加诱人。

Bratislavský Meštiansky Pivovar 斯洛伐克菜 €€

（☎0944 512 265；www.mestianskypivovar.sk；Drevená 8；主菜 €5.50~19；⊙周一至周四和周六 11:00至午夜，周五 至次日1:00，周日 至次日23:00；📶）这家时髦的小啤酒厂提供布拉迪斯拉发最新鲜的啤酒和创意斯洛伐克菜。餐厅内有拱顶，装饰着老城艺术作品。

Lemon Tree 泰国菜 €€€

（☎0948 109 400；www.lemontree.sk；Hviezdoslavovo nám 7；主菜 €7~18）这是一家主打泰国和地中海菜的高档餐厅，还拥有一个位于7层、可以看到绝美风景的高端酒吧——Skybar。预订是明智之选。每天还提供€8的套餐。

★ Traja Mušketieri 小酒馆食物 €€€

（☎5443 0019；Sládkovičova 7；主菜 €10~20）这家餐厅像是中世纪酒馆的高端版本，提供的菜单富有诗意。"危险的冬女士"是填有帕尔马火腿的叉烧鸡肉。服务彬彬有礼，建议提前订位。

饮品和夜生活

从4月中旬到10月，老城步行街的每一个角落都会摆满咖啡桌。赫维兹多斯拉夫广场上有些很好的饮品店。布拉迪斯拉发酒吧和夜店的门票一般都很低（免费至€5）。

Slovak Pub 小酒馆

（Obchodná 62；⊙周一至周四 10:00至午夜，周五和周六 10:00至次日2:00，周日 正午至午夜；📶）虽然游客很多，但能够提供大多数品牌的啤酒，也有各种你能想到的传统民族菜肴（主菜 €3.50~11），虽然远远称不上优质。

Nu Spirit Bar 酒吧

（Medená 16；⊙周一至周五 10:00至次日2:00，周六和周日 17:00至次日4:00）这是一家深受欢迎的地窖酒吧，会定期举行现场音乐会：爵士乐、电子音乐、灵魂乐等，风格和其位置一样，都是地下类型。

Nu Spirit Club 夜店

（Sáfarikovo nám 7；⏲22:00至深夜，周日和周一歇业）也属Nu Spirit旗下，是同类型的大型舞厅。

Apollon Club 同性恋酒吧

（www.apollon-gay-club.sk；Panenská 24；⏲周一、周二和周四 18:00至次日3:00，周三 18:00至次日5:00，周五和周六 20:00至次日5:00，周日20:00至次日1:00）是本市的同性恋迪斯科舞厅。周二是卡拉OK之夜。

Subclub 夜店

（Nábrežie arm gen L Svobudu；⏲周四至周六 22:00至次日4:00）位于布拉迪斯拉发城堡下的一条地道中。科技、独立、硬核等风格的舞曲吸引了许多年轻人。

☆娱乐

想了解最新娱乐消息，请查看**斯洛伐克观察者**（Slovak Spectator；spectator.sme.sk）、**布拉迪斯拉发文化与信息中心**（Bratislava Culture & Information Centre；www.bkis.sk）和**Kam do Mesta**（www.kamdomesta.sk）。

现场音乐

Hlava XXII 现场音乐

（Bazová 9；⏲周二至周四 18:00至午夜，周五和周六 18:00至次日3:00）现场演奏爵士乐、蓝调音乐和世界各国音乐。这家夜店位于市中心东北方向1公里处，紧邻Záhradnicka。

表演艺术

斯洛伐克国家剧院 剧院

（Slovak National Theatre，Slovenské Národné Divadlo，SND；www.snd.sk；Hviezdoslavovo nám）国家戏剧公司出品的高质量歌剧（斯洛伐克作品和国际作品）、芭蕾舞剧和戏剧会在两个场馆上演：金碧辉煌的地标建筑**老国家剧院**（Historic SND；www.snd.sk；Hviezdoslavovo nám，售票处 Jesenského和Komenského交叉路口；⏲周一至周五 8:00至正午和12:30~19:00，周六 9:00~13:00 和演出开场前1小时），其建筑本身就是一大看点；现代的**新国家剧院**（New SND；☎2047 2296；www.snd.sk；Pribinova 17；⏲周一至周五 9:00~17:00）附设一家咖啡馆，有英语订票专线。

斯洛伐克爱乐乐团 剧院

（Slovak Philharmonic；www.filharm.sk；Eugena Suchoň nám；票价 €5~20；⏲周一 9:00~14:00，周二至周五 13:00~18:00，开演之前）建于1914年的新巴洛克式的Reduta Palace是该剧团的演出地。这座华丽大楼的翻新工作包括耗资150万欧元增建的令人印象深刻的管风琴。这里定期上演备受赞誉的古典音乐会。

Dunaj 表演艺术

（www.kcdunaj.sk；Nedbalova 3；⏲16:00至深夜；📶）斯洛伐克一些最有趣的戏剧和音乐表演就在这处文化中心上演。几乎每晚都有活动。还有一个酒吧，从酒吧的阳台上可以看见老城全景。

🛍购物

主广场上有几家售卖水晶、工艺品和珠宝的商店，纪念品摊位随处可见。艺术画廊和古董店都位于紧邻老城大街的小巷弄中。

社会主义的布拉迪斯拉发

社会主义时期的紧缩节约历史在城中各处留下了许多印迹，怪异而又极具纪念意味。

斯洛伐克民族起义大桥（Most SNP，New Bridge；Viedenská cesta；观光台 成人/儿童 €6.50/3.50；⏲10:00~23:00）其通俗叫法是“UFO”（发音为ew-fo）。这座横跨多瑙河的大桥是1792年建造的一项现代主义杰作，设有一座很酷的观景平台（Most SNP；门票 €6.50），不过票价高得离谱了。平台下有一间餐厅（价格高得超乎想象）。如果在餐厅就餐，则可免费上观景台赏景。

斯莱文战争纪念馆（Slavín War Memorial）是纪念苏联参加“二战”的一座巨大的纪念馆，其所在的同名公园也是城市的一大亮点。

Úľuv 手工艺品

（www.uluv.sk；Obchodná 64）这是斯洛伐克手工艺合作社的主要销售点，位于一个挤满手工艺工作室的庭院里。想购买真正的民间艺术品，可以来这里。找找šupolienky，这是一种用玉米苞叶雕刻而成的颇具表现力的雕像。

实用信息

大多数咖啡馆有无线网络；主广场和赫维兹多斯拉夫广场位于免费的无线网络覆盖区域内。布拉迪斯拉发老城有很多银行和自动柜员机，Poštova有几家支行。汽车站、火车站和飞机场也有自动柜员机和货币兑换点。

布拉迪斯拉发文化和信息中心（Bratislava Culture & Information Centre，BKIS；☎16 186，5441 9410；http://visit.bratislava.sk；Klobučnícká 2；⏲4月至10月 9:00~19:00，11月至次年3月 9:00~18:00）服务态度和善的官方旅游信息办事处。有很多宣传册，包括一种小型的布拉迪斯拉发指南。

Lonely Planet（www.lonelyplanet.com/slovakia/bratislava）

警察总局（☎158；Hrobákova 44）是为外国人准备的警察总局，位于斯洛伐克民族起义桥（Most SNP）以南3.75公里处的Petržalka。

邮政总局（Nám SNP 34-35）位于一座漂亮的大楼中。

Poliklinika Ruzinov（☎4827 9111；www.ruzinovska poliklinika.sk；Ružinovská 10）提供急诊服务的医院，有24小时营业的药房。

斯洛伐克观察者（Slovak Spectator；www.spectator.sme.sk）英语周刊，提供新闻时事和活动列表。

Tatra Banka（Dunajská 4）员工会讲英语。

到达和离开

布拉迪斯拉发是斯洛伐克主要的长途汽车和火车交通枢纽，也有一些飞机从这里进入或离开斯洛伐克。

飞机

记住，更加忙碌的维也纳国际机场就在距离布拉迪斯拉夫以西60公里的地方。

布拉迪斯拉发机场（Bratislava Airport，BTS；☎02-3303-3353；www.bts.aero）在距布拉迪斯拉发中心东北方向9公里处，有航班飞往意大利、西班牙、英国的城市及其他目的地。

船

4月到10月，乘船穿越多瑙河是往返于布拉迪斯拉发和维也纳的另一种方式。

斯洛伐克航运与港口（Slovak Shipping & Ports；☎5293 2226；www.lod.sk；Hydrofoil Terminal，Fajnorova nábr 2）4月至10月，每周有几班水翼船往返维也纳（单程 €18，1小时45分钟）。只有7月和8月是每天运营。

Twin City Liner（☎0903 610 716；www.twincityliner.com；Propeller Terminal，Rázusovo nábr）每天最多有4班渡轮前往维也纳（单程 €20~35，1.5小时），从Fajnorova nábr 2的水翼船总站（Hydrofoil Terminal）出发。也可通过Kúpelná的**Flora Tours**（☎5443 1023；www.floratour.sk；Kúpelná 6）办事处订票。

长途汽车

有直达的长途汽车往返于斯洛伐克和欧洲各城市之间，但通常乘坐火车会相对便宜一些，也更方便。**布拉迪斯拉发长途汽车站**（Mlynské Nivy；🚌Autobusová stanica，AS）在老城以东1公里处，当地人称之为“Mlynské Nivy”（即街道名称）。登录www.cp.atlas.sk可查询汽车时刻表。

乘坐国际长途汽车可前往维也纳（€7.70，1小时15分钟，每天12班）、布拉格（€14，4小时45分钟，每天8班）、布达佩斯（€10，3小时，每天2班）和伦敦（€76，23~24小时，每天1班）。

欧洲巴士（☎在布拉迪斯拉发 5556 2195；www.slovaklines.sk；布拉迪斯拉发长途汽车站，Mlynské Nivy 31）运营大部分国际长途汽车。

Eurobus（☎在科希策 680 7306；www.eurobus.sk；布拉迪斯拉发长途汽车站）

Slovak Lines（www.slovaklines.sk；布拉迪斯拉发长途汽车站）有开往全国各地的车次，在布拉迪斯拉发以外地区叫**Slovenská Autobusová Doprava**（简称SAD，谢天谢地！）。

火车

火车是到斯洛伐克各地以及邻国的主要交通工具。城际（IC）和洲际（EC）火车是最快的。Rychlík（R，“快速”火车）的乘坐时间稍长，但车次也更频繁，而且费用较少。登录www.cp.atlas.sk查询时刻表。下面列出的价格都是直达车次的最低价格。

国内列车的目的地包括：特伦钦（Trenčín；€9.50，1.5小时，每天12班）、日利纳（Žilina；

€12.50，2.5小时，每天12班）、波普拉德（€15，4小时，每天12班）和科希策（€19，5.5小时，每天12班）。

国际列车的目的地包括：维也纳（往返€17.50；包括维也纳城市交通，1小时，每小时1班）、布拉格（从斯洛伐克铁路官网订票 €15起，4小时15分钟，每天6班）和布达佩斯（€15，2小时45分钟，每天7班）。

火车总站（Hlavná Stanica；www.slovakrail.sk；Predštanicné nám）

当地交通

抵离机场

➡ 61路公共汽车连接布拉迪斯拉发机场和火车总站（20分钟）。

➡ 乘出租车到城里的车费约为€20，上车前应先问车价。

➡ 有定时发车的班车（€7.70）往返于维也纳、维也纳机场、布拉迪斯拉发长途汽车站和布拉迪斯拉发机场之间。

小汽车

Hertz和Sixt等众多国际汽车租赁公司都在布拉迪斯拉发机场设有办事处。

Buchbinder（☎4363 7821；www.buchbinder.sk）在市内有付费取车点。

公共交通

布拉迪斯拉发的电车、公共汽车和无轨电车网络四通八达；不过老城区很小，所以你一般用不上。**Dopravný Podnik Bratislava**（DPB；www.dpb.sk；Hodžovo nám；⊙周一至周五 6:00~19:00）是公共交通公司，你可能会需要线路图。公司在Hodžovo nám下面的地下通道设有办事处。登录www.imhd.zoznam.sk网站可查看城市路线时刻表。

15/60分钟的车票的费用分别为€0.70/0.90。可在报摊买票，登车时验票（逃票可能被罚款€50）。1/2/3天通票的费用为€4.50/8.30/10；在DPB办公室购买通票，登车时验票。

重要线路如下：

93路公共汽车 从主火车站前往Hodžovo nám，然后到达Petržalka火车站。

206路无轨电车 从布拉迪斯拉发汽车站前往Hodžovo nám。

210路无轨电车 从布拉迪斯拉发汽车站前往火车总站。

出租车

出租车一般对外国游客要价偏高。乘坐出租车在城里转一圈，车费不应超过€10。想省钱的话，可以请人帮你预订出租车（并不是所有的运营者都会讲英语）。

AA Euro Taxi（☎16 022）

布拉迪斯拉发周边（Around Bratislava）

布拉迪斯拉发最好的一些景点实际上都在市中心以外。**杰温城堡**（Devín Castle；www.muzeum.bratislava.sk；成人/儿童 €4/2；⊙5月至9月 周二至周五 10:00~17:00，周六和周日 至19:00）遗迹在市中心以西9公里处，该城堡曾是9世纪军阀拉蒂斯拉夫亲王（Prince Ratislav）的军事堡垒，坐落在多瑙河和摩拉瓦河（Morava）交汇处，风景绝佳。在斯洛伐克民族起义桥下可以乘坐往返于杰温城堡和布拉迪斯拉发的Nový Most（新桥）站之间29路公共汽车。城堡河对面就是奥地利。

向东出城，就到了**多瑙河穆伦斯丁博物馆**（Danubiana Meulensteen Art Museum；www.danubiana.sk；Via Danubia，Čunovo；成人/儿童 €8/4），这里是斯洛伐克最大胆的当代艺术博物馆。6月至10月，可乘船从市中心前来这里（往返 €10/6，详情参见网站）；或者可从Nový Most乘91路公共汽车到Čunovo，然后从终点站步行（2.5公里）到达博物馆，或者自驾。

塔特拉山（TATRA MOUNTAINS）

波普拉德（Poprad）

波普拉德或许将是你对山区的第一印象，它是离上塔特拉山最近的大型城镇，也是地区主要交通枢纽。建于16世纪的美丽的**斯皮什斯卡索博塔**（Spišská Sobota）街区和热门的温泉水上公园可能会让你流连忘返。从相邻的火车和公共汽车站只需沿Alžbetina往南步行5分钟，就可到达中心步行广场Nám sv Egídia。

景点和活动

斯皮什斯卡索博塔（Spišská Sobota） 街区

斯皮什斯卡索博塔市政广场周边都是建于16世纪的斯皮什风格的商人和手艺人住宅。这片近郊街区位于波普拉德火车站东北1.2公里处。

Aqua City 水疗

（☎785 1111；www.aquacity.sk；Športová 1397；护理€10~30；⏰8:00~21:00）桑拿、游泳、气泡、滑道，这些在这座温泉水上公园中都有。公园采用的是绿色环保设计，令人钦佩，热能和电力都是通过地热和太阳能供应。

Adventoura 探险运动

（☎0903 641 549；www.adventoura.eu；Uherova 33）狗拉雪橇、从一座小屋到另一座小屋的徒步探索、单板滑雪……诸如此类的活动这家公司都能为你组织。塔特拉山周边地区游览活动的价格约为每人每日€30起。

食宿

★ Penzión Sabato 民宿 €€

（☎776 9580；www.sabato.sk；Sobotské nám 6；房 含早餐 €50~100；📶）裸露的石拱，铺满鹅卵石的庭院，平炉餐厅，这些反映了这座建于17世纪的旅馆的悠久历史。房间装饰很浪漫。

★ Vino & Tapas 各国风味 €€€

（☎0918 969 101；Sobotské nám 18；两道菜€19；⏰周一至周六 晚间）这是波普拉德情调最好的餐厅，值得你挥霍一把。这里的厨师曾为英国女王烹饪，食物的美味程度不同一般。如果想在这里就餐，最好提前打电话预约。

实用信息

城市信息中心（City Information Centre；☎436 1192；www.poprad.sk；Dom Kultúry Štefánikova 72, Poprad；⏰周一至周五 9:00~17:00，周六 9:00至正午）只提供本镇信息，另有私人住宿处名录。

到达和离开

飞机

波普拉德-塔特拉国际机场（Poprad-Tatry International Airport，见1090页）位于市中心以西5公里处，新开了由威兹航空公司（Wizz Air）运营的飞往伦敦的航班，每周4班。

长途汽车

连接莱沃恰（Levoča；€1.70，45分钟，每小时1班）、巴尔代约夫（Bardejov；€4.50，2.5小时，每小时1~2班）和波兰的扎科帕内（Zakopane，€5.50，2小时，6月至10月每天2~4班）。

小汽车

可通过**Car Rental Tatran**（☎775 8157；www.autopozicovnatatry.sk）安排镇内接车服务。

火车

乘坐电气列车可以到达上塔特拉山度假村，全程约14公里。主线列车会直接开往布拉迪斯拉发（€15，4小时，每小时1班，每天4班城际列车）和科希策（Košice；€5，1小时15分钟，每小时1班）。

上塔特拉山（High Tatras）

☎052

上塔特拉山（Vysoké Tatry）是喀尔巴阡山脉（Carpathian Mountains）中最高的一段，俯视着欧洲东部绝大部分地域。这里海拔超过2500米的山峰约有25座。这段山脉长78公里，宽25公里，虽不算很大，但适合上镜的地方却多到足以让你幻想成为《国家地理》的工作人员——这里有质朴的雪地、深蓝色的高山湖泊、轰鸣的瀑布、漫山遍野的松林和熠熠生辉的高山草甸。这片起伏山脉的绝大部分属于塔特拉山国家公园（Tanap），但阻碍斯洛伐克滑雪斜坡开发的并非这个原因。

山间有三座主要的度假城镇，从西到东分别为Štrbské Pleso、Smokovec和Tatranská Lomnica。Štrbské Pleso是传统的滑雪中心，也是游客最多的地方，发展迅速；向东走11公里即是Smokovec，这里是Nový（新）、Starý（老）、Dolný（低端）和Horný（高档）住处混合的地区，如今仍残留着20世纪初全盛时代的气息，并提供几乎所有种类的服务；再向前走5公里就到达了Tatranská Lomnica，这是一个最为古雅安静的村庄。乘坐电缆车、索道缆车和升降椅都可以进入山区。波普拉德是距离这里最近的城市（位于铁路和航空主要线路上），位于Starý Smokovec中心以南14公里处。

计划行程时，记住从11月至次年6月中旬，由于下雪，官方会禁止人们攀登最高的山峰。7月和8月是最温暖（也是游客最多）的月份。10月至次年4月游客最少，酒店的价格最低。

景点和活动

总长600公里的各种徒步小径纵横交错于这片地区的高山峡谷和山峰之间，沿途有提供各种服务的小木屋，可供徒步者食宿和休息。徒步路径均以彩线标出，很好找。

全长65公里的红色Tatranská Magistrála步道自西向东横切过上塔特拉山，平均海拔为1300～1800米，就在最高峰之下。有几处建有缆车，可与度假村连通。我们最爱的路段是Skalnaté pleso到Chata pri Zelenom plese之间的这段（2小时15分钟）。

书店和信息咨询处有很多信息翔实的地图和徒步旅行指南，可以拿一份。公园条例规定：游客只能沿着标出的路径旅游，且禁止采摘花朵。注意很多山径都岩石满地，且不平整，在突遇暴风雨时，没有防护设施的山脉脊线会很危险，而且要记住，山地救援服务是收费的。

斯洛伐克国家公园官方提供的徒步距离是以小时为单位，而不是以公里为单位，所以我们只能沿用，并给出每条官方步道的估量长度。根据上塔特拉山的坡度和地形，身体强健的人每小时的徒步距离应为2～5公里。

注意，旺季（圣诞节至1月和2月）滑雪村的住宿费用会上涨。如果有疑问，可登录www.vt.sk查看详细信息。

Smokovec度假村

从Starý Smokovec出发，有一条缆索铁路（www.vt.sk；成人/儿童 往返 €8/5.50；⏲7月和8月 7:00～19:00，9月至次年6月 8:00～17:00）可通往Hrebienok（1280米），从那里能眺望到Velká Studená山谷的壮丽景色。那里有一条红色标记的Tatranská Magistrála线路向西通至湖边的Sliezsky dom酒店（2小时）。从这里可以沿着一条不长的绿色连接路线前行到达黄色标记的步道，然后返回到达Starý Smokovec（总计4小时）。沿Magistrála向东行进1小时可以到达氛围极好的Zamkovského chata小屋。

登山爱好者可从Starý Smokovec度假村沿蓝色步道登顶Slavkovský štít（2452米，往返7～8小时）。如果你想沿没有标识的徒步山路（包括Gerlachovský štít）登上任何山峰，必须要有导游引导。联系山地导游办公室（☎4422 066；www.tatraguide.sk；Starý Smokovec 38；⏲周一至周五 10:00～18:00，周六、周日 正午至18:00，10月至次年5月 周末关闭）。

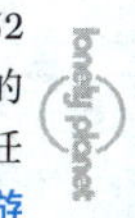

在Funtools（☎0902 932 657；www.vt.sk；Hrebienok；每小时乘坐 €5；⏲6月至9月 8:30～16:30），你可以乘坐两轮雪地摩托车、雪橇状三轮车或四轮改装滑冰板快速下山。

汽车站停车场之上的Tatrasport（www.tatry.net/tatrasport；Starý Smokovec 38；每天 €12；⏲8:00～18:00）出租山地自行车；www.vt.sk网站上有详细的探险路线列表（部分路线仅限专业人士）。

Tatranská Lomnica及周边

在塔特拉山，不要错过登上Lomnický štít2634米顶峰的机会（带件外套！）。从Lomnica出发，可乘坐大型缆车（www.vt.sk；往返 成人/老人/儿童 €14/11/1；⏲7月和8月 8:30～19:00，9月至次年6月 至16:00）前往Skalnaté pleso冬季运动区域，那里有餐厅和湖泊，缆车中途会在Štart停靠。从Skalnaté pleso可以乘坐小型缆车（www.vt.sk；往返 成人/儿童 €26/19；⏲7月和8月 8:30～17:30，9月至次年6月 至15:30）到达令人眩晕的峰顶。你需要一张时间票才能在山顶停留：你可以逗留50分钟欣赏景色，那里有一个咖啡馆售卖零食。

Štrbské Pleso及周边

虽然村子里正在如火如荼地建设大厦和酒店，但与村庄同名的蓝色冰川湖（pleso）的美景并未因此受到破坏，它的四周环绕着茂密的松林和岩峰。在Grand Hotel Kempinski的码头可以租赁划艇（每人45分钟€15～20；⏲5月至9月10:00～18:00）。

有条最热门的一日山地徒步路线是从这里出发的。从火车站沿着红色标记的

Magistrála步道上山，顺着岩石森林小径行进约1.25公里就到达了Popradské pleso，这座湖泊因为处于海拔1494米的高度，更富诗情画意。这里忙碌的山地小屋中设有一家大型自助式餐厅。从此处出发，Magistrála步道变得更加曲折，一路通往山腰，然后向东前往Sliezsky dom。

也有全年运营的缆椅（www.parksnow.sk；往返 成人/儿童 €12/9；⏲8:00~15:30）可带你登上Chata pod Soliskom，从那里沿着红色标记的步道向北步行1小时就可到达2093米的Predné Solisko峰顶。

Park Snow（www.parksnow.sk；day-lift ticket adult/child €26/18）是Štrbské Pleso热门的滑雪和单板滑雪度假村，有2座缆椅、4条牵引线，12公里长的初级和中级滑道，还有可供跳跃滑雪和乘坐滑雪圈的区域。

住宿

想获得塔特拉的详细住宿信息，请登录www.tatryinfo.eu。官方禁止旅行者在野外和偏远地区露营，在Tatranská Lomnica附近你可以找到一处露营地。想获得更加地道的斯洛伐克山地住宿体验，没有比徒步跨越一座座chata（山地小屋；可能是各种各样条件不一的棚屋和小屋）更好的选择了。它们都建在高峰之上，一般都提供食物（可选择膳食服务或在餐厅就餐），床位经常被抢订一空，所以一定要提前预订。

Smokovec度假村

你可以在这里寻找合适的、看起来已经营许久的寄宿处，它们大多只有如"Delta"一类的单名，分布在Nový Smokovec电车站西边，位于那些通向南方的无名街道上。

Penzión Tatra 客栈 €

（☎0903 650 802；www.tatraski.sk；Starý Smokovec 66；标单/双 含早餐 €35/50；@🛜）这家客栈比火车站地势高，是一栋带有高山地区建筑风格的古典建筑，建于1900年。客栈处于绝佳的中心位置，有色彩斑斓的现代客房，提供台球桌和滑雪器材。

Bilíkova Chata 山地小屋 €

（☎0949 579 777，0903 691 712；www.bilikovachata.sk；标单和双 €40起，不带浴室 €25，公寓 €70）这座圆木小屋酒店环境优美，虽然只有基本设施，但附设提供全方位服务的餐厅，周围云蒸霞蔚，靠近Hrebienok缆车站。淡季折扣很大。提供早餐（€5）和晚餐（€6）。

Villa Siesta 酒店 €€

（☎478 0931；www.villasiesta.sk；Nový Smokovec 88；标单/双/套 €57/87/109；🛜）这座现代山庄别墅采用自然色调，通风和采光都很好，给人一种轻松的感觉。餐厅、桑拿浴和按摩浴缸都是额外的享受。

Grand Hotel Starý Smokovec 酒店 €€

（☎290 1339；www.grandhotel.sk；Starý Smokovec 38；双 €82；🛜🏊）这家酒店可谓是Starý Smokovec的"贵妇人"了，已拥有百年历史。客房倒是应该考虑与时俱进地升级一下了。

Tatranská Lomnica及周边

在火车站以东和以南的背街上，可以找找私人住宿处（privat or zimmer frei），每人€15起。

★ **Zamkovského Chata** 山地小屋 €

（☎0905 554 471，442 2636；www.zamka.sk；每人 €15）这是一座氛围极好的木头小屋，有四床宿舍间和餐厅，是连接Skalnaté Pleso和Hrebienok的步道上的极好的中途停靠站。

Grandhotel Praha 酒店 €€

（☎290 1338；www.ghpraha.sk；Tatranská Lomnica；双 含早餐 €70起；@🏊）想留下优雅的旅行记忆和盛装晚宴的体验吗？好的，这座1899年建造的大酒店有宏伟的大理石台阶，还装饰有水晶枝形吊灯。客房的装潢也都是与之相称的古典风格，附设一座时髦的水疗中心，位于村子的高处。

Štrbské Pleso及周边

Horský Hotel Popradské Pleso 山地小屋 €

（☎0910 948 160，0908 761 403；www.popradskepleso.com；Popradské pleso；铺 €16，标单/双 €28/56，不带浴室 €18/36）一座相当大的山地酒店，带有餐厅和酒吧。要从村子沿崎岖

步道徒步1小时，或从Popradské pleso火车站沿铺砌过的道路（时长一样）前往。

★**Grand Hotel Kempinski** 酒店 €€€

（☎326 2222; www.kempinski.com/hightatras; Kupelna 6, Štrbské Pleso; 双 €180~210起，套 €320起；❄@✉）这座别墅般的古典风格酒店是塔特拉山最豪华的住宿处，夜间的各种服务吸引了很多高预算旅行者。这里有加热的大理石浴室地板，还能看到美得让人难以置信的湖面风景。在走进提供豪华水疗服务的双层玻璃浴室前，先看一眼宏伟的山脉吧。

就餐

这几处度假村彼此相邻，你可以在这家住宿然后到另一家去就餐。每个村镇里至少有一家杂货店。

Smokovec度假村

Pizzeria La Montanara 意大利菜 €

（Starý Smokovec 22；主菜 €4~8；⏲周一至周六 10:00~21:00，周日 14:00~22:00）这家餐厅是当地人的最爱，提供美味的比萨饼、意大利面、汤和蔬菜。位于镇子最东端的杂货店楼上。

Reštaurácia Svišť 斯洛伐克菜 €€

（Nový Smokovec 30；主菜 €5~16；⏲18:00~23:00）从丰盛的饺子到酒香牛肉片，这家时髦的斯洛伐克餐馆把所有菜都做得非常好，而且价格也非常合理。想了解这里特有的"Tatas"里有什么吗？现在机会来了！（线索：肉）

Koliba Smokovec 斯洛伐克菜 €€

（Starý Smokovec 5；主菜 €4~14；⏲15:00~22:00）这是一家传统的乡村烧烤餐厅，有时候晚上会有民谣音乐演出。还有一家供应膳食的公寓式旅馆（标单/双 €25/40）。

Štrbské Pleso及周边

★**Koliba Patria** 斯洛伐克菜 €€

（湖南岸，Štrbské Pleso；主菜 €6~15）这里有一座可爱的湖畔露台，还有各式精致的肉类菜肴。当然比常见的koliba（提供斯洛伐克牧羊人特色菜的乡村山地餐厅）要优雅。

饮品

Tatry Pub 小酒馆

（Tatra Komplex, Starý Smokovec；⏲15:00至深夜；📶）登山向导俱乐部（Mountain Guide Club）的官方卖酒处，是气氛最活跃的饮酒处；有各种飞镖锦标赛和音乐会等活动。

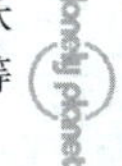

实用信息

3个主要度假村的主街上都有自动柜员机。

紧急情况

山地救援服务（☎787 7711，急救电话☎18 300；www.hzs.sk；Horný Smokovec 52）斯洛伐克主要办事处。

旅游信息

注意，信息咨询处不提供订房服务；他们分发的宣传册上列出了一部分旅店，但不是全部。

塔特拉信息办事处Starý Smokovec（TIK；☎442 3440；www.tatry.sk/infocentrum；Starý Smokovec 23；⏲5月至9月 8:00~20:00，10月至次年4月 8:00~16:00或18:00）是该地区最大的信息咨询处，提供的宣传册最多。

到达和当地交通

若要乘坐公共交通工具到塔特拉，首先要前往波普拉德，它位于连接布拉迪斯拉发和科希策的东西主铁路线上。

在波普拉德火车站，有1班窄轨电气列车可前往Starý Smokovec度假村。之后会在很多地方有停靠站，向西可到达Štrbské Pleso，向东可到达Tatranská Lomnica；3座度假村都有公共汽车可到达。登录www.cp.atlas.sk可查看车次安排。

公共汽车

乘坐公共汽车可从波普拉德前往Starý Smokovec（€0.90，15分钟，每半小时1班）、Tatranská Lomnica（€1.30，35分钟，1小时1班）和Štrbské Pleso（€1.70，1小时，每45分钟1班）。

火车

6:00~22:00，每小时至少会有1班电气列车（TEZ）。可在车站购买单次的TEZ车票，也可以在旅游办事处购买组合票（1~3处）。上车要验票。

乘坐上塔特拉电气铁路（High Tatras Electric

Railway）运营的火车可从波普拉德前往Starý Smokovec（€1.50，25分钟）、Tatranská Lomnica（€1.50，40分钟）和Štrbské Pleso（€2，70分钟）。这条线路上的其他运营线还包括Štrbské Pleso至Starý Smokovec（€1.50，40分钟）和Štrbské Pleso至Tatranská Lomnica（€2，70分钟）。

斯洛伐克东部（EAST SLOVAKIA）

越往东走，生活节奏就越闲散。一些风景如画的村镇——诸如莱沃恰和巴尔代约夫——都避开了现代化的奔忙，也逃过了20世纪令人遗憾的建筑改造，在赏心悦目的科希策的街头咖啡馆流连忘返是一定得做的事。与此同时，这里的国家公园也为那些没去塔特拉山地的游客们提供自由探索荒野的机会。

莱沃恰（Levoča）

☎053 / 人口 14,900

这里就是斯洛伐克在13世纪时的样貌……名列联合国教科文组织文化遗产的莱沃恰如今仍保留着高耸的中世纪城墙，这些古城墙围绕迷人的老城建筑而建，城内是鹅卵石铺就的小径。在老城中心耸立着这个国家的宗教艺术品收藏地——哥特式圣雅各教堂（Gothic Church of St Jacob）。莱沃恰是斯洛伐克最重要的朝圣中心之一。

景点

圣雅各教堂 教堂

（Church of St Jacob, Chrám sv Jakuba; www.chramsvjakuba.sk; Nám Majstra Pavla; 成人/儿童 €2/1; ⏲每小时团队游 周一 11:00~16:00，周二至周六 8:30~16:00，周日 13:00~16:00）这座带有多座尖塔和锥形屋顶的圣雅各教堂建于14世纪和15世纪，其高耸的拱弧、珍藏的艺术珍品和稀世陈设无不令人精神振奋。主要亮点是斯洛伐克国内最高的祭坛，高达18米，令人印象深刻。

进入Municipal Weights House后，在北门马路对面的收费处可以购买到进入教堂的门票。教堂旁边是建于16世纪的**耻辱笼**（cage of shame），目的是惩罚没规矩的男孩和女孩。

帕芙拉主广场（Nám Majstra Pavla） 广场

帕芙拉主广场上有许多哥特式和文艺复兴式的华丽建筑。位于7号的私人住宅**Thurzov House**（1517年）拥有典型的斯皮什文艺复兴时期（Spiš Renaissance）的屋顶轮廓。**帕沃尔大师博物馆**（Master Pavol Museum）在20号，专门展出莱沃恰骄子帕沃尔的作品。广场的中心是建于15世纪的**老市政厅**（Historic Town Hall, Radnica），建筑本身比内部有限的展览要有趣得多。

参观帕沃尔大师博物馆和老市政厅只需要购买一张门票，因为它们都是**斯皮什博物馆**（Spiš Museum; www.spisskemuzeum.com; 成人/儿童 €3.50/2.50; ⏲周二至周五 9:30~15:00）的分馆。

> **多度假村滑雪通行证**
>
> Park Snow和Vysoký Tatry度假村，以及Štrbské Pleso和Tatranská Lomnica内的滑雪场都提供多天多度假村运输通票（3天 成人/儿童 €72/50）。**斯洛伐克滑雪超级通票**（Super Slovak Ski Pass; www.vt.sk; 10天 成人 €290）覆盖主要的度假村以及斯洛伐克周边的其他小型滑雪场。

食宿

Hotel U Leva 酒店 €€

（☎450 2311; www.uleva.sk; Nám Majstra Pavla 24; 标单/双/公寓 €33/43/79; ⊖📶）分布在老城的两栋建筑内，共有23个干净的现代房间，风格各不相同，公寓里带有厨房。旁边还附带有一间不错的餐厅（主菜 €6~12），采用各种不寻常的食材（布里干酪、菠菜），并以久负盛名的斯洛伐克技艺烹制。

实用信息

主广场上有你所需要的一切，包括银行和邮局。绝大多数住宿处和餐厅都有Wi-Fi。

旅游信息中心（Tourist Information Office; ☎451 3763; http://eng.levoca.sk; Nám Majstra Pavla 58; ⏲全年 周一至周五 9:00~16:00，5月至9月 加

开周六和周日9:00~16:00）

到达和离开

莱沃恰在波普拉德（28公里）和科希策（94公里）之间的E50主高速公路上。长途汽车是最可行的选择。

Nám Štefana Kluberta广场上的当地汽车站比市中心东南方向1公里处的长途汽车站近很多。从汽车站出发，沿Košicka向西行进2个街区就能到达主广场。

长途汽车班次很多，可通至下列目的地：

科希策（€5，2小时，每天12~14班）

波普拉德（€1.70，45分钟，每小时至少1班）最方便，可到达主要铁路枢纽。

斯皮什斯新村（Spišská Nová Ves；€0.90，20分钟，半小时1班）可到达斯洛伐克天堂国家公园。

斯皮什斯凯波德赫拉杰（Spišské Podhradie；€0.90，20分钟，半小时1班）可到达斯皮什城堡。

斯皮什斯凯波德赫拉杰（Spišské Podhradie）

☎053 / 人口 4000

斯皮什城堡（Spiš Castle）遗迹位于斯皮什斯凯波德赫拉杰村之上，占地4公顷，毫无疑问是欧洲规模最大的一座。即便从未来过，你可能也已经看过它的照片：这座城堡是斯洛伐克最常上镜的景点。从这里西行2公里即可到达建于中世纪的斯皮什修道院（Spiš Chapter），这一教会所在地现也已被联合国教科文组织列入世界遗产名录。位于两座景点之间的村庄能提供一些基础服务。

景点

斯皮什城堡

城堡

（Spiš Castle, Spišský hrad；www.snm.sk；成人/儿童 €5/3；⏲5月至9月 9:00~19:00，10月和11月 应邀开放）斯皮什城堡及其巨大的建筑群遗址环绕在斯皮什斯凯波德赫拉杰村上方的一座山脊上，其历史至少可以追溯到13世纪。这里宣称是欧洲最大的城堡建筑群，等你探索其中就会有确切的感受了。一定要登上中央塔楼，从那里能饱览整个斯皮什地区的壮丽风景，还可以想象自己是中世纪的巡逻卫兵，在这庞大的外墙上漫步游荡。

编年史中第一次提到这座城堡是在1209年；据说1241年，防卫士兵就是在这里击退了鞑靼人的入侵。15世纪和16世纪，统治者和贵族一直在为其增建防御工事和宫殿，但到1780年，这里已经不再具有军事上的重要意义，大部分建筑都被火烧毁。直至20世纪70年代，复原遗址的行动才逐步展开。其中的一座罗马式宫殿里设有一座非常小的**博物馆**，旁边还有一座小礼拜堂。夏季夜晚这里会有一些夜间团队游，还会举办中世纪节日庆典活动。可以领取英语语音导览设备，通过故事和传说来了解城堡的历史。

斯皮什城堡位于斯皮什斯凯波德赫拉杰村以东1公里处，可从山坡的火车站攀爬而上。驾车到达城堡最方便的路线是走E50高速公路，然后沿着城堡东侧（Prešov）的高速公路支路一路过来。

斯皮什修道院

修道院

（Spiš Chapter, Spišská Kapitula；成人/儿童 €2/1）在斯皮什斯凯波德赫拉杰村以西，你会找到这座仍在运行的斯皮什修道院。这是一座建于13世纪的天主教建筑群，16世纪时人们在其周围加筑了围墙。主景点是圣马丁大教堂（St Martin's Cathedral，1273年），它高耸于这些古雅的哥特式房屋群之上，其中包括一些非常迷人的15世纪祭坛。

在Spišská Kapitula 4的信息办事处（经常关闭）购票，在那里也可以找个导游。如果是乘坐公共汽车从莱沃恰前来，那就在还不到斯皮什斯凯波德赫拉杰村的Kapitula下车（然后步行1公里）。

食宿

可以从上塔特拉山或科希策来这里进行一日游。

★ Spišsky Salaš

斯洛伐克菜 €

（☎454 1202；Levočská cesta 11；主菜 €4起；⏲10:00~21:00；👪）这间餐厅位于一座乡村风格的圆木建筑中，你可以在富有民族韵味的餐厅，或者在带有屋顶的露台上品尝炖羊羔肉。这里也有3间简单的客房可供出租（每人€13）。地址位于斯皮什修道院以西3公里处，在去往莱沃恰的途中。从这里徒步前往修道院和城堡都是很好的选择。

到达和离开

斯皮什斯凯波德赫拉杰村位于莱沃恰以东15公里处，科希策东北78公里处。

长途汽车

有许多车次前往莱沃恰（€0.90，20分钟）、波普拉德（€2.20，50分钟）和科希策（€4.25，1.5小时）。

火车

从Spišské Vlachy有一条很不方便的山坡铁路线通往斯皮什斯凯波德赫拉杰村（€0.75，15分钟，每天5班），Spišské Vlachy是布拉迪斯拉发至科希策铁路主干道中的一站；但去往村子的车次仅在夏季运营。可在www.cp.atlas.sk查看时刻表。

斯洛伐克天堂国家公园及周边（Slovenský Raj & Around）

☎053

这里有水声震耳欲聋的瀑布、陡峭的山谷和茂密的森林，斯洛伐克天堂地区（Slovenský Raj）全然再现了它的名字——"斯洛伐克的乐园"。虽然区域内确有一些难度不大的徒步小径，但真正令其成为户外发烧友的天堂的还是那些令人屏息的单向攀爬梯架。在你沿着金属阶梯向悬崖顶部攀爬之时，一米外的地方就有道瀑布向你飞溅冰水，让人不亦乐乎。

距离这里最近的主要城镇是平淡无奇的斯皮什新村，位于波普拉德东南23公里处。在斯皮什新村有3个位于徒步路径起点的度假村：位于斯皮什新村以西5公里处的美丽的琴戈夫（Čingov）是我们的最爱；Podlesok（波普拉德西南16公里处）有便利的住宿条件；约向南50公里处的Dedinky是一个很普通的小村；有一座酒吧和超市面朝湖面。

景点和活动

开始徒步之前，可以拿一份VKÚ比例为1:25,000的《斯洛伐克天堂》徒步旅行地图（第4辑）或1:50,000的区域地图（第124辑）。国家公园里纵横交错地分布着一些很好的自行车道。

斯洛伐克天堂国家公园 公园

（Slovenský Raj National Park；www.slovenskyraj.sk；门票 7月和8月 €1，9月至次年6月 免费）斯洛伐克天堂国家公园拥有众多的小径，包括单向行进的roklina（峡谷）路段，走完全程至少需要半天时间。斯洛伐克天堂国家公园最著名的地方就在于，有时你会碰到令人头皮发麻的用链条梯子搭建的上山路——你要踩着吱吱嘎嘎的金属横杆，依附在瀑布飞溅的岩石表面上徐徐前行。

从琴戈夫开始，一条绿色小径直通Hornád河峡谷。前行1小时，可以到达从岩石中露出的瞭望塔Tomašovský výhľad，这里可作为短途徒步一个很好的终点。沿着葱郁且有一定技术辅助设施的Kláštorisko峡谷单向小径继续前行，至少需要8小时才能绕完一圈。你也可以从Podlesok沿上升道到Kláštorisko峡谷（6小时）。Kláštorisko Chata提供住宿处。

另一个不错的选择是从Podlesok徒步走6、7个小时的环道，抵达奇特、布满梯子、需要技术的Suchá Belá峡谷，然后向东行进，到达Kláštorisko Chata，那里有一座经过重建的13世纪修道院。在这段路径上先走黄色小径，之后接红色小径。从修道院沿蓝色小径向下返回到Hornád河，然后沿河谷向上游方向进发，即可返回Podlesok。

有一条最短的步道是从Biele Vody（沿红色小径向Dedinky东北方走15分钟）出发，然后沿绿色小径登上Zejmarská峡谷，这是一次激动人心的、需要一些技术支持的徒步旅行。身体强健的人攀爬全程需要50分钟。返回时可以沿绿色小径下到Dedinky，或者可以搭乘偶尔运行的缆椅下来。

最佳观景点是在公园东部的Medvedia Hlava。天堂国家公园内森林密布的峡谷沿着同一方向分布，另一边则是参差交错的上塔特拉山。要前往这处观景平台，要从斯皮什新村游客信息中心徒步4.5小时。

多布欣斯卡冰穴 洞穴

（Dobšinská Ice Cave；www.ssj.sk；成人/儿童 €7/3.50；⏲周二至周日 每小时团队游 9:00~16:00，10月至次年5月中旬关闭）在这个联合国教科文组织列出的冰洞中你可以看到奇特的冻土，6月上旬时的景观比9月份时更加耀眼。从Dobšinská ľadová jaskyňa徒步15分钟就可到达几乎每小时都有团队游出发的地方。

食宿

许多住宿处都有餐馆。Podlesok有几家就餐点和一家小杂货店。该地区最大的超市位于斯皮什新村公共汽车站附近。

Penzión Lesnica 客栈 €

(☎449 1518; www.stefani.sk; Čingov 113; 标单/双/公寓 含早餐 €30/40/50; 📶)9间简单但色彩斑斓的房间紧靠公园小径。这儿的房间非常紧俏，要提前预订。附设的餐厅是在本地区品尝斯洛伐克菜最好的地方(主菜€3.50~15)。

Grand Hotel Spiš 酒店 €

(☎449 1129; www.grandhotelspis.com; Spišské Tomášovce; 标单/双 €26/41; P📶)"Grand"(豪华)是个很浮夸的词，但用在这里却非常贴切。这家酒店的公共区域中弥漫着一种令人舒适的乡村气息，并一直延伸到客房中。这是我们在公园中最喜欢的一座酒店，位于琴戈夫村外1公里处，有便利的徒步步道通达此处。

Ranč Podlesok 客栈 €

(☎0918 407 077; www.rancpodlesok.sk; Podlesok 5; 房间 每人 €17起; 📶👪)这家用石头和圆木建造的住宿处和餐厅位于公园边缘地带，屋后有一条蓝色小径经过。如果你喜欢运动，这里还有沙滩排球。过了Podlesok村后再走1公里就到了。

实用信息

出了斯皮什新村，住宿地便会成为你获取信息的重要来源。公园信息亭在7月至8月开放。在进入公园前，要准备好一些现金。在斯皮什新村火车站，有一个自动柜员机和货币兑换点。有用的网站包括www.slovenskyraj.sk。

山地救援服务(☎急救电话 183 00; http://his.hzs.sk)

旅游信息中心(☎442 8292; en.spisskanovaves.eu; Letná 49, Spišská Nová Ves; ⊙周一至周五 8:00~18:00，周六 9:00~13:00，周日 14:00~18:00)在联系住宿方面能派上用场。

到达和当地交通

你可能需要考虑在科希策租辆车，尤其是在淡季；乘坐公共交通工具去斯洛伐克天堂国家公园是件极其麻烦的事，途中至少要转一次车，通常是在斯皮什新村。

长途汽车

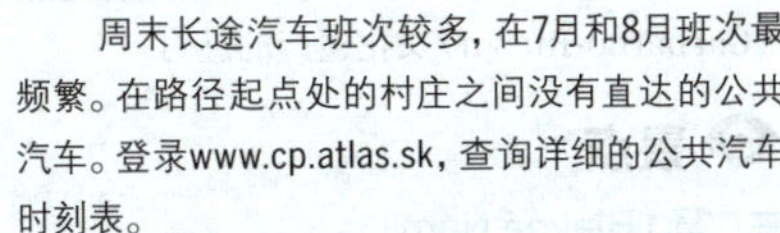

周末长途汽车班次较多，在7月和8月班次最频繁。在路径起点处的村庄之间没有直达的公共汽车。登录www.cp.atlas.sk，查询详细的公共汽车时刻表。

从斯洛伐克天堂国家公园的交通枢纽斯皮什新村出发，有车次可到达波普拉德(€1.70，40分钟，1~2小时1班)。另有车次可到达莱沃恰(€0.90，20分钟，每小时1班)、琴戈夫(€0.60，15分钟，周一至周五 2~4班直达车，周六 1班直达车)、Hrabušice(可前往波德索克；€1.10，30分钟，周一至周五 每天9班，周六 4班)和Dedinky(€2.50，80分钟，周一至周六 4班直达车)。

火车

搭乘火车可从斯皮什新村前往波普拉德(€1.50，20分钟，每小时至少1班)和科希策(€4，1小时，每小时至少1班)。火车站位于长途汽车站以东一个半街区的地方。

科希策(Košice)

☎055 / 人口 240,000

斯洛伐克东部的工业重镇，拥有世界性的影响力和活跃的文化氛围，这一切令科希策以颇为强势的姿态摆脱了布拉迪斯拉发的影响，成为欧洲城市旅游地图上的一个热门选择。自成为"2013年欧洲文化之都"以来，科希策相应地建立起一系列新的景点，包括在一些经过修复的令人惊叹的建筑中举办的重要艺术展览，以及为活跃城市街头氛围而举办的精彩活动。

几百年来，科希策一直是匈牙利王国东部的重镇，这座城镇就像中世纪的一颗珍宝。现在城市又加强了对艺术氛围的建设，目前已建成安迪·沃霍尔(Andy Warhol)画作收藏中心，以及一座欧洲最可爱的剧院。其巨大的椭圆形中心广场(námestie)内汇聚了斯洛伐克最大规模的历史纪念馆，周围无数的咖啡馆和餐厅将广场烘托得热闹非凡。

这里也是一个旅行大本营，你可由此继续深入传统氛围浓郁的东部进行探索。从这里出发，最好的旅行选择包括被联合国教科文组织列入世界遗产名录的巴尔代约夫，那里有斯洛伐克国内最美丽的城市广场，周边地区有一些绝美的木头教堂，让你可以一窥其与邻国乌克兰和波兰共同拥有的卢森尼亚（Carpatho-Rusyn）文化遗产的魅力。

景点

主广场（Hlavné Nám） 广场

几乎所有景点都位于城镇里长长的主广场上或广场周围。广场中央有一座音乐喷泉，周围环绕着田园风景画一般的美丽花坛，对面则是建于1899年的国家剧院（State Theatre，见1087页）；想了解20世纪之初的历史，可前往63号的新艺术风格的Hotel Slávia。位于27号的**Shire会堂**（Shire Hall，1779年）就是1945年公布科希策政府项目的地方，现在里面还有一个小型的画廊。

圣伊丽莎白教堂 教堂

（Cathedral of St Elizabeth，Dóm sv Alžbety；Hlavné nám；门票 成人/儿童 €1.50/1；⏲周一13:00~21:00，周二至周四 9:00~21:00，周五和周六 9:00~20:00，周日 13:00~19:00）建于14世纪的圣伊丽莎白教堂阴郁而令人沉思，它的风景最有可能出现在你从科希策寄回家的明信片上。这座欧洲最东部（可能也最宏伟）的哥特式大教堂非常醒目，就位于广场上最显眼的地方。教堂的**地下墓室**中有弗伦茨·拉克兹大公（Duke Ferenc Rákóczi）的陵墓，18世纪匈牙利反抗奥地利统治失败后，他便被流放到土耳其。

也不要忘了登上160级狭窄的螺旋石阶，到教堂那令人目眩头晕的**塔楼**上俯瞰全城。体验一下做君主的感觉，登上皇家台阶，在那里确实能以透视的视角观察到室内的装饰，注意罕见的连锁台阶。南面建于14世纪的**圣迈克尔礼拜堂**（Kaplinka sv Michala）不定期开放。

下游闸门地下博物馆 博物馆

（Lower Gate Underground Museum；Hlavné Nám；成人/儿童 €0.90/0.50；⏲5月至9月 周二至周日 10:00~18:00）中世纪科希策城的地下遗址——下游闸门、防守内庭、防御工事和水道——都可追溯到13~15世纪，它们是在1996年施工期间被发掘出土的。这座考古遗迹位于广场南端。任由自己迷失在那迷宫般的廊道中吧。

东斯洛伐克博物馆 博物馆

（East Slovak Museum，Východoslovenské múzeum；☎622 0309；www.vsmuzeum.sk；Hviezdoslavova 3；每次展览 €1~3；⏲周二至周六 9:00~17:00，周日 9:00~13:00）在这座东斯洛伐克博物馆中你可以找到一些隐藏的珍品。1935年，在修缮一座位于主广场上的房屋时，工人们发现了一处秘密的金币藏匿处，其中藏有2920枚15~18世纪的金币。这里还有从前监狱和金属铸造厂的复原场景，以轻松有趣的方式展示了本地区历史的不同侧面。在博物馆庭院中，有一座1741年的木头教堂被重新安置于此。

住宿

Penzión Slovakia 客栈 €

（☎728 9820；www.penzionslovakia.sk；Orliá 6；标单/双/套 含早餐 €45/55/65；❄📶）这是一座迷人的客栈，楼下是一间烧烤餐厅。

K2 青年旅舍 €

（☎625 5948；Štúrova 32；房间 不带浴室 €16.50起）这家旅舍是离市中心最近的经济型住处，有一些简陋的单人间和双人间。可要求入住远离公路的房间。

★Hotel Bankov 历史酒店 €€

（☎632 4522 ext 4；www.hotelbankov.sk；Dolný Bankov 2；标单/双 €59/74起；P@📶🏊）这是斯洛伐克最古老的酒店，从1869年起便一直生意兴隆。位于科希策中心西北方向4公里处，周围绿树成荫，能眺望到林地风景。客房都超值到让人惊讶，其中弥漫着旧世界的魅力（木梁、复古家具）。附设一间优雅的餐馆和一座健康中心，还可以帮助住客预约出租车。

Golden Royal Hotel & Spa 精品酒店 €€

（☎720 1011；www.goldenroyal.sk；Vodná 8；标单/双 €75/90；📶）相较于外立面的古典风格，内部的客房采用的则是更为现代的设计，我们喜欢这里时髦的家具。水疗也让人满意。位于市中心，位置优越。

就餐

★ Republika Východu 各国风味 €

（Hlavné nám 31；主菜 €3~7；⏲周一至周四 7:00~22:00，周五和周六 7:00/8:00至午夜，周日 8:00~22:00）Republika Východu（意为“东部共和国”）骄傲地宣布脱离了斯洛伐克西部的饮食影响，其实它也摆脱了其余所有风格的影响。他们先用蛋糕和美味咖啡吸引你，接着用沙拉、煎饼和东部特有的一些斯洛伐克经典菜肴让你心满意足。菜单使用特别的东部方言编写而成。

★ Villa Regia 各国风味 €€

（www.villaregia.sk；Dominikánske nám 3；主菜 €7~14；✍）在旧时欧洲乡村的氛围中提供肉排、海鲜和蔬菜菜肴，烹饪手法极富艺术性。装潢采用的是拱形天花板设计，装饰有石墙，楼上还有公寓房出租。

Le Colonial 各国风味 €€

（Hlavná 8；主菜 €8~17；⏲11:00~23:00）到这家高端的餐厅里体验一下殖民地奢华风情吧。阅读菜单的过程不亚于一次探险，但菜肴确实美味。

饮品和娱乐

对于科希策这样一个小城市来说，这里可供旅行者吃喝玩乐的选择真是不少了。主广场周围的任意一家街头咖啡馆都能提供美味饮品。可查看免费月刊*Kam do Mesta*（www.kamdomesta.sk）获取各种娱乐活动的清单。

Caffe Trieste 咖啡馆

（Uršulínska 2；⏲7:30~19:30）现存于布拉迪斯拉发城里的小型连锁店铺中最早开业的一家。意式浓缩咖啡超赞，适合喜欢快速吃完、立马赶路的意大利旅行风格的人们。

Jazz Club 夜店

（jazzclub-ke.sk；Kováčska 39）多数夜晚都有DJ打碟，但有时也会有现场音乐会。

国家剧院 剧院

（State Theatre，Štátne Divadlo Košice；☎245 2269；www.sdke.sk；Hlavné nám 58；⏲售票处 周一至周五 9:00~17:30，周六 10:00~13:00）这座新巴洛克风格的剧院建于1899年，是本地歌剧和芭蕾舞公司的演出场所。

科希策爱乐乐团 古典音乐

（State Philharmonic Košice，Štátna Filharmónia Košice，House of the Arts；☎622 4509，622 0763；www.sfk.sk；Moyzesova 66）全年都有音乐会，春季的音乐节是欣赏城市爱乐乐团演出的好时机。

实用信息

多数酒店、咖啡馆和餐厅都提供免费的Wi-Fi；此外，www.kosice.info/Wi-Fi网站上还会定期更新提供免费Wi-Fi的地址的名录。主广场周围有许多银行和自动柜员机。

城市信息中心（City Information Centre；☎625 8888；www.visitkosice.eu；Hlavná 59；⏲周一至周五 10:00~18:00，周六和周日 10:00~15:00）可免费索取每年更新的城镇指南和历史景点的彩色宣传册。可以安排市内导览游。

Nemocnica Košice-Šaca（☎723 4313；www.nemocnicasaca.sk；Lúčna 9）一家出色的私人健康中心；位于市中心西南12公里处。

警察局（☎158；Pribinova 6）

到达和离开

登录www.cp.atlas.sk可查看长途汽车和火车时刻表。

飞机

科希策国际机场（Košice International Airport，见1090页）位于市中心西南6公里处。**捷克航空公司**（Czech Airlines；www.csa.cz）每天有2班飞机飞往布拉迪斯拉发（只限周一至周五），也提供飞往布拉格的航班服务。

长途汽车

你可以通过**Eurobus**（见1076页）预订开往乌克兰的长途汽车的车票。从波普拉德前往波兰相对更容易。其他长途汽车线路的目的地包括：巴尔代约夫（€3.80，1小时45分钟，每半小时1班）、莱沃恰（€5，2小时，每天12~14班）和乌日霍罗德（Uzhhorod；乌克兰；€7，3~4小时，每天3班）。

小汽车

几家国际汽车租赁公司在机场设有办事处。

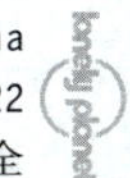

Buchbinder（☎683 2397; www.buchbinder.sk；科希策国际机场）是一家较小的公司，价格实惠，提供免费市内提车服务。

火车

科希策有火车开往布拉迪斯拉发（€19，5~6小时，每1.5小时1班）、上塔特拉山的波普拉德（€5，1小时15分钟，每小时1班）和斯皮什新村——从那里可继续前往斯洛伐克天堂国家公园（€4，1小时，每小时1班）。也有车次可跨越国境前往匈牙利的米什科尔茨（Miskolc；€7，11小时，每天1~2班）和乌克兰的利沃夫（Lviv；€13，11小时，每天1~2班）。

当地交通

老城比较小，完全可以步行游览。23路公共汽车往返于机场和火车站之间，需要购买两区联票（€1）。在报刊亭购票，上车验票。

生存指南

出行指南

住宿

布拉迪斯拉发的住宿选择多为青年旅舍和五星级酒店，中档住处相对要少些。在首都以外的其他地区，你也能找到很多价位合理的penzióny（客栈）。在所有的住处，你都可以享用早餐（房费中通常已包含早餐费），Wi-Fi也几乎是标准配置。许多住宿处都设有无烟房。在布拉迪斯拉发，只有停车是个很麻烦的问题。我们建议你通过**Bratislava Hotels**（www.bratislavahotels.com）预订住宿。

营业时间

景点开放时间根据月份不同而变化。旅游旺季（从5月持续到9月）期间的景点标准开放时间如下。从10月至次年4月，偏远地区的旅游景点的营业时间可能会有变化，请提前查询。博物馆和其他景点一般周一关闭。

银行 周一至周五 8:00~17:00

酒吧 周一至周四 11:00至午夜，周五至周六 11:00至次日2:00，周日 16:00至午夜

杂货店 周一至周五 6:30~18:00，周六 7:00至正午

邮局 周一至周五 8:00~17:00，周六 8:00~11:00

夜店 周三至周日 16:00至次日4:00

餐馆 10:30~22:00

商店 周一至周五 9:00~18:00，周六 9:00至正午

住宿价格区间

以下价格区间是以旅游旺季带私人浴室的双人房的价格为标准划分的。

€ 低于€60

€€ €60~130

€€€ 高于€130

就餐价格区间

餐馆价位分类以一道主菜的价格为标准。

€ 低于€7

€€ €7~12

€€€ 高于€12

上网

全国各地的住宿场所和咖啡馆基本上都提供Wi-Fi，因为免费Wi-Fi如此普及，网吧越来越少。对于没有笔记本电脑的人而言，你可以到住宿地去上网，那里通常都会提供电脑。

网络资源

Slovakia Document Store（www.panorama.sk）

Visit Bratislava（www.visit.bratislava.sk/EN/）

现金

➡ 2009年1月，欧元（€）开始成为斯洛伐克的法定货币。之前这里的货币是克朗，或称斯洛伐克克朗（Slovenská koruna，Sk）。

➡ 斯洛伐克人几乎不给小费；不过，对于外国人来说，5%~10%的小费是对提供美味饭食的人的一种礼貌的致谢。

邮政

邮局提供的服务很可靠（寄出），不过如果是等国外来信，时间要长得多。寄出邮件到达欧洲其余地区的时间为5个工作日，到达美国/澳大利亚则需要7个工作日。

节假日

新年和独立日（New Year's & Independence Day）1月1日

三王节（Three Kings Day）1月6日

复活节 3月或4月

劳动节 5月1日

战胜法西斯日（Victory over Fascism Day）5月8日

圣者纪念日（Cyril and Methodius Day）7月5日

斯洛伐克民族起义纪念日（SNP Day）8月29日

立宪日（Constitution Day）9月1日

圣母受难日（Our Lady of Sorrows Day）9月15日

万圣节 11月1日

圣诞节 12月24日至26日

电话

座机号码可能是7位数或8位数。手机号码（10位数）通常用于商业业务，以09开头。如果从国外向斯洛伐克国内拨打电话，就需要去掉城市区号和移动手机号中开头的0。你可以在报刊亭购买当地和国际手机卡。从斯洛伐克向国外拨号，应在号码前加拨☎00。

手机

斯洛伐克国内使用的是由Orange、T-Mobile和O2运营商提供的GSM（900/1800兆赫）和3G UMTS网络。中国三大运营商的手机均可以在斯洛伐克漫游，具体资费请咨询你的运营商。

旅游信息

斯洛伐克信息中心协会（AICES；☎44-551 4541，in Liptovský Mikuláš；www.aices.sk）在各地均设有信息中心，已形成一张覆盖面极广的城市信息中心网络。

斯洛伐克旅游委员会（http://slovakia.travel/en）斯洛伐克没有提供整个国内旅游信息的办公室。要想获得斯洛伐克全国范围内的信息，最好去网上查找。

签证

有关获得签证的全部要求，详见www.mzv.sk（点击"Consular Info"栏）。

- 申根签证适用。
- 澳大利亚、新西兰、加拿大、日本和美国游客无须签证可停留最多90天。
- 南非和其他一些国家的公民需要持签证入境。

需要办理签证的国家的完整名录参见www.slovak-republic.org/visa-embassies。

斯洛伐克驻华大使馆（☎8610 6532 1530；www.mzv.sk/peking；北京建国门外日坛路）

斯洛伐克驻上海总领事馆（☎8621 6431 4205；www.mzv.sk/cgshanghai；上海淮海中路1375）

> **国家速览**
>
> **面积** 49,035平方公里
>
> **首都** 布拉迪斯拉发
>
> **国家代码** ☎00421
>
> **货币** 欧元（€）
>
> **紧急情况** 综合☎112，火警☎150，救护车☎155，警察☎158
>
> **语言** 斯洛伐克语
>
> **现金** 城市里随处可见自动柜员机
>
> **人口** 540万
>
> **签证** 申根签证适用

使领馆

中国驻斯洛伐克大使馆（☎421 2 6280 4283；sk.chineseembassy.org/chn/；Jančova 8，Bratislava）

货币

凡贴有银联标识的商户均可以受理银联卡。

到达和离开

布拉迪斯拉发和科希策是斯洛伐克主要的出入境点——波普拉德可能排在与它们相去甚远的第三名。预订机票、团队游和火车票都可通过www.lonelyplanet.com/travel_services。

从欧盟——事实上从欧洲大部分地区——进入斯洛伐克都很方便，但如果从乌克兰入境则可能会遇到烦琐的海关检查。

飞往斯洛伐克的航班很少，不过布拉迪斯拉发距离便利的维也纳国际机场只有60公里远。从布拉迪斯拉发乘火车到布达佩斯（3小时）和布拉格（5小时）也很方便，到维也纳（1小时）也是。从波普拉德出发，有长途汽车前往波兰的扎科帕内（2小时），去往乌克兰乌日霍罗德的车次途经科希策（2.5小时）。

飞机

布拉迪斯拉发的机场（见1076页）位于市中心东北9公里处，规模很小。除非你来自英国（英国和斯洛伐克之间有几班直航），不然，到达斯洛伐克的最好方式很可能就是乘坐火车了。距离斯洛伐克最近的国际航空枢纽在奥地利的维也纳。

特色饮食

➡ **山羊奶酪** Bryndza——气味强烈，质地柔软，容易涂抹；oštiepok——紧实的球形；žinčina——传统的山羊乳清饮料（类似酸牛奶）。

➡ **肉食时刻** Vývar（鸡肉或牛肉煲汤搭配slížiky、细意大利面或内脏馅水饺）；kapustnica（浓郁的泡菜肉汤，经常搭配西班牙辣香肠或蘑菇）；放在lokše（土豆煎饼）和炖卷心菜中食用的烤鸭/鹅。

➡ **土豆面饺** 以土豆为原料制作的各种美食，例如halušky（放在卷心菜中或蘸bryndza干酪酱汁，然后盖上培根食用的迷你土豆面饺）或pirohy（口袋大小的土豆面饺，包的是bryndza干酪或熏肉馅料）。

➡ **果味烈酒** 自制或店内售卖的酒品，这些酒品由浆果和去核水果酿制而成，如borovička（由杜松子制作而成）和slivovica（由梅子制作而成）。

机场

维也纳国际机场（VIE；www.viennaairport.com）这座奥地利机场有许多长途汽车可前往位于东边60公里处的布拉迪斯拉发。此外还有飞往世界各地的大量航班。

科希策国际机场（KSC；www.airportkosice.sk）

波普拉德-塔特拉国际机场（www.airport-poprad.sk；Na Letisko 100）

航空公司

在斯洛伐克运营的主要航空公司如下：

奥地利航空公司（www.aua.com）航班往返于科希策和维也纳之间。

捷克航空公司（www.csa.cz）航班往返于科希策、布拉迪斯拉发和布拉格之间。

瑞安航空公司（www.ryanair.com）航班往返于布拉迪斯拉发和英国、意大利国内的几个目的地，以及西班牙沿海地区、都柏林、巴黎和布鲁塞尔。

威兹航空公司（wizzair.com）航班往返于科希策、波普拉德和伦敦卢顿机场。

陆路

斯洛伐克和欧盟申根成员国（捷克、匈牙利、波兰和奥地利）之间没有边防站，你可以自由通行。这也使得从乌克兰进入斯洛伐克的检查变得更加烦琐，因为旅行者相当于间接进入欧盟。乘坐长途汽车或小汽车至少要等待一两个小时。

长途汽车

夏季，本地长途汽车可从波普拉德和Ždiar往返波兰。欧洲巴士（见1076页）和总部设在科希策的Eurobus（见1076页）运营着从布拉迪斯拉发开往欧盟各地的国际线路，并有从科希策到乌克兰的班车。

小汽车和摩托车

在斯洛伐克驾驶私人车辆需要有登记文件、一张“绿卡”（第三方责任保险证明）、国籍贴纸、急救箱和三角警示牌。

火车

登录www.cp.atlas.sk可查看斯洛伐克国内和国际火车时刻表。有直达火车往返于布拉迪斯拉发和奥地利、捷克、波兰、匈牙利及俄罗斯之间；科希策有火车开往捷克、波兰、乌克兰和俄罗斯。最快的国内火车是城际（IC）或洲际（EC）列车。Rychlík（R，“快速”火车）所需的时间相对要稍长一点，但班次更多，费用更低。Osobný（Ob）火车运行得最慢（也最便宜）。

河运

多瑙河轮渡提供了另一种往返于布拉迪斯拉发和维也纳之间的方式。往返维也纳和布达佩斯之间的船不在布拉迪斯拉发停靠。

当地交通

飞机

捷克航空公司（见本页）是唯一提供国内航空服务的公司，在工作日有航班往返于布拉迪斯拉发和科希策之间。

自行车

这里的道路一般都狭窄坑洼，城市里的鹅卵石道路和有轨电车轨道也为骑手带来了危险。在山地度假村以外的地区很难找到提供自行车租赁的商户。携带自行车搭乘火车的费用一般为火车票的10%。

公共汽车

仔细阅读时间表。在休息日和节假日，时间表会变化（不过车次仍然很多）。在www.cp.atlas.sk网站能找到最新的时刻表。斯洛伐克主要的国有汽车公司是Slovenská Autobusová Doprava（SAD）和Slovak Lines（www.slovaklines.sk）。

小汽车和摩托车

- 在斯洛伐克，可以使用带有个人照片的外国驾照。
- 在所有绿色标记的高速公路上行驶的车辆都必须带有Nálepka（缴费标识贴纸）。如果未贴Nálepka将会面临高昂的罚金。在加油站可以买到Nálepka（租赁汽车通常都会自带）。
- 斯洛伐克对于城市街边停车有严格的规定。要记得在售票机、老城中心的报亭处或停车服务人员处购买一张停车票。
- 在布拉迪斯拉发和科希策，租赁汽车通常是很方便的。

本地交通

斯洛伐克的所有城镇都拥有高效的公共汽车系统。在多数村庄也可享受到公共汽车服务，其便利程度令人惊喜。布拉迪斯拉发和科希策还有有轨电车和无轨电车，上塔特拉山也有高效的电气铁路。

- 公共交通一般每天从4:30运营至23:30。
- 对于乘坐当地公共汽车、有轨和无轨电车的乘客，购买城市交通票是个不错的选择。你可以在报亭购买车票，上车时验票。如果被逮到逃票，将会面临高昂的罚款（这可不是诈骗）。

火车

搭乘火车是在斯洛伐克旅行的最佳交通方式。绝大多数旅游目的地都位于布拉迪斯拉发—科希策主干线不远的地方。网上订票业务尚未开通；售票机也很少。订票需前往火车站售票处。登录www.cp.atlas.sk可以查阅最新的列车时刻表。

斯洛伐克共和国铁路公司（Slovak Republic Railways, ŽSR; ☎18 188; www.slovakrail.sk）提供高效的全国铁路服务，覆盖面很广。

斯洛文尼亚

最佳餐饮

- Špajza（见1098页）
- Casa Nostromo（见1107页）
- Ostarija Peglez'n（见1102页）
- Skuhna（见1098页）

最佳住宿

- Antiq Palace Hotel & Spa（见1095页）
- Penzion Mayer（见1101页）
- Dobra Vila（见1104页）
- Max Piran（见1106页）
- Hostel Tresor（见1095页）

为何去

斯洛文尼亚是个小国，面积大约只有20,000平方公里，人口刚过200万。但是，"浓缩的都是精华"，没什么比这句话更能适切地描述斯洛文尼亚了。这个国家拥有一切美好的事物，包括广袤的海滩、积雪覆盖的高山、种满葡萄的低地丘陵、向日葵点缀的宽广平原，以及哥特式建筑、巴洛克风格宫殿和新艺术建筑。不同气候的奇特融合，使得温暖的地中海海风吹拂着连夏天都会下雪的阿尔卑斯山脉丘陵地带。

斯洛文尼亚首都卢布尔雅那（Ljubljana）是一个具有丰富文化底蕴的城市，非常重视构建宜居和可持续发展的城市环境。即使是在农村和欠发达地区，人们也十分重视保护环境。斯洛文尼亚超过一半的国土被森林覆盖，是世界上绿化最好的国家之一。

何时去

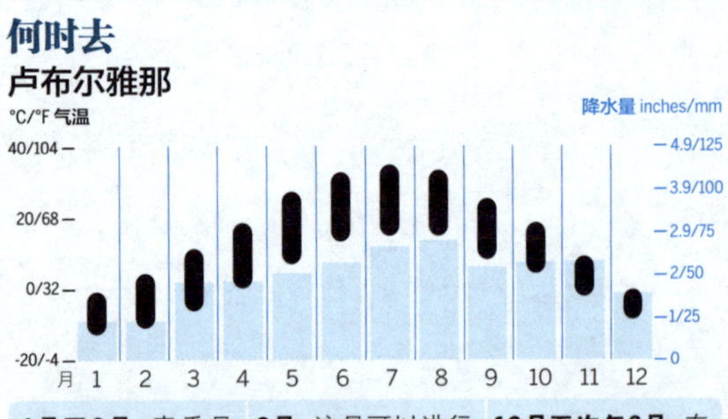

4月至6月 春季是探索朱利安阿尔卑斯山脉的低地和繁花似锦的山谷的好时节。

9月 这是可以进行一切活动的月份，天气依然温暖，可以游泳和徒步旅行。

12月至次年3月 在这个为冬季运动而疯狂的国度，每个人都会拿起滑雪板。

斯洛文尼亚亮点

❶ 在通往**卢布尔雅那城堡**的索道缆车上享受一段“飞行之旅”。

❷ 体会天才建筑师约热·普列赤涅克（Jože Plečnik）设计的**卢布尔雅那国家和大学图书馆**（见1094页）。

❸ 凝望**布莱德湖**（见1101页）的自然美景。

❹ 带着敬畏的心情仰视那高达100米、不可思议的**斯科契扬溶洞**（见1105页）之墙。

❺ 登上斯洛文尼亚最高峰**特里格拉夫山**（见1100页）的峰顶。

❻ 忘情地在**皮兰**（见1106页）威尼斯风格的窄巷里漫步。

卢布尔雅那（LJUBLJANA）

☎01/人口283,000

卢布尔雅那是斯洛文尼亚的首都，也是该国最大的城市，是欧洲最绿色、最适宜居住的首都之一。汽车在市中心受到严格限制，这样步行者和骑车人就可以自在地享用流经市中心的卢布尔雅尼察河（Ljubljanica River）两岸郁郁葱葱的绿色空间了。在夏季，咖啡馆会在河岸设置沿阶座椅，仿若永恒的街头派对。斯洛文尼亚早期现代极简主义设计大师约热·普列赤涅克（Jože Plečnik）设计了卢布尔雅那美丽的大桥以及建筑。这里的博物馆、酒店和餐厅质量均为该国最佳。

景点

游览卢布尔雅那最简单的方式就是步

旅行线路

三天

先在卢布尔雅那游览两天，然后北上到诗情画意的布莱德或波希涅放松一下，欣赏美丽的高山湖景，或者南下参观斯科契扬或波斯托伊纳（Postojna）的溶洞。

一周

一周的时间可以让你游览该国几乎所有的重要景点。在首都度过两天后，前往布莱德和波希涅。根据季节不同，可以选择乘坐公共汽车或自己驱车前往，通过惊险的维希奇山口（Vršič Pass）进入蓝色的索查河谷（Soca River），去博维茨（Bovec）参加一些冒险活动。继续南下探访斯科契扬和波斯托伊纳的溶洞，接着到达亚得里亚海边上的波光粼粼的威尼斯风格港口皮兰。

行。城内最古老的部分、最重要的历史建筑和景点（包括卢布尔雅那城堡）都位于卢布尔雅那河的右岸（东边）。卢布尔雅那的大多数博物馆和美术馆都分布在卢布尔雅那河左岸（西边）的市中心。

★卢布尔雅那城堡 城堡

（Ljubljana Castle, Ljubljanski Grad; ☎01-306 42 93; www.ljubljanskigrad.si; Grajska Planota 1; 成人/儿童 含缆索和城堡景点 €8/5，仅城堡景点 €6/3，导览游 €10/7; ⏲6月至9月 9:00~23:00，4月、5月和10月 9:00~21:00，1月至3月和11月 10:00~20:00，12月 10:00~22:00）至少在凯尔特时代，这座山顶城堡所在的位置就已有人类定居，但目前所见建筑最古老的部分只能追溯到500年前，是在1511年地震之后修建的。在城堡周边漫步免费，不过如果要进入瞭望塔（Watchtower）、圣乔治礼拜堂（Chapel of St George），参观斯洛文尼亚历史展览，参加要更换服装的时间机器（Time Machine）团队游，则需要另外付钱。到达城堡最快的方式是从Krekov trg乘坐缆车，缆车开放时间与城堡相同。

普列舍仁广场（Prešernov Trg） 广场

能体现卢布尔雅那美妙建筑审美观的重头作品就是这座了不起的广场。这片低调雅致的公共空间不仅连接中心区与老城，同时也是城里最受欢迎的见面地点。广场上最醒目的建筑是一座国民诗人弗兰策·普列舍仁（France Prešeren）的纪念碑（1905年）。雕像南边矗立着城市新建筑的代表——虽小但很著名的三重桥（Tromostovje），它出自建筑师约热·普列赤涅克之手。

★国家和大学图书馆 历史建筑

（National & University Library, Narodna in Univerzitetna Knjižnica, NUK; ☎01-200 11 10; Turjaška ulica 1; ⏲周一至周五 8:00~20:00，周六 9:00~14:00）这座图书馆也是普列赤涅克的杰作，竣工于1941年。如果想要感受这位伟大建筑师的理念，可以从Turjaška ulica的正门进入（留意一下马头门拉手）。一开始，你会发现自己身处黑色大理石构成的黑暗中，随着你一步步拾级而上，一间无比明亮的石柱廊将在你眼前铺陈开来——根据建筑师的理念，那代表着知识之光。

卢布尔雅那城市博物馆 博物馆

（City Museum Ljubljana, Mestni Muzej Ljubljana; ☎01-241 25 00; www.mgmlj.si; Gosposka ulica 15; 成人/儿童 €4/2.50，含特展 €6/4; ⏲周二、周三和周五至周日 10:00~18:00，周四至21:00）这座优秀的城市博物馆通过富有想象力的多媒体和互动展览展示了卢布尔雅那的历史、文化和政治。重建的罗马街道从Emona东门外一路通至卢布尔雅尼察河，还有地下室中保存完好的经典文物，都值得你前来一游。

斯洛文尼亚国家博物馆 博物馆

（National Museum of Slovenia, Narodni Muzej Slovenije; ☎01-241 44 00; www.nms.si; Prešernova cesta 20; 成人/儿童 €6/4，每月第一个周日免费; ⏲周五至周三 10:00~18:00，周

四 至20:00）这座博物馆的亮点包括一只带有精美浮雕的Vače situla，这是一只公元前6世纪的凯尔特提桶，是在城市东边的一座小镇上发掘出土的；还有一只石器时代的骨笛，是1995年在斯洛文尼亚西部的采尔克诺（Cerkno）发现的。这里也有一些从6世纪斯拉夫古墓中发现的古罗马玻璃和首饰的样品，以及其他许多历史发现。可注意观察楼梯扶手上姿态悠闲的缪斯女神和命运女神雕像。

现代艺术博物馆 博物馆

（Museum of Modern Art，Moderna Galerija；☎01-241 68 00；www.mg-lj.si；Tomšičeva ulica 14；成人/学生 €5/2.50；⌚周二至周日 10:00~18:00）这座博物馆收藏一些斯洛文尼亚最优秀的艺术作品——现代风格或其他风格。注意画家托内·克拉利（Tone Kralj）的《农民的婚礼》（*Peasant Wedding*），印象派画家弗朗茨·米黑里切（France Mihelič）的《五重奏》（*The Quintet*），超现实主义艺术家斯蒂芬·普兰尼克（Štefan Planinc）的“远古世界”（*Primeval World*）系列以及雕塑家雅各布·萨文塞克（Jakob Savinšek）的《抗议》（*Protest*）。这里也收藏了在20世纪80、90年代影响力巨大的多媒体艺术团体“新斯洛文尼亚艺术”（Neue Slowenische Kunst，NSK）的作品《为精神所用的手提箱：特里格拉夫峰下的洗礼》（*Suitcase for Spiritual Use: Baptism under Triglav*），以及他们的合作伙伴欧文（Irwin）的《资本》（*Kapital*）。

住宿

卢布尔雅那旅游信息中心（TIC）提供单间（标单/双 €30/50起）和公寓（双/四 €55/80起）信息，尽管这些住处只有一小部分位于市中心。

★Hostel Tresor 青年旅舍 €€

（☎01-200 90 60；www.hostel-tresor.si；Čopova ulica 38；铺 €15~24，标单/双 €40/70；❄@📶）这家新建的青年旅舍位于市中心的一座分离派风格的建筑中，从前是银行。金钱的主题也延续到28间客房中，房间的名字都是根据货币命名的。宿舍内有4至12个铺位，但都很宽敞，铺位还有帘子隔开。公共区域（我们喜欢这里的天井）很赞；可在拱顶餐厅中享用早餐。

Celica Hostel 青年旅舍 €€

（☎01-230 97 00；www.hostelcelica.com；Metelkova ulica 8；铺 €19~27，标单/双 “牢房” €58/62；@📶）其前身是位于Metelkova的一栋监狱（1882年），后来由不同的艺术家和建筑师设计，经整修变成了一家极具现代风格的酒店，拥有20间“牢房”，甚至还保留着原来的栅栏。有9间一般的房间，每间房有3到7张床铺，还有一个布局紧凑、颇受欢迎的12张床宿舍。该酒店甚至有自己的画廊，每个人都可以在那儿展示自己的画作。

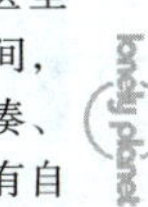

Slamič B&B 家庭旅馆 €€

（☎01-433 82 33；www.slamic.si；Kersnikova ulica 1；标单 €65~75，双 €95~110，套 €135起；❄📶）Slamič民宿看起来有点落伍，但下面就是一家著名的咖啡馆和茶室。该民宿有17间明亮的住房，有些采用的是仿古家具和镶木地板装饰。可供选择的房间包括一些面向后花园的房子和一间紧邻咖啡馆巨大阳台的房间。

Penzion Pod Lipo 家庭旅馆 €€

（☎01-031 809 893；www.penzion-podlipo.com；Borštnikov trg 3；双/标三/四 €59/75/100，套 €125起；❄@📶）位于著名的gostilna（旅馆式餐厅）楼上，门前有一棵超过400年历史的菩提树，10间客房虽设施简单但都很超值，周围都是酒吧和餐厅。我们喜欢这里的公共厨房、原始的硬木地板和朝东的露台，露台上有躺椅可以看日出。

★Antiq Palace Hotel & Spa 精品酒店 €€€

（☎083 896 700，手机 040 638 163；www.antiqpalace.com；Gosposka ulica 10 & Vegova ul 5a；标单/双 €180/210；❄@📶）这家酒店是首都最豪华的住宿选择之一，位于一座16世纪的联排建筑中，与河畔只隔一个街区。21间套房设计各不相同，有些带多个房间，面积达到了250平方米。便利设施列表能写上一公里长，包括一家豪华的水疗和健身中心。

Cubo 精品酒店 €€€

（☎01-425 60 00；www.hotelcubo.com；

Ljubljana 卢布尔雅那

Slovenska cesta 15；标单/双€120/140；❄@📶）这间时髦的精品酒店位于市中心，26间客房主打高端极简主义设计风格。店主非常注重使用最好的建筑材料——灯罩是用蚕茧做成（你能相信吗？），在窗帘中你能看到银丝。高质量的寝具和双层玻璃能够保证你一夜好眠。

就餐

Klobasarna 快餐 €

（☎051 605 017；www.klobasarna.si；Ciril-

Ljubljana
卢布尔雅那火车站
Bus Station
长途汽车站
Trg OF
Masarykova c
Resljeva c
Metelkova
Slomškova ul
Kotnikova ul
Čufarjeva ul
Metelkova ul
Maistrova ul
Tabor
Komenskega ul
Ilirska ul
Usnjarska ul
Dragon Bridge
Trubarjeva c
Petkovškovo nabrežje
Rozmanova ul
Slovenian Tourist Information Centre
斯洛文尼亚旅游信息中心
Poljanski nasip
Krekov trg
Poljanska c
Strossmayerjeva
Ul Talcev
Ul Stare Pravde
Zarnikova ul
Streliška ul
Zemljemerska ul
C Slovenskih kmečkih uporov
Roška c
Gruber Canal
格鲁伯运河
Hradeckega c

Ljubljana 卢布尔雅那

重要景点

1 卢布尔雅那城堡 D4
2 国家和大学图书馆 C5

景点

3 卢布尔雅那城市博物馆 C5
4 现代艺术博物馆 B3
5 斯洛文尼亚国家博物馆 B3
6 普列舍仁广场 D3

住宿

7 Antiq Palace Hotel & Spa C5
8 Celica Hostel F2
9 Cubo C4
10 Hostel Tresor C3
11 Penzion Pod Lipo B5
12 Slamič B&B C2

就餐

13 大棚市场 D4
14 Fish Market D3
15 Gostilna Rimska XXI B5
16 Klobasarna D4
17 露天市场 D4
18 Ribca D4
19 Skuhna E3
20 Špajza D5

饮品和夜生活

21 Cafe Kolaž D5
22 Dvorni Bar C4
23 Klub K4 .... C2
24 KMŠ Hangover A5
25 Metelkova Mesto F1
26 Nebotičnik C3
27 Žmavc B5

娱乐

28 Cankarjev Dom B4
29 卢布尔雅那芭蕾舞剧院 B3

Metodov trg 15；菜 €3.50~6；周一至周六10:00~23:00，周日至15:00）这座老城区的小餐厅主打最具斯洛文尼亚特色的菜肴，几乎只提供一种食物，即受欧盟保护的克拉尼多脂香肠（Kranjska klobasa），不过有时也能凑出jota和ričet这两道丰盛的炖菜。

Ribca 海鲜 €

（01-425 15 44；www.ribca.si；Adamič-Lundrovo nabrežje 1；菜肴 €4~8.50；周一8:00~16:00，周二至周六 8:00~21:00，周日 11:00~18:00）卢布尔雅那美食之旅的其中一站就是这家海鲜店，你可以在这里吃到便宜且美味的鱼类菜肴。这家海鲜馆位于Pogačarjev trg的Plečnik Colonnade的地下层，提供最美味的炸鱿鱼、沙丁鱼和鲱鱼。装修很随意，但菜肴都是顶级水准。

★ Skuhna 各国风味 €

（☎041 339 978；www.skuhna.si；Trubarjeva cesta 15；主菜 €5~7，套餐 €11；⊙周一至周五 11:30~21:00，周六 正午至21:00）这家独特的餐厅由两个斯洛文尼亚非营利性组织经营，目的是帮助城市里的移民社区之间加强联系。6位厨师分别来自埃及、肯尼亚和哥伦比亚，每天轮班掌勺，其结果就是制作出了各国风味的地道菜肴。最好的座位在厨房里。

Gostilna Rimska XXI 斯洛文尼亚菜 €€

（☎01-256 56 54；http://www.r-g.si/xxi；Rimska cesta 21；主菜 €8.5~16；⊙周一至周五 11:00~23:00，周六 正午至17:00）这家值得信赖的老牌餐厅很受欢迎，主打菜是斯洛文尼亚传统菜肴，选用的是当地食材，有许多自制的产品，例如啤酒和白兰地。没有英语菜单，所以可以找服务员推荐厨房里那些看起来好吃的菜肴。可以尝尝žlikrofi（奶酪、培根和香葱馅的饺子）配野味酱（game sauce）。

★ Špajza 斯洛文尼亚菜 €€€

（☎01-425 30 94；www.spajza-restaurant.si；Gornji trg 28；主菜 €18~24；⊙周一至周六 正午至23:00，周日 正午至22:00）这家名为"餐具间"的热门餐厅位于老城，是浪漫就餐的完美选择。室内装饰着粗制的桌子和椅子，有木头地板，彩绘的天花板，以及一些复古的摆设。露台在夏季很受欢迎。菜肴都是高端斯洛文尼亚菜，主打一些少见的主菜，例如兔肉、羊羔肉和小马肉，后者是斯洛文尼亚的一大特色。

露天市场 市场

（Open-Air Market；Vodnikov trg；⊙夏季 周一至周五 6:00~18:00，周六 6:00~16:00，冬季 周一至周六 6:00~16:00）自己做饭的人可以直接前往位于Pogačarjev trg和Vodnikov trg上巨大的露天市场购买各种食材。这两个市场位于Prešernov trg的东南边，只需走过三重桥即可到达。3月中旬到10月周五的8:00至20:00是露天厨房（Odprta Kuhna）的时间，即每周一次的当地自制食品和国际特色食品展销会。

大棚市场 市场

（Covered Market；Pogačarjev trg 1；⊙周一至周五 7:00~16:00，周六 7:00~14:00）出售肉和奶酪。

鱼市 市场

（Fish Market；Adamič-Lundrovo nabrežje 1；⊙周一至周五 7:00~16:00，周六 7:00~14:00）除了可以在大棚里的鱼市买到鲜鱼外，在Vodnikov trg还有一座露天的鱼市，那里出售的炸鱿鱼只要€7一份。

饮品和夜生活

Cafe Kolaž 咖啡馆

（☎059 142 824；www.facebook.com/kafe.kolaz；Gornji trg 15；⊙周一至周六 9:00至次日1:00，周日 10:00至午夜）这里是老城区最时髦的啜饮（和就餐）选择。店名意为"拼贴画"，欢迎同性恋，并继承了从前开在这里的Open Cafe所遗留下来的特色。会举办展览、文学之夜和DJ之夜活动，也提供三明治和点心（€2.80~4.50）。

★ Žmavc 酒吧

（☎01-251 03 24；Rimska cesta 21；⊙周一至周五 7:30至次日1:00，周六 10:00开始，周日 18:00开始；📶）这家热门饮酒地位于Slovenska cesta的西段，是所有人都喜欢的那种邪恶酒吧。各种日本漫画场景和人物画贴满了酒吧进门处的半面墙。这里有一个巨大的花园露台，可供顾客夏日夜饮，不过要早点来占位子。这里也是清晨喝咖啡的好地方。

METELKOVO MESTO

在卢布尔雅那，如果想寻找时尚夜店，可前往**Metelkova Mesto**（Metelkova Town；www.metelkovamesto.org；Masarykova cesta 24），这是一座前驻军要塞，在20世纪90年代聚集了许多寮屋居民，后来变成了一个吃喝玩乐的公社。在这个拥有两个庭院的街区里，十几间另类的夜店隐藏在各种带有闪亮标牌的大门后面。平日里它们一般19:00开始营业，周末则从23:00才开始热闹起来。

★ Nebotičnik

咖啡馆

（☎040 601 787; www.neboticnik.si; Štefanova ulica 1, 12层; ⌚周日至周三 9:00至次日1:00, 周四至周六 至次日3:00）这个优雅的咖啡馆位于卢布尔雅那著名的艺术装饰风格的Skyscraper大楼（建于1933年）楼顶。在蛰伏10年之后，如今已重新开业，在这里可以欣赏到壮美的全景式景观。

Dvorni Bar

葡萄酒吧

（☎01-251 12 57; www.dvornibar.net; Dvorni trg 2; ⌚周一至周六 8:00至次日1:00, 周日 9:00至午夜）这家葡萄酒吧是品尝斯洛文尼亚葡萄酒的好地方；存酒种类超过100种，每月还有品尝会（一般是第二个周三）。西班牙小吃价格为€4~10。

KMŠ Hangover

夜店

（☎01-425 74 80; www.klubkms.si; Tržaška cesta 2; ⌚酒馆 24小时开放，夜店 周五和周六 22:00至次日6:00）这家夜店位于一座从前的香烟厂建筑群的深处，很受学生欢迎。平日里气氛懒散，直到周末才变得喧嚣热闹起来，整个店里回响着各种音乐（丛林、雷鬼、鼓与贝斯），到处都是跳舞的人。

Klub K4

夜店

（☎040 212 292; www.klubk4.org; Kersnikova ulica 4; ⌚周三 23:00至次日4:00, 周四 21:00至次日1:00, 周五和周六 23:00至次日6:00）这家老牌夜店位于卢布尔雅那大学（Ljubljana University）学生会（ŠOU）总部的地下室内，以周五和周六的电子音乐为特色，平日则播放其他风格的音乐。周日会举办名为"Klub Roza"（粉红夜店）的同性恋之夜活动。

☆ 娱乐

Ljubljana in Your Pocket（www.inyourpocket.com）是一份不错的英语双月刊，可以帮助旅行者了解卢布尔雅那的城市最新动态。可以在场馆售票处购买展览门票，也可以通过**Eventim**（www.eventim.si）在线订票或在卢布尔雅那旅游信息中心（见本页）买票。

Cankarjev Dom

古典音乐

（☎01-241 71 00, 售票处 01-241 72 99; www.cd-cc.si; Prešernova cesta 10; ⌚售票处 周一至周五 11:00~13:00和15:00~20:00, 周六 11:00~13:00, 以及演出前一小时）这是卢布尔雅那首屈一指的文化和会议中心，有两个大礼堂（Gallus厅据说音响效果完美）和12个小一些的演出厅，提供令人难忘的表演艺术"大杂烩"。

卢布尔雅那芭蕾舞剧院

歌剧、舞蹈

（Opera Ballet Ljubljana; ☎01-241 59 00, 售票处 01-241 59 59; www.opera.si; Župančičeva ulica 1; ⌚售票处 周一至周五 10:00~13:00和14:00~18:00, 周六 10:00~13:00, 以及演出前一小时）这座古老的新文艺复兴风格的剧院是斯洛文尼亚国家歌剧院和芭蕾舞团体的所在地。建筑近年来经过修复，重现了往日的荣耀。入口在Cankarjeva cesta。

实用信息

自动柜员机随处可见，在卢布尔雅那旅游信息中心（TIC）办公室的门外也有一排自动柜员机。火车站有一个**外币兑换点**（bureau de change; 火车站; ⌚8:00~20:00），可以兑换现金且不收手续费，但是不接受旅行支票。

卢布尔雅那健康中心（Health Centre Ljubljana, Zdravstveni Dom Ljubljana; ☎01-472 37 00; www.zd-lj.si; Metelkova ulica 9; ⌚周一至周五 7:30~19:00, 周六 8:00~16:00）提供非急救类的医疗服务。

卢布尔雅那旅游信息中心（Ljubljana Tourist Information Centre, TIC; ☎01-306 12 15; www.visitljubljana.si; Adamič-Lundrovo nabrežje 2; ⌚6月至9月 8:00~21:00, 10月至次年5月 8:00~19:00）消息灵通且热情的员工会向旅行者提供各种实用信息、地图和有用的资料，还可以帮忙预订住宿。信息中心的网站维护得很出色。

斯洛文尼亚旅游信息中心（Slovenian Tourist Information Centre, STIC; ☎01-306 45 76; www.slovenia.info; Krekov trg 10; ⌚6月至9月 8:00~21:00, 10月至次年5月 周一至周五 8:00~19:00及周六和周日 9:00~17:00）这是了解斯洛文尼亚其他地方信息的好去处，而且还提供免费上网服务。

卢布尔雅那大学医疗中心（Univerzitetni Klinični Center Ljubljana; ☎01-522 50 50, 01-522 23 61; www.kclj.si; Zaloška cesta 2; ⌚24小时）大学医疗诊所，提供24小时意外急救服务。

到达和离开

长途汽车

从火车站前的**长途汽车站**（Avtobusna Postaja Ljubljana; ☎01-234 46 00; www.ap-ljubljana.si; Trg Osvobodilne Fronte 4; ⏰周一至周六 5:00~23:00，周日 5:30开始）出发，有车次可前往斯洛文尼亚国内和国外各地。售票窗口旁有多语种信息电话，以及一台触屏电脑；**行李寄存处**（Trg OF 4; 每天 €2; ⏰周日至周五 5:30~22:30，周六 5:00~22:00）在3号窗口。这里还有经布莱德（Bled; €6.50, 1小时15分钟）前往波希涅（Bohinj; €8.30, 2小时，每小时1班）的车次，以及开往迪瓦查（Divača; €7.90, 1.5小时，每天8班）、皮兰（€12, 2.5小时，每天最多7班）和波斯托伊纳（Postojna; €6, 1小时，每半小时1班）的车次。

火车

国内和国际列车都使用市中心的**火车站**（Železniška Postaja; ☎01-291 33 32; www.slo-zeleznice.si; Trg Osvobodilne Fronte 6; ⏰6:00~22:00）作为进出站。国内火车票在1号和8号窗口购买，国际车票在9号窗口购买。1号站台上有**投币式储物柜**（Trg OF 6; 每天 €2~3; ⏰24小时）可寄存行李。国内目的地包括布莱德（€5.10, 1小时，每半小时1班）和波希涅斯卡-比斯特里察（Bohinjska Bistrica; €7.20, 2小时，每天6班），后者途经耶塞尼采（Jesenice）。

当地交通

抵离机场

前往卢布尔雅那**Jože Pučnik机场**（LJU/Aerodrom Ljubljana; ☎04-206 19 81; www.lju-airport.si/eng; Zgornji Brnik 130a, Brnik）可在汽车站第28站台乘坐公共汽车（€4.10, 45分钟）。公共汽车在周一至周五每天5:20开始发车，6:10~20:10每小时1班；周末6:10开始发车，9:10~19:10每两小时1班。在司机处购买车票。

机场接驳服务中最好的是**GoOpti**（☎01-320 45 30; www.goopti.com），可前往Jože Pučnik机场（€9起，30分钟）和本地区其他20个机场，包括威尼斯（Venice）、维也纳（Vienna）和克拉根福（Klagenfurt）。可电话或网上预订；价格根据乘车时间以及选择合乘还是私人包车而定。

乘出租车从机场到卢布尔雅那的费用为€30。

自行车

卢布尔雅那是自行车爱好者的天堂，自行车道和特殊的交通信号灯随处可见。Bicike（lj）（www.bicikelj.si; 会员费 每周/每年 €1/€3，还有按小时计费制；⏰24小时）自行车共享计划一般面向居民和短途使用者。或者，你也可以从**Ljubljana Bike**（☎01-306 45 76; www.visitljubljana.si; Krekov trg 10; 每2小时/4小时/天 €2/4/8; ⏰4月、5月和10月 8:00~19:00，6月至9月 8:00~21:00）按小时或天租赁自行车，地点就在斯洛文尼亚旅游信息中心。

公共交通

卢布尔雅那的市内公共汽车从5:00（周日是6:00）开始运营至22:30左右，每5到15分钟1班。€1.2的单一票价（可在90分钟内无限制搭乘，包括中转）可以通过储值磁卡**Urbana**（☎01-430 51 74; www.jhl.si/en/single-city-card-urbana）支付购买。你可以在报亭、旅游局办事处和**LPP信息中心**（☎01-430 51 75; www.lpp.si; Slovenska cesta 56; ⏰周一至周五 7:00~19:00）买到这种磁卡，价格为€2；之后可以充值（€1~50）。

朱利安阿尔卑斯山脉（JULIAN ALPS）

蔚为壮观的朱利安阿尔卑斯山脉——因恺撒而得名——构成了斯洛文尼亚西北部与意大利之间的边境。建于1924年的特里格拉夫国家公园（Triglav National Park）几乎将位于斯洛文尼亚境内的阿尔卑斯山整个收入囊中，包括斯洛文尼亚最高峰特里格拉夫山（Mt Triglav，2864米）。这里植被茂盛，适宜进行各种探险活动。

布莱德（Bled）

☎04 /人口 81,000

碧绿的湖水、小岛上如梦如幻的教堂、峭壁上的中世纪古堡和背后数座国内最高的山峰，布莱德的旅游资源可谓得天独厚。它面积小，交通便利，你可以将这里当作山区探险的大本营。

景点

布莱德湖 湖泊

(Lake Bled, Blejsko jezero)布莱德最著名的景点要数碧色如洗的布莱德湖。该湖泊长约2000米、宽约1500米。6月至8月间，温热的山泉会将水温加热至26℃，适宜游泳。岸边不远处有一座泪滴形状的布莱德岛(Bled Island, Blejski Otok; www.blejskiotok.si)。岛上有一个教堂和小型博物馆，最刺激的事情要属乘平底船(gondola, pletna; ☎041 427 155; 往返 每人€12)巡航冒险了。船夫会让游客在湖南岸的南楼梯(South Staircase, Južno Stopnišče)纪念碑处下船。

布莱德城堡 城堡、博物馆

(Bled Castle, Blejski Grad; www.blejski-grad.si; Grajska cesta 25; 成人/儿童 €9/4.50; ⏲4月至10月 8:00~20:00，11月至次年3月 8:00~18:00)布莱德城堡雄踞于一块高达100米的峭壁上，俯瞰着湖面。这里的一切正如你想象中的中世纪城堡一般，有高塔、城墙、护城河和观赏壮丽风景的平台。城堡内有一家博物馆，展示布莱德湖从古至今的整个历史。此外这里还有一座小礼拜堂、一座印刷厂和一家餐厅。

文特加峡谷 峡谷

(Vintgar Gorge; www.vintgar.si; 成人/儿童 €4/2; ⏲4月底至10月 8:00~19:00)峡谷的亮点是一条1600米长的木制人行道(1893年)。这条木道蜿蜒交错，下方则是水流湍急的拉多夫那河(Radovna River)。从布莱德中心出发向西北方向走4公里即可到达峡谷，并不会很辛苦。

活动

有几家当地机构会在布莱德及周边地区组织一系列的户外活动，包括远足、登山、攀岩、滑雪团队游、越野滑雪、山地自行车、漂流、皮划艇、溪降、洞穴探险、骑马和滑翔伞运动。

3glav探险 探险活动

(3glav Adventures; ☎041 683 184; www.3glav-adventures.com; Ljubljanska cesta 1; ⏲4月至10月 9:00~19:00)这里有布莱德顶级的探险活动专家，主要在4月15日至10月15日气候温暖的时候组织探险活动。最受欢迎的项目莫过于Emerald River Adventure(€65)了，经过11个小时的徒步和游泳，沿着索查河(Soča River)进入特里格拉夫国家公园(Triglav National Park)。你也可以租赁自行车，每天€15。

住宿

Kompas出租私人包房和农舍，价格每人€21起。

Traveller's Haven 青年旅舍 €

(☎059 044 226，手机 041 396 545; www.travellers-haven.si; Riklijeva cesta 1; 铺/双 €19/48起; @📶)这家旅舍可能是布莱德湖东岸山腰处的几家旅舍中最好的一家，位于布莱德中心以北500米处。旅舍开在一座经过整修的别墅中，有6个迷人的房间(包括一个私人双人房)和一个非常棒的厨房，还提供免费洗衣服务。

★Penzion Mayer 家庭旅馆 €€

(☎04-576 57 40; www.mayer-sp.si; Železka cesta 7; 标单/双 €57/82，公寓 €120起; @📶)这家旅馆开在布莱德湖岸上一栋经过整修的19世纪的房子里，提供12间带有鲜花装饰的房间。在一个可爱的木屋内还有一间较大的公寓房，餐厅很棒。

Hotel Triglav Bled 精品酒店 €€€

(☎04-575 26 10; www.hoteltriglavbled.si; Kolodvorska cesta 33; 标单 €89~159，双 €109~179，套 €199起; ❄@📶🏊)这家经过精心修复的商队客栈开办于1906年，其中的22个房间里都铺设着硬木地板和东方风格的地毯，装饰着古董摆设。有一个巨大的斜坡花园，店家在这里种植蔬菜并用作自家露台餐厅的食材。从布莱德Jazero火车站出来后向北走即可到达。

餐饮

Pizzeria Rustika 比萨饼 €

(☎04-576 89 00; www.pizzeria-rustika.com; Riklijeva cesta 13; 比萨饼 €6~10; ⏲正午至23:00; 📶)和很多布莱德的廉价住宿地一样，这家店坐落于布莱德山上，在这里可以吃到这个镇上最好的比萨饼。

Slaščičarna Šmon
咖啡馆 €

（☎04-574 16 16；www.smon.si；Grajska cesta 3；⏰7:30~21:00；📶）布莱德的特色美食是奶油蛋糕（kremna rezina，€2.70），做法是在香草软冻上浇上一层厚厚的泡沫状奶油，然后像三明治似的夹在两片薄煎饼之间。这里也许不是它的诞生地，但却是品尝这种蛋糕的最佳场所。

★Ostarija Peglez' n
海鲜 €€

（☎04-574 42 18；Cesta Svobode 19a；主菜€9~16；⏰正午至22:30）这家"铁旅馆"是布莱德较好的餐厅之一，装潢是迷人的复古风格，有许多古老的家居用品和古董（包括店名中所提到的铁），供应镇上最美味的鱼。

Pub Bled
小酒馆

（Cesta Svobode 19a；⏰周日至周四 9:00至次日1:00，周五和周六 9:00~15:00）这家小酒馆位于Oštarija Peglez' n餐厅之上，氛围极其友善，有很棒的鸡尾酒。多数晚上都有DJ打碟。

ℹ 实用信息

Kompas（☎04-572 75 01；www.kompas-bled.si；Bled Shopping Centre，Ljubljanska cesta 4；⏰周一至周六 8:00~19:00，周日 至15:00）提供全方位服务的旅行社。

布莱德旅游信息中心（Tourist Information Centre Bled；☎04-574 11 22；www.bled.si；Cesta Svobode 10；⏰7月和8月 周一至周六 8:00~21:00，周日 9:00~18:00，9月至次年6月 周一至周六 8:00~18:00，周日 10:00~16:00）在湖畔赌场后面的一间小办公室里；提供自行车出租（半日/全日 €8/11），也可以洗衣（当天取/次日取 €20/16），有电脑可供查阅电邮。

ℹ 到达和当地交通

长途汽车

每小时有1班长途汽车往返于布莱德和波希涅湖（€3.60，45分钟）之间，途经波希涅斯卡-比斯特里察，首班车在7:00左右发出，末班车的发车时间约为22:00。前往卢布尔雅那的长途汽车至少每小时1班（€6.50，1小时15分钟）。

火车

布莱德有两个火车站，都离镇中心较远。往返卢布尔雅那（€5.10，1小时，每天多达21班）和奥地利的主要火车线路使用的是Lesce-Bled火车站，位于镇东4公里处。往返波希涅斯卡-比斯特里察和意大利的火车（€1.85，20分钟，每天8班）使用的是较小一些的Bled Jezero火车站，位于布莱德中心以西2公里处。从波希涅斯卡-比斯特里察，你可以乘坐长途汽车到波希涅湖。

波希涅（Bohinj）

☎04 /人口 5300

这个位于布莱德东南26公里处的大冰川湖原始而纯朴，宛如另一个世界。湖水中倒映着特里格拉夫山的雄姿，活动丰富多彩，包括划皮划艇、骑山地自行车及徒步游览特里格拉夫（从南侧进入）等。**里贝希夫拉兹**（Ribčev Laz）是湖区的游客中心；**波希涅斯卡-比斯特里察**（人口 1890）是该地区最大的村庄，位于湖东6公里处，火车站也设在那里。

👁 景点和活动

施洗者圣约翰教堂
教堂

（Church of St John the Baptist，Cerkev sv Janeza Krstnika；Ribčev Laz；⏰7月和8月 每天 10:00~17:00，9月至次年6月 周六和周日 10:00~17:00）这是一座美丽如画的教堂，内部的墙壁和屋顶上都装饰着14世纪至16世纪创作的壁画。位于萨瓦波希涅斯卡（Sava Bohinjka）河对岸，跨过石桥即到。

萨维察瀑布
瀑布

（Savica Waterfall，Slap Savica；Ukanc；成人/儿童 €2.50/1.25；⏰7月和8月 9:00~18:00，4月至6月，9月和10月 至17:00）这座宏伟的瀑布从80米高的地方飞流而下，直入下方峡谷。距离Ukanc定居点约4公里，可以徒步前往。

Alpinsport
探险运动

（☎04-572 34 86，手机 041 596 079；www.alpinsport.si；Ribčev Laz 53；⏰7月至9月 9:00~20:00，10月至次年6月 至19:00）出租运动设备，包括皮划艇/独木舟（每小时 €7/3）、自行车

(每小时/天 €4/13.50),此外还组织漂流、皮划艇和洞穴导览游活动,出发地点就在石桥边的凉亭处。

住宿

旅游局办事处可以帮忙安排私人包房和公寓住宿(双人间 €38~50)。

Hostel Pod Voglom 青年旅舍 €

(04-572 34 61; www.hostel-podvoglom.com; Ribčev Laz 60; 铺 €16~18,房间 每人 €23~27,不带浴室 €19~22;)这是本地最老的一家青年旅舍,位于去Ukanc的路上,里贝希夫拉兹游客信息中心以西约3公里处。

★Penzion Gasperin 家庭旅馆 €€

(041 540 805; www.bohinj.si/gasperin; Ribčev Laz 36a; 双 €54~92,公寓 €70~120;)这个美丽的瑞士小屋风格的客栈有24间房,位于TIC东南350米处,经营者是一对英国籍斯洛文尼亚夫妇。多数房间都有阳台。

Hotel Jezero 酒店 €€€

(04-572 91 00; www.bohinj.si/alpinum/jezero; Ribčev Laz 51; 标单 €57~78,双 €94~136;)这间酒店有76个房间,就在湖对岸。酒店设有一个可爱的室内游泳池,还有两个桑拿房和一个健身中心。

就餐

Strud'l 斯洛文尼亚菜 €

(041 541 877; www.strudl.si; Triglavska cesta 23; 主菜 €6~11; 8:00~21:00;)这家传统农家菜馆位于波希涅斯卡-比斯特里察的镇中心,和周围的环境显得有些格格不入。可以尝尝当地菜肴,例如ričet s klobaso(炖大麦,配香肠和豆子)。hišni krožnik(超大盘)是一种包含了所有菜式的品尝拼盘,包括火腿、香肠、豆泥、泡菜和煮荞麦。

Gostilna Mihovc 斯洛文尼亚菜 €

(051 899 111; www.gostilna-mihovc.si; Stara Fužina 118; 主菜 €7~15; 9:00~23:00)过了Ribčev Laz后的下一个村庄就是Stara Fužina,Gostilna Mihovc就在这里村子里,以其家常菜和自制的白兰地闻名。尝试一下这里的pasulj(豆汤),可以配腊肠(€6)或烤鳟鱼(€10)。周末会有现场音乐演奏。

实用信息

里贝希夫拉兹游客信息中心(TIC; 04-574 60 10; www.bohinj-info.com; Ribčev Laz 48; 7月和8月 周一至周六 8:00~20:00,周日 8:00~18:00,9月至次年6月 周一至周六 8:00~18:00,周日 9:00~15:00)可索取内容全面的新版《骑行路线》(*Kolesarske Poti*)地图。

到达和离开

长途汽车

定期有长途汽车从卢布尔雅那出发(€8.30,2小时,每小时1班)开往Bohinj Jezero和Ukanc(标示为"Bohinj Zlatorog"),途经布莱德和波希涅斯卡-比斯特里察。每天有20班长途汽车往返于布莱德(€3.60,45分钟)和Bohinj Jezero(途经波希涅斯卡-比斯特里察)之间。首班车在5:00左右发车,末班车在21:00左右发车。

火车

每天有6班火车从卢布尔雅那开往波希涅斯卡-比斯特里察(€7.20,2小时),但是乘坐该线路列车需要在耶塞尼采换乘。此外,在布莱德的小Bled Jezero车站(€1.85,20分钟,每天8班)和波希涅斯卡-比斯特里察之间也有火车频繁地往返行驶。

索查河谷(SOČA VALLEY)

索查河谷地区(Posočje)是以96公里长的索查河来界定的。河水是青绿色的,绿得犹如经人手调色而成。河谷中有一些古迹,多数都和第一次世界大战有关,不过大部分游客来此都是为了进行漂流、徒步、滑雪和其他运动项目。

博维茨(Bovec)

05 /人口 1700

作为索查河谷实际上的首府,博维茨为探险运动爱好者们提供大量的探险机会:上有朱利安阿尔卑斯山脉,包括卡宁山(Mt Kanin,2587米);下有索查河谷,周围环绕着特里格夫拉国家公园。你可以在这里徒步,玩皮划艇和独木舟,还可以骑山地自行车,丰富的活动能让你玩上一周都不会重样。

活动

小小的博维茨乡村广场（Trg Golobarskih Žrtev）上各种机构应有尽有，完全能满足你的所有需求，有6家提供激动人心的探险运动的公司，最好的两家是：Aktivni Planet（☎031 653 417; www.aktivniplanet.si; Trg Golobarskih Žrtev 19; ⊙9:00~19:00）和Soča Rafting（☎05-389 62 00, 手机 041-724 472; www.socarafting.si; Trg Golobarskih Žrtev 14; ⊙9:00~19:00）。

在美丽的索查河上举行的漂流、皮划艇和独木舟运动是最具有吸引力的。活动季节从4月一直持续到10月。2~8人的漂流之旅的费用为€37起，全程8~10公里（1.5小时）。双人独木舟活动一天的费用为€45，单人皮划艇的费用为€30。全程3公里的独木舟之旅的费用为€45，途中要进入峡谷，在索查附近还要靠系着的绳索跨越瀑布。

食宿

Hostel Soča Rocks 青年旅舍 €

（☎041 317 777; http://hostelsocarocks.com; Mala Vas 120; 铺 €13~15, 双 €34~36; @📶）这家新开办的旅舍属于青年旅舍行业中的一个新品系，14间客房可以容纳68人同时入住。装饰色彩鲜艳，灯光明亮，打扫得很干净，附带的酒吧似乎永远也不会打烊。宿舍间最多入住6人，有些房间有阳台，能看见卡宁山。有折扣活动。

Martinov Hram 客栈 €€

（☎05-388 62 14; www.martinov-hram.si; Trg Golobarskih Žrtev 27; 标单 €33~41, 双 €56~71; 📶）这家可爱的gostišče（客栈）氛围非常友好，位置靠近镇中心，提供的6个房间虽然简单但都很宽敞。附设一家出色的餐厅，主打博维茨地区的特色菜。

★Dobra Vila 精品酒店 €€€

（☎05-389 64 00; www.dobra-vila-bovec.si; Mala Vas 112; 双 €125~165, 标三 €170~195; ❄@📶）这家有11间房的精品酒店是绝对的亮点，位于一座建于1932年的建筑中，曾经是电话交换机所在的大楼。店内装饰着有趣的手工艺品和艺术品，还有自己的图书馆和葡萄酒窖；餐厅很棒，可提供套餐，还有一座冬景花园和一个户外露台。

实用信息

博维茨旅游信息中心（☎05-388 19 19; www.bovec.si; Trg Golobarskih Žrtev 8; ⊙7月和8月 8:30~20:30, 9月至次年6月 周一至周六 9:00~16:00）

到达和离开

每天都有几班长途汽车经Kobarid和Idrija到达卢布尔雅那（€13.60, 3.5小时）。从6月底至8月，每天有几班长途汽车经维希奇山口（Vršič Pass）到达Kranjska Gora（€6.80, 2小时），然后继续开往卢布尔雅那。

喀斯特地貌和海滨地区（KARST & COAST）

斯洛文尼亚短短的海岸线（47公里）融娱乐和历史于一体；小镇皮兰（Piran）以其威尼斯风格的哥特式建筑和如诗如画的狭窄巷弄而闻名，是本地区的主打亮点。从卢布尔雅那或索查山谷前来的途中，你会穿越喀斯特地貌，那是一片广袤的石灰岩高原；这里有成片的橄榄林，有赤红的特朗红葡萄酒、pršut（风干火腿）、古老的石头教堂和幽深的地下洞穴，其中就包括位于波斯托伊纳和斯科契扬的那些溶洞。

波斯托伊纳溶洞和斯科契扬溶洞（Postojna & Škocjan Caves）

☎05

在斯洛文尼亚，能够和山地、海岸并称为该国招牌景点的当属它的两处世界级的溶洞系统，它们都位于喀斯特地貌区，但却有着截然不同的独特魅力。

景点

波斯托伊纳溶洞 洞穴

（Postojna Cave, Postojnska Jama; ☎05-700 01 00; www.postojnska-jama.eu; Jamska cesta 30; 成人/儿童 €22.90/13.70, 含波贾马城堡 €28.90/17.40; ⊙团队游 5月至9月 9:00~17:00或18:00 每小时1次，10月至次年4月 10:00~16:00 每

天3~4次）位于波斯托伊纳（人口 7900）西北2公里处的地下，是世界上最大的洞穴之一，其中的石笋和钟乳石无可匹敌。来这里参观的游客络绎不绝，到访斯洛文尼亚的游客几乎有三分之一都会前来，但让人惊讶的是，不管入口处有多少人，溶洞的规模都足以将他们全部容纳进来。

波斯托伊纳还是当地洞螈（Proteus anguinus）的藏身之地，这是一种没有眼睛的可爱蝾螈，因为肤色的原因被称为“人鱼”。1.5小时的游览活动包括一段4公里长的地下列车之旅，之后还要徒步走过一段1.7公里长的没有台阶的斜坡。游览溶洞时要注意保暖，你可以租一件披肩，因为洞内的温度只有8~10℃。

斯科契扬溶洞 洞穴

（Škocjan Caves；☎05-708 21 00；www.park-skocjanske-jame.si；Škocjan 2；成人/儿童 €16/7.50；⏰团队游 6月至9月 10:00~17:00 每小时1次，10月至次年4月 10:00~15:00 每天2、3次）更加静谧也更为偏远的斯科契扬溶洞位于迪瓦查（Divača，人口 1300）东南方向4公里处。这座巨大的溶洞系统已被联合国教科文组织列入世界遗产，它比波斯托伊纳的溶洞更加迷人，儒勒·凡尔纳（Jules Verne）的《地心游记》（*A Journey to the Centre of the Earth*）也曾提到它。对于许多到访斯洛文尼亚的游客来说，这里将成为他们旅程中的亮点。洞内温度常年保持在12℃，所以最好带件薄外套或毛衣。推荐穿上适合徒步的鞋子，因为有些地方很滑。

从迪瓦查徒步前往溶洞需要约40分钟，途中有路标指示。或者，有时会有面包车在火车站（运营时）接站，接应进站的列车或替代汽车，将持有火车票或汽车票的乘客送到溶洞那里，每天最多4班。

食宿

Hotel Kras 酒店 €€

（☎05-700 23 00；www.hotel-kras.si；Tržaška cesta 1；标单/双 €71/89，公寓 €121；❄📶）这座闪亮的酒店位于波斯托伊纳镇中心，在溶洞东南2公里处，这里的27间舒适客房都配备有全套的现代化设施。如果预算充足，可以选择顶层（5楼）3间公寓房中的一间，均配有宽大的露台。

Hotel Malovec 酒店 €€

（☎05-763 33 33；www.hotel-malovec.si；Kraška cesta 30a；标单/双 酒店 €54/80，家庭旅馆 €43/54；❄@📶）这家新建的酒店位于迪瓦查镇中心，溶洞西北约4公里处，提供的20间现代化的客房中包括一间带阳台的大家庭房。附设一间很受欢迎的餐厅，供应斯洛文尼亚热门菜式，吸引了许多当地食客。餐厅旁边是其原有的家庭旅馆，里面也有同样数量的客房。

值得一游

波贾马城堡（PREDJAMA CASTLE）

在波斯托伊纳西北10公里处的小村波贾马（人口 80）里，耸立着一座引人注目的**波贾马城堡**（☎05-700 01 03；www.postojnska-jama.eu；Predjama 1；成人/儿童 €9/5.40，含波斯托伊纳溶洞 €28.90/17.40；⏰团队游 每小时1次 7月和8月 9:00~19:00，5月、6月和9月 9:00~18:00，4月和10月 10:00~17:00）。这座固若金汤的多面堡垒建在一座123米高的悬崖的半山洞口处。其4层的结构是自1202年以来一点一点逐步建造完成的，不过今天你所看到的大部分都是16世纪的成果，整个城堡看上去完全是坚不可破的。

这里有为各个年龄层的孩子们准备的大量特色景点——汹涌河水上的吊桥，入口塔楼天花板上用来朝入侵者头上浇滚油的洞口，一座非常潮湿的地牢，一座建于16世纪的藏满珍宝的金库（1991年从地窖发掘出土），顶部还有一个名叫Erazem’s Nook的藏身处。7月中旬，城堡会举办伊拉兹马斯锦标赛（Erasmus Tournament），在一天的时间内会举办中世纪的决斗、马上长枪和箭术比赛。

夏季13:00~18:00，每小时会有一班接驳车将联票乘客从波斯托伊纳溶洞送往城堡。

实用信息

Kompas Postojna（☎05-721 14 80；www.kompas-postojna.si；Titov trg 2a；⏲6月至10月 周一至周五 8:00~19:00，周六 9:00~13:00，11月至次年5月 周一至周五 8:00~18:00，周六 9:00~13:00）是波斯托伊纳最好的信息提供处，有私人包房，还可兑换货币。

到达和离开

从卢布尔雅那开往皮兰的长途汽车都会停靠波斯托伊纳（€6，1小时，每半小时1班）和迪瓦查（€7.9，1.5小时，每天8班）。因2014年遭受严重冰雹，Notranjska省区的大部分轨道均被毁坏；在本书调研之时，前往波斯托伊纳（€5.80，1小时）和迪瓦查（€7.70，1小时45分钟）的车次都无限期停运了，不过作为替代工具的长途汽车服务仍在运转。

皮兰（Piran）

☎05 /人口 4700

小镇皮兰（意大利语称为Pirano）位于一个狭窄的半岛之上，是斯洛文尼亚伊斯特拉（Slovenian Istria）地区最西端的城镇。皮兰湾（Piran Bay）和斯洛文尼亚最大的海滨胜地Portorož（人口 3000）就坐落于皮兰的南边。皮兰老城区的中心是大理石铺砌的椭圆形的Tartinijev trg广场，在1894年填埋建成之前，这里一直是内陆港口。

景点

谢尔盖·马塞拉海事博物馆 博物馆

（Sergej Mašera Maritime Museum；☎05-671 00 40；www.pomorskimuzej.si；Cankarjevo nabrežje 3；成人/儿童 €3.50/2.10；⏲7月和8月 周二至周日 9:00至正午和17:00~21:00，9月至次年6月 周二至周日 9:00~17:00）这座博物馆位于Tartinijev trg广场东南的水滨，就在可爱的19世纪的加布里埃利宫（Gabrielli Palace）中。这里主要展览海洋、航海和造盐的历史——这3个行业几百年来对于皮兰的发展一直起着至关重要的作用。楼上的古董模型船非常精致；其余展厅里则满是古老的船头雕像和武器，包括一些看上去足以致命的大口径短枪。

皮兰水族馆 水族馆

（Aquarium Piran；☎05-673 25 72，手机 051 602 554；www.aquariumpiran.com；Kidričevo nabrežje 4；成人/儿童 €7/5；⏲6月至8月 9:00~22:00，4月和5月 至21:00，9月和10月 至19:00，11月至次年3月 至17:00）水族馆位于市中心的Tartinijev trg广场西南约100米处的港口旁边，也许规模有些小，但这里的海洋生物种类丰富，数量庞大，都养殖在馆内的20多座水箱中。

圣乔治大教堂 大教堂

（Cathedral of St George；Stolna Cerkev sv Jurija；Adamičeva ul 2）山顶的圣乔治大教堂俯瞰着整个皮兰城，这里大部分建筑的历史都可追溯到17世纪。如果时间允许，可以参观附设的**圣乔治郊区博物馆**（Parish Museum of St George；☎05-673 34 40；Adamičeva ul 2；门票 €1；⏲周二至周五 9:00~13:00和17:00~19:30，周六 9:00~14:00和17:00~20:00，周日 11:00~14:00和17:00~20:00），博物馆的地下室里展出了教堂的金银器皿、油画和一些宝石。大教堂内有一座独立的**钟楼**（Zvonik；门票 €2；⏲10:00~14:00和17:00~20:00），其历史可追溯到1609年，可以登顶。八角形的**洗礼池**（1650年）原本是2世纪的罗马石棺。往东是一座经过重建的15世纪的**市政厅**，上面还有一些残留的枪眼。

住宿

★Max Piran 民宿 €€

（☎05-673 34 36，手机 041 692 928；www.maxpiran.com；Ul IX Korpusa 26；双 €60~70；❄@📶）这里是皮兰最浪漫的住宿处，只有6个房间，每一间都以女性的名字命名，而不是编号。这家民宿位于一座建于18世纪初的可爱的珊瑚色联排建筑中。

Miracolo di Mare 民宿 €€

（☎05-921 76 60，手机 051 445 511；www.miracolodimare.si；Tomšičeva ul 23；标单 €50~55，双 €60~70；@📶）这是一家靠近海岸的舒适民宿，店名意为"海洋奇迹"，提供12个迷人的房间（尽管显得很小），一些房间（如3号房和早餐室）正好面对着全皮兰最迷人的后花园。房间的地板和楼梯都是木质的（历史悠久），床是金属框架的。

Hotel Tartini 酒店 €€€

（☎05-671 10 00；www.hotel-tartini-piran.

com；Tartinijev trg 15；标单 €76~92，双 €102~128，套 €140起；❄📶）这家迷人的酒店面朝着Tartinijev trg广场，共有45个房间，可以选择楼上那些能看到海景的房间。员工非常热情，能提供很多帮助。想真正挥霍一把，可以选择40a号套房；我们就被那些城堡般的圆形房间吸引了，其中的景观价值百万。

就餐

Restaurant Neptune
海鲜 €

（☎05-673 41 11, 041 715 890；Župančičeva ul 7；主菜 €8~20；⏲12:00~16:00, 18:00~22:00）这家家庭经营的餐厅一切都恰到好处，相较于游客而言，这家店更受当地人欢迎，这并不是坏事。服务热情，海鲜分量足，还有许多肉食可选。

Riva Piran
海鲜 €€

（☎05-673 22 25；Gregorčičeva ul 46；主菜 €8~28；⏲11:30至午夜）最佳的滨水区海鲜馆，值得一品。拥有该地带最好的装饰和无与伦比的海景，服务热情。

★ Casa Nostromo
海鲜 €€

（☎030 200 000；www.piranisin.com；Tomšičeva ul 24；主菜 €8~22；⏲正午至23:00）大厨Gradimir Dimitrić新开办的这家水滨餐厅最近在皮兰餐饮界引起轰动（可以这么说），提供海鲜和伊斯特拉特色菜。

实用信息

皮兰旅游信息中心（Tourist Information Centre Piran；☎05-673 44 40；www.portoroz.si；Tartinijev trg 2；⏲7月和8月 9:00~20:00，9月至次年6月 周一至周六 9:00至正午和12:30~17:00）位于市政厅，其建筑令人印象深刻。

到达和离开

长途汽车

每天最多有7班长途汽车往返卢布尔雅那（€12，2.5小时，途经迪瓦查和波斯托伊纳）。除周日外，每天有5班长途汽车前往意大利的的里雅斯特（Trieste，€10，1小时45分钟）。6月至9月间，每天还有1班车（€10.30，2小时45分钟）南下前往克罗地亚的伊斯特拉（Istria），途中停靠海滨城镇乌马格（Umag）、伯雷奇（Poreč）和罗维尼（Rovinj）。

生存指南

出行指南

营业时间

酒吧 周日至周四 一般为11:00至午夜，周五和周六至次日1:00或次日2:00

银行 平日 9:00~17:00，（偶尔）周六 8:00至正午

杂货店 平日 8:00~19:00，周六 至13:00

博物馆 周二至周日 10:00~18:00（冬季时间可能更短）

餐馆 通常 每天11:00~22:00

现金

官方货币为欧元。银行、大型邮局、旅行社和货币兑换处（menjalnice）都可以很方便地兑换现金，但很多兑换处不接受旅行支票。几乎所有的地方都接受主流信用卡和借记卡消费，自动柜员机随处可见。凡贴有银联标识的商户均可以受理银联卡。自动柜员机取款暂未开通。

节假日

如果一个节假日正好是周日，那么该节假日将顺延至随后的周一。

新年假日 1月1日和2日

斯洛文尼亚文化日（Prešeren Day）2月8日

复活节和复活节星期一 3月/4月

起义日（Insurrection Day）4月27日

国家速览

面积 20,273平方公里

首都 卢布尔雅那

国家代码 ☎386

货币 欧元（€）

紧急情况 急救☎112，火警☎112，警察☎113

语言 斯洛文尼亚语

现金 自动柜员机随处可见；银行周一至周五营业，周六上午（极少）营业

人口 206万

签证 申根签证适用

特色饮食

小小的斯洛文尼亚各种各样的美食多到不可思议，有二十几种不同的地区烹饪风格。下面是其中的一些亮点：

➡ **Brinjevec** 由发酵杜松子制成的烈性白兰地（斯洛文尼亚人对这种酒爱之入骨）。

➡ **Gibanica** 坚果、奶酪和苹果馅的夹心蛋糕。

➡ **Jota** 一道丰盛的豆子卷心菜汤。

➡ **Postrv** 鳟鱼是真正的美味，特别是来自索查河的种类。

➡ **Potica** 一种作为茶点或甜点食用的坚果卷。

➡ **Prekmurska gibanica** 一种填有核桃、苹果和奶酪等多种材料，上面再加上奶油的油酥点心。

➡ **Pršut** 来自喀斯特地区的风干薄片火腿，和意大利熏火腿有点相似。

➡ **Ričet** 浓郁的大麦炖牛肉。

➡ **Štruklji** 由凝乳酪制成的美味水饺，既可以做主菜开胃菜，也可以做美味的甜点。

➡ **葡萄酒** 斯洛文尼亚人所饮的酒主要包括产自喀斯特地区和Malvazija的辛辣的特朗红葡萄酒，还有一种产自海岸地区的淡黄色白葡萄酒。

➡ **Žganci** 一种麦片，由大麦或玉米制成，更常见的是由ajda（荞麦）制成的。

➡ **Žlikrofi** 有点像意式饺子，里面加入奶酪、熏肉和韭菜。

劳动节 5月1日和2日
国庆日 6月25日
圣母升天日（Assumption Day）8月15日
宗教改革纪念日（Reformation Day）10月31日
万圣节（All Saints' Day）11月1日
圣诞节 12月25日
独立日 12月26日

电话

从国外拨打斯洛文尼亚国内的电话，需先拨国际直拨号☎386加区域号（除去首位0），然后再拨手机号码。在斯洛文尼亚有6个区域号（从☎01到☎05和☎07）。从斯洛文尼亚国内向国外拨号，先拨☎00（国际直拨号），后接国家和区域号，然后再拨打电话号码。在斯洛文尼亚，拨打以☎80开头的电话号码不需要支付通话费用。

住宿价格区间

以下价位分类以双人房的价格为基础，除非另有说明，房价包含厕所和浴室或淋浴，还有早餐。

€ 低于€50

€€ €50~100

€€€ 超过€100

手机

网络覆盖率超过国土面积的95%。手机号码的前缀有☎030和☎040（SiMobil），☎031、☎041、☎051和☎071（Mobitel），以及☎070（Tušmobil）。

iMobil（www.simobil.si）、Mobitel（www.mobitel.si）和Tušmobil（www.tusmobil.sil）的SIM卡售价在€15左右，押金€5。机场和汽车站自动售货机上一套基本的SIM卡售价为€30。可以在邮局、报亭和加油站进行刷卡充值。

这三大网络运营商在斯洛文尼亚各地都设有销售点，包括卢布尔雅那。

旅游信息

总部位于卢布尔雅那的**斯洛文尼亚旅游局**（Slovenian Tourist Board, Slovenska Turistična Organizacija | STO；☎01-589 18 40；www.slovenia.info；Dunajska cesta 156）是一个联盟组织，负责斯洛文尼亚的旅游推广，提供许多优秀的英文小册子和宣传手册。此外，该组织负责监管在全国的其他几十处旅游信息中心（TICs）。

签证

申根签证适用。需要签证的国家公民可在任何斯洛文尼亚大使馆或领事馆获取最长90天的签证——完整名录参见外交部（Ministry of Foreign Affairs; www.mzz.gov.si）网站。

签证不分类型和有效期限，价格一律为€35。

使领馆

中国驻斯洛文尼亚大使馆（☎386 1 420 2855; si.china-embassy.org/chn/; Koblarjeva 3, 1000 Ljubljana）

到达和离开

飞机

斯洛文尼亚唯一的国际机场就是卢布尔雅那的**Jože Pučnik机场**（Aerodrom Ljubljana，见1100页），位于卢布尔雅那以北27公里处的Brnik。除了斯洛文尼亚的国家航空公司——**亚得里亚航空公司**（Adria Airways, JP; ☎01-369 10 10, 080 13 00; www.adria-airways.com）之外，还有另外几家航空公司运营有定期往返卢布尔雅那的航班。其中包括廉价运营商**易捷航空**（easyJet; ☎04-206 16 77; www.easyjet.com）和威兹航空（Wizz Air; www.wizzair.com）。

陆路

长途汽车

从卢布尔雅那驶出的国际长途汽车的目的地包括塞尔维亚、德国、克罗地亚、波斯尼亚和黑塞哥维那、马其顿、意大利和北欧。你可以从海滨城镇出发——比如皮兰——乘坐长途汽车前往意大利和克罗地亚。

火车

乘坐火车前往意大利、奥地利、德国、克罗地亚和匈牙利也是可行的。卢布尔雅那是一个主要交通枢纽，不过你也可以在其他特定的城市登上国际火车。国际线路票价昂贵，所以最好将旅程拆分为国内段和国际段，在国内段时尽可能多利用国内火车线路完成，然后再选择国际线路跨境，这样会节省不少费用。

海路

皮兰每天都有到的里雅斯特的双体船，在旺季每周至少有2班船开往威尼斯。

当地交通

自行车

自行车是在当地颇受欢迎的一种交通工具。自行车可以放在一些城际或地区火车的行李车厢中托运，运费为€3.50。较大的公共汽车也允许乘客将自行车作为行李进行托运。绝大多数城镇都有专门的自行车车道和交通灯。

公共汽车

你可以在avtobusna postaja（汽车站）购买车票，也可以在登车时直接将车费付给司机。在卢布尔雅那，如果你打算周五乘车，或打算在公共假期乘坐公共汽车前往山区和海滨地区，应提前一天订票（费用：国内€1.50，国际€2.20）。在周日和节假日，公共汽车服务会受到影响。许多公共汽车公司在全国范围内提供服务，但价格都是统一的：25/50/100/150/200公里的价格分别为€3.10/5.60/9.20/12.80/16.80。

小汽车和摩托车

总的来说，斯洛文尼亚的路况还是不错的。在高速公路上行驶的所有车辆必须在风挡玻璃

精彩的户外运动

斯洛文尼亚人非常依恋大自然，大多数人从很小的时候开始就会主动参加户外运动。因此，活动的选择以及设施的种类都多到难以计数。从滑雪、登山到溪谷漂流和骑行，斯洛文尼亚全都有，而且费用通常都不高。主要的户外活动中心是博维茨、布莱德湖和波希涅湖。斯洛文尼亚旅游局（Slovenian Tourist Board）出版了滑雪、徒步、骑行、高尔夫和骑马的专业手册，当然也介绍了该国顶级的水疗中心和户外度假村。

就餐价格区间

以下价位分类的标准是基于一个人坐下来享用两菜正餐的价格，含一杯饮品。许多餐厅午间都提供超值的两菜甚至三菜套餐，其价格一般在€5~10。

€ 低于€15

€€ €15~30

€€€ 超过€30

上张贴vinjeta（过路费贴），而不是分段支付过路费。汽车一周/月/年的过路费用为€15/30/110，而摩托车的费用则为€7.50/30/55，你可以在汽车加油站、邮局和某些报亭及游客信息中心购买过路费贴。租赁的汽车通常已经贴好过路费贴纸了；如果没有张贴过路费贴便开上高速公路则可能面临最高€300的罚款。

在斯洛文尼亚，驾驶租赁的汽车前往更便宜的郊区酒店、农场或村庄内的民居中住宿也是很划算的。诸如Avis、Budget、Europcar和Hertz这样的国际公司均提供租车服务，价格各异。汽车租金每天/周约为€40/210，不限里程，含碰撞险（CDW）、盗窃险（TP）、人身意外保险（PAI）和税。一些较小的租赁公司的租赁价格可能更优惠。在网上预订通常也会优惠很多。

寻求路边帮助，可以拨打☎1987。

火车

斯洛文尼亚的绝大部分地区都通行火车，由国有运营商**斯洛文尼亚铁路公司**（Slovenske Železnice，SŽ；☎01-291 33 32；www.slo-zeleznice.si）运营。在其网站上很容易找到运营时刻表。

火车的时速一般为每小时60公里，但时速最快的城际特快列车的平均时速为每小时90公里。

在乘车之前需提前在zelezniska postaja（火车站）购买车票。如果在车上买票，必须支付€2.50的补票费。

西班牙

包括 ➡

最佳餐饮

- El Celler de Can Roca（见1150页）
- Simply Fosh（见1167页）
- Tickets（见1146页）
- Arzak（见1155页）
- 圣米格尔广场（见1123页）

最佳住宿

- Hotel Meninas（见1119页）
- Don Gregorio（见1131页）
- Can Cera（见1167页）
- Barceló Raval（见1142页）
- Hospedería La Gran Casa Mudéjar（见1132页）

为何去

热情、练达、追求美好生活，是人们对西班牙人的固有印象。实际上，西班牙比我们想象的要丰富得多。

从北部崎岖的比利牛斯山脉，到西北部大西洋沿岸广阔美丽的悬崖；从魅力十足的地中海海湾，到这片土地上各个时代的伟大建筑，西班牙的风景震撼着人们的灵魂。西班牙的城市正迈着愉悦的步伐，快速朝着新世纪迈进。同时，这里的村庄依然保持着本来的面貌，就像一个个美丽的路标，一路指向那个“老西班牙”，仿佛时间未曾流逝。除了风光，西班牙也是欧洲大陆最著名（品种也最多样）的美食国度。

最重要的是，西班牙是一个活在当下的国家。无论是午夜时分挤在热闹大街上享乐的西班牙人潮中，还是感受到弗拉明戈舞者带来的心灵触动时，你都会点点头对自己说：是的，这就是西班牙。

何时去

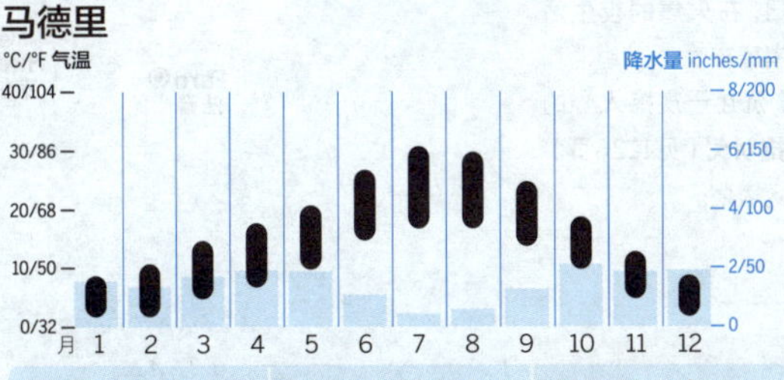

3月和4月 春天的野花、圣周活动和南部温和的气候。

5月和9月 气候适宜，没有盛夏时汹涌的人潮。

6月至8月 天气暖和，西班牙人涌向海滩，但还能找到很多安静的地方。

西班牙亮点

❶ 探索**格拉纳达**优美的伊斯兰宫殿**阿兰布拉宫**（见1179页）。

❷ 参观高迪尚未完工的伟大作品——**巴塞罗那**的**神圣家族教堂**（见1139页）：一座完全挑战你想象力的大教堂。

❸ 漫步在**科尔多瓦清真寺**（见1176页）的马蹄形拱门之间，欣赏几近完美的石拱门工艺。

❹ 在美食天堂**圣塞瓦斯蒂安**（见1154页）享受田园风光，大饱饕餮之福。

❺ 跟朝圣者一起去伟大的**圣地亚哥—德孔波斯特拉**（见1158页）朝圣。

❻ 嗅着橘子花香，在阳光明媚的**塞维利亚**（见1170页）欣赏建筑，陶醉在派对气息之中。

❼ 寻访地中海海滩和**梅诺卡**（见1166页）小海湾，它们美得不可思议。

❽ 到欧洲最好的艺术之都**马德里**（见1114页），在美术馆中消磨白日，在火爆的夜生活中消磨夜晚。

❾ 沉迷于震撼人心的**弗拉明戈**（见1126页）现场表演。

BAY OF BISCAY
比斯开湾
Aviles
阿维莱斯
Gijón
希洪
Santan
桑坦
La Coruña
拉科鲁尼亚
Ferrol
Torrelavega
托雷拉韦加
Oviedo
奥维耶多
AP9
Santiago de Compostela 5
圣地亚哥—德孔波斯特拉
Lugo
卢戈
GALICIA
加利西亚
ASTURIAS
阿斯图里亚斯
Reinos
A6
AP66
Pontevedra
蓬特韦德拉
León
莱昂
Vigo
维哥
Ourense
奥伦塞
Valença do Minho
A62
Benavente
Palencia
帕伦西亚
Zamora
萨莫拉
Valladoli
巴利亚多利
Porto
波尔图
Salamanca
萨拉曼卡
Segovia
Ávila
阿维拉
A6
Coimbra
科英布拉
Plasencia
Talavera de la Reina
Ma
马
PORTUGAL
葡萄牙
Toledo
托莱多
A5
CASTILLA-LA MANCHA
卡斯蒂利亚—拉
Cáceres
卡塞雷斯
Trujillo
EXTREMADURA
埃斯特雷马杜拉
Ciudad Real
雷阿尔城
LISBOA
里斯本
Badajoz
巴达霍斯
Mérida
梅里达
Almaden
Puertolla
Zafra
N432
N420
Barrancos
A66
Aracena
Córdoba 3
科尔多瓦
Jaé
哈
Seville
塞维利亚
A4
ANDALUC
安达卢西
6
Huelva
韦尔瓦
Faro
法鲁
Jerez de la Frontera
Arcos de la Frontera
阿尔科斯—德拉弗龙特拉
Ronda
龙达
Mála
马拉
Cádiz
加的斯
Marbella
AP7
Costa del Sol
太阳海岸
Algeciras
Tarifa
GIBRALTAR(U.K.)
直布罗陀(英占)
Sea of Gibraltar
直布罗陀海峡
Sebta(Ceuta)(Sp.)
塞卜泰(休达)(西)
Tangier
丹吉尔
ATLANTIC OCEAN
大西洋
MOROCCO
摩洛哥
去加那利群岛（西）

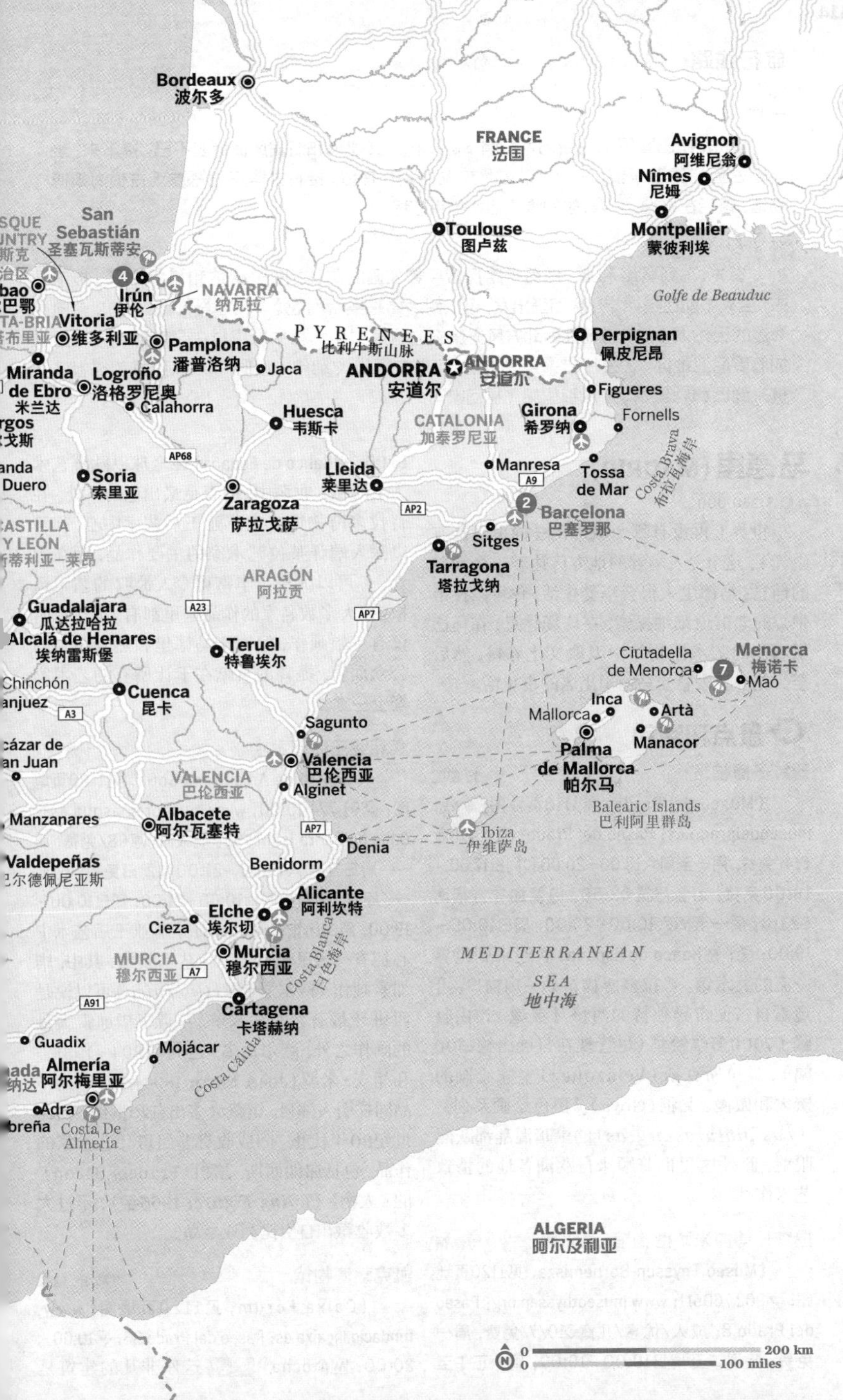
Bordeaux
波尔多
FRANCE
法国
Avignon
阿维尼翁
Nîmes
尼姆
Montpellier
蒙彼利埃
Toulouse
图卢兹
San Sebastián
圣塞瓦斯蒂安
Irún
伊伦
NAVARRA
纳瓦拉
Golfe de Beauduc
PYRENEES
比利牛斯山脉
Vitoria
维多利亚
Pamplona
潘普洛纳
Jaca
ANDORRA
安道尔
Perpignan
佩皮尼昂
Miranda de Ebro
米兰达
Logroño
洛格罗尼奥
Calahorra
Figueres
Huesca
韦斯卡
CATALONIA
加泰罗尼亚
Girona
希罗纳
Fornells
Costa Brava
布拉瓦海岸
Manresa
Tossa de Mar
Lleida
莱里达
Soria
索里亚
Zaragoza
萨拉戈萨
Barcelona
巴塞罗那
Sitges
Tarragona
塔拉戈纳
ARAGÓN
阿拉贡
Guadalajara
瓜达拉哈拉
Alcalá de Henares
埃纳雷斯堡
Teruel
特鲁埃尔
Chinchón
Cuenca
昆卡
Ciutadella de Menorca
Menorca
梅诺卡
Maó
Inca
Mallorca
Artà
Manacor
Sagunto
Valencia
巴伦西亚
VALENCIA
巴伦西亚
Alginet
Palma de Mallorca
帕尔马
Balearic Islands
巴利阿里群岛
Albacete
阿尔瓦塞特
Manzanares
Ibiza
伊维萨岛
Denia
Valdepeñas
Benidorm
Alicante
阿利坎特
Elche
埃尔切
Cieza
Murcia
穆尔西亚
MURCIA
穆尔西亚
Costa Blanca
白色海岸
MEDITERRANEAN SEA
地中海
Cartagena
卡塔赫纳
Guadix
Mojácar
Almería
阿尔梅里亚
Costa Cálida
Adra
Costa De Almería
ALGERIA
阿尔及利亚
A9
AP2
AP68
A23
AP7
A3
A7
A91
0 200 km
0 100 miles

旅行线路

一周

首先，在巴塞罗那为新艺术影响下的现代主义建筑和海滨风情惊叹不已。接下来，坐火车去圣塞瓦斯蒂安，途中可以在萨拉戈萨稍作停留。接着去毕尔巴鄂参观古根海姆博物馆。最后在马德里传奇般的夜生活中结束旅程。

一个月

首先，飞到塞维利亚，然后一路探索风景如画的龙达、格拉纳达和科尔多瓦。接下来，坐火车前往马德里。从那里出发，可以到达托莱多、萨拉曼卡和塞哥维亚。向东，奔向海边的巴伦西亚，绕道前往西北方风光旖旎的阿拉贡和比利牛斯山村庄。接着，向东行至加泰罗尼亚地区。在去往巴塞罗那之前，可以在塔拉戈纳待一段时间。最后，乘船或者飞机来到巴利阿里群岛，从那里乘飞机回家。

马德里（MADRID）

人口 3,260,000

世界上再没有哪个城市比马德里更富有生气了，这个令人陶醉的地方传达着一个简单的信息：马德里人很会享受生活。你可以在市中心的老街道细细探索，在广场休息，在马德里出色的艺术博物馆中汲取文化养料，然后至少花一晚去感受马德里出名的夜生活。

景点和活动

普拉多博物馆 博物馆

（Museo del Prado，见1116页地图；www.museodelprado.es；Paseo del Prado；成人/儿童€14/免费，周一至周六18:00~20:00和周日17:00~19:00免费，语音导览€3.50，门票加官方指南€23；周一至周六10:00~20:00，周日10:00~19:00；Banco de España）欢迎来到世界一流的美术馆。普拉多博物馆如一扇窗口，可窥看自古便奇异独特的西班牙灵魂。馆内收藏了7000多幅绘画（尽管现在只展出约1500幅），贝拉斯克斯（Velázquez）皇家绘画的宏大和傲慢、戈雅（Goya）《黑色绘画系列》（*Las pinturas negras*）的黑暗混乱都跃然眼前，此外这里也兼顾来自欧洲各地的精致艺术作品。

提森—博内米萨博物馆 博物馆

（Museo Thyssen-Bornemisza，见1120页地图；902 760511；www.museothyssen.org；Paseo del Prado 8；成人/优惠/儿童€10/7/免费，周一免费；周二至周日10:00~19:00，周一正午至16:00；Banco de España）在全球以欧洲艺术为主的私人收藏中，提森是最出色的一处。在普拉多博物馆或索菲亚王后艺术中心，你可以深入端详某位艺术家的主要作品，而在提森，你可以沉浸于丰富得令人惊叹的艺术风格中。大多数名家的作品这里都有，虽然有时仅有一幅画作，但对于马德里和热爱艺术的公众而言，提森的贡献在于让所有的艺术家聚于一堂。

索菲亚王后艺术中心 博物馆

（Centro de Arte Reina Sofía，见1120页地图；91 774 10 00；www.museoreinasofia.es；Calle de Santa Isabel 52；成人/优惠€8/免费，周一、周三至周六19:00~21:00和周日免费；周一、周三、周四和周六10:00~21:00，周日10:00~19:00，周二闭馆；Atocha）索菲亚王后艺术中心拥有马德里最好的当代艺术收藏，其中，毕加索画作《格尔尼卡》（*Guernica*）可以说是西班牙最著名的艺术单品。除了毕加索大量的画作之外，萨尔瓦多·达利（1904~1989）和胡安·米罗（Joan Miró；1893~1983）的作品同样引人注目。馆藏大多出自20世纪，到20世纪80年代止。间或收有非西班牙艺术家的作品，包括弗朗西斯·培根（Francis Bacon）的《人物》（*Lying Figure*；1966年），不过大多数收藏出自伊比利亚半岛。

凯克萨博物馆 博物馆、建筑

（Caixa Forum，见1120页地图；www.fundacio.lacaixa.es；Paseo del Prado 36；10:00~20:00；Atocha）免费 这座非凡的建筑是

马德里最引人注目的地标之一。这栋砖砌建筑仿佛盘旋在地面之上，顶端是迷人的生锈铁尖顶。与之毗邻的一面墙被称为空中花园（jardín colgante），有4层楼高，墙体上种满了绿植。内部有4层展览和演出空间，大量运用不锈钢和高耸的天花板。无论摄影、当代绘画和多媒体展，馆内展览总是值得一看。

王宫 宫殿

（Palacio Real，见1116页地图；☎91 454 88 00；www.patrimonionacional.es；Calle de Bailén；成人/优惠€10/5，导游/语音导览/导览手册€7/4/1，欧盟公民周一至周四 3小时免费；⏲4月至9月10:00~20:00，10月至次年3月10:00~18:00；Ⓜ Ópera）多年以前，王室就搬到了低调的萨苏埃拉宫（Palacio de la Zarzuela）。西班牙的奢华王宫只是偶尔用于举办王室仪式，却堪称宫殿中的宝藏。

1734年圣诞节，阿尔卡萨被烧毁，第一位波旁国王费利佩五世（Felipe V）决定修建一座让欧洲所有宫殿都黯然失色的宫殿。完工之前费利佩就去世了，也许这就是这座意大利巴洛克风格的巨型建筑仅有2800个房间的原因——只是原计划四分之一的规模。

马约尔广场 广场

（Plaza Mayor，见1120页地图；Ⓜ Sol）马德里宏伟的中央广场，在街道密集的马德里市中心是少有的空旷地带，也是西班牙最漂亮的露天场所之一，它将壮观的建筑、流浪汉主题的历史传奇和鹅卵石小径间生机勃勃的街头生活完美结合。同时，广场本身就很美丽，

普拉多博物馆游览路线：西班牙的艺术标杆

普拉多博物馆藏品规模庞大，如果你的时间有限，那就重点参观馆内那无可比拟的西班牙艺术品吧。

普拉多博物馆共3层，每层都有戈雅（Francisco José de Goya y Lucientes）的作品，不过我们推荐从一层的南端或更低的楼层开始浏览。在65号展厅，戈雅的《1808年5月2日》（*El dos de mayo*）和《1808年5月3日》（*El tres de mayo*）堪称马德里最有代表性的画作，它们将1808年反抗法国的起义及随后对起义者的血腥镇压表现得栩栩如生。旁边的67号和68号展厅内是戈雅最黑暗、最令人不安的一些作品——《黑色绘画》（*Las pinturas negras*）。画作得名的部分原因是占主体地位的深棕色和黑色，不过更多是因为其中人物如动物般扭曲的外表。

1层的34号至37号展厅里陈列着这位画家的更多作品，其中有两幅是戈雅最著名、最耐人寻味的油画作品：《着衣的玛哈》（*La maja vestida*）和《裸体的玛哈》（*La maja desnuda*）。36号展厅内这两幅画像里身份不明的女性普遍被认为是阿尔巴公爵夫人（Duquesa de Alba；可能是戈雅的情人），除了后者未着衣物之外，两幅画一模一样。顶层还有另一些戈雅的作品。

研究过戈雅的作品之后，可以把注意力转到委拉斯开兹（Velázquez）身上。在他的所有作品中，《宫女》（*Las meninas*；12号展厅）是大多数人都要去看的。这幅画作完成于1656年，或许称之为《费利佩四世的家庭成员》（*La família de Felipe IV*）更加合适。《宫女》附近的房间内有更多委拉斯开兹的佳作：请特别留意他创作的多位皇室成员画像，那些人似乎正要从画布中走出来——费利佩二世（Felipe Ⅱ）、费利佩四世（Felipe Ⅳ）、奥地利的玛加丽塔（Margarita de Austria；《宫女》中有她更年轻的形象）、马背上的卡洛斯王子（El Príncipe Baltasar Carlos）和法国的伊莎贝拉（Isabel de Francia）。在9a号展厅找找他的大师级作品《布雷达的献城》（*La Rendición de Breda*）。

继续参观，巴托洛梅·埃斯特万·牟利罗（Bartolomé Esteban Murillo；17号展厅）、何塞·德·里贝拉（José de Ribera；9号展厅）、弗朗西斯科·德·苏尔瓦兰（Francisco de Zurbarán；10a展厅）的朴实肖像画作品，以及埃尔·格雷科（El Greco；8b号展厅）鲜明生动、几乎超现实的作品，都应该列入你的行程。

Madrid 马德里

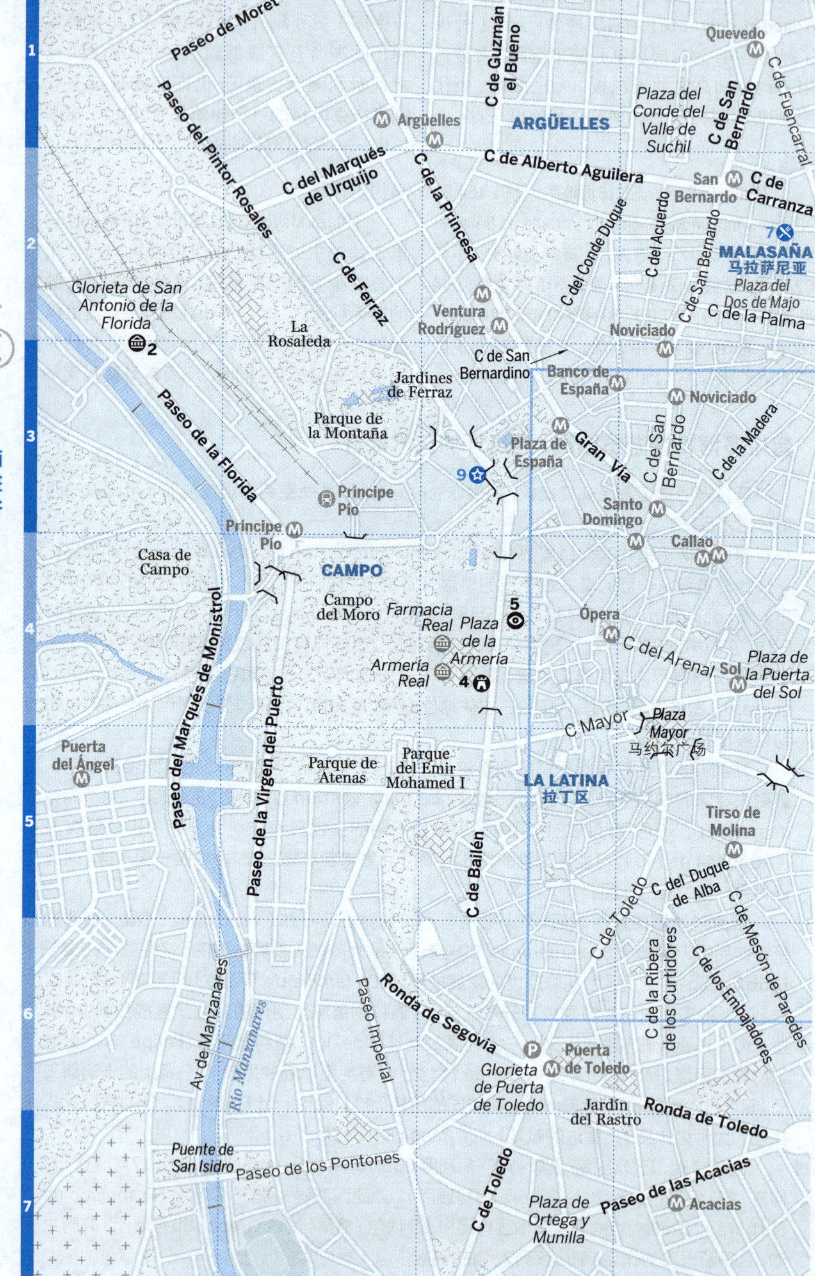
A
B
C
D
1
2
3
4
5
6
7
Moncloa
Paseo de Moret
C de Guzmán el Bueno
Quevedo
C de Fuencarral
Paseo del Pintor Rosales
Argüelles
ARGÜELLES
Plaza del Conde del Valle de Suchil
C de San Bernardo
C del Marqués de Urquijo
C de la Princesa
C de Alberto Aguilera
San Bernardo
C de Carranza
C del Conde Duque
C del Acuerdo
C de San Bernardo
7
MALASAÑA
马拉萨尼亚
Plaza del Dos de Majo
C de la Palma
C de Ferraz
Glorieta de San Antonio de la Florida
2
La Rosaleda
Ventura Rodríguez
Noviciado
C de San Bernardino
Banco de España
Jardines de Ferraz
Noviciado
Parque de la Montaña
Plaza de España
Gran Vía
C de San Bernardo
C de la Madera
Paseo de la Florida
9
Príncipe Pío
Santo Domingo
Príncipe Pío
Callao
Casa de Campo
CAMPO
5
Campo del Moro
Farmacia Real
Plaza de la Armería
Ópera
C del Arenal
Sol
Plaza de la Puerta del Sol
Armería Real
4
C Mayor
Plaza Mayor
马约尔广场
Paseo del Marqués de Monistrol
Puerta del Ángel
Paseo de la Virgen del Puerto
Parque de Atenas
Parque del Emir Mohamed I
LA LATINA
拉丁区
Tirso de Molina
C de Bailén
C de Toledo
C del Duque de Alba
C de Mesón de Paredes
C de la Ribera de los Curtidores
C de los Embajadores
Av de Manzanares
Río Manzanares
Paseo Imperial
Ronda de Segovia
Puerta de Toledo
Glorieta de Puerta de Toledo
Jardín del Rastro
Ronda de Toledo
Puente de San Isidro
Paseo de los Pontones
C de Toledo
Plaza de Ortega y Munilla
Paseo de las Acacias
Acacias

西班牙 马德里

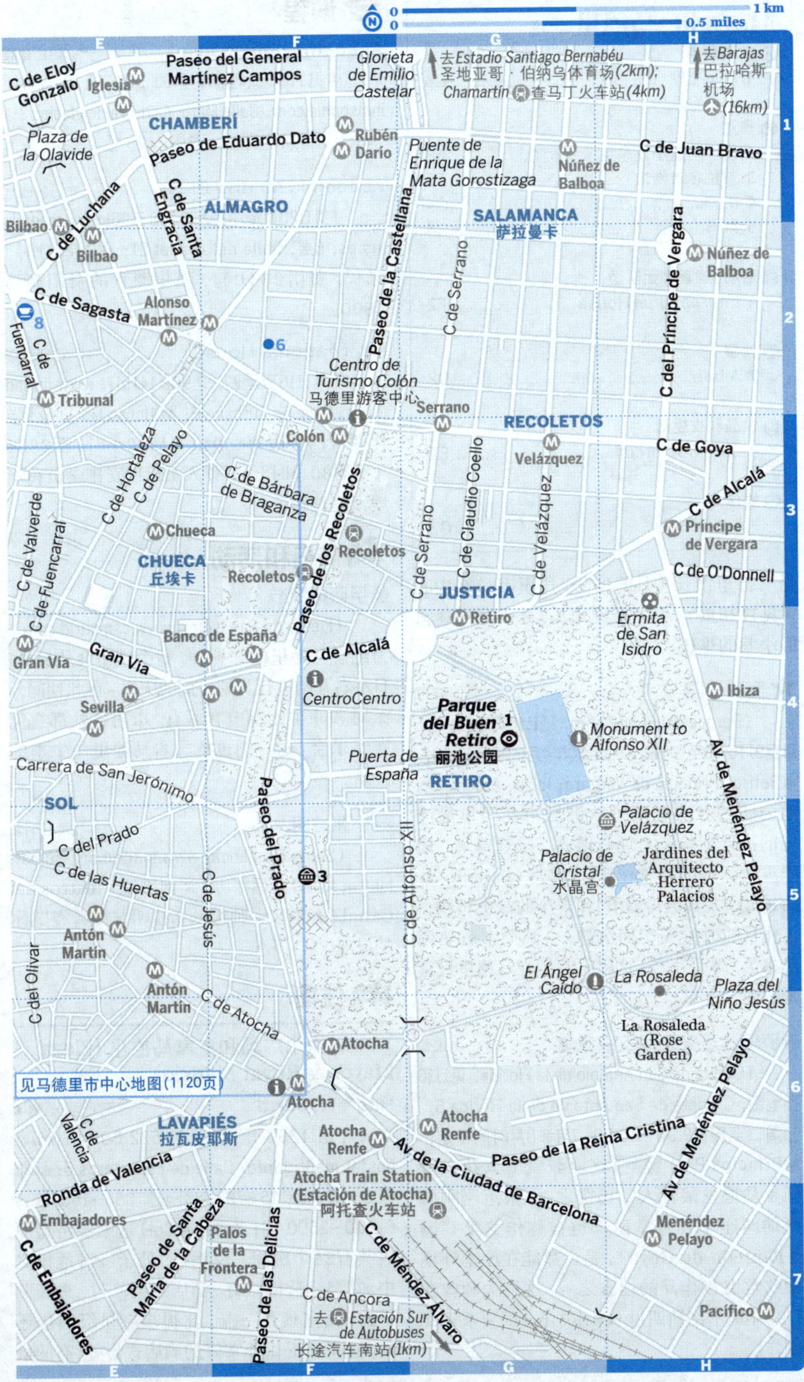

0 1 km
0 0.5 miles

E F G H

C de Eloy Gonzalo
Iglesia
Paseo del General Martínez Campos
Glorieta de Emilio Castelar
去Estadio Santiago Bernabéu 圣地亚哥 · 伯纳乌体育场(2km); Chamartín 查马丁火车站(4km)
去Barajas 巴拉哈斯机场 (16km)
1
Plaza de la Olavide
CHAMBERÍ
Paseo de Eduardo Dato
Rubén Darío
Puente de Enrique de la Mata Gorostizaga
Núñez de Balboa
C de Juan Bravo
C de Luchana
C de Santa Engracia
ALMAGRO
Paseo de la Castellana
SALAMANCA 萨拉曼卡
Bilbao
Bilbao
C de Serrano
C del Príncipe de Vergara
Núñez de Balboa
C de Sagasta
Alonso Martínez
8
C de Fuencarral
6
2
Centro de Turismo Colón 马德里游客中心
Serrano
Tribunal
Colón
RECOLETOS
Velázquez
C de Goya
C de Hortaleza
C de Pelayo
C de Bárbara de Braganza
C de Claudio Coello
C de Alcalá
C de Valverde
C de Fuencarral
Chueca
C de Serrano
C de Velázquez
Príncipe de Vergara
3
Paseo de los Recoletos
Recoletos
CHUECA 丘埃卡
Recoletos
JUSTICIA
C de O'Donnell
Retiro
Ermita de San Isidro
Banco de España
Gran Vía
Gran Vía
C de Alcalá
CentroCentro
Ibiza
Sevilla
4
Parque del Buen Retiro 1 丽池公园
Monument to Alfonso XII
Carrera de San Jerónimo
Puerta de España
RETIRO
SOL
Paseo del Prado
Palacio de Velázquez
C del Prado
C de las Huertas
C de Jesús
3
C de Alfonso XII
Palacio de Cristal 水晶宫
Jardines del Arquitecto Herrero Palacios
Av de Menéndez Pelayo
5
Antón Martín
Antón Martín
C del Olivar
C de Atocha
El Ángel Caído
La Rosaleda
Plaza del Niño Jesús
La Rosaleda (Rose Garden)
Atocha

见马德里市中心地图(1120页)

Atocha
6
LAVAPIÉS 拉瓦皮耶斯
C de Valencia
Atocha Renfe
Atocha Renfe
Av de la Ciudad de Barcelona
Paseo de la Reina Cristina
Av de Menéndez Pelayo
Ronda de Valencia
Atocha Train Station (Estación de Atocha) 阿托查火车站
Embajadores
C de Embajadores
Paseo de Santa María de la Cabeza
Palos de la Frontera
Paseo de las Delicias
C de Méndez Álvaro
Menéndez Pelayo
7
C de Ancora
去Estación Sur de Autobuses 长途汽车南站(1km)
Pacífico

E F G H

lonely planet

西班牙 马德里

Madrid 马德里

是马德里漫长岁月的见证，这里有游客中心（见1128页）、12月圣诞市场，还有通向迷宫般小巷的拱桥。

★丽池公园 花园

（Parque del Buen Retiro，见1116页地图；⌚5月至9月6:00至午夜，10月至次年4月6:00~23:00；Ⓜ Retiro，Príncipe de Vergara，Ibiza，Atocha）丽池公园的壮丽花园是欧洲城市花园里最漂亮的：到处都是大理石雕塑、景观草坪、用于重大活动的高雅建筑[水晶宫（Palacio de Cristal）尤其值得看看]和繁茂的绿色植物，工作日的时候安宁而沉静，一到周末就热闹起来了。简而言之，这里是我们在马德里最喜爱的地方之一。

佛罗里达圣安东尼王家教堂 美术馆

（Ermita de San Antonio de la Florida，见1116页地图；Glorieta de San Antonio de la Florida 5；⌚周二至周日9:30~20:00，7月和8月时间不定；Ⓜ Príncipe Pío）免费 这座教堂的天花板壁画是马德里最惊人的秘密之一。最近刚刚修复的两座小礼拜堂南部也被称作戈雅墓园（Panteón de Goya），是少数能在原本环境中欣赏戈雅作品的地方之一。这位大师曾在1798年应卡洛斯四世（Carlos Ⅳ）的要求来此创作。

课程

Academia Inhispania 语言课程

（见1120页地图；☎91 521 22 31；www.inhispania.com；Calle Marqués de Valdeiglesias 3；Ⓜ Sol）4周强化课程，费用€525起。

Academia Madrid Plus 语言课程

（见1120页地图；☎91 548 11 16；www.madridplus.es；6层，Calle del Arenal 21；Ⓜ Ópera）4周课程，费用€340起，强化课程的费用高达€800。

International House 语言课程

（见1116页地图；☎902 141517；www.ihmadrid.es；Calle de Zurbano 8；Ⓜ Alonso Martínez）强化课程的费用为€594（每周20小时）至€804（每周30小时）。工作人员可以安排学员在当地家庭住宿。

节日和活动

圣伊西德罗节 文化

（Fiesta de San Isidro；www.esmadrid.com）为纪念马德里的守护神，整个城市会从5月15日左右开始进行为期一周的庆祝。在此期间，派对和斗牛比赛应有尽有。市内各处都有免费音乐会。这一周也标志着马德里斗牛季的开始。

苏玛弗拉明戈节 弗拉明戈

（Suma Flamenca；www.madrid.org/sumaflamenca）6月前后举办，运河剧院（Teatros del Canal）有很多大师级的弗拉明戈舞者震撼你的灵魂。

住宿

马约尔广场和皇家马德里（Plaza Mayor & Royal Madrid）

Hostal Madrid 青年旅舍、公寓 €

（见1120页地图；☎91 522 00 60；www.hostal-madrid.info；Calle de Esparteros 6；标单€35~62，双€45~78，双卧套间€55~150/晚，€1200~2500/月；❄📶；Ⓜ Sol）这家经济型酒店共有24个房间，不管是否处于经济危机之中，它都经营得很好。酒店刚装修过，重新贴了砖，浴室焕然一新，比很多三星级酒店还好。这里还提供非常好的酒店式公寓（有的最近翻新过，面积从33平方米至200平方米，不一而足）。

★ Hotel Meninas

精品酒店 €€

（见1120页地图；☎91 541 28 05；www.hotelmeninas.com；Calle de Campomanes 7；标单/双€89/109起；❄📶；Ⓜ Ópera）这是个时髦上乘的住宿选择。内部的颜色基调为黑、白、灰，搭配深色木地板，点缀紫红色和橙绿色。每个房间都有平板电视和现代的浴室设施，能上网，部分房间甚至配有笔记本电脑，洁净的床上用品和最前沿的创新更是锦上添花。维格·莫滕森（Viggo Mortensen）和娜塔莉·波特曼（Natalie Portman）都曾入住于此。

Praktik Metropol

精品酒店 €€

（见1120页地图；☎91 521 29 35；www.hotelpraktikmetropol.com；Calle de la Montera 47；标单/双 €65/79起；❄📶；Ⓜ Gran Vía）这家酒店近来完成了彻底的翻新，你很难在欧洲找到更物有所值的地方。房间看起来清新现代，有白色的木家具，部分房间（尤其是转角的房间）可以看到下方格兰大道（Gran Vía）的美景，并能俯瞰外面的城市。酒店共6层。如果你的房间看不到风景，可前往屋顶的露台。

拉丁区和拉瓦皮耶斯区（La Latina & Lavapiés）

Mad Hostel

青年旅舍 €

（见1120页地图；☎91 506 48 40；www.madhostel.com；Calle de la Cabeza 24；铺€16~23；❄@📶；Ⓜ Antón Martín）这家酒店和Cat's Hostel一样充满生机。一楼的院子有可移动的遮雨棚，营造了一种旧时马德里住宅楼的感觉，很适合休憩。这里的四人间和八人间都很小，但是挺干净的。屋顶有小型健身房。

★ Posada del León de Oro

精品酒店 €€

（见1120页地图；☎91 119 14 94；www.posadadelleondeoro.com；Calle de la Cava Baja 12；房间 €121起；❄📶；Ⓜ La Latina）这家重建的旅馆色彩柔和，房间都很大。酒店中心有一处可若拉（马德里的一种房屋风格——房间露台环绕庭院天井的多层小公寓）。房间十分现代，位于马德里最受人喜爱的一条街道边。楼下酒吧非常棒。

太阳门、圣安娜和韦尔塔斯（Sol, Santa Ana &Huertas）

★ Hotel Alicia

精品酒店 €€

（见1120页地图；☎91 389 60 95；www.room-

马德里最佳广场

一座曾有志于成为西班牙凡尔赛的皇宫，从住一晚得花掉皇家薪水的公寓可以俯瞰到的精致咖啡馆，身为马德里歌剧院和西班牙高雅文化圣殿之一的**皇家剧院**（Teatro Real，见1120页地图；☎902 24 48 48；www.teatro-real.com；Plaza de Oriente；Ⓜ Ópera），马德里最美丽的几处夕阳景致……欢迎来到**东方广场**（Plaza de Oriente；见620地图；Ⓜ Ópera），这是马德里帝国时代一座生动逼真的纪念碑。

而宁静宜人的**市政厅广场**（Plaza de la Villa；见1120页地图；Ⓜ Ópera）是马德里最美的广场之一。广场三面环绕着保存极好的17世纪马德里风格的巴洛克建筑（砖块、裸露的石头和锻铁的宜人组合）。从中世纪至近年，这里曾一直是马德里市政府的固定所在，直到马德里市议会迁至**大地女神广场**（Plaza de la Cibeles；见624页地图；Ⓜ Banco de España）上宏伟的大地女神宫（Palacio de Cibeles）。

圣安娜广场（Plaza de Santa Ana；见1120页地图；Ⓜ Sevilla，Sol，Antón Martín）汇集了高雅的建筑和不可抗拒的活力，令人愉悦。它主导了拉斯莱特拉斯区（Barrio de las Letras）上段的文学气质，从17世纪作家卡尔德龙·德拉巴尔卡（Calderón de la Barca）、费德里戈·加西亚·洛尔卡（Federico García Lorca）的雕像和广场东端曾经的王子剧院（Teatro del Príncipe）——如今的**西班牙剧院**（Teatro Español；见1120页地图；☎91 360 14 84；www.teatroespanol.es；Calle del Príncipe 25；Ⓜ Sevilla，Sol，Antón Martín）均可见一斑。抛开别的不提，对于很多人来说，这座广场是漫长的韦尔塔斯（Huertas）之夜的起点。

Central Madrid 马德里市中心

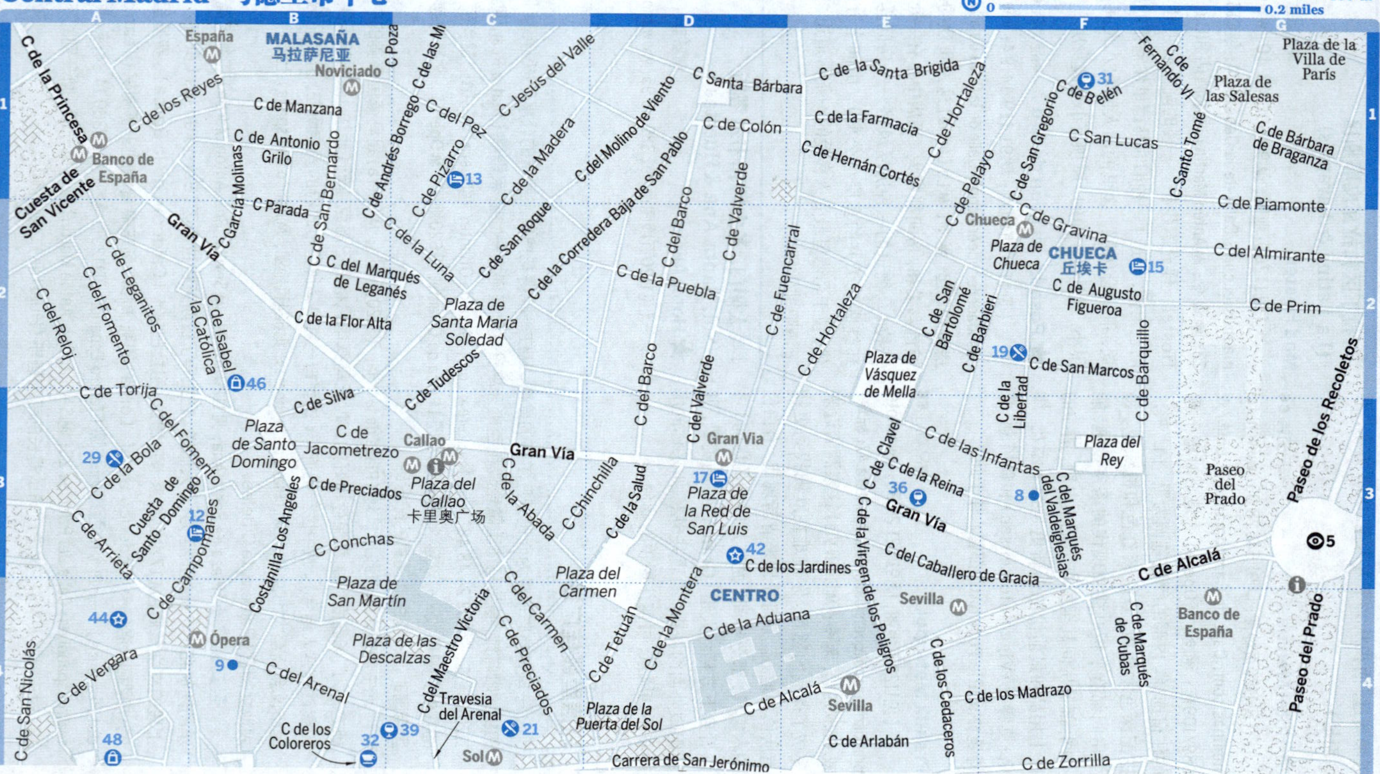
400 m
0.2 miles
MALASAÑA 马拉萨尼亚
CHUECA 丘埃卡
CENTRO
C de la Princesa
Cuesta de San Vicente
Banco de España
España
Noviciado
C de los Reyes
C de Manzana
C de Antonio Grilo
C García Molinas
C Parada
C de San Bernardo
C de Andrés Borrego
C Pozas
C de las Minas
C del Pez
C de Pizarro
C Jesús del Valle
C de la Madera
C del Molino de Viento
C de San Roque
C de la Corredera Baja de San Pablo
C de la Luna
C del Marqués de Leganés
C de la Flor Alta
Plaza de Santa María Soledad
C Santa Bárbara
C de Colón
C del Barco
C de Valverde
C de la Puebla
C de la Santa Brigida
C de la Farmacia
C de Hernán Cortés
C de Hortaleza
C de Fuencarral
C de Pelayo
C de San Gregorio
C de Belén
C Fernando VI
C San Lucas
C Santo Tomé
Plaza de las Salesas
Plaza de la Villa de París
C de Bárbara de Braganza
C de Piamonte
C del Almirante
C de Prim
Chueca
C de Gravina
Plaza de Chueca
C de Augusto Figueroa
C de San Bartolomé
C de Barbieri
C de San Marcos
C de Barquillo
C de la Libertad
Plaza de Vásquez de Mella
Paseo de los Recoletos
Gran Vía
C de Leganitos
C del Fomento
C del Reloj
C de Isabel la Católica
C de Torija
C de Silva
C de Tudescos
Plaza de Santo Domingo
C de Jacometrezo
Callao
Plaza del Callao 卡里奥广场
C de Preciados
C de la Abada
C Chinchilla
C de la Salud
C del Valverde
Plaza de la Red de San Luis
C de Clavel
C de la Reina
C de las Infantas
Plaza del Rey
C del Marqués del Valdeiglesias
Paseo del Prado
C de la Bola
Cuesta de Santo Domingo
C de Campomanes
C de Arrieta
Costanilla Los Angeles
C Conchas
Plaza de San Martín
Plaza del Carmen
C del Carmen
C de la Montera
C de los Jardines
C del Caballero de Gracia
C de Alcalá
C de la Virgen de los Peligros
Sevilla
C de la Aduana
Banco de España
C de Marqués de Cubas
Paseo del Prado
Ópera
C de Vergara
C de San Nicolás
C del Arenal
Plaza de las Descalzas
C del Maestro Victoria
Travesía del Arenal
C de los Coloreros
Sol
C de Tetuán
Plaza de la Puerta del Sol
Carrera de San Jerónimo
C de Arlabán
C de los Cedaceros
C de los Madrazo
C de Zorrilla

西班牙 马德里

lonely planet

Central Madrid 马德里市中心

matehoteles.com; Calle del Prado 2; 双 €100~175，套 €200起；❄📶；Ⓜ Sol, Sevilla, Antón Martín）作为时尚的Room Mate连锁酒店中的地标性建筑之一，Hotel Alicia俯临圣安娜广场（Plaza de Santa Ana），提供漂亮宽敞的房间。虽说风格[出自设计师帕斯夸·奥尔特加（Pascua Ortega）]比其他Room Mate酒店更柔和，但超级现代的外观不曾改变，楼下酒吧十分时髦，服务充满活力、新潮入时。

马拉萨尼亚和丘埃卡 (Malasaña &Chueca)

Life Hotel 酒店 €

（见1120页地图；☎91 531 42 96；www.antiguaposadadelpez.com; Calle de Pizarro 16; 标单/双 €39/55起；❄📶；Ⓜ Noviciado）如果所有住宿场所都和这里一样该多好。酒店位于一栋历史悠久的马拉萨尼亚建筑内，就在距离马拉萨尼亚最热闹的街道之一Calle del Pez几步之遥的山上。房间光鲜现代，卫生间很时髦。即便价格上涨的时候，这里也格外划算。

★ **Only You Hotel** 精品酒店 €€

（见1120页地图；☎91 005 22 22; www.onlyyouhotels.com; Calle de Barquillo 21; 双 €157起；❄@📶；Ⓜ Chueca）这家极好的新精品酒店完美利用了一栋19世纪的丘埃卡大楼。外表雅致现代，是备受尊敬的室内设计师拉萨罗·罗莎·比奥兰（Lázaro Rosa Violán）最新的项目。令人愉快的体验包括全天提供按菜单点菜的早餐和可外带的便携式路由器。

就餐

马约尔广场和皇家马德里 (Plaza Mayor & Royal Madrid)

★圣米格尔广场　西班牙小吃 €€

（Mercado de San Miguel，见1120页地图；www.mercadodesanmiguel.es；Plaza de San Miguel；小吃 €1起；⏲周日至周三10:00至午夜，周四至周六10:00至次日2:00；ⓂSol）圣米格尔广场是马德里最古老美丽的集市之一，已经完成了出色的大规模翻新。市场外墙建于20世纪初，全部由玻璃构成。市场里摆满了桌子。你还可以在大多数吧台点西班牙小吃和分量可能更大的拼盘，这里的一切（从鱼子酱到巧克力）都与热闹的市场一样诱人。

Taberna La Bola　马德里菜 €€

（见1120页地图；☎91 547 69 30；www.labola.es；Calle de la Bola 5；主菜€16~24；⏲周一至周六13:30~16:30和20:30~23:00，周日13:30~16:30，8月不营业；ⓂSanto Domingo）餐厅1870年开业，现在Verdasco家族的第六代传人在经营。这里是传统马德里菜肴的堡垒，备受青睐。如果想吃地道的马德里炖菜（鹰嘴豆炖肉，cocido a la madrileña；€20），来这里就没错。繁忙喧闹的景象极具马德里风情。

★Restaurante Sobrino de Botín　卡斯蒂利亚菜 €€€

（见1120页地图；☎91 366 42 17, 91 366 42 17；www.botin.es；Calle de los Cuchilleros 17；主菜 €19~27；ⓂLa Latina, Sol）可不是每天都能在世界上最古老的餐馆就餐的。这家餐厅创建于1725年，被《吉尼斯世界纪录》认定为最古老的餐厅。从欧内斯特·海明威（Ernest Hemingway）的作品到弗雷德里克·福赛思（Frederick Forsyth）的作品，这家餐馆在很多有关马德里的小说中出现过。烤肉是特色菜肴。

拉丁区和拉瓦皮耶斯区 (La Latina & Lavapiés)

Enotaberna del León de Oro　西班牙菜 €€

（见1120页地图；☎91 119 14 94；www.posadadelleondeoro.com；Calle de la Cava Baja 12；主菜€13~18；⏲每日13:00~16:00和20:00至午夜；ⓂLa Latina）令人赞叹的修复工程让Posada del León de Oro（见1119页）重现生机，也为拉丁区留下了一家酒吧餐馆的新贵。餐厅会为你所点的创意菜肴精心配酒，组合得非常好，令人眼前一亮。气氛也很轻松。

Casa Lucio　西班牙菜 €€

（见1120页地图；☎91 365 32 52；www.casalucio.es；Calle de la Cava Baja 35；主菜€10~30；⏲周日至周五13:00~16:00和20:30至午夜，周六20:30至午夜，8月不营业；ⓂLa Latina）本地人都很喜欢这家开了很久的店，除了用料新鲜之外，还因为这里出品的都是马德里的家常味道。推荐Lucio的特色烤肉和丰富多样的鸡蛋。圣伊西德罗拉夫拉多尔节（Fiestas de San Isidro Labrador）期间特别供应炖牛尾（rabo de toro），丰富的红酒（rioja）能冲刷掉你最后的犹豫。午餐时间的当日炖菜（guisos del día）和周三的烩菜（cocido）很受欢迎。

太阳门、圣安娜和韦尔塔斯 (Sol, Santa Ana & Huertas)

★Casa Alberto　西班牙菜、西班牙小吃 €€

（见1120页地图；☎91 429 93 56；www.casaalberto.es；Calle de las Huertas 18；西班牙小吃 €3.25起，大份小吃€8.50~16，主菜€14~21；⏲周二至周六13:30~16:00和20:00至午夜，周日13:30~16:00；ⓂAntón Martín）自1827年开业至今，这家店就是马德里气氛最好的老酒馆之一。它长盛不衰的秘诀在于，无论何时到来，你都能喝到苦艾酒，吃到美味的西班牙小吃和饭菜。爱看斗牛的人都很喜欢这里的炖牛尾（rabo de toro）。

马拉萨尼亚和丘埃卡 (Malasaña & Chueca)

Bazaar　当代西班牙菜 €

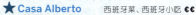

（见1120页地图；www.restaurantbazaar.com；Calle de la Libertad 21；主菜€6.50~10；⏲周日至周三13:15~16:00和20:30~23:30，周四至周六13:15~16:00和20:15至午夜；ⓂChueca）这家餐厅一直非常受欢迎，名气很大。室内的白墙设计搭配上剧院式的灯光及整壁的窗户，仿佛从*Hola!*杂志中走出来的一样。食物价格适

马德里的西班牙小吃之旅

拉蒂纳（La Latina）是马德里的西班牙小吃之乡，特别是Calle de la Cava Baja沿线及周围的街区。

Almendro 13（见1120页地图；☎91 365 42 52；Calle del Almendro 13；主菜 €7~15；⏲周日至周四12:30~16:00和19:30至午夜，周五和周六 12:30~17:00和20:00至次日1:00；Ⓜ La Latina）Almendro 13是一家极受欢迎的可爱酒馆，你可以在这里吃到传统的西班牙小吃，关键是，它们品质上乘而非仅是做得漂亮。熏肉、奶酪、煎蛋饼及多种多样的主题套餐——整份出名美味的烩蛋（huevos rotos；字面意思是“碎蛋”）搭配火腿（jamón）和薄薄的土豆片，本身就足够一餐。

Juana La Loca（见1120页地图；☎91 364 05 25；Plaza de la Puerta de Moros 4；西班牙小吃€4.50起，主菜 €8~19；⏲周二至周日正午至次日1:00，周一20:00至次日1:00；Ⓜ La Latina）Juana La Loca供应各种创意西班牙小吃，沿吧台排开的小吃无比诱人，菜单上还有更多选择。我们最喜爱这里的土豆洋葱煎蛋饼（tortilla de patatas），因为这里不像其他地方那样使用焦糖洋葱。总之，太美味了。

Txirimiri（见1120页地图；☎91 364 11 96；www.txirimiri.es；Calle del Humilladero 6；西班牙小吃€4起；⏲正午至16:30和20:30至午夜，8月关闭；Ⓜ La Latina）这家巴斯克小吃（pintxo）吧是个很棒的发现，就在拉蒂纳主小吃圈旁边。美妙的葡萄酒、丰盛的小吃（pinchos；土豆洋葱煎蛋饼非常美味）和好吃的意大利调味饭形成了一种极为特别的组合。

Casa Revuelta（见1120页地图；☎91 366 33 32；Calle de Latoneros 3；西班牙小吃€2.60起；⏲周二至周六10:30~16:00和19:00~23:00，周日 10:30~16:00，8月歇业；Ⓜ Sol，La Latina）Casa Revuelta有马德里最美味的一些西班牙鳕鱼（bacalao）小吃，简直无与伦比——年过八旬的店主雷韦尔塔先生（Señor Revuelta）会在上午苦心抽出每条鱼骨，再在下午亲自担任服务员，这一点赢得了我们的支持。周日下午较早的时候，跳蚤市场的人群就会聚集而来，将这里挤得水泄不通。

Casa Labra（见1120页地图；☎91 532 14 05；www.casalabra.es；Calle de Tetuán 11；西班牙小吃€0.90起；⏲9:30~15:30和17:30~23:00；Ⓜ Sol）Casa Labra从1860年开始一直在发展壮大，这里的布置能强烈唤起人们对那个时代的感觉。当地人喜爱这里的咸鳕鱼干（bacalao），无论是油炸小吃[鳕鱼片（una tajada de bacalao），€1.30]还是炸鳕鱼丸子（una croqueta de bacalao；每个丸子€0.90），到这里来消费是马德里的入门课——午餐时间排起的长队就是证明。这家餐厅每周要卖出700公斤的鳕鱼。

Ramiro's Tapas Wine Bar（见1120页地图；☎91 843 73 47；Calle de Atocha 51；西班牙小吃€4.50，大份西班牙小吃 €10起；⏲周一至周六13:00~16:30和20:00~23:30，周日 13:00~16:30；Ⓜ Antón Martín）马德里近年开业的最好的西班牙小吃吧之一，这家不错的美食吧提供传统西班牙小吃，风格精细新颖。烹饪方式大多承袭自卡斯蒂利亚-莱昂（Castilla y León），但却用熏肉、鹅肝酱和虾烹制出了特别的美味。

Estado Puro[见1120页地图；☎91 330 24 00；www.tapasenestadopuro.com；Plaza Neptuno（Plaza de Cánovas del Castillo）4；西班牙小吃 €2~12.50；⏲周一至周六正午至午夜，周日至16:00；Ⓜ Banco de España，Atocha]Paseo del Prado沿线及周边的多数就餐场所不是旅游陷阱就是高高在上的美食圣殿，不过这个地方正相反。这是一家毗邻NH Paseo del Prado酒店的西班牙小吃吧，时髦而悠闲，提供美味的西班牙小吃，其中很多源于加泰罗尼亚那家世界闻名的El Bulli餐馆，比如21世纪西班牙煎蛋饼（tortilla española siglo XXI；用杯子盛放）。

中，就餐氛围闲适。

Albur 西班牙小吃、西班牙菜 €€

（见1116页地图；☎91 594 27 33；www.restaurantealbur.com；Calle de Manuela Malasaña 15；主菜€13~18；⏰周一至周四12:30~17:00和19:30至次日1:00，周五12:30~17:00和19:30至次日2:00，周六12:30至次日2:00，周日 12:30至次日1:00；Ⓜ Bilbao）马德里最物美价廉的餐馆之一。前面是很受欢迎的西班牙小吃酒吧，后面是悠闲轻松的餐厅。这里的各种烩饭和西班牙小吃非常出名，精挑细选的酒单也是特色之一。餐馆的服务员似乎永远不会乱了阵脚，饭类餐点是这里的明星产品，价格也很合理，但事实上，这里什么都有，你大可尽兴而归。

饮品和夜生活

马德里的精华在其街道和广场上，而泡吧是一项老少咸宜的消遣。如果你比较保守，可以奔向韦尔塔斯，在瓷片装饰的酒吧中欣赏弗拉明戈舞。同性恋旅行者应该到丘埃卡喝点儿东西。马拉萨尼亚区很受潮流人士的欢迎。而拉拉提那地区酒吧的氛围很不错，让人觉得很亲切。夏季，遍布马德里的露台酒吧炙手可热。

大多数的马德里酒吧周日至周四会开到次日2:00，周五和周六会开到次日3:00或3:30。马德里的舞厅和夜店（discotecas）不到凌晨1:00是不会热闹起来的。入场费一般是€12，通常包含一杯饮料的费用。高档夜店和夜总会的价格通常较高。

★ La Venencia 酒吧

（见1120页地图；☎91 429 73 13；Calle de Echegaray 7；⏰13:00~15:30和19:30至次日1:30；Ⓜ Sol, Sevilla）La Venencia是本区内的传统酒馆，有桑卢卡尔（Sanlúcar）出产的雪利酒（sherry）和赫雷斯（Jeréz）出产的曼赞尼拉（manzanilla）。酒直接从落满灰尘的木桶里倒出，搭配西班牙小吃，再以安达卢西亚的方式喝下。这里没有音乐，没有华而不实的装饰，所有一切都是为了你、你的雪利酒（fino）和朋友。就像有评论家说的那样，这真是“经典中的经典”。

Museo Chicote 鸡尾酒吧

（见1120页地图；www.museo-chicote.com；Gran Vía 12；⏰周一至周四17:00至次日3:00，周五和周六至次日3:30；Ⓜ Gran Vía）这里算是马德里的地标。据说创始者发明了100多种鸡尾酒。海明威、艾娃·加德纳（Ava Gardner）、格蕾丝·凯利（Grace Kelly）、索菲娅·罗兰（Sophia Loren）和法兰克·辛纳屈（Frank Sinatra）等名人都在这里喝过酒。午夜之后，这里渐入佳境，情侣们依偎在弯曲的长凳上，马德里最好的DJ放着各种动听的音乐。

Café Comercial 咖啡馆

（见1116页地图；Glorieta de Bilbao 7；⏰周一至周四7:30至午夜，周五7:30至次日2:00，周六8:30至次日2:00，周日9:00至午夜；📶；Ⓜ Bilbao）这个咖啡馆很有年头了，还保留着旧时的样子：皮制椅子、大理石装饰和老式的服务员。这家店可追溯至1887年，从那之后几乎不曾改变，唯有顾客日渐多元，从带着笔记本电脑的作家到下棋的老人，无所不容。

Teatro Joy Eslava 夜店

（Joy Madrid；见1120页地图；☎91 366 37 33；www.joy-eslava.com；Calle del Arenal 11；门票€12~15；⏰23:30至次日6:00；Ⓜ Sol）关于这家豪华古老的马德里舞厅（位于一栋19世纪的剧院里），唯一可以确认的就是拥挤的人群和敞开的大门（声称过去的29年里每天都营业）。虽然音乐和客人良莠不齐，但队总是排得很长，当地人和游人混杂相处，有时甚至有名人出现。每晚都有所不同。

Delic 酒吧

（见1120页地图；www.delic.es；Costanilla de San Andrés 14；⏰周一至周五11:30至午夜，周六13:30至午夜；Ⓜ La Latina）关于这个历史悠久的咖啡馆兼酒吧，好几个小时都说不完。简单总结一下就是：在温暖的夏日夜晚，来到这个位于马德里最美广场的店，坐在露天桌边点一杯€8的莫吉托（mojito），绝对是人生一大乐事。

Taberna Tempranillo 葡萄酒吧

（见1120页地图；Calle de la Cava Baja 38；⏰周二至周日13:00~15:30和20:00至午夜，周一20:00至午夜；Ⓜ La Latina）一般人来这里都是吃西班牙小吃。推荐这里是因为美味的葡萄酒。这里的酒单很丰富，比西班牙很多酒吧

马德里人气深夜小吃

作为马德里夜晚最重要的标志之一，**Chocolatería de San Ginés**（见1120页地图；Pasadizo de San Ginés 5；⏲24小时；Ⓜ Sol）提供西班牙巧克力甜甜圈（chocolate con churros）。这里白天的游客寥寥可数，天快亮的时候，从夜店回家的当地人会顺路打包填肚子。

都要全，很多种都可以按杯点。虽然不是深夜场所，但傍晚和周日埃尔拉斯特洛跳蚤市场（El Rastro）结束后人们总是蜂拥而来。

Roof 鸡尾酒吧

（见1120页地图；☎91 701 60 20；www.memadrid.com；Plaza de Santa Ana 14；入场费€25；⏲周一至周四21:00至次日1:30，周五和周六20:00至次日3:00；Ⓜ Antón Martín，Sol）这家店在圣安娜广场附近，是一个7层楼上的室外酒吧，可以俯瞰马德里的美景。高昂的门票价格表示不欢迎乌合之众，因此客人多是高端人士。休闲区里到处都是靠垫，DJ很时髦。这里有着装要求，来的时候穿戴应正式一些。如果你觉得无所适从，可以考虑底层同样出色的**Midnight Rose**。

Café Belén 酒吧

（见1120页地图；Calle de Belén 5；⏲周一至周四 15:30至次日2:00，周五和周六 15:30至次日3:30；Ⓜ Chueca）这家酒吧方方面面都很酷：休闲的音乐、昏暗的灯光、丰富的酒单（theare尤其好喝）、低调的顾客共同营造出闲散舒适的气氛。简言之，这是我们最喜爱的丘埃卡酒吧之一。

Kapital 夜店

（见1120页地图；☎91 420 29 06；www.grupo-kapital.com；Calle de Atocha 125；入场费€18起；⏲周五和周六17:30~22:30和午夜至次日6:00，周四和周日午夜至次日6:00；Ⓜ Atocha）这是马德里最著名的夜总会之一，一共有7层。在这里，你总能找到你想要的：鸡尾酒、舞曲、卡拉OK、萨尔萨舞、嘻哈音乐甚至是蓝调和灵魂音乐。更特别的是，这里有一个区域专门播放西班牙本土音乐。场地很大，马德里的各个阶层（VIP客户和皇家马德里成员都很喜欢这个地方）都会在这里出没。

☆ 娱乐

弗拉明戈

Las Tablas 弗拉明戈

（见1116页地图；☎91 542 05 20；www.lastablasmadrid.com；Plaza de España 9；入场费含饮品€27；⏲20:00和22:00；Ⓜ Plaza de España）这里以高品质的弗拉明戈舞蹈而出名，价格实惠，可以说是马德里看弗拉明戈的最佳去处。多数夜晚都有经典弗拉明戈演出，歌曲低回，舞蹈直击灵魂。这里的常驻舞者安东尼娅·莫亚（Antonia Moya）和玛莉索·纳瓦罗（Marisol Navarro）是弗拉明戈界的领军人物。

Casa Patas 弗拉明戈

（见1120页地图；☎91 369 04 96；www.casapatas.com；Calle de Cañizares 10；入场费 含饮品 €34；⏲演出周一至周四22:30，周五和周六21:00至午夜；Ⓜ Antón Martín，Tirso de Molina）这个弗拉明戈小酒馆（Tablao，弗拉明戈表演场地）是马德里最好的弗拉明戈舞台之一，其精湛的表演堪称艺术之最。环境不太好，如果你专程为看演出而来，会发现里面非常挤，不过舞蹈水准绝对让你满意。

Villa Rosa 弗拉明戈

（见1120页地图；☎91 521 36 89；www.tablaoflamencovillarosa.com；Plaza de Santa Ana 15；入场费€32；⏲周一至周六 23:00至次日6:00，演出周日至周四20:30和22:45，周五和周六20:30、22:45和次日0:15；Ⓜ Sol）这家老牌夜店的正面贴着瓷砖[是负责马德里斗牛场瓷砖项目的阿方索·罗梅罗（Alfonso Romero）在1928年完成的作品]，本身就是一处景点，还曾出现在佩德罗·阿尔莫多瓦尔（Pedro Almodóvar）1991年的电影《高跟鞋》（*Tacones Lejanos*）中。从1914年开业至今，它见证了许多兴衰故事。这里以弗拉明戈成名，最近却回归了老本行。价格合理，还提供饭菜，吃一顿不至于让你破产。

爵士乐和其他现场音乐

★ Café Central 爵士乐

（见1120页地图；☎91 369 41 43；www.

cafecentralmadrid.com；Plaza del Ángel 10；入场费€12~18；⏲周日至周二12:30至次日2:30，周五和周六12:30至次日3:30；Ⓜ Antón Martín, Sol）2011年，这里被知名的爵士杂志《强拍》（*Down Beat*）评为全球最佳爵士乐酒吧之一，是西班牙唯一获此殊荣（有人说这堪称爵士圈的米其林星级）的地点。

★ Sala El Sol 现场音乐

（见1120页地图；☎91 532 64 90；www.elsolmad.com；Calle de los Jardines 3；入场费含饮品€10，音乐会门票€8~25；⏲7月至9月周二至周六午夜至次日5:30；Ⓜ Gran Vía）在马德里的同类场所中，不会有比Sala El Sol更受人喜爱的了。这里1979年开业，当时正是马德里运动（la movida madrileña）兴起之时。很快，它就树立起了自己的领导地位，成为Nacha Pop和Alaska y los Pegamoides等标杆人物活跃的舞台。或许马德里运动已成为历史，但它却仍活在El Sol里，活在这里的摇滚乐中，唤起着20世纪70年代和80年代生人的记忆。灵魂乐和放克音乐也很赞。

运动

圣地亚哥·伯纳乌体育场 足球

（Estadio Santiago Bernabéu；☎91 398 43 00, 902291709；www.realmadrid.com；Avenida de Concha Espina 1；团队游成人票/儿童票 €19/13；⏲周一至周六10:00~19:00，周日10:30~18:30，比赛日除外；Ⓜ Santiago Bernabéu）圣地亚哥·伯纳乌体育场是皇家马德里队（Real Madrid）的主场，是足球的圣殿，也是全球最重要的体育场馆之一。参加体育场的自助团队游需在10号售票窗口（7号门旁边）购票。比赛门票约€40起，可以在网站www.realmadrid.com购买。首选订票电话（在42号门取票）是☎902324 324，只有在西班牙境内才能打进这个电话。

购物

埃尔拉斯特洛跳蚤市场 市场

（El Rastro，见1120页地图；Calle de la Ribera de Curtidores；⏲周日8:00~15:00；Ⓜ La Latina, Puerta de Toledo, Tirso de Molina）周日早晨来这里是马德里的风俗。从Calle de la Ribera de Curtidores开始漫步，在这里逛一逛，一个上午的时间很快就会过去。便宜的服装、皮箱、弗拉明戈老唱片，甚至马德里老照片、假名牌钱包、蹩脚的T恤、家庭用品和电子产品都是这里的主要经营项目。几乎每10件废品里能有一件真正的宝贝（蒙尘的杰作、Underwood打字机）。

注意：扒手和所有人一样喜爱这里，因此要盯紧你的财物，不要将贵重物品放在容易被盗的口袋里。

Antigua Casa Talavera 陶瓷

（见1120页地图；Calle de Isabel la Católica 2；⏲周一至周五10:00~13:30和17:00~20:00，周六10:00~13:30；Ⓜ Santo Domingo）进入这个店，你感觉来到了阿拉丁的洞穴。里面搜罗了来自西班牙各地的瓷器。和面向游客的商店不同，这里的陶器都出自安达卢西亚和托莱多（Toledo）的家庭式手工作坊，产量不大，从装饰品（瓷砖）到实用品（盘子、罐子及其他厨房用品）应有尽有。经营这里的老夫妇令人愉快。

El Arco Artesanía 手工艺品

（见1120页地图；www.artesaniaelarco.com；Plaza Mayor 9；⏲11:00~21:00；Ⓜ Sol, La Latina）这家店位于马约尔广场的西南角，专卖原创纪念品，包括石头和玻璃制成的珠宝以及家居装饰品。纸制模型（papier mâché figures）非常好，还有太多东西让你目不暇接。

El Flamenco Vive 弗拉明戈

（见1120页地图；www.elflamencovive.es；Calle Conde de Lemos 7；⏲周一至周六10:30~14:00和17:00~21:00；Ⓜ Ópera）这里是弗拉明戈的圣殿：从吉他到乐谱，从价格合理的CD到带花纹的舞蹈服和鞋子，从彩色的塑料首饰到弗拉明戈相关读物……所有有关弗拉明戈的东西，你都能在这里找到。不管是满怀好奇的新手还是想认真学习这门艺术的人，都会被这里吸引。此外也有弗拉明戈吉他课程。

ℹ 实用信息

折扣卡

马德里卡（Madrid Card；☎91 360 47 72；www.

madridcard.com；1/2/3日卡成人€45/55/65，6~12岁儿童€32/38/42）如果你想在几天内集中观光并乘坐公共交通工具出行，持有马德里卡可以免费进入马德里城内及周边50多家博物馆，还可以参加免费徒步游，在很多餐馆、商店、酒吧和租车机构享受折扣。网上（稍微便宜）或者网站列出的销售点均有出售。

紧急情况

紧急情况（☎112）

国家警察（☎091）

外国游客救助中心（Servicio de Atención al Turista Extranjero；☎91 548 80 08，91 548 85 37，902 102112；www.esmadrid.com/satemadrid；Calle de Leganitos 19；⊙9:00至午夜；Ⓜ Plaza de España，Santo Domingo）遭遇偷窃或其他违法事件需报案时，你的最佳选择是外国游客救助中心，其通常设在中央警察局或国家警察局的专员办公室（comisaría）里。那里的警察受过专门培训，与旅游局的代表一同工作。他们会帮你取消信用卡，联系你的大使馆或家庭。

医疗服务

马约尔医院（Farmacia Mayor；☎91 366 46 16；Calle Mayor 13；⊙24小时；Ⓜ Sol）24小时营业。

团结医院（Unidad Medica；Anglo American；☎91 435 18 23；www.unidadmedica.com；Calle del Conde de Aranda 1；⊙周一至周五9:00~20:00，周六10:00~13:00；Ⓜ Retiro）这是个私人诊所，治疗项目很广。所有的医生都能说西班牙语和英语，有些会说法语和德语。一次诊疗费为€125左右。

安全旅行

通常来说，马德里是个安全的城市，不过和在大多数欧洲城市一样，你应该警惕公共交通工具内及主要旅游景点周边的扒手。在城市里，旅行者集中的地方最有可能被扒手盯上，尤其是马约尔广场及周边的街道、太阳门（Puerta del Sol）、埃尔拉斯特洛跳蚤市场及普拉多博物馆附近。小心在拥挤的公共汽车和地铁上被推撞，原则上要避开昏暗空旷的街道。幸运的是，马德里最热闹的夜生活地区通常都非常热闹，挤满了兴高采烈的人们。

旅游信息

马德里游客中心（Centro de Turismo de Madrid，见1120页地图；☎91 588 16 36；www.esmadrid.com；Plaza Mayor 27；⊙9:30~20:30；Ⓜ Sol）马德里游客中心在哥伦布广场（Plaza de Colón，见1116页地图；www.esmadrid.com；⊙9:30~20:30；Ⓜ Colón）和西贝莱斯宫（Palacio de Cibeles，见1116地图；⊙周二至周日10:00~20:00；Ⓜ Plaza de España）有办事处，在大地女神广场（Plaza de la Cibeles，见1120页地图；⊙9:30~20:30；Ⓜ Banco de España）、本书调研期间关闭的卡亚奥广场（Plaza del Callao，见1120页地图；Ⓜ Callao）、索菲亚王后艺术中心（Centro de Arte Reina Sofía，见1116页地图；Calle de Santa Isabel和Plaza del Emperador Carlos V交叉路口；⊙9:30~20:30；Ⓜ Atocha）外和巴拉哈斯机场（Barajas airport）的T2和T4航站楼有信息点。

Comunidad de Madrid（www.turismomadrid.es）由马德里自治区政府运营，提供马德里全区的有用信息。

ℹ 到达和离开

飞机

巴拉哈斯机场（Barajas Airport；☎902 404704；www.aena.es；Ⓜ Aeropuerto T1，T2 & T3；Aeropuerto T4）马德里的阿道弗·苏亚雷斯·巴拉哈斯机场（Adolfo Suarez Barajas Airport）位于城市东北15公里处，有4座航站楼。4号航站楼（T4）主要开行伊比利亚航空（Iberia）及其合作伙伴（比如英国航空、美国航空和伏林航空）的航班，其他航班从毗连的T1、T2和T3（很少）起飞。

长途汽车

ALSA（☎902 422242；www.alsa.es）是西班牙最大的汽车公司，线路遍布西班牙。大部分车都在长途汽车南站出发，不过有些往北开的车（主要去往毕尔巴鄂、萨拉戈萨，一些去巴塞罗那）从Intercambiador de Avenida de América发车，偶尔会有汽车从马德里巴拉哈斯机场T4航站楼发车。

Avanzabus（☎902 020052；www.avanzabus.com）主要开往埃斯特雷马杜拉（Extremadura；例如卡塞雷斯）、卡斯蒂利亚和莱昂（如萨拉曼卡和萨莫拉）。通过昆卡（Cuenca）开往巴伦西亚、里斯本（葡萄牙）。所有的车都从长途汽车南站发车。

长途汽车南站（Estación Sur de Autobuses；☎91 468 42 00；www.estaciondeautobuses.com；Calle de Méndez Álvaro 83；Ⓜ Méndez Álvaro）

值 得 一 游

阿维拉（ÁVILA）

从马德里只要坐1个多小时的火车就能来到阿维拉旧城，环绕四周的壮观城墙由8座巨大城门、88座瞭望塔以及2500多座塔楼组成。这是西班牙保存最完好的中世纪堡垒之一。

城墙（Murallas；成人/12岁以下儿童 €5/免费；⏲周二至周日10:00~20:00；🅕）阿维拉壮丽的12世纪城墙绵延2.5公里，就坐落在更早期的罗马和穆斯林城垛遗址之上，是世界上保存最完好的中世纪防御围墙之一。城墙有两段可以攀登——从王宫门（Puerta del Alcázar）里面上去的300米和沿老城北部边界延伸的1300米。门票包含多语言语音导览服务。

救世主堂（Catedral del Salvador；Plaza de la Catedral；门票 €4；⏲周一至周五10:00~19:30，周六10:00~20:00，周日正午至18:30）阿维拉12世纪的大教堂既是礼拜堂，也是精巧的要塞：结实的花岗岩后殿在历史悠久的城墙之间成为中央壁垒。阴沉的哥特式立面后隐藏着宏伟的内部，包括16世纪早期表现了耶稣生平的精致圣坛雕刻、文艺复兴时期雕刻的唱诗班席位。还有一座博物馆，馆内藏有埃尔·格雷科的绘画和胡安·德·阿尔费（Juan de Arfe）的精美银色圣体匣。按下按钮，照亮圣坛和唱诗班席位。

Hotel El Rastro（☎920 35 22 25；www.elrastroavila.com；Calle Cepedas；标单/双 €35/55；❄📶）这家气氛独特的酒店占据了一座16世纪的宫殿，最初的石头、裸露的砌砖和自然泥土色的主题都保留着，散发出平静低调的优雅气息。每个房间都有所不同，不过多数都有高高的天花板，空间宽敞。注意，店主们也经营一家稍微便宜的同名酒店，就在街角处。

游客接待中心（Centro de Recepción de Visitantes；☎920 35 40 00，分机790；www.avilaturismo.com；Avenida de Madrid 39；⏲9:00~20:00）市旅游办事处。

车站就在M30环路以南，是城里的主要汽车站。这里的长途汽车开往南方的大部分目的地及该国其他地区的很多地点。多数长途汽车公司都在这里设有售票处，但车辆也可能从别的地方发车。

火车

西班牙高速列车（AVE）连接马德里和塞维利亚（经过科尔多瓦）、巴利亚多利德（Valladolid，经过塞哥维亚）、托莱多、巴伦西亚（经过昆卡）、马拉加（Málaga）以及巴塞罗那（经过萨拉戈萨和塔拉戈纳）。

查马丁火车站（Estación de Chamartín；Ⓜ Chamartín）市中心以北的查马丁站开行多条长途线路，尤其是往返西班牙北部的列车。从巴黎和里斯本过来的长途国际列车也在这里停靠。

阿托查火车站（Puerta de Atocha；Ⓜ Atocha Renfe）马德里最大的火车站，位于市中心南端。开往西班牙各地的多数列车从阿托查火车站发车，尤其是南下的列车。

Renfe（☎902 240202；www.renfe.es）提供所有火车票的预订服务。

ℹ 当地交通

抵离机场

公共汽车

AeroCITY（☎91 747 75 70；www.aerocity.com；每人 €20起，快车服务每辆小型公共汽车€35起）出色的私营小型公共汽车服务商，提供马德里市中心和机场之间的点到点服务（T1在2号出站门前面，T2在5号门和6号门之间，T4在到达大厅）。24小时运营，可以电话或在线预订，也可以选择保留一个座位还是整辆车，后者就和出租车差不多。

机场特快（Exprés Aeropuerto；www.emtmadrid.es；每人€5；⏲24小时；📶）往返于阿托查火车站（Puerta de Atocha）和机场之间，全程40分钟。6:00~23:30，每13~23分钟开行1班；23:55至次日5:35，每35分钟1班，发车地点改为西贝莱斯广场。

地铁

地铁8号线（T2和T4航站楼有入口）连接新部委中转站（Nuevos Ministerios），在这里可以换乘10号线和6号线。地铁从6:05一直运营到次日2:00。往返机场的单程票为€4.5。从机场到新部委中转站全程15分钟，从T4航站楼出发全程25分钟。

出租车

如今从机场打车到市中心有固定价格(€30)。前往机场酒店的费用为€20。

公共交通

地铁(www.metromadrid.es)搭乘马德里地铁是快速、高效和安全地游览马德里的方式，通常比掌握公共汽车线路容易一些。马德里市中心布有多条线路，以不同颜色为标记，所有地铁站和网络上都有展示地铁系统的彩色地图。

出租车

你可以在遍布城区的出租车停靠站等车，也可以直接拦车。周一至周五，6:00~21:00的起步价为€2.40，其余时间是€2.90。另外还有几项附加费，费用清单会贴在出租车内，如从火车站和长途汽车站的出租车停靠站上车要付€3。

卡斯蒂利亚—莱昂(CASTILLA Y LEÓN)

萨拉曼卡(Salamanca)

人口155,619

无论是在午夜还是阳光明媚的正午，萨拉曼卡都是一个梦幻般的地方。城市里到处都是由金色砂岩建成的建筑，表面铺满了拉丁风格的红色雕刻，洋溢着浓厚的银匠风格和文艺复兴的气息。城中有很多知名的景点，其中最让人难忘的莫过于马约尔广场(Plaza Mayor；晚上，灯光照得熠熠生辉)。萨拉曼卡也是卡斯蒂利亚(Castilla)地区最有活力的城市，暮色降临之后，来自西班牙本地和世界各地的学生涌上街头，给这个城市注入勃勃生机。

景点和活动

★马约尔广场(Plaza Mayor) 广场

广场建于1729~1755年，是萨拉曼卡最大的广场，也被称为西班牙最美丽的中央广场。晚上，广场上灯火通明，直到午夜，如梦似幻，非常值得一看。作为阿尔贝托·丘里格拉(Alberto Churriguera)设计的作品，广场是和谐统一的巴洛克风格，随处可见的圆形浮雕上皆是著名人物的半身像。

新主教座堂和旧主教座堂 教堂

(Catedral Nueva & Catedral Vieja; www.catedralsalamanca.org)一般来说，人们会将更新更大一些的教堂建在旧有的罗马式教堂之上。但在萨拉曼卡却并非如此，人们把新教堂建在了旧教堂边上。**新主教座堂**(Catedral Nueva; Plaza de Anaya; ⏲9:00~20:00) 免费 耗时220年，于1733年建成，是哥特晚期的大师之作。门廊采用文艺复兴风格，非常震撼。

以罗马式建筑风格为主的**旧主教座堂**(Catedral Vieja; Plaza de Anaya; 门票€4.75; ⏲10:00~19:30)主体是一座建于12世纪的寺庙，华丽的圣台装饰是15世纪形成的，上面用53个场景描绘了基督和玛利亚的一生，最上面是最后的审判。

★公民大学 历史建筑

(Universidad Civil; Calle de los Libreros; 成人/优惠€4/2，周一上午免费；⏲周一至周六9:30~13:30和16:00~18:30，周日10:00~13:30)正面入口处的砂岩壁画堪称视觉盛宴，上面描绘了神话英雄、宗教场景和盾形纹章，其中最引人注目的是费尔南多(Fernando)和伊莎贝尔(Isabel)的半身像。这里最初是学社(Estudio General)，创建于1218年，在15世纪和16世纪达到鼎盛。正墙之后，位于楼上的低调收藏室是另一大亮点，那便是非凡的**大学图书馆**，也是欧洲最古老的大学图书馆。

住宿

★Hostal Concejo 青年旅舍 €

(☎923 21 47 37; www.hconcejo.com; Plaza de la Libertad 1; 标单/双€45/60; P ❄ 📶)抛光

寻找青蛙

公民大学的外墙布满了华丽的雕塑和壁画，在这件16世纪的繁丽创作中隐藏着一只小小的石刻青蛙。传说，找到这只青蛙的人就能学业有成、生活美满、爱情顺利。如果你想凭自己的力量找到它，不要看下面这句话：它就在外墙右边柱子上的颅骨雕刻上。

的木地板、有格调的家具、明亮的房间和位于市中心的地理位置，这些都让这里比一般的青旅要好。试着预订位于转角的房间（比如说104），里面有封闭式传统玻璃阳台，还有桌椅，可以坐看人来人往。

Microtel Placentinos 精品酒店 €€

（☎923 28 15 31；www.microtelplacentinos.com；Calle de Placentinos 9；标单/双含早餐 周日至周四 €57/73，周五和周六 €88/100；❄📶）萨拉曼卡最有魅力的精品酒店之一。Microtel Placentinos坐落于一条安静的街道上，房间内有裸露的石墙和木梁。服务无懈可击，整体氛围亲切细致。所有房间都有按摩淋浴或浴缸，夏天室外有旋涡按摩浴池。

★ Don Gregorio 精品酒店 €€€

（☎923 21 70 15；www.hoteldongregorio.com；Calle de San Pablo 80；房间/套含早餐 €180/300起；P❄📶）一家宫殿般的酒店，花园与这座城市的部分罗马城墙相连。房间以抚慰人心的卡布基诺色调为装饰，床上用品洁白挺括。包括专用桑拿浴、意式咖啡机和两台电视（套间内）、小冰柜、特大号床和大型按摩浴缸（标准间内）在内的各项设施堪称奢华。公共空间装饰着华丽的古玩和中世纪挂毯。

餐饮

La Cocina de Toño 西班牙小吃 €€

（www.lacocinadetoño.es；Calle Gran Via 20；西班牙小吃€1.30~3.80，主菜€7~20；⏲周二至周六14:00~16:00和20:00~22:00，周日午餐）这里为它的忠实拥趸提供创新小吃（pinchos）和菜肴，比如薄切鹅肝片配烤苹果和百香果果冻。与传统的装饰相对应，传统食物在这里仍占大头，但吧台的水准绝对是萨拉曼卡的美食明星。餐厅距离老城略微有点远，来就餐的大多是西班牙人。

Mesón Las Conchas 卡斯蒂利亚菜 €€

（Rúa Mayor 16；主菜€10~21；⏲酒吧 8:00至午夜，餐厅 13:00~16:00和20:00至午夜；👪）舒服的室外座位，氛围很好的酒吧，加上楼上用木头装饰的用餐区，这里的一切都很完美。吧台主要接待本地人，因为他们才是真正懂得西班牙腌肉（embutidos）之美妙的人。要坐下来吃饭的话，推荐烤肉、拼盘（platos combinados）和大份的西班牙小吃（raciones）。此外还有几种熏肉拼盘（双人€35）和备受好评的烤比目鱼。

★ Tío Vivo 音乐酒吧

（www.tiovivosalamanca.com；Calle del Clavel 3-5；⏲15:30至深夜）在烛光的照耀下，你可以一边品酒一边听20世纪80年代的音乐，欣赏里面装饰的旋转木马和稀奇古怪的文物，真的很享受。周二到周四有现场音乐表演，午夜开始，有时候得花€5购买门票。

ℹ 实用信息

城市和地区旅游办事处（Municipal& Regional Tourist Office；☎923 21 83 42；www.turismodesalamanca.com；Plaza Mayor 14；⏲周一至周五 9:00~14:00和16:30~20:00，周六10:00~20:00，周日10:00~14:00）地区旅游办事处和城市旅游办事处共用位于马约尔广场的办公室。使用恰当的手机应用程序可以获取城市条码音频导览（www.audioguiasalamanca.es）。

ℹ 到达和离开

从马约尔广场步行前往长途汽车站和火车站分别需要10分钟和15分钟。

长途汽车

长途汽车开往马德里（普通/高速€16.45/24.05，2.5~3小时，每小时1班）、阿维拉（Ávila；€7.60，1.5小时，每天5班）、塞哥维亚（Segovia；€14，2.5小时，每天4班）。

火车

定期有火车开往马德里的查马丁火车站（€23.20，2.5小时），途经阿维拉（€11.75，1.25小时）。

塞哥维亚（Segovia）

人口56,660

塞哥维亚被列入了联合国世界文化遗产。这里的遗迹震撼人心，昭示着古罗马曾经的辉煌，还有一座据说曾启发了迪士尼动画设计灵感的城堡。这座城市坐落于卡斯蒂利亚起伏的群山之中，由暖红色和金砂色构成，非常壮美。

景点

★罗马输水道(Acueducto) 罗马输水道

塞哥维亚最具标志性的符号便是罗马输水道(El Acueducto),这处长894米的工程奇迹像巨大的梳子一样立在塞哥维亚。公元1世纪,罗马人首先在此大兴土木,输水道的修建没有用到一滴灰浆就将20,000块不规则的花岗岩牢牢砌在一起。输水道共有163处拱洞,最高点在阿索圭霍广场(Plaza del Azoguejo),高达28米。

★城堡 城堡

(Alcázar; www.alcazardesegovia.com; Plaza de la Reina Victoria Eugenia; 成人/优惠/6岁以下儿童€5/3/免费,塔€2,每月第3个周二欧盟成员国公民免费; ⏲10:00~19:00; 👪)这是长发公主的塔楼,有着女巫帽一般的尖顶,底部是深深的护城河,这里完全就是童话城堡的原型,甚至还激发了沃尔特·迪士尼(Walt Disney)的灵感,令他创作出了《睡美人》(*Sleeping Beauty*)中的城堡。这里得名于阿拉伯语中的"城堡"(al-qasr),修建于13世纪和14世纪,从罗马时代便已开始加筑工事,不过于1862年被整体烧毁。你现在看到的是根据原貌的夸张重建。

大教堂 教堂

(Catedral; Plaza Mayor; 成人/儿童€3/2,周日9:30~13:15免费; ⏲9:30~18:30)这座哥特式的教堂于1525年开建,一共花了200年的时间才全部完成。教堂位于城市的中央,里面基督安慰**礼拜堂**(Cristo del Consuelo chapel)的门廊是罗马式的,来自因失火而被焚毁的原教堂。

韦拉克鲁斯教堂 教堂

(Iglesia de Vera Cruz; Carretera de Zamarramala; 门票€1.75; ⏲12月至次年10月 周二至周日10:30~13:30和16:00~19:00)这座12面的教堂是欧洲同类型教堂中保存最完好的。圣殿骑士团(Knights Templar)于13世纪初参考耶路撒冷的圣墓教堂(Church of the Holy Sepulchre)修建了这座教堂,其中曾有一件真十字架(Vera Cruz; True Cross)的碎片,如今收藏在附近村庄的萨马拉马拉(Zamarramala)教堂(只有复活节才展出)。

住宿

Hostal Fornos 青年旅舍 €

(☎921 46 01 98; www.hostalfornos.com; Calle de la Infanta Isabel 13; 标单/双€41/55; ❄)这家旅舍很小,但远远胜过其他许多同等价位的去处。这里气氛惬意,房间采用白亚麻织物和藤艺布置。有的房间大一些,但性价比都很高。有读者对街道噪声有所抱怨。

★Hospedería La Gran Casa Mudéjar 历史酒店 €€

(☎921 46 62 50; www.lacasamudejar.com; Calle de Isabel la Católica 8; 房间 €80; ❄@📶)酒店在两栋建筑内,修葺一新,宏大壮丽。某些房间里,真正的15世纪穆德哈尔木雕天花板与现代设施浑然一体。较新侧楼的高层房间可以看到塞哥维亚古老犹太区屋顶上方的美丽山景。小型水疗和备受推荐的餐馆平添魅力。

就餐

★Restaurante El Fogón Sefardí 西班牙犹太菜 €€

(☎921 46 62 50; www.lacasamudejar.com; Calle de Isabel la Católica 8; 主菜 €20~25,西班牙小吃 €2.50起; ⏲13:30~16:30和17:30~23:30)餐馆在La Gran Casa Mudéjar酒店内,是城里最正宗的店之一。提供西班牙犹太菜肴,露台亲切可爱,华丽的室内大厅还是最初的15世纪穆德哈尔装潢风格。酒吧主题同样多样。坐下来尝尝备受赞誉的西班牙小吃。建议预订。

Casa Duque 烧烤餐馆 €€

(☎921 46 24 87; www.restauranteduque.es; Calle de Cervantes 12; 主菜 €9~20; ⏲12:30~16:30和20:30~23:30)这家氛围独特的酒馆(mesón)从19世纪90年代就开始提供烤乳猪(Cochinillo asado)。如果你不知道该点什么,就试试menú segoviano(€32)吧,里面就有烤乳猪(cochinillo),或者尝尝*menú gastronómico*(€39)。楼下有一个非正式的地窖,提供美味的西班牙小吃和风味浓郁的炖菜。推荐预约。

值得一游

两座教堂的传说：布尔戈斯和莱昂

布尔戈斯和莱昂都是出类拔萃的教堂城镇，从马德里乘火车和长途汽车可以轻松到达两地。

布尔戈斯（Burgos）

大教堂（Catedral；Plaza del Rey Fernando；成人/14岁以下儿童含多语言语音导览€6/1.50；⏲10:00~18:00）这座被列入联合国教科文组织世界遗产名录的大教堂堪称杰作。它曾经是一座低调的罗马教堂，直至1221年，更大规模的施工开始。值得注意的是，总共用了40年的时间，这座法国哥特式建筑的绝大部分才得以完工。你可以从圣玛利亚广场（Plaza de Santa María）免费进入教堂，前往拥有备受尊崇的13世纪十字架的**圣基督礼拜堂**（Capilla del Santísimo Cristo）以及有着非凡天花板的**圣特克拉礼拜堂**（Capilla de Santa Tecla）。但我们还是建议从头到尾参观这座大教堂。

Hotel Norte y Londres（☎947 26 41 25；www.hotelnorteylondres.com；Plaza de Alonso Martínez 10；标单/双 €66/100；P@📶）这家出色的酒店坐落于一座16世纪的宫殿内，拥有低调的时代魅力，提供宽敞的房间，房间内是古色古香的陈设、光亮的木地板和漂亮的阳台。4层的房间更现代一些。卫生间特别大，服务特别高效。

Cervecería Morito（Calle Sombrerería 27；西班牙小吃 €3，大份西班牙小吃 €5~7；⏲12:30~15:30和19:00~23:30）Cervecería Morito是无可争议的布尔戈斯西班牙小吃吧之王，自然总是挤满了人。一般来说，必点的是alpargata（分量十足的熏火腿，搭配面包、土豆和橄榄油）或pincho de morcilla（本地血肠小吃）。食物摆盘非常新颖，沙拉尤其像一场视觉盛宴。

市旅游办事处（Municipal Tourist office；☎947 28 88 74；www.aytoburgos.es；Plaza de Santa María；⏲10:00~20:00）可以选择布尔戈斯24小时、48小时或72小时指南，也可以从网上下载PDF。

莱昂（León）

大教堂（Catedral；www.catedraldeleon.org；成人/优惠/12岁以下儿童 €5/4/免费；⏲周一至周六8:30~13:30和16:00~20:00，周日 8:30~14:30和17:00~20:00）莱昂的13世纪大教堂有高耸的塔楼、飞拱和令人惊叹的内部，是这座城市的精神内核。无论是在夜晚的聚光灯下，还是在灿烂的阳光中，这座大教堂都可以说是西班牙最好的哥特式杰作，散发出壮丽得近乎耀眼的气质。令人印象深刻的立面上有光芒四射的圆花窗、3座雕刻华美的门廊和两座结实的塔楼。穿过主入口，映入眼帘的是"最后的晚餐"场景，一列非凡的彩色玻璃窗（vidrieras）静候游客前来观赏。

先王祠（Panteón Real；门票 €5；⏲周一至周六10:00~13:30和16:00~18:30，周日 10:00~13:30）毗邻圣伊西多罗皇家教堂（Real Basílica de San Isidoro），先王祠内保存着剩余的石棺，它们被安放在西班牙最精美的一些罗马式壁画天棚下，安静而不失尊严。一幅接一幅色彩绚丽的圣经场景布满拱顶和这间非凡大厅的拱门，被柱顶精雕细刻的大理石柱高高托起。先王祠内还有一座小**博物馆**，你可以在那里欣赏圣伊西多罗的圣殿——其中有这位圣徒的一段木乃伊手指及其他珍品。

La Posada Regia（☎987 21 31 73；www.regialeon.com；Calle de Regidores 9-11；标单/双含早餐 €55/90；❄📶）尽管位于市中心，但这个地方更像乡村住宅。秘密就是，这是一栋经过了华丽翻新（木梁、裸露的砖和低调的古董家具）的14世纪建筑，有个性化的房间和十分舒适的床和卫生间。但就像哥特区的其他地方一样，这里的周末夜晚很嘈杂。

市旅游局（☎987 87 83 27；Plaza de San Marcelo；⏲9:30~14:00和17:00~19:30）

实用信息

游客接待中心（Centro de Recepción de Visitantes, Tourist Office; ☎921 46 67 20; www.turismodesegovia.com; Plaza del Azoguejo 1; ⊙周日至周五 10:00~19:00，周六10:00~20:00）塞哥维亚的旅游总局经营2小时导览游，最少4人成团，每天11:15出发（每人€13.50）。提前订好。

地区旅游办事处（www.segoviaturismo.es; Plaza Mayor 10; ⊙周日至周四9:00~20:00，周五和周六 9:00~20:00）

到达和离开

长途汽车

长途汽车站紧邻Paseo de Ezequiel González。马德里的佛罗里达大道长途汽车站（Paseo de la Florida）每半小时发1班开往塞哥维亚（€8，1.5小时）的车。长途汽车开往阿维拉（€6，1小时，每天8班）和萨拉曼卡（€14，2.5小时，每天4班）等站点。

火车

乘坐火车有几种选择：每天从马德里到塞哥维亚主火车站只有2班普通车（单程€8，2小时），火车站离输水道2.5公里。高速列车（Avant; €12.50，28分钟）更快一些，停靠塞哥维亚新站（Segovia-Guiomar station），离输水道5公里。

卡斯蒂利亚—拉曼查（CASTILLA-LA MANCHA）

托莱多（Toledo）

人口85,593

虽然是西班牙各省会城市中较小的一座，但托莱多作为宗教中心、西班牙教会的壁垒及一度繁荣的中世纪多元文化的社会象征，在这个国家的历史和意识形态方面举足轻重。这座老城如今是一间宝库，教堂、博物馆、犹太教堂和清真寺坐落在由狭窄的街道、广场和高踞于塔霍河（Río Tajo）之上的内露台组成的迷宫之中。托莱多白天人流如织，天黑后则会大变身，街道上满溢着令人感怀的脱俗情调。

景点

★大教堂 天主教堂

（Catedral; Plaza del Ayuntamiento; 成人/儿童€8/免费; ⊙周一至周六10:30~18:30，周日14:00~18:30）托莱多大教堂代表着这个城市作为西班牙天主教中心的重要历史地位，也是全国最奢华的大教堂之一。阴沉的内部气势宏大，结实的柱子将空间分成5座中殿。众多小礼拜堂内各有艺术珍宝及其他亮点，包括唱诗席（coro）、主礼拜堂（Capilla Mayor）、透空雕饰（Transparente）、圣器室及钟楼（另收€3）。

城堡 城堡、博物馆

（Alcázar, Museo del Ejército; Calle Alféreces Provisionales; 成人/儿童€5/免费; ⊙11:00~17:00）在这座城市的上空，城堡隐约可见。这里在佛朗哥（Franco）统治下重建，现已作为大型军事博物馆重新开放。日常展出制服和奖章，不过最好的是细致入微的历史展区，这里以英语和西班牙语详尽展示了西班牙史。

★圣母升天犹太教堂 犹太教堂

[Sinagoga del Tránsito; museosefardi.mcu.es; Calle Samuel Leví; 成人/儿童€3/1.50，周六14:00之后和周日全天免费，格雷科博物馆（Museo del Greco）联票€5; ⊙4月至9月周二至周六 9:30~20:00，10月至次年3月 周二至周六 9:30~18:30，周日10:00~15:00]这座宏伟的教堂是1355年由佩德罗一世（PedroⅠ）特批建立的。现在这座犹太教堂里是**塞法迪博物馆**（Museo Sefardí）。巨大的主祷告厅经过巧妙修复，穆德哈尔风格装饰和精雕细刻的松木天花板引人注目。展览能让人了解犹太文化在西班牙的历史，包括考古发现、纪念园、服装和仪式上使用的手工艺品。

★圣胡安皇家修道院 修道院

（Monasterio San Juan de los Reyes; Calle San Juan de los Reyes 2; 门票€2.50; ⊙6月至9月 10:00~18:30，10月至次年5月 至17:30）这座壮观的方济会修道院建于15世纪。为了彰显他们信仰的至高无上，天主教双王费尔南多（Fernando）和伊莎贝尔（Isabel）下令选址于犹太区中心，因而备受争议。统治者们本打算在此下葬，不过最终还是葬在了他们征服的荣耀之地格拉纳达(Granada)。令人惊叹的双层回廊、和谐浑然的晚期("火焰般")哥特式底层、穆德哈尔风格的建筑上层，还有华丽的雕像、拱门、穹顶、精美的尖顶和繁茂花园周边的滴水装饰、花园里的橘子树和玫瑰，处处皆是亮点。

食宿

Hostal Alfonso XII 酒店 €

(☎925 25 25 09; www.hostal-alfonso12.com; Calle de Alfonso XII; 标单 €27~40, 双 €35~50; ❄📶)这家优质酒店位于犹太区(Judería)的极佳位置，占据了一栋18世纪的托莱多房屋，这意味着曲折的走廊和楼梯，还有位于古怪地方的简洁房间。魅力十足。

Casa de Cisneros 精品酒店 €€

(☎925 22 88 28, 925 22 8828; www.hostal-casa-de-cisneros.com; Calle del Cardenal Cisneros; 标单/双€40/66; ❄📶)酒店就在天主教堂旁边，建于16世纪，曾是红衣主教和宗教审判大法官(被称为Ximénes)的住所。房屋整体由木梁支撑，房间大而华丽，卫生间很新，是住宿的最佳选择。经过考古发掘，罗马浴场遗址和地下室里11世纪摩尔宫殿的一部分得以显露。

★ Kumera 现代西班牙菜 €

(☎925 25 75 53; www.restaurantekumera.com; Calle Alfonso X El Sabio 2; 餐 €9~10, 套餐 €20~35; ⏲周一至周五 8:00至次日2:30, 周六和周日11:00至次日2:30)这里可以说是城里最物有所值的地方，提供在当地传统菜肴基础上开发的创新菜，如乳猪(cochinito)、炖牛尾、炸丸子(croquetas; 馅料是熏火腿、鱿鱼、鳕鱼或野生蘑菇)、特大号的烤面包及其他创意菜肴。作为重头戏的鹅肝酱菜肴特别令人难忘。

La Abadía 卡斯蒂利亚菜、西班牙小吃 €€

(www.abadiatoledo.com; Plaza de San Nicolás 3; 整份西班牙小吃€4~15)这家氛围独特的酒吧和餐馆位于16世纪的前宫殿内，有拱门、壁龛以及柔和的灯光，包括几间砖石房间。菜单上包括轻食菜品和西班牙小吃，而"托莱多山菜单"(Menú de Montes de Toledo; €19)则是来自附近山区的美味。

实用信息

旅游总局(☎925 25 40 30; www.toledo-turismo.com; Plaza del Ayuntamiento; ⏲10:00~18:00)从这里能看到大教堂。在火车站设有分支机构(Estación de Renfe; ⏲10:00~15:00)。

地方旅游办事处(www.diputoledo.es; Subida de la Granja; ⏲周一至周五8:00~18:00, 周六10:00~17:00, 周日10:00~15:00)在自动扶梯顶端。

到达和离开

前往大部分主要站点仍需要返回马德里。

长途汽车

每天6:00~22:00，几乎每半小时(周日频率会低一些)就有1班车从托莱多的**长途汽车站**(bus station; Avenida de Castilla La Mancha)发往马德里的椭圆广场(Plaza Elíptica; €5.35起, 1~1.75小时)，有些是直达，有些要途经村庄。另外还有开往昆卡的长途汽车(€14.20, 2.25小时)。

火车

大约每小时都有高速AVE火车(Alta Velocidad Española; 高速服务)从漂亮的**火车站**(☎902 240202; Paseo de la Rosa)发往马德里(单程/往返 €12.70/20.30, 30分钟)。

加泰罗尼亚(CATALONIA)

巴塞罗那(Barcelona)

人口1,620,000

巴塞罗那是欧洲最酷的城市之一。虽然有两千多年的历史，它却依然前卫，艺术、设计和美食都是最前沿的。无论是探索中世纪的宫殿和广场、参观现代主义大师之作、在熙熙攘攘的林荫大道上购买时尚设计品、体验令人兴奋的夜生活，还是在沙滩上晒太阳，你都会无可救药地爱上这个城市。

在巴塞罗那，除了视觉盛宴还有美味的诱惑。传统的加泰罗尼亚菜和前卫的新西班牙菜将冲击你的味蕾。

景点和活动

兰布拉大道(La Rambla)

兰布拉大道是西班牙最著名的街道

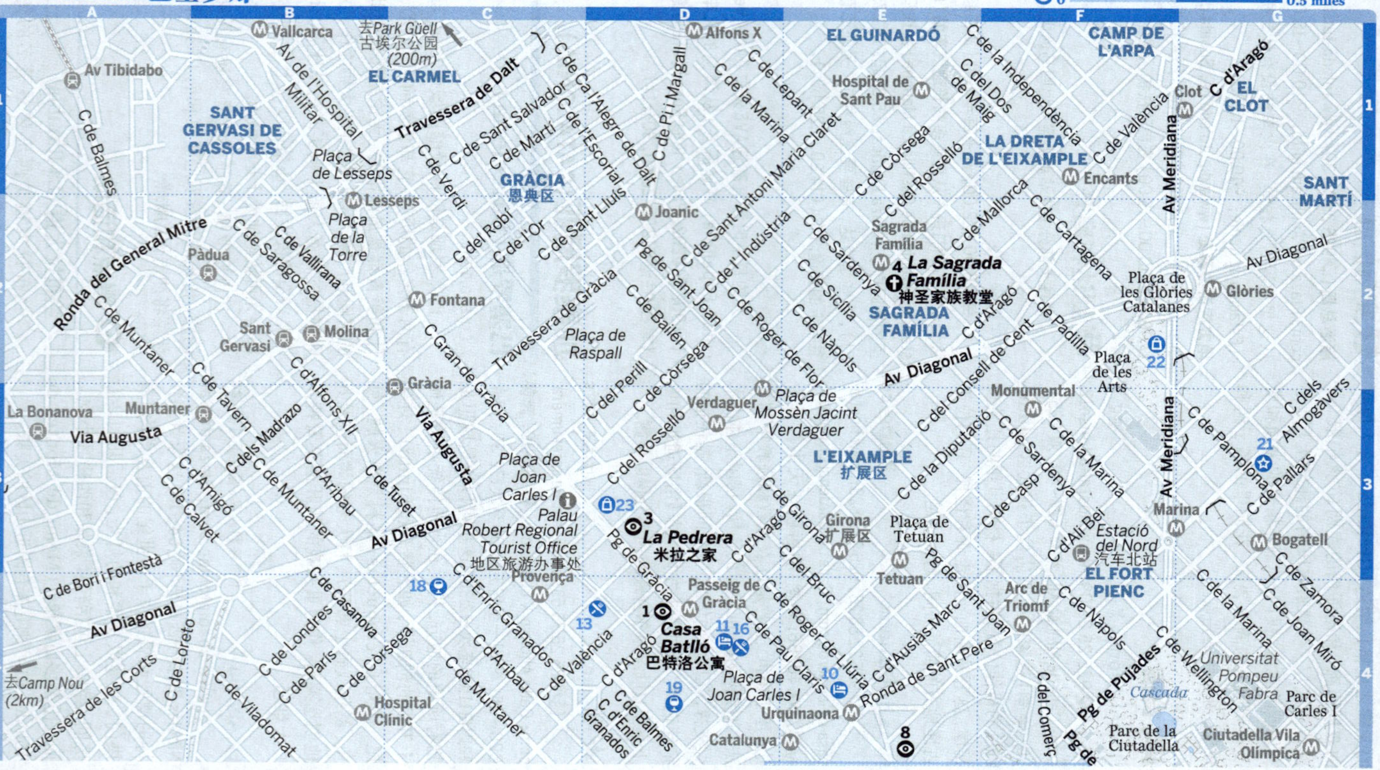
Barcelona 巴塞罗那
0 1 km
0 0.5 miles
A B C D E F G
1 2 3 4
EL GUINARDÓ
CAMP DE L'ARPA
EL CLOT
SANT MARTÍ
LA DRETA DE L'EIXAMPLE
SAGRADA FAMÍLIA
L'EIXAMPLE 扩展区
EL FORT PIENC
GRÀCIA 恩典区
EL CARMEL
SANT GERVASI DE CASSOLES
去Park Güell 古埃尔公园 (200m)
去Camp Nou (2km)
4 La Sagrada Família 神圣家族教堂
3 La Pedrera 米拉之家
1 Casa Batlló 巴特洛公寓
Palau Robert Regional Tourist Office 地区旅游办事处
Estació del Nord 汽车北站
Plaça de les Glòries Catalanes
Plaça de les Arts
Plaça de Tetuan
Plaça de Mossèn Jacint Verdaguer
Plaça de Joan Carles I
Plaça de Raspall
Plaça de Lesseps
Plaça de la Torre
Arc de Triomf
Parc de la Ciutadella
Parc de Carles I
Cascada
Universitat Pompeu Fabra
Av Diagonal
Av Meridiana
Via Augusta
Travessera de Dalt
Travessera de Gràcia
Travessera de les Corts
Ronda del General Mitre
Ronda de Sant Pere
Pg de Gràcia
Pg de Sant Joan
Pg de Pujades
Passeig de Gràcia
Av de l'Hospital Militar
Av Tibidabo
C de la Independència
C del Dos de Maig
C de València
C d'Aragó
C de Cartagena
C de Padilla
C de Lepant
C de la Marina
C de Sant Antoni Maria Claret
C de Pi i Margall
C de Ca l'Alegre de Dalt
C de l'Escorial
C de Sant Salvador
C de Martí
C de Verdi
C del Robí
C de l'Or
C de Sant Lluís
C de Còrsega
C del Rosselló
C de Mallorca
C de Sardenya
C de Sicília
C de Nàpols
C de l'Indústria
C de Roger de Flor
C del Consell de Cent
C de la Diputació
C de Casp
C d'Alí Bei
C de Pamplona
C de Pallars
C dels Almogàvers
C de Zamora
C de Joan Miró
C de Wellington
C del Comerç
C d'Ausiàs Marc
C de Roger de Llúria
C de Pau Claris
C del Bruc
C de Girona
C de Bailèn
C del Perill
C Gran de Gràcia
C de Saragossa
C de Vallirana
C de Muntaner
C de Tavern
C dels Madrazo
C d'Alfons XII
C d'Aribau
C de Tuset
C d'Amigó
C de Calvet
C de Bori i Fontestà
C de Casanova
C de Londres
C de París
C de Loreto
C de Viladomat
C d'Enric Granados
C de Balmes
Vallcarca
Alfons X
Hospital de Sant Pau
Clot
Encants
Glòries
Joanic
Lesseps
Pàdua
Sagrada Família
Fontana
Sant Gervasi
Molina
Gràcia
La Bonanova
Muntaner
Verdaguer
Monumental
Marina
Bogatell
Girona
Tetuan
Provença
Hospital Clínic
Catalunya
Urquinaona
Ciutadella Vila Olímpica
8 10 11 13 16 18 19 21 22 23

见巴塞罗那市中心地图（1142页）

5
6
7
8
A
B
C
D
E
F
G

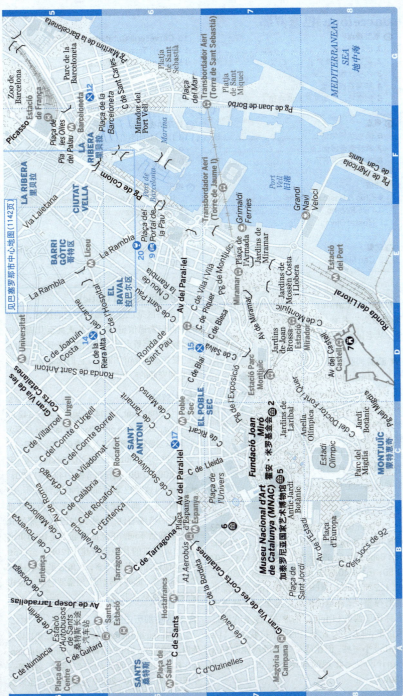

MEDITERRANEAN SEA 地中海
Port Vell 旧港
Port de Barcelona
Marina
LA RIBERA 里贝拉
BARRI GÒTIC 哥特区
CIUTAT VELLA
EL RAVAL 拉巴尔区
SANT ANTONI
EL POBLE SEC
MONTJUÏC 蒙特惠奇
SANTS 桑特斯
Zoo de Barcelona
Parc de la Barceloneta
Estació de França
Picasso
Plaça de les Olles
Pla del Palau
Barceloneta
Plaça de la Barceloneta
C de Sant Carles
Pg Marítim de la Barceloneta
Pg de Colom
Mirador del Port Vell
Platja de Sant Sebastià
Plaça del Mar
Transbordador Aeri (Torre de Sant Sebastià)
Platja de Sant Miquel
Pg de Joan de Borbó
Transbordador Aeri (Torre de Jaume I)
Pg de l'Agrícola
Pg de Can Tunis
Grimaldi Ferries
Grandi Navi Veloci
Via Laietana
La Rambla
Liceu
Plaça del Portal de la Pau
C Nou de la Rambla
C de Sant Pau
C del Carme
C de l'Hospital
C de la Riera Alta
C de Joaquín Costa
Universitat
Ronda de Sant Antoni
Ronda de Sant Pau
Av del Paral·lel
C de Vila i Vilà
C de Piquer
Pg de Montjuïc
C de Blesa
C de Salvà
C de Blai
Plaça de l'Armada
Miramar
Jardins de Miramar
Av de Miramar
Jardins de Mossèn Costa i Llobera
C de Montjuïc
Estació del Port
Ronda del Litoral
Jardins de Joan Brossa
Estació Mirador
Av del Castell
Castell
Estació Parc Montjuïc
Pg de l'Exposició
Gran Via de les Corts Catalanes
C de Villarroel
Urgell
C del Comte d'Urgell
C del Comte Borrell
C de Viladomat
C de Tamarit
C de Manso
Poble Sec
C de Ricart
C de Lleida
Rocafort
C de Sepúlveda
C d'Aragó
C de Calàbria
C de Rocafort
C d'Entença
Av de Roma
C de Mallorca
C de Provença
C de València
Entença
C de Còrsega
Tarragona
C de Tarragona
Plaça d'Espanya
Espanya
Plaça de l'Univers
Fundació Joan Miró 霍安·米罗基金会
Museu Nacional d'Art de Catalunya (MNAC) 加泰罗尼亚国家艺术博物馆
Jardins de Laribal
Anella Olímpica
Estadi Olímpic
C del Doctor Font i Quer
Jardí Botànic
Pg del Migdia
Parc del Migdia
Antic Jardí Botànic
Av de l'Estadi
Plaça d'Europa
C dels Jocs de 92
Plaça de Sant Jordi
A1 Aerobús
C de la Bordeta
Hostafrancs
Av de Josep Tarradellas
C de Berlín
Estació d'Autobusos de Sants 桑特斯长途汽车站
Sants Estació
C de Numància
C de Guitard
Plaça del Centre
Plaça de Sants
C de Sants
C de Gavà
Magòria La Campana
C d'Olzinelles
2
5
6
7
9
12
14
15
17
20

Barcelona 巴塞罗那

之一，包括一段步行街。从加泰罗尼亚广场（Plaça de Catalunya）一直到海边，沿街有很多街头艺术家、杂志摊和什么都卖的小摊贩。从老鼠到玉兰花，你都能在这里买到。

★波盖利亚市场 市场

（Mercat de laBoqueria，见1142页地图；☎318 25 84；www.boqueria.info；La Rambla 91；⏰周一至周六8:00~20:30，周日不营业；Ⓜ Liceu）波盖利亚市场可能是兰布拉大道上最有趣的建筑，这并不全是由于受现代主义影响的设计风格（实际上它建了很长时间，从1840年一直到1914年，其前身是圣约瑟夫修道院），更重要的是这个食品市场内的活动。

里西奥大剧院 建筑

（Gran Teatre del Liceu，见1142页地图；☎93 485 99 14；www.liceubarcelona.com；La Rambla dels Caputxins 51-59；团队游 20/80分钟 €5.50/11.50；⏰导览10:00开始，短时团队游 11:30、正午、12:30和13:00；Ⓜ Liceu）如果不能在剧院里消磨掉整晚，你也依然可以逛逛这个被当地人称作里西奥（Liceu）的地方。这是欧洲最大的歌剧院之一，比米兰的斯卡拉歌剧院（La Scala）小一些，但比威尼斯的凤凰剧院（La Fenice）大，壮观的马蹄形观众席可容纳2300人。

哥特区（Barri Gòtic）

哥特区是巴塞罗那最古老的街区，这里的中世纪街道值得你花上几天甚至几周去探索。除了主要景点外，还有很多极具情调的商店、餐馆、咖啡馆和酒吧，它们都藏在狭窄的小巷和安静的广场之中。

★大教堂 教堂

（La Catedral，见1142页地图；☎93 342 82 62；www.catedralbcn.org；Plaça de la Seu；门票免费，特殊游览€6，唱诗班入场费€2.80；⏰周一至周六8:00~12:45和17:15~19:30，特殊游览周一至周六13:00~17:00，周日和节假日14:00~17:00；Ⓜ Jaume I）这是巴塞罗那的中心礼拜场所，宏伟华丽。主立面上镶嵌着滴水装饰和北欧哥特风格的精细石件，这使其与巴塞罗那的其他教堂截然不同。正立面实际上是1870年增建的，而建筑的其他部分建于1298年至1460年。其他墙面的装饰不多，八角形平顶塔楼显然会提醒你，即使在这里，加泰罗尼亚哥特式建筑原则依然占上风。

★巴塞罗那历史博物馆 博物馆

（Museu d' Història de Barcelona，见1142页地图；☎93 256 21 00；www.museuhistoria.bcn.cat；Plaça del Rei；成人/儿童€7/免费，每月第一个周日和周日15:00~20:00 免费；⏰周二至周六

10:00~19:00，周日10:00~20:00；Ⓜ Jaume I）巴塞罗那最令人神往的博物馆之一，它将带你穿越回几个世纪之前，前往巴塞罗那罗马时期的肇始之时。你可以漫步老街道、裁缝店、洗衣店及葡萄酒和鱼类加工厂的遗址。自公元前10年前后奥古斯都皇帝（Emperor Augustus）建立城镇，这些地方就开始繁荣起来。建筑本身同样令人印象深刻，它曾是皇家广场（Plaça del Rei）上大皇宫（Palau Reial Major）的一部分，可算作巴塞罗那中世纪君主权力的重要核心地之一。

皇家广场　广场

（Plaça Reial，见1142页地图；Ⓜ Liceu）皇家广场是巴塞罗那最适合拍照的广场之一，也是躲避附近兰布拉大道上汹涌车流与人流的惬意休憩场所。很多小餐馆、酒吧和夜店藏身在19世纪新古典风格建筑的拱廊下，各种活动接连举行。

里贝拉（La Ribera）

中世纪时，里贝拉因其靠近地中海的位置而成为巴塞罗那的外贸中心，无数富商定居在此。现在，这里早已变身为遍布精品店、餐厅和酒吧的时尚区。

★毕加索博物馆　博物馆

（Museu Picasso，见1142页地图；☎93 256 30 00；www.museupicasso.bcn.cat；Carrer de Montcada 15-23；成人/儿童€14/免费，临时展览成人/儿童€6.50/免费，周日15:00~20:00和每月第一个周日免费；⏲每天 9:00~19:00，周四至21:30；📶；Ⓜ Jaume I）博物馆位于五座相连的中世纪石头建筑中，非常特别（排队也值得）。前3座建筑里的美丽庭院、画廊和楼梯与内部的展品一样赏心悦目。

★圣马利亚教堂　教堂

（Basílica de Santa Maria del Mar，见1142页地图；☎99 310 23 90；Plaça de Santa Maria del Mar；⏲9:00~13:30和16:30~20:30，周日10:30开放；Ⓜ Jaume I）免费 圣殿位于博恩市场（Passeig del Born）的西南部，是巴塞罗那最好的加泰罗尼亚哥特教堂。这座教堂建于14世纪，建造速度在当时非常快（只用了54年）。这座教堂的看点在于和谐、质朴的建筑风格。

加泰罗尼亚音乐宫　建筑

（Palau de La Música Catalana，见1136页地图；☎93 295 72 00；www.palaumusica.org；Carrer de Sant Francesc de Paula 2；成人/儿童€17/免费；⏲导览游 每天10:00~15:30；Ⓜ Urquinaona）这座音乐厅是巴塞罗那现代主义建筑的巅峰之作，是一部由瓷砖、砖块、石雕和彩色玻璃组成的交响乐。音乐宫建于1905~1908年，是多梅内奇·蒙塔内（Domènech i Montaner）为加泰罗尼亚乐团（Orfeo Català）的音乐协会建的，被认为是加泰罗尼亚文艺复兴（Renaixença）的圣殿。

扩展区（L' Eixample）

现代主义，即加泰罗尼亚版的新艺术主义，在20世纪初期大大改变了巴塞罗那的城市风光。大多数现代主义的作品都建在扩展区，这个被设计成网格状的街区自从19世纪80年代就开始发展起来了。

★神圣家族教堂　教堂

（La Sagrada Família，见1136页地图；☎93 207 30 31；www.sagradafamilia.cat；Carrer de Mallorca 401；成人/11岁以下儿童/老人和学生€14.80/免费/€12.80；⏲4月至9月9:00~20:00，10月至次年3月9:00~18:00；Ⓜ Sagrada Família）如果你的时间只够参观一个景点，那就应该是安东尼·高迪（Antoni Gaudí）的这件杰作。神圣家族教堂仿中世纪教堂而建，高耸雄伟，已经建了100多年，到现在仍未建完。完工后，最高的塔楼会比现在看到的高出一半。

★米拉之家　建筑

（La Pedrera，见1136页地图；☎902202138；www.lapedrera.com；Carrer de Provença 261-265；成人/学生/儿童€20.50/16.50/10.25；⏲3月至10月9:00~20:00，11月至次年2月9:00~18:30；Ⓜ Diagonal）这座波纹状的建筑是高迪的又一件狂妄杰作，建于1905~1910年，它将公寓和办公区合二为一。它的正式名称是Casa Milà，以委托商的名字命名，但更为人知的名字是La Pedrera（采石场），因为Carrer de Provença街角处的外墙凹凸起伏，如波浪一般。

★巴特洛公寓　建筑

（Casa Batlló，见1136页地图；☎93 216 03

不要错过

神圣家族教堂亮点

屋顶 神圣家族教堂的屋顶由林立的非凡斜柱支撑。柱子高耸至天花板，伸展出网络状的支撑分支，营造出森林冠盖的效果。

耶稣诞生门（Nativity Façade）这座建筑的艺术巅峰在于此。你可以乘坐电梯并走过狭窄的螺旋楼梯，攀登至4座塔楼中几座的高处，这是足以令人眩晕的体验。

受难门（Passion Façade）受难门西南的主题是基督的最后一天和死亡，是1954~1978年根据高迪留下来的图纸修建的，有4座塔楼和一扇装饰着雕塑的巨门。

荣耀门（Glory Façade）荣耀门正在修建，与其他建筑一样，顶端将有4座塔楼——整个神圣家族教堂里共有12座塔楼，代表十二信徒（Twelve Apostles）。

高迪博物馆（Museu Gaudí）底层以下的高迪博物馆展示有关高迪生平及其作品的有趣资料，还有神圣家族教堂的模型和照片。

探索神圣家族教堂 虽然实际上还是建筑工地，但也可以从容探索已完工的部分和博物馆。这里提供50分钟的向导游（€4）。你也可以选择语音导览（€4），出示身份证件即可。从Carrer de Sardenya和Carrer de la Marina进入之后，交纳€2.50即可乘坐耶稣诞生门和受难门塔楼内的电梯。

06; www.casabatllo.es; Passeig de Gràcia 43; 成人/优惠/7岁以下儿童€21.50/18.50/免费; ⏲每天9:00~21:00; Ⓜ Passeig de Gràcia）欧洲最奇异的住宅楼之一，体现了高迪的极致幻想。外墙闪烁着蓝、淡紫和绿色，装饰着波浪形的窗子和阳台，蓝色的屋顶边上只装饰了一个烟囱。

古埃尔公园 公园

（Park Güell; ☎93 409 18 31; www.parkguell.cat; Carrer d' Olot 7; 中心区门票 成人/儿童€7/4.50; ⏲每天8:00~21:30; 🚌24或32; Ⓜ Lesseps或Vallcarca）古埃尔公园位于格雷西亚区（Gràcia）北部，离加泰罗尼亚广场4公里，里面的园林是高迪一手打造的。在这里，高迪对自然造型的热忱表现得淋漓尽致——人造景观看上去达到了比天然更天然的地步。

蒙特惠奇（Montjuïc）

蒙特惠奇位于市中心西南部，可以看到外侧的海景并俯瞰城市，是这座城市的中心花园。其功用繁多，是慢跑或散步的理想场所。50路、55路和61路公共汽车都开往这里。本地PM（Parc de Montjuïc，蒙特惠奇公园）公共汽车环行西班牙广场（Plaça d' Espanya）至城堡（castell）一线。缆车和一条上山铁路也通向该地区。

★ 加泰罗尼亚国家艺术博物馆 博物馆

（Museu Nacional d' Art de Catalunya, MNAC，见1136页地图; ☎93 622 03 76; www.museunacional.cat; Mirador del Palau Nacional; 成人票/老人和16岁以下儿童票/学生票 €12/免费/8.40，每月第一个周日 免费; ⏲周二至周六10:00~20:00，周日至15:00，图书馆周一至周五10:00~18:00; Ⓜ Espanya）在城市各处，都能看到蒙特惠奇斜坡上**国家宫**（Palau Nacional）浮夸的新巴洛克风格轮廓。这里为1929年的世界博览会而建，于2005年翻新，其海量藏品主要是中世纪初期至20世纪初期的加泰罗尼亚艺术品，但最精彩的是非凡的罗马式壁画收藏。

★ 霍安·米罗基金会 博物馆

（Fundació Joan Miró，见1136页地图; ☎93 443 94 70; www.fundaciomiro-bcn.org; Parc de Montjuïc; 成人票/儿童票 €11/免费; ⏲周二至周六10:00~20:00，周四至21:30，周日和节假日 至14:30; 🚌55, 150, funicular Paral·lel）这座城市20世纪最著名的艺术家霍安·米罗（Joan Miró）于1971年将这家艺术基金会作为遗赠送给自己的家乡。博物馆采光良好，由其好友、建筑师何塞普·路易斯·塞特[Josep Lluís Sert; 米罗在马略卡岛（Mallorca）上的工作

室也是他的手笔]设计，馆藏皆是充满创意的作品，从米罗最早的青涩素描到人生最后几年的画作，不一而足。

蒙特惠奇城堡 要塞、花园

（Castell de Montjuïc，见1136页地图；☎93 256 44 45；www.bcn.cat/castelldemontjuic；Carretera de Montjuïc 66；成人票/优惠票/儿童票 €5/3/免费，周日下午和每月第一个周日免费；⏰10:00~20:00；🚌150，Telefèric de Montjuïc，Castell de Montjuïc）这座令人望而生畏的城堡占据了蒙特惠奇的东南高地，可以俯瞰地中海的壮观景色。城堡目前的结构可追溯至17世纪末和18世纪。在它黑暗的历史上，大多数时候都是这座城市的监守者，同时还是政治犯监狱和杀人场。

凯克萨博物馆 画廊

（CaixaForum，见1136页地图；☎93 476 86 00；www.fundacio.lacaixa.es；Avinguda de Francesc Ferrer i Guàrdia 6-8；成人票/学生和儿童票€4/免费，每月第一个周日 免费；⏰周一至周五10:00~20:00，周六和周日至21:00；ⓂEspanya）凯克萨建筑协会以其能够涉足艺术（并成为所有者）特别是当代艺术而感到自豪。这是巴塞罗那最好的艺术展览空间。凯克萨银行集有来自世界各地的大量艺术品，其中部分就收藏在这里。博物馆的所在此前是Fàbrica Casaramona工厂，已经过彻底翻新。这栋出色的现代主义砖砌建筑是普伊赫·卡达法尔奇（Puig i Cadafalch）的设计作品。1940年至1992年，警方骑兵部队第一中队（First Squadron）的120匹马就驻扎在这里。

节日和活动

圣梅尔塞节 城市节

（Festes de la Mercè；www.bcn.cat/merce）巴塞罗那最盛大的节日，持续4天，有音乐会、舞蹈、叠罗汉（castellers）表演、与蒙特惠奇喷泉同步的烟火表演，以及周六的巨人舞蹈。在周日的烟火游行上，来自加泰罗尼亚各地的妖魔鬼怪喷着烟火，与人群一同奔跑。节日在9月24日前后举行。

圣胡安节（Día de Sant Joan） 仲夏节

6月24日是绚烂热闹的仲夏庆典，节日前夜有烟火盛放，就连扩展区的广场上都会燃起篝火。

住宿

想要方便又便宜的住宿，可以到哥特区（Barri Gòtic）和拉巴尔区（El Raval）。扩展区（L' Eixample）有一些低端的家庭旅馆（pensiones）；旧城区（Old Town）附近多中、高端的住宿；在里贝拉（La Ribera）和小巴塞罗那（La Barceloneta）的沙滩附近也能找到住的地方。

兰布拉大道和哥特区 (La Rambla & Barri Gòtic)

Alberg Hostel Itaca 青年旅舍 €

（见1142页地图；☎93 301 97 51；www.itacahostel.com；Carrer de Ripoll 21；铺€21~24，标双/双€60/70，公寓€90~150；@📶；ⓂJaume I）这个旅舍在大教堂附近，安静而且采光很好。房间很宽敞（有6~10人间），铺着镶木地板，色彩鲜艳。旅舍时常组织活动（弗拉明戈音乐会、每日免费徒步游），对于单身旅行者来说是个不错的住宿选择。

Vrabac 客栈 €€

（见1142页地图；☎663 494029；vrabacguesthouse.wordpress.com；Carrer de Portaferrissa 14；双 €95~145，标单/双不带卫生间€55/65起；❄📶；ⓂLiceu或Catalunya）Vrabac紧挨着兰布拉大道中心，位于一栋经过出色修复的遗产建筑内，最初的装饰天花板还保留着，此外还有裸露的砂岩墙和巨幅油画。房间的面积和设施各不相同。最好的房间有高雅的瓷砖地板、大阳台和独立卫生间。最便宜的房间面积小，设施简单，没有卫生间，所以不推荐。只接受现金。

拉巴尔 (El Raval)

Hotel Peninsular 酒店 €

（见1142页地图；☎93 302 31 38；www.hotelpeninsular.net；Carrer de Sant Pau 34；标单/双 €57/80；❄@📶；ⓂLiceu）作为唐人街（Barri Xinès）边缘的一处绿洲，这座曾经的女修道院[与圣阿古斯蒂教堂（Església de Sant Agustí）之间有地道连接]有一个中庭，

Central Barcelona 巴塞罗那市中心

植物几乎布满四周。60个房间全都很简单，刷成白色，铺了瓷砖，不过大多宽敞，维护良好。淡季有可能拿到大幅优惠。

★ Barceló Raval 设计酒店 €€

（见1142页地图；☎93 320 14 90；www.barceloraval.com；Rambla del Raval 17-21；房间€128起；❄@；Ⓜ Liceu）这座高耸的椭圆形酒店是拉巴尔区自主发展计划的一部分，其设计引发了21世纪的一波潮流。从屋顶露台可以看到绝美景色，B-Lounge酒吧-餐馆的饭菜和鸡尾酒在城里广受赞誉。房间风格华丽（带浅黄绿色的白色或绚烂的宝石红），配有雀巢咖啡机和iPod基座。

Chic & Basic Ramblas 设计酒店 €€

（见1136页地图；☎93 302 71 11；www.chicandbasicramblashotel.com；Passatge Gutenberg 7；标单和双 €106~116；❄📶；Ⓜ Drassanes）这是Chic & Basic连锁集团的最新酒店，也是迄今为止最喧闹的一家。酒店内部奇特绚丽，一走进去就能看到门厅里停着一辆Seat 600老式汽车。房间本身是多彩的实心砌块，每一间都在向巴塞罗那20世纪60

Central Barcelona
巴塞罗那市中心

重要景点

1 圣马利亚教堂....F2
2 大教堂....D2
3 波盖利亚市场....B3
4 巴塞罗那历史博物馆....D2
5 毕加索博物馆....E2

景点

6 里西奥大剧院....B4
7 皇家广场....C4

住宿

8 Alberg Hostel Itaca....C2
9 Barceló Raval....A5
10 Hotel Banys Orientals....E2
11 Hotel Peninsular....B4
12 Vrabac....B3

就餐

13 Allium....C3
14 Bar Pinotxo....B3
15 Bormuth....F1
16 Cal Pep....F2
17 Elisabets....A2
18 La Vinateria del Call....C3
19 Pla....D3

饮品和夜生活

20 La Vinya del Senyor....F3
21 Ocaña....C5
22 Sor Rita....E4

购物

23 Custo Barcelona....F2
24 Empremtes de Catalunya....C3

年代的生活图景轻松致意。所有房间都有阳台和小厨房。注意，酒店名称具有误导性——它事实上距离拉巴尔还有几个街区远。

里贝拉和巴塞罗内塔 (La Ribera & La Barceloneta)

Hotel Banys Orientals 精品酒店 €€

（见1142页地图；☎93 268 84 60；www.hotelbanysorientals.com；Carrer de l' Argenteria 37；标单€96，双 €115.50~143；❄📶；Ⓜ Jaume I）这家设计酒店很受欢迎，想要入住，最好提前预订。冷蓝同浅绿色搭配，加上暗色的地板以及流畅的线条，整个酒店让人感觉魅力非凡。所有房间都能看到大街小巷。附近另两栋建筑内有更多宽敞的套间。

扩展区 (L' Eixample)

HostalOliva 酒店 €

（见1136页地图；☎93 488 01 62；www.hostaloliva.com；Passeig de Gràcia 32；双 €51~91，房间 不带卫生间€41~71；❄📶；Ⓜ Passeig de Gràcia）这家4层酒店位于城里最昂贵的街区之一，独特的古董电梯在里面呼哧呼哧地上下，又好又便宜，值得信赖。几个单人间仅能放下一张床，双人间却足够大，光线充足，通风良

好。有的铺着瓷砖地板，其他的铺着镶木地板，还有古老的暗色衣柜。

★ Five Rooms 精品酒店 €€

（见1136页地图；☎93 342 78 80；www.thefiverooms.com；Carrer de Pau Claris 72；标单/双 €155/165起；❄@📶；Ⓜ Urquinaona）酒店其实位于扩展区和老市中心交接处，正如其名，这栋一层公寓有5个房间（标准间和套间）。每个房间都不一样，各具特色，包括又宽又结实的床、延伸的裸露砖墙、经过修复的马赛克瓷砖和极简主义风格的装饰。此外还有两间公寓。

就餐

巴塞罗那是美食的天堂。尽管人们称这座城市为"创新西班牙菜"的热点地区，但你还是可以在这里找到久经考验的当地美食。从如海鲜饭一样令人满意的墨鱼面（squid-ink fideuà）到猪蹄（pigs' trotters），从兔肉配蜗牛（rabbit with snails）到美味的当地香肠（butifarra），都一定会让你满意。

兰布拉大道和哥特区 (La Rambla & Barri Gòtic)

Allium 加泰罗尼亚菜、创意菜 €€

（见1142页地图；☎93 302 30 03；Carrer del Call 17；主菜 €8~16；🕒周一至周二正午至16:00，周三至周六至22:30；Ⓜ Liceu）这家哥特区的新店很有吸引力，提供精美的西班牙小吃和千变万化的特色菜（其中就有海鲜饭）。菜单以季节性的有机菜式为主，每两三周更换一次。内部环境明亮现代，有别于附近的其他就餐选择。在营业时间内，这里随时可以点餐，对于不想等到21:00才吃饭的人来说，是个不错的选择。

La Vinateria del Call 西班牙菜 €€

（见1142页地图；☎93 302 60 92；www.lavinateriadelcall.com；Carrer de Sant Domènec del Call 9；小盘 €7~12；🕒19:30至次日1:00；Ⓜ Jaume I）这家餐馆中的小小明珠位于曾经的犹太区，环境美妙，提供美味的伊比利亚菜肴，包括加利西亚章鱼、苹果酒香肠和加利西亚烤蔬菜沙拉（烤椒类、茄子和洋葱）配凤尾鱼。分量不大，适合分享，还有价格实惠的葡萄酒可选。

Pla 创意菜 €€€

（见1142页地图；☎93 412 65 52；www.elpla.cat；Carrer de la Bellafila 5；主菜€18~25；🕒19:30至午夜；✎；Ⓜ Jaume I）Pla的中世纪餐厅非常时尚，灯光浪漫，是哥特区经久不衰的餐馆之一。厨师在这里烹制美味，比如红酒烩牛尾、椒烤金枪鱼以及季节蘑菇玉米粥。周日到周四有€38的体验套餐。

拉巴尔 (El Raval)

Elisabets 加泰罗尼亚菜 €

（见1142页地图；☎93 317 58 26；Carrer d' Elisabets 2-4；主菜 €8~10；🕒周一至周四和周六 7:30~23:00，周五 至次日2:00，8月关闭；Ⓜ Catalunya）这家低调餐馆以讲究实际的当地食品而受到欢迎。套餐（menú del día; €10.85）每天都不同。如果更喜欢按照菜单点菜，可以尝尝炖野猪（ragú de jabalí），最后还可以来些蜂蜜奶酪（由奶酪和蜂蜜制成的加利西亚甜点）。餐厅的墙上装饰着古老的收音机，周五夜晚，肚子饿的人哪怕在凌晨1点也能来这里吃饭。

★ Mam i Teca 加泰罗尼亚菜 €€

（见1136页地图；☎93 441 33 35；Carrer de la Lluna 4；主菜 €9~12；🕒周一、周三至周五和周日 13:00~16:00和20:00至午夜，周六午餐闭市；Ⓜ Sant Antoni）只有6张桌子的Mam i Teca既是餐馆，也是一种生活方式的选择。当地人会流连吧台，食客们会享受到加泰罗尼亚菜肴的款待。食材选用本地农产品，符合慢食原则。尝尝橄榄油大蒜及红辣椒煎鳕鱼或鹰嘴豆排骨。

Bar Pinotxo 西班牙小吃 €€

（见1142页地图；www.pinotxobar.com；Mercat de la Boqueria；主菜€8~15；🕒周一至周六 6:00~16:00；Ⓜ Liceu）在拉巴尔区，甚至在巴塞罗那，这里都可以算是最好的西班牙小吃餐吧。餐吧坐落在一个市场内，气氛轻松休闲，人气很高的店主Juanito可能为你献上鹰嘴豆配松仁和葡萄干甜酱。撒了粗盐的土豆菠菜绵软可口，还有超嫩的鱿鱼配意大利白豆和焦糖五花肉。

里贝拉和海滨 (La Ribera & Waterfront)

Bormuth 西班牙小吃 €

(见1142页地图; ☎93 310 21 86; Carrer del Rec 31; 西班牙小吃€3.50起; ⊙周一和周二 17:00至午夜, 周三、周四和周日正午至次日1:00, 周五和周六 正午至次日2:30; Ⓜ Jaume I) 自2013年在Carrer del Rec步行街开张以来, Bormuth以现代的服务和装饰挖掘出老派西班牙小吃的时尚一面, 提供所有过去最受欢迎的食物——烤土豆、俄罗斯沙拉 (ensaladilla)、玉米粉薄烙饼, 还有一些口味难料且制作繁复的菜肴 (尝尝炭烤红辣椒和血肠)。错层式餐厅总是充满生气, 不过如果你结队前往, 也有比较安静的空间和单独的长桌。

Can Maño 西班牙菜 €

(见1136页地图; Carrer del Baluard 12; 主菜€7~12; ⊙周二至周六9:00~16:00, 周一至周五20:00~23:00; Ⓜ Barceloneta) 来这里要做好等位的准备, 之后才能进入美食的海洋。吃着整份西班牙小吃 (全都放在小店后面的盘子上), 再配上一瓶便宜的白葡萄酒turbio就很好。海鲜种类很多: 鱿鱼、大虾和鱼肉。上菜很快, 物美价廉。

Cal Pep 西班牙小吃 €€

(见1142页地图; ☎93 310 79 61; www.calpep.com; Plaça de les Olles 8; 主菜 €12~20; ⊙周一 19:30~23:30, 周二至周五 13:00~15:45和19:30~23:30, 周六13:00~15:45, 8月后3周关闭; Ⓜ Barceloneta) 迈进这里的大门要面对一个问题——门口的长队一直排到广场。后门外有5张桌子, 如果想坐上其中一张就得提前打电话。大多数人更愿意推搡着挤到吧台, 然后要一些城里最美味的海鲜小吃。

扩展区和恩典区 (L' Eixample & Gràcia)

★ **Cerveseria Catalana** 西班牙小吃 €

(见1136页地图; ☎93 216 03 68; Carrer de Mallorca 236; 西班牙小吃 €4~11; ⊙9:30至次日1:30; Ⓜ Passeig de Gràcia) 这家"加泰罗尼亚啤酒厂"适合一日三餐。来这里享用早咖啡和牛角面包, 或是等到午餐时间, 享受从许许多多西班牙小吃和多士 (montaditos; 一片面包上

> **不要错过**
>
> ### 看一场巴塞罗那足球俱乐部的比赛
>
> 在巴塞罗那, 足球笼罩在宗教的光环里, 对于这座城市的多数人来说, 支持巴塞罗那足球俱乐部就是一种信仰。传统上, 巴塞罗那足球俱乐部与加泰罗尼亚人甚至加泰罗尼亚民族主义息息相关。
>
> 巴塞罗那足球俱乐部的比赛门票可以在**Camp Nou** (☎902 189900; www.fcbarcelona.com; Carrer d' Aristides Maillol; 成人/儿童 €23/17; ⊙周一至周六10:00~19:30, 周日至14:30; Ⓜ Palau Reial) 和网上 (通过巴塞罗那足球俱乐部官方网站) 购买。城内多处——包括旅游办事处[在市中心可以选择加泰罗尼亚广场 (Plaça de Catalunya) 的分支机构]和FC Botiga商店均有出售。门票价格从€35至€250, 取决于座位和比赛场次。比赛日当天, 若是工作日, 售票窗口从9:00至中场休息时营业; 若是周六, 从10:00至中场休息时营业; 若是周日, 开球前两小时至中场休息时营业。

的西班牙小吃) 中挑挑拣拣的乐趣。你可以坐在吧台边、人行道露台上或者后面的餐馆里。各种各样热气腾腾的西班牙小吃、沙拉及其他小吃吸引了大批当地人和外来者。

★ **Tapas24** 西班牙小吃 €€

(见1136页地图; ☎93 488 09 77; www.carlesabellan.com; Carrer de la Diputació 269; 西班牙小吃€4~9; ⊙周一至周六 9:00至午夜; Ⓜ Passeig de Gràcia) 里贝拉Comerç 24的主人卡莱斯·阿韦良 (Carles Abellan) 经营着这家位于地下室的餐馆, 将过去人们最喜爱的食物变成美味。这里简直就是西班牙小吃天堂。特色菜包括bikini (烤火腿芝士三明治——腌制的火腿配上松露, 非常美味) 和arròs negre de sípia (墨鱼饭)。

蒙特惠奇、桑特斯和帕布罗塞克 (Montjuïc, Sants & Poble Sec)

★ **Quimet i Quimet** 西班牙小吃 €€

(见1136页地图; ☎93 442 31 42; Carrer del

Poeta Cabanyes 25；西班牙小吃 €4~11；⏲周一至周五正午至16:00和19:00~22:30，周六和周日正午至16:00；Ⓜ Paral·lel）Quimet i Quimet是个家族经营的生意，已经延续了几代人。这个摆满了酒瓶、只能站着用餐的地方能提供一次味觉的享受。店内有点单先做的传统多士（montaditos）。听听吧台边当地人的建议，再配一点美味的葡萄酒佐餐。

★ Tickets
现代西班牙菜 €€€

（见1136页地图；www.ticketsbar.es；Avinguda del Paral·lel 164；西班牙小吃€6~15；⏲周二至周五 19:00~23:30，周六 13:30~15:30和19:00~23:30，8月关闭；Ⓜ Paral·lel）这家店炙手可热。老板是来自传奇的El Bulli饭店的Ferran Adrià和他的哥哥Albert。和El Bulli饭店的奢侈不同，这里是你能够负担得起的。当然，前提是能订到位置（只能在网上订位，需提前2个月）。

饮品和夜生活

巴塞罗那的夜店不像酒吧那么集中，一般从午夜开到次日凌晨6:00。入场费从免费到€20（通常含一杯酒水）。

巴塞罗那的同性恋场所集中在Carrers de Muntaner和Consell de Cent［被称为同志区（Gayxample）］附近。从周一到周日，每晚你都能在这里找到夜生活的气息。

哥特区（Barri Gòtic）

Ocaña
酒吧

（见1142页地图；☎93 676 48 14；www.ocana.cat；Plaça Reial 13；⏲周一至周五 17:00至次日2:30，周六和周日 11:00开始营业；Ⓜ Liceu）Ocaña以一位曾经居住在皇家广场的著名艺术家的名字命名，这是一个设计精美的地方，有刻有凹槽的柱子、石壁、枝形烛光吊灯和豪华的陈设。坐在露台的座位上，看看过往的人流，或者下楼前往摩尔风格的Apotheke酒吧或几步之遥的时髦休闲室。周末夜晚有DJ为美丽的姑娘和放浪形骸的酒客播放音乐。

Sor Rita
酒吧

（见1142页地图；Carrer de la Mercè 27；⏲19:00至次日2:30；Ⓜ Jaume I）Sor Rita是个纯粹的浮华之地，热衷一切媚俗的事物——从豹纹壁纸到以高跟鞋为装饰的天花板，还有受阿尔莫多瓦（Almodóvar）电影启发的玩世不恭的有趣装饰。这是个寻欢作乐的地方，每晚都有特别活动，包括周一的塔罗牌解读、周二的价格为€5的小吃自助、周三的卡拉OK以及周四的杜松子酒特价活动。

Moog
夜店

（见1136页地图；www.masimas.com/moog；Carrer de l' Arc del Teatre 3；入场费€10；⏲周一至周四和周日 午夜至次日5:00，周五和周六 午夜至次日6:00；Ⓜ Drassanes）这家夜店虽小，却是巴塞罗那城内最受欢迎的店之一。舞池区，DJ放的电子舞曲让全场沸腾。楼上相对安静，有好听的独立混合音乐，有时会放复古的经典流行乐。

里贝拉（La Ribera）

La Vinya del Senyor
葡萄酒吧

（见1142页地图；☎93 310 33 79；www.lavinyadelsenyor.com；Plaça de Santa Maria del Mar 5；⏲周一至周四 正午至次日1:00，周五和周六 正午至次日2:00，周日正午至午夜；Ⓜ Jaume I）在位于圣马利亚教堂阴影下的露台上放松，或者挤在里面的小吧台附近。葡萄酒酒单像《战争与和平》（*War and Peace*）那么长，楼上有餐桌，适合那些想要畅饮整瓶而不是论杯品尝的人。

扩展区和恩典区（L' Eixample & Gràcia）

★ Dry Martini
酒吧

（见1136页地图；☎93 217 50 72；www.javierdelasmuelas.com；Carrer d' Aribau 162-166；⏲周一至周四 13:00至次日2:30，周五和周六 18:00至次日3:00；Ⓜ Diagonal）面露会心微笑的服务员会满足你提出的鸡尾酒需求。在吧台或豪华的绿色皮沙发上喝杯店内特饮是万无一失的。杜松子酒和奎宁水的杯子有马克杯那么大——来上两杯吧。后门外是餐馆**Speakeasy**（见1136页地图；☎93 217 50 80；www.javierdelasmuelas.com；Carrer d' Aribau 162-166；主菜 €19~28；⏲周一至周五 13:00~16:00和20:00至午夜，周六 20:00至午夜，8月关闭；Ⓜ Diagonal）。

Monvínic 葡萄酒吧

（见1136页地图；☎932 72 61 87；www.monvinic.com；Carrer de la Diputació 249；⊙葡萄酒酒吧 周一至周六 13:30~23:00；MPasseig de Gràcia）《华尔街日报》（*Wall Street Journal*）宣称这里"可能是世界上最好的葡萄酒酒吧"。Monvínic是一首倾心于葡萄酒的颂歌，甚至狂想曲。吧台上有互动式葡萄酒单，你可以在类似iPad的电子屏上浏览，上面有3000多种酒。

☆娱乐

Razzmatazz 现场音乐

（见1136页地图；☎93 320 82 00；www.salarazzmatazz.com；Carrer de Pamplona 88；入场费€12~32；⊙周四 午夜至次日3:30，周五和周六 午夜至次日5:30；MMarina, Bogatell）这里有来自各地的乐队，气氛很热烈，是巴塞罗那最经典的夜店之一，也是看现场音乐演出的好地方。整周都有乐队表演，但演出时间不同（详情见网站）。

★Palau de la Música Catalana 古典音乐

（见1136页地图；☎93 295 72 00；www.palaumusica.org；Carrer de Sant Francesc de Paula 2；⊙售票处周一至周六 9:30~21:00；MUrquinaona）这座现代主义精品既是视觉盛宴，也是城里最传统的古典音乐和合唱音乐场所。这里也提供类型多样的节目，包括弗拉明戈、流行音乐，以及非同一般的爵士乐。在门厅啜饮预先准备好的酒，那里的瓷砖柱子全都光彩熠熠。沿着华丽的楼梯走到主观众席。

购物

加泰罗尼亚广场到格拉西亚大道（Passeig de Gràcia），以及之后向左（西）而行的对角线大道（Avinguda Diagonal）被称为购物中轴线，两边遍布主流时尚品牌。

位于里贝拉的波恩区（El Born）有很多小店，面向的是追求时尚的年轻人。哥特区也有很多店（Barri Gòtic，从Carrer d'Avinyò到Carrer de Portaferrissa），值得一逛。想要淘二手货，就去拉巴尔区，特别是Carrer de la Riera Baixa附近。

Empremtes de Catalunya 手工艺品

（见1142页地图；☎93 467 46 60；Carrer dels Banys Nous 11；⊙周一至周六 10:00~20:00，周日至14:00；MLiceu）这家设计精致的商店是加泰罗尼亚商品大集，也是个挑选特色礼物的好地方。你会找到带有罗马图腾元素（及参考高迪和巴塞罗那哥特时代）的珠宝，以及陶器、木制玩具、丝巾、笔记本、家庭用品等。

> **值得一游**
>
> ### 安道尔（ANDORRA）
>
> 这个小国家楔在法国和西班牙之间，它的滑雪道和度假设施是整个比利牛斯山地区最好的。雪融之后还可以参加各种类型的美妙徒步，从轻松简单的散步到在这个公国较高、较偏僻地带进行的难度较高一日徒步，应有尽有。你也可以在狭窄的峡谷上开辟新路，一连步行几小时，多数时候天地间只有你一个人。
>
> 到达安道尔的唯一路径是连接西班牙或法国的公路。如果你是自己开车，记得在安道尔加满油。这里的汽油很便宜。巴塞罗那的汽车北站（Estació del Nord）和埃尔普拉特机场、莱里达（Lleida）和图卢兹（法国）都有长途汽车往返安道尔。所有长途汽车的发车处和终点都是安道尔城（Andorra）。

Els Encants Vells 市场

（Fira de Bellcaire，见1136页地图；☎93 246 30 30；www.encantsbcn.com；Plaça de les Glòries Catalanes；⊙周一、周三、周五和周六8:00~20:00；MGlòries）这是巴塞罗那同类跳蚤市场中规模最大的一座，名字的意思是"古老的魅力"。它位于加泰罗尼亚荣耀广场（Plaça de les Glòries Catalanes）附近尚未建成的露天建筑群，500多家商贩在镜子似的巨大嵌板下方做生意。从古董家具到二手衣服，在这里能淘到各种东西，虽然其中不乏垃圾，但幸运的时候也能买到便宜的好东西。

Vinçon 家庭用品

（见1136页地图；☎93 215 60 50；www.vincon.com；Passeig de Gràcia 96；⊙周一至周五10:00~20:30，周六 10:30~21:00；MDiagonal）这家店是巴塞罗那设计品牌的标志性店铺，出售最光鲜的家具和家居用品（尤其是灯具），

既有西班牙本地制造的也有进口的。这一点儿也不值得惊讶，因为这座建于1899年的建筑属于现代艺术大师Ramon Casas。上楼到家具区看看，从窗户和露台就能看到米拉之家的侧面。

Custo Barcelona

时装

（见1142页地图；☎93 268 78 93；www.custo-barcelona.com；Plaça de les Olles 7；⏲周一至周六10:00~21:00，周日 正午至20:00；Ⓜ Jaume I）如梦似幻的装饰搭配休闲轻松的气氛，这家巴塞罗那的潮店主要面向年轻消费者。Custo每年推出的男女新款服饰风格大胆，都来自纽约时装表演台。从庄严的晚礼服到不羁的热裤，色彩鲜艳、款式多样的服装能满足你的各种需要。这个品牌在巴塞罗那有5家分店。

实用信息

在巴塞罗那，小偷和飞车抢劫是最大的问题。在加泰罗尼亚广场、兰布拉大道和皇家广场（Plaça Reial）尤其要小心。

当地警察局（Guàrdia Urbana，Local Police；☎092；La Rambla 43；Ⓜ Liceu）

加泰罗尼亚自治区地方警察（Mossos d' Esquadra；☎088；Carrer Nou de la Rambla 80；Ⓜ Paral.lel）如果不幸被盗，记得找加泰罗尼亚警察报案。

巴塞罗那旅游信息中心（Oficina d' Informació de Turisme de Barcelona，见1142页地图；☎93 285 38 34；www.barcelonaturisme.com；Plaça de Catalunya 17-S地下；⏲9:30~21:30；Ⓜ Catalunya）提供步行团队游、长途汽车团队游、折扣卡、交通通票、演出票，还可以帮助预订住宿。此外在市政厅（见1142页地图；☎93 285 38 32；Carrer de la Ciutat 2；⏲周一至周五8:30~20:30，周六9:00~19:00，周日和节假日9:00~14:00；Ⓜ Jaume I）、火车站和机场也有分支机构。

地区旅游办事处（Palau RobertRegional Tourist Office，见1136页地图；☎93 238 80 91，加泰罗尼亚之外 902 400012；www.gencat.net/probert；Passeig de Gràcia 107；⏲周一至周六10:00~20:00，周日10:00~14:30；Ⓜ Diagonal）提供有关加泰罗尼亚的丰富的纸质资料及视听资料，还有书店和面向年轻旅行者的加泰罗尼亚青年旅游（Turisme Juvenil de Catalunya）分支机构。

到达和离开

飞机

埃尔普拉特机场（El Prat Airport；☎902 404704；www.aena.es）位于城区西南12公里处。巴塞罗那是国际性的目的地，也是重要的国内目的地，有来自北美和欧洲其他城市的直飞航班。

船

Acciona Trasmediterránea（☎902 454645；www.trasmediterranea.es；Ⓜ Drassanes）定期往返巴利阿里群岛（Balearic Islands）的客轮和可载车的渡轮由Acciona Trasmediterránea运营，在旧港（Port Vell）里的巴塞罗那邮轮码头（Moll de Barcelona）两侧停靠。

长途汽车

北站（Estació del Nord，见1136页地图；☎902 260606；www.barcelonanord.cat；Carrer d' Ali Bei 80；Ⓜ Arc de Triomf）北站是多数国内长途汽车和国际长途汽车的终点站。ALSA的车开往马德里（€32，8小时，最多时每天发16班车）、巴伦西亚（€29，4~4.5小时，最多时每天发9至14班车）和许多其他城市。

桑特斯长途汽车站（Estació d' Autobusos de Sants，见1136页地图；Carrer de Viriat；Ⓜ Estació Sants）欧洲巴士（Eurolines；www.eurolines.es）有从北站和桑特斯长途汽车站出发的国际长途车，后者位于巴塞罗那桑特斯火车站（Estació Sants Barcelona）附近。

火车

桑特斯火车站（Estació Sants；Plaça dels Països Catalans；Ⓜ Estació Sants）一般来说，所有开往西班牙国内城市的列车都从桑特斯火车站发车，来自西班牙国内城市的列车也会在这里停靠。开往马德里的高速列车会经过莱里达（Lleida）和萨拉戈萨（Zaragoza），全程仅需2小时40分钟，但价格较贵。其他的列车开往巴伦西亚（€35~45，3~4.5小时，每日多达15班）和布尔戈斯（Burgos；€62~86，5.5~6.5小时，每日4班）。

这里还有发往很多法国城市的国际列车。

当地交通

抵离机场

Renfe的R2 Nord铁路线在机场和格拉西亚大道（Passeig de Gràcia）之间运行（途中经过桑特斯

火车站)，全程约35分钟。票价为€4.10，如果你有公交10次票，价格另算。

出租车从机场开往市中心或从市中心到机场大约需要半小时，视交通状况而定，价格是€30~35。

A1 Aerobús公交车(见1136页地图；☎902 100104；www.aerobusbcn.com；单程/往返€5.90/10.20)6:05至次日1:05，A1 Aerobús从1号航站楼(Terminal 1)开往加泰罗尼亚广场(Plaça de Catalunya)，用时30~40分钟。6:00至次日00:30，A2 Aerobús从2号航站楼(Terminal 2)出发，路线相同。上车买票。

公共交通

巴塞罗那的地铁系统覆盖城市大部分地区，一般景点距离地铁都在10分钟步行路程之内。除了几个特殊的景点外，一般很少会用到公共汽车和市郊火车。地铁、公交车和市郊火车的单程票售价为€2，公交10次票售价为€10.30。

出租车

巴塞罗那的出租车(☎Fonotaxi 93 300 11 00，Radiotaxi 93 303 30 33，Radiotaxi BCN 93 225 00 00)为黑黄色，数量很多，价格合理。起步价为€2.10。

塔拉戈纳(Tarragona)

人口133,550

永远阳光灿烂的港口城市塔拉戈纳将地中海海滩生活、罗马历史和中世纪小巷融为一体，令人陶醉。塔拉戈纳有大量遗迹，包括海边圆形竞技场。中世纪的市中心是西班牙最美的市中心之一，壁立的墙面围绕出迷宫一般的狭窄鹅卵石街道，抬头便是壮丽的大教堂。热闹的餐饮场所让人不忍离去。

景点和活动

塔拉戈纳历史博物馆 遗迹

(Museu d' Història de Tarragona，MHT；www.museutgn.com；成人/儿童每个景点€3.30/免费，全票€11.05/免费；⊙景点 复活节至9月 周二至周六 9:00~21:00，周日 10:00~15:00，10月至次年复活节 周二至周六 10:00~19:00，周日 10:00~15:00)塔拉戈纳历史博物馆由若干单独的联合国教科文组织世界遗产组成，还包括城镇各处一些其他的历史建筑。购买联票去探寻一番吧。

★罗马竞技场行省广场 遗迹

(Forùm ProvincialPretori i Circ Romans；Plaça del Rei)这座规模颇大的建筑群有两处单独的入口。它包括以前举办战车赛的**罗马竞技场**内的一些拱顶、皇家广场上的**执政官塔**(Pretori tower)和行省广场的一部分，同时也是塔拉科行省的**政治中心**。竞技场长达300米，穿过喷泉广场(Plaça de la Font)，一直延伸至西边。

城墙考古步道(Passeig Arqueològic Muralles) 城墙

安静的步行道带你漫步两段城墙间最美的部分古城边界：边界以内主要建于罗马时期，可以追溯至公元前3世纪，以外则于1709年西班牙王位继承战争(War of the Spanish Succession)期间由英国人建造。准备好向伊比利亚人修建的巨大门户致敬吧。还可以从右侧入口攀上城垛，城市景色尽在眼前。步道起点位于Avenida Catalunya的**Portal del Roser**。

★科洛尼亚广场 遗迹

(Fòrum de la Colònia；Carrer de Lleida)这座行省主广场占据了如今古城的大部分所在。继续往山下走，你会发现，这座当地广场上矗立着长方形法院大厅(处理法律纠纷的地方)等建筑。与这里相连的人行桥通向另一处发掘区，其中包括一段罗马街道。朱庇特(Jupiter)、朱诺(Juno)和弥涅耳瓦(Minerva)神庙的地基一一被发现，这说明这座广场比人们本来设想的更大、更重要。

★塔拉戈纳国家考古博物馆 博物馆

(Museu Nacional Arqueològic de Tarragona；www.mnat.cat；Plaça del Rei 5；成人/儿童€2.40/免费；⊙周二至周六 9:30~18:00，周日 10:00~14:00)这家一流的博物馆充分展示了罗马时期塔拉戈纳的文化和物质财富。精心布置的展览包括部分罗马城墙、壁画、雕塑和陶器。马赛克展品追溯了不断变化的潮流——从简单的黑白设计到复杂的多色创意。一大亮点是接近完成的巨幅画作《皮内达鱼马赛克》(*Mosaic de Peixos de la Pineda*)，它

值得一游

希罗纳

防御城墙和慵懒的河水围绕着的密密麻麻的古老拱廊房屋、巨大的教堂、向上延伸的鹅卵石道路和中世纪的澡堂，这一切足以将你带到加泰罗尼亚北部的最大城市：希罗纳（加泰罗尼亚语：Gerona）。

希罗纳-布拉瓦海岸机场（Girona-Costa Brava airport）位于市中心以南11公里处，是瑞安航空在西班牙的枢纽机场。火车站每天有20多班列车开往菲格雷斯（Figueres；€4.10~5.45，30分钟）和巴塞罗那（€8.40起，40分钟至1.5小时）。

大教堂[Catedral；www.catedraldegirona.org；Plaça de la Catedral；成人/学生含圣费利乌教堂（Basílica de Sant Feliu）€7/5，周日免费；⌚4月至10月10:00~19:30，11月至次年3月10:00~18:30]大教堂的巴洛克立面昂首矗立在自大教堂广场（Plaça de la Catedral）延伸攀缘的86级台阶上，如同翻滚的波浪。虽然美丽的双柱罗马式**回廊**可追溯至12世纪，但建筑主体是哥特式的，拥有基督教世界第二宽的中殿（23米）。14世纪的镀金、银制祭坛装饰和顶棚令人难忘，主教宝座和博物馆亦是如此——博物馆内存有技艺精湛的罗马式《创世纪织锦画》（*Tapís de la creació*）和用鲜明图案装饰的莫札拉布语《贝尔多斯》（*Beatus*）手稿，后者的历史可追溯至975年。

卡列（Call）1492年之前，希罗纳一直拥有加泰罗尼亚第二重要的中世纪犹太社区（仅次于巴塞罗那）。这里的犹太社区卡列以Carrer de la Força为中心展开。想了解中世纪犹太人的生活和文化，不妨参观**希罗纳犹太历史博物馆**（Museu d' Història dels Jueus de Girona）。这里也被称为博纳斯特鲁克·卡·波尔塔中心（Centre Bonastruc Ça Porta）——以一位13世纪的卡巴拉哲学家和神秘主义者的名字命名，他是声名最著的希罗纳犹太人。中心的众多房屋和楼梯围绕着一个庭院，这里有时有临时展览，同时还是研究西班牙犹太人的重要所在。

Casa Cúndaro（☎972 22 35 83；www.casacundaro.com；Pujada de la Catedral 9；标单/双€88/110；❄📶）这座中世纪犹太房屋的低调外表内隐藏着5个豪华的房间和4间能自己做饭的公寓，所有房间都将原先的裸露石墙、古色古香的房门与现代的豪华设施巧妙结合在一起。这是你能找到的最有特色的落脚点，位置就在大教堂旁边。至于你是否感到幸运，完全取决于你是否喜欢教堂的钟声。前台在上坡一小段路的Hotel Historic里。

El Celler de Can Roca（☎972 22 21 57；www.cellercanroca.com；Carrer Can Sunyer 48；品尝套餐 €150~180；⌚9月至次年7月 周二至周六 13:00~16:00和20:30~23:00）2013年，这里被命名为“全球最佳餐馆”。餐厅位于希罗纳中心以西2公里处，在一栋经过翻新的乡村房屋内，由三兄弟经营。其特色在于通过不断变化的加泰罗尼亚菜肴表现出“情感烹饪”。餐馆采用各种各样分子美食技术。长长的葡萄酒酒单与手推车一同到达。需提前11个月在网上预约。如果没预约，你也有机会被列入后备名单中。

旅游办事处（Tourist Office；☎972 22 65 75；www.girona.cat/turisme；Rambla de la Llibertat 1；⌚周一至周五9:00~20:00，周六 9:00~14:00和16:00~20:00，周日 9:00~14:00）员工会说多种语言，颇有帮助。

描绘的是鱼和海洋生物。旺季时会延长开放时间。

★塔拉戈纳大教堂 天主教堂

（Catedral；www.catedraldetarragona.com；Plaça de la Seu；成人/儿童€5/3；⌚3月中旬至10月 周一至周六10:00~19:00，11月至次年3月中旬 周一至周五 10:00~17:00，周六 10:00~19:00）塔拉戈纳大教堂堂皇地立于城区最高处，融合了罗马和哥特两种风格，正立面表现得尤为突出。回廊上有哥特式拱顶和罗马式雕刻柱顶，其中一处表现的是正在给猫办葬礼的老鼠……直到猫起死回生！这告诉人们：强烈的感情在自我揭示之前总仿佛在休眠一般。紧邻回廊的内庭里是**教区博物馆**（Museu Diocesà），内有各种展品，从罗马发卡到一些描绘圣母哺乳的12~14世纪的漂亮彩色木雕，不一而足。

食宿

想要寻找西班牙小吃餐吧和便宜的咖啡馆，可以到喷泉广场（Plaça de la Font）试试。渔夫码头（The Moll de Pescadors）有很多海鲜餐馆。

Hotel Plaça de la Font 酒店 €€

（☎977 24 61 34；www.hotelpdelafont.com；Plaça de la Font 26；标单/双€55/75；❄📶）这里有舒适的现代房间，床的上方挂着塔拉戈纳遗迹的照片。房间俯瞰熙熙攘攘的平台，没有比这儿更靠近中心的位置了——就在受欢迎的喷泉广场旁边。前面房间的隔音非常好，有小阳台，可以看人来人往。

Hotel Lauria 酒店 €€

（☎977 23 67 12；www.hotel-lauria.com；Rambla Nova 20；标单/双含早餐 €65/77；P❄📶🏊）就在新兰布拉大道（Rambla Nova）上，距离街道尽头可俯瞰大海的平台不远，这家整洁的酒店提供超值的现代房间，有热烈缤纷的色彩、宽敞的卫生间和小游泳池。后面的房间不大受兰布拉大道噪声的影响。

AQ 加泰罗尼亚菜 €€

（☎977 21 59 54；www.aq-restaurant.com；Carrer de les Coques 7；品尝 €40~50；⏲周二至周六 13:30~15:30和20:30~23:00）这里是个性活泼的设计师常来的地方，就在大教堂旁边。在传统烹饪之外，这里有着鲜明的色彩对比（黑色、柠檬色和奶油色的亚麻织品）、流畅的线条和有趣的演示。两份精选套餐是不错的选择，工作日的午餐套餐仅售€18，也值得尝试。

Ares 加泰罗尼亚菜、西班牙菜 €€

（www.aresrestaurant.es；Plaça del Forum；主菜 €11~19；⏲周三至周日 13:00~16:00和20:30~23:30）置身于五颜六色、生机勃勃的现代主义装饰之间，夫妻档的热忱款待保证能让你愉快就餐。一些传统的加泰罗尼亚菜肴会用来自西班牙各地的优质食材：阿斯图里亚的奶酪、加利西亚的海鲜、布尔戈斯的血肠。此外还有一些创新的罗马菜肴。质量和分量都值得称道。

实用信息

旅游办事处（Tourist Office；☎977 25 07 95；www.

达利的加泰罗尼亚

这座城堡般的红色建筑顶着巨蛋，拥有如同奥斯卡小金人般的风格化雕像。目光及此，你的脑海里第一个冒出来的名字就是——“达利”。**达利剧院美术馆**[Teatre-Museu Dalí；www.salvador-dali.org；Plaça de Gala i Salvador Dalí 5；门票含达利珠宝馆和恩波尔达博物馆（Dalí Joies & Museu de l' Empordà）成人/9岁以下儿童 €12/免费；⏲7月至9月9:00~20:00，3月至6月和10月周二至周日 9:30~18:00，11月至次年2月周二至周日10:30~18:00]作为这位超现实主义大师的长眠之处再适合不过了。几副头顶长棍面包的中世纪盔甲监视着入口——保证了他的不朽声名。从20世纪最伟大的一位表演者那丰富得难以置信的想象力之间穿越前行，此行的适当标签是“剧场—博物馆”。

从卡达克斯（Cadaqués）步行1.25公里到达利加特港（Port Lligat），这里是另一处美丽小海湾附近的定居地，海滩上停泊着渔船。**达利故居博物馆**（Casa Museu Dalí）最初只是一间渔民小屋，达利在1930~1982年居住于此（除了西班牙内战前后，那十几年他居住在国外），当时不断对它进行改建和扩建。到如今，这里已成了了解达利夫妇生活的迷人地点。或许已不用再让我们告诉你：这栋房屋有很多小小的白色烟囱顶帽和两座鸡蛋形状的塔楼，可以俯瞰海滩西端。必须预约。

tarragonaturisme.es; Carrer Major 39; ⊙周一至周五10:00~14:00和15:00~17:00，周六至19:00，周日10:00~14:00）预订城市导览游的好地方。旺季的工作时间会延长。

到达和离开

长途汽车

长途汽车站（Plaça Imperial Tarraco）位于旧城区西北1.5公里处的Rambla Nova旁。长途汽车开往巴塞罗那（€8.70，1.5小时，每天16班）、莱里达（Lleida; €10.70，1.75小时，每天5班）和巴伦西亚（Valencia; €21.73，3~4.5小时，每天7班）等地。

火车

从老城区步行10分钟即可到达地方火车站，而高速AVE火车停靠塔拉戈纳营地火车站（Camp de Tarragona），从市中心乘出租车前往需15分钟。目的地包括巴塞罗那（普通列车与R14、R15和R16线路上的近郊列车；€7~38.20，35分钟至1.5小时，每30分钟1班）和巴伦西亚（€21.70~38，2~3.5小时，每天19班）。

阿拉贡、巴斯克自治区和纳瓦拉（ARAGÓN, BASQUE COUNTRY & NAVARRA）

萨拉戈萨（Zaragoza）

人口 679,624

萨拉戈萨（Saragossa）是一座优雅而迷人的城市，充满活力。城市位于浩渺的埃布罗河（Río Ebro）畔，半数以上的居民都是阿拉贡人。城里有几家本省最好的西班牙小吃餐吧，再加上绝佳的购物环境和蓬勃的夜生活，这里给人安闲舒适的感觉。然而，萨拉戈萨不仅是寻欢作乐的地方：所有曾在西班牙人灵魂里刻下不灭印记的伟大文明都在这里留下了痕迹，诸多历史景点足可一观。

景点

★皮拉尔圣母大教堂 教堂

（Basílica de Nuestra Señora del Pilar; Plaza del Pilar; 电梯票€3; ⊙7:00~21:30，电梯周二至周日10:00~13:30和16:00~18:30）免费 准备参观这座伟大的天主教巴洛克式巨穴吧。信徒们相信圣地亚哥曾于公元40年1月2日在这里目睹了圣母玛利亚从大理石柱上显灵。之后，信徒们开始在柱子周围建小礼拜堂，后来慢慢加盖大教堂，并逐渐形成了长方形教堂。电梯能快速地将你带到北塔（Torre Pilar），从那里可以攀登到绝美的观景台并俯瞰穹顶和城市。

★拉塞欧教堂 天主教堂

（La Seo, Catedral de San Salvador; Plaza de la Seo; 成人票/优惠票 €4/3; ⊙6月至9月 周二至周五 10:00~18:00，周六 10:00至正午和15:00~18:00，周日 10:00~11:30和14:30~18:00，10月至次年5月 开放时间较短）拉塞欧教堂占据了皮拉尔广场（Plaza del Pilar）的东端。这座建于12~17世纪的教堂极好地展现了罗马式到巴洛克式建筑风格的承续。大教堂的位置曾是伊斯兰萨拉戈萨的主清真寺（在它之前，这里是罗马广场神庙）所在地。持门票可进入拉塞欧教堂的挂毯博物馆（Museo de Tapices; Plaza de la Seo; ⊙6月至9月 周二至周日10:00~20:30，10月至次年5月 开放时间较短），这里14~17世纪佛兰德和法国挂毯的展览令人印象深刻。

★阿尔哈菲利亚宫 宫殿

（Aljafería; Calle de los Diputados; 门票 €3，周日免费; ⊙7月至8月周六至周三 10:00~14:00，周一至周三、周五和周六 16:30~20:00）这是整个西班牙除安达卢西亚地区之外最好的穆斯林建筑了。阿尔哈菲利亚是为萨拉戈萨地区伊斯兰领主修建的行宫，完成于11世纪。1118年，阿拉贡被基督教世界占领，这里经历第一次改建，成为教堂。15世纪90年代，天主教双王费尔南多和伊莎贝尔加建了自己的宫殿，阿尔哈菲利亚宫随后衰败。20世纪的修复让这座建筑重新焕发出活力。1987年，阿拉贡地区议会在此成立。全天都有团队游（7月和8月有多语言导览）。

阿斯纳尔博物馆 博物馆

（Museo Ibercaja Camón Aznar, MICAZ; www.ibercaja.es; Calle de Espoz y Mina 23; ⊙周二至周六10:00~14:30和17:00~21:00，周日10:00~14:30）免费 博物馆内收藏了各个年代的西班牙艺术品，最引人注目的是戈雅创作的迷

人的版画系列（在2楼），这是现存同类收藏中最好的。其他杰出大师的作品也能在这里看到，包括里贝拉（Ribera）和苏巴朗（Zurbarán）的作品。这个文艺复兴风格的博物馆一共有三层，定期举办临时展览。

★凯撒广场博物馆 博物馆

（Museodel Foro de Caesaraugusta；Plaza de la Seo 2；成人/优惠/8岁以下儿童 €3/2/免费；⏲6月至9月周二至周六9:00~20:30，周日10:00~14:00，10月至次年5月 开放时间稍短；🚸）拉塞欧广场（Plaza de la Seo）上的不规则四边形建筑就是博物馆的入口，它通往罗马时期凯撒广场的部分遗址。遗址现在位于地面以下，已经过精心重建。博物馆里展示着柱廊、商店、大型下水道系统的遗迹，还有公元1世纪的手工艺展品。15分钟的多语种视听秀生动有趣，为一切注入了活力，高潮是雕像那颗聪明的"会说话的头"。

★凯撒剧院博物馆 遗迹、博物馆

（Museo del Teatro de Caesaraugusta；Calle de San Jorge 12；成人/优惠/8岁以下儿童 €4/3/免费；⏲周二至周六9:00~20:30，周日9:00~13:30）博物馆中藏有罗马剧院（Teatro Romano）的历史遗迹，这是1972年人们在此处破土建楼时发现的，是这座引人入胜的博物馆内最值得一看的部分。剧院可以容纳6000名观众。人们付出了巨大努力，为游客重现这座宏伟建筑的昔日辉煌，方式包括傍晚投影的**虚拟演出**（5月至10月）和有意思的视听作品。从周围的街道和馆内的咖啡馆（很出色）可以看到剧院，咖啡馆有单独的入口。

住宿

Hotel Río Arga 酒店 €

（☎976 39 90 65；www.hotelrioarga.es；Calle Contamina 20；标单/双 €40/45；🅿❄📶）Río Arga提供宽敞舒适的房间，装饰养眼，还有带浴缸的大卫生间。考虑到市中心的位置，自有停车场是真正的福音。早餐€3.75。

★Hotel Sauce 精品酒店 €€

（☎976 20 50 50；www.hotelsauce.com；Calle de Espoz y Mina 33；标单 €48，双 €55~66；❄📶）这家时髦的小酒店位于不错的中心位置，整体看起来光线充足，通风良好，有白色柳条上漆家具和条纹织品，墙上挂着雅致的水彩画。多花几欧元入住高级房是值得的。早餐（€8）包括自制蛋糕和备受称赞的土豆煎蛋饼（tortilla de patatas）。

Sabinas 公寓 €€

（☎976 20 47 10；www.sabinas.es；Calle de Alfonso I 43；双/公寓€50/75；❄📶）这些公寓内配置了现代风格的厨房和客厅。明星房间是Bayeu Attic（€120），这是一套双卧室公寓，可以看到绝美的教堂景色。此外，还有带微波炉的标准双人间。在Calle Francisco Bayeu 4也有一处分店。接待处设在附近的Hotel Sauce。

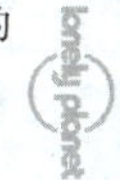

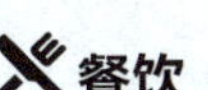

餐饮

萨拉戈萨有很多出色的西班牙小吃餐吧，多数集中在圣玛尔塔广场（Plaza de Santa Marta）。El Tubo、西班牙广场（Plaza de España）北部地区也是西班牙小吃的集中地。

皮拉尔广场西南的Calle del Temple是萨拉戈萨的夜生活区，学生纷纷涌入这里畅饮，因为这里的酒吧比阿拉贡任何一个区都要多。

Casa Pascualillo 现代西班牙小吃 €

（Calle de la Libertad 5；西班牙小吃 €1.60起，主菜€5~14；⏲周二至周六 正午至16:00和19:00~23:00，周日正午至16:30）几年前，《世界报》（*El Mundo*）的周末杂志《都市》（*Metropoli*）评选出西班牙50家最佳西班牙小吃店，当时Casa Pascualillo毫无悬念地胜出。酒吧里摆满了西班牙小吃，比如El Pascualillo（煎火腿卷配洋葱和牡蛎蘑菇）。旁边有一家更为正式的餐馆。

★El Ciclón 现代西班牙菜 €€

（Plaza del Pilar 10；整盘西班牙小吃 €7~8.50，套餐 €15~20；⏲11:00~23:30）2013年11月开业，El Ciclón由3位备受赞誉的西班牙厨师（全都拥有在米其林餐馆从业的经验）创建。这里的菜肴都经过精心准备。在套餐、西班牙小吃或整盘西班牙小吃中选择吧，比如加那利岛（Canary Island）最受欢迎的食物、新土豆搭配香辣芫荽汁（papas arrugadas）、贻贝面条，以及洋蓟面包泥（大蒜和橄榄油面包屑）和奶油花椰菜。

实用信息

市旅游办事处（MunicipalTourist Office；☎97620 12 00；www.zaragozaturismo.es；Plaza del Pilar；⊙6月中旬至10月中旬9:00~21:00，10月中旬至次年6月中旬10:00~20:00；📶）城镇各处都有分支机构，包括火车站。

阿拉贡旅游办事处（Oficina de Turismo de Aragón；www.turismodearagon.com；Plaza deEspaña；⊙周一至周五9:00~14:00和17:00~20:00，周三和周日10:00开始；📶）有很多关于该省的小册子。

到达和离开

飞机

萨拉戈萨—圣胡尔霍机场（Zaragoza-Sanjurjo Airport；☎976 71 23 00；www.zaragoza-airport.com）位于城市以西8.5公里处，瑞安航空的直达航班通过该机场往返伦敦（斯坦斯特德）、布鲁塞尔（沙勒罗瓦）、巴黎（博韦）、米兰（贝尔加莫）、兰萨罗特（Lanzarote）和塞维利亚，伊比利亚航空（www.iberia.es）和欧罗巴航空（Air Europa；www.aireuropa.com）也经营少数国内和国际航线。

长途汽车

几十条长途汽车线路从德利西亚斯联运火车站（Estación Intermodal Delicias）旁的长途汽车站辐射至西班牙各地。

火车

德利西亚斯联运火车站（Estación Intermodal Delicias；www.renfe.com；Calle Rioja 33）是一栋未来主义风格建筑，多趟高速AVE列车从这里发往马德里（1.25小时）和巴塞罗那（1.5小时），差不多每小时1班。也有发往巴伦西亚（4.5小时，每天3班）、韦斯卡（Huesca；1小时）、哈卡（Jaca；3.5小时）和特鲁埃尔（Teruel；2.25小时）的火车。

阿拉贡周边（Around Aragón）

鲜有人问津的特鲁埃尔（Teruel）位于阿拉贡南部，这里有很多令人震撼的穆迪哈尔建筑，而邻近的阿尔瓦拉辛（Albarracín）则是西班牙最美丽的村庄之一。

北部的比利牛斯山和奥德沙国家公园（Parque Nacional de Ordesa y Monte Perdido）非常适合徒步。托尔拉（Torla）村庄是通往上述两个地方的必经之路。小村庄拉贝苏塔（La Besurta）南部是马拉德塔山（Maladeta），这里是高级攀岩挑战者的天堂。这条严峻的线路上有冰峰，冰川从高处的山顶垂悬下来。还有比利牛斯山的最高峰阿内托峰（Aneto，3404米）。在这些与法国接壤的山地公园内，有各种级别的徒步和攀岩活动可供选择。阿因萨（Aínsa）也是值得探索的地点，这个村庄建于山顶，房屋都是用石头造的。

在阿拉贡的西北部，索斯—德雷伊卡托利科（Sos del Rey Católico）也非常值得一看，这个石头建造的村庄位于山脊之上。

圣塞瓦斯蒂安（San Sebastián）

人口 183,300

圣塞瓦斯蒂安（巴斯克语为Donostia）坐落在田园式的贝壳湾（Bahía de la Concha）附近，弥漫着高级度假胜地的气息。这里优质的自然元素——晶莹剔透的海水、完美无缺的沙滩和四周延绵的绿色山丘无疑令人着迷。圣塞瓦斯蒂安也是名副其实的美食之都，有16颗米其林星（Michelin Star）的超高级水平，绝对是世界上人均占有米其林星最多的地方。

景点和活动

★孔查海滩（Playa dela Concha） 海滩

一切关于城市海滩的想象都能在这里得到满足。孔查海滩和它西部的翁达瑞塔海滩（Playa de Ondarreta）绝对是欧洲最棒的城市沙滩。漫长的夏季里始终洋溢着节日的气氛，沙滩上遍布成千晒黑了的强健身姿。游泳总是安全无虞的。

伊格尔多山（Monte Igueldo） 观景点

伊格尔多山位于圣塞瓦斯蒂安的西部，从山顶能俯瞰贝壳湾、周围海岸线及山峦的全景。最方便的交通方式为旧时代的登山铁路（funicular railway；www.monteigueldo.es；往返成人/儿童€3.10/2.30；⊙7月 10:00~21:00，8月 10:00~22:00，其余月份 开放时间较短），它通向游乐园（Parque de Atracciones；www.

monteigueldo.es；门票 €2.20；⏲7月至9月 周一至周五 11:15~14:00和16:00~20:00，周六和周日到20:30，其余月份开放时间较短），这是山顶一个稍显俗气的小型主题公园。单项游乐项目（包括过山车、乘船、旋转木马和骑小马）额外收费€1~2.50。列车每隔15分钟发车。

圣特尔莫博物馆 博物馆

（San Telmo Museoa；www.santelmomuseoa.com；Plaza Zuloaga 1；成人/学生/儿童 €5/3/免费，周二 免费；⏲周二至周日10:00~20:00）这是巴斯克自治区（Basque Country）历史最古老也最现代化的博物馆之一，从某种程度上来说，圣特尔莫博物馆从1902年就有了。实际上这里曾关闭了很多年，经过大规模修复之后才于2011年重新开放，如今是巴斯克文化和社会博物馆。从历史文物到现代艺术的不规则线条，所有展品都反映了巴斯克的文化和社会。

住宿

PensiónRégil 家庭旅馆 €

（☎943 42 71 43；www.pensionregil.com；Calle de Easo 9；标单/双 €53/59；📶）在我们看来，这家旅馆的室内陈设可能很廉价，采用的是淡粉色和花卉图案装饰，不过重要的是房间价格！旺季时，在圣塞瓦斯蒂安，你真的找不到比这里更合算的住宿了。另外，所有房间都有独立卫生间，旅馆距离孔查海滩也非常近，年轻的店主伊纳基（Inaki）小有魅力，来这里不会错。

★Pensión Aida 精品酒店 €€

（☎943 32 78 00；www.pensionesconencanto.com；Calle de Iztueta 9；标单 €62，双 €84~90，单间公寓 €132~152；❄@📶）这家出色家庭旅馆的房间明亮醒目，遍布裸露的石头，所有东西闻起来都清新洁净。公共区域里摆着柔软的沙发。

Pensión Amaiur 精品酒店 €€

（☎943 42 96 54；www.pensionamaiur.com；Calle de 31 de Agosto 44；标单€45，双€90~100；@📶）这家一流客栈的店主年轻友善。客栈位于老城区，位置极佳，营造出了真正与众

挥霍一把

在巴斯克新式烹饪（nueva cocina vasca）领域，拥有闪亮米其林三星的厨师胡安·玛丽亚·阿萨克（Juan Mari Arzak）备受称赞，足以拔得头筹。自然，他的餐馆也就被视作西班牙最佳就餐场所之一：**Arzak**（☎+34 943 27 84 65；www.arzak.info；Avenida Alcalde José Elésegui 273；餐 €189；⏲周二至周六，11月和6月下旬歇业）。如今有他的女儿埃莱娜（Elena）帮忙，他们从不停止创新。必须提前很长时间预订。

不同的氛围。此处看起来就像是"老奶奶的村舍"，有鲜艳的花壁纸，卫生间里贴着安达卢西亚风的蓝色和白色瓷砖。

餐饮

拥有16颗米其林星（包括3家令人垂涎的米其林3星级餐馆）和183,000人，圣塞瓦斯蒂安作为世界上的美食之都之一地位尊崇。如果这些还不够，这座城市里还有林立的酒吧——几乎所有的吧台上都堆满了巴斯克小食，几乎每个西班牙人都会（尽管有时不太情愿）告诉你，那都是全国最好的。

跟着当地人走准没错——向着市中心的酒吧进发。点餐很简单，先要一个盘子，然后告诉服务员你想要哪种牙签小吃（Pintxos，更像是搭配白面包、一口就能吃完的小食）。吃的时候记得把签子留着，然后继续点。可以点一杯气泡很足的查科丽（txakoli，一种有点浑浊的白葡萄汽酒）。结账的时候，把签子和盘子递给服务员，然后告诉对方你喝了多少杯酒。这样的经营方式有悠久的历史。牙签小吃和查科丽的单价是€2.5~3.5。

Restaurante Alberto 海鲜 €

（☎943 42 88 84；Calle de 31 de Agosto 19；主菜 €12~15，套餐€15；⏲周四至周二正午至16:00和19:00至午夜）这是一家非常迷人的老海鲜餐馆。餐馆看起来像鱼店一样，橱窗里陈列着当日捕捞到的鱼。空间不大，却很温馨，就像是在别人家的客厅一般。东西地道、好吃，上菜速度很快。

★La Fábrica　现代巴斯克菜 €€

（☎943 98 05 81；Calle del Puerto 17；主菜€15~20，菜单 €24起；⊙周一至周六 13:00~15:30和20:30~23:00，周日 13:00~15:30）红砖内壁和白色的桌布为这家餐馆平添了古典气息，过去几年里，这里用现代方式呈现的巴斯克传统菜肴在圣塞瓦斯蒂安当地人中引起了轰动。仅需€24的多道菜套餐大概是城里最物超所值的。

LaCuchara de San Telmo　现代巴斯克菜 €€

（www.lacucharadesantelmo.com；Calle de 31 de Agosto 28；巴斯克小食 €2.50起；⊙周二 19:30~23:00，周三至周日 正午至15:30和19:30~23:00）这家隐蔽（很难找到）的休闲酒吧有极具创意的厨房，提供袖珍的巴斯克新菜式。与圣塞瓦斯蒂安的很多酒吧不同，这家的吧台上干干净净，没有任何巴斯克小食，你得看着柜台后的黑板菜单点菜。

Astelena　巴斯克菜 €€

（Calle de Iñigo 1；巴斯克小食€2.50起；⊙周二和周四至周六 13:00~16:30和20:00~23:00，周三 13:00~16:30）这家酒吧坐落在宪法广场（Plaza de la Constitución）的街角，吧台上摆满巴斯克小食，引人注目，其中很多是巴斯克和亚洲风格创意菜，不过最好的也许是以鹅肝酱为底料的菜式。理想的位置意味着价格略高。

ℹ 实用信息

旅游办事处（Oficina de Turismo；☎943 48 11 66；www.sansebastianturismo.com；Alameda del Boulevard 8；⊙周一至周六9:00~20:00，周日10:00~19:00）这个友好的办事处提供有关这座城市及巴斯克自治区的详尽信息。

ℹ 到达和离开

长途汽车

每天都有长途汽车发往毕尔巴鄂（Bilbao；€6.74起，1小时）、毕尔巴鄂机场（Bilbao Airpor；€16.50，1.25小时）、法国比亚里茨（Biarritz；€6.75，1.25小时）、马德里（€36起，5小时）和潘普洛纳（Pamplona；€7.68，1小时）。

火车

从法国过来，你必须先到西班牙和法国的边境城市伊伦[Irun；有时远至昂代伊（Hendaye），Renfe收费€2.65起，25分钟]。Eusko Tren/Ferrocarril Vasco（www.euskotren.es）运营前往伊伦的线路，乘客需要在那儿换乘。

西班牙国家铁路火车站（Renfe Train Station；Paseo de Francia）就在乌鲁梅阿河（Río Urumea）对面，位于连接巴黎和马德里的铁路线上。每天有几班去往马德里的列车（€47起，5小时），还有两班开往巴塞罗那（€64起，6小时）。

毕尔巴鄂（Bilbao）

人口354,200

毕尔巴鄂是巴斯克自治区的商业中心（巴斯克语为Bilbo）。这里最负盛名的莫过于气势恢宏的古根海姆博物馆。这座博物馆是建筑大师弗兰克·盖瑞（Frank Gehry）的杰作，它标志着毕尔巴鄂由一座工业港口城市转变为生机勃勃的文化中心。拜访了这座朝拜现代艺术时绝不容错过的圣殿，你可以花点儿时间在毕尔巴鄂的老城区（Casco Viejo）探寻游历的乐趣。那里的街道布局得当，商店、咖啡馆、出售特色小吃的酒吧和许多值得一看的小型博物馆交错杂处，星罗棋布。

景点

★古根海姆博物馆　美术馆

（Museo Guggenheim；www.guggenheim-bilbao.es；Avenida Abandoibarra 2；成人/学生/儿童€13/7.50/免费；⊙10:00~20:00，9月至次年6月周一闭馆）毕尔巴鄂闪闪发光的钛金属古根海姆博物馆于1997年9月对外开放，是现代建筑的标志之一。它几乎是以一己之力，凭着自身造成的轰动效应，把毕尔巴鄂带出后工业时期的不景气，带进21世纪。城市的创造性再建由此展开，并得以进一步发展，这牢固确定了毕尔巴鄂世界艺术和旅游中心的地位。

★美术馆　美术馆

（Museo de Bellas Artes；www.museobilbao.com；Plaza del Museo 2；成人/学生/儿童€7/5/免费，周三免费；⊙周三至周一10:00~20:00）毕尔巴鄂美术馆的藏品从哥特雕塑到20世纪流行艺术品，包罗万象。它的藏品主要有以下几大类：牟利罗（Murillo）、苏巴朗、埃尔·格列柯、戈雅和凡·戴克等画家的古典派画作；以高更（Gauguin）、弗朗西斯·培根（Francis Bacon）和安东尼·卡罗（Anthony Caro）的作品为代表的当代特色艺术品；巴斯克艺术品，包括欧德伊萨（Jorge de Oteiza）和爱德华多·奇利达（Eduardo Chillida）两位大师的雕塑作品和伊格纳西奥·苏洛阿加西（Ignacio Zuloago）及胡安·德·伊查瓦瑞尔（Juan de Echevarria）的个人风格突出的画作。

老城区（Casco Viejo） 老城区

毕尔巴鄂自成一派的老城区布局紧凑，密布着引人入胜的大街小巷、热闹的酒吧和许许多多新奇的独立商铺。这个城区的核心地带是毕尔巴鄂的老街Las Siete Calles（意为“七条街”），它的历史可以追溯到15世纪。

巴斯克博物馆 博物馆

（Euskal Museoa；www.euskal-museoa.org/es/hasiera；Plaza Miguel Unamuno 4；成人/儿童€3/免费，周四免费；周一、周三至周五 10:00~19:00，周六 10:00~13:30和16:00~19:00，周日10:00~14:00）这座博物馆可以称得上整个西班牙最能全面展示巴斯克文化与历史的博物馆。巴斯克的历史可以上溯到史前时代。这里的馆藏品最早能涉及那个混沌初开的时期，一直到现代。体现新时期的展品的数量猛增。

食宿

毕尔巴鄂旅游局下属预订部（reservations department；902 877298；www.bilbaoreservas.com）的服务很好，值得一试。

★ Pensión

Iturrienea Ostatua 精品酒店 €€

（944 16 15 00；www.iturrieneaostatua.com；Calle de Santa María 14；房间€50~70；）这显然是毕尔巴鄂最独特的酒店。它一部分是农家小院，另一部分是老式的玩具店，此外还有属于酒店自己的艺术品。酒店的9间客房特色鲜明，让你觉得，如果自己能拥有这样的房间，此生足矣。

Hostal Begoña 精品酒店 €€

（944 23 01 34；www.hostalbegona.com；Calle de la Amistad 2；标单/双€57/66起；P @ ）店主不必再为他们时髦、个性化的创意贴上

潘普洛纳和圣费尔明节

欧内斯特·海明威（Ernest Hemingway）的名著《太阳照常升起》（*The Sun Also Rises*）将潘普洛纳（Pamplona；巴斯克语为Iruña）永远地印在了人们的心里。奔放的圣费尔明节（Sanfermines，亦称奔牛节）就发源于这座位于比利牛斯山前的城市。潘普洛纳还是一座非常适合步行游览的城市，它成功地将历史悠久的广场、建筑的魅力、现代的商铺与活力十足的夜生活熔于一炉。

圣费尔明节于每年7月6日至14日举行。每到这个时候，潘普洛纳都会迎来大批激动的猎奇者。当然，还有许多公牛现身。奔牛活动每天早上8点开始，在Coralillos Santo Domingo统一放出多头公牛，825米的比赛仅用时3分钟。

从1924年有记录以来，在潘普洛纳的奔牛节期间已有16人丧生。多名死者完全是抱着冒险的心态（也可能是喝醉了），他们根本不知道自己在干什么。有关奔牛活动的新闻，可浏览网站www.sanfermin.com。

动物权益组织反对奔牛比赛，将之视为残忍的风俗——在斗牛当天下午，参赛的公牛几乎都会被屠宰。善待动物组织（PETA）发起的“裸奔节”（Running of the Nudes）就是为了表示反斗牛态度的示威活动。

旅游办事处（Tourist Office；848 42 04 20；www.turismo.navarra.es；Avenida da Roncesvalles 4；周一至周五 9:00~19:00，周六 10:00~14:00和16:00~19:00，周日10:00~14:00）这个组织极为完善的办事处就在新城的牛雕塑对面，有很多关于这座城市及纳瓦拉（Navarra）的信息。有几处仅在夏季开门的旅游信息亭，它们分布于全城各处。

时尚的标签。色彩缤纷的客房是Begoña的特色，房内装饰着现代艺术品。所有浴室均铺设时髦地砖，客房配有铁艺床。公共区域有大量书籍、旅行信息，还有一些可以上网的电脑。

★ **La Viña del Ensanche** 巴斯克小食 €

（☎944 15 56 15；www.lavinadelensanche.com；Calle de la Diputación 10；巴斯克小食 €2.50起，菜单 €30；⏲周一至周五 8:30~23:00，周六正午至次日1:00）在这家出色的巴斯克小食吧里，数百瓶葡萄酒靠墙排着。之所以说"出色"，是因为这里可能是全城享用巴斯克小食的最佳去处。

★ **Casa Rufo** 巴斯克菜 €€

（☎944 43 21 72；www.casarufo.com；Hurtado de Amézaga 5；主菜 €10~15；⏲周一至周六13:30~16:00和20:30~23:00）虽然浮华的餐馆、高档菜式的圣殿层出不穷，但这个地方坚决守旧，架子上是落满灰尘的优质橄榄油和葡萄酒瓶子。作为毕尔巴鄂享用传统巴斯克食物的最佳场所之一，这里始终出众。

ℹ 实用信息

旅游办事处（www.bilbaoturismo.net）总部（☎944 79 57 60；Plaza Circular 1；⏲9:00~21:00；📶）；机场（☎944 71 03 01；⏲周一至周六 9:00~21:00，周日 9:00~15:00）；古根海姆（Alameda Mazarredo 66；⏲每天10:00~19:00，9月至次年6月周日 至15:00）毕尔巴鄂友好的旅游办事处员工非常乐于助人，消息灵通，最重要的是，他们对这里满怀热情。在各个办事处都可以索要免费的双月刊《毕尔巴鄂指南》（*Bilbao Guía*），里面有娱乐活动列表，还有关于餐馆、酒吧和夜生活的建议。新开张的总部最先进，有免费Wi-Fi、触屏计算机，最棒的是，还有总是乐于回答问题的人。

ℹ 到达和离开

长途汽车

有班车定期往返马德里（€31起，4.75小时）、巴塞罗那（€48，7小时）、潘普洛纳（€15，2小时）和桑坦德（€6.60，1.25小时）。

火车

每天都有Renfe的列车从阿班多火车站（Abando train station）分别开往马德里（€64起，6小时）和巴塞罗那（€65，6小时）。**FEVE**（www.feve.es）公司开设的慢速窄轨火车由阿班多旁边的康科迪亚火车站（Concordia station）发车，一路向西，途经坎塔布里亚（Cantabria）和阿斯图里亚斯（Asturias）。

坎塔布里亚、阿斯图里亚斯和加利西亚（CANTABRIA, ASTURIAS & GALICIA）

这里的景色令人回想起不列颠群岛。身处"绿色西班牙"，既可以在国家公园漫步并感受美好的大自然，又可以去沧桑的小镇品尝海鲜盛宴，还有许多机会跃入比斯开湾，在清凉的浅水区畅游。

海边的散提亚拿（Santillana del Mar）

海边的散提亚拿（www.santillanadelmar.com）位于桑坦德省首府桑坦德（Santander）西面约34公里处。这是个精致的中世纪小镇，也是游玩附近的阿尔塔米拉洞（Cueva de Altamira）的夜宿集散地。从桑坦德到海边的散提亚拿有长途汽车往返，每天3~4班。

阿尔塔米拉洞拥有西班牙最精美的史前艺术，位于海边的散提亚拿东南2公里处，于1879年被发现。经过20多年的研究，在对法国洞穴艺术有了新发现之后，科学家才承认这些精彩的有关大野牛、马及其他动物的绘画真的是几千年前原始人的手绘作品。博物馆里的仿制洞穴可以让所有人欣赏这些足有14,500年历史的绘画。

圣地亚哥—德孔波斯特拉（Santiago de Compostela）

人口80,000

这里据说是使徒圣詹姆斯（St James，西班牙人称之为圣地亚哥）的安葬之地。圣地亚哥—德孔波斯特拉是一座让人着迷的城市。踏入散发着中世纪气息的城市腹地，沿着圣地亚哥朝圣之路（Camino de Santiago）而来的基督徒常常会为眼前的奇迹而目瞪口呆。幸运的是，等到夜幕降临，在生机勃勃的酒吧氛围中，他们就会恢复语言能力。

景点和活动

★圣地亚哥—德孔波斯特拉大教堂 天主教堂

（Catedral de Santiago de Compostela; www.catedraldesantiago.es; Praza do Obradoiro; ⏲7:00~20:30）作为圣地亚哥庄严的核心，圣地亚哥—德孔波斯特拉大教堂高高地耸立在市中心，周围林立着被苔藓覆盖的尖塔和雕塑，一片恢宏气象。断断续续地修建了几个世纪，教堂将罗马式建筑（修建于1075~1211年）和后来的哥特及巴洛克风潮相结合。主祭台下方的圣地亚哥墓吸引了所有来到大教堂的人。最精彩的部分是西侧入口内的"荣耀之门"（Pórtico de la Gloria），其特点是200尊精巧的罗马风格雕塑。

★教堂博物馆 博物馆

（Museo da Catedral, Colección Permanente; www.catedraldesantiago.es; Praza do Obradoiro; 成人/老人、朝圣者、无业者/学生/儿童€6/4/免费；⏲4月至10月 9:00~20:00，11月至次年3月10:00~20:00）博物馆共四层，包括一座属于教堂的16世纪的哥特风格修道院。这个大型修道院装饰华丽。你会在修道院内看到马提欧的大型石雕唱诗台（1604年被毁坏，近期才被拼装复原）、令人印象深刻的宗教艺术藏品[包括二层图书室的香炉（botafumeiros）]和装饰奢华的18世纪圣堂（sala capitular）。修道院外有一座先王祠（Panteón de Reyes），一些国王的坟墓就在那里，他们都曾在中世纪统治过莱昂。

作坊广场（Praza do Obradoiro） 广场

宏伟的作坊广场位于大教堂西立面前方，得名于教堂修建时搭建的作坊。这里既没有车流，也没有咖啡馆，氛围独特。广场的最北面有一家文艺复兴时期风格的酒店**Hostal dos Reis Católicos**（门票€3；⏲周日至周五正午至14:00和16:00~18:00）。16世纪初，天主教双王费尔南多和伊莎贝尔下令修建了这一建筑，以容留朝圣者，于是它成为这座教会城市的王权象征。如今，这里变成了政府经营的酒店（豪华的国营酒店），为富裕的旅行者提供住处，不过4座庭院及其他一些区域则面向游客开放。

丰塞卡学院 大学

（Colexio de Fonseca; ⏲周一至周五9:00~21:00，周六 10:00~20:30）**免费** 丰塞卡学院坐落于圣地亚哥—德孔波斯特拉大教堂以南的丰塞卡广场（Praza de Fonseca）上。这里咖啡馆林立，学院里有漂亮的文艺复兴风格庭院和展览馆。学院就建在圣地亚哥大学（创建于1495年）的原址上。

圣地亚哥朝圣博物馆 博物馆

（Museo das Peregrinaciónse de Santiago; www.mdperegrinacions.com; Praza das Praterías; 成人/老人、朝圣者、学生/儿童 €2.50/1.50/免费；⏲周二至周六 10:00~14:00和17:00~20:00，周日11:00~14:00）博物馆位于银器匠广场（Praza das Praterías）上的部分最近刚经过改建，专用于举办不定期的朝圣和圣地亚哥（人和城市）主题展览，从3层窗户可以近距离观赏大教堂几座塔楼的景色。集合了有趣的艺术品、手工艺品、模型和纪念品的常规展览位于300米开外的**老楼**（www.mdperegrinacions.com; Rúa de San Miguel 4; ⏲周二至周五10:00~20:00，周六10:30~13:30和17:00~20:00，周日10:30~13:30）**免费** 内。

教堂屋顶游 团队游

（Cathedral Rooftop Tour; ☎902 557812; www.catedraldesantiago.es; 成人/老人、朝圣者、无业者/学生/儿童 €12/10/免费，教堂博物馆联票€15/12/免费；⏲团队游10:00~13:00和16:00~19:00 每小时一次，11月至次年3月至18:00）想从楼宇高处俯瞰令人难忘的大教堂的内部景色，或从大教堂屋顶鸟瞰城市风景，参加这个屋顶团队游就对了。行程从作坊广场正面下方的游客接待中心开始。团队游很受欢迎，所以要提前预订，可以在网上预订。下午有一趟行程使用英语，其他行程则用西班牙语。导游会让你充分了解圣地亚哥的历史。

住宿

Meiga Backpackers 青年旅舍 €

（☎981 57 08 46; www.meiga-backpackers.

es; Rúa dos Basquiños 67; 铺含早 €15; ⌚3月至11月; @📶)旅舍位于公共汽车站与市中心之间，交通方便、外观亮丽、环境整洁、设施便利。这里有宽敞的上下铺房间、不错的大厨房和休息室，还有一个长长的花园。对于预算紧张的背包客来说，这里就是理想之选。

★ **Hotel Costa Vella** 精品酒店 €€

(☎981 56 95 30; www.costavella.com; Rúa da Porta da Pena 17; 标单 €59, 双 €81~97; ❄📶)这里有安静且设计精美的房间，其中部分带有典型的加利西亚风格阳台(四周用玻璃围住的阳台)。友好的款待和漂亮的花园咖啡馆让这处老石头屋舍成为绝妙的住宿选择，售价€6的早餐很丰盛。即便不入住，这里也是吃早餐或喝咖啡的理想地点。5月至9月要提前订房。

Parador Hostal dos Reis Católicos 历史酒店 €€€

(☎981 58 22 00; www.parador.es; Praza do Obradoiro 1; 标单/双含早餐 €175/190起; P❄@📶)1509年，这里作为面向朝圣者的旅舍而开业，据说是世界上最古老的酒店。这家宫殿一般的国营酒店距离大教堂仅有几步之遥，是圣地亚哥的高档酒店，有皇室(尽管相当守旧)房间。就算不住，也可以顺便来转转，在优雅的咖啡馆里享用咖啡和蛋糕。

> **值得一游**
>
> **欧罗巴山**
>
> 高耸起伏的群山横亘在阿斯图里亚斯、坎塔布里亚和卡斯蒂利亚—莱昂的东北地区，这里实际上是西班牙乡村徒步的圣地。这些山峰构成了石灰岩地质的3座大山(最高峰高达2648米)。占地647平方公里的欧罗巴山国家公园(Parque Nacional de los Picos de Europa; www.picosdeeuropa.com)囊括了这3座大山，是西班牙第二大的国家公园。
>
> 山中有许多留宿与就餐的地方，它们分散在各处。乘坐长途汽车到这里并四处环游会花很多时间。不过，在桑坦德(Santander)和奥维耶多(Oviedo;后者更便利)乘长途汽车可以到达欧罗巴山。

就餐

O Beiro 西班牙小吃、大份西班牙小吃 €

(Rúa da Raíña 3; 大份西班牙小吃€5~10; ⌚3月至12月 周二至周日10:00至次日1:00)这家餐厅专供托盘装(tablas)的美味奶酪和香肠。它的两层楼葡萄酒吧还大量供应其他小吃和整份的西班牙小吃。这里有多种多样的加利西亚葡萄酒，以及用本土葡萄酿制的烈性果酒orujo和aguardiente。

★ **O Curro da Parra** 现代加利西亚菜 €€

(www.ocurrodaparra.com; Rúa do Curro da Parra 7; 主菜 €17~23, 西班牙小吃 €4~8; ⌚周二至周六 13:30~15:30和20:30~23:30, 周日 13:30~15:30)楼上有一间整洁的小石墙餐厅，楼下是狭窄的西班牙小吃和葡萄酒吧。O Curro da Parra提供的菜肴种类繁多，选材新鲜，无不精烹细制。你可以去享用猪肉奶酪配苹果泥和菠菜，或只是问问当天有什么鱼和海鲜。工作日的午餐时间提供物超所值的"市场套餐"(menú mercado, €12)。

Abastos 2.0 现代加利西亚菜 €€

(☎981 57 61 45; www.abastosdouspuntocero.es; Rúa das Ameas 3; 菜肴 €1~10, 套餐 €21; ⌚周二至周六 正午至15:00和20:00~23:00)这家极具创造性的小吃店位于市场旁边，极受欢迎。它根据市场上食材的供应情况推出新式菜肴。你可以尝尝小份的单品菜式、适合分享的盘菜，也可以花上€21饱餐一顿包含6道菜的套餐。海鲜通常都很出色，不过不管点什么，你多半都会爱上这里——前提是你能找到座位！

实用信息

加利西亚旅游办事处(Oficina de Turismo de Galicia; www.turgalicia.es; Rúa do Vilar 30-32; ⌚周一至周五10:00~20:00, 周六11:00~14:00和17:00~19:00, 周日11:00~14:00)提供与加利西亚相关的信息。

朝圣者办事处(Oficina del Peregrino; Pilgrims' Office; ☎981 56 88 46; peregrinossantiago.es; Rúa do Vilar 3; ⌚5月至10月 9:00~21:00, 11月

至次年4月 10:00~19:00）两种人可以在这里得到“孔波斯特拉”（Compostela）证书：步行或骑马完成圣地亚哥朝圣之路（Camino de Santiago）上最后100公里的人，或骑自行车完成最后200公里的人。网站上提供大量有用的朝圣之路信息。

圣地亚哥旅游办事处（Turismo de Santiago；☎981 55 51 29；www.santiagoturismo.com；Rúa do Vilar 63；⏲9:00~21:00，11月至次年3月前后 9:00~19:00）办事效率很高的市政府旅游局办事处。

到达和当地交通

长途汽车

ALSA（☎902 422242；www.alsa.es）西班牙长途汽车公司ALSA开设了通往奥维耶多（Oviedo；€30起，5~7小时）、莱昂（León；€30，6小时）和马德里（€47~68，8~10小时）的汽车班次。也有每天直达波尔图（Porto；€31，4小时）的线路。

长途汽车站（☎981 54 24 16；Praza de Camilo Díaz Baliño；📶）从市中心向东北方向步行约20分钟可达。

Castromil-Monbus（☎902 292900；www.monbus.es）班车开往加利西亚各地。

火车

火车站（☎981 59 18 59；Rúa do Hórreo）发出的地方车次在市内和海岸往返。如果是去往马德里，白天可以乘坐Talgo高铁，晚上可以选择Trenhotel夜班火车（€50.75起，6.25~9.5小时）。

加利西亚周边 (Around Galicia)

加利西亚崎岖的大西洋海岸线是西班牙保护得最好的秘密，那里耸立着荒无人烟的陡峭悬崖，它们将一些渔村与城镇隔离开来。活力十足的港口城市拉科鲁尼亚（A Coruña）有一片迷人的城市海滩，盛产可口的海鲜。它也是能一探死亡海岸（Costa da Morte）和里亚斯阿尔塔斯（Rías Altas）这两处动人风景的门户。后者之所以出类拔萃可能要归功于奥尔特加尔海角（Cabo Ortegal）。加利西亚内陆也值得游客探寻，特别是古镇卢戈（Lugo），那里有被公认为全球保存得最好的罗马城墙。

巴伦西亚（VALENCIA）

人口792,300

西班牙第三大城市是个宏伟的地方，与满足于上头条的马德里和巴塞罗那相比，这里一直是拥有繁荣文化、饮食和夜生活场所的宜居城市。明星景点是引人注目的未来风格建筑艺术科学城（Ciudad de las Artes y las Ciencias），该建筑由当地著名设计师圣地亚哥·卡拉特拉瓦设计。卡门区（Barrio del Carmen）也有一些极佳的现代主义建筑、博物馆。大大的老城区别具一格。富饶的果蔬田园拉韦尔塔（La Huerta）环绕着巴伦西亚，以西班牙海鲜饭等米饭类菜肴而闻名，不过热门的餐饮场所也提供很多其他配菜。

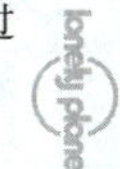

景点和活动

★艺术科学城 知名建筑群

（Ciudad de las Artes y las Ciencias；www.cac.es；海洋公园、天文馆和费利佩王子科学馆联票成人/儿童€36.25/27.55）巴伦西亚艺术科学城展现的美感令人震惊。它沿着过去图里亚河（Turia）河岸的狭长地带延伸，占地35万平方米。艺术科学城主要出自享有世界声誉的当地建筑师圣地亚哥·卡拉特拉瓦（Santiago Calatrava）之手。对于很多巴伦西亚人来说，他是个有争议的人物：巨大的耗资及被迫需要大规模维修的各种设计缺陷招来了抱怨。无论如何，如果这里没有花费你交的税，那么它还是个令人惊叹的存在，可以取悦以家庭为单位的游客。

★海洋公园 水族馆

（Oceanogràfic；www.cac.es/oceanografic；成人/儿童€27.90/21；⏲10月至次年6月 10:00~18:00，7月和9月 10:00~20:00，8月 10:00至午夜；👪）对于多数带孩子的家庭来说，这个室内外水族馆是艺术科学城的一大亮点。这里有极地馆、海豚馆、红海水族馆、地中海海景和几条水下隧道，其中一条长70米，鱼儿们在那里注视着游客。这里列出的开放时间只是大概的时间，可上网查看具体情况，周六的开放时间较晚。

★大教堂 天主教堂

（Catedral；Plaza de la Virgen；成人/儿童含

语音导览€5/3.50；⏲周一至周六10:00~17:30或18:30，周日14:00~17.30，11月至次年2月周日关闭）1238年收复失地后，巴伦西亚将大教堂建在了清真寺旧址之上。低矮宽阔的砖拱顶的三重中殿以哥特式为主，有新古典风格的小礼拜堂。教堂内的亮点包括祭坛装饰上方富丽的意大利壁画、圣弗朗西斯科博尔哈礼拜堂（Chapel of San Francisco de Borja）里的一对戈雅作品，以及华丽的哥特式圣卡利斯礼拜堂（Capilla del Santo Cáliz）——据说内有耶稣基督在"最后晚餐"时啜饮用的圣杯（Holy Grail）。那是一支罗马时期的玛瑙杯，后来经过改进，所以至少时间是对的。

米格莱特钟楼 塔

（Miguelete Bell Tower；成人/儿童€2/1；⏲10:00~19:00或19:30）大教堂正门左侧入口通向米格莱特钟楼。爬上207级台阶的旋转楼梯，去看看全景城市和天际美景。

★市场 历史建筑

（LaLonja；Calle de la Lonja；成人/儿童€2/1；⏲周二至周六10:00~18:00或19:00，周日10:00~15:00）这是一幢15世纪末的气派建筑。巴伦西亚丝绸与商品交易市场的原址就在这里，它已被联合国教科文组织列入世界文化遗产。亮点是柱廊大厅和一楼的海事所（Consulado del Mar），前者拥有扭曲的哥特式柱子，后者的平顶镶板天花板令人惊叹。

值 得 一 游

法雅节

3月中旬的巴伦西亚有欧洲最自由奔放的街头活动：法雅节（Las Fallas de San José；www.fallas.es）。在一周时间里（3月12日~3月19日），整个城市都会陷入烟火、音乐、节日篝火和彻夜聚会的狂欢中。在法雅节的最后一晚，许多政界要员和社会名流的巨幅肖像画将被置于主广场付之一炬。

如果你没能在节日期间来到巴伦西亚，不妨去火祭博物馆（Museo Fallero；Plaza Monteolivete 4；成人/儿童 €2/1；⏲周二至周六10:00~18:00或19:00，周日10:00~15:00）观看焚烧前经大众投票表决得以幸存的那些画像。

★美术馆 美术馆

（Museo de Bellas Artes, San Pío V；www.museobellasartesvalencia.gva.es；Calle de San Pío V 9；⏲周二至周日 10:00~19:00，周一 11:00~17:00）免费 这座明亮宽敞的美术馆可跻身于西班牙最佳美术馆的行列。宏伟的罗马风格《九缪斯马赛克》（*Mosaic of the Nine Muses*）、中世纪末期壮观的祭坛装饰品展览，以及埃尔·格雷科（El Greco）、戈雅、贝拉斯克斯（Velázquez）、穆里略（Murillo）和里瓦尔塔（Ribalta）的作品令人眼前一亮，而索罗利亚（Sorolla）和皮纳索（Pinazo）等巴伦西亚印象派艺术家的作品同样值得一看。

海滩

在海边的有轨电车尽头、距离市中心3公里处，拉斯阿雷纳斯海滩（Playa de las Arenas）向北一直延伸至马尔瓦洛萨海滩（Playa de la Malvarrosa）和帕塔科纳海滩（Playa de la Patacona），形成一片长约4公里的宽广沙滩带。海边漫步道Paseo Marítimo、餐厅、咖啡馆顺着海滩一字排开。

住宿

Pensión París 酒店 €

（☎963 52 67 66；www.pensionparis.com；Calle de Salvà12；标单€24，双€32~44；📶）这家旅馆的服务热情亲切，客房一尘不染，大多数房间共用浴室，部分配有私人卫浴设施。旅馆位于一条安静的街道上，人来人往的喧闹旅店与周遭的环境形成了鲜明的对比。最好的房间有阳台，能看到这栋庄严老建筑的原本面貌。

Ad Hoc Monumental 酒店 €€

（☎963 91 91 40；www.adhochoteles.com；Calle Boix 4；标单/双 €72/84；❄📶）友好的Ad Hoc位于老城区深处，舒适而有魅力，还有一家极好的小餐馆（周一至周六 晚餐营业）。这栋19世纪末的建筑已经被极其小心地修复成原先的辉煌模样，露出了最初的天花板、柔和的砌砖和结实的木梁。

★ **Caro Hotel** 酒店 €€€

(☎963 05 90 00; www.carohotel.com; Calle Almirante 14; 房间 €143~214; P ❄ 📶)酒店位于一幢豪华的19世纪大楼内，立足于巴伦西亚约2000年的历史之上。经过修复后，露出了大片的阿拉伯式墙壁、罗马式柱基和哥特式拱门。每个房间都采用了舒缓人心的暗色调，有特大号的床，还有涂了清漆的水泥地。卫生间一流。可以预订1层的大套间，这里曾经是舞厅。而且，你可以尽情享受出色的Alma del Temple餐馆。

就餐

每逢周末，当地人都会成群结队地去港口北边的拉斯艾伦纳斯(Las Arenas)。那里有一长排高处的餐厅，可以边用餐边俯瞰海滩。餐厅都提供正宗的西班牙海鲜饭，这一菜式通常由三道菜组成，售价约为€15。

★ **Carosel** 巴伦西亚菜 €

(☎961 13 28 73; www.carosel.es; Calle Taula de Canvis 6; 主菜 €7~16, 套餐 €15; ⏲周二至周六 13:00~16:00和21:00~23:00, 周日13:00~16:00)Jordi与Carol共同经营的这家小餐馆令人愉悦，有广场上的户外座椅。来自附近市场的食材非常新鲜。结合阿利坎特(Alicante)和巴伦西亚的烹饪传统，这家餐馆创制出沙拉、馅饼(coca)、米饭及其他美味食物。物超所值，大力推荐。

★ **Delicat** 西班牙小吃、创意菜 €€

(☎963 9233 57; Calle Conde de Almodóvar 4; 主菜€9~14; ⏲周二至周六13:00~16:00和20:30~23:30, 周日13:00~16:00)这家小店特别厚待顾客，适合私人用餐(全店仅有9张桌子，夏季会在天台上营业)。女主人Catina负责店堂，她的合作伙伴Paco则掌管着厨房。午餐时间，这里有极为超值的套餐，由五道特选菜组成。无论何时，这里都提供真正创意无限的多款西班牙特色小吃。

Lonja del Pescado 鱼 €€

(www.restaurantelalonjapescadovalencia.com; Calle de Eugenia Viñes 243; 菜肴 €8~15; ⏲3月至10月 周六和周日 13:00~15:30, 周二至周日20:00~23:30, 11月至次年2月 周五至周日 13:00~15:30, 周五和周六20:00~23:30)这个繁忙随意的地方位于马尔瓦洛萨的海滩往内一个街区处，氛围很好，提供极其超值的新鲜鱼类菜肴。找张餐桌，坐下来填写点菜单。电车站就在门外。

饮品和夜生活

卡门区周边、大学附近的区域(阿拉贡大道和巴伦西亚大学的布拉斯科·伊巴涅斯校区附近)、阿巴斯托斯市场(Mercado de Abastos)附近都是酒吧和夜店的集中地。到了夏季，新港口区和马尔瓦洛萨地区(Malvarrosa)的酒吧和夜店也会活跃起来。

Café de las Horas 咖啡馆、酒吧

(www.cafedelashoras.com; Calle Conde de Almodóvar 1; ⏲10:00至次日2:00; 📶)这里有着巴洛克鼎盛时期的风格：挂毯、各种类型的音乐、枝形烛台、新鲜的花束和奇异鸡尾酒的长长酒单。周日供应主题早午餐(11:00~16:00)。

Jimmy Glass 音乐酒吧

(www.jimmyglassjazz.net; Calle Baja 28; ⏲周一至周四 20:00至次日2:30, 周五和周六20:00至次日3:30)店主收藏有大量爵士乐CD，有时也有现场演出。这里就是爵士音乐吧该有的样子——昏暗，提供特大杯的浓烈鸡尾酒。

CaféMuseu 咖啡馆

(Calle Museo 7; ⏲周一至周四 9:00~23:00, 周五 9:00至次日1:30, 周六 11:00至次日1:30, 周日 11:00~23:00; 📶)这个破旧前卫的地方是卡门区波希米亚精神的真正所在，有令人印象深刻的文化活动，包括英语/西班牙语交流研讨会、定期的现场音乐、戏剧等。露台是畅饮啤酒的好地方。

Radio City 夜店

(www.radiocityvalencia.es; Calle de Santa Teresa 19; ⏲周二至周日22:30至次日3:30)Radio City不仅是家俱乐部，还是一处小型的文化中心。这里总是人声鼎沸，人们可以投身于电影、弗拉明戈等相关的活动，随着电子混音的背景音乐翩翩起舞，还可以领取其新开的**Music Box**(Calle del Pintor Zariñena 16; ⏲周二至周六午夜至次日7:00)的传单，后者也位于历史中心(Centro Histórico)。

实用信息

地区旅游办事处（Regional Tourist Office；☎963 9864 22；www.comunitatvalenciana.com；Calle de la Paz 48；⊙周一至周五10:00~18:00，周六至14:00）提供关于巴伦西亚地区的信息。

巴伦西亚旅游办事处（Turismo ValenciaTourist Office；VLC；☎963 15 39 31；www.turisvalencia.es；Plaza de la Reina 19；⊙周一至周六9:00~19:00，周日10:00~14:00）在全镇设有多个办事处，包括市政厅广场（Plaza del Ayuntamiento；⊙周一至周六9:00~19:00，周日 10:00~14:00）、AVE火车站和机场到达大厅。

到达和离开

飞机

马尼塞斯机场（Aeropuerto de Manises；VLC；☎902 40 47 04）巴伦西亚的机场在市中心以西10公里、通向马德里的A3沿线处。

船

码头（Acciona Trasmediterránea；☎902 45 46 45；www.trasmediterranea.es）经营去往伊维萨岛（Ibiza）、马略卡岛（Mallorca）和梅诺卡（Menorca）的航线，兼营汽车和乘客轮渡。

长途汽车

ALSA（www.alsa.es）往返巴塞罗那（€29~35，4~5小时）和阿利坎特（Alicante；€20.60起，2.5小时）的长途汽车很多，大多数都经过贝尼多姆（Benidorm）。

Avanza（www.avanzabus.com）每小时都有班车往返马德里（€29.40，4小时）。

长途汽车站（☎96 346 62 66）巴伦西亚的长途汽车站在Avenida Menéndez Pidal沿线的河床边。8路公共汽车连接这里与市政厅广场。

火车

巴伦西亚诺尔特北站（Estación del Norte）有列车开往包括阿利坎特（€17~30，1.75小时，每天11~13班）和巴塞罗那（€40~44，3~4.25小时，每天至少14班）在内的主要目的地。现在也有往返马德里和巴伦西亚的高铁AVE，每天多达15班，单程时长约1.75小时。

当地交通

地铁5号线贯通机场、市中心和港口。高速电车由位于教堂北面500米处福斯塔港口（Pont de Fusta）的FGV火车站发车。这是前往海滩、港口和阿斯图里亚斯的西班牙海鲜饭餐馆的便利方式。

巴利阿里群岛（BALEARIC ISLANDS）

巴利阿里群岛（加泰罗尼亚语称之为Illes Balears）离西班牙的东海岸线不远，拥有澄澈的地中海海水。这里的海滩旅游业出类拔萃。每座岛屿都有自己鲜明的特色，都成功地保留了自身大部分的特性。所有的巴利阿里岛屿都有其引人一探的理由。

巴利阿里群岛相关信息可查阅www.illesbalears.es和www.platgesdebalears.com等网站。

到达和离开

飞机

夏季，来自欧洲各地的包机和定期航班都飞往帕尔马（Palma de Mallorca）和伊维萨岛（Ibiza）。

柏林航空（Air Berlin；www.airberlin.com）

欧罗巴航空（Air Europa；www.aireuropa.com）

伊比利亚航空（Iberia；www.iberia.es）

伏林航空（Vueling；www.vueling.com）

船

Acciona Trasmediterránea（☎902 454645；www.trasmediterranea.es）

Balearia（☎902 160180；www.balearia.com）

Iscomar（☎902 119128；www.iscomar.com）

比较报价和寻找折扣信息可查询**Direct Ferries**（www.directferries.com）。

去往西班牙大陆部分的主要渡轮航线包括：

伊维萨岛（伊维萨市）往返巴塞罗那（西班牙第一大航运公司Acciona Trasmediterránea与Baleària公司均有航线）和巴伦西亚（Acciona Trasmediterránea公司航线）

伊维萨岛（圣安东尼）往返德尼亚（Denia）、巴塞罗那和巴伦西亚（Baleària公司航线）

马略卡岛（帕尔马）往返巴塞罗那、巴伦西亚（Acciona Trasmediterránea公司与Baleària公司均有航线）和德尼亚（Baleària公司航线）

梅诺卡（马翁）往返巴塞罗那和巴伦西亚（Acciona

Trasmediterránea公司与Baleària公司均有航线）

主要的岛内渡轮航线：

伊维萨岛（伊维萨市）往返马略卡岛（Acciona Trasmediterránea公司与Baleària公司均有航线）

马略卡岛（帕尔马）往返伊维萨市（Acciona Trasmediterránea公司与Baleària公司均有航线）和马翁（Acciona Trasmediterránea公司与Baleària公司均有航线）

马略卡岛（阿尔库迪亚港）往返休达德亚（Iscomar公司与Baleària公司均有航线）

梅诺卡（休达德亚）往返阿尔库迪亚港（Iscomar公司与Baleària公司均有航线）

梅诺卡（马翁）往返帕尔马（Acciona Trasmediterránea公司与Baleària公司均有航线）

马略卡岛（Mallorca）

帕尔马是马略卡岛的首府。这座城市阳光明媚，以其中世纪的内涵、阳光般温暖的气质，为这里所有的岛屿做了精彩的开场白。特拉蒙塔纳山脉（Serra de Tramuntana）占据着西北海岸大部分地区。那里既有美丽的橄榄树丛林和松树林，又有赭色的村镇和格外崎岖的海岸线。梅诺卡最美的海滩大多位于北部和东部海岸。尽管其中许多海滩已经因为游客太多而人潮涌动，但你仍然可以找到一些安静清幽的海滩。

帕尔马（Palma de Mallorca）

帕尔马是一座优雅的地中海城市，有一些世界级的景点及同样令人印象深刻的餐饮和夜生活场所。

景点和活动

★大教堂 天主教堂

（Catedral，La Seu；www.catedraldemallorca.org；Carrer del Palau Reial 9；成人/儿童€6/免费；⏲周一至周五10:00~18:15，周六10:00~14:15）帕尔马这座宏伟的大教堂是城市的地标。除了庞大的规模和毋庸置疑的美丽，由安东尼·高迪（Antoni Gaudí）和当代知名艺术家米克尔·巴尔塞洛（Miquel Barceló）设计的教堂内部同样令人赞叹，使得这里与世界上其他地方的任何大教堂都不一样。教堂主立面相当漂亮，完全是混合风格，令人吃惊。除此之外，令人惊叹的建筑均为哥特式风格。

★阿尔穆戴纳宫 宫殿

（Palau de l' Almudaina，Carrer del Palau Reial；成人/儿童 €9/4，语音导览€4，导览游 €6；⏲4月至9月 10:00~20:00，10月至次年3月至18:00）大教堂对面这座巨大的建筑最初是伊斯兰教的要塞，13世纪末才转而成为马略卡岛君主们的住处。如今，西班牙国王依然会来这里居住。除了偶尔举行仪式的时候，王室极少来这里住，他们更喜欢在马里比克宫（Palau Marivent；位于Cala Major）度过夏天。其余时间，你可以漫步穿行在一系列空旷巨大、装饰豪华的石墙房间之间。

★马奇堡 博物馆

（Palau March；Carrer delPalau Reial 18；成人/儿童€4.50/免费；⏲周一至周五10:00~18:30，周六10:00~14:00）无论从哪个角度看，这座博物馆都称得上宏伟大气，是富可敌国的马奇家族的几处宅邸之一。亨利·摩尔（Henry Moore）、奥古斯特·罗丹（Auguste Rodin）、芭芭拉·赫普沃斯（Barbara Hepworth）和爱德华多·奇利达（Eduardo Chillida）等20世纪大师的雕塑给这里的露天平台增添了更多的艺术气质。馆内有很多更具艺术性的珍品，包括西班牙艺术大师的一些作品，比如萨尔瓦多·达利（Salvador Dalí）、巴塞罗那的何塞普·玛丽亚·塞特（Josep Maria Sert）及哈维尔·科贝罗（Xavier Corberó）的作品。还有一幅18世纪那不勒斯巴洛克风格的《基督诞生》（*belén*），非同寻常。

★现代艺术博物馆 美术馆

（Es Baluard，Museu d' Art Modern i Contemporani；www.esbaluard.org；Plaça de Porta de Santa Catalina 10；成人/儿童 €6/免费，临时展览€4；⏲周二至周六10:00~20:00，周日至15:00）外观为文艺复兴时期的风格，面向大海，这座当代美术馆是岛上最出色的景点之一。临时展览值得一看，不过让这座美术馆久负盛名的是包括米罗、巴尔塞洛和毕加索作品在内的常规展。

21世纪的混凝土建筑被巧妙修建于防御工事之间，包括经过部分修缮的11世纪穆斯林塔楼遗迹（从Carrer de Sant Pere过来时，

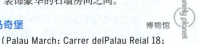

值得一游

梅诺卡

宁静的梅诺卡因其纯净天然的海滩和考古遗址蜚声海内外，并于1993年被联合国教科文组织列入生物圈保护区（Biosphere Reserve）。马奥（Maó）是这一地区旅行者最多的旅游胜地。在马奥以北，驱车驶过月球表面般的地貌，到达法瓦里奇角（Cap de Favàritx）上的一座灯塔。海角南面，一些景色优美的沙湾和海滩延伸开来，包括普雷西里海湾（Cala Presili）和海龟海滩（Platja d' en Tortuga）——都可以步行前往。

休达德亚（Ciutadella）的港口较小，历史建筑规模也较小，但西班牙风情更为浓郁，是岛上两座主要镇子里更有吸引力的一座。一条狭窄的乡间小路通向休达德亚以南，经过两个岔路口，就能到达岛上最迷人的几个海滩，它们从西向东依次是：阿瑞纳德松索拉海滩（Arenal de Son Saura）、特奎塔海湾（Cala en Turqueta）、特雷尔海湾（Es Talaier）、马卡瑞塔海湾（Cala Macarelleta）和马卡瑞拉海湾（Cala Macarella）。前往大多数海滩，你需要自己找交通工具。

岛的中心地区是海拔357米的托罗山（Monte Toro），景色美不胜收。天气晴朗的日子里，在这里可以看到马略卡岛。北面的海岸上有风景如画的小镇福内尔斯（Fornells），它就在一大片海湾上，是帆板爱好者钟情的地方。

马奥和休德达亚的港口都有成排的酒吧与餐馆。

Hostal-Residencia Oasis（☎630 018008；www.hostaloasismenorca.es；Carrer de Sant Isidre 33；双 €40~66，标三 €56~87，四 €82~103；📶）这个安静的地方靠近老城区中心，店主很友善。房间位于一个宽敞的花园庭院旁，大多带卫生间。房内陈设依旧整齐，但都来自20世纪的遥远年代。

Tres Sants（☎971 48 22 08；www.grupelcarme.com；Carrer Sant Cristòfol 2；标单 €140~175，双 €180~210；❄📶🏊）Tres Sants深藏于休德达亚的中心，带着几分轻松活泼的气息，却又时髦不羁。店主对这座改建得很漂亮的18世纪房屋照顾得无微不至，这里有壁画墙、烛光走廊和刷成白色的房间。房间风格精致，配着四柱床、下沉式浴缸和iPod基座等。地下游泳池和蒸汽浴让人想起这家酒店的罗马起源。

就在你的右侧）。

★胡安·马奇基金会博物馆 美术馆

（Museu FundaciónJuan March；www.march.es/arte/palma；Carrer de Sant Miquel 11；⏲周一至周五10:00~18:30，周六10:30~14:00）免费 这栋17世纪的大楼可以让人深入了解西班牙当代艺术概况。胡安·马奇基金会拥有的约70件作品是这里的固定展品。这些作品大部分出自20世纪响当当的艺术家之手，比如米罗、以立体主义闻名于世的胡安·格里斯（Juan Gris）、达利，以及雕塑家爱德华多·奇利达（Eduardo Chillida）和朱里奥·冈萨雷斯（Julio González）。

住宿

Hostal Pons 客栈 €

（☎971 72 26 58；www.hostalpons.com；Carrer del Vi 8，Palma de Mallorca；标单 €30，双 €60~70，标三 €85；📶）这家家庭经营的客栈位于古代帕尔马的正中心，简单温馨。楼下植物繁茂的中庭里有猫咪正在安睡，楼上有到处是书的休闲室，房间里有摇摇晃晃的架子床和瓷砖地面。比较便宜的房间共用卫生间。屋顶露台可供安静小憩。

Misión de San Miguel 精品酒店 €€

（☎97121 48 48；www.urhotels.com；Carrer de Can Maçanet 1，Palma de Mallorca；房间€75~163，套 €115~203；🅿❄@📶）酒店有32间客房。房间设计自成一派，物有所值。即使是一些细小的环节，酒店也做得很到位，比如结实的床垫、耐用的淋浴器。但有些客房朝向公共区域，略显吵闹。酒店餐馆Misa Braseria属于Fosh集团。服务专业友好。

★ **Can Cera** 精品酒店 €€€

(☎971 71 50 12; http://cancerahotel.com; Carrer del Convent de Sant Francesc 8, Palma de Mallorca; 房间 €165~495; ❄📶)欢迎来到帕尔马最浪漫的精品住所之一，从内部庭院走进去，那里的鹅卵石被磨得很光滑，有超过700年的历史，锻铁楼梯通向客房。房间经过巧妙处理，将历史与现代设计装饰融为一体。装饰时尚却不夸张，有高高的天花板、独具历史特色的陈设和华丽精细的床罩。

就餐

Restaurant Celler Sa Premsa 西班牙菜 €

(☎971 72 35 29; www.cellersapremsa.com; Plaça del Bisbe Berenguer de Palou 8; 主菜€9~14; ⏲周一至周六 12:30~16:00和19:30~23:30)这家当地餐厅不容错过，巨穴般空旷的酒馆里摆满巨大而古老的葡萄酒酒桶，墙上贴着褪色的斗牛海报——在马略卡岛内地你会发现很多这样的地方，不过这在帕尔马可是稀有品种。主要供应马略卡岛特色菜。

Can Cera Gastro Bar 地中海菜 €€

(☎971 71 50 12; www.cancerahotel.com; Carrer del Convent de Sant Francesc 8; 主菜€14~22，菜单 €18~31; ⏲13:00~15:30和19:30~22:30)想想有多迷人：这家餐馆位于帕尔马最美丽的一处内部天井，所在的同名酒店是一座13世纪的宫殿。在灯笼下用餐，光线照在西班牙小吃或季节性的菜肴上，比如西瓜和土豆冻汤，搭配蛋黄酱、藏红花和鱿鱼的奶油饭。留意悬垂花园，它极受路人关注。

★ **Simply Fosh** 现代欧洲菜 €€€

(☎971 72 01 14; www.simplyfosh.com; Carrer de la Missió 7A; 主菜€23~29，菜单€21.50~76; ⏲周一至周六 13:00~15:30和19:00~22:30)精心准备的地中海菜式花样新奇，是这座17世纪修道院餐厅的每日菜式。这里是马克·费希(Marc Fosh)的家庭厨房之一，他的简历里闪耀着米其林的星光。时髦的单色调室内和庭院衬托着优质实惠的饭菜。3道菜的午餐套餐价格为€21.50，非常合算。

实用信息

马略卡岛旅游办事处(Consell de Mallorca Tourist Office; ☎971 17 39 90; www.infomallorca.net; Plaça de la Reina 2; ⏲周一至周五8:00~18:00，周六8:30~15:00; 📶)这个咨询中心提供的信息覆盖全岛。

市旅游办事处总部(Main Municipal Tourist Office; ☎971 72 96 34; www.imtur.es; Casal Solleric, Passeig d' es Born 27; ⏲9:00~20:00)旅游信息咨询处。

帕尔马周边 (Around Palma de Mallorca)

马略卡岛西北海岸在岛屿的另一边，远离喧闹的旅游人群。特拉蒙塔纳山脉(Serra de Tramuntana)占据了这里的主导位置，形成了美丽的橄榄丛林、松树林，小村镇和零星的石块房屋散布其中。对行车者来说，这里有两个最引人注目的地方：一是沿着小港口萨卡洛布拉(Sa Calobra)一路而下的公路，二是沿半岛一线通向岛屿最北端先驱角(Cap Formentor)的精彩旅途。

如果想远足，索列尔(Sóller)是个不错的选择。附近的福纳卢奇(Fornalutx)是全马略卡岛最美的小镇之一。

从索列尔步行10公里便是秀美的山巅小镇德阿(Deià)。创作《我，克劳迪斯》(*I Claudius*)等诗歌的诗人——罗伯特·格雷夫斯(Robert Graves)就在这个小镇度过了人生大半的光阴。站在这里，向下可以看到一小段微光闪烁的德阿海湾(Cala de Deià)海滩。沿着海岸往西南方向走，会来到法德摩萨(Valldemossa)，那里精美的修道院和漂亮的街道远近闻名。

再往东，有两座迷人的内陆城镇——波连斯萨(Pollença)和阿尔塔(Artà)。圣比森克海湾(Cala Sant Vicenç)、蒙戴戈海湾(Cala Mondragó)和伊翁巴兹海湾(Cala Llombards)附近都有景色宜人的海滩。

伊维萨岛(Ibiza)

伊维萨岛(加泰罗尼亚语称之为Eivissa)是一个集鲜明特色于一身的岛屿。这个岛的音乐派对水准之高名扬四海，已经得到了充分认可。人们为了享受聚会，从四面八方慕名而来，一头扎进那些堪称全球最棒的夜店里。但岛上的内陆和东北地区却是另一个世界。那是一片绿色的丘陵地带，平和的乡村气息扑面而来，适合休闲的海滩和小峡谷散布四处，还有一些很不错的内陆食宿地。与燃起人们心中狂热之火的西部主流夜店截然不同，这里多年来始终维持着清新淡雅的风格。

伊维萨市 (Ibiza City)

景点和活动

伊维萨市的港口区萨彭亚(Sa Penya)随处可见时髦而俗气的服装精品店，市场上还有不少家庭手工艺制品的摊贩。在这里，你可以去上城(D' Alt Vila)逛一逛，感受一下城墙环绕的古城风貌。

★城墙(Ramparts) 古迹

这段城墙从萨彭亚的萨丰特广场(Plaça de Sa Font)开始，一直延伸到主城门巨石门(Portal de ses Taules)。上面悬挂的纪念饰板上有费利佩二世(Felipe Ⅱ)的纹章及有关1585年要塞完工日期的记录铭文。要塞共有7座发射炮弹的堡垒，由高达22米的坚固城墙围护起来。

大教堂 天主教堂

(Catedral, Plaça de la Catedral; ⌚9:30~13:30和15:00~20:00)伊维萨市的大教堂巧妙地融合了多种建筑风格：最初是14世纪的加泰罗尼亚哥特式结构，1592年增加了圣器收藏室，18世纪又经过翻修，最终主体呈现为巴洛克风格。其中的教区博物馆(Museu Diocesà; 门票€1.50; ⌚周二至周日 9:30~13:30, 12月至次年2月 关闭)保存着数世纪以来的宗教艺术品。

住宿

伊维萨市的许多酒店和宾馆会在淡季歇业。4月至10月房源紧张。为保证岛上的住宿，你应该提前订房。

Vara de Rey 客栈 €€

(☎971 30 13 76; www.hibiza.com; Passeig de Vara de Rey 7; 标单 €50~65, 双 €65~115, 套 €115~170; ❄)这家波希米亚风格的客栈坐落在树木林立的林荫大道Passeig de Vara de Rey上，位于经过翻新的城镇公馆内。房间看起来老旧而别致，风格独特，有枝形吊灯、锻铁床架和漫射的灯。套间十分浪漫，有四柱床，可以看到上城景色。

Hostal Parque 酒店 €€

(☎971 30 13 58; www.hostalparque.com; Plaça des Parc 4; 标单 €60~90, 双 €110~190, 标三 €150~190, 四 €180~240; ❄📶)这家酒店俯临满布棕榈树的广场公园(Plaça des Parc)，房间最近经过整修，风格精致，配有木地板、当代艺术品和现代的卫生间。虽然阁楼(Ático)房间的价格高出不少，但从那里的屋顶露台可以看到上城景色，非常漂亮。对于睡眠不深的人来说，临街的房间可能略显嘈杂。

★Urban Spaces 设计酒店 €€€

(☎871 51 71 74; http://urbanspacesibiza.com; Carrer de la Via Púnica 32; 套 €200~270; ❄📶)这家新开的设计酒店另类、前卫，背后决策者是伊拉·弗朗西斯-史密斯(Ira Francis-Smith)。世界上最多产的几位街头艺术家(N4T4、INKIE、JEROM等)将他们的创意倾注在这里宽敞、有壁画的套房里，房内还有巧妙的背光照明、像样的工作区和可观赏美景的阳台。你还可以在屋顶露台上做瑜伽。直至13:00都有适合夜店常客的早餐。一定能够让人满意。

就餐

★Comidas Bar San Juan 地中海菜 €

(Carrer de Guillem de Montgrí 8; 主菜 €4~12; ⌚周一至周六13:00~15:30和20:30~23:00)比起时尚的餐馆，这个家庭经营的餐馆更为传统，餐厅有两间小雅座，让人回想到伊维萨的魅力还没有声名鹊起的年代。这里的餐食品质出众，鱼肉菜肴和牛排价格都在€10上下。餐馆不接受预订，所以尽早来并做好和陌生人共用一张餐桌的心理准备。

S' Ametller 伊维萨菜 €€

(☎971 31 17 80; www.restaurantsametller.com; Carrer de Pere Francès 12; 套餐 €22~35; ⌚周一至周六 13:00~16:00和20:00至次日1:00, 周日20:00至次日1:00)这家字面意为“杏仁树”的餐馆擅长烹饪本地风味的美食，选用来自

市场的新鲜食材。每日推荐菜（如甜品，可选择招牌的flaó，它其实是一种奶酪蛋糕，不过是薄荷口味的，而且添加了巴利阿里群岛的特产）的确值得推荐，物超所值。此外，S'Ametller还提供烹饪课程，上课时老师会揭晓有关flaó的秘密。

El Olivo 地中海 €€

（☎971 30 06 80；www.elolivoibiza.org；Plaça de Vila 7；主菜 €19~24，西班牙小吃套餐€28；⏲周二至周日 19:00至次日1:00）这家时髦的小馆已从上城众多的餐馆里脱颖而出，有很多步行道边的座椅。菜单随季节而变，菜品味道清爽、简单明快，比如茴香芥末裹羊排和撒上伊维萨橄榄油的生章鱼片。一切都十分考究。

饮品和夜生活

萨彭亚（Sa Penya）是夜生活的中心。几十家酒吧让这个港口区一入夜就沸腾起来。度假胜地博萨海滩（Platja d'en Bossa）的酒吧也是一大选择，那里的酒吧多种多样，给人们带来音乐、沙滩、海水和桑格利亚汽酒（sangria）的综合体验。**Discobus**（www.discobus.es；每人€3；⏲6月至9月午夜至次日6:00）比出租车便宜，环绕伊维萨市、Platja d'en Bossa、Sant Rafel、Es Canar、Santa Eulària和Sant Antoni的主要夜店、酒吧和酒店。通宵运行。

Teatro Pereira 现场音乐

（www.teatropereyra.com；Carrer del Comte de Rosselló 3；⏲8:00至次日4:00）这条时间隧道

在伊维萨逛夜店

每逢5月下旬至9月末，岛西就成了一个不间断的大型舞会派对，从日落到日出，循环往复。2013年，Space、Pacha和Amnesia全都跻身*DJ Mag*的十大最佳夜店之列。

5月中旬或6月开始，直到10月上旬，主要夜店从午夜前后营业至次日6:00。主题之夜、化装派对和泡沫派对是常见的特色。

伊维萨式的娱乐可不便宜。门票为€20~65（混合饮料和鸡尾酒的价格为€10~15）。

Space（www.space-ibiza.es；Platja d'en Bossa；门票 €20~75；⏲23:00至次日6:00）位于博萨海滩（Platja d'en Bossa），名副其实，它的Space（空间）可以聚集多达40位DJ和8000名夜店客人，被认为是世界上最好的夜店之一。来这里的理由很多：露台、电子乐、类似"We Love"（周日）和"Carl Cox"（周二）的派对。

Pacha（www.pacha.com；Avinguda 8 d'Agost，Ibiza City；门票 €20~70；⏲23:00至次日6:00）Pacha是伊维萨最早的魅力之地，自1973年开始发展壮大。这个巨穴般的夜店可以容纳3000人。主舞池是镜面球的海洋，在低沉的高科技舞曲中起伏。露台上的音乐更轻松一些。挑选你最喜爱的夜晚：戴维·格塔（David Guetta）会在周四"F*** Me I'm Famous"的平台上工作，而嬉皮士们最满意的是周二的"Flower Power"。

Amnesia（www.amnesia.es；Carretera Ibiza a San Antonio Km 5，San Rafael；门票 €35~75；⏲午夜至次日6:00）Amnesia的音响设备能让你的身体享受一次按摩。从高科技舞曲到迷幻舞曲，什么节奏都有，台上会迎来保罗·范迪克（Paul Van Dyk）和斯文·瓦特（Sven Väth）这样的DJ之王。中央跳舞区被玻璃房子般的巨大露台环绕。著名的夜晚包括"Cocoon"（周一）、"Cream"（周四）和充斥着泡沫的"Espuma"（周三和周日）。

Privilege（www.privilegeibiza.com；San Rafael；门票 €20~50；⏲23:00至次日6:00）欢迎来到世界上最大的夜店。沿通向圣拉斐尔（San Rafael）的公路前行5公里即可到达。Privilege是一个令人目眩的空间，有20家酒吧、一个室内游泳池，可以容纳10,000名夜店客人。主舞厅有穹顶，是个不断震动的巨大区域，DJ的工作间就悬在游泳池上方。

远离海滨的喧闹，由斑驳的木材和铁制的大梁组成。后面曾经是1893年的剧院大厅，早已废弃。这里经常挤满了人，有夜场的现场音乐演出。

Bora Bora Beach Club 酒吧

（www.boraboraibiza.net；⏲5月至9月正午至次日6:00）这家酒吧位于博萨海滩（Platja d' en Bossa），距离古城4公里，是一家依傍海滩的狭长酒吧。喜欢日光浴和娱乐消遣的人在这里消解宿醉，准备迎接下一轮的派对。门票免费，气氛慵懒休闲，低调的夜店音乐回荡在沙滩上。

ℹ 实用信息

旅游办事处（Tourist Office；☎971 39 92 32；www.eivissa.es；Plaça de la Catedral；⏲周一至周六10:00~14:00和18:00~21:00，周日10:00~14:00）可以提供城市语音导览游，还可以办理护照或者身份证明文件。

伊维萨市周边（Around Ibiza City）

伊维萨岛有许多海滩并未遭到破坏，但相对欠开发。东北海岸**博伊克海湾**（Cala de Boix）有这座岛上唯一的黑色沙滩，再往北去有一片可爱的海滩**S' Aigua Blanca**。

北侧海岸上，**萨卡拉海湾**（Cala Xarraca）在波蒂纳茨湾（Portinatx）附近，风景如画。迷人的**贝尼拉斯海湾**（Cala Benirrás）就在圣米格尔港口（Port de Sant Miquel）不远处。

西南面，**霍特湾**（Cala d' Hort）景致出众。从那里可以俯瞰两个岩石陡峭的小岛：Es Verda和Es Verdranell。

圣安东尼（Sant Antoni）是岛上第二大城镇，位于伊维萨市北部。在这座喧闹的城镇，最好的休闲活动就是去北面海岸岩石与沙滩相间的地方，和数百人一起在酒吧里边品酒边观赏日落。这附近最出名的酒吧**Café del Mar**（www.cafedelmarmusic.com；⏲16:00至次日1:00）也是我们的最爱，但去那里要沿着人行道再往北走。

网站www.ibizaruralvillas.com和www.casasruralesibiza.com（西班牙语）提供乡间住宿信息。更标准的住房可以在网站www.ibizahotelsguide.com上查询。

5月至10月，当地的公共汽车（www.ibizabus.com）开往大多数目的地。

安达卢西亚（ANDALUCÍA）

安达卢西亚的形象是如此鲜明而富有西班牙风情，有时甚至很难不让人产生似曾相识的感觉，仿佛你已经在梦中到过这里：肃穆的复活节游行、沸腾的春季节日、阿兰布拉宫（Alhambra）那散发着异国情调的夜晚。即使在光线明亮的白天，这些景象的魅力也不会减少。

塞维利亚（Seville）

人口703,000

塞维利亚是一座出类拔萃的城市，散发着性感和勇敢的气质。西班牙最缤纷绚烂的两大节日就发源于此，最迷人、最有特色的城区[圣克鲁斯区（Barrio de Santa Cruz）尤其令人难忘]也在这里。塞维利亚人拥有最为充实的生活。这是一个激情似火的地方（你很快就会看到街头喧闹的小吃酒吧），也是一个非常炎热的地方——千万别在7月和8月来这里！

👁 景点

大教堂和钟楼 教堂

（Catedral& Giralda；www.catedraldesevilla.es；成人/儿童€9/免费；⏲周一11:00~15:30，周二至周六11:00~17:00，周日14:30~18:00）就体积而言，塞维利亚庞大的大教堂已被正式认定为世界上最大的教堂，其规模及威严的气势令人敬畏。教堂矗立在12世纪伟大的穆瓦希德（Almohad）清真寺上，清真寺的尖塔（吉拉达塔，Giralda）依然高耸在一侧。

★城堡 城堡

（Alcázar；www.alcazarsevilla.org；成人/儿童 €9.50/免费；⏲4月至9月 9:30~19:00，10月至次年3月 9:30~17:00）如果天堂真的存在，那么我们希望天堂像塞维利亚城堡。城堡主体修建于14世纪——所谓的欧洲“黑暗时代”，但这座建筑一点也不黑暗。确实，与我们现代的购物中心和建完就不管的住宅街区相比，这座城堡可以说是建筑史的巅峰标志之一。联合国教科文组织同样赞同这一点，并于1987年将其评为世界遗产。

印第安档案馆 博物馆

（Archivo de Indias, Calle Santo Tomás; ⏲周一至周六9:30~16:45，周日10:00~14:00）免费 印第安档案馆位于胜利广场（Plaza del Triunfo）的西面，这里是有关西班牙统治美洲帝国的大型档案馆，保存了从1492年至19世纪的相关文献8000万页——那是西班牙的国家实力及影响力达到顶峰的黄金时代。馆内的一部短片讲述了这座建筑的完整历史，还有一些吸引人的原殖民地地图和档案。建筑曾在2003年至2005年得到翻新。

★老年神父院 美术馆

（Hospital de los Venerables Sacerdotes; ☎954 56 26 96; www.focus.abengoa.es; Plaza de los Venerables 8; 成人票/儿童票 €5.50/2.75，周日下午免费；⏲10:00~14:00和16:00~20:00）这里曾经是老年神父的住所，17世纪的巴洛克风格大楼保有塞维利亚最典型的塞维利亚式中庭——宁静宜人，以植物为装饰，让人精神振奋。内有丰富宗教壁画的17世纪教堂也是一大亮点。此外，设在这里的贝拉斯克斯中心（Centro Velázquez）基金会在2007年以€12,500,000的高价购得迭戈·贝拉斯克斯（Diego Velázquez）的著名画作《圣鲁菲娜》（*Santa Rufina*）。其他不定期的艺术展览也是出色的补充。

弗拉明戈舞蹈博物馆 博物馆

（Museo del Baile Flamenco; www.museoflamenco.com; Calle Manuel Rojas Marcos 3; 成人/

不要错过

城堡亮点

狮园（Patio del León, Lion Patio）原城堡（见1170页）的驻军院子。紧邻这里的是法院（Sala de la Justicia），法院内有漂亮的穆德哈尔风格灰泥装饰和嵌饰木梁交错的天花板（artesonado）。这里通向美丽的耶索园（Patio del Yeso），那是19世纪重建的12世纪穆瓦希德宫殿的一部分。

狩猎园（Patio de la Montería）环绕这个庭院的房间内摆满了塞维利亚历史上有趣的手工艺品。

皇家高地行宫（Cuarto Real Alto）皇家高地行宫每天接待几次团队游（很大程度上要申请）。亮点包括一直是君主接待室的14世纪会见厅（Salón de Audiencias），还有佩德罗一世（Pedro I）的卧室：内有美妙的穆德哈尔风格瓷砖和灰泥装饰。

唐佩德罗宫（Palacio de Don Pedro）也被称为穆德哈尔宫（Palacio Mudéjar），这里是塞维利亚最令人赞叹的建筑。宫殿中心是精妙的少女园（Patio de las Doncellas），四周环绕着漂亮的拱门、灰泥装饰和瓷砖。庭院北侧的国王寝宫（Cámara Regia）内有无比美丽的天花板和绝佳的灰泥、瓷砖装饰。你可以从这里向西，进入小小的玩偶园（Patio de las Muñecas），它就在后宫的中心，以精美的格拉纳达装饰为特色。北边是王子的房间（Cuarto del Príncipe），有华丽的木制穹顶天花板，试图重现星空景致。壮观的使节厅（Salón de Embajadores）位于少女园的西端，是皇宫觐见室。使节厅西侧是漂亮的帕冯拱门（Arco de Pavones）。

卡洛斯五世大厅（Salones de Carlos V）经过少女园东南角的楼梯可以到达大厅，这里的房间均是在阿方索十世（Alfonso X）的13世纪哥特宫殿基础上大规模改建而成的。

克鲁塞罗园（Patio del Crucero）这个庭院在卡洛斯五世大厅外，最初是12世纪穆瓦希德宫殿庭院的上层。

花园 走出卡洛斯五世大厅就来到了城堡寂静的大花园，内有水池和喷泉。

Seville 塞维利亚

老人和学生€10/8；⊙10:00～19:00）这座博物馆是塞维利亚的弗拉明戈舞蹈家克里斯蒂娜·霍约斯（Cristina Hoyos）的创意结晶。博物馆设在一栋18世纪的宫殿里，占据了三层楼的空间，致力于展示这种神秘的艺术形式。展品包括素描、绘画、弗拉明戈界名流的老照片（也有当代相片）以及收藏的相关裙装和披肩。成年人要花€10才能参观一次，价格比较贵。

塞维利亚犹太区陈列中心 博物馆

（Centro de Interpretación Judería de Sevilla；☎954 04 70 89；www.juderiadesevilla.es；Calle Ximenez de Enciso；门票 €6.50；⊙周一至周六10:30～15:30和17:00～20:00，周日 10:30～19:00）这座新博物馆重新诠释了塞维利亚重要的犹太历史，这是早该做的事情，因为没什么地方比这座城市从前的犹太区更适合承担这一重任。中心坐落于混乱的圣克鲁斯区内一幢古老的西班牙犹太房屋之中，而圣克鲁斯区以前是犹太社区。自从遭遇1391年那次残忍的大屠杀之后，这里一直没能恢复元气。博物馆内有被分类的大屠杀及其他历史事件展览，还有少数存世的纪念品，包括文件、服装

Seville 塞维利亚

重要景点
1 城堡 C4
2 老年神父院 C4

景点
3 印第安档案馆 B4
4 大教堂和钟楼 B3
5 塞维利亚犹太区陈列中心 D3
6 弗拉明戈舞蹈博物馆 C2

住宿
7 Hotel Amadeus D3
8 Hotel Casa 1800 C4
9 Oasis Backpackers' Hostel A1
10 Un Patio en Santa Cruz D3

就餐
11 Bodega Santa Cruz C3
12 La Brunilda A3
13 Los Coloniales C1
14 Vinería San Telmo D4

饮品和夜生活
15 El Garlochi C2

娱乐
16 Casa de la Guitarra C3
17 Casa de la Memoria B1
18 Tablao El Arenal A4

和书籍。这里虽然不大，却颇能直击要害。

节日和活动

圣周 复活节

（Semana Santa；www.semana-santa.org）从棕枝主日（Palm Sunday；复活节前的周日）到复活节（Easter Sunday）的每一天，真实尺寸的巨大雕塑（pasos；表现基督受难的各种情形）被从塞维利亚的教堂中抬出，跟随游行队伍穿越街道，进入大教堂，时间可能长达一个多小时。游行由50多个不同的兄弟会和教友会（多为兄弟会，也有一些包括女性在内）组织。

四月节（Feria de Abril） 春季集会

四月节在4月的下半月举行（有时在4月底5月初）。与忧郁的圣周相反，这是个欢乐的节日。作为安达卢西亚最大、最丰富多彩的集会活动，引人注目（和包罗万象）的程度都稍稍逊色于复活节庆典。在瓜达尔基维尔河（Río Guadalquivir）以西、洛斯雷梅迪奥斯（Los Remedios）地区的El Real de la Feria举行。

弗拉明戈双年展 弗拉明戈

（Bienal de Flamenco；www.labienal.com；9月）弗拉明戈界的多数知名人士都会来参加这个重要的节日。每逢偶数年份的9月举行。

住宿

★Oasis Backpackers' Hostel 青年旅舍 €

（955 26 26 96；www.oasissevilla.com；Calle Almirante Ulloa 1；铺/双含早餐 €15/50；）背着背包住进一座宫殿的机会不是常常有的。塞维利亚的Oasis Backpackers'是繁忙市中心名副其实的绿洲，这家服务友好的青年旅舍有几间独立房间可选，还自带咖啡馆/酒吧。有一个带小游泳池的屋顶平台。

★Hotel Amadeus 酒店 €€

（954 50 14 43；www.hotelamadeussevilla.com；Calle Farnesio 6；标单/双 €100/114；）你觉得，永远都不可能找到一家房间里有钢琴的酒店。这时，Hotel Amadeus出现了。酒店位于judería（犹太区），由一个招人喜爱的音乐家庭经营。好几间经过巧妙装修的房间都配有隔音墙和立式钢琴，保证你不会荒疏自己的技艺。

Un Patio en Santa Cruz 酒店 €€

（954 53 94 13；www.patiosantacruz.com；Calle Doncellas 15；标单€65~85，双€65~120；）与其说这里是酒店，不如说这里是艺术画廊。墙壁粉刷得雪白，装饰着夸张的艺术品和奇特的雕塑，摆放有盆栽。客房相当舒适，服务员也很友善。酒店还有一个凉爽的屋顶露台，配有由马赛克装饰的摩洛哥桌子。这里无疑是城里最时髦、最物有所值的酒店之一。

★Hotel Casa 1800 豪华酒店 €€€

（954 56 18 00；www.hotelcasa1800sevilla.com；Calle Rodrigo Caro 6；房间 €195起；

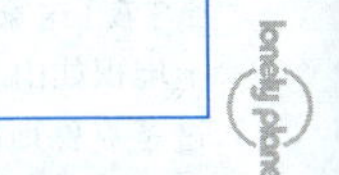

❄@📶）作为塞维利亚最受欢迎的酒店，Hotel Casa 1800的地位无店能及。这颗重获新生的圣克鲁斯区宝石是个认真对待"住宅"（casa）一词的地方，将酒店打造成了你实实在在的家外之家（而且是豪华版的）。而且，讨人喜欢的员工会满足你的所有需求。亮点包括温馨的下午茶自助餐和4间可以看到钟楼美景的顶层花园套房。

就餐

Bodega Santa Cruz 西班牙小吃 €

（Calle Mateos Gago；西班牙小吃€2；⏲11:30至午夜）这家餐馆永远人满为患，纸巾在地板上堆积如山。在这里，通常只能站着就餐。穿过圣克鲁斯区那些狭窄的巷子，避开成群结队的游客，你可以到这里来品尝西班牙小吃，坐在露天座位中品酒。

Vinería San Telmo 西班牙小吃、创意菜 €€

（☎954 41 06 00；www.vineriasantelmo.com；Paseo Catalina de Ribera 4；西班牙小吃€3.50，中份西班牙小吃€10；⏲13:00~16:30和20:00至午夜）San Telmo发明了"摩天大楼"（rascocielo），这是一座由番茄、茄子、羊奶酪和熏鲑鱼组成的"帝国大厦"。

西班牙火腿——最佳之选

西班牙火腿（jamón）与意大利熏火腿（prosciutto）不同，其鲜明醒目，呈深红色，奶油般的脂肪犹如大理石花纹。像葡萄酒和橄榄油一样，西班牙火腿有一系列严格的分类标准。塞拉诺火腿（Jamón serrano）是用20世纪50年代引进西班牙的白猪制成的：先用盐腌制，再被西班牙山脉吹来的干燥冷风处理成半干状态。大部分塞拉诺火腿会经过一系列类似的工序，包括腌制及放在有温度控制的棚内风干1年左右。塞拉诺火腿占据了西班牙大约90%的腌制火腿市场。

伊比利亚火腿（Jamón ibérico）更贵，被普遍认为是西班牙火腿中的精品。原料来自伊比利亚半岛土产黑猪或野猪的后代。如果一只猪在用橡果喂养期间体重增加了50%以上，制成的火腿就会被归为伊比利亚橡果火腿（jamón ibérico de bellota），这是最受追捧的一种火腿。

★ **La Brunilda** 西班牙小吃、创意菜 €€

（☎954 22 04 81；Calle Galera 5；西班牙小吃 €3.50~6.50；⏲周二至周六 13:00~16:00和20:30~23:30，周日 13:00~16:00）塞维利亚被誉为安达卢西亚西班牙小吃之都，经常要面临各省对手准备充分的攻击，也就是说，这里时常会自发推陈出新，献上新颖而有竞争力的食物。Brunilda是挤在阿雷纳尔区（Arenal）一条不起眼小巷内的新型创意西班牙小吃店，从食物、员工到客人，这里的一切都赏心悦目。

若是你胃口很大，就尝试一下全份套餐。而对于那些吃得不那么多的人来说，奶油意大利炖饭不容错过。

★ **Los Coloniales** 现代安达卢西亚菜 €€

（www.tabernacoloniales.es；Calle Dormitorio和Plaza Cristo de Burgos交叉路口；主菜 €10~12；⏲12:30至次日0:15）Los Coloniales的外表也许并不起眼，但毋庸置疑，这里有些非常特别的东西。精美的菜肴就像T台上耀眼的模特排列在你眼前：阿斯图里亚纳香肠（特辣的香肠搭配洋葱酱汁，以微炸过的土豆做菜底）、蜂蜜茄子、威士忌（一种威士忌口味的酱汁）猪肉里脊。

饮品和夜生活

酒吧的营业时间通常是工作日的18:00至次日2:00和周末的20:00至次日3:00。周五与周六的饮酒和聚会实际上会持续到午夜以后（天热时天天如此）。到了夏季，几十家露天的深夜酒吧（terrazas de verano）会像雨后春笋一般在河两岸冒出来。

对酒客来说，从午夜到次日1:00，萨尔瓦多广场（Plaza del Salvador）人满为患。

El Garlochi 酒吧

（Calle Boteros 4；⏲22:00至次日6:00）这家酒吧绝对忠实地为你呈现圣周的景象、味道与声音，堪称圣周的超级大本营。来到这里，一坐下就有一股浓重的教堂焚香气味向你袭来。戴着婴儿耶稣和贞女假面的侍者会把你引到天鹅绒壁纸的吧台，更多乔装的贞女和耶稣会出现。

Bulebar Café

酒吧

（☎954 90 19 54；Alameda de Hércules 83；⏲16:00至深夜）这家酒吧到了深夜非常火爆，但在刚入夜的时候气氛没那么热烈。服务生态度和善。别错过这里提供的露天早餐。不论是早起的勤快人，还是熬夜的辛苦人，这样的早餐都会让他们精神振奋。

☆ 娱乐

塞维利亚无疑是西班牙的弗拉明戈之都。即使在一家门票免费的酒吧里，只要看到定期的夜场弗拉明戈表演，就很可能感受到那种随之而来的弗拉明戈氛围。弗拉明戈最正宗的深沉之歌（cante jondo）舞曲*Soleares*就是在特里亚纳（Triana）首次编制完成的。到这里来，找寻一些更货真价实的夜店吧。

Tablao El Arenal

弗拉明戈

（www.tablaoelarenal.com；Calle Rodo 7；门票含一杯饮品 €38，含晚餐 €72；⏲餐馆19:00，演出20:00和22:00）在塞维利亚3个提供弗拉明戈晚餐演出的地点里，这里是最好的——当地人都知道。座位较少（100个，想想Palacio Andaluz的600个座位吧），更具亲切感，不过作为一个大型场所，这里还是缺少小型弗拉明戈夜店（peñas）所拥有的粗犷感和永恒的duende（弗拉明戈的灵魂）。

Casa de la Memoria

弗拉明戈

（☎954 56 06 70；www.casadelamemoria.es；Calle Cuna 6；€18；⏲演出19:30和21:00）这个文化中心既非弗拉明戈小酒馆，也不是私营组织。它刚从圣克鲁斯区迁至市中心，被安置于莱夫里哈宫（Palacio de la Lebrija）的古老养马场上。毋庸置疑，这里的表演是塞维利亚最亲民、最正宗的弗拉明戈演出。

这里长期受到追捧，但空间却仅够容纳100人，因此需要提前一天打电话或到这里订票。

Casa de la Guitarra

弗拉明戈

（☎954 22 40 93；Calle Mesón del Moro 12；门票成人票/儿童票 €17/10；⏲演出19:30和21:00）这是圣克鲁斯区新开的场所，只表演弗拉明戈（不提供饮食），舞者一个滑步就可以进入观众席的前排。玻璃展示柜摆满了昔日弗拉明戈大师的吉他，这令墙面熠熠生辉。

Casa Anselma

弗拉明戈

（Calle Pagés del Corro 49；⏲周一至周六午夜至深夜）如果你曾有一丝门口出现Anselma（一位知名的特里亚纳弗拉明戈舞蹈家）的期待，在这里，你很快会意识到，一切皆有可能。Casa Anselma的表演与供游客观看的弗拉明戈小酒馆的表演截然相反，这里的人群摩肩接踵、吞烟吐雾，各种灵活的舞步都是突然间迸发出来的。这才是真正的魔法（注意：没有任何标志，只是门口装饰着花瓷砖）。

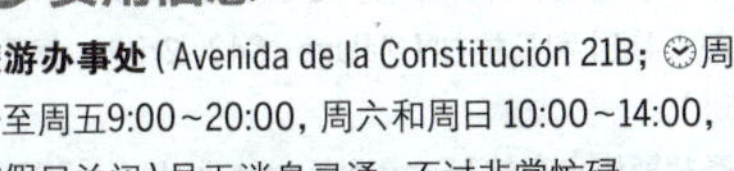

ℹ 实用信息

旅游办事处（Avenida de la Constitución 21B；⏲周一至周五9:00~20:00，周六和周日10:00~14:00，节假日关闭）员工消息灵通，不过非常忙碌。

塞维利亚旅游信息中心（Turismo Sevilla；www.turismosevilla.org；Plaza del Triunfo 1；⏲周一至周五10:30~19:00）涵盖塞维利亚省所有的相关信息。

ℹ 到达和离开

飞机

圣巴勃罗机场（Aeropuerto San Pablo，SVQ；www.sevilla-airport.com；⏲24小时）塞维利亚的机场位于城市以东7公里处，是安达卢西亚第二繁忙的机场，仅次于马拉加。境外航线连接伦敦、巴黎、阿姆斯特丹、华沙和日内瓦等。多家廉价航空公司在此提供服务。

长途汽车

ALSA（www.alsa.es）运营开往科尔多瓦（Córdoba；€12，2小时）、格拉纳达（Granada；€23，3小时）和马拉加（Málaga；€18，2.75小时）的长途汽车。

武器广场长途汽车站（Estación de Autobuses Plaza de Armas；www.autobusesplazadearmas.es；Avenida del Cristo de la Expiración）往返塞维利亚省北部、韦尔瓦省（Huelva）、葡萄牙（Portugal）和西班牙大部分地区（包括马德里）的长途汽车由主要车站武器广场长途汽车站发车。这里也是欧洲巴士（Eurolines）及其他前往德国、比利时、法国和更远地区的国际班车的主要站点。

圣塞巴斯蒂安短途汽车站(Estación de Autobuses Prado de San Sebastián; Plaza San Sebastián)不从武器广场长途汽车站发车的班车[主要是安达卢西亚省内(韦尔瓦除外)车辆]多使用这个汽车站。从这里发车的长途汽车大概每小时一班,开往加的斯(Cádiz)、科尔多瓦(Córdoba)、格拉纳达(Granada)、赫雷斯-德拉弗龙特拉(Jerez de la Frontera)、马拉加(Málaga)和马德里(Madrid)。

火车

约20班超快速高铁AVE每天往返马德里(€76,2.5小时),时速可达280公里。其他班次的目的地包括加的斯(Cádiz;€16,1.75小时,每天15班)、科尔多瓦(Córdoba;€30,42分钟,每天不少于30班)、格拉纳达(Granada;€30,3小时,每天4班)和马拉加(Málaga;€43,2小时,每天11班)。

圣胡斯塔火车站(Estación Santa Justa;☎902 43 23 43;Avenida Kansas City)塞维利亚的圣胡斯塔火车站位于市中心东北1.5公里处。

科尔多瓦(Córdoba)

人口328,000

科尔多瓦曾是地球上文明最发达的一座伊斯兰教城市,如今仍然足以跻身于当代前三大安达卢西亚伊斯兰教城市之列。其核心部分是经过精心设计的大清真寺。围绕这个寺庙,一个错综复杂的网络涵盖了曲折的街道、天竺葵正在发芽的花房和一些很酷的私密露台。春末时,这些露台会散发出最迷人的魅力。

景点和活动

★清真寺 清真寺

(Mezquita;☎957 47 05 12;www.mezquitadecordoba.org;Calle Cardenal Herrero;成人/儿童€8/4,周一至周六8:30~9:20 免费;⏲3月至10月周一至周六8:30~19:00,周日8:30~10:00和14:00~19:00,11月至次年2月周一至周六8:30~18:00,周日8:30~11:30和15:00~18:00)无论怎样夸赞科尔多瓦大清真寺的美都不过分,寺内空间开阔无比,非常安宁。清真寺本身及其所有闪亮的装饰都显示出那个年代的奢华精致:穆斯林、犹太人和基督徒比邻而居,用多种多样、充满生气的文化互动丰富了他们的城市及周边。

> **不要错过**
>
> **清真寺亮点**
>
> **赎罪门**(Puerta del Perdón)清真寺(见本页)的主入口,一座14世纪穆德哈尔风格的门户,位于Calle Cardenal Herrero。
>
> **祷告殿**(Prayer Hall)被一排排带条纹的红砖白石双层拱门分为11间"中殿"。它们的朴素和数目赋予清真寺一种无限感。
>
> **米哈拉布和哈里发及随从祈祷场**(Mihrab & Maksura)哈里发及随从祈祷场地内及周边的拱门是清真寺内最为复杂精致的结构,呈现出一片林立交织的马蹄形状。米哈拉布的入口本身就是绝妙的新月拱形。
>
> **橘树庭院和宣礼塔**(Patio de los Naranjos & Minaret)清真寺以外,枝繁叶茂且有围墙的庭院及其喷泉是祈祷前的沐浴场所。整座建筑群最伟大的荣耀是宣礼塔,它高耸于48米高建筑的顶端(如今宣礼塔仅存22米高)。
>
> **大教堂**(Cathedral)清真寺中心的一座16世纪建筑。

基督教君主城堡 城堡

(Alcázar de los Reyes Cristianos, Castle of the Christian Monarchs, Campo Santo de Los Mártires;门票€4.50,周五免费;⏲周二至周五8:30~20:45,周六8:30~16:30,周日8:30~14:30;👪)14世纪时,阿方索十一世(Alfonso XI)在之前的罗马和阿拉伯遗迹上修建起这座城堡,它最初的职能是宫殿。费尔南多和伊莎贝尔都来过这里。1486年,他们在这里第一次见到哥伦布。沿斜坡修建的花园里遍布鱼塘、喷泉、橘子树、鲜花和造型灌木,是令人愉悦的漫步场所,从塔楼上看过来也赏心悦目。

福斯福里托弗拉明戈中心 博物馆

(Centro Flamenco Fosforito;☎957 48 50 39;www.centroflamencofosforito.cordoba.es;Plaza del Potro;门票 €2;⏲周二至周五8:30~19:30,周六 8:30~14:30,周日 9:30~

14:30）这里可能是安达卢西亚最好的弗拉明戈博物馆。这个新去处以其出色的位置而受益不少，它坐落在古老的马驹客栈（Posada del Potro）内，而塞万提斯（Cervantes）的小说《堂吉诃德》（*Don Quijote de la Mancha*）里就曾出现同名旅馆。触摸屏、精彩的档案胶片和附庸风雅的展览细致地解释了弗拉明戈的基本要素、历史，以及在弗拉明戈史上占据重要地位的歌手、吉他手和舞者。一圈看完，既能增长见识，又能激发热情。

麦地那-阿沙哈拉宫 遗迹

（Medina Azahara, Madinat al-Zahra；门票€1.50，欧盟公民 免费；⏲周二至周六10:00~18:30，5月至9月中旬10:00~20:30，周日10:00~14:00）即使夏季午后的蝉鸣透出的只有酷热和静谧，麦地那-阿沙哈拉宫也在轻声诉说着建立它的君王——阿卜杜·拉曼三世（Abd ar-Rahman Ⅲ）当年的显赫实力和抱负。大约在936年，这位自封的哈里发开始在科尔多瓦西面8公里处建立宏伟的新都城。大约945年，居民们全部入住新城。麦地那-阿沙哈拉宫是昭示其地位的辉煌象征，是宏伟的权力集中处。11世纪，新城被毁，如今这里的遗址只开掘了10%。出租车往返收费€37，并可停留1小时等你游览遗址。也可以通过多家科尔多瓦的酒店预订客车游览，时长3小时，费用是€6.50~10。

阿拉伯浴场 公共浴室

（Hammam Baños Árabes；☎957 48 47 46；cordoba.hammamalandalus.com；Calle del Corregidor Luis de la Cerda 51；洗浴/洗浴和按摩€24/36；⏲10:00、正午、14:00、16:00、18:00、20:00和22:00）遵循中世纪科尔多瓦人的引导方式入水，将你的脚趾浸泡在这些翻修过的阿拉伯浴池里，在这些设计精致的浴室里享受芳香疗法按摩。此外还能在这里的咖啡馆品茶、抽水烟、品尝阿拉伯风味的甜品。

住宿

★Bed and Be 青年旅舍 €

（☎661 420733；www.bedandbe.com；Calle Cruz Conde 22；铺/双公共卫浴 €19/60；❄📶）有这处非常迷人的新住宿场所，部分要感谢店主何塞（José）的远见，他还经营傍晚的免费城内自行车团队游。这里有各式各样的双人间和宿舍，全都非常干净，白得耀眼，如同一座白色村庄。厨房、休闲区、屋顶露台和何塞定期组织的各种特别活动非常超值。

Hotel Mezquita 酒店 €€

（☎957 47 55 85；www.hotelmezquita.com；Plaza Santa Catalina 1；标单/双€42/74；❄📶）这是城中住宿的最佳选择之一。酒店位于旅游区古玩摊之中，对面就是里程碑式的建筑——同名的大清真寺。酒店本身是一栋16世纪的大厦。客房宽敞，设施优雅，铺设了大理石地面，房门和阳台都很高。部分客房可以饱览大清真寺的美景。

Hotel Hacienda Posada de Vallina 酒店 €€

（☎957 49 87 50；www.hhposadadevallinacordoba.com；Calle del Corregidor Luís de la Cerda 83；房间€99起；P❄@📶）这家经过巧妙翻新的酒店位于清真寺安静一侧的角落，地理位置令人羡慕。酒店利用画像和具有时代特色的家具为豪华现代的室内提升了水准。上下共两层，俯临一个宜人的天井，房间舒适，让人感觉像是身处某个特定时代（比如中世纪的科尔多瓦）一般。据说哥伦布曾经在这里住过。

Casa de los Azulejos 酒店 €€

（☎957 47 00 00；www.casadelosazulejos.com；Calle Fernando Colón 5；标单/双含早餐€85/107起；❄@📶）墨西哥和安达卢西亚风格会聚于这家时尚的酒店，天井中的香蕉树、蕨类植物和盆栽棕榈都沐浴在阳光下。殖民地风格的房间独具特色，有古色古香的高大房门、巨大的床、淡紫和天蓝色的墙壁，以及装饰着漂亮老花砖的地面——花砖拼出的是这个地方的名字。

就餐

Bar Santos 西班牙小吃 €

（Calle Magistral González Francés 3；玉米饼€2.50；⏲14:00至次日1:30）传奇的Santos提供城里最好的土豆煎蛋饼——不是科尔多瓦人不会知道。厚厚的楔形被从巨大的圆饼上熟练地切下，你多半得用纸盘和塑料叉子端到外边吃，不过可以一边吃一边欣赏清真寺。不要错过。

★ Salmorejería Umami

安达卢西亚菜、现代菜 €€

（☎957 48 23 47；www.grupoumami.com；Calle Blanco Belmonte 6；主菜 €14~22；⊙周一至周六 13:00~16:00和20:00~23:30，周日13:00~16:00）这里既新奇又出色，科尔多瓦最受欢迎的菜肴令人欢欣鼓舞，本地配方的蔬菜冷汤，也就是土豆版的西班牙冷菜汤，喝起来特别稠厚。小贴士（总是有秘诀的）是，Umami有十几个版本的食谱，包括鳄梨、泰国和绿茶口味。主菜同样富有创意。

Casa Mazal

犹太菜 €€

（☎957 94 18 88；www.casamazal.com；Calle Tomás Conde 3；主菜 €12~15；⊙12:30~16:00和19:30~23:00）参观完附近的塞法拉德展览馆（Casa de Sefarad）后，来这里大吃一顿。这家店将西班牙犹太人的传统带上了餐桌，就像是一场有关美食的长途跋涉。西班牙犹太菜肴涵盖了安达卢西亚、土耳其、意大利和北非菜式的要素，原料多种多样。

ℹ 实用信息

市旅游办事处（Plaza de Judá Levi；⊙周一至周五8:30~14:30）

当地旅游办事处（Calle de Torrijos 10；⊙周一至周五9:00~19:30，周六、周日和节假日9:30~15:00）关于科尔多瓦省的出色信息来源，位于会展中心（Palaciode Congresos y Exposiciones）内。

ℹ 到达和离开

长途汽车

长途汽车站（☎957 40 40 40；www.estacionautobusescordoba.es；Glorieta de las Tres Culturas）位于坦蒂里亚斯广场（Plaza de las Tendillas）西北方向1公里处的火车站后面，有开往塞维利亚（Seville；€10.36，1.75小时，每天6班）、格拉纳达（Granada；€12.52，2.5小时，每天7班）和马拉加（Málaga；€12.75，2.75小时，每天5班）的班次。

火车

火车站（☎957 40 02 02；Glorieta de las Tres Culturas）在马德里和塞维利亚之间的高速AVE线路上。目的地包括塞维利亚（€10.60~32.10，40~90分钟，每天不少于23班）、马德里（€52~66.30，

犹太人的科尔多瓦

犹太人是伊斯兰科尔多瓦（Islamic Córdoba）最有活力、最杰出的居民。中世纪的犹太区（judería）从清真寺向西北延伸，几乎直达Avenida del Gran Capitán，如今的犹太区还有着迷宫般的狭窄街道和带花窗格的白色建筑。亮点包括：

犹太教堂（Sinagoga；Calle de los Judíos 20；⊙周二至周六9:30~14:00和15:30~17:30，周日9:30~13:30）这座犹太教堂建于1315年，是犹太人在安达卢西亚存在过的少数证明之一。实际上，从1492年犹太人被驱逐出西班牙之后，这里就再未作为礼拜场所被使用过。教堂里有一些奢华的拉毛灰泥装饰，包括希伯来语题词以及穆德哈尔风格的星星和植物的精致图案。

安达卢西亚之家（Casa Andalusí；Calle de los Judíos 12；门票 €2.50；⊙10:30~20:30，11月至次年3月至18:30）安达卢西亚之家是一座12世纪的房屋，带有一种夸张且稍显俗气的安达卢西亚风格。中庭里有叮叮咚咚的喷泉和各种展览，主要涉及科尔多瓦中世纪的穆斯林文化，地下室内有罗马马赛克及一间出售北非物品的商店。

塞法拉德展览馆（Casa de Sefarad；www.casadesefarad.es；Calle de los Judíos和Averroes交叉路口；成人/折价 €4/3；⊙周一至周六11:00~18:00，周日 11:00~14:00）这座小型博物馆位于犹太区中心，曾经由地下通道连接至犹太教堂，主要致力于展示西班牙的犹太人传统。这里的重点在于安达卢西亚音乐、家庭传统和女性知识分子（诗人、歌手和思想家），令人耳目一新。全年大部分时间都会举办活动，包括现场音乐演奏。

不要错过

阿兰布拉宫亮点

纳扎里宫(Palacios Nazaríes)这座中央宫殿建筑是阿兰布拉宫的设计高峰，一个空间、灯光、阴影、水和绿色植物的和谐综合体，力求如变魔术般为居住在这里的统治者变出天堂一样的花园。

狮园(Patio de los Leones, Courtyard of the Lions)最近经过翻新的壮观中庭，周围是非同一般的房间。

卡洛斯五世宫(Palacio de Carlos V)文艺复兴时代外方内圆的院子规划。里面的阿兰布拉宫博物馆(Museo de la Alhambra)提供阿兰布拉宫的文物展览。

赫内拉利费宫(Generalife)源于阿拉伯的工头花园(jinan al- 'arif)，赫内拉利费宫布置得令人身心舒畅，有走廊、天井、水池、喷泉、高大的树木以及色彩斑斓的应季鲜花。

1.75~6.25小时，每天不少于23班)、马拉加(€21~39.60，1~2.5小时，每天9班)和巴塞罗那(€59.40~133，10.5小时，每天4班)。去往格拉纳达(€34.30，4小时)需在博瓦迪利亚(Bobadilla)换乘。

格拉纳达(Granada)

海拔685米/人口258,000

格拉纳达曾作为穆斯林的首都长达8个世纪之久。这座城市的主要象征——非凡的阿兰布拉宫，是伊斯兰世界最优美的建筑成就之一。伊斯兰教对此地的影响至今尚有留存，且较之从前似乎更为突出，迷宫般的阿尔拜辛(Albayzín)附近的北非社区日益壮大，从其商店、餐厅、茶室及清真寺中可见一斑。西班牙小酒馆里人头涌动，伴随着弗拉明戈跃动的舞步，来自西班牙南部的旋律动人心弦，不断回响。

景点和活动

★阿兰布拉宫 宫殿

[Alhambra; ☎902 44 12 21; www.alhambra-tickets.es; 成人/12岁以下儿童€14/免费，仅夏宫别墅(Generalife)€7; ⊙3月15日至10月14日8:30~20:00，10月15日至次年3月14日8:30~18:00，夜间游览3月至10月周二至周六22:00~23:30，10月至次年3月周五和周六 20:00~21:30]阿兰布拉宫的大红墙在柏树和榆树林地之间拔地而起，里面是欧洲颇为辉煌的地方之一：豪华装饰的宫殿、灌溉花园、世界遗产地。

★皇家礼拜堂 历史建筑

(Capilla Real; www.capillarealgranada.com; Calle Oficios; 门票 €4; ⊙周一至周六 10:15~13:30和15:30~18:30，周日11:00~13:30和14:30~17:30)皇家礼拜堂毗邻格拉纳达的大教堂，是一座出类拔萃的基督教建筑。这座精美的灰黄色哥特式陵墓是由天主教君主伊莎贝尔和费尔南多下令修建的。这里直到1521年才完工，以至于他们不得不被暂时埋葬于圣弗朗西斯科修道院(Convento de San Francisco)。

塞法迪博物馆 博物馆

(Museo Sefardi; ☎958 22 05 78; www.museosefardidegranada.es; Placeta Berrocal 5; 门票 €5; ⊙10:00~14:00和17:00~21:00)在1492年的集体驱逐中，只有极少数幸免的西班牙犹太人得以居住在现在的格拉纳达。但那一切并未磨灭一对夫妇的进取心，2013年，他们开设了一家博物馆以缅怀过去；也是在那一年，西班牙政府开始向任何可以证明自己拥有伊比利亚祖先的西班牙犹太人提供西班牙公民身份。博物馆很小，不过展品很有趣，相关的生动历史写照赋予了它们更多的生命。

阿尔拜辛(Albayzín)

格拉纳达古老的穆斯林区阿尔拜辛就是一座露天博物馆。它矗立在山上，隔着达罗(Darro)谷与阿兰布拉宫远远相望。你可以在这里消磨掉整整一个上午，沉迷其中。鹅卵石街道两侧排列着华丽的cármenes(带有围墙花园的大宅邸，词源来自阿拉伯

阿兰布拉宫门票

阿兰布拉宫每天提供多达6600张票，供人们入内参观。其中大约三分之一可于白天在售票处购买，但这批票往往很早就售完，所以你在7:00前开始排队才有可能买到。我们强烈建议你提前订票（每张票多支付€1.40）。

如果通过网络或电话预订，需要用到维萨卡、万事达卡或者欧洲卡（Eurocard）。你将收到一个取票号，游览当天在阿兰布拉宫售票处领票时，将这个号码与你的护照（身份证）或信用卡一同出示即可。

纳扎里宫开放夜间游览，此时气氛比细节更重要。

每天7:00~23:00，30路、32路和（不直达的）34路从附近的新广场（Plaza Nueva）发车，在售票处和阿兰布拉宫前停车。驾车的话，顺公路沿“Alhambra”的路标前行至停车场，停车场就在售票处上坡处。

Alhambra Advance Booking（☎902 888001，国际长途 +34 958 92 60 31；www.alhambra-tickets.es）网络或电话预订。

Servicaixa（www.servicaixa.com）在Servicaixa自动柜员机提前购票。

语karm，意为“花园”）。作为穆斯林居住区，它在1492年基督徒占领当地后幸存了数十年。

达尔霍拉宫 宫殿

（Palacio de Dar-al-Horra, Callejón de las Monjas）15世纪的达尔霍拉宫靠近圣米格尔巴霍广场（Placeta de San Miguel Bajo），紧邻Callejón del Gallo，位于一条短巷边，这座凌乱而浪漫的小阿兰布拉宫是格拉纳达末代穆斯林统治者布阿卜迪勒（Boabdil）的母亲的住所。

新锅炉街（Calle Caldería Nueva） 街道

新锅炉街是一条狭窄的街道，连接阿尔拜辛上下部分，以茶室（teterías）闻名，也是购买拖鞋、水烟筒、珠宝首饰和北非陶器的好地方。沿路藏着许多不拘一格的商店，令人想起摩洛哥的露天市场。

萨瓦尔多教堂 教堂

（Colegiata del Salvador, Plaza del Salvador；门票 €0.75；⊙10:00~13:00和16:30~18:30）萨瓦尔多广场（Plaza del Salvador）被萨瓦尔多教堂占据，这座16世纪的教堂位于阿尔拜辛曾经的主清真寺原址上，清真寺的中庭依然保留于教堂的西侧。

圣尼古拉斯瞭望台 望台

（Mirador San Nicolás; Callejón de San Cecilio）Callejón de San Cecilio通向圣尼古拉斯瞭望台，从这里可以看到阿兰布拉宫和内华达山（Sierra Nevada）无与伦比的景色。晚点儿再来这里看夕阳（也别忽略了小径）。无论什么时候都要小心：老练而有组织的扒手、抢包者很活跃。但也不必就此却步，这里的气氛还是非常好的，卖艺人、当地学生与脖子上挂着相机的旅行者纷至沓来。

住宿

Hotel Posada del Toro 精品酒店 €

（☎958 22 73 33; www.posadadeltoro.com; Calle de Elvira 25；房间€54起；❄📶）可爱的小酒店，房间围绕一处安静的中央天井。墙壁被刷成淡草绿色、桃红色和奶油色的宜人组合，房间同样迷人，有镶木地板、阿兰布拉风格的灰泥细部设计、质朴风格的家具，以及虽小但设施完善的卫生间，内有双人盥洗盆和按摩淋浴。餐厅提供西班牙菜肴，如加利西亚章鱼（Galician octopus），也有意大利面和比萨。

★ Carmen de la Alcubilla del Caracol 历史酒店 €€

（☎958 21 55 51; www.alcubilladelcaracol.com; Calle del Aire Alta 12；标单/双 €100/120；❄@📶）这个装修精致的地方位于阿兰布拉宫的斜坡上。房间被刷成淡色，与冷奶油色和古玩形成对比。这里有美景和建在斜坡上的漂亮花园。想要真正令人陶醉的体验，试试入住塔楼的房间。

Hotel Hospes Palacio de Los Patos 豪华酒店 €€€

(☎958 53 57 90; www.hospes.com; Solarillo de Gracia 1; 房间/套 €200/400; P ❄ @ 🛜 ≋)简而言之，这里是格拉纳达最好的酒店——前提是你支付得起。这家酒店在受到联合国教科文组织保护的宏伟建筑里为幸运的客人们提供带有浓郁现代感及堪称典范的服务。说到令人难忘的特色，你可以就此写出一篇小说：华丽的楼梯、后现代的枝形吊灯、阿拉伯风格的花园、罗马皇帝般的水疗享受，以及下午放置在你床上的玫瑰花。

就餐

过去的惯例是每点一杯饮品，都会赠送免费的西班牙小吃，有的还有各国风味，如今坚守这一优良传统的堡垒已不多，格拉纳达就是其中之一。在迷宫一样的阿尔拜辛，窄巷中藏着数不清的餐馆。Calle Calderería Nueva是其中一家巧妙结合了茶室与阿拉伯风味外卖食品的店铺。

★ **Arrayanes** 摩洛哥菜 €€

(☎958 22 84 01; www.rest-arrayanes.com; Cuesta Marañas 4; 主菜€15; ⊙周日至周五13:30~16:30和19:30~23:30，周六13:30~16:30; ✎)这里有城里最好的摩洛哥风味美食，并以其摩尔风味的复古菜而闻名。斜靠在带有大量装饰的座位上，尝一尝味道浓郁、配料丰盛的砂锅菜肴。这里不提供酒精饮品。

★ **La Botillería** 西班牙小吃、创意菜 €€

(☎958 22 49 28; Calle Varela 10; 主菜€13~20; ⊙周三至周日13:00至次日1:00，周一13:00~20:00)新西班牙小吃为这家餐厅赢得了良好的声誉。La Botillería就位于传奇的La Tana酒吧所在的街角，并和那家酒吧有些关系。与其姊妹店相比，这个地方更具有流畅的现代感，你可以在吧台吃西班牙小吃，也可以坐下来享用全套的安达卢西亚风味菜肴。猪里脊肉(solomillo)的酱汁浓郁，其中加入了葡萄酒。

Carmela Restaurante 西班牙小吃、安达卢西亚菜 €€

(☎958 22 57 94; www.restaurantecarmela.com; Calle Colcha 13; 西班牙小吃 €5~10; ⊙12:30至午夜)格拉纳达长久以来都是传统西班牙小吃的堡垒，这家新型餐馆正体现了它对塞维利亚的效法。雷阿莱霍区(Realejo)狭口处的犹太哲人尤胡达·伊本·蒂冯(Yehuba ibn Tibon)的雕像守护着这里。新品种里最好的是点单现做的玉米饼和网球大小的熏火腿丸子。

娱乐

Peña LaPlatería 弗拉明戈

(www.laplateria.org.es; Placeta de Toqueros 7)Peña La Platería跻身于阿尔拜辛的拥挤街道，据说是西班牙历史最悠久的为弗拉明戈迷设的夜店。这里是个私密空间，不常对非会员开放。演出通常在周四和周六的22:30开始。如果可以的话，打扮得漂亮些，进门时说两句西班牙语。

Casa del Arte Flamenco 弗拉明戈

(☎958 56 57 67; www.casadelarteflamenco.com; Cuesta de Gomérez 11; 门票 €18; ⊙演出19:30和21:00)这里正是格拉纳达需要的。这个新开设的弗拉明戈小店既非小酒馆，也不是夜店，而是介于二者之间。演出总是一流的。氛围取决于观众中旅行者与真正的弗拉

安达卢西亚最宁静的海滩

安达卢西亚东边的阿尔梅里亚(Almería)东岸或许是西班牙地中海沿岸最后一处可以让你独占一片海滩的地方。这里是西班牙阳光最灿烂的地区——即使在3月底，这里也足够温暖，能让你脱掉衣服，沐浴在日光中。这个地区最美好的是其优美的海岸线及**加塔角**(Cabo de Gata)半荒漠化的景色。从加塔角村(El Cabo de Gata village)到阿瓜阿马加(Agua Amarga)的50公里海岸沿线上有几处地中海最美丽、最空旷的海滩，险峻悬崖与零星村落交替出现。主要的村庄是悠闲的**圣何塞**(San José)，其附近有极好的海滩，比如热诺弗斯海滩(Playa de los Genoveses)和蒙苏尔海滩(Playa de Mónsul)。

Granada 格拉纳达

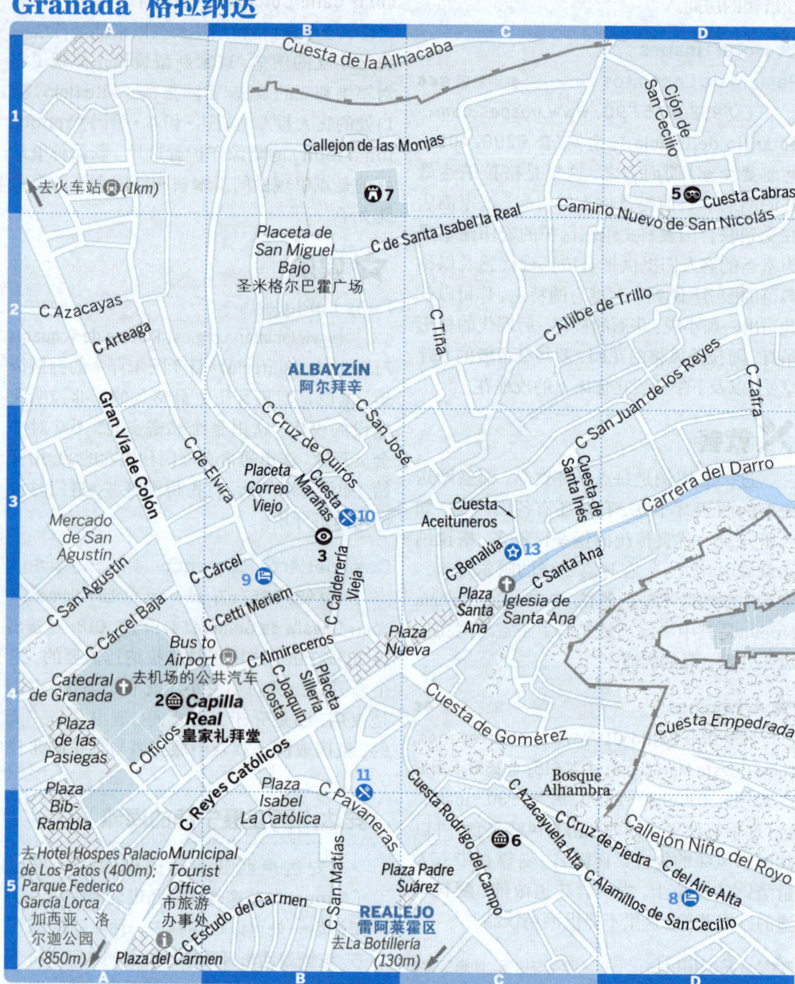

明戈爱好者的比例。

Le Chien Andalou 弗拉明戈

（www.lechienandalou.com; Carrera del Darro 7; 门票€6; ⊙演出21:30和23:30）这里是格拉纳达最独特的演出场所，你可以在此欣赏热情洋溢、节奏响亮的弗拉明戈舞。一周七天，你都可以看到音乐家和舞者风格多样的专业演出。场内像是一个翻新的水井，四周装修成洞穴的样子，恰到好处地营造出了一种不羁的氛围。比起格拉纳达圣山区（Sacramonte）的客车游览陷阱，这整个地方的氛围要靠谱得多。上网预订。

ℹ 实用信息

市旅游办事处（Municipal Tourist Office; www.granadatur.com; Plaza delCarmen; ⊙周一至周六10:00~19:00，周日10:00~14:00）运转高效有序的办事处中心就位于市内的加西亚·洛尔迦公园（ParqueFederico García Lorca）对面。

地区旅游办事处（Regional Tourist Office; Pabellón de Acceso, Avenida del Generalife, Plaza Nueva, Alhambra; ⊙周一至周五 8:00~19:30，周六和周

日8:00~14:30和16:00~19:30)

Granada 格拉纳达

重要景点

1 阿兰布拉宫........E4
2 皇家礼拜堂........A4

景点

3 新锅炉街........B3
4 萨瓦尔多教堂........E1
5 圣尼古拉斯瞭望台........D1
6 塞法迪博物馆........C5
7 达尔霍拉宫........B1

住宿

8 Carmen de la Alcubilla del Caracol........D5
9 Hotel Posada del Toro........B3

就餐

10 Arrayanes........B3
11 Carmela Restaurante........B4

娱乐

12 Casa del Arte Flamenco........E5
13 Le Chien Andalou........C3
14 Peña La Platería........E2

到达和离开

长途汽车

格拉纳达的**长途汽车站**(bus station; Carretera de Jaén)在市中心西北3公里处。班车开往科尔多瓦(Córdoba; €15, 2.75小时直达,每天9班)、塞维利亚(Seville; €23, 3小时,每天10班)、马拉加(Málaga; €14, 1.75小时,每小时1班)。有夜车去往马德里巴拉哈斯机场(Barajas Airport; €33, 5小时)。

火车

火车站(train station; ☎958 24 02 02; Avenida de Andaluces)在市中心以西1.5公里处。火车来往于以下地点:塞维利亚(Seville; €30, 3小时)、阿尔梅里亚(Almería; €20, 2.25小时)、龙达(Ronda; €20, 3小时)、阿尔赫西拉斯(Algecias; €30, 4.5小时)、马德里(Madrid; €68, 4~5小时)、巴伦西亚(Valencia; €32, 7.5~8小时)以及巴塞罗那(Barcelona; €70, 12小时)。

马拉加(Málaga)

人口558,000

马拉加是一座生机勃勃的港口城市,靠近已被过度开发的太阳海岸(Costa del Sol)。这一点或许会让人感到不快,但它仍然是旧式安达卢西亚城镇与现代大都市的完美结合。展现在旅行者面前的市中心拥有狭窄古旧的街道、宽敞而枝繁叶茂的林荫大道、美丽的公园以及让人印象深刻的纪念碑,也不乏时尚潮店和迅速发展的文化生活。这座城市有着超酷的酒吧与丰富的夜生活,无处不体现着joie de vivre(生活之乐)。

景点和活动

★马拉加毕加索博物馆
博物馆

（MuseoPicasso Málaga；☎902 44 33 77；www.museopicassomalaga.org；Calle San Agustín 8；成人/儿童 €7/3.50；⌚周二至周四和周日10:00~20:00，周五和周六10:00~21:00）这座毕加索博物馆的收藏品令人羡慕，包括204幅毕加索的画作，其中155幅来自捐赠，49幅是克里斯蒂娜·鲁伊斯-毕加索（Christine Ruiz-Picasso；毕加索大儿子保罗的妻子）和贝尔纳德·鲁伊斯-毕加索（Bernard Ruiz-Picasso；他的孙子）借给博物馆的，其中包括一些精彩的家族画作，包括《戴白帽的保罗》（*Paulo con gorro blanco*）——毕加索大儿子的肖像画，创作于20世纪20年代。

不要错过博物馆地下室里的腓尼基、罗马、伊斯兰和文艺复兴考古遗址，它们都是在建馆期间被发现的。

★马拉加大教堂
天主教堂

（Catedral de Málaga；☎952 21 59 17；Calle Molina Lario；大教堂和博物馆€3.50；⌚周一至周六 10:00~18:00，节假日闭馆）马拉加的大教堂始建于16世纪，当时几位建筑师开始着手改建原来的清真寺。清真寺里只有**橘树中庭**（Patio de los Naranjos）得以保留，这个种满了清香橘子树的小庭院过去是沐浴喷泉的所在。如今教堂里精美的穹顶天花板高耸于空中40米处，巨大的中殿内有柱廊，安置着庞大的雪松木唱诗班席。通道通向15座内有华丽祭坛装饰品的小礼拜堂和18世纪宗教艺术品收藏处。

★阿尔卡萨瓦
城堡

[Alcazaba，Calle Alcazabilla；门票 €2.10，含希布拉尔法罗城堡（Castillo de Gibralfaro）€3.40；⌚4月至10月 周二至周日 9:30~20:00]没时间参观格拉纳达的阿兰布拉宫？那么，马拉加的阿尔卡萨瓦也不错。城堡入口在**罗马圆形剧场**旁，从那里顺一条蜿蜒的小径攀至繁茂青翠的草木之间，四周是深红色的簕杜鹃、高大的棕榈树、清香的茉莉丛和几排橘树。这座经过了彻底翻新的宫殿—城堡可追溯至11世纪的摩尔时期，哈里发马蹄拱门、庭院和汩汩的喷泉足以唤起人们对马拉加历史上那段影响深远的年代的回忆。

弗拉明戈艺术馆
博物馆

（Museo de Arte Flamenco；☎952 22 13 80；www.museoflamencojuanbreva.com；Calle Juan Franquelo 4；建议捐赠 €1；⌚周二至周日10:00~14:00）艺术馆的布局极为巧妙，在马拉加最古老、最富声望的弗拉明戈夜店里占据了两层的空间，收藏品包括扇子、戏服、海报及其他弗拉明戈用品。这里是这座城市杰出的弗拉明戈舞台的见证。

毕加索故居
博物馆

（Casa Natal de Picasso；www.fundacionpicasso.malaga.eu；Plaza de la Merced 15；门票€3；⌚9:30~20:00）想要更直观地了解这位画家的童年，就去毕加索故居看看吧。这是毕加索1881年出生时的房子，如今是研究基金会。房屋复制了这位19世纪艺术家的工作室，每季度展出毕加索的作品。展品的一部分是毕加索及其家族的个人纪念品。

希布拉尔法罗城堡
城堡

（Castillo de Gibralfaro；门票€2.10；⌚4月至9月9:00~21:00，10月至次年3月9:00~18:00）希布拉尔法罗城堡的陡峭城墙是马拉加伊斯兰历史的遗迹。城堡位于高山上，宏伟壮观，俯瞰城市。城堡由8世纪时的科尔多瓦酋长阿卜杜·拉曼一世（Abd ar-Rahman Ⅰ）建成，随后在14世纪被重建，那时的马拉加是格拉纳达酋长国的主要港口，这座城堡的最初职能是灯塔和军营。城堡内部保存下来的最初部分不多，但壁垒旁的步道上空气清新，还能俯瞰马拉加最美的景色。

★卡门·蒂森博物馆
博物馆

（Museo Carmen Thyssen；www.carmenthyssenmalaga.org；Calle Compañia 10；成人/儿童 €6/免费；⌚周二至周日 10:00~19:30）这是城里最新的博物馆之一，2011年开馆，在一座翻修得极富美感的16世纪宫殿内，位于历史悠久的市中心中央区域。这片地区曾是马拉加的老摩尔街区。馆内藏品种类众多，主要是19世纪的西班牙和安达卢西亚艺术品，包括该国最非凡的几位画家的画作，如华金·索罗利亚·巴斯蒂达（Joaquín Sorolla y Bastida）、伊格纳西奥·苏洛阿加（Ignacio Zuloaga）

和弗朗西斯科·德·苏尔瓦兰（Francisco de Zurbarán）的作品。临时展览同样以19世纪艺术为主。

海滩 海滩

城市附近的沙地海滩从港口开始向四面八方延伸数公里。离市中心很近的**马拉加海滩**（Playa de la Malagueta）上有不少优质的酒吧及餐厅。**佩德拉伽里弗海滩**（Playa de Pedregalejo）和**帕罗海滩**（Playa del Palo）位于市中心以东仅4公里处。两地人气都很旺，从帕塞欧戴尔普公园（Paseo del Parque）乘坐11路公共汽车即可到达。

住宿

Hotel Carlos V 酒店 €

（☎952 21 51 20；www.hotel-carlosvmalaga.com；Calle Císter 10；标单/双 €36/59；P ❄ @）Carlos V靠近大教堂和毕加索博物馆，一向热门。2008年曾翻新过，卫生间闪闪发亮，统一使用奶油色和白色的瓷砖。出色的性价比和乐于助人的员工是这家酒店的制胜法宝。

El Hotel del Pintor 精品酒店 €€

（☎952 06 09 81；www.hoteldelpintor.com；Calle Álamos 27；标单/双 €54/69；❄ @ 📶）这家友好的小酒店以红、黑和白色主题来响应马

值得一游

龙达

龙达位于内陆高原，被深达100米的塔霍峡谷（El Tajo）一分为二，四周环绕着美丽的龙达山（Serranía de Ronda）。从马拉加驾车往西，2小时即可到达。龙达是安达卢西亚最引人注目的白色村庄（pueblos blancos）。**斗牛场**（Plaza de Toros；建于1785年）被认为是西班牙斗牛运动的发源地，是斗牛迷们的朝圣之地。内有一所吸引人的小型斗牛博物馆（Museo Taurino）。18世纪建造的**新桥**（Puente Nuevo）令人惊叹，横跨峡谷通往原本的穆斯林旧城（La Ciudad），是不可思议的壮举。

摩尔王之家（Casa del Rey Moro；Calle Santo Domingo 17；门票 €4；⏲10:00~19:00）从露台可以到达矿山（La Mina），这条伊斯兰风格的楼梯有超过300级台阶，由岩石切割而成，一直到达峡谷底部的河流。受到攻击的时候，这些台阶保证了龙达的水供给。1485年，基督教军队也是从这里强行攻入的。台阶的照明不太好，有的地方陡峭湿滑，要小心！

Enfrente Arte（☎952 87 90 88；www.enfrentearte.com；Calle Real 40，Ronda；房间含早餐€80~90；❄ @ 🏊）比利时人拥有的这家Enfrente位于一条古老的鹅卵石街道上，提供各种各样的设施及时髦现代的装饰。这里有酒吧、游泳池、桑拿浴、娱乐室、种着紫竹的花园天井、电影室，以及外面的涅韦斯山（Sierra de las Nieves）美景。另外，房费已包括所有饮品和奢华的自助早餐。

Parador de Ronda（☎952 87 75 00；www.parador.es；Plaza de España；房间 €160~171；P ❄ @ 📶 🏊）一大片闪亮的大理石和软包家具让这家现代的国营酒店具备了一定的吸引力。露台是一边欣赏峡谷景色一边品尝咖啡或葡萄酒的完美场所，夜间更佳。

Bodega San Francisco（www.bodegasanfrancisco.com；Calle Ruedo Alameda；大份西班牙小吃 €6~10；⏲周三至周一13:30~17:00和20:00至次日1:00）这里可能是龙达最好的西班牙小吃吧，有3个餐厅，餐桌都摆到了外边狭窄的步行街上。菜单很长，应该能满足挑剔的家庭，就连素食者也有9种以上的沙拉可选。尝尝土豆胡椒炒蛋（revuelto de patatas）。招牌酒不错。

市旅游办事处（Municipal Tourist Office；www.turismoderonda.es；Paseo de Blas Infante；⏲周一至周五10:00~19:30，周六、周日和节假日10:15~14:00和15:30~18:30）乐于助人的友善员工能提供很多关于该城镇及地区的信息。

拉加艺术家佩佩·博尔诺夫（Pepe Bornov）的抽象艺术作品，公共空间及房间里都长期展示着他的画作。虽然前往城内多数的主要景点非常方便，但前面的房间很嘈杂，尤其是周六的夜晚。

就餐

大部分风味绝佳的就餐点都在Calle Marqués de Larios与大教堂之间狭窄的街道上。

El Piyayo 西班牙小吃 €

（☎952 22 90 57; www.entreplatos.es; Calle Granada 36; 大份西班牙小吃 €6~10; ⏰12:30至午夜）这家酒吧餐馆按照传统铺设瓷砖，很受欢迎。这里以炸鱼（pescaitos fritos）和当地经典西班牙小吃闻名，包括松脆的楔形曼彻格（Manchego）奶酪，最好再配上一杯口感丰盈的里奥哈葡萄酒（Rioja）。糖蜜茄子（berenjenas con miel de caña）也不错。

★El Mesón de Cervantes 西班牙小吃、阿根廷菜 €€

（☎952 21 62 74; www.elmesondecervantes.com; Calle Álamos 11; 主菜 €13~16; ⏰周三至周一19:00至午夜）这里曾经不为人所知，后来开始口耳轻传。如今，它的名声早已传扬开去，在越来越多著名的博客、推特和其他一切能够享受美食并能上网的人心目中，Cervantes俨然是马拉加第一流的餐馆。

一开始，这里是由阿根廷人加布里埃尔·施帕茨（Gabriel Spatz）经营的低调的西班牙小吃吧，原先的酒吧仍然在角落经营，但整个餐厅如今已扩展为豪华的新店，有开放式厨房、奇妙的家庭风格服务和意料之中却又令人难以置信的肉菜。

娱乐

Peña Juan Breva 弗拉明戈

（Calle Juan Franquelo 4）在这家私营弗拉明戈夜店里，你会觉得自己是个不速之客，不过不妨先忍一忍：这里的弗拉明戈相当地道纯粹。看看吉他手，演奏时好像有12根手指；听听歌手的歌，放声歌唱时好像心都在前一个夜晚破碎了。这里没有固定的演出表。可以在参观弗拉明戈艺术博物馆（Museo Arte de Flamenco）时咨询表演日期。

Kelipe 弗拉明戈

（☎692 829885; www.kelipe.net; Calle Pena 11; 门票 €20~35; ⏰演出周四至周六21:00）马拉加的许多弗拉明戈舞遗产与梅塞德广场（Plaza de la Merced）西北部关系密切。Kelipe是一家弗拉明戈舞蹈中心，周四至周六有地道的演出。门票包含两杯饮品。需提前订位。Kelipe还经营吉他、舞蹈的周末强化课程。

实用信息

市旅游办事处（www.malagaturismo.com）主要服务点（Plaza de la Marina）；Casita del Jardinero服务点（Avenida de Cervantes 1; ⏰3月至9月9:00~20:00，10月至次年2月9:00~18:00）

到达和离开

飞机

马拉加-太阳海岸机场（Málaga-Costa del Sol Airport; www.aena.es）马拉加的繁忙机场是连接安达卢西亚的主要国际通道，欧洲多家航空公司的航班在此起降。

长途汽车

马拉加的**长途汽车站**（☎952 35 00 61; www.estabus.emtsam.es; Paseo de los Tilos）位于市中心西南部1公里处。这里有多班汽车开往塞维利亚（Seville; €18, 2.5小时）、格拉纳达（Granada; €11, 1.5~2小时）、科尔多瓦（Córdoba; €15, 3小时）以及龙达（Ronda; €9.50, 2.5小时）。

火车

主要的火车站**马拉加-玛丽亚·桑布拉诺火车站**（Málaga-María Zambrano Train Station; www.renfe.es; Explanada de la Estación）在长途汽车站拐角不远处。AVE特快列车开往马德里（Madrid; €80, 2.5小时，每天10班），也有火车开往科尔多瓦（€41, 1小时，每天18班）和塞维利亚（€43, 2小时，每天11班）。

埃斯特雷马杜拉（EXTREMADURA）

卡塞雷斯（Cáceres）

人口 95,925

卡塞雷斯的老城区（Ciudad Monumental)真是非同寻常。狭窄的鹅卵石街道弯弯曲曲，向上延伸至沿宫殿和宅邸排列的古老石墙之间，天边装饰着塔楼、尖顶、滴水装饰及巨大的鹳巢。在防御墙的保护下，从16世纪的鼎盛时期至今，这里几乎完好无损。黄昏或天黑后，人群散去，你会觉得自己仿佛回到了中世纪。

景点

圣玛丽亚大教堂 天主教堂

(Concatedral de Santa María, Plaza de Santa María；门票€1；周一至周六10:00~14:00和17:30~21:00，周日9:30~11:50和17:30~19:15)圣玛丽亚大教堂，一座15世纪的哥特式大教堂，为圣玛丽亚广场(Plaza de Santa María)营造出一个令人印象深刻的开场。西南角上是一尊现代的**圣佩德罗-德阿尔坎塔拉雕像**(San Pedro de Alcántara；雕像的脚趾被信徒的手和唇磨得闪亮)，圣佩德罗—德阿尔坎塔拉是16世纪的极端苦行者。教堂内部有16世纪的华丽雪松木祭坛**雕刻**、几座精美的贵族墓葬和小礼拜堂，还有一座小型教会**博物馆**。登上**钟楼**可以俯瞰古城美景。

★ **布亚可塔** 塔

(Torre de Bujaco, Plaza Mayor；成人/儿童€2/免费；周一至周六10:00~14:00和17:30~20:30，周日10:00~14:00)从**马约尔广场**(Plaza Mayor)沿台阶登上老城区时，左转爬上12世纪的布亚可塔看看，那里有讲解式展览。从塔顶可以鸟瞰马约尔广场的美景。

食宿

★ **Hotel Casa Don Fernando** 精品酒店 €€

(927 21 42 79; www.casadonfernando.com; Plaza Mayor 30; 双 €50~150; P ❄ 📶)这家精品酒店坐落于马约尔广场，就在星辰拱门(Arco de la Estrella)正对面，是卡塞雷斯最经典的中档住宿选择。酒店共4层，由设计师设计的房间和卫生间格调雅致，高级房(比标间贵€30)可以看到最美的广场景色(不过夜晚嘈杂，尤其是周末)。阁楼风格的顶层房间适合家庭。

★ **RestauranteTorre de Sande** 创意菜 €€

(927 21 11 47; www.torredesande.com; Calle Condes 3；套餐€25~35；周二至周六13:00~16:00和19:00至午夜，周日13:00~16:00)这家环境优雅的高级餐厅位于Ciudad Monumental中心区一个美丽的庭院内，提供樱桃底羊奶酪冷汤(salmorejo de cerezas del Jerte con queso de cabra)等菜肴。不想这么张扬的话，不妨低调些，在与主餐区连通的西班牙小吃吧(tapería)点上一杯饮品和一碟小吃。

> **值得一游**
>
> **摩洛哥**
>
> 在西班牙安达卢西亚海岸沿线的很多地方，都能眺望摩洛哥。这会是你的西欧之旅中一个让人兴奋的地方。从吸引人的市集、位于马拉喀什(Marrakesh)与非斯(Fès)的中世纪建筑，到艾西拉(Asilah)和索维拉(Essaouira)的大西洋风情，从大阿特拉斯山(High Atlas)和里夫山(Rif Mountains)，到撼动灵魂的撒哈拉沙丘，这个国家的风景名胜数不胜数。更多信息请登录shop.lonelyplanet.com，购买Lonely Planet的《摩洛哥》指南。
>
> 往来卡萨布兰卡与马拉喀什特别方便，欧洲很多城市都有飞往两地的航班。搭载汽车及乘客的渡船服务将丹吉尔(Tangier)与阿尔赫西拉斯(Algeciras)、巴塞罗那、直布罗陀(Gibraltar)及塔里法连接，纳祖尔(Nador)和阿尔梅里亚之间也有支线服务。

实用信息

旅游办事处总部(Main Tourist Office; 927 01 08 34; www.turismoextremadura.com; Plaza Mayor 3; 周一至周五8:30~14:30和16:00~18:00，周六和周日10:00~14:00)夏季的下午开门时间稍晚。

地区旅游办事处(927 25 55 97; www.turismocaceres.org; Palacio Carvajal, Calle Amargura 1; 周一至周五 8:00~20:45，周六 10:00~13:45和17:00~19:45，周日 10:00~13:45)服务范围涵盖卡塞雷斯省和卡塞雷斯市。

到达和离开

长途汽车

长途汽车站(Carretera de Sevilla; 927 23 25

50）有通往特鲁希略（Trujillo；€4.63，40分钟）和梅里达（Mérida；€5.63，1小时）的班车。

火车

每天往返马德里（€27~32，4小时）及梅里达（€6，1小时）的火车最多可达5班。

生存指南

出行指南

签证

申根签证（见1302页）适用。申请西班牙申根签证的详情请参见西班牙驻华使馆网站（www.exteriores.gob.es/Embajadas/PEKIN/zh/Paginas/inicio.aspx）及西班牙签证中心网站（www.spainvisa-china.com）。

货币

- cajeros automáticos（自动取款机）上有相关标识，比如维萨、万事达、Cirrus等。凡是具有相应标识的信用卡和借记卡都可以在自动取款机上提取现金。
- 在西班牙，包括BBVA、La Caixa、Santander、Banco Popular等银行取款机在内的超过70%的取款机支持银联卡取现，除了以上银行外，可留意取款机上是否有银联、Telebanco或Euro6000的标志，银联卡在这些机器上亦可取现。
- 大多数银行都可以兑换主要的外币，而且汇率最划算。带上护照，记得询问兑换手续费。
- 大多数情况下，购物都可以使用信用卡和储蓄卡。使用信用卡时，商家通常会要求你出示护照或其他身份证明，或是输入PIN码。最通行的信用卡是维萨和万事达。
- 外币兑换处的标识为单词cambio（兑换），其营业时间比银行长，但是汇率就低一些，而且兑换的费用也要高一些。
- 在西班牙，增值税缩写为IVA。若旅行者在任何店铺的消费超过€90.16，且在三个月之内将所购物品带离欧盟，即可获得21%的增值税退税。
- 服务费包括在菜单上的价格中。大多数人会留下一些零钱作为小费。没必要给出租车司机小费，但是给一点零头总是没错的。
- 大多数银行和外币兑换处都可以兑换旅行支票（要收取兑换费用）。

使领馆

中国驻西班牙大使馆（☎0034 91 519 4242；www.fmprc.gov.cn/ce/cees/chn；chinaemb_es@mfa.gov.cn；Calle Arturo Soria，113，28043 Madrid）

中国驻巴塞罗那总领事馆（☎0034 93 434 2950，0034 93 254 7070；barcelona.china-consulate.org/chn；Av.Tibidabo，No.34 Barcelona，对外接待地点：Carrer de lleóXⅢ，No.34）

旅游信息

大多数的城镇都设有足以提供帮助的旅游办事处（oficina de turismo）。办事处有地图和宣传手册。

Turespaña（www.spain.info）是西班牙的国家旅游组织。

活动

徒步

- 买一本Lonely Planet的*Walking in Spain*，了解这个国家最好的徒步游路线。
- Editorial Alpina的地图对于徒步游很有用，在比利牛斯山脉地区更是如此。在书店、运动品商店甚至徒步区附近的加油站都可以买到。
- GR路线（Grandes Recorridos；超远行程或长距离行程）均以红白记号标记。

滑雪

与欧洲大部分地区相比，在西班牙滑雪更便宜，但是花样就少了。12月至次年4月中旬是滑雪季。最好的滑雪胜地在比利牛斯山脉，特别是加泰罗尼亚的西北地区和阿拉贡地区。安达卢西亚的内华达山脉（Sierra Nevada）是西欧最南端的滑雪地。

冲浪、帆板和风筝冲浪

巴斯克自治区有很不错的冲浪点，包括圣塞瓦斯蒂安（San Sebastián）、萨劳特斯（Zarautz），还有不太为人所知的蒙达卡（Mundaka）。塔里法（Tarifa）有着长长的海滩，随时都在刮风，通常被认为是欧洲帆板运动的首选之地，也是风筝冲浪的上好去处。

营业时间

银行 周一至周五8:30~14:00。部分银行周四16:00~19:00和周六9:00~13:00也开门营业。

中央邮局 周一至周五8:30~21:30，周六8:30~14:00。

夜店 午夜，或1:00~5:00/6:00。

餐馆 午餐13:00~16:00，晚餐20:30至午夜或深夜。

商店 周一至周六10:00~14:00和16:30~19:30/17:00~20:00。大型超市和商场通常为：周一至周六10:00~22:00。

节假日

西班牙人有两大假期：圣周（复活节前一周到复活节）、7月或是8月。届时，住宿和交通都会非常紧张。

西班牙每年至少有14个正式的节日——有些是全国性的，有些是地方节日，以下为全国节日。

Año Nuevo（新年）1月1日

Viernes Santo（耶稣受难日）3月/4月

Fiesta del Trabajo（劳动节）5月1日

La Asunción（圣母升天节）8月15日

Fiesta Nacional de España（国庆节）10月12日

La Inmaculada Concepción（圣母无染原罪瞻礼）12月8日

Navidad（圣诞节）12月25日

地区政府通常设置5个节日，地方委员会再设2个。常见的有：

Epifanía（主显节）或**Día de los Reyes Magos**（三王节）1月6日

Día de San José（圣约瑟夫节）3月19日

Jueves Santo（濯足节）3月/4月，未见加泰罗尼亚和巴伦西亚有这个节日

Corpus Christ（基督圣体节）6月，复活节周日过后，第8个星期日之后的那个星期四

Día de San Juan Bautista（施洗者圣约翰节）6月24日

Día de Santiago Apóstol（使徒圣詹姆斯节）7月25日

Día de Todos los Santos（诸圣节）11月1日

Día de la Constitución（宪法日）12月6日

住宿价格区间

除非是青年旅舍或另有特别注明，我们在这里参考的是带独立卫生间的双人间。报价为旺季价格，通常是5月至9月（但是不同地区差别很大）。

€ 低于€65（在马德里和巴塞罗那低于€75）

€€ €65~140（在马德里和巴塞罗那，€75~200）

€€€ 高于€140（在马德里和巴塞罗那高于€200）

国家速览

面积 505,370平方公里

首都 马德里

国家区号 ☎34

货币 欧元（€）

紧急情况 ☎112

语言 西班牙语（卡斯蒂利亚人）、加泰罗尼亚语、巴斯克语、加利西亚语（加利西亚人）

现金 自动柜员机（ATM）随处可见

人口 47,000,000

签证 申根签证适用

住宿

经济型的选择有：宿舍类型的青年旅舍、家庭经营的旅舍，还有稍微好一些的宾馆（hostales）。这一档次的住宿里最好的房间有空调和私人浴室。中等宾馆和酒店更舒适一些，大多数都有标准的酒店服务。商务酒店、时尚的精品酒店和豪华酒店通常属于顶级类别。

露营

西班牙有大约1000个官方评级的宿营地，各自的服务、干净程度和风格差别很大。官方的评定等级有1级（1ªC）、2级（2ªC）、3级（3ªC）。宿营地通常按每人、每帐篷及每车来收费，费用通常是€5~10。从10月到次年复活节，大多数的宿营地都会歇业。

Campings Online（www.campingsonline.com/espana）提供预订服务。

Campinguía（www.campinguia.com）可查看评论（大多数都是西班牙语）和链接。

Guía Camping（www.guiacampingfecc.com）有在线版的年度*Guía Camping*（露营指南；€13.60），全国书店有售。

酒店、旅舍和客栈

大多数的住宿都可以归为三类：酒店（一星

至五星，全套设备）、旅舍（高级民宿，有私人浴室；一星至三星）、客栈（民宿，通常都是共用浴室；一星至三星）。

国营酒店（Paradores；☎西班牙 902 54 79 79；www.parador.es）对于预算有富余的旅行者来说，大约90家的国营酒店也有一定的吸引力。通常来说，这些国营连锁酒店位置极佳，有的甚至位于高耸的城堡和曾经的中世纪修道院里。

青年旅舍

Albergues juveniles（青年旅舍）的住宿便宜，特别适合单身的旅行者。每晚住宿的价格为€15~28，这取决于旅舍的地理位置、年代，还有淡旺季。

Red Española de Albergues Juveniles（REAJ，Spanish Youth Hostel Network；www.reaj.com）是西班牙的国际青年旅舍联盟（HI）组织，旗下有大约250家青年旅舍。正规的旅舍要求来客持有HI的会员身份（你可以在所有的旅舍购买会员卡），部分旅舍设有宵禁。

电话

蓝色的公共付费电话很常见，使用方便。可以投币、使用电话卡，有些电话还可以使用信用卡。电话卡面值有€6和€12两种，邮局和烟草零售店有售，这些地方同时也出售邮票。接听方付费的国际电话很容易操作：先拨☎900 99，然后拨正确的国家代码即可。例如：澳大利亚是☎900 99 00 61，英国是☎900 99 00 44，美国是☎900 99 00 11（AT&T）。

要找讲英语的西班牙国际线路接话员，拨☎1008（欧洲国家）或是☎1005（其他国家）。

手机

所有的西班牙手机运营商（Telefónica'sMoviStar、Orange和Vodafone）都提供预付费号。SIM卡€10起价，已包含一段预付费的通话时间。

西班牙手机号码的开头数字为☎6。

电话区号

西班牙电话号码的区号已嵌入在电话号码内。所有号码都是9位数，只需要键入9位数的号码即可。

开头为☎900的号码是全国范围内的免费电话，☎901到☎905开头的号码收费各不相同。大多数号码只能接听国内电话。以☎800、☎803、☎806和☎807开头的电话号码也是相似的情况。

若想打回中国，在☎0086后加拨国内的手机或固定电话号码（需加拨城市区号）即可。

电话卡

从西班牙打电话回国内，可以在当地购买固定面值的电话卡，如熊猫卡（Tarjeta JAZZ Panda），费率非常低，但是手机和固定电话上的收费可能不同。在中国超市中可能买到有折扣的电话卡。

上网

➡ 多数酒店、部分咖啡馆、餐馆和机场有Wi-Fi，大多数地方（但不是所有）可免费上网。

➡ 很难找到好的网吧，详情可咨询旅游办事处。上网费用为每小时€1.5~3。

网络资源

Fiestas.net（www.fiestas.net）全国各地的节日信息。

Lonely Planet（www.lonelyplanet.com/spain）目的地信息、酒店预订、旅行者论坛等。

Renfe（Red Nacional de los Ferrocarriles Españoles；www.renfe.com）西班牙铁路网。

Tour Spain（www.tourspain.org）文化、饮食资讯，以及酒店和交通链接。

特色饮食

➡ **西班牙海鲜饭** 这道招牌式米饭有无数做法，巴伦西亚是其真正的发源地。

➡ **腌肉** 西班牙人餐桌上常见的有西班牙辣肠（chorizo）、里脊肉（lomo）、香肠（salchichón）和塞拉诺火腿（jamón serrano）的薄切片。

➡ **西班牙小吃** 这种一口就能吃完的美食变化万千，从简单的西班牙主食到纯粹的创新美食，应有尽有。

➡ **橄榄油** 西班牙是世界上最大的橄榄油产地。

➡ **葡萄酒** 西班牙有世界上最大的葡萄种植区。拉里奥哈（La Rioja）和杜罗河畔（Ribera del Duero）是最著名的葡萄酒产地。

就餐价格区间

每段就餐评论都随附以下标志之一（指的是一道主菜价格）。

€ 低于€10

€€ €10~20

€€€ 高于€20

Turespaña（www.spain.info）西班牙旅游局官网。

旅行安全

在西班牙旅游，大多数人从未感觉到半点威胁，但还是有人曾遭遇不愉快的经历，因此有必要在这里提出警告。主要需要提防的事情就是小偷小摸（如果护照、现金、旅行支票、信用卡和相机丢了，那就麻烦了）。只要小心点儿，大多数失窃都是可以避免的。巴塞罗那、马德里和塞维利亚等城市多发盗窃事件，夏季在海滩胜地也应多加小心，一定要看管好个人物品。

同性恋旅行者

在西班牙，同性恋是合法的。2005年，西班牙通过了同性恋婚姻法，这无疑震撼了这个国家保守天主教的根基。同性恋者通常并不张扬，但是在城市里他们的关系也是公开的。马德里、巴塞罗那、锡切斯（Sitges）、托雷莫利诺斯（Torremolinos）和伊维萨岛等地的同性恋比较活跃。

语言课程

学习西班牙语的好地方：巴塞罗那、格拉纳达、马德里、萨拉曼卡、塞维利亚。

Escuela Oficial de Idiomas（EOI；www.eeooiinet.com）是全国性的语言机构，教授西班牙语和其他当地语言。在该机构的网址首页上点击“Comunidad”下的“Centros”，然后再点“Centros en la Red”，就能找到学校名单。

到达和离开

可以通过lonelyplanet.com在线预订航班、汽车和团队游。

入境

移民局和海关的检查通常没什么麻烦，不过也有例外。从摩洛哥入境时，你的交通工具会受到搜查，以防你带入管制物品。在这类边境关口要做好长时间停留的心理准备，尤其是在夏季。

面积很小的安道尔公国并未加入欧盟，所以边境管制（及对走私物品进行的严格海关检查）依然存在。

飞机

全欧洲的航班包括很多廉价航班都飞往西班牙的主要机场。西班牙所有的机场共用全国机场当局**Aena**（☎902404704；www.aena.es）的网站和航班信息咨询电话，其网站使用方便。通过Aena的网址可以查到各个机场的具体信息，只需选择英语语言，点出机场的清单即可。每个机场的页面上都有详细的实用信息（比如说停车和公共交通），还有机场的所有航班信息（及其链接）。

马德里的巴拉哈斯机场是西班牙最忙碌的机场，也是欧洲第五繁忙的机场。目前，每周都有从北京直飞马德里的航班，一般为每周4班。其他主要机场有：巴塞罗那埃尔普拉特机场（Aeroport del Prat），以及帕尔马、马拉加、阿利坎特（Alicante）、赫罗纳（Girona）、巴伦西亚、伊维萨岛、塞维利亚、毕尔巴鄂、萨拉戈萨的机场。

陆路

西班牙和法国、葡萄牙、安道尔接壤。

长途汽车

除了主要过境路线之外，很多较小的长途汽车公司服务于西班牙与法国和葡萄牙的边境处。运行于安道尔和巴塞罗那之间的长途汽车定期发车（其中就有冬季的滑雪巴士和直达的机场巴士），安道尔与西班牙（包括马德里）和法国其他地方也有班车定期开行。

Avanza（☎902 020999；www.avanzabus.com）Avanza运营里斯本至马德里的线路（€42.10，7.5小时，每天2班）。

欧洲巴士（www.eurolines.com）欧洲巴士是从事西欧、摩洛哥大多数地点往返西班牙的长途汽车服务的主要经营商。从法国过来的线路有尼斯至马德里、巴黎至巴塞罗那。

火车

除了以下列出的选择之外，还有两三班TGV（高速）列车从巴黎-蒙帕尔纳斯发车前往伊伦，你可以在那里换乘普通列车，前往巴斯克自治区并继续前往马德里。

目前已有计划要在马德里和巴黎之间修建一条高速铁路。同时，高速铁路还会经过巴塞罗那。

巴黎—马德里（€198~228，9.75~17.5小时，每天5班）慢车途经莱索布赖（Les Aubrais）、布卢瓦（Blois）、普瓦捷（Poitiers）、伊伦（Irún）、维多利亚（Vitoria）、布尔戈斯（Burgos）和巴利亚多利德（Valladolid）。乘坐高速AVE列车前往巴塞罗那并在那里换乘或许更快。

巴黎—巴塞罗那（€59起，6.5小时，每天2班）最近开通的高速列车线路，经过瓦朗斯（Valence）、尼姆（Nimes）、蒙彼利埃（Montpellier）、贝齐耶（Beziers）、纳尔博纳（Narbonne）、佩皮尼昂（Perpignan）、菲格雷斯（Figueres）和希罗纳（Girona）。高速列车还从里昂（€49起，5小时）和图卢兹（€39起，3小时）发车。

蒙彼利埃至洛尔卡（Montpellier-Lorca；€79.55，12~13小时，每日一班）Talgo列车沿地中海海岸运行，途经希罗纳（Girona）、巴塞罗那（Barcelona）、塔拉戈纳（Tarragona）和巴伦西亚（Valencia）。

里斯本—马德里（座票/卧铺€36/50起，9~10.75小时，每日一班）

里斯本—伊伦（座票/卧铺 €41/56，14.5小时，每日一班）

波尔图—维哥（Oporto-Vigo；€14.75起，2.25小时，每日2班）

海路

Acciona Trasmediterránea（☎902 454645；www.trasmediterranea.es）多数地中海渡船服务都由西班牙国营渡船公司Acciona Trasmediterránea经营。

Brittany Ferries（☎0871 244 0744；www.brittany-ferries.co.uk）经营西班牙到英国的航运服务。

Grandi Navi Veloci（见1136页地图；☎意大利 010 209 4591；www1.gnv.it；Ⓜ Drassanes）巴塞罗那和热那亚（Genoa）之间的高速豪华渡船。

Grimaldi Ferries（见1136页地图；☎902 53 13 33，意大利 081 496 444；www.grimaldi-lines.com；Ⓜ Drassanes）巴塞罗那至奇维塔韦基亚（Civitavecchia；罗马附近）、里窝那（Livorno；托斯卡纳）和托雷斯港（Porto Torres；撒丁岛西北）的渡轮。

LD Lines（www.ldlines.co.uk）希洪（Gijón）-圣纳泽尔（Saint-Nazaire；法国）和希洪-普尔（Poole；英国）的渡轮。

当地交通

学生和老人搭乘西班牙大多数交通工具可以享受5~7折优惠。

飞机

欧罗巴航空（Air Europa；www.aireuropa.com）马德里至伊维萨岛、帕尔马、维哥、毕尔巴鄂和巴塞罗那，以及其他西班牙城市之间的航线。

伊比利亚航空（Iberia；www.iberia.com）西班牙国家航空及其子公司伊比利亚地区航空（Iberia Regional-Air Nostrum）有广泛的国内航线网络。

瑞安航空（Ryanair；www.ryanair.com）部分西班牙国内航线，包括马德里至帕尔马。

Volotea（www.volotea.com）国内及国际航线的廉价航空。国内目的地包括伊维萨岛、帕尔马、马拉加、巴伦西亚、维哥、毕尔巴鄂、萨拉戈萨和奥维多（不过没有马德里和巴塞罗那）。

伏林航空（Vueling；www.vueling.com）西班牙低成本航空公司，有很多西班牙国内航线，尤其是从巴塞罗那出发的航线。

船

西班牙大陆和巴利阿里群岛之间有渡轮连接，定期发船。

长途汽车

无数独立巴士公司运营的路线构成了西班牙的巴士网络，一直延伸到最偏远的小镇和村庄。许多小镇和城市都有主要的巴士站，大多数巴士在此停站或发车。

乘坐地区巴士，不太可能提前预订车票，但要在发车之前至少提前30分钟到达，这样才能确保有座位。

ALSA（☎902 422242；www.alsa.es）最大的巴士公司，和多家公司协作，路线遍布全国。

Avanza（☎902 020999；www.avanzabus.com）运营从马德里至埃斯特雷马杜拉（Extremadura）、卡斯蒂利亚-莱昂（Castilla y León）西部和巴伦西亚的长途汽车，途经卡斯蒂利亚-拉曼查（Castilla-La Mancha）东部[如昆卡（Cuenca）]，经常与其他公司联运。

Socibus & Secorbus（☎902 229292；www.socibus.es）这两家公司共同运营马德里和安达卢西亚西部之间的线路，目的地包括加的斯、科尔多瓦、韦尔瓦和塞维利亚。

到达西班牙的渡轮

www.ferrylines.com是对比线路和寻找相关渡轮公司的有用网站。

从阿尔及利亚出发

线路	行程	发船班次
盖兹瓦特—阿尔梅里亚	8小时	每周4班

从法国出发

线路	行程	发船班次
圣纳泽尔—希洪	15~16小时	每周3班

从意大利出发

线路	行程	发船班次
热那亚—巴塞罗那	18小时	每周3班
奇维塔韦基亚(罗马附近)—巴塞罗那	20.5小时	每周6~7班
里窝那(托斯卡纳)—巴塞罗那	19.5小时	每周3班
托雷斯港(撒丁岛)—巴塞罗那	12小时	每天1班

从摩洛哥出发

线路	行程	发船班次
丹吉尔—阿尔赫西拉斯	90分钟	每天最多可达8班
丹吉尔—巴塞罗那	24~35小时	每周一班
丹吉尔—塔里法	35分钟	每天最多可达8班
纳祖尔—阿尔梅里亚	6小时	每天最多可达8班

从英国出发

线路	行程	发船班次
普利茅斯—桑坦德	20小时	每周1班
朴次茅斯—桑坦德	24小时	每周1班
朴次茅斯—毕尔巴鄂	24小时	每周2班
普尔—希洪	25小时	每周1班

小汽车和摩托车

西班牙有多种道路，总的来说，道路情况良好。最快的是高速公路(autopistas)，有些高速公路的过路费贵得惊人。

所有机动车都应有在本国注册的车牌，如果是私人车辆，必须随身携带车辆的所有权证明。整个欧洲都要求购买第三方机动车车险。强制配备三角警示牌和反光夹克(车辆出故障时使用)。

汽车协会

Real Automóvil Club de España(RACE；☎9024 04545；www.race.es) Real Automóvil Club de España是全国性的汽车俱乐部。在汽车出故障的时候，可以向该俱乐部寻求帮助，但必须从自己的保险公司取得紧急呼叫的号码。

驾照

欧盟成员国颁发的驾照都有效。如果持其他国家的驾照，需同时持有国际驾驶执照(但实际上，其他国家的执照也有效）。

租车

在西班牙租赁汽车必须持有驾照且年满21岁，有信用卡或是借记卡。租车价格不一：主要旅游地的租车价格最便宜，其中就包括机场。在巴利阿里群岛租车的价格特别划算。

交通规则

➡ 血液里的酒精含量达到0.05%就是酒驾。

➡ 法定可驾驶汽车的年龄为18岁。驾驶摩托车的法定年龄是16岁（排量80cc及以上）或14岁（排量50cc及以下）。需要驾照。

➡ 如果驾驶排量为125cc及以上的摩托车，必须随时打开前灯，并且佩戴头盔。

➡ 靠右行驶。

➡ 在城区，限速为每小时50公里（在有些地方，比如说巴塞罗那的市中心，限速每小时30公里），在主要道路上限速为每小时100公里，在autovías（免费双车道公路）和autopistas（收费的双车道公路）上限速为120公里。带拖挂的汽车的限速为每小时80公里。

交通

西班牙的机场可跻身欧洲最便捷的交通枢纽之列。很多旅行者会选择的陆路线路是从法国翻过比利牛斯山脉进入西班牙。比起地中海沿岸的主要公路/铁路线路（或比亚里茨和圣塞瓦斯蒂安之间的线路），你不妨另辟蹊径，沿着美丽的山路而行。一直到葡萄牙，路上都没有障碍：连接两国的陆路线路很多，马德里和里斯本之间还有铁路。

最直观的海上线路莫过于穿越直布罗陀海峡（Strait of Gibraltar）到达摩洛哥（见1187页）。最常见的是阿尔赫西拉斯或塔里法至丹吉尔之间的线路，丹吉尔有很多交通方式可选，可继续前往摩洛哥。巴塞罗那和意大利的港口之间有汽车渡船往来。

从巴黎到马德里有两条主要的铁路，一条途经巴斯克自治区，通向马德里，另一条通向巴塞罗那。这两条线路都将升级为高速铁路。后者还与通往法国里维埃拉和瑞士的铁路相连。

火车

全国铁路公司是**Renfe**（☎902 243402；www.renfe.com）。大多数火车都现代舒适。火车也有晚点的时候，但属于例外情况。高速铁路网络还在不断修建之中。

用通票搭乘长途的Renfe火车是有效的，持有国际铁路通票在搭乘Talgo、InterCity和AVE火车的时候需要补额外的费用。所有持有通票的乘客预订火车票都要支付一笔很少的费用。

西班牙有多种火车类型：

Alaris、Altaria、Alvia、Arco、Avant 长途，速度中等。

Cercanías 很短的路途，前往马德里、巴塞罗那和其他11个城市周边的郊区和卫星城镇。

Euromed 与AVE火车类似，巴塞罗那通往巴伦西亚和阿里坎特（Alicante）路线上的火车。

Regionales 地区内运营的火车，通常停靠所有的车站。

Talgo and Intercity 长途火车，速度较慢。

Tren de Alta Velocidad Española（AVE）高速火车，是马德里通往巴塞罗那、布尔戈斯、科尔多瓦、昆卡、韦斯卡（Huesca）、列伊达（Lerida）、马拉加、塞维利亚、巴伦西亚、巴利亚多利德（Valladolid）和萨拉戈萨线路上的火车。也有巴塞罗那—塞维利亚和巴塞罗那—马拉加的专线。未来还有马德里—加的斯（Cádiz）和马德里—毕尔巴鄂的路线。

Trenhotel 可以过夜的卧铺火车。

等级和费用

➡ 所有的长途火车都分二等和一等车厢，分别是turista和preferente。后者的费用比前者高出20%~40%。

➡ 服务不同，价格的差别也很大（快车费用贵得多）。在AVE等部分高速路线上，出行的日期和时间不同，价格也有很大差别。

➡ 4~12岁的儿童可享受6折优惠，4岁以下的儿童免费乘车（高速列车除外，乘坐高速列车与4~12岁儿童享受同样的优惠）。如果买往返车票，那么返回车票通常会打8~9折。持有Euro<26卡的学生和25周岁（包括25岁）以下者可以享受7.5~8折优惠。

瑞 典

包括 ➡

最佳餐饮

- Lisa Elmqvist（见1202页）
- Thörnströms Kök（见1210页）
- Camp Ripan Restaurang（见1215页）
- Mrs.Brown（见1206页）

最佳住宿

- Vandrarhem af Chapman & Skeppsholmen（见1201页）
- Hotel Hellsten（见1201页）
- Icehotel（见1213页）
- Mäster Johan Hotel（见1206页）

为何去

瑞典或许足够文明发达，但也是一片狂野之地。从光秃秃如月球表面般的地貌和遥远的北方那难以穿越的森林，到更南边阳光照耀的海滩和葱翠的农田，瑞典的景色多种多样。短暂的夏季和漫长的冬季意味着人们会抓紧每一缕夏季阳光，到了冬季，当地人会用烛光和加香料的热葡萄酒（glögg）温暖心灵。然而，无论哪个季节，这里都有大量户外运动：冬季有滑雪和狗拉雪橇，更温暖的月份可以长途徒步、游泳、晒日光浴、划独木舟、骑自行车——只要是有趣又能在户外进行的，你都能在这里找到。想找不太粗犷的活动，国际化的斯德哥尔摩和充满活力的哥德堡等地总有很多餐馆，可以串夜店，游遍博物馆。

何时去

斯德哥尔摩

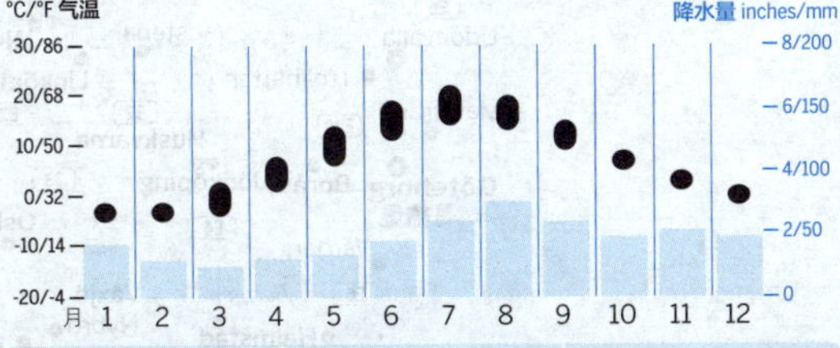

3月 虽然雪还是很厚，但日光充足，可以享受冬季运动的乐趣。

6月至8月 瑞典的夏季短暂而热切，北极圈以北的白夜神奇无比。

9月 色彩绚烂的秋季是绝佳的北上徒步的季节。

瑞典亮点

❶ 在经常能看到驯鹿的荒野中徒步，探寻萨米文化，住在世界闻名的**尤卡斯耶尔维**的**Icehotel**（见1213页）里。

❷ 游览城市水道，探索一流的博物馆，在**斯德哥尔摩**迷宫般的老城区漫步。

❸ 南下**马尔默**（见1205页），那里有前卫的博物馆、美食和充满活力的多元文化氛围。

斯德哥尔摩(STOCKHOLM)

☎08/人口 770,890

欧洲漂亮的首都城市并不鲜见,但单纯从可爱程度来说,斯德哥尔摩可以排到榜单前列。遍布14座岛屿的橘黄色和肉桂色建筑矗立于周围淡蓝色的海水之上,在阳光中被镀上一层金黄,在寒冷的天气里显得冷峻而优雅。这座城市的魅力不可抗拒。从那堪比电影外景地的老城区(Gamla Stan)到永远现代的时尚感,还有饮食和设计方面无可挑剔的品位,这座城市就像一所体验式的美学学校。

景点

只要你忽略那些挥舞着冰激凌蛋卷和购物袋的大队游客,你就能发现斯德哥尔摩最古老的城区也是它最美的地方。这座城市于13世纪建在了这座小岛上。

瑞典皇宫 宫殿

(Kungliga Slottet, Royal Palace; ☎08-402 61 30; www.kungahuset.se; Slottsbacken; 成人/儿童 Skr150/75, 7日有效; ⊙5月中旬至9月中旬10:00~17:00, 其余月份 周一关闭; 🚌43, 46, 55, 59 Slottsbacken, Ⓜ Gamla Stan)瑞典皇宫修建于1697年被烧毁的三王冠(Tre Kronor)城堡的遗址上,当时幸存的北翼楼被纳入这座新建筑。这座宫殿由宫廷建筑师小尼科迪默斯·泰辛(Nicodemus Tessin the Younger)设计,耗时57年完工。5月中旬至9月中旬,45分钟免费的英语团队游从11:00和14:00开始,其余月份在14:00和15:00。套房偶尔会因为王室而关闭,网站上会有关闭通知。

诺贝尔博物馆 博物馆

(Nobelmuseet; nobelmuseet.se; Stortorget; 成人/儿童 Skr100/70; ⊙10:00~20:00; Ⓜ Gamla Stan)诺贝尔博物馆展现了诺贝尔奖及其获得者的历史,重点关注发明创造的知识性和文化性。这个巧妙的空间里有引人入胜的展览,包括关于创造力的短片,有像欧内斯特·海明威(Ernest Hemingway)和马丁·路德·金(Martin Luther King)等获奖者的访谈,还有来访的获奖者签名的咖啡馆椅子(翻过来看!)。推荐免费的导览游(英语,夏季10:15、11:15、13:00、15:00、16:00和18:00)。

★斯坎森博物馆 博物馆

(Skansen; www.skansen.se; Djurgårdsvägen; 成人/儿童 Skr160/60; ⊙6月下旬至8月10:00~22:00; 👪; 🚌44, ⛴Djurgårdsfärjan, 🚋7, Djurgården)斯坎森博物馆是世界上第一座露天博物馆,由阿图尔·哈塞柳斯(Artur Hazelius)创建于1891年,目的是让参观者了解瑞典人过去的生活。在这里你可以很容易地消磨一天时间,却依然不能尽览全貌(注意:价格和营业时间会随季节改变)。这里大约有150座传统房屋,山顶上遍布来自全国各地的其他展品,简直是"瑞典缩影",包括村庄、自然景观和工商业场景。

★瓦萨博物馆 博物馆

(Vasamuseet; www.vasamuseet.se; Galärvarvsvägen 14; 成人/儿童 Skr130/免费; ⊙8:30~

旅行线路

一周

花三天时间探索斯德哥尔摩,包括在乌普萨拉(Uppsala)待上半天,或者在群岛上的瓦克斯霍尔姆(Vaxholm)漫步几小时。乘船至哥德堡(Göteborg),再待上一两天,然后继续南下,到达充满活力的城市马尔默(Malmö)。

两周

开始如上文所述,之后从乌普萨拉北上至厄斯特松德(Östersund)待一天,再前往基律纳(Kiruna),看看闻名世界的Icehotel。户外运动爱好者会发现这里有很多活动,尤其是在冬季。向南返回,在学生众多的于默奥(Umeå)驻足,然后乘渡船前往哥得兰(Gotland),余下的时间都在这座田园般的岛屿上骑行。

Stockholm 斯德哥尔摩

0 1 km
0 0.5 miles

A B C D E F G
1 2 3 4

VASASTAN
LADUGÅRDSGÄRDET
ÖSTERMALM
NORRMALM
KUNGSHOLMEN

Tekniska Högskolan
Stockholm Östra Station
Lidingövägen
Rindögatan
Gärdet
Gärdet
Olaus Petriparken
Askrikegatan
Vanadisvägen
Norrtullsgatan
Sveavägen
Surbrunnsgatan
Odengatan
Freigatan
Tekniska Högskolan
Valhallavägen
Erik Dahlbergsgatan
Hedingsgatan
De Geersgatan
Värtavägen
Tessinparken
Karlbergsvägen
Odenplan
Rehnsgatan
Kungstensgatan
Karlavägen
Strindbergsgatan
Sankt Eriksplan
Rådmansgatan
Engelbrektsgatan
Villagatan
Floragatan
Stadion
9
Rådmansgatan
Dalagatan
Västmannagatan
Upplandsgatan
Rådmansgatan
Luntmakargatan
Tegnérgatan
Birger Jarlsgatan
Sturegatan
Brahegatan
Grev Turegatan
Östermalmsgatan
Skeppargatan
Karlaplan
Sankt Eriksplan
Odengatan
Sankt Eriksplan
Atlasgatan
Rådmansgatan
Holländergatan
Sveavägen
Humlegården
Stadion
Karlavägen
Kommendörsgatan
Karlaplan
Valhallavägen
Wittstocksgatan
Torsgatan
Kungsholmsstrandstig
Klarastrandsleden
Brunnsgatan
Humlegårdsgatan
Linnégatan
Grevgatan
Karlaplan
Narvavägen
Banérgatan
Gustav Adolfsparken
Karlavägen
Oxenstiernsgatan
Olof Palmes Gata
Hötorget
17
Östermalmstorg
Fridhemsplan
Polhemsgatan
Kungsgatan
Vasagatan
ÖSTERMALM
3
Fleminggatan
Styrmansgatan
Storgatan
Linnégatan
Ulrikagatan
12
Kronobergsparken
Kungsbron
Centralen
Norrmalmstorg
Hamngatan
Nybroplan
7
Riddargatan
Djurgårdsbron
Polishusparken
Kungsholmsgatan
10
Cityterminalen
Klarabergsviadukten
Centralen
Kungsträdgården
Djurgårdsfärjan 渡轮（仅夏季）
Styrmansgatan
Nobelparken
Nobelgatan
Rådhuset
Bergsgatan
18
Hantverkargatan
Stockholm Centralstation
斯德哥尔摩中央火车站
Nordiska Museet - Vasamuseet
Galärparken
Djurgårdsbrunnsviken
Pilgatan
Norr Mälarstrand
Fredsgatan
Strömgatan
Stallgatan
Waxholmsbolaget
Helgeandsholmen
Klara Sjö
Vasabron
Slottskajen
Norrström
4
Strömsborg
Skeppsholmsbron
2
Vasamuseet
瓦萨博物馆
Rosendalsvägen
Hazeliusporten

瑞典

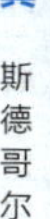

斯德哥尔摩

DJURGÅRDEN
Konsthallen
Gröna Lund
1 Skansen 斯坎森博物馆
Djurgårdsvägen
Skansen
Djurgården
Waldemarsviken
Beckholmen
Saltsjön
Masthamnen
Folkungagatan
Stadsgårdsleden
Stigbergsparken
Beckbrännarbacken
去Fjäderholmarna的渡轮
Djurgårdsfärjan渡轮（全年）
SKEPPSHOLMEN
5
Långa Raden
Kastellholmen
13
Strömmen
Skeppsbron
Österlånggatan
Prästgatan
Stora Nygatan
6
14
15
16
GAMLA STAN
Centralbron
Gamla Stan
Riddarholmen
Stadsgårdshamnen
Katarinavägen
Slussen
8
Högbergsgatan
Nytorgsgatan
Kocksgatan
Medborgarplatsen
19
21
Renstiernas Gata
Södermannagatan
Nytorget
20
Katarina Bangata
Malmgårdsvägen
Vita Bergen
Skånegatan
Bondegatan
Barnängsgatan
Tegelviksgatan
Norra Hammarbyhamnen
Gavelliusgatan
Barnängsparken
Hammarby sjö
Värmdövägen
Hammarbyleden
Bohusgatan
Vintertullsparken
Tullgårdsgatan
Tullgårdsparken
Lilla Blecktornsparken
Metargatan
Bjurholmsplan
Ringvägen
Gotlandsgatan
Skanstull
Skantullsbron
Johanneshovsbron
Blekingegatan
Götgatan
Åsögatan
Tjurberget
Repslagargatan
SÖDERMALM
Fatbursparken
Sankt Paulsgatan
Mariatorget
11
Södra Station
Magnus Ladulåsgatan
Rosenlundsparken
Hallandsgatan
Eriksdalsgatan
Eriksdalslunden
Söder Mälarstrand
Mariaberget
Brännkyrkagatan
Hornsgatan
Maria Prästgårdsgata
Wollmar Yxkullsgatan
Högbergsgatan
Maria Bangata
Ringvägen
Sachsgatan
Vickergatan
Skinnarviksparken
Zinkensdamm
Zinkens väg
Ånghästparken
Tantogatan
Jägargatan
Årstaviken
Erstaholmar
Riddarfjärden
Münchensbacken
Lundagatan
Hornsviksstigen
Hornstull Strand
Heleneborgsgatan
Högalidsgatan
Högalidsparken
Hornsgatan
Hornstull
LÅNGHOLMEN
Pålsundet
LILJEHOLMEN
5 6 7 8
A B C D E F G

Stockholm 斯德哥尔摩

18:00；🚻；🚌44，⛴Djurgårdsfärjan，🚋7 Nordiska museet/Vasa）瓦萨博物馆就像为瓦萨号量身定做的安乐窝，对这艘巨型战船护犊子般不遗余力的美化显得有些可笑。这艘船船体庞大，长69米，高48.8米，在1628年8月10日出发首航时，是瑞典的骄傲。然而，在几分钟之内，这艘头重脚轻的船就连同船上的很多人沉没于Saltsjön水底。夏季每隔30分钟有英语导览游。

现代美术馆 博物馆

（Moderna Museet；☎08-52 02 35 01；www.modernamuseet.se；Exercisplan 4；成人/儿童 Skr120/免费，周五 18:00~20:00 免费；⏲周三、周四、周六和周日 10:00~18:00，周二和周五 至20:00，周一 关闭；🚌65，⛴Djurgårdsfärjan）现代美术馆是斯德哥尔摩现代艺术的标杆，这里的长期展览从绘画、雕塑到摄影、视觉艺术和装置艺术，应有尽有。亮点包括巴勃罗·毕加索（Pablo Picasso）、萨尔瓦多·达利[Salvador Dalí；《威廉·泰尔之谜》（*The Enigma of William Tell*）]、安迪·沃霍尔（Andy Warhol）、达米恩·赫斯特（Damien Hirst）和罗伯特·劳森伯格[Robert Rauschenberg；《字母组合》（*Monogram*），被亲切地称为“轮胎中的山羊”]的作品。这里还有弗朗西斯·培根（Francis Bacon）、马塞尔·杜尚（Marcel Duchamp）、马蒂斯（Matisse）及其斯堪的纳维亚同辈们的重要作品，以及很多尚未家喻户晓的作品。

历史博物馆 博物馆

（Historiska Museet；☎08-51 95 56 00；www.historiska.se；Narvavägen 13-17；成人/儿童 Skr100/免费；⏲10:00~18:00，9月至次年5月 周一关闭；🚌44，56，Ⓜ Karlaplan，Östermalmstorg）国家历史藏品在这座饶有兴味的博物馆里等待人们光临。从铁器时代的冰鞋、维京战船到中世纪的纺织品、文艺复兴时期的三联画，跨越了瑞典历史和文化的1万年历程。这里有关于中世纪哥得兰战役（Battle of Gotland，1361年）的展览、关于维京人的出色多媒体展示、一屋子中世纪祭坛装饰品、大量纺织品收藏和史前文化展览。

活动

Stockholm City Bikes 自行车租赁

（www.citybikes.se；3日卡/季卡 Skr165/300）City Bikes在全城有大约90个自助自行车租赁点。自行车可以借走3小时，并在任何一处City Bikes站点返还。你需要在网上、旅游局、斯德哥尔摩交通公司中心[Storstockholms Lokaltrafik（SL）centre]或者大多数酒店（见网站上的列表）购买自行车卡。充值的季卡4月至10月有效。

住宿

★ Vandrarhem af Chapman & Skeppsholmen 青年旅舍 €

（☎08-463 22 66；www.stfchapman.com；Flaggmansvägen 8；铺 Skr260起，房间 Skr590起；🚭@📶；🚌65 Skeppsholmen）"af Chapman"是一艘充满传奇色彩的船，本身就经历丰富。它紧邻Skeppsholmen停靠，位置很棒。甲板下的宿舍里有上下铺。除了浴室和厕所之外，其他所有设施都在陆地上的Skeppsholmen青年旅舍里，包括不错的厨房、悠闲的公共空间和电视休闲室。

STF Fridhemsplan 青年旅舍 €

（☎08-653 88 00；www.fridhemsplan.se；S:t Eriksgatan 20；标单/双 Skr550/650，酒店 标单/双 Skr750/850起；@📶👪；ⓂFridhemsplan）这家现代迷人的青年旅舍位于国王岛（Kungsholmen）的Fridhemsplan地铁站附近，有漂亮现代的酒店风格房间，带公用卫生间（酒店标准间是套间），从有的房间的窗户可欣赏城市景色。大厅里有可以放松的炫酷休闲室，还有又大又时髦的早餐室（提供上等的早餐自助餐，青年旅舍的住客花费Skr70）。

Hotel Anno 1647 酒店 €€

（☎08-442 16 80；www.anno1647.se；Mariagränd 3；经济型 标单/双 Skr570/740起，标准型 标单/双 Skr890/990起；Ⓟ🚭@📶；ⓂSlussen）紧邻热闹的Götgatan，这家历史悠久的酒店位于两栋漂亮的建筑内，有迷宫般的走廊、华丽的木地板、螺旋楼梯、和蔼的员工，以及经济型和标准型房间——二者都值得推荐。标准型房间装饰有古香古色的洛可可式壁纸、现代设施和奇特的枝形吊灯。位置和旺季的折扣让这里物超所值。

★ Hotel Hellsten 酒店 €€

（☎08-661 86 00；www.hellsten.se；Luntmakargatan 68；标单/双 Skr1090/1490起；🚭❄@📶；ⓂRådmansgatan）Hip Hellsten的老板是人类学家Per Hellsten，他的风格在房间和公共空间里显而易见，配备的家具和装饰品来自他的旅行和生活，包括Congan部落的面具和他祖母的枝形吊灯。房间相当舒适，

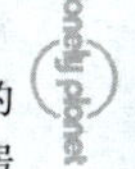

斯德哥尔摩群岛

作为这座城市与开阔的波罗的海之间的缓冲地带，这片群岛是由数千座岩石小岛和红色的小村舍组成的"仙境"。这里有定期的渡船服务和团队游，比很多游客想象的更容易到达。

Waxholmsbolaget（☎08-679 58 30；www.waxholmsbolaget.se；Strömkajen；单程旅行 Skr45~130，5日通票 Skr440，30日通票 普通票/老人 Skr770/470；⏲8:00~18:00；ⓂKungsträdgården）是岛屿交通的主要运营商，提供标准的往返线路和团队游；Strömma Kanalbolaget（☎08-12 00 40 00；www.stromma.se；Strandvägen 8）也是如此。

瓦克斯霍尔姆是群岛的门户（就在斯德哥尔摩东北35公里处，在Tekniska Högskolan地铁站乘坐670路车可至）。在阳光明媚的春日，这里曲折的街道和童话书中才有的房屋令人无法抗拒。这里有繁荣的餐饮场所和受欢迎的圣诞市场。

向南而行，于特（Utö）有沙滩、童话般的森林、丰富多彩的鸟类和一家出色的面包店（早餐 Skr80~120，午餐 Skr140，三明治 Skr40~70；⏲8:00~17:00）。小小的Gruvbryggan是主要渡船停靠点。在客运港口可以询问租赁自行车事宜。不要错过瑞典最古老的铁矿（⏲24小时）。

同样迷人的还有北部的阿鲁尔马（Arholma）。这里曾经是个热门的度假胜地，散发着浓浓的农业气息，有青翠的牧场、徒步小径、岩石浴地点和清爽怡人的Bull-August Vandrarhem（☎0176-560 18；www.bullaugust.se；Arholma Södra Byväg 8；标单/双 Skr340/575起）。

又风格独特，主题从质朴的瑞典风格到新奇的印度风情，不一而足，有的房间甚至还以原先的瓷砖炉灶为特色。

Nordic 'C' Hotel 酒店 €€

（☎08-50 56 30 00；www.nordicchotel.com；Vasaplan 4；标单/双 Skr784/824起；🚭❄@📶；Ⓜ T-Centralen）如果你时间合适并提前订房，住在这里会非常合算。这家酒店是稍微高档一些的Nordic Light的姊妹酒店，有时髦的小房间、优质的服务和炫酷的休息室，门厅里有9000升的鱼缸，令人印象深刻。最便宜的房间没有窗户，非常小，不过设计效果很好，总体上还是很舒适的。

Rival Hotel 酒店 €€€

（☎08-54 57 89 00；www.rival.se；Mariatorget 3；标单/双 Skr1895/2495起；🚭❄@📶；Ⓜ Mariatorget）由阿巴合唱团（ABBA）的本尼·安德森（Benny Andersson）所有，可以俯瞰枝繁叶茂的Mariatorget。这家具有令人陶醉的设计风格的酒店是一颗时尚复古的明珠，包括20世纪40年代的老式电影院和装饰艺术风格的鸡尾酒吧。房间非常舒适，以瑞典著名电影的海报和泰迪熊为特色，令你有宾至如归的感觉。所有房间都有大小适中的卫生间和带蓝光播放器的平板电视。

就餐

斯德哥尔摩是座美食之城，这里有超过6家米其林星级餐馆。虽然美食不便宜，但你可以在众多咖啡馆、咖啡商店和素食自助餐厅里找到物有所值的地方。

Chokladkoppen 咖啡馆 €

（www.chokladkoppen.se；Stortorget 18；蛋糕 Skr40~80；⏰夏季 9:00~23:00，其余月份 营业时间较短；Ⓜ Gamla Stan）狭小的Chokladkoppen坐落于老城区迷人的主广场上，可以说是斯德哥尔摩最受人喜爱的咖啡馆。这里是个对同性恋者友好的地点，有可爱的服务员、让你成为他人眼中风景的夏季露台和美味的食物，比如蓝纹奶酪西兰花馅饼和可口的蛋糕。

Vurma 咖啡馆 €

（www.vurma.se；Polhemsgatan 15-17；沙拉 Skr108，三明治 Skr60~80；⏰周一至周五 7:00~19:00，周六和周日 8:00~19:00；📶🖉👪；Ⓜ Rådhuset）去这家友好的咖啡店兼蛋糕店，挤在当地人中间吧。这个地方的价格的确实惠，环境随意，可以吃到健康丰盛的一餐。美味的三明治和沙拉富有创造力，藜麦或意大利面配有哈罗米奶酪、炸豆泥丸子、腌三文鱼、鳄梨等。附赠的自制面包好吃极了。

Hermitage 素食 €€

（Stora Nygatan 11；午餐/晚餐和周末 Skr110/120；⏰周一至周六 11:00~20:00，周日 正午至16:00；🖉；Ⓜ Gamla Stan）素食者会因为简单可口的素食自助餐而爱上Hermitage的，这里无疑是老城区最好的廉价餐馆之一。沙拉、自制面包、茶和咖啡都包括在价格里。专业建议：不要错过隐藏在自助餐主桌面下方盛放热食的抽屉。

★ Lisa Elmqvist 海鲜 €€

（☎08-55 34 04 10；www.lisaelmqvist.se；Östermalmstorg，Östermalms Saluhall；主菜 Skr170起；⏰周一至周四 9:30~18:00，周五 至18:30，周六 至16:00；Ⓜ Östermalmstorg）喜欢海鲜的人，不用再找其他地方了，这里是斯德哥尔摩的传奇，隐藏在历史悠久的Östermalms Saluhall里，从不缺少午餐时心满意足的人群。菜单每天都会变，所以要让服务员为你点菜。无论是龙虾薄煎饼，还是川椒烤鲑鱼片，都不会让你失望。经典菜式包括虾肉三明治（Skr170）和盘装腌三文鱼（gravadlax；Skr185）。

Kryp In 瑞典菜 €€€

（☎08-20 88 41；www.restaurangkrypin.nu；Prästgatan 17；开胃菜 Skr135~195，主菜 Skr195~285；⏰周一至周五 17:00~23:00，周六和周日 12:30~16:00和17:00~23:00；Ⓜ Gamla Stan）这个地方虽小却布置完美，在传统瑞典菜肴的基础上推出创意菜式，赢得食客的一片喝彩。生三文鱼片或熏驯鹿肉沙拉之类的菜肴之后是藏红花蒜蓉蛋黄酱炖贝类，令人垂涎。服务很好，气氛有品位而不乏味。周末午餐的简式菜单（Skr119～158）很划算。需提前订座。

饮品和娱乐

Pet Sounds Bar 酒吧

（www.petsoundsbar.se; Skånegatan 80; 啤酒 Skr72，鸡尾酒 Skr118; Ⓜ Medborgarplatsen）SoFo（Folkungagatan以南）最受欢迎的地方，这家挤满人的酒吧吸引了音乐记者、独立文化发烧友和古怪粗野的摇滚歌手前来。虽然餐馆提供不错的意大利-法国食物，但真正的乐趣在地下室，里面有各色现场乐队、发布派对和DJ打碟。赶在“欢乐时光”（14:00～18:00）前往，有特价饮品。

Kvarnen 酒吧

（☎08-643 03 80; www.kvarnen.com; Tjärhovsgatan 4; ⊙周一至周二 11:00至次日1:00，周三至周五 11:00至次日3:00，周六 17:00至次日3:00，周日 17:00至次日1:00; Ⓜ Medborgarplatsen）Kvarnen是Söder最好的酒吧之一，老派的哈马比（Hammarby）球迷常去的地方。华丽的啤酒大厅可以追溯到1907年，散发出传统的气息。如果你不是逛夜店那种人，可以早点儿来这里享用美食（主菜Skr139～195）。随着夜色加深，夜店氛围逐渐占据了上风。永远在排队，不过这很有道理。

Absolut Icebar 酒吧

（☎08-50 56 35 20; www.icebarstockholm.se; Vasaplan 4, Nordic ‘C’ Hotel; 网上预订/直接前往 Skr185/195; ⊙周日至周四 11:15至午夜，周五和周六 至次日1:00）这里的游客很多，花样也很多。必须承认，你绝对会被这吸引：完全建在冰上的酒吧，你将坐在冰桌旁，用冰雕杯子喝酒。门票附送温暖的袜子、手套、外套，以及一杯饮品。饮品续杯费用为Skr95。

Debaser 现场音乐

（☎08-694 79 00; www.debaser.se; Medborgarplatsen 8; ⊙周日至周四 19:00至次日1:00，周五和周六 20:00至次日3:00; Ⓜ Medborgarplatsen）这座小型娱乐王国有位于Medborgarplatsen的一流摇滚会场（Debaser Medis）。大多数夜晚，新秀或明星们在此演出，夜店之夜从不变的摇滚乐到朋克音乐和电子乐，无所不包。（城镇周边还有几家餐馆，马尔默也有一家）

实用信息

斯德哥尔摩游客中心（Stockholm Visitors Center; ☎08-50 82 85 08; www.visitstockholm.com; Kulturhuset, Sergels Torg 3; ⊙周一至周五 9:00～19:00，冬季 至18:00，周六 9:00～16:00，周日 10:00～16:00; Ⓜ T-Centralen）游客总中心位于塞格尔广场（Sergels Torg）的文化宫（Kulturhuset）内。

到达和离开

飞机

斯德哥尔摩阿兰达机场（Stockholm Arlanda; ☎10-109 10 00; www.swedavia.se/arlanda）斯德哥尔摩的主要机场，位于市中心以北45公里处，在斯德哥尔摩市中心乘公共汽车和快速列车可以到达。2号和5号航站楼停靠国际航班，3号和4号航站楼停靠国内航班，没有1号航站楼。

长途汽车

Cityterminalen（www.cityterminalen.com; ⊙7:00～18:00）多数长途汽车都在与中央火车站（Centralstationen）相连的Cityterminalen到站和发车。**主柜台**（⊙7:00～18:00）出售几家长途汽车公司的车票，包括Flybussarna（机场大巴）、Swebus Express、Svenska Buss、欧洲巴士和Y-Buss。

火车

斯德哥尔摩是国内和国际列车的枢纽，火车由瑞典国家铁路（Sveriges Järnväg; SJ）运营。售票处在**中央火车站**（Ⓜ T-Centralen）内。

当地交通

抵离机场

Arlanda Express（www.arlandaexpress.com）列车从中央火车站发车（单程Skr260，20分钟，15分钟一班），连接市中心与阿兰达机场。比较便宜的选择是阿兰达机场与Cityterminalen（Skr99，40分钟，10～15分钟一班）之间的**Flygbussarna**（www.flygbussarna.se）公共汽车。

公共交通

斯德哥尔摩交通公司(SL；☎08-600 10 00；www.sl.se；Centralstationen, Sergels Torg；单程Skr25~50，24小时/72小时/7日 无限次通票Skr115/230/300，学生和老人半价)运营所有的地铁(T或T-bana)、本地列车和公共汽车。地铁站、Pressbyrån岗亭、SL火车站及SL咨询处出售优惠券、车票和通票。

乌普萨拉(UPPSALA)

☎018/人口 156,000

这个国家的历史和灵魂中心乌普萨拉有大学城欢快的派对氛围，融合了城堡、大教堂和大学。这里白天平静，夜晚热闹，从斯德哥尔摩到这里一日游非常便利，不过在此流连过夜也很值得，可以漫步在被遗弃的街道，体验独特的氛围。

景点

旧乌普萨拉 考古遗址

(Gamla Uppsala；www.arkeologigamlauppsala.se；⏰24小时；🚌2) 免费 瑞典最大、最重要的墓地之一，旧乌普萨拉(乌普萨拉以北4公里处)包括6~12世纪的300座陵墓。最早的3座也是令人印象最深刻的，传说包括维京时代之前的国王奥恩(Aun)、埃伊尔(Egil)和阿德尔(Adils)，他们出现于《贝奥武夫》(*Beowulf*)和冰岛历史学家斯诺雷·斯蒂德吕松(Snorre Sturlason)的《远古英雄传奇》(*Ynglingsaga*)中。最近的证据显示，东陵(Östhögen)的墓主是一位女性，可能是一位二三十岁的女性摄政者。

乌普萨拉宫 城堡

(Uppsala Slott；www.uppsalaslott.se；门票 仅限导览游，成人/儿童 Skr90/15；⏰英语团队游 6月下旬至9月 周二至周日 13:00和15:00) 乌普萨拉宫由古斯塔夫·瓦萨(Gustav Vasa)修建于16世纪50年代。此处包括国王登基和克里斯蒂娜女王(Queen Kristina)退位的国家礼堂。这里还是1567年一场残忍杀戮的地点：在指控尼尔斯·斯图林(Nils Sture)犯有叛国罪之后，国王埃里克十四世(King Erik XIV)及其近卫军杀害了他及他的两个儿子埃里克(Erik)和斯万特(Svante)。1702年，城堡被烧毁，不过在1757年重建成现在的样子。

大教堂 教堂

(Domkyrka, Cathedral；www.uppsaladomkyrka.se；Domkyrkoplan；⏰8:00~18:00) 免费 这座哥特式大教堂主宰着整座城市，正像那些埋葬于此、曾经主导自己国家命运的人一样，如圣埃里克(St Erik)、古斯塔夫·瓦萨和科学家卡尔·冯·林耐(Carl von Linné)。7月和8月，周一至周六的11:00~14:00和周日的16:00有英语团队游。

住宿

STF Vandrarhem Sunnersta Herrgård 青年旅舍 €

(☎018-32 42 20；www.sunnerstaherrgard.se；Sunnerstavägen 24；铺 Skr245，标单/双 含早餐 Skr650/770起；⏰1月至12月中旬；P 🚭 @ 🛜 👪；🚌20) 这家青年旅舍位于市中心以南约6公里的一座历史悠久的庄园住宅内，临水，有公园般的环境，还有一家不错的餐馆。你可以租自行车(每天/周 Skr50/200)或者借一条船，这里有免费Wi-Fi。酒店标准的房间含早餐，青年旅舍的住客可以花费Skr85享用早餐。

Uppsala Vandrarhem & Hotell 青年旅舍 €

(☎018-242008；www.uppsalavandrarhem.se；Kvarntorget 3；铺 Skr190，标单/双 青年旅舍 Skr445/550，标单/双 酒店 Skr750/895；P 🚭 ❄ 🛜；🚌3 Kvarntorget) 这家青年旅舍附属于Hotell Kvarntorget，远离人们的活动中心，不过从乌普萨拉中央车站(Uppsala Central Station)步行可到。房间宽敞，有的有双人床，面朝一个可作为早餐室的封闭庭院，新设计的隔墙可以大幅度降低噪音。这里有客用厨房和洗衣房。房费包括寝具，毛巾(Skr30)和早餐(Skr69)另算。

Best Western Hotel Svava 酒店 €€

(☎018-13 00 30；www.bestwestern.se；Bangårdsgatan 24；标单/双 Skr1350/1450；P ❄) 以奥丁(Odin)的女武神(Valkyrie)之一的名字命名，Hotel Svava就在火车站对

面，是一家非常舒适的商务风格的酒店，夏季和周末有优惠，极为物超所值。

就餐

位于大教堂和河流之间的室内市场**Saluhallen**（Sankt Eriks Torg；⏰周一至周四 10:00~18:00，周五 至19:00，周六 至16:00，餐馆周日 11:00~16:00）里有一些比较随意的就餐选择。

Ofvandahls 咖啡馆 €

（Sysslomansgatan 3-5；蛋糕 Skr35，小吃 Skr55~75；⏰周一至周五 8:00~18:00，周六 9:00~17:00，周日 11:00~17:00）这家漂亮可爱的面包店兼咖啡馆（konditori）可追溯至19世纪，某种意义上来说是乌普萨拉文化的一部分，比同类店铺略胜一筹。这家店甚至和国王的重要性不相上下，散发出旧世界的魅力——不知为何，那些褪色的红条纹遮阳篷一年比一年可爱。

Hambergs Fisk 海鲜 €€

（www.hambergs.se；Fyristorg 8；主菜 Skr 125~295；⏰周二至周六 11:30~22:00）就让莳萝和海鲜的香味引你进入这家出色的鱼餐馆吧，这里店面很小，面向河流。想自己下厨的人应该去相邻的新鲜鱼柜台看看。

实用信息

旅游局（☎018-727 48 00；www.destinationuppsala.se；Kungsgatan 59；⏰周一至周五 10:00~18:00，周六 至15:00，7月和8月 另加 周日 11:00~15:00）搬到了极好的地点，就在火车站前面。这里有实用的建议、地图和关于整个国家的小册子。

到达和离开

Swebus Express运营前往斯德哥尔摩的定时直达车（Skr59起，1.25小时，每小时），两地间还有车次频繁的瑞典国家铁路列车（Skr70~110，单程35~55分钟）。

瑞典南部 (SOUTHERN SWEDEN)

艺术家热爱瑞典南部。这里的阳光更柔和，叶子更鲜亮，海岸更炫目。瑞典最南端的斯科讷（Skåne，Scania）直到1658年之前都归属于丹麦，如今依然与众不同。

马尔默（Malmö）

☎040/人口 300,000

瑞典的第三大城市感觉进步而现代，这里有漂亮的公园、前卫的当代博物馆及真正的美食。自从2000年厄勒大桥（Öresund）开通之后，这座活力四射的城市在感觉上与酷炫的哥本哈根及欧洲其他地区联系得更紧密了。

景点

★**马尔默博物馆** 博物馆

（Malmö Museer；www.malmo.se/museer；Malmöhusvägen；成人/儿童 Skr40/免费，语音导览 Skr20；⏰6月至8月 10:00~16:00，其余月份 开放时间较短；👪）这里有不同主题的各式博物馆，包括手工艺品、军事装备、艺术和交通工具，位于马尔默城堡（Malmöhus Slott）内部及周边，构成了所谓的马尔默博物馆。所有博物馆内都有礼品商店和咖啡馆兼餐馆，很多博物馆都能引起儿童的兴趣，包括一座**水族馆**。2014年这里的夜间大厅经过整修，不要错过，从蝙蝠到电鳗，外加当地的水族成员，比如鳕鱼和梭鱼，一切都蠢蠢欲动。

★**马尔默现代美术馆** 博物馆

（Moderna Museet Malmö；www.modernamuseet.se；Gasverksgatan 22；门票 Skr70；⏰周二至周日 11:00~18:00）建筑师塔姆（Tham）和维德高（Videgård）选择通过增建一座现代的附属建筑，连同一面明亮多孔的橙红色外墙，来最大限度地利用独特的1901年建成的Rooseum，它曾是涡轮发电机大厅。除了展示地点之外，这座博物馆的美术馆也值得游览，长期展览包括现代大师马蒂斯、达利和毕加索的作品。

住宿

STF Vandrarhem Malmö City 青年旅舍 €

（☎040-611 62 20；www.svenskaturistforeningen.se；Rönngatan 1；铺/双 Skr230/560

起；@📶）不要因为对外观失望而却步，这是一家光彩照人的青年旅舍，就在市中心，有明亮通风的公用厨房和户外天井。员工热情又乐于助人。

★ **Mäster Johan Hotel** 酒店 €€€

（☎040-664 64 00；www.masterjohan.se；Mäster Johansgatan 13；房间/套 Skr1290/1790起；P@📶）酒店紧邻小广场（Lilla Torg），是马尔默最佳住宿地点之一，有宽敞且低调优雅的房间，房间里的特色包括漂亮的橡木地板、搭配钴蓝色的雪白纺织品，卫生间里闪耀着帕洛玛·毕加索（Paloma Picasso）设计的瓷砖。这里还有桑拿房和健身房，玻璃屋顶的庭院里提供丰盛的自助早餐。

就餐

Möllevångstorget广场上有一个不错的农产品市场。

Falafel No.1 炸豆泥丸子 €

（☎040-84 41 22；www.falafel-n1.se；Österportsgatan 2；炸豆泥丸子 Skr35起）马尔默居民非常喜欢炸豆泥丸子，就连当地说唱歌手Timbuktu都把它写进了歌里。Falafel No.1（也被称作Orient House）是一家最受喜爱的老店。关于其他地点的详细信息，请查看网站Everything About Falafel（www.alltomfalafel.se）。

> **桥**
>
> **厄勒大桥**（Öresund Bridge；www.oresundsbron.com；摩托车/小汽车/小型公共汽车 Skr225/440/880）是世界上最长的斜拉公路和铁路桥，连接伦那根（Lernacken；位于瑞典，靠近马尔默）和萨尔特岛（Saltholm；盐岛）以南的人工岛佩伯岛（Peberholm；胡椒岛），长达7.8公里。
>
> 当地通勤者使用电子设备支付过路费，而其他所有人需要在伦那根的收费站用信用卡、借记卡或欧元、丹麦、瑞典货币交纳过路费。

Atmosfär 瑞典菜 €€

（☎040-12 50 77；www.atmosfar.com；Fersensväg 4；主菜 Skr125起；⏱周一至周五 11:30~23:00，周六 至次日2:00）这家有品位的街区餐馆根据当下的季节定期更换菜单，不过你可以信任这里的美味和创意组合，比如盖有旱金莲嫩叶的沙拉和搭配松露、青豆、山葵的小牛肉。鸡尾酒（Skr105）同样令人无法抗拒。接骨木花嘶嘶作响，有谁要喝？

★ **Mrs.Brown** 瑞典菜 €€€

（☎040-97 22 50；www.mrsbrown.nu；Storgatan 26；主菜 Skr200起；⏱周一至周五 正午至15:30和17:00~22:30，周六 18:00~22:30；🖉）🌿得体的小店Mrs.Brown是那种你做梦都希望开设在自己附近的街区餐馆。开放式厨房采用当地的有机食材，烹制出斯堪的纳维亚现代家常菜，比如辣椒酱汁格陵兰虾。服务细心，并不傲慢，餐厅以极简主义风格装饰，既舒适，又时髦。

实用信息

旅游局（☎040-34 12 00；www.malmotown.com；Skeppsbron 2；⏱周一至周五 9:00~19:00，周六和周日 10:00~16:00）在中央车站对面。

到达和离开

长途汽车

Swebus Express（☎0771-21 82 18；www.swebus.se）每天运营2~4班开往斯德哥尔摩（Skr479起，8.5小时）及至少5班开往哥德堡（Skr199起，3.5~4小时）的长途汽车，其中至少2班继续开往奥斯陆（Skr349起，8小时）。

Svenska Buss（☎0771-67 67 67；www.svenskabuss.se）每周有6班车开往斯德哥尔摩。

火车

Skånetrafiken（www.skanetrafiken.se）运营的本地列车（Pågatågen）定期开往赫尔辛堡（Helsingborg；Skr103，1小时）、隆德（Skr48，15分钟）及斯科讷其他城镇。

中央车站的马尔默至哥本哈根列车每隔20分钟发车（Skr105，35分钟）。

每天有几班高速X2000列车（Skr342起，2.5小时）和地区列车（Skr235起，3.25小时）往返哥德堡。斯德哥尔摩和马尔默之间有X2000列车

（Skr750起，4.5小时，每小时）和城际列车（Skr795起，6.5小时，班次不多）。

哥德堡（GÖTEBORG）

☎031/人口 549,840

社交生活丰富的哥德堡（读为yur-te-borry，英文中的Gothenburg）常常被斯德哥尔摩的光彩所遮蔽，但它本身也很带劲。斯德哥尔摩或许表现出的是"第一流"，不过很多最优秀和最闪亮的理念其实都发源于这座草根城市。

景点

运河以南的**哈加区**（Haga）是哥德堡最古老的郊区，可以追溯至1648年。20世纪80年代和90年代，该地区经过彻底翻新，如今是个由可爱的咖啡馆和精品店组成的漂亮迷宫，地上铺着鹅卵石。

★里瑟本游乐园 游乐园

（Liseberg；www.liseberg.se；Södra Vägen；1/2日通票 Skr415/595；⏲6月至8月中旬 11:00~23:00；👪；🚊2，4，5，6，8，10 Korsvägen）里瑟本游乐园是斯堪的纳维亚最大的游乐园，项目多种多样。惊险的有神圣庄严的木制过山车Balder、它的"爆炸性同事"Kanonen——2秒内就能从0公里/小时加速至75公里/小时、欧洲最高的自由落体塔AtmosFear（116米），以及公园里最大的新项目：刺激的过山车Helix能让你体验失重并翻上7个跟头。更温和的选择有旋转木马、童话城堡、露天舞池、冒险游乐场，以及演出和音乐会。

★默恩达尔博物馆 博物馆

（Mölndals Museum；☎031-431 34；www.museum.molndal.se；Kvarnbygatan 12；⏲周二至周日 正午至18:00）免费 位于旧警察局内，这座博物馆就像一间巨大的仓库，有多达1万件当地怀旧物品，从17世纪的木鞋到厨房的日用品，不一而足，并且重建了一座20世纪30年代的工人村舍。博物馆的重点是回忆和感受，这里是个能引发共鸣的地方，你可以在电子目录上体验一套套老式服装，取出隐藏的宝物，了解这些个人物品的秘密。

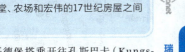

值得一游

隆德

从马尔默乘火车，仅需15分钟，就能到达动人的大学城隆德（Lund）。隆德的中央是壮丽的**罗马式大教堂**（Domkyrkan，Kyrkogatan；⏲周一至周五 8:00~18:00，周六 9:30~17:00，周日 至18:00）免费，侧入口上方有几尊奇异的滴水嘴兽雕像，可怕的地下室里有一块由巨人变成的石头，还有一座会跑出木头人的嗡嗡作响的天文钟（周一至周六 正午和15:00，周日 13:00和15:00）。

城镇最迷人的博物馆**文化宫**（Kulturen；www.kulturen.com；Tegnerplatsen；成人/儿童 Skr90/免费；⏲5月至8月 10:00~17:00，9月至次年4月 周二至周六 正午至16:00；👪）是一个巨大的露天空间，你可以在桦树皮小屋、保存完好的村舍、教堂、农场和宏伟的17世纪房屋之间漫步。

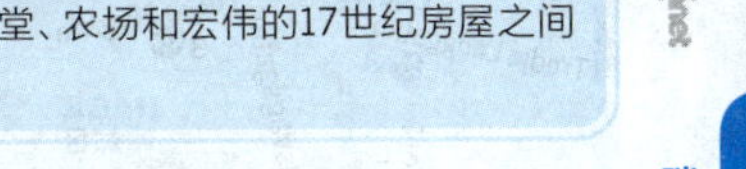

在哥德堡搭乘开往孔斯巴卡（Kungsbacka）的火车至默恩达尔车站，然后乘坐752或756路公共汽车。

★红石艺术中心 美术馆

（Röda Sten；www.rodasten.com；Röda Sten 1；成人/21岁以下 Skr40/免费；⏲周二至周日 正午至17:00，周三 至19:00；🚊3，9 Vagnhallen Majorna）位于巨大的艾尔夫斯堡大桥（Älvsborgsbron）旁边，占据了一座遍布涂鸦的废弃发电站。红石艺术中心有4层，里面的临时展览有前卫的瑞典摄影和菲律宾-丹麦艺术家Lillibeth Cuenca Rasmussen的易装说唱视频，向阿富汗社会的性别刻板印象发起挑战。独立风格的咖啡馆里每周都有现场音乐和夜店之夜，还有标新立异的活动，比如朋克自行车比赛、拳击赛和单人喜剧。想到达这里的话，向克利潘（Klippan）区走，一直走到艾尔夫斯堡大桥下，找找棕褐色砖楼。

★自然科技馆 博物馆

（Universeum；www.universeum.se；Södra Vägen 50；成人/3~16岁 Skr230/175；⏲10:00~

Göteborg 哥德堡

A B C D
1 2 3 4
Swebus Express
Centralstationen
中央火车站
Östra Hamngatan
Torggatan
Götaleden
Kronhusgatan
Postgatan
Brunnsparken
Älvsnabben
Norra Hamngatan
Södra Hamngatan
Drottninggatan
Kyrkogatan
Östra Larmgatan
7
Trädgårdsföreningen
Kungsgatan
Korsgatan
Västra Hamngatan
Magasinsgatan
5
Göta älv
Skeppsbron
11
Vallgatan
S Larmgatan
Otterhällegatan
Kungsgatan
Hvitfeldtsplatsen
Kungstorget
6
Lilla Korsgatan
Kungsparken
Nya Allén
Södra vägen
Kungsportsavenyn
Rosenlundsgatan
Grönsakstorget
Parkgatan
Masthamnsgatan
Förstalanggatan
Järntorget
Södra Allégatan
Parkgatan
Storgatan
9
Vasaplatsen
Götabergsgatan
Andra Långgatan
LINNÉ
Tredje Långgatan
8
Haga Nygata
3
HAGA
哈加区
Vasaparken
Vasagatan
Erik Dahlbergsg
Nordhemsgatan
Landsvägsgatan
Husargatan
Viktoriagatan
Vegagatan
Skansparken
Skanstorget
Linnégatan
Föreningsgatan

18:00；🚻；🚌2, 4, 5, 6, 8 Korsvägen）这里无疑是瑞典最适合儿童的博物馆，你会发现自己置身于潮湿的雨林之间，还有涓涓细流、在葱茏草木间飞舞的热带鸟类和蝴蝶，以及小狨猴。在上层，咆哮的恐龙互相攻击；而在隔壁，深海居民漂浮着穿过鲨鱼隧道，"毒美人"盘绕在蛇池里。在"受自然启发的科技"部分，可以将你的孩子粘在尼龙搭扣墙壁上。

艺术博物馆

美术馆

（Konstmuseet；www.konstmuseum.goteborg.se；Götaplatsen；成人/25岁以下 Skr40/免费；🕘周二和周四 11:00~18:00，周三 至20:00，周五至周日 至17:00；🚻；🚌4, 5, 7, 10 Berzeliigatan）艺术博物馆里有哥德堡最好的艺术收藏，作品来自法国印象派画家、鲁本斯（Rubens）、凡·高（Van Gogh）、伦勃朗（Rembrandt）和毕加索；包括布鲁诺·利耶福什（Bruno Liljefors）、爱德华·蒙克（Edvard Munch）、安德斯·佐恩（Anders Zorn）和卡尔·拉森（Carl Larsson）在内的斯堪的纳维亚大师在**菲尔斯滕博格美术馆**（Fürstenburg Galleries）里也占有重要的一席之地。

其他亮点包括一流的雕塑大厅、每年都举办"新北欧摄影展"（New Nordic Photography）的**哈塞尔布拉德中心**（Hasselblad Center）和新生代北欧艺术的临时展览。

门外的**波塞冬**（Poseidon）青铜喷泉让保守古板的哥德堡居民大为愤慨，他们坚持要缩减其阴茎的尺寸。

住宿

STF Göteborg City

青年旅舍 €

（☎031-756 98 00；www.svenskaturistforen

ingen.se; Drottninggatan 63-65; 标单/双 Skr 545/988起; ; 1, 4, 6, 9, 11 Brunnsparken）这家崭新闪亮的大型青年旅舍位于市中心，咖啡馆、就餐区域和休闲室全部是时髦的工业风格，每层都有单独的主题，豪华舒适。所有房间都宁静怡人，有套内卫生间、厚厚的地毯和舒适的上下铺，甚至为你提供床上用品和毛巾。

Hotel Flora 精品酒店 €€

（031-13 86 16; www.hotelflora.se; Grönsakstorget 2; 房间 Skr840起; @; 1, 5, 6, 9, 10 Grönsakstorget）Flora极为出色，整洁的房间各有主题，还有黑白加少许亮色的室内风格、设计座椅、平板电视和闪亮的卫生间，虽然缺少储物空间会让那些携带大量衣物的人感到失望。顶层房间有空调，有几个房间能看到河景，可以俯视别致错

Göteborg 哥德堡

层式庭院的房间适合夜猫子而不是早起的鸟儿。

Dorsia Hotel 精品酒店 €€€

（031-790 10 00; www.dorsia.se; Trädgårdsgatan 6; 标单/双/套 Skr1900/2500/5800起; @; 3, 4, 5, 7, 10 Kungsportsplatsen）如果天堂里有妓院，那一定就像这栋奢华艳丽的建筑，将旧世界的颓废与前卫的设计相结合。房间里有厚重的天鹅绒窗帘、紫色与深红色的色彩组合和豪华的床，令人满意；走廊里的厚毯子会降低你的脚步声；装饰墙壁的美术品都来自店主的个人收藏。

就餐

Saluhall Briggen 市场 €

（www.saluhallbriggen.se; Nordhemsgatan 28; 三明治 Skr60; 周一至周五 9:00~18:00，周六 至15:00; ; 1, 6, 7, 10 Prinsgatan）这个带顶棚的市场有丰富的新鲜面包、奶酪、海鲜和少数民族美食，令人垂涎欲滴。对住在青年旅舍区域的人来说，这里尤其方便。

Smaka 瑞典菜 €€

（www.smaka.se; Vasaplatsen 3; 主菜 Skr130~225; 17:00至更晚; 1, 2, 3, 7,

10 Vasaplatsen）想吃一流的瑞典传统食物（husmanskost），比如越橘土豆泥特色肉丸，很难找到比这家餐馆兼酒吧更整洁、实在的地方了。现代瑞典菜肴可能包括鳕鱼配乳猪脸或腌梨三文鱼塔塔。

★ Thörnströms Kök 斯堪的纳维亚菜 €€€

（☎031-16 20 66；www.thornstromskok.com；3 Teknologgatan；主菜Skr255~285，4/6/9道菜Skr625/825/1125；⏰周一至周六18:00至次日1:00；🚊7, 10 Kapellplatsen）专门烹制现代斯堪的纳维亚菜式，依靠对本地时令食材的创新利用和完美的菜肴外观，厨师Håkan将向你展示他是如何赢得米其林星级的。尽情享用榛子牛羊杂碎和大黄熏鲈鱼等菜肴吧，不要错过非凡的牛奶巧克力布丁搭配羊奶酪冰激凌。如果多道菜套餐让你不知所措，这里也可以按菜单点菜。

饮品

林耐（Linné）区有几家友好的酒吧，是学生们常去的地方，提供非常便宜的啤酒。

Barn 酒吧

（www.thebarn.se；Kyrkogatan 11；啤酒Skr50起；⏰周一至周六17:00至更晚，周日14:00起；🚊1, 3, 5, 6, 9 Domkyrkan）这家酒吧装饰有粗粗砍凿的木头和铜管龙头，啤酒、葡萄酒、鸡尾酒都会让你开心舒畅到想举起这座谷仓。汉堡包也是极好的充饥食物。

实用信息

旅游局（☎031-368 42 00；www.goteborg.com；Kungsportsplatsen 2；⏰9:30~20:00）地处中心，热闹繁忙，这里有精选的免费小册子和地图。

到达和离开

飞机

哥德堡城市机场（Göteborg City Airport；www.goteborgairport.se）位于城市以北约15公里处的赛韦（Säve），提供廉价的瑞安航空航线，飞往包括伦敦斯坦斯特德机场、格拉斯哥和法兰克福在内的目的地。

船

哥德堡是主要的渡船码头，有几班开往丹麦和德国的汽车、客运渡船。

要想从特殊的视角欣赏这个地区，可以跳上一艘船，沿约塔运河（Göta Canal）进行一次难忘的旅行。从哥德堡出发，你将在小埃德（Lilla Edet）经过瑞典最古老的水闸——于1607年开通。从那里横贯壮观的维纳恩湖（Vänern）和韦特恩湖（Vättern），穿过崎岖的东约特兰（Östergötland），前往斯德哥尔摩。

长途汽车

Swebus Express（☎0771-21 82 18；www.swebusexpress.com）在汽车总站（毗邻火车站）经营，包括前往以下地点的路线：

马尔默（Skr159，3.5~4小时，每天5~8班）
奥斯陆（Skr189，3.5小时，每天5~10班）
斯德哥尔摩（Skr389，6.5~7小时，每天4~5班）

火车

从中央火车站出发的列车开往：

哥本哈根（Skr450，3.75小时，每小时）
马尔默（Skr195，2.5~3.25小时，每小时）
厄斯特松德（Skr820，12小时，每天）
斯德哥尔摩（Skr419，3~5小时，每小时1~2班）

当地交通

Västtrafik（☎0771-41 43 00；www.vasttrafik.se）运营城市的公共交通系统，包括公共汽车、有轨电车和渡船。在哥德堡四处游览的最便利的方式是乘坐有轨电车。线路按照颜色编码，从1号至13号，集中在布林公园（Brunnsparken；距离中央火车站一个街区处）附近。持有**哥德堡通票**（Göteborg Pass；www.goteborg.com/en/Do/Gothenburg-City-Card/；24/48/72小时Skr355/495/655）可以免费乘车，包括夜间。否则，一张城市交通票的费用为每个成人/儿童Skr25/19（夜间Skr45）。

哥得兰（GOTLAND）

漂浮在波罗的海之间的风光旖旎的哥得兰岛有很多值得炫耀的地方：被联合国教科文组织赞美的中世纪都城、散布着松露的森林、一流的热门就餐地点、才华横溢的手艺人，以及比瑞典其他地方更长的日照时间。这里还是该国历史最悠久的地区之一，有大约100座中世纪教堂和数不尽的史前遗址。

到达和离开

全年都有从维斯比（Visby）到尼纳斯港（Nynäshamn）和奥斯卡港（Oskarshamn）的渡船，由**Destination Gotland**（☎0771-22 33 00; www.destinationgotland.se）运营。每天有1~6班船从尼纳斯港出发（大约3小时），有1或2班船从奥斯卡港向各方向出发（3~4小时）。**Gotlandsbåten**（www.gotlandsbaten.se）每天运营从韦斯特维克（Västervik）到维斯比（Skr250起，约3小时）的客运渡船（6月至8月）。

当地交通

在维斯比，可以从港口的**Gotlands Cykeluthyrning**（☎0498-21 41 33; www.gotlandscykeluthyrning.com; Skeppsbron 2）租自行车，费用为每24小时Skr100起。**Kollektiv Trafiken**（☎0498-21 41 12; www.gotland.se）运营的公共汽车经过大多数村庄，到达该岛屿的所有角落（车票价格高达Skr75）。

维斯比（Visby）

☎0498/人口 22,590

港口城市维斯比是一座令人心醉神迷的中世纪古城，为了它就值得来哥得兰岛一游。在厚实的城墙内，等待你的是蜿蜒的鹅卵石街道、仿佛出自童话的木村舍和引人追忆的遗址。与其他瑞典城市相比，这里的人均餐馆数量更多，是美食爱好者的天堂。

景点

★哥得兰博物馆 博物馆

（Gotlands Museum; www.gotlandsmuseum.se; Strandgatan 14; 成人/儿童 Skr100/80; ⏲10:00~18:00）哥得兰博物馆是瑞典最非凡的地区博物馆之一，亮点包括令人惊奇的图画石，可以追溯至维京时代之前的8世纪；还有来自墓室的人体骨架和中世纪木雕；压轴展品是传说中的Spillings，重达70公斤，是世界上现存的最大的银制珍宝。门票包括进入附近的美术馆（Konstmuseum; ☎0498-29 27 75; Sankt Hansgatan 21; 成人/20岁以下/老人 Skr50/免费/40; ⏲周二至周日 正午至16:00，仲夏 关闭），那里有一个小型长期展览，展品主要是受哥得兰影响的19世纪和20世纪艺术品，还有展示本地当代艺术家作品的临时展览。

哥得兰自行车小径

租一辆自行车，沿着标志清晰的哥得兰自行车小径（Gotlandsleden Cycle Path）骑行，是在哥得兰消磨时间的最佳方式之一。小径环绕岛屿，大部分路段从宁静的田野和森林之间蜿蜒穿过。可以在维斯比的港口边租自行车并领取地图。该路线沿途有极好的青年旅舍网络，Bunge、Lummelunda、Lärbro和Fårö的设施不错。

住宿

Fängelse Vandrarhem 青年旅舍 €

（☎0498-20 60 50; www.visbyfangelse.se; Skeppsbron 1; 铺/标单/双 Skr300/400/500起; 📶）这家青年旅舍全年提供床位，都在老监狱里经过改建的小牢房内。旅舍在渡船码头和港口餐馆之间，位置便利，夏季还有吸引人的露台酒吧。前台接待时间是9:00~14:00，因此若你将在其他时间到达，要提前致电。

Hotel Stenugnen 酒店 €€

（☎0498-21 02 11; www.stenugnen.nu; Korsgatan 6; 标单/双 Skr950/1250，侧楼 房间 Skr999; P📶👪）在这家迷人的小酒店里，明亮的白色房间经过设计，让你觉得如同睡在游艇之中。酒店实际上是在中世纪的城墙上。为儿童提供的雨天消遣很多，而且自制面包实在很好吃。侧楼里较便宜的双人间有公用卫生间。

Clarion Hotel Wisby 酒店 €€€

（☎0498-25 75 00; www.clarionwisby.com; Strandgatan 6; 标单/双 Skr1870/2170起; P@📶🏊）这家豪华的地标酒店是维斯比顶级的，中世纪的拱顶天花板和闪亮的枝状大烛台与时髦现代的陈设形成了鲜明对比。华丽的游泳池（连同中世纪的柱子）占据了经过改建的商用仓库。不要错过11世纪的礼拜堂，就在入口内。

就餐

Bakfickan 海鲜 €€

（www.bakfickan-visby.nu; Stora Torget; 午餐特色菜 Skr95，主菜 Skr139~235）贴着白瓷砖的墙壁、令人愉快的串灯和喧闹的人群，勾勒出这个美食家的喜爱之处。这里的创意海鲜珍品包括虾酱吐司（toast skagen；虾、莳萝和蛋黄酱）、腌鲱鱼配哥得兰面包或Bakfickan鱼汤。真是美味！

Bolaget 法国菜 €€

（www.gamlabolaget.se; Stora Torget 16; 主菜 Skr179~229; ⏲13:00至次日2:00）这里占据了一家已关闭的Systembolaget商店，将招牌上的"System"削掉，重新改造空间，将其变成了嘈杂的法式小馆风格的就餐热门地点。员工都很亲切。夏季，广场一侧的酒吧座椅非常适合小憩。

实用信息

旅游局（☎0498-20 17 00; www.gotland.info; Donners Plats; ⏲夏季 8:00~19:00，其余月份 周一至周五 至16:00，周六和周日 10:00~16:00）旅游局位于Donners广场。

拉普兰世界遗产区

辽阔的**拉普兰世界遗产区**（Laponia World Heritage Area; www.laponia.nu）跨越9400平方公里，包括帕德兰塔（Padjelanta）、萨勒克（Sarek）、大湖瀑布（Stora Sjöfallet）和穆杜（Muddus）国家公园的山脉、森林和沼泽。与其他世界遗产区不同的是，这里的文化价值和自然价值同样获得了认可。

遗产区设立于1996年，包括了山地萨米人和森林萨米人的古代驯鹿牧场，他们的7个定居点和大约5万只驯鹿都在这里。萨米人仍然过着相对传统的生活，跟随他们的驯鹿进行季节性迁徙。

诺兰德（NORRLAND）

诺兰德是瑞典的北半部分，是大自然热爱者的天堂，他们可以享受徒步、滑雪及其他户外活动。雪地摩托车、狗拉雪橇和奇异的北极光让冬季的景色面目一新。北部是萨米人及其驯鹿的家园。

厄斯特松德（Östersund）

☎063/人口 44,330

这座宜人的城镇位于斯图尔湖（Storsjön）旁边，那里寒冷的湖水据说潜伏着瑞典版的尼斯湖水怪。这座城镇是出色的活动基地，也是深入探索诺兰德的门户。

景点

★**耶姆特兰博物馆** 博物馆

（Jamtli; www.jamtli.com; 成人/18岁以下 Skr250/免费; ⏲11:00~17:00; 👪）耶姆特兰博物馆位于市中心以北1公里处，由两部分组成。一部分是露天博物馆，包括经过精心重建的木建筑和身着19世纪服装的热情导游。

室内博物馆的明星是**上胡格达尔挂毯**（Överhogdal Tapestries），是欧洲同类物品中最古老的——1100年的基督徒海盗遗物，绘有动物、人物、船和住所。另一个引人入胜的展览专门展示"大水怪"（Storsjöodjuret），包括对见过"水怪"的人进行的采访录音、捕捉"水怪"的设备和一个泡着的"水怪"胚胎。

住宿

Hotel Emma 酒店 €€

（☎063-51 78 40; www.hotelemma.com; Prästgatan 31; 标单/双 Skr950/1095; P 📶）Emma坐落于市中心，房间各具特色，位于两层楼内的曲折走廊上。有的房间像家一般舒适，有松软的扶手椅和令人印象深刻的陶瓷炉；有的房间有面向庭院的法式房门。丰盛的早餐令人愉悦。前台接待时间有限，因此若抵达得太早或太晚，要提前打电话。

Hotel Jämteborg 酒店 €€

（☎063-51 01 01; www.jamteborg.se;

不要错过

冰屋酒店

尤卡斯耶尔维（Jukkasjärvi）的冰屋酒店Icehotel（☎0980-668 00；www.icehotel.com；Marnadsvägen 63；标单/双/套 Skr2300/3200/5300起，小屋 Skr1900起；P）是一处冬季仙境，位于基律纳以东18公里处，已成为国际明星。

建造这家庞大的酒店使用了3万吨雪和4000吨冰，每年都有各国艺术家和设计师来此创作创意冰雕。

冰屋内的床是用紧实的雪制成的，上面铺着驯鹿皮和正式的睡袋，尽管室内温度为零下5℃，但保证能让你觉得暖和。第二天早上，热饮和桑拿浴能让客人恢复活力。

相连的冰教堂（Ice Church）是热门的婚礼场所。Absolut Icebar提供冰杯饮品。

夏季，你可以在冷冻的仓库里参观较小的复制品。

Storgatan 54；青年旅舍 双/标三 Skr590/840，民宿 标单/双/标三 Skr590/690/890，酒店 标单/双 Skr1065/1250起；P ）想象一下：你和朋友一同旅行，问题是你们的预算不同。Hotel Jämteborg可以解决这个问题，这里有全方位的组合，包括青年旅舍床位、民宿房间和酒店房间，就在彼此挨着的几栋建筑内。令人愉快的酒店房间采用奶油色和深红色，向瑞典“只用大地色”的规则发起挑战。

实用信息

旅游局（☎063-14 40 01；www.visitostersund.se；Rådhusgatan 44；⊙周一至周五 9:00~17:00，周六和周日 10:00~15:00）旅游局在市政厅对面，可以免费上网。

到达和离开

45路车每天7:15从厄斯特松德出发，往北开往耶利瓦勒（Gällivare；Skr507，11.25小时），途经阿尔维斯尧尔（Arvidsjaur；Skr440，7小时）和约克莫克（Jokkmokk；Skr507，9.5小时），南下前往莫拉（Mora；Skr269，5.25小时，每天2班）。

瑞典国家铁路公司有每天开往斯德哥尔摩（Skr670，5小时）的两班火车，途经乌普萨拉，向西去往奥勒（Åre；Skr181，1.25小时）的火车每天多达6班。夏季，**Inlandsbanan**（☎0771-53 53 53；www.inlandsbanan.se）每天运营1班北上和南下的列车。

于默奥（Umeå）

☎090/人口 115,470

于默奥散发出大学城（大约有3万名学生）的活力，是位于荒芜北部的热情前哨。自从2014年被授予“欧洲文化之都”称号以来，这座城市便满怀骄傲，一直致力于展示北部和萨米文化。

景点

★西博滕博物馆 博物馆

（Västerbottens Museum；www.vbm.se；Gammliavägen；⊙10:00~17:00，周三 至21:00）免费 作为加姆利亚（Gammlia）博物馆建筑群的明星，引人入胜的西博滕博物馆回溯了从史前时期至今的于默奥的历史。展览包括大量各个年代的滑雪收藏品，主角是世界上最古老的滑雪橇（5400年的历史），还有对萨米人的岩石艺术和萨满符号的探究。在临时展览中，有拉脱维亚摄影师Inta Ruka对一个家庭进行的长达几十年的肖像摄影，非常感人。乘坐2路或7路公共汽车可以抵达。

住宿

STF Vandrarhem Umeå 青年旅舍 €

（☎090-77 16 50；www.umeavandrarhem.com；Västra Esplanaden 10；铺/标单/双 Skr170/300/500起；@）这家忙碌高效的青年旅舍有品质不一的房间：尽量住较新的带普通床的房间，带上下床的宿舍相当简陋。这里位置极佳，在市中心边缘的住宅街区。而且对自炊者来说，设施（厨房、洗衣房）非常便利。前台接待时间有限。

Stora Hotellet Umeå 精品酒店 €€

（☎090-77 88 70；www.storahotelletumea.se；Storgatan 46；标单/双/套 Skr1000/1150/6000起；P 📶）我们喜爱这里柔和的色彩和豪华老式的陈设，它们会让你觉得自己正在一艘豪华游轮上漂流。6种房间里，甚至最低调的"Superstition"房间也有奢华的特大号上下床，正是水手梦寐以求的，而"Passion"房间提供豪华的陈设、天鹅绒长沙发及"他和她的"淋浴。

就餐

Vita Björn 瑞典菜 €€

（www.vitabjorn.se；Kajen 12；主菜 Skr129~285；⏲5月至9月 13:00~21:30；✎）落座在这家船餐馆的阳光甲板上，从各国风味菜单上选择，包括凯撒沙拉、蔬菜汉堡包、烤三文鱼和牛柳。然而，对我们来说，最好的选择是简单且令人欲罢不能的瑞典美食——新鲜的烤鲱鱼。

Rex Bar och Grill 各国风味 €€€

（☎090-70 60 50；www.rexbar.com；Rådhustorget；主菜 Skr175~315；⏲周一至周四 11:00~14:00和17:00~23:00，周五和周六 11:00至次日2:00）这家很受欢迎的小馆将瑞典北部菜式与国际风味的啤酒相结合，口味绝对地道。可以选择北部菜单（银鲤鱼子、熏北极鲑和驯鹿肉排）或伊比利亚猪脸和羊肚菌烤小胡瓜，也可以周末来这里吃美式薄煎饼和培根早午餐。周末晚餐建议预订。

实用信息

旅游局（☎090-16 16 16；www.visitumea.se；Renmarkstorget 15；⏲周一至周五 9:00~19:00，周六 10:00~16:00，周日 正午至16:00）位于中央广场。

到达和当地交通

Länstrafiken i Västerbotten（☎077-10 01 10；www.tabussen.nu）

基律纳及周边（Kiruna & Around）

☎0980/人口 22,940

每年，大量游客在工作日时齐聚矿业城镇基律纳，参观附近尤卡斯耶尔维的Icehotel——瑞典北部最大的景点，并参加各种形式的户外探险：冬季有狗拉雪橇、雪地摩托车和北极光团队游，夏季可以骑自行车、徒步和划独木舟。

景点

瑞典卢基矿业公司铁矿 矿井

（LKAB Iron-Ore Mine；成人/学生 Skr295/195）基律纳依赖世界上最大的铁矿矿床而存在，矿床位于地下4公里处，采矿活动在地表以下914米处。瑞典卢基矿业公司铁矿参观活动包括乘公共汽车至InfoMine——矿井巷道的封闭部分，在那里倾听令人兴奋的统计数字，观看令人震惊的巨大矿井设备，比如用于碾碎矿石的碾磨机。6月至8月，团队游每天从旅游局出发。

团队游

Nutti Sami Siida 文化游、探险游

（☎0980-213 29；www.nutti.se）🍃"最自然"（Nature's Best，对获得生态认证的团队游经营机构的认可）的之一，这家专门经营萨米可持续性生态旅游的机构会安排游览Ráidu Sami营地，见见驯鹿牧人（Skr1880），参加驯鹿拉雪橇短途游（Skr2750起），还有北极光之旅（Skr2700）和为时4天的拉普兰之旅（Skr9450），后者包括狗拉雪橇等多种活动。

Kiruna Guidetur 雪上运动、户外运动

（☎0980-811 10；www.kirunaguidetur.com；Vänortsgatan 8）这里有受欢迎的"万事通"组织的各种活动，从冬季在自建冰屋过夜、摩托雪橇游猎和越野滑雪远足，到夏季的骑山地自行车游、漂流和四轮车越野，无所不包。

Active Lapland 雪上运动

（☎076-104 55 08；www.activelapland.com；Solbacksvägen 22）这家经验丰富的经营机构提供2小时狗拉雪橇（Skr1050）、北极光骑乘

和狗拉雪橇机场接送（Skr5200）项目，甚至能让你自己驾驶狗拉雪橇（Skr3200）。

住宿

STF Vandrarhem & Hotell City 青年旅舍、酒店 €€

（☎0980-666 55；www.kirunahostel.com；Bergmästaregatan 7；铺/标单/双 Skr250/450/500起，酒店 标单/双/标三 Skr750/850/1100；P 📶）这个酒店和青年旅舍的全方位组合有现代的酒店房间和舒适的宿舍，内部采用闪亮的红白色设计。青年旅舍的住客桑拿浴和早餐的费用另算，不过这里有方便的客用厨房。

Hotel Arctic Eden 精品酒店 €€

（☎0980-611 86；www.hotelarcticeden.se；Föraregatan 18；标单/双 Skr900/1200；P 📶）基律纳最奢华的住所，房间融合了萨米装饰和现代科技，非常别致。这里有豪华的水疗和室内游泳池，友好的员工可以为你预订各种户外探险活动。上午提供精美的早餐，Arctic Thai & Grill里每天都会挤满循香气而来的客人。

就餐

★ Camp Ripan Restaurang 瑞典菜 €€

（www.ripan.se；Campingvägen；午餐自助餐 Skr100~125，晚餐主菜 Skr245~355；⏲11:00~14:00和18:00~22:00；✎）午餐自助餐以素食为主，非同一般，物有所值，不过真正吸引人的是菜单上的萨米风味菜肴，以当地时令食材为特色，搭配培根和越橘酱汁的驯鹿肉排、BBQ酱汁驼鹿手撕肉和甘草蛋白酥，令人垂涎欲滴。餐馆位于当地的露营地。

实用信息

旅游局（☎0980-188 80；www.kirunalapland.se；Lars Janssonsgatan 17；⏲周一至周五 8:30~21:00，周六和周日 至18:00）位于Folkets Hus游客中心内，能上网，可以预订各种团队游。

到达和离开

飞机

基律纳机场（Kiruna Airport；☎010-109 46 00；www.swedavia.com/kiruna）位于城镇以东7公里处，有飞往斯德哥尔摩的直达航班。

长途汽车

每天都有开往纳尔维克（Narvik，挪威；Skr280，2.75小时）的91路汽车，途经阿比斯库（Abisko；Skr175，1.25小时）。501路车开往尤卡斯耶尔维（Skr40，30分钟，每天2~6班）。

火车

每天都有开往斯德哥尔摩（Skr960，17.5小时）的夜班车，途经乌普萨拉（Skr960，16.75小时）。

生存指南

出行指南

签证

申根签证（见1302页）适用。

北京瑞典签证中心[☎010-8400-4367；https://www.vfsglobal.se/China/index.html；infopek.swecn@vfshelpline.com；北京朝阳区工体北路13号院1号楼（海隆石油大厦）501室；⏲签证办理 周一至周五 8:00~15:00，电话咨询 周一至周五 8:00~16:00]

上海瑞典签证中心（☎021-5185-9742；https://www.vfsglobal.se/China/index.html；infosha.swecn@vfshelpline.com；上海市黄浦区四川中路213号久事商务大厦3层；⏲签证办理 周一至周五 8:00~15:00，电话咨询 周一至周五 8:00~16:00）

货币

几乎所有地方都能使用信用卡和借记卡，自

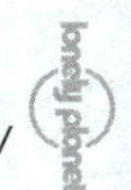

瑞典 出行指南

国家速览

面积 450,295平方公里
首都 斯德哥尔摩
国家代码 ☎46
紧急情况 ☎112
货币 克朗（Skr）
语言 瑞典语
现金 自动柜员机很常见，到处都可以使用信用卡
人口 972万
签证 适用申根签证规定

动柜员机很多。维萨卡和万事达卡被广泛接受，美国运通卡和发现卡（Discover）的接受范围没那么广泛。银联卡暂不支持取现。

系统默认使用带微芯片的银行卡。如果你的卡没有芯片或个人识别号码（pin），可以要求店员刷卡。

汇率

人民币	CNY1	SEK1.27
港币	HKD1	SEK1.07
澳门元	MOP1	SEK1.04
新台币	TWD1	SEK0.25
新加坡元	SGD1	SEK6.03
美元	USD1	SEK8.33
欧元	EUR1	SEK9.34
英镑	GBP1	SEK12.13

营业时间

除了有标注的地方之外，我们所列的均为旺季（6月中旬至8月）营业时间，其余月份的营业时间更短。

银行 周一至周五9:30~15:00，有的城市的分行营业至17:00或18:00

酒吧和夜店 11:00或正午至次日1:00或2:00

政府机关 周一至周五9:00~17:00

餐馆 午餐11:00~14:00，晚餐17:00~22:00；周日或周一经常关门；7月或8月，高档餐馆经常关门一周或两周

商店 周一至周五9:00~18:00，周六至13:00

节假日

新年 1月1日

主显节 1月6日

耶稣受难日 3月/4月

复活节 3月/4月

劳动节 5月1日

耶稣升天节 5月/6月

圣灵降临节 5月下旬或6月上旬

仲夏夜和仲夏日 6月19日至25日

万圣节 10月/11月

圣诞节 12月25日

节礼日 12月26日

就餐价格区间

以下价格指的是主菜（entree）的平均价格，不包括饮品：

€ 低于Skr100

€€ Skr100~200

€€€ 高于Skr200

住宿价格区间

以下价格区间指的是夏季（6月中旬至8月）的双人间，其余月份的价格可能要高出一倍：

€ 低于Skr800

€€ Skr800~1600

€€€ 高于Skr1600

住宿

国际青年旅舍联盟（HI）成员可以在联盟旗下的青年旅舍（在瑞典被称为STF）享受大幅度优惠。你也可以自带床单，节省额外费用。

关于露营地和小屋的信息，请查阅网站www.stuga.nu。

瑞典的住宿标准通常很高。

电话

➡ 公共电话极为罕见，而且相距都很远。你需要在报摊（Pressbyrå）购买电话卡。

➡ 你可以在报摊或手机商店购买预付费SIM卡，通常约为€10，包括一定的额度。在同样的地点、网上或自动柜员机充值。开通国际漫游的中国旅行者可以接打电话。

➡ 拨打国际长途时，先拨☎00。

上网

多数酒店和青年旅舍都有Wi-Fi。咖啡店里的免费Wi-Fi很常见，点餐时可询问密码。很多旅游局都为游客提供电脑终端（有时会收费）。

网络资源

Lonely Planet（www.lonelyplanet.com/sweden）

Swedish Institute（www.si.se/English）

Visit Sweden（www.visitsweden.com）

时间

瑞典时间比UTC/GMT时间早1小时（3月下旬至10月下旬早2小时）。

带孩子旅行

带孩子旅行在瑞典很容易，这里有很多适合儿童的景点和户外活动。对于20岁以下的人，博物馆经常免门票。酒店可以在房间内增设床位，餐馆有适合家庭的特色菜，儿童还可以享受大幅度的交通折扣。

同性恋旅行者

瑞典的自由是出了名的；自从2009年实施不分性别的婚姻法以来，已经赋予同性婚姻双方与异性婚姻双方同等的权利和义务。争取同性恋权益的国家组织是**Riksförbundet för Sexuellt Likaberättigande**（RFSL；☎08-50 16 29 00；www.rfsl.se；Sveavägen 57-59）。

关于娱乐项目、夜店之夜以及其他当地信息，请登录网站www.qx.se。

ℹ 到达和离开

飞机

瑞典的主要机场是斯德哥尔摩阿兰达机场。入境简单，多数游客仅需要填写并提交一份简单的海关表格，并在入境处出示护照即可。

陆路

连接丹麦哥本哈根和瑞典的火车很多，途经厄勒大桥。

海路

波罗的海和大西洋上的渡船将瑞典与东欧和北欧许多国家连接起来，如德国、波兰、爱沙尼亚、拉脱维亚、立陶宛、芬兰、俄罗斯和英国。如果携带交通工具，需要预订。很多渡船线路对持有火车通票的人提供50%的折扣。关于线路和折扣票价的信息，网站www.directferries.com能提供帮助。

ℹ 当地交通

自行车

很多火车、多数公共汽车和渡船可以携带自行车（但斯德哥尔摩的地铁不行），不过提前预订位置比较明智。瑞典是世界上最适合骑自行车的地点之一，有很多租自行车的地方和出色的长途小径网络，每座城市都有自行车道。

长途汽车

Swebus Express（☎0771-21 82 18；www.swebus.se）在该国南部有庞大的快车网络。

Svenska Buss（☎0771-67 67 67；www.svenskabuss.se）和**Nettbuss**（☎0771-15 15 15；www.nettbuss.se）将很多南部城镇与斯德哥尔摩连接起来。

几家较小的机构，包括**Ybuss**（☎060-17 19 60；www.ybuss.se），提供前往厄斯特松德和于默奥的服务。

小汽车和摩托车

如果你自己驾车，需要车辆登记文件、第三方无限责任保险和有效的驾照。从英国或爱尔兰带来的右侧驾驶车辆应该在车头灯上安装导向板，以避免灯光闪到对面来车。你必须自带能反光的故障三角警示牌。

租车

至少20岁（有时25岁）才能租车，还需要得到认可的驾照和信用卡。斯德哥尔摩阿兰达机场和大多数主要城市有Avis、Hertz和Europcar的咨

特色饮食

斯堪的纳维亚菜曾经被认为除了肉丸和鲱鱼之外几乎什么都没有，如今却处于现代美食的前沿。新北欧菜式将传统和现代实验相结合，创新地利用了本地食材。

特色瑞典菜单：

- **咖啡** 想要融入这里，每天8杯或9杯咖啡正好；幸运的是，该地区的咖啡馆令人愉快。
- **驯鹿和野味** 预计会见到驯鹿肉及其他可口野味，尤其是在北方的萨米菜式中。
- **酒** 啤酒到处可见并被不断改良，不过吃腌鲱鱼的时候也可以尝一小杯烧酒（brännvin）。
- **鱼** 三文鱼无处不在，美味可口，熏制、腌制或煎炸是主要做法。美味的湖鱼包括北极鲑和梭鲈。

交通

从瑞典到斯堪的纳维亚的其他地区并继续前往欧洲其他地方很方便。斯德哥尔摩有火车和长途汽车连接伦敦或柏林，还有丹麦、芬兰和挪威的城市。乘坐渡船也是一种选择，很多瑞典港口与欧洲其他地方都有频繁的渡船线路相连。斯德哥尔摩和哥德堡的机场将瑞典与世界上其他地区连接起来。

询台。从较大的加油站租车，费用通常最低（比如Statoil和OKQ8）。

火车

瑞典有广泛可靠的铁路网络，火车几乎总是比长途汽车快。

火车通票

瑞典铁路通票（Sweden Rail Pass）、欧陆通（Eurodomino）车票和国际通票，比如欧洲火车通票（Inter-Rail）和欧洲铁路通票（Eurail），可在瑞典国家铁路运营的列车及大多数地区火车上使用。

欧洲铁路斯堪的纳维亚通票（Eurail Scandinavia Pass；www.eurail.com）可以让你在丹麦、芬兰、挪威和瑞典无限次乘坐火车，仅限二等座，两个月内的4、5、6、8或10日内旅行有效（青年/成人US$276/368起）。X2000列车要求所有持有火车通票的人支付Skr62的额外费用。如果持有通票，Scandlines的赫尔辛格至赫尔辛堡线路免费，其他渡船航线可享受折扣。

瑞士

包括 ➡

最佳餐饮

- Chez Vrony（见1228页）
- Alpenrose（见1239页）
- Grottino 1313（见1232页）
- Volkshaus Basel（见1241页）

最佳住宿

- SYHA Basel St Alban Youth Hostel（见1241页）
- Hotel Schweizerhof（见1230页）
- Hotel Bahnhof（见1228页）
- The Hotel（见1232页）

为何去

采尔马特、圣莫里茨等名流会聚的地方会引发你何等轻狂浪漫的想象？这就是“特别的瑞士”，它游离于其他国家之外，是享有特权的中立国。它以别具一格、孤立保守且独一无二的特质而倍感自豪。它深受上天眷顾，拥有极其丰富多彩的文化，四种官方语言就足以说明这一点。

瑞士是个纯粹的国度：苏黎世作为瑞士最热闹的城市，拥有前卫的艺术、富于传奇色彩的夜生活和全世界最高的生活水准。瑞士人对一同前往美妙的户外（居然是乘坐公共交通工具）怀有全民热忱，他们要的就是体验世界上最令人振奋的全景。

不要认为伯尔尼和卢塞恩只有明信片上那些巧克力盒般的建筑、壮丽的马特峰和那些纯朴的湖泊。瑞士的美是如此惊心动魄，非得亲眼所见，才能令人相信。

何时去

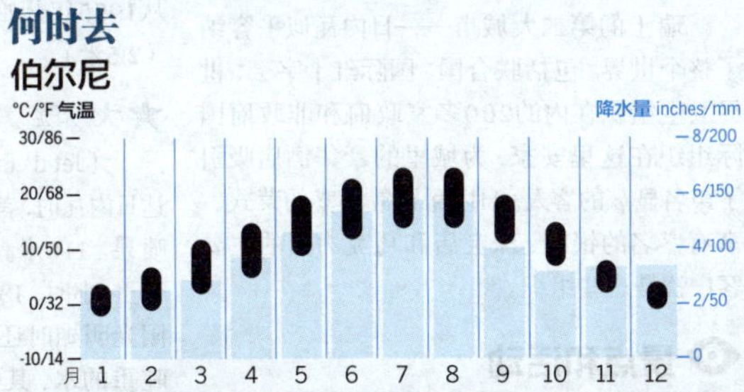

12月至次年4月上旬 穿过雪地，在高山度假村吃奶酪火锅。

5月至9月 在马特峰令人着迷的山影中徒步，对完美的景色赞叹不已。

8月 庆祝8月1日的瑞士国庆节，充分见识瑞士人的民族自豪感。

瑞士亮点

❶ 沿着城中优美的湖边景色漫步一整天，然后是欢腾的夜晚，以此探索热情洋溢的**苏黎世**（见1237页）。

❷ 为标志性的马特峰惊叹不已。漫步在**采尔马特**（见1227页）禁止汽车通行的高山村庄周边。

❸ 享受以美丽闻名的**伯尔尼**（见1229页）和**卢塞恩**（见1231页）的魅力：想想中世纪老城区的诱惑、民间传说中的喷泉和艺术品。

❹ 乘车前往欧洲最高峰——3471米的**少女峰**（见1234页）。艾格尔峰雄浑壮阔的北坡令人惊叹不已。

❺ 在**日内瓦**乘船观赏宁静的日内瓦湖，巡游至中世纪的**洛桑**（见1225页）。

❻ 搭乘瑞士标志性的景观列车，比如**贝尔尼纳快车**（见1242页）。

❼ **卢加诺**（见1243页）的湖泊温和秀丽，在这里感受意大利风情。

日内瓦（GENEVA）

人口 189,000

瑞士的第二大城市——日内瓦似乎容纳了整个世界。包括联合国、国际红十字会、世界卫生组织在内的200多家政府和非政府国际组织在这里安家，为城里的豪华酒店吸引了声名显赫的客人。日内瓦异常丰盛的菜式、享有盛名的银行、珠宝店和巧克力店的主要客户就是这些组织。

景点和活动

市中心很紧凑，步行就可以方便地参观许多主要景点。

从日内瓦湖（Lake Geneva）南侧开始探索，参观**英国花园**（Jardin Anglais; Quai du Général-Guisan），看看**大花钟**（Horloge Fleurie）。由6500盆鲜花精心搭建，这座花钟从1955年开始运转，拥有世界上最长的秒针（2.5米）。

★大喷泉

喷泉

（Jet d' Eau; Quai Gustave-Ador）乘飞机抵达日内瓦时，首先映入眼帘的就是这座湖畔的喷泉。140米高的建筑以惊人的力量——200公里/小时、1360马力喷出高达天际的水柱，阳光明媚时还有彩虹。无论何时，空中都有7吨重的水，其中大多会喷洒至支柱下方的观众身上。每年，为了纪念涉及人道主义的重大活动，喷泉会有两三次被粉色、蓝色或其他色彩的灯光照亮。

★圣皮埃尔大教堂 大教堂

(Cathédrale St-Pierre; www.espace-saint-pierre.ch; Cour St Pierre; 免门票，塔楼成人票/儿童票 Sfr5/2; ⏲6月至9月周一至周六9:30~18:30，周日正午至18:30，10月至次年5月10:00~17:30) 免费 始建于11世纪，日内瓦的这座大教堂以哥特风格为主，还有18世纪的新古典主义外观。从1536年至1564年，新教徒约翰·加尔文（John Calvin）在此布道。在北通道可以看到他的座椅。教堂里的77级台阶螺旋向上，通向阁楼，可借此一窥建筑构造。那里还有40级通向顶端的北部和南部全景塔楼的台阶。

夏季，免费钟琴（17:00）和管风琴（18:00）演奏会将为大教堂及其周围的广场注入灵魂。

国际红十字及新月博物馆 博物馆

(Musée International de la Croix-Rouge et du Croissant-Rouge; ☎022 748 95 25; www.micr.org; Av de la Paix 17; 成人票/儿童票 Sfr15/7; ⏲4月至10月 周三至周一 10:00~18:00, 11月至次年3月 10:00~17:00) 在日内瓦引人入胜的国际红十字及新月博物馆，令人叹服的多媒体展示表现了人类长久以来的残暴行径。影片、照片、雕塑和电影配乐记录了冗长且丑陋的战争，它们与这个1864年由日内瓦商人和慈善家亨利·迪南（Henri Dunant）、亨利·杜福尔（Henri Dufour）联合创立的组织的高尚目标相悖。参观精彩的临时展览需要另外支出入场费。在Gare de Cornavin乘坐8路公共汽车至Appia站。

百达翡丽博物馆 钟表博物馆

(Patek Philippe Museum; ☎022 807 09 10; www.patekmuseum.com; Rue des Vieux-Grenadiers 7; 成人/儿童Sfr10/免费; ⏲周二至周五14:00~18:00，周六10:00~18:00) 这座高雅的博物馆由瑞士顶级奢华的钟表制造商创建，展示从16世纪至今的精致钟表和珐琅。

住宿

在酒店登记入住时，索取免费公共交通卡（Public Transport Card）。住宿期间，你可以凭卡不限次数地免费乘坐公共汽车。

Hôtel Bel' Esperance 酒店 €

(☎022 818 37 37; www.hotel-bel-esperance.ch; Rue de la Vallée 1; 标单/双/标三/四Sfr 110/170/210/250起; ⏲前台 7:00~22:00; @📶) 这家二星级酒店性价比极高。房间安静、维护良好，二楼的房间共用一个厨房，还有冰箱，可为客人保存野餐食品或香肠！可以乘电梯到达五楼，在种满美丽鲜花的屋顶露台上，你不妨放松身心。这里还有可租用的烧烤架（Sfr8）。

Hotel Edelweiss 酒店 €€

(☎022 544 51 51; www.hoteledelweissgeneva.com; Place de la Navigation 2; 双 Sfr160~400; ❄@📶) 在这个海蒂（Heidi）风格的隐居处，将你自己沉浸在瑞士阿尔卑斯山中心。这家酒店大致上是一座瑞士阿尔卑斯小镇，有壁炉、绘制着野花的松木床头板，以及懒洋洋地靠在栏杆上的大圣伯纳犬。瑞士小木屋

旅行线路

一周

以活力四射的苏黎世为起点，去著名的班霍夫街购物，吃喝玩乐。然后前往少女峰地区，无论徒步或滑雪，都可以探寻壮丽的高山景色。在到达瑞士令人愉快的首都伯尔尼并结束本次旅程之前，可在美丽的卢塞恩稍作停留。

两周

第一周同上，然后向西到达日内瓦或日内瓦湖畔的洛桑，体验法国风情。驻足格吕耶尔尝尝奶酪火锅和裹着浓稠高脂厚奶油的蛋白饼。飞奔至采尔马特或穿过圣莫里茨，在白雪皑皑或绿草如茵的草地上嬉戏，然后向东折返，在湖畔的卢加诺欣赏瑞士的意大利风情。

Geneva 日内瓦

0 400 m
0 0.2 miles

R des Gares
R de la Navigation
R de Zürich
Pl de la Navigation
Q Wilson
13
Pl du Reculet
R de Lausanne
8
12
Gare de Cornavin
R de Fribourg
R de Berne
R de Monthoux
R des Pâquis
R Philippe Plantamour
Jetée des Pâquis
Pl de Cornavin
R Pradier
R Sismondi
Q du Mont-Blanc
9
R Chaponnière
R des Alpes
R Thalberg
R de Berne
Pl des Alpes
6
R Pécolat
R Lévrier
Gare Routière de Genève
R de Chantepoulet
Sq du Mont-Blanc
R du Cendrier
R Grenus
R Kleberg
3
Lake Geneva
日内瓦湖
Q des Bergues
Pont du Mont-Blanc
去Brasserie des Halles de l'Île (80m)
Rhône
Île Rousseau
CGN
Pont d'Île
Pl du Rhône
R du Rhône
Q du Général-Guisan
Promenade du Lac
Pl Bel-Air
Jardin Anglais
英国花园
2
Q Gustave-Ador
R de la Cité
Pl de la Fusterie
Pl du Molard
Pl du Port
R Versonnex
去Yvette de Marseille (200m)
R de la Corraterie
R du Marché
R Neuve du Molard
R du Rhône
R Jean Calvin
R de la Croix-d'Or
Pl Longemalle
R Pierre-Fatio
R de la Madeleine
11
R de Rive
10
Grand-Rue
R de la Tour Maîtresse
R du Vieux-Collège
Bd Helvétique
Pl des Eaux-Vives
Pl Neuve
Rampe de la Treille
1
5
7
R Verdaine
R de la Vallée
R de l'Hôtel de Ville
R Ferdinand-Hodler
R des Glacis de Rive
R du Conseil-Général
Promenade des Bastions
R de la Croix-Rouge
Pl du Bourg-de-Four
R de la Fontaine
Bd Jaques Dalcroze
4
OLD TOWN
老城区
Bd Helvétique
R Charles Galland
Route de Malagnou
去Patek Philippe Museum
百达翡丽博物馆（500m）

风格的餐馆是日内瓦人享用传统奶酪火锅的重要场所。

Hôtel Beau-Rivage 历史酒店 €€€

（☎022 716 66 66；www.beau-rivage.ch；Quai du Mont-Blanc 13；双 Sfr515起；P ❄ @ 📶）由迈尔（Mayer）家族经营了5代之久，Hôtel Beau-Rivage是一颗19世纪的明珠。

就餐

博地弗广场（Place du Bourg-de-Four）

Geneva 日内瓦

景点

1 圣皮埃尔大教堂……B5
2 英国花园……C4
3 大喷泉……D3
4 堡垒公园……A6
5 Terrasse Agrippa d' Abigné……B5

住宿

6 Hôtel Beau-Rivage……C2
7 Hôtel Bel' Esperance……C5
8 Hotel Edelweiss……C1

就餐

9 Buvette des Bains……D2
10 Le Relais d' Entrecôte……D5
11 Maison du Bretzel……B5

饮品和夜生活

12 Café des Arts……B1
13 La Terrasse……D1

位于优美的老城区，是日内瓦最古老的广场，周围有许多餐馆。旅行者也可以沿着山坡向下，去往河边和莫拉尔广场（Place du Molard），那里一年中的大部分时间都摆满了桌椅。

Pâquis的航海广场（Place de la Navigation）有一排价格更实惠的美味餐馆。

★ Buvette des Bains 自助餐馆 €

（☎022 738 16 16；www.bains-des-paquis.ch；Quai du Mont-Blanc 30, Bains des Pâquis；主菜 Sfr14~16；⏲7:00~22:30）朴实的海滩酒吧Bains des Pâquis挨着湖畔游泳池，粗糙却时髦，可在这里结识日内瓦人。享用早餐、沙拉或当日特色菜（plat du jour），或者香槟奶酪火锅（fondueau crémant）。就餐时要从托盘上自取，夏季可在户外用餐。届时，进入这家酒馆里的餐厅，每个成人/儿童需要支付Sfr2/1。

★ Le Relais d' Entrecôte 牛排馆 €€

（☎022 310 60 04；www.relaisentrecote.fr；Rue Pierre Fatio 6；牛排和薯条Sfr42；⏲正午至14:30和19:00~23:00）在这家永恒经典的餐馆，每个人都会点同样的菜肴，关键词是五分熟（à point）、全熟（bien cuit）和三分熟（saignant）。不用麻烦看菜单，只要坐下，说出你喜欢的牛排做法，然后等待上菜——两个帅哥先上蔬菜沙拉，搭配着非常酥脆的细长炸薯条。

都吃完之后，若你还能吃得下，这里的甜点广受盛赞，值得一试。不能提前订座，所以要准时来。

★ Brasserie des Halles de l' Île 欧洲菜 €€

（☎022 311 08 88；www.brasseriedeshallesdelile.ch；Place de l' Île 1；主菜 Sfr20~50；⏲周日和周一 10:30至午夜，周二至周四 至次日1:00，周五和周六 至次日2:00）位于日内瓦一座岛屿上的老市场中，这家工业风格的餐厅将下班后的开胃酒与音乐、入夜后的DJ、新鲜蔬菜及地方特产共同奉献给你（找找菜单上标记Appellation d' Origine Contrôllée的产品）。早点儿来，在房子里抢占最好的座位——华丽的露台悬于水面之上。

饮品和娱乐

位于火车站和日内瓦湖之间的Pâquis地区酒吧遍布。到了夏天，**Paillote**（www.laterrasse.ch；Quai du Mont-Blanc 31；⏲4月至9月 8:00至午夜）临湖的木桌旁总是人头攒动。

想要体验波希米亚风情，乘坐12路有轨电车去往卡鲁日（Carouge）吧。这片暗色调的地区由17世纪的房屋和狭窄的街道组成，有画廊、时尚酒吧和时髦别致的商店。

Café des Arts 咖啡馆、酒吧

（Rue des Pâquis 15；⏲周一至周五11:00至次日2:00，周六和周日8:00至次日2:00）这里实际上是一家日间咖啡馆，位于Pâquis，以其巴黎风格的露台和具有艺术气息的内部装潢吸引了一群当地人。在食物方面，可以考虑正餐量的沙拉、专门设计的三明治和物超所值的午餐当日特色菜（plat du jour）。

★ Yvette de Marseille 酒吧

（Rue Henri Blanvalet 13；⏲周一和周二 17:30至午夜，周三和周四17:30至次日1:00，周五17:30至次日2:00，周六18:30至次日2:00）这家酒吧让你不禁要问其名字的深意。这里时髦、前卫，曾经是由伊薇特（Yvette）拥有的修理坊。

当地知识

野餐地点

景色优美的群山任人挑选，对于那些不愿花太多钱吃饭的人来说，日内瓦有最好的野餐地区。在外卖摊位**Maison du Bretzel**（Rue de la Croix d' Or 4；咸脆饼干Sfr4~6.50；⊙周一至周三和周五 8:00~19:30，周四至21:00），拿起撒了盐的咸脆饼干，任意在里面夹上你爱吃的（Sfr4~6.50），就可前往当地的野餐地点：

- 在亨利·摩尔（Henry Moore）丰满性感的雕像《斜倚人像：拱形的腿》（*Reclining Figure: Arch Leg*；1973年）的阴影里沉思，雕像在热拉尔男爵艺术和历史博物馆（Musée d' Art et d' Histoire）对面的公园里。
- 在位于**Terrasse Agrippa d' Abigné**的大教堂后面有一座树荫遮蔽的花园，内有长椅、沙坑和适合孩子游玩的跷跷板，可以看到屋顶和大教堂的美丽景色。
- 在勃朗峰桥码头（Quai du Mont-Blanc）的长凳上可以欣赏勃朗峰桥的景色（仅限阳光灿烂的日子）。
- **堡垒公园**（Parc des Bastions）栗子树林立的特雷耶大道（Promenade de la Treille）上有世界上最长的长凳（长126米）。

Chat Noir 夜店、酒吧

（☎022307 10 40；www.chatnoir.ch；Rue Vauthier 13；⊙周二至周四 18:00至次日4:00，周五和周六至次日5:00）卡鲁日最繁忙的地方之一，由于这里很棒的氛围，夜晚大多挤满了人。下班后，在这里喝杯开胃酒，搭配各种西班牙小吃。跳舞、现场音乐和DJ能让人一直待到黎明。

购物

Rue du Rhône街和Rue de Rive街之间的楔形地带是名牌汇聚的地方。后一条街上有很多连锁店。老城区的Grand-Rue街和卡鲁日有很多文艺气息浓厚的小店。

实用信息

游客信息中心（☎022 909 70 00；www.geneve-tourisme.ch；Rue du Mont-Blanc 18；⊙周一至周六 9:00~18:00，周日10:00~16:00）

到达和离开

飞机

日内瓦国际机场（Aéroport International de Genève，见1246页）距市区4公里，与欧洲主要城市及世界上其他多个城市之间有航班往来。

船

CGN（Compagnie Générale de Navigation；☎0848 811 848；www.cgn.ch）经营一个观光汽轮服务网络，服务于英国公园的码头和日内瓦湖边的村庄，其船只仅在5月至9月航行，包括往返洛桑（Sfr 64，3.5小时）的汽轮。欧洲铁路通票（Eurail）和瑞士通票（Swiss Pass）可以在CGN船上使用，也可以购买CGN乘船一日通票（Sfr56）。

长途汽车

国际长途汽车从**长途汽车车站**（☎0900 320 230，022 732 02 30；www.coach-station.com；Place Dorcière）出发。

火车

火车连接主要瑞士城镇，至多每30分钟就有1班火车往返洛桑（Sfr21.80，33~48分钟）、伯尔尼（Sfr49，1小时）和苏黎世（Sfr84，2小时）。每天都有国际火车到达或离开日内瓦，包括连接巴黎的高速列车（TGV；3小时）及连接米兰（4小时）的火车。

当地交通

抵离机场

从机场可以方便地乘坐定期火车前往Gare de Cornavin（Sfr2.50，8分钟）。乘坐速度相对较慢的10路公共汽车（Sfr3.50），经过4公里的路程同样也可到达。若乘坐计价出租车，费用为Sfr35~50。

自行车

在罗讷广场（Place du Rhône）的Genèveroule

(www.geneveroule.ch)挑选一辆自行车：最初4小时免费，接下来每小时Sfr2。带上身份证件和Sfr20的押金。Bains des Pâquis、卡鲁日的颁奖广场(Place de l' Octroi)，以及蒙柏朗广场(Place de Montbrillant)有Genèveroule的其他站点。

公共交通

在城里可以乘坐公共汽车、有轨电车、火车和船，所有车站都有自动售票机。多数服务由**TPG**(www.tpg.ch; Rue de Montbrillant; ⌚周一至周五 7:00~19:00, 周六9:00~18:00)提供。标准票价为Sfr3.50(1小时)。上午9点之后购买一日通票，价格为Sfr8。

日内瓦湖区 (LAKE GENEVA REGION)

洛桑(Lausanne)

人口130,400

洛桑的位置绝佳，可以俯瞰日内瓦湖，是一座个性独特、优美迷人的城市：曾经的渔村乌契(Ouchy)拥有湖畔的热闹氛围；老城区(Vieille Ville)有迷人的鹅卵石街道和楼梯；还有酒吧和精品店集中的仓储区域——弗隆(Flon)。

景点和活动

★圣母大教堂 教堂

(Cathédrale de Notre Dame; Place de la Cathédrale; ⌚4月至9月 9:00~19:00, 10月至次年3月 至17:30)洛桑的哥特式大教堂是瑞士最精美的大教堂，昂首矗立于老城区中心。该教堂修建于12世纪和13世纪，原先是更早、更低调的教堂。这座大教堂缺少法国哥特式建筑的明亮气质，但还是十分引人注目。1275年，教皇格雷戈里十世(Pope Gregory X)、一大批令人印象深刻的欧洲红衣主教和主教为这座教堂祝圣，哈布斯堡的鲁道夫(Rudolph of Habsburg; 神圣罗马皇帝)亲临现场。

帕卢德广场(Place de la Palud) 广场

位于老城区中心，这座9世纪的中世纪集市广场风景如画。这里最初是一片沼泽地，市政府曾经在长达5个世纪的时段中坐落于此。如今的市政府在一座17世纪市政厅(Hôtel de Ville)内。一座喷泉贯穿了广场的一端，颜色鲜艳的柱子上面是寓言中正义女神手持天平、身穿蓝袍的形象。

奥林匹克博物馆 博物馆

(Musée Olympique; ☎021 621 65 11; www.olympic.org/museum; Quai d' Ouchy 1; 成人票/儿童票 Sfr18/10; ⌚5月至10月中旬 9:00~18:00, 10月中旬至次年4月 周二至周日 10:00~18:00)洛桑的奥林匹克博物馆无疑是城里最奢华的博物馆，也是体育爱好者(和孩子们)的必去之处。设施经过彻底翻新后，这座博物馆于2014年重新开放，有层叠景观花园和因地制宜的雕塑作品，一如既往地引人注目。里面有一家极好的咖啡馆，从露台上可以看到第一流的湖景。这里还以视频、互动展示、纪念品和临时主题展览的方式，讲述奥林匹克从诞生发展到今天的故事。

住宿

酒店住客可以获得一张洛桑交通卡(Lausanne Transport Card)。住宿期间，住客可以不限次数地免费乘坐公共交通工具。

Lausanne Guest House 青年旅舍 €

(☎021 601 80 00; www.lausanne-guesthouse.ch; Chemin des Épinettes 4; 铺 Sfr37起，标单/双 Sfr90/107起，房间带共用卫生间Sfr80/96起；⌚前台 7:30至正午和15:00~22:00; P@📶)火车站附近的这家高级背包客住宿地由一栋迷人的宅邸改建而成。在很多房间都能看到湖景，你也可以在花园或露台徜徉。停车每天收费Sfr11。这里有24小时洗衣房和存放自行车的房间。这栋建筑部分使用太阳能。

Lhotel 精品酒店 €

(☎021 331 39 39; www.lhotel.ch; Place de l' Europe 6; 房间 Sfr130起; ❄📶)这家整洁的小酒店位置理想，你可以在此享受城里热闹的弗隆区的夜生活。房间简单，雪白耀眼，还有iPad。早餐费用为Sfr14。这里有一个绝妙的屋顶露台。住在这里，你还可以去附近五星级的Lausanne Palace & Spa，并在那里花费

Sfr55享受水疗。

餐饮

★ Holy Cow 汉堡包 €

(www.holycow.ch; Rue Cheneau-de-Bourg 17; 汉堡包搭配薯条和饮品 Sfr20; ⏰周一和周二 11:00~22:00, 周三至周六至23:00; 🚻)这是一家十分成功的餐饮店,在日内瓦、苏黎世和法国都有分店,其汉堡包(牛肉、鸡肉或素食)以选用当地食材、创意配料和诙谐的名字为特色。坐在共用的木桌旁,喝一杯手工酿造的啤酒,等待你的汉堡包和美味的薯条被放在草篮子里端上桌。**Rue des Terreaux** (Rue des Terreaux 10; 汉堡包搭配薯条和饮品 Sfr20; ⏰周一至周六 11:00~23:00)还有一家店面。

Café Romand 瑞士菜 €

(☎021 312 63 75; www.cafe-romand.ch; Place St François 2; 主菜 Sfr16~41.50; ⏰周一至周六 8:00至午夜)隐藏于看似死气沉沉的拱廊内,这家洛桑传奇餐馆可以追溯至1951年。它是来自过去的热烈问候。宽阔且稍显昏暗的就餐区摆满木桌,当地人挤进这里,沉迷于奶酪火锅、拉可雷特奶酪(每份Sfr8.50)、黑黄油脑花、牛肚、猪蹄及其他有活力的传统菜肴。

Great Escape 小酒馆

(☎021 312 31 94; www.the-great.ch; Rue Madeleine18; ⏰11:00至深夜)每个人都知道Great Escape,这家忙碌的学生酒馆有酒馆食物(大汉堡),还有值得羡慕的露台——可以俯瞰雷波广场(Place de la Riponne)。从雷波广场走上大学楼梯(Escaliers de l' Université),然后右转。

实用信息

游客信息中心(☎021 613 73 21; www.lausanne-tourisme.ch; Place de la Navigation 6; ⏰4月至9月 9:00~18:00, 10月至次年3月至18:00)临近乌契地铁站。在火车站也有一个**分部**(☎021 613 73 73; www.lausanne-tourisme.ch; Place de la Gare 9; ⏰9:00~19:00)。

不要错过

蒙特勒(MONTREUX)

让这座整洁的湖滨小镇引以为豪的是,这里拥有瑞士最非同凡响的城堡。

西庸城堡(Château de Chillon; ☎021 966 89 10; www.chillon.ch; Av de Chillon 21; 成人票/儿童票 Sfr12.50/6; ⏰4月至9月9:00~19:00, 3月和10月9:30~18:00, 11月至次年2月10:00~17:00, 关闭前1小时内拒绝进入)最初于11世纪在日内瓦湖的岸边建成。由于拜伦勋爵(Lord Byron)的缘故,这座城堡受到世人的瞩目。此后至今,这里一直观者云集。这里有无数的庭院、高塔、地牢以及堆满武器、古典家具及艺术品的展览大厅,因此要花费几个小时才能游览一遍。

从蒙特勒到城堡,沿着湖边步行大概要45分钟,或者乘坐每隔10分钟1班的1路电车。更好的选择是在蒙特勒(Sfr17, 15分钟)乘坐CGN汽轮前来。

7月上旬,游人蜂拥而至,参加具有传奇色彩的**蒙特勒爵士音乐节**(Montreux Jazz Festival; www.montreuxjazz.com)。音乐节为期两周,并非完全是爵士音乐,每天都有免费音乐会。大牌艺人现场演出的费用为Sfr75~240。喜爱佛莱迪·摩克瑞(Freddie Mercury)的人应该一路飞奔至**Queen Studio Experience**(www.mercuryphoenixtrust.com; Rue du Théâtre 9, Casino Barrière de Montreux; ⏰10:30~22:00) 免费 ,以及集市广场(Place du Marché)上的**佛莱迪·摩克瑞雕像**(Freddie Mercury statue)。

去往洛桑(Sfr12.40, 19分钟)及其他湖边景点的火车车次频繁。可乘坐**黄金快车**(GoldenPass Line; www.goldenpass.ch; 2等座单程 Sfr57, 3小时, 每天发车; 铁路通票有效)前往因特拉肯,一路欣赏美景。

到达和离开

船

CGN（Compagnie Générale de Navigation; www.cgn.ch）在4月上旬至9月中旬运营经由尼翁往返日内瓦的汽轮服务（Sfr43, 3.5小时）。湖上还有纵横交错的航线，包括前往蒙特勒（Sfr26, 1.5小时，每天有6班）的线路。

火车

往返日内瓦（Sfr21.80, 33~48分钟）和伯尔尼（Sfr32, 70分钟）的火车班次频繁。

当地交通

洛桑有几处陡峭的小山坡，准备进行几次愉快的散步吧。

公共汽车和无轨电车可以到达大多数目的地。至关重要的m2地铁线路（单程/日票Sfr2.20/8.80）将湖泊（乌契）和火车站、大教堂地区以及弗隆（Flon）连接了起来。

格吕耶尔（Gruyères）

人口 1800

这座如梦似幻的村庄与奶酪和裹着浓浓奶油的蓬松蛋白饼密不可分，其名字来源于中世纪被格吕耶尔伯爵们作为象征的鹤（gru）。一大片15~17世纪的房屋沿着山丘迤逦而下，村庄的中心地带铺着鹅卵石，城堡则是这里至高无上的骄傲。几个世纪以来，周围的高山牧场一直是AOC格吕耶尔硬乳酪的法定产区（AOC Gruyère；村庄是Gruyères，而奶酪的名称是Gruyère，没有“s”）。主广场边上有一排供应奶酪火锅的咖啡馆。

景点

联票可以让你参观城堡和格吕耶尔奶酪工场（La Maison du Gruyère），价格为Sfr14.50（没有儿童票）。

格吕耶尔城堡 城堡

（Château de Gruyères; ☎026 921 21 02; www.chateau-gruyeres.ch; Rue du Château 8; 成人/儿童Sfr10/3; ⏲4月至10月9:00~18:00, 11月至次年3月10:00~16:30）这座迷人的城堡带塔楼，是11世纪至16世纪控制萨林谷（Sarine Valley）的19位格吕耶尔伯爵（Counts of Gruyères）的住所，于1493年的大火后重建。在城堡内部，你可以看到古典家具、挂毯和现代“奇幻艺术”，还可以观看20分钟的多媒体影片。

不要错过城堡周围那条短而蜿蜒的步行小道。

格吕耶尔奶酪工场 奶酪工厂

（La Maison du Gruyère; ☎026 921 84 00; www.lamaisondugruyere.ch; Place de la Gare 3; 成人/儿童Sfr7/3; ⏲6月至9月9:00~19:00, 10月至次年5月至18:00）格吕耶尔奶酪的秘密就在距离格吕耶尔1.5公里的普兰日（Pringy）。每天的9:00~11:00和12:30~14:30，那里制作3至4次奶酪。

到达和离开

到格吕耶尔可以搭乘火车，不过从火车站向山上步行10分钟才能到达村庄（也可以乘坐迎接火车乘客的免费公共汽车）。

瓦莱州（VALAIS）

这里是马特峰山脚下的乡村，是一个令人心醉神迷的地方。即使是最严厉的批评家，也会被无尽的开阔远景和激动人心的景色所吸引。瑞士的十大高峰在这里直入云霄，喜欢雪的人们在这里尽情滑雪，并且登上欧洲最高的度假胜地之一——采尔马特。

采尔马特（Zermatt）

人口6000

自19世纪中期以来，采尔马特一直是瑞士最受人注目的度假胜地之一。如今，这里吸引了英勇的登山者、徒步者和滑雪者。他们缓慢地行进，沉醉于美丽的景色之中。在闲适的酒吧里，你不妨关注时尚潮流的宠儿们，他们穿着令人目眩的名牌服装。不过，所有这一切同**马特峰**（Matterhorn; 4478米）相比，都显得微不足道。它是阿尔卑斯山脉最著名的山峰，也是象征瑞士的不可名状的庞然大物，是瑞士旅行不可错过的景点。

景点和活动

采尔马特是滑雪天堂，到处是长长的红色景观滑雪道，还有少量适合滑雪新手的蓝色滑雪道和适合行家的惊险黑色滑雪道。冬季，主要的滑雪地区是洛特峰（Rothorn）、施托克峰（Stockhorn）和小马特峰（Klein Matterhorn），它们共有350公里长的滑雪道，可从小马特峰连接至意大利的度假胜地切尔维尼亚（Cervinia）和适合滑雪者的U形场地自由式公园。在欧洲，夏季滑雪（20公里滑雪道）和寄宿[泰奥迪勒（Theodul）冰川上罗莎高原（Plateau Rosa）里的重力公园（gravity park）]的选择范围最广。1/2日夏季滑雪通票的价格为Sfr 82/122。

采尔马特也非常适合徒步，有400公里长的夏季小径，可穿越阿尔卑斯山一些最美妙的景致——旅游局有小径地图。想拍摄马特峰的特写，没什么地方比扣人心弦的马特峰冰川小径（Matterhorn Glacier Trail；2小时，6.49公里）更适合的了，小径从特劳克纳施泰格（Trockener Steg）延伸至施瓦茨塞（Schwarzsee），沿途的23块信息板会告诉你关于冰川和冰川生活可能需要了解的一切。

马特峰冰川天堂 缆车

（Matterhorn Glacier Paradise；www.matterhornparadise.ch；成人/儿童Sfr99/49.50；⏲8:30~16:20）在采尔马特的缆车上看到的风景引人注目，而马特峰冰川天堂更是锦上添花。乘坐欧洲海拔最高的缆车上升至3883米的高度，在观景平台（Panoramic Platform；天气晴朗的时候才开放）目不转睛地观赏超过4000米高的14座冰川及38座山峰。不要错过冰川宫（Glacier Palace），这是一座冰雪宫殿，里面有闪闪发光的冰雕和可以让人滑下去的冰滑梯。此外，外边的雪地里还有几个可以愉快玩耍的滑雪轮胎。

★葛拉特登山火车 铁路

（Gornergratbahn；www.gornergrat.ch；Bahnhofplatz 7；单程 成人票/儿童票 Sfr42/21；⏲7:00~21:50）欧洲地理位置最高的齿轨铁路，1898年开通。在一段30分钟的旅程中，火车不断向上攀升，穿过如画的风景，到达葛拉特登山（Gornergrat；3089米）。坐在红色小火车的右手侧，凝望马特峰。持票者可在沿途上下车。里弗尔阿尔卑（Riffelalp；2211米）和里弗尔山（Riffelberg；2582米）都有餐馆。夏季，每周会在日出和日落时各多发一次车——可以经历最壮观美好的旅程。

食宿

5月至6月中旬（或下旬）、10月至11月中旬，多数地方会歇业。

★Hotel Bahnhof 酒店 €

（☎027 967 24 06；www.hotelbahnhof.com；Bahnhofstrasse；铺 Sfr40~45，标单/双/四 Sfr80/110/235起；⏲前台 8:00~11:30和16:00~19:00，5月和10月关闭；📶）在火车站对面，这个五星级经济型住宿场所有舒适的床、一尘不染的卫生间和适合一家四口居住的完美房间。宿舍（购买床上用品，要支付Sfr5）舒适。有时髦的休闲室，内有扶手椅，可以坐下读书。没有早餐，不过可以自己在时尚的开放式厨房里准备。

★Snowboat 各国风味 €

（☎027 967 43 33；www.snowboat.ch；Vispastrasse 20；主菜 Sfr19~26；⏲正午至午夜）这个饭店在河畔，其屋顶的阳光露台上随意摆放着灿若金盏花的躺椅，真是幸福。若是厌倦了奶酪火锅，可以来此品尝烤肉汉堡（忘了牛肉吧，尝尝羊肉和羊奶酪或印尼沙茶汉堡包）、极富能量的创意沙拉（非凡的Omega 3最受喜爱）和很棒的鸡尾酒。氛围怎么样？有趣和时髦。

★Chez Vrony 瑞士菜 €€

（☎027 967 25 52；www.chezvrony.ch；Findeln；早餐 Sfr28，主菜 Sfr23~45；⏲12月至次年4月和6月中旬至10月中旬 9:15~17:00）乘坐Sunnegga Express到达2288米的高处，然后沿蓝色的6号滑雪道滑下，或者在夏季徒步15分钟至采尔马特最美味的山坡餐馆，它位于菲德尔恩（Findeln）的小村庄。舒服地蜷在奶油色毛毯里，或者懒洋洋地靠在羊皮衬垫

值得一游

冰川快车（GLACIER EXPRESS）

你很难避开对冰川快车（Glacier Express; www.glacierexpress.ch; 单程成人票/儿童票 Sfr145/73）天花乱坠的宣传。这趟车连接采尔马特和东部城镇、格劳宾登的度假胜地，包括圣莫里茨。

虽然沿途有绝美的冰川裂谷和高耸的山峰，但多数运行路段都是山谷中的下坡路，因此不要指望会有不间断的震撼美景。你不用在采尔马特上车，而是要在铁路枢纽布里格（Brig）上车，以缩短8小时的乘车时间；或者只乘坐圣莫里茨至库尔（另一个铁路枢纽）的一段。

瑞士卡（Swiss Cards）在所有路线都可以使用，欧洲铁路通票和国际铁路通票（InterRail）可以帮你减免大约50%的费用。

长靠椅上，陶醉于这座有一个世纪历史的农舍，感受其天生的浪漫。桌子上摆着雪绒花盆栽，可以看到马特峰一流的美景。还有出众的有机烹调食物。

到达和当地交通

小汽车

采尔马特不允许小汽车进入。驾车前来的人们必须将车停在Täsch（www.matterhornterminal.ch; 第一天/后续每天Sfr14.40/13.50），再乘坐采尔马特穿梭火车（成人/儿童Sfr8/4，12分钟，6:00至21:40每隔20分钟1班）完成最后5公里的路程。

火车

火车定期从布里格（Brig）这个重要的铁路枢纽出发（Sfr32，1.5小时），途中在菲斯普（Visp）停车。采尔马特也是定期去往格劳宾登（Graubünden）的冰川列车的起点站。

伯尔尼（BERN）

人口 127,515

伯尔尼是世界上最被人低估的首都之一，堪称神话般的所在。这里既具有文艺复兴时期上流社会的旧式情怀，又具有21世纪飞速发展的时代动力，这座河畔城市既古老又现代。15世纪的老城区华丽得足以让你意乱情迷。这里不愧为1983年获评的联合国教科文组织世界遗产。

景点

伯尔尼彩旗飞舞的古老中心本身就极具吸引力，它有长达6公里的带顶拱廊，沿街是地下商店和酒吧。1405年，一场大火摧毁了木制建筑居多的老城区。如今我们看到的是后来重建的砂岩城市。这座城市的11座装饰性喷泉（1545年）刻画了历史和民间传说中的人物，其中大多位于Marktgasse街至Kramgasse街和Gerechtigkeitsgasse街一带。最有名的则位于粮仓广场（Kornhausplatz）——描绘巨人吃小孩的食童喷泉（Kindlifresserbrunnen; Ogre Fountain）。

★钟楼 钟楼

（Zytglogge; Marktgasse）这座华丽的钟楼是伯尔尼最著名的老城区景点，它曾是城市西门（1191~1256年）的一部分。人群聚集在此，观看旋转人像在整点前的4分钟转动，之后钟声响起。5月至10月，团队游可进入塔楼内看钟表结构。可联系旅游局获得详细信息。据称，钟楼曾帮助在伯尔尼当专利局职员的阿尔伯特·爱因斯坦思考发展其独特的相对论。

主教座堂 主教座堂

（Münster; Cathedral; www.bernermuenster.ch; Münsterplatz 1; 塔楼成人/儿童Sfr5/2; ⏲5月至10月中旬 周一至周六10:00~17:00，周日11:30~17:00，一年的其他时间周一至周五正午至16:00，周六10:00~17:00，周日11:30~16:00）伯尔尼15世纪的哥特式大教堂，拥有瑞士最高的尖顶（100米）。爬上螺旋楼梯令人目眩的344级台阶，可以看到美好的景色。下来后，在每天11:00、正午和15:00响起的高钟（Upper Bells; 1356年）和3座10吨重的低钟（Lower Bells; 瑞士最大的）处驻足。不要错过主门口的最后的审判（Last Judgement），它描绘了伯尔尼市长上天堂而他的苏黎世对手却下了地狱的场景。随后，漫步穿过毗邻的教堂平台（Münsterplattform），这个小巧的屋顶公园

里有一家阳光充足的亭子咖啡馆。

保罗·克莱中心 博物馆

（Zentrum Paul Klee；☎031 359 01 01；www.zpk.org；Monument im Fruchtland 3；成人/儿童Sfr20/7，语音导览 Sfr6；⊙周二至周日10:00~17:00）这是伯尔尼的古根海姆。伦佐·皮亚诺（Renzo Piano）这一150米长的波浪状大楼建筑形式大胆，内有展览空间，轮流展示保罗·克莱在非凡且时而顽皮的一生中创作的作品。互动式电脑展示和语音导览帮助讲解这位出生于瑞士的艺术家的作品。隔壁妙趣横生的**儿童创意馆**（Kindermuseum Creaviva；☎031 359 01 61；www.creaviva-zpk.org；Monument im Fruchtland 3；⊙周二至周日10:00~17:00）免费 能让孩子们亲身体验艺术展览。或者，在周末的**Five Franc Studio**（www.creaviva-zpk.org/en/art-education/5-franc-studio；门票 Sfr5；⊙周六和周日10:00~16:30），用工作室的材料创作原创艺术品。乘坐12路公共汽车从Bubenbergplatz直接到博物馆。

住宿

HotelLandhaus 酒店 €

（☎031 348 03 05；www.landhausbern.ch；Altenbergstrasse 4；铺 Sfr38，标单 Sfr80~130，双 Sfr120~180，四 Sfr200~220；P@📶）前面看到的是河流和老城区的尖顶，这家经营良好的波希米亚风格酒店提供时髦的6床位宿舍、家庭房和双人间。嘈杂的底层咖啡馆和露台吸引愉快的人们。对住宿舍的客人来说，早餐（独立房间房费里已包含）费用另算，价格是Sfr8。

★**Hotel Schweizerhof** 豪华酒店 €€€

（☎031 326 80 80；www.schweizerhof-bern.ch；Bahnhofplatz 11；标单 Sfr284~640，双 Sfr364~790；P❄@📶）这家有品位的五星级酒店提供豪华的住宿，设施和服务一流。与火车站近在咫尺，兼具商务性和娱乐性。

餐饮

在老城区的街道拱廊中寻找有趣的咖啡馆和小餐馆，包括Zeughausgasse街、Rathausgasse街、Marktgasse街和Kramgasse街。

Altes Tramdepot 瑞士菜 €€

（☎031 368 14 15；www.altestramdepot.ch；Am Bärengraben；主菜Sfr18~37；⊙11:00至次日00:30）在这家洞穴式的小型酿酒厂，瑞士特色菜和大火快炒的热菜竞相争宠。来一杯自酿啤酒的确是一种享受：品尝3种不同类型的啤酒花费Sfr10.80，或者花费Sfr14.50品尝4种。

★**Café des Pyrénées** 酒吧

（☎031 311 30 63；www.pyri.ch；Kornhausplatz 17；⊙周一至周三6:30~23:30，周四和周五至次日00:30，周六 8:00~17:00；✎）这家街角小店具有波希米亚风格，看起来像是巴黎的咖啡馆—酒吧。它位于市中心的有轨电车道附近，适合观看人来人往。

实用信息

游客信息中心（☎031 328 12 12；www.bern.com；Bahnhoftplatz10a；⊙周一至周六 9:00~19:00，周日至18:00）在火车站的一层中。提供城市团队游、酒店免费预订和上网服务。在**熊苑**（Bear Park；☎031 328 12 12；www.bern.com；Bärengraben；⊙6月至9月9:00~18:00，3月至5月和10月10:00~16:00，11月至次年2月11:00~16:00）附近还有一家分部。

到达和当地交通

车次频繁的火车连接着多数瑞士城镇，包括日内瓦（Sfr49，1.75小时）、巴塞尔（Sfr39，1小时）和苏黎世（Sfr49，1小时）。

BernMobil（www.bernmobil.ch）经营公共汽车和有轨电车。很多车从火车站广场（Bahnhoftplatz）西侧发车。

瑞士中部和伯尔尼高地（CENTRAL SWITZERLAND & BERNESE OBERLAND）

应该向来到这两个地区的旅行者发送一个健康预警：卢塞恩湖（Lake Lucerne）的日出景色会令人窒息！艾格尔峰北面可能会让人颤抖不已！少女峰山脚会导致人们的欢欣

症难以控制地发作!

卢塞恩(Lucerne)

人口79,500

这座绚丽的瑞士城市由一片深蓝的湖泊、神话中的群山、中世纪老城区、一些廊桥、阳光广场、糖果色的房屋和水畔步行区组成。卢塞恩明媚而美丽,早在19世纪,歌德(Goethe)、维多利亚女王(Queen Victoria)和瓦格纳(Wagner)就曾深深沉醉于这里的美景。

景点

你探访的第一站应是有古老城墙和塔楼的中世纪**老城区**。徜徉在鹅卵石小路和广场上,欣赏有彩色外墙的15世纪建筑。罗伊斯河(Reuss)上还有两座美不胜收的廊桥。

★卡贝尔桥 桥

(Kapellbrücke, Chapel Bridge)14世纪的卡贝尔桥位于老城区,横跨罗伊斯河(Reuss River)。若是没在这座桥上漫步一番,就不算真正到过卢塞恩。八角形的水塔是原有建筑,不过其山墙屋顶是1993年重大火灾后的重建物。过桥时,可以注意一下海因里希·沃格曼(Heinrich Wägmann)17世纪的三角屋顶面板,它展现了源于瑞士历史和神话的重要事件。在柔和的阳光中,这座标志性建筑最上相。

斯普洛耶桥 桥

(Spreuerbrücke, Spreuer Bridge; Kasernenplatz和Mühlenplatz之间)位于卡贝尔桥下游,这座1408年的建筑虽然较暗、较小,但完全是原始建筑。传说,这是中世纪的卢塞恩村民唯一被允许向河中扔谷壳(Spreu)的桥。这里屋顶面板的设计由绘画《死亡之舞》(*The Dance of Death*)构成,遵循艺术家卡斯帕·梅格林格(Caspar Meglinger)的电影故事脚本艺术风格,表现了瘟疫是如何影响社会各个阶层的。

★狮子纪念碑 纪念碑

(Lion Monument, Löwendenkmal; Denkmalstrasse)截至目前,将众多英国人吸引至卢塞恩的19世纪景点是狮子纪念碑。1820年,卢卡斯·阿霍恩(Lukas Ahorn)将这座10米长的关于濒死狮子的雕像刻在岩壁上,以纪念在法国大革命中为保卫国王路易十六(King Louis XVI)而牺牲的瑞士士兵。马克·吐温(Mark Twain)曾称它为"世上最悲伤、最感人的岩石作品"。对于纳尼亚的粉丝来说,这里经常能让人想起石桌上的狮王阿斯兰(Aslan)。

罗森加特收藏博物馆 博物馆

(Museum Sammlung Rosengart; ☎041 220 16 60; www.rosengart.ch; Pilatusstrasse 10; 成人/学生Sfr18/16; ⏲4月至10月10:00~18:00, 11月至次年3月11:00~17:00)卢塞恩最热门的文化景点是罗森加特收藏馆,它位于优雅的新古典建筑群中。这里展示了瑞士艺术品商人、毕加索的密友安吉拉·罗森加特(Angela Rosengart)的出色收藏品。与这位伟大的西班牙大师的作品一起展出的还有塞尚(Cézanne)、克莱(Klee)、康定斯基(Kand-

值得一游

从卢塞恩出发的山中一日游

在从卢塞恩出发的几条(热门)一日游线路中,可以考虑去往海拔2132米的**皮拉图斯山**(Mt Pilatus; www.pilatus.com)。每年5月至10月,你可以参加经典的"黄金双程游"并到达山顶。在卢塞恩乘坐湖上汽轮到达阿尔卑纳赫施塔德(Alpnachstad),然后乘坐火车在世界上最陡峭的齿轨铁路上行驶,攀升至皮拉图斯山山顶。在山顶,乘坐缆车经过弗雷克明特克(Fräkmüntegg)和克林恩萨埃格(Krienseregg),下至克林斯(Kriens),那里的1路公共汽车会将你带回卢塞恩。往返旅程的费用为Sfr97(使用有效的瑞士通票、欧洲铁路通票或国际铁路通票花费更少)。

insky）、米罗、马蒂斯和莫奈的一些画作及素描。杰作有胡安·米罗（Joan Miró's）铁蓝色的《舞者Ⅱ》（*Dancer Ⅱ*；1925年）和保罗·克莱天真烂漫的*X-chen*（1938年）。

瑞士交通博物馆 博物馆

（Swiss Museum of Transport；Verkehrshaus；☎041 370 44 44；www.verkehrshaus.ch；Lidostrasse 5；成人/儿童Sfr30/15；⏲4月至10月10:00~18:00，11月至次年3月至17:00；👪）引人入胜的互动式瑞士交通博物馆是孩子们的乐园、瑞士最受欢迎的博物馆。在航天火箭、蒸汽机车、自行车和独木舟旁边是可以亲身体验的各类活动，比如飞行模拟。

博物馆内还藏着**天文馆**（成人票/儿童票 Sfr15/9）、瑞士最大的**3D影院**（www.filmtheater.ch；成人票/儿童票白天 Sfr18/14，夜晚Sfr22/19），及其最新的景点：**瑞士巧克力体验**（Swiss Chocolate Experience；成人票/儿童票Sfr15/9）。在这里，通过多媒体展览，一段20分钟的旅程能让游客了解关于巧克力起源、历史、生产，以及巧克力从加纳到瑞士直至更远地方的生产流通情况。

住宿

Backpackers Lucerne 青年旅舍 €

（☎041 360 04 20；www.backpackerslucerne.ch；Alpenquai 42；铺/双Sfr33/78；⏲接待处7:00~10:00和16:00~23:00；@📶）这里是背包客的天堂吗？这个热情洋溢的地方就在湖对面，墙壁上挂着艺术品。员工活泼开朗，厨房设施完备，带阳台的宿舍一尘不染。从火车站往东南方向步行15分钟即可到达。没有早餐，不过住客可以进厨房做饭。

HotelWaldstätterhof 酒店 €€

（☎041 227 12 71；www.hotel-waldstaetterhof.ch；Zentralstrasse 4；标单 Sfr190，双Sfr290~315；P📶）位于火车站对面，这家酒店有仿哥特式的外观，房间整洁且现代化，内有硬木风格地板和高高的天花板，外加一流的服务。

★The Hotel 酒店 €€€

（☎041 226 86 86；www.the-hotel.ch；Sempacherstrasse 14；标单/双 套 Sfr425/455起；❄@📶）这家毫不谦虚的时髦酒店承载着建筑师让·努维尔（Jean Nouvel）的印记。酒店有精致的套间，天花板上经典的电影剧照十分有特色。楼下的Bam Bou是卢塞恩最时髦的餐馆之一，街道对面青翠宜人的公园是个休闲的好地方。

餐饮

★Grottino 1313 意大利菜 €€

（☎041 610 13 13；www.grottino1313.ch；Industriestrasse 7；2道菜午餐Sfr20，4道菜午餐Sfr64；⏲周一至周五11:00~14:00和18:00~23:30，周六18:00~23:30，周日 9:00~14:00）一个避开旅游人群的不错选择，这家悠闲而时髦的小餐馆提供不断变化的"惊喜"菜单，特色是包括无花果栗子汤、意大利面创意菜、明火肉菜和美味甜点在内的开胃菜。前面的露台散落着砾石，香草植物漫布，夏季午后美妙宜人，冬季的夜晚，燃着烛光的室内散发出十足的舒适气息。

Wirtshaus Galliker 瑞士菜 €€

（☎041 240 10 01；Schützenstrasse 1；主菜Sfr21~51；⏲周二至周六11:30~14:00和17:00~22:00，7月至8月中旬停业）加利克（Galliker）家族经营这家老式木镶板酒馆，目前已经历四代，吸引了一群活泼的常客。慈母一般的服务员将卢塞恩的"灵魂食物"——土豆饼、牛肉酥饼（chögalipaschtetli）盛得满满当当，然后为客人献上。

Rathaus Bräuerei 自酿酒吧

（☎041 410 52 57；www.braui-luzern.ch；Unter den Egg 2；⏲周一至周六 11:30至午夜，周日至23:00）在卡贝尔桥附近这家繁忙酒馆的拱廊下，可以品尝自酿的啤酒，或者坐在人行道上的餐桌旁看河水流淌。

实用信息

卢塞恩湖区游客卡（Lake Lucerne Region Visitors Card；Vierwaldstättersee Gästekarte；www.luzern.com/visitors-card）在你所住的酒店盖章，这张免费卡可以让游客在卢塞恩及周边地区的博物馆、运动设施、缆车和湖上巡游中享受折扣。

游客信息中心（☎041 227 17 17；www.luzern.

com; Zentralstrasse 5; ⌚5月至10月周一至周六9:00~19:00，周日9:00~17:00，11月至次年4月周一至周五8:30~17:30，周六9:00~17:00，周日9:00~13:00）在Zentralstrasse或火车总站3号站台可以找到游客信息中心。提供城市步行游览。可以打电话预订酒店。

到达和当地交通

去往因特拉肯东站（Interlaken Ost; Sfr31, 1.75小时）、伯尔尼（Sfr37, 1小时）、卢加诺（Sfr58, 2.5小时）和苏黎世（Sfr24, 50分钟）的火车车次频繁。

另外，经过迈林根（Meiringen）的黄金快车线路（GoldenPass Line）风景绝美，连接卢塞恩和因特拉肯东站（Sfr31, 2小时）。

SGV（www.lakelucerne.ch）经营卢塞恩湖（Lake Lucerne）上的客船（有时是明轮汽船），每天1班，服务范围很广。持铁路通票者可以免费搭乘或得到优惠。

因特拉肯（Interlaken）

人口5660

早在维多利亚时代，人们站在豪华酒店的枝形吊灯下欣赏风景时，就曾为因特拉肯梦幻般的山景而心醉神迷。现在，这里惊险刺激的冒险活动让无所畏惧的人们尖叫不已。水光潋滟的图恩湖（Lake Thun）和布里恩茨湖（Lake Brienz）分列两边，艾格尔峰、门希山（Mönch）和少女峰雪白的美景让人心旷神怡。因特拉肯拥有非凡的景致。

景点和活动

瑞士是世界上第二大冒险运动中心，而因特拉肯就是最热门的枢纽。

各项活动的体验价格是：漂流或溪降Sfr120，急流漂流Sfr140，蹦极或峡谷跳跃（canyon jumping）Sfr130~180，双人滑翔Sfr170，冰山攀岩Sfr180，悬挂式滑翔Sfr220，跳伞Sfr430。租山地自行车的话，半天的费用约为Sfr25。

哈德库尔姆 山

（Harder Kulm; www.harderkulm.ch）想到4000米的巨峰上欣赏深远的景色，乘坐**缆索**（成人票/儿童票往返 Sfr28/14; ⌚每隔30分钟 4月下旬至10月 8:10~18:25，7月和8月 另加19:00~20:30）到达1322米高的哈德库尔姆。很多徒步小径从这里开始，不恐高的人可以在伸出山谷的**双湖桥**（Zweiseensteg）上欣赏一览无余的全景。山谷站附近的野生动物园是阿尔卑斯山动物的家园，里面有土拨鼠和野山羊。

住宿

Backpackers Villa Sonnenhof 青年旅舍 €

（☎033 826 71 71; www.villa.ch; Alpenstrasse 16; 铺Sfr39.50~47，标单Sfr69~79，双Sfr110~148; P @ 📶）这里将超现代的牧人小屋与优雅的现代艺术别墅进行了巧妙融合。宿舍一尘不染，其中一些带阳台，可以看到少女峰的景色。这里还有令人放松的休闲室、设备齐全的厨房、儿童游戏室，以及可以凝视山峦的繁茂花园。还有家庭特价。

★Victoria-Jungfrau Grand Hotel & Spa 豪华酒店 €€€

（☎033 828 26 10; www.victoria-jungfrau.ch; Höheweg 41; 双Sfr400~800，套Sfr600~1000; P @ 📶 🏊）这里很安静，服务毫无瑕疵，让人想起那个只有王室成员和豪富之人才能旅行的年代。保存完好的新艺术特色和现代的豪华完美融合。你可以看到称心如意的少女峰景色，除此之外，有3家一流的餐馆和一家华丽的水疗店。

餐饮

因特拉肯东站东边的Höheweg街边排列着具有民族特色的小吃店，价格公道合理。

Sandwich Bar 三明治 €

（Rosenstrasse 5; 小吃Sfr4~9; ⌚周一至周五7:30~19:00，周六8:00~17:00）选些面包，发挥自己的创意配上馅料，比如番茄干风干火腿和核桃布里干酪。或者尝尝汤、沙拉、烤面包片和本地生产的冰激凌。

★WineArt 地中海菜 €€

（☎033 823 73 74; www.wineart.ch; Jungfraustrasse 46; 主菜 Sfr24~59，5道菜套餐 Sfr59;

⌚周一至周六 16:00至次日00:30）这里将葡萄酒酒吧、餐馆和熟食店合为一体，令人愉快。高高的天花板、枝形吊灯和木地板为季节性的地中海饮食营造出高雅时髦的背景。与600种葡萄酒相搭配的是简单的菜肴，比如水牛奶酪、芝麻菜和搭配蜜汁蔬菜的柴鸡——品质和口味首屈一指。

ℹ 实用信息

游客信息中心（☎033 826 53 00; www.interlakentourism.ch; Höheweg 37; ⌚7月和8月周一至周五8:00~19:00，周六至17:00，周日10:00~16:00，其余月份 周一至周五8:00至正午和13:30~18:00，周六9:00至正午）位于车站之间的半路上，有酒店预订告示牌。

ℹ 到达和离开

因特拉肯有两个火车站。因特拉肯西站（Interlaken West）与市中心距离稍近，是去往伯尔尼（Sfr27, 1小时）的火车停靠站。因特拉肯东站是所有铁路线路的枢纽：去往少女峰地区的线路风景优美，去往卢塞恩（Sfr31, 2小时）的黄金快车线路的景色也十分秀丽。

少女峰地区（Jungfrau Region）

如果说伯尔尼高地是瑞士境内阿尔卑斯山的心脏，那么，少女峰地区就是令你的心脏停止跳动的地方。少女峰地区主要是冰川覆盖的巨山，有艾格尔峰、门希山和少女峰（食人魔、僧侣和处女），美丽的景色激荡着你的灵魂，让你看得脖子发酸。214公里长的滑雪道、44部电梯及更多设施对滑雪爱好者极具吸引力。格林德瓦—翁根（Grindelwald-Wengen）或米伦—雪朗峰（Mürren-Schilthorn）的成人/儿童一日滑雪通票的价格为Sfr62/31。

夏天，数百公里长的步行小径能让你从各个角度饱览美景，无论怎么看都震撼人心。

ℹ 到达和当地交通

从因特拉肯东站（Interlaken Ost）开往少女峰地区的火车每小时1班（www.jungfrau.ch）。去往劳特布伦嫩（Lauterbrunnen; Sfr7.40）时，坐在火车的前半截；如果去往格林德瓦（Sfr10.80），就要坐在后半截。

从格林德瓦发车的火车上行至小沙伊德克（Kleine Scheidegg; Sfr31）时，可以换乘去往少女峰的列车。从劳特布伦嫩发车的火车上行至翁根（Wengen; Sfr6.60），然后继续行进，到达小沙伊德克（Sfr23），并去往少女峰。

从劳特布伦嫩（Lauterbrunnen）至米伦有两种方式：乘坐经由施特歇尔贝格（Stechelberg; Sfr15）的公共汽车和缆车，或者乘坐经由格鲁奇阿尔卑（Grütschalp; Sfr11）的缆车和火车。进行一次环游可以获得充分的体验。从施特歇尔贝格和米伦，可以乘坐缆车到达吉梅尔瓦尔德（Gimmelwald）。

很多缆车在4月和11月停运维修。

格林德瓦（Grindelwald）

人口 3760

19世纪末期，格林德瓦的魅力被滑雪者和徒步旅行者发现，于是这里成了瑞士最

少女峰地区徒步入门

少女峰地区长达上百公里的小径有数百种徒步路线，全都可以看到世界上最令人惊叹的美景。不同技术水平和意志的人都能够找到适合自己的线路。以下两种供你入门。

格鲁奇阿尔卑（Grütschalp）至米伦 在劳特布伦嫩乘坐缆车，向上沿小径而行。路途大多很平坦，步行至米伦需要花费1小时。一路上有无与伦比的景色，如高山森林和冰川融化形成的潺潺溪流。

门利兴山（Männlichen）至小沙伊德克 在翁根和格林德瓦乘坐缆车到达门利兴山缆车等候站。然后，沿着带有标志的小径下行至小沙伊德克。整个旅程大约需要花费90分钟，你的面前空无一物，除了阿尔卑斯山。

古老及少女峰上最大的度假胜地。几十年以来，格林德瓦的魅力丝毫未减。典型的阿尔卑斯牧人小屋、青翠的牧场与壁如刀削的艾格尔峰北坡形成了鲜明的对比。

活动

格林德瓦—佛斯特峰（Grindelwald-First）滑雪场有较容易的红色滑雪道和具有挑战性的黑色滑雪道，它们从高2486米的奥伯约赫（Oberjoch）延伸至高1050米的村庄。还有15.5公里长的干净整洁的越野滑雪小径。夏季，高约1200米处的90公里长的小径满足了徒步旅行者的需要，其中的48公里全年开放。

★Kleine Scheidegg Walk 徒步

该地区最令人赞叹的日间徒步线路之一就是这条从格林德瓦-格伦德（Grindelwald Grund）途经小沙伊德克、到翁根的15公里徒步线路。它穿越野花点点的草地，直至艾格尔峰北面下方的边缘，到达小沙伊德克。你将看到吸引人的"三巨头"景色。用时5.5～6小时。*SAW 1:50,000 Interlaken*（Sfr22.50）是最好的地图。

Grindelwald Sports 冒险运动

（☎033 854 12 80；www.grindelwaldsports.ch；Dorfstrasse 103；⏲8:30～18:30，淡季的周六和周日关闭）位于游客信息中心对面的这家机构可以安排登山、滑雪和单板滑雪教学，以及在Gletscherschlucht进行的峡谷跳跃和冰川蹦极等活动。店里还有舒适的咖啡馆，并出售徒步指南。

住宿

Mountain Hostel 青年旅舍 €

（☎033 854 38 38；www.mountainhostel.ch；Grundstrasse 58；铺 Sfr37～51，双 Sfr94～122；Ⓟ📶）位于Männlichen缆车站附近，这里是运动迷最理想的落脚点，有妥善维护的宿舍和乐于助人的员工。这里还有啤酒花园、雪具保管处、电视休闲室，并出租山地自行车和电动自行车。

★Gletschergarten 历史酒店 €€

（☎033 853 17 21；www.hotel-gletschergarten.ch；Obere Gletscherstrasse 1；标单Sfr130～170，双Sfr230～300；Ⓟ📶）这所质朴的小木屋里面摆满了祖传的风景画和有12个孩子的埃尔丝贝特（Elsbeth）祖母的照片。亲切的布赖滕施泰因（Breitenstein）一家让你有宾至如归的感觉。前面的房间有阳台，朝向下冰河（Unterer Gletscher），后面的房间面向韦特山（Wetterhorn；最适合看落日）；它们都用松木及印花织物装饰，很漂亮。

翁根（Wengen）

人口 1300

翁根位于一条山脊之上，景色如同天堂一般：冰川覆盖的巨峰寂静壮观，波光粼粼的瀑布倾泻而下，如绸缎般流入劳特布伦嫩山谷（Lauterbrunnen Valley）。

村庄不允许汽车进入，只能乘坐火车到达。多年以来，这里一直是极好的**徒步**旅行中心，冬天也很适合滑雪。

Hotel Bären（☎033 855 14 19；www.baeren-wengen.ch；标单Sfr120～150，双Sfr160～290，标三 Sfr280～380；📶）靠近车站。在铁轨下掉头，向山下走就能到达这座舒适的小木屋。房间虽小却很明亮，和蔼可亲的布伦纳（Brunner）一家还提供丰盛的早餐。

少女峰（Jungfraujoch）

少女峰（3471米）之行可能是你一生一次的旅程。所以，每年都会有200万人来到这座欧洲最高的火车站。晴朗的好天气是必不可少的。查看www.jungfrau.ch或拨打☎033 828 79 31。不要忘记携带保暖衣物、太阳镜和防晒霜。

从因特拉肯东站出发，单程时间为2.5小时（往返Sfr197.60，持铁路通票可享受优惠）。夏季，火车末班车于17:45发车，冬季是16:45。不过，5月至10月，若你乘坐首班车（6:35从因特拉肯东站发车），并在13:00前离开山顶，可享受"早安车票"（Good Morning Ticket），费用为Sfr145。

吉梅尔瓦尔德（Gimmelwald）

人口110

几十年前，某位匿名背包客在Mountain

Hostel的留言簿上潦草地写下这样的语句："如果天堂不如人们想象的那样美好，就把我送回吉梅尔瓦尔德吧。"这足以说明一切。当太阳从吉梅尔瓦尔德升起时，这座小村庄简直美得令人窒息。请坐在露天处，倾听从你面前的陡峭山崖上传来的远方雪崩的轰鸣声。

迷人且一尘不染的**Esther's Guest House**（☎033 855 54 88；www.esthersguesthouse.ch；Kirchstatt；标单/双 Sfr60/140，公寓 Sfr170~250；📶）在爱与呵护中运转。额外支付Sfr15，你便可以吃到美味的早餐，包括自制面包、奶酪和酸奶。

米伦（Mürren）

人口430

在一个晴朗的傍晚到达米伦，太阳低低地悬垂在地平线上。米伦不允许汽车进入，俨然是瑞士的童话世界。

住宿选择有火车站附近的**Eiger Guesthouse**（☎033 856 54 60；www.eigerguesthouse.com；房间Sfr110~220；📶），其楼下的酒馆提供美味的食物；**Hotel Jungfrau**（☎033 856 64 64；www.hoteljungfrau.ch；双Sfr180~280，四 公寓 Sfr550；📶）坐落在米伦上方，可以俯瞰初学者滑雪坡地。其历史可以追溯至1894年，有横梁的休息室中还生着火。

雪朗峰（Schilthorn）

在2970米高的**雪朗峰**（www.schilthorn.ch）上，你能够看到全方位的绝美风景。在天气晴朗的日子里，可以看到200多座山峰。从蒂特利斯山（Titlis）上，可以看到勃朗峰及其对面的德国黑森林（German Black Forest）。这里就是1969年詹姆斯·邦德系列电影《女王密使》（*On Her Majesty's Secret Service*）中布洛菲尔德（Blofeld）总部的拍摄地（铺天盖地的大肆宣传让你想忘也忘不了）。

新开设的**邦德007的世界**（Bond World 007；http://schilthorn.ch；持缆车票免门票；⏲8:00~18:00）互动展览为你提供拍出秘密特

瑞士国家公园

从施库奥尔（Scuol）、采尔内茨（Zernez）和斯卡夫（S-chanf），很容易前往令恩加丁骄傲并带给人欢乐的瑞士国家公园（Swiss National Park）。占地172平方公里，这座瑞士唯一的国家公园是一片天然荒野，包括白云石群峰、闪烁的冰川、落叶松林地、牧场、瀑布和串起蓝水晶般湖泊的高山旷野。1914年8月1日，这里成为阿尔卑斯山的第一座国家公园。100多年之后，它依旧不改初衷，致力于保护、研究和提交报告。

一个世纪以来，这座公园的自然环境未受破坏，成为旅游业出现之前阿尔卑斯山的缩影。这里有约80公里长的标识清晰的徒步小径，运气好一点的话，用一个像样的双筒望远镜就能观赏到野山羊、岩羚羊、土拨鼠和金雕。**瑞士国家公园中心**（Swiss National Park Centre；☎081 851 41 41；www.nationalpark.ch；Zernez；展览 成人票/儿童票 Sfr7/3；⏲6月至10月 8:30~18:00，11月至次年5月 9:00至正午和14:00~17:00）应该是你获得关于活动和住宿信息的第一站。这里出售一流的1:50,000的公园地图（Sfr20），其中描述了21条步行穿过公园的线路。

自己出发很容易，不过，6月下旬至10月中旬，中心组织的带向导徒步的内容丰富，或许能让你受益更多。其中包括前往特鲁普淳山谷（Val Trupchun）的野生动物观赏徒步及前往奥芬山口（Offenpass）和马均湖（Lakes of Macun）的高山徒步。多数向导说德语，不过很多向导也会说一点英语。每人花费Sfr25~35。你需要提前打电话预订。

进入公园及其停车场免费。在这里，保护是重中之重，所以要紧随小路，遵守禁止露营、乱丢垃圾、生火、骑自行车、采花和惊扰动物的规定。

Zürich 苏黎世

去Alpenrose (900m);
Frau Gerolds Garten (1.4km);
Supermarket (1.5km)
Langstr
Zwinglistr
Brauerstr
Ankerstr
Lagerstr
Kasernenstr
Museumstr
Hauptbahnhof (Train Station) 火车站
Walche Brücke
Neumühlequai
Hochfarbstr
Leonhardstr
Universitätstr
Zürich Tourism 苏黎世旅游局
Bahnhofplatz
Schützengasse
Central
Auf der Mauer
Beatengasse
Beatenplatz
Zeughausstr
Müllerstr
Rotwandstr
Bäckerstr
Usteristr
Bahnhofstr
Werdmühleplatz
Mühlesteg
Seilergraben
Zähringerstr
Künstlergasse
Kasernenstr
Gessnerallee
Löwenstr
Uraniastr
Rudolf Brun Brücke
Zähringerplatz
Hirschengraben
Badenerstr
Steinmühleplatz
Sihlstr
Rennweg
Brunngasse
Florhofgasse
Fortunagasse
Lindenhof
Limmatquai
Niederdorfstr
Neumarkt
Werdstr
Stauffacherquai
Selnaustr
Talacker
Füsslistr
Pelikanstr
Münzplatz
Morgartenstr
Alter Botanischer Garten
Pelikanplatz
St Peterhofstatt
Obere Zäune
Heimplatz
Hallwylstr
St Peterskirche
Grossmünster
Kirchgasse
Sihlhölzlistr
Pelikanstr
Talstr
Bärengasse
Münsterhof
Münster Brücke
Paradeplatz
Poststr
Oberdorfstr
Tödistr
Schanzen Graben
Kappelergasse
Theaterstr
Rämistr
Gartenstr
Talstr
Fraumünsterstr
Utoquai
Brandschenkestr
Bleicherweg
Claridenstr
Börsenstr
Bahnhofstr
Stadelhoferstr
Beethovenstr
Bürkliplatz
Bellevueplatz
Theaterstr
去B2 Boutique Hotel & Spa (175m)
Tunnelstr

工式照片的机会，还在直升机和大雪橇中重现电影画面。

在因特拉肯东站，参加价格为Sfr121.80的短途旅行，前往劳特布伦嫩、格鲁奇山（Grütschalp）、米伦和雪朗峰，返回时经过施特歇尔贝格，到达因特拉肯。从劳特布伦嫩（经过格鲁奇山）和米伦返回，费用为Sfr107，乘坐施特歇尔贝格缆车的返程之旅，价格一样。从米伦返回的费用为Sfr77。

可以询问清早旅行的折扣价。使用铁路通票有优惠。

苏黎世（ZÜRICH）

人口 380,780

苏黎世，瑞士最大的城市，如谜一样存在。它既是精明的金融中心，拥有世界上最密集的公共交通系统，又有沙尘遍地的后工业边缘地区，让人惊叹不已，它还有怀旧的老城区，更不用说景色秀丽的湖畔地理位置。

Zürich 苏黎世

景点

1 圣母大教堂 C3
2 美术馆 D3
3 瑞士国家博物馆 C1

住宿

4 Townhouse C2

就餐

5 Café Sprüngli C3
6 Haus Hiltl B2

饮品和夜生活

7 Longstreet Bar A1

景点

老城区内的步行鹅卵石街道分列河流两岸，城市中最美的商业街——班霍夫街（Bahnhofstrasse）下方有银行金库，据说其中装满了金子。周日，所有苏黎世人都会在湖边闲逛——天气晴朗的时候，你还能瞥见远处的阿尔卑斯山。

圣母大教堂 教堂

（Fraumünster；www.fraumuenster.ch；Münsterhof；⏲4月至10月9:00~18:00，11月至次年3月10:00~16:00）13世纪的大教堂以其独具特色、令人赞叹的彩色玻璃窗而闻名。它们由著名的俄罗斯犹太裔画家马克·夏加尔（Marc Chagall；1887~1985年）设计绘制。1971年，他在唱诗班席位上设置了一系列五扇窗。1978年，又在南翼部修建了圆花窗。北翼的圆花窗是由奥古斯托·贾科梅蒂（Augusto Giacometti）于1945年修建的。

美术馆 博物馆

（Kunsthaus；☎044 253 84 84；www.kunsthaus.ch；Heimplatz 1；成人/儿童Sfr15/免费，周三免费；⏲周三至周五10:00~20:00，周二、周六和周日10:00~18:00）苏黎世令人印象深刻的美术馆（Fine Arts Museum）拥有丰富藏品，展品有中世纪古代大师的欧洲艺术品、阿尔贝托·贾柯梅蒂（Alberto Giacometti）的人物线条画、莫奈和凡·高（Van Goghs）的杰作、罗丹（Rodin）的雕塑，以及其他19世纪和20世纪的艺术品。持瑞士铁路和博物馆通票（Swiss Rail and Museum Passes）不能免门票，不过持苏黎世卡（ZürichCard）可以。

瑞士国家博物馆 博物馆

（Schweizerisches Landesmuseum，Swiss National Museum；www.musee-suisse.ch；Museumstrasse 2；成人票/儿童票 Sfr10/免费；⏲周二、周三和周五至周日 10:00~17:00，周四10:00~19:00）这座不拘一格展现想象力的博物馆位于大楼和城堡之间特意修建的交叉部分。永久收藏品能为你提供一次密集的瑞士历史之旅，展览范围从精雕细刻的彩绘雪橇到家用和宗教手工艺品，再到一系列重建的历史房间，跨越6个世纪。博物馆在大规模扩建期间仍然开放。新的考古展区和新翼楼定在2016年开放。

住宿

作为主要的高消费城市，苏黎世的住宿价格处于恰如其分的高水平。

★SYHA Hostel 青年旅舍 €

（☎043 399 78 00；www.youthhostel.ch/zuerich；Mutschellenstrasse 114，Wollishofen；铺Sfr43~46，标单/双Sfr119/140；@📶）这家忙碌的青年旅舍位于一座20世纪60年代的粉色球状地标建筑内，有24小时营业的时髦接待处、餐厅，以及整洁干净的现代卫生间。楼下休闲室有稳定的Wi-Fi。包括在房费内的早餐以味噌汤和米饭为特色，还有所有瑞士传统菜肴。从火车总站南行约20分钟可达。可乘坐7路有轨电车到Morgental下车，或乘坐轻轨（S-Bahn）在Wollishofen下车，然后步行5分钟，即可到达。

Townhouse 精品酒店 €€

（☎044 200 95 95；www.townhouse.ch；Schützengasse 7；标单 Sfr195~395，双 Sfr225~425；📶）21个房间内均有豪华的壁纸、壁挂、镶木地板和复古家具，面积从15平方米到35平方米，大小不一，时髦有型。坐落在火车总站附近，这家酒店服务热情、友好，还有供借阅的DVD和iPod扩展坞。

B2 Boutique Hotel & Spa 精品酒店 €€€

（☎044 567 67 67；www.b2boutiquehotels.com；Brandschenkestrasse 152；标单/双 Sfr330/380起；@📶）与谷歌的欧洲总部一步之遥，这家奇特的新酒店位于一栋翻新的啤酒厂里，有各种诱人的特色。位居榜首的是屋顶巨大的按摩游泳池、水疗设施和梦幻的图书休闲室，13米高的书架从地板到天花板，藏有3万本书（从当地的古文物收藏者处购得），数量惊人。宽敞的房间装饰现代（有独特的豆袋椅）。

在火车总站乘坐13路有轨电车到Enge，然后向西步行5分钟，即可到达。

值得一游

列支敦士登（LIECHTENSTEIN）

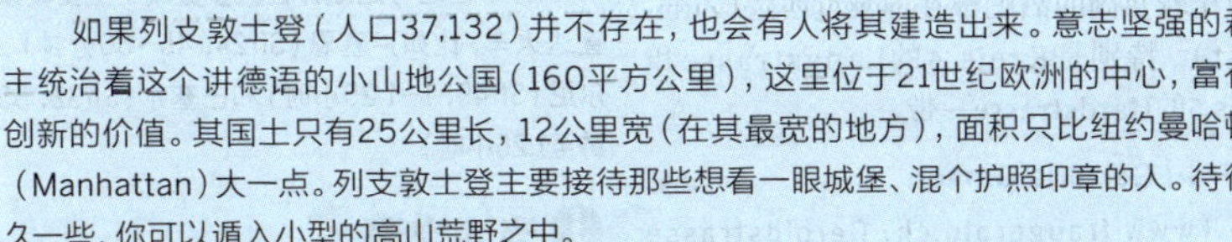

如果列支敦士登（人口37,132）并不存在，也会有人将其建造出来。意志坚强的君主统治着这个讲德语的小山地公国（160平方公里），这里位于21世纪欧洲的中心，富有创新的价值。其国土只有25公里长，12公里宽（在其最宽的地方），面积只比纽约曼哈顿（Manhattan）大一点。列支敦士登主要接待那些想看一眼城堡、混个护照印章的人。待得久一些，你可以遁入小型的高山荒野之中。

瓦杜兹（Vaduz）

瓦杜兹简直就是个邮票大小的城市，却拥有如同明信片一样完美的景色。它盘踞在森林密布的山脚下，紧挨着莱茵河，头顶还有塔楼高耸的城堡，这座城市的位置极具视觉冲击力。

市中心非常现代化，有些无聊。只需步行几分钟，就可以找到那座存在于50年前的古雅村庄的痕迹，还有看起来更靠近阿尔卑斯山的静谧葡萄园。

瓦杜兹城堡（Vaduz Castle）不对公众开放，不过值得攀上山坡去欣赏风景。

实用信息

列支敦士登的国家电话代码是☎423。

列支敦士登中心（Liechtenstein Center; www.tourismus.li）提供小册子和护照纪念印章（Sfr3）。**列支敦士登邮票发行中心**（Philatelie Liechtenstein）吸引了很多集邮爱好者。

到达和当地交通

最近的火车站在瑞士边境小镇布克斯（Buchs）和萨尔甘斯（Sargans）。每个镇子都有班次频繁的长途汽车开往瓦杜兹（从布克斯/萨尔甘斯发车 Sfr7.20/9.40）。长途汽车横贯这个国家。1/2/3/地区的单程票（上车买票）价格为Sfr2.80/3.50/4.80。在所有主要线路上，瑞士通票都有效。

就餐

苏黎世有繁荣的咖啡馆文化和2000多处就餐场所。当地传统菜式非常丰富，其中苏黎世小牛肉（Zürcher Geschnetzeltes）是这座城市的招牌菜。

★ Haus Hiltl 素食 €

（☎044 227 70 00; hiltl.ch; Sihlstrasse 28; 每100克 外卖/咖啡馆/餐馆 Sfr3.50/4.50/5.50; ⏲周一至周六 6:00至午夜，周日 8:00至午夜; ✎）被吉尼斯纪录确认为世界上最古老的素食餐馆（创建于1898年），Hiltl提供令人惊奇的无肉美食大杂烩，从印度、泰国咖喱到地中海烤蔬菜，再到沙拉和甜点，不一而足。挑选你爱吃的，装满盘子，称重，然后在休闲的咖啡馆或相连的漂亮餐馆找个位子（也有合算的外卖服务）。

Café Sprüngli 甜食 €

（☎044 224 46 46; www.spruengli.ch; Bahnhofstrasse 21; 甜食 Sfr7.50~16; ⏲周一至周五 7:00~18:30，周六 8:00~18:00，周日9:30~17:30）这家瑞士甜食的中心从1836年就开始营业。你可以坐下来，在这儿品尝蛋糕、巧克力、咖啡或冰激凌。你也可以吃顿简便的午餐。不论怎么样，别忘了去阅兵广场（Paradeplatz）的街角看看如天堂般美好的巧克力店。

★ Alpenrose 瑞士菜 €€

（☎044 271 39 19; alpenrose.me; Fabrikstrasse 12; 主菜Sfr26~42; ⏲周三至周五 11:00至午夜，周六和周日18:15~23:00）墙壁上写着“禁止跳波尔卡舞”。Alpenrose散发出独特的魅力，供应瑞士各地菜肴，特色菜包括提契诺州的意大利调味饭（risotto）、格劳宾登的皮藻蔻（Pizokel）——一种鸡蛋面（Spätzli）。在过去20年间，餐厅已经供应了20,000多公斤的这种面条！记得为奶油白兰地冷甜点及其他可口甜点留点儿肚子。

饮品和娱乐

全城随处都有饮品和娱乐场所，不过大多数比较热闹的酒吧都在苏黎世西区（Züri-West），特别是Kreis 4的Langstrasse和Kreis 5的Hardstrasse一带。

★Frau Gerolds Garten 酒吧

（www.fraugerold.ch；Geroldstrasse 23/23a；⏲4月至10月 周一至周六 11:00至午夜，周日正午至22:00，天气恶劣时关闭；）从哪儿开始呢？葡萄酒酒吧？玛格丽塔酒吧？杜松子酒酒吧？不管选择哪种酒，这家苏黎世夏日酒吧界的新贵都将带给你纯粹的快乐，且极受欢迎。悬挂着多彩的装饰飘带，夹在喜庆的花坛和铁路站场中间，其户外座位有野餐桌、散落着枕头的露台，以及2楼的阳台。

Longstreet Bar 酒吧

（☎044 241 21 72；www.longstreetbar.ch；Langstrasse 92；⏲周三至周五18:00至深夜，周六20:00至次日4:00）位于Langstrasse的中心，Longstreet是一家音乐酒吧，有各种风格的DJ。这里曾经是一家歌舞夜总会，你不妨数数那些排列在紫色调装饰之间的数千盏灯泡。

Supermarket 夜店

（☎044 440 20 05；www.supermarket.li；Geroldstrasse 17；⏲周四至周六23:00至深夜）这里看起来就像一所单纯的小房子，让Supermarket引以为荣的，则是舞池周围那三个舒适的休闲酒吧、带屋顶的后庭院及许多有趣的DJ。这里播放浩室音乐和电子舞曲。在火车站乘坐火车到Hardbrücke即可到达。

实用信息

苏黎世旅游局（Zürich Tourism；☎044 215 40 00，预订酒店044 215 40 40；www.zuerich.com；⏲周一至周六8:00~20:30，周日8:30~18:30）

到达和离开

飞机

苏黎世机场（Zürich Airport，见1246页）位于市中心以北9公里处，是瑞士的主要机场。

火车

直达列车开往斯图加特（Sfr64，3小时）、慕尼黑（Sfr97，4.25小时）、因斯布鲁克（Sfr77，3.25小时）及其他国际站点。

苏黎世还有定期开往大多数瑞士主要城镇的直达火车，比如卢塞恩（Sfr24，45~50分钟）、伯尔尼（Sfr49，1~1.25小时）和巴塞尔（Sfr32，55分钟至1.25小时）。

当地交通

抵离机场

在机场和主火车站之间，每小时有9班直达火车（Sfr6.60，9~14分钟）运送乘客。

自行车

Züri Rollt（www.schweizrollt.ch）允许游客从几个地点借或租自行车，包括火车站北侧街道对面的Velostation Nord。带上身份证件，支付Sfr20的押金。如果当天还车，免租金，若是过夜，每天收费Sfr10。

公共交通

公共交通系统**ZVV**（www.zvv.ch）包括公共汽车、有轨电车和轻轨，还有来往于利马特河上的船只。5站以内的短程票价为Sfr2.60，一般行程则是Sfr4.20。在市中心使用的24小时通票的价格为Sfr8.40。

瑞士北部（NORTHERN SWITZERLAND）

这块区域的中心是商业化的巴塞尔。让该地区引以为豪的还有国内最精美的罗马遗迹[在奥古斯塔-劳里卡（Augusta Raurica）]、一些城堡，以及美丽的中世纪村庄——散落在阿尔高州（Aargau canton）高低起伏的地方。

巴塞尔（Basel）

人口165,570

位于瑞士的西北角，对面就是法国和德国边境，巴塞尔横跨磅礴的莱茵河。城里有美术馆、30多座博物馆和前卫的建筑，还有一片迷人的老城区。

景点和活动

老城区（Altstadt） 街区

从集市广场（Marktplatz）开始探索巴

塞尔令人愉悦的中世纪老城区，那里的主要建筑是外观鲜红的16世纪市政厅（Rathaus）。从这里沿着Spalenberg向西攀登400米，穿过曾经的工匠区，到达具有600年历史的斯巴伦城门（Spalentor city gate），这是1866年的拆除行动后仅存的3处遗迹之一。沿途可在迷人的小巷之中徜徉，比如Spalenberg、Heuberg和Leonhardsberg，两边是历史悠久并受到精心维护的房屋。

★ 贝耶勒基金会 博物馆

（Fondation Beyeler；☎061 645 97 00；www.fondationbeyeler.ch；Baselstrasse 101，Riehen；成人/儿童Sfr25/6；⏰10:00~18:00，周三至20:00）这些惊人的藏品由私有转为公有，曾由艺术品商人希尔迪（Hildy）和恩斯特·贝耶勒（ErnstBeyeler）收集，位于意大利建筑师伦佐·皮亚诺（Renzo Piano）设计的一座又长又矮且阳光充足的敞开式平面布置建筑中。各种展览次第排列，包括19世纪、20世纪的毕加索作品和罗思科（Rothko）作品、米罗和马克斯·恩斯特（Max Ernst）的雕塑，以及大洋洲的部落人像。在赤足广场（Barfüsserplatz）或集市广场乘坐6路有轨电车到Riehen即可到达。

住宿

在巴塞尔商品交易会和大型会议期间，酒店常常人满为患，需提前预订。住客可得到通票，持票可免费乘坐公共交通工具。

★ SYHA Basel St Alban Youth Hostel 青年旅舍 €

（☎061 272 05 72；www.youthhostel.ch/basel；St Alban Kirchrain 10；铺/标单/双 Sfr44/122/136；📶）由巴塞尔本地的建筑师布赫纳（Buchner）和布兰德莱（Bründler）设计，这家青年旅舍华丽现代，所在街区环境宜人，两边是树荫遮蔽的广场和潺潺的小溪。这里距离莱茵河只有一步之遥，从瑞士联邦铁路火车站步行15分钟（或者乘坐2路有轨电车到美术馆，然后步行下坡5分钟）即可到达。

★ Hotel Krafft 酒店 €€

（☎061 690 91 30；krafftbasel.ch；Rheingasse 12；标单 Sfr110~150，双 Sfr175~265；📶）谙熟设计的都市人喜爱这家经过翻新的历史酒店。可以俯瞰莱茵河的餐厅里铺着古朴的地板，悬挂着现代雕花枝形吊灯，螺旋楼梯的每个平台都有极简的日式茶吧作为装饰。

餐饮

一定要去集市广场的日常集市和出售美味零食的几家摊位逛逛，比如卖当地香肠和三明治的小摊。

★ Volkshaus Basel 啤酒店、酒吧 €€

（☎061 690 93 11；volkshaus-basel.ch；Rebgasse 12-14；主菜 Sfr28~56；⏰周一至周五11:30~14:00和18:00~22:30，周六 11:30~22:30）由赫尔佐格–德默龙（Herzog & de Meuron）新设计的时髦场地既是复古酒吧，又是画廊，还是演出场所。想要放松地就餐，就去氛围独特的啤酒花园，铺着鹅卵石的庭院里有柱子、爬满藤蔓的墙壁和一排排披灯挂彩的树木。餐食从啤酒店传统菜肴（牛排薯条）到更有创意的菜式（搭配酸奶油和薰衣草的虾和黄瓜沙拉），一应俱全。酒吧的营业时间是周一至周六10:00至次日1:00。

实用信息

巴塞尔旅游局（Basel Tourismus；☎061 268 68 68；www.basel.com）瑞士联邦铁路火车站（SBB Bahnhof；⏰周一至周五8:30~18:00，周六9:00~17:00，周日和节假日至15:00）、Stadtcasino（Steinenberg 14；⏰周一至周五9:00~18:30，周六至17:00，周日和节假日10:00~15:00）有分支机构。Stadtcasino分支组织2小时的城市步行团队游（成人/儿童Sfr18/9，可选择英语或法语解说），出发时间是5月至10月的周一至周六14:30，其他月份则在周六。

到达和离开

飞机

欧洲机场（EuroAirport，MLH或BSL；☎+33 3 89 90 31 11；www.euroairport.com）位于法国境内，在城镇西北5公里处，是巴塞尔的主要机场，也是易捷航空（easyJet）的枢纽，有去往欧洲主要城市的航班。

值得一游

贝尔尼纳快车（BERNINA EXPRESS）

著名的**贝尔尼纳快车**（Bernina Express；www.berninaexpress.ch；单程 Sfr84；订座 夏季/冬季 Sfr14/10；⏲5月中旬至12月上旬）线路（6.5小时）从卢加诺至圣莫里茨、达沃斯和铁路枢纽库尔。从库尔到卢加诺（55条隧道、196座桥）的4小时行程可攀升至阿尔卑斯山的冰川地区和提契诺棕榈环绕的湖泊边缘。从卢加诺到蒂拉诺（Tirano；位于意大利），可以乘坐沿意大利科莫湖（Lake Como）行驶的长途汽车，一路观赏优美的风景。

通过蒂拉诺和圣莫里茨之间贝尔尼纳山口（Bernina Pass）的火车线路，是瑞士最壮观的线路之一，它经过联合国教科文组织的认可。一些火车还是敞篷小汽车的外形，颇具特色。

火车

巴塞尔是欧洲铁路网的一个主要枢纽。火车站有去往巴黎（3小时）的高速列车和去往德国主要城市的城际特快（简称ICE）。

去往瑞士其他城市的火车包括开往伯尔尼（Sfr39，1小时）和苏黎世（Sfr32，1小时）的火车，班次很多。

当地交通

50路公共汽车连接机场和火车站（Sfr4.20，20分钟）。8路和11路有轨电车连接火车站和集市广场（Sfr3.40，一日通票Sfr9）。

提契诺州（TICINO）

瑞士与意大利的交界处是提契诺州，其夏季的气氛浓郁而热烈，人们像孔雀般骄傲，踩着踏板车穿梭于车流中。这里是意大利的气候、意大利的风格，更别提意大利冰激凌、比萨饼、意大利的建筑和意大利语了。

洛迦诺（Locarno）

人口15,480

意大利风格的住宅、马焦雷湖（Lago-Maggiore）北端，还有比瑞士其他地方多的日照时间（2300小时），这些使得这座休闲小镇充满了夏日度假胜地的气氛。

洛迦诺位于马焦雷湖东北角，而该湖的大部分都在意大利的伦巴第（Lombardy）地区内。**Navigazione Lago Maggiore**（www.navigazionelaghi.it）经营横跨整个湖的渡船。

景点和活动

老城区（Città Vecchia） 街区

洛迦诺意大利风格的老城区从**大广场**（Piazza Grande）、一系列上相的拱廊和伦巴第风格的房屋处呈扇形展开。每周四，广场都会被手工艺品和新鲜的农产品占据。

★ **萨索圣堂寺院** 教堂

（Santuario della Madonna del Sasso；⏲6:30~18:30）免费 一位名叫巴托洛梅奥·德伊夫雷亚（Bartolomeo d' Ivrea）的僧侣称自己见到了圣母玛利亚，之后于1480年修建了这座俯瞰城镇的圣殿。教堂装饰精美，楼梯的壁龛里有几组相当粗糙的真人大小的雕塑（包括“最后的晚餐”）。教堂里最有名的画作是布拉曼蒂诺（Bramantino）于1522年绘制的《逃往埃及》（*La Fuga in Egitto*）。

缆索（单程/往返 成人票Sfr4.80/7.20，儿童票 Sfr2.20/3.60；⏲8:00~22:00）每隔15分钟从市中心发出，经过寺院，前往奥尔塞利纳（Orselina），不过景色更秀丽的朝圣方式是沿礼拜堂林立的Via Crucis步行20分钟（选择紧邻Via Cappuccini的Via al Sasso）。

到达和离开

经由贝林佐纳（Bellinzona），洛迦诺与提契诺州及瑞士其他地方之间的交通联系密切。可乘坐**琴托瓦利快车**（Centovalli Express；www.centovalli.ch），经由意大利的多莫多索拉（Domodossola），去往布里格（Brig）。

卢加诺（Lugano）

人口61,840

提契诺州山峦环绕的丰沛湖泊并非其唯一的流动性资产。卢加诺是瑞士第三大金融中心。抛开正经的样子，它还是一座活泼的城市，狭长陡峭的鹅卵石街道如意大利面条般的迷宫，酒吧和人行道咖啡馆随意散落其间，一直到湖边和花团锦簇的步行区沿线。

景点和活动

从火车站向下步行10分钟，可以到达老城区（Centro Storico）。走楼梯或乘坐索道缆车（Sfr1.10）亦可到达。

在热闹的主广场——改革广场（Piazza della Riforma；周二和周五有早市时，这里的气氛更活跃）周围纵横交织的小巷中漫步，其中多数都有门廊。

★圣洛伦佐大教堂 教堂

（Cattedrale di San Lorenzo, St Lawrence Cathedral; Via San Lorenzo; ⏲6:30~18:00）这是卢加诺16世纪早期的大教堂，文艺复兴风格的正立面之后隐藏着精美的壁画和华丽的巴洛克式雕像。前面可俯瞰老城区赤土色的混杂屋顶，以及延伸到远处湖泊和山峦的景色。

Società Navigazione del Lago di Lugano 乘船游

（www.lakelugano.ch; Riva Vela 12; ⏲4月至10月下旬）观赏湖泊亮点的轻松方式就是参加巡游，包括1小时的水湾游（Sfr27.40）和3小时的上午巡游。欲了解时刻表，可查阅其网站。

住宿

冬季，许多酒店会歇业一段时间。

Hotel & Hostel Montarina 酒店、青年旅舍 €

（☎091 966 72 72; www.montarina.ch; Via Montarina 1; 铺Sfr29，标单Sfr82~92，双Sfr112~132; P 📶 🏊）这家酒店/旅舍在一所可追溯至1860年的淡粉色别墅内，衷心欢迎你的到来。马赛克地板、高高的天花板和锻铁栏杆散发出旧时代挥之不去的庄严感。这里还有共用的厨房—休息室、供孩子娱乐的玩具、带游泳池的棕榈树密布的花园，甚至还有一个小葡萄园。早餐费用另算，价格为Sfr15。

★Guesthouse Castagnola 客栈 €€

（☎078 632 67 47; www.gh-castagnola.com; Salita degli Olivi 2; 公寓 Sfr120~180; P 📶）在这家翻新得很漂亮的16世纪城市住宅内，克里斯蒂娜（Kristina）和莫罗（Mauro）会不遗余力地让你满意。裸露的石头、天然面料和泥土的颜色主宰着公寓，另外还配备了Nespreso咖啡机和平板电视。在庭院内供应丰盛的早餐（另交Sfr10）。乘坐2路公共汽车可至市中心以东2公里处的Castagnola。

就餐

想吃比萨或意大利面的话，去改革广场附近任何一家餐馆试试。

Bottega dei Sapori 咖啡馆 €

（Via Cattedrale 6; 小吃和简餐Sfr9~14; ⏲周一至周三 7:30~19:30，周四和周五至21:00，周六 9:00~19:30）这家有高高天花板的咖啡馆—酒吧有美味的沙拉、帕尼尼（比如搭配风干牛肉、羊奶酪和芝麻菜的）和咖啡。小露台总是挤满了人。

★Bottegone del Vino 意大利菜 €€

（☎091 922 76 89; Via Magatti 3; 主菜Sfr28~42; ⏲周一至周六11:00~23:00）大批银行业职员喜爱在午餐时间来这儿。这个地方有季节性菜单，特色菜有美味的托斯卡纳契安尼娜牛肉小方饺。无所不知的服务生在餐桌之间忙活，兴高采烈地向客人推荐提契诺酒。

到达和离开

卢加诺位于米兰至苏黎世和卢塞恩的干线上。从卢加诺出发，可前往的站点包括米兰（Sfr17，75分钟）、苏黎世（Sfr64，2.75小时）和卢塞恩（Sfr60，2.5小时）。

格劳宾登州（GRAUBÜNDEN）

圣莫里茨（St Moritz）

人口5150

圣莫里茨是瑞士最初的冬日仙境，也是

高山旅行的摇篮。从1864年开始，这里就吸引了王室成员、名人和有钱人。波光粼粼的碧绿湖泊、翠绿的森林和远山，让这座小镇看上去就价值不菲。

活动

350公里长的山坡、超现代的电梯和令人精神为之一振的景色，让你在圣莫里茨的滑雪体验无与伦比，尤其是对于自信的中级选手而言。一般的滑雪通票包括所有山坡的雪道。

如果你更喜欢越野滑雪，可以滑过220公里长的齐整小径，穿越阳光灿烂的平原和覆盖着雪层的林地。

夏季，该地区有一流的徒步小径。

Schweizer Skischule 滑雪

（☎081 830 01 01；www.skischool.ch；Via Stredas 14；⏲周一至周六 8:00至正午和14:00~18:00，周日8:00~9:00和16:00~18:00）1929年，瑞士第一家滑雪学校就是在圣莫里茨建立的。如今，你可以在这里安排滑雪或单板滑雪培训，每天每位成人/儿童的费用是Sfr120/85。

食宿

Jugendherberge St Moritz 青年旅舍 €

（☎081 836 61 11；www.youthhostel.ch/st.moritz；Via Surpunt 60；铺/标单/双/四 Sfr42.50/138/164/222；📶）这家森林边缘的青年旅舍有安静整洁的四床位宿舍和双人间。这里还有售货亭、儿童玩具房和自动洗衣店。出租自行车。旺季时，9路公共汽车会在青年旅舍门口停车。

Chesa Spuondas 酒店 €€

（☎081 833 65 88；www.chesaspuondas.ch；Via Somplaz 47；标单/双/家 含半膳宿Sfr155/282/318；Ⓟ📶）这家家庭酒店坐落于森林和山脚下的草地之间。房间风格与所在的新艺术风格别墅一致，有高高的天花板、镶木地板和独特的古玩。在这里，儿童会受到重点关照，他们有专门的就餐时间、活动、游乐区，以及步行10分钟就能到达的儿童滑雪学校。从圣莫里茨出发的1路车在附近停车。

Chesa Veglia 意大利菜 €€

（☎081 837 28 00；www.badruttspalace.com；Via Veglia 2；主菜 Sfr42~60，比萨 Sfr23~36，套餐 Sfr45~70；⏲正午至23:30）这家石板屋顶的白色小木屋餐馆可追溯至1658年。灯光柔和，室内全都使用暖色的松木，还有木地板，从露台上可看到湖光山色。来这里吃比萨或地区特色菜吧，比如奶油大麦汤（Bündner Gerstensuppe）和鹿肉鸡蛋面（Spätzli）。

到达和离开

每小时1班的定期火车往返铁路枢纽库尔（Sfr40，2小时），一路上景色优美。

圣莫里茨是冰川快车（见1229页）的终点。

贝尔尼纳快车（见1242页）提供从圣莫里茨发车、前往卢加诺的季节性服务，路上会经过联合国教科文组织认可的贝尔尼纳山口至意大利蒂拉诺之间的火车路线。这条路线的沿途景色令人惊叹。

生存指南

出行指南

签证

申根签证（见1302页）适用。申请瑞士申根签证的详情请参见瑞士签证中心网页（cn.tlscontact.com/cn2ch）。

货币

➡ 瑞士官方货币是瑞士法郎，小额单位为生丁。1

国家速览

面积 41,285平方公里

首都 伯尔尼

国家代码 ☎41

货币 瑞士法郎（Sfr）

紧急情况救助 救护车☎144，火警☎118，报警☎117

语言 法语、德语、意大利语、罗曼什语

现金 自动柜员机很常见

人口 8,140,000

签证 适用于申根签证规定

瑞士法郎=100生丁。瑞士法郎的主流纸币面额为10瑞士法郎、20瑞士法郎、50瑞士法郎、100瑞士法郎、200瑞士法郎、1000瑞士法郎6种，硬币为5生丁、10生丁、20生丁和50生丁。还有1瑞士法郎、2瑞士法郎和5瑞士法郎。很多旅游商业点也接受欧元。瑞士以现金、信用卡支付（维萨卡、万事达卡）为主。瑞士的自动柜员机都支持银联，在商家刷卡也很方便。建议你在刷卡前确认好有关商家是否支持银联。旅游行业的组织或机构也接受欧元。

➡ 大火车站可以兑换货币。

➡ 没有必要付小费，因为酒店、餐馆、酒吧甚至一些出租车的账单已经按照法律要求包含了15%的服务费。你可以在用餐结束后，像当地人那样，为优质的服务凑个整数付账。

优惠卡

瑞士博物馆通票（Swiss Museum Pass; www.museumspass.ch; 成人/家庭Sfr155/277）定期或长期在瑞士旅行的人不妨购买这种通票。持票人可以参观全国480家博物馆。

游客卡（Visitors' Cards）很多度假地和城市都有游客卡（Gästekarte），此卡可以提供优惠，比如享受博物馆、游泳池、公共交通或缆车的优惠价格。还有免费的当地交通卡，在你的住宿场所就可以拿到该卡。

电源

电流220V、50Hz。瑞士插座是三孔嵌入式六边形，与很多国外插头不兼容。不过，插座通常可以使用欧洲标准双头插头。

使领馆

可在www.eda.admin.ch查看瑞士使领馆一览表。

中国驻瑞士大使馆[☎0041 31 352 7333，0041 31 351 4593（领事部），0041 31 951 1401（商务处）；www.china-embassy.ch，china-embassy@bluewin.ch；Kalcheggweg 10，3006 Bern]

中国驻苏黎世总领事馆（☎0041 44 2011005；zurich.china-consulate.org，chinaconsul_zu_ch@mfa.gov.cn；Bellariastrasse 20，8002 Zuerich）

住宿价格区间

以下价格范围是指带独立卫生间的双人房的价位，不包括青年旅舍及其他有具体说明的地方。所列费用是旺季价格，不包括早餐，除非另有说明。

€ 低于Sfr170

€€ Sfr170~350

€€€ 高于Sfr350

就餐价格区间

下列价格指的是主餐的一般费用：

€ 低于Sfr25

€€ Sfr25~50

€€€ 高于Sfr50

营业时间

这本旅行指南内的介绍不会罗列时间，除非这些时间和下面要罗列的时间不一致。这里所列的时间是旺季（4月至10月）时间，而在淡季，营业时间常常会缩短。

银行 周一至周五8:30~16:30。

办公室 周一至周五8:00至正午，14:00~17:00。

餐馆 正午至14:00，18:00~22:00。

商店 周一至周五9:00~19:00（在小镇，正午有1~2小时的休息时间），周六9:00~18:00。在城市，周四或周五的营业时间经常会持续至21:00。一些火车站的纪念品商店和超市会在周日营业。

节假日

新年 1月1日

复活节 3月/4月（耶稣受难日、复活节周日和周一）

耶稣升天节 复活节后第40天

圣灵降临节的周日和周一 复活节后第7周

国庆节 8月1日

圣诞节 12月25日

圣史蒂芬日 12月26日

住宿

瑞士的传统运动场所和创意场所可以提供各种价位的住宿选择。很多经济型酒店都有较为便宜的房间，带公用厕所和淋浴设施。在此标准以上，价格就没有边际了。早餐自助餐通常丰盛而美味，不过并非总是包含在房费中。

一年中的大部分时间，城镇房费都保持稳定。山区度假地的住宿价格则是季节性的（在旺季以外的时间会下降50%或更多）：

淡季 9月中旬至10月中旬，4月中旬至6月中旬

特色饮食

- **奶酪火锅** 瑞士最著名的菜肴。埃文达干酪（Emmental）和格吕耶尔奶酪搭配白葡萄酒，融化在大锅中，就着小面包块食用。
- **拉克莱特** 另一道颇受欢迎、能让你心跳不已的融化奶酪，一般搭配土豆。
- **土豆饼** 瑞士德语区的民族菜肴，可搭配各种食物。
- **小牛肉** 小牛肉在全国各地都受到高度评价；在苏黎世，人们一般把小牛肉切成薄片，蘸奶油调味汁（Gschnetzeltes Kalbsfleisch）食用。
- **风干牛肉** 烟熏干牛肉薄片。
- **巧克力** 在一天内的任何时间、任何地点几乎都可以吃到。

平季 1月至2月中旬，6月中旬至7月上旬，9月

旺季 7月至8月，圣诞节，2月中旬至复活节

电话

- 瑞士的国家代码是☎41。从国外拨打瑞士电话，要省去号码前的"0"。所以，拨打至伯尔尼，拨☎41 31（前面加你所在国家的接入码）。
- 从瑞士拨打电话的国际接入码是☎00。拨打至英国（国家代码☎44），先拨☎00 44。
- 购买Sfr10、Sfr20、Sfr50或Sfr100的预付费Swisscom卡，可以在拨打国际电话时省钱。

上网

机场、十几座瑞士火车站和很多酒店及咖啡馆里有免费Wi-Fi。使用公共的Wi-Fi（由Swisscom提供），30分钟就要Sfr5。

交通

被法国、德国、奥地利、列支敦士登和意大利包围，瑞士的交通发达，尤其是铁路交通。得益于申根协议，乘飞机、火车或经由陆路进入瑞士的手续极为简单。从瑞士穿越所有的接壤国家，有关道路维护良好且快捷。阿尔卑斯山是天然屏障，也就是说，主路通常要通过隧道，才能到达瑞士。搭乘湖泊上的汽轮也能抵达瑞士：从德国经由康斯坦茨湖（Lake Constance），从法国经由日内瓦湖。你也可以乘船沿莱茵河溯流而下，到达巴塞尔。

网络资源

MySwitzerland（www.myswitzerland.com）

Swiss Info（www.swissinfo.ch）

到达和离开

飞机

从中国前往瑞士，目前有从北京、上海和香港前往苏黎世和日内瓦的直航航线，它们分别由瑞士国际航空公司和中国国际航空公司运营。

日内瓦国际机场（Aéroport International de Genève, GVA; www.gva.ch）日内瓦机场距离市中心4公里。

苏黎世机场（Zürich Airport, ZRH; ☎043 816 22 11; www.zurich-airport.com）机场位于市中心以北9公里处，有去往欧洲大多数国家首都及非洲、亚洲和北美一些国家首都的航班。

陆路

长途汽车

欧洲巴士（Eurolines; www.eurolines.com）有通达西欧各地的长途汽车。

火车

瑞士是连接欧洲大陆其他地区的铁路枢纽。苏黎世是最繁忙的国际枢纽站，乘客可以从此去往所有邻近国家，目的地包括慕尼黑（4小时）和维也纳（8小时），那里有进一步连接东欧城市的多条线路。

- 每天有很多法国高速列车从巴黎前往日内瓦（3小时）、洛桑（3.75小时）、巴塞尔（3小时）和苏黎世（4小时）。
- 在分头前往苏黎世、卢塞恩、伯尔尼或洛桑

之前，几乎所有从意大利过来的火车都会经过米兰。

➡ 从德国过来的多数火车都经过苏黎世或巴塞尔。

➡ 瑞士联邦铁路（Swiss Federal Railways）接受国际预订，不过不往瑞士以外的地区邮寄车票。

当地交通

瑞士的公共交通是一个高效全面、整合完备的系统，包括火车、公共汽车、船和索道缆车。面向市场的瑞士交通系统（Swiss Travel System）网站非常有用。在火车站和游客信息中心，可以获取免费的全国地图。

通票和折扣卡

方便的优惠通票让瑞士的交通系统更有吸引力。在瑞士大范围旅行时，以下旅行通票通常比欧洲铁路通票或国际铁路通票更省钱：

瑞士通票（Swiss Pass）瑞士通票能让持有者在瑞士无限次乘坐几乎所有的火车、船和公共汽车，以及41个城镇的有轨电车，还能让持有者免费进入400多家博物馆。在乘坐索道、缆车和私营列车时，持有者可以享受减价50%的优惠。不同通票的有效期在4天（Sfr272）和1个月（Sfr607）之内。

瑞士活期通票（Swiss Flexi Pass）这种通票可以让你指定一个月内的3天（Sfr260）到6天（Sfr414），在此期间，你可以无限次乘车。

半价卡（Half-Fare Card）顾名思义，持有该卡（一个月 Sfr120），你可以在乘坐火车时支付半价。你还能在乘坐当地公共汽车、有轨电车和缆车时得到一些优惠。

自行车

➡ **Rent-a-Bike**（www.rentabike.ch）可让你在瑞士的80座火车站租自行车。支付Sfr8的附加费，就可以实现异地取还。

➡ **Suisseroule**（Schweizrollt; www.schweizrollt.ch）可让你从一些地方免费借自行车或在日内瓦、伯尔尼和苏黎世等地便宜地租到自行车。自行车站通常在火车站或中央广场旁边。

➡ 当地的游客信息中心经常提供不错的自行车骑行信息。

船

很多湖上都有渡船和汽轮，它们连接日内

瑞士的观光火车

瑞士的火车、长途汽车和船不仅是一种从A地到B地的方式，令人惊叹的沿途景色也让旅程本身成为一种享受。以下是经典观光线路中最让瑞士引以为荣的。

你可以选择某条线路中的一段。标准票价的定期车次也经常往返同一路线，它们比有名字的车次便宜。后者带配有特大窗户的车厢，且需要提前预订。

贝尔尼纳快车（www.rhb.ch）从库尔到蒂拉诺之间145公里的旅程，穿越恩加丁（Engadine），用时2.25小时。5月和10月，乘坐公共汽车从蒂拉诺继续向前，可到卢加诺。

冰川快车（www.glacierexpress.ch）采尔马特和圣莫里茨之间的一段著名火车旅程。布里格（Brig）至采尔马特的高山路段的景色极为美丽，迪森蒂斯（Disentis）/穆施泰尔（Mustér）和布里格之间的地区亦是如此。

少女峰地区（Jungfrau Region）可以在这里的火车、缆车等交通工具上多花几天时间，凝视令人惊叹的高山美景。

黄金快车（Golden Pass Line; www.goldenpass.ch）在卢塞恩和蒙特勒之间旅行。旅程分为3段，你必须换乘两次火车。没有全景窗的普通火车每小时发1班。

琴托瓦利快车（Centovalli Express; www.centovalli.ch）这是一条被低估的宝贵线路（2小时），从洛迦诺至多莫多索拉，沿着瑞士和意大利境内奇妙的河谷蜿蜒行进。火车整日行驶，便捷地连接布里格，并从意大利的多莫多索拉继续前行。

瓦、卢塞恩、卢加诺和苏黎世等城镇。

公共汽车

- 黄色的**邮政公共汽车**(www.postbus.ch)是对铁路网的补充。这些汽车将城镇与难以到达的山区连接起来。
- 公共汽车定期发车(通常在火车站旁发车),时间与火车时刻表相衔接。
- 瑞士国家旅行通票有效。
- 上车购票。有些翻越阿尔卑斯山的景观线路(比如卢加诺—圣莫里茨)要求预订。

小汽车

- 在隧道中,车头灯始终要打开。
- 城镇内限速50公里/小时,城镇外的主路是80公里/小时,单车道高速公路是100公里/小时,双车道高速公路是120公里/小时。
- 11月至次年5月,一些较小的高山通道会关闭。出发前,需向当地游客信息中心核实。

火车

瑞士的铁路网由国营铁路和私营铁路组成。**瑞士联邦铁路**(Swiss Federal Railway; www.sbb.ch)的德文缩写为SBB,法文缩写为CFF,意大利文缩写为FFS。

- 所有主要火车站之间都有每小时1班的火车,其运行时间至少是6:00至午夜。
- 2等座位完全可以接受,不过车厢经常接近满员。头等车厢更宽敞舒适,乘客更少。
- 自动售票机几乎接受全世界所有国家的主要信用卡。
- 瑞士联邦铁路智能手机应用程序是个很不错的资源,可以用来进行电子购票。
- 查看瑞士联邦铁路网站,寻找主要线路上的特惠(Supersaver)车票。大多数车站都有24小时储物柜(小柜/大柜Sfr6/9),通常在6:00至午夜可用。
- 对于较长的旅程,建议预订座位(Sfr5),特别是在旺季。

土耳其

包括 ➡

最佳就餐

- Antiochia（见1259页）
- Hanimeli Kars Mutfağı（见1280页）
- Konak Konya Mutfağı（见1276页）
- Vanilla（见1273页）
- Seten Restaurant（见1278页）

最佳住宿

- Hotel Empress Zoe（见1257页）
- Hideaway Hotel（见1271页）
- White Garden Pansiyon（见1273页）
- Koza Cave Hotel（见1278页）

为何去

土耳其在欧亚之间从容地找到了平衡。它的城市不但拥有无数高耸的宣礼塔和香料集市，而且还有熙熙攘攘的现代街头生活。如果你走到乡村，更能感受到这个国家作为欧亚大陆桥梁的声望。曾经显赫的帝国遗址散布于广阔的草原和陡峭的山坡上。地中海沿岸埋葬着利西亚废墟，罗马时代的盛况在以弗所呈现，卡帕多基亚旋涡状的岩石山谷里隐藏着早期基督教苦行者修建的拜占庭修道院建筑群。

当然，如果你只想懒散地躺在一片最好的海滩上，土耳其也会如你所愿。而你离开沙滩时，你会发现这片紧密连接东方和西方、古代和现代的土地如同包容了文化、历史和自然风光的迷人万花筒。

何时去

安卡拉

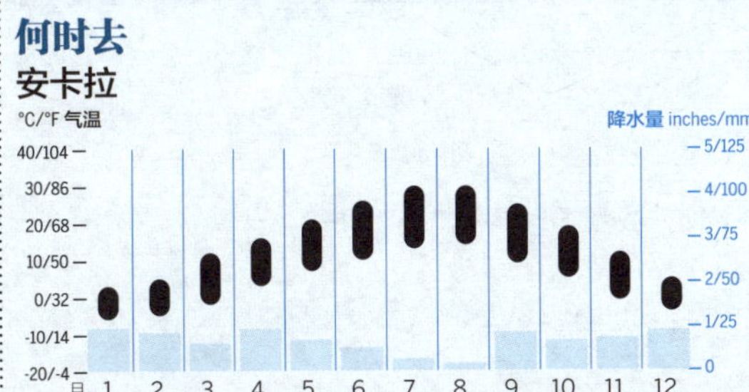

4月和5月 伊斯坦布尔开满五彩缤纷的郁金香，这时也是去海岸徒步的黄金时段。

6月至8月 夏季气温飙升，地中海度假胜地进入旺季。

9月和10月 很多日子都晴空万里，不过人群渐渐散去。

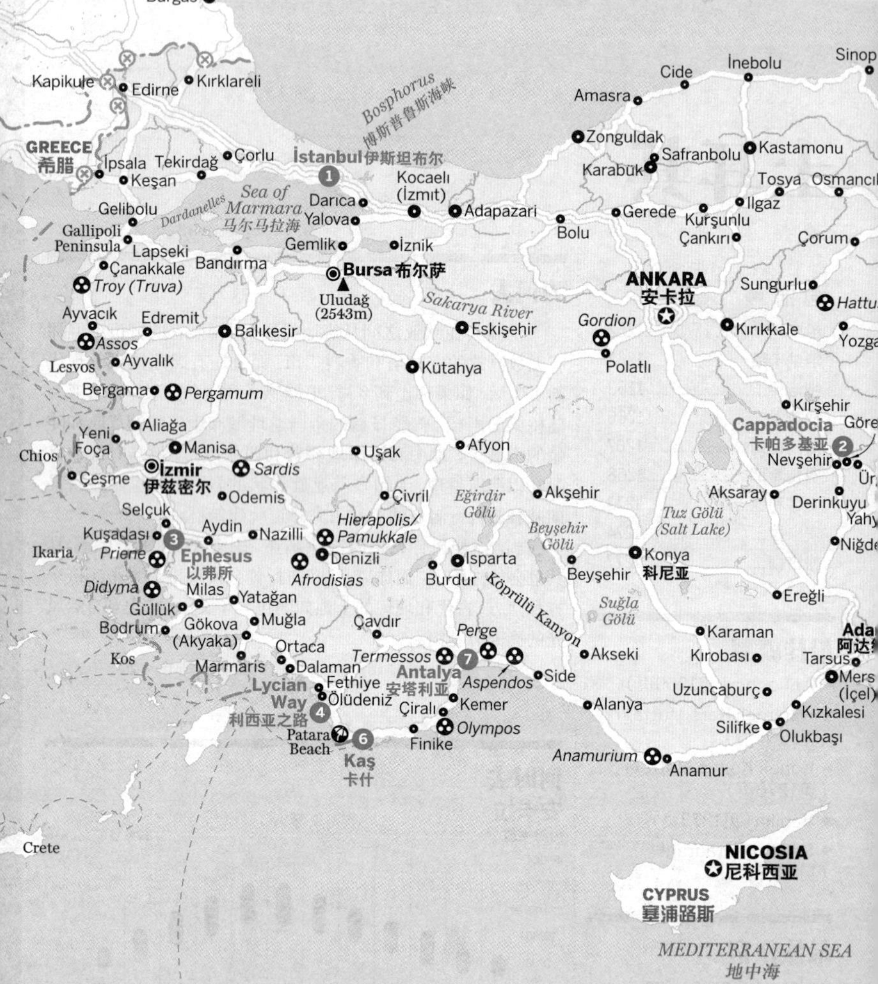

土耳其亮点

❶ 搭乘渡轮从欧洲前往亚洲，带上相机随时准备捕捉**伊斯坦布尔**（见1252页）著名的布满宣礼塔的天际线。

❷ 下榻一家洞穴酒店，在**卡帕多基亚**（见1277页）月球表面般的奇异地貌之间体验现代穴居人的生活方式。

❸ 在世界上现存最伟大的古希腊-罗马城市之一**以弗所**（见1265页），梦回长袍加身的古罗马时代。

④ 沿着长途小径**利西亚之路**（见1269页）一边探索帝国遗迹，一边欣赏绝美的海岸风景。

⑤ 置身于**内姆鲁特山**（见1279页）山顶倒塌的雕像之间，惊叹于国王的自负。

⑥ 从户外活动中心**卡什**（见1270页）出发，划着皮艇经过凯考瓦沉没的古城。

⑦ 在**安塔利亚**（见1272页）古城街区，漫步于奥斯曼建筑和一堵堵罗马城墙之间的狭窄小巷。

旅行线路

一周

用两天时间探索**伊斯坦布尔**（İstanbul），然后南下至悠闲的**塞尔柱**（Selçuk）和**以弗所**（Ephesus）宏伟的古代遗址。停留两夜后，径直前往内陆**卡帕多基亚**（Cappadocia）奇异的精灵烟囱乡村。

两周

遵循上述一周线路至塞尔柱，然后前往**棉花堡**（Pamukkale）著名的白色钙化池。接着，沿通向**费特希耶**（Fethiye）的海边小径向南，去体验乘船旅行的乐趣和漫无边际的遗迹，或者去**卡什**（Kaş）探索凯考瓦（Kekova）地区。继续前往**安塔利亚**（Antalya），在阿斯潘多斯（Aspendos）剧场伸长脖子，在老城区的街道闲逛，然后前往内陆，去苏非派托钵僧的故乡**科尼亚**（Konya）。在**卡帕多基亚**结束行程，体验奇特的洞穴酒店和热气球。

伊斯坦布尔（İSTANBUL）

☎欧洲 0212/☎亚洲 0216/人口 1400万

作为拜占庭和奥斯曼两大帝国的前都城，伊斯坦布尔成功地摘掉了往昔辉煌的帽子，坚定地走上了一条朝气蓬勃的现代之路。庄严的清真寺、华美的宫殿、精雕细刻的圆顶教堂遍布老城区，贝伊奥卢（Beyoğlu）的斜坡街道上有一流的博物馆和美术馆、别致的精品店和时髦的咖啡馆。跳上通勤渡轮，往来于欧亚两大洲之间。在大巴扎竭尽全力讨价还价。紧邻独立大街（İstiklal Caddesi）的小巷里有串酒吧的人群，可以加入其中。这座神奇的大都市展示了土耳其最富活力、创新性和国际化的一面。

位于黑海和马尔马拉海之间的博斯普鲁斯海峡将欧洲与亚洲分开。在海峡的西海岸，位于欧洲一侧的伊斯坦布尔又被金角湾（Golden Horn）分割为西南边的老城区和东北边的贝伊奥卢。

景点

苏丹艾哈迈德及周边

苏丹艾哈迈德（Sultanahmet）是老城区的中心，这片世界遗产地分布着众多引人入胜的历史景点。

★圣索菲亚大教堂 博物馆

（Aya Sofya, Hagia Sophia；见1254页地图；☎0212-522 1750；www.ayasofyamuzesi.gov.tr；Aya Sofya Meydanı 1；成人/12岁以下儿童 ₺30/免费；⏲4月中旬至9月 周二至周日 9:00~18:00，10月至次年4月中旬 至16:00；Ⓣ Sultanahmet）伊斯坦布尔拥有很多重要的古迹，但庄严大气的圣索菲亚大教堂以其创造性的建筑形式、丰富的历史内涵、重要的宗教价值和超乎寻常的美感超越了其他所有的古迹。圣索菲亚大教堂是拜占庭帝国查士丁尼大帝（Justinian）下令建造的，于537年完工；1453年，征服者穆罕默德（Mehmet the Conqueror）将它改建为清真寺；1935年，土耳其国父阿塔图克（Atatürk）宣布把大教堂改为博物馆。

★托普卡帕宫 宫殿

（Topkapı Palace, Topkapı Sarayı；见1254页地图；☎0212-512 0480；www.topkapisarayi.gov.tr；Babıhümayun Caddesi；宫殿 成人/12岁以下儿童 ₺30/免费，后宫 成人/6岁以下儿童 ₺15/免费；⏲4月中旬至10月 周三至周一 9:00~18:00，11月至次年4月中旬 至16:00；Ⓣ Sultanahmet）围绕托普卡帕宫发生的传奇故事，可能比全世界所有博物馆加在一起的故事还要多。15~19世纪，托普卡帕宫一直是奥斯曼帝国的宫廷，声色犬马的苏丹、野心勃勃的侍臣、貌美如花的嫔妃、诡计多端的宦官都在这里工作和生活。宫殿内奢华的楼阁、堆满珠宝的宝库和错综复杂的后宫，可以让游客一窥当年宫廷的生活。

★大巴扎 市场

（Grand Bazaar, Kapalı Çarşı, Covered Market；见1254页地图；⏲周一至周六 8:30~19:00；👪；Ⓜ Vezneciler，Ⓣ Beyazıt-Kapalı Çarşı）几个世纪以来，这个喧闹而多彩的大巴扎一直都是老

城区的中心。它的前身是征服者穆罕默德（穆罕默德二世）在1461年下令修建的一座圆顶小货仓（bedesten），后来随着货仓、邻近商店和商队驿站（hans）之间的街道被盖上了屋顶，大片区域被囊括了进来，一个如迷宫般错综复杂的市场逐渐成型，并保存至今。

地下水宫 蓄水池

（Basilica Cistern, Yerebatan Sarnıçı；见1254页地图；见1254页地图；☎0212-512 1570；www.yerebatan.com；Yerebatan Caddesi 13；外国游客门票 官方称₺20，实际上只收₺10；⏲4月中旬至9月 9:00~18:30，11月至次年4月中旬 至17:30；Sultanahmet）这个地下建筑是查士丁尼大帝在532年下令修建的。地下水宫是伊斯坦布尔现存最大的拜占庭时期蓄水池。水宫在修建过程中使用了336根圆柱，其中很多圆柱都来自荒废的神庙，上面雕有精美的文字。水宫的对称性和宏伟的设计相当令人震撼，洞穴般的深度让这里成了夏季避暑的绝佳场所。

> **博物馆通票**
>
> 凭借**伊斯坦布尔博物馆通票**（Museum Pass İstanbul; www.muze.gov.tr/museum_pass）去老城区的主要景点参观时可节省₺36，且持通票者可以不用排队。

蓝色清真寺 清真寺

（Blue Mosque; Sultanahmet Camii；见1254页地图；Hippodrome；⏲每天5次祈祷和周五讲经时段对游客关闭；Sultanahmet）蓝色清真寺是伊斯坦布尔最适合拍照留念的建筑之一。清真寺建成于苏丹艾哈迈德一世（约1603~1617年在位）统治期间，艾哈迈德一世的陵墓就位于清真寺的北边，面朝苏丹艾哈迈德公园。层叠的圆顶和6

İstanbul 伊斯坦布尔

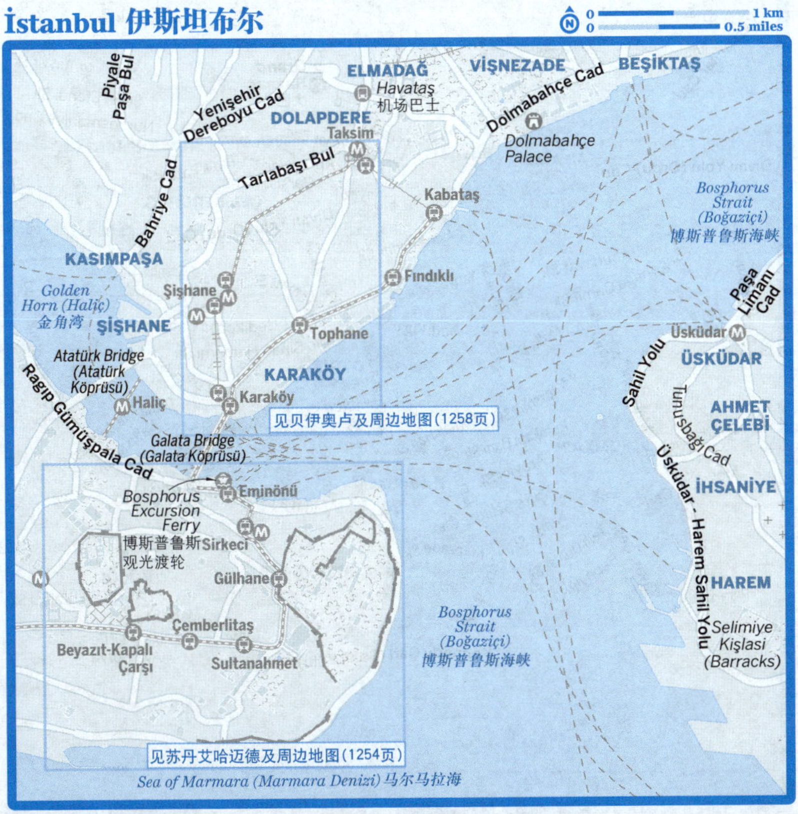

见贝伊奥卢及周边地图(1258页)

见苏丹艾哈迈德及周边地图(1254页)

Sultanahmet & Around 苏丹艾哈迈德及周边

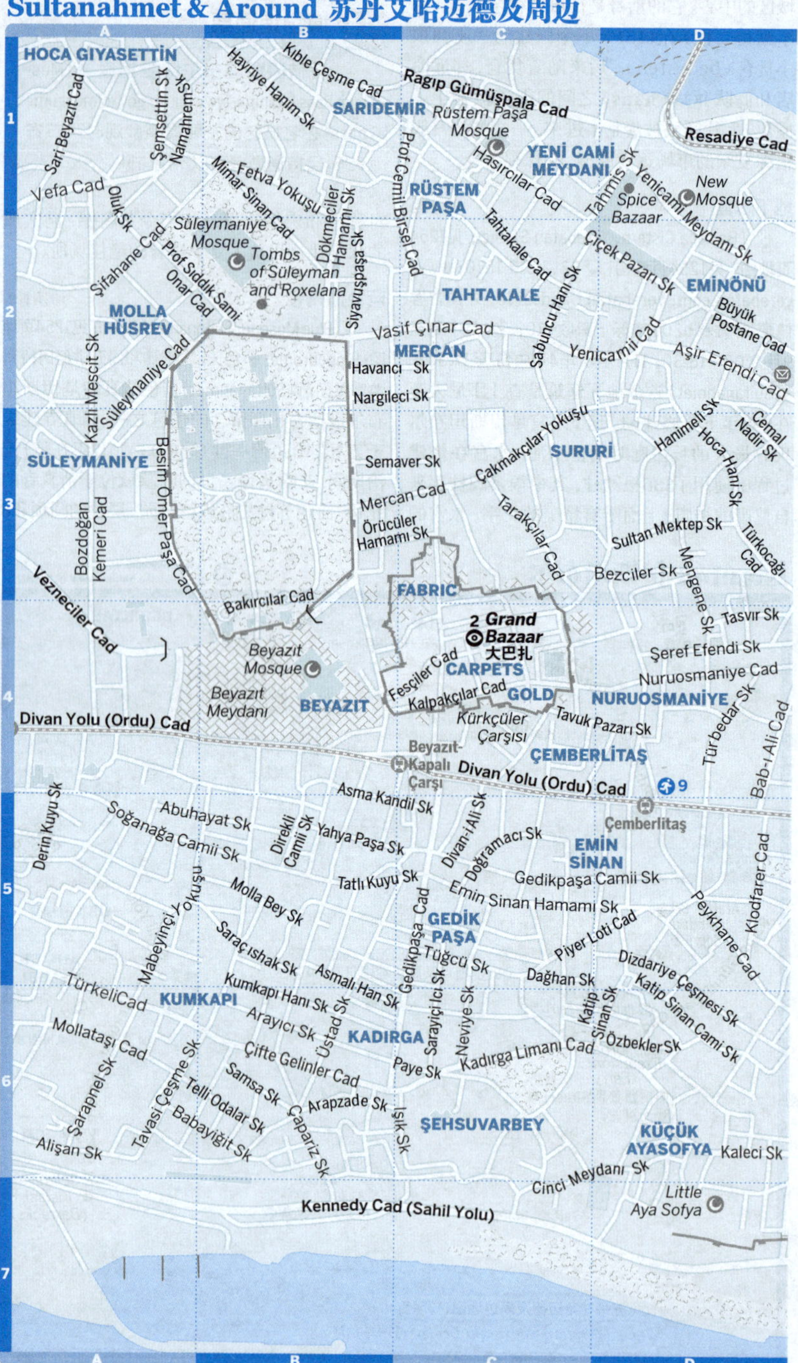
HOCA GIYASETTİN
SARIDEMİR
RÜSTEM PAŞA
YENİ CAMİ MEYDANI
EMİNÖNÜ
TAHTAKALE
MOLLA HÜSREV
MERCAN
SÜLEYMANİYE
SURURİ
FABRIC
Grand Bazaar
大巴扎
CARPETS
GOLD
BEYAZIT
NURUOSMANİYE
ÇEMBERLİTAŞ
EMİN SİNAN
GEDİK PAŞA
KUMKAPI
KADIRGA
ŞEHSUVARBEY
KÜÇÜK AYASOFYA
Rüstem Paşa Mosque
Spice Bazaar
New Mosque
Süleymaniye Mosque
Tombs of Süleyman and Roxelana
Beyazıt Mosque
Beyazıt Meydanı
Beyazıt-Kapalı Çarşı
Çemberlitaş
Little Aya Sofya
Ragıp Gümüşpala Cad
Resadiye Cad
Kıble Çeşme Cad
Hayriye Hanım Sk
Sari Beyazıt Cad
Şemsettin Sk
Namahrem Sk
Vefa Cad
Fetva Yokuşu
Mimar Sinan Cad
Dökmeciler Hamamı Sk
Prof Cemil Birsel Cad
Hasırcılar Cad
Tahmis Sk
Yenicami Meydanı Sk
Oluk Sk
Sifahane Cad
Prof Sıddık Sami Onar Cad
Siyavuşpaşa Sk
Tahtakale Cad
Çiçek Pazarı Sk
Sabuncu Hanı Sk
Büyük Postane Cad
Vasif Çınar Cad
Yenicamii Cad
Aşir Efendi Cad
Havancı Sk
Nargileci Sk
Kazlı Mescit Sk
Süleymaniye Cad
Hanimeli Sk
Cemal Nadir Sk
Hoca Hani Sk
Çakmakçılar Yokuşu
Semaver Sk
Besim Ömer Paşa Cad
Mercan Cad
Tarakçılar Cad
Örücüler Hamamı Sk
Sultan Mektep Sk
Türkocaği Cad
Bozdoğan Kemeri Cad
Bezciler Sk
Mengene Sk
Vezneciler Cad
Bakırcılar Cad
Tasvir Sk
Şeref Efendi Sk
Fesçiler Cad
Nuruosmaniye Cad
Kalpakçılar Cad
Kürkçüler Çarşısı
Tavuk Pazarı Sk
Türbedar Sk
Divan Yolu (Ordu) Cad
Bab-ı Ali Cad
Asma Kandil Sk
Derin Kuyu Sk
Abuhayat Sk
Soğanağa Camii Sk
Direkli Camii Sk
Yahya Paşa Sk
Divan-i Ali Sk
Doğramacı Sk
Gedikpaşa Camii Sk
Klodfarer Cad
Tatlı Kuyu Sk
Molla Bey Sk
Emin Sinan Hamamı Sk
Mabeyinçi Yokuşu
Gedikpaşa Cad
Peykhane Cad
Saraç Ishak Sk
Piyer Loti Cad
Tüğcü Sk
Dizdariye Çeşmesi Sk
Asmalı Han Sk
Dağhan Sk
TürkeliCad
Kumkapı Hanı Sk
Katip Sinan Sk
Katip Sinan Cami Sk
Arayıcı Sk
Üstad Sk
Sarayiçi Ici Sk
Neviye Sk
Özbekler Sk
Mollataşı Cad
Çifte Gelinler Cad
Kadırga Limanı Cad
Paye Sk
Şarapnel Sk
Tavasi Çeşme Sk
Telli Odalar Sk
Samsa Sk
Arapzade Sk
Işık Sk
Babayiğit Sk
Çapariz Sk
Alişan Sk
Kaleci Sk
Cinci Meydanı Sk
Kennedy Cad (Sahil Yolu)

0 500 m
0 0.25 miles
E
F
G
H
To Bosphorus
To Harem
Golden Horn (Haliç)
金角湾
Ferries to Kadıköy
Ferries to Üsküdar
Eminönü
Seraglio Point (Saray Burnu)
Yalı Köşkü Cad
Kennedy Cad (Sahil Yolu)
SİRKECİ
Sirkeci
Tourist Office – Sirkeci Train Station
Sirkeci
Hamidiye Cad
İstasyon Arkasi Sk
17
Nöbethane Cad
Hocapaşa Sk
Hüdavendigar Cad
Gülhane Park
HOBYAR
Ebussuud Cad
Ankara Cad
Gülhane
4
Topkapı Palace
托普卡帕宫
CAĞALOĞLU
Hükümet Konağı Sk
3
İstanbul Archaeology Museums
伊斯坦布尔考古博物馆
Topkapı Palace Court of Janissaries (First Court)
8
Alayköşkü Cad
11
Molla Feneri Sk
15
16
Yerebatan Cad
Alemdar Cad
Soğukçeşme Sk
ALEMDAR
1 Aya Sofya
圣索菲亚大教堂
Sultanahmet
5
Aya Sofya Meydanı
Aya Sofya Tombs
İshakpaşa Cad
Işık Sk
Tourist Office – Sultanahmet
BİNBİRDİREK
7
Museum of Turkish & Islamic Arts
Sultanahmet Park
MEYDANI
Hippodrome
12
SULTANAHMET
苏丹艾哈迈德
13
14
Atmeydanı Cad
Kutlugün Sk
Akbıyık Cad
6
Arasta Bazaar
Torun Sk
Tavukhane Sk
Amiral Tafdil Sk
Cankurtaran Cad
Keresteci Hakkı Sk
Bosphorus Strait (Boğaziçi)
博斯普鲁斯海峡
Aksakal Cad
10
Küçük Ayasofya Cad
Oğul Sk
Akbıyık Degirmeni Sk
Ahırkapı Sk
Mustafa Paşa Sk
Çayıroğlu Sk
Oyuncu Sk
Sea of Marmara (Marmara Denizi)
马尔马拉海
1
2
3
4
5
6
7

Sultanahmet & Around 苏丹艾哈迈德及周边

重要景点
1 圣索菲亚大教堂……F4
2 大巴扎……C4
3 伊斯坦布尔考古学博物馆……F3
4 托普卡帕宫……G3

景点
5 地下水宫……F5
6 蓝色清真寺……E6

活动、课程和团队游
7 Ayasofya Hürrem Sultan Hamamı……F5
8 Cağaloğlu Hamamı……E4
9 Çemberlitaş Hamamı……D4
10 İstanbul Walks……E6

住宿
11 Cheers Hostel……F4
12 Hotel Empress Zoe……G5
13 Hotel Ibrahim Pasha……E5
14 Marmara Guesthouse……F5

就餐
15 Sefa Restaurant……E4

饮品和夜生活
16 Caferağa Medresesi Çay Bahçesi……F4

娱乐
17 Hocapaşa Culture Centre……E2

座细高的尖塔勾勒出的曲线格外抢眼。清真寺内部使用了伊兹尼克蓝色瓷砖装饰，“蓝色清真寺”这一非官方通用名称正是由此而来。

伊斯坦布尔考古学博物馆 博物馆

（İstanbul Archaeology Museums, İstanbul Arkeoloji Müzeleri；见1254页地图；☎0212-520 7740；www.istanbularkeoloji.gov.tr；Osman Hamdi Bey Yokuşu, Gülhane；成人/12岁以下儿童 ₺15/免费；⏲4月中旬至9月 周二至周日 9:00~18:00，10月至次年4月中旬 至16:00；Gülhane）在这座一流的博物馆里，展出着来自托普卡帕宫的各种考古和艺术珍宝。博物馆共占据三座建筑，展品包括各种手工艺品、古代雕像以及一个回顾伊斯坦布尔历史的展览。博物馆内的亮点很多，其中最引人注目的当属来自西顿皇家墓地（Royal Necropolis of Sidon）的石棺。

贝伊奥卢

贝伊奥卢有数不清的画廊、精品店、咖啡馆、餐厅和夜店。**独立大街**刚好从该区中心穿过，延伸至塔克西姆广场（Taksim Meydanı），这条生机勃勃的步行街承载了这座城市的现代生活。

★伊斯坦布尔现代艺术博物馆 美术馆

（İstanbul Modern, İstanbul Modern Sanat Müzesi；见1254页地图；www.istanbulmodern.org；Meclis-i Mebusan Caddesi, Tophane；成人/学生/12岁以下儿童 ₺17/9/免费；⏲周二、周三和周五至周日 10:00~18:00，周四 至20:00；Tophane）伊斯坦布尔不乏私人赞助的新潮艺术馆，但这座伊斯坦布尔现代艺术博物馆绝对是其中的佼佼者。博物馆位于博斯普鲁斯海峡海岸，地理位置可谓得天独厚。博物馆一层展出了大量20世纪的土耳其名画，地下展厅则经常会举办本土和国际艺术家的多媒体展览，形式虽然多样，但品质一向优秀。馆内还有一家琳琅满目的礼品店、一家放映艺术片的电影院，以及一个时尚的咖啡馆兼餐厅，你可以一边用餐，一边享受博斯普鲁斯海峡的绝美风光。

纯真博物馆 博物馆

（Museum of Innocence, Masumiyet Müzesi；见1254页地图；☎0212-2529738；www.masumiyetmuzesi.org；Çukurcuma Caddesi, Dalgıç Çıkmazı, 2；成人/学生 ₺25/10；⏲周二至周日 10:00~18:00，周四 至21:00；Ⓜ Taksim，Tophane）纯真博物馆既是一座迷人的博物馆，也是一件概念艺术品，其细节之精细考究，足以让心理学爱好者对博物馆创造者研究半天，而这位创造者正是诺贝尔文学奖获得者——小说家奥尔罕·帕慕克（Orhan Pamuk）。纯真博物馆里展出了大量另类奇异的藏品，唤起人们对20世纪中后期伊斯坦布尔生活细节的想象。帕慕克的同名小说《纯真博物馆》正是以那个年代的伊斯坦布尔为背景的。

活动和团队游

İstanbul Walks（见1254页地图；☎0212-

516 6300; www.istanbulwalks.com; 2nd fl, Şifa Hamamı Sokak 1; 徒步团队游 €30~80, 6岁以下儿童 免费; Sultanahmet) 和**Urban Adventures** (0532 641 2822; www.urbanadventures.com; 团队游 成人 €25~39, 儿童 €20~30) 都能给你提供完美的导览游体验。后者以及**Culinary Backstreets** (http://istanbuleats.com/; 团队游 每人 US$125) 还提供了美食步行游和美食夜游项目。

住宿

苏丹艾哈迈德及周边

苏丹艾哈迈德地区(尤其是Cankurtaran)有适合各种预算的众多住处，这里距离老城区的各大景点也不远。

★ Marmara Guesthouse 家庭旅馆 €

(见1254页地图; 0212-638 3638; www.marmaraguesthouse.com; Terbıyık Sokak 15, Cankurtaran; 标单 €30~70, 双 €40~85, 家 €60~100; Sultanahmet) 苏丹艾哈迈德有很多家庭旅馆，但很少有旅馆能像这家一样干净舒适。旅馆老板Elif Aytekin和她的家人会竭力为客人营造宾至如归之感，并提供大量的旅游建议。旅馆还会提供美味的早餐，你可以在爬满葡萄藤的屋顶露台上面朝大海静心享用。客房配有双层玻璃窗、舒适的床铺和设施良好的浴室。

Cheers Hostel 青年旅舍 €

(见1254页地图; 0212-526 0200; www.cheershostel.com; Zeynep Sultan Camii Sokak 21, Cankurtaran; 铺 €16~22, 双 €60~80, 标三 €90~120; Gülhane) 不同于大青年旅舍那种缺乏人情味的营房式宿舍，这里的客房明亮通风，配备木地板、垫毯、储物柜和舒适的床铺，大多数房间都有空调，浴室很多也非常干净。冬天入住这里会是个不错的选择，因为惬意的屋顶酒吧经常会燃起篝火，风景也很棒。单人间就没那么好了。

★ Hotel Empress Zoe 精品酒店 €€

(见1254页地图; 0212-518 2504; www.emzoe.com; Akbıyık Caddesi 10, Cankurtaran; 标单 €65~90, 双 €110~140, 套 €160~275; Sultanahmet) 这家酒店是以强势的拜占庭女皇佐伊(Zoe)的名字来命名，是苏丹艾哈迈德精品酒店中最令人印象深刻的一家。酒店的房间样式很多，其中以花园套房尤为迷人，从房间里可以俯瞰开满鲜花的美丽庭院。当天气暖和时，客人们可以在庭院里享用早餐。你可以在庭院里喝酒，也可以在露台酒吧边喝酒边欣赏海景。

Hotel Ibrahim Pasha 精品酒店 €€

(见1254页地图; 0212-518 0394; www.ibrahimpasha.com; Terzihane Sokak 7; 房间 标准 €100~195, 豪华 €145~285; Sultanahmet) 这家堪称设计典范的酒店紧邻竞技场(Hippodrome)，位置绝佳。舒适的休闲室里有篝火，在露台酒吧上可以看到蓝色清真寺的迷人景色。所有房间都非常好，不过有的比较小——如果可能，选择豪华间。彬彬有礼的店主Mehmet Umur是这个城市的万事通。

贝伊奥卢及周边

Marmara Pera 酒店 €€

(见1254页地图; 0212-251 4646; www.themarmarahotels.com; Meşrutiyet Caddesi 1,

> **不要错过**
>
> **公共浴室：一尘不染的土耳其洗浴方式**
>
> 伊斯坦布尔的公共浴室或许价格不菲，但你很少有机会在历史如此悠久的豪华浴室里打肥皂。经过一天漫长的游览之后，推荐你去这三家最好的洗浴地点：
>
> **Ayasofya Hürrem Sultan Hamamı** (0212-517 3535; www.ayasofyahamami.com; Aya Sofya Meydanı 2; 洗浴 €85~170, 按摩 €40~75; 8:00~22:00; Sultanahmet)
>
> **Cağaloğlu Hamamı** (0212-522 2424; www.cagalogluhamami.com.tr; Yerebatan Caddesi 34; 洗浴、搓澡和按摩套餐 €50~110; 8:00~22:00; Sultanahmet)
>
> **Çemberlitaş Hamamı** (0212-522 7974; www.cemberlitashamami.com; Vezir Han Caddesi 8; 自助服务 ₺60, 洗浴、搓澡和肥皂按摩 ₺90; 6:00至午夜; Çemberlitaş)

Beyoğlu & Around 贝伊奥卢及周边

Tepebaşı; 标单 €109~160, 双 €135~199; ❄@☎≋; MŞişhane, 🚋Karaköy, 再乘隧道缆车至Tünel) 这家高层的现代酒店位于贝伊奥卢娱乐区中心位置, 也因此成为绝佳的住宿选择。酒店配有一个康乐中心、一个小小的露天泳池、一个豪华的自助早餐餐厅, 以及屋顶酒吧兼餐厅**Mikla** (见本页地图; www.miklarestaurant.com; Marmara Pera Hotel, Meşrutiyet Caddesi 15, Tepebaşı; ⏲仅夏季 周一至周六 18:00起; MŞişhane, 🚋Karaköy, 再乘隧道缆车至Tünel)。

Beyoğlu & Around
贝伊奥卢及周边

重要景点
1 伊斯坦布尔现代艺术博物馆............C5
2 纯真博物馆..............................C3

住宿
3 Marmara Pera..........................A3
4 Witt Istanbul Hotel......................C4

就餐
5 Antiochia..................................A4
6 Meze by Lemon Tree.....................A3
7 Zübeyir Ocakbaşı.........................C1

饮品和夜生活
8 360..B2
9 5 Kat..D2
Mikla..(见3)

娱乐
10 Galata Mevlevi Museum.................A4

海景房价格大约要贵30%。

Witt Istanbul Hotel 精品酒店 €€€

(见1258页地图;☎0212-293 1500;www.wittistanbul.com;Defterdar Yokuşu 26, Cihangir;双套€195~385,顶层公寓和国王套房€385~450;❄@🛜;ⓂTaksim,🚊Tophane)这家时尚的套房酒店位于Cihangir郊区,酒店装潢新潮专业,让人感觉像在翻看*Wallpaper*杂志。酒店内有18间套房,均配备小厨房、座位区、CD/DVD播放器、iPod基座、咖啡机、超大床和大浴室。顶层公寓和国王套房可以看到非常漂亮的风景。酒店距离Tophane有轨电车站很近,爬一个陡坡就可以到。

就餐

伊斯坦布尔是吃货的天堂。前往贝伊奥卢——这座城市餐饮界的精华所在,各种具体选择请查阅网站www.istanbuleats.com。

Sefa Restaurant 土耳其菜 €

(见1254页地图;☎02 12-520 0670;www.sefarestaurant.com.tr;Nuruosmaniye Caddesi 17, Cağaloğlu;每份菜₺8~14,烤串₺13~20;⏲7:00~17:00;📝;🚊Sultanahmet)这家人气餐厅位于大巴扎附近,虽然自称土耳其菜餐厅,但实际提供的是现成菜品(hazır yemek)和烤串,价格极为公道。店内有英语菜单,你可以用菜单点菜,也可以从蒸锅中直接挑选当天的特色菜。中午就餐时尽量早点来,因为到了13:30,很多菜基本上就已经卖光了。店内禁止饮酒。

★ Antiochia 安纳托利亚菜 €€

(见1258页地图;☎0212-292 1100;www.antiochiaconcept.com;General Yazgan Sokak 3c, Asmalımescit;开胃菜₺10~12,主菜₺18~28;⏲周一至周五 午餐,周一至周六 晚餐;🚊Karaköy,再乘隧道缆车至Tünel)这家餐馆的特色是土耳其东南部城市安塔基亚(Antakya)的美食。开胃菜以百里香、石榴汁、橄榄、核桃以及芳香浓郁的自制酸奶为主。这里的烤串同样风味十足——推荐尝试鲜嫩多汁的烤羊羔肉(şiş et)或洋葱番茄肉末卷饼(dürüm)。午餐可享受优惠。

Zübeyir Ocakbaşı 烤串 €€

(见1258页地图;☎0212-293 3951;Bekar Sokak 28;开胃菜₺7~9,烤串₺22~45;⏲正午至次日1:00;ⒻKabataş,再乘隧道缆车至Taksim)每天清晨,这家人气烧烤店(ocakbaşı)的厨师们就开始准备上等的鲜肉了。到了晚上,这些肉就会被放进漂亮的镀铜烤炉。辣鸡翅、阿达纳烤串、风味肋排、辣肝烤串以及卤汁羔羊烤串都是这里的招牌菜。这家餐馆全城有名,因此来此就餐需要预订。

★ Meze by Lemon Tree 现代土耳其菜 €€€

(见1258页地图;☎0212-252 8302;www.mezze.com.tr;Meşrutiyet Caddesi 83b, Tepebaşı;开胃菜₺10~30,双人含4道菜品尝套餐₺160;⏲19:00~23:00;📝;ⓂŞishane,🚊Karaköy,再乘隧道缆车至Tünel)这家私房餐厅位于Pera Palace Hotel的对面,店内大厨Gençay Üçok创造了全伊斯坦布尔最美味的新派土耳其菜肴。推荐品尝套餐,或是只吃绝妙的开胃菜,不要去点主菜。就餐需要预订。

饮品和夜生活

苏丹艾哈迈德区的酒吧主要集中在Akbıyık Caddesi大街,距离大多数住宿场所一箭之遥。贝伊奥卢是感受当地夜生活的主要地方。紧邻独立大街的Nevizade和Balo Sokaks酒吧林立。

★360 酒吧

（见1258页地图；www.360istanbul.com；8th fl, İstiklal Caddesi 163；⏲周日至周四 正午至次日2:00，周五和周六 至次日4:00；Ⓜ Şişhane，🚊Karaköy，再乘隧道缆车至Tünel）360被认为是伊斯坦布尔最有名的酒吧，这点名副其实。坐在露台喝上一杯确实令人心旷神怡，因为这里的景色实在美不胜收。周五和周六的午夜之后，360酒吧会变成一家夜店，服务费约为₺40。

5 Kat 酒吧

（见1258页地图；www.5kat.com；5th fl, Soğancı Sokak 7, Cihangir；⏲周一至周五 17:00至次日1:00，周六和周日 11:00至次日1:00；Ⓜ Taksim，🚊Kabataş）这家酒吧已有超过20年的历史，如果你受不了贝伊奥卢其他酒吧的喧闹张扬，这里会是你的最佳选择。冬天，在5楼闺房风格的酒吧内消遣；到了夏天，消遣地又换成了露天的屋顶平台。两个地方都能欣赏到博斯普鲁斯海峡的美景。

不要错过

博斯普鲁斯观光渡轮

想从水上欣赏伊斯坦布尔的最美风景，你可以搭乘**博斯普鲁斯观光渡轮**（Bosphorus Excursion Ferry；见1253页地图；www.ido.com.tr；Boğaz İskelesi；长途旅游单程/往返 ₺15/25，短途旅游 ₺10；⏲长途旅游4月至10月 10:35和13:35，夏季10:35、正午和13:35；短途旅游 4月至10月 14:30），坐在船上饱览沿岸风光。游览船从Eminönü出发，经停数个景点，然后在Anadolu Kavağı掉转船头。沿着这条路你可以饱览华丽的**Dolmabahçe Palace**（Dolmabahçe Sarayı；见1253页地图；☎0212-327 2626；www.millisaraylar.gov.tr；Dolmabahçe Caddesi, Beşiktaş；成人 Selâmlık ₺30，Harem ₺20，联票 ₺40，学生/7岁以下儿童 ₺5/免费；⏲4月至10月 周二、周三和周五至周日 9:00~15:30，11月至次年3月 至14:30；🚊Kabataş，然后步行）和壮观现代的博斯普鲁斯大桥（Bosphorus Bridge），还有大量的海边豪宅（yalıs）。

Caferağa Medresesi Çay Bahçesi 茶室

（见1254页地图；Soğukkuyu Çıkmazı 5，紧邻Caferiye Sokak；⏲8:30~16:00；🚊Sultanahmet）这家由Sinan设计的茶室位于托普卡帕宫附近，天气好的时候在美丽的庭院里品茶别有一番风味。因为离托普卡帕宫和圣索菲亚大教堂都很近，你可以在游玩这两个景点的空当来这里休息。店内午餐时间还会提供简单的食物。

☆娱乐

Hocapaşa Culture Centre 表演艺术

（见1254页地图；Hodjapasha Culture Centre；☎0212-511 4626；www.hodjapasha.com；Hocapaşa Hamamı Sokak 3b, Sirkeci；演出 成人 ₺60~80，12岁以下儿童 ₺40~50；🚊Sirkeci）由具有550年历史的漂亮土耳其浴室改建而成，位于Eminönü附近。周二、周三、周四、周六和周日19:00，为游客举办1小时的回旋舞表演；周二、周四和周六21:00，举办1.5小时的土耳其舞蹈表演。注意，禁止7岁以下的儿童观看回旋舞演出。

Galata Mevlevi Museum 表演艺术

（见1258页地图；Galata Mevlevihanesi Müzesi；Galipdede Caddesi 15, Tünel；₺40；⏲演出 周六和周日 17:00；🚊Karaköy，再乘隧道缆车至Tünel）托钵僧小屋（tekke）里这座15世纪的回旋舞厅（semahane）是一年中举办周六和周日的仪式（sema）的场所。早点儿来（提前几天更好）买票。

ℹ实用信息

银行、自动柜员机和兑换处较为常见。

美国医院（American Hospital, Amerikan Hastenesi；☎0212-311 2000, 212-444 3777；www.americanhospitalistanbul.org/ENG；Güzelbahçe Sokak 20, Nişantaşı；⏲急诊 24小时；Ⓜ Osmanbey）

苏丹艾哈迈德旅游局（Tourist Office-Sultanahmet；☎0212-518 8754；Hippodrome, Sultanahmet；⏲4月中旬至9月 9:30~18:00，10月至次年4月中旬 9:00~17:30；🚊Sultanahmet）

旅游警察局（☎0212-527 4503；Yerebatan Caddesi 6）位于地下水宫的路对面。

ℹ到达和离开

飞机

伊斯坦布尔的**阿塔图克国际机场**（Atatürk

International Airport, IST, Atatürk Havalımanı; ☎0212-463 3000; www.ataturkairport.com)位于苏丹艾哈迈德以西23公里处。

萨比哈格克琴国际机场(Sabiha Gökçen International Airport, SAW, Sabiha Gökçen Havalımanı; ☎0216-588 8888; www.sgairport.com)位于苏丹艾哈迈德以东50公里处,在伊斯坦布尔亚洲的一侧。

船

Yenikapı是**İDO**(☎444 4436; www.ido.com.tr)运送汽车和乘客的主要码头,渡轮穿过马尔马拉海前往Yalova、布尔萨(Bursa)和Bandırma。在这些地方,你可以乘火车前往伊兹密尔(Izmir)或乘汽车前往恰纳卡莱(Çanakkale)。

长途汽车

伊斯坦布尔长途汽车总站(Büyük İstanbul Otogarı; ☎0212-658 0505; www.otogaristanbul.com)位于苏丹艾哈迈德西北10公里处,它是伊斯坦布尔最主要的长途汽车站(otogar),有前往全国各个城镇的长途汽车,还有去往欧洲的长途汽车。

很多汽车公司都有往来于汽车站之间的免费班车。这里的地铁站(₺4; Otogar站)位于阿塔图克机场和阿克萨赖(Aksaray)之间,从阿克萨赖你可以乘坐电车前往苏丹艾哈迈德。

火车

由于不断的维修施工,伊斯坦布尔内外的铁路网已被严重缩减。伊斯坦布尔和布加勒斯特(Bucharest)之间的Bosfor Ekspresi仍在运行,每天22:00发车,途经索非亚(Sofia; €39~59,卧铺需加钱)。

开往安卡拉(Ankara; ₺70, 3.5小时)的新快车如今从伊斯坦布尔亚洲一侧的Kadıköy东南20公里处的彭迪克车站(Pendik Station)发车,不太方便。

最新信息可查看网站**Turkish State Railways**(TCDD; www.tcdd.gov.tr)。

当地交通

全城的公共交通都可使用充值的交通卡(İstanbulkarts)。在售票亭及地铁、有轨电车站、汽车总站和渡船码头的机器上购买(₺10)和充值。如果你只需要搭乘几次城市公共交通工具,可以在电车、地铁和渡船码头的机器上购买单程交通币(jetons; ₺4)。

从机场前往伊斯坦布尔

Havataş机场巴士(见1253页地图; ☎444 2656; http://havatas.com)来往于机场和紧邻塔克西姆广场的Cumhuriyet Caddesi之间,4:00至次日1:00,每隔30分钟从阿塔图克机场(₺10, 1小时)发车。3:30至次日1:00,每隔30分钟有一班从萨比哈格克琴机场(₺13, 1.5小时)至塔克西姆广场的车,这无疑是从萨比哈格克琴机场进城最便宜的方式。

地铁 从阿塔图克机场开往Zeytinburnu,在Zeytinburnu搭乘电车即可抵达苏丹艾哈迈德(全部费用₺8, 1小时)。

机场巴士 多数酒店可以预订往返阿塔图克机场(€5)和萨比哈格克琴机场(€12)的机场巴士,可在前台询问时刻表。

出租车 从阿塔图克/萨比哈格克琴机场至苏丹艾哈迈德的费用约为₺45/130。

船

伊斯坦布尔的通勤渡轮定期穿过博斯普鲁斯海峡往来于城市的欧洲一侧和亚洲一侧。

开往Üsküdar和博斯普鲁斯(Bosphorus)的渡轮从Eminönü码头出发,开往王子群岛(Princes' Islands)的渡轮从Kabataş(Adalar İskelesi码头)出发,开往Karaköy的渡轮从亚洲海岸的Kadıköy出发。

公共汽车

伊斯坦布尔的公交系统极为高效,运营时间为6:30~23:30。你必须有一张交通卡才能乘坐公共汽车。公共汽车总站在塔克西姆广场及Beşiktaş、Kabataş、Eminönü、Kadıköy和Üsküdar。

地铁

最有用的地铁服务是M1A线路,将阿克萨赖与阿塔图克机场连接了起来,沿途停靠15个站点,包括长途汽车总站。运营时间为6:00至午夜,2~10分钟1班。

出租车

伊斯坦布尔随处可见黄色出租车,所有的出

租车都配备计程表，但不是所有的司机都愿意打表。搭乘出租车从苏丹艾哈迈德坐到塔克西姆广场约花费₺15。

有轨电车和隧道缆车

乘电车可从Zeytinburnu（电车在此与M1A Metro相会）至Kabataş（可转乘通往塔克西姆广场的隧道缆车），途中经过苏丹艾哈迈德、Eminönü和Karaköy（可转乘通往Tünel的隧道缆车）。6:00至午夜，有轨电车5分钟1班。

在独立大街还可以搭乘一辆古董电车往来于Tünel缆车站和塔克西姆广场之间。

Karaköy和独立大街之间的一站式Tünel缆车在7:00~22:45运行。另一班缆车从Kabataş（可转乘电车）开往塔克西姆广场的地铁站。

爱琴海海岸 (AEGEAN COAST)

可以肯定地说，土耳其爱琴海海岸每平方公里内分布的古迹数量绝对超出世界上其他任何地区。从古至今，征服者、商人以及旅行者都曾争先恐后地来瞻仰这些神奇的古代遗迹，而且皆尽兴而归。

加里波利（盖利博卢）半岛 [Gallipoli (Gelibolu) Peninsula]

对澳大利亚、新西兰和英国民众来说，加里波利这个地方自然无须赘言。“澳新军团”（Anzac）正是因加里波利而生。1915年，协约国为了在“一战”中打败奥斯曼帝国并打通到俄国的救援之路而发起加里波利之战，结果却遭遇惨败。这场战役中共有约13万士兵阵亡，其中三分之一来自同盟军，剩下的都是土耳其士兵。

今天的加里波利战场成了**加里波利国家历史公园**（GallipoliHistorical National Park; Gelibolu Yarımadası Tarihi Milli Parkı; http://gytmp.milliparklar.gov.tr）的一部分，每年都有成千上万土耳其人和外国人来到这里凭吊先烈。“一战”时负责保卫加里波利的土耳其军官是穆斯塔法·凯末尔（Mustafa Kemal），也就是日后的土耳其国父阿塔图克。每年3月18日，土耳其都会庆祝他的胜利。同样，每年4月25日也是**澳新军团日**，用来纪念同盟军登陆。

要参观战场，最轻松的方式便是自驾或在恰纳卡莱、埃杰阿巴德（Eceabat）参加团队游，可选择**Crowded House Tours**（☎0286-814 1565; www.crowdedhousegallipoli.com; Hüseyin Avni Sokak 4, Eceabat）。

多数游客会住在恰纳卡莱，但如果你想住在埃杰阿巴德，**Hotel Crowded House**（☎0286-814 1565; www.crowdedhouse-gallipoli.com; Hüseyin Avni Sokak 4; 标单/双/标三 €23/30/39; ❄@📶）是极为干净的背包客住宿选择。

恰纳卡莱（Çanakkale）

☎0286/人口 116,078

这座正在迅速扩张的港口城镇朝气蓬勃、令人愉快，从加里波利半岛横跨达达尼尔海峡（Dardanelles），而且能很方便地前往特洛伊进行一日游，值得你前来一游。**钟楼**（Saat Kulesi）附近的鹅卵石小巷里挤满了酒吧和咖啡馆，探索完腹地的古今历史之后，去那里看看这座大学城时尚另类的夜生活，或者在日落时分沿着滨海大道（kordon）漫步。

食宿

Anzac House Hostel 青年旅舍 €

（☎0286-213 5969; www.anzachouse.com; Cumhuriyet Meydanı 59; 铺/标单/双 不带浴室且不含早餐 ₺25/45/70; 📶）作为恰纳卡莱唯一的一家背包客旅舍，Anzac House Hostel近年来的日子并不好过，自Hassle Free Tours旅行社接手经营以来，旅舍的舒适度和清洁度均大幅下降。幸运的是，原来的员工团队还在一层，并承诺将对旅舍进行全面翻修，提升服务质量。

★**Anzac Hotel** 酒店 €€

（☎0286-217 7777; www.anzachotels.com; Saat Kulesi Meydanı 8; 标单 €30~40, 双 €40~55; ❄@）这家酒店位于钟楼对面，最近刚刚装修，价位非常亲民。酒店有一支专业团队负责管理，确保酒店良好运营，并提供高品质的服务。酒店房间很大，配有煮茶和煮咖啡的设备，并安装有双层玻璃窗户。中间楼层有一个热闹的酒吧，每天晚上都会放映《加里波利》和《特洛伊》这两部电影。停车费为€2.50。

Cevahir Ev Yemekleri 土耳其菜 €

（☎0286-213 1600；Fetvane Sokak 15；餐 ₺8起；⏲11:00~21:00）这家人气极高的ev yemekleri（供应家常菜的饭馆）位于钟楼旁边，实惠的价格和热闹的气氛是这里的特色。客人可以从双层蒸锅中选择豆类、蔬菜和肉类菜肴。套餐包括一碗汤、沙拉和主菜，配米饭，价格不到₺10。店内禁止饮酒。

★ Yalova 海鲜 €€€

（☎0286-217 1045；www.yalovarestaurant.com；Gümrük Sokak 7；开胃菜 ₺6~22，主菜 ₺20~40）自1940年起，当地人就开始来这里享受高档美食。这家双层餐厅位于海滨步道，里面的海鲜都是直接从渔船上卸下来的新鲜货。在二楼可以挑选你喜欢的开胃菜和海鲜，千万不要错过品尝本地的Sulva葡萄酒。

ℹ 到达和离开

搭乘长途汽车可前往伊斯坦布尔（₺45，6小时）和伊兹密尔（₺40，5.75小时）。

每小时都有从港口开往埃杰阿巴德和加里波利半岛的渡轮（₺2.50，25分钟）。

特洛伊（Troy, Truva）

伟大的古城**特洛伊**（☎0286-283 0536；成人/12岁以下儿童 ₺20/免费；⏲4月至10月 8:00~19:00，11月至次年3月 至16:30）的遗址所剩无几，你得插上想象的翅膀才能设想希腊人利用木马骗过特洛伊人的那不平凡的一天。不过对历史爱好者及荷马史诗《伊利亚特》（*Iliad*）的书迷来说，这里是爱琴海最重要的停留地之一。

对非专业人士来说，在这里参观会非常摸不着头脑，你可以选择语音导览器（₺10）。最惹人注目的景点包括重建的**特洛伊木马**、各个时代的**城墙**、希腊-罗马风格的雅典娜神庙、古罗马音乐厅（Odeon），以及建于荷马时代（约公元前800年）的古希腊议院（Bouleuterion）。当你阅读本书的时候，一座新建的顶级博物馆应该已经开放了。

恰纳卡莱和埃杰阿巴德的旅行社提供特洛伊半日游（€25）和加里波利战场全天游，以及特洛伊短途旅行（大约€75）。

从恰纳卡莱发车前往特洛伊（₺5，35分钟，9:30~16:30）的小型公共汽车（dolmuşes）每隔1小时从萨勒河（Sarı River）上的桥北端车站发车。

贝尔加马/帕加马（Bergama/Pergamum）

☎0232/人口 62,400

这座普通的集市城镇位于引人瞩目的帕加马遗迹下方。帕加马曾经是古罗马重要的医学中心，在全盛时期（亚历山大大帝和罗马人统治小亚细亚期间），它是中东地区最富裕且势力最强大的小王国之一。

城镇本身就是壮观的**红厅**（Red Hall；Kızıl Avlu；Kınık Caddesi；门票 ₺5；⏲4月至9月 8:00~19:00，10月至次年3月 至17:00）的遗址，一座专门供奉埃及神灵塞拉比斯（Serapis）、伊西斯（Isis）和哈尔波克拉特斯（Harpocrates）的2世纪神庙。**卫城**（Acropolis；Bergama Akropol；www.muze.gov.tr/akropol；Akropol Caddesi 2；门票 ₺25，语音导览 ₺10；⏲4月至9月 8:00~19:00，10月至次年3月 至17:00）位于距红厅5公里的一座大风肆虐的小山顶上，之间有**缆车**（Bergama Akropolis Teleferik；www.facebook.com/akropolisteleferik；Akropol Caddesi；往返 ₺6；⏲4月至9月 8:00~19:00，10月至次年3月 至17:00）相连，有壮观的斜坡剧场。距离城镇3公里的**阿斯克勒庇恩**（Asklepion；www.muze.gov.tr/asklepion；Prof Dr Frieldhelm Korte Caddesi 1；门票/停车 ₺20/5；⏲4月至9月 8:00~19:00，10月至次年3月 至17:00）曾是帕加马一处著名的医学中心。2世纪，著名的希腊医生Galen在此完成的研究为16世纪以前的西方医学奠定了基础。

从**Odyssey Guesthouse**（☎0232-631 3501；www.odysseyguesthouse.com；Abacıhan Sokak 13；铺 25，标单/双 ₺50/85起，标单/双 不带浴室 ₺40/70起；❄@📶）可欣赏到考古遗址的绝美景致，此外还有整齐的基本双人间。

开往伊兹密尔（₺12，2小时）的长途汽车班次频繁，每天至少有2班长途汽车开往伊斯坦布尔（₺55，11小时）。

伊兹密尔(İzmir)

☎0232/人口 280万

这座土耳其的第三大城市是一个不断扩张的港口枢纽，曾是地中海国际贸易大都市士麦那(Smyrna)，拥有值得自豪的历史。前往古罗马**集市**(Agora Caddesi; 门票 ₺5; ⊙4月至9月 8:30~19:00, 10月至次年3月 至17:30; P)遗迹，去看看能唤起伊兹密尔辉煌往昔的为数不多的景点。随后在**Kemeraltı Market**(Kemeraltı Çarşısı; ⊙8:00~20:00)寻找便宜货(或帮助)，然后沿着kordon，在学生晚上常去的Alsancak感受这座城市充满活力的现代脉搏。

食宿

经济和中档酒店集中在Basmane火车站周围。

想找时髦的咖啡馆和餐馆，可前往Alsancak的Kıbrıs Şehitleri Caddesi周边地区。

Güzel İzmir Oteli 酒店 €

(☎0232-483 5069; www.guzelizmirhotel.com; 1368 Sokak 8; 标单/双 ₺65/80起; ❄@🛜)这家名为"美丽"的酒店经历了一次大翻新，让这原本价格就很实惠的Basmane地区酒店变得更具吸引力。店内共有30间客房，房间虽然不大，但都经过了彻底的翻修。酒店里装饰着士麦那时期的老照片，还有一个阳光灿烂的早餐室，和一个小型健身中心。307号房比大多数房间都大，501号房可以直接走到露台上去。

Hotel Baylan Basmane 酒店 €€

(☎0232-483 0152; www.hotelbaylan.com; 1299 Sokak 8; 标单/双 ₺75/120; ❄@🛜)这家酒店拥有30间客房，是Basmane地区的最佳住宿选择之一。进入酒店要穿过一座巨大的停车场，这点让人有点儿不舒服，不过酒店内部非常宽敞迷人，后门还有个非常惬意的花园露台。所有房间都有抛光地板和宽大的浴室。

★ **Sakız** 新派土耳其菜 €€€

(☎0232-464 1103; www.sakizalsancak.com; Şehıt Nevresbey Bulvarı 9a; 主菜 ₺18~38, 开胃菜 ₺6~16; ⊙周一至周六 11:00~23:00)本店以爱琴海菜和克里特菜为特色，是伊兹密尔最具创意性的餐厅。开胃菜非常新鲜，包括面饼包的虾肉和番茄胡椒熏茄子(köz patlıcan)，一些比较奇特的主菜包括奶蓟草海鲈鱼、爱琴海香料黑线鳕鱼。

ℹ 实用信息

Cumhuriyet Bulvarı也被当地人称作第二海滨步道(İkinci Kordon)，有银行、自动柜员机和邮局，与海滨只隔一个街区。

ℹ 到达和离开

长途汽车

长途汽车公司的售票处大多集中在Dokuz Eylül广场。它们通常会提供往返伊兹密尔长途汽车站的免费班车，汽车站距离市中心6.5公里。开往全国各地包括贝尔加马(₺13, 2小时)、博德鲁姆(₺27, 3小时)和塞尔柱(₺9, 1小时)的长途汽车，班次频繁。

火车

大多数城际列车抵离Alsancak Garı火车站，包括开往安卡拉(₺37, 14小时)的车。每天有7班快车从Basmane火车站开往塞尔柱(₺6, 1.5小时)。

塞尔柱(Selçuk)

☎0232/人口 28,213

若你想在旅途中歇几天，这座闲适的城镇正合你的胃口。不朽的以弗所遗址就坐落在这座城市的门口，保存下来的罗马-拜占庭引水渠延伸经过城中，顶端有鹳鸟筑巢，散落在鹅卵石小径深处的有趣景点与城中心古雅的村庄氛围相得益彰。

景点

以弗所博物馆 博物馆

(Ephesus Museum; Uğur Mumcu Sevgi Yolu Caddesi; 门票 ₺10; ⊙4月至10月 8:30~18:30, 11月至次年3月 至16:30)这家博物馆收藏有来自以弗所民间的各种工艺品，包括天平、珠宝盒、化妆品盒、钱币、陪葬品和古代雕像等。著名的生殖之神普里阿普斯(Phallic god Priapus)的雕像也在其中，但是需要按一下

不要错过

以弗所

以弗所（Ephesus；成人/学生/停车 ₺30/20/7.50；⏲5月至10月 8:00~19:30，11月至次年4月 8:00~17:00，关闭前1小时停止入内）是一座非常完整的古代大都会，曾经是罗马帝国小亚细亚行省的首府。来这里旅行最能让人联想起罗马时代的日常生活。这里有众多值得探索的历史遗迹，不要错过。

库瑞忒斯大道（Curetes Way）库瑞忒斯是曾经帮助过勒托（Leto）生下阿尔忒弥斯和阿波罗的古希腊神祇的名字。库瑞忒斯大道是以弗所的主要大道，沿途满是雕像、宏伟的建筑和成排的商店，店里可以买到香火、丝绸和其他物品。沿着这条街行走是了解以弗所日常生活的最佳方式。

哈德良神庙（Temple of Hadrian）哈德良神庙是以弗所的明星景点，这座精致的科林斯风格神庙是为了纪念罗马皇帝图拉真的继任者哈德良而建，最初有木制的屋顶和庙门。神庙的拱顶仅靠一块中央楔形石支撑，没有使用任何灰泥，依旧牢固无比，堪称建筑奇迹。神庙的设计者设计了大量精致的装饰细节和花纹。第一个拱顶上雕刻着命运女神堤喀，第二个拱顶上雕刻着美杜莎用以避邪。

塞尔苏斯图书馆（Library of Celsus）这座宏伟的图书馆是为了纪念2世纪初期掌管小亚细亚的总管塞尔苏斯·波勒马依努斯（Celsus Polemaeanus）而建。图书馆原本是一片建筑群的一部分，看上去比实际更大。凸起的地基突出了图书馆中央的元素，而中央的石柱和字母又比两端更大。图书馆正面的壁龛里立着代表希腊美德的雕像，其中包括Arete（善良）、Ennoia（思想）、Episteme（学识）和Sophia（智慧）。

大剧院（Great Theatre）大剧院最早是由希腊国王利西马科斯（Lysimachus）所建，后来在公元41~117年经罗马人重建。但重建的大剧院仍然融合了最初的设计元素，包括cavea（座位区）独具创造性的形状设计。观众座位越往上越陡，这意味着坐在上面的观众仍然可以有很好的视听享受。考虑到整个大剧院可容纳25,000名观众，这种设计非常实用。

从塞尔柱打车过来的费用约为₺15，不过从城镇走过来仅有2.5公里。

按钮才可以看见，常常能引来游客笑声。馆内还有一整间用来展示小爱神厄洛斯（Eros）雕像的房间。你还可以看到女神阿尔忒弥斯的大理石雕像，制作非常精美。

圣约翰大教堂　遗迹、古迹

（Basilica of St John；St Jean Caddesi；门票 含艾雅素鲁克堡垒 ₺10；⏲4月至10月 8:00~18:30，11月至次年3月 至16:30）拜占庭帝国查士丁尼大帝（527~565年在位）所建的长方形基督教堂，曾经非常宏伟。经过一个世纪的修复，虽依然存在，但只剩框架结构。凭借无限风光的山顶景致，这里绝对是最佳日出摄影地和绝美之境。光看墙体、模型规模、大理石石阶和遗留下来的大门，就能一窥当年建筑之宏大。

艾雅素鲁克堡垒　城堡

（Ayasuluk Fortress；2013 Sokak；门票 含圣约翰大教堂 ₺10；⏲4月至10月 8:00~18:30，11月至次年3月 至16:30）持有相邻的圣约翰大教堂门票，可以进入这座代表塞尔柱最高成就的建筑。发掘工作还在继续，在本书作者调研期间，断断续续地开放了导览游，正常进入有望很快开始。这里的挖掘从1990年开始，已经证明艾雅素鲁克山（Ayasuluk Hill）从新石器时代至以弗所建立都有城堡。如今部分修复的要塞遗址可追溯至拜占庭、塞尔柱和奥斯曼时代。

阿尔忒弥斯神庙　遗迹

（Temple of Artemis；Artemis Tapınağı；紧邻Dr Sabrı Yayla Bulvarı；⏲4月至10月 8:00~19:00，11月至次年3月 8:30~18:00）免费 阿尔忒弥

斯神庙位于塞尔柱最西端的一片空地上。这座巨大的神庙曾位列世界七大奇迹之一，而今残存的只有一根重建的石柱。在它最辉煌的年代，神庙曾经有127根石柱。今天的游客想要感受那份震撼，只能去参观位于迪迪马（Didyma）、保存更加完好的阿波罗神庙（这座神庙曾有122根石柱）。

食宿

Atilla's Getaway 青年旅舍、度假村 €

（☎0232-892 3847；www.atillasgetaway.com；Acarlar Köyü；铺/标单/双/标双/标三€16/26/42/42/63，露营 €8；）这个"背包客度假村"以其友善的土耳其裔澳大利亚老板的名字命名，到处都很悠闲，从古典主题的休息区可以凝视远山，酒吧里有台球桌和夜间炉火。每周有两次烤肉，提供6种早餐，排球场和乒乓球桌也增添了乐趣。

★ **Boomerang** 客栈、青年旅舍 €€

（☎0232-892 4879；www.boomerangguesthouse.com；1047 Sokak 10；铺/标单/双/标双/标三/家 €10/30/40/40/60/70起；）这家旅馆的老板是土耳其籍中国人，回头客很多。旅馆里有个石头庭院，你可以在树荫下度过一个轻松愉快的夜晚。店内的酒吧兼餐厅非常值得一试（主菜 ₺12~20），餐厅供应的食物包括烤串、中餐和美味的肉丸。有些客房自带阳台，可供选择的各价位房间很多（标单/双/标双/标三 €20/30/30/45），另提供旅行用品和自行车租赁。

Selçuk Köftecisi 肉丸 €€

（Şahabettin Dede Caddesi；开胃菜 ₺8，肉丸₺12；午餐和晚餐）这家餐厅位于鱼市旁边的一座现代建筑中，经营多年，很受当地人喜爱。店内提供美味的肉丸，搭配有沙拉、米饭和炒洋葱。配餐的沙拉选择众多，包括香辣胡桃。

到达和离开

每天至少有2班长途汽车开往伊斯坦布尔（₺80，10小时），而开往伊兹密尔（₺9，1小时）的车辆很多。想去棉花堡和地中海沿岸，通常需要在代尼兹利（Denizli；₺30，3小时）换乘。

开往伊兹密尔（₺5.75，1.25小时）的火车每天有8班。

棉花堡（Pamukkale）

☎0258/人口 2630

土耳其最棒的自然奇迹之一位于塞尔柱的腹地。棉花堡古怪而熠熠生辉的白色钙化方解石山上有层层叠叠的青绿色水池，从古至今一直是旅游景点。山顶上，古代希耶拉波利斯（Hierapolis）的水疗度假村遗迹足以证明这片地区超凡脱俗的吸引力。

景点

石灰华 自然保护区

（Travertines；25₺；夏季 9:00~19:00）这些碟形的石灰华（又称石灰岩台）沿着粉白的山坡蜿蜒而下，与头顶清澈的蓝天和山下碧绿的平原形成震撼的对比。为了保护这些独特的方解石表层，工作人员会要求你赤脚行走，所以，如果你计划从石灰华走下山进村的话，记得带上你的鞋子。

希耶拉波利斯（Hierapolis） 遗迹

希耶拉波利斯在遥远的过去曾经是古罗马和拜占庭的温泉城市，希腊人、罗马人、犹太人、异教徒、基督徒，以及其他来这里泡温泉的旅客曾在这座城市和谐相处。希耶拉波利斯是由帕加马国王欧迈尼斯二世（Eumenes Ⅱ）所建，建造时间大约是公元前190年，一经建成便成为一处疗养中心。古罗马帝国时期，希耶拉波利斯曾一度兴旺繁荣，拜占庭时期更达到了顶峰，当时犹太人和东正教基督徒是这里的主要人口。然而频繁的地震令这座城市灾难不断，最终在1334年的一场大地震之后，希耶拉波利斯被彻底遗弃。

住宿

Beyaz Kale Pension 家庭旅馆 €

（☎0258-272 2064；www.beyazkalepension.com；Oguzkaan Caddesi 4；标单/双/四/家₺60/80/130/150；）这家名为"白色城堡"的亮黄色酒店位于镇中心旁边的一条安静街道上，酒店共有两层，分布着10间一尘不染的客房，其中一些房间的布置比其他房间更加现代化。热情的女店主Hacer为你提供当地性价比最高的服务（晚餐套餐₺20），你可以在屋顶露台一边享受美景一边用餐。酒店还可以为小孩提供小床。

★ **Melrose House** 酒店 €€

（☎0258-272 2250；www.melrosehousehotel.com；Vali Vekfi Ertürk Caddesi 8；标单€35~55，双€40~55；❄📶🏊）这家酒店是棉花堡最接近精品酒店的住处，里面有17间装修现代的宽敞客房，包括一间家庭房和黑人英雄电影特色的圆床套房。房间里装饰着屈塔希亚手工瓷砖和石柱，还有混搭风格的墙纸和裸墙，泳池旁边的餐厅非常值得一试。

到达和离开

出入棉花堡的汽车基本都需要在代尼兹利换乘。长途汽车公司可以提供从代尼兹利汽车站到棉花堡主广场的免费汽车，棉花堡和代尼兹利汽车站之间还有班次频繁的小巴（₺5，40分钟）。

博德鲁姆（Bodrum）

☎0252/人口 36,401

作为土耳其度假半岛的中心，博德鲁姆夏季活动丰富。整洁的白色村舍都有蓝色镶边，是明信片画家的梦想之地，港口挤满了游艇和旅行者。

景点

圣彼得城堡 城堡、博物馆

（Castle of St Peter；☎0252-316 2516；www.bodrum-museum.com；İskele Meydanı；门票₺25，语音导览₺10；⏲8:30~18:30，冬季至16:30，展厅正午至13:00关闭）博德鲁姆的这座宏伟城堡由医院骑士团（Knights Hospitaller）建于15世纪初期，从城垛上可以看到蔚为壮观的风景。城堡中有一个水下考古博物馆（Museum of Underwater Archaeology），展示城堡修复期间所发现的大量水下考古珍宝。

蒙古帝国帖木儿在1402年对安纳托利亚发起的入侵，不仅削弱了奥斯曼人的实力，也让罗得岛（Rhodes）骑士团有机会建立了这座城堡，在安纳托利亚站稳了脚跟。他们使用摩索拉斯国王陵墓的大理石和石块作为建材，并把这座城市的名字从哈利卡尔那索斯（Halicarnassus）更改为佩特罗尼乌姆（Petronium，后来在土耳其语里变成博德鲁姆）。

住宿

★ **Su Otel** 精品酒店 €€

（☎0252-316 6906；www.bodrumsuhotel.com；紧邻Turgutreis Caddesi；标单/双/套€65/95/135起；❄@📶🏊）这座"水之酒店"的装饰风格是博德鲁姆白色和天蓝色审美基调的最佳体现。酒店内有25间客房和套间，中间有一个铺着银色瓷砖的游泳池、一家奥斯曼餐厅和一家摆着红色沙发的酒吧。酒店老板Zafer收集的新潮艺术品装饰着整座酒店，你还可以看到漂亮的手绘伊兹尼克瓷砖、奥斯曼烛台和各色古董。

Antique Theatre Hotel 精品酒店 €€

（☎0252-316 6053；www.antiquetheatrehotel.com；Kıbrıs Şehitler Caddesi 169；房间€120~140，套€160~180；❄📶🏊）这家"古代剧院酒店"得名于对面的古代剧院。酒店装修奢华，可以看到绝美的城堡和海景，里面还有一个大型的露天游泳池，酒店的餐厅在博德鲁姆地区也是数一数二的。客房里装饰着原创艺术品和古董，每间房间都有自己的特色，而且比套房超值。

餐饮

夏季夜晚，外国游客经常聚集在酒吧街（Dr Alim Bey Caddesi和Cumhuriyet Caddesi）上喧闹的酒吧和夜店中。环境更好的**Marina Yacht Club**（english.marinayachtclub.com；Neyzen Tevfik Caddesi 5）是一处微风阵阵的大型滨水夜店。

★ **Nazik Ana** 土耳其菜 €

（Eski Hükümet Sokak 5；菜肴₺6起，土耳其烤肉₺8~15；⏲早餐、午餐和晚餐，冬季周日关闭）这家小店位于一条小巷中，提供现成的冷菜和热菜（在柜台前可以看到），你可以选择你喜欢的土耳其传统菜肴，在公用餐桌上享用。也可以点烤串和肉丸。午餐时段会有很多上班族来这里用餐，是体验博德鲁姆地道饮食文化的好去处。

鱼市 海鲜 €€

（Fish Market；紧邻Cevat Şakir Caddesi；⏲周一至周六 晚餐）博德鲁姆鱼市（有时也被称作manavlar，意为"水果店"，因为这个由

小巷组成的集市入口处有几家水果摊）也是个享受新鲜美食的好地方。鱼贩们会把新鲜的鱼和海鲜堆在冰块上任人挑选，你可以买好你喜欢的鱼和海鲜，然后直接拿到邻近的餐厅里烹制，加工费约为₺10。

实用信息

自动柜员机和银行集中在Cevat Şakir Caddesi。

游客信息中心（☎0252-316 1091; Kale Meydanı; ⊙周一至周五 8:00~18:00，6月至10月 每天）

到达和离开

博德鲁姆长途汽车站有很多长途汽车线路，包括每天开往安塔利亚（₺70，8小时）的2班车、每天开往伊斯坦布尔的8班车（₺90，13小时）和每小时发往伊兹密尔（₺40，3.5小时）的车。

4月至10月，每天都有渡轮往返于博德鲁姆和希腊科斯岛（单程/往返 €17/19，1小时）。7月至9月间，每周有两趟渡轮发往罗得岛（单程/往返 €50/60，2.5小时）。更多信息及票务查询可咨询**博德鲁姆渡轮协会**（Bodrum Feribot İşletmeciliği; ☎316 0882; www.bodrumferryboat.com; Kale Caddesi 22; ⊙5月至9月 8:00~21:00，冬季工作时间更短）。

地中海沿岸（MEDITERRANEAN COAST）

土耳其的这一部分被称作"青绿海岸"，是地中海最美丽的海岸线之一。森林覆盖的丘陵中散落着很多古代遗址，海岸线上遍布白沙湾，清澈的蓝绿色海水拍打着海岸，背后是覆盖冰雪的陡峭山峰。对徒步者、晒太阳的人、游艇主和历史迷来说，这片极美的地区集合了土耳其无穷的魅力。

费特希耶（Fethiye）

☎0252/人口 82,000

1958年的大地震夷平了古泰尔梅索斯（Telmessos），但充满活力的费特希耶在原地崛起，如今成了地中海西部的交通枢纽。宽阔的海湾中点缀着小岛，其中的天然良港是该地区最好的，这座城镇的活泼氛围让这里成为水陆旅行的出色落脚点。

景点和活动

阿敏塔斯之墓 陵墓

（Tomb of Amyntas; ⊙8:00~19:00）免费

费特希耶最具辨识度的景点就是这座巨大无比的阿敏塔斯之墓。阿敏塔斯之墓建于公元前350年，是一座完全从岩石中雕凿出来的爱奥尼亚式寺庙。陵墓是为了纪念Hermapias之子阿敏塔斯而建的。阿敏塔斯陵墓位于镇中心以南，日落时分游览最佳。在它东边500米处，还有其他一些小型石墓。

费特希耶博物馆 博物馆

（Fethiye Museum; www.lycianturkey.com/fethiye-museum.htm; 505 Sokak; 门票 ₺5; ⊙周

蓝色航行

费特希耶是土耳其巡游观景的中心，而最受欢迎的路线当属前往奥林帕斯（Olympos）的"蓝色航行"（Mavi Yolculuk），即乘坐gület（土耳其传统木船）完成4天5夜的旅程。在死海（Ölüdeniz）和蝴蝶谷（Butterfly Valley）通常都能搭乘木船，沿途会停靠在卡什、卡尔坎（Kalkan）或凯考瓦，最后一夜在凯考瓦东端对面的Gökkaya海湾度过。

价格通常为每人€165~250，包括食物（不包括水、饮料和酒），取决于季节。报名前仔细调查运营商——销售"蓝色航行"之旅的低劣公司很多，食物劣质，船员不会说英语，从不兑现额外的承诺。在伊斯坦布尔机构参加旅行的大部分人都会失望而归，因此最好到达费特希耶后再预订。我们推荐以下运营商：

Ocean Yachting（☎0252-612 7798; www.bluecruise.com; Fethiye Marina; 3晚巡游 每人 €225起）高度专业化的机构，有很多巡游选择。

Olympos Yachting（☎0242-892 1145; www.olymposyachting.com; Olympos; 3晚巡游 €185起）总部在奥林帕斯的热门公司，备受推荐。

二至周日 8:00~17:00）费特希耶博物馆的展品主要是从泰尔梅索斯遗址以及特洛罗斯古城（Tlos）和考卡诺斯古城（Kaunos）中发掘出来的利西亚文物，其中包括陶器、珠宝、小雕像以及祭石（包括墓碑以及誓言柱）。其中最为珍贵的藏品当属从莱顿（Letoön）出土的“三语碑”（Trilingual Stele）。这件石碑可追溯至公元前358年，过去曾用上面刻着的古希腊语和亚拉姆语破译利西亚语。

12岛乘船游 乘船游

（12-Island Tour Excursion Boats；每人 含午餐 ₺30~35，乘帆船 ₺50；⏲4月中旬至10月 10:30~18:00）很多游客都会加入这个12岛团队游，乘船去游览费特希耶海湾。游船会在6个小岛旁停靠，剩下的小岛则以巡游为主。有些团队游是饮酒玩乐型，最好事先咨询清楚你想参加的是哪一种。酒店和旅行社都有船票出售，你也可以直接去码头和游船公司讨价还价。

食宿

大多数住处都位于Karagözler码头后面的山坡上或更远的西边。

★Yildirim Guest House 家庭旅馆 €

（☎0543 779 4732，0252-614 4627；www.yildirimguesthouse.com；Fevzi Çakmak Caddesi 21；铺 ₺25，标单/双/标三 ₺50/80/120；❄📶）这家青年旅舍型的家庭旅馆外形就像一艘船，位于码头对面，是经济型旅行者的最佳选择。店内有各种宿舍房可供选择，一般带有4~6张床，另外也有一些简洁干净的客房。旅馆主人Omer Yapis有丰富的旅游经验，可以为你提供各种当地的相关信息。旅馆向客人提供免费自行车、免费的茶水和咖啡，以及免费的接送服务，并可以为你安排短途旅游。

Villa Daffodil 酒店 €€

（☎0252-614 9595；www.villadaffodil.com；Fevzi Çakmak Caddesi 139；标单 €37~49，双 €50~75，套 €100；❄📶🏊）这家奥斯曼风格客栈的客房里装饰着黑木家具、古老的地毯，有些套房里还可以看到融合奥斯曼和塞伦盖蒂风格的奇特装饰。你可以找一间海景房，享受最佳的入住体验。酒店后面有一个泳池休闲区，特别适合在结束一天漫长的观光活动后好好放松一下。

> **不要错过**
>
> **步行利西亚之路**
>
> 土耳其的**利西亚之路**（Lycian Way）被誉为世界上十大长途徒步路线之一。利西亚之路从费特希耶沿着地中海海岸一直延伸至安塔利亚，全程都有路标标记。这条路线会带你穿越松树林和雪松林，途经海拔近3000米的巍峨群山、村落、迷人的海岸风光和利西亚古城的众多古代遗址。
>
> 在网站www.cultureroutesinturkey.com上了解关于利西亚之路全程或部分路段的徒步信息。

★Meğri Lokantasi 土耳其菜 €€

（☎0252-614 4047；Çarşı Caddesi 26；拼盘 ₺6~14；🖉）在费特希耶，很多人会选择午餐时段来这家店里用餐。这家餐馆里通常挤满了当地的客人，店内提供美味而丰盛的家常菜，而且价格非常实惠。你可以从玻璃柜中混点各种素菜和荤菜，基本上所有的菜都很好吃。

Cem & Can 海鲜 €€€

（Hal ve Pazar Yeri 67）想在费特希耶吃鱼，你可以自己去鱼市购买鲜鱼（每公斤 ₺18~30），然后带去对面餐馆烹饪。我们最爱的餐馆就是这家，加工费为每人₺8，还提供沙拉和面包。

实用信息

主街Atatürk Caddesi两边有很多银行和自动柜员机。**游客信息中心**（☎0252-614 1527；İskele Meydanı；⏲周一至周五 8:00~19:00，周六和周日 10:00~17:00）位于码头对面。

到达和离开

费特希耶的长途汽车站位于市中心以东2.5公里处。

开往**安塔利亚**（₺30，6小时）的长途汽车经过**卡什**（₺16，2小时），至少每小时1班。

开往死海（₺5，25分钟）、Kayaköy（₺4.50，20分钟）及周边村庄的当地小巴从市中心紧邻Atatürk Caddesi的清真寺附近的小巴车站发车。

双体船每天从游客信息中心对面的费特希耶码头开往希腊的罗兹岛（单程/往返€51.50/77，1.5小时）。

帕塔拉（Patara）

☎0242/人口 950

土耳其最长的原生态海滩上有足够的空间让你铺开毛巾。帕塔拉有延伸20多公里的沙滩海岸，晒太阳，玩沙堡，还有顺着海滩公路延伸的**古代帕塔拉遗址**（门票 含帕塔拉海滩 ₺5，10日内可进入10次的长期门票 ₺7.50；⏲9:00~19:00）静候你的探索。如果这些遗址还不够，从帕塔拉去两座古老的利西亚城市进行一日游也很方便：**莱顿**（Letoön，门票 ₺8；⏲8:30~19:00）和令人印象深刻的**桑索斯古城**（Xanthos；门票 ₺10；⏲9:00~19:00），前者拥有三座带有精美马赛克壁画的庙宇，后者有一座古罗马剧场和利西亚柱坟墓。

所有住处都在距离海岸1.5公里的袖珍村庄Gelemiş。**Akay Pension**（☎0242-843 5055，0532 410 2195；www.pataraakaypension.com；标单/双/标三 ₺60/90/120，公寓 ₺160；❄@🛜🏊）和**Flower Pension**（☎0242-843 5164，0530 511 0206；www.pataraflowerpension.com；双/标三 ₺90/120，单间公寓 ₺120，公寓 ₺150；❄@🛜🏊）可以提供条件不错的客房，而且从阳台可俯瞰柑橘林。

乘坐从费特希耶开往卡什的汽车，在距离村庄3.5公里的公路上下车，然后搭乘小巴前往村庄，小巴4月中旬至10月每小时1班。

卡什（Kaş）

☎0242/人口 7558

其他的海岸城镇都是以海滩作为旅游景点，但在卡什，户外冒险活动才是乐趣所在。这里是土耳其的潜水中心，也可以轻松体验皮划艇、徒步和乘船之旅。在这个平和的地方，歪歪扭扭的老城小巷环绕着一个小港口，希腊岛屿梅斯（Meis；Kastellorizo）离海岸不远。

景点和活动

卡什的探险公司专门经营前往附近**凯考瓦**地区的皮划艇和乘船游，那里有沉没的城市遗址、美丽的海岸风光和迷人的小村庄Üçağız和Kaleköy。卡什还有土耳其最好的潜水地点，城镇里几乎所有探险公司都提供潜水之旅。

★安提费罗斯剧场 遗迹

（Antiphellos Theatre；Hastane Caddesi）**免费**安提费罗斯曾经是片民居点，也是位于北部山区中的利西亚小镇费罗斯（Phellos）的港口。这座希腊风格的小型剧院位于卡什主广场以西500米处，可容纳约4000名观众，保存得非常完好。

Dragoman 户外活动

（☎0242-836 3614；www.dragoman-turkey.com；Uzun Çarşı Sokak）Dragoman是卡什的专业潜水公司，提供多种潜水活动（单次潜水含设备€26）。除此之外Dragoman也组织各种有趣的户外活动，活动种类要比其他旅游公司更为丰富，如海上皮划艇（€25~50）、各种一日徒步游（€26~40），如果你喜欢寻求刺激，也可以参加海岸越野运动（€45起）。

Xanthos Travel 户外活动

（☎0242-836 3292；www.xanthostravel.com；İbrahim Serin Caddesi 5/A）Xanthos Travel旅游公司提供的Kekova地区乘船一日游（€25~35）活动非常受欢迎，值得推荐。公司也会安排其他各种不同的海上皮划艇之旅，能让你近距离接触海底古城遗址（€30~45）。喜欢陆上运动的游客可以参加吉普车巡游（€30~35），另外还有多种山地骑行和徒步旅行可供选择。

食宿

卡什大多数的住处位于城镇中心西边和西北边的海滨以及新清真寺（Yeni Cami）周围的山坡上。

Anı Pension 家庭旅馆 €

（☎0533 326 4201，0242-836 1791；www.motelani.com；Süleyman Çavuş Caddesi 12；铺 ₺25，标单/双 ₺40/90；❄@🛜）这家旅馆是卡什最实惠的住所，这都归功于酒店主人Ömer为提升旅馆质量而做出的不懈努力。客房大小适中，且都带有阳台，屋顶露台是休息放松的好去处，你可以在这里喝杯啤酒尽享清凉，和其他旅客分享旅行故事。

★ Hideaway Hotel 酒店 €€

（☎0532 261 0170，0242-836 1887；www.hotelhideaway.com；Anfitiyatro Sokak；标单 €40，双 €50~70，套 €80；❄@📶≈）这家酒店真是越做越好。酒店老板Ahmet可以为你提供各种当地旅游信息，店内的客房宽敞通风（其中6间是海景房），采用纯白的极简主义设计，浴室装修也非常现代时尚。酒店里还有一个游泳池、一个惬意的屋顶露台，露台上有一家自助型酒吧，可以看到非常漂亮的风景。

Bi Lokma 安纳托利亚菜 €€

（☎0242-836 3942；Hükümet Caddesi 2；主菜 ₺13~21；⏲9:00至午夜；✎）这家餐厅也被称作"妈妈厨房"，店内餐桌都摆在露台花园中，客人可以俯瞰海港美景。大厨Sabo（也就是所谓的"妈妈"）擅长制作土耳其传统菜，她的开胃菜也是一绝。最有名的是她做的土耳其饺子（mantı，₺13）和填陷点心（börek，₺13）。

Köşk 安纳托利亚菜 €€

（☎0242-836 3857；Gürsoy Sokak 13；主菜 ₺14~25）这家餐馆位于海边鹅卵石街道旁的小广场上，餐馆所在的建筑是一座拥有150年历史、外观朴素的老房子，餐馆带有两座露台，露天庭院中也有餐位。你可以忽略主菜大餐，专注享受他们美味的开胃菜。这些开胃菜受到地中海风味和安纳托利亚风味的双重影响，味道绝赞。

ℹ 到达和离开

长途汽车站在市中心以北350米的Atatürk Bulvarı边。小巴（Dolmuşes）每隔半小时开往安塔利亚（₺24，3.5小时），途经奥林帕斯（₺18，2.5小时）。开往费特希耶（₺16，2.5小时）的长途汽车每小时1班。

开往梅斯（Kastellorizo；当日返回€25，20分钟）的渡船每天10:00出发，16:00返回。在位于港口的**Meis Express**（☎0242-836 1725；www.meisexpress.com）购票。

奥林帕斯和西拉里（Olympos & Çıralı）

☎0242

如果你想在沙滩上懒懒地晒几天太阳，小小的海滩村庄奥林帕斯和西拉里正是你要去的地方。奥林帕斯是老嬉皮士常去的地方，夏季有彻夜不停的派对，通向海滩的土路边有覆盖藤蔓的**古奥林帕斯遗址**（门票包括奥林帕斯海滩 ₺5，长期门票可以在10天内进入10次 ₺7.50；⏲9:00~19:30）。

距离海滩几公里处是更安静的西拉里，那里有一些坐落在沙滩后面的简陋家庭旅馆，生活可以简化到在吊床上摇摆或者在海滩上晒太阳。

夜晚的主要活动是前往著名的**奇美拉**（Chimaera；门票 ₺5），即位于奥林帕斯山斜坡上的天然火焰，晚间从海上就能看到20多束显眼的火焰。奥林帕斯所有的住宿场所均经营夜间团队游（距离奥林帕斯7公里），或者从西拉里出发，沿着标志步行2公里上山即可。

🛏 住宿

大多数来奥林帕斯的游客都会选择住在富有传奇色彩的"树屋"露营地，这些露营地都位于沿山谷下到古迹的道路边上。奥林帕斯的住宿价格是按人数算的，包含早餐和晚餐的费用。"树屋"其实就是微高于地面的简易平房。多数露营地提供带套间的平房。

西拉里有更多中档的小型家庭旅馆，适合家庭。

奥林帕斯

Şaban Pansion 平房€

（☎0242-892 1265，0507 007 6600；www.sabanpansion.com；铺 ₺40，树屋 ₺45，带浴室和空调的小屋 ₺70；❄@）这家旅馆是我们的最爱。如果你想躺在橘树树荫下的吊床或是靠垫上美美地睡一觉，这里会是你的最佳选择。正如经理Meral所说："这里不是参加派对的地方。"相反，这里的卖点是恬静的环境、足够的空间和家常美食。另外，7号房是货真价实的树屋。

西拉里

Hotel Canada 酒店 €€

（☎0532 431 3414，0242-825 7233；www.canadahotel.net；双 €60，4人小屋 €90；❄📶≈）

入住这家美丽的酒店，你可以体验到西拉里的精髓：温暖、友善以及自制蜂蜜。主楼中的客房都很舒适，花园里满是吊床和柑橘树，还有11座平房。加拿大人Carrie和她酷爱美食的丈夫Şaban会为你提供美味的套餐（€10）。酒店距离海滩750米远，你可以骑酒店提供的免费自行车去海滩。

到达和离开

沿费特希耶和安塔利亚之间海岸公路行驶的长途汽车和小巴，会在奥林帕斯和西拉里的路口附近停靠。从那里，小巴（₺5）5月至10月8:00~20:00，每小时1班开往奥林帕斯（9公里）；6月至9月，每小时1班开往西拉里（7公里）。其他月份，提前给你住的客栈打电话查询小巴时间。

安塔利亚（Antalya）

☎0242/人口 100万

作为地中海的文化之都，安塔利亚是一个熙熙攘攘的现代化城市，同时拥有保存完好的历史街区。老城区Kaleiçi的建筑融合了罗马和奥斯曼风格，向下延伸至小港口，高耸的悬崖边上挤满了咖啡馆和酒吧，从冰雪覆盖的贝伊山（Beydağlar）山顶可俯瞰全城。城外崎岖的山坡上遍布让人眼花缭乱的古代遗址，很适合一日游的游客，是另一个消磨时间的地方。

景点和活动

★安塔利亚博物馆 博物馆

（Antalya Museum；☎0242-236 5688；www.antalyamuzesi.gov.tr/en；Konyaaltı Caddesi 1；门票 ₺20；⏲9:00~18:30）安塔利亚博物馆是一座综合性博物馆，绝对不容错过。馆内的展品包括从石器时代、青铜时代一直到拜占庭时期的各种文物。在区域发掘厅（Hall of Regional Excavations）可以看到从利西亚（如帕塔拉和Xanthos）和潘菲利亚（Pamphylia）古城中发掘出来的各种文物，万神殿（Hall of Gods）里展示的则是15位奥林匹斯神的精美雕像，大部分都保存得相当完好。包括庄严的美惠三女神（Three Graces）在内的大部分雕像都是在柏尔盖发现的。

★苏那和伊南·基拉斯老城博物馆 博物馆

（Suna & İnan Kıraç Kaleiçi；☎0242-243 4274；www.kaleicimuzesi.org；Kocatepe Sokak 25；成人/儿童 ₺3/2；⏲周四至周二 9:00至正午和13:00~18:00）这座小型民族志博物馆位于一幢翻修过的安塔利亚宅邸中。二楼有一系列实体大小的实景模型，展现的是奥斯曼时期安塔利亚的重要宗教仪式和习俗。最令人难忘的是恰纳卡莱和屈塔希亚（Kütahya）陶瓷展品。这些瓷器摆放在主楼背后的一幢建筑里，这里曾经是圣乔治（Aya Yorgi）希腊东正教教堂，现在已经过重修，本身就是一个值得一看的景点。

凹槽尖塔 古迹

（Yivli Minare；Fluted Minaret；Cumhuriyet Caddesi）凹槽尖塔是安塔利亚的标志性建筑。尖塔外形美观，风格独特，是由塞尔柱苏丹阿拉丁·凯库巴德一世（Aladdin Keykubad I）于13世纪初下令修建的。尖塔旁边的清真寺（建于1373年）至今仍在使用中。尖塔建筑群内部是一座经过大规模重修的**旋转托钵僧修道院**（Mevlevi Tekke），最早可追溯至13世纪。西边附近有两座**陵墓**（türbe），一座建于14世纪晚期，另一座建于1502年。

断塔 历史遗迹

（Kesik Minare；Truncated Minaret；Hesapçı Sokak）断塔是座庞大建筑的遗址，这座建筑在过去几个世纪中，一直在安塔利亚的宗教生活中扮演着重要角色。断塔建于2世纪，最初是一座古罗马神庙，然后在6世纪被改建成拜占庭教堂，3个世纪之后又改建成清真寺。1361年，这里又被改为教堂，最后在19世纪的一场大火中遭到严重破坏，并残存至今。

哈德良门 大门

（Hadrian's Gate；Hadriyanüs Kapısı；Atatürk Caddesi）哈德良门在安塔利亚常被称作"三重门"（Üçkapılar），修建于130年罗马帝国皇帝造访安塔利亚时期。

住宿

Sabah Pansiyon 家庭旅馆 €

（☎0555 365 8376，0242-247 5345；www.

值得一游

阿斯潘多斯和柏尔盖

安塔利亚周边有多处宏伟壮观的古希腊-罗马遗址非常值得探索一番。你可以自己租车前往，也可以在安塔利亚参加团队游（每人€45起）。以下是最好的两处：

阿斯潘多斯（Aspendos；门票₺20，停车₺5；⏲9:00~19:00）很多游客成群赶来Belkıs村的这片古代遗址，就是为了亲眼看看那座伟大的剧院。这座大剧院是世界上保存最完整的古代罗马剧院。该**剧院**建于马可·奥勒留大帝（Emperor Marcus Aurelius，161~180年）统治期间，这段时间也是阿斯潘多斯的黄金年代。13世纪，这座剧院还被塞尔柱人改建为一座商队驿站。这座城市的历史最早可追溯至古老的赫梯帝国（Hittite Empire，公元前800年）时期。

柏尔盖（Perge；门票₺20；⏲9:00~19:00）位于D400公路，距安塔利亚以东17公里、阿克苏（Aksu）以北2公里，是古代潘菲利亚最重要的城镇之一。在遗址里面，穿过巨大的**罗马大门**（Roman Gate）和它的4个拱顶，可以在你的左手边看到**南水神殿**（nymphaeum）和保存完好的**浴室**，右边则是**方形大市场**（agora）。穿过**希腊大门**（Hellenistic Gate）和它的两座巨塔之后，可以看到一条保存完好的**廊柱街道**，街上至今仍矗立着大量的石柱，令人过目难忘。

sabahpansiyon.com；Hesapçı Sokak 60；铺€13，标单/双/标三 €25/30/45，自炊型双卧公寓€100；❄📶🏊）这是我们在安塔利亚最喜欢的经济型旅馆，至今人气不减。这家旅馆被Sabah兄弟经营得非常好，多年来一直是背包客的第一选择。客房大小不同，但都布置得很可爱、简洁，而且超级干净。绿荫环绕的庭院是结识其他游客的绝佳场所。

★White Garden Pansiyon 家庭旅馆 €€

（☎0242-241 9115；www.whitegarden-pansion.com；Hesapçı Geçidi 9；标单/双 €32/40，自炊型公寓 €110；❄📶🏊）这家家庭旅馆非常友爱，充满了奇异的奥斯曼元素。旅馆集整洁与格调于一身，绝对物超所值。老板Metin和员工提供的服务更是无可挑剔。旅馆本身是一座经过翻修的美丽建筑，庭院格外迷人。你可以在这里吃到全土耳其最好的早餐。

Villa Perla 精品酒店 €€€

（☎0242-248 4341；www.villaperla.com；Hesapçı Sokak 26；标单/双 €100/120；❄📶🏊）我们非常喜欢这家地道的奥斯曼风格酒店。酒店中央有一座带游泳池的庭院，里面还养着乌龟。顺着一条12世纪的石阶拾级而上，即可看到7间舒适的房间，每间房间都配有木天花板，有些房间还带四柱床和彩绘橱柜。酒店餐厅的开胃菜非常不错。

🍴餐饮

如果想去便宜的就餐地点，可向东步行前往**Dönerciler Çarşısı**（Market of Döner Makers；Atatürk Caddesi）。

Yemenli 土耳其菜 €€

（☎0242-247 5346；Zeytin Sokak 16；主菜₺14.50~17.50；🌿）这家餐厅的热门土耳其菜确实值得一试，你可以在绿荫庭院中用餐，也可以在翻修过的石屋中享受美食。这家餐厅是由Sabah Pansiyon家庭旅馆的团队负责经营，服务热情到位。素食主义者也可以找到适合自己的菜。

★Vanilla 各国风味 €€€

（☎0242-247 6013；www.vanillaantalya.com；Zafer Sokak 13；主菜₺22~40）这家超时尚的餐厅是安塔利亚迅猛发展的又一标志，餐厅老板是英国厨师Wayne和他的土耳其妻子Emel。长条凳、玻璃装潢、亮橙色的椅子都营造出一种流线感和简洁感，让你可以把注意力集中在菜单上。餐厅提供地中海风味的国际菜色，例如烤小胡瓜和韭菜调味饭、油封鸭和鸡肝配意大利烟肉。

Castle Café 咖啡馆

（☎0242-248 6594；Hıdırlık Sokak 48/1；⏲8:00~23:00）这是我们在悬崖边上最喜欢的一家店。这家热闹的咖啡馆兼酒吧以实惠的饮品吸引了大批年轻的土耳其人前来光顾。服务虽然比较慢，但露台上的美景令人惊叹不已，绝对会让你把任何不满都抛在脑后。

实用信息

Atatürk Caddesi两边是银行和自动柜员机。

游客信息中心（☎0242-241 1747；Cumhuriyet Meydanı；⊙8:00~18:00）就在凹槽尖塔以西。

到达和离开

长途汽车站位于市中心以北4公里处。电车（₺1.50）从这里开往市中心（İsmetpaşa电车站）。长途汽车从汽车站发车，开往全国各地，包括2趟晚班至格雷梅（₺50，9小时）、每天几班到科尼亚（₺45，5小时），以及班次频繁的开往费特希耶（₺30，7.5小时）的小巴和长途汽车，途经海岸城镇。

安纳托利亚中部（CENTRAL ANATOLIA）

在土耳其的中部平原上，古老历史营造出的沧桑感可谓无处不在。在这片土地上，苏非派苦行僧第一次跳起了旋转舞，阿塔图克开始了国家改革，亚历山大大帝斩断了“戈耳狄俄斯之结”（Gordion Knot），而尤利乌斯·恺撒则说出了那句名言“我来，我见，我征服”（Veni, vidi, vici）。土耳其中部平原充满了令人难以置信的历史，也是领略安纳托利亚现代生活的最佳地点。

安卡拉（Ankara）

☎0312/人口 470万

伊斯坦布尔人经常开玩笑说安卡拉最美的风景是在回伊斯坦布尔的火车上，但是它并非只是土耳其古板的行政中心。这座阿塔图克建立的首都有土耳其最重要的两处景点：位于山顶的城堡区（hisar）充满了老式魅力，而挤满了咖啡馆的Kızılay是土耳其最时尚的城区之一。

景点

★安纳托利亚文明史博物馆 博物馆

（Museum of Anatolian Civilisations, Anadolu Medeniyetleri Müzesi；☎0312-324 3160；Gözcü Sokak 2；门票 ₺15；⊙4月至10月 8:30~18:15，11月至次年3月 至17:00；Ⓜ Ulus）安纳托利亚文明史博物馆是帮助你梳理土耳其复杂古代历史的绝佳去处。馆内展出的各种工艺品均精心挑选自安纳托利亚的各大考古遗址。

博物馆位于一幢15世纪的货仓（bedesten）中。中央展厅展出的是浮雕和雕像，周围的大厅展出的是旧石器时代、新石器时代、红铜时代、青铜时代、亚述时代、赫梯时代、弗里吉亚时代、乌拉尔图时代和吕底亚时代的文物。楼下的展厅展出的是古希腊和古罗马工艺品，以及安卡拉的历史。

阿塔图克陵墓和博物馆 历史遗迹

（Anıt Kabir, Atatürk Mausoleum and Museum；www.anitkabir.org；Gençlik Caddesi；语音导览 ₺10；⊙5月至10月 9:00~17:00，11月至次年4月 至16:00；Ⓜ Tandoğan）**免费** 这座陵墓是为现代土耳其国父——穆斯塔法·凯末尔·阿塔图克（1881~1938年）而建。陵墓高耸于城市之上，使用了大量大理石材料，气氛庄严肃穆。陵墓本身只是这座建筑群的一小部分，其他建筑还包括博物馆和纪念庭院。对许多土耳其人来说，来这里参观无异于朝圣，如果你看见为之动容的游客也不足为奇。要把整个景点参观完至少要花2小时。

城堡 街区

（Citadel；Ankara Kalesi；Ⓜ Ulus）要在安卡拉闲逛，这座雄伟的城堡是最适合的地方。这里有保存完好的厚重城墙、令人着迷的蜿蜒街道，都是在9世纪拜占庭皇帝米海尔二世（Michael Ⅱ）修建外城墙时一起建成的。内城墙始建于7世纪。

住宿

从Ulus区前往安纳托利亚文明史博物馆和城堡极为方便，但论起住宿条件和夜生活的丰富程度，还是得选Kızılay。

Deeps Hostel 青年旅舍 €

（☎0312-213 6338；www.deepshostelankara.com；Ataç Sokak 46；铺/标单/双 不含早餐 ₺30/50/75；📶；Ⓜ Kızılay）这家旅舍是安卡拉最实惠的住宿选择，热情友好的店主Şeyda打造出了一个色彩丰富、光线充足的旅舍，为游客提供宽敞的宿舍和客房，以及装修现代、超级干净的公用浴室。旅舍还会为你提供大量的旅游建议和信息，以及一个设备齐全的厨房。楼下有一个可爱的公共休息区，你可以在那里和其他游客分享土耳其的旅行故事。

★ **Angora House Hotel** 历史酒店 €€

（☎0312-309 8380；www.angorahouse.com.tr；Kale Kapısı Sokak 16；标单/双 €70/100；📶；Ⓜ Ulus）这座经过重新翻修的奥斯曼建筑每一处都散发着优雅的气息，令人难以抗拒。酒店内提供6个宽敞的房间，弥漫着古老世界的气息，房间以黑木为基调，搭配19世纪风格的乳白色纺织品，以及五颜六色的土耳其地毯。庭院花园筑有围墙，将城堡街道的喧嚣隔绝在外，让你可以享受宁静。员工的周到服务也给这家酒店加分不少。

餐饮

Kızılay的街头小摊和小酒馆非常多，咖啡馆文化也很浓郁，Ziya Gökalp Caddesi南边每平方米的空地上都建有露台。Kızılay的建筑通常又高又窄，内部至少有5层都是夜店。

Leman Kültür 各国风味 €

（☎0312-310 8617；www.lmk.com.tr；Konur Sokak 8；主菜 ₺8~20；Ⓜ Kızılay）这家餐厅的名字和装潢风格都源自土耳其的一部热门漫画，要想饱餐一顿，或是体验年轻时尚的就餐氛围，这里是你的不二之选。店内的食物以各色肉丸、汉堡和烤肉为主。饮料价格实惠，店内还会播放indie、电子、土耳其流行歌曲等各种风格的音乐。

Zenger Paşa Konağı 安纳托利亚菜 €€

（☎0312-311 7070；www.zengerpasa.com；Doyran Sokak 13；主菜 ₺15~25；Ⓜ Ulus）这家餐厅里摆满了奥斯曼风格的收藏品，乍一看上去好像是个废弃的民族志博物馆。不过，顺着破旧的楼梯爬上楼，可以看到非常漂亮的城市美景，光冲这一点就很值得进来用餐。当地人很喜欢这家店的土耳其比萨、开胃菜和烤肉，这些美食都是使用传统的奥斯曼烤炉烹制而成的。

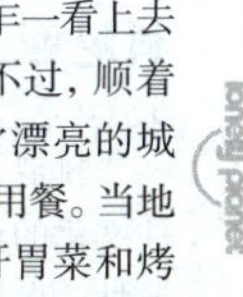

实用信息

主路是Atatürk Caddesi，连接Ulus和Kızılay，有很多自动柜员机、银行和邮局。

到达和离开

长途汽车

长途汽车全天从庞大的**安卡拉长途汽车总站**（AŞTİ；Ankara Şehirlerarası Terminali İşletmesi；Mevlâna Bulvar）开往土耳其的各个角落。开往伊斯坦布尔（₺19~45，6小时）的长途汽车每隔半小时发车。安卡拉长途汽车总站位于安卡拉Ankaray地铁线路（车费₺1.75）的最西端，目前为止，搭乘地铁是往返长途汽车站和市中心最便捷的交通手段。

火车

安卡拉火车站（Ankara Garı；Talat Paşa Bulvarı）有高速列车开往科尼亚（普通座/商务座 ₺27.50/35，2小时，每天8班）和伊斯坦布尔以东25公里郊

其他值得游览的土耳其城镇

阿马西亚（Amasya）这片古雅的奥斯曼建筑群矗立在悬崖下的河边，有安纳托利亚中部的本都陵墓。

马尔丁（Mardin）位于安纳托利亚东南，宣礼塔和蜜色房屋坐落在可俯瞰美索不达米亚平原的山坡上。

萨夫兰博卢（Safranbolu）这个安卡拉西北的世界遗产地拥有土耳其保存最好的奥斯曼街区和林立的吱嘎作响的19世纪砖木结构房屋。

尚勒乌尔法（Şanlıurfa）安纳托利亚东南最令人陶醉的城镇之一。在神圣的格尔巴舍公园（Gölbaşı Park）追寻先知的足迹，然后出城去看看迷人的格贝克力石阵（Göbekli Tepe）考古遗址。

特拉布宗（Trabzon）一座充满活力的黑海城市，是参观令人惊叹的苏美拉修道院（Sumela Monastery）的理想落脚点。

区的彭迪克(₺75,3.5小时)。坐一夜长途慢车可以到达伊兹密尔和安纳托利亚东部。

科尼亚(Konya)

☎0332/人口 110万

科尼亚是旋转托钵僧的故乡,也是塞尔柱文化的汇集地。市中心散落着壮观的历史遗址,最重要的是城中蓝绿色穹顶的梅乌拉那博物馆(Mevlâna Museum),堪称土耳其最精致的景点和最重要的朝圣地之一。

景点

★梅乌拉那博物馆 博物馆

(Mevlâna Museum;☎0332-351 1215;门票₺5,语音导览₺10;⊙周一 10:00~17:00,周二至周日 9:00~17:00)不管是穆斯林还是非穆斯林,人们来到科尼亚都是为了参观这座梅乌拉那博物馆,这里曾经是旋转托钵僧的住所。我们应该感谢塞拉勒丁·鲁米(Celaleddin Rumi,后来被称作梅乌拉那)为我们带来了旋转舞,没有他,也不会有这座梅乌拉那博物馆。博物馆听上去有些死板无趣,但实际情况绝对会超乎你的想象。作为土耳其最大的朝圣中心之一,这座博物馆永远都充满了生机与活力。

梅乌拉那文化中心 文化中心

(Mevlâna Culture Centre, Whirling Dervish Performance;Aslanlı Kışla Caddesi;⊙周六21:00)免费 sema(旋转托钵僧膜拜仪式)是一种宗教舞蹈,代表着人神合一,著名的旋转舞也是由此而来,并被列入联合国教科文组织非物质文化遗产。观看sema是一种非常震撼、浪漫、令人难忘的体验。世界上有很多托钵僧都会表演类似的宗教仪式,但最正宗、最流畅、最纯粹的土耳其旋转舞只能在这里看到,它的优雅、神奇是其他地方的粗糙舞蹈所不能比拟的。

瓷砖博物馆 博物馆

(Tile Museum;Karatay Medresesi Çini Müzesi;☎0332-351 1914;Alaaddin Meydanı;门票₺5;⊙9:00~18:40)瓷砖博物馆过去曾是塞尔柱时期的一座神学院(建于1251年),如今已经过完美的修复,馆内中央穹顶和墙面铺设的塞尔柱瓷砖都保存得非常好。瓷砖博物馆展出了一系列出众的瓷器藏品,其中包括在贝伊谢希尔湖(Lake Beyşehir)发掘库拜德-阿拜德(Kubad Abad)宫殿时出土的塞尔柱八边形瓷砖。修建这座神学院的是埃米尔塞拉勒丁·卡拉塔伊(Celaleddin Karatay),他是塞尔柱时期的一位将军、维齐尔和政治家,他的遗体也埋在博物馆角落的一个房间里。

食宿

Ulusan Otel 酒店 €

(☎0332-351 5004;Çarşi PTT Arkasi 4;标单/双 不带浴室 ₺35/70;📶)这是科尼亚经济型酒店中的最佳选择。房间布置得都很简单,但是光线充足,一尘不染。公用浴室非常干净(有些房间有独立浴室),公共休息区也摆放着各种居家小物件。

★Derviş Otel 精品酒店 €€

(☎0332-350 0842;www.dervishotel.com;Güngör Sokak 7;房间 €55~80;❄📶)这家漂亮的精品酒店是由一栋有200年历史的宅邸改建而成。酒店共有7间宽敞明亮的房间,色调非常柔和,木地板上还铺着当地的地毯,床铺很舒适,浴室的设备也很现代。酒店员工热情周到,会为你提供真正的个人服务。这家酒店是科尼亚普通酒店中最好的一家。

★Konak Konya Mutfağı 安纳托利亚菜 €€

(☎0332-352 8547;Piriesat Caddesi 5;主菜₺15~20;⊙11:00~22:00)这家传统餐厅由知名美食作家Nevin Halıcı负责经营,她把自己的独特品位融进了土耳其传统菜色中。你可以找一个露天的位置,坐在爬满葡萄藤的石柱和芬芳四溢的玫瑰花园旁边用餐。喜欢吃茄子的游客千万不要错过本店的sebzeli közleme(烤茄子配羊肉)。如果你喜欢甜食,一定要留着肚子尝尝本店独特的甜品。

Somatçi 安纳托利亚菜 €€

(☎0332-351 6696;www.somatci.com;Mengüc Sokak 36;主菜₺12~17;⊙9:00~23:00)古老的菜谱重现光彩,这家令人兴奋的新餐馆使用最精致的原材料,烹制出各种炫目的美食。餐厅位于一座经过细致翻新的古老建筑里,员工都乐于推荐菜肴。

到达和离开

长途汽车站位于市中心以北7公里处，有电车到达。长途汽车开往包括安卡拉（₺25，3.5小时）、伊斯坦布尔（₺68，11.5小时）和格雷梅（₺30，3小时）在内的所有主要城市。

每天有8班高速列车往来于科尼亚和安卡拉之间（成人/儿童₺27.50/13，1.75小时）。

卡帕多基亚（CAPPADOCIA）

卡帕多基亚层层叠叠的岩石构造仿佛来自童话世界。探索水声潺潺的山谷里星罗棋布的松果状岩石（被称作精灵烟囱），你会发现，这里的人类历史与这个地质学乐园一样迷人。在岩石上凿出的教堂绘有拜占庭壁画，隐藏在悬崖里，建有村庄的山坡如同蜂巢，巨大的地下建筑群曾是早期基督徒隐藏的地方。

格雷梅（Göreme）

☎0384/人口 2101

这座从群山中开挖而成的蜂蜜色村庄被壮观的如月球表面般的山谷环绕，虽然早已不是当年的偏僻村庄，但它的神奇魅力却丝毫不减。附近的格雷梅露天博物馆是了解拜占庭时期生活的好去处。走出小镇，你可以在每一个转角处发现童话书般的风景和石窟教堂。悠闲的氛围和震撼的美景是格雷梅不断吸引游客的重要秘诀。

景点和活动

★格雷梅露天博物馆 博物馆

（Göreme Open-Air Museum; Göreme Açık Hava Müzesi; ☎0384-271 2167; Müze Caddesi; 门票 ₺20; ⏲8:00~18:30）格雷梅露天博物馆是土耳其的世界文化遗产之一，也是所有参加卡帕多基亚之行的游客的必去景点，你可以在里面玩上2小时。博物馆最早是一个有名的拜占庭修道院，曾经住着大约20名修士。从17世纪开始，这里变成了一个朝圣地。这些拜占庭风格的石窟教堂、礼拜堂和修道院位于距格雷梅中心1公里远的山上。

博物馆的最大亮点黑暗教堂（Karanlık K ilise）需额外支付₺10门票费才能参观。

> **值得一游**
>
> **阿赫拉热峡谷**
>
> 一座绿意盎然的美丽峡谷，散落着拜占庭时期的岩刻教堂——**阿赫拉热峡谷**（Ihlara Valley, Ihlara Vadısı; 门票 含Selime修道院 ₺10; ⏲8:00~18:30）是个适合漫步的出色地点。在Selime村庄及其陡峭的**修道院**（门票 含阿赫拉热峡谷 ₺10; ⏲黎明至黄昏）之间的河道边有一条通向阿赫拉热村的小径。
>
> 来此参观的大多数人是一日游，包含游览那个教堂最多的峡谷。如果你想徒步穿越整个峡谷（确实值得），你需要住一夜，或者有自己的交通工具，因为搭乘公共交通工具完成一日游很困难，必须在内夫谢希尔（Nevşehir）和阿克萨赖两地换乘长途汽车。
>
> 在阿赫拉热村，**Akar Pansion**（☎0382-453 7018; www.ihlara-akarmotel.com; Ihlara Village; 标单/双/标三 ₺50/100/120; 📶）有整洁的房间和乐于助人的管理人员；**Star Restaurant**（☎0382-453 7020; www.ihlarapansion.com; Ihlara Village; 主菜 ₺18~20; 📶🖋）有美味的鳟鱼餐、优美的河畔环境，还有不错的露营地点。
>
> 工作日期间，每天有6班小巴往返阿克萨赖（₺5，45分钟），停靠Selime、Belisırma和阿赫拉热村。周末班次较少。

玫瑰谷（Güllüdere Valley） 公园

玫瑰谷周围的环形步道非常好走。沿着这些步道，你可以欣赏到卡帕多基亚壮观的精灵烟囱，以及人迹罕至的石窟教堂。这些教堂里装饰着充满生气的壁画和精细复杂的石雕。

如果你的时间有限，只能选择游玩卡帕多基亚的一个峡谷，那么玫瑰谷就是你的不二之选。

团队游

大部分格雷梅旅游公司都提供两种团队一日游，当地称之为“红色团队游”（景点

不要错过

俯瞰卡帕多基亚

格雷梅是世界上乘坐热气球的最佳地点之一。这里的飞行条件特别合适，从高空俯瞰非凡的风景的确是一种神奇的体验。以下是格雷梅口碑良好的热气球旅行社：

Butterfly Balloons（☎0384-271 3010；www.butterflyballoons.com；Uzundere Caddesi 29）

Royal Balloon（☎0384-271 3300；www.royalballoon.com；Dutlu Sokak 9）

包括格雷梅露天博物馆、Uçhisar岩石城堡、Paşabağı Valley、Devrent Valley和Avanos）和“绿色团队游”（包括阿赫拉热峡谷徒步旅行和地下城之旅）。

Heritage Travel 导览游

（☎0384-271 2687；www.turkishheritagetravel.com；Uzundere Caddesi）这家旅行社非常受欢迎，擅长为游客量身定做土耳其团队游。旅行社也提供三种热门一日导览游（每人€60），包括去往索安勒村（Soğanlı）的“神秘卡帕多基亚”之旅。旅行社还提供各种各样的另类活动，例如摄影之旅（每人€125）、烹饪课程（每人€50）和Hacıbektaş之旅。

Yama Tours 导览游

（☎0384-271 2508；www.yamatours.com；Müze Caddesi 2）这家旅行社很受背包客的欢迎，每天都有红色团队游（当地热门景点，₺110）和绿色团队游（阿赫拉热峡谷，₺120），也可以为你预订其他卡帕多基亚的旅游项目和活动。

住宿

Köse Pension 青年旅舍 €

（☎0384-271 2294；www.kosepension.com；Ragıp Üner Caddesi；铺 ₺15，双/标三 ₺100/120，标单/标三 不带浴室 ₺30/90；📶🏊）这家旅舍虽然没有洞穴酒店的风情，但仍然深受游客喜爱，也是格雷梅的廉价首选。旅舍由Sabina经营，为游客提供一系列纤尘不染的客房，配备完美的浴室、上好的床单和舒适的床垫。店内也有其他基本型客房和一间宽敞的顶层宿舍可供选择。经历漫长炎热的徒步旅行后，你还可以在旅舍里的泳池好好地放松一下。

Kelebek Hotel & Cave Pension 酒店 €€

（☎0384-271 2531；www.kelebekhotel.com；Yavuz Sokak 31；精灵烟囱 标单/双 €44/55，豪华标单/双 €56/70，套 €85~130；📶🏊）酒店还是老的好。Ali Yavuz带着他的团队打造的这家格雷梅精品酒店见证了当地旅游产业的兴起过程，店内有个视野极好的露台，客房处处都透着浓郁的安纳托利亚风格。所有的客房都分布在两幢石头宅邸中，每一幢都带有一根直冲云霄的精灵烟囱。

★ **Koza Cave Hotel** 精品酒店 €€€

（☎0384-271 2466；www.kozacavehotel.com；Çakmaklı Sokak 49；双 €80~90，套 €110~175；📶）🍃 Koza Cave为格雷梅带来了新式的生态风格，在流行的可持续旅游业中可称得上是位大师。热情的店主Derviş在荷兰生活了数十年，将荷兰的生态敏感引入10个绝妙房间的每道洞穴裂缝中。污水可被再利用，大量使用再生材料和当地手工家具，营造出精致的空间。强烈推荐。

就餐

Fırın Express 土耳其比萨 €

（☎0384-271 2266；Eski Belediye Yanı Sokak；土耳其比萨 ₺6~10；📶🍴）这家餐厅有全格雷梅最好的土耳其比萨。所有的荤素比萨或是各种混合着鸡蛋的什锦比萨，都是由巨大的炭火烤炉烤制而成的。我们推荐除了比萨外，可以再加一份ayran（酸奶饮料）和çoban salatası（牧羊人沙拉），价格实惠，十分可口。

Pumpkin Cafe 安纳托利亚菜 €€

（☎0384-0542 808 5050；İçeridere Sokak 7；套餐 ₺35；⏲18:00~23:00）这家可爱的小餐厅是格雷梅最舒适的用餐之选，小小的阳台上装饰着风格奇异的雕刻南瓜，每天变换的含4道菜的套餐让你可以品尝到最新鲜的安纳托利亚菜，摆盘都非常漂亮。

★ **Seten Restaurant** 现代土耳其菜 €€€

（☎271 3025；www.setenrestaurant.com；

Aydınlı Sokak；主菜 ₺16~40；)这是一家装饰得极具安纳托利亚风格的餐厅，可以说是既养眼又饱口福。餐厅的名字取自一座用来碾小麦的磨盘，没试过土耳其菜的游客可以来这里好好了解一番，吃遍各地美食的游客也绝对不会失望。店内提供经典的主菜和令人眼花缭乱的开胃菜，服务非常周到。

到达和离开

飞机

开塞利机场(Kayseri Airport；Kayseri Erkilet Havalimanı；0352 337 5494；www.kayseri.dhmi.gov.tr；Kayseri Caddesi)和**内夫谢希尔机场**(Nevşehir Airport；Nevşehir Kapadokya Havalimanı；0384 421 4451；www.kapadokya.dhmi.gov.tr；Nevşehir Kapadokya Havaalanı Yolu，Gülşehir)服务于卡帕多基亚中部，每天有多架航班飞往伊斯坦布尔。

从两座机场开往格雷梅的机场班车必须预订。所有的酒店都可以为你安排，或者通过**Helios Transfer**(0384 271 2257；www.heliostransfer.com；Adnan Menderes Caddesi 24/A，Göreme；抵/离两座机场的每位乘客€10)直接预订。

长途汽车

多数长途汽车都从内夫谢希尔的土耳其西部总站发车，那里的长途汽车会免费送你去格雷梅。确保你的车票上写明了你的目的地，而不是内夫谢希尔。注意提防在内夫谢希尔长途汽车站拉客的司机，一定要坐汽车公司的正规通勤车。

主要的长途汽车公司都在格雷梅长途汽车站有办事处，提供前往国内各目的地的服务。

土耳其东部(EASTERN TURKEY)

广阔、偏远、崎岖，安纳托利亚东部是个与众不同的地方。在这里，你能找到人迹罕至的壮观的考古遗址、漂亮的草原乡村，以及一处混合了土耳其、库尔德、阿拉伯和伊朗风情的迷人的文化遗产。

注意：少数区域禁止外国人进入——主要在伊拉克和叙利亚边境附近，但是土耳其东部的绝大多数地区依然安全，方便独立旅行者进入。在这里的旅程将是你土耳其之行最有收获的一部分。

内姆鲁特山国家公园(Nemrut Dağı Milli Parkı)

2000年前，在内姆鲁特山(海拔2150米)的山顶上，一位狂妄自大的科马基尼(Commagene)国王为自己建造了一片宏伟的陵园。如今，陵园已经成为这处国家公园(门票₺8；黎明至黄昏)的中心地标。地震将陵园内的巨型神像与国王像的头颅震落在地，如今散落山顶，成为土耳其永恒不变的画面。

多数人会参加Malatya或Kahta组织的日出或日落团队游，或者参加从卡帕多基亚过来的团队游。注意：卡帕多基亚的团队游包括路途非常漫长的往返车程。Kahta最好的住处是Kommagene Hotel(0416-725 9726，0532 200 3856；www.kommagenehotel.com；Mustafa Kemal Caddesi 1；标单/双₺50/90；)，组织不错的内姆鲁特山团队游。

最近的落脚点是美丽的村庄卡拉杜特(Karadut)，距离山顶12公里。卡拉杜特的Karadut Pension(0416-737 2169，0533 616 4564；www.karadutpansiyon.net；Karadut；每人₺40，露营₺10；)和Nemrut Kervansaray Hotel(0416-737 2190；www.nemrutkervansaray.com；Karadut；标单/双€35/45起；)可以安排前往Kahta汽车站接人，如果你自己没有车的话，还可以为你安排前往山顶的交通工具。

凡城(Van)

0432/人口 353,500

虽然仍受最近地震的影响，不过这座悠闲的城市已经重现与安纳托利亚东部其他城镇不同的都市喧闹。城市坐落在广阔的凡湖(Lake Van)东南岸，四周环绕着雪山，显得美丽非凡。爬上位于城市边缘的凡城堡(Van Castle，Rock of Van；门票₺5；9:00至黄昏)，然后在湖上乘船，观赏阿克达玛教堂(Akdamar Kilisesi，Church of the Holy Cross；门票₺5；8:00~18:00)里的浮雕，它们被视为亚美尼亚艺术杰作之一。

食宿

Royal Berk Hotel 酒店 €€

（☎0432-215 0050；www.royalberkhotel.com；Bankası Bitişiği Sokak 5；标单/双 ₺90/130起）这家酒店建于2011年地震后，位于一条距离主街仅数米之远的安静小街上，客房宽敞舒适，装修非常好，前台服务员热情友善，早餐非常丰盛，和城里有名的早餐餐厅提供的菜色并无不同。

Aişe 安纳托利亚菜 €

（Özok is Merkezi Karşi 5；主菜 ₺7~10；⏰10:00~16:00；🖉）这家餐厅由本地女性团体经营，每天提供约6种不同的土耳其菜和库尔德菜。全餐价格为₺10~12，还包括面包和汤。餐厅有个露天庭院，能为你提供最佳的用餐体验。

到达和离开

开往迪亚巴克尔（Diyarbakır）的长途汽车（₺40，7小时）很多，从迪亚巴克尔你可以继续前往Kahta（游览内姆鲁特山国家公园）和埃尔祖鲁姆（Erzurum；₺40，7小时），从后者可以继续前往卡尔斯。

卡尔斯（Kars）

☎0474/人口 76,700

卡尔斯的中世纪城堡和色调柔和且庄严的俄式建筑很值得一看，但大多数游客来这里都是为了参观位于城东45公里处的壮观的**阿尼**（Ani；门票 ₺8；⏰5月至9月 8:30~18:00，10月至次年4月 至15:00）遗址，奥尔罕·帕慕克的小说《雪》（*Snow*）正是以这处遗址为背景。阿尼曾经是丝绸之路上的货物中转站，同时也是亚美尼亚王国的首都，自1239年蒙古人入侵之后便荒废了。空无一人的阿尼城以及被闪电劈开的**救世主教堂**（Church of the Redeemer）现如今都被掩埋在起伏的荒草中，静静地俯瞰着亚美尼亚的边界。这处遗址有种极为怪异的氛围，令人难忘。

食宿

Güngören Otel 酒店 €€

（☎0472-212 6767；www.gungorenhotel.com；Millet Sokak；标单/双/标三 ₺90/160/210；📶）这家酒店在驴友圈中非常受欢迎，酒店客房配备平板电视和铺有瓷砖的浴室，员工会讲一些英语。酒店所在的街道非常安静，位置也很方便。楼上的一些房间没有经过翻修，所以订房时最好留意一下。

★ **Hanimeli Kars Mutfağı** 安纳托利亚菜 €€

（www.karshanimeli.com；Faik Bey Caddesi 156；主菜 ₺10~15；⏰11:00~21:00）这家餐厅的氛围非常质朴，极具田园气息。店内的家常菜色都深受高加索美食的影响，包括亚美尼亚式的Erivan köf te（肉丸）、如丝般顺滑的意式面汤eriste aşi以及意式饺子一样的hangel。你还可以吃到烤鸭，买到美味的卡尔斯蜂蜜，店内还供应一种名为reyhane的本地饮料，它是由紫色的红罗勒制成，非常清爽解渴。

到达和离开

Turgutreis每天有1班长途汽车从车站发车，8:30到达凡城（₺35，6小时）；每天还有几班车开往安卡拉（₺50，16小时）。

去阿尼最便利的交通方式是乘坐出租小巴（3人 每人₺50；单人₺140）。由**Celil Ersoğlu**（☎0532 226 3966；celilani@hotmail.com）运营，或通过**卡尔斯旅游局**（☎0432-212 1705；Faik Bey和Gazi Ahmet Muhtar Paşa Caddesis交叉路口；⏰周一至周五 8:00~17:00）安排。

生存指南

出行指南

签证

从2015年4月起，以旅游和商务为目的访问土耳其的中国公民，可登录土耳其电子签证网站（www.evisa.gov.tr），自行申请有效期180天、停留期30天以内的单次入境电子签证。可在网站上填写必要信息并提交申请，用维萨卡或万事达卡线上支付，申办单次入境电子签证的费用为US$60。你需要在入境前下载并打印电子签证，和至少有6个月有效期的护照一起携带并出示。满足以下签证需求即可成功申领：以旅游或商务目的前往土耳其；可出示返程机票、酒店预订单，并可以证明US$50/天的消费能力。

中国台湾的公民也可通过土耳其电子签证网申请有效期180天、停留期30天以内的电子签证，单次入境签证费用为US$24。持香港海外护照的旅行者可申请有效期180天、停留期90天以内的电子签证，多次入境签证费用为US$20；持香港特别行政区护照的旅行者在首次入境180天内，可免签证停留90天。持澳门特别行政区护照的旅行者可同样免签停留，但以旅游为目的进入土耳其每次入境不得超过30天。

中国境内土耳其使领馆签证处

所有中国境内的土耳其签证都由土耳其驻华大使馆和总领馆签发（北京、上海、广州、香港）；护照的签发地不同，受理签证申请的领区也不同。

土耳其驻华大使馆签证处（☎010 6532 1715，电话咨询 周一至周五16:00~17:00；http://beijing.emb.mfa.gov.tr/；consulate.beijing@mfa.gov.tr；北京三里屯东五街9号；⏰签证申请 周一、周三、周五9:30~12:30，签证领取 周一至周五 17:00~17:30）受理签证地域：除上海、江苏、浙江、安徽、广东、广西、海南、福建、香港及澳门特别行政区以外的各省市自治区。

土耳其驻上海总领事馆（☎021 6474 6838/6839/7237；http://sanghay.bk.mfa.gov.tr；consulate.shanghai@mfa.gov.tr；上海市长宁区中山西路1055号SOHO中山广场8楼806-808室；⏰签证申请 周一、周三、周五 9:30~12:30，签证领取 周一至周五17:00~17:30）仅受理护照签发地为上海、浙江、江苏及安徽的签证业务。

土耳其驻广州总领事馆（☎020 3785 3093/3401/3157/3453/3480；http://guangzhou.bk.mfa.gov.tr；consulte.guangzhou@mfa.gov.tr；广州天河区珠江新城临江大道3号发展中心23A；⏰签证申请 周一、周三、周五 9:30~12:30，签证领取 周一至周五17:00~17:30）仅受理护照签发地为广东、广西、海南及福建的签证业务。

土耳其驻香港总领事馆（☎00852-2572-1331/0275；http://hongkong.bk.mfa.gov.tr；consulate.hongkong@mfa.gov.tr；香港铜锣湾告士打道255-257号信和广场301室；⏰周一至周五9:00~13:00、14:30~18:00）持有香港及澳门特别行政区私人护照可免签入境土耳其。

货币

➡ 土耳其纸币面额有₺5、₺10、₺20、₺50、₺100和₺200，硬币面额有1库鲁、5库鲁、10库鲁、25库鲁、50库鲁和₺1。

➡ 在比较热门的旅游目的地，酒店和餐馆经常以欧元标价。

➡ 自动柜员机分布广泛，持有维萨卡、万事达卡、Cirrus卡和Maestro卡可取土耳其里拉，偶尔还能取到欧元和美元。

➡ 持中国银联卡（借记卡）可以在土耳其担保银行（Garanti Bank/绿白色相间的标志）的近千个自动柜员机和所有POS机上使用，每天最高提现额为₺1000。土耳其受理银联卡的商户逾万家，主要分布于主要的几个大型旅游城市及地区，伊斯坦布尔、安塔利亚、布尔萨、安卡拉、科尼亚等地的主要商户均接受银联卡。从汇率、手续费来看，刷卡更划算。

➡ 绝大多数酒店、商店和餐馆都接受信用卡（维萨卡和万事达卡），不过主要旅游区以外的地区经常有商家不接受。你也可以提前从卡上取出现金。美国运通卡（Amex）的接受程度不高。

➡ 美元和欧元是最便于兑换的货币。兑换处的汇率比银行更合算。

汇率

人民币	CNY1	TRY0.81
港币	HKD1	TRY0.72
澳门元	MOP1	TRY0.70
新台币	TWD1	TRY0.18
新加坡元	SGD1	TRY4.07
美元	USD1	TRY5.61
欧元	EUR1	TRY6.42
英镑	GBP1	TRY7.31

小费和讨价还价

➡ 在餐厅和旅馆消费以及接受导览游之类的服务时，给小费是习惯做法。

➡ 打车时取最接近50库鲁的整数就算给小费了。

➡ 留给服务员账单的10%~15%作为小费。

➡ 服务费通常不会直接加入餐厅的账单中。

➡ 住宿费用有时候是可以协商的，尤其是在非旺季的时候。

➡ 在巴扎买纪念品讨价还价很正常。

使领馆

中国驻土耳其共和国大使馆（☎24小时值班电话0090-530-3374676，领事保护与协助电话0090-538-8215530；tr.china-embassy.org/chn；Gölgeli Sokak No:32，Gaziosmanpaşa，06700 Ankara，Turkey）

中国驻伊斯坦布尔总领馆（☎领事保护与协助电话0090-534-7322512；istanbul.china-consulate.org/tur；Ahi Çelebi Cadesi Çoban Sokak No:4，Tarabya，Sarıyer，İstanbul，Turkey）

营业时间

斋月期间营业时间会缩短。在土耳其，周五是正常工作日。到了淡季，旅游景点和旅游信息中心的营业时间可能会缩短。

酒吧 16:00至深夜

政府部门、办公室和银行 周一至周五8:30至正午和13:30~17:00

信息中心 周一至周五8:30至正午和13:30~17:00

夜店 23:00至深夜

餐厅和咖啡馆 早餐7:30~10:00，午餐正午至14:30，晚餐18:30~22:00

商店 周一至周五9:00~18:00（旅游景区和大城市营业时间会延长，周末也会营业）

节假日

新年 1月1日

国家主权日和儿童节 4月23日

国际劳动节 5月1日

青年节和运动日 5月19日

胜利日 8月30日

共和国日 10月28~29日

土耳其人也会庆祝伊斯兰教的主要节日，其中最重要的当属代表斋月结束的**糖果节**（Şeker Bayramı；2017年6月26至28日）和约两个月以后的古尔邦节（Kurban Bayramı；2016年9月12日至15日和2017年9月1日至4日）。由于这些节日是依据伊斯兰历来计算的，因此每年都会比上一年提前11天。

住宿

经济型旅行者可以在伊斯坦布尔、爱琴海沿岸、地中海海岸和卡帕多基亚找到有宿舍床位的背包客青年旅舍，在沿海一带和卡帕多基亚也能找到露营地。旅游地区有很多经济型、中档酒店，以及家庭经营的旅馆，家庭旅馆通常更物有所值。

在旅游地区以外，女性和男性的单身旅行者都应该谨慎选择那些便宜的酒店。弄清楚员工和前台环境，经济型住处会发生盗窃，甚至性骚扰（虽然非常罕见）。

最有趣的中高档住宿选择是土耳其数量众多的精品酒店，一般位于翻新过的奥斯曼宅邸中（比如在伊斯坦布尔和安塔利亚），还有卡帕多基亚的洞穴酒店。

邮政

- 土耳其邮局带有黄底黑字的“PTT”标志。明信片寄到海外的费用约为₺2.50。

电话

- 付费电话使用的卡可购自电话中心，在一些商店购卡要稍微加价。
- 如果在本国的手机运营商处开通了漫游功能，可将手机连接至网络。
- 如果购买了当地SIM卡并用在本国手机上，网络会在一个月内检测和拦截外国手机。
- 为避免被拦截，购买土耳其SIM卡时要登记你的手机。在有执照的手机商店出示护照，填写简单的表格，说明你的手机位于土耳其。手续费约为₺100。
- 中国的三大移动电话运营商（中国移动、中国联通和中国电信）的手机，目前在很多欧洲国家（包括土耳其）都可以漫游，可随时拨打本地或者中国的电话（中国的国际代码是☎0086），不过需要你在出行之前提前开通国际漫游服务。各国的漫游资费状况不同，请咨询你的运营商获取进一步的信息。在欧洲旅行时，一定要关掉你的无线数据服务，因为当地的无线数据漫游资费可能会非常高昂。如果你的手机是在欧洲购买的，在整个大陆漫游时，会非常好用。

网络资源

Go Turkey（www.goturkey.com）土耳其旅游官方门户网站。

Lonely Planet（www.lonelyplanet.com/turkey）信息、文章、预订和论坛。

Today's Zaman（www.todayszaman.com）土耳其英文报纸。

Turkey From The Inside（www.turkeyfromthe-inside.com）广泛覆盖土耳其地区和景点。

磨房论坛（http://www.doyouhike.net/forum/

globe/europe/）国内最早的背包旅行论坛之一，异域版活跃着不少资深背包客。

蚂蜂窝（http://www.mafengwo.cn/）自助游分享社区，包含海量的旅游图片、游记、交通、美食、购物等信息。

猫途鹰（http://www.tripadvisor.cn）针对酒店、度假村、机票、旅行套餐等产品的点评和建议。

旅行安全

土耳其并不是一个危险到不适宜前往的国家，但在旅行过程中保持警惕也不失为明智之举，尤其是独自旅行时。你应该特别注意下列几点：

- 在伊斯坦布尔，独身男性游客常常会被自称为"朋友"的人搭讪并引诱至酒吧，随后不管你喝了什么，都会被强迫支付巨额账单。有时候还会碰上下药，尤其是针对独身男性游客。千万不要随便交朋友，如果你是第一次来土耳其，尤其要当心。
- 土耳其的主要城市时有抗议活动的出现，游客请远离游行队伍，因为政府往往会动用催泪瓦斯和水炮镇压游行。
- 尽管很少见，但在安纳托利亚中部和东部的旅馆中都曾发生过针对男性和女性旅行者的性侵事件。如果一个地方看似有问题，相信你的直觉，改去其他地方。
- 土耳其政府与库尔德工人党（PKK）长达30年的冲突在2013年才宣告结束，但和平谈判并无进展，和周边叙利亚、伊拉克等国家的冲突让局势变得更加复杂，但双方都表明了寻找解决方案的决心。如果未来还会发生冲突，PKK的袭击地点一般都位于远离主要旅游路线的安纳托利亚东南部山区，如果你准备去这一带旅游，请留心近期当地的局势。
- 由于上述原因，土耳其和叙利亚的边境地带在大多数官方旅游资讯网站上都被标注为"非旅游区"。你可以查询政府最近的旅游建议，了解最新情况。

女性旅行者

对女性游客来说，在土耳其旅游只需遵守以下简单规则即可：

- 根据周围环境注意你的言谈举止与着装打扮。在伊斯坦布尔和热门旅游景点之外穿着打扮一定要低调。
- 拜访清真寺和宗教场所时，记得包住你的头发。
- 在相对保守的地区（特别是东部地区）和男性交谈必须礼貌、正式，不要随便开玩笑或表现得过于亲密，不然他们会对你产生误会。
- 不推荐单身女性游客入住太便宜的酒店。如果酒店的气氛不对，就另外找一家。

到达和离开

飞机

主要的国际机场在土耳其西部。国营的**土耳其航空**（Turkish Airlines；☎0850-333 0849；www.thy.com）有庞大的国际航线网络。

安塔利亚国际机场（Antalya International Airport；Antalya Havalımanı；☎444 7423；www.aytport.com）

达拉曼国际机场（Dalaman International Airport；☎0252-792 5555；www.atmairport.aero/Dalaman_en/index.php）

伊斯坦布尔阿塔图克国际机场（İstanbul Atatürk International Airport；见1260页）

伊斯坦布尔萨比哈格克琴国际机场（İstanbul Sabiha Gökçen International Airport；见1261页）

土耳其航空（Türk Hava yolları，THY；www.thy.com）每天都有从北京、上海、广州至伊斯坦布尔的直航往返航班。

中国国际航空（Air China，CA；www.airchina.com.cn）与土航联合代码，由土航执飞，国航与土航各自售票（航班表同土耳其航空）。

中国南方航空（China Southern，CZ；www.

国家速览

面积 783,562平方公里

首都 安卡拉

国家代码 ☎90

时区 GMT+3，比北京慢5小时，无夏令时

货币 土耳其里拉（₺），1土耳其里拉等于100库鲁（kuruş）

紧急情况 救护车☎112，火警☎110，报警☎155

语言 土耳其语、库尔德语

现金 自动柜员机随处可见，城市和旅游地区接受信用卡

签证 旅行前，必须在土耳其电子签证网站www.evisa.gov.tr购买旅游签证

住宿价格区间

以下价格区间都是基于旅游旺季（6月至8月，伊斯坦布尔除外，伊斯坦布尔的旅游旺季是4月、5月、9月、10月、圣诞节和复活节）酒店双人间的价格，除非另作说明，一般包含早餐、带浴室且含税。

€ 低于₺90（伊斯坦布尔€90）

€€ ₺90~180（伊斯坦布尔€90~200）

€€€ 高于₺180（伊斯坦布尔€200）

flychinasouthern.com）每周3天有乌鲁木齐—伊斯坦布尔的直航往返，可以搭乘从自己所在城市至乌鲁木齐的南航航班，全程联票价格比直航要便宜；允许在乌鲁木齐或北京停留超过24小时，如转机需隔夜，来回程均可在中转地各提供一晚免费住宿、早餐及班车接送服务。

陆路

奥地利、阿尔巴尼亚、保加利亚、德国、希腊、匈牙利、马其顿、罗马尼亚和斯洛文尼亚都有直达伊斯坦布尔的长途汽车。经营这些线路的主要客运公司是**Metro Turizm**（☎444 3455；www.metroturizm.com.tr）、**Ulusoy**（见1285页）和**Varan**（☎444 8999；www.varan.com.tr）。

如今，欧洲和伊斯坦布尔之间运营的唯一火车线路是每天发车开往布加勒斯特（罗马尼亚）和索非亚（保加利亚）的博斯普鲁斯/巴尔干特快列车（Bosfor/Balkan Ekspresi）。详细信息见Turkish State Railways（见1285页）。

海路

渡轮的出发时间和路线会随着季节发生变化，冬天的船运班次会减少。登录**Ferrylines**（www.ferrylines.com）可获取相关信息。以下列出了从土耳其出发的渡轮路线：

艾瓦勒克（Ayvalık）—希腊莱斯沃斯岛（Lesvos） Jale Tour（www.jaletour.com）

博德鲁姆—希腊科斯岛（Kos） Bodrum Ferryboat Association（www.bodrumferryboat.com）、Bodrum Express Lines（www.bodrumexpresslines.com）

博德鲁姆—希腊罗得岛 Bodrum Ferryboat Association（www.bodrumferryboat.com）

切什梅（Çeşme）—希腊希俄斯岛（Chios） Ertürk（www.erturk.com.tr）

达特恰（Datça）—希腊罗得岛 Knidos Yachting

特色饮食

土耳其饮食体现了土耳其人的社区活动和生活，使用季节性的原料制作，确保新鲜和味道，令人难忘。

各种土耳其烤肉和肉丸是餐馆的主菜，值得留意的有：

- **Adana kebap** 香辣的肉丸串搭配洋葱、漆树粉、欧芹、烤番茄和土耳其面包。
- **İskender kebap** 叉烤羊肉片以新鲜土耳其面包为底，上面是可口的番茄酱和褐色黄油。
- **Tokat kebap** 搭配土豆、番茄、茄子和大蒜的烤羊肉块。

真正能体现土耳其菜式价值的是开胃菜（Meze）。香辣番茄和洋葱酱（Acılı ezme）、番茄酱和蒜煮白豆（fasulye pilaki）、葡萄叶包米饭、香草和松仁（yaprak sarma）只是五花八门的开胃菜中的几种而已。

想吃点便宜的快餐，尝尝烤饼（pide，土耳其比萨）、阿拉伯比萨（lahmacun）、咸味馅饼（gözleme）和带馅的点心（börek）。

热门的非烤肉主菜包括土耳其饺子（mantı）、炒肉（saç kavurma）和砂锅炖菜肉（güveç）。

国民热饮是茶（çay），盛在郁金香形状的玻璃杯里，呈黑色。土耳其特色酒是拉克酒（rakı），一种与希腊茴香烈酒相似的浓烈的茴香酒，学习土耳其人的喝法，兑一半水。Ayran是用水和盐搅拌制成的一种提神酸奶，搭配土耳其烤肉非常合适。

（www.knidosyachting.com）
达特恰—希腊锡米岛（Simi） Knidos Yachting
伊斯坦布尔—乌克兰伊利乔夫斯克（Illyichevsk；敖德萨） Sea Lines（www.sea-lines.net）
卡什—希腊梅斯 Meis Express（www.meisexpress.com）
库沙达瑟（Kuşadası）—希腊萨摩斯岛（Samos） Meander Travel（www.meandertravel.com）
马尔马里斯（Marmaris）—希腊罗得岛 Yeşil Marmaris Travel & Yachting（www.yesilmarmaris.com）
塔舒朱（Taşucu）—塞浦路斯杰尔内[Girne（Kyrenia）] Akgünler Denizcilik（www.akgunler.com.tr）
特拉布宗—俄罗斯索契（Sochi） Olympia Line（www.olympia-line.ru）、Öz Star Denizcilik（Princess Victoria）、Sarı Denizcilik（www.saridenizcilik.com/en），可登录www.seaport-sochi.ru和www.al-port.com获取相关信息。
Turgutreis—希腊科斯岛 Bodrum Ferryboat Association（www.bodrumferryboat.com）

ℹ 当地交通

长途汽车

➡ 土耳其的长途汽车体系非常完善，汽车都非常现代舒适，各时段都有车次发往全国各地，价格非常实惠。

➡ 主要公司有广泛的线路网，包括**Kamil Koç**（☎444 0562；www.kamilkoc.com.tr）、**Metro Turizm**（见1284页）和**Ulusoy**（☎444 1888；www.ulusoy.com.tr）。

➡ 长途汽车站通常位于城市的郊区，大型汽车公司一般都有免费的班车往返于市中心和长途汽车站之间。

➡ 本地路线通常有小巴运营，它们有的按照时刻表发车，有的则等客满了才会发车。

小汽车和摩托车

➡ 土耳其的油价世界第二高，汽油/柴油每升约₺5。

➡ 最好有国际驾照（IDP），因为土耳其警察可能不承认你的本国驾照。

➡ 只有年满21岁才能租车。租车的费用与欧洲其他国家差不多。

> **就餐价格区间**
>
> 下列就餐价格是基于一道主菜的价格。
>
> **€** 低于₺9（伊斯坦布尔₺20）
>
> **€€** ₺9~17.50（伊斯坦布尔₺20~30）
>
> **€€€** 高于₺17.50（伊斯坦布尔₺30）

➡ 如果你自己开车来土耳其，必须要有第三方保险。你可以在边境直接办理保险（每个月€80）。

土耳其每年会有约1万人因交通事故被夺走生命。要想在土耳其的马路上活下来，你应该遵守下列准则：

➡ 小心驾驶，不要冲动。

➡ 不要指望其他司机会遵守道路标志或使用指示灯。

➡ 避免夜间开车，因为夜间行车看不到路面坑洞和穿行的动物，有些司机开车不开灯，或是没有灯，还会把车子停在路中央。

火车

Turkish State Railways（☎444 8233；www.tcdd.gov.tr）铁路网覆盖土耳其全国，但海岸线一带除外。由于线路迂回，大多数火车的车程较长，不过目前土耳其国内的铁路系统正在进行彻底检修。关于在土耳其乘火车旅行的信息，可查看网站**The Man In Seat Sixty-One**（www.seat61.com/turkey2）。

高速铁路：

➡ 安卡拉—科尼亚

➡ Eskişehir—科尼亚

➡ 伊斯坦布尔彭迪克—Eskişehir—安卡拉

有用的长途线路（都从安卡拉发车）：

➡ 途经开塞利、锡瓦斯（Sivas）和Malatya至迪亚巴克尔

➡ 途经开塞利、锡瓦斯和埃尔祖鲁姆至卡尔斯

➡ 途经开塞利、锡瓦斯和Malatya至Tatvan（凡湖）

国际铁路、Balkan Flexipass和Eurodomino通票在土耳其火车系统都可以使用，欧洲铁路通票（Eurail）不能使用。

乌克兰

包 括 ➡

最佳餐饮

- Spotykach（见1292页）
- Masonic Restaurant（见1295页）
- Arbequina（见1292页）
- Dim Lehend（见1295页）
- Kupol（见1295页）

最佳住宿

- Sunflower B&B Hotel（见1292页）
- Astoria（见1295页）
- Hotel 7 Days（见1294页）
- Dream Hou se Hostel（见1287页）

为何去

疆域辽阔、多元且绝大部分尚未被开发的乌克兰（Ukraine，Україна）堪称欧洲近年来真正的旅游前线之一。这个国家并不富裕，但它拥有五彩斑斓的传统文化，以及令人难以置信的旅行体验和热情的国民。

"Ukraine"一词的含义是"位于边缘的陆地"，对于这片欧亚大陆上的土地来说，这名字真是再恰当不过了。乌克兰位于欧洲边缘的斯拉夫腹地，历经20多年艰难的独立过程，与邻国俄罗斯之间亦是冲突不断。不过，乌克兰也是一个非常团结的国家，当国家需要时，国民会挺身而出、团结一致。

多数游客会前往兼容并蓄的首都基辅（Kyiv），不过拥有丰富多彩建筑的利沃夫（Lviv）才是乌克兰真正的必游之地，两个地方均远离冲突地区。由于俄罗斯进一步占领了克里米亚（Crimea），在可预见的未来，人们可能无法在海滩上纵情玩乐了。

何时去

基辅

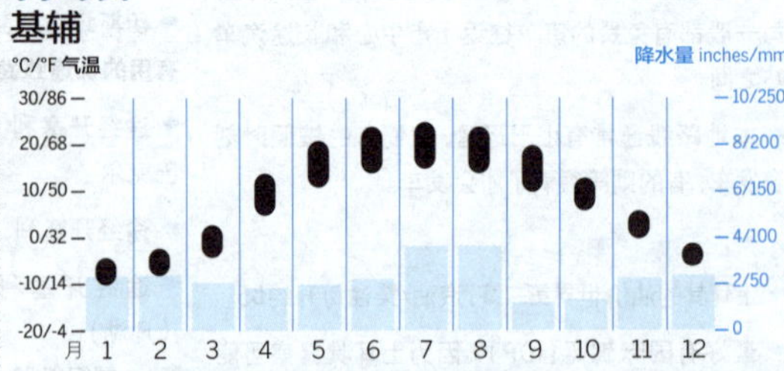

1月 在新年前夜参加派对，再于一周后的东正教圣诞节忏悔。

5月 无以计数的七叶树会在此时一齐绽放花朵，是游览基辅的好时候。

8月 在利沃夫众多户外咖啡馆里找一家，啜饮乌克兰最美味的咖啡。

基辅(Kyiv) Київ

☎044 / 人口 280万

时而混乱如中亚，时而古雅如中欧，基辅是一座宜人的城市。这座不拘一格的首都位于第聂伯河(River Dnipro)畔林木蓊郁的丘陵之间，保存着前任占领者——从维京酋长到后苏联时期的独裁者——留下的各种遗产。基辅在推翻上任统治者的2014年独立广场革命中受到全世界的关注，但只有非常靠近市中心的独立广场(Maidan Nezalezhnosti)周边留有革命事件的痕迹，城市的其他地区并未受到那些将乌克兰推上地缘政治焦点的纷乱事件的影响。

景点

★凯斯沃-佩切拉修道院 修道院

(Kyevo-Pecherska Lavra, Києво-Печерська Лавра, Caves Monastery; ☎044 280 3071; www.kplavra.ua; vul Lavrska 9; 庭院 15格里夫纳，洞穴和展览 成人/儿童 50/25格里夫纳; ⏲4月至10月 8:00~19:00, 11月至次年3月 9:00~18:00; Ⓜ Arsenalna)这里是游客和东正教朝圣者齐聚朝拜的地方。修道院占据了第聂伯河上方的28公顷草坡，那密集成片的金顶教堂建筑群无疑是一场视觉盛宴，这里储藏的塞西亚黄金(Scythian gold)更是堪比圣彼得堡冬宫博物馆(Hermitage)中的珍藏。旁边是展示僧侣木乃伊的地下迷宫，充满异国情调，相当吸引人。

★圣索菲亚大教堂 教堂

(St Sophia' s Cathedral; pl Sofiyska; 门票 庭院/大教堂/钟楼 10/55/20格里夫纳; ⏲庭院 9:00~19:00, 大教堂 周四至周二10:00~18:00, 周三 至17:00; Ⓜ Maydan Nezalezhnosti)圣索菲亚大教堂是基辅最古老的教堂，内部面貌最令人赞叹。这里的很多镶嵌画和壁画都是原件真品，其历史可追溯至1017~1031年，当时修建这座大教堂是为了纪念雅罗斯拉夫王子(Prince Yaroslav)在保护基辅免受佩切涅格人(Pechenegs，部落掠夺者)侵袭时获得的胜利。这座建筑的金色穹顶和76米高的婚礼蛋糕状钟楼是在18世纪扩建的，属于巴洛克风格，同样引人入胜。

安德烈斜坡 街道

(Andriyivsky Uzviz; Ⓜ Kontraktova Pl)根据传说，一个男人走上山坡，竖立了一尊十字架并预言："一座伟大的城市将在这里拔地而起。"那个男人就是使徒安德烈(Apostle Andrew)，而基辅最古雅的大道也便由此而来。这是一条陡峭的鹅卵石街道，从合约广场(Kontraktova pl)蜿蜒向上延伸至vul Volodymyrska。淡淡的蒙帕纳斯气息吸引来乌克兰的富人，尽管已有逐步高档化的趋势，但这里依然为基辅保留了一份独特氛围，还有许多出售破烂纪念品和可疑艺术品的小摊。

住宿

★Dream House Hostel 青年旅舍 €

(☎044 580 2169; www.dream-family.com;

旅行线路

两天

两天时间只够走马观花地游览一下**基辅**，你可以先从基辅最重要的景点——凯斯沃-佩切拉修道院(Kyevo- Pecherska Lavra，亦称"洞穴修道院")开始。接着步行游览充满艺术气息的安德烈斜坡(Andriyivsky Uzviz)，品味战争之前的乌克兰，然后再前往被联合国教科文组织列为世界遗产的圣索菲亚大教堂(St Sophia' s Cathedral)，这座拜占庭时期的建筑内散发着蜂蜡的幽香。

五天

游览完基辅的景点之后，登上一列慢速的夜班火车前往**利沃夫**(Lviv)。在这座乌克兰最具中欧特色的城市里，随处可见香气四溢的咖啡屋、哥特式和巴洛克式的教堂，以及咔嗒咔嗒响的有趣电车。

乌克兰亮点

❶ 在**凯斯沃-佩切拉修道院**（见1287页）的烛光辉映下见识**基辅**的僧侣木乃伊藏品。

❷ 沿着**基辅**最具独特氛围的街道——**安德烈斜坡**——向上攀登（见1287页）。

❸ 深一脚浅一脚地踩在**利沃夫**（见1294页）市中心的鹅卵石上，这里历史悠久，挤满教堂、博物馆和奇特的餐馆。

❹ 漫步穿过岛屿城镇**卡缅涅茨-波多利斯基**（见1294页），前往那座适合拍照的要塞。

LITHUANIA 立陶宛
MINSK 明斯克
BELARUS 白俄罗斯
Chornobyl Exclusion Zone 切尔诺贝利禁区
Mazyr 莫济里
Pripyat 普利皮亚特河
Chornobyl 切尔诺贝利
Kyivske Reservoir
E373
Zhytomyr 日托米尔
E40
Rivne
Lutsk 卢茨克
POLAND 波兰
E40
Khmelnytsky 赫梅利尼茨基
Vinnytsya 文尼察
Lviv 利沃夫 3
Ternopil 捷尔诺波尔
Dniester 德涅斯特河
Kamyanets-Podilsky 卡缅涅茨-波多利斯基 4
SLOVAKIA 斯洛伐克
Ivano-Frankivsk
Yaremcha 亚列姆恰
E50
E85
Uzhhorod 乌日霍罗德
Carpathian National Nature Park 喀尔巴阡山国家自然公园
Chernivtsi 切尔诺夫策
MOLDOVA 摩尔多瓦
CHIŞINĂ 基希讷乌
HUNGARY 匈牙利
ROMANIA 罗马尼亚
BUCUREŞT 布加勒斯特
BULGARIA 保加利亚
SERBIA 塞尔维亚

Bryansk
布良斯克
Desna
杰斯纳河
Voronezh
沃罗涅日
Kursk库尔斯克
RUSSIA
俄罗斯
ernihiv
尔尼戈夫
Seym
谢伊姆河
Sumy
苏梅
Kharkiv
哈尔科夫
Luhansk
卢汉斯克
Kyiv基辅
Poltava
波尔塔瓦
Slovyansk
Kramatorsk
克拉马托尔斯克
Kostyantynivka
Bryanka
布良卡
Krasny
Luch
Horlivka
Dnipro River
第聂伯河
Cherkasy
切尔卡瑟
Kremenchutske
Reservoir
Kremenchuk
Dniprodzerzhynsk
Dnipropetrovsk
第聂伯罗彼得罗夫斯克
Donetsk
顿涅茨克
Makiyivka
马克耶夫卡
Kirovohrad
基洛沃赫拉德
Uman
Zaporizhzhya
扎波罗热
Kryvy Rih
Nikopol
Mariupol
马里乌波尔
Berdyansk
Pivdenny Buh
Kakhovske
Reservoir
Melitopol
Mykolaiv
尼古拉耶夫
Kherson
赫尔松
Askaniya-Nova
National Park
新阿斯卡尼亚
国家公园
Sea of Azov
亚速海
Skadovsk
Odesa
敖德萨
CRIMEA
克里米亚
Simferopol
辛菲罗波尔
Bakhchysaray
Krymsky
National Park
Sevastopol
塞瓦斯托波尔
Yalta
雅尔塔
Dunaysky
National Park
anube
瑙河
BLACK SEA
黑海
E101
E40
E105
E50
E95
E577
E58
E97
0 200 km
0 100 miles

Central Kyiv 基辅市中心

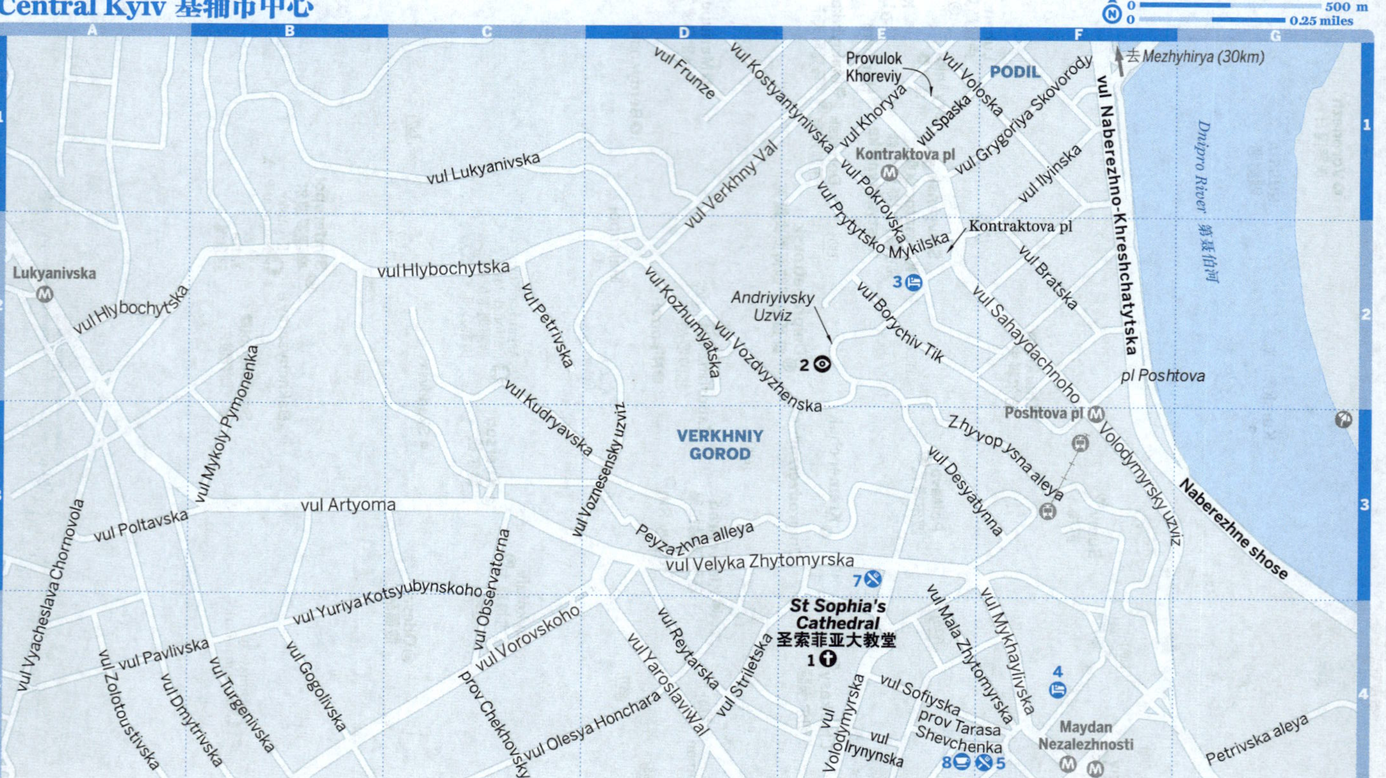

500 m
0.25 miles
去 Mezhyhirya (30km)
PODIL
Dnipro River 第聂伯河
vul Naberezhno-Khreshchatytska
Naberezhne shose
pl Poshtova
Poshtova pl
Volodymyrsky uzviz
Provulok Khoreviy
vul Voloska
vul Spaska
vul Khoryva
vul Grygoriya Skovorody
vul Kostyantynivska
vul Frunze
Kontraktova pl
vul Ilyinska
vul Pokrovska
vul Prytytsko Mykilska
vul Verkhny Val
vul Bratska
vul Sahaydachnoho
vul Borychiv Tik
Andriyivsky Uzviz
vul Kozhumyatska
vul Vozdvyzhenska
Zhyvopysna aleya
vul Desyatynna
VERKHNIY GOROD
vul Lukyanivska
vul Hlybochytska
Lukyanivska
vul Petrivska
vul Kudryavska
vul Voznesensky uzviz
vul Mykoly Pymonenka
vul Artyoma
vul Poltavska
Peyzazhna alleya
vul Velyka Zhytomyrska
St Sophia's Cathedral 圣索菲亚大教堂
vul Mykhaylivska
vul Mala Zhytomyrska
vul Sofiyska
prov Tarasa Shevchenka
vul Irynynska
vul Volodymyrska
vul Striletska
vul Reytarska
vul YaroslaviWal
vul Olesya Honchara
prov Chekhovsky
vul Vorovskoho
vul Observatorna
vul Yuriya Kotsyubynskoho
vul Gogolivska
vul Turgenivska
vul Dmytrivska
vul Zolotoustivska
vul Pavlivska
vul Vyacheslava Chornovola
Maydan Nezalezhnosti
Petrivska aleya

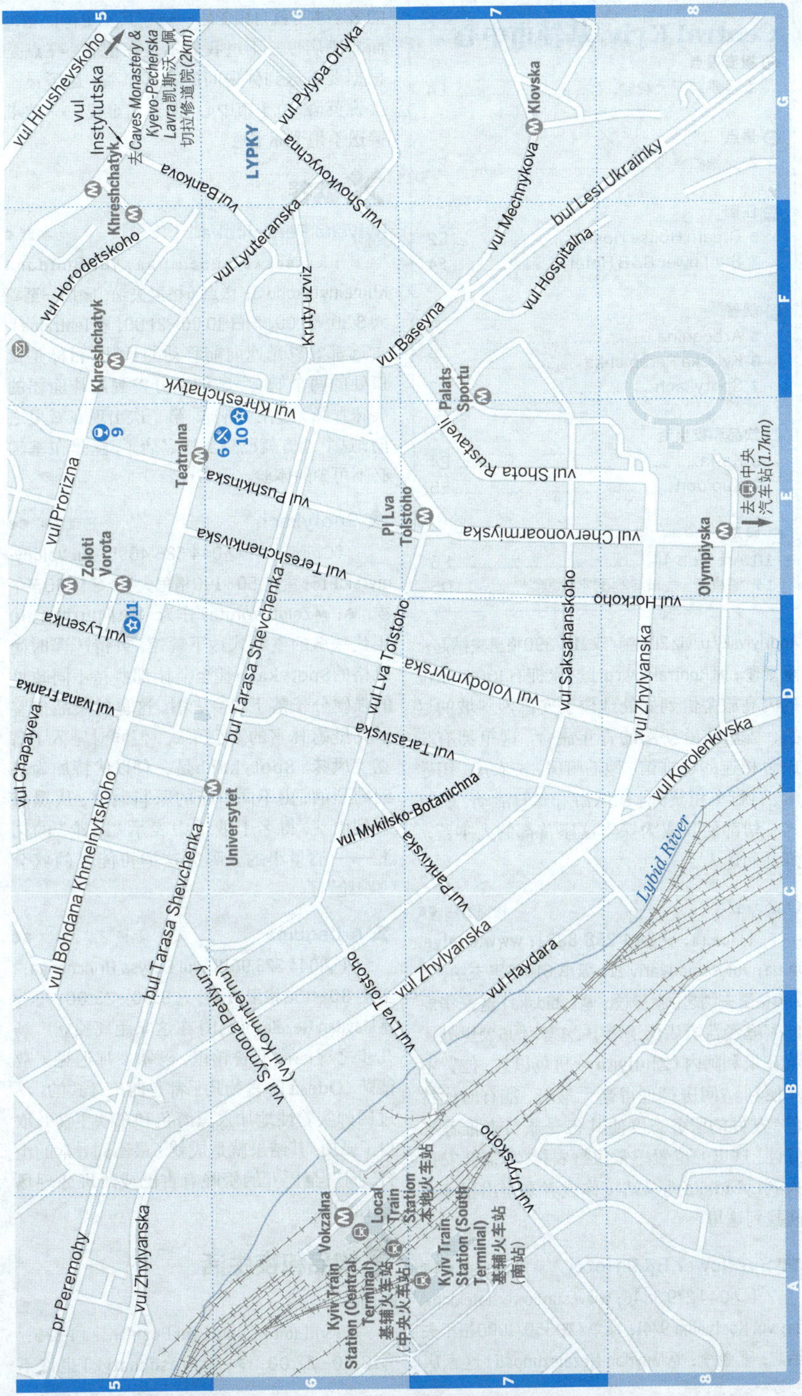

vul Hrushevskoho
vul Instytutska
去Caves Monastery & Kyevo-Pecherska Lavra凯斯沃一佩切拉修道院(2km)
Khreshchatyk
vul Bankova
LYPKY
vul Pylypa Orlyka
vul Shovkovychna
Klovska
vul Mechnykova
bul Lesi Ukrainky
vul Horodetskoho
vul Lyuteranska
Kruty uzviz
vul Baseyna
vul Hospitalna
Khreshchatyk
vul Khreshchatyk
Palats Sportu
9
6
10
Teatralna
vul Pushkinska
vul Shota Rustaveli
vul Prorizna
Pl Lva Tolstoho
去中央汽车站(1.7km)
Zoloti Vorota
vul Tereshchenkivska
vul Chervonoarmiyska
Olympiyska
11
vul Lysenka
bul Tarasa Shevchenka
vul Lva Tolstoho
vul Horkoho
vul Saksahanskoho
vul Volodymyrska
vul Ivana Franka
vul Zhylyanska
vul Tarasivska
vul Korolenkivska
vul Chapayeva
Universytet
vul Mykilsko-Botanichna
vul Bohdana Khmelnytskoho
bul Tarasa Shevchenka
vul Pankivska
Lybid River
vul Symona Petlyury (vul Komintern)
vul Lva Tolstoho
vul Zhylyanska
vul Haydara
Vokzalna
Local Train Station本地火车站
vul Urytskoho
pr Peremohy
vul Zhylyanska
Kyiv Train Station (Central Terminal)基辅火车站(中央火车站)
Kyiv Train Station (South Terminal)基辅火车站(南站)

Central Kyiv 基辅市中心

Andriyivsky uzviz 2D；铺/双 110/390格里夫纳起；❄@📶；ⓂKontraktova pl）这家拥有100张床位的闪亮旅舍恰到好处地位于安德烈斜坡的尽头，是基辅最新潮的青年旅舍。这里拥有与旅舍相连的咖啡馆、地下厨房、洗衣房、钥匙卡、自行车租赁处、团队游和每日活动，所有这一切都使其成为探索这座首都的大本营，舒适而迷人。

Oselya
精品酒店 €€

（Оселя；☎044 258 8281；www.oselya.in.ua；vul Kamenyariv 11；标单 614格里夫纳，双 790格里夫纳起；❄@📶；ⓂLybidska）这家华丽的家庭经营酒店位于市中心以南约5公里处，就在朱利阿内（Zhulyany）机场以东，位置不算便利。7间房打理得毫无瑕疵，富有时代特色，友好的服务态度使其备受旅行者推荐和好评。这里的位置感觉像是农村，你需要安排人到Lybidska地铁站接你或者乘坐出租车才能找到这里。

★ Sunflower B&B Hotel
民宿 €€€

（☎044 279 3846；www.sunflowerhotel.kiev.ua；vul Kostyolna 9/41；标单/双 850/1000格里夫纳起；❄@📶；ⓂMaydan Nezalezhnosti）这家店的名字本身就自相矛盾——它其实更像民宿，而非酒店——不过我们不是在抱怨。亮点是根据要求送到你房间的欧式早餐，送餐员工会说英语。位于市中心，但着实难找——要求接送不是个坏主意。

就餐

Kyivska Perepichka
快餐 €

（Київська перепічка；vul Bohdana Khmelnytskoho 3；糕点 6格里夫纳；⏲周一至周六 8:30~21:00，周日 10:00~21:00；ⓂTeatralna）永远都有以光速向前移动的长队，目标是窗口处的两个妇女，她们在分发裹着炸面团的美味香肠。远在"热狗"第一次出现在城里之前，这个地方就已是当地名店了。这是在基辅必不可少的体验。

★ Spotykach
乌克兰菜 €€

（Спотикач；☎044 586 4095；vul Volodymyrska 16；主菜 50~190格里夫纳；⏲11:00至午夜；📶；ⓂZoloti Vorota）作为一家向20世纪60年代致敬的主题式地下餐馆，秉持严谨时尚风格的Spotykach甚至会让那些持不同政见的强硬分子落下思乡之泪。这里的菜品借鉴了克里姆林宫的宴会菜式，但同时融入了乌克兰风味。Spotykach是一种以伏特加为基础的烈酒，由不同口味的原料制成，从黑醋栗到山葵，得名于俄语中表示"踉跄"的词汇——酒量小的人喝完这酒可能真的就会"踉跄"了。

★ Arbequina
西班牙菜、海鲜 €€

（☎044 223 9618；vul Borysa Hrinchenka；主菜 80~150格里夫纳；⏲9:00~23:00；📶；ⓂMaydan Nezalezhnosti）在这家距离独立广场几步之遥的微型餐馆里，巴塞罗那遇见了敖德萨（Odesa）。食物几乎都是西班牙式的，不过厨师实验性地加入黑海鱼和东欧主食并取得了成功，其结果就是成就了最不同寻常的组合。周三至周五的傍晚有古巴或西班牙现场音乐演出。

饮品和夜生活

Kupidon
小酒馆

（Купідон | Cupid；vul Pushkinska 1-3/5；⏲10:00~22:00；📶；ⓂKreshchatyk）也许不

再是那个曾经的民族主义温床，但这家意为“丘比特”的酒馆依然是一家洋溢着甜美利沃夫风的地下酒吧（knaypa），紧挨着一家二手书店。你可以在横摆竖放的桌椅旁享用美味的咖啡和乌克兰食物，还有各种书籍和绘画资料可以让你充实惬意地消磨时光。

Kaffa

咖啡

（Каффа; prov Tarasa Shevchenka 3; ⌚周一 11:00~22:30，周二至周五 9:00起，周六和周日 10:00~22:00; Ⓜ Maydan Nezalezhnosti）多年来，Kaffa咖啡屋所供应的啤酒一直是全基辅最令人心潮澎湃，而且口味最浓郁的饮品之一。来自世界各地的咖啡和茶被盛在壶中送到你的面前，分量足够两三个人饮用。室内装潢以白色为主色，更有洋溢着浓郁非洲风的各种装饰品——少数民族的面具、珠子和羽毛。

☆ 娱乐

Art Club 44

现场音乐

（www.club44.com.ua; vul Khreshchatyk 44B; Ⓜ Teatralna）这里有市中心最好的一些现场演出和DJ之夜活动，从乌克兰西部民族摇滚到德国迪斯科，你可以在这里找到所有类型的音乐。

塔拉斯·舍甫琴科国家歌剧院

歌剧院

（Taras Shevchenko National Opera Theatre; ☎044 235 2606; www.opera.com.ua; vul Volodymyrska 50; Ⓜ Zoloti Vorota）这座1901年开业的奢华剧院里上演的都是宏大的顶级剧目，不过票价一点都不高。乌克兰文化的真正信徒不应错过Zaporozhets za Dunaem（Zaporizhzhyans Beyond the Danube），这是一部类似纯乌克兰版的《屋顶上的小提琴手》（*Fiddler on the Roof*）的歌剧。

ℹ 实用信息

几乎所有咖啡馆和餐馆都提供免费Wi-Fi，整个市中心遍布热点。基辅没有旅游局办事处。

邮政总局（www.ukrposhta.com; vul Khreshchatyk 22; ⌚周一至周六 8:00~21:00，周日 9:00~19:00; Ⓜ Maydan Nezalezhnosti）

Lonely Planet（www.lonelyplanet.com/ukraine/kyiv）

ℹ 到达和离开

飞机

大多数国际航班都选择在基辅以东35公里处的**鲍里斯波尔国际机场**（Boryspil International Airport，见1298页）起降。一些国内航班和威兹航空公司的航班会选择位于市中心西南7公里处的**祖哈尼机场**（Zhulyany airport; ☎044 585 7254; www.airport.kiev.ua）。每天至少有一班飞机飞往乌克兰所有地区的首府，此外还有飞往众多欧洲城市的航班。

Kiy Avia（www.kiyavia.com; pr Peremohy 2; ⌚周一至周五 8:00~21:00，周六 8:00~20:00，周日 9:00~18:00; Ⓜ Vokzalna）出售机票。

公共汽车

搭乘1路或12路无轨电车过了Lybidska地铁站后的下一站就是**中央汽车站**（Central Bus Station; Tsentralny Avtovokzal; pl Moskovska 3）。只有几班夜车大巴（8小时，250格里夫纳）开往利沃夫。

火车

基辅的**火车站**（☎044 503 7005; pl Vokzalna 2; Ⓢ Vokzalna）运营国内线路及开往莫斯科、华沙、柏林、基希讷乌（摩尔多瓦）和布加勒斯特的国际线路。

到达利沃夫的最快方式是乘坐清晨发车的城际快车（260格里夫纳，5小时，每天1班）。比较便宜的夜间客车和几趟日间列车（200~250格里夫纳，8~10小时）更受欢迎。

在车站或**火车票预售处**（bul Tarasa Shevchenka 38/40; ⌚7:00~21:00; Ⓢ Universytet）购买车票。

ℹ 当地交通

抵离机场

搭乘出租车前往市中心的费用约为250格里夫纳。

SkyBus（50格里夫纳，45分钟）每隔20~40分钟就会从火车站南候车点后面出发，昼夜不停。

22号无轨电车从Shulyavska地铁站开往祖哈尼机场。

公共交通

基辅地铁的运营时间为6:00前后至午夜。在地铁站的窗口和自动售票机处可以买到塑料代币（zhetony; 2格里夫纳）。在司机或售票员那里可购买公交车、无轨电车、有轨电车和小巴（marshrutky）的车票（1.5~2.50格里夫纳）。

利沃夫（Lviv） Львів

☎032 / 人口 725,350

即便你已经游览过乌克兰的绝大多数城市，利沃夫依然会给你震撼的感觉。神秘氛围再加上美妙的建筑，让这座被列为世界遗产的城市没有一丝一毫的苏联气息，它与未开发旅游业之前的布拉格和克拉科夫一样，充满中欧魅力。与遭受战争破坏的乌克兰东部荒地相比，利沃夫拥有古雅的鹅卵石街道、香气满溢的咖啡馆和咔嗒作响的有轨电车，简直就像是另一个世界。这个地方也是乌克兰国家认同感最强的地方。

景点

★理查基夫墓地 墓地

（Lychakivske Cemetery, Личаківське кладовище; ☎032-275 5415; www.lviv-lychakiv.ukrain.travel; vul Pekarska; 门票 20格里夫纳; ⊙9:00~18:00）看完这座惊人的墓地再离开城镇吧，从市中心乘坐7路有轨电车仅需很短的时间即可到达。这里是东欧的拉雪兹神父（Père-Lachaise）墓地，地面同样杂草丛生、散发出同样的哥特式氛围，与那座著名的巴黎墓地相似（不过这里安葬的人没那么有名）。奠基于18世纪末，这里安葬着许多乌克兰西部的大人物。受人尊敬的民族诗人伊万·弗兰科（Ivan Franko）的坟墓也在这里，并成为该墓地的一大骄傲。

集市广场（Ploshcha Rynok） 广场

利沃夫在1998年被联合国教科文组织列为世界遗产，而这座古老的集市广场就位于城市中心。16世纪早期的一场大火烧毁了原来的广场，自此之后，广场经历了逐步的重建。19世纪的市政厅（Ratusha）矗立在广场中央，建筑的各个角落都有装饰着希腊诸神

值得一游

卡缅涅茨-波多利斯基（KAMYANETS-PODILSKY） КАМ'ЯНЕЦЬ-ПОДІЛЬСЬКИЙ

独特的城镇卡缅涅茨-波多利斯基（K-P）以其背靠优美自然景观的华丽城堡而与众不同。"卡缅涅茨"指的是由斯莫特里奇河（Smotrych）的急弯构造出的巨大石岛，由此形成一座青翠峡谷，环绕着乌克兰保存最完好的迷人老城镇。

头号景点是要塞（成人/儿童 20/10格里夫纳；⊙周二至周日 9:00~20:00，周一 9:00~19:00），是该国最精美的要塞之一。这座宏大的建筑风格混杂，不过总体效果令人惊叹。你可以攀登至城墙、尖塔，到地下城附近逛逛，然后参观精彩的博物馆，馆内以充满怀旧气息的展览讲述了卡缅涅茨-波多利斯基和乌克兰最近一个多世纪的历史。

城镇里必须要去的另一处是波兰市场广场（Polish Market Sq）上的圣彼得和圣保罗大教堂（Cathedral of Sts Peter & Paul; vul Starobulvarna）。这里的特色是42米高的尖塔，顶端是圣母玛利亚的金色雕像——卡缅涅茨-波多利斯基是波兰和土耳其冲撞融合之处。

由于交通不便，你可能会想在卡缅涅茨-波多利斯基过夜。老城和长途汽车站之间的Hotel 7 Days（☎03849 690 69; http://7dniv.ua; vul Soborna 4; 标单/双 290/480格里夫纳起；❄📶🏊）有游泳池和218个舒适房间。最有特色的就餐场所是充满民俗风情的Kafe Pid Bramoyu（Кафе під брамою; vul Zamkova 1A; 主菜 15~45格里夫纳; ⊙9:00至午夜），位于一座17世纪的炮塔内，菜单上主要是乌克兰人最喜爱的菜式。

每天有2班或3班从利沃夫（130格里夫纳，7小时）过来的长途汽车，还有3班从基辅（200格里夫纳，7~11小时）过来的日间车和几班夜车。搭乘从基辅开过来的快车是到达卡缅涅茨-波多利斯基的最快方式。火车16:48（108格里夫纳，7小时）从基辅发车，午夜前抵达。另外，至少有1班往返基辅（166格里夫纳，8.5小时）的卧铺夜车。

雕塑的喷泉。喜欢观赏街景的游客可以登上65米高的新文艺复兴风格的**塔楼**(门票10格里夫纳; ⏲4月至10月 9:00~21:00, 11月至次年3月至18:00)。售票处在四楼。

拉丁大教堂 主教座堂

(Latin Cathedral; pl Katedralna 1; ⏲7:30~19:00, 周一至周五的14:00~15:00关闭)教堂各个部分的历史可追溯至1370~1480年, 这座尚在使用的大教堂是利沃夫最令人印象深刻的教堂之一。外观几乎可以肯定是哥特式, 而大量镀金的内部装饰是这座城市的亮点之一, 更具巴洛克风格; 五彩花环缠绕的柱子擎起有壁画的拱顶, 神秘的小礼拜堂在黯淡的烛光中闪烁。有4种语言的服务, 包括英语。

住宿

★Old City Hostel 青年旅舍 €

(☎032 294 9644; www.oldcityhostel.lviv.ua; vul Beryndy 3; 铺/双 120/450格里夫纳起; @☜)旅舍占据了市中心一栋褪色但优雅的两层楼建筑, 距离集市广场(pl Rynok)仅几步之遥。这家经营专业的青年旅舍具有历史特色, 从环绕式阳台上可以看到舍甫琴科(Shevchenko)的雕像, 自开业以来一直都是城里最好的青年旅舍。毫无装饰的宿舍有4到16张床位, 淋浴不需要排队, 结实的储物柜可以保证你的物品安全, 厨房设施非常齐全。

NTON 酒店 €€

(НТОН; ☎032 242 4959; www.hotelnton.lviv.ua; vul Shevchenka 154B; 标单/双 300/420格里夫纳起; ❄☜)位于利沃夫西部郊区的7路有轨电车终点站附近, 这家偏僻的酒店在向外通向波兰边境的路上, 看起来似乎没什么前途, 不过这个经过彻底翻新的地方可能是利沃夫最合算的住宿场所。房间宽敞, 布置得体, 有些小型附加设备, 比如水壶、针线包和吹风机(是的, 在乌克兰这些就是附加设备!)。

★Astoria 精品酒店 €€€

(☎032 242 2701; www.astoriahotel.ua; vul Horodotska 15; 房间 125格里夫纳起)作为一家创建于1914年的酒店, Astoria在2013年进行了翻新, 主打带有些许忧郁气息的时尚风格, 其结果就是使这座酒店回到了20世纪30年代那种黑白世界的面貌。7个楼层都铺砌了大理石, 还有厚重的锻铁上漆门和飞机库式的照明。客房的装潢采用装饰艺术风格, 所有的色调都介于黑白之间。附设的餐厅非常棒, 客人可以在这里享用早餐。

就餐

★Dim Lehend 乌克兰菜 €€

(Дім легенд; vul Staroyevreyska 48; 主菜30~70格里夫纳; ⏲11:00至次日2:00)这是一座向利沃夫致敬的主题餐厅, 在各个方面都毫不含糊。餐厅共有5层, 包括一个塞满利沃夫主题书籍的图书室, 一个播放着利沃夫地下河现场监控录像的房间, 一些以狮子和鹅卵石为主题的包房, 以及一个以城市中的各种声音为主题的房间。菜单上基本只有乌克兰主食, 不过咖啡和甜点非常出色。

★Kupol 中欧菜 €€

(Купол; vul Chaykovskoho 37; 主菜 100~150格里夫纳; ⏲11:00~21:00)这是该城市的"元老级"餐厅之一, 早在旅游业发展之前便已存在了。餐厅的设计使得走进来的人们仿佛直接穿越回过去——尤其是1938年, 也就是被人们称为"文明终结前的那一年"(即苏联进入之前)。室内装潢古色古香, 装饰着成排的带框信件、远洋邮轮的广告、古董刀具、篮子及其他纪念品。供应的波兰、奥地利和乌克兰风味饭菜味美而富有格调。

★Masonic Restaurant 欧洲菜 €€€

(pl Rynok 14; 主菜 原价 300~500格里夫纳; ⏲11:00至次日2:00)爬到2楼, 打开8号公寓的门。一个不修边幅的单身汉会与你搭讪, 然后他打开门, 向你展现这家奇特的木梁餐馆, 里面满是共济会的标志和画像。这里被宣传为加利西亚最昂贵的餐馆, 价格是一般餐馆的10倍……所以一定要先确定自己带了Dim Legend或Livy Bereh的一折卡。

顺便一提, 食物很棒, 啤酒和格瓦斯(kvas, 类似啤酒的姜味软饮)都被装在水晶瓶里。甚至连厕所都被做成了烛光照耀下的共济会宝座。乌克兰最奇特的餐馆体验? 或许吧。

饮品和夜生活

Lvivska Kopalnya Kavy 咖啡馆

（pl Rynok 10；⏰8:00~23:00；📶）利沃夫是乌克兰毫无争议的咖啡之都，而这间意为"利沃夫咖啡矿"的咖啡馆正是本地矿工在市集广场地下深处挖掘打造的一座"阿拉比卡咖啡矿"。你可以游览这座咖啡矿，然后坐在如咖啡般漆黑的桌子旁品尝用自己亲手"挖掘"出的咖啡豆所做出的最终成品；或是坐在外边旧木阳台下方的庭院里啜饮咖啡。

实用信息

旅游信息中心（☎032 254 6079；www.touristinfo.lviv.ua；pl Rynok 1, Ratusha；⏰5月至9月 周一至周五 10:00~20:00，周六 至19:00，周日 至18:00，10月至次年4月办公时间缩短）乌克兰最好的信息中心。在**机场**（☎067 673 9194；⏰5月至9月 周一至周五 10:00~20:00，周六 至19:00，周日 至18:00，10月至次年4月办公时间缩短）和**火车站**（☎032 226 2005；售票大厅；⏰5月至9月 周一至周五 10:00~20:00，周六 至19:00，周日 至18:00，10月至次年4月办公时间缩短）设有分部。

到达和离开

飞机

利沃夫的机场（LWO；www.airport.lviv.ua）位于市中心西南约7公里处，有飞往基辅（每天2班）的航班。通过**Kiy Avia**（☎032 255 3263；www.kiyavia.com；vul Hnyatuka 20；⏰周一至周五 8:00~20:00，周六 9:00~17:00，周日 10:00~15:00）可订票。

这里有往返维也纳、慕尼黑、华沙、伊斯坦布尔、威尼斯、那不勒斯、米兰和莫斯科的国际航班。

长途汽车

乘坐25路无轨电车可以到达位于市中心以南8公里处的**长途汽车总站**（Holovny Avtovokzal；vul Stryska）。

这里有开往基辅（210格里夫纳，9小时，每天4班）的夜车和开往卡缅涅茨-波多利斯基（130格里夫纳，7小时，每天2或3班）的日间车。

火车

搭乘清晨发车的城际快车（260格里夫纳，5小时，每天1班）是前往基辅最快捷的方式。每天还有比较便宜的夜车和日间客车（200~250格里夫纳，8~10小时）。

在火车站或市中心的**火车售票处**（Залізничні квиткові каси；vul Hnatyuka 20；⏰周一至周六 8:00~14:00和15:00~20:00，周日 至18:00）购票。

当地交通

在火车站乘坐1路、6路或9路有轨电车可抵达市中心。9路无轨电车来往于大学和机场之间。48路公共汽车也从pr Shevchenka开往机场。

生存指南

出行指南

住宿

乌克兰有数百家青年旅舍，利沃夫和基辅各有数十家。这里还有一些令人眼花缭乱的酒店和房间，类型从苏联时期的经济型临时住处到"六星级"的天价豪华住所，应有尽有。具体会碰到何种类型的住宿和价格完全靠运气，没有可以遵循的国家标准。

一般没必要提前订房，除非在新年前后。虽然住宿是在乌克兰旅行的单笔最大消费项，不过随着格里夫纳的实际贬值，房费也变得非常实惠。

营业时间

银行 9:00~17:00

国家速览

面积 603,628平方公里

首都 基辅

国家代码 ☎380

货币 格里夫纳（Hryvnya, uah）

紧急情况 ☎112

语言 乌克兰语、俄语

现金 自动柜员机很常见；大部分地区接受信用卡支付

人口 4460万

签证 中国旅行者可提前办理签证，也可办理落地签证

餐馆 正午至23:00
商店 9:00~18:00，在城市至20:00或21:00
景点 9:00~17:00或18:00，每周至少关闭一天

海关条例

允许携带物品的上限为：US$10,000、1升烈酒、2升葡萄酒、5升啤酒、200支香烟或250克烟草，以及价值不超过€200的礼品。

同性恋旅行者

乌克兰对同性恋的态度通常比俄罗斯宽容。在这里，同性恋是合法的，但全国各地对此态度有所不同。实用的同性恋网站有www.gayua.com、www.gay.org.ua和www.gaylvov.at.ua。

上网

多数酒店提供免费Wi-Fi，免费热点的覆盖率比西欧更高。很多餐馆和咖啡馆有Wi-Fi。网吧不像以前那么常见。

网络资源

Brama（www.brama.com）
Infoukes（www.infoukes.com）
Ukraine.com（www.ukraine.com）

现金

美元、欧元和俄罗斯卢布是最方便兑换的外国货币。受损或有标记的纸币可能不会被接受。信用卡在各处的接受程度逐渐提高，但是乌克兰依然以现金经济为主。

- 硬币：1、5、10、25和50戈比及1格里夫纳。
- 纸币：1、2、5、10、20、50、100、200和500格里夫纳。
- 实际上不可能在出发前就换好格里夫纳。
- 2014年货币巨幅贬值。
- 自动柜员机很常见。银联卡暂时无法使用。

邮局

Ukrposhta（www.ukrposhta.com）负责运营乌克兰的邮政系统。寄送重达20克的明信片或信件至国外的费用等值于1美元。寄到欧洲需要大约1周时间，寄到美国或澳大利亚约需两周。

节假日

新年 1月1日
东正教圣诞节 1月7日
国际妇女节 3月8日
东正教复活节 4月
劳动节 5月1~2日
胜利日（1945年）5月9日
东正教圣灵降临节 6月
行宪纪念日 6月28日
独立纪念日（1991年）8月24日

住宿价格区间

以下价位分类是以旺季双人间的价格为标准：

€ 低于400格里夫纳

€€ 400~800格里夫纳

€€€ 高于800格里夫纳

旅行安全

尽管近来发生了冲突，但乌克兰西部和基辅依然安全。应该避开顿涅茨克（Donetsk）、卢甘斯克（Luhansk）和克里米亚，到访哈尔科夫（Kharkiv）和敖德萨（Odesa）时应小心。

电话

乌克兰的所有电话号码都以☎0开头，没有预拨代码。

乌克兰的国家区号为☎0038。从国外打入基辅时，拨☎00 38 044和用户电话。

从乌克兰拨打国际电话时，先拨☎0，等待信号音，然后再拨☎0，然后依次是国家代码、区号和电话号码。

欧洲的GSM手机可以在乌克兰使用。如果要打很多电话，使用当地SIM卡会便宜得多。

签证

中国公民前往乌克兰旅游可提前办理签证，也可办理落地签证。

自2016年开始，乌克兰基辅机场和敖德萨机场对中国公民实施入境落地签政策，发放停留时间为15天内、有效期为15天的单次入境签证。签证费为103美元/100欧元，需有效的护照证件、酒店订单、往返机票、境外医疗保险单（保额超过3万欧元），最好提前在http://visa.mfa.gov.ua/填写申请表格，否则可能会花费很长时间。

如要提前申请乌克兰个人旅游签证，需在签证申请页（http://visa.mfa.gov.ua/）填写签证申请表并签字，并准备证明出行目的为旅游的文件、有

就餐价格区间

以下价位分类是以一道主菜的价格为标准：

€ 低于50格里夫纳

€€ 50~150格里夫纳

€€€ 高于150格里夫纳

效护照、2寸相片一张、至少1500美元/月的经济证明文件、有效的境外医疗保险单（保额超过3万欧元）、往返机票和酒店订单。办理时间在5~10个工作日，签证费为65美元，加急签证费为130美元。填写签证申请表后在各领事馆申请签证，停留时间30天内。

中国香港特别行政区公民可免签入境乌克兰，停留时间14天内。

使领馆

中国驻乌克兰大使馆（☎038 044 253 3492；ua.chineseembassy.ort；chinaembassy@kiev.relc.com；No.32，Grushevskogo STR.，Kyiv）

汇率

人民币	CNY1	UAH4.05
港币	HKD1	UAH3.39
新台币	TWD1	UAH0.80
澳门元	MOP1	UAH3.29
新加坡元	SGD1	UAH19.12
美元	USD1	UAH26.33
欧元	EUR1	UAH29.22

ℹ 到达和离开

前往乌克兰的多数游客通常会飞至基辅。通过Lonely Planet（www.lonelyplanet.com/bookings）可在网上预订航班、团队游和火车票。

飞机

中国目前没有直飞乌克兰的飞机，基本都需要在欧洲（主要是俄罗斯）进行中转后才能到达乌克兰。通过中转，可前往基辅、利沃夫、敖德萨、顿涅茨克、哈尔科夫等主要城市。

飞往乌克兰的廉价航班仅有几班。

多数国际航班使用基辅的主机场**鲍里斯波尔国际机场**（Boryspil International Airport；☎044 393 4371；www.kbp.aero）。**利沃夫国际机场**（Lviv International Airport，LWO；☎032 229 8112；www.lwo.aero）也有几条国际航线。

乌克兰国际航空公司（Ukraine International Airlines，PS；www.flyuia.com）是乌克兰的国家航空公司。

陆路

乌克兰与邻国交通顺畅，特别是与俄罗斯及白俄罗斯，并与它们共用苏联的铁路系统。基辅与莫斯科、圣彼得堡、明斯克、华沙和布加勒斯特，以及东欧其他国家的首都之间有长途汽车或火车通行。利沃夫是距离波兰边境较近且可以提供跨境服务的城市中最大的一个——旅行者可以搭乘廉价航班至波兰，再乘坐长途汽车或火车穿越边境至利沃夫。

穿越边境

波兰—乌克兰和罗马尼亚—乌克兰边境是门的走私线路，因此海关检查非常缜密。估计海关人员会详细检查你的文件，并搜查你的车辆。

长途汽车

在长途旅行时，与火车相比，长途汽车比较慢，班次不多，不太舒适。

小汽车和摩托车

携带私人汽车进入这个国家，你需要提供原始登记文件和“绿卡”国际机动车保险证明（International Motor Insurance Certificate）。

ℹ 当地交通

飞机

乘坐飞机出行很贵。夜班火车比较便宜而且更为可靠。

Kiy Avia（www.kiyavia.com）在全国各地有分支机构。

公共汽车

所有的城市和小镇都有公共汽车，不过这种公共汽车用于短途旅行最合适（3小时及以下）。汽车站在发车前会出售类似商店收据的车票。

Marshrutky是来往于公共汽车线路上的小巴，不过可以根据要求随时停车。它们在大城市很常见，不过也服务于城际线路。车票价格通常稍高；旅行用时较短。

特色饮食

“红菜汤和面包——我们的食物。”鉴于这条国家谚语，乌克兰人承认那是他们的安慰菜式，清淡而又分量十足的菜肴是专门用来抵御寒冷的冬天的，而非一种美食趣味。在餐馆菜单上，你一定能找到这些乌克兰主食：

- **Borshch**（红菜汤）国民汤，由甜菜根、猪油和药草制成。
- **Salo**（萨罗）基本未加工的猪脂肪，可切成片搭配面包食用。
- **Varenyky**（乌克兰饺子）面皮里塞满各种馅料，从土豆泥到酸樱桃。
- **Kasha**（荞麦粥）将荞麦加入牛奶制成，被当作早餐食用。
- **Vodka**（伏特加）也被称为horilka，是所有庆典和聚会的必备佐餐饮品——通常都会准备很多很多。

当地交通工具

基辅有无轨电车、有轨电车、公共汽车和地铁。单次乘坐公共汽车、有轨电车或无轨电车的车票费用为1.50~2格里夫纳。没有往返票、换乘票、计时票或日票。上车时必须给票打孔（或由售票员撕一张）。

乘坐地铁需要在穿过检票机时投入塑料代币（zhetony），在站内柜台有售。

火车

夜车最适合长途旅行。Ukrainian Railways（www.uz.gov.ua）有时刻表和网上订票功能。

所有的火车票都是对号入座。车票上印着车厢（vahon）和卧铺车厢（mesto）的编号。

Lyuks或SV Spalny车厢（SV）——一等（卧铺）隔间，可容纳两人。

Kupe 二等卧铺隔间，可容纳4人。本书中标出的火车票价指的是kupe的价格。

Platskart 提供50个床位的三等开放式卧铺车厢。

C1和C2 城际快车的一等/二等车厢。

乌克兰铁路员工基本不说英语，可让当地人用斯拉夫字母给你写下目的地、日期、时间、火车编号等。

基辅火车站有专门接待外国人的窗口（8号和9号）。

生存指南

出行指南

签证

欧洲国家众多，部分是申根国，可以申请申根签证。

持有中国因私护照的旅行者，前往欧洲需要办理相关的申根签证。对于大部分欧洲国家，只需要办理一次申根签证，便可畅通无阻地前往任意申根国家旅行。签证所给时间的长短，基本上来自申请者提交的行程安排。前往欧洲，建议你至少在出发前15天递交你的签证申请，否则很有可能会耽误行程。可以最多提前90天（从你预计出发的日期往前推算）递交签证申请。在大部分的情况下，办理申根签证需要以下步骤：

➡ 首先查看你的护照是否具有6个月以上的有效期，否则赶紧去换护照吧。

➡ 登录行程内主要国家的大使馆网站或者签证代办中心预约签证时间。

➡ 填写申根签证申请表格。

➡ 准备申请基本材料：机票预订单，需要是确认的往返机票；旅游医疗保险保单原件（机打），必要时（如提交的保险保单为在线购买的电子保单）会要求提交保险的付费证明，保险金额不得低于3万欧元；户口簿原件以及户口簿所有页的复印件，学生需要学生证和学校出具的证明信原

申根地区

26个欧洲国家签署了申根协议，有效废除了彼此之间的边境管制。它们是奥地利、比利时、捷克、丹麦、爱沙尼亚、芬兰、法国、德国、希腊、匈牙利、冰岛、意大利、拉脱维亚、列支敦士登、立陶宛、卢森堡、马耳他、荷兰、挪威、波兰、葡萄牙、斯洛文尼亚、斯洛伐克、西班牙、瑞典和瑞士。

美国、澳大利亚、新西兰、加拿大和英国公民只需要有效护照即可进入这些国家。但包括南非在内的其他国家公民在该地区旅行时要申请单次签证——申根签证。

非欧盟公民的游客（持有或不持有申根签证）第一次进入该地区时估计会被询问，但比较潦草。不过随后在该区域内旅行更类似于国内旅行，没有边境管制。

若你需要申根签证，必须在国内你要去的主要目的地的使领馆申请，或者在入境处申请。你可以6个月内在整个申根地区最多逗留90天。如果你的签证到期，必须离开该地区，而且要3个月后才能再次入境。选择入境地时可以货比三家，因为各国签证价格可能不同。

如果你是美国、澳大利亚、新西兰或加拿大公民，6个月内无须签证即可在申根地区逗留最多90天。

如果你计划旅行更长时间，需要直接询问相关使领馆是否需要签证。你所在的国家也许与个别申根国家签署过双边协议，允许你无须签证即可逗留90天以上。

英国和爱尔兰不属于申根地区，但是其公民可无限期逗留于其他欧盟国家，如果他们希望长期工作或居住，只需要办理相关手续。

件；住宿证明，需要旅行期间所有的住宿预订证明；旅行计划；申请人偿付能力证明：最近3~6个月的银行对账单，无须存款证明；在职人员需要公司营业执照复印件和由雇主出具的英语证明信（需包含公司地址），退休或无业人员需要固定收入证明或退休金证明；以前有出国经历者请携带相应身份或签证状态的证明文件，特别是以前使用的所有申根签证（包括过期签证）。当然，如果可以准备较多的财力证明（房产证、资产证明），会让旅游申请条件更为充分。

- 前往使领馆或签证代办中心提交材料。
- 交纳签证费及签证服务费。
- 查询办理进程。
- 拿回护照。

若前往非申根国，请见各国的“签证”部分。

来自美国、加拿大、澳大利亚、新西兰、英国的居民只需要有效护照就可以进入几乎欧洲所有国家，包括全部的欧盟国家。

俄罗斯要求出发前提前安排签证甚至是一份来自旅行社或酒店的“邀请”（或向其预订）。离家前获得签证更简单安全。

澳大利亚和新西兰的居民需要备有签证才能去往乌克兰和摩尔多瓦。

过境签证通常要比旅游或商务签证便宜，不过允许逗留的时间非常短（1~5天），而且很难延期。

所有签证都有使用期限，过期将被拒绝入境。有些情况下，在路上获得签证比提前安排更容易。带上额外的护照照片（申请签证时每次需要1~4张）。

在东欧，领事馆通常会立即发放前往邻国的签证，不过有的领事馆可能要对“加急服务”征收一大笔附加费。

领事馆通常在工作日上午办公（如果既有大使馆，也有领事馆，你要去领事馆）。

由于相关规定是可变的，在出发前要与相关大使馆或领事馆反复确认。

保险

购买旅行保险是申请签证前的必做之事。目前以下几家保险公司是中国旅行者经常购买保险的选择：安联、中国平安、美亚。

根据申根国家的法律规定，提交旅游医疗保险是签发申根签证的基本前提。申请申根各国的旅行签证所需的保险要求略有区别，大致上要满足以下要求：保险须在所有申根国家和整个旅游逗留期有效，保险时间必须大于等于旅行时间；旅游医疗保险必须包括由于生病可能送返回国的费用及急救和紧急住院的费用；旅游医疗保险的保险金额不得低于3万欧元。

如果未购买盗窃、损失和医疗保险就开始你的旅程，是很不明智的。因为保险单内的条款相差很大，所以要仔细研读其中的附属细则。

一些保险明确地将“危险活动”剔除在外，所谓的危险活动可以包括深潜、骑摩托车、冬季运动、探险运动，甚至是徒步旅行。

你应确认该保险已包括急救车或紧急回国航班的条款。

在网站lonelyplanet.com/travel-insurance上，你可以购买世界范围内的旅行保险。可以随时在网上购买、评估和索赔，即使你已经在旅途中。

货币

欧元（€）用于19个欧盟国家及几个非欧盟国家，1欧元等于100分。纸币的面值为5欧元、10欧元、20欧元、50欧元、100欧元、200欧元和500欧元，但面额50欧元以上的纸币在日常生活中很少用到。欧元的硬币可分为1分、2分、5分、10分、20分、50分、1欧元和2欧元。

由于政治上的原因，丹麦、英国和瑞典都反对采用欧元。同时，一些非欧盟国家，例如阿尔巴尼亚、白俄罗斯、挪威、俄罗斯、瑞士、土耳其和乌克兰，都使用自己的货币。

自动柜员机

在欧洲主要城镇，国际自动柜员机很常见，不过有可能会出现故障，需要有备用选择。在一些偏远地区，自动柜员机也可能很罕见。

目前银联卡已经可以在欧洲很多国家直接取现，这也是去欧洲的旅行者获取现金的最普遍方法。可以在银联国际网站（www.unionpayintl.com/cn/serviceCenter/globalCard）上查询你打算去的目的地，看看是否支持银联卡取现。

当前西欧许多国家为了进一步确保资金安全采用磁条密码系统，如果没有四位数的个人识别密码（PIN码），你会

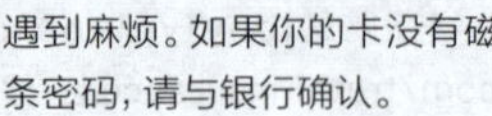

遇到麻烦。如果你的卡没有磁条密码，请与银行确认。

在输入你的个人识别密码时一定要用手遮住按键，并确认自动柜员机上没有任何不正常的设备，因为那些不正常的设备可能会复制你银行卡上的信息或使你的银行卡卡在机器里。如果在输入你的个人识别密码前你的银行卡被吞了且机器显示屏变成空白，那么就不要再输入密码了，特别是当有“好心的”旁观者教授你如何使用时。如果你无法退出你的银行卡，在离开自动柜员机之前，你应拨打银行的紧急电话（如果可以的话）。

现金

携带一些当地货币的现金依然是个很不错的主意。你不需要携带过多的现金，可以支付日常费用就可以了。用完后再到兑换处或自动柜员机。数额为150欧元左右的现金通常就够了。携带容易兑换成当地货币的币种也是个不错的主意，特别是在欧洲东部。

信用卡

维萨卡（Visa）、万事达卡（MasterCard）和欧洲信用卡（Eurocard）在欧洲被接受的范围远远大于美国运通卡（Amex）和大莱卡（Diners Club）。维萨卡在法国和西班牙被接受的程度很高。

但是，对信用卡的整体接受程度存在一定的地区差异，例如在德国，很少有餐馆接受刷卡。在较为偏远的地方，信用卡并非被广泛接受。

为了减少被骗的风险，在进行交易时，你一定不要让银行卡脱离你的视线。例如在可以刷卡的餐馆，就餐后刷卡时，你应当一直盯着你的银行卡直到交易完成。你还应保留交易记录，并在回国后查看你的银行明细，或在旅途中上网查询你的账户。

将你的大致目的地告知你的银行卡公司，这样的话，当你的银行查到你的非正常花费时，可以及时关掉你的账户，以减少风险。

借记卡

拥有一张兼容Maestro借记卡的银行卡是非常重要的。这种银行卡与信用卡不同，会直接从你账户中扣钱。你应查看一下你的银行卡或万事达信用卡（Maestro借记卡的发卡公司）的兼容性。

货币兑换

欧元、美元和英镑是最容易兑换的货币。在一些小银行兑换不太常见的货币时可能会遇到麻烦。

出入境时，携带某些货币是受到限制或被禁止的，所以在离开前，你一定要将当地货币兑换掉。离开英国前，你要处理掉苏格兰英镑，因为在英国以外的地方，没有人会接受这种货币。

绝大多数飞机场、中央火车站、大型酒店和许多边防哨所都有超过常规工作时间的银行设施，有时甚至是24小时运营。欧洲的邮局常常运营银行业务，偏远地区的工作时间往往会更长，数量也往往比银行多。但是它们通常只兑换现金，而且可能会拒绝处理非当地币种的旅行支票。

银行提供的汇率通常是最佳的。货币兑换处（Bureaux de change）通常（但也并非总是）提供不太理想的汇率或收取更高的佣金。酒店和机场通常都是兑换货币很糟糕的地方。

国际转账

国际银行转账是进行大额资金流转较为安全的一次性活动。资金通常要3~5天才会到达对方账户，并会收取一定的费用（在英国大约为25英镑）。一定要明确银行的名称、排序代码和接受你款项的分支银行的地址。

在紧急情况下，你可以通过**美国运通卡办事处**（Amex office; www.americanexpress.com）、**西联国际汇款公司**（Western Union; www.westernunion.com）或**速汇金**（MoneyGram; www.moneygram.com）进行电汇，这样会更快捷，但也更贵。

税和退税

如果非欧盟居民的消费超过了一定的金额（75欧元左右），他们就可以在离开该国前要求获得消费退税。

退税很简单。首先，你应确保商店销售的是免税产品，店内通常有“免税购物”（Tax-Free Shopping）标志。购物时，向店员要一张填写有正确金额和日期的退税凭证。这些文件会在国际机场申请退税时用到，也可在港口或渡口盖章，然后再寄回以申请退税。

小费和讨价还价

商家越来越多地将“服务

费”添加到账单中，小费因此变得更加复杂。理论上，你无须支付小费。但实际上，“服务费”往往没有流入服务者的口袋，因此他们仍然希望可以获得一些小费。不要支付两次小费。如果服务费是可有可无的，你就应将它从账单中去除，然后支付一部分小费。如果必须支付服务费，那你就不用再付小费了。

一般而言，在欧洲西部，侍者通常都有体面的工资。在欧洲许多地方，讨价还价并不常见，但在地中海及周围地区，这并不是什么稀罕事。而在土耳其，讨价还价实际上是一种生活方式。

旅行支票

要想找到兑换支票的地方越来越困难了。在东欧，只有少数银行还提供这类业务，而且业务流程非常烦琐且收费高昂。

但是支票仍是一种很不错的备用品。如果你被盗了，只要你有支票号码的记录，你就可以申请补偿。

运通和托马斯·库克（Thomas Cook）是旅行支票中值得信赖的品牌。币种为美元、欧元或英镑的支票最容易兑换现金。兑换时，询问清楚费用、佣金以及汇率。

折扣卡

露营卡

国际露营卡（Camping Card international, CCI; www.campingcardinternational.com）是入住露营地时用于代替护照的身份证明。如果你注册了一张露营卡，且该露营卡包括了第三方保险，许多露营场所都会给予你小幅度的折扣。

火车通票

如果你计划访问多个国家，或深入地在一两个国家旅行，你可以购买一张火车通票，这样可以省下不少钱。

学生卡

国际学生证（International Student Identity Card; www.isic.org）可为学生、老师和26岁以下的青少年提供全世界范围内数千种优惠，包括交通、博物馆门票、青年旅舍，甚至一些餐馆。在网上申请或通过发行机构获取，包括**STA Travel**（www.statravel.com）。

对于26岁以下的青少年，还有**Euro<26**（www.euro26.org）。许多国家已经将这张卡的年龄限制放宽到了30岁。

电源

欧洲一般使用220V、50Hz的交流电，但是也有例外。英国用的是230/240V的交流电，而意大利和西班牙的一些老建筑内使用的电源电压则为125V（西班牙的有些地方甚至为110V）。欧洲大陆正在集体向230V的标准电压靠拢。如果你打算去电压非220V的国家（比如西班牙和意大利），你就需要为你敏感且重要的电器准备一个变压器。

英国和爱尔兰使用三相方形插头。欧洲大陆的大多数国家使用两个圆脚的“欧洲标准插头”。希腊、意大利和瑞士采用的则是第三脚为圆脚的插头，通常也适用于两脚插座——但也有例外。在踏上旅途之前，你应购买一个适配器，因为在欧洲销售的适配器通常并不适合你的需要。也可以使用专为到欧洲旅行的游客准备的适配器。各个机场通常是购买此类物品的好去处。

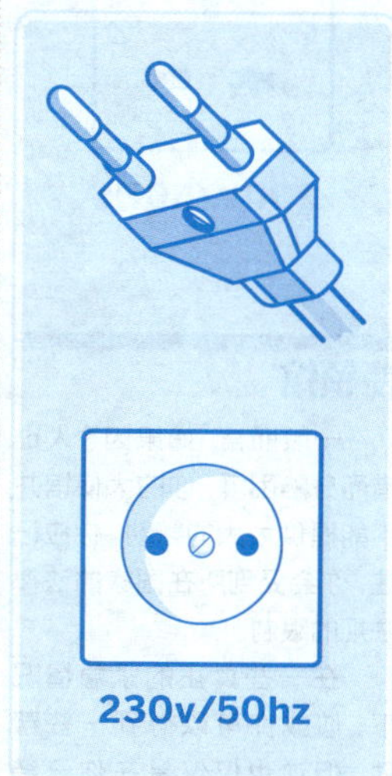

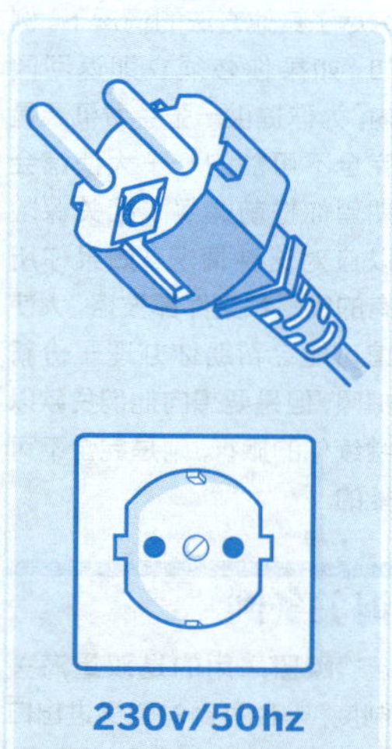

使领馆

一般而言，如果因个人过错而身陷困境，你的大使馆并不能提供太大的帮助。你应记住，你会受到所在国家的法律法规的限制。

在一些真正的紧急情况下，你或许可以得到一些帮助，但这也仅仅是在你已经穷尽了其他方法的情况下。例如，如果你必须立即返回国内，为你提供一张免费机票是完全不可能的——大使馆会期望你提前购买了相关保险以应对这种情况。如果你所有的钱财和文件都被盗，大使馆可能会帮助你办理一份新护照，但是要想向他们贷款以继续你的旅行，则是完全不可能的。

海关条例

欧盟采用的是双重海关制度：一种是针对购买进出口到欧盟国家的免税品；另一种是针对在另一个欧盟国家购买的、所有的税款在该国家均已完全支付的商品。

- 进入或离开欧盟国家时，你可以免税携带：200支卷烟、50支雪茄或250克烟草、2升无气葡萄酒及1升酒精度超过22%的烈性酒、2升葡萄酒（起泡酒或其他）、50克香水、250毫升淡香水。
- 从一个欧盟国家到另一个欧盟国家时，已完税携带物的限制为：800支卷烟、200支雪茄、1000克烟草、10升烈性酒、20升强化葡萄酒、90升葡萄酒（其中起泡酒不得超过60升）和110升啤酒。
- 非欧盟国家通常会有不同的规定，许多国家禁止出口任何文物和文化珍宝。

旅行信息

除非另有说明，游客办公室都是很普遍的，尽管它们在各地的用处有很大差异。

住宿

欧洲的经济型住宿种类繁多。在本指南中，我们根据预算，其次是作者的喜好列出评价。

除非在国家章节中另有描述，本书中酒店和青年旅舍包括私人浴室，但不包括早餐。

价格范围

房价是旺季价格，其他时间的价格降幅经常高达50%。滑雪胜地的旺季通常是圣诞节至新年及2月前后至3月的冬季假期。

每个住宿选择都有一个指示性价格分类（从€到€€€），其对应的房间价格与该国的报价细目表有关。

预订

在节假日高峰期，特别是复活节、夏季和圣诞节期间，预订都是明智的。同样，热门旅行目的地，例如伦敦、巴黎和罗马，在一年之中的任何时间都需要预订。绝大多数住处都可以在网上预订。建议尝试直接向住宿场所预订，这意味着你只需支付房费，无须向青年旅舍预订网站或酒店预订网站支付附加费。

民宿和客栈

客栈（家庭旅馆、Gasthaus、chambre d'hôte等）和民宿（含床和早餐）的价格虽然比青年旅舍的价格略高，但是比后者舒服很多。绝大多数客栈的布置都很简洁，客人通常都是共用浴室的。

在一些目的地，特别是东欧，当地人可能会在车站招揽顾客。你要确定此类住处并不是在很远的郊区，否则来往于城镇时，你将不得不承担昂贵的出租车费用。在达成交易之前，确认价格。记住，在你外出时，将贵重物品放置在住处是

网上订房

通过网页http://lonelyplanet.com/hotels/阅读Lonely Planet的作者对更多酒店的评价。这个网页上有独立评论和对最佳住处的推介。最妙的是，你能直接在网上订房。

免费住宿

网上的接待组织能让旅行者与全球成千上万名愿意让你免费在他们的沙发或空余房间住宿的居民联系——有时还会带你逛逛城镇，包括：

Couchsurfing（www.couchsurfing.com）

Global Freeloaders（www.globalfreeloaders.com）

Hospitality Club（www.hospitalityclub.org）

5W（www.womenwelcomewomen.org.uk）

查看每个组织的规则。始终要让朋友和家人知道你住在哪里，并随身携带手机。

很不明智的。

在英国和爱尔兰，民宿通常并不是真正的低价住所，甚至最便宜的民宿也是中等价位。现在那些新一代的"设计师"民宿通常都是很高端的住所。

露营

绝大多数露营地距离市中心都有一定的距离，所以我们仅列出一些很容易到达的露营地，或旅行者能找到星级以下低价床铺的地方（例如，在希腊的一些岛上）。

国家旅游局会提供露营场地和露营组织的名单。关于欧洲各地最佳露营地的详细信息，另见www.coolcamping.co.uk。

根据每顶帐篷、每个地点、每人、每辆车，露营地会收取一定的费用。在热门的地方或旺季，还需要预订。

在西欧地区，在指定场地以外的地方露营是很困难的，因为你很难找到一个合适的私人地点。

在未获得地方当局（警察局或当地委员会）或场地所有者批准的情况下，露营是非法的。不过不要羞于开口询问，有时会有意想不到的惊喜。

在一些国家，例如奥地利、英国、法国和德国，在私人的土地上露营是非法的——希腊也是如此，但实际上没人管。不过，这并不能完全阻止背包客偶尔随意地扎帐篷。如果你的帐篷并不是很大，你又比较谨慎，而且只待上一两个晚上，白天拆除帐篷，晚上也不生火或留下垃圾，通常你都可以侥幸逃脱处罚。最坏的情况是，你会在半夜被警察喊醒，并被要求拆除帐篷。

在东欧，免费露营的情况更加普遍。

家庭寄宿和农场寄宿

不当志愿者也有机会住在农场。在瑞士和德国，你完全有机会在谷仓或"干草酒店"睡上一晚。农场主会提供棉质床单（否则稻草很扎人）和保暖的羊毛毯。但客人需要自备睡袋和手电筒。详细信息请访问Abenteuer im Stroh（www.schlaf-im-stroh.ch）和Hay Hotels（www.heuhotel.de）。

青年旅舍

欧洲各地的青年旅舍标准差异很大。

HI青年旅舍（欧洲青年旅舍联盟的附属机构，www.hihostels.com）在欧洲通常提供最便宜（且安全）的住处。你并非一定要是年轻人才可以获得它们的服务，只有德国南部的青年旅舍才会有26岁以下这样严格的年龄限制——也就是说，如果你的年龄已经超过了26岁，你就应该支付一小部分费用（通常约3欧元），才能在一家官方的青年旅舍住宿。

青年旅舍的规定根据每处设施和国家情况而变化，有些青年旅舍会为了整洁或实施宵禁而要求客人腾空房间。绝大多数青年旅舍都会提供免费早餐，尽管早餐的质量各有差异。

要住在HI附属的青年旅舍，你需要成为YHA或HI会员。不过非会员也可以住在青年旅舍，只是需要额外支付几欧元，这一规定主要针对的是它未来的会员。在住宿达到一定的时间后（通常为6晚），你将自动成为它的会员。对中国旅行者来说，要想成为会员，在淘宝上搜索代办HI会员卡是最简单的方法。你也可以在HI的网站上预订。

欧洲有很多私人青年旅舍组织和成百上千的独立背包客青年旅舍。私人青年旅舍的规定要少得多，内部有更多的自

助厨房，吵闹的大型学校团体却更少。很多私人青年旅舍的宿舍可以异性混住。如果你不喜欢分享混合宿舍，在你订房时一定要询问清楚。

酒店

酒店通常是最昂贵的住宿选择，尽管低端酒店几乎和客栈甚至青年旅舍并没有太大的差异。

长途汽车站和火车站周围的便宜酒店，对在深夜或清早抵离的人群来说可能很方便，但一些酒店同时是非正规的妓院或是其他藏污纳垢的地方。在预订房间前一定要检查房间，并确保你完全了解住宿的费用以及该费用包括的事项。

如果住的时间较长，通常都可以打折。在欧洲南部，如果是淡季，酒店经营者是愿意接受小幅度还价的。在很多国家，商务酒店（通常是两星级以上）周五和周六晚上的费用猛降40%是完全正常的。

大学宿舍

在节假日期间，一些大学城会对外出租学生宿舍。这是法国、英国和许多西欧国家很流行的一种做法。大学宿舍有时是单人间（尽管更多的情况下是双人间或三人间），可能还会提供炊具。详细信息请询问各个学院或大学、学生信息办公室或当地旅行者办公室。

地图

旅游局通常提供免费但相当简单的地图。

如果你要驾车或骑自行车旅行的话，道路地图册是至关重要的。主要的地图品牌有Freytag & Berndt、Hallwag、Kümmerly + Frey和Michelin。由欧洲机动车协会出版的地图通常都不错，例如英国的**AA**（www.theaa.co.uk）和德国的**ADAC**（www.adac.de）。如果你是本国机动车协会会员的话，由于互惠条款，你甚至还可以免费获得这类地图。

邮政

从欧洲的主要城市发送航空邮件，到达中国通常需要1~2周，从阿尔巴尼亚或俄罗斯等国家发出的可能更慢些。

对于一些重要的邮件，快递服务（例如DHL）是最好的。

电话

拥有一部在旅途中可用的手机，绝对会使你的旅程变得更加方便。中国的三大移动电话运营商——中国移动、中国联通和中国电信的手机，目前在很多欧洲国家都可以漫游，可随时拨打本地或者中国的电话（中国的国际代码是☎0086），不过需要你在出行之前开通国际漫游服务。各国的漫游资费不同，请咨询你的运营商获取进一步的信息。在欧洲旅行时，一定要关掉你的无线数据服务，因为当地的无线数据漫游资费可能会非常高昂。如果你的手机是在欧洲购买的，在整个大陆漫游时会非常好用。

如果来自欧洲以外地区，在某个欧洲国家购买一张预付费的当地SIM卡通常是值得的，即使你在此停留的时间不会很长。如果拨打电话信号传输都在欧洲范围以内，拨打欧洲各地的电话是非常便宜的，而且该预付卡可以将你的电话费用保持在一定的限额内。在几个国家你需要护照才能购买SIM卡。

> **紧急号码**
>
> 在所有欧盟国家，紧急情况下可拨打免费电话号码☎112。各国特定的紧急号码参见各个国家章节。

为了你的手机能使用其他SIM卡，你需要确保国内的手机运营商不对你的电话上锁。即使手机被上锁，只要你所在的地方可以连接到无线网络，你仍然可以使用应用程序（例如whatsapp）在全世界范围内免费发送信息，或用Skype在你可以上网的地方进行免费的国际通话。

欧洲使用GSM900网络，该网络也覆盖澳大利亚和新西兰，但是与北美的GSM1900或日本和韩国的系统并不兼容。如果你有GSM手机，向你的供应商咨询在欧洲使用的相关信息。你需要开通国际漫游，不过这通常都是免费启用的。

在欧洲的任何电话亭，你都可以向国外打电话。目前接受电话卡（可以从邮局、电话中心、报摊或零售网点买到）的公共电话很常见。在一些国家已经很难再找到接受硬币的机器了。

如果没有电话卡，你可以用邮局或电话中心内的公共电话拨打并在柜台支付账单。对方付费的电话通常也是可行的。在很多国家，可以通过

Country Direct系统免费向国内打电话（由你的长途电话运营商付费）。即使没有插入电话卡，你仍可以在公共电话亭拨打那些号码。

上网

在整个欧洲，互联网普及的情况差别很大。在绝大多数地方，你都可以找到无线网络，但在是否收费这一点上有所差别。

本书中出现的无线网络标志（🛜）是指该地提供免费的无线网络，你可以立即连接上网，或通过店员获得上网密码。

尽管有一些小技巧，但互联网连接通常都是简单明了的。如果你的键盘上找不到@标志，可以尝试一下Alt Gr + 2或Alt Gr + Q。你要特别注意德国和一些巴尔干半岛国家的键盘，因为在那些国家，键盘上Y和Z的位置是互换的。使用法国的键盘本身就是一门艺术。

如果有必要，可以点击屏幕右下角的语言提示或按Ctrl+Shift，这样可以在斯拉夫字母和拉丁字母间转换。

时间

欧洲被分为4个时区，从西至东分别为：

UTC（英国、爱尔兰、葡萄牙）GMT（格林尼治标准时间；夏季+1小时）

CET（欧洲绝大多数国家）GMT+1小时（夏季+2小时）

EET（希腊、保加利亚、罗马尼亚、摩尔多瓦、乌克兰、白俄罗斯、立陶宛、拉脱维亚、爱沙尼亚、俄罗斯加里宁格勒、芬兰）GMT+2小时（夏季+3小时）

MSK（俄罗斯）GMT+3小时（夏季+4小时）

英国9:00是北京时间的17:00、美国西海岸（GMT/UTC-8小时）的1:00、美国东海岸（GMT/UTC-5小时）的4:00、巴黎和布拉格的10:00、雅典的11:00、莫斯科的12:00、悉尼的19:00（GMT/UTC+10小时）。

在大多数欧洲国家实行充分利用阳光的夏令时的时候，钟表会在3月最后一个周日往前调1小时，并在10月的最后一个周日再调回来。

厕所

许多公共厕所都需要缴纳一小部分费用，放于一个箱子中或交予管理员。绝大部分地区都是坐便。尽管蹲厕正在逐渐消失，但在乡村地区仍然可能存在。

公共厕所的条件也因地区的不同而有所差异。如果找不到公共厕所，你可以到酒店和餐馆询问一下，看看是否可以使用那里的卫生间。

旅行安全

在欧洲旅行通常是非常安全的。以下列出了一系列关于旅行安全的一般准则。

歧视

在欧洲的一些地区，来自非洲、阿拉伯地区的旅行者或具有亚洲血统的旅行者可能会遇到与他们个人无关的歧视态度。在一些农村，肤色不同的旅行者被认为是外国人，可能会受到他们并不希望有的关注。

对待旅行者的态度因国而异。城市里的人通常要比乡村的人更加乐于接受外来旅行者。在欧洲西部，种族并不是什么大问题。但在东欧地区，

网络资源

Blue Flag（www.blueflag.org）可持续发展的海滩和码头的生态标签。

Budget Traveller's Guide to Sleeping in Airports（www.sleepinginairports.net）为等飞机的背包客提供有趣又实用的资料。

Currency Conversions（www.xe.com）数百种货币的即时汇率。

Guide for Europe（www.guideforeurope.com）网页上有游客发布的对青年旅舍的有用评价。

Lonely Planet（www.lonelyplanet.com/thorntree）在Lonely Planet的留言板上，通常几小时内就有旅行者回答你提出的旅行问题。

Money Saving Expert（www.moneysavingexpert.com）关于英国旅行保险、在国外使用手机和银行卡的最佳建议。航班查看器显示可搭乘的最新廉价航班。

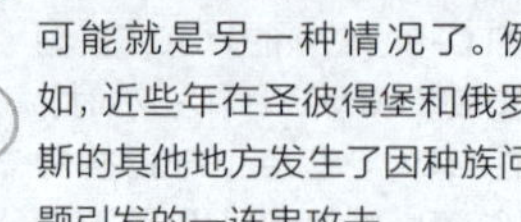

可能就是另一种情况了。例如，近些年在圣彼得堡和俄罗斯的其他地方发生了因种族问题引发的一连串攻击。

麻醉药

尽管非常罕见，但在欧洲确实发生过一些旅行者被麻醉的事情。在火车和长途汽车上，如果有个新"朋友"向你提供食物或饮料，他们有可能会在这些食物中添加麻醉药将你撂倒，然后他们就有了足够的时间窃取你的财物。对于这样的事情，旅行者常常并无防备之心。

在少数过夜的国际火车上也曾出现过旅客被喷迷幻剂的事件。最佳的防范措施就是时刻记得锁住你的隔间的车厢门（如果火车的隔间没有锁的话，用自己的锁），并将你的行李捆在行李架上，最好用结实的合成缆绳。

应尽量避免独自在火车卧铺车厢内睡觉。

小偷

在欧洲的部分地区，盗窃绝对不是一个小的问题，你甚至也应时刻提防同行的无良旅行者。关键是小心财物。

- 在火车站的储物柜和行李储藏柜里不要存放任何贵重的东西，并要提防那些帮助你操作储物柜的人。你也应警惕那些帮你拿行李的人，他们可能会将你的行李带跑。
- 不要将贵重物品遗留在你的汽车内、火车座位上或旅舍房间内。外出时，不要炫耀你的照相机、笔记本电脑和其他贵重的电子物品。
- 携带一个小背包，因为单肩挎包常常更容易招引窃贼。考虑在背包里使用小拉链锁。
- 扒手在人群密集的地方最活跃，特别是在高峰期繁忙的火车站和其他公共交通线路上。在这些地方，你都应提高警惕。
- 将你的贵重物品、现金和银行卡存放在你身上的不同地方或不同的包内。
- 用一个贴身腰包存放你的必需品（护照、现金、信用卡、飞机票）通常是一个很不错的主意。但是，你不应在公共场合从里面取东西，而应携带一个装满你一天所需现金的钱包。
- 只要你能记得你的护照编号和发放日期，即使你丢失了护照，也不算非常大的灾难。如果复印了相关的页面就更好了。你可以将护照扫描后发到你的邮箱里。如果丢失了护照，应及时通知警察备案并联系最近的使领馆。
- 记下旅行支票的序列号，携带信用卡、机票及其他旅行文件的复印件。

欺诈

绝大多数欺诈的手段都是设法吸引你的注意力：或让小孩子在你面前跑过，或有人向你问路，或把什么东西泼洒到你身上，同时另一个人偷走你的钱包。对于这种情况，你应保持警惕。

在一些国家，特别是在欧洲东部，你可能会遇到一些自称是来自旅游局、特警局、高度机密警察局等的人员。除非他们身穿制服并有足够的理由和你搭讪，不然就要怀疑他们的动机了。

不用说，千万不要把你的护照或现金随便给大街上的人看。如果他们身上有证件，你也应该要求陪他们一起去最近的警察局。

动乱和恐怖主义

数年前，欧洲国家的国内动乱和恐怖主义非常罕见。但如今伴随着伊斯兰激进主义、叙利亚战乱以及土、俄之间的军事冲突，涌入欧洲国家的难民近期一直在增加，2015年，累计涌入欧盟国家的难民已超过50万人。英国、法国、丹麦、西班牙和俄罗斯都出现过由ETA（西班牙和法国国内的巴斯克分裂集团）和伊斯兰激进分子发动的暴力袭击。密切关注时事新闻，避免去那些可能会擦起暴力火花的地区才是明智之举。

法律事务

通常规定的可以买酒（啤酒和葡萄酒）的年龄是16~18岁（如果是烈性酒的话通常是18岁）。如果有疑问，可以询问。尽管只要达到17岁或18岁就可以驾驶汽车，但是要想租赁一辆汽车，通常要等到25岁。

在欧洲各地，酒吧和餐馆及其他公共场所禁止吸烟的规定越来越常见，因此在点燃你的香烟前，一定要询问清楚。

在欧洲，毒品常常可以很公开地获得，但是这并不代表它们是合法的。荷兰因其对毒品的开放态度而知名，该国的"咖啡店"可以公开出售大麻，即使按照法律严格来说，毒品并不合法。但是，对此通常的态度是视而不见。法律允

许持有或购买少量(5克)"软性毒品"(比如大麻和大麻制剂),而吸取或者携带这个数量的毒品的人也不会被起诉。但是不要把这种开放的态度作为购买毒性更大的毒品的敲门砖,如果因购买毒性更大的毒品而被抓,你将受到惩罚。2008年以来,迷幻蘑菇在荷兰已经被禁止。

在比利时,持有5克以下的大麻是合法的,但是售卖毒品并不合法。如果你被逮到正在销售毒品,你就要遇到麻烦了。瑞士也将最多携带10克大麻的行为合法化。

在葡萄牙,拥有任何毒品都不违法。但再次强调一下,出售毒品是违法的。

如果在欧洲其他地方被逮到携带毒品,特别是土耳其和俄罗斯这样的国家,你很可能会被监禁。

如果有疑问,还是小心为上。千万不要携带毒品跨越国境。

残障旅行者

中世纪的鹅卵石道路、"古典的"酒店、拥挤的内部城市和地铁系统使得欧洲成为有行动障碍的旅行者不太理想的目的地。然而,这里的火车服务不错,一些地方以能够直达站台的有轨电车或电梯而自豪。以下网站可以为你提供具体的信息。

Accessible Europe(www.accessibleurope.com)依靠厢式交通工具的欧洲专业团队游。

DisabledGo.com(www.disabledgo.com)关于英国和爱尔兰数千家场所入口的详细信息。

Lonely Planet(www.lonelyplanet.com/thorntree)在留言板的残障游客一栏分享旅行经验。

Mobility International Schweiz(www.mis-ch.ch)一个很不错的网站(仅有部分是英文),上面列出了瑞士境内和其他国家的无障碍游览地,以及瑞士可供轮椅进出的酒店。

Mobility International USA(www.miusa.org)向残障旅行者发布相关活动的指导和建议。

Society for Accessible Travel & Hospitality(SATH; www.sath.org)为残障游客提供大量旅行信息。

同性恋旅行者

在西欧各地区,你会发现公众对待同性恋的态度是非常开放的。伦敦、巴黎、柏林、慕尼黑、阿姆斯特丹、马德里和里斯本出现了越来越多的同性恋社区和同性恋游行。希腊的米科诺斯群岛和莱斯沃斯群岛是深受同性恋者喜爱的海滩目的地。西班牙的大加那利岛和伊维萨岛是同性恋俱乐部及海滩度假的核心地区。

参考书目

- 《流浪汉在海外》[*A Tramp Abroad*, 1880年,马克·吐温(Mark Twain)著]19世纪乘火车和大巴穿越中欧的15个月之旅的诙谐记录。
- 《馈赠的时光》(*A Time of Gifts*, 1977年)、《在树与水之间》(*Between the Woods and the Water*, 1986年)和《破碎的道路:从保加利亚到阿索斯山之旅》(*The Broken Road: Travels from Bulgaria to Mount Athos*, 2013年)帕特里克·利弗莫尔(Patrick Leigh Fermor)经典的三部曲,内容是1934年他18岁时从荷兰之角徒步至伊斯坦布尔的经历。
- 《东西莫辨逛欧洲》[*Neither Here nor There: Travels in Europe*, 1992年,比尔·布莱森(Bill Bryson)著]在20世纪70年代的欧洲之旅结束20年后,布莱森用幽默的口吻和尖锐的视角回溯他的历程。
- 《大陆漂泊者》[*Continental Drifter*, 2000年,蒂姆·摩尔(Tim Moore)著]对17世纪欧洲大旅行的起源及其现代重现的沉思。
- 《成年礼:背包环游欧洲之旅》[*Rite of Passage: Tales of Backpacking 'round Europe*, 2003年,莉萨·约翰逊(Lisa Johnson)编辑]年轻旅行者们第一次征服欧洲大陆的故事。

欧洲的东部，尤其是俄罗斯，则要保守得多。

在大城市之外的地方，建议同性恋者应更加保守和谨慎，特别是在土耳其和绝大多数东欧国家。

女性旅行者

➡ 在土耳其、西班牙乡村和意大利南部（特别是西西里），女性游客可能会吸引不必要的注意，那些地区的男人常常会吹口哨和发出嘘声。

➡ 在欧洲东部地区，人们高度尊重婚姻，所以戴上婚戒并经常提及“我丈夫”之类的字眼也是很有帮助的。无论在什么地方，我们都不建议女性独自搭便车。

➡ 有女性读者向我们反馈说，在土耳其带公共浴室的酒店内受到过骚扰。所以到土耳其旅游的女性游客应考虑一下价格更贵但带有私人浴室的房间。

➡ Journeywoman（www.journeywoman.com）提供有关女性独自在全世界旅行的时事新闻。

志愿者服务

如果你想在欧洲生活和工作更长的时间，参加一个短期的志愿者项目是一个很不错的主意。例如，在波兰教英语或在土耳其建设一所学校。但是，绝大多数志愿组织都会征收高昂的航空、食物、住宿和招聘费用（每周250~800欧元），这就使得此类工作对绝大多数经济型旅行者而言不太实际了。有一个特例是WWOOF International（www.wwoof.org），该组织将志愿者与德国、斯洛文尼亚、捷克、丹麦、英国、奥地利和瑞士的有机农场结合了起来。如果要想正式加入国家分会，你就要缴纳一小笔会员费，但是作为你的酬劳，你可以免费享受所有的食宿。

要了解更多信息，可阅读Lonely Planet的*Volunteer: A Traveller's Guide to Making a Difference Around the World*。

健康指南

健康资源

世界卫生组织（World Health Organization; www.who.int/ith/en）在网上免费发布每年修订的《国际旅行与健康》（*International Travel and Health*）。MD Travel Health（www.mdtravelhealth.com）提供关于每个国家最新的旅行健康建议。

出发前，咨询你所在国家的政府网站通常是个好主意，如中国外交部领事司（http://cs.mfa.gov.cn/）。

在欧洲西部地区，较好的医疗保健服务是很容易得到的。所以，对于小毛病，药剂师可以给你提供很重要的建议，并销售给你非处方药物。如果你需要特殊的帮助，他们还可以给你指出正确的处理方法。同时，牙科护理的水平通常都很高。

自从欧洲东部的许多国家加入欧盟之后，欧洲东部的卫生保健情况已经得到不断改进；但在主要城市之外的地方，要想得到高质量的卫生保健服务还是不太容易。你的大使馆、领事馆和五星级酒店通常可以向你推荐医生或诊所。

去欧洲，没有什么必须注射的药物。然而，不论前往什么样的目的地，世界卫生组织都会建议所有的旅行者应注射白喉、破伤风、麻疹、腮腺炎、风疹和小儿麻痹症的预防针。绝大多数疫苗都是在注射至少两周后才会产生抗体，所以在旅行之前的至少6周内，你应去看一下医生。

在欧洲西部，饮用自来水通常是安全的。但是，在欧洲东部的绝大部分地区，我们建议你尽量饮用开水。在一些国家，这甚至是必需的，包括俄罗斯和乌克兰，因为那些地方的自来水里可能会有贾第虫。不要饮用河水或湖水，因为里面可能含有细菌或病毒。

在欧洲，避孕套很容易买到，但是要得到紧急避孕药可能就不那么容易了，所以你应提前采取必要的措施。

交通指南

到达和离开

你可以在lonelyplanet.com/bookings/index.do订购飞机票、旅行团和火车票。

进入欧洲

所有的国家都需要旅行者携带有效护照。离开欧洲时，护照的有效期最好不少于6个月。

越来越多欧盟国家的旅行者使用身份证在欧盟内部旅行，尽管在欧盟以外的国家身份证不能单独使用。

一些国家要求特定国籍的人申请特定期限内进入该国的签证。具体来说，白俄罗斯和俄罗斯要求所有国籍的人都要有签证，澳大利亚和新西兰旅行者也需要获得签证才能进入摩尔多瓦和乌克兰。土耳其要求持澳大利亚、加拿大、南非、英国和美国护照的人申请签证才能进入，其他国籍的人可能会面临更多的限制。

飞机

机场和航空公司

为了省钱，你最好选择在淡季来旅游。这就是说，如果可能，你应避免在6月中旬至9月初、复活节、圣诞节和学校寒暑假的时候前来。如果打算在旺季前往，提前3~4个月购买机票会比较省钱。对中国旅行者来说，“十一”和春节假期也是欧洲旅行的旺季，若打算在这两个时间段前往欧洲，请提前半年预订机票。

无论你的最终目的地是哪里，挑选一个公认的空港“枢纽”作为最初的入境口通常比较明智。因为那里的交通流量很大，交通费往往低于其他地区。很明显，最繁忙的枢纽在伦敦、法兰克福、巴黎和罗马。有时到阿姆斯特丹、雅典、巴塞罗那、柏林、伊斯坦布尔、马德里和维也纳的机票也值得关注。

到东欧的长途机票通常都很昂贵，所以你最好先飞到西欧的一个交通枢纽，然后再转乘价格优惠的航班或火车前往。东欧主要的交通枢纽是布达佩斯、莫斯科、布拉格和华沙。上述东欧交通枢纽也有飞往欧洲其他地方的低成本航班。

以下航空公司有从中国飞往欧洲的航线：

中国国际航空（www.airchina.com.cn）拥有多条飞往欧洲的直航航线，比如到法兰克福、巴黎、斯德哥尔摩、莫斯科等。

中国南方航空（www.csair.com）从广州出发的旅行者可

气候变化和旅行

任何使用碳基燃料的交通工具都会产生二氧化碳，这是人为导致气候变化的主要原因。空中旅行耗费的燃料以每公里人均计算或许比汽车少，但其行驶的距离却远很多。飞机在高空所排放的气体（包括二氧化碳）和颗粒同样对气候变化造成影响。许多网站提供“碳排量计算器”，以便人们估算个人旅行所产生的碳排量，并鼓励人们参与减缓全球变暖的旅行计划，以抵消个人旅行对环境所造成的影响。Lonely Planet会抵消其所有员工和作者旅行所产生的碳排放影响。

以考虑大本营在广州的南航，该公司拥有多条飞往欧洲的直航航线。

中国东方航空（www.ceair.com）有不少从上海飞往欧洲的直航航班。

中国海南航空（www.hnair.com）飞往布鲁塞尔、柏林、莫斯科和圣彼得堡，每周每条航线约6班。

汉莎航空（www.lufthansa.com/cn/mi/Homepage）有大量从中国各个城市直飞欧洲的航班。

柏林航空（www.airberlin.com）占据了德国的航空枢纽，服务遍及欧洲。

陆路

从亚洲乘坐火车也可以到达欧洲。最常见的路线是西伯利亚大铁路，它连接了莫斯科、西伯利亚、俄罗斯东部、蒙古和中国。

从中亚的几个国家可到达莫斯科，从伊朗和约旦到达伊斯坦布尔也是可行的。更多有关这些冒险路线的信息，请登录www.seat61.com。

海路

在欧洲和非洲之间有许多渡轮航线，包括从西班牙到摩洛哥、从意大利和马耳他到突尼斯、从法国到摩洛哥或突尼斯。所有关于地中海渡轮航线的信息请登录www.traghettiweb.it。每年夏季，渡轮航线常常人满为患，特别是往返突尼斯的航线。所以如果你想携机动车乘船，最好预订船票。

客运轮船（一般满载为12人）的票价通常没有飞机票便宜，而且行程很久。然而，如果你全心痴迷于一次跨越大西洋的旅程，**TravLtips Cruise and Freighter**（www.travltips.com）有关于轮船巡游的信息。

欧洲的边境口岸

边境手续在大多数欧盟地区已经比较简单，不过在官僚风气依旧盛行的东欧偏远地区依然很烦琐。

根据申根协议，奥地利、比利时、捷克、丹麦、爱沙尼亚、芬兰、法国、德国、希腊、匈牙利、冰岛、意大利、拉脱维亚、列支敦士登、立陶宛、卢森堡、马耳他、荷兰、挪威、波兰、葡萄牙、斯洛伐克、斯洛文尼亚、西班牙、瑞典和瑞士之间没有官方入境检验。然而，有时在火车边境口岸有抽查，所以始终要带好护照。英国是没有签字加入申根协议的欧盟国家，对与其他欧盟国家（除了与其共同拥有一段开放边境的爱尔兰之外）之间的交通保持边境管制，不过没有海关检查。

保加利亚、克罗地亚、塞浦路斯和罗马尼亚也有望成为申根地区成员，最新的详细信息参见网站www.schengenvisainfo.com。

东欧大部分边境需要乘火车通过，边防警卫会登上火车，穿过车厢，检查乘客的证件。索贿现象很少见，不过在白俄罗斯至摩尔多瓦偶有发生，你可能要面对只能通过"罚款"解决的困难。在土耳其和保加利亚之间旅行一般需要换乘火车，常常有冗长的边境手续。

当地交通

在绝大多数欧洲国家，火车都是最佳的交通选择。请查看国家铁路系统，因为这些系统通常都会提供特价票和国家通票，这要比点对点的票便宜很多。

飞机

航空公司

近些年，低成本航空公司已经彻底改变了欧洲的交通方式。绝大多数低价航空公司采用相似的价格体系——机票价格随着每个航班上座率的提高而不断增加，所以尽早订票更加划算。

一些低价的航空公司（瑞安航空公司是最明显的例子）通常会将机场设定在目的地城市郊区的较小较偏的机场，甚至是目的地城市周围城市的机场。所以在你订票之前，一定要查看航班的准确的离开和到达地点。

离开机场的费用以及其他费用（包括订舱费、托运费和其他额外费用）都被算入网上预订流程的最终费用，通常会比你想象中支付的金额要高出很多。不过如果仔细选择并预订的话，你仍可以得到不少优惠。

面对低价航空公司的竞争，许多国有航空公司也已决定降低他们的价格或提供特价票。一些航空公司，例如英国航空公司，甚至已经采用了网上订票的低价模式，顾客可以选择购买单程机票，也可以一并购买返程机票。

如果想了解到达欧洲某个城市或从该城市起飞的低价航班的整体情况，可以查看优质网站www.flycheapo.com。

航空通票

各种各样的旅行社和航空公司都提供航空通票，比如斯堪的纳维亚航空公司的**北欧航空通票**（Visit Scandinavia/Nordic Air Pass；www.flysas.com）。查看一下旅行社现在推广的优惠。

自行车

欧洲大部分地方都非常适合骑自行车。骑行的流行区域包括比利时阿登高地的所有地区、爱尔兰西部、德国南部多瑙河上游，以及荷兰、瑞士北部、丹麦和法国南部的所有地区。土耳其和东欧的小村庄也适合近距离骑行及骑车前往偏远区域。

骑行旅行时应轻装，但是你需要携带一些工具和备用配件，包括补胎工具和备用内胎。挂篮也是平衡自行车两侧框架上所载物件的必需品。虽然骑行者戴头盔在绝大多数国家并不是强制的，但无疑是明智的。

老练的骑手平均每天可骑行80公里，当然了，这也要看你所携带的东西和身体状况。

自行车旅行俱乐部（Cyclists' Touring Club，CTC；www.ctc.org.uk）是一家英国国有的自行车协会，组织在欧洲大陆进行的旅行。

European Cyclists' Federation（www.ecf.com）拥有"欧洲车路径"——包含全欧洲12条路线的自行车路线网络以及其他骑行的小诀窍。

SwitzerlandMobility（www.veloland.ch/en/cycling-in-switzerland.html）拥有瑞士国有路线和其他事项的详细信息。

租赁和购买

在欧洲的绝大多数地方租赁自行车并非难事。西欧的很多火车站都有自行车租赁点。有时，在不同的自行车租赁点归还也是可能的，这样就免除了你不得不折返的苦恼。旅店是另一个可以租赁到低价自行车的好地方。

在欧洲，有很多地方可以买到自行车。如果你要购买一辆经得起欧洲旅行的自行车，就需要到专门的自行车店去购买了。骑自行车在荷兰和德国是非常普遍的，这两个国家也是挑选装备良好的旅行自行车的好去处。

欧洲的自行车价格非常昂贵（比北美的价格更高）。如果是非欧洲居民购买自行车，买主有权要求在购买时退还此自行车的增值税。

运输自行车

对重要的骑车旅程而言，你最好能选择相对熟悉的自行车。你可以考虑托运自己的自行车，而不是到站后重新购买。如果你来自欧洲以外的地方，在购买机票之前，就要询问一下航空公司是否可以托运自行车。

从英国到欧洲大陆，**欧洲之星**提供通过英吉利海峡海底隧道的火车服务。你可以将自行车登记后作为行李托运，但要征收25英镑的费用。你也可以通过欧洲隧道公司（Eurotunnel）携带自行车通过英吉利海峡海底隧道。经过拆解（如拆掉车轮），你还可以将自行车放进一个包裹或麻袋内，并将它作为手提行李一同带上火车。

你还可以通过另一种方式完成这一目标。**欧洲自行车快递**（European Bike Express；www.bike-express.co.uk）是一家位于英国的提供公共汽车服务的公司。骑行者可以乘坐这种公共汽车，与他们的自行车一起到达欧洲大陆上各个自行车旅游目的地。

在大陆上骑车旅行时，如果你骑累了或想跳过某段讨厌的线路，你可以登上火车。在速度慢的火车上，自行车通常可以作为行李托运，但是你必须缴纳一小部分额外的费用。一些骑行者也反映，在意大利和法国，这类火车的乘务员拒绝托运自行车。所以你要做好一些乘务员对规定做出不同解释的准备。

速度较快的火车通常不会运输自行车，自行车可能会被作为已经登记的行李，由其他火车运输。这种情况通常发生在法国和西班牙。

船

几家不同的渡轮公司会在重要的航线上竞争，这使得它们提供的服务全面而复杂。根据一天或一年中不同的时间、船票的有效期和你的车辆

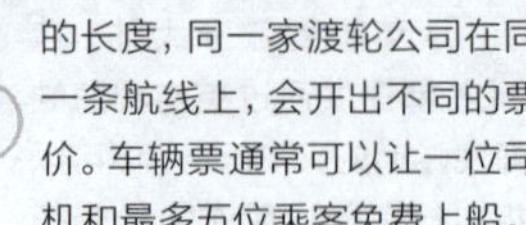

的长度，同一家渡轮公司在同一条航线上，会开出不同的票价。车辆票通常可以让一位司机和最多五位乘客免费上船。

如果可能，你应该预订。针对非高峰时期的口岸提前购买船票的话，常常会有特别的优惠。对英吉利海峡路线而言，除了往返的单日或短期游览观光外，与购买两张单程票相比，购买一张双程票并没有什么价格优势。

持火车通票的人可以获得打折或在一些线路上免费旅行。渡轮上的食物通常都很昂贵（且不卫生），所以最好还是自己携带食品。另外，也要注意，如果你将车辆带上轮船，在航程中你通常不能接触它。

很多国家都提供在湖泊和河流上的渡轮服务，奥地利和瑞士只是其中的两个。其中一些国家风景如画。

长途汽车

国际长途汽车

长途汽车通常比火车便宜，有时要便宜得多，但是也更慢、更不舒服。但在葡萄牙、希腊和土耳其，长途汽车通常是比火车更好的选择。

欧洲最大的国际长途汽车组织是**欧洲巴士**（Eurolines; www.eurolines.com），包括各种国有公司。**欧洲巴士通票**（Eurolines Pass; www.eurolines.com/en/eurolines-pass）是为环游旅行者提供的，可以让乘客在超过15天或30天的时间内，任意选择欧洲各地的53座城市游览。在高峰季（6月中旬至9月中旬），26岁以下的乘客，通票价格为315/405欧元；26岁及以上的乘客，票价为375/490欧元。其他时间段票价会更便宜。

Busabout（www.busabout.com）提供在欧洲各地的"随上随下"服务，并在重要的城市停靠。长途汽车通常是超额预订的，所以你需要提前将每段线路都预订好，以免误事。从5月至10月底，长途汽车每两天开出一班。

国内长途汽车

国内长途汽车在绝大多数国家都是可行的火车替代品。长途汽车通常都会比火车便宜，当然也更慢。一般最适合短途旅行，例如到城市周围转转、去趟较偏远的村庄等。如果在多山的地区，它们通常是唯一的选择。

国内长途汽车很少需要预订。对于很多市内公共汽车，你一般应提前在报亭或售票机上购买车票，并要在上车时确认。

小汽车和摩托车

驾驶爱车旅行可以使你的行程更加灵活独立，也是到达偏远地方的最佳方式。但是，这种独立有时会将你与当地生活隔离开来。此外，私家车还会成为窃贼的目标，在市中心开车也不太实际。交通堵塞、停车困难和迷路等问题都会困扰着你，所以这时选择公共交通更加合理。用火车托运汽车可以帮你摆脱疲劳驾驶的窘境。

露营车

在欧洲旅行，一种很受欢迎的方式就是三四个人购买或租用一辆露营车，然后结伴而行。伦敦是通常的起始点。如果你想组织或加入一个旅行团队，请查看伦敦的免费杂志***TNT***（www.tntmagazine.com）。*TNT*也是购买露营车的好媒介，**Loot**（www.loot.com）也是如此。

当你从欧洲大陆返回时，一些二手汽车交易商会提供"回购"方案，但是在你签署任何文件之前，一定要仔细检查各项条款。如果交易商提供的条件非常好，以至于不像是真的，那么它很可能就有问题。如果你有时间自行购买或转售，会更有利。在英国，**DUInsure**（www.duinsure.com）经营露营车保险业务。

燃油

- 燃油价格迥异（不过通常高于北美或澳大利亚）。
- 欧洲的所有国家都只提供不含铅汽油。柴油要比汽油便宜很多，但在英国、爱尔兰和瑞士，价格差别很小。
- 爱尔兰的机动车协会有一个网页专门发布欧洲的燃油价格，网址为www.theaa.ie/AA/Motoring-Advice/Petrol-Prices.aspx。

租赁

长租一辆车比直接购买省事得多，也比租借期超过17天的短租更便宜。虽然这项政策仅限于一些特定类型的新车，包括雷诺和标致，但是仍可以节省不少费用。租赁可以免除增值税，保险也要比日常保险费率更低。

如果要租赁一辆车，你的永久居住地必须是欧盟以外的地方。

摩托车旅行

欧洲是摩托车旅行的天堂。这里有高品质的蜿蜒的公路、迷人的风景和摩托车构成的风景线。但你必须确保你的摩托车齿轮即使下雨仍能保持抓力。

- 在欧洲，各地均要求摩托车骑手和乘客头戴安全帽。
- 在奥地利、比利时、法国、德国、卢森堡、葡萄牙和西班牙，即使是在白天也要求摩托车骑手打开头灯。在其他国家，仅建议这么做。
- 乘坐渡轮时，摩托车骑手几乎不需要预订。因为通常他们可以在甲板上挤一挤。
- 注意当地人在人行道上停放摩托车的习惯。尽管这在一些国家可能是违法的，只要摩托车没有阻碍行人，警察通常会对此睁一只眼闭一只眼。

准备

要随身携带车辆的所有权证明（对于在英国登记的汽车，应有车辆登记文件）。对于在欧洲各地旅行的人，欧盟驾驶证就足够了。如果你的许可证是其他类型的证件，你应从相关车辆管理组织获得国际驾驶执照。出发前，你应查看目的地需要的许可证类型。

在欧盟所有国家驾车，都必须有第三方汽车保险。绝大多数英国公司的保险单自动在欧盟国家范围内提供这一保险。一定要求你的承保人向你发放一张绿卡（可能会额外收费），这是国际上公认的保险证据。请仔细检查以确保其上列出了你打算访问的每个国家。如果在车辆投保国家之外发生了意外，你就会用到此卡。

记得向你的承保人再要一张欧洲事故报告表（European Accident Statement form），如果出现最坏的情况，这张表将简化很多程序。不要签署任何你不能理解的报告——直到经过了翻译，并达到了你认为可接受的程度再签署。

请与承保人核实目的地国家对来自非欧盟国家的旅行者的要求。来自英国的旅行者可以从**英国保险公司协会**（Association of British Insurers; www.abi.org.uk）获得额外的建议和信息。

准备好欧洲机动车救援保单。非欧盟公民会发现在离开本国前，在国内的机动车协会办理国际保险项目要便宜很多。向你的机动车协会咨询欧洲范围内的子协会能够提供的免费服务。

任何穿越边境的旅行车辆都应贴上标签，指出其注册国家。如果汽车遇到故障，几乎都会用到一个三角形的警戒标志，这是强制规定的。

建议携带如下配件：一个急救箱（这在奥地利、斯洛文尼亚、克罗地亚、塞尔维亚、黑山和希腊是必备的）、一个备用灯泡组合（在西班牙是必备的）、每位乘客的反光夹克（这在法国、意大利和西班牙是必备的）和一个灭火器（这在希腊和土耳其是必备的）。

买车

与租车相比，买一辆车，然后在结束欧洲旅行时卖掉可能更合算——虽然并不能完全保证，而且你需要做出细致判断。

在一些欧盟国家，非欧盟公民或非本国公民购买车辆是违法的。英国可能是购买车辆的最佳选择，因为那里的二手车的价格很合理。

你要时刻铭记英国汽车的方向盘在右手边。如果你希望购买左舵车并负担得起一辆新车，在希腊、法国、德国、比利时、卢森堡及荷兰，车价通常都比较合理。

购买手续中的文书工作可能很繁杂。许多国家都强制对旧车进行车辆性能检查。

租车

- 对用车不超过16天的人而言，短租是最佳选择。时间更长的话，长租更好。
- 大型国际租赁公司将提供值得信赖的服务和品质过硬的车辆。国家和当地公司经常会比大型公司优惠高达40%。
- 通常在租借期结束时，你可以选择在原租借点之外的地方归还汽车，但这都会收取一定的费用。如果还车处距离原租借点很远的话，这项费用可能会很高。
- 提前预订以获得最低的价格，一定要比较不同城市租赁费用的差别。税金在15%~20%变动，如果在机场租赁汽车的话，会征收附加费。
- 如果你在欧盟国家租了一辆汽车，你可能不得将它开到欧盟之外；如果你在欧盟之外的地方租赁了一辆汽车，你只能在欧盟境内驾驶8天。关于此类规章，你可以咨询租赁代理。
- 要确保你已经完全理解了

租赁价格中包含的事项（不限的或已支付的公里数、税款、伤害保险、无须赔偿车损保险等）和你要承担的各项责任。我们建议你拿到免赔偿车损保险，而如果你和你的同伴事先拥有旅行保险的话，则伤害保险可以跳过。

➡ 租赁者的最低年龄通常是21岁，有时为25岁。你需要一张信用卡，驾龄至少为一年。

➡ 摩托车和助力车租赁在一些国家很常见，例如在意大利、西班牙、希腊和法国南部地区。

道路情况和交通规则

➡ 整个欧洲的道路情况和类型差别很大。最快的路线通常是4道或6道高速路，当地人称之为motorways、Autoroutes、autostrade和autobahnen等。这些道路通常都位于城市郊区和农村，往往是笔直的道路，通常也不经过一个国家最美的部分。

➡ 一些公路会收通行费，费用还比较高（特别是在意大利、法国和西班牙），但这些道路通常都有可替代的路线。高速公路和其他主要路线的路况一般都很不错。

➡ 在一些国家，二级公路的路面并不安全（例如希腊、阿尔巴尼亚、罗马尼亚、爱尔兰、俄罗斯和乌克兰），尽管它们名义上要比实际好很多。

➡ 除了英国和爱尔兰，你应靠右侧行车。把从这两个国家买到的车辆开往欧洲大陆时，你应该调节前灯，以避免让迎面而来的司机感到晃眼（一个简便的方法是用胶带在汽车透镜上贴一个三角形截面）。在靠右侧行驶的国家，从右边靠近的车辆通常有优先行驶权。

➡ 对最高时速的限制因国而异。你可能会感到奇怪，某些地区的司机不顾交通规章的限制（特别是意大利和希腊）超速驾驶。但对一个旅行者而言，最好谨慎驾驶，遵循交通法规。许多交通违法都会被处以当场罚款。如果被罚款，你要记得要一张罚款收据。

➡ 欧盟的酒驾处罚非常严格。驾车时的血液酒精浓度通常限制在0.05%～0.08%，但是在一些特定的地区（例如直布罗陀、保加利亚和白俄罗斯），沾酒者都不可以驾车。

搭便车

搭便车并不完全安全，所以我们并不推荐这种出行方式。决定搭便车的旅行者应了解他们正承担着看起来很小但实际上很大的风险。如果结伴而行或让其他人知晓目的地，可能会更安全一些。

➡ 男性和女性结伴而行可能是最佳的选择。如果一位女性独自搭便车，可能要承担比正常情况下更大的风险。

➡ 不要试图在市中心搭便车，而应乘坐公共交通到城郊的道路出口，再寻求搭便车。

➡ 在高速公路上搭便车通常是违法的。你可以站在高速公路的支路上或加油站及路边餐馆的出入口处。

➡ 你要看起来整洁而开朗，并举一个写有当地语言的牌子告知司机你要去的目的地。

➡ 不要在司机无法及时停车或会造成交通拥堵的地方请求搭便车。

➡ 通常提前安排搭车事宜是可能的，你可以关注一下大学里的学生公告栏，或登录www.carpooling.co.uk或www.drive2day.de查看信息。

付现金搭便车

在包括俄罗斯、乌克兰和土耳其在内的东欧部分地区，传统的搭便车很少见。取而代之的是，开车的人可以充当出租车司机，而且当地人在街上伸出手（手心向下）寻求搭车的场景非常常见。但是，在这里搭便车要付钱。你得能说当地语言（或者至少要知道数字）以便讨论目的地并商量价格。

当地交通工具

欧洲的城镇和城市拥有优质的交通系统，包括有轨电车、公共汽车和地铁或地下铁路网络。

绝大多数旅行者都会在欧洲的各城市中发现他们感兴趣的地方。如果步行或骑自行车的话，这些地方很容易就会被发现。在希腊和意大利，为了全方位游览城市或岛屿的各个地方，旅行者可以租赁电动自行车和摩托车。

出租车

在欧洲，出租车通常按里程收费，且价格很高。根据行李大小、时间、上车地点和额

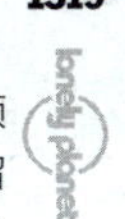

外乘客数量等情况，可能还要加收一定的费用。

方便的公共汽车、火车和地铁交通网常常使出租车成为摆设，但是如果你要赶路，你可以在车站外或大型酒店外找到出租车。在一些国家，例如西班牙、希腊、葡萄牙和土耳其，打车的费用要低得多，这使得出租车相对于其他出行方式有了竞争力。

火车

舒适、班次频繁且可靠使得火车成为周游欧洲的不二交通方式。

➡ 很多国有铁路都有自己的互动网站，发布行车表和费用，包括www.bahn.de（德国）和www.sbb.ch（瑞士），这两个网站均有英文页面。**Eurail**（www.eurail.com）链接有欧洲28个国有火车公司的网站。

➡ **The Man in Seat 61**（www.seat61.com）是一个非常全面的网站，而美国的**省钱欧洲行服务公司**（Budget Europe Travel Service; www.budgeteuropetravel.com）也可以为你提供很多有关火车旅行的小窍门。

➡ 欧洲火车有时会途中分道，这样可以为两个目的地提供服务，所以即使你是在正确的火车上，你仍要确保你是在正确的车厢内。

➡ 几乎到欧洲所有车站的火车票都可以通过Voyages-sncf.com（uk.voyages-sncf.com/en）预订，而且它还出售欧洲通票和其他通票。

特快列车

欧洲之星（Eurostar; www.eurostar.com）通过英吉利海峡海底隧道连接了伦敦的圣潘克拉斯国际火车站和巴黎火车北站（2.25小时，一天最多25班）以及布鲁塞尔国际终点站（1小时50分钟，一天最多12班）。一些火车也在法国的里尔和加来停靠。从2016年12月开始，欧洲之星火车也将连接阿姆斯特丹中央车站与伦敦的圣潘克拉斯，经停斯希普霍尔机场和鹿特丹中央车站（以及比利时的安特卫普和布鲁塞尔），使得阿姆斯特丹至伦敦的行程约为4小时。

圣潘克拉斯、巴黎、布鲁塞尔和阿姆斯特丹的火车站要比这些城市的机场更靠中心。所以，整体而言，火车旅程耗费的时间和对应的航班一样少，但火车更加省事。

伦敦的欧洲之星也出售到一些欧洲大陆目的地的车票。欧洲通票和内部火车通票的持有者在接受欧洲之星的一些服务时，可以享受折扣。预订时可以查询。

欧洲的特快列车的标志为“EC”（欧洲城际列车）或“IC”（国内列车）。法国的TGV、西班牙的AVE和德国的ICE火车更快，最高时速可达每小时300公里。快速列车上可以应用补充票价（当你使用通票旅行时，你必须支付差价），这是在高峰时期和某些特定线路上保留座位的好办法（有时是必须采取的措施）。品牌特快列车也采用了这种方式，例如Thalys（运行于巴黎和布鲁塞尔、布鲁日、阿姆斯特丹和科隆之间）和意大利欧洲之星（运行于罗马和那不勒斯、佛罗伦萨、米兰和威尼斯之间）。

如果你没有预订到座位，你仍可能获得一个没有被预约的座位。查看一下座位保留到哪个目的地——你可以坐在上面直到预订该座位的乘客上车。

国际火车通票

如果你的路线包括了很多地方，你应购买一张火车通票。但在购买之前，一定要比较一下点对点火车票和火车通票的价格差异，以确保购买火车通票利大于弊。在各销售点，火车通票的价格千差万别。做决定时，你要查看一下是否有优惠，包括提前购买优惠、一次性促销或特定线路往返票，特别是在上网查询时。

正常的点对点车票的有效期为两个月，在途中，你可以多次上下车。购买车票时，你一定要让售票员完全理解你的意图，并在他们打出你的车票之前，告知他们你要去多远的地方。

火车通票并不包括补充费用（例如，在一些特快列车和过夜火车上加收的费用）和座位保留费（一些火车上是强制收取的，另一些则属建议性收取的费用）。所以，在购买通票时，你要询问清楚。注意欧洲之星线路、英吉利海峡海底隧道和某些线路上出售的欧洲火车通票也可能会有折扣。

通票持有者必须随身携带护照以便查验身份。政策规定，如果火车通票丢失或被盗，是不可以补办或退款的。

非欧洲公民

欧洲铁路（Eurail; www.eurail.com）通票只有非欧洲国家的公民才可以购买，而且要在到达欧洲之前购买。

各种欧洲通票中最全面的是包括28个国家的“全球通票”(Global Pass)。通票在这些地区的一些私营火车线路上是可以使用的，不过如果你计划深度游览瑞士的话，要注意，许多私营火车交通网和缆车（特别是因特拉肯周围的少女峰地区）并没有欧洲铁路的折扣。瑞士通票（Swiss Pass）或半价卡（Half-Fare Card）可能是欧洲铁路通票的另一种替代选择或必需的选择。

通票在规定的天数内或某个期限内有效。26岁以下的乘客可以购买欧洲铁路青年通票（Eurail Youth pass），但是这种通票只有二等座。26岁及以上的乘客则必须购买全价欧洲铁路通票，这样你将有权乘坐一等座旅行。

这里还有自选通票（Select pass），这种票可以在你指定的4个相邻国家使用。购买自选通票后，你可以再购买在两个月期限内乘车旅行5天、6天、8天或10天的通票。5天和6天的通票会有诱人的价格优惠，但对8天和10天的通票来说，按连续天数计算的通票就更有性价比了。

区域通票覆盖两个相邻国家，但要确保将之列入你的旅行计划是值得的。也有只用于一个国家的欧洲铁路国家通票（Eurail National Pass）。

2~5个人结伴旅行可能会享受到所有欧洲铁路通票的15%的折扣。

欧洲公民

国际铁路（InterRail；www.interrail.eu）提供针对欧洲公民的通票。凭这张票可以在30个欧洲和北非国家（通票持有者居住国除外）进行无限次的火车旅行。要想作为欧洲公民购票，你必须在欧洲国家居住6个月以上。

沿着瑞士少女峰地区（靠近因特拉肯）的私营铁路网旅行时，持一张国际铁路通票比持一张欧洲铁路通票能到达更多的地方，但前者的实惠也是有限的。如果你准备在该地区进行广泛的旅行，一张瑞士通票或半价卡或许是必要的补充。

支付少许费用，欧洲公民就可以购买到一张铁路辅助卡（Railplus Card）。凭此卡乘客有权享受很多（并非全部）国际火车票25%的折扣。你可以在主要火车站柜台处购买铁路辅助卡。

国有铁路通票

国有铁路运营商也可能提供自己的通票或打折卡，例如德国的铁路卡（Bahn Card）或瑞士的半价卡，持卡者在购买车票时可享受大幅优惠。

查看私营火车运营商网站，请登录http://uk.voyages-sncf.com/en/。此类打折卡通常仅适用于在该国长期停留并进行广泛旅行的游客。

过夜火车

通常有两种类型的卧铺：在你的座位上直挺打瞌睡的类型或能躺下睡觉的类型。再次强调一下，预订是明智的，因为卧铺的分配是按照先来先得的原则进行的。上下铺还是比较舒服的，但是缺少对隐私的保护。一等车厢中每个隔间有4个铺位，二等车厢中每个隔间有6个铺位。

软卧是最舒服的选择，一等车厢可以为一两位乘客提供软卧，二等车厢可以为两三位乘客提供软卧。根据旅程的长短，收费不一样，但软卧的费用显然要比上下铺的费用高得多。

在东欧国家，最常见的是二等kupeyny车厢，这种车厢的隔间拥有4个铺位。还有更低价的三等platskartny车厢，这是一种开放式车厢，拥有可预订的铺位。三等车厢对重视个人隐私的人而言并不理想。

还有obshchiy（在乌克兰称zahalney）车厢、一等车厢和两人卧铺车厢（在俄罗斯称为myagki），obshchiy有非常基本的长椅。在乌克兰，两人卧铺车厢又叫spalney，但是通常用斯拉夫字母简写为CB（发音为es-ve）。并不是每列俄罗斯或乌克兰的火车都有一等车厢。

安全

合理的安全措施包括：不要让你的行李离开你的视线（特别是在车站时），把行李绑在行李架上，过夜时锁住车厢隔间的门，不要单独在隔间内睡觉。当然，可怕的旅行故事还是罕见的。

语言

本章将提供基本的词汇，以帮助你更好地游览欧洲。彩色的注音按照英语的发音方式发音即可，基本能够被理解。重读音节用斜体表示。请注意以下缩写词的使用：（m）指阳性，（f）指阴性，（pol）指礼貌用语，（inf）指非正式用语。

阿尔巴尼亚语

注意uh的发音很像“ago”中“a”的发音。而且ll和rr在阿尔巴尼亚语中的发音比单个字母的发音更重。

你好	*Tungjatjeta.*	toon·dya·*tye*·ta
再见	*Miru pafshim.*	mee·roo·paf·*sheem*
请	*Ju lutem.*	yoo *loo*·tem
谢谢	*Falemin derit.*	fa·le·meen de·*reet*
打扰一下	*Më falni.*	muh *fal*·nee
对不起	*Më vjen keq.*	muh vyen kech
是/不是	*Po./Jo.*	po/yo
救命!	*Ndihmë!*	*ndeeh*·muh
欢呼!	*Gëzuar!*	guh·*zoo*·ar

我不理解。
Unë nuk kuptoj. — oo·nuh nook koop·*toy*

你会说英语吗?
A flisni anglisht? — a flees·nee ang·*leesht*

它是多少钱?
Sa kushton? — sa koosh·*ton*

……在哪儿?
Ku është...? — koo *uhsh*·tuh...

厕所在哪儿?
Ku janë banjat? — koo *ya*·nuh *ba*·nyat

想了解更多?

如果想要深入了解更多的语言信息和常用短语，请查阅Lonely Planet的*Europe Phrasebook*。你可以在**shop.lonelyplanet.com**找到这本书，也可通过苹果应用程序商店（Apple App Store）购买Lonely Planet的iPhone短语手册。

保加利亚语

注意uh的发音像“ago”中“a”的发音，zh的发音像“pleasure”中“s”的发音。

你好	Здравейте.	zdra·*vey*·te
再见	Довиждане.	do·*veezh*·da·ne
请	Моля.	*mol*·ya
谢谢	Благодаря.	bla·go·dar·*ya*
打扰一下	Извинете.	iz·vee·*ne*·te
对不起	Съжалявам.	suh·zhal·*ya*·vam
是/不是	Да./Не.	da/ne
救命!	Помощ!	*po*·mosht
欢呼!	Наздраве!	na·*zdra*·ve

我不理解。
Не разбирам. — ne raz·*bee*·ram

你会说英语吗?
Говорите ли английски? — go·vo·ree·te lee ang·*lees*·kee

它是多少钱?

Колко струва?	kol·ko stroo·va

……在哪儿?

Къде се намира...?	kuh·de se na·mee·ra...

厕所在哪儿?

Къде има тоалетни?	kuh·de ee·ma to·a·let·nee

克罗地亚语和塞尔维亚语

克罗地亚语和塞尔维亚语非常相似，并可互相理解（这两种语言同样可以在波斯尼亚和黑塞哥维那、黑山被理解）。在本部分，克罗地亚语和塞尔维亚语之间的显著差异会分别用（C）和（S）标示。注意r为卷舌音，zh的发音像“pleasure”中“s”的发音。

你好	*Dobar dan.*	daw·ber dan
再见	*Zbogom.*	zbo·gom
请	*Molim.*	mo·lim
谢谢	*Hvala.*	hva·la
打扰一下	*Oprostite.*	o·pro·sti·te
对不起	*Žao mi je.*	zha·o mi ye
是/不是	*Da./Ne.*	da/ne
救命!	*Upomoć!*	u·po·moch
欢呼!	*Živjeli!*	zhi·vye·li

我不理解。

Ja ne razumijem.	ya ne ra·zu·mi·yem

你会说英语吗?

Govorite/Govoriš li engleski? (pol/inf)	go·vo·ri·te/go·vo·rish li en·gle·ski

它是多少钱?

Koliko stoji/košta? (C/S)	ko·li·ko sto·yi/kosh·ta

……在哪儿?

Gdje je...?	gdye ye...

厕所在哪儿?

Gdje se nalaze zahodi/toaleti? (C/S)	gdye se na·la·ze za·ho·di/to·a·le·ti

捷克语

在捷克书面语中，一个元音的重音标志表示它的发音像一个长音。注意oh的发音像“note”中“o”的发音，uh的发音像“ago”中“a”的发音，kh的发音像苏格兰语“loch”中“ch”的发音。此外，r在捷克语中为卷舌音，撇号（’）表示的是y的弱音。

你好	*Ahoj.*	uh·hoy
再见	*Na shledanou.*	nuh·skhle·duh·noh
请	*Prosím.*	pro·seem
谢谢	*Děkuji.*	dye·ku·yi
打扰一下	*Promiňte.*	pro·min'·te
对不起	*Promiňte.*	pro·min'·te
是/不是	*Ano./Ne.*	uh·no/ne
救命!	*Pomoc!*	po·mots
欢呼!	*Na zdraví!*	nuh zdruh·vee

我不理解。

Nerozumím.	ne·ro·zu·meem

你会说英语吗?

Mluvíte anglicky?	mlu·vee·te uhn·glits·ki

它是多少钱?

Kolik to stojí?	ko·lik to sto·yee

……在哪儿?

Kde je...?	gde ye...

厕所在哪儿?

Kde jsou toalety?	gde ysoh to·uh·le·ti

丹麦语

丹麦语中所有的元音可以发长音或短音。注意aw的发音像“saw”中“aw”的发音，ew的发音像“see”中“ee”的发音，带圆唇音。

你好	*Goddag.*	go·da
再见	*Farvel.*	faar·vel
请	*Vær så venlig.*	ver saw ven·lee
谢谢	*Tak.*	taak
打扰一下	*Undskyld mig.*	awn·skewl mai
对不起	*Undskyld.*	awn·skewl
是/不是	*Ja./Nej.*	ya/nai
救命!	*Hjælp!*	yelp
欢呼!	*Skål!*	skawl

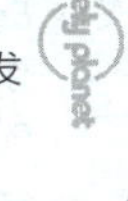

我不理解。

Jeg forstår ikke.	yai for·stawr i·ke

你会说英语吗?

Taler De/du engelsk? (pol/inf)	ta·la dee/doo eng·elsk

它是多少钱?

Hvor meget koster det?	vor maa·yet kos·ta dey

……在哪儿?

Hvor er...?	vor ir...

厕所在哪儿?

Hvor er toilettet?	vor ir toy·le·tet

荷兰语

对荷兰语而言，区分每个元音中的长音和短音是非常重要的。注意ew的发音应是圆唇，像"see"中"ee"的发音，oh的发音像"note"中"o"的发音，uh的发音像"ago"中"a"的发音，kh的发音像苏格兰语"loch"中"ch"的发音（爆破音）。

你好	*Dag.*	dakh
再见	*Dag.*	dakh
请	*Alstublieft.*	al·stew·bleeft
谢谢	*Dank u.*	dangk ew
打扰一下	*Pardon.*	par·don
对不起	*Sorry.*	so·ree
是/不是	*Ja./Nee.*	yaa/ney
救命!	*Help!*	help
欢呼!	*Proost!*	prohst

我不理解。

Ik begrijp het niet.	ik buh·khreyp huht neet

你会说英语吗?

Spreekt u Engels?	spreykt ew eng·uhls

它是多少钱?

Hoeveel kost het?	hoo·veyl kost huht

……在哪儿?

Waar is...?	waar is...

厕所在哪儿?

Waar zijn de toiletten?	waar zeyn duh twa·le·tuhn

爱沙尼亚语

在爱沙尼亚书面语中，双元音像长音的发音。注意air的发音和"hair"相似。

你好	*Tere.*	te·re
再见	*Nägemist.*	nair·ge·mist
请	*Palun.*	pa·lun
谢谢	*Tänan.*	tair·nan
打扰一下	*Vaban dage.(pol)*	va·ban·da·ge
	Vabanda.(inf)	va·ban·da
对不起	*Vabandust.*	va·ban·dust
是/不是	*Jaa./Ei.*	yaa/ay
救命!	*Appi!*	ap·pi
欢呼!	*Terviseks!*	tair·vi·seks

我不理解。

Ma ei saa aru.	ma ay saa a·ru

你会说英语吗?

Kas te räägite inglise keelt?	kas te rair·git·te ing·kli·se keylt

它是多少钱?

Kui palju see maksab?	ku·i pal·yu sey mak·sab

……在哪儿?

Kus on...?	kus on...

厕所在哪儿?

Kus on WC?	kus on ve·se

芬兰语

在芬兰语中，双辅音的发音要比单辅音更长。注意ew的发音像"see"中"ee"的发音，是圆唇音，uh的发音像"run"中"u"的发音。

你好	*Hei.*	hay
再见	*Näkemiin.*	na·ke·meen
请	*Ole hyvä.*	o·le hew·va
谢谢	*Kiitos.*	kee·tos
打扰一下	*Anteeksi.*	uhn·tayk·si
对不起	*Anteeksi.*	uhn·tayk·si
是/不是	*Kyllä./Ei.*	kewl·la/ay
救命!	*Apua!*	uh·pu·uh
欢呼!	*Kippis!*	kip·pis

我不理解。

En ymmärrä. en ewm·mar·ra

你会说英语吗?

Puhutko englantia? pu·hut·ko en·gluhn·ti·uh

它是多少钱?

Mitä se maksaa? mi·ta se muhk·saa

……在哪儿?

Missä on...? mis·sa on...

厕所在哪儿?

Missä on vessa? mis·sa on ves·suh

法语

法语中r的发音是喉音。法语中也有鼻化元音(发音时,好像你试图从鼻腔中发出声音),在此表示为o或u后面跟一个几乎听不清的鼻辅音m、n或ng。通常,法语词汇中的音节应同等重读。

你好	*Bonjour.*	bon·zhoor
再见	*Au revoir.*	o·rer·vwa
请	*S'il vous plaît.*	seel voo play
谢谢	*Merci.*	mair·see
打扰一下	*Excuse z-moi.*	ek·skew·zay·mwa
对不起	*Pardon.*	par·don
是/不是	*Oui./Non.*	wee/non
救命!	*Au secours!*	o skoor
欢呼!	*Santé!*	son·tay

我不理解。

Je ne comprends pas. zher ner kom·pron pa

你会说英语吗?

Parlez-vous anglais? par·lay·voo ong·glay

它是多少钱?

C'est combien? say kom·byun

……在哪儿?

Où est...? oo ay...

厕所在哪儿?

Où sont les toilettes? oo son ley twa·let

德语

注意,aw的发音像在"saw"中"aw"的发音,ew的发音像"see"中"ee"的发音,此外发音时是圆唇。kh和r都应是喉音。

你好		
(一般德语)	*Guten Tag.*	goo·ten taak
(奥地利德语)	*Servus.*	zer·vus
(瑞士德语)	*Grüezi.*	grew·e·tsi
再见	*Auf Wiedersehen.*	owf vee·der·zey·en
请	*Bitte.*	bi·te
谢谢	*Danke.*	dang·ke
打扰一下	*Entschuldigung.*	ent·shul·di·gung
对不起	*Entschuldigung.*	ent·shul·di·gung
是/不是	*Ja./Nein.*	yaa/nain
救命!	*Hilfe!*	hil·fe
欢呼!	*Prost!*	prawst

我不理解。

Ich verstehe nicht. ikh fer·shtey·e nikht

你会说英语吗?

Sprechen Sie Englisch? zee shpre·khen eng·lish

它是多少钱?

Wie viel kostet das? vee feel kos·tet das

……在哪儿?

Wo ist...? vaw ist...

厕所在哪儿?

Wo ist die Toilette? vo ist dee to·a·le·te

希腊语

注意dh的发音像"that"中"th"的发音,gh和kh都是喉音,类似苏格兰语"loch"中"ch"的发音。

你好	Γεια σου.	yia su
再见	Αντίο.	a·di·o
请	Παρακαλώ.	pa·ra·ka·lo
谢谢	Ευχαριστώ.	ef·kha·ri·sto
打扰一下	Με συγχωρείτε.	me sing·kho·ri·te
对不起	Συγνώμη.	si·ghno·mi
是/不是	Ναι./Όχι.	ne/o·hi

救命!	Βοήθεια!	vo·*i*·thia
欢呼!	Στην υγειά μας!	stin i·*yia* mas

我不理解。

εν καταλαβαίνω. dhen ka·ta·la·*ve*·no

你会说英语吗?

Μιλάς Αγγλικά? mi·*las* ang·gli·*ka*

它是多少钱?

Πόσο κάνει? *po*·so *ka*·ni

……在哪儿?

Που είναι...? pu *i*·ne...

厕所在哪儿?

Που είναι η τουαλέτα? pu *i*·ne i tu·a·*le*·ta

匈牙利语

在匈牙利书面语中，元音符号表示其发音应像一个长音。双辅音应比在英语中的发音更长。注意aw的发音像“law”中“aw”的发音，eu的发音像“nurse”中“u”的发音，ew像“ee”一样且要圆唇。另外，r在匈牙利语中是卷舌音，撇号(’)表示的是y的弱音。

你好(对一个人)

Szervusz. ser·vus

你好(对多个人)

Szervusztok. ser·vus·tawk

再见	*Viszlát.*	vis·lat
请	*Kérem. (pol)*	key·rem
	Kérlek. (inf)	keyr·lek
谢谢	*Köszönöm.*	keu·seu·neum
打扰一下	*Elnézést kérek.*	el·ney·zeysht key·rek
对不起	*Sajnálom.*	shoy·na·lawm
是	*Igen.*	i·gen
不是	*Nem.*	nem
救命!	*Segítség!*	she·geet·sheyg

欢呼!(对一个人)

Egészségedre! e·geys·shey·ged·re

欢呼!(对多个人)

Egészségetekre! e·geys·shey·ge·tek·re

我不理解。

Nem értem. nem eyr·tem

你会说英语吗?

Beszél/Beszélsz angolul? (pol/inf) be·seyl/be·seyls on·gaw·lul

它是多少钱?

Mennyibe kerül? men'·nyi·be ke·rewl

……在哪儿?

Hol van a...? hawl von o...

厕所在哪儿?

Hol a vécé? hawl o vey·tsey

意大利语

r在意大利语中是卷舌音，而且要比在英语中的发音更重。绝大多数其他辅音的发音更重(在这种情况下，它们书写为双字母)。

你好	*Buongiorno.*	bwon·jor·no
再见	*Arrivederci.*	a·ree·ve·der·chee
请	*Per favore.*	per fa·vo·re
谢谢	*Grazie.*	gra·tsye
打扰一下	*Mi scusi. (pol)*	mee skoo·zee
	Scusami. (inf)	skoo·za·mee
对不起	*Mi dispiace.*	mee dees·pya·che
是	*Sì.*	see
不是	*No.*	no
救命!	*Aiuto!*	ai·yoo·to
欢呼!	*Salute!*	sa·loo·te

我不理解。

Non capisco. non ka·pee·sko

你会说英语吗?

Parla inglese? par·la een·gle·ze

它是多少钱?

Quant'è? kwan·te

……在哪儿?

Dov'è...? do·ve...

厕所在哪儿?

Dove sono i gabinetti? do·ve so·no ee ga·bee·ne·tee

拉脱维亚语

在书面拉脱维亚语中，元音上有条线表示该音应发长音。注意air的发音像“hair”中“air”的发音，ea的发音像“ear”中“ea”的发音，wa的发音像“water”中“wa”的发音，dz的发音像“adds”中“ds”的发音。

你好	*Sveiks.*	svayks
再见	*Atā.*	a·taa
请	*Lūdzu.*	loo·dzu
谢谢	*Paldies.*	pal·deas
打扰一下	*Atvainojiet.*	at·vai·nwa·yeat
对不起	*Piedodiet.*	pea·dwa·deat
是/不是	*Jā./Nē.*	yaa/nair
救命！	*Palīgā!*	pa·lee·gaa
欢呼！	*Priekā!*	prea·kaa

我不理解。
Es nesaprotu. es ne·sa·prwa·tu
你会说英语吗？
Vai Jūs runājat angliski? vai yoos ru·naa·yat ang·li·ski
它是多少钱？
Cik maksā? tsik mak·saa
……在哪儿？
Kur ir...? kur ir...
厕所在哪儿？
Kur ir tualetes? kur ir tu·a·le·tes

立陶宛语

在立陶宛书面语中，元音上的符号表示该元音应发长音。注意ow的发音像“how”中“ow”的发音。

你好	*Sveiki.*	svay·ki
再见	*Viso gero.*	vi·so ge·ro
请	*Prašau.*	pra·show
谢谢	*Ačiū.*	aa·choo
打扰一下	*Atleiskite.*	at·lays·ki·te
对不起	*Atsiprašau*	at·si·pra·show
是/不是	*Taip./Ne.*	taip/ne
救命！	*Padėkit!*	pa·dey·kit
欢呼！	*Į sveikatą!*	ee svay·kaa·taa

我不理解。
Aš nesuprantu. ash ne·su·pran·tu
你会说英语吗？
Ar kalbate angliškai? ar kal·ba·te aang·lish·kai
它是多少钱？
Kiek kainuoja? keak kain·wo·ya
……在哪儿？
Kur yra...? kur ee·ra...
厕所在哪儿？
Kur yra tualetai? kur ee·ra tu·a·le·tai

马其顿语

注意r在马其顿语中为卷舌音。

你好	Здраво.	zdra·vo
再见	До гледање.	do gle·da·nye
请	Молам.	mo·lam
谢谢	Благодарам.	bla·go·da·ram
打扰一下	Извинете.	iz·vi·ne·te
对不起	Простете.	pros·te·te
是/不是	Да./Не.	da/ne
救命！	Помош!	po·mosh
欢呼！	На здравје!	na zdrav·ye

我不理解。
Јас не разбирам. yas ne raz·bi·ram
你会说英语吗？
Зборувате ли англиски? zbo·ru·va·te li an·glis·ki
它是多少钱？
Колку чини тоа? kol·ku chi·ni to·a
……在哪儿？
Каде е...? ka·de e...
厕所在哪儿？
Каде се тоалетите? ka·de se to·a·le·ti·te

挪威语

在挪威语中，每个元音可长可短。通常而言，当元音后面跟一个辅音时发长音，跟两个或多个辅音时发短音。注意aw的发音像“law”中“aw”的发音，ew的发音像“ee”的发音，为撮口音，ow的发音像“how”中“ow”的发音。

你好	God dag.	go·daag
再见	Ha det.	haa·de
请	Vær så snill.	veyr saw snil
谢谢	Takk.	tak
打扰一下	Unnskyld.	ewn·shewl
对不起	Beklager.	bey·klaa·geyr
是/不是	Ja./Nei.	yaa/ney
救命!	Hjelp!	yelp
欢呼!	Skål!	skawl

我不理解。

Jeg forstår ikke. yai fawr·stawr i·key

你会说英语吗?

Snakker du engelsk? sna·ker doo eyng·elsk

它是多少钱?

Hvor mye koster det? vor mew·e kaws·ter de

……在哪儿?

Hvor er...? vor ayr...

厕所在哪儿?

Hvor er toalettene? vor eyr to·aa·le·te·ne

波兰语

在波兰语中，元音通常都发短音。鼻化元音是指后面跟有m或n的元音(发音时，好像你试图从鼻腔中发出声音)。注意r在波兰语中为卷舌音。

你好	Cześć.	cheshch
再见	Do widzenia.	do vee·dze·nya
请	Proszę.	pro·she
谢谢	Dziękuję.	jyen·koo·ye
打扰一下	Przepraszam.	pshe·pra·sham
对不起	Prze praszam.	pshe· pra·sham
是/不是	Tak./Nie.	tak/nye
救命!	Na pomoc!	na po·mots
欢呼!	Na zdrowie!	na zdro·vye

我不理解。

Nie rozumiem. nye ro·zoo·myem

你会说英语吗?

Czy pan/pani mówi po angielsku? (m/f) chi pan/pa·nee moo·vee po an·gyel·skoo

它是多少钱?

Ile to kosztuje? ee·le to kosh·too·ye

……在哪儿?

Gdzie jest...? gjye yest...

厕所在哪儿?

Gdzie są toalety? gjye som to·a·le·ti

葡萄牙语

在葡萄牙语中，绝大多数元音有鼻音类型(发音时，好像你试图从鼻腔中发出声音)，此类元音后跟有ng。

你好	Olá.	o·laa
再见	Adeus.	a·de·oosh
请	Por favour.	poor fa·vor
谢谢	Obri gado.(m)	o·bree· gaa·doo
	Obrigada. (f)	o·bree·gaa·da
打扰一下	Faz favour.	faash fa·vor
对不起	Desculpe.	desh·kool·pe
是/不是	Sim./Não.	seeng/nowng
救命!	Socorro!	Soo·ko·rroo
欢呼!	Saúde!	sa·oo·de

我不理解。

Não entendo. nowng eng·teng·doo

你会说英语吗?

Fala inglês? faa·la eeng·glesh

它是多少钱?

Quanto custa? kwang·too koosh·ta

……在哪儿?

Onde é...? ong·de e...

厕所在哪儿?

Onde é a casa de banho? ong·de e a kaa·za de ba·nyoo

罗马尼亚语

注意ew的发音像“see”中“ee”的发音(圆唇音)，uh的发音像“ago”中“a”的发音，zh的发音像“pleasure”中“s”的发音。撇号(’)表示一个非常短的非重音(几乎无声)的i。摩尔多瓦语是摩尔多瓦地区的人们说的罗马尼亚语的官方名称。

你好	Bună ziua.	boo·nuh zee·wa
再见	La revedere.	la re·ve·de·re
请	Vă rog.	vuh rog
谢谢	Mulţumesc.	mool·tsoo·mesk
打扰一下	Scuza ţi-mă.	skoo·za·tsee·muh
对不起	Îmi pare rău.	ewm'pa·re ruh·oo
是/不是	Da./Nu.	da/noo
救命!	Ajutor!	a·zhoo·tor
欢呼!	Noroc!	no·rok

我不理解。

Eu nu înţeleg. yeoo noo ewn·tse·leg

你会说英语吗?

Vorbiţi engleza? vor·beets' en·gle·za

它是多少钱?

Cât costă? kewt kos·tuh

……在哪儿?

Unde este...? oon·de yes·te...

厕所在哪儿?

Unde este o toaletă? oon·de yes·te o to·a·le·tuh

俄语

注意zh的发音像"pleasure"中"s"的发音。此外,r在俄语中是卷舌音,撇号(')表示的是y的弱音。

你好	Здравствуйте.	zdrast·vuyt·ye
再见	До свидания.	da svee·dan·ya
请	Пожалуйста.	pa·zhal·sta
谢谢	Спасибо	spa·see·ba
打扰一下/对不起	Извините, пожалуйста.	eez·vee·neet·ye pa·zhal·sta
是/不是	Да./Нет.	da/nyet
救命!	Помогите!	pa·ma·gee·tye
欢呼!	Пей до дна!	pyey da dna

我不理解。

Я не понимаю. ya nye pa·nee·ma·yu

你会说英语吗?

Вы говорите по-английски? vi ga·va·reet·ye pa·an·glee·skee

它是多少钱?

Сколько стоит? skol'·ka sto·eet

……在哪儿?

Где(здесь)...? gdye(zdyes')...

厕所在哪儿?

Где здесь туалет? gdye zdyes' tu·al·yet

斯洛伐克语

在斯洛伐克书面语中,元音上的重音标志表示该元音应发长音。注意uh的发音像"ago"中"a"的发音,kh的发音像苏格兰语"loch"中"ch"的发音,撇号(')表示的是y的弱音。

你好	Dobrý deň.	do·bree dyen'
再见	Do videnia	do vi·dye·ni·yuh
请	Prosím.	pro·seem
谢谢	Ďakujem	dyuh·ku·yem
打扰一下	Prepáčte.	pre·pach·tye
对不起	Prepáčte.	pre·pach·tye
是/不是	Áno./Nie.	a·no/ni·ye
救命!	Pomoc!	po·mots
欢呼!	Nazdravie!	nuhz·druh·vi·ye

我不理解。

Nerozumiem. nye·ro·zu·myem

你会说英语吗?

Hovoríte po anglicky? ho·vo·ree·tye po uhng·lits·ki

它是多少钱?

Koľko to stojí? kol'·ko to sto·yee

……在哪儿?

Kde je...? kdye ye...

厕所在哪儿?

Kde sú tu záchody? kdye soo tu za·kho·di

斯洛文尼亚语

在斯洛文尼亚语中,r的发音是卷舌音。

你好	Zdravo.	zdra·vo
再见	Na svidenje.	na svee·den·ye
请	Prosim.	pro·seem
谢谢	Hvala.	hva·la

打扰一下	*Dovolite.*	*do·vo·lee·te*
对不起	*Oprostite.*	*op·ros·tee·te*
是/不是	*Da./Ne.*	*da/ne*
救命!	*Na pomoč!*	*na po·moch*
欢呼!	*Na zdravje!*	*na zdrav·ye*

我不理解。
Ne razumem. *ne ra·zoo·mem*
你会说英语吗?
Ali govorite angleško? *a·lee go·vo·ree·te ang·lesh·ko*
它是多少钱?
Koliko stane? *ko·lee·ko sta·ne*
……在哪儿?
Kje je...? *kye ye...*
厕所在哪儿?
Kje je stranišče? *kye ye stra·neesh·che*

西班牙语

注意，在西班牙语中，r的发音是强音（卷舌），th的发音有点含混，v的发音应柔软，像“b”的发音。

你好	*Hola.*	*o·la*
再见	*Adiós.*	*a·dyos*
请	*Por favor.*	*por fa·vor*
谢谢	*Gracias.*	*gra·thyas*
打扰一下	*Perdón.*	*per·don*
对不起	*Lo siento.*	*lo syen·to*
是/不是	*Sí./No.*	*see/no*
救命!	*¡Socorro!*	*so·ko·ro*
欢呼!	*¡Salud!*	*sa·loo*

我不理解。
Yo no entiendo. *yo no en·tyen·do*
你会说英语吗?
¿Habla/Hablas inglés? (pol/inf) *a·bla/a·blas een·gles*
它是多少钱?
¿Cuánto cuesta? *kwan·to kwes·ta*
……在哪儿?
¿Dónde está...? *don·de es·ta...*
厕所在哪儿?
¿Dónde están los servicios? *don·de es·tan los ser·vee·thyos*

瑞典语

瑞典语的元音可长可短，通常重元音发长音，元音后跟双辅音的情况除外。注意aw的发音像“saw”中“aw”的发音，air的发音像“hair”中“air”的发音，eu的发音像“nurse”中“u”的发音，ew的发音像“see”中“ee”的发音（圆唇音），oh的发音像“note”中“o”的发音。

你好	*Hej.*	*hey*
再见	*Hej då.*	*hey daw*
请	*Tack.*	*tak*
谢谢	*Tack.*	*tak*
打扰一下	*Ursäkta mig.*	*oor·shek·ta mey*
对不起	*Förlåt.*	*feur·lawt*
是/不是	*Ja./Nej.*	*yaa/ney*
救命!	*Hjälp!*	*yelp*
欢呼!	*Skål!*	*Skawl*

我不理解。
Jag förstår inte. *yaa feur·shtawr in·te*
你会说英语吗?
Talar du engelska? *taa·lar doo eng·el·ska*
它是多少钱?
Hur mycket kostar det? *hoor mew·ke kos·tar de*
……在哪儿?
Var finns det...? *var finns de...*
厕所在哪儿?
Var är toaletten? *var air toh·aa·le·ten*

土耳其语

在土耳其语中，双元音应发两次。注意eu的发音像“nurse”中“u”的发音，ew的发音像“see”中“ee”的发音（圆唇），uh的发音像“ago”中“a”的发音，r为卷舌音，v的发音比在英语中更柔一点儿。

你好	*Merhaba.*	*mer·ha·ba*
再见	*Hoşçakal.*（自己离开时）	*hosh·cha·kal*

	Güle güle.（别人离开时）	*gew·le gew·le*
请	*Lütfen.*	*lewt·fen*
谢谢	*Teşekkür ederim.*	*te·shek·kewr e·de·reem*
打扰一下	*Bakar mısınız.*	*ba·kar muh·suh·nuhz*
对不起	*Özür dilerim.*	*eu·zewr dee·le·reem*
是/不是	*Evet./Hayır.*	*e·vet/ha·yuhr*
救命!	*İmdat!*	*eem·dat*
欢呼!	*Şerefe!*	*she·re·fe*

我不理解。
Anlamıyorum. *an·la·muh·yo·room*

你会说英语吗?
İngilizce konuşuyor musunuz? *een·gee·leez·je ko·noo·shoo·yor moo·soo·nooz*

它是多少钱?
Ne kadar? *ne ka·dar*

……在哪儿?
...nerede? *...ne·re·de*

厕所在哪儿?
Tuvaletler nerede? *too·va·let·ler ne·re·de*

乌克兰语

乌克兰语中位于非重读音节的元音通常比在重读音节时发音更短、更弱。注意ow的发音像"how"中"ow"的发音，zh的发音像"pleasure"中"s"的发音。撇号（'）表示y的弱音。

你好	Добрий день.	*do*·bry den'
再见	До побачення.	do po·*ba*·chen·nya
请	Прошу.	*pro*·shu
谢谢	Дякую.	*dya*·ku·yu
打扰一下	Вибачте.	*vy*·bach·te
对不起	Перепрошую.	pe·re·*pro*·shu·yu
是/不是	Так./Ні.	tak/ni
救命!	Допоможіть!	do·po·mo·*zhit'*
欢呼!	*Будьмо!*	*bud'*·mo

我不理解。
Я не розумію. ya ne ro·zu·*mi*·yu

你会说英语吗?
Ви розмовляєте англійською мовою? vy roz·mow·*lya*·ye·te an·*hliys'*·ko·yu *mo*·vo·yu

它是多少钱?
Скільки це він/вона коштує? (m/f) *skil'*·ki tse vin/vo·na *ko*·shtu·ye

……在哪儿?
Де...? de...

厕所在哪儿?
Де туалети? de tu·a·le·ti

幕后

说出你的想法

我们很重视旅行者的反馈——你的评价将鼓励我们前行，把书做得更好。我们同样热爱旅行的团队会认真阅读你的来信，无论表扬还是批评都非常欢迎。虽然很难一一回复，但我们保证将你的反馈信息及时交到相关作者手中，使下一版更完美。我们也会在下一版特别鸣谢来信读者。

请把你的想法发送到**china@lonelyplanet.com.au**，谢谢！

请注意：我们可能会将你的意见编辑、复制并整合到Lonely Planet的系列产品中，例如旅行指南、网站和数字产品。如果不希望书中出现自己的意见或不希望提及你的名字，请提前告知。请访问lonelyplanet.com/privacy了解我们的隐私政策。

声明

气候图表数据引自Peel MC,Finlayson BL & McMahon TA（2007）'Updated World Map of the Köppen-Geiger Climate Classification',*Hydrology and Earth System Sciences*,11,1633-44。

封面图片：阿尔萨斯的村庄，法国。Danita Deliwont Stock/AWL©

本书部分地图由中国地图出版社提供，其他为原书地图，审图号GS（2016）1797号。

关于本书

这是Lonely Planet《欧洲》的中文第5版，本书的作者为亚历克西·阿弗巴克、卡洛琳·贝恩、马克·贝克、凯瑞·克里斯提安尼、马克·迪·杜卡、彼得·德吉赛维克、马克·艾略特、史提夫·法伦、埃米莉·菲卢、邓肯·加伍德、安东尼·汉姆、凯瑟琳·勒·内韦、杰西卡·李、汤姆·马斯特、安雅·穆提卡、萨莉·奥布赖恩、贝姬·奥尔森、西蒙·里奇蒙德、安德烈亚·舒尔特-皮弗、塔玛拉·西沃德、海伦娜·史密斯、安迪·赛明顿、卢克·沃特森和尼尔·威尔逊。

本书由以下人员制作完成：

项目负责 关媛媛

内容统筹 谭川遥

翻译统筹 肖斌斌 邹云

翻　　译 王晨 陈磊 乔孟琪 邹云

内容策划 杨蔚 陈泽龙 苏怡晴 熊毅 黄俊尧 刘维佳 李昕 沐昀

视觉设计 李小棠 庹桢珍

协调调度 丁立松 富晓敏 高原

责任编辑 杨玲 叶思婧

地图编辑 马珊

地图制图 田越

终　　审 朱萌

流　　程 孙经纬

排　　版 北京梧桐影电脑科技有限公司

感谢刘霜、朱琳、罗霄山、王璐、王心怡、胡天伊为本书提供的帮助。

索引

A

B

000 地图页码
000 图片页码

000 地图页码
000 图片页码

S

T

000 地图页码
000 图片页码

U

V

W

Y

Z

地图图例

景点

- 海滩
- 鸟类保护区
- 佛教场所
- 城堡
- 基督教场所
- 孔庙
- 印度教场所
- 伊斯兰教场所
- 耆那教场所
- 犹太教场所
- 温泉
- 神道教场所
- 锡克教场所
- 道教场所
- 纪念碑
- 博物馆/美术馆/历史建筑
- 历史遗址
- 酒庄/葡萄园
- 动物园
- 其他景点

活动、课程和团队游

- 人体冲浪
- 潜水/浮潜
- 潜水
- 皮划艇
- 滑雪
- 冲浪
- 游泳/游泳池
- 徒步
- 帆板
- 其他活动

住宿

- 住宿场所
- 露营地

就餐

- 餐馆

饮品

- 酒吧
- 咖啡馆

娱乐

- 娱乐场所

购物

- 购物场所

实用信息

- 银行
- 使领馆
- 医院/医疗机构
- 网吧
- 警察局
- 邮局
- 电话
- 公厕
- 旅游信息
- 其他信息

地理

- 棚屋/栖身所
- 灯塔
- 瞭望台
- 山峰/火山
- 绿洲
- 公园
- 关隘
- 野餐区
- 瀑布

人口

- 首都、首府
- 一级行政中心
- 城市/大型城镇
- 镇/村

交通

- 机场
- 过境处
- 公共汽车
- 缆车/索道
- 自行车路线
- 轮渡
- 地铁
- 单轨铁路
- 停车场
- 加油站
- 出租车
- 铁路/火车站
- 有轨电车
- 其他交通方式

路线

- 收费公路
- 高速公路
- 一级公路
- 二级公路
- 三级公路
- 小路
- 未封闭道路
- 广场
- 台阶
- 隧道
- 步行天桥
- 步行游览路
- 步行游览支路
- 小路

境界

- 国界
- 一级政区界
- 未定国界
- 地区界
- 军事分界线
- 海洋公园
- 悬崖
- 墙

水文

- 河流、小溪
- 间歇河
- 沼泽/红树林
- 暗礁
- 运河
- 水域
- 干/盐/间歇湖
- 冰川
- 珊瑚礁

地区特征

- 海滩/沙漠
- 基督教墓地
- 其他墓地
- 公园/森林
- 运动场
- 一般景点(建筑物)
- 重要景点(建筑物)

注：并非所有图例都在此显示。

我们的故事

一辆破旧的老汽车，一点点钱，一份冒险的感觉——1972年，当托尼（Tony Wheeler）和莫琳（Maureen Wheeler）夫妇踏上那趟决定他们人生的旅程时，这就是全部的行头。他们穿越欧亚大陆，历时数月到达澳大利亚。旅途结束时，风尘仆仆的两人灵机一闪，在厨房的餐桌上制作完成了他们的第一本旅行指南——《便宜走亚洲》（*Across Asia on the Cheap*）。仅仅一周时间，销量就达到了1500本。Lonely Planet 从此诞生。

现在，Lonely Planet 在都柏林、富兰克林、伦敦、墨尔本、奥克兰、北京和德里都设有公司，有超过 600 名员工及作者。在中国，Lonely Planet 被称为"孤独星球"。我们恪守托尼的信条："一本好的旅行指南应该做好三件事：有用、有意义和有趣。"

我们的作者

亚历克西·阿弗巴克（Alexis Averbuck）

希腊、冰岛 亚历克西住在希腊伊兹拉岛，定期返回雅典休养和恢复，无论用什么理由，她都要去那个作为第二故乡的偏僻乡村旅行。她还自称冰川极客，热爱探索冰岛，从超现实的熔岩区和波光粼粼的峡湾到冰蓝色的冰川舌。亚历克西做了20多年的旅行作家，在南极住了一年，乘帆船跨越太平洋，写下了她穿越亚洲和美洲的旅行书籍。她还是一名画家。详情请登录www.alexisaverbuck.com。

卡洛琳·贝恩（Carolyn Bain）

丹麦 住在墨尔本的卡洛琳从1999年成为Lonely Planet的*Europe on a Shoestring*的首版编辑开始，就一直参与其中。在此后的8个版本中，她都被列为特约作者。多年以来，她的目的地覆盖希腊、马耳他、瑞典和爱沙尼亚。在这本书中，卡洛琳撰写了丹麦，这是她心中珍爱的国家，她在青少年时期曾在丹麦中部住过一年。详情请登录www.carolynbain.com.au。

马克·贝克（Mark Baker）

捷克、立陶宛、摩尔多瓦、波兰、罗马尼亚 马克·贝克是常驻布拉格的独立旅行作家，已经在中欧地区居住了20多年，担任《经济学人》、彭博社和自由欧洲电台/自由电台的作者和编辑，是对该地区充满热情的旅行者。他已经撰写了几本Lonely Planet指南，包括《布拉格》《爱沙尼亚、拉脱维亚和立陶宛》《罗马尼亚和保加利亚》和《波兰和斯洛文尼亚》。他的推特账号是@markbakerprague。

凯瑞·克里斯提安尼（Kerry Christiani）

奥地利、葡萄牙 自从到奥地利完成她的毕业旅行后，凯瑞充分把握住每个机会返回莫扎特、玛丽亚和其他名人的故乡旅行。为了创作本书，她回味了维也纳咖啡馆的奶油，实地考察了圣诞集市，目睹了阿尔卑斯山的冬季初雪，成为本版的亮点。从孩童时期在阿尔加维的悬崖上徒步开始，她就爱上了葡萄牙。此后，她无数次回到那里，始终对这个国家具有创造力的精神和忧郁美丽的灵魂着迷不已。凯瑞撰写及与他人合著了大约20本旅行指南，包括Lonely Planet的《奥地利》、*Pocket Lisbon*和*Pocket Porto*。她在推特账号@kerrychristiani上发布信息，并在www.kerrychristiani.com上列出了最新作品。

马克·迪·杜卡（Marc Di Duca）

乌克兰 1998年初，在一个漆黑的雪夜，受到探索东欧粗犷自然景色的强烈愿望的驱使，马克首次来到基辅。经过长期的节衣缩食、无数次与基辅的地铁擦肩而过和太多次搭乘安全带不多的拉达（Lada）出租车之后，他仍然对探索这片辽阔而动乱的土地感到兴奋。作为一位忙碌的旅行作家，马克已撰写了莫斯科、西伯利亚的贝加尔湖、俄罗斯和西伯利亚大铁路，以及欧洲各地无数其他目的地的旅行指南。

彼得·德吉赛维克（Peter Dragicevich）

爱沙尼亚、拉脱维亚、黑山 在为祖国新西兰和澳大利亚的报纸和杂志工作了十几年后，彼得放弃了原来的工作，踏上了新的征程。他撰写了关于新独立的黑山的第一本Lonely Planet指南，并为Lonely Planet的其他书籍供稿，包括《爱沙尼亚、拉脱维亚和立陶宛》及4个版本的*Europe on a Shoestring*。

马克·艾略特（Mark Elliott）

波斯尼亚和黑塞哥维那 出生在英国的旅行作家马克·艾略特在年仅11岁的时候，就被家人带到了萨拉热窝，在如今已不复存在的加夫里洛·普林西普的水泥脚印上站过。幸运的是，那时没有奥匈帝国的皇帝经过。从那之后，他实际上游览了波黑的每一个角落，与葡萄酒酿造大师一同啜饮黑塞哥维那的美味葡萄酒，跟塞尔维亚的僧侣和苏非派的神秘主义者探讨哲学，喝的波斯尼亚咖啡比任何人都多。

史提夫·法伦（Steve Fallon）

匈牙利、斯洛文尼亚 史提夫撰写了Lonely Planet《匈牙利》指南的所有版本，在20世纪90年代初期在布达佩斯居住了3年。他从那里开始调研，随后撰写了Lonely Planet第一本《斯洛文尼亚》指南。他与这两个国家都保持了密切关系，经常为了温泉浴、托考伊葡萄酒和豆汤（bableves）回到匈牙利，为了一瞥阳光下的尤利安阿尔卑斯山脉、一滴南瓜子油（bučno olje）以及为了同时品味二者而回到斯洛文尼亚。关于史提夫的更多信息，请登录网站www.steveslondon.com。

埃米莉·菲卢（Emilie Filou）

法国 埃米莉出生于巴黎，童年的大部分假期时光都在法国南部漫游。如今，她住在伦敦，是一位专门报道非洲发展问题的自由记者。每年的假期，她还是会去法国，喜欢尽情享受当地市场上的农产品，特别是奶酪和葡萄酒。关于埃米莉的更多工作信息，见www.emiliefilou.com；她的推特账号是@emiliefilou。

邓肯·加伍德（Duncan Garwood）

意大利 邓肯是居住在罗马附近的英国旅行作家。自从1997年搬到意大利以来，他在这个第二故乡广泛游历，参与编撰了约30本Lonely Planet指南，包括《罗马》《撒丁岛》《西西里岛》和*Italy's Best Trips*。他最近的旅行记忆包括在巴勒莫街道市场吃烧烤，以及在的里雅斯特开阔的中央广场参加露台音乐会。

安东尼·汉姆（Anthony Ham）

挪威、西班牙 西班牙和挪威是安东尼最爱的两个地方。2001年第一次到达西班牙时，安东尼（www.anthonyham.com）就深深地爱上了马德里。之后不到一年，他就带着单程票再次来到这里，甚至不会一个西班牙语单词，不认识一个这里的人。在这个城市居住了10年之后，最近，他带着家人返回澳大利亚，但他对这个国家依然如第一天抵达时那般喜爱。他对挪威一见钟情，挪威没有多少地方是他没去过的，从南部的林讷角到北部偏远的斯瓦尔巴峡湾。

凯瑟琳·勒·内韦（Catherine Le Nevez）

荷兰 凯瑟琳的旅行癖起源于4岁时第一次横穿欧洲的公路之旅，那次旅程就包括荷兰。从那时起，她总会回到这个生机勃勃的安逸国家，完成了她的编辑和出版学本科、专业写作硕士、创造性写作艺术的博士学位。多年以来，凯瑟琳一直是自由作家，在过去大约10年间，她撰写了大量Lonely Planet指南及文章，涉及欧洲各地及更远的地方。

杰西卡·李（Jessica Lee）

土耳其 2005年，杰西卡第一次来到土耳其，用了4年时间才结束在广阔的安纳托利亚各处的探险游。2011年，她搬到了那里，如今已将土耳其视为家乡。作为Lonely Planet《土耳其》指南最新两版的合著作者，她已经去过了土耳其的大部分偏远角落，不过尤其喜爱东南部的荒野景色、利西亚之路上遗迹散落的小径，以及卡帕多基亚的古怪岩层。她的推特账号是@jessofarabia。

汤姆·马斯特（Tom Masters）

阿尔巴尼亚、白俄罗斯、马其顿 汤姆从20世纪90年代的青年时期就开始在东欧旅行，那时他和母亲一起乘火车穿越刚刚解放的“东欧集团”——和格雷厄姆·格林（Graham Greene）的小说没什么不同。他在俄罗斯上过学，在圣彼得堡住过，如今居住在从前的东柏林，就像为数不多的其他人一样了解世界的这个地区，不过这里始终能给他带来惊喜。关于他工作的更多信息，可以登录网站www.tommasters.net。

安雅·穆提卡（Anja Mutić）

克罗地亚 安雅离开祖国克罗地亚已有20多年。在15年前，将纽约作为其旅行大本营之前，她已游览了好几个国家。但思乡之情难以割舍，她时常回到克罗地亚工作和游玩，每次到访都会专心发掘新地方，不管是自然公园、无与伦比的小镇，还是偏远的岛屿。她很高兴克罗地亚的美景已经得到了全世界的认可，她盼望你有一天能去赫瓦尔，去听一听蟋蟀清脆的叫声而非刺耳的音乐。安雅的网址为www.everthenomad.com。

萨莉·奥布赖恩（Sally O' Brien）

列支敦士登、瑞士 2007年搬到瑞士之后，萨莉就陶醉于在湖泊河流中游泳，踩着滑雪板滑下令人震惊的高山，大吃奶酪和巧克力，畅饮当地秘制的葡萄酒。为Lonely Planet撰写这个梦想国度，带着家人出发并沿公路探索她的第二故乡的每处角落，更是平添乐趣。

贝姬·奥尔森（Becky Ohlsen）

瑞典 贝姬是斯德哥尔摩的超级粉丝，在这座首都城市待的时间足以让她知道在哪里能找到免费厕所，但还不足以理解各种引人注目的时尚品位——也许下次吧。她热爱在瑞典北部森林里徒步，跌跌撞撞地翻过维京时代的遗迹。

虽然成长于科罗拉多的群山中，但贝姬从童年时期就开始探索瑞典，那时她是来探望祖父母及其他亲戚的。

西蒙·里奇蒙德（Simon Richmond）

俄罗斯 出生在英国的作家和摄影师西蒙在20世纪70年代全家去马略卡岛度假时第一次踏上欧洲大陆。随后多次跨越欧洲旅行，他还被安排前往葡萄牙、比利时、土耳其、俄罗斯和波罗的海等地工作。他第一次到访俄罗斯是在1994年，在圣彼得堡和莫斯科待了一段时间，还从那里乘火车前往中亚旅行。之后他游遍了这个广阔的国度，从东部的堪察加到遥远西部的加里宁格勒，在其间的很多地方停留过。作为备受赞誉的旅行作家和摄影师，西蒙为Lonely Planet合著了最新4个版本的《俄罗斯》指南，还有《西伯利亚大铁路》指南的前3版。可关注他的推特、Instagram和网站www.simonrichmond.com。西蒙还撰写了本书的“计划你的行程”和“生存指南”章节。

安德烈亚·舒尔特-皮弗（Andrea Schulte-Peevers）

德国 安德烈亚出生于德国，并在那里长大。她先后在伦敦和加州大学洛杉矶分校学习深造。安德烈亚寻访的路程已经能够在地球和月球间走个来回，她去过的国家大约有75个，如今在柏林安家。20多年来，她一直撰写关于祖国的文章，并编纂、参与撰写了80本Lonely Planet书籍，包括所有版本的《德国》和《柏林》城市指南。

塔玛拉·西沃德（Tamara Sheward）

保加利亚、塞尔维亚 经过多年的自由旅行写作、摇滚乐新闻工作和自我创作后，塔玛拉加入了Lonely Planet的行列，担任LPTV的*Roads Less Travelled: Cambodia*纪录片的主持人。从那时起，她坚持寻访需要更少费用的旅行目的地，包括俄罗斯、塞尔维亚和保加利亚。如今，塔玛拉和她的丈夫（他们的相识得益于一次深夜调研）及女儿居住在澳大利亚遥远的北部地区。

海伦娜·史密斯（Helena Smith）

比利时、卢森堡 海伦娜·史密斯是Lonely Planet的*Pocket Brussels & Bruges*的作者，非常乐意为了这本指南回到欧洲最古怪的国家，并将卢森堡加入她游览国家的清单。不旅行写作的时候，海伦娜会在网站www.eathackney.com上撰写关于美食和社区的文字。

安迪·赛明顿（Andy Symington）

芬兰 安迪几次为Lonely Planet撰写芬兰，而多年前第一次到访赫尔辛基其实多少是个意外。在冻结的湖上散步时，正午的太阳低垂在天空，这幅场景很容易给他留下了深刻的印象，正如他的手指在零下30℃的温度下被冻住时一样。从那时起，他便无法远离这里，对荒野徒步、卡勒瓦拉、桑拿浴、芬兰芥末、令人伤感的芬兰摇滚和金属乐的热爱成为他的燃料，不过最重要的是芬兰人和这个美丽的国度。

卢克·沃特森（Luke Waterson）

斯洛伐克 卢克爱上了斯洛伐克，目前就住在这个国家的奇特首都布拉迪斯拉发，就在出产该国最醇美的白葡萄酒的葡萄园旁边。他一直计划进入斯洛伐克的山林徒步，尤其是那些有荒废城堡或质朴酒馆的地方。除了为Lonely Planet和BBC撰写很多关于斯洛伐克的指南和介绍之外，他还管理一个奇特的旅游和文化博客，涉及斯洛伐克的一切，网址是www.englishmaninslovakia.com。

尼尔·威尔逊（Neil Wilson）

英国、爱尔兰 尼尔出生于苏格兰，除了在国外待了几年之外，一生中大部分时间都待在那里，他住在珀思郡的邓凯尔德附近。对大自然的不变热情激发他在英国和爱尔兰的每个角落徒步、骑山地自行车和航海探险。从1988年开始，尼尔就成为全职作家，为多家出版商撰写了超过70本指南，包括Lonely Planet的《苏格兰》《英格兰》和《爱尔兰》。

欧洲

中文第五版

书名原文：*Europe*（1st edition，Oct 2015）

本中文版由中国地图出版社出版

图书在版编目 (CIP) 数据

欧洲 / 澳大利亚 LonelyPlanet 公司编；王晨等译 . -- 2 版 . -- 北京：中国地图出版社，2016.11（2018.12 重印）
书名原文：Europe
ISBN 978-7-5031-9385-9

Ⅰ . ①欧… Ⅱ . ①澳… ②王… Ⅲ . ①旅游指南－欧洲 Ⅳ . ① K950.9

中国版本图书馆 CIP 数据核字 (2016) 第 182609 号

出版发行 中国地图出版社
社　　址 北京市白纸坊西街 3 号
邮政编码 100054
网　　址 www.sinomaps.com
印　　刷 北京华联印刷有限公司
经　　销 新华书店
成品规格 197mm×128mm
印　　张 42
字　　数 2285 千字
版　　次 2016 年 11 月第 2 版
印　　次 2018 年 12 月北京第 8 次印刷
定　　价 168.00 元
书　　号 ISBN 978-7-5031-9385-9
审 图 号 GS（2016）1797 号
图　　字 01-2014-0660

如有印装质量问题，请与我社发行部（010-83543956）联系